U0491106

浙江文獻集成

浙江文叢

歷代兩浙人物志

〔第一册〕

〔清〕沈廷芳　編

浙江古籍出版社

圖書在版編目(CIP)數據

歷代兩浙人物志 /（清）沈廷芳編. -- 杭州：浙江古籍出版社, 2023.12

（浙江文叢）

ISBN 978-7-5540-2771-4

Ⅰ. ①歷… Ⅱ. ①沈… Ⅲ. ①歷史人物—列傳—浙江 Ⅳ. ①K820.855

中國國家版本館CIP數據核字（2023）第207507號

浙江文叢

歷代兩浙人物志

（全六册）

〔清〕沈廷芳 編

出版發行 浙江古籍出版社

（杭州市體育場路347號　郵編：310006）

網　　址 http://zjgj.zjcbcm.com

責任編輯 祖胤蛟

封面設計 吴思璐

責任校對 吴穎胤

責任印務 樓浩凱

照　　排 浙江大千時代文化傳媒有限公司

印　　刷 浙江新華數碼印務有限公司

開　　本 710 mm × 1000 mm　1/16

印　　張 129

版　　次 2023年12月第1版

印　　次 2023年12月第1次印刷

書　　號 ISBN 978-7-5540-2771-4

定　　價 960.00圓（精裝）

如發現印裝質量問題，請與本社市場營銷部聯繫調換。

浙江省文化研究工程指導委員會

主　任　易煉紅

副主任　劉　捷　彭佳學　邱啓文　趙　承
　　　　　胡　偉　任少波

成　員　高浩杰　朱衛江　梁　群　來穎杰
　　　　　陳柳裕　杜旭亮　尹學群　吴偉斌
　　　　　陳廣勝　張　燕　王四清　郭華巍
　　　　　盛世豪　鮑洪俊　高世名　蔡袁强
　　　　　鄭孟狀　陳　浩　陳　偉　温　暖
　　　　　朱重烈　高　屹　何中偉　李躍旗
　　　　　胡海峰

浙江文化研究工程成果文庫總序

習近平

有人將文化比作一條來自老祖宗而又流向未來的河，這是説文化的傳統，通過縱向傳承和橫向傳遞，生生不息地影響和引領着人們的生存與發展；有人説文化是人類的思想、智慧、信仰、情感和生活的載體、方式和方法，這是將文化作爲人們代代相傳的生活方式的整體。我們説，文化爲群體生活提供規範、方式與環境，文化通過傳承爲社會進步發揮基礎作用，文化會促進或制約經濟乃至整個社會的發展。文化的力量，已經深深熔鑄在民族的生命力、創造力和凝聚力之中。

在人類文化演化的進程中，各種文化都在其内部生成衆多的元素、層次與類型，由此決定了文化的多樣性與複雜性。

中國文化的博大精深，來源於其内部生成的多姿多彩；中國文化的歷久彌新，取決於其變遷過程中各種元素、層次、類型在内容和結構上通過碰撞、解構、融合而産生的革故鼎新的强大動力。

中國土地廣袤、疆域遼闊，不同區域間因自然環境、經濟環境、社會環境等諸多方面的差異，建構了不同的區域文化。區域文化如同百川歸海，共同匯聚成中國文化的大傳統，這種大傳統如同春風化雨，滲透於各種區域文化之中。在這個過程中，區域文化如同清溪山泉潺潺不息，在中國文化的共同價值取向下，以自己的獨特個性支撑着、引領着本地經濟社會的發展。

從區域文化入手，對一地文化的歷史與現狀展開全面、系統、扎實、有序的研究，一方面可以藉此梳理和弘揚當地的歷史傳統和文化資源，繁榮和豐富當代的先進文化建設活動，規劃和指導未來的文化發展藍圖，增强文化軟實力，爲全面建設小康社會、加快推進社會主義現代化提供思想保證、精神動力、智力支持和輿論力量；另一方面，這也是深入瞭解中國文化、研究中國文化、發展中國文化、創新中國文化的重要途徑之一。如今，區域文化研究日益受到各地重視，成爲我國文化研究走向深入的一個重要標誌。我們今天實施浙江文化研究工程，其目的和意義也在於此。

千百年來，浙江人民積澱和傳承了一個底蘊深厚的文化傳統。這種文化傳統的獨特性，正在於它令人驚歎的富於創造力的智慧和力量。

浙江文化中富於創造力的基因，早早地出現在其歷史的源頭。在浙江新石器時代最爲著名的跨湖橋、河姆渡、馬家浜和良渚的考古文化中，浙江先民們都以不同凡響的作爲，在中華民族的文明之源留下了創造和進步的印記。

浙江人民在與時俱進的歷史軌跡上一路走來，秉承富於創造力的文化傳統，這深深地融匯在一代代浙江人民的血液中，體現在浙江人民的行爲上，也在浙江歷史上衆多傑出人物身上得到充分展示。從大禹的因勢利導、敬業治水，到勾踐的卧薪嚐膽、勵精圖治；從錢氏的保境安民、納土歸宋，到胡則的爲官一任、造福一方；從岳飛、于謙的精忠報國、清白一生，到方孝孺、張蒼水的剛正不阿、以身殉國；從沈括的博學多識、精研深究，到竺可楨的科學救國、求是一生；無論是陳亮、葉適的經世致用，還是黄宗羲的工商皆本；無論是王充、王陽明的批判、自覺，還是龔自珍、蔡元培的開明、開放，等等，都展示了浙江深厚的文化底蘊，凝聚了浙江人民求真務實的創造精神。

代代相傳的文化創造的作爲和精神，從觀念、態度、行爲方式和價值取向上，孕育、形成和發展了淵源有自的浙江地域文化傳統和與時俱進的浙江文化精神，她滋育着浙江的生命力、催生着浙江的凝聚力、激發着浙江的創造力、培植着浙江的競争力，激勵着浙江人民永不自滿、永不停息，在各個不同的歷史時期不斷地超越自我、創業奮進。

悠久深厚、意韻豐富的浙江文化傳統，是歷史賜予我們的寶貴財富，也是我們開拓未來的豐富資源和不竭動力。黨的十六大以來推進浙江新發展的實踐，使我們越來越深刻地認識到，與國家實施改革開放大政方針相伴隨的浙江經濟社會持續快速健康發展的深層原因，就在於浙江深厚的文化底蘊和文化傳統與當今時代精神的有機結合，就在於發展先進生産力與發展先進文化的有機結合。今後一個時期浙江能否在全面建設小康社會、加快社會主義現代化建設進程中繼續走在前列，很大程度上取決於我們對文化力量的深刻認識、對發展先進文化的高度自覺和對加快建設文化大省的工作力度。我們應該看到，文化的力量最終可以轉化爲物質的力量，文化的軟實力最終可以轉化爲經濟的硬實力。文化要素是綜合競争力的核心要素，文化資源是經濟社會發展的重要資源，文化素質是領導者和勞動者的首要素質。因此，研究浙江文化的歷史與現狀，增强文化軟實力，爲浙江的現代化建設服務，是浙江人民的共同事業，也是浙江各級黨委、政府的重要使命和責任。

二〇〇五年七月召開的中共浙江省委十一届八次全會，作出《關於加快建設文化大省的決定》，提出要從增强先進文化凝聚力、解放和發展生産力、增强社會公共服務能力入手，大力實施文明素質工程、文化精品工程、文化研究工程、文化保護工程、文化産業促進工程、文化陣地工程、文化傳播工程、文化人才工程等『八項工程』，實施科教興國和人才强國戰略，加快建設教育、科技、衛生、體育等『四個强省』。作爲文化建設『八項工程』之一的文化研究工程，其任務就是系統研究浙江文化的歷史成就和當代發展，深入挖掘浙江文化底藴、研究浙江現象、總結浙江經驗、指導浙江未來的發展。

浙江文化研究工程將重點研究『今、古、人、文』四個方面，即圍繞浙江當代發展問題研究、浙江歷史文化專題研究、浙江名人研究、浙江歷史文獻整理四大板塊，開展系統研究，出版系列叢書。在研究内容上，深入挖掘浙江文化底藴，系統梳理和分析浙江歷史文化的内部結構、變化規律和地域特色，堅持和發展浙江精神；研究浙江文化與其他地域文化的異同，釐清浙江文化在中國文化中的地位和相互影響的關係；圍繞浙江生動的當代實踐，深入解讀浙江現象，總結浙江經驗，指導浙江發展。在研究力量上，通過課題組織、出版資助、重點研究基地建設、加强省内外大院名校合作、整合各地各部門力量等途徑，形成上下聯動、學界互動的整體合力。在成果運用上，注重研究成果的學術價值和應用價值，充分發揮其認識世界、傳承文明、創新理論、諮政育人、服務社會的重要作用。

我們希望通過實施浙江文化研究工程，努力用浙江歷史教育浙江人民、用浙江文化薰陶浙江人民、用浙江精神鼓舞浙江人民、用浙江經驗引領浙江人民，進一步激發浙江人民的無窮智慧和偉大創造能力，推動浙江實現又快又好發展。

今天，我們踏着來自歷史的河流，受着一方百姓的期許，理應負起使命，至誠奉獻，讓我們的文化綿延不絕，讓我們的創造生生不息。

二〇〇六年五月三十日於杭州

浙江文化研究工程成果文庫序言

易煉紅

國風浩蕩、文脈不絶，錢江潮涌、奔騰不息。浙江是中國古代文明的發祥地之一，是中國革命紅船啓航的地方。從萬年上山、五千年良渚到千年宋韻、百年紅船，歷史文化的風骨神韻、革命精神的剛健激越與現代文明的繁榮興盛，在這裏交相輝映、融爲一體，浙江成爲了揭示中華文明起源的『一把鑰匙』，展現偉大民族精神的『一方重鎮』。

習近平總書記在浙江工作期間作出『八八戰略』這一省域發展全面規劃和頂層設計，把加快建設文化大省作爲『八八戰略』的重要内容，親自推動實施文化建設『八項工程』，構築起了浙江文化建設的『四梁八柱』，推動浙江從文化大省向文化强省跨越發展，率先找到了一條放大人文優勢、推進省域現代化先行的科學路徑。習近平總書記還親自倡導設立『文化研究工程』並擔任指導委員會主任，親自定方向、出題目、提要求、作總序，彰顯了深沉的文化情懷和强烈的歷史擔當。這些年來，浙江始終牢記習近平總書記殷殷囑托，以守護『文獻大邦』、賡續文化根脈的高度自覺，持續推進浙江文化研究工程，接續描繪更加雄渾壯闊、精美絶倫的浙江文化畫卷。堅持激發精神動力，圍繞『今、古、人、文』四大板塊，系統梳理浙江歷史的傳承脈絡，挖掘浙江文化的深厚底藴，研究浙江現象、總結浙江經驗、豐富浙江精神，實施『一八八戰略」理論與實踐研究』等專題，爲浙江幹在實處、走在前列、勇立潮頭提供源源不斷的價值引導力、文化凝聚力、精神推動力。堅持打造精品力作，目前一期、二期工程已經完結，三期工程正在進行中，出版學術著作超過一千七百部，推出了『中國歷代繪畫大系』等一大批有重大影響的成果，持續擦亮陽明文化、和合文化、宋韻文化等金名片，豐富了中華文化寶庫。堅持礪煉精兵强將，鍛造了一支老中青梯次配備、傳承有序、學養深厚的哲學社會科學人才隊伍，培養了一批高水平學科帶頭人，爲擦亮新時代浙江學術品牌提供了堅實智力人才支撑。

文化是民族的靈魂，是維繫國家統一和民族團結的精神紐帶，是民族生命力、創造力和凝聚力的集中體現。在以中國式現代化全面推進强國建設、民族復興偉業的新征程上，習近平文化思想在堅持『兩個結合』中，以『體用貫通、明體達用』的鮮明特質，茹古涵今明大道、博大精深言大義、萃菁取華集大成，鮮明提出我們黨在新時代新的文化使命，推動中華文脈綿延繁盛、中華文明歷久彌新，推動全黨全國各族人民文化自信明顯增强、精神面貌更加奮發昂揚。特别是今年九月，習近平總書記親臨浙江考察，賦予我們『中國式現代化的先行者』的新定位和『奮力譜寫中國式現代化浙江新篇章』的新使命，提出『在建設中華民族現代文明上積極探索』的重要要求，進一步明確了浙江文化建設的時代方位和發展定位。

文明薪火在我們手中傳承，自信力量在我們心中升騰。縱深推進文化研究工程，持續打造一批反映時代特徵、體現浙江特色的精品佳作和扛鼎力作，是浙江學習貫徹習近平文化思想和習近平總書記考察浙江重要講話精神的題中之義，也是浙江一張藍圖繪到底、積極探索闖新路、守正創新强擔當的具體行動。我們將在加快建設高水平文化强省、奮力打造新時代文化高地中，以文化研究工程爲牽引抓手，深耕浙江文化沃土、厚植浙江創新活力，爲創造屬於我們這個時代的新文化貢獻浙江力量。要在循迹溯源中打造鑄魂工程，充分發揮習近平新時代中國特色社會主義思想重要萌發地的資源優勢，深入研究闡釋『八八戰略』的理論意義、實踐意義和時代價值，助力夯實堅定擁護『兩個確立』、堅決做到『兩個維護』的思想根基。要在賡續厚積中打造傳世工程，深入系統梳理浙江文脈的歷史淵源、發展脈絡和基本走向，扎實做好保護傳承利用工作，持續推動優秀傳統文化創造性轉化、創新性發展，讓悠久深厚的文化傳統、源頭活水暢流於當代浙江文化建設實踐。要在開放融通中打造品牌工程，進一步凝煉提升『浙學』品牌，放大杭州亞運會亞殘運會、世界互聯網大會烏鎮峰會、良渚論壇等溢出效應，以更有影響力感染力傳播力的文化標識，展示『詩畫江南、活力浙江』的獨特韻味和萬千氣象。要在引領風尚中打造育德工程，秉持浙江文化精神中蘊含的澄懷觀道、現實關切的審美情操，加快培育現代文明素養，讓陽光的、美好的、高尚的思想和行爲在浙江大地化風成俗、蔚然成風。

我們堅信，文化研究工程的縱深推進，必將更好傳承悠久深厚、意蘊豐富的浙江文化傳統，進一步弘揚特色鮮明、與時俱進的浙江文化精神，不斷滋育浙江的生命力、催生浙江的凝聚力、激發浙江的創造力、培植浙江的競争力，真正讓文化成爲中國式現代化浙江新篇章中最富魅力、最吸引人、最具辨識度的閃亮標識，在鑄就社會主義文化新輝煌中展現浙江擔當，爲建設中華民族現代文明作出浙江貢獻！

二〇二三年十二月

出版説明

《歷代兩浙人物志》（以下簡稱『《人物志》』）十六卷，沈廷芳撰。

沈廷芳，原名慎旃，字椒園，一字畹叔，又字萩林，號古柱下史、盥蒙居士。浙江仁和（今杭州）人。生於康熙四十一年（一七〇二），卒於乾隆三十七年（一七七二）。沈氏著述頗豐，其中，《人物志》於《行狀》、《杭州府志·藝文志》等均不見著録，故鮮爲世人所知。兹結合沈廷芳之生平，簡單介紹本書的特點。

據吴廷華《隱拙齋集序》，沈廷芳少即從學於查慎行，『讀書破萬卷，才華横溢』；及壯，則『日講濂洛之學，鎔經冶史』。據《行狀》，沈廷芳青年時，遊學京城，與惠士奇、方苞、張鵬翀等交遊。受師友熏陶，沈氏之詩文『沖融醇懿』，『每有所著，輒傳誦文林』。據《行狀》、《清史稿·選舉志》，沈廷芳於乾隆元年（一七三六）舉博學鴻詞科，授爲翰林院庶吉士。乾隆二年，沈廷芳入值武英殿，與修起居注。乾隆三年，開始參與《大清一統志》的纂修及《明史》的校勘工作。期間，沈廷芳『集前世君臣善敗之蹟，爲類各十有六，名曰《鑑古録》』。此書於乾隆四年進上。乾隆六年以後，沈廷芳先後任御史、山東登萊道青道布政使司、河南按察使、山東按察使，於乾隆二十七年以原品休致。乾隆三十三年，沈廷芳主持編纂《福建通志》。

由此可知，沈廷芳具有扎實的文學功底和豐富的史志纂修經驗，亦有機會寓目大量史料，其中頗有當時罕見者。《人物志》作爲這些經驗的集中反映，具有以下特點：

一、體例嚴謹。是書記兩浙先賢自戰國迄清前中期，别爲十五門，除《名宦》以時繫之之外，其餘各門均以地繫之，復按時間先後著録人物事跡。記人物時，先書姓名，次列材料來源，再録小傳。

二、所記人物務求於史有徵，多取自《浙江通志》，並作辨正。明人徐象梅撰有《兩浙名賢録》，體例與《人物志》相類，但所記人物事跡多不見載於正史，四庫館臣斥之爲『以鄉閭粉飾之語，依據成書，殆亦未盡核實矣』。而《人物志》優先選擇正史、方志中的材料，缺失處則以載記、傳記、碑志等補足。

三、人物事跡並非完全襲用原文。《人物志》中的小傳往往在相關材料的基礎上略有去取，試舉一例：

『范蠡』條云：『（《史記·越王句踐世家》）蠡事越王句踐，苦身戮力，與句踐深謀二十餘年，滅吴，報會稽之恥，北渡兵於淮以臨齊、晋，號令中國，以尊周室。句踐以霸，蠡稱上將軍。還及國，蠡以爲大名之下，難以久居，乃乘舟浮海以行，自號鴟夷子皮。』

對比原文，可以發現《人物志》大體襲用《史記》，但删去『句踐以會稽山爲范蠡奉邑』，『范蠡三徙，成名於天下』等事跡。

四、書中保存了大量信息。目前所見，卷一扉頁有章鈺、孫星衍等人跋語；據卷首藏書印可知，此書曾爲陳鱣、何元錫收藏，内天頭常有盧文弨按語；又有簽條若干，徵引他書以注原文，觀其字跡，似非出於一人之手。可藉此考證本書遞藏源流、文人交遊譜系等問題。

綜上所述，此稿本爲研究清代的歷史書寫，沈廷芳之知識和精神世界，沈廷芳之家族譜系等問題的有力材料，影印行世，能爲學者提供便利。沈廷芳原書有裝訂次序錯誤，此次予以釐清重編。有前後文難以對應者二三處，疑爲原稿佚失，讀者識之。

目録

元

明

元

元

明

南北朝

唐

宋

國朝

元

明

明

國朝

嚴州府

南北朝

唐

宋

元

明

卷三　名臣

杭州府

唐

宋

明

台州府

宋

明

卷四　忠臣

晉

南北朝

隋

宋

元

明

卷五　循吏

明

卷六　武功

卷七　儒林

元

明

元

明

金華府

南北朝

宋

明

元

明

卷八　文苑

元

明

國朝

湖州府

南北朝

明

元

明

五代

宋

元

明

處州府

宋

元

明

卷九　孝友

元

明

唐

宋

元

明

晋

南北朝

唐

宋

元

明

元

明

元

明

元

明

卷十　義行

杭州府

晉

國朝

嘉興府

晋

五代

宋

元

明

元

明

卷十一　介節

杭州府

宋

卷十二　隱逸

杭州府

明

處州府

宋

明

卷十三　寓賢

杭州府

晉

南北朝

唐

宋

元

元

明

元

明

元

明

金華府

卷十四　方技

明

明

明

紹興府

周

漢

金華府

隋

唐

宋

元

明

元

南北朝

唐

處州府

卷十六　列女

明

國朝

海寧縣

宋

明

平湖縣

明

國朝

明

國朝

浙江文獻集成

浙江文叢

歷代兩浙人物志

〔第二册〕

〔清〕沈廷芳 編

浙江古籍出版社

嶺外兩粵人物志

（[illegible]冊）

歷代兩浙人物志

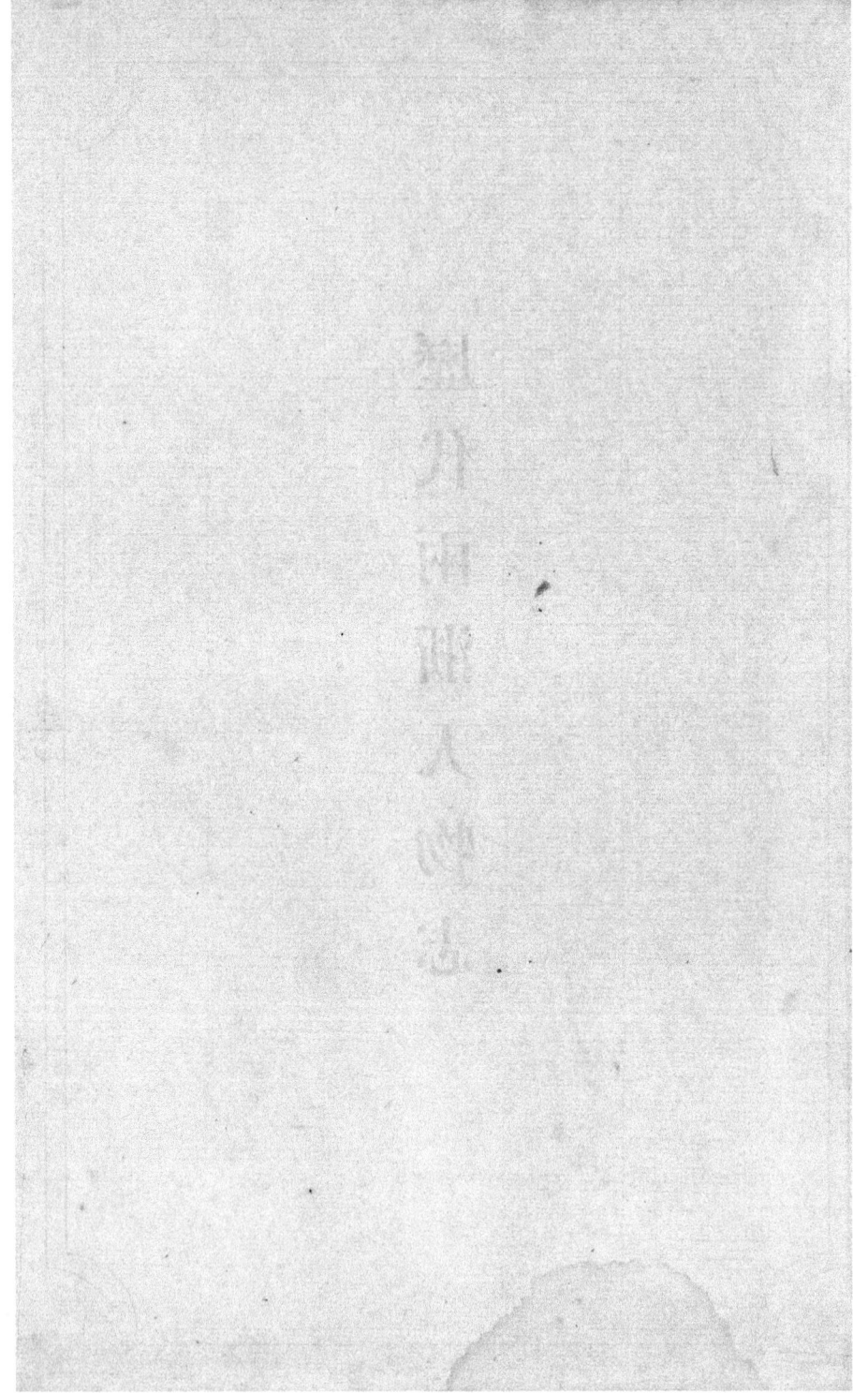

歷代兩浙人物志十六卷仁和沈椒園先生纂本不載汪中撰行狀并未入杭府藝文志四庫存目明錢塘徐象梅兩浙名賢錄提要斥之此纂體例秩然根據確鑿抱經校語亦有益本書陳仲魚藏本後入別下齋檢蔣生沐東湖叢記亦見椒園續經義考而未及此書幸得寓目題以識之

乙亥重九有風無雨章鈺舊都北池寓齋

延陵孫景行閱于冶城山館

舫翁弟以鋕清明日雨中讀竟時秦叟
癸酉春寓居湖上古招賢寺

癸丑四月七日過鶴林院伊与盦樓兄語契濶
茲讀是編时林鳥嚶嚶山窗新綠如潮湧靜
境可悅夢隱弟穉如識

古人之言本自融澈自有條理乃導海引岐矣以是古
而讀之岣嶁碑猶目睹然不論叢莽
守雲弟魯生識

緝庵讀

兩浙人物志敘

李洪憲稱兩浙人物慕義自强，黄東發稱杭州君冠冕靈淑山川鍾生賢喆可不謂忠臣接踵孝子連閭者哉採史傳之遺文旁及鄉國所記叢實書之名往於望蓋亦後先輝映者矣條其子目曰名臣曰武功曰循吏曰孝友曰義行曰文苑曰隱逸曰方技史家列傳每門有標目始於魏澹書州縣志多因之非創也列为以闡幽隱而寓賢仙釋並從附見人物高風絶世許由萄況靈運是矣子胥鵬擧神遊于斯樂天手贍其故守也所產有褚河南于忠肅精忠蓋岳張子韶强幾聖闕子通倡興道孝而沈文通周公謹仇山村白廷玉錢思復

吾子行輩皆以一代禪則淵山法眼二燈齊照蜀洪
許邁僅是靈匠畫西湖當名勝之稱山川秀槩萃
于交人歷代以來着述傳世者幾百家已編入浙西
三府名士茲分浙東八府之人物說者謂當漢秦時
吴越猶在荒服声教之開當是魏晉以後是始不然
考名流亦復不少姑識于此五代吴越王錢鏐王畊北
宋至明代諸人見于傳志而于　國朝名士以補入
志中意之末叙古今之大半者乎分郡一邦之人物
可想見其盛矣　時
乾隆三十二年　山東按察使司仁和沈廷芳撰

歷代兩浙人物志目録

仁和沈廷芳　椒園撰

歷代兩浙人物志目録終

歷代兩浙人物志　卷一

仁和沈廷芳椒園撰

周

范蠡（史記越王句踐世家）蠡事越王句踐若身戮力與句踐深謀二十餘年滅吴報會稽之恥北渡兵于淮以臨齊晋號令中國以尊周室句踐以霸蠡稱上將軍還反國蠡以為大名之下難以久居乃乘舟浮海以行自號鴟夷子皮

文昭按蠡字少伯楚宛三户人

計然（史記貨殖傳）越王句踐困于會稽之上乃用計然計然曰知鬭則修備時用則知物二者形則萬貨之情可得而觀已平糶齊物關市不乏治國之道也論其有餘不足則知貴賤貴上極則反賤賤下極則反貴貴出如糞土賤取如珠玉財……修之十年國富厚賂戰士赴矢石如渴得飲遂報彊吴觀兵中國

綦正韻渠宜切音其或作綦襟通
作棋

王翦（史記本傳）頻陽東鄉人少好兵事秦始皇秦勝畧定荆地城邑因南征百越之君始皇二十六年盡并天下王氏功為多

漢

潅嬰（漢書本傳）睢陽販繒者也高祖為漢王嬰以御史大夫將車騎别追項籍渡江定吴會稽郡漢王即帝位剖符食潁陰二千五百户謚懿侯

魏相（漢書本傳）字弱翁濟陰定陶人舉賢良以對策高第為茂陵令遷揚州刺史考按郡國守相多所貶退丙吉與相書曰朝廷已深知弱翁治行方且大用

名宦　全省

歷代兩浙人物志卷一

和 沈廷芳 椒園

周

范蠡（史記越王句踐世家）蠡事越王句踐既苦身戮力與句踐深謀二十餘年滅吳報會稽之恥北渡兵于淮以臨齊晉號令中國以尊周室句踐以霸蠡稱上將軍還反國蠡以為大名之下難以久居乃乘舟浮海以行自號鴟夷子皮

計然（史記貨殖傳）越王句踐困于會稽之上乃用計然計然曰知鬬則修備時用則知物二者形則萬貨之情可得而觀已平糶齊物關市不乏治國之道也論其有餘不足則知貴賤貴上極則反賤賤下極則反貴貴出如糞土賤取如珠玉財幣欲其行如流水修之十年國富厚賂戰士士赴矢石如渴得飲遂報彊吳觀兵中國

文昭按蠡字少伯楚宛三戶人

秦

王翦（史記本傳）平陽東鄉人少好兵事秦始皇秦勝畧定荊地城邑因南征百越之君始皇二十六年盡并天下王氏功為多

漢

灌嬰（漢書本傳）睢陽販繒者也高祖為漢王嬰以御史大夫將車騎別追項籍渡江定吳會稽郡漢王即帝位剖符食邑潁陰二千五百戶謚懿侯

魏相（漢書本傳）字弱翁濟陰定陶人舉賢良以對策高第為茂陵令遷揚州刺史考按郡國守相多所貶退丙吉與相書曰朝廷已深知弱翁治行方且大用

名宦

全省

矣頗少慎事自重藏器于身相心善其言為霽威嚴
居部二歲徵為諫大夫宣帝即位為丞相封高平侯

黄霸（漢書本傳）字次公淮陽、夏人舉賢良為揚州刺史三歲宣帝下詔曰制詔
御史其以賢良高第揚州刺史霸為潁川太守霸以外寛内明得吏民心治
為天下第一五鳳三年代丙吉為丞相
封建成侯自漢興言治民吏以霸為首

何武（漢書本傳）字君公蜀郡郫縣人舉賢良方正徵對策拜為諫大夫遷揚州刺
史所舉奏二千石長吏必先露章服罪者為虧除免之而已不服極法奏之
抵罪其餘賢不肖敬之如一是以郡國各重其守相州中清平行部必先即學
宫見諸生試其誦論問以得失然後入傳舍出記問墾田頃畝五穀美惡已乃
見二千石以為常為刺史五歲入為丞相司直
綏和元年為御史大夫更為大司空封汜鄉侯

鮑永（後漢書本傳）字君長上黨屯留人光武即位遷揚州牧時南土尚多寇暴永以
吏人痍傷之後乃緩其其銜轡示誅彊横而鎮撫其餘百姓安之後為兗州牧

張禹（後漢書本傳）字伯達趙國襄國人舉孝廉建初中拜揚州刺史當過江行部
中土民皆以江有子胥之神難于濟涉禹將渡吏固請不聽禹言曰子胥如
有靈知吾志在理察枉訟豈危我哉遂鼓楫而過歷行郡邑深幽之處莫不畢
到親錄囚徒多所明舉吏民希見使者民懷喜悦怨德美惡莫不自歸焉入為
大司農
拜太尉

馮緄（後漢書本傳）字鴻卿巴郡宕渠人舉孝廉順帝以緄持節督
揚州諸郡軍事與中郎將滕撫擊破羣賊後為廷尉卒官

劉祐（後漢書本傳）字伯祖中山安國人舉孝廉為揚州刺史時會稽太
守梁旻大將軍冀之從弟也祐舉奏其罪旻坐徵遷祐河東太守

臧旻（後漢書臧洪傳）洪廣陵射陽人父旻有幹事才熹平元年會稽妖賊許昭起
兵句章自稱大將軍攻破城邑衆以萬數拜旻揚州刺史旻率丹陽太守陳

黄擊昭破之昭遂復更屯結大為人患昊等進兵連戰三年破平之獲昭父子斬首數千級

三國吴

蔣欽（吴志本傳）字公奕九江壽春人孫策東渡拜別部司馬還西部都尉會稽治賊呂合秦狼等為亂欽將兵討擊遂擒合狼五縣平定從討越中郎將

呂岱（呂志本傳）字定公廣陵海陵人孫權名署錄事出補餘姚長召募精健得千餘人會稽東冶五縣賊呂合秦狼等為亂以岱為督軍校尉與將軍蔣欽等將兵討之遂求合狼五縣平定拜昭信中郎將嘉禾四年廬陵賊李桓路合會稽東冶賊隨春南海賊羅厲等一時並起權復名岱督劉纂唐咨等分部討擊春首降岱拜春偏將軍使領其衆

晉

周莚（晉書周處傳）處義興陽羨人子札札兄子莚卓犖有才幹拜吴興太守遷太子右衛率王敦作難加冠軍將軍都督會稽吴興義興晉陵東陽軍事率水軍三千人討沈充未發聞其叔札開城納敦憤叱慷慨形于辭色尋遇害

王舒（晉書本傳）字處明琅琊臨沂人丞相導之從弟成帝時授撫軍將軍會稽內史在郡二年而蘇峻作逆假節都督行揚州刺史事庾冰奔舒舒率衆俱渡浙江顧衆顧颺等起義軍以應舒吴興太守虞潭率所領屯烏苞亭不敢進舒遣子允之以精銳三千邀賊于武康破之時臨海新安諸山縣並應賊舒分兵討之陶侃立行臺上舒監浙江東五郡軍事賊平以功封彭澤縣侯卒贈車騎大將軍儀同三司謚曰穆

顧衆（晉書本傳）字長始吴郡吴人成帝時為義興太守蘇峻反衆還吴潛圖義舉時吴國內史庾冰奔于會稽峻以蔡謨代之前陵江將軍張悊為峻收兵于

吳眾遣人喻想、浧之眾遣郎中徐機告謨謨檄眾為本國督護會稽內史王舒吳興內史虞潭並檄眾為五郡大督護統諸義軍潭遣將姚休為眾前鋒與賊戰沒眾還守紫壁時賊黨方銳人咸勸眾過浙江眾曰不然今保固紫壁可得全錢塘以南五縣若越他境便為萬軍控引無所非長計也臨平人范明亦謂眾曰此地險要可以制寇不可委也眾乃啟明為參軍復進討賊峻平論功封鄮陽縣伯卒贈光祿大夫謚曰靖

蔡謨（晉書本傳）字道明陳留考城人舉秀才元帝辟為掾轉參軍後為中書侍郎歷義興太守遷侍中蘇峻構逆吳國內史庾冰出奔會稽乃以謨為吳國內史謨既至與張闓顧眾顧颺等共起義兵迎冰還郡峻平復為侍中賜爵濟陽男康帝即位代殷浩為揚州刺史卒贈侍中司空謚曰文穆

何充（晉書本傳）字次道廬江灊人成帝時拜散騎常侍出為東陽太守除建威將軍會稽內史在郡甚有德政薦徵士虞喜拔郡人謝奉魏顗等以為佐吏後去郡除丹陽尹建元初領揚州刺史

王述（晉書本傳）字懷祖太原晉陽人少襲父爵出補臨海太守遷建威將軍威將軍會稽內史蒞政清肅終日無事代殷浩為揚州刺史

郗愔（晉書郗鑒傳）鑒高平金鄉人子愔字方回為臨海太守在郡優游頗稍簡默簡文帝輔政徵為光祿大夫除太常深抱沖退樂補遠郡出為會稽內史桓溫遷愔都督徐兗青幽揚州諸軍事轉會稽內史簡文帝踐祚加都督浙江東五郡軍事以年老乞骸骨因居會稽徵拜司空詔書優美敦獎懇惻固辭不起

王薈（晉書王導傳）導子薈字敬文少歷清官除吏部郎侍中吳國內史時年飢粟貴人多餓死薈以私米作饘粥以飼餓者所濟活甚眾徵拜尚書領中護軍復為吳國內史轉督浙江東五郡左將軍會稽內史加散騎常侍

劉牢之（晉書本傳）字道堅彭城人孫恩陷會稽牢之遣將桓寶率師救三吳復遣子敬宣為寶後繼率眾東討至吳興衛將軍謝琰擊賊屢勝徑臨浙江進

拜前將軍都督吳郡諸軍事時謝琰屯烏程遣司馬高素助守之牢之率衆[軍]濟
浙江恩懼逃于海牢之還鎮恩復入會稽牢之進號鎮北將軍都督會稽五郡
率衆東征屯上虞分軍戍諸
縣及恩死牢之威名轉振

文弨按
興宗濟陽考城
人廓子

南北朝

蔡興宗（宋書本傳）世祖時爲臨海東陽太守遷會稽太守加都督會稽東陽新安
永嘉臨海五郡諸軍事會稽多諸豪右又幸臣近習參半宮省封畧山湖
妨民害治興宗皆以法繩之會土全實民物殷阜王公妃主邸舍相望大爲民
患子息滋長督責無窮興宗悉啓罷省又陳原諸逋負蠲遣雜役並見從三吳
舊有鄉射禮久不復修興宗行之禮
儀甚整尋任荆州刺史封樂安縣伯

蕭子良（南史本傳）字雲英武帝第三子宋昇明三年爲會稽太守都督五郡封聞
喜公子良敦義愛古郡人朱百人有至行先卒賜其妻米百斛蠲一人給
其薪夏禹廟盛有禱祀子良曰禹泣辜表仁菲食旌約服玩果粽足以致誠使
歲獻扇簟而已時有山陰人孔平詣子良訟嫂市米負錢不還子良歎曰昔高
文通與寡嫂訟田義異于此乃賜米
錢以償平武帝即位封竟陵郡王

蕭映（南史本傳）字宣光高帝第三子仕宋位給事黃門侍郎南兗州刺史高帝踐
阼改都督揚州刺史涖事聰敏府州曹局皆重足以奉禁令永明元年爲侍
中驃騎將軍

蕭景（南史本傳）字子照梁武帝從父弟也仕齊爲永寧令政爲百城最永嘉太守
范述曾居郡號稱廉平雅服景爲政乃牓郡門曰諸縣有疑滯者可就永寧
令決以疾去官永嘉人胡仲宣等千人詣闕表請景爲郡武帝踐阼封吳平縣
侯天監十五年詔景爲安右將軍監揚州置佐史在州尤稱明斷符教嚴整有

田舍老姥訴得替還至縣、吏未即發姥語曰蕭監州荷如父汝于何敢當之其為人所畏敬如此

程靈洗（陳書本傳）字元滌新安海寧人以勇力聞梁末侯景據有新安湘西侯蕭隱奔靈洗靈洗奉以主盟劉神茂自東陽建義靈洗與神茂相應元帝授持節通直散騎常侍都督新安郡諸軍事景敗進軍建德擒賊帥李所部下揚州助王僧辯鎮防還吳興太守陳紹泰元年授信武將軍封遂安縣侯

賀若弼（隋書本傳）字輔伯河南雒陽人高祖拜弼為吳州總管委以平陳之事開皇九年大舉伐陳以弼為行軍總管平陳後帝勞之曰克定三吳卿之力也加上柱國封宋國公

楊素（隋書本傳）字處道弘農華陰人為行軍總管浙江賊帥高智慧自號東揚州刺史船艦千艘屯據要害兵甚勁素擊之自旦至申苦戰而破智慧破智慧素躡之從餘姚泛海趣永嘉智慧來拒戰素擊走之擒獲數千人賊帥汪文進據東陽進討悉平之又破永嘉賊帥沈孝徹于是步道向天台指臨海郡逐捕遺逸逃前後百餘戰智慧遁守閩越詔令馳傳入朝素以餘賊未殄恐為後患又自請行乃下詔任以大兵總為元帥素復乘傳至會稽汎海追擒執智慧斬于泉州自餘支黨悉來降附江南大定

來護兒（隋書本傳）字崇善江都人平陳之役有功進位上開府從楊素擊高智慧于浙江而賊據岸為營周亘百餘里船艦被江鼓譟而進素令護兒率數百輕艇徑登江岸直掩其營破之智慧窮蹙遁走進位大將軍

唐

李大亮（唐書本傳）京兆涇陽人大亮有文武才畧高祖擢越州都督貞觀八年為劍南道巡省大使性志謹外若不能言而內剛烈不可干以非義在越州

寫書數百卷及去留都督署

龐玉（萬曆紹興府志）京兆涇陽人魁梧有力明軍法仕隋為監門直閣率萬騎降高祖以隋舊臣禮之授領軍武衛二大將軍加越州都督威望甚著盜不敢入境卒贈幽州都督工部尚書越人思其遺澤祠為城隍之神

狄仁傑（唐書本傳）字懷英并州太原人高宗時拜冬官侍郎持節江南巡撫使吳越俗多淫祠仁傑一禁止凡毀千七百房止留夏禹吳太伯季札伍員四祠而已轉文昌左丞中宗贈司空封梁國公

李濬（舊唐書良吏傳）濬隴西人開元初置諸道按察使盛選能吏以濬為江南東道按察使封真源縣子濬誠信物待稱為良吏去職有贈褒贈戶部尚書謚曰成

齊澣（嘉靖浙江通志）字洗心定州義豐人開元二十六年為江南東道採訪使先是廢鄮州為鄮縣隸越州澣始奏請復為州以境內有四明山故號為明州招集流民五百戶安輯之天寶初召為太子詹事

劉晏（唐書本傳）字士安曹州南華人天寶末拜度支郎中兼侍御史領江淮租庸事晏至吳郡而永王璘反採訪使李希言假晏守餘杭晏因發義兵堅壁王聞晏有備遂自晉陵西走終不言功代宗時拜御史大夫領江淮轉運使移書元載陳四利四病載以漕事委晏晏盡其才歲輸至天子勞曰卿朕酇侯也凡歲致四十萬斛初晏分置諸道租庸使慎簡臺閣士專之皆新進銳敏盡當時之選趣督倚辦故能成功

王栖曜（舊唐書本傳）濮州濮陽人上元元年王嶼為浙東節度使奏為馬軍兵馬使廣德中袁晁亂台州盡有浙江之地御史中丞袁傪東討奏栖曜為偏將連日十餘戰生擒袁晁收復郡邑授浙江都知兵馬使

李栖筠（唐書本傳）字貞一世為趙人舉進士代宗時平盧行軍司馬許杲恃功擅留上元有窺江吳意拜栖筠浙西都團練觀察使圖之栖筠至張設武備遣辯士厚齎金幣抵杲軍賞勞使士歆愛奪其謀杲懼悉衆渡江又增學廬表宿儒河南褚沖吳何員等超拜學官為之師身執經問義遠邇趨慕至徒數百人又奏部豪姓多徙貫京兆河南規脫徭科請量産出賦以杜姦謀詔可尋拜御史大夫

韓滉（舊唐書本傳）字太沖京兆長安人大曆十二年拜浙江東西都團練觀察使尋加鎮海軍節度使滉安輯百姓均其租稅未及逾年境內稍理涇師之亂滉以兵三千人臨金山江南兩浙轉輸粟帛府無虛月朝廷賴焉興元二年特封晉國公上以滉浙江東節度素著威名加江淮轉運使尋加度支諸道轉運鹽鐵等使

李若初（冊府元龜）趙郡人貞元中為浙江觀察使善于吏道時錢少貨輕州縣禁錢不出境商賈不通若初始奏縱錢以起萬貨詔可而性剛嚴強力束下吏人畏服

皇甫政（嘉泰會稽志）貞元三年自權知宣州刺史授浙東觀察使（紹興府志）政在鎮十年多惠績修治水利開鑿玉山朱儲二斗門以時蓄洩民甚德之

王緯（唐書本傳）字文緯并州太原人德宗進緯給事中浙西觀察使缺宰相李泌擬緯帝曰黃門要地獨不留議事耶對曰浙江賦入尤劇緯清而忠能惠養民故請遣之制可初州縣有韓滉時罰錢未入者十八萬緡府吏請裒為進奉緯上疏頗蠲以紓民詔聽之貞元十年加御史大夫兼諸道鹽鐵轉運使

裴肅（舊唐書裴休傳）休河南濟源人父肅貞元中越州刺史浙東團練觀察等使時山賊栗鍠誘山越為亂陷浙東郡縣肅率台州兵討平之因紀其事號平戎紀上之德宗嘉賞焉

閻濟美（舊唐書良吏傳）濟美登進士第貞元末自婺州刺史為浙西觀察使以簡澹為理常賦之外不知其他入拜右散騎常侍

薛戎（舊唐書本傳）字元夫河中寶鼎人閻濟美為福建觀察使奏充副使又隨濟美移鎮浙東罷政衢湖常三州刺史遷浙東觀察使所莅皆以政績聞檢身處約不務虛名俸入之餘散于宗族身歿之後人無訊焉（唐書本傳）所部州觸酒禁者死犒未貢先鬻者死戎弛其禁

楊於陵（唐書本傳）字達夫弘農人貞元末進浙東觀察使越人飢請出米三十萬石撫賑貧民政聲流聞入為京兆尹以尚書右僕射致仕

李遜（舊唐書本傳）字友道趙郡人元和初為衢州刺史以政績殊尤遷越州刺史兼御史大夫浙東都團練觀察使先是貞元初皇甫政鎮浙東福建兵亂逐觀察使吳詵以所鎮實壓閩境請權益兵三千俟賊平而罷賊平三十年而所益仍舊遜視事數日舉奏停之遜為政以均一貧富扶強抑弱為己任故所至稱理長慶元年進位檢校吏部尚書

孟簡（嘉靖浙江通志）字幾道德州平昌人舉進士為睦州刺史元和中進浙東觀察使于山陰縣北開新河又于縣西北開運道塘與韓愈友善以文學名

竇易直（唐書本傳）字宗元京兆始平人元和中為浙西觀察使長慶二年江淮旱漕物淹積不能前部將王國清指漕貨激衆譁亂易直知之械國清送獄其黨數千譟入獄篡取之欲大剽易直登樓令曰能誅亂者一級賞千萬衆喜及縛為亂者三百餘人易直悉斬之入為戶部侍郎同平章事謚恭惠

薛苹（舊唐書良吏傳）河東寶鼎人遷浙江東道觀察使以理行遷浙江西道觀察使廉風俗守法度人甚安之理身儉薄常衣綠袍十餘年不易因加賜朱紱無後解去除左散騎常侍致仕

元稹（白居易元君墓誌）字微之河南人穆宗特拜浙東觀察使先是明州歲進海物其程日馳百里稹至郡奏罷之辨沃瘠察貧富均勞逸以定稅籍冬籍陂

塘春時雨水旱溉旱苗衆人賴之無饑殍會稽山水奇秀所辟幕職皆當時文士鏡湖奉望之游諷詠詩什動盈卷帙副使竇鞏與之酬唱最多至今稱蘭亭絶唱在越八載政成課高加檢校禮部尚書入為尚書左丞

陸亘（唐書本傳）字景山蘇州吳人浙東觀察使文明嚴重以善政稱溫州瀕海經賊亂奪官吏半祿代民租後相沿吏以為奸亘還官全廩絁賦罷吏畏而賴之

崔鄲（舊唐書本傳）字廣略清河武城人舉進士敬宗時浙江西道都團練觀察使用寬政安疲人清簡少事財用有餘卒贈吏部尚書謚曰德

丁公著（唐書本傳）字平子蘇州吳人舉明經高第穆宗授浙西觀察使從為河南尹治以清靜聞長慶中浙中災厲拜觀察使詔賜米七萬斛使賑飢民久之入為太常卿

李德裕（舊唐書本傳）字文饒趙郡人穆宗即位召入翰林充學士後為浙西觀察使儉于自奉留州所得盡以贍軍俗信巫祝惑鬼怪有父母兄弟厲疾者舉室棄之而去德裕擇鄉人之有識者諭之以言繩之以法數年頗革屬郡祠廟按方志前代名臣賢后則祠之除淫祠一千一十所人樂其政敬宗即位詔浙西造銀盝子妝具二十事進內又詔進可幅盤條繚綾一千匹德裕具論奏罷優詔報之德裕身居廉鎮傾心王室遣使獻丹扆箴宵衣正服罷獻納誨辯邪防微六首帝手詔答焉文宗即位加檢校禮部尚書德裕在浙西八年雖遠闕廷每上章言事文宗素知忠藎採朝論徵之太和八年改鎮海軍節度蘇常杭潤觀察等使九年授太子賓客分司明年復浙西觀察使凡三鎮浙西前後十餘年武宗即位授門下侍郎同平章事

敬晦（唐書本傳）字日彰河中河東人進士及第大中中浙西觀察使時南方連饑有詔弛榷酒茗官用告乏晦處身儉勤貲力遂充從兗海節度使

王式（唐書本傳）太原人大中中劇賊劉甫亂明越觀察使鄭祗德不能討宰相選式往代懿宗問方略對曰第假臣兵寇不足平也詔益許滑淮南兵式發目

光福里第廬臧皆東靡獵獵有聲書曰是謂浮天時矣賊用解兵乃閲所部浮土蓄回鶻還辭數百發龍陂監牧馬起用之集土團諸兒為鄉導擒甫斬之加檢校右散騎常侍餘姚民徐澤專魚鹽之利慈谿人陳珹冒名仕至縣令皆豪縱不能制式曰甫寇發不足畏若澤珹乃巨猾也窮治其姦皆榜死咸通三年從武寧節度使

王龜（冊府元龜）字大年太原人咸通中為浙東觀察使凡天下有倉庫羨餘皆隸于本州名曰貫設庫以備地主之費龜則有給于公者給之或遊客故人皆以己俸奉之初龜為同州刺史有惠政浙人聞其至皆迎焉卒贈工部尚書

裴璩（嘉靖浙江通志）絳州聞喜人乾符四年為浙江鎮海節度使值浙西狼山鎮遏使王郢作亂璩密招其黨朱實降之散其徒六七千人郢奔明州五年曹師雄寇湖州璩遣兵擊破之官至太子太師

五代

元德昭（吳越備史）字明遠撫州南城人姓危氏武肅吏曰元起家鎮東軍節度巡官錢塘縣令累遷睦州軍事判官知台州新亭監文穆襲國遷掌文翰忠獻王時南閩用師凡兵机細務悉以委之尋拜丞相德昭厚重多謀臨事不撓每屬嚴警議者盈廷德昭至則他論皆息軍中有不識理者德昭以事諭之無不聽服

饒景（十國春秋）青州淄水人唐廣明時杭州建八都景為唐山都將事武肅王為鎮海軍紫溪鎮遏使累有防禦功

郭師從（嘉靖浙江通志）合肥人仕吳越為浙東馬步都虞候從文穆王璀破唐德征無錫皆有功累遷浙西營田副使忠獻王時以累勳拜同參相府事

宋

范旻（宋史本傳）字貴參大名宗城人太平興國初錢俶獻地以旻權知兩浙諸州軍事旻上言俶在國日徭賦繁苛凡薪粒蔬果箕帚之屬悉收算欲盡收不取以蠲其弊從之

楊克讓（宋史本傳）字慶孫同州馮翊人太平興國初為兩浙西南路轉運使居官廉謹幹局有聲每視事自旦至暮或通夕斷決如流無有凝滯當時稱為能吏

翟守素（宋史本傳）濟州任城人太平興國三年錢俶獻浙右之地詔守素為兩浙諸州兵馬都監安撫諸郡人心甚悅即以知杭州守素性謹慎寬仁容衆凡斷大辟獄雖罪狀明白仍徧詢僚案僉同而後決屬吏有過不面折必因公宴援往事之相類者言其獲咎以儆警之

周渭（宋史本傳）字得臣昭州恭城人建隆初上書言時務召試賜同進士出身太平興國中進殿中侍御史改兩浙東路轉運使歷彰信軍節度副使咸平二年真宗聞其清節名召還卒貧不克葬賜時錢十萬

樂史（嘉靖浙江通志）字子正撫州宜黃人南唐進士宋太宗時復登甲科累官兩浙巡撫使釋逋負賑饑民著有太平寰宇記諸書

李若拙（宋史本傳）字藏用京兆萬年人舉進士淳化二年為兩浙轉運使質狀魁偉尚氣有幹才

楊允恭（宋史本傳）漢州綿竹人太宗特命督江南水運以功轉江淮兩浙都大發運擘畫茶鹽捕賊事先是三路轉運使各領其職或廩庾多積而軍士舟楫不給惟以官錢僱丁男挽舟土人憚其役以是歲上供米三百萬允恭盡籍三路舟卒與所運物數令諸州擇牙吏悉集允恭乃辯數授之江浙所運止于淮泗由淮泗輸京師行之一歲上供者六百萬咸平初命允恭為荆湖江浙都巡檢使

晏侯嶠（王惟儉宋史記）字峻極鉅野人太平興國進士咸平二年秋江浙飢命為江南巡撫使所過疏理刑訟存問耆老務從寬簡人以為便使還采病民二十餘事上之亟詔罷革

劉師道（宋史本傳）字損之一字宗聖開封東明人雍熙進士咸平三年為淮南江浙荊湖發運使敏于吏事所至有聲吏民畏愛

孫冕（嘉靖浙江通志）字伯純新淦人雍熙進士咸平中為兩浙轉運使治獄不濫斷訟如神弛張在己無所吐茹吏畏而民愛之

任中正（東都事畧）字慶之曹州濟陰人舉進士真宗時擢兩浙轉運使民飢中正發官廩以賑之累遷兵部尚書謚康懿

李防（宋史本傳）字智周大名內黃人舉進士累遷秘書丞二浙民飢建言逃戶田直即名人耕種使人不敢輕去畎畝而官賦常在又請京師置折中倉聽人入粟以江浙荊湖物償之景德初江南旱與張知白分東西路安撫上言秦羲嘗增江淮兩浙荊湖榷酤錢民頗煩擾詔悉罷之遂為江南轉運累遷兵部郎中擢諫議大夫

曹克明（宋史本傳）字克鄉為溫台等七州都巡檢使景德中改供備庫副使知邕州代還真宗問南方事對稱旨還江淮兩浙都大提舉捉賊克明使人捕賊輒出私錢資之以故人人盡力視賊中趫勇者釋縛使還捕其黨前後獲千餘人

陳堯佐（東都事畧）字希元閬州閬中人舉進士為兩浙轉運使錢塘江隄以竹籠石而潮齧之不數歲輒壞而復理堯佐議實薪土以易之或言其不可後隄久不成仍用薪土景祐四年拜同中書平章事謚文惠

韓億（張方平韓億傳）字宗魏真定靈壽人咸平進士除殿中侍御史淮浙飢命億安撫所至先察吏治宣布慈惠救荒之政畢舉景祐二年授參知政事

孫長卿（宋史本傳）字次公，揚州人。天禧中官浙江荊淮發運使，歲漕米至八百萬。或疑其多，長卿曰：吾非欲事羨贏，以備饑歲爾。轉兵部侍郎。長卿長于政事，為能臣，性潔廉，不以一毫取諸人。

張傅（宋史本傳）字巖卿，亳州人。進士第，累遷兩浙轉運使，強力治事，當發簿書句擿奸隱，州縣憚之。傅曰：要為我憚哉，吾所以事事致奏者，正所以愛州縣也。吏不敢慢，則州縣不復犯法矣。後以工部侍郎致仕。

鍾離瑾（宋史本傳）字公瑜，廬州合肥人。舉進士，提點兩浙刑獄。衢州饑，聚餓者食之，頗廢農作，請發米二萬斛賑給，家無過一斛。遷刑部尚書郎中。

王琪（宋史本傳）字君玉，成都華陽人。起進士，歷兩浙、淮南轉運使，入判太常寺，出知杭州，以禮部侍郎數仕。琪性孤介，不與時合，數臨東南名鎮，政尚簡靜，每疾俗吏飾廚傳以沽名譽，故待賓客頗澀，畧閒遣罪語起謗，終不自恤。

段少連（宋史本傳）字希逸，開封人。簽杭州觀察判官，後為兩浙轉運副使。舊使者所至郡縣，索簿書不暇遍閱，往往委之吏胥，吏胥持以為貨。少連命郡縣上簿書，悉緘識，遇事閱，指取一二自閱，擿其非是者按之，餘不及閱者全緘識以還。由是吏不能為奸。部吏有過，召語曰：聞子所為若此，有之乎？有當告我，容汝自新；苟以為無，吾不使善人被誣，即為汝辨明矣。吏不敢欺，皆以實對。秀州獄死無罪人，時少連在杭，吏畏，即聚謀偽為死者服罪款，未及緘屬，少連已挐舟入城訊獄，吏具服請罪，以為神明。徙使淮南，兼發運司事。

張夏（七修類藁）字伯起，雍邱人。太宗朝進士，景祐中出為兩浙運使。杭州江岸率多薪土，潮水衝激，不過三歲輒壞。夏令作石隄一十二里以防江潮。既成，杭民德之，慶曆中立廟隄上。

田瑜（宋史本傳）字忠資河南壽安人舉進士慶曆中為兩浙轉運按察使杭州龍山堤歲決水冒民居輒賦芻薹之瑜與民約每芻十束更輸石一尺率五歲得石百萬為石堤堤固而歲不調民仕至龍圖閣直學士

孫瑜（宋史本傳）字叔禮博平人為兩浙轉運使先是郡縣倉庾以斗斛大小為姦瑜奏均其制然吏之亡狀者民大害有言其變新器非便下還知曹州尋有言瑜所作量法均一誠便者乃還具元資累官工部侍郎

葉清臣（宋史本傳）字道卿蘇州長洲人天聖進士知秀州累遷兩浙轉運副使太湖有民田豪右據上游水不得洩而民不敢訴清臣建請疏盤龍匯滬瀆港入于海民賴其利皇祐元年為侍讀學士知河陽

許元（歐陽修許元墓志）字子春宣城人仁宗時京師粟少而江淮歲漕不給以元為江淮兩浙荊湖發運判官元曰以六路七十二州之粟不能足京師者吾不信也至則治千艘浮江而上所過州縣留三月食其餘悉發而州縣之廩遠近以次相補由是不數月京師足食既而歎曰此可為于乏時然歲漕不給者有司之職廢也乃考故事明約信令發斂轉徙至于風波遠近遲速賞罰皆有法凡江湖數千里外談笑治之不擾不勞而用以足官至工部郎中天章閣待制

鄭向（宋史本傳）字公明開封陳留人舉進士為兩浙轉運副使疏漕河抵于江人以為便復為鹽鐵判官以龍圖閣直學士知杭州

吳奎（宋史新編）字長文濰州北海人舉五經皇祐中兩浙轉運使喜獎廉善有所知輒言仕至參知政事沒之日家無餘資

孫甫（歐陽修孫甫墓誌）字之翰許州陽翟人天聖進士歷兩浙轉運使范文正公守杭州以大臣或便宜行事甫曰范公貴臣也吾屈于此則不得伸于彼矣由是一切繩以法然退而未嘗不稱其賢也嘉祐元年遷河北轉運使

林從周（嘉靖浙江通志）湖州人登進士第
累官浙東提點刑獄率多平反

侯叔獻（嘉靖浙江通志）字景仁宜黄人慶曆進士累官兩浙常平使者兼都水監
建議置提舉淤田司相地利引水淮田四十萬頃治水洋性每詔獎諭

王曷（宋史本傳）字曷臣館陶人進士第提點兩浙刑獄累遷淮南兩浙荆湖制置
發運副使前使者多漁市南物因奏計京師持遺權貴曷一無所市獨悉意
精吏事事無大小必出于己凡調發綱吏度漕路遠近定先後為成法于是勞
逸均吏不能為重輕官舟禁私載舟兵無以自給則盡盜官米為奸有能居販
自贍者市人持以法不肯償所過曷為移州縣督償之舟人有以自給不為奸
而所運米未嘗不足入為三司鹽鐵副使曷自奉儉約當官明敏發直不可撓
所薦士多知名

薛向（宋史本傳）字師正河中人神宗知向才以為浙江荆淮發運使綱舟歷歲久
篙工利于盜貨嘗假風水沉溺以滅迹向募客舟分載以相督察官舟有定
數多為主者冒占悉奪畀屬州諸運皆詣本曹受遣以地有
美惡利有重輕為立等式用所漕物為誅賞還天章閣待制

李復圭（宋史本傳）字審言徐州豐人歷兩浙轉運使浙民以給衙前役多破產復
圭悉罷遣歸農令出錢助長名人承募民便之瀕海人賴蛤沙地以生豪
家量受稅于官而占為己有復圭奏蠲其
稅分以與民熙寧初進直龍圖閣知慶州

沈立（宋史本傳）字立之歷陽人舉進士累遷兩浙轉運使蘇湖水民艱食縣戒强
豪民發粟以賑立亟命運之而勸使自糴督須歲稔官為責償茶禁害民山
場榷場多在部內歲抵罪者輒數萬而官僅得錢數萬立著茶法要覽
乞行通商法如所請召為戶部判官出為江淮發運使知越州杭州

張載（伊洛淵源錄）字子厚世大梁人家鳳翔郿縣嘉祐進士熙寧二年除崇文院
校書命案獄浙東或曰張載以道德進不宜使之治獄執政曰淑問如皋陶

猶且淑獄此庸何傷明刑弼教多所平反焉

蔣之奇（東都事畧）字潁叔常州宜興人舉進士英宗立擢江淮荆浙等路發運副使元豐六年漕六百二十萬石至京師始建鑿泗州股渠以避長淮之險自是無溺者崇寧九年除觀文殿大學士知杭州以疾告歸

韓晋卿（宋史循吏傳）字伯修密州安邱人以五經中第歷嘉興主簿元祐初知明州兩浙轉運使時差役法復行諸道處畫多倉卒失叙獨晋卿視民所宜而不戾法指入為大理少卿

張康國（宋史本傳）字賓老揚州人第進士紹聖中提舉兩浙常平豪猾望風斂服發倉救荒江南就食者活數萬口徙福建轉運判官

曾孝蘊（宋史曾公亮傳）孝蘊字處善泉州晋江人紹聖中提舉浙江常平改轉運判官徽宗時徙江浙荆淮發運以顯謨閣待制知杭州宣和二年知歙州方臘起青溪復破杭州時賊已破杭孝蘊單車至城下城既克復軍士多殺人孝蘊下令從者得首無賴殺皆束手不敢驁論功進顯謨閣直學士

李椿年（西江志）字仲永浮梁人政和進士歷官兩浙轉運使檢括隐漏別為圖籍凡二十四條該盡田畝形勢閏七月告成陞戶部侍郎

陳遘（宋史本傳）字亨伯永州人登進士第宣和二年方臘亂加龍圖閣直學士經制七路治于杭劾越州王仲嶷糾市民造金茶器減直買軍糧券而以私錢取之仲嶷坐黜杭經巨寇後河渠堙窒邦人以水潦為病遘以冬月檄真揚潤楚諸郡凡所隷綱卒悉集治所用其力治河不兩月畢杭人利焉徙河北都轉運使

王士言（宋史本傳）武舉進士累立戰功宣和初方臘為寇詔擇才畧之士馮熈載薦為東南第三將首解嘉興之圍靖康元年詔以浙西兵往河東防秋金人入澤州士言戰死贈拱衛大夫忠州團練使

王復（蘆浦筆記）字景仁淄州淄川人以門蔭補官歷兩浙轉運副使方臘初叛所過守將望風奔駭復下令所部嚴保壘修繕竭力討賊屢戰有功賊平擢徽猷閣待制遷都轉運使朱勔以花石奉艮岳多取漕艦以載歸直達綱復曰今寇起倉卒飛輓艱困而倖幸之徒猶欲以充囿惑上心固執不與復疏奏謂必不可以不急之務疲民費財擢龍圖閣直學士後贈資政殿學士謚壯節

郟約（宋史本傳）字元禮華亭人大觀上舍進士靖康初以直龍圖閣知台州徙嚴州兼浙西兵馬都監節制管內軍馬金人大入列郡震恐約屹保孤城悉力捍禦境內安堵上書請糾合諸郡克復吳會上嘉其忠詔以軍興費出無藝吏慢弗度郟約獨謹賦補卒先程督進秩一等又詔約郡當兵衝而能不辭難不避事俾綏一方以約充集英殿修撰擢權戶部侍郎

翟汝文（宋史本傳）字公巽潤州丹陽人登進士第欽宗即位知越州兼浙東安撫使建炎改元上疏言上供常數後為獻利之臣所增者當議裁損如浙東和預買絹歲九十七萬六千匹獨越州尚如舊今乞視戶等第減罷紹興元年召為翰林學士兼侍讀

趙叔近（宋史本傳）魏悼王五世孫建炎元年為秀州守杭卒陳通反據秀州城下叔近乘城諭以禍福亂兵乃去未幾差權兩浙提刑叔近招通通聽命叔近以數十人入城衆猶不解中叔近置酒推誠待之遂皆感服城中稍定紹興九年贈集英殿修撰

王淵（宋史本傳）字幾道熙州人宣和五年劉延慶討方臘以淵為先鋒賊據錢塘淵諭小校韓世忠曰賊謂我遠來必易我明日爾逆賊而偽遁我以強弩伏數百步外必可得志世忠如其言賊果追之伏弩卒發應弦而倒遂北至淳安賊據幫源峒遂圍而平之授閤門宣贊舍人康王即位以淵為制置使平杭賊提兵四出所向皆捷遷向德軍節度使苗傅劉正彥怨淵及于難贈開府儀同三司

呂頤浩（宋史本傳）字元直齊州人中進士第建炎二年拜同簽書樞密院事江淮兩浙制置使改江東安撫制置使兼知江寧府時苗傳劉正彥為逆以兵發江寧將至平江張浚乘輕舟迎之相持而泣即舟中草檄進韓世忠為前軍張俊翼之劉光世為遊擊頤浩浚總中軍發平江傳黨托旨請頤浩單騎入朝頤浩奏所統將士忠義所激可合不可離傳等恐懼乃請高宗復辟師至臨平苗傳等拒戰頤浩被甲立水次出入行陣督世忠等破賊傳正彥引兵遁頤浩等以勤王兵入城都人夾道聳觀以手加額以頤浩守尚書右僕射中書侍郎兼御營使五年除少保浙西安撫制置大使知臨安府行宮留守明堂禮成進封成國公

謚忠穆

張浚（宋史本傳）字德遠漢州綿竹人中進士第建炎三年以浚同節制軍馬會苗傳劉正彥作亂浚起兵討賊會韓世忠舟師抵常熟浚因大犒將士令世忠以兵赴闕世忠至秀大治戰具傳等遣重兵扼臨平會呂頤浩劉光世兵踵至浚乃督傳正彥罪傳檄中外率諸軍總進高宗除浚知樞密院事浚次臨平賊兵拒不得前世忠等搏戰大破之傳正彥走閩中浚命世忠追縛之以獻高宗以浚為川陝宣撫處置使孝宗即位拜尚書右僕射同中書門下平章事致仕

謚忠獻

韓世忠（宋史本傳）字良臣延安人宣和二年方臘反世忠以偏將從王淵討之次杭州賊奄至世忠以兵二千伏北關堰賊過伏發衆譟亂世忠追擊賊敗而遁窮追至睦州青溪峒挺身仗戈直前渡險數里搗其穴擒臘以出建炎二年陞定國軍承宣使三年苗傳劉正彥反世忠舉酒酹神曰誓不與此賊共戴天以所部發至秀州造雲梯置器械次臨平賊將苗翊馬柔吉負山阻河為陣中流植鹿角梗行舟世忠舍舟力戰軍少卻世忠復舍馬操戈而前賊列神臂弩持滿以待世忠瞋目大呼挺刃突前賊辟易矢不及發遂敗傳正彥聞溺全門遁詔授武勝軍節度使御營左軍都統制請于帝曰賊擁精兵距甌閩甚邇

倚成巢寨卒未可滅請討之于是以為江浙制置使自衢信追擊至漁梁驛與賊遇世忠挺戈而前賊望見咋曰此韓將軍也皆驚潰擒正彥及傅弟翊送行在傳亡建康追擒之帝手書忠勇二字揭旗以賜授檢校少保武寧昭慶軍節度使謚忠武

張俊

俊（宋史本傳）字伯英鳳翔成紀人建炎元年為御營前軍統制討陳通于杭州蔣和尚等于蘭溪平之二年破秀州賊數萬縛徐明斬之苗傅劉正彥及張浚諭以起兵問罪韓世忠為前軍俊以精兵翼之戰于臨平傅等兵敗俊入見帝拜御營右軍都統制尋為浙東制置使金人渡江攻浙帝如明州俊自越州引兵至帝御樓船如溫州留俊明州拒數癸卯除夕金兵至城下俊死戰破之戒將士毋驕惰下令清野多以輕舟伏弩閉關自守四年正旦金人果復攻明州俊遣兵掩擊金人拔砦去未幾江浙羣盜蠭起授俊兩浙西路制置使十月浙西羣盜悉平改江南招討使紹興十二年封清河郡王

劉光世

光世（宋史本傳）字平叔保安軍人以蔭補三班奉職方臘反光世自將一軍趨衢婺出其不意破之建炎二年光世為行在五軍制置使苗劉為亂張浚勸王光世以選卒為遊擊遇苗翊馬柔吉軍于臨平與韓世忠等破之遷太尉御營副使尋授浙西安撫大使後拜少師封榮國公追封鄜王

張子蓋

子蓋（宋史本傳）字德高初從韓世忠討苗傅補承信郎累功遷武功郎紹興十三年授龍神衞四廂都指揮使兩浙西路馬步軍都總管

胡唐老

唐老（宋史忠義傳）字俊明晉陵人崇寧進士建炎三年知衢州苗傅以兵犯城唐老拒之以功擢秘閣修撰未幾為浙西安撫使杜充降金潰卒成方欲犯臨安妄言赴行在請唐老部衆以行唐老不從諭以逆順禍福方衆環脅之唐老怒罵遂遇害贈徽猷閣直學士謚忠愍、

李迨

迨（宋史本傳）東平人以蔭補官建炎三年為御營使司參議官兼措置軍前財用苗傅劉正彥叛呂頤浩張浚集勤王之師迨流涕謂諸將曰君第行無慮軍食師行所至食皆先具事平除權戶部侍郎紹興五年除兩浙轉運使言祖宗都大梁時歲漕東南六百餘萬斛而六路之民無飛挽之擾蓋所運者官舟

所役者兵卒故也今駐蹕浙右漕運地里不若中都之遠而公私若之何也以
所用之舟大半取于民間往往鑿井沉舟以避其役如温明處吉州等處所置
造船場乞委逐州守臣措置募兵卒牽挽使臣管押庶幾害不
及民可以漸復漕運舊制詔工部措置尋加徽猷閣直學士

楊存中（宋史本傳）本名沂中字正甫代州崞縣人宣和末積功至忠翊郎遷閤門
祗候建炎二年討賊徐明于嘉興先登主帥將屠城存中力諫止之郡賴
以全高宗南渡以勝捷軍從張俊守吴門苗劉之變又從俊赴難遷貴州團練
使尋為御前右軍統領金人攻明州又從俊與田師中趙密殊死戰破之以奇
功遷文州防禦使御前右軍統制紹興三年嚴州妖賊繆羅據白馬源存中討
平之加保信軍承宣使後封同安郡王謚武恭存中御軍寬而有紀所用將士
率以才勇選不
私部曲之舊

夏榮（嘉靖浙江通志）字子顯大梁人累立戰功建炎間從張俊戰苗劉敗走之遷
武經大夫金追帝明州榮從楊沂中迎戰高橋身中十八鎗甲為赤勇氣益
奮歷兩浙節度
使封英國公

王德（宋史本傳）字子華通遠軍熟羊砦人以武勇聞軍中呼王夜叉建炎元年
以勤王隸劉光世三年遷前軍統領光世討苗劉苗劉走閩中詔德追擊
德斬苗瑞擒馬柔吉送行在紹興元年平秀州賊邵青初德與青戰諜言將用
火牛德笑曰是古法也可一不可再命合軍持滿陣始交萬矢齊發牛皆反奔
賊衆殲焉青自縛請命赦俘行
在封隴西郡侯歷浙江總管

張宗顔（宋史本傳）字希賢延安人張俊選為統領從俊討浙西寇秀州軍校徐明
以城叛宗顔夜襲其城明遁轉忠州刺史遷御前中軍統制金攻明州宗
顔破其前軍後擢龍
神衛四廂都指揮使

李寶（宋史本傳）河北人。金使蕭保衛出海道襲浙江，乃授寶浙西路馬步軍副總管，令督海舟捍禦。次江陰，先遣子公佐潛伺動靜。虜實公佐已挾魏勝得海州。寶喜，趣衆乘机進，遭大風作，海濤如山，寶動色不為動。風少彌，始維舟泊抵東海。敵已雲合，圍海州，旌麾數十里。寶麾兵登岸，揮槊前行，遇敵奮擊，將士賈勇無不一當十。敵引去，勝出城迎寶，獎其忠義，遣諜者四出，招納降附，聲振山東。豪傑爭應，寶撫所部，會家之膠西，命公佐以郡事畀勝，與發至膠西石臼島。敵引舟搖刀持戰，寶船鼓聲震疊，海波騰躍，敵大驚，寶亟命火箭環射，延燒數百艘，斬其帥六人。詔獎諭，書忠勇李寶四字表其旗幟，除靜海軍節度使、沿海制置使。

朱倬（宋史本傳）字漢章，閩縣人。宣和進士。高宗時，梁汝嘉制置浙東，表攝參謀。有羣寇就擒，屬倬鞫問，獨寘二人，餘釋不問，曰：吾大父尉崇安日，獲寇二百，坐死者七十餘人。大父謂此飢民劫食爾，烏可盡繩以法，悉除其罪，不以無責。吾其可愧大父乎。尋除浙西提舉。紹興三十一年，拜尚書右僕射。

曾幾（宋史本傳）字吉甫，其先贛州人，徙河南府。賜上舍出身。高宗時為浙西提刑。會兄開與秦檜力爭和議，開去，幾亦罷。起為浙西提刑，知台州，治尚清靜，民安之。黃巖令受賄，為兩吏所持，令械吏置獄，一夕皆死。幾詰其罪，或曰令丞相沈該客也，治之益急。除直秘閣。孝宗初，遷通奉大夫，致仕，謚文清。

李顯忠（宋史本傳）初名世輔，綏德軍青澗人也。初，其母當產，數日不能免，有僧過其門曰：所孕乃奇男子，當以劍矢置母旁，即生。已而果生。顯忠立于尊威之年十七，隨父出入行陣，補承信郎，充隊將。九术犯河南，命顯忠為招撫同前軍都統制，與李貴同破雲壁縣。太后至臨安，顯忠入覲，加保信軍節度使、浙東副總管。因上恢復策，忤秦檜意，遂降官，奉祠台州居住。復寧國軍節度使。金渝盟犯淮西，和州失守，顯忠選銳士萬人渡江，盡復淮西諸州郡。詔授淮南制置使，握太尉。孝宗隆興元年，兼淮西招撫使。乾道改元，復防禦觀察使、浙東副總管，提舉台州崇道館。名除威武軍節度使，賜第京師。乞祠，提舉興國宮，紹興府居

仕辛謚
忠襄

趙子潚 （宋史宗室傳）字清卿秦康惠王後宣和進士調衢州刑曹掾推官胡唐老奇其才任之子潚佐唐老繕完城具笛劉兵至城下不能攻以功進一秩累官至敷文閣知臨安府吏不能欺禁権家僦人子女為僕妾者陞文華閣待制復知臨安府調三衙卒修築都城不擾而辦帝幸建康充行宮留守參謀官還復知臨安府孝宗嗣位移知明州沿海制置使初海寇以賂通郡胥吏〻反為用匿其蹤跡賊識商船不通子潚以禮延士豪俾率郡胥分道入海告之曰用命有厚賞否則殺無貸眾震恐爭指賊處悉擒獲凡豪猾為賊囊橐者窮治之海道遂平陞龍圖閣直學士

王蓀 （周必大王蓀墓誌）字彥光吳郡崑山人宣和進士隆興元年為浙東提點刑獄會稽近行闕政尚姑息蓀屢行師事疾惡彌厲歲歉請學捐民租遂寢疾主管台州崇道觀

金安節 （宋史本傳）字彥亨歙州休寧人宣和進士紹興時知嚴州除浙西提刑入為大理卿首言治民之道先德後刑今守令慮不及遠簿書期會賦稅輸納朝日力辦之而無卓然以教化為務願申飭守令俾無專事律法苟可以贊教化必力行之兩浙漕屬王悅道劾仁和令楊績獄不實事下大理安節并逮悅道悅道幸醫王繼先子也屢因人求免安節不從遷宗正少卿隆興改元拜兵部侍郎

王珏 （洪武蘇州府志）字德全臨川人紹興二年起家鹽官丞秀州歲以錢給亭民煮鹽至十五年積十九萬七千餘緡不給民訴于朝除珏提舉浙西茶鹽連年盡償亭民且贏錢萬開華亭海河三百餘里鹽溝得流通且溢以溉田

顏師魯 （宋史本傳）字幾聖漳州龍溪人紹興進士除浙東提舉尋改使浙西役法敝甚遇搬破家師魯下教屬邑預正流水籍稽其役之序寬比限免代輸

咸便安之鹽課歲百鉅萬本錢久不給率嘉私鬻禁不可止師魯博帑緡盡償逋負戒官吏無侵擾比旁路課獨最農民有墾曠土成田未及受租者奸豪多為己利師魯奏但當正其租賦不應繩以盜種法失勸農重本意奏可遷著作令入為監察御史

朱熹（宋史本傳）字元晦徽州婺源人紹興進士淳熙五年知南康軍提舉常平茶鹽公事會浙東大飢宰相王淮奏改提舉浙東即日單車就道移書他郡募米商蠲其征及至則客舟之米已輻輳熹日鉤訪民隱按行境內單車屏徒從所至人不及知郡縣官吏憚其風采至自引去所部肅然凡丁錢和買役法榷酤之政有不便于民者悉釐而革之于救荒之餘隨事處畫必為經久之計

張杓（宋史張浚傳）浚漢州綿竹人子杓字定叟以父恩授承奉郎通判嚴州有能稱浙西使者薦所部吏而不及杓孝宗特令再薦知衢州遷提舉浙西常平督理荒政湖州缺守命兼攝焉有執政姻黨蔽糴杓首治之遷兩浙轉運判官米幾直藏戢閭里副使知臨安府奏除逋欠四萬緡米八百斛都城浩穰盜聚惡杓畫分地以驚捕夜戶不閉張師舍納女掖庭倚給使恃以恣橫杓因事痛繩之徙其家信州其類帖服修三牐復六井尋知紹興府光宗即位以刑部侍郎仍為府尹內侍毛伯益買西湖茭地為亭外戚有毀其僕者獄具夤緣宣諭求免杓皆執奏論如律杓天分高爽吏材敏給遇事不凝滯多隨宜必通論尹京者以杓為首

龔輿（嘉靖浙江通志）湘陰人乾道進士剛介廉潔為浙東臬法固憲按部郡饋遺皆不受身後家無擔石之儲

劉爚（宋史本傳）字晦伯建陽人乾道進士浙西提點刑獄巡按不避寒暑多所平反有殺人而權家者吏不敢捕爚竟獲之還國子司業言浙西根本之地宜詔長吏兼司禁戢強暴撫柔善良務儲積以備凶荒禁科斂以紓民力官至權工部尚書謚文簡

鄭興裔（周必大鄭興裔神道碑）字光錫，開封人。紹興四年用恩補成忠郎，歷提點浙東刑獄。淳熙元年兼沿海制置使，蠲常賦，撤稅，稅閣境使之累。封郡侯，贈太尉。

孫峴（萬曆杭州府志）字舉善，以詞學擢第，拜中書舍人。淳熙初為浙西提舉，以措置支運亭户本錢及增買鹽袋，興修水利，有勞，除直敷文閣、兩浙轉運使。

程大昌（宋史本傳）字泰之，徽州休寧人。紹興進士，除浙東提點刑獄。會歲豐，酒稅踰額，有挾朝命請增額者，大昌力非之，曰：「大昌寧罪去，不可增也。」六和塔寺僧以鎮潮為功，求内降給賜所置田產仍免科徭，大昌奏：「僧寺既違法置田，又移徭于民，奈何許之？況自修塔之後，潮果不齧岸乎？」寢其命。光宗嗣位，知明州，尋奉祠。

詹體仁（真德秀詹體仁行狀）字元善，浦城人。進士乙科，為湖州歸安丞。光宗時，提舉浙西常平。體仁謂浙右之有漕渠，非止通餽運、資國信往來而已，蘇湖常潤田之高仰者實賴之。于是開濬漕渠，浚練湖，置斗門，為旱澇備。又以餘力立舉子倉，創安濟院，所活不可勝紀。官至司農卿。

陳思誠（葉適陳思誠墓誌）字景思，信州弋陽人。光宗時為兩浙轉運判官，理副使。延問窮民，遂道詞牒，皆灼見度隱，予奪中情。為杭學等門設戟儀，比他州。置錢塘左選監，浚謹視重載覆溺者。言紹興府和買重，當減：「國之根本在州縣，州縣根本在民，欲寬州縣，當裕民力。」進直煥章閣，還太府卿。

羅點（萬曆杭州府志）字春伯，崇仁人。淳熙進士，由校書郎除浙西提舉，規畫荒政，凡數十奏，躬行畝畝，施惠甚溥。點端介，不為矯激之行。或謂天下事非力不辦，曰：「當論其心，心苟不正，才雖過人，果何取也。」歷簽書樞密院事，謚文恭。

李讜（江西通志）字和卿，虔之興國人。淳熙進士，累官太常寺丞，提舉浙東。值歲飢，賑濟有方。

汪綱（宋史）字仲舉，歙人。以蔭補官，知蘭谿，決擿如神。歲旱飢，郡倚辦勸分，綱謂勸分所以助義倉不逮耳，一切行之，非所以安富裕厚也。願假常平錢為糴本，使循環迭糶以濟，又乞行諸水利可興者勸浚築，使飢者得食力，全活甚衆，而歲以有秋。累遷直秘閣、知婺州，旱禱雨，龍瑞宮有物蜿蜒墨池硯上，綱曰：吾欲雨而已，毋為異。感衆須臾雨大至，歲以大熟。進直煥章閣、知紹興、主管浙東安撫司公事兼提點刑獄。蕭山運河淤久不可舟，浚之。復創閘江口，使淤不可入。覺達逵城者十里。屬邑咸瀕海，而諸暨十六鄉瀕河蕩，饒灌溉之利，勢家率封植埂岸為圩田，湖流來阨不得去，雨稍多則溢入邑居田廬，數為敗，綱請治復之。郎臨海道，招水軍，置甲仗，咸事赫然。後以權戶部侍郎致仕。

牛大年（宋史本傳）字路叟，揚州人。慶元進士。歷官浙江提點刑獄，清操凜然，以廉潔自持。

徐天麟（宋史徐夢莘傳）天麟字仲祥，臨江人。開禧進士。歷臨安府教授、浙江提舉常平司幹官，所至興學明教，有惠政。

范應鈴（宋史本傳）字旂叟，豐城人。開禧進士。為浙東提點刑獄，開明磊落，守正不阿，所至無留訟，無滯獄，繩吏不少貸，進修潔，棄贓賊，振對風声，聞者興起。徐鹿卿曰：應鈴經術似倪寬，決獄似雋不疑，治民似龔遂，風采似范滂，理財似劉晏，而正大過之。人以為名言。

劉伯正（嘉靖浙江通志）字直卿，餘干人。開禧進士。歷浙西轉運使，靜重鎮浮，不釣名譽。後以資政殿學士提舉洞霄宮。

呂午（宋史本傳）字伯可，歙縣人。嘉定進士。授烏程主簿，郡守置之幕下，事一決于午。調知餘杭縣，以言罷。浙東提舉章良明留之幕，欲兼沿海制置司事。海寇未平，良明問策安在，午薦知調軍出海，糧盡即旋，軍獲寇物，官盡拘收，乃與制置司幹官施一飛議，糧盡再給，不許擅還，賊舟所有悉以給軍，海道遂清。差兩浙運司主管文字，拜監察御史，累遷浙江提刑，復為監察御史。

吴潛（宋史本傳）字毅夫，宣州寧國人。嘉定進士，授承事郎，通判嘉興府，權發遣嘉
興府事。端平中，知慶元府兼沿海制置使，授寶謨閣待制，改直學士，兼浙西提
點坑冶，權兵部尚書，浙西制置司申論防拓江海團結措置等事，進吏部尚書
兼知臨安府，論修德以求亨通之理，帝嘉納。授寶謨閣學士，知紹興府、浙東安
撫使。淳祐年，授沿海制置大使，判慶元府。至官，條具軍民久遠之計，告于政府，
奏皆行之。又積錢百四十七萬三千八百有奇，代民輸帛，前後所蠲五百四十
九萬一千七百有奇。以
久任乃祠。封榮國公。

趙與懽（宋史本傳）字悅道，燕懿王八世孫。嘉定進士，直寶章閣，知安吉州，設銅鉦
憑門，以使愬冤。有富民愬幼子，察之非其本心，始逮其子付獄，徐廉之，乃
二兄强其父析業。與懽曉以法，閒以天理，皆忻然感悟。又嫠媼僅一子，亦以不
孝告，留之郡廳，日為饌，俾親饋晨昏，以禮切子，遂如初。二家皆画像事之。尋兼
知臨安府、浙西安撫使，招刺三千人為忠毅軍，言某衛虛籍，宜募兵，財先贍軍
餘，始上供，乞省不急之費。遷吏部尚書，會潮汐囓隄，授端明殿學士，知臨安府、
浙西安撫使。江隄竣事，獄空，力匃罷出。闕遣使趣還。歲飢，與懽榜諭賑救，推誠
勸分，日兩過至，米商來集，流移者濟之。授資政殿學士，提舉萬壽觀。與懽三為
府尹，盡力民事，都人稱趙端明，必以手加額曰：趙佛子也。久之，以舊職知溫州，
政事必親，吏不敢欺。創水砦，修貢院。以侍讀召，陞大學士，後拜少傅，進封奉化
郡王，謚
清敏。

吳淵（宋史本傳）字道父，宣州寧國人。嘉定進士，提點浙西刑獄。會衢嚴盜起，警報
至，調遣將士招捕之，殲其渠魁，散其支黨，以功為樞密院檢詳諸房文字。遷
太府少卿，進權工部侍郎，提舉浙西沿海諸州軍，許浦澉浦等處兵船。歲大祲，
因淵全活者六十六萬八千餘人。遷兵部尚書，知平江府，兼浙西兩淮發運使。
寶祐五年拜
叅知政事。

包恢（宋史本傳）字宏父，建昌人。嘉定進士。通判台州，徐鹿卿討溫寇，辟兼提點刑獄司主管文字，議收捕，改通判臨安府，知台州。有妖僧居山中，聚活佛男女爭視之，因為姦利，豪貴風靡，恢誅其僧。累除浙西提點刑獄。時海寇為亂，恢單車就道，調許澉浦分屯建砦，一日集諸軍討平之。嘉興吏因和糴受賕百萬，恢被旨慮囚，曰：吾用此清沴氣。乃戮死，斷其手。後以資政殿學士致仕。恢破豪猾，去奸吏，治蠱獄，課鹽理銀，只政声赫然。謚文肅。

徐鹿卿（宋史本傳）字德夫，隆興豐城人。嘉定進士。浙東提點刑獄兼提舉常平。鹿卿言罷浮鹽經界醮地，先後[撤]相家所葬，就捕者自言我相府人，鹿卿曰：行法必自貴近始。卒論如法。丞相史彌遠之弟通判溫州，利韓世忠家寶玩，籍之，鹿卿奏劾其官。擢太府少卿兼右司。居[官]廉約清峻，毫髮不妄取，一廬僅庇風雨。謚清正。

姚希得（宋史本傳）字逢原，潼川人。嘉定進士。理宗時為戶部侍郎，帝曰：姚希得才望可為閫帥。乃進煥章閣待制，知慶元府、沿海制置使。詔增沿海舟師，希得為之廣募水軍，造戰艦，蓄糧食，糴米一萬二千石，舊逋一百萬，去官庫餘羨悉以代民輸。召為工部尚書，後以資政殿大學士、潼川郡公致仕。

高斯得（宋史本傳）字不妄，邛州蒲江人。紹定進士，通判紹興府、台州，知嚴州。嚴環山為郡，雖豐歲猶仰他州。夏旱，斯得蠲租發廩，招糴勸分，請于朝，得米萬石以振濟。遷浙東提點刑獄，並劾知處州趙善瀚、知台州沈堅等七人以贓屬民疏上，不報。改江南轉運判官，斯得且辭，上奏曰：臣劾奏趙善瀚等七人，未聞報可。祖宗以來，未有監司按吏一不施行者。臣身為使者，劾吏不行，又叨易節，若貪榮冒拜，與頑鈍無恥者無異，乞併臣罷，以戒奉使無狀者。章上七八，竟罷去。仕至端明殿學士兼參知政事。

胡穎（宋史本傳）字叔獻，潭州湘潭人。紹定進士，歷官浙西提點刑獄，兼王府。十二人行劫，穎志斬之。一日輪對，理宗曰：聞卿好殺，意在折獄。穎曰：臣不敢屈太

祖之法以負陛下非嗜殺也帝默然

王積翁（黃溍王積翁墓誌）字良存福之長溪人用蔭補承務郎調監嚴州都酒務吳潛分閫四明辟奉國軍節度使推官改沿海制置大使司幹辦公事累數十年不決之訟悉以委之凡所剖析三百餘事除浙西安撫使幹辦公事奏朝旨決六縣獄單車夜至餘杭閱獄囚一百七十悉得其情當生者僅數人餘皆平民明日召縣官盡釋之所平反他邑疑獄全活甚衆改秩差知富陽縣治辦為諸邑最秩滿除兩浙轉運司主管文字力請寬收曹倩科之限東南諸郡咸便之

呂沆（宋史本傳）字叔朝端平三年銓試第一授黃巖縣主簿知於潛縣事因逸聞沆至自歸通判婺州未召章詔四四十有二年吳王府爭墓二十有九年沆皆決之特差充提領兩浙轉運鹽事使司主管文字賈似道議行公田沆請罷還民似道矯詔廢十七界會行關子沆力言非便似道大怒調將作監簿以之典雲臺觀德祐九年名起行在不復出

李芾（宋史本傳）字叔章其先廣平人徙家衡州芾以蔭補善知德清縣屬浙西飢置保伍振民活數萬計有妖人扇民為亂至數萬人芾討之盜聞其來衆立散除司農寺丞以浙東提刑知溫州溫州瀕海多盜芾至盜息移浙西時浙西亦多盜羣六太湖中芾踪得其出沒按捕之盜亦駭散咸淳元年入知臨安府時賈似道當國前尹事無鉅細先關白始行芾獨無所關福人府有迫人死者似道力為營救芾以書往復辯論竟置諸法嘗出閱大具民有不為具者問之似道家人也立杖之似道大怒諷以贓罪罷之起為湖南提刑知潭州潭州兼湖南安撫使元兵入潭死之贈端明殿大學士謚忠節

汪立信（宋史本傳）臨邛人澈從孫也淳祐進士景定初官浙西提點刑獄即嘉興治所請行荒政咸淳十年為端明殿學入沿江制置使江淮招討使建康

兵潰抱吭而死贈太傅

文　天祥（宋史本傳）字宋瑞廬陵人寶祐進士咸淳末年知贛州德祐初元師渡江詔諸路勤王天祥奉詔發郡中豪傑為人入衛明年除知臨安府尋拜右丞相令詣北軍請和伯顏折以危言天祥曰天祥為宋狀元宰相所欠只一死報國耳刀鋸鼎鑊非所懼也伯顏挾天祥北行中道計脫泛海至溫州吾左丞相仍以都督出江西加少保封信國公兵駐南嶺元兵奄至為所執送燕居兵馬司者四年至元十九年世祖召入問曰汝何願天祥對願賜一死臨刑從容謂吏卒曰吾事畢矣南鄉拜而死衣帶中有贊云孔曰成仁孟曰取義惟其義盡是以仁至讀聖賢書所學何事而今而後庶幾無愧時年四十七

吳　名揚（江西通志）字叔瞻金溪人咸淳進士歷官浙西制幹文天祥奏除兵禮二部架閣踴躍赴義傾動一時

陳　繼周（宋史本傳）字碩卿寧都人淳祐三年貢于鄉咸淳十年詔徵勤王兵文天祥方守贛州造繼周問計繼周為言方畧甚詳差充浙江制置司主管機宜所部夜襲元兵南柵門殺傷相當質明猶戰力竭赴水死

張　世傑（宋史本傳）范陽人累功至黃州武定諸軍都統制咸淳四年提所部兵入衛加保康軍承宣使總都督府兵遣將四出取浙西諸郡進沿江招討使改制置副使進保康軍節度使元軍迫臨安世傑請背城一戰元兵至皐亭山世傑提兵入定海石國英遣都統卞彪說之使降世傑大怒斷其舌磔之帥巾子山從二王入福州後崖山舟壞死

元

伯　顏（元史本傳）蒙古八鄰部人至元初事世祖十一年大舉伐宋以伯顏領河南等路行中書省所屬並聽節制十二年十一月伯顏分軍為二道期會于臨

安諸軍水陸並進至臨安北十五里分遣董文炳呂文煥范文虎巡視城堡安諭軍民禁軍士毋入城遣文煥將黃榜諭臨安中外軍民俾安堵如故建大將旗鼓率左右翼萬戶巡臨安城觀潮于浙江暮還湖州市命唆都撫諭軍民部分諸將共守其城護其宮置三衙諸司兵于各翼以候調遣其生募等軍願歸者聽分遣蕭都王世英等招諭衢信諸州遣別將徇地浙東西承制以臨安為兩浙大都督府復命張惠阿剌罕董文炳呂文煥等入城籍其軍民錢穀之數閱實倉庫收百官誥命符印圖籍悉罷宋官府仍禁人不得侵壞宋氏山陵伯顏深略善斷將二十萬眾伐宋若將一人諸帥仰之若神明畢事還朝歸裝惟衣被而已未嘗言功

並封淮安王謚忠武

忙兀台

（元史本傳）蒙古達達兒氏至元十一年從伯顏南征招降湖州守將二人行有第其功承制授行兩浙大都督府事二十一年拜江浙行省平章政事脫忽思槩寶傳旨中書者令患代江浙省臣中書復奏帝曰朕安得此言傳者妄也如忙兀台之通曉政事亦可代耶俄以言者召赴闕封其家嗣遣使按驗無狀拜銀青榮祿大夫行省左丞相還鎮江浙時浙西大飢乃弛河泊禁發倉庫官貨抵其直貿粟以賑之浙東盜起蠲田租以紓民力奏以敗闕私鹽者皆海邑民今征日本可募為水工從之役既罷請以戰艦付海漕又言省治在杭州具兩淮江東財賦軍實既南輸至杭復自杭北輸京城往返勞頓不便請移省治于揚州帝從其言命

為江西丞相兼樞密院事

董文炳

（元史本傳）字彥明俊長子真定藁城人至元十年拜參知政事是歲伐宋諸軍分三道而進文炳居左由江並海趨臨安次鹽官鹽官臨安劇縣俟救至招之久不下將佐請屠之文炳曰此縣去臨安不百里聲勢相及臨安約降已有成言吾輕殺一人則害大計況屠一縣耶遣人入城諭意縣降遂會伯顏于臨安城北入城罷宋官府散其諸軍封庫藏收禮樂器及諸圖籍伯顏入覲留事一委文炳禁戢豪猾撫慰士女拜中書左丞特吉王昱據台州叛文炳

進兵所過禁士馬無敢踐民田麥曰在倉者吾既食之在野者汝又踐之新邑之民何以續命是以南人感之不忍以兵相向次台州諸將先俘州民文炳下令敢有不繫所俘者以軍法論得免者數萬口至溫州令毋取子女毋掠民有後贈平章政事謚忠獻

相威（元史本傳）國王速渾察之子也至元十一年世祖命總兵從伐宋渡江東下會丞相伯顏分三道並進相威部署將校申明約束吏民安堵如故拜江南諸道行臺御史大夫陳便民一十五事其略曰併行省削冗官鈐鎮戍拘官船業流官錄故官贓饋道淮浙鹽運司直隸行省行大司農營田司併入宣慰司理訟勿分南北公田名佃仍戒其祖革公吏勿容作弊帝皆納為浙東盜起浙西宣慰司昔里伯縱兵肆掠俘及平民乃遣御史商琥捕錢塘津渡閱治之浮釋者以數千計昔里伯通運都奏執治其罪二十年拜江淮行省左丞相封馮翊郡公謚文穆

懷都（元史本傳）幹魯納台氏至元十二年授樞密院事狗秀州撫治臨安迤東新附軍民同元帥撤里蠻帖木兒張弘範狗溫州所至州郡迎降授鎮國上將軍浙東宣慰使討台慶叛者戰于黃奢嶺又戰于溫州白塔七寨十六年授行省參知政事

高興（元史本傳）字功起蔡州人至元十二年伯顏伐宋承制授興千戶由間道奪獨松關進至武康伯顏北還留興以兵取鄞縣之未下者衢婺二州已降復叛興討之七戰至破溪進戰蘭溪復取婺州進戰衢城下連戰赤山陳家山園江山縣獻魏福興等七人于行省還鎮國上將軍管軍萬戶鎮婺州充衢婺招討使東陽玉山群盜張念九強和尚等殺宣慰使陳祐于新昌興捕斬之遷浙東道宣慰使奉省檄討處州及溫台海洋群盜平之改浙西道宣慰使拜江淮行中書省參知政事平婺州盜施再十改浙東道宣慰使拜行尚書省參知政事捕斬郴分司于婺州討處州盜詹老鴉溫州盜林雄興潛由青田掠其巢六戰葉山擒老鴉及林雄等二百餘人大德三年改江浙行省平章政事

張弘範（元名臣事畧）字仲疇中統三年授行軍總管至元十三年浙東叛弘範討之師次台州拔之衆請屠城弘範不許誅其首禍者而已台民至今感之後封淮陽王謚獻武

張惠（元史本傳）字廷傑成都新繁人至元中伯顏代宋惠主饋餉宋降入城籍江南民為工匠凡三十萬戶惠選有藝業者僅十餘萬戶餘悉奏還為民二十八年以平章政事行省杭州

孟祺（元史本傳）字德卿宿州符離人至元十二年伯顏代宋授祺行省咨議諸將利剽掠爭趨臨安伯顏問計祺對曰宋人之計惟有竄閩爾若以兵迫之彼必速逃一旦盜起臨安三百年之積焚蕩無遺矣莫若以計安之令彼不懼正如取果稍待時日耳伯顏乃進入至臨安以安慰之宋乃不復議遷江南平陞授嘉興路總管首以興學為務創立規制擢浙東海右道提刑按察使

劉宣（元史本傳）字伯宣其先潞人後徙太原宣撫張德輝薦為中書省掾至元十六年從丞相伯顏平江南贊畫居多同知浙西宣慰司事在官五年威惠並著由集賢學士除行臺御史中丞

虎都鐵木祿（元史本傳）字漢卿至元十一年從丞相伯顏渡江既取宋遣視宋故宮室護帑藏諭下明越等州延祐三年大臣以浙東倭奴商舶貿易致亂奏遣漢卿宣慰閩浙撫戢兵民海陸為之靜謐

完者都（元史本傳）欽察人至元十一年從丞相伯顏南征江南平因賜名拔都兒拜江浙行省左丞兼管軍萬戶初浙西私鹽吏莫能禁完者都諭松江上海收鹽徒五千隸軍籍授中書右丞行浙西道宣慰使成宗即位授江浙行省平章政事追封林國公

高源（元史本傳）字仲淵，晉州人，僉江南浙西道提刑按察司事，劾達魯花赤馬忽奪民田及他不法事，忽懼，走路權臣阿合馬，以他事誣源，既繫獄，忽釋之。先是，源所居鄰里多阿合馬姻戚，素知源事母至孝，至是聞源坐非辜，悉詣阿合馬曰：源孝子也，非但我知之，天必知之，況媒孽之罪非實，若妄殺源，悖天不祥。阿合馬感悟，得不死，尋除河間等路都轉運副使。

陸垕（元史藏夢解傳）垕字仁重，江陰人，至元間丞相伯顏以師南下，奏授為同知嚴州路總管府事，以廉能擢置憲臺，累遷浙西廉訪使，所至以懸賦吏洗冤獄為己任，嘗上章奏免儒役及舉行浙西物役法，卒謚莊簡。

陳思濟（元史本傳）字濟民，柘城人，以才器見擢，至元中同知紹興路總管府事，承檄讞獄，桐廬有囚病瘡將死，縱遣還家，俟期來決，囚拜請曰：聞公名久矣，若不早決，恐終不可保，為閱其案而釋之。轉同知兩浙都運司事，胥吏侵漁民困于賦役，悉蠲除之。加少中大夫、同知浙東道宣慰司事。時浙西大水，民飢，浙東倉廩殷實，即轉輸以賑之，全活者衆。檄上中書，奏允之。浙東復旱，禱于名山而大澍，民賴以甦。累遷中議大夫，封潁川郡侯，謚文肅。

張礎（元史本傳）字可用，其先渤海人，從通州平章廉希憲薦于世祖潛邸，從伐宋，凡微發軍旅文檄，悉出其手。為江南浙西道提刑按察副使，佩金符宣慰使失里貪暴，掠良民為奴，礎劾黜之。遂安縣民負險為亂，命礎與同知浙西道宣慰使劉宣領兵捕之，宣即欲進兵，礎曰：江南新附，守吏或失撫字，宜遣人招諭以全衆命。遣達人諭之，逆黨果自縛請罪，礎釋之。遷嶺南廣西道提刑按察使，封清河郡公，謚文敏。

管如德（元史本傳）黃州黃陂縣人，至元十二年遷浙西宣慰使，上時政五條：一曰立額籌征，二曰息兵懷遠，三曰立法用人，四曰省役息民，五曰設官制祿。丞相阿塔海命馳驛奏出征事，世祖問曰：江南之民得無有二心乎？對曰：往歲旱澇相仍，今累歲豐稔，民沐聖恩多矣，敢有貳志。二十四年遷江西行省參知政事陳祐（元史本傳）一名天祐字慶甫寧晋人至元十四年浙東道宣慰使時江南初附軍士俘掠台民男女數千口祐悉奪還之未幾行省榷民商酒稅祐請曰兵火之餘傷殘之民宜從寬恤違祐檢覆慶元台州民田及還至新昌值玉山鄉盜倉卒不及備遂遇害贈江浙等處行中書省左丞追封河南郡公謚忠定

禿不甲（元史塔塔兒台傳）塔塔兒台子至元十五年為浙西按察使性淳靖喜怒不形知民疾苦而能以善道之早常致禱即雨歲飢請于朝發廩以賑賙同僚與學校士民刻石紀其政績

鄭溫（元史本傳）真定盧壽人至元十八年江淮行省參知政事杭民飢出米二十萬石糶之陞江浙左丞

史弼（元史本傳）字君佐一名塔剌渾蠡州博野人至元十年從伯顏南征進達大將軍十九年任浙西宣慰使二十一年春霖雨米價湧貴弼即發米十萬石平價糶之而後聞于省省不能奪盖出十萬石民得不飢改淮東宣慰使授尚書省左丞行浙東宣慰使平壽州盜元貞元年同知樞密院事陞平章政事封鄂國公

雷膺（元史本傳）字彥正渾源人太宗特詔郡國設科選試膺與選世祖至元二十三年授江南浙西道提刑按察使時蘇湖多雨傷稼百姓艱食膺請于朝發廩米二十萬石賑之江淮行省以發米太多議存三之一膺曰布宣皇澤惠養困窮行省臣職耳豈可效有司出納之吝耶行省不能奪悉給之拜集賢殿學士贈江南江北等處行中書省參知政事

斡羅思客（元史昔班傳）昔班畏吾人子斡羅思客至元二十三年授浙東宣慰使浙東盜起討平之移鎮慶元

也速解兒（黃溍也速解兒神道碑）乞里養哈解氏至元二十四年拜江浙等處行中書省平章政事江浙省治錢塘所統列郡民物殷盛最為巨鎮也速

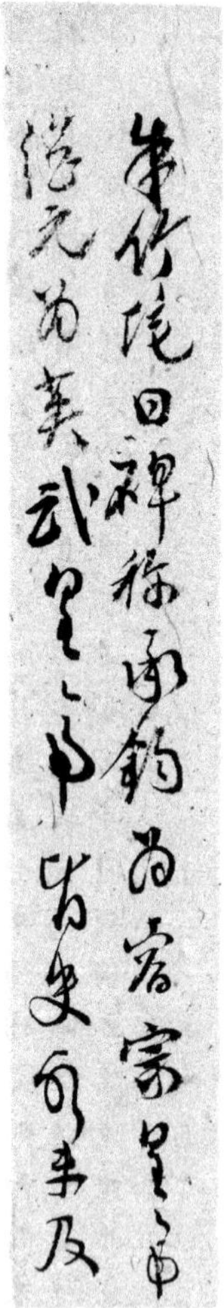

解兒威望素著治事伊始風采一新特
責無或敢撓其政豪强震慴田里晏然

拜降（元史本傳）北庭人美髭髯儀表甚偉至元十一年從阿术渡江先登陷陣勇一軍宋平以功授江浙省理問官遷慶元路治中歲大饑狀累上不報拜
降曰民飢如是而不賑之豈為民父母意耶即移諸行省力請得發粟四萬石
民賴全活元貞間兩浙鹽運使同知范某陰賊為姦數侵暴細民々有珍貨腴
田奪為己有不與則羅織之蘭谿州民葉一王十四有美田宅范欲奪之不可
因誣以事繫獄十年不決事聞于省々下理問所推鞫之適拜降至官寃遂得
直置范于刑大德元年遷浙東廉訪副使令行禁止豪强慴伏同寅有貪穢者
拜降抗章劾之于臺遂免其官後轉工部侍郎陞尚書贈江浙右丞謚貞惠

和尚（元史本傳）玉耳別里伯牙吾台氏至元中江南浙西道提刑按察使浙西民
衆事繁在職唯務鎮靜人服其知大體追封沈國公謚莊肅子千奴世祖念
其功臣子即以父官授之時江浙行中書省行御史臺皆治杭千奴上言行者
專控江浙在杭為宜行臺總鎮江南不宜偏在南且兩大府並立勢逼則事窒
情通則威褻盡移行臺于要便之所遂移
行臺于江東大德二年授建康路總管

徐琰（萬曆杭州府志）字子方東平人至元三十一年拜浙西肅政廉訪使嘗作戒石銘曰天有明鑑國有公法爾畏爾謹以中刑罰即宋太學舊址改建西湖
書院琰有文學重
望東南人士重之

陳元凱（趙孟頫陳元凱碑記）字時舉臨晉人至元三年以才德薦元貞十一年授浙東海右道肅政廉訪使適兩浙大飢紹興尤甚死者相枕藉元凱賑之
百方活十餘萬口
積官嘉議大夫

盧克治（黃溍盧克治墓誌）字仲敏閩州人至元十三年從軍取淮甸有勞授漢陽府判官遷浙江行中書省左右司都事尋遷兩浙都轉運鹽副使東南財

計莫重于鹽筴先是恒以歲賦減耗為憂克治規措有法自常筴外浮羨鹽八萬九百引以最聞除漢陽府致仕累階亞中大夫

史弼郷（郷貫史弼郷墓誌）弼郷世居真定以功授廣東宣慰副使改浙東在浙破山賊郗分司眾七千括蒼賊婁蒙才楊鎮龍眾五萬東陽猶俞高等五千紹興殪唐老鷗林猖劉甲一眾數萬溫處閩功最一時成帝即位拜江浙等處行中書右丞至則除火餘官屋之備若干緡禁官市惡鹽鍋減江東戶譯遷江西右丞召入拜大司農

董士選（元史董文炳傳）士選字舜卿文炳次子為統軍總管從文炳入宋宮收其文書圖籍秋毫無所取以中書左丞與平章政事徹里往鎮浙西聽辟舉俸屬至部察病民事悉以帝意除之民大悅浙多湖泊廣蓄洩以藝水旱率為豪民占以種藝水無所居積故數有水旱士選與徹里力開復之成宗即位累遷江浙行省右丞

徹里（元史本傳）燕只吉台氏大德元年拜江浙行省平章政事江浙稅糧甲天下平江嘉興湖州三郡當江浙什六七而其地極下水鍾為震澤震澤之注由吳淞江入海歲久江淤塞豪民利之封土為田由是浸淫泛溢敗諸郡禾稼朝廷命行省疏導之發卒數萬人徹里董其役凡閱四月畢工名入為中書平章政事

脫脫（元史木華黎傳）脫脫木華黎四世孫成宗即位拜上都留守三年拜江浙行中書省平章政事始至飭左右毋預公家事且戒其掾屬曰僕從有私囑者慎勿聽若軍民諸事有關于利害者則言之當言不言爾之責也言而不聽我之咎也聞者悚慄時朱清張瑄以海運致位參知政事多行不法以黃金五十兩珠三囊賂脫脫求緩其罪脫脫縶之有司遣使者以聞帝曰脫脫我家老臣之子孫其志固宜與衆人殊賜內府黃金五十兩寵賚之有豪民白晝殺人脫脫立命有司據法誅之豪猾屏息民賴以安

哈剌哈孫（元名臣事略）斡羅那氏大德二年拜浙江行省左丞相凡七日綱舉七十餘事民風丕習翕然為變入為中書左丞相杭之耆庶伏地攀泣焉不得前武宗即位加太保録軍國重事

田滋（元史本傳）字榮甫開封人大德二年遷浙西廉訪使有縣尹張或者被誣以賍獄成滋審之但俯首泣而不語滋以為疑明日齋沐詣城隍祠禱曰張或坐事有冤狀願神相滋明其誣守廟道士進曰曩有王成等五人同持誓狀到祠焚禱火未盡而去爐中得其遺稿今藏于壁間豈其人耶視之果然明日詣憲司詰成等不服出所得火中誓狀示之皆驚愕伏辜或得釋十年改濟南路總管

張珪（元史本傳）字公端弘範子大德三年遷浙西肅政廉訪使劾罷郡長吏以下三十餘人府史胥徒數百徵贓巨萬計珪得監司奸利事將發之事干行省有內不自安者欲以危法中珪賂遺近臣妄言珪有献勝事且沮鹽法帝遣官雜治之得行省大小吏及鹽官欺罔狀皆伏罪名拜樞密院事

趙宏偉（元史本傳）字子英甘陵人後徙穎州大德五年僉浙西道肅政廉訪使事至大二年為浙東廉訪副使至浙東聞郡人許謙得朱熹道學之傳延致為師于是人知向慕未幾擢江南行臺治書侍御史封天水郡侯謚貞献

吳元珪（元史本傳）字君璋廣平人大德六年拜江浙行省參知政事初朱清張瑄以財雄江南綸以金幣連結當路而江浙省臣為尤甚唯元珪一無所汙皇慶元年拜江浙行省左丞江淮漕臣言江南殷富盖由多匿腴田若再行檢覆之法當益田畝累萬計元珪曰江南之平幾四十年戶有定籍田有定畝一有動搖其害不細執其論固爭月餘不能止移疾去延祐元年拜甘肅行省左丞追封趙國公謚忠簡

張思明（元史本傳）字士瞻其先獲嘉人後徙居輝州大德十年除江浙行中書省左右司郎中浙大飢首贊發廩賑之遷兩浙鹽運使歲課充羨僚屬請上

增數明曰贏縮不常萬一以增為額是我希一己之榮遺百世之害天曆元年為江浙行中書省左丞會陜西大飢中書撥江浙鹽運司歲課十萬錠賑之吏白阅歲所入已輸京師當回咨中書思明曰陜西飢民猶鮒在涸轍往復踰月是索之枯魚之肆也其以下年未輸者如數與之有罪吾當坐朝廷韙之以中書左丞相召思相平生不治產不蓄財收書三萬七千餘卷尤明于律贈清河郡公謚貞敏

高昉

高昉（蘇天爵高昉神道碑）字顯卿大名人至大二年為江浙行省參知政事有旨範京城新寺供佛銅器以行省督視之期廹銅不能具或欲銷省庫錢以充用昉曰歷代泉貨孰敢擅毀有頃詔發庫錢與楮幣兼行衆方服昉之識海舶歲運米數百萬石以食京師官為給道里費朝廷命昉頒之分毫悉給于民昉以海漕官吏出入風濤請優其序遷以勸來者著于令進拜江浙行省平章政事江左繁富中外徵求百至昉熟知利弊務簡靜不擾以是民用寧一

鄧文原

鄧文原（元史本傳）字善之一字匪石綿州人至元二十七年為杭州路儒學正至大三年授江浙儒學提舉召為國子司業科舉制行文原校文江浙慮文守舊習大書朱熹貢舉私議揭于門僉江南浙西道肅政廉訪司事吳興民夜歸迎逓者執之逅去有追及之者刺其脅仆地明旦家人得之以歸比死其兄問殺汝者何如人曰白帽青衣長身者也其兄愬于官有司問直初吏者曰張福兒執之械繫三年文原錄之曰福兒身不滿六尺未見其長也刃傷右脅而福兒素用左手傷宜在左何右傷也鞫之果得真殺人者而釋福兒桐廬人戴汝惟家被盜有司得盜獄成送郡夜有焚戴氏廬者不知汝惟所之文原曰此必有故也乃得其妻葉氏與其弟謀殺汝惟狀而于水涯樹下得屍與清血斧俱在爲人以為神移江東道贈江浙行省參知政事謚文肅

高睿

高睿（元史高知耀傳）睿河西人除嘉興路總管境內有宿盜白晝掠民財捕者莫敢近睿下令不旬日生擒之一郡以寧擢江東道提刑按察使陞同僉行樞密院事遷浙西道肅政廉訪使監官州民有連結黨與持郡邑短長目曰十七史莫敢問睿悉按以法闔境快之拜南臺御史中丞封寧國公謚貞簡

戴文璧（萬曆杭州府志）字君章，沂州琅琊人，少負經濟，以廉隅自砥。除為兩浙轉運判官，嘗分職巡鹽官場，法飭弊釐，國課足而竈戶安堵。

曹伯啓（元史本傳）字士開，濟寧碭山人。至元中歷仕為蘭谿主簿，尉獲盜三十，械狗諸市，伯啓以無左驗，未之信，俄得真盜，尉以是慙。累遷台州路治中，鄉文潘昂霄、廉訪使王俣交薦，擢西臺侍御史。延祐五年遷司農丞，奉旨至江浙議鹽法，罷檢校官，置六倉于浙東西，設運鹽官，輸運有期，出納有次，船戶倉吏盜賣滲失者有罰。歸報，著為令。英宗立，除浙西廉訪使。泰定初引年歸。

敬儼（元史本傳）字威卿，其先河東人，後徙易水。皇慶元年除浙東道廉訪使。有錢塘退卒詐服僧衣，稱太后旨，建婺州雙溪石橋，因大興工役以病民，儼命有司發其奸贓，狀追之，仍請奏罷其役。郡大火，儼令發廩以賑，取憲司廢堂材木及諸路學廩之羨者，建孔子廟。拜江西等處行中書省參知政事。

康里脫脫（元史本傳）仁宗即位，拜江浙行省左丞相，下車進父老問民利病，咸謂杭城故有便河通于江，湮廢已久，若疏鑿以通舟楫，物價必平。僚佐或難之，脫脫曰：吾陛辭之日，奉旨許以便宜行事，民以為便，行之可也。俄有旨禁勿興土功，脫脫曰：敬天莫先勤民，民蒙其利，則災沴自弭，土功何尤。不一月而成。至正初追封和寧王，謚忠獻。

王克敬（元史本傳）字叔能，大寧人，累陞江浙行省左右司都事。延祐四年往四明監倭人互市，先是往監者必懼兵自衛，克敬悉去之，撫以恩意。有吳人從軍征日本陷于倭者，至是從至中國，訴于克敬，願還鄉，或恐為禍，階克敬曰：豈有軍士懷恩德來歸而不之納耶。拜監察御史，尋遷左司都事。特英宗勵精圖治，更前政不便者，克敬言兩浙煎鹽戶年盈之役，其重者尤害民，當免其地徭，從之。泰定初出為紹興路總管，上言乞減鹽五千引，運司弗從，因歎曰：使我為運使，當令越民少蘇矣。行省檄克敬抽分舶貨，物舊者例籍其貨，商人以風水為解，有司不聽，克敬曰：某貨出某國，地有遠近，貨有輕重，冒險以萬死，舍近而趨逐棄重而取輕豈人情耶具以上聞高人德之轉兩浙鹽運司使首減紹興民食鹽五千引溫州逮犯私鹽者以一婦人至怒曰豈有逮婦人千百里外與吏卒雜處汙教甚矣自是毋得逮婦人著為令元統初為江浙行省參知政事大旱諸民田減租惟長寧寺田不減遂移牘中書以謂不可怒天變而毒疲民嶺海猺賊竊發朝廷調戍兵之在行者往討之故事漢人不得與軍政克敬抗言行者任方面之寄豈可拘法坐視乃調兵往捕之視事五月請老

李守中（蘇天爵李守中墓誌）字正卿延祐六年除兩浙轉運鹽司副使守中言法久明槩理宜變通今兩浙竈民凋槩日甚當驗其恒產差為上下竈民既為國輸課不當復役里正代償民租在官五年熟知其槩工本親給與民官屬不敢稍有所掊克數事集而課亦溢比終更增鹽五萬餘引以嘉議大夫工部尚書

歸

趙知章（萬曆杭州府志）字伯常睢陽人兩浙轉運司同知以陸運困民請因歲飢浚河民得錢以為食官得河以浮運稽姦貪蕭戶之槩察私鹺濫及之寃儒學提舉陳旅為撰德政碑

瞿霆發（萬曆杭州府志）字聲父上海人以切指兩浙都轉運副使海潮壞鹽場死者萬計霆發傾力救之流亡復還鹽事以集仁宗特拜運使浙東飢辛民死徙霆發稽戶數第其物力而均之課吏以最聞

王都中（元史本傳）字元俞福寧州人世祖時除浙東道宣慰副使金華有毆殺人者吏受賕以為病民都中摘屬吏發按得其情餘姚有豪民張甲居海濱為不法吏無敢涉其境都中捕繫之痛繩以法武宗除兩浙都轉運鹽使請于行省稿歷三十四場覈其物力高下以損益之役既平而課亦足公私便之擢浙東道宣慰司都元帥天曆初被省檄整點七路軍馬境內晏然轉江浙行省參知政事謚清獻

曾鑑（元史本傳）字克明，宛平人。至治二年授江浙行省左右司員外郎。明年春旨括釋氏白雲宗田，稽檢有方，不數月事集，纖毫無擾。天曆元年擢江浙財賦府副總管，屬淮浙大水，民以饑告，鑑損其賦什六七。勢家因而說免者，鑑豪貴諭令首輸。陞禮部尚書，追封魏郡侯，謚文穆。

高納麟（元史高睿傳）納麟，智耀孫，睿之子也。天曆元年除杭州路總管，鋤奸去蠹，吏畏民悅。為江浙行省右丞，除浙西廉訪使，行宣政院使。上天竺耆舊僧彌戒住山，耆舊僧惠洲恣縱犯法，納麟皆坐以重罪。請行宣政院設崇教所，擬行省理問官秩四品，以治僧獄訟，從之。尋為江浙行省平章政事。十二年江淮盜起，帝命為南臺御史大夫，兼太尉，設僚屬，總制江浙、江西、湖廣三省軍馬。十六年詔以江南行臺移置紹興，以納麟為御史大夫，仍太尉。

韓鏞（元史本傳）字伯高，濟南人。延祐進士。天曆元年除僉浙西廉訪司事，擊姦暴，黜貪墨，特舉烏程縣尹干文傳治行為諸縣最，所至郡縣為之肅然。轉江浙財賦副總管，拜中書參知政事。

徹里帖木兒（元史本傳）阿魯溫氏。至順元年遷江浙行省平章政事，以嚴厲為政，部內肅然。尋召拜御史中丞。

卜顏鐵木兒（元史本傳）字珍卿，唐兀吾密氏。天曆間拜江浙行省平章政事。持身廉介，人不敢干以私。性至孝，嘗乘花馬，時稱為花馬兒平章云。

王惟賢（蘇天爵王惟賢神道碑）字國寶，中山人。至順三年為兩浙鹽運使，經畫有方，課先諸漕，以集仍補前政所負鹽十萬引。時天子賜予蕃瀋白金不足，分命鹽漕代償，惟賢設法取之，而商不擾。元統初徵拜戶部尚書。

自當（元史本傳）蒙古人。順帝初為浙西肅政廉訪使。有以駙馬為江浙行省丞相者，其宦豎恃公主勢，坐杭州達魯花赤位，令有司強買民物（闕）不從輒毆之。有司來白，自當即逮之械以令眾，自是丞相府無敢為民害者。尋召為同僉樞密院事，在位剛介，終始一節，有古遺直風。

王獻元（嘉靖浙江通志）元統元年為浙東道宣慰副使勤慎寬厚崇尚儒雅
常被命審囚閱實讞詳平反全活者衆居官清白不求赫赫之名

亨术魯翀（蘇天爵亨术文靖神道碑）字子翬元統二年拜江浙行省參知政事江
浙地大事劇而省臣頗苛事多壅積民以為病翀曰職居不濡而欲吹
毛求疵吾下書無所措手足矣
事至即決封南陽郡公謚文靖

瞻思（元史本傳）字得之其先大食國人至元三年除僉浙西肅政廉訪司事即按
問都轉運鹽使海道都萬戶行宣政院等官贓罪浙右郡縣無敢為貪墨者復
以浙右諸僧寺私蔽猾民有所謂道人道民行童者類皆瀆常倫隱徭役使民
力日耗第勘嘉興一路為數已二千七百乃建議請勒歸本俗俾供王賦庶以
少寬民力朝廷是之即著為令改僉浙東肅政廉訪司事以病免歸瞻思歷官
臺憲所至以理冤澤物為己任平反大辟之獄先後甚衆然未嘗故出人罪以
市恩名為秘書少監不赴
追封恒山郡侯謚文孝

月魯不花（元史本傳）字彥明蒙古遜都思氏元統進士授台州路錄事司達魯花
赤縣未有學乃首建孔子廟既又延儒士為之師以教後進歷吏部員
外郎奉命至江浙糴粟二十四萬石至則第戶產之高下以為糴之多寡不擾
而事集既而軍餉不給又奉命出糴于江浙各父老諭曰天子宵衣旰食惟恐
民不得其所未討賊必先糧餉以我不汝擾故命我復來蓋討賊即所以安
民耳衆咸應曰公言是也不逾月糧事以畢陞吏部侍郎銓選于江浙時稱其
公允拜江南行御史臺中丞由海道趨海典為政寬猛不頗除浙西肅政廉訪
使會張士誠據浙西道梗至慶元俄改山南道廉訪使浮海北往遇倭賊船遂遇
害贈遼陽等處行中書
省平章政事謚忠肅

巙巙（元史本傳）字子山康里人幼肄國學其正心修身之要得諸許衡順帝至正
時拜江浙行省平章政事雅愛儒士甚于飢渴士大夫翕然宗之以翰林學

士承旨召還謚文忠

余闕（宋濂余左丞傳）字廷心唐兀氏父沙剌藏卜官合肥遂為合肥人元統進士僉浙東道廉訪司事發奸摘伏聰察若神州縣聞闕至貪墨吏多解印綬去發定賦無藝定役小大各適度閑遣官覆實之徭賦平儒士無養以沒入田分隸學官郡長燕只吉肆毒殘儒民〻重足立闕劾治之獄上御史臺〻臣與其有連反以事劾闕歸至正壬辰冕忽兒不花統戎淮南起闕權淮西宣慰副使分治安慶歷陞淮南行省左丞城陷殉節贈江浙行省平章政事謚忠愍

別兒怯不花（元史本傳）字大用燕只吉解氏至順中為江浙行省參知政事江浙歲漕米由海道達京師別兒怯不花董其事至正二年拜江浙行省左丞相行至淮東聞杭城大火疾馳赴鎮即下令錄被災者二萬三千餘戶〻給鈔一錠人給月米二斗紬絹給其半又請日減酒課為錢千二百五十錠織坊減原額之半軍器漆器權停一年泛稅皆停事聞朝廷從之又大作者治民居附其旁者增置貫其基募民就役則厚其傭直又請歲減江浙福建鹽課十三萬引或遇淫雨亢旱出禱神祠無不應在鎮二年雖兒童女婦莫不感其恩拜中書右丞相追封冀王謚忠宣

朶兒只（元史本傳）木華黎六世孫脫〻子也至正四年遷江浙行省左丞相時杭城薦經災燬別兒怯不花先為相庶務資於朶兒只咸仍其舊汀州寇竊發調遣將士招捕之威信所及數月即平杭之耆老諸建生祠如前丞相故事朶兒只辭曰昔者我父平章官浙省我實生于此宜爾父老有愛于我〻于爾杭人得無情乎然今天下承平我叨居相位唯知謹守法度不忝先人足矣何為虛名為召拜御史大夫

脫歡察兒（成化杭州府志）字彥明審與赤氏至正二年為兩浙鹽運同知嘗言鹽者于國為大利于民為大病急之則民怨緩之則政弛乃先其教散處立期約而加以寬恤民感奮盡力奉令無敢後每諭之曰吾權鹽充數足矣若事羨餘以希權賞吾弗忍也越半年不事鞭箠而鹽皆足持己廉潔但坐廳事

退即闔門獨處不可干以私居盐司之職而其設施若漢循吏焉

蘇天爵（元史本傳）字伯修真定人至正七年拜江浙行省參知政事江浙財賦居天下十七事務最煩劇天爵條分目別細鉅不遺復為兩浙都轉運使時盐法弊甚天爵極治有方所鬻課為鈔八十萬錠及期而足十二年淮寇延及江東詔仍江浙行省參知政事總兵于饒信所克復者一路六縣其方略之密節制之嚴雖老師宿將不能過之卒于軍

呂思誠（元史本傳）字仲實平定州人泰定進士僉廣西廉訪使事移浙西達識帖睦邇時為南臺御史大夫與江浙省臣有隙嗾思誠劾之思誠曰吾為天子耳目不為臺臣鷹犬也不聽已而聞行省平章左吉貪墨浙民多怨之思誠奏疏其罪流之海南官至中書中丞

董摶霄（元史本傳）字孟起磁州人由國子監生歷浙東宣慰副使理冤獄革弊政至正十一年從江浙平章教化征安豐賊渡江至湖州德清縣而徽饒賊已陷杭州摶霄曰賊縱恣不備宜急攻之遂進兵杭城賊迎敵至塩橋摶霄麾壯士突前斬級而諸軍夾擊之凡七戰追殺至清河坊賊奔接待寺塞其門而焚之賊皆死遂復杭州已而餘杭武康德清次第以平賊復自昱嶺關寇於潛行省假摶霄為參知政事提兵討之即進兵至叫口及虎檻遇賊大破之追殺至至於潛復其縣又復昌化縣及昱嶺關賊又犯千秋關兵大至摶霄按兵不動遣人執白旗登山望賊約曰賊以我為怯必少懈伺其有間則麾所執旗又伏兵城外皆授以火礮復約曰見旗動礮即發已而旗動礮發兵乃盡出斬首數千級遂復千秋關賊復攻獨松百丈昱嶺三關摶霄又分為三軍一出獨松一出百丈一出昱嶺然後會兵搗賊巢遂乘勢復安吉十七年陞淮南行樞密院副使後與毛貴戰死贈河南行省平章政事追封魏國公謚忠定

樊執敬（元史本傳）字時中鄆城人至正十年授江浙行省參知政事賊犯餘犯執敬調兵出戰掾史蕭友龍言于執敬曰賊且至城內空虛無備奈何執敬

曰吾淬礪戈予當殲此以報國倘或不克有死而已何畏哉俄報賊已至執敘
逢上馬師衆而出中流與賊遇乃射死賊四人賊又逐之射死三人已而賊來
有盛梭咽街巷且續火衆皆潰去賊知其無援呼譟欲降執爭怒叱之曰逆賊
守閩吏不謹汝得至此恨不碎汝萬段何降即乃奮力斫賊因中槍而墮洋僕
四也先馳救之亦中槍死贈
翰林學士承旨追封魯國公

月魯帖木兒

（元史本傳）卜領勤多禮伯臺氏正至十二年江南諸郡盜賊充斥拜
平章政事行省江浙至鎮引僚屬集父老詢守備之方招募兵民數
千人號令明肅統師次建德獲首賊何福斬于市遂復淳安等縣
俘獲萬餘人復業者三萬餘家是年七月次徽州以疾卒于軍

李廸佐

（成化杭州府志）字廣臣陝西人至正七年為兩浙都轉運使處明有才幹
志心鹽筴之事凡亭民所不便者罷之欲者行之吏胥贓賄有犯鹽法者
志屏斥之性無嗜好暇則與幕下講論
經史以為樂聲譽赫然陞戶部尚書

星吉

（元史本傳）字吉甫河西人至正八年為江南行臺御史大夫獨持風裁御史
行部必勅屬而遣之湖東僉事三寶柱儒者也性廉介所至持貪猾無所貸
御史有以私請者拒不納則誣以事劾之章至星吉怒曰若人之廉孰不知之
乃敢為是言耶即奏罪御史而白其誣執政者惡之移湖廣行省平章政事改
江西行省平章
政事討賊死之

貢師泰

（元史本傳）字泰甫宣城人泰定四年釋褐授從仕郎江浙行省辟為掾除
紹興路總管府推官山陰白洋港有大船飄近岸史甲取南海漕見其無
主死具為檣船中有二死人有徐乙者稱為史爭所劫史備作富民高丙家史
既誣服高亦就逮師泰密詢之則里中沈丁載物抵杭而回漁者張網海中因
盜網中漁為漁者所殺也竟逮白滸檄徐裕與鹽遇諸暨商奪其錢撲殺之投
尸于水告縣曰獲私鹽犯人畏罪赴水死驗視有傷師泰復牽得裕殺人狀餘

姚孫國賓獲姚甲僞鈔受賕釋之執高乙魯兩誣以同造高嘗為姚行用魯與孫有隙師奉疑高等覆造不合以孫詰之辭屈情見釋魯加高本罪姚死孫就法其詳讞之明為諸郡第一至正十四年除吏部侍郎奉命和糴于浙右浮糧百萬石以給京師為平江路總管明年授兩浙都轉運鹽使剔其積蠹通其利源大課以集國用資之後除江浙行省參知政事

寶哥（成化杭州府志）畏吾人至正九年除杭州路總管有善政杭學卑陋大作禮殿講舍一新之十二年蘄黄兇逼境陞江浙行省參政引兵禦寇弗勝投西湖死

石抹宜孫（元史本傳）字申之其先遼之迪烈紇人性警敏于書務博覽而長于詩歌至正十一年方國珍起海上江浙行省檄宜孫守溫州閩寇犯處州宜孫以兵平之以功陞浙東宣慰副使分府于台州頃之處之屬縣山寇並起宜孫復奉檄往討至則築處州城為禦敵計十七年陞行樞密院判官總制處州州處為郡山谷聯絡盜賊憑據險阻輒竊發不易平治宜孫或擣以兵或誘以計未幾皆殄殲無遺類拜江浙行省參知政事明年明兵入處州宜孫曰處州吾所守死為處州鬼耳遂至慶元縣為亂兵所害事聞贈集賢大學士榮祿大夫上柱國追封越國公謚忠愍

慶童（元史本傳）字明德康里氏至正十年遷平章行省江浙脫脫統大兵南征一切軍資衣甲器仗穀粟薪藁之屬咸取具于江浙慶童規措有方陸運川輸者千里相屬出鎮海寧州州距杭百里地瀕海磽瘠民甚貧居二年盜息而民阜在江浙七年涉歷險艱勞績最著

答魯奚善（弘治紹興府志）乃蠻人至正中為南臺御史大夫治紹興張士誠既稱吳王諷行臺請實授于朝奚善不從士誠怒使奪其印奚善封印置諸庫曰頭可斷印不可得又迫之登舟曰我可死不可辱也沐浴更衣賦詩三章與妻子訣乃仰藥而死

周誠德（節義林續編）浙江樞密院判官守平陽被執送方明善不屈死之妻陳亦自縊于家

李希靖（嘉靖浙江通志）字唐英其先益都人善用長槍人以李鐵槍呼之以世勲
為千戶至正十一年授萬戶明年寇陷江浙希靖單騎直入與賊戰于萊
市斬首無筭餘黨奔至昱嶺希靖追及之遂疽發于髀
伏寇掩其後力疾決戰援兵不至遂死之贈明威將軍

伯顏不花的斤（元史本傳）字蒼崖畏吾兒氏倜儻好學曉音律初用父廕同知信
州路事又移建德路會徽寇犯遂安將義兵平之又擒淳安賊方
清之以功陞本路總管至正十六年授衢州路達魯花赤明年行樞密院判官
阿魯灰引兵經衢州軍無紀律所過剽掠伯顏不花的斤曰阿魯灰以官
軍而為民患此國賊也可縱之乎乃帥兵逐之出境郡賴以寧陞浙東都元帥
守禦衢州擢江東道廉訪副使十八年陳友諒寇信州自衢引兵援焉力守孤
城而死賜
謚曰桓敏

明

李文忠（獻徵錄）字思本盱眙人太祖之甥賜姓朱明師下浙以舍人鎮軍破苗軍
于於潛昌化會大兵取嚴州因守之張士誠遣其弟率苗軍水陸奄至文
忠與戰大敗其衆師師攻諸暨克之擢浙江等處行中書省左丞謝再興據諸
暨以叛誘士誠寇東陽文忠自嚴銳師破之陞右丞士誠將李伯昇二十萬寇
新城文忠師合將士未至新城十里許有地曰龍潭立營具上新城守將遣人
由間道詣軍曰衆寡莫敵姑且避之文忠曰八千之謝玄破八萬之苻堅庸非
衆乎遂下令曰彼衆而驕我少而銳以銳當驕可一戰而擒横槊據鞍引數十
餘騎衝其中堅所向披靡敵遂大潰名譽京師總水陸之師下江浙克桐廬富
陽至餘杭謝再興子五人嬰城固守文忠合圍攻之一日而援抗守將潘元明
遣員外方彝詣軍前請降文忠入宿城上令曰敢有擅入民居者斬內外帖然
加行省平章政事復姓為李論
功封曹國公贈岐陽王謚武靖

胡大海

（王鴻緒胡大海傳）字通甫，虹人。太祖授右翼統軍元帥，與鄧愈、朱文忠自昱嶺關攻建德，敗元援師于淳安，克建德，再敗楊完者，降溪洞兵三萬人。進樞密院判官，引兵克蘭溪，從取婺州，遷僉樞密院事，引兵下諸暨，以為諸全州。移兵攻紹興，再破張士誠兵。太祖以帝越重地，名大海于紹興使守之。士誠將呂珍圍諸全，大海救之，珍解兵去。尋攻處州，守將戰敗棄城走，遂定處州七邑。先是軍糧少，初得郡縣，將士皆徵糧于民，名曰寨糧，民甚病之，大海以為言，始命罷去。以大海為江南行省參知政事，鎮金華。初嚴州既下，苗將蔣英、劉震、李福皆自桐廬來歸，大海留置麾下。至是三人作亂，晨入分省署，英携鐵椎袖中，陽請大海觀弩于八詠樓下，英出椎中大海腦，仆地，遂殺之。其後李文忠攻杭州，杭人執英以降，太祖命誅英，刳其血以祭大海。大海善用兵，每自誦曰：吾武人不知書，惟知三事而已：不殺人，不掠婦女，不焚毀廬舍。以是軍行，遠近爭附之。大海好士，所至輒訪求豪雋，劉基、宋濂、葉琛、章溢之見聘也，大海實薦之，後皆為名臣。追封越國公，謚武壯。

耿再成

（吾學編）五河人。太祖取金華，再成為前鋒，元縉雲，取處州，改守處州。先是士卒無論大小，徵私粟民間，號寨糧，再成与胡大海盡罷之。苗帥李佑之叛，再成方與客飲，聞變，上馬收散卒不滿二十人迎賊，罵曰：國何負汝，乃反！揮劍連斫數擊，兵不絕，賊刺再成墮馬，大罵不絕口死。贈高陽郡公，加贈泗國公。

常遇春

（獻徵錄）字伯仁，懷遠人。明師下浙東，以同僉行樞密院事守婺城，攻衢州下之。累拜行中書省參知政事。大兵攻浙西，為副將軍，師次太湖，張士誠將尹義等迎戰，遇春擒之，直趨湖州之毗山，與敵兵水陸鏖戰，敵兵大潰，遂抵城下。士信悉發境中兵為援，屯于舊館。遇春統奇兵于大全港結營東遷，士信出親兵拒鬪，遇春一鼓勝之。士信復遣其將徐義統赤龍船親軍來援，遇春復擊敗于烏鎮。舊館義降，湖州亦下。遂進圍平江，克之，封鄂國公，拜平章軍國重事，贈開平王，謚忠武。

鄧愈（献徵録）虹縣人太祖下浙西愈取嚴州攻淳安縣破金子珍降其頭目三千餘人進同僉行樞密院事領兵略浙江臨安大敗張士誠于開林寨破其元帥于烏龍嶺後封衛國公贈寧河王謚武順

湯和（名山藏）字鼎臣濠人拜征南將軍招方國珍定浙東封中山侯進爵信國公高帝中年倭寇浙東海上郡和年已六十上謂和卿尚強健為朕一行和至台用方鳴謙議設指揮衛千戶所于浙東諸郡揀丁壯三萬五千城之和自巡衛城功畫發嚴州縣錢及籍犯者家物工匠往往過所望不踰年衛城成稽軍次定考格立賞令四民一軍守之吳越海上父老指峰成歷歷稱湯信國爲

梅思祖（史槩）夏邑人太祖授大都督府副使從大軍伐張士誠克昇山水寨平湖州有功遷浙江行省右丞封汝南侯

耿炳文（史槩）濠人從太祖領軍取廣德進攻長興克之長興據太湖口陸通廣德連環宣歙為江浙門戶太祖改為長安州立永興翼元帥府以炳文為總兵都元帥守之士誠將潘元明嚴再興師衆來爭炳文奮擊大敗去士誠復遣李伯昇率衆十萬水陸進攻城中兵七千炳文嬰城固守隨方禦之晝夜不解甲者月餘太祖援兵集伯昇遁太祖改永興翼元帥府為永興衛親軍指揮使司以炳文為指揮使已而士誠大發兵遣其弟士信復來爭炳文又大敗之守長興凡十年以寡禦衆大小數十戰戰無不勝士誠迄不得逞太祖伐士誠炳文率所部克湖州洪武三年封長興侯

朱亮祖（吾學編）六合人以指揮使會胡深討陳友定攻桐廬餘杭至杭州降潘元明陞浙江行省參知政事守杭師馬步舟師討方國珍徇下仙居諸縣進兵溫州國珍子明善拒戰擊敗之方氏父子降送建康為征南副將軍洪武三年封永嘉侯

吳幹臣（献徵録）定遠人太祖伐張士誠以指揮使從大將軍徐達率馬步舟師由港口取湖州幹臣勒奇兵出舊館扼之戰大捷事平遂留戍爲時方國珍

據明州來下以為征南副將軍從御史大夫湯和往平之洪武元年海寇葉陳二姓聚劫蘭秀山幹臣調兵立勦之三年封靖海侯

費聚

費聚（吾學編）濠人太祖下長興為永興翼副元帥守長興平吳陞永興衛指揮使討方國珍下溫台慶元由海道進取福州洪武三年封平涼侯

胡德濟

胡德濟（王鴻緒胡大海傳）字世美不詳其何許人大海卒以歸太祖從攻婺州為誘兵大破元師于梅花門外擒其將季彌章太祖以德濟為樞密院同僉守信州會大海為將英所害而處州降將李祐之亦殺耿再成以叛張士誠聞浙東亂遣其將呂珍寇諸全德濟自信州往救之乘懈得入城與知州欒鳳院判謝再興分門守夜過半出敵不意選甲士斫珍營珍士馬大驚援相蹂躪死者無算珍遂遁去擢浙江行省參知政事移守新城士誠將李伯昇率步騎大入寇德濟開城門戒將士勿輕鬬乞師于李文忠文忠馳抵數營敵皆披靡城中兵乘之斬甲首數萬燔燒營落數十伯昇遁擢浙江行省右丞未幾改左丞移鎮杭州

晏毅

晏毅（嘉靖浙江通志）字仲毅從太祖伐婺州取之以毅為金華衛指揮領兵戍處全華括蒼苗兵叛殺守將胡大海耿再成等衢州戍諜應之毅設方略討賊遂定其亂毅靜中而寬外修武備慎賞罰興學勸士政令一新在鎮數十年訓練撫綏恩威兼濟兵民賴之

劉成

劉成（史槩）壹壁人以統兵總管從取婺文定長興為永興翼左副元帥數佐炳文敗士誠兵李伯昇以十萬衆來攻城中兵僅七千寇結九寨為樓車下瞰城中運土石塡濠成引數十騎出西門擊敗之擒其將宋元帥轉至東門敵悉兵圍之遂戰死贈懷遠將軍立廟長興

費子賢

費子賢（嘉靖浙江通志）不知何許人太祖命諸將規取湖州子賢率兵取武康克之尋破安吉命子賢築城守爲張士誠出兵來攻為子賢所敗士誠復遣兵八萬攻安吉子賢所部僅三千人竟潰其兵湖州遂平以功陞指揮同知時有張德者與子賢同守安吉其功亦足尚云

孫虎（史槩）壽州人太祖遣從諸軍下於潛昌化安輯嚴州諸暨以功授千户克新城取桐廬皆與有勞陞海寧衛指揮副使嘉興盜起虎領兵捕斬之從征沙漠戰死追封樂安郡伯

徐司馬（嘉靖浙江通志）字從政揚州人太祖養子授金華衛指揮同知陞杭州都指揮使為政以恩愛為先所至撫綏士卒拯恤貧困甚得人心尤敬士大夫公暇退居一室蕭然如韋布家無餘貲人皆賢之

王愷（史槩）字用和當塗人太祖召為掾胡大海戍蘭谿命與定議取婺克衢擢左司郎中總制衢州軍民事調度兵食有方常遇春屯兵金華郡將侵民愷械而撻諸市遇春來讓對曰民者國之本將軍天子股肱肯令傷其本乎撻一部將而民安計將軍所樂聞也境內飢疫出粟賑之全活無算勸興學校士皆悅服太祖分省于婺擢浙東大海治軍旅民事悉以委愷時力役無藝令民自實田數糧多者為里正寡者為副通聚其糧均賦之有一斗者役一日蠲與貲皆無苟免金華猾胥潘立道操一邑田賦之柄緣為奸利愷具罪狀寘于法苗軍亂害大海擁愷出愷責以大義被殺追封當塗男

李質（嘉靖浙江通志）字文彬德慶人太祖命為浙江行省參知政事質以承流宣化為己任振紀綱正風俗勸農桑興學校與遺賢卹民隱在任三年惠流兩浙

耿忠（嘉靖浙江通志）鳳陽人洪武二年以羽林衛指揮使奉命往兩浙聽訟訪察官吏問民疾苦時紹興三衛金華秋旱農事不登有司阻民告災忠以疏聞民皆德之

王銘（史槩）字子敬和州人以管軍百户從常遇春與吳軍戰湖州之弁山再戰舊館又戰烏鎮凡大小戰數十功多擢長淮衛指揮僉事移溫州銘上疏繕城浚濠深倍于舊又加築外垣起海神山屬郭公山首尾二千餘丈歷右軍都督僉事

劉丞直（献徵録）字宗弼贛縣人洪武己酉名拜浙江按察司僉事時方國
珍初降丞直按部懲其尤梗法者一道肅清按浙三年以疾歸

王灝（献徵録）字習古定遠人洪武初浙江提刑按察司僉事巡行郡縣見貪墨姦
民若必擊去之餘則務存大體觀風宣化而已帝下詔求直言灝歷述災傷
病民竟
為罷徵

安然（李固嵩安然傳）字貴善祥符人洪武五年授浙江布政使崇禮教黜奸頑十
一年濱湖蠶江岸為患然親率丁夫伐石砌築堤成民得安居陞御史大夫

單安仁（献徵録）字德夫濠人太祖特為提刑按察司副使巡行浙東特悍帥撓斂
民名曰寨糧安仁一寘于法全華民有訟其邑丞受白金者安仁曰頗聞
丞賢爾奈何誣之即圖白金短長圍方來上復命諸左證圖之人人殊安仁曰
是非誣耶眾環目相睨頓無一語遂以其罪抵訟者吉許之風為衰陞按察使
仕至兵
部尚書

王鈍（嘉靖浙江通志）字士魯太康人元進士洪武中為浙江布政持身廉介涖政
勤敏吏胥慴服嘗伐石以捍江濤民免墊溺歲旱禱雨即應憂民不遑寢食
民感
德之

熊鼎（史槩）字伯穎臨川人太祖初平浙西授德清縣丞除中書考功博士上詔浙
西民輸糧京師鼎曰國家都金陵以浙西為根本而遠困之農作方興僕僕
道路苟一年失耕害不淺矣上悅即罷之立浙江按察司以為僉事分部溫台
二郡溫有邪師曰大明教造飾殿堂甚侈民之無業者咸歸焉奏毀之散其眾
為農平陽州吏目杜乙賊罪事發下鞫同知以下皆服罪獨知州梅謐叟辨不
已民數百遮門外爭知州無罪幸鼎進民詢之歎曰法以誅罪吾敢身畏謐而
誅無罪人乎釋謐以情聞上可其奏寧海强民陳德仲以憾支解黎異異妻屢
訴無為白之者一日覽其牒忽有青蛙立案上曰蛙非黎異乎果異則止勿動

吾復爾寃蛙如言明日建陳訊得實誅之凡事未使者皆為奏改兩郡民瀧然如更生始兩郡旱既至輒雨民曰此熊使君雨也陞山東按察副使

甘霖（江南通志）字沛之高淳人洪武中以薦名入問其名曰甘霖因曰浙江大旱汝往霖之授在參政既至夢神告曰某地有泉可濟民渴旦往儼若夢境掘之果得大泉同僚屬祈禱大雨隨至仕至江西布政

龍鐔（西江志）字德剛萬載人選入南宮高帝名對嘉其能時授浙江按察使歲濟飢俸贖俱濁濟各郡以不避權貴為忌者所中遷長洲知縣後靖難師起不屈死

趙羾（涑化類編）字雲翰祥符人洪武舉人浙江右參政剸繁治劇事無凝滯捕海寇有功地方賴之仕至刑部尚書

唐勝宗（史槩）濠人從太祖積功進都督同知封延安侯洪武十四年浙東山寇葉丁香等作亂命總兵討之擒賊首并其黨三千餘人

張文（嘉靖浙江通志）六安人從徐達征浙西克湖州舊館諸處歷陞浙江都指揮僉事在任克修軍政一方賴以安堵

武德（王鴻緒武德傳）安豐人授千戶隸李文忠麾下從文忠取於潛昌化克嚴州進萬戶苗軍元帥楊完者軍烏龍嶺德請曰此可襲而取也即襲完者覆其營從文忠取蘭溪克諸暨又攻紹興先登陷陣將英數全華賀仁德數處州從文忠定金華又從攻處州遇仁德于劉山戰敗之還師守嚴改管軍百戶擊破吳兵于諸暨文忠進擊江山盜撫定之進管軍千戶移守衢子世襲最後從靖海侯吳幹臣巡海上幹臣以德可任令守平陽在任八年致仕

孫成（成化杭州府志）徐州人少驍勇以功累官至浙江都指揮使浙江海濱每有良戎忠成修潔誠廉守備謹烽堠海波靖息而持守廉介莫敢干以私

王玘（嘉靖浙江通志）字孟石安肅人洪武末浙江按察司僉事振肅風紀務詢民瘼屬司畏憚民蒙其惠

易英（嘉靖浙江通志）字以和澧州人洪武末為浙江布政司參議政尚寬平明大體獎勵儒生務期成效公務之暇手不釋卷

樊鎮（明一統志）字君輔考城人洪武進士歷官浙
江左參政賦性剛直廉幹勤敏大得時譽

王良（史槩）字天性祥符人建文初為刑部左侍郎坐間燕軍較罪未減出為浙江
按察使謁岳鄂王墓誓曰苟愧步武非人也成祖即位以前事頗德之乃召
良使者至良執下獄詰旦縛出期斬以狥眾劫之去良坐堂上集諸司印九悉
騰置于篋携歸入門謂妻曰我分應死傾思所以處汝者決爾妻曰君男子乃
為婦人謀乎饋良食食已抱其子自投于池而死良殯殮畢積薪閉戶命妾抱
幼子往县僉事家以宗祀為托遂舉火以印投之與家人同赴火死正德戊寅
按察司梁材即司門內東南
水鑑亭為祠祀之榜曰忠節

夏原吉（吾學編）字維喆湘陰人鄉薦游太學授戶部主事建文即位陞戶部右侍
郎進尚書永樂元年吳浙大水原吉行視言浙西諸郡蘇松最居下流常
湖嘉三郡土田高多下少環以太湖綿五百里納杭湖宣歙諸山水注澱山諸
湖入三泖頃浦港湮塞匯流漲溢傷害苗稼拯治之法宜浚吳淞諸浦港浅其
壅塞以入于海并相度地勢各置石閘以時啟閉每歲水涸時修圩岸以禦暴
流上從之役夫凡十餘萬原吉布衣徒步日夜經畫盛暑揮蓋去曰眾赤體暴
日中吾何忍歲飢奏發粟三十萬石賑濟二年
還朝復出治水水浅農田大利進少保謚忠靖

虞謙（分省人物考）字伯益金壇人洪武中由國子生歷任杭州知府建文中請限
僧道田人無過五畝餘以給貧民從之永樂初巡撫浙江察急糾貪上言數
十事多見施行仁
宗即位擢大理卿

劉子輔（嘉靖浙江通志）廬陵人自太學生擢監察御史永樂初巡按浙江三年不
見聲色善者愛之橫者畏之時按察使周新獨持風裁不苟許與乃數數
稱子輔為賢陞
廣東按察使

辛彦博（嘉靖浙江通志）洪武末爲浙江按察使永樂中遷布政使有善政不尚苛暴得吏民之心

李素（分省人物考）平谷人永樂中任浙江按察司副使發奸摘伏下無遁情用刑平而恕于民不擾仁宗名爲右副都御史

周新（名山藏）字志新南海人永樂中任浙江按察使初至界見羣蚋飛馬首尾之榛中得一暴屍身餘一鑰一小鍥識新曰布賈也收取之既至使人大市：中布一一驗其端與識同者皆留之鞫得盜名屍家人與布而置盜法新坐堂有旋風吹葉至異之左右言此木城中所無一寺去城差遠獨有之新曰其寺僧殺人乎往樹下發得一婦人屍有商人自遠夜歸將抵舍潛置金叢祠石罅中旦取無有也商白新：曰有同行者乎曰無有語人乎曰不僅語小人妻新立命械其妻考之得其盜則其私也新行部微服視屬縣觸縣官收繫獄遂盡知其縣中疾苦明日縣人聞按察使來共詣不得新出獄曰我是縣官大驚當是時周廉使名聞天下錦衣指揮紀綱使千戶緝訪浙中作威受賕會新入京遇諸涿即捕繫千戶涿獄千戶逸出訴綱：誣奏新上怒逮之至抗聲陛前曰按察使擒治奸惡陛下所命也臣奉詔書死：不憾矣上怒命戮之臨刑大呼曰生作直臣死作直鬼是夕太史奏文星墜上不悅問左右周新何許人對曰南海上曰嶺外乃有此人一日上見緋衣而立者問爲誰對曰臣周新也上帝謂臣剛直使主浙江城隍爲陛下治奸貪吏言已不見新姿幹高偉好學能文所云貧民冤聲聞之皆喜奸徒猾吏則戢喙落膽稍生閻羅云

趙本（舊浙江通志）字居仁溧水人永樂中海溢塘圮以右通政督浙西蘇松等九府水政躬行海上指授布置併工修築塘學完固至今賴之

羅亨信（廣東通志）字用實東莞人永樂進士授工科給事中視浙水災奏蠲嘉興海鹽崇德稅糧五十餘萬石仕至左副都御史

周敏（成化杭州府志）字好學汾陽人永樂中任浙江按察司副使性明敏遇事立斷鞫訊獄訟洞察情僞猶無滯獄

葉恕（江西通志）字如心，樂平人，永樂進士，拜御史，遷浙江溫州銀礦大發，更議須以法官臨之，遂遷恕往。比至，規畫有條，尤冰檗著聲，紺按浙江，振吏治，肅紀綱，所至郡境晏然。

嚴烜（閩書）字熙叔，懷安人，永樂進士，浙江按察司僉事。處州徐子舉亂，其黨連坐者五十餘人，烜訊無辜悉赦。遣奏詔考察庶僚，中有毀之者，遂乞教職，便養浮金華府教授。

熊槩（湯斌熊槩傳）字元節，豐城人，永樂進士。洪熙初，以布政使巡視應天、蘇松、常鎮嘉湖杭八府。宣德初，擢大理寺卿，巡視如故。海鹽民史慶真以罪戍逃歸，易名平康，暴橫淋甚，御史捕之，遁去。會赦還，益聚黨八百餘人，槩捕誅之。已悉捕豪惡數十輩，械至京論如法。于是奸宄帖息。諸衛所糧運不給，軍乏食，槩以便宜發諸府贖罪米四萬二千餘石賑軍，乃聞于朝，帝允行之。都御史劾槩作威福，縱兵擾民，帝使人廉之，無所得，益任槩。槩亦自信，諸當興革者皆到以聞。時遣部官至江南造紙市銅鐵，槩言水潦民飢，乞罷之。陞都察院右都御史。

吳訥（詠化類編）字敏德，常熟人。洪熙元年除監察御史，巡按浙西，表陸宣公里，修岳鄂王墓，新秦檜碑，人仰其風。

林碩（嘉靖浙江通志）字懋弘，閩縣人，永樂進士，以御史巡按浙江，宣德初為浙江按察使。有中官裴可力督事浙江，湯千戶以賄結之，因勢漁獵百姓，驅迫郡縣。碩至，振舉憲法，旌別善惡，湯懼不容，譖碩于裴，裴亦懼，遂誣奏碩誹謗及阻格詔旨。上遣追碩至，親問。碩言臣往巡按浙江，小人多不便，臣今陞按察使，小人誤謀造詐，欲去臣以自便，臣實無誹謗詔，即命馳驛復任。

胡軫（成化杭州府志）字敬同，豐城人，永樂進士，任浙江都轉運鹽使司運同，持身廉儉，不一毫不妄取于人，常俸不給，至鬻園蔬足之。請托不行，商旅被惠。每

出入爭趨言頗為犬馬走因有其轎行揮
不去陞浙江按察司副使提學士人宗之

黃澤（閩書）字敬仲閩人永樂進士宣德初浙江左布政使奏罷無徵米六十萬石
侍正温處二府平陽麗水等七縣銀冶歲額銀九萬兩在任九年初罷不職郎
縣吏五
十七人

戴同言（嘉靖浙江通志）長泰人永樂進士宣德初為浙江布政司右參議旬宣盡
職上言五言一曰明學校之教二曰嚴邊境之備三曰慎守令之選四曰
敦勸士之典五曰立勸懲
之法言甚切至帝嘉納之

孔文英（嘉靖浙江通志）字世傑安化人永樂進士宣德初擢浙江道御史黃巖縣
有健訟者構捏齊民三千人相舉譸張為非文英奉勅鞫問一訊即得其
情立遣詿誤者獨械首訟
一人治之中外服其明果

許亨（秘徵錄）字士通定遠人以父蔭為指揮僉事累進都指揮使鎮浙江海寇時
或竊發亨擇人守屯堡時訓練寇遂屏迹歲調兵士運漕給京師分番更代
立為成規以是勞逸均而餽餉
及期拜左軍都督僉事卒于官

許銘（嘉靖浙江通志）南昌人永樂進士宣德初為浙江按察
司副使持憲嚴明人不敢干以私興利除害民皆感服

嚴孟衡（西江志）字衡中分宜人永樂進士浙江按察副使涖任前一夕胥吏不戒
于火章牘燬孟衡自引罪受罰運磚適年有白其枉者赦復職時法網精
密孟衡悉心平反一牘中至理
冤濫數十人遷四川右布政使

陳鎰（嘉靖浙江通志）字有戒吳縣人永樂進士擢御史陞浙江按察
副使用法寬平臨事簡易民信愛之宣德間陞都御史謚僖敏

楊昺（湖廣通志）字文昭，崇陽人，永樂進士，宣德四年爲浙江按察司僉事，分按浙西。賊據百丈山蘆奚洞，頻出金衢剽掠。昺夜夢神人贈詩云：影入菱花秋月裏，人如枯草夕陽邊。乃識于心，曰：賊在吾日中矣。詰朝亟捕之，圍山得賊首，餘皆解散，金衢以安。擢廣東按察使。

馬謹（獻徵錄）字慎言，新樂人，宣德進士，以御史按浙，所至克振風裁，貪猾屏迹。官至副都御史，巡撫河南。

周忱（世法錄）字恂如，吉水人，永樂進士，宣德五年巡撫直隸江南，正統六年兼巡撫嘉湖二府。時海溢築捍海塘，一郡七縣合役萬夫，費萬計，皆出忱度支。海不能爲患。浙江嘗造海船五十艘，忱名問都匠，言一艘須米千石，忱以成大事不惜小費，第减二十石，奏于朝，報可。進工部尚書，謚文襄。

王翱（畿輔通志）字九皋，鹽山人，永樂進士，正統初擢都御史，巡撫浙江，揃善推奸，政聲大著。後位至吏部尚書，謚文肅。

焦宏（湯斌焦宏傳）字克明，棠縣人，永樂進士，正統六年爲戶部右侍郎。時倭寇數犯内地，命往浙閩蘇松飭兵備禦。宏奏緣海衛所宜畫疆分守，不得互諉；增設城堡戍卒，周歲交代，勿踰時日，以均勞逸。嘗親歷衛所，廉察軍吏，得其營私發公狀，請分敕御史巡視閩浙，使懲戢奸頑，益嚴武備，皆見施行。時有言閩浙江銀場者，命往勘之。宏知其害民，乃言礦脉消長無時，開場之後恐滋奸僞。卒年五十八。

張驥（史槩）字仲德，安化人，永樂舉人，正統中巡撫浙江。初，慶元人葉宗留與麗水陳鑑胡以盜礦爲業，七年遂爲亂，散掠浙江江西福建境上，而遂昌賊蘇牙、俞伯通、劉蘭谿與相應。驥遣金華知府石瑁擊斬牙等，撫定其餘黨，而鑑胡已殺宗留。驥命麗水丞丁寧率老人王世昌等齎榜入賊巢招之，鑑胡遂偕其黨六十餘人出降。驥在浙江甚有建樹，民追慕之。

俞士悅（湯斌俞士悅傳）字仕朝，長洲人，永樂進士，正統四年任浙江布政司參政。初至，佯若不解事者，羣吏易之。越數日，盡得其奸猾狀，發摘若神，吏大驚。

倭寇犯境修乍澉二浦城以備之遷河南右布政使仕至右都御史

楊瓚（史槩）蠡縣人永樂進士擢浙江右布政使平陶得二之亂景泰二年以湖州諸府官田賦重請均之民田賦輕者而嚴其飛詭之弊詔與鎮守侍郎孫原貞督之田賦稍平

軒輗（湯斌軒輗傳）字惟行鹿邑人永樂進士正統時以御史清理浙江軍政劾不職官四十餘人遷浙江按察使妻執井爨所著寒暑一布袍居常蔬食不過一豆間或具雞黍聞者驚異在任與周新齊名聞親喪隔宿即行同寮迎送不及服除擢副都御史巡撫浙江時土寇吳金八等攻掠城邑輗親督將士與戰平之福建賊羅丕廖宰八攻劫尤溪漸抵浙境輗授方略捕其渠魁賊遂解散天順初為刑部尚書帝召見曰昔浙江廉使考滿家具僅一竹籠是汝耶輗頓首謝仕終左都御史

李俊（畿輔通志）字文英定興人以明經薦擢御史正統十三年差董浙江銀冶會處州賊起敕俊勦捕俊敗之街亭橋越三日賊首來劫鎮守太監李德懼欲走俊叱止之明年賊圍處州俊募敢死士八百人為守臨城射殪衣紅者一人出城奮擊破之因請降都御史張楷不受賊復驚變俊瀝泣誓衆衆感奮出死力大破之躬擐甲冑十有二日事解脫冑髮盡禿仕至山西按察使

閔成（名山藏）字孔恩鬱林人由舉人累官浙江按察司僉事九載考績民詣闕乞留陞本司副使正統七年倭寇東海成預布丁令校海淖中賊艤舟躍岸盡被刺仆伏兵四合殲而焚之十三年處州賊葉宗留等為變將逼金華之蘭谿成執渠魁殲黨與數百人乃分遣招撫得降者二千餘人宗留等遁入處及溫台山谷間成抵寨諭之留壘中七日皆感悔出降獨餘黨陶得二者不受撫遁入山谷久之復出攻武義武義故無城柵木而已得二以縕束薪使人先歷

入柵中而自率衆外攻柵成與都指揮雇源驅兵出戰賊
從中曉柵為内應力戰不支遂遇害贈浙江布政司參議

吴昇（台省人物考）字亨暘懷寧人宣德進士擢工科給事中正統癸亥閩浙礦徒
為盜陞浙江參議督兵往輯至則撲其黨與其失机都指揮以下數人奏置
之法衆乃服衆不二
載賦屏息政績著聞

黄裳（湯斌黄裳傳）字元吉曲江人正統進士授監察御史言浙江寧紹台
疫宜蠲租賑恤從之廵按兩浙見民遭民患奏請賑恤後殁于土木

朱英（名山藏）字時傑郴陽人正統進士授監察御史處州賊葉宗留及其黨周明
松等四出摽掠遣英與中官守要地特勅冠大軍尚駐金華英至往趋處州
榜論脇從降者甚衆以計生致明松等數人械至
慶元誅于市賊平還京陞右副都御史廵撫甘肅

陳璇（魏驥陳璇傳）字在璣鳳陽人登進士第為浙江按察使寬不縱猛不殘浙人
懷德或謂璇少擊搏風璇曰法貴禁人不犯不從禁而置于法某亦何嘗少
貸耶後赴闕軍民數千人塡街塞巷挽留之焉不
能前璇駐于城之宗陽宫一宿黎明取間道而去

汪琰（西江志）字廷用樂平人正統進士以御史按浙病涝蠲發粟賑貸婺富民私
隣婦而殺其女獄無証有烏為怨聲琰廬之即烏所止處得其屍論如法擢
山東副使

耿定（明一統志）和州人浙江布政司參議正統末處州盜起
定領兵勦捕率先督戰死于兵贈浙江按察司副使

王晟（明一統志）字景昭鄆城人浙江按察司僉事正統
時温處盜起晟往討之戰死贈江西布政司參議

李慶（獻徵録）字積善泗陽人國子監生正統時擢浙江都轉運鹽司運使兩浙鹽
利為他運司甲巨商豪賈授券者踵相躡于庭慶嚴簿書時出納絶請謁有

持券請鹽者按歲月先後給之稍貴請托謝絶不顧在官二年歲課三倍

孫原貞（湯斌孫原貞傳）名瑀以字行德興人永樂進士累官浙江布政使正統末浙閩盜起景泰初原貞圖上方畧深入擒其魁而温州餘賊猶未滅拜原貞兵部左侍郎鎮守浙江悉其巢穴斬賊首陶得二等招撫三千六百餘人復分兵勦平餘寇奏析麗水青田地增設雲和宣平景寧三縣建官置戍盜患遂息浙官田賦重原貞請均于民田輕額者賦得以平進兵部尚書鎮守如故未幾移鎮福建已復鎮浙江所至有勞績在浙江尤著

劉廣衡（獻徵録）字克平祥符人永樂進士正統中以郎中往浙江預備荒政遍歷郡邑區畫得粟數百萬石為四倉以備之督勸有司築陂塘抑豪强捍田災事集而民不擾累陞右副都御史景泰時浙江福建民鄧懷昌王孝忠等作亂特飭廣衡馳往督兵捕之廣衡察其嘯聚之故以山有銀場連亘深僻賊得以潛伏其中即命伐山通道具奏設縣治以便巡視患遂息守臣以所獲賊屬俱論逆廣衡覆其實得首惡十人餘悉縱之天順初陞刑部尚書

賈恪（祥符文獻志）字惟恭祥符人正統進士以御史理浙江銀課時處州兇發叢設備禦民賴以安尋命巡按浙江薦賢能鋤奸頑洗冤澤物克稱其職

謝騫（獻徵録）字鵬舉太平人登進士第拜監察御史督察鹽課于浙風紀大振無敢私販者有豪宰子弟怙勢犯之悉置于法時處州盜起躬入賊巢諭散其黨計擒其酋一方遂寧

白圭（湯斌白圭傳）字宗玉南宫人正統進士遷浙江布政使值葉宗留亂後力請奏蠲逋賦浙人以安官至兵部右侍郎謚恭敏

黄譽（閩書）字廷承莆田人正統進士景泰初任浙江按察司僉事時有内官陳姓者至寧波市舶縱其義兒為暴百姓聞譽至皆來赴訴譽捕訊如法立斃杖下尋擢湖廣參政

鄭彥譽（湖廣通志）字美中，臨武人。英宗時薦舉知錢塘縣，歷陞浙江按察司僉事。浙飢，金華等郡民強發富豪粟，官不能禁。彥譽使宜發官廩賑之，不足則貸于素封，民遂帖然。太湖賊嘯聚，率衆討平之。晉廣東按察使。

孫珂（秘微錄）字廷珍，福山人。景泰進士。以御史按浙。遂歲大比，珂監其事，宿弊損革。行部一尚威嚴，凜然人莫敢犯。所至伸冤抑，除奸豪。官至大理寺丞。

梁象（秘微錄）字叔車，泰和人。天順間任浙江左布政使，為政不動聲色，惟廉惟謹以率之，利興害除。民仰之如神明，尊之如父母。述職，賜宴禮部，卒于官。

邢宥（秘微錄）字克寬，海南人。正統進士。天順時知台州府。府吏舊皆僦屋以居，而新參者輙入以費金。宥即府治東闢地，免新參金，令自治屋。尋以事就逮，父老有懷金餽者，宥曰：吾無用此。謝絕之。後陞浙江右參政，擢僉都御史，理兩浙鹽。罪偽造私引販渠魁數十人。官給煎鹽具，俾濱海民煎，主之山居者出米給，為民兩利，之鹽賦無虧。

李顒（秘微錄）字思誠，博羅人。正統進士。授浙江左布政使。錢塘江溢，衝齧損岸，壞民田廬。顒治之，人賴以安。廉靜寡慾，歷官中外，皆著政績，為時所稱。

和維（秘微錄）字振綱，河陰人。仕浙江按察司僉事。敗然民有值劫者，亡其刀，獨鞘在。權貴者遂誣机戶姜等劫，曰用絲劫。絲維名敗者，問曰：若絲何驗？曰：橐上印廣昌郡字。于是密遣邏寄邑至海寧插秧入禪上，隱隱有字，執訊之，具服。問刀所在，曰在新宮橋下。取驗之，實敗者所亡刀。推貴人大懟。

韓雍（嘉靖浙江通志）字永熙，長洲人。正統進士。天順末以兵部右侍郎出為浙江參政。素望服人，在浙興利除害，靡不先當。仕至右副都御史。謚襄毅。

朱紳（陝西通志）字以垂，河州人。景泰進士。天順中浙江按察副使，巡督海道。興學校，築海隄，立義塚，賑貧施藥，重名節，有靖海蜚声之譽。轉貴州布政使。

梁昉（廣東通志）字景熙，順德人。景泰進士。授蕭山知縣，礼賢興學，治甚有声。三載擢御史，遷浙江按察司僉事。善擊斷，不避權勢，發奸摘伏，豪猾遠抵。卒于官。

生平廉介
不名一錢

劉 孜（湯斌劉孜傳）字顯孜萬安人正統進士天順中以右副都御史巡撫江南十
府財賦自周忱立法後代者多紛更孜首訪忱遺蹟斟酌行之成化十年杭
嘉諸府運糧僉報富户孜疏
請罷爲名拜南京刑部尚書

劉 釪（江西通志）字伏和安福人天順進士成化初任浙江提學副使精鑒
浮士科條肅然儒風丕振遷按察使聽訟平允剖疑發隱庚申稱平

劉 璋（閩書）字廷信南平人天順進士成化中歷浙江左右布政使歲計欠米二十二
萬石軍儲停支皆爲章位璋爲設法補足歲計外餘六萬石仕至工部尚書

余 子俊（嘉靖浙江通志）字士英青神僅人景泰進士成化六年爲浙江左布政使
外和緩而内嚴毅正不詭俗廉不近名御史按浙者咸畏敬斂身凡文移
必自起草每夜分方寢尤留心于水利
農田民多受益仕至兵部尚書謚肅敏

晏 寅（泳化類編）字正夫松江華亭人正統進士任浙江參政達處州民走聚山
谷招之不聽曰須晏參政來乃可寅撫至即散還其家信義素聞蓋如此

李 嗣（獻徵録）字克承南海人景泰進士知金華府下車行鄉飲酒礼有司設主席報
核視賓倍遺命撤之由是吏民知風指不敢干以私奏立正學書院祀先儒
何王金許四賢重修麗澤書院俾郡人知所嚮慕治地僻遠民苦賦役奏請割
三郡近地設湯溪縣以便之遷浙江右參政轉左修築長堤以衛紹興寧波論
溪二郡民賴其利又上軍政數
十事皆行之仕至户部右侍郎

張 悦（吾學編）字時敏華亭人天順進士爲浙江提學初糊名校士尋去之曰
我且自疑人誰信我請託覬覦此不爲動士皆帖服所獎拔皆聞人

杜 謙（獻徵録）字益之昌黎人景泰進士浙江右參政陞右布政使轉左謙在浙十
有三年其建制多可爲經經計天下每歲上供綵段唯浙最多有造作不如

常度者輙坐閱視官罪每當閱視輙推延以避責有積數年更數人者積久蕪浥損壞以致重造多費議至閱視凡諸郡累年之積次第閱訖即上進自後閱進以時其為政以忠學仁恕為本有惠利于人浙之士民猶頌之

方　珪（福建通志）字純潔莆田人成化進士巡兩浙塩課時有推貴之子鬻販私塩巡撫檄蘇州府代為散給民間收利數倍珪真諸法因劾其父貪利姦法都御史附勢剝民知府朋品不職自是豪猾斂迹

殷　敏（分省人物考）字維中金壇人天順進士累官浙江叅議值峴賊倡亂敏多設疑兵以惑之間道擿精銳直搗其巢穴衆皆解散渠魁殲焉敏居官廉謹一介必嚴家無中人之產

楊　瑄（吾學編）字廷獻豐城人景泰進士任浙江按察副使定海城北捍海塘嘶西走馬堤霸衢所衆外海塘健跳所海塩海塘皆瑄修築海塩塘踰二千三百文工尤巨陞按察使才振憲度察吏奸断訟明敏無留獄禁官署毋蠶桑以爭民利諸婦女毋入寺觀潔風俗甫半載病亟察案問候尚論築海塘法及濬西湖之利無片言及私

張數華（名山藏）字公實安福人天順進士成化中浙江右叅議監溫處二府銀課時景寧礦盜起鎮巡議勒數華榜示招撫從數十人曉諭之皆聽命陞叅政遷右布政使皆在浙凡十餘年不求赫赫聲而境內大治仕至左都御史謚簡肅

侶　鍾（湯斌侶鍾傳）字大器鄆城人成化進士授監察御史按浙江力持憲綱凡行部臺亭搬舊以備游眺者悉封不視言曰小民之不得安于田里者有司虐政害之也彼貴華備何能為哉一時墨吏皆望風引疾去仕至戶部尚書

張穆（故徵錄）字敬之崑山人登進士任浙江右參政清理軍務先是奏者言軍曾
補伍久無明文勾補者悉逮其失伍例解丁就補而涉歷阻修多死于道穆一
一以移文行查兵民兩便事違例不顧也掌司事
考覈諸司官凡評騭才職之稱否無濫與輕黜

楊繼宗（湯斌撰楊繼宗傳）字承芳陽城人天順進士成化初擢嘉興知府以一僕自
隨時時集父老問疾苦為社除之大興社學民間子弟八歲不就學者罰
其父兄御史孔儒清軍里老多撻死繼宗榜曰御史杖人至死者詣府報名儒
怒繼宗入見曰為治有體公但剔奸弊勸懲官吏若比戶稽勘則有司事也儒
不能難而心甚銜之瀕行突入府署發篋視之敝衣數襲而已儒慚而去中官
過者索錢繼宗即發牒取庫金曰金具在與我印券中官咋舌不敢受入覲汪
直欲見之不可憲宗問直朝覲官孰廉直對曰天下不愛錢者惟楊繼宗一人
九載秩滿遷浙江按察使時倉官十餘人坐缺糧繫獄至鬻子女以償繼宗欲
覓之而無由一日送月俸至命量之則溢原數較他司亦然因悟倉吏缺糧之由
將具實以聞眾懼願捐俸代償由是十人者獲釋聞母喪立出止驛亭下盡籍
廨中器物付有司惟攜一僕
書數卷而還仕至僉都御史

黄擧（福建通志）字儆仁莆田人成化進士浙江按察司僉事
濬杭州運河自江干抵北關凡數十餘里居民利之

王恕（嘉靖浙江通志）字三貫三原人正統進士成化間巡撫南畿兼杭嘉湖等處
特中官王敬秉傳來南搜索奇玩所至驚擾恕上疏力言敬失人心損國體
傷和氣召災沴久之敬等俱收捕下獄中外稱
快咸謂其有回天之力仕至吏部尚書謚端毅

李昊（分省人物考）字志遠上元人成化進士歷陞浙江參議值紹興水災民飢告
病特寬其逋負湖州改設孝豐縣營治刱建一新嘉興百户陳輔以眾劫府
庫分捕
擒之

舒清（江西通志）字本直德興人成化進士除工部主事抽分浙江擢政為民築堤以禦水患號舒公堤居官清約如寒素仕至四川叅政

魏富（獻徵錄）字仲禮龍溪人成化進士浙江按察司僉事進副使重舜文告許之某有豪猾誣縣令富為直之浙東岸江田為水所齧富命築石隄凡捍田若干頃歲飢賑貸民所活甚多官至刑部侍郎

彭韶（吾學編）字鳳儀莆田人天順進士成化時以刑部侍郎巡視浙江兼理鹽法韶繪煮海貧人燒淋熬負折閱朋債之苦節為八圖以獻仕至刑部尚書謚惠安

盧廷佐（分省人物考）字保竹江寧人天順進士成化中為浙江布政司叅議東陽民杜春與道士某偽立通券誣良民逼奪之反以誣告廷佐攝年疑之乃各出一室俾不相通而以所書券紙互相詰問其誣立白又衢閩間依江山民為處盜所掠即躬歷二邑廣詢父老修舉隘口督保立保甲法復募人捕盜示賞格畢子龍泉獲盜屬邑歲均徭編里定則榜示于眾所司吏胥更張而罔取諸民廷佐創置閘防由帖令田老率徭戶書之已而書之由帖唱名而給其契乃革

戴珊（吾學編）字廷珍浮梁人天順進士成化二十年任浙江按察使德性和粹碩敢敢不苟合奉職守法不為物撓祿仕四十餘年家無餘資官至左都御史謚恭簡

暢亨（湯斌暢亨傳）字文通河津人成化進士御史按浙奏罷上供綾紬等物考察官吏奏免一百餘人弘治元年二月景寧縣屏風山異獸萬餘大如羊色白銜尾浮空去亨請罷溫處銀課而寘鎮守中官張慶于法章下所司銀課浮減責慶陳狀慶因訐亨亨又劾僉事鄒滂滂亦訐亨慶構之謫涇陽知縣

劉大夏（嘉靖浙江通志）字時雍華容人天順進士浙江左布政勤撫字緩催科移檄郡縣務在節用愛人不許興無名工作郡縣起解銀兩例有秤頭火耗嚴禁吏胥一毫不取歷兵部尚書謚忠宣

趙寬（《献徵錄》）字栗夫，吳江人。成化進士。浙江按察司副使，提督學政。學問淹貫，能相所得以變士習。經指授者為文皆有程度，不以權勢有所軒輕。遇人坦率，不事表襮。浙士愛而重之。進廣東按察使。

楊峻（湯斌《楊峻傳》）字惟高，進賢人。成化進士。歷遷副使、按察使、左布政使，皆在浙。有報父仇抵死者，峻以其孝特釋之。鎮守中官恣橫，峻面數其罪，取鐵章欲與之。辭鎮詣京，勢乃稍戢。改南光祿寺卿。

張憲（《献徵錄》）字廷式，德興人。成化間進士。弘治中浙江右布政使。鎮守中官縱左右虐民而攫其財，憲廉得其人，置于理。岳武穆祠在西湖，故有祭田二頃，為勢家所據，憲檢覈果祠，又訪其苗裔使占籍，俾鄂得食其祖入，以世其蒸嘗。交承例閱庫藏，主吏報羨銀若干，憲曰：「杭人方苦逋負，以此助之，豈非一分之賜乎？吾弗能苟取為自殖計也。」仍封識責之主吏。仕至南京工部尚書。

陸容（《献徵錄》）字文量，太倉人。成化進士。任浙江右參政，究察民隱，振作士氣。行縣至桐廬，發漁家兄弟殺於潛乃者，夫婦爭人，傳以為神。既乃條列浙中便宜十事，悉見施行。間因公務入京，論漕渠利病，語斥權貴。蓋容少即有志天下，如兵刑水利之類，有所得，輒手書之冊，後多見于用云。

賈銓（《献徵錄》）字良金，安陽人。成化進士。以御史按兩浙，直溫處礦賊陳廣、鄒等猝亂，提兵勦平之。轉福建按察司僉事。

韓鎬（《献徵錄》）字民瞻，盧氏人。成化進士。浙江右參議。屬浙大旱，金衢饑民劫掠鄉村，往來東陽義烏山中，鎬遣人諭之，悉遵命，各縣發粟賑濟，且令鄉村廣立保伍相救察，數郡肅然。陞左參政，寧紹溫台四府濱海，歲輸粟千沿海各倉，而鄞縣糧長詐稱出洋遇風沉溺，復議重徵，鎬廉得其實，眾皆驚服。陞右布政使。海鹽塘岸崩圮數千丈，眾議塞之，費無所辦，鎬曰：「塘雖決，舊石猶在。又海鹽糧長當追餘價數千兩。」行令每銀若干兩修塘一丈，當衝之田每畝令若干，頃修

塘一丈粮長悼于出銀試浮修築則來價雜貨皆可催役況舊
石之外增添不多年歲可塞也不三月而塘成仕至湖廣巡撫

周孟中（名山藏）盧陵人成化進士任浙江布政使凡先賢遺跡搬崇
尚以示向往溫州無名之戶二十不僉減織造歲幣十之半

畢亨（名臣言行錄）字嘉會山東新城人成化進士浙江右布政先是歲造官緞二
萬疋司年久避咎莫敢驗解亨毅然當之浙中飢出內帑賑給既有為飛語
中傷者事白而清操益勵
陞右副都御史巡撫甘肅

雍泰（名山藏）字世隆咸寧人成化進士弘治初浙江右布政使吏部尚書屠滽家
衆販私鹽御人傲效盜窃橫行泰先收屠家衆抵罪同官咸諍泰曰如此為
屠公福耳且屠公寧知之屠公不知我
為其治非其助耳仕至南京戶部尚書

伍符（獻徵錄）字朝信安福人成化進士任寧波知府以古循吏自勵有豪右怙勢
橫暴者捕而治之篤意學校課諸生講習所獎拔如聞淵輩為時名卿均徭
役治水利減筵宴戒戲劇考察天下知府以符為首嘗歲祲符令民下海網捕
為活海道嗾巡按劾達士民七千餘人赴闕疏符為民浮罪之故孝宗釋之擢
浙江左參政仕
至直隸巡撫

曹時中（錢福曹時中傳）名節以字行華亭人成化間進士歷浙江按察司僉事執
法著廉聲以艱歸復補浙江浙人曰是再來生我也未幾又轉浙江副使
專巡海道武矢以賄賂為恒曰歲例時中曰此
贓也非例也請自我始拒之威令大行旋致仕

王璟（湯斌王璟傳）字廷采沂水人成化進士弘治十四年以僉都御史理兩
浙鹽政賑省荒浙省奏行荒政十事多所全活仕至右都御史謚恭靖

林廷選（閩書）字舜舉長樂人成化進士任浙江僉事歷副使為人內明外寬議論
依于忠厚在浙久凡官舍所需必遣人市他有觀風使者庶有司強市民

物獨延無有由見声名盖章仕至南京工部尚書

徐源（献徵録）字仲山長洲人成化進士歷浙江右布政凡三蒞場屋浙藩拆卷多儒士御史意欲有所前却源曰科場所取者文即通榜儒士何傷源温粹寛仁人稍長者而臨事執守堅定雖當官蒞政未嘗一日去書不覌仕至山東巡撫

張文（献徵録）字存簡泰州人成化進士任浙江按察司副使有塩商李成誣敗塩者為盗轉引至十九人初訊者以為實多疫死獄中存者僅六人文覆訊疑之審詰得其情六人者幸不死餘平反者尚多在浙踰年大率以洗冤澤物為己任

范鏞（陝西通志）字鳴遠筆昌衛人成化進士浙江按察僉事蕭山尹鄒魯譽其邑鄉文何舜賓陷之死鏞廉得其情以魯抵何死進按察副使備兵建昌後浙者因海潮損壞民田民心洶〻朝議以浙東民素服鏞屬鏞撫之修築海塘開濬河道民咸安堵擢操江僉都御史

林玭（名山藏）字廷珍侯官人天順進士浙江按察僉事弘治庚戌景寧賊吳文兒嘯聚剽掠傍及閩中玭發諸屬縣兵分據要害以精千二百人進臨其穴賊出拒破之獲渠魁餘走麗水從間道竄景寧玭復節制諸巡捕官就取之支黨散匿山谷官屬請乘殲之玭曰無能為也恐濫及無辜遂出示令降而者以安將又有遂昌黄巖賊聚衆至萬人各伏所穴未發聞景寧賊破皆自解散陞雲南按察副使

洪遠（分有人物考）字克毅歙縣人成化進士任浙江按察僉事以鋤豪强撫孤煢為先務兩浙飢分賑嘉湖徵米文出浙東舊法行之工部獨無流殍尋轉副使巡海道仕至南京工部尚書

張鸞（献徵録）字應祥咸寧人成化進士弘治中浙江按察副使巡視海道奉璽書巡視者六年倭寇遠遁海道肅清巡按御史先後論薦仕至刑部左侍郎

周季麟（湯斌周季麟傳）字公瑞寧州人成化進士弘治初任浙江參政武康盜起馳入山中撫定之歷右副都御史巡撫甘肅

謝綬（獻徵録）字朝章朝城人成化進士拜御史按兩浙值歲大飢官織作紈綺費以鉅萬綬奏請裁罷從之晋南太僕少卿

王瓊（嘉靖山西通志）字德華太原人成化進士授工部主事監税于杭釐革宿弊歸橐不持一物累擢副都御史清理浙江鹽法上鹽政便宜事官至吏部尚書謚恭襄

吴原（獻徵録）字道本漳浦人天順進士弘治五年浙東西大水以户部左侍郎兼僉都御史往視具地宣德意諏民隱恤分平糴給米穀三十萬石銀七萬兩蠲累歲逋賦數十萬兩他如修海隄塞銀治嚴禁溺女申婚禮舊制援古人政迹著為編刊布諸郡民甚德之

李贊（獻徵録）字惟誠蕪湖人成化進士任浙江布政使浙俗侈靡贊敷之教本實崇儉樸歲飢郡邑蠲逋負發倉廩拊問存恤所全活甚多屬劉璟李撗籍故錢都御史家贊憐其非辜詞護之理衡之勒令致仕杭之老稚遮道泣留不得至留具一履以志思焉

丘直（蔣邦奇丘直傳）字道仲華陰人成化進士正德初浙江按察使鞠問糾治一以至公處之菲約自持門無私謁法無狂縱仕至漕運都御史

邵寶（嘉靖浙江通志）字國賢無錫人成化進士歷陞浙江按察使尋轉右布政郡縣官視若嚴師禁革郡縣解户秤頭火耗時鎮守中官欲奏開處州銀礦力言其擾民浮不償失止之陞南京禮部尚書謚文莊

袁宗儒（獻徵録）字醇夫雄縣人正德進士授御史按浙江浙俗嫁女貴侈或因以貧故多有不舉女者嚴為之禁仍戒諭使節省又多惑風水之説有親死除喪而未葬者諭以人死歸藏之意又貧民不克葬者多畀諸水火為置義塚民咸賴焉仕至户部右侍郎

林瀚（道南源委）字亨大閩縣人成化進士累官南京吏部尚書改兵部劉瑾擅政出為浙江右參政致仕居官潔修為人內柔外溫至方若圓至勇若怯有非意相干者始知其不可犯也贈太子太保謚文安

白圻（獻徵錄）字輔之為浙江參議時劉瑾柄政有承風旨聞處州銀穴者圻曰目前之利小意外之害大乃以贖金充內帑事得已鄞有少年為日本館甥已乃隨使入貢鄞人執之以聞日本人大嘩圻曰少年者予之無損治體奪之或啟釁端繼之遂長興有田瀕于水凡八十頃而糧固在民甚病之圻為奏免

彭澤（嘉靖浙江通志）字濟物蘭州衛人弘治進士浙江按察副使純誠直諒持憲嚴明好善嫉惡一洗脂韋軟媚之習仕至少保兵部尚書

陶琰（湯斌陶琰傳）字廷信絳州人成化進士弘治中浙江布政正德時江西賊王浩八入衢琰以右都御史巡視浙江浩八聽撫會寧紹濱海地颶風大作居民漂沒琰出帑金賑救而大築隄于蕭山會稽凡五萬餘丈乃奏設兵備道守要害地防浩八黨出沒遣將擊斬其渠魁遂城開化常山遂安蘭谿境內以靖

張縉（舊浙江通志）字元素巴縣人正德中按浙江宸濠置心腹畢真為浙鎮守潛圖策應縉知狀佯示致好繕兵儲粟以備不虞濠反鎮令傳令三司期來日四鼓下操眾疑其為變縉定計以是日出表比禮竟則天已曙謀不得行復與郡守留志淑謀先伏兵真府外諸司盡入遂縛真使去諸左右盡得府中藏甲以屬吏兩浙得安

席書（吾學編）字文同遂寧人弘治進士正德八年按察浙江擒治豪右逐貪酷吏釋冤獄臬政一新

周期雍（雷禮周期雍傳）字汝和江西寧州人弘治進士正德中浙江參議分守嘉湖諸郡居官恤民隱雖深山窮壤皆親閱屢會溫處礦賊因六年為亂撫期雍征勦期雍先發粟賑貸結民心次行招撫許令自新然後四出勦逆兵以分其眾直覆其巢遂縛渠魁以功錄廕擢參政仕至刑部尚書

方良永（名山藏）字壽卿，莆田人，弘治進士。正德中任浙江左布政時，錢寧遣僕齎鈔于浙，索銀三萬兩，鎮守太監欲抑取于民。良永疏言：浙東西諸郡雨雹為災，蠶麥不和，特哺之民嗷嗷千里。錢寧攫取民財，有司追償急于星火，冀緣為奸，望急將已斂之償盡給還民，未斂之數即行停止。寧留疏不下，遣校尉三人來浙緝捕鬻鈔者，而下飾下令散還前償。良永遂乞致仕。

李成勛（名臣言臣畧）字立卿，嘉魚人，弘治進士，歷陞浙江按察使。事事持大體，凡貪墨吏雖親故不曲庇，或本廉吏而為毀者所中傷，力伸雪之，憲紀肅然。

蔣昇（廣西通志）字誠之，全州人，成化進士。正德中浙江按察使，轉右布政，鋤好雜惡不遺餘力。治政臨事，悉據之以理，少有未安，毫髮不敢苟。論者謂其居官真無愧于古人云。

王潤（舊浙江通志）字敷仁，臨潁人。正德間按浙鹽，評性鯁介，恥以公法徇人。時劉瑾要賂諸路部使者，率厚餉之，潤獨抗然不撓。瑾逮治之，覬得重賂。或欲為潤稱貸，潤曰：吾本以耿介忤權璫，乃為生死變屈，非吾心也。聞者嘆其毅直。繫久得釋，瑾誅，起擢副使，致仕。

黎磐（廣東通志）電白人，正德舉人，任兩浙鹽運司運判。時劉瑾索賂，諸鹽吏皆謹事之，磐獨謂同知羅欽曰：豺獸之性，餽之無饜，判雖微秩，天子吏也，豈能覥顏喪氣取媚璫？惟聊瑾中以禍，後瑾敗起官。

劉瑞（四川通志）字吉士，內江人，成化進士。正德中浙江按察副使提學，整士以明先德行後文藝，所行條約切于身心。後任至南京禮部侍郎。

梁材（四法錄）字大用，南京金吾右衛人，弘治進士，授德清令，剋苦而勤敏。一日重囚越獄去，材禱于城隍，未幾就擒。材詰之曰：汝既遁，何復為我擒？賊曰：有一緋衣人尾之，欲脫不能耳。正德六年知杭州，杭以繁富名，材至愈以清約自勵，入覲橐中無一長物。尋進按察使，會宸濠變起，濠去浙邇，倚鎮守中人畢真為

內應御史張綸謂于林曰事急矣林即就章草檄調兵方略布置一
日悉具又自往說真令撤兵衛兩浙以安仕至刑部尚書謚端肅

戴恩（獻徵錄）字子充上海人正德進士授工部都水司主事監浙江抽分事值歲
課不登人謂難為之處恩曰吾寧以是獲戾不能效掊克吏也御史王克封
特為奏免

閻睿（獻徵錄）字汝思祁門人弘治進士浙江按察副使奉敕巡視海道海接東南
諸夷倭寇乘時剽掠勢要闌洋覓利睿至水操艦艤豪右斂迹不敢犯海道
為之肅清

劉大謨（獻徵錄）字遠夫儀封人正德進士任浙江僉事首革菜戶于私衙
既而分巡金衢時宸濠搆逆乃勒兵常山先声四達兩浙賴以無恐

高賁（獻徵錄）字曾唯江陰人弘治進士正德中浙江按察副使分巡衢嚴署按察
司篆數月憲度貞肅中監某在市舶雅敬重賁比遷鎮守意屬心賄而賁頓
弸之于是請託之弊不戒而息舉廉黜貪各得其情

馬卿（獻徵錄）字敬臣林慮人弘治進士正德中任浙江按察副使溫處兵備歷進
浙江右布政使中官張志聰吳勛造幣于杭自擅權利又縱行頭色料既不
中程而抉金以逋十年不訖工卿檄杭守查仲道以平價易色料于
高他無與也中官奏卿仲道抗命卿謫鶴慶知府後至漕運都御史

何鉞（獻徵錄）字勳伯江寧人正德進士為兩浙巡按至則清理冤滯摘發吏
姦厲禁和買鋤治豪强彈擊貪汙不職者數人藩臬郡邑罔不敬憚

許讚（嘉靖浙江通志）字廷美靈寶人弘治進士
歷浙江布（左）政使不激不隨甚多惠政

留志淑（徐問留志淑墓誌）字克全永春人弘治間進士授溫州府推官歷遷杭州
知府詰姦理枉厚本節淳作士氣均糧役平物直禁和買抗當衙要王人

使客絡繹交道，鎮守織船中官相継漁獵，恣派一切，裁正武實之法。移知徽州，杭民老幼舉留臺道，有重滯者。累轉浙江按察使，風聲凜如。再轉布政使。

傅鑰（献徵録）字希準，廣寧人，正德進士。嘉靖初任浙江按察司巡海副使。緣海所設守禦衛所，錯列大島，鑰自乘巨艦，操弓矢，出入風濤中，懲惰勞勤。其修置戰船、收給月糧之法，著為條令，永可遵行。仕至河南巡撫。

李遜學（舊浙江通志）字希賢，上蔡人，成化進士。浙江按察僉事，提督學政。教人寬而有制，以敦行尚實為本。人才高下，甄别不爽。其有奔競者，裁抑之，士習翕然一變。累遷禮部尚書。

朱裳（名山藏）字公垂，沙河人，正德進士。嘉靖初浙江按察副使，轉左布政使。吏私書其橐曰：清如水難到底。裳手續之曰：如水清飢殺儈。裳妻就館，裳敝衣冠執贄，收生嫗至以為儒也。仕至總理河道，謚恭簡。

蔣淦（廣西通志）字汝潔，全州人，正德進士。嘉靖三年知處州府，興利革弊，四境晴謐。暇則進弟子員，辨析經義，親為論定。累擢浙江左布政使，清操益厲。諭子弟曰：他日決不敢挾重資以還柳浦。欲食無魚味，衣無重帛，位居方伯，無異寒素。位至工部右侍郎。

劉節（献徵録）字介夫，大庾人，弘治間進士。嘉靖初浙江右布政使，轉左。戊子賓興，踰增解額。浙藩出納最冗，親閱文籍，盡革吏弊。

王尚絅（洛學編）字錦夫，郟縣人，弘治進士。任浙江右布政使。巡按御史李信傲褻，妄摭論列。尚絅曰：御史為朝廷耳目官，乃怙勢淩人，尚可任乎？遂棄官歸。吏部奏李信論事不實，復移檄起尚絅于家，仍涖浙。居官廉以率屬，慈以愛民，卒于任。

顧璘（世法録）字華玉，上元人，弘治進士。正德時知台州府。台州武衛錯居，俗悍喜訐，吏胥並緣為姦。璘求得利弊，次第興除之。故事，武衛諸城郎為修築，費率為

主者乾沒恒歲一築、輒壞。璘鉤得所侵漁悉沒入爲城費，擇人經理，敕所隸
所城特完。郡瀕海負民業鹽自食，苦邏卒害之，璘爲弛禁，俾得負販出郡下。而
薄其稅。入仕事餉不時給，貧軍多得稍貸餉，僑得肆侵牟，璘支放有期，軍皆給足。
郡南瀕江多水患，有中津橋且壞，璘修復之，因築石隄而樓其上，凡數十楹，人莫
喻其旨。已而夏潦猝至，居民得依樓以避，所活以千計，始服璘先見。結起參藩，左
轄日益練達，若賦發科調，補吏胥，皆吏蠹蟠結，璘批根絕蔓，振剔不少縱。

韓邦奇（名臣言行略）字汝節，朝邑人。正德進士，浙江僉事，分巡杭嚴二府。宸濠令
內豎假飯僧聚千人于杭州天竺寺，邦奇立散遣之。其儀賓託進貢假道
衢州，邦奇詰之曰：入貢當沿江下，奚自假道？歸語爾王，韓僉事不可誑也。時中
官在浙者凡四人，王堂爲鎮守，晁進督織造，崔瑤主市舶，張玉管營造，爪牙四
出，大爲民患。邦奇疏請禁止，又數裁抑。堂且惻中官採富陽茶魚爲民害，作歌
哀之，堂遂奏邦奇沮格上供，作歌怨謗，逮下詔獄，斥爲民。嘉靖初起山東參議。

王璜（舊浙江通志）字廷璜，濬縣人。正德進士。嘉靖中按浙江，嚴屬整肅。鎮守奸胥
有張南者大爲民害，璜首按致其罪。大吏不法，璜厲聲色官挫之，吏請悔過
乃已。由是上下震慴，奸貪吏望風引去。時永嘉
方柄國，家人暴橫，璜以法繩之，屬京察奪職去。

張鉞（獻徵錄）字文輔，江西安仁人。正德進士，授遂昌令，執法平恕，獄無寃滯。會江
西姚源盜蔓入浙境，鉞倡勇敢繕守備，邑賴以安。嘉靖初知金華府，民苦赤
旱，鉞請蠲來年田租，復弛田禁以活民命。屬邑永康、義烏俗健訟，素憤山積，鉞
推誠率激，浣俗頓革。遷浙江海道副使。時倭寇爲患，鉞嚴令申儆奸民以海舶
取利，來閩爲盜，入境則倚豪勢爲淵藪，鉞逮治之。
悉置于法，由是盜賊屏跡。仕至南京工部侍郎。

婁至德（獻徵錄）字存仁，通許人。正德進士，任杭州知府。屬邑海寧多海患，至德建
築石塘以防之。陞浙江布政司參政，晉右布政。杭歲大祲，兩臺下議，至德
以減餽遺、罷宴會爲急。既出，條吏曰：公言兩浙福也。復酌量賦
役，署爲十卷，名曰兩浙賦役成規。轉福建左布政，陞山東巡撫。

童以平（湯斌童以平傳）字守衡禹州人正德進士為浙江溫處兵備副使溫處軍素驕因餉不給嘯聚為亂以平單騎諭之衆皆首伏懲其魁等即日解散督府捕海賊五百人欲以為功訊之皆海中漁者為賊所掠志紐之曰殺無辜以幸賞吾不為也陞浙江左右布政使

楊最（呂柟楊最傳）字殿之號果齋四川射洪人正德進士授工部主事監稅武林正供外錙銖不擾而料察如神吏胥服栗代日囊橐蕭然擢郎中出守寧波士民畏愛肖像尸祝

陳儒（分省人物考）字懋學吉水人嘉靖進士浙江按察副使巡視寧紹海道首案文武贓吏捕黜丞藍佐指揮楊淮寘之法軍民惕然浙有衛所屬海外巡視者不至以故多奸儒破浪渡海操閱軍容案具不法者諸衛所悍具咸名各自戢改督學以崇經術禁浮靡為己任與諸生約數千言皆以道德實行為先士習翕然時有議建三仁祠者御史許之儒曰中心安仁天下一人三人者豪傑之士未可為仁也御史曰然則易以同仁何如儒曰吾所爭者在仁不在三也其事遂止儒識鑒精明士一經品題輒取高第一時稱為得人

汪文盛（湖廣通志）字希周崇陽人正德進士嘉靖時浙江提學副使閩明正學飭修書院禁西湖冶遊訂東湖鄉約品騭無爽文行以興任雲南巡撫

吳獻（湯斌吳獻傳）字汝喬汶上人嘉靖進士浙江布政司參政以鎮靜得民清望冠一時尚書馬森言平生見廉節士二人獻與譚大初耳

徐階（郁徵錄）字子升華亭人浙江按察僉事嘉靖間提督學政以正文體端士習為先既唱第人人為語所以甲乙之故即見斥者得自鳴創浙江通志

朱紈（郁微錄）字子純長洲人正德進士浙江巡撫時海島倭冦六百餘人志受約束襲破雙嶼賊巢上下連戰皆捷改命巡視處州礦賊起衢州告急亦平之

王忬（湯斌王忬傳）字民應太倉人嘉靖進士倭冦浙直忬提督軍務巡撫浙江時參將俞大猷湯克寬以材勇聞忬推心委任又奏釋在繫都指揮盧鏜尹鳳

等分置諸郡將角應援倭賊汪直結砦普陀乘風凌諸郡其黨徐學毛烈徐海彭老等列兵近洋與之呼應佇援筆大猷等夜從間道火其巢克寬夾擊之俘賊三百餘其溺死者無算尹鳳將閩兵邀于表頭北茭諸洋又俘賊三百餘人有蕭顯者尤桀黠屠南沙還逼松江盧鏜擒擊大破之斬其首先後奏捷如採淘港石礅長碛吳淞諸戰俘賊率以千計又擒漳州通倭奸民蕭老等三十餘人誅之其入奏也不自以為功率歸之諸將故人多用命為

張經

（湯斌張經傳）字廷彝侯官人正德進士除嘉興知縣累陞兵部尚書嘉靖三十四年改右都御史兼兵部侍郎討倭冠田州瓦氏兵至經以瓦氏兵隸總兵官俞大猷以東蘭那地南丹兵隸遊擊鄒繼芳以歸順思恩兵隸參將湯克寬分屯金山衛閔港乍浦將角三面以待永順保靖兵之集侍郎趙文華奏疏經畏賊不進語連經、而永保兵已至其日即有石塘灣之捷倭突嘉興經遣參將盧鏜督保靖兵大猷督永順兵由泖湖趨平望以克寬引舟師由中路擊之合戰于王江涇斬賊首一千九百餘級溺死者甚衆自軍興來稱戰功第一經至京論言進兵始末乞賜原宥不納論死隆慶初復官謚襄愍

胡宗憲

（王鴻緒胡宗憲傳）字汝徽績溪人嘉靖進士知餘姚縣擢御史三十三年按浙江歙人汪直據五島煽諸倭入寇徐海陳東麻葉等巢柘林乍浦川沙窪張經破倭于王江涇宗憲與有力超擢巡撫倭犯浙東以宗憲為兵部右侍郎任總督初宗憲令客蔣洲陳可願諭日本國王遇汪直養子滶于五島邀使見直宗憲以賊同鄉里欲招致之釋直母妻子金華獄資給甚厚直大喜遣子滶歸宗憲厚遇滶令立功滶遂破倭舟山表賜滶等金帛繒之歸滶大喜以徐海入犯來告海引倭分掠慈溪自攻乍浦東等與俱宗憲壁塘棲與巡撫阮鶚相犄角會海趨皂林鶚走桐鄉賊圍之宗憲遣指揮夏正持滶書邀海降海曰兵三路進不止我一人也且曰陳東已他有約所慮獨公耳海遂疑東而東知海營有宗憲使者大驚由是有隙正東間說下海海遣使來謝解桐鄉圍東去復巢乍浦初海入犯焚其舟示士卒無還心宗憲使人語海曰若已內附而吳淞江方有賊何不擊之以立功且掠其舸為緩急計海以為然遂擊之朱涇

宗憲潛其具舟海心怖以弟洪來質宗憲因厚遇洪諭海縶東葉海遂縶葉以
獻宗憲解其縛令葉以東書致東國海而陰泄其書于海海怒海妾受宗憲賂
亦說海于是海復以計縛東來獻乘浙部降宗憲慰諭之海自擇沈莊屯其衆
沈莊者東西各一以河為塹宗憲居海東莊以西莊處東黨令東致書其黨曰
督府檄海夕禽若屬矣東黨懼東夜攻海海挾兩妾走間道中矟官軍圍之海
投水死逢俘洪東葉及海首獻京師加宗憲右都御史命兼浙江巡撫事蔣洲
在倭中諭主源義長義鎮入貢遣夷目善妙等隨汪直來市至岑港泊為直達
激誘宗憲宗憲慰諭遣夏正偕往宗憲奮預為赦直疏引激入卧内使陰窺之
激語直乃入謁宗憲令至杭下于獄論死
以功加太子太保明年賊悉蕩平加少保

阮

鶚（獻徵録）號函峯桐城人嘉靖進士浙江提學副使浮人為盛浙方苦倭兔鶚
令諸生操弓矢習射作忠義之氣省城戒嚴撫臣檄諸司畫地防守鶚當守
武林門則列營關外令士女分道入避至避關視他守者獨無迎哭蹂躪之慘
擢右僉都御史巡撫浙江賊攻乍浦追斬之皂林賊奔桐鄉鶚冒重圍入桐鄉
賊多方攻擊而鶚隨机應之計窮遁去賊陷仙居鶚募金台諸郡兵分疑設伏
凡三戰大破之而賊首徐海黨與衆盛復集舊巢鶚命奇兵四伏正兵突擊賊
大賊四竄巨魁陳東麻葉辛五郎皆就擒賊奔據沈莊鶚檄諸道分兵四圍夜
渡濠薄城綱火其巢自寅至酉力戰俘獲甚衆徐海就溺戮鶚又謂諸將曰寧波
眉門久為賊據而舟山餘黨尚雜李何安枕耶遂夜驅水陸兵並進大
破于萃奇山樹山大淨山水戰于清港洋郎家洋直抵舟山擒斬殆盡

唐

順之（湯斌唐順之傳）字應德武進人嘉靖進士倭躪江浙順之為兵部職方郎
中往浙江視師與胡宗憲協謀以禦賊上策當截之海外縱使登陸則内
地咸受禍乃躬泛海自江陰抵蛟門大洋一晝夜行六七百里從者咸驚嘔順
之意氣自如倭泊崇明三沙督舟師邀之海外斬馘一百二十沉其舟十三

宗

禮（分省人物考）字國道其先常熟入隸籍于燕中嘉靖武舉由祖職署指揮僉
事任參將奉命禦倭于浙札提兵掩擊敗賊于新城堡乘勝攻破新場賊遁

去總督胡宗憲檄禮隨賊所向追勦之連有吳江嘉興之勝至崇德與倭至皂林勢且犯杭率兵往皂林邀西石止營警禦之倭萬餘突河來戰禮統兵不滿九百人殺傷甚多賊敗去蓄休來攻三戰三北死傷無算軍大振會石橋蘭鋒中砲賊橋失守禮被重傷猶裹創奮臂戰以眾寡不敵兼乏食軍無後救力竭仰天呼曰死當滅賊以報國遂遇害事聞贈都督同知謚忠壯建褒忠祠于皂林有司以時饗焉

俞大猷（名山藏）字志輔世職泉州衛百戶登武舉嘉靖三十一年倭寇浙直都御史王忬以大猷為浙江左參將特汪直亡命入海為倭嚮導大猷請用福建艘船破之遂與參將湯克寬入海擊直敗之大猷議遂倭當用艘船入海與戰又浙西川河互錯清港穿貫難以陸戰莫若先防河港之入一入河港我整搠河船周防戰備撤浙津梁使無所渡徐進逼之待其可戰一鼓禽之更行調海船堅守海港使不得遁仍用其計數以艘船破倭而整搠河船之議不行陞南直副總兵張經為總督調楚粵兵使大猷將之大敗賊于王江涇亦用大猷河船計多所俘賊為趙文華所劾奪祖職明年充鎮守浙直總兵連破賊移定海秉雨雪襲舟山寇進署都督僉事明年進署都督同知海上無警者二年總督胡宗憲使蔣洲陳可願入海說汪直直求貢市副總兵盧鏜請許之大猷倡俟其至擊之之論宗憲不可使鏜迎直直海上大猷陣兵誇示倭送直來者盡殲之官至後軍都督府僉書

戚繼光（名山藏）字元敬定遠人任浙江都司僉書義烏人故慓勁繼光言于督撫請練為兵許之乃為鴛鴦陣陣十有二人隊長前次夾盾次夾枝兵次四人夾矛次夾短兵握蘇居後其節短其分數明其步伐合地宜其器互相闘試既習補浙東參將分部台州嘉靖四十年倭大至寧海告急繼光旦之寧海賊聞繼光至急遁去謂台州城虛遁之繼光聞警從還遇賊花街一賊方挾矛右挾刃壯士朱珏持短兵折其矛再折其刃斬其首賊大潰張翼逐之殺數百人又逐之瓜陵江斬頭賊復焚舟起趋台繼光簡精銳千五百人往賊退次大田東堅壁不出會雨甚間道遁仙居繼光辭大道先之圍之數重四面舉火盡二

向有九日九戰斬首七百獲器仗三千七百四十有奇是為戚家新兵所至如破竹以參將入閩進副總兵累進左都督加秩少保

盧鏜（湯斌盧鏜傳）字子鳴汝寧衛人嘉靖時由世廕歷官備倭福建還都指揮擊賊嘉興擢參將分守浙東濱海諸郡與副將俞大猷大破賊王江涇旋督保靖土兵擊賊張莊焚其壘賊出沒台州外海鏜勒擒其酋林碧川等旋擢協守江浙副總兵賊陷仙居趨台州鏜破之彭溪乃與胡宗憲共謀滅徐海宗憲招汪直鏜亦說日本使善妙令擒直、與日本貳卒伏誅擢都督僉事為江南浙江總兵官倭復犯浙東水陸十餘戰斬首千四百有奇

湯克寬（湯斌湯克寬傳）邳州衛人克浙江參將倭犯溫州克寬擊敗之賊寇嘉興屬邑克寬至海鹽被圍陷參政湯恩等拒守賊不能克無何陷乍浦城轉掠奉化定海克寬進圍于獨山民家火焚之賊半死餘遁命為副總兵提督海防諸軍浙西參將張深病都御史王忬薦克寬代之總督張經議掁賊柘林令克寬將廣西土兵屯下浦與副將俞大猷相犄角大戰王江涇斬級三千會趙文華劾經幷克寬言縱倭遂幷逮問赦免歷廣東參將總兵官

周應禎（舊浙江通志）中都留守衛人官浙江都司僉書嘉靖甲寅倭寇由澉乍二浦沿海塘掠石墩巡司攔衆化市中丞檄應禎統兵禦之龍尾兩山間為寇出入孔道遂營焉軍令肅然秋毫無犯有卒伐竹一竿刈其耳以狥謀剿賊至靈泉山應禎躍馬趨之遇賊力戰斬數十級賊奔追至放屉山址篠樾蒙密賊伏敗垣中提石擊應禎中首而仆身被數刃馬傷負歸崇教寺越宿而絕馬亦不食三日而死

劉錦（舊浙江通志）溫州衛指揮同知嘉靖間擢浙江總督備倭守定海倭入貢爭長相讐殺焚掠自寧波直抵紹興錦督舟師追勦與倭戰于霍山援兵不至忽戰棚蹋陷士卒多墮水賊遂踐躍過舟錦揮刀奮格力竭亦墮水事聞進爵世襲指揮

游居敬（福建通志）字行簡南平人嘉靖進士浙江按察司僉事歷按察使左右布政使浙中時患倭寇調主客兵數萬計庫無羨贏居敬立辦無悞議者欲

綠土著汰客兵，嘗閱而嘆，督撫令居敎前諭之，皆解散。在任衣粗食糲，一席十年，滌枕擲匜，高青衿時物，清節為浙者之冠。

趙炳然（史鑒）字子晦，劍州人。嘉靖進士，拜御史，按浙江，累擢巡撫浙江。浙罹兵燹之後，炳然無慮以率下，更諸政令不便者。福建巡撫游震得請浙兵勦賊，詔發義烏兵上萬，諭炳然協勦。炳然言：福建所以致亂者，由將吏撫馭無術，民多為兵，兵多變為盜。今驅浙兵以赴閩，急富恨浙之復為閩也。請令一意團練土著，使人各為用，家自為守，急則兵，緩則農，然後聚散兩有所歸，即不得已而召募者，必亦必先本土，後鄰壤，庶無釀禍本。又條上防海八事，俱報可。以援勦功進右都御史。

潘恩（獻徵錄）字子仁，上海人。嘉靖進士，浙江左參政，分守杭嘉湖道，方按部海鹽，而見寇猝至，圍之數十匝，特城無見兵，恩鼓舞吏人晝夜睥睨間，不少懈，賊知不可破，乃解。累遷浙江左布政使，首革賊吏出納之契數，佐臺使者禁斥貪墨。擢右副都御史，巡撫河南。

吳桂芳（獻徵錄）號自湖，新建人。嘉靖進士，任浙江按察使，左右布政使。時胡宗憲以兵事奉于財，慮不給，桂芳為查理積年隱沒者，幾月得十餘萬，給宗憲。宗憲于座起稱曰：公真大材也。仕至工部尚書，總督河道。

熊達（西江志）字子漸，清江人。嘉靖進士，浙江布政使。浙方有兵事，帑藏空虛，乃剮貪冒，清逋負，籌畫有經。胡宗憲得罷聚慮客兵為變，達大發芻稾犒之，反側以定。

薛應旂（舊浙江通志）字仲常，武進人。嘉靖進士，累陞浙江提學副使，為文鴻博典贍，鑒衡百不失一，或一學無高材，而浮二等錄名，甚有浮他邑得佳士，移領其棄者，心無私利，恒力破文細為之，竟中考功法而歸。在浙著有嘉靖浙江通志。

舒汀（舊浙江通志）字紹安，侯官人。嘉靖中巡按兩浙，秉法懲惡，肅吏庇民，懸令名市中，凡官吏抑取常例錢并和買者，俾民得執以入告，即民畏勢隱忍，汀恒自知之。常有一郡倅市彩帛于民，一日汀問曰：聞郡市帛有之乎？倅惶恐對：誠有之，時平直貿易，非敢有侵于民也。汀笑曰：良然，吾偶問及耳。自是屬僚相戒

毋多遺肆市物暬家習為横恣者一時抑首自戢

張憲臣（獻徵錄）字叔伯崑山人浙江右參政分守金衢嚴三郡書平礦冦大將軍自隨而儀之夥為訓練成師曰子去盜益驕横宕相從剿攻不休憲臣録具豪以而為縣官用抑何貴也遷雲南按察使

唐堯臣（江西通志）字士良南昌人嘉靖舉人擢湖州府通判陞杭州府同知擢浙江按察僉事備兵台嚴料理軍餉不絕倭至堯臣以戚繼光兵連破之

劉燾（舊浙江通志）天津人嘉靖間倭警起為浙西兵備道燾精奇門風角之術至郎按圖視險選將募兵有乍浦王江涇諸捷著浙西海防稿行于世

王湘（獻徵錄）字大清濟寧人嘉靖進士浙江布政司參政分守金衢汰冗剔蠧興革為多義烏少年多去本業應募從軍湘令長吏加意撫安遇有名募應以浮民毋發閭左壬午杭營之變衢兵聞風將譟不執湘登壇集衆示以軍法士無敢譁遷本省按察使

梁廷振（廣東通志）字伯綱南海人嘉靖進士浙江左右布政使遇旱禱雨輒應嘗却木商謝金鉅萬人服其廉

龐尚鵬（湯斌龐尚鵬傳）字少南南海人嘉靖進士以御史廵按浙江民苦徭役為舉行一條鞭法所至擊豪猾吏民震慴

林文沛（舊浙江通志）字維繼長樂人正德進士為工部郎中嘉靖中海溢塘圮勅文沛督修諳求遠計築天闕等塘寅出酉入未嘗令有司饋餉勞勤忘疲甫暇進諸生講授經義宛如師友去之日士民攀留不得爭赴闕上書

潘鎰（舊浙江通志）字希平婺源人正德進士嘉靖中董北關商稅政尚寬簡商旅頌戴查解額外餘課以裨國用

鄔紳（舊浙江通志）字佩之丹徒人嘉靖進士司稅北關清省泌職課銀惟主騐解餘無所濡染

方仕（舊浙江通志）字克學固始人正德進士嘉靖中兩浙都運使清操卓勵簡于事上而厚于恤民故于俗寡諧時世宗以節槩勵羣臣命四品以上毋得折腰以見上官仕仰遵上旨不為降禮監司推仰之仕即特投劾去監司者猶檢永任內所行毫無污蠛乃移檄慰留而去已遠矣

江滙（豫章書）字東之進賢人嘉靖進士浙江按察使特法峻整有豪民坐殺人行千金求囑獄拒之又屬柄相以請不聽竟論死轉河南右布政使

盧蕙（舊浙江通志）字子貞山陽人嘉靖進士浙江按察司副使嚴法肅紀不狥情面屬吏有以賄敗者人多以甲第憐之蕙無所寬貸竟褫其秩

李攀龍（舊浙江通志）字于鱗歷城人嘉靖進士任浙江副使遷參政初蒞浙特長興徐中行餉以岕茶及耳聽詢其佳否攀龍曰已賣隸人矣中行為詳數其佳味及烹煎法乃悔曰昔司馬旦以不諳吳俗而罷吳其有俗子妄可不諳而違之哉于是體與情訪耆舊洽俗酌宜以決諸事而吳俗大諳咸稱才吏

譚綸（名山藏）字子理宜黃人嘉靖進士倭寇東南時台之仙居黃巖新中寇郎兵數萬人皆惡懦綸為台州知府簡習精卒千人一捷于兆嶺一捷于楊沙溪以此知名遷浙江副使為巡海使者悉撤諸徵調一意練土著倍饟餉備器械厲威信必誅賞教之三月部士皆爭命死敵浙寇平陞參政轄海如故

史朝宜（獻徵錄）字直之晉江人嘉靖進士浙江布政司參政分守浙西三郡罷不急之費止無名之徵飾總書飛灑扣隱之蠹掃庶屬煎銷鉛炭之擊

王世貞（名山藏）字元美太倉人嘉靖進士浙江參政治吳興三郡吳越新涌兵大供億繁興世貞請汰內府內官大小監冗食及錦衣諸衛寄籍者事難不行竟得改折漕糧十五萬官至刑部尚書

莊用賓（福建通志）字君爵晉江人嘉靖進士浙江按察司僉事直指行部事有不合必與抗論上虞丞倚醜使私人貪恣不法丞暴其狀熙之寧波學宮壞議修建直指以疏動帑金非便用賓曰移某邑餽某鄉大夫金若干罪疏動耶直指変色因報可隨論劾罷歸後因倭寇逼泉率鄉勇直搗寇巢戰沒贈太僕少卿

晏　浚（西江志）字惟明玉山人嘉靖進士授海鹽令歷陞溫處兵備副使時浙東海寇猖獗浚授方畧鷄渚平陽慶元金盤相繼奏捷廣右狼兵驕悍浚戢其渠魁軍紀嚴肅擢廣西參政

殷　邁（獻徵錄）字時訓南京留守衛人嘉靖進士穆宗時以按察副使視學于浙掄士一先德行諸生中有以出妻抵誣者獄久滯邁暴其枉釋之夫亡而婦從死議者欲旌其節邁曰婦節以守死不貳為貴從死非中制也議者韙焉歷陞南京禮部右侍郎

王　樵（分省人物考）號方麓金壇人嘉靖進士為浙江按察副使以寬簡稱然使人不敢以私干而豪右重犯法職樵治兵西吳故鹽盜藪樵練士厲兵嚴保伍之法捕治劇賊湯樽等樵浔其宿豪名猾罪逮之

[illegible]（[illegible]志）字[illegible]新州人嘉靖進士除壽昌令徵拜御史轉浙江僉事蒞[illegible]王龍溪錢緒山輩講學于崇正書院

[illegible]士授長興知縣理煩治劇紀綱[illegible]海等築法盡善至今猶黃公塘

猶誦習侍　習作循与習字義相對
類　習从犬

劉繼文（分省人物考）靈璧人嘉靖進士參政浙江時有妖僧惑眾立除其奸考滿空囊如洗與海忠介並稱

徐雲程（西江志）字允升清江人嘉靖進士浙江按察副使嘗築廣木隄民賴其利散金衢礦徒以持法忤直指乞歸終養

徐　栻（分省人物考）字世寅常熟人嘉靖進士為御史趙文華督兵倭南中栻劾其罪謫浙江布政司都事累擢浙江按察司僉事監戚繼光兵討賊轉布政使右參議後以僉都撫浙浙西海鹽塘歲久齧甚風濤閒作衝決數百里栻甃石鳩工縱橫廣袤一以意裁不浹歲而工成濱海田土皆化沮洳為膏沃

張佳尹（王鴻緒張佳尹傳）字肖甫銅梁人嘉靖進士萬曆十年浙江巡撫吳善言減月餉東西二營兵馬文英劉廷用等搆黨大噪縛毆善言上以佳尹代

晏浚（西江志）字惟明，玉山人，嘉靖進士，授海鹽令，歷陞溫處兵備副使。時浙東海寇猖獗，浚授方畧，鶚渚、平陽、慶元、金盤相繼奏捷。廣右狼兵驕悍，浚戢其渠魁，軍紀裏肅，擢廣西參政。

殷邁（獻徵錄）字時訓，南京留守衛人，嘉靖進士，穆宗時以按察副使視學于浙，掄士一先德行。諸生中有以出妻抵誣者，獄久滯，邁暴具枉釋之。夫亡而婦從死，議者欲旌其節，邁曰：婦節以守死不貳為貴，從死非中制也。議者韙焉。歷陞南京禮部右侍郎。

王椝（分省人物考）號方麓，金壇人，嘉靖進士，為浙江按察副使，以寬簡稱，然使人不敢以私干，而豪右重犯法。職兼治兵，西吳故鹽盜藪，椝練士屬兵，嚴保伍之法，捕治劇賊湯榜等魚，浮其宿豪名猾，罪遣之。

頓問（湖廣通志）字子承，蘄州人，嘉靖進士，除壽昌令，徵拜御史，轉浙江僉事，蒞食清謹，越人有茹蘗頓公之稱。嘗與王龍溪、錢緒山輩講學于崇正書院。

黃光昇（道南源委）字明舉，晉江人，嘉靖進士，授長興知縣，理煩治劇，紀綱肅然，歷陞浙江僉事，遷參政，修築海塘，築法盡善，至今稱黃公塘。

劉繼文（分省人物考）靈璧人，嘉靖進士，參政浙江，時有妖僧惑衆，立除其奸，考滿，空囊如洗，與海忠介並稱。

徐雲程（西江志）字允升，清江人，嘉靖進士，浙江按察副使，嘗築廣木隄，民賴其利，散金衢礦徒，以持法忤直指，乞歸終養。

徐栻（分省人物考）字世寅，常熟人，嘉靖進士，為御史，趙文華督師南中，栻劾其罪，謫浙江布政司都事，累擢浙江按察司僉事，監戚繼光兵討賊，轉布政使右參議，後以僉都撫浙。浙西海鹽塘歲久齧甚，風濤間作，衝決數百里，栻庀石鳩工，縱橫廣袤一以意裁，不浹歲而工成，瀕海田土皆化沮洳為膏沃。

張佳胤（王鴻緒張佳胤傳）字肖甫，銅梁人，嘉靖進士，萬曆十年浙江巡撫，吳善言減月餉，東西二營兵馬文英、劉廷用等搆黨大譟，縛毆善言，上以佳胤代。

善言甫入境而杭民以行保甲故亦亂佳尹問告者曰亂兵與亂民合乎曰未也佳尹書曰迷驅之既至民剽益甚佳尹從數卒佯問民所苦衆益張佳尹召遊擊徐景星諭二營兵令討亂民自贖禽百五十人斬其三之一乃佯名文英足用予冠帶而密屬景星捕七人并文英足用斬之二亂悉定

李宗魯（湖廣通志）字學仲漢陽人萬曆進士浙江按察司僉事為政嚴明而民歌思不絕會浙兵要縛直指宗魯徐諭利害直指得釋心反啣之擬宗魯失律罪巡撫張佳尹執不可曰前定亂者何人也調廣西兵備

楊道會（道南源委）字惟宗晉江人隆慶進士令黃巖息訟緩徵歷遷工部郎中榷木南關政寬而稅額縮道會如額報不慮縮額商大悅出知台州府

蕭廩（獻徵錄）字可發萬安人嘉靖進士以御史按浙吏牘山積立決如神雪冤獄以百數黜墨吏新宋濂方孝孺諸祠又請祀王守仁于學宫累陞副都御史巡撫浙江先是浙兵譟轅門辱不逞致尤為嘉大剽城市時議置中軍卒以相防制廩曰卒吾卒耳吾時餉而法馭之何患之敢生而藉此紛紛為

温純（陝西通志）字希文三原人嘉靖進士以兵部右侍郎巡撫浙江改漕折減織造復陂池人情大悅閱操軍聚居會城與居民不相安議者欲出之而民具悍恐生變純呼而諭之曰爾曹以防汛為家宜移營汛地勿戀此土咸唯唯聽命軍中老弱疾病則勿補遂合九營為七而兵不知汰

葉夢熊（獻徵錄）字男兆歸善人嘉靖進士萬曆間任浙江海道副使周視形勝悉名境內兵益以海艦令兜至數十外無俾闌入海波息警

蒙詔（廣東通志）字足綸高要人嘉靖進士萬曆時擢浙江副使巡視海道歷按察使及左布政使奉宣德意丕釐法紀久任而浙政聲茂著

王基（獻徵錄）字啓亨益都人嘉靖進士萬曆中浙江布政使浙賦煩而要多難理基殚精綜核凡租稅經費絜為章程擇無害吏主其籍出入纖悉具有可覆無侵蠹者邑畫兵食剖決詞訟日不足繼以丙夜案流刃解政声大著

張文熙（廣西通志）字念華臨桂人萬曆進士以御史按浙壬午鄉試主場無考官文
熙兼董之得人為盛居官寬猛並濟撫安兵民浙人服其英決建祠祀焉

林偕春（獻徵録）字孚元閩縣人嘉靖進士萬曆時任浙江提學副使裁鑒精審請
寄無所受每面發試牘至所屬生輒曰某公嘗為若言然若文劣固宜居
此閩者稱服代者晋江蘇濬
兩浙言良督學並稱林蘇焉

蔡逢時（江南通志）字應期宣城人萬曆進士知海鹽擘築海塘禦湖
患歷陞溫處兵備副使圖畫海防殲倭寇晋四川左布政

馮時可（舊浙江通志）字敏卿松江華亭人隆慶進士分守溫處慮明敏大
訟簡刑省日放衙之外庭虛無人尤加意振作士類士民思之

傅好禮（湯斌傳好禮傳）字伯恭固安人萬曆進士巡按浙江歲大祲條上荒政多
報可行部湖州發帑折銀萬兩易粟賑飢民自奏請服禮發罪帝特宥焉

饒景曜（西江志）字廷獻進賢人萬曆進士任浙江分巡道有聲改督浙江學政備
兵金衢時值礦賊竊發設方畧擒渠魁撫按上其功陞浙江按察司卒于
官囊橐蕭然
清操最著

甘士价（舊浙江通志）字維藩信豐人萬曆進士巡撫兩浙甫下車首選材官訓練
兵裁部差汰冗役革宴會省靡費躬行儉約創武林書院于中衢講明正
學歲大祲請留漕米數十萬石捐助若干兩議米議粥議遠近分賑又議薦紳
素封自賑其鄉恐自擘畫巡行郡縣面形神苦悴遂以是得疾卧閣中時當遺
汛猶力疾出聽事戒諭之卒時筐篋無存斂以衿
衣士民號慟之声連街達陌聞于朝立祠歲祭

車大任（舊浙江通志）字子仁邵陽人萬曆進士知嘉興府陞浙江按察副使進右參
政分守溫處慈祥博大平易近人撫士民悉出真誠待僚屬亦寬厚得直

李國士（獻徵録）字汝志亳州人萬曆進士任浙江按察僉事台州大旱國士禱于
關壯繆侯祠雨隨澍上虞令蔡叔達為鄉官金某所持鞫問時金謂令與

國士為同鄉以語侵國士國士抗声曰吾為朝廷治亂民不知有鄉官也金伏罪大學士潘晟子復奉幼悍僕與內戚搆擯于外國士置搆樞者于理而入其子潘得有後壓山西左布政使

郭子章（舊浙江通志）字相奎泰和人萬曆進士為湖州知府陞浙江左參政督理漕儲嘗題名于右曰孔子云苛政猛于虎螞游于濁而食于清諸君子交相浮磯寧為螞毋為虎也

鮑道明（献徵錄）字行之歙人嘉靖進士任浙江按察使浙地富豁湊之衝鄉人往來部中與相錯權豪多閑說不避功令道明戒閽者毋入鄉人謁毋入閑說者書即權豪面謁欲有言曾來得啟篋又發臨安故給事中高時奸狀械送京師仕至南京戶部尚書

張淳（黃嶸張淳行略）字希古桐城人隆慶進士任永康令永邑俗刁晉猾遇告期常蜂塞公庭淳裁決如流標告者名于後堂署其曲直有續告者輒以前事答之民駭服設小釜數十于門外凡告者片晷分析即以裹糧藥釜中飽食而去民呼張一包謂裹糧一包可畢訟也永人生女多不舉淳屬為某全活億萬永俗女婢終身不夫著令報匿者賞罪其主有劇盜能飛行白晝攫金省庫撫按集兵圍之須臾遁去十餘年不獲淳甫蒞任謁院々曰為我捕盜應曰乞限以三月復請借推檄月數十至々斡遣推檄至佯曰此盜遁久矣寢閣不行屢借如前詰知盜通某吏婦恣繫吏獄夜召吏謂曰院知某盜通盜而婦今來拘爾夫婦死矣吏泣請命淳曰惟捕某盜可易爾死吏曰彼狡捷多妄幻吏安能捕曰汝可以妻代繫盜聞必來救汝醉以酒可擒也果縛盜報院僅兩月耳院問故曰盜急則馳之遠出屢借不應者緩之也府囚來大有已論決淳知其非辜極力洗刷乃得允大有謝無以報淳曰汝滯囹圄久凡有冤抑以實告我乃所以報也授紙筆授府獄數十人條其實淳按條其辨盡得肆宥遇告人命無朝著必乘騎按驗按誣坐之自後無偽訟者縣因旱民艱食有搶米五斗者立杖殺

之一邑帖然或詢曰何以五斗米殺人曰固生也所殺者死囚耳一富室以女委諸生、蓋先富而後貧者富室中悔互相執訟淳謂富者曰欲別字而女當以三百金酬生富者欣然從之命鼓吹導貧士至富室促令婚笑謂曰汝婿得三百金不貧矣有一巨室死兩子以爭產結訟淳擇諸生最篤行者誦毛詩之棠棣篇閱七日兩子皆慚愧退讓淳治永先教化而後刑名入覲止一役一僕自隨忤宰執意僅授禮曹請假家居七年起建寧太守撫按交薦擢杭嚴道浙東先有募兵虛糜糗糧欲汰之軍中偶語將為亂撫按以為患淳曰是驕悍者留則有用散則叵測不若通一軍而去其老弱者如募數則食足而兵强亦不至亂矣撫按是其議事遂定陞陝西臨洮參政以疾請歸疏薦凡十四次堅辭不起

郝杰（獻徵錄）字彥甫蔚州人嘉靖進士浙江按察使浙營兵以減餉譟羣擁巡撫千軍中杰疾馳而諭以利害悍卒斂戢杭民以大甲偏累挫巡撫不得伸搒急少夜縱火焚掠杰勒營卒捕為亂者收繫獄眾乃帖然仕至南京兵部尚書

荆之琦（舊浙江通志）字鴻玉丹陽人萬曆進士以戶部主事榷杭州北關甫下車進官吏巡諄與約法犯者立譴責之時吳中大雨又兼徵兵索餉商旅不進或憂其課缺勸加額之琦守初約如故已而貨舟大集復以羨報閘南北河壖可十里而遠皆傾圮不治乃鳩工甃石行旅稱康衢焉

劉一焜（西江志）字元丙萬曆進士以僉都御史巡撫浙江織造中官劉成卒一焜慮代屢疏止之已得請會中官呂貴奉命護成喪裝奸人請留貴督織造疏直達禁中一焜與巡按李邦華極論其罪帝卒命貴代之一焜復疏爭不報貴既任條行十事多所侵擾一焜疏駁且禁治其爪牙貴為斂戢一焜以暇築龕山海塘千二百丈濬復餘杭南湖民賴其利

李邦華（錢謙益李忠肅傳）字孟闇吉水人萬曆進士巡按浙江兩浙地煩政劇邦華採訪利病分六曹為六書某利當舉某害當革條分件繫每按部舉而

指之直指供億有賦罰亾費二項賦罰坐派郡邑亾費取盈協濟邦華曰繡衣使者表率百城可以身為谿壑乎亟下檄蠲除屬吏凜然歲當慮囚積牽填委夜閱炳燭亭疑閱牘運筆如風平反者百餘條法吏莫敢出入一字受讞之日獄囚盈廷舊使者省覽累日為手胼以記事邦華攜冊坐輿中流觀閱記數百人以次決遣姓名訟牒不遺毫髮吏民驚以為神仕至左都御史甲申殉節

國朝賜謚忠肅

蘇濬（舊浙江通志）字君禹晉江人萬曆進士浙江提學校士率單車入館中不倚倚于人每卷必閱竟或重閱然後定甲乙所得皆雋材浙榜發七十餘人皆其甫第士也

葉永盛（舊浙江通志）字子木涇縣人萬曆進士為御史按視兩浙鹽務先是三殿災度支告匱謀利者紛言浙餘鹽山積可得餉三十萬中貴倚勢要脅求盛力持之疏五上減至三萬且疏言者罔上罪神宗察其直諫能䘏商愛民服可人心獲安又山陝新安諸商子弟以外籍不得入試永盛惜其才為請于朝得立商籍取入學商人德之

傅宗龍（舊浙江通志）字仲綸昆明人萬曆進士為御史按浙風節自持潔清不染猾胥率皆斂手鎮撫李某其父中後毋言屢撓之一日鎮撫醉辨其誣父訴于官坐以罪每遇考核必解衣受笞十有餘年值宗龍按杭州廉得其情憫之乃注平考

張惟任（陝西通志）字希声潼關人萬曆舉人以御史巡鹽兩浙時鹽法弊滋惟任條議力塞契竇并劾墨吏之蠹鹽政者又錄方正學後人以勵風節

楊鶴（舊浙江通志）字修齡武陵人萬曆進士以御史按兩浙鹽政鹽法積弊還商寓浙中至有十餘年不及支者鶴為詢訪咨度通前酌後數月而商積蘇至期年商乃大蘇

劉仲（舊浙江通志）字叔達，廣昌人，萬曆進士，以工部郎出督抽分。時遇溢潦漂木
沉商，撫輿而泣。仲與羣商約法，所以甦商困者八事。往解部，部餘銀改屬織造
府，而更其名曰料銀，又以大工加稅三千有奇。甲寅，敕書云三分減一，仲力爭
餘銀宜解部，不宜飽中涓；加稅宜盡蠲，不宜量減一。具辭危厲，而司農格不行。

方大鎮（舊浙江通志）字君靜，桐城人，萬曆進士，浙江巡鹽御史。公廉惠愛，卓有樹
立。疏陳時政，切中其弊。鹺法自常股存積改為餘鹽，商竈交困，大鎮一意
寬恤，四季掣放，以疏商引；餘鹽先課而鹽價不貴；均分塗田以息民爭；寬私鹽
之禁，止小票之行，商通國裕，鹺政大理。吳越白糧大為民累，具疏乞比漕艘例
一切裁革。又以水災請
改折白糧十萬石有奇。

蘇茂相（舊浙江通志）字弘家，晉江人，萬曆進士，巡撫浙江。時淮山東巡撫王化貞
議調浙兵一萬，給餉二十餘萬；又以歲造改歸中貢，李寶計費六十餘萬。
茂相以兵當速濟，歲造給邊不可缺而可緩，分為二十四運，仍請歸有司，甚便。
又請蠲仁錢各縣災籍稅，停調水兵，防海節大婚冗費，皆人所不敢言者。先是
寧波溫台閩噪劫屢聞，茂相咨
授方略，以次就擒，郡縣始安。

周延光（舊浙江通志）字斗恒，蘄水人，萬曆進士，知金華府，政靜民和，晉副使提督
浙學，遷本省左布政。凡收瓷閱文，皆躬自閱視，主藏吏抱牘記出納而已，
宿獘一清。

竇子偁（舊浙江通志）字澹南，合肥人，萬曆進士，浙江按察使，清貞剛斷，斥絕請托，
一時奸猾斂跡。進右布政使。一日曉闕門有數夫哭曰：稱真于私署。子偁
詰問，對曰：此乃羨餘也，解京餉畢，例宜分送耳。具實左藩慫恿，遍清為稍給官
廚計。子偁勃然曰：朝廷正苦餉不足，安得有所為羨餘哉！據乃欲汚吾地耶？達
哭去，毋以身試法。哭夫
有痛，出命取水滌之。

杜喬林（江南通志）字君遷華亭人萬曆進士知湖州府地多盜與鄰郡合力擒之陞按察副使遷浙江右參政分巡溫處海寇劉香老入犯圍府城喬林召募勇士晝夜捍禦三戰皆捷

袁萃（蘇州府志）字聖起吳縣人萬曆進士浙江提學僉事織造中官僕曾祖曾為州佐求入鄉賢萃與郡守令盡黜舉者巡撫牒數十人寄學立郡還之僕人子弟入學萃思核所部十一郡盡斥僕人子濫入學者二百餘人歷廣東副使

貢修齡（江南通志）字國祺江陰人萬曆進士知東陽縣革羨耗蠲贖鍰撫流亡杜請謁積弊一清薦卓異累陞浙江參政董浙漕陋規鐫削至盡以介直忤漕督歸後起江西參政

蕭基（舊浙江通志）泰和人為巡海道副使崇禎初閩盜叛黨周三攻昌國石浦爵溪諸處基親督兵以火器焚其舟三十餘艘復會台師夜襲破之賊遂遠遁

侯峒曾（嘉定志）天啟進士任浙江布政司左參政分守嘉湖道政務繁劇不資幕客治官書達旦不寐嚴行保甲匪類潛蹤定漕卒之亂軍民畏服

華敦復（舊浙江通志）字雍明無錫人天啟間分守溫處簡約自持杜絕饋遺屬吏不敢以片楮入門愛民禮士一出至誠會歲大旱步禱烈日之下不張蓋擁扇由處郡至麗陽神祠幾十里晨夕無倦卒得甘雨如注擢總憲

陸完學（江南通志）字鳳台武進人萬曆進士任杭嚴兵備道副使歲飢米價騰踴或議減價完學獨謂吾正欲昂價以來之杭不產米恃資外販若減價則商裹足矣越數日商舟踵至價果平歷陞浙江巡撫先是濱海颶風大作堤岸如洗完學修築海塘浙民得免海患仕至兵部尚書

黃鳴俊（福建通志）字啟甸莆田人萬曆進士知諸暨縣調繁會稽歷陞浙江提學參議取文不拘一體高奇平淡率歸大雅改杭嚴兵備起擢都御史巡撫

浙江甫三月，值甲申之難，鳴俊慷慨誓師將出討闖賊，聞江南馬士英用事，解綬歸。

吳阿衡（河南通志）裕州人，萬曆進士，巡按浙江，精强堅吝，通暁吏事，大振紀綱，貪吏屏跡。

陸朗（江南通志）字闇先，上元人，崇禎進士，户科給事中，巡兩浙漕糧，剔弊釐奸，吏民畏服。

祝徽（舊浙江通志）字文燾，臨川人，天啓進士，崇禎間巡浙江鹺務，以恤竈為先，而次及恤商，故商竈皆悦。時小票例止有販積次船載並有禁，而奸民數犯委引，竈户控于徽，徽立瀹白之，治妄引者，勒石為厲禁，竈民始克安業。

蕭奕輔（廣東通志）字翼獻，東莞人，天啓進士，以御史按浙，會海寇嘯聚，乃儆戈船，置勁兵台寨，資以保障。遇旱禱雨輒應。事聞，晉太僕少卿。

蔡懋德（毛奇齡蔡忠襄傳）字維立，崑山人，萬曆進士，除杭州推官，立讞盜讞，命清獄法刑平，臺使者以為能，頗所條分兵事、關政、鹽法、驛傳、鑄錢、救荒諸大政。行取擢嘉湖兵備，進布政司右參政兼按察副使。屠阿丑者，湖盜也，踞湖有年，御史謝某疏請設臨浙直界地，增參戎，置兵，而合浙直諸廂軍勦之。懋德曰：賊可緩致，必黷兵擾民何。即密捕窩盜家，貫其死，散歸湖濱，約曰：有捕至湖者，第令之。假捕卒為估賈兒，先後纏至，屆期而縛，生丑義兒沈千斤者，有驍名，捕分趙賊營，沈左右救，力敗，遁趙沈，沈大創，丑奪氣，遁陷水澤中，逃者生擒之，盜平。無何，以艱歸，民留之，哭曰：還我蔡公。復仕至山西巡撫，殉節，謚忠襄。

袁一鳳（西江志）字鳴岐，宜春人，萬曆進士，浙江按察副使。時海塘崩潰，一鳳身任其役，工成，歷湖廣布政使。

宋繼登（舊浙江通志）字先之，華陽人，天啓進士，崇禎中任嘉湖道參政。時旱飢，斗米千錢，貧民棄子女于路者日千計，繼登檄郡縣設法賑糴，民始安戢。

盧若騰（舊浙江通志）字牧洲，同安人，崇禎進士，授寧波海道僉事，剔奸釐弊，抑勢豪，風裁凜凜。值胡乘龍盜起，若騰從容指顧，旬日之間，閭井晏然，郡民賴之。

傅雲龍（西江志）字蕙甫，金谿人，崇禎進士，授浙江按察副使，備兵台紹，計擒海寇竺武貝學杜等。東陽許都倡亂于金華，雲龍簡勁卒倍道進，以除夕抵城下，敗之，轉漳南參政。

堵引錫（常州府志）字仲緘，無錫人，崇禎進士，以主事司税北關，政尚寬簡，徵課惟主虩解額足，任船隻往来，一無所問。

許豸（福建通志）字玉史，侯官人，崇禎進士，浙江僉事，分巡寧紹，增築郡城，殲海寇陳奇老等，改督學政，釐正文體，得人為盛。時有權璫鎮浙，豸抗不為礼，士有儒服郊迎者，立撻之。

田有年（江南通志）字孫若，宿松人，崇禎進士，浙人驛傳副使，署臬篆，疏郵煩理冤獄，暇名生童課藝，刻大觀集，得人甚多，入覲乞終養歸。

吳克孝（舊浙江通志）太倉人，崇禎中分巡嘉湖，境内盜賊羣起，克孝練技勇，廣詗伺摩，賈格首捕青暖黨魁黃文妣二等，又劫鞋積盜葉六聚家寶眾斗張三者，負驍勇，皆次第就擒，梟于市，餘黨數千，悉焚其籍，不問，遠近獲寧。

左光先（舊浙江通志）桐城人，崇禎間按浙，舉賢懲貪，不畏權勢。遠許都倡亂，據蘭溪、東陽、義烏、武義、浦江，時撫軍直指皆虛帑，光先命蔣若来、賈鴻陽等共擊之，連收四邑，都退保紫薇山。紹興司理陳子龍單騎說其降，光先曰：三城未破，可受都降，今窮蹙將就擒，奈何欲受降以寬其罪哉。執戮之。

國朝

張存仁（舊浙江通志）歸完真鑲藍旗人，順治二年随大軍定浙江，授巡撫，擢總督。先是鎮江敗卒竄走浙濱南屏白塔，居民多被劫掠，城中率走避村落。存仁至，傳集薦紳士民撫諭安定之。方國安據險立柵江中，存仁與戰于五雲山白塔嶺，累勝之，乘勝逐北，國安東走。明年三月，存仁集艨艟于江中，肄習水戰，六

月從七條沙渡江，東達定後兼轄福建調直隸山東河南總督贈太子太保謚忠勤

李際期（舊浙江通志）字庚生河南孟津人進士順治二年任浙江參議督理學政時值鼎新際期立意振興學校培養人材論文以理脈清真為主屏去一切釐綜弊所貢拔皆一時名流士風丕振擢參政備兵寧台鑒好剔弊振紀肅綱勵精案牘訟無冤抑歷陞兵部尚書謚信平

王顯（兩浙鹽法志）字純伯直隸曲周人前丁丑進士順治二年任兩浙巡鹽御史首請禁私販以通商定經制以起課又疏陳鹽政要務在招商恤竈二事前朝已掣鹽觔分散各府州縣概以私鹽繩之則商本虧而不來際以引鹽覓之則國課缺而非法惟見鹽計引按引徵稅既不虧商又不缺課而商可漸次招徠竈戶水鄉草蕩或被勢豪侵佔或苦課稅重疊逐一清查蠲減而竈可次第復業申明掣驗之規分別銷毀之法規制井然具有條理皆見施行

佟國器（名宦留祀同）奉天人順治二年任嘉湖兵備道禾郡西連太湖東亘三泖萑苻多匿奸國器悉心巡察勒擒偽長興伯吳日生偽都察院朱天定招撫白腰黨陸汧等合勒陳萬良等巨寇悉平再任浙江按察使時浙東初定叛獄繁多平情讞鞫釋枉矜疑全活無算後陞江西巡撫復調任浙江熟悉瀕海情形抵任即招降偽都督廖明擒勒滅海逆阮六等海疆寧謐浙民賴之

蕭起元（杭州府志）字復初遼東錦州人由常州知府陞僉都御史巡撫浙江時江南初定起元一意撫綏與民休息嘉湖為紳家僕借通海一事挾制其主控告連纍者甚衆起元知其誣多寘之重刑八旗官兵鎮守省城軍民雜處詔禮工二部擇建駐防營起元定于城西一隅築城以居由是旗民判不相擾

張杰（舊浙江通志）字前川遼東人順治三年浙東初定以總兵鎮守定海時海寇盤踞舟山與內地山賊相煽杰勒撫並行復會勒舟山克之移鎮黃巖率溫州水師出海從寧海大將軍收復舟山有功調防京口康熙元年為浙江水師提督加太子少保

朱思義（舊浙江通志）遼東義州人順治五年任巡海道僉事時浙東初定武夫縱
恣思義嚴飭士卒痛懲告訐之風民得安堵思義形狀短小風裁卓立毅
然以鋤強扶弱為己
任後病卒人皆惜之

杜果（杭州府志）字登聖江西新建人順治進士八年巡按兩浙時浙東雖平而吏
胥貪黷之風未絕果入境先去其太甚者嘗謂人曰古者以法治吏教而後
誅朝為豺狼夕遷改焉則為麟鳳
可也其剔奸事剛正而不暴如此

熊維傑（杭州府志）號奇宇遼東鐵嶺人順治八年為浙江按察使為政簡而周剛
方而不剛杭城兵民雜處常多訐訟望見旌節譁呼曰熊公來事當白矣
維傑平情斷決兵民兩服者械近大江凡貨物乘潮而下艤舟即須腳力肩負
運則為洪濤所撼肩負者故遲慮以索高值維傑繩以法出示嚴禁奸蠹息

張儒秀（杭州府志）號英襄遼東人順治九年任浙江布政使公明威斷其尤著
者則有閩鎖軍儲移解馬價二事軍儲者明季徵以給軍者也
國朝裁軍為民田皆隸于有司部咨按籍全督儒秀力請其陳析官用民只軍費名
目而軍儲之賠累一清馬價者舊例驛遞差使兩馬協濟歲徵幾數十萬中飽部
難稽儒秀請于督撫曰馬價多寡莫定由各省支給遂那移影射耳莫若解部
部定其值凡諸省馬價在本處地丁錢糧內開支由是積弊始豁特患私鑄盛
行儒秀以為錢本輕則私鑄多官錢壅乃請重其制又西湖兩堤各種水蕉
以漁利或巧借官佃以為名儒秀盡去其水蕉杖懲之始相戒不敢犯、、

張元璘（舊浙江通志）遼陽人進士任金衢道衢為八閩孔道海氛未靖徵衢養
馬芻驅已至元璘單騎詣軍前備陳地方艱苦狀得移養者城衢民安堵

李率泰（杭州府志）字壽疇遼東人順治十一年以兵部侍郎總督浙閩駐節衢州
有方略善用兵士卒營壘未成不先就舍甘苦與同故偏裨已下多畏愛
之時山賊海寇尚餘兇擾率泰智勇皆效于
戰投冶鑄中或鑄為鏵耜父老咸慶太平矣

杜澳（王士正杜澳傳）字子濾，山東濱州人。順治進士，任分守溫處道參議。處俗僻陋，而溺女、淹喪、錮婣三事尤爲民病。澳集士民反復開諭，喪葬婚嫁之禮一洗。倫約女婣滿二十歲，責其擇配，俗爲之变。遷副使洛兵通薊，復補巡視寧紹海道。時初改文武相見礼，往往相抗不下。澳至即交歡大帥，兵民帖帖亡詬誶者。

李兆乾（舊浙江通志）陝西階州人。順治十四年以參政分守杭嘉湖道。大湖連接蘇常，素稱盜藪，官兵捕則遁去，退則剽掠居民。兆乾設立木柵，簡練兵卒，畏防要害，躬率屬員設伏搜捕，盜賊駭散，三郡以安。湖民健訟，兆乾身行教化，裁抑豪強，摘伏奸僞，諸不直者皆屏息斂跡焉。

趙國祚（名宦留祀冊）遼東人。順治初任浙江固山額鎮，駐劄溫州。時海氛未靖，國祚預備戰艘，乘風破浪，搗其巢穴，賊皆披靡驚遁，民始得安。十五年任浙江總督，兼節制江西廣信一府。凡鹽筴兵政、民隱賊情及地方阨塞，無不悉心究畫。值米價騰貴，發帑平糴，并移檄鄰省無得遏糴，士民德之。

李蒿陽（處州府志）河南封邱人。舉人。順治十五年任分守溫處道，嚴毅率下，屬吏凜若神明，民瘼尤加體恤。雨一車會閩寇猖獗，援兵蜂屯本郡，蒿陽每日單騎詣營，調劑有方，民賴安輯。己亥夏旱，結壇內署，籲天祈禱，甘霖大沛，歲籍有秋。又書改增雉堞，鑒立砲臺，綢繆防禦，厥功多焉。

袁一相（杭州府志）字輔宸，遼東人。順治十七年任浙江左布政使。州縣吏與司掾暱，凡起運錢糧，解多報少，而印批不以時發，迨發覺，州縣並罹參罰。一相倡爲循環法，每遇起解，連前數章書于批，令一覽瞭然，而侵蝕之弊遂絕。南米歲入廣盈諸倉，而廒少不足貯，常露積以竹葦覆之，多紅腐不可食。一相捐俸創建六十餘所。司務請勒其事于石，一相曰：此藩臣職耳，不足録也。後卒于官。

張膳（公舉事實）徐州人。順治二年以副將劄付隨征，任浙江督標中軍副將。討平朱橋范村地方寇逆。會勒江東方馬叛兵，而叛兵復渡江肆虐，膳于五雲山奮勇克捷，斬賊衆首三千餘顆，生擒偽副參遊守等官丁五百六十八，殲厥渠魁，安撫餘黨，地方寧謐。

趙廷臣（杭州府志）字君鄰，遼東人，以兵部右侍郎總督浙江，寬和端靜，不為赫赫名，而人自率服。閩度支不足，廷臣以二十四監久停，疏請鼓鑄，得報許，諸監復鑄，泉源首輸不絕。時濱海尚多餘孽，聞廷臣寬大，解甲來歸。七年抵閩，甫數月，偕大臣巡海，從福寧入寧波，卒于途。

朱昌祚（杭州府志）字雲門，滿洲籍，山東高唐人，以工部侍郎巡撫浙江，清廉沉毅，為政務持大體。時浙中寇盜未息，設方畧平之，且導以歸順之利，黨羽解散。遂裁撤巡方，重案悉歸巡撫，牽連逮繫者數千人，昌祚數月間完結，矜全者釋不可勝計。溫台等郡無徵銀糧，疏請蠲豁積困，為之一蘇。值閩海交訌，沿海居民內徙，昌祚發帑給田以贍之。大將軍督師征海，昌祚捐資享犒諸將，大中軍令所至，秋毫無犯，并嚴飭有司不得因軍興之際苛征于民。

梁鳳鳴（名宦留祀冊）遼東人，康熙元年任浙江糧儲道，漕項本折錢糧積逋甚多，力請具題蠲免，以蘇民困。僉點運矣，不徇情面，糧艘得依限抵通。至徵收漕米，帮苛取絕，餽遺，官民德之。

顧如華（兩浙鹽法志）字西巘，湖廣漢川人，順治進士，康熙二年以御史巡鹽兩浙。時商竈交困，疲商貰債紉謀，如華行己潔清，一切舊例陋規皆釐革焉。及代，囊橐蕭然，左右或憂之，如華曰：蘇茹綠香，古人所戒，況朝多廉明君子，豈以餽遺有無為厚薄哉。入都，累以稱職聞，特遷溫處副使。

范承謨（杭州府志）字覲天，奉天遼陽州人，順治壬辰進士，康熙八年由翰林歷遷都察院副都御史，巡撫浙江，清廉寡欲，人不敢干以私。衢台處三府多山田沙磧，薄收積荒若十餘萬畝，其初荒戶賠荒，戶逃則派鄰族，漸及同邑田戶，力不勝，相率逃去，州縣每受參罰，承謨奏蠲之。白糧最為嘉湖重役，而銀米數皆參錯，承謨悉心籌畫條議，咸免杭嘉諸郡重役。洊飢，民幾聚將為盜，承謨借庫銀遣官出糶平價，散市最貧者，得附老小例，有鹽給朝夕。駐防逃人牽連誣害，承謨疏請分別新舊，另定處分，民始安堵。遷福建總督，士民號泣擁車不得行，乃乘深夜單車啟閩以去。耿精忠謀逆，承謨不屈，殺之。

塞白理（杭州府志）奉天鐵嶺人康熙八年以都督同知提督浙江全省軍務駐扎寧波紀律嚴明與士卒同甘苦文武協和愛養百姓寧郡邊海々賊朱飛熊等結連鄭錦盤踞為患塞白理勦撫兼施十三年吳逆反于滇耿逆反于閩浙中盜賊四起塞白理列三柱逆拔移檄各省鼓勵官兵以期滅此朝食身與總督李之芳密籌方畧調兵四援之芳督軍衢州塞白理督軍台州勦除逆氣招撫流亡浙賴以安十四年以勤勞卒于任兵民立祠于寧波府城内

胡尚衡（舊浙江通志）字階平江南涇縣人順治進士康熙十年視學浙江按臨諸郡輒進諸生語之曰今之習舉業者罰耳備目更不理會修身行己是何事徼倖弋獲即廢棄書卷一切理學淵源朝家典制漫不省究是非國家之所望于通儒也其所取士務以通經學古為尚一時稱月旦評焉

劉昌臣（舊浙江通志）字公弼湖廣武陵人順治進士康熙十一年任浙江糧儲道除革一切輸運旗丁奸獘耿逆叛閩大兵駐衢進勦昌臣署蕩籌夙夜措畫轉餉不絕復署臬司不猛不寬讞獄務得其情以勞瘁卒官士民巷哭

李之芳（舊浙江通志）字鄴園山東武定州人順治丁亥進士任金華推官浙省向苦解茶蠟之芳請免折色又輯賦役全書錢糧條分晰如指掌迄今奉為準則十五年以巡鹽御史蒞浙洞悉鹽政利獘凡不便于商竈者悉除之康熙十二年出督浙閩々逆據險仙霞逆黨分路衢溫台處等州縣之芳遣將分禦移鎮三衢親冒矢石出奇應變尋逆勢猖獗眾議棄衢退守獨之芳堅持不可日夜勵戒守之策不數年逆藩授首大兵長驅入閩東南半壁得安袵席

田逢吉（名宦留祀冊）山西人順治乙未進士巡撫浙江當三藩變逆軍與旁午籌餉調兵勤令机宜訓練將士嚴行保甲崔苻絕跡計典黜陟賢否悉愜輿情潔己自矢凡執羔餽獻盡皆屏絕暇則與諸生講學論文多所造就

李月桂（兩浙鹽法志）字含馨遼東人康熙十二年任兩浙都轉運鹽使時鹽法阻滯正引不行冢皆各有引敝吏之而不知釐正之法蓋浙鹽有二大獘

在山寨一在水口矸手紹興路通金華衢處而山寨多在諸暨若無寨則三府路絕而巢清嘉湖以東皆澤國凡水口有矸手預期以待奸販一至即為分市月往盡知其巢巖論胥捕而除寨之二巢遂畢

陳丹赤（福建通志）字獻之侯官人順治舉人分巡溫處道攝臬司篆入覲歸遇平陽叛兵司庭獻勾耿精忠兵遍瑞安縣丹赤獨居城上泣諭父老誓共此城存亡時鎮兵祖弘勳擁兵郡城大觀亭志在叛降遂鎮赤謀事弘勳厲声曰兵餉俱無何以出戰丹赤曰損兵前鋒已集計有半萬何謂無兵糧可給至六月何謂無餉封疆之臣守臣封疆不知其他也弘勳知不可回目左右執斧者劈其臂丹赤罵声不絕即挾出兵刃交下而死

郭之培（杭州府志）字生洲直隸任邱人丙戌進士康熙十二年任浙江按察使吏抱牘于前之培次第批答悉中人隱吏驚以為神事畢退署默然靜坐門下世餘書及詩質者志謝郡之以病卒官

楊應魁（台州府志）號斗垣四川人康熙十三年為台紹副使時賊帥曾養性等陷黃巖土冦蜂起寧紹路塞衆議欲棄台州遂應魁兼程至昌言于衆曰台為寧紹門戶台失則浙東非我有矣悉力拒戰賊潰遁郡東沿沿十數郡有私與賊往來者郡帥請悉置之法應魁曰大兵未到之先民為身家計無他心也悉原之以焦勞卒于任

成其範（名宦留祀冊）字愚崑山東渠安人順治進士康熙十九年以御史巡鹽兩浙斥奸釐剔宿弊禁加派疏壅引商竈兩利閭閻集諸生考論文藝恒舉魏劉獻之之言曰四科以德行為首若能入孝出悌忠信仁讓不待出戶天下自知倘不能然雖下帷針股躡蹻從師止可博聞多識于立身之道何益乎

門可貴（殉難冊）遼東海州人任撫標右營遊擊康熙十五年閩逆煽亂隨師援勦嚴衢三月十七日與賊戰于開化縣華埠地方死之同日陣亡者本營兵

李國林李龍沈定功白守忠陳士强趙德王秀

高永（銅雞冊）河南歸德人任撫標左營千總耿逆犯嚴衢奉檄援勦康熙十五年題補瑞安營守備未抵任三月十七日戰于開化縣華埠死之

齊龍（銅雞冊）直隸真定人本姓李由行伍值閩變隨師進勦以功拔撫標左營千總康熙十六年三月三十日與賊戰于部武光澤縣之打茶碑寨砲傷而殞

王國安（名宦留祀冊）奉天蓋州人康熙二十一年授浙江巡撫整飭漕務清理摧稅革鹽政之陋規建河道之限閘訓兵息安民具有條制杭城兵民雜處營債素為重累國安捐俸代償其券息爭民間其香項祝陞浙閩總督晉兵部左侍郎

石琳（名宦留祀冊）字瑯公滿洲人康熙六年任兩浙都轉運鹽使杜絕陋規恤商恤竈二十年遷浙江布政使時耿逆初平浙東衢屬被兵尤甚戶口逃亡者多里甲以賠累丁粮為苦琳查實詳免之通省軍需浩繁積欠未楚琳才猷肆應凡軍供未給應補應銷者悉為一清藩司衙門陋例革除殆盡嚴飭各屬力除耗贈凡州縣起解錢粮司庫隨到收兌從無守候之勞嚴禁南米重價折徵給放時以官斛為準兵民兩便

趙士麟（杭州府志）字玉峰雲南河陽人進士康熙二十三年以副都御史巡撫浙江涖任初民為營債所苦釀成大案士麟移咨將軍挈繳票約捐資代償浙中豪右衙蠹驕悍不法廉得其狀悉置之法强暴斂跡省城內河淤塞幾百年士麟下令治河半載訖工水道疏通州揖利便以次繕治城隍修葺學校凡講學與賢重農務本諸政無不具舉而陋規亦革除殆盡

張鵬翮（杭州府志）字運青遂寧人順治庚戌進士康熙二十八年以僉都御史巡撫浙江屏絕各官餽遺革除一切陋例于吏治精密謹慎事無巨細親為裁決用法公而不私寬厚有斷情理既得則始終持之確如也書葺書院于萬松嶺廩餼諸生極厚而自奉則蔬食菜羹而已

蔣毓英（名宦留祀冊）奉天蓋州人，官生，初任溫州府同知，值閩安郡接賊巢，毓英撫綏黎庶，廣行保甲，大軍駐衢，轉運糧餉，一無遺悞。康熙三十一年陞浙江布政使，訪知屯州衛屯糧荒歉無徵，即為詳請蠲免。明年浙省旱，歲貴米，平糶，勸諭郡縣倡捐米穀散賑，加給育嬰堂口糧，民咸頌德。

查木揚（名宦留祀冊）滿洲人，康熙三十三年鎮守浙江將軍，約束八旗兵丁，不得生事擾民，支放錢糧以官斛量收，無浮滿，禁廝牧馬羣殘傷禾稼，踐踏墳塋，軍牌不時巡緝，毋許放營債以剝民利，毋許縱扑手以濟民害。

顏光敩（公舉事實）字學山，曲阜人，復聖裔，康熙戊辰進士，三十三年督學浙江，杜交通，絕請託，付例提調官薦儒童一二人，自光敩涖任，無敢以私干者。雨夜衡文，搜羅寒畯，不遺餘力。杭郡代倩特甚，取歲進新生，扃戶另題覆試，文理荒謬與原卷迥異者，黜之，并黜代倩保結之人。試竣入都，行李惟圖書數簏而已。

趙申喬（名宦留祀冊）字松伍，江南武進人，康熙庚戌進士，授浙江布政使，受事三日，首革南糧布袋之弊，他若加平、餽獻、夘餉、挂發，一切禁止。時屆編審，下令均山陰坊鄉田畝，以絕善淫偏枯。寧波照民倡照地派丁之說，與巨室相持，申喬單片檄諭之，無敢譁者。藩庫舊有貼解費，在任積二千金有奇，將受代，封識以付新司。武進距杭甚邇，家人來挐載米數十斛以給饔飧。未踰年陞浙江巡撫，自藩遷署，器什帷襆被一肩，書數簏而已。錢塘江逼近杭城，潮汐晝夜拍岸者，再舊塘傾圮，申喬躬親相度地勢，當衝齧者易土以石，鎔鐵貫其中，築子塘護焉。是年大比，請增額視江南。

郎廷極（名宦留祀冊）字紫衡，遼東人，康熙三十一年任浙江都轉運鹽使，恤竈惠商，善政頗舉，大計特薦。四十一年任浙江布政使，北關監督時議慮商民間道偷越，疏請移務增稅，廷極議曰：北新，杭關也，豈可遠越湖絡稽徵，苟能輕耗者賁駝放以時，商旅孰肯舍近逸就勞遠哉。督撫允議，疏入報可。壬午提調鄉闈，增設號舍，士咸德之。

姜橚（山西鄉賢冊）字仲端，保德州人，康熙乙丑進士，以鴻臚寺少卿提督浙江學政，文取清真，一變膚賦浮詭之習，間不足額，則訪錄前代忠孝理學之裔以補之。有薦于朝者，曰姜橚一錢不要，一情不聽，蓋公論也。

張泰交（名宦留祀冊）字公孚，山西陽城人，康熙壬戌進士，四十二年以兵部右侍郎巡撫浙江，居官清正，仁恕表率，屬僚尤留意兵民重務，每遇大閱，躬詣霜木營，整飭隊伍，訓練官兵，鑄甲胄，修器械，而尺籍隱冒之弊以除。浙省濱海，玉環東洛南麂諸山賊艘所出入也，編保甲，謹斥堠，俾絕盜源。修江塘，易土以石，立廟鎮之。運使高熊徵開書院于紫陽別墅，泰交親至督課，與諸生講論經史大義。

高熊徵（兩浙鹽法志）字渭南，岑溪人，順治副榜，康熙四十年浙江都轉運使。官商陋例，概行革除，一切公費自為捐解，于正課外不派分毫。前官存引錢八萬，熊徵設法疏銷，一清逋欠，通商恤竈，轉輸自足，更以造士為心，捐置紫陽別墅，督課諸生，振興文教，兩署臬篆，惟允惟平。

彭始摶（河南鄉賢冊）字直上，南陽鄧州人，康熙戊辰進士，四十五年提督浙江學政，衡文一本經史，老成績學，擢寒而售，丙夜一燈，呫嗶弗輟，未嘗就枕，惟息凡文駁而已。逾年，鬚髮盡白，書曰：庠序至肅，名器至重，墨者、懦者、痱者、惰者，衡文之賊也。人以為名言。

吳開圻（公舉事實）字眾亭，陝西寧夏人，康熙戊辰一甲第三名武進士，四十五年擢杭協水師副將，捐置旗幟、盔甲并鳥鎗、籐牌，又捐造沿江巡船緝賊，閭閻安枕。搜勦大嵐山匪，擒賊眾張念一等，調台協副將，署黃巖總兵官，督提會題保舉，調衢州副將，署處州總兵官，所至明飭紀律，訓練士卒，蘭閱隊伍，軍容整肅，兵民帖然。

楊宗仁（名宦留祀冊）字天爵，遼東人，康熙五十三年任浙江按察使，清節自持，有冷面寒鐵之概，過命盜大案，審究至再，然後定讞，獄無冤濫，而豪強巨猾

廉訪得實痛懲胥蠹未嘗少縱手有司詞訟嚴禁濫差恣
令自拘民無擾累浙風俗浮靡力崇節儉婚喪務遵典禮

段志熙（公舉事實）字百惟河南濟源人康熙五十二年任浙江布政使藩庫相沿陋規盡行裁革收發賦餉躬親釐兌支胥不得上下其手遇水旱撫多方賑恤杭城向多火災形家言北關拱宸橋圮水不制火志熙即捐俸倡修城內大小河復於力為閘濬海寧海塘數為風潮衝激汕刷大為民病志熙親詣海壖躬授指畫督修三千七百餘文尤加意學校時巡撫朱軾重建敷文書院集諸生肄業至者日眾歲費膏火千金志熙捐俸資給士風振起

何世璂（公舉事實）字坦園山東新城人康熙己丑進士雍正元年督學浙江夤緣請託一不得行契賓剔除殆盡而不以苛刻為明整飭士習每與諸生講誠意無欺之學諄諄祖志以教給貧生無毫髮染指

方覲（公舉事實）字覲文江都籍歙縣人康熙己丑進士雍正六年擢浙江按察使書謂盜之不弭吏為之市也嚴地方抑勒諱匿之弊絕捕役奉養魁賊之契設窩藏科別懲創之條盜遂衰止辨色而起夜秉燭治官書每案牘紛挐符檄填委目覽手荅咄嗟立辦老吏無所稟其手

杭州府

後漢

陳渾（咸淳臨安志）熹平二年為餘杭令開上下湖溉公私田一千餘頃

三國吳

陸遜（吳志本傳）字伯言吳郡吳人本名議年二十一始仕幕府歷東西曹令史出為海昌屯田都尉并領縣事縣連年九旱遜開倉穀以賑貧民勸督農桑百姓蒙

賴將會稽山賊潘臨歷年不禽遜召兵討治所向皆服拜定威校尉權以兄策女配遜數訪世務會稽太守淳于式表遜枉取民人愁擾所在遜後詣都言次稱式佳吏權曰式白君而君薦之何也遜對曰式意欲養民是以白遜若遜復毀式以亂聖聽不可長也權曰此誠長者之事顧人不能為耳黃武元年拜輔國將軍領荊州牧封江陵侯

赤烏七年代顧雍為丞相

周

鲂（吳志本傳）字子魚吳郡陽羡人舉孝廉為寧國長錢唐大帥彭式為寇以鲂為錢唐侯相旬月之間斬式首及其支黨遷丹陽西部都尉

晋

范甯（晋書本傳）字武子少篤學多所通覽為餘杭令在縣興學校養生徒潔己修禮朞年之後風化大行自中興以來崇學敦教未有如甯者也

庾羲（晋書庾亮傳）亮次子為吳興內史時穆帝頗愛文義羲至郡獻詩頗存諷諫因上表曰事役殷擾百姓凋殘以數州之資賂四海之務其為勞疲豈可具言臣受恩奕世思盡絲髮受任到職親臨所見敢獻丹愚方見授用而卒

王珣（萬曆杭州府志）字元琳導之孫辟侍中為吳國內史在郡為士庶所悅徵為尚書左僕射

南北朝

何叔度（宋書何尚之傳）叔度廬江灊人為金紫光祿大夫吳郡太守加秩中二千石太保王弘每稱其清身潔己

劉損（南史劉粹傳）字子騫元嘉中為吳郡太守（成化杭州府志）東土饑太祖遣揚州治中沈演之東入賑恤以損綏撫有方稱為良守

劉真道（冊府元龜）為錢塘令元嘉十三年東土饑上遣揚州治中沈演之巡行在所演之表薦真道政績為治民之良宰帝嘉之賜穀千斛以為步兵校尉

杭州

劉道錫（萬曆杭州府志）元嘉間令餘杭與錢塘令劉真道咸田治最為沈演之所薦同賞穀千石演之疏中尤稱道錫能率先吏民築塘捍水著異績云

張祐（宋書王歆之傳）祐高平人歷臨安武康錢塘令並著能名宋世言長吏者以祐為首

蕭赤斧（南齊書本傳）南蘭陵人宋大明初收戢有勳封永安亭侯除晉熙王撫軍中兵參軍出為錢塘令治政為百姓所安吏民請留之時議見許

孫謙（南史本傳）字長遜東莞莒人齊初為錢唐令御煩以簡獄無繫囚及去官百姓以謙在職不受餉遺追載縑帛以送之謙辭不受

何洵（富陽縣志）永明三年任富陽令亢冦亂集散亡邑以治稱

王籍（南史本傳）字文海臨沂人仕齊為餘杭令政化如神善于擿伏自下莫能欺又為錢唐縣下車布政咸謂數十年來未之有也

丁運（成化杭州府志）天監初為臨安令性恬淡薄于名利嘗于餘杭建橋以濟不通邑人德之

張充（梁書本傳）字延符吳郡人天監中除雲麾將軍吳郡太守下車恤貧老故舊莫不欣悅以疾自陳徵為散騎常侍金紫光祿大夫

何敬容（梁書本傳）字國禮廬江人尚齊長城公主普通四年以吏部尚書出為招遠將軍吳郡太守為政勤恤民隱辨訟如神視事四年治為天下第一吏民詣闕請樹碑詔許之後為吏部尚書加侍中改太子中庶子

謝舉（梁書本傳）字言揚覽之弟也大同三年為雲麾將軍吳郡太守先是何敬容居郡有美績及舉為政聲迹畧相比

蕭濟（陳書本傳）字孝康東海蘭陵人少好學博通經史解褐梁秘書郎世祖即位授侍中歷守臨安等郡所在皆著聲績

王沈（南史傅琰傳）沈字彥流東海人歷錢唐山陰秣陵令南平長沙太守清廉戒慎身恒居祿而居處日貧亡之日無宅可憩故吏為營棺柩

劉允恭（咸淳臨安志）陳時為餘杭令治事詳明臨下清簡囹圄屢空田野開闢百姓為立德政碑

唐

柳楚賢（唐書柳沖傳）沖蒲州虞鄉人父楚賢大業中為河北縣長高祖兵興楚賢自歸授侍御史貞觀中歷杭州刺史有名

郝砆（宣德富陽縣志）貞觀初年任富陽令十二年開陽陂湖以蓄水兼造水閘溉田萬頃惠利在民

丁表（咸淳臨安志）字元章麟德中為於潛令有政績邑人為立德政碑

陳允升（萬曆杭州府志）上元二年為餘杭令有碑以頌德政

裴懎（萬曆杭州府志）中宗時以清德為巡察使所薦遷杭州刺史為政有美譽

宋璟（舊唐書本傳）字廣平邢州南和人神龍中歷杭州刺史在官清嚴人吏莫有犯者遷吏部尚書尋出為睦州刺史

張擇（白居易張擇神道碑）字無擇登明經第補弘文館校書郎調杭州錄事參軍前後詰偽制補吏者三十八人覈假年偽老者二十八人舉而正之人服其明

袁仁敬（明一統志）開元中杭州刺史時元宗自擇諸司長官以仁敬刺杭詔宰相諸王御史以上祖道洛濱賜詩親書以寵其行仁敬治郡之暇嘗種九里松

李泌（咸淳臨安志）泌徙杭州刺史有風績引西湖水入城為六井民利之

崔士元（萬曆杭州府志）士元為富陽令在職以文風善政有稱永泰元年重建學宮蓋為政知所重者

李復（成化杭州府志）大曆四年復為餘杭令有善政民立碑載其事

杜詠（明一統志）貞元中為於潛令，嘗開紫溪河溉田，又鑿渠以通舟楫，民蒙其利。

崔涓（唐書本傳）涓性聰敏，為杭州刺史，受署未盡識卒吏，乃以紙各署姓名傅襟上，過前一閱，後數百人呼指無誤，終御史大夫。

白居易（唐書本傳）字樂天，其先太原人，徙下邽，為杭州刺史，始築堤捍錢塘湖，鍾洩其水，溉田千頃，復浚李泌六井，民賴其汲。

常師儒（萬曆杭州府志）長慶二年為餘杭令，特縣有虎，師儒為文告神以遣之。

歸珧（咸淳臨安志）寶曆中為餘杭令，因陳渾故蹟置上下湖，又開北湖溉田千餘頃，及築甬道通西北大路，高廣徑直百餘里，行旅無山水之患，人稱賢令。

趙訥（成化杭州府志）咸通十四年為富陽令，嘗築城。（富陽縣志）訥能文章，知政體。

五代

閩人凝（十國春秋）天寶十六年為富春令，重建縣治，有興廢功。

宋

張去華（宋史本傳）字信臣，開封襄邑人，知杭州。兩浙自錢氏賦民丁錢，有死而不免者，去華建議除之。

蜀詠（嘉靖仁和縣志）字詠之，開封人，淳化間為仁和令，有聲績，郎守王化基入朝，首以詠薦。

張詠（宋史本傳）字復之，濮州鄄城人，咸平二年知杭州，屬歲歉，民多私鬻鹽以自給，捕獲犯者數百人，詠悉寬其罰而遣之，曰：錢塘十萬家，飢者八九，苟不以鹽自活，一旦蜂聚為盜，則為患深矣，秋成當仍舊法。有民家子與姊婿訟家財，婿言妻父臨終，此子甫三歲，故見命掌貲財，且有遺書，令異日以十之三與子

餘七與婿詠曰汝妻父智人也以子幼故托汝苟以七與子
則子死汝手矣亟命以七給其子餘三給婿人皆服其明斷

薛映（宋史本傳）字景陽家于蜀知杭州臨決鋒銳庭無留事轉運使姚鉉移屬州
當直司毋滯繫斷徒以上罪映即奏徒流笞杖自有料條苟情狀明白何必繫
獄以累和氣請詔天下凡徒流罪于長吏前對辨無所異聽盡決之朝廷施
用其言映為治嚴明吏不敢欺每五鼓冠帶黎明據案決事雖寒暑無異

李陟（王安石李陟神道碑）字元昇知秀州嘉興縣浙江堤壞不可治詔發運使
舉可用者以陟通判杭州堤成度田財力甚省而完且可久當時以為材

胥致堯（歐陽修胥致堯墓誌）世為燕人徙家合肥端拱咸平間再舉進士監淄州
天富鹽監曰吾親老敢擇祿耶凡治鹽三歲增其舊二百餘萬斛監杭州
排岸州浚浙江龍山二閘廢河堰
以通漕杭人便之遷左班殿直

王濟（宋史本傳）字巨川饒陽人知杭州郡西錢塘湖歲久淤塞濟命工
濬治增治斗門以備潰溢之患仍以白居易舊記刻石湖側民利之

章淂（成化杭州府志）景德中為餘
杭令建學崇儒教化大行

張若谷（宋史本傳）字德繇沙縣人進士及第真宗擢知處州歷江淮制置發運使
累遷右諫議大夫知應天府改龍圖閣學士徙杭州會歲飢斥餘廩為糜
粥賑救之累官至尚書左丞
所至有循良跡不激訐取名

楊偕（歐陽修楊偕墓誌）字次公大中祥符進士知杭州有能績為
人廉潔剛直少屈而難犯仁心愛物至其有所能容人多不及

戚綸（咸淳臨安志）字仲言楚邱人大中祥符三年以樞密直學士戶部郎中知杭
州綸與轉運使陳堯佐言浙江潮壞岸漸逼州城望遣使自京師部埽匠濬
寨赴州工役詔從之命馳驛而往命轉
運使吏互檢校遂以埽岸易柱石之制

馬亮（宋史本傳）字叔明廬州合肥人知杭州先是江濤大溢調兵築堤而工未就詔問所以捍江之策亮禜詔禱伍員祠下明日潮為卻出橫沙數里堤遂成

俞獻卿（咸淳臨安志）字諫臣歙州人知杭州一日暴風江潮溢決堤勢不可禦獻卿鑿西山石作堤數一里民用便之

李紘（宋史李昌齡傳）紘字仲綱知於潛縣有惠愛

孫錫（王安石孫錫墓誌）字昌齡真州人知杭州仁和縣籍取亢惡戒以不改必窮極案治而治其餘一以恕縣人畏愛之

李及（東都事略）字幼幾鄭州人知杭州時內侍江德元居中用事其弟德明奉使過杭及待之薄僚佐曰江使者兄弟恭祐大臣如反掌今不加禮待雖不求福獨不畏其為禍乎及曰待之如是足矣德明謂僚佐曰李公春秋高何不求閑郡以自處而居杭繁劇之地耶僚佐述語及笑曰及老矣誠得閑郡何傷既而德明亦不能傷也時人重其操守及資性清介治尚簡嚴善慰薦下吏而樂道人之善惡杭風俗輕靡未嘗事宴游一日微雪遽出郊眾謂當命賓朋為高會及獨造林逋清談至暮而歸在杭未嘗市物惟置白樂天一集而已

朱公綽（萬曆杭州府志）景祐四年為鹽官令有惠政蘇夢齡撰撰記略云公綽勤宣惠澤究察民瘼建鹽法損茭輸者恭稅清田畛

司馬池（東都事略）字和中陝西夏縣人舉進士以天章閣待制知河中府徙杭州江鈞張從革為兩浙轉運使惡池倨摭其事條奏之降知虢州池未辯論闕吏有盜官銀稍為鈞償私責而從革之婣犯稅隱遽入私請或謂可以此報池獨不較人以為長者子光位宰相

鄭戩（宋史本傳）字天休蘇州吳縣人通判越州以資政殿學士知杭州錢塘湖葑土堙塞為豪族僧坊所占冒湖水益狹戩發屬縣丁夫數萬闢之民賴其利

方偕（咸淳臨安志）字齊古莆田人知杭州偕本以吏事進而杭訟牒素煩決遣無留事

周濤（王安石周濤墓誌）字幾道海陵人知杭州錢塘縣為政壹自急飭視
民疾如在己不肯釋事實為名聲要利所在民愛譽甚于士大夫

范仲淹（咸淳臨安志）字希文蘇州人知杭州吳中大飢仲淹發粟及募民存餉為
術甚備吳人喜競渡日出宴湖日自春至夏居民空巷出遊又諭諸寺主
首曰飢歲工價至賤可以大興土木之役于是諸寺工作鼎興又新廒倉吏舍
日役千夫監司奏劾杭州不恤荒政嬉遊不節及公私興造傷耗民力仲淹乃
自條敘所以宴遊興造皆欲發有餘之財以惠貧者貿易飲食工技服力之人
仰食者日無慮數萬人荒政之施莫此為大是歲兩浙惟杭州宴然民不流徙

張方平（王鞏張方平行狀）字安道世家睢陽通判睦州後知杭州錢塘氣俗輕侈
貿利湊聚號頗劇難治方平下車訟庭肅然修救荒之政人無失所杭州
地當衝會賈客留泊百姓積苦廚傳之擾方平命與庖晨一爨而已民以各安
其業郡城濟瀆自吳越納土未嘗疏浚瀦渟穢濁人戶滫瀡皆用之方平視江
閘方潮退時高下甚遠因暑雨集舟百餘艘盪諸穢水發閘瀉
出之重潮納新水濟瀆一清城中相慶凡諸施為舉從便利

李兌（宋史本傳）字子西許州臨潁人知杭州書安民二
字以寵徙越州歷守名郡為政簡嚴老益精明

孫洙（咸淳臨安志）字巨源廣陵人仁宗時為於潛令歐陽修包
拯吳奎三人交舉洙應賢良方正科遷編校秘書閣藏籍

蘇頌（宋史本傳）字子容泉州南安人父紳葬潤州丹陽因徙居之第進士皇祐五
年授秘書監知通進銀臺司吳越飢遷知杭州一日出遇百餘人哀訴曰某
以轉運司責逋市易緡錢夜囚晝繫雖死無以償頌曰吾釋汝使汝奉衣食之
餘悉以償官期以歲月而足可乎皆謝不敢負果如期而足頌宴客有美堂或
告將兵欲亂密使捕渠領十輩荷
校付獄中迨夕會散坐客不知也

梅摯（宋史本傳）字公儀成都新繁人進士通判蘇州二浙飢官貸種食已而督償
頗急摯言借貸本以行惠乃重困民詔緩輸期慶曆中擢殿中侍御史進龍

圖閣學士知杭州帝賜詩寵行累遷右諫議大夫摯性淳靜不為矯厲之行政迹如其為人平居未嘗問生業有奏疏四十篇

胡宿（歐陽修胡宿墓誌）字武平其先豫章人後徙常州之晉陵舉進士中天聖二年乙科遷湖州為政有惠愛築石塘百里捍水患大興學校學者盛于東南自湖學始英宗即位拜尚書吏部侍郎觀文殿學士知杭州為政不畧細故或謂大臣不宜自勞宿曰此民事也吾不敢忽以是民尤愛之

余良肱（宋史本傳）字康臣洪州分寧人第進士通判杭州江湖善溢漂官民廬舍良肱壘石堤二十里障之潮不為害時王陶為屬官常以氣犯府帥吏或訴陶帥揆憾欲按之良肱不可曰使陶以罪去是以直不容也帥遂已

蔡襄（咸淳臨安志）字君謨仙遊人治平二年以端明殿學士禮部侍郎知杭州為政精明吏不能欺

祖無擇（嘉靖浙江通志）字擇之上蔡人累官直集賢院出知袁州歷杭州所至治行著聞

晁端友（成化杭州府志）字君成鉅野人熙寧中為新城令有善政蘇軾序其詩謂清厚靜深如其為人

陳襄（武陵紀事）字述古福州人熙寧中知杭州杭為都會賓旅之衝朝廷使客相繼襄外應賓客內撫循人民州不知擾杭雖水鄉然皆斥滷之地討其源流命工修復故井民遂獲濟

刁璹（成化杭州府志）字景純為於潛令蘇軾倅杭行縣為賦野翁亭詩有我來觀政問風謠皆云犬吠足生氂之句後舉蘇軾毛國華並祠于浮江之上

楊時（宋史本傳）字中立南劍將樂人知餘杭蕭山皆有惠政

崔適（咸淳臨安志）元豐間為於潛令有遺愛嘗興元豐塘為邑人利至今呼崔長官塘

鄭獬（嘉靖浙江通志）獬從知杭州極言青苗之害引疾乞閒提舉鴻慶宮卒

毛國華（嘉靖浙江通志）為於潛令值歲旱蝗國華勤于捕蝗梅聖俞作詩贈之曰宦遊逢此歲年惡飛蝗來時蔽天黑羨君稻熟如雲蝗自識人〻不識

蘇軾（宋史本傳）字子瞻著山人熙寧二年通判杭州高麗入貢使者發幣于官吏書稱甲子軾却之曰高麗于本朝稱臣而不稟正朔吾安敢受使者易書稱熙寧然後受之時新政日下軾每因法以便民〻賴以安元祐元年知杭州杭大旱飢疫並作軾請免本路上供米三之一復得賜度僧牒易米以救飢者又減價糶常平米多作饘粥藥劑遣使挾醫分坊治病活者甚衆杭本近海地泉鹹苦唐刺史李泌引西湖水作六井民足于水白居易又浚西湖水入漕河自河入田所溉至千頃湖水多葑唐及錢氏歲浚治宋興廢之葑積為田漕河失利取給江湖舟行市中潮又多淤三年一淘為民大患六井亦幾廢軾見茅山一河專受江潮鹽橋一河專受湖水遂浚二河以通漕復造堰牐以為湖水蓄洩之限江潮不復入市以餘力復完六井又以葑田積湖中為長堤以通行者且募人種菱湖人葑不復生收其利以備修湖浙江潮自海門東來浮山峙于江中與漁浦諸山犬牙相錯洄洑激射歲敗公私船不可勝計軾議自浙江上流地名石門並山而東鑿為漕河引浙江及谿谷諸水二十餘里以達于江又並山為岸不能十里以達龍山大慈浦自浦北折〻小嶺鑿嶺六十五丈以達嶺東古河浚古河數里達于龍山漕河以避浮山之險人以為便奏聞有惡軾者力沮之功以故不成

陳師錫（萬曆杭州府志）字伯修建陽人令臨安有善政蘇軾薦于朝改宣義郎

許仲蔚（新城縣志）仲蔚少博學有志用世嘗條時務請建義倉置營田行鄉飲籍田復制科興學校仁宗嘉之擢令新城能以素所自許者推行之政平民又有卓茂之名時蘇軾守杭知仲蔚尤禮重之

孔文仲（宋史本傳）字經父臨江新喻人調餘杭尉恬介自守不事請謁轉運使在杭召與議事〻已馳歸不詣府人問之曰吾于府無事也再轉台州

陳軒（萬曆杭州府志）字元輿建陽人紹聖靖國中兩知杭州有善政禱雨輒應

張閣（宋史本傳）字臺卿河陽人知杭州浙部和買絹杭獨居十三戶有數百匹者閣請均之他郡杭久闕守閣經理有叙去惡少年之為人害者州以理閑

徐鑄（嘉靖浙江通志）字元君政和初提舉兩浙常平越四年除轉運副使明年以徽猷閣待制知杭州及代以杭人安其教令特除延康殿學士

李偓（萬曆杭州府志）政和五年知杭州嘗奏湯村巖門白石等處並邊錢塘江與大海通日受兩潮漸至侵齧乞依六和寺岸用石砌疊詔從之

黃珪（海寧縣志）字元功候官人政和中辟鹽官縣丞特緣方臘亂後給復三年并停鹽法後復舉行值歲飢帥府以之屬珪〻曰急瘦民以悅上官我何能為于是盡呼邑之父老諭之曰有司持此以供公上吾將寬若程督免若追胥若曹亦樂輸耶民感泣踰月而辦

王昞（萬曆杭州府志）字子華、陽人政和七年令鹽官鹽官濱海號難治期年吏畏民安詞息鹽饒政有條理其除弊革故不勞而成蓋吏之以敏幹著者

胡紡（富陽縣志）宣和元年知富陽縣政治有方四野樂業建秦望樓四年築縣城

方愬德（萬曆杭州府志）字元相宣和三年起家胄監授鄧州刑曹改武康尉邑有丐者死于沈氏之門或以誣沈獄已具愬德辨而釋之後遷錢塘令府牒索磚五十萬愬德持不可立庭下屹不去卒罷之

江袠（咸淳臨安志）宣和間為餘杭令有水利記其績父老相傳袠掘地決獄政稱神明蓋嘗將買人瘞券以誣寺僧得其情也

錢冰（成化杭州府志）宣和中為昌化令有政績重建縣治置燮溪館

李迎（周必大李迎墓表）字彥將河陽濟源人欽宗時以恩補將仕郎調婺州都稅
院發運使後知臨安府錢塘縣歲旱留運河水溉民田會金國使至漕臣諭
迎撤壩通舟迎固請留其書怒捃摭無所得至
用前政陳炳事劾迎坐是罷起知婺州金華縣

歐陽珣（海寧縣志）字令美吉之廬陵人為鹽官令有惠政以薦名入官京師靖
康初議割三鎮以和金珣力爭不可忤時相命使于金爭益力遂見殺

鄭穀（嘉靖浙江通志）字致剛建州人知杭州高宗至杭穀奏曰陛下南渡出于倉
卒者量寺監百司之臣猥濟者鮮當擢吳中之秀以為用況天下賢俊多避
地吳越宜令守臣體訪境內寄居待闕及見任宮觀等京朝官以
上各具姓名以聞按簡任使庶幾逮得賢才以濟艱危詔從之

章誼（宋史本傳）字宜叟建州浦城人杭州通判陳通寇錢塘城閉部使者挾誼聚杭
州七縣弓兵以張聲勢會王淵討賊誼隨淵得入城賊平旋加撫定人皆德之

劉誨（咸淳臨安志）建炎二年金人犯杭守臣康允之棄城保諸山寺
誨自楚州赴名在城中眾因推之以守城陷死之贈直龍圖閣

刁龐（萬曆杭州府志）丹陽人紹興五年為鹽官令學宮毀廢龐重
建爲胡珵記曰龐治尚簡靖察奸不苛訟獄衰息皆實事也

郤文炳（成化杭州府志）紹興間為於潛令大興水利又減山鄉折
米之直民懷其德政與葉丞相衡同祠縣南號二賢祠

張澄（萬曆杭州府志）紹興八年知臨安府時任同京邑澄有治劇之才請浚治城
中二河吏不調夫與工惟兩浙諸州城北廂兵千人赴役尋除戶部侍郎復
再知郡浚
臨安運河

徐端輔（富陽縣志）紹興十五年知富陽縣修學
校置學田建稽古閣邑士為之振起

趙公預（萬曆杭州府志）字仲謙常熟人進士為仁和令居官廉
正常言吾求為循吏不求為健吏仕至寶謨閣待制

周必大（嘉靖浙江通志）字子充廬陵人監臨安府和劑局失火延燒民居其發火之家皆繫獄必大曰豈惜一官而不救人乎乃自誣服衆遂得釋

李祥（宋史本傳）字元德常州無錫人為錢塘縣主簿時姚憲尹臨安俾攝錄參還者以巧發為能每事下有司必監視鍛鍊因服乃已嘗誣告一武臣子謗朝政獨不獄祥不使躡者入門既而所告無實尹驚曰上命無實乎祥曰即坐譴自甘憲具論如祥意上曰朕幾誤矣鄉吾爭臣也

薛良明（成化杭州府志）隆興二年以兩浙轉運副使知臨安府督戢盜賊究心職事除直龍圖閣

施師點（歷代名臣奏議）字聖與上饒人乾道元年為臨安府教授用陳康伯薦賜對言歷年屢下詔恤民而惠未加浹陛下軫念惟恐一夫失所郡邑搜求唯恐財賦不集毋惑乎日降絲綸恩不霑被細民既困乎倍輸又困乎非法重以歲惡室且垂罄租不如期積多逋負今明堂肆赦戶自四等以下逋自四年以前願悉除免上曰非鄉不聞此言詔從之

耿秉（萬曆杭州府志）江陰人乾道中為新城令勵廉隅勤政事興學校和民人省繁役蠲事賦為一時循吏邑人為立生祠

趙希言（宋史本傳）字若訥惠王令廣元孫淳熙十四年登第調衢州司戶合郡民以討表其坊里表其戶數為圖獻于守〻才之會嚴州請復烏龍嶺稅場撤希言往訪之希言力陳不當復漕怒曰衢已復孔步章戴二場何烏龍獨不可復希言謂二場當併罷去漕不能奪二場竟亦廢用薦授臨安府司法知臨安仁和縣闢學宮四百餘楹適大旱蝗前鄉前蘆場中亘數里希言欲去蘆以除害中使沮其策希言驅卒燒之臨平塘隄決希言督役親捧土投石矣民爭奮隄成又築重隄後不復決民病和買絹折錢重希言節公費代其輸

蔡戡（咸淳臨安志）字定夫晉陵人紹熙四年以前朝大夫試司農卿兼知臨安（錢塘縣志補遺）歲潦糴艱戡急請發倉民賴以濟

周章 周堪（成化杭州府志）紹熙慶元間章為餘杭令有政績修築溪湖塘岸以防水患民得安居堪為昌化令鑿義井建慈濟院以便行者

范之柔（萬曆杭州府志）蘇州人慶元中知富陽縣督勵諸生躬行課試三年不倦士擢第者皆出其講席下一時稱儒吏云

胡衛 王日益（成化杭州府志）衛嘉泰開禧間為於潛令興學勸農置郵立堠甚有政績日益開禧嘉定間為令有惠政嘗言能使民安其生物得其所期無愧矣

呂昭亮（萬曆杭州府志）嘉定初知富陽縣邑歲被行都掾買石杖之役數以千計甚苦其擾前令樓濂欲為民蠲之而未暇昭亮先托所知參政路呂偕陳利病于宰執前已而率民投牒都堂即獲除免慮久或湮泯勒清臺師府所頒二帖于石

曾治鳳（萬曆杭州府志）字君輝清源人嘉定間為富陽令修胡昊山夾道石閘為義役法又請秋苗折價民皆德之嘗有瑞麥產于境

趙師恕（餘杭縣志）嘉定八年為餘杭令因雨澤愆期地多荒白上書于朝請勸民雜種麻粟豆麥之屬以備歲儉謂專種稻一遇水旱則一年之望絕矣雜種先後參差此失則彼得多少亦足以救目前急朝命從之

趙希暨（成化杭州府志）紹定中為昌化令仁厚愛民時有徵措漆于民希暨為剳論之極言邑民生理之薄遂罷徵仕至端明殿學士

陳畋（萬曆杭州府志）端平間令新城時民困于茶租錢畋為疏請特與蠲二千八百貫不強其所無以困民力

吳革（嘉靖浙江通志）江州人淳祐中為錢塘令南渡以來錢塘地多為王宮公府而稅賦尚存民以為病革為奏免尋通判臨安府

帥寶（杭州府志）字仲珍濠州人咸淳中授監官丞著聞清廉擢昌化令勸農課士聽訟咸得其情後卒于官留葬焉

元

申屠致遠（元史本傳）字大用東平壽張人宋平集友直楊居寬宣慰兩浙辟為都事轉臨安府安撫司經歷為杭州路總管府推官宋駙馬楊鎮從子玠節富于貲守藏吏姚溶竊其銀懼事覺誣玠節陰與宋廣益二王通獄具致遠讞之得其情杭人金淵者欲冒籍為儒儒學教授彭宏不從淵誣宏作詩有異志揭書于市邏者以上致遠察其情執淵鞫詰罪之屬縣械及者十七人訊之蓋因冤作以矣自衛實非反者皆得釋西僧楊璉真伽作浮圖于宋故宮欲取高宗所書九經石刻以築基致遠力拒之乃止

海壽（元史鐵哥朮傳）壽義堅亞禮子也由宿衛世祖朝累官至大中大夫杭州路達魯花赤招復流民有恩惠卒贈翰林直學士封范陽郡侯謚惠敏

梁曾（元史本傳）字貢父燕人大德元年除杭州路總管戶口復者五萬二千四百戶請禁暮夜鞫囚游街酷刑朝廷是之著為令

愛祖丁（萬曆杭州府志）大德初為昌化達魯花赤至元間邑燬于紅巾兇祖丁力任舉廢公署民廬多所興建災亂之餘百姓允賴

綫榮（餘杭縣新志）字子華大德間為餘杭縣尹時永安寺僧犄結豪家侍勢壓鄉民榮在任每挫辱之一日江浙省平章也速答兒因獵至其寺僧譖之遂使辱榮榮抗辭以對左右皆懾由是名重一時

常濟（成化杭州府志）大德十一年為餘杭縣尹時歲飢民多流亡濟請于江浙行省以本縣儲糧賑之活民數萬

義德寧國禮（萬曆杭州府志）延祐間為昌化達魯花赤作士勸農政教兼舉建義倉增學廩百廢以興籍為才令

王昌（成化杭州府志）字子榮益都人延祐初為餘杭尹時臨安民許楮赴闕言各縣田稅不均命平章張閭經理昌力辯之事得白惠及旁邑政績著聞

趙璉（元史本傳）字伯器除杭州路總管强毅開敏精力絶人浙右病于徭役民充坊里正者皆破其家朝廷令行省召八郡守集議便民之法璉献議以屬縣坊正為催役里正用田賦以均之民咸以為便有盜誘其同惡持刃出市斫人以索金市民户斂以予之無敢言者璉曰此不可長也遣卒捕之盡戮諸市

李愍（萬曆杭州府志）至元四年知海寧州修瓦石塭重設車法之具民皆利之

張傑（楊維禎張令傑虔碑）字漢臣世家濟寧濟南為於潛令至元乙未賊起安吉東抵縣境傑以義結民為伍乘法修門隍理器械立旗色錫凡若干伍傑申令今日與民共死生若輩偷生令以伍乘法殺若輩吾偷生若輩亦以伍乘法殺令即夜統二千人踪賊所往殺其魁及從十人賊望風奔潰明年賊自藏突抵昌化去縣治僅三十里民皆謀從傑傑餔牛酒呼民復以伍乘法如初賊素聞傑名遁去夏四月淫雨三季重稔而腐傑遍諸岳祠痛自責者三而天大霽

齊光祖（成化杭州府志）字起宗大興人至正丙申以紹興路錄事為昌化縣尹時四境有兵光祖乃糾民兵為團保計邑賴以安後苗軍至邑築城獷悍可畏每有需索于民光祖力拒之人稱其剛果

王輔（海寧縣志）字正卿冀寧人至正丙申知海寧州心存撫育有所徵輸于民恒涕泣命之時納哈取宜興楊完者克大麻麽童討華亭後皆領衛州境民苦供億輔曲加綏戢俾無逋亡

蔣文煥（萬曆杭州府志）字彥章蒙城人至正庚子為於潛尹時當兵亂疾疫之餘專以招徠撫字為務

孫彥卿（萬曆杭州府志）句容人由人材累官杭州路總管廉慎有為部中鎮靜以疾卒于官

帖睦烈思（嘉靖浙江通志）字周賢康里人守杭屬蘄黃寇犯郡廟學鞠為瓦礫帖睦烈思以學校教化所繫乃謀與造基址舊窄隘購祝拜寺地以廣之

常野先（成化杭州府志）為餘杭縣尹增築南湖塘又增縣西官塘十八里迄今免水溢之患民懷其惠

曹忠（楊維禎曹尹惠政碑）字惟良燕人為富陽尹以敦本厚俗為先務孔子廟壞乃捐圭田之入率士籍之優饒者以建立為事廟成聘名師招俊民而教養之繼新三皇之宮社稷之祀皆煥然可觀下至郵驛河梁百廢具興歲六月不雨禾將槁忠走祈山川甘雨隨注焉山有虎白晝傷人忠投檄山靈虎尋去

張光祖（海寧縣志）知海寧州以旱禱於看閣下甘雨隨澍明年復大旱光祖復禱一雨三日又嘗治長安三閘秩滿由劉基作序送之

夏思忠（嘉靖浙江通志）字仲信高郵人授江浙行省郎中改杭州路總管思忠開敏無滯碍遇事勇于有為杭學安燹之後前守帖睦烈思與造甫完守廟者不戒于火悉焚之思忠慨然以興復為己任基址廣袤廟宇嚴整為浙右之冠

明

朱夢炎（萬曆杭州府志）字仲雅進賢人故元進士吳元年任浙江按察司經歷明初萬事草創而夢炎守官不忘法紀自張

王興福（成化杭州府志）隨州人知杭州時杭初附民心未安興福撫輯多方寬簡不苛大慰民望吳元年四月不雨至六月興福致禱立應歲獲有年

嚴德（萬曆杭州府志）字君輔當塗采石人從太祖以平江浙有功授海寧衛指揮同知守禦杭州統軍取台州力戰死追贈賜祭葬西湖之北山

袁愚謙（杭州府志）洪武元年知臨安時當兵燹之後闢草萊以開縣治建官署學校壇廟招撫流亡日以硫〻稱為幹吏

楊敬（杭州府志）麻城人洪武初知富陽縣時初闢草萊開縣治建置殿黌敷行政寬猛得宜民感其惠

徐弼（萬曆杭州府志）英德人洪武初為新城知縣〻治學宮皆具創建撫民有方

王德宣（成化杭州府志）錢州德興人知杭州約己以應字民以義崇儒重道作興士類捐俸置書六百二十七冊藏于府學崇文閣以畀士子習讀

梁初（萬曆杭州府志）溧陽人洪武七年知餘杭縣時邑初附民尚逃匿邑里荒蕪初多方尊民開墾曠土盡闢虎白晝傷人禱于城隍祠患遂息撫字有法民樂耕桑數年雞犬相聞井邑蕃殖且教、興飭學校人士稱之

楊阜（史槩）字自立一字子淵南昌人洪武辛亥進士授吏部主事踰年改杭州府通判為政豈弟杭民兄弟争田各有私親教唆主持累歲不決阜至悉屏私親獨召兄弟兩人曉譬深切皆感悟相讓歷官皆繁劇躬涖勤敏未嘗有滯事

李可立（萬曆杭州府志）洪武間為新城知縣建宣聖廟兩廡明倫堂齋舍請貸種食撫民愛士人稱為秀才李

禤銘德（嘉靖海寧縣志）南雄保昌人由監生任海寧縣丞治民無擾為政有方繕葺學校陞寧國知府

邵子強（成化杭州府志）來豐人為餘杭丞吏非押文書不得升廳公庭肅然示民以信賦稅科差與民期約曉以利害量力取辦未嘗給帖遣吏胥虐鄉里

張浩（成化杭州府志）巴陵人任新城縣學教諭生員屢次詣闕保留凡在任二十九年募塑聖賢像砌泮池作櫺星門一以公平絕去己私

李癸（成化杭州府志）郴城人洪武二十八年為餘杭丞剛明廉直教民有方有父子異居分財者以五教五刑勸善懲惡之道諭之民感悅而化

劉頤（萬曆杭州府志）洪武三十一年知臨安縣賦役均平民無橫擾陞任去久衆猶懷之

韶護（嘉靖仁和縣志）陝西岐山人洪武三十一年任仁和居官能幹為政不苛獄無留滯吏民畏而愛之

黃信中（錢塘縣志）洪武間知錢塘縣奉職循理勤公恤下為治以廉約著稱秩滿當去會知府員缺部民詣闕懇請即擢知杭州府保釐有方時稱循吏

林源（萬曆杭州府志）福建長樂人永樂元年知餘杭縣首興學校修大成殿造明倫堂朔望勸課生徒咸知感勵賦役均平催科不擾凡部行者行縣詢吏賢否至林令皆以公勤廉敏對

盧玉潤（成化杭州府志）江西新淦人由吏員歷杭州知府勤慎愛民刑不苛暴吏服其明陞廣東參政

葉宗行（分省人物考）華亭人永樂中知錢塘縣為定役法俾民自占甲乙書于冊循次而呼之役遂以均詞訟亦簡不逾年翕然稱治一日聽事前有蛇蜿蜒若有所訴者宗行曰若豈有冤乎吾為汝驗之蛇返入餅肆中爐下發之得屍乃肆主人利其財殺而埋此遂伏誅又嘗江行忽舟重不能進視之一屍桂桅下有石乃里中人殺而沉之者亦伏誅縣多虎暴為文祭之虎遂斂迹按察使周新尤重之嘗候宗行出潛至其舍視之惟笠澤銀魚乾一封新橋少許去明日召以食曰此君家物也飲之至醉人呼為錢塘一葉青

劉秉（萬曆杭州府志）複鹿人知新城縣在任祛虎患一十有八邑之折桂鄉有魚池潭與祥禽鄉鄰界水雖歸聚于潭而順流東下勢不久蓄又南界陽山田長訟每旱不能灌溉秉鑿山通道築堰二十餘丈又為閘以慎防蓄泄仍立堰長司之自堰下流至龍山下注石頭及宦塘路口上下溉田二千餘畝化為膏腴

易覰（萬曆杭州府志）高安人永樂九年為杭州府通判廉幹勤敏政理公平倅郡數年鋤強革蠹民為謠曰易打鬼清如水擢高州知府

胡勉（萬曆杭州府志）字志學鹽城人擢杭州知府精勤敏決抑豪右推奸究吏不得肆至窮閻細民保愛矜恤惟恐傷之勸學興禮敦崇文儒士風丕振

熊以淵（成化杭州府志）南昌靖安人初任蕭山縣丞以廉能薦陞杭州府通判專治農桑躬歷田野率民具畚鍤築堤瀹河濬導濟洫堤塍之傍樹以桑柘俾水旱有備民蒙其利秩滿陞泰安州知州

陳復 （名山藏）懷安人知杭州府治尚簡易獄訟衰少日惟端坐堂上與屬吏講讀法令慎職守而己卒于官貧無以斂按察使軒輗倡為賻其子盡却之

陳嘉 （成化杭州府志）長樂人為海寧主簿縣與海寧千戶所錯處軍縱官馬戕民稼及訟夜出事嘉乞訟夜自着有司官馬害稼戕傷勿論由是民庶獲安

吳堂 （富陽縣志）崇平人宣德九年知富陽布製畫整庭梯訟牒書繪楊震却金故事于退食所以自勵與部使者不合解秩去父老詣闕乞留復職一邑驩呼如再觀父母在任築春江堤復東觀山閘奏減白綿責修飭庠校建興樓廣城隍廟新子陵祠修富春志此政績之最著者

聶大年 （嘉靖仁和縣志）大年以明經訓仁和士有貧不能自存者捐俸周之陞教諭教思益弘大有成就、、、、、、、、

侯昌 （成化杭州府志）山東魚臺人正統元年授杭州府同知貯米穀以恤賑濟修陂塘以備旱澇民賴之陞處州府知府

許璞 （嘉靖仁和縣志）字玉卿鳳翔人發解舉首正統六年薦陞仁和縣公平廉慎輕徭薄斂卒官貧無以斂民爭賻之

郭郊 （嘉靖海寧縣志）自隸肥鄉人任海寧縣廉介過人明威洋體

段信 （萬曆杭州府志）陝西三原人任杭州府推官明習憲章精聽斷持法不務深文而奸宄卒無縱舍

鄭循初 （萬曆杭州府志）字子初莆田人正統十二年鄉薦授餘杭訓導嚴條約以身先之祁寒暑雨必衣冠端坐為諸生講解竟日無倦容、、

羅能 （海寧縣志）吉水人正統甲子任海寧學教諭課士分三等雞鳴而起夜分不倦督師道嚴士皆絃誦于泮宮倡率不倦明代以儒官列俎豆者能為之首

楊達 （成化杭州府志）合肥人襲杭州右衛前所正千戶以廉能稱正統十三年隨軍征剿金華處州盜賊至武義縣首先衝賊歿于陣贈指揮僉事

張隆 （萬曆杭州府志）雲南建水人正統中由監生任杭州府知事蔚有賢声景泰元年以言者薦擢本府通判尋進知府患杭俗汰侈躬為節儉以矯正之身

祈服御僅同寒素靡俗為之少變厥俗吏苛急政尚寬簡有古循良風以母喪去行李蕭然人服其介

張杲（萬曆杭州府志）長洲人正統間由舉人為新城知縣凡邑人所輸弓張曆日水夫驛站等料咸減價利民

張禧（分省人物考）字公錫重璧人景泰甲戌進士令餘姚邑有水怪虎患禧為文祭之遂息陞杭州知府值歲飢設法賑濟全活六萬餘戶

馬偉（成化杭州府志）直隸瀛海人為杭州府同知為政簡易尚文雅修岳武穆廟墓奏興廟額曰忠烈加一祭以春秋仲月行事

胡濬（魏驥胡濬傳）字源淵鉛山人登進士天順改元知杭州府躬行屬邑察民利病時值久旱行次新城見田疇乏水灌溉濬登山周視見五里之外有水可引為濟召其主諭以引水開渠田遂得水是歲大熟民感其惠名渠曰胡公渠次富陽田乏水猶新城相其地上可引山泉下可引江水乃召民致牐一所而時其蓄洩民亦名其牐曰胡公牐新城有許遠廟錢塘有白居易蘇軾林逋三賢祠歲久傾圮倡率修建以聳士民之瞻仰

張敏（萬曆杭州府志）直隸蠡縣人知餘杭縣惠庇善弱威制豪強居二年事治民安治績稱最

唐子昌（萬曆杭州府志）湖廣會同人由舉人歷桐廬教諭天順四年擢臨安知縣不事苛察民有爭訟者呼至案前曉以礼法戒以禍福皆感服曰真吾父母也邑新學林橋修葺學宮官署城隍廟宇煥然畢新九載秩滿遂占籍臨安

江湖（萬曆杭州府志）潼關衛官生成化元年由舉人任新城縣清慎勤政遇有旱災設法勸相賑濟飢困崇重學校士民頌之

黃昇（昌化縣志）號與竹廣昌人舉鄉試由肥鄉學擢昌化令嘗六月祈雨芒屩出禱入則焚香私第密禱如外三禱三雨邑中虎為民害以文禱于神虎去

陳榮（顧璘陳榮傳）上元人知仁和縣仁和財賦重困且附省城榮戴星出入案無停判篤意愛民不以毀譽禍福置慮歲旱請減民租行五監司曰二六足矣榮

曰吳患如此奈何屬民卒守前議方冬發民築海堤民多凍死禁曰遷延利以
癈迩言民何以堪遂罷役踰年政成乃興庠序之教建社學十許所禮教日振

陳讓（獻徵録）字德光大河衛人由進士知杭州府息冤訟均賦役抑驕修境內大
治時海勢漸內徙逼海寧城屢築莫能治乃請去城一里支河築內提延袤
十里以寬制猛不與海爭利海累至堤而止者城好
人多托權勢家避匿糧差志查覈歸正無敢怙終者

梁萬鍾（仁和縣志）字天錫四川溫江人成化戊戌進士知仁和興利舉廢斷獄明
慎寃滯者多所平反擢知杭州浚西湖以瀦水使旱潦有儲新岳武穆王
祠政尚寬簡陞兩浙鹽運使補官乞休逆理特撫代
民債逋負三千金盡蠲己產悕不介慮、、

鄭軾（萬曆杭州府志）字式之江西永豐人成化十五年由進士知餘杭清白自持
下車即詢訪民情釐革夙弊夏秋二税皆預與民為期鄉無吏跡而輸納者
爭先他邑母老隨任以疾卒棺斂不備有以賻奠饋者
却之不攜一物以行民無老幼皆涕流後陞監察御史

方早（萬曆杭州府志）歙縣人成化間由舉人任臨安御吏方嚴聽
訟明允尤重學校敦禮士夫創造竹林長橋二座以便往來

鄒淮（富陽縣志）吉水人弘治二年知富陽縣有惠政留心學校移廟學于西
以造士子專重先賢敦尚風教許俞唐遺文表章之復優恤其子孫

余本釗（萬曆杭州府志）字應明江夏人弘治五年以舉人知錢塘縣有
治績為時所稱歙人張良寓杭為人所誣當其獄為昭雪之

李璧（嘉靖仁和縣志）字白夫武緣人授蘭谿教諭改仁和居官不苟取于士
子有貧不能養生送死者出俸資之學宮文物有廢缺者意無修舉

嵇鋼（萬曆杭州府志）字汝賢安東人弘治壬戌由舉人知於潛縣愛民
好士興學校鋤强梗寧無留牘以才名調海鹽兩地之民思之

李頎（仁和縣志）河南考城人弘治乙酉舉于鄉初任海
鹽改知於潛歷署仁和餘杭縣事以廉慎著稱

陳祥（萬曆杭州府志）福建永安人弘治十五年以監生授餘杭縣主簿涖官清慎境內橋道圮岸特加修理不斂民財而事自辦惻孤窮好賢士

楊孟瑛（萬曆杭州府志）字溫甫四川酆都人成化丁未進士弘治十五年知杭州當事敢任如奏安溪竹木關部福建進貢之借賦于杭減免旱災糧七萬石庭水馬驛夫之徵皆便民美政其浚復西湖併水有蕩淺利益下塘諸田尤溥

王翔鳳（嘉靖臨安縣志）遵東舉人弘治間任臨安廉而有為迨積年侵欺之稅糧悉豪猾斂建文廟歷官三載橐橐蕭然百姓戴之如父母

承天秀（常州府志）字鍾之靖江人正德丁卯鄉舉授錢塘知縣歷任九載會織造內監畢真有逆謀約翌日黎明發兵時漏下二鼓天秀偵得其實乘夜集兵城上張燈發砲畢驚恐聚衆鼓譟見守禦已嚴即解散事聞置畢于法

彭韡之（分省人物考）魯山人字問夫正德戊辰進士知餘杭縣時逆瑾舞植浙省苦于織造力裁之邑得不擾

喻江（餘杭縣志）字朝之滕縣人知餘杭性廉介樂易愛人至利害關一邑則畢于有為毅然無所畏憚葺孔子廟奠舊名宦鄉賢無祠擇學舍東偏構祠以祀

呂夔（萬曆杭州府志）字祖邦永豐人正德間知杭州府惠愛著洽吏民安之迨歸攀輿泣而送者塞路

王正宗（嘉靖臨安縣志）固安人正德十三年由進士任臨安縣俗尚邪術悉禁止之毀淫祠以正人心凡把持官府牙行私報竹木茶筍糧里多科違例取索之害悉革殆盡尤作興學校修理兩廡齋舍及坊表政暇即詣學講書考文始終不倦去時行理蕭然陞御史

查仲道（萬曆杭州府志）字文夫寧州人嘉靖初為杭州知府時織造中官肆暴于民仲道及右使馬卿每事抗之為所媒孽與卿械捕至京謫福建運司同知

王雄（餘杭縣志）字介夫穎上人嘉靖五年由舉人知餘杭縣有民孫傑者被誣成獄雄為力辯得減死邑有成化志僅抄本雄特成之邑之有志自此始

錢瀾（萬曆杭州府志）阜城人任杭州運司同知性高潔恥以財利自汙司鹺政八年冰蘗之操始終無玷兩浙鹽吏最著者咸謂項城妻至德與瀾為無愧云

方舟（富陽縣志）婺源人嘉靖九年進士知富陽能以文學飾吏治修學宮建觀山鐘樓修縣志

王惟孝（富陽縣志）字希曾上元人嘉靖十二年由鄉舉知富陽縣初涖邑即賑民飢為政敏幹慈祥砥勵清操嘗具疏奏本縣驛站衝繁難給江潮漲折易淹歷日偏累三里漕米獨異浙東乞將漕糧改入嘉湖納米本縣代波解銀下部議覆不果行居數年以卓異薦為御史

嚴寬（海寧縣志）丹徒人任海寧縣因捍海塘之役建議準海鹽例歲儲均徭役銀以備修築自後寧邑設海塘夫一百五名年儲役銀三百兩著為令自寬始

華文南（舊浙江通志）無錫人嘉靖中任昌化令諳治體恤民情詳革會江驛苦役抵解銀兩及除本縣遞送夫馬

蔡銳（萬曆杭州府志）字翀之南京留守衛人杭州府學教授為人方毅端嚴浮偽儒之體談經授藝皆令歸諸身心守己廉貞雖生徒歲時常饋不受一生以私好敗行持百金求解立白于督學使者黜之又一生為父訟不孝銳曰是不難黜恐爾父子中悔奈何乃召生立庭下贊大義責之父子俱泣謝而去

張應亮（餘杭縣志）字汝龍萬安人嘉靖間由舉人知餘杭縣嚴毅明敏神剖發如神督撫命以武務監千人以行應亮奏凱而還擢御史

周易（昌化縣志）字少東句容人嘉靖中以鄉薦知昌化縣嚴毅明敏剖發如神工官以其廉幹而委海寧縣昌化民為之立望來亭

李鵬舉（萬曆杭州府志）字起南廣東歸善人嘉靖中由舉人任餘杭教諭改建學宮申明教條親授諸生課業且以士相見禮使之習肄置善惡二簿俾知懲勸士皆彬彬振興後任台州府同知風介益厲

伊敏生（臨安縣志）吳縣人嘉靖間知臨安縣常以計止礦使邑無礦害民咸戴之

李義壯（仁和縣志）字雅大，廣東南海人。嘉靖癸未進士，知仁和縣。前令以註誤去，丞署邑，以吏緣為奸。義壯至，勾撿署盡繩之以法，下吏抱案牘至前，脅息莫敢仰視。片言折獄，老吏加如不為。峭刻而亦無縱舍，請托不行。歲編丁役，皆親自訂定，胥吏毫不得與。凡奉臺者勘講事閱民瘼者，務在息利小民，恥淫順以希知遇〻。士大夫以礼然悍其方嚴，無敢以私干之，以是獄訟無枉。仕終右僉都御史。

馬逢伯（舊浙江通志）六合人。嘉靖中知昌化，首葺文廟，建學齋。邑役三倍錢塘，乃懇言上官，蠲二大戶及會江驛庫等役，又申除糧糧道例扣銀，并冊書飛灑諸弊，歲省糧數百金。有為盜報于路者，逢伯為文禱城隍，遂獲真盜。

蔡潤宗（餘杭縣新志）晉江人，知餘杭縣。鄉血礼士。連歲邑大歉，民艱于輸將，潤宗令徐〻輸納。舊例糧逋三月不解者降二級，文持以白，潤宗不為改、

羊修（新城縣志）澧州人，為新城令。詢鞫必得其情，催科亦以次辦，無擾掠期限，一時豪右斂戢。去之日，行李蕭然。

周之冕（餘杭縣志）字元服，湖廣黃岡人，由舉人任餘杭縣。勸農桑，勤教化。凡詞寺悉置秋室，吏胥無所售其奸。催科調其緩急，尤崇獎孝義節烈。

何善（舊浙江通志）知新城。邑田訟夫山，夏秋雨漲害稼，善躬往相度，等堤濬清塗。歲歉，不待報出粟賑飢，吏難之，曰：「苟活民，吾何畏罪。」公署學校以次興修。

陳仕賢（萬曆杭州府志）福清人，知杭州府。清操愈勵，衣不重綵，食無兼味，務瘠己以肥百姓。水旱祈禱，輒致當官，不務操切，而事簡政平，吏民樂其不煩。

范永齡（舊浙江通志）新城令。清介質直之直，不擕家人，〻不敢干以私，貧窮者優恤之。倭亂築城，計民貧無繇費，乃籍富豪之奇莊者築其半，城成民不知擾。

袁澤（舊浙江通志）知新城，雖于才署，悉民之隱，令行禁止，人不敢欺，學校壇壝修葺一新。

鄭伯興（醎善通）（杭州府志）嘉靖三十二年知海寧縣。島寇犯海徼，監司欲以糧勸民，伯興持不可，曰：「貧民尚逋常賦。」欲以兵援，侵又持不可，曰：「不忍驅白徒以膏[illegible]

思至以利害怵之伯與不為動邑人浮安

桂軏〔富陽縣志〕號信齋安仁人知富陽縣明察能斷務以報作餝庠人咸敬畏之建置縣城設法區處計丁均辦刻日成功

魏希古〔臨安縣志〕臨桂人知臨安縣剛介有為倭寇杭州至臨安希古躬親矢石為吳民先先築土垣以資捍禦民賴之、、、

吳徵芳〔新城縣志〕號木峰湖廣澧州人由鄉貢宰新城才略敏練從學宮濬城濠附郭田沾灌溉焉

施陽浮〔富陽縣志〕號中川無錫人嘉靖四十四年知縣愛民禮士平舉政成重建恩波橋易木為石閎整壯固易名永濟

石應潮〔餘杭縣新志〕字思吾上海人由舉人嘉靖四十四年任餘杭樹蔬而食家繩而衣買水而飲邑為之謠曰米載雲間白泉沽苕水湖閧之曰石使君名與苕水並傳生平之願足矣

黃正色〔仁和縣志〕字士尚江陰人令仁和果敢有大節臨事立斷無所屈撓而中懷樂易民愛敬之呼之為父盈奸宄執鞫徐以溫言者諭狡偽者率多愴悔

李承式〔錢塘縣志〕字敬直大同人嘉靖末由進士知錢塘縣時值災祲救賑不遺餘力有大徵發吐嗟立辦

謝紹芳〔海寧縣志〕字劍蟠福建甌寧人為海寧令設誠力行與民休息遇証命者應時剖析滯瀆無冤民凡案無留牘所全活不可勝數

許天贈〔海寧縣志〕黟縣人由進士知海寧縣隆慶元年奉撫文田天贈精勾股法千弓步中照弧通攤徵額無虧而官田官地偏枯之累坍江空號虧田之患及奸胥那移飛灑之弊一時盡剝其法有原造丈量尺有魚鱗冊有原造業主冊有歸戶實徵冊其丈田有鈔弓有木弓有竹篾弓鈔弓以鄉尺六尺為準木弓以鈔弓二弓為準田之短者用之篾弓以鈔弓二十弓為準田之闊而長者用之以田準稅以稅準田闔邑便之

劉紹恤（臨安縣志）安渠人，進士，知臨安，廉明慈敬，吏畏如神，尤加意學校，拓宫墻，濬泮池，力增科舉，頒破格禮士，所著有臨安集。

林大輪（舊浙江通志）莆田人，知餘杭縣，一意撫循，觀察使徐某巡縣取羨金，意在浮賄，吏以此白大輪，叱曰：觀察之謂何，乃以空函進。凡數易函，竟不納賄。

黃從律（舊浙江通志）為杭州通判，浙西水災，發賑銀三千餘，又准各府錢糧觸停改折，留抵賑荒，佐郡守分賑，足徧村聚，親自散給，民賴以全。其他發奸摘伏，尤不勝計。

姜名（舊浙江通志）四川廣安州人，萬曆初令錢塘，剖決若神，接縉紳以禮，一千以私，辭色俱厲，均徭清賦，立鄉學，置義倉，百廢具舉。

劉元瀚（海寧縣志）貴州新貴人，由鄉薦為杭州府同知，寧邑海塘隨築隨圮，三臺咸臨相視，屬元瀚董其役，以庚午四月受事，擇能吏五六人分督之，時時躬巡海上，勸勤惰，為殿最，其法以木櫃盛巨石，鱗次櫛比，復用木樁夾持內外，工稍就緒，七月初海水復溢，不為民害。

蘇湖（海寧縣志）太和人，任海寧令，時海鹽海嘯，寧塘盡圮，漂廬舍，溺人無算，巡撫徐拭謀修築而難其人，湖遂至，即委之湖，定議擇本縣官民之廉幹者，令各認丈尺，編字號，酌難易為泉騐，刻期興作，懸賞格以課督之，三月而役竣，事半工倍焉。

鄭日休（舊浙江通志）字野軒，閩縣人，萬曆初任海寧教諭，旬試月會，尤重行實，諄諄勸勉，見士以非公謁有司者，召而訶之，或遭枉抑，必力為白，訓導沒于官，貧不能喪，日休為之斂他，若縣貧士婚娶，割俸予之。

唐際盛（舊浙江通志）字士學，福建莆田人，萬曆中知杭州，時治中別駕及令長多不自檢，際盛以威稜繩之，為政敲文者什九，敲民纔一二，誦聲徧野。陞杭嘉湖道，錢塘令以妄取市物，民不從，拘于獄，將夜斃之，逢際盛入省，市民徼呼曰：浮重民生矣。令聞，解印綬去。

陳克典（舊浙江通志）蒼梧人萬曆間任於潛潔己愛民士貧不能試者輒資給
之邑南浮溪亘歙孔道也每山水驟漲行旅艱阻克典捐俸置渡田
楊偉（餘杭縣新志）號鶴山福建晉江人由舉人萬曆十年任餘杭歲飢請以預備
穀賑民不待報輒發倉守難之偉曰飢者待餔能須臾緩耶督學來試偉爭
餘杭人材多而取數少
請請未決時頗從之
管九臯（富陽縣志）字鶴野廣德人知富陽縣催科不擾民自樂輸斷
獄片言豪強斂迹修學宮勸民樹植修築隄堰皆利及百年
鄔明昌（舊浙江通志）湖廣漢陽人令錢塘沉毅寡言笑與客就坐嘗三易茶賓主
不交一言而退先是編役蠹猾為奸以貧下充見年一月三受笞而豪富
者不納如故明昌每一戶給單一凡丁若干田地蕩若干銀若干分為四限
納一限則截單一角謂之截角單不納者執單聽比掾胥豪猾之弊一清
朱光祚（仁和縣志）湖廣江夏人令錢塘攝仁和才氣審敏遇事片言立斷又淂以
其餘接賢士大夫課諸生月有試、文夕入晨出殿最不爽催征示以限
有先限及限輸者令
無遺比鄉民安堵
樊良樞（仁和縣志）字致虛江西進賢人令仁和與人推誠開肺腑無所
隱徼比以大義勸之不事苦朴民亦感其悃愊爭先輸納、
聶心湯（舊浙江通志）新淦人萬曆中令錢塘事至即決庭無留牘與基使者言利
害可否必淂請乃已遭南湖水溢錢邑欽賢諸鄉被災最烈于是建化灣
塘次築閘次議浚南湖
次建捍江塘民思其德
黃鼎象（臨安縣志）南安人任臨安令愛民重士纂
修邑志時歲歉申請當道題准改折漕糧
李概（富陽縣志）六合人知富陽縣長厚有幹才多
行善政崇學校疏鹽引革稅擾民蒙其利

林恭章（福建通志）字爾肅，莆田人，知海寧縣。邑苦解粮，大户嘗脱漏，令小户當之。恭章議津貼法，令民計畝入錢，役遂得均。

任才欽（富陽縣志）晋江人，知富陽縣。釐剔賦稅宿弊，敦崇名教，開說約堂，與諸生講道課業。邑中節孝者，旌禮之以勵風俗。

劉洪謨（仁和縣志）南昌人，進嚴州建德令，調仁和。士民奉法聽約束，無敢怠。故事：撫軍牙旗及纛歲一易，曹吏以告。洪謨曰：吾且視之。曰：旗與纛並未敝，浣而新之可也。稅事起，一日市民鼓噪，欲犯中貴人，幾釀大變。洪謨馳車出，諭以利害，輒散去。中貴人亦德之，每事就折斷焉。

程汝繼（餘杭縣志）字敬承，婺源人，知餘杭。吏畏其威，民愛其惠。儒學乃法喜寺故址，外高外陷，特為高其基重建之。

岳方（昌化縣志）南充人，知昌化縣。時礦事擾民，方力請上司，議將門市額稅永為規則，作礦息，事寢，民賴以安。

王橋（富陽縣志）字業予，竟陵州人，知富陽縣。明敏練達，重士禮，抑豪強，徵輸有方，胥吏懾服。重造學宮，修城隍廟，清理沙地，稱能吏。

姚之蘭（舊浙江通志）字汝芳，桐城人，知杭州。手裁卓然，訟無留獄，接士以禮，煦然如坐春風中，一時稱為水鑑。去之日，郡人立德馨祠于吳山及西湖兩處。

戴日強（餘杭縣新志）號兆台，蒙城人，任餘杭。邑南湖自嘉靖後塘堰漸圮，為奸民盜決，漲塞為平陸，佔佃者蟠結種植其中。天目諸山水驟發，湖不能受，南鄉十八里之民漂溺幾半，而錢塘延被其害。日強至，悉置豪猾以重法，釐舊疆界，率民盡闢湖址，繼植十字培原限，各五里亘湖中。既令土之出有所容，而亦藉堤之力以殺洪波衝激之勢。于是閘門石堰之制畢周，各設壩夫守之，而湖復故。

余循龍（昌化縣志）字敏初，廣東順德人，任昌化。專以惠恤民，民有爭訟，諭以忠恕，可忍當忍，縣門不可入，訟者感悟，悉罷去。每歲月課勸農蠶，俾婦女毋任廟宇遊觀，邑野清靜。

周宗建（仁和縣志）字季侯吴江人萬曆癸丑進士選知德清縣調仁和十年一審役主者多不平譁然爭于廷宗建適涖事父老密相語曰侯仁且廉譬言徒自譸張耳盡議定而後入衆皆曰諾及入宗建語曰役均乎皆應曰均第二里二里皆對如前宗建喜傾搡醸酒插父老花旌之其後比者役卅錯未善也頃間日而議定及期盡三百餘里役無不均者

揚春枝（富陽縣志）雲南人萬曆四十六年以舉人知富陽縣持大體綽違有斷吏不敢欺修城池治街道政聲大著

龐承寵（舊浙江通志）字星易吴江人天啟間知杭州和易近人坐堂斷事或民嚅氣懾口格格不能吐承寵令其盡言無畏或奸宄巧詆喋喋利言勝人則整威嚴以臨之嘗言周禮五聽氣聽為微正欲聽其氣耳有兄弟訟者髮垂白承寵詰曰異母弟昆耶對曰一父之子也承寵曰今訟當非汝兩人心必中婦言迺至此兩人驚悔皆叩頭謝罪而去

頓謙服（杭州府志）字民服為昌化令課農桑興學校值歲飢多方勸諭設糜粥飢民賴以存活里民解正絹抵府為庫吏所蝕藩司嚴檄督縣謙服抗辭陳守請逮吏嚴訊守恚曰知縣何不代訊耶謙服受命請刑具立斃于府廳傍即往吏家追獲原帑解司咸服其神

馬用錫（餘杭縣志）晉江人知餘杭夏大旱步禱甚勤再旬不雨用錫以為吾為民籲命而尚督徵施笞扑豈克謹天戒意耶停徵三日而大雨歲遂以有年

岳虞巒（舊浙江通志）武進人知杭州善聽訟不事鈎距而事必得情及去郡有坐獄于庭者猶不得理即曰使岳侯在當不至此

董葵陽（舊浙江通志）咸寧衛人任杭州通判崇禎中署富陽篆凡徵收條賦令民自封投匭吏胥不得上下其手知里催善催擾民盡革去其法徵本人自催間有三催後期者始發役追之吏不得額外文加耗名

林坣（海寧縣志）字子野，侯官人，授海寧令。邑有李刁三者，效大家奴素以黠猾秉間煽諸喬悉干諸大家者揭竿起，其勢洶洶。坣降牌募日詣鄉約所講約畢，縛刁三至庭下立杖殺之，曉諭通衢以元兇既降，餘悉不問，一邑安堵。民來訴事或對簿，必告勉以孝弟廉讓，久之，民以及坣訟庭為恥。

繆九鳳（舊浙江通志）如皐人，任於潛。下車即問民疾苦，蠲宿弊。先是潛設里役，凡官司徵發皆取給焉，既久吏緣為奸，民甚苦之。九鳳作牧里歸農録甚便，擇守廉介，門無私謁。

韓昌新（昌化縣志）字又銘，江都人，任昌化諭，直徽郡寇亂，闖入官舍，苛索金帛，欲强挈以去，自刎死。

郭先唐（舊浙江通志）晉江人，知於潛，廉威特著，讞獄率多破械，歲編丁田皆自衡定，催科以漸，生平一介不苟，常鬻家田以自給，其清介如此、、

楊梯（舊浙江通志）四川嘉定人，任於潛，居官明明斷，時山邑盜賊盜窃發，梯廉得首惡數人，立斃諸市，民賴以安。

頓咸建（舊浙江通志）崑山人，令錢塘。先歲大祲，司農以粟入為殿最，催科如束溼薪，值粮限者比戶懸磬，往往難經倉門外，猶捕子弟抵補償。咸建下車，力兩稅為十限，貼于門，令同甲提論之，終不以胥屬（吏）胥民，緩徵浮生，後以節著。

唐自彰（臨安縣志）四川人，崇禎間以貢士知臨安，嚴明廉介，後殉節。

國朝

嚴正矩（湖廣通志）字公方，孝感人，順治初授嘉興推官，判決明允，庭無滯牘，捐俸糴粟以活飢民。陞杭州府知府，禁暴安良，保全屬邑，士民戴之。

李入龍（昌化縣志）字先宸，深澤人，知昌化。先是昌化陷于寇，以徽人師應璧行縣事。入龍至，寄署臨安西墅，檄諭昌民曰：爾等故猶向順，為一時救冦脅從

弟能協心遵化他無所恐由是士衆趨附餘賊猶依據山頂人龍親師兵壯討捕諸受撫者令各歸農業邑境遂安言為民中免冠通田賦什九

張文光（錢塘縣志）字韞明祥符人令錢塘浙閩初平山藪未靖協勦之兵絡繹旁午少不合意則譁文光撤公座設酒餞首宣
朝廷用兵之意俾及小民困苦之形諭為開諭多歙飲而去民賴以安奏最擢吏科給事中

費國暄（餘杭縣志）字松崖無錫人知餘杭縣性温雅慈愛然持法峻有犯者未嘗少貸閭里豪煕相戒遠避先是邑承明季之亂奸宄嘯聚山藪南北兩鄉有賊首盛貴章賢等聚黨數千句晝禁掠國暄部署丁壯八鄉聲相聯絡凡盜欲有所劫輒預知之捍禦有備同防將王昂新相机堵勦捉斬甚衆民始獲安

秦嘉系（海寧縣志）字公緒湖廣京山人知海寧發奸摘伏綱紀肅然先是里中夙嘉巨憝抗賦寓訪通洋寓盜賣獄有徒嘉系窮其根株翦其羽翼民言始息閩浚市河修學校葺邑乘建義塚清豪佔吏治稱首云

岳鍾淑（江南通志）字天濤武進人武穆後裔授仁和令省會衝疲鍾淑力栽供億積困以甦

洪有度（新城縣志）字子汪山西人授新城尉勤于職事白頭賊自溧川抵縣刦掠富室有度聞警出追至母子嶺賊分竄潛匿山谷至夜復前後擁圍有度奮力禦鬬被害其妻撫棺痛哭不食而死

習全文（舊浙江通志）陝西同官人任杭州府同知漁臨閩奸宄與閩嘉通籍交閩嗟民全文下車即為剖禁諸暨县持兩浙足訐告不休全文曰此必夜行私葯為之主所析奈何誣人县驚服投兩足于江訟遂息以解軍儲至衢勞瘁卒無以為殮總督李率泰為分俸給之始克歸櫬

虞毓粹（昌化縣志）字含美東明人知昌化率先課士簡刑勸農昌邑向取本山木造屋無税各嘉勾連閩差踵門科屋税與馬福邑中造屋數十金税費且

倍從毓粹請兩院志永革之民賴以寧

朱采盛（富陽縣志）陝西同城人，授富陽縣，以清釐宿弊為己任，胥吏憚之，堂事畢輒與士民諮訪利弊，令至必行。數年間修城隍署廨，闢北城河，立永濟渡，修息渡橋，築三墩以捍之。時山寇未靖，以恩惠招徠之，納降者無算，富役之期均編有法，貧民賴以息肩。卒于官，邑人為哀服三日，柩歸白衣冠送者數千人

弋琨（舊浙江通志）山西平陽人，康熙四年知杭州府，潔己愛民，強毅精敏，人服其明，尤以崇儒重道為己任，與士子講學不倦

梁允植（錢塘縣志）真定人，知錢塘，有幹濟才。杭郡之患，逃人、營債為最急，二者皆不逞之徒為之囚引，允植嚴保甲以察窩家，令自首，貰其罪；營債則專責之勾引之人，民乃蘇。甲辰閩変，允植調兵食支應，滿漢大兵餉及火砲鉛彈，率皆前後運用舡隻，計萬有八千餘，縴夫役不計其數，俱出召值，民無怨咨

許三禮（海寧縣志）字酉山，河南安陽人，任海寧令，修濬城隍，立社倉，建義塾，濬四境塘河，通漕資溉，公私賴之。特關莊婆堰一帶塘路至石門界，以通挽運。建正學書院，朔望率紳士講學其中。凡地方應行事宜，無不實心舉行

靳裒（名宦留祀冊）遼東人，任杭糧通判，舊有閘倉樣米及杯盤諸陋費，盡行革除。恪遵官收官兌，以甦民困，嚴押欠丁糧艘，依限抵通，陞理事同知，統馭有方。尤重文學，在任七年，與諸生課試論文，捐俸以資寒士，登賢書者接踵。他若懲火災，賑難民，掩遺骸，施丹藥，善政不一

孫毓珩（名宦留祀冊）遼東人，令新城，潔己奉公，杜絕請托，延接諸生必以禮，首懲章惡犯法者，裁革里胥陋規，卻茶商餽送，新文廟，設義學。新邑山峻地狹，水源易涸，難以灌溉田禾，乃于農隙之時親往督修舊堰，以便蓄洩。永昌一鄉向因少堰，每苦旱，毓珩相度形勢，開渠引水，傾囊助工，築砌堰壩，民因號為孫公壩。西關火，毓珩于街市叩天祈止火，遂息。遇亢旱，屏輿往縣赤日中，徒步行數十里禱雨，立沛，不及避，衣盡溼，因冒寒成疾，卒于官

嘉興府

三國吳

步騭（嘉興府志）騭長海鹽性寬雅博研道藝訓齊風俗

晉

鄧攸（晉書本傳）字伯道平陽襄陵人元帝時吳郡闕守帝以授攸攸載米之郡俸祿無所受唯飲吳水而已時郡中大飢攸表賑貸未報乃輒開倉救之在郡刑政清明百姓歡悅為中興良守後稱疾去職太寧二年還會稽太守

高使君（弘治嘉興府志）逸其名建武中為嘉興監屯田校尉領兵三千屯田于此久而鎮靜歲遇豐稔公儲有餘有功德于民立廟祀之

鮑陋（萬曆嘉興府志）隆安中任海鹽令會稽賊孫恩攻縣陋禦之恩走復遣子嗣之以兵一千為劉裕前鋒追恩裕慮吳人不習戰命之後嗣之竟前戰死

南北朝

劉壽（冊府元龜）字士澄平原人天監中為海鹽令以和理著稱

徐份（陳書徐儉傳）份陵之子為海鹽令甚有治績

唐

趙居貞（嘉興府圖記）彭城人天寶九年吳郡太守以嘉興海鹽地廣奏割華亭縣又海鹽多盜置海寧鎮節未之

秀州

倍從疏粹請兩院
永革之民賴以寧

朱永盛（富陽縣志）陝西固城人，授富陽縣，以清整宿弊為己任，胥吏悍之。堂事畢，輙與士民諮訪利弊，令至必行。數年間修城隍署廨，開北城河，立永濟渡，修恩波橋，築三墩以捍之。時山寇未靖，以恩惠招徠之，納降者無算。富役之期，內編有法，貧民賴以息肩。卒于官，邑人為衰服三日，柩歸，白衣冠送者數千人。

戈琨（舊浙江通志）山西平陽人。康熙四年知杭州府，潔己愛民，強毅精敏，人服其明允。以崇儒重道為己任，與士子講學不倦。

梁允植（錢塘縣志）真定人。知錢塘，有幹濟才。杭郡之患，逃人、營債為最急，二者皆不逞之徒為之勾引。允植嚴保甲以察窩家，令自首貰其罪；營債則專責之勾引之人，民乃穫甲。辰閩變，允植調兵食支應滿漢大兵，鮮餉及火砲鉛彈畢出。前後運用船隻計萬有八千餘號，夫役不計其數，俱出名僱，民無怨咨。

許三禮（海寧縣志）字酉山，河南安陽人。任海寧令，修濬城隍，立社倉，建義塾，濬四境塘河，通漕資溉，公私賴之。特闢莊婆堰一帶塘路至石門界，以通糧運。建正學書院，湖望奉紳士講學其中。凡地方應行事宜，無不實心舉行。

靳襄（名宦留祀冊）遼東人。任杭糧通判，舊有閘倉糧米及杯盤諸陋費，盡行革除，悉遵官收官兌，以甦民困。嚴押欠丁糧艘依限抵通。陞理事同知，統馭有方，尤重文學。在任七年，與諸生課試論文，捐俸以資寒士，登賢書者接踵。他若懲火災、賑難民、掩遺骸、施丹葬，善政不一。

孫毓珩（名宦留祀冊）遼東人。令新城，潔己奉公，杜絕請托，延接諸生必以禮。首懲章惡犯法者，截革里胥陋規，却茶商餽送，新文廟，設義學。新邑山峻地狹，水源易涸，難以灌溉田禾，乃于農隙之時親往督修舊塘，以便蓄洩。永昌一鄉向因少塘，每苦旱，毓珩相度形勢，開渠引水，傾囊助工，築砌塘壩，民因號為孫公塘。西關火，毓珩于衢市叩天祈止，火遂息。遇亢旱，屏輿從，操赤日中徒步行數十里，雨立沛，不及避，衣盡溼，因冒寒成疾，卒于官。

嘉興府

三國吳

步騭（嘉興府志）騭長海鹽性寛雅博研道藝訓齊風俗

晋

鄧攸（晋書本傳）字伯道平陽襄陵人元帝時吴郡闕守帝以授攸攸載米之郡俸錄無所受惟飲吴水而已報乃飆開倉救之在郡

天龍寺千佛樓碑 李煒撰
劉宗周書 王廷垂篆額 崇禎
二年 金太原翻 謝碑錄云黄
邃之年

尉領兵三千七
民立廟祀之
陋樂之恩走復遣子嗣
之後嗣之竟前戰死

徐份（陳書徐陵傳）份陵之子為海鹽令甚有治績

唐

趙居貞（嘉興府圖記）彭城人天寶九年吴郡太守以嘉興海鹽地廣奏割華亭縣又海鹽多盜置海寧鎮節末之秀州

朱自勉（嘉靖浙江通志）爲嘉禾屯田都知，修水利，畎畝之政，民始殷富。大曆間爲長興令，士民頌之如嘉禾。

李諤（唐書地理志）長慶中令海鹽，開古涇三百，以灌水旱。

宋

柳植（宋史本傳）字子春，真州人。舉進士甲科，爲大理評事，遷著作郎，知秀州，擢知制誥，求知蘇州，徙杭州，累遷吏部侍郎。植平居畏慎，寡言笑，所至官舍蔬果不輒採，家無長物，時稱其廉。

劉師道（宋史本傳）字損之，一字宗聖，開封人。知秀州。師道敏於吏事，所至有聲，吏民畏愛。

羅拯（宋史新編）字道濟，祥符人。知秀州，諸所興革，民便之。

李餘慶（王安石李餘慶墓誌）字昌宗，家于福之連江。起家應天府法曹參軍，知湖州歸安縣，後通判秀州。秀州近鹽場，餘慶作華亭、海鹽二監，以業鹽販之民，歲入緡錢八十萬。又爲石堤，自平望至吳江五十里，以除水患。

錢藻（萬曆嘉興府志）字純老，和州人。判秀州，善持法，聲奸仆強，郡中大治。

魯宗道　字貫之，亳州人。爲海鹽令，疏治東南舊港口，導海水至邑下，人以爲利，號魯公浦。

龐籍（宋史本傳）字醇之，單州武城人。知秀州。籍曉律令，長于吏事，持法深峭，治民有恩愛。

蘇袠（萬曆嘉興府志）武功人。皇祐間知嘉興，文學吏治皆有聲稱。

聶厚載（弘治嘉興府志）皇祐中知秀州撫敵活疲羸用熙靖以循政聞

李惟幾（弘治嘉興府志）字幾道河內人嘉祐中為海鹽令時方洊飢會漕使元絳行郡李上書乞效郡常假官錢貸民耕種濬治溝洫以備水旱又植木為閘及置鄉底堰三十餘所民賴以稔

葛宮（宋文本傳）字公雅江陰人知秀州秀介江湖間吏為閔汪瀆上以徼往來間有昏蔡趙期者多不克官命悉毀之

范世京（嘉興府圖記）字延祖吳人文正公孫令海鹽勸民孝友力田治聲冠浙右時新法行召至京將用之以論不合還治民歡呼相迎

高覿（宋文本傳）字會之宿州蘄人為嘉興縣主簿（萬曆嘉興府志）覿為主簿謙已愛民有循吏風

韓璀（萬曆嘉興府志）字德全開封人參政億之曾孫元豐間知秀州巡官敏銳事無壅滯吏不敢欺人稱有忠獻家法

高元常（晁補之高元常墓誌）字復明世家符離用恩為將作監主簿徙嘉興丞嘉興劇縣令不任事則求持檄出旁郡訟牒如山元常暫領其事一朝剖遣立盡先是細戶斷輸才祖訟由此多元常揭而書之曰田人田盡其入稍且奪田民競往償訟于是衰乎吳安世黷貨私議令市竹元常語令毋受令向安世飲其欲後安世繫獄令欲告之元常曰前戒君毋受受而告之可愧後轉奉議郎

喬大臨（弘治嘉興府志）政和三年為海鹽令時平江朱勔以花石得幸浙江之西一花一石不問何人家朱氏蒼頭排闥而入以黃紙封之戒主人曰善護御前物蒼頭至海鹽入僧房將書封花石僧徒少拂其意即輦之訴于縣大臨命追逮杖十餘人朱氏誣劾之坐是罷免

宋昭年（弘治嘉興府志）知秀州盜發嚴州昭年謂吾州次當受敵于是大修城隍明年賊果抵城下昭年與民乘城自固賊留三日無敢薄城者

鄧根（弘治嘉興府志）字澤伯昭武人建炎初知崇德縣有風力高宗南渡陳通叛
于杭根率揮杖手鮀貽遜與戰辛道宗軍潰賊勢益張根善射有勇畧卒誅
通次年徐明叛根討
平之代程俱為知州
黃灝（嘉興府圖記）字高昌都昌人知秀州兼提舉浙西常平州大飢莩殍相望時
有侍閣夏税之旨灝乃更請借閣秋苗不俟報遂行之言者罪其專削兩秩
而從其請
人尸祝之
趙士醫（宋史趙士隆傳）士醫任秀州兵馬都監建炎四年兀
术入州士醫率城拒戰城陷死之後贈武翼大夫
朱良（續文獻通考）字良伯吳郡人仕海鹽尉時全人分兵入境
良集射士百餘奮而前力不敵竟死事聞官其子思敬等
姚憲（海鹽縣圖經）字令則剡人以文任補海鹽丞惠利及人後知秀州王亶錢安
國金應七命為奸盗州縣莫敢詰憲擒之并其支黨悉置于法焚其巢穴州
里遂安浙西大水民飢憲請輸粟萬斛
以賑朝廷賜書獎諭累官參知政事
邵來（嘉靖浙江通志）字少潜常熟人紹興中知海鹽治學宮築海堤二
十里民有宿逋捐縣藏得羡餘悉為代輸郡有疑獄一時平反
徐光實（海鹽縣圖經）字德充晉江人紹興間知海鹽清白慈愛
歲旱輒縱囚歸省吏恐亡去因諭如期至無敢脫者
丁安義（海鹽縣圖經）紹興間為海鹽丞值歲旱詔復民租十之八而和糴尚未
罷安義語令曰歲飢常賦且蠲不應復有和糴即上官恕安義請以身當
之撤屢下抗諭
反覆卒賴以免
唐璘（嘉靖浙江通志）字伯玉古田人知嘉興府
改通人和及去父老出涕遮送數十里不絕

張琯（陸游張琯墓志）字子律，寧州真寧人。知嘉興府。中貴人藍氏殖產于崇德縣，名田過制而役不及，有鍾浮者糾之。藍迺期去產以規免，官吏欲許之。琯判曰：兩家物力相去遠甚，而藍又白郡以如法，乃可。一郡稱快。民張瑨浮臨安，營妓與之歸，欲棄妻出子，其兄止之，復悖兄，兄以告。琯為逐妓，以大義開諭之，于是瑨兄弟夫婦父子如初。

邱寔（宋史本傳）字宗卿，江陰軍人。知秀州時，華亭縣捍海堰廢且百年，鹹潮歲大入，壞並海田，蘇湖皆被其害。寔至海口訪遺址，已淪沒，乃奏郡築，三月堰成，三州舄鹵復為良田。

汪彥端（萬曆嘉興府志）字充之，黟縣人。知秀州時，有勢戶占田數千畝不輸賦，彥端責其輸，而以田歸之民。

李大下（弘治海鹽縣志）乾道中為海鹽令。縣境有常豐二閘，歲久僅存其一，日就隳壞。大下重修以復其舊，且置堰以通往來，民便之。

徐蔵（萬曆嘉興府志）字子禮，吳人。進士。初知江陰軍，歷浙東提舉常平。乾道末知秀州，以文章飾吏事，無苛猛之政，吏民畢安。

李陟（嘉興府圖記）字允昇，內黃人。令嘉興，强果辦治，遺愛為人所思。

韓彥質（嘉興府圖記）守嘉興，遇事精敏無所私，奸猾畏憚。政既成，優游撫馭，郡以無事。

吳柔勝（萬曆嘉興府志）字勝之，宣州人。為嘉興府教授，日切磨諸生，講學不怠。浙右大水，常平使者以荒政屬，力推行，多所全活。

李直養（弘治海鹽縣志）字無害，維揚人。為海鹽令，興修水利，增置鄉底堰八十餘所，重蓋閘屋，易閘板，自是農被其利。

黃幹（正德崇德縣志）石門酒庫，前此庫官多武夫子弟為之，既律身不廉，而吏卒為奸，官酤醨薄，私醸横行，故積負上司錢以萬計。幹既至，以官本錢自往市本于產米之地，凡纖悉必躬親賙䘏，冬烈暑不憚也。歲入需然，或謂瑣瑣者何足以煩君子，幹笑曰：孰非公家事耶。在官中酒庫利弊見于諸劄。

陳仲微（宋史本傳）字致廣，瑞州高安人，遷海鹽丞。鄰邑有疑獄，郡命仲微鞫之，一問立決。

彭欽（嘉興府圖記）字仲恭，清江人。以父蔭授軍器監主簿，添差嘉興通判，監司表其廉平。

皮龍榮（舊浙江通志）龍榮知嘉政，德政著聞。

朱蘷炎（萬曆嘉興府志）字叔明，吳人。尉海鹽，廉恕決獄平，郡邸多屬以事。

元

高仁（黃溍高仁墓碑）字壽之，世居無棣縣。授嘉興路總管府治中。時列郡方祠奉帝師，凡庀材用名征徧一出于民力，仁獨論浮屠氏之籍于白雲宗者俾任其役，官無一粟之耗，民無半錙之勞，而祠事以備，部使者以聞。

辛仲寶（嘉興府圖記）字仲和，彰德人。守郡，政事修明，興利舉廢，志中民情。

鄭大中（虞集鄭大中墓碣）字義甫，除嘉興路推官。嘉興浙大郡，獄尤夥，大中決遣之，數月乃至無事。

貢師道（萬曆嘉興府志）字道甫，宣城人。舉茂才，累遷國史院編修，會修宋遼金史，忤當事，出為府治中，上下憚其廉明。

褚不華（元史本傳）字君實，石樓人。授海道副千戶，轉嘉興路治中。（萬曆嘉興府志）政事精明，奸猾屏息，傍郡冤滯者多赴訴之。

盧禮（弘治嘉興府志）字仲敬，太平人。知崇德州，時旱澇相仍，民多流離，禮捐米賑濟，州境宴然。

杜浦　劉貞（嘉興府圖記）浦嘉興府總管勸農桑除民疾苦振興學
校教化大行後有劉貞撫循鰥寡愛民造士有浦之風

陳伯顏（嘉興府圖記）字大有睢州人尹嘉興時兵興征調繁苛伯顏勸率
顏勸率巨室寬假貧窮細大無擾而事亦辦給禁暴戢奸民賴以安

王雍（正德崇德縣志）字元肅任崇德州律已公廉
臨事明敏遷改儒學建明倫堂及東西齋

陳春（尹治嘉興府志）為嘉興路推官有能聲民敗私鹽事覺牽連千餘人獄久不決
春往治之即得其情釋被誣者數百人闔境稱神明時久旱至是雨稱陳公雨

石光著（明一統志）字仲明海陵人為嘉
興尹多善政士民立碑頌德

陳良弼（嘉興府圖記）寧國人嘉興路學教授律身教人皆存古道一錢斗粟不
入私室修葺學宮經費鉅萬以屬良弼良弼辭非儒官所預守益賢之

明

薛祥（嘉興府圖記）字彥祥無為州人
守嘉興愛民節用稱為循良

魏誠（嘉興縣志）河東人為嘉興丞鎮撫新附之民興舉學校撫字
有方一時名士皆其造就查覆戶籍之隱匿者三百餘家

謝天錫（萬曆嘉興府志）字純父吳縣人為嘉興簿明初羽檄交馳傳使所經科索
繁重天錫優柔處之民爭事集兵後田多荒蕪勉有力者墾之業因病疫
為湯藥饘粥以濟有殺人情真而未獲尸
久繫稱冤天錫廉得之因其服民稱神明

趙豫（明一統志）嘉興府推官讞獄平恕郡有平民搆訟繫獄久
之餽餉屢絕豫憲其情縱使就食民亦感服不忍逸去

鄭深道（舊浙江通志）龍溪人視兩浙鹽運使司獄廉得數人非其罪出之比還其
人各懷白金尾舟以謝郤之授程鄉縣教諭改嘉興秩滿遷寧波府學教授

畢輝　齊梓（石門縣志）輝洪武中知縣事梓爲丞協恭爲政有旗軍小劉以公幹來自京師直馳南道械繫以聞上嘉之遣行人齎勅勞之曰爾在官執法不容奸慝較諸有司可謂出衆特勞爾醴酒其竭心力以光初志輝爲政尤重風化

龐安（萬曆嘉興府志）洪武中通判嘉興是時鹽禁殊嚴安獲鹽徒械送京師而以鹽賞捕獲者戶部以安違例取罪狀安上書曰律者萬世之常例者一時之旨今欲准例而行則與給賞應捕之律相違而使陛下失大信于天下也上是其言

劉燾（江南通志）字高載太湖人（舊浙江通志）永樂中移守嘉興慈祥愷悌不任威刑郡人愛之

戴旱（獻徵錄）字士儀浮梁人授順德府學訓導調嘉興府旱病文勝先行檢重經術故士多賓才而旱亦以績最遷德清縣教諭一新學政士不舉凡十科自是舉者不絕父喪服闋改慈谿縣士恨浮旱既秩滿擢教授再涖嘉興學者蓋衆有富民數輩遣養子入學旱不可民賂按察官強旱旱執愈確坐是忤意竟以他事去旱意識所到輒抗言高論不言越職杭湖諸府漕倉去河遠奏從之嘉興吏胥時被編隸爲觀海諸衛進表牋多不如制皆奏革之

齊政（萬曆嘉興府志）山陽人知嘉興府時徵役鑄錢民苦好訾政乃分爲三番使得更代迭役而民不知勞

工官熊（弘治海鹽縣志）江西南豐人知海鹽縣公平正直和易近民殁于官歸葬之日民有執紼號泣者

蔡揖（獻徵錄）沛縣人爲嘉興知縣初至官出滯囚二百餘人勸率富民納逋糧四十八萬有奇縣多亡賴揖于縣廳置善惡二牌民有善則志之有過惡弗率教令亦志之由是民感愧皆趨善而去惡

趙緯（嘉興縣志）字大經洪熙改元以浙江憲副謫嘉興典史遇事剛決縣無留事吏部侍郎黃宗載以清軍改行部至嘉興苦籍苦漏逐軍民訟訐積年不清首

以妻縴宿食于外定條約絕請託
不數月籍成檄諸縣視以為法

傅霖（嘉興縣志）字佐時貴溪人任嘉興縣丞督徵有法
賦完為諸邑先勤于幹辦邑無廢事陞東平知州

楊懋（嘉興縣志）四川人任魏塘巡檢地當松秀要衝有中使夜過舟重命懋括民
挽舟懋怒留其舟將投閘其行裝中使懼易小舟去有盜伎販艣白晝行劫
懋率兵追捕縛渠獄下獄梟市當道上其功
遷主簿及嘉善分邑相土度宜其力居多

生用和（桐鄉縣志）蓬萊人宣德五年桐始分縣用和為令經營
草昧凡衙署城郭一切所為俱得其要領民皆樂從

聶如斌（正德嘉善縣志）豐城人為嘉善縣典史綽有能聲遇難事執命理之無不
濟者職董水利廣築隄防常潛乘小舸察民勤惰而行勸懲未幾境內大
水憲臣駿荒者意有翻踏如斌即自投田間水洋沒頂憲臣動容民得免稅
又以北鄉田久荒民苦賠輸為之區畫督民高其岸塍以備水患民皆賴之

黃懋（分省人物考）字子勉元氏人官嘉興知府力除宿
弊鹽息賦均尤篤意學政好賢樂善有古循良風

李遜（弘治嘉興府志）字時敏江西南豐人知嘉善縣性机警諳達下
情民不能欺秩滿將行上官徇民之留奏陞六品俸仍掌縣事

黃憲（弘治嘉興府志）蒲鄉人知秀水縣聽訟詳明善撫字期年之間
民風丕變次年領民壯討處州寇葉宗留死于行陣民咸惜之

汪貴（正德嘉善縣志）字良貴歙縣人知嘉善愛民如子汰無名之費凡數十萬錢
朔望必造學講授寒暑不廢為人簡默短于應對不為當道所容送部調用
瀕行橐篋蕭然
留者數千人

王端（弘治海鹽縣志）字宗正直隸河間人任
鹽令勤慎廉平苞苴不行刑罰不濫

田玉（桐鄉縣志）字德潤四川内江人知桐鄉勤恤民隱時閩浙盜起軍需繁重玉寬假贖孝貢富逃直民用不匱以艱歸父老上疏乞留服闋復任與民益親

舒敦（萬曆嘉興府志）字守中靖安人守嘉興能燭吏民情偽篤意教化譽郡學課諸生以道術燕語從容咨訪得失忤鎮守中貴坐免

郁綸（正德崇德縣志）字理之德州人任崇德時縣署廢久綸自學校壇壝街巷河渠市肆之類悉規畫繕理大盜章正等為患設方略擒之民賴以安性剛直忤當道罷去

鄧玭（萬曆嘉興府志）順昌人桐鄉丞有公清勤慎之操滿任如一日

李耆（天啓平湖縣志）東光人任平湖時同家涇併獨山海塘衝塌鹹水浸入民田耆奏乞將在官折贖紗米銀計工修築涇之、、、

郭珙（萬曆嘉興府志）字文圭閩縣人知秀水練達吏治洞悉民隱暮夜有投金者亟捕之不獲暴其金于市

孟俊（桐鄉縣志）字世傑咸寧人知桐鄉廉明有膽略理棼剔弊敬老恤孤威惠並著尤加意學校

譚秀（嘉靖浙江通志）江西龍泉人知海鹽縣先是海鹽修築役七邑民夫為陂陀形易圮秀催役改築植椿疊石稍殺其外以禦潮水自此無患、、

楊清（萬曆嘉興府志）字本潔大足人為平湖丞倍徵餘日佐其長以廉治化或推借旁郡按獄治海堤所至輒有茂績

徐霖（舊嘉興府志）字用濟金谿人知嘉興府夏旱霖具題減賦中有超語再三申請卒得蠲驗

柳琰（萬曆嘉興府志）字邦用儀真人守嘉興廉慎淳確政有條理後病劇僚友傷其廉悉索琰在郡所積羨贖得銀若干請以歸之琰曰吾豈以垂盡易守哉言畢而逝郡故無志琰輯之

王緒（正德嘉善縣志）字紹夫江西樂平人為嘉善學訓導嚴立教條盡心啟廸時學祠傾圮緒不請有司勸鄉之尚義者集助金建學門撤庫舍甃石闌新聖賢之像飾祭祀之器皆有程式擢知忠州

湯沐（分省人物考）字新之江陰人知崇德崇德政積弛至則裁決無留務廉問民間利苦罷行之流愛于人

王昊（嘉興府圖記）字汝欽衡陽人知桐鄉除田糧詭寄之弊修舉廢墜以廉介有為見稱

劉子厲（嘉興府圖記）字克溫安福人知嘉善廉敏精悍斷獄律比錄兩重輕皆自其手胥吏奉成案而已政雖尚嚴中實慈惠操履清白不為勢惕

王璽（海鹽縣圖經）字仲信廬陵人知海鹽外剛內和以文章飾吏事新縣治興廟學築海塘捍海砥方石縱橫相制尤為得法人呼為龍王廟前樣塘

李廷梧（桐鄉縣志）字仲陽莆田人知桐鄉遇事迎刃立解吏不能為奸修學校平賦役正祀典平聽斷文章政事一時稱美

藍郁（正德嘉善縣志）字國馨鹽城人知嘉善操履清白愛民好士為政以厚民風俗祛民患為急民有訟者以義言動之不俟刑罰而自無不服

何天衢（獻徵錄）字道亨世居營道之潚川擢嘉興令縣多豪右天衢至誅悖逆戒篡訟治圯族恤煢尫矯通役六載績用王彰

洪範（嘉興府圖記）全谿人知嘉興縣初至三月如不事事若及編差糧長呼里書集庭中中令曰聞審此役多集人廢時日致多嚇取人今每區只用里老二人敢有妄舉里老為代役毋貸庭中肅然皆以實舉盡日而畢里老皆曰自耳目所聞見審此役不擾而辦者獨此令耳終範之治吏畏民懷縣以無事

任洛（桐鄉縣志）字仲伊河南鈞州人知桐鄉明敏公廉修舉廢墜輯桐鄉志以憂去行李蕭然歷都御史

王德明（嘉善縣志）字宗周直隸清苑人知嘉善縣持法平允吏不能欺當道移文有不便者輒寢之尤禮貌諸生文治武備具有成畫

陳伯諒（正德崇德縣志）字執之福清人任崇德政尚簡嚴凡學校公署橋梁多其修建措置有方民不知擾。

洪異（萬曆嘉興府志）字大同龍溪人知崇德盡心民力多所建立嘗擢天長河淮田新學校置義倉修建橋梁皆計久遠

李錫（正德嘉善志）字天祐河南登封人為嘉善主簿剛介有為江西姚源盜起錫應選率民兵往勦奮勇直前斬獲賊首力窮為賊所得錫罵不絕口遂遇害

陳相（嘉靖浙江通志）洛陽人中知崇德縣為人剛果時中貴用事其黨至邑者路遺之相獨不為禮一切裁抑之按廉得其狀有不畏強禦之稱

徐盈（萬曆嘉興府志）字子謙貴溪人守嘉興時常熟濬白茆港當事者檄發郡丁數萬盈曰白茆水患于吾郡若緩驅我民遠役何忍即移文助費不就徵發巡鹽御史行郡鞭撾亭竈勒報鹽丁里胥秉机虐民盈爭之御史曰此有例盈曰例自公作亦自公止豈國憲耶獲止又加意學校士皆興行

李仲（萬曆嘉興府志）字道甫三原人守嘉興言笑不苟對吏民不怒而威有大豪侵官錢事錢在撃好利益甚仲令并收其子子聞胆破有殺兄謀奪其官者不具輸狀仲一訊即服去郡父士民頌思如一日

伍文定（萬曆嘉興府志）字時泰松滋人為嘉興府同知時流賊猖獗練兵訓士為防禦計民以無恐

孟津（嘉興府圖記）字有涯信陽人選同知嘉興在官清白不事矯飾

郭田（舊浙江通志）長安人知嘉善堅持冰蘗人有餽遺輒唾拒每見解銀指謂左右曰此能亡身敗家爾等毋為所污時有上書陳其過者即榜之縣門引以自責

呂湯民（海鹽縣圖經）南河人為海鹽丞事毋至孝為政清平卒于官歸無行資

張瀌（海鹽縣圖經）字景周薊州人知海鹽蒞政三年民歌之曰前堂無吏人後堂無優人堂下無犯人

王學孔（萬曆嘉興府志）安福人守嘉興時旱蝗相仍齋戒步禱甘雨時應歲復疫癘乃大洗汙穢又為發粟賑飢全活甚衆聽訟從未嘗妄撻一人至豪右有權力者豪不假借

蕭世賢（江南通志）字若愚桐城人守嘉興歲革羨金千餘減織造操綃三百餘匹立三館以造士文風蔚興

何天啟（萬曆嘉興府志）字義古江西貴溪人令嘉善莅此訟多停寢天啓至三日一聽剖決無留勾攝不遣吏卒無騷擾值歲潦力請蠲稅竟為當道所阻乃以贖鍰抵賦由是益得廉譽

張守約（萬曆嘉興府志）字彥博華容人知崇德縣為政務舉大綱崇學校端習尚摧強撫疲豪右揚息興傳貽書院復樹先達諸坊表

洪遇（舊浙江通志）歷城人知秀水先是民艱輕役多析戶寄產遇令民自疏歸併賦均而不擾歲大飢自鬻者衆不待上聞亟發廩賑之全活者無算

曾曙（天啟平湖縣志）字賜谷桂林人除平湖令性介不妄取與剔蠹除奸與民休息歲大飢殍殣相望曙力請出粟賑之復廣設粥以食飢者會催徵甚急穀然曰吾職可罷民不可為有逋稅者咸使歸業串之輩民免轉徙竟以緩征罷去

張翱（海鹽縣圖經）字鵬舉奉新人以諫武廟南巡受杖後起海鹽令為政得大體民困征役翱至減十之五

楊枝高（萬曆嘉興府志）字叔謙山東金鄉人授平湖知縣性狷介督家人紡績種蔬自給以菜饋士夫曰不可一日不知此味排里供費一切裁省在任三年米價之平聞于遠近

趙瀛（萬曆嘉興府志）三原人知嘉興府禁賭博逐娼妓疏濬城河以其土還之南湖建煙雨樓時田糧多則吏胥緣而為奸乃分田地山蕩為二則賦額均平

百四頹之。又修郡志。

陳松（舊嘉興府志）青州人。遷秀水令，剗意爲民，鋤强扶弱。邑有柄臣子弟奴隸橫甚，松裁抑不少貸。

陳道基（萬曆嘉興府志）字以忠，晉江人。知嘉善，初下車，悉籍里中惡少歲行者校，重囚孥之，仍書申請，有犯必懲。故事，日輪里長一人，所費不啻。道基酌一年公用之數，通融計派，有逋負鬻妻孥以償者，輒爲代補。閒有窮民困迫請借公用餘銀以自活，隨數給之，民無負者。三年未嘗入一重辟，囹圄幾空。

劉戀（萬曆嘉興府志）字致鄉，萬安人。守嘉興，時值夏旱，戀率僚屬拜禱赤日中不懈，卒得澍雨，歲大稔。倭寇侵境，率軍民防守，海寇至，洞啟四門，納鄉閭男婦，多所全活。且身自登城，激勵三軍，以致大捷。時撫按交集，視師新視督察大臣供億百出，戀殫力承事，無擾于民。其經營平、善、崇、桐四城，委曲調停，民不知費。舊額頻海歲貢黃魚，以安輿特疏停免。至廉介之守，終始不渝。

王應顯（萬曆秀水縣志）漳浦人。知秀水，政若蘇湖。時倭寇志亟，應顯與郡守劉戀合謀守禦，日給糧餉，治器械，撫循士卒，夜巡時城壘無頃刻息肩。士女避寇泛田間來以萬計，監司令縣女墻縋入，毋啟門。應顯泣曰：民窘，縋者寡，賊倅至，盡指鋒鏑耳。竟矯令啟之，皆得入。入甫畢而倭薄城，無一遇害者。

鄭茂（萬曆嘉興府志）字士元，莆田人。知海鹽，有應变之才。倭寇擾境，盡力守禦，克完民社。

全燕（分省人物考）字尚賓，潛山人。知桐鄉，始蒞任，倭寇圍城，盛爲攻具，以計禦之，城得全。

張師載（嘉興縣志）潛江人。知嘉興，政務寬大。會編里甲，委曲調停，使貧富適均。海寇殺掠，人情洶洶思遁，師載撓以去止禍福，民安如堵。廉介自守，行橐蕭然。

殷廷蘭（萬曆嘉興府志）廣東人。授嘉興理刑，每聽訟詳審精密，郡無冤獄。會署平湖事，倭寇猝至，僅隔一水，時未有城，廷蘭令爲疑兵，以郭賦晝則揚兵，夜

明列炬肩卒市人聲應若十萬師賊駭遁百姓歡呼相賀見蘭曰是律也不可以再至申請為城以守經畫措置盡得其宜

郭東（舊嘉興府志）字仁府高平人知嘉興縣凡遇訐訟每為和解不事鞭朴催徵尚寬恕亦逋負

劉存義（天啟平湖縣志）字漢捷襄陽人知平湖邑受倭患尤劇始議城守存義至旦夕負土築埤〻成而倭至埤堞屹然倭不能上悉力來攻存義擐甲援枹立矢石下倭見堅守遣萬至城下裸衣跳詈欲激戰手弓射之應弦而倒倭大驚解圍去總督胡宗憲率師數萬屯城中土漢文雜供費億計存義盡心調護卒以用閒受降賊〻寇沈莊邑賴以全

顧旻對（萬曆嘉興府志）字子俞知平湖遇事敢為辨疑獄洞得其情先是杖田多寡以役民〻以田為仇旻對創條鞭均役法總計而年徵之貯于官以給役者力均而不病上官初未之許及覆陳利害十數條始得如請令下民若更生逾年南海龐尚鵬來按浙以其法行各郡邑所在稱便

何源（獻徵錄）字仲深廣昌人為嘉興令凡聽訟曲直已判復委曲開諭咸得其情而去公庭寂然郭杰以鍛獄誣服沉冤十年廉知行奸謀殺者郭明也釋杰而罪明邑人稱神戴當擢豈鄉官以受寄為常一日五鼓即囑書賣數函集胥吏于衙府鑰之一時不得高下其手詭寄之弊十去八九當道欲增鹽課額源謂民方苦倭蠹一鹽徒朋引禍且不測止之年飢申請緩徵銀通查五年銀米之餘抵所請之數額不虧而民日便在任二年官舍蕭然民有喫水還錢之謠

何址（萬曆嘉興府志）字德徵進賢人守郡方賢不假人以嚬笑衣無重彩食不兼味遇事侃〻以忤權貴去署無惱色

蔡旻臣（萬曆嘉興府志）江西人任嘉興司理抗直不阿斷獄詳允時有豪右亂法置諸理不少貸名為御史分守嘉湖觀察使

張任（萬曆嘉興府志）字希尹嘉定人為嘉興府同知涖任時倭寇侵境軍費不貲任與郡守劉慤協心撫字民得安堵

劉邦采（分省人物考）南昌人嘉興府同知（舊浙江通志）邦采清慎端慤待民以慈而能弭盜禁奸發隱摘伏地方賴之

王宗載（萬曆嘉興府志）字仲勉京山人知海鹽問民疾苦者刑簿稅僉富徭役親自撫括里胥不能為奸濬水利農不苦旱他如修理海塘禁捕私鹽清覈單匠查革虛名冗餉靡不精心志慮政暇進諸士子橫經講藝多所成就云

周寀（萬曆嘉興府志）字濟甫安福人知嘉善年少英敏剖決如流尤屬意學校啟書院擇士之有志行者漸摩之厚給以廩餼躬為品題

盧楩（嘉興縣志）字木伯崑山人令嘉興加意黌序延名孝廉為生儒師日講月課寒暑無間捐俸置田二百七十畝給贍

黃猷可（萬曆嘉興府志）字克俞莆田人知嘉興府愛民好士儒學僻處西城猷可擇治東興聖寺址徙置之自此人文蔚起甲于他邑

喬登（天啓平湖縣志）字子高延津人任平湖典史倭寇至登奉檄禦于邑東南之曹家橋所將民兵猝然見敵皆望風逃潰惟登戰沒于陣列祀報功祠中

趙書（萬曆嘉興府志）字同文桐城人為平湖教諭勸課士諸生中貧者至典衣以周之嘗作明倫十二事以訓德義之士輒稱舉以為儀表

方揚（萬曆嘉興府志）歙縣人同知嘉興府事志行端方兢兢以古人自律時文晉有父死欲火者揚給棺以葬禁民焚屍荒歲疫興捐俸施藥署嘉善時文田皆躬親覈訶豪右莫得肆其奸公餘與諸生講論經學有餽遺者面斥之擢守杭郡尋卒囊無餘貲

李椽（萬曆嘉興府志）豐城人守嘉興首重學校加意窮獨均賦平役省刑罰訟濬漕河築海塘調梧州守去士民為立德政碑

文鰲（萬曆嘉興府志）新建人知崇德性甘淡泊所食蔬魚不取民間時秋霖當道督課亟鰲曰青黃不給吾寧以官償民乎調知長樂

張道（萬曆嘉興府志）字以中湖口人初令姚江著賢聲補秀水治獄不煩敏朴里中徭役輒禁詰慰勞之農誤踏婦以時入顧雖奇禍引辜無慍容

李實（萬曆嘉興府志）字若虛瀘州人知平湖究心民隱搜剔吏蠹有神君之稱獄訟日減諸役無所事事多散去海溢害稼周視賑恤安集者數千人邑有把持稅牘積蠹其中者洞燭之毫不得隱僉徭順簡各以力任民咸便之

黃清（湧幢小品）上饒人起吏員積官嘉興府同知築海塘有功

黃希憲（舊嘉興府志）金谿人知嘉興府以清白自矢置天監簿登記贖鍰毫不自私聽訟必情理相參有欺罔者按以三尺不少貸又勤于課士為諭俗文以諷戒小民永旱步禱輒應

金和（萬曆嘉興府志）字元節長洲人知嘉善持政績審監司下令築圩和每鄉擇巨姓有行者董其事民不擾而功集

謝應祥（嘉興府志）安福人知嘉善先是邑賦役無定貧富不均應祥乃立照田起役法豪右不能漏脫細民不至賠累民德之

陳履（舊浙江通志）廣東人知崇德縣為政務長厚鎮孫以靜養威以寬不為苛察而政平訟理

拳逢時（海鹽縣圖經）字應期寧國人知海鹽廉潔自持行均甲法以三百二十畝簽一役又革坊廂丁田役立門攤僱夫法邑稱咸平

曹光德（舊嘉興府志）黃州人授推官政稱清簡勵操貞白涖任三載以憂去所攜惟圖書而已

朱邦喜（嘉興府志）臨川人為嘉興同知才優頓劇而性仁慈羨餘不入一錢署平湖篆清查尺籍以除蠹弊折疑獄片言立解佐郡十載解組去囊橐蕭然

王義民（平湖縣志）字若愷江陰人知平湖縣明無不察胥吏畏若神明微粮僉役曲盡規畫

朱維京（萬曆嘉興府志）萬安人令崇德先是文量田畝屬之平湖令截弓三寸致浮舊額五千餘畝維京悉照舊額民大感悅

曹代蕭（嘉興府志）歸德人，知嘉興府，宅心平恕，禁吏胥擾民，省罰鍰，興舖行，清驛傳，設立社學、義倉、義塚。既去，民祠之。

鄒東魯（萬曆嘉興府志）兖州人，任嘉興縣丞，職司國賦，長歲有常饋，絨毫不受，又捐俸賞番畢賦若清，操自堅，甚至鬻衣以供饘粥。

劉士瑗（平湖縣志）安福人，知平湖縣，立均田法，剏設歸并，以杜飛詭挪移之弊。文廟災，先捐俸為士紳倡，不旬月告成。時有議通全山渠者，以去就爭之。

孫承謨（石門縣志）字若沖，知石門縣。往年漕糧皆由糧長收發，謂之九收一發，此甲值糧長，彼九甲漫然不顧，致糧長賠累，無不破家。承謨創立各收各發例，一時便之。加意學校，培植士子。

蕭鳴甲（天啟平湖縣志）字爾先，漢陽人，知平湖，明達不苛，兩造盈廷，片言折各，唯唯去。覆而決旬，旁邑預訪富室，持縣中人之虛無寧居。鳴甲下令曰：賑在官，毋需民也。一邑安堵，竟亦有秋。每造士大夫問民疾苦，坦衷洞達，至于事所不可，即上官無以易也。秩滿，遷戶部。

郭如川（萬曆秀水縣志）字元玉，富順人，知秀水縣。歲荐飢，加縣恤，全活以萬計。抱氣疾，一日行閭巷，三日卧齋閣，而豪猾舞文者亦衰息。非大獄，輒移鄉三老論之。問遺無所受，請託不行。

朱來遠（嘉興府志）字文臣，盧江人，知秀水縣，善摩民隱，人莫能欺。讞獄必委曲勸諭，尤加意黌序，治行稱最。

蔡時鼎（桐鄉縣志）號調吾，福建漳浦人，弱冠治桐，初至不露圭角，吏人欺之，聽為庸。知其概，一日將平日所欺之事一一摘發，合邑驚為神。

鄭振先（嘉興縣志）字太初，武進人，宰嘉邑，年甚少，馭下嚴肅，後市魁惴惴守功令。經理賦法，酌北運之宜，條上四款：一曰議改派，二曰議抵給，三曰議供應，四曰議捐解，皆曲中事窾，民困以蘇。建常平二倉以備存採。時有豪民匿賦者，廉得其實，戍其人而沒其田以實倉。暇詣學會大課，篤士，躬村落問民疾苦，發滯

穀萬斛民得更生更設仁文書院置義田以興起斯文為己任

王臨亨（海鹽縣圖經）字止之崑山人知海鹽縣遇事精敏鞫獄不越宿縣城久圮加築高廣海警無恐後為杭州太守

喬拱璧（海鹽縣圖經）字穀侯上海人任海鹽令時衛卒餉多冒濫悉覈之絕其弊築捍海塘增設漕糧倉廒吏廨及甃街葺壞民多賴之

朱欽相（舊浙江通志）字如客臨川人令平湖時值編審剔釐飛灑花詭之弊設官畫立額甲郊公費永著為例修城之費舊設里甲欽相請派入條鞭凡所興除皆務便民初欽相父邦喜為郎司馬再署平湖篆有善政欽相繼之邑人為建世德祠

張問達（嘉興縣志）字德孚內江人知嘉興縣會江陵柄國下清訟之令問達出文餘誠撝多編審里甲不寄耳目于胥吏富不得規避貧窶甦息時稱神明他若興學校清義倉厝注皆有法度以治行最擢御史

湯齊（嘉興縣志）號虞河武進人知嘉興縣清儉自砥寬贖鍰蠲羨耗平縣役釐積弊民戴其德縣向無專志齊纂修之仕至太僕卿

羅尚忠（平湖縣志）字孝可青陽人令平湖為政清簡執法不撓北白南糧陋規洗刷殆盡盡捐俸立義田置義塚以鄣去

何杲（海鹽縣圖經）字白夫懷寧人任海鹽初政尚嚴後覺濟以寬故民畏而見德縣市肆有門攤商稅報派多失均杲校而差等之困不蘇行鹽票多至六千滯正引且累有挑賠販杲請減票二千鹽課以足

陳熙昌（嘉興府志）字杲菴南海人令平湖在任六載未嘗妄撻一人或干法紀輒霽顏論之捐羨金償贖鍰寬搖賦減貼役編審最稱賢聲熙昌先清官戶實田照例優免以溢額者充役不及額而取寄莊以漁利者實數還民役田逢溢四萬二千有奇歲歉穀貴平糶賑鄉

顧雲程（嘉興縣志）字襟宇常熟人初任淳安調嘉興歲大祲穀賤不售舊例徵賦以十月始雲程緩至歲盡不徵部使者怪之正月朔雲程集耆老而問曰穀價視冬時幾何曰益一鍰矣曰若是趣完賦耆老曰諾五日而入四萬金旦日上之部使者大驚推治行第一

樊維城（舊浙江通志）字九宗黄岡人知海鹽徵賦令民自行投櫃省漕兑贈耗數千百石修海鹽圖經

康元穗（西江志）字曰穎安福人為嘉興令其俗不能葬者多棄棺郊外元穗至即置漏澤園瘞之汰運淳粮額

林先春（嘉善縣志）字猶菴閩縣人任嘉善風采凝然魏忠節覽詔獄追鏹力為斡旋恤死庇生恩施至渥愛士尤篤

顧國寶（平湖縣志）字元善南通州人性剛介政主愛人而務必行其法漕規久弛裁額外加耗又酌收兑永制軍民帖然

文德翼（嘉興府志）九江人為嘉興推官察吏精明長于折獄作興士類著述甚多

李陳玉（嘉善縣志）字謙菴江西吉水人任嘉善知縣甫下車漕兑紛呶旗丁勒索加稽陳玉執持甚力浮復舊規撫字催科俱有良法動中利弊覽邑形勝購地築鶴湖書院建鶴鳴樓于縣治後

吳春枝　陶嘉祉（嘉興府志）春枝字元蓴宜興人令平湖才敏而機警徵輸有法歲饉加意賑恤全活無算署海鹽嘉善篆俱有惠政嘉祉武進人知平湖縣事一月卒有異政民並稱之

鄭瑄（舊嘉興府志）字鴻達知嘉興府政務簡靜聽訟必折以理不少假借革除利弊興起文教修郡學建弘文館又濬城官塘以便往來遷寧紹副使

張鳳翥（嘉興縣志）字潛存宿松人知嘉興縣初涖事簡靜無為或易視之不一月發弊懲奸吏皆畏懾民苦役久值編審始行均田法至今徵行學與校勒

月課造就諸生以憂去

國朝

史載（舊浙江通志）字肇公蘭陽人知嘉興府海鹽浮賓立斃杖下由是盜清民安性恬介餽遺一切屏却

月從王（嘉興府志）字含美山東人任嘉興府執法精嚴一時豪右避跡立漕糧交兌法軍民不相見至今遵行之

鄭鈺（詢蠲冊）順天大興人任嘉協中軍守備會勦石門賊力戰陣亡

李見龍（舊浙江通志）字德中蒙陰人知秀水縣布衣蔬食刻苦自勵賦役驛遞皆有條理絶不累民

莫大勲（嘉興縣志）字魯嚴宜興人知嘉善縣下不假顏色吏皆股栗退聽撫民寬和待士有體大造清丈平役均賦實行官收官兌法上官嘉之頒行各邑有以為式在任七載清介之守始終不易舉卓異不能治裝士民感恩輸助父老扶筇攀臥三十里臨別涕泣猶惓惓以虛粮未盡去為根未盡清三嘆息焉

張素仁（名宦祠冊）遼東人知海鹽縣偕料力行滌弊不假敲扑漕粮耗贈盡革陋規嚴絶假命以安善良實心造士以興文教修葺海塘發粟賑飢士民尸祝之

李舜有（嘉興府志）字闇山揚州人任嘉興府同知發奸摘伏積案盡革所決疑獄甚夥郡人奉為神明

樊咸修（嘉興府志）字慈東陝西三原人知嘉興縣寬猛得宜民情帖服邑有豪惡剪除不遺遇窮民則加意撫恤之折獄如神、、

卷一終

歷代兩浙人物志卷二

仁和沈廷芳椒園撰

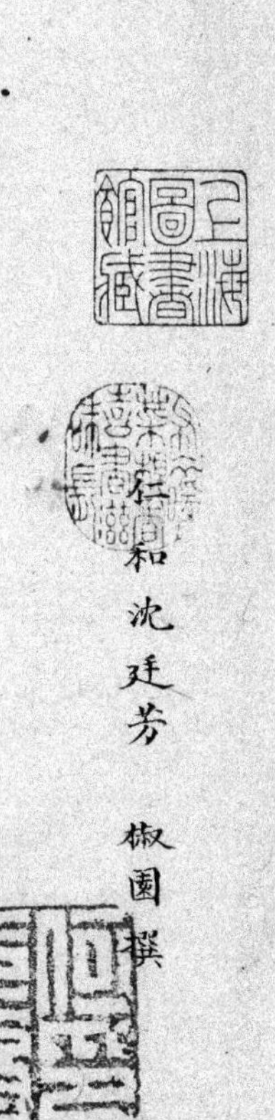

湖州府

名宦

晉

顧祕（萬曆湖州府志）為吳興太守時李辰起兵江夏祕與平南內史王矩前秀才周玘倡義傳檄州郡以討之賊黨悉降一郡以平

周玘（晉書本傳）字宣佩義興陽羨人元帝初鎮江左以玘為倉曹屬玘三定江南帝嘉其勳以玘行建威將軍吳興太守封烏程縣侯吳興衰亂之後百姓飢饉玘甚有威惠百姓敬愛之朞年之間境內寧謐

陸納（太平御覽）字祖言吳郡吳人為吳興太守至郡不受俸祿頃之徵拜左民尚書領州大中正將應召外白宜裝幾船納曰私奴裝糧食來無所復須也臨發止有襆被而已其餘並封以還官

陶回（晉書本傳）丹陽人遷吳興太守時人飢穀貴三吳尤甚詔欲聽相鬻賣以拯一時之急回上疏曰天下不普荒儉惟獨東土穀價偏貴便相鬻賣聲必遠流不如開倉廩以賑之乃不待報輒便開倉及割府郡軍資數萬斛米以救乏絕由是一境獲全既而下詔并勅會稽吳郡依回賑恤二郡賴之

王蘊（晉書本傳）字叔仁為吳興太守郡荒民飢輒開倉贍恤主簿執諫云宜先列表上待報蘊曰今百姓嗷然若表上須報何以救將死之命乎專輒之愆罪在太守且行仁義而敗無所恨也于是大賑貸之賴蘊全者十七八朝廷以違科免官士民詣闕訟之左遷晉陵太守

朱序（晉書本傳）字次倫義陽人時長城人錢弘聚黨百餘人
藏匿原鄉山以序為中軍司馬吳興太守至郡討擒之

謝邈（晉書本傳）字茂度性剛鯁無所屈撓為吳興太守孫恩之亂為賊吳桀
郜驃等所執逼令北面邈厲聲曰我不得罪天子何北面之有遂害之

殷康（嘉靖湖州府志）為吳興太守嘗開
城南荻塘溉田千餘頃至今利之

南北朝

袁湛（宋書本傳）字士深陳郡陽夏人為
吳興太守施政和理為吏民所稱

朱齡石（南史本傳）字伯兒沛人遷武康令縣人姚係祖專為劫郡縣畏不能討齡
石至縣偽與厚名為參軍係祖恃强乃出應名齡石斬之掩其家悉殺其
兄弟由是
一郡得清

向靖（宋書本傳）字奉仁小字彌河內山陽人為吳興太守
治身儉約不營室宇無園田商貨之業時人稱之

謝述（宋書謝景仁傳）景仁弟述字景先為
吳興太守在郡清省為吏民所懷

王偉之（崇禎烏程縣志）為烏程令廉
介特甚書籍之外家無長物

郗顯（吳興掌故）為吳興太守時孝子錢延慶為父
報讐殺人自繫于獄顯表于朝詔不加罪

張岱（南史本傳）字景山吳人為
吳興太守以寬恕著名

何敬叔（吳興掌故）為長城令平居以廉稱忽榜受餉得米二千斛他物
稱是人多訕之有頃悉以貸貧民輸自租斗米尺帛皆不留

李安人（南史本傳）蘭陵承人為吳興太守于家載米往郡時服其清

張瓌（南史本傳）吳郡吳人字祖逸齊建元元年封平都侯出為吳興太守瓌以既有國秩不取郡奉高帝勑上庫別藏其奉以表其清

徐孝嗣（南齊書本傳）字始昌東海郯人為吳興太守王儉贈詩曰方軌叔茂追清彥輔柔亦不茹剛亦不吐時人以比蔡子尼之行狀在郡有能名

謝瀹（南齊書本傳）字義潔陳郡陽夏人為吳興太守在郡稱為美績

袁昂（南史本傳）字千里陳郡陽夏人為吳興太守梁武帝起兵州郡望風皆降昂獨拒境帝手書喻之昂答曰三吳內地非用兵之所況以偏隅一郡何能為役雖欲獻心不增大軍之勇置其愚默寧沮眾師之威竊以一飡微施尚復投殞況食人之祿而頓忘一旦非唯物議不可亦恐明公鄙之時帝使豫州刺史李元履巡撫東土勑元履曰袁昂道素之門世有忠節天下須共容之勿以兵威陵辱元履至宣旨昂亦不降

范岫（梁書本傳）字懋賓濟陽考城人居官以廉潔著稱為長城令時有梓材巾箱至數十年經貴不改易

謝覽（南史本傳）字景滌為吳興太守中書舍人黃睦之家居烏程子弟專橫前太守皆折節事之覽未到郡睦之弟迎覽覽逐去其船杖吏為通者自是睦之家杜門不出郡境多劫為東南患覽下車肅然初齊明帝及覽父瀹東海徐孝嗣並為吳興號名守覽皆過之

庾沙彌（梁書本傳）潁川鄢陵人晉司空冰六世孫母劉氏亡晝夜號慟所坐薦淚霑為爛高祖嘉之補歙令復丁所生母憂還濟浙江中流遇風舫將覆沒沙彌抱柩號哭俄而風靜蓋孝感所致累遷寧遠錄事參軍轉司馬出為長城令

柳惲（南史本傳）字文暢河東解人歷吳興太守為政清靜人吏懷之（吳興掌故）惲重浚青塘後人思其德政易名柳塘

朱序（晉書本傳）字次倫義陽人時長城人錢弘聚黨百餘人藏匿原鄉山以序為中軍司馬吳興太守至郡討擒之

謝邈（晉書本傳）字茂度性剛鯁無所屈撓為吳興太守孫恩之亂為賊吳桀郜驃等所執逼令北面邈厲聲曰我不得罪天子何北面之有遂害之

殷康（嘉靖湖州府志）為吳興太守嘗開城南荻塘溉田千餘頃至今利之

南北朝

袁湛（宋書本傳）字士深陳郡陽夏人為吳興太守涖政和理為吏民所稱

朱齡石（南史本傳）字伯兒沛人還武康令縣人姚係祖專為劫郡縣畏不能討齡石至縣偽與厚名為參軍係祖恃強乃出應召齡石斬之掩其家悉殺其兄弟由是一郡得清

向靖（宋書本傳）字奉仁小字彌河內山陽人為吳興太守治身儉約不營室宇無園田商貨之業時人稱之

謝述（宋書謝景仁傳）景仁弟述字景先為吳興太守在郡清省為吏民所懷

王偉之（崇禎烏程縣志）為烏程令廉介特甚書籍之外家無長物

郗顗（吳興掌故）為吳興太守時孝子錢延慶為父報讎殺人自繫于獄顗表于朝詔不加罪

張岱（南史本傳）字景山吳人為吳興太守以寬恕著名

何敬叔（吳興掌故）為長城令平居以廉稱忽榜受餉得米二千斛他物稱是人多訕之有頃悉以貸貧民輸自祖斗米尺帛皆不留

李安人（南史本傳）蘭陵承人為吳興太守于家載米往郡時服其清

張瓌（南史本傳）吳郡吳人字祖逸齊建元元年封平都侯出為吳興太守瓌以既有國秩不取郡奉高帝勑上庫別藏其奉以表其清

徐孝嗣（南齊書本傳）字始昌東海郯人為吳興太守王儉贈詩曰方軌叔茂追清彥輔柔亦不茹剛亦不吐時人以比蔡子尼之行狀在郡有能名

謝瀹（南齊書本傳）字義潔陳郡陽夏人為吳興太守在郡稱為美績

袁昂（南史本傳）字千里陳郡陽夏人為吳興太守梁武帝起兵州郡望風皆降昂獨拒境帝手書喻之昂答曰三吳[illegible]用兵之所況以偏隅一郡何能為[illegible]衆師之威窮以一飧微施尚復投[illegible]亦恐明公鄙之時帝使豫州刺史[illegible]世有忠節昂亦不降

按水經沔水條江水又東逕餘杭故縣南（下文乃援以）（降中）
是錢唐前人辨之審矣
楚不得有浙若考水經有浙水即可云有
會稽矣　安吳陵陽舊隸宣城州非陽屬也

[illegible]凇著稱[illegible]政易

[illegible]六睦之家居烏程子弟專橫前太守[illegible]去其船杖吏為通者自是睦之

[illegible]主[illegible]東[illegible]惠覽下車肅然初齊明帝及覽父瀹東海徐孝嗣並為吳興稱名守覽皆過之

庾沙彌（梁書本傳）潁川鄢陵人晉司空冰六世孫母劉氏亡晝夜號慟所坐薦淚霑為爛高祖嘉之補歙令復丁所生母憂還濟浙江中流遇風舫將覆沒沙彌抱柩號哭俄而風靜蓋孝感所致累遷帝遠録事參軍轉司馬出為長城令

柳惲（南史本傳）字文暢河東解人歷吳興太守為政清靜人吏懷之（吳興掌故）惲重浚青塘後人思其德政易名柳塘

何遠（册府元龜）字義方，東海郯人。為武康令，厲廉節，除淫祀，正身率職，民甚稱之。太守王彬巡屬縣，諸縣盛供帳以待，轉至武康，遠獨設粳水而已。彬去，遠送至境，進斗酒隻鵝為別。彬戲曰：「卿禮有過陸納，將不為古人所笑乎？」

張稷（南史本傳）字公喬，吳郡吳人，瓌弟也。為吳興太守。下車存問遺老，引其子孫，置之右職，政稱寬恕。

蔡撙（南史本傳）字景節，濟陽考城人。為吳興太守，不飲郡井，齋前自種白莧紫茄，以為常餌，詔褒其清。宣城郡吏吳承伯挾祆道聚衆攻宣城，轉寇吳興，撙命衆出戰，斬承伯，餘黨悉平。

蕭琛（梁書本傳）字彥瑜，蘭陵人。為吳興太守。郡有項羽廟，土民名為憤王，甚有靈驗，遂於郡廳事安施牀幕為神座，公私請禱，前後二千石皆於廳拜祀，而避居他室。琛至，徙神還廟處之，不疑。又禁殺牛解祀，以脯代肉。琛頻蒞大郡，不治產業。

張纘（吳興掌故）字伯緒，范陽方城人。為吳郡太守，治郡省煩苛，務清靜，民吏便之。

夏侯亶（册府元龜）字世龍，為吳興太守，有惠政，吏民圖其像，立碑頌焉。

張嵊（梁書本傳）字四山，吳人，稷之子。遷吳興太守。侯景圍京城，嵊遣弟伊率郡兵赴援。沈浚勸嵊舉義，于是收集士卒，繕築城壘。賊行臺劉神茂攻破義興，遣使說嵊，嵊斬其使。侯景遣其中軍侯子鑒帥精兵二萬人助神茂以擊嵊，嵊為神茂所敗，乃釋戎服坐廳事，賊臨之以刃，終不為屈，遇害。

殷不佞（南史殷不害傳）不佞，不害弟，字季卿。為武康令。時兵荒飢饉，百姓流移，不佞循撫招集，襁負至者以千數。

到仲舉（南史本傳）字德言，彭城人。立身耿正，仕梁為長城令，政號廉平。

唐

韋承慶（弘治湖州府志）字延休，鄭州人，為烏程令，政化流行，民為刻石誦德。

李適之（萬曆湖州府志）開元初為湖州別駕，儒雅清簡，決獄無滯，旁省客飲酒至斗餘不亂。

獨孤及（嘉靖浙江通志）字至之，河南洛陽人，為武康令，嘗作亭于山，後人思其澤，因名其山曰獨孤山。

崔字（吳興掌故）博陵人，由越州餘姚令改湖州長城令，長城之理又加于前，政成秩滿，解印罷去。

慶澄（明一統志）廣德初以左兵曹參軍兼武康、德清二縣令，邑經兵燹，瀦于瓦礫判斷之場，創置宇舍城郭，未及期年，悉復其舊，越歲饗庶過半。

李昭（白居易李昭家廟碑）趙郡人，歷烏程令，為人篤于家行，飾以吏事，動有常度，居無惰容，所莅之邑有善政，辭滿之日多遺愛。

李清（嘉靖湖州府志）為烏程令二歲，墾廢田，復流傭，肅胥吏，崇本興行，政績可稱。

于頔（舊唐書本傳）字允元，河南人，為湖州刺史，行縣至長城方山，其下有水曰西湖，南朝疏鑿，溉田三千頃，久堙廢，頔命設堤塘以復之，歲獲秫稻蒲魚之利，人賴以濟。州境陸地褊狹，其送終者往往不掩其棺槥，頔葬朽骨凡十餘所。

辛祕（唐書本傳）系出隴西，拜湖州刺史。李錡反，遣大將先取支州，蘇、常、杭、睦四刺史咸戰死或拘脅，獨祕以儒者，賊易之，未及至，祕召牙將邱知二夜鬭城，收壯士得數百，逆賊大戰，斬其將，進焚營，俘錡平，賜金紫。

范傳正（唐書本傳）字西老，鄧州順陽人，歷湖州刺史，有殊政。

權達（嘉靖湖州府志）字達吉為長興令縣西南有西湖可溉田三千餘頃舊引方山水注之為大姓所堰吳敢誰何達吉決堰仍引泉溉田邑民賴焉

令狐綯（唐書本傳）字子直為湖州刺史（湖州府志）在郡有惠政

杜牧（嘉靖湖州府志）為湖州刺史有惠政

宋

刁衎（宋史本傳）字元賓昇州人知睦州桐廬縣會詔羣臣言事衎上疏刑書謂淫刑酷法非律文所載者望詔天下悉禁止之遷殿中丞通判湖州上疏請定天下酒稅額修郡縣城隍條約牧宰除兩浙丁身錢禁汴水流屍凡五事俄知婺州

戴融（明一統志）知歸安縣未期大治先是邑人困于茶賦融乃第戶豐乏而均之以絕追捕之苦又澤居者不務力穡融教之業農遂有恆產民立祠祀之

胡瑗（宋史本傳）字翼之泰州海陵人教授湖州瑗教人有法科條纖悉備具以身先之雖盛暑必公服坐堂上嚴師弟子之禮視諸生如子弟諸生亦信愛如父兄從之游者常數百人慶曆中興太學下湖州取其法著為令

滕宗諒（湖州府志）知湖州始至問民疾苦考視風俗屬意學校創新學舍風俗寖厚

林槩（弘治湖州府志）字希聲閩人為長興令時邑人未知學槩闢庠舍選生徒躬自訓誨日出視政日晏詣學由是邑人登第者接踵（長興縣志）歲大饑富人閉糴以要價槩出俸粟度下諸士豪輸數千石以飼飢者

馬尋（嘉靖浙江通志）鄆州須城人歷兩浙轉運使知湖州〻飢人或羣入富家掠囷粟獄吏鞫為強盗尋曰此脫死耳情與強盗異奏得減死論著為例

許遵（東都事略）字仲塗泗洲人知長興縣會縣有水災民多流徙遵募民出米賑濟終以無患益興水利溉田甚博邑人載其便利刻于碑

張田（西吳里語）字公載澶淵人知湖州性剛直吏民畏服創軍資甲仗庫又重建都水務永寧倉駱駝儀鳳二橋閑子城東西二門公私為便立顏魯公祠籍吳興登第者題名于學

孫覺（東都事略）字莘老高郵人知廣德軍徙湖州沿江隄為民患覺易以石高一尋有奇長百餘里隄下悉為良田

孫載（中吳紀聞）字積中崑山人知德清縣聽斷精明不專任刑罰開說是非出于至誠訟有累年不決者聞載一言即感悟去杭嘉湖三郡飢載諭富室倍糶至明年平其價出糶全活者不可勝計

文同（宋史新編）字與可梓潼人知湖州（萬曆湖州府志）在任多善政世稱文湖州

王穀（嘉靖湖州府志）山東人知德清縣德清山間產茶最盛穀令民盡伐去以為茶株可復栽若祖額一立貽累甚大其後德清茶值累從輕減全鵝山下有蕩產藕極佳歲取以貢為民病穀亦論止之

陳吉老（萬曆湖州府志）字子川京口人任長興縣時清溪方臘作亂陷及杭州縣東之民亦有竄匿者吉老整卒伍衛之民賴以安

張燾（宋史本傳）字子公饒之德興人通判湖州明受之變賊矯詔俾燾撫諭江浙燾不受

葛勝仲（宋史本傳）字魯卿丹陽人知湖州時羣盜縱橫聲搖諸郡勝仲修城郭作戰艦閱士卒賊知有備引去歲大飢發官廩賑之民賴以濟

趙子嶙（嘉靖浙江通志）知湖州時金人南侵子嶙親率將士禦數人皆感勵死守事甯定罷去民攀戀涕泣御史達于上詔還郡

汪藻（湖州府志）藻知湖州多著政績民懷其惠

陳之茂（西吳里語）知湖州凡有徭役未嘗遣吏但揭片紙于譙門之下雖外野鎮莫敢違慢時金人入寇修城郭治器械聚糧食東南士人多挈家依之

王炎（江南通志）字晦叔婺源人知湖州不畏彊禦邸第貴介有撓政者炎註于牘曰汝為天子親亂天子法炎為天子臣正天子法人韙之

顏度（臨海縣志）字魯子知臨海有異政嘗祈晴于靈康廟見寢殿右階下水津津溢地面穴之得泉命曰康濟泉後改長興令聽訟哀矜得情人稱神明云

趙潗（嘉靖湖州府志）字伯達為長興令邑蝗募民搜捕至三百餘石又大旱河竭穀價騰踴出粟減值民不病飢又增學租設鄉校造就良多

程九萬（武康縣志）九華人為永康令下車首訪儒術設施有度豪右奸宄悉繩以法境內肅然秩滿去邑人攀餞闔巷為空

孟浩（萬曆江西通志）字養直宜春人知湖州狷潔不安取與強毅精敏洞見事情與貴倖忤罷歸

楊長孺（吳興掌故）守湖州辨壓豪貴牧養小民治聲赫然

張忠恕（宋史本傳）字行父浚之孫知湖州詔求直言忠恕陳八事疏入朝紳傳誦魏了翁嘗許忠恕孝孝體似浚撥繁剸劇似其父杓于斂華就實則有志義理之學嘗有聞于栻之教矣

趙良淳（宋史本傳）字景程居饒之餘干知安吉州先是知州李庚適百事隳廢良淳至與僚吏論守禦之備悉舉行之歲飢民相聚為盜或請以兵擊之良淳曰民豈樂為盜哉特艱歲旱故相率剽掠苟活耳以義論之皆投兵散歸其不歸者縛以徇有掠人貨財詣其主謝過而還之者良淳勸富人出粟賑之元兵至良淳率衆守城夜就篝舍睥上不歸先是朝廷遣將吳國定戍安吉已而國定開南門納外兵良淳投繯而死

元

史樞 （元史本傳）字子明署安吉州安撫使時新附之民所在依險阻自保樞以威信招懷之後業為民者以千萬計

楊景行 （元史本傳）字賢可吉安太和州人授湖州路歸安縣尹奉行省命理荒田租民無欺蔽所歷州縣皆有惠政民立石頌之

干文傳 （元史本傳）字壽道平江人授同知昌國州事遷烏程長于治劇所至有善政其始至昌國即能柔之以恩信海島之民雖頑獷不易治至有剽掠海中者亦為之變俗鹽場官方倚轉運司勢虐使民文傳亟為陳理上官莫能奪民賴以免其在烏程有富民張甲之妻王無子張納一妾于外生子未晬王誘妾以兒來尋逐妾殺兒禁之文傳聞而發其事得死兒餘骨王厚賂妾之父母買鄰家兒為妾所生兒初不死文傳令妾抱兒乳之兒啼不就乳妾之父母吐實乃呼鄰婦至兒見之躍入其懷乳之即飲王遂伏辜治行為諸州縣最

曹宗輔 （嘉靖湖州府志）尹德清教戴仁惠之澤入于民心有所告戒揭之縣門民自不犯

魏信啟 （弘治湖州府志）為歸安尹終日端坐人莫干以私書定浙西坊里之役貧富均一

沈拱辰 （嘉靖安吉州志）字國祥蘇州人尹安吉剛毅廉介事至立決抑强鋤暴奸宄斂迹

宋文懿 （嘉靖浙江通志）字德淵真定人為烏程縣丞建學校以崇文教又築清塘堤甚有政聲

韓約 （楊維楨韓約去思碑）字彥禮真定人歷知長興州俗好嚚訟大家喜氣勢多許爭約盡刮去舊時積蠹邑役素不均約下令產滿貲居者許若干日自陳即不陳許人摘沒不三月得列簿帳役無不平白烏鄉周福斫死其兄而誣訴他人約得其情出他獄又生下箬寺僧為仇人誣奸支右仇相為根株下僧獄

幾死約伸其枉民大悦服秩滿相率涕泣遮馬首于東門

火魯忽達（弘治湖州府志）為長興達魯花赤新學校敦尚禮法政有惠澤

仇治（明一統志）為德清尹獄訟出枉必雪囹圄一空冗濫之弊悉革門無私謁上下肅然

郭普顏（弘治湖州府志）賻西人為歸安主簿有美政及代百姓為立去思碑

塔出（嘉靖安吉州志）為達魯花赤寇犯境率民兵守獨松關遇賊不屈而死

危止（崇禎烏程縣志）字公定江西人知烏程縣公勤施政仁愛治民

明

蘇從善（嘉靖湖州府志）字晋鄉當塗人知長興州内屯重戍外抗强敵圖田野集戶口漸至生息為人所難

楚岳（弘治湖州府志）襄陽人為知府恩威並著百姓感化

張居敬（武康縣志）字大欽保定人知武康公正廉平吏民畏服學校壇宇靡不修治

張桂（安吉州志）沙河人知安吉廉介不苟所得俸祿悉以養親自奉惟蔬食而已政尚嚴格民始畏而終愛之

陳同（弘治湖州府志）東平人為歸安縣丞性剛直廉介門無私謁自奉甚薄布袍蔬食遇奸慝者務抵于法邑人畏服

張士良（嘉靖安吉州志）字弘達博平人知安吉敦尚氣節事集不擾

談士奇（弘治湖州府志）長沙人，為知府
作興學校，恩惠及民，稱為賢守

馬文敬（安吉州志）四川重慶人，知安吉
誠心愛民，築圩濬渠，民賴之

何淵（弘治湖州府志）河南人，知歸安，廉介不受餽遺，為人所嫉，以事誣繫獄，邑
民沈勝宗歎曰：廉官受辱，可坐視乎。乃陳其冤，願以身代，遂得釋，復其官

吳宰正（嘉靖湖州府志）金谿人，知武康，興學課農，百廢具舉，嘗被誣逮繫
老人楊富七等具攷績，赴部陳冤，疏上，命頒天下以旌廉能、

高彬（舊浙江通志）任歸安縣丞，以事連坐者
民詣闕言彬公廉不擾，民得安業，釋之

陳紀（弘治湖州府志）南昌人，為湖州府推官，性廉介，厚重有威，吏
民不敢欺，讞獄明允，不假鞭箠而知其情，郡中稱為神明

趙登（獻徵錄）字汝善，河南祥符人，遷湖州知府，特詔天下郡國修義倉以備凶歉
登多邑里之長及鄉之耆民聚于庭，諄切勸諭，里中莫不感奮，不浹旬得穀
數萬石，倉廩弗能容，登增構若干楹，選公正耆民慎守護，知出納。安吉有豪民
者豪橫武斷，奪人子女田園，縣官莫能制，登列其罪狀以聞，竟遣戍其家人口
田產，產還之民，郡中肅然治
湖州十有七年，精白如一日

張俊（獻徵錄）江浦人，授德清縣，積逋稅累數萬，十餘年不能足，俊設方略，不暮
年皆辦完，特使者假公事行縣，以苛酷取財，民不勝擾，令以下聞風多避匿
俊曰：民恃我以安，我先避，邑民特何恃。獨治事如故，使者亦聞其名，不復肆縣
人賴以安。民有陰伺官府動靜為奸利者，俊廉得其實，奏徙遠方，一邑稍快

岳璿（獻徵錄）字文璣，河南祥符人，知湖州府，先師廟廢，捐己俸倡修，春秋丁祀，樂
舞久廢，璿敦延太常嫺于樂舞者，董正大成之樂，以肅祀事，謁胡安定墓，考
定侵界而封樹之，禁樵採，祀瑗之所廢，又捐俸為構堂六楹，有裨風教，霅溪上
游有伏龍橋，以木為之，屢修屢圮，璿以石易木，規制宏偉，先是湖州屬邑田賦

科額不一而加耗無則吏胥詭冀滋甚璿疏其利病于朝乞每畝正賦外加耗一升餘悉蠲去遂著為令在任九年民懷其惠

師賓 （嘉靖湖州府志）代州人知德清縣明敏有為歷九載訟平政理為公餘坐梅花堂以自遣

劉喬 （嘉靖湖州府志）字遷憲萬安人知歸安縣政尚寬平每郊行勸農桑詢利病諄諄以禮義教民鋤抑豪猾邑人賴之

勞鉞 （弘治湖州府志）字廷器九江人知湖州勤慎標介政多愷悌建府學及城隍廟工程浩繁而材力不匱青箬郡志

余順 （分省人物考）安慶衛人知安吉人創學建倉鋤強恤貧凡有便于民者奮力為之竟以剛直忤當道落職歸

陳景隆 （德清縣志）字茂之長樂人知武康調德清地當要衝景隆調度區畫識既通敏加以持慎坦懷待物用是在官者輸誠赴訟者歸欵

歐陽俊 （弘治湖州府志）字孟亨衡州人知武康以能稱境內有虎患禱于神日殲五虎民患以除

王珣 （萬曆湖州府志）曹縣人任湖州府安吉民梗化奏置孝豐縣

楊達 （孝豐縣志）壹邑人知孝豐縣時縣治初設百務綜理皆達之功

鄭昌 （安吉州志）舒城人知安吉先是安吉歲運白粮民以為苦昌為奏請除之

王良臣 （嘉靖湖州府志）字汝鄰陳州人知德清縣果確廉明訟者盈庭一言而決崇文教表名賢興廢舉滯百度維新

湯昭 （安吉州志）江西永豐人知安吉禁奸戢惡吏不敢欺邑舊有河泊所漁課紐于漁戶昭奏免之

徐溶 （嘉靖湖州府志）青溪人知長興勤敏精審不畏強禦重修學校迪士有功

何顯（萬曆湖州府志）閩縣人守湖州時安吉孝豐僻阻碩梗令長難治奏陞安吉為州而以孝豐隸焉

陳善（弋陽縣志）字克一由嚴州府判陞安吉知州性剛直有古人風不為世俗婉阿態大書忠孝二字箴行于世

呂盛（萬曆湖州府志）建平人守湖州湯許之亂親詣賊壘譬曉禍福賊衆感悟環拜就縛

方鐸（武康縣志）字廷論合肥人知武康潔己愛民政平訟簡吏民悅服

劉天和（名山藏）字養和麻城人授湖州知府縣有高士天和下車禮之問所以治湖若

桂萼（萬曆湖州府志）字子實安仁人知武康日進諸生講說務在實踐化僧道為編氓者數百餘人公暇則單車適野問民疾苦

郭治（孝豐縣志）字昌修泰和人知孝豐清修苦節期年之間文教聿興井邑改觀首建學宮制禮器典籍別立定性書院集諸生以時講習其中建預備倉設立五山官渡民尤便之縣志闕手輯成書

齊之鸞（舊浙江通志）桐城人知長興扶善鋤惡遏事敢為爬剔規畫悉有條理

劉迴（舊浙江通志）安東人知歸安縣湖民輿錢穀者多侵廢迴立法剗契後人守之

方日乾（德清縣志）福清人任德清縣下車即名父老諮詢民隱剗剔吏契凡廟學公宇葺然整頓時阻飢多方賑貸民得不飢縣志久缺考訂勒成一書

萬雲鵬（江南通志）鹽城人為湖州守勤恤利病纖毫不取後官浙臬憲清介獨持始終不改

戚賢（嘉靖湖州府志）字秀夫全椒人知歸安縣警敏有為政務畢舉

廖梯（嘉靖湖州府志）字雲鄉莆田人知安吉州為政不近名愛民省費清苦自持

閔惠（嘉靖湖州府志）字叔甫曲靖人知德清縣秘成布德民翕然委心當籍廢寺田四百畝給諸生庾修濬楊湾塘以資灌溉

戴嘉猷（崇禎烏程縣志）字献之績溪人知烏程豪右不得逞詭户規避者靡縱騶緇流歸農立義塚置義田募民耕穫峙穀粟以備歲飢厚學校以養士

楊上林（嘉靖湖州府志）字子浙山陽人知長興縣為政不規規于詩書條貫文章當局風動一時

錢學（崇禎烏程縣志）字汝明常熟人知烏程縣勵精教養風俗還淳學校倉庾橋梁之類百廢具舉纂修邑乘奉為文献

張烜（嘉靖湖州府志）字仲熙慶遠人知歸安縣老成練達平易近民尤加意學校士類傾心

趙應祥（萬曆湖州府志）長沙人任湖州推官器宇方介剖決精明

章棨（歸有光章棨傳）字宗肅常熟人知安吉州歲旱民飢竭力賑救多所全活其民好訟恒以理解之有匿稅者為棄籍人ㄑ閔之雖非不用而逋負悉出嘗歎曰此豈古頭會法也吾以救弊而已所治舉豐近棨去一無所擾其縣人至不知有州焉

朱曰藩（崇禎烏程縣志）知烏程縣政尚簡靜久之公廨前酒肆一空至編審里役謂小民十年與廢所關日夜留心人呼真父母

張晃（崇禎烏程縣志）字章甫晋江人知烏程以孝悌先民風以節義維學校優恤窮獨均輸户產差成督禎思值倭亂御寇清源門甕城培土甃石加高厚親率民壯防禦倭不敢薄城秋大旱朝夕步禱穫有秋

李敏德（萬曆湖州府志）長安人守湖州剏築南北水關備禦基葺壘湖城始固

按盱江盱眙俱本以目以日省博刻筆誤耳
校正耳近書以此類有極多也此條書為後云
經改等為彙編一處

[illegible]撫字每聽斷與民作吳語務浮
[illegible]之一重四母死許其歸葬如期
惡政置新縣捕以德懷柔之田
政不可撓也礦賊數百人為亂
倭寇鈔兩浙州縣皆相效萃
新城樓櫓雉堞相望猱猛不肯曰吳皆山縣何以至何困吾民為後畢無事

郎承祖（德清縣志）成都人知德清大祲之後民不聊生承祖先民節省務在裕民有舉捕假捕盜破人產者立杖斃之不受干謁所援多積學士

趙煥（崇禎烏程縣志）字文光掖縣人知烏程縣宿吏不能舒手訟堂可羅烏雀編里遞充糧長貧富適均羨餘贖鍰毫不濡染

黃樞（西江志）南昌人授嘉善縣留心里甲役法均平猾胥斂手邑大濟秉憲漕諸當道請括帑金以抵恒賦陞工部主事歷知湖州府歲荒請蠲設賑不遺餘力

孫樓（獻徵錄）字子虛常熟人除湖州推官為治平而不苛第問法如何不事深文鉤距歷攝諸邑篆皆以愷悌名署郡事有璫建里豪為者符累容藪里中子女有拜為而靡曼者率為所漁欲斬免者必薦金資黨援甚固樓廉得罪狀朝逮而夕成獄立格殺之

栗祁（獻徵錄）字子發夏津人知湖州府下車即與吏民約輕徭平賦相與休息守湖三年政和役簡民無擾焉決獄平反不喜以徼文巧中至舞文之奸又無不立發郡值水災爭請部使蠲其十之二三漕卒效代他衛輸十餘艘請還其籍軍困以紓往郡多賈人推會歲致羨金若干為筦庫費祁悉罷之

顧其志（長興縣志）長洲人知長興百廢具舉吏無敢有舞文者縣四安鎮界桐川夾浦界宜興大盜負嵎世為民患廉得巨魁置諸法遂成坦途

張應雷（西江志）金谿人授湖州官推官會大旱祈雨倖屬視為故事應雷獨齋居露處為民步禱大雨隨之以刪方呈論

廖梯（嘉靖湖州府志）字雲鄉，莆田人，知安吉州，為政不近名，愛民省費，清苦自持。

陶麃（嘉靖湖州府志）字敬甫，曲靖人，知德清縣，知威布德，民翕然委心。嘗籍廢寺田四百畝給諸生廩，修濬楊湾塘以資灌溉。

戴嘉猷（崇禎烏程縣志）字猷之，績溪人，知烏程，豪右不得逞，詭戶規避者靡縱，驅緇流歸農，立義塚，置義田，募民耕穫，峙穀粟以備歲飢，厚學校以養士。

楊上林（嘉靖湖州府志）字子漸，山陽人，知長興縣，為政不規規于簿書，脩貫文章，篤尚風動一時。

錢學（崇禎烏程縣志）字汝明，常熟人，知烏程縣，勵精教養，風俗還淳。學校、倉庾、橋梁之類，百廢具舉。纂修邑乘，奉為文獻。

張烜（嘉靖湖州府志）字仲熙，慶遠人，知歸安縣，老成練達，平易近民，尤加意學校，士類傾心。

趙應祥（萬曆湖州府志）長沙人，任湖州推官，篤守方介，剖決精明。

章滐（歸有光章滐傳）字宗肅，常熟人，知安吉州，歲旱民飢，殫力賑救，多所全活。其民好訟，恒以理解之。有匿稅者，為棄籍人人閧之，鞫扑不用而逋負悉出。嘗歎曰：此豈古頭會法也，吾以救弊而已。所治孝豐，迄滐去，一無所擾，其縣人至不知有州焉。

朱曰藩（崇禎烏程縣志）知烏程縣，政尚簡靜，久之，公廨前酒肆一空。至編審里役，謂小民十年興廢所關，日夜留心，人呼真父母。

張晃（崇禎烏程縣志）字章甫，晉江人，知烏程，以孝悌先民，風以節義，維學校，優恤煢獨，均輸戶差，咸賀。禎思值倭亂，徹築清源門甕城，培土甃石，加高厚，親率民壯防禦，倭不敢薄城。秋大旱，朝夕步禱，獲有秋。

李敏德（萬曆湖州府志）長安人，守湖州，剏築南北水關、備敵臺、蒲臺，湖城始固。

歸有光（長興縣志）字熙甫，崑山人。為長興令，寬仁撫字，每聽斷，與民作吳語，務得其情。盜依湖山間，用計擒獲，其誣服者釋之。一重囚母死，許其歸葬，如期詣獄。革糧長，用里甲。

張琳（献徵錄）字子諧，嘉定人。知孝豐。鄣郡山地瘠惡，數置新縣，琳以德懷柔之。田有不均，丈量以寬貧戶。其豪相戒曰：「明府善政，不可撓也。」礦賊數百人為亂，琳檄止調外兵，獨部署縣人捍禦，賊皆散走。時倭寇鈔兩浙，州縣皆相效築新城，樓櫓烟堞相望。琳獨不肯，曰：「縣皆山，賊何以至？何困吾民為？」後卒無事。

郎承祖（德清縣志）成都人。知德清。大祲之後，民不聊生，承祖先民節省，務在裕民。有暴捕假捕盜破人產者，立杖斃之。不受干謁，所接多積學士。

趙煥（崇禎烏程縣志）字文光，掖縣人。知烏程縣。宿吏不能舒手，訟堂可羅鳥。查編里遞，充糧長貧富遍均，羨餘贖鍰，毫不濡染。

黃樞（西江志）南昌人。授嘉善縣，留心里甲役法，均平捐斂，手邑大滌，永盡浮詣。嘗道請括郡金以抵恒賦。陞工部主事，歷知湖州府。歲荒，請蠲設賑，不遺餘力。

孫樓（献徵錄）字子虛，常熟人。除湖州推官，為治平而不苛，第問法如何，不事深文。鈎距歷攝諸邑，等皆以愷悌名。署郡事，有璫建里豪為查荐，暴客藪里中子女有科島而靡曼者，率為所漁。欲漸免者，必為金資黨援甚固。樓廉得罪狀，朝逮而夕成讞，立格殺之。

栗祁（献徵錄）字子登，夏津人。知湖州府。下車即與吏民約，輕徭平賦，相與休息。守湖三年，政和役簡，民無擾焉。決獄平反，不喜以微文巧中，至舞文之奸，又無不立發。郡值水災，亟詣部使，蠲其十之二三，漕卒改代他衛，輸十餘艘。請還其籍軍，田以紓往。郡多賈人，推會歲致羨金若干，為莬庫費，祁悉罷之。

顧其志（長興縣志）長洲人。知長興，百廢具舉，吏無敢有舞文者。縣四安鎮界桐川、夾浦，界宜興，大盜負嵎，世為民患，廉得巨魁，置諸法，遂成坦途。

張應雷（西江志）金谿人。授湖州官推官，會大旱祈雨，僚屬視為故事。應雷獨齋居露處，為民步禱，大雨隨之。以剛方坐謫。

李頤（舊浙江通志）知湖州才德並著葺先賢祠宇新道路橋梁百廢具舉

曾紹芳（崇禎烏程縣志）字田德永興人知烏程縣為政持大體水荒竭力賑濟

李際春（歸安縣志）號鑒如蘄州衛人知歸安有惠政庚戌大水民飢捐俸賑之募商廣糴米價漸平次年大水力請改折民賴以甦

史朝祿（德清縣志）號直吾晉江人任德清清濟羅水澇甘罰俸緩征輸曲為賑恤至雪鄉人命之誣疏錢法之滯清丈量之奸葺治學宮不煩民力民皆頌之

羅用敬（崇禎烏程縣志）字子貞南昌人知烏程恬淡寡欲惟務拊循張江陵丈量之役遠近騷然獨行之以寬暇則課士論文有古循吏風

吳文企（舊浙江通志）守湖州治行清和勸農課耕具犢駕之所至人思

陳幼學（王鴻緒循吏傳）無錫人知湖州府有施敏楊陞者人奴也常橫不法幼學逮治之敏賂權貴囑上官檄取執不發檄愈急立杖殺之陞懼稍戢姑置之已當遷念己去陞必復逞遂捕陞寘之法幼學疾惡嚴而予細民務安全之遇孝子節婦善人志為旌揚郡以大治會霪雨害稼力舉荒政活民無算

楊應聘（崇禎烏程縣志）字志尹懷遠人知烏程縣緩催徵平冤滯興閑防清浮田勸荒政倡教化不向上官不假貴要里中悉少潛跡治稱最

袁光宇（崇禎烏程縣志）字元讓常熟人令烏程達歲旱步禱為民請命稍稽不忍以誅求困民上供不及額郡檄數下守催之吏日至不為動主者怒其慢俸自奪處之怡然編審貧富以均漕兌不增一粟軍民稱平

鄔昞（長興縣志）湖廣監利人令長興適遇大祲後敲扑不施當道催督如織至錫俸昞曰令俸可錫項尾流離不忍賦也自奉甚苦往來交際謝絕

金玉節（長興縣志）字雅初湖廣麻城人知長興遇事勇于有為禮賢下士有貧不能婚者捐俸代之時值礦使為邑厲玉節繩以法陰剪其翼卒不敢肆歲

當編審先是十二區以田額豪右詭寄串寒益苦于役玉節通融均攤謂之走區走甲衆多益寡民稱便焉

熊明遇（長興縣志）字良孺江西進賢人知長興縣年甫二十餘等書剖決如流在任七年興利除害道不拾遺幾于刑措

陳經正（崇禎烏程縣志）字數奎晉江人任烏程令修學宮興文教時有矢山開鑛之役調停中使浮事止不行

濮中玉（長興縣志）字琢如舒城人知長興縣初蒞值大祲親履戶閱賑賚無遺表節孝起人文省船役皆其政之最先者

曾國楨（崇禎烏程縣志）字德符臨川人知烏程縣編審善均田之法胥吏不及那移保正不浮需索衆情允服

金九皋（江南通志）武進人任武康知縣修學校嚴課程士論歸之秋大霖雨縣若澤溺令甲災以七月上聞而諸司皆入闈不得達撤棘又移于例九皋備先年往嘉興長興曾以災借運武康請于御史責償情惻迫切言與淚俱御史動容上請報可

石有恒（長興縣志）字伯常湖廣黃梅人仕長興性簡約持大體檄輸以漸聽斷虛懷廣訪不逮施箠楚盜吳野樵等劫庫撞入內衙遂遇害

馮可賓（長興縣志）字禎卿山東益州人授湖州推官甲子元旦盜殺長興知縣惡民妄疑有屠勦之舉奇嶺出境時無正官攝事者寡識閉城自守民益驚恐可賓奉檄安撫傳諭六門洞開聽民出入書榜安輯蒞縣捕治首徒旋獲略盡一無詿連招徠流亡白日閭閻無擾如故

李化熙（舊浙江通志）任湖州推官守法不撓居心寬厚治獄平允接士以禮凡所賞拔類皆知名

馬思理（崇禎烏程縣志）字達生長樂人知烏程縣甫至即與民約借科給準進比歷各鄉宣諭示勸懲新置宮葺橋梁纂邑乘百廢具舉洊歷歲飢措据荒政多方調賑日以甦民為念

譚元禮（德清縣志）字服膺湖廣景陵人知德清縣省逋呼簡訟牒尤喜獎拔士類特憫南粮折銀為巨蠹所蝕申請十年帶徵夏稅絹尺絲綿積欠萬餘金力請大司農得蠲免

李長清（歸安縣志）字聽麓興化人知歸安縣軫念賦重民貧酌轉輸之緩急完欠之多寡而次第徵之民樂撫字不知催科之擾治奸胥懲豪右不少假修葺城垣振興學校稱吏治第一

劉永豐（崇禎烏程縣志）字宜日上海人任烏程縣丞職水利值霪潦冒雨出勘率圩長修築隨以寓賑遂令圩岸如故

李向中（長興縣志）知長興縣承俗抗獘奸蠹蝟叢向中廉得渠魁斃之杖下人皆服業歲祲飢饉載道設法勸糴平價又煮糜以飼餓殍給廩以贍棄兒邑當編審計田均徭改定民籍秩若列眉捐俸置田歲入租以餼貧士裁客籍冒充田數後調秀水

陸自巖（江南通志）武進人知湖州郡水旱蝗疫相繼特疏請蠲請糴私米充漕復設法廣糴輸賑造粥廠施藥餌育嬰瘞骸存活不可勝計

楊大賓（德清縣志）號君山貴州人任湖郡同知署德清值荒歉漕折未完者二千有奇欲行敲朴不可而上司督促解大賓慨然曰時征民而留于民者無幾欲代償而存于己者空橐遂刎頸以殉當事始具題蠲征

丁文炳（崇禎烏程縣志）字質夫貴州平壩人授烏程丞職水利適歲澇躬履阡陌求捍禦之方一障圩岸不致水勢沖激一撤留斷以令水勢易洩一禁漁船不使蕩損圩岸當道嘉其用心稱為儒吏

國朝

劉重(烏程縣志)字爾符朝邑人任烏程令寬以字民而嚴于治盜每歲暮量賑貧士當堂面給

劉愈奇(舊浙江通志)滿洲人知湖州府勵精為治百廢具舉奬拔名流士類歸心

侯元棐(河南鄉賢冊)字友石杞縣人知德清縣郵吏骨餽全絶兇運積獘值霪雨害稼條陳利病哭撫蒞承護奏行之為註考云清比魚懸才同犀利

王業久(歸安縣志)字枝安平涼人令歸安政尚淳簡徵收有方請于上官免民間門攤課鈔編里均平舊規分毫不染蝗災業久申請蠲折蒞任二載四境安堵卒于官貧不能殮士民醵金為旅櫬資

羅為賡(孝豐縣志)四川南充人知孝豐縣值歲荒禁革頗苛蠲賑飢民存活甚衆性謹嚴人不得干以私然慈惠愛民故載之如慈母

高必騰(烏程縣志)字鳳翥奉天遼陽人知烏程縣聽訟明允不狥干謁編審整剔積獘官民一則貧富均平在官月餘魚餐脫粟患出署中不以煩民歲冬以漕艘未回部議催船遲糧至准僉里押解人情驚擾力請獲免在任九年爲新文廟纂輯邑乘擢守新寧去之日士民遮留塡塞街巷

潘觀姓(名宦留祀冊)江南溧陽人知湖州府性秉仁慈治尚寬簡然遇奸宄病民者未嘗不盡法繩之覩學宮傾圮即捐資倡修輪奐一新季試奬課士子惜料有法差役無擾一切倉廒陋規盡行革除復留心水利疏濬城河

寧波府

三國吳

張舉(太平御覽)字子清為句章令有婦殺夫因焚屋言燒死其弟疑特訟之舉拔尸開口視無灰令人取豬二頭殺一生一俱積薪焚之開視其口殺者無灰

明州

生者有灰乃明夫先死而後焚婦遵首服政化流行民歌遺澤

唐

王元緯　陸南金（唐書地理志）開元中元緯令鄮縣開小江湖溉田八百頃東二十五里有西湖溉田五百頃天寶二年令陸南金開廣之

裴儆（成化四明郡志）河東人自長安令來刺郡遭海寇侵掠井邑榛蕪道殣積而不掩生民僅有存者儆推心撫字一年而驚逋以復田疇以闢泣墊以興然後以禮義利物之教教之三年俗為鄒魯長幼各得其宜

王密（延祐四明志）明州刺史有惠政李舟為碑記

李吉甫（舊浙江通志）吉甫為明州有善政

王沐（成化四明郡志）綝之曾孫刺郡興廢舉墜政治一新嘗捐俸立夫子廟落成民不告勞

任侗　于季友（唐書地理志）侗為明州刺史增修廣德湖溉田四百頃西南四十里有仲夏堰溉田數千頃刺史于季友築

趙察（成化四明郡志）大梁人授奉化令鑿縣北河溉田八百頃因名趙河又開白社河溉田四百餘頃

韓察（延祐四明志）京兆人混之孫長慶元年刺史易縣治為州治撤舊城築州城功大而民不知役買廣而用不厲民

應彪（延祐四明志）長慶三年任刺史建浮橋跨江五十三丈

宋嗣宗（寧波府簡要志）字文纘南和人為奉化令利澤深厚民甚德之

五代

黃彥蔺（十國春秋）字明舉福州人為明州判官有聲累遷檢校祕書監平江節度副使

宋

張頫（天啓慈谿縣志）為慈谿令廉潔自持邑人號為張清清

陳充（宋史本傳）字若虛益州成都人知明州潛于榮利自號中庸子

李夷庚（嘉靖寧波府志）守明州精地理學以鎮明嶺為府治案山增高數丈徙建州學文廟合于子城東北由是賢才輩出市有花樓神郡守初至皆謁奠夷庚獨不肯一日過其市飄瓦中蓋左右曰此花樓神之靈也夷庚曰今當毀之靈其何在遂毀之浚東錢廣德二湖大興水利民立祠祀之

燕肅（宋史本傳）字穆之青州益都人知越州徙明州俗輕悍喜鬬肅下令獨罪先毆者于是鬬者為息

楊紘（宋史本傳）知鄞縣濱海惡少販魚鹽者羣居洲島掠商人財物入海吏不能禁紘設方畧使識者致惡少船及歸始給還且戒諭之由是不敢為盜

仲訥（王安石仲訥墓誌）字樸翁廣濟軍定陶人權明州節度推官縣送海賊數十人獄具矣訥獨疑而辨之數十人皆得雪

頤方（嘉靖寧波府志）丹陽人令象山日召父老詢民間利病民有善者勸之惡者戒之建學舍舉子弟之秀者教之親為講解誘掖使進于學政成士民悅服

錢公輔（宋史本傳）字君倚常州武進人通判越州知明州衙前法以三等差次勞勤應格者聽指酒場以自補富者足欲而貧者日困充募益鮮頗有不足至役鄉民破產不供貴公輔取酒場官鬻之分輕重以給役者不復調民

林旦（寧波府簡要志）字士明，象山令。通海西港，築縣城，修學宮，正社稷壇，營道疾民有訟以療之者。政成，作臺榭以眺覽。論者謂其政化可方中年。

李承之（宋史本傳）字章世，性嚴重有志節。調明州司法參軍。郡守任情執法，人莫敢忤，承之毅然力爭之。守怒曰：曹掾敢如是耶？承之曰：事始至，公自為之則已；既下有司，則當循三尺法。守憚其義。嘗建免役議，王安石見而稱之。

陳太素（宋史本傳）字仲華，河南緱氏人。知明州，有治跡。

張懿文（寧波府志）平江人。授昌國令。縣初設，政維更始，蒞民一以和易。下車未久，治署、學宮俱建，役不知勞。公私之厄于民者，悉調停之。民愛之如父母。

虞大寧（明一統志）知鄞縣，興水利，繕治堰碶，溉田五千五百餘頃。

傅堯俞（嘉靖浙江通志）知明州，有惠政。

呂祉（嘉靖浙江通志）字安老，建州建陽人。通判明州。奏：國家養兵，仰給東南數路而已。方今財用悉出民力，而邑令乃近民之官。令得人則一邑足，守得人則一郡足，漕得人則一路足，諸路足則朝廷足矣。

仇悆（宋史本傳）字泰然，益都人。知明州，以挫豪強、獎善良為理。吏受賕雖一錢不貸，盜賊斂迹。州罹兵火，悆節廚錢助其費。歲飢，發官儲，損其直，民無死徙。

鄭耕老（葉適鄭耕老墓誌）字穀叔，莆南湖人。教授明州學。學地陋，而理耕老為講說科舉之外，更營學，邑取田以供鄉飲費。

楊獬（嘉靖浙江通志）新喻人。知明州。沿海有寇，獬悉擒之，海道晏然。

方叔鄉（周必大方叔鄉墓誌）字季申，興化軍人。通判明州。秋旱，守委三倅分行六邑荒政，叔鄉主奉化、象山，獨無飢民。定海縣鄮湖、沈窖二湖久為浮屠氏

禮其利民失淮瀨淤鄉遠被朝命一切正之

傅伯成（宋史本傳）字景初寧之初授明州教授年少嫌以師自居日與諸生論質往復後多成才

程覃（寧波府簡要志）字會元攝守慶元府盡心水利停海錯果蔬之征循良之政不可勝紀

趙善晉（成化四明郡志）為象山令勸課農桑治先教化重修大成殿造會源碶四民樂業海邑識禮讓之風多晉之力也

馮多福（嘉靖寧波府志）無錫人知奉化縣置義倉修學校請蠲夏稅治水利惠政甚多

胡榘（嘉靖寧波府志）知慶元府請浮米一萬五千石以浚東錢湖命水軍當上供休且募七鄉之食水利者助役又奏以贏錢二萬八千三百四十七緡增置田畝以其入分漁戶人歲給六石隨葑菿之生則薙而絕其種民懷其惠成四明志二十一卷文献賴以有徵

陳愷（嘉靖寧波府志）長洲人知慶元府兼沿海制置副使興學造士勤恤民隱尤盡心水利建迴沙閘民甚利焉

章大醇（成化四明郡志）知慶元府浚湖濬河居官不擾海道肅謐水利興修職事振舉

梅寬夫（嘉靖寧波府志）字伯父調慈谿尉攝知縣事率義勇應文天祥至常州戰死

元

哈剌䚟（元史本傳）哈魯氏擢慶元路總管府達魯花赤將所部軍戍海口海賊賀文達頓潤等寇掠海島諭降之浮舟六十餘艘

富德庸（成化四明郡志）濟南人宰慈谿抑豪強清狴犴民樂耕桑士興孝弟

蔡罕（成化四明郡志）蒙古氏授奉化州達魯花赤視事初集吏民諭之曰政者正也我懼不能正己以正人耳聞者惕然時民困重役歲譯浩繁温詞勸勵率皆辦集其彰善癉惡修廢舉墜不可殫述

李天祐（蘇天爵李天祐墓碑）字吉甫高唐人調慶元路象山縣尹兼勸農事邑有豪民二十輩表稱龍虎張其聲威虐民嘉民天祐捕寘于法邑在郡治東南海島中去郡絕遠有盜數十時出剽掠復乘舟入海天祐選遣卒驍勇者親率入海悉擒捕之差次遷卒勞效薦諸大府賜錢賞官而已不自為功民有親喪久不葬者以禮勸諭或貧不克舉者分俸助之春秋親行鄉社諭民孝弟忠信察其勤惰而賞罰之月朔帥率僚吏入學聽師生講說經訓使知禮義廉恥而習俗亦少變焉會有詔遣使巡行郡國察吏廉貪同列皆坐免獨天祐廉明著聞

阮申之（至正四明續志）池陽人字周翰任鄞縣尹為政廉簡有法興學校增弟子員士知自勵定版籍均與役興水利禁約胥吏不入村落民甚便之

郭郁（至正四明續志）任明州路總管有才略在郡正賦籍定役法措置食鹽綜理倉庫皆有法修孔子廟飭弟子員徵逋租撙浮費至學廩不能容

苫思丁（至正四明續志）任明州總管秩滿除兩淮都轉運鹽使以吏部侍郎來守飲冰食蘗始終一致待人寬隱惡揚善俾自遷改是有司不急細務由是化行民安修築渠陂盜賊帖息訟牒退縮學校興舉異時富商賦僨江浙省分違屬官鹽賦事侵尋百出思丁一再監之為設方略會計悉當每歲漕運米物十數萬斛兌倉庾者咸與漕戶不相謀紛然生事思丁出之如納咸服其便夏旱秋雨禱皆應

胡潤祖（嘉靖浙江通志）廣平人為慶元路推官初積囚滿獄淹至十年潤祖至朝夕審録不憚寒暑自是訟無滯者

丁濟（寧波府簡要志）字濟之高郵之尹奉化凡公論所在一判不復改至今人稱曰丁相公判一字

王元恭（嘉靖寧波府志）字居敬真定人為明州總管先在他郡能聲赫然郡民聞其至老稚爭慶下車問民疾苦寬猛相濟興學校作杏壇詠歸亭飾從祀像學廩不給徵逋賠之舉行鄉飲酒禮買地為義阡絶火化之俗作石馬道于江次以便漕運復成四明續志十二卷與延祐志並刻以傳

寗玉（寧波府簡要志）以萬户鎮慶元勇智過人民皆安堵海道晏然人稱之

何槐孫（嘉靖浙江通志）慶元路推官申明科條雪冤禁暴首除姦惡吏民畏服

伯顏察兒（嘉靖寧波府志）主簿慈谿勤于奉公切于愛民嘗三督漕運歷風濤之險事每先集歲飢勸富右出粟平糶民無菜色隣邑旱蝗發掩捕有方

奥林（成化四明郡志）西域人知奉化州下車即汰去冗胥溢卒疏理冤滯註誤田野絶迹捕之迩時歲海飢餓莩載道請米得報亟傾官廩以濟事有利害白大府率多聽許民賴以安

吉雅謨丁（成化四明郡志）授定海令當方氏僭擄軍卒驕橫剽掠村落謨丁不避豪勢獲其渠魁格殺之餘黨斂迹時政賦煩苛一以公平料辦民無重擾

許原（戴良許原傳）閩人授定海丞西北用兵調發無虚日且地瀕大海歲修治海舟而官自不時降或降而為吏胥所欺隱每事差民之中次者一二人主其出納謂之庫子凡所費用令其代輸期會迫促至日受榜笞不恤也原詣府請具直集里役之長分授之俾售其物次第歸之庫吏皆不得與焉使令治文書以備猶黠以業海為生自民船不出海所恃以存者獨田租然民產無制里役無藝而民病原取其田分計之田多者應重差田少者稍具出而不得欄援會慈谿闕令府檄原攝令事治慈谿如定海興利除害不一月而大治每出入月俸必負以自隨一錢之費必己出一日臺檄下憲府追原甚急比上道踣泣而送者千人且慮之行資無一人不懷金以獻原悉無所受曰吾次顛沛見人之守綱充不易吾心也抵京事白及還以憂去

明

孔立　（成化四明郡志）盧州人，知象山。歸附之始，百廢未興，立至，庶政遂舉。蘭秀山寇亂，民甚驚駭，立識其渠魁，餘黨悉平。他若息虎患、弭旱災，皆其德化所感。

冷麟　（寧波府簡要志）山東人，知鄞縣。政務便民，特孔立知象山，有惠政，民以孔冷並稱。

喬鑑　（成化四明郡志）雲中人，為奉化縣丞。贊佐有方，順民之好惡，善宣明，樓修進林碶，建廣濟諸橋，民皆德之。

何松肅　（寧波府簡要志）河南人，定海知縣。政尚寬平，鞭扑不用，民從其化。

余文昇　（成化四明郡志）字子俊，鎮江人，知寧波府。承甫守唐蔚嚴峻之後，更以寬恕，民翕然從化。選用廉吏，敦勸農桑，尋嚴臺試，興水利，咸有實效。革四明驛船之間冗者，以其夫戶付有司別役。每坊舊設巡警鋪夫以防盜偷，大多以貧乏者充，而不逮富者，乃驗丁編排，不分役作，悉令遇夜上宿，質明則從便舊例。民輸稅糧畸零者，併為百十石共一單，方與收納，致有包攬之弊。文昇令民自五斗以上皆自入倉，隨到即收，躬親驗視，即就倉理郡事，略無倦色。

吳德純　（天啓慈谿縣志）任慈邑丞，值歲旱，德純沐浴徒跣，詣天井潭致禱，甘雨隨應。興學校以育賢良，表貞節以勵風俗，興廢舉墜，卓著能聲。

陳誠遜　（天啓慈谿縣志）廣信永豐人，知慈谿。時寧波衛旗軍數十，假公事至邑，西鄉橫索民物，遂盜其方嚴瓣，以私鹽誣民，劉取甚酷。誠遜悉捕之，繩以法。有史敎慈者，文通豪吏，持牌出遍隣邑，民攖其害，聞誠遜至，不敢入境。

李子謙　（成化四明郡志）新喻人，為慈谿主簿，蒞事詳審，人不敢欺。本府倉廒頹敝，上官督責有司，浚期切，就子謙立成之。其他浚河渠、修碶堰，役雖繁而民不勞。

許伯原　（定海縣志）集安人，授定海縣丞。以韋製小圖牌，書「慎獨」二字，置懷中，操持清介。遇訟則曲為開諭，使自和解。縣北有鄞水石堤，年久傾圮，修治完固。

郭麟（寧波府簡要志）定襄人知奉化縣明季兼濟涖政五年一邑大治

陸本（成化四明郡志）字思名長洲人授寧海令先是瀕海之民塗田堤圮海潮日浸連歲無秋民困于逋租且徭役相仍逃亡者眾本涖政月餘推誠招諭復業條築堤岸給以穀種耕牛俾事衆業于是民得安生

李亨（鄞縣志）澤洲人知鄞縣治事明敏人莫能欺民有茄初熟鄰人竊鬻于市民追奪之訴于縣命傾茄于地笑指竊者曰汝真為盜若果為汝茄肯于初熟時摘其小者乎遂服又二事籠二鶩道逢民家鶩羣啄其二納籠中民來訴亨問飼以何物事曰稗粃民曰草耳頃之鶩糞變下糠草異驗二事不能對

梅應魁（嘉靖寧波府志）咸達人為寧波推官推務竟郵聽決獄訟善探情偽時鄞邑民邵觀奴妻陸氏潛之母家其母辛匿之反誣胥殺氏觀如不勝拷掠遂誣服事無從子徵久不能決上于府移應魁鞫之乃併繫辛氏于獄未得其情一日辛之少女來饋命收于僻處紿之曰姊何不出令汝來饋至是女懼乃漏言曰姊在某處令某同來探母消息耳于是亟捕陸氏至辛乃服

王璡（王鴻緒王璡傳）字器之日照人洪武末授寧波知府毀境內淫祠三皇祠亦在毀中或以為疑璡曰不當祠而祠曰淫不得祀而祀曰瀆惟天子得祭三皇于士庶人何預毀之何疑自奉儉約一日饌用魚羹璡怒其妻曰若不憶吾啖草根時耶命撤而埋之人號埋羹太守燕師臨江璡造舟艦謀勤王為衛卒縛至京成祖問造舟何為對曰欲泛海趨瓜洲阻師南渡耳帝亦不罪放還以壽終

魏宗（成化四明郡志）字本敬南平人任寧波知府先是守久闕郡政多不舉宗至詢民情察政務利病之緩急而興革之先籍雜役類驗民丁稅之數以多寡貧富為差揭示通衢民知定役里胥莫能售其奸嘗置櫃座側訟至則納詞其中以次推理一出已斷輕重不失五邑之民聞風向化訟庭闃然

宋真（成化四明郡志）和州人，爲象山縣丞。倭寇侵縣，官民鬨而遁。真方出，還左右曰：「賊至，當避之。」真曰：「吾司民牧，當與民同安危，民既受患，吾將安歸？」持竿殺賊數人，自午至晡，更無援者，伏竿斷，猶赤手持戟不已，賊衆圍之，剚匕首中脅死。

秦海（象山縣志）閩縣人，爲象山學諭。倭寇犯境，軍民奔散一空，海獨危坐。賊至，不忍言，海厲聲罵曰：「醜賊自當禧貢，乃敢寇境擾民耶！」賊刺之，遂飲刃而死。

田南（成化四明郡志）永豐人，任奉化知縣，資性寬訟，厚刑罰不妄施，惟以礼訓人，民日就化。

鄭珞（福建通志）字希至，閩縣人，知寧波府。鞫獄片言立決，禁絕軍兵邏捕之擾，而盜賊爲屏息。修城繕濠，弓張二司及諸邑藏解物價，均節賦力，汰其浮羨，一切老胥猾吏盡束手。以遷興舉學校，以至公署倉場橋梁碶堰之屬，罔不飭治。每蒞政畢，輒至明倫堂與諸生質難可否，獎其良而懲其不率。即布衣之士識治理者，特訪之。治行稱最。

胡敏（寧波府簡要志）字鋭之，定遠人，知鄞縣，持守端方，臨事剛果。

周銓（寧波府簡要志）玉山人，知奉化縣，廉以持己，惠以養民，在任六年，百廢具舉。

和鵬（天啓慈谿縣志）山西人，令慈谿，勞身率下，如建學校、葺廨宇，取材鬻皆躬爲區畫，役民不令而自勸。廉潔出于天性，官久益貧，後以母喪去，鬻衣以行。

賈奭（成化四明郡志）巴縣人，授慈谿縣，教民樹畜，賴以生息，與八市貿易之利，民甚便之。歲造御荅者，節浮費，蠹弊剔除，民心悅服。嘗歲旱，齋禱，甘雨隨應。

龍伯（天啓慈谿縣志）江西人，知慈谿，不尚深刻，至馭吏則甚嚴，革除宿弊，簡省徭役，境内肅然。聽訟止令口訴，悉得其情，由是囹圄常空。

米欽（福建通志）字懋恭，邵武人，授寧波府推官（舊浙江通志）潔白自持，訊讞詳盡。

凌傳（江南通志）字汝弼，句容人，授象山知縣。築堤障水，民得粒食。

姜昂（舊浙江通志）崑山人，知寧波府，正直不阿，躬率其屬，薄賦緩刑，與民約信，饋遺絕跡，門庭如洗。

鄭琳（象山縣志）知象山，剛方廉介，執法不阿，豪有力者莫敢以私干，時人呼爲鄭硬頭。

黄昌（嘉靖寧波府志）字景文，臨川人，寧波府同知，在任清苦勤幹，人莫能堪，與郡守姜昂同時，人稱一臺二妙。

沈希達（嘉靖寧波府志）字時用，長洲人，任通判，先特倭入貢，道寧波，郡人利與市易，不虞其譎也。已而自京師還，僞券紛然，無所辨。希達召倭衆，諭以善惡禍福，大書天理人心萬里海面八字懸之，倭人氣懾，吐實，乃折僞券償貨。

丁袍（鄞縣志）字天袞，豐城人，任鄞縣丞。雪誤罹死獄者七人。海運遭風，連及數十人，頻年拘繫，袍詳其情，爲申釋之。

張津（嘉靖寧波府志）字廣漢，博羅人，守四明，廉仁公直。郡嘗大旱，屏車蓋，曝赤日中，徒步行六十里，詣天井重湫禱焉，比返，雨隨車霑足，轉而爲稔。

林富（獻徵錄）字守仁，莆田人，寧波府知府。當道喜事者增募鄉兵，命編户輸直，富以倘歲民貧，持不可。廣德湖自宋爲官田，輸租特重，民陳乞如花嶼湖全折，例下所司輒格，富憫其困，乞與全折。丁父憂，服闋，補處州。山民聚徒盜礦，富計擒首惡，寬之，獄具，黨怖，詒頗復業。富命代諸邑民矣食其役矣，既精礦患亦息。孝豐寇湯毛乃倡亂，富親抵賊巢，擒其魁，并黨數百，他矣秉之，遷職以盡。

徐相（象山縣志）江西人，知象山，清介絕俗，自奉惟蔬素，内子不堪，相曰：「爲清白吏婦，不愈于贓敗爲戍卒婦耶？」後遷洲守去。今里甲均徭十年一輪者，自相立法始。

瞿唐（嘉靖寧波府志）字堯佐，大名人，莅寧郡，甫下車，條布教令，以表正風俗爲先務。性嚴毅不撓，于豪猾時市舶太監梁瑤歆法擾民，唐舉憲典來持之，瑤納

明其黨左遷高明州

胡瓊（天啓慈谿縣志）字國華福建延平人知慈谿斷獄明審尤振興學校在邑三年賊盜屏跡民皆安諸

廖雲翔（奉化縣志）福建人知奉化持身廉介不以家累自隨布衣糲食視民如子嘗有貧民負官錢以其俸資代之不責其償先是縣官謁鎮守市舶內臣以賄賂其左右乃得通見雲翔曰寧使吾不得為官一錢尺帛皆民脂寧忍剝吾民以博一見即入覲人謂當多備行資雲翔曰天下寧有餓死入朝官乎

寇天敘（名山藏）字子惇榆次人任寧波知府政事之外講明理學士皆興起治行為天下第一

葉珠（天啓慈谿縣志）江西人授慈谿縣杜干謁止饋獻祀剔姦蠹會旱祈雨責躬誓神徒步以禱大雨若注遂有秋市井火發亟走其所長跪籲天火亦隨滅

鄭餘慶（嘉靖定海縣志）字崇善閩人令定海勞心撫字不務煩苛日本入貢擁隙倡亂餘慶處為防禦賊退繕城隍除戎器定賴以寧夏值亢旱徒跣拜禱大雨隨澤又大疫捐俸市藥多所全活至冬大侵陳荒政十事不待命下先發廩食其尫羸者纂定海縣志

李鳳（嘉靖寧波府志）祁州人任象山司訓博學能書坐齋舍中日肅諸生講課多所發明會學使恣雎任意辱鳳整冠拂髯直前厲聲曰為斯文宗主使士子觀法何躁妄如此因言不可者三同列皆為股栗

周懋（嘉靖定海縣志）常熟人令定海首進父老于庭問所欲惡而興罷之邑故業海敗時海寇肆暴官為厲禁且歲比不登民胥嗷嗷懋曰蘇民之所以為生也即弛其禁徵科則置廠縣庭坐邑長其中令民赴納懸鉦于前有過取者民即鳴以聞夜則封識存庫鄉無催科之擾官無督責之勞而侵漁歛跡

陳綸（奉化縣志）字美中郴州人奉化知縣時學宮頹圮即飭材鳩工輪奐一新靖難忠臣戴德彝湮沒既久訪遺跡祀于鄉賢有蔣氏兄弟皆許積二十年編

至其家諭以大義爭違息他如厚儲蓄增社學創義塚葺鄞傳李華丁産之湧瀛禁絶輸稅之分例不可殫述

錢璐（奉化縣志）常熟人令奉化中式四明驛借支水馬驛三百六十八兩又申革象山縣借撥弓兵六十七名所省歲六百三十餘金又倪家碶圮壞捐俸修之創戴德與祠題曰貞忠又以奉志殊略訂正之

王德溢（天啟慈谿縣志）福建連江人知慈谿縣振興學校謳恭下士以鳴鶴鄉去縣治特遠盜賊充斥每親巡其所糾察頗嚴自是間盜遠屏迹又擇其子弟可向學者聚而教之以杜白二湖民田所繫尤加意疏濬

何棐（象山縣志）茂去人知象山縣勤于案牘獄無冤滯嘗路遇其能凡大辟輒委極斷擬決如律不少徇因忤權貴左遷去

沈繼美（嘉靖寧波府志）四川人知鄞縣署去邊幅與民以簡易從事一切冤不得直役不得平者皆得面陳患苦患與疏決居嘗布衣蔬食澹泊自甘

吳允裕（象山縣志）南海人知象山潔己奉公愛民如子邑舊無城山賊一夕竊發劫去庫銀允裕殫俸貲償之不足者尚逋半民競捐貲代償調東安令比遷郎至復署縣事百姓相慶曰福星再臨矣

徐憲忠（奉化縣志）華亭人知奉化縣政先輩與清理隱田白畝以贍學

高旻忠（奉化縣志）長樂人知奉化甫至即判法之不便于民者十餘事惟順人情宜土俗而期于政行有餽海錯潛置金其中者黙遣之不揭于衆

徐易（西江志）豐溪東豐人授鄞縣令閘萬金湖築堰東西鄉凡三十二所濬淺惟時閒募教水戰大儲餉以養士卒亡何而海寇作人服其前識

蔣三才（象山縣志）全州人知象山縣時海陸諸寇竊發合邑洶洶三才倡立父子鄉兵互相應接每有犯境及私行劫掠者捕獲悉置之法民賴以安

金九成（嘉靖定海縣志）字鳴韶，武進人。令定海，持身清謹，人不敢干以私。時海寇猖獗，編立保甲，創置墩堡，積聚芻糧，設畫樹防，種種具有程式。又巡行郊野，相地作硤，以田作卤，民甚賴之。定邑故魚鹽貿易，多援藉權貴以冒關禁，九成力為阻抑，令行禁止，以此去遷。

劉逢愷（天啓慈谿縣志）字虞謙，泰和人。令慈邑，訟爽片言決。摘他邑以慈獨無山稅，請均之，逢愷曰：山已貢茶，故寬上供，何均為。歲飢，多方全濟。楊慈湖祠宇久廢，力任修復，與諸生講學，宗旨大暢。

陸奎章（嘉靖寧波府志）字子翰，武進人。除寧波教授。至則出平生所治舉子業與諸生訂可否，卓有程式。或諷其督責太寬，則曰：此進士之階也，吾恥為之。吾與諸秀敏者朝夕誦肄，即不能者可勉，他何為哉。諸生稱文行必曰陸東坤先生。

沈愷（敬徵錄）華亭人。歷寧波府知府。漳閩之人與番舶夷商貿販方物，往來絡繹，海上豪派亦有闌出入者，愷為厲禁，犯者執置重法。適武人有欲立功邊徼者，以危聲鼓聽，當道柄兵之人亦皆好事，極議興勦焉，愷獨上議沮之，當事者不聽，遂出師，眾果大潰，乃服其先見。

張德熹（舊浙江通志）福清人。任寧波推官，明敏能決疑。久之獄，獄中疫作，慮囚有不當死者，縱之歸，約如期入，勿爽，其誠信孚格如此。

龔愷（天啓慈谿縣志）華亭人。令慈谿，其治行括于廉法才三字，當時仰為神君。

畢清（天啓慈谿縣志）任慈谿主簿，多膂力，工騎射。倭寇內侵，率兵禦之，與戰于孝化之上，板橋殺賊無算，再戰方橫戈直入，後軍盡奔，清手刃十餘人，力竭墮馬死。

侯國治（慈谿縣志）字平裕，廣東南海人。以本府同知攝邑篆，時慈始建城，國治勤于涖事，自昧爽至漏下，督察不懈，遂成保障之功。

毛國京（象山縣志）字子極，富州人。知象山縣，修學校，新縣署，築城鑿池，遇寇治兵，而好賢下士，平易近民，即卓魯不是過也。

蕭萬斛（奉化縣志）字時應江西泰和人選奉化令始涖政革分例定賦規均徭役
時多倭患申改塔山巡檢司并建出海公館創石城一座于湖頭渡游擊
結埼爵谿鐵場山之兵并造哨船必具牒布司請以給防禦又念邑無城寇且
旦夕至亟申于上捐帑倍而捐其役城成延袤一千一十八丈有奇寇三至不
敢逼又新堂左耳房庫右兵器庫又建儀
仗庫俱取諸贖金不科里甲任滿謝事歸

宋繼祖（定海縣志）漢州人知定海時倭寇充斥總制胡宗憲提兵至定繼祖借給
軍儲無闕兼善籌畧被甲戴鍪率先戎行金塘舟山之捷皆與有績焉任
定三年築湖塘葺公署廟學宮皆為士民興百世之利先是崇邱鄉田引鄞東
錢湖水以資灌藝舊有蛇堰遏小浹江一決則水盡注于江故河淳與湖水來
旱而先涸三農病之繼祖去舊堰二十里所地名東岡築堰其下又去堰二十
餘步所築碶堰以蓄水碶以洩水不惟崇邱鄉永無旱患鄞之七鄉亦被其利

陳紀（鄞縣志）字仲理甌寧人為鄞令邑遭倭寇幕府及文武大吏所至如織官私
供億紀先期置廨舍毫不擾民廨隔兵五百人至令犒各縣首一紀曰城所
割日戩縣而需首五百即不聽軍吏請賦枯魚紀曰寸板不許下海焉得魚乃
以養進又需騎五百匹紀曰鄞故澤國舟行無馬官籍額僅四十焉得馬五百
乃以芻豢代幕府大患軍營需餉者故迦提糧不受鏹令叅富民運餉至軍所
名曰倭來戶紀曰此徒為難耳因謬為好于帥以銀易之釋輸者皆浮息者

劉世曹（天啟慈谿縣志）巴縣人為慈谿令省刑緩徵與民休息不
事毛鷙鷹擊至士豪市猾并奸吏舞文者法擾之無貸

何愈（定海縣志）富川人知定海縣靈巖太邱二鄉地瀕海舊設堤四十餘里名千
文塘內占田可數萬畝列碶五久之海水吞嚙塘碶相繼圮斥鹵浸淫年比
不登愈乃發占戶量田出貲驗丁發踹修塘及五碶大浚諸
渠引以溉田復修靈緒黃河閘舟山平水閘定之水利悉舉

霍與瑕（天啟慈谿縣志）字勉衷南海人令慈鋤積棍殲大盜以民和召祥歲屢稔
邑始城形勝多缺相天時地利之便補偏鍾秀遵令丈量田畝遍目不爽

尺寸受民訖以爲神會鄢懋鄉總理鹽法巡行郡國驕恣
無度與瑕清鯁無路遭懋鄉怒嗾醝使者劾之遂落職

周　光鎬（象山縣志）字國祚，湖陽人。以郡司理署邑篆，首謁學宮，問其典籍無有，即
捐月俸購書若干卷貯之。時命巾車者許陌廉如山稅病民，白之兩臺，減山蕩
稅額千餘兩，
民慶更生。

吳　道邇（舊浙江通志）漳州人。令慈谿。邑與姚江錯壤，姚江利涉杜白二湖之水以
資灌溉，建閘于私野，啟之，湖田盡涸。前令會與瑕議建閘于內地，俾不得
率間爲奸，兩邑訟之不已。
道邇躬決有方，慈民得直。

楊　芳（鄞縣志）字以德，四川巴縣人。知鄞縣，廉得彭聖寺所侵學山萬三千餘畝，清
歸府鄞二庠，歲微其租，給貧士。俗以覓命誣人，先毀拆其家，芳峻懲之，刁
風遂息。禁溺女，弛習爲文，編
諭閭亦嘶隄後，遂無犯者。

蔡　貴易（福建通志）字通道，同安人。知寧波府。有建閘全塘大樹之策者，謂可墾腴
田二萬畝，佐軍興。貴易曰：此國初所徙地也，役蓋黥而資巨室，庸詎利乎。
既力白于上官，事遂寢。寧關外跨大江爲浮梁，兩涯除地爲豪家占以築
室，渡者一日溺百餘人。貴易廉得其狀，立毀之，仍爲文祭溺者，患遂息。

唐　師錫（象山縣志）蒲田人。知象山，布衣蔬食，未嘗取民間來茅，胥吏皆畏之。奉三
尺惟謹。歲儉，邑多菜色，暫餉者譏師錫慢期，師錫笑曰：吾忍以敲扑殘民
命耶。宰生殖科政，
扑百以下考去。

何　偉（天啟慈谿縣志）字汝器，滄州人。授慈令，寬和爲治。時邑若災祲，道殣相望，偉
行平糶法，發倉作糜以起菜色，搜牐石之積，買糧益齒，輟創東西城義倉。偕
一犯多書者入粟贖其中。偕天行之文邑治冠于山，謂形爲之直，民請更之。偉
曰：勤民以康吾子，勿爲也。因材于椿，因石于址，因土于山，使朝無煩費罷役者。

借傭資以累其腹指額而役竣

喬萬里（奉化縣志）號弦所，松江人，任奉化，廉以持己，勤以恤民，尤重學校。明倫堂圮，即力新之。其于逋負，令漸次輸納，負罪者至庭，必哀矜而遣之。

時偕行（定海縣志）嘉定人，諸暨令，調定海。奉詔經量田地山蕩，履畝躬親，里胥無所容其奸。邑大飢，設法賑濟，全活甚衆。衛里射圃、社學、民兵，皆其所創舉。

崔振臬（象山縣志）號淑寰，番禺人，任象山令，政平訟簡，不事苛察，小民戴若慈母。值海上戒嚴，訓練土著，革除戎具，立辦勁弩千餘，分給守陴者，躬自賈勇，為士卒先，孤城恃以無恐。

汪應泰（定海縣志）臨清人，初任諸暨，破巨奸，剪剿盜，有能聲。當事以定海為嚴邑，調應泰來令。值大侵之餘，多方惠濟，飢民賴以存活。邑有興作，無不力任之。時颶風發屋，官舍廊廡盡圮，應泰曰：撫輯不完，何以壯國容？于是首堂宇，及廟獄亭坊濬井，次第就理。

翁憲祥（鄞縣志）字兆龍，常熟人，為鄞令。邑西石塘碶與慈連界，慈人旱則決瀦，明閉，鄞受其害。憲祥勘定之，利害與共，鄞人受賜。邑賦役條項繁瑣，憲祥纂定一編，名賦役全書，刊行民間，傳為治譜。邑丞江輔政，慮性慈，有目疾，頗不得于上官，憲祥翼之，俾得盡職。

黎民表（定海縣志）號石洲，南昌人，知定海。萬曆初，條鞭之法雖下，而郡縣不盡遵行，定邑民病雜役，里甲疲于催符。民表一以條鞭為程，凡所徵解，皆官自任之，百姓惟計畝輸錢而已。後令循其法。他若置學田，完城郭，利及邑中，久遠者不可勝紀。

倪甫英（象山縣志）字華月，上海人。先令分水，有聲。會象令闕，當路以繁劇調象。土瘠民頑，甫英一意節嗇，拊循見德，不事追呼而徵催集，輸者恐後。邑故槃藪，奸胥為政，甫英歎曰：病在版籍廢也。乃較定經賦全書，上下皆便。

樊穀（奉化縣志）進賢人任奉化令邑舊仍陷甲歲致羨餘數百金穀嚴行芟革鎸石垂後催科立限取足不取溢驛傳苦供億不辦上請免編革存銀若干兩立意寬厚不為多事而大事大獄熟幹而徐制之治盜必破離其黨開以自新作興文學講貫不輟多士蔚起

吳文企（舊浙江通志）景陵人知寧波府郡豪有侵營地為市肆而輸金于守歸公用錢文企叱吏無進亟撤其屋時正防倭水陸兵餉多漏卮文企手筭支給毫無虛縻士民感悅

魏成志（鄞縣志）字蓋卿知鄞縣勤修水利于東岡碶增為十三洞躬挽石運磚以作梁氣節凜凜金賀田四十餘畝以供守夫補葺之費

趙思基（定海縣志）號雲澗粵人令定海先時迎撫視師海上率居臬司行署前令有議毀民廬創開府者市民惴惴不自保思基至曰吾為爾善計之乃周覽城中得城隍廟西蔬圃地遂經營其事府成而閭里安堵如故思基為令廉明善聽風與吏胥無所容其奸謁去之日民閉城留之信宿車不得行

唐沂（奉化縣志）號魯泉宣城人為奉化令視士民如子歲旱躬禱郊外雨大至迨三日禱皆雨環城十里皆足八鄉之未雨者詣縣庭號呼以請沂曰我當復出于是每日大雨如前八鄉霑足

黃檪（舊浙江通志）金谿人為寧波通判軍儲在昌國者多影射檪渡海覈之宿弊盡洗海舟關出莫可詰檪括其舟悉籍之為什伍相保各有標驗奸宄肅清

張似渠（天啓慈谿縣志）四川人以本府推官攝邑篆慈邑舊貢芽茶額二百六十斤日久茶株盡絕胥吏為奸重斂里正似渠盡從官給一毫無所擾于民

黃應明（奉化縣志）東莞人為奉化令甫至邑出諭俗十五章勸民從化村無思吏戶無負租訟至立折吏胥無從索一錢持半日糧即得平反時有黃半升之謠鄰邑推青以亂法事嚘咬把之為所陰中竟以調去

何士晉（舊浙江通志）宜興人為寧郡司理郎中葺孝子祠初奉母像于偏隅祀則先神後母士晉非之乃出像更置後寢以奉母祀則先母後神祀典始正更助之田又恤諸生之貧為置田學宮使邑至司其出入治獄廉平遇事立剖

顧言（慈谿縣志）江陰人令慈谿徵糧惟書花戶應納糧數令按限自封投櫃吏無侵漁民免追比拷礦使至不為禮思中之上官其言令留不可動乃止

周家椿（舊浙江通志）同安人寧波推官剖決如流嘗攝邑篆兼署鄞邑執要除煩庶務咸理捐俸錢置田于郡庠士民德之

陳茂齡（定海縣志）潭陽人為定海丞有惠政葺修重郊永濟橋事無鉅細皆以躬親之與士交必敦行誼

江秉謙（鄞縣志）字兆豫歙縣人為鄞令編審丁田蕩地定由票之式每號開載四至土名與魚鱗黃冊買契相符並填業主姓名詭寄虛契之弊絕

賴愈秀（奉化縣志）江西安義人任奉化令通敏練達聞萬家河造太平橋勸北渡公館修學宮事事精辦不動聲色在任未久而去人皆惜之

張可大（王鴻緒張可大傳）應天人遷舟山參將舟山居大海中元時建昌國州為浙東要害可大修軍政自岑港抵歷海三江皆置戍倭犯五罩湖白沙港茶山潭頭連毀之加副總兵城久圮可大興副使蔡獻臣築之兩月訖工城內外田數千畝海潮日害稼可大築碶蓄淡水遂為膏腴居民名之曰張公碶

沈猶龍（鄞縣志）華亭人為鄞令倣社倉之法以備凶荒出陳易新一免紅腐民沾實惠長春門外舊有泥塘江流逼城斥鹵易入猶龍甃堰以石鄞民永利

顧宗孟（定海縣志）歸巖吏長洲人涖定海部檄定鎮陸卒千餘人援遼時承平久一聞遼調遂大譁縛其本官首領毀民間廬舍搶錢不可遏宗孟挺身慰諭之衆素懾宗孟威裁遂戢徐肅隊而行邑河渠西達慈南達鄞載久且淤宗孟并濬之前令黎民表行條鞭奸宄無所售衆有異議宗孟不為撓阻一切循其法

陳具杜（慈谿縣志）字元素崑山人令慈谿聽訟不輕加鞭扑至市魁奸猾不得已而用之民皆化其德無犯法者時海寇騷擾具杜歷要害增築三壘屹如金

湯去之日慈民號泣追送建祠關峯之麓

張伯鯨（鄞縣志）江都人由歸安調繁鄞縣性清執有幹畧懲奢靡躬行儉約兩鄉水利封浚修築躬往督率不委佐領讞斷冤死獄釋盜所株連七十五人

何汝賓（定海縣志）字寅之蘇州衛世襲指揮調昌國參將先昌國營伍粮多隱佔兵苦陋規謂有暫汛有情解稍有例薪蠋竹木盡魚鹽鹿有供汝賓蒞任之始一切洗革故士伍感恩用命扑洪宇于石浦霞林洪于近洋蹺林淑舟賠張一老并盡恭化餘黨所至無不奏捷喜文翰嘗著舟山志

湯起鵬（象山縣志）字以凌廣東新會人知象山縣矜念民瘼釐剔奸弊吏胥畏若神明值海寇攻昌石諸城起鵬率兵勦儆獲賊首伯仁等海疆以寧

陳璸（名宦留祀冊）福建詔安人知慈谿縣有惠政（慈谿縣志）時海寇劉香騷擾瀕海郡縣璸備禦有方寇不犯境斷獄數言立辨濬河渠以溉田畝民蒙其利

龔奭（定海縣志）字和梅滇人知定海以儒術飾吏治老稚莫不悕悅鎮兵以餉怨明脫巾趙郎將閔于府門奭聞單騎追之兵士聞馬鈴声相謂曰龔侯至矣遂俟于道左奭為開諭隨還歸伍巡撫羅汝元聞之曰令牧民者也而能使悍卒聽約束其居官可知

廖鵬舉（福建通志）字孟博晉江人為寧波同知寧郡蛟門商舶輻輳鵬舉取舊規例一切革去庭有質斷引情剖決使自悅服民呼為廖外公時石浦諸衛剿寇豬突援船數百鵬舉單騎對諭賊遂見曰廖外公來也釋甲而回

林夢官（舊浙江通志）龍谿人守寧波值歲旱步禱天井龍潭祈龍者隨其所浮即奉以為龍浮一蛙夢官曰此蛙耳姿名為龍吾將屠之左右皆驚阻夢官曰倘致龍怒而雨我甘以身殉遂磔之少頃雷電驟興滂沱遍浹

林元（舊浙江通志）莆田人謫寧波通判性廉靜飯蔬飲水甘之若飴其子來者將取一足布大怒曰亟去毋汙我卒于官同僚為醵資殮之

陸自獄（舊浙江通志）武進人知寧波府郡有巨猾充役廕得其人收捕之猾賂勢豪莫免自獄曰僕為此方除害公反欲貽患桑梓乎置之法有賊胡宋瓏者倡亂雪竇赴日分犯自獄捕其內應六人誅之隨發兵直抵賊巢獲其巨魁餘勿問當急變時自獄募尫羸民兵六百人或曰兵期壯勇奚用是為自獄曰此飢饉餘生不急收之祇助兇耳其深識如此

胡夢泰（奉化縣志）江西鉛山人其治奉化才甚明決而獄斷必主寬平脩學宮祀撫給資以新之勸他方輸粟倡荒平其直以給民好文無敢舞文值米貴傳譽多訛民志思亂夢泰取其黠者立斃數人衆志遂定尤敦尚理學名節如文靖舒公拾遺戴公極力崇闡捐俸立祠置田以祀

李清（舊浙江通志）句容人任寧波司理風裁峻整時六學生徒凡夤緣冒者悉汰革之言論肅然嘗攝郡篆懲漕運通綫之弊催給旗軍月糧諸衛德之

李沾（舊浙江通志）華亭人為慈谿令剔除贓蠹力行善政民便之以丁憂去任士民攀轅而泣

汪偉（慈谿縣志）字長源休寧人令慈谿歲侵捐俸市粟勸輸平糴全活甚衆時邊事孔急棘部符下郡邑預徵并督累年宿逋偉設法徵解額外無增益

黃端伯（舊浙江通志）江西新城人授寧波府推官清介獨立執法不阿布衣蔬食貨利不攖其心人呼為黃佛子

國朝

陳白輅（舊浙江通志）字嬰白江南人任象山令象邑懸處海陬值鼎革之初白輅惻其瘡痍曲加矜恤苞苴往來一切謝絕

王奐（奉化縣志）號千峯江南南陵人任奉化縣始至清積胥之執役者訟牒如林奐鞫決必當其情設立綱簿詳載里甲總數田地山蕩丁口按畝科糧完欠瞭如指掌上之司部頒其法于各邑值均里令下奐力行之為奉邑永賴大矣乎舟山軍需朝至夕發督造戰船運木深山役徒千百計奐必躬親事若游刃奉

城傾圮議增築五邑畫與工不日功竣山寇猖獗五嚴責保甲搜獲真賊訊實寬之又請蠲與學築後溪塘捍水

張秉乾（象山縣志）字治平江寧人任象協左營守備能詩文兼工書法大旱一米價騰貴設法賑濟海寇犯象秉乾堅守却之賊再至單騎臨敵遇賊樓霞嶺前奮勇驅殺賊勢愈熾乃登城樓大書秉乾死矣于壁帶甲觸石而死、、、

邱業（名宦留祀冊）安陸人知寧波府重士愛民一時沐育澤者皋比之名父杜母

李時芳（名宦留祀冊）任寧協副將海逆連腙犯象山圍七晝夜時芳以孤城一旅分兵設險誓死堅守城邑得完以劳薦李于官、

王國祥（名宦留祀冊）爲台協寧海營參將賊圍象邑奉檄援剿自寧海黃墩直趋石門嶺入界斬關破竹而來賊始倉皇遁去招集流亡安撫遺黎全活甚衆會李時芳卒即授爲城守副將見學宮兩廡傾圮捐俸爲建親爲督理不數月告成以武臣而加意學校不多覯也

何琛（寧波府志）鄞西國關縣人令慈谿性慈祥耐煩劇兩造陣辭和顏聽受怜出片語判曲直民無不服者在任五載未嘗輕杖一人

李廷機（名宦留祀冊）濬陽人知寧波府以愛民爲主嚴束胥役不敢爲奸杜絕苞苴一時謳頌載道賢（稱太守）

秦毓秀（名宦留祀冊）歸一齋錦縣人任奉化令值歲饑募鄉民以通謀滯獄者數十人悉放寧家約以新正完課民感泣率如約課未嘗虧有盜魁二人以行劫撫州里毓秀擒二人磔于市羣盜斂跡遇编審品搭貧富平均徭役詳請免運衆協兵米民累得甦大旱禱于柏香巖甘霖立沛又捐俸置田于法海寺以設供龍神學宮傾圮捐資修葺增建講堂射圃

周聖化（定海縣志）字西鐸祥符人知定海縣邑初設百務未舉聖化至建署廨倉廒庫獄及學宮城隍祠

御書甚大綱畢張凡有利于民者悉心籌畫行之初邑民皆葺茅以居多火患

首捐俸糾同城文武買瓦易之歲侵爲粥以食飢者治邑三年政簡刑平

繆　遂（名宦留祀册）字蓉浦江陰人知定海縣重葺學宫城隍廟捐置義學買山田

以資生徒膏火築蓬花嶴大展嶴社倉以防歲飢修拗山謝浦等塘青嶴柀

鹽諸碶以儲水利至海關推税凡民間日用之物申

詳督撫一概免徵邑未有志遂手輯成書考核詳明

馬受曾（寧波府志）字念功溧陽人令象山修葺學宫創建義學疏濬南河纂修修

志酌催科嚴保甲勸農桑崇節儉賑飢荒瘞暴露在任十三年屢被薦引

見卒于官

士民思之

楊　懿（公舉事實）蒲城人雍正四年知鄞縣凡民間爭訟有關倫理者反覆開諭務

期仍歸和好不輕加決罰五年遇水災履畝親勘詳請蠲租發賑民無失所

六年旱米價騰貴詳請發米平糶并開大嵩河工修理城垣使貧民得以力作

餬口尤盡心水利一切塘堰碶閘及時修築行順庄嚴保甲矜恤罪囚重造監

房增葺新舊倉廒積穀備賑鄞邑學宫頹廢首捐二

百金勅輸修葺改城北胡公書院爲義學延師訓課

紹興府

漢

任　延（後漢書本傳）字長孫南陽宛人更始元年爲大司馬屬拜會稽都尉時年十

九迎官驚其壯及到靜泊無爲唯先遣饌禮祠延陵季子會稽頗稱多士延

到皆聘請高行如董子儀嚴子陵等敬待以師友之禮掾吏貧者輒分奉禄以

賑給之省諸卒令耕公田以周窮急每時行縣輒使慰勉孝子就餐飯之有龍

邱萇者隱居大末志不降辱掾吏白請召之延曰龍邱先生躬德履義有原憲

伯夷之節都尉灑埽其門猶懼辱焉召之不可遣功曹奉謁修書記致醫藥吏

越州

使相望于道積一歲萇乃詣府門願得備録遂署議曹祭酒萇尋病卒延自臨殯不朝三日是以郡中賢士大夫爭往宦焉建武初徵為九真太守

黃讜（弘治紹興府志）汝南人為會稽太守辟郡人包咸為主簿逵子師之任督郵鍾離意治屬縣救災卹患郡內大治

第五倫（後漢書本傳）字伯魚京兆長陵人建武二十九年拜會稽太守雖為二千石躬自斬芻養馬妻執炊爨受俸裁留一月糧餘皆賤貿與民之貧羸者會稽俗多淫祀好卜筮民常以牛祭神百姓財產以之困匱其自食牛肉而不以薦祠者發病且死先為牛鳴前後郡將莫敢禁倫到官移書屬縣曉告百姓其巫祝有依託鬼神詐怖愚民皆案論之有妄屠牛者吏輒行罰後遂斷絕百姓以安永平五年坐法徵老小攀車叩馬號呼相隨日才行數里不得前倫乃偽止亭舍陰乘船去衆知復追之及詣廷尉吏民上書守闕者千餘人會帝幸廷尉録囚徒得免歸里元和三年賜策罷以二千石奉終其身

馬稜（後漢書本傳）字伯威援之族孫轉會稽太守治亦有聲

張霸（後漢書本傳）字伯饒蜀郡成都人年數歲知孝讓鄉人號為張曾子為會稽太守表用處士顧奉公孫松等其餘有業行者皆見擢用郡中爭厲志節習經者以千數道路但聞誦聲霸始到越賊未解郡界不寧乃移書閒　明用信賞賊遂束手歸附不煩士卒之力

慶鴻（後漢書廉范傳）鴻洛陽人慷慨有義節位至會稽太守有異迹

馬臻（嘉泰會稽志）為會稽太守創立鏡湖在會稽山陰兩縣界築塘蓄水水高田丈餘田又高海丈餘若水少則泄湖灌田如水多則閉湖泄田中水入海所以無凶年其隄塘周迴三百一十里溉田九千餘頃越人至今廟祀之

殷丹（嘉泰會稽志）為會稽太守時郡有孝婦以誣見殺連旱二年丹到郡刑訟女祭婦墓天應時澍雨

度尚（後漢書本傳）字博平山陽湖陸人除上虞長為政嚴峻明于發擿奸非吏人謂之神明

劉寵（後漢書本傳）字祖榮東萊牟平人拜會稽太守山民愿朴乃有白首不入市井者頗為官吏所擾寵簡除煩苛禁察非法郡中大化徵為將作大匠山陰縣有五六老叟尨眉皓髮自若邪山谷間出人齎百錢以送寵寵勞之曰父老何自苦對曰山谷鄙生未嘗識郡朝他守時吏發求民間至夜不絕或狗吠竟夕民不得安自明府下車以來狗不夜吠民不見吏年老遭值聖明今聞當見棄去故自扶奉送寵曰吾政何能及公言邪勤苦父老為人選一大錢受之

陳重（萬曆紹興府志）宜春人與鄱陽雷義友世稱陳雷舉孝廉遷會稽太守有異政

淳于式（成化紹興府志）建安中孫權表式為會稽太守時陸遜既平丹陽賊帥遂部伍東三郡彊者為兵羸者補戶得精兵數萬人式啟遜枉擾民及遜見權稱式佳吏曰式意在養民是以白遜

三國吳

顧雍（吳志本傳）字元歎吳郡吳人為合肥長後轉在婁曲阿上虞皆有治績孫權領會稽太守不之郡以雍為丞行太守事討除寇賊郡界寧靜吏民歸服

朱桓（吳志本傳）字休穆吳郡吳人除餘姚長往遇疫癘穀食荒貴桓分部良吏隱視醫藥飱粥相繼士民感戴之

陸凱（吳志本傳）字敬風吳郡吳人丞相遜族子為永興諸暨長所在有治績

滕引（吳志本傳）字承嗣北海劇人為丹陽太守徙吳郡會稽所在見稱（三國志注）引每聽辭訟斷罪法察言觀色務盡情理人有窮冤悲苦之言對之流涕

車浚（萬曆紹興府志）天璽初為會稽太守在官清忠值歲荒旱以表求賑貸見殺

晉

紀瞻（晉書本傳）字思遠丹陽秣陵人除會稽內史時有詐作大將軍府符收諸暨令令已受拘瞻覺其詐便破檻出之訊問使者果伏詐妄

諸葛恢（晉書本傳）字道明琅邪陽都人為會稽太守大興初以政績第一詔曰會稽內史諸葛恢蒞官三年政清人和為諸郡首宜進其位班以勸風教

山遐（晉書山濤傳）濤孫遐字彥林河內懷人為餘姚令時江左初基法禁寬弛豪族多挾藏戶口以為私附遐繩以峻法到縣八旬出口萬餘豪強切齒以遐輒造縣舍遂陷其罪竟坐免官後為東陽太守郡境肅然

謝奕（嘉泰會稽志）字無奕陳郡陽夏人少有器鑒為剡令有一老公犯法謝以醇酒罰而遣之

王彪之（晉書本傳）字叔武為會稽內史居郡八年豪右斂跡亡戶歸者三萬餘口

熊遠（晉書本傳）字孝文豫章南昌人為會稽內史時王敦作逆沈充舉兵應之加遠將軍距而不受不輸軍資于充保境安衆為務

南北朝

王鎮之（宋書本傳）字伯重琅邪臨沂人初為琅邪王衛軍行參軍出補剡上虞令並有能名內史謝輶請為山陰令復有殊績桓元以為大將軍錄事參軍時三吳飢荒遣鎮之銜命賑䘏而會稽內史王愉不奉符旨鎮之依事糾奏愉子綏元之外甥當時貴盛鎮之為所排抑高祖踐阼為輔國將軍琅邪太守

褚淡之（南史本傳）字仲原河南陽翟人為會稽太守富陽孫法先自號冠軍大將軍與將道慶等攻沒縣邑建旗鳴鼓直攻山陰淡之遣陸邵水軍禦之而身率所領出次近郊敗賊于柯亭

羊元保（南史本傳）泰山南城人歷會稽太守文帝以元保廉素寡欲故授名郡爲政雖無殊績而去後常見思不營財利産業儉薄

王淮之（南史本傳）字元魯瑯琊臨沂人爲山陰令有能名

徐豁（南史本傳）字萬同姑幕人爲山陰令精練法理爲時所推

謝方明（宋書本傳）陳郡陽夏人爲丹陽尹有能名轉會稽太守江東民户殷盛風俗峻刻強弱相陵姦吏蜂起符書一下文攝相續方明深達治體不拘文法闊略苛細務存綱領貴族豪士莫敢犯禁除比伍之坐判久繫之獄東土至今稱詠之承前代人不易其政必宜改者則以漸移變使無迹可尋

江秉之（南史本傳）字元叔濟陽考城人爲烏程令以善政著名東土後爲山陰令人户三萬政事繁擾訟訴殷積階庭常數百人秉之御繁以簡常得無事以在縣有能出補新安太守轉在臨海並以簡約見稱

張裕（南史本傳）字茂度吳郡吳人除會稽太守素有吏能職事甚理

顧凱之（南史本傳）字偉仁吳郡吳人爲山陰令山陰劇邑三萬户前後官長晝夜不得休事猶不舉凱之御繁以簡縣用無事晝日垂簾門階閒寂

卞延之（南史卞彬傳）彬濟陰宛句人父延之弱冠爲上虞令有剛氣會稽太守孟顗以令長裁之積不能容脫幘投地曰我所以屈卿者政爲此幘耳今以投之卿矣卿以一世勳門而傲天下國士拂衣而去

王晏（嘉泰會稽志）爲上虞令孔覬自會稽發兵反晏起兵攻郡覬〻辛千人趍石瀝嵬千山嶀村〻人縛以送晏斬之東閣外

王僧虔（南史本傳）僧綽弟也爲吳興太守代會稽太守中書舍人阮佃夫家在東請假歸客勸僧虔以佃夫要幸宜加禮接僧虔曰我立身有素豈能曲意

此輩彼若見恐當拂衣去耳何夫言于宋[illegible]
因帝使御史中丞孫夐奏僧虔坐免官

洪　現（會稽圖署）官會稽太守既罷不欲令人知其清乃以船載土而歸

傅　琰（南齊書本傳）字季珪北地靈州人在宋為諸暨武康令除吳興郡丞泰始六年遷山陰令山陰東土大縣難為長官父僧祐在縣有稱琰尤明察又著能名其年爵新亭侯元徽初遷尚書右丞太祖輔政以山陰獄訟煩積復以琰為山陰令賣鍼賣糖老姥爭團絲來詣琰琰不辨核縛團絲于柱鞭之密視有鐵屑乃罰賣糖者二野父爭雞琰問何以食雞一人云粟一人云豆乃破雞得粟罪言豆者縣內稱神明不敢復為偷盜

周　顒（南齊書本傳）字彥倫汝南安成人元徽中為剡令有恩惠百姓思之建元初為山陰令縣舊訂滂民以供雜使顒言于太守聞喜公子良曰竊見滂民之困困實極矣役命有常祇應轉竭蹙迫驅催莫安其所險者或竄避山湖困者或自經溝瀆亦有摧臂斷手苟自殘落販傭貼子權赴急難每至滂使發動遵赴嘗促輒有植杖被紲稽顙階垂泣涕告哀不知所振下官未嘗不臨食罷箸當書偃筆為之久之愴不能已交事不濟不得不就加捶罰見此辛酸時不可過山陰邦治事倍餘城然略聞諸縣亦處處皆蹤但上虞以百戶一滂大為優足過此列城不無邪盤宜應有以普救倒懸設流開便則轉患為功得之何遠

蕭　曅（南史本傳）字宣昭高帝第五子為會稽太守性輕財重義有古人風罷會稽還都齋中錢不滿萬俸祿所入皆與參佐賓僚共之

顧憲之（南史本傳）字士思仕齊為東中郎長史行會稽郡事山陰人呂文度有寵于齊武帝于餘姚立邸頗縱橫憲之至郡即日除之文度後還葬郡縣爭赴弔憲之不與相聞時西陵戍主杜元懿以吳興歲儉會稽年登商旅往來倍歲西陵牛埭稅官格日三千五百求加至一倍計年長百萬浦陽南北津及柳浦四埭乞為官領攝一年格外長四百許萬武帝以示會稽使陳得失憲之議曰尋始立牛埭非苟逼僦以納稅也當以風濤迅險人力不捷濟急以

利物耳既公私是粟故輸直無怨京師航渡即其例也而後之監領各務已功或禁遏別道入生理外凡如此類不經埭煩牛者上詳被報豪停格外十條從來喧訴始得暫弭案吳興頻歲失稔今茲尤饉去之從豐良由飢棘舊格新減尚未議登格外加倍將以何術皇慈恤隱振廪蠲調而元懿幸災推利重增困瘼人而不仁古今共疾山陰一縣課戶二萬其人資不滿三千者殆將居半一人被攝十人相追一緒裁萌千孽互起蠶事弛而農業廢賤取庸而貴舉責應公贍私日不暇給欲無為非其可得乎又永興諸暨離唐寓寇擾公私殘燼彌復特甚倘逢水旱寶不易思俗諺云會稽打鼓送恤吳興步擔令史會稽舊稱沃壤今猶若此吳興本是瘠土事在可知因循餘弊誠宜改張武帝並從之由是深以方直見知憲之雖累經宰郡資無擔石及歸環堵不免飢寒

王詢

（嘉泰會稽志）為山陰令太守王敬則將舉兵反召詢問吾欲發丁丁可得幾人府庫錢有幾詢答縣丁卒不可得府庫物多未輸入敬則怒將出斬之

劉元明

（南史傅琰傳）臨淮劉元明亦有吏能歷山陰令政為天下第一終司農卿後傅琰子翽代元明為山陰令問元明曰願以舊政告新令尹答曰我有奇術鄉家譜所不載臨別當相示既而曰作縣令唯日食一升飯而莫飲酒此第一策也

庾蓽

（梁書本傳）字休野新野人為會稽郡丞行郡府事時承凋弊之後所在穀貴民多流散蓽撫循甚有治理唯守公祿清節逾厲至經日不舉火

江革

（南史本傳）字休映濟陽考城人除會稽郡丞行府州事革門生故吏家多在東聞革應至並齎持緣道迎候革曰我通不受餉不容獨當故人筐篚至鎮唯資公俸食不兼味郡境殷廣辭訟日數百革分判辨析曾無疑滯人安吏畏百城震恐琅邪王騫為山陰令贓貨狼藉望風自解

蕭元簡

（冊府元龜）為會稽太守時何胤隱居東山元簡深加禮敬數月常命駕式閭談論竟日

劉杳

（南史本傳）字士源為餘姚令在縣清潔

褚玠（陳書本傳）字溫理河南陽翟人除山陰令縣民張次的王體達等與諸猾吏賄賂通姦全丁大戶數多隱沒玠乃鎖次的等具狀啓臺高宗手勑慰勞并遣使助玠搜括所出軍民八百餘戶時舍人曹義達為高宗所寵縣民陳信家富于財諂事義達信父顯文恃勢暴橫玠乃遣使執顯文鞭之一百于是吏民股慄莫能犯者信後因義達譖玠竟坐免官玠在任歲餘守祿俸而已去官之日不堪自致因留縣境種蔬菜以自給

唐

姚崇（張說姚崇神道碑）字元之洛陽人中書令出典越郡性仁恕行簡易虛懷汎愛而涇渭不雜眞率任盡而應變無窮常推是心以御于物故所涖必毗庶風偃鶩很化從言不勵而教成政不威而事理去思觀頌來暮聞歌

李俊之（嘉泰會稽志）為會稽令縣東北有防海塘自上虞江抵山陰百餘里以瀦水溉田俊之增修為民賴其利

郗崟之（萬曆紹興府志）令諸暨建義津橋築放生湖溉田二千餘頃民便之

王士寬（白居易王士寬墓誌）太原人知餘姚縣令時海寇初殄邑焚田荒士寬乃營邑室創器用復流庸闢菑畬凡江南列邑之政士寬冠其首

全克恭（萬曆紹興府志）令上虞于縣西北置任嶼湖與黎湖灌田二百餘頃興利除害民甚德之

崔協（嘉靖浙江通志）博陵人以戶曹攝上虞值歲大旱民賦無所出協請蠲于上不許遂傾家貲代輸之

張遜（嘉泰會稽志）為山陰令董昌及署置百官多遜知御史臺遜拒曰王自棄為天下笑且六州勢不助逆王據孤州祇速死爾昌怒曰遜不知天意以邪說拒我囚之他日謂人曰我縱無遜何乏于事乃害之

宋

張公良（弘治紹興府志）字希留為新昌令立縣治興學校厲以律己卒不能歸民卜地葬之名曰官阡

杜守一（嘉泰會稽志）知蕭山先是縣東五里有虎守一為政虎負子西渡浙江而去鄉人名其里曰去虎里

蘇壽（萬曆紹興府志）武功人知蕭山明剛察當利害人稱其治復知越州推強蠲弊曾未期月威声大振、、、

丁寶臣（王安石丁寶臣墓誌）字元珍晉陵人知剡縣始至流大姓一人而縣遂治除姦興利甚衆知諸暨縣其治如剡越人滿以寶臣為循吏

寇仲溫（萬曆紹興府志）令諸暨未明視事亭午皆畢興學校廢淫祠父老稱之

曾公亮（宋史本傳）字明仲泉州晉江人知會稽縣民田鏡湖旁每患湖溢公亮立斗門泄水入曹娥江民受其利

過昱（萬曆紹興府志）一名公彥令剡歲飢流民集城下昱勸富家出粟賑之明年又飢乃出常平錢請糴取其贏米幾萬斛與流民又割俸為種役飢民耕種官田明年得麥五百斛復與流民使歸復業流民感激而去

王逵（萬曆紹興府志）濮陽人知越州濬治城隍布宣政令志有執持果于興革大為曾鞏所推服

胡向（萬曆紹興府志）清江人倅越州奏課為天下第一

任布（宋史本傳）字應之河南人知越州有祖訟其孫醉酒詈我已而自悔哭于庭曰我老無子賴此孫以為命也布聞知貸其死上書自劾朝廷亦不之責

蔣堂（東都事略）字希魯常州宜興人知越州州有鑑湖溉田八千頃前此為郡者聽民自占既而多為豪右所侵水利寢耗堂條上所不便奏復之

郭源明（嘉泰會稽志）字耆亮，知蕭山縣。縣之宿豪有父子為姦利者，悉置于法。民有育孤女利其資，過時不嫁者，諭以禮律，女遂得所歸。

曾肇（韓維曾肇神道碑）字子開，南豐人。通判越州。屬歲飢，肇興積藏，通有無，老稚不出里閭，果腹而嬉。

王存（宋史本傳）字正仲，潤州丹陽人。調嘉興主簿，擢上虞令。豪姓殺人，久莫敢問，存至，按以州吏受賕，豪賂他官變其獄，存反罷去。

張詵（宋史本傳）字樞言，建州浦城人。通判越州。民患苦衙前役，詵料別人戶籍其當役者，以差入錢為雇人充，皆以為便。

鄭穆（宋史本傳）字閎中，福州侯官人。知越州。先是鑑湖旱乾，民因田其中，延袤百里，官籍而稅之。既而連年水溢，民逋官租積萬緡，穆奏免之。

李子筠（嘉靖浙江通志）為餘姚主簿。初有茶商航海，與海船相遭，更疑為盜，相格鬭，殺傷十餘人，久繫不決。太守趙抃檄子筠治之。子筠曰：「犯時不知，在律勿問。」杖而遣之，抃大稱賞。

程師孟（宋史本傳）字公闢，吳人。知越州，為政簡而嚴，罪非死者不以屬吏。發隱擿伏如神，得豪惡不逞跌宕者，必痛懲艾之，所部肅然。

游酢（於越新編）任蕭山，辨決疑獄，人稱神明。在官數年，德惠旁洽。

劉韐（宋史本傳）字仲偃，建州崇安人。知越州。鑑湖為民侵耕，官因收其租，歲二萬斛。政和間，涸以為田，衍至六倍，隸中宮，應奉租太重，而督索嚴，多逃去，則勒鄰伍取償，民告病。韐請而蠲之。方臘陷衢、婺，越大震，官吏悉逃，或具舟請韐行。韐曰：「吾為郡守，當與城存亡。」不為動。益繕戰守，腊寇至城下，擊敗之。

沈公調（弘治紹興府志）為越州士曹掾。會方臘亂，太守劉韐募民得賊首一級賞錢二萬。公調諫曰：「小人規利，或殺平民以希賞，不如令生擒而倍其賜。」自是民或俘賊以獻，韐即命公調鞫之，但誅其附賊者，餘誤執皆免，所活數千人。

宋旅（宋史本傳）字廣賓莆田人知剡縣方臘既陷歙睦杭衢婺五州且犯越々盜亦起應之縣吏多遁旅遣妻子浮海歸閩獨與民據守以忠義激勵部勒隊伍為豫備計俄而盜衆大至躬率壯銳冒矢石雖頗殺獲終以力不敵死之

宇文昌齡（嘉靖浙江通志）字伯修成都人歷知杭越經理部政公私便之

張守（宋史本傳）晉陵人知紹興會朝廷遣三使者括諸路財賦所至以鞭撻立威韓球在會稽所斂五十餘萬緡守既視事即求入覲為上言之詔追還三使

李邴（周必大李邴神道碑）字漢老濟州鉅野人知越州為政清簡抑强扶弱

綦崇禮（宋史本傳）字叔厚高密人知紹興府時劉豫導金人入侵揚甚震擾高宗御戎衣次吳會崇禮以近臣承寧方面謂浙東一道為行都肘腋之地備禦不可不謹密疏于朝得便宜從事于是繕城郭屬甲兵輸錢帛以犒王師籌舟艦以扼海道疲心夙夜殆廢食寢及春帝還之州宴然不知羽檄之遽

趙昺（萬曆紹興府志）字元鎮聞喜人知紹興府恤吏愛民

宋宗年（萬曆紹興府志）郯之將令剡金人攻越守李鄴以城降屬邑皆潰宗年城守獨堅民賴以安

張友直（宋史張士遜傳）友直字益之陰城人知越州々民每春斂財大集僧道士女謂之祭天友直下令禁絕即取所斂財建學以延諸生

陳休錫　趙不搖（萬曆紹興府志）先後令上虞並加意水利疏聞于上禁民不得淤湖為田自是他邑或病旱獨上虞得湖水屢稔民甚德之

林安宅（於越新編）閩三山人知新昌改建學宮置田養士諸廢墜無不修舉築東隄以障水患浚七星井開孝行碶決縣渠自南門入郭出西門與碶水合以溉民田自宋中興有功于縣者安宅為最

熊克（宋史本傳）字子復建陽人知諸暨縣越帥課賦頗急諸邑率督趣以應克曰寧吾獲罪不忍困吾民他日府遣幕僚閱視有無時方不雨克對之泣曰此豈催租時耶部使者芮煇行縣至其境謂克曰曩知子文墨而已今乃見古循吏為表薦之

王師心（弘治紹興府志）知紹興時欲遷祐陵二十里內十民毀塚師心固爭乃止獲免者七百餘家又薦郝之物舊取于民師心請以上供錢給直民便之

葉顒（宋史本傳）字子昂仙遊人知上虞縣凡搖役令民自推貲力甲乙不以付吏民欣然皆以貲應催租各書其數與民約使自持戶租至庭親視其入帥曹沐令今歲夏租先期送十之八顒請少紓其期沐怒及麥大熟民輸租反為諸邑最知處州青田令陳光獻羨餘百萬顒以所獻充所賦湯思退之兄居處州家奴暴酤犯禁一繩以法

張暉（萬曆紹興府志）知蕭山會諸暨水溢詔閘紀家滙浚蕭山新江以殺水勢暉上言諸暨地高蕭山地下山陰則沿江皆山流小江可導諸暨之水欲浚新江其底石堅不可鑿若閘紀家滙則水徑衝蕭山桃源等七都田廬為沼矣時蔣芾為浙東提刑主諸暨之請欲閘滙暉力爭曰暉頭可斷滙不可閘乃止

黃由（萬曆紹興府志）字子由長洲人通判紹興督行荒政于新嵊改糴為賑擅發米五萬石予民不取直知紹興府聞嵊有虎患訛言虎有神變化叵測或為僧或為獵狙憸忽莫可蹤跡由檮于神募人捕之殄滅無遺

王希呂（宋史本傳）字仲行宿州人知紹興府治郡百廢俱興尤敬禮文學端方之士天性剛勁遇利害無回護意惟是之從居官廉潔至無屋可廬

袁說友　李大性（萬曆紹興府志）說友大性相繼為守並有善政

趙彥倓（宋史本傳）字安鄉知臨安於潛縣縣寄往往通臺省吏得肆其好彥倓執其黠者械送府臺省吏從中救之彥倓力爭竟抵胥罪浮橋壞以水敗

彥倓築以石民免溺死陞臨安府通判開禧初知紹興府豬償轄彥倓推以法民便之復鹿鳴禮置興賢莊以資其費築捍海石塘亦置莊以備增築會旱飢民聚陂湖中彥倓取死囚纍首刑足狗于衆曰此劫菱藕者也遂散其衆乃第民高下捐其稅有差免輸湖籍田米舉緡錢四十萬以助荒政民賴以濟

劉　伯曉（於越新編）山陽人令諸暨值雷雨纍日夜洪水交作漂民畜民舍無莫伯曉捲泣奔救力請于朝得蠲稅一年田之不可復者除其籍

張　達猷（山陰縣志）字長卿四川綿竹人知紹興府時賈似道來政造私第于山陰縣治之西官吏過其門者皆出車下馬如王府例達猷迂道避之鏡湖田旱潦不時達猷留心濬洫一遵馬臻遺制築修堰閘農民賴以有秋

魏　了翁（萬曆紹興府志）字華甫知紹興初了翁與真德秀同名為翰林學士在朝凡上二十餘疏皆當時急務乃卒為忌者所排擯到郡未幾卒越人哀之

丁　晴（於越新編）晉陵人令新昌時歲荒太守命賑之晴曰欲行荒政宜緩催科欲恤貧民宜優上戶乃緩刑薄斂平糴勸分有無相資歲賴以不害已乃作新學校制器置田文教聿起

楊　參（萬曆紹興府志）為越州錄事時郡多盜太守督責保長甚嚴一日有盜入民家其主執之以送保長保長素苦盜以木杖擊殺之守更坐保長以殺人罪獄既具遣參按狀得實平反免死越人頌之

留　恭（萬曆紹興府志）字伯禮永春人初官浙西值大飢單力賑恤全活甚衆後知紹興時稱循吏

家　坤翁（於越新編）眉州人令諸暨能文章好獎掖儒彥甚有政績嘗築長官橋為長堤障水植柳其旁人號家公萬柳堤

張　珣（於越新編）南軒之裔知新昌時民財匱于兵而倖臣柄國者專事苛斂珣守正不阿寬徭節用雖獲譴于顧元兵南下珣團結義勇為國守計後卒于官

元

張昇（元史本傳）字伯高除紹興路總管越大飢且疫癘賦稅鹽課責里胥代納吏並緣為姦昇為証于簿籍白行省蠲之前平江歲輸海運糧布囊三萬俾紹興製如數民患苦之昇言麻非越土所生海漕實吳郡事于越無與章上卒罷之昇既謹于繩吏又果于去民瘼故人心悅服

宋文瓚（嘉靖浙江通志）紹興路總管恩威並施事無不理及去任越人思之

劉輝（於越新編）汴人為餘姚州同知郡守下輝均田賦時州籍失大豪猾乘時詭匿輝躬覆田畝置魚鱗圖鼠尾冊貞等平役按畝給由出匿田萬餘畝

馮翼（於越新編）濟寧人知諸暨州始至察民隱鋤擊奸豪鄉胥有舞文增稅者悉釐正之民病山園稅重逋多拋荒乃請于總管但以中統鈔准輸田租而免山園之稅又奏罷採金之役政暇輒引諸生講論經史使州吏環聽皆凜凜色動及去任民遮留不得建祠祀之

余洪（嵊縣志）字仲實益都人尹嵊嵊夏稅絹洪請得納鈔減費之半先是田稅重而山與地不稱洪為均之民積便為人廉介明決為民蘇困救弊

于九思（於越新編）薊州人知諸暨州俗好訐牒訴紛然九思察情偽得其尤無良者痛繩之飭屬學校選擇秀茂示以礼讓蒐詳設衆或言地產水晶砂金調民丁採之闔境騷動九思力陳無產狀遂罷其役後為紹興路總管稱良二千石

單慶（於越新編）濟寧人知諸暨歲飢且疫慶曲盡救災之策民感更生慶益援以寬和有爭于庭者進而見女語之皆慚沮去盜化為良鞭箠幾措有虎入市慶為文告城隍三日虎死浙東蝗飛蔽天入境咸抱竹死歲且屢登及卒民皆巷哭挽柩而送者數千人、

張豈（萬曆上虞縣志）字德修成都人尹上虞廉潔無私請託不行新學膳士嚴禁私醞邑以治聞

李恭（萬曆紹興府志）字敬甫，閩龍人，知姚州，廉平不苛，又習文法，吏奸不得行。時州民役于官者歲終乃代，廢其生業，恭為更定，每季代之。州產紅米，官令市白米充稅，恭疏請聽以土產上輸。營建廟學，乞增置師弟子員，每與論難經義，墾湖田數百畝益其廩，士民戴之。

李拱辰（黄溍李拱辰墓誌）字廷弼，磁州人，遷新昌縣尹。歲饑，道殣相望，乃稽貧民之數，老弱者賑給之，少壯者俾富家收而傭之，疾疫者救療之，所全活甚衆。患經界之不正，則考覈其實而圖其地形，書其保甲，編次鱗集，印分兩券，官執其左，户執其右，當產則券隨之，隱沒詭併之弊無所容，而賦役以均。邑去郡遠，舟楫不通，民疲于輸糧，請以土產布代其入。俗惑于陰陽拘忌，親死數十年不葬，下令不葬親者以不孝論，不旬日而葬者千數。有鬬爭送者，長使質其是非而戒諭焉，委以鄰境不決之獄，凡所平反無不服。其明允大修孔子廟，新其學舍，至縣廨、驛亭、川梁、道路，有廢畢舉。改歸安縣尹，有爭家財而骨肉相戕者，諭以天理，感悟而去。有以死獄誣平民者，折以片言，遂服其辜。先是圭田多荒，責里胥代輸其租，拱辰屏吏卒入阡陌，視地肥瘠，定為歲入之數，募有力者墾種之。有旨經理田土，奉行者率務增加以為功，拱辰聽民自占，主者以所增田僅百五十頃，議倍其賦，拱辰曰：吾官可辱，民不可病也。省臺交章舉廉能。

呂誠（弘治紹興府志）字寶夫，為會稽尹，涖政循良，民服其化。

火魯思齊（於越新編）畏吾人，新昌達魯花赤。時浙鹽法峻，豪猾竄緣為奸，思齊得其狀，馳白運司。婺州賊楊振龍突入新昌，焚掠，千户崔武德戰死，思齊獨鼓衆力戰，連日夜不解，賊敗走。賊唐仲復聚衆來寇，思齊遣間諜言大軍且至，隨率數十騎襲賊于五峯嶺，賊驚散。思齊會兵討振龍，餘黨盡降其衆。

高閭（萬曆紹興府志）蒙古人，嵊達魯花赤，政尚嚴肅，裁吏卒之冒濫者若干人。鎮守千户縱戍卒擾民，閭以法繩之，尋白帥府，罷鎮守司，民獲安堵。與尹萬恩相規以正，並稱循良。

趙誠（於越新編）宛平人，謫蕭山為民，捍學災，志有政績，既罷官，遂家蕭山，邑人祀之。

脫脫（萬曆紹興府志）字子安，燉煌人，餘姚人達魯花赤，為人廉明持重，莫能窺其際，及事至双解，谷浙張弛得宜。

脫帖穆耳（黃溍脫帖穆耳墓誌）字可與，蒙古遜都臺氏，分城坐鎮，自明而越，蕭後三十餘年，越人恭定父年七十餘，以事繫獄，定請以身代，不報，乃自沈府河死，郡為立廟卧龍山之麓，歲久廟廢，居民侵其地，脫帖穆耳攝萬戶事，慨然曰：孝子不祀人矣，以勸，即日歸其侵地，廟以完復。元兵至天台，民婦王氏為軍士所得，不辱，至剡之清風嶺投崖死，脫帖穆耳移文有司為立廟。剡有隱士吳君與脫帖穆耳友善，既卒，貧不能喪，輟俸資葬于書院之側，其好義如此。

王正（紹興府志）憲化人，授紹興路總管，張士誠陷郡，不屈而死。

王璘（弘治紹興府志）字景文，臨沂人，為上虞知縣，來蒞自守，刑不妄施，獄屢告空，優老興學，人皆德之。

馬思忽（萬曆上虞縣志）達魯花赤，時同僚皆尚嚴刻，思忽以寬濟之，事集而民悅。民田有明江者，稅額未除，皆優使輸鄉他邑，有疑獄不能決，憲府檄令鞫之，有持執政風旨俾上下其手者，思忽不聽，枉直無所失，邑人稱之。

定定（萬曆紹興府志）字君輔，畏兀氏，為山陰縣達魯花赤，均賦興學，表賢良，明教化，吏民稱之。

李睿（萬曆紹興府志）字星明，武平人，尹上虞，和易有守，歲久旱，方禱日弗頓，周視阡陌，免其租稅，嚴湖禁，重兵防，民賴以安。

於善（蕭山縣志）尹蕭山，性寬和，率民以禮，作新學校，築堤捍水，民受其利。

傅常（嘉靖餘姚縣志）字仲常，鉛山人，謫餘姚判官，視州符，好沮滯，決吏民服之。海上有警，宣閫檄常偵賊定海，而常所統徒民與賊遇，弗敵，死之。常居官有

米棄聲其母及兄負
不能歸遂家于姚

裘思聰（萬曆紹興府志）尹蕭山務以德化民天旱蔬食退居引罪自責雨輒沾足張士誠據浙遂棄官居嘉興士誠厚聘之不受

周舜臣（萬曆會稽縣志）尹會稽蒞政公勤廢墜修舉田稅宿弊靡不釐革民畏愛之

彭仲宣（弘治紹興府志）為會稽丞政平訟理居民樂業

戴正（弘治紹興府志）鄱陽人至山陰年甫十九端慎有守政尚寬平時民多詭冒正覈訟注主各給由驗步精覈而民不擾

趙元齡（萬曆上虞縣志）字子年兗郊人尉上虞先是縣官收職米倍三佃者病之元齡獨無升勺過取士兵隸于司者視之如子秋毫不擾于民時人為之語曰縣尉不要錢只有趙子年

邁里古思（元史石抹宜孫傳）邁里古思寧夏人字善卿授紹興路錄事司達魯花赤當軍主將楊完者在杭縱軍鈔掠至紹興城中強奪人馬邁里古思擒斬數人苗軍懼不敢復至其境會江南行臺移治紹興檄為行臺鎮撫乃大募民兵為守禦計處州山賊焚掠婺之永康東陽提兵往擊之與石抹宜孫約期夾攻擒其巢穴山賊以平擢江東廉訪司經歷仍留紹興以兵衛臺治時浙東西郡縣多殘破獨邁里古思保障紹興境內晏然民愛之如父母

明

欒鳳（於越新編）高郵人元末知諸暨州及明兵下諸暨仍以鳳知州事時州民初附軍士下鄉索糧民不勝擾鳳乃置倉出納上下便之院判謝再興謀叛以兵脅鳳鳳不屈刃加頸氣益厲鳳妻王氏以身翼蔽皆死之

唐鐸（於越新編）虹縣人，授西安縣丞，歷知紹興。御下以誠，人不忍欺。凡徵賦非土產者，悉奏罷之。餘姚、上虞爭夏蓋湖水利，經歲不決，鐸斷以至公，民皆悅服。

崔東（明一統志）山陰知縣。賦均事簡，有治聲，民思之。

戴鵬（明一統志）任會稽知縣，清慎自守。時軍駐四明，鵬往供饋，餉期限嚴急，率民步行，日晡飢甚，從者進餅，却不受，掬道傍水飲之。

王宗仁（明一統志）會稽知縣，治政廉明，吏畏民懷。滿去，父老撫焉，幾不得行。

田賦（於越新編）蒲圻人，知諸暨。時兵燹之後，官吏皆寄宿民家，賦夙夜經畫，招撫流散，墾闢草萊，興起學校，無不竭心力而營建，亦稍偹焉。

張懋（蕭山縣志）知蕭山，重農恤民，尤注意湘湖水利，為圖記刻石，今存于儀門之左。

趙允文（弘治紹興府志）鄒城人，為上虞知縣，招撫流散，善定賦役，民樂吏化，邑里晏然。

曾衍文（舊浙江通志）廬陵人，為新昌主簿，勤惠廉潔，甚著聲稱。

陽春（舊浙江通志）尉山陰，清勤有幹局，晨起視事，日晏未罷，惟啜糜而已。隆冬無衣，長官以衣衣之，受而不服，其介如此。

鄒魯（萬曆會稽縣志）鳳陽人，會稽典史，釋滯理冤，輕刑緩役，招集流亡，父老妻孥。治有異績，擢知本縣。廣寧衞鎮撫趙興以公事至，為人私請，不從，誣逮刑部。事直，上嘉其守，擢大理丞。

高玫（嵊縣志）任嵊縣，治政明敏，愛民如子。三載，卒于官，丁壯號哭，老人兒啼。

周文祥（成化新昌縣志）淮安人，任新昌知縣，廉能剛決，為政有方。縣自兵燹餘，官民宇舍悉燬于火，文祥涖政，凡官廨、吏舍、壇壝、學校，靡不修舉、凌漢（萬曆紹興府志）字斗南，河南人，知會稽，寬簡仁恕，愛民如子。

王谷器（明一統志）徽州人，蕭山知縣，治政明敏，長于治才，果決如流，事無壅滞。

陳公達（嘉靖餘姚縣志）清江人，為餘姚令。時民籍時附狡黠者，重輕其籍，役法病不均。公達令各詣縣自實，而使里甲舉證之，皆悉其情偽，乃次為上中下戶。放元劉輝造鼠尾冊，次第書之，亦定役為三等。如戶遇有差役，視冊等差與之，無不稱平者。

賈驥（明一統志）為新昌知縣，廉謹自守，九載滿去，民擁道涕泣挽留不已。

張真（於越新編）蘇州人，知諸暨，學重廉介。時始去兵，民稍豐聚，而土瘠賦重，皆棄不耕。元知州馮異力請蠲賦，仍佃墾。至是欲覆畝升科，百姓憂懼。真持不可，以身為請，乃得減額。

李慶（於越新編）順義人，知紹興，威信並濟，吏無滞獄，暇即躬理園蔬，以供朝夕。照磨侵鑰，奪職清貧，每分俸資給，由是幕僚競厲。

袁時億（諸暨縣志）東安人，為諸暨學教諭，深經術，善文章，誘進諸生，未嘗辭倦。時官暸法峻，人以田里為安，不肯就學（非仕宦）。及時億至，聞有師模，乃多從之遊。時時著忠臣孝子輔相守令等篇與弟子論說。

譚應奎（舊浙江通志）廣東人，知山陰，有治劑才，摘發奸蠹，吏民不敢欺。

蕭九萬（嘉靖浙江通志）南昌人，為諸暨縣丞，嘗書容忍思慮四字，疏其義揭門屏間，百姓以訟至者，必詩〻以是諭之。

唐復（嘉靖浙江通志）字復亨，武進人，知餘姚，為人直方，斷誓無滞，拊循孺弱，甚著恩愛。

孫貞（獻徵錄）字宗正，南昌豐城人。教授紹興，振教規，務行公正。有施御史者按郡甚嚴，私于給事徐氏子，既令充增廣生，又升而廩膳之。貞諍不可，御史氣沮。郡官皆從傍私語，使姑許之，退可改行，勿與面質。貞曰：「君子與人以信，焉有今日許之而明日可改。」御史知不可奪，遂止。作育諸生，旦夕講解不倦。

都昶（嘉靖餘姚縣志）字文達，海豐人。知餘姚縣，勤敏好禮，士數過高士張一民所，執禮甚恭。張具青菜鵝飯，昶飲食之極惜。治縣得體，百姓新附之。永樂初營建，追督材需者旁午，姚特昶無擾。終九年任去，吏胥莫能鉤致一錢，然亦不苦尊吏，以故吏無怨焉。頻行，民爭留其靴于舜江亭，有見靴泣下者。

熊禮（於越新編）知諸暨，詳于治體。使者抵全澗山取金，民皆聞擾。禮與府判董璞極言山本無金，前時淘采無獲，不可復啟禍階。使者按視得實，事遂寢。

鄭汝敬（獻徵錄）字行簡，以字行，居歙，而知上虞。抑豪右，勸農桑，賑飢窮，治興梁棧道，大興學宮。居二年，邑大治。監察御史尹崇考浙七十二縣令，置行簡第一。凡別縣有疑訟不決者，多付理之。行簡亦悉心民隱，不遺餘力，然同僚猜忌日甚。先是邑有耆儒曰柳南仲，賢而有文，行簡敬之，憫其貧，贈以綿帑，南仲猶介不受，以錢百文索詩為謝。行簡謝錢受詩，同僚以是誣之，將左簡遷行簡，以母年高無以為養，遂自解職歸。上虞人請留不得，相與擁泣而去。

朱彤（紹興府志）蘄州人。為紹興通判，廉公有威，人不敢干以私。及去官，士民走送者闐溢郭外，父老來自山谷，皆欷歔流涕而別。

岑子原（紹興府志）南海人。為錢清北壩官，廉介勤敏，役夫餽酒肉悉卻之，繳祀蔬食，處之怡然。政暇必兀坐讀書。人謂子原卑官而清操獨立，為可異云。

王耕（山陰縣志）字舜耕，山東單縣人。知山陰縣，有經濟大略。時當造殷，解遠衛勾攝旗校，絡繹旁午，供應調發，民且不堪。耕經理節約，不廢法亦不病民。內官鄭和下西洋索寶玉，道所經輒縱恣，直入人戶室廬，搜囊發篋，達道驗勒耕。言邑小民負土產布帛而已，寶玉非所出也，和遂去。

吳亨（於越新編）字通夫，鄆城人。知諸暨，清介方嚴，悉心撫字。縣湖田堤壞，頻年苦潦，亨疏請築堤遏防，堅固，水不能齧，民享其利。

譚思敬（嵊縣志）湖廣人任嵊令政先教化時以孝弟格言告諸父老使歸訓其子弟邑民景從日誦所訓曰教我孝者譚爭因呼為孝譚

胡敏（舊浙江通志）荊州人守紹興方正廉簡時庶務繁劇敏爲置得宜民不擾而郡治

羅以禮（於越新編）桂陽人守紹興寬猛得宜利弊無不興革好敦禮隱逸在任九年或雨暘不時祈禱輒應民歌曰太守羅以禮存心合天理祈晴即得晴祈雨復得雨

錢浩（弘治紹興府志）華亭人為山陰知縣政高廉慎抑豪強仲狂滞邑人有鬻其子于隣邑而誣富室殺之者浩訪得之為白其事片言折獄民莫能欺

蘇琳（蕭山縣志）山東蒙陰人知蕭山縣產櫻桃歲入貢後遣中官摘取多索常例琳抗不與中官数不時採之使易壞欲以罪琳琳遂與中官相格逮械至京英宗問曰爾何以格我內官對曰朝臣以口腹戕民內官以威勢虐朝廷命吏臣是以抗之英宗歎曰直臣也令還職琳曰但使櫻桃復貢蕭民死過半矣自是蕭邑得免貢櫻之害

徐士淵（嵊縣志）定遠人知嵊時值旱蝗力請得米八百石以賑

張鉞（於越新編）河南新安人知諸暨縣訟清淫者飭學宮易浮橋凡所建置皆遠猷大利會括蒼盜起轉逼暨境而暨東南鄙有大山富婺越界居民葉氏盤據其間素不奉法將應盜鉞潛率義士夜擣其巢擒魁奔散盜不敢復窺縣賴以安

袁通（舊浙江通志）為紹興推官值處州賊葉宗留之亂通奉檄率鄉兵往討即日與其子就道往捕賊巢列栅以扼其衝賊夜劫其營父子奮鬪俱被害

彭誼（於越新編）東莞人知紹興民苦飢即發倉賑之吏白當上請誼曰待請而發死者多矣吾何愛一官不活萬命耶明年有秋民爭輸賞倉湖田五稅既重

復加折耗鬻産不能償逋請按畝起耗不分輕重槩以三升為率民始復蘇又築白馬閘障鹵水使不得入一郡蒙利

周鐸（弘治紹興府志）大竹人知山陰縣外剛内恕豪强痛繩以法民相戒不敢犯尤留意學政邑以稍法

蔣誼（萬曆紹興府志）字宗誼句容人成化間推官好文學引接儒生讞決平恕人無稱冤者

李肇（蕭山縣志）武陟人任蕭邑會風潮突新林塘田廬漂没肇撫存恙家收掩漂骸力請藩臬貸隣郡儲粟以賑之補築隄岸不遑寢食尋以才能知紹興

胡瀛（於越新編）羅山人知餘姚時日本入貢所至騷動瀛多市瓦器賣魚菜糇糧至即人與數器或得飽輒就道歲飢發廩以賑之全活甚衆奏免田租之半後請折不免者監儲督折銀急甚瀛弗徹坐奪俸又弗徹其明年有秋民爭輸恐後無一逋者平徭息訟每訟豪右人皆畏悅

洪楷 洪珠（萬曆紹興府志）字學庸莆田人知紹興儉勤廉慎賦寬刑平歲飢瀕海多盜楷令防守要隘盜遂屏息勸富家出粟以貸貧弱由是歲不為害從子珠字玉方知紹興建忠臣劉韐先賢尹焞祠封著儒羅頎墓表節孝聘遺逸若王埜王琥輩皆造造其廬一時士氣大振人謂大洪小洪先後同風

黃璧（萬曆紹興府志）字廷玉浮梁人同知紹興守潔政平秩滿去郡惟圖書衣被而已

張齡（萬曆紹興府志）字廷壽華州人通判紹興廉靖謙和愛民下士勤勞致疾卒于官

劉規（舊浙江通志）四川人知餘姚凡所推行務當民情監司或阻其事規持之勿變時中官暴横規獨挺身當之海溢大飢力請蠲賑

全爵（山陰縣志）字良貴綿州人知山陰縣平易守法節賦省刑民愛之如父母時郡多虎獨不入境人以為德化所感

許岳英（嵊縣志）字邦賢湖陽人知嵊縣當春出郊視農事民為建勸農亭舉行藍田呂氏鄉約崇獎節孝率諸生習射于射圃開社學教民子弟建廟學齋

廡及豆籩罍爵等一切省視修飭嵊田土舊多詭冒賦役不均特為文田均賦宿弊一洗

朱栻（萬曆紹興府志）字良用崑山人知蕭山縣為政切于愛民催科不擾開濬湘湖豪猾屛迹立丁田法頒行諸郡邑利澤甚溥

臧鳳（劉玉臧鳳傳）字瑞周曲阜人知嵊縣嵊蠶繁而賦毀鳳勸之業桑興學校又鑿石築堤百八十丈以障水衛民甚便之

陳克弼（萬曆紹興府志）字秉均大理人知會稽務興利除弊尤注意學校為開地置田時中貴出鎮者張甚克弼遇之無加禮斂跡而去

劉麟（湯斌劉麟傳）字元端南京廣洋衛人知紹興府時劉瑾擅權士大夫遷除者必候謁而後敢受任麟獨不往拜命即行涖郡政務廉平而瑾銜之甫五月摭細故罷為民士民醵金為贐麟曰昔劉寵一錢今何多金也麾之去瑾誅起陜西參政以工部尚書致仕

姚隆（獻徵錄）字原學家金陵令新昌時歲旱民多流殍設法賑濟多所全活數辨寃獄有懷金謝者力拒之不受

潘珍（分省人物考）字玉卿婺源人授諸暨知縣政務循良不事苛矯創建預備倉更拓養濟院新孔子廟程力計工民不知勞

陳祥（於越新編）高安人知上虞臨政嚴明人莫敢干以私歲飢按口施賑復請于朝得內帑金以繼之仍蠲秋糧十之七他邑流徙者為煮粥僧寺以食之遠近全活者甚衆又嘗刻鄉約與民更始遇諸生有恩禮咸懷感奮

戴琥（於越新編）浮梁人知紹興持身廉介敏八邑令長每甄別其黑白稍有過輒面叱之諸令凜凜無敢犯暇則舉鄉射禮名士間至梅山造隱士羅頎之廬召諸長老共揚推今古即窮鄉單戶有奇節獨行者封墓式廬遇民疾疫必遣醫分療文廟學久廢特崇修之朔望進諸生講論經史尤究心水利若夏蓋湖西小江瓟防浮直扁拖玉山築塘建閘蓄洩有候功利甚溥

李良（舊浙江通志）山東人知山陰才略過人廢墮畢舉運河土塘坍頹水溢害稼良甃以石五十餘里田不為患

唐夔（新昌縣志）字希昭廣西全州人知新昌縣性資明敏折獄曲盡隱衷時以神君稱之蒞事二三月庭無留牘隸卒皆令業復門不設閽有事得徑入自白有事節費奸蠹肅清吏胥困飢多辭去民呼唐青天未幾更調東陽民涕泣送出境留像禩禱以志思後邑訟有不理者或往彼求決焉

劉希賢（嘉靖餘姚縣志）宣城人餘姚主簿不以家累自隨性狷介遇事顧義當否恥隨俗俯仰卒之日同僚檢其篋止俸餘五錢帕二方縣為殮其喪歸之

南大吉（獻徵錄）字元善歷紹興知府政修廢舉建稽山書院萃屬邑髦士教之成者什九囚多不決者一覽即得其情屬吏有被誣者時為洗雪盡力陂塘循旱澇運河為勢家所侵流而復之郡有大盜數為指要所庇悉置之法有學士侵王右軍謝太傅故地悉割歸其主竟由是罷歸

吳成器（王鴻緒任環傳）成器休寧人為會稽典史倭三百餘劫會稽為官軍所逐走登龕山成器遮擊盡殪之又破賊曹娥江擢浙江布政司經歷旋擢紹興通判與賊大小數十戰皆挺身先士卒進止有方略所部無秋毫犯士民率于其戰處立祠祀之後改武秩

毛伯溫（於越新編）吉水人任紹興府推官每讞獄必凡然凝坐徐察言色務得其隱衷而能斷無縱無枉諸郡邑有訟冤者必求直于伯溫攝理盈辛能譽大起尤好敦禮士夫學行有聞必造門咨詢

汪度（於越新編）績溪人知上虞自奉過儉衣至十澣不易朝夕粗豆羹一盂而事母則極豐聽民有貢牘以償其俸者廉知之命歸牘其牘或有犯必以理諭百三未嘗輒加鞭撻民亦不忍欺逆瑾誣以受賄落職室如懸磬民爭助不許去之日士民擁留不獲為樹碑頌德

張煥（山陰縣志）字主奎泰和人知山陰平恕近民裁政務先大體海溢漂溺廬舍煥躬自巡者弔死問生請寬稅賦以賑之比歲登令民築塘捍海復于上流

建岡拖閘以時蓄洩自是無水患留心學校邑故有稽山書院燬復修之

頓　鐸（萬曆紹興府志）字孔振博興人知山陰嚴明威斷吏不敢為奸豪右斂跡

張　讚（嘉靖餘姚縣志）字宗器六合人知餘姚海溢溺民浮屍蔽江涕泣躬督瘞之時邑里蕭條民免于溺者皆飢寒不免讚力請賑之而當路猶訾祖如故讚後具行縣檢荒率飢民路跪請貸當路盛氣加讚讚應對如響租終獲免民賴全活

寗　欽（諸暨縣志）字克衡衡陽人署諸暨學諭士有不能婚喪者輟月俸為助先是諸生有持學事短長者欽正繩求之莫敢犯俗婚喪多不以禮欽為繪六禮圖疏附儀注陳肄學宮令眾觀覽且有精鑒諸生中凡許可者無不向道

邵　養浩（於越新編）晉江人知餘姚才識明敏視義勇為旌善良抑豪橫民皆知所勸戒時姚賦役多奸欺養浩洞見癥源乃定為橫經冊釐正之最稱均平

張　暄（嵊縣志）任嵊縣清操凜凜時謂之張孫項中官橫肆使者下邑誅求莫敢誰何暄立笞其使中官識暄名置不問上官以所不便檄令諸邑暄獨封還或及論駁見者吐舌暄不為意上官亦嚴憚之

頓　存仁（嘉靖餘姚縣志）字伯剛太倉人知餘姚姚賦役自邵令釐正豪猾復為奸欺飛詭漏免貧民一丁有出銀九錢以上者存仁乃罷丁料田每歲祇出銀六釐于是無田者得以無擾富者無能夤緣民皆稱平

應　佐（山陰縣志）江都人丞山陰清而有執以文學飾吏治

朱　廷立（諸暨縣志）字子禮通山人知諸暨縣先是縣有額外長短差歲費民財八百餘兩廷立為蠲除之山會二縣有海隄之役議者令暨亦歲出夫錢廷

立曰居民守土各有分域禦灾捍患從其封疆山會之隄而暨與修之暨亦歲亦湖隄之役可率山會之民從事乎作訟誡勒諸石諭民無相告訐置鼓于獄因繫有所苦令繫以聞

湯紹恩（毛奇齡循吏傳）字汝承安岳人知紹興山陰東南有浦陽江上接金華浦江諸水北流至諸暨與東江合北過峽山東迺山陰之麻溪然後盡注錢清江而入于海是時浦陽已通浙第口臨浙常高水反入浦陽而滙麻溪其錢清之入海者勢若建瓴又傾瀉不可止所以既苦潦又苦暵紹恩相浦陽上流峽前守戴琥所開績堰使浦陽之通浙者坦而易洩乃塞麻溪以遏其來不使浦陽之水得復入山陰東南于是相其尾閭凡在紹諸水溢則易浙瀉則易竭者為水坊海濱以伺瀦瀉而定啟閉初錢清江下流原有二閘歲久堙廢紹恩相下流三江之口其地夾兩山為浦陽入海故道下有石峽橫亘數十丈乃伐石于山依峽建閘石址壯相銜熹秫和灰以膠之石之激水者刻其首使不得與水爭下有檻而上有樑施橫坊其中刻平水之則于柱石間而啟閉之兩隄築土治鐵而澆其根凡二十八閘隄數百丈又置備閘數重曰經溇曰撞塘曰平水閘一年工成共得良田百萬畝漁鹽斥鹵桑竹場畷亦不下八十萬畝

佟應龍（萬曆紹興府志）淮安人知新昌縣病賦役不均丞為平畫里汰冗濫矯偏救弊意在佐貧弱抑富強有請托者初不峻拒而臨事一斷以理

施堯臣（蕭山縣志）字欽甫青陽人知蕭山蕭自建邑以來無城屢經海寇始議築城竟莫能就堯臣力請築城相地鳩工聚石晝夜督率不數月而成堅厚周緻屹然一方保障涖任不挈家屬止携一篋及還惟贈言數紙而已

王聘（萬曆紹興府志）字念覺利津人知蕭山敏吏撫民威惠並著尤究心水利纂修圖志

吴三畏（嵊縣志）字日寅莆田人以臨海學諭陞嵊令時海寇猖獗三畏觀邑無城曰不城是以其民棄也周遭相度則城故有址多厓于民令撤去即對悲

下避計費當巨萬繇役當數萬衆戎有難色進之曰城勞民不城無民明奚擇乃翕然惟命三晨晝夜省督數月賊自天台突入境相望五里三晨曰城即半猶愈于無城乎民安上半城燭火燭天呼噪動地賊知倫乃宵遁明年城成賊復至三晨率城守凜賊不敢近

劉昺（山陰縣志）字晉初鳳陽人知山陰性穎敏剖決無滯縣邑瀕海漲沙民因為田歲有獲而無徵額昺躬親履畝而以無抵糧稅量均于內民甚便之視事三年職務畫畢公爽聞如

陳宗慶（嵊縣志）全谿人為嵊縣令至邑勞問民瘼上書論列兩事其一謂嵊民協濟東關重役不均累苦萬狀竊計曹娥東關兩驛隔一衣帶水耳誠得併一費減十四五其一謂嵊例食台鹽乃道里險阻經年鹽不一至而私鹽禁且屬是使民率不得食鹽也姚會鹽場與嵊接壤宜以彼鹽令商人告稅載發抵嵊使窮民得以商鹽負轉貿易官民兩便書上皆不報改官去〻十年兩驛併又十年商鹽通其言大驗民益思之

張鑑（萬曆會稽縣志）字汝明南充人知會稽將縣中逋稅與畝以萬計賠者苦之鑑請覆畝一稅經歲寢食田畝中迄訖事民大稱便商旅甚濫稍鑑請裁冗署凡五所政寬不妄撻一人任滿去服御蕭然

黃綰（萬曆紹興府志）字子賢汝南人知紹興府簡靜寬大刑清政理士民愛戴

陳讓（於越新編）晉江人為紹興推官讞獄明恕凡郎中大利病贊太守行之尤以正風俗明教化為己任毀淫祠獎節孝增置學田崇祀先哲以文學飭吏治

鄭芸（敬徽錄）字士馨莆田人知松陽縣精敏有聲郡使者疏其才移上虞首濬沙河通商舶更郭傳復上妃白馬夏蓋三湖即以湖歲入魚蝦錢倡築上虞城後倭寇浙東獨上虞以有城免鋒鏑

陳懋觀（紹興府志）字孔質，長樂人，初知會稽，政聲流布，晏去。除補山陰，蒞食布袍，淡若寒士，順民好惡，賦繇訟簡，嘉靖中循吏以懋觀為最。

曹天憲（於越新編）浮梁人，知新昌，性剛直。時縣官公出必攜苞苴，廣為餽遺，及祭祀宴飲，務極侈靡。天憲一切罷者之，不攜家累，延諸生至寢室，蔬食相對，如寒士。著賦役成規，勒之石。縣沮山民苦夫役，為言當路，悉汰裁損。一監司過，首問沃洲天姥，憲對曰：山不在高，有仙則名，今仙去矣，止荒山耳。歲大旱，布袍芒屩行禱烈日中，出舍僧寺，望見枯槁，即泣然淚下，至欲自焚以謝百姓，已而雨注歲登。

宋賢（新昌縣志）字及甫，華亭人，知新昌縣，繼曹天憲為政，守甚盡一而精密過之。庭無滯獄，人服其明。邑田訟多坍荒，或抛空糧，奸巧者或嚮無糧之田，賦役訟度，田上下山陂，躬較量之，編為經緯二冊，以便稽閱，一時製盡賦内，民以曹宋並稱。

曹祥（王世貞曹祥墓誌）字世奇，太倉人，為新昌令，洞坦不設鉤距，諸來訟者取片語而決，閭閻一二訟師斥之境外。是時民貧苦嫁，多弗舉女，祥乃為嫁程，若嫁娶者取婦而責裝奩者及棄女者，以次受法。欲築長堤折溪水，親行限所，支民無弗從者，乃手一最重石肩荷上，告衆曰：視吾力所任而準，衣而至西而罷，亦視吾出入為準。不易月而隄成。為令九載，其俗一變。比滿當代，邑人之有女者以千數，攜而送，且指謂女曰：此而父也。

萬鵬（於越新編）武進人，知松陽縣，改新昌，明習吏治，常曰：吾訓士惟一經，治民惟一律耳。時倭寇自天台突至，邑舊無城，民皆倉皇奔去，鵬乃決議築城，度方廣，量丁壯，聚石鳩工，使分築之，日視其勤惰而賞罰之，民爭効力，踰年而成。

李邦義（萬曆上虞縣志）連州人，知上虞，督撫檄倭海上，大兵往來，邦義委曲籌慮，民賴以安。為政嚴明而不苛察，待士有禮，處民事如家事，務不拂其好惡。

沈啓（王世貞沈啓傳）字子由，吳江人，為紹興守，所屬會稽、新昌、蕭山田與賦左畸，其長至賠產以償，啓平其額而散之里，俾輕而易完，人人稱便。郡田予山多

若旱室廬獅比若火又濱海鮫為虎窟禱于神虎復為鮫渡海去

李　僑（於越新編）長清人倭冦擾越僑知紹興府務為持重令丁壯歸田鄉市晏如賊亦不敢犯督府方用兵征求四出僑每持議節省又欲發會稽銀礦僑堅執不可督府甚怒而事竟寢為政精嚴吏屏氣不敢玩越俗競尚淫靡有犯必繩即請託弗貸

楊行中（山陰縣志）字惟慎知山陰厚重寬大就署蒡細碎芟剔中不越常度寬猛相濟

許如蘭（舊浙江通志）盧州合肥人守紹興三江自湯守建閘久漸圯捐俸修築一遵舊制海塘閘警三縣田禾邑畫永久疏通之法越民賴之

毛壽南（山陰縣志）吴江人授山陰令值歲歉道殣相望壽南請蠲不得則停征兩限監司譏之勿顧仍捐廩祿賑濟饑者得廩病者得藥時有衆災謀為亂者庶得渠魁捕治之餘黨悉散先是吏胥媚攝豪詭報完賦以為功會赦撫院將完額索賦壽南具實以報卒罷徵越俗多以殺人相誣一訊家輒破乃先驗屍然後訊遂使誣者觧息民艱于漕則為權豐歉議改折邑有麻溪壩壩外為天樂鄉田三萬七千有奇江湖衝溢乃築堤于猫山鄭家山之間以捍外潮民爭赴工不費一緡而事竣

林　森（萬曆紹興府志）侯官人知嵊奉母孝嘗曰吾何以慰母惟當為好官耳舊有程長常例金森至首革之即修術公費亦不受每恤困窮抑豪右定賦均役吏胥來手詞家山行李蕭然里老醵資為贐卒不受

蔣正元（新昌縣志）廣西潯陽人授新昌令民稱為蔣父創立義倉三十間積穀以賑荒中除斗級之害

許敬賢（萬曆紹興府志）字子官莆田人為新昌訓書諭說仁義論難經旨署縣事以贖金置學田若干畝、、朱一柏（嵊縣志）常國人知嵊縣始至人疑無治幹甫月有胥玩法懲之一老胥抱牘陳事微言欲中以利又懲之人大信服而造設平心而聽往往論其自解後訟日簡堂下肅然嵊士三十年無舉于鄉者諸父老言往時溪流環邑若抱今南徙風氣用漓然故道可濬即民濬溉亦利賴一柏曰苟利士民吾其任焉不數月河成集學士子于學宮學其餼廩月凡三試皆身臨之終歲無惰容是科舉者三人

朱芥（舊浙江通志）富順人守紹興始下車周咨民隱清課額崇學校省刑出滯不數月士民頌之

田琯（新昌縣志）大田人任新昌俗以人命誣訐每至破產琯痛懲數輩由是惜命保家鄉若盜琯每鄉應真盜一人立為總甲凡盜發令其捕緝盜風頓息歲旱徒跣禱赤日中澍悳歲大稔一日行野見田有渠無水問故民曰修渠則屬民而浮水則屬勢家我何徒苦為琯乃令郊外督民濬渠且為覆訟均放之目是豪強不得復專負郭田一萬三千餘畝悉成膏腴民每候具出爭為舉輿歡聲溢田野間作分水亭以憩之琯慮歲久法湮捐俸置田為每歲濬渠之費

徐貞明（山陰縣志）字伯繼貴溪人授山陰令在任五載抑豪強扶善良綾科勸農以至胥官路築海塘不取行鋪不差公勾不畏勢閒不避工官舉士之公正者為民導善止惡及內名民泣送輿為擁不能行

劉會（舊浙江通志）惠安人知蕭山建西興石塘及龍口閘為民來賴

施三捷（嵊縣志）字長孺福清人知嵊縣強毅有為尤精于律諸辦決手自填註吏書無敢舞法待士有禮尤重行誼有私謁者謝不受即豪右相戒無犯上官皆敬憚之建南橋邑人名以施恩

陳允堅（諸暨縣志）號毅軒長洲人授諸暨令治尚愷悌勸民息訟調繁石門士民攀轅者百餘里歲時走石門謁之

秦尚明（舊浙江通志）太康人蕭山令廉明並著減賦額却例金于署門外立撈亭置灋器民有以訟牒至者即令居此攝被訟至立為斷遣

劉光復（諸暨縣志）綿貞一青陽人任諸暨縣暨介萬山間而七十二湖處于下流山田易旱湖田易澇民常患之光復相度地勢壩麻溪導七堰旱澇有備且于諸湖中畫為經界築長圩以捍水沿江起大堤開水門以時啟閉浣江出縣界地勢犬牙水至此盤渦不瀉上游潰溢光復欲直其江以地屬蕭山幸民夫數百人一夕間通謂之新江水患大減置義田數百畝貯租備賑立義塚百餘處掩骼埋胔停喪溺女錮婢及同姓為僕之弊相沿不已光復悉革除之

胡思仲（紹興府志）績溪人令上虞利弊纖細罔不周知下車即清丈田土息民爭訟又捐俸多置學田修築新安堰水二閘合邑利賴焉

董羽宸（舊浙江通志）華亭人知餘姚時當倭患奸民與市以致闌入羽宸廉得其人按以法海患始息時鄉豪有殺其族屬籍里勿聞者羽宸偵知立出其骸于刑隸中民服如神明

徐待聘（上虞縣志）常熟人自樂清調繁上虞雅好文學惠民息競濬汀湖侵佔清玉帶溪壅淤度西溪湖地形又廣置義塚政餘課士不倦

王應朝（嵊縣志）字我良六安州人知嵊立意鋤奸猾屏跡而不事繁刑童清如水調繁桐鄉

陳如松（舊浙江通志）同安人知蕭山以邑水東去不利民財乃築壩截其流別開運河騰使水折而南注出大通橋又北注以達于舊道凡為橋三建壩二

馬如蛟（舊浙江通志）字騰仲和州人令山陰口吃而斷決如流嘗治海塘修麻溪壩定閘規蓄洩又建義倉立大善社每訊盜賊毋許妄攀善政不一

孫蘭（毛奇齡循吏傳）字畹仲無錫人知紹興府會歲飢蘭定賑救法預為分區使鄉官分主之籍記飢民之受賑者合萬九千六百零口立廠二百七十六所設散米給錢粥廠移粥藥局病坊官糶民糴官積民積諸事共二十六則浙東三府十九縣皆行其法所全活以千萬計

袁定（舊浙江通志）華亭人，知餘姚。歲飢，貧民聚衆肆掠，捕得數人，未及報，即梏殺之，而自劾不職。隨設法賑濟，多所全活。

余颺（舊浙江通志）莆田人，令上虞。土賊茹發猝入城，颺勒鄉勇巷戰，格退之。所擒獲即繫之杖下，及得賊籍，勿展視，焚其籍。一時良善無不感泣。

蕭琦（諸暨縣志）號韓若，吉水人，知諸暨。暨民健訟，琦片言折服，庭無留牘。東陽人許都倡亂，時承平日久，人不知兵，數百里內外無不震駭奔竄。琦閉城靜鎮，人情始安。

李拯（舊浙江通志）晉江人，令上虞。所按訟牒，明是非而止，罕及刑楚。紳士或餽以修脯，辭勿納。布袍蔬食，宴如也。夜則篝燈讀書，喜與士論文，所獎拔皆譽髦。出清俸以修學校，不借民工，不資贖鍰。

陳子龍（諸暨縣志）號卧子，松江華亭人。為紹興司李，署諸暨篆。時歲大飢，奸民誘聚亡命，肆以剽掠。子龍以計擒之，民賴以安。

王正中（舊浙江通志）北直人，知餘姚。時山寇竊發，邑如沸螗，正中彈壓有方，民依為命。

錢世貴（諸暨縣志）字聖需，青浦人。治暨二載，值歲大祲，死亡相枕藉。世貴設法賑濟，民賴以生。縣治堂署廊廡傾圮，庀材爲新，犟丑民間揹量，至今畫一。

梁佳植（餘姚縣志）字南有，宜春人，令餘姚。體綏弱，未嘗形喜怒，人莫窺其際。及鞫訟，則屹然不可移。姚邑錢穀久為吏胥乾沒，解戶苦之。佳植一洗積弊，民輸將恐後。涖任四載，與民休息，盜賊鮮少。去官時，涕泣送者無算。

王章（邵長蘅三忠傳）字漢臣，武進人。初令諸暨，調繁改鄞。鄞人來迎，暨人遮之曰：「王君我父也，鄞何與？」鄞人爭之曰：「王君我父也，暨安得留？」章兩慰遣之，乘夜啟門牡去。治鄞如暨，兩邑皆有像以祠。

國朝

劉方至（舊浙江通志）山東人授紹興推官寬和慈惠涖任甫一載政清刑簡視上虞篆山賊王岳壽夜率衆攻城時守兵單弱城陷方至死之

韓昌先（舊浙江通志）遼東人知蕭山縣涖事明敏立里甲均當法徭役均而詭寄之弊絕至今遵行

張邦福（舊浙江通志）湖廣蘄州人任紹興府推官精敏練達摘發如神有訟者訴牒悉置內署勾攝罪犯惟姓名而已故訴者不知其訟訟者亦不知其訴胥吏不能為奸詰訊之下情偽立辨人頌公明

賈國禎（紹興府志）字蒼嶠山西曲沃人任蕭山縣蕭密通省會營兵往來畜牧民甚苦之一曰盤債患在貧民一曰圖賭患在愚民下此則馬厮入市有短價勒貨之患國禎潔已執法前志悉除耆邑聞之質成經至

張三異（王嗣臯重修紹興府志序）三異守郡力舉廢墜民式于法耕夫牧豎咸知從士大夫後蒸蒸丕變焉

許弘勳（舊浙江通志）遼東人知紹興府鎮靜有大度涖任甫一月閩逆寇發越屬暨嵊新三邑奸民嘯聚圍攻郡城弘勳乘夜率兵出賊縛渠魁餘皆撫慰散遣之郡境浮安

高登先（山陰縣志）字倩升湖廣鍾祥人任山陰以誠信和易待民不尚苛察而人不敢欺山賊竊發攻常禧二門城幾陷登先率民多方守禦援兵至賊黜退大兵勦閩過天樂橋登先供應軍需倉卒間溺于水衆救獲甦遂捐石建橋百姓以登先誠于為民遂名曰高公橋

姚文熊（名宦留祀冊）江南桐城人知蕭山秉性慈祥操守清潔凡訟于庭者曲直立剖莫不心服而去尤振興文教優禮士類惠政循聲協于遐邇

李鐸（紹興府志）奉天人知紹興性喜有為自郡署城垣社稷壇暨鐘樓驛館書院賢祠陂塘告竣期年振起餘姚大水漂溺民人廬墓以萬計其存者飢乏待斃設粥廠數十哺之又念試食始業令各鄉坊上民籍每男婦一人給米四斗幼者半之復製木棉衣若干予寒者全活無算守越四載始終不名一錢

王風采（公舉事實）字汝載黃岡人令會稽清介自矢俗好訟以謙讓論化之最絕請托大嵐山連金華溫台四郡界有號白頭賊者乘歲飢誘民為亂風采廉得其魁捕寘其魁餘黨解散乃勸富民賑貸全活甚眾捐俸建造范陽閘士人利之在任十一年邑稱大治

毛上習（名宦留祀冊）廣西賀縣人知諸暨縣捐俸賑飢愛民如子徵糧有法設立義學延師訓誨邑中寒士若坐春風

卞之釗（名宦留祀冊）正白旗人知諸暨縣持身廉謹捐俸修學訓課生童築湖埂以禦水設戶單以徵糧建粥廠以賑飢聯保甲以弭盜善政不可枚舉

台州府

晉

羊忻（台州府志）初置樂安補邑令甫至以縣治地偏非一邑正氣乃遷于青圭前功成而民不勞其治邑以風流儒雅相尚而事無廢弛民戴之如慈父母

南北朝

臧熹（宋書臧質傳）質父熹字義和東莞莒人為臨海太守郡經兵寇百不存一熹綏緝綱紀招聚流散歸之者千餘家

阮長之（南史本傳）陳留尉氏人除臨海太守泣官有風績為後人所思宋世言善政者咸稱之

傅昭（梁書本傳）字茂遠北地靈州人為臨海太守郡有蜜巖前後太守皆自封固專收其利昭教勿封縣令常餉粟置絹于簿下昭笑而還之

王筠（舊浙江通志）筠任臨海寬力輯撫流民歸者千餘家

劉諧（南史本傳）字孝儀彭城人為臨海太守特政網疏濶百姓多不遵禁孝儀下車宣示條制勵精綏撫境內翕然風俗大变

蕭洽（南史本傳）字宏稱南蘭陵人遷臨海太守為政清平不尚威猛人俗便之

劉毅（台州府志）字仲美沛國人為寧海令有惠利及民

孫贊央弓 贊贊二字作文之則有雄略之別從稱之則一物也 如今人稱楊柳楊柳亦是

李肇（台州府志）為台州刺史政善民安所著有國史補翰林志經史釋題等書

陳仲通（台州府志）為寧海令以德政稱裘甫寇浙東將萬餘人入奉化寧海仲通率兵迎敵被害百

五代

陳長官 失其名（十國春秋）事武肅王為寧海縣令會王命增州縣賦稅長官上書極諫王大怒逮之獄長官以死爭之得免寧海故稱剩縣租稅視諸邑為獨輕者皆具力也

宋

王子輿（臨海縣志）字希孟崧州人知臨海縣事精敏有才畧以公事申請者文牒紛委頃刻決遣曾與疑滞歲旱禱于城隍輒應因新其廟宇而記之、、

章淂象（赤城志）泉州人知台州簡重有實政

台州

王筠（舊浙江通志）筠任臨海實力輯撫流民歸者千餘家

劉潜（南史本傳）字孝儀彭城人為臨海太守時政綱疏闊百姓多不遵禁孝儀下車宣示條制勵精綏撫境內翕然風俗大變

蕭洽（南史本傳）字宏稱南蘭陵人遷臨海太守為政清平不尚威猛人俗便之

劉毅（台州府志）字仲美沛國人為寧海令有惠利及民

唐

李肇（台州府志）為台州刺史政善民安所著有國史補翰林志經史釋題等書

陳仲通（台州府志）為寧海令以德政稱裘甫寇浙東將萬餘人入奉化寧海仲通率兵迎敵被害百

五代

陳長官 失其名（十國春秋）事武肅王為寧海縣令會王命增州縣賦稅長官上書極諫王大怒逮之獄長官以死爭之得免寧海故稱劇縣租稅視諸邑為獨輕者皆其力也

宋

王子輿（臨海縣志）字希孟容州人知臨海縣事精敏有才畧以公事申請者文牒紛委須刻決遣曾無疑滯歲旱禱于城隍輒應因新其廟宇而記之、、

章得象（赤城志）泉州人知台州簡重有實政

台州

辛若濟（赤城志）通判台州引東北流瀑入城以濟民用人皆德之

黃珹（赤城志）通判台州時遭大水珹佐守元絳悉力賑卹民用以寧

范仲溫（范仲淹范伯玉墓誌）字伯玉幽州人除越州新昌尉以誠接物民用知勸在邑三年盜不及境外計舉監杭州餘杭縣市征能寬其利商旅便之三載以績聞除寧海軍節度推官知台州黃巖縣海潮壞州城沒溺者甚衆仲溫數民為捍晝夜救之全活數千入上官請董衆以治城衆議築土為城用繁以博之仲溫謂人築築又捍水之衝豐何能久乃集民累土以牛數百踐之堅而後表以長石互相衝枕盤莫能動其城八門皆設閘衆服其善歲飢州命邑官率富人出穀輸其價以助窮民而窮民乏貲無以得穀仲溫諭貸之衆皆悅從飢者復濟黃巖大邑民數萬戶訟爭盈庭仲溫專尚仁愛多以理遣民自愛遣

錢仲基（赤城志）通判台州時郡大水請發官廩且出粟富路以濟民飢

石牧之（太平縣志）任天台縣令興建學校振作人材綽有政聲

鄭至道（明一統志）知天台縣為政寬簡專務教化民心悅服後秩滿民攀留不忍其行因留家松關

陳敏（嘉靖浙江通志）無錫人知台州朝命立元祐黨籍碑敏不肯立監司促之急敏曰誣司馬公為姦臣是誣天也俾立之敏碎其石或咎敏敏曰我死且不辭何劾之畏遂挂冠去

劉光（台州府志）知仙居縣政務簡恵黎民懷之後遷本郡守人多焚香道迎書吏望風解綬去及代男女巷哭閉城使不得出

滕膺（赤城新志）字子勤為台州戶曹參軍特雎寃方勵聲震東南守丞以下皆聳通膺獨慨然自任即日移書訣其父母昆弟而開其妻子于官舍患名自人論

以利害人、感泣思奮乃亟下令發兵守險增陴濬隍分屯列柵為死守計既而呂師囊亦起仙居為賊嚮應先後攻城凡數四膺皆應机設械立摧破之手弓臨城殪歐渠魁賊遂退走而城卒全

陸棠(台州府志)字元珍無錫人以縣丞攝寧海令遇事立決老吏夙奸畏攝不敢動丞以淫祠惑民志捕寘于法習俗為變

黃子游(周必大黃子游墓誌)字叔言系出浦城知台州台產鹽奸此囊橐其中重法不能禁子游治以輕典人不忍犯

楊煒(赤城志)知黃巖縣閘私河用工一百七十餘萬立斗門九所民賴之嘗移書參政李光訴丞相秦檜為豪民所訴付大理獄

李浩(宋史本傳)字德遠其先居建昌遷臨川除員外郎乞外得台州州有緋中軍者五百人訓練官貪殘失眾心不逞者因謀作亂怨露于庭浩推其為首者四人黥徙之迄無事除直秘閣並海有宿寇久不獲浩募其徒自縛贖罪即得其魁豪民鄭憲以貲給事權貴人門橐橐為奸事覺械繫之死獄中籍其家徙其妻挈楷貴人教其家訟冤且誣浩以買妾事言者擠之疏方上植參政劉洪奏曰李浩為郡獲罪豪民為其所誣臣考其本末甚白上頓曰守臣不畏強禦豈易得耶問章安在洪袖出之遂留中不下大理觀望猶欲還其所沒貲上批其後曰台州所斷甚允當鄭憲家貲永不給還流徙如故浩始得安

龔湧(萬曆黃巖縣志)字清夫上饒人知黃巖縣有善政父老言紹興時良令必稱湧云

韓元龍(台州府志)字子雲真定人任天台縣時邑賦入籍悉力區畫有疏豪猾未輸者謝不納曰一人入吾耳則不以善良待之矣聞者革心

薛抗(嘉靖浙江通志)常州武進人令寧海清介絕俗甚有政譽邑濱海水鹵民甚苦之抗于邑東北廣度坊側鑿井得泉甚甘為亭于其上以便民汲自後次第凡闢八井邑人利賴名曰薛公井

趙思（赤城志）蘄州人，知台州。民有即山疊石以耕者，或請籍其賦，思奏除之。詔簡罕赴行在所，有不樂者欲為受，思善誘其去，徐物色為倡者黜之。孝宗謂措置得體，記名御屏。

尤袤（宋史本傳）字延之，常州無錫人。累遷著作郎兼太子侍讀，與郡得台州。前守趙汝愚修郡城，工纔什三，袤成之。袤按行前築，殊鹵莽，亟命更築，加厚數月而畢。明年大水，更築之壖正值水衝，城賴以不沒。會有毀袤者，上使人密察，民頌其善政不絕口，乃錄其東西湖四詩歸奏，上讀而歎賞。

黃嵩（明一統志）知台州，勤苦夙夜，先勸後禁，訟牒銷縮，郡稱平治。為濟糴倉，為抵當庫，憂民之栖寄暴露者，為棺千五百，置養濟院，又創安濟坊以居病囚，皆自有子母錢，使不廢。

趙善悉（赤城新志）知仙居縣事，愛民如子。值歲飢，徧走拯給，民懷其惠，為立趙長官祠。

劉祿（臨海縣志）知臨海縣事，律己以廉，御民以寬，鄉無逋卒，囹無錮囚。時臨海邑儒學未建，初附于郡庠，被火，寄于石佛廢寺中。祿至，歎曰：人才之興由學校，始邑無學可乎？乃首建學宮，以敷教化。又取邑士之題名薦恩者刻諸石。

章敏子（台州府志）為仙居令，蒲剔風弊，吏不敢欺，尤作興學校。後令夏嘉一遵敏子所為，並著聲績，號為章夏。

程崇（嘉靖浙江通志）歙縣人，守台州，抑絕權豪，甚有政聲。先是府治有妖狐變幻，崇至，潛跡不見。

徐默（仙居縣志）為仙居尉，值呂寇之亂，奮不顧身，率勇敢與迎撫鄉進，合力堵禦，戰不利，罵賊而死。

王華甫（赤城新志）守台，摯強扶弱，正經界，均賦役，歲連熟，民為之謠曰：若無王知州，爭得飯碗鹽虀頭。當時言守令者，以為稱首。

元

王銳（臨海縣志）字進卿，宰臨海，廉明愷悌，民甚安之。婁寇突及邑境，帥萬戶帥兵賊寇欲抄黃巖，銳赴軍前爭辯，軍士以刃磨其頸，辯益力，民賴以全。

朱壽（蘇天爵朱壽神道碑）字景周，知揚州，轉台州路。台州土不宜蠶，官歲征絲纊于民，民轉市于他所。壽請止輸其直，民甚便之。或言郡產白金，可以充貢，行省命壽行視。壽曰：此作俑以害民者也。力言無有，議遂寢。他若賦役之苛、鹹鹺之復，纖悉委曲，皆為條約以釐正之，台人以為德。黃巖歲饑，壽曰：救災恤民，守臣職也，俟報而發，民無餘矣。亟出官粟賑之，全活萬人。海有劇賊數百，恣行剽掠，舟人患之。壽擒制渠魁，置于理，餘黨聞之皆潰。

趙敏中（台州府志）任仙居縣尹，明而能斷，人皆服之。凡利所當興者，無不竭力以舉，必得實效乃止，有古循吏風。

韓國寶（赤城新志）知黃巖州事，修學宮，平冤獄，興水利。

王居敬（赤城新志）為台州總管，清修苦節，視民如子。置中津橋田以絕吏奸，台民賴之。

林興祖（台州府志）字宗起，福州人，為黃巖州同知，廉而愛民，境內大治，有循良聲。

張元永（台州府志）字文達，東安人，任臨海縣尹。興學校，禮高年，均力役。民有訟，諭之和，頑不服者始刑之。時行郊野，集民閭子弟，與論耕桑樹畜、謹身孝養之道。歲旱請蠲租，上官以文折之，元永力爭乃得免。每平反大獄，民頌其德。既去，立石思之。

趙琬（元史趙璉傳）琬字仲德，仕至台州路總管。方國珍以舟執琬至黃巖，琬潛登白龍奧，舍于民家，絕粒不食，人勸之食，輒瞑目卻之，七日而死。

明

范明敬（赤城新志）湖廣人知台州府時海寇陳敬仲肆掠鄉邑一境騷動僚佐皆驚愕失措明敬曰毋恐吾當自行即至括蒼募民兵勦平之

唐玄（赤城新志）知黄巖州修政立事愛民禮士境内帖然

王士弘（史鑒）滁州人寧海縣知縣海警吳楨領沿海各衛兵出捕往浙東收籍方氏台温明三郡故兵三郡亡賴挾私逞忿蔓引平民富家為兵瀕海大擾士弘曰誣良民為民不可吾寧獲罪死當為民請命即上封事言狀辭甚懇切上即日詔罷之三郡之民賴以復安

周公輔（名山藏）為寧海丞邑有瀕海塗田五十餘頃不勝稅公輔為民請命未施行復被檄役民二萬為象山縣築隄黄巖縣浚河公輔曰吾縣當築當浚者殊多歲之不易無敢輕役乃役民為旁縣乎復欲以聞同官曰君奏未行又再奏耶公輔歎曰古有尸諫死吾身而有救于民庶上聞之乎遂雉經于官舍

張源（萬曆寧海縣志）成都人寧海縣丞先是邑稅虧欠自源到追徵有方以時完足

吳仲勝（赤城新志）為台州推官貌恭言訥郡守高璞初甚易之旬日間海獄悉理人皆服其明恕時僚佐競為奢靡仲勝獨以虀鹽自甘公退惟讀書而已

龐惟方（赤城新志）知臨海縣為政平恕民有爭訟必從容諭之使之自服

王謙（赤城新志）南昌人任臨海丞居官清慎愛民如子去官之日行李蕭然

張誠（台州府志）字則民安仁人任天台縣丞借科平涖事敏以民病累歲逋賦佐令張時習請于朝得折鈔民甚德之陞臨海縣令

王英（寧海縣志）蘇州人知寧海縣斷獄明決人不敢欺先是歲洊饑邑多盜英至望風潰散

江恕（明一統志）台州知府有惠政嘗建言水利及軍衛儲糧之弊民甚便之

康彥民（嘉靖浙江通志）江西泰和人。永樂初為天台知縣，罷官家居。宣德初巡按御史至天台，民二百人言彥民廉公有為，乞復召為縣，以慰民望。御史以聞，吏部言彥民罷官十餘年，難從其請。帝曰：其人罷去久，民猶懷之，必有政事及民。召用為江寧丞。

張約（仙居縣志）曹縣人，任仙居縣，居官精勤，始終著清節，慈祥不苛，民甚德之。

鄭光興（天台縣志）知天台縣，居官不撓，節冗費，省徭役，民甚便之。

殷序（萬曆黃巖縣志）無錫人，知黃巖縣，廉潔仁恕，政事修理，士民頌聲不絕。

周旭鑑（新徽錄）貴溪人，知黃巖。逋者恃界上，旭鑑潛入邑中，盡得諸豪主名，一日坐庭中召諸曹與定約束，未數月紀綱設張，衆相戒勿犯。文廟毀于颶，師生處草屋數椽，撤而新之。奏減軍糈，及風傷田禾，度通稅不能償者，達于監司，請代以鈔。編戶貲產高下之數，悉籍記之，于是賦平徭均，逃移復業。民飲苦鹹而病，乃鑿山引泉入市，以便民汲。縣北利涉橋久廢不葺，往來濟以舟，遇漲多覆，旭鑑輒復之。西鄉山多虎，捕之不獲，過一祠，因與神約，厥明虎不獲，且焚祠。是夜夢神告虎所在，如其言往，虎皆就戮。歲大旱，禱三日而雨，禱苗復甦。是歲民間麥秀五穗，桑生駢枝，又有靈芝及一乳三子之祥。陞台州通判，仍掌黃巖縣事。台守以事繫，闔郡軍民上章願補旭鑑，上特從民請，涖政一如在黃巖時，而崇禮教，飭信令，正己勵下，興學舉賢，尤注意焉。處州山寇葉宗留倡亂，朝廷命將勦之，勅旭鑑督義兵往贊其謀。既行，台民屢疏請還旭鑑，以處郡據括蒼之險，奏置巡撫司，增兵防禦。時鄰郡皆騷動，獨台晏然。

程賢（赤城新志）真定人，知台州。郡城軍强民弱，賢繩以法。軍以更漏虐民，更建齊政樓，俾民司之，衛不能奪。郡有三關，中津、屯頭、關嶺，皆軍為之暴，悉革去之。

童文（台州府志）應天人，知臨海縣事，涖下端嚴，存心坦易，尤持以勤恪。嘗奏寬官田租以舒民力，興廢舉墜，不勞而集，丞簿以下惟仰成而已。

謝恂（嘉靖浙江通志）武進人知臨海縣一介不取于民自奉甚薄日再食明發聽事夜分而退民以事至庭諄諄戒諭凡利當興蠹當去者沮以權力勿顧也

劉剛（台州府志）泰和人知臨海縣每昧爽晰篆戴星始罷外戶肅然苞苴杜絕嘗捐俸修文廟葺中津浮梁役興而民不知擾霖雨害稼積誠以禱俄頃而霽

張韶（赤城新志）知寧海縣遭歲大飢民多殍韶先發預備倉賑之然後奏聞又捐己俸煮糜粥以食之存活甚衆

劉志（舊浙江通志）山東人知台州廉明端方不阿勢要任久有惠政

袁道（台州府志）字德純吉水人任太平縣治政廉平視民患如在己有强盜誣指應華等二十三人司府已鍛鍊成獄道力為辨理至以去就決之華等得白備倭張勇以沿海倉糧屬折責償于民郡縣莫敢後道獨與抗曰糧在倉而責之民吾官可去責不能以是令民張亦無如之何黃巖縣界有賊殺捕盜官姜昕民驚悸幾激變道亟至其地招諭之曰獨殺人者死耳無憂也民以不擾豪民持官府短長武斷鄉曲者悉寘之法新學校建鄉賢祠行保伍法糾察奸宄廉請耆宿主鄉約月朔呈報善惡以示勸懲布衣有行誼者必躬禮其廬疏治迂浦閘興水利歲以大稔邑西樂清民聞其風皆願屬乃奏割東南六都隸焉

褚祚（台州府志）字昌應常熟人知臨海縣持身涖職動有準繩修學校築堤閘理橋梁多著成績而財無浪費民甚德之

葉贊（台州府志）山陽人知台州府廉静守己治民以仁愛甲辰歲歉民稅無措力為奏免民賴以生

范亮（太平縣志）任太平縣丞慈祥廉慎勤恤民隱署邑事修學宮兩廡繕治鎮東橋歲旱素食草履祈禱甘雨如注罷官日貧無以歸父老賵之一無所受

張弘宜（寧海縣志）字特措華亭人任寧海知縣明察剛斷大家怙勢作威者縮首斂跡而小民為之吐氣詞牘累幅一覽而盡裁答無遺黠吏無所措其手

錢本弟（寧海縣志）四川人寧海典史有幹才時邑人穆惟英恃勇殺人聚族衆山依憑險阻大行剽掠人莫敢當其鋒本弟假道襲捕擒之百姓安堵

戴韶（寧海縣志）任寧海典史清慎有爲寧海故有因壓田土該糧三千七百石民苦浮賠韶疏于朝每米一斗折納銀三分七釐糧不虧額而民稱便

江激（寧海縣志）字景吳江西南城人知寧海縣涖事公勤每日黎明必北向再拜而出臨民以誠信爲本初瀕海民苦冊江塘稅激覈一邑之田浮取隱及新墾五百餘畝充補糧額民浮少甦

陳釗（臨海縣志）蒙城人知臨海縣政尚簡靜一儒生與宦族有爭競以理折勢莫能撓之刑清賦省在任十年閭里晏然

方印（舊浙江通志）字與信桐城人知天台廉以潔己仁以愛民閭邑利弊靡不興革甫一歲教化大行舉卓官橐俸僅八銖

陳相（舊浙江通志）秦州人知台州府守己以廉撫下以仁任內屢獲豐年積穀殆將十萬舉廢修睬人皆德之

陸琪（舊浙江通志）吳縣人同知台州剛毅而濟以寬嘗署府符事無停滯尤注意學校秩滿去民攀留之

毋恩（台州府志）遂州人知臨海縣剔弊補漏政令一新尤加意學校親爲諸生講解輯頑家禮戒飭懇懇人樂從之

劉瑚（太平縣志）字邦直華陰人任太平縣政事以表道爲師表修學校清刑獄勸農桑民翕然稱之調知黄巖

馮岱（台州府志）江都人知台州府恩澤及人甚溥民以疾病來雖冗沓必與以良劑貧不能葬者助之府治及兩學改作一新于民無擾

盧英（台州府志）由黄巖縣調知太平清約端嚴一如治黄以事至司官及行都鄙皆自賫饘具一不以煩民審里保役甚均尤詳于治獄催科第嚴限程不事箠楚頗嚴于吏胥及勢要之家一犯科條輒置之法不少貸暇則校試諸生爲說作文讀書之法考滿上京囊橐蕭然

張羽（萬曆寧海縣志）字鳳舉奉興人知寧海縣廉能剛介抑豪右恵困窮風裁凜然

郁浩（台州府志）字子渊，永州人，任天台知縣，廉慎明決，平徭役，恤小民，人畏愛之，調知西安縣。

張巖（臨海縣志）彰德人，為臨海主簿，才識練達，每有催期，準車歷山谷，撫循勸諭，不笞一人，而課最，所司牒委紛至，先期事集。

羅僑（名山藏）字惟升，吉水人，知台州府，興學禮士，愷悌宜民，訟者至，與款語利害，多解去。歲行循行阡陌，舉冠婚喪祭禮以教民。布衣張尺賢而貧，僑禮之上坐，訪民間疾苦，凡具以所聞告，僑為置童僕給侍，尊禮之，台人多興起者。

毛衢（台州府志）吳江人，知太平縣，明敏有才。先是市豪類包攬里徭二役，侵漁都鄙，衢革去之，進田野小民服役公庭，教以禮法，民悅甚。迂涌街有金星閣，横湖堂有神祠，歲斂民錢為穿臂會，云能消災致福，遠近如歸市。衢毀其閣與祠，或神像火之，罪主者數人，害遂息。民苦盜竊，選飭游徼捕盜賊，知名者悉瘐死獄中。尤重學校，調永康。

王欽（萬曆黃巖縣志）侯官人，知黃巖縣，愛民禮士，興政惠除，修葺學宮，大興文教。

唐愈賢（寧海縣志）字子中，長洲人，知寧海縣，謁陽明于會稽，得良知之學。居官惓惓以勸學明道、移風易俗為己責，至于剔蠹剪獘，扶弱抑強，均田平徭，張施措置，悉當人情。在任四年，民懷吏畏。

劉贊（萬曆黃巖縣志）宣城人，知黃巖縣，廉勤剛正，秉法不阿，豪右為之屏息，人稱劉硬頭。

陶秀（台州府志）字子實，南城人，知太平縣。先是里役不均，田多脫漏，秀編造黃籍，設為十甲，均田之令，又清稽脫漏田以充舊額，民甚宜之。瀕海故多軍衛莊田，弗屬編管，秀建議立為軍圖，三服役，視齊民。又甃道路，起皇華息肩二亭，築治義塚，民益愔悅。

方介（黄巖縣志）字子和，合肥人，以義烏令調知黄巖。廉公有威，痛繩豪右，時有琴堂第一方之謠。

周志偉（台州府志）字士昌，南康人，任台州知府。大興學校，日與士子講解經義。時黄太瀕海，諸地潮沖閘壞，比歲不登。志偉請于御史傅鳳翔，特疏建閘，又請復河泊大使以司啓閉，兩邑自是歲有秋。時有大姓楊某者爭田構訟，累歲不止，志偉親往按視，開示大義，且諭以詩，于是感泣相讓。

陳克（台州府志）通州人，任台州知府。值兩歲水患，多方拯救，廉敏寬仁，闔郡德之。

高材（黄巖縣志）字克甫，無錫人，知黄巖縣。之官不攜家累，止以二力從。愛民節費，齋厨蕭然。嫉惡如讐，奸猾民抵法，輙痛繩之。性簡亢，即推豪不少屈，至接士類，則脱略勢分，有下榻倒屣之風。

秦結（臨海縣志）字國凝，漢陽人，任臨海縣。時倭寇歲擾，兵興役煩，結調度有方，事集而民不擾，合邑安堵。

胡價（台州府志）號玉吾，宜城人，任臨海縣。精敏有才略，案牘騈集，剖決無不當，吏不敢欺，民懷其惠。

余城（台州府志）鄱陽人，任仙居令。先是邑遭倭變，又經城役，郡司李蕭文清督責過嚴，民財力俱敝。城竭力撫循，流泯始集。不阿權貴，務絶請托，以中傷去官。

楊廷表（萬曆黄巖縣志）歐寧人，知黄巖縣。愷悌愛民，立文量法，精密不苛，而宿弊頓革。

楊道會（黄巖縣志）字惟宗，知黄巖縣。年踰弱冠，清約如寒士，諸緑如素，官吏胥不敢肆其奸智。徵科第嚴程限，不事鞭撻，窮民積逋悉停之。歲校士精覈，復賑其窶者，士為奮興。禁淹女，全活甚衆。舊鄉飲賓濫及下匪人，有司亦以彌文略之，道會必得其人，造廬禮焉。

周思稷（台州府志）號養初，湖廣麻城人，知臨海縣。慈祥廉靜，有古循吏風。在邑五年，嘗清丈田畝，稽核丁口，不事察察，而人不敢欺。又酌定鹽課，上下利之。

曹學程（舊浙江通志）字希明全州人令寧海以厚風俗阜民財興學校為己任逾年百廢具舉時有芝生麥岐之瑞頌聲四訖

吳正大（台州府志）休寧人為仙居主簿剛介自持不媚權貴攝縣事併課清丁法良意美大僚子姪殺人必得其人以置諸法時稱天下清官第一

周孔教（台州府志）號懷魯江西臨川人知臨海縣性敏操卓經畫皆可垂久義倉社學次第舉行治以教養為先向來所需器具辦自坊長日用資于館戶孔教一切革去皆官自庀設不以一毫累民治事暇與諸生講學論古一時士習丕變

晏文輝（台州府志）字懷泉南昌人任太平知縣修葺學宮但捐俸為之絲毫不取于民躬迎耆老以勵俗請表貞婦以維風士民皆翕然向化至鋤奸除猾風烈矯、循河造舟濬海除道美政甚著

周家棟（台州府志）號鶴陽黄安人知臨海清理偣役釐剔而民懷之課士論文決科第皆不與邑之儒習彬、焉築湖堤尤利及永久陞御史巡鹽本省老稚遶近數百里擁馬足歡呼曰此我曩時父母也

翁仲益（太平縣志）字受甫晉江人任太平縣值歲飢即請緩征賑濟天旱每禱輒應旦出視事吏人持文牒踞立無一敢窺伺者

王明摮（舊浙江通志）晉江人知仙居冰蘗茹飲不以一錢自污

張弘代（天台縣志）靈璧人任天台縣識度凝重操守清廉興利革弊

汪夢說（台州府志）貴州人知仙居縣禮士愛民時有閭胥之稅夢說以民貧強項不奉法郡守強之不能得

王孫熙（天台縣志）華亭人知天台縣公廉慈惠綜達精敏陞大理寺評事民戀不忍釋後陞本府知府民擁道懽迎焉

李應祥（台州府志）歸兩亭無錫人任臨海令清白自矢時倭亂後水荒相仍應祥朝夕拮据殫心撫字賑濟全活者數千家諸所經畫如定條鞭除糧長輩夙弊一十四條皆與酌盡善特論謂清慎勤三善實兼有之

林光庭（寧海縣志）字仲明莆田人任寧海縣教政寬大而御下嚴肅尤銳意作人增修齋館政餘就義學談藝勸課復創建文昌閣置田供祀

胡憇道（寧海縣志）寧鄉人任寧海丞兩署邑篆清文耗革常例邑偶飢民赴府市米辭宰每有索米少許憇道廉知之遂懲其役復違上官禁諭之

吳絅（台州府志）字內閣增城人知黃巖縣至即誓于神勿私入一錢歲祲不忍追呼府檄趣軍餉甚急民愁負耒蠋爭諭不終宵有溢其額後左遷福建都事尋改業清論任滿經黃巖客舍百姓相與扶輿入公館拜謁者日以千數擁傳不得行

胡來聘（天台縣志）全州人任天台縣廉介慈和精察果毅吏服神君民歌父母尤加意黌宮主持風教士民佩德焉

喬時英（台州府志）上海人任臨海縣宅心仁厚清望峻絕除蠹剔奸積獘盡革

陳起龍（舊浙江通志）海澄人仙居令凡訟者以善語解之民愧悔乃罷日與文士講學藹如家人去之日囊橐蕭然

謝堅（台州府志）字用礪信豐人任太平縣里役舊有陋規歲輸無名之賦堅于正項外一無所取汰冗役嚴保甲繕城隍善政具舉

李天秩（台州府志）歸止菴雲南人授台州司理明末吏治刻敝天秩廉積猾鉅蠹數輩置之法問民疾苦如負重病在身興除不旦夕緩同官太守性嚴急于人不少貸一日語徵侵天秩天秩曰節推法官也公已代專之何忍更為束濕太守愧謝自是事可否必咨天秩而後行直指檄同知歷所過積牘如山頃刻裁之各愜其情而去務矜全小眚原而出者即以千數人至墨吏大豪論竟如律雖戚封利誘屹如也事畢裹糧他去不費縣官一粟

劉士名（舊浙江通志）潁州人。黄巖令，為政嚴肅，晨起放衙，左右都立屏側，罔敢抱不急之牘以進，大庭之上，儼若神明。攝太平篆，政如治黄。

馬鳴霆（台州府志）字瑞霞，楚雄人。知黄巖縣，吏治明敏，理紛錯如抽絲，拔士尤虛心撿閱，各因其材造就之。海門兵譁，進掠監司內署，隨至黄巖索犒，譟攘衖巷，鳴霆陽為款慰，授計擒兵，合衆殲逆，民賴以安。

國朝

李士弘（台州府志）字任肩，河南磁州人。任台州推官，性廉介，執法不少徇。時台初定，悍兵縱恣，士弘一繩以法，城鄉之人始獲帖席。仙居防將趙德悍而黠，陰令所部盜掠，報平民。會巡撫蕭起元檄士弘詣仙居督師，趙畏其節制，不敢恣，民咸相告曰：李公生我。及去任，出郊數四，鄉為士民擁還，不得行者累月。

秦含霆（舊浙江通志）字子虛，北直寧晉人。知天台縣，居官清慎，有經濟才。時值寇警，團練鄉勇，多方招撫，山寇悉平。凡遇經過官兵，邑置浮宕，民賴以安。

趙廷錫（名宦崗祀冊）賡施人。知天台縣，興起學校，會文課士，親為評閱。公編審，平搖役，畢數政。中減水衡虛稅，豁荒賦，頼民沾實惠。

金華府

晉

袁宏（晉書本傳）字彥伯，陽夏人。為東陽郡守，謝安祖之于冶亭，臨別執其手，顧左右取一扇授宏曰：聊以贈行。宏答曰：輒當奉揚仁風，慰彼黎庶。

南北朝

伏暅（梁書本傳）字元曜，平昌安丘人。為東陽太守，在郡清恪，民賦稅不登者，輒以太守田米助之。郡多麻苧，家人乃至無以為繩，其勵志如此。

何遠（梁書本傳）字義方，東海郯人，為武康令，勵廉節，除淫祀，正身率職，民甚稱之。太守王彬巡屬縣，諸縣盛供帳以待，至武康，遠獨設糗水而已。彬去，遠送至境，進斗酒隻鵝為別。彬戲曰：卿禮有過陸納，將不為古人所笑乎？遷東陽太守。遠處職疾強富如仇讐，視貧細如子弟，特為豪右所畏憚。在東陽歲餘，復為受罰者所謗，坐免歸。耿介無私曲，居民間絕請謁，不造詣。其清公實為天下第一。

唐

洪少卿（萬曆金華府志）失名，字少卿，為蘭谿令，以信待物，以勤集事，賦平人和。

宋

馬絳（張安道馬絳傳）大名人，知婺州義烏縣，至則闔縣扉，凡辨訟者徑造于庭，為之別白是非，因勉以孝義，民歎聽命，罷去無復詞牒，案牘大治。後數十年，父老猶有稱道絳名者。

王居正（宋史本傳）字剛中，揚州人，知婺州。婺州貢羅，舊制歲萬匹，崇寧後增五倍，建炎中減為二萬，至是主計者請復崇寧之數。居正力言于朝，戶部督趣愈峻。居正置檄不行，復手疏五不可以聞，詔如建炎中數。漕司市鄉炭，須胡桃文鵓鴿色。居正曰：民以炭自業者率居山谷，安知所謂胡桃文鵓鴿色？即詔止之。

汪應辰（宋史本傳）字聖錫，信州玉山人，知婺州。郡積欠上供十三萬緡，朝旨命憲漕究治。應辰謂急則擾民，乃與諸邑酌宿逋，去苛斂，定期會，塞滲漏，悉為

補發

洪邁（宋史本傳）字景盧，皓季子，知婺州，奏金華田多沙，不受水，五日不雨則旱，故境內陂湖最當繕治，命耕者出力，田主出穀，凡為公私塘堰及湖總之為八

婺州

百三十七所發軍素無律春給衣欲以緡易帛吏不可則譁呼嘯聚于郡將之治郡將惴恐姑息如其欲遇坐衆祖前事至以飛語謗譏門遇以計逮捕四十有八人置之理黨衆相嗾閧擁遇譟遇曰彼罪人也汝等何預衆並哭散去遇戮首惡二人餘黥撻有差莫敢譁者

孫伯虎（永康縣志）為永康縣尉臨机明敏莅政公方化頑猾而有條處煩劇而不亂民有訟者皆請于州願決諸尉及攝邑篆民相戒毋以曲事至庭

趙必愿（宋史本傳）字立夫知處州陳析帛紬銀之害皆得請知台州察民疾苦撫摩凋瘵修養濟院建陳瓘祠政教兼舉知婺州至郡免催紹定六年分小戶綾羅錢三萬緡有奇立淳良頑慢二籍勸懲人戶措置廣惠倉及諸倉積穀奏乞蠲減內帑綾羅申省免用舊例預解諸色窠名錢罷開化稅場

黃師雍（宋史本傳）字子敬福州調婺州教授學政一以呂祖謙為法慕徐僑有清望欲謁之會其有名命師雍曰今不可往也僑聞而賢之至閩以其學最聞師雍簡淡寡欲靖厚有守言若不出口而于邪正之辨甚明視外物甚輕故博采公論當官而行受護名節無愧師友

王霖龍（東陽續志）三山人任浦江知縣奉公勤政修壞起廢有兄弟訟者霖龍批然曰是明倫之化未孚也今與有責乃授以孝經朝夕誦習由是感悟和好如初達嗜村氓久不輸賦霖龍移文諭之詆欣然相率拜庭下曰吾侯清聲稔矣何幸得親見耶遂完積負

元

劉濟（黃溍劉濟墓誌）字仲濟河間肅寧人調婺州路獄司獄有余甲者以負自鬻為人奴某家子慕甲妻美弗能得會其主病死金華道上因誣甲殺主而奪其妻吏既停致成獄濟直其冤破械出之蘭谿民王乙為怨家所殺乙親戚兩人將訴其事怨家懼吏屬吏捕治兩人謂乙私其妻實共殺乙賴濟言徙其獄旁郡兩人得不死他以事株連若鍛鍊無得而久繫者濟悉為剖析所活十有四人所縱遣八十餘人永康大姓以睚眦之怨毆人至死有司弗敢詰及抵告者

罪濟求得其情乃收棄殺人者宣慰使而下以受賄曲法取者五十餘人

周自强（元史本傳）字剛善新喻人授義烏縣尹周知民情而性度寬厚不為刻深民以爭訟訢于庭者一見即知其曲直若能悔悟首實則原其罪怙惡不悛然後繩以法民畏且愛獄訟頓息民間田税之籍多不平以故差徭不平自强出令覆訟數之民不能欺文簿井井可考于是賦役均平貧富樂業

劉元（萬曆金華府志）大都人為武義尹惟携一子一僕剛毅廉介一錢不取時浙東憲司擇一公堂俾元鉞材運甓元不從出戲言曰一公何在竟拂衣歸

張孝安（萬曆金華府志）東平人蘭谿縣尹為人慈和言語應欵遇事激烈利害不傾有古强吏風

禿滿答（鄉賢禿滿長官去思碑）字曼卿本只温台部人宰東陽知俚俗拘于陰陽謬論親喪或數十年未舉于是申明禮制勸示葬期盖隨其豐儉以就葬埋者千有餘喪患糧籍弊于吏胥之乾没而官田民賦或失其貧富之等于是下令制期自陳過刻弱採朱墨鈎校出入曾未數月而户版以明民税以定庶間影聞委符迭至貫其餘勇又足以平旁境難平之訟政暇教揚經義以中庠序之教歲足浹侵則推誠勸分以甦捐瘠

亦憐真（萬曆義烏縣志）字毅齋畏兀兒人任義烏縣達魯花赤明敏不察仁恕有容務以恩信及民田政久廢徭役不均乃覈其田以定賦役值歲不登田使者將徵租力言之得免十之八九又崇禮教抑豪强修學校勸農桑修橋梁以濟不通濬繡湖以興水利

廉阿年八哈（嘉靖浦江縣志）一名溥字景淵北庭人任浦江縣達魯花赤才優識明力于興革賦税舊輸本府後輸畦倉踰山歷險為訴廉訪復舊均役法行鈎校發敝發訟定税高下各適其宜公餘延儒碩講明理學復刻鄉賢文集置之學宫以存文獻廉静剛介私交不行吏無舞文民安其政

怯失烈（萬曆金華府志）字吉甫知蘭谿縣以清静為治惠愛為心門無私謁庭無健訟吏不敢欺民不敢欺時有詔賜天下高年九十者帛八疋八十者帛

一疋吉甫周歷境內雖窮山絕壑悉臨其家手授之帛且多其子孫而勗以孝焉

明

王允誠（成化金華府志）任義烏知縣時承兵燹之後修舉拊循不期月而民安堵縣控孔道民苦軍士侵擾允誠以法懲之頓息凡營造及軍需供億事事規措有方尤崇重學校善決斷民苦不雨禱諸神雨輒降歲有秋甫期擢南安守去民涕泣擁留至馬不得行

張熙（舊浙江通志）為金華縣主簿及去任朝遣使者行浙東郡縣問民疾苦父老言數年前有張主簿愛民甚民思之不忘願得張君復來使者以聞上嘉歎即命為金華郡守以慰民望

賈存義（萬曆蘭谿縣志）趙城人知蘭谿縣蒞以律己惠以撫民修學校建津梁未期而政成

趙煥章（浦江縣志）真定人知浦江縣清廉有守寬猛得宜獄訟得情民畏懷之

魏處直（萬曆金華府志）益都人任永康知縣蒞以處己勤以蒞事緩徵科葺學宮不煩民力且善剖決奸欺莫能蔽民歌之曰父母何在在我庾華溪之水如公清下民不敢匿隱情我公摘伏如神明又歌曰我邑大夫賢且仁惠義生息熙如春

宋珏（萬曆金華府志）唐縣人知金華府為政公廉清簡嘗云官省一分事則人寬一分力人以為名言

黃紹欽（萬曆金華府志）交州吳川人授永康縣丞愷悌寬厚愛民如子不為貨利所動民有賦役于官而所輸不足輒代以己俸勿責其償事苟利民必委曲善處之至法令之輕重銖兩不少假借

朱璞（明一統志）知蘭谿縣治事嚴而能恕寬而有制人皆悅服

方素易（嘉靖浙江通志）江西樂平人金華同知蒞政勤敏發奸剔蠹吏民畏而愛之

吳祐（萬曆義烏縣志）滕縣人知義烏縣公恕廉潔有仇均善講一家三命屍以乾坐間薪嘍之無繇祐微行細訪得實在任田野闢逃亡歸利興蠹革

劉孝飛（嘉靖浙江通志）任浦江縣丞性耿介以氷檗自持孜孜為治有古良吏風

吳理（明一統志）知金華縣撫覆公正循科不擾秩滿民涕泣不忍舍其去

王鐸（舊浙江通志）修武人自教官陞任知府嚴厲明斷吏畏其威民懷其惠

李玉（金華府志）字汝成吳縣人知義烏縣廉介有守時朝廷營造部使者絡繹來縣催督夫匠一或不集則索要賄賂玉歎曰豈可剝民以媚人乎惟夙夜勉完厥事賴以無擾未幾以舊官代解任回京民遮留勿忍舍

黃仲芳（成化金華府志）名蘭以字行建安人宰東陽剛明練達吏民不敢欺時民苦斗租房償稅糧折絲等賦皆為奏蠲之又有虎傷人仲芳為文禱神越三日二虎來伏南門外仲芳往訊之曰若噬人者當伏罪否則馳去虎伏不動殺之其誠格如此

劉寶（明泳化類編）字嘉秀安福人金華府通判適歲大旱民多逋賦鬻子女上供寶為奏贖還之督賦至浦江驛丞王韶侍同鄉以飲食饗拒弗受公餘即閱經史有郎僚竊笑之不為意修顏孝子宗澤呂東萊祠墓先是義門鄭氏蓄廩不自給寶奏免其歲供

石瑁（湯斌石瑁傳）字信之應州人知金華府處州賊楊熙流劫郡縣瑁修城積粟以備之已而爭與日費不貲百姓被寇者皆乏食瑁將發倉以濟大吏或難

之琄曰彼迫于饑則亦為盗耳夫迫民為盗與擅發官粟罪孰重哉寧就其輕者卒發倉濟之朝廷聞之以為能

劉傑

傑（萬曆義烏縣志）字仁傑江西樂平人授義烏縣丞蒞任初方伯黄津按部催督軍需邑舊丞業被罪斥傑奉檄以積逋鉅萬民難猝辦乃畫限分貧富定逋逋不兩月而完集歲大旱盗賊嘯聚剽掠傑散遣安夫手書招諭脅從已猝入賊境獲其渠魁民賴安堵時五虎為害即移牒城隍遣捕户入白巖山洞五虎俱獲夏不雨傑齋沐禱清潭忽見青虬蜿蜒黑雲四起大雨如注嘗編保甲以便徼輸疏請蠲租以活飢饉又上封事十條大者論詩制王公禪死節滇南得謚忠文及天下有司官為公錯干罣害其治行廉能嘗免提對逮罰諸若除奸革弊利國便民各條悉見採用邑缺令民以丞能守己疏請令之時新令已至見丞政優得民亦奏以丞自代部覆其奏而傑名自此益彰邑有一二豪猾伺傑考績還欲投媢嫉利傑嚴拒猾無所容遂捕飛語入內臺得雪遷民無老幼遠道欣躍諸若修儒學忠孝祠尊賢堂及各公宇橋梁之類無不脩舉

劉同

同（婺書）字伯詢江西廬陵人令義烏有幹才數雪疑獄金華郡丞某者偶行縣索餉同即奏其狀于朝丞竟得罪去

周宗智

智（舊浙江通志）湖廣大冶人知金華府修建營繕綽著才能鞫獄理寃更稱練達

李琦

琦（舊浙江通志）霸州人知金華縣廉介自守政治有方首舉孝行貞節激厲風教

李珍

珍（成化金華府志）洛陽人任金華府同知勤慎慈惠激懦廉頑民情允愜

劉珂

珂（成化金華府志）安福人知永康縣勤恤民隱加意學校理煩治劇綽有餘裕嘗建仁政橋工鉅費煩而民不知勞有妻妾殺其夫者事秘得其情又有豪右誣平民為盗者鞫廉其枉釋焉

潘珏

（分省人物考）字玉汝婺源人授金華同知職事清戎尤慎勾稽未嘗枸擾郡為取舍蘭谿民誣姪夜毆叔殺其妾其官治姪死罪累年莫辨珏閱成案見具初驗時不云何衣悟曰此必就寢所計殺之也豈有婦人裸而救鬬者即詰之果服蓋叔故殺罪而出其姪也按陳其不悅曰獄屢經臺讞矣何若是矛盾耶珏力爭之陳不能奪

繆樛

（成化金華府志）字全之溧陽人為東陽令先是邑中田糧多虛負民告病樗沿匪覆訟編歸繪圖飛詭之契為之一清歷任五載政平訟理學校倉場祠宇無不修舉迄今民猶賴其流水冊籍以正疆界

王偉

（分省人物考）字用儉太倉人知山陰改蘭谿在山陰多興滯補弊革額外科取之酉政聲赫然至蘭谿以積逋糧里繫監一訊釋之在獄前者蠲除餘為立限以次輸足旬日覆盜十餘輩夜戶無警素舞文者皆斂跡

葉巒

（金華縣志）字鍾秀知金華縣廉介明敏興學校行保甲凡科收無加耗催徵有定式民甚便焉

王秩

（永康縣志）字循伯崑山人知永康縣抑強扶弱作興學校清賦稅歲侵多方賑濟士民懷之

韓熹

（萬曆金華府志）字宗仁平鄉人知金華府遇事明敏吏無留訟尤銳意作興文教士多成就

葉相

（萬曆金華府志）字良臣任金華府推官明敏有才署府印丈量田土清理稅法奸弊悉釐

楊文

（嘉靖浙江通志）無錫人授金華府教授正執範嚴條約以身率教雖隆冬盛暑不廢講授常以胡安定之教蘇湖者自勵抗顏正色于人之愛憎勿恤也

陳交

（獻徵錄）字汝同選永康縣令永康舜習難治交一以誠待之不事鉤距士民相孚不忍欺道通五者冠蓋相屬驛傳供億往往告匱交一切裁抑縮費十

四五有以毀言告交不為動曰吾寧解吾職耳何忍趨合以悅人俗產女多溺不舉嚴為之禁湯民範烏合為亂投身往諭立散其黨疑獄淹久悉為剖決多所平反有干請者一不阿徇調知湖廣之興寧去官日行李蕭然惟圖書數卷而已

賀寬（舊浙江通志）江西永新人為東陽令廉明慈愛教養兼舉歲旱減膳徒跣以禱又借運司鹽利及郡倉粟以賑全活甚眾及報政囊橐蕭然士民交相餽贐寬惟取一菜時人謂曰昔聞劉寵一錢今見賀寬一菜

毛鳳韶（浦江縣志）麻城人除浦江知縣為政以恤民厚風俗興人才為務一時因革損益曲盡規模邑有貲告出頭活豪猾刺脚壯主文無利趣里長省錢畜之謠

李一元（成化金華府志）字調卿建德人知金華府明察耿介周知吏胥奸偽所施為出入意表吏抱案牒股栗不敢出半語訟者情得自達曲直立辨而造不費一錢賦則酌輕重為先後令縣官與民約期不家呼而戶促經征繳齊午未嘗達督部下縣逋負貴多督府重斂甚急一元不忍乃以俸餉被劾恬不介意後賴公論得白歸尚儉約至判化之歷五年不調或謂其無書投政府一元歎曰吾豈以一官易所守哉

姚文炤（萬曆金華府志）字在明莆田人知金華新黌宇治橋梁均徭賦通鹽鹼復豪右久沒之產決津要殺人之獄賑武義等邑飢殍全活以數萬計湖州借祈糧百餘年歸請巡臺力為辯復至面折湖守不少屈又肯麂澤四賢書院建章文懿陸鶴山諸祠尋以奏最行老稚填道泣下刻石記恩

陳京（萬曆金華府志）字世周懷安人知金華府政持大體不事煩苛有鄉宦乞城中隙地京拒之曰是安可以私與人也當道檄與之竟不聽有舊坊久毀復建武告直鑴巨室姓名京曰吾守郡惟經野建學通商惠工吾事也他何問乎于撈要一無所阿嚴禁溺女所活以千百計

劉璧（萬曆金華府志）長洲人。知東陽，在縣僅一載。凡東陽數十年不可芟除之契興根據不可動之人，一旦剛洗殆盡。勤恤民隱，事無大小，務親裁決，或至日昃不食。性甘清苦，日食蔬茹，竟以此成疾，遷家數日卒，橐中不及二十金。

周後叔（獻徵錄）字引昌，為金華府同知。郡有劇盜，以其黨負隅，吏莫敢詰何。後叔使市魁佯為闌入，盜者盡得其虛實以告。後叔以勁卒習射，趨而覆其穴，悉平之。歲少祲，量議發儲粟為賑。後叔持不可，曰：「民尚幸半菽，即庾室而歲復大祲，時繼者乃召巨室假貸貧民，官為裁其子息，民兩便之。」是時御史衔上命訪求異人，所至苛擾。後叔迎諸境曰：「郡僻小，孝弟力田間有之，異人無以塞明詔。」御史愧去。

李庶（萬曆金華府志）字季鄉，福清人。知蘭谿縣，抑強扶弱。時有柄臣北上，道出蘭谿，郡邑皆往候。庶曰：「勞民傷財，以庇吾官，心竊恥之。」卒不迎送。每上官過，輒私相戒曰：「無令李知縣知。」大旱，竭誠禱雨，衣粗布衣，郊輿蓋步行烈日中。又平糴發廩以哺饑民，全活甚衆。

徐紳（萬曆金華府志）字思行，直隸建德人。知蘭谿縣，洞悉民情，能持大體，僚吏畏謹，老胥讋服。去官，蘭民祠焉。

李昭祥（蘭谿縣志）字元韜，上海人。知蘭谿縣，優于吏才，舉廢墜，剔冗蠹，平賦均役，息訟戢盜，力行鄉約，具有規條。

汪道昆（萬曆義烏縣志）字伯玉，歙縣人。任義烏縣，警敏過人，梳櫛宿獘，杜絕侵漁，徵賦立辦，辦枉破猾，以息訟源，信令必罰，盜賊屏息。事無巨細，剖則決之，羣情胥服。性好學，博覽多識，不以案牘輟，尤重學校，造就青衿，所獎拔偶異，為時名流。

頤曾唯（金華府志）字一貫，吳江人。任金華知縣，資性明敏，庭無滯訟。有豪民殺人私其婦，廉得之，寘諸法。縣屬郡里甲支應獨煩，節冗費寬之。時倭寇發溫台，有自馬駿嶺入永康、武義境者，曾唯督民兵守要害，寇不敢犯。縣學舊隘甚，且褊，民居曾唯捐俸市地，拓其門廡，更新之。又置祭器書籍，加祭品，暇日課諸

生業詩論之凡所設施凡務實惠

王煇（萬曆義烏縣志）玉山人任義烏丞遇事隨決雖老書積保不能為奸胥縣事追徵有徵節者夫役得父老心

黄卷（浦江縣志）荆門人知浦江縣始任布諭息訟期于休養民有所理責令自釋不解而後聽有事行邑餱糧自隨當春出郊見田治者勞之荒蕪者責之違有老氣困于犁鋤停軺命隸夫代之終畝民間子弟每月考校諄諄詳數表揚節孝清理先賢邵蓁當入覲聞父不豫即致政歸行李蕭然庫積羨餘分毫不取但加封識而已

史鍪（獻徵錄）字允全長洲人為蘭谿丞令有移訊牒者贖之必兩造俱服從容為理獄以報贖鏹絲毫不入橐自嘉靖末郎邑爭為甲令自藏削而鍪所操益甚即一薪水必損月俸為直以償或謂君胡自苦鍪謝曰小吏安敢取名固職如是爾

歐陽栢（萬曆義烏縣志）字惟承潜江人任義烏甫下車省利病皂捕肆毒痛懲之緝盜鋤强不遺餘力奸猾戢柔庶務畢張尤垂意學校門堂廡垣時加修飭鄉賢名宦二祠廢弛已久乃度地建祠辯知先務

文元發（浦江縣志）長洲人任浦江縣聽斷數語盡得其情凡上官疑難之牘必以委焉有所條議頒布各郡邑鄰邑俱受其賜六房吏契洗刷無遺時有丈量之役躬為覆畝舞文者立置之法田賦為之一清畫魚鱗圖冊民永賴之時通浙得羨田十頃法當税九發請以兩浙羨米充羨田惟正之供議下行之諸郡悉得如例

熊鳴夏（金華府志）字心喬豐城人知金華縣讞獄明允催科有法時矢援朝鮮軍需孔亟鳴夏獨恤民財以鎮靜處之民爭輸輓焉又造橋賑飢多有惠政

姚永濟（東陽縣志）歸通所上海人知東陽縣值連歲荒旱設法賑濟多所全活又礦使驕橫永濟請于上司奏罷之妖民嘯聚為亂設計擒之平其餘黨

須之彥（浦江縣志）字君美嘉定人任浦江令浦人隱田所賦即司理稽查論成之彥至下令閭里准自首每畝逕公正一人每戶取親供一冊彙之民稠地闢及過舊額攤均者田賦為之一輕徵糧分十限設長華里長自填免差胥之擾糧由三聯互照防影射之奸于是風通盡完沉困頓甦值大造開稅局以其義為民輸除銀十分之一推收官給二票杜生根棄求諸契閣閉之弊摘丸舜文者訪的立抵干法盜皆遠徙訟庭闃然有餘閒則集生儒課校之

龍遇奇（金華府志）字紫海永寧人知金華縣和易近民有訟者以理諭之輒輸服去又善催科蠲羨耗設常平以救飢荒其淹沒以育子女修學課士

莊起元（浦江縣志）字中孺武進人知浦江登知左右叢奸置之法中外肅然對百姓則怡怡諭諭三年間未入一元利圖中幾空尤以興學育才為首務

蔡思充（東陽縣新志）歸元尚漳浦人知東陽縣治民甚寬而獨嚴于盜賊待士甚厚而更切于窮民凡水利常平保甲諸務無不具舉

林贄（舊浙江通志）莆田人知金華府律己甚嚴自奉甚儉吏胥奉令惟謹郡中利弊興革殆盡

王士鏕（金華縣志）金壇人任金華令每事至剖決如流無滯獄無冤民役無煩擾課無羨餘一日偕紳衿行鄉約諭孝順父母泫然泣下觀聽之民莫不歎息而泣

盛王贊（金華府志）字子裁吳縣人知蘭谿縣歲荒設賑全活多人去官日行李蕭然士民叩閽留復職補任東陽一如在蘭時命案驗傷始准曰假命害人雖式富處其家已破民甚戴之

周廷侍（舊浙江通志）金壇人知義烏聽訟立斷邑人有周半升之稱言持米半升入城可決訟也凡山澤之利豪右專壟者必清出予民

國朝

吳元襄（永康縣志）字永持，休寧人。知永康縣時，海氛未靖，兵馬繹騷，荒亂頻仍，適賦稠疊，元襄征調有方，民以不困。東陽、義烏山賊屢犯境內，元襄殫力守學，事平之日，邑處脅從多所全活。先是里總為奸，包藏飛洒，元襄悉為釐剔，又盡革會計陋規。至若修文廟、賑飢民，善政不一。去之日，士民童叟送者載道。

孫家棟（名宦留祀册）山東安邱人。知義烏縣，澂牘滿案，剖決如神，奸吏豪民一時斂跡。清積逋，免浮糧，修廟學，嚴保甲，在任十載，善政多端。

陳龍驤（舊浙江通志）字靖海，山東信陽人。知東陽縣，每閱訟詞，先得其情，更折不踰片言，鋤擊豪强，吐茹有法，盜賊無大小，必窮治之乃已。俗敢溺女，諸槩皆力除之。在任七年，無一幕客，服食器用如貧士。

衢州府

宋

高賦（東都事畧）字正臣，中山人。知衢州。衢民好巫鬼，民毛氏、柴氏二十餘家世畜蠱，與人忿爭，輒毒之。賦命捦捕伏辜者數人，蠱毒遂絕。為人剛嚴，內實平恕，所居皆有善政。

趙師旦（宋史本傳）字潜叔，知江山縣，斷治出己，吏不能得民一錢，棄物道上，人無敢取。改知康州，儂智高東下，遇害。柩過江山，江山之人迎喪哭祭于道路，絡繹數百里不絕。

劉珙（朱子劉珙傳）字共父，建人。知衢州。始至，委事僚屬，一無所問，人或以珙未更治民，意頗輕之。既而欺者得，柱者伸，羣下斂手，不能有所為，始大畏服。凡吏

員外置者悉罷之受租米使民得自擇

賢其發鈔清籍皆有程式田里大安

馮惟悅（宋史徐鹿卿傳）惟悅為衢州推官浙東提點刑獄檄惟悅決婺獄惟悅素

廉平至則辨曲直決淹禁大家不快其為會鄉人居言路延為劾惟悅州

索印紙惟悅曰是猶可以

仕乎自題詩印紙而去

元

白景亮（元史本傳）字明甫南陽人授衢州路總管先是為郡者于民間徭役不盡

校田畝以為則吏得並緣高下其手富民或優有餘力而貧弱不能勝者

多至破產失業景亮得知其弊乃始覈驗田畝以均之役之輕重一視田之多

寡由是民不勞而事集他郡邑皆取以為法郡學之政久弛從祀諸賢無塑像

諸生無廩膳祭器樂器有缺景亮皆為脩之儒風大振縉紳稱頌

為景亮性廉介勤苦自奉甚薄妻尤儉約惟以脫粟對飯而已

明

扭古伯（萬曆衢州府志）任開化主簿有治才歲飢約民無以粟出

境復勸富民移粟立其價民不為害抑豪剔奸民懷善政

黃奭（天啟衢州府志）湖廣黃岡人知衢州府芟草茅以營府治增堞堡以撫流

亡振文教興水利頑民嘯聚親入其壘擒縱得宜開衢之官有大功者也

步從信（弘治開化縣志）字仲寶揚州人宰開化建

縣治興學校招逃遷而撫綏之民咸復業

姜仲能（天啟衢州府志）四川瀘州人知西安縣時城中有戍卒暴害良民官不能

制仲能下車即擒送京師悉戮之境內肅然民賴以安興學校修壇壝庶

務咸舉以事去

官行李蕭然衢州

唐苟兕（天啟衢州府志）為龍游令宣布威德招撫復業編民定役休養疲敝卓然為一邑保障

晏昇（天啟衢州府志）字景高鹽城人先任開化縣丞陞知府廉而且能吏民畏服其後曾由政簡貞繼任民轉思昇謠曰曾也曾不上簡也簡不下若要民情安除非是老晏吏部以實聞復任

黃勝（天啟衢州府志）建陽人知衢州府有守有為禁豪軍治強梗民心翕服去任多垂涕者

唐瑜（分省人物考）字廷美其先晉陽人占籍上海知衢州府至則詢民間利病以次行罷會歲久旱且疫瑜還自朝覲下車即宿城隍廟為文以禱三日雷雨大作後凡值旱禱輒應舊有孔子祭田奪于民瑜以俸贖還之俾世供祀事有假娼賻賄財既而懼瑜之威鬻二子及妻以償瑜曰民窮而犯法畏法而棄妻子守之過也贖其妻還之衢民健訟瑜決斷如流數辨疑獄民不敢欺

李濤（常山縣志）字大濟長垣人知常山縣介然有守除奸革弊不受賄囑建旌善申明亭修學校立進士等題名石碑以勵風俗凡優給賑卹奉行不怠刑清訟簡時猛虎為患似有物來驅之去人稱異政所感

王弼（弘治開化縣志）華陽人知開化縣為人外柔內剛剪除凶暴民心悅服遷御史

王進（正德江山縣志）上元人知江山縣剛介有守執法不撓一塵無所取嘗修學校及四門壇場皆不科于民

鄧璩（弘治衢州府志）廣西寧化人任衢州同知廉明固執人稱鐵校上司詘將多委任陷懲江上銀礦寇盜大著習績

饒泗（衢州府志）江西進賢人任衢州府捐俸散粟以卹旱灾給資勵課以興學校妻帑不入官舍布被脫粟冰廚屢空捐館僚友賻殮見其行笥蕭然士民白

衣舉送直抵懷玉
立錢公明德祠

譚讓（獻徵錄）字汝卿通判衢州政尚嚴厲夜有書癖壁者曰虎豹在山雷行于天人宜自度不可犯譚讓領而笑曰為政不能使民無犯乃使民不可犯耶吏治簡綏民愈稱之江山民與江西民相侵殺有司莫能決讓至未閱月立解攝府事棊婺論財寬租稅減土木平搖振學咸有經紀開化江山令缺民請監察皆願得譚署篆監察委讓開化而別遣署江山江山民遮道訴留車不得赴遂兼署兩縣是時姚源賊為圍陣出沒開化境讓嚴部曲謹烽燧拊投距士置戲下為傑賊計賊語曰此故父母善吏何可忘也遣騎違過竟全其營初讓與賊遇以兵少間道馳深山中山中巨室方栒見讓而泣讓怪問故栒曰吾有五子賊起悉報為兵而公僅留其二今二子雖戰歿而吾尚有三子且山多獵家皆公故所免勿為兵者請為公招之乃持讓手筆遍示得七十餘人夜直入賊卧所擒殺其首賊驚以為大兵至悉奔散又嘗以檄往城常山議貲百萬讓曰官不私財役不私力何百萬之為也城二月而就卒無橫費

楊璨（分省人物考）字仲玉華亭人舉仕桐鄉調開化令去桐之日民輟耕罷市攀轅載路開化人好訟重利輕生々女不舉皆痛與懲創收馬金鎮之豪沮饒信挑源之盜覓殘破之賊尤為人所懷

劉佐（衢州府志）字時命江西安福人任龍游嚴毅有為廢墜畢舉訪民瘼勸本業禁豪猾綏善良時俗多溺女嚴為之禁通媒妁者婚聘民從其化生聚日繁

林有年（衢州府志）字以永莆田人守衢州毀淫祠改敝社學延教讀訓民間子弟修築講舍諸生肄業于中士習丕振織染局段匹取于荒絲歲入耐全俱郡之衢道要衝立節省之法夫役支應視昔減半歲兩成不兩竭誠而雩雨降民獲有秋丁亥大飢捐俸設粥去之日行李蕭然

張潤身（衢州府志）成安人為西安令留訪民隱剔奸搜弊因不盡心奉檄清理田糧根求弊端悉行釐革視詘歸正得上古均田之意刻石縣門杜絕後奸

林鍾（衢州府志）字太和，廣東高要人，任西安令，作衢活饑，停徵逋負，苞苴請托不行。他邑有疑獄積年不斷者，當道下鍾勘，悉得白其事。

李遂（名山藏）字邦良，豐城人，陞衢州知府，治以教化為先。處州饑，流民以採礦為名，糾集入境，大肆掠劫。遂與推官李文進輕騎直逼礦山，駐宿。賊聞，中夜焚寨去。特隨從不滿百人，火起，皆促遂出。遂堅臥曰：「賊不意吾來，將謂大兵合矣，此燒寨走也。」已而果然。文進曰：「盍追之？」遂曰：「此皆饑民，不為患，若急無矣。」遣兵躡送出境，開礦而還。郡廳有塚，相傳為郭璞墓，發之不利于守。遂曰：「郡廳也，而位壟在其下，即且累紀不殃于此。」發之，得石笋二，乃唐刺史李郃所樹者。又聞王廟多靈應，郡民奔走祈福，遂訪之，神為孝子，易廟額曰周孝子祠，表祀宋趙抃、范沖、魏矼、翁蒙為四賢祠，以屬民望。一日，衢山谷民造庭者數輩，遂問父老何訴，皆曰：「自使君下車，里閭無擾，豪橫改行。民輩已老，見守衢未有如使君者，民輩特來望顏色。」

林浩（衢州府志）福建龍溪人，任衢州府教授，性嚴毅方正，勸學興禮，復堂齋號舍之法。黎明出公座，分齋皆誦，然後升堂講說，已乃退業于號舍。每三日課試於堂，校第文藝，尤教崇德行。貧者節餽不受，且同之于廟祀，禮樂制度，極為講明。

張江（天啟衢州府志）字宗海，廬陵人，知西安縣，持守廉潔，興學校，正士習，立小學，復義倉，設義塚，均徭役，子視其民，民愛之如父母。

趙可興（衢州府志）字令中，江西安福人，知衢州府。郡賦沿正德末年增折額以貸湖漕，可興以狀聞當道，為之改正。興學校，嚴課藝，士貧者給油米，助婚嫁，一時人才每賴陶淑。壟地賑荒，撫善摘奸。遇旱祈禱輒雨，民為立仁雨亭。

王仲錦（衢州府志）字絅之，吉水人，知衢州，首革積弊，廉威並著。性簡直，寡言笑，禁絕請托，不畏權勢，節式支應夫馬。

楊子臣（衢州府志）字惟敬，四川南充人，為衢州知府，性寬厚，輕刑薄罰，愛士惠農。下車值歲歉，請監司賑貸，而益以俸資。大旱，竭誠致禱，甘雨如注。

程達（衢州府志）字時望婺源人同知衢州府恬静寡欲禮士愛民視篆龍游儲積獨廣拯開化之溺全活者衆

張澤（獻徵録）字大被桐城人為衢州別駕通賊者盈囹圄寬為期而出之感泣争輸自奉甚約民稱張青天會龍游常山皆乏令監司使攝龍游而常山民要之曰張公奚而薄常山監司從常山請時督府胡宗憲威傾兩浙其前驅求索無厭澤縛而杖之白其情欲解綬去宗憲更延以賓禮戒部下曰而不知此郡有廉吏乎供具減十之五督府新募之兵數百擁主糧者而譟澤馳至咸曰張公至矣遂凛然散有礦寇擾處州傷官軍將及于衢衢守議避之澤曰不可单騎諭以威福給米數石曰為爾歸飼爾母擾一方民寇相戒不入衢

錢仕（龍游縣志）知江山有士人為讐陷殺人郡坐抵罪仕勘得其誣立宥之吏白此上官意也曰殺人以媚人吾不為也民俗輕死動輒自經仕令反坐其家民始知畏縣署悉燬咸易新之民未嘗以為勞

周臣（天啟衢州府志）字子忠霸州籍吳縣人知衢州府蒞政嚴明奸吏無所措手士大夫無由請托去之日耆民扳轅千道

孫継禄（天啟衢州府志）上海人知開化縣恭慎有守豪强知畏而恤民愛民咸浮其心

余一瓏（衢州府志）號見田婺源人任江山令邑舊無城且近山澤寇盗窃發防禦為艱一瓏創議不日城之俗負氣健鬭瓏訓廸以禮勸諭兩造和好更進諸生課以文藝期望聚請示以敦倫睦族境内丕變

陳彌正（舊浙江通志）江西南昌人判衢州守己清介歲部糧儲例銀千兩去之日行李蕭

冉崇禮（衢州府志）河南中牟人知西安縣冰蘖自守秋毫不以煩民待群吏諄諄訓飭律令章程井井有條裁冗費節賦役勞心撫字以民食為急凡陂堰

清決必先時修築，旱澇有備。

李翔（衢州府志）廣東揭陽人，任衢州推官，攜一老僕赴任，清操自持，朝夕止供一飯魚，剛正不能媚上，而厚于恤下，作興學校，諸生甚見禮遇，若家人父子。讞獄審成，雖上官少欲輕重，不能一易也。西安有强賊數輩，翔至立杖殺之，盜賊屏息。

梁問孟（衢州府志）新鄉人，知新安縣時，稍具愛士如師傅之教生徒，撫民如父兄之肯子弟，鄉憚獨如慈母之乳嬰兒，制吏胥如胥吏之治臟腑，社豪橫如鷹鸇之逐鳥鵲。衆但見其怡然色笑，遂然晏坐，而不知其事机猝辦，咸以爲神。

張克文（衢州府志）字宗質，新淦人，知常山縣。時初議條鞭，克文嚴覈舉行，立收櫃于堂前，令收戶毋浮溢，針立一爐于堂右，令解戶并封傾銷，清丈田土，履畝影冀汰浮糧八百餘石，催徵舊例貫銀八十餘兩，解絹舊例有印錁紙價一百餘兩，鹽商開引有例銀五百兩，悉行申革，至今爲法。增常夫八十名，杜柱投鄉夫之患，造善船十二隻，舫橫善民船之苦。接引士類，校藝說書，凡經奬拔，多登科第。

李瀾（衢州府志）判衢州，善行常平之法，署四邑篆，劳心興除。在信安則調停船夫差役，在龍游則化嚣訟，在常山則墾闢荒萊，在開化則清理木客，至除里甲帮索之例，恤織造進輸之艱，仁心惠政，不一而足。若其風猾巨奸，嚴治不少貸。

冷杰（衢州府志）字汝高，南昌人，知龍游縣，搜剔吏弊，以嚴爲主；撫郵民瘼，以寬爲主；作興士類，以教化爲主。官署學舍，衆廢更新，贖鍰有餘，盡充公用。歲旱步禱，雨必應，士民感悦。

郜仲祿（衢州府志）夔州府夔塘衛人，爲江山令，清操絶俗，作興學校，鼓勵士風，文運大振。清丈田畝，覈户虛稅，盡除吏胥飛灑弊。絶入計時，惟圖書一篋襆。

被一囊

韓邦憲（獻徵錄）字子成，高淳人。知衢州府。初至，問民疾苦，陳八事，曰明大義、專責成、法議賦役、請寬政、廣儲蓄、嚴武備，皆本經術遵舊制而酌以民情土俗，鑿鑿見諸施行。為政務崇大體，祀漢龍邱萇、宋趙清獻，旌孝子節婦，捐己俸以供生徒之誦習，僉絹戶以清扒匠之奸，貪覆運米以省軍士之賠累，清羨金以抵額外之徵，需衢之輊折米為隣府所借，請還以備災賑。

李一陽（衢州府志）字復吾，丹徒人。任西安令，摘伏發奸，課士取實，謫黜淳華。時當丈量，躬自履畝，于田稅每畝減九釐，地稅每畝減三釐，三竟水淤地三畝折一畝，山荒地二畝折一畝，歲省民間稅銀數千。

傅良言（天啟衢州府志）臨川人。知常山縣，履丈通縣田地，各減虛耗三釐。催徵糧稅不行鞭扑，聽訟立為剖決，人稱神明。

許國誠（衢州府志）字孟癸，晉江人。知西安縣，政崇惇大，字民以仁。錢至刑措，事上以正，不肯逢迎，催科甚緩，而民無逋賦。

易做之（衢州府志）歸重，閩知衢州府，熟知五邑丟解之苦，將各糧米均為十段編僉差解，酌道里之遠近以困盤費，因盤費之多寡以定米糧，米多者僉為正戶管解錢糧，米少者僉為貼戶止帮路費。正解執票自向貼戶取討，立法民免困累。

郁德據（衢州府志）歸心我，貴州普安人。知龍游縣，收糧平兌，平收解糧，原封鎮解。兩造盈庭，片言剖決，有不到者竟絜其牘。每念切士風民俗，嘗折節拜於貞女之堂。五載考最，轉判東昌府。士民泣留，遂以別駕仍攝縣事。

林雲（西安縣志）字汝龍，福清人。知西安縣，歲當大造，除隱漏之弊。大旱禱雨賑飢，全活甚眾。中璫將開礦，悉心調停，商民兩便。捐俸建鐘樓，置學田。

堵維垣（江山縣志）字師甫，無錫人，知江山縣。英敏精練，判案如山，吏胥守法。有中貴宣言邑產土青，且暮移檄來取，勢張甚。維垣即對使若厲聲叱之，中貴聞而心折。

夏其光（舊浙江通志）新建人，授壽昌令，調常山。讞獄不加箠楚，以仁義化民。

賀康載（西安縣志）號青園，江西永新人，知西安縣。洞悉民隱，興革悉當，復雇役之常夫，舡有編甲，馬有吏畜，民忘征徭之累。易建邑學，割俸以倡。

佟上莞（西安縣志）南充人，知西安縣，政尚和緩，務以德化民。凡民閧搆訟，必委曲訓導之，令退思三日乃就訊，多有愧悔和解去者。

國朝

崔華（名宦留祀冊）平山人，任開化知縣。下車即捐建義學，衛文校藝，士風丕振。開邑向有里總陋規，橫索派民，不勝苦，華至即革除之。閩寇猖獗，防失，通賊陷城，露刃逼脅華齎印，開道出至閩之十六都，號召義勇，泣血傳諭，立聚數萬餘人，躬冒矢石五日，恢復其城。平定後，流民知集，積逋難徵，華繪圖請免，得全蠲康熙十六年以前四年錢糧。難民子數流離散失者，捐金贖回，小民復得完聚。疫氣盛行，廣開藥局療治，全活無算。其死于兵、死于疫者，悉買棺瘞埋，野無暴骨。

王弘仁（舊浙江通志）遼陽人，任湖州守，調衢州。時當閩數，禁旅雲集，調劑滿漢官兵，指陳方畧，動中机宜，請蠲請賑，民賴以甦。

陳鵬年（公舉事實）字滄洲，湖廣湘潭人，知西安縣。民戶多為虛糧賠累，鵬年申請文量，每都設公正二人，每啚分十區，設區長二人，區長同花戶自丈自田，每坵插立牌竿，上書弓口若干，積步若干，現田若干，業主某人，區長彙其總數，交與公正，另造清冊，務使現田科糧豁除絕戶，而以丈出餘糧補從前缺額。又留心水利，將承堰水田編為十畢甲，遞年輪流，擇甲內田多而區壯者為堰長，督率人夫築砌堰壩，其堰夫工食及需用物料，照田出費，每畝三釐二毫，衆皆樂從縣西北百里有銅山奸民聚衆闢礦鵬年申請嚴檄驅除之有鄭崇祖妻徐氏者夫男供死于寃訴之前令以事在赦前不省氏憤觸石碑而死棺露置城西鐵塔下已七年鵬年廉得其狀為雪其寃造墓立祠題額曰孝烈他若建文昌閣廣濕澤園治橋建閣買學修志手輯緩徵禁止停喪溺女善政不可勝舉

熊昭應（名宦祠冊）永定人知常山縣性甘澹泊事持大體課士勸農錢糧自封投櫃行戶現給價值斷獄哀矜勸荒請賑獎善良而鋤奸蠹民皆德之

嚴州府

南北朝

任昉（南史本傳）字彥昇樂安博昌人武帝踐祚出為義興太守尋轉新安太守在郡不事邊幅率然曳杖徒行邑郭人通辭訟者就路決焉為政清省吏人便之卒于官唯有桃花米二十石無以為殮遺言不許以新安物還都雜木為棺浣衣為殮闔境痛惜

徐摛（南史本傳）字士秀東海郯人為新安太守為政清靜教人禮義勸課農桑期月風俗便改

唐

房琯（唐書本傳）字次律河南人為睦州司戶參軍復為縣所至上德化興長利以治最顯

蕭定（舊唐書本傳）字梅臣南蘭陵人歷袁湖宋睦潤五州刺史所涖有政聲有司條天下牧守課績唯定與常州刺史蕭復濠州刺史張鎰為理行第一其勸農桑均賦稅逋亡歸復戶口增加定又冠焉

許渾（嘉靖浙江通志）字仲晦丹陽人為太平縣令後辟監察御史歷睦州刺史所至有善政
睦州

牛叢（嘉靖浙江通志）字表齡，僧孺之子。為睦州刺史，盡心職事，民復所安。

宋

田錫（宋史本傳）字表聖，嘉州洪雅人。知睦州，睦州人舊阻禮教，錫建孔子廟，表請以經籍給諸生，詔賜九經，自是人知向學。錫耿介寡合，未嘗趍權貴之門，居公府危坐終日，無懈容。慕魏徵、李絳之為人，以盡規獻替為己任。

江休復（歐陽修江休復墓誌）字鄰幾，通判睦州。休復于治人，則曰：為政所以安民也，無擾之而已。故所至民樂其簡易；至辨疑折獄，則或推以術，舉無不得，而不常用，亦不自以為能。

陳澤民（嘉靖浙江通志）知壽昌，有惠政于民。後為戶部郎，邑人思之，因其所鑿山泉，以戶部泉名之。

吳曾（嘉靖浙江通志）崇仁人。知嚴州，去貪吏，恤良民，善政著聞。

臧梓（嘉靖浙江通志）為壽昌令，循良清謹，字民有道。殿中侍御史張絢以聞，既核實，令再任以觀政績。高宗曰：若得賢令如此，一方皆受其惠，非細事也。既而教化大行，為三輔最。

周操（萬曆嚴州府志）為淳安尉，盜遁奸屏，德洽惠敷。葺一室于官廨西序，為藏書校讐之所，題曰拄笏軒。

蕭燧（宋史本傳）字照鄰，臨江軍人。知嚴州，嚴地狹財匱，始至，官鏹不滿二千。燧儉以足用，二年之間，積至十五萬，以其羨補積逋，諸邑皆寬。方臘盜起甲子一周，人人憂懼。會遂安令勝土兵廩給，舉言洶洶，燧急易令，且呼卒長告戒，悉畏服。城中惡少羣擾市，燧密籍姓名，涅補軍額，人以安。擢移知婺州，父老遮道餞

不得行送出
境者以千數

張栻（新定續志）字敬夫廣漢人知嚴州其治以教化為先務奏
蠲丁鹽錢絹民以蕃庶旅名山斥淫祠今學門栻所創也

楊恕（嚴陵志）京口人知淳安縣
公勤廉慎吏畏而民懷之

吳槃（萬曆嚴州府志）知嚴州多惠政時帝以御寶黃冊准內藏坊場錢槩奏言龍
章鳳篆施于帑藏之准科買冊況封下同官吏之文檄事雖至微關係甚大
筆宋臣諷旨
詔勅罷之

趙與檟（新安續志）咸淳元年知建德縣三年差通判建德府宰邑之次年民以旱
澇告達請于朝得粟一萬斛以濟監解任以積以俸錢并通判廳辦惱堂
從物錢預為本邑人戶代輸
咸淳四年茶租錢一年于府

元

王子玉（明一統志）為壽昌尹時江南新附徭役繁
劇子玉每抱告身詣府泣訴卒減差科

海魯丁（萬曆嚴州府志）任壽昌簿三年自理宣差刮差豪强用
法平恕士民安之其去也擁道遮留人為建去思亭

明

顧執中（萬曆嚴州府志）鎮江人知建德縣創建祀典壇場施設有方民不知勞籍
入戶丁田之數分為數等有科差則親閱其籍量事之輕重難易務得其
平十夫一小牌百夫一大牌以櫃盛之遇有發遣則量數給牌役
畢即收牌置之別櫃以備稽考周而復始民無徭役不均之嘆

揚信（嚴陵志）邯鄲人知桐廬治政廉勤人不敢干以私拘入惟發信牌不遣吏卒民有訟庭決之不復下獄囹圄為空秩滿耆民張彥亨等三百餘人詣闕保留復任

李典（萬曆嚴州府志）福建人知嚴州操履廉正束吏甚嚴而撫民時寬設量衡干市以平交易備科度緩急給牌為期而民不敢後鄉閭無吏卒之擾

侯康遠（建德縣志）弋陽人知建德縣新邑治興學校推誠撫字甚有惠政在官九年民生樂業一時稱賢令云

范表（嚴陵志）豐城人為壽昌令公正仁恕卓有能聲流民皆復舊業荒田之闢三十有六頃水利之興三百四十有六所飢者有所濟老疾者有所養九年任滿邑民千有餘人列狀借留復任

張永（萬曆嚴州府志）字邵齡四川南充人任嚴州知府悉心民隱興利除弊嘗督築壟闊沙渚田二千八百餘畝陞科榜均徭役定賦稅裁弓段之妄費減水夫之培尅民貧不能葬者或諭令鄰保相助或量給公帑羨餘周之注意學校擇郡縣軍民之俊異者講學于聽事後之肅敬軒日程其業多所造就郡被水災即以上聞減夏稅之半受民詞立為斷遣獄無囚繫治稱神明

李堅（桐廬縣志）唐縣人桐廬知縣仁以育民明以斷獄遇事敢為不避權貴捐俸積儲以濟民飢均徭省役以寬民力

張瓛（嚴陵志）泰州人授遂安令以廉介律己以孝弟臨民均賦役興學校治水利流亡漸復舊業豪强亦皆奉法循理

劉永寬（萬曆嚴州府志）江夏人初授松江通判改除嚴州剛介廉潔不避權要發奸擿伏人以為神

鄧以瓚（徽獻錄）字宗器巴陵人知淳安縣訪民疾苦事施惠政不求赫赫名

馬隆（桐廬縣志）單縣人任桐廬縣縣堂傾圯捐俸改建而民不病在任三年分毫不染自奉淡泊而愛民之心終始如一

何珖（桐廬縣志）順德人知桐廬縣立三限催科之期禁吏卒下鄉之擾剖決如流患中理法吏不敢售其奸獄無冤囚百姓安堵

鄺才（萬曆嚴州府志）字時用南海人任嚴州同知律己廉介分毫無取于民清軍伍定徭役公而且明

胡韶（萬曆嚴州府志）鄱陽人任嚴州知府立心公正政在得民處僚友以義接士夫以禮課士興賢獄清獄簡有胡青天之號

陳和（桐廬縣志）能嚴人任桐廬涖政剛果鋤強植善值攢造黃冊盡心清查加增户口一萬

孟春（萬曆嚴州府志）字時元山西澤州人任嚴州知府政務寬平每與諸生論議經史終日不倦憫恤孤苦寬刑弛賦嘗謂人曰嚴為瘠州民淳事簡何以重擾為牧民之道固當如此

黃俊（武進縣志）武進人守嚴州首錄嚴光之後捐俸立學置田以贍養之值歲大飢貧民流移載道俊曰吾有倉廩而坐視民飢以死是不仁也待請而後發民其就斃矣即日傾倉賑給設粥施藥活者以萬計

胡仲謨（遂安縣志）字敬忠蘄水人知遂安縣沉毅樸訥臨事不苟未嘗以詞色假人民之奸良立辨豪猾斂跡民皆樂業

海瑞（名山藏）字汝賢瓊山人淳安知縣革去常例之無名者俸薪外不取絲粟僮僕出縣舍艾薪中林吏胥公事畢各還家為農治生從其本業其治縣精詳凡淩雜煩肴無不明晰至于丈量之則兵陣之法濟飢之物草木之實悉出示民總督胡宗憲子還自父任索驛夫不給懸驛吏傳亭上瑞曰胡大人清廉潔己無二出教當具行縣特屬官不得修帳具繢食今其裝重甚盛必非胡大人子發其裝得金數千納之庫馳告宗憲宗憲無以罪也鄢懋卿以總理

當法行部攜妾裝五綵輿以十二女舁令長跪上食廁飾文錦溺器用白金至
瑞縣供帳甚疎自言邑貧不能容軒蓋愬鄉怒甚聞其發胡公子裝斂盛去嘗
曰加派增賦取民財以奉過客悅鄉士大夫吾不爲也夫緡出于舂糧出田
畝朝廷取民不爲虐也加派增賦動以朝廷爲口實爲取與誇抑何甚焉

朱　木（獻徵錄）字子喬常熟人知遂安縣歲祲民沮山發礦格殺官捕勢張甚將蔓
部使者檄木勦平之木蹙然曰民不聊生計無所出直利此土中錙銖度晨
夕耳何用頓兵且濫及無辜爲乃引兵駐山遣人喻以禍福羣盜
于嶺上望見木羅拜大呼曰仁侯有令吾屬敢不服從立解散去

陳　焕（萬曆嚴州府志）字德彰貴溪人知嚴州府廉靜有守政務寬平尤重學校延七
學諸生集之觀聽學行之優者分教之俗重嫁女有不育者乃嚴濬沒之
革入覲行
李蕭然

陳　嘉猷（建德縣志）莆田人知建德縣寬以愛民勤
以聽政以民心爲己心處官事如家事

湯　紹（獻徵錄）字朝言婺源人浙東礦盜起扼婺繼兵四掠又入歙六邑洶洶部使者
强起紹大破之擢嚴州府别駕推知分水縣縣喜訟大者斧致細者綫解吏
從旁瞠視不敢吐聲息又丁户多浮額民苦之乃鉤稽故牘去虛丁以千數三
月而邑大治移攝建德躅歲徵八百有奇刋爲額有瞽質令子售基地于奸子
死訟奪之紹知其奸而忘其瞽也好謂曰姦誠爾負券業已成矣我
以俸金爲若直瞽輸情自服曰寧死忍負明府耶其服人心如此

郝　光輔（舊浙江通志）廣西馬平人令建德禁差徭革火耗甄拔寒士鮮衣授餐殆
無虛晷丈量躬親履畝建邑條鞭册籍皆其手定催科撫字人稱父母

宿　應麟（舊浙江通志）山東掖縣人知嚴州純介明方
愷悌接物在任三年豪右屏跡獄無冤民

劉　泉（萬曆嚴州府志）常熟人任嚴州府推官闔郡豪右無不斂跡署印淳安風
清弊絶猾胥吏畏之凡以人命訐訟或服藥縊死圖詐者鞫治之刁風始息

胡文彬（嚴州府志）績溪人任嚴州通判清苦自勵事〻績溪僚友重其為人時同鄉為督府者人皆趋之而文彬若不識也

頓學仁（遂安縣志）字元甫華亭人任遂安縣慈惠及民政多節省當流寇之亂干戈悾惚而靜鎮不擾

宋璘（萬曆嚴州府志）字玉輝來安人授嚴州節推鞫獄必三覆乃決諸當道不能決者率歸之淳安人某以毆殺事連坐應得狀立為平反視篆建德故賦絹例金入長官裁去毋敢饋者九廟鉅工索材木璘監為嚴大賈胡某持金為獻峻拒之子陵祠圮市田三十畝俾歲葺且供祭事其高宴而鰥助之使婚白督學買衣巾以世飲祠

楊成（分省人物考）字全鄉桃源人守嚴州嚴多山寡田俗尚勤悍務畜較利下車首罷斗憑之黨民間孕而生女恒溺殺之以省粧費宣揭厲禁多所全活

陳燊（萬曆嚴州府志）青州衛人任嚴州通判之官攜一子一僕布衣蔬食澹如也歲以俸十二金奉母餘悉賑貧乏及罪贖之莫辦者署篆桐廬增修祭器供出俸資桐民某罪坐侵欺編伍立為反正淳民有先塚為豪右所發控按之臺一偉丈夫以帕裹其頭顱如斗大來訴茹發者遂伏辜焉按撫妻視松江嘉興運司事多建白寬竈丁災傷四千八百有奇代還送者如堵

蔡茂春（舊浙江通志）湖廣麻城人建德令興學育才勸農積穀徭役惟均捕盜恤孤設義塚立小學興利除害無不條舉

龔承先（分水縣志）合肥人知分水治任六載愛民禮士敬老恤孤修學築堰百廢具興革禁一切陋規不徇情面

詹爾達（萬曆嚴州府志）字思理為遂安知縣一切公費給于官不許里遞派累細户吏有乾沒及舞文者立真之法歲飢發義倉賑濟全活者無算逆隣新安民多掠賣子女爾達沒其價而償其人此風頓息首邑校課士而甲乙之又捐俸置學田四十餘畝以供諸生月課而士之寒無姻長無室者與喪不能殯

者咸取給焉

蔡方平（淳安縣志）字君衡詔安人知淳安甫下車歲大祲飢民嘯聚方平撫諭解散發粟賑給全活甚衆定差徭雪冤獄尤加意作人修學宮濬雪港課藝周貧文風聿盛入覲幾不能治裝廉潔尤不可及

帥衆（舊浙江通志）江西人知淳安却陋規更紹例革羨餘立社學建義倉善政不一

馬呈禺（嚴州府志）京山人知遂安縣視篆以莊字民以惠均田賦修學宮增雉堞清積蠹善政備舉

蔡模（淳安縣志）武進人知淳安縣凡例金餽遺一切謝絕公明廉威無敢干以私者往歲當道議置條鞭無何稅課在官猶然供億在民模至悉倚辦公帑若不給衆俸佐之不復為民累淳恋介祠祀建議特祀

周幹（壽昌縣志）號敬源來安人知壽昌釐奸剔弊特爲大造親臨訟滄文積弊除荒蕪翦豪强禁溺女火耗常例概不之取

龔天申（萬曆嚴州府志）澧州人同知嚴州本府舊有排門夫役任意科派閭閻苦被煩擾天申乃條上其事遂勒為成規

劉大倫（萬曆嚴州府志）太倉人為壽昌令治多實政凡所訊斷兩有懲無不愧服遇諸士以禮每言談藝悉遵程朱為指南壽邑豪猾憚大倫威明多易轍

黃道年（萬曆嚴州府志）字延鄉任遂安令舊條鞭外復有加徵如造舡則照丁照訟加派為悉罷之其徵收必總一年之數戶若干為櫃若干一為限者四而每限復分為三俾緩辦而易完遇舡差自為料理不費民一緡在任三年道不拾遺

許國士（舊浙江通志）祁州人知嚴州政尚簡靜郡無分擾特著于解緡逃亡治年國士竭力申請易為官織官解民困頓甦

國朝

董珙（壽昌縣志）字含章，嵩縣人，知壽昌縣。先是邑中差徭憑值者無倫次，珙非正役不僉，兩道船役往往破家，珙懇請析免。值大造，殫精釐剔，吏胥不得上下其手。旱虫禱甘霖立沛，歲獲有秋。寇聚西界三衢，震動，珙嚴偵探出奇兵殲諸，剿浙右倚以安。輯律己謹嚴，教民愷切，歷三年從未罰民一贖鍰。

梁浩然（名宦留祀冊）潞州人，知嚴州府。重建社學，延請優行生員教習孤寒子弟，捐置義田以為館穀。蟲旱交侵，詳請蠲免，捐俸買米設廠施粥，老幼不能就食者，查照戶口給米，窮民賴全活，仍令屬邑奉行。又清釐文冊，民間田畝久未歸戶，或豪強兼并，或耕荒暗賠，悉令照號歸收，疏濬兩湖，培築下沙，至今人文蔚起，科第不絕。閩逆竊亂，山冦竊發，浩然練習鄉勇，區畫捍防，郡無擾害。王師絡繹，供應浩繁，措置周詳，兵民安輯。

項一經（建德縣志）字葦菴，湖廣漢陽人，令建德。版籍紛亂，民戶田畝數增額外，賠累者無從稽考，黠胥得以恣行飛洒。時值編審，特行歸號法，令民照號收田計畝，加額有幾毫不符，悉行改正，由是民得以實田供稅，從前溫數滌蕩靡遺。創建龍山書院，修葺學宮，課士勸農，殷殷不怠。荒疫煮粥賑飢，施藥療病，存活甚眾。繼有耿逆之亂，大兵往來，一切軍需悉力經營。

溫州府

南北朝

裴松之（宋書本傳）字世期，河東聞喜人，為永嘉太守，勤恤百姓，吏民便之。

唐

溫州

米　誕（明一統志）溫州刺史其弟褒謝皆相繼為守杜荀鶴寄以詩云永嘉為郡昔推名連屬君家弟與兄教化盡歸龔渤海文章高出謝宣城其政績可想見矣

宋

焦　千之（嘉靖浙江通志）字伯强知樂清縣嚴毅方正涖事精明吏不敢犯修邑庠教數化士民咸服之

霍　蠡（嘉靖浙江通志）知永嘉縣廉介有才幹事雖蝟紛處之泰然高宗車駕臨幸禁衞省部蠡供億曲盡其道有事即直奏中官咸畏憚之嘗面奏本州沒官田宅多皇族勳戚請佃不輸賦稅請賣以供億少甦民力詔從之車駕所臨供億翔踴而民不困當時皆稱其能

范　寅孫（嘉靖浙江通志）姑蘇人文正之曾孫為平陽縣丞治政勤能急于民事興修水利人多賴之

汪　季良（嘉靖浙江通志）江西廣信人知平陽縣治政寬恕立十事諭民其目曰親父子和兄弟謹夫婦明君臣善朋友視疾病卹安厝嚴嫁娶保本業戒鬭訟凡數千言曲盡人情理法修塘埭斗門以興水利民甚便之

陳　容（嘉靖浙江通志）三山人知平陽縣簡易從容邑人化之特與士論文講藝敷繹大義士習以興至于崇社稷闢道路通溝洫議賑糴民事脩舉

元

趙　鳳儀（明一統志）歷台溫二路總管崇儒重道興創廟學延明師以淑後進一時文教翕然士民向化名其所寓曰覲民坊

呂　師名（嘉靖浙江通志）同知溫州府事時郡有樂清余氏一門妻子被僧祖傑以舟載沉于海總管任私庇覆師名特明其事寘祖傑于法

王安貞（萬曆溫州府志）為永嘉縣尹治政明察善折獄吏卒不得擾民興學校建忠烈廟修陳孝子表仰孝廉墓其戒民十事尤為肫切

貢達（嘉靖浙江通志）字顯道保定人知平陽州事廉幹勤敏摘奸除蠹民稱神明方憲嘉其才委讞疑獄悉得其情一日以公事赴浙者道經金華適沿海翼石抹萬戶縱兵暴橫達偶坐驛內金華民曰公平陽貢知州耶郡有沿海軍橫公能治否達曰能即乘馬往造石抹門曰萬戶在否石抹出迎達曰常慕萬戶先御史大夫從太祖起龍飛為開創元勳光照史冊足下不思振先御史之烈而縱兵肆暴若是能長保富貴乎語未既石抹即下拜謝罪留飲盡歡而去軍自是肅然知懼民賴以安

霍時雨（嘉靖浙江通志）字惟肅睢州人任溫州錄事時的斤海牙為監郡屬吏皆有饋時雨獨弗與朝命郡造戰船時雨赴省告丞相嘉其言遂罷治政寬厚視民如子不施刑法而民自服有盜嘗以小舟竊人釜以鬻諸市失者偶至其家見之持釜以訴時雨追盜至盜曰某兩手皆無指豈能竊釜耶時雨佯是其言因撻失者妄訴以釜還盜盜驚喜即以首戴釜而去遂收之代去士庶涕泣攀轅留衣帽為識

杜和（嘉靖浙江通志）字彥謙壓山人知瑞安州事明敏介潔為政不尚虛名懲吏姦蠹民瘼均賦役崇學校井井有條方國珍入寇和躬率民格戰賊遂退及既代民有以海物饋者和閱其奩有褚幣存焉勃然怒曰汝何污我耶以所執杖擊之其人慚而去

三寶柱（萬曆溫州府志）字廷珪畏吾兒人知瑞安州鋤強梗撫安羸弱均賦平獄州無壅政遷兵部郎尋復為監郡兼分閫溫州勞來安輯備盡其道前御史吉山起兵約寶柱夾攻方國珍吉山敗寶柱憂憤嘔血國珍遣亦速爾沙為帥奪其柄寶柱與民別出西門被執劫以兵不屈釋之

明

王泰（萬曆溫州府志）字逢吉萊州人知瑞安有才幹除民夙蠹政刑明簡改文廟葺壇壝宣布德意撫輯逋逃闔邑安之

魏本（舊浙江通志）慶陽人知瑞安明敏決斷通曉吏事役均訟簡民咸孚信嘗白事至郡暮宿于舟以杜私謁

白文秀（樂清縣志）太原人為樂清縣丞勤政事杜私謁賦役維均案無留牘擢於潛令

王全（溫州府志）山東人任溫州府同知處州賊葉丁香擾瑞安境民多脅從朝命延安侯統兵剿捕抵溫問瑞安去此幾里或言二十里侯以賊通將縱兵全告曰實四百里侯曰如此則渡飛雲可矣既渡全又曰此去賊尚三百里侯怒疑受囑欲斬全全曰二邑良民皆挈妻子來此肯從叛乎侯意頗解入賊境方縱殺民感其恩呼為再生父母

柴頎（隆慶平陽縣志）曲沃人知平陽縣廉明愷悌杜苞苴矢冰蘗嘗自題于壁云一貧未必飢寒死百病多從飽暖生其志操可見矣

杜瑛（溫州府志）字漢傑山東人任府同知不施刑法吏民望而畏之按行屬邑設施布置民不勞而事集

李璘（萬曆溫州府志）字廷珪廣東化州人知永嘉洞燭吏民情偽訟清獄均雖當繁劇一如御簡暇則琴書自適歲歉富人閉糴下令勸有方民皆樂從郡守趙彥文善其法布之各縣闔境賴之後坐累被收邑民赴闕直其冤復任

王希禮（平陽縣志）江西吉安人知平陽縣公恕為治庶事紛雜處之裕如催科督責用軟皮為鞭常曰刑者輔治之法不得已而為之民咸化服

張具瞻（萬曆溫州府志）知樂清英毅有為革元末諸弊政建明倫堂薦賢造士修廢舉墜孜孜如不及明初樂邑紀綱蓋自具瞻始也

吾詵（溫州府志）北平人瑞安主簿敝衣糲食冰蘗自持嘗書壁曰持身以滅明為法則無苟賤之行臨人以子游為法則無邪媚之惑時論韙之

黃信中（王鴻緒黃信中傳）餘干人知樂清縣奸人紿寡婦至京誣去鄉人謀殺而己逸去有司繫其婦以聞詔行所司會鞫信中廉得其情力詆為誣獲全甚衆盗殺一家三人獄久不決信中禱于神得真盗遠近稱之後知錢塘縣當遷去部民相率詣于上官乞再任上官以聞擢杭州知府

莫然（萬曆溫州府志）濮州人知瑞安甫下車首察囹圄寃滯者悉出之役平訟簡民樂趨事庶務以次舉居八月卒邑人莫不流涕

何文淵（湯斌何文淵傳）字巨川廣昌人知溫州府三年政化大行一郡稱治入覲道括蒼嶺永嘉丞遣其子以金賂邵之後人為立邵金館既復任盡心職暇則與諸生同談章論筆講論經史後皆以文行名處州盜起官軍討之不克文淵詗知賊據烏風洞患捕具渠魁特都指揮李貴等執平民使誣服文淵移牒言賊已獲所捕皆平民也于是二百餘人皆得釋民有兄弟爭財諭以天倫大義兄弟感悔如初

劉謙（獻徵錄）字自牧其先由扎平徙居祥符特浙東平陽銀治為人窃發互相讐殺謙被薦至明撫諭民禁奸宄患遂息其地與金鄉磐石等三衛䧧居民素被陵轢莫敢誰何謙以法繩之不少貸境內肅然又接壤閩括健訟成風謙聽斷明允風亦漸革溫州守何文淵入為少司寇特薦為溫州守代己謙抵溫州語人曰守與令雖官階小大不同皆職民牧赫赫為威民不近也察察為明民罔容也平易近民守令之道也人以為名言旱甚謙率僚屬齋沐禱于龍湫免冠跣行五步一拜俄大雨如注歲大熟雩雨壞稼謙祈晴復應有鹽運使秩滿去舟過括攔夜被盜劫誣連平民若干人謙禱于城隍神頃之罪人斯得

齊柯（獻徵錄）字文則瑞安令甫下令興利剔弊諸不便于民者一概裁以己意邑故無公費而有沙稅歲入不下千金悉罷之邑中田賦輕重難平或田廣縮稅狹及溢稅者歲屬丞尉徵收民益困之柯建丈量之議請監司郡守親為覆訟握算登籍以記無有漏而以田額之羨餘實田額之不足父老有持杯酒獻者笑而遣之自是創為畫一官無擾民民無逋賦

卓越（永嘉縣志）福寧人知永嘉縣自奉菲薄事上官不阿栽里甲冗費提舉市舶中貴苛索越以義折之民賴以安

王允（溫州府志）字執中山東歷城人知溫州以郡艱弱去嘉弊為首務山賊出沒羅洋龍入巢穴計擒之故宦裔高士避孫女鬻為婢代贖之為擇配稅糧積累萬根究弊由粮長不月餘數足俗好競渡每致溺嚴禁之歸其母為官渡

周彥（獻徵錄）莆田人知溫州府正己率下申嚴禮制暇日課士而碎吏用所長訟獄小大剖斷與決多不越三日五日郡地邊海州江沙漲在處不清而稅不視業彥按量得實為更正之他如學址興梁之類無不完繕郡以大治

劉遜（萬曆溫州府志）字時讓江西安福人知永嘉達鄉民稅逋負累歷面諭之遂輸納恐後究剖積獄邑無冤民以白鹿洞規頒學訓士建置諸祠廟以彰前烈又鐫古今賢令名氏于縣治俾後人知勸

蕭禹（萬曆溫州府志）海陽人知溫州府一介不取凡便民事即舉行會歲旱徒步以禱深自咎責遂大雨

文林（獻徵錄）字宗儒衡山人長洲籍授永嘉知縣擢太僕寺丞陞溫州府知府平市價程怪賦使貪漁斷割犀息恒植元旦有人被殺死者其家赴愬乃禱於神夢鷹三雛被風翻巢隕地心計郡有潘英者殺之執訊遂服衆稱神明未幾卒笥中無一溫物

王嶽（萬曆溫州府志）字希甫重璧人知平陽以明人倫正風俗為首務建義倉廣儲蓄六年之間奸豪屏息以治行徵

楊揩（萬曆溫州府志）字元範崑山人知平陽縣嚴重廉介請託不行重建文廟兩廡及歸舍凡有疑獄必反覆推詳務得其實矜釋甚多

宋臣（樂清縣志）字以忠直隸人知樂清縣折獄如流不畏强禦尤崇學校日與諸生講論道藝諄諄不倦母喪去行李蕭然士民攀望垂涕

管璋（萬曆溫州府志）江西吉安人知樂清布衣蔬食沖約如寒士聽事上榜公生明三字自省而力行之民稱管青天

劉桐（萬曆溫州府志）字鳳儀江西永新人知泰順持法嚴平聽斷明允悉民隱者蠲費尤加意士類嚴斥羣小勾攝無一吏下鄉民賴以安

郁山（獻徵錄）字子靜華亭人宰龍泉泉故山縣習不嗜學山至首選教其子弟咸感奮斌斌嚮風民或逋負公稅累糧甲賠賬山籍其名民懼爭納知溫州府張少師孚敬于郡城建寶綸樓因大治第宅小民供役日以千數富者率編使督工者苦倦極山委曲斟酌歸于節省民賴賴安張又求廣基地豫市買不已山止之曰公今西垣里餘而意猶未足殆非所以善後且公居朝嘗喜稱伊傅周召之為相獨奈何所以處家者顧出蕭何李沆下耶張怒作色山不顧而出地亦迄不再廣部使以才賢薦以疾卒五邑民士悲號比櫬發奔送者塞道

秦鎰（萬曆溫州府志）字國重無錫人知瑞安首覈吏胥奸欺及吏卒校猾者悉屏之公廷一清編役詳審治獄緩求其情尤作興學校居八載官無長物惟積儲倉穀萬餘石後值歲飢出賑民賴之

葛覃（萬曆溫州府志）字延之郴州人知樂清廉公有威明敏果斷省費輕徭案無滯牘政令所及雖深山窮谷罔不畏懷在官五載四境寧一以治行徵

方升（萬曆溫州府志）字世猷婺源人知永嘉以禮整俗吏胥有犯不少貸治盜甚嚴民賴寧輯雅持清操以直道事上官亦皆亮焉

魏一恭（溫州府志）字道莊莆田人為溫州府推官布袍菜羹于聲勢毫不介意論讞精敏吏民畏服

曹誥（萬曆溫州府志）字廷寵黃岡人知瑞安初至適山寇犯平陽境藩臬會師征勦皆駐瑞安誥調度有方事集而民不擾值歲歉富貧困者刻期賑之惠及遐邇為邑六年革奸胥懾豪右疏通水利

何洛（溫州府志）廣昌人前守文淵曾孫判溫州廉潔勵節恂恂如儒生而執法凜然不阿

朱祀（萬曆溫州府志）字克承江西安福人知瑞安自奉如儒素整正不撓時有權勢干囑者毅然却之

胡諧（溫州府志）安邑人同知溫州郡久缺守值張孚敬建相府聲勢方張諧署郡事措應自如常來行李一肩置座右曰可則留不可則去以私干者一無所狥日奉極薄褐衣蔬食不啻寒素

貫韶（萬曆溫州府志）字徽音昌黎人任瑞安主簿嚴于詰盜夜户不扃妻署泰順篆恤下情省供應邑大飢即發廩賑之始上聞當道責之對曰民命懸于朝夕緩則何及奉民伐石紀其事

王士翹（萬曆溫州府志）字民瞻江西安福人令瑞安杜請託革蠹獘吏胥不得舞文歲飢發粟賑貸興學褒節以振風教議改學宫以財詘止留俸錢贖鍰七百兩以備工料

周玹（萬曆溫州府志）字潤夫湖廣麻城人知永嘉有俊才繁劇立斷好賢禮士勤恤民隱天旱徒步露禱大雨隨注咸以爲精誠所感

李玉顯（溫州府志）字憲文長樂人知永嘉愛民養士理煩治劇政績有聲

賀賁（樂清縣志）字懋文靈寶人知樂清縣寬厚有才識聽訟催科不煩而理盡剔吏胥積獘

齊譽（萬曆溫州府志）字文寶南昌人知永嘉究悉民瘼務省約以紓其用編派里遞班次刊立木牌民稱便律己廉正遇士有禮

鍾沔（萬曆溫州府志）字尚清泰和人知瑞安持心廉平馭吏明肅專務以禮讓化俗踰期月民淳訟息庭清如水公暇輒至學宫與諸生講論經籍政教大行

張仲孝（萬曆温州府志）東莞人知平陽恤窮民鋤豪猾政惠而肅學宮為颶風所壞久不能葺力為改創規制焕然

王宗茂（平陽縣志）京山人因刻嚴嵩謫平陽丞愛民禮士以驛傳害民申白當道又查出欺隱之田甚多

吳敎本（萬曆温州府志）江西浮梁人知泰順泰ゝ撫字有費杜奸相等洪口城以抱要害每春單騎勸農其清丈田畝即任勞怨不避也

黃國鄉（温州府志）字君任揭陽人温州推官廉直不阿論讞精覈而用法仁恕全活者多

張國謨（萬曆温州府志）字爾光晉江人知温州府明達嚴敏加意民瘼杜請謁剔奸蠹盜寇屏息境內肅然

周珉（温州府志）崇仁人平陽訓雅志修謹篤信文山象山二先生講義鏤版以訓諸生貧者分俸濟之遇橫逆者力為申救視躬操行初終一致

胡用賓（萬曆温州府志）婺源人知樂清縣至誠愛民為治務以德化五載不攜家屬敝衣蔬食廨舍肅然內召行民遮道攀留不忍舍

王之屏（萬曆温州府志）字汝憲穎州人知永嘉嚴明正大人不敢干以私吏胥有犯輒寘之法愛民禮士以廉介自勵秩滿凡鏤金畫鍔之

楊羣（萬曆温州府志）清江人任永嘉教諭澹泊自持分俸以給貧生部院交獎學者稱為楊夫子尤邃名理之學所著有五經讀法詩律舉隅周禮訂註等集

黃仁業（樂清縣志）南昌人知樂清明敏剛正鋤豪植弱杜請謁剔奸蠹庶務畢張

林維衡（温州府志）長樂人知温州府設策平伏莽之奸措餉安戢巾之伍葺理學宮修築塘埭浚庫頭以便魚收調折色以絕侵漁惠政傳于一時

田養盛（舊浙江通志）開封人知瑞安縣清廉嚴重不畏强禦時邑多羣黠廉訪得實悉拘治之以不能事上官拂衣去童叟勉留次日從逕道登舟行

方澄澈（温州府志）六合人判温州常例餽遺悉峻却之糧役出納積弊搜剔殆盡聽訟必諭兩造輸服不輕加笞罰官舍止攜蒼頭二人庾清如水

繆國維（舊浙江通志）吳江人知溫州府裁革常例峻却饋遺革絕俳優祝衙役紈綺其于庚力砥靡俗崇獎佳士表彰忠孝節烈政聲卓然

潘士藻（溫州府志）字去華婺源人為溫州推官風負士望潛心理學讞獄多矜釋株累隱抑物格文致者力為昭雪民以不冤政暇進諸士講道論藝

胡賓（平陽縣志）號生洲湖廣人知浦江縣調繁平陽甫下車訪民間疾苦革衙門積蠹循均單之良法除火耗之陋規塞龍頭湖建飛龍橋培學宮鑿山濬城內水以防火患去浮糧復運糧河以便輸輓士民樂而胥吏憚之

汪献忠（溫州府志）江都人知泰順愛養士民有姦民為豪強所陷白郡守雪其冤力復庠士傳免于全書既刻之後人皆難之

吳絅（溫州府志）字外闇南海人以知縣改樂清論課諸士一遵先儒規則言坊行矩善屬文寒暑六載清操愈勵

劉之篤（溫州府志）富順人同知溫州六載革諸弁陋規數十事治器械修壁壘禦災捍患敬士愛民能片言折獄

畢成濂（溫州府志）休寧人任瑞安令下車即懸示于門曰有一日閒且歸耕兩地無十分屈莫輕入此門由是農桑安業豪猾屏息時兵餉促迫寓借科于撫字不敲扑而自足歲旱禱雨隨應卒賴有年

沈龍躍（溫州府志）斐雄人知瑞安縣練熟民情裁斷悉中窾要丁祭見俎豆不備捐金置器歷任五載民無冤抑遷貴州知州去之日行李蕭然

吳有涯（平陽縣志）號慧紳吳江人知平陽縣刁民每假人命詐人有涯必親行檢視詿即反坐西浦堂僧文𠃜不法立斃之遐邇咸服訟簡刑清間有上官差役奉檄到縣捐俸給以飯費遣即備文申覆不令久羈滋擾

國朝

劉矩宗（溫州府志）字仲旋陝西渭南人任溫州府推官摘伏如神律己廉介紀綱整肅民知法度不敢縱恣勸治海田豁無田之税蠲郎吏長隄以時蓄洩倡資修城開通栝婺驛路前後捐誠者以萬計

劉偉（舊浙江通志）山東德州人以通判署樂清縣時縣被寇燬城邑爲墟徵餉甚急偉歎曰民顛連如此重以追求是驅之死也我官可罷餉決不可徵力爲申請得免

傅成（名宦留祀册）陝西人甲寅閩變以遊擊統率七軍恢復溫州撫輯四民潔清學校捐俸贖回散失子女道殣悉施棺殮厝

處州府

唐

李邕（唐書本傳）字泰和揚州江都人元宗即位爲戶部郎中左遷括州司馬徙澧州開元二十三年爲括州刺史喜興利除害生誣枉且淂罪天子識其名詔勿劾後歷淄滑二州刺史北海太守時稱李北海

邢犀（嘉靖浙江通志）字渙思刺處州在任刑清事簡束縛黠吏撫輯良民兄事賢政必盡拔其根株而後已去任之日老稚泣送于道

段成式（輿地廣記）字柯古臨淄人栝州縉雲山有好溪本名惡溪多水怪刺史段成式有善政怪族自去因改曰好溪

宋

甄旦（明一統志）知麗水縣吏道詳敏而飾以文學清白以率下明察以照奸到任未期政治大成

處州

張根（宋史本傳）字知常，饒州德興人，遂昌令。（括蒼彙紀）根下馬積案數十，不閱旬而決，曲直情僞無不曲中，由是猾吏革心，獄訟衰息。既又築二堤，創三橋，立四門，興利除害，治績顯著。

王禔（括蒼彙紀）揚州人。政和初知麗水，賦役均平，吏無容奸。繼因使歸，勉期而至。邑有通濟堰，灌田數千頃，久而沙石積壅，渠噎不通，民甚苦之。禔作石函度沙石，修斗門泄暴漲，無壅塞患。民為立祠，配詹南二司馬，歲時祀之。紹興中復以朝散大夫知處州。

江安止（明一統志）字元靜，建寧人。知麗水，毀為政明敏，囹圄屢空，案牘無積。又練鄉兵以禦寇，邑賴以寧。

董伋（括蒼彙紀）饒陽人。知遂昌，邑民夏賦輸綢，舊用絹絲。伋不忍重困民，曰：是給諸卒耶，麻何傷。諭輸綢者悉以麻。郡從例責吏至易，伋即詣郡白其故，郡不能強。後守至諸邑，率畢參，率報無名，全伋稟命而旋，力陳己之其以身庇民如此。

艾若諸（崇禎處州府志）青田令。留心撫字，嚴于馭吏，尤患鄉胥之舞文書。大書座屏曰：愛民如恤血，撻吏勝看經，棒折鄉胥手，何勞誦大乘。

葉綰（嘉靖浙江通志）閩人。知龍泉，令行禁止，訟牒至庭，均見情偽。民所爭辨，必曉之理，委曲開諭，其抵罪者咸自輸服。習俗好爭，綰教以懲忿息怒，率多感化。先是邑佐括民老病以為隱丁，抑之輸納，綰驗而免之。

范成大（宋史本傳）字致能，吳郡人。知處州。處民以爭役囂訟，成大為創義役，隨家貧富輸金買田，助當役者，甲乙輪第至二十年，民便之。處多山田，梁天監中詹南二司作通濟堰，溉田二十萬畝，堰歲久壞，成大訪故迹，疊石築防，置堤閘四十九所，立水則上中下，溉灌有序，民食其利。

李大正（崇禎處州府志）字正之，建安人。始為遂昌尉，去為會稽令，念遂民不忘，求知邑事。既至，浮滯案數十，判決如流，無不快入心。先是丁役不均，科折違

法丁產與税秉除不以時大正盡革其
弊凡學之宮室器用廢壞者悉新之

朱元成（崇禎遂昌縣志）字少翁平江人知遂昌縣逹吏治縣之役錢累至積壓預借及三料計一萬三千五百緡乃根括舊逋撙節浮費補填其數迄今邑無預借之擾創常平倉儲粟米以備凶荒皆利民經久之計

葉武子（括蒼彙紀）字括時民生凋敝兩税外尚有浮財物力之徵民不勝困武子慨然身任其責即疏其弊懇乞除豁可其奏民賴以甦

劉歲（明一統志）莆田人知青田縣明于政事洞見源委吏無所欺以崇學校厚風俗為先民懷其惠

元

石谷（遂昌縣志）南陽人任縣尹興學校施善政有訟者輒諭以理民感之

殷輅（獻徵録）字秉之華亭人為上海縣吏歷鹽司檮浦調嘉興僧司僧告其姦賊殺事吏讞四月餘不白移輅讞輒徵得其賊而被冤者二十人悉平反出之又甲民訴乙民縛其子屍于水縣讞又不白輅鞫之乃他姓族子為盜私捶殺而誣乙也良民有與盜首竝名者吏脱正犯而牧之輅白諸長令即日釋去以省檄對調湖州皋廣東憲吏檄且至以病辭乃以行中書選出長縉雲縣幕豪跡兩虎者閉户斂迹終輅三年不敢肆有富民坐今門監捶殺平民連七人司牘吏欲出甲繫乙且以脱富民輅問故曰甲多子女繫之必有詞乙獨且鰥不慮也輅曰人奇以勢利殺無子者尚謂有天道乎遂正其法

明

孫炎（史竪）字伯融句容人辟行省掾師克處州以炎為總制匹馬入城召父老諭以天命所集宜稟教化不且為僇衆皆感悅仍擇健勇者練為兵紀律嚴明

賊皆退縮時才俊士多伏居山谷中不肯出劉基章溢葉琛皆處士所推基尤有名使者再往返不起以一寶劍送炎炎作詩以為劍當獻之天子斬不順命者我人臣不可私受封還之草數千言諭基基就見置酒與飲論古今成敗之事基乃深服遂送基于京師上方征伐無一兵與炎止以口舌安及側郡賊叛炎被擒幽空室中賊怒留之自遣悲婦雁攜斗酒哇炎曰以此與公訣炎拔劍割雁舉巵酒曰嗟乎我乃為鼠輩所陷賊持刀視炎飲酒自如時叱解衣炎罵曰此紫綺衣主上賜吾當服以死何可解引枕而卧賊不忍伺其睡乃害之

石驥（嘉靖浙江通志）字天驥溧陽人知松陽縣明敏果斷吏民不敢欺凡有賦役務稽其實民皆服其均平

謝成（嘉靖浙江通志）字德用定遠人授處州守禦副千戶守處領兵捕獲青田私鹽盜寇周大豹等四百餘人寘于法民賴以寧從都督將佫捕倭海上詔成守禦平陽縣先是守平陽者以其瀕海遇于閩防民動輒獲罪成至一切除去遠近安之

魏明德（括蒼彙紀）為慶元縣丞創始立法愛民如子時青田寇葉丁香吳達三等作亂朝命延安侯唐勝宗統兵勦捕侯以邑之二都與境連境欲殲其衆明德直抵軍營泣涕白侯曰吾邑民悉染化無染盜叛逆者以殲之是汙良民也請以身代侯重之遂寢民得生全

謝子襄（獻徵錄）名襄以字行江西新淦人授青田知縣有惠政歲滿民奏留之陞處州知府居府廉謹拊小民興學校初郡多虎及旱蝗為災子襄禱于神大雨二日蝗盡死虎亦遁去嘗有盜入庫竊官鈔子襄投檄城隍神盜方閱所竊于室忽風捲墮市中遂正其罪民驚服于市將屠之牛逸至子襄前俛首若訴者捐俸贖牛小校吳米逃山谷時鳩衆出為民患勦更發官軍二千勒之處人大恐子襄力請止軍城中毋出而自以計擒捕之送京師兵不勞而民以安性簡靜歷官三十年不以家累自隨

倪孟賢（嘉靖浙江通志）南昌人知麗水縣民有賣卜者嘗干謁富室不應所求乃詣闕告大姓陳公望等五十七人聚衆謀亂命錦衣衛千戶周原往捕之孟賢聞原將至悉召父老詢之父老皆曰無是事孟賢又微服往察見其男女耕織如故乃歸謂僚屬曰朝廷命孟賢令是邑惟欲撫輯斯民安于田里今使良善者受惡逆之名豈朝廷命孟賢意耶即具疏上聞復令耆老詣闕訴其妄上命法司論妄告者罪

曹紘（括蒼彙紀）淮安人同知處州遇事通解若素習者每攝郡事決獄無留滯衆咸推服

萬安（括蒼彙紀）京山人知處州府立心簡直政尚寬平明敏善決獄囹圄空虛人稱之曰無年萬父被謗去職老稚赴闕借留詔命還官安衣敝袍偕二家僮步還城中衆皆讙呼曰此吾萬父也扶擁登堂治政如舊

郭宗（括蒼彙紀）肥鄉人守處州剛介有威面如鐵人呼為郭黑面勤于政事審知民為侵科所苦細查戶口糧差通融均定應納戶口給一單縣官不得科派豪右不得侵漁民甚便之專意作興人才士心感奮

厲昇（献微錄）字文振無錫人知青田縣民有周姓者與盤石衛軍訟五年矣昇聽之數語遂服邑八都地報銀礦發監司臨焉術者謂山木潤秀所產必廣昇曰吾聞金能尅木若金氣盛木何得秀潤如此中辨數四必寢乃已鎮守中貴歲以礦一至其邑所費不貲昇不缺禮而已他費歲率省昔之半由是民安其業昇勸學興賢旌舉節孝禮文亦彬彬焉

陳仲堅（括蒼彙紀）福州人知麗水縣發擿如神吏民無敢欺者凡鄰邑疑獄上司必檄往勘實每得其情

黃芳（遂昌縣志）字士英莆田人以雲和令調遂昌才識通敏決獄如流凡學校城門皆其刱建督民葬埋禁作佛事清理田糧罷征商稅為政知大體小事亦

浙江文叢

歷代兩浙人物志

〔第三册〕

〔清〕沈廷芳 編

浙江古籍出版社

歷代兩浙人物志卷三

仁和沈廷芳椒園撰

名臣

杭州府

唐

褚遂良（唐書本傳）字登善杭州錢塘人通直散騎常侍亮子授秦王府鎧曹參軍貞觀中累遷起居郎諫罷封禪遷諫議大夫兼知起居事帝曰朕有不善卿必記耶對曰守道不如守官臣職載筆君舉必書是時魏王泰寵秩如嫡羣臣未敢諫遂良曰太子諸王宜有定分帝曰有是哉公等爲我求賢者保傅之于時皇子雖幼皆外任都督刺史遂良諫曰刺史民之師帥也皇子未冠者可且留京師教以經學養成德器審堪臨州然後敎遣帝嘉納詔遂良等定策立晉王爲皇太子授太子賓客進黃門侍郎參綜朝政拜中書令帝寢疾召遂良長孫无忌曰漢武帝寄霍光劉備託諸葛亮朕今委卿矣高宗即位封河南縣公進郡公拜吏部尚書同中書門下三品進拜尚書右僕射帝將立武昭儀遂良曰皇后無他過不可廢帝不悅翌日復言對曰陛下必欲改立后請更擇貴姓昭儀昔事先帝身接帷第今立之奈天下耳目何帝羞默遂良因致笏殿階叩頭流血曰還陛下此笏乞歸田里帝大怒命引出武氏立乃左遷潭州都督徙桂州未幾貶愛州刺史歲餘卒

神龍中復官爵德宗追贈太尉

宋

道不可預謀 道字本訓路 不作義理講

謝絳（宋史本傳）字希深富陽人舉進士甲科知汝陰縣以薦擢秘閣校理出通判常州天聖中天下旱蝗起河決滑州絳上疏請下詔引咎罷役省斂休息天下仁宗嘉納之遷祠部員外郎通判河南府雖在外猶數論事會郭后廢絳陳白華詩引申后褒姒事以諷辭甚切至再遷兵部員外郎請罷內降凡詔令皆由中書樞密院然後施行擢知制誥判吏部流內銓吏部擬官舊視職田有無不問多寡以是不均絳為裁其實以多寡為差其有名而無實者皆不用人以為便請知鄧州按召信臣六門堰故迹請復修之未就而卒

楊大雅（宋史本傳）字子正家錢塘進士及第歷遷秘書丞咸平中召試直集賢院知應天府遷以兵部郎中知制誥大雅初名侃至是避真宗藩邸諱詔改之居二歲拜右諫議大夫集賢院學士知亳州卒大雅朴學自信無所阿附直集賢院二十五年不遷有出其後者往往致禁顯或笑其違世自守大雅嘆曰吾不學乎世而學乎聖人由是以至此吾之所有不敢以薦于人而肯自献乎天子矣天禧中使淮南遇風覆舟冠服盡喪時丁謂鎮金陵遺衣一襲大雅辭不受謂以為矯宰相王欽若亦不悅之

錢彥遠（宋史本傳）字子高以父蔭累遷大理寺丞舉進士第歷官尚書祠部員外郎知潤州時旱蝗民乏食彥遠發常平倉賑救之部使者責其專不為屈召為右司諫請勿數赦擇牧守增奉入以養廉更息土木以省工費遷起居舍人直集賢院知諫院其任言職數有建明卒于官

錢勰（宋史本傳）字穆父彥遠子以蔭授流內銓主簿神宗召對將任以清要官王安石使弟來見許用為御史勰謝曰家貧母老不能為萬里行安石知不附己命權鹽鐵判官奉使弔高麗饋餼皆弗納王遣二吏追餉金銀器四十兩竟郤之還拜中書舍人元祐初遷給事中知開封府老吏畏其敏召拜吏部侍郎進尚書知龍圖閣直學士復知開封臨事益精敏哲宗治政翰林缺學士章惇三薦林希帝以命勰惇諷全臺攻之罷知池州卒于官

錢即（宋史本傳）字中道第進士歷陝西轉運判官王師復銀州轉餉最徽宗召對問曰靈武可取乎對曰頃勑邊臣先為不可勝以待寡庶可得志帝然之除直龍圖閣知慶州至鎮築安邊城歸德堡包地萬頃縱耕其中歲得粟數十萬徙知延安府童貫宣撫陝西計司承望風旨減市價又行均糴法賤入民粟而高金帛估以賞下至募兵射士之授田者咸被抑配閫中騷然即抗章極陳其害被貶睦寇作起知宣州進龍圖閣學士以正奉大夫致仕卒謚忠定

沈括（宋史本傳）字存中錢塘人擢進士屢遷集賢校理察訪兩浙農田水利遷太常丞時大籍民車又市易司患蜀鹽不禁欲盡賣私井而輦解池鹽給之言者論二事如織皆不省括侍帝側帝顧曰卿知籍車乎對曰敢問欲何用帝曰北邊以馬取勝非車不足以當之括曰古人所謂兵車者輕車也五御折旋利于捷速今民間輜車重大日不能三十里故世謂之太平車但可施于無事之日爾帝喜曰人言無及此者遂問蜀鹽事對曰萬戎瀘間戎界小井尤多不可猝絕也勢須列候加警臣恐得不足償費帝頷之明日二事俱寢擢知制誥為河北西路察訪使先是銀冶轉運司置官收其利括言近寶則國貧人衆則囊豪奸為朝廷歲遣契丹銀千萬以非北方所有故重而利之昔日銀城縣銀坊城皆沒于彼使其知鑿山之利則中國之幣益輕何賴歲餉鄰寡將自蘇始矣詔可之遼蕭禧來理河東黃嵬地留館不肯辭曰必得請而後反帝遣括往聘括詣樞密院閱故牘得頃歲所議疆地書指古長城為境今所爭蓋三十里遠表論之帝召對喜曰大臣殊不究本末幾誤國事命以畫圖示禧禧議始屈使行至契丹庭契丹相楊益戒來議曰數里之地不忍而輕絕好乎括曰師直為壯曲為老今北朝棄先君之大信以威用其民非我朝之不利也凡六會契丹知不可奪遂舍黃嵬而以天池請括乃還拜翰林學士出知延州朝廷出宿衛之師來戍賞賚至再而不及鎮兵括以為衛兵雖重而無歲不戰者鎮兵也今不均若是且召亂乃藏敕書而矯制賜緡錢數萬以驛聞詔報曰此右府頒行之失非卿察事機必擾軍政元祐中以光祿少卿分司居潤卒

陸詵（宋史本傳）字介夫餘杭人進士起家簽書北京判官歷南北轉運使直集英院進集賢殿修撰知桂州自儂猺定後交人寖驕詵至部集左右江四十五峒首詣麾下閱簡工丁五萬補置將吏軍聲益張交人遣使入貢知邕州諒祚攻圍大順城詵謂不稍加折請則國威不立乃留止請時服使者及歲賜而移宥州問故諒祚聞之大沮明年又乞留賜冬服而自以帥牒告之故諒祚始因詵謝罪共貢職改龍圖閣學士知成都青苗法出詵言蜀峽刀耕火種民常不足今省税科折已重其民輕侈不為儲積脱歲儉不能償適遶陷之死地願罷四路使者詔獨置成都府一路熙寧三年卒

孫鼛（宋史本傳）字叔静錢塘人用父任調武平尉歷福建轉運判官名為屯田員外鼛微時與蔡京善至是京還朝遇諸塗京迓謂曰我若用于天子願助我鼛曰公誠能謹守祖宗之法以正論輔人主示節儉以先百吏而絕口不言兵天下幸甚鼛何為者京默然既相出提點江東刑獄未幾入為少府少監戶部郎中縣官用度無藝鼛疏論之當國者不樂從閤封還太僕鄉殿中少監知曹州徙鄆州邑人子為草蔡之謠指切蔡京鼛以聞京怒使言者誣以他詩提舉鴻慶宮致仕卒謚通靖

虞策（宋史本傳）字經臣錢塘人登進士第歷湖南轉運判官名為監察御史進右正言數上書論事哲宗納后上正始要言遷左司諫帝親政條所當先者五十六事後多施行累官戶部尚書奏疏徽宗請均節財用曰考皇祐所入三千九百萬而費纔三之一治平四千四百萬而費五之一熙寧五千六十萬而費盡之今諸道隨一月所須旋為裒會汲汲然不能終日願深裁浮冗以寬用度屬疾祈外知潤州卒子道弟奕

虞奕（宋史本傳）字純臣第進士累擢監察御史提點河北刑獄自何承矩創邊地為塘濼有定界既中貴人典領以屯田開拓為功肆侵民田民上訴屢出使者按治皆不敢與直奕曲折上之疏其五不可詔罷屯田歷遷光祿鄉戶部侍郎內侍總領內藏視戶部如僚屬度支郎方討理滯奉中旨令閤封尹與總領

屠东东征係二事首尾共有五年屠孜竹笈南方大傳东征
定之有三年方定似不當合屠东併共三年之王东為不御盖武
最时已欲作都巡方度已作渡等簡可証不必不成时將言东之

侵其官即自劾不
諫以歲出多盜不

張九成（宋史本傳）字子韶其先開封人徙居錢塘游京師從楊時學權貴託人致謂曰肯從吾游當薦之館閣九成笑曰王良尚羞與嬖奚乘吾可為貴游客耶紹興二年對策擢首選授鎮東軍簽判提刑張宗臣欲逮捕數十人九成爭之宗臣曰此事左相封來九成曰主上屢下恤刑之詔公不體聖意而觀望宰相耶即投檄歸趙鼎薦召遷著作郎言陛下以省刑為急而理官不以恤刑為念欲詔理官活幾人者與減磨勘從之權刑部侍郎法寺以大辟成案上九成請覆實果誣服者全人議和九成謂趙鼎曰金實厭兵而張虛聲以撼中國因言十事彼誠能從吾所言則與之和使權在朝廷鼎既罷秦檜誘之曰且成檜此事九成曰九成胡為異議特不可輕易以苟安耳檜曰立朝須優游委曲九成曰未有枉己而能直人上問以和議九成曰敵情多詐不可不察因在經筵言西漢災異事檜甚恶之謫守邵州丁父憂免喪檜令司諫詹大方論其與徑山僧宗杲謗訕朝政謫居南安軍在南安十四年廣帥致籯金九成悉歸之檜死起知溫州戶部遣吏督軍糧民苦之九成移書痛陳其弊戶部持之九成即丐祠歸數月病卒寶慶初特贈太師封崇國公謚文忠

何鑄（宋史本傳）字伯壽餘杭人政和五年進士歷官殿中侍御史擢右諫議大夫尋拜御史中丞先是秦檜力主和議大將岳飛有戰功檜惡其異己欲除之脅飛故將王貴上飛逮飛繫大理獄命鑄鞫之閱實俱無驗鑄察其冤白之檜檜不悅曰此上意也鑄曰鑄豈區區為一岳飛者強敵未滅無故戮一大將失士卒心非社稷之長計檜語塞改命万俟卨飛死獄中檜諷卨論鑄私岳飛為又欲竄諸嶺表帝不從止謫徽州後提舉江州太平興國宮卒嘉定初謚恭敏

淩景夏（咸淳臨安志）字季文餘杭人紹興二年對策第二擢秘書省正字遷著作佐郎與吳璟朱松張廣常明范如圭等六人共奏封事言和議非便秦檜

陸詵（宋史本傳）字介夫，餘杭人。進士起家簽書北京判官，歷南北轉運使、直集英院、進集賢殿修撰、知桂州。自儂猺定後，交人寖驕，詵至部，集左右江四十五峒首詣麾下，閱簡工丁五萬，補置將吏，軍聲益張。交人遣使入貢。知延州，諒祚攻圍大順城，詵謂不稍加折請，則國威不立，乃留止請時服使者及歲賜，而移省州問故。諒祚聞之大沮。明年又乞留賜冬服，而自以師牒告之故，諒祚始因詵謝罪，共貢職。改龍圖閣學士、知成都。青苗法出，詵言蜀峽刀耕火種，民常不足，今有稅科折已重，其民輕侈不為儲積，脫歲儉不能償逋，適陷之死地，願罷四路使者。詔獨置成都府一路。熙寧三年卒。

孫鼛（宋史本傳）字叔靜，錢塘人。用父任調武平尉，歷福建轉運判官，召為屯田員外。鼛微時與蔡京善，至是京還朝，遇諸塗，京迎謂曰：我若用於天子，願助我。鼛曰：公誠能謹守祖宗之法，以正論輔人主，示節儉以先百吏，而絕口不言兵，天下幸甚，鼛何為者。京默然。既相，出提點江東刑獄，未幾入為少府少監、戶部郎中。時官用度無藝，鼛疏論之，當國者不樂，徙閣封還太僕卿、殿中少監、知曹州，徙鄆州。邑人子為草癸之謠，指切蔡京，鼛以聞，京怒，使言者誣以他詩。提舉鴻慶宮致仕。

卒謚通靖。

虞策（宋史本傳）字經臣，錢塘人。登進士第，歷湖南轉運判官，召為監察御史，進右正言。數上書論事，哲宗納后，上正始要言。遷左司諫。帝親政，條所當先者五十六事，後多施行。累官戶部尚書，奏疏徽宗，請均節財用，曰：考皇祐所入三千九百萬，而費纔三之一；治平四千四百萬，而費五之一；熙寧五千六十萬，而費盡之。今諸道隨一月所須，旋為裒會，汲汲然不能終日，願深裁浮冗以寬用度。屬疾，祈外，知潤州，卒。子道。弟奕。

虞奕（宋史本傳）字純臣，第進士，累擢監察御史、提點河北刑獄。自何承矩創邊地為塘濼，有定界，既中貴人典領，以屯田開拓為功，肆侵民田，民上訴，屢出使者按治，皆不敢與直。奕曲折上之，疏其五不可，詔罷屯田。歷遷光祿卿、戶部侍郎。內侍總領內藏，視戶部如僚屬，度支郎方討理滯奉中旨，令開封尹與總領者来奏曰宰相曰計臣不才當去之而易能者不可使他人侵其官即自劾不稱職詔罷內侍從奏工部某慶守張滚請登封東平守王靚諫以歲凶多盜不當請封為政者將罪靚奏言靚憂民愛君所當獎激奈何用為罪乎靚復免卒贈龍圖閣學士

張九成（宋史本傳）字子韶其先開封人徙居錢塘游京師從楊時學權貴託人致常曰肯從吾游當薦之館閣九成笑曰王良尚羞與嬖奚乘吾可為貴游客耶紹興二年對策擢首選授鎮東軍簽判提刑張宗臣欲逮捕數十人九成爭之宗臣曰此事左相封來九成曰主上屢下恤刑之詔公不體聖意而觀望宰相耶即投檄歸趙鼎薦之遷著作郎言陛下以省刑為急而理官不以恤刑為念欲詔理官活幾人者與減磨勘從之權刑部侍郎法寺以大辟成案上九成請覆實果誣服者全人議和九成謂趙鼎曰金實厭兵而張虛聲以撼中國因言十事彼誠能從吾所言則與之和使權在朝廷鼎然罷秦檜誘之曰且成檜此事九成曰九成胡為異議特不可輕易以苟安耳檜曰立朝須優游委曲九成曰未有枉己而能直人上問以和議九成曰敵情多詐不可不察因在經筵言西漢災異事檜甚恚之謫守邵州丁父憂免喪檜令司諫詹大方論其與徑山僧宗杲誘訕朝政謫居南安軍在南安十四年廣帥致贐金九成悉歸之檜死起知溫州戶部遣吏督軍糧民苦之九成移書痛陳具擊戶部持之九成即丐祠歸數月病卒寶慶初特贈太師封崇國公諡文忠

何鑄（宋史本傳）字伯壽餘杭人政和五年進士歷官殿中侍御史擢右諫議大夫尋拜御史中丞先是秦檜力主和議大將岳飛有戰功檜惡其異已欲除之脅飛故將王貴上飛逮飛繫大理獄命鑄鞫之閱實俱無驗鑄察其冤白之檜檜不悅曰此上意也鑄曰鑄豈區區為一岳飛者強敵未滅無故戮一大將失士卒心非社稷之長計檜語塞改命万俟卨飛死獄中檜諷卨論鑄私岳飛為及欲竄諸嶺表帝不從止謫徽州後提舉江州太平興國宮卒嘉定初諡恭敏

凌景夏（咸淳臨安志）字季文餘杭人紹興二年對策第二擢秘書省正字遷著作佐郎與吳珵朱松張廣常明范如圭等六人共奏封事言和議非便秦檜

憾之斥知外郡及閩居凡十餘年檜死除起居舍人未幾直龍圖閣知常州奏免程昌禹所增泰州官兵衣糧六萬四千餘緡詔減四分之一除吏部侍郎奏論吏部七司有法有例法可按籍而視例則散于案牘之中匿于吏胥之手官有去來不能遽知臣愚以為吏部七司宜置吏冊凡經取旨或堂白者每一事已命郎官畫時擬定長貳書之冊以為例每半年上于尚書用印給下如此則前後予決悉在有司之目猾吏無所措巧銓綜漸以平允詔吏部措置申省

樊光遠（萬曆杭州府志）字茂實錢塘人紹興五年南省奏名第一除秘書省正字上疏言今日士大夫之論莫不以金人詭詐為可憂臣獨曰詭詐不足憂而信其詭詐實深可懼也願陛下勿以得地為喜而常以為憂勿罪忠讜以養敢言之氣勿喜迎合以開謟進之門勿盡民力宜愛惜之以固根本勿沮士氣宜獎動之以備緩急秦檜將遂休兵罷為閬州教授後召為秘書丞除監察御史尋補外知嚴州時三衙誘掠近郡平民為軍光遠奏乞禁止詔三衙自今止見管兵為額又言本州歲輸御爐炭七萬四千五百斤而不償民間之直上亟罷之

趙汝談（宋史本傳）字履常登淳熙十一年進士第調汀州教授佐丞相趙汝愚定大策汝愚欲驟以詞掖處之力辭汝愚去國罷黨禍斥去尋召為太社令特侂胄用事熾甚汝談痛憤登壇讀祝大呼侂胄及陳自強名自強不能堪以叅知政事李壁薦召試擢正字改知無為軍檢料數備邊二策歷湖北江西提舉質理宗表力寓勸戒端平初以禮部郎官召對言倚用老成廣集忠智碩加聖心又言大佞似忠大奸似聖擢任之始未見其失乃寖至差誤則是非邪正易位而黜陟予奪失中多矣改秘書少監時集議出師汝談及覆言不可輕戒而和尤非計既而三京收復難前言用兵不便者亦喜汝談獨有憂色未幾洛師敗始服其先見遷宗正少卿權吏部侍郎陞侍讀朝議覆謚精稽汝談言非便近時宰意京師軍變宰相乞貶秩汝談辭不可草答詔以為貶秩易害舉措雖宰相滋不悅以言去起知婺州召權禮部侍郎登對首疏言邊曲無可倚仗乞超越拘攣簡拔俊傑使各分方面巴蜀一人荊襄一人兩淮各一人一切便

文昭撰　咸淳臨安志云太宗八世孫居餘杭嘉熙元年卒景定四年謚文懿

宜行事不復吏從中御庶幾仲縮由己扒用出心且曰臣之此策行于閫稜未
司兵之前決不至罹今日之患其論措法尤中時弊上稱歎久之以老祈免改
侍講權給事中權刑部尚書及
辛轉兩官遺表上又轉四官

俞烈（咸淳臨安志）字若晦臨安人淳熙八年試禮部第一嘉定初知慶元府鎮以
清靜移知鎮江時淮民流移充斥多方拯救郡有大夾岡小夾岡乃漕運路以
雨餘泥深章夫失足輒墜數十尺下烈為甃之始無陷溺權吏部侍郎乞濬練
湖通漕廣溉兼中書舍人勳戚濫恩錄璫佚罰宮掖夤緣干請多格不行尋兼
侍讀
辛

趙希館（宋史本傳）字君錫舊名希喆登慶元二年進士第改賜今名調汀州司戶
峒寇李元礪方起郡會僚佐畫守城策希館下坐曰守城非策也距城三
十里有關曰古城若患精銳以扼其衝賊不足慮矣守以付希館希館麾兵以
待賊至矢石俱下無一免事聞詔升推官改知玉山縣召對首言民力困于貪
吏軍力困于債帥國家之力則外困于歸附之卒內困于浮冗之費寧宗嘉納
之授大理丞歷團練防禦使理宗即位進安德承宣使引對言初政急務莫先
于明道統總治統收人心上為
之動容後計節度封信安郡公

洪咨夔（宋史本傳）字舜俞於潛人嘉定二年進士應博學宏詞科崔與之辟置幕
府尋知龍州州咸貢麩金率科礦戶咨夔曰將奉上乃厲民出官錢市之
毀鄧艾祠更祠諸葛亮告其民曰毋事仇讎而忘父母還朝為秘書郎遷金部
員外郎會詔求直言慨然曰吾可以盡言悟主矣其父見其疏曰吾能啜菽子
飲汝無憂史彌遠讀至濟王之死非陛下本心大恚擲于地轉考功員外郎轉
對復言李全必為國患于是臺諫李知孝梁成大交論鐫二秩讀書故山七年
而彌遠死帝親政五日即以禮部員外郎名見帝問今日急務對以進君子而
退小人問誠心而布公道且言在陛下一念空凝又問在外人物對以崔與之

真德秀魏了翁異日拜監察御史洎變感激知遇曰朝無親擢臺諫久矣亦當飭本極源而先論之乃上疏言中書弊端其大者有四曰自用自專自私自固願于從容論道之頃宣示臣言俾大臣力懲往轍帝嘉納之又首乞罷樞密使薛極以屬大臣之節其他得罪清議者相繼劾去朝綱大振擢殿中侍御史後進刑部尚書拜翰林學士加端明殿學士卒

李宗勉（宋史本傳）字強父富陽人開禧元年進士歷遷著作郎入對言邊事明年兼權兵部郎官李全叛謀已露人莫敢言宗勉獨累疏及之拜監察御史時方謀出師汴洛宗勉言今士卒未精鋭城壁未繕修守禦猶不可而欲進取乎願詔大臣愛日力以修內治合人謀以嚴邊防仍飭沿邊將帥毋好虛名而受實害已而洛師潰又言何地可控扼何兵可調遣何將可捍禦何糧可給餉皆當預作措畫拜殿中侍御史詔條陳邊事宗勉奏請分工流淮東淮西為三帥而以江淮大帥總之以公私之財分給四處俾之招募充補仍選沿流諸郡將士為扞禦之圖或謂其勢強盛宜于講和欲出金繒以奉之是抱薪救火空國與敵矣擢諫議大夫進簽書樞密院事史嵩之開督府力主和議宗勉言嵩之職在督戰如收復襄光控扼施澧招集山砦保固江流皆今所當為若所主在和則凡有機會可乘不無退縮之意必至虛捐歲月坐失事功進參知政事拜左丞相兼樞密使守法度抑僥倖不私親黨召用老成尤深聞讜言以觀文殿大學士致仕卒贈少師謚文清

章鑑（兩浙名賢錄）字君寶昌化人嘉定十六年進士調溫州永嘉簿歷官國子司業兼侍講進太府卿以言免歸端平更化首上封事復召為講官兼掌內外制時相專政極論其蠹國且乞罷職晉上疏言進人不可太銳聽言不可不察擢兵部侍郎兼給事中文華閣待制以疾乞歸卒鑑為人忠直淳厚事有切于時者必為精言之時相疾其正論每試以禍福鑑不為動深為理宗所知特見親禮

趙景緯（宋史本傳）字德文，於潛人。淳祐元年進士，授江陰教授，丁母憂，以祿不逮養，服闋不調。景定元年，授秘書郎，知台州，以化民成俗為先務，建黃巖縣社倉六十有六，浚河道九十里，築隄路三十里，節浮費，為下民代輸秋苗，奏捐五邑坊河渡錢。進考功郎中兼崇政殿說書，論監司守令曰：與其糾劾于有罪之後，未必盡得其情，孰若精擇于未用之先，使之各稱其職。嘗出于柳應詔上封事曰：願陛下損內帑以絕壟利之謗，出嬪嫱以節用度之奢，弄權之貂寺屏之，壽民之恩澤侯黜之，擢忠鯁敢言之士置臺諫，遷慈惠忠信之人為守宰。又以稽淳祐以來利源名窠之在百司庶府者，悉隸其舊；公田派買不均之弊，聽民自陳，隨宜通變。咸淳元年，拜宗正少卿兼權中書舍人，封還濫恩詞頭，帝從之。雷發非時，又言：內批疊降而名器輕，宮閫不嚴而主威褻，橫恩之濫已收而復出，戚貪之諂方嚴而隨弛，命令不疑則陽縱而不收，主意不堅則陰閱而不容，陛下可不思致災之由而亟正之哉。進權禮部侍郎、顯文閣待制，卒，謚文安。

元

葉李（元史本傳）字太白，一字舜玉，杭州人。補京學生。宋景定間，伏闕上書攻賈似道，被竄漳州。宋亡，歸隱富春山。至元中，召見，詢以治道，李歷陳古帝王得失成敗之由，世祖首肯。時各道儒司悉罷，李因奏各道儒學提舉及郡教授實風化所係，請復立提舉司，專提調學官，課諸生，上成于太學，以備錄用，凡儒戶徭役，乞一切蠲免。可其奏。累擢尚書左丞，始定至元鈔法。又請立太學，為周砥等十人為祭酒等官，帝皆從之。世祖欲徙江南宋宗室大姓于北方，李言宋民無故聞徙，必將疑懼，萬一奸人乘釁而起，非國家之利，事遂寢。歷平章政事，李固辭，許之，以疾得請南還。卒，追封南陽郡公，謚文簡。

明

夏時（萬曆杭州府志）字以正，錢塘人。永樂戊戌進士，授戶科給事中。洪熙改元，議改鈔法，時力言其擾市肆，無俾國用，疏留中不下。已而泉幣大阻，民艱犯華于是始思時言，命侍太子祀祖陵，所至遇歉輒建白發倉賑之。留署南戶科。宣德初，一日三上封事，稱旨，命署尚寶司兼吏禮兵刑四科事，月視七篆，綜核廉遺，事無巡滯。六年，查後湖黃冊，陳便宜十四事，詔行之，擢江西僉事，進參議，以大臣會薦超擢廣西左布政使，前後所上又十餘疏，皆國家機要事，識者偉其敢言。年未七十致仕歸卒。

周文東（萬曆杭州府志）字顯謨，富陽人。永樂癸卯舉人，選河南道監察御史，巡按廣東，赫著聲績。特中官王振方用事，文疏論之。貴州苗賊猖熾，總帥僨師，命文督兵偕靖遠伯王驥往勦，至則單車詣賊宣諭國威，賊眾歸款。未幾以憂歸，卒于家。

柴車（湯斌柴車傳）字叔輿，錢塘人。永樂二年以舉人授兵部主事，歷兵部侍郎。奉勅往山西、遼東、甘肅清屯餉，邊所至皆有實績。正統元年，朶兒只伯寇涼州，命尚書王驥等經略，而以車參贊軍務。副總兵劉廣援鎮番，遇寇而退，反冒功邀賞，車劾其罔上不法。寧夏守將胡清、滕遇喪師失律，鎮守太監王書部下賽罔不花等數亡後歸者，匿不以聞，車並劾奏。帝嘉其公忠，賜白金文綺，旌以勅。朶兒只伯功，進俸一級。車盡心邊務，尤杜絕徼幸，凡有功實，雖奉詔必覆驗而後行，詐冒者必據法糾正。岷州土官后能以家人冒功得陞賞，車奏罷其所陞。官能復以為請，帝宥之，車反覆論其不可，曰：「詐冒如能者非一人，臣方以次按覈，今宥能，如諸人何？若無功得官，則捐軀死敵者何以待之？」帝深嘉其忠，復賜白金文綺。三年，進兵部尚書，仍參贊軍務。事平，召還，理部事。

嚴恭（兩湖塵談）仁和人。永樂辛卯進士，授御史，命巡按江西。有巨奸姻連藩府，獄久不決，恭至，致大辟。後王師征麓川，恭往司紀功，凱旋，眾議當擢臺省，郎王振恃勢，謂人曰：「嚴御史好官，今有功，當陞侍郎，胡不見我？」所親或以諷恭，竟不往，止得貴州參政以去。

鄒幹（兩浙名賢錄）字宗盛，餘杭人。正統己未進士，授兵部主事，歷郎中。己巳車駕北狩，京城戒嚴，擇廷臣有才望者佐本兵，僉舉幹通敏練達，乃超拜本部右

侍郎時兇驕歷境城門晝扃城外老幼數萬餘不得入望堞而號衆議莫敢入
幹曰設城本以衛民今棄民于數可乎遣軍出就冊乃下令軍從左出民從右入
全活無算幹獨暢軍机臨事合變當守城時常不待奏報輒行事頼以濟改
禮部右侍郎河南鳳陽等處大水受命往賑奏蠲税粮数萬石尋轉左成化丁
亥特拜南京禮部尚書召還後加太子
少保致仕歸卒贈太子太保謚康靖

夏時正（王鏊夏時正墓誌）字季爵世家慈谿至其父始遷仁和正統乙丑進士授
刑部主事進郎中慮囚福建平反殊死獄六十餘人時工杭民飢盜且起
時正不及以聞亟發倉賑給歷陞南京大理寺卿成化七年被命廵視江西黜
官屬貪汙者二百餘人放免無名税十餘萬增築南昌瀕江隄及豐城諸縣陂
岸復疏時弊二十事以聞當
道有不悅者逢三上章乞歸

江兆（萬曆杭州府志）字用良仁和人景泰辛未進士授禮科給事中嘗以六事疏
陳志閔君德民務已而諫罷僧牒濫行疏劾按察使陳璇冤又劾奏石亨怙
寵罔上直聲赫然特南陽李賢方柄事衆爭趨其門獨兆不可曰吾為諫臣可
媚特宰以自託耶居諫垣十年出為山東参議又九載始遷参政未幾乞休

沈銳（分省人物考）字文進仁和人成化己丑進士授刑部主事歷陞江西廣東按
察司僉事銳方介寡合拙于進取為五品者二十四年乃稍遷副使進廣東
布政尋陞應天府尹正德初進南京刑部右侍郎值劉瑾用事銳上疏極
言時政不報遂乞歸瑾銜摭往事詆之矯旨奪職嘉靖初論薦德復官

吳雄（獻徵錄）字文英仁和人成化戊戌進士授刑部主事陞湖廣按察使郴人蠻
侵掠居人有司蒐捕窮詰其黨欲盡致之死雄言于廵撫第取首惡誅之餘
無所問拜應天府尹南畿旱總漕者亟征歲運米雄曰民困已甚不可
重檄奏止之又請兩淮所貯綱米三十餘萬石以賑飢者全活甚衆

朱恵（分省人物考）字懿卿仁和人成化丁未進士擢南湖廣道御史時内豎蔣琮
守備南京以威權排逐縉紳事多不法恵抗疏劾之權奸股慄弘治丙辰轉

湖廣僉事值藩府二役並興民不堪命而爲檄請罷止卒于官

俞琳（獻徵錄）字德彰臨安人成化丁未進士授監察御史按行畿輔發奸擿伏貪横斂迹正德戊辰陞禮部右侍郎改工部畿輔諸郡告飢盜且起上命兼右僉都御史往飭武備廣儲積未旬月閒諸郡安堵保定有張義官者潛結羣盜爲奸琳捕殺之盜遂息召陞工部尚書加太子少保致仕

陳珂（分省人物考）字希白錢塘人弘治庚戌進士授刑部主事累官右副都御史巡撫河南流賊餘黨孫都等爲民梗者命兵勦平之仍命有司收瘞餘骸勒石表男女死節者又申冤獄知縣袁錦等五十餘員復奏請淂末減新野當荊襄之衝內官私置抽分廠漁獵民檄守巡官毀之正德十年入爲大理寺卿致仕

胡世寧（獻徵錄）字永清號靜菴仁和人弘治癸丑進士除德安府推官時岐王閒國羣從怙勢橫甚世寧悉以法裁之王請民閒墾湖田充柴炭撫巡業予之世寧指畫利害乃止陞主事歷員外郎中出知廣西太平郡所隸悉土官世寧推心撫之戎獠帖然惟太平知州李瑎負固跳踉乃密檄龍英州趙元瑶擒而執之積禍頓息又建置壺關屹然爲一方巨防母喪服闋補寶慶初割岷王聞岷府受詞縶人取財即諭里老奉有令旨必并其人送府驗實始行僞者帛貸岷府入相戒斂手郡屬糧的瞀漫奸不可詰乃類田均糧一色徵之民省歲供之半陞江西副使時羣盜肆抄掠爲饒信患世寧設計擒之又城廣昌南豐新城會宸濠有反狀人莫敢言世寧獨上疏曰江西之禍不止盜賊可慮者寧王臣請敕王自治其國勿挾有司以防未然當事下其章濠恚甚播飛言誣爲離閒逮捕繫獄欲刖附他罪給事御史交訟其冤淂減死戍遼東宸濠反特起戍中爲湖廣按察使尋進右僉都御史巡撫四川嘉靖元年晉吏部右侍郎未任奔父喪時議大禮廷臣諍論爭被扑除名世寧時家居疏言新進議禮一言遂合未必事事皆是老成執禮一言偶當未必事事皆非凡數千言上嘉納之四年起兵部左侍郎進備邊二十五事獻三經講義辭多中羣忌皆留中言者劾之改南吏部左侍郎徵爲左都御史掌院事執政請禁私謁世寧言臣官

以察為名人非援其貌聽其言無以察其心之邪正才之短長若屏絶士夫徒按考語則毁譽失真而求激揚之當難矣上是其言改刑部尚書陳九疇者故以兵侮甘肅而敗土魯番兵土魯番縱反間傾九疇于是下九疇獄擬大辟世寧昌言于朝曰使世寧司刑而殺一忠臣寧先殺世寧執政持不可乃察疏為中理九疇得不死戍邊轉兵部尚書加太子太保引疾致仕卒贈少保謚端敏

江　曉（萬曆杭州府志）字景熙仁和人正德戊辰進士歷兵部郎中改吏部出為山東參政議名高上納隨時給估除前攬納侵耗之弊遂著為令陞山西右布政使條陳體國便民六事悉見施行擢應天府尹除奸釐弊節費勸農復條奏職掌十事入為工部右侍郎為胡守中誣奏勒歸卒贈尚書

錢　宏（兩浙名賢錄）字可容錢塘人正德戊辰進士授刑部主事轉員外郎陟山東僉事轉副使時武宗南狩供應靡紀當事檄宏取辦隨事經緯弗能屈章郎洊歲大侵宏賑恤有方全活幾萬巨璫鎮守役民無常時宏裁之不少徇歷陞副都御史提督南贛軍務南贛地屬上游不可一日弛武備乃刻武藝圖以訓將士躬自臨閱軍聲大振會疾作乞歸

陸　溥（兩浙名賢錄）字元博錢塘人正德戊辰進士授兵部主事時宸濠謀不軌逆瑾內應齊魯趙鐩賊從中起溥相大司馬運籌決策畢光以次授首既而駕將南征溥與同省郎伏闕諫止廷杖幾斃會丁內艱歸服闋補武選司員外歷郎中出為江西參議嘉靖初詔獎先朝諍臣改陝西參政行至靈寶卒

許　相卿（萬曆杭州府志）字台仲海寧人正德丁丑進士授兵科給事中屬世宗新政乃抗疏論政令不便者數事先是中人張銳張忠恣橫法曹議在死律內降欲當之贖金相卿力爭之又李賢以中貴義子襲錦衣指揮林俊以正人被譖相卿皆力言其非是詰剴切多人所不敢言由是直聲振天下居一年抗疏致仕歸林居三十年中外薦者十數以禮科召力辭竟不起

參政江珧孫

江暉（兩浙名賢錄）字景孚仁和人尚書瀾子侍郎曉弟正德丁丑進士選庶吉士與同館舒芬等抗疏力諫武宗南巡受杖幾斃謫廣德知州下車即法其豪使者以令于州有徭役減供應以身勤民民皆悅服二載以編修召尋進修撰屬世宗簡侍從使吏民事擢暉河南僉事未行疾作許歸卒

郤經邦（汪琬郤經邦傳）字仲德仁和人正德庚辰進士授工部主事進員外郎嘉靖三年詔工部治泰和伯陳萬言賜第費當白金六十萬經邦力諫不宜寵外戚太過由是直聲大起內艱服闋補刑部明倫大典告成之次年十月朔日食經邦抗疏言陛下已令大學士張璁致仕尋以議禮有功見留夫陰盛侵陽變無大于此者是以漢制策免三公而璁頓去而復留何也臣竊謂議禮與臨政不同議禮貴當臨政貴公陛下私議禮之臣過加非分使之發盈溢干犯天人之怒徼倖非國家福也亦豈璁輩利哉疏入帝怒立下詔獄會乾寧宮西房災乃命逮戍鎮海衛踰二十八年竟卒于戍所神宗即位復故官

張瀚（湯斌張瀚傳）字子文仁和人嘉靖乙未進士授南京工部主事歷遷右副都御史巡撫陝西甫半載入為大理卿歷總督漕運隆慶元年改督兩廣軍務萬曆元年為吏部尚書加太子太保時廷推吏部尚書首左都御史葛守禮次工部尚書朱衡次瀚張居正忌守禮戇衡驕故特援瀚比居正遭喪謀奪情中旨令瀚諭留居正居正又自為牘風瀚屬吏以覆旨請瀚佯不喻謂政府奔喪宜予殊典禮部事也何關吏部居正復令客說之不為動乃傳旨責瀚以不奉詔無人臣禮廷臣惴恐交章留居正瀚獨不與撫膺太息曰三綱淪矣居正怒嗾給事中御史摭他事劾之勒致仕歸年及八十卒贈太子少保謚恭懿

傅佩（兩浙名賢錄）字朝鳴仁和人嘉靖乙未進士授興化知縣擢兵科給事中世宗幸承天佩以才望扈從武定侯郭勛怙寵驕恣不法佩抗疏劾之忤旨奪職郊廟禮成還章服穆宗改元起用先朝言事直臣佩膺首薦晋秩太常寺少卿致仕

查秉彝（獻徵錄）字性甫海寧人嘉靖戊戌進士除黃州司理徵拜禮科給事中屬朝議莊敬太子冠禮時未知上意所指莫敢先發且憚磔鄭論如華令

奠斟酌今古折繁簡而衷之疏上報可轉戶科會大計釐吏條吏弊七事以上
復與都給事屬汝進右給事徐養正合疏劾兩淮副使張祿起解鹽課令私親
至京廣通關節太常少卿嚴世蕃憑藉父勢有請托蹤跡宜盡法窮治疏入杖
闕下嵩以疏出東樓手必欲置之死會上意解謫雲南定遠典史嵩敗起為建寧
司理累遷至文選郎中時量考員訣東樓議取五十三人皆極一時之選遷貳
太常改大理尋長太僕平恕精敏所至底績後尹順天涖事五日卒賜祭葬

高儀（萬曆杭州府志）字子象錢塘人嘉靖辛丑進士選庶吉士授編修歷官禮部
尚書文淵閣大學士卒贈太子太保謚文端儀初入史館已卓犖為人所推
時柄臣方以齋祿寵致天下士多方羅之儀獨抗顏不下坐是久不調及柄臣
解政始得進用莊皇新御凡郊見上帝親耕藉田臨幸辟廱諸大儀節皆侍辨
于儀考據精核種種如禮孝烈后以保衛功祔世宗廟儀建議孝潔寶元后二
后不宜並祔乃遷孝烈于內殿朝夕合祀天地以日月從至嘉靖間改分祀中
官李芳建議請合祀儀執不可入閣其故儀曰即無論分合非是獨奈何使中
官得與朝議時論偉之先是宗藩鄭王駙馬鄔景和皆以建言得罪眾莫敢理
之儀首倡議請復封爵上疏諫南苑遊幸及
選女採玉取光祿羨銀等事皆人所不敢言

方廉（兩浙名賢錄）字叟江新城人嘉靖辛丑進士授南康府推官徵為禮部主事
歷陞右僉都御史巡撫江南抗疏直陳民間疾苦得減賦百餘萬尋罷歸穆宗
初起南京大理寺卿遷右副都御史總督漕運請留徐州商稅以佐河工罷
如昇兵以獨坐食歲計減省踰萬帑令為常轉南京工部侍郎請老歸

董學（舊浙江通志）字愚齋海寧人嘉靖丙辰進士除行人擢御史大璫強奪民居
執法不為屈出按宣大律將帥之失機者雖津要弗貸飭武備蕪萃還學以
廣聖化再按畿輔漳泌五河衝決疏請毀堤置閘以疏上流會通河成漕艦不
入衛河奏罷文家口六驛遞費大名歲省銀萬兩而衛源回隆諸隸河南者亦賴
以甦息又請減徵徭均里甲清驛傳理狴犴
皆務大務比沒無以為殮世稱廉御史、

孫枝（杭州府志）字敬身，錢塘人。嘉靖己未進士，授太常博士，改户科給事中。內艱起復，由道江淮，述耳目所睹聞，奏救災荒，理河患二疏。又奏內使據害光祿積弊，辭甚剴切。穆宗立，遷刑科左給事中。時沈鍊冤既白，詔逮楊順、路楷抵辟，而寺巡二道王用中、郭天倖相助為羅織者，冀倖免，請于枝，枝斷其罪曰：順、楷為嵩父子効命，此兩人又効命于順、楷，法均首從，當誅。朝野稱快。勅遣中使三人董營事，枝以宦寺典兵，褻將百出，自數其不可，帝不悦，詰大學士徐階，對如枝言，乃名三人還。已復論大學士高拱專擅，拱罷去，遷工科都給事，外補山西參政，分守冀寧，落職歸。

許子良（舊浙江通志）字直夫，仁和人。隆慶戊辰進士，授閩縣知縣，擢監察御史，巡河東鹽，所綜三省，吏甚患之。按河南，歲祲，以便宜發各倉賑濟，比命下，而道殣已蘇。時政專尚嚴擊，而子良以寬大持之，張居正寖憎子良，糾巡撫子良不急移疾歸。居正卒，以為起，入臺尋擢貴州巡撫，又改鎮鄖陽，未赴卒。

沈楠（舊浙江通志）字汝林，仁和人。隆慶戊辰進士，授南昌府推官。花園鄉故稱盜藪，楠單騎詣賊，皆面縛悔罪。楠白于上官，盡解縱之，事聞，賜金綺以卓異名。為監察御史。江陵當國，楠疏劾其黨殷正茂冒功不法，又彈其持政操切，非所以輔少主。居正銜之，出巡按陝西，以疾卒。

金學曾（兩浙名賢録）字子魯，錢塘人。隆慶戊辰進士，授工部主事，歷郎中，改禮部，出督楚學。時張居正所飭學正首禁講學，學曾不以為然，曰：學不講則所崇何業？無何，奪情事起，學曾曰：是可令楚士見乎？為十揭以上，語甚切至，未幾，楚直指朱璉希正居意，疏劾鐫級歸。居正殁，起僉事，歷右僉都御史，撫閩。倭寇繹騷，學曾策其出没多在彭湖，乃建閩置戍，以遏其衝，倭至今急擊，不使浮聚，旅蕃力争。風颶紀屢有叔下烏坵，沿峽銅山、彭湖、南澳、甘山之捷，頗失直指意，以濫觴劾事，尋白連疏乞歸。

許聞造（兩浙名賢録）字長孺，海寧人。舉萬曆鄉試，選河間府推官，有能名，內擢服閻，補東昌，拜貴州道御史，建議風發，摘大司馬石星忌諱不領，又條上兵黃門相鄉仲子餉七事，出按甘肅，閘礦使四出，兩疏極諫，又疏劾張侍郎養蒙，又言主事洪其道歸名順德，依附呂坤之門墻，不顧名義，凡數千百言。疏入忤旨，落職歸。

鍾化民（兩浙名賢録）字維新，仁和人。萬曆庚辰進士，歷宰惠安、樂清，廉第一，移劇梁平，治狀視惠安，以廉能卓異拜山西道御史。為忌者所中，改行人，遷禮部主客司員外。會三王並建之議起，乃移書責政府，尋露章劾之，終寢其議。改儀制郎中。潞藩請封其庶子為王，已許之，化民持祖制不可。帝諭曰：第與虛名，令得藉以婚娶。化民奏曰：惟名與器不可以假，且陛下視潞藩與元子孰親？潞藩不即封慮妨婚娶，元子不即立不妨豫教乎？帝始震怒，後旋悟，遂罷。尋改光祿丞。河南大飢，廷推化民往賑，命兼河南道御史，假便宜行事。倍道入境，晝夜籌畫，所全活不可數計。乃倣鄭俠流民圖作救荒圖說以報，得旨褒嘉，轉太常少卿，以右僉都御史出撫河南。時中使衘命開採，為奸利，化民上疏力爭，不報。諸礦逆乘釁舉起，究洛閩，又河賊擁衆阻險肆掠，官兵弗能制，化民親督將吏，設方略擒斬亂首，餘皆解散，境內以平。疾作卒。中州士民請祠，特賜祠額忠惠，贈右副都御史。

沈朝煥（獻徵録）字伯含，楠之子。萬曆壬辰進士，授工部主事。時倭事孔亟，上疏以相机達襲對馬、近襲釜山為上策，議和通市為下策，而終之以練士籌璧心田、壅武科用及閩。疏入不報。尋命推閩判南贛，細崇捐民困大蘓。轉職方員外，陞武選郎中，謝絕推責鈿，勒豪吏積弊肅清。會有錦衣陳某以戚畹陳乞，欲併軍功，奏黃金為壽，朝煥揮去，堅持不可。忽傳中旨，陳某准陞三級，與世爵。時夜半，中官督促取覆，朝煥具疏參劾，事遂寢。諸不便之者中以考功法，謫外知靖州，歷陞四川按察僉事、福建布政司參議，致仕歸。

楊廷筠（杭州府志）字仲堅，仁和人。萬曆乙未進士，授安福知縣，擢御史，巡太倉。會中旨取太倉庫金三十五萬，廷筠奏曰：祖宗積貯，至今尚存八百餘萬，陛下御極以來，支用七百餘萬，今一旦又支若干，脫有急需，何以應之？時礦稅之使四出，廷筠數以疏諫，畫發陳奉、馬堂、陳增等奸狀。出按江西，以三吳民重困

権税上減権疏遷按察副使請告歸以薦起河南副使遷順天府丞會魏忠賢用事遂乞歸

諸允修（杭州府志）字安所由餘姚徙仁和萬曆辛丑進士授襄城知縣入為工部主事督理通惠河會福王之國道潞河舟例用縴纜民居妨挽道者議盡撤允修持不可具小舟兩岸俾人夫夾挽之數萬户安堵如故三遷雲南左布政使寇逼郡外民擁門號哭求入議者不聽允修曰此吾赤子奈何以餧賊耶爭乃由別門先出精兵數十里外設伏衛之親坐城樓啓門令入所活數十萬天啓七年以南光祿寺卿致仕

吳太沖（杭州府志）字然真錢塘人崇禎辛未進士選庶吉士授檢討與姜埰張溥無錫馬世奇清江楊廷麟保德王郃會稽章正宸相善稱詞林六君子崇禎末年天下已岌岌震動天子方懸重賞厚祿以鼓厲臣下而下不應太沖以詞臣汎汎直言如理財則請嚴加派弭盜則請重撫綏翦亂則請專勦滅而尤以正人心敦士行破門户全國體為急辛巳枚卜閣臣召對平臺五人為班以次奏上諸臣所奏皆隨奏隨書太沖獨以國家力疲宜安插飢民重選循卓為言帝置筆不動顧太沖且前太沖跽奏曰臣之所陳甚迂然國家至今日如病羸痿不特消伐元氣迅利肝膈之劑不可用即驟服參苓效亦不可旦夕期也帝默然量移南國子監司業尋轉右春坊右中允以外艱歸

國朝

黃機（鄉賢留祀冊）字次辰錢塘人順治丁亥進士由庶吉士歷禮户吏三部尚書晉文華殿大學士端厚清謹公忠體國為户部稽核釐剔夙弊頓清兩任吏部勵廉節抑奔競疏通壅滯會

諭大臣陳時務機以九門擊複竊盜給賞太過恐邏者以邀賞滋波累又常事誣枚良民又覆妄供貽累者衆當照初供定擬毋許任意更易姓名殃及無辜言皆剴切立朝四十餘年廉潔自愛不名一錢卒謚文僖

項景襄（舊浙江通志）字去浮，號眉山，錢塘人。順治壬辰進士，乙未廷對，選庶吉士，補檢討，歷官兵部右侍郎，儀觀偉然，凡國家有大建置，輒援据成例以進。刑部疏請改五流之例，應徙邊者無論遠近，戍烏喇，景襄力争之，卒從其議。山東瀕海民多捕魚為業，東撫以民違禁行舟者，僉欲坐以通海。景襄曰：山東與江浙不同，江浙海寬無礁易泊，山東多礁難泊，且業經奉旨：奉天、直隸、山東沿海一帶許民捕捉，船容二百石，非違禁不可行。今奸吏舞文，以此羅織愚民，俾博衣食，而乃以重法陷之耶！由是皆免，且著為定例。

楊雍建（公舉事實）字自西，一字以齋，海寧人。順治乙未進士，知高要縣。地當廣右之衝，制府駐節，師府絡繹，供億甚煩，雍建力減浮費，重恤夫役。有百夫長持軍符下縣，詰不遜，雍建坐而撻之，師以愬制府，制府曰：書生强項，廉吏方剛，是不可犯。乃杖百夫長，薦雍建于朝，徵授兵科給事中，歷刑科掌印。因星變，上言請清齋修省，求直言，詢利病，并飭內外臣工滌慮洗心，共修職業。奉旨嘉之。歷兵部督捕理事，左右通政，太僕卿，以都察院左副都御史巡撫貴州。時湖北、川東甫定，道次銅仁，烽火迫城下，官屬請避去，雍建曰：銅仁黔境，巡撫身任封疆，去安之？因命燔其後山，開南門以待，偵者賊疑有伏，不敢前。既至貴陽，疏立營制，禁侵掠，捐賦稅，省力役，安集客戶，俾有寧居。師還，有約束不明者，輒上章劾奏，軍中號為楊一本。始至貴陽，斗米價值五千錢，教以耕稼，比及三年，竟成樂土。旋召入為兵部左侍郎，以母老乞養歸。

徐旭齡（杭州府志）字元文，號敬菴，錢塘人。順治乙未進士，授刑部主事，改吏部，歷員外郎，前後居銓部八年，風采一清。遷禮部郎中，會應詔陳言，極陳河工夫役之弊及禁商害、汰衙蠹等疏。改雲南道御史，疏十數上。視鹺兩淮，時黃淮並決，流民載道，旭齡區畫賑䘏，全活甚衆。歷遷大理少卿，擢僉都御史，巡撫山東，下車劾墨吏數人，嚴禁倉糧、河夫之最病民者，豪猾望風斂跡。陞工部侍郎，總督漕務，至淮，以籌三便、釐三害等疏奏請，悉見施行。卒，謚清獻。

嚴沆（舊浙江通志）字子餐號顥亭錢塘人順治乙未進士授庶吉士改給事中丁
酉典試山東故事聖裔無舉者四氏子不得獨雋沆疏請得歲舉二人著為
令康熙初擢吏科掌印給事中請解有司被參之任杜督撫要挾之端臧官之
遷授不使在籍候選悉見施行陞太僕少卿晉僉都御史擢副都御史逾年任
總督倉場戶部右侍郎軍興孔棘沆通贏絀剔侵蝕
進不軌衆退不廢公歲省金錢數萬餘乞養母歸卒

王益明（鄉賢祠冊）仁和人順治乙未進士選庶吉士改給事中首疏劾海上鎮
將交通賊黨請按以軍法後累事敗疏凡數十上如清鹽政以足軍需酌
漕運以裕國用外複所衛內復五府以保治安修舉盛京以重根本發湣謀以
定嚴疆糾貪吏以儆官邪皆直言無隱丁酉典試江西轉太僕寺少卿卒于官

徐潮（公舉事實）字青來一字浩軒錢塘人康熙癸丑進士選庶吉士授檢討遷春
坊贊善甲子主江南鄉試歷諭德庶子少詹事晉通政使陞副都御史尋轉
工部右侍郎督理錢局甲戌會試總裁丁母憂服闋即家起刑部右侍郎出為
河南巡撫潔己奉公苞苴屏絕凡藩司加平糧道贈耗知府季規悉為削除各
州縣止許取耗一分著為令甲除南陽黑鉛之累清衛糧辦漕之弊開清洫以
資兩河淮溉革省城上下供億杜發馬派買暨土棍盤踞市集之禁以安里遞
商民其民屬員尤殷殷教誨俾爭自濯磨咸奉法紀閱四載擢戶部尚書充
經筵講官兼翰林掌院學士教習庶吉士高寶居民被水患于高城三壩下築堤束
水以入湖又于下湖諸邑築堤束水以達海潮往董其事四十七年
擢吏部尚書仍兼掌院學士逾年以疾乞休五十四年卒于家

陳詵（公舉事實）字叔大號實齋海寧人康熙壬子舉人由中書簡吏科給事中歷
刑科掌印擢大理少卿遷都察院左副都御史巡撫貴州地多山畑不事農
桑詵召父老教之耕不二十年墾田數千頃又擕善蠶者即署傍浴蠶治繭遠
近效之始知織絍三江苗民常靖出師討之籌兵食措置方略隨機應變不
一月渠魁斯得調湖北涖任七日即劾藩司不職去之舉吏震肅時江浙米貴奉
旨命詵與偏撫商酌遂大弛米禁一時商賈雲集銜艘東下而省城米價騰湧立借

藩庫五萬金責羅賦責輸書減值皆以家資墊補江浙米價頓落而楚省亦不
受賍多米責之黑稚使請于白螺磯設關下其議説條奏不可乃止荆襄水患
歲役民不息説親歷河干兩月工竣水不為災晉工
部尚書轉禮部以老疾引退疏再上允歸卒謚清恪

沈近思（公舉事實）字位山號闇齋錢塘人康熙庚辰進士授臨潁知縣潁與許接
壤許有孔家口水勢衝突為潁患近思出夫十之七助許築堤俄水發安
堵無患又捐建社倉積穀四千餘石建紫陽書院課士復建嬰忠祠表彰揚統
制纂以昭忠義陞南寧府同知南寧山險多盜近思力行保甲嚴督緝捕期年
寧謐尋改清河本裕倉監督涖白一月綱紀利弊整整悉當奸胥斂迹猾弁暴
悍者痛懲之雍正元年陞文選司郎中歷遷吏部右侍郎轉左卿出西歸庚無
私謁當奏
御之日必越宿齋戒然後敢進惟以至誠篤敬盡職分所當為擢左都御史表率臺
端風清紀肅所進奏疏非發議准行之日人莫得而知卒于官室無餘資
賜帑金一千兩贈禮部尚書太子少傅謚端恪

嘉興府

唐

陸贄（唐書本傳）字敬輿嘉興人十八第進士以書判拔萃補渭南尉德宗立召為
翰林學士從狩奉天机務填總遠近調發奏請報下書詔日數百贄初若不
經思逮成皆周盡事情衍繹熟復人人可曉是時賊未平帝欲明年遂改元乃
議更益大號贄曰今乘與播越大慙未去陛下宜痛自貶勵不宜益美名以累
謙德帝從之始帝播遷府藏委棄至是天下貢奉稍至乃于行在夾廡署瓊林
大盈二庫別藏貢物贄請悉出以賜有功令後納貢必歸之有司先給軍賞帝
悟即撤其署李懷光有異志李晟密言其變因請移屯帝遣贄見懷光議事贄
還奏懷光必反宜有以制之因勸帝許晟移軍以勞還諫議大夫仍為學士還
秀州

京為中書舍人職以喪解官服除以權知兵部侍郎復名為學士天下屬以為相而竇參素忌之罷學士以兵部侍郎知貢舉明年參黜乃以中書侍郎同中書門下平章事舊制吏部選以歲集乾元後天下兵興率三年一調吏員猪壅案牘叢淆偽冒蒙真吏緣以為奸至十年不被調缺員或累歲不補贄乃請以內外員三分之每歲計闕集人檢柅吏奸天下便之又以西北邊歲調河南江淮兵謂之防秋士不素練戰數敗將統制不一無以應敵乃上陳其弊帝雖重其言而不從也班宏判度支卒官贄薦李巽帝漫許之而自用裴延齡贄上書苦諫帝不懌竟以太子賓客罷延齡揣帝意薄譖短百緒帝遂發怒貶忠州別駕順宗立召還詔未至卒贈兵部尚書謚曰宣

宋

婁機（宋史本傳）字彥發嘉興人乾道二年進士授鹽官尉調含山主簿攝鄰邑率以治績聞遷太常博士秘書郎將皇太子始就外傅以機兼資善堂小學教授機日陳正言正道又以累朝事親修身治國愛民四事手書以獻隨事開明多所裨益擢監察御史韓侂胄議開邊機極口沮之謂恢復之名非不美今士卒驕逸財力未裕萬一兵連禍結久而不解奈何侂胄不悅遷右正言進太常少卿兼權中書舍人詔遣宣諭荊襄機昌言曰使往慰安人情則可必欲聞邊啟釁有死而已不能從也泗州捷聞愈增憂危且曰若自此成功以捷列聖之宿憤老臣雖死亦幸但恐進銳退速禍愈速耳遂以言去侂胄誅召為吏部侍郎兼太子左庶子還朝言權臣以私意橫生敗國殄民今當行以至公又言兩淮招集敢勇若非繩以紀律課其勤惰必為後害遷禮部尚書擢同知樞密院事進參知政事當干戈甫定信使往來之始瘡痍方深敵需紛然機彌縫裨贊甚多尤惜名器守法度進退人物直言可否不市私恩不被嫌怨數上章告老以資政殿學士提舉洞霄宮卒贈金紫光祿大夫加贈特進

衛涇

涇（萬曆嘉興府志）字清叔其先齊人唐末避亂居秀州孝宗親擢進士第一歷起居舍人假工部尚書使金還除直煥章閣知慶元府開禧初召拜吏部尚書御史中丞請誅韓侂胄論罷右相陳自强拜參知政事又忠史彌遠欲去之彌遠乃諷御史劾罷涇知揚州除資政殿學士致仕卒贈太師追封秦國公謚文節初侂胄嘗指朱熹偽學侂胄誅請召熹還朝已卒涇乃取諸經四書傳註刊布之所著文章奏議五十卷曰後樂集

常楙

楙（宋史本傳）字長孺淳祐七年進士調常熟尉公廉自持不畏彊禦部使者交薦之調婺州推官疏決滯訟以剸繁裁劇稱拜監察御史知無不言尋為兩浙轉運使禁戢吏奸不以急符督常賦海鹽歲為鹽潮害稼楙請捐金發粟復輟已帑修築新塘三千六百二十五丈名曰海晏塘遷戶部侍郎兼刑部丐祠不許以集英殿修撰知平江節浮費修府庫既代有送還事例自給吏卒外餘金萬緡楙悉不受吏驚曰入言常侍郎不受錢米然改浙東安撫使值水災捐萬緡以賑之復請糴于朝得米萬石蠲新苗三萬八千又以諸暨被水尤甚給二萬緡付縣折運民食不至乏絕尋以刑部侍郎召平反甚眾熹給事中封還除國夫人從子黃進觀察使錄黃貫似道以御書令妻曲書行楙迄不奉命以寶章閣待制提舉太平興國宮德祐元年拜吏部尚書進參知政事卒

明

俞山

山（獻徵錄）字積之秀水人永樂癸卯舉人選崑山訓導正統間擢鴻臚寺丞陞少卿尋拜吏部左侍郎凡所薦擢不求人知有請謁者輒正色拒之景泰初議迎復之禮同列頗有難者山獨奮曰鑾輿復然後人心悅而天下安況天倫所繫之至重耶極力贊之事乃克濟尋以疾歸

呂原

呂憲

（湯斌呂原傳）字逢原秀水人正統七年進士授翰林院編修景泰初進侍講天順元年改通政司左參議仍兼侍講入內閣尋進翰林學士原性厚重儀狀端偉石亨等用事貴倨頗獨敬原原朝會必青袍亨笑曰行為先生易緋原不答無何岳正與原列上曹石罪狀疏留中曹石覺大恐先是

承天門災正草罪已詔至是摘其語謂謗訕正遂罷去原淂留與李賢同直内閣賢通達遇事立斷原守正給誠濟以特重遺謝表歸卒贈禮部左侍郎謚文懿子藎字秉之以父蔭補國子生遷中書舍人憲宗七年中順天鄉試〻礼部不第仍為中書舍人累遷礼部主客司郎中典屬國事諳習掌故琉球請歲一入貢意取貫市淂便利藎以非制格之回〻貢使乞道廣東歸國藎曰西夷貢有常貢道更之起他釁遂寢其奏以為進南京太僕寺少卿故事太僕馬數禁人不淂問卷簿多腐滅登耗無考藎曰他官不與聞是也太僕職此而可貿〻耶議請為政卷簿太僕官三年一照著為令遷太常寺卿採集累朝祀典沿革為條例上本寺利便十二事僅見施行判理用事再疏乞罷歸

項忠（吾學編）字藎臣嘉興人正統七年進士授兵部主事歷陞陝西按察使會陝饑不得輒擅發倉賑給全活萬人後為大理卿既行陝人詣闕乞留改右副都御史巡撫其地成化四年固原土寇滿四叛有衆二萬據石城遠近戒嚴詔忠總督軍務同馬文升劉忠進討忠移兵擣賊水草前後大小二百餘戰賊愛持楊虎狸被擒乞自效忠即遣去四境為虎狸所誘擒因陳四事為經久計乞還會荆襄大旱流民入山為亂忠出總督軍務進入持榜入山諭降其負險不服者縱兵剿之凡遣還鄉者四十萬人編成者萬餘人俘新二千人上便宜十事尋進左都御史召為兵部尚書錦衣百户韋瑛挾汪直為詷察屢興大獄中外重足莫敢言忠草疏發直瑛奸罪疏入罷廠瑛坐戍邊未幾直又淂領廠遂首誣忠下足訊落職久之諸奸次第敗復忠兵部尚書致仕卒贈太子太保謚襄毅

張寧（名山藏）字靖之海鹽人景泰進士授禮科給事中憲宗元年太皇后生日帝為設醮禮部尚書姚夔欲會大臣燒香行礼寧疏言諸大臣但能和衷助德明自可上綏遺社而夔等乃斂財辦香約期赴壇無益事情徒傷國體乞勅禮部禁止帝善之南京給事中王徽等劾李賢獲罪謫邊寧合六科中救賢不悅出寧知汀州興學崇賢痛裁額梗治稱神明踰年乞歸神明滿年乞歸父老遮留有泣下者

劉泰（弘治嘉興府志）字世亨海鹽人由進士入翰林為庶吉士拜監察御史嘗按遼東及南畿諸郡辦獄有聲天順初石亨專權用事人莫敢言泰與御史楊瑄彈劾之風節凜然

潘蕃（攜李往哲初編）字廷芳崇德人成化二年進士授刑部主事歷員外郎中沁源王與州官互訐持不解朝命下蕃涖事蕃廉知左右撥置王狀因列其罪置之死雲南鎮守太監錢能獲金學部危動邊鄙由指揮盧安輩釀釁蕃往正盧安輩以法歸請併治錢能士論壯之已而出守安慶改鄖陽鄖陽初創畧接陝洛流民歸者如市蕃因撫以土著遂稱善郡歷晉右副都御史撫四川申飭軍政俾功生事者悉治之常單車行視松茂夷人莫敢輕出陟右都御史總督兩廣節制特嚴一號令出即大將不敢喘息方面而下稍違約束必名罪正治以法不少貸黎寇符南蛇等眾號數萬蕃親統兵逆擊大破之釁氛以息思恩知府岑濬叛蕃籌其所居道里遠近分六哨以進濬遂伏誅疊湖十三村猺寇及惠州古三仔唐大鬢等阻兵肆亂蕃督率部兵掩擊殲其渠魁餘黨殄滅在廣五年屢大戰伐前後斬賊無算正德改元召拜南刑部尚書時逆瑾擅橫蕃堅求去命乘驛歸年七十九卒嘉靖年賜祭葬

屠勳（獻徵錄）字元勳平湖人成化己丑進士授工部主事改刑部歷員外郎中皆刺曹剖決無滯京城無籍子季勝誘其主之子福為私鑄而陰令詞事者發其事福坐戍邊眾知其冤莫敢問勳曰此奴利主之產也為直其事以福罪罪勝而歸其產進大理少卿擢右副都御史巡撫順天寶坻產銀礦中使歲取供薦因之橫索民不能堪麻峪山有銀礦守臣以中旨求之勳皆疏言其不可詔戒約中使而礦事卒不行遷刑部右侍郎尋進左會戚畹與河間民爭田構訟勳奉旨覈勘上言食祿之家不言利況母后誕毓之鄉而與小民爭寸地臣以為不可孝宗嘉納歸其田于民正德丁卯拜尚書時逆瑾用事諸司謁先閱白而後奏聞勳曰若是是無朝廷矣瑾銜之勳引疾求去以太子太保致仕卒謚康僖

陸淞（羅欽順陸淞墓碑）字文東平湖人弘治庚戌進士授禮部儀制司主事時逆瑾用事帝欲有所私淞執不可瑾怒逐中以事下之獄淞恬然不以為悔竟亦無他陞主客郎中日本使者宋素卿本華人賂瑾求數入貢以便其私淞立言非中國之利固請執素卿以正國法事遂寢陞南京鴻臚寺卿武宗親征逆濠駐驛南都一切禮儀禮部皆與參酌而行無弗允嘉靖改元淞陳言十事上嘉納之陞南京光祿寺卿諸務多涉中官羣小憑之奸蠹百出淞悉陳以法防費大省再疏乞休歸卒賜祭葬

陸杰（兩浙名賢錄）字元望淞之子弘治進士授兵部主事轉員外郎中出參議湖廣歷遷廣東左布政五嶺以南擅番舶之利杰懲犯禁者數十人民始斂輯安南貢使不至朝議以都御史毛伯溫督師征討杰覘偵安南隱事為伯溫言可不煩兵而服伯溫以聞許便宜罷兵未幾莫登庸果上表請罪補貢擢右副都御史巡撫湖廣時大駕幸楚供億浩繁杰處分若素召進工部右侍郎卒于官贈工部尚書杰負氣剛直侃侃不阿自為郎時武宗南巡杰與黄鞏陸震伏闕極諫受杖四十幾絕而甦由是直声震天下入仕四十年歷五省十三任皆積勞序遷所至有聲

曹瓊（天啟平湖縣志）字玉夫弘治癸丑進士授御史侃侃持風裁有戚畹投千金乞貰讐家于辟瓊正色曰人命至重吾不受此辜金也為御史數年論列百許多中机宜劉大夏嘗曰諫垣中如曹瓊他日堪大用無何卒

屠堯（萬曆嘉興府志）字文治平湖人以進士授常州府推官決獄明敏擢御史武宗南巡上疏請回鑾復疏止興作重經筵崇聖學寬重罰皆國家大體巡廣右時歲饑堯設法糴運且增價招商多所全活補山東副使致政歸兄奎亦為御史巡視江右累疏宸濠不軌有直声官終參議

趙漢（兩浙名賢錄）字鴻逵平湖人正德辛未進士授建昌府推官召拜給事中繩愆糾違有抗直不撓之節凡歷三科前後奏疏不一上武宗者三世宗者十

有四責回話者二奉詔逮獄受杖者一若論蕭敬之怙終崔文之擅改谷大用之請乞鹽鹽中竅論首輔張孚敬專職自恣尤人所難出為山西參政乞歸

包節（萬曆嘉興府志）字元達嘉興人成進士筮仕東昌司理多所平反召拜御史按閩滇皆以直著繼按湖廣時巨璫廖娥以鎮守威壽三楚節庶其不法事抗疏劾之忤旨逮獄幾斃杖下謫戍莊浪疾卒隆慶改元贈光祿少卿

鄭曉（海鹽文獻志）字窒甫嘉靖癸未進士授職方主事日取故牘閱之由是盡知天下阨塞與其士馬虛實強弱之數甲申以議大禮杖闕下許讚為太宰調曉考功轉郎中憂言罷相有詔考察臺諫嚴嵩意在去其異己者曉更斥其所厚者若干人嵩子世蕃以治中求為尚寶丞曉謂非故事不聽嵩益怒密疏曉抗上市恩貶和州判官曉至和日夜治民事訪諸所欲惡次第罷行之遷南考功郎中歷刑部右侍郎改兵部兼僉都御史出撫鳳陽會倭入寇江南北運道為梗曉至鎮勵將士選民兵集鹽場壯勇禦之于通泰襲之于如皐擊之于海門擒之于呂泗圍之于狼山斬首九百餘級賊遁去東南之賦歸輸京師無後期者又築三里閘以通漕渠閘湖樞以興水利淮以南無水患遷吏部左侍郎尋遷右都御史協理戎政奏罷諸軍之役于工作者衆咸感奮改刑部尚書奏論錦衣所治論多失實而五城御史受民詞非舊制又謂王直于法必當誅留都亂卒漸不可長劾嚴嵩之張翀董傳策吳時𦔮不可罪諫立儲之郭希賢不可殺咸與嵩議不合乃落職還病卒穆宗改元贈太子少保謚端簡

陸垹（萬曆嘉興府志）字秀卿嘉善人嘉靖丙戌進士初任南刑曹嚴嵩屢謁之垹拒不見嵩託人私詢其意垹曰此人跡赫赫有時名實奸雄也嵩銜之歷任兵部武庫郎出知武昌徙岳州在任崇節儉寬逋賦省訟獄開荒田歲飢發倉庫設法賑貸活飢民數百萬時嚴嵩柄政銜前政十年不調御史伊敏生迎壓至府垹供奉甚薄但直入其衙惟老蒼頭二人敝筐無鎮檢之殘書百帙布衣數事而已特疏薦陞京堂垹至都不謁嚴嵩嵩遣人諷諭之垹曰受職天朝拜

思私第賢者猶不為況未受官而先謁權貴乎卒不往陛太僕少卿轉南光祿尋以僉都御史巡撫河南乞歸卒

錢

薇(海盐縣圖經)字懋垣嘉靖壬辰進士授行人選禮科給事夏言以議郊祀與霍韜相訐奏薇疏論其傷國體手批嘉獎絏又論閣臣戚里内侍章十數上並剴直無諱避尋有敕清查倉儲薇浮楚及粤西虛心按覈摘發乾没萬計歸晋本科右是時夏言已入相嚴嵩為禮部尚書上齋宫祈年尊信方士陶仲文又翊國公郭勛侍寵侵朝柄至請復内臣鎮守擅署宿衛官不聞白本兵薇發憤一疏糾勛再疏糾言三疏乞罷方士語皆中帝所忌削職歸卒隆慶改元贈太常少卿

孫

植(萬曆嘉興府志)字斯立平湖人嘉靖乙未進士選南比部中官潘珍從子怙勢為奸植正其罪歷光祿少卿時嚴嵩柄政植守正不阿故九年不調祠官叔燮取辦光祿費多不經植為篩正歲省大官數十萬巨璫恥清以鐵人稱之擢南掌院拜大司寇訊巨閹王采邢保張進朝獄盡法不貸致仕歸卒謚簡肅

陸

光祖(献徵錄)字與繩平湖人嘉靖丁未進士授濬縣令大司馬趙錦檄役三輔民為邊夫築垣墻光祖具言不便狀已復言于直指謂必欲役内地民莫若令出錢與邊民如舊役法直指上其議竟得請人心乃安内鄉王奪民田封郎王遂蒼頭私販鹽暴横道路光祖一裁以法無少貸邑人盧柟忤邑令遂假事坐重辟歷數令不白光祖得其冤狀言于當道釋之自是平反之聲聞于遠近徵補南禮部祠祭主事轉儀制司佐大宗伯嚴訥正伊王典楧罪發太醫院吏目何雲龍等乾没狀痛革諸王府襲封請婚諸濫費其他如方技并近倖貴戚非分陳乞並寢不行訥改太宰遷光祖為驗封郎歷考功文選典選數月所注措皆翕然稱當而御史孫丕揚以事擅論之竟削籍家居六年起南太僕少卿晉南大理卿時張居正秉政專忌臺諫諸曹郎先後糾論相繼削籍論遣不

少贊光祖貽書規諷語甚切至居正改與光祖同籍又以具風望欲引以相助而光祖每與語輒不合遂力求去居正殁起為南兵部侍郎遷工部尚書改南吏部內監張鯨招權侍寵光祖疏陳鯨奸惡狀擬置重典又言建國本以安社稷疏皆留中不報遂以疾乞休不聽未幾召為刑部尚書改吏部在事杜餽遺禁私謁壬辰大計畢事簡為吏二十二人以風吏治拔幽振淹不遺餘力閣臣申時行等揭薦張位趙志皋自代光祖上疏謂非先朝舊規嗣今擬復廷推以重政本詔從之已而廷臣會推循例及光祖巨璫田義素憾光祖遂借此為蜚語交閱上前光祖義不可留力請歸卒贈太子太保謚莊簡

陸光祚（萬曆嘉興府志）字與培平湖人嘉靖己未進士授兵部主事補禮部郎隆慶間三疏請皇太子出閣講讀慮宗祿不支疏請限服制閒生業謚法鄉典過濫奏為條例肅懷王無後堂叔越序乞嗣國爭不與出為湖廣副使移提學陝西以疾卒官

鄭復淳（兩浙名賢錄）字叔初海鹽人嘉靖壬戌進士選比部郎改尚寶丞時穆宗初立復淳上書言當今所急莫如用賢願早奮乾剛勿以私昵間正人勿以細娛妨大計凡數千言上怒搒百繫廷尉獄逾年得釋為民神宗即位復起尚寶丞遷光祿寺少卿卒

沈思孝（獻徵錄）字純父嘉興人隆慶戊辰進士令番禺以卓異授刑部主事疏江陵奪情事廷杖八十戍神電衛癸未賜環由京兆晉大理卿鞫閣郝金獄事郝坐司禮張誠嬖人思孝不為動陞右都御史兼兵部右侍郎協理戎政疏減羊羢及止盔甲之請省金錢無算又廷爭日本封貢事與當事者左遂乞歸

陸萬垓（嘉禾徵獻錄）字天溥號仲鶴平湖人隆慶戊辰進士知福寧州陞刑部員外郎中出知梧州府開設東安西寧二縣會滇緬大訌遷雲南兵巡副使躬冒矢石下隴川擒岳罕收及卒贄振西南擢福建按察使進山西左布政調剿貢市浮其平尋以僉都御史巡撫江西去煩苛革餽遺課農桑躬教化葺圩千頃積穀百萬兩縣大荒全活無算覲運歲輸回青萬垓請以土青代之會丁母憂歸卒

丁賓（嘉禾徵獻錄）字禮原嘉善人隆慶辛未進士知句容縣清賦額減細徭建倉濟渠百廢具舉召拜江西道御史時張居正當國重賓才欲引以爲黨不應會巡按遼東御史劉臺劾居正專擅威福論戍復遣賓往勘遼賊賓如其寃按劾歸林居二十年起南大理寺丞歷進南工部尚書聞寶源文思二局嚴私鑄之律奸民無敢犯者加太子少保致仕卒謚清惠

朱廷益（馮夢禎朱廷益行略）字汝虞嘉善人萬曆丁丑進士爲漳浦令歲比不登捐俸賑飢全活甚衆補令嘉定時苦漕兌廷益請于大司農改折二十萬石歲省民財以五萬計奏最擢南儀部遷考功郎丁艱大計秉鑒精覈公當擢僉事督江西學政屏絶干謁益王饒古琴受而撤諸學宮曰此琴貯文廟以彰賢王崇儒雅意翌日王以他事囑廷益謝曰校閱時何由私識執法所以敬王也發卷置劣等擢南通政司參議時礦稅橫行多所株逮上疏言奸黨盡藏未已重地騷動可虞不報

陸長庚（獻徵錄）字元白平湖人萬曆庚辰進士授廣德知州多惠政進刑部員外郎忤巨璫邢尚智之獄有陰爲地者長庚論戍如律改南吏部郎中累遷湖南按察副使當事者請開礦長庚持不可事遂寢轉（廣）西桂平道參政指首革扶仲架花婆作亂府江震驚屯土兵三萬餘餉往往不給長庚建議撤之督府有難色長庚曰賊據險百出調兵百萬無益奈何令缺餉坐譁乎頓切中制撫易與耳督府委以便宜進剿于是留兵三千守荔將餘盡撤還兼與總兵童元鎮定謀襲擒之餘黨皆讋服聽撫擢湖廣按察使進江西布政宗祿不給出存積銀十三萬補之值大木請弛長河漁禁賑郵飢民擢應天府尹進南通政時留都多私鑄官帑廢格長庚抗疏上聞奸黨撓之疏久不下遂以疾求去得旨慰留尋進兵部右侍郎致仕

姚思仁（嘉禾徵獻錄）字善長秀水人萬曆癸未進士授行人遷江西道御史出按河南先是世宗時蘄州人李昇嵩縣人才騰言開礦之利乃命遣中璫在

閔等相視沿至神宗朝中人四出其害尤甚河南開採議如仲春孫恪二人思仁上疏力爭陳八可慮不報乃復繪閩礦圖〻著一說以極言其害神宗覽之怒然亦不罪也歷應天府尹遷左通政時聽選儒士蔣定國交結近侍張忠劉遜欲重興礦役于山西具章不由本司徑自投進思仁上疏劾曰礦役停止已久定國乃敢包藏禍心復開亂源乞下法司究問事遂寢熹宗嗣位陞工部尚書加太子太保尋致仕

朱國祚

（檇李往哲續編）字養淳秀水人萬曆癸未廷對第一授翰林院修撰歷陞禮部侍郎先後抗疏請冊立其言剴切會有讒者遂乞歸里居十九年光宗召拜禮部尚書兼東閣大學士未束裝而熹宗嗣位遣行人敦趣就道時刑部尚書王紀以稽留獄事褫職國祚上疏力救不允嘆曰去一大臣如小吏事不可為矣請告積十有三疏得允卒謚文恪

岳元聲

（舊嘉興府志）字之初嘉興人舉進士遷國子博士轉監丞有詔選良家女入宮元聲上言盛女謁非所以為教又論李長春詹子參監規一時有鐵監丞之稱已遷工部主事時詔起舊輔王錫爵甫至遂奉三王並封之詔元聲具疏詰責首輔于是得寢晉郎中極論閣臣稱亂禍始朝鮮大司馬石星倚沈惟敬封貢之議而輔臣趙志皋陰其術中趙深銜之勸為民里居二十五年天啟改元起南主事歷擢南兵部侍郎署部事逆閹方竊政具疏劾之遂奪官歸崇禎初復原官卒贈南京兵部尚書

朱大啟

（獻徵錄）字君興秀水人萬曆庚戌進士授南昌司李舉卓異第一入為吏部主事歷考功文選郎中時魏忠賢用事謀遣內臣分鎮九邊冢宰王永光等公疏促爭大啟實具草大忤璫意遂引歸崇禎改元閹以次正法擢太常少卿擢太常少卿已而以添註太僕卿督餉江右有旨額外搜括大啟言江右貧瘠正額不充安問額外乃得寢歷陞刑部左右侍郎尋署部事三遇熱審皆極力平反所全活無算以病告歸卒贈刑部尚書

錢士升（嘉禾徵獻錄）字抑之嘉善人萬曆丙辰殿試第一授翰林修撰天啟初乞假歸進左中允不赴魏大中趙南星被難並為營護同年生萬燝杖死恤其家以是有名崇禎元年起少詹事歷禮部尚書兼東閣大學士上疏獻寬簡虛平四箴上優旨報聞武生李璡請括江南富户充餉士升惡之擬旨下刑部提問上不許發改擬溫體仁遂竄擬以進士升曰此亂本也當以去就爭乃疏言周禮荒政十二保富居一今以兵荒故罪富家朘削誅括其財而籍沒之此秦皇不行于寡清漢武不行于卜式者而欲行于聖明之世乎疏入降嚴旨切責士升引罪乞休後七年卒

國朝

吳涵（嘉興府志）字容大石門人康熙壬戌進士授編修歷副都御史疏請禁止湖南加派安插四川流民陞工部侍郎理寶源泉源時以鑄銅採買廢銅交浮為奸涵設鐵聽商自擊商人稱便轉刑部書奏請量命粵東提鎮失机皆稱旨進吏部侍郎兼翰林院掌院學士遇銓選一月前預列應選應補姓名次序揭于通衢吏不得上下其手又念舉人揀選或至終身不得一官疏請單月兼選著為令尋陞左都御史仍兼掌院以病歸卒

湖州府

南北朝

沈演之（宋史本傳）字臺真吳興武康人家世為將而折節好學以義理業尚知名舉秀才為錢唐令有政績除司徒左司掾州治中從事史元嘉十二年東諸郡大水民人飢饉以演之兼散騎常侍巡行拯卹許以便宜從事演之乃開倉廩以賑飢民刑獄有疑枉悉制遣之百姓蒙賴轉別駕從事史領本郡中正雅仗正義太祖甚嘉之以為右衛將軍遷侍中上欲伐林邑朝臣不同惟演之贊成上意及平賜羣臣物演之所得偏多遷領國子祭酒轉吏部尚書性好舉才

申濟居滯而遇約自持以疾卒太祖痛惜之
追贈散騎常侍金紫光祿大夫謚曰貞侯

宋

劉述（宋史本傳）字孝叔湖州人舉進士累官侍御史授吏部郎中言去奢富自後宮始章辟光宜誅高居簡宜黜張方平不宜參大政王拱辰不當除宣徽使皆不報王安石參知政事述爲判刑部與安石爭謀殺刑名述不以爲是及敕下述封還中書執奏不已安石白帝詔開封官推官勃述罪于是述率御史劉琦錢顗共上疏曰安石執政以來未逾數月專肆胸臆輕易憲度操管商推詐之術規以取媚豈宜處之廟堂以亂國紀願早罷逐以慰天下元元之心既上安石奏先貶琦顗開封獄具述三問不承安石欲置之獄司馬光范純仁爭之乃貶知江州卒紹興初贈秘閣修撰

沈畸（宋史本傳）字德侔德清人第進士崇寧中擢監察御史詔歷上十事言花石擾民土木弊國冗費多恩澤濫議論異同下情睽隔論最剴當進殿中侍御史嘗經國子監門有小內侍從數騎絕道奔過騶卒追問不爲止臺檄諸司捕之不獲畸入言之徽宗下內省跡治竟抵罪蔡京興蘇州錢獄欲陷章綖兄弟遣李孝壽張茂直鞫之株連千百強使承盜鑄罪死者甚衆帝遣畸往代畸至蘇即日決釋七百人嘆曰爲天子耳目司而可傅會權要殺人乎遂閱實平反以聞京怒削三秩貶監信州酒稅卒建炎初贈龍圖閣直學士

劉珏（宋史本傳）字希范長興人崇寧五年進士爲中書舍人極言南陽兵弱財單東興無所取給乞駐蹕金陵以待數還給事中論營造寢廣內降數出請營繕悉歸有司遷吏部侍郎言淮甸備敵兵食爲先今以降卒爲見兵以糴本爲見糧維揚城池未修軍旅多闕卒有不虞何以待之已而金人果乘虛大入帝亟如臨安以珏知宣州俄復爲吏部侍郎久雨詔求直言珏疏清天變收人心數事詞極激切并陳荊陝江淮守禦之略紹興二年以朝散大夫分司西京卒

沈與求（宋史本傳）字必先，德清人。政和五年進士，歷除殿中侍御史。上在會稽，或勸幸饒信，有急則入閩。與求以為今日根本正在江浙，宜進都建康，以圖恢復。論范宗尹年少為相，恐誤國事，上不悅，出知台州。宗尹罷，召還，再除侍御史。時方多事，有司稽違，與求援元豐舊制，請許臺諫官彈奏。上從之。與求再居言路，或疑凡范宗尹所引用者，將悉論出之。與求曰：近世朋黨成風，人才不問賢否，皆視宰相出處為進退。今當別人材邪正而言之，豈可謂一時所用皆不賢哉？人服其言。遷御史中丞，知無不言，前後幾四百奏。移吏部尚書，除參知政事。金人將入犯，上曰：朕當親總六軍。與求贊之曰：今日親征，皆由聖斷。因奏諸將分屯江岸，而敵人往來淮甸，當遣岳飛自上流取間道乘虛擊之，彼必有反顧之憂。上曰：當如此措置。除知樞密院事，薨，謚忠敏。

劉一止　劉寧止（宋史本傳）一止字行簡，歸安人。登進士第。紹興初，除秘書省校書郎，遷監察御史。時庶事草創，有司以吏所省記為法，吏並緣為奸。一止曰：法令具在，吏猶得舞文，矧一切聽其省記，所欲與則陳與例，欲奪則陳奪例，與奪在其牙頰，患可勝言哉！請以省記之文刊定頒行，庶幾絕奸吏舞法受財之弊。從之。又請選近臣曉財利者做劉晏法，瀕江置司，以制國用。鄉村置義倉以備水旱，增重監司之選。後多採用其言。遷給事中，于凡貴近之請，雖小事亦論執不置。後致仕卒。從弟寧止，字無虞，登宣和進士甲科。建炎初為兩浙轉運判官。苗劉之變，寧止自毗陵馳詣京口、金陵，見呂頤浩、劉光世，勉以忠義，退而具軍須以佐勤王。帝復位，錄功，進秘閣修撰，累官吏部侍郎，卒。寧止慷慨喜論事，上疏言闕失，多人所難言，如乞禁王安石日錄，復賢良方正科，用司馬光十科薦士法，徵唐制宰執論事以諫官侍立，皆其顯著者。

李彥穎（宋史本傳）字秀叔，德清人。紹興十八年進士，調富陽丞，以薦為御史臺主簿。金人敗盟，張浚督師，進督執政。堅主和，陳良翰、周操不以為然。右正言尹穡陰附執政，薦引同己者，輒言和于上前，上惑之，罷督府，良翰、操相繼黜，而穡遷諫議大夫。一日，穡以和戎事叩彥穎，彥穎曰：人所見固不同，公既以和議爲足易不明陳于上前以身任之事成功歸于公不成奉身而退若欲享其利而不及其害國事將誰倚耶大臣陰排之改國子博士植吏部郎中爲遷吏部尚書進參知政事時左司諫湯邦彥新進冀僥倖集事自許立節彥穎言邦彥輕脫必誤國洎邦彥奉命彥穎論其罪貶新州彥穎在東府三歲賞攝相事內降繳回甚多內侍白劄籍名造器械并犒師降旨發左藏封樁諸庫錢動億萬計彥穎疏歲中經費以進因言虞允文建此庫以備邊政曰封樁陛下方有意恢復苟用之不節徒啓他日妄費失封樁初意上矍然曰卿言是朕失之矣自是絕不支壁馬在告力求去奉祠進觀文殿學士致仕薨贈少保謚忠文

周淙

淙（宋史本傳）字彥廣長興人以父任爲郎紹興三十年金渝盟邊事方興帥守難其選命淙守滁陽又徙濠梁淮楚舊有並山水置砦自衞者淙爲立約束結保伍金主亮傾國犯邊民賴以全活除直秘閣再任孝宗受禪王師進取虹縣中原之民翕然來歸扶老攜幼相屬于道淙計口給食行者犒以斗酒至者處以室廬人人感悅進直徽猷閣帥維揚時兩淮經殘踐民多流亡淙極力招輯安堵如故未幾知臨安府上言自古風化必自近始陛下躬履節儉以示四方而貴近奢靡猶不知革乃條上禁止十五事上嘉納之積階至右中奉大夫封長興縣男

葛邲

邲（宋史本傳）字楚輔其先居丹陽後徙吳興登進士第除國子博士輪對論州縣受納及鬻爵之弊孝宗獎諭曰觀所奏知鄉村除正言首疏言盈虛之理隱于未然治亂之分生于所忽又論征榷歲增之害願明詔有司茶鹽酒稅比原額已增至一倍者毋更立新額庶稍蘇疲瘵上特召復令條陳邲以六事對皆切中時病光宗受禪除參知政事勸上專法孝宗上嘉納紹熙四年拜左丞相專守祖宗法度薦進人物博采公論惟恐不聞除少保致仕薨謚文定

莫濛

濛（宋史本傳）字子蒙歸安人以祖廕補將仕郎累官大理寺正黃州僧奏擒盜五十餘人上命濛鞫竟濛引僧至庭詢捕發之由問獲之所遠近時日悉皆抵捂折之語塞濛具正犯數人奏上餘釋之出知揚州陛辭上以城圮命濛增築濠至州親度城闉分授諸將各刻姓名甃堞間懸重賞激勸閱數月告成假

工部尚書使金賀正旦金庭賜宴濤以本朝忌日不敢聽樂金遣人趣赴濤堅執不從竟不能奪

倪思（宋史本傳）字正甫歸安人乾道二年進士光宗即位遷中書舍人兼侍講思言唐制使諫官隨宰執入閤今諫官月一對且乞許同宰執宣引庶得從容論奏上稱善除禮部侍郎上以不過重華宮思疏十上會上名嘉王思言壽皇欲見陛下亦猶陛下之于嘉王也上爲動容寧宗即位出知建寧府久之召還試禮部侍郎時赴召者未引對先謁侂胄思曰私門不可登矧未見君乎逮入見首論言路不通士大夫寡廉鮮恥列拜于勢要之門侂胄大怒司諫毛憲劾思予祠侂胄殛復召首論乞用淳熙例令太子聞議事堂閱習機政又言侂胄擅命凡事取內批特旨當以爲戒除權兵部尚書兼侍講求對言大權方歸所當防微一有干預端倪必且仍蹈覆轍蓋謂史彌遠也從禮部尚書彌遠擬除兩從官參政錢象祖不與聞思言奏擬除目宰執當同進比專聽侂胄覆轍可鑒彌遠上章自辨思求去上留之思言宜親擢臺諫以革權臣之弊並任宰輔以鑒專擅之失彌遠懷恚思請去益力除寶文閣學士予祠卒謚文節

陳貴誼

貴誼（魏了翁陳貴誼神道碑）字正甫其先固始人父宗召始徙居湖之武康慶元五年寧宗始親策進士貴誼年十七擢乙科授瑞州推官嘉定四年遷太學博士時宰建議更新楮券以一易二期迫而錢無所出幾以四五易一宰心知其非而恥于改令又以流竄籍沒法事行之踰年論報山積楮直益損貴誼因輪對言楮券之令道路咨怨因援熙寧新法爲辭時相銜之賴公論以免寶慶改元遷禮部侍郎陞尚書入對乞罷宴遊招離散給以米粟假之室廬盡蠲竹木征權以通商賈皆見納用紹定六年進參知政事上面諭曰頃聞憂國之言朕所不忘于是人始知貴誼有輔贊彌縫之功世不盡知也端平元年兼同知樞密院事王師入汴洛貴誼時已移疾猶上疏力爭轉四官致仕

明

閔珪（獻徵録）字朝瑛烏程人天順甲申進士授監察御史歷廣東按察使新會民嘯聚山谷為亂珪諭以大義貰其逋負遂安堵如故江西南贛盜起擢都察院僉都御史巡撫江西至則舉廉斥貪劾令薄賦革豪右横取之弊京官多不悅會妖人李孜省得倖因言珪不勝任左遷廣西按察使弘治初復官尋以都御史總督兩廣軍務番禺瀧水柳慶平樂猺獞相結為亂督其下討平之進刑部尚書屢治大獄皆會切情法加以仁恕孝宗嘗怒大理少卿吳一貫親鞫于庭欲置重辟珪進曰一貫推按不實罪當徒上怒不解珪力爭曰法如是足也一貫乃得免死宣撫建妖人李道明蔓延百餘人巡撫欲張大以為功珪讞罪止道明餘悉縱免正德初請老卒贈太保謚莊懿

陳恪（兩浙名賢録）字克謹歸安人成化丁未進士授宿松知縣召拜監察御史以風力稱出為江西按察副使忤劉瑾勒歸瑾敗起貴州按察副使晉右都御史巡撫南贛尋擢大理寺卿當其令宿松也辟荒萊田四百九十三頃清湖池歸負民者一百三十所廢積三萬二千有奇修塘千五百區其在江右振大綱清庶務特裁濠蓄逆銻制方面官以為已用恪不為奪凡議夫價賀禮多奉祖制逆折之濠怒甚召恪面加詆責恪執議如故濠益怒下令繫其屬吏恪揚言曰天子命吏非藩王所得擅因以不得已當請之朝以定是非耳濠亦無可奈何而止及入正大理益勵勤以圖報稱人不得干以私

陸崑（獻徵録）字如玉歸安人登第授清豐縣知縣擢南監察御史逢孝宗下詔求言遂條陳十有二事皆關切時政多見採納正德間逆瑾恣横崑上疏列其奸状逮獄加杖放歸田里瑾誅詔復原職致仕

蔣瑤（兩浙名賢録）字粹卿歸安人弘治己未進士以御史出守荆州府尋擢揚州會武宗南巡諸省騷動凡乘輿供御及官守賂遺莫可貲算瑤曰瑤亦罪不瑤亦罪瑤則患及下民不瑤則患止于身惜站設二十更番迭遣以迎不復横斂以悅權幸江彬輩横加折辱不為動一日上捐得大鯉戲言值五百金彬請

以畀瑤促直甚急瑤即脫妻女簪珥及綈絹服數事以進帝熟視之曰吾無須此丞特歸魚亦不復取伍中貴欲選宮女數百人隨行在撫臣將刷之民間瑤曰民女不可刷無已臣有一女以進帝知其不可動詔罷之及駕旋意送至淮徐艱苦萬狀而終不忍煩一民民德瑤立祠祀之嘉靖初歷陞副都御史巡撫河南晉工部尚書引年歸
卒贈太子太保謚恭靖

張永明

（分省人物考）字鍾城烏程人嘉靖乙未進士令蕪湖縣以治最擢南京刑科給事中時嚴嵩任子世蕃權永明彈劾數十事詔極訊直出為江西參議擢河南按察使以憂歸會島夷鼓譟薄湖州城中戒嚴民從外呼籲不得入永明曰奚非黔首奈何棄以委寇亟白監司納之起補陝西布政晉右副都御史巡撫河南伊府典樸廢法不軌暴侵民利永明抗疏以聞竟按如法歷晉刑部尚書嚴嵩任子事敗衆以工意不測未敢深議永明獨力議逮戍中外稱快改都察院左都御史首條六事志切時弊三計羣[illegible]吏不私庇
二人亦無敢干以私者尋致仕歸卒贈太子少保謚莊僖

沈節甫

（分省人物考）字以安烏程人嘉靖己未進士授禮部主事歷員外郎中時有旨建祠集地令黃冠祝釐節甫持不可尚書高拱恚甚遂移疾歸萬曆初補尚寶丞量移本司少卿旋轉于南張居正母入京取道秣陵送迎傾都邑獨節甫一人不出境疏致仕居正卒詔起南京通政司參議召為工部左侍郎首奏言節慎庫見貯金錢九十萬有奇而歲出溢于所入者且十五萬更數年盡矣可為寒心請一切止傳造俾徵解稍數帑藏不空語甚切至至五上而後得旨竟節省不貲
以父憂去官遂卒

沈子木

（獻徵錄）字汝楠歸安人嘉靖己未進士擢虞衡主事領盔甲廠廠有中貴主貴主之物料率侵年戒器具數而已子木召工匠嚴諭器必精好不中程者輒毀棄令重治之中貴莫敢出氣遷員外郎歷廣西副使領右江兵備郴州懷遠縣諸猺作亂子木調諸營兵六千土兵三萬分道進剿連破七十餘砦斬

首三千餘級疏聞上嘉之進右參政擢湖廣按察使會詔下籍張居正家一時承望者多苛求子木獨持之曰賦貴得實微行事雖多不善然安可懸坐又遼庶人罪廢棄此欲歸獄居正與復國子木奏記當路曰遼庶人惡自宜滅國非故相以私憾傾之也故相破家不枉然不可執此伸遼議事遂寢晋右副都御史撫山西飭邊備復屯政通鹽利清尺籍事、覈實入為兵部右侍郎晋右都御史

丁

元薦

元薦（劉宗周丁元薦墓表）字長孺長興人萬曆丙戌進士授中書舍人甫匝月上封事萬言極陳時弊皆關天下大計時儲位未定有三王並封之議元薦封事中多責備時相時相恚之己亥京察以浮躁落級積十二年名為禮部主事時太宰孫富平為反噬者所訐其黨和之元薦抗疏臚諸奸罪狀并發其邪謀害正凡數千言不報其後富平諸人相繼去國元薦家居復馳疏闕下論國是亦不報丁巳京察遂以不謹削籍天啓改元起為尚寶少卿而元薦已卒

朱

國楨

國楨（續獻徵錄）字文寧烏程人萬曆己丑進士選入翰林初浙中賦役不平奸吏上下其手莫可窮詰國楨移書巡撫極言貴富差貧之弊議均田法計畝定役貧者始不至重困熹宗登極拜禮部尚書兼文淵閣大學士時東南大水國楨疏請改折司農以倉無現糧不肯覆國楨强之始改折三分民困稍蘇逆璫擯甚累疏致仕歸崇禎改元加太保卒贈太傅謚文肅

沈

儆炌

儆炌（歸安縣志）孫泰垣萬曆己丑進士歷官雲南巡撫疏蠲貢金數千為滇民來利值苗猓倡逆收復全滇蕩平黔蜀以軍功晋大司空天啓末抗疏攻魏忠賢掛冠歸卒贈太傅謚襄敏

宋

寧波府

明州

豐稷（宋史本傳）字相之，鄞人。登第，知封邱縣。召對，擢監察御史。治參知政事章惇請託事，無所移撓，出惇陳州。遷右司諫。劾揚二王客令蜀道織錦茵。稷論曰：二聖以儉先天下，而宗王傳修官吏奉承，皆宜糾正。除刑部侍郎兼侍講。元祐八年，帝親政，召內侍居外者數人。稷言：陛下初親萬幾，未聞登進忠良，而首召近幸，恐上累大德。以集賢院出知潁州、江寧府。章惇欲困以道路，連歲亟徙六州。徽宗立，召除御史中丞。入對，蔡京越班揖曰：天子自外服召公，今日必有高論。稷正色答曰：行自知之。是日論京奸狀，既而語陳師錫等曰：京在朝，吾屬何面目居此？擊之不已，京遂去翰林。又乞辨宣仁誣謗之禍，且言史官以王安石日錄亂神宗實錄，今方修哲宗實錄，願申飭之。時宦官漸盛，稷懷唐書仇士良傳讀于帝前，讀數條，帝曰：已諭。稷為若不聞者，讀畢乃止。曾布將拜相，稷論之。俄轉工部尚書兼侍讀。謝表有佞臣之語，帝問為誰，對曰：布也。改禮部。論蔡用臣不當賜美謚，不為書。初，哲宗升祔，議功臣配享，稷以為當用司馬光、呂公著，或謂二人嘗得罪，不可用。稷曰：止論其有功于時爾，如唐五王豈非得罪于中宗，何嫌于配享。禁內織錦緣宮簾為地衣，稷言仁宗衾褥用絁，服御用纁繒，宜守家法。詔罷之。稷盡言守正，帝將處之高，尚書左丞，而忤貴近，不得留，竟以樞密直學士守越。蔡京得政，修故怨，貶海州團練副使，安置台州。除名，徙建州。稍復朝請郎，卒。建炎中追請學士，謚清敏。

陳禾（宋史本傳）字秀實，鄞人。舉元符三年進士，累遷辟雍博士。入對，契旨，擢監察御史。蔡京遣酷吏李孝壽窮治章綖鑄錢獄，逮及士大夫甚衆，禾奏冤之。天下久平，武備寬弛，禾請增戍繕城壁以戒不虞，或指為生事，格不下。其後盜起，人服其先見。遷右正言，除給事中。時童貫與黃經臣表裏為奸，禾首抗疏劾貫，復劾經臣怙寵弄權，誇衒朝列，每云詔令皆出其手，言上將用某人，舉某事，已而詔下，悉如其言。夫發號施令，國之重事，黜陟明天子大權，奈何使宦寺得與？此塗一開，國家之禍有不可遏，願亟窮之。遂力論奏，未終，上拂衣起，禾引上衣，請畢其說，衣裾落。上曰：正言碎朕衣矣。禾言：陛下不惜碎衣，臣豈惜碎首以報陛下此曹今日受富貴之利陛下他日受危亡之禍言愈切上変色曰卿能如此朕復何憂内侍請上易衣上却之曰留以旌直臣翼日貫等相率前愬謂國家極治安貴得此不祥語譎監信州酒税遇赦還里後起知廣德軍移知和州内艱服除知秀州王黼新得政禾曰安能出黼門下力辭改汝州辭益堅禾兄秉時為壽春府教授禾侍兄官居達章貫領兵道府下謁不得入餽之不受貫怒而譖之上曰此人素如此汝不能容耶久之知舒州命下而卒謚文介

王庭秀

（兩浙名賢録）字穎秀慈谿人登政和二年上舍第歷官監察御史遷殿中論黃潛善貴官甚寵罷之無何苗劉為逆庭秀方密與大臣謀興復計忽傳太后旨睿聖為皇太弟天下兵馬大元帥幼主為皇太姪庭秀即與大中丞鄭瑴上疏力爭太后令至都堂朱勝非出苗傅等所上書以示瑴庭秀庭秀力言昨日詔書不可宣布况名変尚書左丞張澂曰事勢至此豈爭此名位耶庭秀遂劾勝非澂依違黨逆無大臣體遂出知瑞州右正言呂祉奏朝廷以議論大臣移一言官後日大臣行事有失誰敢言者復召為吏部郎遷權直中書門下省諸房公事與宰執議不合引疾求去詔直秘閣主管崇道觀

林保

（周必大林保墓碑）字庇民鄞人政和二年登上舍第調迪功郎洪廣西帥辟主管机直文字時蠻境將士俘平民冒賞保覈正之全活為多入為國子監丞歷遷吏部郎中前此銓曹都司例諸客不敢可否事保振舉淹滯雖休沐猶引驗文書吏不得以微文沮抑改者特賜對除權吏部侍郎微本曹尚書充金國賀正使初顯仁太后南歸沿途應奉稍增頃次後南北修聘往來輒循其例又有請起兩淮税者保使回具言淮民凋敝狀頃既復舊税議亦格積官中奉大夫

史浩

（宋史本傳）字直翁鄞人紹興十四年進士除校書郎歷起居郎兼太子右庶子孝宗受禪以中書舍人遷翰林學士除參知政事有詔議恩數定論浩奏先為備禦是謂良規偷聽戎謀之士與不教之師遽去明論賞以邀功遽至困斂兵而避跡謂之恢復得乎隆興元年拜尚書右僕射首言趙鼎李光之無罪岳飛之久冤宜復其官爵祿其子孫悉從之張浚請幸建康浩陳三說不可退詰浚曰帝王之兵當出萬全豈可嘗試以圖僥倖御史王十朋論之遂與祠浮

熙五年復為右丞相將告歸薦江浙之士十五人如薛叔似楊簡陸九淵石宗昭陳謙葉適袁燮趙靜之張子智後皆擢用十年除太保致仕封魏國公光宗御極進太師紹熙五年薨謚文惠嘉定十四年追封越王改謚忠定

汪大猷

（宋史本傳）字仲嘉鄞人紹興十五年進士授金華丞歷遷大宗丞兼吏部郎入對言總覈名實責任臣下量能授官毋拘流品孝宗顧謂左右曰疏通詳雅有用之才也遷秘書少監兼權刑部侍郎孝宗每訪政事大猷遂陳亨戶來書煮鹽居近場監貸錢射利隱寄田產害及編氓宜取一等以上充役又論賜田黥戚豪奪相先陵轢州縣惟當賜金使自求又論沒入貲產止可行于謀盜贓吏至于倉庫綱運之負陷者惟當即其業收租以償既足則給還使復故業轉對言推酒之害及居官者不得鑄銅為器上嘉獎之改權吏部侍郎兼權尚書以言去授敷文閣待制殁贈二官

陳居仁

（宋史本傳）字安行興化軍人父太府少卿胥娶明州汪氏史因家焉居仁舉紹興二十一年進士調永豐令淮甸交兵魏杞以宗正少卿使金辟居仁幕下將和戰未決金兵駐淮北人惟洶懼突騎大至彎弓夾道居仁上馬從容舉酒屬杞觀者壯之乃諭金人開道入卒成禮減歲幣而還辟承議郎進秘書丞權禮部郎請外知徽州至郡將三衙軍楮二表于庚有輸納中度而遣抑退者抱所輸立表下親視之入無留滯吏不能措手輸稅者恒裹贏以歸鄰州有訟多詣臺者乞決于居仁秩滿入對請編類隆興以來寬恤詔令有曰法久則易玩事久則易怠惟申加戒飭以警具觀德則千萬年猶一日帝曰名言也尋遷起居郎兼權中書舍人泛恩濫賞封繳無所避請盡放天下五等戶身丁四等戶一半活之安定王子形乞封妾為夫人居仁繳奏帝喜謂有補風教以集英殿修撰知鄂州移建寧府鎮江大旱又移守鎮江加寶文閣待制知福州再進華文閣直學士卒

樓鑰

（宋史本傳）字大防鄞人隆興元年試南宮策犯舊諱冠末等試教官歷太府宗正寺丞出知溫州光宗嗣位召對奏曰人主初政當先立其大者至大莫

如鑰復然。當先啄主志，進君德。擢起居郎兼中書舍人，繳奏無所回避。其中或私請，上曰：樓舍人朕亦憚之，不如且已。會慶節上壽，邑從班集，乘輿不出，已而玉牒、聖教、會要書成，將進重華，又屢更日。鑰言：臣屢歲隨班見陛下上壽重華宮，勸動哀極。嘉王日趣朝謁，恪勤不懈，需料壽皇望陛下之來亦猶此也。又奏聖政三書全載壽皇一朝之事，玉牒、會要又成淳熙末年之書，章達定其日，無復再展，以全聖孝。于是上感悟，進書成禮。識兼直學士院，遷給事中。朱熹以論事忤韓侂冑，除職與郡，鑰言：熹鴻儒碩學，不如俾之內祠，仍令修史，春和復還講筵。不報。寧宗受禪，遷吏部尚書，以侂冑恚擢告老，至再許之。侂冑誅，詔起翰林學士。時鑰年過七十，精敏絕人，詞頭下，立進草，院吏驚詫。除端明殿學士、簽書樞密院事，進同知、參知政事，位兩府者五年。提舉萬壽觀。薨，贈少師，謚宣獻。

袁韶

韶（宋史本傳）字彥淳，慶元府人。淳熙十三年進士，為吳江丞。提舉常平黃棠檄韶覈田定役。蘇師旦客諭意言吳江多姻黨，倚祖容當薦為京朝官，韶不聽。師旦諷言者將論去，叢丞白于朝且薦之。未幾師旦敗，改知桐廬縣。嘉定四年名為太常主簿，後為右司郎官。十三年為臨安府尹，理訟精簡，道不拾遺，里巷爭呼為佛子。紹定元年拜參知政事。胡夢昱論濟王事當遠竄，韶獨以夢昱無罪，不肯署文書。李全叛，揚州告急，飛檄載道。史彌遠懲韓侂冑用兵事，不欲聲討，韶言于彌遠曰：揚失守則京口不可保，淮將如卞璧、崔福皆可用。彌遠從之，遂討全。端平初奉祠，卒，贈少傅。

蔣峴

峴（兩浙名賢錄）字伯見，奉化人。慶元二年進士，授武康令，改嵊縣。端平初除殿中侍御史兼侍讀。史嵩之欲開督府，與李宗勉論不合，私請劾之。峴曰：宗勉無過，臺諫乃耳目官，豈受私請？即嵩劾鄭良臣，上曰：良臣，嵩之所舉。對曰：公論不容，臣不知有嵩之也。嵩之復以書罪蔡範、袁甫，峴曰：此有用之才，不可誣也。嘗自驚曰：勿欺心，勿負主，勿求田，勿問舍。乃稱四勿居士。官至寶章閣學士。

陳塤

陳蒙（宋史本傳）塤字和仲，鄞人。嘉定十年進士。理宗即位，詔求言，塤上封事，直聲著天下。名薦太學錄，遷太常博士。獨為袁燮議謚，餘皆閣筆。

會求端常子乞謚頊曰端常居臺諫則逐善類為諫牧則務刻剝宜得惡謚以戒後來乃謚曰恭愍議出宰相而下皆肅然改容賈貴妃入內頊言乞去君側之蠱媚以正主德名為樞密院編修官入對首言天下安危在宰相南渡以來屢失機會秦檜死所任不過万俟卨沈該耳侂胄死所任史彌遠耳此今日所當謹也次言內則當嚴宦官之禁外則當嚴臺諫之選于是宦者陳詢益陰中之監察御史王寔劾頊出知常州名為國子司業諸生咸相慶以為得師未幾兼史館歷言任用混淆黨論同異諫議大夫金淵見之怒頊乞補外知溫州未上以言罷子蒙年十八上書萬言論國事為太府寺主簿入對極言賈似道為相誤國政闕失貶建昌軍簿錄其家惟青氈耳德祐初以刑部侍郎召不赴卒

趙逢龍

（宋史本傳）字應甫鄞人嘉定十六年進士歷知興國信州衢袁五州提舉廣東湖南福建常平為政務寬恕撫諭惻怛民不忍欺居官自常奉外一介不取尤究心荒政以羨餘為平糴本遷將作監拜宗正少卿兼侍講凡道德性命之蘊禮樂刑政之事纍纍為上開陳疏奏甚衆藁悉焚棄年八十八終于家

袁甫

（宋史本傳）字廣微鄞人嘉定七年進士授秘書省正字遷校書郎輪對言邊事之病不在外而在內偷安之根不去規模終不立蠱蔽之根不去血脈終不通遷著作郎知徽州遷起居舍人兼中書舍人繳奏不擿苛小將相鄭清之以國用不足履畝使輸甫嘗請罷帝問近事甫奏惟襄敵事人心最不悅帝為惻然時朝廷以邊事為憂史嵩之力主和議甫奏曰臣與嵩之居同里未嘗相知而嵩之父彌忠則與臣有故嵩之易于主和彌忠每戒其輕易今朝廷甘心用父子異心之人臣謂不特嵩之易于主和抑朝廷亦未免易于用人也不報授起居郎兼中書舍人未幾擢嵩之刑部尚書復疏云臣于嵩之本無仇怨但國事所繫誼難緘默嵩之誥命終不與書行乃出甫知江州改知婺州不拜嘉熙元年遷中書舍人入見帝問邊事甫奏當以上流為急議和恐悞事嵩之移知鄂州甫奏曰嵩之輕脫難信去年在淮西王檝由淮西而來北軍踵之今又併湖南付之臣恐其復以誤淮西者誤淮南疏留中不行翼日擢吏部侍郎

引疾遂歸尋遷兵部侍郎改吏部時邊遼日至甫條十事至為詳明擢兵部尚書卒謚正肅

范楷（嘉靖寧波府志）字子式鄞人嘉定元年進士歷官至工部尚書先在經筵因事啓沃邊疆州郡闕于朝政者知無不言李全據淮安反狀益急時相猶委曲掩護楷上書曰賊全猖狂恣睢舉朝皆欲殺之獨丞相隱忍不發昔郭子儀為中書令考于史傳間居為多今丞相獨當國柄二十二年所在窺伺危机一發變不可測遂忤旨去位明年除寶謨閣直學士卒于家

孫夢觀（宋史本傳）字守叔慈谿人寶慶二年進士為武學諭輪對言人主不容有所憚尤不容有所訑憚則有言不能容訑則雖容其言而不能用歷將作監轉對極言道揆不明法守滋亂天下之權將有所寄而倒持之患作當路者滋不悅出知泉州改寧國府丞相董槐名澤帝問江東廉吏首以夢觀對乃遷司農少卿輪對謂邸國當為斯民計朝廷當為邸國計帝善其言累遷權吏部侍郎抗論益切夏士皆危之夢觀曰吾以一布衣蒙上恩至此雖捐軀無以報利鈍非所計也力求補外以集英殿修撰知建寧府得疾口授遺表不忘規諫帝悼惜之

陳著（成化四明郡志）字子微慶剛子登文天祥榜進士景定四年朝廷從賈似道買公田于浙西著時為著作郎上疏曰似道居外閫則志在欺君處端揆則務于瘠民未有將相如此而能致陰平者乞罷買公田斥逐似道庶可以救國安民似道怒斥知嘉興咸淳元年似道歸越治葬衰詔以天子鹵簿葬之起墳擬山陵著為太學博士率諸生上疏切諫以為自古未聞有如此者不聽似道還朝大怒必欲逐竄上不可改臨安通判晚歲隱居奉川

明

豐慶（兩浙名賢錄）字文慶鄞人正統己未進士授兵科給事中與林聰葉盛高棣等詠景帝南城及易儲事甚剴切繫詔獄七年英宗復辟陞河南參政論周

府內官不法事上疏之，陞本省布政使致仕。

鄭惟桓（兩浙名賢錄）字公圭，慈谿人。永樂進士，拜監察御史。廣東憲使陳其被誣入于法，惟桓訊出之。陳懷金為報，桓笑曰：法當爾耳，豈有私耶？奉天殿災，疏六事，指陳時政得失，言過剴切，謫交趾知州。

陸瑜（鄞徵錄）字廷玉，鄞人。登進士第，除刑部主事，遷員外郎。正統九年，勅往淮揚等郡錄囚，訊鞫得釋者三百餘人，改注輕比者千餘人。陞山東右布政。天順二年，徵拜刑部尚書。瑜以居法曹，練達國家典故，凡有大獄爲官不能決者，質于瑜，時曰某時某所犯類此，遂索往牘閱之，年時無稍差。時錦衣衛指揮門達怙寵作威，紀綱衛卒誣李斌與其弟健謀反，事下達鍛煉，反狀已具，奏請會三法司審問，衆莫敢異論，瑜獨言其冤。達怒，語侵之。瑜曰：法司所執者，祖宗之法耳，吾何敢舍所執法，枉人以滅族之罪耶？及奏上，誅止斌兄弟，而免其妻子。曹欽反，執其細人送官，以為逆黨，凡數千人。瑜曰：欽反起于倉卒，細人相去數百里，安得與謀？于是細人皆不坐。成化三年致仕，卒謚康僖。

毛弘（嘉靖寧波府志）字士廣，鄞人。天順丁丑進士，授禮科給事中，陞都給事中，疏奏無虛日。成化二年，值上元節，預命詞臣分題作鰲山燈火詩，欲以娛兩宮。編修章懋、黃仲昭，檢討莊昶疏諫忤旨，各廷杖謫外。弘乃抗言三人不顧一身，敢言直諫，直盛世事，願乞復官。先是修撰羅倫亦以論李賢起復被貶，弘言之益力，謂倫不足惜，天下將以言為諱。遂得旨，四人俱復原官。四年，會慈懿皇太后崩，廷臣議祔葬事不合，弘乃言：慈懿作先帝配，爲皇上母，內外無失德，葬宜祔裕陵，主宜祔太廟，為萬世不易之禮。皇上生事兩宮如一，今慈懿崩逝，乃欲別葬，是有二也。皇太后不從，當幾諫以合于道，無使得罪于天下。由是太后亦大聞悟，竟得合葬如禮，聲動宮闈，皆呼為毛秀才。太后欲識其面，遂簾內見之。凡在諫垣十餘年，識者以方古之遺直。同吏部侍郎葉盛考察南京官，為黑陟

明當雖所親不得一干以私會中寒疾暴卒

董琳

董鑰（兩浙名賢錄）琳字廷瑞鄞人景泰甲戌進士除監察御史時掌錦衣衞都指揮劉敬父子怙勢肆虐言官莫敢誰何琳獨疏其不法數逮繫獄戍風栽衞然轉山東僉事乞歸卒子鑰字啓之弘治庚戌進士授監察御史出按雲南鎮守太監孫環與都督盧和交搆累鞫莫決鑰承旨一訊得情皆置大辟及劉瑾竊柄除不附己者乃勒令致仕瑾誅復徵以病不起

屠

滽（獻徵錄）字朝宗鄞人始登第即以疾乞歸越五年試監察御史歷遷至右都御史弘治改元命總督兩廣軍務督討猺討俘斬數百計名掌院事進左都御史加太子少保以災異陳二十事多見采納歷吏部尚書博采輿論秉公黜陟每注選至惡地必停筆良久務以土俗相宜者補之秩滿加太子太保致仕正德戊辰仍以吏部尚書召時逆瑾盜政銜撻兵部尚書劉大夏往事必欲置之死滽委曲調護得減論其他隨事旋斡者尤多瑾意不滿再奪月俸滽自度勢不可支復乞致仕卒贈太師謚襄惠

楊

守隨（嘉靖寧波府志）字維貞鄞人成化丙戌進士授監察御史疏奏明謚法等七事疏城濠等九事時有欲撓吏部權者為之例曰凡方面官銓選俱令京堂推舉京堂缺必由內降守隨抗疏言曰是例行是廢公道而右豪貴也必不可得旨奪俸又劾奏妖僧繼曉妖術罔上之罪直聲動朝野出按江西李孜省者變幻為奸暴于鄉里按罪當謫戍而孜省走京師結納中貴以左道惑上得幸守隨自江西憂歸服闋赴京孜省已為太常丞即劾奏孜省以贓得罪不宜典郊廟百神之祀因改官去歷應天府丞時守備太監蔣琮等侵沒湖壖地為田又漁于湖下守隨勘悉繩以法于是琮等與孜省比而相毀斥守南京孜省誅歷應天府尹而蔣琮輩復傾之謫廣西參政稍遷按察使進南大理寺卿改北疏刑名十事皆著為令甲九年考績陞工部尚書兼大理寺卿太監李興

盜皇陵木罪當死其黨劉瑾谷大用等屢以密贖囑寬與屢峻郄之持之益急與辛以內降免既而與戶部尚書韓文令疏瑾輩之惡越三日命瑾司禮監管事而張永谷大用等俱各筦樞要守隨復獨具疏反覆論諸監姦罪狀而斥瑾尤甚瑾銜之入肯竟寢不下忽歲除退朝傳旨令守隨致仕復矯詔守隨與劉健謝遷韓文林瀚張敷華等凡五十三人為朋黨頒示天下已復矯詔削奪官秩瑾既伏誅科道交章論薦復原職致仕卒贈太子少保諡康簡

張昺

（獻徵錄）字仲明慈谿人成化壬辰進士知鉛山縣城南有廟顯現靈怪考鄙男婦相率祈禱充斥道路昺惡之毀像墟宇置便民倉并撤淫祠數千以葺公廨秩滿擢南監察御史威寧伯王鉞扶武力倚保國公朱永太監汪直將挑釁北邊昺曰是為國家害不小抗章劾之詞連內閣司禮由是內外大臣皆銜之左遷南通政司經歷久之轉四川按察司僉事查理鹽法有都指揮陳其塔接一處子匿于家事覺墜之河以絕蹤跡死者之父訴于巡按御史且請必屬昺治之御史曰是理鹽法不得與獄訟其人曰陳都司家鉅富非張公孰能不為利啗耳乃移昺訊一訊得情而御史卒通厚賄別委官推之竟移坐塔之僕昺再疏乞致仕不允遷副使守備建昌黎州等處時同事馬太監信用術士周慧以善黃白術得進之朝昺聞即擒慧置獄劾馬之妾事乃寢居歲餘引疾歸

楊茂元

（獻徵錄）字志仁鄞人成化乙未進士授刑部主事奉敕錄南直隸囚多所平反弘治六年授山東按察副使遣河決張秋初命劉大夏董役繼命太監李興平江伯陳銳共治之興銳事多不法茂元抗疏請取回興與銳專命大夏又請革臨清鎮守由是興銳誣以妖言詔械繫如京鞫長沙府同知薦陞安慶知府歷廣西布政司參議正德四年逆瑾差御史查盤司庫各道皆措銀千兩餽瑾茂元苦因閣同鄉謝迪嘗諷言無千金難免禍對曰千金之餽非盜官帑即剝民脂以此自斃是畏無妄之災而犯有名之律欲誓死不為四年吏部擬陞理矯旨令致仕瑾誅起江西左參政尋陞貴州巡撫改南京刑部右侍郎

朱瑄

（名山藏）字廷璧鄞人成化己丑進士授工部主事奉敕疏濬汴洛諸渠治黃河決口有功改兵部郎中陝飢專敕往賑省出輕盜給與穀種牛具勸課流

奸不得行遂廣西府江兵備時猺獞嘯聚幕府謀大舉兵鸞曰此不足煩大兵也選精銳數百授以方畧大破之江道肅清累陞四川巡撫革煩苛以保釐為事所隸諸部雖羊腸鳥道必親至詢之問民疾苦為之興罷父老相傳以為二百年旌節僅一覩見也竟以飛謗落職歸

楊言（汪琬楊言傳）字惟仁鄞人正德進士授行人嘉靖四年擢禮科給事中會詔建獻皇帝世室言疏諫曰獻帝雖有聖德非若周文武之創興王業也而欲襲世室之名亦舛矣如以獻帝為自出之帝是前無祖宗也以獻帝為禰而宗之是後無敬毅二帝也疏入不報有千戶王邦奇陳邊事謂吐魯番侵軼皆彭澤楊廷和輩釁所致復誣大學士費宏石珤悉廷和黨又訐廷和子惇及其甥棠桂章女夫余承勳帝下惇等于獄株連甚衆言疏諫曰宏珤乃天子師保之官邦奇文飾奸言熒惑聖聽臣竊為國家大體惜也廷和當推奸擅政之日保全神器歸于陛下所謂當十世宥之者今去國無何禍延子壻臣恐全軀保妻子之臣皆口實廷和安有為國家任事者哉疏入帝怒以言為大臣游說收繫親鞫于午門羣臣悉集言備極五毒手指且墮無撓辭御史陳察大呼曰臣願以不肖軀易楊言羣臣聞察呼大驚相顧引避帝數目攝察、不為動既罷察復疏極論以是言獄得解謫宿州判官稍遷至南京吏部郎中坐事再謫夷陵知縣累官湖廣參議又坐事削籍

劉世龍（兩浙名賢錄）字允卿慈谿人正德辛巳進士授太倉知州陞南職方主事嘉靖初太廟災求直言世龍具疏列三事一曰杜諂諛以正風俗指斥言禮驟貴者二曰廣容納以開言路欲寬宥言事諸臣以次錄用沒加存卹三曰慎舉動以存大體謂大臣表率百僚不宜倏名倏斥甚如械繫箠楚如張鶴齡不足惜而孝廟在天之靈太后垂老之景乃不能庇其骨肉之愛恐于孝養兩宮之心未安所言皆直指時政無所回護疏入世宗震怒械至京發錦衣獄杖四十次日獄具再發午門外杖八十死而復甦家居三十年臺省交薦不復敘穆宗登極錄用先朝忠諫以老辭詔進尚寶司少卿致仕

李循義（舊浙江通志）字時行，鄞人。嘉靖二年進士，授推官，召為御史，出按江西。夏
相國言治新第，欲徙旁近十餘家以大其宅，循義不可，由是有隙。會嚴嵩
方欲傾言，聞之，使人諭意，請論言閣邊事。循義曰：「恢復議甚正，吾
不敢毀大臣以媚大臣。」嵩恚，出為衢州知府，未幾以疾告歸，卒。

全元立（分省人物考）字汝德，鄞人。嘉靖乙未進士，改庶吉士，進修撰。時河套議起，
嚴嵩恚督曾銑，譖于上，逮論死，并傾夏言，舉朝竟之。元立憤然曰：「使吾
職臺諫，當以言爭；職廷尉，當以法爭；吾職以史，獨董狐筆在耳。」草告天文，暴嵩
擬狀比楊忠愍，就辟，益甚詆嵩。訟言于朝，嵩怒甚，唆之遷南太常卿，已陞南工
部右侍郎，會裁
罷，自劾乞歸。

顏鯨（獻徵錄）字應雷，慈谿人。嘉靖丙辰進士，授御史，巡視倉場。奸人馮漢持定國
公勢，貸子錢漕卒，梗漕政，軍民投牒。鯨佯為不理，漢持定國書來見，即出牒
考訊，論殺之。出按河南，伊府庶人典楧內結常侍及嚴嵩父子，又多布飛騎為耳
目，招集礦盜為牙爪，監司莫敢誰何。鯨至，上疏劾之，上可其奏，下庶人獄，國除，
兩河人鼓舞相慶。先是錦衣緹帥得辟名諸校，受賕，少金為署名籍中，作奸書
左道誘富人子，習之，復相與發其罪，以為功。列侯奉使所過，侯館騷然；諸藩中
使進奉，輒駕龍船，所過恣橫。鯨請校尉缺注兵部銓補，錦衣不得自署；冊封改
用文臣；諸藩進奉遣屬吏，不得用中貴，遂為定制。改提學北直，所至旌賢表行，
獎恬抑浮。都督朱希孝受富人金補校尉，諸校列要郎，連工座千百計，不供興
官賦，抑民代輸。大興令高世儒為平賦法，令群校均差，希孝劾世儒梗令甲，侵
勳衛，上可其奏。鯨疏爭曰：「明主不私倖臣，良臣不專市利。緹騎盡富人子，不占
賦而獨病貧民。今為貧民請命，世儒無罪，罪在緹騎。」上怒，謫安仁尉，歷陞湖廣
提學副使。以忤張居正去官。萬曆初，科臣鄒元標、姜應麟首疏請破格擢
用，而當事竟以常格題。照先朝直諫屬汝進例，用湖廣提學副使予致仕。

范欽（舊浙江通志）字堯卿，鄞人。嘉靖進士，知隨州，陞工部員外郎。時武定侯郭勛
勢張甚，欽以事忤之，譖于上，杖之，出知袁州府。嚴世蕃欲取宣化公宇，欽不

可罷任副都御史巡撫南贛汀漳諸郡擒劇寇李之彪賜金綺又擒大盜馮天爵陞兵部右侍郎歸卒

張堯年(舊浙江通志)字原翠慈谿人嘉靖進士知金壇縣徵拜給事中論勲臣郭勛黨庇嚴嵩司馬張瓚司空甘為霖皆著風直嵩大憾之會御史何維柏劾嵩而遺堯年書稱其先見嵩遂誣為黨下詔獄杖謫布政司照磨纍遷參政分守蒼梧勒苗寇有功擢雲南右布政使黔國沐朝弼驕縱不法奪郡守于庭堯年立召郡守還朝弼嵩表裏中之遂拂衣歸

趙參魯(鄞縣志)字宗傳隆慶辛未進士改庶吉士授戶科給事中奄人張進毆給事中于留都臺省交劾進僅薄罰參魯抗言進乃守備中官申信之黨不併治信無以肅朝廷紀綱信與司禮馮保比譖之于上竟謫高安典史已陞饒州推官遷福建提學僉事歷陞南刑部尚書堅持三尺戚奄皆斂跡諸如起廢官補言職釋纍臣罷礦稅疏多有補裨政九載考績加宮保乞歸卒謚端簡

姜應麟(慈谿縣志)字泰符萬曆癸未進士改庶吉士授戶科給事中貴妃鄭氏有珠寵生子常洵詔進封為皇貴妃而王恭妃育皇長子已五歲無所益封中外疑帝欲立愛應麟首抗疏言禮貴別嫌事宜順始貴妃生第三子猶亞位中宮恭妃誕育元嗣翻令居下揆之倫理則不順質之人心則不安非所以重儲貳定眾志也伏請先封恭妃為皇貴妃而後及于鄭妃則禮既不違情亦不廢疏入帝震怒降廣昌典史量移餘干知縣以父憂歸光宗立起太僕少卿致仕

陸世科(鄞縣志)字汝先萬曆丁未進士授增城令濱海多盜立法稽核具獲主名境內以安擢山東道御史巡視兩淮鹽漕絕餽遺裁夾帶商引大行詳達璫頻時魏忠賢專政毒害諸不附已者或勸其委蛇避禍世科曰吾五十登第今且踰甲子頭顱如許而骨性固在何肯乞憐權門哉羣小遂日媒孽改視巡京營以困苦之閒三月世科終不與諸奄交一語忠賢銜之乃削籍崇禎戊辰首擢臺端旋差刷卷留都著有声績陞南京大理寺卿致仕

姜思睿（慈谿縣志）字顓思天啓壬戌進士授中書改湖廣道御史崇禎三年上陳天下五大弊皆切中時病四年帝分命内官往宣大三邊監視思睿言祖法禁用宦官不聽再劾輔臣周延儒成基命後温體仁私書發覆劾其欺罔声望甚著出使雲南山西皆有實政未幾假還卒

馮元飈（慈谿縣志）字爾弢天啓壬戌進士崇禎初授户科給事（疏）中爭中官出鎮又詆輔臣周延儒誤國被切責尋連疏論山東總督劉宇烈縱寇主撫禮部侍郎王應熊無大臣體宜罷又言詞臣姚希孟孤忠獨立不當奪請官科臣趙東曦正詞讜論不當奪言路皆不納再遷户科給事中擢太常卿拜兵部尚書稱病乞休卒元飈長于料事孫傳庭治兵關中元飈謂不可輕戰廷議皆不以為然元飈論于帝前曰請先下臣獄俟一戰而勝斬臣以謝衆又貽書傳庭戒用急戰傳庭不勝中樞督促遂輕出軍覆而全秦盡陷其引疾去也薦李邦華史可法自代焉

國朝

史大成（鄉賢留祀冊）字及超鄞人順治乙未進士廷試第一授翰林院修撰充日講官每直講事閱啟沃愷切數陳歷陞禮部左侍郎時有請裁孝子節婦廩給者大成曰公謂子自為其父婦自為其夫何與朝廷而廩給之然則天下之不孝不節者亦何與朝廷而國法必繩之也議者屈服康熙十五年知貢舉惟嚴内外之防一切文法小疵瑕不毛舉又試歲貢士舊皆循具文大成謂曰首重經而衡文未當何以服其心首尾親閱勤慎有加閱者感激尋病假歸卒

仇兆鰲（寧波府志）字滄柱鄞人康熙乙丑進士館選授編修轉春坊歷官内閣學士兼禮部侍郎遣祭前代諸陵至昌平見地方有累民事奏免羊皮解晉并直隷苛派陋規遷吏部右侍郎將會議江督參陳鵬年一案兆鰲昌言白其誣衆論韙之以病乞休致仕

紹興府

漢

鄭弘

（後漢書本傳）字巨君，會稽山陰人。少為鄉嗇夫，太守第五倫行春見而深奇之，召署督郵，舉孝廉。建初中為尚書令。舊制尚書郎限滿補縣長令史丞尉。弘奏以為臺職雖尊而酬賞甚薄，至于開選多無樂者，請使郎補千石，令史為長。帝從其議。八年代鄭衆為大司農。舊交阯七郡貢獻轉運，皆從東冶汎海而至，風波險阻。弘奏開零陵、桂陽嶠道，于是夷通，至今遂為常路。在職二年，所息省億萬計。時天下遭旱，邊方有警，人食不足，而帑藏殷積。弘又奏宜省貢獻，減徭費以利飢人。帝順其議。元和元年代鄧彪為太尉。病篤，上書陳謝，并言竇憲之短。帝省章，遣醫占弘病，比至已卒。

鍾離意

（後漢書本傳）字子阿，會稽山陰人。少為郡督郵。時部縣亭長有受人酒禮者，府下記案考之。意封還記，入言于太守曰：政化之本，由近及遠，今宜先清府內，且闊略遠縣細微之愆。太守甚賢之，遂任以縣事。建武十四年會稽大疫，意獨身自隱親，經給醫藥，所部多蒙全濟。舉孝廉，後除瑕邱令，遷堂邑令。顯宗即位，徵為尚書。時交阯太守張恢坐贓千金，徵還伏法，以資物簿入大司農，詔班賜羣臣。意得珠璣，悉以委地而不拜賜。帝問其故，對曰：臣聞孔子忍渴于盜泉之水，曾參迴車于勝母之閭，惡其名也。此贓穢之寶，誠不敢拜。帝嗟嘆曰：清乎尚書之言！乃更以庫錢三十萬賜意。轉尚書僕射。帝性褊察，朝廷莫不悚慄，惟意獨敢諫爭，數封還詔書，臣下過失輒救解之。出為魯相，以久病卒。官遺言上書，陳升平之世難以急化，宜少寬假。帝下詔嗟歎，賜錢二十萬。

晉

孔坦

（晉書本傳）字君平，會稽山陰人。少方直有雅望。咸和初遷尚書左丞，深為臺中所敬憚。在職數年，遷侍中。時成帝尅日納后，而尚書左僕射王彬卒，議者欲郤期。坦曰：納后重禮，豈可以臣喪而廢。從之。及帝既加元服，猶委政王導，坦每發憤，以國事為己憂，嘗從容言于帝曰：陛下春秋已長，聖敬日躋，宜博納朝

越州

臣諂諛善道遷出書未拜庾冰省之流涕坦慨然曰大丈夫將終不問安國寧家之術乃作兒女子相問耶冰深謝焉卒謚曰簡

南北朝

孔琳之

（宋書本傳）字彥琳會稽山陰人張正有志力桓元時議欲廢錢用穀帛琳之議曰聖王制無用之貨以通有用之財既無毀敗之費又省運置之苦此錢所以歷代不廢也穀帛為寶本充衣食今分以為貨則致損甚多愚謂救弊之術無取于廢錢元又議復肉刑琳之以為不可元好人附悅而琳之不能順旨是以不見知宋臺初建除宋國侍中永初二年為御史中丞明憲直法無所屈撓奏劾尚書令徐羨之時羨之領揚州刺史琳之弟璩之為治中羨之使璩之解釋停寢其事琳之不許璩之固陳琳之曰我觸忤宰相罪止一身汝必不應從坐何須勤勤耶自是百僚震肅莫敢犯禁高祖甚嘉之遷祠部尚書不治產業家尤貧素景平元年卒追贈太常

孔奐

（陳書本傳）字休文山陰人舉秀才射策高第起家揚州主簿永定二年除晉陵太守晉陵舊為大郡前後二千石多行侵暴奐清白自守妻子並不之官惟以單舸臨郡所得秩俸分贍孤寡曲阿富人殷綺見奐居處素儉乃餉衣一襲氈被一具奐曰太守身居美祿何為不能辦此但民有未周不容獨享溫飽耳世祖在吳中聞奐善政及踐阼徵為御史中丞領揚州大中正奐性剛直善持理多所糾劾朝廷甚敬憚之深達治體每敷奏上未嘗不稱善百司滯事皆付奐決之太建六年遷吏部尚書加侍中時有事北討封賞選叙紛紜重疊奐應接引進門無停賓加以鑒識人物詳練百氏凡所甄拔衣冠縉紳莫不悅服性耿介絕請託後主時在東宮欲以江總為太子詹事奐曰江有潘陸之華而無園綺之實輔弼儲宮竊有所難其梗正如此遷散騎常侍金紫光祿大夫

唐

虞世南（唐書本傳）字伯施越州餘姚人秦王引為記室王踐阼拜員外散騎侍郎遷秘書監封永興縣子世南貌儒謹外若不勝衣而中抗烈議論持正貞觀八年進封縣公帝嘗作宮體詩使賡和世南曰聖作誠工然體非雅正上之所好下必有甚者恐此詩一傳天下風靡不敢奉詔帝曰朕試卿耳賜帛五十匹帝數出畋獵世南以為言皆蒙嘉納帝每稱其五絕一德行二忠直三博學四文詞五書翰致仕卒贈禮部尚書謚文懿

宋

杜衍（歷代名臣傳）字世昌山陰人厲操篤學擢第補揚州觀察推官改著作佐郎知乾州聽訟明敏屢決疑獄人以為神籌書出納推析毫髮至為條目使吏不得奸及其施于民者則簡而易行未滿歲以薦移鳳翔二邦之民爭于境上一曰此吾公也汝奪之一曰今我公也汝何有焉俄除太常博士提點河東刑獄遷祠部員外改刑部章獻太后察其治狀轉河東運副陝西運使名為三司戶部天章閣待制會河北之軍資遷為都轉運使不增賦而用足以右諫議大夫知天雄軍為治謹密不以威刑督下吏民咸憚其清整仁宗親政名為御史中丞衍言中書樞密古之三事大臣坐而論道者今止隻日對前殿何以盡天下之事宜延召見賜坐便殿以極郡替又論常平法請量州郡遠近戶口多寡嚴責罰課官吏出納無壅增損有宜州郡闕母錢願出官帑助之判吏部流內銓選補科格繁長主判不能悉閱吏多受賕出縮為奸衍命諸曹各具格式科條以白閱視具得其本末曲折令諸吏無得升堂各坐曹聽行文書銓事悉自予奪由是吏不能為奸吏改知審官院裁制如判銓時遷工部侍郎知永興軍時元昊反方用兵困于科斂調發督迫民至破產不能足衍為區處量物有無貴賤道里遠近寬其期會使以次輸送由是物不涌貴車牛芻秣宿食來往如平時民比他州省費十六七召還權知開封府遠近聞衍名莫敢干以私拜同知樞密院事出為河東宣撫使拜吏部侍郎樞密使每內降恩澤率寢格不行積詔旨至十數輒納帝前帝語諫官歐陽修曰外人徒知杜衍封還內降不知

凡有求于朕告以社稷不可而止者更多于所封還也契丹增劉三嘏避罪來歸輔臣欲厚館之以詰契丹陰事衍曰中國主信義若遂留納叛亡不直在我且三嘏為契丹近親而逋逃來歸其謀身若此尚足與謀國乎納之何益乃還三嘏拜同平章事好薦引賢士推獎後進一時知名之士多出其門沮止僥倖小人多不悅言者攻范仲淹富弼帝欲罷其政事衍常左右之御史劾衍增蘇舜欽及所知王益柔因以傾衍罷為尚書左丞出知兗州慶曆七年以太子少師致仕屢進太子太師封祁國公卒贈司徒兼侍中謚正獻

顧臨（宋史本傳）字子敦越州會稽人皇祐中舉說書科熙寧初神宗以臨書論兵名問對曰兵以仁義為本動靜之機安危所係不可輕也元祐二年擢給事中朝廷方事回河拜臨天章閣待制河北都轉運使蘇軾等言臨資性方正學有根本慷慨中正無所回撓自處求者凜然有古人之風宜留左右以補闕遺梁燾亦言都漕之職在外豈無其人在朝求如臨者不易得皆不報紹聖初以附會黨人斥饒州卒

石公弼（宋史本傳）字國佐越州新昌人登進士第調衛州司法參軍淇水監牧馬逸食人稼為田主所傷密郡守韓宗哲欲坐以重辟公弼曰禽獸食人食主者安得不擊擊之豈能無傷當懲圉者民不可罪名為宗正寺主簿言朝廷比日直詞罕聞頌聲交至願崇忠正通諫議擢殿中侍御史三舍法行士子計登第頗事告訐公弼言學校以仁義漸摩使之告訐非建學本意拜御史中丞京西轉運使張蘊言欲因方田籍增立汝襄鄧三州稅公弼以為方田之制止欲均賦而蘊言掊克重斂民何以堪詔罷之遂劾蔡京罪惡章數十上京始罷及京再輔政羅致其罪責台州安置遇赦歸卒

李光（宋史本傳）字泰發越州上虞人崇寧五年進士除太常博士遷司封首論士大夫諛佞成風杜塞言路王黼惡之遷符寶郎郭藥師叛光知徽宗有內禪意因綱皆謂蔡攸曰公家所為皆咈衆心今日之事非皇太子則國家便危攸瞿然不敢為異欽宗受禪擢右司諫上皇東幸憸人間兩宮光請早議奉迎典

禮選侍御史時言者猶主王安石之學詔榜朝堂光言祖宗規模宏遠安石欲盡變法度蔡京兄弟祖述其說五十年毒流四海今又風示中外鼓惑民聽豈朝廷之福建炎三年車駕移蹕建康除知宣州光繕城池聚兵糧籍六邑之民保伍相比謂之義社得保甲萬餘號精練軍又柵險要二十三所謹戍之築城址為十地分巡內外晝則自便夜則守城有警則戰苗租歲輸邑者悉令輸郡初詳言不便及守城之日贍軍養民迄賴以濟事聞授管內安撫紹興元年擢吏部侍郎上移蹕臨安被旨節制臨安府見屯諸軍兼督營繕事光經營撙節不經營撙節果減二浙積負及九邑科配尋以端明殿學士守台州改溫州遷江西安撫擢吏部尚書踰月除參知政事時秦檜初定和議將揭榜籍光名鎮壓光謂但可因和而為自治之計既而檜議撤淮南守備奪諸將兵權光極言和不可恃備不可撤檜惡之檜以親黨鄭億年為資政殿學士光于榻前面折之又與檜語難上前因曰觀檜之意是欲壅蔽陛下耳目盜弄國權懷姦誤國不可不察檜大怒明日光丐去高宗曰卿昨面叱秦檜舉措如古人朕方寄卿腹心何乃引去光曰臣與宰相爭論不可留章九上乃提舉洞霄宮万俟卨論光悲怨責瓊州安置呂愿中又告光與胡銓譏訕朝政移昌化軍年踰八十又三年始以郊恩任便居住至光州孝宗即位復資政殿學士賜謚莊簡

姚憲

（嘉泰會稽志）字令則嵊人父舜明仕至徽猷閣待制憲以父任補承務郎歷知臨安府仁和縣車駕駐蹕臨安仁和為赤縣事尤煩劇憲資性敏強日未晡吏已散去獄久無繫囚秩滿監進奏院知秀州士豪錢安國居大澤中舍匿亡命為奸盜州縣莫敢詰憲至擒安國及其支黨窮治置于法州里遂安浙西大水蘇常為甚憲請輸粟萬斛以賑之上嘉其能以直秘閣知平江府時羣盜出沒海道為居民害捕弗獲朝命專以屬憲不數月悉擒之進直敷文閣知臨安府歷工部侍郎進御史中丞遷參知政事以端明殿學士知江陵府至江陵前帥頗厲威嚴治盜不少貸憲繼其後嘗謂客曰故帥得賊輒殺不復窮竟僕至獲盜必付之有司在法當誅者初未輒貸一人而羣盜已稍出矣僕平居雖雞卵不敢妄殺今寧以疲輭不勝任去安忍濫及無辜哉人以此為推其長者

傅崧卿（嘉泰會稽志）字子駿山陰人省試第一擢甲科除辟雍正遷考功員外郎兼太子舍人方士林靈素得幸造符書號神霄籙自三公輔臣以下皆從靈素師授崧卿與曹輔獨不行被譴出為蒲圻縣丞高宗初除直龍圖閣知越州帝自永嘉還越供億用度崧卿請悉從蠲減雖中旨有不便輒執奏皆賜可改知婺州召為中書舍人進給事中崧卿常慷慨欲以功名自見與客言及國事輒至流涕在上前議論尤感激未及大用而卒時人惜之

陳橐（宋史本傳）字德應餘姚人登政和上舍第呂頤浩欲援為御史約先一見橐曰宰相用人乃使之呈身耶謝不往趙鼎李光交薦其才紹興二年除監察御史以論事不合除江西運判移知台州清謹不擾治狀著聞上謂近臣曰陳橐有古循吏風累遷刑部侍郎時秦檜力主和議橐疏謂金人多詐和不可信檜銜之因力請去除徽猷閣待制知廣州時兵興後廣東盜賊無寧歲十年九易牧守橐盡革弊政以恩先之留鎮三年民吏悦服

王佐（嘉泰會稽志）字宣子山陰人廷對第一為秘書省校書郎時秦檜專政其子熺提舉秘書省館中趨附之佐獨未嘗妄交一語熺不能平嗾言者論去之檜死起秘書郎遷尚書吏部員外郎檜妻王氏陳乞舊所得恩數之未用者自稱沖真先生佐駁曰妾婦安得此稱向者誤恩有司不能執奏為失職今當追正執政不能聽但寢其請後王氏死卒奪先生號知建康府妖人朱端明挾左道與軍中不逞輩謀不軌佐得其陰謀一日坐帳中決事命捕為首者至即判斬之而流其徒數人于嶺外餘置不問徙知潭州淳熙六年郴州宜章民陳峒竊發有衆數千佐一意討捕賊潰走詔以佐忠勞備著超拜顯謨閣待制徙知臨安府進權戶部尚書力乞奉祠

胡沂（宋史本傳）字周伯餘姚人紹興五年進士孝宗受禪擢殿中侍御史言守禦之利莫若全沿邊屯田詔行其言又言設武舉立武學蓋將有所用也今除高第一二名餘皆吏部授以權監征商所養非所用繼詔大臣舉議中舉者充品格分差遣將下準備差遣之時龍大淵曾覿以藩邸舊恩除知閤門事沂

論其市權請屏遠方不聽沂以言不行請去乾道元年召為宗正少卿除吏部侍郎沂奏乞司法自紹興十三年纂修成書歲且一紀歷月閱時不無抵牾望勅令所官討論章旨將現行之法與當革之條輯為一書頒之中外庶可戢吏胥之奸詔行之尋進禮部尚書上有大用意而沂資性恬退無所依附數請去遂以龍圖學士提舉興國宮淳熙元年卒謚獻肅

黃度（宋史本傳）字文叔新昌人隆興元年進士紹熙中守監察御史光宗以疾不過重華宮度連疏極陳父子相親之義又劾內侍陳源楊舜卿林億年三人為今日禍根罪大于李輔國上不聽遂去寧宗即位詔復為御史改右正言韓侂冑驟竊政柄以意所好惡為威福度具疏將論其奸為侂冑所覺遂除度知平江府度言侂冑假御筆逐諫臣使不得効一言非為國之利也因辭歸養侂冑誅召除太常少卿以集英殿修撰知福州始至訟牒日千餘度隨事裁決日未中而畢進龍圖閣知建康府罷科糴輸送之擾除見稅二十餘萬招歸業者九萬家還寶謨閣直學士度以人物為己任推挽不休每曰無以報國惟有此耳為禮部尚書兼侍讀入覲論藝祖垂萬世之統一曰純用儒臣二曰務惜民力上納其言

莫叔光（嘉泰會稽志）字仲謙山陰人舉進士除著作佐郎光宗初兼權中書舍人紹熙二年春雷電交作詔直言叔光言女謁漸行近習預政等事辭皆剴切布衣俞古上書將以指斥被竄叔光奏方求言頓災異不宜有罪言者之名事竟寢遷中書舍人外戚李孝純除閤門宣贊舍人帶御器械叔光言宣贊意帶極右列清流之選孝純屢遭譴罰不宜冒居上游之除權吏部侍郎兼秘書監卒

王夢龍（兩浙名賢錄）字慶翔新昌人慶元三年進士歷知龍游金華二縣咸有惠政遷大理寺丞極言和好不可恃攻守不可弛言甚懇切上嘉納之擢監察御史首論直中貪墨之葉又條言備邊備蜀名四事皆一時急務除直秘閣知溫州討平海寇移知婺州撥官田千七百畝為助役倡民亦各以田助得田

大萬有奇以備當役者用又以水旱兩奏蠲稅名除司農卿權戶部侍郎以疾歸

劉漢弼

漢弼（宋史本傳）字正甫上虞人嘉定九年進士歷官侍御史以戶部侍郎致仕漢弼明義利之辨所陳皆切時務為言官首論給事中錢相仍于迎合聘睨攻地罷去之又劾右正言葉賁賁為時相史嵩之腹心漢弼由是去國既復以左司諫召首贊帝分別邪正以息衆疑帝嘗屬漢弼進入才條具以奏皆時望所歸卒轉贈四官謚曰忠

毛遇順

遇順（兩浙名賢錄）字鴻甫餘姚人舉進士名對超拜侍御史首論史嵩之不當起復三學諸生不直亦遞前後疏凡數十上皆時所諱言者理宗書其名于御屏寶祐初進兩淮制置使上疏極論賈似道丁大全必誤國乞即罷斥不報官至大理卿卒

孫嶸叟

嶸叟（兩浙名賢錄）字仁時餘姚人第進士擢監察御史論賈似道罪重法輕當斬以示國法德祐初元兵渡江文天祥起義勤王而右相陳宜中深結留夢炎奏勿使入衛以沮毀之天祥列上勤王及留屯利害皆內忌留夢炎莫敢聞嶸叟取所列從造御前奏之復乞倚任天祥罷宜中夢炎及黃萬石呂師孟以作忠義之氣時朝議方倚重師孟求好于元不報嶸叟居官竭忠盡智排斥奸回不為身謀官至禮部侍郎卒謚忠敏

明

韓宜可

宜可（獻徵錄）字伯時山陰人洪武初以舉文鄉識歲貢薦授教諭尋拜監察御史出為江西按察司僉事時官吏有罪皆以上意讁屯鳳陽宜可上疏論刑以察奸惡宜論其事之公私罪之大小而施舍之以合輿情上可之命定于律十三年入朝京師會賜入官男女為奴婢宜可不受即上疏極論罪人不孥古之制也今門達生逢聖明所宜乞陳之上是其言歷陞都察院右副都御史在臺以鋤奸顯忠為己任百僚悚惕不敢犯

周觀政（萬曆紹興府志）山陰人洪武中以薦教授九江擢監察御史，嘗監奉天門有中使將女樂入觀政止之中使曰有命觀政曰有命亦不可中使怒而入已而太祖出謂觀政曰內間慶賀侑食之樂廢缺故令內入肄習吾已悔之御史言是也永樂初出為江西按察使

吳中（兩浙名賢録）字孟庸山陰人舉進士拜監察御史總閱諸道疑獄成祖慮法司論罪多冤遣大臣覆訊他囚輒分訴不已惟中所訊者無異詞已而按蜀先是焚人時出剽掠為患中與三司決策設奇大敗之故事御史按部率一歲而更獨留中按蜀四年及還詔求直言中上疏極論時政無所忌諱上思其他事論死俄得赦復官出為山西左參政俗素勁悍中飭以文雅其俗漸化人比之常袞云

王暹（萬曆紹興府志）字景暘山陰人永樂戊戌進士累官右副都御史己巳之變京師戒嚴暹守正陽門圻外民為寇所驅聚城下求入時各門慮寇叵測無敢任其責者暹獨奏開西直門納之活者以萬計尋命安撫順天處置得宜畿甸賴以無事再奉命兼撫河南練軍伍修城隍賑貧困通漕運其所計畫皆國募徒築堤以捍其勢河不為復以災異自劾致仕

頌禱之詞聯案頭言似可不論

[illegible]憶中由上舍選行在工科給事正統八年[illegible]日久羈縻綱殊潤仕嶺外者黷貨殃民信民廉潔寬大假行衢市問民所苦按察使郭智不法信民劾去之代者黄翰所為亦如智又劾之詞連僉事韋廣廣與互奏並逮至京師鞫實除名而信民以蕭起守白洋口會廣中有黄蕭養者亡入海為大盜設置偽官招誘愚民漸至十餘萬來攻廣城詔遣都督董興師師征之廣人寓京者連章乞信民還命信民監督尋使兼撫廣東廣城閉門自困者數月矣信民至給民木鍥出入自如乃招撫脅從特檄諭蕭養蕭養曰得楊公一言死不恨剋期請見信民單騎而往賊羅拜前泣莫不欲說無何聞董興師兵至蕭養中變信民遂中毒卒廣入縞素具位哭奠相屬景泰二年廣東父老奏請立祠從之成化中諡恭惠

周觀政（萬曆紹興府志）山陰人洪武中以薦教授九江擢監察御史嘗監奉天門有中使將女樂入觀政止之中使曰有命觀政曰有命亦不可中使怒而入已而太祖出謂觀政曰內間慶賀備倉之樂廢缺欲令內人肄習吾已悔之御史言是也永樂初出為江西按察使

吳中（兩浙名賢錄）字孟庸山陰人舉進士拜監察御史總閱諸道疑獄成祖慮法司論罪多冤遣大臣覆訊他囚輒分訴不已惟中所訊者無異詞已而按蜀先是焚人時出剽掠為患中與三司決策設奇大敗之故事御史按部率一歲而更獨留中按蜀四年及還詔求直言中上疏極論時政無所忌諱上怒坐他事論死俄得赦復官出為山西左參政俗素勁悍中鎮以文雅其俗漸化人比之常袞云

王暹（萬曆紹興府志）字景暘山陰人永樂戊戌進士累官右副都御史己巳之變京師戒嚴暹守正陽門圻外民為寇所蹙聚城下求入時各門慮寇叵測無敢任其責者暹獨奏闢西直門納之活者以萬計尋命安撫順天處置得宜識向賴以無事再奉命巡撫河南練軍伍修城隍賑貧困通漕運其所計畫皆國家大計時河徙漸逼汴城亟令有司募徒築堤以捍其衝河不為患仍奏免被災郡縣糧二十餘萬復以災異自劾致仕

楊信民（名山藏）名誠以字行新昌人宣德中由上舍選行在工科給事正統八年出為廣東左參議時承平日久吏網疏濶仕嶺外者黷貨殃民信民廉潔寬大暇行衛市閭民所苦按察使郭智不法信民劾去之代者黃翰所為亦如智又劾之詞連僉事韋廣廣與互奏並逮至京師鞫實除名而信民以薦起守白洋口會廣中有黃蕭養者亡入海為大盜設置偽官招誘愚民漸至十餘萬來攻廣城詔遣都督董興師師征之廣人寓京者連章乞信民還命信民監督尋使巡撫廣東廣城閉門日困者數月矣信民至給民木鐵出入自如乃招撫奔從持檄諭蕭養蕭養曰得楊公一言死不恨約期請見信民單騎而往賊羅拜隔江莫不歡說無何聞董興師兵至蕭養中變信民遽中毒卒廣人縞素具位哭奠相屬景泰二年廣東父老奏請立祠從之成化中謚恭愍

王淵（兩浙名賢録）字志黙，山陰人。天順中官南吏科給事中。憲宗初嗣位，內臣用事，勢張甚，在朝無敢公言者。淵率同官陳五事，其一曰保全內臣，宜遵舊制，無令預國政，否則如王振、曹吉祥事敗，雖欲全之無由也。帝嘉納之。其年十月復立皇后王氏，明正牛玉之罪，免死安置。淵以玉罪重罰輕，數玉大罪四，乞正典刑，因詆斥執政，奏入，逮下詔獄，謫遠方判官。直聲震中外，歷遷順天府治中，歸老于家。

丁川（分省人物考）字大容，新昌人。天順甲申進士，授監察御史。時外戚會昌侯孫繼宗掾管十二營兵，其子瓚掌錦衣衛事，川以其權任太重，具疏論諫，上俞允。貴妃萬氏寵冠後宮，干預外事，川上疏諫正，奪俸三月。成化辛卯皇太后崩，因陵廟事遺旨切責言者，川上疏曰：衆臣之請，天下之公論；聖母之命，一時之私恩。事竟得寢。擢順天少尹、值畿內旱蝗，疏救荒弭災十五事。未幾擢總憲巡撫延綏，進安邊十策，所陳悉允行。以母喪歸。

韓邦問（獻徵録）字大經，會稽人。成化己丑進士，授大理寺副。奉勅慮囚四川，釋冤獄九十餘人。擢淮安知府。淮當南北要衝，民苦供役，邦問隨事節省，馭吏以法，愛民以仁，淮民至今稱之。歷陞右副都御史，巡撫江西。時遣宦官駐饒燒造供御瓷器，邦問力言小民凋敝之狀可憫，帝為感動中止。正德戊辰陞刑部侍郎，進尚書，致仕。卒謚莊僖。

謝遷（湯斌謝遷傳）字于喬，餘姚人。成化乙未進士第一，授修撰。孝宗即位，進左庶子。中官郭鏞請豫選女子入宮習禮，以待册封。遷上言山陵未畢，禮當有待，帝善之。時帝方嚮學，遷務積誠以開上聰，每進講，敷陳詳明，帝數稱善。進少詹事兼侍讀學士，歷加太子太保、禮部尚書。時劉健為首輔，遷與李東陽同入內閣，三人同心輔職。時人語曰：李公謀，劉公斷，謝公尤侃侃。時兵部以塞下軍興，議加南方折銀之一。遷曰：先朝以官田稅重，故役輸金以寬之，若復議益，民將不堪。且足國在節用，用之不節，雖加賦何益。事遂寢。遼東守將張天祥妄殺天祥妄殺冒賞，近倖欲曲庇之，遷執不可。內府諸庫及各司內侍多作奸集賄

而御馬監軍士自以禁軍不隸本兵空名支餉遷皆承間請旨禁約近倖側目
武宗嗣位劉瑾亂政遷與健等奏請誅之連爭不允遂乞致仕瑾矯旨黜為民
瑾誅詔復職世宗即位命家起拜少傅戶部尚書謹身殿
大學士力疾至京未幾即辭去卒于家年八十三謚文正

張頤

頤（獻徵錄）字時俊蕭山人成化丁未進士除上饒知縣實心為民不徼聲譽量
田土清稅糧陞南兵部主事先是部屬入守備廳見中貴執禮甚卑頤肅揖
而已遂求為武正德戊辰陞興化知府禁奸戢暴閭郡以寧劉瑾以異香下諸
郡責賄頤不報郡人戴大賓者弱冠及第瑾欲以姪女奪其舊聘囑頤主之頤
不應瑾怒遂落職歸瑾誅起守南雄清操益勵甫一年陞江西布政使時宸濠
欲拓府居以擬大內頤拒之濠餽以四果啓視則棗梨薑芥也頤曰是欲我早
離江西耳臣子受命于君行止非人所能一時縉紳咸以鐵漢稱之濠忌終于
妨己賂擢為南光祿寺卿遂移疾乞歸世宗繼統起擢右都御史總督兩廣流
賊李文積等劫陷郡縣勢猖獗頤悉討平之賞罰明信尤痛懲貪墨吏秩
滿三載召掌南京都察院振肅風紀羣僚凜然尋陞南工部尚書致仕

呂獻

獻（越州先賢傳）字丕文新昌人成化進士授刑科給事中太監李廣擅寵遷富兒
為駙馬受賂迂臣莫敢發獻劾罷之壽寧侯張鶴齡兄弟倚寵恃勢熏灼每
遊宴後庭出入無禁忌獻上疏極論帝怒詔杖三十下鎮撫獄尋以言直釋之
歷遷南京兵部侍郎劉六寇江介凡三過南京以獻有武備不敢入既而致仕

陶諧

諧（獻徵錄）字世和會稽人弘治丙辰進士授工科給事中武宗初閹宦擅權諸
上疏斥劉瑾魏彬等蒙蔽聰明迷亂國政瑾等切齒以他事誣下獄廷杖謫
戍肅州瑾誅詔還家嘉靖改元起復原官歷陞兩廣總督先是羣盜憑恃險阻
蹂躪州縣數十年不能平諧親督兵分擊盡破巢寨一百二十五處尋乞歸卒
隆慶元年
追謚莊敏

何詔

詔（獻徵錄）字思綸山陰人弘治丙辰進士授南工部主事陞永平知府有中官
石姓者素善劉瑾恃勢誣其隣為盜者十四人縣官鍛鍊成獄詔慮出之守

邊太監王宏奏侵視郡縣認不往見深宏衛之陰使人瞰動靜欲中傷竟無所得而止歷陞右副都御史巡撫保定尋召為工部右侍郎會通河久塞上命修復詔集壯丁分工疏導修治如初陞南刑部尚書尋改工部卒諡

平生直諒耿介務大體不求赫赫聲居官四十年家無餘貲云

王守仁（弇州史料）字伯安餘姚人弘治己未進士授兵部主事劉瑾等導上狎遊南省臺臣戴銑等爭之力瑾矯旨捕置詔獄守仁上疏謂銑等以言為責如其善自宜嘉納不善亦宜包容以開忠讜之路瑾啣其言下詔獄廷杖謫貴州龍場驛丞瑾誅擢知廬陵縣累進南太僕寺少卿南贛汀漳等處有山賊為亂擢右僉都御史巡撫其地至則行保甲法又募選郡邑材官力士以三之一赴軍門使與舊兵參而教之擊射明賞罰以勵之親率所選士分三路進兵象湖橫水桶岡浰頭等賊皆就縛盡得其賊地進右副都御史福建軍人進貴叛言史以數詔遣守仁往勘叛事平守仁取道南昌圖歸者抵城而宸濠反聞變即返撫吉安起兵討宸濠時宸濠出兵六萬人襲九江南康皆下之進圍安慶不下守仁諜知宸濠離南昌乃整衆至樟樹鎮襲破之入城中明約束拊循其脅從吏士即發兵躡宸濠宸濠在安慶聞南昌失守解圍自救守仁使伍文定等以四郡精卒三千分道邀擊之都指揮余恩以游兵四百往來挑戰為北兵陳槐等復以兵三千分為十餘軍張疑設伏與其前鋒遇于黃家渡文定等佯北以致之賊爭利競進而亂邢珣以所部衝擊其中堅文定等乘之伏發起賊大敗宸濠盡發南康九江之城守者以自益守仁分兵襲取之大戰遂擒宸濠帝自稱威武大將軍率驍卒數萬南下守仁俘宸濠取內道以献抵錢塘遇太監張永極言江西民困已極不堪六師之擾永深然之守仁悉以宸濠等付永而身至京口欲謁駕會有巡撫江西命乃還南昌世宗初特拜南京兵部尚書封新建伯後田州土守岑猛黠不用命右都御史姚鏌討而誅之其子批別將盧蘇王受各擁衆叛乃召守仁討之守仁上疏請撫改田州為田寧故盧蘇王受皆切詳因蘇受兵以攻斷藤峽寇分道深入大破之方欲移府治建衛所而病上疏乞歸卒于南安舟中隆慶初謚文成守仁天資穎敏既建大勳復有志聖學

嘗語門人曰無善無惡者心之體有善有惡者心之用知善知善者良知爲善去惡者格物以此爲講學宗旨云

牧相（分省人物考）字時庸餘姚人弘治己未進士授南兵科給事中武宗初政奄瑾竊柄言者禍且不測相遣其室奉母歸而偕言官戴銑薄彥徽等疏瑾不法數十事忤旨廷杖下獄褫職爲民瑾誅詔復官尋卒

董玘（獻徵錄）字文玉會稽人弘治乙丑會試第一廷試第二授編修逆瑾欲摧抑天下士使必己出玘知成安稍遷刑部主事時用事者諸所授劾務爲深刻玘數據律以爭曰法固止是用事者往往屈而從焉瑾誅還翰林歷陞吏部右侍郎拒絕請託尤嚴君子小人之辨致仕歸卒隆慶初贈禮部尚書謚文簡

劉棟（分省人物考）山陰人正德辛未進士選庶吉士嘉靖初爲講官特教議追崇興獻之禮欲祧武宗主于別廟棟抗疏謂武宗一代之帝王無可祧之禮又切責時宰引宋時濮議貽笑後世大忤當軸意被杖下獄月餘復原職歷陞南京兵部侍郎爲嚴嵩所忌陰嗾其黨攻之遂拂衣歸

陳克宅（分省人物考）字卽卿餘姚人正德甲戌進士爲嘉定令吳中賦重豪右多取詭爲奸克宅發姦清丈宿弊頓革以治行最召拜御史首劾巨閹劉允挾邪蠱亂罪當斬又劾武定侯郭勛大不敬直聲震中外出爲四川兵備副使驚蠻爲梗勒所部兵盡殲之諸蠻自是無敢犯者歷湖廣布政楚大祲重以援辦民不堪命克宅劑量節縮全其婁然尋拜副都御史巡撫貴州時因賦阿向負險逆命克宅察令死士乘夜半升絕壁以索梯度軍大破之改巡撫應天罷歸

顧遂（獻徵錄）字德仲餘姚人正德丁丑進士授刑部主事武宗南巡伏闕疏諫廷杖幾死嘉靖登極歷郎中出知惠州府值歲大歉出金糴米遣官分道煮粥復移檄諸邑約無遏糴全活者甚衆治惠五年法嚴政平民戴若父母遷廣西副使備兵賓州等路賓地錯猺獞剽掠出沒遂親歷險峻考崖谷委曲狀遣兵縱火焚其林薄又多築城堡控扼要害賓旅以寧歷陞南刑部右侍郎以沖究戚暴爲事有監生朱環誣坐殺人罪久不白遂奮筆釋之府尹劉羽亦暴狡黠略

椎石為城社仇莫敢訴逵按得其狀即日置獄

汪應軫（萬曆紹興府志）字子宿山陰人正德丁丑進士選庶吉士武宗將南巡同舒芬等抗疏以諫廷杖幾死出知泗州府泗民不知業桑應軫首勸之耕出帑金買桑于湖而植之募桑婦若干人教之蠶事由是民足衣食武宗駕歷境時中使絡繹道路恣索無厭應軫率壯士百人列水次達牽舟行頃刻百里出泗境駕至南都諭令泗州進善歌者數十人蓋中使銜應軫以是難之也應軫奏泗州婦女荒陋且近多流亡無以應敕旨臣向募桑婦若干人倘蒙納之宮中俾授蠶事實于王化有補詔停止世宗登極召還給事中在諫垣凡上三十餘疏悉關切體要其最大者如言新建伯王守仁不當以請擒其功刑部尚書林俊不當聽其去孝惠太后發引不當由中門興獻帝尊崇不當過禮並侃侃為中外所誦已而督學江西其教條一本躬行尋丁外艱歸卒

張懷（分省人物考）字德珍餘姚人正德丁丑進士授禮部主事會武宗南巡伏闕諫阻罰跪門五日杖三十嘉靖初又以議大禮被杖後歷江西參議歷廣東參政所至有廉敏聲

葉經（萬曆紹興府志）字叔明上虞人嘉靖壬辰進士授福州府推官召拜御史時禮部尚書嚴嵩受諸藩賄濫予封爵經抗疏劾之下撫按勘其事嵩銜切齒出按山東〻平有尚書子橫州里立摘治抵罪遠近肅然是年鄉試經職監臨嵩摘試錄中語附註以聞詔杖八十發原籍為民隆慶改元贈光祿少卿

謝瑜（越州先賢傳）字如卿上虞人嘉靖進士授南御史武定侯郭勛奏請復天下鎮監瑜劾勛妄奏事竟得寢嚴嵩為禮部尚書值其自陳時瑜以大臣巧辯誣罔痛責之疏凡數千言一時稱古之遺直會以母老乞歸未允嵩乃秉京察降名世宗崩詔錄前言官未拜命卒特贈光祿少卿

徐學詩（兩浙名賢錄）字以言上虞人登進士第授刑部主事歷郎中盡心刑獄不為權勢所撓時相嵩父子怙寵黷貨鋤擊言者學詩具疏歷數嵩氏植柄

足以假手下石机械足以先發制人勢利足以廣交自固秉机排除足以示威聽眾文辭使給足以飾非強辯揣摩精巧足以結當路之心而緘其口帝覽奏頗感動而方士陶仲文言嵩孤立盡忠學詩特為所私報怨耳乃逮下錦衣獄箠楚備至學詩慷慨當之不少挫尋放為民隆慶初起南通政司通議抵官踰月而卒贈大理寺少卿

趙錦

錦（獻徵録）字元朴餘姚人嘉靖甲辰進士除江陰令巨盜許貴出沒剽掠村聚錦以計擒之徵為南臺御史奏詔清雲南軍政馳疏極詆嚴嵩怙寵納賄蠹國賊民凡萬餘言嵩父子銜之次骨遣緹騎逮下錦衣獄竟除籍歸穆宗即位起河南道御史時張居正柄國欲引為助而錦挺然無所依附居正銜之陰令所厚者劾錦遂致仕居正卒起官累遷左副都御史時諸御史攻其黨者引繩批根抨擊不止錦上疏謂言官論劾大臣當惟其人品事業不宜槩為詆毀乞詔切責御史過言以存國體于是紛紛者漸止六年秋滿加太子少保卒謚端肅

陳紹

紹（萬用紹與府志）字用光上虞人嘉靖進士拜南臺御史嚴嵩初相邊達內訌紹抗疏曰嵩外為謹飭內存陰詐競奔趨而賤名檢見輕士論一旦列置具瞻何以勵庶職而威遠方請收回成命時世宗尚親萬幾嵩雖恚甚不能輒加禍尋出為韶州守至則與民更始利弊興革殆盡屢斷疑獄人以為神明值夏久旱偏禱山川中暑疾卒韶人祠之

陶承學

承學（分省人物考）字子述會稽人嘉靖丁未進士選為南京御史特咸寧侯仇鸞擅寵極矣承學疏列詆之明年鸞敗聲日起出知徽州府徽俗喜鬭爭訟牒滿篋或數十歲未結承學不厲聲色大事律斷小事情宥未嘗滯日宿邑民裹米就讞者朝至夕去轉江西副使視兵九江贛賊流臨吉破玉山縣江右俶擾承學治兵湖口防具完逐至黃石磯與賊帥袁三遇麾舟師擊而薄之盡殲焉歷陞大理寺卿南京禮部尚書時有傅給事者楚人怙江陵寵承學攝工

曹傳敎受商人財為言事皆拒不聽傳恚甚承學于江陵
為同年慶弔都絶乃大懟之會京察遂嗾言官疏劾罷歸

孫鑨

（献徵録）字文中餘姚人嘉靖丙辰進士授兵部主事遷郎中世宗有意神仙
之術齋居決事不視朝奄尸方士輩秉間閑說鑨上疏極言時事至引秦始
来徽為戒又盡發左右諸不法中人恐毀露格不令達鑨憤懣引疾歸隆慶改
元起南文選郎中歷遷吏部尚書會大計京朝官與考功郎中趙南星釐剔奸
惡及政府私人為世所指名者無一得免士
論稍快以病乞歸卒贈太子太保謚清簡

張岳

（餘姚縣志）字汝宗嘉靖乙未進士授行人遷給事中奄人暨盛憑寵盜香資
巨萬岳劾之又以言事侵元相徐階出為雲南參議萬曆初歷遷南京右僉
都御史督操江會張居正奪情事起南都六卿科道連名上疏留之岳言臣不
敢同聲附和居正怒摭劾落職居正死復起僉都御史遷刑部侍郎罷歸

孫如法

（餘姚縣志）字世行萬曆癸未進士授刑部主事時帝寵鄭妃始生子即欲
封皇貴妃而閣部請立太子并封皇長子母生恭妃皆不許如法上疏言
皇上以貴妃勤勞售之封號則恭妃朝夕奉御不可謂不勞也貴妃生第三子
恭妃生第一子欲封貴妃不可不並封恭妃不封恭妃不可先封貴妃此禮之
固然序之一定者也疏入神宗大怒謫為潮
陽典史移病歸卒光宗嗣位贈光祿寺少卿

姜鏡

（越州先賢傳）字來明餘姚人萬曆癸未進士授禮部主事進主客員外郎哱
拜據寧夏兵圍之三月不克寧夏城環湖旻議決湖水以灌其城鏡上疏曰
寧夏城中百萬戶不盡賊也而使之一朝盡為魚鱉乎今哱拜與許朝劉東暘
三数爲立必有不相下之勢若遣辯論之士入城招降而秉机擠會以離其腹
心使之自相疑貳然後重兵以臨之三数之俘當献之闕下書奏神宗題其言
既而三数就殲卒如其策萬曆二十年皇儲未建鄭貴妃與司禮田義潛蓄異
謀宰輔莫敢言鏡上疏劾奏義大怒傳旨杖午門外神宗以
其言直改眾革職卒于家光宗即位追直諫功特贈光祿卿

孫維有（餘姚縣志）字姚岑萬曆丙戌進士除刑部主事時行入高攀龍以趙用賢去國疏爭之與鄭材楊應宿相訐攀龍謫揭揚典史御史吳弘濟復爭亦被黜維有上疏言高攀龍揭應宿其為君子小人較若蒼素今吳弘濟以救攀龍得貶而凡傾陷善類皆日益恣肆賢否倒置莫此為甚疏入上怒削籍後復起用官至知府

孫如游（紹興府志）字景文餘姚人萬曆乙未進士累官禮部左侍郎光宗即位三日遵遺旨論閣臣封鄭貴妃為皇太后閣臣方從哲會禮部議如游方署部事奏曰考累朝典禮有以配而后者乃敵體之經以妃而后者則從子之義今遺詔所言禮所不載也禮不載則先帝念貴妃勞當不在無名之位稱陛下體先帝志亦不在非分之尊崇疏上封后之命遂寢尋又命封李選侍為貴妃冊封儀注未上而光宗不豫如游同諸大臣候御榻選侍要皇太子欲得皇后位號傳諭禮部如游曰冊封貴妃儀注臣當次第進呈光宗亦不中選侍意頃之而上薨熹宗立以禮部尚書晉東閣大學士未幾告歸卒贈少保諡文恭

鄒維璉（續獻徵錄）字德輝新昌人萬曆丁未進士授推官行取補職方郎中疏請去情帥之賞報可調補考功會楊漣劾魏忠賢二十四罪忠賢矯旨責漣沽直維璉乃上疏言忠賢罪狀既盈頭發下法司擬律上奏疏入削籍遠戍崇禎初起南通政司參議歷陞右僉都御史巡撫福建時海寇劉香攻閩維璉大集舟師鼓勵諸將至峒山與賊戰八晝夜斬首數百焚其舟艦其械殆盡後辭官歸

周洪謨（越州先賢傳）字宗稷山陰人萬曆進士授福建延平府推官時福建推官周順昌負清名洪謨與之埒稱二周天啓二年舉卓異第一行取補戶科即疏劾魏忠賢王體乾等不報會璫意欲重困東浙人曰越猶美也壤比粟均應詔東浙稅漕粟如蘇松粟例主漕者已行單徵發東浙人比戶惴惴莫敢訟言洪謨曰此吾事也浙撫疏來吾當生死爭之及疏至洪謨敵抄曰越東北環海而又有三江之險義難當輸頑安所得粟且徽歙險涉錢塘越風濤種種

不便時印在掌科洪謨用白頭札条以上人為洪謨危頗詞直終莫能奪議遂止明年順昌被逮洪謨歎曰二周不獨全矣自劾去崇禎改元起吏科給事中吏部尚書王永光改亂銓法洪謨疏劾之尋以病告歸

台州府

宋

陳公輔（宋史本傳）字國佐臨海人政和三年上舍及第調平江府教授朱勔方礙倖當官者奴事之公輔絕不與交勔有兄喪諸生欲往弔公輔不予告勔不悅誣權要移越州累遷權應天府少尹除秘書郎擢右司諫論蔡京父子懷奸誤國又奏朱勔罪惡時有指公輔為李綱之黨鼓倡士庶伏闕者公輔自列因辭位後陳三事語觸時宰逐斥監全州稅高宗即位召還除吏部員外郎疏言今日之禍實由公卿大夫無氣節忠義非王安石學術壞之耶議者謂安石政事雖不善學術尚可取臣謂政事害人才學術害人心馮道事四姓八君安石乃曰道最善避難以存身使公卿大夫皆師安石之言宜其無氣節忠義也復拔左司諫感知遇益罄忠鯁言正心在務學治國在用人朝廷之禍在朋黨仍乞增輪對官時有詔將駐蹕建康公輔上疏陳攻守之策遷尚書禮部侍郎請祠以徽猷閣待制提舉太平觀卒贈大中大夫

吳芾（朱子吳芾墓碑）字明可僊居人紹興二年進士始為樂清尉還秘書正字秦檜與芾有舊欲芾附之而終不能得誣言者罷之檜死乃知處州以薦除監察御史兩淮戰不利廷臣爭陳退避之計芾獨奮然曰今日之事非為上策更為無策若誤聽此大事去矣上至建康芾又言宜駐蹕以繫天下心時朝廷上下因循芾言欲求死節之士于倉猝之時不若進剛直之臣于閑暇之日去歲兩淮失守望風奔潰此秦檜塞言路摧士氣之效也反其道則見危授命者

有人矣薦周操陳良翰良佑爲御史皆以諫顯俄以集英殿修撰知婺州改知紹興饒湖廢不治歲大飢常爲民請賑并發米募民爲役民甚利之除刑部侍郎充兩浙安撫使以龍圖閣直學士致仕

陳良翰

陳良翰（宋史本傳）字邦彥臨海人紹興五年進士知溫州瑞安縣吳芾薦爲監察御史孝宗初除右正言金移書求故疆良翰言中原皆吾故土況唐鄧淮泗又金渝盟後以兵取之安得以故疆爲言而歸之湯思退主遣小使盧仲賢李栻良翰言仲賢輕儇無恥栻自北來難信又言廟堂督府議論不同遷奏上聞皆陽唯諾而陰沮敗之萬一生事机督府安得獨任其責上曰然稱善俄李栻不敢涉淮良翰奏奪其官仲賢輒許金人疆土歲幣而還上怒欲誅之宰相請得免遂以胡昉楊由義爲審議官與數議四郡不合困辱而歸思退尚執前論正言尹穡附思退撼督府良翰爲左司諫疏論思退奸邪誤國宜早罷黜孝宗曰思退前議固失然朕愛其警敏異可效卿其置之良翰曰宰相縱無全才亦取樸實緩急猶可倚賴思退庸校小黠大癡將誤國且警敏二字恐非明主卜相之法既退以語同列穡勃然變色明日亦請對遂罷良翰言職而淮既撤備金大入孝宗始深悔太學生數百人伏闕乞召用良翰而斬思退等思退由是始敗良翰除右諫議大夫進給事中以敷文閣待制提舉太平興國宮召爲太子詹事召對選德殿俾陳今日所未至者良翰上疏曰承天意結民心任賢能退小人擇將帥恤軍情擇監司久任皆行之有未至誠能革此八弊則仁德無累功利自致矣上嘉歎詔兼侍講未幾以疾告老卒光宗立特謚獻肅

陳騤

陳騤（宋史本傳）字叔進臨海人紹興二十四年試春官第一累遷守祕書少監兼崔淵以外戚張說進除祕書郎騤封還詞頭未幾出知贛州召還遷祕書監淳熙五年試中書舍人兼侍講同修國史以言者罷光宗受禪召試吏部侍郎紹熙二年詔陳時政得失騤疏三十條皆切時病寧宗即位知樞密院事兼參知政事吏部侍郎彭龜年論韓侂胄將爲國患不報請祠騤曰以閤門去經筵何以示天下侂胄語人曰彭侍郎不會好官亢樞亦欲爲好人耶遂詔提舉洞霄

台州

宗嘉泰三年卒
贈少傅謚文簡

謝深甫

深甫（宋史本傳）字子肅臨海人乾道二年進士調崑山丞為浙曹考官一時士望皆在選中孝宗多見深甫言今日人才激昂者急于披露或隋于好夸剛介者果于植立或隋于太銳靜退簡默者寡有所合或隋于立異放言未及酧而已韜諮事未及成而已挫抑于是趨時徇利之人事務身謀習為軟熟畏避因循苟且年除歲遷亦至通顯一有緩急莫堪倚仗臣願任使之際必察其實既悉其實則涵養之以蓄其才振作之以厲其氣栽培封植切使沮傷上嘉納遷大理丞江東大旱擢為提舉常平請行救荒條目所全活一百六十餘萬人紹熙改元遷起居郎兼權給事中韓侂胄破格轉遙郡州史深甫封還內降請罷其命右司諫鄧馹論近習左遷深甫請還馹謂不可以近習故變易諫官姜特立復詔用深甫力爭竟不得入張子仁除節度使深甫疏十一上命遂寢每禁庭燕私左右有希恩澤者上曰恐謝給事有不可自慶元二年拜右丞相余嘉上書乞斬朱熹絕偽學且指蔡元定為偽黨深甫擲其書語同列曰朱元晦蔡季通自相與講明其學果有何罪余嘉蟣蝨臣乃敢狂妄如此當相與奏之行遣以厲其餘拜少傅致仕薨謚惠正

王居安

居安（宋史本傳）字資道黃巖人淳熙十四年進士為秘書丞遷著作郎兼權考功郎官帝誅韓侂胄居安實贊其決翼日擢右司諫首論陳自強乞追責遠竄為明邪誤國者之戒又劾郭倪郭僎竄嶺表天下快之續兼侍講疏言人主公聽則治偏聽則亂政事歸外朝則治歸內廷則亂如用人稍誤是一侂胄死一侂胄生也趙彥逾與樓鑰林大中並召居安言彥逾以趙汝愚不欲同列改地遂啟侂胄專政之謀汝愚之斥死彥逾之力居多陛下乃使與二人者同升不幾于薰蕕同器乎疏已具有微聞者除日夜下遷起居郎既供職即直前奏曰陛下特遷臣柱下史者豈非欲使臣不得言耶二史得直前奏事祖宗法也且臣為陛下耳目官諫紙未乾乃以近權要徙他職不得其言則去臣不復留矣帝為改容御史中丞雷孝友論其越職奪官踰年復知太平州入對帝曰卿

有用之才也擢工部侍郎知隆興府初盜起郴黑風峒瀰世傳為之倡于是五
合六聚各以峒名其鄉並起為賊江西列城皆震朝廷憂之以居安為帥羣盜
次第平始終用以賊擊賊之策故兵民無傷者從鎮襄陽以言罷嘉定十五
年與魏了翁同召遷工部侍郎理宗即位以敷文閣待制知福州卒贈少保

杜範（宋史本傳）字成之黃巖人嘉定元年進士拜監察御史丞相鄭清之妄邀
功兵民死者十數萬中外大困範率合臺論其事清之忌之改太常少卿遷
祕書監拜殿中侍御史因講筵奏臣常冒耳目之寄輒忤宰相陛下以其言之
不可用又從而超遷之則是臺諫之官專為仕進捷徑陛下但知崇奬臺諫為
盛德而不知阻抑直言為弊政則外有好諫之名內有拒諫之實遂極言清之
措啓邊釁幾危宗社尋言簽書樞密院事李鳴復與史寅午彭大雅以賄交結
範渡江而歸嘉熙四年還朝遷樞
樞密院事凡行事有得失除授有
同知樞密院事以李鳴復參知政
從不果于是拜範右丞相力疾入
即財用仍乞早定國本以繫人心
上十二事曰公用舍儲材能嚴薦
寶
小

按桑欽但云江水東南逕餘姚縣南江水歷長
瀆河口長瀆即長水之口即谷水是知江水系何
与浙河通然經以浙江為浙江之文惟郭璞
則以南江為錢塘江蓋浙實在大江之南不
得為北江也
今浙河頭堰塞而閘閼舊
道渡湖口大橋入浙江也

字……年進士端平初拜右正言尋擢右彈
磊卿……劾植傳無所避初理宗微時與鄞人余天錫善既即位擢至執政而人材
根考朝論不與磊卿既劾之章凡三上天錫竟罷去史嵩之怙權不法磊卿疏
已具侯名對奏之而為嵩之耳目所得丞除磊卿起居郎磊卿憤不得言徑出
國門求去磊卿與徐元杰劉漢弼等歸端
平六君子卒謚正肅立正肆坊以旌之

葉夢鼎（宋史本傳）字鎮之寧海人以上舍試入優等釋褐名試館職授祕書正
字遷司封員外郎進權禮部侍郎兼侍講丁大全柄國欲挽夢鼎夢鼎辭謝

寧嘉泰三年卒贈少傅謚文簡

謝深甫

（宋史本傳）字子肅臨海人乾道二年進士調崑山丞為浙書考官一時士望皆在選中孝宗多見深甫言今日人才激昂者急于披露或隣于好奇剛介者果于植立或隣于太銳靜退簡默者寡有所合或隣于立異故言未及酬而已齟齬事未及成而已挫抑于是趨時徇利之人事務身謀習為軟熟畏避因循苟且年除歲遷亦至通顯一有緩急莫堪倚仗臣願任使之際必察其實既悉其實則涵養之以蓄其才振作之以厲其氣栽培封植勿使沮傷上嘉納遷大理丞江東大旱擢為提舉常平請行救荒條目所全活一百六十餘萬人紹熙改元遷起居郎兼權給事中韓侂胄破格轉遷郢州史深甫封還內降請罷其命右司諫鄧馹論近習左遷深甫請還馹謂不可以近習故變易諫官姜特立復詔用深甫力爭竟不得入張子仁除節度使深甫疏十一上命遂寢每集奠燕私左右有希恩澤者上曰恐謝給事有不可耳慶元二年拜右丞相余嘉上書乞斬朱熹絕偽學且指蔡元定為偽黨深甫擲其書語同列曰朱元晦蔡季通自相與講明其學果有何罪余嘉蟣蝨臣乃敢狂妄如此當相與奏之行遣以厲其餘拜少保致仕薨謚惠正

王居安

（宋史本傳）字資道黃巖人淳熙十四年進士為祕書丞遷著作郎兼權考功郎官帝誅韓侂胄居安實贊其決翼日擢右司諫首論陳自強乞追責遠竄為明邪誤國者之戒又劾郭倪郭倬禀額表天下快之繼兼侍講疏言人主公聽則治偏聽則亂政事歸外朝則治歸內廷則亂如用人積誤是一侂胄死一侂胄生也趙彥逾與樓鑰林大中並召居安言彥逾以趙汝愚不欲同列政地遂啟侂胄專政之謀汝愚之斥死彥逾之力居多陛下乃使與二人者同升不幾于薰蕕同器乎疏已具有激聞者除目夜下遷起居郎既供職即直前奏曰陛下特遷臣柱下史者豈非欲使臣不得言即二史得直前奏事祖宗法也且臣為陛下耳目官諫紙未乾乃以近權要徙他職不得其言則去臣不復留矣帝為改容御史中丞雷孝友論其越職奪官踰年復知太平州入對帝曰卿

有用之才也擢工部侍郎知隆興府初盜起郴黑風峒羅世傳為之倡于是五合六聚各以峒名其鄉並起為賊江西列城皆震朝廷憂之以居安為帥羣盜次第平始終用以賊擊賊之策故兵民無傷若從鎮襄陽以言罷嘉定十五年與魏了翁同召遷工部侍郎理宗即位以敷文閣待制知福州卒贈少保

杜範（宋史本傳）字成之黃巖人嘉定元年進士拜監察御史丞相鄭清之妄邀邊功兵民死者十數萬中外大困範率合臺論其事清之忌之改太常少卿遷祕書監拜殿中侍御史因請對奏臣嘗冒耳目之寄輒忤宰相陛下以其言之不可用又從而超遷之明是臺諫之官專為仕進捷徑陛下但知崇奬臺諫為盛德而不知阻抑直言為弊政則外有好諫之名內有拒諫之實遂極言清之措置邊事幾危宗社并言簽書樞密院事李鳴復與史寅午彭大雅以賄交結帝以清之潛邸舊臣鳴復未見大罪未即行範渡江而歸嘉熙四年還朝遷權吏部侍郎改禮部尚書淳祐二年擢同簽書樞密院事凡行事有得失除授有是非悉抗言無隱丞相史嵩之忌之四年遷同知樞密院事以李鳴復參知政事範去之帝遣中使召回會嵩之遭喪謀起復不果于是拜範右丞相力疾入覲上五事曰正治本肅宮闈擇人才惜名器節財用仍乞早定國本以繫人心帝命宰執各條當今利病與政事可行者範上十二事曰公用舍儲材能嚴薦舉懲贓貪專職任久任使抑僥倖重閫寄選軍實招土豪疏濬迎治還（理）財未幾卒贈少傅謚清獻

郭磊卿（赤城新志）字子奇仙居人嘉定七年進士端平初拜右正言尋擢右　彈劾權倖無所避初理宗微時與鄞人余天錫善既即位擢至執政而人材根劾論不與磊卿既劾之章凡三上天錫竟罷去史嵩之怙權不法磊卿疏已具俟名對奏之而為嵩之耳目所得丞除磊卿起居郎磊卿憤不得言徑出國門求去磊卿與徐元杰劉漢弼等稱端平六君子卒謚正肅立正諫坊以旌之

葉夢鼎（宋史本傳）字鎮之寧海人以上舍試入優等釋褐名試館職授祕書省正字遷司封員外郎進權禮部侍郎兼侍講丁大全柄國欲挽夢鼎卒辭謝

之累遷吏部尚書進簽書樞密院事丞相賈似道欲造關子罷十七界十八兩界會子夢鼎以為厲民乃止罷十七界公田法行夢鼎又以為厲民故行之浙右而止進參知政事力辭引疾咸淳三年拜特進右丞相兼樞密使累辭不許乃與似道分任利州轉運使王价嘗以言去官及死其子愬求遺澤夢鼎明其無罪似道以恩不已出罷省部吏數人榜其姓名于朝夢鼎怒曰我斷不為陳自强即求去四年冊楊妃宰相無拜禮吏贊拜夢鼎以笏揮之趨出明日乞還田里詔勉留之進少保力辭疏奏願上收人心固邦本厲將帥飭州縣重賑恤病舟任歸瀛國公即位咨訪故老夢鼎上封事二年益王即位于閩名為少師太乙宮使航海遂行道梗不能進後二年卒

明

張純誠（兩浙名賢錄）字尹誠寧海人洪武初擢江南提刑行部行婺源見黃山民病于茶鹽奏免之陞監察御史與修律令定官制持議勁正中外肅然一日乞歸高帝因令招集鄉郡之舊為方氏兵者純誠曰臣事陛下十年無絲毫恩利及鄉里今歸者而首招集鄉里子弟以為兵父老其謂臣何帝動容稍歎而止山事初定欲擇管鹽策者而難其人帝曰爾張純誠奏免黃山茶稅不可邪遂以為長蘆運使未至官而卒

范理（獻徵錄）字道濟天台人宣德庚戌進士用薦知德安府隨州民數百家田為楚府護衛所占猶觽祖理奏盡歸其田以最超陞福建布政使時大兵勦賊鄧茂七等理司糧餉兵皆給食民不加賦擢南工部右侍郎奏名禹餉南京糧者自船抵倉多所費每米石費三斗請安就其船人支三月之餉官取費米歲可十萬石以備賑貸從之尋轉南吏部左侍郎卒

林鶚（獻徵錄）字一鶚太平人景泰辛未進士拜監察御史當是時朝廷方重臺諫一時言事之臣捃摭過實鶚獨持大體畧細故有不言言必當其實英廟復

碎擢知鎮江舉偏補弊凡前政之廢弛者次第興之濬河經孟瀆頗險言者謂鑿河甘七里港引金山工流通丹陽以避之巡撫主其議鶴以其迂遠多石且壞民田廬甚多言于大臣請按京口閘甘露壩故跡因而浚之春夏以閘秋冬以壩則道里近而功力省從之廉憲江西多所平反嘗以歲飢奏蠲恒賦十五萬石遷嶺南峒寇不使入境歷陞刑部右侍郎罪無大小必加研覈務得其情合于法而後已故獄經鶴所決咸稱無冤

黃孔昭（吾學編）名曜以字行太平人天順四年進士為屯田主事陞文選郎中持銓清慎沒、以人才為重常曰國家之用才猶農之積粟、積于豐年乃可以濟飢才儲于平時乃可以濟事頃自人矯激沽名以閉門謝客為高天下人才何由知之公退客至輙見詢訪有得必書于冊隨其地望恭之輿論薦用各當其才或因勢家干請欲私用其人輙力言不可陞右通政南工部侍郎卒嘉靖中贈禮部尚書諡文毅

陳世良（分省人物考）字崇之臨海人成化丁未進士授寧安令補南和四方流民歸之者千餘家子為御史蹕糾不畏强禦時逆瑾干政黨逆忠良世良抗疏言之為所忌遷南京大理寺丞未幾中以事罰贖米三百餘石瑾敗擢大理少卿拜右僉都御史兼管操江憲度振肅特倚為重適流賊猖獗悉心防禦朝夕申飭令刻期督戰所至克捷屢疏乞休得請歸起應天府尹未任卒

夏鍭（兩浙名賢錄）字德樹天台人成化丁未進士會主事李文祥庶吉士鄒智御史湯鼐等以論列大臣言直得罪鍭抗章論救并劾大臣語連錦衣衛獄推治無所得釋送銓曹謝病歸弘治十四年復起赴選自台至輦下數千里間見百姓流離科差繁重乃條述其狀以疏進不報久之當受職當國者忌其剛鯁不欲置近要除南京大理寺評事寺僚內臣違例推受民詞即論奏劾其猾軍民稱快以母老乞養歸

王啟（獻徵錄）字景韶黃巖人成化丁未進士授霍邱知縣擢監察御史言皇親張鶴齡家奴生事及守備內官董讓不法陞江西按察僉事進副使以事觸怒

劉瑾降廣西容縣知縣瑾敗復為四川遂州知州歷陞江西右布政使奏罷寧濠私貢新茶新筍數事時寧濠威燄方熾人皆以為難尋以右副都御史巡撫雲南輯綏有方陞刑部右侍郎

王純（舊浙江通志）仙居人成化辛丑進士授工部主事會王恕致仕純言恕社稷臣無容輕棄上怒命詔獄隨謫思南推官弘治元年吏部主事儲瓘言王純人以直言殉國乞置之風紀論思之地與其旋求敢諫之士不若先用已試之人報可當事忌其戇乃外擢湖廣督學純拔士先行誼抑浮競士類翕然向風

王爌（獻徵錄）字存約黃巖人弘治壬戌進士授太常博士擢工科給事正德初轉刑科時中官多擬御史林有年僉事韓邦奇咸以駕帖被逮爌言錦衣乃詹淺承奇之等駕帖非尋常內攝之文今不問巨細奄竇一槩施之非盛事也謫惠州府推官嘉靖改元擢應天府尹疏數十上如議罷京尹種馬議發內帑絲織神帛議輕荒稅蘇流亡議科田出賦均貧富皆不避嫌怨為之陞南刑部侍郎擢右都御史舊內守備進表取御史兩人監禮爌曰中人行禮奈何輕用朝廷耳目官卑執不與奉表北上大學士夏言尊貴京堂官率多隅坐爌獨據正席贊惟一揖夏不悅因乞骸歸

應良（台州府志）字元忠仙居人正德戊辰進士辛未廷試選庶吉士時劉瑾雖誅閹豎仍熾遂解組歸世宗御極用臺諫交薦起為侍從會議大禮忤旨杖闕下尋奉使冊唐王意部璽餽出督學山東陞廣西參政齎表北上張桂三老欲招致之密曰北司成正以達公良正色曰朝廷官爵奈何私許人乃外陞廣東右布政無何致仕歸遺文曰閒存集

陳器（台州府志）字德器臨海人正德甲戌進士授淮安推官持法不畏權貴郡有鎮守總戎丞以下咸以屬禮見器力爭于督撫獨與抗禮遂著為令陞刑部主事多所平反會武宗巡遊儲貳未定器抗章奏請言甚激切尋以終養回里張孚敬秉政器服闋竟不赴補年七十五卒

吳巖（獻徵録）字介夫仙居人正德甲戌進士授禮科給事中特劾張鶴齡以熏
戚貴幸巖首論二家驕蹇武廟巡行西北邊巖偕同官泣留疏午門外三日
正德末儲貳未建逆奄畢鎮表宸濠孝行于朝冀名入巖據法駁還事遂寢未
幾濠果以叛誅又請罷江西鎮守轉戶科右給事中世廟嗣統首條四事曰正
君心開言路時經筵近儒臣上嘉納之轉禮科左給事中出為四川參議按罰
蠲書典刲糾重臣之使蜀狹民者性耿介不能逢時好為俯仰三疏乞歸、

趙大佑（分省人物考）號方崖太平人嘉靖乙未進士為鳳陽推官即有聲拜御史
按貴州宣慰安萬銓所為多不法大佑械其黨指揮張仁李木鶩諸獄將逮
按銓安撫劉某納銓賄移文諸司指仁木之死為名冀以脅之大佑曰人臣苟
利社稷死生以之吾何愛一身哉更遣吏按銓反狀銓知不可撼即因服出就
理比還條八事詔下貴州編諸令甲歷刑部侍郎奉命勘伊庶人嚴嵩屬大佑
寬之至則盡發庶人所為僭擬及事之與祖訓違者嵩怒甚出大佑南臺轉
南刑部尚書有冤獄逮繫數年大佑曰死重辟也法
官因知其冤不為白手遂以疑讞改南兵部尚書卒

吳時來（兩浙名賢録）字惟修仙居人嘉靖癸丑進士授松江推官倭犯境時來攝
城守雨甚城崩十餘丈時來以强弩數十人扼其衝急興版築三日而城
完賊知有備乘而北走召為刑科給事中時嚴嵩父子橫甚時來疏其不法
事逮詔獄受杖得不死遣戍嶺表隆慶改元起官洊晉南京右都御史致仕

吳執御（黃巖縣志）字君駕天啓壬戌進士任濟南推官德州建魏忠賢祠獨不往
崇禎庚午授刑科給事中時有加派捐助搜括之議執御疏曰理財加派
不得已而用之未有年餘不罷者捐助搜括二者尤難為訓不聽又論沿邊諸
邑宜選補賢守令以本地錢糧訓練土著此法一行倘不取償于司農矣不借
援于戍卒計無便于此者亦不聽復疏指首輔周延儒攬權壅蔽私其鄉人塘
報章奏一字涉邊疆輒借軍机密封下部明畏見臣矯發短長他日敢可以捷
聞切可以罪按也凡三上俱留中帝責其
多言繫獄尋釋之家居謝客年四十六卒

金華府

宋

胡則（金華先民傳）字子正，永康人，端拱己丑進士，釋褐調許田尉，以幹辦聞，改著作郎，僉書貝州觀察判官。會遣使省冗役，檄則行河北道，凡去籍者十餘萬，餘民用休息。遷屯田員外郎，提舉江南路銀銅場鑄錢監，得吏所匿銅數萬斤，咸懼且死。則曰：「吾豈重貨而輕數人之生耶？」籍為羨餘，不之罪。轉户部郎中，遷太常少卿。初，丁謂客許田，則待之甚厚，及謂為執政，雅故之情不絕。謂貶朱崖，坐累謫知福州。有官田數百頃，已佃為民業，計臣工言請鬻之，責其估三十萬，冒民不勝弊，則章三上，竟得報罷其直之半。進給事中，入權三司使，不以魁下為心。時朝廷方以西京、陝西榷鹽病民，議改通商，有司憚于改作，則首請如詔，事遂行。進刑部侍郎，知杭州，加兵部侍郎致仕，卒。則嘗奏免衢、婺二州身丁錢，民懷其德，户皆立像祠之。

滕元發（宋史本傳）字達道，東陽人。舉進士，授大理評事，通判湖州。召試為集賢校理，同修起居注。英宗書其姓名藏禁中，未及用。神宗即位，召問治亂之道，對曰：「治亂之道，如黑白東西，所以變色易位者，朋黨汩之也。」神宗曰：「卿知君子小人之黨乎？」曰：「君子無黨，譬之草木，綢繆相附者，必蔓草，非松柏也。」神宗以為名言。進知制誥，拜御史中丞。种諤擅築綏州，發諸路安剽掠夏人，元發疏言：「諒祚已納款，不當失信，邊隙一開，兵連民疲，必為內憂。」又宰相以其子判鼓院，諫官謂不可，神宗曰：「鼓院傳達而已，何與于事？」元發曰：「人有訴宰相，使其子達之，可乎？」神宗悟，為罷之。河北地大震，命元發為安撫使。時城舍多圮，吏民懼壓，皆幄寢茇舍，元發獨處屋下，曰：「屋摧民死，吾當以身同之。」瘞死食飢，除田租，修堤障，察貪殘，督盜賊，北道遂安。除翰林學士，知開封府。王安石方立新法，元發以翰林侍讀學士出知定州。初入見，言新法之害，曰：「臣始以意度其不可耳，既為郡，乃親見之。」歲旱求言，又疏奏新法害民，皆不聽。歷知齊、鄧二州。哲宗登位，除龍圖閣直學士知鄆州時淮南京東饑元發慮流民且至將蒸為癘疫先度城外廢營地名論富室使出力為席屋一多成二千五百間井竈器用皆具民至如歸所全活五萬從真定又從太原治邊凜然威行西北號稱名帥以龍圖閣學士知揚州未至而卒贈左銀青光祿大夫謚章敏

宗

澤（宋史本傳）字汝霖義烏人登元祐六年進士第調龍游令民未知學澤為建庠序設師儒講論經術風俗一變通判登州境內官田數百頃皆不毛之地歲輸萬餘緡率橫取于民澤奏免之朝廷遣使由登州結女真盟海上謀夾攻契丹澤語所親曰天下自是多事矣退居東陽結廬山谷間靖康元年中丞陳過庭薦列為假宗正少卿充和議使澤曰是行不生還矣或問之澤曰敵能悔過退師固善否則安能折節北庭以辱君命乎議者謂澤剛方不屈恐害和議上不遣命知磁州時太原失守官兩河者率托故不行澤曰食祿而避難不可也即日單騎就道磁經敵騎蹂躪之餘人民逃徙帑廩枵然澤至繕城壁浚隍池治器械募義勇為固守計上言邢洺磁趙相五州各蓄精兵二萬人敵攻一郡則四郡皆應是一郡之兵常有十萬人上嘉之除河北義兵都總管康王再使金行至磁澤迎謁曰肅王一去不返金數又詭辭以致大王願勿行王遂回相州有詔以澤為副元帥從王起兵入援時康王開大元帥府檄名會大名澤履冰渡河見王謂京城受圍久入援不可緩會曹輔齎蠟封欽宗手詔至自京師言和議可成澤曰金人欲款我師耳宜急引軍直趨澶淵次第進壘以解京城之圍萬一敵有異謀則吾兵已在城下汪伯彥等難之勸王遣澤先行自是澤不得預府中謀議二年正月澤至開德十三戰皆捷康王承制以澤為徽猷閣待制時金人逼二帝北行澤聞即提軍趨滑趨黎陽至大名欲徑渡河據金人歸路邀還二帝而勤王之兵卒無一至者又聞張邦昌僭位欲先行誅討會得大元帥府書約移師近都按甲觀變澤復書于王因累表勸進王即帝位于南京澤入見涕泗交頤陳興復大計上欲留澤黃潛善等沮之除龍圖閣學士知襄陽府改知青州開封尹闕李綱言綏復舊都非澤不可尋徙知開封府時敵騎留屯河上金鼓之聲相聞而京城樓櫓盡廢兵民雜居盜賊縱橫澤至首捕誅舍

婺州

賊若數人下令曰為盜者賊無輕重並從軍法由是盜賊屛息民賴以安王善者河東巨寇也擁眾七十萬楊進號沒角牛兵三十萬王再興李貴王大郎等各擁眾數萬往來京西淮南河南北侵掠為患澤悉招降上疏請上還京除延康殿學士京城留守兼開封尹澤乃渡河約諸將共議收復而于京城四壁各置使以領招集之兵又據形勢立堅壁二十四所于城外沿河鱗次為連珠砦連結河東河北山水砦忠義民兵于是陝東西諸路人馬咸願聽澤節制秉義郎岳飛犯法將刑澤一見奇之以五百騎授飛使立功贖罪飛大敗金人而還升飛為統制飛由是知名詔遣官迎奉六宮往金陵澤上疏言南幸之非金將兀朮渡河謀攻汴京諸將請先斷河梁嚴兵自固澤笑曰去冬金騎直來正坐斷河梁耳乃命部將劉衍趨滑劉達趨鄭以分敵勢戒諸將竭力保護河梁以俟大兵之集金人聞之夜斷河梁遁去自是不復犯東京王策者本遼酋為金將往來河上澤擒之解其縛坐堂上問敵虛實盡得其詳遂決大舉之計召諸將謂曰汝等有忠義心當協謀勦敵期還二聖言訖泣下諸將皆泣聽命金人戰不利悉引兵去澤威聲日著北方聞其名常尊憚之對南人言必曰宗爺爺澤前後請還京二十餘奏每為潛善等所抑憂憤成疾疽發于背諸將入問疾澤曰吾以二帝蒙塵積憤至此汝等能殲敵則我死無恨眾皆流涕曰敢不盡力諸將出澤嘆曰出師未捷身先死長使英雄淚滿襟翌日風雨晝晦澤無一語及家事但呼渡河者三而薨都人號慟遺表猶贊上還京贈觀文殿學士通議大夫謚忠簡

潘良貴

（宋史本傳）字子賤婺州金華人以上舍釋褐為辟雍博士遷祕書郎時宰相蔡京與其子攸方以爵祿鈞知名士親故數為京致願交意良貴正色謝絕除主客郎中尋提舉淮南東路常平靖康元年召還賜對欽宗問孰可秉鈞軸者良貴極言何㮚唐恪等四人不可用他日必誤社稷語徹于外當國者指為狂率黜監信州汭口排岸高宗即位召為左司諫請封宗室賢者于山東河北以壯國體必幸維揚養兵威以圖恢復黃潛善汪伯彥惡其言改除工部

良貴以不得其言求去主管明道宮越數年除考功郎遷左司宰相呂頤浩謂良貴曰旦夕相引入兩省良貴正色對曰親老方欲乞外兩省官非良貴可為也退語人曰宰相進退一世人才何可握手密語先示私恩若士大夫受其牢籠何以立朝即日乞補外以直龍圖知嚴州起為中書舍人會戶部侍郎向子諲入見語言頗褻良貴數子諲是日攝起居立殿上徑至榻前厲聲曰子諲以無益之談久瀆聖聽子諲欲退高宗顧良貴曰是朕問之諭子諲且款語子諲語久不止良貴叱之退者再高宗色變閤門併彈之于是良貴求去以徽猷閣待制提舉亳州明道宮李光得罪坐嘗與通書降二官卒

王師心（金華先民傳）字與道金華人政和八年進士調海州沐陽縣尉敗劇賊宋江境上累遷太府丞除知袁州時秦檜方用事監司郡守皆爭獻羨餘以希進師心獨取以代貧民逋租檜死召除戶部侍郎上曰卿以不附秦檜故去國久朕知卿未嘗忘也遷權吏部尚書兼侍讀前後進見從容盡規者非一浙東水災充兩浙安撫使寬逋債振乏絶民不流亡乾道初以左奉議大夫致仕卒謚莊敏

鄭剛中（金華先民傳）字亨仲金華人紹興二年進士累遷殿中侍御史胡銓上書欲斬秦檜帝怒禍且不測剛中率同列論救銓得編置除端明殿學士四川宣撫使宣司舊治河池饋餉不繼剛中奏移治利州大開營田自階成抵秦墾土三千餘頃歲收十八萬斛蠲民間常所斂錢七百萬又即州置監鑄錢以救川引之弊先是川口屯兵十萬分隸三大將建節而統制官亦皆領沿邊安撫剛中請分利州為東西路東路治興元命楊政為安撫西路治興州命吳璘為安撫諸裨將領安撫者皆罷璘等皆宿將驕悍難制剛中每折之以威接之以恩無不帖服在蜀凡六年儲蓄豐積將士用命金人不敢犯秦檜見蜀富饒諷使進金三萬兩又令下永制門剛中曰今時講和正為他時恢復計要當息民儲備為先拒之不從檜不悅召剛中還文致其罪罷職責桂陽軍居住再徙封州卒檜死追復原官謚忠愍

葉衡（宋史本傳）字夢錫，金華人。紹興十八年進士，知臨安府於潛縣，撒科為期限，榜縣門，俾里正諭民，不遣一吏而賦自足。歲災，蝗不入境，治為諸邑最，擢知常州。時水潦為災，衡發倉為糜以食餓者，或言常平不可輕發，衡曰：儲蓄正備緩急，可視民飢而不救耶？疫大作，衡單騎命醫藥自隨，偏問疾苦，活者甚衆。除太府少卿。合肥瀕湖有圩田四十里，衡奏募民以耕，歲可得穀數十萬，蠲租稅二三年後阡陌成，傚營田官私各收其半。從之，除戶部侍郎。時鹽課大虧，衡奏年來課入不增，私販害之也。直自煮鹽之地為之制，司大之起伏，稽竈之多寡，亭戶本錢以時給之，鹽之委積以時收之，擇廉能吏察之，私販自絕矣。歷除簽書樞密院事，拜參知政事。衡奏二事：一，收守將帥必擇才以稱其職，久任以盡其材；二，令戶部取湖廣會子實數，盡以京會立限易之。從之，拜右丞相兼樞密使。上鋭意恢復，凡將帥器械、山川防守，衡悉經思慮，奏對畢，從容賜坐，講論机密，或不時名對。年六十二薨，贈資政殿學士。

陳良祐（宋史本傳）字天與，金華人。紹興二十四年進士。乾道三年，除起居舍人，遷右司諫，首言會子之弊，願捐內帑以紓細民之急。上慨然發內府白金數萬兩，換會子收銅版，勿造。軍民翕然。除給事中，遷吏部尚書。時議遣北使請地，良祐奏：今之求地，欲得河南曩歲嘗歸版圖，不旋踵而又失；如其不許，徒費往來；若其許我，必邀重幣。經理未定，根本內虛，又將隨而取之矣。奏入，忤旨，貶瑞州居住。淳熙四年，起知徽州，尋除敷文閣待制，知建寧府。

林大中（宋史本傳）字和叔，永康人。紹興三十年進士。光宗受禪，除殿中侍御史，奏言：進退人才，當觀其趨向之大體，不當責其行事之小節。又論今日之事，莫大于讎恥之未復，此事未就，則此念不可忘。時江浙四路民苦折帛和買重，輸大中曰：有產則有稅，于稅絹而科折帛，猶可言也；如和買折帛，則重為民害。蓋自咸平馬元方建言于春預支本錢，濟其之絕，至夏秋使之輸納，則是先支錢而後輸絹。其後則錢鹽分給，又其後則直後〔取〕于民，今又令納折帛錢，以兩縑折一縑之直，大失立法初意。朝廷以其言為戒，所輸者三歲為大同，為戶部大中。劾其用法太峻，章三上不報。又論大理少卿宋之瑞，章四上不報，以言不行求去改吏部侍郎辭不拜乃除直寶謨閣朱熹貽書朝士曰闕林和叔入臺無一事不中的去國一節風義凜然當于古人中求之寧宗即位遷給事中韓侂胄來謁陰請納交大中笑而卻之會吏部侍郎彭龜年抗論侂胄與郎大中繳奏請留龜年經筵而命侂胄以外任不聽召祖儉以攻侂胄謫韶州大中救之江義端以論趙汝愚為右史大中駁之改吏部侍郎不拜以煥章閣待制知慶元府城南民田潮溢不可種大中捐公帑治石築之民不知役而蒙其利郎訛言夜有妖大中謂此必黠賊所為立捕黠之人情遂安後乞休歸屏居十二年未嘗以得喪關其心或勸大中通侂胄書大中曰吾為夕郎時一言柔意豈閑居至今日耶客曰縱不求福盍亦免禍大中曰福不可求而得禍詎可懼而免及侂胄誅即召試吏部尚書言召祖儉彭龜年朱熹宜優加旌表其他因訊切侂胄以得罪者望量其輕重而旌別之嘉定改元薨太子賓客卒謚正惠

文昭按韓侂胄嘗遣其客啗以誘官俾誣趙汝愚孟明不答

應孟明（宋史本傳）字仲賓永康人隆興元年進士以薦為勅令所刪定官輪對首論南北通好當遴選將練兵常如大敵之在境次乞申嚴監司庇貪吏之禁為舉間私情之禁帝嘉獎久之拜大理寺丞出為福建提舉常平陛辭帝曰朕知鄉愛百姓惡贓吏事有不便于民宜悉意以聞因問當世人才孟明對曰有才而不學則流為刻薄惟上之教化明取舍正使回心鄉道則成就必倍于人帝曰誠為人上者之責孟明至部具以臨遣之意咨訪之尋除浙東提點刑獄進直秘閣知靜江府兼江西經略安撫初廣西鹽易官般為客鈔客戶無多折閱逃避逮捕配于民公私交病孟明條其弊奏除其弊禁卒朱與結保吳雷化間贊撈漸長孟明遣將縛致斬之光宗即位召為吏部員外郎慶元初權吏部侍郎卒

楊大法（金華先民傳）字元範婺州武義人淳熙二年進士累遷監察御史時四方多水旱大法疏論三事一曰民訴災傷不可疑其不實二曰減放租稅當使民被實惠三曰禁邊糴使穀粟流通尋除侍御史兼侍講乞置言事官章疏以傍燕覽內侍彭彰等指使毆人至死奏行法當自近始乞付有司以竟獄事

除兵部侍郎，卒，贈中奉大夫、武義開國男。

章徠（金華先民傳）永康人。淳熙甲辰進士，歷官右文殿修撰。時陳賈議貶道學，徠與劉光祖極論道學之正，光宗嘉納。及趙汝愚罷相，徠劾疏劾韓侂胄專擅，生罷官歸。寶慶間召為宗正少卿，兼侍讀，卒，贈少師。

王介（宋史本傳）字元石，金華人。紹興元年進士，除國子錄。寧宗即位，介上疏言：陛下即位未三月，策免宰相，遷易臺諫，悉出內批，非治世事。時韓侂胄居中潛弄威福，疑介詆己，且其弟仰胄嘗以舊識求通，介拒絕之，侂胄怨益深。會學禁起，諫大夫姚愈劾介與袁燮皆偽學之黨，主管台州崇道觀。侂胄誅，召還，除國子祭酒，陞太子右諭德，篤意輔導，因事規諫。遷權中書舍人，繳駁不避權貴。張允濟以閤職為州鈐，介封還詞頭。丞相語介曰：此中宮意。介曰：宰相而逢宮禁意向，給舍而奉宰相風旨，朝廷紀綱掃地矣。以疾奉祠，卒，特贈中大夫、寶章閣待制，謚忠簡。

徐邦憲（宋史本傳）字文子，義烏人。紹熙四年進士，遷秘書郎。韓侂胄開兵端，無敢議其非者，邦憲獨首言之。丐外，知處州，陛辭，力諫用兵不可太驟，再戴名還言，求名義以息兵，莫若因建儲而肆赦，借殊常之恩洗去兵之咎。侂胄惡其言，嗾御史徐柟擊之，鐫秩罷祠。侂胄誅，尚書倪思舉邦憲自代，除權工部侍郎，知臨安府，丐祠，知江州，卒，謚文肅。

朱元龍（王禕朱左司集序）字景雲，義烏人。嘉定十六年進士，歷除宗正丞，兼權左司郎官。宦官陳恂益求建節，事下都司議，元龍擬曰：僥冒內官，罷貴節鉞，雖出于特恩，主張國是，愛惜名器，必由于公論，不可。宰臣傳旨令改擬，對曰：吾職可罷，筆不可改也。有宗室與民訟圩田，衆莫敢決，元龍曰：于法品官不許佃民田，奈何天子屬籍之親乃爭田訟耶？毅然決之。時議括兩淮浮鹽，元龍謂朝臣而行商賈之事，廟堂而踵諸闤之規，使史氏書曰括浮鹽自今日始，不可。又

西上封事自言帝朝廷以及百官萬民皆痛切言之先是史嵩之在督府元龍劾其殺富民王倫為非己而嵩之入相遂斥去子祠

王萬（宋史本傳）字處一家世婺州嘉定十六年進士知台州事至立浙史無所售往々改業散去民亦化之不復訟上下肅然郎以大治遷屯田員外郎權監察御史々々嵩之自江上督師入相萬首論其事體迫遽氣象傾搖然當時論相之事已決疏入遷大理少卿力辭乞休特轉朝奉郎守太常少卿致仕卒

馬光祖（宋史本傳）字華文金華人寶慶二年進士累遷江東安撫使知建康府減租稅養鰥寡興學校禮賢才辟名儒為皆一時之選拜端明殿學士知江陵府去建康之民思之不已帝聞命以資政殿學士沿江制置使再知建康士民相慶光祖益思寬養民力興廢起壞知無不為蠲前遺負錢百餘萬緡魚利稅課悉罷減與民建平糴倉貯米十五萬石又為庫貯糴本二百餘萬緡補其折閱發糴常減于市價修飭武備防拓要害邊賴以安其為政寬猛適宜事存大體公田法行光祖移書賈似道言公田法非便乞不及江東必欲行之罷光祖乃可名遷提領戶部財用兼知臨安府浙西安撫使歲饑榮王府積粟不發稟光祖謁王詳察活民甚多再以沿江制置江東安撫使知建康民建祠六所咸淳三年拜參知政事五年拜知樞密院事以金紫光祿大夫致仕卒謚莊敏

元

吳直方（宋濂吳直方行略）字行可婺之浦陽人泰定元年太師馬札兒台留守灤京延入賓館使教其子脫々元統二年脫々方執法中臺言于上命為江浙等處儒學提舉歷遷宣政院長史秦王伯顏恃定策功專權自恣上深患之名脫々問計脫々以謀于直方直方曰宜急黜之以謝天下脫々以親嫌辭直方曰傳有之大義滅親大夫知有朝廷耳脫々曰事不成奈何直方曰事不成天也一死復何惜即死亦不失為忠義耳脫々頓足曰吾意決矣乃入奏父之遠伯顏侍天子出獵柳林脫々欲發直方曰太子在軍中設扶之以生他變何以處之脫々悟急白太后傳旨趣以歸遣使持詔散遣諸軍出伯顏為河南行

者一更舊政民大悦上多直方協贊功名對慰諭超授集賢院侍講學士有大事必咨于直方直方亦毅然以澤被斯民為己任科舉廢已久直方力言于丞相曰科舉之行家有讀書之人人人讀書則自不敢為非其有繫于治道不小丞相因奏復之二浙鹽值漸增至數倍民不堪命直方為言之減其額而下其估他如楮幣銅錢相權之宜有司公田多科之擾官寺建設之冗繁江南雇役之長利咸一一建白多已見諸行事後年老乞骸遂以榮祿大夫致仕

明

宋濂

濂（史畧）字景濂號潛溪金華人遷浦江六歲授蒙求一日而盡受業于聞人夢吉得春秋三傳之旨兼通五經從淵潁吴萊學志得其閒與鄉貫黄溍深器重之至正己丑薦為國史編修固辭入龍門山著書曰龍門子高帝徵入金陵問定亂大計濂以不嗜殺人對上悦除江南儒學提舉授世子經名諸左氏傳濂曰春秋褒善貶惡遵而行之賞罰適中天下可定洪武二年總修元史除翰林學士知制誥兼修國史時甘露屢降上問災祥之故對曰受命不于天于其人休符不于祥于其仁還國子司業贊善大夫上問帝王宜讀何書濂請讀真德秀大學衍義上立取覽令大書揭兩廡壁上上坐西廡令諸司馬遷論黃老事請畢復言曰人主能義理養性則邪說不能侵興學教民則禍亂不能作刑罰非所先也陞侍講學士兼資善大夫集歷代事為辨奸錄纂大明日曆倣唐貞觀政要輯成寶訓五卷上之其他禮樂律曆之制勲臣名卿焯德耀功之文並命編摩潤色每燕見詢舊章諸治道甚悉析至論是臣但言其善者問否者為誰對曰善者與臣友故知之否者經有臣不知也凡命為詩文必寓忠告性謹密不洩禁中語有奏報焚其稿除翰林學士承旨日本使奉初求文獻百金不受上問濂對曰天朝侍從受外夷金非所以崇國體上然之致仕居青羅山閉門著述人不見其面後以孫慎坐法安置茂州行至夔卒正德八年謚文憲

劉辰

辰（獻徵錄）字伯静金華人洪武初師下婺州辰首上謁署典籤後為湖廣道御史以蹇諤聞擢知鎮江府興廢舉墜勤于其政郡有瀕江田五十餘頃歲久

淪沒仍責賦于民民請于朝除之京口閘廢舟楫不通東南漕運者轉新河江陰二港以出江多為風濤阻溺民乃于京口至呂城百二十里作壩修閘順水勢之出入濬河源淺易涸者復練湖以益水而湖有三斗門亦廢民又修築之及成漕運既通而湖下之田亦稔永樂元年陞江西參政至則以久雨江水泛溢九江諸郡等田皆淹檄郡邑勸富民出粟以賑饑者蠲其役以當其息官為之券約明年償本粟由是富者樂從饑者得食南安贛州等九府荒田糧六萬石有司歲抑取于民民以聞悉蠲其額後以同官坐事相連免歸永樂六年起為刑部右侍郎以老致仕

李叙

（金華先民傳）字秉彝東陽人永樂中由鄉薦入太學宣德初試授監察御史嘗奉命錄囚辯出交阯俘囚三千餘人出巡淮甸首擒豪右范端榮等十餘人置之獄餘皆屏跡官吏有貪墨者一切汰去中使取珍禽異獸至淮者叙陳其害民志報罷及還朝權貴摘以事下獄會八百車里二酋讐殺屢遣大臣招撫不服朝議以為惟叙可乃左遷行人領旨往諭至則曉以禍福逆順皆聽命息兵遣貢上喜復以為御史天順改元致仕歸

徐沂

（金華先民傳）字希曾永康人弘治癸丑進士授刑科給事中時壽寧侯張鶴齡等恃恩冒法及中官李廣矯命干政沂皆抗疏論之改南京工科奏罷歲取蘇州細客等布福建改机陝西駝絨民稱便為陞廣東參政卒于官

潘希曾

（程文德潘希曾傳）字仲魯金華人弘治壬戌進士授兵科給事中有汪鋐者故太監汪直義男也乞陞錦衣衛鎮撫帶俸守塋希曾疏奪之曰內官本無後而強求世祿之恩義男本異姓而欲冒他鬼之蔭疏上中官切齒復因災異陳八事語皆剴切直指近倖由是逆瑾銜中傷之正德丁卯差往湖貴二省計處邊儲時瑾賊方熾凡差者必重賂斬免禍有司為備千金希曾毅然却之曰我為諫官不能為朝廷除惡我之罪也奈何復賄之瑾又諷巡以多參劾為賄地不從瑾大怒矯命下詔獄考訊杖闕下除籍為民瑾誅起工科給事中時方營建二宮內官復請修蓋太素殿天鵝房船塢諸役費累鉅萬希曾抗疏爭

之不報還南太僕寺少卿滁和之民困于納馬希曾奏更折色民大稱便進右副都御史提督南贛汀漳等處軍務惠州寇賴奮豫粲肆虐發兵洗其巢穴剿頭餘黨曾蚍仔等七巢並與遠近震恐希曾督兵進戰賊大敗俘馘千餘捷奏名為工部右侍郎值河溢於漕任事者興新河之役費且數十萬死者數千人而歲運不絕命希曾往涖事希曾以沛漕之淤塞因黃河之旁衝黃河之旁衝因上流之未疏宜疏支河以殺其勢築長堤以防其衝然後挑通沛漕自無復淤之患乃築堤起單至沛凡百四十餘里不期年而功成沛漕流通歲運如故每河漲隄下水退沙迴民多耕作焉召改兵部侍郎卒贈兵部尚書

唐龍（献徵錄）字虞佐號漁石蘭谿人正德戊辰進士知鄞縣時荒甚能使民貸粟千石而薄其息郡義餘以佐轉輸民用不困盜起燕齊間至鄞龍督兵拒之斬首三百餘級賊怨合其黨大至龍發砲口長柄諸從紫其魄銳賊乃遁拜監察御史宸濠入誅江西新兔于兵歲荐飢龍以選往按賑災卹貧江西乃寧嘉靖丁亥拜太僕卿擢吏部左侍郎壬辰閩中飢而吉囊數寇邊詔遷兵部尚書兼右都御史總制三邊兼理賑濟龍入閩奏平糴節用等十事民賴全活者二十餘萬吉囊自將十萬衆犯安會龍擊敗之兵部上功會執政有忌龍者不報丙辰改刑部尚書劉東山與其徒秉特為奸利至搆間兩宮株連貴近皆坐獄不窮竟去者數十人龍獨以抵法無所嚙九廟成條大禮大獄諸臣名以請得赦歸者二十餘人尋改吏部卒贈少保謚文襄

戚雄（兩浙名賢錄）字世英金華人正德辛未進士授建陽知縣調南海剿黎就擒植良剪惡治為百粵最召拜南京監察御史巡江閩寧藩變起疾走儀真調兵要害為防守計上下長江歷暑雨風濤無所傾恤逆濠就縛始解嚴又奏免南京守備太監及條陳河患疏運道足邊餉等事多見施行嘉靖六年疏劾李福達之冤蹈及郭勛之比黨以風聞妄奏逮問落職

趙志皋（献徵錄）字汝邁蘭谿人隆慶戊辰進士授翰林院編修萬曆初陞侍讀會張居正以父喪奪情諸疏劾者皆賠激上怒廷杖竄戍而疏意不付史司

志皐以職掌堅請之使不得被居正怒甚遂出為廣東按察副使辛巳例察京
僚無官歸居正卒起解州同知擢南京國子監司業歷官吏部左侍郎陞禮部
尚書兼東閣大學士時開採之使四出志皐疏諫甚懇具基者
部僚因事激觸至斥逐貶竄者營救無不力卒贈太傅謚文懿

盧洪春(金華府志)字思仁東陽人萬曆丁丑進士授旌德令陞禮部主事皇三子
生封母鄭氏為貴妃洪春抗疏爭之帝不悅越數月孟冬當享太廟傳旨
遣官代祭洪春復具疏切諫帝益怒發午
門外杖六十褫職為民卒後贈光祿少卿

徐學聚(金華府志)字敦輿蘭谿人萬曆癸未進士任淳梁知縣盜賊充斥官鎮無
賴多竄穴其中學聚設法解散之調吉水會連年水旱斗米千錢學聚多
方賑濟民賴以生擢吏科給事中疏請勤名對建元良奎諭教出為湖廣僉事
陞福建布政糾白蓮教數千人謀叛將發學聚設計擒之晉巡撫漳
有守備劉某謀不軌廉知捕之伏辜奸商引紅毛泊彭湖求互市滑高監稅為
與援勢甚張學聚抗疏陳八誣五患毋輕縱致貽閩海禍高監擅利復疏其惡
而以稅額歸有
司復乞歸卒

衢州府

宋

趙抃(宋史本傳)字閱道西安人進士及第為武安軍節度推官以薦為殿中侍御
史彈劾不避權倖聲稱凜然京師目為鐵面御史其言務欲朝廷別白君子
小人謂小人雖小過當力遏而絕之君子不幸詿誤當保全愛惜以成就其德
言宰相陳執中不學無術宣徽使王拱辰奉使不法皆罷去知益州地遠民弱
吏肆為不法州郡公相餽餉抃以身帥之蜀風為變召為右司諫內侍鄧保信
引董吉燒煉禁中抃引文成五利鄭注為比力論之陳升之副樞密抃言升之

衢州

嵩郡交結宦官進不以道章二十餘上升之去位抃亦罷知虔州虔素難治抃召戒諸縣令使人自為治令皆喜爭盡力獄以屢空召為侍御史改河北都轉運使時賈昌朝以故相守魏抃將按視府庫使來告曰前此監司未有按視吾藏者抃曰舍是則他郡不服竟往昌朝不悅初詔募義勇過期不辦官吏當坐者八百餘人抃奏言河朔頻歲豐應募者少請寬其罪從之坐者獲免而募亦隨足昌朝始愧服知成都以寬為治蜀民大悅神宗立召知諫院及謝帝曰聞卿匹馬入蜀以一琴一鶴自隨為政簡易亦稱是乎未幾擢參知政事王安石用事抃屢斥其不便韓琦上疏極論青苗法安石持之愈堅抃上言安石強辯自用詆天下公論以為流俗違眾罔民順非文過近者臺諫侍從多以言不聽而去司馬光除樞密不肯拜且事有輕重體有大小財利于事為輕而民心得失為重青苗使者于體為小而禁近耳目之臣用舍為大今去重而取輕失大而得小懼非宗廟社稷之福也奏入懇乞去位拜資政殿學士知杭州改青州會成都以戎卒為憂遂以大學士復知成都至蜀治益尚寬召卒長立堂下諭之曰吾與汝年相若吾以一身入蜀為天子撫一方汝亦宜清謹畏戢以率眾比戍還得餘貲持歸為室家計可也人喜轉相告莫敢為惡蜀郡晏然乞歸知越州復徙杭以太子少保致仕元豐七年薨贈太子少師謚清獻

屼趙抃子

趙屼（宋史本傳）字景仁由蔭登第通判江州改溫州神宗擢為御史以父老請外提舉兩浙常平元祐中復為御史言治平以前大臣不敢援置親黨子弟多處莞庫自王安石持內舉不避親之說以子雱列侍從由是循習為常今宜杜絕其源又言臺諫之臣或精選其位而陰奪言責或畧行其言而退與善地或兩全並立苟從諱解或置而不問外示包容使忠鯁之士蒙蓋難退皆朝廷所宜深察也傅堯俞王巖叟梁燾孫升以事去屼言諸人才能學術為世推稱忠言嘉謨見于已試宜悉召還朝所言皆切時務元符中歷鴻臚太僕少卿卒

毛注（宋史本傳）字聖可西安人舉進士大觀中擢殿中侍御史蔡京免相留京師注疏其擅持威福引其朋林攄置政府用所親宋喬年尹京其門人攄博威

謂息眷不衰行且復用京遂致仕四年習再見注又言京罪積惡大天
人交譴宜早令去國以消弭災咎京始出居錢塘注尋遷左諫議大夫

徐嘉（弘治衢州府志）字吉卿西安人宣和進士以趙鼎薦除教授王邸累遷侍御史擢貳戶部兼權吏部尚書言者論其有黨上曰嘉朕親擢安得是紹興三十二年金使請和命嘉館伴既覲金使不肯以書授中使嘉徑前奪書以進上嘉之孝宗登極以舊職守泉州帥越俄進職守平江高宗語孝宗曰是嘗手奪國書者詔過幽親兩宮至蘇踰年致仕

鄭仲熊（兩浙名賢錄）字行可西安人登進士第歷官簽書樞密院拜參知政事時秦檜當國誣捕趙令衿謗訕欲加重典高宗猶豫未決檜于上前援仲熊助己言鄭仲熊與令衿同里悉知其惡陛下試叩之上顧仲熊仲熊正笏卻立徐對曰臣雖與令衿同鄉素不識其人檜失色令衿遂得免死檜下殿怒色相謂至諷言者劾仲熊與令衿密友故飾為不知以欺陛下章上仲熊待罪都亭帝聞之遣中使宣押是時執政去國者久不舉此恩例特行之檜恚益甚復使臺諫交攻之仲熊遂力祈避位以原官奉祠言者不置竟落職寓居蕭寺二十年孝宗即位復端明殿學士致仕

劉穎（宋史本傳）字公實西安人紹興二十七年進士累官刑部侍郎以寶謨閣直學士致仕在孝宗朝人臣爭承意旨獻穎奏今日之失在輕聽人言昔之施為今復棄置大損盛德孝宗嘉納之光宗時論人主難克而易留者有四曰逸豫無節賜予無度儒臣易疏近倖易昵寧宗時學禁初起黨論日興穎奏願陛下鄉之以道容之以德不然元祐崇觀之事可鑒也其言皆切于時

江溥（兩浙名賢錄）字叔源江山人紹興十五年進士歷遷右司郎中拜殿中侍御史資性忠亮疾惡如讐多為當事所忌而上獨知之溥感知遇益明目張膽無所諱忌魏邸親吏馬校嘗緣私居橋令役民屋推壓死者十三人傷者倍之閱月而上不聞溥奉白簡彈之請以次第議罪上覽疏曰父子之間人所難言

不謂卿能如此亟遷無少忤于是權貴斂迹一時稱為真御史

余端禮

（宋史本傳）字處恭龍游人第進士知湖州烏程縣民間賦丁絹錢率三匹出一縑不輸絹而折其估一縑千錢後增至五千民不勝病端禮以請于府事達上聞又因詣中書陳便宜歲捐緡錢六萬時孝宗志在恢復端禮言謀數決勝之道有聲有實敵弱者先聲後實以讋其氣敵強者先實後聲以俟其机今日之事須陰設其備而密為之謀觀變察時機之未至不可以先機之已至不可以後上善曰卿可謂通事體矣以為監察御史累遷吏部侍郎光宗立拜吏部尚書擢同知樞密院事興州帥吴挺死端禮謂趙汝愚曰吴氏世握蜀兵今若復令承襲將為後患汝愚是其言合辭以奏不聽後挺子曦以蜀叛如端禮言汝愚去右丞相位端禮代之始端禮與汝愚同心共政汝愚嘗曰士論未一如余處恭不能任及韓侂胄浸竊威柄端禮不能遏但長吁而已在相位期年頗擁護善類然為侂胄所制壹鬱不愜志稱疾求退卒諡忠肅

徐霖

（宋史本傳）字景說西安人淳祐四年試禮部第一授沅州教授時丞相史嵩之挾邊功要君植黨而國霖上疏歷言其奸深之狀以為其先也奪陛下之心其次奪士大夫之心而其甚也奪豪傑之心疏奏見者吐舌未幾嵩之逆喪求起復君子並起攻之上大感悟思霖之忠擢秘書省正字會日食應詔上封事遷校書郎七年夏大旱霖應詔言諫議大夫不易則不雨京兆尹不易則不雨不報改宣教郎霖屢辭曰向為身死而不敢欺其君父今以官高而自昧平生失其本心何以暴其忠志十二年授秘書省著作郎累辭不許兼崇政殿說書乃言葉大有陰柔姦黠為羣憸冠不宜久長臺諫乞斥去兼樞左司霖知無不言于是讒嫉罔以中傷而上亦不悅矣外知撫州以言去開慶元年差主管崇禧觀景定二年知汀州卒度宗賜祭田百畝以旌直臣

明

樊瑩（献徵録）字廷璧，常山人。天順甲申進士，擢監察御史。山東盜起，奉璽書追捕，不日得其渠首以歸。清理淮揚軍所，條畫事宜，至今為例。出知松江府。松賦重役繁，奸蠹百出。其大者運夫耗折，稱貸積累，而倉場書手侵盜害人。瑩晝夜講畫，盡得其要領，曰：運之耗以緊皆齊民所納，一利歸狡猾，害及善良，而夏稅軍需糧運綱用，與凡供應等費，皆出自秋糧餘米，既收復糶，展轉迂回，此弊所由生也。乃請革民夫，俾糧長自運，而寬其綱用以優之。除常運本色外，其當變易者，盡徵白銀見數支遣。于是積年之弊日去八九。以母憂去。弘治初，起知平陽府，擢河南按察使。時河溢境內，漂流數萬家，瑩躬詣賑䘏，全活甚眾。陞應天府尹。守備蔣琮怙寵作奸，與言官奏訐，連歲蔓引甚眾，而事終不決。瑩承命推鞫，初若不與異者，特覘知之，不為意，最後及山陵龍脉事，琮遂得罪去。瑩在府屢治大獄，舉法不苛。陞南京工部侍郎，尋改左副都御史，巡撫湖廣。錦田賊與兩廣猺獞為寇，聚眾幾三萬。瑩下令除首惡，餘悉貫不問。賊聞之，稍稍散去，遂得倡亂十八人，置之法，而牒其餘歸本貫，一方以寧。改南京刑部右侍郎，尋左僉都御史，巡視雲貴。時瑩年幾七十，單車屏從，躬訪利病，奏劾鎮守及巡撫罪狀，黜不職文武吏七百餘員，威惠大行。召為南京刑部尚書，致仕卒，贈太子少保，謚清簡。

王璣（献徵録）字在叔，西安人。嘉靖己丑進士，拜兵科給事中，上疏論時政，乞分內閣重權以防壅蔽，外補山東按察僉事，遷江西參議。屬歲歉饑之衆，平業瓷浮梁者，輒盜兵釁殺。璣庶得其情，先為曉諭，乃拘逮首禍者，置于法，餘並解散。轉山東按察副使，兵備天津。沿河奸人恣為小艘，名假貨盜寶，窺便擄劫，被害者莫能指實。璣為籍其船戶，官為編號，令船尾各畫一禽以相識別，許往指其船禽以訴，盜無所得，河道肅清。陞福建參政，進右僉都御史，充淮徐兗等處招撫營田使。所屬五府三州，久罹災歉，千里蕭條。璣節浮費，勤勸課，流民復業者四萬二千九百有奇，所墾田地八千頃。凡歷再期，漸就緒，而以言官論列，裁革添設重臣，回籍聽用，遂歸。

毛愷（獻徵錄）字達和，江山人。嘉靖乙未進士，授監察御史，以言事與執政忤，左遷寧國府推官，陞南工部主事，抽税蕪湖。關蕪湖當荆湖下流，商税不貲，愷獨勵清操，出納委之縣佐，税銀貯之縣庫，一毫不染。其歲額之盈者，則蠲以與商。歷員外郎中，陞瑞州府知府。瑞俗多嚚訟，且多積逋，愷寧以禮義，而中之禁令。怙終不剔者，始繩之以法。追積逋，必寬其期限，度甚貧者，以俸餘代為之償。歷陞左僉都御史，巡撫保定，擢左副都。穆宗嗣位，改刑部尚書，嚴飭邦禁，慎讞刑獄。中貴不法，則抗疏極論，請發部問擬，以彰公道。其以遏誤繫獄者，亦為之疏請明示，犯由以昭勸懲。疾作乞休歸，卒贈太子少保，謚端簡。

余日新（衢州府志）字君又，龍游人。崇禎甲戌進士，知漳浦縣，有善政，擢監察御史。巡按山東。時山東方被兵，課國者日課綱課不已，日新奏請蠲逋緩徵，疏凡三上。又陳三府俵馬之害，止閏年米豆之供，停膠萊海運之議，議者難之，尋改太僕卿，予告歸。

嚴州府

宋

江公望（宋史本傳）字民表，睦州人。舉進士。建中靖國元年，拜左司諫。時內苑稍蓄珍禽奇獸，公望力言非初政所宜。他日入對，帝曰：已縱遣之矣，惟一白鷴畜之久，終不肯去，帝以拄杖逐鷴，乃刻公望姓名于杖頭，以識其諫。蔡王府史以語言疑似成獄，公望極言論救，出知淮陽軍。蔡京為政，編管南安，遇赦還家，卒。建炎中，贈右諫議大夫。

胡國瑞（兩浙名賢錄）字嘉言，壽昌人。崇寧二年進士，以博洽稱。大觀初，命修九域志，除編修官。時奔競成風，國瑞獨以在館為樂，不覬他遷。高宗時，累官至吏部侍郎。與秦檜為姻家，而力排和議，乞斬檜以謝天下，聞者股栗。求外補，知舒州，致仕。

葉義問（宋史本傳）字審言壽昌人建炎初登進士第為饒州教授攝郡事歲旱以便宜發常平米賑民提刑黃敦書劾之詔勿問還知江寧縣名秦檜所親役同僚不可義問曰釋是則何以服他人卒役之尋通判江州豫州守張宗元忤檜戒中以飛語事下漕臣張常先時宗元道九江常先檄義問拘其舟義問投檄曰吾寧得罪不為不祥常先白檜逐罷去檜死召擢殿中侍御史樞密湯鵬舉故檜所為植其黨周方崇李庚置籍臺諫鉗異己者義問累章劾鵬舉并方崇等皆罷之遷吏部侍郎尋拜同知樞密院事金有犯邊意義問奉使覘之還奏彼造舟船備器械其用心必有在宜屯駐沿海要害備之金主亮果南侵命視師已而亮死師退義問還朝力請罷職

（嚴陵志）孝宗即位封新安郡侯卒謚忠簡

明

姚夔（獻徵錄）字大章號損菴桐廬人正統壬戌會試第一擢吏科給事中首疏八事多見采納景泰庚午用薦超擢南京刑部侍郎時刑部規矩廢弛夔一以嚴肅持之獄無滯囚英宗復位調禮部未幾調吏部有真定守以舊聞敗石亨挾勢囑侍其官同列附亨者會擬准藁來判夔擲筆大言曰吾寧不做侍郎必不判此藁事竟止亨敗附亨者皆降黜而夔遷禮部尚書明于典禮成化乙酉耕耤田幸太學皆從所請慈懿太后崩中旨議別葬事下禮部夔率羣臣覆奏曰山陵宗廟聖孝所先綱常典禮國家攸重萬一合葬祔廟之禮少有疑沮關係非細豈能保其將來無據禮改正者上覽奏感動卒從其議遷吏部尚書權止庶務刻革宿弊品藻入物進退惟公卒贈少保謚文敏

商輅（湯斌商輅傳）字弘載淳安人宣德中舉鄉試第一正統乙丑會試廷試皆第一除翰林修撰景帝即位命入內閣參預機務尋遷學士上皇居南宮錦衣指揮盧忠妄言告變中官阮良被刑死猶窮治不已諸大臣無敢言者輅獨奏曰不可聽宵人以傷大倫帝悟乃誅忠遷兵部左侍郎景帝不豫輅與禮部尚

睦州

書姚夔請復立沂王為太子不許輅援筆曰陛下宣宗章皇帝之子當立宣宗章皇帝之孫聞者感動以日暮奏未及入而是夜石亨等已奪門迎上皇復位諸大臣多見誅竄輅亦下獄久乃得旨奪官為民憲宗立三年特召至京命復原官仍入內閣見時大學士彭時當國慈懿太后之喪輅與時力持得祔陵廟如禮會御史林誠等疏輅不當用上罪誠等疏曰臣嘗請優容言者奈何因論臣復責言者乎上書曰輅真大臣也進戶部尚書兼文淵閣大學士嘗召見語及景泰間事輅極言景帝有社稷功帝歸當復上遂下詔復景帝廟號祭禮如諸陵悼恭太子卒時紀妃有子六歲矣畏萬貴妃專寵敢言久之左右稍聞于上上立召見留宮中而紀妃仍居西宮輅恐貴妃不利于皇子思為保護計上疏請敕令移就近所俾母子朝夕接見而皇子仍藉貴妃撫育于是紀妃遷永壽宮輅又請出皇子示群臣敕禮部擬名以聞越數日上自率皇子御文華門輅趨御前頓首曰陛下踐阼十年儲位尚虛天下臣民引領望久矣當即立為皇太子安中外心帝頷之逾月紀妃薨輅請如宋李宸妃故事殯葬諡號悉如禮是年冬皇太子立加輅太子少保改吏部尚書累昔見疏陳實八事尋進謹身殿大學士時汪直督西廠恃寵數興大獄輅率閣臣條直十罪言非逐罷何察之司天下安危未可知也上慍曰一內豎何遽危天下誰主此奏者太監懷恩傳旨詰責甚厲輅正色曰朝臣無大小有罪皆請旨逮問直敢擅收三品以上京官大同宣府邊城要害守備緩急不可缺直敢一日擒械數人南京祖宗根本地留守大臣直敢擅自收捕諸近侍在帝左右直敢輒易置直不去天下安得不危懷恩咋舌退見日遂罷西廠然直雖不視廠事而寵幸如故會故大學士楊榮曾孫有罪為直所發詔逮輅直又譖中間之輅遂力求去加少保馳傳歸家居十年卒贈太傅諡文毅

宋旻

（嚴陵志）字弘澤淳安人景泰辛未進士授大理寺評事轉左寺正獄訟所讞者皆目以為無冤歷陞本寺卿平反數多聲譽益著陞右都御史總督兩廣殄滅蠻寇恩威並著弘治元年致仕

徐貫（兩浙名賢録）字原一淳安人天順丁丑進士授兵部主事進郎中黔國公沐瑮奏請節制三司貫曰黔國世守滇南爵列上公恩寵殊厚而不使節制三司者蓋有深意也不見唐之藩鎮乎事遂寢尋擢福建右參議分守延平值民飢多方設法出官廩減價以賑䘏之歷陞右副都御史巡撫遼東時鎮守總兵多佔軍丁為佃戶貫悉奪歸還屯壽置邊方俱有條緒將吏畏服陞工部右侍郎時右蘇松水患貫奉勅往治之簡委有司畫地分理授以方畧水患悉平晉尚書累加太子少保乞歸卒贈太保謚康懿

徐節（壽昌縣志）字時中成化進士授內鄉知縣時歲荒民死者枕藉節集巨室貸萬石活若干人尋擢御史上疏數錦衣指揮牛循罪劾宰臣萬安等出知太平府遷雲南參政破梁山竹箐諸賊遷廣西布政征思恩又捷陞右副都御史巡撫山西簡車徒蓄財穀邊鄙晏然以忤逆瑾歸瑾誅復職致仕

王浚（分省人物考）字德深建德人正德戊辰進士授薊州知州以事忤逆瑾逮錦衣獄瑾誅乃釋陞刑部員外郎武宗南巡同諸僚疏諫廷杖幾斃出為山東按察僉事進貴州兵備副使土酋吳尚賢搆亂設方畧擒之地方以寧歷陞右副都御史提督南贛軍務奉宣德意申以威嚴數年間軍旅不興帑儲大省進刑部右侍郎致仕

姜習孔（遂安縣志）字素臣萬曆丁未進士宰沅陵調繁無錫奏最擢南吏科給事中司內外計典循槩頓革奏蠲南直隸鋪設三殿錢糧百六十萬客魏擅政以疏糾內臣冒濫奪職為民崇禎改元起南大理寺丞晉鴻臚寺卿謝病歸

温州府

宋

許景衡（宋史本傳）字少伊瑞安人元祐九年進士宣和六年召為殿中侍御史時童貫為河東北宣撫使將北伐景衡論其貪繆不可用者數十事不報睦寇平江浙郡縣殘毀而茶鹽比較之法如故景衡奏茶鹽之法當以食之衆寡為歲額之高下今收復之後戶版耗半民力蕭然而茶鹽比較不減于昔民欲無困得乎奏入詔兩浙江東路權免茶鹽比較朝廷既興燕雲之師調度不給誅求益急景衡奏不急之務若營繕諸役花石綱運其名不一吏員猥多事類冗濫又無名功賞非常賜予皆夤緣徼倖干請無厭宜節以祖宗之制且極論和糴鹽法之害不報高宗即位除御史中丞宗澤為東京留守言者附黃潛善等多攻其短欲逐去之景衡奏曰澤赤心為國今若較其小短不顧盡忠之節則不恕已甚且開封宗廟社稷所在苟欲罷澤必遣留守不識縉紳中威名政事有加于澤者乎疏入上大悟封以示澤澤乃安杭州教卒陳通作亂浙西提刑趙叔近招降之請授以官景衡曰官吏無罪而受誅教卒有罪而蒙賞賞罰倒置莫此為甚卒奏罷之除尚書右丞有大政事必請間極論黃潛善汪伯彥以景衡異己共排沮之罷為資政殿大學士提舉洞霄宮卒謚忠簡

陳桷（宋史本傳）字季任平陽人政和二年廷對第三紹興初為金部郎中時言事者率毛舉細務桷抗言今當專論治道之本修政事以攘敵國不當以細故勤聖慮又言刺史縣令不能得人乞選監司重其權久其任尋以桷知襄陽府充京西南路安撫使金房兵叛桷遣將平之而後以聞襄漢兵火之餘民物凋瘵桷請于朝以今之戶數視承平時纔二十之一而賦須尚多乞重行蠲減漢水決溢漂蕩廬舍桷躬率兵民捍築堤岸賴以無虞改知廣州充廣南東路經畧安撫使以疾乞祠卒

吳表臣（宋史本傳）字正仲永嘉人大觀三年進士累官右正言高宗詔條陳大利害表臣請措置上流以張形勢安輯淮甸以立藩蔽擇民兵以守險阻集海船以備不虞其策多見用遷吏部尚書時秦檜欲令使金議地界指政事堂曰歸來可坐此表臣不答又以議大禮忤意罷去

婁寅亮（宋史本傳）字陟明，永嘉人。政和二年進士，為上虞丞。建炎四年，高宗至越，寅亮上疏云：屬者椒寢未繁，前星不耀，乞遴選太祖諸孫有賢德者，視秩親王，以待皇嗣之生，退處藩服。并選宣祖、太宗之裔材武可稱之人，升為南班，以備環衛。帝讀之感悟，擢監察御史。時相秦檜惡之，諷言者論罷職。

薛徽言（宋史本傳）字德老，溫州人。登進士第，紹興二年遣使分行諸路，徽言以權監察御史宣諭河南。時郴、道、桂陽旱飢，徽言請于朝，不待報，即諭漕臣發衛兵米以賑，而以經制銀市米償之。擢起居舍人。秦檜與金人議和，徽言疏爭之。一日，檜于上前論和，徽言直前引義固爭，反覆數刻，後中寒疾卒。

林季仲（兩浙名賢錄）字懿成，永嘉人。宣和進士，調婺州兵曹，遷仁和令。建炎初，杭卒亂，季仲躬率弓手土兵捍禦，有功，改宣教郎。高宗幸永嘉，中丞趙鼎薦為臺官。及鼎輔政，累遷吏部郎，面對，乞重縣令之選，願陛下乞一命以自勸郎官出宰百里，請自臣始。尋除太常少卿，鼎罷相，亦出知泉州。鼎再相，乃除檢正。時秦檜主和議，季仲上疏引夫差句踐事爭之，大忤檜意，罷去。久之，起知婺州、處州，復以直祕閣奉祠。

張闡（宋史本傳）字大猷，永嘉人。宣和六年進士，紹興十年除祕書省正字，遷祕書郎。秦檜多薦臺諫，必先諭以己意，嘗謂闡曰：祕書久次，欲以臺中相處，何如？闡謝曰：丞相見知，得老死祕書幸矣。檜默然，竟罷，主管台州崇道觀。起吏部員外郎。孝宗在王邸，帝妙選宮寮，謂莊重老成無踰闡者，改命祠部兼王府贊讀。孝宗即位，權工部侍郎兼侍講。金主亮死，復求和，再議遣使。闡言宜歛遣使之命，正敵國之禮。彼或不從，則有戰耳。如是，則中國之威可以復振。是冬，給札侍從、臺諫條時務。時應詔數十人，惟闡與國子司業王十朋指陳時事，斥權倖無所回隱。隆興元年，真拜工部侍郎。俄報王師收復靈壁，闡慮李顯忠、邵宏淵深入無援，奏請益兵殺後。已而果失利，眾論歸罪于戰。闡曰：諸將無援而敗，當矯前失，安可遽沮銳氣？帝壯其言。蓋出御前器甲付諸軍，軍聲復振。特敕易臺諫，闡力言之。帝曰：好名如某人，但欲得直聲而去。闡曰：唐德宗疑姜公輔賣直，陸贄切諫，願陛下深以為鑑。金人求和，帝與議。闡曰：彼欲和，畏我耶？愛我耶？直欺我耳力陳大害不可許帝曰朕意亦然姑隨宜應之帝記責直之語謂胡銓亦及此朕非拒諫者辨是非耳闡曰聖度如天奈何與臣下爭名帝曰鄉言是也除工部尚書金以書通好所請三事國書咸鄙議已從惟割唐鄧海泗未決衆言紛紛不已闡謂不與四州乃可通和議論先定乃可遣使今彼客我主金勢已衰何必先示以弱朝論難之引疾乞祠乃除顯謨直學士提舉太平興國宮陛辭帝問所欲言闡奏許和則忘祖宗之讐棄四州則失中原之心遣歸且入則傷忠義之氣惟陛下無忘老臣平昔之言其指時事尤詳切加賜金犀帶特許佩魚居家踰月卒贈端明殿學士

沈大忞（兩浙名賢錄）字元簡瑞安人建炎進士歷遷樞密院計議官紹興更化拜監察御史遇事敢言無所顧望給事中周葵以封駁忤旨去職大忞力陳其不可無何中書舍人凌景夏相繼去大忞復力言之俱不報自以不得其言求補外除直祕閣福建提刑一時公議翕然歸重

王十朋（宋史本傳）字龜齡樂清人秦檜死上親政策士擢為第一授紹興府簽判或以書生易之十朋裁決如神吏奸不行召為祕書郎兼王府小學教授十朋輪對言權雖歸于陛下政復出于多門是一檜死百檜生也上嘉納秦檜久塞言路至是十朋與馮方胡憲查籥李浩相繼論事太學生為五賢詩述其事除著作郎孝宗受禪拜司封郎中累遷國子司業言人主有大職三任賢納諫賞罰是也上嘉之除起居舍人升侍講每見必陳恢復之計及將北伐上疏曰靖康之禍亘古未有陛下志在興復奈何大臣不能仰副頗成在位者去附和之私心積國家之大計則中興日月可冀因論史浩八罪曰懷奸誤國植黨盜權忌言蔽賢欺君訕上上為出浩史志（正與浩狹異拜浩而又事之十朋論宜黜正與刑林安宅出入史浩龍大淵門盜弄威福至是詐病求致仕十朋并疏其罪皆罷去張浚出師復靈璧虹縣又復宿州會李顯忠邵宏淵不協王師失律浚上表自劾主和者乘此唱異議十朋疏言臣素不識浚聞其誓不與敵俱生心實慕之今浚遣將取二縣一月三捷及王師一不利橫議蠭起臣謂今日之師為祖宗陵寢為二帝復讐為二百年境土為中原吊民伐罪非前代好

大生事者比陛下固不以一䘏為辠議所損然異論紛紛，後既待罪臣其可尚居風憲之職乞賜竄殛改除吏部侍郎力辭出知饒州移夔州又移湖州請祠去起知泉州凡歷四郡布上恩恤民隱所至人繪而祠之東宮建除太子詹事力疾造朝疾革具章告老以龍圖閣學士致仕命下而卒紹興三年謚忠文

胡襄

（兩浙名賢錄）字季皋永嘉人登紹興第隆興初以王十朋薦除江西提刑召對條言宣靖間事臣竊觀見豈惟廟謨外失亦由人心內離願陛下覽觀邊輒憤而後動孝宗傾聽除太常少卿兼樞密都承旨左相陳俊卿雅相敬重襄每燕見必舉當世要事與政所宜先者俊卿喜其助己益重之除直徽猷閣江東提刑移福建卒

薛季宣

（宋史本傳）字士龍永嘉人起居舍人徽言之子年十七起從荆南帥辟書寫机宜文字時江淮仕者聞金兵且至皆預遣其孥而繫馬于庭以待季宣獨留家與民期曰吾家即汝家即有急吾與汝偕死民亦自奮乃行保伍法置候置戍訖兵退人心不搖召為大理寺主簿未至會江湖大旱流民北渡江宰相虞允文白遣季宣行淮西收以實邊季宣為表廢田相原隰復合肥三十六圩立二十二莊于黃州故治東北以戶授屋以丁授田凡為戶六百八十有五分處合肥黃州間謂人曰吾非為今日利也合肥之圩邊有警因以斷柵江保巢湖黃州地直蔡衛諸莊輔則西道有屏蔽矣還言于孝宗曰近或以好名棄士大夫好名特為臣子學問之累人主為社稷計惟恐士不好名誠人人好名畏義何嚮不立帝稱善遷兩官除大理正自是奏請論薦皆報可出知湖州會戶部以曆付場務錙銖皆分隸經總制諸郡束手無策季宣言自經總制立額州縣鑿空以取贏雖有奉法吏思寬弛而不得騁若復額外征其羨耗郡調度須安所出殆復巧取之民民何以勝戶部謀責愈急季宣爭之愈強墓誌交疏助之乃收前令改知常州未上卒

何溥

（兩浙名賢錄）字通遠永嘉人試禮部第一登紹興進士第歷臨安府學教授授刪定官出通判婺州忤秦檜罷檜死以薦除監察御史遷右司諫彈劾不

遷除諫議大夫首論將帥不治兵而治財戰鬬之士變為商賈緒勍鎮江都統制劉寶及吏部侍郎沈介又率同列攻丞相湯思退俱罷之在言路六年知無不言歸為稱職除翰林學士兼吏部尚書以疾卒

徐誼

徐誼（宋史本傳）字子宜一字宏父溫州人乾道八年進士累官太常丞孝宗臨朝久事皆上決執政惟奉旨而行羣下多恐懼顧望誼諫曰若是則人主日聖人臣日愚陛下誰與共功名乎及論業制誼對以害亂則殊其君驕亂則陂其臣壞上改容曰卿可謂不以官自情矣寧宗即位遷權工部侍郎侂胄恃功以賞薄浸觖望誼告汝愚曰異時必為國患宜饒其欲而遠之不聽汝愚雅器誼除授建明多咨訪之誼隨事裨助不避形迹侂胄疑將排己益怨恨以御史胡紘疏責南安軍安置卒後謚忠文

蔡幼學

蔡幼學（宋史本傳）字行之瑞安人年十八試禮部第一孝宗策士是時外戚張說用事幼學對策曰陛下使娥子預兵柄其人無一才可取宰相忍與同列曾不羞恥蓋指說也帝覽之不懌遂得下第教授廣德軍除勅令所删定官光宗立擢校書郎寧宗即位韓侂胄方用事指正人為偽學異論者立黜遂求外除提舉福建常平陛辭言今除授命令往往中出而大臣之責輕諫者絀無故罷去而多士之心惑或者有以誤陛下至此侂胄聞之不悅遂為御史劉德秀劾罷奉祠者八年起吏部員外郎遷國子司業兼權中書舍人侂胄既誅黨餘黨尚塞正路幼學次第彈繳竄斥尤衆遷中書舍人兼直學士院除吏部侍郎仍兼藏趙師羃除知臨安府幼學言師羃媚權臣進官三月京兆狼籍無善狀詔必出褒語臣何辭以草命遂寢除福建路安撫使召權兵部尚書兼太子詹事先是朝廷歲幣入金值有難不果納則遂以兵叩邊胥言當函與幼學言玉璽帛之使未還而侵地之師奄至天怒人憤可不伸大義以破其謀乎于是朝論奮然始詔與金絕幼學因請固本根以弭外虞示意向以定衆志公議引以合材謀審懷同以一南北帝稱善一夕星隕于屋西南逮卒

蔡必勝（兩浙名賢録）字直之平陽人乾道初中右科第一授江東將領召試為閤門舍人倖臣曾覿方用事冀其過己必勝故不往出知邵州陛辭論擇方面人才為天下大計孝宗異之曰觀卿儀表非俗前程未可量也光宗在東宮聞其不見曾覿歎息言必勝固是佳士及即位擢知閤門事光宗病不能喪必勝與趙汝愚定議立寧宗韓侂胄方覬專擅忌之出知盧州既鎮淮右建議濬肥河造戰船大張聲勢以基邊圖侂胄益忌之擢吉州刺史奉祠卒

葉適（宋史本傳）字正則永嘉人淳熙五年進士除太常博士常薦陳傅良等三十四人後皆名用會朱熹為侍郎林栗所劾適上疏爭之疏入不報光宗嗣位由秘書郎為尚書左選郎官時帝以疾不朝重華者七月事皆廢不行適力言之上兩詣重華都人惟悅適復奏自今宜于過宮之日令宰執侍從先詣起居異時兩宮聖意有難言者自可因此傳致不可復使近習小人增損語言以生疑惑不報及孝宗不豫光宗不能執喪適曰上疾而不能執喪將何辭以謝天下今嘉王長若預建參決則疑謗釋矣宰執用其言同入奏立嘉王為皇太子帝許之俄得御批有歷事歲久念欲退閒之語人心愈搖樞密趙汝愚憂危不知所出適告知閤門事蔡必勝與傳昌朝閔禮韓侂胄三人定計亟白汝愚以內禪議太皇太后許之翌日嘉王即帝位百官班賀中外晏然凡表奏皆汝愚與適裁定遷國子司業而侂胄恃功怨望適嘆曰禍自此始矣遂力求外俄為御史胡紘所劾降兩官罷上管沖佑觀起知泉州召對言治國以和為體處事以平為極臣欲人臣忘己體國息心既往圖報方來可也帝嘉納之初侂胄患人不附創偽學之名舉海內知名士貶竄殆盡後侂胄亦悔故適奏及之自是尊網漸解除權兵部侍郎會詔諸將四路出師適又告侂胄宜先防江不聽未幾諸軍皆敗侂胄懼除適知建康府兼沿江制置使金兵大入適募人劫營俘馘以歸解和州圍進寶文閣待制兼江淮制置使措置屯田遂上堡塢之議度沿江地創三大堡石跋則屏蔽采石定山則屏蔽靖安瓜步則屏蔽東陽下蜀西護溧陽東連儀真三堡就流民漸歸侂胄誅中丞雷孝友劾適附侂胄適奪職奉祠凡十三年卒贈光祿大夫謚忠定

趙立夫（兩浙名賢錄）字德成，柴清入登閣禧第，調龍泉簿，累遷大理寺正，出知湖州，改嚴州，州滿，衆協荒最，声上徹，進太府卿，兼知臨安府，入對，理宗語之曰：京師細民當一意撫摩，使常在春風和氣中。遂于府西建春和樓，推廣德意，奉祠去，起為浙西提刑，兼守平江，有旨和糴，立夫奉詔糴二百萬斛，不擾而辦。二年，復以戶部侍郎兼京尹，都民聞之，皆言曰：我輩又在春風和氣中矣。尋除刑部尚書，授龍圖閣待制，提舉萬壽宮，進寶謨閣直學士。

周端朝（萬曆溫州府志）字子靖，永嘉人，行己抗特，少淹貫經史，為葉適所知，從朱子于武夷，學業益進。紹興中入太學，趙汝愚罷相，端朝與同舍生楊宏中等上疏救之，得罷，羈信州，久之放免，時稱六君子。登嘉定第，調桂陽軍教授，首立濂溪祠以示準的，改太學錄，遷博士，入對言：人主之學與士大夫不同，士大夫一心之存亡，繫一身之是非；人主一念之得舍，關天下之休戚。遷秘書少監，侍（兼讀），乞廣收名以備其選，于是薦垂珍、徐青叟、葉味道相繼進用，除權刑部侍郎，卒，謚文忠。

陳昉（兩浙名賢錄）字叔方，閬子，以父任入官，知浦城縣，盜起鄰郡，昉措置得宜，盜不犯境，既而老弱阻饑，極力拯救，境內以安。真德秀薦之朝，與劉克莊等號端平八士。遷司農丞，進直煥章閣，樞密副承旨，權吏部侍郎，乃去，知福州，重士愛民，咸惠兼至，蠲宿逋，都例冊，去郡之日，帑庾充牣，閩人論良牧，必以昉為首。召名為工部侍郎，景定初，以寶章閣待制知建寧府，屬邑產禾之本四十餘穗，人入以為善政所感。除吏部尚書，拜端明殿學士，提舉秘書省，致仕卒，謚清惠。

王持垕（兩浙名賢錄）字載仲，樂清人，選入太學，有声，嘗率六館叩閣論史嵩之，登淳祐進士第，入浙西帥幕府，有薦丁大全可任臺諫者，持垕謂其內懷奸狡，外示狂率，使其得志，必為國家憂，大全聞之憾焉。未幾以著作兼佐書郎。吳潛罷相，持垕輪對言于理宗曰：宰相進退人材，當進賢退不肖，不當以用舍快恩讐。潛貶，持垕上疏力爭之，不聽，遂罷歸。賈似道忌潛，甚疑持垕黨潛，併惡之，由是十五年間三擢不越郎曹，二典皆不終。似道敗，始除大理少卿，未上卒。

陳力修（萬曆温州府志）字介翁，平陽人。登紹興第，歷除浙西提刑。海寇蘇阿六猖暴，前使者置不問，力修設計授吏擒之，正其罪，浙右震悚。除祭酒兼中書舍人。面對，言援遊蔽賢之罪，理宗大悟。會戚里有以濫恩驟進者，格其命，遂奉祠去。盜起荻蒲，朝廷名吳愚節往諭，盜聞風潰去。久之，復請祠歸。

周元龜（温州府志）字錫疇，平陽人。登嘉熙第，歷江淮諸司幹官，開慶間提轄左帑。時太學六士叩閽，時相怒其攻己，欲去之，將以元龜為諫官，諷以意。元龜正色曰：「臺諫天子耳目，不可以市私恩；直士國家元氣，不可以報私怨。」遂被劾，除主管官誥院。未幾，賈江東限田，元龜曰：「熙寧間海內無事，王安石以新法騷動，釀成不忍言之禍。普天莫非王土，未聞瘠子以肥父而家可為者。」又被劾去。

明

黄淮（獻徵錄）字宗豫，永嘉人。洪武丁丑進士，除中書舍人。永樂元年命為左庶子兼侍讀。嘗有告黨逆者，淮曰：「洪武末年有敕禁革，不宜復舉。」從之，大獄遂息。靖難師後，吏部以南人官北土，都如順者奏編行伍。淮曰：「迺有敕旨，征討官與舊官事同一體，若復追罪，南人與敕旨相背。」上即罷之。阿魯台既納款，欲牧土為諸部，聽其約束，請朝廷刻誓詞于金甑，集諸部長，屠酒飲之以盟。淮曰：「諸部各自為心，則力易制；若併為一，則愈難為，豈可墮其奸謀。」上顧左右曰：「黄淮如立高岡，無遠不見；滿華如立平地，所見惟目前耳。」至識疑獄，議鈔法，其識見尤人所不能及。仁宗嗣位，陞少保、戶部尚書兼武英殿大學士。宣德初，以疾乞歸。

湯宗（分省人物考）字正傳，平陽人。由太學生歷遷刑部郎中。永樂初，擢蘇州知府，生事左遷，用薦召授大理寺丞。時外吏貢使病死，獄之，謂醫殺之，獄成，宗閱牘歎曰：「吏人子，吏素無仇怨，寧有故殺之理。」卒辨其誣。仁宗涖政，進左少卿，陞南大理寺卿。宣宗嗣位，命清理戎籍于山東。時天久不雨，宗極陳民間飢饉貧困之狀，請免租稅，蠲徭役，罷不急之務，帝皆從之。尋召還，卒。

陳奎（萬曆温州府志）字秉文平陽人永樂進士歷禮部主事工部都水郎中嘗疏
鮮太僕陳汭爲政之謬以萬計正統初議也先桀驁勢必犯順宜于河
河套等處增城堡以防馳突至己巳果有土木之變又論
中貴王振之黨王山彭浮清以救侍講劉球忤旨論杜之

章綸（名學編）字大經樂清人正統己未進士景泰初爲儀制郎中屢有論諫懷獻
太子卒人心危懼御史鍾同諷禮部請復立沂王東宮綸亦疏言上皇君臨
天下十有四年陛下親爲臣子歲時節旦宜率百官朝見延安門復汪后于中
宮以正閫儀復沂王于東宮以定國本帝見疏大怒下詔獄炮烙瑕鍛引
大臣及通南城狀體無完膚竟不承乃錮禁獄中天順初首詔出獄拜禮部右
侍郎二年山東大水民飢守臣請免田租不允綸再請得減十五尋改南京吏
部成化十二年請老
卒特贈尚書謚恭毅

章元應（萬曆温州府志）字順德綸子成化乙未進士任南京禮工二科給事中慷
慨敢言有父風孝宗初嘗按劾中官汪直并其黨陳鉞疏救邊臣馬文升
薦王恕鄒濬楊守陳何喬新堪任宰
輔時論偉之累官廣東布政使卒

高友璣（萬曆温州府志）字肅政樂清人弘治庚戌進士以刑書出守九江治爲十
三郡最時田州土官岑猛作亂廷簡有幹局達權變者官其地遷廣西
參政管田州府事單車入境諭以順逆禍福不煩兵而歘來聽命擢陝西布政
使尋爲副都御史巡撫大同以抑貴幸坐致仕用薦起爲總督漕運副都御史
誅江淮鹽徒首惡有貝曾淺旋進南京刑
部尚書謝病歸卒贈太子少保謚襄簡

王讚（萬曆温州府志）字思獻永嘉人弘治丙辰進士授翰林院編修正德丙寅陞
侍講充經筵講官進講舉直錯枉章舉宦官妾以諷瑾指逆瑾瑾怒捏旨
詰責遷國子司業瑾誅進南祭酒請明正學著四書五經箴敎等篇改北祭酒
擢禮部侍郎時事篤數巡幸儲位久虛乃疏請育宗室一人于宮中並乞回鑾

語甚切直以母憂歸尋卒贈禮部尚書謚文定

陳璋（獻徵錄）字宗獻樂清人弘治乙丑進士授刑部主事曰士不讀書謂之廢學官不讀律謂之曠官乃研求法意至忘寢食律有疑難輒為註解遂以法家名歷員外郎中奉勅審錄八閩所活不下百餘人事竣還京適武宗欲南巡上疏諫止受杖五十伏枕五月而後起世宗嗣位陞大理寺卿時錦衣捕獲羣盜數十人十有十二人實平民也送大理審璋曰笞一贓獲不當其罪入且得而議之況置十二人于非命乎具奏釋之給為刑部左侍郎有上官以非法杖死下吏下法司獄或欲貸之璋曰殺人抵罪官與民一也固執不可忤執政意即乞致仕歸

張孚敬（舊浙江通志）字茂恭永嘉人初名璁成進士世宗以興獻世子入繼大統下廷臣議所以尊崇興獻王及后者久不決孚敬言皇上以武宗弟入繼武宗統非繼武宗嗣也書上大臣不喜出為南京刑部主事時議尊孝宗為皇考興獻帝為本生父孚敬復上疏力爭言獻帝得稱考不得稱本生孝宗當稱伯考不得稱考因上所著或問二篇帝大悅超拜翰林院學士明年以侍郎攝都御史平反妖人李福達獄晉都御史以禮部尚書兼文淵閣大學士輔政中貴自武宗以來暴橫久孚敬數為帝言中貴奸惡狀帝裁革鎮守監鎗市舶之類殆盡孚敬以言禮貴于禮多所釐定如分祭南北郊正先師號易像而主錄閭國勲皆相業之表表者張鶴齡以外戚寵衰為無賴所訐罪當族孚敬力爭之終孚敬世得長繫孚敬為相守己以正有賢能稱卒贈太師謚文忠

王諍（萬曆溫州府志）字子孝永嘉人嘉靖庚戌進士授溧陽令論最擢山東道御史巡鹽河東巡按河南沐黔國肆毒一方按法繩其家屬沐懼餌黃金三百兩拒不納陞大理少卿讞大獄據律駁其誤疏奏帝是其議且著為令晉僉都御史巡撫貴州宣慰安國亨戕殺嫡叔總兵官請討敗績諍上疏自劾回籍

李光春（溫州府志）字元甫樂清人性孝友嘉靖丙辰進士任廣信府推官沐黔國遣官展祭遠祖因奪國產借朱子懷玉書院光春撻其官牒上撫按恚

迓所奪產譽震于朝擢御史彈擊不避權貴逆璫魏忠賢擅政會大雨雹光春抗疏極論忠賢罪忠逆目奪俸尋左遷九江兵備崇禎朝游歷福建江西河南藩臬所至著賓績晋協理院事右僉都御史署院篆登臣王黎奎劾陳啓新緘默溺職啓新方用事疏入下聚奎議處光春力為申救遂罷歸

同應期（永嘉縣志）字克昌永嘉人萬曆乙未進士授礼部郎中魏璫柄國令改寺學儀注執不可黨人銜之出為福建兵備值海逆倡亂調度兵食秘授方累降其衆十餘萬歷晋右副都御史理屯京東會遼十監臣分鎮畿輔應期力疏諫上致仕後杜門不出者十九年

處州府

宋

管師仁（宋史本傳）字元善處州龍泉人第進士知建昌軍有善政擢左司諫河北濱棣諸州歲被水患民流未復租賦放在師仁請蠲減以綏徠之一方賴其賜遷工部侍郎擢刑部尚書以樞密直學士知定州時邊備不整而遼至自至為西人請侵疆師仁下令增陴浚隍繕葺甲胄轉朽迄成外間無日者而日與賓客燕集示閒暇使數不疑疑以為同知樞密院才兩月卒

王信（宋史本傳）字誠之麗水人紹興三十年進士授太學博士轉對言敵情不可測和議不可恃權考功郎銓曹遂清選者私相語指為神明陞左右司員外郎轉論對朝廷有恤民之政而州縣不能行恤民之實又言屯田利害上皆納之遷太常少卿兼權中書之遷太常少卿兼權中書舍人假礼部尚書使金歸言金人必衰之兆有四在我當備之策有二上首肯之宦者甘昇既逐識提舉德壽宮信亟執奏學士洪邁達入上諭之曰王給事論甘昇甚當特太上皇后以小黃門宦多數不習事獨昇可任責以是疏駁不欲行卿見王給事可道此意信過事剛果論奏不避權要人多嫉之信亦力求去提舉崇福宮起知湖州棣章判析敝如流泉擢知

紹興府浙東安撫使奏免通官錢十四萬緡七萬匹綿十萬五千兩米二十萬斛山陰境有後猕湖四環皆田歲苦潦信創起斗門導瀦注之海築十一壩化匯浸為上腴民繪像以祠更其名曰王公渡疾作請老以通議大夫致仕

張貴謨（兩浙名賢錄）字子智遂昌入第進士知江山縣光宗即位投匭進書極言民力已窮邦本不固凡科斂之繁宜一切罷去幾萬餘言轉朝奉郎輪對數陳民間疾苦一十八條光宗嘉納之除司農寺丞時西浙旱災昆陵尤甚遂出知州事涖任講行荒政飢民賴以全活者五十萬除吏部員外郎崖郎中使金還論內修外攘之略轉朝散大夫會行郊禮極言郊赦為小人之幸不可為常帝可其奏未幾奉祠歸里以磨勘轉朝議大夫封遂昌縣開國男

何琮（括蒼彙紀）字宗玉松陽人授吉州安福簿大書門扁曰以儉養廉將勤補拙琮入朝除左正言轉殿中侍御史先此臺諫多為宰相私人有彈劾先進副封琮獨守舊法斥貪逐佞多合清議與相意忤改為起居舍人一日諷琮駁陳墳除命答曰琮他日尚欲附善類相怨左遷福建運副使後召為戶部侍郎卒

王唐珪（括蒼彙紀）字君玉松陽人淳祐元年進士授紹興府法曹差尚書省樞閣官分守平江未幾擢監察御史上封事言守令不職由宰輔奸邪同出所致賈似道怒諷御史陳堅彈罷之

趙順孫（黃溍趙順孫阡表）字和仲縉雲人淳祐十年進士除秘書省正字咸淳改元為秘書郎兼崇政殿說書因進講言今恭建元伊始正治亂相承之机度宗聽擢監察御史歷進侍御史兼侍讀時有藏獲逃宮掖汰後順孫疏奏者八而奏者三又累疏乞召洪天錫陳宗禮還居言職勃襲日升昏鄙不宜為祭官他所論薦何基呂大圭等十數人多朝更宿望度宗皆嘉納謝堂以從官尊旨樞更出入宮禁權傾中外順孫奏外戚用事漢祚中微長此不可福有不可勝言者歷疏其奸卒免堂官賈似道以太傅平章軍國重事順孫力陳其買田變楷之弊乞討論之似道不悅遂以顯文閣待制知平江府兼淮浙發運使兌處州

是郡庚赤立事以夏初徵民租順孫謂古者十月納禾納今先期半載民何以堪首以侍入及例奏所供物雜米而抑浮費以繼之雜錢二十萬斛迄免預徵復召為吏部尚書進同知樞密院事兼恭知政事自躋政地數建守備之策似道自詭知兵終不以為意順孫憂憤成疾卒

明

劉基

劉基（舍州文料）字伯溫青田人少穎敏絕羣善經學博通天官陰符家言元末舉進士授瑞州高安丞以廉節著尋與其長不合投劾歸方谷珍久海上肆橫不可制山寇蜂起行省乃以都事辟基授以兵基且撫且討寇悉平經略使上基功僅以故資遷總管府判基遂歸青田山中會高帝已下金華定括蒼使以金帛來聘乃走金陵見上陳時務十八策上大悅俄陳友諒傾國入寇勢張甚上欲發兵禦之而衆恇擾不決基曰賊驕矣誘之深入而伏兵徼取之易易耳于是決策破友諒盡獲其衆母喪告歸上于軍國有所詢輒馳書叩基基事事條對皆中俄召還上問曰吾欲取陳友諒張士誠而議者多謂士誠密邇且富而弱宜先取若為我策之對曰士誠自守者耳陳氏據上游稱帝此不宜久蘊崇之取陳氏則士誠囊中物耳會友諒攻圍洪都上遂率師迎擊之大戰于彭蠡湖基請移軍湖口以金木相犯日決勝陳氏遂平上即位擢御史中丞諸大典制皆基與李善長宋濂計定時處州七縣糧當加于宋歲額五升上獨令青田僅以五升為額曰令鄉里世世子孫頌劉伯溫也上欲相中書左丞楊憲以問基對曰憲有相才無相器問汪廣洋何如曰此褊淺殆甚于憲胡惟庸何如曰用之債轅破犂犢也上曰吾固難之吾之相無逾先生基曰臣非不自知第臣疾惡太甚又不耐繁劇恐孤陛下恩後以病請告就醫青田明年大封功臣手詔敘基勳伐封誠意伯名赴京師命兼弘文館學士而胡惟庸已代廣洋為丞相基乃大感曰吾安敢希言驗即驗如蒼生何遂悒悒不樂屬疾卒正德中追贈基太師謚文成

章溢（史槩）字三益龍泉人弱冠從王毅游講正心修身之學王依新黄寇犯境集里民為兵擊却之石抹宜孫留溢議軍事盡平屬縣凡三授官辭不受結廬匡山自號匡山居士己亥王師克處州避入閩中高帝來帛來召與劉基葉琛宋濂同至建業入見問曰四海紛紛何時定乎溢對曰天道無常惟德是輔不嗜殺人者能一之上悅擢僉營田司事巡行江淮田差稅有等擢浙東按察僉事總制胡深出師溫州詔溢還守處州餽餉無缺師旋以總制事付深還所部遷湖廣僉事鎮撫回回怙勢作威輕重人罪廉得狀坐以法既而胡深伐閩陷沒處州震動陞浙東副使鎮之比至山寨多叛溢宣多詔旨勒兵誅首叛若餘皆帖帖處州僉水軍隸軍有役頃事擾奏設千戶所統之又奏免山田稅海賊入寇溢拒戰破禽畧盡朱亮祖取溫州軍中掠人子女溢悉搜出還其家處州糧額以軍興加徵十倍言之詔從其舊拜御史中丞時臣多尚嚴溢務存大體不屑屑細故或問之曰憲臺百司之表當先養以廉恥使人不犯豈以搏擊為能哉先是上從溢議令李文忠入閩溢子存道部鄉兵萬五千人以從事平詔存道以兵從海道北征溢持不可曰鄉人農人耳始令征閩許事平歸農今復調之是失信也兵已入閩者俾還州里昔嘗叛逆之民籍為軍使北征一舉而恩威著矣上善曰孰謂儒者迂先生其為朕一行比至母憂求守制不允遣子存道還家治喪自理戎事兵既集命存道部領浮海北行再申前請許之居喪悲戚過度嘗兆宅親負土石感疾卒

薛希璉（獻徵錄）字廷器鹿水人宣德庚戌進士拜監察御史正統五年以選憲臣分行天下舉陷荒之政希璉直江西所至以便宜剗奸蠹廣儲蓄增築陂塘吏服而民賴之擢刑部右侍郎閩寇鄧茂七亂後郡縣凋弊希璉受命鎮撫其地撫輯人民既而殘寇羅王復起調兵討之降者數萬計其負固不服者維兵擊斬殆盡閩寇乃平以功陞刑部尚書

李崇（括蒼彙紀）字宗楷縉雲人宣德進士為刑部主事歷郎中秩滿當遷宦者王振嫉不附己深抑之或勸謁振崇曰官可不做名節不可汙卒不往振死超

遷本部右侍郎巡撫廣西威惠並著猺人畏服土官黄竑殺嫡自立棠收竑置獄論死時憲宗在東宮景帝欲易之立己子竑希旨建言得出獄陞都督棠因此致仕過嶺南歸聞衣箧中香草一束笑曰此非廣中物耶取投水中

虞瑶（兩浙名賢録）字邦瓊縉雲人第進士官給事中成化間以建言忤昭德宫下懿旨將置之死同列為擊登聞鼓救免中貴盧永督採廣州礦課外横任礦戶戶率棄家而逃瑶抗論得罷時稱為真諫官累遷至兵部侍郎卒

應檟（獻徵録）字子材遂昌人嘉靖丙戌進士授刑部主事惠安張某以賊數下部客有為張私謁者夜遣金七百峻拒之竟獻如法遷知常州府適當定冊究極利弊詳定規畫丁隸黄冊糧擇賣徵其所更賦役二法最為精善歷陞山東布政使擢兵部右侍郎提督兩廣軍務桂平等處猺獞雜處半為盜藪積五十年餘檟至諭以禮意檗家屯馬江等剿賊悉致服惟七山諸寇恃亂自若檟親督精鋭擊之賊敗劬棄巢走遂封其山籍其田盧蓄物令官兵屯住耕作爲捷聞賚金帛蔭一子

卷三終

歷代兩浙人物志卷四

忠臣

和沈廷芳敬輯

杭州府

南北朝

卜天與(南史本傳)餘杭人善射宋武帝元嘉中為廣威將軍領左細仗元兇劭事變倉卒舊將羅訓徐罕皆望風屈附天與不暇披甲執刀持弓疾呼左右出戰徐罕曰殿下入汝欲何為天與罵曰只汝是賊手射劭于東堂幾中逆徒擊之臂斷倒地乃見殺孝武即位贈龍驤將軍益州刺史謚壯侯

隋

許善心(隋書本傳)字務本新城人拜通直散騎常侍有神雀降于含章闥善心于座請紙筆製頌奏之高祖悅除秘書丞大業十年駕幸江都授通議大夫十四年化及弒逆隋官盡詣朝謁賀善心獨不至化及執至朝旋令釋之善心不舞蹈而出化及目送之曰此人大負氣遂害之

唐

許遠(舊唐書本傳)善心曾孫鹽官人初從軍河西為磧西支度判官特仇兼瓊鎮劍南辟為從事欲以子妻之遠辭兼瓊怒積他事中傷貶為高要尉後遇赦得還祿山之亂或薦遠素練戎事明皇召見拜睢陽太守累加侍御史本州防禦使及賊將尹子琦以圍遠與張巡姚誾嬰城拒守經年外救不至矢糧俱盡

而城陷子琦執
送洛陽害之

師古瑯琊臨沂人
真卿祖昌任塩官
州判卒于官父必
卒子籍塩官

顏真卿

（唐書本傳）字清臣師古五世從孫開元中進士遷監察御史使河隴時
五原有冤獄久不決天且旱真卿辨獄而雨郡人呼御史雨遷殿中侍御
史楊國忠惡之出為平原太守安祿山逆狀牙櫱真卿度必反陽託霖雨增陴
濬隍祿山及河朔盡陷獨平原城守具備時平原有靜塞兵三千乃益募得
萬人饒陽濟南清河鄴郡景城各以衆歸軍聲大振會賊破東都遣段子光傳
李憕盧奕蔣清首徇河北真卿恐衆懼紿諸將曰吾素識憕等其首皆非是乃
斬子光藏三首他日結芻續體為位哭之是時從父兄杲卿為常山太守斬賊
將李欽湊等清土門十七郡同日自歸推真卿為盟主兵二十萬絕燕趙詔拜
戶部侍郎加河北招討採訪使清河太守使郡人李萼來乞師真卿許之檄清
河等郡遣李擇交拒戰賊敗斬首萬級肅宗即位祿山急攻河北諸郡復陷獨
平原博平清河固守真卿渡河謁帝詔授憲部尚書遷御史大夫方朝廷草昧
不暇給而真卿繩治如平日宰相厭其多言出為馮翊太守轉浙西節度使召
為刑部侍郎李輔國遷上皇西宮真卿率百官問起居輔國惡之貶蓬州長史
代宗立累遷尚書右丞儀以檢校刑部尚書為朔方行營宣慰使未行留知省
事更封魯郡公時元載多引私黨畏羣臣論奏請每論事先白長官長官以白
宰相宰相詳可否以聞真卿上疏謂塞絕忠諫載以為誹謗貶峽州別駕遷撫
湖二州刺史載誅擢吏部尚書楊炎當國以直不容換太子少師猶領使及盧
杞益不喜改太子太師并使罷之數遣人問方鎮所使將出之真卿辭之曰先中
丞傳首平原面流血吾親舌舐之公忍不見容乎杞矍然下拜而銜恨切骨李
希烈陷汝州杞乃遣真卿往諭詔可公卿皆失色真卿既見希烈宣詔旨希烈養子千餘拔
刀爭進真卿顏色不變時朱滔王武俊田悅李納謂希烈曰聞太師名德久矣
欲建大號而太師至求宰相孰先太師者真卿叱曰吾守吾節死而後已豈受若
等脅耶希烈乃拘真卿守以甲士掘方丈坎傳將坑之真卿曰死生分矣何多
為乃拘送真卿蔡州度必死作遺表墓誌祭文指寢室壁下曰此吾殯所也興元

錢塘人

後王師復振賊慮変遣将辛景臻安華至其所積薪于庭曰不能屈節當焚死真卿起赴火景臻等遽止之希烈弟希倩坐朱泚黨誅希烈怨使閹奴害真卿曰有詔真卿再拜奴曰賜卿死曰老臣無狀罪當死然使人何日長安來奴曰從大梁來罵曰乃逆賊耳何詔云遂縊殺之淮蔡平贈司徒謚文忠

五代

水邱昭券（兩浙名賢録）臨安人事吴越王佐為内都監使佐欲誅程昭悅令昭券夕率甲士千人圍其第昭券曰昭悅有罪當顯戮不宜夜興兵未幾佐卒倧嗣與何承訓謀逐胡進思昭券諫不從謀洩難作昭券聞変入衛遂被害

宋

鞠嗣復（宋史本傳）宣和初知休寧縣方臘黨破縣欲逼使降面斬二十以怖之嗣復罵曰自古妖賊豈有長久者爾當去逆從順因我而歸朝官爵尚可得何為脅我降復知必死屢言何不速殺我賊曰我縣人也明府宰邑有善政我不忍殺乃委之而去初嗣復聞難率吏民修城聚衆赴功守備略就朝廷知之加直祕閣擢知睦州會為賊所傷自力渡江乞師于宣撫使未及而卒

滕茂實（宋史本傳）字秀頴臨安人政和八年進士靖康元年以工部員外假工部侍郎副路允廸出使為金人所留金粘罕素聞茂實名乃遷之代州又自京師取其弟華實同居以慰其意欽宗自離都城舊臣無敢候問起居者茂實聞欽宗將至即自為哀辭且篆宋工部侍郎滕茂實墓九字取奉使黄幡裹之以授其友人朔寧府司理董詵欽宗及郊茂實迎謁拜伏號泣金人諭之曰國破主遷所以留公蓋將大用迎令易服茂實力拒不從請從舊主行金人不許憂憤成疾卒詵歸録哀辭上其事紹興二年贈龍圖閣直學士官其家三人

唐恪（宋史本傳）字欽叟錢塘人以廕登第調郴尉大觀中牂牁內附名為屯田員外郎持節招納敵也恫疑表甲以迎恪盡去兵衛從數十卒渾行數望見惟呼投兵聽命以奉使稱職遷右司員外郎起居舍人迎遼使還言河北邊備弛廢宜及時治之中貴人中以他事降知梓州召拜戶部侍郎京師水暴至汴且溢付恪治之因上疏言水陰類也至犯宮闕天以陰盛之沴儆告陛下願垂意時事蓋儆天戒靖康初拜同知樞密院事洎金兵薄城下密言于帝曰宜舉景德故事留太子居守而西幸洛連據秦雍領天下親征以圖興復帝曰當以死守社稷何㮚為相京城不守車駕至金營恪曰計失矣既而還宮恪請入覲㮚不可復幸恪曰一之為甚其可再乎及金人逼百官立張邦昌令吳幵莫儔入城取推戴狀恪仰藥而死

王稟（杭州府志）海寧人靖康之阨以孤軍守太原數九攻而九拒之援兵不至矢盡糧絕招之卒不屈城陷與其子荀入告原廟抱太宗御容抗辭罵賊父子同赴汾水死建炎四年追封稟為安化郡王謚志壯荀贈右武大夫忠州刺史名其孫流襲封

楊九禹（武淳臨安志）字叔鎮以父由義任入官帥襄漕夔有善政復易利漕帥天漢數劫大散關九禹復之又復皂郊殺偽元帥完顏阿璘後兵再至九禹死守清野原除太府少卿總領蜀賦時都統吳政戰沒麾下兵潰數擁漢中犄大安軍九禹撒張威何進戰于三泉四馬不返會蜀有新帥首招潰卒至雞公嶺復數師扶兵以遁有勅九禹遁者答曰九禹有職守不可去賊至遂遇害贈五官至朝議大夫官其子三人

文薇（萬曆杭州府志）字洵美一云東美鹽官人勤苦力學登崇寧進士累遷戶部郎官出為京西運判薇宗下詔罷已罷西城所督逋賦徽悉焚其租籍退右司郎中以疾致仕高宗即位起為司農少卿建炎三年扈駕至江口遂遇害贈左大中大夫右文殿修撰子龜年岑年皆至員外郎

姚興（武淳臨安志）舊名叔興新城人有勇力善武藝為統制官隸王權紹興三十一年完顏亮入寇兵至和州尉子橋興以一軍三千人力戰權置酒仙宗山上

摧羣刀斧自衛殊不接與、殺賊數百以援不至而沒朝廷為
之立祠以來其忠寧宗朝追贈襲慶軍節度使開府儀同三司

趙卯發

（宋史新編）字漢卿昌化人卯一作昴以上舍登第擢通判池州元兵渡江
守王起宗棄官去卯發攝州事繕壁聚糧為守禦計元兵至都統張林屢
諷之降卯發憤氣填膺瞠目視林不能言林以兵出巡江陰降歸而陽助卯發
為守兵皆歸林卯發知不可守乃謂其妻雍氏曰城將破吾守臣不當去汝先
出走雍氏曰君為忠臣我獨不能為忠臣婦乎兵薄城卯發晨起書几上曰君
不可叛城不可降夫妻同死節義成雙與雍氏盛服同縊死事聞贈文華閣待
制謚文節雍氏贈順義
夫人錄二子為京官

周宣

（瞿佑周宣傳）字公猷錢塘人仕職方郎中德祐丙子元師次皋亭宣上表請
兵擊之時陳宜中主降議不報因自集族黨家丁為報國計及元兵入臨安
帝后違狩宣乃北面泣拜率衆與戰身
被刀矢負痛手格殺數十人隨遇害

馮驥

（兩浙名賢錄）字德父富春人性至孝母病刲股和藥以進登景定進士調安
吉武康簿有聲累遷大理丞時元兵下襄樊朝廷募豪傑為戰守計驥被薦
協張濡守獨松元兵來攻殺其渠帥元將益兵
援之濡遁驥與弟驌力戰死贈集賢殿修撰

謝緒

（錢塘縣志）理宗皇后謝氏之族也世居邑之安溪德祐二年帝北狩謝太皇
太后以病請留元兵突入宮舁之而去緒大慟作詩二章與其徒訣曰生不
能報國恩死當訴之上帝異日黃河水北流是吾效靈之證遂赴
水死時苕水陡湧高丈餘緒尸立而逆流舉葬于金龍山之側

元

鄒世聞

（杭州府志）字聞達登州黃縣人襲授百戶戍海寧遂為海寧人
張士誠陷浙西見宋官從賊者切齒罵不絕口元亡不食而死

明

袁興（萬曆杭州府志）錢塘衛千戶諸暨之戰劉總管為賊所執興突入其陣斬首數十級脫劉還及見主帥劉自以為功興恬不之怪亦未嘗以語人人咸服其量軍士嘗乏食興鮮銀甲易粟活之及王師攻雲南之龍海興從征慨然曰吾此行不生擒渠魁不返也遂力戰死詔遣死祭贈明威將軍指揮僉事

陳鏞（成化杭州府志）字叔振錢塘人永樂進士選庶吉士授禮部祠祭司主事宣德二年征交南兵部尚書李慶贊軍務舉六鄉之屬才且賢者自輔遂以鏞與儀制郎中豐城史安同行二人屢進忠益慶與主將初聽之屢騰絀不納竟至敗被執鏞顧安曰吾輩見危授命耳皆不屈死

于謙（湯斌于謙傳）字廷益錢塘人永樂辛丑進士宣德元年授山西道御史按江西辨疑獄出數百人于死後征漢庶人既就縛帝命謙數其罪謙應聲數百言辭嚴義正庶人流汗伏地不敢仰視帝大喜五年超遷兵部右侍郎巡撫河南山西于吏術民事無不精到尤以足兵食明舉措振綱紀為急當時三楊當國皆重謙所奏請朝上夕報可正統中議事京師薦參政孫元貞王來自代時王振用事以謙無所餽賂言官劾謙以久不遷怨望擅舉人自代無人臣禮下法司論罪未幾貰出左遷大理寺少卿河南山西民赴闕請留謙者迺萬人乃命以少卿復巡撫十二年召入為兵部右侍郎十四年也先大舉入寇王振挾帝親征謙與尚書鄺埜諫不聽土木師潰帝北陷京師大震皇太后詔郕王監國王御左順門廷臣爭言振罪應族眾洶洶振黨錦衣指揮馬順及毛貴等捶死之班行亂王懼屢欲起謙直前掖止之請下令曰順等有罪捶死弗論即遣都御史陳鎰籍振家械其姪山磔于市諸臣始退王乃起還宮吏部尚書王直執謙手嘆曰朝廷正藉公耳今日雖百王直何能為皇太后聞之曰國家幸賴斯人尋進兵部尚書妻以軍事加太子太保辭不許九月景帝即位十月也先自紫荊關入殺掠官民警報日急侍講徐埕言宜及時南遷廷臣多和之謙厲聲曰京師天下本宗廟社稷陵寢在焉百官萬姓帑藏儲蓄無慮一動足

大勢去矣帝是謙言議始定謙乃奏用王通楊善守京城孫鏜衛穎張軏雷通分兵出戰石亨楊洪柳溥為總兵監以給事中王竑葉盛程信姚夔盡移郭外人入城所至堅壁清野勿與戰通州糧百萬悉散給官軍餘令運入城留芟不及運者焚之勿資敵謙躬擐甲冑慷慨誓師士人皆感奮也先衆薄城下見嚴陣不敢犯要大臣出議和索金帛帝以問謙謙曰臣受命治軍旅他非所敢聞也乃約幾以大礮擊其營死者數千人也先大沮詔進少保謙固辭也先數遣使通款許歸上皇時大臣王直等請遣迎駕甚力上不懌謙從容進曰天位已定誰敢異議但君臣大義兄弟至情自當遣使奉迎耳帝改容曰從汝從汝于是遣都御史楊善等往迎上皇還京師當是時也先既屢犯京師脫脫不花寇遼東不樂出寇陝西浙江葉宗留福建鄧茂七廣東黃蕭養各擁衆僭號南蠻西蜀復乘間蠢動命將出師變在俄頃謙內領京城外籌邊鎮條畫悉中机宜僚吏受成相顧駭服雖宿將勲臣小不中程律即請旨詰責片紙行萬里外無不惴惴效力帝推誠倚任而口不言功深自斂飭帝嘗賜第閔西謙曰國家多難何以家為取前後所賜璽書袍鎧冠帶弓劍之屬悉加封識歲時一謹視而已謙自奉儉約所居僅蔽風雨平時多宿直房以便朝謁聞病痰壅和藥寓須竹瀝帝為親幸萬歲山伐竹取瀝以賜或言謙柄用太過帝意盖望初徐珵議南遷因謙言為帝所薄後改名有貞深怨謙石亨初坐事繫獄謙請赦而用之亨乃請官謙子冕府軍副千戶謙曰臣欲為子求官當乞恩君父何必假手于亨亨聞而慚憾益甚亨從子彪驍猾謙數裁抑出彪為大同遊擊參軍于是憾至切骨太監曹吉祥劉永誠皆與謙共事兵間憚謙凌己亦啣之帝不豫有貞與亨吉祥開南城門復上皇位遂誣謙與大學士王文太監舒良等欲盜金符迎立襄世子都御史蕭維禎責等坐謀及當拱廷鞫時文不勝憤仰首辯不已謙曰亨等意如此辯何為獄具奏宗猶豫曰謙實有功若何有貞進曰不殺謙今日之事無名帝意乃決遂斬于東市家屬戍邊謙死之日天日陰霾行路涕泣皇太后聞之嗟悼累日帝亦悔之成化元年詔復謙官赦其家遣行人諭祭弘治三年贈太傅謚忠愍萬曆中改謚忠肅建祠墓側曰旌功

何禺（兩浙名賢錄）餘杭人入内為長隨好讀書知大義弘治間見張皇后兄弟出入宮禁心甚忿之以為祖宗法度外人不得至此一日孝宗與張飲偶起如厠除御冠于几冠者張戴之復帶酒汙宮人禺持金瓜候門欲擊之時太監露其事張得脫明日禺上疏極言之張后大怒捽禺至樓殺之投屍海子

呂忠（嘉靖海寧縣志）字守誠其先廬州人世襲海寧所副千户遂為海寧人正德八年江西姚源洞王浩八作亂流劫浙東當道檄忠率兵勦捕忠辭其母頓妻鄭曰吾母在汝謹事之為臣死忠吾不暇内顧矣行至開化賊衆突至即率勵曰賊勢甚盛可避之忠怒提刀斫其背曰朝廷養兵百餘年一旦忍忘之耶直前酣戰射殺十數人孤軍無援被賊攢刺墜馬死奏旨陞其子一級

林文貴（嘉靖海寧縣志）台之黃巖驛兵也從千户呂忠征姚源洞賊賊猝至忠力戰死衆遂奔潰文貴厲声曰不可負主大呼提槍刺賊賊擁衆執之脅使降文貴怒罵曰我朝廷命軍豈從爾賊賊縛貴于樹罵不絶口剖腹刳心而死

查約（閩書）字原博海寧人弘治進士以南刑部郎出為福建僉事治異等遷平郎武登福州軍相紲嬙亂約以鎮車中諭衆咸戢服擢山東副使進福建左布政使歲洊飢下令諸司掾上納者悉出穀分貯諸倉備賑擢撫山東未行侯官人林汝美以殺妻論死繫獄中又有二小劇盗也與汝美同繫二囚私賂守獄卒寛其械遂藏兵瓜中率衆破獄犴出殺令復破府中獄出衆囚相與趨南門將入海約自以故有德于閩出為化誨言未脫口而刃已陷胸矣閩人立祠祀之

孫商偉（富陽縣志）富陽人嘉靖癸丑歲貢授福建寧德州教諭倭寇入學宮欲挾商偉行商偉曰我學官也職死學中去此一步非死所矣遂死夫子像前

吴想宣（杭州府志）杭州衛指揮萬都督表女夫也嘉靖癸丑倭亂海上表聞变命想宣將之力焚其巢大破之想宣乘勝逐寇倭偽遁為所抱想宣曰死吾職也恨不殲此賊耳重創而死

祝淵（海寧縣志）字開美海寧人崇禎舉人時劉宗周負時望疏救熊開元姜埰上斥其官廷臣無敢言者淵發憤上疏曰流寇方訌不宜遠斥風憲疏入下所司切責之問究主者賜廷杖抗聲曰男兒志在報國安有身上書更指他人者全名為其詞直上之遂釋獄甫半日而賊陷京師作絕命詞以死

許文岐（舊浙江通志）字我西仁和人崇禎甲戌進士授南京兵部主事進郎中出知黃州府未逾月賊至文岐伏兵以待賊奔潰奪大旗而還擢下江防道駐新州十六年賊東夜急攻會大雪枹鼓無聲城陷被執撿其臂得浮印擁至賊營不遂加害散繫七十日過黃州舉人曰賊不過廿二三良民被脅者過半耳今以鄉團為約可自殺殺賊有王國統者洩謀于賊賊容探諸營果有鄉團賊怒遂并被害贈太常卿

徐餘慶（舊浙江通志）字兆穀新城人以貢授四川珙縣知縣居官清慎吏民懷之會張獻忠陷蜀所過州縣望風披靡餘慶堅守孤城城陷不屈為賊所害

顧王家（舊浙江通志）字翊明仁和人以鹽漕御史椽授臨汝州吏目臨汝當襄雄之衝王家蒞任事嚴保甲詰奸宄繕城堞調糧餉賊畏莫敢犯署郏城縣新令李貞佐至王家以秩滿還去汝人伏御史臺乞留請攝監軍司馬崇禎十三年逆闖攻汴不克遂犯郏城圍數重王家率敢死士嬰城固守矢竭城陷賊蜂擁入城褫貞佐衣冠倒懸大樹上將斷其舌磔為王家瞋目曰賊無道至此恨不斬汝以啖語未畢刃亂下竟同日死子國工詩賦賊書我郏人將及國國紿賊將以藩邸藏金所在告俟間拾巨石擊賊賊怒支解之汝人收國屍葬峨嵋山

翁之琪（舊浙江通志）字元倩仁和人陝西按察使汝進孫也初為郡諸生名珏三試不利乃投筆從戎中崇禎十二年武榜上親簡將材奇之曰神骨森挺忠孝人也擢第一初任舟山守備平海寇陳虎移守衢州會金陵失守慟哭自沉于蕪湖板子磯驚濤逆流屍不沒者三日收其骸如生

土寅（舊浙江通志）山陰人徙居錢塘通韜畧膂力絕人中天啟丁卯武舉以父大經征播功襲紹所千戶崇禎初遷浙撫守備撿軍伍多羸弱不任決拾大詫

曰昔南塘戚公練浙兵精銳莫敢當天下稱為鴛鴦隊于是倣其法訓練一年而精悍猛鷙比節制兵遂能江都司未任調守泗州陵寢盜屯集磨盤蘢寅云彼衆我寡及其未集急擊弗失于是擐甲趨肝貽殺賊先鋒七大王自午戰至申賊益四集矢盡力竭衝陣死贈鎮國將軍賜祭廕一子

翁鴻業（舊浙江通志）字一嶽錢塘人天啟乙丑進士以儀部郎出為廣東右參政分守嶺東以平海寇出寃獄稱能吏丁丑補山東督學右參政羽書旁午一日十警鴻業分校諸郡聞語諸生力學讀書當知世間忠孝事戊寅鄉史撒鴻業署兵備分守濟南東城己卯正月大霧晝晦城潰投烈焰以死

俞起蛟（舊浙江通志）字芝雲錢塘人以明經起家拜魯憲王長史憲王薨肅王立欲廢世子起蛟察世子、業從容入告力持得免肅王薨世子立值歲大歉起蛟勸王賑飢自出祿二千石繼之泰山盜李青山聚黨劫掠勢張甚起蛟與范黃門淑泰力戰俘其衆崇禎十五年兗州破魯王死起蛟率家屬二十三人死之

陳潛夫（舊浙江通志）字元倩仁和人崇禎丙子舉人選授開封府推官明亡至山陰抵小緒村謂其妻孟氏曰勉之吾為忠臣而為烈女孟氏笑曰此吾心也與其妾櫛髮更服以待潛夫整衣冠拜祖父像已拜別其母與弟攜妻妾至化龍橋皆沉于河

王道焜（舊浙江通志）字昭平錢塘人父國柱以萬曆舉人為廬州推官治獄多所平反道焜辛酉舉于鄉為福寧校官拔令南平邑為閩海孔道、焜至飭保甲練軍實嚴讀法捐倉廩具有方略遷南雄同知時光澤有妖寇之亂閩父老乞請留道焜加同知銜知光澤縣事道焜單騎入賊營諭以利害賊皆散去一邑以安崇禎時陞兵部職方司主事明亡與陸行人培同日自經死

陸培（舊浙江通志）字鯤庭吉水令運昌之子運昌任永豐吉水多吏蹟培與兄圻弟堦並馳名一時崇禎庚辰成進士授行人南還父卒培自留都奔赴長跪座前以手批頰盡腫齧其臂血淋漓聲淚俱下明亡入樵山桐塢嶺作絕命詩二章遂自經死著有威鳳堂文集行世

周宗彝（舊浙江通志）字五重海寧人崇禎己卯舉人少出吳太沖章正宸之門為人有膽決尚氣節太沖正宸數稱之曰周生吾道干城也後殉難妻卜氏二妾朱氏紫氏及弟啟琦皆死焉

國朝

高咸臨（杭州府志）字輿佺仁和人讀書負氣節順治乙酉選貢任福建永安令時寇盜四起咸臨下車撫循百姓遠近稍集丁亥賊陷建寧擁衆犯永安咸臨防禦佺顯宗從弟其韜中表吳之璜先後捍賊死相距五閱月而救不至糧絶隣邑盡陷咸臨奮勇数獲賊磔之城陷被獲脅降不屈死之贈按察司僉事

潘名世（廣東名宦冊）仁和人順治初為保昌令律己以廉愛民如子李成棟未叛之前徵民輸布千匹名世力爭成棟怒坐以他事戮于市籍其家無長物百姓莫不流涕

錢法裕（山西名宦冊）遼東籍仁和人順治三年任蒲州知州政舉民安姜壤之亂城陷被執不屈死贈布政司參議

吳允焞（公舉事實）字孔文仁和人順治三年由貢士隨征福建有功授建寧府壽寧縣知縣四年山寇四起乃招集義勇身先禦寇以衆寡不敵被執臨難懸樹體無完膚罵不絕口而死妻瞿氏常勸允焞盡忠勦寇勿以身家為念聞夫被害投繯死

胡萬鑑（福建名宦冊）仁和人順治三年以通判隨征入閩授永清縣學司訓土寇薄城率諸生募民兵登陴捍禦百餘日城陷被執不屈死之

沈孚建（福建名宦冊）錢塘人順治四年知政和縣山寇陷城被執罵不絕口死之

鄔象禹（殉難錄）字符九仁和人順治己丑進士備兵羅定時粵猺反側象禹提師深入不數月而殲厥渠魁諸寨底定西賊破桂林掠高摩並逼羅定象禹

率長子元祼任聯珠元珣伏弩四布砲石並發擒斬二千餘人賊遁既而敗兵
挾衆悉衆攻圍累月不解糧絶外援不至謂元祼曰死職吾事也爾無官守盍
歸元祼泣頒賞撒乞援鄰封夜縋城出爲賊所得攻圍益衆象昂督兩侄攘臂
突圍奮力殺賊衆寡不敵亦爲賊獲城陷賊縛元祼至前露刃脅降象昂罵曰
吾豈愛吾子以背吾君耶元昂遂遇害象昂被幽別室抗節不屈
絶食七日死聯珠元珣并家屬五十七人咸殉難贈光禄寺正卿

王起彪（江西通志）字虎子錢唐人順治丁亥進士戊子授德興縣知縣值江右有
金逆之變起彪隨征南大將軍營次半載己丑江西平就任時饒郡巨寇
難滅而餘孽竄伏山谷者間竊發鄰邑董三等賊擁衆猝至起彪
率民兵守之寡不敵衆被執幽于天君廟脅之降不屈遂遇害

王萬鑑（錢塘縣志）字人玉其先山陰人四世祖從錢塘遂爲錢塘諸生順治戊子
鄉貢授福建藩幕攝將樂縣事土賊吴揚爲亂萬鑑下車給帖招撫旬日
之間化匪爲民尋陞萬年縣知縣值閩逆倡叛萬鑑恢復縣治持守久之赴省
請益兵爲阻險計甫出北門而賊猝至萬鑑力戰以拒被砲石擊死贈恭議

謝廷謨（公舉事實）於潛人順治十三年歲貢授處州雲和訓導課文與行士風丕
變康熙十三年耿逆叛攻陷處州廷謨懷印入山歸名義勇被執勒授僞
街不屈絶
食而死

嘉興府

五代

高渭（海鹽縣圖經）彥之子初從彥在湖武肅王巡衣錦城會有徐綰之亂焚掠郭
郭將及内城彥聞變遣渭赴難渭言今日不利彥曰赴難之急何顧忌哀亟
促渭行渭遂率所部徑趨靈隱山爲賊伏
兵所害後淮人鑑送綰歸王剖心祭渭

屠懷智（庚光業屠懷智墓誌）字寶光其先河東人後徙澉川之青山遂為海鹽人乾寧四年遷越州指揮使光化三年調守湖州借刺史高彥子渭抵賊壘矢盡援絕為伏兵所害贈忠義軍匡國功臣武康節度使

宋

朱張恂（舊浙江通志）字宗厚嘉興人試入上擢為省元值車駕避元兵于崖山張恂率舟師勤王力戰多所斬獲會風雨大作與樞密陸秀夫同日溺海

元

俞庸（弘治嘉興府志）字子中嘉興人為平江路推官淮兵壓境庸募勇士鑰守盤門郎倭高安等謂庸曰不供竄庸厲聲曰公等以世臣守大城一旦臨利害先民遁逃不顧義與恩耶高安持鐵簡擊庸仆地遂閤門兵至城下庸未死被擒置諸馬上舁以計脫去微服間道歸久之太府知其入將授以爵謝之曰吾門之役吾有死所今日之生出不幸耳尚負面授他命見天日乎因痛憤卒

明

程本立（吾學編）字原道桐鄉人明初舉明經秀才洪武九年除秦府引禮舍人補周府禮官進長史從王來朝被罪謫雲南馬龍他郎甸長官司吏目注一僕赴任會所部為逆本立單騎入諭順逆利害衆感悅歸附是冬復爲帥潘沐英張紱屬本立行縣與兵事且撫且嚮本立不避艱險山行野宿自楚雄姚安抵大理永昌鶴慶麗江往來綏輯軍民積安三十一年奏計入京徵入翰林充纂修官修太祖實錄成改江西按察副使未至聞靖難兵入京自縊死、

滿正（嘉禾獻徵錄）世襲海寧衛左所千戶正德中辭軍械之京遇劉六劉七騷亂山東遇之力戰賊數部行次滄州賊大至入見州守欲與嬰城守懦不能戰、

秀州

達胡世寧至滄達協力禦之賊圍城八晝夜不能破尚書張經疏上其功即遷本衛指揮僉事調戰桃源賊深入被害贈明威將軍子朝承襲積遷指揮副使倭寇八大王擁眾踰梁庄朝宰千户王維隆等追之與賊對敵賊設伏于古廟中突出被殺孫上林輪刀如飛弓挽二石後逐賊于峽口戰死

馬呈圖（萬曆嘉興府志）世襲海寧衛指揮嘉靖三十一年倭犯海鹽呈圖奮勇改擊生擒真倭二十四名次年倭首八大王等自青村登岸劫殺所犯官軍俱經摧敗呈圖提兵出城與戰軍潰直入賊圍身被三十餘創殞絕祀英烈祠

魏大中（檇李往哲編）字廓園萬曆丙辰進士仕行人擢工科給事中辨析邪正持擊權要轉禮科晉吏科都給事時南直督郎令慕鄉史崔呈秀已列薦剡忽饋及大中門大中持疏發覺擊璫不遺餘力諸小人恨顧無措起而媒孽刑科給事中傅櫆首摘汪文言事寘名訐奏文言下鎮撫獄假誣睽訊詢株連株大無中華黃路嚴惟右指門請易傳旨被逮下獄誣訊持拷無一語惟指堂中扁謂鎮撫許顯純曰此明心堂莫作昧心堂也未幾崇禎登祚白其冤賜祭葬謚忠節建特祠

王允昌（嘉興縣志）字永叔世居桐鄉萬曆辛卯舉人授思州司理陞貴陽郡丞天啟改元檄川兵援遼奢寧據永寧以叛衛官盡降永寧貴陽屬也允昌度兵寡難拒自誓必死乃以印及錢糧冊遣吏間道上之撫按亡何賊來索印允昌縊死一門十三人悉受屠戮事聞給祭葬贈光祿寺卿世襲錦衣千户

黃彥芳（嘉禾徵獻錄）字爾英崇德人萬曆癸卯舉人知龍德縣崇禎癸酉海賊入平涼界破靜寧州來攻隆德直薄土城彥芳倉猝為守禦計城無兵乃漸一指瀝血為書乞救于分守固原叅政陸夢龍夢龍星夜率兵援遇賊于綏德城下全軍皆沒夢龍死之賊遂攻隆德彥芳封印北面再拜欲自經賊擁至被執罵不絕口賊剮殺之詔贈靜寧州知州廕一子入監

婁祖訓（秀水縣志）字仲有崇禎間以歲貢薦舉除雲南呈貢令沐蒲庄兵雜處以恣侵奪祖訓立法嚴禁兵始不擾土人吾必奎叛據楚雄土兵沙定洲陰

蓄異志沐蕩檄徵不赴及亂平始赴調所過縣邑蹂躪一空祖訓撫馭多方德
威並著沙感愧遣裨將詣謝後沙復勒兵要請加銜不許襲破沐府走楚雄與
定洲相持年餘呈貢尤為
要地勢孤力盡赴水死

徐從治（嘉興府志）字肩虞海鹽人萬曆進士知桐城築堤一萬七千餘丈以息水
患居官强直棒殺豪貴蒼頭掠奪民妻者歷陞知濟南府濟南多大盜從
治求勇士孫玉增等二十三人厚犒畜之以待用陞副使分巡兖東獲玉增等
赴沂州白蓮教徐鴻儒反鄆城攻陷鄒滕嶧縣衆數十萬掠漕艘衛服改元
從治監諸軍進討大破之擒鴻儒送京師進右參政備兵濟南論平賊功加山
東右布政使以病歸起山西左布政使備兵薊州喜峰路兵乏餉而譁圍撫道
于遵化城從治單車入營變立定薊撫王元雅忌其能因請終養肩起山東左
布政使武德兵備道兵敗于吴橋陷登州執巡撫孫元化從治監軍救登州將
孫玉增等八十騎而東數築三壘礮擊城樓一角從治命植柵補壞垣募死士
夜斫營焚三壘穿地道穴城從治亦穿濠城中以斷之絕絙擲火罌焚穴中
具達于外相持七月餘死山積從治巡城中飛礮陷
顱卒贈兵部尚書賜祭葬立祠廕一子錦衣衛千户

吴麟徵（檇李往哲編）字磊齋天啟壬戌進士崇禎五年授吏科給事中時諫官章
正衷抗言觸王應熊被詔下獄麟徵特疏訟冤又上罷中官疏時行人熊
開元上書刺首輔周延儒科臣姜埰繼之皆下獄麟徵申救上盛怒麟徵從容
言曰小臣愛君忘所禁忌日者天下洶洶首輔安所辭其責延儒忍汗伏地謝
死罪流寇迫畿甸麟徵奉命守西直門親桴鼓冲矢石登宿城上賊數十萬猝
至郭外戍卒四散賊圍城數重中夜發礮墮丸火碎几案麟徵神色自若賊偽
樹勤王旗叩門請入中官欲納之麟徵不可麾卒推石布土塗塞之俄而兵部
騎士持招勤王幟飛至請出麟徵拒之因轉赴德勝門同守者曰為之奈何麟
徵曰事去矣願見天子言狀至午門遇相魏藻德藻德曰上入宮誰為趣起今
火石轟然城雖嚴峻何遽言事去麟徵度不能達望闕叩頭號泣而去止道旁

祠下曰吾得死所矣遂入户自縊
國朝順治間賜謚貞肅

徐世淳（湖廣通志）字中明秀水人萬曆戊午舉人兵部尚書必達之子崇禎間由
圍城募士兵守親身登陴屢請救不應城陷世淳猶率鄉兵巷戰中數十創罵
不絕口賊手刃之妻妾僕婢同時赴難次子肇梁抱父屍且哭且罵賊刃交加
臨死告州人以印所藏處事聞詔贈
太僕卿諭祭葬肇梁贈國子監助教

徐一源（河南通志）字宙孟海鹽人歸德衛經歷崇禎十五年流寇犯
歸德一源分防北門殺賊甚衆城破猶巷戰被執罵賊而死

李士標（嘉禾徵獻錄）字霞舉嘉興人入國學以積分試上上等授上林苑丞遷山東
寧海州州同崇禎壬午冷口兵入圍州城甚迫歷三月城中食盡士標疾
篤卧起于城上督守益力竟卒于雉堞間城遂陷士
標妻沈氏率其妾婢僮僕凡二十三人同日死之

彭期生（嘉興府志）字觀民海鹽人宗孟子萬曆進士為徽州府學教授歷陞南昌
知府巡撫楊邦憲風有司建魏忠賢生祠期生力持不可諸院司捐助數
千金檄府董其成卒不發一緡丁憂服闋起濟南知府首罷車户之役及屬民
者數十條一郡若更生因重囚越獄坐謫献賊陷袁臨吉左都御史李邦華請
于朝陞湖西道分巡僉事單車西行黃縠為巾朱絲緄縏劍曰斯二物所以報
國而殉身者送者失色已而檄守贛州仍守嶺北贛州被圍潰越兵招之出走
期生曰此吾死所將安往乎書絕命詞五紙分授五蒼頭曰
五人未必皆生還有一人者歸此即訃音矣徐起自經死

徐石麒（舊浙江通志）嘉興人舉進士授營繕主事會逆閹張獻楊左相繼
瘐死坐贓各累千石麒約同里為魏大中償所坐黃太僕尊素為石麒鄉
舉房師石麒竭力將貸以輸閹聞而嗛之坐是落職特旨改考功溫體仁當國
石麒斥其私人尋轉應天府丞時大司寇鄭三俊以特讞失上意下于理石麒

極廉清直大臣以執法久繫上累至德上諭羣臣曰非不知三俊清安可自恃
析律亂法名入為左通政歷冢宰痛時事不可為引病歸及明亡北面再拜自
縊妻孫氏一女在抱棄
之赴水死立而不仆

吳爾壎（舊浙江通志）字介之石門人成進士授庶吉士特闖賊警逼召對懷政殿
奏聯絡土司撫用義士卓有成畫明亡拔佩刀斷一指授孝廉祝淵曰願
寄吾家為
信遂死之

陸清原（嘉禾徵獻錄）字嗣白平湖人光祚曾孫崇禎甲戌進士知增城縣地瘠多
盜清原至引數騎抵賊巢溫言慰諭賊驚投戈乞命授籍遣歸壬午召對
陳時政十事上嘉納之授監察御史陞上安撫七謙出按福建行部至漳漳故
多山寇清原廉得其奸細在城者絕其內應募壯士七百人設而出覆其渠魁
斬以殉明亡自
沈于江而死

沈方（嘉禾徵獻錄）初名士端字彥方後改名方字大愚桐鄉人崇禎己卯副榜授
荊門州同知李自成與羅汝材合兵至白馬渡方下車數日巡按宋一鶴知
其才檄調往黃陂遏革左六營自鳳皖西上犯黃安方以舟師破之江上一鶴
欲留方軍中而賊決河灌汴秦督丁起睿師潰川兵二萬調遏荊門知州以疾
去官方馳還攝州事至即詣蜀師告問開曉大義
軍中肅然無犯汝寧陷死之家口十八人皆死

胡振芳（嘉禾徵獻錄）字來子嘉興人天啓丁酉舉人授慈谿教諭遷知嶧縣降漢
陽經歷壬午以薦量移蘄水縣流寇聚英霍間遂及蘄州邑距寇不百里
振芳早夜防禦凡九十日乘城數十戰不能支為賊所執迫降不從拔刀斫
其肩氣絕復甦舊役德之力負以趨山中有門生溫之將匿家調護未幾卒

張龍德（嘉禾徵獻錄）字鯤化以鄉貢為溧陽縣丞地濱大江寇盜充斥條江防十
二事上之不報轉湖都司經歷罷歸與妻俱死女適同邑徐世淳子肇樑

亦自縊

項嘉謨（嘉禾徵獻錄）字君禹，嘉興人，太學生，工詩畫，以武健授薊遼守備，時事掣肘，棄官歸。明亡，盡束所著詩文于懷，挈二子翼心及妾張氏投天星河死。

國朝

屠洪基（廣東通志）嘉興人，順治八年令陽山，西逆馬寶犯城，洪基繕襖粮督義勇登陴固守，賊不能破，總鎮郭升援至，洪基出城夾擊，圍解，截其歸路，斬獲甚衆，招徠難民，運定安集。次年寶復與黨曹志建等攻陷連山、連州，進攻陽山，洪基堅守如前，敗黨高必正復率步騎萬餘環城夾攻，凡四日夜，城陷被執，不屈，罵賊死之。逾月，郭升督兵至，覓洪基遺骸，得之河南坪。

錢撈（福建名宦冊）字芃生，嘉善人，中丞士晉子。順治三年隨征入閩，署將樂令。會山寇吳長文、謝以寶等竊發，建寧失守，將樂被圍，城中無方，撈與丞方抗督領鄉勇登陴拒之，堅守九月，城破，率家丁夏允中、沈貴巷戰，手刃二賊，馬蹶被殺，家丁死者數人。贈按察司僉事，祀功臣廟。

張行健（表忠冊）海鹽人，任徽州祁門大洪嶺魚良禾司廵檢。康熙十三年，饒寇犯境，被執，賊脅之降，大罵不屈，賊怒斫其兩臂，罵益甚，納之坎中，以刀刺其腹，呼曰：我死必為厲鬼以滅汝。逢頊晉役方茂、胡振並洼死。

湖州府

三國吳

吾粲（三國志本傳）字孔休，烏程人，孫河為縣長，粲為小吏，河深奇之。河後為將軍，得自選長吏，表粲為曲阿丞，遷為長史，治有名績。孫權為車騎將軍，召為參軍校尉黃武元年與呂範賀齊等俱以舟師拒魏將曹休于洞口值天雨大風諸船綆紲斷絕漂沒着岸為魏所獲或覆沒沉溺其大船尚存者水中生人皆攀援號呼他吏士恐船傾沒皆以戈矛撞擊不受粲獨令船入取之左右以為船重必敗粲曰船敗當俱死耳人窮奈何棄之所活者百餘人還會稽太守粲募合人眾與呂岱討平山越入為屯騎校尉少府遷太子太傅遭二宮之變抗言執正明嫡庶之分欲使魯王霸出駐夏口遣楊竺不得在都邑以數以消息語陸遜〻時駐武昌連表諫爭由此為霸竺等所譖害下獄誅

晉

沈勁

（晉書本傳）字世堅武康人父充與王敦構逆為部曲將吳儒所殺勁當坐誅鄉人錢舉匿之得免勁少有節操哀父死于非義志欲立勳雪恥以刑家不得仕進郎將王胡之異之稱勁清操詔聽之升平中慕容恪侵逼山陵時冠軍將軍陳祐守洛陽勁自表求配効力因以勁補冠軍長史令自募壯士得千餘人助祐擊賊以寡制眾糧盡援絕祐懼不保會賊寇許昌祐因以救許昌為名留勁以五百人守城祐率眾而東會許昌已沒祐奔崕嶋勁志欲致命欣獲死所尋為恪所攻城陷被執神氣自若恪奇而將宥之中軍將軍慕容虔曰勁雖奇士觀其志度終不為人用赦之必為後患遂遇害恪還言于慕容暐曰定洛而殺沈勁實有愧于四海

南北朝

郎冠先

（南史本傳）字道元烏程人少有節義齊永明中位給事中將求使蠕〻國尚書令王儉言冠先雖名位未升而義行甚重若為行人則蘇武鄭眾之流也于是使蠕〻〻〻逼令拜冠先執節不從以刃臨之冠先曰能殺我者蠕〻也不能以天子使拜戎狄者我也遂見殺

湖州

沈浚（梁書本傳）字叔源武康人歷山陰建康令入為中書郎尚書左丞侯景逼京城遷御史中丞是時外援並至景表求和許之既盟景知城內疾疫復懷姦計遲疑不去皇太子令浚詣景所景曰即已向熱非復行時十萬之師何由可去還欲立効朝廷君可見為申聞浚曰將軍此論意在得城城內兵糧尚支百日將軍儲積內盡國家援軍外集十萬之衆將何所資而反設此言欲脅朝廷耶景橫刃于膝瞋目叱之浚正色責景曰明公親是人臣舉兵向闕聖主申恩赦過已共結盟口血未乾而有翻背沈浚六十之年且天子之使死生有命豈畏逆臣之刃乎不顧而出景曰是真司直也然密啣之及破張嵊乃求浚害之

章華（南史本傳）吳興章華字仲宗家本農人華獨好學通經史善屬文侯景之亂游嶺南居羅浮山寺歐陽頠為廣州刺史署為南海太守頠子紇敗乃還都後主時除大市令非其所好乃辭以疾禎明初上書極諫其大畧曰陛下即位于今五年不思先帝之艱難不知天命之可畏溺于嬖寵惑于酒色祠七廟而不出拜三妃而臨軒老臣宿將棄之草莽諂佞讒邪升之朝廷今封疆日蹙隋軍壓境陛下如不改絃易張臣見麋鹿復游于姑蘇矣後主大怒即日斬之

隋

沈光（隋書本傳）字總持吳興人少驍捷畧綜書紀煬帝徵天下驍勇之士光預焉及從帝攻遼東以衝梯擊城竿長十五丈光升其端臨城與賊短兵接殺十數人帝壯異之馳召與語大悅拜朝請大夫未幾為折衝郎及江都之難潛搆義勇將為帝復讎宇文化及以光驍勇方任之令其總統營于禁內時孟才錢傑等陰圖化及因謂光曰俯首事讎有靦面目何用生為吾必欲殺之死無所恨公義士也肯從我乎光泣下霑衿曰僕給使數百人並荷先帝恩遇今在化及營內以此復讎如鷹鸇之逐鳥雀萬世之功在此一舉願將軍勉之孟才領江淮之衆數千人期以營將發時晨起襲化及語洩化及大懼是夜即與腹心走出營外司馬德戡等遣領兵馬逮捕孟才光聞營內喧声不及披甲即襲化及營空無所獲值舍人元敏數而斬之遇德戡兵入四面圍合光大呼潰圍斬

首數十級賊皆披靡德勤輒復遣騎射之光身無介胄遂為所害麾下數百人皆闘而死一無降者

宋

劉士英（宋史本傳）宣和間為溫州教授方臘陷處州州人爭欲遁士英獨身任責為約令民聞鐘聲則趨所守堞未幾賊來攻拒守凡四十餘日官軍既至賊潰去靖康初通判太原府金人入境帥臣張孝純欲避之士英率通判方茇將官王禀力止及城陷禀赴火死士英持短兵接戰死之

士英雲川人

章鑄（弘治湖州府志）字子壽吳興人仕忠直郎讜直敢言後以世革歸隱元世祖令宋故官納誥敕鑄不肯自以世食宋祿坐未嘗北向宋人之仕于元者皆絶之不與往還

元

王簡（閩書）字伯敬霑化人家烏程至正中為信州路推官陞福建都轉運副使將行會紅巾賊警報州民擁簡為首拜泣曰賊且至公吾父母忍舍我耶羣詣廉訪使乞留已賊果至簡壘四門募訓練諭鄉民團結各相保頃之賊分道入簡率中子相引兵與戰敗之居數日賊突入簡奮身力戰俄而馬中流矢遂被執賊曰公廉能素著吾屈公仍尹此州簡曰受命守州義當殺賊今有死耳賊强之跪簡曰此膝可斷不跪賊也賊怒毆之簡嚼舌噴血賊面大罵遂殺之立而受刃頭斷湧白液如乳體尚不仆數日面色如生民老稚號哭晝夜不絶簡死相亦被執賊欲官之相曰汝逆吾又殺吾父不共戴天而尚爾官耶亦死之相妻謠亦被執賊首欲亂之謠及二幼女皆死焉次子楨襲父爵除紹興路總管張士誠陷郡亦不屈死

明

郎 理（嘉靖湖州府志）字子中安吉人洪武己巳由舉人授戶部主事山西大歉通
賦上特命理往徵之未行會雷震謹身殿大赦悉免天下逋負尋詔止免三
分復命理往陛見從容言曰陛下法堯舜以為治德教加于百姓恩澤遍于四
海今已布大信而復吏之如天下何且山西大飢民皆殍死取非其時似與古
兩稅三限之法戾矣臣不敢奉命上怒以所持杖擿之致折金鑽左股
理弗為動仍命督徵理陳辭益堅上怒叱令棄市已而悔之賜祭焉

臧 應奎（分省人物考）字賢徵湖州人正德丁丑進士授南京兵部車駕司特中官
以進貢索多船利私載應奎力為裁抑卒譁焉叱左右執之乃遁去丁內
艱起補禮部郎中嘉靖初以爭大禮跪門哀慟賜廷杖死于杖下臨
絕其從父志觀往視之索筆書云不當與弟應璧異居書罷而逝

凌 義渠（韓襄浚忠傳）字駿甫號茗柯歸安人天啟乙丑進士選行人三使不辱命
考授禮垣旋都樞垣凡冤數情形撫鎮功罪口談手畫靡不悉中机宜當
事忌之外遷閩中參政陞蘇松兵備勒平福山海寇陞山東右藩與勒梁山賊
有城守功陞南京光祿寺卿踰年召為北京大理寺卿甲申三月闖寇犯闕夜
傳召對疾趨長安門則無人門焉者拱立達曙門竟不啟迄就舍城陷義渠舉
首觸柱血淋漓沾襟旋易緋袍設香案正笏向闕拜復南望遙拜上父書曰盡
忠即所以盡孝男視死如歸含笑入地矣僕請遺命義渠曰可
書我柩云死節孤臣凌義渠之柩終無他言遂掩扉投繯而逝

溫 璜（舊浙江通志）字寶忠烏程人舉進士任徽州司李署歙邑篆明亡語妻茅氏
曰吾平生學為聖賢不過求今日處死之道時女方寢起璜手刃之茅亦自
剄璜抽刀自剄氣未絕
復以手抉其喉而死

嚴 覺（江南通志）字知非歸安人萬曆丙午舉人知棠
縣事崇禎八年流賊陷棠被執不屈闔門罹害

吴士義（歸安縣志）字以行歸安人由例貢仕長沙二尹署縣事崇禎中流賊圍城
數月城陷賊與刃相向百姓號慟為請命士義罵不絕口遂遇害全家殉
爲事聞贈
文林郎

國朝

黎樹聲（舊浙江通志）字仲賓烏程人丁卯舉人任福州司李
署興化府篆海寇破城樹聲不屈遂遇害贈按察使

徐尚介（德清縣志）字于石貢于鄉除靈山令時粤地尚擾未下毅然往移署陸安
甫踰月代者至因客羊城幾一年家屬始通乃往家屬而青牛城圍尚介
戎服登陴躬冒矢石解其圍明年五月赴靈山民皆歡散值歲旱披髮跣禱百
姓感其誠精、來附守兵不戒于軍民不安寢是以不敢請益兵賊乃乘虛而
來城中之人皆散也賊譟而前曰令何在必殺令尚介厲聲曰我靈山長官徐
尚介也遂格以刃、絕格以手：創污血濺衣奪刀自刎不得為賊所殺子修
及僕朱貴俱死之贈廣東按察司僉事修妻
陳氏守貞數十年人稱一門忠孝節義云

慎淑仞（廣東通志）歸安人知羅定州西寇吴子聖破城與州同全
芳吏目陳炳新各赴連灘溺死芳義烏人炳新山陰人

姚延儒（湖廣通志）字爾真烏程人由拔貢順治五年任南漳縣有清惠
聲逆賊郝搖旗等陷城被執罵不絕口死之贈按察司僉事

章君秉（公舉事實）德清人由歲貢順治六年選授廣西柳州府武宣縣知縣時草
寇未平君秉赴任兩月率弟君稷捍禦力盡罵賊不屈同死之妾陸氏幼
子不二僮僕數人盡被難雍正六年奉
旨旌表

寧波府

明州

周

文種（成化四明郡志）種字會越大夫也事越王句踐夫差敗越兵于夫椒句踐以甲楯五千保于會稽使種行成于吳執牧養莫除之役吳太宰嚭受越賂勸夫差赦越句踐既歸國屬政于種十年生聚十年教訓周元王四年越伐吳吳三戰三北遂滅吳種謀居多范蠡遺種書曰越王為人長頸烏喙可與共患難不可共安樂子何不去種稱疾不朝或譖種將作亂王賜屬鏤之劍遂伏劍而死

漢

任光（寶慶四明志）字景升鄮人為縣主簿時海賊作孽令朱嘉將吏人出戰為賊所射傷賊突嘉前光以身障蔽力戰死嘉獲免還邑出俸厚葬之

宋

鄭覃（宋史本傳）字季厚明州人靖康二年貢于鄉建炎四年金人陷明州縱兵大掠覃辟難匿小舟與其兄章妻董同載傾謂章曰萬一不得脫覃豈北面事異國者兄勉主祭祀為兵所掠去廹之使降覃屬辭罵不屈躍入水中董亦自沈後孫曾多舉進士累贈太師秦國公董秦國夫人

曹孝先（寧波府志）字元思奉化人寶慶中任其州錄事參軍李全謀叛遣劉國慶賫犯制置許國孝先趨入諭之曰制置朝廷大臣犯制置是犯朝廷也詣旣為亂軍所射中喉拔箭叱曰誤李全斬東市非汝曹而誰曹孝先決不求生許制置決不可殺賊鋋鏃交集血流被體猶登城與國謀血盡氣微國枕之以碑遂絕事聞詔賜廟額曰旌忠官其子詵

吳從龍（家鉉翁忠節記）字子雲奉化人建康府統制紹定初李全犯揚州主帥丁大勝遣從龍為先鋒赴敵馬蹶被執使至泰州諭降佯許之至海陵城下大

呼曰我右軍統制吳從龍也馬中矢被執至此揚州城無恙泰城堅宜死守賊無能為也全怒寸臠之罵不絕口以至于盡詔立廟揚泰二州賜額褒忠

袁鏞（寧波府志）字天與鄞人登咸淳進士第以父憂未即仕見國事日蹙竊嘆曰生為宋臣死為宋鬼頓無寸兵尺地不能捍衛以固社稷淂收義執言從常山睢陽于地下足矣遂元將遣游兵十八騎駐西山之資教寺鏞約鄰海制置薰知慶元府趙孟傳將作少監謝昌元共出禦敵二人曰爾第先往我二人當以兵繼鏞遂奮然獨往厲聲言曰汝主無故謀起干戈戕我士宇使我人民死轉鋒鏑之下天地神人所不容四方忠義之士日夜憤惋勤王之師四至吾恐汝北歸無日也言未竟就執而二人已密往軍前獻版圖迎降矣元將奇鏞才脅令降鏞曰死則死耳不汝從也元將怒縱火燎之鬚髮殆盡詞氣愈厲至死不少變其日家人驚知赴水而死者十有七人

揚怒（成化四明郡志）字仲如篤學力行由嵊縣儒學教諭陞溫州教授辟為浙東憲椽分治于衢陞憲司知事宋祚將危不食數日赴婁塘死

元

俞述祖（元史本傳）字紹芳象山人由翰林書寫考滿調廣東元帥府都事入為國史院編修已而出為沔陽府推官至正十二年蘄黃賊迫州境述祖領民兵守綠水洪并力捍禦之兵力不支城陷為賊所執械至其偽主徐壽輝所誘之使降述祖罵不輟壽輝怒支解之有子方五歲亦死事聞贈奉訓大夫禮部郎中象山縣男

明

陳剛（成化四明郡志）字子浩鄞人洪武五年徵授延安神木令神木西北人民甚稀習尚桀驁剛撫疲羸折奸宄有小吏白敬臣素稱險黠剛欲譴之敬臣先

覺乃通引賊入寇與其徒劉綎宣挾刃逼令降賊附罵曰汝奴果致賊為逆即吾與此邑同存亡恨不寸斬汝賊奪刪所佩印殺之

易紹宗（嘉靖寧波府志）象山人以戚功授錢倉所千戶洪武三十四年倭賊登劫湯蘷濡家礪紹宗遂大書于壁曰設將禦敵設軍衛民縱敵不忠棄民不仁不忠不仁何以為臣書畢命妻李氏具牲酒生奠之與訣而出乃衾舟游兵從間道焚賊舟賊驚還救紹宗率所部直前格戰殺賊無算追擊至海岸淖溼馬陷賊回攻之猶手刃數十賊遂死爲諭祭葬勒碑旌之

向朴（分省人物考）字遵博慈谿人宋丞相文簡公敏中之十四世孫洪武二十五年命督府都事張允直訪求人才以朴應詔授慈谿令時兵燹之餘闔州榛莽瓦礫教百姓農桑與同甘苦流移復集靖難師起獻當兵衝無城郭朴集民兵激以義勇與北將譚淵迎戰衆寡不敵被擒不屈懷印受戮

劉樸（慈谿縣志）字惟素洪武丙子由太學占對稱旨授建寧參軍時海寇驚擾樸指示方略遠近安堵戊寅考績擢知獲鹿縣教民孝弟務農桑治平稱第一靖難師南下井陘平山諸邑皆望風歸附樸獨集民兵拒之曰小臣知有君何知有君之叔哉不屈而死

張安國（寧波府志）定海人建文朝為工部郎中千燕兵逼京師安國謂妻賈曰余職卑不能帥師應敵又不能屈膝以事人奈何乃率舟入太湖聞金陵陷安國大慟曰食人之祿而偷生于新主之地恥莫大焉遂與其妻鑿舟自沈

萬武　萬文（成化四明郡志）字世忠祖斌字文質定遠人元季海內擾亂從明太祖克滁和真三州授副千戶鎮滁洪武紀元調永平三年征沙漠死于敵詔贈明威將軍父鍾字崇祿襲副千戶十七年守禦定海累業軍功二十八年陞寧波衛指揮僉事三十二年從征花園亦死于敵武襲職僉寧波衛事永樂六年從黔國公于禮舍江征南夷臨陣據臂大呼曰為人臣有死而已遂力戰而死弟文字世學事母至孝永樂十年承兄職十六年日本寇犯邊寧海

艦追斬賊首若干級明年轉衛桃渚忽颶風破舟溺死

潘禋（嘉靖寧波府志）字誠夫，鄞人。永樂中，徵修永樂大典，授後軍都督府都事。宣德元年，從安遠侯柳升征交阯。升恃勝有驕色，禋諫不聽。會賊再至，升出戰，忽橋斷軍分而敗。升欲降，禋曰：不可，惟死而已。卒所部皆死之。事聞，官其子凱為進賢學訓導，世蠲徭役。

張瑭（湯斌張瑭傳）字廷玉，慈谿人。正統己未進士，為刑部主事，能洞悉疑案，決讞獄。尚書金濂性聰察，頗輕屬文。瑭抱案詣前，從容舉所鞫，因數名罪，矢口如流，不煩省閱。濂改容禮焉。扈蹕土木死。

崔源（成化四明郡志）字有本，世襲寧波衛指揮同知。正統十三年，閩浙盜起，從總兵寧陽侯勦捕，累獲奇功，檄禦金華，殺賊無筭，擒陳唐奇等五十人送京。署浙江都指揮僉事，改檄武義。一日大發，連營源倉卒遇敵。時二弟澄、清在營中，相與策馬而誓曰：事急矣，苟不勝，我當死，二弟可去。澄等應聲曰：兄死，吾寧忍獨不死乎。乃挺身前，賊勢猖獗，眾寡不敵，皆力戰而死。

朱士亨（嘉靖寧波府志）慈谿人。少有志操，由薦舉任交阯邪岸縣知縣，以禮義化誨俗，為之變。交阯陷，欲脅之降，不屈而死。

秦碧（兩浙名賢錄）字仲文，慈谿人。弘治己酉舉人，選江西饒州府通判，著廉能聲。會萬年縣姚源賊叛，其黨王重七等陽聽招撫，實懷異志，碧受檄署萬年時，縣治初建，百務草創，吏胥皆為賊耳目。碧苦心經畫，眾稍戢。而兵使李情謂亂民宜重典，特用嚴罰繩之，民不能堪，遂復叛。碧被執，賊帥詈于眾曰：秦爺清廉好官，不可害。碧厲聲罵曰：我朝廷命官，豈向賊奴求活耶。因顧左右曰：官兵何在。賊疑有伏，遂遇害。事聞，詔立祠旌忠，蔭一子散官。

秦彪（嘉靖寧波府志）世為爵谿所百戶。嘉靖三十一年，倭寇犯象山，攻游仙寨甚急。彪曰：先人遺我汗馬勳，不死戰而死法，何以見先人於地下。乃與弟漢疾馳殺賊，力不能支，遂俱死焉。

陳表（嘉靖象山縣志）世襲昌國衛百户。嘉靖癸丑，倭寇城急，表曰：「吾力不能救，有死而已。」遂送母出城，納印于千户倉，猝遇賊，奮擊而死。時禦寇梅溪者曰趙軏，偕禦寇李家舉者曰王永希、朱汀父子，並奮不顧身以死。知縣毛德京中請立祠于山川壇北。

劉隆（嘉靖寧波府志）字大昌，世襲定海衛指揮使，以强幹屢協總諸衛備倭海上。寇起，隆平之。後賊入庠頭，隆腹中一流矢，見血益奮，怒鏖戰，卒破賊。嘉靖壬子，遷把總，嘉興統舟師備乍浦，當松江之圍，賊歸，隆扼之，焚沉賊舟。後會破史家瀆賊，隆又陀之，沈賊舟澉浦外洋。陞署都指揮，守備温處。乙卯，倭寇數百，將薄瑞安縣，隆整兵邀出，欲折其鋒。偏將尹千户請旋師避之，隆不聽，徑往，殺賊十餘。入賊遁去，迴軍至田間，有數十賊伏莽中，邀起擊隆，隆不及備，遂與尹千户俱戰死。

杜槐（寧波府志）字茂卿，慈谿人。值倭寇屢犯內地，遂散家貲結驍勇。值縣僉其父文明為部長，令團結保聚。槐傷父老，以身任之。寇薄觀海衛城，槐一呼而摩勇俱集，直前斫賊，衛遂得全。賊又犯鳴鶴，槐率衆迎擊，賊走餘姚東山，槐追之，探有數寇飲空舍，提刀赴之，賊伏牆隅，揮刀中石，刀缺，內賊盡出，槐提廢刀常之，自午至酉，鏖戰不已，戮其緋衣渠帥，竟以飢疲力竭而死。後賊見黑旗即驚曰：「杜兵至矣。」其麾下士皆殞。文明殺賊以復讐。寇自黄巖犯寧海，道檄文明偕畢主簿統兵迎戰，遇寇于碶嶺，力不能支，遂與主簿畢某俱死焉。請于朝，贈槐光禄寺署丞，文明府經歷，立祠，有司歲時致祭。

錢鯨（天啓慈谿縣志）字叔鳴，嘉靖丁未進士，授中書舍人，遷福建道御史，巡按遼左。丁內艱，起，按徽寧，順道歸里。時倭賊猖獗，與高埠鯨舫出蠻浦，與賊遇。左右曰：「從舟尾逸，尚可免。」鯨叱曰：「吾憲臣，義不徑竄。」乃張燈，緋衣危坐。賊擁入屬，声判月具。家僮錢富、葉秀、馮德爭以身衛主，僕俱死。後賊怨夜驚，曰錢御史領

兵至矢走太湖路絕官兵殲焉

劉玠（閩書）字光大世為寧波衛指揮使累陞福建備倭總督嘉靖三十五年福清縣被倭官兵屢挫玠夜襲其巢賊遁玠即提兵由捷徑宵行要賊逸路倉猝布列未備而賊已至部曲散亂僅家兵數人在側玠領懷印者曰為我保此吾死之矣即挺身執鐵鈀格殺三賊力盡無援賊衆擁至虀于賊刃所揮鐵鈀尚堅執不墜後立廟祀之

蔡啟元（嘉靖寧波府志）以良家子擊倭廣德累戰功授千夫長嘉靖三十八年官兵擊賊于奉化同行者俱錯愕不前啟元獨匹馬縱橫與賊遍戰賊駭散或走或伏啟元手格殺數人會天新雨馬行淖濘中不得出力盡矢空傾左右皆散去僅弟昆元與二三家僮不去啟元瞋目揮劍罵賊曰吾不啖汝肉非夫也死戰良久賊衆間涉河繞其背刺之死踰時猶立馬上不墮有司具棺斂給貲歸其喪

火斌（慈谿縣志）字德光觀海衛指揮某之子中武舉嘉靖間倭寇犯界斌統舟與寇戰海上用火毬焚寇舟殲之屢立奇功後與寇戰普陀山力屈被擒支解投水中

吳德四（兩浙名賢錄）慈谿人倭經其廬驅其拳豕德四自田歸遇倭于門揮鋤中其腦仆地弟德六取倭刃追殺一魁遂以壯勇有聲隸杜槐部每遇寇即衛鋒奪旗以為常海道知其名檄往攻舟山瀝寨德四直前斫賊渠于轅門寨内驚擾噪而出怯卒皆返旆走賊斫德四死德六奮呼獨前殺其殺兄者後兵不繼亦死賊渠被戕寨不能守卒為官兵所破

葉七（兩浙名賢錄）定海衛軍賊王直負金塘烈港六為寇大將俞大猷提舟師直入其港討擊火砲橫發勝負未分而舟忽掛賊纜櫓楫不能施賊衆方遝七

徑取斧投水斫其纜未及斷賊以矛刺七貫其項七大呼曰死矣吾必斷其纜連揮數斧纜斷而沉舟遂免後四日大戰卒破賊而空其穴以不得七屍為恨厚恤其家為招魂而葬之

陳大綱　陳應鵾

（寧波府志）大綱世襲定海衛千户萬曆二十八年調征川寇楊應龍至婁山關與賊奮戰陣亡贈都督僉事廕一子指揮世襲其從子應鵾字翼雲邑諸生襲職甲申聞闖賊變不食死

劉振之

（慈谿縣志）字而強工部侍郎志伊孫常州判官恬之子崇禎庚午舉人教諭東陽作六約課士擢知鄢陵縣時張李諸賊蔓延十年又旱蝗相結遼練二餉復從之民洶洶思亂振之至即停止催科招粟作糜活且萬人鄢歲漕二萬困不能償振之請從改折不報嘗心焦思至廢寢食明年麥熟請以麥代米當事上其議全豫皆改從麥乃創鷹揚止戈二社民少壯者治田事即入社習弓矢親詣教閱開示君父大義時土賊秦村古城陽賀沙灘等數十處蛇蟠蚓結皆恃流寇為聲勢振之會諸將于米仙鎮即岳忠武廟歃血誓師取巵酒酹忠武曰將軍盡忠報國丹心未泯亦知五百年後有劉振之乎即日統兵圍古城殲之復連破袁老山一條龍等寨獨扶溝賊徐完擁萬衆聯三邑界振之恐完與闖合招之完即率衆降已而完黨通闖者劫完反振之分兵三路入一鼓完一伏五里岡阻隘而一自間道繞完後賊背腹受敵擒斬無脫者完死亂軍中當是時環汴數百里幾無賊後闖自南陽趨汴陷許殺州守有奸民倡言城小力不支宜降振之梟其首以徇集僚佐士民設誓固守手一劍坐卧角樓曰此吾受命處也未幾闖合衆八十萬奄至攻圍城中矢石俱盡遂陷振之猶躍馬巷戰知勢不支乃易服詣先聖秉笏危坐堂上賊擁見渠帥欲降之振之大罵曰吾劉氏世以忠孝傳家肯為狗鼠污耶賊怒命火烙徧炙之罵益烈復裸置大雪中三日夜猶罵不絕竟剖胸香腸支解死贈太僕少卿賜祭建專祠

李振現（鄞縣志）字詔材萬曆戊午舉人知保安州歷陞湖廣寶慶知府時寇亂有勵
兵寬徭為守禦計而張獻忠忽以三萬騎薄城下寡城守禦力不能支遂
陷振現被執不屈至衡江奮身投急浪中死弟振現
同時亦被執遇害僕李六鳳周科徐彩亦並死于難

陳良謨（舊浙江通志）字賓日鄞人崇禎辛未進士授推官擢御史按蜀時流寇蹂
躪楚豫間遂兼行閣臨飭文武為勤禦計甲申闖賊陷京師良謨書絕命
詞于壁具僕勸之曰太夫人在堂主人又未有嗣何遽爾即良謨不為
動令一姬先自盡手書一辭母一辭爵承祧者遂冠服自縊謚恭潔

謝于宣（鄞縣志）字宣子崇禎癸未進士授行人嘗感憤時事題詩邸壁云聖明自
切衣袽戒臣子曾無户牖謀闖賊破京師于宣慟哭投繯為僕湛所解遂
被執不
屈以死

王恒言（慈谿縣志）字仍熙崇禎庚午舉人授館陶縣教諭以文行訓迪多士陞滎
陽縣令清賊蠲荒惠政洽于通邑流寇逼境恒言露宿城頭竭慮固守勢
孤援絕城陷
脅降不屈死

應特盛（寧波府志）字泰宇慈谿人其先以功封廣寧衛指揮同知遂家焉特盛由
諸生襲職蔡懋德巡撫山西時盛以世冑良將調鎮太原用平五臺交山
功陞河南總兵官將行會督師孫傳庭戰敗潼關山西震動晉王及懋德固留
特盛遂不行崇禎甲申闖圍太原特盛迎戰殺賊數千又以奇計夜縋死士入
賊營令自相擊殺斬級無算生擒賊首四人平明梟示城樓賊氣懾而標將張
雄素與賊通為內應夜從東南角樓發火賊乘勢登城特、盛急馳至大南城
援懋德劍捨之上馬而身與賊巷戰賊稍退遇懋德仗劍立衢中特盛下馬扶
至三立祠相與懷印從容東向拜畢特盛解袍帶二繫梁左右懋德就左縊身輕不
死特盛卸所衣鐵鎧被其身懋德死乃
就右縊須臾氣絕把總王永魁等自殺

黃嘉寓（舊浙江通志）字仲顥，鄞人。崇禎中由恩貢知閩州。奸民有欲報其父讐者，乘流寇之亂，引土苗千餘假道閩州。嘉寓閉城拒之，援兵無一至者，城遂破。賊迫之去，嘉寓罵賊不屈，觸階而死。子近家、近康俱殉焉。

姚誠（舊浙江通志）字孝感，慈谿人。援中城兵馬司吏目。闖賊犯闕，整冠束帶自縊。妻袁氏抱屍慟哭，與十三歲子逢元同縊，一老僕亦死之。

婁文煥（象山縣志）字象明，縣學生，世居昌國衛。聞明亡，痛哭，具衣冠，徧別親族，遂拱坐海邊沙上。上潮至，隨水湧去。越數日，屍復隨潮而轉，顏色不變。

國朝

陳貞（鄞縣志）字如，隸籍天津。由拔貢授河南歸德府推官。不從逆，奔南昌，受平寇大將軍委，知廣昌縣，暫駐南豐。會城賊衆攻，協力拒，被執，囚于福州，後縊于市。事聞，贈江西按察司僉事。

（旁注：吉人　授江西上饒縣丞，值閩變及廣信，貞抗）

謝逢（象山縣志）字于剛，恩貢生，以教習考授知縣，歸里。康熙十四年，耿逆寇象山，副將羅萬里叛降，逢被執，不屈。賊擁至彭嶴嶺東關，罵而死。

紹興府

三國吳

董襲（三國志本傳）字元代，餘姚人。孫策入郡，署門下賊曹，遷揚武都尉。策薨，權年少，鄱陽賊彭虎等數萬人，襲分討，旬日盡平，拜威越校尉，遷偏將軍。建安十三年，權討黃祖，祖橫兩艨衝挾守沔口，以栟閭大紲繫石為矴，上有千人以弩交射，飛矢雨下，軍不得前。襲與淩統各將敢死百人，人被兩鎧，乘大舸突入艨衝裏。襲以刀斷紲，艨衝乃橫流，兵遂進。祖開門走，追斬之。曹操出濡須，襲督五樓船住濡須口。夜卒暴風，船傾，左右乞襲出，襲曰：「受將軍令，在此備賊，何去也。」

義有死耳其夜船敗襲死
推改服臨殯供給甚厚

晉

謝琰（晉書謝安傳）安子琰字瑗度官散騎常侍〻中苻堅之役安以琰有軍國才用出為輔國將軍以精兵八千與從兄玄俱陷陣破堅以勳封望蔡公孫恩作亂加督吳興義興二郡軍事討恩〻逃海島後恩復寇浹口入餘杭上虞進及邢浦琰遣參軍劉瑄之拒破恩既而上黨太守張虔碩戰敗羣賊銳進琰跨馬而出廣武將軍桓寶為前鋒摧鋒陷陣殺賊甚多而塘路迮狹琰軍魚貫而前賊于艦中旁射之前後斷絕琰至千秋亭敗績琰帳下都督張猛于後斫琰馬琰墮地與二子肇峻俱被害贊亦死之贈琰司空諡忠肅

謝邈（晉書本傳）字茂叔父鐵永嘉太守邈性剛鯁頗有理識累遷侍中時孝武帝觴樂之後多賜侍臣文詔辭義有不雅者邈輒焚之論者以此多邈後為吳興太守孫恩之亂為賊胡桀郜驃等所執逼令北面邈厲聲曰我不得罪天子何北面之有遂遇害

南北朝

張嵊（梁書本傳）字四山鎮北將軍稷之子起家秘書郎累遷吳興太守侯景圍京城嵊遣弟伊率郡兵赴援及城陷御史中丞沈浚勸嵊起義于是收集士卒繕築城壘邵陵王至錢塘遣校授嵊征東將軍加秩中二千石賊行臺劉仁代破義興遣使說嵊曰若早降附當還以郡復加爵賞嵊命斬其使仍遣軍逆擊之破仁茂侯景聞遣軍助仁茂嵊拒戰敗賊臨之以刃終不屈乃執嵊以送景〻刑之于都市子弟同遇害者十餘人贈侍中〻衛將軍開府儀同三司諡忠貞

王琳（南史本傳）字子珩會稽山陰人本兵家少好武遂為將帥以軍功封建寧縣侯〻景據郢州（越州）琳攻克之又隨王僧辯破景拜湘州刺史元帝為魏圍逼徵

琳赴援師次長沙知魏平江陵已立梁王詧乃為元帝舉哀三軍縞素傳檄諸方為進取計陳武帝既殺王僧辯相立敬帝以侍中司空徵琳不從乃大營樓艦將圖義舉陳武帝遣將侯安都周文育等討琳琳逆戰于沌口擒安都文育琳迎軍而言曰可以為勤王之師矣初魏克江陵之將永嘉王莊甫七歲逃匿人家後琳迎還湘中衛送東下及敬帝立出質于齊請納莊為梁王齊文宣遣兵援送仍遣兼中書令李騊駼冊拜琳為梁丞相都督中外諸軍錄尚書事琳乃遣兄子叔寶率所部十州刺史子弟奉莊纂梁祚于郢州莊授琳侍中使持節大將軍中書監改封安成郡公及陳文帝立琳乃輔莊次于濡須口齊遣揚州道行臺慕容儼率衆臨江為其声援陳遣安州刺史吳明徹將襲湓城琳遣巴陵太守任忠大敗之明徹僅以身免琳兵因東下陳遣太尉侯瑱司空侯安都等拒之瑱等以琳軍方盛入蕪湖避之時西南風至急琳謂得天道將直取揚州侯瑱等出蕪湖躡其後比及兵交風反為瑱用琳船艦潰亂兵士為陳軍所殺殆盡琳尋與莊同入齊乃除琳驃騎大將軍開府儀同三司揚州刺史封會稽郡公會陳將吳明徹寇齊齊帝敕領軍將軍尉破胡等出援秦州令琳共為經略謂破胡曰吳兵甚銳宜長策制之慎勿輕鬬破胡不從軍大敗琳單馬突圍僅獲免還至彭城明徹進兵圍之堰肥水灌城水氣轉浸人皆患腫死病相枕城陷被執百姓泣而送之明徹恐其為變殺之

張彪

（南史本傳）少在若耶山為盜臨城以大連出牧東揚州彪率所領客為為中兵參軍及侯景將宋子仙攻下東揚州還入若耶山舉義征子仙不捷仍走向剡貞陽侯踐位為東揚州刺史剡令王懷之不從彪自征之留長史謝岐居守時陳文帝已據震澤將及會稽彪乃遣沈泰吳寶真還州助岐保城彪後至泰等及與岐導陳文帝入城彪因其未定踰城而入文帝走出彪復城守彪將申進密與泰相知因敗彪彪復敗走不敢還城據城之西山與弟崑崙妻楊氏數人逃匿所養犬名黃倉在彪前後未曾捨離乃還入若耶山中沈泰說陳文帝遣章昭達領兵重購之并圖其妻彪眠未覺黃倉驚吠劫來便嚙一人中喉

即死彪妝文識之曰須我若但可取頭誓不生見陳倩呼妻與訣生死從此別若見沈泰申道為語曰功名未立猶望鬼道相逢劫遂殺彪并弟數二首于昭達黃倉歸時彪屍側死轉血中昭達迎彪妻使拜楊割髮毀面誓不更行投于火

隋

虞熙

熙（隋書虞世基傳）世基子熙餘姚人大業末為符璽郎弟柔晦並宣義郎化及將亂之夕宗人虞伋知而告熙曰事勢已然吾將濟卿南渡且得免禍同死何益熙曰棄父背君求生何地感尊之懷自此訣矣及難作兄弟競請先死行刑人于是先世基殺之

宋

董公健

董公健（萬曆紹興府志）字伯強新昌人宣和庚子方臘起桐廬豐犯新昌官吏奔竄公健慷慨率子弟聚里中萬人馭以紀律遂破賊焚其寨斬首千級境內復安王師討剡西賊檄公健為先鋒公健藉累勝之威以數百當數千殺獲頗衆已而王師不進勢孤援絕公健度事不可為呼衆語曰大丈夫寧以義死不可以不義生遂自殺贈武功大夫汝州團練使官其諸子

陳過庭

陳過庭（宋史本傳）字賓玉山陰人中進士第除國子博士擢吏部員外郎使契丹歸勸帝以還恤為念歷遷御史中丞兼侍讀睦寇竊發過庭言致寇者蔡京養寇者王黼竄二人則寇自平又朱勔父子本刑餘小人交結權近竊取名器宜明正典刑由是大與權貴迕罷知蘄州謫海州團練副使黃州安置欽宗立除中丞辨宣仁后誣謗姚古擁兵不援太原陳其可斬之罪七擢右丞中書侍郎詔遣大臣使金耿南仲以老辭聶昌以親辭過庭曰主憂臣辱願効死帝為揮涕嘆息及城陷過庭護帝北遷因留不得還卒于燕山贈開府儀同三司謚忠肅

於琳（兩賢名賢錄）蕭山人為本州防城保甲建炎初陳通叛琳淺浙東安撫討賊戰敗被執賊欲刳而強降之琳罵不屈賊衆攢射矢著如蝟罵不絕口死之

唐琦（宋史本傳）臨安本衛人建炎間高宗航海琦病留越州李鄴以城降金人琶八訴之琦袖石伏道傍伺其出擊之不中被執琶八詰之琦曰欲碎爾首死為趙氏鬼耳琶八曰使人人如此趙氏豈至是哉又問李鄴為帥當以城降汝何人敢爾琦曰鄴為臣不忠吾恨不得手刃之乃頓鄴曰我月給才石五斗米不肯背其主爾享國厚恩乃若此豈復為人類哉詬罵不少屈琶八趣殺之至死不絕口事聞詔為立廟賜名旌忠。

龔生（萬曆紹興府志）上虞人慷慨有志略建炎中金兵渡浙江次上虞所至焚掠民皆竄山谷生獨奮臂諭其里人曰數將屠吾邑吾屬雖力不敵有死不可去遂募民之果勇者得數百人迎縣令丞依險自固分署隊伍整兵環向以待之數至出其不意驅衆先登嶺囓投石擊之斬其將殺傷甚衆生亦戰死

張慤（兩浙名賢錄）一名景説字欽甫嵊人紹定四年為定城縣尉攝麻城縣事適敵攻破沙窩關深入麻城兵不支被執脅使降慤曰吾氣吞若曹願力屈耳豈從汝耶遂遇害事聞贈通直郎

趙良坡（萬曆上虞縣志）字深甫坦兄淳熙乙丑進士守懷廣州為元兵生獲欲降之不屈元將義之放歸踰年元將思其賢復索而得之欲薦于朝良坡終不屈怒目罵元將令左右刃之良坡大呼曰我得死所矣遂伸頸受戮

趙良坦（萬曆紹興府志）字平甫良坡弟寶祐二年進士知永嘉瑞安福清並以廉介名會吉廣二王走閩中檄良坦以軍器監簿贊軍事于是募兵守懷元兵南指力屈就擒脅降不屈繫獄中二年作書付其家曰試令三載無愧于心守節二年不屈于斁只因志義二字累及老稚一門今惟死而已後元帥詰其不屈狀對曰生為宋臣死為宋鬼遂欣然就刑

豐存芳（兩浙名賢録）字公茂稷元孫為太平縣倅景定元年元兵至知州孟知縉謀以城降存芳詠不聽罵之知縉遂引元兵屠其家

唐震（宋史陳元桂傳）震字景實會稽人登第歷浙西提刑嘗忤賈似道免官咸淳十年起知饒州元兵至震發州民城守元兵使人入饒取降款通判范道同諷震降震叱之曰我忍偷生負國耶城中少年感震言殺使者明年元兵大至震出府中金錢募能戰者衆懼不能遂潰震入府中玉芝堂有頃兵入執牘鋪案上使震署降震擲筆于地不屈死之兄椿與家人俱死事聞贈文華閣待制謚忠介

朱光（萬曆紹興府志）字吉父諸暨人元伯顏下江南遣釋將上官纂招撫浙東至縣光與同邑張軫等率鄉民抵禦光被執口占曰生為大宋臣死為大宋鬼一片忠義心明月照秋水賊怒以火然之三日始絕骸亦不屈而死

趙孟松（宋史劉士昭傳）元兵駐紹興福王與芮從子曰孟松謀舉兵事泄被執至臨安范文虎詰其謀逆孟松詬曰賊臣負國厚恩共危社稷我帝室之胄欲一刷宗廟之恥乃更以為逆乎文虎怒驅出斬之雷電晝晦

曾頃（江西通志）紹興人開慶己未為瑞州録事參軍以州命行各縣賑飢民值元兵至被擒主帥聞其名誘之以利不從且罵之遂死

元

董旭（萬曆紹興府志）新昌人公健之後少負英氣博通羣書與邑里古思最友善古思欲與師討方國珍臺臣忌其不稟命殺之旭遂歸隱山中已而國珍據台屢欲羅致幕下旭拒不受乃作詩曰藹ヽ芒碭雲未辨蛟龍形熒ヽ祥星光未燭夫焉營君子慎其微草露不可行國珍强之終不屈遂遇害

胡善（輟耕録）一名存道字師善諸暨人至正乙未為松江儒學苗冦至欲毀孔子廟善坐經席罵冦ヽ怒殺之而廟得免于災先是善題詩于壁曰領檄來司

教臨危要致身
及死果不誣

明

王綱（分省人物考）字德常，餘姚人。洪武初以文學徵拜兵部郎中。潮民弗靖，擢廣東參議，往督兵餉，致書與家人訣，攜子彥達偕往，諭降之。還至增城，為海寇曹真所得，為壇坐綱上，羅拜脅為謀主。綱罵之，遂遇害。彥達請代不得，且哭且罵曰：并殺我。其長曰：父忠而子孝，殺之不祥。釋之。乃綴羊革裹綱屍以歸。

蔣文旭（諸暨縣志）字公旦，洪武初由貢入大興為舉，拜河南道御史，與方孝孺友善。陳時政十二事，以易儲忤旨賜死于邸。文旭北面拜曰：苟有裨于國，臣敢偷生。上尋悟，救至已無及矣。

陳性善（嘉靖浙江通志）名復初，以字行，山陰人。洪武丁丑進士，授行人司副，遷翰林院檢討。動止安雅，書法精研，上嘉悅之，超拜禮部左侍郎。皇太孫在東宮時已聞性善名，及即位，召問以治道，多見信用。靖難師起，命監李景隆軍，敗于白溝河，與同事者被執，悉縱遣之。性善獨朝服躍馬入河以死。

殷旦（萬曆紹興府志）蕭山人。永樂初進士，為監察御史，敢言。錦衣衛都指揮紀綱怙寵奢僭，旦劾其奸惡數十事，綱遂棄市。自是貴倖斂戢，當時有殷旦入朝百官失色之語。拜交阯按察副使。黎利叛，安南復沒于交阯，悉逐朝廷命吏，易以所親，獨留旦欲用之。旦不屈，自經死。交人義之，具棺衾送其妻出界上。

謝澤（萬曆會稽縣志）上虞人。永樂戊戌進士，授刑部主事，累遷廣西右參政。佐柳侯征蠻，招撫全活者以萬計。擢通政司。正統十四年扈輿北狩，命提督居庸白洋等關。敵勢猖獗，力不能支，或請移軍別屯，澤厲聲曰：吾受朝廷厚恩三十年，此豈偷生日耶。卒率眾當敵而死。

毛吉（湯斌毛吉傳）字宗吉，餘姚人。景泰甲戌進士，授刑部廣東司主事。故事，廣東司當治錦衣衛卒。衛卒天子親軍，主陰刺百司事，故驕橫。是時掌衛事門達尤縱恣雖大臣稍失意輒捽以重法以故卒有犯下司恚好違莫敢問吉獨法治不少貸卒大憾羣詈吉曰毛葛剌云吉嘗遇門達西街諸官引馬避去吉于馬上舉鞭抗揖過達愕然曰誰也左右曰是所謂毛葛剌者也達怒百計求吉過會吉以病誤朝參下衛々卒走白達曰毛葛剌至矣掄巨杖々之肯見幾死既而復職即繩錦衣卒如故稍進至郎中遷廣東按察司僉事分巡潮惠二府黜墨吏除奸宄為民患者成化二年賊起翁源吉率官軍兼程進斬獲百餘級賊西奔既而新會告急吉率都指揮焦用指揮閻華孫璽與戰賊敗走乘勢追至雲岫山去賊營十里而舍分三道進擊會夜暗失期賊覺伏營後軍士入空營賊擁衆馳下官軍皆亂閻華馬蹶而（見）死（殺）衆皆潰從吏廖振白吉避去吉叱之且毆且戰賊合力趨吉々猶斬數人遇害贈通議大夫廣東按察使謚忠襄

孫

燧（紹興府志）字德成餘姚人弘治癸丑進士自刑部郎歷藩臬並以應幹著聲宸濠逆謀日露朝議選才節大臣推其機牙擢副都御史巡撫江西燧遣妻子還鄉止攜二家僮赴任入南昌人情方洶々諸奸黨內外盤結燧密為牽制計首城進賢又城南康城瑞州請復饒撫兵備又請勅湖東道分巡兼理兵備與饒相犄角九江當湖衛最要害請重兵備權兼攝諸州郡便控制廣信橫峰青山諸窯地險人悍請設通判駐弋陽兼統六縣遏濠黨擁兵寫假討賊盡出之他即密疏宸濠必反章七上輒為濠黨邀匿不得達會御史蕭淮發濠反狀朝廷遣重臣即訊濠懼將舉兵會生辰宴官屬入謝濠匿兵幕中出宣言曰太后密旨詔我監國衆相顧愕眙燧直前曰安得此言果有詔請出視之濠曰不必多言我往南京汝當保駕燧張目厲聲曰天無二日我豈從汝反者濠怒（大）呼罵曰我何負于汝々奏我七本燧曰朝廷何負于汝々反耶濠喝武士縛燧持銅錘擊折（燧）臂副使許逵曰巡撫天子大臣汝曹安得無禮因以身翼燧逆同遇害嘉靖元年贈禮部尚書謚忠烈

郁

采（萬曆紹興府志）字克之山陰人正德戊辰進士授刑部主事不能阿順取容謫大名教授稍遷裕州同知流賊起河北殘破州縣勢甚熾采身率裕人繕

城以待賊至裕守欲棄城走衆曰無為民望乃身先登陴矢石四下賊避城而營又遣人潛俘其醜手刃之流涕以激州人感泣願效死賊引去守計其必復來益練兵為備以妻女托其友莊士偶訣曰脫賊再至衆必死所欲以家累累君者恐重傷老母心也已而賊果至守益怖欲走衆曰母恐西南城塹河也冦難近屬公東北平淺易破有衆在賊攻東郭不克守開西門潛遁去賊東之入衆還救巷戰被執罵不休賊裂其口輔戕其體而死贈光祿寺少卿

沈鍊（徐渭沈鍊傳）字純甫會稽人嘉靖戊辰進士知溧陽擢錦衣衛經歷庚戌冦入古北口時集羣議于庭卒婞婀不敢出一語鍊歷階抵掌慷慨論時事嚴氏黨執格之遂抗聲詆嚴氏父子又上疏請兵萬人欲出良涿以西護陵寢不報又上疏直詆嚴氏十罪有詔廷杖五十削官徙保安為民是時邊人苦殘掠而楊順者方握符鎮宣大到漢級口冦首冒功鍊飛札入轅門數順罪順忌之承嚴氏旨日夜搆鍊鍊在邊募士人為城守保安飢又市粟施粥僧舍活萬餘人順謂諸事非放逐臣所宜遂與御史巡宣大者路楷會疏入告鍊教狀嚴父子從中下其事竟棄市連坐死者五人又捕其長子襄械抵宣府杖斃幾死會給事中吳時來疏上有詔逮順楷襄得免詔贈鍊光祿少卿廕一子

沈束（分省人物考）字宗安會稽人嘉靖甲辰進士司理徽郡拜給事中會總兵周尚文卒請卹與嚴嵩憾其素不附已報寢束抗疏言尚文忠勇素著其死也邊人無不潸涕身後之典格而不議何以示勸疏入嵩大恚傳旨杖闕下尋繫詔獄垂總者三四庚戌冦入犯闕京師戒嚴詔集廷議國子司業趙貞吉抗言曰釋沈束之囚以求直言錄周尚文之功以勵邊將數可不戰而退束在獄聞之請得精兵五千往來督戰以翼都城且度冦飽而歸必道涿鹿出遵薊戒衛實于宣大傳檄諸路乘其惰歸設兵夾擊必大勝嵩見疏曰囚安得與朝議屬加械手足賴徐階申救得免後嚴氏敗詔釋放還

姚長子（兩浙名賢錄）會稽人嘉靖乙卯倭自諸暨突入郡境獲長子貫其肘使為導長子乃紿之西而密語鄉人曰俟我過某橋若等亟撤之我引賊入絶

地可患就擒我死不恨已而果陷于化人壇四面皆水我兵截其後賊知為所紿殺長子剉其屍賊百三十餘人盡殲于此

祝國泰（廣東通志）餘姚人武進士管潮州中軍萬曆三十六年海寇掠欽州至龍門國泰領兵衛之殺賊百計賊益衆來圍或以衆寡為言國泰厲聲曰龍門乃欽之咽喉萬一有失不重誤欽人乎寧死無退迎遠奮戰會潮淺船膠遂遇害

丁乾學（舊浙江通志）字天行號自菴山陰人萬曆己未進士授庶常尋以檢討充經筵講官甲子典試江西稱得人時魏忠賢竊柄乾學抗疏糾參留福閣臣疏救降級調外忠賢銜恨指其試策誘訕時政既削職復矯旨駕帖差緹騎逮訊乾學辯論侃侃被拷掠尋斃崇禎初贈禮部尚書謚文忠

陸夢龍（舊浙江通志）字君啟山陰人萬曆庚戌進士授刑部主事出為九江道調黔中累有戰功粤帥附魏璫為建祠立碑潛列其名亟令剗之歷兗東固原道時流寇自豫入秦犯固原擊之去又犯秦州馳救之又入靜寧州以兵堵勦及陷隆德隆德本非所轄夢龍率賀奇勲石崇德等懲徼偵者妄傳賊不滿千而猝遇數萬于老虎溝計兵僅三百人方欲倚山為勢以待援賊矢石如雨不可支賀石兩將抱之泣夢龍曰何作婦孺態大呼而出手刃數賊賊併力夾攻遂與賀石俱遇害

贈太僕寺卿謚忠烈

單國祚（雲南通志）會稽人崇禎末通海縣典史管本縣驛務值沙逆兵破縣城國祚坐堂上持印罵賊被殺既死篆猶在手握拳不開

黃尊素（紹興府志）字真長餘姚人萬曆丙辰進士授寧國府推官入為山東道御史時朝臣鄒元標劉宗周相繼去位力請召還京師地震尊素上言魏忠賢客氏亂政實致天變有旨切責閣臣韓爌力救得免及楊漣劾魏閹尊素言小人為惡初猶畏主知畏人言至形見勢窮復何顧忌今臺諫折之不足後恐干戈取之亦難為力矣部郎萬燝杖死尊素又言他日有秉董史之筆者書某月某日部臣某以言事死可不為聖明之累哉忠賢惡之削籍去又明年閹人李

實以請學効之被逮而縱騎為吳人箠死尊素聞道投獄與同難諸公講道云破得生死關方見喻義實際閹使許顯純誣贓拷掠尊素次及李應昇尊素復訊拷顯純詰之尊素曰吾忍見李公負病受其毒乎顯純為之動容被害時北向再拜謝君南向再拜謝父母賦詩一章畢命後閹伏誅贈太僕寺卿謚忠端

張名世（紹興府志）字今我山陰人萬曆乙未武進士歷雲南都司苗長阿克擁兵陷武定府之一州三縣名世擊之盡復其地忌者謂其多獲金寶思重賂不得因誣為冒功入刑部獄督師特疏出之期以北邊立功時邊帥擁重兵者重閫適歸名世曰吾受國恩不能報國何用生為遂戰死陣中贈中軍府都督

施邦曜（舊浙江通志）字爾韜餘姚人萬曆己未進士授工部主事遷屯田司郎中閩人余文輔監督二部邦曜取其下請降俸出知漳州李魁奇亂或請撫之邦曜曰奇如是又為閩疆一蠹也洪巡撫鄒維璉悉力定之劉香橫海外乃縶其母且錄其徒眾使誘之香卒授首入為通政使尋罷職再召為南京通政使陛辭言事當上意出都三日即遣中使召還擢左副都御史流寇逼京畿邦曜請飛檄勤王當事者沮之邦曜憤切怒罵未幾京師陷邦曜在東長安門望門投繯居人揮之出以砒霜投燒酒飲之流血而死

國朝追謚忠愍

劉宗周 傳詳儒林

周崇禮（全光袁周崇禮傳）字敬生山陰人任滎陽縣典史崇禎八年正月流寇入境知縣楊節赴者眾欲閉城走崇禮按刀勒眾曰城外編地皆賊出必死不如決戰力守眾唯唯賊攻小西門崇禮率眾以飛石擲之有傅而登者輒斫死賊稍退復駕梯車逼城崇禮與眾擇礮石如雨賊傷甚夥又稍退六日乃併攻小西門猝用大砲擊南門門破崇禮急趨南門力戰殺賊無算賊將老回回恨甚刀斧齊加猶罵不絕口死于南門下

俞志虞（毛奇齡俞志虞傳）字際華新昌人崇禎進士授四川順慶府推官流寇入成都道經順慶鄉官請集民堵禦志虞不可曰寇之深入必有大兵追襲

之以民迎敵徒棄民耳吾堅守以待正恐追軍之尾此當不遠也已而果然十五年行取多對平臺親策安邊弭盜數事條對稱旨授貴州道御史復上輯盜練兵選將任賢屯田十餘疏遂奉使巡山海居庸兩關十七年赴都將西出而闖賊警至史請行曰官出使則無與他事志虞叱之曰人臣為王事死而借王事以生乎不行城陷志虞將自縊其子泣曰未知駕在何所探而後殉未晚也志虞唯唯然已不食坐露地拜宮出東華門志虞匍匐往慟夜遂縊于新昌會館衣有紙云吾不死于院而死于此者吾已在巡且恥院中有此官也

金應元（江南通志）會稽人萬曆辛酉舉人知太湖縣崇禎間流寇入潛山應元請兵不至越二日賊長驅入境應元以死拒守賊執之加刃于頸脅令跪不屈賊怒殺之家人俱罹難贈太僕少卿廕一子

馬驄（紹興府志）字最白會稽人萬曆武舉歷登州府參將崇禎間兵變圍攻郡城驄堅守一月請援不至潰圍出戰被創十有六乃被擒不屈死闔門眷屬並死

陳孔教（紹興府志）字魯生會稽人萬曆庚子舉人歷工部郎中崇禎末出為四川僉事方泣任張獻忠破省城孔教以川南道督所部守禦旋被執不屈死

徐國奉（倪元璐節義傳）守心湯上虞人起武試除保安守備保安地文辭武事不協鎮戍四百復他調崇禎甲戌七月敵數萬騎驟薄城國奉急呼居民入保初攻北砲退之已攻西砲退之復攻東砲大退之火藥絕乞之州伯問生斗不應搒捍呼號声如吞炭遂大困敵附城蟻上猶率民巷戰拖使不洋下數伏慶城上昧爽始大集國奉知勢不可為驅其妻女十三人皆入井已乃升屋騰躍赴鬭過壽亭侯祠見學傳馬承圖率諸生草降拉國奉俱國奉斥之遂厚噬爲乃拔刀自刎左右堅持之遽躍入井中死

倪元璐（紹興府志）字玉汝上虞人天啟壬戌進士授庶吉士時魏閹竊柄朝臣多附之元璐介然獨立屏小忌正嫉賢梓有三朝要典混淆是非崇禎改元

元璐奏請焚之又疏糾楊維垣等削籍太著歷侍讀學士充日講官陳十六策率言制寶制虛所以濟時上揭之御屏頻為省覽特有忌而知之者遂罷職壬午流寇日熾起為兵部右侍郎改戶部見額餉左支右絀日夜持籌朝議欲開採力爭之中使分路出鬻浙直桑穰疏論其害乃得撤未幾詔元璐仍供詞臣職甲申二月聞寇將犯闕元璐請遣東宮急治金陵宮殿上猶豫不果召勤王師無至者三月乙巳寇圍京師越三晝夜丁未城陷元璐整冠帶向北謝闕南向謝母出就廳事題案云死吾分也慎勿棺衾以志吾痛遂投繯死

國朝賜謚文正

吳從義（陝西通志）字裕強山陰人崇禎庚辰進士授陝西長安令時闖賊自楚入豫與軍旁午從義悉以己資犒繕具缺又連值飢饉多方賑濟及賊至勢蹙張不能復守從義仰天歎曰國破臣宜死貪生應所羞引刀自刺不死遂投于井賊將引出之輒大罵賊怒推石擊死

章贊元（紹興府志）字素完會稽人由吏員授四川江油縣典史縣治無城崇禎十六年流寇入境縣尹避入山贊元以禮服坐縣廨家僮促之去乃曰我食君祿守此土何偷生為賊向導至乃縣民也素知贊元廉正不忍害御使去不從賊大至負以降不屈遂奔浮橋躍水死民立廟祀之

趙嘉煒（毛奇齡趙嘉煒傳）字景忌山陰人崇禎十七年仕成都之郫縣郫有粉江可以注錦江而溉蜀田其堰在灌嘉煒甫受事即以司堰故入灌而敵賊遂至負之降不屈因射死而沈于江

周鳳翔（舊浙江通志）字儀伯號巢軒山陰人崇禎進士選庶吉士授編修特簡國子監司業特遷脩文聞兵食兩絀鳳翔謂宜發內帑以收人心不宜搜括民財以空國計無何寇逼畿甸烽擁城下鳳翔聞變號慟援筆為書三一奉父母一寄兩弟一訓子玉忠遂囑姪國泰曰汝歸善慰我親吾死所以報親也惟指用黑勿衣錦籍汝歸吾首吾目瞑矣遂沐浴更衣再拜投繯而死

國朝贈禮部左侍郎謚文忠

陳三益（紹興府志）字友芝，山陰人。崇禎間以太學生授中年丞。河南旱蝗，民飢，三益盡發其資為糜賑之。時闖寇淋蔓，民聚為盜，三益集丁壯築堡立寨以支旦夕。題授儀封令，仍兼中年。甲申寇陷都城，偽使者以招撫至，同官咸勸出迎，三益感憤，引刀盡碎所佩印，不屈而死。

姜道元（紹興府志）字敬勝，餘姚人。以順天副榜授山東布政司理問，攝臨清州篆。歲旱漕河涸，道元禱之雨，隨澍河流大增，糧艘得行。無何濟南被圍，職守北門。道元以休暇募丁壯相與戮力死守數旬，城陷被執，脅降不從，遂見殺。妻李氏自沈署後湖中，子翅棟從之。事聞予褒卹。

傾旦（上虞縣志）字君釋，上虞人。授四川永川縣丞。崇禎甲申流寇蜂屯，旦署篆永川，倡義固守，誓以死殉。生擒偽將何湛元等，城賴以全。敘功陞知銅梁縣，献賊攻銅邑，旦堅壘數月，糧盡援絕，城陷被執，不屈死。

周卜年（毛奇齡周卜年傳）字定夫，山陰人。弱冠通五經子史。甲申聞變，痛哭狂走，數日不食，餐作五絕命歌，與弟卜曆書緘之，潛詣白洋之濱，遇漁者，授之曰：我安昌周定夫也，有蹟我者與之。乃疾馳磯畔，兀立潮至，躍入。卜曆聞之，踪于海濱，從漁者得所寄書，募網撈之，三日不獲，忽屍從躍處浮起，顏色如生，冠角弗折，履襪未失，觀者如市，咸驚嘆，乃殮而厝焉。

祁彪佳（舊浙江通志）字世培，山陰人。天啓壬戌進士，以司李入為御史，巡按三吳。三吳多市魁積蠹，為強宗所庇，彪佳悉捕至，集其郡之士大夫問可殺否，皆曰可殺，則立斃之。溫體仁當國，不出者八年。後劉宗周講性命之學，入掌京察，復撫三吳。明亡，坐其讀書之所曰寓園，因歎曰：山川人物，固屬幻影，而人生已一世矣。夜半自沈于水。

何弘仁（舊浙江通志）字仲淵，山陰人。崇禎丁丑進士，知建平、高要二縣，城建平，隄端溪，皆為百世之利。尋授御史。兩京沒，投于台之白峰下，死而復甦，有土

人負入閩介山削髮苦行
道命暴骸三日野火焚之

傅日泂（舊浙江通志）字中黄諸暨人為諸生與其叔平公同師劉宗周明亡兩人相謂曰吾等義固當死然俱有老母在亦惟白于母許死則死耳平公白于母不許日泂白于母許之遂赴湄池死平公乃養泂母終身

王毓蓍（舊浙江通志）字元趾會稽諸生師事劉宗周明亡草致命篇榜于宋衛士唐琦廟赴柳橋自沈死留書上宗周曰毓蓍已得死所頑先生早自決毋為王炎午所弔

潘集（舊浙江通志）字子翔會稽人王毓蓍死為文祭之與友人痛飲約同死于是書几上曰昔年東渡今復渡東水與月白吾胥不黑袖石自沈渡東橋下

熊汝霖（舊浙江通志）字雨殷餘姚人任給事中崇禎時急于求才每為小人所乘汝霖言破格不如循常聽贊不如採實又為上分別督撫樓為以為多不可以備倉猝也知無不言言無不盡熊開元姜埰之獄劉宗周金光宸之去悉力爭諍降福建照磨明亡死于兵

余煌（舊浙江通志）字武貞會稽人天啟乙丑進士第一授修撰遷左春坊會歲頻旱飢通稅久蠲有司附徵如故于經筵中極言之明亡自沈渡東橋下而死

朱瑋（舊浙江通志）字鴻儒山陰人明亡人皆竄伏瑋曰此日而生全歸之謂何乃書絕命詞二語于几上潛往碓石躍水死

倪文徵（舊浙江通志）字翁平山陰人為蒙師自給兼通醫術明亡市酒飲里中少年求韓一事有諾之者偕至墓所命掘坎自瘞衆駭欲散文徵曰此何事可誤我乎或尼之曰死義也今某某俱不死汝何自苦文徵曰人各行其志唯諸公玉予于成也人曰豈可使土侵膚乎以工紅贈之埋于坎中徵默坐其內命覆之已而內聞叩聲衆曰一時感興吾固知其欲出也發之文徵曰不然入時不知方位耳北向再拜復命覆之、、章正宸（紹興府志）字羽侯，會稽人。崇禎辛未進士，入庶常，動以名節自砥。遷禮科給事中，疏劾宰相王應熊不由枚卜，非祖制，忤旨下獄。廷臣交章論救，得釋歸里。數年，起原職，陞吏科掌印。劾樞臣陳新甲奏單西廠大璫人，呼為鐵漢。既而羣小側目，潛行媒孽。一日召對平臺，上震怒，同冢宰李日宣等下獄。賀逢聖疏救，戍襄陽。尋祝髮為僧，不知所終。

國朝

王之昜（紹興府志）字公調，山陰人。順治丁亥進士，知祁縣，有善政。戊子，雲中姜瓖叛，諸邑淪陷。之昜曰：「祁為太原藩籬，無祁則太原無犄角之勢，人心風鶴矣。」晝夜固守，出奇奮擊，擒賊將范計。賊不能長驅犯會城者，實祁捍其先鋒也。己丑，賊悉銳攻祁，援絕糧盡，城陷被執，罵不絕口，遂遇害。贈按察司僉事。

吳錫綬（廣西通志）字紫卿，會稽人。順治戊戌武進士，選羅定都司。時平樂久為賊據，錫綬率所部從撫蠻將軍傅弘烈集兵恢復，五戰五捷，直抵平樂。賊吳世琮擁眾拒，至決河水以截援師。錫綬飲血鏖戰，盡亡，絕，自刎以殉，從死者數百人。贈昭武將軍。

魯仁圻（陝西名宦冊）會稽人。以守備署興鎮右營把總，又署漢鳳營千總。康熙十三年，吳逆兵至，城陷，不屈死之。贈威烈將軍。

王質（四川通志）山陰人。康熙十八年任陝西高陵縣典史，隨王進寶入川討逆，以功陞渠縣知縣。因公赴省，值餘孽復叛，被執，囚縶數月，抗節不屈死之。贈四川按察司僉事。

薛人鳳（四川通志）字仲輝，會稽人。康熙十九年任夔州府通判，解餉赴榆州道，經萬縣，遭譚弘叛，劫于七里漬，縛至天成山，迫令降，不從，遂遇害。贈僉事。

王龍光（公舉事實）字紉譽，會稽人。為諸生，數困舉場。年五十，浙江巡撫范承謨延之課子。承謨遷福建總督，邀同行。甫半載，而逆藩耿精忠亂作，承謨以罵

卷四

四九五

賊不屈被囚逆闔署盡搜其男婦縶之龍光與無錫嵇永仁同行逆卒猙獰官
牽之驅至積屍間俄牽入授筆札令草安民檄啖以官二人不可遂羈獄中困
頓不可忍永仁歷叙諸境為百苦吟龍光和之在獄三年康熙丙辰
王師破仙霞嶺精忠遂害承謨并龍光永仁等四十七年贈修職郎國子監助教

周中鉉

周中鉉（公舉事實）字子振一字念吾山陰人性慷慨重氣節能任事由崇明縣丞
陞華亭知縣邑舊多逋賦患由吏胥侵蝕中鉉力行親催滚单法課逹如
額以詿誤落職
特旨復原官旋陞松江府知府因兩任華亭周知民情土俗故在任多惠政雍正六
年奉
旨特與江南水利上官廉其才凡修渠築塘建壩置閘一以任之辦理悉協二月二
十九日督濬吳淞江築限江口遶暮夜合龍風急水漲
中鉉親與夫役協力素漸舟沈覆溺而死贈太僕寺卿。

陳天錫

陳天錫（禮部照會）本姓龐會稽人任雲南烏蒙府司獄雍正八年烏蒙土
司叛天錫見鎮將不戢先二日即手刃其妻自刎于官署贈知縣

台州府

三國吳

張悌

張悌（兩浙名賢錄）字巨先臨海人歷官丞相天紀四年晉師代吳孫晧使悌督沈
瑩諸葛靚師渡江逆戰吳軍大敗諸葛靚與五百人退走使人迎悌悌不肯
去靚自往牽之謂曰國家存亡自有大數豈卿一人所支何自取死為悌曰我
童兒時便為卿家丞相所拔常恐不得其死負名賢知顧今以身殉社稷復何
遁邪靚流涕放之去百
餘步已見為晉軍所殺

宋

江仲明（宋史唐良臣傳）仲明台州人宣和寇亂載老母逃山澗中猝遇寇于東城之岡逼使就降仲明義不屈奮起罵賊死之

蔣峴（赤城志）仙居人有文章宣和寇亂與峴遇欲妻以女峴拒之脅以拜亦不從寇曰吾戮汝矣峴伸頸就刃詈聲不絕峴性滑稽其臨事有立如此

陳克（台州府志）字子高臨海人貽序子博學能詩薦為刪定官尚書呂祉帥建康辟致為屬後祉叅督府謀議復從至淮西紹興間酈瓊叛殺祉克奮勇出戰兵敗就擒叱令屈膝克曰吾宋臣也寧為珠碎不為瓦全賊積薪焚之克罵不絕口聲如震雷衆懼還拜舉酒酹曰真忠臣也軍民聞之歸慟如喪所親

張華宗（仙居縣志）字君寶寶祐間以明經補國學除杭州教授轉揚州臨江謹身率士所至有聲開慶元年元兵壓境翼同官拒守久之臨江陷元兵火文廟大呼曰不降者我也當速殺我為令先聖無依耶遂遇害詔謚忠烈贈大夫秩

杜滸（宋史鄭濂傳）滸字貴卿丞相範從子德祐元年有詔勤王滸特率縣糾集民兵得四千人文天祥開閫平江往附焉時陳志道等贊天祥出使滸力爭不可已而天祥北行無敢從者滸獨慨然請行特改兵部架閣從京口以計略守夜劉千戶得官鐙艤天祥偕走淮甸由海道以達永嘉益王即位授司農卿尋往溫台招集兵財福安陷與天祥相失久之奉命復入天祥幕及空坑兵敗又與跋涉以出往趙厓山兵潰被執以憂憤卒

邵囦（赤城新志）字叔魯臨海人咸淳進士歷本州教授元兵臨城入學宮端坐而死

牟大昌（台州府志）字達明黃巖人宋末應文天祥檄與姪天與聚義兵勤王浙東提刑杜滸辟大昌為都將天與副之元兵陷台州率衆禦之題其幟曰大宋臣牟大昌義共力戰而死從妹明娘投崖死兄猷伯二女皆自經宗族男女死者不可勝計

趙時棠（仙居縣志）字寬甫咸淳進士授海鹽主簿募民與元兵對壘者二旬食盡度不能支遂策馬突入賊營手刃數騎而死

台州

張和孫（兩浙名賢錄）字哲齋臨海人文天祥自通州泛海過其家約舉義兵將取明州不果後張弘範入寇見壁間檄捕得之哲齋知不免語弘範曰吾生為宋民死為宋鬼何怪我為遂遇害

元

林夢正（櫟耕錄）字古泉黃巖人以著述薦擢溧陽教授賊寇溧陽獲賊魁張某問之曰我父為軍千户紅巾入境逼我父為帥父以年老令我代之夢正罵曰爾祖父世為國臣而爾忍從賊耶既而賊勢復盛竟奪張去下令曰生得林教授者有賞夢正匿他處搜得之張曰前日罵我者非爾耶降我則俾爾為元帥夢正終不屈縛于樹殺之

洪世安（臨海縣志）字用之至正十三年方國珍陷台州世安率鄉勇阻守三江賊卒至寡不敵衆乃夜縛田中草稈萬餘各揷火炬賊疑為兵至遂退世安率衆追十餘里後賊知悉衆來以遂被執臨死罵不絕口

泰不華（元史本傳）字兼善伯牙吾台氏父塔不台仕台州錄事判官遂居于台年十七浙江鄉試第一明年對策賜進士及第授集賢修撰順帝卽位出僉河南司事轉江浙行省左右司郎中浙西大水害稼泰不華力言于中書免其租至正元年除紹興路總管革吏弊除沒官牛租令民自實田以均賦役行鄉飲酒禮教民興讓越俗大治黃巖民方國珍為亂泰不華上招捕之策不聽除江東廉訪使國珍入海燒掠沿海州郡十一年詔孛羅帖木兒為江浙行省左丞總兵至慶元以泰不華諭知賊請狀還浙東道宣慰使都元帥分兵于溫州使夾攻之國珍寇溫泰不華縱火筏焚之遁去既而孛羅帖木兒戰潰被執為國珍餙詞上聞達大司農達識帖木邇等至黃巖招之國珍兄弟皆羅拜退止民間小樓泰不華欲命壯士襲殺之達識帖木邇曰我受詔招降公欲擅命耶

乃止還泰不華台州路達魯花赤十二年國珍復入海以救泰不華自分以死報國發兵抵黄巖之澄江而遣義士王大用抵國珍示約信使之來歸國珍拘大用不遣以小舸二百突海門入州港犯馬鞍諸山時國珍黨陳仲達往來計議陳其可降狀泰不華率部衆張受降旗乘潮而前船觸沙不能行與國珍遇呼仲達申前議仲達目動氣索泰不華覺其心異手斬之即前持賊船射死五人賊羅入船復斫死二人賊舉槊來刺輒斫折之賊羣至欲抱持過國珍船泰不華瞋目叱之脫起奪賊刀又殺二人賊攢槊刺之中頸死贈江浙行省平章政事封魏國公謚忠介

陳宣（太平縣志）字欽名至正間方國珍寇海上郭亡本與之通宣令鄉民禦之仁本焚其廬宣自到

張維賢（仙居縣志）字允德維大弟丸髭猿臂至正間薦授南漳監鎮累勳揩武德將軍晋爵侯食邑萬户與明兵戰于蘭谿失利被獲初劉基與之善至是劉如械所說之降維賢曰吾非不知若主長者顧吾弟兄並間府受國恩不忍背也泊就刑劉與太祖曰主上掃平六合不宜使天下有殺義士名太祖頷之謫武林戍不食七日死

明

葉伯巨（方孝孺葉伯巨傳）字居升寧海人入太學未久詔諸生分教河北弟子伯巨得平遥縣洪武九年星變下詔求言伯巨為書言三事曰分封太侈求治太急用刑太煩其語皆切直上大怒曰小子何敢離間吾骨肉速取以來吾將啖其肉伯巨至丞相乘上喜乃敢奏詔繫刑曹問狀死獄中

葉良器（台州府志）寧海人慷慨有大節元末擾攘能保障鄉里歲已亥總制官胡深薦為千户勒山寇及征方國珍克平陽城陞萬户深入敵境被獲不屈遇害詔存卹其家

方孝孺（朝野彙編）字希直一字希古寧海人年十四事父克孝從宋濂遊盡得其所學以明王道闢異端為己任洪武十五年以吳沉薦召見上喜謂太子曰此端士也當老其才輔汝還鄉二十五年召至擢漢中府學教授蜀獻王聞其賢聘為世子師名其讀書之廬曰正學太孫即位召為翰林博士進侍講學士俾預聞改文學博士北兵起日召謀議詔檄皆出孝孺手北兵既渡江盡策堅守誓死社稷建文遜去孝孺衰服晝夜慟哭姚廣孝謂成祖曰陛下幸全方孝孺若殺此人則天下讀書種子絕矣乃使廖鏞兄弟召之孝孺不肯至令鎮撫伍雲收孝孺繫獄猶遣人諭之再三不從因使孝孺草詔乃召見孝孺號慟聲徹殿陛上降榻勞曰先生何自苦余欲法周公輔成王耳孝孺曰成王何在上曰渠自焚死孝孺曰何不立成王子上曰國賴長君曰何不立成王弟上曰朕家事先生何自苦遂授筆札曰詔天下非先生草不可孝孺投筆于地曰死即死詔不可草上曰汝不顧九族乎孝孺奮然曰即殺十族亦無如何且罵且哭上大怒令以刀抉其口兩旁至耳磔之聚寶門外罵聲不絕時年四十六詔收其妻〻鄭已先縊籍九族皆誅上怒不已必欲誅十族乃以門人廖鏞等為一族誅之凡坐死者八百四十七人謫戍死者復數百人與史魏澤為匿其幼子

王叔英（名山藏）字原采黃巖人洪武初與楊太中葉見太方孝孺林右並徵辭還久之薦授仙居訓導陞漢陽知縣建文初召拜翰林編修言太祖除奸剔穢抑强鋤梗若醫去疾若農去草急于去病或傷國膚嚴于去草或傷禾稼疾去宜嬰其氣血草去宜培其根若又論行限田以數千百言靖難師渡江叔英募兵廣德聞都城破仰天慟哭夜留題几上沐浴衣冠書絕命詞衣裾間自經元妙觀銀杏樹下妻金死獄二女死井中

鄭華（獻徵錄）字思孝臨海人洪武丁丑進士授行人奉使川廣有声譽建文中詿誤謫東平州吏目靖難兵起謂其妻蕭曰吾義必死奈親老汝少何妻泣對曰君能為國妾獨不能為君乎華乃稱疾尋醫携家托其友無錫巫趙次進馳還東平時州長貳盡棄城走華獨率吏民死守水漿不入口者三四日北將朱

能攻陷東阿分兵取東平華曰守土之臣義不苟生請援不至力疾戰不屈死之時年甫三十

林右（世法錄）字公輔臨海人洪武初為中書舍人奉璽書行邊有功進春坊大學士命輔導皇太孫以事謫中都教授尋挂冠歸靖難師入聞方孝孺族誅為位以哭來樂戍子賊訌海上台被其毒監司聞右才請為閭里計右勉起視兵督郎子弟勠平之上以此知右遣使召之不赴令武士械至京師猶以溫語相慰勞右對曰罪人逃死已久藉令可任當與方孝孺同朝矣上怒命劓之竟死

鄔中涵（寧海縣志）字世元丙辰副榜嘉靖壬子貢于京授福清訓導倭寇福清邑故無城令是邑者以單弱莫守委之而去中涵曰一命之臣皆有封疆之責況我官訓導當以忠孝為訓而領可自效名爭奮鼓士氣集鄉勇樹高桐身冒矢石與賊對壘待援及督撫兵至而中涵已中飛矢死矣

張約（台州府志）字存博仙居人邑諸生嘉靖丙辰倭寇犯境率家人禦于光山之麓為賊所執脅導入城不從賊割其舌猶噴血罵不絕口

劉國賓（閩書）以台州衛指揮任烽火把總萬曆元年海寇林鳳數十船突入港國賓檄協總刻期同勦至斤竹洋與賊遇協總後期不至人勸之遁曰死吾分也轉戰至寨前發銃反風焚舟戰士俱殲國賓死之

陳函煇（台州府志）字木叔臨海人母應氏誕時夢寒山子至家因號小寒山崇禎甲戌進士授靖江令門月河八十八里直達維揚水利以興庚辰奉旨視師海上渠魁就擒擢兵科給事中為忌者所抑罷官居里甲申聞變慟哭上雲峯擇六月庚寅日自經死

應昌士（舊浙江通志）字君宰仙居人崇禎庚辰以特恩賜進士授安定知縣癸未闖賊圍安定昌士倡兵民死守越月城陷被執賊欲降之昌士奮罵不屈妻周氏與女真在寺亦奮罵賊先殺以脅之昌士笑曰各得死所矣終不屈械至蘭州偽帥親釋其縛勸曰識時勢者呼俊傑昌士舉杯擊偽帥首即席遇害

國朝

許鴻儒（舊浙江通志）太平人字象恒順治四年歲貢選郴州羅城縣知縣到任日桂林失守羅城孤立無援被執不屈死弟男五人俱遇害

金華府

宋

胡埜（金華先民傳）金華人事親以孝聞崇寧間應八行舉除婺州教授宣和二年方臘及青溪憞歙睦明年兵及婺境官吏皆闔風章城遁諸生勸埜避難埜曰我先世以武功顯而我應八行舉豈可上負朝廷下辱先世即城陷闔室皆死贈朝奉郎

梅執禮（宋史本傳）字和勝浦江人第進士以薦為武學博士歷知滁州某英殿修撰時賦鹽鹺額滁亦苦抑配執禮請于朝詔損二十萬欽宗立從知鎮江名為翰林學士道除吏部尚書改戶部金人圍京都執禮勸帝親征用事者沮之消失守金人質天子邀金帛以數百千萬計執禮與同列陳知質程振等窒其求曰臣民皆願致死于金繒何有哉頓比屋搜空無以塞命耳帥怒俄遣還將及門呼下馬搥殺之而梟其首是日天宇晝冥士庶皆隕涕初車駕再出執禮與宗室子昉諸將吳革等謀集兵萬勝門夜搗金帥帳迎二帝以歸而謀變泄其謀故不克死時年四十九高宗即位詔贈通奉大夫資政殿學士

劉滂（宋濂劉滂傳）字德霖武義人與梅執禮同遊學于東梅而劉大觀己丑進士調新昌令豪郟氏橫里中挾貴姻誣人死滂捕至械治之部使為請不聽守傳以法蔡京與滂祖為布衣交滂至京師京欲挽為黨滂拂衣去建炎中知建昌軍建昌兵習悍驕邀求無度滂至一以法繩之兵不勝忿持戟入市掠人物即拒者刺傷之滂捕繫迫償兵遂為變滂及母妻皆死建昌人聞滂死皆慟哭失聲朝廷既誅始亂者褒滂為朝請大夫官其一子墉

呂祖泰（宋史本傳）字泰然，夷簡五世孫。慶元初，兄祖儉以言事安置韶州，祖泰徒步往省之，且曰：自吾兄之貶，諸人箝口，我雖無位，義必以言報國，當少須之，今未敢以累吾兄也。及祖儉歿貶所，嘉泰元年，周必大降少保致仕，祖泰憤之，乃詣登聞鼓院上書，論侂胄有無君之心，請誅之以防禍亂。書出，中外大駭，拘管連州。右諫議大夫程松奏言祖泰有當誅之罪，縱不殺，猶當杖黥竄遠方。侍御史陳讜亦以為言，乃杖之百，配欽州牢城收管。祖泰知必死，冀以身悟朝廷，無懼色（壁）。府（史）尹為好語誘之曰：誰教汝？祖泰笑曰：公何問之愚也，吾固知必死，而可受教于人，且與人謀乎？尹曰：汝病瘋喪心耶？祖泰曰：以吾觀之，若今之附韓氏得美官者，乃病瘋喪心耳。侂胄誅，詔雪其冤，特補上州文學，改授迪功郎，監南嶽廟。喪母，無以葬，得寒疾，索紙書曰：吾與兄共攻權臣，今權臣誅，吾死不憾，獨吾生還無以報國，且未能葬吾母為可恨耳。乃卒。尹王柟為具棺斂歸葬焉。

李誠之（宋史本傳）字茂欽，東陽人，受業呂祖謙，鄉舉第一，後入太學，舍選亦第一。慶元初為饒州教授，擢國子學錄，以言罷，起為江西轉運司幹辦，使改通判常州，知郢州，知金人必敗盟，大修邊防戰攻守禦之具，移知蘄州。蘄自南渡以來未嘗被兵，誠之相視城壁而增益之。嘉定十四年，金人犯淮南，時誠之已逾滿，代者不至，欲先遣其孥歸，聞難作而止，乃遴丁壯分守，募死士迎擊，大破之，殺其帥，金人屢挫，謀益巧，攻益力。未幾，又殺其將卒數十人，奪所佩印，金人卒不得志。會黃州失守，得兵為一，凡十餘萬，池陽、合肥援兵敗走，誠之激厲將士，勉以忠義。城陷，率兵巷戰，殺傷過當，子士允力戰死，誠之引刀自刎，妻許及婦若孫皆赴水死。事聞，贈朝散大夫、秘閣修撰，封正節侯，立廟于蘄，贈其妻令人，士允通直郎，子婦及孫女之沒于難者皆贈安人。

童必大（義烏縣志）字本厚，嘉定丁丑進士，授竹山令，歷安定知府，寇發，率民兵捕勒，次年寇復圍城，嘆曰：生死有定，忠孝豈能兩全。統兵赴敵，遇害。

樓斌（續浦陽人物記）字一中，浦江人，私淑倪文獻氏，讀其疏草，知兵食戰守之策、山川險要之處，冀旦暮得當以佐恢復，每聞雞起舞，曰：中原陸沉，豈丈夫安

婺州

秋時爭聞史彌遠矯詔殺濟王作詩哭之詩漸傳播達彌遠意者逮治斌斌不為屈會有解之者得釋登淳祐十年進士累官至翰林說書開慶元年賈似道鄂州乞和以捷聞斌直發其奸章三上似道怒啖言官劾其誣罔受責傷重賦詩而逝

許伯經（金華先民傳）字為可東陽人父子良仕至台州守伯經以蔭入官咸淳末差婺州通判時李珏開府婺州辟伯經主管機宜文字未幾移閫永嘉元兵入臨安三宮北遷宰相陳宜中以衛益二王如永嘉元兵追及之力戰數日城破珏降伯經就縛不屈死之

胡德廣（東陽縣志）字及之景定庚申元兵渡江奸人因之為盜德廣糾聚鄉兵撫安邑境郡縣上其功特授迪功郎尉仙居縣以親喪不赴德祐初元兵入臨安宋丞相奉三宮赴燕德廣曰吾以身許國義當與國存亡遂集義勇日夜訓練未幾婺州破乃嬰城自守會來庸章靖起兵復郡遣人邀德廣德廣曰吾去則奸謀復起亂在肘腋遂不往未幾靖敗元兵乘勝至東陽德廣據險拒之元兵屢挫前謀逆者附于元以間道示之攻其後眾潰德廣不屈死其配朱氏亦自刎死

滕道隆（宋史趙良淳傳）道隆字伯謙武義人以任入官累官潭州判官權知全州判湖制置使汪立信奏辟為參議立信遷兵部尚書趙孟傳為制置使以道隆為提點刑獄時文天祥既至平江潰卒四出為浙西患安吉尤甚有旨命道隆措置乃梟其首亂者于市牛監軍遁范文虎程鵬飛皆景揆假遺書誘降道隆焚書斬使元兵至郡守趙良淳既縊死德祐二年正旦追兵及道隆死戰矢盡槍槊折一軍盡沒道隆見執艦內赴水死長子戴孫亦赴水死

柳叙（浦陽人物補遺）字元德貫注父也為蘭谿縣尉宋亡慟哭絕食而卒

元

胡嘉祐（金華先民傳）字元祐，永康人。至正乙未，縉雲、蔚溪賊剽掠逼境，嘉祐白邑令為防禦計，乃散家財，集丁壯，立保伍，大書其幟為義兵，賊不敢犯。詐降尋復旁出抄擄，會官兵至，嘉祐率其兵助討之。賊退，兵駐邑中，頗恣睢，嘉祐扣軍門白主帥，樹旗于鄉，約曰：敢擾吾民者殺無赦。士卒皆如約，鄉民安堵。令嘉其能，上其名于憲府，署曰義士，俾與方允中合而拒賊，不敢越鯉溪而西。歲丁酉，賊寇武平、合德，嘉祐與戰，大敗[破]之；戰于前倉，又破之；遇于占田，嘉祐盡銳與戰，顧謂允中曰：賊衆我寡，惟死鬬耳。自辰至午，戰酣不解，允中殁于陣，嘉祐自分不獨生，戰益力，厲声罵賊死之。

唐元嘉（金華先民傳）字顯德，蘭谿人。進士，釋褐授仁和縣丞，陞浙江行省掾。至正末，從丞相答剌罕節制金陵，兵敗被執，不屈死之。

劉良（兩浙名賢録）金華人，良之從父也。仕元為常州萬户府知事。張士誠圍常州，援兵不至，良遣其子毅齎蠟書浮江間道抵江省，江省求救未及還，而城陷，良不屈，闔門赴水死者十餘人。

趙大訥（金華先民傳）一名良勝，字叔敏，浦江人。起家譯曹掾，調泉州録事，盡起卒。都泉之無賴嘯聚應之，遂來攻城，大訥作大栅以遏其衝，寇退。轉興化録事，遷龍溪尹。俗尚鬼，壘石作祠，奉紫衣神，黠民將為奸，大訥棄神江中，移石修孔子廟。縣多山畬峒，椎鬏具兵暴掠，大訥調鄉得衛，服從如良民。調温州永嘉尹，遷知永新州。鵝湖、羅陂皆羣盜淵藪，大訥出奇計翦深寇，餘黨奔潰。請老，加婺州路總管府同知致仕。戊戌，明兵破睦州，至浦江，或誘之降，大訥曰：吾元朝老臣，惟有一死報國耳。或強之行，曰：吾不能行。使之乘，曰：吾不能乘。刃之不殊，病創死。

陳達（兩浙名賢録）字元達，蘭谿人，自中之孫也。父萍，仕元為宣政院使。達自少徼入宿衛，學書于康里子山，詔書欽安殿榜，稱旨，擢端本堂司經正字、文學官。立朝謇諤，嘗劾禿魯帖木兒，忤旨，賴太子營救得不死。辭官歸永嘉，從進士陳高受尚書，語及時事，輒於邑流涕。復召為翰林學士，不起。明師下温州，自沉于渊軍士引出之，特佩刀自裁，軍士李之乃斷髮示無用，安置滁州，遇赦還蘭谿，病風痺，聞有薦于朝者，郡葉帍卿卒。

明

鄭浮

浮（續浦陽人物記）浦江人。龍鳳七年，胡大海為江浙行省中書，開府金華，有薦浮才者，署為稅課使，兼參軍事，用其言，約束卒伍，加意市廛，四方商賈湊集，錢幣倍增。次年，苗兵將蔣英等作亂，殺大海，守宰咸遁去，浮急取印券，置他處，亂兵索印，斷其左手，浮詈曰：首可斷，印不可得。李右丞在睦，爾等直釜中魚耳。賊懼，釋之。越二日，李文忠赴難，賊遁，浮以重傷卒。

王禕

禕（苕山藏）字子充，義烏人，善文辭，與宋濂並受學于元學士黃溍，與濂齊名。李文忠守金華，用禕為儒士，名署中書省掾，上常字之。授江西儒學提舉司校理，除侍禮郎，兼引進使，遷起居注，轉同知南康府事。上將即位，召議禮，忤旨，降漳州府通判。天下既定，租稅未盡減除，禕至，郎具以均徭薄賦書于上，上嘉納之。召還，與宋濂同修元史，書成，授翰林待制，同知制誥。洪武五年，使雲南，諭降把匝剌瓦爾，封以梁王。禕至雲南，延禕為上客。會元有後裔自立于漢北，使其使脫脫至把匝剌瓦爾所求報兵，把匝剌瓦爾背之，匿禕于春登楊氏家，意候其去，且議法禕降。脫脫知之，遽問使安在，把匝剌瓦爾謝無有。脫脫動色曰：大王與舊君骨肉之親，唇齒之勢也，當死相守，而誓相關。今國亡不救，內靡義旗，旋踵外嚮，何面目即即上馬去。把匝剌瓦爾畏脫脫，出禕見之。脫脫怒，欲屈禕，禕罵曰：爾嗣德涼德，作怒民散，盜起。皇帝神明威武，海內歸心，登大寶于布衣，取天下于羣盜。爾尊不自忖量，尚欲熘燐火燃死灰，三尺童豎知其無能為也。脫脫益怒，遂殺之。建文時，贈翰林學士、奉議大夫，諡文節。成化六年，又諡忠文。

王名善

（邵遠平年魯傳）名善，義烏人，為高州通判。洪武時，海寇何均善被戮，其黨羅子仁率衆潛入城，執名善，不屈死。

龔泰（修遺録）字叔安，義烏人。九歲而孤，母傅氏躬教之。洪武丙子領鄉薦，入太學，授户科給事中，還都給事。壬午靖難師駐金川門，與妻傅訣曰：事至此，吾分死矣，爾賫執携幼穉以歸。子則俱溺于井，李可免。言未竟，火起内廷，泰馳赴之，道為兵校所執，見上，以非奸黨釋之。泰既得釋，遂從城上撲下而死。

楊榮（湯溪縣志）湯溪人，敦尚風節，以詩文名。洪武間領歲薦，任國子助教。靖難兵入京，棄官歸。永樂改元，有詔録用舊臣，榮與焉，辭不赴，强至中途，嘆曰：吾何顔復掛名仕籍乎！遂赴水死。

李任（嘉靖浙江通志）永康人。洪武中襲父爵，為燕山右衛指揮。永樂初陞遼東都司。宣德元年從征交趾，叛賊黎利守昌江城，與顧福等率精鋭出擊，賊曉其攻具，賊又築壘射城中，任、福夜出襲破賊營。賊掘地洞欲潛入城，任開壙捕，用石擊之，入者輒死。城中士卒初有二千餘人，前後三十餘戰，死亡過半。賊益兵攻圍日急，相拒凡九閲月，人力疲困，餉糧匱乏，賊以雲梯登城，奪其門，任復率死士三戰三敗之。後賊擁兵入，任與福不能支，乃自刎死。

陸震（獻徵録）字汝亨，號鶴山，蘭谿人。正德戊辰進士，授泰和縣知縣。至即訪求民情吏胥及賦役輕重、風俗美惡，而一新其政。將逆瑾擅政，以逋賦誣民，邑中船户應償銀兩以萬計，干連數百人，震極力辨白，盡釋之。鎮守中貴歲取貢綿，亦為告免，得減其數，民賴以甦。秩滿，授兵部主事，陞員外郎。武宗南巡，震與武選郎中黄伯固合疏，言崇聖學、通言路、正名號、戒游幸、去小人、建儲貳。疏入，詔下錦衣獄，三加訊杖。及出獄，以創重卒。臨革，索筆作書與諸子曰：吾雖死，汝等當勉為忠孝，庶不負吾教也。

張三鳳（浦陽人物補遺）東陽人，從軍以功陞温州衛指揮使，調往朝鮮征倭，署為先鋒，斬首數十級，生俘十餘人，乘勝率騎先驅，遇伏被擒，不屈死之。世襲杭州衛百户。

周鳳岐（舊浙江通志）字宇和，永康人。萬曆己未進士，授中書，轉户部郎中。魏忠賢索靴料銀兩，屬邑拒之，敕歸。崇禎元年起為禮部郎中，陞湖廣江防道，轉四川兵備。蜀苗爭疆，為立碑定界以解之。陞澧州參政。流寇圍荊州，檄鳳岐應援。賊將王老虎襲澧州，鳳岐轉戰恢復。未幾，張獻忠陷長沙，轉攻澧州，參議陳璸出戰，全軍覆沒，城陷。鳳岐被執，賊親釋其縛，誘之降。鳳岐怒罵曰：予愧不能為君父報仇，誓不與賊同生。張奉挈之賊營，遂斷其臂，剖腹而死。贈都察院右副都御史，賜祭葬，廕一子。

徐學顏（續獻徵錄）字君復，永嘉人。性孝友。父司城中危禍，不得直，學顏以臂血濺司寇庭，具獄。崇禎乙卯以貢生拜楚府長史，危襟正色，王敬憚之。凡豪宗不若于訓者，理格勢禁，常少阻比。攝江夏縣，符逵寇氛震驚，乃築砲臺，資捍禦。刁斗森嚴，世謂有老神小范風。壬午補兵備。癸未武昌陷，學顏與賊格鬬，斷左臂，尚持刀罵賊，遂被支解。闔門殉難者二十餘人。贈按察司僉事。

施廷賢（湧江縣志）字元英。崇禎丙子副榜，授蘄州黃梅縣丞。值流寇侵，授廷賢署邑篆，增堞備軍器。庚辰寇泊城，見戒嚴，引去。陞知縣。會張獻忠破蘄、襄數郡，圍黃梅月餘不下，陽釋去，夜偷襲城，城陷。巷戰被執，賊敬禮之。廷賢厲聲曰：國有民城不能守，家有母養不克，終上愧君親，下負所學。奪佩刀自刎。

王肇坤（金華府志）字亦資，蘭谿人。崇禎辛未進士。祖緒泉聞報，手書九字寄之曰：忠事君，慈視民，清律身。肇坤奉訓惟謹。授刑部主事，清理滯獄，以平恕稱。擢江西道御史，上疏請太子出閣請學，又視兩關，簡閱兵馬，士卒肅然。畏羽書告急，所在震動，或謂閣臣無守土責，肇坤厲聲曰：同為臣子，敢分職守耶？即日介馬馳赴。時營兵調出，無足供干櫓者，肇坤以忠義激勵士民，咸感奮。緣賊眾擁，不能支，身中四矢兩刃而卒。贈大理寺卿。

洪希懋（湯溪縣志）字子修，由歲貢授松陽訓導，陞江西德安教諭。流賊王良子之亂，部撫命以教官帶兵守城，同僚或有難色，希懋曰：食人祿者忠其事，雖

職卑官小而忠君之心則一也領兵守小西門近半載城陷被陷

黃一鶚（永康縣志）入太學任濟寧州同陞東昌通判流賊圍城一鶚分守擊賊城陷被執罵不絕口遂遇害闔門三十餘口皆殉難

朱大典（舊浙江通志）字延之金華人萬曆丙辰進士授山東章邱知縣陞兵科給事中歷福建參議回籍崇禎四年起山東參政巡撫山東晉少司馬八年流賊陷鳳陽焚陵寢命大典總督漕運兼巡撫破賊于壽州十二月賊攻滁州大典同盧象昇合十道兵馳援賊敗走九年敗犯陵寢大典授計總兵楊御蕃追擊賊宵遁渡河十年賊老回回等分十路焚掠江北大典會諸路軍破走之後罷歸明亡合門自焚死

張國維（舊浙江通志）字玉笥東陽人天啟壬戌進士授番禺令清理沙漲田數萬畝以業貧民擢刑科給事中陞太常寺少卿巡撫江南以安慶孤懸江北請增兵戍守又相度繁昌太湖高淳蕪湖等處皆有興築各郡縣改折及處糧白糧等項悉清風弊崇禎八年築九里石塘平望內外塘九年築松江捍海等塘十年築長洲至和等塘濬江陰運河十一年又築鎮江漕渠皆報竣乃輯吳中水利全書晉工部右侍郎總督河道兼提調徐臨通津四鎮漕餉事務值天旱禱于泰山浮大雨乃挖浚上下泉源蓄水以濟糧運又先後擒斬逆賊李青山王明徐見陰張文宇等東境以安晉兵部尚書明亡投水死

葉向榮（孫治葉向榮墓誌）字鍾日金華人萬曆戊午舉人為寧陽令邑有新舊兩城皆頹圮向榮鬻家產倡民助築不數月而崇墉改觀武庫軍器多朽蔽急為繕治堅利又募壯士分置各鄉教習稍精兵凡禦寇數次而邑賴以全癸未李闖壓境乃即向所募銅甲軍三百與練習鄉勇三千分布各關堡自為守警急時首尾相應賊聞其戒嚴而去明年殲賊黨于烏羊坑臺使者上言治行第一移吉安丞遂歸里明亡肅衣冠北向再拜投項村之崖而死

杜學伸（東陽縣志）字遠我以武功歷任都督僉事崇禎十三年陞孝陵參將內監張其蘊盜伐陵木學伸發其奸上震怒盡撤天下鎮守內監公鄉皆壯之

紹興內侍水火逆引退明亡衣冠拜闕死天寧寺中

丁文明（義烏縣志）字滋甫由錦衣衛試武闈三科皆售崇禎六年授直隸井陘道中軍守備同總兵鄧圯合兵夜襲張斌忠殺全勝八年又破流寇王剛餘黨歷陞兗州參將敗寇李青山嶧峙山東文明大破之幕府上其功陞副總兵署都督僉事後兗城究以身殉

國朝

周世榜（福建名宦冊）義烏人順治三年任順昌縣典史土寇攻城佐縣令錢嘉倫晝夜捍禦郝之尊復來攻城陷不屈死

金漢蕙（金華府志）字湘鄰順治乙丑進士授廣西參議分守右江單騎之官馳驅榛莽中招集流亡勸農課學瀟撫交鸞無何地方多倒掣印趨會城者趾錯蕙獨親率士民守衛孤城援絕城陷脇降不屈遂遇害

傅弘基（福建名宦冊）金華人漳州城守遊擊分防長泰縣康熙十六年海寇圍城弘基嬰城固守城陷被執不屈死

衢州府

宋

毛泉（兩浙名賢錄）字叔鎮江山人少有節操晚以特恩為歙士曹睦寇攻城官吏皆遁泉曰吾職司寇獄有繫囚誼不可去乃攝州事特二子責辭痛即遣人持印縋城以出令上之朝城陷泉衣冠坐堂上賊脅使降不屈罵不絕口嬰刃而死妻錢氏弗忍去婦挽其姑又弗忍去俱遇害事聞贈朝請郎

徐揆（宋史本傳）衢州人遊京師入太學靖康元年試開封府進士為舉首未及大比而遭國難欽宗詣金營不歸揆率諸生扣南薰門以書請車駕還闕金人

見書使以馬載授至軍詰難授厲聲抗論為所殺建炎二年贈宣教郎

徐徽言（宋史本傳）字彥猷西安人大觀二年詔求材武士以徽言應詔賜武舉絕倫及第歷保德軍監押以邊功累遷秉議郎靖康初遷武翼郎閤門宣贊舍人金人圍太原分兵總饒道自隰石以北命令不通者累月徽言以三十人破之遷武經郎知晉寧軍兼嵐石路遷安撫使金人再犯京師陝西制置使范致虛檄徽言守河西欽宗割兩河以紓禍同知樞密院事聶昌出河東為金人所劫以便宜割河西三州隸西夏晉寧軍民大恐徽言遣卒兵復取三州時河東郡縣淪沒遺民日傒王師徽言陰結汾晉土豪十萬約復故地則奏官為守長聽世襲條其事以聞俟報可即身率精甲擣太原徑取鴈門留兵戍守金人忌徽言欲速拔晉寧以除患建炎二年自蒲津涉河圍之先是徽言移府州約折可求夾攻金人可求降金將婁宿挾至城下以招徽言徽言故與可求為姻乃登陴以大義嘿數之可求仰曰君于我何大無情徽言攝弓厲言曰爾于國家不有情我尚于爾何情寧咱我無情此又尤無情一發中之是時河東皆已淪獨晉寧屹然孤墉横當强敵徽言與金人數十戰所俘殺過當金進攻數敗圖之益急晉寧俗不井飲寄汲于河金人載茭石湮塞支流城中水乏絕人人惴恐徽言能得眾心奮羸餓傷夷之餘裒折裂斷刃以死固守既自度不支置妻子室中積薪自焚仗劍坐堂上拔佩刀自擬左右躍救持之急金兵押至挾徽言以去婁宿得徽言所親說徽言徽言怒曰吾恨不屍吾輩歸見天子將以死報太祖太宗地下婁宿又出金制曰能小屈當使汝世帥延安舉陝地并有之徽言益怒罵曰吾荷國厚恩死正吾所膝詎肯為汝輩屈耶婁宿舉戟向之覩其懼伏徽言披袖迎刃意氣自若飲以酒持盃擲婁宿罵不已金人知不可屈遂射殺之賜晉州觀察使謚忠壯

子岡同死事（從孫達亦以守安豐死）

祝夢熊（正德江山縣志）嘉泰進士尉黃巖寇警犯境率義勇抗之被執不屈而死

衢州

徐應鑣（宋史高應松傳）應鑣字巨翁，江山人，為太學生。恭帝入燕，三學生百餘人皆從。應鑣與其子琦、崧，女元娘誓共焚，子女皆唯命。太學故岳飛第，有飛祠，應鑣祀飛曰：天下祐宋社稷，為墟，應鑣死以報國。琦亦賦詩自誓，祭畢以酒肉飼諸僕，諸僕醉卧，應鑣挈子女入梯雲梯，縱火自焚。一僕未濟，聞火聲，穴牖視之，父子儼然坐立如廟塑像，走報諸僕，諸僕壞壁入，撲滅火。應鑣不能死，與其子女怏怏出戶去，莫知所之。翌日得其尸祠前井中。贈朝請郎、祕閣修撰。

元

蘇幼安（正德江山縣志）字心德，舉明經，為衢州路教授，歸老。時鄉寇犯境，欲執幼安，幼安大罵不屈而死，賊遂解去。

明

韓來（名山藏）西安人，為兵科給事中，論事慷慨。靖難後，杜門不出，召之仕，不應，曰：吾王燭也。遂坐死。

柴薦禋（河南通志）江山人，崇禎末以舉人知淯川縣，流寇破城，不屈，大罵賊，怒殺之。

徐應奉（西安縣志）西安人，崇禎初，東撫募士勤王，應奉杖策往從，署都司銜，大加委任。會薛良兵變，擇登萊郎命以偏師戍海口，扼其歸路，諸島師合兵攻之，兵敗，自鑿沉其舟死。海中贈懷遠將軍。

祝錫範（龍游縣志）字克舉，以明經授襄陽別駕。時流賊蹂躪中原，荆襄鄖陽尤甚。鄖撫盧象昇晉督七省，凡糗糧多委悉仰給焉。會朝議遣使招撫，象昇將舉錫範往賊。初見時頗加禮，後聞象昇改授宣大，賊曰：天下事可知矣，我將入蜀，君能從我，富貴乎？錫範遂自縊于錫義山。賊嘆息曰：忠臣也。懸僇于屍。王技苦主襄王遂其柩歸葬焉。

李正光（衢州府志）字際熙龍游人崇禎時為北京虎賁左衛參軍甲申李自成入京師正光合門死節

徐日舜（衢州府志）字五臣西安人由卒伍為雲南參將城破猶披甲乘馬登陴力戰被擒不屈矢貫舌端而死

陳具禮（衢州府志）字以讓西安人崇禎己卯副榜授福建閩清縣有能声城破為兵士所執不屈死子龍玉媳吴氏壻徐應直皆被害男女死者十五人

國朝

徐光旭（鄉賢留祀册）常山人崇禎壬午舉人任昌化教諭再補黄巖甲寅閩变逼以偽職抗節不受逃匿永嘉山谷中不食而卒

徐光皓（鄉賢留祀册）常山人任山東新城令減火耗清徭役解組歸值耿逆之变被擄逼受偽劄不屈罵賊而死

江之崑（衢州府志）字玉鄰常山人康熙甲寅閩逆亂賊將吴安邦破常山欲降之之崑罵賊不屈與次子世晟俱被害妻張氏媳曹氏孫女如娟俱殉

嚴州府

宋

詹良臣（宋史本傳）字元公分水人以恩澤官調縉雲縣尉方臘起其黨再犯處州守貳俱棄城遁又有他盜霍成富者聞臘年踞剽掠縉雲良臣曰捕盜尉職也縱不勝敢愛死乎率數十人出禦之為所執成富誘使降良臣曰汝輩不知求生顧欲降我耶昔年李順反于蜀王倫反于淮南王則反于貝州身首橫分妻子皆誅旦暮官兵至汝肉飼狗鼠矣賊怒臠其肉使自啖之良臣吐且罵至死不絶声贈通直郎

翁聞（兩浙名賢録）壽昌人政和五年進士宣和二年攝青溪尉方臘兇起領所部與賊戰不勝被執罵賊而死

睦州

劉晏（宋史本傳）字平甫，嚴州人。宣和四年授通直郎。金人犯京師，以晏總遼東兵歸赤心隊。建炎初，從劉正彥擊淮西賊丁進。進黨頗衆，晏揭赤心騎才八百，乃為五色旗，使旗兵持之，循山而出，一色盡，則以一色易之。賊見，官軍累日不絶，顏色各異，不戰而降。遷朝散郎。正彥反，晏以衆歸韓世忠。世忠追正彥及苗傅于浦城，以晏騎六百為疑兵，賊大駭，正彥就擒。金人犯建康，杜充兵潰，晏領赤心百五十騎屯青龍。會寇犯常州，晏以精鋭七千人出奇破之。進直龍圖閣，保馬跡山以捍寇。寇再至，還舟師迎戰，降其衆千五百人。賊方圍宣城，晏往援，至城下，未立營壘，出不意直擣方帳下。方却走，晏欲生擒方，單騎追之，方率其衆迎戰，晏不能敵，為賊所害。贈龍圖閣待待。

徐梅龜（舊浙江通志）字臞叟，壽昌人。登進士第，授香郊縣尉。端平三年，元兵犯境，梅龜率土人王鎔等列寨安陽諸山，保障生民，鄰境亦賴以安。嘉熙元年，元兵又至，梅龜身先士卒，俘獲甚衆。次年春，元大舉入，梅龜與戰不利，顧謂其子尚古曰：「彼衆我寡，我知之矣。妻質為臣，有死無二，汝其行乎。」尚古曰：「大人既能死忠，尚古豈不能死孝。」乃轉戰益力，皆遇害。贈宣教郎，官其子汲古進武校尉。尚古贈承信郎，官其子肅進義校尉。

鄭采翁（嚴陵志）字季華，壽昌人。性剛果，好讀書，學兵法。元人圍臨安，遂倡義勤王，收集鄉兵與宋潰卒，設部伍，習騎射，義声感激，人皆效死。俄而京師失守，兩宮北遷，元將唆都陷建德府，安撫方回降，遂犯白沙渡。采翁率所部拒之，力戰數合，兵敗被執，仗義不屈，死之。

元

魯淵（嘉靖浙江通志）字道源，淳安人。至正辛卯進士，出丞華亭。徽寇搆逆，延及永平。省檄淵與監郡脫脫引兵而西，焚賊壘六十餘，遂會大軍于新安江中，與富山巡檢郎仲華韓共守寨嶺。賊再犯，衆驚懼有退志，淵以忠義相激，皆固守，賊不敢犯。已而為賊所執，守節不屈，必欲求死，而拘監甚固。明年寇平，得脫，起為

浙江儒學提舉尋以疾告歸居岐山下

洪武初屢徵弗就學者稱為岐山先生

明

張海（兩浙名賢錄）一名文淵建德人洪武初編伍營州調開平永樂十七年從：與安伯徐亨備邊學于沙漠北主奇之欲妻以女懇辭與之官不受因入貢人至京附奏密情十四事朝廷嘉之頒旨開諭原籍仍免差徭次年得古璽欲南遁遂追騎甚迫乃摹篆于裙幅間投璽于水至則真跡爛然馳獻名對便殿賜五品服錦衣衛千戶懇乞歸田海、在外十五年時比之蘇武

俞鑑（湯斌俞鑑傳）字元器桐廬人正統壬戌進士授兵部職方主事車駕北征郎中胡寧嵩從行以病求代鑑慷慨許行或曰公家遠子幼奈何輕身耶鑑厲聲曰此豈臣子言身家時乎因撫二子摩其頂曰若等自成人我不能顧矣時尚書鄺埜知其賢事事多與之講鑑曰惟有力勸上班師耳至土木遇難而死

汪喬年（余國禎汪喬年行略）字歲星遂安人天啟壬戌進士授主事歷陞河東兵備晉大參長臬臺值大祲積穀平糴全活以億計特簡陝撫沼勅未至闖賊將窺閿即日赴商雒與士卒露處設險堵擊寇知有備不進未旬日而獻賊又逼鄖西亟移駐山陽截遏之總督傅宗龍全軍覆沒廷推喬年代之撤調固原臨洮及團練總帥賀人龍三鎮兵圖進取令發逆闖祖塋得六蛇斬以殉壬午賊圍左師于郾老砦屯襄城喬年計搗其巢賊舍左師統數十萬衆逆戰賀師未陣先逸諸軍遂潰喬年曰此吾死所也帥標兵千餘保襄城：無守具賊砲矢如雨圍七晝夜城中火藥矢石皆盡援兵不至城陷喬年握佩刀巷戰被創自刎不死賊縛詣韓家莊大罵不屈割其耳鼻乃死

張連曜（舊浙江通志）字景明建德人薦賢良方正授巴州同知崇禎十四年張獻忠圍巴城踰月連曜督兵民晝夜死守知城將陷自縶一寢衣謂其下曰

我死爾以此覓我屍耳城陷被執大罵不屈賊礫殺之賊退果以衣得屍事聞贈奉訓大夫

邹子灼

子灼（舊浙江通志）字季可建德人崇禎四年歲貢授永嘉訓導擢河南郟縣知縣張獻忠等環攻郟縣子灼督兵死守度勢不能支整衣冠懷印綬曰此人臣致命之日也賊至不屈觸刃死

張右新

右新（舊浙江通志）字心白建德人崇禎五年歲貢授宿松訓導陞齊東教諭日與諸生講藝習騎射時渠魁安守亨者倡亂日新拒之降遂與同守東邑崇禎十三年齊東被圍日新守北門率其二子先尹先裔百計防禦城陷被執同子先裔死焉妻方氏聞訃奔死所有欲犯之者氏曰吾一門忠烈豈容鼎革污我耶持匕首自刎時稱三烈

温州府

宋　包汝諧

汝諧（周行己包汝諧傳）温州人業儒事親孝宣和庚子方臘起睦州連陷杭歙婺諸郡至遂昌郡守倅皆倉皇莫知計所出州學教授劉士英與館下生石礪課傑賊糾集義士王三錫等二十八人汝諧與焉白諸父老曰某等雖無官守然所食皆君食也可值時變而甘不義乎乃身先士卒先後傑賊不下數十戰竟死于難

黃友

友（宋史本傳）字能友平陽人登進士第調永嘉瑞安簿攝平陰令方臘寇發友同諸將收復婺寇復作友往諭之次浦江賊望風解去復單騎次武義一境貼然婺人圖像祀之通判檀州會金人敗盟郭藥師以軍叛燕人響應友擁領數千人與戰躬冒矢石破裂虜盛欽宗即位召對問友虜盛狀為之稱嘆進直

徽猷閣制置司參謀官同种師中解太原圍友遣兵三千奪榆次得糧萬餘斛明日大軍進榆次十里而止友急白師中地非利將三面受敵論不合友仰天嘆曰事去矣迨暁兵果四合矢石如雨敵益以鐵騎士卒奔潰敵執友勒降友厲聲曰男兒死耳遂遇害

陳壽孫（閩書）瑞安人登寶祐第授台州教授會新郡守初視篆守丞相丁大全黨也謁廟日壽孫揚言曰冉求聚斂孔聖鼓攻守黨丞相可升夫子之堂哉守聞解印去後直龍圖閣歷福建提刑入覲與賈似道爭鹽法被劾歸里元兵至寧市人徼之被執不屈死

潘方（宋史鍾季玉傳）方平陽人寶祐四年進士調監慶元府市舶慶元降附方不屈赴水死

陳虞之（兩浙名賢錄）字雲翁永嘉人登咸淳己丑第授揚州教授歷官廣王府記室參軍積階承議郎元兵至溫虞之率子姪鄉人千餘登芙蓉巖誓以死守不降元兵攻巖累為所敗越二歲始下乃盡以家貲投巖隙中遂自刎死子姪妻孥及鄉人死者八百餘人

林逢龍 林廷龍（宋史本傳）逢龍字慶雲平陽人弟廷龍字雷發俱為太學生當理宗末元兵入侵逢龍上書陳戰守計不報咸淳中同廷龍叩閽言事忤賈似道歸鄉里後逢龍又上封事乞正似道誤國之罪宜急調兵解襄樊圍似道怒削其籍押還本貫乃屏跡居山德祐丙子元兵至溫州素聞逢龍名令軍校至山中索之逢被執驅迫登舟入城元兵欲用之逢龍攘臂怒罵曰（宋）我書生也豈為汝用哉以腹觸其刃而死廷龍亦被執不屈同日遇害

王小觀（兩浙名賢錄）瑞安人善槊每以忠義自許元兵至溫竟抵瑞安陶山小觀乃悉傾家財召募勇敢者千餘人出陶山迎敵彼眾我寡退入小溪元兵追之力莫能當遂被執不降臨刑罵不絕口而死

葉儞祖（兩浙名賢錄）字德平樂清人辟史館編校晚年退居教授聞元兵渡江謂子弟曰吾生為宋臣死為宋鬼即具衣冠望闕辭躍入所居楊樓水中

温州

元

桂完澤

（元史本傳）永嘉人。為平江路管軍鎮撫。會賊攻昱嶺關，行省令從征。完澤勇于討賊，凡再戰，關下皆勝。尋又與賊鬪，為所執，其妻弟金德亦被執，皆反縛于樹，臨以白刃，脅之降。完澤呼曰：「金舅，男子即死，不可從賊。」德曰：「此言是。」因大罵賊。賊怒，剖二人之腹。

彭庭堅

（元史本傳）瑞安人。至正四年進士，授承事郎、同知沂州，以平反獄囚陞上官，意遂棄去。十年，以建寧路崇安縣尹起，陞同知建寧路總管府事。江西寇熾，庭堅率兵復建陽，平浦城。十二年，攝僉都元帥府事，攻邵武寇，追斬渠魁。邵武寇平，陞同知福建道宣慰使司副都元帥，鎮邵武。寇陷建寧，庭堅統兵復建寧縣，浙江行省檄庭堅節制建寧、邵武二郡諸軍。十四年，盜侵政和、松溪，江南行臺中丞吳鐸督軍建寧，檄庭堅至。時鎮撫萬戶岳煥肆虐下，素悍驁，卒為盜。庭堅欲繩以法，煥懼，使部卒乘其不備，詐為賊兵突入，交鋒，衆皆潰。庭堅獨留不去，遂遇害。贈中奉大夫、福建道宣慰使、都元帥。

張庸

（元史朴賽因不花傳）庸字存中，溫州人。精太乙數。會世亂，以筭干經畧使李國鳳，承制授庸福建行省員外郎，治兵杉關。頃之，計事赴京師，因道太乙數圖，順帝喜之，擢秘書少監，命庸團結房山，除刑部尚書，仍領團結，會諸寨既降。庸守駱駝谷，遣從事段禎請援于擴廓帖木兒，不報。庸獨堅守拒戰，衆將潰，庸無去志。已而寨民李世傑執庸出降，以見主將，庸不屈被殺。

周誠德

（萬曆溫州府志）平陽人。方明善據溫州城，屢侵平陽。誠德時為樞密判官，敗之香山，又敗之徐洋。累官浙東道副都元帥。明善深畏之，乃賂道麾下使伺于內，遂被執，大罵不屈。明善趣左右剝其皮，誠德曰：「甜蓋物我，猶會從爾苟活，況剝皮乎。」尋遇害。既死猶屹立。兄嗣德，由浙東帥府同知屢以平寇功陞中奉大夫、浙江行省參知政事，亦為明善所執，囚于鄞。

明

卓敬（劉球忠貞傳）字惟恭瑞安人性至孝讀書寶香山時年十五晨昏之禮雖遠不廢會夜歸值大風雨昏冥不知所之得一牛兕導之而歸發門乃一黑虎也時以為孝感所致登洪武戊辰進士除給事中時國初制度初立典章未備諸王服飾僣踰敬乘間白上益見器重陞戶部侍郎建文登極時太宗已封燕敬密奏乘其不意請徙封之疏入召見曰卿何得出此言燕王骨肉至親卿雖慮事深長其謀當不及此敬叩首曰陛下以燕王為至親楊廣之子隋文不尤親乎帝默然事事竟寢太宗南下敬被執首責以不迎乘輿之罪敬厲聲曰先帝若依敬言殿下豈得至此帝怒欲殺之而憐其才命中臣諷之降敬曰吾恨不得請上方斬馬劍死得見先帝于地下耳帝憐其誠猶欲生之姚廣孝不可帝意遂決命斬之夷三族臨刑從容嘆曰國家養士三十年一旦變生署無措置敬死有餘罪但恨不為矣官得少行其志耳神色凜然經日如生

黃養正（萬曆溫州府志）名蒙以字行瑞安人國子學正湖光子永樂中授中書舍人累官太常少卿性端謹博學工詩文宣宗甚愛之南還時執手賦詩以別正統己巳之變先事陳言弗從及扈駕土木也先衛送行營驚怖養正擱毅然衛護無所畏避至駕北狩死之天順初贈太常卿

鮑輝（湯斌鮑輝傳）字淑大平陽人宣德癸丑進士授工科給事中改刑科上言有司抑配鹽商斂怨于上州縣官考滿貪緣保留宜禁止之畿輔山陝饑請命大臣巡撫之寬其徭役正統間海內久安武事漸弛上言奸宄之伏恒于承平時天下都司衛所官溺于晏安器具不修軍士糜恤冒支粮餉規避徵發比者延平寇起朝命兩都司調軍征進遷延旬月及臨陣輒復畏縮乞敕兵部議下巡按及清軍御史會同三司官大加簡閱推擇公忠智勇者為之將領庶武備可飭朝足是其言下所司行之車駕北征輝督右掖軍紀戰功師潰土木死焉

王德（兩浙名賢録）字汝修，永嘉人。弱冠成進士，授東昌府推官，擢給事中，即劾上簡內閣輔臣失執政意。上方畧十餘事稱旨，出募兵山東，為諸道最。會新太宰上事，德投刺少殺其禮，太宰以為强項而惡之，遂承執政旨，出德為廣東按察司僉事。數選練統鋭，以軍法約束之，身入諸倭寨，所殺浦過當。後歸，遂倭亂，從其宗人豪傑財募兵為廬井捍，嘗一再敗之。最後失其豪奮屬，益前而郡援不至，遂敗，猶手殺數人，罵敗以死。贈太僕少鄉。

趙連（侯一元烈士傳）樂清人。嘉靖壬子倭寇海上，連聞難，持挺出擊，連仆數賊，遂突入其陣，意氣彌厲。一賊出于廁，鍛連以矛傷脇，悶絶輿歸，猶呼其左右曰：「賊可擊也，盡挾我以起。」行數百步，距踼高岸，困頓乃還。且死，家人環而哭之，連張目曰：「勿哭，人百年會有一死，吾有以死矣。」語畢乃絶。

章一焯（温州府志）字陟略，樂清人。天啓選貢，授湖廣耒陽知縣，性公直，不容于時，解綬歸。居鄉恂謹，稱長者。會寇亂，焚其廬，且脅之去，一焯以死自誓，奔赤城，題詩太平門外，沉河而死。

郭欽堯（温州府志）字維則，瑞安庠生，徙居永康。甲中闖變，作書別其父，自沉永寧江而死。

王瑞楫（舊浙江通志）字廷叔，永嘉人。天啓進士，兩任河間、蘇州推官，皆以剛直著聲。晉樞曹郎，以邊才簡授鄖襄兵備。張獻忠受創于左良玉，奔穀城乞撫，當事皆為所愚，瑞楫獨條賊宜勦與可勦狀。及勢不可阻，乃條解散歸農、隨征三欵，畫城治兵，防禦益力，賊畏忌不敢動。會丁內艱歸，志如所料。明末避亂山中，已而沐浴，辭廟，賦絶命詞，投環而卒。

宋

處州府

祝公明（宋史王士言傳）公明麗水人為太原府盂縣主簿靖康間金人犯河東令棄官去公明攝縣事率保甲入援圍守踰年城陷不屈死子唐為陶州司戶中原失守唐亦死官所建炎中贈公明承事郎

姜綬（宋史本傳）麗水人金人再犯京師朝廷募勇士齎蠟書往南京總管司調兵赴援綬以忠翊郎應募封服藏書縋下南壁城為邏騎所獲厲声叱罵遂被害

劉倚友（兩浙名賢錄）字夢澤青田人政和進士宰閩封有声靖康初金人犯闕受檄為東壁彈劾官登城按視為金人所獲脅使降罵不絕口死之

吳樞（兩浙名賢錄）慶元人政和進士靖康初詔募使金者樞毅然請行既至惟長揖不拜金人欲烹之易油方沸樞攝衣從之顏色無少变金主壯其節遣還

詹友（栝蒼彙紀）縉雲人以父蔭知舒州靖康中金人犯汴友從北狩金授以官不就死之

吳安國（宋史崔縱傳）安國字鎮卿處州人太學進士累遷考功郎官以太常少卿使金值金人渝盟拘留脅服之安國毅然正色曰我首可得我節不可奪惟知竭誠死王事王命為敵辱金人不敢犯遣還後知袁州卒

龔原（宋史本傳）家濟道遂昌人兵部侍郎原之孫建炎初聞金人陷郡縣輒憤恚不食乃求據和州以偏師萬人築堡新塘遏絕濡須之路糾率家僮襲之鄉里從者三千餘人獲千戶二繫累者數百人輜重稱是金兵大至乃取圩道上金騎兵擣其衛不得前衆多赴水死糾麾其衆曰今日鬭死亦足稱義士自棄溝瀆無益也戰敗為金人所獲猶捉劍刺其一人罵不絕口金人臠割之

張漳（栝蒼彙紀）龍泉人紹興初以秉義郎充金國通問副使金人脅以拜跪正使唯唯漳獨不屈遂遇害

柳味道（兩浙名賢錄）雲和人好讀書每以節義自持時有寇柳机寮作逆逼味道為主堅處州誓不從寇怒縊于松以脅之味道從容口占一詩曰國破家亦破

年窮命亦窮浮雲諸逆賊送我上青松竟縊死松下

元

林融（兩浙名賢錄）青田人仕宋為提刑痛宋社淪亡潛歸九都牙陽起兵興復兵敗被擒送燕世祖義而釋之融歸復起兵元遣參政高興來擊力屈死之

洪度（崇禎處州府志）字克明青田人至正間由儒士授溫州竹木場提舉方國珍寇溫州度欲往行省請討未行邑于蕭峯下國珍獲之罵不絕口引刃自刎

張進九（兩浙名賢錄）青田人世業農敦朴有至行至正乙未八都盜起進九被縛使前誘衆降進九怒呼曰諸人速來殺此八都賊賊加刃于頸令如己言卒不屈竟被殺

明

胡深（王褘胡深行述）字仲淵龍泉人少好學于書無所不讀上遣胡大海取處州軍入城深挈見大海而四鄉浮不安矣上素聞其名召至南京擢中書省左司員外郎命總制處州已而浙西將李伯貞大舉入寇城堅不可攻乃引去溫州方明善取平陽深出偏師勝之并復瑞安所侵地而親統大軍攻溫州明善勢蹙與其叔國珍議歲貢有旨俾班師乃入覲除王府參軍仍總制處州乙巳福建陳友定寇邊深往征之破其二栅友定怒盡率精銳來圍深突陣與戰馬蹶被執友定甚相禮待深因具道主上神聖援竇融故事以感動之會元使至督迫遂遇害追封縉雲郡伯

厲子溫（兩浙名賢錄）青田人明初以明經擢監察御史糾劾不避權要洪武癸丑命覩湖州水荒以實復命上曰前使者曰無爾獨曰有何也對曰天知地知臣知君獨不知上怒其言不遜斬之後果如其言因罪前使者而御書于午門曰豪傑御史厲子溫

劉
璟（吾學編）字仲璟基子善談兵究韜畧䟦賊葉丁香救延安侯唐勝宗討之決
策于璟破賊還薦璟才畧上喜曰璟真伯温子矣金書除奸敎佞四字于鐵
簡賜之命曰百官不法持此糾正會谷王封宣德府授谷府長史并勑提調肅
邊變寧燕趙六王府事璟常至燕文皇與奕璟勝文皇曰卿獨不少讓我耶璟
正色曰可讓處璟不敢不讓不可讓處璟不敢讓靖難兵起璟馳還京獻十六
策不聽令參李景隆軍事景隆又不聽景隆戰敗璟夜半渡盧溝河冰陷馬斃
璟跳岸冒雪走良鄉裂趾跛行三十里璟子貊自大同赴難趍良鄉至涿州遇
璟翼璟上馬奔還家養疾建文二年璟與疾赴闕進闕見錄千萬言又不聽令
璟還家侍用明年建文遜位璟稱疾不起法官論
璟逃叛逮至京見上猶稱殿下下詔獄自經死

吳
南明（慶元縣志）字君治崇禎間任湖廣黄岡丞時流賊數十萬所過郡縣盡破
達縣訣令人勸之去南明曰吾職雖卑忠義則一遂率兵民固守月餘糧
盡城陷被執不屈賊怒割其鼻并兩耳愈不屈
截其左手血悶死賊退半日復甦復家二十卒

詹
嘉言（松陽縣志）字心聲少以忠義自許訓導象山海寇游警與令分陴共守屢
出奇計佐令平寇因著墨守書及海外篇轉蒼溪教諭流賊破隣封忽雨
集城圯難守嘉言遣子援懷印出間道賊至
誘逼之不為動正辭詈賊死贈國子助教

程
必進（松陽縣志）歸景雲以拔貢除贛州訓導城失守遂冠帶南
向拜赴水死子矩泣曰父死忠子烏可不死孝次日亦死

二人未詳何府縣屬附于十一屬之後

國朝

王之佐（山西名宦冊）浙江人順治二年任臨縣典史城陷知縣張耀祖死之之
佐領民兵急趍上趙寨誓擒渠魁以圖恢復力不支為賊所獲罵賊死

戴真學（福建名宦冊）浙江人順治三年隨征入閩授漳平令邑在萬山中寇四起
且撫且禦寇不能犯五年賊王鎬等擁衆萬餘逼城下六月城潰方夜半

真學出巡見勢不支急歸手刃其妻出戰爲賊所殺

卷四終

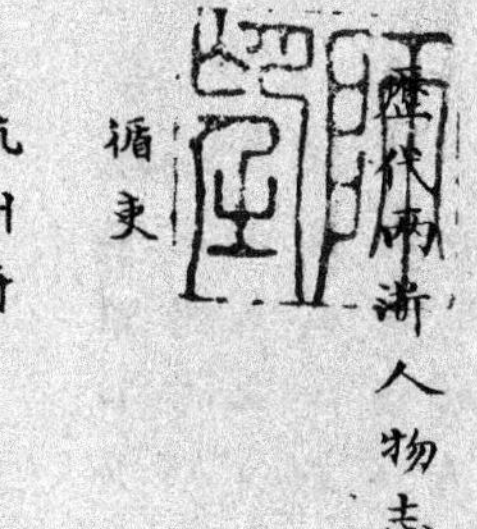

歷代兩浙人物志卷五

沈廷芳椒園撰

循吏

杭州府

南北朝

范述曾（梁書本傳）字子元，錢唐人。齊明帝時出爲永嘉太守，爲政清平，不尚威猛，民俗便之。所部横陽縣山谷險峻，爲逋逃所聚，前後二千石討捕莫能息。述曾下車，開示恩信，凡諸凶黨，襁負而出，編戶屬籍者二百餘家，自是商賈流通，居民安業。在郡勵志清白，不受饋遺。帝聞甚嘉之，徵爲游擊將軍。郡送故舊錢二十餘萬，述曾一無所受。始之郡，不將家屬，及還，吏無荷擔者。民無老少，皆出拜辭，號哭聞于數十里。東昏時，還鄉里。

宋

謝濤（范仲淹謝濤墓碑）字濟之，富陽人。淳化三年進士，除梓州推鹽院判官，會盜據成都，發其徒攻縣，濤守備既堅，十旬弗破。事平，就遷觀察推官，權知益之華陽縣。時寇亂之餘，民多散亡，上言者請募人占田，可倍其租，朝廷從之。于是有力者得并其田。濤曰：奪民世產以資富人，豈朝廷意耶？乃盡取其田以歸于民。真宗卽位，召試學士院，會京東有强寇，而曹南闕守，遂命濤往。至郡，稍治，寇不敢犯。有趙諒者，出入都下，務采人之陰以告訐，濤奏之，斬都市。乃下詔曰：凡民非干己事，無得告言。遂著爲令，自是天下訟息而刑清。歷遷兵部員外郎，出爲兩浙轉運使，恥尚文法，雖任在按察，而誠意但恕，吏樂其職，民安其俗。運量進

禮部郎中兼侍御史知雜事清靜端介百辟望其風采乾興初進吏部郎中直昭文館遷太子賓客

郎簡

（宋史本傳）字叔廉臨安人舉進士第知寧國縣徙福清縣有石塘陂久湮塞簡募民復築溉田百餘頃邑人為立生祠知竇州有縣吏死子幼贅婿偽為券冒有其貲子長屢訴不得直訟于朝下簡劾治簡示以舊牘曰此爾翁書耶曰然又取偽券示之弗類也始伏罪徙蘇州興學養士一變其俗蘇自是始有舉進士者知廣州捕斬賊馮佐臣歷右諫議大夫致仕

唐肅

（宋史本傳）字叔元錢塘人舉進士調郿縣主簿徙泰州司理參軍有商人寓逆旅而同宿者殺人亡去商夜聞人聲往視之而沾衣為捕吏所執州趣獄具肅探知其冤持之不數日果得殺人者後為龍圖閣待制登聞檢院知審刑院

沈遘

（東都事略）字文通錢塘人舉進士通判江寧府遷知杭州為人踈雋博達明于吏治令行禁止民或貧不能葬給以公錢嫁子女數百人倡優養良家子者奪歸其父母善遇僚寀皆傾心為之耳目刺閭巷長短纖悉必知事來立斷名知開封府治如在杭州拜翰林學士判流內銓丁母憂歸

糜僉

（黃氏日鈔）字仲昭富陽人開慶中知建昌軍民詞數千立剖決皆洞見其情鄒本催第三千餘石豪猾有誣民為盜者獄已具僉直之武斷之民遂戢

元

楊瑞

（楊維楨楊瑞墓碑）字元誠杭人天曆間擢中瑞司典簿帝愛其廉慎有深沉之思嘗謂近臣釋迦班曰楊瑞有謀事必咨之超授奉議大夫太史院判官至正乙未江東浙西盜羣嘯乃改建德路總管建德在萬山中屬邑淳安又連歙境賊由歙窺界而邇者疑長樂鄉民為盜執以歸諸獄連數百家民益洶洶主帥者謀往捕瑞曰倘因疑枉殺眾亂賊乘釁突來悔焉及我請撫之眾不測當任其咎遂肩輿從數隸直抵淳安邑人嘗死官軍抄掠散匿山谷間瑞載米

二百石聲言賑濟使縣令馳諭民皆歡呼持牛酒來拜瑞言曰吾固知民不吾負即日還瑞涖郡視之如家民亦視如父母行省最其功進階中奉大夫

林堅（蘇天爵林堅墓碑）字仲寶錢塘人大德初授常湖茶園副提舉茶戶歲貢有常有司又復役之皆以為苦堅聞于朝即蠲其役陞承直郎中政院斷事官用刑惟務寬平或有鞫問第以情求之不事搒掠進階承德郎致仕

明

周斌（萬曆杭州府志）錢塘人洪武初知登州九年陞州為府遂還知府登地並海民瘠斌撫綏有方民日熙阜勸學崇教使海陬僻壤興于禮義文民化服

湛禮（萬曆杭州府志）字用和錢塘人永樂甲申進士知韶州府韶歲貢藤而崖于瀕海禮疏于朝得免貢又曲江豪民二十餘戶皆叛充軍戶以免糧差禮列其狀以聞事得勘正言遣吏卒往樂昌督稅法外需求無已令械繫以來禮曰暴横殃民法所必禁今能不以府役故屈法貸之其賢可知由是府役至邑皆斂戢甲乙訟田禮折歸乙甲復訴藩司知其偽命禮按致其罪禮亦不加罪其寬厚如此清白自持始終無替及引年歸貧乏不能自存

周文（嘉靖仁和縣志）字宗武永樂二年進士擢湖廣布政司參議聽訟明決人獲無冤分守武昌道時黃州荒旱饑殍載道文多方籌畫一方賴以全活

何灝（萬曆杭州府志）字彥容仁和人永樂甲申進士官刑曹郎持法嚴不撓貴勢京師為之語曰毋緩誤避何鐵面受知成祖每大獄親呼灝名使決之出知袁州裁仰豪強凡鎮守總戎殘掠市肆者悉舉正其罪民立生祠以祀

俞益（兩浙名賢錄）字友謙臨安人永樂甲申進士選庶吉士預修永樂大典授靖安知縣有惠政改潛山大興學校造士多為聞人秩滿當去邑民千數詣闕乞留再任卒于官室如懸磬至無以為斂吏民哀慕而助給之始克襄事歸

傅潤（萬曆杭州府志）字克温，仁和人。永樂丁酉舉人，授滄州同知，廉明服人，能白誣獄，有傅城隍之稱。以薦擢保安知州。正統初，中貴王振用事，振姪顯順恃勢侵奪民産，莫敢誰何。潤廉得其實，竟置之法。及入計，復不爲餽遺，振銜之，以廉無可指。自適期，振嫉總兵者委潤偕糧，瘴疾而卒。

周安（萬曆杭州府志）字元靜，仁和人。永樂中以國子生授刑部主事，陞郎中。精聽讞，慎刑法，務得獄情，以故從無冤繫。擢江西按察司副使，矢志清白，歷官二十餘年，家無尺寸之儲。

陳敏政（兩浙名賢録）字志行，其先長興人，後卜居仁和。宣德丁未進士，初授潛江知縣，爲政廉平不苛，四民樂業，賢聲蔚起。冉轉至南康知府，宅心公正，輔善抑强，復社倉，修石堤，建白鹿書院，百廢具興，郡人德之。

沈和（兩湖麈談）字用禮，仁和人。正統乙丑進士，累遷刑部郎中。居官持法不撓。曹吉祥恃勢，時其麾下有嬖人妻爲親夫所殺，吉祥必欲致其夫死，和執不從，竟俱下詔獄，門達若暇之，終不引伏，降通判以去。後擢撫州知府，致仕。

朱鏞（兩浙名賢録）字廷用，仁和人。景泰辛未進士，授南京兵部主事，歷郎中，出知廬州。時合肥僧殺其師，舒城民婦以姦殺其夫，六安民殺從弟，皆誣坐他人。鏞至，閱成案，逮治，廉得實，俱改坐，鄉史驚以爲神。秩滿，陞廣西參政。適藝林賊起，督撫統兵往征，命鏞紀功，師還，感疾，遂致仕歸。

孫曈（兩浙名賢録）字景章，海寧人。景泰壬申以賢良方正薦，授江西泰和縣丞。嘗親定徭役，旦夕令下，請托不及，行人稱爲霹靂手，指其牒爲鐵板榜文，言其公平允當，不可更易也。擢博白縣知縣，辯雞征大藤峽，曈從行，多著勞績。起授潯州知府，歲飢，米價翔湧，出公廩粟減值以惠飢民。屬邑有爲民蠹者，悉置諸法，邊郡大治。擢山東右參政，致仕。

郤琮（萬曆杭州府志）字叔璋仁和人天順庚辰進士授大理評事讞獄多所平反
累陞湖廣僉事時武岡諸縣初燬于兵琮至竭力撫綏築城建縣士民倚之
又遷寺副設策擒孝感巨寇李善境內帖然陞四川按察司副使俗善告訐而琮
聽斷精核庭無留獄至于抑陳讞之橫雪李明之寃尤具著者未幾致政歸

方銓（嘉靖浙江通志）字景衡新城人天順壬午舉人任安陸州學正治易以專門
授諸生具有習他經者訪鄰郡明經之士為具幣往卒業焉一言一行必步
趨先民凡數人志以
身先之多所成就

陸偉（錢塘縣志補）字仲奇成化乙酉舉人授澤州知州時州罹洊饑人相食偉奏
發內帑治門賑救邑盡饑恚全活者數萬州有寧山衛軍民雜處恒恚不靖
偉懾之以威役此帖然葺州治新儒學至濬澤園常平諸倉路
塗橋梁靡不修舉致仕歸州縣攀留數十里不絕車至不得行

祝萃（萬曆杭州府志）字維貞海寧人成化甲辰進士授刑部主事改工部從徐侍
郎貫治水吳中發卒二十萬綜理有方士卒樂為之用進虞衡司員外郎嘗
上疏請上親禮儒臣以資啟沃詞甚剴切不報乃疏乞歸養
正德壬申起為陝西提學副使進廣東左參政遂解官歸

沈儀（萬曆杭州府志）字懋德仁和人正德己卯舉人授清江縣知縣安靜不擾吏
民歡樂之督學使者徐階行部至清江見其衣冠朴野心頗易之居數日則
察其六事修舉所守卓然乃歎曰設吾以皮相
天下士幾失賢令矣陞惠州府通判投劾歸

許仁（萬曆杭州府志）字元夫仁和人正德庚辰以舉人授巢縣教諭擢河南郾城
令雪冤獄減重徭弭盜捍患勤于撫綏以性狷執不能事上官調德化德化
瘴鄉民獷悍難治仁一以簡重鎮之毀淫祠改社學建公
署尋便渠勞績顯著調同安豪右以舊憾騰謗遂罷去

許應元（獻徵錄）字子春錢塘人嘉靖壬辰進士當選庶吉士執政者欲一見應元
不往曰吾始仕也而傴僂昂貴之門冐謁干進哉坐是竟不得館職出知

奉安州有豪右觸死法，路權貴人以請，應元不為撓，竟實之。廉白自持，苞苴斷絕。擢工部員外郎，遷夔州府知府。夔當楚蜀孔道，號難治，應元剔以廉，靖時斥其桀黠者法之，郡以蘇息，治為一道最。擢四川按察副使，調廣西，已又攝兵府江。巨猺莫氏兄弟三人以雄勇名兩粵間，往歲大嘯聚，破城殺吏，討之漏刃去。甫兵備以擒獲報，而飛安乃是復出為猖獗。應元設元畧，購土人決句，而三兇授首，江道底寧。轉雲南布政，徙廣西。

高應冕（馬三才高應冕傳）字文中，仁和人。嘉靖甲午舉人，選湖廣綏寧令，務寬卹，懲豪右，設預備倉，建虎谿書院。麻陽兵變，應冕謁監司，請單騎往諭，皆叩首棄兵。改判光州，延見父老，察民疾苦，除鋪戶雜派，捐摧稅之無藝者。盜魁鄭某大族也，計擒而錮諸獄，其黨鳥獸散。始視事時，老掾吏抱疑牘書之，立為剖決，于是訟堂閒然。以養母乞歸。

許貫之（萬曆杭州府志）字道鄉，錢塘人。嘉靖乙未進士，授吉水令。時按浙使者吉水人也，意有所屬，即欲酬以浙事，以微言諷之。貫之曰：「如此則類貿易，有市心矣。」拒不可。受民若子，權貴干請一切謝絕。徵入為兵科給事中，將去官，出己資葺廨宇，繕完器具以待後尹，曰：「吾不忍重勞民也。」其瘠己厚民若此。

翁相（獻徵錄）字輔鄉，錢塘人。舉進士，授虞衡司主事，改刑部郎中，出守廣平。郡故多盜，白晝劫獄殺吏，民相擒一二盜魁，餘悉下教原之，盜遂平。時歲祲，河北諸郡飢甚，相不及徼聞，輒開倉放賑，全活者數萬人。治行冠河北，以病免歸。

徐炳（萬曆杭州府志）字仲寧，海寧人。嘉靖癸丑進士，陞河南副使，備兵大兵，減供餉，汰冗費，裁省民兵濫額以休養，魏人魏人咸德之。屬邊戍缺伍，部使者出清查勾諸郡邑，令甚峻。炳曰：「勾軍補尺籍無益戎備，祇破民家。」又發閭左護之行，焦亦破里，乃入言部使者，不使狀，一道賴以全活。

林梓（杭州府志）字汝材，仁和人。嘉靖壬戌進士，授刑部員外郎，讞獄多平。及海忠介得罪械繫，梓持論得緩。議擢延平知府，常俸外絲粟不染。永安山漲，衝沒民

田八十里糧無出當事議加派取盈梓力陳不可凡七移牒往返撫按不能奪賦額浮減訟訊不留行嘗曰四民皆有恒業一日稽留則一日失業矣

錢立

（兩浙名賢錄）字守禮仁和人嘉靖乙丑進士授刑部主事調兵部復改工部汝兄別駕以廉幹聞歷員外郎中出知太平府時蕪湖盜劫関稅守令執賈人誣服立閱牘數曰是非盜有司乃真盜矣悉解縱之授捕者方略不浹旬盜盡獲擢廣西副使備兵永寧適土夷爭田治兵相攻諸武吏請剿立不聽檄諭以禍福皆羅拜受命因法其一二首難者餘置不問所全活無算尋致仕歸

查志文

（兩浙名賢錄）字鳴周海寧人隆慶丁卯舉人選廬州府通判絕苞苴部稅良剖俸代輸贖鏹河工告急當事檄治懷仁睢寧等處志文輒負畚鍤以身先之會雪甚役者墮指志文請便宜當事者不許乃私自散遣約以解凍而集工咸如期至感恩奮勵不督而成遷無為州守叙河功加廬州府同知仍管州事州治濱江患水志文不及上請即發粟以賑全活數萬又值大祲郡守督稅急牒三四下復遣吏督促志文解印綬吏卒唱請以身坐吏還報郡守乃止

高江

（王在晉高江傳）字襟之應晃子萬曆乙酉舉人選諸暨諭擢尹江西新城新俗澆漓巨猾善持短長江以法繩其魁采風謠察疾苦條上十四事臺省著為令杜一切請謁賂遺及贖鍰奇羨嘗覽訊牘有文、某摑殺王女事一夕夢女跽訴詞惟馴婁二字江乃悟殺人者馬四非文也庭質果款服有婦誣人殺其夫坐辟久江閱爰書曰寶婦殺之也脇骨已折安能行五里許而歸婦具服有理刑欲中傷之即日移疾歸改教東光攝吳橋令纂大璫盧受延之貲雪出貂裘衣之拂袖起會疾卒殁令家具入視含殮見一裘一葛竹林繐帷簋中止俸數金歎曰真清白吏也

錢養廉

（杭州府志）字國維仁和人萬曆己丑進士授工部都水司主事管河夏鎮特汶泗諸水以夏鎮為壑而昭陽諸湖在其下流養廉先從堤旁開二支河以殺水勢又議于昭陽湖側鑿石通道至徐邳以下出口則內水無壅閼而漕渠可百年無事會以父喪去官後人卒用其議服闋召補吏部考功署郎中

事日本犯界尚書石星主和議總督孫鑛不從星乃誣鑛
通書帑下廷議養寇辱軍剖析極明和議止鑛亦無罪

楊廷槐（獻徵錄）字祖植錢塘人萬曆乙未進士任浮梁令邑景德鎮歲辦貢磁外
供應諸司廷槐一無所賦曰吾去日必不攜一磁以傷吾民也擢刑部郎
會楚獄妖書相繼起廷槐于中調護甚力晉憲副備兵閩海忌者假大計中之
左遷鹺判稍移南北部歷禮部出備兵徐淮議開駱馬湖以通漕運從徐州城
以避河患改州為府以便控制併淮徐道以一統體清沛縣妖黨以安反側尋
調天津津故魏璫鄉里先是監司有匍伏庭下者槐曰吾自用吾法與平交一
剌璫大不懌令璫私人李明道出監漕勢張甚槐擒治其下吏遂以凍糧不前
罪槐削籍後璫敗復官再備兵徐淮築歸仁堤停稅課行捐賑脩浮橋立軍營
復河道善政不一而忌者復中之竟拂衣歸
尋調江西參政再除湖廣按察使俱不赴

郭正中（宋一是郭正中傳）號黎眉海寧人天啓舉人選授山西代州知州未赴留
京修曆在曆局指摘時政皆人所不敢言出爲代藩司理事治獄多平反
期年決罰者僅二十六事尋與監司不合自劾歸後以薦起遷才爲兗東兵備
副使單騎就道嚴清軍之法倣義倉之制撫流民練鄉勇勞來安集盜不敢犯
史可法保舉監淮東諸
路軍忤四鎮拂衣歸

陸運昌（陳子龍陸運昌傳）字夢鶴錢塘人崇禎甲戌進士授永豐令豐地境㨗文
新被兵逋賦以十萬計運昌將之任上書言永豐積逋十萬今臣之官當
疾徵之耶抑緩之耶緩之則無以佐軍興按籍而誅慢令臣罪無赦疾徵之則
民不堪命挺而走險非誅臣無以謝然首罪亦無赦臣旦夕死等耳何忍因此
一方民惟陛下幸哀憐之書奏帝下大農議遂蠲復焉視豐未二載以治行最
遷吉水令吉田賦多爭袁邑民周正淑請于朝願復卹文之事下所司運昌召
正淑糾耆彥使審度利害并集文學弟子耆老司里細議其所由廢興之狀往
復辨難以十數民辭窮又爭言不文使運昌曰凡前言當文與今言不當文者

皆非知治體者也于是核民實無田有賦具賦浮于田者皆上其數取河壖棄地非民業者代具賦不及田者寧失輕以加惠之具方略上奏制曰可民咸樂業

其錢處廣寇大起攻直春去吉僅百里運昌捐金築城樓櫓畢具賊亦不至以母憂去官

錢朝彥（杭州府志）字殷求錢塘人崇禎丁丑進士知句容縣蒞任數月有飾金珠僞為準餉以獻者立置之法歲飢民盡掠于市朝朝彥廉得其首惡號杖下民乃戢被誣調藺牲德遂投劾歸

國朝

何元瑞（鄉賢留祀册）當陽人順治二年由貢生任安慶府通判職司漕務時民運匱運之議未定百姓苦于輸輓元瑞以民運一定貽累非淺于撫軍前痛切言之遂著軍運為定制民得安業委署桐城縣事甫受民輕徭減賦後以親老告歸

吳道煌（錢塘縣志）道煌守蘇州時新立駐防旋奉撤回以舟楫資裝不能具咸覲望不即去道煌具奉發集餘粮且曰太守為諸事祖道勿逕留獲怨千艘一夕發巨家被誣以家釀道發之皆金珠也道煌力却之仍為雪其誣有以通洋搆大獄意在多株連道煌鞫其所駕船曰誣也海船必用巨木長數尋買首尾名能首非此不能行遂此獨無直民間小舟耳竟從末減

顧昂銓（鄉賢留祀册）仁和人順治甲午舉人知山西蒲城縣值兵燹之後百計招徠民皆復業歲旱爐鑿石為渠以資灌溉又慮得巨猾素為閭里之害置之法民曰較疏山引水之利更什伯也

周旬（公舉事實）字屋宇新城人順治丁酉舉人兩任學諭陞湖廣宜都知縣勤勵課革徭役慎聽斷絕羞撥民咸便之會亢旱虔誠步禱甘霖隨沛

王典（河南名宦冊）字倫五，仁和人。康熙二十年由恩貢任湖南永興知縣。經吳逆兵燹後，招流亡，闢荒蕪，民以安集。有虎為暴，禱城隍神，虎自斃于市，以滇黠餽餉叫調杞縣。政尚寬仁，不事鉤距。孺子彭具誤傷人，典察其情，出之。建社倉，興義學，公暇與諸公課藝，多所成就。

何喬雲（錢塘縣志）字令名，號曾園。康熙丙辰進士，授中書，改桂東令。初至，計民口止六百有奇，城傾戶毀。乃募流散，給斗種具田器，緩錄賦，流亡漸復。邑無書籍，因發篋出所携經史諸書，召諸生曉文義者授之。闢學舍，聚徒講習。請留貯學租，佐膏火。邑中戶聞弦誦聲。楚南多雜派，桂東代鄰郡監司買米五百石，轉運千里，道險費多，民甚苦之。喬雲毅然不應，具文白督撫，上聞。湖南州縣六十有三，因喬雲請得豁免者四十有二。治桂東十二年，行取以主事用，請假歸。

張曾裕（公舉事實）字昆詒，海寧人。康熙戊辰進士，授臨朐令。濬木刀清以通水利，分四鄉，限以勸徵輸。邑西南山僻，常有盜，為立保甲法，時率騎巡緝，至寒月尤屬。年餘盜絕。丁艱服闋，補新樂縣。縣故有社書，取辦公事，每歲一更，例以鄉之富而愚者當之，常破析家產。曾裕知其弊，擇每里知書業者，而詢以充，不願者聽，邑民踴躍稱便。聽訟無論巨細，必溫辭繁語，欵曲推究，務得其情。故雖加箠楚，不怨。有劉某訟于後妻，詆子不孝，子懼而逃。曾裕名其父，諭以天性，果悔泣，子出服罪，父為哀懇乞免。又俗相沿畜異姓為子，有婿婦曲庇其義子，及控應繼之姪，庭訊時以大義明白開曉，婦亦泣謝而去。

陳嵩（公舉事實）字巨高，海寧人。康熙癸未進士，授刑曹郎，執法不阿。有奸人怙勢豪家勢，謀奪人婚，力為判究；原配盜誣良民，廉得其情，釋之。選字號人蓋清橋武陰左右為嵩，不聽，卒抵于罪。遷儀部郎，值高麗入貢，使例有私覿，峻拒之，一無所受。歸田後，杜門守正，當事不通一刺，混迹村叱，見者莫知為貴官也。

楊中柟（公舉事實）字公三，海寧人。康熙甲子舉人，選授河南鹿邑知縣，下車廬明子諄。遭年飢，民有鬻妻子者，惻然曰：「為令不能謀保聚，奚撫字為？」乃捐俸代之贖。邑地勢窪下，民居常患水。中柟開渠濬河，躬督畚鍤，由是闔境無淫潦之患。尋以病卒于任。

汪泰來（公舉事實）字陛交錢塘諸生中辛卯順天鄉試壬辰

特賜進士出身授廣東潮州府同知潮瀕海多盜且奸販往往運米出洋泰來嚴行禁緝民始安堵嘗東西兩界鹽場發帑不假手胥吏赴場督收餘鹽不令利歸私販場課溢額革魚船規例禁踏勘供應以羨補前官之缺捐俸助屬吏之喪山水陡發衝決北門外堤田廬漂溺泰來創議捐築躬先畚鍤不數月閱成

郤錫光（公舉事實）字克大仁和人遠平子康熙丙戌進士任江西新建知縣下車即革陋規減耗羨又善決疑獄上官輒以旁邑事屬代讞清江縣何氏夫死族人誣為氏毒其夫獄已具錫光奉檄覆檢傷在背光曰此陰症也冤遂白貴溪楊胥妻為無賴子所私賄捕誣以盜錫光發其奸遂服丁內艱服闋補江南穎上縣調繁溧陽武生宋武潛謀不軌錫光以計擒之餘黨解散陞雲南祿勸州知州卒于官

嘉興府

宋

趙汝能（弘治嘉興府志）字公舉崇德人系出濮邸登紹興進士知泰之海陵歲歉民飢嘯聚為亂人情洶洶汝能曰是非巡尉可辦即部勒弓手土兵設方畧直前當之擒捕百餘人其黨潰散罪渠魁餘悉末減連倅舒蘄諸司多以滯訟委之剖析簡明稱平允知鬱林州首興學校士風丕變

陳之綱（正德崇德縣志）字仲宏登淳熙進士第令泰之海陵政先恵愛聽訟明敏民頌應平縣有捍海堰綿亘數十里天聖間范文正公任西溪鹽監日所築至是堤址頹闕潮汐衝突浸害農畝之綱請于郡修治勿憚寒暑躬董其役視昔堅壯改知仁和縣卒

莫若晦（正德崇德縣志）字子明舉進士除守直春始至承積蠹每事撙節盡蠲四邑宿逋數萬緡以寬民力期年郡計稍紓乃新黌舍築城堞修浮橋百廢
秀州

具舉役不告勞歷除工部郎中
請外知徽州改知嚴州致仕

沈 木

木（萬曆嘉興府志）石門人第進士宰石城汀寇猖獗邑豪熊子開等為寇鄉導
巡尉司妄指同姓者捕之木察其非是破械使捕子開等邑境遂安守真定
民有以田多賦少告訐其仇者木謂東西無經界冒佔者眾不可勝詰丞遂懲
之有建議籍民所據官田為九可以富國經制司妄州根據林連六七百家木
曰此事行則變生矣丞
以前牘上之事遂寢

陳 炳

炳（嘉興府圖記）字宜之石門人令工虞有西溪湖瀦水利及三鄉中廢為田恭
政張綱書浚之刻石為記載久豪右復據墾大旱民持綱所刻石請復湖豪
右浣阻之炳奮曰令寧以罪謫去必不忍畏避強禦妄棄三鄉民命也
卒浚復之百姓歌曰前復湖張恭政後復湖陳縣令與我衣食全我命

明

呂 聲

聲（正德崇德縣志）字廷和景泰甲戌進士知進賢縣至即咨民隱規利弊興學
校成禮俗任滿民相率請于朝得復任歷十有三載氷蘗之操終始一致以
治行陞太僕寺丞上馬政五事見採納成化丁酉引疾歸

姜 諒

諒（萬曆嘉興府志）字用貞秀水人天順甲申進士歷遷南刑部郎中知漳州府
能浚漳浦田皆傍海多瀉鹵乃築長堤凡一百八十六所又濬塘渠置社倉
作義塚立鄉約惠郡中田賦為重里胥乾沒飛射詭寄者多乃悉為淅理
復其舊籍按戶計丁分為三等遇徭役酌量輕重授之民役視舊頗減半

梅 江

江（兩浙名賢錄）宣城梅聖俞之裔宋南渡後始居嘉興江登成化己丑進士授
盧江令興利剔蠹政聲藉甚士民畏愛之擢南御史時儲位未定大臣莫敢
言江首疏力請上嘉納賜織金衣服奉命清戎兩廣寬恤部
伍招撫流移遷四川僉事決疑獄四十事蜀人以梅鏡稱之

陸達（萬曆嘉興府志）字德毅秀水人成化乙未進士知海州清修鯁介聽斷明允一日行部有旋風三匝馬首達疑有冤令吏卒邏察之見一人死樹下折搭尺許覓其帙乃土人殺買牛者移尸于此客擒之一訊而服于是訟衰盜息擢廣東按察司僉事

陸愈（兩浙名賢錄）字抑之平湖人成化乙未進士知江都縣窮鄉下里靡不必歷殆徧月名有年德者鄉一人詢民利弊而興除之歲凶民多鬻子女于江南愈捐俸出罰鍰贖以完聚者幾百人每新穀未登輒發舊廩散之約秋成償而不取其息又築鄧伯堤數民鑿濟洫時瀦洩以溉田旱澇不復為患召拜監察御史出按西蜀下車鋤豪強斥貪墨發奸猾風裁甚峻出成案之不能生者亡慮百十數滿一載將代以盛暑行炎鄉浮瘴卒

劉暐（海鹽縣圖經）字公奇成化甲辰進士選御史督兩淮鹽政兼治河道時兩浙山東水旱疏請賑以鹽羨餘銀全活者甚衆高郵湖風濤不測時：壞漕艘暐乃築堤四十里別為裏河通漕名康濟河舟免覆溺擢廣東按察副使正德初請老

項經（檇李往哲初編）字誠之嘉善人成化丁未進士為太平知府一意撫循流亡來歸者萬計移治臨江與袁筠諸郡接壤土寇劉逸出沒其間前有司率玩愒慮他變弗敢動經至立捕諸豪賊百八十人置之法一郡大治逾年臨江飢有司方請賑經曰民飢甚矣必請而賑是嬰口以待斃也賑而弗請罪在太守于是發府庫金建和糴之法民賴以濟時監司督賦方急經不奉命監司怒甚經而歲大稔民入賦恐後為諸郡最

吳昂（海鹽縣圖經）字德翼起家進士令宜城廉介自持改新建新建人困宸濠章祖匿丁家山以拒濠言民反宜速兵昂弗為動入山諭民、立散歲大飢官無儲粟昂立抽補法賑贍全活萬人歷官福建參政古田鎮盜起發兵躡捕渠魁散其黨進右布政未幾致仕

陸銀（兩浙名賢錄）字克潛平湖人成化間由貢士授程鄉知縣程鄉在山海間多剿盜銀初至議者皆以殄盜為急銀謂與民未有恩信何遽勞民乃新學舍

以禮義勵諸民問民疾苦晝夜不息期年之後始團練鄉勇聞出勒寇斬捕常至千百盜賊畏威慕化相約無犯程人捕訟多以賂取勝銀門無私謁健訟者不得行訟遂息以母喪歸民號泣攀轅者數千人出境而後返行至常山以哀毁致疾卒

卞　諶（正德嘉善縣志）字信卿以進士授廣信府推官決獄精當雖老吏不逮經鉛山嶺道有卧屍夜夢一人謂儒者爲主所殺密訪得之遂伏辜郡稱神明

孫　璽（獻徵錄）璽在揚州時值宸濠反以安慶璽奉檄守儀真扼江之衝捕獲之爲諜者與其黨十餘人武宗南巡璽署淮安守調發百出而人不知遷薊州銀冶盜嘯聚千餘家專利據險爲患璽檄兵備遣吏馳山寨榜示禍福各自縛詣璽罪其首餘遣復業及從雲南分巡洱海道麗江土官川蜀爭金沙江相讐殺璽會勘其事土官以金賂同勘者久伺璽卒莫敢賂由此解讐奉約束如故大同經兩亂後卒伍驕悍璽以僉事巡大同盡心撫馭人賴安堵

文貽按（嘉靖浙江通志）字朝信平湖人正德戊辰進士知興化轉揚州府同知終山西按察司僉事

鍾　梁（海鹽縣圖經）字彥材正德中登第爲刑曹郎嘗諫止南巡杖闕下幾死世宗嗣位録其忠加俸一級奉敕慮囚江南平反死者百三十餘人擢知濟南郡平萊蕪寇卻走多擒斬功改知南昌釐正湖地賦役推責斂戢丁艱歸年僅四十即疏請致仕

張　巘（萬曆嘉興府志）字德鄰秀水人正德辛巳進士嘉靖初授大理評事會議大禮忤旨杖斥復官進寺副奉命慮囚雲貴釋殊死以下百三十人進寺正擢守南雄墾荒田籍流民閒商市清軍屯多著惠政

錢　術（海鹽縣圖經）字汝沖嘉靖癸未進士授威縣令威賦厚薄不等版籍無考術倣朱文公漳州圖帳爲册壞畫界雖勢有力者請寄不聽威有門丁產三等吏上下其手與奸市術復就中衆益令遂平時河北三郡賦役咸苦不均父老聞威法良便爭請往均術受臺檄遍歷旁邑盡均之惟內黃南和與尤甚獨留經理三月至今二邑民建祠祀之如威民也滿七年丁艱歸即家擢工部主事未赴卒

馮汝弼（獻徵錄）字惟良，平湖人。嘉靖壬辰進士，為工科給事中，奉命視光祿及鹽事，有便于民。率先諸邑，嚴辦擢知太倉州。至則減供億，除民所疾苦。有劇盜聚江海間，前守不能詰，汝弼設方略擒之。復襲擊其黨，轉揚州府同知，遂歸。值倭寇發海上，往言于督府，請城平湖，躬畚鍤以先作者。及寇至，賴城守得全。

沈垣（獻徵錄）字子完，平湖人。嘉靖乙未進士，除大理評事，歷寺正，出知惠州府事。至立斷，務得民情。有李鑑者，和平劇盜也，糾羣倫負險出剽，垣設方略調兵餉，遣人入巢諭禍福。鑑自縛伏罪，支附皆解散。值歲祲，發廩賑贍，為平糴法，通有無，全活數萬人。會郡有利病，條上詣督府議，遂遇疾卒于番禺館舍。

吳淞（萬曆秀水縣志）字秀東，嘉靖丙午舉人，選知靖州。武苗獠使同編戶輸稅。會山水驟漲，民溺死無算，淞亟懸賞格，拯一人者與十緡，又躬令人置筏以渡。未渡者貳守九江，時湖口關值水衝，商舶多壞。淞曰：寧算錙刀而傷民。命申請于觀風使者，議革之，商大稱便。已遷福建鹽運司同知，引年歸。

劉畛（兩浙名賢錄）字元白，海鹽人，木之子。木贅于錢，從其姓，畛始復為劉。嘉靖庚戌進士，除知金谿縣，考最，稱治行第一，擢南工部主事，歷陞撫州府知府。值鄰寇初退，畛撫循瘡殘，簡兵保教，又築崇仁、樂安、宜黃三城，修千金陂，民享其利。進按察副使，備兵福州。山寇緣間竊發，畛以計芟薙略盡。擢廣東右參政。大盜曾一本出沒雷連間，畛與俞大猷、戚繼光等贊畫進止，暨軍實，畛功為多。陞貴州按察使。

范之箴（獻徵錄）字從教，秀水人。嘉靖乙未進士，任行人，陞工部郎中，出知永州府。時徭賊內訌，官軍屢潰，之箴以計悉擒之。兵備潘某欲張大其事以為己功，遂多株連無辜者，上其名且就戮。之箴謂潘紿之曰：土寇陸梁，罪固無赦，但人心方洶洶，不開釋一二，恐為禎梗者藉口。潘付之箴核實，始置法。潘許之，事既下，遂盡釋之。潘大怒，以為賣己，疏劾之箴。上察知其狀，罷潘，調之箴漢陽府，遷雲南副使、湖廣參政，皆著勞績，進雲南按察使，致仕。

陸相儒（兩浙名賢録）字大行嘉興人嘉靖乙未進士授工部主事出知延平府首行條鞭法爲八閩倡閩人稱便又捐義倉行鄉約興學右文郡大治擢貴州副使土寇拒命數載時議撫議勦無定畫相儒獨許其自新卒歸順以憂去服闋復補閩中會島夷入犯遣材官逆于海斬獲有功以疾卒于官

張應治（萬曆秀水縣志）字體徵嘉靖壬戌進士擢南戶科給事中彈劾不避權倖如請正宮闈劾遠巨璫邢保疏草南司禮監神帛皆人所難言者出爲九江守首復軍餉議條鞭緝盜賊會江右大祲流民相攜入境應治以便宜發廩賑之全活甚衆萬曆初擧卓異陞臨清副使

馮敏功（獻徵録）字元卿汝弼子嘉靖壬戌進士爲江西參議會浙兵挾餉鼓噪敏功名其長怵以利害皆叩頭謝趣授餉以次屬于舟使一倅導之勒兵隨其後衆咸戢轉副使備兵徐邳是歲河溢睢寧新安間大小十餘決敏功晝夜并作凡所橫治南自曲頭集抵青田八十里北自陸灣至呂梁四十里所興監司曹郎雜治直河南岸堤九千丈茶城而上接曹單堤百六十里一切指畫皆可經久遷山東左參政抗議泇口膠河俱不可開忤柄臣意自引歸言者交薦起督漕于淮按視淮南郡伯等三河疏內河以通漕僇力任艱鉅致疾篤名同官嘆曰內河誠便利然太逼湖堤易潰宜別爲護堤不即數百里魚鱉矣遂瞑

王朴（萬曆秀水縣志）字德純以貢授徐聞令邑故有珠池課中官恣溪壑爲民患朴請罷之又有櫃鄉稅估貿官尉傳往〻入爲橐中裝朴首革之著爲令釋冤獄賑飢民立社學教民鑿渠溉田民有像祠焉

葉朝陽（兩浙名賢録）字文業秀水人嘉靖乙丑進士悃〻若書生及當事執法雅豪貴不能奪初知信陽州首均田賦豪民不得相冒爲奸晉工部虞衡司郎中司鑄錢中貴人素例常與出治鐵冶歲有羨金數千緡毫無染尋陞常德府知府有劇盜張金者嘯聚洞庭殺掠官府乃以計殲其渠魁餘黨悉散

倪壯猷（嘉禾徵獻録）字華芳平湖人隆慶庚午舉人知江浦縣江至邑可六十里往氣没爲患壯猷議開新河五十里涉者便之尋陞南刑部主事出爲

貴州僉事紅苗及上勦撫机宜尋擒苗首石阿四等還雲南兵備副使黔國莊
田私徵爲民害壯猷請下郡縣代徵著爲令沐讌亦不敢撓後歸年八十四卒

洪　烈（丙浙名賢錄）字維進平湖人隆慶辛未進士授陳州知州倅解京儀馬三百
餘匹以折色代又議處河北歲派驛費省民數千金報最擢駕部副郎攝治
部事曹無閣案尋晉
吏部選郎卒于官

許　應　達（嘉興府志）字伯漸嘉興人隆慶進士知東平州廉聲大著調工部司権清
江廠建議于老隄外開越河言越河成則水性順浮報可身行河上布筴
司容四閱月而成延袤四十里費僅十二萬金而河隄鞏固又于瓜州創壳船
塢使艘自江入者由折免風濤范家口裂三百餘丈衆錯愕莫爲計達曰塞之
便功亦成未幾改蘇松水利發留都帑金十萬治水首開吳淞凡七十里
次諸州縣支河又次田間小河及諸圍岸津梁一歲而成費減所發之半

晏　九　昂（西江志）嘉善人萬曆進士任安福縣撫民如子
侍士大夫以禮莫敢干以私時稱爲晏鐵耳、、

包　鴻　達（嘉禾徵獻錄）號儀甫嘉興人萬曆庚戌進士任相潭知縣值歲飢出粟賑
濟全活甚衆更爲建倉積穀以備凶湘潭風困于馬政及解運之役鴻達
極力振刷洞悉幽隱役遂寢行
取兵科給事中未赴卒于官

胡　士　相（西江志）字端甫平湖人萬曆進士知弋陽縣、故多盜士相嚴保甲法盜
風頓息歷官江西參政分守湖西道奸民請開礦部檄至士相覆寢其事
衆建魏忠賢祠獨持不可請蠲袁州積逋
建義倉修城堞興學校奉旨賜金增秩

沈　萃　禎（平湖縣志）字裒中萬曆癸丑進士授工部主事権荆州關税盡革諸小税
名目以羨金築隄沙市以避水衝荆民稱沈公隄歷知蘇州府擧卓異陞
福建副使備兵興泉紅夷犯銅山侵中左萃禎即日移駐同安身冒矢石出奇
兵撓之五閱月而就款轉本省參政以親老乞歸當守蘇時吳江令曹欽程駐

私狼籍，因列貪贓注下考。及魏忠賢亂政，欽程黨綠報復，鎸革禎三級。崇禎元年起補湖廣參政，歷陞福建按察使，備兵福州。時海盜巨淵，巡撫鄒維璉新任，未習閩事，投誠者意頗觀望。聞革禎至，皆曰沈公來，吾屬無虞矣，遂委心歸順。尋陞湖廣右布政，歸卒。

劉泓（嘉禾徵獻錄）字止澄，海鹽人。萬曆己未進士，除營繕司主事。奄豎在文昇督兩淮鹽漕，驕橫特甚，莫敢抵捂。泓疏暴其害，得旨撤回，淮人德之。陞兵部郎中，出為淮徐兵備副使。徐當河決之餘，盜賊蜂起蕭碭間，泓擒其渠帥，散其脅服。總河侍郎朱光祚浮羨之令開濬馬陵山駱馬河口等處，皆有成績。

陸懷玉（平湖縣志）字石含。萬曆己未進士，授工部主事，晉郎中。董三殿工竣，例擢京秩，因不謁魏璫，出知鎮江府。廉靜嚴明，郡大治。陞湖廣武昌道，轉鹽法參政。商民戴德，建祠祀之。觀察山左，出殊元數十人。尋擢閩省右轄，謝病歸。周贍親戚，不干郡邑事。

鄭心材（海鹽縣圖經）字敬中。以王父曉廕為督府都事，歷應天治中。南都劉天緒之獄，本以白蓮教聚眾，無兵仗左驗，誑言謀反。訊者欲借為功，心材止案坐渠首，取天緒所募籍悉焚之，全活甚眾。署上元篆，定浦口渡值。擧駁江鹽部諸商例餽。及歸，修家規，立宗法，置義田，後人奉為家誡焉。

曹履泰（嘉禾徵獻錄）字大來，海鹽人。天啓乙丑進士，知同安縣。時海寇紅夷交訌，厚盜盤踞，同安無兵，履泰編漁民為伍，團結村落，互相應援，賊不敢犯。督撫熊文燦受李魁奇、鄭芝龍降，芝龍部下卒橫行鄉，以法繩之。未幾，魁奇挾鍾斌叛去，履泰乃陰擒斌，使叛魁奇，而復說芝龍招斌，遂與芝龍合圍魁奇，斬之。行取授吏科給事中，疏糾吏部李希拨彈事典銓者，授喉大璫王永祚，使誣履泰下獄，論戍嶺南。應天巡撫祁彪佳疏訟其冤，補行人司副，不赴。

高承埏（舊嘉興府志）字寓公，嘉興人。崇禎庚辰進士，授遷安令，鋤豪強，招流散，設法濟急，餉省費萬計。改江南涇縣，數月政成，民有清高之譽。遷工部主事，上書白父道素之冤，即乞養母歸。

國朝

陸世楷（公舉事實）字英一又字孝山平湖人順治五年以選貢生除平陽府通判甫至姜瓖搆亂平陽被圍世楷登陴固守百守旋誘降其魁釋其黨師後大飢人相食世楷爲粥給飢者全活甚衆遷同知登州府海寇揚帆將至立設守具率舟師禦之寇遁去時叛帥海特行剽掠州縣獨戒勿犯境登有娶婦夜爲人所殺鄰里訐其媳世楷時攝縣事察其冤禱于城隍神卒得殺人者遷知南雄府時平南靖南兩藩並駐廣州有入始興山自稱平藩侍衛發民鑿礦世楷曰王雖尊不得擅役吾民今不使太守知詐也縛送廣州平藩不敢問又黠僧匿于藩倚勢爲虐世楷計縛之斃諸杖葉天章書院課諸生講學以外艱去

鄭龍光（廣東名宦冊）字翰生平湖人順治己丑進士任南雄府知府時藩師初克城龍光以廉介見憚剔奸除蠹扶弱存孤民倚賴之嘗發血者荒過五斗嶺前有虎負嵎衆莫敢進龍光曰昔劉昆爲治虎北渡河今太守以勸農入山虎曷爲而來哉叱馭驅之虎隨遁去以一童二僕自隨客投謁無所拒至其家見其清素無敢以私請者歷任六年擢西寧副使

查培繼（鄉賢留祀冊）字王望海塩人順治壬辰進士除廣東〻莞知縣有政聲歷兵户刑三科給事中疏章數上如清官冀行官荒禁鬻户等疏皆關國計出爲江西按察副使分巡饒九南道時寇亂初靖培繼力事拊循尤以興學校敦教化爲首務建義塾禁淫祀慎蓄課扞水患拯飢民捐俸修白鹿洞書院時特與諸生講學興賢育才造就實多

沈棻（嘉興府志）字子佩平湖人順治壬辰進士授西平知縣初下車值歲大歉民多流亡棻設法招徠給牛種諭以歲豐取償免其息其貧民完税無金錢者許以布粟代又歲募河夫多逋逃棻按貧户之逋税者充役民喜得食且以工償完逋爭先赴工〻易竣甲辰飛蝗徧野獨不入西平境三年邑大治

曾王孫（鄉賢留祀册）字道扶，嘉興人。順治戊戌進士，為漢中司理，改令都昌，入為户部主事，轉員外，遷刑部郎中，官至四川提學道。歷中外，所至有聲。其在秦，則均賦役，興水利，平棧道，理冤獄；在豫章，明安集流亡，興崇學校；及官提學道，杜絕苞苴，釐正文體，蜀人稱之。

沈鏻（福建名宦册）字木門，嘉善人。順治辛丑進士。康熙八年知建安縣事。兵燹後土田荒蕪，蠹吏巧為影射，民苦之。鏻廉得實，窮治不少貸。先是，藩府以錢貸鄉民，勒息數倍，私禁榜掠，有鬻妻孥以償者，官莫能制。鏻曰：受一官而曾于輿隸，使民無告，吾恥焉。捕置之法，民大悅。

陳霆萬（鄉賢留祀册）字子毅，嘉善人。康熙甲戌進士，授臨朐縣。息盜安民，四境肅然。邑正供四萬餘兩，何有胥蠹私收包糾之弊，甚至能鑿達通黑民重完。霆萬至，一變其法，徹歸業户，使各自輸糧，其弊遂革。

張王典（鄉賢留祀册）字克若，嘉善人。康熙丁丑進士，授山西平順縣。下車之始，滅耗費，絕苞苴，有差徭，善良安堵，奸邪屏迹。值歲凶，編審秉公，釐別從前隱漏之弊，重役之苦，一時頓清。報最，陞吏部主事，擢吏科給事中，官京七載，僦屋數間，僅可容膝。公餘則焚香玩易，以圖補過。及卒，行李蕭然，惟圖書數束。

徐升貞（湖南名宦册）字君階，海鹽人。由拔貢補岳州通判，蔬食布衣，官居如貧室，盡革陋規。歲旱，步禱，淚痕被面而雨，釋冤獄，人稱活命菩提。

湖州府

宋

陳舜俞（宋史本傳）字令舉，烏程人。舉進士，又舉制科第一。熙寧三年，以屯田員外郎知山陰縣。詔俟代還，賜館職，舜俞辭曰：爵祿名器，砥礪多士，宜示以至神，烏可褻則如付劑契，徼中書帖上之。青苗法行，舜俞不奉令，上疏自劾曰：官制放錢取息，雖分為夏秋二料，而秋放之月與夏斂之期等，夏放之月與秋斂之期等不過展轉計息以給為納使民終身以及世世每歲兩輸息錢無有窮已是別為一賦以斂海內非王道之舉也奏上論監南康軍鹽酒稅九年而卒

朱南强（嘉靖安吉州志）字柔立主晋陵簿有倚當塗勢奪民田者南强按歸之移宰工虞地瀕海民業煑鹽多致訟為析利害上擬舉請置場交易民便之

莫濬（弘治湖州府志）歸安人登進士第淳熙初知仁和縣時有出入德壽宮者恃勢虐民濬于宮門外候其出擒而撻之高后怒孝宗降濬一秩居數月平江缺守宰執進擬孝宗曰朕有其人遂除濬陞轄以承議郎知平江

沈介（西江志）湖州人乾道四年守信州與趙師巖為代師巖在任時州兵書欲援往例有所求不獲遂謀亂雖散府庫以撫之猶反側未安介至誅首領二人餘皆安堵歲飢賑貸有方民得不死去官之日老稚扶携隨行數十里涕泣不忍舍

章謙亨（西江志）湖州人紹定間知鉛山為政寬平人錫生佛家置像而祀其興學養士懲盜安民禮賢表俗蠲賦救荒事績邑人勒之章巖以志不忘

施宿（兩浙名賢錄）字武子長興人知餘姚縣為政務大體興廢舉墜不事細謹姚北瀕海歲役民修堤民苦之宿更築石堤建莊田二千畝以備修堤之役

元

程郇（黄溍程郇墓志）字晋輔曾祖公許自蜀居湖州郇于書無不讀用薦署嘉興路儒學錄歷江山縣尹再遷武岡路綏寧縣尹縣鄰谿峒民夷雜處岩發不時郇拊循愷悌境內以安會廣西猺獠長貳而下以供億軍需出境郇獨任縣事師旅經從枝梧遣發咸令嚴明士卒帖帖不敢肆行縣有義倉糧二萬餘石積為豪强所侵患撥理之歲適大侵賴全活者甚衆轉慈谿縣令慈谿密邇鄞帥閫事尤叢劇郇設施注措若不經意咸盡其宜縣東花嶼蔡湖受諸水溉田六十頃豪民或請堙湖為田而輸糧于官吏以成事請署郇毅然不可事遂寢湖旁農家均獲其利年七五十以奉訓大夫婺源州知州致仕

湖州

倪淵（黃溍倪淵墓誌）字仲深，烏程人。授太平路當塗縣主簿。時長官皆以故免去，淵獨理縣事。經理田土，考覈多失實，賦斂不均，以私咸以為患。淵分畫編次以為圖籍，出其隱匿，去其增加，二稅乃如期而集。歲適大祲，民以狀言災傷，郡戒縣勿受。淵解印求去，郡遣吏謝，以檢視事諉之。淵躬履阡陌，不避其勤，民賴以甦。

唐棣（兩浙名賢錄）字子華，先世錢唐，徙吳興。以薦除休寧縣尹。先是豪民好為併兼，貧民至空產，賦往往逋亡。棣釐其弊，具為科條，擇任廉吏，宿弊一清，流逋歸復。山民老人擁馬扶謝。其為政唯用儒法，剛柔適調。歸于太和，居五年，政平化行，獄訟止息，課為江東最。以老去官，民涕泣，塑像祀之。

明

王瑄（嘉靖湖州府志）字廷璧，長興人。永樂甲申進士。任兵部主事，陞刑部郎中。會囚越獄，有數十輩，因不去。訊之，則曰：王郎中必不枉我。故諸司官咸坐罪，而瑄獨免。又理刑直隸，值歲侵賑卹，流亡修復。崑山、常熟水利，民甚德之。累官按察使，乞歸。

王濟（湖州府志）字汝舟，烏程人。成化辛丑進士。授南兵部主事。所轄馬快船二千餘艘，中官怙勢侵沒無算，濟力為裁省。大司馬王恕深器重之。以忤銓司，出知雲南臨安府。地多奇貨，又夷民雜居，多盜。濟遡其亂源，盜用以息。陞貴州副使，引疾致仕。

韋商臣（獻徵錄）字希尹，長興人。嘉靖癸未進士。授大理右評事。會言事諸臣多繫詔獄，下大理讞。奏商臣上疏抗言忤旨，謫靖江丞，量移德安府推官。應山有巨姓被誣大辟者，憲使張龍問其枉而寬之，巡撫與張有夙憾，劾令覆訊。商臣據法論報。又有龔友昌者亦被誣久繫，商臣一訊得其情，竟活。未幾，郡稱神明。陞河南按察僉事。未幾，巨冦董氏嘯聚為亂，率兵討平之。其他搜剔吏弊，搏擊豪猾，平反冤獄，撫處流民，諸政皆鑿鑿可紀。撫按交薦，而臨穎有杜黃門者，仇殺三人，杜之兄時為通政參議，數致書囑立捕治之。復有豪民擒致崔舉盜，驗實論死，詞連鄉宦黃彬，以故諸權貴銜之，騰蜚語于朝，竟以考察論罷。

臧繼芳（長興縣志）號充山，嘉靖癸丑進士，歷官水部郎中，督理高郵河道。值景王之國，欲毀濱河民居，伐堤柳以便舟行。繼芳曰：政在利民，病民以便上，非義也。國之大計在漕，植柳以護漕堤，伐之非策也。乃屬徒役為木道挽舟而前。擢守松江，歲大水，奏蠲其賦，煮粥給粟，躬賑貸之。歷晉河南按察副使。

胡友信（歙徽錄）字成之，德清之隆慶戊辰進士，授順德知縣。縣歲賦率奸胥攬輸，猾以所入啗長吏，謂之月錢。友信與民約，歲為三限，多寡皆自輸，不取贏。于是閭里無妄費，而公賦以充。海寇竊發，部內烏洲、大洲賊所巢穴，友信逐勾得之，以勁卒擒其巢，誅渠魁，餘黨解散。又鄉立四應社，一鄉有警，三鄉鼓而援之，不援者罪同賊。賊賊不敢發。初，友信慮民輕法，治以嚴，既令行禁止，更為寬大，或旬日不笞一人。其治縣如家，與修學校，城池咸為更新，督課邑子弟，教化興起。卒官，士民立祠祀之。

韓紹（湖州府志）字先祖，烏程人，隆慶辛未進士，令寧德，豁百年陷海之虛糧。令長樂，縛十年不獲之大盜。拜給事中，以忤江陵外轉。歷藩臬，備兵府江。地多箐棘，猺獞竊伏，烟瘴鬱蒸，路絕行旅。紹移檄募商伐山開徑五十餘里，遂成孔道。遷太僕卿，致仕。

沈如霖（廣東通志）歸安人，萬曆間為普寧令。縣設幾四十年，草萊猶未盡闢。霖至，清賦役，保善良，日進諸生而教之。稅使擾民，調劑得宜，民受其惠。

沈子來（歸安縣志）字汝修，萬曆庚辰進士，令句容。值丈量，有司競以加額增賦為考最，子來獨辨其高下，增減之調停。平捕土豪，致之死，合邑稱快。陞刑部主事，歷員外郎中，出知梧州府，改寶慶。時征播之軍所過剽掠，子來預以糗糧陳境，工將總戎，令約束將士，民乃晏然。陞湖廣副使，調貴州都匀。苗帥蒙打倡亂，子來與知土同知蒙詔推勇可用，推誠待之，授以方略，三出破賊，擒展打誅之，積寇得平。卒于官，不能治喪，吏民斂錢為行，槧子文衛郡之、、

臧懋中（長興縣志）字用甫，萬曆戊戌進士，授鹽城令。會有旨浚淤河，鹽邑千里奔命。懋中謂罷民非策，簡閱右有幹力者十許人，携帑金詣徐募土著，又先

散金易糈葺而至工所役者所食廩至終役無逃者時兩浙夫役繁興塩居其
閭不知有徵調之苦歷應而按察副使署八持六事以乞僅代驛遞軍不濫役
而民力以蘇比
入覲卒于京

沈戩穀(德清縣志)雍正丁丑進士知來强縣時歲祲斗穀溢千錢戩穀
捐俸設糜所全活以萬計善察冤獄多所平反後陞守廬州以病歸

國朝

談九經(德清縣志)字震方康熙丙辰進士授沙河知縣、居南北衢要且地爲沙
壓土甚瘠九乾洞悉民艱凡陋規加派詳革殆盡褫學霸殛溪僧安巨室
植柳以憩人行浚井以便人汲陞禮部主事改吏部陞員
外郎掌銓政隨征厄魯特議敘復監理河工著有勞績、

戴振河(德清縣志)字衣聞康熙戊辰進士授永寧知縣入署見里民僕雜甚具驚
問得實悉鄒之常平倉積穀二萬責糴賤糶官餘民病振河春貸秋償不
責其耗羨關隘頹爲蕩平路行者便之丁艱服闋補杞縣邑有堤工歲賦民折
土銀五千餘兩歲修歲圮振河廉得其實直賦民土而督修之匝月工竣永無
歲修之擾民名其堤爲戴公堤頗徵正課外舊有雜派四千兩振河以無
藝革之行取任部曹出守郎武府興利除弊三年不違一役下鄉卒于官

胡閣京(德清縣志)字遵王會恩子授池州府通判攝石杭縣事革漕與抑豪强有
民被殺而不得主名往驗察其妻與旁觀一人狀異得姦殺情寘之法攝
蕪湖篆值大水報災請賑設廠拯救無算又攝建德除虎患緝盜安民又署府
事代償前守虧餉郡屬邑饑饟丁艱歸服闋補順德府判職司捕盜以盜源在
窩線以嚴保甲而後根株可拔爲畫八條上
之通行髮輯著爲令擢永平知府卒于官

寧波府

宋

汪思温（延祐四明志）字汝直鄞人政和二年進士授楢州教授調餘姚令築堤浚湖民信愛之後知臨安時相秦檜嘗以故人舊薦擧思温曰使可薦誠不待相諭不才相言無益也有旨營政府檜欲以相府儀制稍異執政府思温益持不可檜怒因罷去予祠

薛朋龜（兩浙名賢錄）字彥益鄞人政和八年進士授仙居縣尉值歲飢道殣相望韶掠四起朋龜請發粟賑之民多全活而彈盜有法境內患平改楚州司錄達靖康之變楚師勤王者歸道州境郡守薄其犒輒鼓譟為亂朋龜急走軍中諭以禮法隨發府金犒之軍帖服不敢譁任滿擢奉議郎去民遮道留之卧轍不得行監司工其狀擢監行在登聞鼓院累擢工部郎中守正不阿彈劾權貴後知衢州致仕

劉侯（寶慶四明志）字碩翁象山人紹興三十年進士知華亭縣平易近民而決事若神豪猾斂手並海有秦山鹽鐵𤏲港三堰不治被旨督作早夜露處護田六萬畝孝宗深加褒賞倅紹興府帥王希呂使者朱熹雅敬之委理諸暨蕭山荒政知興國軍陛辭乞免蕭山廢田之稅以特者繕華亭海塘禁遏兵胥吏擾沿海民船事皆施行改知安州數四邑常賦外免其板帳鑿空如馬草錢之類其目凡八歲減額一萬一千有奇奏定為令除監廣東倉特南海驛道至真陽達凌江多窮荒複嶺乃改闢大道八百里置六鋪建七菴募人居之遷福建憲司名除吏部郎中卒

徐子寅（成化四明郡志）字協恭鄞人少以任補官中法科為福建路檢法審覆囚牘駁正死罪七十九人除大理正累遷淮南運副歷揚州楚州修築高郵興化寶應縣石閘斗門至管堤岸護民田三千七百餘頃後知台州革秋苗僞鈔去軍士虛籍寧海邑庠久廢買田五百畝繕之蠲民戶積逋十餘萬

羅仲舒（成化四明郡志）字宗之慈谿人淳熙十四年進士授安慶教授累遷提點江東刑獄黠吏献議于饒守更鬻鹽法而官專其利舟運不通民數月乏

明州

鹽仲舒責吏曰奪民而絶其利者汝罪也笞而流之饒人為之語曰前葛後羅一基二妙葛謂參知政事邲也名為國子司業紹定初以直顯謨閣致仕

桂萬榮（成化四明郡志）字夢協慈溪人慶元二年進士授餘干尉邑多豪右一裁以剛介而卹小民以慈愛秩滿調建康司理尋通判平江時守米在政尚嚴刻因鹽課拘繫甚衆萬榮具書告在不從乃挾行林與所拘人同寢在悒即委縱遣爲陞守南康檢吏奸省浮費征稅以法進直秘閣遷尚書右丞奉祠

程士龍（嘉靖寧波府志）字應辰慈溪人嘉定四年進士主句容簿時歲飢督濟有方老弱賴以全活真德秀重其才薦知仙居李宗勉復薦之遷知臨江軍後改知撫州城中有夜半殺人者逮繫至六七囚獄成士龍疑之坪臨川宰參發得其應辟者捕之一訊而服民作平冤歌頌其神明

童居易（天啓慈谿縣志）字行簡嘉定己未進士補登仕郎時朝廷欲使諸路置買浮鹽司除擬已定居易詣執政歷陳利害命遂寢攝天長簿時諸路多乞兵每歲秋熟制閫下令某民採取民失其利居易上書乞弛其禁制閫從之旁九縣皆賴免尋調諸暨簿境有惡少攻剽為奸尉莫能致居易以計悉擒之民謠曰童主簿威如虎愛百姓擒賊虐轉宣義郎知邵武之泰寧歷遷太學博士率以身教以言會子事忤上意出倅吉州陞知廣東德慶府德慶猺雜居民悍難化居易撫以豈弟之政三載民樂耕桑門不夜關尋上章乞歸

王撝（兩浙名賢錄）字謙父鄞人嘉定進士授安吉丞攝令長興捐俸賑水災民賴以不飢再攝新城餘財五萬緡代貧民賦遷將作監主簿時史嵩之專政乞補外通判婺州御史劉晉之誣衢州掾慮囚受賕撝帑寶卒白為後守徽州始至郡庫無三月之儲及解去衆支一年帛萬匹遷吏部兼崇政殿說書

楊玨（成化四明郡志）字君寶鄞人紹定二年進士授通直郎知饒州德興縣邑居四山之僻民多艱食玨乃節用積錢一百萬置米千斛時之顯惠倉歉時出之以平市價景定間轉朝奉大夫入對條陳三策一曰任正人而黜奸邪二曰與民利以培治本三曰講武事以圖恢復上悅及郡縣行方田玨曰政以利民

五五二

不利而行如吾民何遂劾不行御史朱纔孫劾之免官歸

元

臧

夢解（元史本傳）慶元人宋末進士未官而國亡至元間授知海寧州時淮東按察副使王慶之按行至其州見夢解剛直廉慎官署肅然凡有差役皆當其貧富吏無所預民以戶計者新增七百六十有四田以頃計者新闢四百四十有三桑柘榆柳交蔭境內政平訟簡為諸州縣最乃舉夢解才德兼備宜擢清要而御史臺亦以其廉能薦屬江陰飢江浙行省委夢解賑之夢解不為文具皆躬至其地人給以米所活四萬五千餘人擢廣西肅政廉訪副使故事烟瘴之地行部者多不躬至夢解咸徧歷按問賓州藤州兩路達魯花赤與凡貪官奸吏置于法者八十餘人又平反邕州黃震被誣贓罪及藤州廖氏婦被誣殺夫罪大德元年遷江西肅政廉訪副使有臨江路總管李倜素附大臣勢以控持有憲夢解按其贓罪一道澄清後以亞中大夫湖南宣慰副使致仕卒

葉

恒（成化四明郡志）字敬常鄞人泰定初擢第授餘姚州判官鋤奸抑強百廢興舉州東北際海歲被風濤害掾嘗以竹石作土堤以捍率不能久恒乃設方略甃以石長亘二十里民不知勞限南舊有二湖廢為廣斥者幾四十年因堤成而湖復瀦水時其啟閉田穫滋溉海潮之患遂絕後遷淮安路鹽城尹民多不律恒輒法其尤橫者臺察交薦將大用而卒民立祠祀之

范

文中（成化四明郡志）字煥章定海人大德十一年民飢盜起文中手縛巨魁十數人歸于有司餘黨竄伏中書奏授慈谿鳴鶴巡檢陞歙縣主簿尋調廬陵習俗譁健素稱難治民蕭甲與子殺人以誣怨家劉乙文中覈實遂寘甲于法而籍其家豪右讋服擢知沙縣造義倉以備凶荒崇儒學以興禮讓

明

汪縉世（成化四明郡志）字漢文，鄞人，宋尚書大猷五世孫。洪武初授太平府同知，推誠歛下，吏民不忍欺，事恒先期而集。秩滿陞湖廣按察副使，振肅憲紀，姦欺多所摘發，然以寬濟明，未嘗吹求人罪。論者謂憲職在正己以率物，縉世有焉。

陳奐（成化四明郡志）字聚奎，慈溪人。洪武中用薦召至闕廷，試稱旨，授扶濟令，修舉廢墜，除革奸蠹。尋調山西之屯留，土壤磽瘠，民多流竄，奐為出公帑錢輸其逋租，流民相率來歸。以憂去，服闋，改都督府都事。成祖念京縣政煩，特授上元令。涖政期月，縣以大治。歷遷刑部主事。仁宗監國時即知奐賢，即位，奐奏事，仁宗曰：「此非上元陳知縣乎？」左右曰：「然。」即擢為滕府長史，進階奉議大夫。

周弘（兩浙名賢錄）字尚德，慈溪人。洪武中以薦授柘城令，在縣九載，寬厚廉讓，愛民如子，戢暴橫，節用度，一邑大治。

應履平（嘉靖寧波府志）字錫祥，奉化人。洪武庚辰進士，授泉州德化令，興廢舉墜，平易宜民。遷守常德，吏治益著。陞貴州按察使，奉敕同兵部尚書王驥平蠻將軍蔣福帥師征麓川，有功，陞雲南左布政。時有太監奉命監造別漆器皿進用，供費百出，民不能堪。履平駁其將詭功別造私物，悉疏欽造數完，奏旨起送部繳。至，履平懷之，中道馳入。太監怒叱之，對曰：「奉旨請回京。」出文以示，太監去，一方以寧。

張浮中（兩浙名賢錄）字大本，鄞人。永樂甲申進士，授刑部主事，改江寧令。機務煩劇，前令率繩之以法，浮中更以公恕，籌書期會，米鹽細微，必躬親之。每丁夜而起，丙夜而息，未嘗樹赫赫之聲，而民安其政。以疾卒。

蔡冑（兩浙名賢錄）字用廣，鄞人。永樂乙酉舉人，以薦授宜春令，改餘干。愛民如子，有干憲度者，必諭使自新，未嘗輕有笞詈。清修苦節，薦餽雖蔬菔不納室中，琴一張，書數帙而已。不諧于郡守。吏部尚書郭璡巡撫江西，郡言冑徵科無法，考下，當去。縣民相率走百里外，聲冑冤，言數十年未有公廉愛民如蔡者，奈何

斥之泣訴車下郭嘆曰吾行縣多矣未有一民頌其令者郡言詐也更考冑最而以貪黜其郡守

陳本深(嘉靖寧波府志)字有源鄞人永樂戊子舉人擢刑部主事畿內有韓廣者為盜殺人逃匿有司捕之波及無辜十八人本深物色得之十八人者俱得免進員外郎宣德庚戌出知吉安府作興士類飭治學宮築堤成梁百廢具興而尤以除盜去奸為急樂安曾子良聚衆萬餘據險為兇本深以他逼永豐督千户王業率兵往勦大破之擒其渠魁以獻安福有豪民彭持肆暴于鄉有司莫能治乃密聞于朝而籍其家九載秩滿吏民相率奏留上允其請加正三品俸進階正議大夫

正統戊辰以老乞歸

方佐(嘉靖寧波府志)字用輔鄞人永樂戊子舉人授漳州府檢校陞上海知縣政尚平易不事苛刻而摘別奸蠹百廢具舉巨猾宿宄罔不屏迹日詣學宮課諸生殿最講解經史士民翕然向風正統改元用少傅楊溥薦陞廣州知府振肅綱紀百度維新以例入覲卒于贛

管思易(嘉靖寧波府志)字原理鄞人永樂乙未進士授刑部主事持法平允奉命使湖廣辨疑獄釋繫囚全活甚衆歸州同知孟紹芳盜庫銀二千許棄官去司府以孟巨璫姻不敢問乃因其吏郝洪等思易廉知之即上其事執孟論誅之而釋洪等已而居內艱起復仍前職時有獄囚王琦罪不應抵尚書吳中以私憾論死思易爭之不聽竟殺之乃憤惋而卒

秦岳(兩浙名賢錄)字維翰慈谿人永樂丁酉舉人授兵部武選主事陞郎中調刑部宅心平恕不事嚴刑而犯者輒得其情陞山西參議督理糧儲時水旱相仍有司催科逋迫逋積逋多岳曰暑雨艱食民方愁苦急之使倍償以償見耕之流亡耳況歲且有秋因屬耆老諭之民大悅越三月鞭扑不施而積逋咸償

戴浩(嘉靖寧波府志)字彥廣鄞人永樂庚子舉人判東昌管河道九載選守雷州州故並海滷病稼乃築堤以捍風潮民歌其功改來州又改肇昌歲飢矯發

邊儲三萬七千餘石賑之監司語以法浩曰法固知之如民飢何以一人命活千萬人命固將甘之乃上疏自劾朝廷優詔原焉尋循例致仕

余麟（兩浙名賢錄）字天祥鄞人永樂癸卯舉人授主客司主事陞郎中遷河南河溢特授左參政往治之至則度水勢築提防甫期奏功乃詢民間疾苦而恤之察吏治糾墨姦庶六年陞本省左布政使乞歸

王昺（天啓慈谿縣志）字昺之正統中舉明經授本縣訓導陞監察御史巡按山西有知縣郭某者貪而善略昺劾行當道交口舉郭及按縣郭倍道迎承奉周至昺即摘發其貪罷黜之民歡呼動地陞江西按察僉事下車日賦吏聞風解綬以憂去服闋改廣東時流賊劉掠昺一日出巡為賊所得哭至寨中時有二王僉事一為吳人頗多藏賄賊誤為是將以媒貸有識之者曰此浙江王僉事清官也不可犯遂與送二十里外拜謝而去賊既平昺以年老乞歸

吳桓（嘉靖寧波府志）字廷用鄞人景泰舉人選汀州府通判言攝守事剖決若流庭無滞訟歷陞常州府同知均徭役導水利平賦稅修橋梁招流亡給種佃田歸者相望直與山崩暴水勢溺溺死者衆桓發倉煮糜以食之又捐俸為倡勸富民出粟以賑靖江瀕海風潮蝕田額稅無辦桓躬為核實以新漲沙田半補焉撫按凡七上章特薦而桓以病乞歸遂進階中憲大夫致仕

陳淳（嘉靖寧波府志）字德溫鄞人景泰癸酉舉人知欽州時靈山民有死獄株連數百人會大暑獄户皆滿淳止繫當罪者數人餘皆出之守大怒淳引法力爭竟不能屈舊有義倉積穀二萬餘石積為豪強所侵患微理之歲遂大祲民賴以活撫按賢之以薦廬州知府會薦命未下而卒

盧璠（嘉靖寧波府志）字希玉鄞人成化己丑進士授刑科給事中疏罷淮揚貢賦十餘萬緡及西北勒市戰馬宿麥又劾巨璫田與梁誅等竊柄引用奸僧繼曉妖術因上事直声大振陞工科都給事以上疏忤旨廷杖逮獄出為長沙府通判陞真定府同知詰暴撫良能声籍籍當道上其治狀陞廣平府知府廣平

故牧馬地豪貴家數侵匿而妄徵于貧户瑞劾沈奸蠹盡反豪貴家侵地民田大起又興學勸士日進諸生于庭指授經義三輔之地蔚然比鄒魯焉

王愷（兩浙名賢録）字宗元定海人成化舉人授平原令俗多盜有李高夜經村寺被劫陳于縣愷收匿其事陰令收荳者和少熟荳其中夜過寺門復劫去乃令捕兵易服就寺僧貨荳中有熟者遂收捕不待訊而服自是盜賊屏迹後権要以非法相强愷曰令可去法不可撓遂致仕

章鋭（兩浙名賢録）字元進鄞人成化壬辰進士官刑部主事晋郎中剖析滞獄精于老吏出守鳳陽應詔陳言上鳳陽軍民利病及時政十八事多議行會旱蝗雩禱輙雨復奏捐税三之二陞湖廣參政錦田苗獞及當事者憚不行鋭獨蒙犯瘴癘深入平之竟感疾卒

孫紘（嘉靖寧波府志）字文冕鄞人成化戊戌進士授鎮江推官以廉明稱擢南監察御史南都有國戚横奪民田萬計紘悉稽收籍奪還民太監郭鏞祀後湖私渡[illegible]紘抗章劾罷之已而守備蔣琮冒奪民蘆洲侵後湖壖地為田紘復率諸御史共劾之坐謫廣德州判陞知州事務德教持大體不為煩苛威行豪强而良善者不知有官府尋卒于官

李文昭（嘉靖寧波府志）字誠之鄞人成化庚子舉人授淮安通判東海有富民殺人屢年不決文昭一訊即得其情沭陽田數萬頃故有河瀆堙高壖庳旱潦俱病文昭為疏導陂障民甚賴之遷南寧同知歷陞重慶知府況村土官黄文昌倡亂單車往諭降之以勞瘁卒

楊守隅（鄞縣志）字維德成化甲辰進士為兵部車駕司主事出按陝西馬政剗剔宿蠹歷陞江西左參政時逆瑾美稱有誣人不法事罪應籍没守隅獨憐其誣瑾怒奪職歸瑾誅詔起原職旬宣四川遂流賊藍老人麻六等剿撫蜀漢間勢甚猖獗守隅多方捍禦四川以寧尋陞廣西布政使致仕

王瑫（嘉靖寧波府志）字宗玉鄞人成化辛丑進士除臨邑令值歲游飢瑫白于監司不待報發粟以賑吏執不可瑫曰罪在令不在若也卒發之既而以艱去

免衆陞江南道御史尋陞長沙知府：有吉藩羣小横暴不法前守多被窘辱瑤至輒訊其巨魁白吉藩誅之羣小大戢儀賓史朝宗與藩閹積不相能而承奉朱宸濠有亂萌一夕暴卒衆閹遂誣史利其貲而毒殺之竟不能白瑤為白之

周津（天啟慈谿縣志）字文濟成化甲辰進士擢監察御史巨璫蔣琮欲納交治具蕭寺託同僚致之及門而覺即策馬返閹老郝滌嗾人訐冢宰王恕津劾以妨賢病國舉朝難之擢知九江以瑞州盗起直選強明廉幹者治之因徙知瑞州津至啓都御史林俊首用東漢聽盗相斬除罪法林從之盗果平

沈元（嘉靖寧波府志）字德元慈谿人成化甲辰進士知南陵縣值歲大祲元發帑藏勸富民出粟賑之民賴以安擢御史按治淮揚不瑣屑細務薦賢舉能去奸平獄人服其知大體出為湖廣僉事武昌故多大獄元按閲每至夜分假寐輙與務得其情人目之為一者皐陶

周旋（慈谿縣志）字克敬成化丁未進士除南户科給事轉北兵科時疆圉多故旋條陳方畧咸中時宜知州劉遜為宗藩搆陷一時言者皆繫獄旋上章申救得釋南旺湖久湮奏請復之出參廣藩平蘇孟凱之亂

金洪（嘉靖寧波府志）字惟深鄞人成化丁未進士授靖江知縣政令吴江吴江豪猾縱横賦役繁劇小民疲于奔命洪乃裁抑豪家剗革姦吏歲裁冗費銀米緡錢凡數十萬陞御史出按山東時青州賦重崇濟南賦輕楊叔嘯聚為患久而弗靖洪設法勸平之會逆瑾使人諷以進賂洪不為理瑾乃矯旨為民

王術（兩浙名賢録）字用仁慈谿人成化丁未進士授嘉定知縣吏事精敏縣故有積荒田千頃賦每責辦于里胥術招撫流移計口授田給牛種于是流民復業賦有所出治行考江南第一擢監察御史劾壽寧侯張鶴齡飲酒不敬權貴震懾奉命查盤兩廣以勞瘁卒于梧州

楊子器（寧波府志）字名父成化進士初令崑山盡毁淫祠撤其材以修學校及倉廪公館樓櫓又以餘材給太倉鎮海二衛修舉頹廢于馬鞍山麓創野鶴

新集諸生講學以憂去亮人即奉以祠之補常熟令直錢塘外郎以貲豪里中
悅隣人趙重陽之妻令其夫高于外逵與私又遣人詐為盜以殺之而以盜聞
子冒察其詐逮治殺之時亢旱是夕大雨一邑惟呼理考功主事倡五經會或
謂書司清廠不宜泛交遊謝曰吾不欲以仕廢學會營孝廟山陵聞中有水石
抗疏言之為証者所摘下獄臺省交章論救浮
免晋驗封員外郎以不附逆瑾出為湖廣參議

呂和（嘉波寧波府志）字克中鄞人弘治已未進士知臨淮縣百度維新丁憂歸服
闋改建平縣歷陞山東按察僉事有王尚書弟殺人當道莫敢誰何和致之
辟長清令劉儒內結權貴貪橫靡忌和痛繩之即誣和下詔獄久之始白臨清
衛指揮柏紹繼暴不法巡按屬和治之紹逃至京師匿權璫家和卒捕得之竟
治其罪遷陝西副使繕漢中寧羌諸
城立南鄭金州諸學民立祠祀之

陳璧（嘉靖寧波府志）字天瑞鄞人正德丁丑進士知滁州陞刑部員外郎時錢寧
悄齊佐親彬弟英俱坐死而巨璫奉命清審丈獄力欲出之璧直前爭曰佐
受廖堂萬金用鎮陝西陷人死無算英姦子婦因而殺死王長隨法不可縱二
人竟論死轉江西僉事獎廉斥墨風紀肅然先是布政梁宸坐附逆濠論死巡
按承當道意欲寬宸璧曰宸一省長吏乃署偽檄遍移各藩罪有
浮此者乎宸不果釋而當道浮銜之乃改調四川已又勤免官

陳文譽（嘉靖寧波府志）字德鄉慈谿人嘉靖癸未進士授刑部主事歷郎中審錄
江西多所平反大學士楊一清被誣下法司鞫治諸司難之文譽厲色曰
領事寶不寶耳何愛于楊公何畏于內府事竟得理出知鎮
江府杜請托輕徭役五年之內百姓晏然以忤當道免歸

袁載（廣東通志）字安道慈谿人舉進士歷知肇慶府節用愛民修學舉墜諸不急
之費一切蠲去惟恐為民病擢山東按察副使備兵臨清有中官入境暴橫
不法載足挫之入訴幾不免賴學士袁煒
睥調護乃解調廣東海南副使引疾歸

劉廷誥（天啓慈谿縣志）字汝欽嘉靖戊戌進士授開封司理閱十年冤獄擢守袁州時分宜市權僕隸恣甚廷誥收其桀者笞之同年生居要津諸宦地抵私第廷誥持不可並媒言者論之調南康晉福建副使歷四川按察使巫山盜五十人故盜從也鄷縣深文入之誥察其冤令縛盜自贖盡縱之往踰月果縛真盜至盡釋之人人羅拜曰劉公生我轉廣東布政使歲例貢珠驗珠時先私取其美者廷誥一無所取

項守禮（寧波府志）字進伯奉化人嘉靖甲辰進士授主事轉員外郎中擢濟南知府案牘紛繁判無停滯新泰飢發帑賑濟陞山西副使備兵井陘三關趙地固多劇騎憲府設牙兵名為選卒而貪潛自為盜守禮廉得其情引戮渠首選者服懾邊地以寧以内艱去任

張謙（慈谿縣志）字子受嘉靖壬戌進士授刑部主事會術士曹祖告建昌侯張延齡不法事下詔獄武定侯郭勛又訐延齡及曹郎應勛者以訐免謙毅然任勛中貴皆忌害論謙善治此獄否則禍且不測謙謝曰刑官治獄有三尺法在利害非所計也乃攜按延齡迄無反狀獄凡三上三得嚴譴竟不可奪僅坐刑延齡殺人罪謙杖三十謫揭陽典史歷陞南刑部郎出守大名奏循良第一遷廣西參政封七山羅旁猺賊規畫進兵斬獲殆盡晉按察使致仕

高萃（鄞縣志）字升伯萬曆甲戌進士官刑曹臨淮侯李宗城封倭事發獨身逃歸帝怒下詔獄大司馬石星本主封議欲嫁禍于宗城之督撫言督撫倡謊言阻封事草詰宗城曰汝罪當死若實言當生汝宗城因其言倭實不受封狀次日廷鞫宗城以實供遂下星獄及定宗城罪草以八議上從寬典出知肇慶府興利惠民置田贍士多著惇厚肇人肖像祀之

林可成（寧波府志）字弘志鄞人萬曆庚辰進士授太康令歲祲賑老弱收少壯者繕城給錢民忘其飢名為御史值南北游飢連疏請發臨德二倉及三關歲課兩院贖銀以賑皆下司農如其請他疏皆侃侃著直聲

葛文炳（寧波府志）字星垣鄞人萬曆戊子舉人授江西南城令宗藩攫民爭利文
炳進謁益王條陳其弊由是犯者尋先啓其罪而面決之民賴以安縣南
有烟文山二十七陂供民樵牧奸民借王府建塋名踞之文炳清界斷歸民立
石遵守又建水倉免輸充之艱時乘小竹輿徧歷阡陌察水利勸農桑創立社
學以興弦誦在邑六年
陞大理評事以疾歸

錢仲選（慈谿縣志）字仁仲萬曆戊子舉人選東平州學正丁艱起補東平令進父
老訪利弊正戶籍以均賦究官解以恤民捐俸建廠輸糧免軍廠有羨米
例歸諸官仲選正色曰此皆民膏血也悉叱之
即令常額外悉罷之後免歸貧甚不以介意

徐時進（鄞縣志）字見可萬曆乙未進士授南京工部主事遷郎中出守宣州府時採
榷使四出其璫尤横郡縣皆畏不敢抗時進獨不為禮璫亦憚其嚴斂跡
他往調荊州免沙市稅舟清宗祿諸籌罷革民門稅葺郵使折軌築長隄甓
龍陂判人德之丁艱起補惠州擢廣東副使監惠潮以方略擒盜海患悉平

馮若愚（慈谿縣志）字明甫萬曆丁未進士授工部主事審決江南有黙因閱通楮
者前後使者瞻顧莫敢決若愚至立論殺之直聲大振歷員外郎中出知
襄陽府先是礦璫四出楚璫陳奉尤驁横自開府武昌以原奏韋國賢充錦衣
開府樊城黨與分布發人塚墓或夜入民舍搜括私藏遇斗米亦稅之襄民洶
洶嘯聚成七寨若愚抵任歎曰變在頃刻不急為計安用太守為乃教諭徐中節
以計紿國賢出盡縛稅署爪牙而自草單騎擒國賢縛置郡獄諸黨與在他邑
者亦一時盡縛自襄至武昌皆傳太守神人七寨民亦散歸隴畝奉恚甚飛章
上變楚人邀其疏漢濱兩月不得達時稅使月有違章至是兩月無疏神宗疑
其使皆被殺因撤奉回已復詔盡撤各道稅使奉銜若愚不置嗾諸璫以事劾
齕之坐是久不遷乃投劾歸光宗登極起南光祿少卿遷太僕未幾以病歸

鄔鳴雷（寧波府志）字長孺奉化人萬曆甲辰進士授刑部主事後守建昌時益藩
諸郡役横甚鳴雷以法繩之不少貸郡故有太平橋稅向為狙猾豪右攬

侵鳴雷無浮之患置諸法時有溢穎即遞減免商民稱便尤加意造士置田
贍學擢湖廣副使有富人恃財殺人獄久不決至則立置諸法遠近稱快

國朝

謝于道（雲南名宦冊）字存義鄞人康熙癸丑進士由部郎任雲南提學僉事既擅
藻鑑尤以化導為先每試召諸生面教之繞座數百人請業請益于道手
批口答頃刻第其高下
士習文體一時丕變

徐勍（廣東名宦冊）鄞人由進士初任陝之三原令政通人和尋以母老告歸丁艱服
闋補順德令禁雜派免浮粮絕苞苴清保甲精讞獄涖任四年始終如一渝有
新會少年詣堂下曰既聘矣婦翁嫌吾貧不吾室也勍以越境辭少年以頭觸
柱血被面勍憐之繫少年若獲盜狀牒新會逮盜黨其翁至則曰吾壻也恨不
與婦故誣我勍曰壻固無良若持五十金同若女來吾為若絕之至則笑
曰吾十金壻不負矣獻而西郊趣令完聚其他決獄多類此還鄉卒

紹興府

漢

孟嘗（後漢書本傳）字伯周上虞人少修操行仕郡為戶曹史後策孝廉舉茂才拜
徐令州郡表其能遷合浦太守郡不產穀實而海出珠寶與交阯北境常通
商販貿糴粮食先時宰守並貪穢珠遂徙交阯郡界于是行旅不通人物無資
嘗到官革前弊求民病利未踰歲去珠復還百姓皆反其業商貨流通稱為神
明被徵當還吏民攀車請之嘗既不得進乃載鄉民船夜遁去隱處窮澤身自
耕傭桓帝時尚書楊喬薦嘗清行出俗能幹絕羣竟不見用年七十卒于家

宋

王綽

綽（范仲淹王綽墓表）字敦素會稽人大中祥符八年進士遷大理寺丞奏獄必持寬典全活甚衆改太常博士通判衢州々未有學綽始建學舍百楹金華郡守缺外臺假綽領之衢之父老遮于境謂要民曰我州一鑑何奪之爲有詔外臺乞還者舉拜殿中侍御史湖南蠻人亂攻劫郡縣朝廷以綽爲安撫至則察訪利病知前之主者立重賞以誅蠻人一級萬錢士卒貪之往々害撫人以爲功遂下令曰得賊首者必指其關地以爲質其可擒者當生致之自是無枉殺者居軍中凡十月招安三千人還侍御史充廣南東路轉運按察使時交趾有變廣州當交趾之衝無城守備綽議闢博爲城造大艦十數日習水戰以待其來彼不復動歲餘以疾求領小郡還知通州通人歲苦海潮綽作長隄以捍之復民田業量其肥瘠奏免五年至十年之租召權三司鹽鐵判官卒

齊廓

廓（宋史本傳）字公闢會稽人舉進士提點湖南路刑獄潭州鞫囚七人爲强盜當論死廓訊得其狀非强付州使劾正乃悉免死平陽縣自馬氏税民丁錢歲輸銀三萬八千兩民生子至壯不敢束髮廓奏蠲除之爲江淮西南轉運使時初無按察同時奉使者競爲苛刻邀声名獨廓奉法如平時人以爲長厚

杜衮

衮（司汲大潛光堂記）字伯積世居越之上虞以篤行著紹興末府帥湯岐公史魏公交薦于朝再命以官嘗尉崇安力變不舉子之俗治獄無一夫之冤遇大利害悉禆其長罷行之陰德不可勝計

俞亨宗

亨宗（寶慶會稽續志）字兼善山陰人隆興二年進士知漳州先是州以鹽抑民計口請給督促其直急于常賦亨宗首罷之又罷溪港津渡之稽聽民往來無禁及減去經總制錢額外苛取者歲罷緡錢合四萬四千

孫子秀

子秀（宋史本傳）字元實餘姚人紹定五年進士調吳縣主簿有妖人稱水仙太保子秀械其魁沈其人于太湖曰實汝水仙之名矣知金壇縣歲保伍經界結義役一切與民休息豪黠者有犯則痛懲不少貸通判慶元府主管浙東鹽事越州先是諸場鹽百袋附五袋名五釐鹽未幾提舉官以爲正數民困甚

子秀奏擬之遷金部郎以與丞相丁大全議不合去國開慶元年為浙西提舉常平莅提點刑獄擊貪舉廉風采凜然折獄為清度宗即位進太常少卿卒

元

王艮

（元史本傳）字止善諸暨人淮東宣慰司辟為令史以廉能稱又辟江浙行省掾史會朝廷復立諸市舶司艮詣省官至泉州建言若買舊有之船以付舶商則費省而工易集且可絕官吏侵欺掊克之弊中書省報如艮言凡為船六艘省官錢五十餘萬緡除兩浙都轉運鹽使司經歷紹興路總管王克敬以計口食鹽不便言于行省未報而克敬為轉運使集議欲稍損其額以紓民力沮之者以為有成籍不可改艮曰民實寡而强賦多民之錢今死徙已衆顧重改民籍而棄民命乎于是議歲減紹興食鹽五千六百引遷江浙行省檢校官有詔中書省訴松江富民包隱田土為粮一百七十餘萬石沙蕩為鈔五百餘萬緡中書移行省遣官驗視艮至松江條陳曲折以破其誣事遂寝後以淮東道宣慰副使致仕

明

沃璽

（河南通志）蕭山人洪武初知溫縣時民艱于食璽令墾闢荒蕪樹藝桑棗百姓歌曰田野闢沃公力衣食足沃公育比代去民遮道留之

葉砥

（萬曆上虞縣志）字履道洪武辛亥進士永樂初為考功郎中出知饒州府虛心延訪悉民利病而興除之郡故有鉛鐵銅冶而丁調不貳他郡砥奏減四分之一民困以甦

劉季篪

（獻徵錄）名韶以字行餘姚人洪武甲戌進士授行人使雲南四川朝鮮饋贐一無所受擢陝西左參政民有逋賦積歲不能輸有司峻刑督之季篪至慨然曰民困不能輸為之父母忍督責之耶乃下令緩其征民皆感德悉完所逋陝不產銅而歲有課額為奏罷之召為刑部侍郎治獄多平反永樂庚

寅坐失出人罪左遷工部主事卒

方自新（萬曆紹興府志）諸暨人洪武末以孝行舉擢石首令民負逋上官督責旁午自新憫之召官民諷諭先出俸為倡竟得米萬餘石為民代輸餘九百石糴為義廩自是荒歲有賑陞鄖陽守上津竹山二縣土瘠民貧科繇與壯縣埒自新為奏減租稅之半考績北上至龍江卒鄖陽人哀之如喪慈父

馮本清（獻徵錄）號介菴餘姚人以貢授監察御史永樂甲申春勅同錦衣衛刑科官撫蘇松常三府長洲有宿盜聚至數百人督兵擒之同事者欲際論大辟本清不可奏誅其首惡餘差為五等皆得不死按贓吏振士風善政尤著擢福建按察司僉事分巡漳泉兼理海道府歲輸鹽貨百萬而非其產本清請半折鈔以甦民力建寧大水溺者爭附槎木蔽川而下本清乃聯百艘為浮梁截流救之活數千百人會陳時政甚見嘉納宣德初改江西按察僉事卒

鈕完（萬曆紹興府志）字克修新昌人舉進士授刑部主事高庶人數逮捕株連無辜完為詳讞全活甚衆進員外郎出為廣西參議廣西猺獞雜處多瘴癘戍兵死者相藉完奏易以土人又建議營田于近地省轉輸之半景泰初轉湖廣參政會廣東盜起湖南大震完督餉捕盜境內賴以安尋進河南左布政使屬水旱相仍民多流殍完至發倉賑貸奏蠲夏稅民困稍蘇任方岳前後二十年皆有惠政朝廷遣大臣按行天下考察獨鈕完所治不復考

貝秉彝（獻徵錄）名恒以字行上虞人永樂甲申進士授湖廣鄖陽知縣：僻俗險前之名能治者率以威秉彝寬取之而導以禮義其民感化以憂去服闋改東阿邑當南北要衝過使往還供給不絕秉彝規措有方事具而民不擾邑西南有濼春夏水潦近濼之民恒廢耕秉彝相地闢渠納諸大清河渠成得沃壤數千畝旁邑流徙來歸者甚衆在官雖小物不棄凡營繕所餘廢鐵敗皮朽索故紙之類悉存之工暇令煮膠鑄釘搥紙紋章時之庫會車駕東幸敕使督建席殿所時悉濟急用而民不費有薦之者徵命已下縣耆老詣闕乞留從之九載考績上京時仁宗監國時陞秩俾復任民聞秉彝復來踊躍迎拜數十里

呂童（萬曆紹興府志）字邦用新昌人永樂中以貢知興化擢異節除宿契百廢具舉豪吏蘇李鄧信交通巨璫視令丞若僚佐童盡發其奸奏而磔諸市境內肅然日與民治濟洫修鄉校在任十三年始終若一日部餉東南竣事還縣以疾卒吏民號慟

徐士宗（豫章書）山陰人永樂中知貴溪縣、圮于水士宗夙夜經畫修治一新累年逋負奏折絹布田地坍決奏免稅糧歲飢捐俸倡賑民戴其德任滿老穉赴上司乞留加秩通判仍治縣事

呂昌（新昌縣志）字好隆舉進士授御史累遷江西按察副使中貴葉某鎮守橫甚其僕白晝殺人市中昌捕得論死會淮邸責民子錢甚急昌視其券久入息多者即焚之葉乃謾語激王、怒奏昌侵侮宗室事下御史按問御史素賢昌抗章訟之事乃白再遷陝西按察使值邊備方亟民困供輸昌累疏便宜十餘事上悉嘉納之陝俗伉壯巨俠司千戶賞雄一方怙勢殺人昌至鳴冤者數百人昌按其事有驗即逮繫之獄中于是直聲震中外

沈性（獻徵錄）字士彝會稽人景泰辛未進士授監察御史舉劾無所避天順丁丑方岳郡守員缺命公鄉舉賢能任之性得寧國府剗剔蠹弊一以惠利為本鄰境太平府歲倩宣城民夫五百空取白土為常役破產者十九性奏免之歲大侵撤發羨餘減價出糶以利民在寧國八年政為諸郡最

章瑄（萬曆紹興府志）字用輝會稽人景泰進士授職方主事出守山海關中貴魏瑩領神鎗使縱所部京校假冒試習侵閣事後府舍人王廷倚藉宮掖得營押戍卒恣為淫暴瑄並奏寘諸法御馬都監指揮段人壽有寵于英宗命使朝鮮而無閑符瑄持之不奉詔脫馳奏上震怒械繫闕下言官論救得釋遷車駕郎中進遼東行太僕寺少卿諸番貢馬入境多為閫帥所擅瑄請歲遣官閱所貢馬于各邊自是歲得良馬無莫建學以教列校子弟遼士始知禮義尋乞歸

周芳（獻徵錄）字廷桂山陰人景泰丙子舉人成化中授豐城知縣豐地大戶繁牒訴轇轕日以千計芳無所阿避兩造在廷察辭燭理是非立剖案無留牘龍

許洲在遠鄙與鄰境谿峒相攟肩為盜芳募民縛其渠魁民賴寧息凡商賈須令給繻為道里遠率入錢于令為堂食費歲可千緡芳捐以繕學及水利所需

王進（萬曆上虞縣志）字藎臣成化丙戌進士任大理評事轉寺副奉勅恤湖廣刑獄多所平反河間知府貴鍾納交中貴故殺無辜鄞州有獄連戚里者工皆命進往按悉置于法出知成都府歷山西布政使精明簡易以疾卒于官

祝瀚（兩浙名賢録）字惟容山陰人成化進士歷刑部郎中擢知南昌府郡當有會繁劇難治瀚廉明有威聽決無滯時逆濠勢漸熾戕民黷貨瀚屢裁抑之王府有鶴帶牌者縱于道民家犬噬之濠牒府欲抵罪瀚批牒曰鶴雖帶牒犬不識字禽獸相爭何與人事濠卒不能逞後竟以中傷謝事歸

俞振才　俞振英（萬曆紹興府志）振才字仲才新昌人成化進士拜御史論列不避權要巡按四川遷湖廣按察副使先是臬司內有淫祠惑人胥吏以下莫敢近振才至立命撤之弟振英字仲英以進士知安東一日浮淮流浮尸衣夾揚州市繒目振英曰是必有冤遂遣數人分市繒點察其色記相符者責買之一人得數繒歸與目無二索其舟果得餘練并所掠女子言亡官眷屬被害已十日矣盜二十餘眾皆伏辜歷遷尚寶司卿逆瑾擅權振英至京或謂曰曷謁劉司理爭書利必讒抑振英曰吾老矣不能俛首奄豎遂棄官歸

董復（萬曆紹興府志）字德初會稽人成化乙未進士授黟縣令寬徭賦捍水患郵孤之抑兼并奏最拜御史孝宗登極首疏斥貴倖數十人直聲大振以是為用事者所推出知雲南府其治一如在黟

章忱（兩浙名賢録）會稽人成化戊戌進士授臨城知縣悉心咨訪民所欲惡以次建罷達歲大飢民多流竄忱為招徠撫綏給種食免征徭民接踵來歸城北泜河出源泉忱率眾築堰引水灌苗又教桔槔以濟高阜邑自是有水利修學宮具祭器及諸壇壝館舍百廢具舉民或以訟至庭忱為開示曲直告以誠信

修睦之義民或自慚惕
引退後陞太僕寺丞

韓廉（献徵録）字守清餘姚人弘治丙辰進士授任縣知縣任士臨人瘠轉徙者半
廉加意拊循者刑節貫民相率歸附徵為廣東道御史正德初按福建風裁
凜然漳南盜肆侵掠督師勦平之逆瑾欲以變尊目功奪之禍福廉不為動乃
矯詔調高安縣又摘徵過違繫詔獄瑾誅事白遷潞州知州晉山東兵備副使

葛浩　葛木（萬曆上虞縣志）浩字天宏弘治丙辰進士令五湖考滿召拜南臺御
西以論逆瑾廷杖下獄黜為民瑾敗復官遷廣東左參政新寧盜起
時握兵者頗多殺戮獨浩有明要有紀獲盜必多方審驗不妄殺一人後官至南
京大理卿子木字仁甫正德丁丑進士歷刑部郎中知淮安府鎮以簡靜加意
撫字節冗虵禁富者不苦于役貧者得負鹽
以自活淮民戴如慈父遷山西參政卒于官

周祚（献徵録）字天保山陰人正德辛巳進士授東阿縣知縣邑號疲劇困于徵輸
祚調撫得宜民得安堵奸猾不敢犯父憂服闋補來安知縣一以治東阿者
治之徵拜兵科給
事中遷工科工卒

周如砥（兩浙名賢録）字允直餘姚人嘉靖己丑進士知瀏陽改婺源將太宰汪鋐
方柄銓家奴橫甚如砥一裁以法汪銜之移判武昌汪罷去始遷工部營
繕司主事歷郎中時九廟四郊慈慶慈寧諸大工繼起川湖巨材衙尾至數事
至明投入臺基山西二廠聽內豎取裁繕司唯唯而已如砥奮名工師索其總
冊令投木者悉以木置長安東西衙名諸匠如式裁用然
後進兩廠內豎竟一無所得後擢太僕寺少卿請告歸

郁清（紹興府志）字子揚山陰人嘉靖丁未進士司李保寧明于讞決陞南禮科給
事中疏言軍興費紛費有三冗內臣動以千計則官冗監局工匠歲費累萬
餘則食冗諸衛官軍伍缺糧存則兵冗上納其言下部覆勅成寧侯仇鸞怙寵
及藩梟之倖陞鄉貳者以是為時所忌出知福州府適海賊內犯民爭入城監

司欲阻之清謂民命至重遂入之擢貴州副使苗長楊珂據六洞叛清諭以利害乃自縛乞降既而王世麒宋廷武王阿利各據險以叛清策于大僚曰世麒兩世漏誅宜發兵進討未禍起于争襲阿利負固無能為撫之足矣巡撫如其言卒平衆苗遷湖廣參政增築辰州府城計安銅鼓衛及側議設五溪舟制遷陝西右布政使卒于官貧無以為斂

鄒學柱（紹興府志）字國材餘姚人隆慶戊辰進士授溧陽知縣巨姦呂祚等夙為民患學柱置之法縣田有官民二則官田賦重民患之學柱力為清丈編以一則官田賦斂則以勢家隱漏賦補之百年大患鞏于一日歷知歸德府平白蓮妖擒剿盜宋應科等遷江西副使理河南左布政使再補山西罷歸

周應中（會稽縣志）號寧宇隆慶辛未進士令元氏調繁真定疏滹沱河以通水利教民種稻北方水田自應中始會以事忤中貴瑒保調崇陽均徭役嚴清文勢家病之大計誣列不謹削籍家居二十餘年起補曲周令遷潞安兵備太宰王國光里居不法應中按以律其私人乃力擠之復論調又家居七年起任荊南道荊南臨長江漕舟時覆溺應中酌為幫運支收之法官民便之而為司理所中傷復論調遂抗疏乞歸年九十而卒

范可奇（會稽縣志）字士穎萬曆甲戌進士以刑曹出守黃州歲額輸絹民以土不蠶率轉貿旁郡可奇見官廨有桑令家人試之與吳越同于是課民種桑笞杖之贖以所種多少為差三年桑陰蔽野黃之有蠶自此始歲大祲遣漕舟至可奇喜曰吾得籍手起此濟中瘠矣故事漕于江者即黃受代以達京師可奇以為此去秋成三月莫若散之民間秋至而收之則滯漕舟不過三月耳力請于大吏報可及期償運之外復得羨米數千石儲以備荒陞廣西副使疾卒

諸大倫（西江志）號匀川餘姚人由兵科給事中謫知東鄉廉能仁愛民苦虐糧賠累大倫九請丈量田畝既平隱占悉清修黌舍建義學興廢舉墜

何繼高（山陰縣志）號泰寧萬曆癸未進士居西曹獄多平反時人謠曰執法不阿海與何海謂都御史瑞也出知衢輝調臨江歲大飢截粟平糶設粥以賑

復議免榷樹永平二鎮榷稅調知福州倭入朝鮮閩省大震與撫軍計移築福州城閩人至今賴焉遷長蘆運使立五綱冊核商生影定餘鹽夾帶例寬徒戍之罪增引額二十二萬增課一十七萬有奇又以義緡甃滄州城滄人德之遷江西右參政卒

戴高志（西江志）蕭山人萬曆中以刑部郎出知瑞州府實政愛民無勾攝之擾無留滯之獄高安苦兌運有賣產鬻妻子者高志與知縣田一甲議為官兌乃令糧簿先期排定船隻民運至舟官押赴省闔邑免累

蘇萬傑（施邦曜蘇萬傑傳）字伯邁餘姚人萬曆戊子舉人授寧海學諭歷遷鎮江同知理王店閘榷悉罷沿途通卒通河道而稅額自足外艱服闋補部武攝福寧州篆州故患盜萬傑至獲一賊察其可用釋而撫之使盡疏其黨散置各船給粮為兵遂帖然無他志尋督餉通州轉兵部員外出守大理牒報雲龍州民何天恩等為亂濟攻城時議洶洶萬傑特之以靜賊伏潰去擢廣西副使會請江王叔姪爭立不決擾及官民萬傑以情理析之十餘年懸案立定晉雲南右布政道聞土兇普名聲結聯交趾反乃請于督臣移檄交趾慰之以毋得助逆而自率車直詣普巢開布誠信普大悅服後反覆不常乃用間攜其黨兇內自殘殺逆終就撫有巨猾張國奉肖敝璫入滇横甚院司咸震懾萬傑獨言其偽曰吾恐其飽而颺去耳立逮之至一訊而服人以為神為忌者所中摘衣歸

王以寧（會稽縣志）字積甫萬曆戊戌進士知宜興縣時戚國魏國等多以賜田為名隱漏正供以寧覈畝清丈力請于上悉為起科以補貧民之稅又立社倉五所捐俸贖為倡儲米萬石陞監察御史按粵東先是粵東兵餉取給于墟鎮墟市雜稅市豪墨吏因緣為奸以寧具疏極言其害無名橫征一切報罷

倪元珙（紹興府志）字賦汝上虞人天啓壬戌進士以祁門令調歙時逆璫私人布中外奸民承之歙吳榮以僕訐其主吳養春久擅黃山利達部曹呂下問東傳籍其家下問為璫私人隸役恣暴民一夕鼓譟碎館門下問踰垣走民相結聚幾召變元珙單騎慰諭乃定下問怒無所洩歸獄邑令璫復遣人馳歙督

治甚急元珙據法爭之會逆璫伏誅乃以考最為御史首疏黃山一獄以正諸奸罪出按江西攝理兵事平粵寇督學吳中時有指復社為不軌若朝廷褒恕欲創之元珙言諸士修名矜行無亂蹟禍臣以為黨謫光祿寺錄事後遷行人副歸里病卒

國朝

陸元機（廣東名宦冊）山陰人順治三年粵初定以元機行廣州知府事開誠布公遐邇向化丁亥失獄犯陣知府總督佟養甲疑其故縱欲以軍法罪之百姓蜂擁歸泣爭乞代死籍其貲止數金遂復其官

姜希轍（紹興府志）字二濱餘姚人明崇禎壬午舉人順治初補溫州教授攝縣事以民兵破海寇理元城知縣鄰郡饑流民媢至時逃人令嚴無敢收者希轍悉留之令墾荒地受傭得食全活以萬計卓異擢戶科給事中疏陳侃侃切時政理奉天府丞乞養歸服闋不起

余縉（公舉事實）字仲紳諸暨人順治壬辰進士授河南封邱知縣時邑甫遭流寇蹂躪之後民多轉徙縉加意撫恤闢汙萊革耗羨省徭役招流亡民始復業令封六載熟悉兩河形勢建議引支河以分水勢築遥堤以衛民居均徭夫以防潰溢清灘地以業窮民禁採青以杜斂授擢御史巡河南山西二道巡視長蘆鹽課嚴禁私販酌通融代銷之法寬老幼負擔之禁商民德之

何嘉祐（鄉賢留祀冊）字子受山陰人順治甲午選拔丁酉副榜知江西奉新縣民多逋賦嘉祐區畫有方不事鞭扑浹歲間宿逋為清民健訟申誡嚴禁刁風以息擢戶部廣東司主事尋監寶泉局歷江西司員外郎榷關蕪湖郡陋規禁需索陞山西司郎中以薦改授御史所論列多報可巡鹽河東力疾冒暑行值鹽池水漲禱于神一夕水退數尺人謂忠誠所感

魯超（廣東名宦册）號謙菴會稽人守松江有善政後為惠潮道陞廣西按察司擢廣東布政使前後在粵凡七載潮舊有絕戶虚丁久為民累超除豁三千餘戶康熙甲戌水涨超晝夜督民築限至今名魯公限丁丑歲飢守令議發積貯平糶未敢擅動超力任之未幾果報可泊進粵藩益厲清操胥珠江義學延宿儒以教士粵東兵餉例閒用錢遂錢滯兵苦虧折殆市民物民復苦之超請全給白金兵民均便卒于官

台州府

宋

羅適（赤城新志）字正之寧海人治平三年進士為江東令凡民有訟曲直徑決于前不以属吏黎明視事入夜猶不已居數月教化大行訟者益少乃出行郊野所過名具耆老問以疾苦及所願欲而不得者為罷行之嘗有書與蘇文忠公論水利凡興復者五十有五溉田六千餘頃歲或乾溢禱率祠禱應如響

鄭霖（台州府志）字景説寧海人紹定進士除南安教授樞密院編修出知贛州後移安慶兼淮浙提刑權知平江十年之間靖直與之盜釋久繫之囚撥戶部芻契以給流寓者添差總管以紓邦計修築吕城疏濬練湖公私便益人蒙惠愛後以將作監禮部郎官召不就卒年七十二贈龍圖閣直學士

杜濬（黄巖縣志）字淵卿丞相範之子以司直陛對直言時事出知汀州罷諸邑月解糧數十萬代輸版戶積逋人以為不愧家風云

李由（西江志）字民載台州人知玉山縣不受請託決訟明果終日坐廳事重門洞闢上下之情無不通者

王旬（黄巖縣志）字伯俊居安從子景定中為桂陽判官時邑宜吾聾桂陽無城州守棄官走匿山中軍民警擾旬檄知守匿所夜半匹馬追及之力挽守出視事衆乃定已復設立木城修戎器泣諭衆曰若勉難巨測吾決當與爾共艱兇闢有偽逆適人謂其有居安之風

元

周仔肩（臨海縣志）字本道，延祐五年進士，授鄞縣丞，遇事立斷，剖決如流，特徭役繁興，仔肩為立義役以便民，轉長興判官，剔蠹辨冤，郵災賑困，百姓感德

許廣大（成化四明郡志）字共瞻，天台人，登進士第，授慶元路昌國州判官，再授武義縣尹，俱以廉能聞。至正九年，調知鄞縣，平畫役，嚴程限，有事不遣吏卒，惟親署一帖，俾相傳遞，民無不如約者，有訟訴必親析，吏莫能售其奸

明

方克勤（宋濂方克勤墓碑）字去矜，寧海人。洪武二年詔立郡縣學，以訓導辟，克勤起應命。四年，徵上京師，特命知濟寧府事。至官，日引耆耋詢以得失，屬縣之內社各立學，學凡數百區，學子贄錯者二千人。始有詔民闢廢田者閱三載乃稅，吏徵近功，不俟期斂之，復以田定其科繇，民益惰，田不增闢。克勤與民約，列丁產為上中下三等，等復析為三，每有徵發，視為則，吏不敢為奸。其為政不喜近名，曰：「近名必立威，立威必至害人，吾不忍為也。」府庭間不陳枷械革鞭。嘗揭閭示不妄罰。八年秋，知曹縣事程貢嘗以不職被笞，心銜之，上封事言狀，誣克勤用倉中炭葦，克勤不與辯，遂就逮，役于京師。子孝孺

鄭士原（台州府志）字孝仁，寧海人。洪武初，陞懷慶同知。兵後民著籍僅三萬家，士原招來安集，平賦役，簡逋逮，越三年，流逋四歸，田野墾闢，戶稅增十倍。河南諸衛軍糧月給鹽十之三，各府役車夫赴河東鹽司輦致，民困于道路。士原牒懷慶等衛，俾軍自輦，衛挾重臣勢，令役民如各府，士原持不可，曰：「吾郡民寡而事煩，與各府異，使月為軍運鹽，則父老子弟接踵河東之塗，猶不給也，其何以為生？且設軍以衛民，奈何役民以奉驕卒。」衛不能屈，陞湖廣按察司僉事，先是荊襄之卒，事亂多掠民女為妻妾，或齎為奴，部使者畏武臣，莫能究，士原至民拜馬首，號訴立名。諸衛軍俾還所掠于民，士原精練果敢，操持勁正，吏畏其

台州

歲而強有力者[闕]風亦莫敢犯數千里間貪猾屏息會新刑安陸死囚有稱冤者
時獄已上士原竟成案視之語果不同因上其冤狀御史怒其沮格銜之既而
宣印事起逮繫懷慶吏誣及之士原
辨不勝自誣服輸作江浦卒于京師

李存仁（黃巖縣志）永樂間以賢良薦授沛縣知縣尋更新喻初抵任佯為不諳事
者體扶逾月閭里姦頑悉知之一時豪右擒抑殆盡境內不治民有慢令
者拘其母以之不出既而執其妻即出判曰慢令罪
小不孝罪大杖殺之其不順鞫責而事就理皆此類

陳員韜（台州府志）字從熙臨海人宣德庚戌進士授江西新城令斥姦吏核富室
詭匿之籍賦役以平毁淫祠二十餘所奏復廢寺田之據于豪右者七千
餘畝以給貧民聽訟明決鄰邑有不平者亦求直焉流民聞風咸復故業先是
新城充力士者十餘人例止其身後謫守善安主將私為己役勾攝及其子孫
員韜奏其事與他郡覆免者六百餘家改知永新奸猾逐遁擢監察御史巡按
四川辨釋諸司死獄四十餘人綿州大小姓搆人讐殺為患員韜諭以禍福皆
悅服會福建沙尤盜起特簡鎮撫其民王師至建寧主將惟日坐城中飲燕有
司爭風徼求甚急員韜至正有司罪狀逮自擲數十騎直下延平諜戰守人心
始安後帝陽侵大舉而下將盡殲之員韜參決其間活脅從者二萬七千餘家
平反疑獄得不死者五十餘人陞廣東左參政轉右布政使豪僧時言者借民
田官不敢問下車即斷以
法會勦潯寇遘疾不起

謝省（台州府志）字世修太平人景泰甲戌進士授南車駕主事轉武選遷寶慶知
府至則條民隱十四事請于上官次第行之春秋時行郊野賑飢窮教耕織
斥淫祠以建社學會計儲積可支五年乃撮朱文公家禮作十勿詩俾民誦習
之不率者一載以法境內肅然會岷府奏欲徙建宮建事下有司議者執不可
已而巡撫力主其議乃乞補教職連乞
養病俱不許三載考績至中途告歸

王弼（台州府志）字存敬黃巖人成化乙未進士知溧水縣溧有湖田久棄弼督修往數即上議歸其田出守興化信歸令節夫授表孝義請行鄉射禮以八條約教民民翕然化之漳寇起藩鎮議徵丁壯于莆且脅以軍机弼曰莆乃寇所目入丁壯去郡誰與守且郡失則萬民死軍机失死止一身耳竟沮其議無何疾卒民為留衣冠葬之

龐泮（獻徵錄）字原化天台人成化甲辰進士授工科給事中遷刑科在諫司以扶植善類沮格倖進每疏入多報可陞河南右布政駕帖取洛陽牡丹疏請罷之司禮太監李榮索古銅鏡器物泮曰物非土產官取之民民無以應則累及塚墓卒不與轉廣西思恩土官有謀為叛者先發以制之其見成績以病歸

蔣顒（台州府志）字思誠臨海人成化丁未進士授南刑部主事陞本部員外轉湖廣僉事分巡武昌吉府儀賓殺人冀以賂免顒立抵以法值鎮守閹張扑為劉瑾腹心有衛指揮張青索軍人財不遂因死其父又蘄州衛指揮王欽以貢綠毛龜取部下二百餘金顒廉實均置之法二指揮賂扑為請顒不為徇扑大怒奏白之瑾瑾誣當道媢嫉罷官瑾罷晋階三級致仕

張成德（仙居縣志）名濬以字行成化六年以貢除蜀南充令邑人好訟有同懷兄弟相訐勿休進而問之曰若等聽舉子爭曰然頗多舉爭曰然曰若父之頡猶是也今日若子兄弟異日若子子兄弟亦猶是也二人憮然愧悔後竟以友愛聞嘗創諭俗亭作戒三篇月朔令父老申諭之又創五經書院延名宿為子弟師捐俸資其費陞通判饒州百姓遮道泣送者以萬計無何謝病歸

張儉（台州府志）字存禮仙居人正德甲戌進士除工部主事改南刑部員外世宗議大禮儉抗疏爭且面斥桂萼廷杖者再出為江西僉事豐城水溢親視築堤以禦患民呼張公堤調福建建寧道建寧兩衛屯田半無糧儉由辨照軍攤賠不敷漸派幼丁屯旗不堪命舉子不敢育儉又覆請觸報可歡聲袤里巷陞

四川副使，會銅梁盜熾，僉親援枹鼓勒平之，陞福建參政。持法廉平，有一張八閩安之謠。無何致仕歸。

汪憲（舊浙江通志）字尚鑑，黄巖人。領鄉薦，任新淦教諭，陞將樂知縣。未豪强立社學，處無私謁，獄無繫囚。有流賊將犯境，憲披甲身禦之，賊畏遁去。百姓製銀甲以謝，却不受，命貯之庫，至今名為汪公甲。陞寧州知州，未至而宸濠變作，憲冒險而進，贊都御史王守仁平大憝。未幾，引疾歸。

潘穎（舊浙江通志）字叔愚，寧海人。嘉靖癸未進士，出宰豐城，棄牘山積，一日剖決堂下，無稽究者。修學濬河，剔奸鋤蠹，頌聲載道。陞南京豬熟司主事，兼攝四司，黜陟惟允，超擢郎中。未幾卒。

葉良佩（台州府志）字敬之，太平人。嘉靖癸未進士，授新城令，改貴溪。時權璫督造真人府，怙勢橫斂，良佩一繩以法，率斂蹟不敢肆。棄牘叢委，談笑而立決之，廷無留獄。擢南京刑部主事。有富閹當論死者，夜餽二百金，良佩拒之，竟抵于法。再轉為河南司郎中，任久法益精，諸司有紛訟難解者，咸咨良佩而行。

鄭特（舊浙江通志）字汝湙，黄巖人。領鄉薦，知崇明縣。崇居環海中，民以魚鹽為計，蘆洲為產。故事，魚鹽船戶皆有常例，動以千緡計，蘆洲則聽勢豪兼併。特至，首除常例，而歸蘆洲于編戶。勢豪譖之御史，被劾，送部調用。廷論冤之，改調大縣，以疾卒。喪歸，抵姑蘇，崇民無老少咸號泣以送。

陸州（分省人物考）字汝行，寧海人。嘉靖甲辰進士，以刑部郎出守常德。先是，藩書請郭西濱江地，租而併稅艤艘之泊埠者。久之，中官愈益橫索，或闌及經行艤艘，商人苦之。州廉知非例，下令禁治，中官相戒斂跡。郡受沅靖五溪諸水，舊築土隄捍之，春夏水暴，土蝕則兩崖之間不辨牛馬。州請易土以石，募民纍礪甃，全為長隄，百五十步，高四仞，廣半之，涝至始不為災。他如均傳費，奬士類，屢賑恤，每事必為之區畫，期于奉法循理。尋擢九江兵備副使。

王鈐（黄巖縣志）字子才，嘉靖丁未進士，授宜興知縣。邑巨賦繁，鈐至，汰冗費，闢荒穢，緩徵科，民咸德之。以峭直忤當道，調知將樂。至則揭五事以自矢，行之一

如其言急教化建鄉校修龜山書院皆有關治體之大者丁外艱服闋補成安歷陞山東按察僉事引疾歸

蔣承勳（臨海縣志）字經之萬曆丙子舉人授教諭陞東流令首除供具以甦里甲滄習符咒立斃死人利其貲戮四命而奪之有遺腹孫幸寄他姓獲全冤久未雪來赴懇承勳戒勿泄越日集丁壯托他行往至滄家備得符詛狀驗實坐辟悉還其貲陞黃州府同知黃郡帆艘鱗集艇僧出沒承勳下車清軍役盤獲巨盜招中棄市一境肅然荊府宗藩驕縱凌民巨璫李忠奉旨謁陵虐用民夫忠折以理不為屈治績為三楚冠轉蜀藩長史致政歸

全學先（舊浙江通志）字吉所太平人萬曆辛卯舉人授曲江知縣值歲侵請于巡撫奏蠲稅粮復復官帑賑之所活數千家部郡悉通諸洞互市交關者稍忤其意輒羣譟殺掠學先内嚴守禦外布恩信猺人戒不犯境為粵東清廉第一遷江西瑞州府治中方七閲月告歸

王萬祚（台州府志）字君錫臨海人萬曆乙未進士釋褐當塗令甫至先問大姓主名為積害者得若干人悉法治之諸豪屏息革羨耗嚴保甲政声大著父憂服闋補汝陽值邑災單車問民疾苦為請緩歲徵民感激急以額賦早足擢南福建道御史彈劾不避權貴奉差下江貪墨吏望風避去所糾皆大僚大奸而纖屑猥細者置不問差甫竣而逝

周頌（台州府志）字仲美臨海人萬曆庚戌進士授工部主事陞員外郎中出為武昌太守武昌省會殷繁宗藩驕恣虐民最稱難治頌至申明禁約裁折以理咸帖然無敢譁舉卓異擢按察司副使分巡常鎮道會逆璫魏忠賢遣緹騎逮前都御史高攀龍高赴水死又逮吏部主事周順昌義民顏佩韋等公憤叢毆緹騎立斃一人吳下嘂沸逆璫矯旨捕高子世儒頌解生啟譯諸生以漏旨抹連林下縉紳鄉嘉生等拶醻不測頌詣而墨經言莫為錯輯撫軍毛某難之頌

出疏草袖中謂如是似當免咎毛閲之内云方順昌奉旨被逮府縣爲促閲讀而官祈不應留連需滯訂期十八日致生逮逼之心此変之所由肇等語因相頓首首曰如若草擊龍已死其子當亦見原不獨可全活諸紳士于順昌一案亦易了也遂如其稿以上得旨止置顏佩撝等五人于法餘一無所問嗣瑞僅知其事罷官歸崇禎改元起補湖廣布政司參政分守荆南道感疾卒

任大治（寧海縣志）字天鄉萬曆己未進士授無錫知縣歷陞刑部郎中黄時預宗孟以觸魏璫下刑部勘大治即謝病司寇入卧内强起之答曰天日在上詎可附會予頭可斷舌不可轉也越月出知盧州閭民疾苦敎屬士習二州六邑之長咸聞風振飭以病卒于任

牟賢（舊浙江通志）號拔菴黄巖人崇禎甲戌進士授廣州司李俗頗譸張刑書紛于有會滯獄者不下千人賢疏其案牘以慈佐明旬日囹圄爲空龍門民殺逮其長吏賢單騎詣鐵岡三峒爲指陳善後計龍民拜服行取吏部文選主事後歸里三十年足不至城府

金華府

宋

王師愈（萬曆金華府志）字與正金華人紹興戊辰進士乾道中除金部郎官名見言事御札俾條奏書稱其有肆官才尚書楊倓陰附執政欲督諸郡積逋以償内府銀師愈以爲罔上擾民持不可罷知饒州後附浙江提點刑獄焉祠卒其爲政仁恕而綱目整齊所至賑荒裕民懾驕安攜妖賊皆卓卓可傳

潘燾（金華先民傳）字無愧蘭谿人以祖任補官仕至廣南東路經略安撫使具推知郢州日朱子安撫湖南與周必大聯章薦其以問學持身以文雅飭吏政先教化因圄屢空雅湖北捺兇犯逮而處置得宜民用安堵其爲大賢所稱如此

石範（浦陽人物記）字宗鄉，浦江人。紹熙元年進士，調奉化尉。歲飢，貧民將為變，範踪之，不誅一夫而定。遷知婺源縣。縣有月椿錢二萬，皆取之民，範請蠲其十之二。俄權通判袁州。峒獠再出，袁當其衝，範攝州事，練軍旅，廣儲蓄，博訪守禦之策，峒獠不敢近。轉通判泉州，卒。

潘時（萬曆金華府志）字德鄰，金華人。以仲父良貴任為登仕郎，歷知廣州、潭州，再遷尚書左司郎中。其治郡先教化，務施舍，至典方面，養威持重，務存大體。有所張弛，必先究其利害本末，然後出令。嘗自謂：吾之為治，主于寬而不使有寬之名，輔以嚴而不使有嚴之迹。惟其綱維總攝，而脈絡流通，是以坐走羣吏，而我常無為也。當時稱精吏道者，無能出其右。

李大有（金華先民傳）字謙仲，東陽人。慶元二年進士，累官通州通判。民田歲苦旱，大有相地勢，鑿五狼山石巖，引江水入河以溉之，自是歲大稔，而商船亦竟達城下，為通州無窮之利。攝郡事，吏持案白事例錢合自支送，大有判曰：有例可送，無法可支。志部之改太常寺博士，卒于官。

康植（王褘康植傳）字子厚，義烏人。嘉定七年進士，授奉化縣主簿，歷遷國子正，改通直郎，輪道言事，抗直忤喬丞相行簡意，差通判廣德軍。激荒有法，陞知本軍，以治最聞。除浙西提點刑獄，劾奏平江守臣史宅之治郡無狀。宅之兄嵩之時為丞相，并連及之。既入，理宗怒，欲重罪之，知樞密院杜範為之極諫，乃徙宅之隆興，而植提刑福建，改知寧國府，兼權江南東路提舉茶鹽、義倉。奏免和糴，行經界法。除都官郎中，出知吉州，改福建路轉運判官，兼攝建寧府。賑水災，擢監變政惠大孚，赴闕奏事，卒于建溪驛。

樓大年（宋濂樓大年傳）字元齡，義烏人。從徐僑遊。僑，朱熹弟子，故大年長于性命之學。登嘉定癸未進士，知隆興府南昌縣，為治先教化，建利去病，若嗜欲然。遷奉議郎，通判吉州。提點刑獄李迪以大年廉慎，命錄一道滯囚，大年隨重輕疏裁之，抱成案就迪言，咸聽。未幾，攝郡事。江東大姓查氏以父遺書擇知弟婺州資產幾六十萬，弟長訴之州縣，歷二十年不解。吏曰非清白吏如大年不足究此。以事下大年，舉張詠決子壻爭財事為例，人以為允。歲終，吏以公帑錢粟羨餘來白，曰此公券內物，前官具有例。大年斥之，以充軍餉。歷朝奉郎。初理宗降詔訓廉、謹刑二詔，大年因摭古之可法戒者二百事疏之，號銘心偈錄，藏于家。

許子良

（宋濂許子良傳）字肖說，東陽人。嘉熙戊戌進士，用宰相喬行簡薦，監鎮江西酒庫。前此贏羨率自入，子良不納，以歸公家。遷知晉陵縣。版籍紛亂，官賦多放失，子良為稽逃亡，考隱漏，偕科定賦，條序粲然。改宣教郎，知都昌縣。庫藏赤立，子良節縮浮冗，兩年之間供輸有餘。轉承議郎，差幹辦行在諸司糧料院。有旨俾閱滯獄八十餘，子良為結案一一斷之，雖累歲不引決者，一旦曲直皆白。進太學博士，請外，出知台州，節縮如都昌。凡與例所直得者亦謝去。居半歲，郡計裕如。敘朝散郎，卒。

元

蘇友龍

（宋濂蘇友龍墓誌）字伯夔，其先居眉州，文定公轍之子遲知婺州，因家金華，遂為金華人。以才推擇，充府史。趙郡蘇天爵來參江浙省政，挽之入省。蘄州紅巾猝亂，陷於潛、昌化，犯杭州，省臣皆遁。參政樊執敬以死自誓，友龍說與曰：城中兵不下數十萬，公庫金帛以萬計，與其委諸盜賊，曷若募民使戰。樊不從，迎戰而死。友龍與掾李樞謀，以蘇李署號召民殺賊，一首受錢二百五十緡，民持刀爭奮，斬馘充庭。未幾，韓章復杭州。友龍緘口不言功，考滿，擢蕭山縣尹。蕭山民詭名匿田，賦科繁不能均一，友龍令其自實田，輯為冊書，有徵發，視書重輕之。兵興以來，縣糧輸衢處二州，民憚遠征，往往屬吏，吏並緣為奸，糧不時集，主運者率罪，恒坐貲。友龍釋之，而坐吏期月。歲凶，且為立法，每鄉置督運一人，從民以糧赴江濱驗粮多寡賦錢，僦舟以行，民便之。會歲儉，弛湘湖之禁以利民。不足，啓常平倉以活饑者。僚屬沮之，友龍曰：發天子粟活天子民，有何不可。儻有遣責，吾自任之。民賴以生。改本路總管府經歷，行樞密院照磨。張士誠據

姑蘇請為幕官恥之不就陛行省左右司都事石抹宜孫分省于處以討賊
自任請友龍與劉基同事勸其禮賢下士撫流亡招羣盜從之衆心翕然

申

佑（王禕申佑墓誌）字君佑金華人天曆初用浙史舉署餘干州儒學教授修學宮
養士頗翕有声譽調平江路録事判官達歲大侵白大府頒以勸分為己任
諭巨室移粟他郡食餓人全活者衆奸人羅甲收良家女百十人抑使為倡因
交結權貴邀納貨賂佑廉得奸狀即白發之坐甲重罪還倡女良家還德興縣
主簿縣西五里有溪控驛道其流湍悍涉者病之佑相其宜為浮橋以鐵絙比
舟上駕板度用濟不通仍買田予守橋者俾以歲入為繕修之資民便之、

明

吳

履（宋濂吳履傳）字德基蘭溪人元季教授鄉里名動一時國朝取要舉為南康
丞南康俗悍德基以寬化之視民如子民有訴召使前與語常加咄以民或
援丞語相爾汝常責也有徵調召其大姓坐廡下好言語之聽人人自說便否
由是民愛丞如父而吏卒不能為奸去知長沙之安化其土豪多糾民為兵既
盡降萬夫長易從原獨恃驍勇與麾下數十人逼入山谷保險自固郡邑患苦
之江陰侯吳良承詔求餘寇兵且集召履計事履曰易民未有叛狀奈何激之
使生變乎不若先以計致之衆又用兵未晚也侯曰令之言然矣止不發既而
盡致其麾下惟從原一人度兵挾孫詣軍門請見達縛送京師民安堵無援擢
知萊之濰州山東民頒以羊牛代秋税官送其言履與民計羊牛有死瘠患不
如納粟便獨收民粟他縣牛羊送陝西民驅走二千里皆破家郡以濰獨完令
役千人部送鄰縣牛履曰有牛家送牛羅苦不怨使人代之脫道中牛死誰當
代償耶力爭不奉命履為吏以愛民為先當有追需于民不務速辦稍緩期約
故物價不湧民視他所費恆減十二三所至民樂其
簡易居二年會改濰為縣召還至京師遂謝事歸

鄭

湜（方孝孺鄭湜墓表）字仲持金華人洪武十四年奸人誣告其家以交通戚臣
事甚危而湜兄濂先以事在京師吏逮捕急湜自詣吏請行至京濂曰吾家

長當任其罪湜曰兄年耄弟當任其責二人相爭入獄太祖聞而赦之拜湜為福建布政司參議吏民熟其家声相戒弗犯南靖盜民為亂註誤者數千百人部曲多掠其婦女為奴湜言于諸將縱遣去兵不敢譁剌盜殺人在獄驗屍無有不肯承湜夜取盜鞫訊因縛置于庭匿吏案下俾聽其語夜半盜頓庭室無人畀私語始知其沉屍井中明日詰盜以沉屍處盜驚伏閩人神其政後以疾卒

何士英（全華先民傳）字子文東陽人永樂初知平涼府編派相慶以為得慈父母會主者較郡吏務數千石士民方自効民爭輸之如數考滿陞兩淮鹽運使先是民苦部差督盜課者所至苛擾及歲課孳生馬駒賠納不及士英一切奏罷之後致仕歸

濤瑋（全華先民傳）字粟夫全華人由進士任工部主事監稅荆南有氷櫱声陞四川提學僉事作興士類尚書周洪謨謂全蜀之士仰之若山斗愛之若父母

謝忱（全華先民傳）字惟壽永康人永樂壬辰進士授監察御史遇事敢言出為延按諮奸慝暴無所假借人稱謝閻王陞四川按察司僉事歲歉民多抵法忱惻之為求可生之道遴地方多虎患示以得虎皮三者免一命人爭捕之于是虎患息而民命以全卒于官歸葬之日行李蕭然

趙年（萬曆金華府志）字有年蘭谿人成化乙未進士授行人屢奉命行祀事于諸王府凡餽遺一無所受在陝西值歲大歉減廩餼為藩臬諸臣倡以賑民飢陞工部營繕司員外監本部廠宿弊除革殆盡中貴悍之差監蕪湖木稅歲積羨餘且萬金悉歸之公帑代還管理五城九門事執法嚴正不可犯人目之為趙鐵面轉都水司郎中遴中貴有希旨于衢州府織造金龍緞者業已成年閣之即抗疏極言不可上允其奏自是中貴伺其闕失冀可得誣以響所隶焉多索價值竟坐除名

謝愷（萬曆金華府志）字舜鄉義烏人由歲貢任敘州府推官操履清介訊鞫明允弘治戊申蜀大歉奉勅賑恤多所全活時盜賊船横愷招徠安集民大感悅

撫按交薦于朝命方下以勞卒于官

祝珝（金華府志）字珍卿蘭谿人嘉靖壬午舉人授羅田令縣界萬山中民習獷悍有大猾根株盤固珝廉知其獄磔于市屬羣盜起白晝剽掠珝密緝為內應者十餘輩移檄諸路兵選精銳直搗其巢百餘年盤踞之寇一旦盡殲郡賴以寧他郡滯獄皆願就羅田請平擢刑部員外郎尋乞歸

唐汝承（金華府志）字伯飛蘭谿人嘉靖壬午舉人授應天府通判郡多豪貴隱漏侵匿汝承發摘如神署篆溧陽有兄弟爭產互訐導以義感而相讓調順天通判霸州盜發奉旨署兵道事勦撫有功擢常州同知視府篆值旱蝗禱嘉山雨隨注又先期賑濟多所全活

馮亮（獻徵錄）字執夫金華人嘉靖壬辰進士令潤之丹徒吳中諸郡邑素苦白糧解役會歲大侵而役不蠲亮力請于部使者以贖鍰代輸故鄰郡流徙載道而潤安堵如故擢兵科給事中尋陞河南參政歲侵極意賑恤捐俸為郡邑倡全活無筭尋擢四川按察使按貪墨吏無所假貸尤加意獄事日夕手爰書至達曙無寢遂以此得疾再請始得歸行至夔州而歿夔守為斂其橐中裝僅餘羨俸數金而已

陸鳳儀（金華府志）字舜卿蘭谿人嘉靖丙辰進士任餘干縣請謁不行除火耗絕餽遺歲侵賑飢全活甚衆遇湖盜嘯聚布誠曉諭盜各解散擢南垣抗疏不避以忤當道罷歸

胡僖（舊浙江通志）字伯安蘭谿人嘉靖己未進士授刑部主事進儀制司郎中會諸王襲封沈王子欲得郡王封僖以制不合持不可王子以數萬金賄大璫互相媾誘僖不為動璫乃授指吏部出僖為湖廣參議楚比歲大水僖廣浮虛稅蠲額十之四民感悅陞雲南副使巡滇四載桁揚不設囹圄若洗深山窮谷聞胡使君名輒呼佛子後以忤權要拂衣歸里

徐用檢（舊浙江通志）號魯源，蘭谿人。嘉靖壬戌進士，授刑部主事，調禮部儀制司。疏請上親行郊祀，又請太子及期出閣讀書。出補山東臬副，轉蘇松參政。吳江災民喧擁軍門，中丞欲繩以法，用檢進曰：人有急則呼天呼父母，此嗷嗷者是也。竟從寬釋。丁內艱，服闋，補福建兵備，陞廣東按察使。暹羅、占城等國航海商舶且近萬，用檢設法防之，患遂弭。遷河南布政，歲羨耗以給宗室，買學田以贍貧士。陞太常寺卿。

王嘉忠（金華府志）號全吾，東陽人。萬曆丙子舉人，署吳興教諭，改澄海知縣。浚山川，築石梁，民利賴焉。俗例上元十九日男婦跨彩橋，禮橋（倖）諸惡少豔飾誑浪，嘉忠毀橋，懲其首事者，著為令。以薦授評事，出知興化，取軍民利病榜陳之。巨豪彭其以貲橫鄉邑，嘉忠廉得其實，立斃于市。尋陞兵蒼梧，凡有不便于民者，悉為除去。文網疏畧，而貪墨吏不少縱，以忤上官歸。

趙賢意（金華府志）字伯順，東陽人。萬曆乙未進士，理刑邵武。邵故稱劇郡，宿棄山積，剖決如流，平反不可勝計。妖黨晁天王等勾結海寇為患，賢意選壯士闖行入賊中，以計擒渠魁，脅從者皆散。益嚴保甲，凡不事生業者懲之不少縱，四境肅然。陞南京車駕司，轉工部營繕郎，論礦稅之言不報。會諸興作一時並舉，因上言積財宜破，浮費宜節，亦不報。尋奉命典粵東試，事竣。時安綿利保等處兵缺，土兵數亂，或悍行，朝議以屬賢意。既至，討勾連為難者，餘悉定，以勞瘁卒。

倪尚忠（舊浙江通志）字世卿，浦江人。萬曆戊戌進士，授廣東順德令。順稱下邑，科第寂寥，尚忠日進士子課藝文，取資敏者拔之，嗣即春秋二榜不絕，人比之文翁云。萬曆中設採珠廠，閹使橫甚，尚忠下令邑中，見有珠廠勾役，杖而禁之。閹怒，欲以疏劾，衆懼禍不測，尚忠歎曰：吾令一邑，不能為一邑驅豺虎，吾罪豈更甚？力言制撫，得奏罷採。遷安吉府同知，以母老致仕歸。

衢州府

宋

周彦質（兩浙名賢録）字文之江山人以進士歷官循州守治民以教化為本民以訟至庭者先諭以禮義然後折其是非無不涕泣悔罪而去蘇軾以然化名其堂官終發運使

徐敦言（兩浙名賢録）字明可西安人元符二年進士為九域志編修官召對稱旨擢御史覆李孝壽所勘衛卒獄在史稱其平除江東運判番陽民吳氏館客誘其子書不順字持以告守誣其藏甲朝命置獄敦言辨其妄吳賴以全召為吏部員外郎擢中書舍人在掖垣七年以龍圖閣待制出守越奏罷貢奉物移守婺有惠政名至國門卒

毛友（弘治衢州府志）字達可西安人少游太學與鄉人馮熙載盧襄號三俊擢進士第崇寧間守鎮江方臘四殘睦歙監司猶不以實聞友奏言之朱勔怒其張皇友遂監國其謝表曰兩郡生靈已罹非命一道使者猶謂無他陳瓘聞之以書譽于親舊曰蔽遮江淮阻遏賊勢斯人有助也

柴瑾（正德江山縣志）字懷叔紹興八年進士倅番陽歲飢旱不逞發民粟瑾請賑以常平米郡守難之瑾曰勢且急當從便宜願執其咎後攝州奏免買絹疾與丁鹽錢罷官殿中侍御史

元

孔濤（黃溍孔濤墓誌）字世平先聖之裔南渡初徙衢州濤舉泰定元年進士授吳江判官歲飢民多事剽掠濤設計捕致數十人謂此皆迫于凍餒而然不可以盜論杖而遣之州瀕太湖故築埭以禦水繕修無時病民特甚濤為改作使可支久鄰州飢憲府俾往賑之全活甚衆舉治績為諸州最調桂陽州判官天

衢州

大旱濤捍獄有冤出其無罪者三人乃兩廣冦竊發濤獨任軍旅供億民不擾而軍食無乏紀還潮州路總管府知事歸卒

明

楊 添（河南通志）西安人永樂中知祥符縣政務繁劇添處置適宜上下稱便民有被劫殺傷一盜者羣盜移尸置吳置他處去明日被劫者白于縣添蹤跡得尸置仁和門外誘人認瘗時一人識為王氏子遂拘王妻訊之果得羣盜姓名捕獲殆盡

嚴 祿（獻徵錄）字伯直開化人永樂初用薦授閩縣知縣閩賦舊倍他邑民不堪祿力言于府平其賦民賴之改知黟縣愛民如聞尤篤學興學卒于官

何 永芳（兩浙名賢錄）字廷蘭常山人永樂辛丑進士授郃陽縣知縣持身廉謹勤于撫字期年大治召拜監察御史出按山東暨直隸蘇松常鎮所至明憲糾以糾奸慝貪墨望風解綬時倭冦東南邊海諸邑日受焚掠永芳嚴為之備倭不敢犯朝廷降璽書褒諭復按江西風裁益厲豪右為之斂迹少保于謙薦其才薦陞河南按察使施設適宜民懷其惠尋致仕

宋 玘（衢州府志）字玉成開化人永樂中以貢為刑部主事治獄詳明出為雲南澂江府通判有土官爭襲賂以白金三百玘却之民有訟水利者久不直玘為鞫正秩滿告歸與侍郎老紳建通濟橋于縣東

楊 儀（西安縣志）字彥禮添之子登正統舉人知鄧州民有爭訟者以諄諄勸諭使相感悔不得已然後用刑在任未久卒

周 洪（衢州府志）字大猷西安人弘治庚戌進士知易州易俗剽悍洪以文學化之招撫逋亡存恤鄰附增戶口三千有餘陞南工部主事轉刑部郎讞獄明慎有州官為怨家所誣者冤滯積年洪訊出之出知安慶府平反枉抑擒捕冦盜以廉能著尋卒于官

方豪（衢州府志）字思道開化人正德戊辰進士知崑山縣有異政民有積逋特疏奏免陞刑部主事諫武宗南巡受杖幾死世宗即位命審錄山東咸稱平恕陞湖廣僉事進副使以終養歸

祝品（萬曆龍游縣志）字公叔以進士授刑部主事是時武宗久不視朝日遊幸西苑信任權貴朝士箝口品與同官應大猷上疏直陳上怒逮獄尋貸之直聲大振陞廣東提學副使復調巡視海道茂名古兜兩山賊嘯聚官兵莫敢誰何品為宣諭德威咸相率斂順晉右參政乞歸

龔世卿（龍游縣志）字惟仁嘉靖戊午舉人任望江令地饒魚鹽蕃植咸有稅頭前令多取贏以十之五奉當道世卿以為剝民亟裁罷之再從輝令輝有五閘港溉田畝中貴人欲擅以為利世卿力持不可事遂寢尋左遷歸

徐一檟（獻徵錄）字汝材西安人隆慶戊辰進士知寧國縣初至郡供帳罷里甲斤執法胥吏數十人縣以大治調劇丹徒築長堤以捍江縣有官民田二則官田糧重若輕民田糧輕若重一檟減官糧于民推民力于官又山鄉瘠壤決鄉泆壤請以山鄉二畝抵沙鄉一畝民甚便之擢吏部稽勳司主事歷文選司郎中守法不阿有援親故求善地者一切無所假陞右通政告歸卒

徐日久（衢州府志）字子卿西安人萬曆庚戌進士知江夏縣舊時漕軍兌糧百姓病之日久令民輸糧于倉而軍從縣官兌又築三堤于江口擢工部屯田主事改兵部職方奉命行邊邊將馬世龍喪師失律而行金錢于魏忠賢為之地日久曰世龍不去則法令不行上疏論世龍忤璫削籍歸里崇禎初起為福建巡海道撫鄭芝龍斬李芝奇沈鍾斌于海福建遂安陞山東按察使便道歸卒于家

余國賓（衢州府志）字叔賢西安人萬曆甲戌進士為刑部主事再陞郎中有緹騎撝妾別居夜遭盜殺者妻誣妾為刃主國賓寃之尚書不聽令他主事成

獄妥遂死盜尋自首衆稱國賓仁明出知濟南府籌棄慎妻剖決如流陞易州
兵備道歲祲築室以居流移衆名之為余村轉江西按察使陞右布政使告歸

王家業（西安縣志）字子立萬曆舉人治均州大著異聲嘗詣武當道遇遊僧數十
人中有稱僧鞏慶隨令拘留衆僧而鞫之乃女隨父宦被僧劫殺而留之
為僧者也書賞盡
戮羣盜人稱神明

詹思虞（衢州府志）字如甫常山人萬曆庚辰進士為刑部主事歷陞松江知府歲
荒民糶米以輸倉每石價值三兩思虞請改半折色省民間銀數十萬又
以糧長鮮户為收户縣不并封府不覆克民咸便之有金璉者將嘯聚為盜思
虞以計散之又擒剿盜王仁陞山東按察副使再陞山西參政分衞軍為五班
五年輪代霍絳二州有大姓横恣府縣
莫能制思虞治之任至山東按察使

國朝

楊廷琚（開化縣志）字黄璜康熙丙戌進士授盧山令以一子一僕自隨至則興學
校課農桑邑遭明季兵燹册籍無存豪猾飛灑籍以為奸廷琚悉心清釐
賦役由是得平時大兵由安雅進平西藏羽檄交馳夫馬芻糧無不應時立辦
上官廉其才凡安營設站往來迎譬一以委之雖勞瘁致疾未嘗少懈乞休歸
士民勒碑
曰真去思

嚴州府

唐

李頻（唐書本傳）字德新壽昌人大中八年擢進士第再遷武功令時畿民多藉神
策軍吏以其横不敢繩以法頻至有神策士尚君慶逋賦六年不送悍然出

入閩里頻密摇比伍與競君憂叩縣庭質頻即械送獄盡條宿惡請于戶殺之
存所負不少貸豪猾大驚屏息奉法縣大治有六門堰者廢廢百五十八方歲
飢頻發官倉廩民浚渠按故道廝水溉田穀以大稔戀宗嘉之賜緋衣金魚
遷建州刺史既至以禮法治下更布條教時盜與相推魁而建賴以安

宋

鄭彥（巖陵志）字季英壽昌人元祐中進士擢崇陽尉再任青田丞秩滿除真州司
戶居官以誠愛為本所至勸農勉學因民之所利以予之力不煩而功信民
渠其化名授
國子監丞卒

洪彥華（巖陵志）字叔昞淳安人淳熙十一年進士池官治民事務德化其宰茶
陵值歉歲志心撫字民無流亡及宰上饒亦如茶陵累官至朝請大夫

胡朝穎（兩浙名賢錄）字達卿淳安人乾道八年進士歷武昌令通判嘉興時宰相
鄭清之家奴暴橫朝穎執寘諸法移書謝云以天子之命官撻宰相之奴
僕罪當避位清之得書以聞帝書曰
得一佳士矣除守岳州兼湖北提刑

徐璪（建德縣志）字文之紹定三年通判袁州歲當大歉璪發廩賑恤貧者給錢病
者給藥殁者給棺收養嬰孩至踰百民深德之時版曹以直春產緡娶市緡
為己璪力控免尋擢守
建昌邦人咸惜其去

元

王文彪（王禕王文彪行略）字君采建德人泰定丁卯授温州路瑞安州判官役法
久弊文彪為第其貧富均賦之民大稱便大府因議之賦平陽役不閱月
而畢杭之海鹽州官海岸廟行省檄諸州達官修治文彪被檄董其役不踰期而事
集宰臣察其廉能辟行省掾史歷除天臨路湘鄉州知州湘鄉界在太湖之表

而鄣于溪峒，具民獷悍素號難治，文彪至，一以禮義化之，作為條教約民共守。三年信義既明，咸思益著，克復之技更相教戒，習為善良，治行于湖南諸郡最。

汪汝懋（戴良《汪汝懋墓誌》）字以敬，淳安人。以薦授青陽縣教諭，會壬辰兵起，僉憲哈剌失有罪，不肯法外傷人，于賦斂度民所當輸與為期會，未嘗取疾爭先。其在浙東，釋溫處之被誣為盜者數千百人；在定海，益以禮讓化民，有古君子遺風。

明

洪子祥（《鐵補遺志》）處州人。洪武初任真定縣，時條教方新，子祥調緩急，布恩威，撫良鋤强，務于輯安，養起凋殘，而還之康阜，民愛戴之。

王文玫（《遂安縣志》）字叔勤。洪武三十二年任會昌知縣，應意愛民，門無私謁，公無滯事，勸課農桑，民致殷富。

徐誼（《獻徵錄》）字宜叔，壽昌人。明初授黃岡知縣，敦教化，厚風俗，鞭扑不施而租賦時入。尋還，誼歸。洪武甲子，郡邑以明經交薦，授鎮江知府，胥吏畏服。帝嘗宣諭天下有司以漏守，只效鎮江徐知府清廉幹辨，豈不美哉。考滿，改授吉安府。時屬邑龍泉凋敝，秋糧數年不足，民有負者賣妻鬻子而不能輸，誼出俸五百貫代償之。後疾卒，吉安人皆路祭送，哭送其歸柩者萬餘人。

余思寬（萬曆《嚴州府志》）字仲容，遂安人。永樂乙未進士，授監察御史，出按江西，除奸剔蠹，克振風紀。時永藩暴虐初肆，思寬預燭其微，疏具跋扈之漸，事下法司覆實，朝論壯之。仕至廣東按察副使。

余複（《獻徵錄》）字存美，遂安人。正統戊辰進士，拜南監察御史。景泰中，理江西按察司僉事，分巡嶺北。時巡撫韓雍患江西賦役厲民，創法欲均之，顧惡臣中格，複能辨此，乃專委焉。複盡心所事，徭役遂平，民大霑惠。分巡湖西，所部吉安等三家，樹家豪族，健訟成風，複威以戢之，誠以導之，請謁不行，剖決如流，于是翕

撫按頒陞副使長河洞賊朱紹綱叛郡縣繹騷復躬往贛督兵討之生擒七十餘人賊平薦陞福建叅政母喪服闋復江西按察使操履潔白始終一致

柳勝華（建德縣志）字景芳景泰中授澧州知州時藩邸初封軍校横甚勝華一繩以法州在荆岳常武之間軍民土田疆界錯雜勝華皆履畝清釐尤加意教化作興士類在任九年治行為諸郡最

徐鑑（萬曆嚴州府志）字克明淳安人天順庚辰進士授南户科給事中多所建白擢江西左叅議發奸摘伏豪右斂手規畫條約民甚便之改廣東時潮州海寇為患鑑以計擒其首惡餘黨悉平尋以疾致仕

徐楚　徐應簧（淳安縣志）楚字世楚嘉靖戊戌進士授工部主事轉郎中湖貴苗民逆命上命重臣征討開府辰沅而除楚辰守諸鎮兵合十餘萬調集辰州特䟽期進兵而餉未集楚議將南糧歲十餘萬留之以金錢代輸督府用其計師遂濟歷陞雲南屯田副使興水利闢荒蕪正經界追奪沐氏侵地還之民間遷四川叅政入境即擒巨盜范元兒等十餘人盜皆屏跡會攝藩篆例進扇諸要路皆有餽儀楚削其儀以扇往諸要人銜之因免歸年九十一卒子應簧字軒鄉萬曆己丑進士授大理評士歷虞衡司郎中督理三殿大工裁減内官濫耗八萬餘兩陞武昌守時稅璫暴虐商民致激變璫欲羅織無辜誣指刻稅應簧執法不阿遂與中官意左資滿切遷七載始陞本省副使轉布政司叅政謝政歸

徐廷綬（淳安縣志）字受之為諸生時海瑞令淳安深器重之登嘉靖壬戌進士授刑部主事歷陞郎中時瑞以直諫下獄病劇廷綬親調湯藥瑞得不死每詣獄必展轉求其可生者釋之會馮璫主東廠勢熾甚以盜誣抵十餘人置之獄下部覈審廷綬為開釋無辜者八人同事者咸以為不可廷綬曰某所執者祖宗之法且殺人以媚人如天理何遂詳定律註擢守辰州廣學址捍水患賑飢民訊鞫明決吏不敢欺陞陝西按察司副使致仕

李璧（壽昌縣志）字國佐嘉靖壬戌進士授漢陽司李折獄詳晰攝府篆郡萬橫征稅額民甚苦之璧力為申請遂減額過半召拜工科給事中遷陝西副使至則首詢民隱以洪堰廢壞閘盡全者即親詣堰所相度地形親督畚鍤不期年而功成

童時明（廣西通志）字醒余淳安人萬曆四十年知永淳縣興學校巡阡陌勸民耕種諸凡不便于民者一一籌度而詳革之

國朝

方象瑛（鄉賢錄祀冊）遂安人舉進士初為湖南理刑官都公安有盜辜縣捕向懷林等十八人置之獄象瑛疑其枉覈勘有四後果獲真盜乃皆得釋改令合肥下車宿包孝肅祠矢以詩云誓將黽勉清節是砥倘不恤民有如此水首除火耗革積弊代民償漕米七百餘石民德之

吳宏（公舉事實）字芬月淳安人康熙癸卯舉人授四川鹽亭知縣邑自明季兵燹之後地多污萊宏力為招墾地利漸復學宮久圮捐俸倡修振興文教山西民王懷秀之父買牛入川為盜所殺三年不決逮繫多人宏默禱于神神告以屍所在白之卒逮者得釋陞河南汝州知州清操益勵會歲飢力請于上官發倉賑給復捐俸設粥以濟之民賴以甦以病歸卒年六十九

徐士訥（鄉賢錄祀冊）字恂若淳安人康熙丙辰進士授河南嵩縣令縣輸守例有季規士訥謁守首陳此不宜派除正供外凡沿為規例卒不可破者一切革之時單騎課農墾闢者勞之卮酒荒草不治者罰跽其側耕者鼓勸興伊川書院修邵康節祠更設義館時時與生徒講學興起者甚衆三年化行訟息嵩民戴之如父母以治行最擢山東濟寧守值歲飢捐俸賑恤所活十萬餘人他如定市價嚴朝飭懲梟博遏流倡善政畢舉濟之南有牛頭河工浚南旺諸水下經魚臺注下八閘自黃河決諸閘淤濟南濟南鄉窪地時被水患士訥具詳總河鳩工趣事所開已十之七瘁甚卒

温州府

宋

蕭振（宋史本傳）字德起，平陽人。政和八年進士，調信州儀曹。時州郡奉神霄宮務修靡，振不欲費財勞民，與守議不合。會方臘寇東南，距信尤近，守欲危振，檄振攝貴溪、弋陽二邑。既而王師至衢，又檄督軍餉，振治辦無闕。諸邑盜未息，守復檄振，振如初。振悉意區處，賊多降者。調婺州兵曹。後知成都府，一以寬為治。或問其故，曰：承繼細畢之當嚴，今繼苛刻，非寬則民力瘁矣。帝嘉振治行，謂宰臣曰：四川善政，前有胡世將，今有蕭振。加秩四等。

林叔豹（兩浙名賢録）字懿文，永嘉人。建炎初為慈溪令，廉明勁直。高宗南巡，勅戚衛士毋肆苛擾，以撓賢令。時聞金人將至境，有武悍之徒百十為羣，乘擄抄劫，叔豹捕而斬之，遠近皆畏，絶剽掠之患。金師破明州，立蔣安義為守。金師退，叔豹率鄉兵入城，杖死安義，一郡獲安。高宗知其才，拜監察御史，以風力稱。

劉鎮（萬曆温州府志）字可叔，樂清人。登紹興第，任紹興府司法。有重囚九人，獄已具，鎮察其冤，再行訊鞫，果得其情，告于郡，悉免之。移武義丞，築溪塘數百丈。改知長溪縣，政績尤著。

王柟（兩浙名賢録）字木叔，永嘉人。登乾道進士第，調婺州推官。漕司增本州上供米三萬斛，守以下不敢爭，柟獨移書新守，言其不可，守以聞，遂免。知績溪縣。邑斂重民貧，鑿山壘畝，乾瘠大半，柟積錢買田為塘六十八塲，六浚舊陂百頃，而歲以稔。知江陰軍，開蔡涇渠港五百里，漕挽流通。知贛州，先禮教而後刑罰，犯法日稀。尋奉祠歸里。

彭仲剛（兩浙名賢録）字子復，平陽人。登乾道進士第，主金華簿。衢州大水，監司命仲剛覆視而後賑。仲剛曰：覆而後賑，防吏之欺，將使民實得食也。然待覆而

溫州

氏不食死矣監司感悟即出米活所爲賑之民賴以生移臨海令遷知全州減浮費寬商税擇學師教其子弟而親執經講説官至浙東提舉常平

項公悅（兩浙名賢録）字無欲永嘉人調閩縣簿改無爲軍司理讞閱忘寢食圜土爲空改秩知侯官庭無扑声會歲旱禱雨瑞澤潭潭在萬山頂公悅披棘徒行烈日中數十里下山驟雨隨注而公悅病暍卒

木天駿（兩浙名賢録）字德遠瑞安人登嘉熙第知閩縣有政声後守建昌郎人包恢居政府族子倚勢漁獵小民天駿入境即逮至縣寘之

陳均（萬曆溫州府志）字子公平陽人舉進士歷知東陽麗水西安縣所至有声除大理丞出爲廣東提刑按逮犯邊漕帥邀功縱殺囚數十平民于獄均寓疏盡釋之帥不悅媒孽于臺罷去久之起知贛州除樞正賈似道以平章奉母居西湖欲以堂印自隨均爭曰堂印無出城理是免官後以秘閣修撰致仕

元

陳麟（戴良陳麟傳）字文昭其先自福清徙溫遂占籍焉至正甲午以易經貢春官再試置乙科授慈溪縣尹吏胥高昃威柄契難遽革麟至求士大夫之賢者即其家問事父老來見亦時時語次尋繹鉤其隱伏以相參考做古爲詒筩處中而穴其上置諸鄉校令民有所言投書其中而削其主名由是縣大小事無不周知吏以麟盡得其受取請賕狀喋不敢出一語惟抱文書呈署而已縣歲貢春茶有司並緣爲奸利麟計其常額以平價市之比舊十減九後遂以爲法縣之鳴鶴鄉有界塘在餘姚界霖雨至鄞江之水輒衝潰塘塘潰而鳴鶴沼矣麟乃去塘五尺許揵木籠竹加土築之甃以石使民歲無水患淮寇陷湖州所在騷驛有旨令郡縣團結義兵麟親閱丁壯教之擊刺坐作日夜部勒無不精綠漪江南岸曰綱灘悉少年嘯聚爲盜則督士卒奮擊殫尸江上鄞縣之夾塘有剽賊時出爲害潛引壯士盡縛之斬以徇自是遠近無犯法者尋改溫州路瑞安知州以疾辭歸

明

周丹（憲章類編）永嘉人洪武初進士授新化縣丞在官以廉勤稱驗民貧富及丁牘皆躬自督理吏胥不得為奸罷諸役作民晏然安業流民歸者益衆滿考課最陞考功主事既而縣民蕭俊等詣闕言自本官去職縣政復擾乞令再任帝命復為縣丞仍令禮部宴賚而遣之

吳祚（萬曆溫州府志）字士德瑞安人景泰舉人授常州府判歲大侵為民請命得蠲稅糧之半仍發粟萬石賑之兼理刑多所平反民有以誣害坐大辟者訊其誣即為昭雪尋乞歸

蔣愷（萬曆溫州府志）字舜相樂清人由選貢入太學授霸州知州霸內畿外邊俗悍而民貧愷以廉平治之崇學校理冤獄通水利均賦役政聲大著秩滿霸民乞留歷三考後最以憂去

侯壽（萬曆溫州府志）字欽齋樂清人自諸生升國學成化中除惠州興寧知縣甫下車即為條教務農勸學誠囚出數百人訟至立決民大畏服以疾乞休百姓泣留都御史成加慰諭復強起視事卒于官

朱諫（萬曆溫州府志）字君佐樂清人弘治丙辰進士歷歙豐城二縣令陞吉安郡守吉有豪民附宸濠橫境中諫逮繫之論如法又預策宸濠有變日儲餉募兵浚湟增陴人莫測其意去郡後二載而濠果叛王守仁由吉安起兵竟得其力

朱文簡（萬曆溫州府志）字元可樂清人從永嘉弘治舉人教諭晉江遷增城令革常例金千餘兩讞獄多所平反時有峝寇侵暴文簡殲其巨魁餘黨悉平

侯廷訓（舊浙江通志）字孟學，樂清人。正德辛巳進士，除南禮部主事。著大禮辯數千言，逮繫下獄，謫泗州判官，遷漳南兵備僉事，建社倉，平劇盜，剗虐糧，革羨餘，尋以疑獄與御史爭，被劾罷歸。

葉世德（永嘉縣志）字有懷，樂清人。從永嘉嘉靖舉人，授廣昌令，益藩新置，王莊民稍不便，往申文止之。新學校，創義倉，興民興利，擢漳州同知，職海防，兼署舶稅，力革夙弊，一切餽遺謝却之。遷贛藩長史，致仕。

葉承遇（福建通志）字思章，溫州人。萬曆五年知莆田。先是田分官民，賦有輕重，承遇欲均田為一，而念浮糧難攤，會有覆畝之命，即以丈出餘田折補其額，閭里便之。又編派里甲，悉為更定，即豪貴無所避。至今談均田均役者，必首稱承遇云。

王綎明（永嘉縣志）字用晦，萬曆甲戌進士，授當塗令，興利除害，奸黨斂迹。邑當孔道，時張居正母喪馳驛還楚，所過皆結綵相候，綎明無所加禮，居正銜之，坐降級，赴贛幕，遷署瑞金、寧都、安遠三邑，皆以循卓稱。久之，補樂安令，奏最，擢南曹，歷守鎮江、襄陽、太平三郡，陞四川按察使，卒。

張德明（分省人物考）號毅宇，樂清人。萬曆丙戌進士，授刑部主事，歷郎中，出守寧國。礦使至，郡人情洶洶，德明陽為歡語，陰賣劇其踪，角部勒黨，得不樣嘩，一郡帖然。擢湖廣副使，以參政致仕。

吳寶秀（舊浙江通志）字汝珍，平陽人。萬曆己丑進士，歷遷南康知府。甫六十日，決滯獄，殛奸民，一郡肅然。巨璫李道榷稅湖口，募捕商艘，波及郡民，寶秀特不可，遂誣奏，逮詔獄。妻陳氏請同行，不得，雉經以殉。合郡哭送境上，郡民陳英、熊娘輩叩閽，願以身代。臺省交章論救，會星變，乃得旨歸。上亦悟，撤李道回，詔以有司代具任。熹宗立，贈太僕寺少卿。

宋

葛源（西江志）字宗聖麗水人以泰和簿攝吉水令吏舞奥者悉置以法有毛氏寡婦訴子不孝源以恩義說之不從密使人覘有與間語者捕得之乃謀誣其子也窮治具服縣距州遠民輸租苦于輸運源始議置縣倉民便之

張端禮（李綱張端禮墓誌）字南仲龍泉人崇寧五年進士授陳留縣主簿歷知常州武進縣調無為軍司錄事乞祠卒端禮平居循謹及涖官決事剸煩治劇應刃輒解武進劇邑號稱難治端禮下車未幾吏畏民愛有所謂名榜之邑鬬趨應如響未嘗遣吏持符至村疃閭官無為地僻政疏端禮隨事糾正多所裨益朝廷降錢和糴郡遣吏志以鬻鹽鈔會鈔法改諸郡恐失期則令民戶均賠端禮持不可曰規利失錢吏也奈何以譴民且朝廷以百姓困乏故降糴本今久取之殆非布宣德澤之意乃具奏而以吏繫獄會赦吏得釋而民不擾者端禮之力也

沈造（兩浙名賢錄）字次仲縉雲人政和中進士知漳浦縣海寇作亂將及境聞造有政声即引去曰毋驚沈公及判潮時有韓山神歲須男女以祭造至即焚其廟毀像得巨蛇殺之出祀遂絶

張商鄉（括蒼彙紀）字宗尹龍泉人紹興進士知滁州極論屯田之害謂開耕之初率民田充數名曰借耕其實攘取募民代錢名曰和雇其實差科後官至淮南轉運〻運判官

盧彥德（括蒼彙紀）字國華麗水人紹興中進士知廣德軍建平縣舊版籍有絶戶物力錢抑民代輸總包民苦之多逃亡彥德至大搜隱漏以實升降削虛

處州

産二千餘戶于是逃者復歸両守蜀郡再歷憲曹并著声續後官至朝請大夫

田渭（括蒼彙紀）字伯清縉雲人紹興中進士爲辰州教授五溪俗與中州殊絶渭創學宮刻典籍立程度推誠訓育俗爲一變遷司封郎除浙東提舉常平歲飢究心荒政除台婺處三州戶科茶稅又奏罷五等差夫送迎之擾民賴以安

李顴（括蒼彙紀）字和叟龍泉人隆興中進士歷閩州知州節浮靡蠲宿逋奏除者額四千餘緡減州酒六百餘緡尋擢東晉知府普連年大飢顴請求荒政至廢寢食民甚賴之

黃邦彥（括蒼彙紀）字退翁縉雲人嘉定中進士知雩都縣吏以治盜請邦彥曰以民視民何忍爲盜作廳寬公勤四銘刻于邑治以勸後人盜風遂息歷官至朝散大夫

朱定（福建通志）縉雲人嘉定間知連江疏水利決淹獄正役版威惠並行吏民樂之

李鏞（兩浙名賢錄）字伯韶括蒼人淳祐十二年知桂州時大水壞公私廬舍無數民苦溺且飢鏞至甫已問俗首蠲私逋十六万請于朝寬京府指糴之數今發廩分賑捐抽解場木予被水之家未幾頃復舊觀民忘昏墊後官至兩浙轉運使

潘自中（括蒼彙紀）字時又松陽人爲江州司理有吴門鹽商牽連就繫吏承上意欲加之罪沒入其貲自中曰入人之罪以媚人吾不忍爲也力雪免之州部將二人以軍賊抵捂繫獄統戎者以威愓欲死之自中走白于府深明其誣二人賴以免

元

王鉉翁(王禕王鉉翁墓誌)字中實達昌人為平江路吳縣主簿郎守杜某素知其
材大小政務悉以委之豪民顧鍾朱郭四大姓怙勢為不法則發其罪惡
咸置于理除台州路黃巖判官亭戶洪甲恃不統于有司恣為暴橫殺平民吏
白不宜問鉉翁曰殺人之人乃可置不問耶逮捕繫獄坐罪不少貸奸民有挾
偽鈔投詣官自首者覘事發因誣連富人鉉翁察其情詰之
果自服立命焚其版居三年庶績具舉以中山府判官致仕

明

周雷(兩浙名賢錄)字時敏松陽人由歲安判延安出鎮神木督倉庫謹度支崇學
興教恩威並行又以地高乏水人多病渴乃令各鑿井利濟無窮及歸民皆
遮道泣餞
不忍別

李珉(兩浙名賢錄)縉雲人任延平司李鞫獄明允人稱不冤有父訟其子者其孫
曲護其父珉曰爾知為父之子不知父即祖之子也三人叩頭悔罪聞風者
亦無不感化尋遷撫州別駕時峒寇出
沒珉布德惠嚴規畫境土肅清尋致仕

國朝

張翀(福建名宦冊)字南溟麗水人康熙七年令渭源敢逆擒首綴黨四出剽民翀
笞而逐之境外嬰逆怒會知府王之儀揭罷之儀恃不可逆乃檄名翀、卑
辭之者百姓送行甚衆逆黨謀于中途害
尊望見之不敢動卒于官邑人搆祠祀焉

卷五終

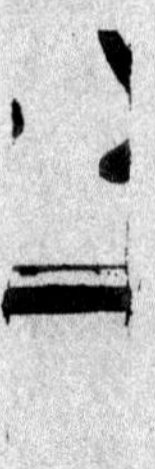

歷代兩浙人物志卷六

仁和沈廷芳

武功

杭州府

漢

孫堅（三國吳志本傳）字文臺，富春人。年十七，與父共載船至錢唐，會海賊胡玉等掠取賈人財物于岸上分之。堅謂父曰：此賊可擊。操刀上岸，以手東西指麾，賊望見以為官兵捕之，即委財物散走。堅追斬得一級以還，由是顯聞。府召署假尉。會稽妖賊許昌起句章，堅以郡司馬募召精勇得千餘人，與州郡合討破之。除鹽瀆丞，徙盱眙、下邳丞。中平元年，黃巾賊張角起，中郎將朱儁表堅為佐軍司馬，與儁并力奮擊，所向無前。汝潁賊走保宛城，堅身當一面，登城先入，眾乃蟻附，遂大破之。拜堅別部司馬。邊章、韓遂作亂涼州，中郎將董卓拒討無功，司空張溫行車騎將軍，西討，表請堅與參軍事，屯長安。章、遂聞大軍至，皆乞降。軍還，拜議郎。時長沙賊區星攻圍城邑，以堅為長沙太守。到郡，親率將士，施設方畧，旬月之間，克破星等。周朝、郭石亦帥徒眾起零、桂，與星相應，遂越境尋討，三郡肅然。錄前後功，封堅烏程侯。董卓擅朝政，橫恣諸州郡，並興義兵討卓。堅亦舉兵，前到魯陽，與袁術相見。術表堅領豫州刺史。卓尋徙都，西入關，堅乃至雒，修諸陵，引軍還。術使堅擊劉表，表遣黃祖逆于樊、鄧之間，堅擊破之，追渡漢水，遂圍襄陽，單馬行峴山，為祖軍士所射殺。堅子權稱尊號，謚曰武烈皇帝。

孫策（三國吳志本傳）堅子，字伯符。堅初興義兵，策居舒，與周瑜相友，收合士大夫，江淮間人咸向之。堅薨，渡江居江都。吳景時為丹陽太守，策就景，因緣召募將數百人，興平元年從袁術，術甚奇之，以堅部曲還策。術常歎曰：使術有子如孫郎，死復何恨。遣策攻盧江太守陸康，拔之。策説術平定江東，術表策為折衝校尉，行殄寇將軍，兵財千餘，騎數十匹，賓客願從者數百人，比至歷陽，衆五六千。策渡江轉鬭，所向皆破，莫敢當其鋒。吳人嚴白虎等衆各萬餘人，處處屯聚，策曰：虎等羣盜，非有大志，此成禽耳。遂引兵渡浙江，據會稽，屠東冶，乃攻破虎等，盡更置長吏，策自領會稽太守。時袁術僭號，策以書責而絶之。曹公表策為討逆將軍，封吳侯。建安五年，曹公與袁紹相拒於官渡，策陰欲襲許，迎漢帝，密治兵部署諸將，未發，為故吳郡太守許貢客所殺。策創甚，呼權佩以印綬，謂曰：與江東之衆，決機於兩陳之間，與天下爭衡，卿不如我；舉賢任能，各盡其心，以保江東，我不如卿。卒年二十六。權追謚曰長沙桓王。

三國吳

孫靜（通志宗室傳）字幼臺，堅季弟也。堅始舉事，靜糾合鄉曲宗族以為保障。策破劉繇，進攻會稽，靜與策會於錢唐。時太守王朗拒策於固陵，策不能克。靜説策曰：朗負阻城守，難可卒拔。查瀆南去此數十里，道之要徑，宜從彼據其內，所謂攻其無備，出其不意者也。策曰善。至昏暮，四維然火誑朗，便分軍夜投查瀆道，襲高遷屯。朗大驚，師兵前戰，策破之，遂定會稽。表拜靜為奮武校尉。權統事，遷昭義中郎將，終于家。

徐琨（三國吳志徐夫人傳）夫人父琨，富春人，隨堅征伐有功，拜偏將軍。隨策討樊能、于麋等于横江，擊張英于當利口，而船少，欲駐軍更求。琨母時在軍中，謂琨曰：恐州家多發水軍來逆人，則不利矣，如何可駐？即宜伐蘆葦以為泭，佐船渡軍。琨具啓策，策即行之，衆悉俱濟，遂破英，擊走笮融、劉繇。策表琨領丹陽太守。會吳景復為丹陽守，琨以督軍中郎將領兵，從破盧江太守李術，封廣德侯，後遷討黄祖，中流矢卒。

凌統（三國吳志本傳）字公績，餘杭人。父操，輕俠有膽氣，孫策初興，每從征伐，常冠軍履鋒。遷破賊校尉。及權統軍，從討江夏，入夏口，先登，破其前鋒，輕舟獨進中流矢死統年十五權以操死國事拜統別部司馬使攝父兵從擊山賊統率厲士卒身當矢石所攻一面應時披壞遂大破之權復征江夏統為前鋒行入右江斬黃祖將張碩時呂蒙敗其水軍而統先搏其城于是大獲權以統為承烈都尉與周瑜拒破曹公于烏林遂破曹仁遷為校尉又從破皖拜盪寇中郎將從往合肥為右部督時權徹軍前部已發魏將張遼奄至津北前兵已還勢不相及統率親近三百人陷圍扶扞權出敵已毀橋々之屬者兩版權策馬驅馳統復還戰左右盡死身亦被創度權已免乃還橋敗路絕統被甲潛行權既御船見之驚喜拜偏將軍權勅屬城凡統所求皆先給統素愛士々亦慕焉得精兵萬餘人會病卒權聞之減膳流涕二子烈封內養于宮追錄統功封烈亭侯

全琮

（三國吳志本傳）字子璜錢唐人父柔會稽東部都尉孫策到吳柔舉兵先附策表柔為丹陽都尉琮顯名遠近權以為奮威校尉授兵數千人使討山越因開募召得精兵萬餘人出屯牛渚稍遷偏將軍建安二十四年封陽華亭侯黃武元年魏以舟軍大出洞口權使呂範督諸將拒之軍營相望敵數以輕船鈔擊琮常帶甲仗兵伺數數千人出江中擊破之梟其將軍尹盧進封錢唐侯四年假節領九江太守七年權到皖使琮與陸遜擊曹休破之于石亭是時丹陽吳會山民復為寇賊攻沒屬縣權分三部險地為東安郡琮領太守明賞罰招誘降附數年中得萬餘人權召琮還牛渚罷東安郡嘉禾二年督步騎五萬征六安六安民皆散走諸將欲分兵捕之琮曰夫乘危徼倖舉不百全者非國家大體也今分兵捕民得失相半縱有所獲猶不足以弱敵而副國望如或邂逅虧損非小與其獲罪寧以身受之不敢邀功以負國也赤烏九年遷右大司馬左軍師十二年卒

南北朝

吳喜

（宋書本傳）臨安人涉獵史漢頗見古今為主圖令史沈慶之征蠻請喜自隨建義事平以喜為主書擢河東太守大明中歙黟二縣有亡命數千人攻破

縣邑世祖遣喜將數十人至二縣誘說羣賊，賊即日歸降。太宗即位，東兵急，喜請得精兵三百致死于東，上大悦，即假建武將軍，簡羽林勇士配之。議者以喜刀筆主者，不嘗為將，不可遣。巢尚之曰：「喜昔隨沈慶之屢經軍旅，性既勇決，又習戰陣，若能任之，必有成績。」喜乃東討，百姓聞吴河東來，便望風降散，故喜所至克捷。封竟陵縣侯。東土平定，又率所領南討，遷輔國將軍、尋陽太守。南賊退走，喜追討平定荆州。泰始四年，改封東興縣侯，除淮陵太守。五年，魏寇豫州，喜統諸軍出討，大破魏于荆亭。六年，又率軍向豫州拒魏，加假節，督豫州諸軍事。明年，還京，死。子徽民襲爵。

五代

錢鏐

（五代史吳越世家）字具美，臨安人。唐乾符二年，浙西裨將王郢作亂，石鑑鎮將董昌募鄉兵討賊，表鏐偏將，擊郢破之。時黃巢攻掠浙東，至臨安，鏐出奇兵邀之，與勁卒二十人伏山谷中。巢先鋒度險，皆單騎，鏐伏弩射殺其將，巢兵亂。鏐引勁卒蹂之，斬首數百級。乃引兵趨八百里，八百里地名也。告道旁媼曰：「後有問者，告曰臨安兵屯八百里。」巢衆至，聞媼語，皆曰：「十餘卒不可敵，況八百里乎？」急引兵過。都統高駢表昌為杭州刺史，昌以鏐為都指揮使。中和二年，越州觀察使劉漢宏與昌有隙，遣弟漢宥屯兵西陵。鏐率八都兵渡江，竊取軍號，斫其營，營中驚擾，因焚之。漢宥敗走。漢宏復遣將黃珪、何肅屯諸暨、蕭山，鏐皆擊破之。四年，漢宏遣將朱褒、施堅實等以舟兵屯望海，鏐出平水，破褒等于曹娥埭，進屯豐山，堅實降。遂攻破越州，漢宏走台州，刺史執漢宏送鏐，斬于會稽。鏐奏昌代漢宏，而自居杭州。光啓三年，拜鏐左衛大將軍、杭州刺史。是歲潤州帥周寶奔常州，鏐遣將成及、杜稜等攻常州，取寶以歸，昭宗拜鏐杭州防禦使。是時楊行密據淮南，鏐取蘇、常。唐升越州威勝軍，以昌為節度使，杭州武勝軍，拜鏐都團練使。景福二年，拜鎮海軍節度使。乾寧二年，董昌反，昭宗封鏐彭城郡王、浙江東道招討使。昌遣將崔溫等屯香嚴、石侯，鏐遣顧全武攻昌，斬溫。昌兵敗，全武執昌歸杭州，行至西小江，昌投水死。拜鏐鎮海、鎮東軍節度使，加檢校太尉中書令賜鐵券鏐如越州受命還治錢塘號越州為東府光化元年移鎮海軍于杭州加鏐檢校太師婺州刺史王壇叛楊行密遣將康儒應壇鏐敗儒于新諸壇奔宣州天福[復]二年封越王天祐元年封吳王梁太祖即位封吳越王開平二年加鏐守中書令四年楊渥將周本陳章圍蘇州鏐遣弟鏢救之大敗本等乾化元年加鏐守尚書令兼淮南宣潤道[府]四面行營都統制貞明三年加鏐天下兵馬都元帥開宮[府]置官屬唐莊宗入洛陽賜鏐玉冊金印鏐以鎮海等軍節度授其子元瓘自稱吳越國王長興三年卒年八十一謚曰武肅

錢元瓘

（五代史吳越世家）原名傳瓘字明寶襲封吳越國王天福六年卒謚文穆（十國春秋）處州刺史盧約弟信寇永嘉傳瓘承王命伐永嘉信列巨舟四十艘于清溪海門以邀我師傳瓘謂諸將曰賊銳卒盡在此矣姑弗與戰當由他道竟襲賊壘出其不意必成擒也于是自安固江登陸而襲之遂斬信（資治通鑑）吳行[營]招討使李濤帥眾二萬出千秋嶺以攻吳越衣錦軍鏐以傳瓘為北面[應援]都指揮使救之千秋嶺險狹傳瓘[使人]伐木以斷吳軍之後而擊之吳軍大敗擒濤以歸吳遣宣州副指揮使花虔將兵會廣德鎮使渦信屯廣德將復寇衣錦軍傳瓘就攻之拔廣德獲虔信以歸（文獻通考）錢鏐大舉伐吳以傳瓘為諸軍都指揮使帥戰艦五百艘自東洲以進吳遣將拒之傳瓘命每船皆載灰豆及沙戰于狼山江吳船乘風而進傳瓘引舟避之既過自後隨之吳回船與戰傳瓘使揚風揚灰吳人不能開目及船舷相接傳瓘使散沙于己船而散豆于吳船豆為戰血所漬吳人踐之皆僵仆傳瓘因縱火焚吳船吳兵大敗

錢弘佐

（十國春秋）字元祐文穆王第六子天福六年即王位開運三年南唐李景攻閩、李弘達更名達達將徐仁宴等奉表稱臣乞師王命內牙都監使水邱昭券專掌用兵內都監使程昭悅掌應援饋運而以軍謀委丞相元德昭遣統軍使張筠趙承泰將兵三萬水陸救福州十一月兵至福州自罾浦南潛入州城唐兵進據東武門戰之不利十二年三月王遣將余安自海道救福州兵至白蝦浦海岸淖泥方布竹簣以行唐軍聚射之簣不得施縱兵登岸大呼

奮擊大破唐兵獲其將楊臣業蔡遇等器械數十萬逢引兵入福州李達舉所部歸附五月凱旋六月王薨謚忠獻

成及

（吳越備史）字弘濟錢塘人咸通中拌山賊逐齊冠隸八都以富春鎮為靜江都將屬劉漢宏作亂與武肅王同事攻討漢宏鎮將孟安謀亂即席奮劍將犯王及舉胡林制之因執孟安就戮復為靜江鎮將光啓中命征潤州薛朗常州刺史丁從實具牛酒犒師遣美女于諸將及取而斬之餘黨不納因克之尋平潤州授充常州防禦使尋為蘇州刺史執寧將淮人圍姑蘇常熟鎮將陸郢叛梲郭用與其黨趙郜以城應城陷及至淮南楊行密辟為行軍司馬及曰以百口托于錢塘不幸城陷至此豈宜復以本道符節護富貴于隣境乃引佩刀自刺行密遽止之學禮而歸為署鎮海軍節度副使天復中王巡衣錦軍命武勇都將士治濟泗軍中作亂及護王駕迴至北郭王微服將入城及乃代秉王東行與賊鬬王遣浮入累援保大彰義等軍節度使

杜稜

（十國春秋）字騰雲新城人唐乾符廣明間盜賊冠掠兩浙杭州緣諸縣鄉兵討之稜為東安都將更號武安營八都董昌為長武肅王副之僖宗拜王為杭州刺史稜傾心事之潤州牙將劉浩逐其帥周寶奔常州浩推薛朗為帥王命稜與成及既結討之敗其將丁重德趙君度取常州奉寶歸杭降常州制度置使大順二年王以淮南數侵邊境令稜築東安城自固稜相險易度資用因山為城環城以池越十月而訖事王領鎮海節度使稜充副使王討董昌昌乞師淮南淮南將田頵安仁義率眾攻東安稜憑城自守會乏水穿井百尺不得泉稜默禱于神泉即擁地出頵仁義號勇將稜櫓翔空矢石交并稜隨機應敵斃淮南兵于城外者無算唐進稜行軍司馬累官潤州刺史

吳公約

（十國春秋）字處仁餘杭人黃巢之亂杭州八都既建已而析為十三都公約其一也初負膽略為縣豪會來自起兵應募西討以功置西桂鎮遏使未幾從董昌擊黃巢于西郡加御史中丞奏置都頭改峽石為訓兵之所推舉破鋭日有聲稱武肅王破越州公約驍果先登兵罷拜于牛衛將軍劉浩平錄

功推散騎常侍徐約陷蘇州王委公約專征援北面諸軍行營招討使充蘇州
援義和鎮遏使兼本軍水陸都遊奕使淮人侵擾公約扞禦彊域屢挫敵鋒遷
工部尚書俄改刑戶
二部乾寧四年卒

馬綽（吳越備史）餘杭人初與錢鏐俱事董昌昌使鏐閱部伍亡其名籍鏐因歷唱
之存亡健悍皆無遺失綽密謂鏐曰老子忌猜駭公強記當必相圖乃以白
紙數書授鏐若代軍籍者鏐深德之因以其妹歸綽綽隨昌于越州尋棄家犇
鏐授諸城都指揮使徐綰之亂綽有發懸門功鏐命子元璀納綽女綽累職鎮
東軍節度副使兩浙行軍司馬
睦州刺史雄武軍節度使卒

杜建徽（吳越備史）稜子少強勇常于山莊搆小茆齋私署軍州押衙紀于楝稜加
督責對曰大丈夫何止一軍事押衙耶稜歸武肅王建徽以父命盡心于
王稜在常州為淮南所逼建徽馳赴父難未及境而城已拔及率部還新登及
稜自淮南歸軍中廢置無改稜辟之累從征伐皆單衣入陣賊衆無不披靡軍
中謂之虎子徐綰之亂馳入援賊將聚木焚北門建徽持火鉤取其木先焚之
賊計遂罷睦州陳詢叛王以建徽為詢姻婭使馬綽伺其意建徽曰陳氏負恩
背義徽既姻婭義當見疑然累書數諭皇天后土苟或鑒照則拔城獲書方明
徽心耳俄有睦州廳吏來降持建徽所遺書至王嘉歎久之每朝會王必指之
曰此杜丞相今日忝有一方多其力也忠獻王時建徽春秋高尚能騎射嘗從
擊毬于廣場與酣有宿中箭鏃自臂中飛出人皆壯之歷官自武安都將至汪
源昭化等軍節度使吳越國
丞相封鄖國公年八十八卒

宋

錢惟濬（宋史新編）字禹川俶子載數歲俶表授節度副使檢校太保宋初領建武
軍節度加至太尉後授鎮東等軍節度大軍征金陵惟濬從俶下毘陵以

功加平章事太宗即位加兼侍中俶獻地徙淮南節度加檢校太師從平太原
征幽薊又從幸大名雍熙中歷鎮安州端拱初封肅國公加兼中書令淳化初
卒追封邠王謚安僖

沈晦（宋史新編）字元用錢塘人遘之孫宣和進士除校書郎遷著作佐郎金人攻
汴京從肅王樞出質斡离不軍還為給事中高宗即位除集賢殿修撰歷知
建康府紹興四年為廣西經畧兼知靜江府先是南州土酋莫公晟歸朝授本
路鈐轄羈縻之歲久遁去旁結諸洞土為邊患晦招誘諸酋喻以威信皆詣府
請降晦犒遣之結誓而去自是公晟孤立不復犯邊晦在郡歲買
馬三千匹進徽猷閣學士名赴行在除知衢州改潭州奉祠卒

俞灝（咸淳臨安志）字商卿世居杭登紹熙四年第仕淮東宣撫佐畢再遇敗山陽
灝料金必窺采石請回軍石梁河以遏其鋒金持虛不入而遁再遇知揚州
過平湖海多灝計畫再遇欲誅脅從者灝救活甚眾開禧議開邊灝言輕脫
寡謀之人不可信趙良嗣張覺往轍可鑒歷秉旄節皆有聲寶慶二年致仕

明

楊寧（獻徵錄）字彥謐錢塘人宣德進士拜刑部主事正統己未隨征麓川師次境
上賊遣人款軍門約降主將欲許之寧曰不可兵未加而款降是誘我也弗
聽曰必欲許之請嚴兵以備不虞眾謂寧迂檄令督運于金齒不旬月賊眾奄
至士卒多陷還京將兵者率被遣寧陞郎中辛酉大舉伐麓川總督王驥仍以
寧行寧督戰渡江攻上江賊砦賊矢石如雨寧奮不顧身督戰益力士卒咸用
命遂克之又進攻杉木籠山賊柵險拒守寧曰賊狃于前勝當多方以誤之使
不暇得力乃可圖驥用其言令諸將各視形便以進諸將俱奮連破七砦乘勢
搗賊巢圍之因東風舉火烟焰漲天賊不知所為死鋒鏑及陷崖溺水者不計
其數師還陞刑部右侍郎奉命參贊雲南軍務至則練兵伍督耕屯懷撫遠人
民爭悅服時麓川賊首遁于緬寧簡銳師若將有所向者先遣使奉詞責緬緬

人體求出賊自效，卒誅大憝，函其首以獻。未幾，閩浙東廣寇而發，江右密邇三境，命寧延撫寧，至按視郡縣當賊衝者，增城垣，立排柵，以斷要路，團集鄉兵，訓以武藝，賊有侵軼者，輒擊斬之，以故賊聞風畏避不敢犯。景泰初，遷京，拜禮部尚書，調南京刑部，天順改元致仕。

鄭

顒（獻徵錄）字士昂，錢塘人，宣德舉人，授江西樂安縣教諭。邑無賴曾子良、華嘯聚大盤山，顒率民兵出戰，賊潰，邑賴以寧。擢監察御史，陞雲南按察司副使。時麓川思机發不靖，，遠伯王驥薦顒參贊總兵征南將軍沐昂軍務。苗賊攻圍貴州，地方告急，顒曰：「唇亡則齒寒。」即與總兵調兵策應，賊聞之宵遁。烏撒、畢節、赤水、永寧始路胥被賊燒燬，遣指揮使楊濬率軍整葺之。騰衝與麓川接壤，添設衛所，顒區畫布置，立營以居，分田以耕，立市井，有無相易，保障益固。陞大理寺少卿，督理糧餉，陞右僉都御史，參贊如舊。思机發竄伏緬甸，朝貢欲發兵征捕，顒奏遣都指揮等官往諭之，緬甸即出思机發之母子妻女械送京師。陞左僉都御史，調福建按察司副使。

沈

慶（嘉靖餘姚縣志）字仲會，學博才贍，尤精兵法，宣德舉人，官翰林院五經博士。大學士陳循薦直大用，陞湖廣按察司僉事。時靖州五開等處苗賊生發，把截道路，慶相地設官，鑿山濬河，自偏道鎮直抵黃平，迂道千餘里，擇壕立兵，以地利制賊，，李珍蒙能大肆猖獗，慶親率兵突陣，殲厥渠魁，擒其黨二百餘人。陞本司副使，延邊整飭兵備。成化初，復領漢土官兵十餘萬衆，進攻臘屋、桃林、武岡、南洞等處，一鼓擒獲，賊境悉平。進階亞中大夫，請老歸。

王

業（兩浙名賢錄）字時泰，世襲仁和衛副千戶。業年十六襲職，京師遠車駕北征，例當扈從，業在軍中動循紀律，而勇略過人。既凱還，任吉安，專督七事，一事政務咸咨焉。禍花峒寇作，業往平之。永豐大盤山賊首曾子良聚衆劫殺，郡守陳本深謀于業，，奮然曰：「兵固不敢擅調，然民患之急，可坐視乎？」即日選精兵二百餘人，倍道以行。或諷其急，業曰：「彼烏合之衆，少緩則有備。」將至，逼其營壘，加鼓而勝之。捷聞，陞本所正千戶。閩浙寇起，遣大將寧陽侯往討之，吉安軍當調集統以征溪都督劉昇殺丁公應賊大軍潰而業軍楓全因歎曰吾不得用其智而制于人上不能為朝廷殺賊下不能為生民除害何以為人臣遂鬱憤卒

蔣琳（成化杭州府志）錢塘人驍勇清強鷙銳勇于立功巡撫貴州提督總兵軍馬先是苗寇數官軍屢挫琳至計須編離而總兵以下難之琳乃躬為之奮率先以征一鼓直抵巢穴掃迅而還璽書褒嘉有忠誠謀勇盡心為國之語自是諸苗斂畏後生于讞黨生死

崔端（兩浙名賢錄、成化杭州府志）字惟正海寧衛指揮僉事偉軀幹多膂力精騎射景泰間倭入貢還所過求索至操刃手人浙藩檄端防護端耀兵戒旅臨之以威倭酋帖服無何處婺山民相扇為亂都督徐恭統兵勦之聞端才檄為前鋒端率勁兵搗其巢生擒賊首陶得禮上功幕府進指揮同知備倭把總分守浙東端感激自奮水陸之行無一日休而勞頓困憊疽發于背疾革大呼曰大丈夫不以馬革裹尸竟死于牀第間乎言畢而逝

彭信（杭州府志）字中孚仁和人景泰進士巡按廣東時嶺南未靖武將專征頤易信儒生及出師誓衆為帥指陳方略揆度事機切中肯綮卒之殄滅狡寇兵無挫衄信功為多得奏師還以所得賞讓信信曰吾文士也吾身有階矣以武為人多其不伐改按陝西成化初擢順天府丞卒于官

洪鍾（毛奇齡洪鍾傳）字宣之錢塘人成化進士授刑部主事江西福建賊新定鍾奉使安置歸言福建武平上杭清流永定及江西安遠龍南與廣東程鄉率流移混雜習鬬爭以武力相尚故易亂宜令有司立鄉社學銷兵器教之詩書禮讓以化其嚚悍時謂知本之言弘治中陞四川按察使時安民世據馬湖恃力為一方患鍾設策去之而請吏治其地歷陞右副都御史巡撫順天兼整飭薊州諸邊備鍾增築邊牆延亘千餘里繕復城堡二百七十且建城沿邊諸寨改雲貴巡撫督理漕運正德中以左都太子少保出總川陝湖北四省軍務時沔陽洞庭水寇鄖仁楊清攻掠城邑鍾調土漢官兵分道進勦敗賊于麻穰灘賊平藍五鄢老人倡亂烏合十萬餘人鍾督兵進勦賊敗求撫然竟在緩師且欲得旗牌官為質劫掠如故鍾佯許之會藍五以所掠女作己女飾嫁永順土

舍彭世麟以結惟世麟白軍門受之鐘令薦五所親解于全說五及老人師賊眾王全珠等來會伏發盡擒之眾聞變大潰鐘遣諸路兵分道追勦擒斬七百餘人招降十餘萬露布以聞其後土官楊友楊愛相仇殺為变流劫重慶保寧諸州縣鐘隨調兵勦平之進太子少保未幾乞歸卒謚襄惠

陳洪濛（贛州志抄）字元飾臨安人嘉靖進士刑部主事歷遷江西按察副使九江兵備除戎器蒐卒補蒐完城堞盜起必窮其窟而洗之歷陞右副都御史巡撫貴州兼督川東辰沅諸軍施州麥黃中叛跳川東支羅斗欄坪國剽掠旁郡邑詔洪濛偕楚蜀二鎮合兵討之洪濛自川東率大軍入深箐多張疑兵誘其毒矢石殆盡間道募死士纔出其後急擊大破殺擄千五百餘級焚洞砦百餘蜀兵亦從西北躡之黃中追捉身入楚叩軍門請死時貴蜀有戰功而楚坐浮薗首蜀與楚爭功不能決洪濛謂不有勦者誰與撫地不有撫者誰與勦突且皆天威三省安得徼之疏上大司馬推洪濛能讓洪濛又與都督石邦憲合策破叛酋楊珂屬疾疏請骸骨許之當候代傳鎮遠印水巴狠苗普向等叛與疾劉平御史上前後功賜与金文綺加等

馮覲（海寧縣志）字晉叔嘉靖進士授職方郎庚戌之事覲守西直門撫軍詰奸威令整肅轉武選歷陞廣東左參政行部樂昌猝遇猺賊橫掠從者皆走覲獨衣冠端坐賊與之入巢求犒覲正色曰若不知馮參政耶安得犒賊乃復與覲出駐韶州覲手入巢時已窺其要害尋集勁卒千人出不意間道襲之達巢巨魁俘其黨百餘以出事聞擢按察使

宋應昌（獻徵錄）號桐岡仁和人嘉靖進士知絳州歷進副都御史巡撫山東首請加意備海復營衛巡司諸舊制萬曆壬辰倭寇入朝鮮國王李昖走義州拜應昌兵部右侍郎經畧遼薊山東保定等處防海禦倭軍務應昌臘月與提督李如松踏冰渡江正月兵薄平壤城倭將平行長築飛樓鑿墻穴守牡丹峯以相掎角應昌指授方畧圍其三門外布鐵蒺藜數重火器齊發毒烟蔽空大軍含解華仰面攀附而上諸門盡破斬首焚溺死者無算行長捲營遁時聚倭

三十餘萬當八道之中去釜山千五百里倭不退朝鮮不可復慮昌晝依山俯攻之策夜令死士以明火箭射燒龍山倉十三座糧盡倭棄去應昌又遣兵追擊至南原又追及晉州斬級甚衆倭自此仍還釜山舊巢復遣通熊川西生浦是役也索回王子陪臣宰春百餘人斬倭首二千餘級克復平壤開城還故地二千五百里甲午三月留劉綎兵居守乞骸歸

郭孝（仁和縣志）字可忠嘉靖進士任刑部主事歷湖廣僉事備兵惠潮嶺表盜賊充斥巨寇曾一本林道乾爲之魁巨艦乘風出沒波濤間孝至大修戰具遣人諭以禍福道乾倒戈降而一本獨頑梗不受撫因檄閩廣兵赴日大舉孝親執枹鼓立矢石間士氣百倍遂大破之一本遁去調河南再遷江西副使分地饒南饒撫帶長江洪濤千里盜賊剽掠行旅苦之孝增置戰艦星布要津賊即受捕江道遂清言獲碭盜數百人悉杖而遣之曰此貧乏者求延旦夕耳不以聞也尋轉福建左參政過莆陽環視城形三面平曠東南外擁高山城俯接其下孝曰此奇賓也增闢城址圍其山于城中陞貴州按察使致仕歸

盛德（於潛縣志）字大本以明經入太學授南城兵馬司副遷鎮江府通判時海寇王良哲猖獗畢司命德領前隊往勤德鼓衆乘風夜抵賊舟良驚以爲神赴水遁去衆亂遂殲之隨撫其降卒二人爲鄉導直搗其巢生擒良以歸大帥湯衰駐師四十里外聞報揚帆遂至盡攘其功僅獲賚宴加級尋以疾致仕歸

江鐸（獻徵錄）字士振仁和人萬曆進士授刑部主事出守福州歷陞山西參政晉鐸按察使播酋楊應龍久于蜀擢鐸僉都御史巡撫偏沅特總督李化龍分八道進兵川師四路黔師三路鐸統楚師次黃沙因一路分兩翼由白泥由龍泉夾攻板角關破之再進破瑪瑙長坎保子等囤奪梧木關進屯青蛇囤遂入三渡關乘勝直抵海龍囤海龍于諸險中爲最賊負嵎特暑雨甚藤箐中多重風毒霧師洋勝入而餉不繼鐸改長運爲接運每三十里設營置運卒數千前運未行後運已來載而待士乃宿飽破土月二城應龍自縊洞蠻皮林在湖貴交與九股苗相接有洪國佐者洪州司特洞塞苗也往來諸洞寨習其酋々咸推服

之逆又合其黨石寨大攻上黄堡敗參將黄沖青纈拵屯堡七十餘鐸命總兵陳璘率副將李文遇等七道以進擒苗酋銀貢等攻破特洞焚之國佐逃天浦逆復之石纂太逃廣西上巖山指揮徐時達誘縛之賊黨楊永祿率眾萬餘屯白沖遊擊沈弘猷等夾攻生擒永祿諸苗悉平旋以勞疾歸卒贈兵部右侍郎

洪瞻祖（杭州府志）字誥孫鍾曾孫也萬曆進士由庶吉士為兵科給事中烏江當貴播之界南岸則烏江關循江而下北屬播南屬播水西稍侵界土總督王象乾責水西退出所侵地欲以為功瞻祖謂安氏二百年來與流官無異其兵則勇冠諸苗其人則愚而戀主其地則滇南門戶督臣何故爭之且沙溪撮土所爭幾何全播之間得不償失智者不為也神宗以兵科議是會廷綏總兵麻承恩陳璘納賂兵部尚書有所致援瞻祖疏劾本兵通賊私污廷議首補沈一貫不能庇乃浮罪去中察與補嘉定丞擢南行人副歷陞右都御史巡撫南贛時閩廣黠賊匿深箐中官軍多失利瞻祖檄諸郡兵分路合勦身歷蠻瘴中越嶺渡汀冒矢石執桴鼓斬賊渠了婆等一千餘人殲員子山等三十餘巢奪還男婦牛馬器械無算四省合奏其功而瞻祖已乞骸歸家居四十餘年卒

盛本一（於潛縣志）字子元萬曆選貢授山東平度州同知剿盜劉鳳鳶兄弟五人久為州患本一聽其四掠故弗救密遣心腹投賊遂設伏要害獲鳳鳶等餘眾悉就撫老稚羅拜曰十年之冤賴公殲于一旦因立石頌功

許嵩俊（餘杭縣志）崇禎間由吏員任廣東曲江主簿值流寇圍城據帽頂山俯瞰城中嵩俊夜簡壯士斫其營一鼓奪之賊善妖術城門忽自開嵩俊急撤屋材沿城樹柵賊不得入又詗知賊間在城中者啖以重利反為我用誘妖首近城取首伏壯士出不意擒之賊計回解圍去城賴以全陞本省惠州經歷

國朝

趙廷標（錢塘縣志）字叔文順治三年以諸生從軍除福建永定縣知縣境久藪賊廷標至會迎春東郊農甲隍間而集諸耆老率兒童伎樂張綵設伏闤闠

都以迎賊不疑有備羣趨之覆起掩殺環數十里餘賊散去遷湖廣衡州府同知攝府事督撫共薦遷常保分守道康熙辛丑偕兵安普撫冀贊諸蠻寧州彌勒州各土官誘諸蠻反征蠻軍四出以其標監軍決策行間復故時維摩地安慰巴蠻八旬間諸蠻以寧調廣東廣肇南韶道川湖兩廣八排嶺諸寇聞其標至立解連州寇起鎮臣以勒捕方略委其標諸寇聞即就撫補長沙鹽驛道先是長沙陷賊甫恢復軍書旁午留安械杖舟師策役征徭去來者絡繹于路其標糈給不悞晷刻因併理糧儲道事戊辰遷陝西糧儲道以病辭上會武昌兵變羽書來湘潭其標發起視事畫課儲峙夜巡警以防竊發累月病甚乞歸卒

王玉璧（公舉事實）字琹珩仁和人武鄉試第一順治壬辰會試復第一殿試第一甲第一授福建都督僉事時海寇屯漳攻泉州興化屬邑惠安同安告失而漳之南靖長泰漳浦詔安四縣先陷于賊玉璧復惠安同安解泉州圍隨從提督恢復漳城并四縣玉璧以諸邑淪陷且漳城兵燹之餘餉餫已盡請免諸邑罪民以築城淘寇復突陷閩安鎮直逼省城巡撫宜來責命玉璧偕撫標分頭堵禦帶兵不滿三百出奇力戰用大砲破賊木城于西城龍腰斬奪雲梯生擒賊首楊炯韓泰等賊遁去而城獲全陞陝西延綏定邊都督同知調天津衛總兵致仕家居三十年年九十卒

嘉興府

漢

朱買臣（漢書本傳）字翁子會稽人武帝時召待詔時東越數反覆買臣言故東越王居保泉山一人守險千人不得上今更徙南行去泉山五百里居大澤中今發兵浮海直指泉山陳舟列兵席卷南行可破滅也帝拜買臣會稽太守居歲餘買臣受詔將兵與橫海將軍韓說等俱擊南[東]越有功徵入為主爵都尉

宋

王子武（兩浙名賢錄）嘉興人初為統軍時寇方熾作亂横行州邑來攻秀州去城南一舍而陣衆號十萬子武白太守曰今日之政公職守子武職戰請背城借一以報國乃下令簡精銳五百人長矛在前短矛在後弓矢分左右翼夾射遂啓門鼓噪而出太守復率百姓登陴擂鼓發喊以助之屋瓦皆震戰士勇氣百倍以一當百賊大敗奔潰追奔數十里斬首五千級築京觀五以表其功賊遂退遁臨安不敢北向以窺江淮者由子武以孤軍遏之丶力也

明

彭程（海鹽文獻志）襲指揮僉事素負膽畧知天文正統十三年寇鄧茂七擾延平程率兵往征十四年正月哨延平下營遇其帥招飲程移營不赴夜賊偷營不值明發帥問故程曰下營時有怪風占必有偷營者以故移營軍中欽其神明是時都閫帥大兵屯一山程兵寨傍溪下營寇首朱必森率衆隔溪呼而指之曰我去先殺盡大營回鋒盡殺此營程聞謂衆兵曰賊回我等虀粉矣衆須奮勇盡死力一戰方得生寇果勝回下溪水挑戰程兵跣足迎之半渡寇鞋韈沍水擊之大敗追數里程初率兵赴沿山圍木栅作城以拒寇丶數挑戰軍士郭阿保善舞牌劉查驢善使鐵叉郭先跳出木城有驍寇從高斧之郭以牌迎斧隨勢伏地劉繼以叉架其斧郭閃牌起斬馬足寇墜劉刺之斃乘勝進攻寇大敗牌盡黑遥寇望見黑遥牌輒驚曰彭軍至矣急遁去攻後洋前洋寨鷲峯山大竹口嚴家島黄金井黑斬首數百級擒首寇三招撫一千二百三十餘九月凱還景泰元年二月寇葉宗留復叛率兵往征五月守永康七月游義沙灘渡大戰十一月次鹿水西溪搜山十二月哨白姆沿滄攻麻洋龍潭破二年五月天井背大戰追至紫草巷同春寨斬首無算擒首寇五三年陞指揮同知

姚鵬（兩浙名賢錄）字鳴南崇德人弘治進士授龍溪知縣陞工部主事歷知韶州府時廣寇高快馬長朱白毛者嘯聚數千餘人焚劫州縣當道以鵬才請于朝特給令牌便宜進討甫三月而殲其魁餘黨悉平又土酋岑猛據險犯順莫敢攖其鋒鵬身入其巢百計開諭圖其形勢而出提督按圖期會進兵除勒攉

秀州

福建鹽運司使尋陞
山東布政使以疾卒

沈伯龍（分省人物考）字雲鄉嘉興人嘉靖乙丑進士為內江令有惠政時直指貪悍數伺其隙而不得及伯龍內召將行直指盛氣而前盡發其行槖止俸數金直指赧顏退補禮科給事中內守川南會有九絲之亂九絲負險以抗有司率不敢問伯龍奮然語諸從事曰入臣妾身事君政在今日諸君何更待耶諸將皆奮遂躬自督陣親冒矢石捷聞陞俸一級時象猓作叛督撫以兵五萬專屬之伯龍伯龍謂解甲未久不堪復戰遂呼猓眾諭以國威猓歡呼動地縛三渠魁以獻仕至山東按察使歸

吳鵬（萬曆秀水縣志）字萬里嘉靖進士參議黔中適福酋桀驁不恭奉詔往諭福伏地稽首謝罪安南遂定黔賊陣日揮捷險以叛鵬親冒矢石率驍將擒之諸洞悉平督理漕河師尚詔攻陷歸德鵬倉卒調兵擒其梟將王千斛等賊首逋新捕無算陞工部尚書

馬繼武（萬曆嘉興府志）海寧衛指揮呈圖子呈圖與倭戰死繼武每以父讐為恨萬曆八年四月有倭船泊岸繼武親督官兵戰于西磯海洋擊沉倭船生擒倭數十親斬酋首陞成郎又于大陳洋岐外生擒倭數名斬首數十師旋松門設父呈圖位集前後倭首列祭于前慟哭再拜擢江南副總兵累陞都督僉事提督大教場水陸官兵總理協倭等務卒于官

盛萬年（嘉禾獻徵錄）字伯恭秀水人萬曆進士授刑部主事歷廣東參政分守嶺西辛丑四月倭寇吳川邑故濱海憑限門為天險閩有海舶名曰䑸者往來貿易奸徒勾倭藏其中入限門登陸焚劫萬年躬義勇配狼兵協力出戰賊宵遁五月倭大舉寇雷州萬年在高州聞報曰高雷相去六百里從陸往賊必知之非拒則遁若從海道一日可至出其不意必成擒矣乃料戰艦六十艘揚帆抵雷倭方掠民廬燕飲官軍從市口撤屋而焚之賊奔突不得出殲焉六

月後寇廣州萬年又令進擊黃某拒之俘馘五十況其幐幢二自是賊不敢復犯粵制請添右江監司部議以萬年往建署賓州時柳賓劇賊寇暴各土司黃文輝投以方略出奇搗其巢攻破石牌中埠邑鼓邑雨等寨賓州平惟遷江縣格春感岸中謝等賊桀驁難制萬年請調廣東兵二千來會于賓佐以本營分路搜賊寨深入俘斬二百餘悉招降遷江亦平時柳州劉天仙陸大成等賊謂官軍急賓未暇及已萬年別檄土司各以計擒其渠魁餘皆潰散柳州平明年巡至柳州諜報賊衆數千將以夜半渡江乃令移舟載火具夜往

伺賊半渡而擊之賊大潰自是遂無賊患遷江西按察使致仕

賀萬祚（朱彝尊賀萬祚祠堂碑）字孝延秀水人萬曆進士歷遷山東按察使僉事提督學政妖賊徐鴻儒倡白蓮教遠近嚮惑萬祚佐巡撫指畫卒以決勝遷廣西布政司參政分守左江道土寇胡扶記為亂萬祚以方畧獲之招降莫敬龍所部千人置之內地別部帥扶恭三以兵出掠敬龍生擒以獻羣蠻懾服境內盜賊悉平鎮安土司岑繼祥與歸順土司岑大倫為仇潛通安南莫敬寬容以騎象掩殺大倫劫官男州印去當事者欲徼功謀討安南萬祚曰鎮安土司世受冠帶一旦敢為禍首舍此不問問安南非計也宜治鎮安以漢法詰責安南聽其服罪當事者從其言敬寬果輸服送還官男州印轉江西右布政使分守嶺北道流賊方肆焚劫圍定安破安遠萬

祚至相視羊角口背諸營俘賊聞有備引去

朱泰禎（嘉興府志）字道子海鹽人萬曆進士授龍巖知縣擢御史巡按雲南黔寇斷滇道泰禎自成都發蜀中兵開道建昌踰大小丞相嶺絕金沙江擒賊首烏利長驅入雲南水西川東烏撒三大寇合數十萬犯霑益守兵僅六千泰禎董率道將擊走之斬首數千水藺烏三大寇復犯炎方泰禎樹柵為城設伏待之賊殊死鬭諸軍驅象陣橫擊之賊大奔擒奄戈資俘斬之築四石城于炎方曰懷德畏威招攜懷遠樹京觀立銘紀功為黔國公啓元不奉法泰禎撰諭啟元共理兵事滇黔以安遷徽州府知事陞南京刑部主事卒于官

康承爵（嘉興府志）字德徵萬曆武進士授衛鎮撫遷浙撫中軍陞神机營遊擊清勾羽林軍時魏璫用事承爵力求外補出守廣東破惠州山寇葉文林海寇劉香等轉廣西右叅平龍山賊崇禎初分守台金嚴破海寇張弘銘擢閩晉秩副總兵明亡遂歸死于當湖

柯元方（錢謙益柯元方墓誌）字月傳嘉善人崇禎進士授建寧府推官署篆試浦城浦城接壤壽寧江山萑藪賊盤互剽掠元方募壯勇設閒諜擒賊首五大王餘黨竄伏元方遷都監司憒師頓以遺寇嗾元方坐鐫一級已而賊嘯括浦約日取浦城方方詗知之午夜勒郡邑兵分道掩捕質明七十餘酋反手就縛諸大吏驚相告曰是男能辦賊非緬胸紲賊者當元方鐫級將屬邑令晏允桑輿直指抗辯而閩人亦相率訟言之卒用浮直解官歸居十五年而卒

方戭之（嘉興府志）字耆定海鹽人以世官陞南京大教場坐營都司大閱營兵扶御離伍歷階上戭之按劍叱之兵遂返退叅告司馬捕斬亂首擢瀏河遊擊全山叅將轉臨沅副總兵安奮二賊梗滇黔戭之自廣林烏蠻澀越棧度崑崙閩自交趾界達臨安抱守楊林水簡烏寇大至進屯馬龍州挺壑設伏對山多張旗幟以疑之賊聞壘不出戭之驅象馬直衝之賊大潰斬首四千級捷聞陞漳泉副總兵第著名聲必反瀕行告之黔國及撫臣既至漳將舟師逐鍾斌合鄭芝龍烏尾船圍之斌窮蹙沉海死舟積金銀七艙戭之禁官兵秋毫無取捷聞論功名聲時籍飛語中之落職歸及名聲反黔國上其書稱先見雲撫錢士晉議起戭之討名聲以老病辭卒

國朝

錢江（贛州府志）字珥信秀水人順治己丑進士知瑞金縣縣有剽盜三曰陳其綸許勝可僧起忠忠擁銅鉢山聚僧兵千餘江廉得忠之仇為盜者移檄營將勒兵討之佯諭忠使物官兵擊賊目劫忠害殘其仇也信之以百餘騎來赴復遣人說之使偕數騎間道疾行來詣條畫賊情行數十里伏兵中路縛之餘黨

聚衆因諷其綸曰汝地險衆勁孰與銅鉢不釋甲且為超忠績其綸懼出租稅用吏教猶閩與其徒借交仇殺既而掠商賈市物會閩賊劉芳羅承俊等率衆附勝可嘯聚羅漢巖江請于虔撫大發兵勦之甲午八月大兵至江誡其師曰賊據絕險攻未易拔當長圍以困之師如誡賊既窘江祭軍中與勝可有舊者遣往諭降勝可欲就撫而餘黨多不服江語師曰當乘其懈疾擊之遂潛師夜進果擒勝可及閩賊十三人斬馘以千計師旋江預訂來歲師期咨陳幕府乙未春虔撫出師聲言援漳實圖其綸遣別將〻兵直趨賢境江會之進兵大柏山親部勦鄉勇攻其北赴漳之師轉而繞其南陣獲俘斬無算其綸潰圍走移諸將分地搜捕獲之于烏橋崠一時賊渠皆被擒無一脫者江在任興復雲龍橋民不病涉均里役俾貧富無相貿攻績多可紀

譚吉璁（嘉興府志）字舟石嘉興人由內閣中書遷榆林同知會滇蜀用兵上官檄吉璁轉餉入蜀至寧羌州遇亂撫軍撤鎮還棧道路絕吉璁間道涉黑水峪七晝夜達盩厔康熙十四年定邊副將朱龍反直逼波羅堡〻距榆不百里榆林道高光祉問計安出吉璁具畫利害狀光祉是之募壯士編什伍明號令聚熾幟晝陴而守吉璁宿城上晝夜調兵食衆賴以安綏德周紱明衆數千入神木與叛將孫崇雅合攻陷延安榆兵迎戰不利城中偶語籍〻多欲出降光祉夜呼吉璁曰事急矣鎮兵疲不足仗奈何吉璁奮髯大呼曰死譚吉璁分也出諭士民曰忠臣義與高公為之豈責若輩死然所以死守者正為若輩計耳賊一入城子女玉帛皆賊有且若輩今日降明日大軍至無噍類矣衆泣且拜曰公言是光祉出千金吉璁益以數百金間道渡河買粟于保德河曲以兵突圍衛之入人心始堅王師至圍始解榆林既解嚴響水清平鎮羅諸堡猶為賊保聚吉璁單騎諭降之馳至神木檄崇雅紱明曉以禍福崇雅紱明亦以衆降事平上功加一級久之調知登州遘疾卒

三國吳

朱治（三國吳志本傳）字君理，故鄣人。隨孫堅征伐，中平五年討長沙、零、桂等三郡賊有功，堅表治行都尉。從破董卓于陽人，表治行督軍校尉。堅薨，治扶翼策，依就袁術。後勸策還平江東。太傅馬日磾在壽春，辟治為掾，遷吳郡都尉。治從錢唐欲進到吳，吳郡太守許貢拒之于由拳，治與戰，大破之，遂入郡領太守事。建安七年，權表治為九真太守，行扶義將軍，征討夷越，佐定東南，禽截黃巾餘類陳敗、萬秉等。黃武元年封毗陵侯，領郡如故。二年徙封故鄣。三年卒。

朱然（三國吳志本傳）字義封，治姊子，本姓施。初治未有子，啟策乞以為嗣。權以然為餘姚長，還山陰令。分丹陽為臨川郡，然為太守。會山賊起，然平討，旬月而定。曹操出濡須，然備大塢及三關屯，拜偏將軍。呂蒙病篤，權問代者，蒙對曰：朱然膽守有餘，可任。蒙卒，權假然節，鎮江陵。黃武元年封永安侯。魏遣曹真、夏侯尚、張郃等攻江陵，文帝自住宛，為其勢援，連屯圍城。然中外斷絕，城中兵多腫病，堪戰者裁五千人。真等起土山，鑿地道，立樓櫓臨城，弓矢雨注，將士皆失色，然晏如無恐意，厲吏士，伺間隙，攻破兩屯。魏攻圍然凡六月，未退，不能克，乃徹攻退還。然名震敵國，改封當陽侯。六年，權自率眾攻石陽，旋師，潘璋斷後，夜出錯亂，敵追擊璋，然即還住拒敵，使前船得引極遠，徐乃後發。黃龍元年拜車騎將軍、右護軍。赤烏九年征柤中，魏將李興等聞然深入，率步騎六千斷然後道，然夜出逆之，軍以勝。拜為左大司馬、右軍師。十二年卒。

晉

沈田子（宋書自序）字敬光，吳興武康人。從高祖克京城，進平京邑，參鎮軍軍事，封營道縣五等侯。義熙五年，高祖北伐鮮卑，田子領偏師與龍驤將軍孟龍符為前鋒。慕容超屯臨朐以拒大軍，龍符戰沒，田子力戰破之。及盧循逼京邑，高祖遣田子與建威將軍孫季高海道襲廣州，加振武將軍。循黨徐道覆還保皆與田子復與右將軍劉藩同攻討循還廣州圍季高田子慮季高孤危率軍南還比至賊已收其散卒還圍廣州季高閉田子至大喜田子背水結陣身先士卒一戰破之又破循于蒼梧鬱林寧浦還至廣州而季高病死兵後山賊競出田子隨宜討伐旬日平殄還京除太尉參軍鎮武將軍賜爵都鄉侯八年從討劉毅十一年復從討司馬休之十二年高祖北伐田子與傅弘之領別軍從武關入屯據青泥姚泓軍數萬奄至田子兵裁數百欲擊之弘之曰彼衆我寡難可與敵田子曰師貴用奇不必在衆弘之猶固執田子曰衆寡相傾勢不兩立及其未整請之必克所謂先人有奪人之志也獨率所領鼓而進合圍數重撫慰士卒曰諸君捐親戚棄墳墓出矢石之間正希今日耳封侯之業其在此乎乃棄糧毀舍躬勤士卒前後奮擊所向摧陷所領江東勇士便習短兵鼓譟奔之賊衆潰散所殺萬餘人長安平高祖燕于文昌殿舉酒賜田子曰咸陽之平卿之功也即授咸陽始平二郡太守大軍既還桂陽公義真留鎮長安以田子為安西中兵參軍龍驤將軍始平太守時佛佛虜寇逼田子與安西司馬王鎮惡俱出北地禦之論者謂鎮惡欲盡殺諸南人以數千人送義真南還因據關中叛田子與弘之謀諸鎮惡計事使宗人敬仁于坐殺之率左右數十人自歸義真長史王脩收殺田子于長安稾倉門外

南北朝

沈林子

（南史沈約傳）林子字敬士田子弟少有大度孫恩屢出會稽武帝致討林子乃自歸盡室移京口從赴京城進平都邑及帝為揚州辟為從事領建熙令封資中縣五等侯從伐慕容超平盧循並著軍功復從征劉毅討司馬休之輙推鋒居前賊黨郭亮之屯據武陵林子率軍討之斬亮之于七里澗復討魯軌于石城軌棄衆走武帝伐姚泓參征西軍事加建武將軍統軍為前鋒從汴入河偽河東太守尹昭據蒲坂林子與冠軍檀道濟同攻蒲坂王鎮惡攻潼關泓遣姚紹據潼關林子及其未至并力爭之紹舉關右之衆設重圍圍林子及道濟鎮惡等道濟欲渡河避其鋒或欲棄輜重還赴武帝林子按劍曰下官

湖州

今日之事自為將軍辦之然二三君子同歷艱難荷恩罔極以此退撓亦何以見相公旗鼓邪塞并焚舍亦無全志率麾下數百人犯其西北紹衆小靡來其亂詩之紹大潰俘擒以千數悉獲紹器械資寶紹走還保定城留姚鸞精兵守嶮林子銜枚夜襲即屠其城劓鸞而坑其衆紹復遣姚讚將兵屯河上林子連破之紹又遣姚伯子等屯據九泉憑河固險以絕糧援武帝復遣林子累戰大破之斬伯子所俘獲悉以還紹使知王師之弘紹疽發背死讚統後軍復襲林子林子擊之連戰皆捷帝至閿鄉姚泓掃境內兵屯嶢柳沈田子自武關北入屯軍藍田泓自率大軍攻之帝遣林子步自秦嶺以相接援比至泓破走林子威震關中豪右望風請附長安平大軍來歸還至彭城帝令林子差次勳隨才授用文帝出鎮荊南以林子為西中郎中兵參軍領新興太守以佐命功封漢壽縣伯永初三年卒謚曰懷

沈慶之

（南史本傳）字弘先武康人孫恩寇武康慶之未冠隨鄉族擊之屢捷以勇聞趙倫之見而賞之命子伯符板為寧遠中兵參軍竟陵蠻為寇慶之設規畧擊破之永初二年除殿中員外將軍北侵隸檀道濟道濟白文帝稱慶之忠謹曉兵上使領隊防東掖門元嘉十九年雍州羣蠻大動以慶之為建威將軍率衆進討大破緣沔諸蠻後為孝武撫軍中兵參軍孝武以本號為雍州隨府西上征蠻寇屢有功還都復為廣陵王誕參軍雍州蠻又為寇慶之復隨誕伐沔北諸山蠻大破之羣蠻皆稽顙慶之患頭風好著狐皮帽羣蠻號曰蒼頭公每見慶之軍輒畏懼曰蒼頭公已復來矣二十七年遷太子步兵校尉至三十年孝武出次五洲總統羣帥慶之至詔受軍畧會元兇弒逆遣慶之引諸軍慶之處分自日內外整辦時皆謂神兵孝武踐阼以為領軍將軍封南昌縣公孝建元年魯爽反遣慶之與薛安都往討之安都斬爽進征北大將軍改封始興郡公大明三年竟陵王誕據廣陵反慶之帥衆討之至城下誕登樓謂曰沈君白首之年何為來此慶之曰朝廷以君狂愚不足勞少壯故使僕來耳塞塹造攻道立行樓土山并諸攻具每攻城身先士卒七月斬誕進司空四年西陽五

水蛮復為寇慶之統諸軍討平之前廢帝即位以為侍中太尉盡言諫爭帝遣其從子攸之齎藥賜死時年八十明帝即位追贈侍中司空謚曰襄公

沈法系（宋書沈慶之傳）慶之從弟法系字體先初為趙伯符將佐後隨慶之征五水蛮世祖伐劭以為南中郎參軍領三千人前發與柳元景至新亭元景居中營宗慤居西營法系居東營東營據岡賊攻元景法系臨射之所殺甚衆塹外樹悉伐之令倒賊來攻緣樹以進彭排多闘隊選善射手的發無不中死者交横事平以為寧朔將軍始興太守討蕭簡于廣州臺軍將至簡誑其衆曰臺軍是劭所遣並信之城内固守初世祖先遣鄧琬圍簡唯治一攻道法系至曰宜四面並攻若守一道何時可拔琬慮功不在己不從法系曰更相申五十日、盡又不克乃從之八道俱攻一日即拔斬簡廣州平封庫藏付琬而還官至驍騎將軍尋陽太守

沈攸之（南史本傳）字仲達慶之從父兄子也元嘉二十七年魏軍南攻攸之隨慶之征討二十九年征西陽蛮始補隊主巳口建義授南中郎府板長兼行參軍新亭之戰身被重創事寧為太尉行參軍封平洛縣五等侯又隨慶之征廣陵屢有功孝武以其善戰配以仇池步矟明帝即位四方反叛以攸之為寧朔將軍尋陽太守率軍據虎檻時王玄謨為大統未發前鋒有五軍在虎檻五軍後又絡繹繼至每夜各立姓號不相稟受攸之謂軍吏曰今衆軍同舉姓號不同若有呵叱便致駭亂請就一軍取號衆從之大破賊于赭圻尋進號輔國將軍督前鋒諸軍事薛常保在赭圻食盡賊帥劉胡屯濃湖以囊盛米繫流查及船腹陽覆船順風流下以餉赭圻攸之疑其有異遣人取船及流查大得囊米尋尅赭圻遷寧蛮校尉雍州刺史加都督袁顗率衆來入鵲尾相持久軍主張興世越鵲尾上據錢溪攸之率諸將攻濃湖錢溪信至大破賊攸之悉以錢溪所送胡軍耳鼻示之顗駭懼急追胡還諸軍悉力進攻胡棄衆而奔顗亦奔走妻棄資財珍寶山積攸之約所部不犯毫芥進平尋陽遷中領軍封貞陽縣公累遷郢州刺史泰豫元年以攸之為鎮西將軍荊州刺史順帝即位攸之浮

太后手詔令逵畢兵齊高帝遣衆軍西討攸之盡銳攻郢州郴世隆屢破之昇明二年還江陵自經死

章昭達

（南史本傳）字伯通武康人少時相者謂曰卿容貌甚善須小虧則富貴昭達因醉墮馬鬢角小傷昭達喜相者曰未也侯景之亂昭達率鄉人援臺城為流矢所中眇一目相者曰卿相善矣不久當富貴臺城陷昭達還鄉里與陳文帝遊侯景平文帝為吳興太守妻以將帥陳武帝謀討王僧辯令文帝還長城招聚兵衆以備杜龕頻使昭達往京口稟承計畫僧辯誅龕遣其將杜泰來攻昭達從文帝進軍吳興以討龕龕平又從討張彪于會稽尅之特留異擁據東陽武帝使昭達為長山令居其心腹天嘉元年封欣樂縣侯尋隨侯安都拒王琳昭達乘大艦中流而進先鋒發拍中賊艦琳平策勲第一除郢州刺史周迪據臨川及詔昭達便道征之迪敗走徵為護軍將軍改封邵武縣侯四年陳寶應納周迪共寇臨川又以昭達為都督討迪迪走昭達乃踰嶺討寶應與戰據上流為筏施拍其上壞其水柵又出兵攻其步卒方大合戰會文帝遣徐孝頃出海道達至因倂力乘之定閩中擒留異寶應以功授開府儀同三司尋授江州刺史光大時改封邵陵郡公宣帝即位歐陽紇據嶺南反詔昭達都督衆軍討之紇出頓洭口多聚沙石盛以竹籠置于水柵之外用遏舟艦昭達居其上流裝艦造拍以臨賊柵又令人銜刀潛行水中以斫竹籠籠篾解因縱大艦突之大敗紇禽送都廣州平進位司空太建二年率師征梁明帝于江陵明帝與周軍大蓄舟艦于青泥中昭達分遣偏將錢道戢程文季乘輕舟焚之周又于峽口南岸築壘名安蜀城于江上橫引大索編葦為橋以度軍糧昭達命軍士為長戟施樓船上仰割其索索斷糧絕因縱兵攻其城降之昭達奉命出征必晝夜倍道其克捷必推功將帥厨膳飲食並同羣下將士以此附之

沈恪

（陳書本傳）字子恭武康人梁新喻侯蕭暎為廣州以恪兼府中兵參軍常領兵討伐俚洞盧子畧反恪拒戰有功除貟外散騎侍郎侯景圍臺城起東西二土山以逼城城內亦作土山應之恪為東土山主晝夜拒戰以功封東興縣侯城陷恪間行歸鄉里高祖討侯景恪于東起兵相應賊平授都軍副高祖討

王僧辯將僧辯女壻杜龕鎮吳興高祖使世祖還長城立柵備龕又使恪還武康招集兵衆龕遣副將杜泰率衆襲世祖于長城恪時已率兵士誅龕黨與高祖遣周文育來援泰遁走世祖與文育進軍出郡恪軍亦至七于郡南龕平世祖以恪監吳興郡來從二年從監會稽郡會余孝頃謀應王琳出兵臨川攻周廸以恪為壯武將軍率兵踰嶺以救廸孝頃聞恪至退走三年除會稽太守天嘉元年為郢州刺史高宗即位加平越中郎將廣州刺史州罹兵荒所在殘毀恪綏懷安輯被以恩惠嶺表賴之太建四年徵為領軍將軍十二年監南徐州緣江防戍後主即位授金紫光祿大夫卒年七十四謚曰元

胡頴（陳書本傳）字方秀吳興人偉姿容性寬厚陳高祖在廣州頴深自結從克元景仲平蔡路養李遷仕皆有功高祖進軍頓西昌以頴為巴邱令鎮大皐督粮運下至豫章以頴監豫章郡高祖討侯景以頴知留府事梁承聖初元帝授頴羅州刺史封漢陽縣侯尋除豫章內史隨高祖鎮京口齊遣郭元建出東關高祖令頴率府內驍勇隨侯瑱于東關大破之後從高祖襲王僧辯又隨周文育討杜龕高祖受禪兼右衛將軍天嘉元年除散騎常侍吳興太守卒謚曰壯

沈承禮（宋史吳越世家）承禮烏程人錢鏐辟置幕府署處州刺史鏐子元瓘以女妻之署為府中右職出為台州刺史俶以承禮掌親兵俶命知威武軍節度事充西浙都鈐轄使王師征江南俶遣承禮率水陸數萬人助平毗陵因攻潤州城中兵夜出焚外柵諸將皆欲馳救承禮曰古人有言聲東南而備西北此之謂也命士皆擐甲蓐食堅壁不動他壘不設備者悉驚擾獨承禮所部整不敢窺丹陽平遂率兵抵建業李煜歸朝錄其功授福州節制太平興國初俶盡獻浙右地徙承禮鎮密州八年卒贈太子太師

盧秉（宋史本傳）字仲甫革子中進士甲科浮沉州縣二十年後擢熙西浙淮東鹽事進制置發運副使上計神宗問曰聞浙和民捕煌充食有諸對曰有之民飢

甚殆死相枕藉帝惻然曰前此獨趙抃言之耳先是發運使多取餘羨以希恩寵秉言職在董督六路財賦以時上之安得羨今稱羨者率正數也請罷獻知渭州五路大出西討唯涇原有功進寶文閣待制夏境胡盧川距塞二百里恃險遠不設備秉遣將姚麟彭孫襲擊之俘斬萬計遷龍圖閣直學士夏酋仁多嵬丁舉國入寇犯熙河定西城秉治兵吳家亭分兩將駐靜邊砦指授人來路曰吾遏明生報捷報矣及明果至見宋師驚曰天降也縱擊之皆奔潰或言嵬丁已死諸將請以聞秉曰幕夜上功恐不實吾敢以疑似成勳乎他日物色之嵬丁果死詔使上所獲器甲秉守邊久表父華年老乞歸移知湖州元祐中降待制提舉洞霄宮卒

再遇兗州將家也居于雲

畢再遇

（宋史新編）字德卿以恩補官開禧北伐以殿帥郭倪招撫山東京東遣再遇與統制陳孝慶取泗州再遇選新刺敢死軍為前鋒倪以八十七人付之出其不意遂薄泗州泗有東西兩城再遇令陳戈旗舟楫于石屯下如欲攻西城者乃自以麾下兵從陡山徑趨東城南角先登殺敵數百守城者開北門遁西城猶堅守再遇立大將旗呼曰大宋畢將軍在此可速降于是遂降尋除環衛官倪調李汝翼郭倬取宿州遣孝慶等繼之命再遇為先鋒取徐州至虹遇郭李兵衆創殘問則曰宿州大水我師不利統制田俊邁已為敵擒再遇督兵疾趨汴靈壁遇孝慶駐兵鳳凰山倪以書抵孝慶令班師再遇曰郭李軍潰全必追躡吾當自禦之金果分兩道來再遇令敢死二千人守靈壁北門自領兵衝敵陣金人見其旗呼曰畢將軍來也遂遁再遇手揮雙刀絕水追擊殺敵甚衆逐北三十里刺殺其驍將以功第一擢左驍衛將軍和好成累疏乞歸不允除保康軍承宣使尋以武信軍節度使致仕卒贈太師謚忠毅

文昭按西吳里語及兩浙江通志皆以宗政為歸安人與宋文

孟宗政

（宋史本傳）字德夫絳州人父林從岳飛至隨州因家焉自幼豪偉有膽略開禧二年金將完顏董犯襄郢宗政率義士捍除遊擊奪其輜重補承節郎棗陽令轉秉義郎京西兵馬鈐轄駐襄陽嘉定十年金犯襄陽宗政與統制扈再興陳祥分為三軍設伏三所喋血以戰金兵敗走尋報棗陽圍急宗政午

發峴首連明抵棗陽馳突如神金人宵遁推棗陽軍十一年金師完顏賽不圍城宗政與再興合兵角數歷三月大小七十餘戰身先士卒金人輒敗怒甚周城開濠四面控兵列濠外飛鋒鏑以紖鈴自警鈴響則大吠宗政摩募壯士乘間突擊金人不能支盛兵傅城宗政隨方力拒援師至率諸將出戰金人奔潰轉武德郎十二年金師完顏訛可擁步騎傅城宗政掘深坑防地道數革穿才透施毒烟烈火鼓鞴以熏之金人窒以濕氊析路以刺土城頹樓陷宗政撤樓蓋薪架火山以絕其路以長槍勁弩備其衝距樓陷所數丈築偃月城翼傅正城深坑佫仞五日成金人摘強兵披摩鐙鐵面濕氊濡革蒙火山擁雲梯徑抵西北閫樓登城城中軍以長戈舂其喉殺之敢勇軍自下夾擊金兵墜死燎焰金將子後截其軍拒馬揮刀迫前金人乘順風淩濠飛脂革燒戰棚宗政激將士血戰射具都緒燈之會天反風士氣大振賈勇入金營自晡至夜半金人橫尸遍地訛可棄帳走獲輜重牛馬萬計升武功大夫金人自是不敢窺襄陽代許國為荊鄂都統制仍知棗陽中原遺民來歸者以萬數籍其勇壯號忠順軍俾出沒唐鄧間威振境外金人呼為孟爺爺俄病卒

孟珙

（宋史本傳）字璞玉嘉定十年金人犯襄陽駐團山父宗政被檄援棗陽臨陣父子相失珙望數騎中有素袍白馬者曰吾父也急麾騎軍突陣遂脫宗政以功補進勇副尉十二年完顏訛可攻棗陽珙取地道劫金人破砦十有八紹定四年為京西兵馬鈐轄棗陽軍駐剳六年元將那顏倴盞追金主守緒遁蔡檄珙戍鄧討金唐鄧行省武仙仙與武天錫及鄧守移剌瑗相犄角欲迎守緒入蜀犯光化鋒銳甚天錫鄧人乘亂聚衆為邊患珙逼其壘一鼓拔之金人犯呂堰珙命諸軍追擊金人棄輜重走瑗降珙入鄧仙將劉儀來降珙問仙虛實遣兵向離金廬秀執黑旗帥衆入砦金人不疑為宋軍乃分據巷道大呼縱火掩殺殆盡遣樊文彬攻其前門成明等邀截西路殺戮山積師還至沙窩與金人遇大捷珙料仙必上岵山頂窺伺令文彬前設伏後遮歸路仙衆果登山及半文彬麾旗伏兵四起仙衆失措枕籍崖谷薄暮珙進軍小水河夜漏十刻召文彬等受方略攻石穴九砦蓐食啟行晨至石穴將積雨未霽文彬患之珙曰

此雪夜擒吴元濟時也策馬直至石穴分兵進攻九砦俱破仙易服而遁還軍襄陽轉江陵副都統制攻秦州金兵萬人自東門出戰珙遮其歸路擠入汝河擒其偏將八十有七八進逼柴潭奪樓而上遂拔柴潭樓蔡人恃潭為固外即汝河潭高于河五六丈城上金字號樓伏巨弩相傳下有龍人不敢近將士疑畏珙曰柴潭非天造地設樓伏弩能又達而不可射近彼所恃此水耳決而注之涸可立待皆曰堤堅未易鑿珙曰所謂堅者止築兩堤首耳鑿其兩翼可也潭果決實以薪葦遂濟師攻城進逼土門端平元年正月珙下令諸軍銜枚分運雲梯布城下珙師向南門至金字樓列雲梯令諸將聞鼓則進萬衆競登大戰城上殺其元帥兀林達執其參政張天綱與倚蓋還軍襄陽二年詔黄州駐劄元兵攻襄陽隨荆門郢守皆委郡去江陵危急詔遣援珙先遣張順渡江以全師繼之元兵一攻復州一在枝江監利縣編筏窺江珙變易旌旗服色循環環往來夜則列炬照江數十里相接破砦二十有四嘉熙元年封隨縣男授鄂州諸軍都統制元將忒没碍入漢陽境口温不花入淮甸蘄舒光守臣以州降合三郡攻黄珙指畫戰守卒全其城陞制置使兼知岳州廻擣襄郢復郢州荆門軍三年正月復信陽軍遂復襄陽珙奏曰取襄不難而守為難襄樊為朝廷根本百戰得之當加經理如護元氣非甲兵十萬不足分守乃置先鋒軍以襄郢歸順人隸為元將塔海入蜀珙增置營砦分布戰艦遣兵間道抵均州防遏四年進封子拜四川宣撫使進封漢東郡侯兼荆湖安撫制置使淳祐二年拜檢校太保進封漢東郡公兼知江陵府五年病革乞休授檢校少師致仕終于江陵贈太師吉國公謚忠襄

明

陳翼

（獻徵録）字良輔長興人父興龍驤前衛百户征雲南蠻洞力戰死翼襲職授濟陽衛世襲千户累功陞燕山護衛世襲指揮僉事太宗舉靖難之師翼率甲四千大小二十四戰略定二十餘州以白溝河濟南功陞指揮同知以東平汶上功陞都指揮僉事平定京師陞陜西都指揮同知尋命掌金吾右衛事危

駕還北京進中軍都督府同知後二年敕將神機營軍馬巡邊北
至和陵後七年詔往南京督府視事仁宗召還北京宣德二年卒

陸　矩（獻徵錄）字仲輿歸安人阜城籍宣德進士授刑部主事正統中陞郎中遷尚
書金濂總理軍政征閩寇奏矩自副凡號令數奏之文一出矩手至則賊渠
已死餘黨據山寨自固官軍分道並進矩與副將保定伯梁瑤獨當一面併力
以攻剋日破之擒其偽將而盡釋其脅從者閩境以平以功拜都察院右僉都
御史尋鎮守保定諸郡復參贊延綏軍務至
軍號令一新廢墜修舉邊人相戒不敢犯

施　儒（分省人物考）字聘之歸安人正德進士授監察御史巡山海關西自密雲傳
馬蘭營至關千里而近地為要害儒振紀綱料兵食去墨吏部内肅然請添
設兵備副使一員與參將共事軍民皆得統攝嘉靖初以廣東僉事備兵惠潮
惠潮故盜藪沿山峒結巢穴互為声勢劇賊龔梁鳳鍾大總等復相嘯聚儒部
勒狼目漢達官軍分道直抵賊所旬日間勦平之又平新田寇姚子園寇請
設惠來大埔二縣賊無所逃遁惠潮間始不治事于兵革遷按察副使告歸

沈　應龍（獻徵錄）字翔卿烏程人嘉靖進士由刑部主事歷四川副使當白草番之
亂撫勦未定應龍言撫之無益不若專意征勦期一大創可保數十年無
事卒成擒馘斬級之功陞廣東布政司參政時有事安南應龍留心邊圉參謀
指畫遂誅范子儀等安插莫正中定莫滋漢之位崖萬黎叛應龍言崖萬與瓊
相去數百里止一兵備不足以辦合設參將于崖州參議于萬州專任責成協
力共濟地方賴以寧靜陞右副都御史巡撫山東請荒政濬運道河南師尚詔
攻陷州縣應龍嚴兵于黄河一帶而運謀設計以撓之寇即逃避鄆泰單縣流
賊嘯聚為害應龍命將出師一鼓成擒倭寇告急登州故有備倭兵船後皆逃
亡船亦遁滅應龍言防海必資于船禦寇又資于兵請復舊制又沙門黑山諸
島遠軍逃其間不惟失伍有罪且有意外之虞議行而傍海州郡得以休息轉
南刑部右
侍郎卒

陸穩（兩浙名賢錄）字汝成，吳興人。嘉靖進士，授刑部主事，歷四川副使，備兵建昌，獲流賊鬼白玉，陞江西參政，左右布政使。而流賊盧梅林起閩廣之交，張璉起廣之饒浦、大浦、蕭晚、羅袍、楊舜推璉為長，劫興寧、長樂，圖平和，其黨林贊據南靖為聲援，王伯宣入海導倭寇犯潮州。拜穩右副都御史，提督軍務，開府虔州，合南贛、汀漳、惠潮、郴州，皆受節制。行至吉安，檄于梅林不得前，以便宜徵兵討敗之，獲梅林。至虔，檄黃鄉兵屬以先驅，擒上杭賊李占春。討田坑賊梁寧，走之。龔程鄉賊徐東州，執以歸。分兵討連城、汰內二峒賊，斬酋謝文贊、寺麻陽賊犯玉山、永豐、崇仁三縣，討誅之。討黃積山、千大田峒，積山中流矢死。遂會閩廣兵討璉。穩曰：群賊唯林贊為弱，破贊則破竹之勢成矣。乃首擊贊，贊果降。繼擊袍、舜，皆就縛。穩令軍士捲甲疾趨，夜擊晚，誘斬之。而潮守何鎧亦誘斬伯宣。璉據險以拒，穩重購卒，獲璉斬之，盡毀其巢穴。捷聞，晉兵部右侍郎，仍撫其地。賊黨以次悉平。又會閩兵逐故陷興化之閩寇，復其城。改南兵部右侍郎。

吳維嶽（獻徵錄）字峻伯，孝豐人。嘉靖進士，授江陰令。會沙賊反，崇明與縣夾江相距，縣故無城郭，維嶽躬率甲士謹備之，賊無敢犯。歷右僉都御史，巡撫貴州。貴州半雜夷，道多豺狼，乃馳羽檄，分道達材官，護游楨察之，嚴敕吏懸賞格。夷寨各立籍記，寨中諸夷若干人，保界分區，界內有犯，坐夷長。于是諸夷無敢竊發，道乃通。夷酋楊珂仇其叔與雄，據六洞，進雄故立珂為後，後有子，欲殺珂，珂拒進雄，歷十有七年。當事者議未決，維嶽責珂降，珂乃面縛伏辜，待以不死。時王世麒叛清浪衛，興武衛鵬、衛鷲叛，草唐王阿利等叛平伐。維嶽策曰：世麒清惡不悛，亟誅以正國法；諸衛由爭襲起，黔蜀觀望，出其不意急縛之，一鼓足矣；成伐負固為虐，可襲而擒。于是斬世麒，捕興武鵬、鷲，俘阿利，境內悉平。罷歸，卒于家。

胡心得（德清縣志）字禪襄，嘉靖進士，歷任司牧，有賢聲。奏勅整飭金騰兵備雲南，值流商岳鳳與子曩烏謀不逞，勾引莽酋等內侵，而土司刀落參、刀落秦等陰助賊勢。時心得已改命東粵，慨然曰：吾欲以東粵璽書不負金騰父老。復過滇南，移鎮金騰之衛，會議進攻勦撫之策，未幾破酋穴，悉殲戮之，誅岳鳳父

子而渡南平徵拜都御史神宗時判襄高漢汝南間飢民流入為盜亡命者咸集
時宰舉心得遂出撫鄖陽逵强宗宗仁等萌異志山賊蟻附近百萬窃據漢陽
時撫按正會議間崇仁擁衆直入者會肆掠遂剽劫商船欲泝流
南下心得夜移師漢陽覆其巢别遣裨將躡其後討崇仁誅之

寧波府

宋

俞充（宋史本傳）字公達鄞人登進士第熙寧中為都水丞加集賢校理淮南轉運副使遷成都路轉運使茂州羌寇邊充上十策擊戎神宗遣内侍王中正司經制建三堡復永康為軍因殺羌衆中正還國舉充可任召判都水監河決曹村充往救護還陳河防十餘事加集賢殿修撰擢天章閣待制知慶州慶陽兵驕充嚴約束斬妄言者五人于軍門聞有病苦則迎撫勞餉死不能舉者出私財以周其喪以故莫不畏威而懷惠環州田與夏境犬牙交錯每穫必遣捕多棄弗理充檄所部復以時耕植山表數舉户亡入西者且三百充遣將張守約擢兵塞上夏人亟反之充師邊知帝有用兵意屢倡請西征言頗得衆傳入覲面陳攻討之畧詔令掾屬入議未及行卒

明

張楷（湯斌張楷傳）字式之慈谿人永樂進士宣德初奉命督閩中軍務從兆征先期而集正統中擢左僉都御史福建鄧茂七反詔御史丁瑄東傳往撫而以楷監左都督劉聚及都督僉事陳榮陳詔劉德新等兵往討之至南豐分遣德新由江西建昌會部武而自以三千人由浙入閩時處州賊葉宗留掠鉛山道授楷事至廣信不得前浙東諸司請楷便宜擊宗留楷乃使指揮戴禮往戰黄柏鋪宗留中流矢死賊退保陰墘源山復擁葉希八為帥而茂七患衆趨延平

明州

麗水盜陳鑑湖亦與茂七等声援希八等見官軍趋閩復出掠欲引衆走浦城楷復命戴禮及陳景會撃希八等而鑑湖沿旁設伏夾攻禁禮死焉朝廷命寧陽侯陳懋尚書金濂往討楷謂劉聚曰賊聞大軍至必有懼心可因以携之即具榜遣人馳論威信時賊圍將樂劉德新乘夜襲破之而寧陽侯大軍亦至楷乃駐兵建寧乃陰致賊黨為間諜誘茂七復攻延平于是設伏後洋沙溪而以輕兵挑之佯敗賊追入浮橋丁瑄督軍出城奮撃賊遂大潰茂七中流矢死鑑湖未克楷旋師協擒之景泰元年回朝天順初為南京右僉都御史入賀卒于京

項　憓（萬曆寧波府志）字思誠奉化人景泰辛未進士授御史奉勅征討四川蒴連等縣蛮彝啣命以往親冒矢石率先戎行險阻瘴癘一無所避浮以成功

金　澤（獻徵録）字德潤江寧籍鄞人成化進士授刑部主事歷陞四川参政播州宣慰摩鐀金帑却之革三長官司撫安七十二寨彝民駢首歸命流賊李廣蜎聚五千餘人殘逼江東鄉王伯榮楚湯縣治澤前後設畫偵其深淺而殲之銅梁新設民多負固撫巡帖服變賊野王剛鼓衆倡亂三省督兵會勦賊下重賞之令竟平之弘治五年陞廣東布政使時汀漳盜起嶺南湘湖不逞者和之朝議設巡撫憲臣置司要地而割附近郡縣以隸之使盜易平乃陞澤為副都御史巡撫江西南贛便宜行事澤先榜令自首嚴督緝捕斬賊首滿天明等八百人論功罪明賞罰人多感奮思效猺獠洞蛮聞風向化陞南京刑部右侍郎改兵部陞右都御史

正德元年致仕

姚　鏌（獻徵録）字英之慈谿人弘治進士除禮部主事累擢僉事副使正德九年擢貴州按察使十五年拜右副都御史巡撫延綏嘉靖五年遷右都御史提督兩廣軍務兼巡撫四川土官岑猛謀不軌鏌令都指揮沈希儀結猛父翁岑璋共圖猛調永順保靖兵分道進討而鏌與總兵官朱麒等攻破定羅丹梁猛子邦彥以勁兵守工堯隘璋佯以兵千助邦彥比官軍來攻千人呼曰兵敗矣遂潰官軍大破之斬邦彥猛奔歸承順璋誘而酖殺之斬首以獻詔進鏌左都御

史加太子太保鎮請改設流官陳善後七事制可乃命參將張經等以兵萬人鎮其地猛黨盧蘇王受等詐言猛不死借交阯兵二十萬且至惑民信之蘇等薄城經失圍走城遂陷受等亦攻入思恩府巡按御史石金劾鎮失策帝以鎮有功許便宜撫剿會起王守仁督兩廣軍帝入張璁等言落鎮職閒住十三年三邊關總制大學士費宏薦鎮帝遂命以兵部尚書總制三邊軍務鎮辭帝不悅仍落職閒住家居數年卒

陳槐（甬上耆舊傳）字公輔鄞人弘治進士歷知撫州袁州反郡盗王浩八約為內應是日即嘯聚槐已在告家人趣槐曰可以行矣槐喬然曰國家有急以解官為辭罪當死即發兵襲殺浩八會都御史王守仁檄會諸道兵討賊槐遂更募義勇四百人率所部馳赴軍門守仁即用槐為領哨官使潛分所部之半設伏黄家渡八字腦諸處及前鋒既交伏兵呼譟並起賊遂大潰擒賊首王拱枡覩鋭等七人又提兵轉戰沿湖諸處遮截宸濠俘斬千餘復九江郡守仁獻俘至浙槐已遷江西按察副使尚留在軍守仁更奏命還撫江西謂惟槐可任事使押發宸濠詣行在槐至留都敵俘太監張永詰槐曰上欲得內外官交通宸濠姓名槐力陳不可謂光武燒吏人交關王郎書使反側子自安近日李文達公奏請內外官與曹欽通者不問此俱聖主賢相事上宜遠法光武公宜近法文達永乃盡取篋中交通書籍對槐焚之

值辰州苗叛改槐湖廣兵備疾卒引歸

陸稱（閩書）字君美鄞人弘治進士授御史巡按福建山東銳于經畧陞福建按察副使巡視海道時海寇充斥稱演水戰火攻法拒擊之設畫樹防什伍海船程出入時往來立賞格嚴哨探定保甲邊徼肅然汀漳民嘯聚為盜當路者屬以兵事稱增築三堡據險守要謀賊半至麾伏兵突之張精夫等俘馘無算

汪玉（分省人物考）字汝成鄞人弘治進士授刑部主事歷陞湖廣按察司僉事攝辰沅兵備永順宣慰司恃富强稱兵侵保靖地會勑大臣按治受指有所左右玉持益堅卒正其罪香爐山土寇數合湖貴兩省兵討平之玉贊畫居多更處武昌黄州會宸濠陷九江九江與黄蘄接壤玉入蘄戒諭修城增陴募民集

兵越宿而辦巡按毛伯温疏王才擢郴桂兵備副使賊首王廷鑑為患王寧民安擒其巢悉殲之歷擢右僉都御史巡撫順天畿內賊楊恭作亂王調參將郝通援之方畧不數日擒之

魏英（天啟慈谿縣志）字士華舉進士授博士進御史按四川土官安鰲暴亂三十餘年設法擒之奉命閱京營以辛伍耗損坐為勳戚權閹所隱占一糾以法陞湖廣副使永順保靖三宣慰分占峒寨讐殺累年英下車為理曲直示憲典剌竹符多寡定罪逵皆慴伏歷進都御史巡撫貴州會貴西苗阿雜為亂英按形勢覘虛實授方授能環師急攻破寨六百俘斬數千招降以萬計蜀寇方肆流劫諸郡兵連湖湘英選兵擣其腹中連戰破之斬獲甚衆因積勞致仕

劉昂（萬曆定海縣志）字伯銘定海衛指揮僉事擢把總備倭正德初江西姚源寇起督勒大臣檄昂為偏裨昂曰今日受命即捐身報國時也出門簡徒而行竟奏克捷陞授浙江都指揮僉事時劉瑾用事結以宸濠陰謀內使充斥道上頤使武弁奸猾復為宸濠遣應昂密與臺司協謀設謀擒之嘉靖初總督備倭年且七十躬行邊徼簡閱徒旅謂其屬曰祖宗為慮深遠立法周孚吾輩恪守之而已尋致仕

屠大山（甬上耆舊傳）字國望中進士知合州歷擢按察副使備兵徐州值流寇大山發掠州縣大山身督兵與戰賊敗走歷遷副都御史巡撫廣東西陽春界思州自王守仁蕩平後稍竄伏不出至是苗民吳黑苗更擁衆破城郭遠近戒嚴大山出奇兵設伏左右翼盡殲之楚中平遷工部右侍郎再撫湖廣討斬妖賊馬三兒晉兵部右侍郎總督湖廣川貴苗民龍氏覃氏款結共擾楚大山以計間之使相攻因以大兵攻之苗悉平朝議方名大山為兵部侍郎而嚴世蕃數有覬于大山大山不為通世蕃大銜之會倭入犯所過侵掠乃降大山巡撫應天甫至官而參將許國戰敗世蕃嗾言官劾大山遂罷歸

馮岳（獻徵錄）字望之慈谿人嘉靖進士除工部主事歷陞濟南知府郡多巨盜黨與竄名府胥中踪跡詭秘人莫之覺岳得其實一日盡縛之盜遂屏跡改廷

平計擒巨盜數省缺嘴圖郡底寧累陞右副都御史巡撫湖廣晉總督湖廣川貴軍務兵以鄖陽居三省中城垣未建無以捍禦城之蜡爾山諸苗三苗遺種也屢討屢敗兵撫勦並行獻俘于朝奏建容美等十四司統轄之三省牧寧又勦卬水酉陽小平茶等苗假援以沅州為總督開府之處土城易壞易以石播州苗酋阿項驍勇善戰蟠踞滔潭三牌諸苗為亂侵掠旁郡三省震動援總兵官石邦憲等以方略斬首數千級阿項奔突為殲擒斬之諸苗悉平親詣賊巢視諸要害建築七堡列戍分哨為久安計援聞進右都御史兼兵部右侍郎陞南刑部尚書乞休歸里

顧

翀（獻徵錄）字曰翔慈谿人嘉靖進士授工部主事調兵部陞員外郎于九邊督勇之士應詔登記佔尚書以易置無不當擢河南按察司僉事攝徐州兵備道徐州地跨江淮多巨猾剽盜翀從容料理而地方寧謐遷福建布政司參議時倭賊猖獗而福寧尤急巡撫王詢檄往勦之翀馳至其地一捷于蓁嶼再捷于大金閭峽三捷于州城之外賊大挫逃遁擢四川按察副使松潘軍粮處敉服不常翀動中机宜形格勢禁發即就戮條畫五事嚴責成以寂兵威遠播事宜以防奸制變復舊額以賣夷安邊完逋餉以足食養兵設官攢以典司出納巡撫羅崇奎謂疆圉大計無逾于此乃疏請行之而翀堅請致仕歸

陳茂義

（兩浙名賢錄）字喻之慈谿人嘉靖進士授南工部主事改北員外武定侯郭勛以手札取馬價銀二萬兩茂義曰馬價祖宗儲以備邊營札何為者寢之陞廣西布政司右參議土酋盧回縱所部劫掠督臣檄茂義撫勦茂義親履其地視諸酋皆巖巢窟洞上記曰譬之鼷鼠山潛可不煩軍而定乃單騎往諭以禍福回率隊長五十餘人歸命而副將張經花言以激督臣竟梟回首回黨盧仝盧泳聞回死復聚衆為亂聲撃武緣諸城總臣復命茂義招諭之仝泳知茂義来相謂曰是活我生命陳錀爭投戈羅拜思恩一帶悉被安堵陞廣東按察副使兵備瓊崖黎寇羅帝那剛倡亂茂義航海勦兵撃破郎溫榔根諸洞俘馘招降又慮夷獠雜居易生他變更條上八議為善後計遷廣西左布政參議以母老乞歸卒

葉應乾（兩浙名賢錄）字際清，慈谿人。嘉靖進士，授高安縣，累遷四川按察副使，備兵建昌。建昌居邛棘間，地險，思六衛衛長戎政久不修，應乾登壇下令，比什伍而訓練之，懸賞格以勵勇者，于是人人超距就節制。會土酋安忠死，忠妻鳳氏自請襲官，而從弟信謀據之，遂橫決自恣，月朔以戎服見，擁甲士自隨。應乾使人陰布部兵于外，而令材官有力者尾之入。應乾臨陛立，呼信跪堂下，數以諸不法事，叱令縛之。信懾不敢出氣，遂就縛，而甲士在外者見所布部兵按劍立如堵墻，皆奉首稟即。撫鳳氏兵擊其餘黨，殲巨酋三百人，境內始安。而滇南鳳繼祖亂，應乾計繼祖要于會川。會川者，建昌所屬衛也。先遣兵守金沙江以扼繼祖之至。已而繼祖果以萬眾渡金沙，遂合滇師夾擊之。應乾躬擐甲胄，冒矢石為將士先，遂破其軍。繼祖以隻身逃匿山中不敢出。向鳳氏敗德，應乾而其母為繼祖所害，每欲復仇，應乾知之，密召鳳氏至，授以方畧，使圖之。鳳氏使間其所親者為內應，而自以兵蹙之，遂斬繼祖。事平，當論功，而被劾落職歸。

陳茂禮（兩浙名賢錄）字履卿，慈谿人。傳綜墳典，至太乙奇門無不通曉。嘉靖進士，授工部主事。倭殘江南，改兵部郎，參謀軍務。時倭困江南久，茂禮往援，選銳卒三十人駕小舟直逼倭，舞刀跳躍，兩岸兵欲射之，茂禮曰：「此誘兵也。」即徹服入城。倭駕三十六舟沿城重載出江口，掛蓬三柁，工以火箭射其風帆，諸倭還舟救火。茂禮急撤水兵總張成、張祚等邀截江口，諸兵躡而圍之，茂禮麾指曰：「魁在明日午時巽午。」果斬首數百級，而兵無一傷者。倭據沈莊為巢，分兵大掠，茂禮督宣慰彭翼、都司李經等由乍浦入，為右哨，劉營未久，茂禮忽見異氣起，營上急令移營數十步，倭發礮裹故營，將吏惟聲動地。茂禮秉而鼓之，躬率精銳矣，其中堅諸哨從之，無不以一當百，遂大克，斬首千餘級，賊酋徐洶殲焉。以功擢江西兵備副使。姚源故巢賊盤路支蔓，巡撫何頤聞茂禮至，即以兵屬之。茂禮分左右哨三面進兵，約日同發，而獨空其要路一面，潛令指揮率精兵三百伏道側，誡之曰：「某日某時有衣色衣而奔者，皆賊也。」悉擒之。賊聞三道進兵，而一路獨無，果易服而遁，伏兵起掩之，悉平。改備兵瓊州，卒。

史元中（甬上耆舊傳）歸鹿泉鄉人少任俠善射鄉舉謁選靖江學教諭遷知魚臺縣盜有簡端者善運稍馳劣馬出没莫可蹤跡元中慮浮其親信授以計縛簡臥庭下張目曰吾左手持稍右短兵橫行千里間今乃為書生擒耶元中笑曰汝輕書生耶即赳著短衣持其所用稍運之左右迴旋如舞匹練忽耆然稍漸為三示簡曰汝稍豈足用耶簡叩頭請死離魚臺三十里有櫚山大盜劉儀久嘯聚其中聞府曾銑進勦以元中為前鋒元中知有諜者在軍乃命植一竿百步外手挾矢誓曰若一舉滅賊當三矢中此竿三發三中即察浮諜者三入釋其縛賜以酒食謂曰汝來觀吾射耶諜者服衆盡吐賊虛實及所入徑道元中立擒安襲其寨擒儀還銑書平寇第一功相贈銑總制三邊奏復河套撤元中同事不果行後入覲值銑為相嵩所害喟然曰事尚可為耶即日掛冠歸

馮成能（天啟慈谿縣志）字子經嘉靖進士授福州推官救兵五千行劫成能扁舟抵寨諭以禍福即解散擢授刑科給事中歷兵工二科擢湖廣參政金嵩土官韋璧縱兵掠成能集兵夜搗黑穴火其營擒之陞貴州按察使水西安酋相攻至噪入貴陽成能名諭之即去遷四川布政使督府會省吾勦九絲賊與總兵劉顯相左顯按兵不動成能請急責其用事者人人感奮協謀襲破九絲俘斬以萬計拓地千里建武寧城凱旋以勞瘁卒于官

李橒（續獻徵錄）字長孺鄞人萬曆進士授行人擢御史歷遷右僉都御史巡撫貴州水西宣慰同知安邦彥者宣慰使安堯臣從子堯臣死子位幼邦彥遂擅兵柄會朝議徵西南兵入援邦彥請行橒止之邦彥歸為反謀橒具疏請增兵益餉朝置不問遂乞休以王三善代未幾奢崇明反重慶陷遵義貴陽大震橒留視事治戰守具遣兵援四川屢捷復遵義綏陽等或傳崇明陷成都邦彥遂挾安位及四十八支及他頭目安邦俊等議起相應烏撒土目安效良亦與通邦彥首襲畢節陷其城分兵陷安順平壩效良亦西陷霑益邦彥自統水西軍及羅鬼苗仲數萬東渡陸廣河直趨貴陽橒聞變急議城守分兵為五令僉事劉錫元及參議邵應楨都司劉嘉言故副總兵劉岳分禦四門橒自當蒞北門之衝巡按史永安居譙樓團術市兵防內變學官及諸生督民兵分堞守賊至盡銳攻北城

揺迎戰敗之轉攻東門為錫元所郄賊乃為三丈樓臨城揺夜縋死士燒其樓賊又作竹籠萬餘土壘之高踰睥睨揺急撤大寺鐘樓建城上賊棄籠官軍出燒之數出城邀賊糧賊怒適燒村寨初總兵張彥方來救賊繼之入城曰使耗汝糧城中累大困川貴總督張我續巡撫王三善擁兵不進會彥方出戰得利賊退保宅溪揺遣裨將高士傑等乞援兵賊謂城必拔沿山為營柵隔內外閒自日始一攻輒引去副總兵徐時逢參將萬仲仁來援遇賊竇城河食盡仲仁兵先逃賊來者擊之盡潰援遂絕賊聞三善將進兵益日夜攻築架木高坡以瞰南城揺募死士燒之火五日夜三善被詔旨大舉破重圍而進十二月七日師抵城下圍始解幾一年矣揺辭兵事解官去熹宗進揺兵部右侍郎崇禎九年敘守城功進一秩賚銀幣久之卒于家

謝滑（定海縣志）字道遒萬曆進士授評事天啓中歷官安綿道兵巡道副使時蜀有安奢之亂距綿千二百里為永寧故藺六也宿土客兵及土蠻降蠻兵不下十萬恃亂不可約束總督朱燮元遣滑往彈壓之蠻伍以監軍新至未習兵輒大譁焚掠副將秦翼明者最桀黠實陰鼓眾滑名而數之曰汝石柱土司朝廷以汝為才署為將今軍心不戢汝之罪也汝負國恩宜死翼明惕服頭捕譁者自贖已而奢寅合水西兵三萬犄兕永寧滑破之斬首二千餘級寅圍海子洞滑遣裨將于龍塲攔截其歸路而身率兵擊之追至寨官砦寅僅以身免初藺驍將余四等五人以眾降至是水西結為內應滑斷其反狀斬之懸首于城安奢愈恐又偵寅乏食計紿其黨阿引使擒寅自効而蜀民初為寅所掠者亦來其亂招之使歸乙丑正月率兵援黑中道經烏蠻壁獞諸洞皆寅黨也便宜先首之先是滑已推山東糧儲參政兵科上疏留之遂改守川東道尋陞按察使而阿引竟斬寅以報又滑嘗屢挫松潘外番保四十八砦之兵蜀人思其恩績

高斗樞（鄞縣志）字象先鄞人崇禎進士授刑部主事歷遷長沙兵備副使湖南民不知欧長沙止老弱衛卒五百又遣二百戍攸縣城庳雉堞盡圮斗樞建飛樓四十大修守具臨藍賊鍍二百餘由衡湘抵城下相拒十餘日乃引去轉攻袁州遣都司陳上才躡其後賊亦解去尋擊殺亂賊劉高峰等撫定餘眾詔

録具功巡撫陳睿謨大征臨藍寇斗樞當面大小十餘戰賊盡平累進按察使移守鄖陽鄖被寇十載斗樞至甫六日張獻忠自陝引而東斗樞令遊擊王光恩及弟光興分阨之戰屢捷賊不敢犯十五年冬李自成陷襄陽均州攻鄖陽四日而去明年春復來攻十餘日不克乃退屯楊溪斗樞名遊擊劉調元入城旬日間殺賊三千餘自成將來攻守不克而去乃令光恩復均州調元下光化郛率將士復穀城將襲襄陽聞孫傳庭敗旋師均州復為賊有十七年正月自成遣將路應標等以三萬人攻鄖斗樞遣人入均州燒其蓄積賊乏食而退是時湖南北十四郡皆陷獨鄖在撫治王永祚被逮衆議即任斗樞而執政擢知府徐啓元為右僉都御史代之加斗樞太僕少卿還家卒

紹興府

漢

丁復 漢書功臣表陽都敬侯丁復以越將從起薛至灞上以樓煩將入漢定三秦屬周呂侯破龍且彭城為大司馬破項籍千葉為將軍忠臣侯七千八百户

合傅胡害 漢書功臣表貰齊侯合傅胡害以越户將從破秦入漢定三秦以都尉擊項籍侯六百户功比臺臣

華毋害 漢書功臣表終陵齊侯華毋害以越將從起留入漢定三秦擊臧荼侯七百四十户從攻馬邑及布

鄭吉 漢書本傳會稽人以卒伍從軍數出西域由是為郎為人彊執習外國事自張騫通西域李廣利征伐之後初置校尉屯田渠黎至宣帝時吉以侍郎田渠黎積穀因發諸國兵攻破車師遷衛司馬使護鄯善以西南道神爵中匈奴日逐王先賢撣欲降漢使人與吉相聞吉發渠黎龜茲諸國五萬人迎日逐王口萬二千人小王將十二人隨吉至河曲頗有亡者吉追斬之遂將詣京師漢封日逐王為歸德侯吉既破車師降日逐威震西域遂并護車師以西北道故越州

號都護都護之置自吉始上嘉其功封為安遠侯食邑千戶吉于是中西域而立莫府治烏壘城鎮撫諸國誅伐懷集之漢之號令頒西域矣吉薨謚曰隱侯

朱儁

(後漢書本傳)字公偉上虞人少孤以孝養致名為門下書佐好義輕財度尚見而奇之薦于太守韋毅稍遷郎職後太守尹端以儁為主簿太守徐珪舉儁孝廉除蘭陵令會交阯部羣賊並起賊梁龍等萬餘人與南海太守孔芝叛攻破郡縣光和元年拜儁交阯刺史令過本郡簡募家兵及所調合五千人分從兩道入到州界先遣使詣郡觀賊虛實宣揚威德以震動其心既而與七郡兵俱進逼之遂斬梁龍降者數萬人旬月盡定以功封都亭侯徵拜諫議大夫及黃巾起拜為右中郎將持節與左中郎將皇甫嵩討潁州陳國諸賊悉破平之進封西鄉侯遷鎮賊中郎將時南陽黃巾張曼成起兵太守秦頡擊殺曼成賊更以趙弘為帥眾十餘萬據宛城儁及頡合兵圍弘擊斬之賊韓忠復據宛拒儁兵少不敵乃張圍結壘起土山以臨城內因鳴鼓攻其西南賊悉眾赴之儁自將精兵五千掩其東北乘城而入忠退保小城惶懼乞降儁曰納降無以勸善今若受之賊利則進戰鈍則乞降縱敵長寇非良計也因急攻連戰不尅儁登土山望之曰吾知之矣賊今外圍周固內營逼急乞降不受欲出不得所以死戰也不如撤圍并兵入城忠見圍解勢必自出自出則意散易破之道也解圍忠果出戰儁因擊大破之乘勝逐北數千里斬首萬萬級忠等出降頡積忿忠殺之餘眾懼不自安復以孫夏為帥還屯宛中儁急攻之夏走追破之賊遂解散明年拜儁右車騎將軍振旅還京師以為光祿大夫更封錢唐侯復有常山人張燕輕勇趫捷軍中號曰飛燕與諸山谷寇賊交通眾至百萬號黑山賊河北諸郡縣並被其害漸寇河內逼京師出儁為河內太守將家兵擊却之復拜光祿大夫尋拜城門校尉河南尹董卓入關留儁守洛陽儁與山東諸將通謀為內應懼為卓所襲乃奔荊州復進兵還洛東屯中牟移書州郡請師討卓徐州刺史陶謙上儁行車騎將軍卓遣將李傕郭汜等拒儁卓誅儁入朝初平四年為太尉明年免復行驃騎將軍事持節鎮關東未發會汜與傕相攻獻帝詔儁譬汜令與傕和汜留質儁等儁素剛即日發病卒

三國吳

賀齊（三國吳志本傳）字公苗，山陰人。建安元年孫策察齊孝廉，時王朗奔東冶，侯官長商升為朗起兵，策以齊為永寧長，領南部都尉事。升乞盟求降，賊帥張雅詹彊等共殺升，齊進戰破雅，彊黨率衆出降。侯官既平，建安漢興南平復亂，齊進兵建安，立都尉府。賊洪明洪進苑御吳免華當等五人，率各萬戶，連屯漢興，吳五六千戶別屯大潭，鄒臨六千戶別屯蓋竹，同出餘汗。齊兵進討，斬明，免當進御皆降。轉擊蓋竹，軍向大潭，三將又降，斬首六千級，名帥盡擒，復立縣邑。拜平東校尉。十年轉討上饒，分以為建平縣。十三年遷威武中郎將，討丹陽黟歙。時武彊葉鄉東陽豐浦四鄉先降，齊表言以葉鄉為始新縣。而歙賊帥金奇萬戶屯安勒山，毛甘萬戶屯烏聊山，黟帥陳僕祖山等二萬戶屯林歷山。林歷四面壁立，高數十丈，徑路危狹，不容刀楯，賊臨高下石，不可得攻。齊陰募輕捷士，為作鐵弋，密於賊所不備處以弋拓斬山為緣道，夜令潛上，乃多縣布以援下人，得上百數人，四面流布，俱鳴鼓角。賊夜聞鼓聲四合，謂大軍悉已得上，驚亂，守路備險者皆走還，因是直上，大破僕等，其餘皆降。齊復表分歙為新定黎陽休陽，并黟歙凡六縣，立府於始新，加偏將軍。十六年餘杭民郎稚合宗起賊數千人，齊討破稚，表分餘杭為臨水縣。十八年豫章民彭材李玉王海等為亂，齊討平之，遷奮威將軍。二十年從權征合肥，徐盛被創失矛，齊引兵拒擊，得盛所失。二十一年鄱陽民尤突為賊，齊討破突，拜安東將軍，封山陰侯，出鎮江上。黃武初魏使曹休來伐，齊以道遠後至，因住新市為拒。會洞口諸軍遭風流溺，賴齊未濟，偏軍獨全。齊兵甲器械極為精好，所乘船雕刻丹鏤，青蓋絳襜，干櫓戈矛，葩爪文畫，弓弩矢箭，咸取上材，蒙衝鬬艦之屬，望之若山。休憚之，引軍還。遷後將軍，假節領徐州牧。後四年卒。

鍾離牧（三國吳志本傳）字子幹，山陰人。赤烏五年從郎中補輔義校尉，遷南海太守，還為丞相長史，遷中書令。會建安鄱陽新都三郡山民作亂，出牧為監

軍使者討平之封秦亭侯拜越騎校尉永安六年蜀併于魏武陵五谿夷與蜀
接界懼其叛以牧為平魏將軍領武陵太守往之郡魏遣漢葭縣長郭純試守
武陵太守率涪陵民入蜀遷陵界屯于赤沙誘致諸夷邑君或起應純進攻酉
陽縣郡中震懼牧曰外境內侵誑誘人民當及其根柢未深而撲取之此救火
貴速之勢也勑外趣嚴掾吏沮議者便行軍法撫夷將軍高尚說牧曰昔潘太
常督兵五萬然後以討五谿夷是時劉氏連和諸夷率化今既無往日之援而
郭純已遷遷陵明府以三千兵深入未見其利牧曰非常之事何得循舊即率
所領晨夜進道緣山險行垂二千里從塞上斬惡民懷異心者魁帥百餘人及其
支黨凡千餘級純等散五谿平遷公安督揚武將軍
封都鄉侯徙濡須督以前將軍假節領武陵太守卒

南北朝

孫處

（宋書本傳）字季高永興人字行于世高祖東征孫恩季高隨高祖平定京邑
以為振武將軍封新夷縣侯廣固之役先登有功盧循之難于石頭扞柵戍
越城查浦破賊于新亭高祖遣季高率衆三千汎海襲番禺初賊不以海道為
防季高至東衝去城十餘里城內猶未知循守戰士猶有數千人城池甚固季
高先焚舟艦悉力登岸會天大霧四面陵城即日克拔循父嘏長史孫建之司
馬虞尫夫等輕舟奔始興即分遣沈田子等討平始興南康臨賀始安嶺表諸
郡循衆力猶盛自嶺道還襲廣州季高拒戰二十餘日循乃破走
追奔至鬱林會病循走交州義熙七年季高卒追封侯官縣侯

戴僧静

（南齊書本傳）永興人少有膽力便弓馬太祖撫畜之魏圍南城遣僧静戍
盪數捷袁粲據石頭（太祖遣僧静將腹心先至石頭）時蘇烈據倉城僧静射書與烈夜縋入城粲登城西
南門列燭火處分臺軍至射之火乃滅回登東門僧静率力攻倉門身先士卒
衆潰手斬粲于是外軍燒門入以功除前軍將軍沈攸之事平封興平縣侯太
祖即位改封建昌遷太子左衛率世祖踐阼出為北徐州刺史永明五年隸護
軍陳顯達討荒賊桓天生于比陽僧静前進未至四十里頓深橋天生引魏步

騎十萬奄至僧靜合戰大破之殺獲萬計天生退還比陽僧靜進圍之
天生軍出城外僧靜又擊破之除淮南太守從高平太守卒謚壯侯

五代

顧全武

（十國春秋）餘姚人從武肅王為親校常侍左右授武勇都知兵馬使董昌作亂昌將徐淑會淮南將魏約共圍嘉興全武將兵往救破烏墩光福二寨有功還守西陵以遏淮南安仁義之師已而敗昌將于石城復攻餘杭擒昌二將徐章又降袁邠圍鄣（越）州昌嬰城自守會蘇州陷王急徵全武趨西陵備淮南全武曰越州賊之根本奈何垂克而棄之請先取越後復姑蘇為使攻昌殺之明年復由海道至嘉興破淮南十八營擒淮南將魏約拔松江破無錫連取常熟華亭逐海寇王騰已又攻蘇州走臺濛（取）周本所向無敵遂克蘇州陷崑山降其將秦裴天復元年吳王遣李神福帥師取杭州全武列八寨以待神福詐全武為其伏兵所擒明年吳遣

全武易秦裴由是得歸國

鮑君福

（十國春秋）字慶臣餘姚人沉默少言有膽畧從軍以驍果稱初隸劉漢宏為牙將曹據之役來歸武肅王、使領一軍歸向明都君福常俯兜鍪臂弓注矢馬上輪雙劍如飛出入陣中望之若流電人皆呼曰鮑閒畧積戰功為衢州應援指揮使屬刺史陳璋叛淮南人入其境賜君福為職君福不納伺守者李元嗣（辭）遂馳歸尋受衢州刺史吳將周本守信州屢侵信安境君福率數騎往追之本遁去天寶十一年王子傳球共信州從新吳將李師造擒偏將馮徽等功為諸軍之冠文穆王領清海節度使辟為副使及將罷郡武肅曰勞曰比在任戰數而已未足以（益）副使才因復命之任君福在衢州凡一十二年後遷湖州累職保大保順等軍節度使檢校太尉同平章事兼侍中天福五年卒年七十七謚忠壯

宋

姚舜明（嘉泰會稽志）字廷輝，嵊人，進士。宣和二年，盜發睦州，連陷杭睦衢婺處歙六州。以舜明通判婺州，兵數千人，寧賊境以入郭。晨登義烏門治城壁，飛矢雨集，舜明新率從兵以石擊賊，既而引兵出城，賊遂大潰。又賊帥洪載衆四十萬據處州不下，舜明訪得其母妻，令載所厚范渊往諭，載即解甲來降。除直秘閣，提點兩浙刑獄。建炎三年，除知江州，兼本路安撫制置使。李成擁衆三十萬至城下，舜明布列將士晝夜接戰，賊衆斃踣不可勝計。又開關奮擊，生擒其將王林等。賊攻益急，舜明鄉以計襲破其營，復充江淮荊浙都督府隨軍轉運使。曹成、馬友據湖湘間，反側未定，命舜明往招撫，遂以二賊入朝。韓世忠、劉光世駐軍江上，朝廷以舜明計臣，俾置司建鄴，以總經費，調發犒賞，百須以給。丐閒，除集賢殿修撰，提舉江州太平觀，進徽猷閣待制，卒。

元

董彥光（成化新昌縣志）霅溪人。元至正間，盜馮輔鄉作亂，陷新昌，殺彥光兄弟彥光。集子弟之驍勇者誓之曰：「盜，吾讎也，而敢為逆，討逆復讎，義不可失。」因歔欷流涕，衆感憤，遂軍于境上之松木嶺。明日，盜擁衆而西，遇諸隘，急邀擊之。彥光挺劍直前，取輔鄉弟舜傳子谷彪及輔左右翼以從賊，披靡，擒輔鄉斬之，俘其子弟姪泊徒屬數十人，函其首送分省，省臣大喜，授武略將軍、松江萬户，僉海道防禦運糧義兵都元帥府事。

明

蔣貴（湯斌蔣貴傳）字大富，由燕山護衛卒從成祖起兵，積功至昌國衛指揮同知，進都指揮僉事，移掌彭城衛。宣德二年，松潘蠻叛，充右參將，師兵往討。首募鄉導，絕險而進，一日戰十戰，大敗之，進都指揮同知，鎮守密雲諸關，尋充副總兵。貴大閱士卒，進兵連破四十餘砦，以功進總兵官，佩平蠻將軍印。正統初，阿台朶兒只不數擾塞下，命貴以右副總兵禦之，戰于石城，斬獲功最。寇竄兀魯乃地，復自鎮夷間道兼行三日夜，追至，敗之，阿只朶兒只伯以數騎遁去。還，封定西伯佩平羌將軍印雲南麓川思任發叛命尚書王驥督軍務貴為平蠻將軍往討抵麓川思任發閤道走孟養獲虎符金牌信符宣慰司印進封貴為侯思任發既竄其子思機發糾餘衆居麓川往來窺伺復命驥總督雲南命貴佩印往討貴至雲南檄緬甸令送思任發緬人陽聽命而還延不至驥謂貴曰此紿我也過江則抵我歸路且瘴癘將發不戰何待乃進次騰衝分軍為五驥與貴各將一軍馳之及江緬人擁衆大至驥誘其使宣言聽犒而貴潛以兵沿江上下焚其舟數百艘緬人潰遂趋者藍腊思機發巢破之思機發脫身走浮妻子部落九十餘人象十一而還正統二年總兵僇還明年卒贈涇國公謚武勇

史琳（湯斌史琳傳）字天瑞餘姚人成化進士授工科給事中九年出為陜西右參議擊昌畜賊為梗率兵掩擊盡降其衆遂出行部自安定歷會寧金蘭抵秦州增斥堠繕城堡以斷賊路又轉関中之粟以實甘涼轉江西左參政南贛盜起督兵勦捕俘斬甚多弘治中擢保定巡撫尋以僉都御史經畧紫荆等関進右都御史大同邊警以琳提督軍務琳馳至鎮會計兵馬錢糧十四年以保國公朱暉為大將軍出宣府都督李俊等為參將出大同與琳會師延綏現數矣所在東夜潛師直擣河套敵不意大軍驟至驚遁乃毀其廬帳而還入朝陳邊務十三事十七年復與暉治兵京營武宗立代戴珊掌院事卒

王鉞（獻徵録）字子宣會稽人嘉靖進士授主事歷陞右副都御史提督南贛汀漳軍務峒賊竊出剽掠調兵轉餉無寧日鉞一解諸禁令惟責郡縣恤煢獨撫流離不煩兵而底定晋兵部右侍郎總督兩廣軍務肇慶府扶恭蓁海大羅山等處皆盜窟鉞發偏師授以方畧擒其魁馬大恩李汝瑞破巢三百有奇撲寇洎閩轉入揭陽鉞調兵邀擊斬首三百有奇復竄湘陽調兵擒勦百七十人未幾長樂與寧龍川程鄉諸處及羅絲峒賊復相煽動鉞會兵擒斬賊首楊球等復念廣中寇盜頻繁當道其衝乃相度要害添設廣寧縣治斷賊出入先是督府自置賞功所金錢浮濫出入無與覈者鉞改署梧州府每有犒賞移文給之出納有稽軍儲以充召為南京右都御史改工部尚書引年歸卒贈太子少保謚恭簡

周如斗（姚徵錄）字允文餘姚人嘉靖進士釋褐貴溪令入為御史按蘇松會島夷入寇歲大侵如斗疏蠲常稅什伍然後以綏撫大計責之總撫將帥諸臣民譁声動地士氣倍奮有青陽石湖婁門平望賓山木瀆分湖之捷如斗言兵在精不在衆于應援之兵力為裁减滿歲吳民叩閽請留得允寇復至松鄉民避入城者以為計撫院令杜門毋納如斗厲声曰是驅民于死也乃洞開諸門以入賊在桃花港調兵力戰斬獲無筭仍會浙省兵夾攻之大捷于沈庄徐海麻葉陳東之衆以次蕩平按吳三年躬擐甲以戰者百數改督學南畿行部鳳陽倭由淮陽薄城下或請避之別部如斗曰敢以職不任兵辭乎乃簡士卒飭將領使進擊賊遁歷大理寺少卿進右僉都御史撫南畿督郡縣選士著時訓練倭犯三沙如斗分布督戰累以捷上轉副都御史巡撫江西未代會三衢礦賊竊發壞援婺源如斗曰婺非城不守亟令庀工令下而賊猝至如斗自太平驅往驅之賊始出境抵江西疾作卒于官

呂光洵（郝徵錄）字信卿新昌人嘉靖進士知崇安補御史巡按蘇松用餘皇破海寇大洋中會數入古北口與仇鸞爭馬市一日章十三上謂有戰無和有進無退歷遷右都御史巡撫雲南至則首軍昆陽斬數首馬直李應朝永西宣慰安國亨數寇霑益李向陽方見美再及陽昆狢遮者索及尋甸並先後討平之晉尚書武定府土官鳳繼祖者鉤連他府大小酋燎有衆數萬據城以數數出諸蠻攻城郭然孽始沐氏數庄豪而兵符故專沐氏光洵表其繇并乞符得自調賊倚川貴為三窟計真賊必洼貴走川乞得暫領川貴諸兵遣賊果敗遁竟授首于川武定平改工部尚書以歸

商廷試（郝徵錄）字汝明嵊人徙會稽嘉靖進士授刑部主事遷員外郎滇中率用士舍遷盜、盜卒不可得懼復譴則誘夷詆以充夷語侏離猝難辨廷試立為辨之全活數百人出為黃州守河南賊師尚詔糾衆為亂先與黃接壤所司調兵以守廷試爭曰尚詔陸寇若走澤國祇就縛耳賊果不至黃與九江人爭界而鬬所司議發兵以攻廷試又爭曰此鬬而爭地非叛也請身諭之廼單騎往衆感泣相率羅拜請死遷山東按察副使備兵青州青故多盜而楊思仁者哨聚數千人巡試以兵掩捕賊擁衆走湘湘多礦徒巡試曰賊若合礦徒據險阻即難圖矣進兵急擊賊大敗度思仁必走河南先期遣勁卒要諸途果獲之蒙陰礦徒王恭劉顯聚衆亦千餘人巡試誘其腹心周某約期仲春為內應呼諸校至庭下謂曰我募各校採廻遣周去而密令諸校兼程薄賊巢周歸以巡試語與賊且言已被擒賊信之不設備除夜乃張宴為樂兵舉火驟進賊悉就擒調雲南副使備兵金騰緬酋莽達剌者脇三宣撫以叛巡試駐兵騰越聞以檗之酋不敢動移陝西行太僕寺卿乞歸卒

范

檟（獻徵錄）字子美會稽人嘉靖進士授工部主事轉員外郎中出知淮安府倭驟犯鹽城轉掠廟灣檟自將卒屯菊花濟以捍城晝繕兵械宵嚴守備時荒後府藏空虛諸軍所給饟日千石餽者三萬人商賈稀少倉糧告匱檟增糴價招之乃廟灣賊發民屋甓墻築堡因鹽商積粟為持久計檟慮饟不繼言于漕臺請發數萬金告糴湖廣難之先是軍門已截留運糧五萬石檟擅發銀三萬兩六道往糴五旬來至減價糴之項得銀三萬價糴本而空獲米五萬石軍興給足卒以滅賊會景王舟涉淮舳艫萬餘艘群盜知王重載出謀劫布黨分徒往來窺伺一日報有賈客入蕩氏園罵詈者曰有傳牌乎曰否命詗之報曰從者衆而更出入檟心疑為盜陰遣健卒數十人易衣帽如莊農曰若往視其徒入肆者陽與飲飲中挑與鬭相持歘以來卒既去檟命輿謁客西門過街肆持者前訴即收之得十七人陽怒曰王舟方至暇問汝鬭乎叱令就縶入夜傳令徼備漏下二十刻出諸囚厲声曰汝輩謂官府當出迎王而欲乘空虛為亂徒逆死耳咸叩頭伏辰捕賊首已遁于是令飛騎馳報徐揚諸將吏而繫十七人于杖餘賊散潰後罷歸

張

天浚（萬曆山陰縣志）字復亨嘉靖進士授禮部主事歷陞雲南副使佩臬司篆沐氏不法以祖制戒之武定苗蠻亂詔進討監五軍用象戰之法擒以殪衫鐵鎧出入洞箐間擒偽王鳳繼祖俘名酋以十數沐氏欲冒功不許略當事者齕之因被逮雲南父老蠻獠輩投臺者為陳枉狀得免歸

陳觀（郁微錄）字忠甫餘姚人嘉靖進士拜兵部主事陞員外郎中佐尚書肅清軍
府入無敢干以私出爲湖廣副使備兵衡永郴桂諸郡會新寧猺人寇掠江
廣命觀討之觀遣使招撫諭以威信猺人面縛降願受約束廣東賊黃湖祖等
流劫郴州桂陽觀督兵擊之斬獲數百招降餘黨廣西賊韋銀豹駕接船沂衡
永江大掠諸郡觀又督兵殲之江上時兩廣征古田猺撞軍門檄觀爲備
觀大張軍威聲聞八桂耆括間賊爲褫魄兩廣得克陞雲南左參政

徐甫宰（張元忭徐甫宰傳）字允平山陰人嘉靖舉人令武平當閩粵之界山寇蟠
結甫宰携一僕蒞程就道至則問疾苦覓征徭拊循撫抑城久圮爲亟完
之近賊諸寨舊無城特苦剽掠爲築城立堡者三李古春梁寧等負險以叛督
府將發兵討之甫宰單騎詣其巢曉以禍福賊羅拜泣下即解甲降會按事之
福寧長夷寇至州守病不能赴城幾陷甫宰以便宜且守且戰賊賴以全又以
計擒巨盜徐東洲梁道梃等數賊一空調程鄉諸寇聞之相戒勿犯獨石窟首
賊不悛令其黨擒之石窟平甫宰偶出相傳已他轉黠首楊六古良傑等逆謀
作亂甫宰亟還誅倡亂者謀遂寢已而劇賊蠢起徼兵十萬不能克甫宰間誠
釋從懸賞以激衆心遂俘徐加梯縛林朝曦盪鑑斬首以徇餘黨清降畧盡督
府上其功越格陞按察僉事備兵潮州潮境巖箐四塞濱大海土賊島寇相煽
亂甫宰或撫或勦降滅賊衆以萬計良寇屯鄉堂甫宰用所降賊授以
方畧悉其巢大兵隨之斬首萬餘自是潮無山海之患以勞瘁乞歸卒

來斯行（蕭山縣志）字道之萬曆進士授刑曹歷陞登萊道白蓮賊徐鴻儒倡亂斯
行提兵協勦以沈廣川與賊黨遇進克滕鄒生擒鴻儒獻俘闕下陞少參移
貴陽按察使水西安酋煽亂時苗長田阿秋爲援斯行購素習阿秋
者僞奔入巢斬阿秋首以獻諸酋震懾晉福建右布政使引年乞歸

俞相廷（紹興府志）字中岳新昌人萬曆乙酉舉人爲南江令當奢賊肆亂民力疲
敝特以緩徵課練鄉勇爲事賊入蜀逼邑境城守特固料敵自通江來必
從山麓行預率民兵伏高山乘其前後隊進滚木推
石自高而下斃石以千計城得全調雲陽令陞御史

徐人龍（毛奇齡徐人龍傳）字亮生上虞人萬曆進士授工部主事督學湖南崇禎乙亥任嶺北分守道以舊城庳隘寇屢陷增拓贛南五城遷蘇松兵備道會郴桂賊起圍長沙攻衡州上命兩廣江虔會楚合勦而檄人龍監軍時沅撫首請議撫人龍曰兵未動而遽議撫此寇之所以窺我也先勦後撫力足以死之而後浮以情生之撫然其言新賊曾冬保等以恂乃陽言其兵當勦但暑不興師俟秋而前六月二十一日天雨夜晦冥忽下令三鼓入牛矢寨賊不虞兵至大潰焚其寨牛矢為賊寨冠既破諸寨皆膽落先是文吏輕武弁人龍在虔首擢遊擊謝志良參將董大勝引之從幕計治盜事脫所縶食刀以贈至是以志良為前軍大勝繼之志良遂自效乘勝連破數寨擒賊雷天多將明宇等遂以七月洼臨武與楚兵合大勝以偏師繼進連破數寨生擒渠帥劉紅鼻劉思榮等八月與粵兵合又破高樟紫檫二源并搜檀源山破寨一其餘走羅源者頭輸萬金犒軍中以求免勦不許會大勝自藍山還道經羅源人龍指授方畧破殲之以數騎追復李剛楚于大枚沖捷聞遷武昌道晉參政拜都察院右僉都御史巡撫山東請告歸

國朝

楊懋經（公舉事實）字九有山陰人世沉雄有勇善射順治丙戌遊京師江蘇巡撫張忠元遷與俱南甲午湖賊錢應全肆出焚劫忠元委為太湖營總巡都司以勦之懋經出哨斬其前鋒紅孩兒賊衆奔竄海濱以功授崇明守備將崇明有海寇總兵梁化鳳方被圍北岸糧艘數十隻斂不敢發懋經即乘艘以濟圍解化鳳倚之為左右手己亥海寇鄭成功陷京口圍江寧化鳳將兵四千馳入江寧城屯教場懋經請決一死戰遂勦所部三百人旦蓐食既摩數壘乃大呼奮擊數出不意自相蹂躪生擒其將張順而還六月十七日成功與其屬會飲神策門臨大江自明初閉塞懋經穿塞而出直搗中堅化鳳夾擊之賊兵潰走乘勝復鎮江成功敗還率餘衆犯崇明懋經奉令馳救至七丫港值賊船一百三十餘艘一鼓破之化鳳上其功晉崇明鎮左營都司世襲拜他喇布勒哈番

遷廣東惠州遊擊，陞督標中軍副將，陞平陽總兵，未任卒。

姚啟聖（鄉賢昭祀冊）字熙止，會稽人，奉天籍，中特科舉人（臺灣府志）始任香山知縣，以詿誤去官。甲寅，率義兵破紫狼山賊，起溫州府同知，加溫處道，隨大兵平閩，為福建布政使，擢總督，首陳平海十疏，已未移駐漳州，大開修來館，懸賞格招賊，任賢使能，一材一藝之士，靡不蒐收。數月，賊猾有降者，啟聖厚賚之，偽將軍朱天貴率師來降，啟聖引入帳中，相與同卧起，出就館，器具供帳更厚。天貴大喜過望，以故竭誠致命，無有二心。又遣與化知府卞永譽、泉州知府張仲舉往說賊降，而偽行人傅為霖心持兩端，啟聖定密計，使自相賊殺，為霖果伏誅。後數日，啟聖忽從數騎行城市中，見宅高大者，輒鎮高之，榜其門曰某鎮公館、某將軍行臺，盛陳供具，至晚，浮賊偵啟聖，佯曰：若非某將人乎？歸語爾主，主某日之期不可爽，信予酒食，遣歸。浮池偵亦如之。海上喧傳，傳遂自相猜忌，源源納款矣。庚申二月二十三日，啟聖乘賊懈，遣兵攻破陳洲、馬洲、觀音山、石馬等處十九寨。次日，復遣遊擊張定國、都司張顯、筆帖式羅森等引兵直抵海澄門下，計誘偽將蘇侃等內變，攻破城門，降其眾二千餘人，恢復海澄縣。是夜又差知縣黃金注等乘潮分渡，直入海門等處，降其將鄭元堂、黃瑞、陳珍、張雄、張治等水陸官兵一萬二千餘人，遂復金門、廈門。賊退保澎湖，晉秩太子少保、兵部尚書。辛酉，啟聖具疏請內大臣伯施琅為靖海將軍，既至，啟聖運籌決策，琅率舟師而前，啟聖具糗糧于後。以康熙癸亥六月十四日從平海進兵，二十二日克澎湖，七月二十七日鄭克塽降，臺灣平，卒于官。

吳興祚（紹興府志）字伯成，執忠子，以貢知萍鄉縣，改無錫縣。康親王征福建，知其才，薦授福建按察使。時耿逆已降，鄭經遁歸廈門，惟延建諸山多奸，山嘯聚，奉朱統錩為渠帥，勢甚張。興祚撫勦互用，舉兵直抵西山，遍布声勢，遣壯士持檄開誠諭之，其大校陳龍、何應元等先後輸款，解散萬餘人。獨統錩潛贛州山中，興祚陽曰：贛屬江西，非我部，不奉詔不敢深入。遂下令班師，而默率麾中可任心腹者，令蓄髮奔統錩，導以趨閩，統錩果來，閩來設伏擒之，支黨悉平。

擢巡撫同時姚啟聖晉總督兩人以同里相善軍旅指畫如意拊鼓鄭經將劉國軒攻圍泉漳二郡啟聖禦漳州興祚救泉州從亂山攀藤而進大敗賊衆復永春德化數縣國軒宵遁泉城獲全于是策掃廈門分三路進兵如期會發鄭經潰遁兵部尚書予世職尋遷兩廣總督

台州府

五代

孫琰（十國春秋）臨海人驍勇有智時人謂之孫百計積功至牙將守蘇州淮南將周本呂師造圍蘇州攻法凡百出不可窮最後推洞屋攻城若蝌蟆然琰隨机應敵置輪于竿首垂絙投錐以揭之攻者盡露及礮至張網以拒礮遇網輒止竟無所施淮南兵遂夜遁

宋

賈涉（宋史本傳）字濟川天台人慷慨有大志金犯光州涉知盱眙軍淮人季先沈鐸說楚州守應純之招山東人李全等以其衆至先招石珪楊德廣通歸忠義軍珪等及覺鐸于漣水純之罷通判梁丙行守事欲省其糧使自潰珪等渡淮焚掠幾盡謂朝廷欲和金人置我軍何地涉上書曰降附踵至而金乃請和此正用高澄間侯景遺策恐山東之禍必移于兩淮至若忠義之人不立定額處之北岸安能以有限之財應無窮之須飢則噬人飽則用命其勢然也授淮東提點刑獄兼楚州節制本路忠義人兵涉遣傅翼諭珪等逆順禍福自以輕車抵山陽德廣等郊迎伏地請死誓以自新金僕散萬忠數十萬大入涉遣陳孝忠向滁州珪向濠州先德廣趨滁濠全要其歸路以翼監軍數日孝忠捷至珪屢破金人金人不敢窺淮東者六七年諸軍在漣水山陽者既衆涉分珪孝忠為兩屯李全軍為五砦又用陝西義勇法涅其手合六萬人汰三萬有奇正軍常屯七萬餘使主勝客歲省費十三四涉遣李全取海州復密湘王淋以牢

台州

銑黃巖人

海州歸遂取登萊二州青州守張林以肯棣淄州降又取濟沂等州息傳景德邢洺等十餘州相繼請降涉傳檄中原擢制置副使燕京東河北節制金十餘萬犯黃州淮西帥趙善湘請援于朝涉遣全等赴之金人破黃陷蘄安慶甚急全馳至遂定與京湖制置使趙方犄角連戰俱戰先是蘄州受圍余嵘往援鼓衆胥通金衆間登城前帥不問涉斬嵘以徇諸將畏懼用命勢大震金將三道渡淮涉以張惠當之惠金驍將歸宋所部花帽軍有紀律率諸軍出戰金人大敗陷失大半涉以所獲京河版籍及金銀牌銅印之屬上于朝

明

李匡

（兩浙名賢錄）字存翼黃巖人宣德進士授太常博士改御史陞四川按察副使時播州苗賊作亂委匡帯領官軍撫捕克敵一十五次景泰元年以軍功陞右僉都御史巡撫四川播州未平敘州蠻夷又亂焚劫九縣全蜀騷擾復領勅勤捕而四川軍伍數少匡乃召民間壯丁凡九千餘教練操習雜處部伍匡號令嚴明措置有方屢戰屢捷羣蠻始息而播州餘寇尚未盡滅貴州總督王來咨請會兵攻草塘期而進兵至則來咨違期匡被圍乃堅守營寨偃旗鼓息刁斗五日一戰而捷蓋由示弱而勝天順六年兵部尚書馬昂奏保勅巡撫宣府匡親歷邊陲增壘壁斥堠崇袤雞犬相聞八年乞歸卒于家

應大猷

（獻徵錄）字邦升仙居人正德進士除南刑部主事值宸濠謀叛尚書喬宇以戰守事宜付大猷大猷議嚴斥堠多詗諜以防奸細綠軍資振先聲以安人心急遣精兵守皖城以扼數衢使不得進于是宸濠兵至皖城而挫竟就擒武宗南巡大猷仰行宫力諍歷陞廣東參政撫勦叛夷恩威大著累擢僉都御史巡撫雲南改四川值都蠻勿靖大猷勒兵出其不意直搗巢六擒斬數千級再撫山東陞吏部右侍郎刑部尚書歸卒年九十五

曾銑

（名山藏）字子重嘉靖己丑進士授長樂知縣召為御史按山東遼陽軍士作亂銑既乞原宥以安邊鎮上得奏喜曰真御史也銑單騎往諭朝廷恩威三

軍歡聲動地及倒漸寧鉞簡任韓永慶等指授方畧三城倡禍者率就縛餘妄堵如故陞大理寺丞擢右僉都御史巡撫山東二十一年數吉囊寇入十八盤欲襲臨清鉞奏築新城以阻之二十四年調撫山西鉞大修邊墻添製火器數攻浮圖峪率兵平刑以堵西寇數入鵓鴿峪直趋廣寧以防北衝數不近邊者二年明年敵入陝西三邊總督翟其人上以屬鉞特數十萬騎由寧塞寇入鉞命中軍參將李珍率勁卒先行復親督將士晝夜由新安邊外直趋定邊數達出塞去鉞念河套為中國要害地乃上疏曰河套古朔方地是張仁愿所城受降之界也以東勝孤懸撤之內守復改榆林為鎮弘治十二年數牧套內孝宗志欲伐之而未達武宗方欲征之而未能寧夏外險反內倚河伏乞勅下廷臣將臣此奏與修築榆林邊墻之奏詳計可否兼築邊之議數十年之謀耳若復套之舉則臨河作障天險為池此社稷之至計也上曰鉞奏其見壯猷其令鉞務求長策嗣上方畧鉞復條上十八事晝夜講求復套策演成行師機宜列為八圖次第其說上之于是領兵入套新獲千計數多移營渡河時仇鸞為總兵驕恣鉞劾其違法詔械繫鸞會嚴嵩父子方謀傾夏言鸞因重賂世蕃并擠鉞下理官羅織成獄死西市天下寃之隆慶初詔復鉞鉞兵部侍郎副都御史贈尚書謚襄毅（愍）賜祭葬

張

元勳（湯斌張元勳傳）字世臣太平人嗣世職為海門衛新河所千戶沈毅有謀值倭警從戚繼光破橫嶼諸賊進署都指揮僉事充福建遊擊將軍隆慶初破倭福安改南路參將從李錫破曾一本黨進副總兵五年擢署都督僉事代郭成為總兵官鎮守廣東惠州賊唐亞六等黨（劫）掠郎縣元勳進勦亞六等擒首（肇）慶恩平賊陳金鸞等與鄰邑苔村賊羅紹清林翠蘭譚權伯藤峒賊黄飛鸞黄高暉等相煽亂為故事兩粵惟大征得敘功鵰勦不敘故諸將不樂鵰勦總督殷正茂與元勳計令鵰勦得論功諸軍爭奮又簽遣副將梁守愚等屯恩平若常戍者掩不備斬翠蘭等生擒紹清權伯以徇其諸路鵰勦者生得金鸞而高暉等亡去元勳遂北至藤峒生獲之諸賊盡平惠潮地相接賊首藍一清賴元爵馬祖昌黄民太曾廷鳳卓子望等各據險結砦連地八百餘里黨數萬人

會金萬等滅諸賊頗懼佯乞降正茂知其詐徼兵四萬令參將李誠立沈思學王詔進擊王瑞等分將之元勲居中節制數道並進賊遇之輒敗元勲追亡至南嶺一日夜馳至擊破李抗生渥子望等明年破烏禽嶂叟鳳等阻高山元勲佯飲酒高會忽進兵擊擒之先後獲大賊首六十一人次賊首六百餘人破大小巢七百餘所進都督同知世襲百户潮州賊諸良寶既撫復叛犯陽江掠故巢居高山嶺不出戰元勲積草土與賊壘平用火攻之斬首千餘級擢閩進世廕一級遣尊魏朝義等四巢亦降惠潮遂無賊其冬倭陷銅鼓石澳魚城元勲大破之儒峒五年大征羅旁賊進都督改廕錦衣尋以疾致仕

李超

（吳）執御李超（傳）字天衢太平人襲世職習騎射嫻韜略倭寇浙東兵備道譚綸薦于總督胡宗憲委以備倭之任邊寇至超單騎持矛直突倭營倭驚潰斬獲無算後綸以憂歸豫章寇亂超從綸羅寇難私率部下百餘往往豫章斬殺靡遺豫章復靖綸喜出望外復言于江西巡撫特疏于朝授南贛遊擊屢著戰功遷台嚴三郡參將會倭深入台南身督諸將大敗之倭自是不敢復寇遷全浙護軍駐鎮定海歷任十載勞績懋著再遷京城衛軍都督提督京營以疾致仕授特進柱國光祿大夫卒于家

楊文

（台州府志）鄭筠先臨海人嘉靖間倭屢犯台文應郡守譚綸之募每戰先登自仙居至寧海又于太平南灣擒斬倭寇調廣東福建等處討賊多立戰功授台州衛指揮陞海南衛參將萬曆二十年寧夏哱承恩之亂文以南兵往討水陸夾攻襲破南關生擒承恩土文秀陞湖松登萊等處副將仕終遼陽總兵官

王士琦

（周）頌王士琦（傳）字圭叔宗沐子萬曆進士授南工部主事歷兵部郎中按治驕兵不畏強禦論者以邊才許之會播州宣慰楊應龍反以邢玠總督四川特補士琦重慶知府至即授檄前往綦江勘應龍出安穩聽勘應龍觀望不前士琦徑至安穩應龍令弟兆龍以兵迎且請進赴松坎人咸謂無輕蹈不測士琦曰彼以我為怯也即單騎赴之見應龍責以大義聞陳利害應龍率苗目膝行抱士琦足泣因諭令至安穩應龍如命面縛蒲伏獻首亂十二人親驗

抵應龍斬輸銀四萬兩助採木奏上報可倭寇朝鮮復以玠為經畧晉士琦山東叅政與總兵劉綎將苗兵二萬自蜀赴王京時倭據東西中三路西路行長據粟林曳橋最雄險玠使綎將陸兵陳璘將水兵攻西路士琦監其軍士琦促陸師前進至粟林攻圍十餘日賊求救于別酋平義智士琦恐二酋合勢叵測乃令水師解圍同于海陸師急攻奪曳橋斬首數百級乘勝入城行長遁入海平義智與中路酋石曼子來救璘半洋邀擊燬倭船數百殺石蔓子行長僅以身免會閩白平秀吉死三路倭遁朝鮮事平論功陞河南左布政使歷右副都御史巡撫大同調江西卒

金華府

漢

楊琁

（後漢書本傳）字機平烏傷人舉孝廉靈帝時為零陵太守時蒼梧桂陽猾賊相聚攻郡縣賊衆多而琁力弱吏人憂恐琁乃特制馬車數十乘以排囊盛石灰于車上繫布索于馬尾又為兵車專彀弓弩剋共會戰令馬車居前順風鼓灰賊不得視因以火燒布布然馬驚奔突賊陣因使後車弓弩亂發鉦鼓鳴震羣盜波駭破散追逐傷斬無數梟其渠帥郡境以清荊州刺史趙凱誣奏琁身非破賊而妄有其功遂檻車徵琁乃噬臂出血書衣為章具陳破賊形勢又言凱所誣狀潛令親屬詣闕通之詔原琁拜議郎三遷為渤海太守免後徵拜尚書僕射以病乞骸卒于家

宋

王霆

（宋史本傳）字定叟東陽人少有奇氣試武舉中絕倫異等授承節郎從軍于鄂帥鍾興嗣以霆為隨軍都錢糧官專一教閱總效軍尋委帥師守禦黃州沿江制置副使李塈辟置幕下霆于軍事無所不言謂招募良家子不可以黃緣閱節目遇防守江面全藉正軍用兵不以人數多寡惟教習精則勝理宗即

婺州

位先浙西副都監鎮江都統趙勝辟爲計議官李全寇鹽城攻海陵勝出戍揚州寘從行至揚子橋人言賊兵昨日在南門去將安之寘竟至南門以師禦之命兼三城事勝次第出城接戰寘身先士卒大小十八戰無一不利奪賊濠築土城焚城門賊氣爲懾差知應州兼沿邊都巡檢使諸道兵將往救復楚州寘師所部爲將角之助名試爲閤門舍人入對言恢復之說有二曰規撫曰机會規撫既立然後義旗一麾諸道並進臣願效前驅北兵至以寘知光州冒雪夜行倍道馳至州整飭戰守之具大戰于謝令橋先入遂安名爲吉州刺史仍知光州寘固辭至相鄭清之制置使史嵩之皆以書留寘寘不從曰士大夫當以世從道不可以道從世也再授閤門舍人遷淮西馬步軍副總管知高郵軍兗沿江制置副使司計議官寘撰沿江等邊誌一編上之知壽昌軍改蘄州書曰兩淮籓籬也大江門戶也三輔堂奧也貽書杜範乞瞰江審察形勢置三新城蘄春置于龍眼磯安慶置于孟城滁陽置于宣化不報

唐韶

（趙與譯唐韶墓誌）字子和蘭溪人嘉泰四年以漕魁中南省第二書辟沿江制置使幹辦公事制使史巖之使往襄陽勞師時元兵在境江面解騷韶駕舟直上使其子良嗣率死士前進所向皆克直造襄陽呂文煥喜乃出軍數萬攻其兩端韶與元兵大戰中流破數而出巖之上其功陞南陵知縣

元

王安國

（金華先民傳）字靖翁寘之孫也倜儻有志略宋以門功授成忠郎及元平宋江南兵起安國以策干大帥高興歷陳撫綏之計與語意合即署東陽尉能布威立信以馭其民玉山人妻革等恃險爲亂殺宣尉使陳天祐行者左丞史弼將兵來討安國詣軍前効謀親入賊壘手縛渠魁以獻弼喜曰使兵不血刃而獲賊者爾力也將爲用之以親老辭後妖賊楊鎮反玉山境接寧海擣爲巢穴勢甚張安國率鄉兵扼險拒之賊從間道出義烏遇官軍與戰賊衆奔潰遂擒其酋安國爲人謙厚重然諾民服從之訟不直于官而惟尉言是直鄉閭賴以安靖者二十年

明

蔣鏞（宋濂蔣鏞墓誌）字可大其先安吉人遷浦江少豪縱不羈喜結賓客嘗慷慨曰大丈夫不能致君于朝足之上則當封侯于萬里外元季兵動鏞奮身與鄉人保聚嵩山境內怙之老幼妻孥煦嫗相養雞犬無恙如平時明兵南抵蘭溪以檄召鏞至轅門上愛其才惜其年曰老矣大將胡大海薦之俾逐寇常昌軍于義烏鏞率義兵數萬人大破之殲其渠帥梟首及獲俘馘以獻上嘉之命為浦江翼右副元帥攝分閫事以治浦江軍肅民安明年伐越浮諸暨又命移鎮諸暨又明年以老告大海為請于朝以職授其子珹歸十年而卒

王應（金華賢達傳）字思正浦江人洪武中授廣東布政使司左參議時盜發南海官軍不能平應率義旅以蛋船為聲援入其巢穴擒渠魁而殲之餘黨悉平轉河南左參議

吳百朋（獻徵錄）字惟錫義烏人嘉靖進士授永豐令徵拜御史按淮揚猝遇倭亂被甲登城籌兵食晝戰夜守賊不敢逼累陞右僉都御史撫治鄖陽改提督南贛軍務會倭寇海陽與兩廣都御史督諸道兵四面擊之捕斬無算已又敗倭于烏石又戰減水神山賊兵熸又敗倭于海豐初賊葡揚一戰殺長吏勢張甚而蘇阿普賴忠潭等依山阻險百朋懸賞格陽為招附陰督大軍張左右翼擊之遂平洪田再破香寮又移師擊藍松山程鄉擒之轉戰大田俘梁國相等別攻乳原始興賊殲之又會師破吳平漳潮達將士擊二原寇盡殪時三巢最稱桀黠賴清規巢下歷李文彪巢岑岡謝允樟巢高沙衆號數萬盤互累歲攻之甚難百朋請移鎮信豐授參將蔡汝蘭等方略率師討之擒清規于苕竹嶂餘黨悉平隆慶時擢兵部右侍郎萬曆初命閱視三鎮百朋條上便宜四事曰繕垣屯田備邊河防又進邊圖凡關隘險隘與士馬強弱亭障遠近歷歷如指掌陞刑部尚書卒于官

徐瓚（外微録）字朝儀，永康人。嘉靖間任雲南按察使。土舍安銓叛，撫按知瓚才，凡軍事悉以諮瓚。乃議以土司攻土司，調元江、蒙化、鎮沅等處土兵，佐以漢軍分統進勦。已獨留中議處糧餉，閱習召募，事皆立具，晝夜登城，犒師至廢寢食。立招降大旗，陰誘脅從，仍造小旗千餘，書「同心協力，各保身家」八字于上，令各執聽撫，釋是降歸者日衆，賊勢遂衰。明年春，土舍鳳朝文結叛與銓合，進圍省城。瓚登陴呼寇，諭以朝廷恩德，寇皆伏地請降，且以復官為言。瓚諭令退舍俟命，寇遂退。瓚即夕走使擊回各哨官軍，厭明合擊，賊盡潰，渠魁逃逸。設方略擒之，俘獲萬餘。簡當興章，悉為開釋。擢本省右布政使，進左布政。

陳大成（萬曆義烏縣志）義烏人。嘉靖三十七年，八寶山礦徒生發，嘯聚萬人。大成糾率義旅，勦除之。遂以武生應募，統親兵五千赴台防守。四十年四月，倭犯台州花街、白水洋等處，參將戚繼光遣大成領兵衝鋒，俘斬倭首百餘，救回男婦三千名口。既而調往江西，援勦流賊，戰于弋陽，斬獲甚多。四十一年，倭犯太平，又敗之于烏根嶺。特福建寧德縣被倭陷久，擄大成統衆隨繼光直抵寧德，克復城壕，前後告捷凡十二。授台州衛指揮僉事，陞浙江中軍都司。時倭寇既殄，而士卒多虐，摩廩糧。大成建議領兵屯操，每年春汛四箇月照舊給糧，出守六箇月，咸糧回縣，逢五赴操，遇警聽調，兵既得以附家，地方又可保守。院道是其議，省銀七千七百餘兩，咸派山蕩稅額之半。

吳良知（隆慶東陽縣志）字見通，幼業儒，既冠習孫吳法，通弓馬戰陣之術。嘉靖時倭寇為患，海道譚綸薦授把總，何家礰、長平街等處將兵不滿千人，三戰三捷，救還被掠男婦數千人。陞台州衛指揮，守備討南韶龍眼洞賊，與官祖政等會戰于李村，一鼓擒之。又大捷于大羅山，斬賊首吳子和等前後數十餘戰，皆莫當其鋒。陞浙江都司，歷廣東瓊崖參將。每戰必誓師，令毋妄殺、鹵掠，故所向成功。

虞德華（崇禎義烏縣志）字光卿，隆慶進士，授行人，進兵科給事中，出守揚州，備兵辰沅時，漕字稱亂，糾合唐喬奉若等六十餘寨，并廣西、貴州諸苗入犯，德華奉命勦撫浮賊閒張好一安松等于靖州因籍中因曰昔王文成用王受華平恩州以責收我吾其浮志于此二人也因釋其縛陰約之還寨隨簡精銳廠陣臨之果浮唐奉二渠首賊黨志解後以雲南參政謝事歸

王世德

王世德（金華府志）字長民永康人萬曆進士由閩縣令陞工部主事擢湖廣副使備兵下江憂擒剿盜還右參政監軍貴州安邦彥謀犯省城世德請駐節威清待之邦彥圍威清世德募死士守禦會大風遂破賊營陞按察使仍監軍平苗冠陞廣東左布政劉香老犯廣州世德調閩將鄭芝龍夾擊于廣洋香老溺死擢左副都御史巡撫雲南去廣時庫中羨金數萬世德悉籍以充軍需抵雲南萬氏結黨為亂世德剿堡建屯諸逆斂跡以疾卒于官贈兵部右侍郎、

衢州府

宋

余玠

余玠（宋史本傳）字義夫少為白鹿洞諸生以功補進義副尉累功至大理少卿淮東制置副使進對言今世胄之彥場屋之士田里之豪一或即戎即指為麤人斥為噲伍願視文武為一理宗曰卿人物議論皆不常可獨當一面乃授權兵部侍郎四川宣諭使玠角許當手挈全蜀還朝又其功日月可冀尋授四川安撫制置使兼四川總領夔路轉運使玠入蜀大更弊政遴選守宰築招賢之館供帳一如帥所居下令集衆思廣忠益豪傑之士趨期立事播州冉氏兄弟璡璞有文武才隱居蠻中聞玠賢詣府上謁即與抗禮賓館之居數月請見曰某兄弟辱明公禮遇思有以少裨益為今日全蜀計其在徙合州城乎蜀口形勢之地莫若釣魚山請徙諸此若任得其人積粟以守之賢于十萬師遠矣巴蜀不足守也玠大喜密聞于朝詔以璡為承事郎權發遣合州璞為承務郎權通判州事徙城之事悉以任之築青居大獲釣魚雲頂天生凡十餘城皆因山為壘棊布星分為諸郡治所屯兵聚粮為必守計誅潰將以肅軍令開屯田于

衢州

成都蜀以富實玠率諸將迎邊直持與元與元兵大戰又大戰于嘉定寶祐初卒特贈五官玠之治蜀也輕徭以寬民力薄征以通商賈蜀既富實乃罷京湖之餉撤東南之戍自寶慶以來蜀閫未有能及之者（弘治開化縣志）玠祖籍蘄水渡江後居開化縣之金水鄉

明

楊順（弘治龍游縣志）字伯康明師克東陽率衆歸命曾一軍當括寇連戰于靈山安仁皆破之後常遇春攻衢州斬萬户一人獲百户二人尋命從胡大海取江西信州加武德將軍歸安衛正千户子孫世襲又于海上擒倭駐師金山感疾卒

席永（弘治龍游縣志）字孟常祖貴以功授小旗正統初永襲職時賊葉宗留鄧茂七相継反寇福建漳泉等郡朝廷遣將討之永在任中大小三十戰生擒賊渠數人陞總旗尋隸石亨北征遇于雷公山逐北三十里寇為援虜授百户天順初從征兩廣有功陞副千户明年從平荆襄獻俘于朝進大寧中衛指揮僉事子孫世襲

汪金恩（兩浙名賢録）字天錫江山人以進士主政刑部歷員外郎中知桂林府時土酋干紀屢挫官軍當事議撫金恩曰小丑陸梁見不一大創則朝廷聲教將有不訖于遠者前委用非才以致挫衄奈何因噎而廢食乎當事即以檄委之金恩乃揀精鋭授以方畧適大霧連日不解乘霧啣枚疾走令勇士數百人攀附而上先據巖險然後縱火焚其林箐大兵鼓噪而進連破一十八巢火熱墮崖死者不可勝計俘斬七百餘當事上其功劉瑾抑之不敘轉知鳳陽勒令致仕歸其時饒寇搶攘力贊縣令為立城池邑人賴之

徐大鵬（龍游縣志）字翔雲少負膂力麻貴劉綎將兵征倭荷戟從之渡海屢戰克捷播酋楊應龍反綎往征討以大鵬為前驅直入婁山平其地後從熊文

懞征鄭芝龍芝龍降以功累擢總兵崇禎己巳上書斥兵部尚書張鳳翼誤國首輔溫體仁黨庇之罪繫獄將斬會鳳翼得罪遂末減戍榆林赦歸

嚴州府

南北朝

周文育（南史本傳）字景德本居新安壽昌縣姓項氏義興人周薈為壽昌浦口戍主養為己子司州刺史陳慶之使薈將五百人往懸瓠慰勞白水蠻蠻謀執薈以入魏事覺薈與文育拒之賊徒甚盛一日中戰數十合文育前鋒陷陣勇冠軍中薈戰死文育馳取其屍身被九創創愈還葵盧安興為南江督護啟文育同行除南海令安興死文育與杜僧明攻廣州為陳武帝所獲赦之隸麾下帝討侯景文育為前軍尅蘭裕援歐陽頠皆有功帝破蔡路養于南野文育為路養所圍四面數重矢石雨下所乘馬死文育右手將戰左手解鞍潰圍而出復進大敗之帝發南康遣文育將兵開通江路景將王伯醜據豫章文育擊走之帝軍至白茅灣文育常為軍鋒至姑孰與景將侯子鑒戰破之景平封南移縣侯帝誅王僧辯令文育督軍會文帝于吳興剋杜龕又襲破會稽太守張彪侯瑱據江州命文育討之未剋徐嗣徽引齊人沒江據蕪湖徵文育還都嗣徽列艦于青墩至于七磯以斷文育歸路文育鼓譟而發及攻嗣徽嗣徽驍將鮑砰以小艦殿文育乘單舴艋跳入砰艦斬砰牽其艦而還因留船蕪湖自丹陽步上帝拒嗣徽于白城適與文育會將戰風急帝曰兵不逆風文育曰事急矣何用古法抽槊上馬而進衆軍隨之風亦尋轉殺傷數百人有功進爵壽昌縣公及廣州刺史蕭勃舉兵踰嶺文育督衆軍討之新吳洞主余孝頃慮勃出豫章據石頭勃遣將歐陽頠頓苦竹灘傅泰據墌口城以拒官軍官軍船少孝頃有舴艋三百艘艦百餘乘在上牢文育潛軍襲之悉取而歸仍于豫章立柵時官軍食盡乃使人遺周迪書陳利害迪饋以糧于是文育乘船舫沿流俱下燒豫章所立柵偽退孝頃望之大喜因不設備文育由閒道信宿達芊韶上流

睦州

則顧勒下流則秦孝頃文育據其中間築城饗士賊徒大駭顧退入泥溪文育遣周鐵武襲擒之盛陳兵甲與顧乘舟而讌以巡秦城下因攻秦克之勒在南康聞之衆皆股慄其將譚世遠斬勒以降孝頃猶據石頭帝遣侯安都助文育攻之孝頃退走新吳廣州平以功授開府儀同三司及周迪破孝頃孝頃弟孝勱猶據舊柵擾動南土帝復遣文育討之豫章內史熊曇朗率衆來會謀害文育文育推心撫之曇朗害之于坐帝聞贈侍中司空謚忠愍

宋

錢嶴

錢嵤（新定續志）嶴淳安人與弟嵤俱讀書尚氣節不仕宣和中方臘黨類尚熾嶴嵤起鄉兵勒平之未幾金師大入嶴嵤與同里方庚引兵扼廬據斗山之險以敗之功聞各補承信郎嵤冠張花項哥犯歙且逼睦境又率兵敗之兩郡賴以安

俞汝霖

（嘉靖遂安縣志）字季澤深沉有智略慶元元年辰州叙浦縣山猺猖獗朝廷遣都帥官石子慶發大兵討之汝霖應募乃同將官丁順等入洞生擒之毀其巢而還又捕九溪全洞之賊授承信郎官至都轉運使進階金紫光祿大夫

明

應顥

（淳安縣志）字文明正統進士授御史十四年奉命巡視福建銀場賊林開三等鳩集虜盜千餘人剽掠顥調軍擒其賊首餘黨悉平景泰改元清福建軍伍陞南京大理寺丞成化二年陞湖廣按察司僉事總兵李震巡撫羅箎知其才檄治平溪清浪衛巡調官軍征勦靖州黃猺苗寇事竣都御史吳琛委修築江岸一千餘丈未幾都御史項忠復遣平荆襄流民之為亂者陞福建按察副使巡視海道漳州賊林輝英聚衆下海為亂顥遣官軍齎榜曉諭卒擒輝英以獻既而龍溪賊錢有定五千餘人劫掠顥命巡海官軍督捕悉就擒陞布政左參政致仕

周瑄（兩浙名賢錄）字弘璧淳安人正統進士授南吏部主事改刑部員外郎遷福建按察使副使分巡建寧時官軍調征沙游盜將秉虛而入瑄募民兵修武備且守且學民賴以安已而盜犯政和松溪瑄嚴飭令親授堅銳夾攻而進擒賊六百人追獲所掠婦女以千計未幾高陽盜起瑄分遣儒生撫賊營諭以禍福寇亂遂解尚書薛希璉上其功賜文綺賚鏹進秩三品

吳偉（湯斌吳偉傳）字克大淳安人成化進士授南刑部主事遷貴州按察僉事程番盜起守臣遁走三司議發兵偉曰此可撫而定也單車諭降之都勻地形險阻蠻獠跳梁屢征不克弘治三年巡撫都御史鄧廷瓚薦偉才擢都勻兵備副使時廷瓚討黑苗乜富架等偉遣熟苗詐降誘令入寇因伏兵擒之并執其二子諸路秉勝深入抵其巢穴凡破一百一十餘寨又賊圍官兵于合江州復率師援之賊解圍走時偉威名大著賊望風奔潰是時菜蘭和壁挈田諸洞悉下平麻六洞九名九姓等諸苗亦皆歸附設府州縣控馭之貴州為之一靖廷瓚上平賊功偉進秩二級七年遷雲南按察使移廣西十四年入覲卒于興安驛

俞諫（毛奇齡俞諫傳）字良佐桐廬人弘治庚戌進士授長治令擢御史遷河南按察僉事雪花崖賊呂梅聚衆亂諫率兵擒之正德三年遷江西參議平大帽賊鍾尚石高黑擢南右副都御史撫江西賊會東鄉新民王浩八叛詔諫督兵江西時浩八自萍鄉流劫諸縣轉入浙之開化而石埭生章仁與浩八合副使胡世寧統新民艾如七往擊如七亦敗去閩琰發所部兵命參將李隆同知伍文定等戰于華埠賊遁還江西乞撫隨撫隨叛連營數十里諫督大合兵追改之復擊浩八餘賊奔玉山復推浩三為帥諫督兵追擊浩三殲焉萬年賊首王重七鼓衆熬解舍諸賊嚮應諫調湖廣官軍二千并永順土軍討之獲重七而如七亦就擒復討平臨川安遠新淦諸餘賊進右都御史建昌撫賊徐九齡復叛諫追討之斬九齡班師加秩一等先是宸濠蓄異謀聲言浮上賜敕撫臣以下朝服入賀諫不可濠誣所親御史張鰲山劾罷之章甫下而捷音至浮不問還引疾家居嘉靖初起督漕運平河南賊之流淮上者召入理院事致仕卒贈太子太保謚忠襄

俞夔

(兩浙名賢錄)字舜臣建德人正德進士授安福知縣宸濠之亂多保障功擢長沙府同知擒剿盜彭思和等五千餘衆陞四川按察司僉事兵備安綿番夷玻拓等糾結神溪諸番入寇夔出奇擒番酋千萬山等三十七人復古雅州侵地千餘頃築平番赤土二堡陞本司副使備兵建昌建昌土番雜居無肯躬至徼外者夔深入不毛番人吐舌失氣鹽井土官剌馬仁等相讐殺夔督兵討平之陞江西按察使歷左右布政使卒于官

戴東旻

(建德縣志)字日文萬曆進士授歙縣令遷儀部持河南汝寧兵備副使時流氛日熾洛陝川湖所在被寇東旻躬擐甲冑率祖寬左良玉陳洪範諸將與剿寇張獻忠羅汝才李自成等四十餘戰前後告捷以僉都御史撫治鄖陽初獻忠入楚破穀城圍光化東旻單騎馳赴賊乃解圍大破之于漢濆等處獻忠勢窮乞降總理熊文燦主撫東旻請先勦後撫閣臣楊嗣昌右袒文燦獻忠因得安插穀城而東旻坐免未幾獻忠叛焚襄樊罪主撫者文燦辭連東旻亦被逮後帝省東旻疏前言盡驗欲再用而東旻已病卒

章可試

(遂安縣志)字星華萬曆舉人崇禎中授舒城縣張獻忠陷霍巢諸邑攻舒城可試選義勇設奇制勝賊奔潰明年復來攻伏砲創之前後被圍十有四卒賴以全尋以養母歸

溫州府

宋

薛弼

(葉適薛弼墓誌)字直老溫州人政和進士任懷州刑曹歷遷光祿丞提舉淮東鹽事湖南運判王𤫩捕楊么久無功更令岳飛么據洞庭陸耕水戰樓船十餘丈官軍徒仰視不得近飛謀益造大舟弼曰彼之所長可避而不可鬭也幸今大旱水落若重賄舟勿與戰遂筏斷江路藁其上流使彼之長坐廢而以

精騎直擣其堅則破在目前矣飛曰善兼旬積寇盡平進直秘閣為戶部郎再
知荊南桃源伍俊既招復謀叛弼許用為靖州書曰我得據一州過桃源遠矣
卽出謝伏發擒之進秘閣修撰知處州復知福州廣州歷南雄南安五州前後
討蕩俞三古五官朱閔袁吳錦等賊相謂剥皮殿撰而閩八郡伍黑龍卓和高
兵崇廖七姚滿山紅之屬數十萬弼教奇兵立左翼軍校陳敏為統制積四年
平衆賊百七十部汀人李谷反信宿三萬人弼急會師斬其首尾夾擊之決辰
谷取海寇陳小三載艘六十距境上給鄭廣兵三百與期三日求濟師不許二
日大風賊不能進退盡擒以獻請曰吾以一擊十初意不能自全公料三日何
也弼曰第注吾令無問所以然蓋机速
神敏多此類紹興二十年卒于廣州

張顔

（兩浙名賢録）字叔靖瑞安人倜儻有氣節台寇薄城由桐嶺將趨瑞安顔聞
之卽治牛酒召邑中少年勇敢者數千人共飲語之曰若屬墳墓妻子皆在
此盍相與戮力共保之諸少年請受約束顔遂以軍法部署先令五百人持旗
鼓夜伏陶山之左約曰聞鼓則起復令九百人分為三隊阨要而陣令曰賊至
則三隊更進迭戰卽佯棄旗鼓走陶山北聞鼓則反戈違令者斬顔乃自將數
百人携雷鼓伏山頂明晨賊果至三隊迭進輙佯走賊爭利而前顔卽援桴鼓
之伏兵競起三隊及兵夾攻呼噪之聲震山谷賊大駭奔潰自相蹂躪死者不
計其數生擒數百人鄉邑遂安紹興中太守章誼薦于朝以中興十策干執政
語不合歸老于
家年九十餘卒

曾光

（萬曆温州府志）泰順人善騎射習孫武兵法隆興武舉士授車騎都尉從李
顯忠出師嘗奮勇身先與金守將蒲察徒穆都統蕭琦戰于濠梁間遂復靈
壁虹二縣又復宿州登城與賊巷戰斬首數千生擒八百
人都督張浚奏聞録功第一陞殿前太尉乾道中致仕

明

王宇（萬曆平陽縣志）字惟寬溫州衛指揮同知正統戊辰福建沙縣賊鄧茂七起寇麗水賊陳詠等應之聚黨圍處州轉掠平陽進圍縣治官軍擊之輒敗宇馳赴援屯軍、、橋自跨白馬先進連發三矢斃賊酋白鵠等三人賊驚遁縣獲保全大破賊于括以功超陞浙江都指揮同知

劉永（平陽縣志）世襲平陽所百戶景泰元年山寇臨城永率男瑀奮力奪橋殺退賊衆追至三十八都雅洋對營征勦哨至福寧界楊梅坑等處生擒賊首掐仲悅朱永達等斬首千餘級深入賊巢招撫人戶數百餘家居民復業山寇悉平陞本所世襲副千戶

李顒（分省人物考）字崇綱樂清人正德進士令閩縣拜御史出按貴州苗夷弗靖顒隨山築道直抵夷穴徼兵四擊夷皆順伏于是大行賞罰凡冒功夙蠹剗削跡盡還嶠肅清累官右副都御史巡撫南贛會有安南之役運籌決策卒致又安陞南京大理卿將戒行而贛之頑民糾衆崗發奉詔會兵速擊踰年平積勞成疾卒于官

李維樾（江寧府志）字蔭昌瑞安人萬曆舉人崇禎甲戌授江浦令敵賊闖鳳陽維樾預增垣濬池練鄉勇及薄城下賊具渠魁九條龍等寇遁去明年復功陷六合望江浦都走撫按交薦擢戶科給事中督漕江北轉禮科疏薦毛士龍方震孺倪元璐范景文及請卓敬于謚贈恤旋歸自號素園老人卒于家

處州府

守

王達（兩浙名賢錄）縉雲人有勇力善劍槊能步闘宣和間方臘寇縣、尉詹良臣力戰死達率壯士數百人從間道至仙居會召師囊為內應取道徼官軍夫功之遂大破賊鄉邑乃全事定身退口不言功郡守上其事授承信郎不受

明

季汝（家藏季汝墓誌）字彦父龍泉人元至正中率壯士從石抹宜孫討賊數有斬獲授義兵萬户明兵破處州擢安南翼總管會賀李二將叛殺總制孫炎虜大授汝部駐白巖出其不意攻之中書平章政事鄧某亦引兵至左右夾擊遂誅賀李復其城陞處州翼同知元帥青田盜葉賢三燒浦城政和兩縣掠婦女畜產而南汝告總制胡深伏兵平山嶺邀擊斬之出私財贖軍中所掠耄倪遣還其家洪武元年乞骸骨歸

周南（獻徵録）字文化縉雲人成化進士除六合知縣擢御史出按畿輔弘治初再按廣東劾總兵官柳景歷江西右布政使擢右副都御史巡撫大同正德四年督南贛軍務南贛巡撫之設自南始汀州大帽山賊張時旺黃鏞劉隆李四仔等聚衆攻剽城邑延及江西廣東之境數年不靖南集諸道兵擊之龍牙擒時旺義民林富斬鏞于鐵坑其餘諸砦皆破副使楊璋僉事淩相等亦擊降四仔擒之先後斬獲五千人南乃移師會總督陳金共平姚源諸賊境內遂寧九年進右都御史總督兩廣軍務踰年乞歸卒贈太子少保

續

蒙勳（崇禎處州府志）字世階襲處州衛指揮多膂力馬上運槊如飛握兵甌海禦寇九年水陸二十餘戰斬級三百七十有奇生擒百餘母病歸服闋掌衛篆陞廣東白鴿門總等兩埠修營房八戰擒倭寇百三十餘斬首二百級遷都閫坐營合勦瓊崖黎寇以破巢功最陞西山參將撫土司有恩惠播東山四年轄湖廣鎮筸兼制九永荊湖等處土司入犯擊之斬級五百生擒三百九十餘舊例解上請功蒙勳曰徒青釜鑕耳何益令土司以人口生擄遠近悅服解組歸二十餘年壽八十卒

張挎（崇禎處州府志）安汝元處州衛人以祖父死難功廕襲千户少業儒通大義初襲職即委管團練領兵往瑞安禦倭獲功陞松海北總江西都司廣司尋

處州

標叅將勦平狼寇又統兵往工林三畊等勦征勦徭獞斬獲無筭陞狼山副總兵督兵前赴朝鮮應援事平留防善後把守汛地後以撤兵凱旋所過秋毫無犯

卷六終

浙江文叢

歷代兩浙人物志

〔第四册〕

〔清〕沈廷芳 編

浙江古籍出版社

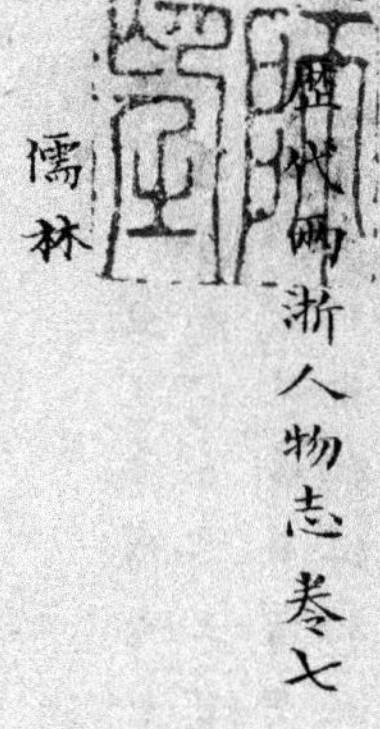

歷代兩浙人物志卷七

仁和沈廷芳椒園纂

儒林

杭州府

晉

范平（晉書本傳）字子安吳郡錢唐人研覽墳索徧該百氏姚信賀邵之徒皆從受業吳時舉茂才累遷臨海太守政有異能孫晧初謝病還家敦悅儒學博書太康中頻徵不起卒謚文貞賀循勒碑紀其德行三子奭咸泉並以儒學至大官泉子蔚關內侯家世好學有書七千餘卷遠近來讀者恒百餘人蔚為辦衣食蔚子文才亦知名

南北朝

顧歡（南史本傳）字景怡一字元平吳興鹽官人家貧父使田中驅雀歡作黃雀賦而歸雀食稻過半父欲撻之見賦乃止鄉中有學舍歡壁後倚聽無遺忘者夕則燃松節讀書或燃糠自照篤志不倦受業同郡顧覬之年二十餘更從豫章雷次宗諮元儒諸義母亡水漿不入口廬于墓次于剡天台山開館聚徒受業常近百人齊高帝輔政徵為揚州主簿及踐阼乃稱山谷臣歡（顧）上表進政綱一卷優詔美之東歸上賜麈尾素琴歡善于著論注王弼易二繫學者傳之

戚袞（南史本傳）字公文鹽官人少聰慧受三禮于國子助教劉文紹年十九除奉酒從事吏就國子博士宋懷方質儀禮義懷方北人自魏攜儀禮禮記疏秘

嘗不傳將歿謂家人曰戚生若至使以儀禮禮記義本付之若其不來隨屍而殯為儒者推許如此中庶子徐摛辭辯縱橫難以答抗諸儒懾氣衰說朝聘義摘與往復領答如流簡文深加歎賞敘帝立為江州長史後入周撰禮記義四十卷行世

全緩

全緩（陳書本傳）字弘立錢唐人幼受易于博士褚仲都篤志研翫得其精微梁太清初轉國子助教兼司義郎專講詩易太建中累遷南始興王府諮議參軍緩治周易特人咸推之

顧越

顧越（南史本傳）字允南鹽官人祖道望齊散騎侍郎父仲成梁護軍司馬家傳儒學並專門教授越勵精學業不舍晝夜弱冠游學都下通儒碩學必造門質疑由是聲譽日重尤長論難武帝嘗于重雲殿自講老子越抗首而請音响若鐘容止可觀帝甚美之陳天嘉中遷給事中黃門侍郎時朝廷草創疑議多所取決咸見施用太建元年卒于家年七十七著喪服毛詩老子孝經論語等義疏四十餘卷

隋

顧彪

顧彪（隋書本傳）餘杭顧彪字仲文明尚書春秋煬帝時為秘書學士撰古文尚書疏二十卷

魯世達

魯世達（北史本傳）餘杭人煬帝時為國子助教撰毛詩章句義疏四十二卷行于世

唐

褚無量

褚無量（唐書本傳）字弘度杭州鹽官人刻意墳典尤精禮司馬史記擢明經第累除國子博士遷司業兼修文館學士中宗將南郊皇后為亞獻無量固爭以為周禮后不得與元宗即位遷左散騎常侍兼國子祭酒封舒國公母喪廬墓鹿犯所（松）植柏無量號訴群鹿馴擾不復張蹋喪除以耆老隨杖設睒舉許

乘入殿中上言古帝王賢臣在祀典者並詔致祭帝納其言內府舊書甲乙叢倒請繕録補第以廣秘籍不數年四庫完治太子諸王未就學無量以孝經論語五通獻帝乃還郗常亨等為侍讀太子崗胄于學詔無量升坐講勸百官觀禮學賚賜卒年七十五詔曰無量朕師今亲逝宜用優典贈礼部尚書謚曰文沒後有于書殿得請史記至言十二篇上之帝歎息以絹五百匹賜其家

宋

盧禎（萬曆杭州府志）字叔徵杭州人自幼穎悟及長曉五經大義酷嗜周易孟子端拱初登進士第調補東鹿主簿卒云著五帝皇極志豬子問莫善書數十篇

陸游（兩浙名賢録）字元象世家于杭通毛鄭二詩易春秋試于鄉一舉而售以病不行後三年復在選舉將有難色亦不忍行陳堯佐使兩浙強之行期不往博極羣書或引以答客問必章解句析不差一字問者輒服謂終年讀書不如與陸先生一日語皇祐四年詔録先朝遺士郡以游應詔得杭州文學嘉祐六年卒游好古篤信里俗襲吴越僞礼多僭式游為損典制家矯而户正之撤俗頓革所著詩賦文論合二十卷

吴師禮　吴師仁（宋史本傳）師礼字安仲錢塘人太學上舍賜第知天長縣召太學博士秘書省正字徽宗初擢右司諫改右司員外郎工翰墨帝嘗訪以字學對曰陛下御極之初當志其大者臣不敢以末技對聞昔獎其得辭以直秘閣知宿州卒師礼遊太學時兄師仁為正守春秋學他學官有忌之者條其疑問諸生師礼恚以兄説對學官竊歎坐堂上衆賀之師礼引據三傳意氣自如江公望時在旁心竊喜後遂定交師仁字坦求篤學厲志不事科舉喪親廬墓日倚亭寺僧遣飯一鉢以充飢不復蓄僮僕郡守陳襄鄭獬甫皆以遺逸薦于朝元祐初召為太學正遷博士後為潁川吴王宮教授卒

崔貢（兩浙名賢録）字廷碩，仁和人。端重有識，内行淳備。大觀中詔舉八行，郡邑以貢應，授婺州文學，卒。鄉人尊曰八行先生。

張九成　名臣傳詳

施德操　楊璿（兩浙名賢録）德操字彥執，鹽官人。學有本末，主孟子而拒楊墨，曰：純人倫，漫等級，棄禮樂仁義，不用飾荒幻，報應誑愚，取資尤爲世蠹。因著論以曉之，悟學者稍持正。先生璿字子平，鹽官人。安貧樂道，不妄取與，尤嚴謹獨之操，居暗室猶在庠序。學者稱謹獨先生，與同里施德操皆力行好修。里人嚮慕，邑令魏伯恂闢祠，令張九成與二人祀之。

閔沚（夢粱録）字子東（咸淳臨安志）錢塘人。登紹興五年進士第，嘗教授湖州，與胡瑗之孫滌裒瑗遺書，得易解、中庸義，藏之學宫，意在于美風俗，新人才。官至太學博士，卒。自號杳嚴居士，有閔博士集二十卷。

趙善湘（宋史本傳）字清臣，濮安懿王五世孫，居明州，多名儒從居焉。慶元二年舉進士。以平寇功，十七年封祥符縣男。紹定三年進煥章直學士，進封伯。以李全犯淮東，乃命專討，進封侯，加食邑。及戮全，進兵部尚書。五年進資政殿學士。九疏乞歸，皆不許。封天水郡公。淳祐二年，帝手詔求所解春秋，進觀文殿學士致仕，卒，贈少師。著有周易約説八卷、周易或問四卷、周易續問八卷、周易指要四卷、學易補過六卷、洪範統論一卷、中庸約説一卷、大學解十卷、論語大意十卷、孟子解十四卷、老子解十卷、春秋三傳通議三十卷、詩詞雜著三十五卷（萬曆杭州府志）善湘居餘杭。

葉時（咸淳臨安志）淳熙十一年中科（嘉靖浙江通志）仁和人。操履端凝，累官至龍圖閣學士，卒諡文康。著有禮經會元、竹野集（兩浙名賢録）字秀發，博學善屬文，尤邃于周禮，爲學者所宗。晚居嘉興。

章樵（萬曆杭州府志）字升道，昌化人。嘉定元年進士，歷海州高郵山陽教官，習知海徼事，再上時宰書，力陳李全必叛，全果亂，郎縣官多罹被，樵率諸生盛服坐堂上，誦詞賦，至歛刃而退。擢宰吳判常州，皆以廉著。御史洪咨夔舉監登聞鼓院，以疾乞歸，授知處州。樵學宗伊洛，著有集曾子十八篇、章氏家訓七卷、補註董仲舒春秋繁露十八卷、古文苑二十卷。

趙汝談 傳詳名臣

趙景緯 傳詳名臣

李元綱（兩浙名賢錄）字國紀，錢塘人。歸白練真隱乾道間，寄居吳興之新市，力學好古，雖困窮拮据，益堅，怡然自得，不為外物所撓。奪撰聖賢事業圖、集說三先生西銘解、厚德錄、言行編諸書。

元

董鎮（海鹽文獻志）字仲貞，通經術，有用世志。值元亂，隱居海寧之泉山（杭州府志）。其先河南人，曾祖官臨安，遂家澉浦。父仲溫，尚宋室主，為駙馬。鎮聞金華許謙為考亭之學，裹糧往從。謙深器之，謙卒，鎮築室仙華山三年，而後歸仙華山。謙諸學為也，歸作嘉會堂于靈泉右，西考亭像，左書儒行篇，從遊日衆。洪武丁未卒，劉基題其墓曰董處侯。

明

晏時正 傳詳名臣

邵銳（嘉靖浙江通志）字士抑仁和人正德三年舉禮部第一改庶吉士時逆瑾擅政焦芳劉宇深相結納其子皆為庶吉士傳旨俱授編修銳恥與為列方具疏辭伯兄邵欽以危言沮之後改寧國推官陞南祠祭員外郎以疾告歸起江西提學僉事陞福建提學副使抑浮崇實士習丕變進太僕卿引疾歸平生恥于近名不立門戶而闇然日章咸服其為真道學沒之日笥無數金田僅百畝贈副都御史謚康僖（理學見聞錄）嘗為文自銘曰我生不求文我死不求誌刻石與列組徒為泉下媿乎生為己之學槩見于此

孫景時（兩浙名賢錄）字成叔杭之右衛人性耿介于世寡諧與越人汪應軫仁和邵銳江暉錢塘吳昂為友師事陽明甘泉二先生正德丙子舉于鄉筮仕長洲教諭遷攸縣令郡餽贐謝常例雪貧民唐如景吳伯先枉狀逮豪右易治發其奸贓論如法解官歸蒐輯故典証以長老舊聞質諸鄉評作武林文獻錄

王潼（分省人物考）字本澄錢塘人幼讀朱子語錄遂絕意舉業聞陽明先生講學稽山負笈往從先生嘉其篤志命輔其子仲肅為學配任氏卒不再娶性好遊工繪畫善諷詠勤于著述于程張諸書皆有補註

沈瑞臨（舊浙江通志）字夢錫萬曆丁丑進士授行人司正奉命冊封餽遺悉絕進南工部郎中陞四川按察司僉事備兵川東時楊應龍煽動瑞臨練兵討武以計拊循之終瑞臨任應龍不敢教未幾以母老終養杜門斂跡精研濂洛之書以承絕學龍山天真書院故王守仁講學處也蕩皋以名德推瑞臨請主書院瑞臨謝不往曰學以踐修篤實為本餙浮名事空談非余所能也廼按唐一鵬捐金為葺具盧好學伍袁萃以學田二十畝備饘粥俱辭不受晚年識詣超卓著易義十卷經解二十卷探析精微學者爭傳習之稱曰約菴先生卒年七十有二孫泛雲有學行前學使伍所畀贍田無所歸復與泛雲曰吾不忍易先人志也移旌德祠為祀田

部經部傳詳名臣

陸振奇（舊浙江通志）字庸成錢塘人生有至性敦孝友工文章與里中鄭徵士之惠馮祭酒夢禎葛太常寅亮虞司勲淳熙為莫逆交殫心經學弟子環而卒業論難義易辯析不窮歷聘四方于新安說經尤久學者稱庸成先生萬曆丙午舉于鄉著有易芥十卷學庸心性解行世

國朝

柴紹炳（應撝謙柴紹炳傳）字虎臣仁和人生而端重甫入塾聞正心誠意之旨欣然若有會私集羣兒端坐業師葛屺瞻見而奇之稍長博極羣書為諸生七試冠軍獨居西湖之南屏山鍵户小樓研窮聖賢體用之學于象緯輿地兵農禮樂以及營田水利靡不窮原究委勒有成書名考古經濟類編又博綜典禮舉經權常變之用本之三禮而參以律令皆輯而論之所著發先儒所未發性至孝痛父卒于官不及含飯每一念及輒過墓林摧心泣血與兄景明居終身不忻箸教子弟悉本躬行自言有得于曾氏省身之學題其居為省軒鄉里稱省軒先生（舊浙江通志）紹炳嫻聲韻清訛為古韻通數十卷

應撝謙（鄉賢留祀冊）字嗣寅仁和人為諸生殫心理學窮極底蘊家甚貧環堵蕭然而弟子日益進立教惟以躬行實踐為主其學以不自欺為持身涉世之本于六經多所發明尤精于易書病世儒言易失之穿鑿殁後巡撫河陽趙士麟刻其性理儀封張伯行刻其潛齋文集行于世

沈昀（鄉賢留祀冊）没名蘭先字甸華仁和人父之龍學行著聞蘭先讀書好古究心濂洛之學考性命之理日有課月有程每月則綜其所得與同人質疑辨義一以朱子為宗家甚貧環堵蕭然而澹然自遠所著有宋五子要言四先生輯畧四書宗法七經評論

嘉興府 秀州

唐

徐岱（舊唐書本傳）字處仁嘉興人家世農業岱好學六籍諸子悉所探究大曆中劉晏表薦之授校書郎浙西觀察使李栖筠厚遇之勅改所居為復禮運建中年薦為太常博士掌禮儀改膳部員外郎貞元初遷水部郎中充皇太子侍讀擢拜給事中並依舊侍讀承兩宮恩顧時無與比而謹慎過甚未嘗洩禁中語婚嫁甥姪之孤遺者

卒年五十贈禮部尚書

宋

衛湜（萬曆嘉興府志）字正叔湜弟好古博學集禮記諸家傳註為集說凡一百六十卷上之朝官至寶謨閣知袁州學者稱櫟齋先生

輔廣（正德崇德志）字漢卿其先慶源人父逵流寓崇德生廣少讀周程諸書默契諸心從東萊呂祖謙游益大奮發東萊沒執弟子禮于朱文公門深愛重之既別書問請學不絕（文及翁傳貽書院記）文公門人徧天下中更偽禁歲寒松柏疾風勁草屢涅而不磷緇著絕無而僅有于時潛菴輔公獨立不懼遯世無悶益將以傳之先儒貽之後學為已任易書詩春秋禮記有註釋大學論語孟子中庸有問答通鑑有說師訓有編日新有錄雜著有藁襲藏于家

張葆光（弘治嘉興府志）崇德人讀易有睹入處超然自得往見黃冕仲黃曰如師卦六爻初長子帥師二弟子輿尸三在師中吉極分曉葆光曰作如此說宜其易也乃削簡盈箱布算縱橫所謂八陣圖五花陣無一不出六爻之數隱居樂道閭閻鄉里皆以葆光稱之

元

衛富益（嘉靖浙江通志）崇德人識見高遠不為章句之學聞宋亡于崖山設壇祭文天祥陸秀夫張世傑詞極哀慘嘗負笈往從金履祥學深探易旨隱居

教授創白社書院會布衣友賦詩講道縉紳不浮就列至大間有司欲薦闢不
就隱湖之金蓋山絶口不言世務不履城市遁跡焚所著書集曰吾志晦迹爲
用名世卒年九十六門人私謚曰正節先生（舊浙江通志）本
華亭人家于石門（嘉興府志）受業于許白雲白雲重其器識

陸正

正（海鹽文獻志）字行正居海鹽武原鄉厚相敬與之後讀書一覽終身不忘旁
通律呂象數之學始名唐輔宋亡更名而隱世祖平一宇內遣信臣行天下羅
羅訪遺士侍御史程鉅夫聞其名欲見之稱疾不見薦之不起隱居教授生徒
常數百人其教法類胡翼之而尤以慎獨存心爲要凡及門學徒與家之子弟
僮僕見人皆恭然下視人望而知爲陸先生家出
也所著有正學編樂律考七經補註謚靖獻先生

鮑恂

恂（分省人物考）字仲孚本崇德人從嘉興西溪領鄉薦洪武初禮部舉恂明經
老儒達于治體可備顧問名至京師時年八十餘上命爲文華殿大學士輔
導東宮恂固辭論曰以鄉年高故授此職不久隨鄉致仕恂復固辭翌日放歸
恂受易臨川吴澄得其所傳著易傳大義及西溪漫稿行世學者稱西溪先生

聞人樞

人樞（弘治嘉興府志）字德機嘗從鮑仲孚受業又登江西夏日孜之門遂
通易學至正癸卯中進士授承事郎易州同知未及上官以疾終

明

李孟璿

孟璿（兩浙名賢錄）海鹽人永樂中以經明行修被薦歷嘉興汝寧訓導教養
有法士風蔚起所著有南莊集弟仲璣李衡皆有文行聲譽重一時

支立

立（萬曆嘉善縣志）字可與世居邑城出贅嘉善潘氏嘗以春秋魁鄉薦官翰林
院孔目時人稱爲支五經（兩浙名賢錄）立事母以孝聞與羅倫相友善務敦
本爲己之學詩文皆有關世教孫
大綸甲戌進士以經學世其家

任泰

泰（儒林錄）字亨伯嘉善人苦學力行嘗大書敬字于壁中夜起坐對影不愧屋
漏成化乙未進士授上饒令時婁諒稱名儒居鄰事之爲政知大體增置學

舍親為辭授立法清田以杜爭訟作浮梁
增社倉有古循吏風滿六載名入卒于京

鄭延

學(兩浙名賢錄)字世昌海鹽人其先有元瑞元珓者俱以學行顯延性孝友博
學能詩文以尚書教授門人顯者三十餘人皆尊之曰東谷先生天順壬午
貢太學成化乙未授廣東市舶司副提舉諸番無敢以方物及門者白沙陳獻
章贈詩曰溪魚海舶各歸去明月自照芙蓉峯黃門張寧稱曰力學能文通知
典故吾邑未之或先歷
仕二考以疾卒于任

朱祚

(萬曆嘉興府志)海鹽人舉成化丙午鄉試一試禮部弗售以母老不再行晚
為龍溪靖安令所著有拙齋漫稿雲谷集若干卷舉動必書以自考其自警
箴云不敢窃道學之名以立異不敢舍
道學之實以苟同弘治中嘗修縣志

陳言

(海鹽文獻志)字猷可生而穎異齠齔稱神童尤深于尚書為博士弟子員博
綜經傳探索子史作五經疑義若干卷出入傳註酌以己裁多儒先所未發
作策百餘篇馳騁縱橫殆過蘇氏而理趣一歸伊洛粹如也(兩浙名賢錄)言從
吳南溪先生遊南歎曰此子海上鳳麟也丁酉領順天鄉薦不第卒于邸子所
學嘉靖丙辰進士
累官戶科給事中

仇彩

(兩浙名賢錄)海鹽人少穎異過目成誦為文根極理要十舉不第勉就硤江
教一遵湖安定教授蘇湖遺軌士多成就其子俊卿博學好古任南成訓修
海鹽志當嘉靖時海塘
圮遺子原旻疏奏修築

沈際

(兩浙名賢錄)字一之嘉善人師事張東溪福友魏莊渠校郎端峯銳德義漸
涵益自淬勵晝夜研討諸經盡發諸儒未發之蘊時良吏冤暴三吳際抱字
祠祭器避之邸城卒際生平口不非俗行不染俗著布菜
翁傳以見志有鄉約釋義筆思記時務義詩文集藏于家

王儒（兩浙名賢錄）字汝珍，嘉興人。篤學力行，鄉邦稱為宿儒。正德丙子舉于鄉，初令星子，再令崇陽，声績茂著。以艱歸，服闋不樂籌書，改順天府學教授。北地鮮學，加意造就弟子。嚴渊初居塞外，從置學傍教之，後成進士，任本府太守，所以報師之誠極篤，而儒益自重，未嘗以尺一干之。轉興山令，致仕歸，優游林下者三十餘年。

董澐（明儒學案）字復宗，海鹽人。以能詩聞。年六十八，遊會稽，聞陽明講學山中，往聽，連日夜，喟然歎曰：我非至夫子之門，則虛此生矣。求北面，陽明不可，謂豈有弟子年過師者。澐再三請，而委贄焉。其友招之曰：翁老矣，何自苦。澐笑曰：吾從吾之好耳。遂自號從吾。年七十七而卒。子穀，字碩甫，嘉靖辛丑進士，歷知安義、漢陽二縣，游陽明之門，因筆其所聞者為碧里疑存。

沈謐（分省人物考）字靖夫，號石山，秀水人。嘉靖乙丑進士，歷官湖廣參議。初讀陽明傳習錄有悟，即願往師事之，因陽明征思田，未遂。及聞訃，追悼不已，建書院于文湖、在秀水縣北四十里，春秋率諸生虔祀陽明，講學其中。（嘉興府志）謐為理學魁，楚稱石湖先生。子啓原，山東副憲。

王愛（分省人物考）字體仁，號一山，秀水人。嘉靖乙未進士，乞就教，得順天府學。與諸生日夕講究，復以身示之，鵠踐履篤實。遷國子監丞，擢刑部主事。有二儒士藉表相府，諱飲禁中，遽治執法不少貸。衷怒曰：王郎嶽、欲折相公角。郎尋歸，絕意仕進。性朗豁，絕無城府，遇之如坐春風中，然動有規矩，尺寸不敢踰越。角巾散步，踪騎廣額，望之如神仙中人。病劇，神色不亂，咏黃鶴詩而逝。（儒林錄）愛嘗曰：學以自儉、、人，則臨學以容人，自容則忌人。以為名言。

錢同文（舊嘉興府志）字大行，秀水人。弱冠舉于鄉，講學王文成之門，洞悉原本。舉進士，宰祁門，尋守萊州，皆以冰蘗自持。後移疾歸，篳瓢屢空，晏如也。

許聞至（兩浙名賢錄）字長聖，海鹽人。七歲知易經大義，十三補弟子員。弱冠從父九北山人闡發陽明良知之旨，默然悟入，因殫精性命之學。事父母備極色養經紀喪葬露宿者數月弟求析箸志以腴業讓弟終身代其役屬宗黨執議寺下有祀而不孩之風有大儒以世誼貽書招之不一見曰吾媿夫青衿而曳裾者著有易經微言若干卷沒後數十年學使者秉公論而尸祝之明以諸生入祀自聞至始

鍾繼元（萬曆嘉興府志）字仁卿桐鄉人嘉靖壬戌進士任安福令擢比部僉事嶺南清屯伍整鹺政以最移楚積勞遘疾卒著有易窺易凖易考易占易原子史雜著道德要覽羣書選要京房康節啓蒙畫前錄渾象析觀等書（兩浙名賢錄）繼元窮經博古尤精于易理數之學妙悟得于畫前

陸光宅（舊嘉興府志）字與中平湖人少慕陽明之學闡天心精舍集名士授餐講學領隆慶鄉薦性好施臨終書無極太極四字王龍溪曰與中之學以仁為本故至性不亂云

李奇玉（儒林錄）字元美嘉善人幼擅文名偕兄奇珍有二李之稱萬曆癸卯舉于鄉研思易學特高忠憲請道東林奇玉北面就正焉忠憲以顯仁藏用之旨晶之曰發吾蘊者子也天啓壬戌魁南宮就武學教授歷遷兵工兩曹皆以清慎稱再守汝寧值中原寇熾至則訓兵城守寇隨遁去數月引疾歸發篋中所箋註研晰疑義不停筆者十年雪園易義成雜撰偕錯綜舉圖書會會理象融與師說相發明甲申聞賊悲憤得疾卒學者稱荊陽先生

吳志遠（舊嘉興府志）字遠菴嘉善人萬曆中與高攀龍歸子慕相友善舉孝廉三十年未嘗謁官府就教烏程改禮部司務轉尚書孫慎行爭紅丸事托志遠詮次章奏屬意用之志遠力請就閒轉南兵部郎璫禍發嘆曰吾不能如皇甫規自附黨人尚忍懷綬乎即告歸武塘理學自龍溪後浸振于志遠

陳龍正（檇李往哲續編）號幾亭嘉善人從吳志遠遊師事梁溪高攀龍浮漫約身心之學甲戌成進士授中書舍人熒惑守心龍正歷考古今事應連進四疏上感動特諭廠督慎刑彗星見復上疏帝甚嘉納壬午因罪己之詔三上疏言時政而西北墾荒之議起遂乞歸纂輯遺書為終焉之計偶感微疾遂絕飲

食怡然而逝能正天性誠篤通達治體所奏論皆大本大計非得于學道者深
未易及此著有學言正書文錄因述六十餘卷輯程子詳本朱子經說明儒統
等書
行世

卞洪載（攜李詩繫傳）字子静嘉善人少從高攀龍得性命之旨一時大儒如鄒元
標葉向高皆重之講學天心書院剖晰微義紳士推具說為閔洛一燈攀
龍北上招主東林講席及被難守而
弗去崇禎間再徵不就有緣雪軒集

施静（嘉興府志）字易修號約菴秀水人庠生少有遠志不事進取讀易至家人卦
悟聖道不離倫常日用啓迪學者兼重知行不拘一轍明越蕺常問有志斯
道者聞声踵至長安曹欣穆密城孫夏峯俱數千里外馳書
叩答晚年學益醇粹著有姚江淵源及語錄請義若干卷

國朝

陸隴其（嘉興府志）原名龍具字稼書平湖人康熙庚戌進士授江南嘉定令革除
大耗立甘限法勸諭法上下便之民有訴子不孝輒自責謂德薄不足化
汝父子俱感泣有兄弟因貧致訟各責之數以友恭富家欲重懲貧民曉以
富人愛體面貧人亦愛肌膚訟者感悟舊俗盡化旋以盜案羅議百姓攀號環
泣總憲魏象樞再疏論薦復職薦博學鴻儒丁父憂歸補直隸靈壽令邑最小
解石灰運車獨多力爭得減條陳大事皆籌畫至當他若盤荒富丁務紓民力
發帑賑濟村落咸遍七年風氣士習丕變廷臣交薦行取猶念邑當飢饉後請
緩征減塾解除供應軫恤畢力不異在官補御史歸卒平生講學不為科舉嘗
云窮理不居敬則玩物喪志居敬不窮理則師心自用默勘宋元諸儒語錄苟
與朱子之論似是而非者必闢之所著困勉錄例分學問思辨行五項皆折衷
考亭凡一言一動充養自然固非躬行心得卒之日遠近悲悼行世者有三魚
堂集四書大全四書講義松陽講義讀朱隨筆讀禮致疑禮經會元注國策去

壽讀書分年日程霊壽志一隅集餘尚未梓雍正二年九月

皇上臨雍禮成奉

上諭議增從祀兩廡先賢先儒禮部覆准

本朝應增入從祀一人陸隴其

湖州府

三國吳

姚信（三國志注）字元直一字德祐有周易注十卷至今猶傳其說（西吳里語）武康人精于天文易數之學三國吳時太常卿造昕天論九世孫碁仕于梁

晉

吳商（西吳里語）字彦聲故鄣人通五經及百氏之書太康初徵為東宮校書郎四方從學者不可勝數歷官侍中（隋書經籍志）益陽令吳商集五卷（吳興藝文補）商有禮祀六宗與異姓為後二議

沈恒（湖録）烏程沈恒居菰城家貧好學燃荻讀書以儒術知名

邱昂（西吳里語）字公表吳興人家貧好學織畚以自給專心儒術與弟給事中彧太守姬並以學術著名當時謂之三邱

南北朝

邱元之（吳興掌故）吳興東遷人能傳五經文句顧歡從之受業

沈驎士傳詳隱逸

沈峻（南史本傳）字士嵩武康人家世農夫至峻好學與舅太史叔明師事宗人沈麟士晝夜自課睡則以杖自擊遂博通五經尤長三禮為國子助教吏部郎陸倕與僕射徐勉書薦峻曰周官一書羣經源本此學不傳多歷年世助教沈峻特精此書宜即用此人令其專此一學使聖人正典廢而更興注之奏峻兼五經博士于館教授聽者常數百人中書舍人賀琛奉勅撰梁官乃啟峻補西省學士助撰錄書成兼中書通事舍人出為武康令卒子文阿字國衛梁簡文引為東宮學士陳文帝即位遷通直散騎常侍天嘉中卒贈廷尉卿所撰儀禮八十餘條春秋禮記孝經論語義記七十餘卷儀經典大義十八卷並行于時

太史叔明（南史南峻傳）叔明為程人太史慈後也少善莊老兼通孝經論語禮記尤精三元每講說聽者常五百餘人為國子助教邵陵王綸好其學及出為江州攜叔明之鎮王遷郢州又隨府所至輒講授江州人士皆傳其學

沈洙（通志儒林傳）字弘道武康人少方雅好學不妄交遊通三禮春秋左氏傳精識強記五經章句諸子史書問無不答仕梁為祠部郎吳郡朱異會稽賀琛于士林館講制旨義常使洙為都講侯景之亂洙竄于臨安時文帝在焉親就習業武帝入輔除國子博士與沈文阿同掌儀禮武帝受禪加員外散騎常侍

沈不害（陳書本傳）字孝和武康人幼孤好學陳天嘉初除衡陽王記室參軍兼嘉德殿學士時國學未立不害上書曰立人建國莫尚于尊儒成俗化民必崇于教學詔答曰卿弘惜大體殷勤名教付外詳議依事施行又表改定樂章詔使製三朝樂歌八首合二十八曲行之樂府遷國子博士初治五經掌策文諡議太建中轉光祿卿通直散騎常侍兼尚書左丞卒不害雖博綜墳典而家無卷軸每製文操筆立成曾無尋檢著五禮儀一百卷文集四十卷子志道少知名安東新蔡王記室參軍禎明三年入隋

沈德威（西吳里語）字懷遠吳興人少有操行太清末遁于天目山築室以居雖處亂離篤學無倦天嘉元年徵為國子助教每日學罷私室講授道俗受業湖州

数百人遷太常丞兼五礼學士後為尚書祠部郎與東陽鄭灼晉陵張崖吳郡陸詡會稽賀德基俱以礼學自命入隋官秦王府主簿

沈重（通志儒林傳）字子厚武康人弱歲而孤居喪盡礼及長專心儒學從師不遠千里博覽羣書尤明詩及左氏春秋仕梁累遷都官尚書入北周保定末詔令討論五經并校定鍾律天和中于紫極殿講三教義朝士儒生聽者二千餘人凡所解釋咸為諸儒推伏建德末請還梁主蕭巋拜重散騎常侍太常卿開皇三年卒年八十四隋文帝遣舍人蕭子寶祭以少牢贈開府儀同三司許州刺史重學業該博為當世儒宗著周礼義三十一卷儀礼義三十五卷礼記義三十卷毛詩義二十八卷喪服經義五卷周礼音一卷儀礼音一卷礼記音二卷毛詩音二卷

唐

沈伯儀（唐書本傳）吳興人武后時為太子右諭德初太常卿韋萬石議明堂大享事高宗詔尚書省集諸儒議未能定于是參用貞觀顯慶二礼伯儀曰貞觀永徽礼實專配由顯慶後始兼尊焉今請以高祖配如圜方澤太宗配南北郊高宗配天五帝鳳閣舍人元萬頃范履冰等議今礼昊天上帝五祀咸奉高祖祖太宗兼配以申孝也當如舊請奉高宗歷配焉自是郊祀三帝並配云歷國子祭酒修文館學士卒

五代

姚彥譚（嘉靖安吉州志）當錢氏時學校不興彥譚獨以春秋詩礼教授鄉閭學者歸之竟不仕

宋

莫君陳（嘉靖浙江通志）字和中歸安人從胡瑗游舉嘉祐二年進士鄉家嚴于公府教子弟以義方長子砥砥子伯虛守常州有瑞梅甘露秀麥嘉禾之祥

伯虞子濠累官工部尚書

姚舜仁（西吴里語）歸安人字令由元豐八年登第為太學正名對稱旨除館職遷庫部員外郎進明堂定制圖并序上賜對褒奬又譔明堂訓解一卷擬上之而疾作後兄舜哲表進以成其志

芮曄（西吴里語）字國器烏程人紹興戊辰進士為國子司業闡明理學朱晦菴器重之弟煇姪宜言嘉言相繼登進士（齊東野語）王村芮祭酒除仁和尉有長河堰龍王廟每祭則有小龍出或止香爐或飲于杯往来者謹事之芮方修堰一日焚香設奠蛇出爐上芮端笏數之曰有功于民乃得祀龍廟食于此未嘗有功且數壞堰勞民無功有罪法當殺舉笏擊碎是夕風雨拔木民人大恐而芮自若（湖録）曄為廣東提刑操節獨勵凡舊例供饋積數千緡潛輸公帑歸逕曲江攜郎縣吏之乏月給者入為秘書省正字擢監察御史出入中外為孝宗深知乾道五年陞國子祭酒

朱震（嘉靖安吉州志）字震之幼穎異從父官青陽朱子見而奇之比長受學潔齋袁先生之門義理該洽論持敬曰只須言存誠論顏子未達一間曰辭以心其間自見晚歲笑傲林泉燈夕里人招之弗往謝以詩曰賴有半窗知我月已多一點讀書燈聞者傳誦之有益泉集二十卷子應元右文殿修撰

元

牟應龍（元史本傳）字伯成其先蜀人後徙居吴興祖子才仕宋贈光祿大夫謚清忠父巘為大理少卿應龍當以世賞補京官盡讓諸弟而擢咸淳進士第時賈似道當國應龍對策具言國勢危急之狀考官不敢寘上第調光州定城尉應龍曰昔吾祖對策以直言忤史彌遠得洪雅尉今國無媿也宋亡起教授溧陽州晚以上元縣主簿致仕初宋亡時大理卿已退不任事一門父子自為師友討論經學于諸經皆有成説惟五經音攷盛行于世應龍為文長于叙事

人擬之眉山蘇氏學者稱隆山先生泰定元年卒年七十八

宇文公諒（元史本傳）字子貞其先成都人父挺祖從吳興公諒通經史百家言至順四年登進士第同知婺源州事改餘姚州攝會稽縣申明冤滯所活者衆擻寮賓松江海塗田公諒以潮汐不常後必貽患請一際免科省臣從之未幾除國子助教日與諸生辨析諸經六館之士資其陶鎔者往往出為名臣調應奉翰林文字同知制誥兼國史院編修官除江浙儒學提舉改僉嶺南廉訪司以疾請老公諒平居雖暗室必正衣冠端坐嘗携手記一冊書有所為著則書之著有折桂集觀光集辟水集以齋詩稿玉堂漫稿越中行稿凡若干卷門人私謚曰純節先生（綴耕錄）公諒年少時嘗館巨室中夜有女來奔堅不納明旦托他故別去

明

嚴鳳（萬曆湖州府志）字季祥歸安人績學砥行有希聖之志弘治辛酉舉于鄉七上公車不第授分宜知縣累官鎮遠知府所至多惠政生平嚴于義利家無一椽之築士大夫翕然師仰稱為溪亭先生（湖錄）其學務闡明性理唐一菴嘗問其生平得力處曰身體力行大約不離敬恕二字知分宜嘗入茅舍見老嫗問邑政得失嫗曰耕我田織我葛雞不啼犬不吠他非所知也

陸澄（分省人物考）字元靜歸安人始謁文成于留都後慊慊自以為不足其記文成語首云持志如心痛一心在痛上豈有功夫說閒話管閒事已而欲屏絕文字事于學文成曰使我果無功利之心雖搬柴運米何往而非實學何事而非天理況子史詩文之類乎顧一洗俗見還復初志其後以多病從事養生文成曰養德養身只是一事果能戒謹恐懼而專志于學則仙家所謂神住氣住亦在其中矣文成于澄最為意嘗云徐曰仁沒吾道益孤致望元靜者不淺

澄執父喪哀毁失明（儒學案）澄又字清伯正德丁丑進士授刑部主事有議文成之學者條為六辨欲上奏文成聞而止之

邵南（舊烏程縣志）字文化嘉靖乙未進士初未第築室月簾山中獨觀靜養若將終身安言陳良謨以君臣大義論責遂屈服劉南坦諸人曰康山子庶幾恭而安者康山其孫也既第授行人歷工部郎陞山東副使嵩務德化境内彬彬向風有事武場遁疾卒士論南理學儒臣鞠躬盡瘁蓋實錄也

唐樞（儒林錄）字惟中號一菴歸安人少即矢志求道從湛甘泉遊嘉靖丙戌會魁授刑部主事讞獄者三必求情罪允當以疏論李福達忤旨罷歸講學著書垂四十載以討真心三字為的從遊者甚衆監司及守令式廬請益為創一菴書院于湖城中許孚遠王愛錢鎮皆出其門飭躬實踐一介不苟取與尤留心經濟身歷各省險遠蹦茹草以遊一生淡泊匡林竹籠外無長物卒年七十三三著有木鐘臺集三百卷續集一百卷自禮元剩語至嘉禾問錄共三十七種二種行于世

錢鎮（舊烏程縣志）字守中嘉靖乙未進士世居烏程之陽泰里師事唐一菴先生學究性命授武庫主事歷武選郎移疾歸被誣坐免一意著述所著有通史經正錄學術書二篇壽八十八（靜志居詩話）字守中卜宅忍溪柢地浮宋王觀察永洪墓垂掩之而築室以居不以為忌

許孚遠（儒林錄）字孟中清德人從唐一菴學登嘉靖壬戌進士授南工部虞衡主事督龍江關瓜儀河道皆著廉仁聲調南吏部考功在留都盛講學隆慶改元移疾歸起廣東僉事值廣有倭警乃發十策以水陸夾攻為要領擒降甚衆又建善後十二議移閩臬當内寇忌之者摘著功乃謫官萬曆初擢南太僕丞出為建昌守在郎不廢講學給事鄒南臯特疏薦之遷陝西提學副使以身範士考校肅然歷晉右僉都御史巡撫福建疏請罷倭互市他商海禁及定飢民之亂免呂宋之罪擢南大理卿晉南兵部右侍郎改北兵左其在南都以聞曹講學與礼部楊起元俱為領袖持論不同旁觀者頗起口語將借講學中以

外計行至清源閘之稱疾乞歸卒贈工部尚書學者稱敬菴先生著有論語述敎和堂集

蔡汝楠（儒林録）字子木號白石德清人八歲侍父北聽講于甘泉座下輒有解悟年十八舉進士授行人歷官至兵部侍郎改南工部卒汝楠初汎濫于詞章所至與朋友登臨倡和爲樂守衡州始與諸生窮經于石鼓書院而趙大洲未達爲之開拓其識見參政江西以後親証之東廓念菴于是平居所授于甘泉隨處體認天理之學始有著落

王汝源（舊烏程縣志）字以仁嵊縣訓導日與諸生講性理圖書之學轉義烏教諭士聞風至爭趨于正歷岳陽教授不赴年九十著有太極通書二述

姚舜牧（萬曆湖州府志）字虞佐烏程人領萬曆癸酉鄉薦慕唐一菴許敬菴之學自號承菴探道淵源居主訓詁所撰四書五經疑問凡三易稿而成全新興再令廣昌愛民如子造士如師歲大祲力爲當事籌救荒之策賑濟不遺餘力所著家訓真切過于顏氏劉子至一崐楊直指鶴俱造廬執弟子禮爲建封豎六經坊于會城享年八十有五一日編別録故肅衣冠端坐而逝

姚翼（兩浙名賢録）字翔卿旭子少從一菴荆川兩唐先生游許爲入室弟子年四十九始及貢授新淦縣學訓導陞黄州府教授遷鳳濟知縣聞布衣吳自守能服行古禮單車就其廬風勵百姓吏無遺牘庭無留獄去官歸苕上南城屋數楹圖書數卷蕭然四壁時脫敝袍帶貰酒事父母以孝聞親沒營葬不以貧故儉其親其他冠婚悉遵並綿蕝古禮著有師友淵源録晚尤好易題其讀書處曰玩畫齋學者稱海屋先生

宋

寧波府

樓郁（延祐四明志）字子文，自奉化徙鄞。志操高厲，學以窮理為先。慶曆中，掌教縣庠，又教授郡學，前後三十年。一時英俊皆在席下，知名者豐稷、袁轂、羅適也。登進士第，調廬江主簿。自以祿不及親，絶意
意仕進，以大理評事終于家。有遺集三十卷。

杜醇（延祐四明志）居慈溪，孝友稱于鄉里，耕桑釣牧以養其親，經明行修，學者以為模楷。慶曆中，鄞始建學，縣令王安石請為師，醇辭以再，強起之，始就。為慈溪令林肇立學，又起為師。二邑文風之盛，自先生始。（王安石慈溪縣學記）起先生杜君醇為之師，而興于學。杜君者，越之隱君子，其學行宜為人師者也。

王致（延祐四明志）鄞人，與同郡楊適、杜醇二人為友，俱以道義化鄉里諸生子弟，師尊之。嘗與牧守言政事，王安石曰：無事于職而憂民之心乃至于此，可以為仁矣。年七十，槩道安貧，浩然無悶，鄉人高其行。

汪洙（兩浙名賢錄）字德溫，鄞人。九歲能詩，稍長淹貫經史。登元符進士第，授明州教授，著春秋訓詁。召除宮教，歷官至觀文殿大學士，提舉台州崇道觀，築室西山，日集諸儒講學，以教授族閭之子弟，鄉稱崇儒館。卒謚文莊。子思溫，觀文殿大學士；思齊，端明殿大學士；孫大猷，敷文殿大學士。

高閌（宋史本傳）字抑崇，鄞縣人。紹興元年，以上舍選賜進士第，名為秘書省正字。特將賜新進士儒行、中庸篇，閌奏：儒行詞說不醇，請止賜中庸，庶幾學者得知聖學淵源。從之。推禮部員外郎兼史館校勘，對言春秋之法莫大于正名，今朝廷兵柄自分為二，而省曹官屬乃與吏胥無異，名為臺官實無言責，此皆名之未正也。尋遷著作佐郎，以言者論罷，主管崇道觀。名為國子司業，閌奏宜先經術，帝然之，條具以聞。中興以後學制多閌所建明。乞臨雍，率諸生上表以請，于是帝幸太學。閌少宗程頤學。宣和末，楊時為祭酒，胡安國至京師，訪士于時，以閌為首。除禮部侍郎。李文會承秦檜旨劾閌，出知筠州，不赴，卒。著有春秋傳行世。

蔣瑎（延祐四明志）字季莊慈溪人宣和間鄙王氏之學不事科舉閉門窮經不妄與人接高閌率一歲四五訪其廬瑎必倒屣迎相對小室極意講論自晝竟夜殆忘寢食去則送數里或問故閌曰閌終歲讀書凡有疑而未判與所缺而未知者每積至數十亂一叩之無不迎刃而解

趙敦臨（延祐四明志）字丕民紹興五年進士授蕭山縣簿校劉道原外紀刻于越為湖州教授魏丞相杞汪尚書大猷皆其門人語孟書禮春秋皆有解深寧王先生嘗輯其遺文為之序

卞圖（嘉靖寧波府志）字子車象山人于書無所不讀入太學蜚騰英譽人稱卞夫子登紹興三十年進士第授揚州倅著論語大意二十卷行于世

楊簡（宋史本傳）字敬仲慈溪人乾道五年進士授富陽主簿會陸子淵道過富陽問答有契遂定師弟子禮為紹興府司理折獄必親臨端默以聽使自吐露常平使者朱熹薦之差浙西撫幹出諸葛亮正兵法肄習之軍政大修丁外艱服除知樂平縣興學訓士諸生聞其言有泣下者夜無盜警路不拾遺紹興五年召為國子博士會斥丞相趙汝愚簡上書言汝愚之忠亦遭斥寧宗更化遷著作佐郎兼權兵部郎官極言弭災消禍之道授著作郎將作少監入對答問往復滿過八刻上目送久之以面對所陳未行求外補知溫州在郡廉儉自將民愛之如父母咸畫像事之遷駕部員外郎授朝議大夫理宗即位賜金帶以大中大夫致仕卒所著有甲稿乙稿冠記昏記喪禮家記家祭禮釋菜禮記石魚家記又己易啓蔽等書後咸淳間制置使劉黻即其居作慈湖書院（理學姓氏）簡居太學循理齋秋夜宴坐忽覺天地萬物通為一體嘉定元年極言時弊三劄上俯首諦視至飢民相食處蹙頞久之人爭傳誦流至北境曰此江南楊夫子也

袁燮（宋史本傳）字和叔鄞人生而端粹專靜乳媼置槃水其前玩視終日夜以常醒然入太學登進士第調江陰尉浙西大飢燮命每保畫一圖田疇山水道

路志載之居民名數治業志書之合保為鄰合鄰為鄉合鄉為縣征法爭訟追胥按圖可立決以此為荒政首寧宗即位以太學正召時朱熹諸儒相次去國燮亦以論去嘉定初名主宗正簿樞密院編修知江州改提舉江西常平召為都官郎官遷司封對言陛下已深知彭龜年之忠一龜年雖沒衆龜年繼進天下何憂不治遷國子司業進祭酒延見諸生必與以反躬切己忠信篤實是為道本聞者悚然有得除禮部侍郎兼侍讀時史彌遠主和燮爭益力臺論劾燮罷之起知溫州進直學士奉祠卒燮初入太學陸九齡為學錄同里沈煥楊簡舒璘皆在學以道義相切磨後見九齡之弟九淵乃師事焉每言人心與天地一本精思以得之兢業以守之則與天地相似學者稱曰潔齋先生謚正獻

沈煥

（宋史本傳）字叔晦定海人試入太學與臨川陸九齡為友從而學焉乾道五年舉進士授揚州教授名為太學錄以所躬行者淑諸人早暮延見學者同僚忌其立異請黜之調高郵軍教授歲旱常平使分擇官屬賑濟得上虞餘姚二縣無漫流殍改知婺源三省類薦以聞遷通判舒州閒居雖貧猶不廢讀書周必大曰益者三友叔晦不愧也煥人品高明而其中未安不苟自恕常曰晝觀諸妻子夜卜諸夢寐二者無愧始可以言學追贈直華文閣謚端憲

舒璘

（宋史沈煥傳）字元質一字元賓奉化人入太學張栻官中都璘往從之又從陸九淵朱熹呂祖謙學以書告其家曰敝床疏席總是佳趣櫛風沐雨反為美境舉乾道八年進士為徽州教授詩禮久不預貢士學幾無傳璘作詩禮講解家傳人習自是其學寖盛丞相留正稱璘為當今第一教官司業汪逵薦知平陽縣郡政頗苛璘以民病告辭嚴義正守為改容秩滿通判宜州卒璘嘗曰師道尊嚴璘不如叔晦若啓迪後學璘不敢多遜袁燮謂璘篤實不欺無一毫矯偽楊簡謂璘孝友忠實道心融明淳祐中特謚文靖

胡謙

胡誼

（成化四明郡志）字牧之別號東齋奉川人與弟誼師事正獻袁先生燮傳陸象山學著易說易林若干卷誼字正之號觀省佚翁著尚書

釋疑十卷觀省雜著三十
卷兄弟文學爲鄉儀表

王茂剛（延祐四明志）居明州林村在巖壑深處刻意讀書足迹未嘗妄出
尤邃于周易沈焕通判州事嘗訪之其見趣特出于傳註之外云

孫枝（至正四明續志）字吉甫鄞人從鄉先生沈銖學以真實爲本教授鄉校昔十
年與銖之子煥相友善又登朱文公之門學問益精粹著書解十二篇袁正
獻燮見而歎曰初謂子善爲文不意造理乃爾寧宗即位詔公車上書極言天
下大計不見省嘉定七年登進士第與子起予同榜郡守程覃扁其里曰重桂
鄉人榮之江淮帥吳至幕府枝以禄不及親辭弗
就起予爲昭武參軍入爲監察御史至太常少卿

高元之（延祐四明志）字端叔武烈王瓊七世孫建炎間父寓籍明州因家焉家貧
無書渭易編口誦不輟數月忘盥櫛後受易春秋學于沙隨程迥時傳伯
成爲郡教授折節與之交元之作安謝騷九篇宋諸儒擬騷弗能及也集春秋
説三百餘家稱義宗悉本經旨凡百五十卷易詩論語後漢歷志解各一卷詩
三千雜著五百稱荼甘甲乙稿五上
礼部不第門人但頌仕稱萬竹先生

張虙（宋史本傳）字子宓慈溪人慶元二年進士授州教授浙東帥督新昌舊逋虙
手書諫力辭不行改太學正轉對言人主當以靜制動或有鍥薄偽圖辭者
宜革之帝嘉納爲遷國子監丞轉對須立主正論勿使合迎之人得以投吾机
遷秘書郎兼吳益王府教授改兼莊文府講毛詩終篇乞改讀尚書帝曰吾固
以詩書成麟趾之美也遷著作佐郎兼權都官郎官對言邊事議論貴一用人
不可嘗試任人不可自疑遷著作郎以疾乞外出知南康築城平糴民賴其利
移知溫州遷直秘閣上書論海防利便主玉百覩端平初召爲國子司業兼侍
請升祭酒以爲月令諸書雖出于呂不韋然人主後天而奉天時此書不爲無
助乃因己請者爲十二卷乞按月觀之兼權工部侍
郎命下卒詔贈四官（兩浙名賢錄）卒年八十謚文靖

王應麟

（宋史本傳）字伯厚慶元府人九歲通六經淳祐元年舉進士從王埜受學調西安主簿差監平江百萬東倉調浙西提舉常平茶塩主管帳司初應麟登第言曰今之事舉子業者沽名譽得則一切委棄制度典故漫不省非國家所望于通儒于是閉門發憤誓以博學宏辭科自見假館閣書讀之寶祐四年中是科遷國子錄進武學博士丁大全欲致應麟不可得遷太常寺主簿面對邊事言頹沒〻預防朋為壅蔽所欺時大全諱言邊事于是應麟罷未幾大全敗起通判台州召為太常博士擢秘書郎彗星見應詔極論執政侍從臺諫之罪遷著作佐郎度宗即位授禮部郎官遷秘書少監兼侍讀賈似道語包恢役盡少自貶損低以告應麟笑曰迮相之患小負君之罪大似道斥逐之主管崇禧觀久之起知徽州其父撝嘗守是郡父老皆曰此清白太守子也推豪右者租賦民大悅召兼侍講遷起居郎兼權吏部侍郎指陳成敗逆順之說似道復講斥逐邊應麟以母憂去及似道潰師江上授中書舍人兼直學士院疏陳十事請尊諸路勤王之師惟能戕斯可守進礼部侍郎尋轉尚書兼給事中左丞相留夢炎用徐囊為御史應麟奏囊與夢炎同鄉引以自助善類為所搏噬疏再上不報出關俟命遂東歸後二十年卒所著有深寧集玉堂類稿掖垣類稿詩考詩地理考漢藝文志考證通鑑地理考困學記聞蒙訓集解踐祚篇補注急就篇補注王會篇小學紺珠玉海詞學指南詞學題苑筆海姓氏急就篇漢制考六經天文編小學諷詠

黃震

（宋史本傳）字東發慈溪人寶祐四年登進士第調吳縣尉攝長洲華亭皆有聲擢史館檢閱與修兩朝實錄輪對言當時大弊曰民窮曰財匱曰兵弱曰士大夫無恥乞罷給度僧道牒收其田入可以富軍國紓民力時宮中建內道場故首及此帝怒批降三秩用諫官言得寢出通判廣德軍初孝宗頒朱熹社倉法于天下而廣德則官置此倉民困于納息至自經震為别買田六百畝以其租代社倉息約非凶年不貸而貸者不取息郡守賈蕃世驕縱不法震數其爭論蕃世積不堪疏震撓政坐解官撫州飢起震知其州不抑米價〻日損競煮粥食餓者補刻六經儀礼修復朱熹祠制祭社稷器復風雷祀禁競渡舡改

提點刑獄決滯獄清民訟赫然如神明移浙東提舉常平進左侍郎官及宗政少少卿皆不拜震嘗告人曰非聖人之書不可觀無益之詩文不作可也著日抄百卷卒門人私謚曰文潔先生

舒津 舒澥（兩浙名賢錄）津字通叟奉化人讀書積學期至古人景定三年進士歷太學博士知平江簽事勤敏雅志澹如著續蒙求尚書解春秋集註十七史綱目從弟澥字平叟景定元年入太學講明正學雖寒暑弗懈著易釋二十卷繫詞說三卷讀書隨筆五卷心經六卷一門經學人謂得文靖之傳

曹說（嘉靖定海縣志）字習之痛其父死李全之難絕葷酒婚宦刻志問學五經有群後學問難亹亹不倦酬答從叔家借書先請書目一閱即能言其本末平生無喜慍嘗戒學子絕人欲則天理自著為易解全書分辨其象古學者稱泰宇先生詩文三十卷精潔可傳

元

程端禮（元史韓性傳）字敬叔鄞人幼穎悟純篤十五能記誦六經曉析大義慶元自宋季皆尊尚陸九淵氏之學端禮獨從史蒙卿遊以傳朱氏明體達用之指學者及門甚衆著有讀書工程國子監以頒示郡邑校官為學者式仕衢州儒學教授卒年七十五

程端學（成化四明郡志）字時叔號積齋端禮弟至治進士授國子助教考滿歷國史院編修每論議為學士虞伯生所推服南宋間四明學者多宗陸氏唯黃東發史蒙卿獨宗朱氏端學與其兄端禮師蒙卿盡得朱子之指平居方毅剛正一舉動必合禮法人以比河南程氏二夫子在國學時慨春秋在六籍中未有一定之論乃取前代百三十家折衷異同著春秋本義三傳辨疑春秋或問經筵官請取其書板行天下以授來學

黃叔英（黃溍黃叔英墓誌）字彥實慈溪人文潔先生震邃于經術生三子損克紹家學而叔英最少介然特立尤酷有為治其居曰懿庵閉門讀書嘗為晉

陵宣城蕪湖三學教諭又為和靖采石兩院山長于經史百氏之書過目輒成誦為文雋拔偉麗意氣奔放若不可禦而要其歸能弗畔于道有懿菴暇筆三卷詩文雜著二十卷

王昌世（黄溍王昌世墓誌）字昭甫尚書應麟子以恩補承務郎未及禄而宋亡尚書杜門不出取經史諸書講解論辯昌世聽受無倦自是于名理經制治道之體統古今禮典之因革殊聞異見靡不究悉蓄書萬餘卷暇于火露抄雪纂至忘寢食書以復完為文一發于本實尤精于易占驗如前知云當世諸公薦章交上昌世力辭曰士之大節嗣守為難敬身所以敬親得讀父書求已志以畢此生足矣不願乎外也性孝友與人交重然諾亦不苟為阿附卒年六十一

蔣宗簡（成化四明郡志）字敬之宋尚書郯之六世孫幼嘗受經于天台翁伯章復從程端禮自江東書院山長歸宗簡師事之日與同里鄭覺民王厚孫諸明正學浙東易書春秋諸家之說而為郡庠訓導繩繩有師法所著易集義詩答問春秋三傳要義藏于家（兩浙名賢録）翰林鄉貢書異其文方具薦牘而宗簡已屬病不起年三十有二人以顔子方之

趙偕（兩浙名賢録）字子永慈溪人初業舉子書讀楊文元公所著書恭默自得乃悉棄舊學專崇之避處山林恒有憂世之色邑令陳文昭親至門受學平居躬行孝友日舉聖賢之言以裁狂簡學者稱為寶峯先生

劉希賢（成化四明郡志）字仲愚鄞人少嗜學長從鄉先生薛觀景萬學春秋博習強記為文敏疾至順間中浙江鄉試復中春闈授太平路天門書院山長請論經傳得其旨歸調長信州白石書院江西行中書參政蘇伯修咨以治道希賢條答之切中時宜後改會稽教諭見雅樂廢弛歎曰聖人制樂所以格神

人和上下定民志詎可小視哉乃捐俸率諸生命工修飭陸江浙儒學提舉
致仕壽六十有六所著有春秋比事辯寫類稿自號木石子人稱木石先生

孫庚（兩浙名賢錄）字居純慈溪人生而穎悟志操端謹嘗從師力學同舍生以其
貧斥遠之庚不動容色益刻苦自勵由是問學淹貫及門若桂彥良王桓陳
恭皆以學行著聲其他請益執經者循循善誘必使知所趨向貧者且私給之
俾有成業邑長也其不花天澤普化咸以師禮禮之及卒貧不能斂門人執喪
葬禮者數百人有
雪礎集若干卷

明

鄭駒（成化四明郡志）字千里鄞人持身修潔為文溫潤纘姿洪武初聘為郡庠訓
導經義為教諭皆能以道淑人承澹自翰林歸里見即推重以賓禮遇之弟
真鳳並以文學著
名人目為三驥

鄭真（成化四明郡志）字千之駒弟研窮六籍尤長于春秋草廬吳先生策問治道
十二事皆經史之島衷真答之無凝滯洪武四年鄉試第一授臨淮教諭晉
王之國道經臨淮名諭春秋開陳大義炳如日星王喜稱為鄭先生
陞廣信教授嘗編四明文獻著集傳集說集論及雜著詩文六十卷

桂彥良（分省人物考）慈溪人洪武初應薦召見授太子正字問治道對以正心為
本而正心之要又在懲忿窒慾上善之擢晉王府右傅既致仕條陳十二
事名曰萬世太平要策以道著有和陶詩清節等集（儒林錄）名德以字行日南
至有事圜丘上以祝文讀主者彥良曰予小子履湯用于郊我將我享武歌于
廟以古準今未足深讀上笑曰卿動援經史屢闢啟者稱善父之帝曰鄉帝者
師又曰江南大儒惟儒物一人後以病免歸彥良故慶元府判葉同子也生之夕
火光如流星母謂不祥棄勿
育桂氏鞠而子之故從桂姓

桂同德（兩浙名賢録）慈溪人謹厚敦樸篤信好學聞于達通請益者無虛日教授郡庠以德行為本懇懇言曰窮經窮史固學者事而入孝出弟尤所當先今日之孝即他日之忠忠孝兩全人道備矣故一時親炙其教者咸有成立所著有容齋集

錢唐（儒林録）字惟明象山人元末隱山谷中明太祖登極唐年將六十應詔赴京敷陳王道裁正礼樂超拜刑部尚書嘗諫宮中不宜揭武后圖忤旨待罪午門外至日昃上悟命賜飯立撤其圖洪武三年上讀孟子至土芥寇讐之説欲去配享詔敢諫者罪以不敬且命金吾射之唐獨抗疏入諫輿櫬自隨袒胸當箭曰臣得為孟軻死死有餘榮上見其誠懇立命太醫療其箭瘡于是孟子配享得不廢厥後命儒臣修孟子節文以耳聵乞歸尋謫壽州卒（献徵録）洪武二年詔孔子春秋釋奠天下不必通祀唐上言孔子百王宗師天下祀孔子如天下祀萬壽礼不可廢太祖從其議

陳端禮（兩浙名賢録）字復中定海人博究羣籍動不踰矩集子弟講明經術謂聖賢之學自修身齊家以達于天下寧拘拘章句耶弟洽從子惡相繼登第為鄉史端礼作庶説以規之曰汝輩盡忠朝廷不負予教則予得肆情泉石矣乃築室別墅潛心著述時鄭路為郡守始行鄉飲礼詣門迎之説者謂賓主俱賢有裨風教著有喪祭礼儀註解

傅淳（明一統志）字伯厚慈谿人父時偕以道學鳴于鄉淳能傳其學鄉人稱為退菴先生有洪範敷言性理叢説大學補畧視志稿藏于家

陳敬宗（吾學編）字光世慈谿人永樂癸未進士選庶吉士預修永樂大典成授刑部主事永樂十二年預修高皇實録成改翰林侍講宣德改元轉南國子監司業秩滿陞祭酒以師道自任嚴立教條痛改舊習日勵諸生進學成德官太學二十餘年諸生多位至卿貳公獨久不調意豁如也時北監祭酒李時勉身教亦嚴世稱南陳北李景泰元年致仕有澹菴居士集卒時年八十三彭時為之贊曰行方而嚴學優而辭勢利紛如頹然無累抑抑德隅人望知畏詞林

重輕下其進退時有古廉與公作配古廉即時勉也（名山藏）正統中考績赴京王振慕而求見辭而避之嘉靖中贈禮部侍郎謚文定

黃潤玉（分省人物考）字孟清鄞人知就塾生立屹然讀書過目成誦從江南殷實戶實北京父當行潤玉求代官少之對曰父老日益若兒去日益長卒行抵北京墾圃種蔬以為活稍隙即肄力于學以一心為應師以聖賢為矩矱舉鄉薦授學官拜監察御史為廣東僉事提學屏浮薄獎賢俊士風丕變改湖廣按察使忤巡撫都御史李實被劾謫知含山縣請老歸（兩浙名賢錄）潤玉之學以知行為兩輪嘗曰明理務在讀書制行要當謹獨平生著述甚富以朱子嘗欲編禮記附儀禮乃取儀禮分為四卷而以禮記比類附之又以五禮獨缺軍禮因取周官大田禮補之而以禮記諸篇載田事者附焉通為之注釋總曰儀禮戴記附註藏于家

張邦奇（嘉靖寧波府志）字常甫鄞人年十五著反騷又著易解登弘治乙丑進士改庶吉士授檢討出為湖廣提學副使下令曰學不師孔顏行不希曾閔即才如雄褒吾且斥之至今楚人言善教者必曰張提學云歷遷春坊庶子國子祭酒至南兵部尚書卒贈太子太保謚文定邦奇之學以人性為無不善以聖賢為必可師日繹洙泗濂洛之旨危坐一榻目無流視耳無傾聽口無詖語從其身納之矩矱兢兢焉初在翰林時嘗作觀頤錄在國子時作昭事錄平生所著有五經說大學中庸傳親洗紓玉樓環碧堂養心亭靡悔軒四友亭諸集

鄭滿（舊浙江通志）字守謙慈谿人祖子弼與同邑陳敬宗以學行相劘切永樂間三舉賢良不應父孔明亦力學不仕滿承家學詩文淳古舉弘治壬子鄉試任臨清學正通州濮州知州所至士民畏愛為政好行其所學著有詩經講義三禮合參勉齋詩稿謙齋文稿若干卷

李朴（儒林錄）字質夫號北江鄞人年十二補弟子員杜門發憤探討義文精研雅閱其躬行實踐大抵以克己主敬為的浙東觀察鄭志與請主鑑湖書院受

業者户外屨滿列課規十則匡翼之士翁然奮起親殁哀毁骨立負土築坟廬墓六年不入城市五十無子或勸納妾曰同堂弟未婚配而吾畜兩婦乎未幾舉一子尚默登隆慶戊辰進士克紹家學為名御史晚號敬一齋安貧樂道終其身卒年八十四著有研田説辨惟録省心編問業証疑論學書訓子箴北江詩文集行于世

黄宗明（明儒學案）字誠甫號致齋鄞人正德甲戌進士授南京兵部主事陞員外郎諫上南巡請告歸嘉靖癸未補南刑部出守安吉有能名轉陞福建塩運使召修明倫大典丁母憂不行己丑陞光禄寺卿輯光禄須知以進轉兵部右侍郎出為福建叅政明年召補礼部侍郎卒宗明受學于陽明陽明謂當一日千里任重道遠吾非誠甫誰望耶

戴圭（兩浙名賢録）字東識鄞人潛心易學蚤履篤實嘗語人曰學要謹獨誠意以修身不然天不尤人久之則與天為一揭諸座右曰人中合下渾無我地上元來都是天性謹厚言動雖默衣冠儼然至談道理論當世事竟日不休未嘗出一俗語易簣日語子乾曰大學語孟首章皆是天命之性聖賢之言一轍也著有易經大旨四書要畧及要説等書人稱為野儒先生

傅光前（儒林録）字長孺鄞人成化進士為南太常博士南中講會甚盛有同志五六輩相與參究心性夜歸闔户自參不得則長跪達旦家人穴視驚愕不知所為如是累月忽有省談議娓娓無所滞而于激發人尤懇篤懼稽熟郎語同汝登曰向後工夫正無窮盡特較前稍易耳願各自努力

錢啓忠（舊浙江通志）字沃心鄞人成化〔崇禎〕進士戊辰觀政即上書請復書院授南康府推官主教鹿洞刻二程語録陽明傳習録近溪語録與朱天麟講學轉刑部主事出為山東提學副使

國朝

萬斯大

（萬氏宗譜）字充宗鄞人孝廉泰第六子為學以窮經為己任尤精春秋三禮于春秋則有專傳論世屬辭比事原情定罪諸義例于三禮則有論郊社論禘論宗祖論明堂泰壇論喪服諸發明皆自來先儒所未有為人剛毅有守不可屈撓生一子甫九齡而婦歿不再娶處朋友勸善規過不少假借兄斯選字公擇躬行實學為蕺山弟子平日取朱子半日靜坐半日讀書之說謂分別理欲惟于靜中最為親切初學正須猛自提醒使此心卓然久之自然純熟當正襟危坐不聞聲息及事至則怡然順應了無隔碍所著事心錄皆有得之言（舊浙江通志）斯大精于經學著有學禮質疑儀禮商禮記偶箋周官辨非學春秋隨筆

紹興府

漢

王充

（後漢書本傳）字仲任上虞人少孤鄉里稱孝到京師受業太學師事扶風班彪好博覽而不守章句家貧無書常游洛陽市肆閱所賣書一見輒能誦憶遂博通眾流百家之言歸鄉教授仕郡為曹功以數諫爭不合去充好論說以為俗儒守文多失其真乃閉門潛思著論衡八十五篇二十餘萬言刺史董勤辟為從事轉治中自免還家同郡謝夷吾上書薦充才學肅宗特詔公車徵病不行年漸七十造養性書十六篇裁節嗜欲頤神自守永元中卒于家

趙曄

（後漢書本傳）字長君山陰人少嘗為縣吏奉檄迎督郵曄恥于廝役遂棄車馬去到犍為資中詣杜撫受韓詩究竟其術積二十年絕問不還家為發喪制服曄卒業乃歸州召補從事不就舉有道卒于家曄著吳越春秋詩細歷神淵蔡邕讀詩細而嘆息以為長于論衡邕還京師傳之學者咸誦習焉

三國吳

虞翻（三國吳志本傳）字仲翔餘姚人孫策征會稽命為功曹待以交友之禮策好游獵翻諫出為富春長漢召為御史曹公為司空辟皆不就翻與孔融書并示以所著易注融答書曰聞延陵之禮樂觀吾子之治易乃知東南之美非徒會稽之竹箭也孫權以為騎都尉翻數犯顏諫爭權積怒非一遂徙交州雖處罪放而講學不倦門徒數百人又為老子論語國語訓註皆傳于世年七十卒有十一子第四子汜最知名（注）會稽典録曰字世龍翻第六子清虛無欲進退以禮入晉除河間相抽引人物務在幽隱孤陋之中疾俗喪祭無度弟昺卒祭以少牢酒飯而已當時族黨並遵行之

闞澤（三國吳志本傳）字德潤山陰人家世農夫至澤好學居貧無資常為人傭書以供紙筆所寫既畢誦讀亦遍追思論講由是顯名孫權稱尊號以澤為尚書赤烏五年拜太子太傅每朝廷大議經典所疑輒諮訪之以儒學勤勞封都鄉侯（注）吳録虞翻稱澤曰闞生矯傑蓋蜀之揚雄又曰闞子儒術德行亦今之仲舒也（通志列傳）澤州里先輩丁固亦修身積學稱為儒者著有國語公羊穀梁傳注請授常數十人

徵崇（嘉泰會稽志）字子和隱于會稽治易春秋左氏傳兼善內術本姓李遭亂更姓從學所教不過數人輒止欲令其業必有成也

晉

賀循（晉書本傳）字彥先山陰人其先慶普漢世傳禮世所謂慶氏學高祖純漢侍中避安帝父諱改為賀氏循童齔不羣後為武康令政教大行陸機疏薦召補太子舍人元帝承制以為軍諮祭酒循稱疾不堪拜謁賜物一無所受改拜太常行太子太傅太常如故帝以循體德率物有不言之益敦屬倍至命太子親往拜焉太興二年卒贈司空謚曰穆循博覽羣書尤精禮傳雅有知之人鑒拔同郡楊方于卑陋卒成名于世子隰康帝時官臨海太守

越州

虞喜（晉書本傳）字仲寧餘姚人少立操行博學好古元帝初鎮江左上疏薦喜懷帝即位徵拜博士不就喜邑人賀循為司空先達貴顯每詣喜信宿忘歸自云不能測也永和初有司奏京兆府君當遷祧室征西豫章潁川三府君毀主內外博議不能決朝是遣就喜諮訪焉其見重如此喜專心經傳兼覽讖緯著安天論以難渾蓋又釋毛詩略注孝經為志林三十篇凡所著述數十萬言行世

謝沈（晉書本傳）字行思山陰人少孤事母至孝博學多識明練經史內史何充引為參軍以母老去職耕耘之暇研精墳籍康帝即位朝議疑七廟迭毁以太學博士徵以質疑滯遷著作郎撰晉書三十餘卷沈先著後漢書百卷及毛詩漢書外傳其學在虞預之右云

楊方（晉書本傳）字公回會稽人少好學有異才初為郡鈴下威儀公事之暇輒讀五經諸史諸葛恢見而奇之時虞喜兄弟以儒學立名雅愛方為之延譽賀循報書曰此子開拔有志意不圖偉才如此乃荒萊之特苗鹵田之善秀也遂稱方于京師王導辟為掾轉東安太守遷司徒參軍求遠郡欲閒居著述補高梁太守在郡積年著五經鉤沉更撰吳越春秋并雜文行世

南北朝

賀瑒（南史本傳）字德璉山陰人晉司空循之玄孫祖道力善三禮有盛名仕宋為尚書三公郎父損亦傳家業瑒少聰敏齊時沛國劉瓛深器異之嘗與俱造吳郡張融指瑒謂曰此生將來為儒者宗矣舉明經後為太學博士梁天監初為太常丞召見說禮義武帝異之詔朝望預華林講兼五經博士別詔為皇太子定禮撰五經義武帝方創定禮樂瑒所建議多見施行著禮易老莊講疏數百篇賓禮儀注一百四十五卷瑒于禮尤精館中生徒常數百子革字文明通三禮修孝經論語毛詩左傳為兼太學博士

孔休源（南史本傳）字慶緒山陰人曾祖遥之宋尚書水部郎父佩齋通直郎休源十一而孤後就吴興沈驎士受經略通大義州舉秀才太尉徐孝嗣省其策深善之謂董仲舒華令思何以尚此梁臺建侍中范雲尚書令沈約虚襟引接處之坐右武帝嘗問吏部尚書徐勉求一有學藝解朝儀者勉曰孔休源識見清通詳練故事即日除兼尚書儀曹郎每逮訪前事休源隨机斷決曾無疑滞任昉謂之孔獨誦歷都官尚書中大通二年加金紫光禄大夫卒謚貞子

虞僧誕（嘉泰會稽志）餘姚人為國子助教以左氏講授聽者嘗數百人時博士崔靈恩先習左傳服解不為江東所行乃改説杜義每文句嘗申服難杜僧誕最精杜學作申杜難服世並傳焉

賀琛（南史賀瑒傳）琛字國寶幼孤伯父瑒授經業一聞便通義理瑒異之曰此兒當以明經致貴家貧常賑粟養母閒則習業尤精三禮彭城到溉聞琛美名命駕相造會學侶滿筵聞上佐忽來莫不傾動琛説經無輟曾不降意溉下車就席便中問難往復從容義理該贍溉歎曰通儒碩學復見賀生普通中太尉臨川王宏臨州召補祭酒從事武帝召見文德殿與語悦之謂僕射徐勉曰琛殊有門業後為通直散騎常侍領尚書左丞凡郊廟諸議多所創定武帝與語常常移晷刻者中語曰上殿不下有賀雅琛容止閑雅故時人呼之所撰三礼講疏五經滞義及諸儀注凡百餘篇子翊位巴山太守

孔子袪（南史本傳）山陰人少孤貧耕耘樵採嘗懷書自随遂通經術尤明古文尚書為兼國子助教講尚書四十篇聽者常數百人為西省學士助賀琛撰録書成累遷中書通事舍人加步兵校尉梁武帝撰五經講疏及孔子正言專使子袪檢閲羣書以為義証後加通直正員郎卒凡著尚書義二十卷集注尚書三十卷續朱异集注周易一百卷續何承天集礼論一百五十卷

孔子雲（嘉泰會稽志）山陰人師事吴興沈峻吏部郎陸倕言于僕射徐勉以為周官一書羣經源本學絶不傳唯峻独精勉于是奏峻兼五經博士子雲嘗

傳峻業官亦至五經博士焉

孔僉（南史本傳）山陰人通五經尤明三禮孝經論語講說並數十篇生徒亦數百人三為五經博士後為海鹽山陰二縣令卒于家子淑元頗涉文學官太學博士

賀德基（陳書鄭灼傳）德基字承業世傳禮學祖文發父淹仕梁俱為祠部郎並有名當世德基遊學京邑積年不歸于禮記稱為精明居以傳授累遷尚書祠部郎雖不至大官而三、世儒學時論美其大墜焉

唐

孔若思 傳詳介節

康子元（唐書本傳）會稽人開元初詔中書令張說舉能治易老莊者集賢直學士侯行果薦子元洎侍讀擢秘書少監俄兼集賢侍講學士元宗將東之泰山說引子元行果商裁封禪儀初高宗之封許敬宗議前祭而燔柴說子元白奏周官禋六變天神降是降神以樂非緣燔也請先祭後燔如貞觀禮使行果議以為祭已而燔神無由降子元議挺不從說曰康子獨出蒙輪以當一隊卿請決于帝々詔後燔從宗正少卿以疾授秘書監致仕卒贈汴州刺史

宋

吳孜（嘉泰會稽志）會稽人嘗從安定胡瑗學名馳嘉祐治平間會郡謀建學孜即捨宅為基今學有祠堂存焉初學成太守張伯玉至以便服坐堂上孜鳴鼓行學規伯玉斂然受其罰

石待旦（參越新編）新昌人隱居石溪首創義塾三區以上中下為別身自督教衣
廪之所成就多當代名臣范仲淹聘為嵇山書院山長四方受業者甚衆
後以子貴贈刑部尚書（成化新昌縣志）文彥博呂公著
杜衍韓絳皆出其門先後入相登顯仕者七十二人

張堅（兩浙名賢録）字遠道諸暨人家貧篤學以聖賢自任聞胡安定教授湖州負
笈徒步從之旦夕研味至忘寢食不期年盡得六經之奧辭歸鄉里從遊
甚衆每語諸弟子曰人皆可以為堯舜自信得過則精一之傳在
我後以八行舉得官尋致京秩貧不能給吟嘯自若時稱為醇儒

陸佃（宋史本傳）字農師山陰人居貧苦學夜無燈映月讀書躡屩從師不遠千里
受經于王安石入京適安石當國首問新政佃曰法非不善但推行不能如
初意還為擾民如青苗也是擢甲科授蔡州推官召補國子監直講安石子雱
用事好進者坐集其門佃待之如常同王子韶修定說文入見神宗問大裘襲
衮佃考禮以對神宗悅用為詳定郊廟禮文官每有所議神宗輒曰自王鄭以
來言禮未有如佃者加集賢校理崇政殿說書元豐定官制擢中書舍人給事
中哲宗立去安石之黨安石卒佃率諸生哭而祭之識者嘉其無向背徽宗即
位召為禮部侍郎拜尚書左丞諫者詆佃名在黨籍罷為中大夫知亳州數月
卒年六十一追復資政殿學士佃著書二百四十二卷于
禮家名數之說尤精如埤雅禮象春秋後傳皆傳于世

虞仲琳（舊浙江通志）餘姚人從尹焞游焞
稱為志學之士登紹興五年進士

胡宗伋（兩浙名賢録）字浚明餘姚人童時如成人及長刻意于學元符間試禮部
不第歸教授鄉里學者多從之遊性至孝跬步未嘗忘親建炎之亂士人
避地明越者多以宗伋為歸依孝宗御極授房州文學調瀏陽丞用薦監處州
比較務最進一官丐祠監南嶽廟宗伋操行方軌篤于道德性命之旨其交游
子弟非是莫取
史稱為醇儒

黃閈（萬曆紹興府志）字必先諸暨人博學好古邃于經術所論著有語孟發揮困
易圖說孟子辨志麟經總論春秋妙旨六經指南諸史決疑暨陽雜俎浣溪
文集共二百六十餘卷舉紹
興二十四年進士官崇安令

湛若（兩浙名賢錄）餘姚人博雅以鴻碩稱時舉子各占一經若于六經詞賦無不
通解同邑呂次姚建義學聘為師諸生執經問難辨若懸河汎濫百家語子
然後折衷聖經諸生無
不解頤官終太常博士

唐閱傳詳循吏

許瑾（兩浙名賢錄）字子瑜元度之後孫世居剡之東林博極經史尝從朱子游明于
理學鄉先生俞浙狀其行曰學博而正行峻而和文麗而則君子人也學者
從之隨其姿稟皆厭足所欲稱為高山先
生宋運既改徵辟不就著春秋經傳十卷

元

韓性（元史本傳）字明善紹興人宋忠獻王琦其八世祖也博綜羣籍而于儒先性
理之說尤深造其閫域文詞偉自成一家言延祐初詔以科舉取士學者
多以文法為請性語之曰今之貢舉悉本朱熹私議為貢舉之文不知朱子之
學可乎四書六經發明無餘蘊顧行何如耳有德者必有言施之場屋直其末
事士有一善必延譽不已及辨析是非則毅然不可犯出無輿馬僕御所過負
者息肩行者避道老叟童稚咸稱之曰韓先生卒年七十有六御史中丞月魯
不花尝學于性言法當得謚朝廷賜謚莊節著禮記說
四卷書辨疑一卷詩音釋一卷郡志八卷文集十二卷

明

趙謙（儒林録）字撝謙初名古則餘姚人就外傅于崇山寺達旦忘寐受業天台鄭四表之門洪武十二年徵修正韻别用為中都國子典簿罷歸築考古臺著聲音文字通一百卷六書本義十二卷二十二年召為瓊山教諭黎人皆知向化稱為海南夫子其著述甚多而為學之要則在造化經綸一圖謂門人王仲廸曰寡欲以養其心觀止以明其理調息以養其氣讀書以驗其誠聖賢之域不難到矣

黃珏（明一統志）餘姚人歸菊東研極性理之學洪武間以尚書試有司不利遂絶進取意喜翫邵子皇極經世書旨趣淵妙有以自樂

潘府（理學見聞録）字孔修上虞人自為諸生讀濂洛書慨然有志聖賢成化丁未進士憲廟賓天教皇哭臨二十七日禮官請易服府毅然抗疏勸行通喪剴切數千言有援皇明祖訓沮之者府不聽哀絰待罪禮部侍郎倪岳獨贊決之定儀注三年不鳴鐘鼓不受朝賀出知長樂有惠政遷南兵部主事陳軍民利病七事孔廟災上内修外攘以謹天戒疏又上救時十要多見採納起拜廣東提學副使奉母以往考校嚴明士習大振以母老乞歸嘉靖間致仕卜居南山踰二十年闢南山書院聚徒講學修正五經四書傳註及周程四子之集凡二十餘種所著素言士類競傳誦之卒年七十三特賜祭葬以能翊贊教皇之孝出特典云

徐光岳（兩浙名賢録）字壽卿新昌人好學尚氣節不妄交游少嘗請于父曰兒不能為舉子業取科第願盡讀天下書使行己無愧古人可乎父許之日夜研究至忘寢食既而充然有得從父友陳献章莊㫤遊聞見殘復益到年方壯人目為巨儒㫤尤愛重作春風亭以居之其詩文賡唱載㫤集中

王守仁 名臣 傳詳

王文轅（明儒學案）字司輿號黃轝子山陰人七歲拾遺金坐待失者歸之既長習靜息居勵志力行陽明與之友稱莫逆陽明將之南贛文轅語其門人曰

陽明此行必立事功問其故曰吾蜀之不動矣後歿陽明方講良知之學特多
訕之者嘆曰安得起王司輿于九原乎（兩浙名賢錄）著有茹淡稿皇極經世律
呂諸
書

張元忭（分省人物考）字子藎號陽和其先蜀人徙家山陰父天復官太僕卿元忭
好讀書負意氣會楊忠愍諫死遂為詠詞泣下沾襟太僕奇之嘗讀書至
朱子格致篇輒覆卷沉思已聞王文成良知之說遂潛心理學嘉靖戊午舉于
鄉戊辰太僕有滇難馳京白狀詔免太僕官庚午游太學明年舉南宮廷對第
一授修撰聚徒講求世務人才戶外履常滿教習內書堂尋管理誥敕直起居
館超為左諭德兼侍讀疏白太僕冤狀請以恩及己者移太僕冠服格不行以
此鬱鬱致疾平生有志聖賢學宗王文成然不空事口耳頗務以實踐為基初
太僕作山陰縣志未成元忭續成之又刪紹興府志會稽縣志稱一方信史又
有不二齋稿志學錄讀尚書考讀詩考讀史膚評皇明大政記理學見聞錄謂
朱陸同源而末流乃岐之非是手摘考亭所論著與文成意符者彙集之題曰朱
子摘編以
祛世儒之惑

蕭鳴鳳（儒林錄）字子雝號靜庵山陰人年十七棄舉子業從陽明遊講明理學窮
極指歸而踐履篤實不務口耳弘治甲子鄉試第一正德甲戌成進士授
監察御史劾大司馬王瓊挾私妄作都督江彬夤緣投托中救胡世寧孤忠為
國時論偉之奉命巡山海諸關邊境竦然士始獲飭復命巡雲南值疾作疏請
歸踰年起提學南京課士先德行而後文藝士服其教有陳泰山蕭北斗之謠
陳謂前提學陳選也尋按察河南仍董學政時宰嫉言官劾之改廣東提學副
使丁內艱歸卒著有靜庵詩
錄文錄教錄杜詩註行于世

俞子良（兩浙名賢錄）字汝誠山陰人領順天鄉薦潛心聖賢之學力敦古道議論
侃侃務砥礪名檢初教諭來城諄諄以禮誨人未冠者躬為之冠有婚喪

者為之品式使遵行焉樂人感化婦女亦呼為俞夫子遷肅寧令治邑事如其家竟以勞瘁卒著明學錄通禮節要尊親錄桑居司牧二集

許璋（明儒學案）字半圭上虞人淳質苦行潛心性命之學白袍草屨扶一衾而出欲訪白沙于嶺南至楚見白沙之門人李承箕質疑問難語之以靜生觀心不至嶺南而返陽明自江右歸越每相訪菜羹麥飯信宿不厭璋歿陽明題其墓曰處士許璋之墓于天文地理靡不究心正德中嘗指乾象謂陽明曰帝星今在楚矣已而世宗起于興邸

徐愛（名山藏）字曰仁守仁妹夫也與蔡希顏朱守中同受業于守仁舉進士為南京郎中與黃宗明薛侃馬明衡陸澄輩日夕砥礪不懈歸與陸澄謀耕霅上聚所聞守仁語裒集之曰傳習錄年三十一卒守仁哭之慟（明儒學案）愛嘗遊衡山夢老僧撫其背曰子與顏子同德亦與顏子同壽覺而異之

季本（分省人物考）山陰人既受學精思力踐毅然以聖賢為可學而至常執、磨練于事為朋友之間患學者以自然為宗忘其所有事習于惰偷而自便也曰心之本體原是戒慎恐懼天命靡寧主宰常惺猶之龍也龍則常定潛見飛躍隨所遇而特慮是以警惕主變化也彼以自然為宗而不知惕若有同出于虛而卒流于物欲者矣文成存時與書言者經書取其有益于學一涉拘執比擬則反為所縛雖特見妙詣一時不無闡發之益而意必之見流注潛伏有反為之障而不自覺者後學成歐文莊亦以習心流注箴之蓋師友切磋入微者如此官監察御史以論禮補外卒門人祠之謚曰明德先生

錢德洪（名山藏）字洪甫餘姚人守仁倡道德洪與王畿首師事之推尊發明為獨至守仁在越七年德洪自歸省外無日不侍左右嘉靖五年德洪與畿同舉進士相謂曰吾斯未信引疾歸卒業于守仁八年殿試方北上聞守仁喪遂輟試與畿迎喪廣信制服哭之構天真精舍像事守仁收錄遺言與答問語曰傳習錄既殿試乞教授蘇州以便養屢遷刑部員外自少至老守其師說周遊四方所至學者迎事而受業焉（理學見聞錄）別號緒山與龍溪兩人最先及門

衆中推為教授師卒年七十九有緒山集語録等行于世

王畿（分省人物考）字汝中山陰人學者稱龍谿先生王文成倡明理學以致良知為宗郡人駭而不信畿首往受業爲弱冠領鄉薦試禮部不第歸卒業于師門踰年大進丙戌復當會試文成命往不荅文成曰我非欲以一第榮子顧吾之學疑信者半能闡明之者無逾于子盍往焉畿曰諾在途自六經四書傳習録外手無別檢抵都同志爭相辨証大為推服入闈中式同門錢緒山亦在途時大臣都不喜學畿語緒山曰此非吾輩仕時也不就廷試而還師門來學者衆不能偏指授則屬畿與緒山分教之所興起為多文成至洪都鄒東廓率同門請益文成曰汝中與同志里居究竟此事諸君第往相與質之當有得也明年文成卒于南安方偕緒山赴廷試聞信復返至廣信扶櫬歸越經紀喪事廬于墓心喪三年建天真書院于杭州肖像其中且以館四方之來學者壬辰始赴廷對授南職方主事補南武選會有詆為偽學者于是再疏乞林壑ゝ以講學為務所至接引無倦色萬曆癸未年八十六卒

胡瀚（儒林録）鐸從子字川甫餘姚人年十八從陽明遊授以傳習録博約說歸而有省日從事于求心悟心無內外無動靜無寂感皆心也即性也具有內外動靜寂感之不一者皆心之不存焉故也作心箴圖列而為五曰心圖指本體也曰存曰亡曰出入曰放心各有箴而功以存心為主以恩貢就華亭訓導陞崇明教諭歸家三十年築室今山者有今山集一百卷行世

張元沖（明儒學案）字叔謙號浮峰山陰人嘉靖戊戌進士授中書舍人改吏科給事中分宜入相元沖言其心術不正不宜在左右諫世廟元旦不視朝出為江西參政累陞右副都御史巡撫江西回籍卒元沖登文成之門以戒懼為入門而一意求諸踐履文成書曰真切純篤無如叔謙嘗謂學者曰孔子之道一以貫之孟子之道萬物皆備良知之說如是而已揭座右曰唯有主則天地萬物自我而立必無私欲上下四旁咸得其平嘗江西闢正學書院與東廓念

庵朕講會以訂文成之學又建懷玉書院于廣
信迎龍溪緒山主講席惟恐同學之有出入也

蔡宗兗 朱節（明儒學案）宗兗字希淵號我齋山陰人登進士以教授奉母孤介
不為當道所喜輒棄去已而教授莆田移教南康入為南考功陞
四川督學僉事林見素謂希淵中有餘養故能壁立千仞節字守中號白浦亦
山陰人舉進士官御史以天下為己任文成謂之曰德業外無事功巡按山東
流賊之亂
勤事而卒

范瓘（明儒學案）字廷潤號栗齋初師王司輿許半圭後卒業于陽明博考羣經恍
然有得家貧不以関懷曰天下有至寶得而玩之可以忘貧作古詩二十章
敘道統及太極之說（兩浙名賢錄）山陰人里中
以范聖人呼之有司立石里中曰范處士里

章頴（舊浙江通志）字南洲會稽人肆力于經術為易名家周應中陶望齡皆出其
門（紹興府志）頴善飲每講授畢即引大白高談古昔及當世人物嫉惡嚴然
人有片長輒誦不啻口凡游手博塞治歌而閧罣者必匿避之或悔罪去劉宗
周贊曰師道立而善人多先生早傳謝猶齋易學猶畢比談易數十年淵源所
漸多成名士造就人才之功乃在世道矣子
為漢舉于鄉為邑令有賢声宗周其外孫也

周汝登（儒林錄）字繼元號海門嵊縣人萬曆丁丑進士授南工部主事歷官至南
京尚寶司卿從兄周夢秀聞道于龍溪先生汝登依之遂知嚮學南都講
會拈天泉證道一篇相發明許敬菴言無善無惡
不可為宗作九諦以難之汝登作九解以伸其說

陶望齡（列朝詩集傳）字周望會稽人禮部尚書承學之子萬曆己丑會試第一廷
對第三授編修歷中允諭德終國子祭酒謚文簡周望在詞垣與同官焦
竑黄輝講性命之學悅慈湖陽明龍溪近溪之書曰慈湖師陸蓋文成所自出
餘子則文成之裔也萬曆中年以清新自持者館閣中推為眉目云有歇庵集

行世

劉宗周（會稽縣志）字啓東號念臺山陰人萬曆辛丑進士師事許孚遠首致力于存天理遏人慾除行人司行人以祖母年邁疏乞終養侍祖疾決四旬不交睫服除起原官奉命封益藩上宗藩六議以病免歸弟子日益進講學不輟熹宗即位陞礼曹蒞任九日首劾魏忠賢與客氏朋比亂政忠賢大怒矯旨廷杖秋葉向高救之未幾陞光祿丞復擢尚寶卿以太僕予告明年陞左通政又疏劾忠賢大逆不法忠賢恨之斥為編民追奪誥命歸家一意講學靜坐讀書頓見浩然氣象知作聖必由慎獨直揭慎獨為心要崇禎登極詔復原官給還誥命陞京兆尹謁文廟大會師儒示以聖賢為學之要延三老耆夫咨地方疾苦發奸吏乾沒置之法捕勲貴家人豪橫不法及舜文犯禁者按治如律頒文公四禮俾鄉鄙服習遇中貴索國什具責而契之輦轂一清又上疏撤爆大諸稅發內帑賑飢民躬自慰勞疏糾周延儒溫體仁傾側事上之罪下詔切責凡三上疏始得告居家闡人之可為聖人之旨以證人名堂辛巳起少宰晉右都御史手定憲綱以示諸御史無何熊開元姜埰之獄起宗周入朝昌言其事声徹殿陛上震怒奪官歸郡之天樂鄉麻溪水通江潮為患捐貲築茅山閘與三江閘為表裏甲申聞賊陷都城宗周聞之慟哭曰此吾致命時也遂投河中舟人救之而起自此絶粒者二十日勺水不入口者十有三日卒所著有讀易圖說易衍古易抄証學雜解儀礼經傳考次古學經古小學通紀古小學集記聖學宗要合璧聯珠道統録陽明傳信録方正學録選人譜人譜雜記全鑑録保民訓要鄉約小相編憲綱規條大學參疑鄉賢考文集年譜皆原本性命闡明聖學有關世道人心子汋字伯繩父殉節治喪畢居剡溪之秀峯終身茹荼服素編輯遺書寒暑不輟鄉党咸稱之

陶奭齡（會稽縣志）字君奭號石梁與兄望齡自相師友學者稱二陶萬曆癸卯舉于鄉授吳寧學博遷肇慶推官遂不起與劉宗周講學陽明祠曰證人會

宗周赴召奭激致書曰願先生安其身而後動易其心而後語俾天下實受其福若矜名節如雕鶚横秋此小臣之所為非大臣事也將没之夕猶諷衛風一章端然而逝所著有還改格喃喃錄今是堂集

國朝

黄宗羲（鄉賢留祀冊）字太沖餘姚人父尊素明御史死詔獄宗羲年十九袖疏入京訟冤歸而受業劉宗周闡誠意慎獨之學爭從續學之士數十人連袂稱弟子康熙十八年都御史徐元文薦于
朝以老病辭乃
詔取所著書宣付史館二十九年
上以海内遺獻問尚書徐乾學舉宗羲但言其衰老乃止宗羲上下古今穿穴羣言自天
自天官地志九流百氏之教無不精研學者稱為棃洲先生年八十有六年

台州府

宋

蔣至（赤城志）臨海人字造之有素行家居誨授甚盛母張氏年八十抄經典助之即本府助教賜其母帛孫師顏師閔四世孫鶚見乾道五年科名

徐中行　徐庭筠（宋史本傳）臨海人聞安定胡瑗講明道學將往從焉至京師范純仁薦于司馬光光謂斯人神清氣和可與進道得瑗所授經熟讀精思夜不安枕者逾年乃歸葺小室竟日危坐所造詣人莫測也從年數授學者自洒掃應對格物致知達于治國平天下不失其性不越其序而後已

文路
按台學源流二徐先生
外高有陳臨範字伯
模臨海人羅適字正之
寧海人四先生但傳
安定之學者

崇寧中郡守李諤以八行薦去之黄巖陳塘謫台州聞名納交暨其没謂與山陽徐積齊名呼為八行先生子三人庭筠其季也童丱有志行事父兄孝友天至既免喪猶不忍娶者十餘年秦檜當國試題問中興歌頌庭筠嘆曰今日豈歌頌時耶泒其未足為中興者五見若尤之庭筠曰吾欲不妄語而敢欺君乎有詔舉人嘗五上春官者予岳祠所親咸勸之庭筠曰吾嘗草封事謂岳祠冗禄無用既心非之可影蹈耶其學以誠敬為主起居無惰容不事緣飾不苟臧否一日巾車歷訪舊遊歸感微疾端坐而逝年八十有五淳熙間朱熹行部拜墓下題詩有道學傳千古東甌說二徐之句且大書表之曰有宋高士二徐先生之墓庭筠之兄庭槐庭蘭皆有父風（台學源流）庭筠字季節詠竹詩云未出土時先有節便凌雲去也無心風致可想見也門人尊之曰溫節先生

石墪（台學源流）字子重其先新昌人大父公孺始遷臨海墪自少警悟不羣及長刻意為學與晦庵朱子交好嘗稱其論仁之辭要甚當顧與長者各盡力于斯又謂心說甚善但更須收斂造約為佳以紹興十五年進士歷四縣知南康軍卒年五十有五晦庵誌其墓晚名其燕居之室曰克齋讀書其間沒身其間後生執業就正者多賴以知嚮方陳耆卿修郡乘謂里人自知克齋知有洛學東若水亦云克齋石公所謂大人為己之學深造而自得者也所集周易大學中庸解數十卷文集十卷傳學者

徐大受（赤城新志）天台人淳熙十一年特科（台學源流）字季可早歲工詩而志不在詩晦翁行部聞其賢特訪其廬方與學者講三月不違仁云即杜詩所謂一片花飛減卻春耳晦翁擊節遂定交為家甚貧一夕晦庵至出葱湯麥飯相對甚歡至今故老猶傳其事著經解文集藏于家邑東南有竹溪書院別號

竹溪

林鶚

林鳶（台學源流）鶚字伯和黃巖人刻意為學博求師友得晦庵以書請教晦庵稱伯和求道懇切而勉以三言以醒齋嚴肅言持敬以先語孟

考諸說切己深思言講學以充善端去邪志言首薦乾道八年舉進士為奉化簿改定海至鄖令受租輸繼民自槩量吏不得為奸知侯官縣民服教無訟上官欲中以罪訐之民間閧頌聲而止通判筠州未行卒弟禹字叔和嘗與鄭及趙師淵杜曅昆弟受業晦翁之門及別請一言為終身歸宿之地晦翁曰若根本上欠工夫終無歸宿處凜然有省年七十一卒鄉人尊之曰草廬先生表其所居之里曰景賢

趙師郯（赤城志）紹熙元年宗室科進士居臨海縣字共父終嘉興府判官朱子與呂子約書云台州有一師郯在此儘知用力不易得也

趙師淵（赤城新志）字幾道號納齋黃巖人乾道八年進士嘗從朱文公游與之論校綱目前後凡八書歷官衢南劍寧海軍推官趙丞相汝愚以從班薦有旨與職事官會趙以讒斥遂翩然東歸益究所學積十餘年不仕暨詔中前命以母病添差通判溫州入主將作太常簿司農太常丞以論成肅后山陵事不合而去（台學源流）金華王魯齋書跋晦翁所與納齋帖稱納齋登朱子之門為最先其後遠庵昆弟相繼而進聞之以道誼締之以婚姻往來尺牘其多可知

文昭按遠菴名師旻與兄師淵同登朱子之門又趙然道名師雍弟詠道名師蔵則往來朱陸二公之間者

林恪（台學源流）字叔恭臨海人從晦庵遊晦庵云為學只要致誠耐久無有不得又記晦庵自言所用力處甚約只就一兩句上用意玩味胸中自是灑落此皆進修真切得力語晦庵之所以教與恪之所以學蓋莫要于此云

林鼐　杜知仁（台學源流）鼐字良仲黃巖人嘉定元年進士官終東陽縣簿初與弟知仁學于克齋石先生墪克齋致鼐于紫陽于是師事者十餘年紫陽嘗謂其論敬字工夫甚善論氣稟有偏而理之統體未嘗有異亦為得之從孫則鄉裒集成書名之曰南湖先生文集知仁字仁仲號方山少有俊才為舉子文操筆即驚人刻意于詩不奇不已曰是不足以為學于是即六經語孟考論一時諸先生風旨至紫陽之書則披而曰道在是矣窮理求仁吾知所止所著詩文十五卷訂補讀易說詩多所論述未及裒次而歿

杜範　詳名臣傳

池從周（台學源流）字子文黃巖人嘉定七年特科嘗遊晦庵朱子之門屢以書請益晦菴稱其嗜學而勉以充拓之功又同邑杜貫道亦從朱子遊稱其所陳諸說皆善但不已其功久之見處漸分明也

潘時舉（台學源流）字子善臨海人從晦庵遊有聞必記其辨析六經疑義及問學大端多為師門所稱許平居喜靜坐晦庵云專務靜坐又恐墮落那一邊去只是虛著此心隨動隨靜無時無處不致其戒謹恐懼之力則自然主宰分明義理昭著矣時舉服膺師語造詣日深故其論求放心有云日來覺得此理真無內外外面有跬步不合道理便覺此心已放嘉定十五年以上舍釋褐終無為軍教授

吳梅卿（台學源流）字清叔仙居人嘉定十七年特科仕至忠州文學嘗因果齋李方子獲登朱子之門講授甚切所著有經說語錄

郎漸（赤城縣志）字子木黃巖人講明道學為後進所宗與清獻杜公為布衣交鄉人尊之曰木居先生著有四書衍義

陳耆卿（赤城新志）字壽老臨海人嘉定七年進士官至國子司業博學能文遠參洙泗近探伊洛周旋乎賈馬韓歐之間葉水心序其所作以為學游而文文張晁也著有論孟紀蒙篔窻集

王賁（兩浙名賢錄）字蘊文天台人介特有守鄉俗化之不敢為非王賁翁創上蔡書院金華王魯齋為堂長賁具古服冠來謁及魯齋歸乃敦請代理其事既卒無以斂門人爭經理其喪至于葬道有兩岐一大而遠一狹而近門人請于其婦婦曰先夫平日不曾由徑取捷不可違其志聞者歎息曰有是夫宜有是婦（台學源流）賁嘗撰心圖為說以傳學者蓋借一字以立義足為心學之助云

戴良齋（赤城新志）字彥肅黃巖人嘉熙進士累官秘書少監以古文鳴而尤精性理之學所著有中說辨妄通鑑前紀曾子遺書論語外書孔子年譜世譜七十子說林公輔答徐始豐書有曰當今經書雖皆具完而禮經獨為殘缺加以漢儒之記有不純若郡先哲戴大監嘗力為之辨草廬吳文正公師之浮其說于今未大行也觀此其學之源委可見

車若水（明一統志）黃巖人師事金華王柏講明性理博學工古文自號玉峯山民所著有宇宙略紀玉峯冗藁（台學源流）若水初從陳筼窗學古文及從清獻杜公游大悔之往來王魯齋之門得聞晦翁緒論嘗欲取大學知止有定以下二條合聽訟章為格物致知傳質于魯齋以為洞照千古錯簡使朱子聞之亦當為之莞爾一笑其友胡立方稱玉峯觀瘠而野口吶不能言即之既熟回視胸中狹若覺塞若通陋若廣真益友也

陳天瑞（台學源流）字德修號古臺臨海人咸淳元年進士（明一統志）天瑞公輔之後師事金華王柏明性理之學志潔行廉為金華令有能名宋末隱遁林壑游淵明書甲子文集五十卷

戴亨（嘉靖浙江通志）字子元臨海人師事郎本居有太極圖說人心道心說近思錄補注朱子詩解北溪字義辨正其教人以毋自欺為第一義嘗銘座右曰莫見乎隱莫顯乎微欲人不知莫若弗為

楊明漫（嘉靖浙江通志）字漫翁臨海人操履純正博通經籍著有周易會粹尚書暢旨詩學發微冠昏喪祭圖人稱滿城先生（台學源流）景定間王守華甫聘為郡學正

董楷（台學源流）字正翁鄉文亨復之子嘗從潜室陳器之得晦翁再傳之學寶祐四年舉進士（明一統志）楷臨海人為績溪簿直寬獄賑飢饉修城捍水還知

洪州有惠政官至吏部郎中有克齋集程朱易行世

周敬孫（嘉靖浙江通志）臨海人太學生師事金華王柏受性理之學嘗著易象占尚書補遺春秋類例

元

周仁榮（元史本傳）字本心臨海人父敬孫從太學生初王柏以朱熹之學主台之上蔡書院敬孫與同郡楊珏陳天瑞師事之受性理之旨仁榮承其家學又師珏天瑞治易禮春秋而工為文章用薦署美化書院山長舉行鄉飲酒禮士俗為變後辟江浙行省掾吏省臣皆呼先生不以吏遇之後拜集賢待制奉旨代祠嶽瀆至會稽以疾卒年六十有一其所教弟子多名人而泰不華為進士第一弟仔肩字本道以春秋登延祐正年進士第終惠州路總管府判官

孟夢恂（元史周仁榮傳）夢恂字長文黄巖人與仁榮同師事楊珏陳天瑞夢恂講解經旨辭認精切務見行事四方從游者皆服為郡使者薦其行義署本郡學録至正十三年以設策禦寇有功授登仕郎常州路宜興州判官命下而卒年七十四賜謚曰康靖先生著有性理本旨四書辨疑漢唐會要七政疑解及筆海雜録五十卷

盛象翁（赤城新志）字景明黄巖人歷平陽汀州路教授以昌國州判官致仕嘗遊車玉峯黄寄雲二先生之門學者尊之曰聖泉先生（台州府志）著有易學直接本原聖象文集若干卷

翁森（嘉靖浙江通志）字秀卿仙居人隱居教授取朱子白鹿洞學規以為訓從遊前後至八百餘人有一瓢稿行于世

周潤祖（赤城新志）字秀德臨海人嘗學于周仁榮與達兼善為友隱居教授四十餘年至正中被召既歿而恩命始下鄉人即其所居尊稱之曰紫巖先生

著有紫巖稿十餘卷

陳紹大（兩浙名賢錄）字成甫黃巖人以儒學名家元初學者為文競循聲律紹大獨以性理之學自任為文章必傳經義治尚書作四書辨疑生徒至二百餘人並稱之曰西山夫子

明

徐森（台州府志）字宗茂黃巖人六經百家靡不淹貫嘗篝燈讀漢書燼落爇其半默誦填之不誤一字尤深于易與兄宗實俱從史伯璿游史奇其才曰昔所謂東甌二徐者今復見之遂呼為後二徐洪武間以薦歷徐聞教諭著易說及詩書禮記經義四書辨疑授學者諸藩重臣交聘主文衡劉三吾薦入侍講經筵卒

郭樌（儒林錄）字德茂自仙居徙黃巖之松山里少勤問學壯有所悟由伊洛上遡洙泗求聖賢用心燕居獨處衣冠修整與人接和氣滿容士多從之遊其為教謂必先收放心方見得吾道端倪即聖賢言語皆有歸著又曰學者懲忿窒慾是大切要處父歿會兵荒不克葬茹蔬枕戚迨葬已始御酒肉毋疾衣不解帶親為沃面洗衣滌廁六閱月不以人代與其兄友愛尤篤卒年六十二門人私謚曰貞成先生（嘉靖浙江通志）終元之世隱居教授洪武初用御史李時可薦始就饒陽知縣三年邑大治以從兄故坐免還著春秋諸連接蓮中唯所著易說雜詩暢庵稿數十卷帝嘉其廉賜紗幞銀帶寶鈔旌之

朱右（儒林錄）字序賢寧海人嘗遊李五峰陳兩峰之門讀書有覺錄其尤要而切近者名曰性理本原首揭河圖洛書次叙太極圖說定性書西東二銘後附通書感興詩而自叙其首洪武三年詔徵天下名儒至京考禮右與其選比至即預修元史大明日曆二書終晉府長史

方孝孺（傳詳志臣）

許繼（分省人物考）字士修臨海人自兒時屹有成人之志以古賢哲自勉玩心天人窮賾探微將大究六經之緒反之于約以成身致用有得乎心沛然自樂不以貧賤患難惑其志與方孝孺友善相切磋不怠甫壯而病病三年孝孺每見之未嘗不覺其獨進也比卒神志不亂洞然于晝夜生死之故云

陳璲（嘉靖浙江通志）字廷嘉臨海人永樂九年進士改庶吉士授編修奉命纂修五經四書性理大全書成以疾乞歸十餘年足跡不入公府起廣西按察僉事提學日與諸生講學以見諸踐履為先士皆振起甫三載乞休有梅浦田數頃減租以紓農力陳員韜與予選林一鶚濟出其門年八十二卒

謝鐸（續文獻通考）字鳴治太平人天順甲戌進士選庶吉士授編修成化中預修英廟實錄校通鑑綱目上疏上宋神宗好通鑑理宗好綱目而不能推之政治因勸上親賢講學大本立而萬目自隨上嘉納之進侍講以艱去孝宗起修憲廟實錄弘治中為南京祭酒以道義廉節為教疏正文廟祀典皆師古義不狥俗以希世正德初權奄用事致仕卒贈尚書謚文肅著有真西山讀書記伊洛淵源續錄赤城志又刻方遜志文集傳于世（分省人物考）號方石卒于正德五年年七十有六

陳選（分省人物考）字士賢臨海人天順庚辰進士拜御史成化初上疏言君子小人進退治道所係不可不慎救羅倫劾學士倪謙錢溥干進又劾尚書馬昂諸大臣不職出巡江西風紀大振督學南畿規約簡明力變浮華令諸生讀小學書服則服習古禮遷河南按察使時中官汪直往河南勾當公事選劾疏其事擢罪擢廣東布政使廣民疲困為除徭役罷和買有提督市舶司者倚進貢為奸利役戶苦于供需特減去三十人其後番人與海商私通謊稱蘇門答剌國使臣市舶利其貨不問選特發其偽中官深恨乃誣奏他事逮赴京廣人數萬擁留之行至南昌病卒追贈光祿卿謚恭愍選立志以聖賢自期遇俗言即

手錄于冊平生言不出口視所當為者勇為之不顧利害言動端莊燕會惟嚴先人敝衣客至瓦器蔬食而已嘗曰居此官必盡此職行此事必盡此心所註小學孝經冠祭禮儀等書行于世

金賁亨(分省人物考)字汝白臨海人弘治進士歷官福建江西提學副使為人清粹醇厚剛介端毅既知學問大指毅然以聖人為必可學嘗愛橫渠一時放下則一時德性有懈初學當以心為嚴師及伊川整齊嚴肅則心便一之語言動有紀細過必錄踐履既篤德性堅定及第曹謁告屏居數月默坐澄心一意涵養于明道所謂不須防檢不須窮索延平所謂灑然冰解凍釋處超然有得以是居官行政大抵主于崇禮教敦俗尚端蒙養以維世善俗在閩發明朱子之學本之延平豫章龜山明道具有本末端緒乃闢道南書院以崇祀五先生在江右復選志行之士聚之白鹿書院親與講論明濂溪造化之由究鵝湖異同之旨居家百行純備為後學宗師有學易記道南錄學庸議臨海縣志行世享年八十有六(儒林錄)賁亨自號其居曰一所學者稱一所先生著台學源流及詩文集子立愛立敬立相俱成進士

黃綰(分省人物考)字宗賢太平人以蔭補後軍都督府都事王文成自廬陵入覲綰未見語學文成喜曰此學久絶君何所聞曰雖粗有志實未有聞文成曰人惟患無志何患無聞訂與終身共學綰聆其言如渴得飲無弗入也後二十年聞致良知之旨大歎服執贄稱門人(儒林錄)明倫大典成陞詹事出為南禮部右侍郎轉左陽明既沒桂萼齮齕之綰上疏言昔議大禮臣與萼合臣遂直友以忠君今萼毀臣師臣不敢阿友以背師遂以女妻陽明之子正億攜之金陵銷其外侮年七十五卒

王宗沐 名臣傳詳

金華府

南北朝

婁幼瑜（金華賢達傳）字季玉義烏人聚徒教授不應徵辟著禮記捃拾三十卷禮記撫遺一卷文集六十六卷

龔孟舒（南史顧越傳）永陽龔孟舒者通毛詩善談名理仕梁位尋陽郡丞元帝在江州遇之甚重郢師事焉天嘉中位大中大夫

宋

于房（兩浙名賢錄）浦江人父昺有學行房為文有父風而精簡過之遂通學者視為典型嘉祐四年進士官至尚書屯田員外郎通判應天府南京留守司子世封正封亦舉進士世封晚著易詩書四十卷正封著春秋三傳是非二十卷當時稱以經學世其家者必曰浦江二于

王固（金華賢達傳）義烏人受業胡瑗登皇祐五年進士初名同臚唱之日仁宗賜以今名因字天錫官恩陽令有治績

朱臨（浦陽人物記）其先家吳興五季避亂遷浦陽臨少穎悟從胡瑗受春秋瑗字著春秋辨要唯臨得其為精晚年好唐陸淳學謂孔子沒千有餘年說春秋者無出淳書之右以呂公著薦入官歷宣德郎守光祿寺丞以著作佐郎致仕著春秋說二百餘篇

杜汝霖（金華賢達傳）字仁翁蘭溪人從胡瑗學至曾孫旟伯高旃仲高旂叔高旌季高旝幼高人稱金華五高旟登呂祖謙門旝問道朱熹淳熙間旟兩以賢良方正薦不赴端平中入館閣五人皆有詩文行于世

唐仲友（婺書）字與政金華人登紹興進士中宏詞科判建康府上書曰兵力壯于虛數一患也數情惑于間言二患也財力屈而妄費三患也官爵濫而輕

與四患也知之與戰皆隨時應敵之方而非吾之至計要在不忘宗社之仇先定立國之本時至則起而收之耳執政以為迂遠國體再知台州為高文虎所排予祠歸著有六經辯九經發題經史難答孝經解恩書諸史精義帝王經世圖譜天文地理辯宣公奏議解說齋文集傳世（金華賢達傳）說齋其號也兄仲溫仲義皆紹興進士

范浚（正德蘭谿縣志）字茂明居香溪家世業儒不嗜榮利紹興間嘗舉賢良以秦檜當國不起閉門篤志求道學者稱香溪先生有文集二十四卷行于世朱熹錄其心箴云

呂祖謙（歷代名儒傳）字伯恭尚書右丞好問之孫自其祖始居婺州祖謙之學本諸家庭有中原文獻之傳長從林之奇汪應辰胡憲游又友朱子及張栻講索益精舉進士復中博學宏詞科除太學博士兼國史院編修官實錄院檢討官輪對首勉孝宗留意聖學且言恢復大事必試館職嘗言陸九淵之文而未識其人考試禮部得一卷曰此必江西小陸文也揭示果然人服其精鑒實錄成進對言治道體統願虛心以求天下之士執要以總萬事之幾今日固當激厲其事功尤當愛護其根本遷著作佐郎尋兼禮部以末疾乃祠建麗澤書院以會友講學病中猶為日記察物內省不以一日懈除直秘閣卒年四十五謚曰成祖謙學以關洛為宗嘗言靜多于動踐履多于發用涵養多于講說讀經多于讀史工夫然後可久可大少卞急一日誦論語至躬自厚而薄責于人一時意氣皆平朱子每稱學如伯恭方是能變化氣質所講畫將以開物成務居家之政皆可為後世法嘗欲編近思錄因與朱子同止寒泉精舍分類抉微一月而成又嘗修讀詩記大事記皆未成書考定古周易書說閫範官箴辨志錄歐陽公本末皆行于世學者稱東萊先生（續文獻通考）理宗嘉熙二年改謚忠亮景定二年追封開封伯從祀孔廟明嘉靖九年改稱先儒呂子 婺州

呂祖儉（嘉靖浙江通志）字子約，祖謙弟，受業祖謙。寧宗即位，除太府丞。時韓侂胄用事，祖儉上封事言甚剴切，安置于韶州，在謫所讀書窮理，責藁自給。所著有大愚集。（歷代名儒傳）從弟祖泰，性疏達，尚氣誼，論世事無忌諱。祖儉既貶，祖泰嘗欲以言報國，憚累祖儉，及祖儉卒，乃上書請誅韓侂胄，坐杖配欽州。侂胄誅，詔雪其冤，補上州文學卒。

馬之純（金華先民傳）字師文，東陽人。隆興二年進士，知嚴州，比較時務，府張栻作守，大業賞識，由是益潛心載籍，究極六經諸子百家。素有藻鑑，諸生中獨以大臣期喬行簡，卒如其言。著尚書中庸論語說、用禮隨釋、類編左傳紀事、編年詩文、豫章雜著若干卷。

邵囦（嘉靖浙江通志）字萬宗，蘭谿人。淳熙八年進士，授衢州教授，改漳州。朱子方帥湖南，薦其學行。晚歲由楚州奉祠歸家，名其堂曰今是。著禮記解、讀易管見、今是堂稿。

鞏豐（萬曆金華府志）字仲至，武義人。淳熙中以太學生擢進士第，除教授漢陽軍，調福州帥幕，從朱子講明義理之學，辯質甚著。知臨安縣，改提轄左藏庫，奉祠卒。著有東平集二十七卷，工詩，多至三千餘首。（宋濂鞏豐傳）豐祖庭芝，世稱山堂先生，登元城劉安世之門，以道學為東平倡。及其來遷也，以所學化導，如東平故武義人士知尚理義之學。至豐又從東萊呂祖謙游，于是中原文獻麗澤淵源萃于一門矣。

戚如琥（兩浙名賢錄）字少伯，金華人。幼力學，長游呂東萊之門，務以修身齊家見諸實用，東萊每嘆異之。紹熙元年登進士丙科，授郴州教授，遷國子博士，出知台州，改袁州，政績大著。及卒，門人私謚曰貞白先生。

時瀾（金華賢達傳）字子瀾，蘭谿人。師呂祖謙。淳熙辛丑進士，累官朝散郎，通判台州。祖謙輯書說，自秦誓、洛誥，未畢而卒，瀾補完之。有南堂集若干卷。兄澐

字子雲師祖謙著尚書周官餘論未成卒

汪淳（嘉靖浙江通志）金華人受業呂祖謙勵志于學授吉州教授講學者咸歸重焉

鄭宗強（萬曆金華府志）字南夫金華人遊于東萊之門講貫理道篤志根源蔡文軒稱其學業精深履行純篤後以朝請大夫致仕著有坦溪集行世

趙彥秬（兩浙名賢錄）字周錫東陽人師事呂祖謙擢取應科精春秋左氏作發微百篇以進上嘉之旋借和州觀察使金吾上將軍充接伴副使事訖特轉一官除興元年登進士擢宣義郎累遷眉州通判卒彥秬好學有文著述不倦詩數百篇名西征隨筆子淦夫尤工于詩

傅寅（兩浙名賢錄）字同叔義烏人幼嗜學經史百家志能成誦從唐仲友質疑問難仲友善曰吾益友也及聞其井陝分陝之說語門人曰職方輿地盡在同叔腹中矣寅于天文地理明堂封建井田律曆兵制之類靡不窮究根穴討其譌謬稱曰羣書百考黃文叔欲與同列奏補以官知不可屈乃止學者稱杏溪先生

葉秀發（宋濂葉秀發傳）字茂叔金華人師事呂祖謙唐仲友極深性理之學慶元丙辰進士授長溪主簿轉慶元府學教授嘗著論語講義以諭諸弟子時鉅儒樓鑰麦聃鄭性之楊簡袁燮皆器秀發與之交而于簡問難尤切簡每自謂有所啓發秩滿陞政和令調桐城丞金人犯蘄黃桐為降壤謁兵將與家人號泣求避秀發叱之曰此正臣子致身之日苟先去如一城生聚何修城濬濠為備禦計會金人使諜者至秀發擒之亟斬以徇金人氣沮邑賴以完事定制閫忌其功不自己出上其擅斬非法降官及史彌遠當國人有自桐城來者彌遠以秀發為問其人歷言撫綏安定之詳乃擢知高郵軍高郵三十六湖水高而田下隄防不固則民且無稼秀發建石碶以疏水勢瀦洩有恒無乾溢之病後馬光祖為守思其功飾堂撰梁之隄以祀學者尊之曰南坡先生著有易說

周禮說論語

詩義行世

章如愚（金華先氏傳）字俊卿金華人幼穎悟慶元中登進士第累官國子博士改知貴州開禧中被召上疏極諫時政因忤韓侂胄罷歸講學論道遠近咸師尊之稱曰山堂先生所著有羣書考索六十六卷文集若干卷

何基（宋史本傳）字子恭金華人父伯熯為臨川縣丞黃榦適知縣事伯熯見二子而師事焉榦告以必有真實心地刻苦工夫而後可基悚惕受命於是隨事誘掖得聞淵源之懿研精覃思平心易氣以俟其通未嘗參以已意立異以為高夠人而少變也朱熹門人楊與立一見推服來學者衆嘗謂為學立志貴堅規模貴大克踐服行死而後已王柏既執贄為弟子序正諸經弘論英辯質問疑難或一事至十往返基終不變以待其定嘗曰治經當謹守精玩不必多起疑論有欲為後學言者謹之又謹可也基淳固篤實絕類漢儒雖一本于熹然就其言發明則精義新意愈出不窮景定五年詔舉賢被命添差婺州學教授兼麗澤書院山長力辭咸淳初授史館校勘兼崇政殿說書屢辭改承務郎主管西嶽廟終不受卒年八十一祭酒楊文仲請于朝謚文定著有大學中庸發揮大傳易啓蒙發揮通書近思錄發揮

國朝雍正二年九月奉

旨從祀兩廡

王柏（宋史本傳）字會之金華人大父師愈從楊時受易論語既又從朱熹張栻呂祖謙游父瀚兄弟皆及熹祖謙之門柏少慕諸葛亮為人自號長嘯年踰三十始知家學之原捐去俗學勇于求道與其友汪開之著論語通旨至居處恭執事敬惕然嘆曰長嘯非聖門持敬之道亟更以魯齋或語以何基嘗從黃榦得熹之傳即往從之授以立志居敬之旨且作魯齋箴勉之質實堅苦有疑必從基質之作敬齋箴圖夙興見廟治家嚴飭當暑閉閤靜坐子弟白事非衣冠

不見也少孤事其伯兄甚恭季弟蚤喪撫其孤割田予之收合宗族周恤扶持之閒之從家貧為之斂且葬爲為鹿澤上蔡兩書院師鄉之耆德皆執弟子禮其卒整衣冠端坐揮婦人勿近國子祭酒楊文仲請于朝謚曰文憲所著有讀易記涵古易説大象衍義涵古圖書讀書記書疑詩辨説讀春秋記論語衍義太極衍義伊洛精義研幾圖魯經章句論語通旨孟子通旨書附傳左氏正傳續國語闡學之書文章復古續古濂洛文統朱子指要詩可言天文攷地理攷墨林攷大爾雅六義字原江右淵源伊洛精義朝華集紫陽詩類家乘文集

國朝雍正二年九月奉
旨從祀兩廡

傅芷（兩浙名賢錄）字升可義烏人六經俱通尤精史學從遊之士戶屨恒滿登淳祐五年進士第授仙居尉未上而卒有六經講義及南園詩文雜稿二十卷

徐僑（宋史本傳）字崇甫義烏人從學于呂祖謙門人葉邽淳熙十四年舉進士調上饒主簿始登朱熹之門熹稱其明白剛直命以毅名齋入為秘書省正字校書郎直寶謨閣以忤史彌遠劾罷端平初校名遷秘書少監太常少卿手疏數千言皆感憤剴切帝為動容太息明日手詔罷遷帥之尤無狀者申儆群臣以朋黨為戒命有司裁節中外浮費而賜僑金帛甚厚僑固辭不受侍講聞陳友愛大義用是復皇子竑爵請從祀周敦頤程顥程頤張載朱熹以慰汝愚債食帝宗皆如其請金使至僑以無國書宜館之于外如叔向辭鄭故事迕丞相意力丐休致帝諭留甚勤遷工部侍郎辭益堅乃以寶謨閣待制奉祠卒謚文清其學以真踐實履為尚奏對之言剖析理欲因致勸懲若其守官居家清苦刻厲之操尤人所難能

葉由庚（金華賢達傳）字成父義烏人從徐僑遊與何基王柏往來尤密嘗謂古人知行並進聞一善言見一善行未之能行唯恐有聞若為語言文字纏蔽奪其精神必待知至而後行是終無可行之日也人以為名言稱通齋先生

汪開之（萬曆金華府志）字元思，金華人，獨善之孫也。居貧力學，與王魯齋為友。魯齋稱其堅礪勇往，能自拔于困苦中，予為為己之學，實開端于元思云。開之嘗自著貧約云：不衣綃帛，不食夜飯，不僱僕從，不妄欲買，不起人情，不作雜書，不轉假借，不轉懇事，不為妄費，不借人物，凡十條。其卒也，魯齋率朋友斂之，又請于何北山為銘其墓。

張潤之（嘉靖浙江通志）金華人，篤實清介，專心問學，避地常（長）山，摘其幽勝為十詠。元黄溍謂其微言與旨，世莫得聞，而賴此詩之存，其高風雅韻猶可概見云。（萬曆金華府志）字伯誠，號愚誠子，遊北山何文定公之門。北山輯近思錄未就而卒，仁山金履祥繼成其書，每條皆質于潤之而後定。仁山嘗稱之曰：忠誠子于朱門為嫡孫水，雪孤松，端操凜凜。

倪公晦（萬曆金華府志）字孟暘，金華人，受業何北山之門，與王魯齋為友。魯齋稱其服善喜聞過，專志于下學之實。仕至轉運司幹辦公事，清介廉直，有声于時。兄公度、公武，俱以學行稱。

石一鰲（金華賢達傳）字晉卿，義烏人，景定鄉貢進士。少從王世傑，得徐僑之緒學，茂而声益洪，從遊數百人，多取高第。晚年尋思于易，著互言總論千卷。

施郁（萬曆金華府志）字景文，義烏人，由太學內舍登高第，擢國子博士。從子南一，字與之，咸淳進士，官太學博士，與石一鰲、黄溍同時，並以文學教授，名人科士多出其門。所著有春秋經傳記要。

虞復（萬曆金華府志）字洪道，義烏人。師事倪千里，傳永嘉春秋之學。由太學登進士第，士第上舍殿四十八，覲理宗，本喜，累官大宗正丞，出知信州。時史嵩之開督府，以鄉札盡收列郡利權，因上表進愛養根本之說，大忤其意，遂奉祠歸，居東巖十有五年。華至相槐力薦于朝，改尚書郎官，輪對，舉大學正心誠意為綱

領分好樂忿懥爲節目上嘉納乞外差知寧國府改知瑞州以疾革請納
禄得旨轉朝議大夫致仕著有成己集告蒙吉忠達齋集合八十餘卷

潘墀（金華賢達傳）金華人號芥軒（文獻通考）蜀人以晦菴語録類
成編處州教授潘墀取論語一類增益其所未備刊于學宮

元

王炎澤（萬曆金華府志）字威仲義烏人少嗜書稍長治舉子業當宋末場屋事廢
因嵩意探索聖賢微旨又從徐僑門人傳考亭之學窮居約處閉門授徒
絶口不言仕進學者尊爲南䆁先生待人一本于誠言論無所隱蔽爲諸生講
說務推明大義不事支離穿鑿著有南䆁類稿二十卷二子良玉常山教諭良
珉義烏
訓導

金履祥（元史本傳）字吉父蘭溪人其先本劉氏避錢武肅王嫌名更爲金氏履祥
幼而敏睿比長益自策勵凡天文地形禮樂田乘兵謀陰陽律曆之書靡
不畢究及壯知向濂洛之學事同郡王柏登何基之門基則學于黄榦而榦親
承朱熹之傳者也自是講貫益密造詣益邃會襄樊之師日急宋人坐視而不
敢救履祥進牽制擣虚之策請以重兵由海道直趨燕薊則襄樊之師不攻自
解宋莫能用德祐初以史館編校起之辭弗就宋將改物所在盜起履祥屏居
金華山中獨處終日儼然與物接則盎然和懌訓迪後學諄切無倦何基王柏
之喪率同門士以義制服自唐堯以下接于通鑑之前勒爲一書名曰通鑑前
編訓釋義正多儒先所未發他所著曰大學章句疏義二卷論語孟子集註考
證十七卷書表註四卷當時議者以爲基之清介似尹和靖柏之高明剛〻似
正似謝上蔡履祥則親得之二氏而並充于己者也居仁山之下學者稱仁山
先生大德中卒至正中賜謚文安（歷代名儒傳論）履祥守潔懷貞有管寧陶潛
之操撰述諸書皆可爲學者的所考禹貢山川尤多蔡傳所未逮
國朝雍正二年九月奉

旨從祀兩
廡

許謙（元史本傳）字益之其先京兆人由平江徙金華謙數歲而孤甫能言母陶氏口授孝經論語入耳輒不忘稍長立程自課雖疾不廢既乃受業金履祥之門居數年盡得其奧謂學以聖人為準的然必得聖人之心而後可學聖人之事聖賢之心具在四書四書之義備于朱子讀詩集傳有名物鈔八卷讀書集傳有叢說六卷其觀史有治忽幾微倣史家年經國緯之法起太皡氏迄宋元祐元年又有自省編晝之所為夜必書之其不可書者則不為也他若天文地理典章制度食貨刑法字學音韻醫經術數之說靡不該貫又嘗句讀九經儀禮及春秋三傳于其宏綱要領錯簡衍文悉別以鉛黃朱墨其後吳師道將得呂祖謙點校儀禮視謙所定不同者十有三條而已延祐初居東陽八華山學者翕然從之著錄者千餘人獨不以科舉之文授人曰此義利所由分也篤于孝友處世不膠于古不流于俗歲大祲謙貌加瘠或問曰豈食不足耶謙曰今公私匱竭道殣相望吾獨能飽耶中外名臣列其行義章數十上皆莫能致至元三年卒年六十八嘗以白雲山人自號世稱白雲先生賜謚文懿何基王柏及金履祥殁至謙而其道益著江浙行中書省為請于朝建四賢書院以奉祠事

國朝雍正二年九月奉
旨從祀兩
廡

徐畤（正德蘭谿縣志）字南夫一字叔範穎敏絕倫力學好修嘗受易于朱震得其旨要兼明春秋戴記皆造其閫居家孝友處朋友鄉黨正直不阿為文雅贍有法隱居教授學者稱為大民或勸之仕曰以經淑人是亦仕也著有周易解微三卷禮記明法二十卷

黃景昌（浦陽人物記）字清遠一字明遠四歲入小學十二歲能屬文長從方鳳吳思齊謝翱游益通五經諸子百家之言尤篤意書春秋三傳異說學者不

知所從景昌據經為新作春秋纂傳論又作周正如傳考蔡氏傳正誤古詩考晚自號田居子

劉應龜（兩浙名賢錄）義烏人潛心義理之學每以古人自期咸淳間游太學丞相馬驥高其才將以女妻之應龜不可乃止由是名稱籍甚元至正初起為月泉書院山長改杭州學正以身為教士遵矩矱著有夢稿痴稿聽雨留稿共二十卷（金華賢達傳）字元益人稱山南先生

胡長孺（元史本傳）字汲仲永康人其先自天台來徙父居仁淳祐丁未進士知台州軍事文辭政事絕出四方至長孺其學益大振棲永康山中至元二十五年詔下求賢拜集賢修撰與宰相議不合改教授揚州移建昌錄事至大元年轉台州路寧海主簿丁未浙東大祲戊申後無麥宣慰同知脫歡察議行賑荒之令以餘錢二十五萬屬長孺志散于民脫歡察不敢問延祐元年轉長山場鹽司丞以病辭隱杭之虎林山以終長孺初師青田余學古學古師王夢松夢松傳龍泉葉味道之學味道則朱熹弟子也淵源既正為人光明宏偉慨然以孟子自許惟恐斯道之失傳誘引不倦為詞章金春玉撞碑版照耀屢司文衡責實賤華文風為之一變晚病喘正衣冠坐逝年七十五著有瓦缶編南昌集寧海漫抄顏樂齋稿行于世其從兄之綱之純皆以經術文學名之綱字仍仲嘗被薦書于聲音字畫之說自言獨造其妙之純字穆仲咸淳甲戌進士踐履如古獨行若文尤明潔可誦人稱為三胡云

黃溍（元史本傳）字晉卿義烏人延祐二年進士第授台州寧海丞地瀕鹽場亭戶肆毒害民編戶隸漕司及財賦府者橫暴尤甚溍皆痛繩以法鹽事久不決溍為之疏剔免死者十餘人遷諸暨州判官入為應奉翰林文字轉國子博士視弟子如朋友未始輕納人拜學者滋益恭出為江浙儒學提舉以秘書少監致仕未幾除翰林直學士兼經筵官執經進講者三十有二帝嘉其忠數出金織紋段賜之陞侍講學士知制誥上章求歸久之始得南還優游田里間凡七年卒年八十一贈中奉大夫追封江夏郡公謚文獻溍博極天下之書而約之于至精剖析經史疑難及古今制度名物旁引曲證多先儒所未發文辭布置

謹嚴援據精切譬之澄湖不波一碧萬頃魚鱉蛟龍潛伏不動而淵然之光自不可犯著有日損齋稿二十三卷義烏志七卷筆記一卷（萬曆金華府志）宋濂贊其以儒學自奮巍然獨任斯道之重上承朱呂道統天下學士咸知師法云

柳貫（元史黃溍傳）浦陽柳貫字道傳器局凝定端嚴若神嘗受性理之學于蘭溪金履祥必見諸躬行凡六經百氏兵刑律曆數術方技書靡所不通作文沉鬱舂容涵肆演迤始用察舉為江山儒學教諭仕至翰林待制與溍及臨川虞集豫章揭傒斯齊名稱為儒林四傑所著有文集四十卷字系二卷近思錄廣輯三卷金石竹帛遺文十卷年七十三卒

吳萊（元史黃溍傳）萊字立夫集賢大學士直方之子天資絕人七歲能屬文嘗往族父家日易漢書一帙以去族父迫扣之琅然而誦不遺一字三易他編皆如之衆驚以為神延祐七年以春秋舉上禮部不利退居深裊山中益窮諸書奥旨著尚書標說六卷春秋世變圖二卷春秋傳授譜一卷古職方錄八卷孟子弟子列傳二卷文集六十卷柳貫極慎許與每稱萊為絕世才溍晚年謂人曰萊之文類秦漢間人所作以御史薦調長薌書院山長未上卒年四十有四君子惜之私謚淵穎先生（萬曆金華府志）子士諤金華縣學教諭

吳師道（元史本傳）字正傳蘭溪人自羈丱知學即善記覽才思涌溢詩歌清麗因讀真德秀遺書慨然有志于為己之學嘗以持敬致和之說質于許謙謙復之以理一分殊之旨由是心志益廣造履益深登至治元年進士第授高郵縣丞調寧國路錄事會歲大旱勸大家得粟三萬七千六百石以賑飢民又言于部使者轉聞于朝得粟鈔賑之三十餘萬人賴以存活遷池州建德縣學田為豪民所佔按其圖籍悉以歸學茶稅尤重民以為病極言于所司搉稅為減召為國子助教陞博士其為教一本朱熹之旨而遵許衡之成法六館諸生人人自以為得師以禮部郎中致仕終于家著有易詩書雜說春秋胡傳附辨戰

國策校註數鄉録及文集二十卷師道同郡王餘慶字叔善仕為江南行臺監察御史亦以儒學名重當世云

戚仲咸（金華賢達傳）士仲咸永康人高祖如琥與從兄如圭如玉並授業呂祖謙皆舉進士仲咸從許謙問道潛心性理之學旁通諸子百氏主教呂氏師法嚴謹學者敬憚之扁其書室曰朝陽人尊之為朝陽先生所著有春秋纂例等書

呂洙 呂溥（萬曆金華府志）溥字公甫永康人從許謙講究經旨悉領其要為文馳騁雄快詩激烈可喜治家以禮冠婚喪祭一遵朱子所定書註大學疑問史論其詩文有竹溪集若干卷兄洙字宗魯亦從許謙游同門服其精敏著有易圖說大學辨疑

葉謹翁（兩浙名賢録）字審言金華人性明達于書無不讀由家傳之端緒泝儒先之源委卓然自立許謙柳貫張樞黃溍咸樂與為友歷官浦江義烏二縣教諭調籌晉江授瑞州同知致仕卒謹翁天性孝友治家有法言必慶弔一遵呂氏家範所為詩文和易平實無纖麗之態有四勿齋稿若干卷藏于家

聞人夢吉（金華先民傳）字應之金華人父詵老嘗游王魯齋之門夢吉受學家庭父子自為師友七經傳疏皆手鈔成集義理所在必深究而密察用薦者起歷處州學録西安教諭昌國州學正平生信道甚篤持己應物一本于誠涵養既純內外一致晚居永康之兜山下卒年七十門人宋濂等謂其執醇而不變含和而有耀私謚曰凝熙先生

馬道貫（兩浙名賢録）字德珍金華人弱冠時偕弟德璋師事許文懿于八華山得濂洛之學文懿期勉之甚至文懿歿哭臨制服如親喪學者稱之著有書經義六卷詩文若干卷自號一浮叟

丁存（兩浙名賢録）字性初義烏人性質朴不外飾博學善屬文尤長于詩賦屢徵明經不就嘗游宗文何先生門相與闡明理學以溯金許之傳晚年優游盤

谷四方學者羣趨之
所著有雲崖雜稿

明

葉儀（分省人物考）字景翰金華人受業于許白雲語以學者必以五倫為本以開明心術變化氣質為先儀朝夕乾惕研究奧旨已而授徒講學士爭趨焉語學者曰聖賢言行盡于六經四書其微詞奧義則近世先儒之說備矣由其言以求其心涵泳從容自久得之不可先立己意妄有是非也王師下金華召儀為五經師以老疾辭隱居養親所著書曰南陽雜稿吳沉稱其理明識精一介不苟安貧樂道死而不厭

范祖幹（金華先民傳）字景先金華人受業許謙之門悉得其旨趣其學以誠意為主而嚴之以慎獨持守之功引誘學者惓惓真切唯恐其不入于善戊戌辟為諮議以親老辭四方大夫士莫不向問安否以為斯文重輕孝行篤至郡守王宗顯立純孝坊表之學者稱純孝先生著有羣經指要讀詩記大學中庸發微柏軒集

何壽明（儒林錄）字德齡蘭溪人從學葉儀之門洪武初舉孝廉以二親俱老辭窮理守道不妄干人晚自號歸全學者稱歸全先生

汪與立（儒林錄）字師道蘭溪人從學范祖幹修德立行與同邑何壽朋齊名嘗謂學者當視古人為不足毋視今人為有餘人以為名言

徐原（分省人物考）字均美蘭溪人少從吳禮部游博覽羣書著有五經講義孫學齋文集數卷太祖取婺州為寧越府命知府王宗顯開郡學延儒士葉儀宋濂為五經師戴良為學正吳沉徐原為訓導時學校久廢至是始聞弦誦之声

唐懷德（分省人物考）字思誠金華人仲友七世孫受業許謙六經百家之言無不研究其學以濂洛為宗粹然一出于正廉訪副使楊篤聘諭淮陰闢若傾

服膺與宗濂辨諸子是非凡九十餘種論歷其文以對濂推其博懷德曰徒博陸
澄之書厨耳吾則務以窮理而施諸事也用部使者薦署金華縣學教諭遷州
衢州學録卒著有破萬總録六經問
答鈞元集書學指南存齋稿百餘卷

胡翰（金華賢達傳）字仲申金華人甫七歲拾道中遺錢俟遺者至而還之初受業
於吴師道結學文于吴萊執經于許謙明初以賢才起赴京會有以金華民
籍田出兵者翰為言民懦不習軍旅詔罷之授衢州教授識奉旨纂修元史
書成辭歸卜居長山之陽學者稱長山先生所著有春秋集義胡仲子集

朱廉（萬曆金華府志）字伯清自少刻苦勵志淹貫經傳患領要義學文于黃溍濂
知名明初知府王宗顯辟為郡學師及浙東行省右丞李文忠開鎮嚴州尤
加禮敬遂移長釣臺書院洪武三年詔修元史起為纂修官史成拜翰林編修
既而授經楚府陞長史久之病積致仕歸彩經諸論嘗取朱熹語類摘其精義
名曰理學纂言
有文集十七卷

汪仁壽（金華賢達傳）字仲山金華人善記覽經史百家靡不窮究尤耽性理之說
號靜齋所著有靜庵稿（分省人物考）子雨能繼家學與呂肅陳誠汪旻為
文字交人
稱四友

宗誠（金華賢達傳）字仲實義烏人受業許謙經明學邃家居授徒所著有孝友通
紀及詩文同邑馮翊字原輔亦受業許謙洪武中以明經薦除新淦知縣著
有昆山
片玉集

許元（儒林録）字存仁金華人大父謙學于仁山金氏得朱子之傳明祖初起幸金
華訪求其後乃驛赴金陵拜京學教授仍命入傅皇太子及諸王乙巳九月
始置國子學命為博士奉命進講經史極陳洪範休徵咎徵之應吴元年四月
上至白虎殿問孟子何言為要對曰勸國君以行王道施仁政省刑罰薄稅歛

乃其要也冬十月擢為祭酒最見礼遇設立教國子條例數十事皆見施行既而浙江僉事程孔昭誣劾具過安置韶州後遇赦還卒

章懋

懋（婺書）字德懋蘭谿人少講學于楓木山學者稱楓山先生成化二年舉會試第一選庶吉士館試文多諷諫主者陳文惡之欲出之外劉定之舉陳選事為御浮留授編修甫踰月元夕張燈命賦詩懋與同館黃仲昭莊㫤相率諫止謫臨武知縣改南太理評事評駁稱允遷福建僉事一意便民行法自如直指使者弗善也會以考績北上致仕歸杜門讀書楓山庵中四方來學者甚衆鄉史姜洪等論薦懋力辭未幾為南祭酒累疏言教養良法復移疾歸正德五年再起南太常寺卿六年還南礼部右侍郎致仕嘉靖元年進南礼部尚書以年幾九衰遣行人存問而懋已卒于里第謚文懿遺文數卷語録一卷年譜一卷俱名人所輯隆萬間崇祀正學祠（名臣言行録）懋年四十一浮請歸閉門讀書畢心體認之學而言必根志之必先用之必赴功門人董遵稱公學由乾惕德含坤章進浮泰之彙征浮遯之嘉遯貽深于易者

應璋

璋（萬曆金華府志）字德大永康人嘗受學于楓山一見語以黃勉齋所云真實心地刻苦工夫璋佩服弗斁楓山稱其純篤授徽學訓導再遷雅源教諭並已致人士皆樂從年九十終學者稱東白先生著有四書索微尚書要畧等書

程文德

傳詳名臣

凌瀚

瀚（兩浙名賢録）字德容蘭谿人性端毅負大志不規規科舉之業早遊楓山之門言行必期信果步趨必由規矩與學者言尤嚴義利之辯嘉靖乙酉以易經魁兩浙益肆力學問凡天文地理名物度數以至礼樂兵刑漕運水利之類無不究心四方從遊者日衆因材而成就之謁選浮泰寧教諭日與諸生講明理學立條約以正其趨負者分律賞之遷周府紀善上崇德講學等書王甚敬為卒于官著有羣書類考太平策畧郃武泰寧等志金華正祠録等書

董遵（分省人物考）字道鄉蘭谿人受業楓山之門潛心理學專志力行貢入禮部主白鹿洞書院轉深陽教諭陞知浦江縣在任一年百廢具舉二泉相繼視學徵忤當道意調知廣東感恩縣懇請終養歸家無擔石儲而事親曲盡孝道著有金華淵源錄及文集若干卷從子輩事父母及生母孝人以一門二孝庶稱焉

胡東（湯溪縣志）字時襄博極羣書師事楓山得其宗旨領正德癸酉鄉薦授醴陵令銳意造士居官六年奏最當遷忽投牒乞歸所著有易經象訣虛朝史評古愚論草諸書太倉王元美銘其墓曰為儒而醇為吏而循醇不近名循不近苛是以稱之曰古愚先生

章品（金華先民傳）字廷武蘭溪人以易學知名年踰五十登進士或勸之減年通籍却之授兵部車駕司主事陳治安十策多見采行陞武選司員外郎致仕著周易羽儀春秋經傳辨疑禮記大旨學庸大義辯疑孟子篇類正蒙發微含章子集皆板行其他周易集傳存疑魯經郵書學庸精義正俗編金華文獻錄增注黃庭經歷代興亡鑑格物志奏議稿藏于家

應典（分省人物考）字天彝永康人性沉篤刻志學問登正德甲戌進士授職方司主事與江山周文興論學有悟遂引疾歸同仙居應良黃巖黃綰過從講切又師王守仁授致良知之旨建書院于壽山集諸生講學再起車駕司主事念母病目引疾歸朝紳論薦不起

李珙（萬曆金華府志）字侯璧永康人有志理學徒步見陽明先生于越授以致良知之訣珙獨居精思盡得其旨同門錢緒山王龍溪輩推重之在東鄉聘主豫章書院教事及陞激浦日與同志發明師訓聽從者衆平居不事生業死之日惟曰只此見在良知吾今繫念受用性命皆了著有質疑稿若干卷

程梓（舊浙江通志）字養之永康人性敏慧少聞何王金許之學欣然慕之讀正學編躍然曰道在是矣弱冠為諸生徒步往姚江師事王守仁與王畿互相印

正歸即壽山石洞倡明正學與先達應石門過從講究隆慶辛未子正誼登進
士勵之曰宇內不少科第少聖賢耳及正誼恤刑吳魯以讞決未愜政府意校
斥梓欣然曰兒以無寃民壽我〻願足矣年
八十卒學者祀于五峯書院稱方峯先生

杜惟熙（東陽縣志）字子先號見山成童時即有志理學時永康盧一松講學于五
峯書院惟熙北面事之多所領悟嘗言學者一息不昧則萬古皆通一刻
少寬即終身欠缺其學以浸性為宗克欲為實際精研力究不舍晝夜晚乃益
純張鳳梧建崇正書院聘主教席年八十餘端坐而逝著有悔言續錄數篇學
者稱見
山先生

衢州府

南北朝

鄭灼（南史本傳）字茂昭東陽信安人幼聰敏勵志儒學少受業于皇侃梁簡文在
東宮雅愛經術引灼為西省義學士承聖中兼中書通事舍人仕陳武帝文
帝時累遷中散大夫後兼國子博士未拜卒灼性精勤尤明三禮少時嘗夢與
皇侃遇于塗侃謂曰鄭郎開口侃因唾灼口中自後義理益進家貧抄義疏以
日繼夜筆毫盡每削用之常蔬食講授多苦心熱
若瓜時輒偃臥以瓜鎮心起便讀誦其篤志如此

宋

慎知禮　傳詳孝友

劉絢（宋史本傳）字質夫常山人以蔭為長子令歲大旱府遣吏視傷所蠲稅田二
三緡力爭不得封還其牒請易之宗弼歎曰真縣令也元祐初韓維薦其經

明行修為京兆府教授王巖叟朱光庭又薦為太學博士卒于官絢力學不倦最明于春秋程顥每言他人之學敏則有矣未易保也若絢者吾無疑焉（續文獻通考）絢深于春秋作傳未就病劇尚以例類質其父垂絕猶道詩書語可謂篤于學者

周

周穎（弘治衢州府志）字伯堅開化人受業安定胡公以行義稱與趙公抃游抃為諫官穎嘗移書曰當公心以事君平心以待物無以難行事强人主無以私喜怒壞公朝賢士大夫抃以書進仁宗欲用之熙寧詔舉有學術者守以穎薦賜進士第授校書郎王安石問新法何如對曰歌謠甚盛因高誦曰市易青苗一路蕭條安石不樂出宰渠清有文集行世（朱子景行堂記）正介先生周君穎之行信于鄉而聞于朝其立言垂訓褒善貶惡足以為後世法

祝

祝常（兩浙名賢錄）字履中常山人從胡安定學操履端毅未嘗以辭色借人登進士第王安石深器之時有詔解三經義常出正義反覆辯難論著類之遂忤安石意出令平陽終殿中丞有蓬山類苑元語正謨諸論及清高集行于世

劉

劉收（弘治衢州府志）西安人字收之登進士終屯田員外郎授易數于穆修著易解與易象鉤隱圖王安石誌其墓

呂

呂防（明一統志）龍游人熙寧中進士有學行龍游士子登舉自防始累官至大中大夫（舊浙江通志）字大防嘉祐末于縣南雞鳴山設義學士之慕道從游者衆一日登山見雞鳴林叢中張羅飼之浮白至十數鹽輸之官

江

江緯（兩浙名賢錄）字彥文常山人元符三年以太學生上封事哲宗名對稱旨賜進士及第緯精于經學口授諸生能發前儒未發之旨從子少齊少虞漢皆從受業若負笈而至者則汪藻程俱李處業趙子晝等七人擢科顯仕時人指為文中虎遂名講學之所曰七賢堂紹興間任太常少卿以言事忤時乞身歸老卒

江躋（弘治衢州府志）常山人字元壽登大觀二年進士第為殿中侍御史在朝論事以正心誠意為本紹興初率全臺攻丞相朱勝非吏五六疏忤旨一時俱罷後高宗思之賜手詔以司農卿召未及用卒贈銀青光祿大夫

涂存（弘治衢州府志）字誠叟江山人從龜山楊時學朱熹來訪甚佩服有六經講義中庸論孟解門人如周賁周孚柴衛鄭雍陸律江涂後皆知名（方輿勝覽）逸平先生涂存受業于程氏之門人學與行高請道于家弟子自遠至者常以百數

柴禹聲（嘉靖浙江通志）字元振衢州人受業于楊龜山屢魁鄉薦學者宗之紹興間高閌擢國子司業以禹聲堪充史館特薦于朝兄禹功字懋績晚亦遊龜山之門

晏僎（兩浙名賢錄）字元肅龍游人與周升繆景仁為友皆以明經教授時號三先僎舉進士僎常語其徒曰文雖小技自有工達之理但為科舉所累故判本末為兩途耳著有柯山書解

劉愚（宋史本傳）字必明龍游人幼警敏力學弱冠入太學有聲受業者甚眾上舍釋褐居第一調江陵府教授早晚為諸生講說同僚相率以聽移安鄉縣令民不見吏而賦自足邑有范仲淹讀書地為繪像立祠士競知勸雅不樂仕進遂致仕頹垣敝壁蓬蒿蕭然著書自適書禮語孟皆有解年八十三卒門人私謚曰謙靖先生

鄒補之（嘉靖浙江通志）字公衮開化人受業朱呂之門淳熙初舉進士判江寧府著有春秋語孟注兵書解宋朝職畧等書

江介（舊浙江通志）字邦直開化人少穎悟一日讀程子書至水清性善之說大有感悟後與朱子相講明官教郎皆有惠政士民爭繪像立祠轉奉議郎卒

鄭升之（弘治衢州府志）字公明，師徐存，擢進士第，除學官，嘗論學術之害莫甚老莊，乞勿命題論，甚切至。召試館職，後為吏部郎，守賀州，有文集。

元

江孚（弘治衢州府志）常山人，受業于金華許文懿公之門，以書經中至順壬申科鄉第，考官劉岳申、叶峴見孚龍虎臺賦，驚異，將上之，尋以罷科而止。時選賦者類聚五百餘篇，僉以孚作為最，刻為學者矜式。弟起詞氣雄辯，與伯兄叔戴齊名，人號三江先生云。

魯貞（明一統志）開化人，著有春秋案斷、中庸解、易注。余闕薦之不起。（弘治衢州府志）貞字起元，元統二年舉人。

明

何初（明一統志）常山人，博通經史，洪武中知仁化縣，遷巴東教諭，召修書傳，書成，調開化，造就人才，士風為之益振。

徐蘭（弘治衢州府志）字與善，開化人，洪武初入試京闈，官至助教，通五經，尤精于書，所著有書經體要，門人歐陽濟進于朝，有自鳴稾、鳴陽稾、五經格式，藏于家。有為學次第，傳于世。

吾昇（分省人物考）字景瑞，開化人，通書、易、春秋，以鄉舉入太學，與蘭谿章懋、安福劉戩、四明楊守阯友，責善輔仁，多所裨益。既而諸子皆舉進士，昇太息曰：親老矣，尚擇禄為耶？就江浦教諭，迎父就養，教以敦本力踐為先務，鑿池種蓮，亭其中，曰求樂，與莊行人泉灑然于吟風弄月之趣。久之，乞終養歸，朝夕養志不違。執親喪一于禮，老猶毀瘠，與弟煉友愛無間，復遠祖祠田，歲時祭掃，昏宴集以合族焉。昇學專為己，不溺于記誦辭章之習，四方來學者屨常滿。昇書太極、西銘，示為學本原，又謂學者曰：學須養氣，氣充則天下事無不可辦者。人士即其所居稱文山先生。（兩浙名賢録）著有朱子讀書法、還山稿五卷、解字書。

鄭伉（獻徵錄）字孔明常山人十三讀易治舉子業二十為博士弟子及省試一再不合棄之曰顯親揚名恐不在是也乃走豐城拜于丁潛軒之門求踐履實學時年三十餘矣復見吳康齋于崇仁康齋曰此間工夫非朝夕可得恐誤子遠來對曰此心放逸已久求先生復之耳敢欲速乎因受小學日自驗于身心徐得聞四子六籍之要久之乎道有見乃歸築室于龍池之上日取諸儒議論一切折衷于朱子一時名公若章楓山吾文山張東白皆與相可否著有易義發明卦贊讀史管見觀物餘論蛙鳴集

王璣 傳詳名臣

徐璉（舊浙江通志）字良器開化人鄉南淵師表學宗務敦踐履

余鴻（兩浙名賢錄）字用儀開化人學務深潛每事必求實踐受易于吾吕為所器重四方從遊者甚衆端本正業多所造就司訓宜興以道自尊士民愛慕人人以為父師手不釋卷對妻子如嚴賓至于声利泊然若遺人不得窺其際也卒于官著有白石溪溪蔥石玉音諸稿

周積（儒林錄）字以善號二峰江山人少游章楓山門後復受易于蔡虛齋庚午舉于鄉聞王陽明倡道東南往師事之初疑知行合一之說陽明反覆示以立誠之道遂超然有悟嘉靖丙戌謁選授南安推官有古循良風陽明將大軍征思南供給調度自廣班師度大庾得疾薨積躬親殯殮心喪三年如一日陞知沅州政声大起遷德王府長史踰年致仕歸年踰八十猶杭杭如壯夫性喜講學晚年矯其契曰為學如治病學不身體力行是徒講藥方類也人以為至言卒年八十三

徐霈（衢州府志）字孔霖江山人嘉靖辛丑進士師王守仁悟良知之旨為監察御史抗疏救夏言見杖出為河南督學造士尤多轉廣東布政使以清介聞致

仕歸築書舍于東溪著書談道老而不倦壽九十五

王之稷（舊浙江通志）字惟烈西安人登嘉靖癸卯鄉薦從李襄敏講王陽明學初仕含山令加意惠民遷連州守政績益著編六經要旨及蒙訓女訓家禮小學諸書以勸後學生平純孝周恤宗族悉施戚里身心性命之學措諸躬行子任衡亦以學行稱

葉秉敬（西安縣志）字敬君弱冠擢省魁萬曆辛丑成進士擢荊關有貢政守太梁督學中州士民稱之恭江藩以憂歸起荊西尋移南瑞未行卒秉敬淹貫萬卷著述鴻富擬鼻比諸學四方請益盈戶外撰書凡四十餘種海內稱為名儒

方應祥（衢州府志）字孟旋西安人為文根極性命自闢阡陌非六經語不道萬曆丙辰進士授南兵部職方郎例多餽遺應祥悉卻除之轉祠部郎歷陞提督山東學政奔母喪歸尋卒所著有青來閣初集二集行世應祥山居時從學者踵相接遂撫廬舍以居之發明性學後人比其功為濂溪伊川云

蔣泰賓（開化縣志）字嘉仲性孝友清介嚴正不妄友一人以貢入南雍選職未就遂杜門不出聚後輩講學年八旬手未嘗釋卷著有三經秘錄易存詩可春秋取銑溪山堂詩文四卷一日無疾坐逝及門誄之曰在漢林宗在宋康節靜修魯齋先生弗屑時以為確論

嚴州府

宋

喻樗（宋史本傳）字子才其先南昌人後徙嚴少慕伊洛之學中建炎三年進士第樗趙鼎去樞密居常山樗往謁因諷之曰公之事上當使啓沃多而施行少啓沃之際當使誠意多而語言少鼎奇之都督川陝荊襄辟為屬紹興初高宗親征樗見鼎曰公度此舉果出萬全乎鼎曰義不可更屈故贊上行耳事之濟否

睦州

非爲所知也。榜曰：然則當思歸路。爲曰：策安出？榜曰：張德遠有重望，居閩，莫若使其爲江淮荆浙福建等路宣撫使，俾以諸道兵赴闕下。命下之日，府庫軍旅錢穀皆得專之，宣撫來路即朝廷歸路也。爲入奏，起浚知樞密院事。浚至，執爲手曰：此行舉措皆合人心。爲笑曰：予才之功也。于是往來爲浚間，多所裨益。授秘書省正字。榜與張九成皆言和議非便，秦檜既主和，出知舒州，懷寧縣通判衢州，已而致仕。起爲大宗正丞，轉工部員外郎，出知蘄州。孝宗即位，用爲提舉浙東常平，以治績聞。淳熙七年卒。（嚴陵志）榜建德人，號玉泉，著有中庸大學論語解及玉泉語錄行世。

方慤（兩浙名賢錄）字性夫，桐廬人，性至孝，父死，廬墓三年。領鄉薦，表進禮記解于朝，詔賜上舍，釋褐，而頒其書于天下，學者宗之。居官以剛廉稱，家置萬卷書，堂雖老手不釋卷。朱文公嘗曰：方氏禮記解儒有說得好處，不可以其新學而黜之。

錢時（嚴陵志）字子是，淳安人。弱冠淹通經史，以易領漕舉，絕意仕進，究明理學，遊慈湖之門，爲高弟。袁甫持節江東，創象山書院，延主講席，學者興起。相臣喬行簡薦之朝，授秘閣校勘，下有司令取所著尚書演義、學詩管見、周易釋傳、四書管見、兩漢筆記，繳進。未幾出佐浙東倉幕，召入史館，除檢閱。乃祠，授江東帥屬，歸。淳祐五年卒。慈湖嘗爲書融堂二大字，門人稱融堂先生。有國朝編年、春秋大旨、百行冠冕、冠婚記、蜀阜前後稿、嘉定講書稿、英烈廟賓錄、錦江雜著諸書行于世。郡守季鏞、縣令虞綐各肖其像，祠于學。

詹儀之（明一統志）遂安人。時張栻守郡，召祖謙分教，儀之日以學問爲事。（嚴陵志）字體仁，紹興二十一年進士。淳熙二年知信州，及帥廣東，首以濂溪舊治立祠曲江上。後論廣鹽官鬻之弊，孝宗韙之，除吏部侍郎，知靜江府。代者中以飛語，遂有秦州之行。既歸而殁，公論惜之。

涂

徐孝恭（嚴陵志）字季中，淳安人，與兄孝寧、孝友自邑郭遷河溪，杜門讀書，五經皆精究，而孝恭尤深于易，人號五經徐氏。隆興、淳熙間兄弟聯登進士第。孝

恭生德化籌政教庶善士多從之

趙彥肅（兩浙名賢録）字子欽，建德人。天資孝友，務聖賢之學，窮理盡性，弗深造自得弗措也。登乾道進士第，宰臣周必大薦之甚力。彥肅益以近名為嫌，仕至寧海軍節度推官。著有易說、廣雜學辨、士冠士昏饋食圖行于世。朱文公觀其書，嘆曰：近世未有如此看文字者。學者稱復齋先生。

胡子燕（嚴陵志）淳安人。自幼慎重，不苟言笑。弱冠博極羣籍，不肯作舉子文字。聞東萊呂成公之學，遂從之游，盡得其趣，窮居樂道以終其身。

方鎔（兩浙名賢録）字伯治，淳安人。兩魁鄉試，後棄去，盡心聖賢之學。每曰：人與天地對立，若文藝云乎哉。日訓諸子，所講明必以窮理盡性為先，至應事接物則以持敬實踐為功。二子逢辰、達孫前後及第，乃曰：吾昔以為不足為者，爾曹勿謂足也。歷官奉直大夫、兩淮制置司參謀官。

胡應璣（嚴陵志）字粹翁，淳安人。講明性理之學，隱居教授，不求仕進。著理髓三卷，學者宗之。

洪揚祖（兩浙名賢録）鎮東節度判官璞之子。嘗從袁甫、錢時講貫義理之學，以切忤時，調寧浦教授。辟廣西帥幕，論嶺南買鹽及橫山以錢易馬事，多所裨益。還京，教除太博，置登善録，士多嚮風。召試館職，除正字。輪對者三，懇懇以正心誠意啓沃君心。自號錦溪，有文集藏于家。

呂人龍（萬曆嚴州府志）字首之，淳安人。登景定三年進士第，嘗受業錢融堂之門，講明義理，所造日高，胸次洒然，有浴沂詠歸氣象。學者因其所居稱為鳳山先生，有鳳山集行世。

陸震發（萬曆嚴州府志）字德甫，淳安人。少聰敏淹洽，而尤明于春秋。淳祐中，知州王佖薦之朝，以親老乞鄉校官就養，乃授學諭。嘗謂修學記云：人心本自虛明廣大，無賢不肖均具至理，特患物于物而不能物物耳。其修己教人一本諸此。著有春秋講義纂志一卷。

方逢辰（廣輿記）淳安人，鎔子。舉進士第一，官吏部尚書。因賈似道專政，遂乞歸，杜門講學，稱蛟峰先生。（嘉靖浙江通志）元世祖詔聘之，辭不赴，卒于家。逢辰無書不讀，而會極于周程諸子之學，所至以教化為先務，以繼往開來為己任。著有孝經解、易外傳、尚書釋傳、大學中庸註釋、格物入門諸書。（嚴陵志）字君錫，初名夢魁，理宗改今名。度宗賜手詔云：「近進士一科，文章盛而古意衰，卿以儒碩創家塾，以程朱之學淑其徒，朕甚嘉之，其益勉之。」

方逢振（嚴陵志）字君玉，逢辰弟。登景定三年進士第，歷太府寺簿。宋亡，退隱聚徒，講學于石峽書院以終，為學者稱山房先生。

傅巖之（嚴陵志）字宗山，壽昌人。刻志好學，通詩書戴禮，弱冠以兩經領鄉薦，鄉人尊之，稱平齋先生。咸淳四年與子明龍同登進士第，而巖之為榜眼，授慶元觀察推官，以內艱不赴。服闋，丞相馬廷鸞言于朝，調平江觀察推官，以勤政卒。

何逢原（兩浙名賢錄）字文淵，分水人。咸淳中累官中書舍人，陳時政十事，言甚剴切，已而引疾去。至元中薦授福建儒學提舉，辭不赴，卒于家。逢原尚究經史，旁通陰陽星曆醫藥之書，著有易詩書通旨、四書解說、玉華集若干卷，藏于家。

何夢桂（嘉靖浙江通志）字巖叟，淳安人。咸淳進士，為太常博士，歷監察御史。所著有易衍、中庸致用等書。（嚴陵志）元初御史程文海薦之朝，授江西儒學提舉，不赴，築室小有源，著書自娛，學者稱為潛齋先生。

魏新之（嚴陵志）桐廬人，受業于方蛟峰，得程朱性理之學。登咸淳七年進士第，除鄞府教授，歸隱鄉里，學者稱石川先生。

方一夔（萬曆嚴州府志）字時佐，淳安人。幼承家訓，壯與何潛齋諸老游，學問該博，行誼醇篤，應薦領教郡庠，未幾退隱富山，授徒講學，門人稱富山先生。有富山遺稿。

元

晏希賢（嚴陵志）淳安人究明性理洞詣本原而會其極于象山慈湖之要杜門不出者三十餘年家貧泰然有古君子風學者稱之曰自然先生子清之大之潛之皆承家學

方道叡（嘉靖浙江通志）字以愚淳安人至順二年進士授翰林編修所撰后妃功臣諸傳筆削大義獨斷于心無能議者調嘉興推官凡讞囚必脱其桎梏賜之飲食溫言和氣以探真情再調杭州判官引疾歸著有春秋集釋十卷愚泉集詩稿十卷詩說文說各一卷

邵大椿（嚴陵志）字春叟壽昌人歸領薦年十二領鄉魁赴南省不利歸益勵志明于理學歷壽昌龍游教諭主瀛菴書院山長元初士子溺于詞章之習大椿倡明理學以淑人心學者始知所趨向著有四書講義若干卷

魯淵傳詳志臣

明

張復（嚴陵志）字明善淳安人德性弘毅博通五經而尤邃于春秋郡守親聘司訓郡庠學者翕然宗之稱為書隱先生著有春秋中的一卷至今論淳安春秋者必曰吴朝陽方蒙吴魯道源張明善四先生云

洪源（萬曆嚴州府志）字子泉淳安人少知問學尤精于易洪武中以太學生授安仁學諭專以明道務實為先每謂諸生曰講學須明聞道須行毋飾外以叨虛名歷教滁州邵武福州持心如一日既卒以子瑛貴贈工部主事

鄭崇（壽昌縣志）字景各少從鄉先生鄭穎蕎明性理之學且遠宗東萊之傳邑生儒皆師事之質以經史與義口如涌泉浙江分巡魏觀延見甚加禮爲嘗嘆曰道學淵源文章富贍近代莫及也

劉侯（萬曆嚴州府志）字原道一字伯元壽昌人年十九以詩經領正德庚午鄉薦受業陽明先生學有源委嘉靖十三年提學林雲同聘主天真書院一時學者皆趨焉

洪鵠（兩浙名賢錄）字叔器壽昌人數歲父口授尚書過耳不忘稍長博綜子史百家下筆千言立就父喪哀毀肖像于室旦夕饋食如事生領正德庚午鄉薦授福建邵武教諭廣置學舍館諸生之貧者而衣食之薦擢國子助教出判鳳陽歸築室蓮谷精研理學貫通六經妙契一中之旨毅然以明道爲任士類宗之著有讀易索隱大學參義中庸通旨八詠析言等書行于世

陳瑭（萬曆嚴州府志）字良用建德人嘉靖壬午舉人與同邑俞淳從章懋游授長泰知縣有聲擢刑部主事淳授博羅訓擢鄱陽諭今祀博羅

方應時（萬曆嚴州府志）字以中遂安人銳志潛修一室紫陽之學爲諸生即請邑令復瀛山書院建志格致堂以祀文公舉孝廉則延錢塘王先生汝止登格致堂講學不輟迄今長泰祀朱子所治邑也舊有祠祀會時宰議廢守內書院是祠亦在毀中應時力請當道特疏留祀陞南繕部郎肅清積改告歸撤宗祠仍仿文公家禮刻復古維風錄瀛山書院志讀書漫興稿

温州府

宋

王景山

景山（萬曆溫州府志）初名開祖永嘉人登皇祐第不調而歸時伊洛諸儒未作景山獨能發明經蘊著儒志編曰復者性之宅無妄者誠之源又曰學者離性而言情奚情之不惡爲東嘉道學倡鄙守楊蟠立儒志坊表之學者稱儒志先生（儒志編序）先哲王氏景山舉進士以所如不合退與其徒講學所著僅存此編其言曰孟子以來道學不明吾欲述堯舜之道論文武之治杜淫邪之路闢皇極之門非有所見而能爲是言哉

周行己

行己（萬曆溫州府志）字恭叔永嘉人風儀秀整語言如鐘讀書十行俱下時尚新學行己獨往伊洛從二程子遊作顏子不貳過論伊川可之登元祐第宣和初除秘書省正字卒于鄆有文集三十卷（方輿勝覽）行己爲太學博士求便養親詔授本州教授發明中庸之旨此邦始知有伊洛之學（舊浙江通志）族孫去非爲張南軒高弟

許景衡

傳詳志臣

劉安節　劉安上

（萬曆溫州府志）安節字元承永嘉人登元符第名對便殿言東宮宜擇官屬及論奢儉與君子小人和同之異上稱善除監察御史沒謫知饒州徙宣州饒民遮道泣留謂吾饒自范文正後惟安節一人宣州大水大疫賴安節全活以萬計猾胥相戒曰神可欺公不可欺卒于官部使者表其勤民致死詔官其子誠弟安上字元禮鄉里號二劉登紹聖第徽宗稱其蘊藉有大臣體除監察御史歷官右諫議大夫中書舍人給事中終朝請大夫文安縣開國男（方輿勝覽）安節紹聖間與弟安上從程氏學俱以學行見推鄉里

戴述

（明一統志）字明仲永嘉人元符中進士嘗從程伊川求成己之學仕至臨江太守弟迅亦以文學稱

趙霄

（萬曆溫州府志）字彥昭瑞安人博學通今古十歲賦猛虎行鄉先生咸奇之少孤析產悉以讓兄入太學登崇寧第爲濟州教授導學者以篤學力行不

溫州

事事科舉東方士俗為之變名聞京師名處
碑雖李彥立一見稱為顏子官承事郎

張 輝(明一統志)永嘉人喜問學雖若儒莫能逮政和初進士官至吏部尚書敷文
閣待制(萬曆溫州府志)輝字子充自六經諸子歷代史記下至百家之說皆
辭析精微議論亹亹居喪哀毀廬墓三年有甘露降庭日從事治氣養心之術
學者從之益衆嘗摭古人行事斷以己意曰草堂語録人稱草堂先生子孝愷
字思豫力學尚節義登紹
興庚辰第終兵部架閣

林 石(明一統志)瑞安人時王安石新經盛行石獨以春秋學教授鄉閭學者稱塘
奧先生(萬曆溫州府志)石字介夫初習進士聲律既而曰古人之學不如是
也遂刻意諸經後春秋為時所禁絕意仕進躬耕養浮郡至趙
邑令朱著同訪其母或陪石游山林間所至唱和有三游集

沈 躬行(萬曆溫州府志)字彬老永嘉人始從塘奧林氏後從伊川程氏藍田呂氏
其學以中庸大學為本篤信而力行之故能卓然以聖賢為依歸平居邑
怡氣和似不能言及辨是非則毅然
不可奪從弟琪字東美亦以行義稱

蔣 元中(嘉靖浙江通志)永嘉人力學多聞元豐中作新太學與鄉人周行己等八
人皆見道超卓為四方學者矜式(溫州府志)元中著經不可使易知一論
太學刻于石紹興初郡守張勱成下車詣學口誦此論
後學益知向方自周恭叔至元中稱元豐太學九先生

鮑 若雨(萬曆溫州府志)字商霖嘗揭亭于所居之雁池扁曰敬亭值宣和方寇之
亂率鄉人捍禦有司奏功第一不受賞著有程門問答錄敬亭文集(張綱
敬亭記)商霖自永嘉來學于伊川先生勤苦
自勵早夜孜孜不舍先生門人以為畏友

謝 佃(萬曆溫州府志)字用休瑞安人游洛從伊川學永嘉洛學自許景衡始而用休
與潘旻繼之今程氏全書與伊洛淵源所載問答皆根據至理其所浮深

矣。後以賢良薦，知閩門事，卒。藩昊字子文，瑞安人，與紀芳雨、謝用休同入洛從伊川學，性資敏悟，博極羣書，隱居不仕。

陳經正（萬曆溫州府志）字貴一，平陽人。慕伊洛之學，與弟經邦、經德、經郭，永嘉紀若雨俱受業二程之門。經邦字貴新，大觀三年進士，終迪功郎，有問答見二程全書及伊洛淵源、東嘉先哲、江南文獻等錄。

湯建（嘉靖浙江通志）字達可，樂清人。于天文、地理、古今制度、考數精詳，以其學授徒，學者稱為藝堂先生。每夙興必讀易一卦，退與朋友商論，欣欣自得。年踰八十卒，有詩衍義、論語道德經解。

宋之才（東甌詩集）字廷佐，瑞安人，登宣和第。（嘉靖浙江通志）之才學于楊時，遂祖程氏學。教授京兆府，每言士負卓犖奇材，皆可入聖賢之域，惡速售耳，故深務韜養，積十八年不易初官。丁母憂，服除，入為校書郎，遷司業，擢禮部侍郎，乞去。之才性恬靜寡慾，操履潔白，難進易退，雖歷仕五十年，而居處之日居多。

丁昌期（兩浙名賢錄）永嘉人。以明經篤行師表後進，嘗作醉經堂，鄉人尊之曰經行先生。三子：寬夫三舉鄉貢，康夫舉八行，志夫登紹興進士第，俱好古力學，日侍父側，弟兄高論如師友，不為苟且，曰此理天下所共，不可為家庭式。執親喪，斥去浮屠，歲時祭享一遵古禮。

陳鵬飛（萬曆溫州府志）字少南，永嘉人。其學不為章句新說，必本人倫正論而超于深學。兩舉于鄉俱第一，登紹興第，調鄞簿，召為太學博士兼崇政殿說書，遷禮部郎。初秦檜子熺在永嘉從鵬飛學，至是為侍郎，所下文案多聽決鵬飛，每抑其後還之，熺復不平。及侍經筵，講天王來歸惠公仲子之賵，高宗忽問母以子貴何如，鵬飛以正對，謂公羊之說非是。時檜欲尊崇太母以效容悅，大怒，諷言者劾鵬飛訕議崇享典禮，謫惠州，卒。有詩書解、羅浮集十卷。

鄭伯熊（萬曆溫州府志）字景望，永嘉人。德行夙成，尤邃經學，登紹興第，歷國子司業、宗正少卿，出外以龍圖閣知寧國府，卒諡文肅。紹興末伊洛之學稍息

復于伯熊浮之弟伯英伯海皆知名由是永嘉之學宗鄭氏有鄭景望集伯英所著有歸愚翁集

鄭汝諧（兩浙名賢録）字熙績平陽人操行純固言動必謹于禮博學强記老不釋卷經史百氏器數刑名之書無所不覽時稱武庫紹興中入太學會東朝籍壽章恩封其母乃曰吾母為命婦吾復何求于是歸隱

蔡幼學 傳詳名臣

陳傅良（宋史本傳）字君舉瑞安人為文自成一家从者雲合永嘉鄭伯熊薛季宣皆以學行聞傅良師事之入太學與張栻呂祖謙友善登進士甲科教授泰州改太學録出判福州知桂陽軍除吏部員外郎輪對以周禮說十三篇上遷秘書少監兼權中書舍人帝疾稍平過重華宮明年重明節復以疾不往傅良上疏帝將從之百官班立以俟帝出至御屏后挽帝回傅良趋上引裾后叱之傅良哭于庭后益怒傅良下殿徑行寧宗即位召為中書舍人兼侍讀直學士會詔朱熹與在位宮觀傅良言熹難進易退內批之下舉朝驚愕臣不敢書行熹于是進寶文閣待制嘉泰二年授集英殿修撰進寶謨閣待制終于家謚文節著有詩解詁周禮說春秋後傳左氏章指行于世（萬曆温州府志）學者稱止齋先生子求己登科終雷州倅

戴溪（宋史本傳）字少望永嘉人有文名淳熙五年省試第一由礼部郎中凡六轉為太子詹事兼秘書監景獻太子命類易詩書春秋語孟資治通鑑各為說以進權工部尚書除文華閣學士嘉定八年致仕卒贈端明殿學士謚文端（萬曆温州府志）太子親書明經字扁其堂學者稱岷隱先生有岷隱集孫栩字文子登嘉定第為秘書郎有五經說

葉適 傳詳名臣

張淳（兩浙名賢錄）字忠父永嘉人工古文尤習冠婚喪祭古禮具器制損益考訂無遺校讐儀禮為之句讀欲考禮者必請正焉朱子通解首引用其說試特奏得初品官不出仕朝廷知其賢屢命監南嶽廟凡五任竟不食其祿人問之曰國家養賢豈俟請耶卒隱約以終

葉味道（宋史本傳）初名賀孫以字行更字知道溫州人刻志好古師事朱熹試禮部第一時偽學禁行味道對策率本程頤無所避既下第復從熹于武夷山中學禁開登嘉定十三年進士第遷宗學諭輪對言人主務學天下之福也必堅志氣以守所學謹幾微以驗所學正綱常以勵所學用忠言以充所學從臣薦味道可為講官乃授太學博士兼崇政殿說書帝疑伯有之事涉于誕味道對曰陰陽二氣之散聚雖天地不能易有死而散者其常也有不得其死而鬱結不散者其變也蓋諷皇子竑事三京用師與臣還闕交進机會之說味道進議狀以為闕遽浸潤塵援倍難洛師尋以敗聞人謂見微慮遠遷秘書著作佐郎卒所著四書說大學講義祭法宗廟郊社外傳經筵口奏故事講義（萬曆溫州府志）景定間謚文修

周端朝 傳詳名臣

陳埴（嘉靖浙江通志）字器之永嘉人從朱子于武夷所見超卓紹定間趙善湘建明道書院辟主講席四方學者從游數百人稱為潛室先生埴舉進士以通直郎致仕著有禹貢辨洪範解王制章句木鐘集

林武（萬曆溫州府志）字景文永嘉人孝友沖約博通經史朱熹講道武夷武徒步從之受中庸衣錦之旨歸扁其室曰尚絅輯平日所聞為語錄後以恩科授河池縣尉秩滿廣漕交辟不就歲歉賑及遠通子濱孫知柳州孫琦夢桂俱登科

包定（永嘉縣志）字定之治春秋書禮三經聞將菴自同安歸參于家講學白鹿洞相從論道著有中庸解疑孟子答問池州語錄

戴栩（兩浙名賢録）字文子，永嘉人。登嘉定第，遷秘書郎，為湖南安撫參議官，卒。栩少師水心葉適，得其旨要。嘗曰：詩壞于衛宏之序，春秋誤于公羊之傳，易繇于三聖繫爻彖象之互入，書失于孔壁序傳簡編之相亂，周禮特周公大約之書，當時有未必盡行者，識者是之。所著有五經說、諸子辨論、東都要略。

翁巖壽（萬曆溫州府志）字如山，初名夔，永嘉人。登淳祐第，調永州教授，以憂歸。性行純固，師陳埴，盡得微言奧義。從學日衆。嘗令人讀近思録，曰：此讀書之梯級也。又令觀言行録，曰：此為人之標準也。其學以修身勵行為務，學者尊為庶善先生。

胡子實（萬曆溫州府志）初名希孟，字醇子，永嘉人。力學不怠，于四書所得尤深。鄭滁孫、尸渠清創宗晦書院，請主教習，多士歸之。德祐末，帶行國子監簿，使明州，卒。著有詩義、習史管見。

元

史伯璿（萬曆溫州府志）字文璣，平陽人。幼嗜學，强記，博通經史及諸子百家之說，精究四書，深得朱子之旨。時說與朱子背馳者多，乃著四書管窺，以辨明之。又著管窺外編，論諸經史、天文、地理、古今制度、名物，學者傳誦焉。人勸之仕，則曰：讀書本以善身，為仕而學，豈吾志也。遂隱居終身。

繆主一（兩浙名賢録）號天隱，永嘉人。從葉味道游，博學强記，補國學生，通易、書、禮三經。賈似道蕪湖之敗，主一與同舍生伏闕上書攻之。德祐初，以疾告歸，隱居教授。晚年復目皆瞽。大德間，郡守應希憲延為郡庠經師。時初製大成樂禮器、祭服制度儀式，必諮詢之。主一諳練典故，記憶不衰，與人言亹亹無倦。年八十餘卒，有易精蘊、論學軌範、尚書說、禮記通考、天隱集。

章仕堯（萬曆溫州府志）字時雍，平陽人。通經史，深究四書，闡奧。時方尊程朱之學，仕堯研精覃思，發明傳意。嘗曰：時之治亂由于人心之邪正，心之邪正

由于學術之醇疵識者以為名言蔣先文趙次
誠等皆其弟子後進言義理之學必稱仕克云

陳剛（兩浙名賢錄）字公潛平陽人受業胡石塘之門晝夜研索遂通易詩書三經
旨要嘗著五經問難四書通辯渾天儀說歷代官制說禹貢洪範手鈔文章
學西京詩賦效魏晋父母皆八十孝養至篤教
授弟子堂上之席嘗滿鄉里皆稱曰潛齋先生

明

季應期（東甌集傳）字均餞號耻菴又號菌翁瑞安人（萬曆溫州府志）少穎悟受春
秋于高則誠既而潛閉關全書讀之于天道性命之微古今事物之理靡
不究嘗曰窮經以致其用反躬以踐其實不如是讀
書奚益洪武中以明經薦未幾告老歸年八十三卒

王淵（兩浙名賢錄）字如淵永嘉人景山九世孫通詩書二經洪武三年舉進士以
疾告歸淵性急直毅然以作興後學為己任負而來學者輒以衣粮資給之
所著有詩書
題斷蓮塘稿

徐興祖（萬曆溫州府志）字宗起平陽人受學于史文璣明易詩書三經洪武壬子
鄉舉授溫州府學教授以性理之學教導諸生咸尊之曰横陽先生其門
人張文選字士銓永嘉人永樂丙戌進
士選庶吉士著有易經講義四書訓解

葉挺（萬曆溫州府志）字允晦永嘉人穎悟絶人聞方祖安徐裕軒得理學于蒼巖
師事之遂達性命之奧正統間郎以明經薦力辭隱居教授所著有理氣圖
說學庸訓詩文遺
稿鄉稱尚志先生

王叔杲（分省人物考）字育德永嘉人嘉靖庚戌進士授兵部職方主事累遷湖廣
右參議擢廣東按察司副使歸里遂杜門不復出既感脾疾就秋若痳熟

者藏之逝矣年七十三著有永嘉志半山藏稿（萬曆溫州府志）叔果潛修苦志無一日去書所尚精者六經性理之學嘗輯象山語略明其非禪取晦翁晚年之論不相二者合為一錄又以陽明先生指心之良知是為聖欲學者惺惺不昧以明乎晝夜之道觀察胡直考功中旋中丞耿定向相與約會論學共推以為淂曾際云

國朝

史尊朱（鄉賢留祀冊）業清人七歲通孝經十二補弟子員食餼貢成均天性孝友操履端方步趨先民律度㮣俗學不知修己之要立德之本乃作學則圖說并著有孝經刊誤註解讀書淺解及史論太極圖說解與夫發明大學中庸易象詩禮性理等書

處州府

宋

龔原（東都事略）字深父遂昌人舉進士哲宗即位為國子監丞遷太常博士會議秦悼王之後應襲封者原曰秦王嫡絕立庶自合禮令議夏至親祀北郊原曰合祭非禮也加秘閣校理出為兩浙轉運判官紹聖初召為國子司業改起居舍人以集賢殿修撰知潤州徽宗即位入為秘書監遷給事中出知揚州召為工部侍郎移兵部除寶文閣待制陳瓘彈蔡京原坐與瓘友善落職和州居住起知亳州命下而卒原力學以經術有文集七十卷易傳春秋解論語孟子解各十卷（括蒼彙紀）嘗謫和州金人觔據吳子輯平家僮往龔遂死之

周南（括蒼彙紀）字南仲遂昌人壯歲來書游四方建炎初見李易作狀元遂無意仕進受湯子醇忘筌書以歸其論易由靜極生動乾生于坤因歸其說于坤

之六二大抵皆祖忘筌而暗合于歸藏自謂知常變時人稱為知常先生

潘景憲（括蒼彙紀）字叔度松陽人以童子中禮部選入太學同呂伯恭擢進士以己學不及遂師事之因與朱子友善中婚姻之好及卒朱子為撰祭文墓銘謂其躬行之效內則孝弟著于家外則仁義信于友而竟不能隨世俯仰一日致身于仕路云

應恕（台學源流）字仁仲號良齋括蒼人朱子嘗以老友呼之具所與論學一論大學中庸一論禮書二論易本義且云尚恨聞見淺薄望詳賜誨諭勿使有待于後世子雲也雖朱子之謙光成受亦恕素學有足取重者如此杜清獻曰吾鄉故多士而闡義理之淵源實自仁仲始

陳葵（括蒼彙紀）字叔向青田人自少篤學至老不倦舉隆興進士知平陽縣居官廉介師事魏益之因教以盡棄所懷獨立于物之表未久忽大悟洪纖大小高下曲直若有見焉又嘗自言用功益難進道愈遠古人今人皆未可輕議朱子每重其學術士有志者必使往從之曰可以寡過也又與其子在書曰過青田不可不見陳叔向

王光祖（括蒼彙紀）字文季松陽人官大理評事精于理學朱文公提舉時巡邑之福安僧舍文季拱立規章如太極狀公異之曰王子胸中自有太極斷以傳注質之文季曰公注中庸不使游長于隱微之中愚意當加潛豬二字公深然之後寄孫竹湖書曰吾到括此得友王文季一人而已

林椅（兩浙名賢錄）字奇卿麗水人登紹熙進士淹貫經術而于周禮尤精以周禮為周公經世之書凡民極所由立日用之常誠為之必要不區別纖悉畢備乃隨類條列之名曰周禮綱目間紹興府教授時論材學士接餘礼部尚書倪思表其所著進奏除刑工二部架閣

劉炎（括蒼彙紀）字子宜松陽人少侍父兆齋先生習聞庭訓專事程朱之學因慶元黨籍隱而不仕從真文忠遊著劉子邇言十二卷

處州

梁椅(兩浙名賢錄)字子奇麗水人登嘉熙進士第早脫場屋遂潛心講貫肆力為文脫年纂程朱之學編輯遺論名曰論語翼除太常寺丞推礼部郎官

王道深(崇禎處州府志)松陽人隱居力學究極性命之理朱晦菴見之與語大悅又有葉符叔亦嗜理學嘗請晦菴書敬齋箴以贈之

尹起莘(明一統志)遂昌人隱居不仕學問該洽嘗著資治通鑑綱目發明五十九卷行世(括蒼彙紀)字耕道魏了翁稱其深得文公之意

羊永德(括蒼彙紀)縉雲人師呂成公著春秋發微由進士終奉議郎徽州通判子哲師成公之子伯愚問學該博才思深遠著指南集

葉季韶(崇禎處州府志)字承之縉雲人舉進士授臨安教授以疾辭歸執經呂東萊之門明性理之學吟嘯自適有蘭谷集

詹介(括蒼彙紀)字敬夫縉雲人朱文公高弟薦于朝官儒林郎總領所幹官學者稱玉淵先生

陳邦衡(括蒼彙紀)字伯明縉雲人隱居教授作式鄉邦同弟邦鑰師朱子窮性理之學

項漫(崇禎處州府志)字吉甫松陽人嘗從慈湖楊先生學一日先生問曰學而時習作如何說漫倉卒無以對但云三日不讀口生荊棘先生撫几嘆曰正是此說漫由是警悟學業益進晚年有薦之朝者以白衣授校書郎隱居不仕自號耕樂

鄭克寬(括蒼彙紀)字伯厚遂安人遊松陽幾年就項平甫浮閒朱子之學由進士授嚴陵郎博士積階至朝議大夫學士

王夢松(括蒼彙紀)字曼卿青田人篤志好學隱居不仕著礼記解學者稱為慎齋先生(舊浙江通志)夢松嘗曰學以躬行為本徒知無益指孟子四端即舜為道心之微每于此心萌動處下功夫主敬以存養之師事葉師道造就學者皆有成驗

蔣世珍(崇禎處州府志)字君聘縉雲人嘗從陳潜室先生遊開慶元年進士官從仕郎歷鎮江建德溫州教授學者宗之

吳梅（括蒼彙紀）字仁伯，麗水人。師事北山何基，教以真實堅苦，著四書發揮，恭質于魯齋王柏。任浦江縣尉，後改錢塘。

李致平（括蒼彙紀）青田人。治詩書易傳，會其要領，著精覽歸一圖解。

元

鄭滁孫　鄭陶孫（元史本傳）滁孫字景歐，處州人。至元三十年以薦名授集賢直學士，陞學士，乞致仕，歸田里。所著有大易法象通贊、周易記玩等書。弟陶孫字景潛，世祖徵至闕，奏對稱旨，授翰林國史院編修官，陞應奉翰林文字，出為江西儒學提舉。滁孫兄弟在當時最號博洽，儒學之士翕然推之。

樊萬（括蒼彙紀）字萬里，縉雲人。嘗執經金華王柏之門。元初為滁州教授，入為應奉翰林文字，終江浙儒學提舉。

王文煥（括蒼彙紀）松陽人，一名子敬，字叔恭。夙承家學，取孔孟諸儒緒言，研極精微，著道學發明、大學發明、中庸孟子解及心鏡圖、治心銘。諸作以心為明鏡，毋自欺為萃物，畏敬怨咒克復省察為工夫，學者稱西山先生。

李仁壽（括蒼彙紀）字山甫，龍泉人。元末用薦教諭慈溪，徹通祖新祀，啟祠黃震于學宮。遷松陽教諭，郡守請定鄉飲酒禮，斟酌古今定為儀注。陞濂溪山長，轉婺州教授，不赴。治易詩書春秋，學者稱為四經先生。著有春谷讀書記、易詩書春秋四書衍義、四書質義、詩林鈎元、弓冶錄遺兵發解存、春谷集行于世。

明

王毅　傳詳忠臣

王廉（崇禎處州府志）字希陽，麗水人。博通五經，尤精于易。洪武初薦入翰林修史，書成，授太子說書，官至陝西左布政使。所著有交山集、迂論、史纂、南征錄四

書詳說又善琴製風木吟
書宗韓擇木蕙精篆錄

朱維嘉（括蒼彙紀）縉雲人為盧龍丞有政績遷國子助教早從
鄱陽朱公遷學有源委為時名儒著有素履集十卷

葉子奇（兩浙名賢錄）字世傑龍泉人至正庚寅以薦試方州中第四人退隱不仕
明初浙江行中書省以學行薦起試高等授巴州巴陵簿尋致仕卒子奇
少穎悟壯遊王剛叔門聞理一分殊之旨乃知聖賢之學不貴
多聞以靜為主因自號曰靜齋所著有範通元理草木子等書

包瑜（兩浙名賢錄）字希賢青田人篤學力行言動皆以聖賢為法由舉人任教諭
淮王聞具賢修書幣聘進講歘稱先生著通鑑事類一百二十卷左傳事類
四十卷王命工肖瑜像贊曰見道之真履道之正咳唾古今落摩賢
聖傳讖經蒐四部熙諫衣冠肅如後學企歎居七年告歸撰述甚多

何熹（兩浙名賢錄）字思仁麗水人自志學即毅然以聖賢自期洞究性命本原以
鄉薦授新喻教諭教人務底實用士多成材聘主湖廣鄉試稱得人會信豐
以寬仁為理民常見思著有四書集義春秋
至意紓嘯東皋篇滄螺錄青桂軒集若干卷

盧璣（兩浙名賢錄）字舜用松陽人家貧力學天順甲申進士工疏請正宮闈名分
及閹寺蠱惑言甚剴切疏入不報未幾浸詆權奸謫戍銅鼓益勵志理學辨
論古今未定之說闡元劉謐三教平心論作負字補
遺十卷其圖說深得聖賢之旨孝宗詔起之已卒

黃灝（括蒼彙紀）字季康遂昌人博學自淑不樂仕進嘗語人曰為學大綱
在慎徽五典而已有慎徽遺稿言多篤要門人私謚為慎徽先生

鄭逵（括蒼彙紀）字逵正遂昌人志高行峻從松學盧璣學粹然一出于正為文務
期實用為常州訓導教人忘倦移疾歸讀書自樂足未嘗至公府所著有圖
學蒙談理氣管見
鄉黨須知諸書

卷七終

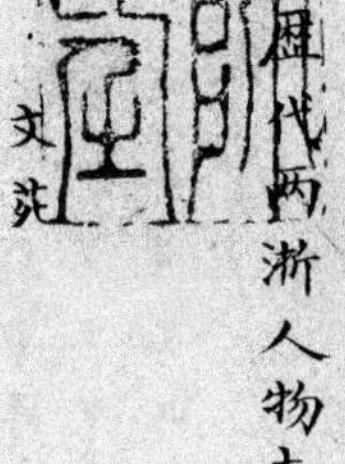

歷代兩浙人物志卷八

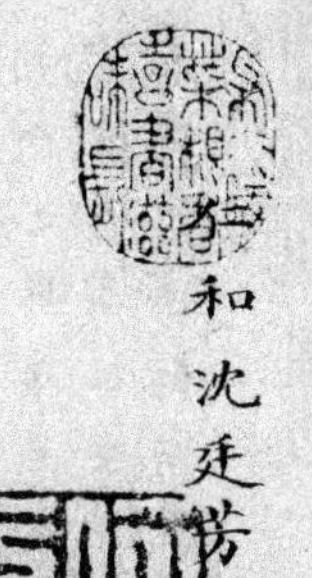

和沈廷芳椒園

文苑

杭州府

三國吳

孫桓（三國吳志本傳）字叔武河之子年二十五拜安東中郎將以功封丹徒侯（注）桓儀容端正器懷聰朗博學強記能論議應對權嘗稱為宗室顏淵

孫瑜（三國吳志本傳）堅弟靜子瑜字仲異以恭義校尉始領兵衆建安九年領丹陽太守十一年遷奮威將軍領郡如故自溧陽徙屯牛渚濟陰人馬普篤學好古瑜厚禮之使將吏子弟數百人就受業遂立學官臨饗講肄是時諸將以軍務為事而瑜好樂墳典雖在戎旅誦聲不絕

孫丞（三國志注）桓弟俊俊子慎慎子丞字顯世好古有文章作螢文賦行于世為黃門侍郎與顧榮俱為侍臣歸命世常使二人記事丞答顧問乃下詔曰自今以後用侍郎皆當如今宗室丞顧榮儔也吳平赴洛為范陽涿令甚有稱績

晉

孫惠（晉書本傳）字德施富陽人口訥好學有才識寓居蕭沛之間東海王越以為記室參軍專掌文疏預參謀議補司空從事中郎越誅周穆等夜召參軍王虞造表數紙不成時惠不在越歎曰孫中郎在表久成矣越遷太傅以惠為軍諮祭酒每造書檄或駐馬倚之應命立成皆有文采

褚陶（晉書本傳）字季雅，錢唐人。弱不好弄，清淡閑默，以墳典自娛。年十二，作鷗鳥、水碓二賦，見者奇之。陶嘗謂所親曰：聖賢備在黃卷中，捨此何求？吳平，召補尚書郎。張華見之，謂陸機曰：君兄弟龍躍雲津，顧彥先鳳鳴朝陽，謂東南之寶已盡，不意復見褚生。故知延門之德不孤，川嶽之寶不匱。遷九真太守，轉中尉。

南北朝

宋廣之（咸淳臨安志）字處深，錢唐人。善清言，初頗欲著三名論以正四本之失，尚書劉澄、臨川王常侍宋廣之並立論難，與之往復，而廣之才理尤精詣。

朱异（梁書本傳）字彥和，錢唐人。年七歲，外祖顧歡謂此兒非常器。既折節從師，遍治五經，尤明禮易，涉獵文史，兼通雜藝，博奕書算，皆其所長。年二十，詣都，尚書令沈約面試之，因戲曰：年少何乃不廉？異未達其旨。約曰：天下文義棊書，卿一時將去，可謂不廉也。尋以明山賓薦，高祖召見，使說孝經周易義，甚悅之，謂左右曰：朱異實異。召直西省，俄兼太學博士。自周捨卒後，代掌機謀，朝儀國典，詔誥敕書，並兼掌之。每四方表疏，當局簿領，諮詢詳斷，填委于前，異屬詞落紙，覽事下議，縱橫敏贍，不暫停筆，須臾之間，諸事便了。所撰禮易講疏及儀注、文集百餘篇。（唐類函）梁武帝曰：朱異器宇淵深，神表峰峻，金山萬丈，緣陟難登，玉海千尋，窺映莫測。

杜之偉（陳書本傳）字子大，錢唐人。幼精敏，有逸才，十五徧觀文史及儀禮故事，時輩稱其早成。僕射徐勉見其文，重其有筆力，乃啓補東宮學士，與劉陟等鈔撰羣書，各為題目，所撰富教、政道二篇，之偉為序。尋除太學博士。皇太子釋奠于國學，時樂府無孔子、顏子登歌詞，令之偉製其文，伶人傳習，以為故事。之偉年位甚卑，特以強識俊才，頗有名當世。陳高祖受禪，除大中大夫，仍敕撰梁史。永定三年卒。之偉為文，不尚浮華，而溫雅博贍，所製多遺失，存者十七卷。

唐

褚亮（唐書本傳）字希明，錢塘人，少警敏，一目輒志，年十八，詣僕射徐陵、陵與語異之，後主召見，使賦詩，江總諸詞人在席，咸服其工，累遷尚書殿中侍郎。入隋，為東宮學士，遷太常博士。貞觀中，累遷散騎常侍，封陽翟縣侯，卒年八十八，謚曰康。初，太宗作文學館，以亮與杜如晦等十八人並為學士，命閻立本圖像，使亮為之贊，題名字爵里，號十八學士。當時在選中者，天下所嚮慕，謂之登瀛洲。子遂良。

凌準（柳宗元凌君權厝志）富陽凌君字宗一，以孝弟聞，才具鄉，讀書為文章，著後漢春秋二十餘萬言，又著六經解圍，又文集未就，有謀略，尚氣節。年二十，以書干丞相，丞相以聞，試具文，日萬言，擢為崇文館校書郎，遷侍御史、浙東廉使判官，多為翰林學士，遂為尚書，仍以文章侍從，以連累出知和州，降連州，以沒。

孫彊（萬曆杭州府志）富春人，因碩野王玉篇增字三十卷，為大廣益會玉篇，大概本說文云。

袁不約（成化杭州府志）字還朴，新城人，登長慶三年進士，又試平判入等，仕至職方員外郎，有集一卷。羅隱撰新城築城記有云：天下無事，吾鄉則有凌準、吳降、袁不約以文學進。

五代

羅隱（十國春秋）字昭諫，新城人，本名橫，貌寢陋，凡十上不中第，遂更今名。能詩，與族人虬、鄴齊稱，時人謂之三羅。初寓池州梅根浦，因自號江東生。從事湖南，歷淮潤諸鎮，多鉏鋙不合，久之歸杭州，謁武肅王，以所為夏口詩標卷首，王覽大加殊遇。王初授鎮海節度使，令沈崧草謝表，成以示隱，隱為更其略，朝廷見之曰：必羅隱詞也。梁既篡唐，遣武肅王吳越兩國，且以諫議大夫名隱，隱不行，而請舉兵討梁，王不能用，然心竊義之，待隱日隆。一日寢疾，王親臨撫問，因題詩于壁，隱為續末二句。幕紅紗千工，以志恩遇。為累官鹽鐵發運使、著作佐郎、司勳郎中，遷諫議大夫、給事中，卒年七十七。隱為文章多氣力，而性傲睨，嘗值

韋昭範于舟次隱直呼舟子曰是何朝官我鄉閭夾筆可數詩數韋昭範惆悵
卒以此沮之有吳越掌記集三卷江南甲乙集十卷江東後集三卷湘南應用
三卷靈璧子兩同書十篇又有讒書
五卷淮海寓言七卷多散失不傳

宋

錢惟演（兩浙名賢録）字希聖俶之子幼有俊才從俶歸朝為右屯衛將軍博學能
文詞召試學士院以笏起草立就真宗稱善改太僕少卿獻咸平聖政録樞密
命直祕閣預修冊府元龜大中祥符八年擢知制誥翰林學士累遷兵部樞密
使除大名軍節度使知河南加同平章事判許州改鎮崇信卒謚文僖惟演出于
勳貴文章清麗名與楊億劉筠相上下于書無不讀嘗曰學士備顧問不可不
該博故其家聚書侔于祕府所著有典懿集樞庭擢筆前後集金坡遺事録飛
白書叙録逢辰録奉
藩書事諸書行于世

錢藻（東都事略）字淳老吳越王後倎之子也舉說書進士又舉賢良方正為祕書
校理三上書請慈聖光獻太后歸政天子神宗時累擢知制誥直學士院除
樞密直學士知開封府遷翰林侍讀學士元豐五年卒藻刻厲為學于書無所
不究其見于文詞閎放雋偉常出衆上名動一時為人清謹寡過立朝無矯亢
亦無雷同人
稱其長者

盛度（東都事略）字公量餘杭人舉進士積遷至直史館三司戶部判官奉使陝西
參覽漢唐故地繪為西域圖〻漢所置酒泉張掖武威燉煌金城五郡復究
尋五郡之東南自秦築長城西起臨洮東至遼碣延袤萬里繪其山川道路區
聚壁壘為河西隴右圖以獻擢翰林學士史館修撰嘗請復賢良方正科又請
建四科以取士尋授丞旨兼端明殿學士翰林侍讀學士景祐二年拜參知政
事尋罷知蔡州應天府以太子少傅致仕卒謚文肅度好學家居讀書未嘗釋

手真宗嘗命與李宗諤楊億王曾石中立同編通典文苑英華所著有愚谷集中書制集銀臺集翰林制集

强至（萬曆杭州府志）字幾聖杭州吳山里人少有志節問學至忘寒暑鄉試為舉首賦出四方皆傳誦之慶曆六年登進士第素受知于韓琦琦鎮相韓嘗引至自助琦為詩遍和賓客獨至詩思致逸發不可追躡琦上奏及他書皆至屬稿琦亡不敢青苗神宗閱其奏曰此必强至之文也琦數薦充館閣未及用而卒官至祠部員外郎有文集二十卷曾鞏為之序謂其文簡古不少貶以狥俗

吳銳（成化杭州府志）餘杭人登進士重定切韻進于朝後為史館校勘與郊雍校勘五篇

元絳（東都事略）字厚之錢塘人舉進士擢高等殿試被黜復舉進士中第為著作佐郎累擢江西轉運使儂智高反嶺南以絳為廣東轉運使逮瀕江水砦數十以待遽寇繕治十五城樓堞器械皆備軍食有餘以功遷累拜龍圖閣直學士知鄆州召為翰林學士絳無特操然甚工于文詞名流皆推許之拜三司尋參知政事坐子耆寧黜知穎州致仕卒謚章簡有文集四十卷

謝景溫（成化杭州府志）字師直景初弟方總角時錢惟演見之曰此兒舉措不凡若非龍駒應是鳳雛後當作黑頭公矣起斷令通判累除刑部尚書博學洽聞歷事四朝為時文師與范仲淹歐陽修王安石相友善

吳天秩（成化杭州府志）字平甫杭州人勤苦該洽學者多從之資復恬退不嗜榮利杜門著書粹茹自適若幾二十年後以郊恩授大庾尉調澤翠到官逾年歿有文集五十卷

沈遼（宋史本傳）字睿達錢塘人幼挺拔不羣長而好學尚友傲睨一世讀左氏班固書小摹倣之輒近似乃鋤植穫拾自成一家趣操高奧飄飄然有物外意

熙寧初為西院主簿竝受知于王安石至當國吏張法令違與之議論寖咈意日益見疎于是罷去久之監杭州軍資庫攝華亭縣他使者達有所憾文致其罪下獄流永州從池州既至池得九華秋浦玩其林泉喜曰使我自擇不過爾爾即築室于齊山之上名曰雲巢志謝棄少習杜門隱几間作為文雄奇峭麗尤長于歌詩蘇軾曾鞏黃庭堅皆與唱酬相往來然竟不復起

孫逢吉（富陽縣志）字彥同博學多文習于典故元祐間撰職官分紀五十卷

周邦彥（宋史本傳）字美成錢塘人疎雋少檢而博涉百家之書元豐初游京師獻汴都賦餘萬言神宗異之命侍臣讀于邇英閣自太學諸生一命為正居五歲不遷益盡力于詞章出知溧水還為國子主簿哲宗召對使誦前賦除祕書省正字歷知明州順昌府處州卒邦彥好音樂能自度曲製樂府長短句詞韻清蔚傳于世

趙筆（咸淳臨安志）字子固錢塘人乾道八年進士嘗奉使金〻主問皇帝清閒下民賦非所作爭欵服其文學從游者甚眾號西林先生慶元禁為學輩以祕閣修撰知揚州入黨籍云

趙汝讜（咸淳臨安志）字蹈中汝談之弟以祖蔭補承務郎韓侂胄逐趙汝愚汝讜上書乞留汝愚新侂胄生是廢斥者十年後登嘉定元年進士第除太社令累遷湖南漕知溫州卒于郡汝讜自號懶菴英悟穎特與汝談稱二趙葉適謂其韓篇杜筆高出于時晚愛韋蘇州詩其在潭以詩寄適說者謂如高漸離擊筑過市云

楊均（海寧縣志）咸淳間人工文詞邑令吳由修海昌圖經均實秉筆書成十卷又著先賢錄以表邑先輩之名蹟建廟備祭樂章亦均所作也

周密本湖州人其祖泗水潛夫著以湖有雲溪四水交流因以自名也考劉源文鈔云密與杭州楊大受有連大受知王之孫密依之遂指其第之西偏以居密故密亦為錢塘人

張雯（錢塘縣志）字子昭其先浚儀人南渡居錢塘力學嗜書尤精律呂宋亡故宮老校猶有存者從之問宋遺事或得其詳所著書曰繼潛録書畫補遺墨記子田亦工文詞田子首從宋濂學所為詩文精麗有法尤長于南詞新聲

汪元量（錢塘縣志）字大有為詩感慨有氣節嘗以善琴受知紹陵宋亡從三宮北去留燕甚久時故宮人王清惠張瓊英皆善詩相見輒其涕泣或至文々山銀鐺所作拘幽十操文山倚歌和之元祖聞其名召入鼓琴一再行乞為黃冠歸錢塘既歸往來匡廬彭蠡間莫測其去留之跡自號水雲子有水雲集目奉使出疆三宮去國所歷故都遺跡可喜可愕可歌可泣者皆收拾于詩劉辰翁馬廷鸞目為詩史

元

周密（萬曆杭州府志）字公謹錢塘人宋寶祐間為義烏令入元不仕自號泗水潛夫詩極典雅善畫得意輙自題其上著有武林舊事齊東野語癸辛雜志

葉廣居（成化杭州府志）字居仲仁和人天資超邁才力絶人為古文詩詞下筆若有神助仕至浙江儒學副提舉所著有自得齋集

吳復（富陽縣志）號雲槎少落拓不羈中年折節讀書晚游湖海間見聞益博善樂府歌詩受業楊維禎維禎嘗稱其詩如雲歸沙嶼白日出水城黃蓋盛唐之選也所著有雲槎集十卷

白珽（宋濂白珽墓誌）字廷玉本四明舒少度遺腹子錢塘白嘽育以為嗣八歲能賦詩十三為科舉業有聲場屋間客授藏書之家晝繕夜誦燈檠花穴帽不知也李蘭撫起之授太平儒學正轉常州學教授陞浙江等處儒學副提舉秩滿署淮東鹽場大使遷蘭溪州判官所居西湖有泉自天竺來特曰湛淵因以自號卒年八十一珽自幼至老無一日廢問學長于詩文戴表元謂其注波五經之源披條百氏之畹劉辰翁又言其蒼然者不惟極塵外之趣兼有雲山部

復之音皆雅論也

仇遠（兩浙名賢録）字仁近，自號近村，又稱山村。（西湖游覽志）元初為溧陽州教授。工詩文，游其門者若張雨、張翥、莫維賢皆有名當時。所著有山村集、批注唐百家詩選。

馮士頤（富陽縣志）少倜儻，能文章，作詩風格清峻，與吳復齋名。

凌緯（成化杭州府志）字景文，昌化人。篤學能文，大德中以才薦為雪江書院山長。尋棄去，著唐山紀事、董子雅言、壽者録、冰室集、事偶韻語等書。年九十三卒。邑令表之曰康德先生。

徐夢吉（於潛縣志）好學工文，早舉茂才，授傳貽書院山長，歷常熟儒學教授。詩得家傳，有琴餘雜言行于世。晚號曉山中人。

盛明叟（昌化縣志）邑南峽川人，以文學鳴，築蒙齋讀書，因以自號。工文詞，有凍蠅說、雪說、蔬藏子傳，為士大夫所稱。仕終甌寧縣丞。

盧浩（萬曆杭州府志）錢塘人，好古博學，其為詩如不經心，天然超詣，流輩罕及。

錢惟善（宋濂尊楊維楨傳）錢塘錢惟善字思復，至正元年省試羅刹江賦，時鎖院三千人，獨惟善據枚乘七發辨錢塘江為曲江，由是得名，號曲江居士。官副提舉。張士誠據吳，遂不仕。

吳福孫（黃溍吳福孫墓誌）字子善，杭州人。強學好修，未冠用薦舉補嘉興路學録，遷寧國學正。名流雅望若戴帥初、仇仁近、胡汲仲、鄧善之，莫不折行輩與之均禮。趙文敏孟頫以善書聞天下，福孫得其楷法，兼工篆籀，文敏亟稱許之。至治二年以教官借授潮州青洋山巡檢，攝縣事，獲盜之逋誅者八人，脫平民被誣于盜者若干人而獲其真盜至順二年赴選集京師以所作小楷工進因得召見將用為閣職有沮之者至元二年調常州儒學教授改澉浦務稅使陞授上海主簿卒福孫明敏豪邁自儒釋老氏至岐黃紀勝之書無不讀其書篆施于金石為尤宜奉贄幣求之者無虛日著有清容軒手鈔樂善齋集古文韻選若干卷古印文一卷

葉森（萬曆杭州府志）字景修錢塘人早從吾衍遊古文歌詩咸有法則所著有瓦釜鳴集

楊燾（成化杭州府志）字彥常錢塘人登進士第官至翰林學士以古詩文見重于臺閣工篆隸真楷張伯雨負詞翰名無自以為不及

莫維賢（萬曆杭州府志）字景行錢塘人好學能詩雅尚標致築別業于靈隱天竺間遠屋栽杏號曰杏園日與騷人墨客游詠其中列二十一題時人比之輞川所著有廣莫子稿

明

梁建中（萬曆杭州府志）錢塘人早嗜伊洛之學復有志于文詞下筆滔滔數百言皆典雅成一家言金華宋濂序其文

淩雲翰（萬曆杭州府志）字彥翀仁和人博通經史工詞章領至正十九年鄉薦除學正不赴作梅詞霜天曉角一百首柳詞柳梢青一百首號梅柳爭春韻調俱美洪武初舉杭州府學訓導陞成都府學教授所著有柘軒集

王洪（朱彝尊王洪傳）字希範錢塘人八歲能文洪武十三年中進士除行人遷吏科給事中改翰林院檢討會修永樂大典充副總裁官歷修撰侍講尋左遷禮部儀制司主事尚書呂震巡陝西部務多決于洪帝奇其才詔作佛曲序洪難之為同官所擠不進用得末疾以卒洪敏于才在翰林時屬國以方物貢者

不絶麒麟白澤鵕虞芝草醴泉凡有歌頌以命洪洪輒立就與解縉

王偁王璡王達號東南五才子偁最自負獨推重洪不敢與齒

瞿佑（萬曆杭州府志）字宗吉錢塘人學博才贍年十四鄉人張彥復命賦鷄詩美

甚遂有名洪武中以薦累遷周府右長史永樂間詩禍作編管保安久之釋

歸復原職内閣辦事年八十七卒所著有春秋貫

珠詩經正葩閱史管見鼓吹續音存齋詩集行世

平顯（兩浙名賢録）字仲微仁和人博學多聞風流醞藉詩文皆有

典則書法深穩可尚黔國沐公辟爲教讀所著有松雨齋集

馬洪（列朝詩集傳）字浩瀾仁和人善詩味而詞調尤工皓首韋布含吐珠玉褎然

若貴介王孫也其詞有花影集自謂四十餘年僅得百篇又有和曹克寶游

仙詩百首一

時盛傳之

白范（成化杭州府志）字以中錢塘人才敏學贍

詩格清奇仕至黄州府同知著有虛室集

桂衡（萬曆杭州府志）字孟平仁和人博學能文詩極濃麗每一篇出

人競傳録洪武中爲錢塘訓導轉郡府奉祀所著有紫薇稿

劉儼（明詩綜傳）字敬思錢塘人元末隱居西湖明

初徵入修禮樂書授廣東市舶司有精隱集

高得暘（錢塘縣志）字孟升洪武間以文學薦歷高州府學教授永樂初名爲宗人

府經歷纂修大典爲副總裁進講春宫博學洽聞詩文純雅名重一時著

節菴集姚廣孝嘗稱其詩韶濩洪奏納組雜陳江

漢奔流曲折千里而不可遏洵一代之奇作云

胡奎（兩浙名賢録）字虛白海寧人博貫經史尤長于詩以薦爲府教授嘗過望湖

亭和東坡詩書于壁間有老人覩之曰六百年來無此作矣君非斗南先生

耶言訖忽不見故

人稱爲斗南先生

朱祚（海寧縣志）字永年洪武中有神童之目起家楷書科試事詹事府歷永樂洪熙宣德三朝皆以詞賦被賞累官翰林修撰尚寶少卿有雪崖集行于世

王綮（錢塘縣志）字希仁永樂中以乙榜進士歷淮府長史至宣德朝官太僕寺卿致仕綮天才敏捷為文不屬稿數千言立就有西漢氣骨立朝五十餘年聲實最著

周昉（萬曆杭州府志）字元亮讀書樂道恒以古人自期詩文典雅作小楷得晉人筆意所述有西崦稿

蘇平　蘇正（兩浙名賢録）平字秉衡海昌人性穎悟意氣疎傲永樂間以賢良方正薦不就放情山水間著有雪溪詩集弟正字秉貞工詩文與兄遨遊名士間時稱吳下十才子而平正兄弟與焉張楷寄詩有云浙詩門徑未荒蕪獨賴芟除有二蘇其推重如此所著有雲壑集

劉泰（萬曆杭州府志）字士亨錢塘人負奇志特立不羣景泰天順間居武林城中好學篤行肆其餘力于詩精麗奇偉為一時絶唱每一篇出則競相傳誦南北之士來客江左者必得泰一詩以取重鄉里云所著有菊莊晚香雪餘倡和諸集

劉英　傳詳隱逸

張輿（成化杭州府志）字行中弟軫字行素仁和人兄弟皆明經善詩文行中上書闕下授刑曹主事行素兩領鄉薦終臨淄幕官有聯珠集行于世

董鏞（成化杭州府志）字孟聲仁和人永樂初進士入翰林授文學官久之薦知永豐縣有學行詩文和平類其為人文集凡三卷

徐伯齡（萬曆杭州府志）字延之錢塘人博學强記洞曉音律尤工樂府嘗雜集甆甌數十枚考其音之中度者奏曲一章俄頃而協所集有蟫精雋二十卷

莫璠（萬曆杭州府志）字仲璵錢塘人居西湖與劉泰為詩酒友讀史三篇慨然慕謝安石文文山謝疊山之為人意氣橫發音節悲壯有古烈丈夫之風

沈宣（兩浙名賢録）字明德，仁和人。由歲貢官安慶府學訓導。鋭意攻古文詞，尤長于詩，下筆立就，多驚人語。晚節好畫山水，頗自珍，不輕點筆，世亦以此珍之。

賀棨（成化杭州府志）字師桓，錢塘人。世以醫名，至棨博綜經史百家言，喜論當世之務，娓娓可聽。詩文古澹而存理趣。家藏古書函彝器之屬，且善鑒賞，經目輒定真贋。所著有存齋稿。

王猷（萬曆杭州府志）字維臣，仁和人。景泰辛未進士，時猶未娶也。授編修，與修寰宇通志、續宋元通鑑綱目。歷陞少詹事兼學士。皇太子出閣，日侍講讀。與修文華大訓成，陞太常卿，仍兼學士。猷美風神，善詞令，天才逸邁，文思贍韻。在翰林垂二十餘年，不得大用而卒，人咸惜之。謚襄敏。

張寧 傳詳名臣

吳瓚（萬曆杭州府志）字器之，仁和人。弘治庚戌進士，授弋陽令，調永新，知南通州。兩月乞休。性好吟咏，多撰述，考求遺聞，作武林紀事八卷。卒年九十餘。

張文宿（分省人物考）字拱辰，仁和人。賦性奇偉，風儀玉立。每以時藝輒歎曰：今何不古哉！遂獵秦漢盛唐諸名家書，攻古文詞詩賦，由是籠罩庸前。正德癸酉薦于鄉，屢試南宮不第。釋褐晉江令，遭讒落職，就西湖傍築一小樓，湖中置一舫，與郎中沈青門、方十洲輩結為詩社，遇良辰輒登樓放舟，賦詩作會。其詞華沉著，不為浮綺，為一時取宗。

郎瑛（仁和縣志）字仁寶。生有異質，淡于進取。督學惜其才，欲推轂之，卒謝不出。家藏書史雜家言甚盛，日危坐諷讀其中，攬要咀華，剖瑕指纇，辨同異得失。著書凡數種。寧藩邀志始萌，瑛先以為憂，及聞陽明在贛，喜曰：豎子不足平矣。事母孝，有疾，再刲股，再愈。所著有萃忠録二卷、青史衮鉞六十卷、七修類藁五十

吴昂（萬曆杭州府志）字維新錢塘人正德丁丑進士授臨淮令以辦治稱屬武宗
南巡有權貴人先驅橫索昂不饜權貴人意遂見慎詬因呼挺挺吴令昂銑
身先吏民當之吏民爭前衛昂反擊傷權貴人事聞逮繫詔獄嘉靖初得釋復
原治所徵為南刑部主事轉兵部以艱歸遂不出昂伉屬守高雅然負氣既令
臨淮以直節顯益務為危言侃侃無婞阿態沉涵六籍旁覽百氏為文宗法西
京出入遷固大家自劉向揚雄而下意謂弗屑也與海昌許相卿友善文亦相
伯仲所著有泉
亭文集若干卷

董淞（兩浙名賢録）字子壬海寧人故饒于貲而擐視家産喜賑施慕賢達于書無
所不窺尤好先秦西京乎覩晋以下不足學時經藝程文行天下淞居校中
一簡不畜也用是試輙絀弘治中以薦應歲[貢]除王道甫十萬言闕下下禮部試
罷歸既歸益放誕為詩大篇短章多與雅可誦然家日落好施日益甚室人交
謫淞終自若至喪明乃已所著有聖學全書
真儒蓋語繁陽正脉并詩文雜稿若干卷

沈仕（列朝詩集傳）字子登自號青門山人杭州人身本貴介而野服浪游詩篇雅
調遠近齊稱兼能遊藝王道思序其詩云觀其樂府古詞雜詠游遠之作至
于觀覽京都觀制度禮樂之鉅盛擬議應制形容功德頌美摭華麗而有則蓋
仕故少司寇省菴之子習其家學窺國家之光而諳中外政俗之變非生于宮
妻岷側
者比也

楊祐（錢塘縣志）字汝承少英敏年十八領鄉薦八年始成進士改庶吉士明年出
知興國憂違讒忌時起時躓歷官湖廣按察司僉事卒于官當是時北地信
陽以古文相視而土而大江以南則故翰林江瀾參議吴昂共祐後先倔起祐
為文奇放莨轢若飈起泉涌其才氣峭偉旁不見曹伍然亦以此見忌所著有
端居興國西曹鄖城濟南西江湖上荊南諸集（兩浙名賢録）祐典州佐郡皆以
平賦役興學校訊決無枉既去民歌思之調湖廣擒剿盜廣招撫善政種種

沈朝宣（仁和縣志）字三吾以貢入京師故事貢生不與直隸秋比朝宣詣登聞院上書乞就京兆試得報可遂捷京闈貢生得附試自朝宣始是年嘉靖辛卯也數上春官不第謁選教諭琢州遷江陵令告歸闢荒圃築精舍數楹蒔花藥觴咏流連客至談邑事聞及先賢多湮沒者朝宣慨然網羅舊典採葺新聞成私志若干卷校蝬今世所傳抄殘缺非其舊矣

田汝成（列朝詩集傳）字叔禾錢塘人嘉靖丙戌進士授南刑部主事歷禮部祠祭郎中出為廣東僉事遷貴州僉事轉廣西右參議罷歸汝成在儀制肇舉南郊耤田親蠶西苑省耕課桑諸大典各有頌述歸里盤桓湖山窮探浙西諸名勝所著書凡一百六十餘卷而西湖遊覽志炎徼紀聞尤為時所稱

茅瓚（杭州府志）字邦獻錢塘人少時夢神人授二巨字文曰見滄因以為號後讀書寶奎寺山巔夜雷雨大作岸圻數十丈獨所居無恙質明露見滄二大字適與夢符蓋故鏤宋理宗御書也嘉靖戊戌一甲第一歷官戶部左侍郎引歸有見滄集

郤琇（富陽縣志）字佩之博綜載籍嘗與錢塘田汝成輩為文社有声入南監師事湛甘泉嘉靖辛丑授四川崇慶州判官謫歸琇在蜀多託吟咏為諸公所稱至以佳句相呼如張三影云年九十四卒有曉峯集

徐桂（兩浙名賢錄）字茂吳餘杭人目偏盲而性警敏讀書一過目輙上口登隆慶辛未進士授袁州推官堅正不阿失上官指遂投劾歸居杭城東隅有亭池竹木之勝亭中列圖史金石遺文與奐昺諸法書名畫日婆娑其中興至發為詩歌競響漢魏六朝間尤長咏物鍛鍊字句無不工著詩文雜稿數十卷

田藝蘅（列朝詩集傳）字子藝汝成子年十歲從其父過采石賦詩云白玉樓成招太白青山相對憶青蓮寥寥采石頭江月曾照仙人宮錦船性不羈任挾多聞好奇世以比之成都楊慎晚歲以貢為新安博士罷歸所著有前後正續集數十卷雜著數十種

朱稷（杭州府志）字與白仁和人善屬文有聲黌序陳善纂修郡志稷與爲數奇不遇所交皆當世賢豪著周易正訛名劍記方輿覽勝皖宗世譜傳雅堂稿又工書丹青篆隸皆可觀

虞淳熙（列朝詩集傳）字長孺錢塘人萬曆癸未進士授兵部職方主事時方用兵所條上皆有理實遷主客員外補稽勳郎黨人力攻之削籍歸凡三十載卒淳熙家貧無書與其弟淳貞字僧孺搜奇獵祕閉門鈔寫方術陰符靡不通曉已而偕隱南山回峰下採藥行藥以終老焉少見知于李攀龍王世貞賦才奇譎搜抉奇字僻句務不經人弋獲以爲絶出于時賢頗心折湯顯祖屠隆自說以桑兀勝之黃汝亨評其詩文曰宏深徼眇應念而作風生雨集排古蕩今斯善學者矣子宗琛宗玖皆有文刻德園集六十卷

錢士鰲（仁和縣志）字季良弱冠舉于鄉萬曆丙戌成進士授六安州知州徙刑部員外郎調知福寧州卒于官性孝友少受易于仲兄夢鰲稟約束惟謹不命之坐不敢坐至成立猶然屢空晏如不問家人生產山水之間得趣輒往發爲詩文自抒胸臆生平最嗜太史公老蘇之文所著述甚富有槍榆集蒔游草童子問釋搘志等書行世

黃汝亨（仁和縣志）字貞父腦後稜稜有奇骨目如曙星萬曆戊戌進士授進賢知縣邑多浮賦汝亨上書臺司立爭之竟其征借又爲建倉水次民不病輸輓暇則與諸生論文搜別名勝復竹林舊址尋戴叔倫栖隱處築栖賢院爲壇自署壇石山長奏最以忌者左遷久之起南工部主事陞禮部郎中視學江西力持風格竿牘屏絶嘗以片言定諸王孫之變無敢譁者進參議備兵湖西踰年謝病歸結廬南屏題曰寓林以著作自娛特纁素碑版請者望于道每避客六橋之陰輕舟軟輿蹤跡絓至時啓牕一笑酒茗交行揮翰如飛所著有寓林集三十卷詩六卷

聞啓祥（錢塘縣志）字子將博綜羣書武林東南都會江廣閩越之士登賢書者公
車剡武林必質義于啓祥品題甲乙命棃棗曰行卷制義之有行卷自啓
祥始萬曆壬子舉于南雍嘗與吳郎李流芳偕計吏入京師已至國門忽意不
自得徑趣車返後屢以薦被徵志辭不赴性好延納每庀舟車飭廚傳宴會客
若置驛然所著
有自娱齋稿

卓明卿（兩浙名賢錄）字徵甫仁和人眉目如畫始薄章句竊與豪子弟學騎射劍
術已乃折節閉門博綜百氏所交傾海內豪傑苟失一名下士即恥之士
或不為明卿知亦轉相輕詆好稍詩初為國子生賦桃溪書屋詩〻聲滿留都
謁選銓光祿稍詩長安市中父艱服闋補珍饈署正著有卓氏藻林唐詩類苑
文集續集北
遊稿行于世

何春畿（富陽縣志）字汝華年十四為巡按王本固所知取冠浙士後屢舉不第萬
曆中以選貢授江西臨江府通判陞雲南新化知府詩文清綺婉麗所著
四寄編草卉集壯遊
集鴻鳴集各若干卷

吳之鯨（錢塘縣志）字伯裔文才俊爽高自標置與吳大山稱江皐二俊詩文甚富
萬曆中舉于鄉數上春官不第謁選得浮梁令甫六月卒有武林梵志十
卷閒閣
詩一卷

卓爾康（靜志居詩話）字去病仁和人萬曆壬子舉人有修
靜堂集爾康巨濟之才著書等身詩特其一斑爾

吳梯（富陽縣志）字仲升讀書為文章務自立堂與恥為駢偶靡麗之習詩亦瞻雅
多才骨不作近體自號狂生獨與仁和胡旦試一見如舊旦試氣豪邁見梯
不覺自折仁和令劉洪謨聞而延致之會同游湖山言及田汝成志西湖獨不
及作賦梯請授楷筆據案疾書立成三賦一生傾倒作著東南生四部稿八卷

周羔（富陽縣志）字南甫學務博贍熟于經傳古國銘鑄成文萬曆癸卯舉人連上
春官不第益肆力于古文詞授天長知縣遷延慶州知州告歸所著辛笑館
文集石梁草一集二
集類篇各若干卷

胡允嘉（仁和縣志）字休復沉邃讀書務探其奥每作文鏤心鉥腎如穿高雲下蒼
鶻挽勁弩射怒潮萬曆丙午舉于鄉癸丑成進士選入史館未及期而卒
吉陽李邦華曰休復詩似陶韋序逼漢魏間雜柳
蘇其切中事理經濟劃然又似晁賈頗得其實云

嚴調御（餘杭縣志）字印持太常鄉大紀之子生九歲而孤事謫母高惟謹撫異母
弟武順敎薰然以和視弟母李如己母長身疏髯風神肅穆好讀書博綜
今古交游徧天下而最所矜契者則聞子將揚肇聞二人聞死子人驥幼調
御以其子妻之子將疾革時值調御六十初度輟賀者而往哭為經紀其喪生
平多技能凡絲竹管絃以及岐黄計筭之學靡不通曉晚悉屏絶惟醫與書法
不廢曰藥可以利人書吾藉以攝心也自弱冠補弟子餼廩三十年名聞海内
而困于塲屋其事業
不克顯人多惜之

嚴敎（餘杭縣志）字無敎武順同母弟幼失怙恃師事兩兄調御武順隨仲兄遊太
學一時有三嚴之目是時文尚雕琢敎獨為淳古澹泊之音性孝友伯兄之
亡也敎致仲作百憶吟而哀思逌之年七十憶兩兄先逝合繪三逸圖以志思
慕蓋一飲食不忘也晚歲才力愈健詩卷盈筐易簀時猶著枕上詩傳誦于世

卓人月（靜志居詩話）字珂月仁和貢生有蕊淵集人月才情
横溢所撰續千文穗帖而奇肆詩亦不為格律所拘

何苹（錢塘縣志）字辦亦少孤力學崇禎己卯以貢入南雍吳太沖時為少司成移
書吏部曰苹武庫甲兵今朝廷急士當及鋒用之會為忌者所沮免歸設館
鳳山之麓武林從游者曰何氏學所著有
古今治平略補廿一史彙纂類法篇諸書

吳本泰（海寧縣志）字梅里崇禎甲戌進士時年六十一矣深于經術凡官方兵制國計邊防屯田河渠一切利弊無不畢究平生名見條對稱旨超擢吏部郎中累遷尚寶司丞詩文詞賦時人目為湖海有論語頌吏部集使星堂纂西溪梵隱志行世

王之獻（富陽縣志）字伯珍家藏書卷甚富喜讀古文好詩賦頗厭舉子業入南雍見以太學仕郎縣倅者類學射遂不就選退而益著書有吸月軒詩草花木韻譜雜著重修富陽志唐詩合錦古今女音詩餘樂府鶻啼錄

徐之瑞（靜志居詩話）字蘭生臨安人崇禎丙子舉人有獺秋堂稿之瑞熟精文選其五言古致紛披近體效韓冬郎尤擅綺麗

張次仲（舊浙江通志）字元岵海寧人舉天啓辛酉鄉試窮經好道自表其讀書之廬曰待軒性至孝童時母病刲股以進及長父為鹽賈所訟幾陷大罪百計脫之族指數千籍籠時以通課坐盤為設法更置公田百七十畝歲輸族課銀百兩公私賴之晚而喜易著困學記十餘萬言兼述詩記春秋分紀及史傳六十餘萬言傳于世

嚴渡（舊浙江通志）字子岍餘杭人調御子方就外傅有督以記誦者曰書所已言大似吾所欲言者師其意何為師其詞聞者異之弱冠餼于庠未幾選入南雍名譽籍甚海內俊彥悉歸之年四十以明經終

沈瑞徵（靜志居詩話）字雲繹海寧學生有慧居遺集其詩高者近大曆十子下亦不失為四皇甫也年未四十而沒

朱一是（舊浙江通志）字近修海寧人崇禎壬午舉人天才清拔敏悟過人無常師然亦不肯竟學嘗自言曰他人之學多得于書余獨得于友以述作自娛年六十二卒有史論十卷為可堂集續集百卷行世

朱朝瑛（黃宗羲朱朝瑛墓志）字美之海寧人崇禎庚辰進士知旌德縣以外艱歸
遂不復仕博稽六藝各有論著以為諸儒言易詳於所變而不詳于所未
變〻者象也未嘗變者太極也其言小序觀亡詩六篇僅存首句則首句作于
未亡之前其下作于既亡之後明矣子由獨取初詞頗為得之辨古文尚書之
非偽謂伏生之書如堯典皋陶洪範無逸何嘗不文從字順也謂春秋闕文錯
簡不特郭公夏五觀于日食之先時後時可知矣其折衷諸家如此所著罍菴
雜述金陵遊草行世五
經略記文集藏于家

顧懋樊（舊浙江通志）字霖調仁和人淹通書史以副
車充貢舉賢良方正著五經積明年八十卒

國朝

胡文蔚（舊浙江通志）字豹生仁和人性嗜學雖嚴寒溽暑不輟明崇禎九年舉于
鄉善詩古文詞足跡遍天下遇山川名勝輒為題咏順治間授高州府推
官尋去職歸至南雄卒所著有浮漚
集十三卷約菴詩選十卷文集十卷

談遷（靜志居詩話）字仲木一字觀若海寧人留心史學考証累朝典籍博稽諸家
撰述中年燬于大乃復沈思強記覆閱羣書訊故老墨枯筆禿晚歲成編云

陳祚明（舊浙江通志）字引倩錢塘人潛夫弟博學善屬文以貧遊京師有乞文者
口占授之語率奇麗墳門迎促至廢寢食祚明長髯如戟雙睛如巖下電
所著稽留山人詩二十
卷詞一卷古文尤富

陳之問（黃宗羲陳之問傳）字令升號簡齋海寧人陳氏科名冠兩浙而之問獨不
以華膴為念好讀書自六經三史以下八家之集唐宋之詩丹鉛殆徧高
會廣生有所徵引長篇累牘應口吟誦以架上書覆之不錯一字于書画古奇
器賞鑒精絕而青烏素問龜卜雜述皆能言其理嘗從學于蕺山漳海兩先生

頗未嘗講學與人言者不出詩書于詩文亦不多作當霜天寒夜漏已半往往手卧搦中閒具鏗然放筆以為常力學寒士中所未見也

嚴津（舊浙江通志）字子問餘杭人敎之子嚴氏為文章淵藪海內翕然稱之津又繼起領袖時賢應摸貢中丞霍達表為督漕推官不就事親至孝家中落而甘旨不缺顏所居曰陶菴日哦詩數十章以明意

陸圻（静志居詩話）字麗京又字景宣錢塘貢生明崇禎間文章宗匠咸尊婁江張溥溥卒圻來芻絮酒往會葬賦五言長律一時傳鈔以為傑作後賣藥長安市其詩文采組六朝醫方酒令觸口悉成儷語晚訪澹公于丹霞精舍轉入武當不知所終杭西泠十子詩圻居首有從同集旃鳳堂集

范驤（舊浙江通志）字文白海寧人性孝友才敏絕倫為文尚經術放然百家人方之廣川董子書法鍾王同鄉先正吳本泰一見稱異志以書籍與之環堵蕭然日以經籍自娛所著有十三經評註百卷古韻通補十卷愛日堂文集二十卷

徐元偉（舊浙江通志）字為章海寧人童時負雋才詣舅氏張青來所時高會大慢亭上張指亭為題曰汝方業文遂能對客賦之元偉援筆數千言舉座嗟賞張摘其中賡錢日月吐納烟霞二語榜其楹十六餘郎庠為人嚴氣正性不妄與時流接鍵戶讀書以尊遺經砭俗學為己任著有塹存集三十卷湛華樓詩集三十卷山園別集四十卷

吳名溢（錢塘縣志）字我乾錢塘諸生明季文體詭變尚諸子百家仙釋語錄贅牙詰屈之文名溢乃沈酣六經蔚以實義作麟經詮解考三傳互異折衷諸家為春秋詳註兩喪皆廬墓著喪禮註晚年構藥圃于城東與嚴沆查繼佐柴紹炳祁豸佳吳山濤輩觴咏其中有藥園盍簪集沆嘗語人云林巒標置當推是公非晚近人物也

毛先舒（錢塘縣志）字稚黃，錢塘人。既而更名駿，字馳黃。六歲能辨四聲，八歲能詩。著白榆堂詩，與陸圻、張綱孫諸人倡和，稱西泠十子。山陰劉宗周講學蕺山，遂往執贄問性命之學。事父母色養，遇有疾，告廟請代。于從父昆弟及族里皆厚遇之。作詩一以大雅為主，文不一格，至辨析往復，必本經術。嘗輯宋儒語有裨實行者，題曰鍼心慎鈔，用以自砭。生平好談韻學，著韻學指歸，又撰唐韻四聲表及詞韻、南曲韻諸書。他所著有思古堂集、毛馳黃集、小匡文鈔、東苑文鈔、詩鈔、蕊雲集、晚唱、詩辯坻，皆行世。

吳山濤（錢塘縣志）字岱觀，領崇禎己卯鄉薦，授陝西成縣令，三年致仕，終老吳山。嘯歌自得，書法飄逸，能自成家，畫不入蹊徑，揮毫自如。嘗出關，日賦西塞詩三十篇，因自號塞翁。年八十七卒。

沈謙（仁和縣志）字去矜，少穎慧，能辨四声。長益篤學，好為詩古文，弱不勝衣，與人語氣才奮，及發辯議，則電閃霆擊，摧伏一坐。為文雅淡秀鬱，錯以綺麗。所著有東江集鈔、詞韻、曲譜、古今詞選、臨平記凡若干卷。

陸嘉淑（靜志居詩話）字冰修，海寧人，有歲〔辛〕而〔齋〕孤〔遺〕稿。崇情遠跡，高酣長謠，文采風流，溢于賓座。

章士斐（舊浙江通志）字撵〔湄〕霞〔上〕錢〔錢〕運〔塘〕昌〔人〕與〔九〕叔〔歲〕鳴〔而〕孤。繼母高撫之，感奮自勵，遂為諸生。發[illegible]〔治〕文法昌黎，晚乃學史遷，詩兼昌谷、東野之長。歲擁皋比，得修脯盡以奉母。巡按王元曦荐舉孝行，貢京師，病歿。歿之日，口不能言，以手指母，奄然而逝。所著有花隱集、文集五十卷、詩集三十卷，藏于家。

陸堦（錢塘縣志）字梯霞，父運昌與叔鳴時、鳴埈有名當世，號龍門三陸。而堦兄圻及培並以文章領袖一時，復號三陸。奉母隱于河渚之駱家莊，以佃以漁，閉戶受雜。林佔人請選制舉文行世，取所酬金為菽水資。晚居里閈，授生徒，四方從遊者如歸市。兩浙閣府張鵬翮葺書院于萬松嶺，集通省士子讀書其中，奉堦

為十一郡師所著有白鳳樓集十卷子三人豐兆齡正夫皆能世其學而豐尤著

李式玉（舊浙江通志）字東淇錢塘人孤雋落拓不以世務經意家近清波門往往角巾野服入深山高歌聲振林木為人篤孝義急友難至性所激沛然莫遏平生著書數十種今傳者魚川集二集巳餘集南齋堂詩稿武林雜事春城樂府

張右民（錢塘縣志）字用霖為萬寅亮高第明季與龍門諸子創為登樓文選風行海內諸學授徒負笈無遠近毛先舒以古文名家亦出其門康熙癸亥聘修浙江通志及郡邑志年八十三卒有東皋集史論史略竹隱語錄凡若干卷

徐汾（舊浙江通志）字武令仁和人少善屬文作娛賓寶刀賦驚其座人著有京山文苑經史微萬卷樓集行世

張芬（錢塘縣志）字子漸博綜典故有質疑者應之如數家珍與江浩奚宗理鄭鉉輩救為讀書社其法約數人共讀一書數日務了一義盈科後進最有條貫晚愛西溪衡山之勝特搆一卷吟哦其中立石拒門編荊為戶茆冠大帶不入城市矣後盡亡其書老年無記從空指點甲乙雖貧且病亦不廢也

陳廷會　孫治（杭州府志）陳字際叔孫氏字宇台俱錢塘人廷會教授里中治特特出遊四方采所聞見為詩賦兩人所著書俱高華有典則陸行人培殉難以妻子屬廷會廷會遂教其子繫名于河渚陸茂才彥龍彥龍死有一女治為擇吳檢討任臣婿之兩人篤朋友急患難稱遺民高士者咸以為首

朱里（杭州府志）字高舟號青萊錢塘人邃于史學自西漢太初元年迄南宋祥興二年計一千三百八十三年凡一千五百九十九人各為論斷名青萊續史一十八卷書成而盲人以為符左氏云

丁澎（吳農祥丁飛濤傳）字飛濤號藥園仁和人順治乙未進士累官禮部祠祭司郎中典河南鄉試罷歸不問戶外事而自娛于文工為詩頓挫清壯有沉鬱

之思康熙癸亥纂浙江通志賓董其事云行世有蓟園集

顧豹文（錢塘縣志）字季蔚號且菴少以才稍讀書續言能記他生之所習中順治乙未進士除真陽知縣招流亡立盬肆建學宮為黃叔度祠設文會以啟最諸生行取擢臺班巡視東城尋出按湖北荼川蜀諸賦黨伏要領所在嚴營僅倡具巢并疏捐漢安荊襄等州縣通糧以及無征額課安陸有蘆洲口隄睦久圮潛汚被其災督所屬刻期竣役湖堤屹然建義倉一百四十餘所遺內外艱歸里時年四十九引病不出浮城北葛氏廢園乃芟薙荒穢建小樓與二三老友商畧經史名曰顧園追白蘇之遺風舉洛社之故事卒年七十有五

楊爲（錢塘縣志）字靖調順治乙未進士授大明府推官甫期月擢戶科給事中聖祖登極以爲充頒詔官時西川初闢撥秦兵鎮守并徙家屬實其地秦兵甚難之爲至寧夏上言古有踐更番休之制逆相轉調于法為便詔從之改吏科內陞鴻臚卿轉通政使以母老以終養請旋疏陳哀老自是杜門却埽以著述自娛巡撫張鵬翮嘗詣其居見門巷蕭然僅一小童支戶雖致身通顯猶不改儒生之素康熙癸亥董葺浙江通志卒年八十

沈珩（許汝霖沈珩傳）字昭子海寧人康熙甲辰會試第一未釋褐而歸凡十五年不仕至戊午以博學宏詞薦試入格授翰林院編修充纂修明史官辛酉副順天主考亡何乞假歸珩淡于榮利愛素好古學不停披書輯一書曰十三經名文鈔凡所纂綴薈萃經訓無一切游談不根語有耿巖集若干卷行世

邵遠平（公舉事實）字戒山仁和人康熙甲辰進士選庶吉士改戶部主事壬子順天同考官除江西提學葺白鹿書院大典文教擢光祿寺少卿會舉博學宏詞遠平試入等仍授翰林侍讀與修明史辛酉典試廣東轉庶子充日講官歷遷詹事府少詹事兼侍讀學士與修一統志致仕歸初遠平高祖經邦嘗明

世宗朝以議禮廷杖論戍千戍所著弘道弘簡弘藝三録遠平歸田後息
影湖莊杜門謝客著續弘簡録四十二卷子錫章錫光同中丙戌進士

吴任臣（袁估吴志伊傳）字志伊仁和人為諸生試輒冠其曹其文流傳人口無非
具好也軏書玩古多所論著嘗撰一書補栴氏字彙之缺廣郭景純山海
經注又刻取唐季諸霸國事為十國春秋凡若干卷康熙
戊午舉博學宏詞授翰林院檢討充纂修明史官未幾卒

沈筠（公事事實）字聞平仁和人有雋才嗜學敦内行嘗刲股肉和藥以療父父病
頓瘳既而母病亦如之有女弟適周早寡歲時存恤數十年無惓容為文唾
地立成而選簡清綺諸子百家咸集腕下其詩容與閒易以閑微士為宗然未
嘗以摹仿傷俗也康熙己未成進士改庶常會有以博學宏詞薦者試入高等
授翰林院編修未久卒
所集有斗虹集八卷

吴襄祥（錢塘縣志）字慶伯害允太沖長子少異敏一覽成誦家有賜書鍵户伏讀
茹經涵史馳騁百家康熙戊午以博學宏詞薦歸而著書自娱詩不下萬
餘首為文條貫五經尤精于易與蕭山毛奇齡友善然質疑送難不肯苟同所
著有蕭臺集二百四十卷梧園雜志二十卷流鉛集四十卷詩餘二十四卷

許汝霖（公舉事實）號時菴海寧人天性孝友中康熙壬戌進士選庶常歷贊善督
江南學政釐正文體整飭士風所取試卷膾炙人口公明之聲徹于遠近
陞工部侍郎歷户禮兩部侍郎晋禮部尚書
予告歸汝霖讀書根抵六經旁及子史故發為文章詞醇理正未第時四方生徒負
笈從遊及典試四川督學江左癸未科為會試總裁衡鑒不爽餘桼在江南考
試事竣輙置酒君山大會諸生布席分題或詩或賦各展所長至今傳為盛事
所著有德星堂文集十
二卷詩集五卷行世

陳論（鄉賢留祀冊）字謝浮海寧人順治辛丑進士甲辰選翰林歷諭讀學士剳都
御文晋刑部侍郎文學侍從三十餘年遷風紀之任風度端凝主試中州所

技皆寒畯揭曉日雖下第者無不心折子世儀令海澄築海塘修興
梁置文廟祭器建高樓以鎮水口皆捐俸為之為令十年著有聲譽

陸　堦（應撝謙陸堦傳）字左城錢塘人運昌子為文沉博絕麗諸（類兄錄）于庠是時
文社飆舉堦維起為諸生祭酒所至傾座人貴文為活積歲時所得束修手
持一撰以庇燥濕以兄弟躋之散從也復推與共之友張步青死遺孤無所倚
為飲食之教之成立所撰丹鳳堂集漢魏齊梁如金在冶別有稿數十卷名經
世驪珠蓋三通之支與流裔也年甫四十四
而卒人惜之子冠以拔貢舉庚午京兆試

汪　煜（公舉事畧）字禹昭父廣順治辛丑進士煜少好武挽強控馬膂力過人後折
節讀書披摘無虛日行文兀傲自成一家言尤工詩閒淡古雅康熙乙丑成
進士授貴州鎮遠縣縣故古大田溪峒多苗民雜治煜馭之有方戊寅擢吏科
給事中掌登聞鼓院在職未久前後疏凡六上辭稍敢言煜初席豐饒以銳學
不問生產家遂中落及官黃門無儋石儲卒之日同官助殯
焉所著有同岑草願學堂集南歸北征錄及平齋偶存諸稿

陸　繁弨（徐材鴻陸繁弨傳）字非石行人培子培殉節死橫山繁弨甫十歲母陳命
從陳廷會學讀書山中編摩經史發為詩文尤工四六有善卷堂集行世
單行附注脫去排比之
迹與陳維崧方駕云

查　嗣韓（陳廷敬查嗣韓傳）字荊州海寧人家赤貧過時而學初不知有司尺度其
其族叔繼佐獨歎為未易才補錢塘諸生旋入監肄業十三年不析家信埋
頭誦習夜分欲睡輒舉火灼兩臂至無完膚康熙丁卯以五經應順天鄉試監
試御史斥其違式既又奇其才以嗣韓及福建舉人林文英各二十三藝並皆
奏
聞奉
旨召試殿陛間未踰時得文三首
上大喜命一體會試未揭榜而兩人已脫藍誠異數也制科之式士占一經無有兼

他生所習者自明代二百七十年閒獨顏茂猷譚貞良以五經進士稱嗣韓奕
起聞蔻循是似做者科有數人遂著為令五經中顏實自嗣韓發之戊辰捷南
宮
廷試一甲第二授編修辛未充會試同考書主順天武鄉試未改官而卒

湯右曾（公舉事竟）字西崖仁和人幼穎異讀書十行並下及長博極載籍入太學
有聲中康熙戊辰進士選庶吉士授編修入直
南書房丙子典試貴州改刑科給事中掌戶科印疏論銷毀制錢利病及請賑濟
禁包攬陳積貯本計鑒還儲夙契奏上輒報可癸未副試會試總裁會直省學
政報滿
召試擢第一督學河南未之任復分校丙戌會試至豫杜苞苴絕請托課士以朱子
分年治經法士風振起巡撫汪灝疏薦公明第一內擢奉天府〻丞轉右通政
歷光祿太常卿理通政使奉
差審廣東揭津叩閽案並審審巨盜馮唐生六案復
命條奏海疆諸事宜悉見施行壬辰教習庶吉士尋授翰林院掌院學士兼禮部侍
郎進
經筵講官奉
命賦文官果詩蒙
御製一首俯同右曾韻有
葺香葉客待詩公之句舉朝傳誦以為儒臣之至榮凡翰林代言之作皆其代擬
每奏輒稱
旨授吏部右侍郎仍兼掌院學士教習庶吉士居銓衡九載盡職勤瘁遂得咯血症
上命解部務專理院事病轉劇
特遣御醫二員就第診視竟不起右曾詩高超名貴不落一語凡近在黔有使黔草
在豫有嵩洛吟在奉天有遼海集並行于世晚年益歸蒼老語輒驚人工行楷
書尺牘草隸流
傳人爭寶之

查昇（徐倬查昇傳）字仲韋一字聲山海寧人康熙戊辰進士選庶吉士授編修己卯江西主考尋直
內廷分纂諸書搜葺校讐恒至夜分不寐凡有
御製
御書必
命昇觀覽而昇所進書詩一一稱
旨歷諭德侍讀庶子晉少詹兼侍講學士
寵錫綢疊昇負詩文盛名尤工書法片楮隻字人爭寶貴所著有姓氏譜靜學齋詩
稿尺牘偶存前邑從詩
南巡五瑞詩塞北紀恩賦行世

沈佳（錢塘縣志）字昭嗣兒時即有志伊洛之學及長著名儒言行錄大全粹語春
秋學晚著易大象玩易鮮明代人物考樂府中聲蒼野集省諐錄多研窮性
命之書所居名學士園自少壯以至通籍及歸養未嘗
輟書卷登康熙戊辰進士初知監利縣補安化卒于官

龔翔麟（沈名蓀龔翔麟傳）字天石更字蘅圃光祿寺卿佳育子以副榜補兵部主
事督京倉榷粵閩海稅改監察御史巡視西城察錢奇歷掌浙江山西陝
西諸道既而罷歸翔麟當官有幹實居臺中號敢言不避權貴而尤以文學名
所著田居詩稿十二卷出入六季三唐而要其宿于眉山蘇氏詞以石帚為宗
傍及于梅溪玉田蜕巖諸家之體自少即與秀水朱彝尊李良年李符平湖沈
日皞沈岸九齊稱號曰浙西六家所著紅藕莊詞六卷別有珠海奉使記一卷
皆刻以
行世

查慎行（許汝霖敬業堂集序）字悔餘號初白世居袁化康熙癸酉舉順天鄉試以
大學士李光地薦
召對入直
南書房癸未成進士選庶吉士授編修供奉七年以疾告歸性穎異五歲能詩十

歲作武侯論同邑范驤稱為瓌世才既長游黃宗羲之門所學益進益深于經諸經中于易尤邃作玩詞集解一書又著經史正譌人海紀陪獵筆記熙中風土記廬山紀遊諸書極好蘇軾詩編年補注既著三十年自褎其所為詩合他山詩鈔總為敬業堂集共一百五十卷

翁嵩年（張廷玉翁嵩年墓誌）字康飴號蘿軒仁和人生而穎異年十三即通六經大義長于百家之言靡不探測而尤精于左氏以文章名東南康熙戊辰成進士授戶部主事歷刑部郎中督學廣東矢心慎恪務得真才先是學使者以瓊州在海外檄生童附雷州考試嵩年曰吾豈以一人易千萬人命乎出入忠信何畏焉竟渡海後著為令甲事竣歸里有別業在西湖退休其中以詩酒自娛壽八十二終所著有天香書屋稿白雲山房集友石居集

顧悅履（公舉事實）字丹泉海寧人康熙甲戌進士第三授翰林院編修累官內閣學士兼禮部侍郎丁酉出理清河既竣事明年病卒悅履工臨池館選後
名寫御製詩文二集稾筆者凡七年充子史精華佩文韻府總裁官將脫稿以憂去遺其子五達選庶吉士因奏請使踵其事得
旨俞允一時榮之

陳奕禧（山西名宦冊）字子文海寧人以貢生任安邑縣丞攝臨晉篆著有循聲負詩文名工書法尺幅片楮皆摹勒為帖行于世（山西通志）號香泉由戶部郎出知石阡府補南安所至人皆乞其書爭相寶貴常儆文選體集歷代詩文為文海序而行之

徐林鴻（錢塘縣志）字大文一字寶名錢塘學生工辭翰上擬左氏下類兩晉康熙戊午
詔舉博學鴻詞以林鴻薦既而歸掃一室讀書其中作為詩歌清新典麗所著有兩間草堂詩文集四十卷尤篤友誼漢陽王世顯南昌王猷定客死于杭太倉王昊四明周容卒京師皆為經理其喪復收遺稿付其孤人高其誼

文昭

按海鹽圖經引徐泰志云晉史寶新蔡人而一統志云寶自新蔡徙嘉興父瑩葬海鹽五行記載寶為海鹽人則南渡後居寶自瑩始寶固海鹽人無疑也

吳允嘉（公舉事實）字志上又字石倉錢塘人性孝友雅好吟咏為文原本六經旁通史漢而章法頓挫刻意規撫蘇歐于經世之學尤所殫心生平愛藏書丹鉛點勘晨書暝寫凡山經地志墓碣家乘下逮百家小說叢殘之書蒐討不遺餘力晚年嗜好尤篤精力盡瘁有四古堂文鈔飢山詩集石倉存稿石倉牋奏東堂雜錄藏于家其他輯錄尤夥如武林耆舊傳武林文獻志錢塘志補皆足備藝林掌故焉

嘉興府

漢

嚴忌（漢書鄒陽傳）陽與吳嚴忌等俱仕吳皆以文辯著名（嘉靖浙江通志）忌本姓莊避明帝諱稱嚴由拳人與司馬相如俱好詞賦哀屈原受性忠貞而遭暗世乃作詞歎而述之曰哀時命遭景帝不好詞賦無所得志聞梁孝王右文通賓客乃徒步入梁受知孝王與鄒陽枚乘俱見尊重而忌名尤盛世稱莊夫子

嚴助（漢書本傳）會稽吳人嚴夫子子也或言族家子舉賢良對策百餘人武帝善助對獨擢為中大夫是時朝廷多事上令助等與大臣辯論中外相應以義理之文大臣數詘其尤親幸者東方朔枚皋嚴助等而助最先進拜會稽太守奉三年計最詔留侍中有奇異輒使為文及作賦頌數十篇

晉

干寶（晉書本傳）字令升少勤學博覽書記召為著作郎中興草創中書監王導上議請修史官勑寶等漸就撰集于是寶始領國史遷散騎常侍著晉紀自宣帝迄于愍帝五十三卷其書直而能婉咸稱良史性好陰陽術數留思京房夏侯勝等傳集古今神祇靈異人物變化名搜神記以示劉惔惔曰可謂鬼之董狐又為春秋左氏義外傳注周易周官凡數十篇及雜文集皆行于世

秀州

唐

顧況（海盐縣圖經）字逋翁字縣南五十里之横山劉長鄉攝縣有過横山顧山人
詩（皇甫湜顧況集序）翁輕清以為性結冷汰以為質煦鮮榮以為詞偏于逸
歌長句駿發踔厲往往若穿天心出月脅意外驚人語非尋常所能及最為快
也以文入仕其為人類其詞章從韓晋公于江南為判官入佐著作不能慕順
為眾排為江南郡丞累歲脱縻無復北意
起至于茅山意飄然將續古三仙以壽卒

顧非熊（海盐縣圖經）況之子一覽成誦好辨説氣䟦陵轢為眾所仰久不第熊名
在朝野長慶中陳商放榜復下第穆宗怪無非熊名詔有司追所試卷覽
之稱旨追榜勑賜及第累佐使府大中
間歷盱眙尉慕父風棄官亦隱茅山

陸扆（唐書本傳）字祥文贄族孫光啓二年擢進士第累遷翰林學士中書舍人扆
工屬詞敏速若注射然一時書命同僚自以為不及昭宗嘗作賦詔左右皆
和扆最先就帝覽之歎曰貞元時陸贄吴通元兄弟善内廷文書後無繼者今
朕得之累為尚書左丞從戶部侍郎同中書門下平章事從還洛柳璨附朱全
忠譖去衣冠有望
者殺之白馬驛

宋

謝炎（宋史本傳）字化南嘉興人慕韓柳為文與盧禎齊名時謂之盧謝禎琛
儒炎勁急又相厚善端拱初舉進士知華容公安二縣卒集二十卷

聞人宏（正德嘉善縣志）字君度宋大觀三年進士授通州司法陳瓘貶台州宏從
之遊識者美其高誼後改知宣城轉通判常州卒有中興要覽周官通解
經史旁聞並
文集十六卷

魯訔（海盐縣圖經）字季欽同弟登舉紹興五年進士官大府卿言文移折變事甚志利獎詔可具奏訔于詩書杜工部嘗取其集考其年編次而箋釋之爲十八卷世所傳冷齋杜詩定本是也

趙孟堅（嘉興府圖記）字子固海盐人系出安定郡王初以父蔭入仕後登進士第歷官集英殿修撰知嚴州嚴人張均平報父仇坐死獄不決孟堅立辨之遷翰林學士承旨孟堅修雅博識善筆札工詩文多藏三代以來金石名跡文善作梅花水仙蘭竹于山水尤奇襟度蕭爽時比之米南宮年九十七卒謚文簡弟孟淳能墨作亦有稱

李如篪（正德崇德縣志）字季篪居語兒東鄉少游上庠與諸倫魁皆友善所學益博聞益多天文地理禮樂兵機之學靡不該通有東園叢說樂書行于世晚以特科官桐鄉丞

莫蒙（嘉興府圖記）字養正崇德人以文鳴太學京師指爲東南之秀用特科拜官晚益游情翰墨詩詞清婉有臥馳集十卷

莫光朝（正德崇德縣志）字謙仲幼雋爽不凡長益刻厲至忘昏旦寒暑博覽張記屬文頃刻數百言尤達于易不拘傳注反覆論究超出眾見登淳熙進士第益閉戶讀書以充其學好爲詩句法清麗得意處不在唐人下改秩知江寧以撫字稱

元

張泊淳（嘉興府圖記）字師道崇德人九歲舉童子科登咸淳進士擢太學錄至元中被薦入見世祖問冗官風憲鹽筴楮帛皆當時大議對悉稱旨授翰林院直學士詔命皆出其手同修國史拜侍講學士卒有蒙養文集行于世虞集爲序

孫固（兩浙名賢録）字以貞嘉興人性恬淡好讀書辟署華亭縣學事與楊維楨陶宗儀詩篇往來著有聽雪齋稿

俞鎮（正德崇德縣志）字伯貞早承父天民訓誨米補之學長受業于鄧文原通五經尤精于易爲文一本經義延祐丁巳領鄉薦第一由教授歷典湖廣江西江浙文衡官至建德路知事以文學顯于世得其指授者爲聞人扁齋居曰學易門人稱爲學易先生有修詞稿二十卷行世

衛培（嘉興縣志）字帝深涇之曾孫也性端恪通經明于典故延祐七年充貢龍虎榜賦文不起草人謂有楊馬才號月山先生著文十卷曰過耳集

明

貝瓊（正德崇德縣志）字廷珍嘗從石門黄次山傳周易大旨及聞楊鐵崖倡古文于會稽往從爲學益進元季不就有司試往來華亭海昌間生徒雲集明初應詔入史局預編元史同輩稱其叙事直而不誣尋校文浙省稱得人授國子助教凡五年以疾辭歸瓊才贍氣雄爲一時俊傑而出處大節尤有可觀著有清江集行世

張翼 一作昱（槜李詩繫）字翔南先世建德人徙嘉興博極羣書屬文敏捷好爲奇溢詞至正乙巳薦于鄉與全綱俱以龍門賦中高等明初徵入禮局事竣賜白金歸著有梓守集

陳約（正德嘉善縣志）字博文又字達通五經子史文元季放情湖海與楊廉夫顧仲瑛以詩倡和名重于時約少承家學工詩洪武初名對稱旨授大理寺卿調山西布政使卒所著有一默居文集

陶振（槜李詩繫）字子昌嘉興人自號釣鼇生學于楊廉夫治詩書春秋三經天才超逸吐語豪俊少有神童名洪武間薦授吳江訓導嘗坐佃官房逮至京進

紫金山金水河二賦滑釋改安化教諭歸隱九峰

周昂（列朝詩集傳）字伯昂嘉善人博極經史為弟子師正統中大征閩寇沐陽伯金忠辟置幕下議進取方略多見用嘗與千户龔遂奇從數騎入尤溪山寨降其衆而還幕府不知也寇平過土木之難格其賞授沐陽典史罷官歸遨遊三吳賣文為活吳中墓志諸牒皆出其手造請填咽年近九十修杭州府志燈下書蠅頭字界畫信手不折紙為範豪髮不爽

姚綬（嘉興府圖記）字公綬少攻古文詞天順進士為監察御史巡鹽兩淮鉤剔積弊淮飢盡策賑濟流民賴以全活後出知永寧辭歸作滄江虹月舟遨遊甚適書畫妙絶一時詩文亦逸著有大易天人合旨及雜集若干卷

劉杰（萬曆嘉興府志）字季俊海鹽人幼穎敏誦書過目成誦學禮于許伯全受尚書于鄒宏譽後棄舉子業專意學古通聲律書數長于詩文成化改元徵杰修英宗實錄晚年著作煥然德容淳雅卓為鄉士大夫儀矩

周澤（兩浙名賢錄）字天雨嘉善人博學有才為文清婉詩亦工雖不多作每一言出人競膾炙之成化癸卯領鄉薦第一登進士累官福州同知轉贛州卒

戴經（萬曆秀水縣志）字孟常成化丙午舉于鄉歷叟平九江二郡司李居官執法日淡泊六載官署未嘗以家累自隨遷泰安知州致仕杜門著書有滍陽餘藁漫湖集行世秀邑前未有志，自經始

徐泰（海鹽文獻志）字子元生而聰敏豪邁舉弘治甲子鄉薦授桐城學諭典江右文衡得士為多遷蓬州學正蓬去鄉萬里山川險隔磊然大觀登臨覽古而文益進轉光澤令晚歸與弟咸攻古文詩詞識者以為雄健過于方洲華藻超于雲谷卒年九十餘有玉池稿玉池談屑春秋鄙見女學詩談海鹽志梓行

徐咸（海盐縣圖經）奉同母弟舉進士，知沔陽州，歷襄陽知府，入覲，中考功法，歸居
官寬簡持大體，沔多盜，咸教民引渠灌泉，倣吳地種稻，襄有妖民惑衆，罪其
魁，餘悉解散。性孝友，事親飲食必躬視，仲兄衰老，迎養于家。晚歲築圃城闉，名
小瀛洲，遇勝日邀諸名流飲酒賦詩，陶然自適。著有近代名臣言行錄、澤山野
錄、四朝聞見錄、西園雜記、東濱三稿

張文憲（石門縣志）字廷鑑，七歲工八法，以神童薦于朝，孝宗召試乾坤二大字，稱
旨，令讀書翰林，給餼廩，一時名公呼為小友。嘉靖癸未成進士，終工部尚
書。端凝詳慎，正直不阿，服官四十餘年，侍經筵，修國史、玉牒諸編纂，多出其手，
前後被賜不一，以禮致政，橐無餘積，晏如也。弟姪同居，食不減，公藝門風。年八
十七卒，遣官諭祭，命有司
治塋域，文刻具足山文集

屠應埈（萬曆嘉興府志）字文升，康僖勳之子，方舞勺，康僖與說史傳語，手令懸斷
成敗，若素習者。長而貫綜百家，聲稱藉甚。嘉靖乙酉舉鄉試，明年成進士，
授庶吉士，改刑部主事，典江西試，程義冠絕一時，尋改修撰，進諭德。其為文善
比事屬辭，陳理類情，縱橫經史子傳，而宗本子長，詩法汎濫百家，意有獨詣，諸
名家無不傾下之。後移
疾歸，所著有蘭暉堂集

董穀（海盐縣圖經）字碩甫，澐之子，舉鄉試，歷安義、漢陽二縣令，所至廉靖不苟，好
學工詩，宦歸，安貧自怡，當晝炊烟未舉，猶散步澂（墅）湖濱，吟咏自若。後侍父遊
王守仁之門，學識大進，有性論一篇，具悟
後筆也。所著碧龍子四存前後集、澉水志

范言（萬曆嘉興府志）字孔嘉，秀水人，嘉靖丙戌進士，自蒲圻令改學博，轉國子監
丞，遷大理府同知，致仕。言博（綜）經史，善屬文，與里中彭輅以文詞相頡頏，范宗
韓歐，有體裁，彭閎肆紆徐，出入史漢，兩家各負氣
不相下，說者謂范剔謹而彭橫肆。所著有菁陽集

王梅（嘉興府志）字時甡嘉靖壬辰進士授庶吉士改刑曹謫判滁州卒梅才氣雄邁嘗言人生如白駒過隙所賴以不朽者志節文章耳自讀書中秘以直言見杖左遷益肆力經國之業著有柘湖遺稿

胡憲仲（海鹽縣圖經）字文徵少倜儻負大志嘗上書督學使者求試書千言引韓退之蘇子瞻自況嘉靖庚戌成進士時俺荅犯京師憲仲上議十欵且請自當一面授南刑部主事倭方擾浙中憲仲移書浙師言備倭三策師自用之率大驗遊鄭端簡之門博覽今古益留心經濟在都手抄列聖史錄搜覽六曹百司章疏奏議方輿諸書薪志概于中見之行事性好吟詩善同年粵東梁有譽引交吳宗徐諸子來南都益精思苦吟適疾卒集三卷行世

戚元佐（萬曆秀水縣志）字希仲嘉靖壬戌進士選儀部典禮多所匡贊宗藩一疏浮譽碩畫人謂不減賈洛陽陞尚寶卿告歸居家廉靖不爲請謁文法西京詩宗李杜善書畫有青藜集往哲列傳

沈元華（萬曆秀水縣志）字達伯嘉靖壬戌進士少嗜學不事家人生產嘗左持觴右執卷伊吾至丙夜意得處輒浮白自適凡天文地理靡不綜覈嘗考古今方輿自唐虞三代以至明具形勝扼塞要害皆有圖說仕至南京大理寺卿

郁天民（萬曆嘉興府志）字元仲嘉善人厭薄舉子業肆力於古文詞爲文援筆立就于國家典故尤習著述殊富

項元淇（萬曆嘉興府志）字子瞻秀水人狷介寡儔不事家人生產于書無所不窺工詩詞尤好臨摹古法書善草聖每遊戲翰墨尺幅數行人競寶之嘗以貲拜上林丞非其好也遭內艱歸墓田丙戌卒歲食貧觀知貴顯或厚遺之却弗受時與騷人衲子往來唱和談名理超超元著季弟元汴博物好古尤精繪事家藏丹青墨跡意得輒臨摹題詠具間自號墨林山人

顧萁（萬曆嘉興府志）海鹽人領鄉薦記誦閎博文詞瞻麗尤長于酌古有讀書偶忘雜著人士多出其門

王文祿（海鹽縣圖經）字世廉少舉鄉薦屢上春官不第居身廉峻未嘗以私干人遇不平時吒罵不避権貴戶田三百請編役如民佐邑令成均法田性嗜書聞人有異書傾橐購募得必手校繕緗萬軸置之一樓俄失火大慟曰但力收書若責他不必也所著有藝草郊陵學山邑文獻志衛志

仇俊卿（海鹽縣圖經）字舜徽舉鄉薦知惠安縣終國子助教好讀書至老未嘗釋卷熟練時事雖家居亦盡言倭寇時籌戰守機宜上幕府多中窾隆萬閒海塘圮上書請修築年九十有二所著瀛仙集通史他石海鹽、縣志

沈爚（兩浙名賢錄）字士明武塘人弱冠舉于鄉凡十上公車不第日闔戶手一編與弟炤自相師友詩文知自理學佐以蘇韓不為雕繪書法適逸似米南宮所至問奇屐滿戶外苟非其人即貴廢謝賓弗許也所著石蹊遺稿行于世

莫藏（海鹽縣圖經）字用行工詩文及真草篆籀八分諸體鐫刻古印章繪花木禽蟲水仙皆可愛親病嘗割股療之字弗篤友愛與賢士大夫交所著有佩觿蕙詠史詩素軒稿五音字書辨譌

沈懋孝（天啓平湖縣志）字幼真嘉靖壬戌進士隆慶戊辰改庶吉士授編修甲戌分考禮闈壬午副考南畿還南司業中蜚語謫歸其自言曰自二十五歲脫科舉之習侍養七年無一日不探學籍故入館時已洞知作者門路在館二十五年亦無一日不誦覽而力嘗分五十拼冤始一意勒成一家言且忘其衰老矣纂輯甚富頗多散佚所著有滴露洛誦石林四餘貢圖水雲洪林諸編

黃洪憲（萬曆嘉興府志）字懋忠秀水人隆慶丁卯鄉試第一辛未進士授庶吉士吉士萬曆丁丑分校禮闈江陵欲屬其子洪憲不可江陵延責之声[illegible]原弗

為勤尋預修會典國史直起居注歷右庶子少詹事侍讀學士日講官會總者
以試事中之違乞歸洪憲端謹醇學至取予尤嚴一介初為編修特使朝鮮歸
止攜圖書數卷諸年禮庭賓皆籍記遺譯者謝邠之朝鮮人為立邠金亭
所著有皇明文獻朝鮮志鑒坡制草學易詳說學詩多識碧山學士稿

沈自邠（萬曆秀水縣志）字茂仁萬曆丁丑進士選庶吉士授檢討纂修大明會典
成還修撰自邠生而穎秀讀書窺大旨發為文章清素冠冕無險巇詰曲
態故自諸生至入館試輒高
等為人恂恂雅飭頗似其文

馮夢禎（列朝詩集傳）字開之秀水人萬曆丁丑會元選庶吉士除編修與沈懋學
屠隆以文章氣節相豪時相不悅左官外謫量移南司業歷祭酒為南曹
郎劾免遂不復出築室孤山之麓家藏快雪時晴帖名其堂曰快雪風流
弘長衣被海內有真賞居士集若干卷為詩文殊朗通脫不以刻鏤為工

湯紹祖（海鹽縣圖經）字公孟七歲通古文詞長而耽讀閣有異書必百計購求以
啟藏帙獨富好駢麗之文嘗取梁末及李唐文之可繼蕭選者為續文選
三十二卷斥世鄙居讀書謝俗人事猶恐俗客相溷每日以
舫載書弋著水中央讀之薄暮歸以為常有清遠堂文稿

李應徵（檇李詩繫）字伯遠嘉興人萬曆癸酉舉人一時名流皆與倡和往還十上
公車乃就滁州學博平生感憤一寓于詩情旨婉約不徒以寫景述事為
工著有青蓮館初編藿園集行
漫遊薊易寓言寄莒漫草等集

沈堯中（檇李詩繫）字執甫嘉興人萬曆庚辰進士起家縣令歷陞南刑曹博學嗜
古明于典故纂修郡志著有沈司寇集沈氏學弢治統紀略邊籌七略高
士彙林
等書

李日華（列朝詩集傳）字君實嘉興人萬曆壬辰進士除九江推官累官太僕寺少
卿告歸日華和易安雅恬于仕進後先家食二十餘年能書畫善賞鑒一

時士大夫風流儒雅好古博物祥符王惟儉雲間董其昌為最日華書畫亞于其昌博雅亞于惟儉而微兼二公之長落落穆穆韻度頹然可稱名士

陳萬言（舊浙江通志）字居一嘉善人弱冠領浙解登萬曆乙未進士讀中秘書性孝友為文精思攻苦嘗闔戶庸力運正始下逮臨池篆籀奇字數學蔑不嘔心抉秘未授官卒著有文在堂集研園集課九臺續集

周履靖（嘉興縣志）字逸之少羸去經生業專力為古文詞廣著千金度古今典籍編節引流雜植梅竹讀書其中所著詩盈百卷手書金石古篆隸晉魏行楷及書史稱是劉鳳書作貞士傳道之

陳懿典（秀水縣志）字孟常號如岡萬曆丙子以儒士應試方擬元司臬以未經黌序疑之直指艴然曰此卷豈當後人乎遂下科應不失第一也是冬補博士弟子己卯果領解壬辰成進士選庶常授編修與修實錄分撰同姓諸王傳時神宗皇儲未建忽傳三王並封之諭懿典抗疏祖訓無元子並封之例移書首揆責之事得中止尋轉中允諭德冊封魯藩以目眚假歸葉向高薦之起南翰林學士不赴天啟初採輯肅顯兩朝有閣修齋之要者類成聖政聖學四卷上之中切指宦官不得干政以萬視諫魏忠賢啣之會璫敗得免崇禎初晉少詹蓋聖初志里居三十餘年摘書萬卷卒年八十五著有文隱齋集論孟貫義左陸紀略諸書

沈孝徵（海鹽縣圖經）字原萬萬曆戊戌進士主政工部董漕船清江行河高郵擢憲副汝南告歸屢薦不起孝徵神采溢發意興豪往而分署時與稅璫抗節者水衡金錢萬計巨璫丁某為密室藏子女金帛無算職之境以安故長橋跨淮拯光州之病涉者告成獲龍神之應家居不治生產信腕載篇人莫能及有元暢閣集若干卷行世

金九成（王世貞金九成傳）字伯韶嘉興人幼警敏善屬文九歲題詩郡齋為郡守
蔡勉所器重年十二補弟子員萬曆丙子舉于鄉再上春官失利歸卧武
原望虞山著史論史辨各三十卷又別為元史考誤四
十卷詩格在高季廸袁景文之間五言今體尤為適上

劉世教（海盐縣圖經）字少彝為人伉爽于書無所不窺每落筆奇藻繽紛可愛自
以門地高華才情軼世不屑、齪刻目苦飾容止服御斥買書籍古鼎彝
又慕義聲急人難故業漸削萬曆庚子舉北闈謁選授閩清令事志治辨痾卒
世教于詩好李杜嘗取舊集之編年者分體次之序以行世自為詩尤秀出文
仿六朝儷體具所善即文通子山不
讓也兼工行草尺牘有集十二卷

胡震亨（嘉興府志）字孝轅海盐人才識通敏為諸生即以經濟自負萬曆丁酉舉
于鄉數上公車不遇知合肥縣吏治之餘留意韜鈐嘗與劉綎論兵老將
心折時議舉震亨邊才不果崇禎季年薦補定州知州以城守功擢兵部職方
司員外郎乞歸藏書萬卷日夕披討凡秘冊僻本舊典佚事遺誤魚魯漫漶不
可句讀者無不補綴揚榷精博物君子所著唐詩統籤海盐
圖經續文選靖康咨鑒録凡海鹽毛氏書多震亨所編定也

曹徵庸（檇李詩繫）字遠生平湖人萬曆戊戌進士官至山西汾州守為人清疎俊
逸歸他焚香避俗如洗每葛巾芒屩自肆山水間具冰雪軒詩曠蕩多出
塵之想湖邑博學好古者
長水太史以還其流亞也

沈德符（列朝詩集傳）字景倩嘉興人太史自邠子于兩京以來史乘別集故家舊
事往往能數陳其本末家世仕宦習聞國家故事且習見嘉靖以來名人
遺獻請求掌故網羅散失將勒成一家之言以上史
館惜有志而未逮也年四十始上春官不第而死

沈如封（舊浙江通志）字愍先石門人工詩善屬文精八法通曉太乙六
壬遁甲演禽九流家言梓樣黄墩觴咏具中有見山集北遊稿

吴郡（石門縣志）字公治博聞强記下筆千言年十九舉于鄉授洪雅令改榮昌氏安政舉以忤中貴去官嗜歌詩徜徉西湖山水品題錢編入殳山社汎觀來月偷然獨往有學步吟殳山社草

錢龍珍（嘉興縣志）字松溪沉酣六籍出為制舉義無一語諧俗武林虞淳熙見其文許為第一著有毛詩正義八卷聽易四卷倣呂東萊大事記著文編二百八十卷倣丘瓊山世史正綱著史綱三十卷又著家鄉禮節四卷

趙維寰（嘉興府志）字無聲平湖人援貢舉萬曆庚子順天鄉試第一署海寧學諭陞南國子監丞擢刑曹轉郎官歸為人負氣所至不肯依阿為監丞與大司成不相能欲掛冠司成謝之乃解居刑曹既疏劾撫寧侯朱國弼罷之復與大司寇執淑訐奏并及御史劉之鳳以其沮格已疏也坐是奪職杜門著書有二十一史快編快史拾遺雪廬貸餘行世子聲字退之著攬言諸書孫佃字天來有貲真集

張奇齡（許令典張奇齡傳）字符九海鹽人年十二補博士弟子文譽鵲起最為馮夢禎所器重萬曆癸卯舉鄉試凡十上公車不第閉講席于西湖苕雪間巡撫劉一焜聘之主虎林書院學者稱太白先生嘗訓學者曰與為廣經術不若為真詞章與為廣理學不若為真訓詁聞者歎為名言著有鐵菴集藏笥集識大編問業紀事等書子惟赤順治乙未進士官工科給事中

孫茂芝（舊浙江通志）字若美嘉善人博通經史閉戶著書由貢選汾陽同知解職同知解職歸蕭然物外著有讀書經疑離騷繹硏衎齋稿等集

范應賓（舊浙江通志）字光父嘉善人進士歷官主事精于經學名重一時片言落楮藏書家珍為球璧

宋鳳翔（嘉興縣志）字羽皇嘉興人游北雍中萬曆壬子鄉試第一文名震海内無論識不識咸稱羽皇先生未第而卒

徐弘澤（嘉興縣志）字春門所居當閶闔拂衣淡宕為詩類元白畫出入子久仲圭丹陽句曲間書法從吳興而尤愛張伯雨時稱春門三絕晚登峩眉絕頂潯山水之助歸而益工詩畫自號竹浪老人子柏齡孝廉亦善詩畫為黃道周所重

陳許廷（嘉興府志）字璽茂海鹽人陳際泰楊廷樞張采張溥咸與定交以薦授兵部司務移疾歸博物洽聞尤邃掌故嘗辯杜遵道亳州檄文明祖不奉小明王焉哈木猷本雅失理非阿台所弑足訂通紀諸書之訛所著有蘇菴集周易注傳濟林左傳典畧漢書雋洪永紀事本末李義山詩箋

姚士粦（列朝詩集傳）字叔祥海鹽人與里人胡震亨同學以奥博相尚蒐討秦漢以來遺文秘簡撰秘册彙函若干卷跋尾各為考據具有原委馮夢禎為南祭酒較刻南北諸史多出叔祥之手有集四卷

陳懋仁（舊浙江通志）字無功嘉興人性嗜古節俠自喜參軍泉州不以簿書廢鉛槧記泉南事多故牒所未備足跡幾徧海內晚歸著述凡二十餘種李維楨嘗曰予閱覽五十餘年僅得檇李陳無功一人子盖謨篤行博學精考天文地理象數聲韻諸書皆有師法

袁儼（檇李詩繫）字若思天啓乙丑進士授高安令尋卒有抱膝齋集共詩神韻幽異彷彿晚唐至經世之文尋源竟委無出其右者

譚貞默（嘉興縣志）字埽菴崇禎戊辰進士任工部假歸好古文詞居家十五年杜門益著書有見聖編韻文兔銓閱代新詩其間集詩騷詞賦化書數百卷行世嘉郡稱文學者自李太僕日華外惟貞默云

曹勳（檇李詩繫）字允大號峨雪嘉善人崇禎戊辰會試第一授庶吉士官至禮部侍郎時門戶角立勳在講筵每隱護善類侃侃言之乞養十年著有存笈行笈采有居東干諸集

吴爾篪（石門縣志）字子虎，爾壎弟。家有藏書，喜博覽，閲與同學鈎考古人逸事，異事出第幾葉第幾行，射覆甌中，細及音声字畫，俱能訂其譌舛。年十四，渡江謁倪文正元璐，文正嘆異曰：江夏黄童也。值爾壎以翊難聞，復遘父疾，刲股和藥，不敢哀毀，擗踊而奄奄氣息矣。古文詞灑灑日萬言，而義閎否（可一字不肯易。下書賦詩，登臨懷古，語語皆本至性。其人弱不勝衣，而方寸嶽起，萬夫莫奪。著有歸雲樓集若干卷。

姚澣（舊浙江通志）字公潞，以廩入太學，嘗從虞山錢謙益、江右鄧履中、婁東張溥游。崇禎丙子就試南都，有國門廣業之選，一時稱為月旦重。纂編年史，廣荊川右編，集漢至隋為八代文紀，有書四十笥，部分類聚，惜皆散佚不傳。

朱茂曙（汪琬朱茂曙傳）字子蔚，太傅國祚之孫，知府大覲子。為人恂恂儒雅，篤于孝友，敢于進退，介而有節。太傅當蔭一孫，以予茂曙，茂曙不受。叔其富而無子，以次當嗣，又不受，意以推諸弟。浙江巡撫華家恒者，友婿也，或勸往見之，固辭不往。少善屬文，工行楷書，能爲山水竹石，為董文敏所稱。明季即棄去諸生業，經文之外，旁若天文醫卜諸家書，通數十萬言，盡通其術。晚雜書盡之屏，不復為，惟時寓于奕以自遣而已。

朱茂暉（靜志居詩話）字子若，秀水縣諸生，以祖蔭授中書舍人。好博覽，經文之外，諸子百家，靡不兼綜。古文詞元本六藝，韻語不屑綺靡，南人久憤，日可百函。華亭周立勳嘗云：讀書能化臭腐為神奇，惟朱子若有其法。所輯兩貢補注，徐孚遠、諸嵩與程泰之傳同叔並垂。著有晦在先生集。

吴麟玉（舊浙江通志）字稚貞，秀水人。少負才名，放浪詩酒間，家築小園，栽竹萬竿，精數椽，隱居其中，題為琅玕社。與雲間陳繼儒、釋智琁倡和，晚喜種梅，調鶴自娛。落雪篇有醉月新聞吟草行世。

李標（靜志居詩話）字子建，嘉善人。有東小遺稿。精于戎机，戰略軍律，營陣壬遁諸書，史可法辟為記室。後可法死揚州，渡江會葬，具衣冠于梅花嶺，歸而繞屋

皆種梅賦詩三十首蓋自託于西臺之謝參軍云

孫曾楠（舊浙江通志）字讓生平湖諸生結廬秋涇人稱鐵菴先生雲間陳繼儒以家藏楊廉夫鐵冠鐵笛為壽曰冠盱竹葉酒笛作梅花矣此菴大不俗矣著梅間草木衆吟學陶集數種

吳統持（舊浙江通志）字巨手秀水人弱冠餼于庠文名籍甚崇禎中與妻項佩隱鴛湖焚香讀易饘粥不繼嘗賣卜于四方編歷齊魯燕趙之墟或稱胥山樵子所著典林十卷明月樓集項名佩淑且才著有鷄花樓集

沈起（靜志居詩話）字仲方嘉興縣學生嘗撰明書謂明不亡于流寇而亡于廠衛漸自成化十二年秋始至設西廠止有學園錄續集

國朝

俞汝言（舊浙江通志）字右吉秀水人少孤貧力學具經世才書遍遊四方蒐羅載籍讀所未見書歸而閉户著述有漸川集諸書晚又著春秋平義十二卷四傳糾正一卷坐是兩目失明然猶令人口誦諸書汝言口授所見使筆記之

曹溶（檇李詩繫）字潔躬號秋嶽秀水人崇禎丁丑進士官御史國朝順治間歷副都御史户部侍郎出為廣東布政使左遷山西陽和道裁缺歸里辛卯年八十三溶肆力于文章尤工尺牘長箋小幅人共寶之詩與合肥龔鼎孳齊名人稱龔曹晚築室范蠡湖名曰倦圃多藏書勤于誦覽輯續獻徵錄六十卷崇禎五十輔臣傳五卷外有靜惕堂詩文三十卷

王翃（嘉興縣志）字介人日以吟哦為業有春槐秋槐二集里中諸子更唱迭和因有梅里派之稱詩餘三千餘首長短諸體莫不備

錢士馨（靜志居詩話）字稚農，平湖人。研究經史，多所援述，括尚書大小戴記、春秋內外傳，以補周禮冬官，賦詩能達時習。有廣笏集。

陸上瀾（檇李詩繫）字芳洲，平湖人。崇禎丙子舉人。為文古與年八旬手不釋卷，所著詩文集、首聞齋志林、湖邑記、閩玉鈎小史諸書，稍博雅者未之能及也。

王庾（山西通志）字言遠，嘉興人。順治己丑進士，從平粵東，授廣州府知府，累陞江西布政使，補山西。以冰蘗之操，倡屬吏，有進謁者，輒屏令收養，百姓慎出納，吏不得上下其手。後乞歸，庾制義壁壘，凝隋刻自成一子。古詩出入陶韋，律得杜法，晚乃汎濫唐宋諸家。著有秋聞詩、三仕二西諸草。（四川名宦冊）庾由廣西副使提學四川，公明造士，有文翁化蜀之風。

彭孫遹（吳農祥彭孫遹傳）字駿孫，號羨門，海鹽人。順治甲午舉于鄉，己亥成進士。官內閣中書舍人。康熙戊午，開博學宏詞科，大學士吳正治以孫遹薦，明年三月，
御試體仁閣，親第甲乙，取中五十人入史館，充纂修明史官，而孫遹為第一。識者謂制科不數舉，與斯選者較春秋得雋之榜為難，而冠倫魁能，鬱為選首，則尤儒生不世之殊遇也。初授編修，十年而至內閣學士兼禮部侍郎，旋進（晉）少宰兼翰林院學士，遂乞歸。孫遹工詩詞，與新城王士正名埒，時號彭王。嘗步蕭寺，寺僧方製琉璃長明燈，請為賦，孫遹諾之。僧退，煮茗以餉，茗未熟而賦就。著有松桂堂集、南淮集、香奩倡和集、金粟詞、延露詞行世。

曹爾堪（檇李詩繫）字子顧，嘉善人，勲之子。順治壬辰進士，改庶吉士，授編修，累官侍講學士。性強記，諸瑣屑事能與具原委，人一見輒不忘，若輿圖要害、山川形勢，指畫纖悉，聽者神聳。罷官歸，偕二三老友選勝賦詩，與宋琬、施閏章、沈荃、王士正、王士祿、汪琬、程可則稱海內八家。有南溪集行世。

徐嘉炎（嘉興府志）字勝力，嘉興人。舉博學宏詞，授檢討，庚午主貴州試，稱得人，累官內閣學士兼禮部侍郎。嘉炎書過目終身不忘，凡奇書逸典，鴻覽之士

未睹記者輒就官
馬著抱經齋集

陸棻（公舉事實）字義山原名世枋平湖諸生入國家以高等授內弘文院中書舍人復舉順天鄉試康熙丁未進士為原官尋管典籍十七年舉鴻博試一等改翰林院編修充明史纂修官庚午主鄉試福建癸酉為順天武鄉試副考官儤直南書房出五臺金蓮花限韻賦詩立奏稱
旨三十三年召翰詹八十九人試以豐澤園賦理學真偽論
上親閱卷取第一遷由宮贊陞內閣學士兼禮部侍郎一年乞休（嘉興府志）棻所著雅評文稿十卷詩稿四十卷詞譜三卷
應試進呈詩文合刻一卷雜著若干卷

李良年（嘉興府志）字武曾與兄繩遠弟符言詩者稱三李（朱彝尊李良年行略）武曾嘉興人九齡能作文十齡解賦詩持格律甚嚴嘗抄撮詩中禁字一卷授學者于詞愛姜堯章吳君特諸家放所作特穎異歲戊午以博學宏儒被薦入京師試不得意歸築秋錦山房半臥其中弟子著錄者日眾崑山徐尚書乾學開書局于洞庭山招往助修一統志自是歸不復出卒年六十所著有秋錦山房集

徐善（嘉興府志）字敬可嘉興人棄科舉不治從學施博悅作易論及徐氏四易一天易闡圖書也二羲易叙八卦也三商易辨十辟也四周易明四正八爻之旨也又為春秋地名考家傳蟲谷集莊子注同評參法會通弧矢六宗瓶窰圖寶綠綢瓏室洞詮

沈進（嘉興府志）字山子嘉興人與同里朱彝尊日以詩篇酬和鄉人目曰朱沈未幾復與周篔賦古今詩合一帙鄉人復以周沈目之游京師歸自號知退叟居藍村半巢教子讀書手自抄錄闃然自遠所著有文言會萃行國錄東園詩藍村稿半巢居稿退叟行吟力圃蕭閒詞袁溪文稿共三十餘卷子翼居喪盡哀甘露降于塋廬人稱其孝

高士奇(嘉興府志)字澹人號江村由諸生入太學以書法稱
旨注翰林授詹事府錄事歷陞少詹歸里尋
召赴京司文以養母假歸晉詹事復即家拜禮部侍郎兼學士士奇性耽書凡秘府
典籍悉資討論然性極謹密侍直數十年出入扈從未嘗一語及溫室之對才
情敏妙侍對詩文應聲立就邑有馮氏舊圃構江邨草堂居焉卒謚文恪子輿
庚辰進士官
翰林院編修

周篔(嘉興府志)字青士嘉興里人王沄楮標蘭谿范路海寧朱一是諸人相倡和(朱
彝尊周篔傳略)嘉興人遭亂棄舉子業就市廛賣米有括攷家遺書連船載
以鬻者篔買得一船積樓下每日中交易筭斗斛權衡滿肆擾亂書籍於中
吟誦不輟為古今詩超超拔俗不輕襲前人片語有采山堂集二十四卷詞綜
三十卷今詞綜十卷析津
日記十卷投壺譜一卷

高佑釲(嘉興府志)字念祖嘉興人父承埏嘗輯自靖錄佑釲續成
之博聞强記尤諳隆萬以來舊事著懷寓堂詩賸存藝林

盛楓(嘉興府志)字黼宸嘉興人辛酉舉人為安吉學正嘗集明
代遺文為嘉禾徵獻錄著安吉耳聞錄觀瀾錄墨盾文集

魏坤(嘉興府志)字禹平別字水村嘉善人乙卯舉人詩文敏妙著有倚晴閣詩鈔
水村琴趣與嘉定陸元輔海寧陸嘉淑訂忘年之款詩詞日益工尋就試橋
門撰石鼓賦國子師
友賞擊節以為絕倫

朱彝尊(嘉興府志)字錫鬯號竹垞秀水人太傅國祚之曾孫少聰慧絕人書過眼
覆誦不遺一字肆力于易書詩周官禮春秋左氏傳客遊南北必舍載十
三經二十一史以自隨歲己未以博學鴻詞徵試
殿足取高等授檢討充

起居注日講官辛酉主考江南既而歸里後數年
駕巡河上至浙江
賜御書四字曰研經博物生平著書等身有經義考三百卷曝書亭集八十卷日下
舊聞四十二卷明詩綜一百卷行世卒年八十一子昆田字西畯國子監生賢
而有
文

沈季友

（嘉興府志）字客子平湖人康熙丁卯副榜幼受知毛檢討奇齡長遊太學
都下咸以才名推轂婦翁陸閣部莱有著作每引參定爲所著南疑集廻
紅集輯賦格柘上遺
詩檇李詩繫行世

吳震方

（嘉興府志）字石紹歸青壇石門人康熙丙辰
進士由庶常改御史有晚樹樓詩稿行世

沈廷文

（鄉賢留祀冊）秀水人天資穎異讀書過目不忘父子兄弟自相師友戊辰
廷對賜一甲第一官
翰林院修撰

高孝本

（公舉事實）字大立嘉興人三歲時指氣字曰此即浩然之氣也長而研經
酌史發為古今文妙合軌範康熙辛未成進士選知涇縣以艱歸再補續
溪無妄觚纂處音不潤以應直聞罷官士民攀輪臥轍生平作詩甚富由登岱
以迄遊台蕩諸山凡十七集具詩以遣而進晚歲自訂同哉叟未刪稿外存古
三都賦雜賦二卷悲夫論
二卷遊記二卷家傳一卷

沈麟振

（公舉事實）字武繩嘉善人少失父捧遺書不去手明季時為盜所脅逐挖
書自沈于水謂此祖父手澤當以死殉之遂為漁父救免而諸書亦賴以
存于是設教授徒負笈者雲集名公鉅鄉往往出其門下
所著有詩注解易細評易簣時口占一詩而逝年九十

沈孿（嘉興府志）字天麑秀水人工詩賦家貧不廢吟咏繼遊天台武夷粤東所至率衷然成帙著有蘋閣詞箋琴嘯軒樂府等書

湖州府

南北朝

王韶之（宋書本傳）字休嘉父偉之為烏程令因居縣境好史籍博涉多聞泰元隆安時事大小悉撰錄之韶之因此私撰晉安帝陽秋既成時人謂宜居史職即除著作佐郎使續後事訖義熙九年善序事詞論可觀為後代佳史高祖受禪復掌宋書後為吳興太守卒七廟歌詞韶之製也文集行于世

沈懷文（宋書本傳）字思明武康人善文章嘗為楚昭王二妃詩見稱于世除尚書殿中郎徵士雷次宗南還廬岳何尚之設祖道文義之士畢集為連句詩懷文所作尤美詞高一座有文集傳于世

邱淵之（弘治湖州府志）字孔元烏程人博學有識宋文帝即位以舊恩歷吳郡太守所著文章一百卷

邱靈鞠（齊書本傳）烏程人少好學舉秀才累遷員外郎泰始初禁錮數年褚淵為吳興謂人曰此郎才士惟有邱靈鞠及沈勃耳乃啓申之領東觀祭酒靈鞠曰人居官願數遷使我終身祭酒不恨也入齊遷大中大夫卒著江左文章錄序起太興訖元熙文集行于世

邱國賓（南史王僧孺傳）竟陵王子良開西邸招文學僧孺與太學生邱國賓並以善詞藻游國賓吳興人以才志不遇著書以譏揚雄

邱令楷（南史王僧孺傳）令楷吳興人竟陵王子良嘗夜集學士為詩令楷打銅鉢立韻響滅則詩成皆可觀覽

沈約（梁書本傳）字休文武康人篤志好學母恐以勞生疾嘗遣減油滅火而晝之所讀夜輒誦之遂博通羣籍能屬文齊初直永壽省校四部圖書特被親遇

遷著作郎梁高祖受禪封建昌縣侯衆遷尚書令太子少傅雖時遇隆重而居處儉素立宅東田暗望郊阜嘗為郊居賦卒年七十三謚曰隱約左目重瞳子腰有紫痣聰明過人聚書至二萬卷歷仕三代該悉舊章博物洽聞當世取則謝元暉善為詩任彥昇工于文約兼而有之所著晉書宋書齊紀高祖紀邇言謚例宋文章志及文集一百卷皆行于世又撰四聲譜以為在昔詞人累千載而不悟而獨得胸衿窮其妙旨自謂入神之作

邱遲

遲（南史本傳）字希範烏程人八歲便屬文父靈鞠嘗謂氣骨似我在齊以秀才累遷殿中郎梁武帝平建鄴引為驃騎主簿時勸進梁王及殊禮皆遲文也及踐作遷中書郎時帝著連珠詔群臣繼作者數十人遲文最美出為永嘉太守天監四年臨川王宏北侵以為諮議參軍領記室時陳伯之在北與魏軍來拒遲以書喻之伯之降還拜中書侍郎卒官遲詞采流逸時有鍾嶸著詩評云邱遲點綴映媚似落花依草其見稱如此

吳均

均（梁書本傳）字叔庠吳興故鄣人好學有俊才沈約嘗見均文頗相稱賞天監初柳惲為吳興守召補主簿日引與賦詩均文體清拔有古氣好事者或效之號為吳均體均表求撰齊春秋書成奏之高祖以其不實勑付省焚之尋有勑召見使撰通史起三皇訖齊代均草本紀世家已畢惟列傳未就普通元年卒均注後漢書九十卷著齊春秋廟記十三洲記錢唐先賢傳續文釋及文集二十卷

沈衆

衆（陳書本傳）字仲師武康人祖約父旋衆好學頗有文才梁武帝敕千字詩衆為之注解名見于文德殿令為竹賦奏之帝手勑答曰卿文體翩翩可謂無忝爾祖陳高祖受命以衆州里知名賞賜優渥超于時輩衆自奉甚薄永定二年以起部尚書監起太極殿恒服布袍芒屨攜乾魚蔬菜飯獨啖之

沈炯

炯（陳書本傳）字初明武康人少有儁才為當時所重侯景之難王僧辯素聞其名于軍中購得之酬所獲者鐵錢十萬自是羽檄軍書皆出于炯及江陵勸進僧辯令炯製表其文甚工當時莫有逮者高祖南下與僧辯會于白茆灣登壇設誓炯為具文荊州陷為西魏所虜魏人甚禮之炯以母老在東恒思歸國

湖州

恐魏人愛其文才而留之閉門卻埽時有文章隨即毀棄嘗獨行經漢武通天臺為表奏之陳己思歸之意其夜夢見有宮禁之所兵衛甚嚴炯便以情事陳訴聞有人言甚不惜放卿還幾時可至少時便與王克等來歸高祖受禪加通直散騎常侍表請歸養不許文帝嗣位又表請詔答曰當令馮親入舍苟毋從官用睹朝覲不虧家禮已勑所由相迎尊累使卿公私得所也文帝重其才欲寵貴之會卒有集二十卷行于世

姚察

察（陳書本傳）字伯審武康人六歲誦書萬餘言年十二便能屬文父僧垣知名梁氏每得供賜給察為遊學之資察用聚蓄圖書由是聞見日博未定初徐陵領著作引為史佐及陵讓官致仕等表並請察製焉陵歎曰吾非逮也太建初兼通直散騎常侍報聘于周沛國劉臻竊訪漢書疑事十餘條並為剖析皆有經據臻曰名下定無虛士著西聘道里記叙事甚詳使還歷遷尚書祠部侍郎吏部尚書領著作陳滅入隋授秘書丞勑成梁陳二史煬帝車駕巡幸恒侍從切問近對一人而已大業二年終于東都所著漢書訓纂說林西聘玉璽建康三鍾等記及文集二十卷並行于世

唐

姚思廉

思廉（唐書本傳）本名簡以字行察之子寡嗜慾惟一于學初察在隋嘗修梁陳史未就死以屬思廉思廉表父遺言有詔聽續煬帝又詔與起居舍人崔祖濬修區宇圖志遷代王侍讀高祖定京師府僚皆奔亡獨思廉侍王帝義之聽扶王至順陽閣泣辭去秦王為皇太子遷洗馬改著作郎弘文館學士詔與魏徵共撰梁陳書思廉採謝炅顧野王諸家言推究綜括為二史以卒業加通直散騎常侍卒謚曰康子班篤學有立志累拜戶部尚書始祖察嘗撰漢書訓纂而後之注漢書者多竊取其義為己說班著紹述以發明祖義云

徐齊聃

齊聃（唐書本傳）字將道湖州長城人八歲能文太宗召試賜所佩金削刀高宗時為崇文館學士修書于芳林門累遷西臺舍人善文誥帝愛之令侍皇

太子及諸王屬文以職
樞劇許間日一至子堅

徐堅（唐書本傳）字元固湖州長城人舉秀才及第為萬年主簿天授三年上言書
有五聽令有三覆慮失情也比犯逆詔使者勘人命至重萬有一不實者欲
訴無由此不足懲下之姦亂適長使人威福耳請如令覆奏又古者罰不違弼
今選部廣責逆人親屬至無服者尚數十條臣請一切不禁以中曠蕩聖曆中
東都留守楊再思王方慶奏引為判官方慶善禮學言從質疑臨堅為中解得
所未聞屬文典學再思每目為鳳閣舍人樣與徐彥伯劉知幾張說與修三教
珠英時張昌宗李嶠總領彌年不下筆堅與說專意撰綜條彙篇立諸儒因之
成書累遷崇文館學士太平公主用事武攸暨屢邀請堅﹅不許曰吾非求高
逃禍耳數外徙元宗改麗正院為集賢院以堅充學士從上泰山以參定儀
典加光祿大夫堅于典故多所諳識凡七當撰次高選卒年七十餘謚曰文

包融（舊唐書賀知章傳）神龍中湖州包融以吳士文詞秀發名揚于上
京（融）遇張九齡引為懷州司戶集賢直學士人間往﹅多傳其文

萬齊融（嘉靖湖州府志）故鄣人才名振當時與烏程包
融會稽賀朝萬河南劉臣齊名號包萬劉賀

沈千運（兩浙名賢錄）吳興人攻苦詩文力追作者以詩蓋窮至老不廢吟哦元結
篋中集序云千運獨挺于流俗之中強攘于已溺之後窮老不惑五十餘
年凡所為文皆與時異故朋友後生稍見師效以正直而無
祿位以忠信而久貧賤誰為辨士吾欲問之其歎息如此

孟郊（唐書本傳）字東野湖州武康人少隱嵩山性介少諧合韓愈一見為忘形交
年五十得進士第調溧陽尉縣有投金瀨平陵城林薄蒙翳下有積水郊間
往坐水旁徘徊賦詩曹務多廢鄭餘慶鎮興元奏為參謀卒張籍謚曰貞曜先
生郊為詩有理致最為愈所稱然思苦奇澀李觀亦論之曰高處在古無上平
處下顧
二謝

錢起（唐書盧綸傳）綸與吉中孚韓翃錢起司空曙苗發崔峒耿湋夏侯審李端皆能詩號大曆十子起吳興人天寶中舉進士與郎士元齊名時語曰前有沈宋後有錢郎終考功郎中

沈亞之（兩浙名賢錄）字下賢歸安人居小敷山下學于韓愈之門與皇甫湜詩文往來太和初登第逢李同捷反朝廷授柏耆德州行營諸軍計會使亞之以殿中侍御史為其判官李祐平德州同捷窮請降耆欲襲誅之亞之謂恐生諸將心且殺降不祥耆不聽竟誅同捷諸將嫉其專冒擠詆之文宗貶耆亞之亦貶南康尉

楊衡（西吳里語）吳興人少隱廬山有盜其詩文登第者衡因詣闕亦登第見其人盛怒曰一一鶴飛[声]飛上天在否答曰此句知兄最惜不敢偷衡曰猶可恕也孟東野有悼吳興楊衡詩

閭士和（兩浙名賢錄）烏程人以詩名于時隱居不仕結菴道場山下名之曰歸雲與僧皎然為方外交

嚴惲（吳興掌故）字子重烏程人度日休序云予為童在鄉校時抄杜舍人牧之集有與進士嚴惲詩後至吳一日有客曰嚴惲予志其名久矣噫遲懷々見造于旻樂浮禮而觀之其所為工七字往往有清便柔媚時可逸駭于當執未幾歸[illegible]與以疾亡噫生以文詞聞于士大夫竟止此耶

郎光庭（吳興掌故）烏程人列太學博士嘗承睽令令[illegible]機請編集吳興遺事羅隱有酬光庭詩

宋

陳舜俞 傳詳循吏

孫侔（林希孫侔傳）字少述吳興人幼孤力學七歲能屬文既長讀書精識元解能浮聖人深意多所論撰慶曆皇祐間與王安石曾鞏知名于江淮間侔初名處字正之安石所謂淮之南有賢人者也內行峭潔少許可不妄戲笑詩文嚴勁簡古卓然一出于己自成法度如其為人嘗舉進士不中母病且革願恨不及見其仕嗚咽自誓終身不求仕客居吳門未嘗傳經教授而學者聞其風指多所開悟元豐三年除通直郎致仕卒有詩四千篇雜文三百篇

張先（嘉靖湖州府志）字子野烏程人康定進士知吳江縣詩格清麗尤長樂府有雲破月來花弄影浮萍破處見山影隔墻送過鞦韆影之句時稱張三影李公擇守吳興招集于郎圃為六客之會晚歲優游鄉里嘗放舟釣魚為樂仕至都官郎中有文集一百卷惟樂府行于世

陸蒙老（兩浙名賢錄）字元光歸安人博學善吟咏嘗為晉陵宰時州幕官有好讒同列者一日同會聞蟬幕謂陸曰君可吟此陸即席詠曰綠陰深處汝行藏風露從來是稻粱萬侍高枝繁響也應回首碩螳螂其人聞之少戢

劉燾（嘉靖湖州府志）字無言吳興長城人未冠遊太學與陳亨伯等以八俊稱元祐三年蘇軾知貢舉稱其文章典麗遂中甲科尤善書筆勢遒勁黃山谷謂江左又生羊欣矣在館中嘗被詔修閣帖十卷又注聖濟經有見南山集五十卷

魯伯能（兩浙名賢錄）安吉人博學強記九歲通五經日誦萬言家貧無油夜映月光讀書達旦歷處州太守生平無他嗜惟以文翰自娛有集三百餘卷

劉度（嘉靖湖州府志）字汝一長興人博覽強記內翰汪藻一見異之以制科薦登紹興進士歷臺諫金人畔盟度條陳三策不報孝宗即位抗疏陳春秋正始之道著有傳言鑑古三十篇雜文三十卷

施元之（長興縣志）字德初以文章著聲試能試除起居舍人遷左司諫注東坡詩四十卷

陳晦（長興縣志）字德[自明中童子科又中博學宏]初以文章著聲試館職除詞科仕至刑部侍郎兼中書舍人有文集三十卷

陳振孫（弘治湖州府志）字伯玉安吉人所居號直齋博通古今為浙西提舉停廢酮庠鄉人德之

沈瀛（吳興掌故）字子壽有文集葉水心適序曰吳興沈子壽少入太學名聞四方仕四十餘年終于王官再入郎三佐帥幕出私憔悴而子壽老矣其平生業嗜文字若性命在身甲乙自著累千百言首其為音瑰富精切自然新美又能融釋象疑魚蹏空寂觀其開闔疾徐之間旁觀而擬陳逸鶩而高翔蓋宗廟朝廷之文非自娛于幽遠淡薄者也

元

趙孟頫（元史本傳）字子昂太祖之後伯圭賜第于湖州故為州人至元二十三年程鉅夫訪遺逸于江南以孟頫入見才氣英邁神采煥發如神仙中人世祖喜授兵部郎中累遷集賢直學士先是桑哥遣忻都等莫天下錢糧已徵入數百萬未徵者尚數千萬民不聊生孟頫與阿剌渾撒里善勸令奏帝盡與蠲除帝從之民始甦又激奉御徹里使言桑哥之罪帝遂窮誅桑哥仁宗在東宮知其名累拜翰林學士承旨榮祿大夫以字呼之而不名至治二年卒追封魏國公謚文敏孟頫所著有尚書注有琴樂原得律呂不傳之妙詩文清邃奇逸讀之有出塵想篆籀分隸真行草書無不冠絕古今畫尤精緻楊載稱孟頫之才頗為書畫所掩知其書畫者不知其文章知其文章者不知其經濟之學人以為知言

趙雍（弘治湖州府志）字仲穆孟頫子仕同知湖州路總管府事雍家學有風概尤工于書畫得家傳之秘

魯琪[璘]（弘治湖州府志）烏程人為人古朴其學賈貫詩文雄壯為時所重

王子中（弘治湖州府志）字居正，武康人，好學有詩名，無仕進意，與
柯敬仲、虞邵菴皆相善，率多唱酬，有掛粟吟三卷行世。

張復亨（弘治湖州府志）字剛父，烏程人，博覽，工詩文，仕至泰州同知，與趙孟頫、牟
應龍、王子中、陳無逸、陳仲信、姚式、錢選皆以能詩擅名，稱吳興八俊。虞集
嘗稱唐人之後，惟吳興八
俊可繼其音，俱有集行世。

錢選（元詩選傳）字舜舉，號玉潭，吳興人。宋景定間鄉貢進士，善畫，用筆高者至與
古人無辨。嘗借人白鷹圖臨摹，裝池以所臨本歸之主人，弗覺也。趙文敏早
歲從之問畫法，文敏入朝，諸人皆附以取官爵，選獨齟齬不合，流連詩畫以終
其身。黄公望謂舜舉吳興碩學，貫串經史，人品甚高，而世往往以畫史稱之，掩
具所學，可謂
深知舜舉者。

華賀學（弘治湖州府志）字伯直，長興人，有俊才，工詩，有
苕溪集行世。子庶字仲清，亦能詩，有翠微集。

明

曹孔章（弘治湖州府志）字子文，長興人，通五經子史百氏，無不究覽。
洪武初薦為烏程學教諭，遷湖州府教授，所著詩文高簡古。

沈夢麟（弘治湖州府志）字元昭，歸安人，少有詩名，元時以乙科授婺州學正，遷武
康尹，以疾辭。洪武間五主文衡于兩浙，年九十三卒，詩入盛唐風，時人稱
為沈八句，有
花溪集行世。

郯輔仁（靜居居詩話）字友文，歸安人，少有至行，不樂華靡，母衣以綺帛，輒顰不服。
長博通經史，恥為章句之學。當元明擾，湖州使人招之，亡去。洪武初始歸
里，有集。
支傳

鄭韶

（列朝詩集傳）字九成吴興人好讀書慷慨有氣節辟試漕府掾不事奔競淡然以詩酒自樂作詩追踪盛唐楊鐵崖以爲有北州李才華相上下

王蒙

（列朝詩集傳）字叔明吴興人趙文敏之甥畫山水師巨然得外氏法然不求妍于時爲文章不尚矩度頃刻數千言可就隱于黄鶴山自號黄鶴山樵人以此稱之元末官理問洪武初爲泰安州知州

車昭

（弘治湖州府志）字叔明德清人不事産業惟嗜學結樓置書數百卷顔其中無間寒暑洪武中本縣辟爲儒學訓導昭能詩長于古選有臨清集

許德華

（弘治湖州府志）長興人少篤志于學嘗置别業于下山藏書數百卷自號潛齋州郡累辟不起卒年八十有潛齋集

楊復

（兩浙名賢録）字遂初長興人刻苦問學善古文詞力還古雅不修藻繢元言空部無不研解嘗日抄唐韻數過得字義之精永樂初領浙江鄉試第一丙戌成進士拜監察御史累遷大理少卿決獄無冤有土苴集五十卷

李齡

（弘治湖州府志）字長年歸安人幼從外祖沈夢麟學詩長于唐律有學古集十卷

沈濬

（嘉靖湖州府志）字洪濟烏程人力學敦行所交盡海内名流爲詩文不事剽襲而興致瀟然所著有蘋洲集霅川淵源録以鄉舉選授蘇州府通判

吴琉

（長興縣志）字汝璵世居吕山宅傍有甘泉極甘因自號甘泉琉所出微少孤穎異絶倫而不習舉子業藏書數屋建環山樓于董鴻鍵户冥搜積十年不下遂精皇極經世之學時邵子闡奥郡守劉太和北面受業劉之夫人亦妙解推測親執弟子禮析義質疑若郴悟之于道藴也袁濂以幣交岐邦之嘗遊白門逢遇奥機纍纍占有異然通者發之則逆理所真矣器也理詳自是折爲其知幾如神類此武宗詔徵至中途遁歸卒所著有元元集皇極經世鈴解太乙統宗太乙陶金六壬金鎖匙天文要義等書又三才廣志三百卷史類六百卷環山集六卷

唐廣（列朝詩集傳）字惟勤，湖州人。嘗為安吉醫官，自號半隱。面如紅玉，目光閃閃，如畫中人。善謔好飲，手抄異書不惜示人。吳興郊大祐有詩名，纖麗似溫李，廣一變為中唐沖澹，類韋柳。張淵子靜其所造也。

趙全（靜志居詩話）字淮獻，烏程人。正德中詔徵不起，居南潯，著書闇闇，閉入其門者有如深壑。恒坐小艇出入五湖間，熙自酌。南垣、箬溪二尚書結峴山會，造廬請入社，不應也。年八十九而卒。有浮林集。其詩不蹈時習，取境故超。

郊言（列朝詩集傳）字大祐，歸安人。天性淡約，游眺吳越山水間，飄然遠俗。其詩纖麗主溫李，為吳興詩人領袖。唐惟勤、張子靜繼之。

施侃（嘉靖湖州府志）字邦直，歸安人。肆力于學，經史之餘，凡陰陽律呂兵卜奇秘無不鈎勘。有浮鞭書千冊。為古文雄渾深懋，詩先氣格，意興清遠。與山人孫太初游，其詩才亦相當。嘉靖丙戌成進士，有菁山集。

張淵 傳詳孝友

閔如霖（烏程縣志）烏師望，號午塘。嘉靖壬辰進士，選庶吉士，歷官南禮部尚書，致仕。才名重一時，三典文衡，簡閱精審，所獎拔在文藝尺幅之外。戊戌得袁煒冠禮闈，癸卯應天拔瞿景淳于棄卷中以元。蠲決之教，庶吉士日與商論國家大故，不以彫琢文字為工，故最號得人。著午塘集。

駱文盛（分省人物考）字質甫，武康人。嘉靖乙未進士，改庶吉士，授編修，一時同館之士多重其文。無何乞病還，終不起。溪居惟詩酒自娛，其用意浮遠，蓋有托而逃者。蔡白石稱其詩沖淡爾雅，摛句整秀；孫文恪稱其文簡古多思，尤深于詩，婉切沖雅，似唐人。有遺稿十二卷，雜文二卷。

施峻（列朝詩集傳）字平叔，歸安人。嘉靖乙未進士，授南刑部主事，歷郎中，出知青州，以內計罷官。有璉川詩集八卷。時推其七言今體，謂可方唐應德云。家居

拔拔如斗典籍甚具署曰甲秀非同調不與登歌詩歡飲以終其身

茅坤

（列朝詩集傳）字順甫歸安人嘉靖戊戌進士知青陽丹徒二縣擢部曹出為廣西按察使僉事遷副使備兵大名中吏議歸林居五十餘載年九十乃卒坤自命有文武才好談兵在廣西府江賊據鬼子等砦坤請募綠五千人自署以往多縱反間擒其黨與以奇兵直搗其巢遂破十七砦嘉靖末年東南患倭胡宗憲為督府虛心資訪用其策為多為文滔滔莽莽謂文章逸氣司馬子長之後千餘年而得歐陽子又五百年而得茅子疾世之偽為秦漢者批遵唐宋八家之文以正之

董份

（舊浙江通志）字用均烏程人嘉靖辛丑進士由庶常歷官禮部尚書古文詩詞書法並有高出一世之概著有泌園集

凌震

（分省人物考）字時東烏程人由歲貢授黔陽學訓導擢督寶山書院聞陳啓沚士習改觀未幾請老歸埽跡城市杜門自養興到獨步林壑風度悠然與劉清惠孫太初為一時名交卒于嘉靖乙未震有傳才博綜羣籍善古文尤長于詩所著有練溪集行世

王濟

（列朝詩集傳）字伯雨烏程人以貲為橫州判官與劉南坦孫太初張允清結峴山社所居有長吟閣寶峴樓圖史鼎彝奪目充棟顧元慶詩話稱其人物高遠所著宮詞善託今詞歸古意王建難稱獨步矣

徐中行

（兩浙名賢錄）字子與長興人少能古文詞十六補邑諸生嘉靖庚戌成進士授刑部主事當是時濟南李攀龍婁江王世貞同為諸曹郎以古文詞名中行交兩人甚歡而同年中若梁有譽宗臣吳國倫咸來相劇切中行遂取舊章悉焚之自是詩非開元而上文非西京而上無述也出知汀州補汝寧中寧歸久之得長蘆轉運判官擢山東僉事雲南參政福建按察使江西布政使一夕卒中行寬然長者于詩務高調遂近體弘亮悲壯讀之神聳文步趨古昔

所立卓爾有青蘿館集續集天目山堂集行于世

姚紹科（長興縣志）字伯道嗜古善詩、凝摩詰與盛明七子唱和書稱白雪齋凌雲閣貯漢唐以來敦彝圖史書繪于其中三吳韻士賞鑒者舳艫相啣也有白雪齋詩稿若干卷

范應期（舊浙江通志）字伯禎廷對第一人授修撰歷中允典南北文武試經筵講書神宗重之所著有玉𣔟堂集

臧懋循（長興縣志）字晉叔長興人萬曆庚辰進士授荊州府教授擢南國子監博士懋循博聞強識畋漁百氏官南中時與名人覽大朝遺跡命題分賦或至丙夜忌者達以沈湎中之歸輯古詩所唐詩所並為騷壇大觀工書法所著有負苞堂集行世

茅維（列朝詩集傳）字孝若歸安人父坤萬曆間苕之能詩者臧懋循吳稼竳吳夢暘而維與之抗行為四子不得志于科舉以經世自負有十賚堂集數十卷流覽篇什才調斐然

茅瑞徵（靜志居詩話）字伯符歸安人萬曆辛丑進士除知泗水縣調黃岡擢兵部郎中終南京光祿寺卿有澹朴齋集瑞徵為坤從坤孫家世饒裕耽情吟味歷官有廉吏之目壯年即解組歸自號苕上漁父官職方時著有象胥錄三大征考詩亦韡真自喜

范汭（列朝詩集傳）字東生烏程人徙居吳門鑿池種竹攻苦讀書沈酣唐人之詩諷詠其清詞麗句苦吟精思廢食盡廢引洞庭吳爲芳為同調務盡刊甘釀肥厚獻酬偪俚之詞輯全唐詩千餘卷眡手疲足迄無寧夕爲芳定其詩四卷而序之以為不傍古不緣今不拘律不違綑迂迴而逕特窈窕而奇幻自簡練以至純粹絲絢之具針巧之飾文章妙然知為神于法者也

韓敬（崇禎烏程縣志）字求仲，萬曆庚戌會試廷對俱第一，授翰林院修撰，為忌者所中，遷行人，尋閒住，性卓犖，遭躓後，著書自娛，諸所選輯，為後學津梁

龐太初（歸安縣志）字上古，萬曆末年居菱湖，詩才清妙，與王穉登、陳繼儒為逸友，嘗遊五岳，徧歷九邊，所過輒留題咏，著岳陽山人集行世

嵇元夫（列朝詩集傳）字長卿，吳興人，少起貴介，放跡不羈，為鄉里所中，坐法下獄，尋釋，厚自濯厲，苦心為詩，有白鵠園集

張睿卿（歸安縣志）字心獻，歸安人，博雅豪邁，游歷山川，以著書為樂，所撰述有經鑑正宗、唐五家詩、峴山長超山志、易說、五大游記、吳興風雅、芸記等書

吳稼竳（靜志居詩話）字翁晉，孝豐人，以例除光祿典簿，遷雲南通判，有元蓋副草、又北征、南詔、滇游諸稿，樂府如健兒騎駁馬，左右馳突，靡不如意，近體頗合西崑，歸自滇南，里居極綠竹雲林之趣，自號大滌先生

凌雅隆（崇禎烏程縣志）號磊泉，承先世家學，篤于典故，所輯有史記、漢書評林、左傳評注、測義、五車韻瑞等書行世

董斯張（靜志居詩話）字遐周，烏程人，國子監生，洽聞周見，嘗以所作投太守吳季驪，季驪寓書韓求仲云，在郡兩年，不識有董生，吳興守眼可抉也，近得其詩，如飛天仙人，不著一烟火字，其傾倒若是，有靜嘯齋集

吳夢暘（列朝詩集傳）字允兆，歸安人，性狷直，不避權貴，薄游長安，與米西寧、張聖標為文酒之交，好吟詩，〻不就，竟夜不交睫，苦思刻鏤，必得當而後已，有射堂詩鈔

國朝

陳元堅（舊浙江通志）字玉仍，德清人，拔貢，搆書盈架，沉酣經史，所著有河渠志、則象考、桺堂集、人倫君式錄

韋人鳳（舊浙江通志）字六象武康人與兄人龍弟人駒皆好學善屬文少隱萬山
中後稍出舉明經性孝友親没茹素終身募嫂孤姪瞻之曲盡禮意弟子
如雲居尊顯者不勝數四庫六籍無不淹貫尤工詩著有萬
里志緱城集又撰顯寧寺志未成而卒學者稱為緱城先生

卓彝（舊浙江通志）號静巖武康人負才好學每與人掀髯指盡上下古今聞者歎
服順治丁亥成進士入秘書院
上常幸院中彝浮獨對
嘉其勤慎特進一級後累遷左春坊左庶子

嚴我斯（鄉賢留祀册）字存菴歸安人康熙甲辰一甲第一名進士授修撰歷官禮
部左侍郎致政家居以著述為娛文章品行蔚然為鄉邦之望卒
賜祭葬著有尺五
堂集行世

蔡啟傳（舊浙江通志）字碩公德清人康熙庚戌第一人及
第歷翰撰學士典試京闈英才畢舉歸以著述卒

徐倬（鄉賢留祀册）字方虎號蘋村德清人十歲就試冠一軍十七游會稽以詩文
受知倪文正元璐遂執經于門文正復挈之謁劉蕺山宗周自是以正學為
依歸崇禎之季社事朋興争欲引重而倬恥事徵逐請學于蕺山荷浦之間從
遊者日進康熙癸丑成進士選入文館授編修乞歸養者十年服闋赴京轉司
業癸酉主順天鄉試尋致仕特年已七十學老文鉅靈光巋然碑板之文照爛
四方求請者踵相接乙酉
聖駕南巡駐蹕西湖
名試在籍諸臣以倬為第一隨進全唐詩録
御製序以冠其端遷授禮部侍郎辛卯倬年八十有九。
特洒宸翰書壽祺雅正四大字褒美之踰年卒

胡渭（公舉事實）原名渭生字朏明德清人友信曾孫内行修潔攻舉業力追先正
詩詞駢體並典贍工麗以邑庠生入太學博極羣書至老不倦而尤邃于經

學考訂精核漢唐注疏多所釐正著有周易圖明辨周易揆方禹貢錐指洪範正論大學翼真及刪後詩唐詩玉淵唐詩表徵唐詩麗則他山録庾開府集注吳興典録等書行世而禹貢錐指曾進
乙覽康熙乙酉
上南巡獻平成頌召赴
行在
御書耆年篤學
四字賜之

胡會恩（公舉事實）字孟綸德清人康熙丙辰一甲第二名進士授翰林院編修凡纂修之役皆與焉入直
南書房扈
駕征厄魯特大捷奉
命祭告太昊以下六陵累陞內閣學士禮兵二部侍郎充
經筵講官恭遇
聖駕南巡扈蹕皆得請假省墓改吏部侍郎陞刑部尚書以勤慎稱前扈從時
上問及家世以高祖友信對
特賜友信名文賓政匾額奉頒家廟告歸遷葬其親逮及同父弟四人并親屬十七棺一時並舉人咸義之事畢回京踰年卒

沈三曾（公舉事實）字尸斌歸安人康熙丙辰進士改庶吉士授編修分校禮闈先後分纂
大清會典皇輿表鑑古輯覽淵鑒類函諸書居官恭謹恬退不妄交一人
召試翰詹諸臣限韻賦詩三曾立就成恭讀
御製詩一章并書行楷一幅稱
旨又于西苑試理學真偽論豐澤園賦二篇復稱
旨特召面對擢贊善丁艱歸四十四年
上南巡命在籍詞臣校刊全唐詩于揚州三曾與焉奉

特旨在籍補原官一體食俸誠異數也三曾居鄉經年不入城市敦本睦俗課子姓以詩書即藏獲俱守家法人稱為懷庭先生所著有十櫥書屋詩集十卷文集六卷

蔡升元（湯右曾紀恩詩序）德清人少稟異敏讀書纘言根極體要廷對擢第一由宮允除詹事歷閣部皆出特達之遇三世承祠
上特賜內府金俾營宅兆再入京師
賜苑西宅一區殊帶褒侍宣賜絡繹紀恩之什皆含英犀籍天音六義麗以則清以越言暢意美而于祝嘏之詞尤工歲癸巳以
萬壽覃恩奉命西秦祭告賞賚諸軍凡按賚之處絲毫不擾稽核必詳（德清縣續志）字方麓康熙壬戌繼其伯啟僔為狀元入直南書房歷宮坊進詹事閣學擢左都御史陞禮部尚書康熙六十年假歸六十一年卒雍正元年
諭祭給全葬

徐元正（公舉事實）字子正倬之子康熙乙丑進士選庶吉士授編修歷宮坊學士保直纂修凡遇
國家典禮及碑冊大文閣臣院長以元正為老成宿學必共相商推倚以為重每值記注紬繹精詳恪恭慎密二十餘年如一日遷吏部右侍郎進左都御史轉工部尚書操行嚴介處事平恕有古大臣風三任文衡所拔皆英俊年七十七卒所著有清獻樓集鶯坡存草

吳浩（王頊齡吳浩傳）字天濤號溪南歸安人生有至性事親先意承志撫諸弟四世百口同居為名諸生由明經需次學博讀書旁搜遠覽淹貫古今而尤殫心義理之學病明季以來四書講說紛紜錯雜纂為四書約言以授學者又以制義為舉業正宗取韓文二家在閩定待諸選合而删之以示作文軌範具他

箋釋諸書不下數十種工詩古文著有漢南集心園小草聽鴻草全蕉遊草抱膝吟百六吟書畫船雜咏若干卷行世

寧波府

三國吳

任奕（會稽典錄）山陰朱育曰文章之士立言粲盛則有鄉吏中丞句章任奕各馳文檄曄若春榮

五代

林鼎（十國春秋）字涣文本侯官人父無隱有詩名寓明州鼎生于明州之大隱村及長謁錢武肅王王以為觀察押衙尋辟文穆王幕府文穆襲位署鎮海軍掌書記節度推[判]官鼎性謙正而強記能書得歐虞筆法中年讀書必達曙所聚圖籍悉手抄即殘編斷簡亦校讐補綴無所厭倦吳越國建命掌教令尋拜丞相卒謚曰貞獻有吳江應用集二十卷

宋

周鍔（史祐四明志）字廣彥鄞人元豐二年進士嘗官桐城辭不赴曰學優則仕吾向所治科舉耳遂盡究治六籍諸子百氏之說悉著論具本旨乃游潁昌訪其男范忠宣公純仁過洛見文潞公司馬公咸見器重在京師上書言餘杭永樂之失後知南雄以言邊事忤時相入黨籍即退休于家作四休堂于西湖十洲之西與弟錄偕隱所為文二十卷又承宣集一卷明天集一卷默[六]甲奇書一卷鍔娶胡氏尚書右丞宗愈之女再娶王氏翰林學[士]觀之女又而妹適陳忠肅公瓘蔡京作黨籍碑婿翁婿男俱入籍後以為盛事

王璧（嘉靖寧波府志）字子潤鄞人宣和六年進士少年氣鋭以遠大自期志其前所為舉子文披閱羣書醞藉日富舉筆為文波瀾洶湧朝廷方復博學宏詞科首魁具選未幾卒士論惜之

高文虎（宋史本傳）字炳如四明人紹興庚辰進士調吳興簿曾幾守官在吳文虎從之遊故聞見博洽多識典故遷太學博士孝宗幸兩學祭酒林光朝訪文虎具儀注文虎輯國朝以來故事授之兼國史院編修官與修四朝國史高宗實録神宗玉牒自熙寧以來史事淆雜人無所取信文虎盡取朱墨本刊正謬妄一一研覈既奏御又修徽宗玉牒考訂宣和崇觀以來尤為詳審歷遷中書舍人兼直學士院西掖詞命舊率以數人共一詞文虎乃人各為之遷兵部侍郎拜翰林學士兼文華閣學士知建寧府丐祠以臺臣言奪職卒

樓昉（延祐四明志）字暘叔與弟昞俱以文名少從呂成公于婺其文汪洋浩博宜于議論援引叙説小能使之大而統宗據要風止水靜泊然不能以窺其涘故其從學者凡數百人最顯者鄭清之應䌹鄭次中趙與懽輩尤善章表李璧黃裳為侍從所為文俱出昉手嘗編歷代文章為一編業進士者咸誦之守興化軍卒

王宗道（嘉靖寧波府志）字與文奉化人嗜古學窮涉討幽時出奇見人多稱之登嘉定元年進士為江東提刑司幹官著有易說指圖二禮說書說觀頤悟言讀詩臆說雜録聞見因筆淮監論並詩文五十卷

應䌹（宋史本傳）字之道慶元府昌國人刻志于學嘉定十六年試南省第一遂舉進士為教授遷太學博士秘書郎請早建太子帝問藏書䌹請訪先儒解經注史因及程迥張根所著書皆有益世教帝善之遷著作郎歷國史編修實録檢討知台州召直學士院一夕召䌹草麻夜四鼓五制皆就帝奇其才進翰林

明州

學士兼中書舍人拜
參知政事乞歸田里

王應鳳（成化四明郡志）字仲儀鄞人與兄應麟麗講研：忘寢食劇心文圃根柢
左氏班馬登文天祥榜進士寶祐間廷對披腹盡言中甲科第九賜第或
謂曰此麗澤先生名第也盍以異科自見開慶元年中博學宏詞科歷淮西制
置司參議官未幾文天祥薦其學宜在翰墨之選除太常博士以終所著有熙
齋稿及訂正三
輔黃圖諸書

薛真（兩浙名賢錄）字持志昌國人少有文名及長以聖人執推賦領鄉薦調衡陽
簿時冠起黑風洞檄真往撫諭將至有道其姓名者其酋曰非四明作聖人
執推賦之薛真耶遂投戈而退

姚夢千（嘉靖寧波府志）字正子慈溪人七歲學小戴禮輒能言其要領邑大夫葉
汝明面試中庸首章義及牧愛堂詩秋水出芙蓉賦皆援筆立就葉大驚
異乃大書神童家三字以旌之既而之中都編交當世之士讀所未見書筆力
益肆年三十六始發解未五十遽卒黃震誄之曰正子起自童丱而長老先進
折節相下起一介布衣而當世知名
士聞風願交乃不獲少見于世惜哉

元

姚登孫（嘉靖寧波府志）字廷禮慈溪人與兄夢千皆英銳早發人稱二難景定間
舉鄉貢會宋運將訖遂退居湜峰別墅窮究經史百氏為文淵奧宏博起
絕蹊逕闖古作者之域元時起為國子助教諸生辨疑質徹立館下
者日數百人發蔀擊蒙無不意滿趙郡蘇天爵嘗取其文編入文類

戴表元（元史本傳）字帥初慶元奉化州人七歲能古詩文多奇語稍長從里師習
詞賦輒棄不肯為咸淳中進士乙科大德八年拜信州教授調婺州以疾

辭初袁元閣宋季文章氣萎薾而詞骫骳慨然以振起斯文為已任時王應麟舒岳祥並以文學師表一代袁元皆從受業爲敍其學博而肆其文清深雅潔化陳腐為神奇蓄而後發聞事摹畫而隅角不用至元大德間東南以文章大家名重一時者惟袁元而已其門人最知名者曰袁桷

袁　桷（元史本傳）字伯長慶元鄞人舉茂才異等大德初為翰林國史院檢閱官時初建南郊桷進十議禮官推其博多采用之陞應奉翰林文字同知制誥兼國史編修官請購求米遼金三史遺書累官翰林直學士知制誥同修國文至治元年遷侍講學士泰定初辭歸桷在詞林朝廷制策勲臣碑銘多出其手所著有易說春秋說清容居士集

董　復禮（黃溍董復禮墓志）字東美奉化州人少嗜書不以貧輟其學故衣敗絮無以憂寒擁被扶策坐竟日莫見有不堪之色嘗為舉子業試有司不利遂不復踐場屋益取經史百氏之言鉤微擿隱而求極其根柢間出為詩歌雜文皆清麗古雅可喜侍講學士袁公桷甚器重之

黃　玠（弘治湖州府志）字伯成慈溪人袁曾孫清苦力學無所不通周游西湖樂吳興山水因卜居弁山與趙文敏游文敏稱許之有卞山集知非稿唐詩選纂韻錄等書行世

鄭　芳叔（嘉靖寧波府志）字德仲鄞人宋亡遍遊遺老之門傳學廣記家貧無書嘗假人書躬自繕錄積數十百卷為文一根于理不事浮靡從遊嘗數十人兩任郡學訓敎學嚴重以道自尊而尤篤于倫理晚著學錄未上卒

顧　澗（嘉靖寧波府志）字德輝鄞人大父應春父叔川皆以文名澗六歲即善屬文郡博士俞希魯器之以神童舉不果既長肆力經傳卓然欲以事功自見閉門郤埽默索精思垂三十年著釋圖一說約六十三圖微二十一希言二十四事對六十二治要十八體卦八解八辨十二議二十四傳七記論序文銘各三雜

著十八賦騷十九雜詩
三百二十合三十卷

王厚孫（嘉靖寧波府志）字叔載尚書應麟孫十歲能詩賦操筆立就父昌世入元
弗仕進其門者多老成博雅之士厚孫日侍左右面命心傳克積淹博金
華黄溍薦司郡訓尋為郡直學秩滿授象山教諭調浦江解歸自號
遂初老人性介潔為文法三代兩漢不事雕飾有遂初集三十卷

姚應鳳（兩浙名賢録）字時和慈溪人以才自雄為文喜馳騁每屬筆于廣眾中詞
鋒横逸一座皆驚後持以謁袁桷桷告之曰子文不受束縛然法度不可
廢也領之自是務為莊重簡嚴日益深邃至元間就省試部以龍虎臺命
題有司得應鳳賦歎曰此楚漢故物也擢置高第著有納軒稿若干卷

陳子翬（成化四明郡志）字彖賢奉化人負氣幹精文藝書法李邕為慶元路教諭
後歸日與高橋章壘甬東鄭奚夫剡源徐本原相問難經生學士爭受業
為每風晨月夕載酒溪山更唱
迭和以發舒懷抱著有思剡集

袁士元（元詩選傳）字彥章鄞人德祐忠臣鏞之孫性至孝父背患疽吮之立愈以
茂才授鄞學教諭調鄮山書院山長尋為平江路學教授擢翰林國史院
檢閲官不赴築城西別墅種菊數百本自號菊邨學者
所著林外集七卷危太樸為之序稱其思致高遠云

文質（元詩選傳）字學古甬東人居吳之婁江學行卓然詞章奇放好
為長吉體酒酣長歌声若金石為楊鐵崖所稱年九十六卒

陳桱（嘉靖寧波府志）字子經奉化人官至翰林學士祖著宋時知台州書本綱目
授書以紀歷代之統經自束髮受書即思弘前業乃續成二百卷工自盤古
建高辛訖于有宋比事較義紀年師司馬公補
遺書法師朱文公綱目名曰通鑑續編行于世

明

烏斯道（靜志居詩話）字繼善，慈谿人。明初以薦起知石龍縣，調永新，以疾去官。與兄本良字性善並著才名，鄉人目性善為春風先生，繼善為春草先生。宋濂稱其文云：俊潔如明月珠，洶湧如春江濤。楊子器稱其詩云：疏秀若雨後春山，綺麗若雲中翠巘。有秋吟稿、春草齋集。

崔植（成化四明郡志）字斯立，鄞人。治春秋，辨論三傳，得失歷歷如指掌，究極羣史，出入班馬范歐，叩之淵乎無畔岸。平居儀度整肅，不假修飾，而規範自然。洪武七年薦為郡學教授，調處州教，後進盡出底蘊，隨其才而成就之。卒官，有雜著文集若干卷。

王賓（嘉靖寧波府志）字用賓，鄞人。博學強記，貫串經史百家。避地村疃，淡然自適，號水都隱者。洪武中以文學薦，授休寧教諭，以身率諸生，士不懲而自勸。秩滿考績，廷試鍾山雨齋賦及秦鶴賦，上奇之，命供奉翰林，以老辭。教授潯州，卒。門人私謚曰清節先生。所著有書隱、西上、南游等集。

余伯熊（天啓慈谿縣志）名夢祥，以字行。性落落，不與流俗伍，家貧好學，寒暑不懈，以詞翰聞于時。洪武十六年舉明經，授宜都知縣，調饒州之安仁，所至有聲。

胡廣（成化四明郡志）字文剛，鄞人。從鄉先生胡世佐授毛詩，討論校讐，問學淵博，教行誼，遠紛華，為文沖淡純雅，工律詩。文士過從無虛日。洪武中司訓邑庠，後調四川之安岳縣，歸里，優游山水，寓物寓意，自謂乾坤腐儒。所著有雲屋集。

時銘（嘉靖寧波府志）字季熙，以字行，慈谿人。好學能詩，漁獵經史，為文奇正間出，變化不窮。洪武二十九年為鄞學訓導，已而赴京，和御製思得人詩，工，獎諭名對，特授監察御史。未幾為崇仁令，有政績，歷陞四川按察僉事。嘗夢奮頫縞衣人授以墨文，思益進，因歸所著詩文為夢墨稿，行于世。

王毓（嘉靖寧波府志）字用賢，鄞人。貌清癯，讀書以古人自淑，嘗植梅庭下，雖凝陰沍寒，默坐對之不去，因寄之模寫，標格勁瘦，天機呈露。賦詩尤工于長歌、隸書亦有新意，時稱三絶。

周陞（天啓慈谿縣志）字孟襄，居市廛一室如舟，所儲書史之外無他物，因號書舫齋。為詩歌音調高古，不類今人。每遇酒酣擊節歌陶淵明詩，四顧悼慨，旁若無人。

錢珏（嘉靖寧波府志）慈谿人。不慕榮利，雖獨處晏室，不廢冠履，客止簷望，未嘗傾側。遇天日清美，輒遊里閈間，步履有循儀，觀瞻肅，不問皆知為溪雲先生也。性好吟咏，口吃若不能言，為詩清麗雄渾，浮少陵家法，有和唐音并溪雲稾行世。

鄭復言　鄭雍言（嘉靖寧波府志）復言，鄞人。永樂丙戌進士，選庶吉士，讀中秘書，鈞纂精微，預修永樂大典。應制賦白鹿稱旨，改禮部主事，歷陞太僕少卿，引年歸。弟雍言，舉進士，改庶吉士，授中書舍人。仁宗監國，屢命賦詩，頃刻立就，尋命署禮部尚寶司及六科事。上嘉曰：不獨文詞典雅，作字亦端楷嚴密，甚類其為人。陞河南按察僉事。宣宗御極，留直文華殿，日侍顧問，終太常少卿。

桂宗儒（天啓慈谿縣志）字文藪，以貢與修永樂大典，授蘄州同知，有善政，不能迎合監司，遂注下考。吏部侍郎師逵以善詩工書薦，名見，拜修撰，居職七年，每應制有作，為時所稱。

桂璟（嘉靖寧波府志）字懷英，慈谿人。倜儻不羣，至老不釋卷，詩文克物，士大夫及門請益者無虛日。相語不以名氏，尊之曰古香先生。所著有桑榆稿。

劉本（天啓慈谿縣志）字維源，永樂丙戌進士。先是成祖選曾棨諸人肄業文淵閣，上特至閣中，或召至便殿，拔奇書僻事以驗所學，于時榜選十一人，本與焉。同修永樂大典，校讐文淵閣，一日忤旨，發口外為民，尋召還，為編修，以疾卒。

馮　厚（嘉靖寧波府志）字良載慈谿人生三月而孤比長事母至孝舉明經授學官
歷遷淮王府長史嘗集文翰類選大成凡一百六十三卷以資啟沃善詩文
多著述有洪菴稿中都稿南陽
稿洲纂管見春秋罕論等書

周　翰（嘉靖寧波府志）字維翰鄞人永樂三年舉人車駕臨太學翰獻賦稱旨詔禮
部覆試擢第一命進學翰林預修永樂大典七年除翰林典籍先是文淵閣
所儲古今書籍歲久卷帙淆亂翰為理葺餘二載秩然完整各書要旨略能記
憶陞檢討修兩朝實錄書垂成而卒翰為文根抵班揚出入韓柳下筆頃刻千
言有集
藏于家

葉　銘臻（兩浙名賢錄）字維新慈谿人永樂甲申進士以文名詩有盛唐風格每為
舉主解縉所稱韓王請為伴讀王改國于涼遂歸鄞郡守鄭珞來守郡造廬求見
聖謝不出珞曰某求作府堂記耳何拒之深也乃出見惟如平生更至郡齋接
筆為記珞歎服居家動遵禮法不戚而肅士大夫語家法之善者以銘臻稱首

顧　懃（嘉靖寧波府志）字存誠司諫道之子少聰警于書無所不讀仁宗念司諫舊
德詔起之捉業上京師進謁藩臣不與均禮意其中未必有也指所坐聽事
曰堂名紫薇請記之趣具楮墨懃展紙濡毫頃刻立就文不更草書體數家俱
偹乃歎曰奇才也以上客禮之陞見擢司經正字性亢直不能隨時俯仰忌者
劾之謫戍南丹在戍發為詩歌沈鬱頓挫
浮柳〻州風致卒年二十九有克然子集

魏　偁（嘉靖寧波府志）字達鄉慈谿人由貢上春官兕試第一授石城訓導為詩希
唐風恒以立言自許時與學士楊守阯相倡和守阯甚器重之平生不見疾
言遽色至利誘摧怵則屹然山立不可動所著有經書性
悟藁克子苓館詩話聞見類纂小史雲松詩略讀史編

洪　常（甬上耆舊傳）字子經鄞人博學強記家貧嘗從人借書一覽便盡中進士授
兵部主事會土木之變于謙進尚書一時軍事悉錯畫以相屬謙每入朝常

鄉具筆札以從事至且詰且疏即不具草立上稍遷至郎中英宗復辟吏指常為諂黨上特原之後馬昂為尚書值西陲多事昂常面陳部曹乏人上顧問洪常安在以憂去對即令起復至部久之疏薦常為本部侍郎忌者劾昂私所厚常遂請疾歸里蕭然一室以文章自命晚年浮所未見書必手鈔之所著有勉學錄石田稿隨筆考文業考及選定六家文集

張琦（嘉靖寧波府志）字廷珍慈谿人讀書一過不忘作文有俊才正統辛酉中鄉試時猶未冠也試禮部不利益自奮于學文氣浩瀚如峽江春流不可抵禦時海鹽張寧餘姚魏瀚嘉興姚綬俱有名于時人稱浙江四子天順登第未幾卒

王淮（列國詩集傳）字柏原慈谿人景泰十子之一長身美髯博極羣書嘗與湯公讓遇于吳興之慈感寺以辨博相夸對詰移日不相下及徵青陵臺事各浮其二淮問公讓曰止於此乎復舉其一歷歷口誦無所遺公讓歎服語太守岳璿曰柏原真行秘書也好作長歌下筆輒數十韻造語奇麗擅名江湖間卒年八十著有大姚稿

羅信佳（兩浙名賢錄）字邦彥慈谿人書與同邑桂琛鄭岑馮璋時中讀書永明僧舍四人讀窮晝夜一燈聚首每至夜分信佳獨斷睡達旦及舉所讀背誦如流水至請解經傳四人紛挐未定信佳臥其旁徐以一言決之景泰庚午與四人同領鄉薦大理丞夏時正題其讀書處曰聚奎堂為文記之成化丙戌登進士除南兵部主事未幾卒信佳文字簡嚴人謂似李泰伯

王暘（天啓慈谿縣志）字時暘風韻凝遠讀書不務章句搜剔幽微至闡彝倫世故必及覆詳至務超浮學為文于閒肆中出奇怪恥作軟媚語正統丁卯舉鄉試五赴春官不利乃作五婺賦以見志時宰以其工楷法薦授中書命下而卒

張琦（列朝詩集傳）字君玉鄞人弱冠游學吳楚間每讀書至夜分與其徒吸水噀面醒目又讀弘治戊午舉于鄉明年第進士年已及艾授南大理評事歷寺正陞興化知府監司累上治狀以疾請歸陞左參政致仕二十年而卒自少至老刻意攻詩嘔心琢腎力去陳言有白齋集十卷

陳沂（列朝詩集傳）字魯南鄞人以醫籍居南京八歲能摹古人畫十歲能詩十二歲作赤寶山賦傳誦人口中正德丁丑進士改庶吉士授編修進侍講忤張孚敬出為江西參議山東參政轉行太僕卿致仕杜門著書絕意世務書學大蘇旁及篆隸繪事皆稱能品所至好遊名山水皆有詩紀晚與顧華玉遊歷長干諸寺賦詠尤多文采照映一時有拘虛詩集及詩話若干卷

章珍（甬上耆舊傳）字文重鄞人自天順成化以來與張景心宋弘之李撰軒俱以布衣宿望為里中五經師書法仿宋克詩溯漢魏能造其妙生平喜讀易有易注若干卷又孤舟夜讀一卷他所著句章小家言二十卷

洪貫（嘉靖寧波府志）字維鄉鄞人舉成化丁酉鄉試除鄧州教諭肆力為古人詞詩逼盛唐賦有楚漢風格陞知崇化縣改政和邑有紫陽西山遺迹貫因表章發揮以經學風厲多士〻彬〻起焉竟浮下考以歸因擬杜秋興詩見志傳至京師李東陽大加賞異別為春興八首以送和之晚結廬東野更號稼翁日哦其間取唐人詩和之殆徧或乃銘誌請牒以為時重海寧新城江陰靖邑四邑志皆其論撰也年九十卒有周易解疑臥遊清嘯錄太白山人稿五十餘卷

全湜（甬上耆舊傳）字本清鄞人童時輒能詩長益漁獵載籍舉于鄉以善書授中書舍人遷太僕寺丞督山東河南馬政宣詔朝鮮其國尚文學聞湜有詩名請留詞翰為即席草答數十首文義溢發自王以下盡驚曰前此所未有也因請其使節所歷詩文鐫諸國中名曰皇華集使還致仕家居與里中耆舊觴詠為樂詩多逸韻篆隸行草俱有漢晉人風骨善寫竹每命筆姿態橫生率題小詩于上

吴惠（嘉靖寧波府志）字仁甫，鄞人。少孤，習記誦為詞章，即超流輩。正德辛未成進士，改庶吉士，授檢討，陞國子司業，日會六館生講經書與義，人喜得師。嘉靖初侍經筵日講，歷太常寺卿卒。惠自少熟蘇長公文，濡毫染翰，每相肖。李東陽、楊一清常以東坡稱之，惠亦以此自許。或譏其不能進于古，惠曰：「經生學士如好古者，且就左氏、司馬讀之，何暇及我乎！」其文自成一家言，在太學有經筵講義，別有北川文集。

華愛（嘉靖寧波府志）字仁鄉，鄞人。甫成童，博聞强志。正德甲戌成進士，陞南兵部職方郎，出守桂林，有惠績。以直道忤人，被劾落職。性溫雅，洞見肺腑，家居日以詩書自娱，與至輒携其所知，夷猶于迴溪疊嶂間，見雲氣蒸霧變，木秀卉榮，則欣然忘返。工行草，為詩希盛唐風格，每以王維、杜甫為至。所著有石隱集。

陸釴（兩浙名賢錄）字舉之，鄞人。正德庚辰進士，廷試第二，官編修，讀書中秘，益銳志問學，盡覽經史百家言，尤砥名節，以古人自期。預修武皇實錄，成，進修撰。以議禮忤時相，遂出為湖廣僉事，轉山東副使，督學政，敦本抑末，士風為之一變。山東舊無通志，歎曰：「海岱山川之宗，聖賢人物之望，六經文章之祖，惟茲一方之志，而天下古今之事備焉，吾當任茲役。」遂考古諏今，補遺正譌，窮日夕不懈。踰年志成而病卒。釴為文典衍宏暢，詩則溫而典，婉而諷，有晉唐之風。著有少石子集十三卷。

李端（嘉靖寧波府志）字文正，鄞人。與二弟同爨至老。諸子十人，各課耕讀。郡太守禮為鄉校師，規誨整肅。為詩逼唐人，時與全太僕湜、倪處士光、魏學博倆締為詩社。日本貢使還，求端詩為贈，有「肩挑雲影江頭別，衣帶天香海上還」之句，人傳誦之。

張鈇（天啓慈谿縣志）字子威，博綜百家，再試場屋不第，遂棄去，攻詩古文，吟口論天下事亹亹，竟日聞人之善，雖遠必赴，亦有接里閭而不通往來者。燕居獨處，必正襟危坐，高風逸韻，傲睨物表。所著有碧溪詩集、南皋詩話、郭外叢談、詠史百絕等稿。

方詔（天啓慈谿縣志）邑諸生特博古今嘗著四明都賦略而核秀而葩走獻闕下相國袁煒具故交也報謁自居揖客名稱不改其舊袁目為狂客賦不果上東還絕意世事著述益富

應雲鸞（嘉靖寧波府志）字瑞伯象山人少諧父讀書處見墳典浩博輒曰會須讀盡此書父奇之長遂刻意淬厲六經子史無不淹貫嘉靖辛丑成進士出令臨川設三條法以清虛課上之巡撫為時成式纂文昌懷疏千金陂議設巡司政績炳著歷陞武庫司郎中時有邊警數議征討防禦之計方欲柄用而卒雲鸞好古文詞凡所撰著悉本六經而步武遷固唐宋以下弗屑也所著有臨川集東塘彀音象川雜稿

張時徹（甬上耆舊傳）字維靜鄞人二十舉于鄉成進士歷官南曹郎以副使督學江西備兵臨清歷官至南兵部尚書遂歸時年齒尚茂既不為世用乃精思撰著為詩古文詞及他說林家言凡數十卷輯洪建以來名文為文範撰郡志續四明風雅既以標格自持益好士家有別墅在東皋曰茂嶼草堂在西皋曰武林莊時引客觴詠其間

陳束（列朝詩集傳）字約之鄞人嘉靖己丑進士選庶吉士授編修出為湖廣僉事分司衣沉遷福建提學副使改河南卒于官年三十三初會稽董侍郎圮有愛女不欲與凡兒婚甬東張尚書時徹為言曰陳生雖起寒微其人才足壻也侍郎召見之垂髫敝衣膚神玉映叩之無不響應試之詩文揮筆如雲煙侍郎大喜起曰為婚既入中秘與唐順之王慎中諸人刻厲為古學張桂受上殊寵奔走朝士束獨不往恨之出之外藩稍遷視學游更繁劇再疏求去不得而死唐順之為刻其遺文皇甫汸為序謂為孚鑄四傑晚鎔二張過軫平原睎駕康樂云

呂時臣（列朝詩集傳）字嘉則（中父）鄞人稱詩先于沈明臣避仇遠游歷齊梁燕趙間旅寓章邱與李伯華論詩遂大進至青州客衡藩衡莊王愛其詩為刻甬東

野人藁晚落蕩蕩禮之亞于謝榛卒于河南涉縣魯王孫中立序其詩曰山人鶴骨清癯若出衣表貞介廉潔不妄交不苟取特為諸侯所重

戴鯨（甬上耆舊傳）字時鳴鄞人以進士知蜀縣歷南工刑二曹出為江西按察僉事謫判鄧州歷官福建右參議歸老于家持操廉白以孝友名垂老猶好學目坐東白樓手一編不置成化以後郡志闕然因續為蒐補考諸先輩所言述而不斷名曰四明志徵又見高士宋弘之所輯四明雅集因增所未備序而傳之又合為四明文獻錄別著閱廣集東白樓稿藏于家

沈明臣（列朝詩集傳）字嘉則鄞人為博士弟子數奇不偶胡宗師督師平倭辟置幕府宗憲豁達好士微有酒失善嫚罵明臣獄獄不少阿宗憲遥望見為起立書燕將士于爛柯山酒酣樂作請為鐃歌十章明臣援筆立就釃酒高吟至狭巷短兵相接處殺人如草不聞聲宗憲起將其須曰沈生何雄快乃爾命刻石至山下宗憲死明臣走哭墓下持其所詠編告士大夫訟其冤已而挾策走湖海往來吳楚閩粵間年七十餘卒先後歌詩行于世者為豐對樓詩選凡四千餘首

葉太叔（鄞縣志）字鄭朗工詩沈明臣見而奇之曰此今日李王孫也遂與定交以其詩呈張特徽深為賞異有數人令吳中邀修邑志太叔既為辨史獨著已名令以百金置酒為壽欲得附名纂損太叔怫然曰著書千載事豈容貨取遂東藁而行其詩草偶有不愜意付諸火既悔而追錄所記憶名思姻集

汪禮約（甬上耆舊傳）字長文中丞王之孫石孟山人坦之子從學沈明臣得其指其指授由是名益重所居曰大雷山房人望之若三壺仙宅坐臥一樓樓左偏閣一穴下置容五石缸使人鍵其外每一詩成輒手取投之投穴中積歲缸滿家人發戶出紙好事者爭取之稍傳布人間其著作甚多沒後散失僅存遺詩一卷四明游籍一卷

屠隆（列朝詩集傳）字緯真一字長卿鄞人萬曆丁丑進士除潁上知縣調青浦陞禮部郎中隆令青浦延接吳越間名士青帘白舫縱浪泖浦間以仙令自許在郎署益放情詩酒罷歸縱覽閩塞遨遊吳越七閩間嘯傲賦詩長篇短什信心矢口書戲命兩人對案分拈二題各賦百韻咄嗟之間二章並就又與人對奕口誦詩文比誦彼書、、不違誦所傳由拳白榆采真南遊諸集皆未曾起草之筆

楊承鯤（甬上耆舊傳）字伯翼鄞人少喜讀班馬二史工詩年十五為諸生沈明臣見而奇之曰楸兒難與爭鋒因呼為德祖以是有重名為人守古獨當世少所許可嘗與人言王弇州論歷下朗鑒不及歷下持論道所得者古人臣郭耳既以太學生北上竹薊門行名滿京師久之歸里于城南築小園歗詠其中文章高妙詩于五律為長城善法書遺集二種傳于世

余寅（甬上耆舊傳）字君房改字僧杲鄞人兒時里師授句讀每為所屈及壯喜讀秦漢以前書舉進士官水曹郎上正風俗十事以按察副使視學陜西請謁一無得入遷左參政改山東以忤時乞歸起福建再乞休加太常少卿致仕寅性伉厲狷然獨行既里居擅文章之事然恥以筆札自見交游甚寡年七十五卒有農丈人集其詩瘦而堅質而隋絕似其人頗歔然自謂于詩涉其藩未能窺其奧意專以古文辭上追古人也

董大晟（鄞縣志）字暘明博學工文著海曙樓賦淵泓浔體不滞不詭又有雪月風花賦並為世所稱

李瑋（甬上耆舊傳）字偉卿鄞人盡讀五經三史作有韻之文輙得奇語及壯遊薊門適年歸杜門著書務期盡洗俗學歸于大雅前後撰著積數十萬言獨留心土風利病嘗著國課論東錢湖賦臆列郡國農田水利事甚詳年踰九十作七遺一篇手定詩文十餘卷曰枲麻集翔三眉刻以行世

王荁（天啓慈谿縣志）字季儒父交為給事中書折推相翟鑾著直聲荁其季子也舉卯時即以詞賦領諸作者萬曆癸未舉南宮改庶吉士授編修一時儕偶

皆折節下之爲文意氣矯厲如鷲䬀逢勃洞駴耳目詩如高山大壑峯巘曠遠與屠隆相伯仲丙戌持節冊封晉藩報命至潞河卒所著有雲山日記采真編季儒詩選蒼雲館全集並行于世

應泉（鄞縣志）字仲鶡爲諸生後棄去汎舟江漢間發爲楚聲已而上薊門歷長安落落無所合歸而卜築于東皐之竹蒼晩與二三隱人往來酬倡信安方應祥徐日久延至㰅柯山以詩文師事留都各部寺誌皆泉手裁書與閩中曹學佺論文意甚合故石倉詩選泉詩獨多

李堠（甬上耆舊傳）字公起鄞人生而聾父尚𤇾卒于官堠年十餘歲聞訃擗痛凡五日夜咽粘而嘶及更啞及長盡發先世遺書縱觀之上自國家典故還場户口名臣言行無不得其始末以至一草一物靡不考據精覈作爲史譜輯南東逸事異聞畢顯行世有盟鷗集其未刻者十餘種曹學佺嘗合華亭唐仲言爲二瞽人傳仲言瞽而工詩堠以目誦仲言以耳讀而居誠千載異人也

王嗣奭（舊浙江通志）字于越鄞人領萬曆庚子鄉薦授涪州知州少有文名及長博覽經史尤嗜少陵詩嘗夢與把臂共吟後之官入蜀過草堂謁少陵遺像悦然夢中遂詮註其詩曰杜臆著有左右鏡山中天管天諸筆記

薛岡（甬上耆舊傳）字千仞鄞人少辟地客長安爲新進士代作考館文字每得與選因有盛名所著天爵堂集身爲太平詞客六十年名重天下

汪樞（靜志居詩話）字伯机鄞人生世祿之家不樂仕進治別業曰泡園賦園居詩六十首閩人徐興公亟稱之有存佚篇

董守諭（舊浙江通志）字次公鄞人負性耿介不隨同流俗爲文章恥尋常習故登天啓甲子賢書七上公車不第杜門讀易有得即抄之積以成帙性不善治生家本素封用以待賓客賑親故遂致日落當事欲一面而不可得士論以此重之所著有監蘭集及讀易一抄二抄卦爻考略

馮元仲（慈谿縣志）字次牧幼即肆力于詩古文鉤深探微試吏部授縣丞歸隱湯山更名天益取前人未刻書及米趙諸家墨蹟雕鐫精好又按古名墨法更製之一時天益山書墨遂名天下其後家日落徹衣箬笠行道中與人評論詩文及談黃道周倪元璐諸遺事往往移晷始別去詩法杜而體兼北宋然未嘗留稿僧寮村店頹垣敗壁間存者十一每為人所膾炙

陸符（黃宗羲陸符墓誌）字文虎寧波人貌甚偉胸貯千卷謦欬如洪鐘一時士大夫聽其談論皆以為陳同甫辛幼安復出也崇禎辛巳以薦至京入國學壬午順天鄉試丙戌卒年五十符古文詞鵬騫海怒意之所極每寄天心月脇而出詩皆志意所寄市交游而作聲色者未嘗以片語汙其筆端雖才堪經世而倘然獨有世外之致

劉應朝（慈谿縣志）字瑞當為諸生有盛名初與姜思睿稱姜劉已思睿登第復與馮文偉稱劉馮一時名士無不願與之交發為詩文僻拙類圭峰家數

國朝

李鄴嗣（舊浙江通志）號杲堂鄞人自高祖循義至父棡四世貴顯嘗侍父病嘔血數斗自此絕意入世自羸革石日著書撰漢語南朝語續世說新語為三語而漢語不列曹氏一門其詩古文詞凡一百餘卷類漢語鄞人宗師之

陳錫嘏（鄉賢留祀冊）字介眉號怡庭鄞人康熙乙卯浙解明年成進士改庶吉士授編修與纂皇輿表鑑古輯覽二書充乙未會試同考官尋予告歸（寧波府志）錫嘏處身若冰雪而與之處輒平易近人為諸生窮日誦授硯硯不休官詞臣公堂館課私室橫經寧至雞鳴而寢里居膚末疾猶隱几危坐不釋丹鉛士入將卷帙來請必錄而其淂失終卷而後已有集若干卷

鄭梁（紹興府志）字禹梅又字寒邨慈谿人康熙戊戌進士選庶吉士改戶部主事歷陞郎中甲戌會試同考出知高州府時議開硇川梁謂此為鯨鯢出沒導之路也特不可有孔道士者欲嘯聚為亂遍揭城中言某日賊且至梁識其手書一訊而伏嘗學于黃宗羲聞蕺山劉先生緒論寓意于藝文詩類江門定山文近震川宗羲亟稱之復善畫既歸里旋得末疾右體不遂隨以左筆驅染如平時洪右文史人目為仙吏云

姜宸英（慈谿縣志）字西溟太常卿應麟曾孫工制藝兼善詩古文康熙戊午有修明史之命相國徐元文以宸英有史才薦入館遂奉特恩授文林郎食七品俸己巳徐司寇乾學即家纂修一統志設局于洞庭東山疏請宸英與黃虞稷偕行尋中順天鄉試丁丑廷試一甲第一授編修時年已七十矣宸英讀書以經為根本于注疏翦其精蘊自二十一史及百家諸子之說俱經批閱為文必先立意而後下筆略無凝滯書法鍾王于唐宋諸家亦靡不臨寫晚尤加意章草及篆隸入得片紙藏弃以為寶著明史刑法志三卷列傳四卷土司傳二卷一統志總論江防海防共六卷留館中別有湛園未定稿十卷葦間詩集八卷行世

周容（寧波府志）字鄮山鄞人性跅弛不羈鄉史徐殿臣一見賞契由是著名後殿臣遊跡天童海寇掠之而去容即倉皇奔赴以身質之殿臣得返而容代受刑梏足為之跛永間宿歸乃縱橫于詩古文詞尤工書法斂鋒鍔于渾樸中時謂容之詩勝于文書勝于詩云

陳赤衷（黃宗羲陳赤衷傳）字夔獻以學問非場屋所競乃入天井山與若竹僧為侶屢淹歲月書然冰解歸而返求之六經創為講經會搜故家經學之書討論得失往往為先儒所未到康熙庚申以貢入都玉峰徐氏令具子弟稟學焉後卒于京邸

萬斯同（寧波府志）字季野鄞人泰第八子生有異質書過目不忘八齡在客座中背誦揚子法言如倒峽十四五徧讀父所藏書尤精經史從學于黃宗羲

大司寇徐乾學延請編纂禮書大學士徐元文聘修明史咸詢以文事則曰在具卷幾葉幾行如其言閱之無一爽者性不樂榮利見人惟以讀書勵名節相切劘著經史學書合三十種

萬言（寧波府志）字貞一鄞人少與諸父斯大斯同學于黃宗羲善古文康熙乙卯副浙榜貢入京師以教習需次知縣會修明史總裁徐元文特薦七人言與焉特授文林郎食七品俸兼修一統志在館五年多所撰著授江南五河知縣

紹興府

漢

盛憲（嘉泰會稽志）字孝章會稽人舉孝廉累遷吳郡太守以疾去官憲最有名孫策平定吳會深忌之少府孔融與曹公書曰海內知識零落殆盡惟會稽盛孝章尚存困于孫氏罪孑獨立孤危愁苦孝章實丈夫之雄天下談士依以揚聲公誠能馳一介之使加咫尺之書則孝章可致矣燕君市駿骨以招絕足欲公崇篤斯義由是徵為騎都尉制命未至為策所害

三國吳

謝承（三國志注）字偉平博學洽聞嘗所知見終身不忘拜五官郎中武陵太守撰後漢書百有餘卷

朱育（嘉泰會稽志）山陰人少好奇字凡所特達依體象類造作異字千名以上仕郡門下書佐與太守濮陽興問對行于世育後仕朝書在臺閣為東觀令加位侍中推刺占射文藝多通

越州

晋

虞預（晋書本傳）字叔寧本名茂十二而孤少好學有文章名為丞相行參軍除著作郎遷散騎侍郎以年老歸預好經史憎疾元虚著晋書四十餘卷會稽典錄二十篇諸虞傳十二篇皆行于世詩賦碑誄論難數十篇

王獻之（晋書本傳）羲之子字子敬工草隸善丹青七八歲時學書羲之密從後掣其筆不得曰此兒當復有大名嘗書壁為方丈字羲之甚以為能觀者數百人桓温使書扇筆誤落因更為作烏駮牸牛甚妙謝安請為長史太元中新建太極殿安欲使獻之題榜而難言之乃謂曰魏時凌雲殿榜韋仲將懸橙書之獻之揣知其意正色曰有以知魏德之不長安遂不之偪微拜中書令卒于官

南北朝

謝靈運（宋書本傳）少好學博覽群書文章之美江左莫逮襲封康樂公世稱謝康樂宋少帝時出為永嘉太守郡有名山水靈運肆意遊遨所至輒為詩詠以致其意焉父祖葬始寧縣并有故宅及墅遂移籍會稽修營別業傍山帶江盡幽居之美每一詩至都邑貴賤莫不競寫宿昔之間士庶皆徧太祖徵為秘書監尋遷侍中賞遇甚厚靈運詩書皆兼獨絶每文竟手自寫之文帝稱為二寶賜假東歸因父祖之資鑿山浚湖工役無已尋山陟嶺必造幽峻巖嶂千重莫不備盡登躡徙臨川内史在郡遊放為有司所糾徙付廣州

謝惠連（南史本傳）年十歲能屬文靈運嘉賞之云每有篇章對惠連輒得佳句嘗于永嘉西堂思詩竟日不就忽夢惠連即得池塘生春草大以為工嘗云此語有神助非吾語也元嘉七年為彭城王義康參軍義康修城：塹中為古塚為之改葬使惠連為祭文留信待成其文甚美又為雪賦以高麗見奇靈運

見其新文每曰張華重生不能易也文章並行
于世（嘉泰會稽志）祖沖父方明三世皆居會稽

孔稚珪（兩浙名賢錄）字德璋山陰人少多學涉工文詞時周顒隱鍾山已而復仕
稚珪作北山移文譏之齊高帝召為記室與江淹對掌詞翰歷御史中丞
建武初為南郡太守稚珪風韻清疎好文詠飲酒七八斗不樂世務居宅盛營
山水憑几獨酌旁無雜事門庭之內草萊不翦中有蛙鳴曰我以此當兩部鼓
吹遷太子詹事
加散騎常侍卒

孔廣　孔逭（南史邱巨源傳）會稽孔廣孔逭皆才學知名廣字淹源美容止善吐
論王儉嘗云廣來使人廢簿領匠不須來〻則莫聽去張緒數巾車
詣之數云孔廣使吾成輕薄祭酒仕至揚州中從事逭有才藻製東都賦于時
才士稱之陳郡謝瀹年少時遊會稽還父莊問入東何見〻孔逭否見重如此
著三吳決錄卒
于衛軍東曹掾

虞通之　虞龢（南史邱巨源傳）通之龢皆會稽餘姚人通之善言易至步兵校尉
龢位中書郎廷尉少好學居貧屋漏恐濕墳典乃舒被覆書〻
獲全而被大濕
時人比之高鳳

虞騫（梁書吳均傳）騫會稽人工為
文官至王國侍郎有文集

虞羲（南史王僧孺傳）竟陵王子良開西邸招文學僧孺與太學生虞羲
並以善詞藻游焉羲字士光餘姚人盛有才藻卒于晉安王侍郎

賀文發（南史顧越傳）會稽賀文發學兼經
史與越名相埒故都下謂之發越

虞綽（隋書本傳）字士裕餘姚人博學俊才尤工草隸陳左衛將軍傅縡有盛名見
綽詞賦歎曰虞郎之文無以尚也隋大業初為秘書學士與虞世南庾自直

等撰長洲玉鏡等書十餘部，緯所筆削，帝未嘗不稱善，嘗居禁中以文翰待詔，從征遼東，帝舍臨海頓，見大鳥異之，詔緯為銘，命有司勒于海上，揚元感虛襟禮之，緯從之遊，元感敗，徙緯且末，所有詞賦行于世。

唐

賀德仁（嘉泰會稽志）山陰人，與從兄德基皆以文詞稱，時人為之語曰：德行可師，賀德基，文質彬彬，賀德仁。兄弟八人，時比漢之荀氏。高祖起兵，為隱太子友，歷官東宮學士，貞觀中卒，有集二十卷，藏于四庫。

孔紹安（舊唐書本傳）越州山陰人，少與兄紹新俱以文詞知名，年十三，陳亡入隋，從居京兆鄠縣，閉門讀書，誦古文集數十萬言，外兄虞世南歎異之。高祖受禪，紹安間行來奔，時夏侯端先紹安歸朝，授秘書監，紹安因侍宴應詔詠石榴詩曰：只為時來晚，開花不及春。時人稱之。詔撰梁史，未成卒，有文集五卷。

賀知章（舊唐書本傳）會稽永興人，德仁之族孫，少以文詞知名，舉進士，累遷太常博士。開元十年，張說為麗正殿修書使，奏請知章同撰六典及文纂等，十三年遷集賢院學士，充太子侍讀。知章性放曠，善談笑，當時賢達皆傾慕之。工部尚書陸象先，知章之族姑子也，謂人曰：吾與子弟離闊，都不思之，一日不見賀兄，則鄙吝生矣。晚自號四明狂客，又稱秘書外監，遨遊里巷，醉詞動成卷軸，文不加點，咸有可觀，又善草隸書，好事者供其牋翰，每紙不過數十字，共傳寶之。天寶三載，請度為道士，求還里，又求周宮湖數頃為放生池，有詔賜鏡湖剡川一曲，御製詩贈行，太子以下咸就執別，終年八十八。

賀朝　萬齊融（舊唐書賀知章傳）神龍中，賀朝、萬齊融俱以越士文詞俊秀，名揚于上京。朝萬山陰尉，齊融崑山令，人間往往傳其文。

徐浩（唐書本傳）字季海，越州山陰人，擢明經，有文詞，張說稱其才，薦為集賢校理，見書兩五色鸚賦，咨嗟曰：後來之英也。肅宗立，詔受中書舍人，四方詔令多出浩手遺詞賜違而書法至精帝書之又參太上皇誥冊寵絶一時授兼尚書右丞代宗立封會稽縣公出為嶺南節度使召拜吏部侍郎卒謚曰定始浩父嶠善書以法受浩〻益工書書二十四幅屏八體皆備草隸尤工世狀其法曰怒猊抉石渴驥奔泉

嚴維（嘉泰會稽志）字正文越州人為秘書郎大曆中與鄭槩裴冕徐嶷王綱等宴其園宅聯句賦詩世傳浙東唱和維詩一卷及判隱居朱放越僧靈澈詩集皆藏秘府

吳融（唐書本傳）字子華越州山陰人祖翥賜諡文簡先生融學自力富詞調龍紀初及進士第韋昭度討蜀表掌書記歷翰林學士拜中書舍人昭宗反正群臣稱賀融最先至時左右歡駭帝有指授疊十許稿融跪作詔少選而成語當意詳帝咨賞良厚進戶部侍郎俄還翰林遷承旨卒于官

五代

鍾謨（馬令南唐書）字仲益會稽人僑建康博學屬文穎脫時輩元帝寵用之累遷吏部郎中顯德中遣謨與李德明奉表于周世宗頗盡獻淮甸之地既而拒命世宗大怒寘諸館中二百人獨赦謨以為耀州司馬暨周平江南放還國世宗賜黃金五百兩意以間其君臣也元宗果銜之貶謨饒州安置謨作絶句十餘章其詞皆悽愴謨尤好古碑奉使中原每道旁碑碣必駐馬歷覽嘗見碑趺大碣半沒水中謨解衣以手捫揣默記其文他日水涸以所錄本就正之無差其奕遠如此

宋

錢易（東都事略）字希白年十七舉進士御試三題日中而就言者以其輕俊而黜之太宗語蘇易簡曰朕恨不與李白同時易簡曰有錢易者李白才也太宗

曰若然當用唐故事名至禁林會盜起劍南不果復舉進士甲科又應賢良方正科策入第四等除秘書丞真宗封泰山獻珠祥録祀汾陰幸亳州易修所通國經遂擢知制誥遷翰林學士卒易俊逸過人為文數千百言頃刻而就善行草書有集一百六十卷青雲總録一百卷洞微志十卷子彥遠明逸皆中甲科（寶慶會稽續志）吳越王之後文僖死葬于會稽子孫從而家焉

齊　唐（寶慶會稽續志）字祖之山陰人少負苦學得書皆自寫誦過一二則不忘郎從事魏庭堅以几上書令唐誦之開示乃文選頭陀寺記而唐誦不遺一字庭堅驚服登天聖八年進士第嘗進龍輔勝畧賦覽者皆褎譽而應制科秘閣皆首選而對策皆在第一富道忌其切直復排去遷著作佐郎出為南雄州僉判會交趾進麒麟唐據史傳非之斥蠻人紿中國衆服其博物以職方員外郎致仕鑑湖東北有山最奇偉唐命之曰少微而卜築焉有學苑精英少微集

華　鎮（寶慶會稽續志）字安仁會稽人元豐二年進士官至朝奉大夫好古博學工詩文書為會稽覽古詩百餘篇歷案史策旁考傳記以及稗官瑣語所載記咸見採摭傳粘鄉稱其詞格清麗典奇深婉足以垂觀來者子初平登大觀三年第為太常博士討論典故據今考古無所阿附靖康初卒

李孟傳（寶慶會稽續志）上虞人光幼子也字文授天資爽邁曾幾汪應辰張器遇之宰象山遷太府寺丞出知江州處州提舉福建常平提點浙西刑獄久之除直寶謨閣致仕藏書萬卷悉置左右紬繹周而復始每得異書手自校勘多識典故及前輩出處中朝舊事歷歷能道本末有盤溪詩文藁宏詞類藁讀史雜志記異記善録

姚　寬（寶慶會稽續志）字令威嵊縣人以父舜明任補官至樞密院編修博學强記于天文推筭尤精究頗亮入寇中外以為憂寬獨推太乙熒惑所次為賊必滅之兆亮果自斃上以其言驗召對移疾作什于榻前寬詞章之外頗工篆隸及工技之事著有西溪集史記補注戰國策五行秘記西溪叢語玉璽書

陸游（宋史本傳）字務觀越州山陰人年十二能詩文蔭補登仕郎孝宗即位史浩黃祖舜薦游善詞章諳典故召見遂賜進士出身以書白二府言建康當以暇時建都立國又為樞密張燾言曾覿龍大淵招權植黨熒惑聖聽燾遂以聞上詰語所自來燾以游對上怒出通判隆興府尋免歸久之通判夔州王炎宣撫川陝辟幹辦公事游為陳進取之策又請以吳玠子拱代吳挺及挺子曦僭叛游言始驗復起知嚴州過闕陛辭上諭曰嚴陵山水勝處職事之暇可以賦詠自適再召入見上曰卿筆力回斡甚善非他人可及嘉泰二年以孝宗光宗兩朝實錄及三朝史未就詔游權同修撰三年書成升寶章閣待制致仕游才氣超逸尤長于詩嘉定二年卒

王厚之（兩浙名賢錄）字順伯諸暨人乾道二年進士歷淮西運判改江東提刑進寶謨閣致仕平生好古博物尤注意金石刻文所著有金石錄三十卷考異四卷考古印章四卷題跋周宣王石鼓文後考訂秦惠王詛楚文精鑒絕識刻畫深淺毫髮無遺識者貴其博雅

高翥（姚江逸詩傳）字九萬號菊磵工詩畫與劉厚村唱和有菊磵集十二卷

孫嘉（姚江逸詩傳）嘉熙戊辰進士累官常州守晚歸四明山中築耕寬堂名談勢語終夕不及哦好白香山詩意至輒效其體為之有孫常州摘藁行于世

呂沖之（萬曆紹興府志）新昌人研究經史工詩文陳傅良深器之舉進士歷南康軍僉判與諸生講道于白鹿洞未幾以疾引退所著璧經宗旨及詩文墨妙世傳

岑全（嘉靖餘姚志）字全之敏茂精明上剌六經之文旁披百氏之旨下通當世之務端平嘉祐間試詞學擢第歷秘書者校書郎書輪對云然政府言甚剴切天子為罷右丞相一人乞外補尋引疾歸所著秘錄集十二卷經傳考疑八卷行于世

孫因(兩浙名賢録)晋餘姚令紘之後隱居四明山博綜古今工文筆書採會稽遺事作越問以補王十朋風俗賦之缺

俞浙(舊浙江通志)字季淵新昌人登進士第歷監察御史閉門著述有六經審問離騷審問及韓文舉隅諸集

元

徐昭文(萬曆上虞縣志)字季章從韓莊節讀尚書試藝不售杜門修業後應辟為吳淞教官著通鑑綱目考証行于世

施鈞(弘治紹興府志)字則夫會稽人博學能文作詩得唐人體有飲冰餘味集

晏泰(萬曆紹興府志)字叔通會稽人九歲能屬文歷官翰林編修以文雄東南著有詩經音考泥新文集

俞漢(萬曆紹興府志)字仲雲諸暨人精史學著史評八十卷春秋傳三十卷象川集十卷進呈書付禮部刊行辟為儒學教授

楊維禎(兩浙名賢録)字廉夫諸暨人泰定丁卯進士授天台尹罷去張士誠據浙西累徵求致不能屈明太祖登位敦迫至京作老客婦謠以見意笑而遣之還淞江卒維禎初避兵東湖黃氏日抄歸學業日進居鐵崖山下自稱鐵崖先生好吹鐵笛亦稱鐵笛子與人交無疑貳尤喜接引後生識不識稱為長者惜不得大用然亦以是得肆力于文章產鑄野刻而列東南宋濂有言曰元之中世有文章鉅公起于浙河之間曰鐵崖先生声光殷殷摩戛霄漢撫其論撰如覩商敦周彝雲雷成文而寒芒橫逸奪人目睛于詩尤號名家震蕩凌厲神施鬼設其文中之雄乎所著諸集通數百卷

胡一中(萬曆紹興府志)字允文諸暨人進士補紹興路録事著有童子問序四書集箋定正洪範三益藁等集弟一貞亦善詩文有雪林小藁壎篪小藁等澄及從孫學俱彬彬有文名澄著鶴窠藁學有八詠見山水諸記

揚遂（萬曆餘姚縣志）字元度，號西園，書學問師事柳待制貫，與海內博洽者辨數，因之注詩傳名物類考。柳史姚𢾗刻文上之，乞降與一官，总昔寢其事。後以鄉貢補學官，值盜起，辟地以著述終。

陳大倫（宋濂陳大倫墓碣）字彥理，諸暨人。初學易，既而更春秋，敷繹義例，揮毫趣雲烟滿紙，屢試場屋不能中繩尺，于是棄絕，益攻古文詞。浦陽吳萊以奧學雅文名當代，大倫從之請學，下及秦漢以來諸文章大家，章有法，句有旨，青燈夜照，達旦不寐，學大進，遠近交聘為家塾師。元季兵亂，遁入流亭里，當西山夾澗作晚香亭三楹，閒與賓客觴飲為樂，酒酣捉筆咏詩，脫帽高歌，擊几案為節，或支筇行古石細路閒，游目思視，意若與之相忘，髮已斑白，手不釋卷，天文地理老釋之書莫不攬其英華，尤善寫竹樹，蕭蕭有蒼勁意。著有春秋手鏡、尚雅集若干卷。

林居（宋濂林居墓誌）字溫如，新昌人。聞天台於子惠傳伊洛之學，執經而受其說。又以為言之不文不能行遠，役從韓性遊，取文章大家日研摹之，具于分章遣辭之法，辨其類不類，尤嚴其界域。特黃文獻溍以文名當代，居撰長書為贄，溍讀已，揭諸座右，賓至則指以示之曰：是豈非文耶？其器重之若此。嘗以春秋舉應鄉闈不利，遂掩閣下帷，學子趋之者如雲。性介而通，莊而能溫，一動一靜皆可為程式。善古文詞，尤長于詩騷，有亦愛齋稿若干卷。

張憲（元詩選傳）字思廉，山陰人。負才自放，走京師，創言天下言策，駭其狂，還富春山中。一日升高望遠，呼所親曰：亟去。三日逃竄，兵至，死者五百餘家，始悔不用憲言。師事楊廉夫，廉夫曰：吾用三體咏史，古樂府不易到，惟吾門張憲能之。又曰：吾門稱能詩者南北凡百餘人，求似憲者不能十人。

明

趙俶（兩浙名賢錄）字本初，山陰人。八歲能詩文，指物輒賦，稍長博涉經史，為文遒秦漢，賦尤擅美。部使何約至越，聞俶名，延見之，從容問諸史，俶談上下三千

年事及形勢如身所履著約數曰窮年讀史不如與趙生半日語尋登進士明興徵拜國子助教

郭傳（名山藏）字文遠會稽人洪武七年太祖御元武樓問學士宋濂天下宿學濂對曰會稽有郭傳者學有淵源其文雄瞻新麗而論議根據六經波瀾相推若不知其所窮一代奇才也因持其文以進帝召見謹身殿奏對稱旨授應奉翰林文字日侍左右備顧問每命題撰著輒加賞賚陞起居注考功丞

呂不用（毛奇齡呂不用傳）初名必用字則行新昌人年十三應元至正鄉舉未午而出院主文者奇之索其次場不得知其不終試深惜之不用傳孔孟之學而故以文豪與天台陳束之會稽王宗成盧陵曾伯曼金華宋濂青田劉基為友洪武初以經明行修薦授本縣訓導時安華初靖士不識文藝不用疏六緯四籍諸史之學授生徒且身為率先一時蒸然向化後引疾解官累辟不起著有牧坡稿得月稿力田集行于世

唐肅（宋濂唐肅傳）字處敬先世家杭州新城遷于山陰肅博通經史旁究陰陽醫卜書數之學兼工篆楷書元至正十九年中浙江鄉試歷嘉興路儒學正洪武三年召修禮樂書擢應奉翰林文字兼國史院編修旋以疾去朝免官謫佃濠之瞿相山歲餘卒

謝肅（萬曆上虞縣志）字原功洪武間舉明經歷福建僉事克持風紀所著密菴稿侍郎劉鵬稱其詩文補志闕訂史謬勤關世教與會稽唐肅齊名時人謂之二肅

錢宰（宋濂錢宰傳）字子予又字伯均會稽人吳越王鏐十四世孫元至正間中甲科教授鄉里洪武初徵修禮樂書授國子監助教十年以年老告歸二十三年召為會試考官二十七年詔徵儒臣定正尚書蔡氏傳宰暨張美和揭軌等二十六人皆被召命開局翰林院賜宰等綺繒衣被入朝班侍衛之首讌坐殿中時帝建酒樓于城門外其一曰醉仙命宰等飲其上并給以鈔宰等各賦詩稱謝書成宰尋告歸卒年九十六

蔡庸（列朝詩集傳）字唯中，越人。家貧，教授。與唐之淳、鎦續、毛鉉並以詩名，時稱唐鎦毛蔡。

王至（萬曆餘姚縣志）字孟陽，明春秋三禮之學，為文章比物連類，下筆沛然。經其指授，多為名儒。平居恭慎，遇事援經質史，英氣絕識，凜如也。明初為於潛教諭以終。

錢遜（列朝詩集傳）字謙伯，山陰人。洪武中任孟津知縣，改弋陽，坐累謫戍交趾，復以薦對策稱旨，授文昌主簿，所至有聲趾。中更顛躓，卒能保全壽考。有謙齋集二十卷。

李晶（列朝詩集傳）字文勉，山陰人。自少好與文士游，鄉先生鎦績、王誼、鄭嘉謂曰：爾欲與我輩游，須讀書乃可。感悟力學，遂成名儒。時人稱鎦、王、鄭、李詩宗晚唐，好學李義山。

宋元僖（姚江逸詩傳）字無逸，少穎悟力學，父欲奪之于市估哥吏，元僖泣而辭。受學于楊鐵崖，盡得其詩文法。中江浙副榜，補繁昌教諭，尋棄歸。洪武初名修元史，分撰外國傳，事畢還山。復與桂彥良同徵，主考福建。元僖詩質而不枯，熟而不腐，入香山之室。有庸菴集十卷。

王受益（成化紹興府志）字子謙，山陰人。初受書于錢宰，又受春秋于揚澄源，審取汪氏纂疏、李氏會通、程氏本義三書，折中之，名曰春秋集說。洪武初，詔與張美和、劉三吾校書，經書成，賜名曰尚書會通。除陝西學正，三典名藩鄉試及會試，文衡得人甚盛。陞國子助教。

唐之淳（朱彝尊唐肅傳）肅子，字愚士，以字行。嘗為李善長草露布，太祖異之，問起草者誰也，善長以實對。帝令飛騎名之，至東華門已曛黑，入見，帝明燈坐便殿，問曰：汝曾草露布耶？對曰：然。俄而中官以短几置前，帝令坐，授以封諸王冊，曰：汝其潤色之。對曰：臣萬死不敢。帝曰：姑旁注之。乃奉命注畢，仰視燭影中帝色喜良久乃出性孝友父死函骨歸葬于赤土山求父遺文雖荒郵敗壁高崖斷石靡不蒐訪纂録時時伏讀聲淚悽咽聞者為之掩涕方孝孺薦于朝建文二年授翰林院侍讀

毛肇宗（萬曆紹興府志）字克敬山陰人幼孤篤學居僧舍三年不出戶永樂中登進士第時方重藩選授周府教授肇宗喜吟咏興寄高遠有耶溪集二十卷

胡粹中（列朝詩集傳）名由以字行山陰人治毛詩春秋三傳永樂初為楚府右長史著讀史筆紀元史續編行于世

朱純（列朝詩集傳）字克粹山陰人淳雅有儒行與羅頎張昺輩結鑑湖詩社好遊佳山水所至多題詠有閒鈐驢背自怡等稿

高廩（萬曆山陰縣志）字居豊號畏巖山陰人兄閏弟臺皆登甲科廩獨絕意仕進常從朱純學唐律萃為三十卷雒陽劉宰齋名為探驪者也著有會稽懷古集詩衛文學秤雅捷徑諸書

晏時（兩浙名賢録）字中甫上虞人博學善屬文已而失明自號守黑子與二弟中孚中畢唱和為文一篇成輒命筆之次而成帙曰守黑稿

陳贄（姚江逸詩傳）字唯成以薦為儒學訓導纂修宣廟實録贄採兩浙事蹟上之籍有文才任翰林待詔陞廣東參議遷太常少卿致仕投老西湖與騷人墨士為詩酒之會評者謂其古選逼陶韋近體駸駸盛唐云

胡楨（舊浙江通志）字栩良新昌人結草亭于宅外聚古今圖籍終日吟誦其中不慕仕進所著有草亭思辨諸書與江浦莊㫤嘉禾呂原以詩文相友善

薛綱（萬曆山陰縣志）字之綱天順八年進士拜御史巡按陝西督南畿湖廣學政歷廣東按察使雲南布政政使皆善其職尋謝事歸綱不矯激而能持正為文醇雅所著有三湘集崧陰娃吹等篇

吳騤（兩浙名賢錄）字文英山陰人博學洽聞嘗作東山賦或以為不下孫興公李東陽見騤所撰駱賓王廟碑歎為文章宗匠其志乘傳記率有體裁所著述頗富而紹興先達傳最傳

黃海（舊浙江通志）字伯用以字行餘姚人天順六年舉人為建寧教諭工詩倪宗正稱其裒詮咸語皆有詩情有竹橋十詠行世

駱象賢（於越新編）諸暨人為文直述事情不求華綴嘗斟酌六禮之要表帥鄉俗為圖于楓溪之上圖書滿屋玩讀不輟所著有羊棗集篤終易覽溪園遺稿歸全等書

黃韶（舊浙江通志）字九成餘姚人成化己丑進士官至江西提學僉事有道南十景詩與張鄉橐悅唱和後子嘉仁字丰山予何李時不染習氣詩情嫣然秀出

馮蘭（姚江逸詩傳）字佩之成化己丑進士選庶吉士仕至江西提學副使其在京師與李東陽謝遷雅相好遷既歸田與蘭唱和無虛日間書之以寄東陽東陽亦一一和之是時東陽為一世宗工而于蘭則敬為老友各有樂府咏史詩歸為新體

楊榮（姚江逸詩傳）字時秀成化壬辰進士以工部都水主事視河壽寧坐事下獄釋歸尋卒榮工詩會試月中取唐音和之月餘成帙一時風尚和唐音者累累而榮能得其風致

司馬垔（萬曆山陰縣志）字通伯博極墳典成化辛卯冠省試明年成進士以御史視學南畿考文亭士無錙銖失平擢福建副使致政歸縱情邱壑書榜其門曰獨呼明月常陪醉不負青天早放閒所著有蘭亭諸集

張文淵（萬曆上虞縣志）弘治己未進士仕至南禮部郎謫經授徒所著有衛道錄
諸圖便覽八音東泉百詠奏聞世廟內衛道一編與傳習錄參駮而主于
翼朱又善眞草筆力
遒勁得朱文公書法

周禎（紹興徵錄）字天兆山陰人弘治壬戌進士選庶吉士授簡討尋與纂修孝宗實
錄執事經筵正德中以疾乞歸禎長于古文詞醇厚典雅有西京遺響詩宗
陶謝清微淡遠于性理之學溯流泝源兼綜
條貫一以朱子為歸所著有梅川集十二卷

姚翔鳳（萬曆上虞縣志）字夢禎嘉靖壬辰進士任兵部主事暇輒讀書躭躭如儒
生歷官至行太僕卿免歸益肆力于著作傾貲購奇書几首窮年以自娛
乞言者隨至輒應所著有疏
駐吏傳餘生近記羅東拙稿

諸燮（兩浙名賢錄）字子相餘姚人嘉靖乙未進士授兵部主事守山海以簡亢忤
巡邊大僚謫茶陵同知未赴南歸居錢塘遠近士慕燮經學執贄受業者百
餘人因不復有仕進意踰年量移潮州通判所知皆致書勸駕始隨牒往遷邵
武同知兩佐郡皆寬簡御下勤于勸學士民胥懷之以艱歸有自閩粵負笈來
學者輒館穀之不靳也閩化諸生走請傳經
于其邑六月迺權過嚴陵濯足灘上溺死

黃尚質（姚江逸詩傳）號醒泉嘉靖己酉舉人歷官息縣令景州牧足跡越中詩人
山陰有陳鶴徐渭姚江則尚質與楊珂詩筒往來風華掩映而尚質與珂
渭兼精繪事尤
為時所貴重

陳鶴（兩浙名賢錄）會稽人傳綜墳典窮日夜不休年十七襲蔭百戶非其好也棄
官著山人服人遂稱為陳山人詩文高古若騷賦詞章草書圖畫能盡法諸
名家于是軒蓋騈集無不心折願
交而去既卒同邑徐渭表其墓

徐渭（陶望齡徐渭傳）字文長山陰人九歲能屬文年十餘倣揚雄解嘲作釋毀為諸生胡宗憲督浙江招管書記時方獲白鹿淮上用渭表以獻上大嘉悅其文宗憲以是益重之時督府務嚴重文武將吏庭見無敢仰者而渭敝巾綻衣直入無忌宗憲常優容之渭亦矯節自好無所頓請及宗憲逮渭慮禍及遂發狂疾坐繫獄中以言者力獲免及老貧甚鬻文自給入採金請詩文書繪者值其稍裕即百方不得遇窘時乃肯為之渭嘗言吾書第一詩二文三畫四識者許之所著文長集闕篇櫻桃館集各若干卷注莊子內篇參同契黃帝素問郭璞葬書四書解首楞嚴解（經）各數篇

楊珂（姚江逸詩傳）字汝鳴號秘圖從王文成請學不以科舉為事自放山水間天台四明題咏殆遍有一觀則石橋時為暴漲所壞珂書醉別石三字于上水亦迂道避之其書法與徐渭齊名

孫鑛（紹興府志）字文融餘姚人文恪陞之子萬曆甲戌會試第一嘗欲輯五車一笈謂易詩書可云三墳周禮禮記春秋三傳可云五典儀禮管老列莊國語國策楚騷可云八索荀韓呂淮南太元史漢文選可云九邱歷官自主事迄南大司馬嫻然有聲而虛懷自下以孟秋雷士貞為直友唐鶴徵趙南星為諒友余寅周弘禴為多聞友接引後學無町畦人稱月峰先生

王思任（紹興府志）字季重山陰人幼穎絕黃洪憲得其文謂異日必名世萬曆乙未成進士三為邑令遷袁州府推官有能声歷刑工二部主事僉事江西能料寇出沒作防禦計已闖燕京陷輒放浪山水間詩歌書法與董其昌陳繼儒相頡頏年七十二棄家入秦望山卒有清暉閣謔菴文飯等集

葉憲祖（姚江逸詩傳）字美度萬曆己未進士知新會縣遷工部主事逆璫建祠不為監工因削籍崇禎間累官湖廣副使陞廣西按察使與孫鑛以古文詞相期許鑛刻畫字句之法憲祖繼筆匠心不沾沾于離合所長尤在填詞直追元人與之上下

丁進（上虞縣志）字印趙博學強記于性理之學尤邃萬曆己未成進士選庶吉士授簡討魏璫假子撫氏階衣命服入朝進斥之璫怒與同官六人陳子壯林釬等俱削籍璫敗六詞臣同日召還戊辰分考禮闈晋左春坊經筵日講官癸酉主試江南卒以忤權要歸里

陸曾曄（會稽縣志）字章之喜讀書肘著案案為之穿背誦文記目首卷至終篇不失一字嘗示門人曰對人始稔身閱卷始讀書必不能讀書握管始作文握管始作文必不能作文其為文句字皆鑪冶而出少不當意輒毀去所存者有詩學內傳外傳春秋所見所聞所傳聞三卷集史口簡要錄綱目參同文作字原閣天錄所手鈔計丈有五尺古文詩賦別編成十卷

馬權奇（會稽縣志）字巽倩崇禎辛未進士授工部主事司琉璃廠與閹忤為所中事白歸不事家人生產飲酒讀書手丹鉛不輟避兵死于田間著有易經解詩經誌麟經志老子解名臣言行錄諸書

國朝

來集之（紹興府志）字元成蕭山人崇禎庚辰進士司李皖城皖受張献忠蹂躪集之苦心調劑會左良玉兵東下遠近震驚皖賴集之得無恐尋家居三十年手不釋卷著有易圖親見讀易偶通卦義一得春秋志在四傳權衡棋書南山載筆倘湖近刻

祁豸佳（紹興府志）字止祥山陰人彪佳弟天啓丁卯舉人以教諭遷吏部司務明亡不仕工詩文善書画四方來索者輒呵凍流汗以應家居數十年以壽終

黃宗會（舊浙江通志）字澤望餘姚人尊素第三子崇禎中拔貢讀書一再過不忘一日所讀必盡百頁以為程有事則次日倍其常課自經文四部而外釋

道二藏未嘗不一周也詩文古澹而字有根據不見用事之跡著有緇齋文集十卷具注釋教書如牛毛繭絲為具教者亦歎以為不及虞山錢謙益注楞嚴多採用其說

徐咸清

（紹興府志）字仲山上虞人居會稽之秦山生而慧一歲識字五歲通一經甫蓄髮以官監生應鄉舉有文名長娶冢宰商周祚女＝亦能詩乃就秦山闢廣廈摘華綢設長筵發所藏書散繅之對坐紬觀暇則抽牘各為詩如是有年著小學一書博取訓纂說文玉篇、海諸書以正字形取切韻唐韻廣韻集韻諸書以正字聲而繼考經史子集暨唐宋元諸大小篇帖凡有繫于釋文者悉搜採以正字義合若干卷名之曰資治文字康熙十七年以宏博薦歸里卒

王雨謙

（紹興府志）字白嶽山陰人幼精敏肆力古文漁獵甚富崇禎癸酉舉于鄉明亡鍵戶著述與女夫俞公穀君輯廣書若干卷曰後世必有知我者年九十卒

張杉

（舊浙江通志）字南士山陰人為詩宗開元大曆有慶寶山房集行世（紹興府志）杉少負才名與其兄梯弟楞號三張子楞死梯剃飲成疾杉不脫衣履晝夜坐梯所梯死杉日與蕭山毛奇齡相倡和奇齡有作必呈杉＝以為可乃收之初崇禎己卯杉寓蕭山邑宰羅明祖集文士于河陽館課文其題為德行顏淵三十字課畢復揭一籤于卷末曰漢人有名曰顏子曰曾子曰仲弓曰子路子游子夏者何人也座中無有能應者杉從容書其下曰顏子黃憲也仲弓陳寔也張曾子張伯饒也城頭子路者東平爰曾也子游張寔之孫溫也漢同時有兩子夏一杜欽一杜鄴也明祖辟席揖之問其年才十九云子遂康熙庚辰進士官吏部主事

包秉德（舊浙江通志）字飲和，蕭山人。為諸生，所著詩賦雜文，裒弋編合五十卷。與來驤、陳清、蔡立國、沈禹錫、蔡仲光爭尚著作，同時齊名，稱西陵六子。

徐緘（毛奇齡二友銘）字伯調，家山陰之木汀。父家梅市，初擅舉子文，為雲門五子之一。既以詩古文爭長海內，而未能委曲隨世低昂，故人多媢之。好鍾沖舉，餐氣吸液，嘗作遊山詩以自喻。其著讀書說，每日以半治經，限三葉，半治史，限二十葉，閱三年訖工，其勤如此。尤富聞見，口吃不善辯，而旁通曲引，壓壓穿貫，叩之無不鳴。有詩十卷、文六卷，已刻者名歲星堂集。

來蕃（毛奇齡二友銘）字成夫，蕭山人。居貧，所儲圖文外，唯瓶盎十餘，貿米鹽紆縈手其中。每出行，書衣筆褁手自持。推遇故人，當意者拱揖避道左，不當意輒去。十歲出試即冠軍，尋棄舉業為詩古文詞。始以博大自喜，好為瑰奇倜儻之語，已又力追先秦，宗尚與衍，有北沙集藏于家。嘗作趙明二幾賦，雄博鬱抵，轢前古，初不示人，及示人，人以口語厭讀之，惟虞山錢謙益見之曰：此馬季長之賦也。少嘗游于劉蕺山之門，蕺山曰：子稍者回也。蓋有所不為云。

徐廷玲（舊浙江通志）字蚤度，上虞人。博學篤行，教讀自怡。所著有鹿溪集、宗集、溪西集。

董瑒（紹興府志）字叔廸，歸無休，會稽人。年七歲畢讀五經，十歲能綴文，陳子龍為推官，見而奇之。少時從學劉宗周，預證人會，後乃較錄其遺集。晚為浮屠，而不讀佛書，亦不居禪室，以蔬食終其身。

姜廷梧（舊浙江通志）字桐音，餘姚人。長于詞賦，聲噪江淮間，有文集行世。

邵廷采（紹興府志）字九思，餘姚人。諸生。少從韓、當請學于姚江書院，交蕺山弟子，聞誠意慎獨之學，欣然有得。數困舉場，好求經世大略，每討談忠孝節烈事，奮袖激昂，神氣勃發。于明末諸臣，尤能詳其本末，搜討留拾，欲成一書，稿初就，未竟而卒。有思復堂集行于世。

趙廣生（舊浙江通志）字公簡山陰人從學戢山為文高古曲折有集六卷行世

張岱（紹興府志）字宗子山陰人年六歲雲間陳繼儒命屬對奇之及長文思空涌好結納海内勝流家世通顯服食豪侈日聚諸名士度曲徵歌諧謔雜進及間以古事挑之則自四部七略以至唐宋說家叢殘項屑之書靡不該悉明末避亂剡溪山家益落意緒蒼涼語及少壯穠華自謂夢境著書十餘種率以夢名而石匱書紀前代事尤備年六十九營生壙于項王里又十餘年卒

錢霍（紹興府志）字去病會稽人上虞籍為諸生貢太學精舉子業然不好獨好為詩其詩自闢阡陌勁出橫貫不假雕飾而恣態橫生性豪喜談酒酣興至音吐如洪鐘目閃〻有光驚起坐客性狷介恥以詩文干士大夫嘗遊京師致人居華要者不投一刺詹事沈荃獨嚴重之曰今之謫仙也鄉人姚儀好霍詩為梓其集

傅性詰（鄉賢留祀冊）字敏水號熟圃會稽人甫成童即淹貫百氏制舉業外尤工騷賦格律詩補博士弟子試輒冠其曹性至孝父捩重舉明經老而篤學性詰惟日以讀書講藝為色養承歡之具嘗曰事親期于養志吾寧昏〻求利祿以供甘旨恥奉母尤謹扶持抑搔未嘗假手于人親殁讀書猿山菴二十年講求性理之學著四書周易正蒙辨疑若干卷每語人曰讀書期于明理不疑何由得信不疑〔辨〕何由得明昔人作存疑不敢自居于無疑也吾作辨疑不敢自安于無疑也所選古今文才調集準唐賢輩穀論詩之義以論文大抵歛才于法而不欲以一往馳騁為才其持論甚峻學者皆受範焉為人中介而外和于取與一無所苟而見義必為生平于讀書外無他嗜好易簀之日猶口授或問第四章復舉南宮送章語類中一段為朱子未定之論當以集注為正臨革呼其子曰思報國恩惟有文章餘無所及所著有熟圃自序稿甲乙丙三集稽山學古錄驛寓小草若干卷藏于家

蔡宣之（鄉賢留祀冊）蕭山人潛心理學羽翼經傳學者奉為宗匠名其門曰匠門世業尚書兼擇歷代史傳錄其可證經旨者纂輯成書發明奧義子孫守其遺稿以經義成名者皆其一家言也

陳至言（鄉賢留祀冊）字山堂蕭山人康熙丁丑進士選庶吉士授編修典纂四朝詩選癸未丙戌兩為會試同考官稱得人己丑督學河南前任學政湯右曾擅公明之譽至言繼之後先頡頏為性孝事母曲意歡謹鄉黨無間言幼工詩古文與同郡張遠可齊名毛奇齡數稱之謂能守古人三義八法之意而不變所謂工生乎才達生乎．明者著有菀青集行世

張鉞（公舉事實）字昂仲會稽人元忭曾孫守家學讀書過目不遺比長博極羣籍覃思研究期于必得每曰書以傳信豈可著疑以自誤轉以誤人與同郡金赤達倡文華青許宷長白後為文字之友號越中四子成康熙丙戌進士授商水令革浮稅裁耗羨著為額有疑獄經十餘年不決立白之恰篤命案証羣嚴為之禁令商三年陽邑捕蝗無虐日獨不入其境分校林闈所拔皆中州名雋去之日民攀送不絕于途歸即杜門却軌凡同年之仕浙者終歲不一識其面以問字至者則終日孜孜延納無倦邑督學守令延主稽山書院固辭不獲乃出其先世南新陽和論學之蘊以示人多所造就為家極貧然遇宗黨中有不給者輒周之雖盛暑必肅衣冠即燕居未嘗跛倚著有春秋訂傳藝苑塗跡及會心稿文集行世

台州府

三國吳

虞翔　任次龍（會稽典錄）山陰朱育曰文章之士立言粲盛則鄱陽太守章安虞翔與同邑任次龍各馳文檄暈若春華

唐

項斯（赤城志）郡人字子遷張為唐詩主客有清奇雅正升堂項斯之語擢進士第官至丹徒尉張泊集序作江東人

宋

楊蟠（宋史本傳）字公濟章安人舉進士為密和二州推官歐陽修稱其詩蘇軾知杭州蟠通判州事與軾倡詶居多平生為詩數千篇後知壽州卒

周弁（寧海縣志）字君儀父良史沒于日本矣不及見母施氏教之登嘉祐進士知青陽縣好讀書至老手不釋卷家貧未嘗語生事甚為王安石所器重有文集二十卷韻類十七卷行世

陳貽序（臨海縣志）字叔奧治平元年進士性剛介有才學以詩名為蘇軾曾鞏所知官終湖南運判所著有天台集

朱炌（臨海縣志）字寶臣元豐九年進士文詞藻麗一時諸公碑志多出其手有朱氏易行世

王齊輿（寧海縣志）字之孟登進士知於潛再知崇安鑿渠星黃陂溉田萬餘頃百姓德之為立生祠擢知鄂州遷吉院刪定上殿論安邊擇將足國裕民之道高宗大喜曰王齊輿南人似北議論可采既而臨安彌旬雨雪民乏食相枕藉死齊輿偶對及之上驚曰無人語此即命所司賑給之後以直焕章閣致仕營雲壑園與親故為真率會平生博學強記手不釋卷麤衣糲飯嘗如諸生而與名公鉅卿酬倡語多奇崛社中目為詩虎有雲壑集

劉知過（天台縣志）字與幾紹興中特科監南嶽廟與兄知變俱以文名尤工于詩時稱二劉所著有江東天籟吳子良為之序

王卿月（臨海縣志）字清叔博學工古文詞不隨時好力還古雅多藝能韻音律下筆無不貫徹中乾道五年進士仕秘書郎權中書舍人直學士院掌制誥

台州

所草詞百餘篇深得代言之體書草胡銓制云吾寧身蹈東海獨魯仲連不肯帝秦至今名重泰山微藺相如何以存趙時論多之除太府卿卒著有醒菴集

王及（寧海縣志）字達之乾道中進士以信州守致仕及學問淵遠為詩文粹而有法浮人片言抄聚以萬品裁命曰導龍取前人立身行己之事與志合者及諸時事之变從而折衷之命曰自信命所為文稿曰知過勇自刻厲老不少衰有桃源雜著三十卷

王文（舊浙江通志）字希道警敏刻厲書師事王公綽葉水心取周易蒙卦之義以名其齋曰晦古今載籍枕藉讀之已而豁然有悟援筆為文日數千百言與陳耆卿吳子良為友著有東谷集行世

吳子良（臨海縣志）字明輔寶慶二年進士官至湖南運使太府少卿幼從陳耆卿遊長登葉適之門適稱其文意特新語特工韻趣特高遠雖昔之以文名世者不過若是何止超越流輩而已所著有荊溪集

林表民（台州府志）字逢吉父詠道好古博雅儲書甚富逢吉承其家學而與陳耆卿吳子良遊嘗同耆卿修赤城志又自修續志三卷輯赤城集二十八卷

于有聲（黃巖縣志）字君寶跌宕不羈以詩自豪嘗舉浙漕已而謝去放浪江湖持具錦囊詩一帙歸謂家人曰平生事業盡在是矣王侍郎居安為題其集

戴復古（黃巖縣志）字式之號石屏從林景思徐似道遊又登陸游之門講明詩法後又走東湖浙西襄漢淮粵凡空迥奇特荒怪古僻之蹤靡不登歷蓋二十年然後歸而詩乃大進不減孟浩然由是遂名

高耕（臨海縣志）字志伊詩文意不拔俗語不驚人不止晚歲益奇所著有帚金集

聶嬉（黃巖縣志）字少明雅好吟咏多有真趣所著有金鰲詩卷中玉峰題云蛺蝶快筆非他人搜搯腎胃者可到

虞似良（黄巖縣志）字仲房淳熙中官成都院判詩詞清婉得唐人旨趣尤工隸書時隸法多宗漢似良更出新意無一食頃去筆札臥猶運指習點畫衾裯當指處皆裂晚益奇古篆書益精有篆隸韻書行世從孫譙字子益隸書逼真似良時稱小虞

丁希亮（葉適丁希亮墓誌）字少詹黃巖人生二十九年適遇之于錢塘後二年適教諸生于樂清少詹始來人謂其年已尊老相與背笑之少詹不恤也又明年變名字從陳同甫于龍窟同甫驚曰是髯：誇、非妥帖為學徒者既而少詹盡師碩儒盡友良士晝閱名言夜誦達晨手抄滿屋縱筆所就詞雄意確論事深眇皆有方幅人于是奇少詹為非人力可及卒年四十七

左緯（黃巖縣志）字經臣强記善屬文劉元禮周行己皆兄事之初業舉子曰此不足為學文如韓退之詩如杜子美吾將逮其藩焉真德秀稱其避寇七詩可比老杜七歌有詩集行于世

舒嶽祥（兩浙名賢錄）字舜侯臨海人寶祐進士官終承直郎年二十六時以文見吳子良子良稱其異秉靈識如漢終賈後果以文學名所著有史述漢砭補文家錄蓀野稿避地稿篆畦稿蝶軒稿梧竹里稿三史纂言談纂、續纂殘纂傳纂肆昔遊錄深衣圖說凡二百二十卷學者稱為閬風先生

楊說孫（舊浙江通志）九歲通貫經史人稱神童有司試經義畫八卦賦河圖洛書論援筆立成

胡三省（台州府志）字身之寧海人寶祐進士終朝奉郎因資治通鑑音義釋文名本爭異刊正為廣注九十七卷著論十卷以薦奉賈似道軍言輒不用歸而遇亂失前書復購他本為之注始以考異及所著者散入通鑑各文之下曆法天文則隨目錄所書而附著焉著釋文之舛謬患改正之著辨誤十二卷復有竹素稿一百卷

丁雷（天台縣志）字元震所著高林詩稿葉夢鼎王應麟皆有題跋

車安行（台州府志）字正路黃巖人游陳潛室之門得武夷宗旨尤工于詩所著有鏤冰集鶴林吳詠稱其寬平雅淡不與近世較圭角而自得清修之趣

翁時可（台州府志）號虛靜黃巖人善樂府杜清獻公範稱之曰如絜淨水如荷濕露縈旋流轉似露非着豈非遊戲翰墨之妙

黃宏（赤城新志）字子約黃巖人博覽羣經尤長詞賦有以文才薦者不就落魄江湖幾三十年文章流播天下有毅城稿

徐韶（舊浙江通志）字君美學于王藍文書著正朔郊祀禘祫辨及春秋精義學者尚之

元

陶宗儀（嘉靖浙江通志）字九成黃巖人少舉進士不第即棄去務古學于書無所不窺出游浙東西師潞國張翥永嘉李孝光京兆杜本尤刻志字學工篆筆至正間浙帥泰不華南臺御史丑閭辟舉行人校官皆不就張士誠議以軍諮屈亦不往避地松江之亭林力耕以給食雅好著述雖在畎畝恒以筆研自隨嘗置一甕于樹間遇有所得輒書以投其中久之取次成帙名曰南村輟耕錄凡三十卷行于世又著說郛一百卷書史會要九卷四書備遺二卷

應文虎（黃巖縣志）字彥文通易詩書三經而長于詩嘗遊京師賦禍魏詩虞集楊載見之亟加歎賞稱為應禍魏黃溍薦之不起人高其行

李洧孫（王溍李洧孫墓誌）字山甫寧海人以詞賦中選第一擢甲戌進士第授黃州司户參軍未上而黃州以版圖歸國棲遲海濱者二十餘年郡府以名對上乃為强起抵京師進大都賦以諷時大德二年也六年乃得杭州路儒學教授選為江浙同考官天曆二年卒學者尊之曰霽峰先生所著詩賦贊頌箴銘表啓碑志序說總若干卷重修台州圖經列于學官

柯九思（兩浙名賢錄）字敬仲仙居人官至奎章閣博士稱丹丘生與虞集趙孟頫為友工于詩尤善畫竹木以書法作之筆勢生動每得意輒題詩其上一時稱為三絶

陳德永（元詩選傳）字叔晏黃巖人從林紘齋盛象翁遊得王魯齋之學辟為和靖書院山長歷官浙江儒學提舉杜本稱其文似歐陽子尤長于詩所著有兩峰慙草

卯應辰（太平縣志）字詠性博極羣書元貞間舉青田教諭不就作正異復月田諸論有憂憂集藏于家

丁復（元詩選傳）字仲容天台人延祐初游京師公卿奇其才薦入館閣當國者不能用不俟報可翩然去之遂家金陵宅故有兩檜樹醉則倚而吚唔因名其什曰兩檜亭詩中山李桓以為仲容學博才敏為詩精麗奇偉格超而趣遠深入古人閫奧云

杜本（台州府志）字伯原其先自京兆從天台為人沉靜寡欲天文地理律曆度數靡不通究兼工篆隸所著有詩經表義六書通編十原等書學者稱為清碧先生

葉嗣孫（黃巖縣志）字本心大德中舉明經不就耆試方石詩潞公張翥見之呼為葉方石有詩集行世子道游博通經史所著有韻海明珠龜峰集

王大本（寧海縣志）字仲孚舉進士官至秘書丞著述頗多方遜志謂其博學多識為元間人

舒皐（寧海縣志）善屬文至正辛卯鄉試左榜金華趙友桂有文才豪放自高每讀人文章一語弗契輒覆手掩几工視雲漢作他語獨善皐皐至夜談屢及旦飲至且辭且食入咽不計多寡輒棄去益其文為所深服云

黄庚（元詩選傳）字星甫天台人所著有月屋漫稿其自序曰齠齔時習舉子業不暇為詩自科目不行始得脫屣場屋放浪湖海凡生平豪放之氣盡發為詩若醯雞之出甕天也庚嘗于越中詩社試枕易詩推第一名重詞場

張明卿（宋濂張明卿墓誌）字子晦天台人教授里中不嗜榮名築幽齋于習山列圖書左右焚石蒔花遇賓至劇談賦詩望之猶世外人也作為文章珠貫玉聯有臺閣之風時遊戲翰墨筆法穠逸可歆兼畫竹石韻度清遠頗近文湖州至其學術則一以朱子為宗有言志稿四卷六藝編六卷存養錄十二卷尚友編五卷世運略八卷家傳一卷政事書一卷

潘從善（太平縣志）字擇可至元九年進士累官同知制誥兼國史編修終福建儒學提舉攻古詩文善小楷書名重士林所著有松溪集

郭公葵（黃巖縣志）字秉心元末翰林編修博覽載籍工詩文張承旨翥嘗評其詩文整密高古雅趣絕俗進士唐肅亦謂其詩清若元酒雅若朱絃當時以為知言所著有謬軒集

曹文晦（元詩選傳）字輝伯天台人少從兄文炳學穎悟多識而雅尚蕭散好吟咏大有情致築室讀書自號新山道人元季能詩者以輝伯稱首

林昉（太平縣志）字仲昉由薦辟官國史檢閱善屬文尤深經學嘗作穀梁論辯衰雷月食等說陸修正謂可以羽翼經傳宋濂謂乱甘記一篇行文絕類西漢所著有丹邱小稿半山文集

劉仁本（列朝詩集傳）字德元天台人以進士業中乙科歷官江浙省左右司郎中至正庚子治師餘姚作雪詠亭于龍泉左麓仿佛蘭亭景物集名士趙俶朱右以下四十二人修禊賦詩仁本為之序

明

揚大中（臨海縣志）博學洽聞仕元為著作郎洪武中召見留文淵閣數月以老歸所著赤城志及隨手錄三十卷

陶凱（臨海縣志）字中立太祖起兵訪延上坐用其策以有天下定鼎後徵授翰林院編修與學士宋濂等纂修明史又撰大明集禮為五等封爵議定科舉式撰大明樂章九闋陞禮部尚書長至日太祖出宿齋宮凱謂不可無篇什以示後世遂以星臨萬戶動月傍九霄多為韻凱首唱餘以次屬和太祖大悅命學士宋濂敘其首尋出為湖廣行省參政復為國子祭酒致仕後坐罪著有陶尚書集

葉見泰（赤城新志）字夷仲寧海人明師取台州見泰衣褐造軍門謁其師師趣見之語三日夜不休署部從事遂取永嘉取福建收兩廣皆與有力焉未幾使安南諭其君長來貢以功授高唐州判官遷雅寧令終刑部主事所著有蘭莊集弟惠仲亦能文號二葉

陳基（朱彝尊陳基傳）字敬初臨海人從學黃溍游京師授經筵檢討既而歸里奉其母入吳教授諸生嘗為張士誠軍士誠稱王基諫止不從洪武二年召入與修元史還卒于常熟縣基有文譽最為戴良所稱謂元之能文者虞揭黃柳繼之則莆田陳旅新安程文臨川危素其後則基而已

許伯旅（黃巖縣志）字廷慎洪武初由選貢官刑科給事中以詩名時稱許小杜林公輔嘗見其感興諸詩問其得何法而然伯旅曰法可言也法之意不可言也上士用法得法之意下士用法得法之似吾詩幾用法矣識者以為不妄著有介石集

徐一夔（朱彝尊徐一夔傳）字大章天台人吳元年詔儒臣纂禮書勅舉博古通今之士一夔首被徵草創既就而還會元史成而元統後無事蹟可徵將有事續修王禕以一夔薦復至京師洪武三年大明集禮成官杭州府儒學教授命編日曆靈谷寺初建勅一夔自杭州撰碑文以進稱旨賜綈衣彩幣一夔工

于文深而不刻質而不俚當元季自天台徙嘉興卜宅于春波門外白苧里

陶宗儒（臨海縣志）一名宗誼字漢生宗儀之弟洪武時官禮部員外郎與會稽陶肅上虞謝肅等一十九人以詩名于時稱稱皇明雅頌

方行（列朝詩集傳）字明敏黄巖人詩名東軒集宋濂序云明敏仕元嘗参知政事于江浙行中書省襟度瀟灑善談名理于書無所不讀古詩俊逸絕塵律詩嚴城清切于國初居然勝流也

郭濬（赤城新志）字士淵寧海人洪武初詔郡縣貢秀士各一人寧海以濬名上既而上書論當世急務甚切名對忤旨令入太學太學所養士數千百人見其文成吐手驚嘆為不可及濬亦氣高自負由是名起一時同學者見其名高乃以弗及為憾譖諸師誣奏抵罪

詹鼎（寧海縣志）字國器性豪邁方國珍聞其名强致之時明師臨慶元鼎為草表謝詞甚恭而辨太祖見之曰孰謂方氏無人乎吏以國珍為左丞名鼎至京師為書萬餘言須事駕出上之太祖立馬授讀付左丞授以官後以刑部郎中謫陝西卒

王修德（赤城新志）寧海人與郭濬皆以文名初宋濂見方孝孺文歎曰真奇才也遂留左右不忍舍繼見修德與郭濬文喟然曰吾道台矣林公輔嘗評之文如以為方之文如春氣方至津液之色充滿寰宇飛潛動植各有生意郭之文如蒼鶻摩空飛縱東西初無定適而俊逸之氣自為人所畏王之文如月墮澄江上下一色淨絕垢氛而清明之氣可掬也（寧海縣志）修德名琦以字行

余尚則（黄巖縣志）名郁以字行博覽羣籍尤長于春秋洪武九年以學貢授河東鹽運副使奏正鹽法忤旨謫岳州經歷與方孝孺林公輔輩為友以文學名當世其詩醞類晋唐有蛙吟集

牟完（舊浙江通志）字元亮，黃巖人，博學能文章。洪武九年廷試首選，擢吏部驗封主事。一時名士方孝孺、鄭濟咸稱其文理可望。以董實輔郴，尋簡耆儒補導訊藩，改燕府紀善。仁宗為世子，實受業焉。所著有四禮家儀。

張廷璧（臨海縣志）名毅，以字行。工草書，善詩文。洪武中舉賢良方正，授仙居訓導。方正學論其詩刻陗新秀，調信奇矣，欲其知所趨向，由大路而不失馳驅之正焉。所著有張古學文集。古學，其號云。

鮑仁濟（台州府志）字原弘，黃巖人。嘗從陳鏗翁遊。鏗翁之學，蓋考亭支流也。為文精密雄健，一主于理。洪武間薦授樂清訓導。永樂初授伊府紀善，進治國要道十二章，數以直言忤王，王不悅，將中以危法。仁濟先自歸京師，王旋敗，得免。所著有恕菴集。

應宗祥（列朝詩集傳）字尚履，黃巖人。少好學，讀書達旦，懸髻屏牀以自警。為諸生未久，即棄去，構書屋于澧川之上。詩文好古，不自眩以趨世。弟子私謚曰文貞。

佘吉祥（黃巖縣志）字大昌。洪武中選貢。永樂初用薦起臨海婺源訓導，兩應聘主福建文衡，擢禮部主事。為詩文意遠詞麗，周文襄忱、陳祭酒敬宗咸稱其侍雅。有退菴集行世。

童一鶚（赤城新志）字伯昂，黃巖人。性淳厚，穎悟絕人。年十五善屬文，嘗作運甓、大椿等賦，鴻生碩儒靡不歎賞。有無謂稿傳世。

章陬（台州府志）字仲寅，黃巖人。領鄉薦，試春官，俱第二。歷武庫主事。武庫主百司儀從，或得其奇贏以自潤，陬獨斂退。贏焉陋室如囊昔，遇古今書會意處，輒手錄之。退為其從進者剖析無倦。累典鄉會文衡，稱得士。景泰己亥命同修宋元史，續朱子綱目。卒。所著有經詩提要、詩文集。

袁焉（天台縣志）號知止，博學工詩，嘗讀周易參同契，與杜司馬為莫逆交，每戲曰袁書廚。年九十，著有知止集五卷。

陳嵩（寧海縣志）字伯高，年十五，邑令辟為胥吏，不從，求為邑庠生。令考經義三篇，又俾賦詩，有年生縱有長楊賦，也待吹噓送上天之句，令加歎賞。永樂中以太學生特詔充纂修，所著有春秋集義、春秋名例。

張由益（黃巖縣志）名道，以字行，篤學好古，嘗曰：文以五經先秦為準，詩以唐人為準，性理以宋儒為準。庶閒謬戾，所著有淑西集。同時蔡玕號僕軒，童琫號琴室，俱有隱德能詩。玕著風歛遺響，琫著懷癡子集。

陳大昇（黃巖縣志）善詩，時周令旭鑑以猛治邑，一日忽召大昇，家人震讋，莫知其由，已至，則命賦西湖清景圖，大昇為題長句，頃刻而就，令大嘆服。

王一寧（分省人物考）仙居人，英敏過于常兒，年十三能詩。仁宗在春宮，聞之，召試早過銀河詩，立奏。中永樂癸未會試，尋丁父憂，家居十年。會宣宗求文士甚切，吏部以應名，見試表正萬邦論及詩賦，皆見嘉賞，擢吏部主事，改翰林修撰，預修宣廟實錄，充進講官，主考應天鄉試，歷遷禮部左侍郎，卒，贈太子太保，諡文通。一寧為人閒敞疏達，為文必根于理，詩詞翰墨清絕可愛。

孫元肅（黃巖縣志）名允惇，以字行，經明行修，舉為海門縣訓導，公暇吟咏性情，獨立于萬象之表，陞靜江王府長史，著有梅花百咏。

謝績（太平縣志）字世想，讀書務窮底蘊，貫徹為經，實際為緯，才奇數奇，遯世無悶，以詩自娛，卒于家。文肅公鐸輯其遺稿曰王城山人集。山人之詩始規倣盛唐，極婉轉流麗之妙，晚獨愛杜少陵，則盡變其故格，益為清激悲壯，頓其敘事引典，雖往復闔合，未嘗不出于正，可以知其為人矣。李東陽、陳憲章為之序。

應瓚（仙居縣志）號琴窗，王一寧外孫，幼攜之遊長安。一寧應制賦神京八景，上稱善，瓚次其韻，語尤奇麗。一寧奏呈其詩，上大奇之，曰：斯真王學士甥乎！命送

中書肆業長逢彼浪詩酒
不營仕進有琴窗集句

徐慶亨（黄巖縣志）字世嘉弘治己丑進士善屬文尤工詩嘗在京師與諸公咏雪有一鳥不鳴樹千峰半入雲之句人遂稱徐千峰李東陽見其白雁賦尤加歎賞歷禮部主事卒所著有西浦存稿公餘録

管邦宰（黄巖縣志）字良卿以詩文著嘗賦金山憂相國言亟加歎賞尤工真草書領正德癸酉鄉薦未官卒著有二洞小稿

王佐（列朝詩集傳）字仁甫臨海人號古直老人善草書作詩旅遊京師客公卿間三十年不置釜甑無僮僕意度率直不為崖岸遇所會意處欣然忘去李東陽作王古直傳

潘淵（天台縣志）字默之由明經仕馬平知縣工吟咏嘗進嘉靖龍飛頌為璇璣回文詩數百首所著有玉屑吟漫潤集

蔡宗堯（列朝詩集傳）臨海人嘉靖丁酉舉人司教松溪諸生刻其文曰龜陵集多識古文奇字詰曲取裁亦圭峰之流亞出于嘉靖中年知其叢視李王矣集二十卷詩止樂府一卷

秦鳴雷（臨海縣志）字子豫嘉靖甲辰進士廷對世宗親擢第一時方祈雨郊壇觀其名復大喜授修撰陞左諭德歷國子監祭酒禮部右侍郎乙丑主會試將長陵神道橋圮巨璫請改建估費十萬餘金為自潤地閣臣以經始事屬禮曹鳴雷率衆度基而潛授意于擇日臺官報曰不利興造須二三年乃可舉事遂寢改吏部左侍郎兼學士教習庶吉士隆慶辛未陞南吏部尚書乞休家居二十餘年凡吴越名勝無不探討卒年七十六所著有倚雲樓稿及談資

蔡景名（台州府志）字去疾黄巖人少異負才雅以古文詞自許王世貞見而奇之延之上座酒酣失足池中碎玉杯命作玉杯賦刻燭而就有太極圖注芙

著亭稿行于世

石文睿（寧海縣志）字文思萬曆庚辰進士引病歸杜門著書授南太常博士復乞養家居日事撰述竟以疾不起所著有白山文集

葉良佩傳詳循吏

陳公綸（臨海縣志）字淡中善為五言律詩清新婉至著有釆碧集其自序以為本東野襄夫因戕郡城誦讀章縫行迹不出其鄉獨六客錢譚平生好詩歌取超詣自慕謝語以玉室名其詩不欲著姓字云

王薰（黃巖縣志）字簡之年十五作滕王閣賦為郡二泉王春文諸公所稱許補縣學生為詩文清逸典雅年三十卒人惜之所著有醒心集青林存稿特有張神童處者八齡能詩謝文肅書以楮箋命題操筆立就云流水往來急青山遠近齊相期思相失皆兩過橋西文肅大奇之

陳錫（臨海縣志）字元之宏通該博嘉靖己酉薦于鄉卒業成均司成以五經疑義課考狀徵訂輿司成歎服丙辰成進士授禮部祠祭司主事會日食時陰雲莫辨相嵩方以當食不食奏請賀錫從實報所食分數嵩恩因考察罷歸益杜門著書嘗作易原辨陰陽家數之旨證以古今事變識者謂逸過焦氏易林善賦詩即席分韻數百言剋晷而成晚年著有楮瓔集

施魁（黃巖縣志）字良之由貢授武平知縣卒官為詩文對客揮毫詞采蔚然又精真草書著有擔頭稿北遊稿靈感錄

吳俸（黃巖縣志）字燕夫幼以文學著聲嘉靖初湯御史景哲萃兩浙名士于萬松書院試青山綠樹論奇之超貢上京以教授奉命修玉牒進紀善歸以吟嘯老于家有叢桂山堂類稿

張應兆（黃巖縣志）字星衡由明經授餘姚訓導遷諭寧化署邑篆力救諸生危案有崇德生祠所著寧陽圖說日蝕測影漆室末議大有山詩集

王士性（臨海縣志）字恒叔幕向子年為人作為詩文幽深峻削孤情獨往萬曆丁丑成進士知確山縣擢禮科給事中典試四川陞大理少卿晉右僉都御史巡撫河南力辭遂改南鴻臚寺正卿士性意氣凌厲以官為寄九州履其八所未至者獨閩耳諸名山自五岳外窮幽極險凡一巖一洞一草一木無不精訂他若堪輿所述象胥所錄千名百種無不羅致筆札間有五岳遊記十二卷廣游志二卷廣志繹六卷

徐光允（天台縣志）字長卿九歲從祖于湖州能隱栝韓文公廟碑為五言詩年十五補弟子員以歲薦老所至輒留題有山齋筆錄墨餘狂言醉燈齋囈語諸書

馮繩祖（臨海縣志）字武甫性慷慨不善謀生磊篤好詩文兼工米南宮書法晚不得志縱酒狂歌雖貧姻屢斷不之顧所著有觀國草蛙鳴琴山韶詠母陳氏亦有編佛齋草

戴杏芳（臨海縣志）字屺人後改名樹通達古史百家言鑽幽嗜異為文輪囷離奇尺牘寸素人爭相藏弆當事者徵文走筆應之不往見見亦不干澤以是落落終其身有儳草諸集

國朝

洪若皋（台州府志）字叔叙臨海人順治乙未進士除戶部主事歷郎中出為福寧道僉事連丁內外艱遂不出酷嗜學至耄手不停披卅居三十載日以鈔纂為事凡生平未見之經濟一寓于著述讀者咸知為有用之文其板行者南沙文集文選越戠臨海縣志論定未梓者有明文瓊液樂府源流詩韻四書章

譜等
書

何衡（臨海縣志）字無頗幼補弟子員工文詞書賦白燕詩數十首紙為之貴隨父
舜齡歷任山左閩中益得江山之助同人社集推為壇坫祭酒與火相尋數
椽悉付灰燼僦居城北山房與二三故舊倘佯山水詩
酒間所著有憶契草客遊集鷲山雜著追昔篇等稿

陳臣謨（舊浙江通志）字六吉臨海人為諸生有文名受知學使黎元寬明崇禎間
以明經應北闈未舉後棹過姑蘇傾所携金市書籍以歸鍵戶山房盡棄
舉子業作為詩歌鏗、
鏘鏗鏘不忝家風

陳璜（臨海縣志）字元鄉為人新〻磊落以能詩稱登順治壬辰進士授壽張知縣
駢儷而簡略中藝林疏以自給日手一編吟咏不輟以小誤降補寧德丞卒
于閩著有寓園詩集文
略旅書璵樹園詩話

金華府

唐

駱賓王（唐書王勃傳）賓王婺州義烏人七歲能賦詩初為道王府屬歷長安主簿
武后時數上疏言事下除臨海丞鞅〻不得志棄官去徐敬業亂署賓王
為府屬傳檄天下斥武后罪后讀至一抔之土未乾六尺之孤安在矍然曰誰
為之或以賓王對后曰宰相安得失此人敬業敗賓王亡命中宗時詔求其文
得數
百篇

舒元輿（唐書本傳）婺州東陽人始學即警悟元和中進士高第裴度表掌興元書
記文檄豪健一時推許拜監察御史遷刑部員外郎元輿自負才高有過

人者太和五年献文闕下不得報上書自言改著作郎有司柬都及李訓用事遣御史中丞蕭刑部侍郎以本官同中書門下平章事辛元輿為牡丹賦一篇時稱其工後帝觀牡丹凭殿闌誦賦為泣下

馮涓（東陽縣志）宿孫也大中四年進士文學甚高新羅方建唐樓齎金帛奏請撰記時人榮之歷官眉州刺史時王氏阻兵孫康之署中不屈蕭以特才傲物幾為所危然憐其文藝每容之後朱梁遣使致書命諸從事具復皆不愜涓援筆立就大稱意

五代

劉昭禹（金華先民傳）字休明金華人刻苦攻詩有云句向夜深得心從天外歸仕湖南為天策府學士入南唐為嚴州刺史有詩集一卷凡三百篇

宋

徐無黨（兩浙名賢録）永康人從歐陽修學古文詞修嘗稱其文日進如水湧山出嘗注五代史妙得良史筆意皇祐中以南省第一人登進士第仕止郡教授而卒

曹冠（金華先民傳）字宗臣東陽人博聞強記以文詞知名于時紹興中戍進士第二推太常博士後知郴州轉朝散大夫卒著有經進雜論萬言書帳復秘略時政抒契裕民政要忠言帝範十贊及雙溪集二十卷廬陵楊萬里見其集甚為推服

范端臣（金華先民傳）字元卿蘭溪人浚之從子紹興中進士官至中書舍人雖入官未嘗廢學文詞典雅尤工于詩有集三卷出入諸家卓然名世至篆楷草隸亦造其妙學者稱為蒙齋先生　婺州

喻良弼（兩浙名賢錄）字季直義烏人與兄良能字叔奇俱以古文詞有聲太學良能成進士而良弼僅以特科尉新喻有杉堂集十卷樂府五卷龍川陳亮曰叔奇為文精深簡雅讀之愈久而意若新季直文蔚茂馳騁蓋將包羅衆體而一字不苟讀之亹亹無厭也尤工于詩一時鉅公若洪邁楊萬里皆與為文字友

何恪（金華先民傳）字茂恭義烏人好古藏書至萬餘卷工于文陳亮嘗稱其奇壯精緻反覆開闔卒能自闡其意登紹興三十年進士詣闕上萬言書及恢復十二策與朝論不合歸所著有南湖集

陳炳（金華先民傳）字德先義烏人好古文務為奇語與喻良能良弼何恪號烏傷四子乾道二年登進士第為太平縣主簿所著有易解進卷巖堂雜稿

倪朴（浦陽人物記）字文卿浦江人豪邁不羈喜舞劍談兵恥為無用之學紹興間草書數千言歷陳征討大計且以山川險阻户口多寡用兵者所當知乃編考羣書成輿地會元志四十卷既知不用復著監轍錄五卷惓惓猶前志也好使氣與人多不合獨永康陳亮敬之淳熙中以豪俠從家筠州會赦歸朴之友吳克己字復之縣之鶴塘人窮經博古尤邃于易旁通釋氏書多有著述朴書評其文汪洋恢怪如崩崖翻浪使人驚畏又孰之而不忍去

陳亮（宋史本傳）字同甫婺州永康人才氣超邁喜談兵下筆數千言立就嘗著古論郡守周葵奇之隆興初婺州以解頭薦上中興五論不報益力學著書者十年淳熙五年更名同詣闕上書孝宗赫然震動欲用种放故事擢用之曾覿知之將見亮亮踰垣而逃待命十日渡江歸日落魄醉酒戲為大言涉犯上刑部侍郎何澹以聞下大理笞掠誣服為不軌孝宗廉知其事奏入劉其牘于地亮遂得免七何亮家僮殺人臺官論亮情重王淮辛棄疾羅點援之力復得不死亮自以豪俠屢遭大獄感孝宗之知至金陵視形勢上疏激孝宗恢復而是時將內禅不報由是在廷交怒以為狂怪會呂與何念四毆呂天濟且死恨

曰陳上舍使殺我耶入大理寺意必死少卿陳汝諧閱其卑詞曰此天下奇才也力言于光宗光之未幾第進士光宗得亮策御筆擢第一既知為亮則大喜曰朕擢果不謬授僉書建康府判官廳公事未至官一夕卒亮志存經濟人人見其肺肝為士恐弗及家僅中產畸人寒士衣食之久不衰卒之後葉適請于朝命補一子官

端平初謚文毅

徐次鐸（金華先民傳）字文伯東陽人紹熙元年進士又試宏詞科為山陰尉著復鑑湖議為摳屬以西府典故散在方冊目建炎以來攻守之具編纂成書名曰中興兵防事類官止三衢倅嘗倣古周禮作漢官又作唐書傳注補注音訓總三百卷自號徐氏唐書又以唐書糾謬訛舛作釋糾辨謬十卷

胡識（東陽縣志）字景雲號嗜六經子史學問深邃而行文典雅長于詩賦尤善表啓著倫鳴集八憤等詩

喻偘（宋濂喻偘傳）字伯經義烏人慶元己未進士歷僉書鎮南軍節度判官尋請祠歸築室夫人峰下曰蓋隱性豪諾論今古輒目光如炬氣軒軒出吳吻間尤長于文詞當乾道淳熙間東萊呂祖謙陸九淵張栻皆談性命而闢功利學者各守其師說陳亮倡起獨以為性命之微子貢不得而聞後生小子與之談不置殆多乎哉禹無功何以成六府乾無利何以具四德如之何可廢也于是推尋聖賢經理世故之大略明白簡大坦然易行人多疑其說而未信偘獨出為諸生倡扶持而左右之已而亮再下詔獄偘與同志極力營解（遂）脫亮于萬死一生之中人多義之所著有隨見類錄二百卷蓋隱類稿五十卷

方勺（萬曆金華府志）字仁聲金華人（後居）吳興湖州西溪號泊宅翁遂良貢籍其超然遐舉神情散（閑）如晉宋間高士其詩文雅深雅健逆古作者所著有泊宅篇十卷

夏明誠（金華先民傳）字敬仲金華人其學本于呂東萊而自負甚高登慶元丙辰進士第三為安慶節推遂致仕嘗作八詠樓賦序直斥沈約為是樓之辱

郁貫精其雖作傑槃在天地間如福物異瑞要不可多見而屢得之也

時少章（嘉靖金華縣志）字天彝寶祐癸丑進士由南康軍教授推文館檢閱授保寧軍節度掌書記卒自負其高談經自出新意史學最精平生所著有易詩書論孟大義六十餘卷論孟詩贊說易卦贊雜文古歌詩總曰所性稿五十卷鄭士懿稱其新萬峭拔自成一家吳師道亦云

方鳳（浦陽人物記）一名景山字韶父其先自睦來遷浦陽鳳有異才嘗游杭都將作監丞方洪奇其文以狂子任試不中第後以特恩授容州文學未幾宋亡自是為汗漫游北出金陵京口南過泉甌海上碩粉排徊一發于詩歌深于古今之感臨沒猶屬其子題銘曰容州亦不忘也所著詩三千餘篇曰存雅堂稿子樗字壽父亦工于詩

元

傅野 陳堯道（金華先民傳）野字景文堯道字景傅皆義烏人黃溍稱其詩為繡川二妙集而序之以為景文之詩精切整暇如清江漫流一碧萬頃而魚龍光怪隱見不常景傅之詩逸肆彬蔚若奇葩珍卉洪纖高下雜植名園終日玩之不厭也

張樞（元史杜本傳）張樞子長者婺之金華人幼聰慧外家潘氏蓄書數萬卷樞盡取讀之既長肆筆成章有問以古今沿革政治得失宇宙之分合禮樂之廢興以至帝號官名歲名先後歷歷如指諸掌其為文務推明經史以扶翼教道尤長于紀事嘗取三國時事撰漢本紀傳附以魏吳載記為續後漢書七十三卷朝廷取其書置宣文閣又春秋三傳歸一義三卷刊定三國志六十五卷林下竊議曲江張公譜敝帚編各一卷

于石 傳詳隱逸

李裕（元詩選傳）字公饒，東陽人。嘗從許謙遊，至治間詣闕上聖德頌，補國子生。至順元年舉進士，歷通州推官。所著有中行齋稿，詩篇秀麗，尤工七言樂府，出入二李間。

金似孫（萬曆金華府志）字叔肖，篤敏強記，工舉子業。文科既廢，遂一意于詩，清新警拔，善諷切。入吴師道稱其觸事感時，足以附于風人之列云。

戴良（金華先民傳）字叔能，浦江人。初業舉子，尋棄去，專為古學。時柳貫、黄溍、吴萊以文章鳴于浙東，良往來諸公門下，盡得其閫奧。余闕持節過婺，聞良善詩，與論古今作者詞旨優劣，闕乃盡授以平生所得于師友者。于是良之詩名達雄東南。至正丁丑，以薦擢江北儒學提舉，度無可行其志，棄去，益肆力于詩文，瑰奇磊落，清新雅潔，往往無愧于作者。有九靈山房集三十卷、和陶一卷、春秋經傳三十卷。

胡助（萬曆金華府志）字履信，一字古愚，東陽人。曾祖居仁從呂祖謙學。助刻志問學，志貫經史百氏大旨。舉茂才，授建康路儒學録。吴澄見其詩文，大加稱賞，用薦改翰林國史院編修官。助狀貌清古，平生誠實無偽，見人有善，亟稱之。嘗作大拙小拙傳以寓意。所著有純白類稿三十卷。

葉顒（元詩選傳）字景南，金華人。元季結廬城山之陽，幅巾野服，輕鞵瘦筇，時造樵夫漁叟往還。自序所作詩，以為薪桂老而雲山高寒，音調古而巖谷絶響，故名之曰樵雲獨唱。

吴景奎（金華先民傳）字文可，蘭溪人。酷好為詩，嘗游山澤間，方苦吟而雨至，雨濡其衣弗知也。所著集曰藥房樵唱，宋濂為之序。

明

宋璲（浦陽人物補遺）字仲珩，濂之次子。博雅，善詩文，尤精書法，與宋克諸人齊名。洪武中以薦為中書舍人。一日帝出元內庫蟠桃核半斤，大可盈掌，命濂記

使璲書之稱為隻絕方孝孺稱璲書為威鳳沖霄祥雲捧日濂亦嘗謂二兒結篆鐵作文所著有水蔵洞玉兔泉諸詩集子懌力學復工書

蘇伯衡（金華先民傳）字平仲金華人少習舉子業中年專肆力于古文遂以知名明初名為國子學正舉入史館纂修元史書成授國史院編修以疾辭賜精帶文綺遂遷久之復起為處州教授以表薦失候坐罪死士論悲之文集十五卷宋濂稱其精博而不粗澀敷腴而不苛縟劉基稱其詞粹而詞達識不凡而意不詭人皆以為確論

張孟兼（金華先民傳）浦江人以文詞知名性耿亮不阿每良朋盍簪抵掌笑談附中森然芒角必盡吐乃已洪武初薦入史館與修元史書成授國子學錄累官山東按察副使與布政爭論中以危法沒于京師所著有白石山房稿若干卷初太祖與劉基論當時能文之士基首推宋濂其次自謂不敢多讓其次則推孟兼謂其文甚俊而意氣暈然云

吳沉（萬曆金華府志）字濬沖蘭溪人師道之子與兄深傳其家學名重一時洪武初名為翰林編修轉國子博士以文學被罷春官至東閣大學士禮遇亞于宋濂後以誤死嘗撰千家姓進御及所著有應酬稿滋川集等書

楊芾（金華先民傳）字仲章義烏人徙居東陽早從陳樵游復登王溍之門文詞典雅操筆立就洪武初膺薦上京以疾辭歸著有百一稿無逸齋稿輯元詩為正聲類編總若干卷自號鶴巖先生

傅藻（萬曆義烏縣志）字伯長受業黃溍以文章知名由本縣儒學名授翰林編修尋拜監察御史官至河南廉使藻為御史時奉勅按鳳陽獄道達往還咸紀行詩若干卷事有關于風教一日名對以詩進呈帝大悅作和章四首賜之

王紳（金華先民傳）字仲縉義烏人禕仲子也禕死節時紳年十三落筆為文不可檃未幾母又相繼沒煢煢憂患中而慨然負奇志盡取經史百家言出入上下務搜其精奧乃已宋濂一見奇之曰王子充為不死矣紳痛父遺骼未返首邱野趍雲南求不獲乃即死所設奠慟哭招魂而返述滇南慟哭記以著志微擢國子博士卒所著有繼志集三十卷其文豐蔚雅贍稱其家法詩沖淡有陶韋風子稌字叔豐亦以文詞名有青巖集

鄭棠　鄭柏（金華先民傳）棠字叔美浦江人與弟柏俱受業宋濂之門以文詞知名棠尤善馳騁永樂初與纂修大典除翰林除洪籍陞檢討以疾辭歸所著金文評元文評及道山集二十卷柏字叔端隱居著書或以其名達之蜀王〻曰可謂清逸之士人因以清逸處士稱之著有聖朝文纂文章正原續文章正宗金華賢達傳進德齋稿、

劉剛（義烏縣志）字養浩博學能文詞遊京師學文于宋濂嘗製鐃歌鼓吹曲十有二篇金華胡翰評其篇次體製皆承祢李摩之舊而才氣橫發音節鏗鏘則得之宋潛溪居居蘇伯衡謂其才雄氣暢詞與事稱有古作者之風

沈賓國（兩浙名賢錄）字用之義烏人性英特博閱經史弱冠即棄舉業攻古詩文書遊燕謝文正遷一見之喜之今之長吉也為詩多奇思不肯作尋常語所著有五經注疏太極圖衍皇極經世書疏文集若干卷

盧格（靜志居詩話）字正夫東陽人成化辛丑進士除貴溪知縣擢江西道御史格難經伉伉所撰荷亭辯論八卷蕺山劉宗周為作序

應廷育（金華府志）字仁卿永康人嘉靖癸未進士特值爭大禮廷育據濮議忤旨困乞養親改南刑部左遷知州尋備安八閩致仕講學論道類多格言著金華先民傳編永康邑志又有刑部志讀律中庸本義等書

胡應麟（金州史料）字元瑞蘭溪人自號少室山人父副使僖元瑞九齡時從里社師習經生業而心厭之悉胠副使篋浮諸書讀之遂能為歌詩已而鄉薦書然意不在一第先後購經史子集四萬餘卷手抄集錄凡十之三築室曰二酉山房旦夕坐臥其間所著有詩八十卷文四十卷詩藪十八卷筆叢四十八卷行于世

張一韶（浦陽人物補遺）字尚成髫年補博士弟子員入成均肄嗜書自禮樂刑賦音及方輿氏族星曆醫卜無不精究因慨然以著作自負攻古文詞縱逸三輔名都岱宗闕里匡廬九疑洞庭彭蠡嶺外盡交諸名士自是文益雄邁尤長于詩歌作咏史二百篇援引駁據率自成一家言又著歷代詩章辨體樂府考題晚善病然不廢吟咏有病餘集又著詁燕堂集三十卷

張元銘（浦陽人物補遺）字濬中精三易六樂曰樂易無異同損八十一之一分益三十二之三分陰陽交易六律旋宮盡此矣著樂則六卷以聘抵京與大理張楚學太常于正發高聲能何隸如諸以論樂于神樂觀著原樂大成復請講易于天玉書院著原易編通禍李樞部出元贊出震南先兆圖搏易先後天交化之次力辨其非出巫服為歸老著三皇五紀以明律度及地理連山醫墳歘要諸書行世

金江（義烏縣志）字孔般博通羣籍以著述為事由太學兩佐州治職務修舉未嘗以吏事妨學所著有續綱目書法續敘鄉錄端本要略華川文派錄義烏人物志太倉高唐二州志總八十卷

吳存中（嬰書）字致之生而姣好通敏異常見為文清壯有法好言古人中陸機王維書書法著書論一卷字學十卷充任子入南雍時禮部侍郎葉向高攝雍事存中手經義及詩古文上謁向高讀未竟攝衣起以賓主見作萬曆紀元三大征頌一篇傳誦一時李維楨見之歎曰老夫不逮也

龔士驤（婺書）字季良義烏人慷慨有志節十四補博士弟子能爲古文詞折節讀書造請諸賢豪長者不避風雨凡星氣握奇博射醫形家軒岐諸方伎一見即能習試而絶出者莫如詩遺編數卷精苦沉細在唐人諸家中不多見也又作續文賦以明文章之源與近世之陋天啓辛酉舉于鄉崇禎戊辰成進士

按澤水今卒

吴之器（義烏縣志）字賜如年十一出就童子試冠其犀爲諸生家有藏書十餘櫃坐卧其間垂十年與斷一緒龔士驤輩六七人爲八詠樓社崇禎壬午試南闈中式挾策遊二京慨然有匡世志所著婺書及婺書別録明月齋稿明月齋後刻稿

衢州府

唐

徐安貞（舊唐書本傳）信安龍邱人善善言詩書應制舉一歲三擢甲科開元中爲中書舍人集賢院學士上每屬文作手詔多命安貞視草累遷中書侍郎

徐珏（舊浙江通志）江山人五歲暗誦周易小戴禮大中十三年父舉明經携珏詣闕名試思政殿賜衣緋明年童子科及第父亦策名鄉所居之坊曰雅儒

宋

徐泌（弘治衢州府志）字道深其先汴人官于衢因家焉泌登第終起居舍人知制誥有文集藏史館子扁直集賢院嘗表上周易意學藴

綦望（衢州府志）西安人咸平間進士注陰符經命翰林學士宋白看詳白奏此書當秘授中秘主簿

慎從吉（宋史本傳）字慶之知禮之子錢俶壻也自歸朝居散秩幾三十年頗以文酒自娱士大夫多與之遊大中祥符間判吏部銓臨事敏速所至務寬容

多請對陳事，謂其無隱，摧知開封府，請屬一無所受。天禧四年坐與寇準善，以光禄卿致仕。從言善為詩，有警語。

江鉞（開化縣志）字執中，性剛而行高，與人交有氣誼。以進士知工元縣，還尚書郎，棄官奉親，放意泉石間，與趙抃遊。所著有金川集，稱抃為劉白道風。

毛維瞻（兩浙名賢錄）西安人，以詩名，與趙抃同里，相得為山林之樂。元豐中出知筠州，政平訟理，民歡樂之。時蘇轍謫監筠州酒稅，相與倡和，有鳳山八詠、山房即事詩，傳誦藝林。

毛滂（衢州府志）字澤民，江山人。元祐中為杭州法曹，東坡為守，滂秩滿去，會有歌贈別小詞，東坡問誰作，以毛法曹對，坡語客曰：郡僚有詞人而不知及某之罪也。翼日折簡追還，留連數月，滂因此得名。官至祠部員外郎，知秀州，有東堂集。

劉嵩（龍游縣志）學問宏博，議論浩瀚，一時學者皆從之。同郡趙抃見其文，嘆曰：君當杭行韓柳，非科目之文也。子贊亦以文學名。

江褎（弘治衢州府志）字仲嘉，開化人。登進士第，性高簡，娶曾布女。布為相，壻皆官中都，惟褎調餘杭尉，後終餘杭宰。善楷書，自謂鍾王虞褚以來皆傳一法，非取其形似也。篆隸俱入能品，有遺藁五卷。

萬曆常山縣志載江衰亦曾布壻，或疑為一人，但衰字仲長，褎字仲嘉，開常又異籍，而一為太學生，一為餘杭尉，事蹟亦不同，顯屬兩人。

程天民（弘治衢州府志）開化人，幼即日誦數千言，屬文操筆立就。熙寧中進士，官至太學博士。

程俱（宋史本傳）字致道，開化人。以恩補吳江簿，近臣以撰述薦，遷著作佐郎。宣和二年進頌，賜上舍出身，歷知秀州。紹興初始置秘書省，以為少監。奏修日曆，秘書長貳得預修纂自俱始。時庶事草創，百司文書例從省記，俱摭拾三館舊聞，比次為書，名曰麟臺故事，上之。擢中書舍人兼侍講，後罷為提舉江州太平觀。久之，除徽猷閣待制。秦檜薦俱領史事，力辭不至。卒。俱在掖垣，命令下有不安于心者，必反覆言之，不少畏避。為文典雅閎奥，為世所稱。

毛晃（弘治衢州府志）字明叔江山人紹興中免解進士書閒門著書留意字學
增注禮部監韻行于世學者稱為鐵研先生子居正亦第進士有名于時

江漢（弘治衢州府志）字朝宗常山人博學能文尤長歌行倅衮州時秦檜為郡博
士章戒表漢每指摘竄定後至行在高宗欲用之遣檜為相以祠祿遣歸

張恪　張恢（江山縣志）恪字季武弟恢字季長皆舉進士以文學知名恪終著作
郎恢嘗作士學聖人之極致賦乾道間入對便殿孝宗曰朕在潛邸
已誦鄉賦因
除太學正

徐巘　徐嶢（龍游縣志）巘字仲山少以文章名與梁溪尤袤善袤時稱之登進士
第著紹興聖政寶鑑十卷以進上嘉之弟嶢字次山以進士歷國子
監博士學富才贍尤
長于詩有竹溪集

張道洽（弘治衢州府志）字澤民開化人端平二年進士真西山所取士老始為池
州僉判詠梅花詩三百首方萬里稱其篇篇有味雖古人已言之意而縱
橫口手皆脫灑清
楚有詩集行世

柴蒙亨（兩浙名賢録）江山人甫能言即口授書十萬餘言不忘六歲暗誦九經通
春秋大旨郎將面試童科作文者三以神童聞淳免解端平二年初赴省
嘗從幸六和寺上指示喻云一塔七層八面萬佛千燈蒙亨
即應聲曰孤舟雙槳片帆五湖四海大嘉之有詩集若干卷

徐復殷（弘治衢州府志）字元禮江山人中甲科名試玉堂由秘書郎歷遷左庶子
言不合遂退學易宗理宗賜客齋二字鶴山魏了翁稱其文西澗葉夢鼎
嘉其行東澗
湯漢銘其墓

張汝勤（弘治衢州府志）字賢甫開化人祖檀山父作巖皆以文名至汝勤詩文尤
工入元食貧不仕所著有詩集六卷講義史評古賦十卷擬漢唐制誥詔

表雜文若干卷

元

鄭介夫（弘治衢州府志）字以居，開化人。著韻海。至大間上太平策一綱二十目，頗行之。仕終金溪縣丞。

張宗元（弘治衢州府志）字仲亨，開化人。至順初進士，高古博雅，寧興俗交，以文詞名。仕為秘書少監。至正間部使者余闕行縣，為立興賢坊以旌之。

程斗門（弘治衢州府志）字仲元，開化人。世居龍山，號龍麓子。受業三江先生之門，傳性理之學，尤長于詩文。有龍麓子集。若程惟善、戴彥明皆出其門。

明

祝宗善（兩浙名賢錄）江山人。博學能詩。洪武間舉為邑教諭，秩滿之京，館鷄鳴僧舍。客有微服倚閣吟者，韻未竟，宗善長揖續之。客問其名而去。翼日傳手詔，名見擢知蘇州府，始知微服倚閣者太祖也。宗善守廉介，以詩文擅名。後坐謫，籍其家，惟圖籍數卷而已。仍復其官。

方沃（天啓衢州府志）字化輔，開化人。風度灑落，該覽古今。詩宗唐人，文尤典贍，追古作者。有素軒詩文集。

金弘訓（天啓衢州府志）字公懋，開化人。為人狷介寡嗜，甘貧力學，試不遇，遂棄舉子業，為詩文豪邁佚宕，人莫能及。作史論數十篇，皆出人意表。有復菴集行世。

胡檠（弘治衢州府志）字希華，龍游人。嗜學有文行，從金華汪公若諱學，得其旨歸。當道交薦不起。著有穀溪漁唱。

徐履誠（弘治衢州府志）號迂叟，龍游人。精春秋，為學者宗師。有司屢以明經薦，不起。有城南集。

吾慶（衢州府志）字善有開化人舉博學為本縣訓導陞東莞教諭淳古博洽文不屬稿所在稱為吾夫子

徐以昭（弘治衢州府志）字用晦龍游人讀書談道不求仕進所作文必有裨名教有風月交談集

方瑛（天啓衢州府志）字廷蘊開化人進士官行人司正薦介有文仕未一歲乞歸蕭然四壁人稱箬溪先生有雞肋集

汪圻（弘治開化縣志）字彥達開化人隱居不仕長于五古古選人稱為汪短選

吾謹（舊浙江通志）字惟可開化人正德丁丑進士總角能吟詩博綜經傳子史天文地理兵家陰陽釋道等書過目不忘李夢陽奇之曰今之李賀也志輕軒冕浮第後歸隱少華山與何仲默孫太初李崆峒相頡頏

徐沆（天啓衢州府志）字清之西安人嘉靖庚子鄉薦知裕州改巴州歸嗜讀書不間歷事海貫子史博極羣書督學華亭徐階目之曰書廚計偕郎中每夜背誦史書十數卷不漏一字鄭友疑其燈下披閱穴窗窺之漆如也始大駭服歷兩州愛民如子家仍四壁立居林下三十載壽九十一卒

鄭孔庠（天啓衢州府志）號檵溪西安人穎敏絕世每過市買書林輒取其書甲乙中乙之業已默記仍與客談而記不輟年十六遊武林畫和梅花詩名華嘆賞人士讌集約歌早朝詩以勸觴夜客或記一二孔庠偏代席中人歌之衆謝不及也詩多不留草弟子識其什之一名檵溪集

徐惟輯（衢州府志）號紫崖江山人博學能文少時詠回文詩知名嘉靖乙未進士為內閣中書舍人相國徐階應詔製青詞命惟輯代為之上未嘗不稱善有詩集行于世

余湘（天啓衢州府志）字毓靈龍游人以貢授臨武知縣性疎曠不慕聲華為文飛揚跋扈時藝好為古文詞尤長于詩詠諧排調倜儻不羈受業于鄒守益

達窺性命之微
治臨武有仁聲

余敷中（衢州府志）字定陽西安人少勤學沈酣子史工古文詞詩賦猶春秋五傳
名曰麟寶以鄉薦秉鐸淳安與諸生闡析理奧所著有太末先生集南園
北遊青
溪諸詩

柴惟道（天啓衢州府志）字允中江山人縞服臞形瞻然不滓獨好為詩其詩清潔
飄灑置之唐人中未可辨刊落世事卓然高操天台友人王宗沐為作敘
梅亭
稿序

徐應秋（西安縣志）字君義可求次子萬曆丙辰進士有書癖充棟之藏漁獵殆盡
釋褐兩令劇邑皆有惠政擢儀部郎為魏忠賢所銜削奪歸里延里中將
彥結社于足園授餐角藝手為丹黃戶外事泊如也著書甚富其
已行世者談薈雪鞭塵餘古文藻海古文奇豔駢字憑霄等集

余鉽（衢州府志）字式如西安人方伯四象之孫天資卓犖藏書萬卷皆丹黃數過
終日下帷不與外事試輒冠倫古文詩歌沈鬱華贍手輯純師集陳臥子吳
劬洪為矢其首
以貢齋志終

葉國章（西安縣志）字含美三衢文習至國章而洗刷殆盡時文古文詞皆然其
詩鋟刻新異有青藤道人之風以鍵戶耽悶生計落其崖潦倒而卒

國朝

徐國珩（舊浙江通志）字鳴玉西安人尚氣節敦行誼讀書上下千古為文奧衍雄
肆尤好獎厲後進（衢州府志）國珩晚年優游泉石好著述有隱史八卷及
書西新東珂偶錄
北行草行于世

余恂（舊浙江通志）字孺子龍游人太僕卿日新仲子順治辛卯領解額壬辰成進士改庶常授翰林院檢討一歲三遷游歷左春坊左諭德丁酉典試八閩試竣過里門會丁內外艱服闋以疾乞休林居二十年郡邑利弊悉心諮求而自奉不異寒素卒之日邑人士與四方知交無不隕涕

嚴州府

漢

方儲（嘉靖浙江通志）新安人與弟儲儼以孟氏易自相諮授儲為南郡太守封關內侯儼為大都督俱以文學鳴于時

唐

皇甫湜（唐書本傳）字持正睦州新安人擢進士第仕至工部郎中卞急使酒數忤同省求分司東都留守裴度辟為判官度修福先寺將立碑求文于白居易湜怒曰近捨湜而遠取居易請從此辭度謝之湜即請斗酒飲酣援筆立就度贈以車馬繒綵甚厚湜大怒曰自吾為顧況集序未嘗許人今碑字三千字三縑何遇我薄度笑而酬之

皇甫松（嚴陵志）湜之子工文詞著醉鄉日月三卷具大隱一賦尤為綺麗而浮名在樂府宮辭

章八元（萬曆嚴州府志）桐廬人大曆六年進士貞元中調句容主簿遷協律郎少從會稽嚴維學詩號章才子嘗于郵亭偶題數句維大異之遂親指喻數年克賦擢第其題慈恩塔詩元白名家深為歎異且謂不意嚴維出此弟子與郎司馬劉長卿更相倡和為名流賞鑒

章孝標（萬曆嚴州府志）八元子元和中進士為山南道從事試太理寺評事初下第流輩都為詩以刺主司孝標作海燕詩獨存忠厚侍郎庾承宣展轉吟

睦州

諷卒以受知李紳鎮揚州請孝標賦春雪詩命題于臺盤上索筆一揮深得風雅之旨無題一篇張為取為主客圖時人為之語曰前有八元後有孝標

方干（孫郃方干傳）新定人字雄飛父肅舉進士章協律八元美其詩以子妻之干為詩高堅峻拔秀仙蕊于常花鳴雲鶴于衆響咸通乾符廣明中和間為律詩江之南未有及者始舉進士與同舉者謁錢塘太守姚合姚覽詩駭目變容樹館之數日一舉不得志遂遁于會稽漁于鑑湖文德間卒後進相與謂之曰元英先生

徐凝（萬曆嚴州府志）分水人與施肩吾同時舉進士官至金部侍郎始白樂天刺杭時以開元寺牡丹詩受知既而與張祜較藝祜甘自屈白公解送以凝為元其縉雲一詩後來無敢題者漢宮曲段柯古錄之題標集中其詩心悰元遠閒澹孤清倏然自得于言外

章碣（萬曆嚴州府志）孝標子乾符三年進士有集一卷行于世其東都望幸詩膾炙人口至如焚書坑一絕就題翻意深得風人雅致教清江吳深取之

何希堯（萬曆嚴州府志）字唐臣分水人施肩吾之壻號常歡喜居士詩集行于世而以樂府名家其采蓮曲柳枝詞咏海棠等作神采既和融情景俱到天才流麗節奏琅然氷清璧潤擬之肩吾何愧

五代

章魯封（十國春秋）桐廬人頻舉進士不第有雋才少與羅隱齊名武肅王既破董昌辟為表奏孔目官累遷蘇州刺史著章子三卷行世

宋

邵煥（兩浙名賢錄）淳安人英年擢秀精藻逼人七歲時隨父兄應舉時郡方建譙樓題詩于壁援筆而就郡守杜难一奇之奏令赴闕真宗以其年幼賜帛遣

歸咸平三年十歲復以童子名赴闕令賦春雨詩文不加點是年登進士第除正字命于秘閣讀書常引之入宮令賦睡宮娥詩喚應聲云玉腕枕香腮荷花藕上開乃命就職官至金部員外郎

胡楚材（壽昌縣志）字公喬慶曆中登進士第授廣德儀真判官再調嘉興幕數以剛直忤權貴官至秘書省校書郎遂退居有勸之仕者荅曰仕進易行道難仕而不得伸其志雖祿而有愧于心君子不為也即熙山構堂以琴酒碁釣自適善屬文尤長于詩邑山水皆有題詠落筆不類宋調

方仲謀（萬曆嚴州府志）字公輔淳安人仁宗朝登進士第為歙州推官擢大理丞累官殿中丞東性貞介而文彩蔚然所著有雞山集藏二十餘卷其為詩不事彫鏤而聲律渾厚純無纖穠華媚之態

吳倚（嚴陵志）字子友建德人幼穎悟讀書五行俱下熙寧初中賢良方正直言極諫科和平門內其孫書樓斐臺在焉蓋自皇甫湜後三百年間倚始復中制科

方元修（嚴陵志）字時敏桐廬人幼有詩名政和初舉寄監大觀庫後通判濬州嘗同呂居仁趙才卿入大名幕其詩善鍛鍊視元英差無愧初見梅花云北枝風力頻不早東閣情情聊一新尤為人所誦

方闓（萬曆嚴州府志）字彥和淳安人年十八詣鄉舉與兄閎弟聞同受業太學每試必進為之魁徽宗幸太學特賜進士出身歷右文殿修撰至金紫光祿大夫以足疾乞歸高宗御書杜詩四首及龍亭居士歸以賜之閎為朝請大夫判南京國子監

方聞（嚴陵志）字彥直閎弟年十五詣鄉舉徽宗幸太學賜第問得所對御書詞翰俱優四字遂賜釋褐上美之曰兩浙三方天下無雙蓋與閎闓兼稱之也歷

太僕少卿至銀青光禄大夫

王昇（嚴陵志）字君儀，建德人。傳洽多識，尤邃禮易。家居不仕，以山陰陸佃薦特起于家，遂歷禮官，晚以徽猷閣待制還鄉里，卒年七十九。

滕岑（萬曆嚴州府志）字元秀，桐廬人。紹興中與陳頃相倡和，其佳處自謂高視大曆十子。所作詩凡三千首，多警句。家濾序睦州詩派，岑與焉。

方有開（嘉靖浙江通志）字躬明，淳安人。少倜儻有大志，爲國子録，輪對論吳蜀偏重，荆襄居中，爲用武之地，因上睽形勢、請攻守、關田畸、建宿衛四篇，孝宗大悦。轉司農丞，再對論規模，荆襄宜講屯田爲大計。後運判淮西，復著屯田詳議三十二篇以獻，當國者沮之。有奏議五卷、詩文十一卷。朱文公嘗爲書萬溪書堂四字，故自號溪堂云。

王日休（萬曆嚴州府志）分水人。登紹興五年進士第，授朝請郎。嘗著九鄉總要三百四十卷以進，光宗嘉之，進官一秩，遷朝奉大夫。

洪夢炎（萬曆嚴州府志）字季思，淳安人。寶慶元年進士。端平間帮軍擁逆命，夢炎撫諭。既受旨，索飲至醉，卧者庶下，徐以單騎入軍，或引斧砍其導卒，血濺衣而色不爲動。賊以逆順，皆安堵聽命。會高沙軍變，命夢炎綏之，至維揚，聞帥趙葵諉以指日可破。夢炎曰：「攻討者，制閫之大義；撫諭者，天朝之至恩。殊恩由赦，非受閫卒，受百姓也。」遂入城宣詔，進數閫以自新之路，一軍以安。尋以大宗丞贊浙幕，召拜司農，差知衢州，卒于任。有文集二十四卷、奏録三卷、高沙撫録、判襄語纂各一卷行世。

黄蛻（嚴陵志）字新之，淳安人，號警齋。淳祐七年廷試進士第二，方逢辰賀之，蛻答云：「欲與狀元留地位，先將榜眼破天荒。」次科逢辰果狀頭。蛻學博而工著作，不留稿，人得其片紙隻字，必珍藏之。自建昌軍僉判遷大理卿，所至以文學知名。未幾歸老于家，卒，學者祠之于石峽書院。弟宗仁，字榮甫，淳祐進士，累官司

衆少鄉亦多注書

許經先（嚴陵志）淳安人家貧力學淹貫經史咸淳間以春秋領鄉薦仕至宣教郎秘書省檢閲文字

郭頤（萬曆嚴州府志）字養正壽昌人少孤貧力學從呂成公遊魁南省登進士甲科精于易通數學仕終軍器監主簿築室于所居之南號困齋讀書其中屢空晏如也

吳攀龍（萬曆嚴州府志）字元登淳安人刻苦問學文聲籍甚登咸淳元年進士第任饒州安仁主簿少與方逢辰何夢桂為同門友嘗見器于趙白雲為大書齋扁曰愛敬又曰晋齋

何景文（嚴陵志）字俊翁潛齋從子同受學訥齋又同年登第御賜一聯云一門登兩第百里足三元以黄蜕榜眼方逢辰狀元及夢桂探花為三元也初授合肥簿遷監行在文思、院學問辛純後進師之

汪自明（萬曆嚴州府志）淳安人學問博洽特精汪六經撰禮林義林合四十卷

翁夢得（嚴陵志）字景說壽昌人唐詩人洮之後通春秋端平咸淳兩中詞科尋隱居教授所著有春秋指南一卷摭實二卷要論十卷紀要十卷盤珠纂論十一卷地理總括若干卷若干卷並行于世

鄭侍中（萬曆嚴州府志）字元璋壽昌人博學善屬文明五經通子史以漕試得舉見宋將移浩然有遯世志研精覃思作春秋指迷詞旨高遠

邵桂子（䌞極雪舟詩序）青溪邵桂子字德芳太學上舍登咸淳進士任處州府學教授宋運訖歸解組賦歸遯地雲間贅曹氏居泖湖之烝溪書瀕湖搆亭

名雪舟著述其間有胜稿十卷胜談二十卷皆以雪舟名之預為生壙號曰元宅著元宅七銘後七銘續七銘別七銘凡二十八事摹周易作忍默恕退四卦

汪斗建（萬曆嚴州府志）淳安人宋末遺老也嘗為學官隱居不仕其詩大有声律號雲留小藁

元

洪震老（萬曆嚴州府志）字復翁淳安人延祐中領薦與時相書言詞鯁直士論韙之未幾棄官隱石壁峯下著有觀光集日以吟咏為事其詩氣格昂然不落罕調詞鋒犖發覽物品游往往超脫

晏淳（嚴陵志）字大之淳安人明易象春秋之學為文雄深簡古領至治三年鄉薦為安定書院山長轉隆興教授新安趙汸嘗問及詩法淳曰子之鄉先達所謂格欲高而律貴熟句欲圓而意貴新者真名言矣其教授豫章嘗從虞集遊集喜其詩自成一家稱為晏體汸嘗言晏先生詩似楊誠齋蓋黃陳詩出老杜以格高為宗至誠齋又稍變其法晏亦自杜而變者也

何正巽（嚴陵志）字守中分水人至順間應薦授鰲川書院山長轉寧都下河撫尋棄官歸號雲壑道人能詩初被薦時試以詩二首人爭傳之

方子京（萬曆嚴州府志）分水人隱居山林至正間應薦起試以鑑湖風月詩時試者百餘人惟子京擢居前列除嘉興路教授致仕歸

吳暾（嚴陵志）字朝陽淳安人八歲能詩文不屬稿而成泰定間登第出丞番陽時邑賦重南業金氏患之暾言于朝始得輸常金民賴以甦歷轉峡州路經歷未幾歸授徒講學從之者戶屨雲集若方道叡輩皆其門人所著有齊城集麟經賦并詩文二十卷

李文（兩浙名賢錄）桐廬人博學以能詩鳴與楊鐵崖宋潜溪相友善嘐嘐子山深器之江浙行省檄為桐廬主簿辭不就遂與吳立夫游金華山中飄然有物

外意竟以詩文終
所著有近溪集

明

徐晅（青溪詩集傳）字仲由淳安人幼穎敏日記五千字及長博習經史百家之書
善屬文鄉里推為祭酒洪武初辟教邑庠三年自免去已詔徵秀才強起之
至者力辭而歸號巢松病叟葛巾野服
優游山水間以詩酒自放有巢松集

徐尊生（嚴陵志）字大年淳安人七歲能詩十五善屬文諸書靡不淹貫洪武初以
遺逸舉與修元史竣事俾編禮書修日曆時翰林學士承旨宋濂乞致仕
上問卿歸孰可代者濂以尊生對乃拜翰林應奉草制悉稱旨尋
以老疾歸所著有春秋論一卷制誥二卷懷歸還鄉等稿二十卷

汪一初（兩浙名賢錄）字陽復淳安人少嗜學以詩文鳴洪武庚子守將薦之朝上
方觀書命作詩立賦以進有花影上階春滿地讀書餘暇問蒼生之句即
命以白衣侍讀踰月授儒學提舉尋以親老乞歸庚申復名見
對策第一擢太常寺卿辭不就遂命白衣契撫山西卒于潁州

郤亨貞（列朝詩集傳）字復孺嚴陵人徙居華亭下莘溪上以貞溪自號博通經史
駢文詞工篆隸入明為松江府學訓導卒年九十三有蛾術文集十六卷
蛾術詞選四卷後附學菴
句詩一卷其子伯宣所作

俞深（嚴陵志）字景淵桐廬人洪武中領鄉薦為汶工教諭陞建寧府學教授學問
該博為文章雄邁高古有奇氣累校文衡所至得人性淳謹不遺小節詩多
警句自號聽松
老人著聽松集

汪改（萬曆嚴州府志）字彥善桐廬人洪武中領鄉薦授丹陽縣教諭獻三策于朝
深切時務陞臨清丞永樂改元棄官歸自號桐山歸牧以吟咏自適性行端

潔不涸流俗晚好神仙年八十餘點校丹
書不輟詩文取達意不事雕繪類其爲人

方定（萬曆嚴州府志）字志安淳安人博學善吟詠以武閣領京闈鄉薦分教東平
州轉海州預修永樂大典遷長泰縣學諭所至造就有方著止齋集行于世

方淵（萬曆嚴州府志）字宗源淳安人睦詞淳以太學生授蒙城令一以愛民爲主
其歷事四壁編書先正格言以自警秩滿引年卒于家所著有龜鵠山人吟稿
稿二卷貽
四稿三卷

章芸（萬曆嚴州府志）字振芳桐廬人由貢歷河南崇府紀善值世宗南巡獻詩稱
旨遷本府長史敦尚風節多輔導功進四品階遂歸所著有崇藩疏稿琴山
雜詠

吳世良（遂安縣志）字叔舉英慧磊落于書無所不窺走筆千言立就嘉靖戊戌進
士知長洲縣改國子監博士歷廣信府通判性淵達不治生產亦無意身
後名賦詩縱酒千金立散卒以氣豪忤俗沒
之日家徒四壁所撰詩文甚夥散佚不存

商汝頤（萬曆嚴州府志）字景貞淳安人弘治三年鄉薦累官湖廣參議如嗜學爲
文精鍊淵巧綽有姿態其詩章思遠詣如素障子雖無爛目之華欲摘其
瑕亦無
下手處

程文楷（萬曆嚴州府志）字守夫淳安人穎敏好讀書督學吳逼伯奇其文擢冠兩
浙領弘治五年鄉薦與王守仁林爽栩友善賡和盈几爲一時所稱述著有
方文集松柏
稿春崖雜稿

方寬（壽昌縣志）字敷教以拔貢授寧德縣令未幾歸博聞廣見嘗著嚴陵賦隱括
一郡山川人物典麗雅贍具楓農摘稿出入晉魏時以懷抱發揮于文字間

落〻
自異

吳御（萬曆嚴州府志）字一龍壽昌人少孤力學爲名諸生以貢授膠州訓導著海運策陞福州府教授纂八閩通志校刊十三經注疏日與生徒講理學于道山書院尋以疾歸

國朝

姜夔咼（舊浙江通志）字理夫遂安人鴻臚（卿）習孔之子性恬澹無紈綺習晚當循次貢于廷毅然棄去嘯咏山水間與兒童樵牧笑語竟日顯貴登門即辟匿不見所著詩沖澹雋逸迥出塵表多隨手散佚好事者得一二藏之衷輯成帙名高山集

方象瑛（鄉賢名祀冊）字渭仁少博通年（九歲）能詩十三作遂山淨賦康熙丁未登進士以中書舍人分校戊午京兆試會舉博學宏詞試入高等授翰林院編修纂修明史癸亥典試蜀中盡心甄錄不苟充賦蜀士蒸然一變尋請歸里不復出苞苴竿牘一不至于門遇有利弊則竭〻言之卒之日闔邑建思賢祠于城南著有健松齋前後集行世

毛際可（遂安縣志）字會侯號鶴舫順治戊戌進士授彰德府推官廉明不阿有連奇才者殺人巧脫感風折庚桂之冤訟實抵罪寧陵盜犯房有才等十三人已奏當大辟力奏白其冤釋之改固城令修濬河五門堰溉田五百頃再補祥符如故擢尋以博學宏詞薦既試罷歸閉戶著書文名馳四遠晚搆聞宇亭以汲引後進所著有安序堂文鈔浣雪詞子士儀官思南府太守士儲官臺州知州

方韓（鄉賢名祀冊）字若韓一字佑平負雋才跅弛不羈至取予大節介如也遇公正輒發憤康熙乙卯鄉試以壽閣第爲主司徐東義所歎賞從乙卷中甄拔

之明年成進士選入文館文名走海内尤善為古文議論該博鑿
鑿氣勢如絶壁天懸騰波迅急壬戌為會試同考官歷左中允卒

方士穎（同起渭方士穎傳）字伯陽淳安人祖尚侗萬曆癸丑進士官湖廣按察司
副使父一鎡歲貢生士穎就外傳即學為詩研揣聲分天然獨得頗不令
父知也年十一就試歸父撿其行笈得詩一章中有句云野渡舟難覓沙汀客
屢呼乃以手鈔杜詩一帙畀之于是益大為詩士穎詩雅潤為本遇象能鮮風
流趣好論者謂不減中唐錢劉筆其長篇指事類情鋪陳終始如白公諷諭諸
篇老嫗可解也尤妙楷法貴其文者并其書以為寶絶著有偶存詩六卷賦二
卷駢儷雜文三卷類鈔五十卷以睦州詩派之無存也次第排纘為嚴陵詩選
以補續之甫成二十四卷而卒士穎事親以孝聞當甲寅乙卯閩山賊竊發居
民四竄其父晚失明士穎司沿壁頓躑負之
以趨父卒士穎年已六十哀踊四孺子慕者

温州府

宋

林幹（傳詳隱逸）

曹逢時（温州府志）字夢良樂清人少從鄭国材學易工文詞與王十朋劉鎮齊名
以太學優選知臨江紹興丁丑中第授嚴州司戶通練若專宜憲使王傅
俾為賤表授簡累數百文無停筆所指畫皆出人意表陞福州教授
辛和王十朋欲薦逢時以自代限于制弗克兄恩時游太學亦有名

萬庚（萬曆温州府志）字先之樂清人善詞賦太學舉首中優選紹興甲戌上舍釋
褐授全州教授清湘士子稀少庚至郡即增廩餼以養士郡將異其才俾兼
攝幕職為文雄深雅健湖南諸郡碑碣必屬庚撰述改洪州
錄參虞允文入相王十朋貽書薦之擬除學官名未上卒

陳克英（葉適陳克英墓誌）字秀伯，平陽人。少有大志，紹興六年上書登聞，陳策十二，明年再上清朝政序，亦十二語，益切。三日復上兵部書，指畫利害尤悉。高宗異之，令政事堂召問，書詣侍中書執政，固不喜，至召問，長揖，色倨，論事泉涌不屈，執政愈怒，奏罷之。後七年始入場屋，對策猶抗言如故，以是無所合而卒。

林之奇（平陽縣志）字偉鄉，紹興中登進士，授靜江教授，著史評千餘篇，與同年福塘林少穎同名姓，俱有聲文學。

潘翼（溫州府志）字雄飛，其先青田徙樂清，貫穿諸子百家，凡禮樂制度、傳注箋疏、雜說，靡不淹通。明天文，作星圖譜，驗著九域賦，山川里道若親歷，括隱僻字補注篇韻遺漏，辨爾雅本草名物訓釋舛誤，尤工古文。王十朋自少從游，每歎不能竟其學，後將編次其書刻之泉南，會召不果。

陳季雅（兩浙名賢錄）字彥章，永嘉人，氣質超邁，自高其才，不樂師授，與人持論無所降。州將讀其書，適熟如素，摘往往有新意出人表，遂薦高等，登淳熙第，為隆興教授，轉潭州，未上，益閉門盡抽古今文字，且誦且索，務為周覽，鉤得其要，著有兩漢博議等書。

鄭邦彥（溫州府志）字國材，樂清人，學綜經籍，政和初入京學，月書連占五魁，遊兩學生欲一識其面不可得。席益湖帥南辟為內幕，趙鼎當國，薦之授婺州學官，篤意講肆，士多於式焉。

王綽（永嘉縣志）字誠叟，有氣節，葉適畏友也，薦充編校，不就，所著有春秋傳記及雜文。

王自中（葉適王自中墓誌）字道甫，平陽人，岸谷深厚，山止川行，所歷雖知名勝人或官序高重，道占其無憂當世意，直嬉笑視，不與為賓主禮。一日赴丞相坐，有餽鹿至，請賦之，韻得方字，朗吟曰：世間此物多為馬，寶匣還直出上方。相慘慍，客惶恐不自得，自中神色不異，以此不悅于流俗。每應試皆陳實策，無一語類時文，或簽曰：此劉子也。然竟得乙第。王藺薦于上，得召對，官籍田令，以薦結周疏罷。光宗朝知信州，復召，以王恬疏罷，知郴州，以謝原明罷，知興化軍，以

高文虎、袁竞、死陳同甫稱其韓筋
柳骨，筆研當獨步，自謂不能及也。

盧祖皋（萬曆溫州府志）字申之，永嘉人。登慶元第。嘉定中以軍器少監直北門。時
慶澤孔殷，綸言沓布，祖皋抒思泉湧，彌爲稱職。工樂府，詞意清遠，江浙間
多歌之。有
蒲江集。

潘檉（溫州府志）字德久，永嘉人。以父任補右職，紐奉戎幕，名試爲閤門舍人，授福
建兵馬鈐轄。卒。善爲詩，下筆立成，聲名籍甚。永嘉言唐詩自檉始。有轉菴集。

趙師秀（兩浙名賢錄）字紫芝，永嘉人。登紹興第，浮沉州縣，僅一改秩而卒。自乾淳
來濂洛之學方行，諸儒類以窮經相尚，詩或言志，取足而止，固不暇如昔
人體騷聲病律呂相宣也。潘檉出，始創爲唐詩，而師秀與徐照、翁卷、徐
璣繹尋遺緒，日鍛月鍊，一字不苟下，由是唐體盛行。師秀詩名天下，有集。

徐照（葉適徐照墓誌）字道暉，永嘉人，自號山民。嗜苦若，上下山水，穿幽透深，搜其
勝會，有詩數百，斷思尤奇，皆橫絕歘起，冰懸雪跨，使讀者變踔憀慄，肯首吟
歎不自已。發今人未悟之機，回百年已廢
之學，使後復言唐詩自照始，亦一快也。

翁卷（溫州府志）字續古，一字靈舒，樂清
人。詩名西巖集，一名葦碧軒集。

徐璣（溫州府志）字致中，一字靈淵。仕長泰令。工詩，名山泉
集。自趙師秀以下四人號永嘉四靈，館閣有四靈集。

周學古（兩浙名賢錄）字會鄉，行已孫也。兩薦漕闈不第，遂息意場屋，以風雅自娛。
葉適序之云：周會鄉與潘德久齊名，德久浸淫江湖，吟不擇地，故所至有
聲；會鄉當閉戶讀書，盤摺生語，有若天設，德久甚畏之。居瑚池坊窟山宅，永自
成深致。具家集零落，十數紙然一轉之蘭，芳鄰出林，豈鮐與桃李所能限斷哉。

趙汝回（萬曆溫州府志）字幾道，永嘉人。登嘉定第，終主管進奏
院。名重一時，與高吟苦，自成一家。從其學者多知名。

薛師石（温州府志）字景石鄉曾孫卓犖有大志築室會昌湖上與友酌古今談筆墨善楷及篆隸書名家碑碣不得師石書為憾有瓜盧集

趙汝迕（樂清縣志）字叔午以詩名登嘉定第僉判處州書賦詩有夜雨梧桐王子府春風楊柳相公橋之句史相聞之怒左遷淪落而卒

趙崇滋（兩浙名賢録）字澤民永嘉人登嘉定第調嚴州司户尚氣不屈每與守諍守降意下之同年生多居津要不肯附麗以求速化工詩優入騷人閫域善筆札每興到拂紙援毫頃刻成數千言曳金玉而走龍蛇觀者神駭名重一時

趙善洊（温州府志）字季清永嘉人登紹興第歷忠州判官文思泉涌下筆數千言書曰今人不能道古以胸次不如古人豈惟不能道古亦不能鋪今蓋有四難意難闊難廣情難寫心難公又云作文如下黑白子有眼者勝閱文如閱好山貴起伏多也

王奕（瑞安縣志）字子陵研貫該博杜門著書不求聞達淳祐間有旨下州索所著書太守趙汝騰為繕進且薦之朝奕竟不應所著有六經語孟說中庸本義周禮答問成周大事譜西漢通志補正漢天文志釋漢地理志復漢録武侯遺事多識録

薛據（温州府志）字叔容平陽人淳祐間臺省交薦賜出身書為天保奏藏末議二卷又采諸子百家稗官緝紀之書輯孔子集語二十卷撫古今輔相經濟之業為宅揆成鑑二十二卷景定元年史館劉克莊謝子孫工之教付秘書省

李君錫（温州府志）字宗禹永嘉人博經經藉援筆成章尤精于禮登寶祐第歷遷諸王教授司農丞特禮經自王氏倡新學訓詁皆穿鑿君錫學正而博由是擢太常丞除直秘閣有雜稿

錢敬直（葉適錢敬直墓誌）字敬子永嘉人紹熙元年試禮部第一以祧廟諱改名易直字季莊以教授入為太學録博士太常博士秘書著作佐郎卒易直

十歲能通禮春秋三傳以其意作堝屋文字机緘闔闢澤粹好長老之有聲價者及愧之稍長學知古人統緒則歎曰時文不足為矣積書自繞縹研復精必以己所自到者為是由是雲烝川流筆態橫生膏潤水釋義理溢發悍沉塞不輕用所能入羣居論難紛熾獨不出一語至在奉常乞為花祠禹謚正献有內侍浮旨賜謚者拒帛為謚人如知其能陳義憤激勇而後發云

潘希白（溫州府志）字懷古永嘉人入太學有文聲登寶祐第幹辦臨安府節制司早學詩于趙汝回復工樂府但著稱于時卜築郡塘極山水之勝一時文會名流咸集焉

宋慶之（永嘉縣志）字元積文詞典贍登咸淳第監慶元府鹽倉辟浙東庾幕著飲冰集

林一龍（溫州府志）字景雲永嘉人在太學不就月書以求捷進登咸淳辛未第累秘書郎兼說書性直諒樂道人善工古文有石室文集

梅時舉（溫州府志）字舜臣永嘉人精于史學著通鑑新議剖析精微多前賢所未發

陳聖元（萬曆溫州府志）字道翁永嘉（明）人天資穎秀善聲律工辭麗早貢于鄉築文峯樓與倘佯其間賦詠以自適意

胡芳（平陽縣志）字秀實九歲默誦九經與弟夢暌中神童科真德秀奇之其學九長于春秋魁鄉薦會試下第不復出積書數萬卷自娛晚薦入史館致仕年八十餘讀書不輟

林千之（平陽縣志）字能一右庠賜第改文科歷南康江陰教授累樞密院編修知信州明敏博洽工文詞為江萬里所知家藏圖書法帖甚富鑒裁精審有雲根癡卷集

元

曹穎孫（温州府志）字德堅瑞安人自少工文嘗謂人曰作文譬如立萬人場中非
劃然大嘑而鳴人肯聽我乎宋亡寓居平陽猶溪以詩文自娛凡一篇出
人輒傳誦生
徒數百人

曹理孫（瑞安縣志）字悦道傳涉經史談性命道德之旨粹然成章郡守趙鳳儀延
至學宮模範後進立教嚴而有法尤善古文詩韓歐家法著有心遠齋筆
記讀書史要畧
類編杜詩訣

汪昂新（温州府志）字進卿平陽人少孤自樹立明周易
尚書尤工詩文著有桐陽稿官平陽州教授

章嘉（温州府志）字春谷平陽人為永嘉教諭大德元年颶風海溢浙東僉憲完顔
貞浙閫都司鮮于樞按勘嘉作風潮賦上之因交薦于朝授國史院編修官
嘉詞采雄拔至大延
祐間凡兩修郡志

李孝光（元史本傳）字季和温州樂清人少博學篤志復古隱古鴈蕩山五峯下四
方之士遠來受學泰不華以師事之至正七年以祕書監著作郎召見于
宣文閣進孝經圖説帝大悦賜上尊陞祕書監丞卒于官孝光以文章名當世
其文一取法古人而不趨世尚非先秦兩漢語弗以措詞有文集二十卷

高明（元詩選傳）字則誠平陽人至正五年中第授處州録事辟丞相掾方國珍欲
留置幕下即日解官旅寓鄞之櫟社沈氏樓因作琵琶記〻成几上二蠟炬
光怨交合因名曰瑞光樓明太祖聞其名召之以老疾辭
所著有柔克齋集東海趙汸稱其學博而深才高而贍云

高守奎（温州府志）字應文永嘉人讀書得言外意不錮師説于古今世
故靡不窮究方明善擇郡遂避地去文章感慨有荼齋集

鄭東　鄭采（元詩選傳）東字季明號杲齋平陽人再䟦場屋不合主司程度遂棄去大肆力于古文詞日試萬言滚滚不休歐陽元功奇其才欲薦之會卒弟采字曲全名亦相埒遺文合璧十四卷曰鄭氏聯璧集宋濂序之以為杲齋之文氣質沈雄如老將帥師旗鼓紛錯咸歸節度曲全之文規槼峻整如齊魯大儒衣冠偉然出言不煩曲盡情意皆有臺閣玄麓之觀而無山林枯槁之氣也

張天英（元詩選傳）字羲上永嘉人酷志讀書二十年穿貫經史微為國子助教性剛嚴不好趍謁再調不就遊浙西多居吳下與玉山主人顧仲瑛相友善肆為詩章尤善古樂府馳騁二李間自號石渠居士

陳先文（溫州府志）瑞安人性耿介每慕徐孺子陶靖節為人乃盡取陶詩和之與人交無町畦望之如為佳士常醉坐樟松橋臨流歌咏飄然物外年八十終

吳子美（溫州府志）字世英泰順人博通古今善吟咏所著怡情集多出性情之正詠史諸作卓有監戒

薛漢（元詩選傳）字宗海永嘉人為諸暨州學正始擬北郊制宮懸上之泰定元年選國子助教赴教工部千古今制度名物創作變易年考月究無或有爽趙文敏稱為鴻識淂古遺意書画以令辨之乃定魯子翬稱其詩律書楷嚴縝有法而恂愨不矜非雅交莫克知也

陳高（溫州府志）字子上平陽人至正進士授慶元錄事轉慈溪尹皆有声未幾方氏起乃浮海過山東河南謁王太傅論江南虛實安危其言娓娓王欲官之辭不受尋卒其為文上本遷固下擷諸子詩逈漢魏齊梁以下弗論也自號不繫舟漁者蘇太守序其文

明

林溫（萬曆溫州府志）字伯恭，永嘉人。元季以春秋魁鄉薦，文名傾海内。洪武初授秦王府教授，典閩浙二省鄉試。宋濂稱其詩文本于氣之所養，與世之學詩者自異。著有栗齋集。

余堯臣（溫州府志）字唐卿，永嘉人。早以文學著。元末客會稽，越帥院判邁蓋鄉參政呂珍羅致幕下，與有保越功，薦剡交上，無意仕進，卽越之桐桂里治園結茆，署曰菜過。已而入吳，居北郭，與高啓、張羽等爲北郭十友。洪武二年授新鄭丞。

尹道遜（溫州府志）字克誠，瑞安人。七歲工書，永樂中以奇童應薦，歷官太常卿致仕。居官五十餘年，橐橐蕭然，日以詩酒自娛，與吳祚、秦昂結渠清會倡和吟咏。年踰耄耋卒。有太極心性圖說、歸田百詠。

孫華（列朝詩集傳）字元實，永嘉人，僑居華亭。年十三，郡守課諸生春陰詩，操筆立就，落句云：「柳花只在斜陽外，不肯分明過小橋。」守大奇之。誦經考史，以博雅聞。尤好岐黄家，用薦爲醫學教授，辭免。戴折角巾，衣鶴氅衣，望山臨水，步屧翛然。所居小閣，列古彝鼎、法書名畫，焚香靜坐，終日書非佳墨熟紙不作，飲饌非精潔不食，士非賢不與交。卒年八十餘。

鄭繹（樂清縣志）字足韶，登浙省鄉薦。潛心濂洛諸書，爲文則臻秦漢，而詩宗李杜。舉進士不第，留太學前後積二十載，所請授諸生去而成名者凡數十輩。後通判九江、長沙二郡，卒官，舍蕭然，寒士莫及也。有詩文二集，學者稱豫齋先生。

周旋（方者人物考）字中規，永嘉人。正統丙辰進士第一，擢修撰，歷左庶子，尋卒。旋爲弟子員，卽刻苦于學，既在選首，遂日夜進學不厭。爲文恥襲陳言，務出己意。每日引滿三數行，素筆千百言立就，汗漫演迤，理致泓然。求者接踵于户，而應之常若有餘。有集若干卷。

周令（瑞安縣志）字與之幼工楷法郡守項澄以奇童薦為翰林秀林弘治戊午會修纂朝實錄授中書歷官太常卿通政使出入禁闥六十餘年始終恭慎朝論重之著有志善集

周綱（樂清縣志）字時立家貧嗜學分教清江轉信豐所著有周禮補遺左氏臆璞等書學者稱玉臺先生

項喬（溫州府志）字遷之永嘉人嘉靖己丑會試第二由郎署出守撫盧河間三郡歷湖廣福建薦臬終廣東參政仕宦二十餘年所至多善政平居未嘗一日廢書研窮理奧有所獨得輒劄記以自鏡為文不事摛材靡艷著有甌東文錄政錄

方維學（平陽縣志）字一敬遂曾孫始習舉子業不售棄去涉獵經史百家所著有五經辨疑河圖衍輯鄉先哲文行為江南文獻輯兩浙名人詩為浙音會要又欲行鄉約正表禮時稱西臺先生

王健（溫州府志）字儒純永嘉人嘉靖戊戌進士授刑部主事改禮部知制勅擢祠祭儀制二司郎中參定樂律及調處宗藩章疏娓娓時論推之陞南光祿少卿卒于官操履清謹詩文典則雅馴尚論者稱為金玉君子著有歷刻錄鶴泉集

侯一元（樂清縣志）字舜舉年十三父廷訓以大禮繫詔獄伏闕再上書陳冤狀都御史唐龍奇之出其父舉嘉靖戊戌進士授南刑部主事積遷江西左布政使所至有惠政解官林下闢園榭日携客登臨倡咏二十餘年文章稱名家居恒莊肅雖盛暑不袒露與人素狎亦未嘗有惰容孝友樂施凡親而貧疏而賢者志周之所著詩文二十卷

康從理（靜志居詩話）字裕卿永嘉人任俠好談兵閫閲戎幕劉子高建纛毘陵病革筆從理馳赴與訣經紀其喪扶其柩至武林違近義之居然偕翠帷敬游

西山其唱和詩尚存餘多散佚太倉曹子彥收而刻之曰二雁山人集

王應辰（温州府志）字拱甫永嘉人少慧負奇氣父好積書應辰偏取諸書日誦之不問家人生産詩文卓然名家所著有正情集占茗齋詩話

葉耿（平陽縣志）字紙仁少為諸生領袖通尚書春秋詩賦文翰擅菅便就從游者多知名士所著有尚書翼訓春秋要略越東樵語

劉康祉（温州府志）字以吉永嘉人萬曆庚戌進士任南司馬曹感時事作疑言上之熹宗朝改禮曹定朝鮮之議績厘節之祀于時政多所匡裨出督山右學政歷兩廣憲臬晉右轄平生手不釋卷自經史百家以及稗官野乘咸丹鉛評點有識匡齋集行世

戴宗瑞 戴宗瓛（温州府志）宗瑞字瑞喬永嘉人弟宗瓛字瑞洲俱擅文名宗瑞以貢授學博萬曆間與修温州府志宗瓛以以貢任錢塘學諭尤精詞翰著名吳中時人稱為二戴

姜準（温州府志）字平仲永嘉人博綜羣籍尤悉郡中典故著書二十七種時稱艮峰先生

林應龍（萬曆温州府志）字翔之永嘉人精篆隸擅文學以不能洪澀植貴久淹印局大使所著有雅詞補義文說字海基史傳于世

處州府

宋

管師復 傳詳隱逸

葉濤（崇禎處州府志）字致遠龍泉人熙寧進士以文章見褒于神宗仕至翰苑以徽猷閣待制致仕徙居白下與王安石蘇軾相友善倡和甚富 處州

鮑慎由（東都事略）字欽止龍泉人舉進士少從王安石學又嘗親炙蘇軾故其文汪洋閎肆而詩尤高妙徽宗召對除工部員外郎歷廣西淮南轉運判官又知海州卒書注詩有文集五十卷

鮑剛（嘉靖浙江通志）字弱翁括蒼人善屬文尤長于詩舉進士不第即毅然曰此非吾所學也倘徉于東南山水間俗事略不關意同時陶弼以詩名少許可得剛所作以為出己上願得為友剛亦雅聞弼因徒步歸之初剛與呂惠卿善熙寧中惠卿參知政事欲用剛〻即日出京

祝顏（括蒼彙紀）字景淳麗水人大觀中舉八行貢入太學三年以舍選登進士嘗試孟輔勇于義武膽炙人口時稱祝孟輔終宣義郎

詹乂（括蒼彙紀）字持國縉雲人以文章著北使至每問曰詹乂尚在否蓋以乂為乂也累官兵部尚書給事中歷事四朝靜正忠鯁為時所忌力丐休高宗時進端明殿學士主管洞霄宮歸後高宗語執政曰詹乂章文泰山北斗欲大用之屢召不起卒謚惠安

田君右（縉雲縣志）字良臣幼習舉子業嘗一舉不合時文尺度遂隱居著書有太極通書說易春秋管見性理七篇河圖洛書大衍撰著太元準易說參同契辨律呂天文地理精考諸子類考共若干卷

蔣存誠（嘉靖浙江通志）字遂明青田人好學工文詞登崇寧五年進士歷官國子祭酒知饒州著國子先生集

林越（括蒼彙紀）字伯仁龍泉人登紹興二十一年進士監行在諸司審計司平生學力深于漢史撮其文附以訓詁五十篇名曰漢雋

葉禔（括蒼彙紀）字天禎麗水人問學該博文詞典贍任工饒郡簿為先祖守建康辟至幕府多所贊畫梁椅華登雲朱天民吳梅皆出其門

葉夢登（舊浙江通志）字天游麗水人博學多識以文學鳴嘗裒輯諸儒論史精語為一編名曰通鑑發揮中景定三年進士為安吉州教授

葉謙亨（括蒼彙紀）字伯益青田人以文章藻繪為士林推重累遷起居舍人兼
權中書終浙西提點刑獄所至有聲文集五卷外制二卷奏議一卷

何偁（兩浙名賢録）字德輔龍泉人以進士教授紹興時方與金和好偁哀少康周
宣王漢光武晉元帝事可施行者為中興龜鑑上之乾道間以集英殿出知
廬州上賜詩祖餞有奏議內外
制西漢補遺大學講義若干卷

鄭克己（舊浙江通志）字仁叔青田人登淳熙進士性清逸有晉宋人風範詩自成
一家嘗云自是隆興新體製原非大曆舊詞章官至福建提刑司幹官

林筠（括蒼彙紀）字仲端青田人甫冠以詞賦冠鄉薦繼游上庠中特奏名第二人
湯歧公一見奇之命子碩受業內翰李巘時亦從游除蘄春監宰有竹軒小
集

胡份（舊浙江通志）縉雲人文章氣節為學者宗官國
子司業後守鄱陽有詩集行江西汪藻為之序

李桂（括蒼彙紀）字芳叔縉雲人饒杭二州教授為文自出机軸從學
常數百人多成名士識度偉卓議論慷慨作詩有晚唐風致

余璘（括蒼彙紀）字仲文青田人不
樂仕進博覽文史著介山集

劉澹然（兩浙名賢録）字安道松陽人舉嘉泰壬戌進士歷官秘書省著作郎初為
舉子游三衢試士以風雲龍虎之賦魁千家作邑人項安世從江陵其子
容孫以浙東憲使行縣展墓安道
以啟致之極其俊逸著有午溪集

龔敦頤（遂昌縣志）原之孫博通羣籍撰元祐建中列傳譜述
一百卷淳熙間修國史授潁州文學仕至宗正丞

何偁（括蒼彙紀）字德器龍泉人以恩補將仕郎累擢大理寺丞出知漳州代還尋
除江南東路茶鹽司公勤廉正入仕二十餘年多著績用曾作天爵銘吏治

戒兼數習一篇皆中薄俗又衰次家集五十
卷有覽古史斷二卷自號存齋寓居雲川

鮑　彪（舊浙江通志）字文虎龍泉人精史學以戰國策書失次爲之註
文時有論說以正其謬又有書解杜詩注爲司封員外郎請老

張　津（括蒼彙紀）字子問龍泉人乾道特奏名第四廷對擢首授太寧簿居官不
阿後歸日延邑老成講學誘掖後進著有曲江集四書疑義公簡筆錄

季　可（括蒼彙紀）字處仁龍泉人寶祐丙辰進士起義烏縣簿累官兵部尚書行樞
密院都承旨政績甚著歸隱古来山所作詩文題曰隱怪者作著大學體卦
五十
卷

元

范　霖（括蒼彙紀）字君澤縉雲人學問該博詞藻清雅嘗被召入獻八卦圖
歷代編作圖授翰林編修出為江西浙江儒學提舉官至禮部侍郎

陳　繹曾（元史陳旅傳）繹曾字伯敷處州人口吃而精敏異常諸經注
疏多能成誦文詞汪洋浩博其氣象如也官至國子助教

尹　廷高（元詩選傳）字仲明遂昌人其父竹坡當宋季以能詩稱廷高遭亂轉徙
歷二十年始歸故鄉晝章教于永嘉期病歸所著有玉井樵唱正續稿

陳　鑑（括蒼彙紀）字伯鑄麗水人與
教松陽善詩章有午溪集

葉　浚（括蒼彙紀）字仲明麗水人通經學著石山樵
唱詩集又有華嶼歸高溪書詩有和陶集

梁　載（括蒼彙紀）字遜甫麗水人通經博學著元
處州路志好項字完珪以文學世其家

項　壘（崇禎處州府志）字彥高龍泉人好學能文尤長于詩時石抹宜
孫劉伯溫葉世傑皆相推重前後續集凡八卷題曰山中言志

劉明（括蒼彙紀）字峻明，龍泉人，博極羣書，而詩學尤粹。安南猺苗為亂，提兵勦除，民賴以安。尋退隱，與劉伯温、胡仲淵相友善，作詩唱和，著集四卷。

鄭元祐（元詩選傳）字明德，遂昌人，家錢塘。是時咸淳諸老猶在，元祐徧游其門，質疑稽隱，充然有得。父殁，僑居平江。至正丁酉，除平江路儒學教授，擢江浙儒學提舉，卒。元祐兒時傷右臂，比長，能左手作楷書，規矩備至，遂自號尚左生。為文章滂沛豪宕，有古作者風，詩亦清峻蒼古。晚年自彙其所作，以授謝徽，名僑吳集。

應覺翁（括蒼彙紀）縉雲人，博覽古今，好吟咏，著有蒼山集。

明

李恭（括蒼彙紀）字景恭，麗水人，詞華敏贍，吟咏得盛唐體。洪武初，恭弱冠，詣京師應制賦鍾山曉霽長律，稱旨，賜晏罷，命需次錄用，以母老辭歸。家政肅如，三世不異爨，有泉石藁若干卷。

劉廌（列朝詩集傳）字士瑞，誠意伯基之孫。洪武二十三年襲封，明年以其叔閏門從事有連，貶秩歸里，築室于里第西雞山下，命曰盤谷。謫戍甘肅，越三月赦還。永樂中卒。有盤谷集十卷、盤谷唱和集二卷。

厲光（舊浙江通志）字仲潛，青田人，經史百家靡不淹貫。洪武初，宋濂薦任本學教諭，日訓諸生實學，不徒以文藝相高，著潛居集。

王潤孫（崇禎處州府志）青田人，德性溫重，顯然士望，文章詩律，風韻蕭然。明初知縣耿亮薦任學諭，作興學賦，通五經，尤長于易，有圖解集。

練魯（括蒼彙紀）字希曾，松陽人，至正間中第，南還。明太祖詔求人材，有司辟魯應聘，不得已至武林，作辭病詩九首，聲調悲壯，思志沈鬱，若不知其意之所在。

歸而閉門謝客復撰朝會樂歌六章喜聖人之世出
慶遭逢之不偶卓然可以垂後所著有侘伺集傳世

包文舉（崇禎處州府志）字仕登松陽人從王西山受尚書得聞性命道德之學應
聘為國子助教一日太祖召入武英殿賜坐陳二帝三王之道稱旨頎謂
近臣曰此吉士也以時訪問數有匡正陞齊府長史潭王雅重
之高唐國亦聞其名所著有兩菴和陶璧水海岱等集

陳德詢（括蒼彙紀）松陽人號少微山人博通經史獨立不羣識者以為有仙風道
骨好山水遇佳勝處輒兀坐遐想思入風雲題詠稱精絕當賡聘不起所
著有少
微集

王濤（崇禎處州府志）縉雲人博學端行
家藏萬卷號墨莊著有愚泉集

戴夢麟（括蒼彙紀）青田人七歲為文操筆立就一日先輩謂之曰項羽聞楚歌賦
作者多不工童子能之乎夢麟唯唯移時草就坐客驚駭曰奇才也有司
將以聞于朝其父固辭乃止後又
人名其所居之山為神童峰

吳廷栢（崇禎處州府志）麗水人洪武中舉明經任王
府紀善有百韻梅花詩詠史詩槐溪吟稿

潘伯濟（崇禎處州府志）麗水人有學行美丰儀明初以明經
秀才歷監察御史河南按察僉事有巢雲集三十卷

俞廣（舊浙江通志）字德濟遂昌人幼孤長克厲于學涉獵既博從先生長者習詩
律永樂六年詔翰林集四方士纂修永樂大典廣以能書薦詔就翰林益進
其藝十八年擢兵科給事中坐累出為鄖鄉
丞復遷刑部主事獄無冤滯楊士奇稱之

周景辰（崇禎處州府志）名煥以字行松陽人永樂中薦入文淵閣纂修國
史試以篤鳶蜀詩立就擢知連城松溪二縣吏民愛之有東蒙集

黃池（括蒼彙紀）字伯生麗水人師事劉基文學器識為時重官秦府紀善多著述有石樓文集

潘琴（括蒼彙紀）字舜弦景寧人邃經傳史為文典則有古風登天順丁丑進士授南吏部主事歷遷興化知府乞休作招鶴詞寓意傳聞京師朝士爭和之彙為鶴溪清風卷以奇思家居手不釋卷足不至縣廷文學篤德愷然為東南望卒年九十所著有竹軒集詠史和唐詩行于世

樊阜（靜志居詩話）字時登縉雲人成化戊子舉人官延平學訓有樊山摘稿括蒼風雅之士獨縉雲樊氏門才頗盛時登而外曰叙有用拙稿曰源有竹軒稿曰昌有友菊詩曰甫有碉碑集曰貴有桂岡集曰鐸有畏齋存稿

樊濬（括蒼彙紀）字時清縉雲人少嗜學善詩章晚居雲門山有雲門集

葉蛙（崇禎處州府志）字季昌麗水人通冠博洽經史門壁皆書格言後以貢歷知豐縣生平考著甚富尤工詩畫別墅在椒山沿流倚岫游者謂不減輞川所著有遵制録椒山文集

潘衣（崇禎處州府志）景寧人由薦舉官太常少卿深契性理傳極書學為文追擬秦漢直內閣二十七年誥勅多出其手動遵繩墨不以非義自汙所著有南屏遺稿衣又流清博學工文中正統辛酉舉人曾上書篤幸太學賦深為大司成李時勉所重

朱自强（括蒼彙紀）字體乾遂昌人博學好古生臥處皆置書朝夕延文士談經史析疑義至老不衰以貢授莆田學訓飭躬郡餽士論重之不二年謝病歸著易經破愚四卷

黃中（列朝詩集傳）字文卿括蒼人嘉靖中以鄉薦知鉛山縣擢監察御史歷天津道兵備副使錢塘田汝成叙其集謂括蒼詩派倡自郁離子郁離子沒凡二

百年無聞而有郁離子郁離黃西野出焉

葉素（括蒼彙紀）字尚文，青田人。慕負任訓導，致仕，事父母以色養，友兄弟白首不二。身若不勝衣，而是非可否卓然不可易。與陳中州同學，亦同志趣。每言曰：氣節文章吾畏陳子，至其闇然日章，渾然無迹，雖中州亦自謂不及也。所著有四書節釋、易經義記、家元綱目、浙暕觀集。

葉瑞齡（括蒼彙紀）字仁夫，青田人。任漳州經歷，學問該博，居官從事，人稱廉介，乞歸。所著有禮記粕說、杞憂略、春秋集。

潘援（崇禎處州府志）景寧人，舉人。貌古行方，憲副沈棣嘗曰：援詩文宜于兩漢間求之。兩聘文衡，理翰林檢討，授中書舍人，家居二十年，鄉黨咸賴，有造者。有東崖摘稿、詩林雜體。

李珝（崇禎處州府志）字朝光，縉雲人。敦孝友，絕紛華，淹貫詩書，出入墳典，外則推魯樸誠中，明則青箱武庫。遍游山水，必紀其勝，文詞援筆立就。著醒肸鐵鏡、月岩偶然錄、詩韻音釋、鐵鏡續釐、老人傳，皆裨世教，非苟作者。

王養端（遂昌縣志）字汝推，倜儻負意氣，談古今亹亹如懸河，隸下工古文詞，作詩如出唐人口。舉順天亞魁，大學士袁煒每推轂下之。著有震堂集、山居論。

吳承恩（崇禎處州府志）字朝錫，縉雲人。涉獵羣書，有真解，性至孝，居喪三年不御葷酒。居東郊，結草堂，書樂志論、閒居賦于壁以自娛。詩才韶令，工書法，善月青，爲梅花尤妙絕一時。所著有東郊草堂雜錄、醉春堂吟稿。

黃九禹（遂昌縣志）字禹鈞，萬曆癸酉舉人，除陝州守，多惠政，未幾解職歸。愛西湖之勝，遂家焉。名山異蹟，題詠幾編，尤善于樂府，擬古諸體，結社湖山，與名公互相倡和。督撫劉一焜爲梓湖山百詠七二章行于世。

葉淇（遂昌縣志）字爾瞻髫齔時即負大志嘗受知于縣令湯顯祖萬曆甲午領鄉薦因抱病不顯所著有四書注翼易通淇筠志感吊詩集行世

吳敦臣（崇禎處州府志）字景竹龍泉人聰穎博雅長詩歌工繪畫琴書一室吟咏自如以貢任定遠令遐荒布德行李蕭然所著有綴璘館招劍篇此君愛助集

王用臣（青田縣志）字羅南工詩賦自經文及星緯鍾律罔不鈎索司訓浦江其地有月泉為晦菴東萊講學處集士講肄于此尋陞象山諭又遷南安郡博有懺菴一集二集三集明志錄行世

葉永華（松陽縣志）字玉果崇禎丙子舉人對智勇策近萬言主司黃景昉曰此必名士與揭重熙王宗熙稱海內三奇司成倪元璐謂其文骨崚嶒必能任天下事延入西席每與論經國大事著竊孔集讀書日記

李邦樑（崇禎處州府志）字紫卿縉雲人瑰瑋類陳同甫讀書鄙章句博洽今古為三都兩京之學弟子問奇不能難官台州府學訓導嘗賦立齋為督學鄒嘉生鑒賞台人陳函輝素稱博物遇邦樑自詘服再轉九江府學教授告歸所著有積石山房等集大易剖老子元解捕門奇門行世

國朝

梅調元（溫州府志）字贊臣永嘉人淹貫經史工詞翰以貢授雲和教諭所著有霽月軒詩集行世與林占春李元發王爾棫林健號永嘉五子

林占春（溫州府志）字梅生永嘉人少孤嗜學博洽淵通以教授隱居教授著有輿志合璧月令合纂雪菴詩集詩餘行于世

趙紹昺（溫州府志）字雲汾永嘉人博極羣書意氣豪邁以貢入京師偕友入宦遊南北所歷山川風物皆有撰述詩文尤閎瞻

卷八終

歷代兩浙人物志卷九

孝友

仁和沈廷芳

杭州府

漢

孫鍾（咸淳臨安志）富春人性至孝種瓜為業嘗有三少年詣鍾鍾獻瓜謂曰予司命也以君孝感于天故來耳遂指山曰此堪為墓鍾志之及卒葬焉墳上常有紫雲曼延數里人謂孫氏其興矣鍾即堅之先也

晉

孫晷（晉書本傳）字文度富春人吳伏波將軍秀之曾孫恭孝清約學識有理義父母起居嘗饌雖諸兄親饋而晷不離左右富春車道既少動經山川父難于風波每行乘籃輿晷躬自扶持所詣之處于門外樹下藩屏之間隱息不令主人知之兄嘗篤疾經年晷侍藥石甘苦必經心目跋涉山水祈求懇至為書張國明表薦晷公車特徵會卒時年三十八

暨遜（咸淳臨安志）字茂言餘杭人仕晉為廣昌長封關內侯以孝行著聞咸康五年旌表門閭有碑在餘杭縣西

嬀皓（太平御覽）蕭廣濟孝子傳皓字允起吳郡餘杭人父昆南郡太守被劾入獄皓年十六髡頭詣闕通章不省皓不飲食懷石腰中往詣公卿及行路時輒

出石置地叩頭流血覆面
莫不傷懷遂奏理昆罪

南北朝

徐雄（南史張融傳）錢唐徐文伯子雄亦傳家業尤工診察位奉朝請事母孝謹母終毁瘠幾至自滅俄而兄亡扶杖臨喪撫膺一慟遂以哀卒

朱謙之（南齊書本傳）字處光錢唐人父昭之以學解稱于鄉里謙之年數歲所生母亡昭之假葬田側為族人朱幼方燎火所焚同產姊密語之謙之雖小便哀戚如持喪年長不婚娶永明中手刃殺幼方詣獄自繫縣令申靈勗表上別別駕孔稚珪兼記室劉璡司徒左西掾張融牋與刺史豫章王曰禮開報仇之典以申孝義之情法斷相殺之條以表權宜之制謙之揮刃酬冤既申私禮繫頸就獄又明公法今仍殺之則成當世罪人宥而活之即為盛朝孝子殺一罪人未足弘憲活一孝子實廣風德豫章王言之世祖嘉其義慮相報復乃遣謙之隨曹虎西行將發幼方子惲于津陽門伺殺謙之謙之之兄選之又刺殺惲有司以聞世祖曰此皆義事不可問悉赦之選之字處林有志節頗數見而異之以女妻焉官至江夏王參軍

杜栖（南齊書本傳）字孟山錢唐人徵士京產子從儒士劉瓛受學名儒貴遊多敬待之刺史豫章王聞其名辟議曹從事仍轉西曹佐竟陵王子良數致禮接國子祭酒何子季治禮又重栖以為學士掌婚冠儀以父老歸養栖肥白長壯及京產疾旬日間便皮骨自支京產亡父喪不入口七日晨夕不罷哭不食鹽菜每營買祭奠身自看視號泣不自持朔望節歲絕而復續吐血數一升何點見栖歎曰卿風韻如此雖獲嘉譽不永年矣卒年三十六

褚修（梁書本傳）錢唐人父仲都天監中歷官五經博士修少傳父業兼通孝經論語善尺牘初為湘東王國侍郎稍遷輕車湘東府行參軍并兼國子助教武陵王為揚州引為宣惠參軍限內記室性至孝父喪毁瘠過禮因患冷氣及丁母憂水漿不入口二十三日每號慟嘔血遂以毁卒

唐

何公弁（唐書孝友傳）公矢餘杭人（成化杭州府志）事親居喪著至行與方宗章成緫並稱

章成緫（唐書孝友傳）成緫於潛人（續文獻通考）夾母廬墓烏鵲來巢麏鹿共處貞元中表其門人以章孝子稱之

田彥升（傳肱蟹譜）杭俗鄙食蟹時有農夫田彥升者家于半道紅幼性至孝其母嗜蟹彥升慮鄰比窺笑常遠市于蘇湖間熟之以布囊負歸城而楊行密將田頵兵暴至鄉人皆竄避山谷糧道不接或多餓死獨彥升挈囊負母竟以蟹免時人以為純孝之報

宋

李瓊（宋史顧忻傳）仁和人李瓊以鬻繒為業事母孝夜常十餘起省母〻耆食時新瓊百方求市得必十倍酬其值（續文獻通考）瓊幼失父孝于母娶妻有子移居母室母諭之曰汝年來筋力頗憊盍求婢以侍我瓊曰凡母所欲不親經手意如有失耳市人知瓊之孝者物新出必先求以奉瓊淄川人張用聞其至孝因遷與隣居

蔡汝揆（咸淳臨安志）艮山門外太平鄉蔡塘東里人朝奉大夫通判瑞州母沈氏卒汝揆尚幼父霖用浮屠法火之汝揆以父澤入仕每傷無松楸之地言之輒泣刻木為形衣衾棺槨擇地而葬仍置贍塋田建庵壘命僧守之鄉人呼為木娘墓

孫長者（兩浙名賢錄）佚其名富春人母病躬親藥物目不交睫衣不解帶及母死身已病將葬竟死臨終語諸子曰吾生不能送母于穴死斂吾以衰絰庶盡吾孝于土中時皇祐間也子式登進士第

范鍾（幕府燕談）字元亨父本臨安人在市貨巾幘者有婿雲川人生一子即鍾也婿約滿告去不知所向鍾浸長讀書取科第授某尉嘗欲訪母而無蹤跡偶經雲川至一渡口茅屋中一嫗曰少時嘗傭于臨安城一頭巾肆中曾生子既歸不復相聞今頗聞其子已讀書取官鍾曰何不往見之嫗曰貧窶如此雖見豈能相認鍾徵其生年月日皆合大驚即拜認之嫗倉皇未敢鍾具衣冠迎歸後結郎符持使節嫗皆享其奉慶元初始卒

毛存（圖繪寶鑑）杭人父伯益坐流嶺表存跋涉數千里負骨歸人稱篤孝

周阿二（成化杭州府志）鹽官人母俞氏病阿二與弟阿三各刲肝以療又幼弟阿九通體鉤燈以禱病乃痊

盛立旺二子（成化杭州府志）富陽人立旺妻病其長男刲肺次亦刲股邑令程珌作詩揭其門嘉定癸酉六月旌表

葛小閏（萬曆杭州府志）富陽人甫九歲母朱氏病刲股為粥程珌為令引至前驗未亂也遂上其事于府嘉定癸酉九月旌表

周雄（徐士晋周孝子碑記）字仲偉新城人事後母素謹賈于衢聞母病急破浪以出為水所沒越日屍浮于江顯神于衢帝感其孝勅為江神新城父老即以其宅為祠

朱應孫（嘉靖臨安縣志）咸淳間人母臥病且劇應孫號呼迎切醫禱弗痊乃刲股肉作糜以療之母疾遂愈（成化杭州府志）咸淳丙寅五月旌表

俞大成　**俞廷用**　**俞亞佛**（萬曆杭州府志）臨安人亞佛年十一母病刲股以進與父大成皆嘗刲股至亞佛凡三世云咸淳丁卯旌表

陳茂祖（嘉靖臨安縣志）居錦北鄉父儒病以醫禱弗瘳乃刲股療之父病遂愈後父歿哀毀骨立廬墓三載（成化杭州府志）咸淳丁卯旌表

龔婁兒（嘉靖臨安縣志）臨安民龔文子文病甚婁兒刲左股以愈其疾（成化杭州府志）咸淳戊辰旌表

梅來兒（夢梁錄）昌化農家子母病篤百藥罔效思劬勞之恩無以報答乃刲股以進病隨愈（成化杭州府志）咸淳戊辰十一月旌表

元

俞全（元史羊仁傳）全杭州人幼被掠賣為劉縣家奴後復為良自作步歸尋其母及妹得之事母以孝聞

鄭萬戶（輟耕錄）至元間杭州鄭萬戶天性褊急不能有所容奉母備極孝道母誤日垂至護市文綿毯段制袍為壽鍼工持歸縫紉既成為油所污時估貴垂工莫能償自經不死隣婦有識其母者潛送入白之至日母臥不起子至候問安否曰非善偶視新袍几上油失濺漬成玷我情思殊不佳耳子告曰一袍壞復製一袍可也母遂起人咸以此為賢母而益見萬戶之孝

陳斗龍（胡長孺陳斗龍傳）字南仲昌化人父澤民母盛病死斗龍廬哀毀廬墓有群雁集其上飛鳴三日夜後娶有告者曰若母王氏產若未一歲歸錢塘聞其家在清湖中斗龍大驚且哭即日與婦訣曰必與母俱歸初澤民以妻無子如錢塘求宜子者得王氏生斗龍未周期滿遂去斗龍至清湖訪其母家涉二三十年罔無在者逢白髮媼告曰若母歸江東斗龍即入江東又濟江踰淮走饒徽廣德寧國凡六年于永豐縣禮賢鎮得焉母為施氏婦老矣施氏固其母無子女以母還之斗龍奉母歸其歲夏四月徽盜作溢出昌化境斗龍為盧百丈山身自負母婦擁後未至路逢盜數百人斗龍稽首曰壯士斗龍仰不知母聞母在江東行求六年始得母歸未百十日即相遭于此斗龍夫婦當死母老誰與養母者盜憐其孝相約遣去且戒勿更至此山驚母傷孝子心里中人亦賴以免

潘生（吴萊潘生傳）富陽人幼喪父與兩弟奉母大德間江南大饑自度曰吾終無以給母則母子俱死即以母屬兩弟自鬻回鶻人乃告母曰兒當傭錢塘數月得錢來活家母勿憂既回鶻人轉賣遼東軍戶遣代戍虎北口會有詔江淮子女流徙者悉還鄉土達從遼東還道遇一女子鶉囊尾行問之則曰淮產也君南人幸挾我同歸于是日即操瓢道乞夜泊蘆葦中曾無一語及亂渡淮送女到莊女上堂見父母攬涕相抱持詰門外同來者即引生更衣具酒執醆跪曰吾女幸完骨肉君去家父母不知存亡歲丁荐飢雖有兄弟亦恐不能存活吾女實君眞吾妾也君以無歸生毅然曰吾母固衰耄度可尚活今達不歸是吾遺死吾母也遂歸母死已三載兩弟亦死生追服制食其故技于鄉以終

周德驥（徐一夔周德驥傳）字仲良新城人父蚤世事母備至起居飲食惟母意是違依戀若嬰兒然母病營救勿效夜輒向天而禱願減己壽以益母壽一夕見有神人手執蓮花告曰不必爾也誦法華經六十部則爾母差矣驥用神言持誦維謹至正之季隱桐廬山谷中子昉亦以行誼著

明

鄭壁（嘉靖仁和縣志）字伯規仁和人讀書好古詩文清雅事親孝父歿方殮鄰不戒火幾延居室壁被髮稽顙籲天號泣身捍父柩天為返風息火竟得保全人共許之居喪三年不御酒肉母歿亦如之父友陸璘家貧無子父嘗許以葬地後璘亡壁割地以葬曰無使先人食言地下翰林張益為鄭孝子傳

姚文（兩浙名賢錄）杭州前衛左所軍早喪父事母盡孝身隸戎伍每晨出赴役必拜母而往暮還如之母卒擇葬玉泉山詰旦有虎聚其地相跑成穴遂葬焉其孝感如此

馬純（陳贄馬孝子傳）字叔良其先西域人元末父景華避亂居錢塘遂為錢塘人純弱冠父景華歿一慟輒頓絕父臨終時囑純曰我葬後當十日一墓有純

如期必往哀哭奉母復偕至母疾傍徨營救形為枯瘁母歿號泣勺水不入口者三日既葬精一廬墓傍居三年作哭母詩懷母賦以寓其哀鄉人誦之成帙為焉

孝子

何良（成化杭州府志）字永年富陽坊郭人年十四母疾刲股以進父病禱于天乞以身代父嗜鱸魚臨終思之歿後臨祭祈居後有鱸躍于岸取以供祭又夢母思鹿肉入山遂有鹿馴伏就縛載歸以祭人謂孝感所致

何訥（成化杭州府志）字養仁富陽坊郭人事父永年母鍾氏甚孝或他出雖雨雪必歸父歿負土成墳結廬墓旁以居終制之日群烏飛繞墳所成化三年旌表

董讓（嘉靖海寧縣志）有孝行親喪廬墓成化中表其閭

陳璋（兩浙名賢錄）字廷章仁和人早遊郡庠以貢入太學天性純孝以不貧故儉甘脆之供父老癱臥使液數下璋晝夜不離側衣不解帶假寐以須父欲興即扶掖頭不接枕者十餘年父母歿竭力營壙紋衾棺槨哭泣擗踊但如禮

潘鶴齡（於潛縣志）成貢生性孝喪母廬墓日夜悲號虎狼過其廬不敢近

金洪（萬曆錢塘縣志）習如里人事母盡孝嘗割脚肉愈母疾及歿刻木像工人以血料塗塑洪曰奈何以豬血汙母身剌脚取血盈盂周塗其像朝夕奉事如生時又體母意養貧女弟割產中分之成化末奏聞

孫經（寧志備攷）農家子也父早歿與弟緯躬耕養母母有奇疾非藥餌能療但思食一物隨得隨起稍遲即劇二子竭力營辦備諸品以俟一日疾作思蝦羹

二子即棄田事徧求諸市〻中不得正踟躕忽于水際見水動二子競解衣入水求之得巨蝦數尾急調羹以進母病遂已

王萎（萬曆杭州府志）字士忠杭州右衛人博覽羣籍力于孝弟旦夕羞養必躬親出必告所歸必詣膝下肅揖親常怡色即喜否即懼戒家人無敢出聲伯兄歲行役萎治家不稟一私錢母憐之與五金嘗兒女費暨父母亡伯兄求析居業已均庠萎續妻取奩中七十五金來仍兩均之兄問安所得金曰是某年月日所母與吾五金嘗兒女費者也吾息之幾年得此義當與兄共其出納具有時日不爽云

孫宗羲（兩浙名賢錄）字仲文錢塘人六歲喪父與寡母相倚為命及長盡竭誠奉母〻疾衣不弛帶以侍湯藥母終哀毀晝夜不輟居喪三年廬于墓側既免喪猶日採一舟携一飯一蔬至墓所展哭墓之左右有以墓地求售者宗羲慨然曰吾欲廣吾親墓而使若親無葬地可乎厚加稱貸而謝之地得不售人謂孫孝子于是乎能錫類矣及年逾八十病猶舉扶掖至母旌節旌下稽首以示終身不忘母氏云

翁洁（萬曆錢塘縣志）字世宏事父母至篤出必告反必面既殁告于祠堂至老如一日嘗入京師在舟中夜側不能寐忽見母病狀驚寤遂歸母果感疾甚嘗與伯兄從子析貲時有故往受鄙還書誡子曰吾誠恥是爾無取均焉子孝敎祇取一二羸瘠者與宗姻處至老無纖毫介蒂人稱長者

孟春（萬曆錢塘縣志）居芝松里年二十九以貧出傭得錢得母成化中鄰火延燎迎其居母卧不覺春聞以歸不顧烟焰入負母或止之不聽遂與母俱焚死萬曆中湖墅大火諸生李中華自外歸火已及父尚在屋內與弟入覓之再三不得父子三人俱焚死事與春同

章釧（舊浙江通志）別號淡塘海寧人生成化乙酉終穆宗朝壽一百有二性至孝學行端凝當路器之欲以經術薦用時母登上壽釧上書辭辟以終母養母母終年九十有九母子壽登二百齡人稱人瑞

徐顥（錢塘志補）字子淳錢塘人正德辛巳進士授南京刑部主事折節講學慨然
慕明道晦菴之為人晉員外郎轉儀制司郎中出守臨江五年不調考績行
通家病卒顥少年善飲父誡之遂絕不飲及燕鹿鳴以未奉父命一舉觶而已
父嘗患怔忡不解衣者半歲父歿養母躬偹甘脆家事必稟進止有弟三人廩
禄資財悉付
乃内通之

凌立（兩浙名賢錄）錢塘人少孤事母以孝聞登嘉靖進士官比部還建武太守多
惠政為僚黨所忌罷歸奉母色養偹至老而彌篤母歿哀痛骨立數月竟卒
人謂終身之
慕立無愧云

徐輅（舊浙江通志）字鳳橋海寧人性至孝弱冠游金陵偶念及母老遂連夜發舟
帷恐不及之上堂問安怡然色解後裹足不肯出以易經魁嘉靖庚子榜筮
仕閩永安縣有
異績祀名宦

凌貴（嘉靖仁和縣志）字克和年十二父謝世侍寡母以居母羅暴疾羣醫罔治刲
股和藥以進乃愈嘉靖甲辰歲大歉鄉人競以黑菽濟飢貴曰此非所以養
高年也力營精膳以進而已與妻子
則甘糲食邑大夫以敦孝表其門

江圻（分省人物考）字子望仁和人曉之子隆慶戊辰進士授南京刑部主事陞郎
中擢廣西提學僉事性純孝父母病衣不解帶行不正履居父喪泣血三年
食淡茹素不入燕室每過内日俯不一視婦過亦如之方承
天每稱之曰江子望居喪有古人所罕聞今人所未見者

褚俊（徐一夔風木新記）錢塘褚俊字本中性至孝稍長喪母既壯喪父哀痛幾不
能生母歿之歲有嘉木二莖于所居墻工枝葉類梧桐俊移植于所居之傍
十閲寒暑二木劍拔而上父歿嘗與二弟徘徊樹下有風颯然起于木末俄而
怒號樹欹仆俊曰古人有欲養而親不逮者以風木為喻因相向大慟遂名二

木禹曰風木之斬

黃裳（分省人物考）字子重，錢塘人。性孝友，母病，醫藥必親，嘗禱祀籲天，乃以身代。不浮哀毀至骨，如柴，棺斂喪祭之具不以貧故有缺。居喪三年如一日，懼傷父心，朝夕率子婦上食問寢。七年，父亦歿。時屬儉歲，貲用不給，拮据營居，必如禮乃止。

虞舜鄉（萬曆錢塘縣志）字國賓，篤于孝友，代兄漕濱死不怨，酬以腴田，轉授諸姪。一日哭父墓，聞空中語曰：有虎甫下山，而塚有蹤跡矣。夜奔視母疾，有瘳。塋甘移，引路人皆以為孝感。

葉文榮（名山藏）海寧所軍餘。弟文龍殺人坐法，其母憂弟，涕泣不食。文榮謂母曰：弟年尚少，我長矣，又有子，請代弟詣官，服殺人罪，竟坐法。

董嗣昌（陳與郊三孝子傳）嗣昌，海寧人。兄嗣晉，弟嗣昱，並邑諸生。大父樹成父身世以孝友聞。嗣晉兄弟三人飭躬勵行，期不負祖父之訓。萬曆己丑荒歲，五月疫作，父及繼母春皆沉病，三子侍疾惟謹。越七日，母亡，殮訖，三子侍父憂勞益力。越三日，嗣晉卒。又踰數日，嗣昱亦卒。嗣昌以母兄之痛方殷，而弟喪之殮更亟。時父病轉劇，乃刲股和藥以進，父服之得甦。乃罄資具喪殮，辦薪水，贍幼弟妹。入則和顏慰父，出則泣血，眼枯。越五日亦卒。里人上其事于督學使者，旌其閭曰一門三孝。

胡化（海寧縣志）字德甫，胡陳里人。父病，夜禱于天，刲股以進，而病愈。再病，亦如之，家人終無知者。已而父卒，化哀毀逾禮。兄弟析產，則讓膏腴而取磽瘠。浙西厚盜起，相戒毋入胡孝子里。

朱暹（文修類藁）餘杭人。父歿，與弟昌事母至孝。家雖貧，母欲之物必多方致之，以悅其心。母病失明，求醫莫治，與弟晨起盥漱，祝天，含水舔之，月餘，母目漸爽。

適年復明杭俗春時四方多來湖山其母亦欲往遥不能倩輿輿昌以行禱吳往各寺每歲率以為常母年九十終家漸豐裕蓋天所以報孝子也

沈孝子（杭州府志）沙村人其名不傳萬曆中山水暴漲高至丈餘漂廬舍母没入水孝子號慟躍入洪波中求母明日于瓠窰鎮逆流上三十里還至沙村母子俱死里人駭異收葬之至今沙村有沈孝子墓

胡文奎（餘杭縣志）餘杭人少失父奉母甚孝萬曆戊午七月十五夜雷雨交作山水突至文奎負母避踞呼婦挈兒急起方離床床即浮甫出屋屋壓漂折正遑遽間見堆阜有叢林即奉母纍置其上見時婦提幼子呼救奎曰我但能救母不能救若等矣婦子皆溺死而母獲免于難

何倫（兩浙名賢錄）字士明錢塘人父病不解衣侍湯藥者五閱月及卒哭踊不欲生及葬躬負土成墳晨夕攀柏而號哀感行路以母病弗克廬墓歲大祲輿妻子雜採湖中菱芡共采薪而飯三時工食列篚如故其母不知為祲歲也蓋甘偷之養者三十年八十乃終而倫亦白首矣

袁用（舊浙江通志）字旦用新城人性孝友與仲弟璲同居異爨三世友愛無間

陳九臯（舊浙江通志）臨安人母故痛哭幾殞父遘疾籲天祈代割股救愈

全震（臨安縣志）母沈氏有疾割股二次獲痊事聞撫按給扁

俞爾奎（杭州府志）臨安人年十四兵至爾奎匿複壁中聞父被執急趨出願代父死賊遂殺爾奎而留其父

郭全科（明孝友傳）錢塘人萬曆甲寅夜火焚其廬全科年十五已脫于火不見母遂慟哭入火救母鄰人止之不得烟燄障塞竟焚死明晨出其屍煨燼中子母相抱不解撫按聞楊師孔題曰郭孝童御史聞之命葬之孤山表曰郭孝童墓

何應達（杭州府志）歸雲臺天性孝友奉親備極豐腆而儉薄自甘父没哀痛號泣見者多爲出涕兩姊無嗣皆爲之營葬祭伯兄喪子鞠其孤撫而弟教誨婚娶之晚年閉門以書史自娛卒年七十五

陸東（杭州府志）字宗望仁和人三中副榜不第遂入國學天性友愛長兄没燕郎親往扶櫬嫂嚴病瞽而弟婦少寡悉敎養之終其身兄弟皆有子俱夭悉敘娶如己出又爲兩嫂建舉大喪動皆循禮子運昌舉進士

徐文斗（新城縣志）慶餘子隨父官璞城時流寇掠城邑慶餘被執文斗請以身代賊並殺之

姚自虞（陳廷會姚孝子傳）字象禰由鹽官徙錢塘以親年老奉養不離左右者數十年天啓間杭火延燒數十里值自虞掃墓歸倉惶不辨門徑冒烟烈火中鬚盡焦爛奉父母從他竇出天忽反風自虞屋宇獨存中丞蕭公旌其門曰孝感自虞先世隸籍尚衣府典戧當以自虞兄充補自虞曰吾兄方業工進以慰兩親吾何以俗吏擾之乃身任其事崇禎己卯以壽終于家

孫晙卿（新城縣志）性至孝母疾割股以進疾遂愈兄殁遺孤甫六歲撫之如己子

何蘭旌（應撝謙何蘭旌墓誌）字湘來錢塘人早孤祖母與母撫之成立祖母年八十餘蘭旌孝養不懈疾革哀號頓地絕而復蘇母病侍湯藥晝夜不解帶目盡腫萎值隆冬哀絰徒跣冒霜雪行百里足凍指墮遂成瘡疾每念生不獲養親凡歲時不受子孫拜賀新諸滋味僅供脫粟而已崇禎辛巳歲大飢給糜粥施藥餌全活甚衆少爲名諸生經史百家靡不通貫尤精于易言方行矩爲鄉里所矜式學者稱江滸先生

孫起覲（富陽縣志）少有至性父廷楫爲宗人所忌值伯兄與從兄忿爭從兄邂逅身死並訟及廷楫竟坐論死時起覲年尚幼往來赴訴多中夜間行艱苦

百出一日夜行遇虎暗中相觸廻視之虎也竟弭耳去人以為孝感後兇犯終得昭雪閭里咸稱為孝子之力云

駱繩先（舊浙江通志）臨安人聞寇警祖母陳年八十矣不能行囑繩先速避去繩先涕淚交頤卒不去寇至俱被殺

柴世堯（舊浙江通志）字雲倩仁和人四齡喪母事後母孝父紹勲宦遊獨家居奉祖弱冠中鄉舉及會試得父手書言病心動流涕棄試奔歸而父已卒扶櫬歸里服闋後母在堂曰吾寧以三公易一日耶方伯朱本吴疏薦詔下特徵力請終養不赴迨後養母卒所生僅三女盡出家財贈之著蝶園集行世

徐周官（錢塘縣志）字又旦母病割膏湯藥侍床褥晝夜不離者數月百計醫禱請以身代及殁哀毁幾不能生事父尤色養曲意承順能得懽心鮮兄弟友愛諸姊甚篤族人國課不能償悉周官代輸歲以為常貧不能葬及無後者為維持經紀戚黨中貧乏者周恤備至賴以舉火者數十家

祝巨文（海寧縣志）字光升貧甚兄巨文卒遺孤四巨文獨人為人傭耕以給家食崇禎辛癸間歲大歉巨文以先飯孤兒自撫豫畜咽之得不死

傅齡發（錢塘縣志）字長含弟齡照字長穆並儀部巖子巖遇難刃將及齡照時年十四以身蔽翼其父刃著于頰而死齡發起救天遠右臉而仆少頃復甦見父母死慟曰吾一家可謂無負國恩矣遂以手抉其創創裂而卒時三辰皆秋深草中三日巖妻姜與其長兄齡文始克殮荒山無人僅收其骨遂名以墨志其髑骨匣之以歸後二十年始克葬皆有文名與伯兄歸三俊俱殉父兄之難節烈孝友出于一門

俞可章（臨安縣志）貢生生二子爾晉爾昌明末父子為寇所執可章賂以金贖子死二子號泣求留父父子三人抱泣爭死寇盡殺之

俞守正（臨安縣志）年甫十三寇至同父一觀被執寇殺一觀見守正為童子欲挾之去守正曰父死子義不獨生遂并殺之

俞爾濱（臨安縣志）生員俞可鈺子事繼母至孝寇至母方氏閉門經死爾濱繞母屍而哭亦為寇所害

國朝

郭氏三孝子（舊浙江通志）仁和郭仲和有冢賜祖墓在靈隱寺西為土豪曹氏所佔其父渠南力不能勝忿鬱成疾仲和走都叩閽曹懼尾至清河擠之水中死及渠南病仲和子府年十二刲股肉以救祖鄰家火府負病母冒烈焰踰墻出遂得俱活後府病府子嗣汾禱天日夜不止忽聞空中有聲云增孝子父壽一紀府夢神以紅丹一丸納入其口病漸愈嗣汾後又復其土豪所奪之墓雪祖父仇

顧大觀（舊浙江通志）字維垣先世自會稽徙錢塘父恒字彥粵卒大觀甫十二聞訃擗踴號慟即問粵路所向祖望龍撫其背曰爾志奇喪即粵將萬里奔汝知何大觀以首搶地不欲生不得已許之竟走粵扶柩歸途過彭口經小孤颶作舟幾覆同載者皆失色大觀伏柩側號天慟哭颶忽止舟中人皆額手曰吾等幸免魚腹者實賴此孝童千里人咸目為頓孝童年十六祖病瘡殷床褥間湔滌拂拭不稍怠及沒號慟如喪父事母陳盡孝與弟友愛無間年各六十猶同爨子侍御豹文（鄉賢留祀冊）大觀以信義自負葬其死友俾祀事無缺宗姓之孤寡者贍之終身明季潰兵掠子女傾橐贖還其家歲飢設粥捐賑活人甚多

丁大綬（杭州府志）字玉步仁和人五歲喪母後母鄭生子錫復就塾大綬以弟幼援之行雨則傾其蓋以覆弟及婦卒悲以婦遺簪珥為弟娶婦亡何弟病亟目視兩子者再大綬曰汝子吾子也敢有二視耶呼己子與姪俱前長景儀次澂次景鴻次潔曰汝輩雖同堂當如一父之子故景儀兄弟出入起居無弗同者負郭田四析之為弟子娶婦先于己子焉（鄉賢留祀冊）所著有家訓輯畧行世

張渭芳　張芝夢（舊浙江通志）錢塘人母沈氏病篤渭芳年十七祝天刲股以進母病遂瘥後復發欲一見媳媳江氏女也入門年始十六方諧

割股以獻姑剪深見骨暈而仆小姑驚呼江亟起掩其口而陰以股肉煮藥進姑亦愈其時有張芙蓉亦以孝稱與妻楊侍老父病衣不解帶者經年夫妻先後割股呼天求代父病以瘳也

按王元曦嘉之以額表其門

葛念（舊浙江通志）字思善父邦以輸糧北上卒于途不知其地念年未成童聞訃幾絶便欲覓父死所衆以其年少阻之之甫長親友勸娶泣曰父骨未及歸娶何以娶為遂徒步走千里外經三載始得其處撫棺慟哭負骸骨歸

呂閑（舊浙江通志）字谷芳少失怙年二十六家貧未娶與母蔡氏相依為命性好學喜作詩以嘔血死母益困閑素與毛人慶友善一日人慶疾忽作閑語曰我谷芳也予生不能養母今雖死魂魄猶依母側予母不食已二日矣從公乞升斗以給吾母人慶家亦貧持錢二百文以餽其母聞者泣下

陸承祺　陸承祚（馮景二孝子傳）陸夢蘭二子長承祺字又祉次承祚字端明夢蘭客死鬱林時方軍興踰年而凶問至二子年尚幼號慟拜辭其母曰兒不得父骸不生還矣家酷貧二子氣氣走萬里道乞食而進歷蜂烟戎馬間得至鬱林有老嫗煮藥以給餓者二子就食遂問之嫗指叢箐中云彼纍纍者皆朽骨不可問傳云是中有浙人未知是耶二子乃詣前刺血滴骸歷十餘棺皆格不入二子捫膺呼天哀感行路忽遇父故人導棺在蕭寺二子隨以往抵棺一慟皆頓絶時聚觀者見二子死急以水漿灌其喉久之承祚甦而承祺死矣承祚孑身負兩骸左擔以出蓬首黧面為還家報母而母已蓋棺數日先是承祚道遇鄉人寄書歸母見書慟哭曰不意吾兒先我見夫于地下既卒哭歎曰夫柩已歸吾復何戀絶粒六日而死承祚季弟承烈年十四哭諸有司之奠請祀承祺于學宮而載母與兄于郡邑志皆如其請

徐繼恩（舊浙江通志）仁和人父偉章以孝稱後卧病子繼恩割股以療之病遂愈後繼恩病子鄴亦割股救父得痊人稱徐氏世孝

霍祿科（杭州府志）錢塘人康熙五年火及其廬祿科父為言年八十餘蹣跚未出祿科冒烟救之其子文舉復入救其祖父俱焚死次日見文舉反骨猶依祖父腋前人稱為一門孝子

楊斌（海寧縣志）字秉六杭州府學生以次子雍建貴封徵仕郎吏科給事中性至孝初丁乙酉之變兵及母頸斌號泣請以身代兩釋之

王一麟（杭州府志）府庠生錢塘人少孤力學母卯哭夫失明一麟舐目復明祖母亡廬墓枯柏復茂康熙十二年旌表

燕士俊（杭州府志）錢塘人國初江南敗兵入浙士俊奉母避梁渚驚母憂成疾禱天乞服納藥母病得痊後母卒哀毀幾于滅性終身布衣蔬食祖志學以醫名俊傳其秘治病多奇效

王修玉（舊浙江通志）字倩修父世明歲貢為鄱陽令修玉弱不好弄唯嗜讀書方成童祖母陳老且疾每夜焚香祝天願減齡益祖母壽父以誣獄被逮吏卒環衛甚嚴修玉往視艱苦交下不為動父在縲絏凡飲食溲溺俱為扶持其後學益進與毛先舒吳任臣交著作甚富尤工于詩著有汴遊松聲蕭連堂據梧叢說等集

沈棄疾（公舉事實）字又辛海寧諸生父吳錦絅菴侍極學書潛心理學身體力行家法謹嚴著有待後集八十卷藏于家以讀書積德垂訓後人棄疾克承家學善繼其志性至孝童年母患弱症每夜祝天求代兩結縭李婦金志偕珥易衣飾以供醫藥母歿哀毀備至喪葬盡禮兩季弟俱在稚齡屬金氏撫之成立仲弟裕早夭遺孤六歲恩撫如己出飲食衣服悉與子均授室援至年三十始析居待兩季弟怡怡友愛垂白無間言從叔去非以誣陷入獄而病其子遠悉剃不能入侍乃代之往夜則手奉湯藥旦則力訴憲司情詞真切感動當事得保釋歸歿于家後其子無力舉殯出金助葬又負不能卒歲餽以薪水

猶不給甫歲朝即令妻拔髻上簪脫所服襖畀之典質曾以館穀置族人朱臣田朱臣歿憐其妻張氏能立節撫孤遂焚券而還其田家本儉素而解推之舉棺殮之贈不一而足皆拮据圖之無少德色年六十無疾卒以子翼機官侍讀學士累贈中憲大夫

何嘉諫（鄉賢留祀冊）富陽諸生少喪父一慟幾絕及葬願以身殉卧父穴中抱父棺不出母命强出之歸慟哭不欲生者數月母病湯藥親嘗母卒廬墓三載墓傍產芝草數莖人稱孝感嘗道得蔣姓遺金立驗明還之葬族人三世遺骸友人胡紹宗家遭疫癘死無所歸悲為殯斂其他善行甚多

孫鳳垚（鄉賢留祀冊）餘杭庠生順治己亥父膺歲薦赴試鳳垚念親老隨侍扶掖鞍馬間歷數十晝夜無倦色迄至淮揚父病卒于舟時值海寇兵戈梗路覓棺不得鳳垚號泣呼天遇老人指示瞬得棺以殮扶櫬渡江歸躬負土築墳手植松柏廬于墓側墓產靈芝數莖兄之沙家失火卧榻不能下鳳垚冒烈焰越墻而入救兄出得免于厄

汪于高（仇兆鰲汪于高傳）字昭武號睡菴錢塘人父之莘倚廬南屏山病亟于高時年十一倉皇獨行自里門達父所凡十數里遇所親欲携之歸必不可遂偕往侍湯藥惟謹父歿哀毀骨立與兄居再世不分爨于高素豪于飲自兄歿遂終身廢杯勺族母家被火于高冒烈焰出之火中宗人某其業師也亦被之出方爇原時于高往復數四被熏灼無完膚卧病月餘得不死鄰鍾某負債將執其妻俱去于高聞為償其逋鍾詣高請為奴于高曰我拯汝夫婦而復利汝夫婦耶遣之喜書大字製筆長丈許肩背並用有五字勒石天竺寺門縱橫尋丈筆法入古

凌紹乾（錢塘縣志）字子健康熙己卯副榜父病籲天願以身代奉母盡孝母卒哀毀骨立遂殯其身生平注經史性理諸書有問是師是移是因是等集行世崇祀鄉賢

查繼輔（鄉賢留祀冊）海寧人父疾祈以身代果瘳父病久而始愈母病目以舌舐之數月復明弟早歿撫孤姪與諸子同子嗣韓

董玉烽（公舉事實）餘杭人性孝友父天根病目失明玉烽籲天哀禱早晚以舌舐之父目復明母趙患疽奄奄一息醫藥罔效玉烽口吮患處毒退獲痊年五十子孫滿前而父母穢器必親自洗滌父母歿悲號慘怛喪葬不遺餘力崇祀鄉賢

羅萬國（題旌冊）仁和人弱歲喪父號泣如成人及長事嫡母尤孝謹母患疽親爲吮毒母卒刻木以供朝夕奉事如生時事
聞奉旌

金世臣（杭州府志）仁和人除夜鄰火延燒世臣負父出烈焰中焦頭爛額死而復生具題奉旌

盧必陞（錢塘縣志）錢塘人叔無子以必陞嗣本生父病思食蟛蜞非其時莫致必陞攜筐捋取風潮忽至沒于水漁者救之猶手蟛蜞不釋所嗣父被流賊沖失時方盛暑呼號奔走滿足血淋尋見同歸父卒廬墓三年事
聞奉旌

許嘉賢（富陽縣志）字心衆事親色養備至父病刲股和藥以進歿則哀毀勿勝結廬墓側具題奉旌

謝勳（題旌冊）於潛人性至孝山賊猝至勳語妻子曰吾爲母不暇計若等矣遂棄家負母潛逃母子俱得免具題奉旌

洪宗濂（公舉事實）字聘敵仁和人六歲喪父家甚貧母拮据撫之成立比長爲人會計得俸歸竭力奉母年逾三十而不能娶康熙戊申秋母患惡瘡百藥罔效宗濂傍徨無措乃冒雨走三十餘里詣東嶽祠叩首哀籲願以身代不數日母病頓愈宗濂遂病不起兄疑爲積勞所致急延醫調治宗濂謂兄曰弟已報詞東嶽神願以我壽益母今母愈弟不得生矣但母病和痊幸勿即告致重傷吾母心言畢竟卒時年二十八

趙啓裕（題旌冊）錢塘人十歲喪父哀慟不欲生事母尤孝謹不離左右者數十年及母卒執喪盡禮廬墓三載雍正四年具題奉旌（錢塘縣志）兄患惡疾延
者輒染啓裕扶持起居飲食與偕
夜則共床寢兄瘳啓裕亦不染

孫鎬（題旌冊）富陽人弱歲父卒擗踊盡哀水漿不入口者累日母老嫂贍鎬盡心色養歷年不怠母歿廬墓三年雍正六年具題奉旌

章超（題旌冊）富陽人父患癰吮之獲愈母疾顓天求代病獲痊雍正六年具題奉旌

吳修齡（題旌冊）錢塘人年十四父士培疾顓天求代及歿寢苫枕塊哀若成人事祖母張偏極孝養有偷兒夜入其室罄取所有舉火焚其廬張匿複壁中
修齡冒烈焰負之出衣履俱灼毛髮為焦母錢氏孀居臥病親
奉湯藥衣不解帶者三年歿後喪葬盡禮雍正八年具題奉旌

謝三祝（題旌冊）於潛人父病焚香告天願以身代衣不解帶數月及歿廬墓三年雍正九年具題奉旌

吳嵩齡（公舉事實）字與九仁和人父允焞順治初知壽寧縣與妻瞿同死寇難時嵩嵩齡尚幼縣諸生葉聞祖匿之得免及官兵獲寇嵩齡遇之舟中痛憤持
梃擊寇身人咸為感動歸後具衣冠葬父母丁家山廬于墓側晨夕擗踊積
成心疾既長以能詩遊京師為名流所器重久之歸里仍棲丙舍疾發而終

孫光祚（公舉事實）字吳喬仁和人國學生年弱冠隨父客燕代間遭流寇剽掠父受重傷光祚號泣抱持賊憐之捨去父歿哀毀逾禮母性方嚴小失意光
祚與妻長跪以詩乞老不少懈母病兒醫良山門外醫以除夕不赴光祚詣請
徑路傾欹發為憂祈母病愈遂捐金修砌十里之路竟成坦途葬母穿壙見舊
穴急封掩改穴以避術家以改厝多石為慮不聽
發土果得石〻盡則穴在焉人以為孝義所感

陸寅（錢塘縣志）字冠周運昌孫祈仔善詩年十六祈以虧累繫獄寅從入囹圄晨夕侍奉尋得釋祈遂棄家遠遊不知所之寅上事病母下撫弱弟克殫心力

母歿後有人傳圻在武當山寅即日徒步出門直趨武當求之不見遂徧覓各省涉歷險阻十餘年不歸然竟不可得遂入京丁卯中順天鄉試明年成進士以哀慕勞瘁踰年始卹卒子邦珍字勉之有文名雍正庚戌進士官戶部主事卒

朱嵩安（公舉事實）錢塘人中庚午武舉康熙乙卯父病泣禱于神叩頭流血父疾尋愈丁巳父復患囊癰庚戌復閃折右足嘗百計調治雖家盡貧而奉養竭誠終始不倦及父歿葬于貴人峰廬墓三月有馴虎之異嗣後凡忌辰必茹齋衣素痛哭三日數十年不衰遇己生辰終身不受賀（題旌冊）雍正十一年具題奉旌

項日永（公舉事實）字旦譽錢塘人聰穎能詩父母欲援貴于閩會閩變道梗不通念二親遠隔棄資歸夜行晝伏從間道走仙霞嶺逾年始得達居一載父母相繼歿哭泣盡哀有姊適汪氏為里人搆訟波及日永白其冤一日詣汪見晨炊未舉即趨出解衣易米為具比歸妻曰家有米答曰吾恐姊飢不能待也康熙丁亥戊子間歲大歉出己粟以賑自江干達湖墅沿途遍飢人之給米升存活者無算一時富民慕義亦爭給米以助賑

顧蘭（錢塘縣志）字芝佀仁和諸生割產讓兄贍養寡嫂三十年如一日（公舉事實）蘭授室未月餘即與二親同寢處夜必數起視安母諭之則曰兒與父母隔終不成寐不如共寢之安母疾衣不解帶者累月及卒哀毀骨立三年不飲酒肉服闋猶哀泣者十餘年平生折節讀書不求聞達著有孝經或問纂註行世二留堂集藏于家

方聲弘（公舉事實）字斐鄉錢塘人正學之裔世有隱德弘生而至性過人弱齡能順承親意為昆弟推梨讓棗極篤友于父疾親嘗湯藥衣不解帶者累月疾甚籲天求代身服和藥以進父歿哀毀擗踊痛不欲生未幾復遭母喪備物盡禮既葬廬墓三年歲時祭享哀慕無已年七十六卒（題旌冊）雍正十一年具

題奉旌

錢封（錢塘縣志）字秩秦，年十三執母徐喪，里中稱小孝子。父士璋凡三娶，
封事後母一如所生。父歿時封年已六十有一，哀毀擗踊，宛如嬰兒。

孫敬（公舉事實）字愷般，錢塘人。事繼父克盡子職，侍疾衣不解帶，形容毀瘠，喪葬
盡禮。兄彥臣失明，問寒暖，視起居，撫之若嬰兒，事之若嚴父，視異母弟如同
胞。甲寅閩逆倡亂，難民被擄，敬倡義救贖，俾得骨
肉完聚。其路遠不能歸者，給以資糧，人咸義之。

楊兆璘（公舉事實）字友三，錢塘貢生。髫年喪母，哀動左右。父卒，執喪盡禮，三年未
嘗見齒。事繼母備極色養。兄弟三人同居共爨，終身無間言。族人貧不能
祭，捐置祭田，祀有所餘，復分給焉。至出粟賑飢，施棺木，
設義塚，修橋梁，濬河道，更無倦色，士民無不稱其孝義。

方文華（公舉事實）字卓峰，新城人。甫十歲，母潘患弱症，湯藥親嘗，便溺必躬自浣
滌者三載。母歿，哭泣擗踊如成人。父館于鄉，離家四里許，每早出夜歸，文
華朝夕扶持。繼母鄒生子女四人，頗分愛憎，文華事之益恭謹，雖加以箠楚，必
長跽引愆，母亦感悟，愛如所生。先是母歿時遺二弟俱幼，家貧，廚無粒米，常覓
螺蛤代餐，必先餉諸弟，然後食。
後篤志于學，補庠生，以歲貢終。

許曰瓏（公舉事實）錢塘諸生。幼失恃，哀毀如成人。父歿，泣血三年，未嘗見齒，鄉黨
咸稱其孝。平居敦本睦族，任鄉親黨書集里人，示以孝弟忠信之義。遇忿
爭搆訟者，委曲化導，令人自愧焉。葬親西溪，有方氏遠塚在墓傍，曰瓏與方
氏立約，任其祭埽，且于春秋祭祀時恒具紙錢以奠之。其厚德高義文如此。

方來（公舉事實）字聖祥，錢塘人。性孝友，父母教極嚴，稍不懽輒長跽以請，解顏乃
起。祖歿，力營宅兆，壘墓經年。葬叔嬸，從弟數拯撫幼弟，友愛無間，嘗承父志
賙難民，獲完聚者
數百家，皆發世

何章雲（公舉事實）錢塘庠生性至孝母患疾章雲衣不解帶晝夜侍榻前扶抱不手接便溺習以為常歿絕粒十餘日父患脚虛卧榻半載章雲跪榻前兩手托之以年寒暑不輟與弟友愛撫孤姪教養兼至生平立品端謹博學善文著有梓欣堂集十卷

金煜然（公舉事實）富陽人康熙乙卯舉人年九歲時山寇竊發父兄入鄉覓避處寇猝至煜然哀號跪請曰寧殺我勿傷我母寇曰童子有此孝心乃捨之又示以隱僻處得避去十五歲母乳生癰百藥不效煜然以口吮之其痛稍止吮至一月而愈又母足患瘡經年潰痛煜然告母欲舐之母以穢惡不許乘母熟睡以舌舐瘡母覺反責之仍遇睡輒舐瘡亦漸瘳父歿廬墓三年晝歸奉母夜出守墓及領鄉薦不起文會試時知縣趙祿星躬門敦廹以母老辭趙嘆為不可及餽以參餌欲以孝行旌又固辭不可乃止（題旌冊）雍正十一年具題奉旌

嘉興府

漢

張武（後漢書本傳）吳郡由拳人父業郡門下掾送太守妻子還鄉里至河內亭盜夜劫之業與戰遂亡武時年幼不及識父母節持父遺劍至亡處祭醊泣而還太守第五倫嘉其行舉孝廉遭母喪過毀因哀慟絕命

唐

邱為（至元嘉禾志）嘉興人事繼母孝壽有靈芝生堂下官至太子右庶子時年八十餘而母無恙給以俸祿之半及居憂觀察使韓滉以致仕給祿所以惠

養老臣不可以在喪為異惟罷春秋羊酒初還鄉縣令謁為候門磬折經縣治降馬而趨年九十六卒

宋

王琮（至元嘉禾志）崇德人字伯玉高宗紹興間登進士第以孝友稱官至左司

陳四ㄑ（弘治嘉興府志）嘉定十一年剖心治親之疾表其坊曰褒孝即今睽魁坊也

吳三五（弘治嘉興府志）桐鄉千金鄉人父疾若于痢藥禱勿愈乃割股和粥以進父食而甘之痢遂止有司疏厥事詔旌其門

潘生（弘治嘉興府志）俗名十三桐鄉清風鄉人割股和粥以瘥母病有司欲陳其事以旌之生力辭曰事母吾分內事也初何心求知于人ㄑ尤重之

錢四十二（弘治嘉興府志）桐鄉千金鄉人母有疾湯藥勿愈每夜禱于天幸延母二年病日以篤遂煮粥割股而投諸中母甘其味翌日遂愈有司以聞詔旌異之

范圭（弘治嘉興府志）桐鄉人事親貧無以供甘旨必力致之母遺疾藥久勿愈割股和粥母食覺味異不數日而體健有司以聞詔表其門

施二（弘治嘉興府志）桐鄉募化鄉人事母病久不解帶亟醫屢易罔效乃夜焚香籲天願減己算以益母壽又密割股肉和米煮粥食之母遂愈有司白其事詔表其門

元

潘應定（明一統志）嘉興人博覽典籍尤以孝行名于時母喪廬墓哀踊無間時有桂花變色白鶴來翔之瑞左丞周伯琦嘉其孝為書復禎二字揭于墓所

秀州

戚敬（徐一夔戚孝子記）字東肅秀之白苧里人母疾救弗效刲股肉以進時母已不能咽一日而死敬勺飲不入口者三日痛哭絕而復甦將葬掘地尺餘餘泉為水淫浸敬負土為墳既葬傍徨不忍去或勸之返敬曰吾舍母何之乃附墓為庵伏匿其中望墓秋服頓踊三月有白芝五本生廬側人以為孝徵將像母而事之告工以狀工未悉一日工夢媼曰吾戚母也汝為識之翌日工刻木惟肖敬奉以龕帟飲食必祭出入必告有事必禱一如生時吳門之隨前鋒犯秀境敬燃木炬曰吾忍去父母墳墓耶乃散財集弟子保里中白苧完好如故公府將賞之謝曰吾為墳墓舉耳不願賞後部使者薦為文學掾歷三十年未徙官人以其孝不斥其名直曰孝子云

遇宗一（貝瓊遇宗一傳）海鹽昭明里人早喪父獨與母居元至正十六年張士誠陷姑蘇略地至海上宗一負母逃狩與兵遇欲殺之以身蔽母中數創乃舍而去既返益困傭以給食母卒六年不克葬寢苫服衰蔬食不變與人語輒泣下有燕巢其傍東西相向及葬母燕去不復至人皆異之

陳寶生（檇李詩繫）字彥彥海鹽人父思恭客泉南娶莊氏思恭賈海而死莊携孤歸鹽守節寶生少有才名兼善繪事與雲間黃子久契客後寶生作春草堂于妻上以奉母遍請名人詩文以傳之又居峽石東山以父溺海終身不至海上子久來鹽嘗拉之觀濤偕至東城趣涕泣曰陽侯吾父仇也子久動容亦不往而罷因為作仇海賦記其事

沈嗣昌（道探沈嗣昌傳）字原愨一字壽康居海鹽之德政鄉早喪母事父孝父歿勺水不入口者三日杖而後起營葬于豐山之麓遷母柩合葬焉搆廬其側覆以編次障以土垣闢窗其間望親壠以泣如是者六年洪武元年辛邑宰王文造其廬書孝隱扁以旌之劉儼為撰孝隱堂記

崔永（續文獻通考）海鹽人七歲喪父母韓氏從繼父諭海南後永徒步至瓊州求母時繼父已歿有司以配属不許歸永復號泣請于朝許之舟行遇風永入

水負母因感疾卒江西布政使以聞為之祭葬仍給驛舟歸其母求往返數四人以崔孝子稱之

明

殷近仁（明一統志）嘉興人博學能文與其弟原善誠友愛無間言家貧親老同心協力以供甘旨之養近仁洪武初以孝弟授山西平遥知縣未幾親喪葬祭盡禮服終以所著蒞政戒銘四十二篇獻于朝擢廣西參政

殷原善（沈繼宗殷原善傳）嘉興人兄近仁擢授廣西參政没于官其妻亦逝遺孤子三女一皆幼不能自立原善撫之如己出提攜嘔呴無不至原善時年四十餘鰥居不娶其友吳筠章諷之原善泣曰兄子猶吾子使吾娶而不賢諸孤將何所托哉筠章嘆服而去

包珪

包江（嘉興縣志）包愉字成甫洪武中詔求人才郡邑交薦固辭不受永樂間詔取富户入京師有司强愉名以進時年七十有九長子珪願代父行幼子江號泣固請以身代兄弟争赴有司旌之

凌孝子（懿行編）失名嘉善思賢鄉人永樂中父以輿税被誣逮繫京師孝子年未壯號慟上書浮釋水陸風雨偕雪艱苦竟以是殞

陳昺（萬曆嘉興府志）秀水人事母沈盡孝母適遘疾晨夕奉藥衰侍林褥間母忽思食鯉乃早起循溪岸行俄聞魚躍聲解衣入水得巨魚為羹奉母病尋愈迨居喪廬墓三年以誕晨祀母有一雁從天而下舒頸鼓翼刷腹庭中里人繪二異圖詠歌之

岳商（嘉興縣志）字成卿兄夏多子商于宅讓受悉臧獲讓受老别治子舍奉父母以孝謹稱兄弟皆素封及兄卒凡役必肩其難且重者孫元贊和贊毅贊三人舉貢咸謂孝友之報

褚元鄉（嘉興縣志）事親孝養備至父病額天請代父歿泣枯流血
母喪哀痛幾絕水漿不入口者七日廬墓三年屢奉憲奬

檀郁（方學漸檀郁傳）桐鄉人家貧少孤母汪氏孀居不二郁事之極孝母疾晝夜
侍湯餌不解帶夜則稽顙北辰求以身代母卒哀毀踰禮葬縣治西北二里
許山多石不可以穴郁徬徨悲泣焚香叩神曰郁不孝使吾母葬無處所罪莫
大焉神其臨之越四日鄉人胡伯恭夢一人告之曰檀孝子有六湧泉可丈餘
目既覺走語郁訊其家無所謂湧泉六者醫士程伊聞之曰醫家有湧泉穴
在足心意者山之麓乎因求之果得土僅容棺母遂得葬郁廬其側哀慕如初
喪逢首垢面三易寒暑山素無泉郁食必下山取水忽有泉自石罅湧出流于
坎色瑩味甘得免下汲至終喪而泉隨竭邑令請于直指使奏聞正統丁卯詔
旌其門

周玭（萬曆嘉善縣志）景泰中兄當戍五開玭年十七慨然請代父兄不許有司亦
難之玭曰家貧役重非兄侍養莫慰親心請益力官不能奪既之戍業裕嗣
昌人以為友愛所致

沈昊（萬曆浙江通志）海鹽人沈玠子性孝友奉諸母比于所生撫異母弟妹無間有
弟孟崛以誣被逮昊抱身代行淮撫推重之立爲奏釋庚中嘗產瑞竹一本
兩幹人爲
孝友所感

顧態（萬曆嘉善縣志）字汝美少喪母父納一婢々扶父瘳後態々事之益虔積館
穀置田百餘畝與婢二子均析之父死婢就養于二子態泣留曰父之所愛
亦吾母也豈以存亡易心乃舉父遺物委
諸弟留婢養之終身以貢授涇縣訓導

沈塿（嘉禾徵獻錄）字秦夫平湖人天順時父控獲罪論死塿徒步
闕下抗疏訟冤疏七上得減死流嶺表後以赦還人稱孝子

秦汪（天啟平湖縣志）字汝清，幼喪母，哀思設像，以事如生時。失愛于繼母，事益謹。撫異母弟尤篤。繼母久而安之。繼母臥病，鄰火幾及臥所，汪扶哭莫及，叩頭籲天，風反火滅。父沒，廬墓三年。知府鄭登高以聞。

張瑶（嘉興府圖記）字朝貢，嘉興人，舉鄉試。性孝友。其妻以疾不悅于姑，姑欲出之。瑶心知其無罪，令歸依母氏，終身與兄同居，孝養內外無間言。郡守徐盈高其誼，屢過咨論政事，瑶未嘗干以私。卒，無以殮，徐為具禮葬之。

嚴震（嘉興府圖記）字宗遠，嘉興人，世本儒醫。震早喪母，事父至孝。父嘗患危疾，震謂非藥餌可療，禱于天，割股肉為羹進之，父疾立愈。同時有蔣冠者，崇德人，亦割股活其祖母，而國典皆不及云。

章傅普（萬曆秀水縣志）少孤，事母至孝。母患心疾，傅普走補陀，禱觀音大士，願以身代。後母病傷寒瀕死，刲股肉和粥以進。及卒，哀毀過瘠，刻木為像，終身事之如生。

晏正（嘉興府圖記）字時寅，海鹽人，性孝友。親沒，廬墓。事其兄宗如父。鄉里稱之。

沈琮（葉盛沈琮墓表）正統壬戌進士，授南京兵部主事，為夔州知府，改重慶，皆以喪不赴，最後得廣州，以卒。天子署其家曰旌表知府沈琮孝行之門。琮字公禮，其先苕人，徙平湖。父昇，母潘氏，繼蔡氏。琮卒時年五十。幼穎悟，與其弟監察御史瑋齊名，人稱兩奇童，先後取高第得官。居父母喪，相率結廬墓下，不食肉者凡六年，有馴禽瑞草之異。事聞，有司以瑋既卒，例不得旌。琮疏言願以及亡弟，事雖不果，聞者義之。

徐藻（萬曆嘉興府志）字子潔，司訓縉子，海鹽庠生。痛父縉罹慘毒，具奏名集鄉兵滅賊以洩父冤，得旨名曰忠孝軍。乍浦、沈庄俱有戰功，軍門優獎。

馬珂（天啓平湖縣志）字世望父官廣州上官令輸賦金舟次彭蠡為逆藩盜所掠時迎試珂即手一襆行或勸以試平泣曰試乃重于父耶會王文成平逆藩諗知廣州銀尚存遂請文成胼重趼數千里訴之當事不得後走訴之京卒得白

沈璧（萬曆秀水縣志）號東隱正德間應詔輸粟助邊授千户弟兄五人最友善迨析産體父意推腴受瘠伯兄長鄉賦勞憊請以身代役季弟遭回禄即與築居比歿撫其孤給薪米費

包世熙（馮夢禎包孝子傳）太學生嘉興人副憲檉芳子事父母曲盡誠孝萬曆庚辰父遘痢幾死世熙露禱泉歸嘗糞以辨甘苦始病迄痊五十餘日未嘗一解帶卧久之夢神謂曰爾父壽止六十既覺汗流驚懼曰吾聞古人有減算延親者遂焚書一疏齋禱佛前願捐己算以續父餘抗詞亶懇淚隨聲注其年應試歸自南都不一月暴下卒

朱元弼（嘉禾徵獻録）字良叔海鹽人父用中為人方嚴有儒者風元弼尤安貧力學以古人為法少喪母事繼母竭力奉養及授室與其妻約曰倘言母短長者當與君絶妻不勝恚激言之遂求絶妻惶遽請自後不敢更言弟不善治生乃責己宅代弟償逋而自寄友人居為諸生需次鄉貢以年踰六十例不得入官遂棄去垂老預知死日別親友而卒學者稱達隱先生

許嘉謨（嘉興縣志）字性初幼業鍛氏母吴有疾疾生弟嘉諾甫彌月疾作幾不起嘉謨顙天請代母弟得兩生數年後母疾再作嘉謨度不可活退而斷小指之半和羹以進母啜盡病竟無又十年乃終里人欲為上狀嘉謨曰此舉吾母不之聞奈何聞人而徼之以為名固辭業鍛氏如故其子聡登亦以割股起父病

周文志（萬曆嘉興府志）字德茂崇德人兄遭寇掠躬急具雞母胡氏疾甚多方救藥弗效乃顙天潛割股和藥以進親疾隨愈其他賑飢施棺尤多義舉孫

捐建百歲堂以奉之壽終百有三歲

顧昌（嘉善縣志）鎮工也母年八十餘患痢且革昌日往里中真武祠稽顙祈以身代度不可爲即于神前割心探之不得割旁膜煮羹進母已數日不食聞其氣香甚食之頓愈每陰雨瘡痕痛楚不令母知昌年亦九十餘

鄒昊（嘉興府志）字孟昭嘉善人母年七十喪明延醫療之不效昊朝夕禱祝俄而母兩目中各重生一瞳復明如故人謂孝感

郁本宗（袁黄郁本宗傳）吾邑郁和川名本宗生有至性父秉槐抱沉疴本宗晝夜皇皇求四方良醫丹藥以療不效不得已割股以進未痊再割以進父飲湯忽有生氣是夕始鼾睡夢神人謂曰汝命將傾汝子孝上帝憐之加汝十齡自是健飲善步如平時

郭球（檇李詩繫）字友虞平湖人母蚤孀兩目皆瞽球以舌舐目漸明嘉靖間倭入寇負母逃行寇猝至將加刃球以手持刃血濺襟帶遂蔚卒至幸脱天啓間詔旌之

沈藻（海鹽縣圖經）字元明力學工制舉業隆慶卯辰聯捷守泰州以廉潔聞以忤要路掛冠歸貧無以給教授生徒佐二人甘旨父性卞急稍有不懌必泣跪甚至受杖不辭一日郡守龔勉過候講久之不出值父怒跪不敢起龔知之深歎其孝有薄業悉讓弟以慰父心易簀之日母尚在向母叠論母氏劬勞句而暝以子弘遇貴贈階奉直天啓初祀鄉賢

周允文　周昺隆（秀水縣志）允文號衍溪襁褓時其父相賈于燕坐事亡山海關外允文長日夜涕泣侍母喪葬畢偕其姊之夫偕行訪父抵京見人輒哭詢一翁語之曰爾父我友也曾以事致脱身塞外别已十五年矣允文遂出關冰霜踣頓逾數千里一日遇其父于途姊之夫前識之曰此非同翁耶父子抱持慟哭時相已娶家爲木商納婦生子允文留其留不即返在路牽裾挈歸色養數十年父母並以壽終子昺隆字道流亦以孝聞母莫性嚴目瞽

咼隆委曲承歡至老不衰事兩兄最友愛補博士與同邑宋鳳翔並有文譽

錢繼科（懿行編）字志沂嘉善人弱冠游庠富經術父病逾年察色聽聲夜嘗數十起父構新居固讓與弟繼美身安舊廬卻祖姑別業一介不妄取延名師課二子長士升狀元閣輔次士晋進士中丞贈宮保大學士

馮洪業（平湖縣志）字茂遠萬曆乙卯舉人性至孝父伯禮卒于燕洪業徒跣奔喪扶柩歸事母查氏能養志卧樓燬冒烈焰負母而出母疾割指以療之

毛應銓（分省人物考）號念軒平湖人早喪父事母至孝朝夕承顏務得其歡心後為諸生凡館穀所入悉以與兄毫不自私登萬曆甲午鄉榜丁母艱廬墓三年哀毀骨立屢上公車不第司教安吉與諸生講學論道士習丕变居官幾十載居無一椽至老猶與兄同居不分析

沈元昌（嘉興縣志）字鴻生以孝聞居喪哀毀致疾有弟四人終日怡怡萬曆癸卯舉于鄉先人遺產悉以授諸弟已食貧弗顧也撫兩幼弟如子與人交藹若春風生平未嘗見其疾言遽色

陳謨（萬曆嘉善縣志）字昌言父吉應貢卒于京謨聞訃扶櫬歸哀毀骨立繼母悍數欲致謨死謨事之益力將己所置產與父產均分為二讓其美者與繼母弟母亦感動無間言晚年晚年應貢不仕而卒

吳來臣（石門縣志）字曰俞萬曆乙酉舉人與要母弟同居備極歡愛母喪哀毀逾禮卒

許錫璋（嘉興縣志）字如季父病割左股以進弟病割右股以救人稱孝友弟錫璜字太微父歿兄殞姪尚少為隣宦所逼攫其居且蓄夜入賊將甘心焉錫璜延年別駕設其賊胥穀然撫孤以出別駕不能難妻沈氏亦以孝聞

胡拭（海鹽縣圖經）字敬之居澉川父本富室以性侈損家日以所欲責拭〻竭力以致負朋滿座雖貧甚不少衰後母喪父鰥拭夜與父同寢以聽嗽父足如是者十餘年父歿當所居以治喪葬畢飄屢空寓于其婣徐氏以歿

姚世華（萬曆秀水縣志）字孟寶父嚴戒有謁讓輒引咎恐請遣喪毀瘠甲午試南畿以母病目不肯行母督之往得雋歸適年母病疽日夜悲泣祈以身代母旋瘳世華遂發病死年四十無嗣卒後五日而妾舉一子

顧薇（海鹽縣圖經）字子芳事父綸母李以孝稱李歿刻木奉之日三上食出入必告母猶在堂鄰火延燒將不救薇伏棺大慟火忽他越迨事繼母盛如其母初失愛後亦感動卒無間云

胡彭述（海鹽縣圖經）字信甫幼喪父每向母問父貌若何遺籍何在輒失聲大哭為室三楹中奉母身及妻劉居左夜寢未嘗闔其左扉曰吾何忍自隔阿母耶事從兄彭年敬愛如同產嘗論次所藏書名好古堂書目自為序

蔣春華（獨及編）海寧衛軍事母至孝朝出暮返晴樵雨漁市以供母〻性暴多怒酒肉稍不善必令別置而叱之使跪以待食不命之起雖達旦不敢起鄰人或叩壁而呼之則曰恐傷母志也勸之娶曰無力即有力恐不能事吾母縣令旌其門

童輝（西園雜記）字景文海鹽人家貧奉其父朝夕甘旨不缺冬夏衣以輕暖顏色輝稍不悅即長跪請責父亦嚴毅不少恕白首猶然人稱為童孝子督學臨試輝行至中途見漁者網得鮮鱗曰此可奉吾父也即以行纏易之徒步攜歸烹以獻父然後赴試學師責其後至弗恤也後以貢授贛江府經歷年八十餘卒

費謙（石門縣志）字蓋臣幼孤母遘危疾苦心湯藥母喪廬墓三年泣血不輟令汲旻表其門

周紹宗（舊浙江通志）字岐陽，海鹽人，本姓馬，少失恃，事生母繼母如一。繼母病久體不能屈伸，楚不可禁，紹宗負之行，盤旋室中，日數百回，病遂瘳。偶出心動，急歸，生母溲瞀，帷中失火不能出，紹宗從烈焰中負之而趨，火亦旋熄。

王道立（李日華王孝子傳）秀水人，居王道湖，自號雲洲道人，性醇恪，事父竭色養。父疾，調侍湯藥，不修櫛沐，自浣廁牏，率婦子籲天請代。父卒，哀至須絕，為侍廬墓側，朝夕盡哀。母朱疾篤，口度導餌，舌引痰涎，泣盡而繼之以血。葬後復為侍廬，如父喪，且終身焉。臺臬聞之，檄府旌其廬。

錢吾仁（鄉賢留祀冊）字鄘如，嘉善人。父貞登嘉靖己酉鄉榜，歷官江寧郡丞，以代覲卒于京。吾仁聞訃哀號，星夜徒步入都，扶櫬武勳，以用舟車，涕泣曰：抱恨終天，尚敢希安逸耶？行數十晝夜，兩足俱裂，幾不能支，匍匐扶柩歸，寢苫枕塊三年如初。喪本繼母吳如所生，吳待之甚嚴，吾仁事之益謹，後母亦感動，相愛無間言。

曹伯來（平湖縣志）少有高才，九歲喪母，事父孝。父歿，遺妹裁數月，撫養成婚，裝遺媵于己女。兄歿，遺貲甚厚，無嗣，伯來仲子應嗣，覘嫂意有他屬，欣然讓之。迨嗣子中落，歲以薪米贍賙，終其身。

魏學洢（攜李往哲續編）字子敬，嘉善縣諸生。父忠節公被逮，學洢泣血號呼，欲隨侍入都。忠節厲聲曰：若智出孔文舉八歲兒下耶？奈何以完卵殉覆巢。學洢遂易姓名，密邇檻車行，不令忠節知。入都既下獄，潛匿邸舍，暮夜叩當途父執，或拒不納，或見時僅仰天長嘆，間有泣下數行者。學洢欲上書代父不可得，呼天籲地，展轉無策。父忽以斃聞，遑遽扶櫬歸里，見母慟絕仆地，跡不入中閨，日夜伏草啼號，家人間進粥糜，輒以手揮去，曰：詔獄中誰有憐乃公而授之餐者？淚盡繼之以血，遂病而死。朝廷憐之，賜優卹。

俞愬修（天啓平湖縣志）邑庠生有跛疾父母嫌之娶婦戈頗令淑而嫂酷妬百計擠之父母逾不悅閒乘父出挾姑戚錮兩人別室絕其飲食伯母姚陰佐兩人出僑寓武塘時念父母不置相對欷歔曰寧死膝下耳懇發人爲請于父父猶怙竟迎迨母亡嫂管家政所進皆粗糲愬修與婦更烹鮮藏之以待不時之需父並怙欲奪兄産歸愬修愬修辭泣辛勤力陳不可後父與兄嫂相繼亡愬修撫兄子倍至子允昌語及父母時事未嘗不泣然流涕

陸大銑　陸大鋏（天啓平湖縣志）大銑字恒甫中丞萬坡子萬坡積俸百金令大銑置田娛老越六載歸橐無長物大銑仍以原金進呈奩産曰兄藉此足贍何要置爲後父殁偕弟三分之弟大鋏字宏甫十三隨父之任舟覆洞庭辛衣救父得入重淵會天幸偕出萬坡哭母以死大鋏每痛父死于母而身不死于父長慟不已平生純白不設機械至貧而仕不改其操

郁性善（懿行編）字承泉嘉善人父宗病痼吮之立愈父觸豪貴下獄性善千里白父冤以勞成痼疾謂子曰父母生我〻以父故致疾何尤焉後疾竟瘳

姚斌事（石門縣志）字仲符庠生六歲而孤事母梁以孝聞前母兄繼周相勗甚嚴斌事之如父〻遺産資悉讓之兄及兄暴卒遺姪遊學斌封識所有以俟姪歸毫無所染好讀書築即山居晴書其中寒暑弗輟著有易行春秋辨義諸書以子琅貴贈奉政大夫

吳蕃昌（靜志居詩話）海鹽縣學生師事劉宗周講洛閩之學卒時母喪未除遺命以衰絰斂其從弟袞仲居母憂過毀卒于喪次里人並稱爲孝子

李應魁（包爾庚李孝子傳）字坤暘嘉興常豐里人家世業農應魁獨讀書明大義年數歲至性孺慕動合古人年十八母病劇不可救應魁夜明禱天請代晝則奔走醫藥不解帶不櫛沐者旬日已潛刲其左股投湯藥進之母病遂已里中嘖〻稱孝父母先後卒居喪哭泣備禮哀毀骨立廬于墓早夜悲號有芝草生于塚

戴華（嘉興縣志）字君實終身不娶與父母居曰汲汲可自任奈何以并以故舍二
親與兒女子處父病家貧力辦藥餌父卒不起華慟哭垂絕又十餘年母病
拮据如初母亦不起初母病晝夜哭甚哀聲達于巷是日忽無聲竟日不啟戶
鄰人排闥入視見其母已死華伏母旁面覆著床已絕矣急灌以湯得蘇切責
以大義不得已勉進粥
水里中咸稱曰孝子

魏學洙（嘉興縣志）字子聞忠節少子兄學洢死學濂走闕下學洙侍母錢至孝患
難中得錢飲心動敏博學試輒冠軍年二十七侍母疾心力俱瘁母愈學
洙竟
死

殳邦清（王庭殳邦清傳）字鳳儀秀水人七歲喪父哀毀如成人母養竭盡子職母
卒擗踴廬墓動遵古禮季父客死邦清負骸骨歸葬妻亡邦清年三十矣
不再娶郡守王錫高其行舉鄉飲賓
守道上官鑑旌其廬曰孝義維風

毛文爟（桐鄉縣志）桔桐鄉人父病禱天請代
委曲以盡色養崇禎甲戌給匾旌獎

吳天泰（舊浙江通志）字謐生秀水人母病籲于城隍神疏請減算以代
夜夢神許延母年一紀教其弟成立子周理庠生曰來舉人

徐廷泰（舊浙江通志）字宙知海鹽人為海昌諸生父䌹錫得痼疾廷泰泣禱于神
遇道人授以方如方飲父病已八歲喪母雖至老逢忌日每祭必哭聞里
黨失母者每為悲悼事繼事亦盡養家貧好購
書箋釋性理大學衍義陽明諸書至老不釋卷

李元（舊浙江通志）桐鄉人母沈氏病剖
股割肝以進巡撫行學道旌獎

王永謨（嘉興縣志）字公葉弱冠游庠巨盜張三趙山者劫富鄰沈姓以天雨陰黑
誤入其家永謨母為盜所執永謨奮救以身蔽母、得脫永謨右臂為盜

所折是年遠當鄉試以臂折不能書遂見棄年三十五抑鬱死

俞汞言（天啓平湖縣志）字懋孝母病皇皇醫禱願以身代母以贊翊遺之固辭願與兄共兄嫂既殁撫姪如己子教育之俾有成立

許天贈（石門縣志）字懋勳幼喪父母遘疾侍藥不交睫者彌月割股煎湯以進母疾乃瘳踰年母又病憶前湯復割股幾死

國朝

沈樾（桐鄉縣志）桐鄉人父病累月藥治不效樾割股肉和藥以進病愈母患目疾樾以舌舐之目復明

程光祖（舊浙江通志）字家先嘉善人五歲而孤事母晨昏溫凊不失時母病侍湯藥衣不解帶目不交睫母没哀慟屢絶喪葬盡禮除夕卧墓傍日出拜謁

謁乃返平生急難重義有古烈士風郡守表其門

崔上煥（鄉賢留祀冊）秀水人父琳遠客數年不歸上煥年十八徒步尋親風雪飢寒間關走數千里負親以歸孝名聞于遠近事嫡母生母皆以孝謹稱由吏員選廣西經歷宰寧洋以老年致仕

陳良德（嘉興府志）字爾嘉嘉興縣人順治元年飢民劫掠遍野良德年未弱冠負母姚氏踉蹌奔走蔽水無缺稍長棄舉子業行商數百里間負米養親徒步往來至兩足裂血弗恤也父以壽終廬墓三載歲時祭祀必哭泣終身不怠

錢綸光（嘉興府志）字廉江海鹽人性至孝工文詞家貧藉修脯以養親人無間言

孟春和（公舉事實）字穎儒嘉善諸生母徐早喪以亂故不知厝所稍長涕泣不已有老嫗自遠歸謂之曰吾子言汝母殯椿樹下顧從事去十年矣春和詢

其狀貌歷四方求之數載遇于泉州偕歸指壙所恐遺傷骸以手代鋤十指流血拾一遺不獲哀號籲天遺忽自沼出獲全葬廬墓三年隆冬不忍去染哮疾年六十卒

許雄（題旌冊）字熊飛海鹽人事親先意承志雖家貧而甘旨無缺母疾籲天求代親沒哀毀骨立喪葬盡禮廬墓三年嘗修宗譜以收族人葺遠祖墳墓創宗祠置祀產皆竭資為之宗黨咸稱其孝雍正十二年具題旌

丁穎詮（公舉事實）字慈勉嘉善庠生年十三母錢卒哭絕復甦事父鏡竭盡色養父病刺血上神祇願減己筭叩額流血及父殁居喪盡哀既葬廬于墓側與弟與弟基虔涵巨孝友相勗門內無間言年九十卒子景登戊辰進士官御史

查魏旭（公舉事實）字次谷桐鄉縣學生中康熙癸酉副榜父維甲為廣西隆安令卒于任值吳逆之亂道路隔絕踰二載訃始聞魏旭號泣即日隻身就道跽母前訣別曰兒去萬里出入兵間得達父櫬所萬幸能扶父櫬歸尤為幸否則流離瘴鄉守死父櫬旁固所甘心母侍奉有兄弟在勿以兒為念遂行及漢陽遇賊搶掠楚無完廬又經全州寒水橋失足墮河若有掖之者浮髮水面遂遇救得不死又一夕行永州慕古山中時昏黑草木叢雜不辨徑聞猿啼虎嘯聲信足奔屢蹶屢起僅達村舍血淋漓滿芒矯抵隆安覓至櫬所一慟頓絕踰時始蘇甦頓無從作歸計徬徨歲餘乃嚙指血書詞曰哀籲道傍見者咸曰此故賢令子也稍得賻助遂扶櫬崎嶇以歸歸後疾作臥床第不能興凡三年乃復其後卒命子以祔葬我先塋之側庶與吾父母朝夕相依也

程伯鎬（鄉賢留祀冊）字遷于平湖人兄為冤所搆訴求止存一姪已隸軍籍相抱痛哭贖歸為之完娶庶弟二人亦遭兵流落親往覓歸俾有家室歲時周恤之

王棟（題旌冊）字既昌平湖人太學生年十二遭母喪呼搶號泣父病躬親湯藥衣不解帶者彌月日禱神前願以身代及歿哀毀骨立死而復甦盡力殯葬廬

墓三載又善事繼母妻曲承
順母愛之如己子事聞奉旌

曹嶠（公舉事實）字冷民嘉善人父檉以入火救親拒病廢嶠日侍左右眠食
不離凡盥洗必躬親無幾微倦色親歿負土廬墓每祭必哭擗慕終身

孫肇薰（公舉事實）字乃賡嘉善人幼嘗構墓壘土以答祖恩瀝血爲經以益父莫
甲辰晏父赴公車母染病危篤肇薰以髫齡侍奉徒步觸暑求醫夜則露
禱北辰願以身代母令就寢輒蓆藁牀下竭歷旬日備染風
著迨母愈而已疾日深猶强起供子職竟以形神俱瘁而逝

周鍾岳（題旌冊）石門人早年喪父擗踊長號逢祭哀必思所嗜以薦事母雖步不
離母疾醫藥罔效禱天號泣願減己算益母壽如是七晝夜病漸愈後十
年母故依墓三載雍
正四年具題奉旌

郁世麒（公舉事實）秀水人弱齡遭母喪哀號不止父諭以大義始節哀父坐卧一
小樓世麒日夕侍起居無刻離有乳燕數十羣爭巢樓下不去人咸異之
遂名百燕樓父病衣不解帶籲天願以身代及卒擗踊嘔血絕而復甦者再事
繼母盡孝尤先意承志迨葬有白鶴一雙飛繞墓上咸謂孝感葬畢廬墓側念先
世未有祭田捐己產以供祀事至施
棺木修道路慕義好施又具餘事

張友德（公舉事實）字淡中平湖人誠孝事親色愛靡間親病躬親湯藥及卒哀毀
骨立廬墓三載有木成連理之祥每遇忌辰號泣若居喪之禮仲兄出繼
以本生產業義讓子姓貧乏者
曰是我先人所遺也閭里稱焉

吳煥（題旌冊）嘉興縣人庠生五歲喪父哀毀如成人事母徐氏曲體承順四十
餘年母病痢嘗藥滌器歷晝夜不寢及卒廬墓三年雍正五年具題奉旌

戴大用（公舉事實）字聖萃嘉善人事親色養出告反面無間寒暑父母歿廬墓三
年每風晨雨夕嘔血哀號其後墓傍產靈芝數本人謂孝感又念罔極恩

莫可報乃終身不御葷酒族兄義英患中風疽卧床三年大用代課薪水煎措藥餌及歿經紀其喪一姊適李早寡無子迎養于家

楊荃（公舉事實）字卓伊海鹽人居父母喪哀毁骨立三年不食鹽醢事其兄兆蘭如事父無鉅細必諮問而後敢行年八十卒

孫忠（公舉事實）嘉善人嘗隨父行奉賢鄉父失足溺水爲風浪擁去忠投水救父泅游里許抵蘆渚獲免母病侍床褥數載無倦容季弟達早世母以哭子失明忠刺血書金光明經竭誠籲禱瞽障復明迨三親相繼亡廬于墓側旦暮躃慟孺慕之忱至老不替

曹洪然（題旌冊）嘉興人居恒跬步不離父側侍母疾衣不解帶夜輒露禱浹旬衣襟及居喪廬墓側哀感行道每逢忌辰哭泣如嬰兒嘗曰吾歿後當葬于墓傍庶魂魄長依二親也雍正五年具題奉旌

沈茂功（公舉事實）嘉興人年十三嫡母朱氏疾奉湯藥衣不解帶者數月日夜籲天求代卒不起伏母尸一慟而絕踰時始甦事繼母謝又事徐亦如之父歿哀毁幾于滅性既葬廬墓三年日夕悲號哀感行路

閔宗恒（題旌冊）秀水人父歿哀號不欲生卜葬廬墓三年居母喪哀毁如喪父與父合葬亦廬墓三年常有群烏數百鳴松柏間若相物悲哀者生二子嵩崑以兩兄之後俱立嗣爲而已則孑處以終身雍正十一年具題奉旌

夏愷（公舉事實）字非遠嘉善人康熙戊子由援貢膺鄉薦八歲失恃服喪盡禮如成人父歿哀毁益甚日啜粥數升幾至不起每届歲時諸節必廬墓數旬終身無間事繼母孝養備至母久病典鬻奉參餌衣不解帶婦陳氏感其孝亦日夕進乳于姑

湖州府

漢

許頤（西吳里語）故鄣人父患惡疾醫曰唉人肉可差頤割兩股為羹以進父果瘥刺史周澤以聞旌其門

晉

王談（晉書本傳）吳興烏程人年十歲父為鄰人竇度所殺談陰有復讐志而懼為度所疑寸刃不畜日夜伺度未得至年十八乃密市利鍤陽若耕鉏者度常乘船出入經一橋下談伺度行還伏草中度既過談于橋上以鍤斬之應手而死歸罪有司太守孔巖義其孝勇列上宥之元興三年舉孝廉不應名終于家

南北朝

錢延慶（宋書孫棘傳）泰始二年長城吳慶恩殺同縣錢仲期仲期子延慶屬役在都聞父死馳還于庚浦埭逢慶恩手刃殺之自繫烏程獄吳興太守郗顯表不加罪許之

孫法宗（南史本傳）一名宗之吳興人父隨孫恩入海澨被害尸骸不收母兄並餓死法宗年小流迸至十六方得還单身勤苦葬送母兄儉而有禮以父屍不測入海尋求聞世間論是至親以血瀝骨當悉漬浸乃操刀沿海見枯骨則刻肉灌血十餘年臂脛無完皮血脈枯竭終不能逢哀絰終身常居墓所山禽野獸皆悉馴附宋孝武初揚州辟為文學從事不就卒

王文殊（南史本傳）字令章吳興故鄣人父沒魏思慕泣血終身蔬食服麻不婚不交人物吳興太守謝瀹聘為功曹不就立小屋于縣西歲時伏臘月朝十五北望長悲如此三十餘年太守孔琇之表其行詔榜門改所居為孝行里

湖州

邱傑（南史本傳）字偉時，吳興烏程人。年十四遭喪，以熟菜有味不嘗於口。歲餘忽夢母曰：死生自分別，汝何事乃爾荼苦？汝噉生菜，遇蝦蟇毒，靈柩前有三丸藥，可取服之。傑驚起，果得甌，中藥服之，下科斗子數升。邱氏世保此甌。

沈文叔（南史沈慶之傳）慶之，吳興武康人。長子文叔，位侍中。慶之之死也，不肯飲藥，攸之以被揜殺之。文叔恐取藥藏錄，或勸文叔逃避，文叔見帝斬絕江夏王義恭支體，慮奔亡之日，帝怒容致義恭之変，乃飲藥自殺。文叔子昭明位祕書郎，聞父死，曰：何忍獨生？亦自縊死。昭明弟昭先聞收兵至，家人勸逃去，昭光不忍捨母，入執母手悲泣，遂見殺。時昭明子曇亮已得逃去，聞昭光死，乃曰：家門屠滅，獨生何為？又絕吭而死。時人歎其累世孝義。

潘綜（宋書本傳）吳興烏程人。孫恩之亂，綜與父驃共走避賊，驃年老行遲，賊轉逼，驃語綜：我不能去，汝走可脫，幸勿俱死。驃困乏坐地，綜迎賊叩頭曰：父年老，乞賜生命。賊至，驃亦請賊曰：兒年少，自能走，今為老子不去，老子不惜死，乞活此兒。賊因斫驃，綜抱父於腹下，賊斫綜頭面，凡四創，當時悶絕。有一賊從旁來，相謂曰：此兒以死救父，云何可殺？殺孝子不祥。賊良久乃止，父子並得免。太守王韶之臨郡，綜與吳達並舉孝廉。元嘉四年，有司奏改其里為純孝里，蠲租布三世。

吳達（宋書本傳）吳興烏程人。經荒饑饉，繼以疫疾，父母兄嫂及羣從男女死者十三人，惟達夫妻獲全。家徒四壁，冬無被絝，晝則傭賃，夜則伐木燒磚，無有懈倦。夜行遇虎，虎輒下道避之。朞年成七墓，葬十三棺。鄰里嘉其志義，葬日悲出赴助，達一無所受。太守王韶之擢補功曹史，辭不就，舉為孝廉。

沈顗（南史沈演之傳）顗，吳興武康人，字處默，清靜有至行，慕黃叔度、徐孺子之為人。內行甚修，事母兄孝友。兄昂以家貧仕為始安令，兄弟不能分離，相隨之任。及昂卒，逢齊末兵亂，與家人并日而食，樵採自資，怡然不改其樂。

聞聞人夐（南史韓係伯傳）吳興人。聞人夐年十七結客報父仇，為高帝所賞，位至長水校尉。

朱文濟（南史解叔謙傳）文濟字敬達吳興人自賣以葬母太守謝瀹命為儒林不就

于敷（嘉靖安吉州志）少失母年十歲求母遺物惟得一畫扇乃緘藏之每至感思輒開篋涕泗好讀書能屬文齊高祖見而奇之以為世子中軍參軍

沈崇傃（梁書本傳）字思整吳興武康人父懷明宋兗州刺史崇傃六歲丁父憂哭踊過禮及長傭書以養母齊建武初起家為奉朝請永元末遷司徒行參軍天監初為前軍鄱陽王參軍事三年太守柳惲辟為主簿崇傃從惲到郡還迎其母ゝ卒崇傃以不及侍疾將欲致死水漿不入口晝夜號哭旬日殆將絕氣兄弟謂之曰殯葬未申遽自毀滅非全孝之道也崇傃之瘞所不避雨雪倚墳哀慟每夜恒有猛獸來望之有聲狀如嘆息者家貧無以遷窆乃行乞經年始獲葬焉既而廬于墓側自以初行喪禮不備葬後更治服三年久食麥屑不噉鹽酢坐臥于單薦因虛腫不能起高祖聞擢補太子洗馬辭不受經年乃為永寧令自以祿不及養但恨愈甚哀思不自堪至縣卒時年三十九

唐

沈嶠（弘治湖州府志）烏程人父卒廬墓六年不櫛不沐醯醬不入口哭則嘔血刺血書經年三十卒

董滿生（崇禎長興縣志）天寶三年父亡廬墓芝九莖大中元年表其鄉曰嘉瑞

于元損（西吳里語）烏程人父母卒廬墓四十年墓側生芝草九莖武后詔旌其門

沈景筠（續文獻通考）烏程人性至孝母懼雷及卒葬宅西每雷鳴則奔墓所號哭云某在此賀知章為作孝德傳

陳承堅（西吳里語）吳興人年九歲大中三年母亡葬後廬墓所墓前生芝草三莖詔旌其門

石昂（吳興掌故）紈孝嶺絕壁削立黃巢之亂邑人石昂負母避于此

宋

曹清（弘治湖州府志）烏程人其父嘗殺人繫獄清痛父不可脫乃自誣曰是吾手刃也非父罪于是代受重辟後屍泝流至家葬烏程之西陽村今春秋奉祀稱曹孝子祠

朱泰（墨客揮犀）武康人事母孝嘗為虎所搏負之而去泰大呼曰虎暴殺我我母將無所依虎遂棄于地驚竄入山後安健如故鄉里稱為朱虎殘

沈氏子（德清縣志）失其名縣之金鵝鄉人宋世居丹墅家貧養母以孝聞母病亟割心肉一臠為糜以進病竟愈知縣章丞議嘉其孝行特名其里曰慈孝

朱天錫（弘治湖州府志）歸安人父嗣發仕至朝奉郎天錫好義敬愛老幼見貧乏者濟恤之父喪哭泣過禮既葬廬墓三年有司以聞旌表門閭後仕至諸暨州判官

曾雲之（烏程縣志）寶祐間父獲罪當刑雲之代父死上聞追封之武康人慕其孝立廟于縣南曰靈祐昭應廟

吳可幾（明一統志）安吉人好古博雅與弟知幾同登景祐間進士可幾仕至太常少卿知幾為郎官守其父死田墓三年平地出泉時稱孝子泉

元

趙本道（沈貞趙本道傳）字中立長興人少失母事父以孝聞歲乙未有強寇壓境擄其父本道號泣隨之跪告寇曰吾父病瘵而瘠又貧窶無以賄賂願以身易父之生寇怒肆狠欲手刃殺父本道奮身捍之卒遇害而其父獲免

明

朱允恭（西吳里語）烏程人父華洪武十八年以老人除監察御史二十三年以事繫獄允恭上疏申父冤帝念其孝命代父爲御史仍宥父罪人稱孝子朱御史

張淵（明詩綜傳）字子靜歸安人母失明朝夕舐之父好飲醉或罵詈則握髯請解長跪移時晚遊四方與沈啓南史明古僧月舟最善湖州勞太守鉞修府志出其手筆

馮添孫（弘治湖州府志）歸安人早孤奉母惟謹家業間居金陵母病歷延諸醫無效添孫稽顙北辰哀哭乞母壽猶未愈一夕沐浴割肝和粥進母母食而愈有司上其事詔旌其門後官至工部侍郎

沈康（弘治湖州府志）字士寧歸安人號雪月敦內行母患瘡疾將不起康以舌舐之又割股燃香尋愈父喪值隆冬袒括徒跣日夜哀號鄰人業姓者素強悍聞康哭之慟亦爲改容既而母卒哀毀亦如之寢苫枕塊前後居喪凡六載尤究心于禮著延壽錄一冊以警世郡邑高其賢每鄉飲延致三賓之席後以無疾終壽八十一

長興孝子（欽定向二孝子傳）逸其名氏其一居浙之長興事母有至性業（舊）衰落僅餘屋數椽其從父贏于資一日飲諸姻婭孝子侍姻多豪貴人饌具轉甚孝子未及舉即私念曰何緣得致我母前即時時日左右盼每視賓所不須急摘諸甘脆品裹紬袖中會燕闌酒酣主人出金卮飲賓客客不勝酒以卮置樸篋間復以反先閒歸餽侍者報亡其卮衆欲自明請急爲户令人人袒搜之孝子兩手捫袖中倉卒不得計即謬曰由我語出之則曰吾匿他所矣再詰之則又曰求諸所不得或爲他人所來也當卒憤之詰衣從父責所積孝子頑嚚坐且曰幸猶覓我懼傷母氏心無如何責客憶前卮乃折簡主人語以故主人如

言捻得之急呼孝子至猶謬對如初從父曰吾已得庖矣苦何苦自誣孝子始
吐實淚下曰某若不能奉母氏而兒女態若此比諸責寄在設令把我袖將大
話我且重為叔父羞故寧溺也從父大感悟乃名前生上客遍語曰是子如是
忍與吾兒二視哉三分其產令得終奉母氏為其族里至今多禮讓人謂道風
所漸
云

吳人驥（黃汝亨吳叔良傳）字叔良吳興人父太平公以清特聞死官公嘗發里中
盜置于法盜父子為讎恨入骨乃集羣盜睨月下排戶入襲吳母人驥倉
皇奮身越垣墻赴救為同邑者環抱掙不得前乃升屋大號賊怒發流矢中左
右股又中偏頂墮地被血鋏劍割抵母所賊皆露刃立人驥忍死前捍母令驚
投筐中箸項奔賊不能得賊益怒其餘黨復自外發動矢中右脇會救者至
賊去母幸無恙人驥越三日病創死嘉靖庚申十月十五日也年二十有七

沈之章（烏程縣志）嘉靖乙卯倭犯婁林掠其父思賢以去之章
赴倭壘父將就刃之章悲號奮躑願以身代倭俱釋之

沈賁　沈昂（烏程縣志）與兄晉同居有賊入室行劫晉逐之被殺移屍舟中欲載
以去賁偕昂奮入賊舟奪還殯于堂因矢曰不獲賊報兄讐不復歸
同出求賊蹤跡無所得越半載泊舟後林與賊舟隣賊義二人奪屍之義中夜寶
其事以告同黨二人聞其語待旦密告村人共執之送官論死歸設誓于兄告之

沈如松（武康縣志）字志宇母病臟取藥三橋歸至中野遇雷震同行而人眩而斃
曰空中有人叱云沈孝子不可擊持藥進母、病愈邑按書旌揚孝行四
字扁其門嗣以明
經司教嘉興縣學

張夢徵（湖州府志）歸安人父組南京工部郎中方病疽青陷作嘔逆皆惡症夢徵
年十三姊錦繡年十五傷父之危日夜謀活父夢徵吮疽得膿蚓嘬屢轉
甫畔富視顏色錦繡焚香割臂肉一臠作糜進父時正昏眩
得粥覺甘美食既汗遍下遂漸瘥江右吳亘為作雙孝傳

董悌（見只編長興）農家子，年十三，大母勝病，為刲股進，疾遂愈。又十年，復刲股，療其母費，延算至三十年。而復作，費年八十餘，病劇，于前董居山傍有祠，默禱于神，以刀破腹左，手剖肝二寸許，于時肝臓迸出，以一手持肝，一手障創口，馳下山，計二里許，不少痛，聆忽達一闔，家人見其流血漉漉，問之，得其故，急取牽桑皮縫其創口，血遂止，用肝煮藥進，費疾遂愈。又三月，始卒。子世德以父喪痛之餘，負遺不能致養，賣其妻朱用，使朝夕，縣令熊浮署買一婦，斷配之。

潘振（歸安縣志）字藻生，崇禎庚午舉人，性純孝，痛父不及見捷書，卒未不上公車，廬墓三年。天啓初，直指舉孝子，請旌，力辭。振為孝廉二十八載，不通干謁。

董湛（崇禎長興縣志）唐興山負薪人也，母年七十患心疾，思肉食，無能辦，湛刲胸前肉，熟而薦之，疾以瘳。諸生姚光佑聞于縣，縣令熊明遇召詢之，血痕故在，逢月給米一石，又與之妻，山中人但呼曰董湛。

潘喬（烏程縣志）字褒元，增廣生，幼齡喪父，事孀母孝，析爨，復將已產分給其姪，撫之如子。有族弟被訪，將逮，喬以百口保之，得免，終未有一言也。著有棋餘草。

施新應（嘉靖湖州府志）歸安人，弟震以催科殺人，法應抵罪，新念母愛所鍾，以身當之，會赦免。

嚴有芑（歸安縣志）字豐思，年十六補博士弟子員，父覺，令居巢。崇禎乙亥，流寇破巢，為賊所害，有芑以身蔽父，亟號慟罵賊不已，賊磔之，肩臂俱斷，猶怒目而視，越三日始殮，面色如生。同時殉難死者有三孝子。

沈角（歸安縣志）字麟弓，孩提喪母，六歲將奠母靈，長號慟絕，即抱母主躍入烈焰中，左右驚救之出，折其一股，終身舉股急，母淚出不止。事繼母嚴至孝，嚴沒，一慟仆絕，家人救之，被噬斷一指始甦。

王家零（孝豐縣志）刲股廬墓，墓前產靈芝數本，人以為至孝所感。

國朝

朱昺（舊浙江通志）字冠英長興人少失怙哀毀骨立事大母及母至孝撫諸弱弟
備極恩物情祖枯父三柩在殯祝融震鄰昺抱柩號籲風熖頓息營窆山中忽
遇虎奮袂前行虎旋斂跡
及母歿合葬廬墓十年

嚴廷瓚（戴綫嚴孝子傳）驤村人袁直九世孫父遜修為姪某所殺廷瓚甫二齡母
朱氏撫之稍長泣述父冤死狀廷瓚泣血嚙指即蓄利刃自隨潛于猪城
訓蒙養母或勸之婚以他故辭聞歸故里且與讐睚共飲食康熙己未春廷瓚
一夕語刃曰我與若同寢食二十餘年盡心思用命乎刃作錚錚聲晨起告母
曰兒年二十有八矣父讐未報更奚待耦慟累日托辭歸里逢春社演劇讐在
儔伍中乃拔腰間刃奮擊之中腦腦裂復斫其頭斃焉遂棄刃入邑自首請就
獄縣令嘉其志欲上聞
者之未果竟死獄中

嚴有穀（鄉賢留祀冊）字既方歸安人崇禎癸酉副榜父覺明赤居鄞令死流寇之
難有穀從亂離中負母歸葬躬自負土手指俱裂夜有虎至墓門盤旋而
去葬後廬墓三年所著有
嘗退軒語存語皆警世

周國瑞（題旌冊）德清人父病籲天請代衣不解帶者四十餘
日及卒居喪盡禮廬墓三年雍正四年具題孝旌

陳子英（題旌冊）字念齋烏程人十歲喪父哀毀如成人事庶母克盡子
職親不懌輒長跽請罪必得歡心乃已雍正四年具題孝旌

楊汝欽（題旌冊）德清人年十六喪父家甚貧負土成墳每覩親所嗜即悲傷號泣
事母善承色笑母年八十一而卒廬墓三載始歸雍正六年具題孝旌

寧波府

漢

董黯（紹德録）字叔達句章人江都相仲舒六世孫居闞湖之涘少孤力學事母黄氏惟謹母恙思大隱溪水遠莫將致黯築室溪濱板輿就養疾瘳乃歸後士掐居傍進以奉母泉味如大隱魚謂孝感所致比鄰王寄甚富縱酒無行其母與董母相善謂董母曰我衣食願足而瘠且弱汝不吾若而肥且健何也曰吾雖貧黯孝心常奉而健耳王母歸以喻其子莫其有所悔悟而寄反懷忿伺黯出逵歐董母黯旋而母卧牀不知所為號而言曰黯不孝貽母之憂寧曰非也我失言致寄辱耳黯竭力祈療母竟不起哀毀負土營葬廬于墓側思復大慙以寄母在未忍枕戈不言俟其母卒且終三年喪手刃寄首祭于母墓自囚以告有司有司以為抱義而行仁復讐而全法事聞和帝嘉其異行追考功郎郎霸賫詔釋事赦罪召拜為諫議大夫累徵不就年八十終勑封孝子命即故居立祠靈應廟西贈慈母賢淑夫人由是以慈名溪以溪著縣云

唐

張無擇（成化四明郡志）無擇字君選慈溪人永隆初由進士舉明經刺史和州丁父叔憂奉喪歸里三年不櫛七日絶漿都督竇懷貞聞于朝屬神龍初國家多事未遑旌表服禫辭禄廬墓以壽終宋嘉定十四年邑令趙崇附祠于董孝子廟之東焉

宋

楊慶（宋史本傳）鄞人父病貧不能召醫廼刲股肉啖之良已後母病不能食慶取右乳焚之以灰和藥進焉入口遂差母之乳復生紹興十三年詔表其門

張趙（延祐四明志）昌國縣人年十九父榮患氣疾寖篤懇禱無效趙乃封臂取肝煮粥以進不踰日父病愈乾道二年十二月守趙伯圭舉楊慶例命縣厚加

明州

優恤嘉泰四年令葛洪與免徭
役仍封植其父母墓禁樵採

孫之翰（延祐四明志）字文舉慈溪金川鄉雞鳴山人母疾革刲體取肝為粥以進
越夕母如醉自醉乃底于寧郡守趙伯圭將聞于朝之翰曰本心救母他
無所覬年
六十六卒

吳璿（延祐四明志）定海人父璋以邊功補副尉璋妻宋氏病璿割股療之而愈年
九十三乃終璿與妻楊氏更病男安禮安時皆刲股以進安禮療其母且至
再為守李沐聞于朝嘉泰三年有旨
存鄉縣令王自擇建業孝門以旌之

袁鎮（嘉靖寧波府志）奉化人事親奉養備至端平初父年七十病亟醫禱弗效乃
一再刲股和藥以進父病垂絕復存者十五年後母兄有虐之者友事益謹
孝弟之稱無間載表元
為作遷祔記以表其行

陶猪鄉（嘉靖定海縣志）字均壽以禮經魁宋末癸酉覆試又魁父回孫登咸
淳進士倅平江府卒猪鄉廬墓終身元初被選舉力辭不赴鄉邦異之

元

夏永慶（戴良夏孝子詩序）字章甫定海人父文德大德中轉粟以供京師浮海而
北舟至海津鎮溺焉永慶倉皇號救躍入洪波載其父以出文德得不死
永慶以力竭沉水舟人求之弗獲人皆驚嘆稱曰夏孝子厥後三弟痛其兄之
死孝也益以孝義維其家居同室食同爨有司上于朝旌其門曰孝義之門

陳汝纖（嘉靖寧波府志）字傳岩象山人親歿未葬鄰家失火將及與妻徐氏伏柩
號慟誓不獨存既而風返火熄柩獲全人皆謂孝感弟汝自疾且死以幼
子為托汝纖泣曰而子即吾子忍異視耶
汝母死育其子長為娶婦以其遺物畀之

唐輮　唐穀（續文獻通考）鄞人父復禮以選官鹺事被陷拘以歸京師輮詣吏代父命叩頭流血吏閔其請脫父桎梏之行至越州穀自杭回遇諸塗請代兄行輮不從穀曰兄訥于言往必不免弟有一計可生竟奪其梏加己手吏亦閔而從之穀抵京繫獄旬日近臣奏其罪得免

華昭（嘉靖寧波府志）鄞人生未晬父亡母沈氏家貧不能自存父母欲奪其志誓死弗許勤紡績以教育其子後病亟昭尚幼刲左股和藥以進母愈至正十年尹許廣大書節孝字以表其閭

史懋祖（陳基史孝子傳）字時可鄞人新昌主簿賀之孫公麟之子懋祖甫三歲而母卒未幾父亦卒庶祖母莫氏與兩叔公熹公秀及懋祖二妹獨存初主簿有田八十畝為錢塘浮屠所侵主簿與公麟相繼訴官不能復家用益落莫氏復携公熹公秀與懋祖二妹往訴浙江行省復不省窘不能歸乃棄懋祖及二妹于人懋祖再轉為時貴家奴每思其親輒嗚咽至夜寧淚漬其枕如是者十有七年會時貴以罪斥因得放還莫氏洎公熹公秀尚無恙家徒四壁勢不能存懋祖盡受衣裝竭力奉養父骨寄僧舍四十年至是始買地營葬泣血如初喪莫氏饑傷足病卧床褥懋祖扶侍療治得愈尋又作于火𤺋瘕潰殆半復侍療半載始瘥因念奉蒸嘗者惟田耳田不復祖父之志未伸也乃奮力與浮屠爭于官總管范公察其實悉斷還之懋祖得田即以分諸叔後公熹公秀莫氏卒喪葬各盡禮家門雍睦子亦克肖云

明

盧顯　盧敬（兩浙名賢錄）鄞人父祥鄉洪武初以世職漕運命督造海運船已而船破運新生侵漕運逮獄將就戮顯敬詣闕請代顯泣訴曰督造雖臣父名而侵漁實臣顯臣罪當死敬曰兄顯佐父周旋運事造船之謀敬獨知之臣罪當死上矜之廉得其寃遂兩釋之

樂杅（名山藏）定海亭戶也洪武中會稽錢許二家歲輸鹽厚自縮而迫小民倍輸
杅以掩己數上聞以浙東亭戶悉起赴京鞫訊坐罪輸作杅亦在逮中方治行
弟棁請往杅曰吾行雖生死不可知預吾有三子爾未也棁走詣縣請代杅白
縣曰力鹽皆杅也棁烏能知之使往必失對遂行可一舍許棁追及杅吡之去
不聽即東危恒以愧提棁恒之愧去者半
杅行已遠棁慟哭而還杅至京師果死

陳思禮（徐一夔書宋學士所書陳思禮孝事後）思禮四明儒家甫七歲父喪世母
石氏鞠育之母歿思禮創鉅痛深欲隨母死親戚力慰解之乃止年二十
四親友勸之娶思禮掩耳不答衆迫之曰娶妻以為養也親歿何以娶為既而
親友據義責之不得已乃從及期合巹危坐誦蓼莪之篇凡七晝夜不輟哀慟
路人後以貢至京師入太
學為上舍朝士咸稱之

李仕閤三子（兩浙名賢錄）仕閤鄞人操履方正州曲有爭必往質之三子長孝讓
次悌讓次忠讓皆天性孝友依〻親側弗忍斯須去有事兄必先弟而
而弟恒代兄親療疊類娶謀分走東西求醫藥旦夕造視床下親食後食親或
旬日不食則水飲充腹而已終弗御匕箸洪武初郡國例造戰艦官以仕閤富
室率編戶成之既成使者驗艦以苦窳坐法逮繫秋官時孝讓弱冠請代父因
曰父老我壯宜往悌讓甫十八亦出為泣伯後請曰兄素多疾弗能任勞願留
養親我當往使者恐其非情而械之而偵其所以兄弟終不易辭遂因其長者
孝讓至秋官論輸作都門涉冰雪負土石手足皴瘃流血備嘗艱苦閱歲會赦
免歸居十年仕閤又以富室主科量米耗法當坐辟忠讓年十九即荷械詣官
曰盜米者四罪在四身幸釋吾父官偉其氣貌許之送御史院有旨免死然而
戍竟沒于遼東父卒二子號哭幾絕未期中屢舉孝讓明經以母老乞終養辭
不起比母卒二子哀毀如喪父已亥詔天下纂修圖志太守汪旭起孝讓總裁
郡事書成而卒後
七年悌讓亦卒

陳敬（成化四明郡志）奉化人年十三家貧業樵洪武十一年十一月五日隨父入山虎攫其父去敬攘臂大呼疾追及之乃覆其尾而以杖擊之虎怒舍其父囓敬而噬之其父死賴以全鄉人哀之

李道宗（定海縣志）年七歲父世顯以吏員中禍戍甘肅二十餘年道宗長補弟子員日夜西鄉（望）號泣告大父及母往尋之徒步抵玉關時世顯為邊帥記室遇于途聞道宗語南音詰所從來知為父子抱持相向泣中丞廉得之欲以戍籍留應甲子秋試道宗長跪曰大父與吾母望父二十餘年今相遇而淹留非初意中丞知不可强撤鎮道釋世顯仍捐俸助之而還道宗初歸懷西謂父在西也至此更曰見泉以父歸東泉故云

郎緒（名山藏）鄞邑諸生父鑑娶余而妾黃黃生緒以不得于余被出鑑卒緒年十五事余至孝余愛如己出臨卒告緒曰汝自有母不可失也傾緒母出二十年所矣始鬻于包既而轉徙杳不可跡一夕夢神告曰台州金鰲寺前君母處也明日赴郡憩于途一人識緒問奚自則故包氏養馬廝也緒求跡母廝曰周平者曾語其事今戍京師矣是時緒姊夫方舉進士需次京師緒跡書物色乎會天雨乎避雨郎舍姊夫聞其鄉音問之乎也為緒問母曰適台州李副憲子以報緒緒立之台至李家李已歿無子所後者漫不知前事緒徬徨道中或告之曰此中有媼老矣尊往詢則云黃居李無依適仙居之吳氏緒遂之仙居歷覲數十家見一門閽頗踦躇而入有兄弟二人皆諸生止緒宿為問其家諸母尉黃故主母也然亦不詳所往呼蒼頭問之曰適于金鰲寺前去歲經之已殯其傍矣緒泣曰此吾夢中語也雖然得撫棺泣母亦畢吾志于是吳氏二生送與偕往道犯一牛觸緒墮濟濟在金氏之門金氏兄弟二人為馬長備肩輿緒從濟中起吳氏二生告馬長所歸馬長曰吾昔備肩輿與一婦人至緒雲蒼嶺下其是乎存亡不可知頃寺傍指非其人也馬長入門縛輿送緒蒼嶺下徘徊向餘有織績者曰去此三舍地名王碧川者有陳氏媼年六十矣君邑人也緒詢諸陳張張妻蒼中忽一媼竚立門次揖之鄞人也扣其從來具悉媼亦轉詢

邵氏緒乃挽持悲號驚動閭巷陳無子多負緒恙為償理迎母歸
卒妻子孝事亡忘緒屢舉不第年六十餘貢而卒嘉靖中旌表

晏道昌（兩浙名賢録）道昌居鄞之月湖以漁為業幼孤聽母教惟謹既長而漁日
所得魚擇巨者以奉母母得痒疾日在中大作非沸湯沃之弗止道昌出
必申歸以供湯沐無後時者一日漁于新莊之河得巨鱸里人厚與之直堅弗
與問其故答曰歸以奉母由是名益著及母卒哀毁如不欲生會有詔錫民孝
弟力田者粟帛有
差道昌力辭弗受

嚴端（甬東耆舊傳）字克正號謙齋以進士累遷南京駕員外郎為積忤中解組
歸性至孝母年六十奉養歷四十餘年母年百四歲朝夕不離左右母齒豁
不能餐端手屑良米煮粥擇匕箸以進母有所欲輙力致之少疾即來弗至旦
身書五葉至母體復始就寢及居喪哀毁彌至其學貫串百氏著有謙齋集

虞譓（沈愷虞孝子傳）字靜人寧波人成化間兄謙以富民籍安定亡歸有司逮捕
甚亟父憐其衰老命譓代之行譓曰父命焉敢辭行抵安定毅然就役揚文
懿公為之請得免歸弘治間父遘疾譓每夜稽顙北辰祝曰寧悔予身無災吾
親久之額為枚赤血縷見及卒哭絶復甦三日水漿不入口母勸之陽為一舉
母入復撤去坐臥苫塊袒髮面黑如因垢母卒一如其
父諱體貌壯偉至是哀毁骨立不復舊容自號曰瘦齋

陳良言（鄞縣志）字志行副使槐之子父患目疾歷醫不效因以舌舐之旬日即愈
母得瘋疾七年不能起身親抱持便溺浣濯患以躬任夜則臥于床側及
卒枕塊三年既葬廬墓三載先是父柩在堂鄰家失火將
及良言望北號呼風返火滅居室有鶴來巢貓相乳之異

陳浩淵（嘉靖定海縣志）一名恂字惠智寧善騎射工詩繼父伯瑞卒哀毁逾禮廬墓
三年從孫蹈弘治十七年以貢授歷城訓導善事母母疾衣不解帶既卒
廬墓三年致雉鹿芝草之
瑞縣令錢如京為式其廬

許敎觀（鄞縣志）明州衛軍事母至孝一日與同伍十人駕舟販鹽至江北渡忽暴風雷電掣舟中人上泥塗中皆震死敎觀昏絶默念我死母將誰依忽若有人援之去衆死所三丈許而甦雷火燎髮如炙人以爲孝心所感

謝矩（嘉靖寧波府志）字原規鄞人以父命爲人後兄員坐事謫戍凉州矩裹糧匍走萬里資送終其身不衰後以例籍父及妻子俱赴戍所矩獨以別籍免矩曰奈何使父與嫂姪獨困苦耶力請與偕抵吳門父病死矩哀毀幾絶以父柩權厝旅舍相嫂姪抵京師遑遇例以家屬放還遂復至吳門迎櫬歸葬明年兄沒戍所矩又間關數千里函骨歸祔先壟撫其遺孤薦紳高其行扁其堂曰孝義

韓尚（嘉靖寧波府志）字廷陳定海人父仕昭貢入南京病卒無力歸櫬權厝江寧隙地尚甫弱冠奔歸千里蹤跡故地以求父屍感江神亦夢卒得父骨返葬發解壬子尹句容

許瓏（嘉靖寧波府志）字廷璧鄞人少孤依其母無頃刻舍一日母擲竹帚中瓏暈仆地母急抱持泣瓏稍蘇即睜目笑譲曰兒故嚇母非真暈也長竭力奉養凡母欲必致平居恒言聖門以色養爲難此不假外求不費貲貸直易易耳至今蒡山之陽稱純孝焉子元祥成進士

劉晋（籌海圖編）昌國人嘉靖三十二年倭入城其祖老疾不能行晋負祖而逃賊將及祖曰我老甘死汝宜速去晋不肯遂俱被殺

馮履祥（嘉靖寧波府志）字君德慈谿庠生嘉靖丙辰倭犯縣履祥隨父出奔賊斷父左手履祥以身蔽之泣訴曰此吾父也願無加害寧殺我賊竟刃之其妻袁氏遁于靈山時孕已彌月夜夢神告曰爾夫爲父死當與爾一子次日婦果生一子倭將入馬箠之不前不越境而去人謂孝感所致

聞宗時（嘉靖寧波府志）鄞人教授聞禮之子幼喪母奉繼母陳承順篤至嘉靖丙辰倭寇突至宗時扶父出遇賊拔刀欲殺父宗時以身翼蔽泣求代遂飲

刃而死父得釋時家奴李三抱宗時幼子不忍舍亦被賊截左耳併刲其面屢死屢甦人共傷之

王應麒（嘉靖寧波府志）慈谿人年十七就學習文性至孝倭寇卒至應麒扶母妻氏嬸余氏奔匿鄰園賊窺見二婦輒拔刀追之二婦亟赴池水余氏溺死應麒見母遇害以身翼蔽賊亂刃之子母傷甚卒

沈良十（籌海圖編）賊犯鳴鶴鎮良十時年七十餘尚有九十餘歲母賊至負母至五里外力竭不能行息山谷舍中賊追至乃跪拜請死願貸其母賊見母子俱皓髮頹老舍之而去良十憐母飢渴方圖飲食賊又至舉刀欲斫其母良十以身覆母號哭遂被殺母竟得全

鮑倫（嘉靖寧波府志）字孟夔鄞人甫七歲父鯖遊學吳楚莫知所向母孫氏撫倫少長胡望輒焚香哀禱願父子相見如是者二十年忽有老人自慈谿來謂倫曰汝父曩與我客湖廣至漢陽東塢按徒贅婦生二女不幸死矣盍往歸其尸已而至慈谿遍訪老人不得乃從指示詣漢陽跡之皆符婦家懼子他意訟于縣吊即白繫獄數年縣上府府上監司監司謂疑獄有刺血驗骸事臨按墓所發棺令倫咬指滴血直入棺骨其情始决即棺殮乞歸葬允之監司即慈谿顧萲也

鄭十三（定海縣志）嘉靖間倭犯東山狹人倉卒避難十三請其父偕旋行父不急去為倭所及遂執其父刃之十三抱父尸大哭倭怒并刃之棄尸道上越數日狹人歸收其尸十三身首異處右手猶抱父牢不可解縣尹宋繼祖擬以事聞不果

向叔（籌海圖編）字叔禮慈谿人敵令七世孫年十六入府庠賊入縣叔扶母而逃遇倭東溪路叔仆地直前斫其母叔急起抱母頸連呼曰寧殺我乃殺叔舍其母而去延按上其事詔旌其門

聞繼龍　聞繼泰

（鄞縣志）繼龍字隱鱗五歲喪母哀號如成人事父晨起察色切脈寢則同喘息以為常體稍不安輒不離左右夜不解帶手調藥食惟謹奉養三十年執喪哀毀逾節諱日必服緦麻終身如一日卒年八十一從弟繼泰字治甫父賢臣娶陳氏生繼泰甫五歲而賢臣歿陳撫繼泰成立娶妻莫合巹翊日仍與母同室共寢夫妻侍養不離左右母年八十六而終哀泣如嬰兒身傍柩側凡三載始出葬後廬墓宗戚以年耄力挽之歸乃供母像禰前晨茶午膳如是者終身卒年七十一子世麟字瑞宇事大母及父母靡弗如父之事母董司農守諭為之傳其略

馮家臨

（寧波府志）慈谿諸生家被火編覓父母姻婚彌室迷失戶庭家臨大呼初得母即從火中負出再入負父并挾一弟以出半體已焦爛聞妹尚留臥內母號呼將自入至止之復觸烈焰攜妹出竟焦灼而死事聞旌表

錢敬忠

（西河詩話）甬東錢孝子父臨江君初為儀部以不附江陵出守臨江會江陵修憾于吉安故御史劉臺陷之死其羅織成獄者王閣府也江陵死御史江君白臺冤命下行勘委君及瑞州守究其事適新閣府曹君為王閣府尊地奧以倖全而君持不訟竟坐王戍曹大怒乃取他事劾君激旨提問擬奪職不可擬杖不可擬遣戍不可遣擬辟復御筆判狀曰即決于是舉朝大震九卿及臺省以下皆互疏切爭政府中公時行亦具密揭無從浮更致後其後申公陛撤江省令是年勿決因而漸以舊眚愰溢使連停秋決者若干年孝子初生之時即君入獄之歲歷秋若干始受書獄中又歲若干始就試又歲若干始登鄉薦登第然猶未敢訟冤至神廟升遐而後呼號詣闕丁猶不敢訟言不直死即直死願以身代如是者有年而後出獄暨出獄數年而後死然則孝子之用心如是其疚且久也當君死時距出獄不滿三歲孝子哀痛幾殞之倪文正元璐有慰孝子書一篇傳人間孝子先世自侍郎副使君下暨孝子俱以進士起家後臨江君孫肅業亦以進士為刑部郎殉國難

謝瀚（吳保業謝瀚傳）字愛夫歸泮池其先有令定海者遂家焉瀚年十二一日見家不能收因謂其仲曰需青紫何時萬一吾父母捐館至不及待奈何爾執不律吾行且逐烏兔走矣遂棄制舉義修業吳越間壹意奉父母歡仲迺得卒學成進士瀚父性好晏處會歲除鄰失火蕩其室瀚僦傍舍以居輒怨怨不樂瀚迺應材鳩傭落成父始喜然以無樓居且未暢也瀚復自為面等楯檻之屬以意寓而于拮据中竭歷落之父乃樂甚為加餐仲為參政宦游萬里外瀚家居養母備極情志參政無內顧憂與瀚沒益友愛視曩者青紫數言始終無間云

王伯化（天啓慈谿縣志）字子魚父沒哀毀如禮嘉靖丙辰倭入縣治士民倉皇出走伯化挾母出郭外同行者曰賊迫矣君求活計伯化曰母活我活安用求為頃之僕又告曰賊迫甚子母恐不相顧矣僕亦去伯化挾母以前母曰母子同死無益汝急去詰朝可收吾骸伯化歸泣挾之如初望賊呼曰余饋汝金毋傷吾母賊揚刃向母伯化以身承之遂遇害賊見伯化死竟掠鏹不兵其母而去至隆慶壬申母始以壽終伯化之子大詔收淚走四方以旌父孝母亡空山廬墓極虎為馴

姜國望（天啓慈谿縣志）字道鄉邑博士弟子員嘉靖丙辰四月倭寇入居民逃竄時母陸初喪在殯國望抱棺痛哭誓不相離賊至抵前似以為不祥不敢逼近已而潛蹤暗室泣隙中窺見將舉火忽聞外間哨聲輒投火去如是者三抵暮聞里人音急出糾衆排墻還柩奠至空地不及于難

董浮倆（鄞縣志）字天鑑父應圭知易州值流寇侵逼浮倆從一蒼頭奔徑歷荒原蓄首中又遭雨雪傾仆頭目皆損惟藥浮覲父雖艱險不顧也及還知鄞州復為寇所圍浮倆聞之又兼程而往時父以憂勞成疾相持而泣未幾父卒扶櫬歸崇禎丙子赴省試聞母病旱涸無舟徒步至返已而母愈復徒步往至則遂當試期是科領鄉薦家貧與昆弟羣從極友愛子允福己酉登賢書

李士模（鄞縣志）字叔範父坤元卒營壙于西皋深山遂廬墓焉雨夜有虎窺之色不爲動夢父遣之歸涕泣復居一年子如玉明經高第授龍泉博士

國朝

陸崑（舊浙江通志）字華星鄞人有至性在親側未嘗疾言遽色家貧祖年父八十餘惟崑侍食能嘗其意衷母晝夜哭哀動鄰里藉館穀以養父遇其母諱日雖甚風雨必從館中手攜母所嗜爲祀品己亥夏五月海寇入郡執崑父逼其親設家祀入門先執其父欲刃之崑直前哀訶乞生願以身代遂遇害父得釋

謝泰交（鄞賢留祀冊）字時際號天童山人家定海幼敏博學補諸生貢入京師丁酉舉順天鄉試踰歲卒年四十八幼痛母周早卒誓以其身服勞于父書爲吮癰而愈與諸兄考方書採藥經營別墅以娛奉之事其兄祇敬篤愛家無餘材執親喪號慕泣血其葬也廣輪掩坎掘畚把土手足皺瘃攀號松栢不忍舍去著思親錯咏百篇

朱金誥（題旌冊）鄞縣人父病刲股和藥以進疾遂已時山賊掠鄉邑金誥負親避難父爲賊所執金誥跪求哀懇曰寧殺我勿傷我父賊憐之父子俱得釋又嘗刺血書經以延母壽母卒入山號泣虎爲斂跡順治九年奉旌

范洪褱（鄞縣志）字鶩百鄞縣人母卒墓于墓側寢苫枕塊疏食水飲旦夕哭奠如初喪三年然後歸後父疾憂痛徬徨至爲嘗矢順治十五年具題奉旌

陶顯曾（題旌冊）鄞縣人事父孝數十年無倦容父病焚香籲天願以身代一夕夢神告曰爾孝格天當增爾親壽疾遂愈康熙四十五年具題奉旌

李景濂（題旌冊）鄞縣人父母早歿繼母撫養之得成立母病癱景濂扶持左右躬親藥食歷七載無倦色康熙四十五年具題奉旌

李秉誠（題旌冊）鄞縣人年八歲嫡母亡擗踊哀號見者流涕後繼母卒廬墓三年父病癱染床第昔六載秉誠醫禱弗倦康熙四十五年具題奉旌

黄道權（題旌冊）鄞縣人父病時值大雪求醫弗至道權雪夜負醫而行嚴冬冒寒弗顧也奉継母尤孝兩親歿葬後廬墓三年雍正六年具題奉旌

紹興府

漢

楊威（水經注箋）上虞人少失父事母至孝常與母入山采薪為虎所逼自計不能禦于是抱母且號且行虎見其情遂弭耳而去

顧翶（西京雜記）會稽人少失父事母孝母好食彫胡飯常帥子女躬自採擷還家導水鑿川自種供養每有贏儲家近太湖湖中復自生彫胡無復餘草蟲鳥不敢至遂得以為養郡縣表其廬舍

陳業（太平御覽）會稽先賢録業字文理兄渡海傾命時同依止者五六十人骨肉消爛不可辨別業仰皇天誓后土曰聞親戚者必有異焉因割臂流血以灑骨上應時飲血餘皆流去

三國吳

丁覽（嘉泰會稽志）字孝連山陰人八歲而孤家又單微清身立行用意不苟推財從弟以義讓稱仕郡至功曹守始平門無雜賓孫權深貴待之未擢用早卒子固字子賤少喪父獨與母居色養致敬族弟孤弱與同寒溫孫休時為左御史大夫孫皓即位遷司徒與時雁國與陸凱孟宗同心憂國年七十六卒

祁庚　樊正（三國志注）會稽典録山陰祁庚上虞樊正咸以代父死罪

宋朗（三國志注）會稽典録朗字恭明會稽永興人父為馬傷長陳頤所殺恭明志在報讎未聞郡滅亡刺殺其子遂奔魏

皮延（廣博物志）會稽典録延字叔然會稽山陰人養母至孝居喪有白鳩巢于廬側

晉

夏方（晉書本傳）字文正會稽永興人家遭疫癘父母伯叔羣從死者十三人方年十四夜則號哭晝則負土十有七載葬送得畢因廬于墓側種植松柏烏獸馴擾其旁吳時拜仁義都尉累遷五官中郎將吳平除高山令百姓有罪應加捶撻者向之涕泣而不加罪大小莫敢犯焉在官三年州舉秀才還家卒年八十七

南北朝

賈恩（宋書本傳）會稽諸暨人少有志行為鄉曲所推重元嘉三年母亡居喪過禮未葬為鄰火所逼恩及妻桓氏號哭奔救鄰近赴助棺櫬得免恩及桓俱燒死有司奏改其里為孝義里蠲租布三世追贈天水郡顯親都尉

郭世道（宋書本傳）會稽永興人生而失母事父及後母孝道淳備年十四喪父居喪過禮殆不勝喪家貧無產業傭力以養繼母婦生一男夫婦共議曰勤身供養力猶不足若養此兒則所費者大乃垂泣瘞之母亡負土成墳親戚或共賻助微有所受葬畢傭賃倍還先直服除後哀戚思慕終身如喪者元嘉四年遣大使巡行天下散騎常侍袁愉表其淳行勅郡牓表門閭蠲其稅調改所居獨楓里為孝行焉太守孟顗察孝廉不就

郭原平（宋書郭世道傳）世道子原平字長恭幼稟至行父抱篤疾彌年原平衣不解帶口不嘗鹽菜者跨積寒暑未嘗睡卧父亡哭踊慟絕數日方蘇嘗墳出功不欲假人乃訪邑中有營墓者助人運力經時展勤久乃閑練又自賣十夫以供眾費窀穸之事儉而當禮每至歲節蒸嘗哀思絕飲粥父服除後不復食魚肉自此迄終三十餘載高陽許瑤之以綿一斤遺原平不受送而復逆者前後數十瑤之乃自往曰今歲過寒而建安綿好以此奉尊上下耳原平乃拜

而受之及母終毁瘠彌甚僅乃免喪墓前有數十畝田不屬原平每至農者耕者恒裸袒原平不欲使人慢其墳墓乃販質家資貴買此田三農之月輒束帶垂泣躬自耕墾太守王僧朗察孝廉不就太守蔡興宗臨郡深加貴異以私米饋原平辭不受泰豫元年興宗徵還京師表其殊行舉為太學博士會興宗薨事不行明年元徽元年卒于家二子一弟並有門行長子伯林舉孝廉次子靈讓儒林祭酒皆不就

何子平（宋書本傳）世居會稽事母至孝揚州辟從事史月俸得白米輒貨市粟麥人或問曰所利無幾何足為煩子平曰尊老在東不辦常得生米何心獨饗白餐每有贈鮮肴者若不可寄致其家則不肯受元嘉三十年除吳郡海虞令縣祿唯以養母而妻子不犯一毫人或疑其儉薄子平曰希祿本求養親不在為己問者慚退母喪去官哀毀踰禮值大明末東土飢荒八年不得營葬晝夜號哭常如袒括之日所居屋敗兄子伯興欲為葺治子平不肯曰我情事未申天地間一罪人耳屋何宜覆蔡興宗為會稽太守甚加矜異泰始六年為營冢槨

公孫僧遠（南齊書本傳）會稽剡人治父喪至孝事母及伯父甚謹年飢省飡減食以養母及伯弟亡無以葬身販貼與隣里供斂送之費躬負土手種松柏兄姊未婚嫁乃自賣為之成禮名聞郡縣建元三年詔表門閭蠲租

剡縣小兒（南齊書杜栖傳）建武二年剡縣有小兒年八歲與母俱得赤斑病母死家人以小兒猶惡不令其知小兒疑之問云母嘗數問我病昨來覺聲羸今不復聞何也因自投下床匍匐至母屍側頓絕而死鄉隣告之縣令宗善才求表廬事竟不行

韓靈敏（南齊書本傳）會稽剡人早孤與兄靈珍並有孝性母亡家貧無以營凶兄弟共種瓜半畝朝採著生以此遂辦葬事靈珍亡無子妻卓氏守節不嫁靈敏事之如母

鄭僧保（弘治紹興府志）剡人居父母喪廬墓十載芝草生于墓甘露降于松柏

虞荔（南史本傳）字山披會稽餘姚人祖權梁廷尉卿永嘉太守父檢平北始興王諮議參軍荔幼聰敏有志操善屬文梁武帝用為士林學士遷通直散騎侍郎兼中書舍人侯景之亂荔率親屬入臺除鎮西諮議參軍如故臺城陷元帝徵為中書侍郎不就逃歸鄉里武帝招之乃應命至都文帝嗣位除太子中庶子初荔母隨荔入臺卒于臺內尋而城陷情禮不申由是終身蔬食布衣不聽音樂弟寄寓于閩中依陳寶應荔每言之輒流涕文帝乃勅寶應求寄不遣因以感疾帝再三臨問手勅中使相望于道又以蔬食積久非羸疾所堪乃勅曰卿年事已多氣力稍減今給卿魚肉不得固從所執荔終不從卒贈侍中謚曰德子

虞寄（陳書虞寄傳）荔弟寄字次安少聰敏年數歲客有造其父者遇寄于門嘲曰郎君姓虞必當無智寄應聲曰文字不辨豈得非愚客大慚入謂其父曰此子非常人文舉之對不過是也及長善屬文岳陽王為會稽太守寄為中記室掾侯景之亂寄隨兄荔入臺城陷遁還鄉里張彪往臨川強寄俱行時陳寶應據閩中得寄甚喜每欲引為僚屬委以文翰寄固辭獲免及寶應潛有逆謀寄每陳逆順之理諷諫寶應輒引他事拒之寄慮禍及己乃居東山寺偽稱腳疾不起寄還朝文帝謂曰管寧無恙其慰勞若此後除東中郎建安王諮議加戎昭將軍辭以疾不任與兄荔隔絕因感氣疾每得荔書輒奔劇危殆者數矣前後所居官未嘗至秩滿纔期年數月便自求解退所製文筆遭亂多不存

唐

李渭（唐書孝友傳）渭蕭山人（册府元龜）文宗太和七年三月浙江東道奏渭幼失父母與兄二人同居兄病渭割股療之因差後兩兄俱死奉寡嫂孤姪二十餘年衣食無偏並田祖稅渭自主辦資財竟鎬寡嫂章之具家頻生芝草詔旌表門閭

丁興（史鑄會稽三賦注）會稽人家近荒野，野火延燒，興母老病，乃濕衣覆母以身障火，身死母全。

張萬和（唐書孝友傳）萬和諸暨人（嘉泰會稽志）遭父母喪兄弟廬于墓側二十餘年有芝草生甘泉出（兩浙名賢録）萬和子孝祥亦廬墓二十餘年事聞詔旌其門名其里曰孝感

許伯會（唐書本傳）越州蕭山人元度十二世孫舉孝廉上元中爲衡陽博士母喪負土成墳不御絮帛嘗濟味野火將逮塋樹悲號于天俄而雨火滅歲旱泉湧廬前靈芝生

戴恭（唐書孝友傳）恭蕭山人（嘉泰會稽志）字元敬少居母喪十年廬墓生芝草嘉禾

俞僅（唐書孝友傳）僅蕭山人（嘉泰會稽志）遭親喪衣毀骨立爲鄉里所稱觀察使孟簡書于圖經以勵風俗

宋

裘仲容（雲門志略）會稽人慶曆中事母至孝母病刲股以進其弟仲莊亦將刲之聞兄已進乃止母病遂痊是時雲霧蔽覆其家里人駭觀以爲孝心所感

楊文修（於越新編）諸暨人母病刲股以進遂愈歿負土成墳慈烏數十隨之往返鄉閭欲上其事固止之文修放病瘿道愈畏人以手摩之瘿移于背鄉人皆呼曰佛子

孫寶著（弘治紹興府志）字天休蕭山人少孤事母孝母疾思梅及鳩杜月半不可得仰天號訴忽得青梅于樹鳩自飛墮取以奉母母疾遂愈

蔡定（宋史本傳）字元應越州會稽人父革依郡獄吏傭書以生資定使游學鄉校稍稍有稱郡獄吏一日坐舞文法被繫革以詿誤年七十餘法當免繫覊貲

任澤削其籍年而入之罪且與獄吏等定痛父以非辜陷囹圄誓將身贖救諸府踞愬請代弗許請效命于戎行弗許請隷五符為兵又弗許定知父終不可贖仰而呼曰天乎將使定坐視父纆瘐纆乎父老耄不息連繫備書罪不息與獄吏等理明矣而無所愬父老而刑定之生其何益乎于是預為誌銘其墓又為狀若詣府者結置袂間皆叙陳致死之由冀其父之必免也以建炎元年十二月甲申自赴河死府帥聞之驚曰真孝立命出革厚為定具棺斂事而撫周其家

鄭咼之（兩浙名賢錄）字從革會稽人建炎初寇起士女悉奔竄咼之獨衣冠事父湯藥不去賊至亦曰衆皆逃死而敢獨留不畏死耶咼之曰豈不畏死顧老父年七十餘病且革不能負以俱逃若棄父逃生心尤不忍死雖痛奈獨父何言與淚俱賊為感泣舍去且戒其黨勿更入孝子門以是父子俱免于難

王公衮（齊東野語）會稽王宣子尚書母葬山陰獅子塢為盜所發時宣子為吏部員外郎其弟公衮待次烏江尉居鄉物色得之乃本村無賴嵇泗德者所為遂聞于官具服其罪止從徒斷黥隸他州公衮不勝悲憤時猶拘留鈐轄司公衮遂謁守卒飲之以酒皆大醉因手斷賊首提之自歸有司宣子丞以狀白臺納官以贖弟罪事下時楊椿為給事謂公衮復讐之義可嘉發掘冢法應死之人為無罪納官贖弟罪之請當不許詔從之

呂蒙（成化新昌縣志）事親至孝父卒葬邑之杜潭蒙不忍舍去居墓下久不返子孩憂懼不已即其母所葬龍巖謀築室其傍時迎居以便終養紹興戊辰畢力成之乃迎父于其中蔬食四十年一日焚香危坐而逝遂合葬于龍巖墳塋終大事悉以家務屬諸子曰居舊廬思墓不返榜其廬曰報慈每至諱日必哭泣盡哀以奉祭祀積年不解後以子貴封迪功郎卒亦葬于龍巖陳止齋為之銘

趙孟僖（紹興府志）字商卿家于上虞年十六隨武父顥之官池陽道遇寇執武顥索金帛孟僖以身翼父謂賊曰寧殺我勿傷吾父賊斫武顥數刃衣裂而體不傷相顧曰此孝子也釋之去

元

石明三（元史本傳）石明三者與母居餘姚山中一日自外歸覓母不見見壁穿穴而臥內有三虎子知母為虎所害乃盡殺虎子礪巨斧立壁側伺母虎至斫其腦裂而死復往伺巖石傍執斧伺侵斫殺牡虎明三亦立死不仆張目如生所執斧牢不可拔

錢與祖（行士林錢孝子墓誌）字國材家上虞事親孝母疾二年不愈醫華且曆體不惜及終貧不能葬孺子泣者五年既葬白鳥千百集墓木上二大鶴延行墓傍百日而後去人以為至孝所感卒至元己卯年六十七

石永（元史本傳）紹興新昌人性淳厚事親至孝值亂兵掠鄉里永父讓稚年八十老不能行永負父匿山谷中亂兵執其父欲殺之永亟前抱父請以身代兵遂殺永而釋其父

陸思孝（元史本傳）紹興山陰樵者性至孝母老病痢思孝醫禱久之不效方欲割股肉為糜以進忽夢寐間恍若有神人者授以藥劑得而異之即以奉母疾遂愈

丁祥一（輟耕錄）越楓橋里人母瞽目失明丁至孝每朝盥漱訖即舐母之目積有年餘而母左目明未久右目復明憲司上其事于朝表其閭曰孝子之門至治年間也

張觀僧（成化新昌縣志）字子用元季隱居不仕父瞽奉養不衰至正中兵亂居人皆驚竄其嫂德邦進曰祖父失明而吾父多病今將事若此奈何觀僧曰救父為急脫有不幸即以身代可也乃相與各負其父避鸛鶴山中俄而賊至揮白刃索金欲殺之二人叩頭流血願自身死弗害父命賊感而釋之父子遂得俱全

浙江文叢

歷代兩浙人物志

〔第五册〕

〔清〕沈廷芳 編

浙江古籍出版社

周元助（諸暨縣志）字良佐元至正間從弟元祐被誣將逮良佐毅然往代力辨得直鄉人義之

陳福（鐵崖樂府序）越之錢清人年十歲侍母葉病衣不解帶母病甚水漿粒食不遑進口中夜潛出後庭泣于天曰我母病將死吾何依刲股代藥天其活我乎刲股而母已死子居與童隣親見其事可以弘獎風教遂為賦詩

黃義貞（笠越新編）字孟廉餘姚人篤學好修事親以孝聞大德間徵拜博士辭不就隱居鄞亭壽一百五歲其六世孫濟之能修義貞之孝失愁于繼母擯于父而出之益承順無違及父母歿廬于墓弘治中詔表其門

徐允讓（續文獻通考）山陰人元末兵亂允讓奉父安避山谷間遇寇斫安傷頭允讓大呼曰寧殺我勿殺我父賊捨安殺允讓

明

胡剛（成化新昌縣志）字性輔洪武初其父坐累工役泗上以縣工事覺當刑勅駙馬梅伯殷監斬其八十二人時剛方裹糧往省以代役于待渡間聞其事遂躍既泗河而渡奔赴刑所求以身代言與淚俱情甚哀切梅憐而奏之特宥父子俱全而同事者俱獲免

丁美（諸暨縣志）字文彥兄進洪武初被誣逮者至美度兄慨且詢必不免請代行兄曰事在我汝何預為美紿逮者曰此吾兄也欲代吾行乎逮者以為實因驅美行竟死逮所鄉人義之

王彥達（明孝友傳）餘姚人父綱洪武初擢廣東參議往督兵餉還至增城為海寇曹真所得為壇羅拜脅為謀主綱唾罵不絕口遂遇害彥達哀號請代不得且哭且罵曰賊并殺我其酋長曰父忠而子孝殺之不祥與之食不顧賊惻其誠孝釋之乃綴羊革裹綱屍以歸彥達痛父以忠死力耕養母終其身不仕

楊宗驛（諸暨縣志）洪武初父由胥爲掾脩魚鱗圖違式當誅宗驛赴法曹訴曰此宗驛實爲之今誅父是宗驛陷之也願以身代父死法曹爲上其訴許之時年十九

劉謙（劉宗周家傳）字惟恭父芳齋洪武中坐市民充吏法當戍邊得雲貴之烏撒衛時謙甫踰冠往來供衣履命其仲子墻往死于途復芳齋歸若山陰謙代役死戍所或傳謙以督運死京師

劉謹（於越新編）山陰人洪武中父戍雲南謹甫六歲知痛其父問曰雲南在何方或以西南指之輒朝夕向西南拜稍長乃曁然曰雲南雖萬里天下豈有無父之子哉即束裝尋父歷六月抵雲南遇父于逆旅相持號慟伏而父患瘋欲以身代國法戍邊者惟十六以上嫡長男始得更替于是復歸携其伯兄子往而伯兄子亦尚孱弱于是又歸盡鬻其家資以往蓋三返雲南始得歸其父父歸而家徒四壁幾不能爲生謹力供菽水晨昏必極其歡督學使者張偉爲傳其事

呂升（成化新昌縣志）字德升父年百歲人稱爲百歲老人升幼失母哭泣過哀逮不寢私室與老人同起處若嬰兒不離母狀後父病囊腫其大如瓠便溺不能自遂升以罌附而就注之必淋漓滿手操布帛拭拂之略無倦色又嘗與父對坐榻上以被擁父而股膝持足納置胯間以煖洪武初縣令以孝弟舉將授以官自陳親老懇辭終養既終喪居家教授所居一室扁曰小齋人呼爲小齋而不敢字卒年七十一

竺瓚（弘治紹興府志）嵊縣人性孝友其家同居已四世兄璟坐繫將傳逮法司瓚走白官曰犯律者我非兄也官乃繫瓚而釋璟獄未具而瓚卒

應溫遠（嵊縣志）崇仁鄉人讀書尚義有府倅署邑篆索其父包苴不與受庭辱含憤卒溫遠治喪後寢食俱廢輒曰不共戴天誓必報之乃治牒走訴通政司得引白下法司鞫問倅伏罪

婁可道（萬曆紹興府志）會稽人。父坐巫呪罪當死，可道赴有司請代，繫竟斃于五雲門外。

吴希汴（萬曆紹興府志）字克素，新昌人。事父宗信孝謹。洪武初，民靳指者法戍邊，宗信以疾失將指之半，里長將捕之。希汴憂形于色，會善接指者，希汴乃截己指以接父指。月餘瘡愈而後潰，希汴籲天誠禱，復截左指接，如前法，血交氣貫，閲月乃愈，宛然一指如生。鄉里驚異，爲孝感所致。

趙紳（明孝友傳）字以行，諸暨人。父秩永樂中爲高郵州學正，考滿赴京，至武城，墮水，紳奮身下救。河流湍悍，俱不能出，明日屍浮水上，紳兩手抱父臂不釋。宣德五年旌其門。

俞正儀（於越新編）上虞人。永樂中母病革，百藥不治，或云取肝作羹可療。正儀信之，設齋壇焚香稽首，祝刀割右脅，破二寸許，取肝剖之，廣半寸，長三倍，調羹而進，母飲甘之。觀者環堵，或謂之痴人，道呼爲俞三痴。母病稍退，逾旬終。正儀竟無恙。

朱春（名山藏）會稽諸生。家貧，事母孝，與妻吴鶼褐不完，而母之服餼鮮極腴軟。母性卞急，適怒與妻同跪，欲撻則近榻以就之。春死無子，吴奉姑至殁，備諸辛苦。

張震（明孝友傳）餘姚農家子。生周歲，父爲人所陷將死，囑震指語曰："某吾讎也，汝勿忘。"震長而指瘡不愈，母告以故，震誓必報。其友謂曰："汝力弱，吾爲汝殺之。"未幾，讎乘馬出，友以田器擊之即死。震喜，走告父墓。已而事發，有司傷其志，減死論戍，遇赦歸。

孫文（明孝友傳）餘姚人。幼時父爲族人將行箠死，長欲報之而力不敵，乃僞與和好，共武斷鄉曲，時行坦然不復疑。一日值時行于田間，即田以器擊殺之。坐戍，遇赦獲釋。

周廷瑞（韓邦問周廷瑞墓表）字孔[illegible]，山陰前梅里人。生有至性，父老病，廁侍湯藥，浹旬衣不解帶，至嘗矢以驗之，疾亦瘳。正統間，閩越鄧茂七倡亂，朝廷檄

浙民兵征之父當行廷瑞請代成化甲午領浙江鄉薦戊丁外艱服闋再試禮部中乙榜遭母喪廬墓下晝夜悲號哀毀踰禮竟以疾卒

鄭嘉（列朝詩集傳）字原亨山陰人篤行好古母病嘗糞甘苦未復不就枕鄉人稱梅莊先生

徐守誠（萬曆紹興府志）字成之餘姚人弘治進士授南安部主事尋執父喪廬于墓有馴兎甘露之異鄉人名其山曰慈山服除補刑部與四方名士相討論學益進嘗陳時政十餘事多見采納出為湖廣僉事理冤釋枉不避權勢遷山東參議以疾歸守誠孝友廉介非其義一介不取歷官二十餘年室廬僅蔽風雨有慈山雜著數十則為學者所誦

張璨（列朝詩集傳）字蘊之嵊人注羅頑學經史一覽不忘詩文操筆立就天性孝友父跛不能行背負終身弟病痴養之至老人以為篤行

高珣（嘉靖山陰縣志）本農家子早孤行傭以供母母卒葬刑塘下以母生時畏靜每夕往墓所措苫薄以卧四無墻壁地沮洳多虺蛇珣不為患歷三載不輟嘗沍寒時有物夜來暖珣足習以為常珣初意其為貓或以告人人竊窺窺之始知為狐也郡倅劉玉白其事于當路士大夫多為詩歌以傳之

杜檼（萬曆上虞縣志）年七歲父遠遊不歸朝夕思慕及總髮婚甫彌月求母樸父傑徒步訪尋至雲南金齒驛遇其父奉事未幾父卒檼號痛旅櫬難還晝夜悲號新昌梁某攜之以歸母過鄱陽湖風濤大作幾覆檼號禱泣頃之波浪靜息乃克歸葬事母徐雖窶窮約務得其歡心母沒時檼年已七十猶廬墓三年人稱為杜孝子

何競（毛奇齡何競傳）蕭山人父舜賓監察御史與權有力忤謫戍廣西慶遠衛遇赦還里時當塗鄒魯以御史謫宰蕭山舜賓語侵魯魯恨誣以身緣戍逃無遇赦牒冒濫冠帶處解（押）原衛應理揭下所司治所司不可魯念舜賓終害己會舜賓門下士童顯章知魯陰事魯陷以他罪論絞獄上憲司疑之更下府覆

騐道舜賓家魯㖟解人枷顯章過舜賓隨遣皂捕等五百餘人執罟圍其家曰舜賓蔓毀重因毀門而入劉原給赦牒持舜賓顯章去下獄顯章立為文解舜賓原衛廩里不俟詳覈督廟捕任観等十一人執罟押就道繢遣田畝胡紀等十三人諭意追之三衢屏去服食至餘干宿昌國寺敺之不死夂兄袖蒙面氣絕弘治十一年七月日也舜賓就道時魯捕其家人若四出競方志癰方絕負冉朱㨂其妻虔投父同年友王禹家既而魯還山西按察司僉事已郎印詣者取憑競先一日歸邑族父何亭家名攷人親暱飲之酒伏道傍魯出導書將過輿競手鐵尺直前摔衆二十人擬魯什輿杖一齊下觸其目剔其鬚髮吏相溺之競技佩刀斫其右股衆上之競與魯並項鎖預令族父何澤二負黃袱赴闕訟竟度出闕鳴鼓捶按察司發分巡僉事蕭卌簡閱卌攷熏魯乃刑競令其誣服競大呼曰必欲殺競競豈畏死者顧爾無父母耶且事已上聞此身非爾所得殺㗲臂肉擲案上魯引手摩案若將啟肉卌念魯已肯廢而競氣直不可詘乃視魯曰是肉亦非爾所能食矣遂起不得決而何澤二已詣闕下遣郎中李時給事中李舉會巡按治之富者各持兩端胡紀等亦私念罪事隱其實乃擬魯放屏人服食至死競部民毆本屬長官篤疾但絞競不服其母朱赴鼓院撾鼓復命大理寺寺正曹廉會巡按復治廉曰爾奈何毆縣官競曰競知父讐不知縣官也但恨毆之勿殺之耳廉為動容乃遣本縣揭櫝驗故槨競號呼嚙指血瀝骨驗其真觀者皆哭然後籍仵易衣斂報傷訊解人任觀遂吐實且出舜賓絕命血衣十是衆皆伏右驗無異乃改魯過意謀殺人斬競毆傷五品以上官加凡人二等徒三年田畝胡紀絞獄上令法司議刑部議魯罪當競直做唐孝子梁悅例充軍于是辟魯戍競福建福寧衛正德改元赦歸又九年卒競自復讐至死凡一十六年服衰終其身

俞

孜（名山藏）山陰諸生父華以解流徒徐鐸赴口外防鐸過嚴鐸恚而殺之孜聞號慟扶櫬誓以死報徒跣根蹤歷數十郡聞已歸越邑其甥楊氏家乃結力士數人佯為賣魚往來偵伺迄亡所獲卜之城隍得渙之三益悲痛欲死夜夢神語之曰若謂渙不祥獨未知一喚即在也孜驚悟詰旦詣郡守乞勒守壯而

馳之夜半躍入楊氏家喚鐸立溺之卒復父讐遂不復應舉養繼母以老人稱為復讐俞孝子

周傑（嵊縣志）字廷智東陽里人父思受誣論死傑甫三歲能隨母悲啼思繫獄二十年傑遂走闕下上疏請以身代居京師數年疏累上情詞慨切上悲其意詔釋思罪尋家孝養二十餘年後居父母喪哀毀盡禮邑令許岳英以孝義表之

陸尚質（名山藏）山陰人從父登舟海口風作舟將覆號泣投風濤中救父父舟得濟尚質溺死人名其渡曰陸郎渡嘉靖中旌表

吳濬（徐渭吳孝子墓誌）字潮源號壽齋世居山陰利步村成化十八年年十歲報抱書以數言活父于御史臺人奇之及長修身表恪務厚人道嘗瀝脇剌父痛父死侍母寢足不至閨閣冬煖衾四十年如一日廬火以指忘母衣一吊壽遂終身不令家壽年八十道父母生時事尚作嬰兒啼其于人好解鬬紛里中事行止必曰吳孝子任吉人籍以為重云

姚鍾（上虞縣志）成化丙午舉人授政和縣教諭偕父客行遇劫盜殺父鍾直前赴救抱持哀號盜并刺其腹腸出膜外血濡衽猶不釋孫翔鳳登進士

來衡（蕭山縣志）字一之成化間父為義子誣論死衡伏闕奏辯獲釋後從東粤運舟溺于江聞空中呼救孝子忽一杖浮至得憑以濟其杖至今尚存

徐恩（嘉靖山陰縣志）項里人家貧不甚知書而孝友出天性與兄文刈薪項里嶺日未午一虎從叢薄中出噬文牙貫肩項恩急趨得一木搯擊虎釋兄去已而虎復來恩與虎鬬虎創甚恩負兄而還力盡亦死

黃濟之（紹興府志）字世美餘姚人二歲母喪失歡于繼母被讒將福使之露宿山田多虎不避而往父從軍陝西力請代役途遇盜目陳情懇盜不加害父母沒廬有白鳩之祥弘治中奉詔旌

馬彥清（會稽縣志）字天澤，母張氏手績撫孤。彥清偕兄彥通、弟彥邦朝夕叔養。既違事，彥清憫弟未有子，恐傷母心，詭託弟名投布政司，械送金陵，訊通秋糧負重辟，郡守湯紹恩旌之。

鄒大績（餘姚縣志）字有成，從學王陽明。父鵲病，侍疾盡瘁。及卒，廬于墓側，風雨不蔽，虎為遁去，紫芝生墓右，一本三秀。每號泣，烏鵲群鳴若助其哀者。鄉里以為孝感，奉旨旌表。子本，母病割股，人稱世孝。

黃驥（餘姚縣志）字德良，父肅，按察司副使。驥七歲喪母，畫像事之，感時流慟。奉繼母以孝聞。父病嘗糞，及沒，毀瘠逾禮。造立塚墓，躬自負土。墓成，隻鵲巢其梁，又有野犬為巡警。一夕虎銜豕置于庭而去。嘉靖十七年表為孝子。

黃亨（山陰縣志）隨兄里宦雲南，里既被害，兇方肆掠，亨痛兄死，即率衆百餘與兇戰，勇氣百倍，兇不支潰去。亨亦傷其左目，瀕死，抱兄骨歸葬于鄉。論者謂里死官而亨破兇，報國且報兄，忠義萃于一門。

沈曰禎（嘉靖山陰縣志）字天禎，少游鄉校。以父客河南，音問久絕，白于學官欲往尋覓。特功令凡諸生稱故遠游者例戍邊，學官難其行。曰禎曰：「使得見父，雖戍不辭。」奮然以行，備歷辛苦，卒遇其父于逆旅，奉以歸。尋領鄉薦。

夏于朝（會稽縣志）東關人，饒膂力，負奇節，事父以孝聞。東關居水濱，生不識虎。村民牧斗，虎忽起叢草中，衆驚呼，虎逸入于圃中。父出，見攫。時于方飯，吐哺急走，手持竹筋連築虎頭。虎爪其面，不為動，築愈急，虎舍之去。于負父歸，腸出，納而納之，禱于庭曰：「父生願偕生，否願偕死。」父創甚，猝不得善藥，因攫庭中苦草嚼而傅之，痛少止。俄群獵過其門，趨詢治虎傷之藥，獵者入視之曰：「唏，此即是也。」和酒飲之即愈。事聞，議旌，胥索賄，于不與，曰：「奈何行錢買孝子也。」事遂寢。

黃璽（明孝友傳）字廷璽餘姚人兄伯震商十年不歸璽出求之經行萬里不得後至衡州禱南嶽廟夢神授以纏綿盜賊際狼狽江漢行二語一書生告之曰此杜甫舂陵行詩也舂陵今道州盍往尋之璽從其言既至無所遇一日入廟置傘道旁伯震適過之見傘柄有餘姚黃廷璽記六字方疑駭璽出問訊則其兄也遂奉以歸

張居禮（新昌縣志）字節之邑庠生父病棄學歸養及父卒哀毀踰禮既葬欲廬墓母史曰我久病不欲汝去左右乃止侍母二十七年母嗜魚拆室為池身自芟草畜魚以供甘旨人名曰孝魚池母年九十八而卒合葬杞溪廬于墓側

石槐（新昌縣志）敬顏孫父病侍湯藥躬廁牏七年不懈父沒哀毀骨立柩殯在庭隣火延燭仰天號慟風返火滅及葬廬墓三載

姚希唐（獻徵錄）字德欽號春野嵊人從錢緒山王龍溪兩先生遊父病亟醫禱弗效親為嘗溲歿則致哀而慎于禮服闋以例補禮部儒士歸則奉其母甚歡丙寅秋謁選得崇明縣簿迎養其母辛未循例入覲聞母疾遂陳乞終養不待報而歸當事重其才檄三召竟三辭不起設一榻于母側朝夕同起居寒暄唯諾勿暫離母疾躬調藥中庭露禱願減己年益母壽母卒無恙後母得目疾至失明希唐仰天號泣者月餘淚盡枯而母眼復明奉養二十餘年母以壽終而希唐年亦七十矣擗踴哀慕猶孺子容櫬在殯苫塊其旁一夕東隣火抱櫬而啼頃之風返火滅卒年七十九張以誠誌其墓

孫有聞（餘姚縣志）字子長如法嗣子如法沒貶所歸瘴毒發衄如湧泉百藥不治有聞籲天祈代及歿結廬墓側晝夜悲號深山多虎夜常繞廬而不相害光宗嗣位赴闕訟父冤贈官賜葬母史氏性嚴能曲意事之得其懽心史寢疾妻朱氏絕兒乳哺姑妻卒終身不娶後蔭授光祿典簿遷戶部主事以疾歸年七十而卒有詩文八卷

金思範（山陰縣志）字養愚迎恩鄉人母病不能起因叩神願以身代見奕立揹肩大慟幾成狂疾每日走廟中叩首但曰我代我代里人呼為愚孝子一日夢神語曰汝母得生汝當于某月日死驚寤與妻李氏訣曰母得生我死無憾但奉侍慈託于汝越數日果卒李氏事姑益殫劬瘁育二子守節四十餘年萬曆間縣令耿庚柏予稟呈旌其門

喻祿孫（紹興府志）字希武嵊縣人事嫡母至孝母死結廬墓旁晨夕哭奠冬夜虎入廬號泣呼母虎遂避去

薛廷玉（上虞縣志）母患瘋攣跬步不離即溲便必躬自扶掖母歿哀毀不欲生不數月復喪父葬後廬于墓側巡按御史書孝思二字嘉之孫常生登進士官吏部郎中孝如其祖有老僕知其為庶出之子生母早喪嫡母養之乃言曰主亦知有生母乎偕言其狀即驚哭仆地遂設主哀絰晨夕哭奠如初喪竟感疾卒稱世孝云

朱鉞（山陰縣志）年十三侍母病衣不解帶及母卒哀毀幾于滅性隆慶五年父鳳翔歿擗踊泣血幾死貧不能殮里人助其喪葬廬墓三年墓生芝草有祥烏集其上

周思觀（山陰周氏宗譜）字賓廷父宥七十二歲嬰末疾醫告脈絕思觀刲股進羹無起色夜屏人命婦趙率子女侍床下戒母出已乃灑埽具香案漏下將二鼓向天再拜祝引刀析肋下出肝如指許和藥進之氣即續後病霍然子鳳翔崇禎戊辰進士官至左春坊中申殉難

袁自立（山陰縣志）羊望村人崇禎間父賈參皮島遭兵死鋒鏑連年訃聞號慟幾絕星夜至島覓父骸不得父舊主于方氏指瘞處遂掘視疑有他骨相混嚙指血瀝一滴之見血入以衣裹骨背負徒步行五十晝夜始附舟抵家終身不茹葷不衣帛且囑其子曰爾大父喪異鄉我不能逆死我死之日當掘地而

埋勿用棺衾。娶王氏甫九載，遺子五歲，不再娶，鰥居歷四十三年。

童汝槐（舊浙江通志）字德符，會稽人，隱居嵇山，山寇竊發，掠其兄去，欲刃之，汝槐大呼曰：「毋殺我兄，我請代死。」寇義而釋之。

夏子明（餘姚縣志）鳳亭鄉農夫，事父母甚孝，母死，茇舍墓側，夜則往宿，旦歸視父；晝出力作，歲時以為常。父死，廬墓終身。又有朱孔禮者（賃傭）養父，父死，毀

春而

辛

郁士渭（山陰縣志）家甚貧，父死異鄉，乃托鉢遠行，負父骸骨以歸。又刲股救母，奉旨建坊旌表。

馬文賢（山陰縣志）字仲孺，性至孝，貿易以給甘旨。父早喪，母六旬病劇，禱于神不應，刲股劑甚而殁，母愈。妻金氏守節終身，萬曆五十年建坊旌表。

陳烱（上虞縣志）父莊素行善，家頗豐裕，一夕被盜鳴官，盜黠，數賊久坐莊，繫獄，值巡按渡江，烱以死白父冤，遂投江殞命。烱子柵年甫十三，孤身覓父屍，晝夜入祖獄中，納橐饘，備歷艱苦。會郡侯夜夢神示，因搜牘見莊冤，釋莊，以烱、柵祀鄉賢。

王鑾（山陰縣志）字載阜，母殁，築室墓傍，九載不歸。親友有勸之應試者，辭曰：「得安父母之墓足矣，他非所望也。」至老，又築教椽于墓右，入禍王氏風木庚子望

父望大事祖

母亦以壽稱

何兆三（山陰縣志）爲鳩里人。弟出採薪，虎突啣之，兆三呼號奔救，以薪擊虎，虎舍之去，弟得生。兄弟想十餘年，積有所儲。兆三曰：「吾老矣，急為弟娶以延宗祀，若有子，即我子也。」弟遂娶，生子而死。弟婦悍不順其伯，兆三凍餓而死。

袁璽（嵊縣志）西隅人，補邑庠生。母病，刲股；父病，又刲股，皆得愈。父為山寇所掠，冒死入寇寨，哀號搶地，求以身代，其寇憫其誠，釋之，且斬譬身以謝。同時有王

舜周全庚鄉屠時仲裹尚
梁姚祖臯皆刲股救母

章訥（會稽縣志）年九歲母張氏卒每慟即絕遂不火食惟啖果以活三年服闋慟
絕始甦父兄强之始進飲食終身茹素無喜笑容世稱奇孝年七十有五

朱元鎮（餘姚縣志）徽國文公之裔母病危篤元鎮年十五泣禱于天願以身代母
病頓痊父疾元鎮年十八刲股和藥以進病遂愈父因字之曰孝先後父
歿廬墓三年
猛虎不敢犯

任元齡（蕭山縣志）字九如入太學有聲父朝諍為郴州參軍以枉議工獲譴有司
逮家屬第九齡已被逮元齡時客遠方聞之星馳詣獄曰家有長子當逮
我倘受酷刑終無異詞當事者憫之
為白父冤子雲蛟順治丙戌鄉薦

陳泰交（上虞縣志）字日章山寇猝劫父克仁被擄入山泰交挺身代父賊不許乘
夜逃歸罄家產不足至以身質曰我父不歸何由得錢仍冒死向賊哀告
賊憐其孝父
子皆得釋

張惟明（山陰縣志）眉接貢例晋太學乃棄科舉一意孝養父母
歿皆廬墓三年有白兔來馴之瑞廵撫疏請建坊旌之

李廷学（山陰縣志）字鳳山忠襄之裔幼孤貧受生徒以養母及壯任騰驤衛經歷
遷廣西奉義州判因母疾終養歷十六載割股療母建義學以成父志孝
行泱聞崇禎
九年旌表

高朗（紹興府志）會稽庠生父岱崇禎庚午舉人以甲申之難絕食將死朗前泣拜
曰父素教兒忠孝國不可無臣家亦不可無子遂奔向偁江見澄出而追之
曰子長子當隨父死汝次子當養母生朗厲聲曰死而
隨父易負而養母難吾為其易者言畢躍入水中死

張中（紹興府志）字新昌令珣之後明末山寇出掠父年逾八旬中負父二十里遁入西山知父意安之遂以一身供饘粥不藉僮僕力逾數年先父卒妻俞氏代其夫終養里人稱為婁孝

王觀昉（紹興府志）字子初山陰人官錦衣鎮撫父應遴甲申殉節觀昉負父遇山賊被酷拷婁足俱潰匍匐負死屍歸葬間關數千里居家與兄弟觀昺觀㬚輩日訓子姓以忠孝之義子國英會稽諸生

張自偉（紹興府志）上虞庠生山寇殺其父自偉覓父首不得訴諸神夜夢神曰汝父首在南池隨往果得始獲殮誓報父讐踰年賊赴縣投誠自偉遇之舉利刃刺賊中喉死守道撫而赦之

婁墨林　婁永叔（紹興府志）諸暨人父越凡為山寇所殺墨林痛父被殺持戈以鬪殺三人賊衆環攻其弟永叔翼兄以受刃兄弟同時俱遇害族人收三屍越七日顏色不變墨林兩目如注永叔尚倚墨林背墨林聘朱氏未娶聞訃自經人謂越凡死義墨林死孝永叔死弟朱氏死節盡出一門

國朝

厲世昌（紹興府志）字周昺會稽諸生父允讓好客遊明崇禎十六年鄉人有為南海主簿者邀允讓與俱南抵廣而允讓卒大兵下嶺南廣西道梗及事定世昌銳意求父骸而主簿家盡沒南海蹤跡茫然世昌晝夜哭日禱于城隍神求夢及得夢乃凝思其意境而彷彿之果往得父指于義塚牆下埋淺土中啟之骨已黝黑髗邊有髻簪舊物也嚙指血滴骨間滲入乃大慟負而歸葬芝山之麓世昌年九十二以壽終雍正六年奉旌

唐允思（舊浙江通志）字伯文會稽人母病侍湯藥足不履房闥者踰三載既屬纊良久尚抱持母不釋淚盡繼之以血著有周易傳義詩經圖解行世

莫之永（紹興府志）字予錫，會稽人。父可尚，為靖江王府掾，卒于廣西。值明亡，絕音問。之永年十八，孑身赴粵，行八百里無人烟，幾為狼虎賊盜所害，流離萬狀，卒得父櫬歸。

蘇和鷟（公舉事實）字丹生，號拙巖，餘姚人。幼有至性。年十五，母病甚，籲天而泣，刲股肉和藥進之，立瘳。其後母思食瓜，而方患下痢，醫言禁之，不敢進，而母卒。和鷟遂終身不啖瓜，每瓜時輒淚下。承順初，和鷟父元璞建姚江書院，祀王文成，以諸弟子配食之。每朔望大昕，伐鼓以儆衆，講習麗澤，承聽者嘗數千百人。元璞既歿，和鷟振其墜緒，請邑中黄宗羲為都講，規畫措置，秩然如經始時。嘗注《過庭家訓》，詔子姓晝之所為，夜必書之。族有不才子，見絶于父久矣，和鷟召與共食，秉間為陳大義，及情之不能自已者，垂涕泣道之，其人感以顙搏地曰：「吾不可以為人。」嗣是父子如初。二子游、忭，游恢俱成進士。

楊學泗（鄉賢留祀冊）字魯嶧，諸暨庠生。幼穎悟，讀書輒能自解。年十四喪父，哀毀骨立，勺水不入口者五日，啜粥茹蔬，祭奠哀號，三年如初。喪母，病躬親湯藥，衣不解帶者累月。病亟，醫藥罔效，學泗以鍼刺肉血淋漓，下書詞告天，願減已算以益母壽，如是幾晝夜，母病果愈。居恒羞滌必躬，凡可以娛母心者必竭力。羅致里人，稱曰楊孝子。先是，康熙甲寅，山寇盤踞紫閬、富春、諸暨要隘，兩邑震驚。泗奉母避亂，徧歷其地，乃糾集鄉勇，探其出没，盡得賊虚實，達制府，以勦賊至暨，咨隊方略，領兵進勦，賊殲厥巨魁。報捷，制府欲于疏内議叙學泗，力辭曰：「老母在堂，以功名致缺奉養，豈子心所安？」酬以金帛，亦不受。制府動容起敬。年九十一卒。

胡拱軫（山陰縣志）年四十，父母並八旬。夜火，拱軫起救，方負母出，火愈熾，仍入救父，攖焰身與父同盡。次早得屍，以身蔽父體，手護父面，儼然如生。妻周氏與子周同時燒死。浙江巡按王元曦具題建坊。

周樂（山陰縣志）字觀六山陰人家家力學至性過人八歲喪母哀毀骨立父洪寧
疾篤與妻金氏同刲股作糜以進疾乃瘳後數年父歿躬親畚鍤以營窀穸
館穀所積捐置祭產以垂久遠性復好施
遇族黨有貧困者多方賙恤鄉里稱之

吳入紀（舊浙江通志）字肇殷弟希聖字耳希蕭山人兄弟自相師友嘗讀書于句
鶴寺盜入其室所得止衣襆盜怒而縛之欲沉諸水既而盜曰盍舍其一
兄弟爭死盜
義而兩釋之

竺王姐（嵊縣志）二十二都人竺思聖義子康熙庚戌春里中猛虎為患思聖為虎
噬從兄思文往救被噬死王姐奮與虎搏同溺水塘中尋脫走負父屍歸
力之
死

俞慎憲（新昌縣志）御史志虞子隨父官蜀中母呂疾晝夜視湯藥衣不解帶母歿
扶櫬南還峽道艱險勞瘁備至及父尚䇿殉難南北道梗慎憲從兵火中
載柩歸葬
尤罹困苦

丁應正（鄉賢留祀冊）蕭山貢生父病重具疏遍禱諸神願以身代家人莫知也越
旬日身殞而父疾竟瘳檢其書篋得疏稿情詞哀懇出于至性邑人嗟嘆
稱為丁
孝子

趙萬全（公舉事實）會稽人甫離襁褓父即遠遊迄長痛父不歸日夜號泣請于母
往尋父緣崖涉水七更寒暑抵大同遍覓無蹤遇父舊僕指往父墓一慟
幾絕啟墓有金蟬自內飛出撲入萬全懷中人謂孝感負
骸歸里卜葬後廬墓三載朝夕哭奠作思親錄以遺後人

胡惟弘（公舉事實）字大生會稽人父應麟患痼疾醫藥罔效惟弘自集方書晝夜
侍側衣不解帶者十五年疾漸愈雪夜父渴思食梨惟弘遍求野外不得

欲入城而門已閉遶隍號泣忽有一軍士指負堞一舍引之至浮梁以歸詰旦往謝堞下不復有舍惟關壯繆祠在焉始悟為神使父歿營葬東湖躬負土石沿隄植木補數十丈人稱孝子

隄年七十二卒有息吹室文集

趙璧（題旌冊）諸暨人歲飢賣薪負米以供二親父患肺癰趙嚥採藥及卒三年廬墓側雍正四年奉旌

胡廷贊（公舉事實）字夢錫會稽人康熙庚子舉人年十三母周氏病篤刲股和羹以進母即愈人稱孝童授室後竭力奉養籲天以己壽益父母々年八十三父年八十八母疾衣不解帶者數月母歿同父臥寢六載及父病醫者欲以蟋蟀和羹廷贊先取二蟋蟀跪禱于天自吞之而後進母嗜鮮銀魚歿後見魚輒嗚咽不忍食生平潛心理學辨晰朱陸同異多所發明每朔望必集家人宣明家法雖盛暑不去衣冠鄉黨奉為模範

徐振（公舉事實）會稽人父萬化家頗饒裕康熙甲寅耿逆猖獗偽將方德功嘯聚嵊邑執萬化索助餉時振甫九歲奮身追至逆寨號慟于門逆感以軍法神色不變遂釋其父因置散室中兩月後以監役醉臥與父乘間脫歸夜行晝伏越五日抵家父被難遭寒濕左足生瘡殖拇指將潰振為吮毒月餘瘡竟愈奉母頗孝養尤至振子威達其母章性嗜魚病中思食青魚羹隆冬無覓威達跳入池中捕之果得人謂孝感母卒廬墓終喪寢苫枕塊遭沙土之毒諸兄勸之歸不從後父歿哭踊幾絕嘔血數升復廬墓上而沙土之毒愈深兩足至不能步最孝年僅三十二人謂徐氏世孝

張錦（題旌冊）會稽人年七歲母病籲天求代者三十餘日得愈母歿哀毀骨立三年不茹葷飲酒父瑛官雲南浪穹知縣卒于任聞訃徒步奔喪值吳逆叛道梗錦披荊榛冒白刃扶櫬歸里親負土築墳廬墓側朝夕哭拜雍正十三年具題候旌

台州府

三國吳

鄧盧叙（三國志注）會稽典録處士鄧盧叙弟祖公憲自殺乞代

許孝子（名勝志）許孝山在臨海縣之北四十五里舊傳有許姓者居喪至孝每一慟則羣鳥悲鳴因以名之

宋

郭琮（杜範郭孝子碑）至道二年台州黄巖孝子郭琮年七十四事母張氏備極恭順勤奉甘旨寅夕不懈逮妻子寢處母室不飲酒茹葷者三十年誦梵典禮佛塔積膜拜之數以七千餘萬計甘于勤勞用祝母壽張年一百四歲視聽不衰飲食尚强

杜誼（宋史本傳）字漢臣台州黄巖人事父母至孝父剛巖誼獨失愛惱、不自容伺顔色而後進繼喪父母號慟晝夜不絶卜葬負土爲墳往來十餘里日渡三塘澗泥水没脛雖大雨雪未嘗少止手足皸裂血流以滓塗之每覆一畚必三遶墳號而後去既葬芟舍墓傍負土終喪明年吳越大水山皆發洚推巨石走十數里台州山最高而水又夜至旁山之民居廬墓田畜牧漂没者甚衆獨不及誼邑人狀其事以聞詔書嘉奬事族父行甚謹行旁之均諸子以祖業蒙廬入官至贊善大夫嘗知永城縣後通判梓州卒子授繼十六歲哭誼墓旁卒

鮑雍（平湖黄巖山水記）縣西南萬年山宋南渡後有鮑雍者徙居山下孝養其親以孝表閭

陳曇行（台州府志）字清臣臨海人徽猷待制公輔之子紹興二年進士初宰欲大用其父曇行獻書曰日暮途窮倒行逆施此最不可若爾則平生名節掃地矣父感其言遂以鯁直然

周彦通（台州府志）黄巖人紹興中葬母藥山廬于墓下二紀乾道四年達夕甘露降墓松上陳守巖肖狀以聞彦通力辭乃紀以詩

潘仁丑（赤城會通記）字景高天台人少喪父哀毁幾絶事母至孝溪流暴漲母病仁丑尚稚能架木以濟冠至以身捍母伏橋下母得不死母亡居喪盡禮

吴流（仙居縣志）字仲元淳熙二年武科知昭靖二州以母老乞養母病刲股及歿廬墓三年

項璣（虞集項孝子墓誌）臨海項氏有子曰璣有至性喪親致毁過時猶孺慕身負土爲塋廬居三十年朝夕奠如初喪吏部侍郎高飛卿爲立傳

許魯瞻（朱文中許孝子傳）天台人劉從子母徐守志撫之成立逐冠逼城徐年八十有四卧病不能起諭魯瞻行子伯通亦請肩輿避難魯瞻曰汝盡子情我亦自盡子道勿多言侍母不去竟死于刃元旌其閭曰母子節孝之門

吴處仁（赤城新志）仙居人父爲元軍所驅處仁趨軍詒曰銀吾所藏也容歸取以贖父及發窖則已爲人所得矣乃曰銀無存者吾以吾頭來代父死其弟國又請代兄衆義之俱獲免

陳參生（赤城新志）黄巖人元軍至負母逃林莽中母曰我老病垂盡汝速去俱死無益也參生垂涕不忍去遂爲賊所殺

陳思孝（赤城新志）黄巖人德祐間元兵擾樵其母被掠而北莫知所之思孝日夜歸泣與家人訣誓不見母不還行七年至濮州得爲道與母歸侍養益篤及卒居喪三年常在苫塊負土以葬鄉里因其濮州得母咸呼爲陳濮州而不名

鄭憲（赤城新志）仙居人景定進士官至太常博士德祐間元軍壓境憲奉母以逃歷深山中遇兵欲刃其母憲抱持號泣以身翼之曰寧殺我遂俱遇害

顧玉文（赤城新志）仙居人德祐中元兵至台父被執玉文奮捍之頭被數刃與父俱仆移時乃蘇自是支離身無完形

元

張犇功（台州府志）天台人，太傅世傑之子。自太傅沒于崖山，奉母葉氏避跡海濱，徙居台邑，義不出仕。平居未嘗北面坐，語及起兵勤王事，輒髮豎皆裂，恨不同父殉國難。母卒，葬百家園，廬于墓側，哀墨終身。

陶煜（貂耕錄）元故白雲漫士陶明元，諱煜，弱冠時事元武神甚謹。母病心痛，歲瀕死者六七，發醫莫能愈。明元每掐心噴舌，以代母痛，一日危甚，計無所出，走禱元武前曰：封股割肝，非先王禮，今事急矣，敢犯死取一臠為湯劑，神爾有靈，疾庶其瘳。禱畢，即引刀欲下，忽有二童自外躍入曰：毋自損，我天神也。明元大駭伏地，乞哀。童子取案上筆書十數字于几，面擲筆。二童子咸仆地，隨呼家人救之。良久蘇，乃隣兒也。叩之，無所知。視其書，藥方也。隨讀隨隱，即如方治之，藥甫及口而痛已失，終身不再舉。

杜文裕（赤城新志）字希大，黃巖人。補盜有功，補台州大閭巡檢。以母病辭職歸養，復調寧國之三溪，乃訴于江浙行省乞便養。時母年九十三，浙東憲副王侯行部至黃巖，聞于朝，建孝行坊以旌之。

陶忱仲（劉基孝友堂記）臨海人，生八歲而母卒，繼母弗能愛。及長，娶吳氏，相與謹事母，終不能容，乃與妻出居于外，勤苦織績以為食，朝夕入定省弗懈，而父與繼母自占其產不能忱仲，得與久之，家日匱，父且老，繼母所生弟妹皆無以具婚嫁。忱仲乃迎父及繼母于己，養以其資為弟娶婦，嫁其妹，咸得所，由是繼母大感悟。忱仲事益虔，門庭之內穆穆如也。子凱讀書有文行，以經學教授弟子，以具來修之入。佐父治喪葬，供祭祀，悉如禮。上世墓域有奪于勢家者，咸晴而表之。凱無兄弟，惟一妹，適顏氏，早卒，凱為育其子女以成人。故鄉黨之稱孝友者莫不曰陶氏父子云。

陳果（赤城新志）字孔英，叔夏之子。至正壬辰夏四月，方國珍亂，知州趙宜浩率兵禦之，賊奔潰四出，叔夏被執，賊抽刀將殺之，果伏父身上，願代死，賊斫之。弟多遜內祖馳至，請代，身被數創，死而復甦。後為山東運使。

阮祖立（臨海縣志）字立道。父患頭疾，竭誠醫禱，與其婦躬為洗滌，扶持坐臥者二十餘年。一夕鄰家失火，父不能起，祖立負之出，疾呼其婦扶姑以從，比出門，則家已灰矣。乃僦居僧舍，供養無缺。至正中，詔旌其門。

薛良能（赤城新志）寧海人。元末群盜起，其父宗道遇害，良能痛父死非命，散家貲養死士，為父報仇。無何，賊復至，良能率鄉兵逆之，與賊戰不利，左右勸良能走，良能曰：「父仇不共戴天，今不能殺賊，反自逃以偷生耶？今日之事，有死而已。」遂力戰而死。

周應顯（天台縣志）字伯煥。父為人所害，撒財復仇，方正學為作《復仇記》。生平喜吟咏，自號雲虛山人。洪武中徵聘不起。

曹潤（台州府志）字宗澤。父進鄉為吏。方國珍既敗，明兵入城，索戮遺黨，進鄉儀狀甚偉，校卒疑而執之，家人驚逸莫顧，潤冒白刃以身翼父，哀求懇至，傾家資與之，乃始獲免。

明

謝溫良（赤城新志）字伯遜，黃巖人。至正間客昌國，奉母陳氏以居。陳病癥，割股肉作糜以進，母輒差。時昌國方內附，會蘭秀山盜發海上，朝命燬之，昌國人悉竄匿山谷間，溫良獨侍母不去，盜義而釋之。尋奉母還黃巖。越一年，往取故橐，比至，忽夢母盛餙坐堂上，亟棄橐歸，母果疾。又一年，母復病痱，手足痿痺不自舉，飯食起居一出其扶持者凡十三載。

趙孝先（臨海縣志）名次起，以字行。洪武初為國子生，父戍京師，孝先告祭酒，以願代狀，不許；訴于禮部，事聞，詔許之。孝先喜不自勝，即變服以行，士大夫競為詩以送，方遜志為之序。戍滿，仕贊城教諭，祀鄉賢。

戴彥信（仙居縣志）名原敬，父養元，饒于資，與比隣陳某有隙，陳坐籍沒，誣言寄鏹養元所，逮并繫獄。彥信痛父寃，訴于官，願以身代，詔釋養元，而彥信竟沒于獄。人人嗟悼之。

林惟深（台州府志）字思源，資性明敏，論事當理。洪武初，父法當戍，惟深白于官，代父以行。王原采深加嘆服，謂思源與方希直並駕，特所少者問學耳。

陳圭（明詠化類編）黄巖人。父叔弘為讐人告罪當死，圭詣所司曰：圭不能諫父，陷父不義，圭罪當死，幸原圭父，使自新。事聞，上哀其孝，欲赦叔弘。刑部尚書開濟奏曰：罪有常刑，不宜屈法以啟僥倖路。遂聽圭代父死，叔弘遂謫雲南而死。

陳顏（台州府志）圭之族。洪武中倭寇登岸，居民驚駭，散匿山中。顏母葛氏老且病，顏負而逃，力不能勝，寇追及之，母曰：我病死在旦夕，汝當自圖，但死無益。顏不忍舍，遂俱遇害。

朱熙（明詠化類編）台州人。父季用被薦為福州知府。洪武十八年詔天下盡革今歲以上官吏為民，季用視事僅五月，以例起入京，論罪作城役，嚴償重日數十緡。已而季用又病痢，資力弗任，旦夕乞死。熙懼不敢離左右，復戒二弟共守，不少解。季用得不死。時告枉甚重，令益嚴，告而謫戍遠方及被極刑者凡數人。熙謀于父僚友同役者曰：吾無術以脫吾父，訴不許，訴皆死，萬一吾父由訴獲免，死萬萬無憾。遂陳其情所司以聞，上赦季用，復其官，同時緣此得免復官者十有四人。

趙公佐（寧海縣志）父糧役坐罪公佐兄弟四人議代行未決公佐于次居三獨奮曰以年序少者當行而吾弟子幼可就逮者惟我遂就獄減死輸作終身

余啟（黃巖縣志）字元明幼失怙事其母鄭克盡色養時家有滇南之役二兄議行未果啟毅然曰吾兄皆有嫂氏不可行吾當行備歷艱苦閱三年乃返後授延平知事多異政

王鎔（明孝友傳）黃巖人隨父顯避賊顯被執將殺之鎔亟趨前請代賊遂殺鎔而釋顯

范貞昉（宋濂范孝子傳）臨海孝子范貞昉字孟陽父孝先洪武辛亥進士官麟遊丞再遷陵川坐法謫役浦江縣貞昉時為郡諸生聞之奔訴于郡守求代守以其名隸學籍難之貞昉號泣于庭左右為之言乃如其請即日上道詣京師伏闕上疏曰臣父陵川丞不幸絓吏議輸作大江之濱筋力向衰不能執事大母范氏春秋逾九十旦々念之恐染霜露疾無以遂菽水之懽致抱終天之憾臣犬馬之齒方殷願代父作勞使其歸養即死無恨疏奏上惻然從之貞昉乃解儒衣易短褐欣然就役質羸尪弱不勝負任之苦越七月病卒

何綱（台州府志）字維常臨海人永樂初有誣搆大獄者其父明復亦逮繫于京綱侍行曲而慰安既而誣服論法應死綱懇惻以情愬于朝得謫景州居無何竭力謀免父歸々而親明綱扶持調護不離左右愈久益力後補邑庠生貢入太學六館之士聞其名咸推重之

趙溥（赤城新志）寧海人父仲年為臨城令吏抵法誣仲年與知不能辨謫役江浦溥病父非辜為書詣執政自陳格弗奏溥走闕下撾登聞鼓上召問狀溥已三日不食且受搒曳惕息未及對上以為偽下大都督府詰問都督武人不察其情搒掠之誣服奏杖一百徙邊扶出死

陳嬉（萬曆寧海縣志）字懷明西隅里人父國華南寧知府部使者誣其沒贓罪因律應死嬉奮曰父死吾生奚為乃擊登聞鼓乞以身代御史以聞上佯試之

婚辭色不變而執益堅遂赦之

陳昂（赤城新志）寧海人父濬凱為桂林稅課司大使為吏誣搆坐繫論役江浦尋自江浦從京師昂從行代執役手足胼胝而事父無違色日食不給則傭作于市至暮得升斗以養父有蔬食餚則又代父執役如是四年父聞之謂曰吾老矣且死汝歸養而母徒俱死無益也昂泣曰父死昂亦死爾歸將何為竟相繼以没

方孝聞（史槩）字希學孝孺同母兄年十三喪母輒稽典禮蔬食水飲越三年及父卒居宿于外祖母亡亦如之每一歸慟聲盡氣絶嘔穢出血杖而後起于是復成羸疾行步傴僂守禮益堅徧學五經而邃于易精求聖賢旨趣篤實踐履文章理潔意遠議論甚偉從學者甚衆孝孺嘗曰某所以麤知斯道者非特父師之教實亦吾兄之訓也弟孝友字希賢孝孺庶母董氏出孝孺罹難亦就戮

馮銀 馮沅（台州府志）臨海人銀字純端景泰庚午舉人父卒哀毀盡禮服闋成天順丁丑進士觀政禮部特疏乞歸省母竭修瀡之養依戀不忍舍母促之就官乃攜季弟沅同行官刑部員外郎人莫敢干以私沅字世端乙酉舉人時銀已得貤封遂慨然曰吾所以舍溫凊千五千里者為未有以報先人于地下耳今邀國恩獲追贈北堂白髮可不為建存計乎遂引疾歸後登成化壬辰進士補宿松令逾年邑大治以艱歸踊慟過禮釋服遂不起人謂銀以養棄官沅為哀滅性皆無媿孝子云

郎鐘（赤城新志）黄巖人早喪母事父備極誠敬父年高無齒每食取精美者制為九餅以進為易床褥穢汙必躬自澣滌父卒遺命葬祖塋之側塋去家百餘里鐘悉力營葬如父命

蔡大治（秦鳴雷孝格傳）字朝佐，一字粛夫，臨海人。幼從竹江趙淵遊，博究經史，勤順親意，里稱孝童。父患痰暈，母瘋疾，家貧傭書以供甘旨，兩夜吮痰，揉體言湯藥，扶起居，櫛沐澣濯（滌），備極艱辛。踰兩紀如一日。父病危，籲天仆地，聞空中云香灰可救，輒汲水煎汁進父，飲未半，倏天坼祥光照戶，父病立瘳。後父母繼卒，流水骨立，寢喪次各三年，庭中紅榴忽發白華。負土為墳，鄉人助石營葬。年近九十終。

張壽鵬（太平縣志）高浦人。言從父定一以州判之任和州，至臨安道中，父卒，壽鵬奉柩歸葬，廬墓泣血不止，有芝生于庭。郡守以聞，詔旌其門，建孝感坊。

項茂（黃巖縣志）字仕彬，景泰間貢入太學。父歿，執喪甚哀，既葬，廬于墓側。事聞，詔旌其門。

許柱（天台縣志）字仰輿，家貧，奉親甘旨獨豐。處昆季友愛無間。親亡，廬于墓，不問家事者六載。

陳恒（臨海縣志）字子崇，號一崖。童時喪父，哀毀如成人。既終喪，改舉子業。弘治壬子領鄉薦，授涇縣教諭，以行誼廉恥率諸生，轉國子助教。甫三歲，當道論薦，例得臺諫，以母老願就閒，秩擢汝南長史。居無何，上疏乞歸養，再三諭留，乞益力，乃諭以考績請封可以悅母，遂弗果歸。已而憂念成疾，既革，諄諄語曰：我不孝，我不孝。卒年五十四。祀鄉賢祠。

卜懷（明孝友傳）寧海人。父早卒，母教之甚嚴，常課其業，輒以杖擊之。母年九十六卒。懷執母杖而泣曰：安得母復教我耶。祀其杖于母側，遂廬于墓。有司上其事，詔旌其門。後歲貢就銓，以孝行擢孝（首）選，授鄖陽府通判。

馮學經（臨海縣志）字綸卿，郡庠生。母卒，哭泣擗踊，不欲生。及葬，結廬墓側，茹素席藁，朝夕哀號，三年不抵家。墓上產芝草數莖，有鹿馴擾其旁，學使獎之。

陳紀（台州府志）字德廉，居父喪，晝夜悲號，寢處苫塊，因得疾。其妻令小婢餽薄吃，而出之。既祥且禫，猶蔬食水飲。邑佐以其子從學，持巵酒勸（相見），涕下潸然

遂止迄喪母廬墓三年一夕甘露降于庭天順己卯領
鄉薦通州寧國府清節潭然以廉吏稱卒年七十二

應昌（分省人物考）字克盛仙居人走京師白母苦節得表閭會日者言母壽當盡
即浙酒肉徒步歸省比抵台母固無恙而兄病疫甚剩晝夜走山谷穿虎豹
羣檢藥物仕為分宜尉聞母訃不食五日比葬廬墓得狂疾深製之以歸終禫
苦塊遇二親忌日輒號泣不食及年八十家人叩首請始一食寡甚病竭力營
宗祠以祀先人族里感其孝卒墓
而行之年八十四終子良官編修

張世榜（黃巖縣志）字廷曉縣學生嘉靖戊午倭寇登陸世榜扶父避中道遇賊欲
殺其父世榜哀懇願以身代賊不從世榜脫巾擲地戟手大罵奮前擊賊
遂遇害表令
應祖上其事

李翀（台州府志）黃巖人母陶氏遘危疾翀刲股作羹以
進母疾漸蘇比卒苦塊如礼自號其室曰思齋

徐永治（台州府志）字用禮天台人弱冠父簡正為族人誣搆繫獄而卒永治誓復
仇一日仇出執鋤立道側若治田狀候其過而殺之詣父墓告曰仇已復
矣即至官伏
罪卒于獄

王士業（臨海縣志）字建叔號執齋襄裕少子性至孝念父母春秋高諸昆咸食祿
王朝終身願依子舍以盡色養應援詹事府主簿天啟辛卯陞郡司馬聞
父訃出都十八日抵家解肉騎傷足首血遍重茵脫韁時不自覺也擗踊號絕
週一夜方甦及葬廬墓三年哀毀骨立竟卒于墓側子立埠字伯彤亦以孝聞

裘忠燕（天台縣志）字忱赤九都人母病目一年服藥
無效每日以舌舐之母目復明邑令旌其門

葉維藩（臨海縣志）字价叔父官贊府興膳維藩念父年邁遠隔躡蹻走二千里啟
堂王假歸王感其孝許之扶持還里盡滫瀡之勸以子貴贈奉直大夫

陳守約（舊浙江通志）陳臣謹丞輝子疾丞子守約刲股以療之臣謹聞而嘆曰生爲忠臣子死爲孝子父瞑目無憾矣遂卒

柯澄（台州府志）字廣生黃巖人六歲失恃事繼母章以孝聞補邑增生敦行博文留學三舉優行

國朝

管廸（公舉事實）黃巖人父景照早世母解氏方娠矢志守貞及生廸七歲能事母以孝稱年十三知父葬所在離家十許里外日往省視夜則趨歸侍母一日途中遇虎廸惶怖仆地虎掉尾而去里人親見其異順治丁酉海賊犯縣治城破掠居民甚夥廸負母避梅梁港遇賊廸身冒白刃泣跪曰寧殺我毋傷我母賊傷其右臂而去得免母歿哀毀骨立既葬廬墓終身

洪日慶（台州府志）字初明號監齋臨海人生未週即喪母王氏事父暨繼母甚孝與異母弟天慶友愛每聞人言及所生母即嗚咽流涕喪耦礦郊外爲盜所發當道鞫訊之父語之曰發棺重律誰肯吐實以伉儷故累無辜其何以安日慶即赴邑述父意願割肩受法以全隣里道府聞之咸謂父眞仁人子眞孝子父疾嘗藥侍寢衣不解帶既卒哀毀骨立葬後廬墓三年子七人若皋登乙未進士封日慶戶部郎中卒年八十有七

金華府

秦

顏烏（異苑）東陽顏烏以純孝著後有羣烏啣鼓集所居之村烏口皆傷一境以顏至孝遂名縣爲烏傷王莽改爲孝烏以彰其行

三國吳

婺州

斯敦（金華先民傳）烏傷人父偉為吏尉失議當坐死敦叩閤泣血請以身代吳主嘉其孝赦偉罪仍旌其門俗因呼敦葬處為孝義塘

晉

許孜（晉書本傳）字季義東陽吳寧人孝友恭讓敏而好學二親沒柴毀骨立杖而能起建墓于縣之東山躬自負土不受鄉人之助以方營大功及棄其妻鎮宿墓所列植松柏亘五六里特有鹿犯其松栽孜悲嘆曰鹿獨不念我乎明日忽見鹿為猛獸所殺置于所犯栽下孜悵惋不已猛獸即于孜前自撲而死自後樹木滋茂無犯者元康中郡察孝廉不起巾褐終身年八十餘卒其子生亦有孝行圖像于堂朝夕拜焉

唐

陳太竭（浦陽人物記）縣人武昌之子親亡即墓手藝松柏終身哀麻形貌枯悴哀哭弗輟每奠哭有烏鳥不啄

應先（唐書孝友傳）先東陽人（冊府元龜）父亡盧于墓側有芝草連理樹詔旌表門閭

唐君祐（唐書孝友傳）君祐東陽人（冊府元龜）睿宗先天二年江西道按察使奏君祐喪母哀感鄉曲盧于墓次有芝草三莖生焉

馮子華（唐書馮宿傳）宿父子華婺州東陽人盧親盧有靈白兔號孝馮家

五代

何千齡（浦陽人物記）浦江人孝友著稱同居四世貞明六年旌表其閭

宋

樓蘊（呂祖謙樓蘊墓誌）字季發義烏人母喪廢櫛沐鹽酪不入口結廬墓左繞塚哀號塚若耕者為之墮淚負土築墳日自課三十肩塚高數仞鄉人合詞請于郡邑刺史遣從事勞之謝曰此人子之常不願賞隣里強之不可歲時祭享不用釋老楮幣終其世丞祝不至門人稱曰孝子龔應之請于朝從祀顏烏廟

董少舒（金華雜識）字師仲蘭溪人篤行著鄉黨父亡負土築塋廬其左有靈芝生紫蓋黃幹時睦寇壓境妄稱聖公能役陰兵少舒援唐陳碩真與妖伏誅事繪文示衆衆惕相率抗賊所保萬餘人

金景文（純孝鄉錄）字唐佐蘭溪人祖父患噎醫不療景文彫飾佛像虔禱即瘳父患疽祈以身代父疾減葬母廬其左天光射墓五色爛然續廬父墳食蔬誦梵鳥鼠環聽几旁無怖狀風雹環四隣獨不入其舍淳熙間郡守韓元吉以純孝名其鄉

陳天隱（金華雜識）蘭溪人（金華先民傳）字君舉父兄早喪事母焉以篤孝稱母卒卜葬于三峯之陽時六月赤日如焚先期禱乞雲霧覆棺已而果應葬畢雲散人皆異之築廬墓次垢面蔬食終三年喪

鍾宅（金華雜識）母病宅割肝和藥以進病尋愈從子明亦刲股療母及明有疾明弟滿又刲股療明皆瘳宅子文厚文廣尤友愛文廣妻求分文廣即出之

申大度（嘉靖金華府志）與弟大康友愛甚篤既歿合葬任公嶽朱文公熹題曰孝友二申君墓

呂皓（金華先民傳）字子暘永康人以出粟賑濟受知于倉使朱熹薦諸朝補郡文學淳熙中舉上禮部會父兄為怨家誣搆逮繫大理獄皓叩匭上書理其冤願納所得官以贖死且言無使聖世男子不及漢一緹縈女子為歿身恨翊日下都堂議宰相曰無例孝宗曰此義事安用例由是其父兄與連坐者五十餘人皆得釋再試禮部不第隱居桃巖山講學克己孜孜不倦父母既歿茹素三年廬墓以終喪嘗自作雲溪逸叟傳以見志弟源亦以孝友見稱

李悅(天啟東陽縣志)字公愉，幼與兄懷避亂邑灌莽中，懷為賊所執，欲殺之，悅急出曰：此吾兄，勿殺，吾請代死。欲併殺之，賊首出名問曰：汝何不惜死？悅曰：非不惜死，顧兄有弱妻幼子，我幼且無能為，故願以身代。賊義之，遂兩釋焉，復給以識號，使佩之曰：有殺汝者，以此示之。由是兄弟並免于難。

徐文震(嘉靖金華縣志)字伯光，尚義好禮，敦世同爨。淳熙十年詔表其居曰義門。

呂源(萬曆金華縣志)字子中，執親喪，哀毀踰禮，苫塊三年。病革時兄遊江陵，仰天大號曰：不及見吾兄一語而訣，吾目不瞑矣。人莫不哀之。

賈南金(萬曆金華府志)字國寶，金華人。家貧，傭書以奉菽水。端平三年登進士第，仕至饒州通判。二親繼歿，晝夜哀號，遂以喪明，旋遘疾卒。

周祖仁(金華先民傳)義烏人，親喪，朝夕廬墓號慟，甘露降于墓柏，人稱周孝子。

鄭綺(獲濮斷鄭氏孝友傳)綺字宗文，事親孝。父以非罪繫獄，當入死，綺上書請代，郡守錢端禮偉之，為直其事。母張得末疾，綺保持若嬰兒，但登圊必抱就之，代三十年不懈。張好飲溪泉，天旱泉竭，綺禱之弗能得，仰天大慟，水忽為湧。張死，欲葬，遇天雪方凝，綺哭禱甚哀，塚上雪一夜獨先釋，人以為孝感。綺妻丁與姑詬語，忤與姒不相能，皆出之。一日無疾，名子孫列立先祠下，歃血誓曰：吾子孫有不孝悌、不問金貲者，天實臨之。言已遂終。後子孫九世同居，自綺始。

鄭德珪　鄭德璋(宋史鄭綺傳)綺四世孫德珪、德璋孝友天至。德璋素剛直，與物多迕，仇家陷以死罪，當會逮楊州。德珪哀弟之見誣，乃陽謂曰：彼欲害吾也，何預爾事？我往則姦狀白，爾得不死乎？即治行。德璋追至諸暨道中，兄弟相持頓足哭，爭欲就死。德珪默計沮其行，遂紿以無往，夜將半，潛間道逸去。德璋復追至廣陵，德珪已斃于獄。德璋聞之，慟絕者數四，負骨歸葬，廬墓再期，每一悲號，烏鵲皆翔集不食。德珪之子文嗣幼病，德璋鞠之如己子。

宋環(金華先民傳)字君玉，義烏人。仲文桂養為子，桂後生璧，因外環，環益孝謹。時境内多盜，桂有白金數百兩，與璧窖藏之，璧夜發去，反誣環，桂怒，褫環襦袴

立雪中一晝夜不使去環恂恂謝過無一言辨其冤枉死遇璧益厚環善讀書寶祐中舉進士年八十六終于家

徐文震（明一統志）金華人尚禮好義數世同爨德祐年間宰相留夢炎署其門曰金華孝友之家

元

戴珵（宋濂戴府君墓誌）字君玉浦江人曾遊浙西誤傳道卒母朱哭之喪明珵歸露禱于天摘冬青葉浸水舐之目復明朱歿繼母傅生子惠秉家政貲產一聽惠取勿與較年八十四終

朱元（宋濂朱環傳）元字子初性警敏絕人元初有盜數千起縉雲過永康置砦峽源山抵元家甚逼盜將劫元父環為謀師元聞遽歸告父速避寇不聽復涕泣諫環罵曰豎子不解事江南內附久誰敢叛耶元自度賊縛父去則是父從賊雖百喙莫能辨孰若殺賊自明乃與役夫傅參謀執刃伏垣下或止之曰賊勢張甚汝不畏作俎臨耶元曰吾知有父爾若得白父以無罪雖萬死不恨會賊偵騎至竟斫殺二人梟首市中以血手入示父乃負之逃賊平父得無罪

羅時可（揭傒斯羅孝子墓誌）字以中金華縣人母劉氏卒卜地子午谷扶柩葬焉葬畢伏墓一慟而卒時年二十五天乃昏慘羣鳥哀鳴

明

鄭欽（分省人物考）字子敬浦江人年十七父得羸疾醫言人血可治輒刺膚血以和藥既歿痛悼終身母疾凡三爇頂灼臂以禱天撫弟妹極盡恩意續完兄太和所著家規共七十三則自號青蓮居士

鄭淵（敵俶錄）字仲涵浦江人母病踰年日夜抱持之積憂至疽發于背猶跽進湯藥母病革思得瓜食食已乃卒每瓜時淵輒涕泣終身弗食瓜居喪哀戚而

耳皆聾後居父喪哀毀骨立凡遇父母諱日前期齋七日至日號慟行禮如初喪沒身不変

郭用賢（天啟東陽縣志）洪武初父仲達以才能舉典倉事奸黠者伺其隙中傷之法當死用賢奮然曰吾父志行衆所共知苟為所屈安用我為直其冤于有司不得遂以身代死鄉人憐之為立廟祀

傅致柔（嘉靖金華縣志）字守剛父病出市兼溪水暴漲乘亂流以渡如有物負其足者得棄歸父旋愈後父殁諸兄溺浮屠言將葬以火致柔哭泣幾絕不及救乃拾遺骸筐中且逸去諸兄奪而投之淵得入淵得之裹以衰服奔宋氏託其友置棺以殮傭書得值買地葬之廬于墓負土至井日一炊

鄭涓（方孝孺貞義處士傳）字仲宗浦江人洪武中詔天下度田為圖命太學生董其役未幾有以賄敗者連坐大家多處死時主家政者兄濂也當連京師受重辟涓奮曰此行必不免吾兄年八十矣而使之白首就吏乎吾當代行遂詣理自誣服竟以其年七月死金陵鄉人哀之

田奐（宋濂田氏哀慕詩序）同郡田君奐篤孝有副行母徐氏卒哀號慟哭將欲無生既葬皇皇焉如有求而弗獲人或勸其還舍奐曰吾母在此奈何離母而去因結廬墓側人復勸之曰廬墓非古奐號曰吾恨不死從吾母于地下古與非古吾弗暇計也于是寢苫枕塊號食水飲終三年而後歸

張壽祖（金華先民傳）字伯穆浦江人父早喪母患乳核荏苒二十年成癰忽潰壽祖吮出其毒遂愈母年九十餘寢疾甚戚壽祖侍奉不懈母亡哀毀骨立

盛本源（明孝友傳）蘭谿人洪武中兄本道被鄉里詿誤罪當死本源謂其兄曰兄未有嗣理不可死我有子女四人願以身代兄在我猶不死也遂就吏代死

周道觀（兩浙名賢錄）字景暹金華人精于醫事父母極孝洪武辛巳以薦授魯府良醫正年八十六乞休王手書全孝二大字以賜之人稱全孝先生

宗社（明實錄）金華縣人父殁哀毀廬墓三年母盲不能視物舐其瞽朦母目復明後自太學生仕至瀘州知州表其門曰孝行

唐熊（萬曆金華府志）蘭谿人性淳泊躬修孝友母鄭年老失明起居必敬扶持之
不離左右伯兄以刑部尚書養親歸熊恭敬承意代服其勞母氏安其養焉
家貧錢不自給處之裕如雖兄陟
上卿益自勵所守終身不殖家產

趙滄（東陽縣志）本名為滄字宗淵幼有至性以孝聞既失恃繼母溺于所出滄每
出遊學苦其妻鎖之室中百方窘辱卒無怨言弘治辛酉領鄉薦值母誕辰
遂不赴公車復盡推田盧以與諸弟而以舊居自處母病瘋朝夕侍湯藥不倦
母悔悟諭亦止後父母相繼歿哀毀蕉至友愛二弟不衰人稱之曰趙王祥、

黃嵐（萬曆永康縣志）性會友會兄崇上輸課廷謝置重
辟繫獄嵐聞往省以貌相肖代繫赴京遇宥獲免

胡郴（萬曆湯溪縣志）字宗質兄以仇誣陷逮赴京師郴念兄老疾抱持慟哭請以
身代顙官：憐之竟從其請代戍遼陽十三年後以恩宥還鄉侍兄益謹

黃濂（續浦陽人物記）九歲喪母朝夕哀慟得喘疾年二十三父當役濂請代行父
憐其病遣兄濟往濂曰弟有兄遠赴萬里而弟晏處室廬者乎固請父重違
其意許之即詣者領文
去間關疾劇竟死于途

胡繫（湯溪縣志）兄為鄉民所誣謫戍遼陽
繫以身代後恩有還鄉年八十卒

張應沛（續浦陽人物記）字汝霖父元京早逝居喪哀毀逢忌辰輒竟日流涕奉孀
母備極承歡二弟潞澤㣲襁中撫之成立合爨四十年以貢授太湖簿陞
貴縣丞數月聞仲弟歿恐傷母
心急告歸哀痛成疾卒于途

邵澄（武義縣志）父寢疾背負共卧起者三十年父年
九十餘歿澄亦七十餘哭至喪明廬墓二年卒

應綱（萬曆金華府志）字恒遠永康人幼喪父其母胡守節撫之成立補弟子員綱
事母孝母有疾戒不食綱亦不食成化七年省試回經錢塘覆舟人多溺死

網以母老寡居為念水中若有樓之者獨浮無恙人以為孝感後任歸
德州訓導奉母就養孝愛逾篤母歿水漿不入口者三日廬墓三年

王世名

其(王世貞紀孝子王世名事)武義諸生父與族子口語相失族子倚之墻築
其顯傷死時世名猶稚宗人捐族子之腴五十畝償世名世名飲泣受田
供賦役外手籍其數市全封之歲以為常奴不及父事晝夜讀書補博士弟子
至婚娶舉一子數弱弟使有成立其子族子以兄禮之無間每歲旦謁父主
前卜之不吉則掩泣而退至卜得吉乃走冶工鑄一利刃鐫姓名于背伺族子
飲醉歸袖刀揮之立死囊其首歸于父主前曰幸不辱拜辭其母曰弟壯可養
有孫不患餒矣疾趨至縣出袖中牘且出其藏金令義之驚于虞熙之工謂族
子殺世名父死世名殺應斬之入當減從然法必檢父屍而後獄可成世名聞
之自誓殺而下毀面折股曰吾往者不聞之官恨暴我父屍今乃為我暴
父屍也吾杜吾口矣自是絕不食積十日死令嗟賞久以為祠以祀孝子

傅寬

(續浦陽人物記)字孟宏少負膽智甫冠父遭仇家中以重辟寬請代行父憐
其少不許寬曰緹縈幼女能詣闕上書別男子乎遂往訊榜掠無完膚猶伏
地吐吐訴辯
卒白其冤

黃塘

(續浦陽人物記)字均璧父陶以罪當赴京塘請代行吏謫充廣西軍塘任之
告歸取行資塘子保字孟安又請代既而從征蠻寇沒于陣初保取陳氏甫
歲餘生子商未週而保死
守節育子教之數立云

黃謐

(續浦陽人物記)字君靜父隆為仇家誣構當詣京師謐毅然往白而卒子良
祖字孟舒痛父早世寢食不忘或語及輒泣然流涕事母石極甘旨之奉至
老不衰母年逾八十卒兄良嗣以非罪械繫至京良祖
從行詣理代服法司義之俾贖其罪而歸人皆稱其賢

趙枋

(崇禎浦江縣志)母病三年衣不解帶既卒枯寇
入境人皆逃匿枋獨扶柩哭號寇哀之不犯

尹振（嘉靖金華縣志）母周氏患瘋時振年尚幼保扶不離膝下稍長孝養益篤朝夕侍養躬滌溺器母亡哀傷成疾而卒

湯伯瑜（武義縣志）十歲喪父貧不能葬稍長徒跣負土以葬其母王氏苦節六十二年足不踰閫織紝自給伯瑜傷母志奉甘旨惟所欲母患癰疽潰以破竹忍口吮之赤黃汁流而愈又暑痢振起籍眠不解帶者數月母年八十七終廬墓三年

項思諭（崇禎浦江縣志）傭賃以養寡母甘旨竭力母患瘋疾三十年歲歉難給賣妻以終養迨歿廬墓終身衰麻云

楊天龍（崇禎浦江縣志）鐵工為業母病聞割股可療即引刀割以少復口啣鐵鉗摘割方寸和糜以進母食愈後三年病如初復割復愈

施伯穎（崇禎浦江縣志）字長孺幼善屬文性尤至孝七歲從父迎賢讀書于杭州之仙林寺父患疫垂斃伯穎泣禱迦藍夜夢一青衣指寺後桃樹云此杪能活爾父覺取進服之立瘥母陳寢疾刲股療之者再竟以股瘡甚發疰疹遂不可治族人哀之

朱助（金華雜識）湯溪人母卒廬墓家燬于火師耒堂扁出喂爐若新盈柏蒼枝致黃鳥卵育馴而不驚家有母犬老瘠病瘡具兒啣食食之人嘆為孝感三異

徐文敏（金華先民傳）武義人父早卒母朱遺腹生文敏及長事母孝母患瘋疾百方醫療不痊乃斷酒肉每夜叩北辰祈以身代越四年勿懈忽一夕夢老人示以方如方劑藥母服而愈其孝老而彌篤

王晁（金華雜識）字公亮東陽人居貧養親曲盡孝道母卒廬墓三年邑令張立訔雪夜往覘之籍苫卑薄晁偃卧其上嵩相擊有聲而嗚咽號哭不自禁立大歎賞

吳滄（萬曆金華府志）東陽人幼失怙比長竭力事母母歿廬墓三年又以早孤不得廬父墓復補三年嘉靖初北上乞表母節至揚子江值颶風大作舟欲覆滄泣曰死不足惜吾母之節泯矣叩頭籲天風頓息得免抵京疏上詔旌其母後士民以滄孝行具聞亦得旌表

潘琢（金華雜識）字時循，蘭谿人。母患瘋痺，琢衣不解帶，痒疴疾痛，隨意搔摩，抗洗水火，皆身理之。母久卧，母起乃制軟輿，輿母舁之，惟母意所適，輿之遊行，如是七年。母死，廬墓者九年。

徐克仁（萬曆金華府志）東陽人。母疾，朝夕奉養，歷寒暑衣不解帶，竭誠醫禱，母病一尋愈。後以壽終，克仁衣毀骨立，葬母城東，結廬于墓，晨夕拜奠，三年悲號不置。後父病，醫禱如母，及終亦廬墓三年。有[illegible]蚍[illegible]死之祥，兆按李天寵旌其孝。

鄭應朝（鄉賢留祀冊）浦江人。性至孝，父歿，廬墓三年。生母黃氏遘疾，躬嘗湯藥，衣不解帶者六十餘日。及歿，三年不御酒肉，不聽音樂。事繼母鍾氏，色養備至，無異所生。崇祀鄉賢。

倪大海（金華先民傳）永康人。祖病，日夜侍奉不離側，焚香告天，願減己齡以延祖壽。後祖年踰九十乃終，大海哀毀踰禮，廬墓三年。繼母李患癰，吮之而愈。及歿，又廬墓三年。有司具奏旌其門。

龔曇（分省人物考）義烏人。年十七，父演病，躬侍湯藥，衣不解帶，比卒，哀毀瘠瘦如禮。事母尤謹，孝養凡四十年。母卒，廬墓苫塊饘粥，奠獻悲號，三年如一日。

王應麟（義烏縣志）明季兵亂，隨父出避。父為亂兵所執，勒金錢，無所有，將殺之。應麟抱父哭訴曰：家貧無有，若欲殺父，願以身代。兵即殺之，父獲免。

國朝

張密（鄉賢留祀冊）浦江人。順治甲申奉父避難山中，山賊忽至，家人悉奔竄。密負父匿叢莽間，與賊遇，欲加害，密呼號以身衛父，受賊捶擊，血透重衣，氣幾絶，猶手不釋父。賊感其誠，相率散去，父子俱得全。父患疽，百藥無效，密為吮其毒，始得愈。

傅文椎（題旌冊）義烏人六歲喪父事母以孝稱家貧菽水不給日則擔筐拾薪夜則製萬錢以易米供母朝夕母疾醫藥罔效文椎叩天請代疾漸瘳後母以壽終號泣擗踊水漿不入口終身孺慕若嬰兒然

張德冠（題旌冊）浦江縣學生康熙甲寅負母避難山中遇寇義不降辱賊以利刃抵頸德冠罵不絕口捐軀殉之

張明經（題旌冊）蘭谿人九歲喪父哀毁如成人事母晨昏定省五十年如一日母故擗踊悲號哀感行路既葬廬墓三年

杜文孟（題旌冊）東陽人性至孝母病思食鮮魚文孟臨淵號哭魚忽自泉中躍出入猶孝感父遠出歷年不歸文孟泣請于母徒步訪父歷險阻逾萬里凡荒崖絕壑深林窮谷靡不至後竟無所遇文孟亦以疾卒于旅次

杜時融（題旌冊）東陽人父殁邊陲時融聞訃倉皇呼天擗踊冒鋒走萬里扶櫬南還奉寡母先意承志孺慕終其身

方應秩（題旌冊）字朝音浦江人父大奎性嚴肅應秩先意承志曲盡心力母周氏卒應秩廬于墓所寢苫枕塊哀毁骨立不御酒肉者三年後居父喪如喪母時過祭哀輒悲慕號泣

衢州府

唐

徐知新（唐書孝友傳）西安人（弘治衢州府志）性孝葬父後濡帰墓所者十年產金芝和之有声父老白其事郡邑以聞

徐惠謹（唐書孝友傳）西安人（弘治衢州府志）五世同居父母亡哀慟過礼重芝生十連理鄉里稱其孝感

余長安（唐語林）衢州人父叔二人為同郡方全所殺長安八歲自誓十七乃復讐大理斷死刺史元錫奏余氏一家遭橫死者實二平人蒙顯戮者乃一孝子展引公羊傳父不受誅子得復讐之義時裴垍為宰相刑部李鄘為有司事竟不行

鄭崇義（兩浙名賢錄）西安人為郡學士讀書序中忽心痛不可忍曰得無母有故乎奔歸母果病比卒結廬躬耕墓田以供時薦郡境有蝗獨不食其苗含南木生連理

宋

慎知禮（宋史本傳）衢州信安人父溫其仕錢俶爲元帥府判官知禮幼好學年十八獻書于俶署校書郎命掌書記宋太平興國三年授鴻臚卿歷知陳州興元府母年八十餘居充卹懇求歸養退處十年縉紳稱其孝友母服除表請納祿至道三年以工部侍郎致仕知禮自幼至白首歲讀五經周而後止每閒卷必正衣冠危坐未嘗少懈咸平初卒年七十七

趙雲（名勝志）清獻之子叫執父喪甘露降于墓木（孝友傳）叫子雲又以毀死人稱世孝

江袞（萬曆常山縣志）字仲長少隨父通議公至京師柩喪使曾布以女妻之還鄉閉户讀書窮日夜不輟補太學生丁父母憂哀毀如不勝廬墓側以孝聞

周子言（正德江山縣志）禮賢鄉人有孝行父母歿廬墓終喪不以寒暑易心人稱其孝

蔡椿（弘治衢州府志）字永年西安人博學強記善屬文登進士第父歿廬墓弟松生紺鄭氏椿既仕得俸即取松歸凡先疇故廬悉遺之

毛蕃八（正德江山縣志）崇峰人膂力絕人曉武藝尤長于連珠箭父信叔遭賊執欲刃之蕃八直衝賊陣救父力戰于經堂山賊憚釋其父謂之曰訴逼鄉

邑破竹而下若驍悍善射能以牛酒勞我々即去蓄八大罵
復戟遂遇害屍棄石塘泥坳中是夕土石掩埋若神為者

王撰（正德江山縣志）父樞密副使被金人執仗義不屈而死撰時年十六
身犯鋒鏑尋父屍殯于野晝夜號泣廬墓側者六年事聞録其官

吴槩（西安縣志）字致一事繼母以孝聞上舍
釋褐數歷郡守部使其貧如未達時

陳暅（西安縣志）字子舒
少喪父事母至孝

元

蔣珏（弘治開化縣志）字伯玉事父芹澗至孝芹澗歿嘗謁墓念親
嗜魚徬徨河側忽湲鯉躍出因取以祭當道異之薦舉不受

明

王盛（正德江山縣志）事母孝母死廬墓三
年鄉人稱之趙一齋為作孝子傳

趙蘷（江山縣志）字舜臣弱冠補邑庠生宿齋肄業恐違定省涕泣不
忍去及司訓高郵迎母就養雖旨蓄必竭其誠母喪哀毀骨立

徐履成（萬曆龍游縣志）立德鄉人性篤孝讀書談道門多知名士畢
碎明經以母老不就母卒不食五日幾絕既葬廬墓三年

徐珙（明晉録）龍游縣學生以善勇字篆書授陝西都司經歷父喪蔬食廬墓三年
服闋改授常州府通判迎母錢氏就養餞歿合葬父墓復蔬食廬墓三年以
父存日最愛植蓮蓮數本于墓下
未幾花開並蒂詔旌其門曰孝行

方晃（萬曆龍游縣志）字尚周性孤介事繼母撫昆弟遺孤人稱孝友以貢除
兵馬副指揮年餘念母老上書乞終養及母死朝夕哀號目為喪明

楊錞（衢州府志）西安人，添之曾孫。兒時即習定省儀，長不染貨利。正德中貢入太學，忽心悸，遄歸，父昊果疾，越十日卒。後以母老遂不赴選。母病三年，非迎醫未嘗去左右。母卒，錞以哀毀殁。

何倫（趙鏜孝子何倫傳）江山人，天性至孝。居父憂，哀毀踰禮，忌日涕泣如初喪。事母毛氏尤謹，溫凊定省，事事如禮。家雖貧，甘旨不缺，衣服必備。母失雞，陽為尋覓，陰求其似者以進，或笑其迂，則曰：不如是無以慰母心。及母亡，喪葬盡禮，三年蔬食，安一日喪畢，猶不釋服，不入內，鄉飲亦不赴，曰：親在淺土，吾其忍乎？

程本（金實程孝子傳）開化人。母疾殆甚，百計不療，乃齋沐夜禱于玉霄宮，置刀案上，頃𣪧出血，引刀剌腸者三，刀墜地，血湧然流，仆絕，良久乃蘇，而受刀處痛稍止。刀上見紫血一縷，長尺餘，大如韭葉，視之肝也。持歸煮糜以進，母絕粒彌旬，至是聞粥香，啜之略盡，乃不藥而瘳。後六年，母復遘疾，數刲股以進，不數日諸疾盡脫，康強十餘載，年八十而終。兄性存，為河南県丞，以疾卒。本悲痛號絕，匍匐扶櫬歸葬，撫其遺孤，愈于己子。

張永昌（弘治衢州府志）開化人。家大疫，母垂死，無可致力，乃籲天，潛以刀刲股肉，熟而奉之。母云：何湯得此？吾心頓爽矣。永昌血甚昏，人莫之知，遂有靈祠巫降者曰：前村張某為母刲股，流血且死，宜亟往救。衆往，果然。傳以藥，久之乃甦。母卒愈，人皆稱為張孝子。

徐曦（天啟衢州府志）字叔睿，開化人，由舉人學正官文淵閣纂修。父年高，乞歸養，與弟叔謙甘旨盡歡。頃荒為粥，喪葬盡禮，人皆以孝友稱之。

汪悅（萬曆常山縣志）字德進。甫三歲，父行賈，二十餘年莫知向往。悅稍長，時時向母問父狀貌，知左脇有黑痣，欲求之，不能自給，比業醫，頗得資，訪知父在山東，乃裹糧躡蹻，四年始得之濟南郡中。解脇驗之良是，父子相持而哭。父于旅邸已別娶，生女，贅夫，遂以家事付其女夫，而歸奉養二十餘年，以壽終。

璩伯綵（江山縣志）字子光，家貧，力耕以事母。母病，躬視湯藥，妻拂母意，即出之。母吐痰盈甌，伯綵私取吞之，曰：痰寧病我。因引刀割乳，刲股。弟伯緒亦刲股煮粥糜以進，疾果瘥。後十年，母卒，哀毀，廬于墓側，有芝草生其傍。

王仲義（江山縣志）字宜之。父篤疾，願以身代。及卒，廬墓三年，刻木為像，事如之如生。母薛病卒，廬墓，哀毀過甚，竟死墓所。妻徐氏亦以孝聞。

徐員（萬曆常山縣志）字必方，少孤，負依母，再醮其弟。員稍長，蚤起，獲金環一枚于道，用居積，輒大售，以起。乃迎母歸養，以次贖諸弟。進先至後，各安末，欲各掌二。弟有難色，員曰：「義不可以利制，弟而可棄，吾不得與子先共餔糜矣。」二弟悟，掌亦歸家，咸均析。鄉黨服其義。

張懷貞（弘治衢州府志）字應祥，開化人。父邦達，任知縣，有罪當刑。伏闕陳情，乞以身代，上憐其意，俱釋之。

王鐸（衢州府志）字孔振，西安人，為崇仁知縣，調湖廣竹溪縣，三告養親，不允。及父卒，遂終身不仕，以事母。

毛公器（正德江山縣志）父歿，廬墓三年。母歿，仍廬墓側，朝夕哀號，有烏鳥馴遶，人以為孝感。

郎信賢（弘治衢州府志）字啓明，常山人。幼失父，事母徐尤加謹。母病，躬侍湯藥，衣不解帶。母年九十四，信賢時亦七十。母歿，葺草為扃，僅可容身，置喪側枕塊而卧，朝夕哀慟，因疾以終。

龔崇堯（萬曆龍游縣志）父有疾，經歲不瘳，崇堯日夜衣不解帶。及卒，哀痛幾絕。會鄰人失火，風烈甚，崇堯號泣柩側，俄反風火滅。葬時有異鳥數百集塚上。

樂惠（兩浙名賢録）字子仁，西安人。事父母，曲盡孝道。母患瘋疾，手足拘攣者十三年，惠溫衾扇枕，飲食撫摩，必躬必親，始終不怠。及父母相繼卒，與妻吴氏負土成墳，廬墓三載，朝夕哭奠，哀絰不去一身。一夜風雨，虎入其廬，馴若畜犬。

陳恩（衢州府志）西安人。正德進士，為中書舍人，充趙王陵寢使。先是，以事北上聞父疾，遂歸。其在南雍時，夢母疾，徒步至家，而足重繭。母疾竟瘳，咸謂孝感。

葉希學（萬曆龍游縣志）幼孤育于母傅既長孝謹恪至兄客死撫其三子如己出母卒哀毀垂絶

施介夫（開化縣志）字公叙尚書郎恕之子母病有疾侍奉湯藥衣不解帶者逾月母逝嘔血毀瘠扶柩還至丹陽時久旱河水絶流呼天號泣是夕大雨河水溢達浮歸葬母性嗜李介夫見之必泣家人不敢復設

余居中（西安縣志）性純孝二親逝幾不欲生每當春秋舉奠時必伏地悲號杖而後能起旁觀者為之酸鼻以母諱日嘔血而卒

劉士傑（西安縣志）少孤事母至孝母病籲天刲股母殁廬墓三年

徐日敦（徐鳴玉徐孝子傳）西安人甫九歲父病篤籲天願以身代及殁哀動路人稍長事母克盡色養侍寢問膳愛敬備至五十年如一日母七旬齒落令婦以乳哺之兄亡撫姪姪亡嫁姪孫女不異所生

陳情（衢州府志）西安人親疾籲天求代既葬有副燕舞于墓側甘露降于墓木者五日

汪令德（開化縣志）字潤中孝廉朝仕長子總角失怙事寡母張承顏迎志曲盡心力撫弟妹各底于成與弟令儀舌耕供母晚舉明經司訓瑞安

徐應雷（衢州府志）西安人五歲喪母哀毀如成人繼母吳多病應雷禱天願以身代叔某無出父任道友愛之父卒應雷事之無異于父一時稱其孝友

國朝

葉南生（舊浙江通志）字珂玉號蒼眉天性孝友幼失恃哀毀骨立如成人及長父疾革告天刲股絶而復甦苫踰月及卒家雖貧祭葬如禮事繼母盡孝撫幼弟極友愛扶之成立

江上達（衢州府志）開化人性至孝父愛延客上達恭雜侍立至午夜父不寢不敢寢遵父命焚遺券濟急拯危無虛日明季寇盜充斥過其門皆不入

徐錫德（衢州府志）字克明常山人大雅孫少孤貧母江氏病革籲天願減己算延母壽寧妻江氏侍奉惟謹湯藥必親嘗衣不解帶者累月撫弟姪皆篤恩義取産均析則讓膏腴而受磽瘠其他樂善好施或焚券或輸金不可枚舉

宋觀教（公舉事實）開化人性孝父衍瑞卒哀毀不欲生遇祭哀必號泣終日母金患瘋疾親侍湯藥不離臥榻者十五年後復染他症觀教焚香籲天願以身代疾漸愈又三年乃歿哀痛如喪父時廬墓數載甲寅歲好弥禮弘信為寇所擄觀教贄橐贖歸

樊之鎮（公舉事實）常山學廩生父克庸卒擗踊成服水漿不入口者七日事母詹氏尤孝謹母疾躬視湯藥衣不解帶籲天願以身代及歿哀毀如喪父時既葬結廬墓側者二十一年後以哀毀成疾竟不起

董斌（公舉事實）龍游人甲寅閩變奉二親避居村落力田以供父母父病篤籲天請代淚目流血父母相繼終廬墓三載

趙叔廣（公舉事實）常山人父為賊所擄叔廣牽衣號慟不忍舍賊怒拔劍欲殺父叔廣冒刃請以身代賊憐而釋之遂得俱免于難母老兩目失明叔廣以舌舐之嗑指血和藥以療期年復明

詹鳳儀（題旌冊）字韶成常山人九歲喪父呼天搶地幾不欲生每出就外傅必稟命先歸代母執爨母歿悲慟終其身

汪允祐（題旌冊）開化人負母避賊不憚險阻棄妻不顧妻投水而死允祐逃至遂邑山中粮盡乞食以奉母後母卒廬墓三年

張廷聖（題旌冊）開化人性至孝家貧菽水承歡康熙甲寅值閩逆之亂山寇竊發父為賊所獲廷聖星夜剖間直闖賊營求以身代賊并繫之並受拷掠日

父嘗來少懈秉夜負父越墻而逃追急匿橋下深水中遂得脫兄延瓶早喪遺孤森年十歲亦被擄不知所往父痛念其孫延聖不避艱阻尋至江西樂平縣聞在賊寨百計措金贖回母病衣不解帶及歿哀毀骨立廬墓三年

徐灝（公舉事實）字景梁常山人性至孝康熙甲寅耿逆陷城父錫德被擄酷刑索餉時灝甫十四以身蔽翼叩顙流血曰寧箠我勿傷吾父賊感其誠兩釋之後父患喘疾灝侍湯藥衣不解帶者五載及歿殯葬盡礼廬墓三年猶不及親舊以礼相繩灝泣曰吾久侍左右何忍置親獨處荒郊耶族人有爭產者經年不能解灝聞誠諭之曰若輩第知有產亦念先人原屬一體乎遂割己地以釋其爭

嚴州府

晉

夏孝先（元豐九域志）嚴州之民喪父廬于墓側嘗有野火奄至俄而火為之滅尋復湧泉出其地

唐

祝希進（唐書孝友傳）桐廬人（嚴陵志）父喪廬墓側芝草生有巨蛇至其所

許利川（唐書孝友傳）睦州人（冊府元龜）為睦州司士參軍居母喪以孝聞有芝草八莖及連理樹一株產于墓廬

陳京（明一統志）桐廬人有至行親喪廬墓大曆十年刺史蕭定上言表其門時人目所居鄉曰至德里曰如曾

戴元益（唐書孝友傳）桐廬人（嚴陵志）五世同居庭木嘗藪枝生連理

何起門（唐書孝友傳）建德人（續文獻通考）父死廬墓大曆中刺史蕭定以狀聞旌其門

宋

周大雅（嚴陵志）壽昌人居親喪廬墓三年蹭葷不入口有羣烏馴其旁

陳氏三子（嚴陵志）分水人莫詳其名因父抱恙危重三子同日刲股肉煮粥進父即愈

徐亨（嘉靖浙江通志）桐廬人宣和初方臘寇起亨兄為賊所執亨叩頭告曰家有老母兄能養請代其死賊舍其兄而殺亨

陸特雍（嘉靖浙江通志）淳安人幼孤貧與兄力樵以養母稍長補郡學生念母兄食不給語掌膳者曰吾日飯勿盡炊顧粥一膳遺母自以一膳分為晨午後登宣和三年進士第中博學宏詞科歷秘書丞知建昌軍請以恩官其兄子

徐明（嚴陵志）建德人紹興九年母病刲股取肝以療之母病即愈

余機（嚴陵志）字大倫遂安人母喪明以舌舐之復明如故嘉定元年舉孝廉授江陰令

方奭（萬曆嚴州府志）淳安人事父母至孝

唐特澤（萬曆嚴州府志）淳安人兄弟友愛終身無間言

何崇源（新定續志）居建德縣買犢鄉母蔣氏年八十四景定四年抱恙沉重崇源手右股刲肉煮粥奉母即愈咸淳五年母再疾復行刲股母病隨愈

陳師清（新定續志）居建德縣仁行鄉母年八十抱恙危篤師清就右脅取肝煮粥奉母即安睦州

蔣德定（新定續志）居建德縣買犢鄉，母吳氏抱恙沉重，德定就右股刲肉煮粥奉母，即愈。

徐大發（新定續志）居建德縣慈順鄉，母劉抱恙危重，大發同妹五娘各就左股煮粥奉母，即愈。

元

余丙（元史本傳）遂安人。幼喪母，泣血成疾。父亡，不忍葬，結廬古山下，殯其中，日守視。有牧童遺火延殯廬，丙與子慈撲不止，欲投火中，與柩俱焚。俄暴雨大風

姜薫（元史本傳）淳安人。七歲而孤，養母至孝。母死，哀慕幾絕。既葬，獨居墓下，朝夕哭奠，寂寞荒山中，影自煢煢，蔬食飲水，一衰麻，寒暑不易。同里陳氏、戴氏子不能事其父母，聞薫之行，愧感而悔，皆迎養焉。

汪以興（嚴陵志）字伯可，淳安人。母聶氏，生以興一歲，被逐，鞠于嫡母。既長，知其故，乃裹糧尋訪，日久糧絕，草眠乃食。至宣城，方得愈，遂奉歸，養十年乃終。

郤景新（嚴陵志）淳安人。幼失父，事母黃氏甚謹。每遇病，衣不解帶，湯藥必親煮嘗而後進。母年九十餘，常穢床褥，間景新輒以手除之。及母歿，停喪三年，卧指樹寢苫枕塊，朝夕哭奠，如初喪。

明

姚甫（姚雯姚甫擒散傳）字伯華，桐鄉人。元末兵亂，甫家頗溫厚，奉二親匿閭原山中，各挾資費以行。倉卒為羣盜所迫，投叢莽間，散失不知所在。盜逼父出，呼子為後，盜所得。母聞責所挾物，馳救，盜並推崖下，墜石死。明日盜稍退，甫遍野號呼追求，不得，哭聲徹天。有告者曰：「爾親在崖下。」趨視之，則皆死矣。甫用絳紬被二裹其父母，以肩擔之，乘夜由間道奔桐江，至姚家山，負土築壘，痛哭嘔血。討遇難時二月也，不知死日，每臨二月，則終身絕酒食，擁爐而泣，淚傾注，灰盡濕不已。

蔡廷琮（嚴陵志）建德人性孝友父子儀病篤廷琮焚香籲天乞以身代遂愈母盲廷琮捐資濟貧祈得母目復明

潘仲春（分水縣志）字正和父訪卒喪葬盡禮同兄孟春應春廬于墓左

汪士臣（淳安縣志）父病割晝夜衣不解帶因積瘁病目失明比父病痊已目亦復明後父故叔嬸繼逝遺孤三人親愛甚篤延師擇配分己產以贍之

邵焜（嚴州府志）淳安郡學生孩提時即知謹事二親父遘重疾百方禱治不效乃割股以進尋愈

方汝成（淳安縣志）邑東金坂人事父母溫凊必敬父歿廬墓三年母歿亦如之

徐璠（建德縣志）居父喪盡禮母病家被火乃衝火負母以出母生而璠則患瘵以死妻宋氏安貧守志

方雲槐（遂安縣志）字慕庭六歲父文謹卒事母余氏至孝家貧力耕卜葬祖父負土成墳孺慕七十年如一日

王瑁（兩浙名賢錄）桐廬人幼失父事母至孝居喪哀毀骨立負土營葬廬墓三年慈鴉數百集于塚木瑁朝夕哭鴉亦哀鳴與相應喪畢瑁歸鴉亦散去

章琳（桐廬縣志）字元器鍾山鄉人節婦駱氏子也六歲母病時值溽暑即能為母扇枕人稱為小黃香母寢室後有巨木多蛇母見驚病琳焚香籲天是夜風雷大作拔木出墻外母病即愈母歿廬墓三年寒暑無間作哀思錄數十章

方貫（萬曆嚴州府志）淳安人家貧采薪以養父母父（母）歿負土為墳廬側三年虎至貫所亦不為暴繪二親像凡事必告飲食必薦如親在時終身不娶、、

戴啓祥（建德縣志）字譽綸襄亨子父卒哀歸幾斃以母在勉強飲食母年八十六卒撫棺慟曰兒一終母事即相隨地下矣抱病伏土以哀毀嘔血而亡

毛國章（遂安縣志）邑庠生吏部一瓚次子事父服勤盡孝居憂廬墓三年足跡不至私室朝夕哭臨如初喪承遺命為伯父一珍服三年喪貲產一無所取

姜宗齊（嚴州府志）建德人父病篤割股救療以生後父故家貧如洗奉寡母撫幼弟不辭勞瘁母病焚香祝天願以身代湯藥親嘗踰送得母歡心母終以香木刻二親事之

毛存元（獻徵錄）字時春事母至孝母愉亦愉母泣亦泣母不食亦不食母恚怒則長跽竟日必恕釋而後起後母病將革存元目不交睫衣不解帶者浹旬祝于天願以身代迨逝絕漿屏粒雞骨支牀為孺子泣

陳滄（王思任孝敘堂記）字友泉淳邑諸生事嚴父惟嚴母疾終月不解帶母卒廬墓三載事庶母若嫡友異母弟若胞晚年紋在其手曰全孝

國朝

徐萬熙（舊浙江通志）分水庠生父志進山賊執索餽貲無以應萬熙奔救願以身代賊不聽殺志進萬熙奮不顧身以頭觸之亦遇害

詹符（舊浙江通志）遂安人在前子山寇亂符負父疾走數里賊追及以身蔽父賊怒殺之父卒以免

毛周尹（遂安縣志）字蕩侯性至孝母卒哀毀骨立山寇掠其父之恒索重貲取贖周尹鬻產稱貸三赴賊營贖父不得力已竭乃歸泣請以身質代父歸數日其父往贖則賊已解散周尹不可蹤跡蓋死于賊中云

方之琪（公舉事實）遂安人侍父病衣不解帶湯藥必親嘗及卒廬墓三年如一日弟為寇所擄母朝夕思念不已琪跋涉七年備歷苦若始得弟歸

童愷（公舉事實）遂安人父升卒勺水不入口者三日孺慕終身母病涕泣悲號至嘗矢以驗及母卒哀毀廬墓

余琪（公舉事實）遂安人父人龍病籲天請以身代病復痊母患瘋癱躬視湯藥衣不解帶者數載居喪哀毀聞者垂涕後葬松雪山三年寢食墓側侍奉如生

後琪年至八十子孫介壽稱觴猶相顧泣曰爾違事父母予不違事父母耄年隱痛具有極乎

任昌福（題旌冊）遂安人母病醫藥弗痊昌福籲天虔禱五晝夜而母疾愈後年六十乃終與父合葬廬墓三載始歸

汪達（題旌冊）淳安人母卒哭泣擗踊水漿不入口每念劬勞之恩輒嗚咽不自勝竟以憂思成疾越三載亦卒

吳達觀（題旌冊）淳安人母喪躃慟兩目俱瞽父喪哀毀骨立廬墓數載

吳家駿（題旌冊）淳安人母病癱家駿以口吮之夜則焚香露禱願減己年以益母壽母終執喪哀毀既葬守墓三載

余樹勛（題旌冊）遂安人父卒廬墓三載事寡母尤孝謹凡服食起居必親為調理母歿哀毀盡禮如喪父時

阮駿（題旌冊）淳安人八歲失母歸泣柩前不飲食者累日年十八父病篤籲天求代及歿哀毀骨立葬後廬墓三年

溫州府

宋

仰忻（宋史本傳）字天賜永嘉人年五十餘執母喪盡孝盡躬自負土廬于墓側有慈烏白竹之瑞

王輔（甌江逸志）父格病篤思得鯽魚方盛暑不易致輔禱于井鉤而得巨鱗進父病旋愈

趙彥霄（自警編）溫人趙彥霄兄弟二人父母服闋後同爨十二年兄彥雲聲色自娛遂求析籍五年生計蕩然逋負尚三千餘紙霄因除夕置酒邀兄嫂告曰向昔初無分異意以兄用度不節恐皆蕩盡但有饑寒之憂今幸留一半亦足以給兄自今復歸中堂以主家務即取分書火之管鑰之屬悉以付焉且言

溫州

所逋負已諸錢債之
矣兄有慚色從之

陳宗（宋史本傳）永嘉人年十六母蔡病篤刲股
為餌病愈已而復病不救宗一慟而絶

薛特立（萬曆溫州府志）字才翁永嘉人事母孝母年八十
四齒盡脱特立夜焚香以禱于天歲餘母齒更生

張氏子（萬曆溫州府志）逸其
名性至孝親没廬墓

錢文鄉（嘉靖浙江通志）樂清人方數歲執父喪如成人時三舍法行方鄉方冠
領郡學生諸生肅然斂之奉母居白石山闔族同居三十餘年無間言

連世瑜（萬曆溫州府志）樂清人同妻
方氏事母孝母死刻像以奉

周忠輔（萬曆溫州府志）字端臣永嘉人母葉氏嘗病癱瘓
力醫治藥必親嘗衣不解帶及母亡哀毀成疾卒

元

周欒（元史本傳）瑞安人父日成通經能文海賊竊據溫州拘日成置海舟上欒隨
往事其父甚謹一日賊酋遣人沉日成于水欒泣請曰我有祖母幸留父侍
養請以己代父死不聽
欒抱父不捨遂同死焉

王貴翁（瑞安縣志）字君傳家貧授徒養母山寇至貴翁不顧妻子負母避北湖山
為賊所執求贖弗獲被其母衣貴翁抱母血泣賊怒殺之越三日母亦卒

朱童子（永嘉縣志）逸其名居江濱海寇猝
至母投江童子哭母亦投江死

李寔（萬曆溫州府志）樂清人元兵南下寔奉祖母〻匿山中祖母〻被執兵索金
不得束火灼其祖母〻號泣取水以沃火主者怒將斬之寔懸金刀頭捉

身求贖見無活母意置金地上曰若去父母妻子萬里至吾土獨不愛其身乎若殺吾母吾寧甘心若即主者頓左右曰真男子不畏死令取金而俱釋之

胡野盧（永嘉縣志）父義為縣胥徒縣尹劉公源弟公寬以兵襲方明善弗克方捕劉氏黨義被執野盧挺然出曰事劉尹者我也執父奚為遂斬野盧而釋其父

周士威（萬曆溫州府志）永嘉人方明善據溫居千佛寺士威兄士行為明善守柵門因劉公寬夜襲罷守門明善囚士行于獄士威詣獄吏請曰吾兄弟皆孤籍外郷母吳氏以存今吳氏八十六矣幸兄在求食養之吾無能為願以身代獄吏憐而易之士威遂遇害

魏保（萬曆溫州府志）永嘉人父忠亦以守門為明善所執將斬之保趍刑所以身蔽其父曰是夕守門者保也保當罪伸頸受刃父得釋

林甲乙（萬曆溫州府志）樂清人早喪父傭作養母及母卒家貧無以葬指越數日尻壞液流指外臓氣達聞甲乙盛以磁器對天慟哭盡飲之流液遂止臓氣亦息人以為孝感所致

張端（平陽縣志）涿州人父君錫任平陽州判官因家焉時方明善破平陽俘君錫入郡城端隨往日夜涕泣不食父曰我分在必死爾歸視家何以我為念端曰父辱子死兒寧獨生既而明善沉君錫于水（江）端抱父俱沉死

王泰（最樂編）永嘉人幼失怙恃鞠于伯父吳元年冬大兵至伯父為兵所執求財物不得將殺之泰年十五匿叢薄中躍出紿兵曰兒知藏物處伯父遂得釋去泰引兵佯掘數坎悉無物乃涕泣告曰兒實誑脫伯父而代之死兵怒斬之仆于地各散去伯父還撫泰屍哭見頭骨已斷而喉尚連屬乃捧其首合于頸取藥塗瘡舁之床試以水滴口稍能嚥七日乃甦言方斬時若風冷然過頸良久熱痛暈去若有數人過且指曰此子甚孝不當死即令一人療治之頭若冰

雪痛達止凡八越月
瘡始合而首竟偏

明

張正（蘇伯衡張正傳）字思中平陽人九歲父仲達喪歸于母林十三歲母瘡發于頸醫視曰此瘡惡不可言腫若至鼻即不可治正憂恨倉皇走城隍祠匍匐泣禱引刀刲股肉持還穿粥以食母瘡愈立愈年三十娶婦陳事姑稍懈正曰娶所以為養也若不盡力奉母何以爾為妻亦感悟母滯下伏枕出糞淋漓正時以手掬去之無難色後六年母疾醫謝不可為正禱于東嶽行祠復刲股和藥藥未進而母殁矣朝夕悲號既葬日坐墓所哭泣無間寒暑

陳經（名山藏）平陽人少孤事母至孝遇倭至負母逃避竟遇之連倭索母耳環經與之倭以刀截母耳及其肩而死手猶未釋母也

黃遜（永嘉縣志）痛父早逝奉母極孝母病目失明遜扶持不少離母殁哀毀逾禮與人言及父母輒涕泣廬墓終身

章友善（平陽縣志）父成高在海塘虎攫之友善奮不顧身疾奔以拳毆虎筋骨盡露虎棄去父得活後友善手愈而骨折

薛必光（溫州府志）平陽人少孤年十三事母及祖母盡瘁備作以養祖母及卒喪身以供喪事母病刲股以療及卒柩在家倭寇大至空村避去必先獨守母柩不避賊亦本不入人謂孝感

南孟明（溫州府志）永嘉人父文相以荒穀事罹罪孟明方弱冠挺身代父備受箠楚事白郡守劉芳譽襃其孝

王欽穆（溫州府志）永嘉人父以中書謫戍聞者欽穆年十三詣闕上書朝憫其孝為復父職

朱元昊（名山藏）樂清人事母至孝母性嚴厲元昊年五十嘗受笞治池生池上值寒凍誤墜水中母疑其受笞而慍也恕復杖之衆為跪請得已其妻又以子

婦之譖不悅于姑元昊不敢辯屏之十餘年寢處常在母側後以產生應貢且行母乃名其妻復為姑婦如初、

陳序（平陽縣志）字惟倫父沉病剸三刲股以瘳

葉世愛（萬曆溫州府志）字友敬樂清人家貧出遇甘美必懷以遺親親病時多蚊乃裸臥其旁以身飼蚊親不食亦不食委衷妻或勸之娶曰男子失義何以責婦人乎

何小二（萬曆溫州府志）樂清人年十歲父為寇所執貧不能贖小二請往代母固止之泣曰父歸則舉家可活否則俱死遂竊往得父還小二竟不知所終

姜約　姜絅（瑞安縣志）約字子充弟絅字子斐俱廩生事親事養備至兄弟無見如資斗粟尺帛未嘗私入親歿廬墓三年約以貢死京邸絅聞朝夕慟哭迎櫬歸數日亦飲哀而卒

葉瀚（永嘉縣志）幼孤事母病數歲不懈妻不順母意遂出之

國朝

呂世英（舊浙江通志）永嘉人父鳴盂疾篤世英割股療之至再病再割皆愈

處州府

宋

何執中（宋史本傳）字俗通龍泉人為太學博士以母憂去寓蘇州比鄰夜半火執中撫柩擗慟誓與俱焚有頃火郁柩得存

處州

高停肱（括蒼彙紀）麗水人七歲喪父廬墓盡孝

陳茂元（括蒼彙紀）麗水人居母喪哀慟水漿不入口者四日既葬廬墓

趙文澤（續文獻通考）麗水人六歲喪父廬墓有群鼠啣花白鶴來巢之異

周奇（括蒼彙紀）麗水人九歲喪母卧墳側二年有赤雀數十巢其旁可俯而窺

周智（括蒼彙紀）字思鄉麗水人六歲喪父廬墓有紫芝一莖七葉之瑞

潘洵仁（括蒼彙紀）字行中松陽人盜起奉親逃匿遇賊奮身翼父身被重創不少卻賊内刃相傾曰孝子也引去及長遭場屋不利遂躬耕以悅親、、

周孝聞（括蒼彙紀）龍泉人七歲居母喪廬墓

楊富老（續文獻通考）麗水人七歲喪父廬墓三年不返烏鵲來巢木生連理

王源（括蒼彙紀）麗水人父大方任江西安撫司既卒歸葬于鄉之梅村源方九歲廬墓安毀瘠

詹迥（括蒼彙紀）字明遠縉雲人初廬墓致甘露降于家

葉應光（括蒼彙紀）麗水人母王氏病革應光夜半燃天禱天俄有鵲飛墮應光取烹和粥以進母病即愈

薛溶（括蒼彙紀）字平川松陽人繼母項氏性酷溶曲為承順奉饍養備至每歲時為壽率子弟羅拜積久項感悟愛溶并若己出及項歿葬祭盡禮

元

祝公榮（元史本傳）字大昌麗水人隱居養親事母甚孝母歿居喪盡禮竈突失火公榮力不能救伏棺悲哭火自滅鄉里異之塑二親像于堂朝夕事之如生

湯汴（景寧縣志）字與道惟德子父喪哀毀蔬食三年不入內寢事後母朱尤孝謹

葉峴（括蒼彙紀）字見山青田人母嘗病心痛扶持不離側母憐之令外息峴夜潛入間壁捫心達旦

詹國芳（括蒼彙紀）松陽人元季兵亂親不獲葬寇至國芳抱棺號泣寇曰孝子也不忍加害既葬廬墓哀戚積雨崩墓穌不受傷衆異之

劉順（括蒼彙紀）字子謙松陽人父故母病竭力營家貲以延醫至廢寢食母將危刲股進療焚香告天願以身代迨母病瘳絕葷酒以祝母壽

明

祝崑（明孝友傳）麗水人元末奉母避賊山中賊追及母急投崖下崑擲身赴救忽雷雨大作賊駭散一時避難者俱脫母墜深崖幾絕崑挂樹猶不死卒負母而登

祝金（兩浙名賢錄）字廷心麗水人父彥方同知安樂坐累謫役鳳陽金即脫縫掖衣短負衣負背裝往代勞役父遘瘍金籲天請以身代父瀕死者數四絕而復甦已而父遇恩得復官遂引年致仕比歸而疾作弗能起金盡心湯藥衣不解帶者七年父歿擗踊不欲生恐傷母心扶杖啜粥治喪寢苫三年每夜伏塊飲泣比曉拭淚以事母備極甘旨時時強笑以求母懽未幾母復歿哀毀如喪父凡父母平生所嗜終身不忍食遇忌辰必先期齋沐致祭必慟哭不食者累日

葉繼華（松陽縣志）年十六父念解白糧洪武初軍興糧急違限擬死四子皆哭別繼華獨曰吾隨父往設有意外吾當代奚哭為父以繼華年少不聽往聽

華尾之而行，比至，果怨期將就刑，結草乞請代父，遂同時亦有母子爭死者，皆哀歸慟地。司刑哀之，上其事，得俱釋。

高文錄（括蒼彙紀）字仲暢，處州衛人。力學安貧，事親孝。母病，刲股救療，籲天願以身代。既衰，停柩寢室，夜半聞母大呼曰：「好看我。」文錄驚，須臾，隣家火起，文錄撫棺痛哭，火至舍傍而止。又嘗廬墓側，虎夜啣豕遺之去，人皆謂孝感。

陳遂（括蒼彙紀）字宜民，麗水人。天性孝友，割股廬墓，出于至性。兩奔親喪，徒步千里。嘗易己產代姓輸逋負。

厲孝先（崇禎處州府志）青田人。少負，父被誣繫京師，身往代之，尋白其事。父適疾卒，孝先竭力營葬，欲逆柩，路費之資，悲泣不勝，忍自鬻其身。鄉人仕于朝者聞而憐之，贈以金帛，始得歸葬。

馬璉（崇禎處州府志）字宏哭，縉雲人。父病痢，璉衣不解帶，焚香于臂，籲天祈代。父歿，哀毀，葬，任負土築墳，自程其力，日致四十擔。里人名其塋曰孝子故。

樓景明（括蒼彙紀）縉雲人。父疾，刲股和羹以進，籲天祈代。父卒，停柩中堂，居隣失火，號天大慟，火隨息。

鄭濂（括蒼彙紀）縉雲人。代父往戍遼陽，以不及事父，望雲悲泣不置，同役者呼為望雲先生。統兵者聞而憐之，令代還奉養，益謹。及父亡，哀毀成疾卒。

周豪（縉雲縣志）父久病，醫禱弗效，祝天斷葷飲三年，每夕焚香拜斗，祈代。忽一夜夢神告曰：「國可烏可療。」起索，果得一烏，為羹進父，疾瘳。發為疥，豪日夜仰搔之。其妻屢勸治生，怒出之。父疾復作，斷葷祈禱如初，疾又愈。後父終，無葬具，傭身取直以葬，廬于墓側，越期而死。鄉人憐而葬之。

丁愈（括蒼彙紀）縉雲人。早喪父，事母先意承順。母病，籲天願以身代。及卒，殯葬營葬，泣血三年。貢授景州訓導，曰：「仲弟姪壯未室，季弟業儒未宦，安得自享。」公祿廼為姪娶婦，與弟貲納為典儀。自少至老無一妄語，識者咸稱為道義之士。

周思立立（遂昌縣志）洪武末父閔宗畏爲掾自斷其指時法當徙事覺逃匿官執思立詣獄會大雪數尺思立被拷掠置雪中幾死遇赦乃求得父〻意思立必死悲泣喪明思立日甜其目卒復明人稱孝感

黃夢庚　黃夢裴（蘇伯衡黃夢庚夢裴合傳）夢庚字伯明弟夢裴字伯晉麗水人兄夢池爲龍江宣課司大使以入課鈔惡繫刑部獄夢庚走京師視之會有詔旨罪無大小得輸粟邊郡自贖夢庚謂夢池曰兄罪不可測天幸有此頒鬻家田往輸夢池持不可曰今日鬻田父母他日何食夢庚曰兄繫獄父母朝夕食不下咽使兄獲免罪歸父母啜菽飲水無不樂者兄如然不可當擊登聞言于天子夢池恐乃許之夢庚馳還家白其父夢裴欣然持券東西奔走貿白金予夢庚乃北行道病幾死者數達大同輸粟五百斛刑部乃識出夢池

周子輝（括蒼彙紀）字彥華遂昌人弟子忠永樂初被誣坐死罪連妻子〻輝謂其妻曰吾弟死二子尚幼未能保其必嗣若姪與其母俱死吾忍弟弗嗣乎妻曰以吾次子孟曉代之子輝曰是吾意也遂以曉往曉方十四歲慨然從命往竟刑于市子輝與妻愛弟二子若己生後俱長復以己產均分

李洞（明一統志）麗水人舉進士賊陷郡父沒于兵洞隨官軍收復得殺其父者手刃之

趙初（兩浙名賢錄）麗水人少遊邑庠家貧力學事父母以孝聞宣德間父以疾卒初哀毀骨立杖而後起苦無葬地友人吳伯昭割地與之躬負土成穴遂成疾竟不起其友牛通憐初之死于孝也舁其親葬焉

李俺（兩浙名賢錄）縉雲人侍郎棠之子事父母承顏怡志竭盡其誠父撫廣西侍母左右頃刻不忍離及應貢母因遠赴部冢宰王翱欲授京職以母老辭曰願歸養不願仕也與金華教授又辭翱曰有此父乃有此子既居喪疏食三年足跡不履私閫祖母楊氏以患瘡俺以口吸之無難色

樊迪（崇禎處州府志）縉雲人。事父母承順，溫清動遵古禮，雖薄味必親製以進。母年九十終，寢苫三年。得疾，事父益謹，同寢處垂三十年。父百有三歲，殁，哀毀如喪母。

黃鐸（兩浙名賢録）字仲信，遂昌人。曾祖道俊，丞襄陽，以詿誤下大理。祖原照擊登聞鳴冤，搖死鼓下。鐸痛祖以孝死，乃建望雲庵，肖像于中，哭泣不輟，以孝友名。其堂至今稱孝友黃家。

顧仕成（崇禎處州府志）龍泉人。事繼母孝謹。母病疽，吮血而愈。及殁，哀毀。既葬，廬墓三年，有白兔、紫芝之祥。

楊泮（括蒼彙紀）字肇卿，慶元人。幼喪父，甫冠補邑庠生，竭力事母。母病，焚香祝天，請以身代，仍割股療之。未嘗頃刻離母側。母殁，數日不食。二親墳土石皆躬負，廬墓三載始歸。母素畏雷，每遇風雨，往墳哀哭。

湯成大（景寧縣志）事母孝謹。妻湯氏少拂母意，黜之。母年漸老，瞍目俱瞽，日爲舐洗澣滌，問寢視膳。年七十無嗣，母壽九十卒。

葉志（遂昌縣志）字希尹。母病，割股以進。後志病篤，子尚木亦割股以進。孫克芳方九歲，亦割肉療母。人稱世孝。

單槐（崇禎處州府志）處人衛人。事母盡孝。逮貢，母年七十，依依子舍，不忍離。母病，躬親湯藥，日夜忘寢，致右目失明。冒雨渡溪迎醫，失足水中，得漁人救，不死。

張處重（兩浙名賢録）景寧人。父伯澄，以詿誤被逮，擬至虔，不能免，欲自經。兄弟四人皆徬徨無措。處重年二十，獨毅然曰：事雖難，脫賴可生。視父刑，爭，囑其妻周氏曰：我往必死，汝當善視吾親，撫吾子也。言訖就逮，竟死于獄。周氏刻苦自立，終全晚節，人稱孝節。

吳翱（括蒼彙紀）字存翔，景寧人。成化丁亥，母陳氏遘疾，越明年疾且劇，百爲不療。訃無出翱。翱忽晨起，悉以家事屬諸弟，若有事遠行者，貿貿而出，家莫測其意。

至墓扶憊而歸喘息仆臥出肝肉寸許付諸弟衆方詰之曰吾度母疾不可治走謁神祠剖胸取肝以香爐中灰塞血穴血出不止遂昏然無所省比覺日已向夕蓋既絶而復甦也遂剉肝肉糜中母食之疾頓愈聞者爲之垂涕焉

梁祚（瑞琴孝感記）景寧人母終未葬成化間洪水暴至衆競挈貲具以避祚獨念母櫬未舉號泣徒跣躬往攀扶漸水深不可立顛躓幾沉沒者數四祚盡力以必濟爲期既而水勢盤旋若有推而助之漸入堂奥浮一棧梯爲固乃號于人曰母櫬可以無慮矣既而檢其家具所漂失者亦甚無幾衆咸異之

吳一鵬（續處州府志）遂昌人年十七同巷失火一鵬在外念母奔回家已在烈焰中狂號欲入人以火勢甚熾殺身無益力挽之一鵬曰母死何以生爲挺身而入火斷出路母子俱斃有司白諸當道建坊以旌焉

國朝

徐昂臣（崇禎處州府志）字忠孺松陽人總角時母有危疾籲天封股幾絶母卒不能起歸痛廢寢食服闋補弟子員以扶父櫬于京邸苦瘁而卒人稱其孝

王家較（題旌冊）雲和人康熙十三年耿冦掠鄉邑父王產被擄燒身索金帛將斃家較直走冦所哀懇求代冦乃解父索縶其頸家較割衣一幅剪髮一縷授父曰兒必死以此寄兒婦爲他日遺腹作念冦挾之行至泰順遇官兵得釋歸見父相持號泣

卷十終

倪會鼎（鄉賢留祀冊）字無功，會稽人，文正元璐子。嘗議處麻溪壩霪洞為旱潦蓄洩之計，又董築西江塘，極其堅固，山會蕭三邑賴之。家貧，鍵戶著書。有山陰令持白金百兩以資者，凡三至，三返之。

張朝琮（鄉賢留祀冊）蕭山人，為文安、三河令，擢薊州牧，歷永平守，有政績。蕭邑逼近江塘，風潮衝決，淹及山會田禾。朝琮議建西江條塘及修築潭頭壩閘家堰，又著刻蕭山水利書以垂永久。

胡嶽（鄉賢留祀冊）會稽縣庠生。嘗著家規，每朔望必集宗人諄解勸勉，存心濟物。康熙二十年間，有洞浦人劉見龍遭訟負無出，欲賣其養媳；二十三年，有山陰塾師朱觀生因夙負將鬻妻以償，嶽俱首倡捐資，俾各完聚。手製藥療人，寒暑不輟，全活甚衆。

王九思（鄉賢留祀冊）蕭山人，贈內閣中書。性孝，存心利濟。每遇侵歲，捐資賑飢。邑南沿山大路係郡省通衢，特議修葺，以身先之。

蔡一信（鄉賢留祀冊）蕭山人，副榜貢生。父遺貲產，悉與兄弟四人。至賑飢瘞骼，助人婚喪，每竭蹶為之。

蔡士駿（鄉賢留祀冊）蕭山庠生。親喪，哀毀逾禮。事兄如父，舉族子姓數百指同居，有浦江鄭氏風。邑中堤堰津梁，率先捐資修葺。

聞人炳（鄉賢留祀冊）字蔚文，餘姚人。家貧業儒，授徒餬口。一日早起，遇邑中，知會稽拾金約五十餘兩，守候良久，一人踉蹌至，問之，乃里長催科代入官者所遺。問何以驗，曰內有小包一，里嫗所納者，以紅線出之，果然，即還之。館于北鄉，歲暮歸家，夜泊舟，聞哭聲甚哀，且詰之，曰貸豪家債負迫，鬻妻以償，故相訣耳。炳出束脩金贈之，得完聚。後其子陞官光祿丞，迎養不可，輒寄奉薪水資，炳捐葺文廟，復以其餘周濟貧乏。年八十一，舉鄉飲大賓。陞亦慷慨好施，有父風。

楊煥斌（鄉賢留祀冊）餘姚人，武進士。少時遊學省城，歸途見八十老嫗為負布者所紿，持假銀泣于道，煥斌即盡捐館穀與之，嫗幸而還。言侍衛請假葬親

道經嘉興達地方兵民告訐力為排解事遂以寧

陶師孟（鄉賢留祀冊）蕭山人贈奉政大夫孝友性成撫幼弟弱妹親愛倍至祖遺世產悉讓堂兄概不析取嘗居通城幕中會山賊聚衆肆劫營弁請勦師孟謂令曰此飢民也激則負固撫則易散令從其言議全活數百人深悉河工事宜著治河明鏡四卷

陳根（公舉事實）字克生會稽人父若虛捐已田一百六十餘畝以備賑濟名曰義田事未竟而卒根仰承父志實力奉行籍田于官創立義户刊布條約于完課外悉以濟貧凡鰥寡孤獨窮而無告者隨時周給迄今六十餘年力行不怠年九十餘卒

沈士俊（公舉事實）字誠菴蕭山人年十六父病晨夕稽顙默禱于天母卒哀毀骨立性好施予三黨有急者傾橐無所吝凡育嬰施棺及置田贍族發粟賑荒之事皆力任之嘗遊會城有寧國貢人汪思泉寄金三百四十于隣人不戒于火列屋盡毀貢亦自委于數士俊慨然曰無憂吾義必不相負竟鬻產以償温州林可法之女被掠泣告于士俊捐八十餘金還贖之

趙之昺（公舉事實）蕭山人少孤奉母孝及長遊學京師舉順天鄉試第一不求仕進遄歸奉母康熙已酉湘湖隄決九鄉盡被淹沒官紳方集議之昺奮然曰待議定而後救則無及矣即出已資鳩鄉人聚畚鍤星夜堵築一邑田廬均免漂溺又修西江塘躬親督率不辭勞瘁可垂永久遇歲不登者捐粟賑濟遇親友匱乏必委曲周濟他如施藥捨棺雅傾橐倒篋無悋色至有稍貸以益之者鄒文璧官總戎累贈榮祿大夫

王璣（公舉事實）新昌人至性惇篤親柩在堂居民失火延燒璣扶柩號慟拜禱即反風滅火隣屋皆燬惟璣屋無恙捐金創家祠道拾遺金追其人還之隣人王某年老無子疾篤盡出橐中金囑以後事璣為經紀具喪而以餘銀置產為之立嗣聊族人營葬其父有鄉隣死貧不能殮畀以棺衾瘞道路遺骸有鬻妻

若出粟周給俾得完聚遇歲飢出
粟助賑凡善事無不勉力爲之

趙光仁（公舉事實）諸暨人庠生樂善好施以所置田一百八十九畝捐入儒學備三年文武各生科舉路費子月松等詳憲勒石并立規制十五條以垂永久

胡士章（紹興府志）字符鄉會試諸生少貧資館穀以養親能得其歡心後稍裕獨力建宗祠以收族人年七十三卒

台州府

五代

鄭睿（台州府志）寧海人爲都官員外郎偕尚書葉顏輩四人同請錢王俶納土于宋使浙東得免兵革睿有力焉

宋

吴福（赤城志）仙居人性質寶栝有巨賈留千金其家久之不至福爲貿遷得贏倍貲至悉以歸之賈曰向者吾留千金耳贏則君自致吾敢覬乎互相遜決之縣〻上之郡使中分其息福仍不受賈以其半捐之僧廬謂福曰君行誼如許不應久無子吾近得顏氏女願奉君爲嗣續計其後生子奉積至第兄弟皆登上第歷顯官云

黄襲明（赤城志）臨海人字原善宣和寇亂郡城多圮其北倚山無闉堞襲明首白郡以私財爲倡遂增築焉訖事寇驟至合圍數日不得入事聞詔免鄉舉

陳緯（黄巖縣志）字經仲邑人少與謝丞相深甫同學爲莫逆交已又爲婚謝既柄國引嫌自遠未嘗一至其門嘗同蔡武博修永豐等九閘復捐廩以賑飢給

台州

藥以濟病人吁為陳義士

吴渭生（仙居縣志）仙居人一歲而孤母葉氏矢志貞守以勤儉致富然樂于賑貧之渭生體母心建層樓可望十里許隣里有不舉火者潛令人以粟遺之自括蒼抵海涯悉造磚甃路行道便之歲大侵出粟散亂施濟甚衆朱文公熹為常平使以事聞補其次子椿文學

王榮（台州府志）臨海人為獄吏以活人為務太守性剛暴每杖人必見血往往致死榮為潛漬血杖中行杖即見不致重傷嘗置釜于臥處每活一人投一錢滿則更置之若無嗣一夕夢人遺湛玉巵而生珏遂以為名後登咸淳戊辰進士

丁世雄（黄巖縣志）字少雲黄巖人里中有官私急難嘗借助之税役或代之輸疾病與醫藥死而無歸者與斂葬淡弟希亮嘗訾世雄似杜季良輕薄世雄不為變及希亮病垂絶妻殁子幼請世雄屬以後事世雄為之經紀諸務皆過于希亮生之日也

陳容（台州府志）黄巖人字益之嘗立本價莊歲出緡錢數千收粟于秋而以本價糶于春其數所贏餘每遇凶歲率減市值之半邑中恒仰給焉杜清獻行為之記

王公乂（太平縣志）字治老太平人性好施與會歲歉大雪民飢閭里閉糴公乂發粟賑貸之

毛仁厚（黄巖縣志）字及之黄巖人開禧中與杜清獻公同發解于州其鄉舊有義役仁厚益緝而成之編户有田二三項者率不與遇繇急勇往當之不以累役者歲或不登發義廩貸之窶甚者不責其償又率同志懇于州縣請公廩賑之嘉定己亥歲大侵時仁厚已感末疾夢數萬蟻阻水引以竹乃得渡覺而言曰其殆飢眠需我活耶力疾走州縣請粟即忤州將勿顧也

黃原泰（台州府志）字可耀，黃巖人，性樂施予。歲歉，買粟于閩浙，損半值以濟邑人。其義鄉莊田少而役重，獨力代役二十年。郡守王公𪧘勸義莊及其鄉，或告守曰：役以田，已代一都全役，尚吝之耶？守驚，委督義莊。有兄弟訟財者，原泰出己帑以釋其爭。有鬻田于原泰者，得千緡，為僕竊而逃，憐其人，捐錢與之。

戴秉器（太平縣志）居邑之南塘，累世稱長者。秉器尤為邑里所推。族人新為宅者，將立門以出，秉器故有大園正值其地，族人不敢言，秉器微知之，中夜毀園，平其地。其行事類如此。

林蕙（仙居縣志）字文叔，性好施予。每遇歲冬深雪時，風與四顧，里有朝烟不作午，戶不啓者，輒遺以木炭。景定二年，蝗食禾，餓殍枕藉于道，捐廩以賑，不給，復罄所有易粟繼之，家由是落，終不之悔也。

趙處溫（台州府志）字仲和，太平人，與其季滕州守亥出義莊田三百畝以供義役，歲儲粟千石以助鄉之貧而無歛及婚葬無力者。

范邦惠（寧海縣志）字若賓，寧海人，登咸淳進士，隱居清泉之許，見曠土盈萊皆可耕植，率里人墾闢，而以身先之。又患乎疇艱于浥溉，循溪作堰曰大溪碶，且分築小碶者大各從地勢以通遠近之流，約田三千七百有奇，皆恃此無旱暵之憂，里人尸祝之。

元

吳焱（寧海縣志）字用晦，寧海人，咸淳進士，宋亡不仕。至元間浙東往造日本舟材，鐵百需賦重，民急，焱鬻田代輸，家以破耗而意卒不移。

包希元（赤城新志）臨海人，至元間歲大侵，民多飢死，希元計饘粥之外以穀六百石給散，邏通賴以全活者甚眾。

柯立善（臨海縣志）字遂卿，臨海人。時海寇竊發，有司令能捕獲者爵賞有差。有鄉民三人同負米入城易錢若干緡，出城一舍，惡少年利其所有，追及械繫

之誣為盜一富豪漫略少年捷為已獲以邀賞立善識其中一人為張萬者毅然陳其狀于官訊得其情三人獲免于死

吳淳（仙居縣志）字世洪仙居人嘗設義塾訓其鄉之子弟初里中惟種陸淳率衆闢白馬堰引水灌田自是得種水稻民食其利

林喬年（黃巖縣志）字松孫黃巖人一門緦服同居共爨無間言建沙埭二閘溉田萬餘頃鄉人利賴之

阮弘道（台州府志）臨海人平生好義青嶺有渡往來者病涉弘道捐金造舟募舟師給以田築屋與居為久遠計行者甚便弘道沒其子宗韶孫榮之踵而修之名之曰利涉

陳世榮（臨海縣志）字茂卿邑人嘗道拾遺鈔同行者欲分之世榮曰非義也訪其主乃委吏之婦易產以贖夫罪者婦得鈔泣謝曰妾自分必死今更生矣

韓禮仲（天台縣志）天台人從學東陽許謙之門薦辟固辭不就元統間遇兇警率衆防禦後居民被水災禮仲竭貲賑救立義塚以瘞枯骸人甚德之

汪蹇生（天台縣志）字本真天台人性簡率能急于義其姑嫁周氏家大疫家人避逃蹇生獨往侍湯藥病愈乃去

張常德（寧海縣志）字德盛寧海人家故饒裕父為里豪所併貧甚常德既長治產十餘年不減其初族人常為巨量受祖常德走撞破之至正末浙東飢發稟濟其鄉人不足令昆弟繼之又不足則徧說富人繼之人多賴以全活已而盜起大掠其鄉常德度不能拒具牛酒迎之頗無苦小民盜竟不犯其鄉

丁夢松（台州府志）字仁仲天台人嘗葬族喪六嫁孤女二至正間歲饑賴以活者數百家

婁治安（寧海縣志）字原佐寧海人讀書篤義其家以郡役被罪議產多者逮捕群從相傾相背赴治安產最下挺然獨當群從願割產以酬治安曰吾赴急義耳何以利為一無所受遂就獄輸作乾州行冒雨雪卒咸陽道上

吴文虎（黄巖縣志）字文翁，黄巖人。歲飢，貿粟千餘斛，下其直以濟邑人。貧無以糴者賑貸之。闢石甃城南路以便行者。築館延師以訓邑子弟，舉進士者數人。有司以文學薦，辭不就。

張真（台州府志）幼育于臨海陳氏。元末丁未，兵入郡城，民居被燬，老稚倉卒走匿。真獨抱主人幼子旅出，遇悍卒，脅令棄旅以從，真不可，哀籲再四。卒欲殺旅，真以身翼庇，被數刃不動，卒乃舍之而去。真抱旅還，創甚。或慰之，真曰：吾素受主恩，止此一息，何忍棄之？吾今死無憾矣。越三日而卒。陳氏子孫懷其德，歲時享祀必及之。

明

黄中德（赤城新志）字觀成，黄巖人。幼穎悟，受學于鄉先生潘伯修之門。及伯修為方氏所害，乃嘆曰：人生于三事之如一，譬其可以不沒。即聞明兵至婺，即持書間道詣軍門，請為師，復譬會方，方氏歸附，事乃寢。

鄭士利（方孝孺鄭士利傳）字好義，家寧海，少為縣諸生。洪武九年，天下考校錢穀策書空印事起。凡主印吏及署字有名者，皆逮繫御史獄，凡數百人。丞相大夫皆知空印者無他罪可恕，莫敢諫。適星變求言，士利乃為書數千言，言空印事最詳，以為誠欲深罪空印者，恐姦吏得挾空印紙為文移以虐民耳。臣以為文移必完印乃可。今考校策書合兩縫印，非一印一紙之比，縱得之亦不足用，況不可得乎？且錢穀之數，府必合于省，省必合于戶部，其數誠不可懸斷預決，必至戶部而後定。省府遠者去戶部六七千里，近者三四千里，待策書既成而後用印，則往來之難非期年不可至，故必先用印而後書，此權宜之務所從來遠矣，何足深罪？書奏，上大怒，令丞相大夫雜問，必有主謀者。士利曰：顧吾書可用與否耳，且吾業為國家言事，自分受禍，人誰為我謀乎？辭卒不屈，遂輸作

終身

林德世（台州府志）字一元，臨海人。通經史大義，明習世故。寧海令李茂一見奇之，辟以為佐。德世為立法，以度田著成冊書，每按之以定賦役，無不均。歲餘，令還。定海會歲旱，郡守禁民訴災。德世贊令力為民請，守怒，請益力，竟得免。民有兄弟爭財致訟者，德世諭以倫理，訟竟息。有以田詭寄他戶避役者，令欲徙之。德世曰：誠信未洽，民之為詐，非特民罪也。乃得不徙。其因事利民多類此。

馮詠（臨海縣志）字慶夔，臨海人。永樂間歲連饑，里人王德章以重逋無償，鬻妻子。詠聞而貸之粟。德章感激，繪其像祀之。江右鹽商有喪舟者，窘迫求貸，不留券，以金與之。

余學夔（台州府志）寧海諸生。當逮捕方氏時，金陵魏尚書澤謫官寧海典史，得方先生遺孤綖，九歲，百計護匿。學夔知之，毀形佯狂，乞食于市，遇魏公城隅，作狂歌乞食。魏公默會于意，乃密致書劄，將方文稿併稚子書付之。學夔逃赴海上，匿島嶼間彌月，沿及海邊各鎮，抵松青村，與其僮日治罟網，易米以給。華亭有俞允、任勉，皆正學識府所造士。學夔潛入城訪之，三叩始得見，出魏公手劄，乃大驚，遂得妥置。後十四年，允以養女納方氏孤為館甥，因冒俞姓。見時黨禁嚴，俞以為嫌，復改姓余，名德宗，字必昌，還白沙里。生三子，長友直，次友諒、友竹。五傳至桑，司訓南昌；弟整，以太學除海寧丞。萬曆時始歸宗。

盛希年（黃巖縣志）王叔英鄉人也，為廣德州祠山道士。革除間，叔英寓廣德，知事不可為，因目希年所藏棺，謂之曰：人生得此足矣。且問所直，希年莫測其意。將死，以白金及書遺之，曰：可葬我祠山之麓。希年始悟。比卒，人莫敢視，希年竟斂以其棺，葬之如其所指。

王滑（仙居縣志）字懷玉，仙居人。正統間歲饑，輸粟二千石以賑鄉之老弱。事聞，詔旌其門。

柳耦（台州府志）字承嘉臨海人兄為委吏罷而貧割腴田歸之鄉人貸而不能耕
者率置不問取山木為棺死不能斂者給之里有渡病涉則造舟以濟往來
復置田立屋以居守者六旬初度諸子議開筵為樂弗許
乃度其費以貸里之逋官輸者卒之歲悉取其券焚之

葉希聖（黃巖縣志）黃巖人清修為鄉里所重季父詠謫戍于淮託以孀婦童孫併
其家財付之詠沒歸見婦孫植立財帛如故嘆曰吾姪託孤之節當于古
人中
求之

金孟琈（寧海縣志）寧海人所為多師古挽俗之事創屛山書院以訓宗人善積書
每用重金購之嘗積粟四千斛以濟鄉人全活甚衆有司上其事賜爵承
務郎

陳彬　陳揚（台州府志）太平人彬字儒珍號敬所弱冠為諸生與黃文毅孔昭以
文行相激勵立義學以教宗族鄉黨士之從遊者歲恒百數又率宗
族立大宗祠堂行冠婚喪祭之禮作去淫祠立里社每日早起參謁祠堂教戒
弟姪然後與諸生講論經史如是者三十餘年弟揚字儒敷邑令袁某命監
稹倉有規利者啗以白金五十兩却不顧袁由是益知其可任時以訟獄之難
決者予之決揚即裹糧親詣其地集耆老剖判咸得其情于是人之有質者往
往不之官而之揚家故貧恒躬耕質者至輟耕立浙即邑大夫至恒與抗禮為
主賓尤急于為義宗族之死而無歸者皆為捡埋有孤無依者率收養之遠近
来遊學于教所之門者薪水
畢具然無代力恒親身為之

趙巖（太平縣志）字維石太平人同弟維揚捐
資築二石閘溉田凡數千畝鄉人德之

湯箴（天台縣志）字仕器天台人建橋濟衆賑飢周
貧嘗代償官賦以甦一邑之困卒年九十

葉琰（台州府志）字文巖臨海人少慕方正學為人嘗輯其遺文撫述家狀以傳世聞正學有遺裔在雲間訪求累歲嘉靖乙丑以貢入京過南都有聞迎為振發幽奇刊又致書正學裔孫學博采海寧丞趨諭其復姓歸里守正學祠琰為諸生時嘗捐仙巖祖遺樓房以祠文〻山及杜許張和孫

蔡智棍（黃巖縣志）字元乃黃巖人其先五世合食既而中析智棍乃與弟智詳承其父志合族人數千指同居共爨輕財樂施姻戚貧者賙之死者葬之立塾延師以教里人子弟歲出粟數百石代之輸課稅義声翕然

趙元銘（兩浙名賢錄）字廷時天台人嘗寓武林館人女夜奔之元銘即拂衣起去家貧好賑乏節衣食以務施無倦色將嫁女買婢詢是良家子即擇配先以女奩嫁之人以元銘行不媿古人皆以趙古人稱之年九十餘無疾而逝

潘泰（舊浙江通志）字永寬臨海人平生重信義黃巖孫靜之仙居彭南客各寄百金百兩于其家一夕隣火延及泰不顧他貲獨取所寄金以出已而各歸其主有司顏其門曰真義士

童悅（黃巖縣志）字思道黃巖人歲大疫貧民率妻濟壑悅捐貲施棺郡縣表其門曰一鄉善士

陳子元（天台縣志）字時善天台人嘗買潘氏屋居間者攜其價數十金至中途遺之子元念其家窘竟不問佃人虧租欲鬻其子以償不許且捐穀全活之親族有老而無依者皆贍養之

章士鱗（台州府志）字祉盛寧海人慕陽明先生學凡言動取與無不準諸道義年未三旬喪偶或勸之娶則曰有子繼嗣足矣不復娶沒以義夫旌家惟四壁而性樂施與屢舉鄉賓人稱靈泉先生

吴子龍（仙居縣志）字性之仙居人友人欲以子締婚于子龍未成言而友人死遂以女妻其子曰向已心諾之矣以序當貢其次老而貧固讓之後為滁州司訓将之任寄三百金于某家比返匿其金子龍笑而不問

錢文洲　范宗　陳珊（寧海縣志）並寧海人萬曆間歲飢各捐穀二百餘石給賑有司旌之

應巨（台州府志）仙居人饒于貲急然諾好施予人有求無不應會里中大疫比戶相染皆避去巨遍詣諸病所探之捐貲為市藥求醫所活百餘人子臣字伯泉能承父志鄉先達王刺史存忠以女妻之存忠精堪輿術嘗與臣卜兆以眉父臣曰信佳當與汝昆弟並受之遂獨吉以祖暨諸伯父合葬焉存忠曰天地鬼神實臨汝心厥嗣其昌無煩地脉為也年二十餼于庠以所得廩祿分贍同庠之貧者洎貢又三讓其次或詰以故曰役親老家貧而歲浸加于我豈市恩哉子大猷大桂俱進士

楊繼思（舊浙江通志）寧海人萬曆間見摘星嶺峻絕為行人所病捐金五百甃之不避寒暑者五年向為鳥道頃成坦途今之新嶺其創始名也遂易名楊公嶺

楊師儒（寧海縣志）寧海人萬曆間洪水衝壞溪橋徒步者苦之師儒捐貲三百兩五載落成

吴文虎（舊浙江通志）字文翁臨海人自奉甚薄而樂施予歲歉貸粟千餘斛下其直以濟邑人甃石甃城南路築館延師以教鄉人子弟有司以文學薦辭不就

王彥（舊浙江通志）字汝翼台州人孝友義讓著于鄉閭年八十卒妻羅以餘貲賑鄰里

胡梯（台州府志）字德升，寧海人。萬曆己丑歲飢，梯作糜賑之，存活甚衆。有潛鬻其斗者，梯置不校。稱貸者負之不問。有貧不能婚葬者，輒助之。邑令高其誼，每單車造廬。

葛承傑（台州府志）字昂生，又字臣禹，黄巖人。精經學，善談忠孝大節。諸學澄江，環堵蕭然。崇禎丙子冬，有齎貫數十人飄舟宕急，排闥擲金數萬求援。承傑委曲全活，不受其報。所著有周易要言、禮記別解、四書新義、較正天文等集。甲申後絕意仕進，以詩酒自娛。

國朝

陳球（舊浙江通志）字君命，號一鳴，恭愍六世孫。幼失恃，朝夕哀慕，逢忌辰齋三日，如初喪時。立義田，建義莊，積穀以濟貧乏。順治丙申歲，侵道殣相藉，煮粥以賑，全活甚衆。鄉民朱朝来以貧鬻妻，券已就，奪而焚之，給以資，全其夫婦。毛應智年邁，鬻子于他方，為贖回。然終身未嘗與人言，而其人自言之。

張之藩（台州府志）字則价，臨海人。天資純厚，喜陰行善事，凡焚券、已責、助婚、助葬，皆樂為之。歲飢，里人艱食，發粟賑濟。舉賓筵，固辭不赴。年八十有六，飲食如少壯時。一夕呼其子孫立堂下，勅浙家事畢，端坐而逝。

葉臣遇（鄉賢留祀册）臨海人，正紅旗教習貢生。歷任湖廣直隸郴州知州。嘗立宗祠，以合享祖先。留薄產，而以腴田讓弟族。戚之冠婚喪祭，靡勿竭力以濟。康熙十三年，閩寇水陸犯境，時制府暨平南將軍駐三衢，鞭長不及。台郡兵單，朴少甚危急。臣遇盡散家財以濟軍需，勵士庶為城守計，郡賴以全。又嘗捐資葺方正學祠，且割產以供祭祀。其他置棺槥，施藥餌，贖仳離之士女，葺頹圮之津梁，聲稱籍甚。康熙二十八年入祠。

金華府

宋

吳圭（金華先民傳）字彥成義烏人倜儻好施與太學生程積從故人貸錢三十萬
將葬其親同舍生漢臣給取之俾歸受償于其兄留滯弗與圭如數代償焉
至京道遇鄉士葉祖信為太學陳生裒具指圭
遂曰淳暑如此須家則事緩矣立如所貸周之

陳慎（永康縣志）永康人宣和中納粟賑飢授中州助教寇亂積骸平野躬率二子
良臣良能收瘞之紹興中二子並登第授官乾道間歲大歉為粥以食飢者
鄉有逋稅代償之浚建橋三處曰上降下降東濟橋
道以便行役孫五人亦相繼貴顯人以為施德之報

鄭淮（揭傒斯鄭淮傳）字巨源浦江人通春秋
最惻人窮靖康年飢盡破其產活之

傅光（金華先民傳）字子溫浦江人仕為諸王宮教授未幾退歸田里方臘及縣民
多託之為亂任士安統兵至怒甚欲盡屠之光與任厚往諫之曰亂者惟通
化一鄉餘鄉皆良民將軍奉朝廷殺賊
耳奈何延及無辜任怡遂如其言

喻蓀光（萬曆金華府志）義烏人娶黃氏睦盜起青溪婦翁以白金千五百兩囑蓀
光吝藏之盜平婦翁死三子俱幼莫之知之蓀光舉而歸之三子請以二
百金為謝蓀光雖貧力辭不受

王槐（義烏縣志）字植三義烏人紹興辛未進士里中山田苦旱捐資募民開濬為
塘周三千六百步四山七十二澗水會焉以下流難捍倚飛來山築堤七十
餘丈東西鑿石闢斗門歲時蓄洩
以實田賴以饒既卒里人祀之

陳德高（兩浙名賢錄）東陽人慕范文正公之義割腴田千畝立義莊以贍宗族又
設義學以教里中之子弟族人婚宦死葬皆有助遇遭困阨貧不能立者
婺州

袖金予之不令人知有負而竄匿于德高者如其請畀之積其入之數及原直則舉而還之山陰陸游為撰義莊記

喻南强（金華先民傳）字伯强義烏人少負奇氣從陳亮游亮下大理罪且不測門人畏當路威焰噤不敢出声南强義形于色貽書諸貴言先生無辜受罪將賫恨入土吾曹為弟子當激昂慷慨以赴之乃匿影收声以自完是得為士類耶走東甌見葉適備述亮冤狀適曰子真義士即秉燭作書數通付之南强遂持書走越見諸臺官論言無忌卒直亮之冤礼部侍郎真德秀以言事去京兆尹從其所至見與交游者輒罪之德秀舟過富春南强亟德往見且賦詩為餞人皆壯之（宋濂喻南强傳）慶元中貢于鄉上礼部不得第授富陽尉轉縉雲丞著有梅花筆談十四卷

郭欽止（萬曆金華府志）字德誼東陽人輕財好施嘗闢石洞書院以教宗族子弟鄉之秀民願請業者亦聽學為撥田數百畝以贍之後進多所成就從兄良臣建西園書院姪伯廣建南湖書院皆慕欽止之風而興者其卒也朱文公為銘其墓

汪大度 汪大章（金華先民傳）大度字時法金華人受業呂祖謙慶元初祖謙謫權奸貶饒州大度送往之俾送者凌辱祖謙大度以義折之直欲與之坐獄從至貶所久之乃還經紀其家事甚至朱熹致書深加歎敬弟大章字得叟亦從祖謙游祖儉之卒也大章距秋試纔四日舍之就道護喪以歸故人路知監卒于蘄不能還葬大章走蘄載其柩歸割地葬之

張垓（金華先民傳）字伯廣金華人以蔭入官葉正則未第時貧甚垓館于家資給之後正則帥建康辟垓為淮東轉運使幹辦公事呂祖儉得罪貶垓方在官所即解裝貿輕賫追至信安贈焉陳亮被誣繫大理獄垓不避禍奔走經營卒脫其難

盧覓民（兩浙名賢錄）東陽人嘗拾遺珠一裹價值不貲持歸令人于獲處俟焉少頃失珠者踉泣而來詢得其實舉還之其人泣且拜曰非公吾死矣今之

生公之賜也後嬰疾幾殆忽神降于女奴言曰上帝以
君涇珠之德賜以壽考後示方藥疾遂愈卒年八十六

葉大同(金華先民傳)字會之蘭谿人為人重氣義有友人死而無櫬者其家欲賣
盧以為櫬大同曰吾未死已有木友已死乃無木吾縱死不致剝盧友雖
死不可無盧遂輟已櫬櫬爲兄弟三人其兄紹彭早世無嗣大同以幼子後之
或謂法應分其產大同曰嗣可分產不可分明義利也義利明則吾兄真有後
矣王魯齋曰世有繼嗣
之爭者觀此可以少愧

范大録(金華賢達傳)蘭谿人為本縣吏行案公平不撓法以求賂中年無子因逕
監司至白沙買一妾後生一男官至少卿生二孫一為郎官一為提舉曾
孫相繼登第追
贈正義大夫

方永齡(兩浙名賢録)字無盡金華人敦禮尚義而好施宋末兵興歲飢流亡載道
永齡發粟作糜以食餓人復作棺衾以給殍死之無告者薦授婺州録事
入元棄官隱居孝川徵聘不起惟
儲藥施方以濟患者終其身不怠

元

吴謙(金華賢達傳)字仲恭浦江人世業儒父斐声宋秘書省較勘文字與謝翱友
善翱离謙家尋卒無嗣謙經營喪葬刻石誌墓復輯士友哀誄為哭謝編、

李舍孫(義烏縣志)字國用義烏人嘗搆書舍與弟姪講學詠詩以自適設義塾
延師教鄉族子弟值歲歉發粟賑飢者人有不善委曲開諭令其悔悟

鄭文嗣
鄭太和(元史鄭文嗣傳)文嗣婺州浦江人其家十世同居凡二百四十
餘年一錢尺帛無敢私至大間表其門文嗣歿從弟太和繼主
家事益嚴而有恩家庭中凜如公府子弟稍有過頒白者猶鞭之每遇歲時太和
和坐堂上羣從子皆盛衣冠鴈行立左序下以次進拜跪奉觴上壽畢皆肅容

拱手自右趨出足武相銜無敢參差者部使者余闕為書東浙第一家以褒之太和方正不奉浮屠老子教冠婚喪祭必稽朱熹家禮而行執親喪哀甚三年不御酒肉子孫從化皆孝謹雖嘗仕宦不敢一毫違家法諸婦唯事女工不使預家政字族里閭皆懷之以恩家畜兩兩馬一出則一為之不食人以為孝義所感有家範三卷傳于世（揭傒斯鄭文融傳）文融一名太和字順卿

鄭文泰（揭傒斯鄭文泰傳）字連卿浦江人大德末年飢人相食與兄文嗣鑄大釜南日煮糜分哺全活者數百人性介特操直道行不肯持兩端保州里如家數十里間黠驍盜取無敢入其境撫家一以慈書忍字豎置各室使相雍睦其家自淮毀產拯荒甚貧至政漸格德璋始大振治文泰愈盡心不懈凡山林陂澤園田室廬得以斥拓資義聚者文泰功為多

呂伋（萬曆金華府志）字仲脩永康人族人貧者月有廩年當入學者家有塾隣里有急必周之歲歉為粥以食餓者所活千百計至自奉乃極儉薄甫踰冠大盜竊發官軍追討沒賊重山密林探其巢穴事平口不言功子机字寓言樂取鄉人之負人或懷嶮巇以相傾忍弗與較綽有父風

蔣沐（金華先民傳）字澤甫東陽人居橫城倜儻尚義即所居之西建義塾一區割田一萬隸為迎致方蛟峯為之師擔簦負笈者不遠數百里而至其教法一遵白鹿洞遺規月書季考磬石題名二十名以前給贈幣帛書籍其餘分贈有差喬見山陳月齋呂存齋繼主師席前後題名者六百八十有五人至元中江右行省薦授建昌縣主簿以病免歸

李叔安（永康縣志）大德中盡時大歉發粟萬斛賑飢隣邑扶杖襁負就食者以數萬計置大釜煮粥食之多賴以全有司表其所居坊曰由義

丁廷玉（義烏縣志）自幼倜儻有謀略嘗受業石一鰲之門至正間里中豪猾徐甲嘯聚為亂縱火焚縣治剽掠村落勢張甚廷玉乃散家資募民兵捕斬之

鄉里賴以安事聞
授武義縣教諭

宋仲仁（金華先民傳）名大珍以字行金華人兄大通客死永嘉仲仁親往取遺骸歸葬先隴嫂張氏吳氏寡居無子張居海鹽吳居鄞俱迎致而終養焉二姊適甯氏皇甫氏早喪所天子女煢煢迎養于家且為之婚嫁置田廬以贍其生友人張彥希自雲南經歷致仕于家一日夫婦俱為仇家所殺盡劫掠其財一女銀奴甫生仲仁往哭之抱其女歸撫如己女日夜為蹤跡其賊竟得之伏法鄞人蘇甲趙公事來金華病莫能行同事者委之而歸仲仁攜還家迎醫治疾及愈其人德之不忘去慨鄉民貧者無葬地每至焚屍沉骨負郭有沃地直可五千緡捐之為義塚

蔣大同（萬曆金華府志）字伯康東陽人立義塾以教鄉里子弟凡幾百人供給衣糧者餘四十年賑恤顛連無告者不問親疎歲飢有倉行旅經其門者有資給喪有賻婚嫁有助人千貸之者即如數無吝

黃伯良（正德蘭谿縣志）蘭谿人至正壬辰以四方兵起令出民財募兵捍禦鄉邑銓官有差伯良應令出財募兵一百人皆勇壯可用憲司令把要地江浙行省授伯良本州稅務大使

田子貞（永康縣志）名貞以字行至正丁酉寇起縉雲氏多奔竄巖穴且飢饉相仍道殣相望子貞出己粟賑之皆羅拜于庭曰我等已在鬼錄賴公生我倘有役使蹈水火無恨子貞因結為義旅使捍鄉井賊不敢犯（兩浙名賢錄）廉訪使者檄授巡檢子貞辭明兵下浙東陳友定授武義尹知天命有歸縛使者戮之焚其書

劉大音（兩浙名賢錄）字韶父義烏人族人溺死子方乳以業券授大音曰非君仁恩不足以保此子大音藏券笥中俟其子長召而歸之還其券周急䘏窮

不一而足歲侵羣盜起至相戒不敢入其里宋太史濂稱為古之吉士云

明

鄭濂

（明泳化類編）浦江人自其先世祖綺有純德傳至文嗣已六世同居二百年咸如綺在時元至大四年詔表其門入明曰濂曰湜皆以行誼聞時傳十一世矣族人蕃衍產益多郡人推為粮長屢以事入覲太祖識之後有入訐其家與胡惟庸行財戶部陳員外指與郭恒糴倉粮有司逮濂及弟湜至京上曰鄭氏義家焉有與人行財糴官粮顯是誣害追到鈔貫命給還仍擢湜為福建布政司參議因詢所以治家長久之道濂具以對上深善之洪武癸酉尚書嚴震直述其家世孝友命簡其子弟年三十以上者二十四人並授之官有曰濟者最有文學除左春坊左庶子侍從東宮辛巳四月詔旌其門閭曰渶若以宗長詣闕謝恩陛辭日上御奉天門親書孝義家三大字題其傍曰賜浦江鄭渶而識以精一執中之璽一時聞者知勸

文昭按鄭棖著有政績見循吏門名山藏云濂家被誣適胡惟庸反湜與濂爭詣吏濂曰我長湜曰兄老相推者數四太祖聞之曰有人如此而從人反耶召賜飲食勞勉之所載小有異同附錄于此

王澄

（浦陽續人物記）字德輝縣人忠惠公萬之後勇于為義與其弟不分財異居瀕終戒諸子士覺等曰同里麟溪鄭氏合食同居久而彌篤若等似之吾瞑目無憾矣澄沒士覺召子姪等謂曰吾父有遺言欲法鄭氏今鄭氏成規具在吾將損益行之何如皆踴躍承命共參定家則一卷計一百八十四條凡敦先務本敦禮厚生睦族恤衆具有條貫而儆戒防範曲盡其義洪武初郡縣上其事旌為義門同鄭氏簡拔子弟可用者赴京擢王慶為右春坊右庶子

全盛宗

（永康縣志）縣人敦行好施捐建文廟櫺星門洪武間出粟一千四百餘石賑荒璽書褒美其餘造橋梁修道路種種可風

戴玕

（分省人物考）字善甫金華人種德尚義嘗捐己田五百畝置義莊以給養宗族親姻之貧乏者又設義塾以教訓其子弟嚴請御史盧虔為撰記其後子孫食報不衰

鄭叔和（揮麈新譚）蘭谿人永樂癸酉山崩溪漲叔和家當溪口其沿山居民盡為漂流積屍蔽溪而下叔和倩人撈之灘上族屬認而歸者以百數其他不能認者尚多叔和積薪置屍于上焚之復拾遺骨瘞之謂之叢塚山田多荒廢者叔和揚言于衆曰願佈種吾助之歲登吾不責償由是民咸就之後叔和之子若仲曦仲南仲初仲時輩為郎為執法為中舍者相繼顯于時

錢澤（魏驥義民錢澤墓表）字世淵上世自臨安徙金華尚義出于天性家素饒歲飢鬻出穀一千二百石以助有司之賑民有逋負者出穀一千四百石名其民于前悉焚其券有司以聞璽書旌為義民

王稌（吾學編）字叔豐祖禕死國稌少有志從學方孝孺甚為所器欲妻以女未及也嘗周恤其族又書與孝孺表姪鄭珣至聚寶門外求其遺骸歸葬不可得辛建繫文皇帝念祖禕死國之忠特宥免方嚮用而稌力以疾辭讀書青巖之下將終身焉後輯方氏遺文為緱城集以傳世（名山藏）稌卒門人私謚為孝莊先生

汪淮（兩浙名賢錄）字慶衍金華西山里人為人亷直緩急人患難人有故叩之即風雨寒暑不避歲惡飢民羣起為寇守名淮為畫策調兵淮曰無以為也此直可升斗救死耳下片符可致何俟兵乎賊兵出則捉而持矣守悟然後遣淮檄與俱淮止延檄于家飲食之独以數十輩持符往至則畢集吏覬功恚論以死淮詣府伏庭下不起曰是曹來手隨檄來未嘗扞法也今以逆論之後無凶歲乎且淮實召之淮不忍民從淮而就逮以字也守感悟亟解散其獄特貸者二人而已

倪士華（浦江縣志）浦江人贅蔣洪家洪愛之遂無意育子士華曰異姓不可承祧買陳氏女進之踰年生二子士華挈千金之產盡還之歸理舊業日益饒

裕宣德間歲飢輸穀五百石正統間飢又輸穀八百石商孫治亦好施與有負責者折其券里戚不能婚葬者助之嘉靖間總丁為累為白于長令獨為

吳識（義烏縣志）字希采家世饒甲于一郡輕財重義正統戊午歲飢輸粟二千石以賑旌義民復其役歲己巳師平處寇識同弟希俊希厚捐資犒師以省民力復助金修學協造通濟橋弟希仁希玉輸粟賑荒歲掌區賦代民先完希仁子文勉屢出粟賑飢代族人輸賦又捐資建忠孝堂文星樓濬繡川湖成化間奉詔捐米三百石以蘇民困授九品散官

徐蒙六（金華先民傳）永康人正統十四年括寇掠居民多逃竄先是縣收折鹽鈔銀數百兩付蒙六傾銷未交官而寇至蒙六以指畔埋土中而逃人無知者後寇退官將重徵于民蒙六棄其銀以獻曰銀故在勿徵也官大異之碩而歎曰此善人其後必昌今其子孫多殷盛人以為積德之報

葉思瑞（東陽縣志）字文貞事親恭順撫諸弟亦篤摯宗族有不自給至鬻其女者思瑞曰爾我雖有親疏自祖宗視之均一體也我不滿恤是忘祖宗亟贖而嫁之正統丁巳歲飢發所藏粟貸鄉民約秋成不取息至期負不能償者不較戊午貸如初復具糜聽老弱就食所活甚眾又代民輸是年夏稅

朱文完（義烏縣志）義烏人家饒于財益義樂施惠及鄉閭雖商旅往來困乏者莫不賑之正統間處賊陶得二等率眾數千流擾郡邑所過抄掠無遺經其境賊詒其黨曰此長者朱文完之閭相戒秋毫無犯

包懷德（兩浙名賢錄）蘭谿人為諸生時與同邑胡文善同席研既而懷德為侍郎而文善亦以進士為主事居京邸文善病革懷德往訣文善泣語曰吾無子止一女見託能為終始乎懷德曰諾既而文善與妻相繼卒懷德撫其女歸與妻育之如己女未幾致政歸其女為長矣擇壻浔祝生將字之懷德與文善居相去幾二十里文善雖死而故居尚存懷德先令人分其室為三夫婦引其女抵文善居已處左楹妻與女處右楹虛其中設文善夫妻神位至日偕登筵

為文以聘嫁告命女拜已復拜其婦懷德長號痛哭然後行婚禮遣嫁之奩具皆偕當時稱友誼之篤不以死生易心者無不稱包侍郎云

黄裳（分省人物考）字元佐浦江人嘗讀范仲淹義田記感而捐常稔田二百畝儲租以濟疏族鄰里之急者名之曰希范晚第進士調三衢司户

陳懷堂（東陽縣志）號侃齋東陽人初東家改遇歲飢輒發穀三百斛賑之全活甚衆贊于道者為之撰歛歲視農民緩急量為給散有司聞其賢令總一鄉之賦貧不能輸者每為代償凡二十年不少又歛買義租代鄉人輸鹽料鬻子孫世守父叔良以正統戊午發粟數百石餉貧者又為貧民代輸夏稅陳氏固世有令德哉

盧楷（兩浙名賢録）字中夫東陽人天順壬午鄉試第一入太學時祭酒邢讓陳鑑司業張業以典簿侵餜錢抵罪楷方歷事中書奮欲救之或曰無益且將罪奈何楷曰師生猶父子也父既溺子可憚罪而不號呼以救之乎遂率同舍百餘人伏闕上書卒白三人之枉公卿間高其義以方唐之何蕃云

俞統（金華先民傳）永康人成化十九年大水家被衝沒妻女皆溺死先是有商人市苧者寓數十金其家而去至是商人泣而至統曰無庸吾家雖破銀幸收撿尚存挈而還之弗爽毫釐云

趙孟實（東陽縣志）名光華以字行富而好禮喜賓客交納四方衿佩禮遇備至其于鄉鄰頓困時有周恤處宗族尤有恩義或以帛告乏及郡邑有興造輒捐金發廩助之成化間學宮齋廡壞孟實與其姪鎧及張瑢陳懷堂張鵬等重建方竟無援于公浙僉憲張悅欲建青蘿山書院祀潛溪宋先生以詒孟實出力獨成之歲大侵出粟六百石入官薦授承事郎

張禮（浦陽續人物記）浦江人家衆千指食貧五世不析性好施創義倉以賑貧乏置養賢莊以禮士嘗出穀千石佐軍興弘治間旌其門曰敦義

張萬山（義烏縣志）居縣之龍陂一日出見道傍槥尸令掩之因念曰是暴露者殆無主乎即有主而無地欲葬得乎似此者必多捐九里谷山聽鄉人之貧者葬焉事聞郡邑優奬

陳寧實（湯溪縣志）湯溪人嘉靖間值歲歉捐財代輸二都鹽粮又出穀以賑飢民學宮內造育英坊以又捐資以助鄉里請給冠帶酬之辭不受

張孟瑄（浦陽續人物記）字克和縣人性孝友仗義嘗捐金為邑學濬湖為金衢嚴三府豁濫賦

洪希文（湯溪縣志）縣人縣東有芝溪橋行者病涉希文捐造石橋往來便之萬曆戊子歲飢出穀三百石以賑貧乏

陳公昌（義烏縣志）居縣之西門一夕自外歸于城門左覓石拾橐金二百餘携歸覓其妻曰此故人物謹藏之明日至石邊俟之有倉皇至者詢之曰吾料長兆領夏稅往府偶醉卧此遂驚文書在家急走歸因遺金不收吾自量無活理以昌駭還之封識如故其人願分金以謝不受

國朝

戴正傑（鄉賢錄祀冊）浦江人昆季四人分爨之日不較家財明崇禎丙子浦邑大荒買穀八百石散給飢民全活無算族中無力卜葬者為買地千金獅嶺下立為義塚復捨山木為棺鄉之具創建本族祖廟祀產以備烝嘗又千廟側捐書院六間另設義田二十畝收租以給族之貧而不能力學者見黨宮傾圮捐金倡修康熙三十五年入祠

胡之翰（題旌冊）義烏人歲貢生授嘉善縣訓導在任八年捐資修葺學宮周卹寒士居鄉置義塚設粥廠建義塾力行善事事聞奉旌

應杰（鄉賢錄祀冊）永康人雅志好古（著家範行古）冠婚喪祭禮事父母盡孝析產取其薄者修大成殿建明倫堂代完鄉民逋稅善事不可枚舉學使者萬潮扁

其門曰世禮

鄭應朝（鄉賢留祀册）世居浦江義門其先九世同居歷朝旌表時家道中衰慨然以紹祖為己任冠婚喪祭一遵舊規孝義家風賴以不替康熙三十六年入祠

應修（公舉事實）字舒佐永康人九歲失恃哀感隣里為之罷社事繼母先意承志母失明不離側者三十年兄故貧無以輸賦歲歲代上之明倫堂大成殿圮首出貲以倡與作設義館以教人置義塚以掩暴露歲歉出粟為糜以活飢者

鄭璧（公舉事實）浦江人上世十一世同居旌為義門璧奉為家範親喪廬墓三載浦邑僻處山陬諸生艱于資斧不能應試遵父遺命捐田百畝為諸生科舉路費又置田若干畝給族人科舉路費文廟傾圮捐資修葺又捐田以供歲修建宗祠設義塾築橋梁立義塚歲旱散斛六千賑貸雍正元年舉孝廉方正奉文給六品冠帶送引見以老不赴卒年七十有六

鄭思俊（公舉事實）浦江人事親以孝聞與伯兄同爨事之如父有事必諮而後行撫諸姪同于己子邑有義塾延師教之歷三十年無倦色性好施予捐文武應試路費田一百畝又捐田三十畝以為修葺學宮資他如置義塚施藥捨衣至今子孫猶繼其志祀鄉賢

衢州府

三國吴

徐平（三國志虞翻傳注）字伯先太末人諸葛恪為丹陽太守請平為丞平為恪從事意甚薄及恪輔政待平益疏恪被害子建亡走為平部曲所得平使遣去

五代

慎溫其（弘治衢州府志）西安人，事吳越都統軍錢仁俊。會程昭悅譖闞璠、杜昭達欲奉仁俊為亂，收溫其使證之，考掠備至，堅守不屈。吳越王弘佐嘉之，擢為國官。誅昭悅，釋仁俊。

宋

江景防（兩浙名賢録）字漢臣，常山人。初事吳越，為侍御史。唐末諸國私為重斂，吳越尤甚，民皆困苦。及宋平諸國，賦法皆仍其重。景防歎曰：民苦苛斂久矣，使有司仍其籍，民困無已時也，吾寧以身任之。遂沉圖籍于河，詣銀臺自劾所以亡失狀。太宗怒，謫沁水尉，遂屏居田里以卒。其後子孫相繼擢上科者四十九人，由他科顯者不在是數。而五世孫侍御濟、六世孫侍御濤尤顯，至十世孫萬里遂登台輔，人謂陰德之報。

祝文樸（弘治衢州府志）江山人。嘉祐間五世同居，聚族六百餘口，以孝弟應選，為里閭所推。

周自強（正德江山縣志）字勉仲，由刑部侍郎帥廣。先是仕宦卒嶺南者，妻女不能還，多流落為婢。自強奏請官為嫁之，仍置接濟庫，計口給錢米資之還。且慮行之不久，乃以己俸買田三十頃，聞于朝，刻石著其事。

毛文粹（江山縣志）性仁厚，周贍恤匱，輸財助公。郡守以聞，勅賜廸功郎。

范元之（天啓衢州府志）西安人。素貧，篤志讀書。盛暑浴于水邊，拾得白金一袋，歸謂其子曰：世人以財為命，萬一失此者枉喪性命，將如之何？翌旦，父子携金于岸待之。果有一婦悲號而至，詰其故，曰：夫坐獄當死，易田得金至此，失之。元之即以還之。是年其室產靈芝數莖，光彩奕奕。明年父子登第，歷十二世皆

為郎
守

祝禹圭（弘治衢州府志）字汝玉西安人擢進士第嘉定初除尚書右郎未幾歸立義學訓族子弟置義莊以贍貧者婚喪仍有助焉

鄭巖高（弘治衢州府志）字如山龍游人德祐乙亥歲飢發粟平糶活三千口邑令舒渚牓其門曰龍州義居

元

柴奎（江山縣志）江山人至大間與進士買住同知衢州路時湖襄兵起凶徒鼓衆為亂共議討賊奎毅然單馬入賊境喻以仁義賊衆感動遂解散郎賴以安

劉文瑞（天啓衢州府志）字彥章開化人嘗賑飢濟浮橋設塾延名儒鄭彥善輩為師以教子弟後原善張宗元登第程瑶魯貞領鄉薦榜其塾曰聚奎

祝君翼（正德江山縣志）江山人好施予散贏金置義莊以賑鄉族之貧者縣尹孔淮疏其事旌之

汪琳（弘治衢州府志）字清遠常山人家素饒歲歉必以貸鄉人貧不及償者亦不責焉嘗擇山之幽曠者為義塚葬其親族之不能葬者進士程斗作記至正初浙東僉事余闕察其行義辟之不就以壽終于家

明

夏源清（龍游縣志）龍游人洪武庚申以孝弟力田舉奉使蜀府充慎廠職王有所餽力辭不受其家四世同居百口共食云

葉天保（天啓衢州府志）字彥祥西安人洪武中有江山王姓逋糧累千太守郭敦親判券契田一頃零二十四畝招富民出金以田償之莫有應者天保輸貲一千兩有奇以應太守之命田在隔縣怫然不受居恒一方之民待以舉火要有之患比于范公

余敬（弘治衢州府志）字時和，西安人，拜監察御史，剛毅端方，彈劾不避，嘗置義倉、義學、義塚以濟族里。

徐存禮（天啓衢州府志）開化人，嘗于道傍得一青囊，啓視之，白金也，携歸，隱置之客室，漫往候之。有三人彷徨而來，問之，曰：吾皆徽人，往遂安市杉木，道此少憩，遺囊于此，内白金百兩，皆稱貸于人者，不獲，有死而已。存禮遂偕抵于家，出以還之。其人舉一錠以酧，存禮曰：吾苟欲之，當盡匿矣，乃取其少乎？弗受。

金實（分省人物考）字用誠，開化人，仁宗時授衢府左長史，周貧恤難，不吝所有。故人林文郎卒于京，親為殯斂，歸其遺骸。太學生江表死無所托，既為治喪閑，閲其篋，得白金數十兩，封識以歸其家。

華慶（開化縣志）開化人，正統三年邑大飢，輸粟千餘石助賑，有司以聞，賜璽書獎諭。後孫華禮亦以輸粟助邊，授七品散官。

徐僉（衢州府志）號應溪，開化人，隱居好施，正統三年朝廷有賑邊旨，僉慨捐粟千石，疏聞，欽賜冠帶。子社端克承父志，成化五年亦輸粟千石賑濟災民，事聞，賜秩文林郎。

鄭鏞明（西安縣志）西安人，正統四年例勸民有出穀二千一百石者，賜勅一道，勞以羊酒，立碑旌為義民，時以鏞明為首。

王士參　徐庭立（江山縣志）並江山人，正統間士參輸穀一千二百石助賑，有司以聞，賜勅一道，免差役三年。庭立亦江山人，正統間輸穀千餘石助賑，詔免差役。

余章（萬曆龍游縣志）字達夫，勵志篤學，動循礼法，宗黨有祖禍坐者，聞其至輙反走。以無子買妾杭州，聞其女言父母為怨家所陷，乃焚券遣歸。得遺金道上，訪其人還之。

余綋（天啓衢州府志）字士琥，開化人。同宗一門疫死二十餘人，無敢視者，綋獨周旋其間，為之殯埋。綋卒之日，至無以為殮。

周延熙（正德江山縣志）江山人。隱居讀書，嘗建義倉，闢義塾，施藥與槥，鄉人德之。

詹斯（常山縣志）字宗理，喜急人之困。館賓李仁病疫，僕隷畏傳染弗敢近，乃躬與寢處，藥餌扶掖無間，卒愈。歙商汪蘭來糴，逸四十籌，呂還給之。書牧責至東門，見王高四憐其餒，及給魚米慰遣之。鄉民江伯明等以逋賦被繫，箠挂錢死，為代輸踰百金。陳真有負而窶，將鬻妻以償，急焚券以止之。

方景溫（天啓衢州府志）西安人。父童以人才舉，任福建鹽運司運判。景溫省父，道拾遺金三百兩，待失主不可得，義不欲以自利，為市棺與衣衾，施不能葬者。施日浸廣，所獲遺金不足，以父所與三百金繼之。已又析產繼之，至老不倦，歿而身無以殮也。

鄭春熙（衢州府志）常山人。成化間，里民鄭廣為賊所誣幾死，力辨其冤，得釋。歲旱，糶米賑飢，雖傾篋弗恤。經商遇道殣，棺殮之。有病暑仆地者，亟救以藥，得甦，亦不問其姓名。

尹蒙（萬曆龍游縣志）龍游人。性好義，急人之難。嘗出棺瘞里中貧而死者。歲歉，輒免鄉人租逋。

余宗洪（天啓衢州府志）字應大，西安人。善生息以供二親甘旨。祖墓久荒，為置祀田，立宗祠。里中歿而無主者，設義塚以埋之，設義田以祀之。歲飢，捐穀二千石以賑之。桃源寇起，募義兵赴敵，賊走，獲其餘孽。

蔣宗明（衢州府志）江山人。四世同居，房無私蓄，人稱其敦睦。

吾瑛（天啓衢州府志）字廷端，開化人。饒寇之變，瑛以義民協謀調濟，邑賴以安。居鄉務成人美，有急難即為排釋，無不感服。昆弟業已分貲，因兄老姪幼，其為

總理置產俱爲均分

徐九同（開化縣志）開化人學宮之遷鍾麓也其地多九同業捐之無難色邑士咸誦其義

鄭騮（天啓衢州府志）字德孚江山人正德辛未進士居鄉惘族黨之窶特創義倉遇荒施賑更設義塾人知向學敦行

江釴（鄉賢錄祀冊）常山人正德間歲貢生任玉山教諭生平嗜礼好古對子孫獲無惰容冠婚喪祭一遵家礼歲飢設義倉以賑隣族

國朝雍正元年祀鄉賢

毛仲（江山縣志）江山人嘉靖丙戌大旱傾廩賑飢全活甚衆

徐洙（衢州府志）字東魯常山人好施予賙窮恤匱雖傾橐弗吝也輸粟義倉葺造官壩葺關帝祠于迎恩門外以己地益之

蔣永慶（衢州府志）字廷餘開化人睦族善鄰會里中疫人莫敢近永慶手劑湯藥以療之多所全活歿者為之措棺給葬中鄭瑞銘其墓

葉厚元（西安縣志）西安人任上林監署正歲侵輸穀賑飢邊警捐貲助餉倡義昂建學宮修城修橋助嫁殯鬮適券周親多賴以舉文歷被旌獎

汪朝寅（開化縣志）開化人太學生萬曆己亥捐穀千石賑飢郡邑旌獎

葉朝鱗（衢州府志）西安人年八十五足跡不履公府急公仗義賙恤不吝千金造管家塘下陀橋二處石梁里人稱之

國朝

徐開錫（鄉賢錄）常山人由貢生歷陞敦德府同知慷慨仗義凡有所求無不傾橐以給毫無德色助修學宮凡橋梁道路不時捐貲修造人無病涉康熙四

十一年祀鄉賢

江上達（衢州府志）字仲顯開化人父歿遺券二篋悉焚之存心施濟寬厚溫和人以望見顏色為幸明季寇盜充斥過其門皆曰此長者居勿入也子南齡成進士封奉政大夫年八十六年

詹奎元（鄉賢留祀冊）開化縣庠生孝友無間言族姪有不能婚者出資助之佃戶貧不能納租者免之里黨死不能殮者施棺槥以瘞之遇歲荒減價平糶煮粥賑飢全活甚衆同邑有逃亡絕戶欠納虛糧者為置田給里民收租補輸國課一方賴之族人詹西來常山庠生嘗捐貲修大成殿建崇聖殿並祀鄉賢

楊有材（開化縣志）字石鄉每遇歲飢出粟賑濟推解不倦嘗設策補墊扁賠里中賴之三舉賓筵

張廷暈（公舉事實）字蔚生開化縣庠生少孤事母以孝聞康熙甲寅寇變伯兄為賊所執挺身赴救艱苦備嘗季弟早歿弟婦徐矢志自誓撫恤于流離困苦中卒完其節甲申歲飢米價騰貴慨然出資糴米首倡平糶邑東南鄉咸倚賴之

嚴州府

宋

胡莊（建德縣志）字吉卿建德人推江淮總幹補將仕郎乾道乙酉桃源寇作莊盡計擒之淳熙辛丑水旱相仍飢殍甚衆莊以己之山林縱人樵採民賴以生

項訓（萬曆嚴州府志）淳安人父肆字處約登紹熙四年進士第為湖口縣令特詔給官價買義役田訓剗欣然割己田應詔不受官價縣令陳畢嘉歎因具所居清溪鄉曰和義千仍里曰歸善里睦州

鄭璹（嚴陵志）字伯壽，顥之子。傚范文正公義田，置仁壽莊以周宗族。

方萬里（建德縣志）字子萬，嘉定四年進士。趙汝述守平江，過之，甚喜。汝述卒，賓客散去，萬里獨護喪歸。

方元龜（淳安縣志）鄉友山家饒于資，時縣衰，民財治廳事，元龜慨然曰：「小民疲弊，吾請獨當之。」遂捐資繳工，不匝月而就，令旌其義。

元

姚椿壽（楊維楨姚椿壽墓誌）字大年，唐宰相崇曾孫。秘書監合嘗守睦，因家焉。椿壽丰姿偉特，讀書輒了大義。闢樂育館，歲聘海內名師，教子弟及里中兒。性端直，平生無二言，與人交始終見底裏，于義利曲直必嚴其辨。鄉鄰有爭者，浮一言即解去。歲飢，周人之急，惟恐勿及。稱貸者必則焚其券。創世濟橋于峨溪上，橋置亭，歲五六月施茗飲、體粥于行者。邦大夫薛超吾道經桐盧，枉道過門，以處士禮禮之。

明

余鄗（兩浙名賢錄）字公文，淳安人。洪武初以薦辟入朝，授陝西道御史，尋坐事謫蘷門。時太史宋濂卒于蜀，葬無定塚。鄗總瘞（盦其）蜀土，吁（蓋）吾為（唯謹）若（後）師（有）守（鄗）墓，猶若濂弟子也。為蜀藩長史，過蘷都，泣而囑之曰：「吾為若師守墓三十餘年，今子來，有托矣。」啓諸諸獻王，改卜成都。蘷人高其誼，立祠祀之。

吳文憲（淳安縣志）淳安人。嘗途中值暑，浴于河，有前浴者遺金四十兩而去。文憲見之，即託疾臥其處。及晚，見金主倉惶而返，迎謂曰：「勿憂，吾為汝守。」金主願以其半酬之，固拒不受。

程懋正（淳安縣志）淳安人，任醫學訓科。正統間捐資賑濟，詔旌義民。子敏恭亦好善樂施，嘗過余姓者鬻妻以償官租，敏恭惻然，叩其所直，遂出己資代完其

祖後應詔授承事郎

馬景福（建德縣志）建德人獨力起家資產分推諸弟歲飢周恤鄉鄰有稱貸者火則取券焚之以閭里艱于汲孫鑿甘泉井方廣丈餘甃以石欄井眼有六郡守萬觀旌曰德沛甘泉

仇文政（建德縣志）建德人五世同居天順間郡旱文政輸粟八百斛奉勅旌其閭曰義門子綱成化間又輸粟五百斛藩司行府立石萬曆四年其族孫錄鉞二人復輸粟二百五十斛府給冠帶以榮其身

阿寄（田汝成阿寄傳）淳安徐氏僕也徐氏昆弟別產而居伯得一馬仲得一牛季寡婦得阿寄阿寄年五十餘矣寡婦泣曰馬則乘牛則耕踉蹌老奴迺費我藜羹阿寄歎曰噫主謂我力不如牛馬耶迺畫策營生示可用狀寡婦悉簪珥之屬得銀一十二兩畀寄寄則入山販漆期年而三其息積二十年而致產數萬金為寡婦嫁三女婚兩郎齎聘皆千金又延師教兩郎既皆輸粟為太學生而寡婦則阜然財雄一邑矣頃之阿寄病且死謂寡婦曰老奴馬牛之報盡矣出枕中二籍則家計鉅細悉均分之曰以此遺兩郎君可世守也言訖而終徐氏諸孫或疑寄私蓄者竊啓其篋無寸絲粒粟之儲一嫗一兒僅敝縕掩體而已阿寄見徐氏之族雖幼必拜騎而遇諸途必控勒將數百武以為常見主母不睇視女使雖幼非傳言不離立也

何家教（嚴陵志）建德人昆季四人並敦義讓父道崇治家嚴肅嘗訓諸子曰吾遠祖起家以來皆以孝義著聞由高祖希紹至吾相繼不墮又已四世若等其遵承之勿替家教諾不忘至天順間蓋七世矣一門六百餘指皆同居共爨庭無間言成化元年知府張永以事聞于朝詔旌其門弟永慶姪斌成化中皆嘗輸粟賑飢永慶旌為義民斌授七品散官

余仲濟　余際陽　俞則仍　周宗澤　洪增　洪肅（萬曆遂安縣志）並遂安人成化十七年奉詔輸粟五百石賑濟飢民賜勅旌異

吳定（壽昌縣志）字原正壽昌人累舉孝廉緣親老力辭不就延師開義學期以造就一方闢地構公堂用以睦族合族建橋梁修道路救恤（縣志）憫匱周窮汲汲如不及

王景貴（建德縣志）建德人性好施予見義勇為縣北晉村路當孔道環以大溪往來病涉景貴捐數千金建石橋長十餘丈郡守李德恢為文紀其事題曰晉村義橋其他建安仁橋砌釣臺路甃塘築堤人多利賴郡邑嘉之授以義官孫大年亦以賑粟旌獎

毛彥恭（萬曆遂安縣志）遂安人自其祖希成行義樂施為鄉閭冠至彥恭子姓蓋繁乃建家廟以睦宗族延師儒以教子弟躬行率眾同居六世食指數百雍如也嘉靖十四年監司以聞于朝旌其門曰義門

蔣時慶（萬曆嚴州府志）字元吉遂安人為諸生時以行優七庠督學旌異選舉孝廉應純點公庭里有以事相屬者義形于色叱之去曰毋污我有稱貸者負不能償即面焚其券市中偶見鬻妻者詰其故曰迫于責即捐貸代償值歲大飢傾橐賑濟其好學循禮至老不衰

洪國史（壽昌縣志）字君鑑壽昌人萬曆壬子中北闈副車慕范文正公之風捐田二頃半輸縣半輸學以濟族眾邑人有義田錄記其事

商汝泰（淳安縣志）字景亨文毅公輅之孫嘗作劝世直說戒火葬論鄉人多化之自港口至文嶺山路險隘多坍塌汝泰開拓修砌行者便之凶歲鄉民貸穀不取息有不能償者焚其券遇野有殍捐棺以掩埋之累舉鄉飲賓不赴

毛志宸（遂安縣志）孫眷初遂安人兄弟共釜而炊析箸日相向涕泣宗黨義之貧民貸粟不能償輒自引避志宸慰撫之更貸焉免其券

蔣試鰲（建德縣志）字俊峯建德人同里洪子恩逋糧鬻女試鰲代償遣嫁閩商林颺庚挾資千金過嚴病篤封識寄鰲﹅乃厚殮之遣示其家越三年若子來取前銀封識如故其他置渡砌橋下一人呼為蔣老佛

詹應夔（鄉賢留祀册）建德人萬曆間有陳明者因逋糧甚急計賣其媳應夔慨然代納之崇禎間歲飢疫癘流行貧無資者不能含斂暴露不下千百應夔買木置棺悉為埋葬又創捨棺義會悉力施捨

國朝康熙十三年祀鄉賢祠

吳叔文（壽昌縣志）壽昌人好施不望報邑令李馨新縣治首以巨材輸爲邑營學宮助資甚厚嘗奉救荒例輸粟三百斛義得立石力辭之

程煒（淳安縣志）字克明淳安庠生以麟經名專門遠近負笈者雲集開義塾于西坡每歲輸穀二百石以贍來學一時科貢咸出其門

余材（遂安縣志）字大用遂安人父璟舉子五材最少父析產欲私以膏腴固辭曰諸兄爲先者三又一嬰疾諸孤待哺忍獨受私乎父曰若後昌矣生平恂謹無厓異臨取與則毅然不苟常捐資佐人急里中項某逋賦將鬻妻出錢代輸之

余亦新（壽昌縣志）壽昌人嘗捐資助建青龍塔賑飢民六百口郡守旌為善人崇以冠帶

國朝

毛之履（舊浙江通志）字太素遂安縣庠生生平焚券嘗數十計佃户以稗溼充租置不問曰吾姑譬之鼠雀耗耳子際可知固城縣誡之曰吾祖有環爲令不受一錢汝善繼先人之志每聞便民事則竟日喜時永決五門堰際可日夜堵築一邑得全比歸之履慰勞備至是夕平善如故夜五鼓乃端坐而逝

章可聞（舊浙江通志）字去聞遂安縣增廣生醇厚謹篤待族黨姻娃無間尤喜施予為人排難解紛閉户課子凡有善屬文者視若己有多方培植之子澗奇順治甲午舉人

詹惟聖（鄉賢留祀冊）字乃庸建德人順治壬辰進士歷江西學道家居凡有益地方之舉莫不慨然獨任濬築東西湖壩以及泝溪橋梁增設南關東館建昌小里等義渡行人不病涉凡貧民無力婚娶及喪葬者助給之康熙二十二年五月郡城水災特甚一時米價騰貴惟聖捐資往省貴糴賤糶全活甚衆

蔣子貢（建德縣志）字少峯初居東閑地瀕溪捐置義渡遇溪水泛濫尸櫬隨流持錢立河濱倩人埋掩隣有鬻妻子及死不能殮者咸罄橐助給焉

蔣鳴梧（鄉賢留祀冊）建德人由進士擢監察御史康熙二十一年邑遭大水民不聊生捐資糴米賑濟請以倉穀減價平糶又捐資造陳村洪淇二橋以便行者又于東館義渡建造舡隻買地四畝田三畝以為渡夫工食又捐助棺木以給貧民捐資募人收溺者尸瘞之力行五十餘年不怠

詹聞禧（鄉賢留祀冊）字子英建德人贈給事中遇時疫流行不惜重費廣製藥餌延名醫診視全活甚衆每遇水旱于各處買米減價平糶隆冬預製棉衣施捨貧困逢債負逼迫者立為代償不足即將子女所佩釵環傾銷以濟之

方成郊（鄉賢留祀冊）遂安人府學廩生樂善好施每年葺橋梁施棺櫬助修官路辛卯壬辰間歲大飢斗米五錢成郊煮粥賑荒全活甚衆

張域（鄉賢留祀冊）分水人天性好施每逢旱澇即捐資輸粟煮粥賑濟全活無算他如建南塔造橋梁施藥施棺贈金賻粟種種善事不可勝計兩中副車考授禮部司務

溫州府

晋

鄉里

俞僉（南史張進之傳）永嘉人孫恩之亂永嘉太守司馬逸之被害妻子並死兵寇之際莫敢收藏僉爲郡吏以家財冒難棺斂逸之等六喪送至都葬畢乃歸

南北朝

張進之（南史本傳）永嘉安固人少有志行歷五官主簿永寧安固二縣領校尉家世富足經荒年散其財救贍鄉里遂以貧罄全濟者甚多太守王味之有罪當見收逃避進之家供奉經時盡其誠力味之嘗避地墮水沉没進之投水拯救相與沉淪危而得免時劫掠充斥每入村抄暴至進之門輒相約勒不得侵犯其信義所感如此元嘉初詔在所蠲其縣役

宋

陳侃（明一統志）永嘉人五世同居無間言至道二年郡守何蒙上其事太宗嘉之詔旌其門

萬規（萬曆溫州府志）字仁甫樂清人所居海濱有赤水港舊以舟渡覆溺者多規乃竭資率邑里買石築堤倣泉之萬安橋人便之至今名萬橋會詔舉經明行修之士郡以規應詔不行優游田里以壽終

吳轉（溫州府志）永嘉人以農桑爲業五世不分爨歲推男女尊長各一人主内外事大小數十口均給焉

潘安固（萬曆溫州府志）字仲碩平陽人大觀中舉八行郡以其名應詔不就紹興初王師討寇范汝爲道經平陽官民駭避安固散財粟犒戰士邑賴以安溫州

韓世忠上其勞以宣德郎召不赴

陳　瑾（葉適陳瑾墓誌）字國器平陽人其行常損己益物而最著者在東塘初縣驛道東北皆行水中激淖墊沒數十里晨暝風雨咫尺斷還往合一縣之力間乞丐大官歷年猶未脩瑾獨用一家之力裁石取底東達之海閭閻而成人以為德號曰東塘陳氏

賈　如規（兩浙名賢錄）字元範樂清人宣和中補太學生靖康之難諸生欲逃去如規曰吾輩久被教養國家阽危乃求苟免乎遂以特奏名調廣昌尉再調興國軍司理不赴讀書鹿巖下重義好施族里賴之時稱尚義篤行者必曰賈司理

吳　康（萬曆溫州府志）字寧叟永嘉人登紹興第行誼卓異林季仲貽書有云引失囚之罪歸己推獲盜之功與人古人不難到矣負亡友遺骸趨數千里歸及汴河有同行死舟中登岸為之發喪仕至福州通判

陳　柔（兩浙名賢錄）平陽人里人有侵其地者族黨謂當訟之柔曰諾一日具酒食會集議食畢衆請所議柔曰以酒食飽吏胥何如吾黨自樂之尋丈地不足較也衆愧服人或見陵閧門不競內外呼為陳閧門

吳　蘊古（平陽縣志）字醇之登紹興第任太常博士傾家資造沙塘陡門宋之才為記

劉　愈（萬曆溫州府志）字進之永嘉人周人之急如不及有利病以身為倡必興除之紹興庚午大飢以家產簿貸于州浮米五百斛歸賑鄉里隆興甲申又飢郡闕守丞愈攝投匭乃發常平降度僧牒轉糴他郡與同里徐讜協力賑救全活甚衆郡守張九成下車聞其賢遺書致饋時謂之入柟溪不見劉進之遊樂清不見賈如規是浮洞庭不書稱也

錢克卿（溫州府志）字熙載樂清人事母及寡嫂盡孝敬闔族同居三十載無間言歲歉捐穀價以濟飢民不能償者焚其券紹興間詔訪孝廉郡以名上未幾卒紹熙中郡守孫懋表其閭

章公逸（萬曆溫州府志）字茂先平陽人紹興間歲大飢志發其家之所有以貸貧者不責其償後登科曾孫爲有祖風值歲疫捨櫬千具捐地爲義塚瘞之

胡時（萬曆溫州府志）字伯正樂清人登乾道第授袁州教初得第權貴欲妻以女且示以奩具之盛辭曰老姑家貧曾以女許嫁不敢背約遂歸娶之

鄭伯英　鄭伯海（永嘉縣志）伯英永嘉人除興廷對第四好義凡鄉里利病靡不竭力興除之弟伯海登紹興第家立義塾延師訓生徒五百餘人時稱爲二鄭云

徐鉞（萬曆溫州府志）字武叔永嘉人乾道辛卯郡大飢米斗至五六百錢守丞諱言鉞獨以書抵朝中舊知言之丞相以聞孝宗曰永嘉樂土何可使至此擬罷守丞即命出浙東常平倉米以濟之

薛洽（兩浙名賢錄）字子周永嘉人入太學舍齋舍疫作鮑粹然疾尤篤同舍皆棄去洽獨移臥具與俱蚤夜治藥餌謹視之三月乃愈粹然每告人曰子周生我登淳熙第通判鄂武軍

林仲彝（平陽縣志）字清叟平陽人登淳熙第由吏部郎出知台州千本縣築陡門三所闢河道五十五萬五千九百丈溉四鄉之田

陳熊（萬曆溫州府志）永嘉人慶元六年秋垂獲雨澇田在水下郡守毛憲憂之熊與其子請速決埭願自備財力償築許之集丁夫一鼓而決稼無損請浸傍茅竹山趾叔建陡門分流泄江遂免決埭之患

湯元善（平陽縣志）字明善，平陽人，業醫，未嘗索直責報。向洋山舊有漏澤園，久廢，元善捨地數畝爲義塚，又在縣北三里蓋屋室以停棺榔，名曰化亭。

林居雅（萬曆溫州府志）平陽人。閭禧間邑令敖陰均陡門，居雅傾家貲與鄭萬全昆弟及陳子直等各捐貲協贊，一歲而堰成，再歲而閘成，乾溢不患，其利甚溥。

朱古學（樂清縣志）字以明，樂清人，登嘉定第。百口共爨，四世不分析，建同心堂，優游終老。

曹絳（萬曆溫州府志）字思摩，瑞安人。築鄉校于鳳岡，歲延名儒爲師，與人無競，里稱長者。遇歉率族衆減定里中穀價以便之。嘗著家訓四戒以示子孫。年九十終。子沂，字文起，能繼父志。嘉熙庚子歲大侵，傾廩三百石以賑貧民。族兄弟有爭田訟久弗決，沂割己産平之。晚以特奏科入官，終長興丞。

陳光庭（兩浙名賢録）樂清人。嘉熙庚子大旱，歲飢，死徙不可勝計。光庭創東西二倉，聚穀于中，令里人以物質穀，不取其息，春耕則納質以取穀，秋斂則納穀而取質，民咸德之。又捐田八十畝，以其穀置藥冢，收遺骸，及資貧不能婚嫁、病不能醫藥者。又爲歌詩十章以諷勸藏穀之家。石室林一龍名其倉爲集義莊，爲文記之。

金城（溫州府志）平陽人。嘉熙庚子歲飢，日設廩粥以賑餓者，全活甚衆，子孫青紫相眹。

王致遠（永嘉縣志）永嘉人。嘉熙間浙東大飢，致遠分僧寺置局爲粥，日食千人。既而鄰民駢集，日食至八千人，已資不足，復借助巨室以續之，迨麥熟始罷。尋剏居養院，給薪炭以處老弱之無歸者；刱慈幼院，厚乳哺以活嬰孩之委棄者；病爲醫藥，死爲殯埋。復建永嘉書院及義倉。人繪像祀之。

陳大有（萬曆溫州府志）字鎮國，平陽人。年飢，減價糶穀；冬寒，施褚衾糜粥，給囚朴。南市火，民居流散，大有户餽褚幣一貫、米一斛。凡濟人事，靡不力行之。

何達（兩浙名賢録）永嘉人好義輕財親族朋舊貧者賑之死而無歸者葬之食客日嘗數十人歲或艱厄貰貸不倦鄉民賴其惠有訟不之官得一言而兩感俱釋

鄭應仲（溫州府志）平陽人坡内夾嶼橋外南北岐塘岸各二十五里以朽壞屢圮應仲倡築甃以石民利賴之

涂臻（宋史鄭鳳傳）溫州人父官河南德祐元年春臻往者以道阻會文天祥勤王臻往依之以筆札典樞密天祥被執臻脫難復來頓從天祥北行扶持患難備殫忠款至隆興病死

林景熙（東甌集傳）字德陽號霽山平陽人咸淳間由太學釋褐授泉州教授官遷禮部架閣轉從政郎元僧楊總統發宋諸陵棄其遺骨人莫敢收景熙在越佯為採藥以草囊拾之又聞理宗顱骨為北軍投湖中以錢購漁者舉網而得乃盛二函託佛經葬于越山植冬青樹識之

鄭樸翁（平陽縣志）字宗仁平陽人弱冠入太學咸淳末賜上舍釋褐歷福州教授國子正與友人林景熙潛拾宋陵遺骸瘞越中歸隱鄰山瀑下

元

葉貫道（兩浙名賢録）瑞安人居郭陽紫華山中早喪父事母至事元初兵至鄉民横罹鋒鏑暴骨野中如莽貫道哀之與子侄攜畚撿拾聚而埋之表曰同歸之墓

湯中山（平陽縣志）平陽人大德辛卯歲飢穀價騰貴中山減價出糶以濟貧者丙申飢亦如之甲辰又飢亦如之

劉祖衍（溫州府志）平陽人至正間建交州義塾于縣治北之半塘捐己田三頃山二頃延師以訓鄉之子弟御史孔沺薦之朝授溫州路儒學教授

葉益(萬曆温州府志)字德謙，平陽人。好施與，嘗葬鄉鄰之不能葬者十餘喪。歲饑出粟賑濟。所居前有巨港二十餘丈，舊為木橋，屢脩屢廢，涉者病焉。益捐貲甃石改建，人利其惠，號新橋葉氏。至正間以文學舉，任處州録判，壽終于家。

明

王仁(萬曆温州府志)字壽夫，永嘉人。好義樂施。嘗踏雪登並海墩，四顧烟不起者，輒遣人問饋，不計償。人因名其墩曰望烟墩。歲饑，輸粟至五千石。元時徵名為提舉，不就。後入明，登賢良方正科。

王伯初(温州府志)瑞安人。剛介，尚氣節。方氏據温，其守將貫伯高戍瑞安。參政朱總兵討之，撤平陽總管為應。及下温城，貫納款，總兵以安民榜畀之。貫令麾下涂姓者持回至州，而平陽應兵已薄城下，涂恐其援害，急登城張榜，厲声麾退。已而總兵遣陶指揮至州，陶以他事怒涂，將斬之，衆莫敢救。伯初奮身解衣請曰：斯人曩者張榜活我一城，願以身代。陶而釋之。

謝南(萬曆温州府志)字天啓，平陽人。洪武辛酉，括寇大發，脅從者衆，主兵者募義士往招之。南請行，冒白刃諭以禍福，衆欣然來歸。已而延安侯總軍來討，南具以狀聞，于是止戮渠魁，釋脅從者以萬計。既而朝論難之，南復伏軍門叩首請救，延安侯為條奏，始獲原釋。時謂其有遏亂救民之功。後以薦授山西參議。

鄭采(分省人物考)平陽人。性介特，仗義。家雖貧，客至輒款洽。士窮無歸者，輒授館，或終歲衣食之。歲洊饑，客持券求貸，采僅餘粟五斗，貸其五之三。數人子遇盜裸跣，走訴采，盡舉衣衾巾履遺之。嘗見敝衣躡屨行雪中者，呼之前，予以粟帛，亦不問其姓名。

侯揩(萬曆温州府志)字尚褱，樂清人。與永嘉黄少保淮善。少保得君，人争附之，揩獨謝歸。有郭千户者，負且死，無後，為窆之祖隴，戒子孫上塚時必酹郭户侯。

無絶也

李孟奇（温州府志）瑞安人家殷實好施予凡郡邑廨舍學宮多所營造邑民告飢出粟以賑計前後出粟萬餘金千餘設義塾義倉義塚義渡郡邑屢上其事朝遣行人黃恕齎璽書勞羊酒旌其門曰義門

鄭有真（瑞安縣志）瑞安人正統間奉例輸粟賑飢立義倉義渡有司上其事勅旌表其門

周普安　周伯静（萬曆温州府志）普安字伯寧平陽人正統二年歲飢輸穀千餘石賑濟事聞遣行人旌奬復其家弟伯静出穀一千二百五十石賑濟旌為義民

柳靖一（平陽縣志）字忠立正統二年飢出穀一千二百五十石助充賑濟事聞遣行人齎勅褒美芳以羊酒旌為義民復其家

陶文隆（泰順縣志）字朝綱泰順人正統己巳寇發自備牛酒犒鄉民結義社保障已而巡撫孫原貞招致贊畫論功授廵檢以母老辭給冠帶後奉例輸粟三千石賑飢有司旌其門曰尚義

張元（泰順縣志）字普生泰順人正統間散康結義社以禦隣寇又奉例捐粟千石賑飢

王延（甌江逸志）永嘉人以利濟為念嘗曰散財濟民其利有限可以長久者惟古之義倉而已得人掌之其息無窮也于是置倉貯粟凶散豊斂事聞旌為義民復其徭役

王由（温州府志）字秉璠永嘉人景泰間章綸疏諫易儲逮詔獄刑鞫由遣就逮京師力為周旋及歸復留金併其一僕以待之仍畀僕田四畝郵其家

呂斌（萬曆溫州府志）字是質，永嘉人。成化丙午歲飢，代輸通都戶口鹽米，嘗于海壇造舟濟渡，仍葺館舍以憩行者。他若建石巖東岸大塘大壩接等橋，及治樂清館頭塘路，凡費千餘金。又出粟賑飢。弘治辛酉詔旌其門。

陳仲泰（溫州府志）平陽人。成化癸卯捐貲建預備倉，入粟千餘石，事聞，賜七品散官。

林天爵（平陽縣志）與弟信爵世居平陽之宋埠。弘治庚戌歲飢，日設粥于門以飼餓者。造橋梁，濬塘河，修堤岸，立義塾，暑月施茶濟渴，凡冠婚喪祭悉遵古禮，閭族化之。

何淮（永嘉縣志）永嘉人。家饒，樂施。里有舉女者，必遺以粟帛。道拾遺金，候還其人。不浮捨于寺。入城市木，聞婦哭甚哀，從聞乃負債莫償者，盡以市木金代償。為弘治戊午飢，出粟數百石貸鄉人，已而悉焚其券。及掌鄉賦，淒值歲飢，代輸通都鹽米。時疫疠作，則倩醫施藥，死則具棺揩。凡利人事無不為之。

葉溥（平陽縣志）字舜周，平陽人。父鉉以尚義補郎。溥承先志，父造舟象口渡以濟人，溥吏為葺治，數十年不替。弘治丁巳築萬全塘為橋以便行旅。歲飢施飯以飼餓者，死則予櫬。會有詔勸民賑助，又率其弟盛芳出粟如令，皆受章服。

葉寀（萬曆溫州府志）字彥榮，永嘉人。娶陳氏，寀年二十五而陳卒，誓不再娶。妻黨痛其子幼，勸之娶，泣辭。邑令李玉顯旌之。

趙欽善（溫州府志）字良修，樂清人。邑大侵，設糜粥以賑。建宗祠，置義塚，施櫘，築橋。正德間以輸粟賜建尚義坊。壽一百二歲。

宣鐸（樂清縣志）樂清人。家蒲岐蘇里，有餓者常食之。有田三頃，臨歿以三之一分賙所親。楠溪所有接蒲嶺，極險峻，人往往墮死，鐸嘗捐金百餘鑿為坦途。

趙文韶（萬曆溫州府志）字克慶，樂清人。居近沐簫泉，捐金數百構道院書舍，跨溪築橋，樹東鳳八老亭。嘉靖乙巳歲飢，出粟千石賑濟，郡守洪垣優獎之。又

嘗築鄧公橋砌官路置渡船七舉鄉賓壽九十餘

陶灌（泰順縣志）字君敬泰順人嘉靖庚申大侵灌諭家人曰但稱貸來者即予毋各人多賴全活遷學捐貲創建學門又倡義協族建祠捐田二十畝爲祭具三十畝贍子弟讀書友人貧不自給者必周助不能償者焚其券邑令扁其門曰羅陽高士

陳元汾（溫州府志）樂清人百口同爨財無私蓄爭無專行即婦女亦歡然無間言

徐友文（萬曆溫州府志）字彥章樂清人有張堂者苦貸鬻妻途遇友文即爲贖之歸語其妻鄭更益之財爲女買媵詢知良家子輒還之不索償後負乏治圖以活屬之泰然

方輶（樂清縣志）樂清縣庠生友人屠希賢無子妾有孕妻悍不能容希顏以託輶即關書舍居之候子稍長乃還屠氏人稱篤行

孔聞昂（平陽縣志）平陽人萬曆乙丑年飢出粟一千石賑濟邑令萬民華詳請建坊旌表

梅光宗（溫州府志）永嘉人萬曆戊午歲飢出粟五百餘石賑濟崇禎庚午疫施棺二百置義塚修城垣葺文廟助建巽山塔築塘修橋費數百計累舉鄉賓壽八十有九

國朝

謝包京（鄉賢留祀冊）永嘉人順治乙未進士授河南陽武令事親孝待宗族甚厚傚范文正公義田法設義租數百石俾族之公正殷實者主之凡讀書婚嫁無力者酌量周卹藉以成立者甚衆學宮傾圮捐塗田四百畝以助邑新所積租穀永爲修葺之費颭郡海氛犯順遠近戒嚴包京同守土官登城固守鄉

民被難入城餓殍載道乃志出庾粟煮粥賑贍為好義者倡全活無數

陳遴（公舉事實）永嘉人天性孝友尤急人之難婚喪賑卹無倦色康熙甲寅耿逆難作偽帥曾養性盤踞永嘉遴受偽職倫見擄掠不受逃入六科山中避之乃免嘗協修文廟浮石刻朱子像于土中建祠祀之捐田八十畝以奉祀事司訓蔡啓伶為文紀于石子玉綬乙未進士任郏縣知縣贈遴如其官

處州府

宋

潘惟德（景寧縣志）字天輔處州人嘗值歲荒穀價湧貴家素豊獨捐其值如平時鄉人賴之皇祐中歲大歉出穀貸鄉里約歲稔共還後還者無幾亦不復問有邑民嘗以事相訟至是亦求貸與之或曰此嘗搆訟者也德曰彼忍恥見投其窮已甚慈不與是小人也鄉人稱為長者

鄧熹（嘉靖浙江通志）其先三衢人客遂昌因家焉宣和間睦寇方臘倡亂其黨洪載侵犯松遂熹與父將仕郎昌特捐家貲集鄉民繕甲兵入邑禦備與賊百餘戰獲俘馘數千級載降郡守黄蓀先上其功授昌承節郎熹遂昌尉

毛允理（崇禎處州府志）青田人紹興間水溢民居蕩然死者無數允理覓巨舟救溺浮活者多水落沙土壅積如山因撥去沙土獨允理屋宇几席宛如故有司以其事聞于朝封奉議大夫表其坊曰進德

潘好古（兩浙名賢錄）字敏修松陽人值歲飢傾廩以賑窮餓一日山水驟發陸地皆成巨浸好古與同處者數十人方虞墊溺忽有操舟來援者好古諭舟人先濟餘人舟人曰吾德公故冒險来好古曰濟人猶濟我也卒先餘人而後濟

王灌（松陽縣志）松陽人乾道中以賦役重繫首倡義役、之先後視籍田之多寡為次行之三十年而訟不抵于有司

郭泰亨（括蒼彙紀）字亨甫渥水人淳熙進士會呂祖儉詆韓侂冑貶韶州泰亨素交祖儉因睹其行坐黨禁、解註清流縣令擢臨安府城南都廂時史彌遠當國有尚書忤其意者繫獄委官鞫問泰亨辨其無罪不肯枉置于法彌遠怒遂致仕歸

毛當時（崇禎處州府志）字行道青田人由紹興進士倅韶州積俸餘白金八百兩散之親舊無留貲暨守雷州歸復捐田以益義廩

楊大同（兩浙名賢録）松陽人素業賈寓武林邸舍忽聞隣哭甚哀詢之乃王尉夫因負罪鬻女以贖故相泣別大同惻然遂傾橐以贈王尉夫斷謝叩其居里姓名而別他日大同偕鄭克寬登進士調鄂州監酒稅時鄂守即王尉也克寬以公事候門守覺其鄉語類大同乃進而問曰汝貫何處對曰括之松陽汝識楊大同否曰妻父也守驚曰汝外翁在否曰死矣惟妻母見留此守曰為我迎楊媪來至則坐媪于堂率子女羅拜于下以母事之置克寬于幕而薦之

李端履（括蒼彙紀）縉雲人嘉熙庚子歲飢告其父楚孫曰人飢且死能獨飽耶父曰見勉之會郡募發粟賑飢七邑無應者端履首應命復移粟他邑事聞授粟清簿旌其里曰樂善坊

項宜中（松陽縣志）字誼甫松陽人族有橫逆者奪其田曰在彼猶在此也嘉熙間歲饑郡守馬光祖欲行富鄭公青州故事誼甫即先輸粟二千石以應之

王允卿（兩浙名賢録）字成之松陽人嘗往括城索逋宿其家夜遣其妻叩門允卿閉門不納遲明即歸不復索每寒雪起視鄰爨不烟者密以米置其門歲飢山民嘯亂輒議曰我等至縣必驚西門王朝奉奈何終不入邑民賴以安

程大雅（松陽縣志）字正之松陽人遇歉嘗損廩以惠鄉鄰雪中視鄉鄰不火者以米贈之（處州）古籍二都助田三十畝以資都役人有鬻妻兒者以財帛周之其

人以荒山一區為報大雅收以葬親即今五龍搶珠地也後子孫登顯要

蕭必强（括蒼彙紀）字功甫松陽人舅氏劉無子歸田五十畝屬以後事及殁厚治喪葬立劉氏後還其田景定初舉孝廉不就

王嚴（崇禎處州府志）字敬之麗水人咸淳末受知于李宣慰累薦為官固辭不拜嘗捐己財砌浮雲二鄉石衢四百七十餘丈

黄國華（貝瓊黄國華傳）字叔文麗水人性方嚴好禮終日衣冠危坐而施舍無倦歲歉必賤直糶穀以活民或大雪有不舉火者輒遺粒里中爭者多決直其辭德祐間惡少羣聚為盜包氏族最强號包家洞林景能搏虎號林大將劫掠旁郡吏莫敢制惟憚國華不犯境一日殺牲盟里橋圖為亂國華遣過之喻以禍福因出金帛曰汝等以貧故為不義以此助汝何如衆慚弗敢取而去[illegible]追與之所居之地曰弱溪元兵下處州諸大家右族爭避患其中重貨山積及聞兵猝至委之而去居人欲乘時略所有國華命左右收貯一室事定召其主悉歸之

元

劉濠（張時徹劉濠神道碑）字浚登青田人宋翰林掌書慈惠好施每淫雨積雪登高而望里中有不舉火者即分廩賑之會宋亡乃荒遯自遠時有林融者微聚義旅與復宋室元討平之逮融至京世祖義而弗殺融歸至甌越之間地名牙陽四谿者復嘯其徒元乃馳驛使簿錄其脅從將盡殲之而鄉豪因以讐怨相傾引善良鮮有脫者使者返夜次武陽會天大雪與居民百錢市酒市者至濠家具語之故濠即闇行謁使者得所簿錄數心惻之乃盛供具以逆使者醉而寢之樓探篋發牘錄其渠魁二百人遂火其居焰灼于樓倉皇掖使者跣而走詰旦大恚曰將何藉以復闕下殆誅死不赦矣濠曰濠不幸災于居室震驚使者濠誠死罪意者簿錄有冤天欲生之乎以前所錄二百人授之餘所全活無算濠即文成公基之曾祖也

陳錡（括蒼彙紀）字叔和麗水人元季冦發錡散
財結士擊而平之報功授溫州錄事判官

明

吳亨（括蒼彙紀）松陽人元季以浙東副元帥石抹宜孫命出資財築處州左渠城
五十丈洪武十四年縣西橫源山民倡亂縣帖下亨率鄉人逐捕其黨閭里
咸賴以安繼又出私帑造舡于
縣之金梁為石二渡以濟行者

梅熙（兩浙名賢錄）字景和縉雲人通經有學行少受業于番陽朱公遷別餘二十
年千里聞訃奔至番陽為服心喪三年洪武初舉儒學明經撫安永寧民卒
于官

吳子聽（崇禎處州府志）麗水人居家篤行孝悌鄉人有不平
者多往質之宣德間歲歉捐租為鄉民代輸額賦

葉子雲（括蒼彙紀）青田人為三鄉老人正統間閩寇竊發沐溪等處皆為巢穴朝
命都御史陳詔提兵討之子雲詣軍門白曰能以寸舌退此賊不煩寸兵
乃單步見賊諭以禍福賊夜出女子四人侍寢白金一盤為餉志謝不受賊義
之一夕遣歸子雲籍所棄輜重并婦女四百口入官事聞議授以官固辭不就

朱子堯（舊浙江通志）字仲穆遂昌人讀書好古以義自持鄉人有鬪者就質其
是非一言而解正統間宣平寇入境慕其德義大書于門曰積善之家相
戒勿犯一
鄉獲全

葉鉅（括蒼彙紀）字伯虞麗水人正統間鄉民飢饉出粟四千斛賑之郡上其事有
義民之敕又山寇猖獗畫策靖之以功授巡檢辭不受乃援情乞移贈其
父孟昭
詔允之

鄭彥性（縉雲縣志）縉雲人正統戊午歲饑彥性出粟二千石濟之有司以聞旌異義

葉仲儀（慶元縣志）慶元人正統庚申大荒仲儀詔例輸粟一千五百石賑饑詔旌義民賜宴成化丙辰又荒仍輸粟五百石詔授七品散官

吳彥恭（慶元縣志）慶元人正統庚申大饑輸粟一千五百石詔旌義民

包秉鑑（崇禎處州府志）字孔明遂昌人喜拯人患難周人急之正統壬戌連歲大饑奉詔出粟賑濟賜敕旌之

應懷真（崇禎處州府志）縉雲人正統癸亥歲歉出粟一千五百石賑濟有司建坊旌義

湯如迪（景寧縣志）景寧人正統七年歲饑出穀二千五百石賑濟有司建義門旌之

華存禮（崇禎處州府志）字仲寀遂昌人正統七年歲凶出粟賑濟旌為義民

丁叔顯（縉雲縣志）縉雲人嘗遇櫬屍于道輒買棺瘞之里人名金琛者稱貸久負欲出妻以償叔顯焚其券仍給粟五石正統間歲饑發粟二千五百石賑濟旌為尚義

丁叔通（縉雲縣志）縉雲人見學宮舊路西出慨捐基二十丈餘令南向縣倡償其值辭曰念一邑文運所關吾子若孫亦欲由是路豈顧直乎有司以事聞旌其義世免差役

吳澤（兩浙名賢錄）字源遠遂昌人少為諸生嘗出行道上見一人號泣赴水澤詰其故曰輿官徵租急無以償遂鬻産得金將以輸官因醉道遺覺而覓之不得也不死何待澤立止之因紿曰拾金者我也而弟隨我歸其人收涕謝遂隨澤歸澤止之堂上飲食之急令人鬻家具如其數以償未幾領北闈鄉薦司李

常德終吉
安通判

何允恭（括蒼彙紀）字克讓麗水人事父母以孝厚恤甥孤尤喜施予家世以醫名允恭益振其業好施予每晨與袖藥餌視疾以次徧及不責其報獄中若疫輒施藥療之

周公泰（慶元縣志）慶元人成化戊戌公泰納粟一千石賑飢詔旌其門

李珊（崇禎處州府志）字玉泉縉雲人負俠多義舉里中無力娶者出貲為婚妻人乞假不厭弘治四年歲大侵易產得八千金分道嘉湖告糴賑眼遠近活者不可數計

陶旦（縉雲縣志）字信民縉雲人少時以事累繫都察院獄有永康池姓者亦被繫既遇赦池與妻俱亡止一女及笄旦携抵家嫁投縣金良及旦卒良夫婦來弔泣曰公之心事雖鄉下惠不能過也

何珙（括蒼彙紀）字良璧麗水人事親以孝聞撫諸弟姪友愛彌篤姻戚有不能為生計者轉貸以給而自償之郡守董公將拓學前池垣遂捐地為助沒家人乞緣沒亭址（抵）前地因架樓其上特珙就養京師及歸聞之瞿然曰此古蹟也安得專為己有命毀之墟其地以還

王敦儀（青田縣志）字應望青田人嘗讀書法海寺一日歸道遇一人携金銀釵釧值數十金怨悵忡仆地敦儀俱為後至者所攫乃立待其與撿付之嘗暮見有人盜砍樹木恐其驚嘆咳若勿呵從別道而回子一中成進士官古田令

王三接（崇禎處州府志）字汝晉處州衛人重義好施婣族待以婚喪嘗自莊回渡石牛舟中拾遺金驗係縣胥催租輸官之物俟其人不至歸即潛令代納

仍粘粟櫃側，不使知其為己出也。屢薦賓筵，壽八十餘而終。

吴文煥（龍泉縣志）字碧泉，龍泉人。嘉靖癸丑歲飢，賑米三百石，活流亡千家。建濟川橋，起渤海祠，皆出重貲。

管潮（青田縣志）字時信，青田人。隆慶庚午年飢，輸穀一百二十石以賑，縣令表其閭。

黃五（景寧縣志）景寧縣民。隆慶間採地浮金，捐建沈莊橋以便往來。

蘇廷棻（崇禎處州府志）遂昌人。家世業醫，至廷棻益精其技。歲大疫，遍行診治。其貧不能具藥者，施之。道拾橐金，坐候失主，半日不至，前行十里許，有赴水幾危者，飲以藥，俟少甦，詰之，云是徽州木商汪某，即失金之人也，遂畀之。龍泉令贈以詩，有「常施篋裏君臣藥，笑擲人間子母錢」之句。壽八十終。

周李（崇禎處州府志）遂昌人。族党中有婚葬有不舉者，親為經紀。歲侵飢，輸粟備賑。有佃戶逋租積百餘石，納女充婢以償，卻不受，更予衣糧，以遣嫁之。或負錢者貧不能還，即焚其券。當道屢嘉獎，與蘇廷棻俱書名于旌善亭。

謝福（縉雲縣志）縉雲人。丁嵩義子。嵩仕田州經歷，死于兵，幼子瑞投入土官為奴。時福與妻先歸，中途聞變，詢督運姚鎮，知瑞所在。姚語以阻險，福曰：「義父不可以無嗣。」遂鬻妻為貲，及田州求瑞。土官不與，乃日夜環哭其門。經半載，土官父憐之，力主還瑞，攜至途，贖妻同歸。後為擇配，以全嵩祀。

趙文德（崇禎處州府志）字東仁，縉雲人。邑東南馬鞍嶺衝衢，行者病之，文德捐貲平治，遂成坦途。復建半嶺亭以休風雨。又濟嶺界仙居，盜賊出沒，文德相地利，築寨門為防禦，地方藉以安。萬曆戊子歲飢，減直愈糴，不能舉火者予粟，有欲鬻妻子者予鍰，全活甚眾，而無德色。

項森（遂昌縣志）字子秀。嘗業儒，弗售，棄去，精岐黃術，每以醫藥活人為事，雖傾橐弗恤也。萬曆初，邑旱飢，乃鬻田賑粥，多所全活。如有祖所置四茶亭田若干

歲久為豪强侵没及長恚贖之邑有相搆
爭者得其言即立解人比之王彥方云
高岡（崇禎處州府志）字子升處州衛人篤友誼時弟通官賦三百金就逮岡為代
償親族有喪恚摩賻之出年出粟以賑飢族姪貧為婚娶經紀其生萬曆乙
酉洪水間出袖金以賑被患之甚若麗水
令獎其以世德扁其廬享年九十有五
朱昌（崇禎處州府志）字希盛縉雲人萬曆戊子歲侵發穀數百石活數百家戊戌
又侵復倍賑全活者亦倍有司給冠帶旌義俱堅辭不受長瀾楊浙二渡各
郡通津病涉多淪溺捐數百金建立石埠往來
者德之有待舉火者無不應壽八十一而終
晏應紀（崇禎處州府志）字心葵青田人萬曆己酉洪水衝壩
堰圮盡應紀獨捐貲修築灌田四百畝鄉人德之
葉以華（崇禎處州府志）字仲秀遂昌人建育英樓以教族姓捐租七十畝為膳置
渡紅龍口獨山焦灘三處各捐租倩給舟人邑北東梅橋二十都獨口橋
圮歲以石易之往來始免病涉讓吉穴以厝
其兄為甥姪婚娶巡按金忠士給扁旌之
丁天祐（縉雲縣志）縉雲人克篤孝友立家塾嚴訓子孫四世同居里被其
化而息爭訟歲飢嘗捐粟以賑縣屢旌獎舉鄉飲七壽九十而終
鄭文誥（崇禎處州府志）字天章遂昌人嘗置定溪
義渡以濟病涉建洞峯嶺茶亭以便往來
李琍（縉雲縣志）字潮環事親色養與兄析業避腴取瘠伯兄玠進士無嗣以己子
繼之復讓遺業以振仲兄之乏偶見遺金于路守其人至還之有窮民逋粮
被繫捐金代輸歲飢設國興工使食力者果腹以所值贈
其家里中或質成片言剖分輒為意釋咸擬之陳太丘云
張鶴翼（崇禎處州府志）字鳴皐麗水人家居河埠有徽商以帑物數笥見寄遂往
甌逆敗遺家僮四祿鶴翼寧綾己物盡出所寄商聞意不可復得比至

一無所失
喜出望外

李繼澤（縉雲縣志）字濬宇，縉雲人。應秋試，偶與諸商同舟，諸主僕染疫，僕死，同舟
女皆中道棄去，繼澤獨為調湯餌，及愈，諸出金七百，欲分半以謝，堅辭不
受。繼澤無子，諸又欲以女為之妾，繼澤不可。越兩月，諸復
攜女至，拒之如初。月餘，妻陶氏自娠，六歲內舉七丈夫子。

張學甲（崇禎處州府志）字思適，麗水人，邑庠生。潰兵擄掠，鄉人男女避亂于鳳山
後寨，學甲出，為兵所獲，紿之曰：「引我至寨，當免爾死。」學甲厲声曰：「吾何惜
一人之生，以免眾鄉人
之死。」遂自瀉深淵而死。

包萬有（鄉賢留祀冊）字似之，遂昌人。行誼淳謹，事繼母克孝，嘗建立社倉。崇禎初
頒行義倉，萬有獨捐穀一百石以助。闢兕峯書院，延師以教鄉人。修括蒼
郡
志

卷九終

歷代兩浙人物志卷十

義行

和　沈廷芳

杭州府

晉

孫拯（晉書陸机傳）拯字顯世，吳郡富春人。吳平後為涿令，有稱績。陸机既為孟玖等所誣，收拯考掠，兩踝骨見，終不變辭。門生費慈、宰意二人詣獄明拯，拯譬遣之曰：吾義不可誣枉知故，鄉何宜復爾。二人曰：僕亦安得負君。拯遂死獄中，而慈、意亦死。

南北朝

范叔孫（宋書本傳）吳郡錢唐人。少而仁厚，周窮濟急。同里范法先父母兄弟七人同時疫死，唯餘法先，病又危篤，喪尸經月不收。叔孫悉備棺器，親為殯埋。又同里施淵夫疾病，父母死不殯；同里范苗父子並亡；范敬宗家口六人俱得病，二人喪沒，親鄰畏遠，莫敢營視。叔孫並殯葬，躬卹病者，並皆得全。鄉曲貴其義行，莫有呼其名者。孝建初，除竟陵王國中軍，不就。

范元琰（梁書本傳）字伯珪，錢唐人。家貧，惟以園蔬為業。嘗出行，見人盜其菜，元琰遽退走。母問其故，以其實答。母問盜者為誰，答曰：向所以退，畏其愧恥，今啓其名，願不泄也。于是母子祕之。或有涉溝盜其筍者，元琰因伐木為橋以渡之，自是盜者大慚，一鄉無復草竊。天監九年，縣令管慧辯上言義行，揚州刺史

之義行　杭州

臨川王安辭命不至十年王拜表薦焉竟未徵卒于家時年七十

五代

褚雅（茅山志）字元道錢唐人梁末隱句曲山中輕財重施拯物無厭營田若熟以乞貧者與人共居常早起灑掃取水徧以周給覓樵薪乞人夏月種瓜任貧人來取不計也

張儼（咸淳臨安志）餘杭人好學有賢德不樂榮利嘗聞圃種瓠以所貿錢造橋俗謂葫蘆橋

宋

焦中山（海寧縣志）鹽官人素好義自雍熙四年尸祝許睢陽至天聖九年遂捨地祠張許並塑其像時王可回曰中山一邑義士因名其坊曰忠義

俞舉善（成化杭州府志）錢塘人累世同居號義門明道二年旌表門閭

葉騰（西湖游覽志餘）字景鄉錢塘人授桂州司法家故饒財諸弟盡用之而求異籍騰喟然曰家事至此繇吾祿不足以聚親族耳汝曹何咎在桂有吳謚為象州武儀令而死其妻挈二女歸闕至桂而妻又死騰哀其無歸娶為二子婦焉

何押錄（夷堅志）餘杭縣吏自壯歲為小胥馴至押錄持心近恕畧無過愆前後縣宰深所倚信又兼領開拆之職每遇受訟牒日拂旦先坐于門一一取閱之有挾詐姦欺者以忠言反覆勸曉之曰公門不可入所陳既失實空自貽悔何益也聽其言去者甚衆民犯罪麗于徒刑合解府問頗具情理非重必委曲白宰就縣斷治其當杖者又往往詠之使寬嘗置二竹筒于堂時擲三兩錢或一錢于筒中諸子竟不深曉迨謝役壽終始告之曰吾免一人徒罪則投一光

錢于左筒免一杖罪及論解一訟則投一纸錢于右筒剖之皆充滿無
餘地逐卒後十年子鑄登儒科紹興中位至執政累贈其父太子少師

蔣崇仁（西谿梵隱志）杭郡人居興德坊喜賑施每秋成儲穀即湧貴如原直售
之且聽糴者自量或捐與飢者終時屬二弟力行好事里人德而祀之

元

賈執中（海寧縣志）字希賢與弟用中並負俠好施承父志建義塾于家奉先聖像
配列諸賢後立講堂祠從祀主備禮器倉庾庖湢所儲經史百家言割贍
田八百畝聘名師蒞之教其邑之子弟郡邑之士聞風而來相與講義
洽聞成取具于此至正十八年事聞授執中山長括蒼劉基有義塾序

賈用中（萬曆杭州府志）執中弟海寧州黄岡人捨田百畝入儒學州牧上其事
于郎先是州之人士未始有與計偕者已亥賈二子祥麟祥鳳俱中式

馬宣教（海寧縣志）宣教以行稍萬十一其先汴人家靖康間扈從南遷徙居鹽官
黄湾里煮海致富值歲侵孝海丁將散去宣教出粟賑貸猶不贍奕產殖
以活之已而家益饒與黄岡賈氏兄弟並以貲甲一郎復起樓聚書萬卷延徐
一夔日瓊諸名儒教其子弟亦同賈氏義塾云時元末兵起張氏據吴方氏據
越所在殘破而靈泉一鄉獨
全則宣教保障之功居多

何宗實（楊維楨何宗實墓誌）字誠甫其先由東平徙杭遂占籍為杭人仁孝慈愛
所得俸奉母外以覃于族兄宗茂同居無間言妹一人適戴氏戴没給養
其家子女為之嫁娶隣婦有哭甚哀者問之喪其良人貧無以治
棺即賻之他日婦至請傭以償直曰周汝急豈望報乎婦謝而去

來景仁（兩浙名賢録）海寧人事父母以孝聞待宗族煦煦然有恩外姻亦如之交友
敦相恤之義元季四方衣冠之士避地海寧者景仁悉解衣推食與同甘
苦屢徵不就自
稱貞白道人

明

朱燧（杭州府志）字質夫，海寧人。父圭以明經起家，嘗捐腴田以益學廩。宣城貢師泰知名當世，至正末道梗，居寧之北郭，燧具舟迎歸其家。後貢卒，燧為經紀其喪，捐地以葬，別置田供祭。明初會詔興學，杭守辟之，請藝錢塘，侍御史薦于朝，除粵東寧遠令。

柴望（成化杭州府志）字宗禮，錢塘人。為人樸茂，見義輒為。有友括蒼金觀者，前元某州學官，退居錢塘，母沒，貧不能葬，以哀毀沒，而其妻繼殞。望哭曰：吾友之不幸至是哉！子且孱弱，三喪在前，吾責也。乃捐貲治葬事，及告于觀所常往來者，因得舉汝其先兆葬焉。人義之，徐一夔為作義行記。

孫遠（萬曆錢塘縣志）字孟傳，博覽羣集，有詩名，孝親友弟。弟迪官禮部，少與翰林王洪善。洪家貧親老，祿薄不給，遠周之，始終弗渝。善行草，尤精于素問鍼灸之術。隱居甘泉里，有東巖老人集。

劉均美（西湖遊覽志）錢塘人，世以醫名，讀書通大義，待異母弟如同母，讓產與之。洪武間以閣右徒實京師，仍以醫行，善居善藥，售不二價，又喜閣故使實京師償走，均美市藥者日無美而貧無錢走乞藥者亦無算，均美旦起藥者日無之而後及市者。邸人許昉遊國學，貧無以自給，均美延之家。昉死，為之殯斂，歸其柩。年九十而卒。

盛濂（張光修盛濂傳）於潛人，天性至孝，親病殁，哀毀幾絕。兄弟五人，濂居長，教之耕讀，終其身不分析，比閭族完間雝雝如也。宣德四年，邑大荒，濂出粟六百石賑濟，全活甚衆。輸金築黃泥壩，溉田三千畝餘。建青檀橋，濟人徒涉。復置田為修葺費，以垂永久。

胡瓊（杭州府志）號靜菴，臨安人。正統間有皇木之役，前此有以是役破家者。時歲大飢，民不能完幺費，繫獄者衆。瓊輸己資五百金以完其役，里民德之。

吳思敬（餘杭縣志）餘杭人好周人之急正統六年發穀一千五百石賑濟飢民奉勅旌表

晏誠（成化杭州府志）字與誠鄞人徙居仁和勤儉喜施而尤款于族隣姻故婚嫁族孤子女殮葬親友之貧者十餘人遇歲儉每罄所積以貸無所責償復值大侵飢餓盈途誠計家所餘米千餘石歎曰豈忍一家獨飽哉乃盡出以助官賑部使者以聞正統七年錫璽書羊酒復其家仍勅有司為樹門湖州置居人自其先已冒官河禁傳之子孫無覺者後有覺而陳之官將悉違理之誠一言釋十數百家之離析信義行于鄉為不善每有懼誠知而中輟者鄉以司直稱長子醇亦以義輸粟授冠帶官

陳昊（萬曆杭州府志）字宏夫仁和人初贅顧氏生子鑑妻亡昊年二十五人勸其繼娶昊曰吾實有子以承祀事忍復求偶以負吾妻耶有兩女弟皆貧而發昊為周給之甚厚

蔣琿（成化杭州府志）字廷琿錢塘人重友道一時同事貧不給者居停周給其有歿者復為殮殯歸其柩且為經紀其後而已與妻子不免飢寒弗恤也黃養正姚震咸有學行在謫戍中琿辨其冤後皆至顯官琿平生惠利人未嘗有所責報亦未嘗以語諸人故咸以長者稱之

孫顯宗（富陽縣志）字存義惠安雷井村人成化甲午遭歉歲殍夫塞途捐粟二千石以賑鬻子女者贖之稱貸者贈之賴以存活者不可指數事聞名至闕下欲官之堅辭乃于光祿寺賜宴授正七品冠帶遣還既而復命地方官咨送其孫景南以諸生入鴻詞遝顯宗欲其子若孫自以勤苦致富貴率景南陛辭乃已于是降勅旌表為尚義之門樹坊當道

王斌（舊浙江通志）臨安人成化二十一年助穀八百石賑荒三院題請勅建尚義坊賜以冠帶

吳定遠（萬曆杭州府志）錢塘人嘗于湖州豐孔公銓家買客柏油五十擔計直當百金立券三日發油半月歸直券成次日客寓火吳率人往救之至則油室已在焰矣客哭曰油故假本千人今何以償之有死耳踊躍欲赴火吳急抱止之曰油既有成券即我貨矣若何與半月後來取直耳客猶未信吳因與俱歸數日即措銀如券歸之客拜祝曰願公生貴子以報德泣謝而去吳後生子瓚登進士官至通州守

董慧（海寧縣志）字如魯富而好行其德景泰甲戌歲飢輸穀四百石成化癸巳海決民流又輸六百石丁酉大飢又輸千石有司例授以承事郎孫之冠帶力辭又輸千石以為備荒計其他置義田葺文廟掩骼建橋諸善事未易枚舉

程琫（杭州府志）孫采夫臨安人性孝友崇理學捐己地為文廟壽九十三詔賜冠帶

馮悅（萬曆杭州府志）字景和錢塘人弘治中有繒雲施三二者以譏訟于憲司捉搭押歸有所攜二百金懼為逮人所侮托寄于悅家施歸而卒其子不知也久之悅呼其子雲還之封識如故雲欲讓其半悅拒不受

翁鍾（吳遵梅翁鍾傳）字子声仁和人事繼母如所生有族叔亡其室貧不能自存鍾養之仍周旋其子女尤親禮貧交急患難厚施而不責其報備有葯鍾全聘其妻者妻家悔婚嫁歸所葯鍾惻然謝無有凡環鍾里居者千餘家飢取食寒取衣婚姻死葬取經費俱不置券即有券而人負之固不較也一時賢士大夫重之歸為西泠君云

俞鉄（臨安縣志）好施與嘉靖初輸粟二百石濟荒助濬西湖銀五百兩撫按上其事贈承事郎

歸淏　陳昱　丁仕卿（萬曆杭州府志）淏字源之錢塘縣南良里人前仁錢兩縣額辦馬價計每丁出銀二錢有奇淏陳牒臺司請均之各

邑奔走經營罔恤勞費嘉靖癸巳杭守姜志德為議丁祇徵銀一分七釐九邑均無贏縮民省重賦又錢塘陳昱西壁人以兩邑僉報總甲之役擾民陳牒分巡康朗康下之邑議覈戶貧富定為上中下法多寡徵銀催募充役均稱便焉又上虞人丁仕鄉寓杭為東里坊之社教讀見會城之民憊于夫宿亦投牒當路謂官夫百七十名足備撥遣夜巡之役既戶出間架錢以召募總甲大夫而復差及保甲俾民財力兩獘請俱罷免事下諸司議徵巡員役以不便其私訐仕鄉挾亂成法聽者不加深察嚴行箠楚搒掊回越者三矣萬曆二年仕鄉仍來杭陳請再下兩邑議咸是之自是前兩役悉就蠲除又慮歲久法弛更陳牒督府徐栻樹石垂遠錢塘陳善合三人為之論贊

沈璋（丁養浩沈璋傳）字廷器號存濟仁西塘西人生平慷慨好施塘省為省會巨鎮水勢直瀉自宋元以來民居聚散不常堪輿家謂宜于鎮之東北隅建傑閣以當水之衝璋即捐貲就古清流亭舊址圖基積材建千佛閣高二十餘丈立殿宇禪堂鬱為叢林費貲以萬計里中賴以安居正德己卯歲大侵璋煮粥飼飢民越兩月全活無算又發廩米四千餘石以貸貧者次年大熟人俱倍息來償堅却之曰吾以周貧非以邀利也焉用償于是鄉人咸稱為孝義沈家子晉合州司馬孫修山東右布政

徐江山（錢塘縣志）字六橋正德辛巳進士官尚寶卿性耿直敢言夏言與曾銑受禍無敢白其冤者江山首上疏申救陶仲文以方術得幸江山力辨其奸雖數觸上怒然心知其不阿勿為罪又馮恩繫獄中手行可刺血寫疏自縛闕下江山力贊通政為引奏得末減其好義如此

應明德（杭州府志）字養虛海寧人嘉靖癸丑進士授刑部主事時楊繼盛奏劾嚴嵩十罪五奸有旨先下鎮撫司榜問究主者嗣發緹帥杖一百送刑部擬罪揚瀕死再蘇提牢皆奸黨也明德独檢湯藥視飲食者十四日復說尚書出之老監遷于外庫或訹以重禍勿懾也

錢科學（錢塘縣志）科歉行尚義嘉靖間連歲游飢當事設法功賑入粟五十石者附帶者陞其級授正六品職不支俸科獨多巡按舒汀提學孔天允特請照景泰例已冠架木橋徑曲險濟多溺者科特闢所居又自設粥廠拯濟里民所居運渡舟埠沒稱南橋以別于橫河東西二橋科沒所居屋直衢達河且甃石為大橋行者德之遂以南橋為稱更名其橋曰萬安、

吳元良（兩浙名賢錄）字子匡錢塘人性樂施以節俠自喜父沒遺券數十紙中屬杭人者計貲可千餘緡元良悉召其人語曰吾書生雅不習收責事諸君各取券去有固卻者元良勉之曰無庸俟若盈時割餘以佐我酒貲不後也皆感謝去其外屬吳人者貲略稱是元良不知其家特造吳市中焚之語市人曰頗傳語鄉閭有負杭吳長公責者吾已焚券無煩歸真也時華亭徐相國階督學兩浙獨高元良奇士厚礼之而元良裁謝外一不涉干請亦未嘗以此矜于人

傅昇（舊浙江通志）號竹亭錢塘人明經授王官淮安馬試無子娶妾嫡不容以贈昇昇辭不得有娠失明不字昇即以其妾與同寢如試妻亡昇仍以其妾歸試試後生二子初胡給諫麟謫台幕其子將之台寄二笥于昇子竟溺于湖後昇取二笥還麟封識宛然如故

郭文範（黃汝亨郭文範傳）號型伯海寧人與弟友愛族子有鬻身為人隸者贖還之迎養寡姑與繼母同居者三十年邑之倉大使翁煌者觳扑坐法將鬻己女為妾文範輒輸金與贖兼資給歸之金陵吏代償徽人吳兆大百金及廩無無告告叟陳鄉五年而沒曰于我殯凡里族故人之不能婚葬者時時給之慮弗逮晚年作生誌自號蝶栩子

董欽（餘杭縣志）少敦孝友好施與祖父遺貲悉公之族黨萬曆十五六年間歲侵飢饉載道米價湧至一兩八錢發米三千石以賑之全活甚眾三院題旌立

尚義坊于縣治之東南文安尊塔閣一邑文運欽因頹圮特為改建增五層為七層捐一邑壯觀又建文昌閣橋于南渠河以聚秀氣年八十五終子汝洲紹述父志乾嶺地僻往来害患虎盜為建亭觀俾人有所依庇濬築龍潭便一方取汲

陳灼（杭州府志）昌化人國子生豁達好施赴急困然諾無苟萬曆庚戌有司議造飭學宮方捐俸倡助無應者灼慨然請于令一切身任之凡費二千七百有奇旬月告成及歿祀鄉賢祠

周棨（富陽縣志）號平齋少孤兄其主家政兄死始操家務見子錢契券年稍遠者累數千金歎曰田園亦足自給何必營營為作三布囊束于臥榻之梁或持鏹償者告曰舊契已毀不敢矣萬曆戊子歲大侵煮糜十數缸陳于恩汝橋以食餓者數月不倦或鬻子賑所即為棺殮之

陳中漸（舊浙江通志）字風山海寧人為名諸生喜周人急所貸予常焚券不責償市有持贗銀行哭甚哀問知為里儈所欺即自探懷中銀如數與之有丁氏鬻房產既受價徙矣復據之中漸憐其貧為更授價及割他產予之有韓史者嘗負中漸債已死其妻齎錢幣請償中漸謝不受某氏女坐怒家誣蟣不能自明中漸捉身御史前白其冤年五十五卒子與郊與相並中進士贈給事中

周柯（杭州府志）號一巢富陽人樂于為善遇歲歉捐粟賑飢有疾疫捨醫藥棺柩寒即施衣纊人有急難多方周濟閭有鬻妻質子者必傾貲贖之里人共推為長者

俞良謨（海寧縣志）字龍淵好陳民間利弊一議與鹽竈之困一議豁解役之累為公事破家沒齒無怨寧民利之

閔大生（舊浙江通志）字玉門錢塘人性任俠家致千金隨散去戚黨中多賴以舉大里中貧兒負急債欲鬻其妻大生代償之使復完聚有中年患瞽不能

治已去，為馬延至家療之，瞽旋復明。冬寒大雪，親煮粥分給，全活無算。

吳憲（舊浙江通志）錢塘人。性謹厚，喜義舉。初徽商子弟不得與杭州試，憲力請于巡鹽，上疏報可，乃立商籍，得入泮于府仁錢三學，如民籍之數。

徐季韶（杭州府志）字鹿園，海寧人。父裕與歸有光、陸樹声為同年生。季韶偕兩弟維揚、繪觀肄業南雍，時人目為三俊。戊辰海嘯，漂沒數十萬家，隔江浮稍若鳧雁之集，季韶作腴田數十畝瘞埋之。辛巳歲大侵，沿塘設粥廠十五所，日費米三十斛，又開藥局救瘟疫，存活甚多。

吳元渓（錢塘縣志）字澄甫。事繼母以孝聞。女弟少寡無依，迎養于家，終身無間言。故人程生負課千金，父繫，元渓即代償之。崇禎庚辰歲大飢，出橐金往江右糴米五百斛，悉散于親友。與同郡王道琨、華亭陳繼儒、嘉定黃淳耀交，俱有終始。授光祿丞，年八十二卒。

沈起虬　王一奇（舊浙江通志）起虬字幼良，仁和人。崇禎辛巳歲大飢，鬻產市穀以賑。有負漕而鬻女者，代輸漕而還其女。同里王一奇亦發穀三百石以賑飢。鄰家為官債所迫，計鬻妻女，將成券矣，王又代償三百餘金，竟不責報。

王錫袞（鄉賢留祀冊）昌化人。天啓七年官霍山知縣，念父乞歸。仁厚樂施，常捐金倡率族人立祠沙千，以奉祖先，歲時烝祀無闕。宗黨婣戚時時有所賙予，未嘗與貧佃較銖息。崇禎十二年遇大侵，出穀百餘石賑濟，又每石減糴如常歲，里中賴以存活者甚衆。又置義塚地于橫溪橋。國朝康熙十一年入鄉賢祠。

章希義（鄉賢留祀冊）富陽人。慷慨好施。天啓中浙東大飢，盡發所儲廩粟分給飢民，賴以全活者甚衆。宗族有不能婚嫁者，為之捐資擇配；不能就學者，設義塾以教之。代出逋賦。里中有爭鬥者，必曰寧為刑罰所加，毋為章公所短。國朝康熙十五年入鄉賢祠。

嚴武順（鄉賢留祀册）字訒公餘杭人太常大紀次子明季辛巳歲大侵武順力請當事勸里中大姓賑粟更經畫賑法俾官不煩而民普濟全活無筭是時山寇蜂起户不安枕武順謀于邑長督浚武備富者出財壯者効力延智勇士以保疆圉或難之武順曰富者出財非散儲也正所以保其富强者出力非藉捍也先令其不為盜已而邑藉以寧三世同居家庭雍睦

國朝順治十六年祀鄉賢祠

陸奇（鄉賢留祀册）錢塘人崇禎壬午舉人仁心為質輸粟賑飢多所全活建議修築海塘砥塞獨捐千金重建鎮海樓尤多隱德遇邑不亂解冤獄郤暮夜金贖人婦女有客寄貲旅亡道梗閱三載後招其子付之封識如故

國朝康熙二十四年入祠

國朝

周之官（公舉事實）字待玉號紈鄉世居仁和以孝義稱父同氣五人皆友愛不析產人謂之義行周氏之官性好施與樂善不倦前明庚辰者會大侵之官出家貲賑粥活者數千人子七人同居共爨者四十年咸稱棣萼堂同氏

王兆京（鄉賢留祀册）仁和人家素封與兩兄析產盡以資財讓其兄明末賊縛其兄子去是時產已罄無貲為贖即走賊巢願以身代賊取火灼其體無完膚曾道拾遺金坐守俟失者至還之鄉史表其廬康熙六年入祠

鄒泰卿（舊浙江通志）字九卿錢塘人經邦曾孫明崇禎辛巳浙大飢泰卿為粥以濟全活甚衆（鄉賢留祀册）族人棺久暴者泰卿捐貲購地瘞之顏所居曰樂善堂以子達平貴封如其官康熙二十四年入祠

童全焰（公舉事實）於潛人父病禱天祈以身代父病果差弟早夭撫遺孤如己出性好施予崇禎間歲飢饉輸粟五百石全活甚衆又邑中橋梁義渡凡所

修建者三，費皆不下數百金，行人往來稱便。

項大章（舊浙江通志）字孟敬，錢塘人。明崇禎辛巳，浙大飢，為粥以食餓者。同里有負國祖將帑，具妻大章捐貲代輸，無德色。以子掌襄官封弘文院檢討。康熙二十七年祀鄉賢。

何爾彬（鄉賢留祀冊）於潛人。順治三年拔貢，歷陞禮部祠祭司主事。潛邑處萬山中，自縣南四十里七坑尤險窄，峭壁五十餘丈，直矗溪中，其下小徑盤曲，幾二里許，行人往往失足。彬糾工築砌，竟成坦道。遇旱災，鬻穀倡賑，人賴以安。有姪十餘輩，教育如己子。親族待以舉火者數十家。邑中重構學宮，獨建兩廡。

顧景祚（鄉賢留祀冊）錢塘人。順治丙戌拔貢，任壽昌學博。當兵燹之後，宮墻傾圮，捐貲修葺，設立義學，請增廣額，改小學為中學。致仕歸，有鄉人負債鬻妻者，出貲代償。老友之嗣，贈妾續後。凡善事靡不為之。

孫伯玉（鄉賢留祀冊）字美之，富陽庠生。孝友嫻睦，輕財好施。每逢歉歲，輒發粟賑濟窮民，賴以全活者無算。順治初年，山賊竊發，所在剽掠，邑令朱陛臣素知其急公好義，屬以撫輯。賊冠伯玉即持憲檄宣布德意，賊閧俱釋甲倒戈投誠分散。內有飢寒切身不能存活者，請發公帑散給之，并竭家貲相助。

陳之闓（海寧縣志）字希亮，海寧人。候選兵馬司正指揮。幼失怙恃，持躬以禮，雖燕居僕妾在御，無惰容倨色。遇有大興革及調遣徵發，當事諮詢，必抗言不阿，並洞悉利弊，切中机宜。邑中頻經荒旱，指囷賑飢，必首倡為式，躬親散給，毋令冒濫。又寒者製絮襖施之，流離者廩給之，亡者給棺斂之，歲以為常。復于西門外捐地為義塚。

毛應鎬（舊浙江通志）字敘成，仁和人。少孤，母攜五百金挈應鎬往依族之分尊者，既而不歸。所攜母欲往詢，應鎬以為尊行也，且撫我，必勸母勿言。族有兩

寡嫂迎養終身有貧不克葬無居址者恚為經
理年八十一卒（杭州府志）子先舒好學有文名

高允中（鄉賢留祀冊）錢塘人先籍餘姚遇飢歲立粥廠于里
門全活甚衆施棺掩骼交親貧者有所乞無勿應

吴炌（錢塘縣志）字睿思四歲母病不食炌號啼亦不食及母病稍瘥始進食一時
競傳為異年十五家遭誣炌奮身庭質巡撫蕭起元題之遂得白順治庚子
歲飢炌條議令十里置一局々設數村且捐貲為倡民不告災又書上巡
撫范承謨七郡水利書凡萬餘言又代償嘍民張彿鸞妻金皆義舉也

許日章（海寧縣志）字崑生海寧人幼至孝父與母病疫刲股以進皆立愈稍長鋭
意讀書經史無不成誦性好施予戚族中不能葬不能婚不能舉火者賙
恤無美偶入城見桎梏而呼號者數百人問其故乃欠官糧者約三千金歸即
傾笥倒篋悉捐所有不足更轉貸以輸之買僕如衣冠後不責償更贈資使歸
獲胠篋者素識其人贈金勸使改過以
子汝霖貴歷贈光禄大夫禮部尚書

陳之闇（鄉賢留祀冊）字始升海寧貢生封光禄大夫幼失怙哀毁盡禮奉母避亂
盜掠之入巢妻曲勸諭盜竟解散每遇歉歲率先煮粥以賑流離衆善好
施族戚里閭咸頌其德與人交有終始遇失言愆儀輒面折
之延師教子孫儀意惠至卒年八十八康熙四十九年入祠

碩伯揆（公舉事實）號一齋海寧人少孤貧讀書勵行事繼母王盡色養事兄恭敬
垂老無間言體先人友愛之意分授堂弟田畝俾得耕讀親知不能自存
推解無德色晚年子悅履督學山左迎養官署遣當
歉歲命捐俸施賑全活甚多以悅履貴封如其官、

童養廉（鄉賢留祀冊）昌化人持躬長厚処衆謙和捐貲修理學宮建文昌閣歲旱
煌救濟貧人甚衆鄉里中死無所歸者買棺斂之貧鬻妻者捐金止之親
友子弟有志誦讀
者給以膏火勿吝

汪以澄（鄉賢留祀冊）仁和人任刑部陝西司郎中居鄉多義舉嘗捐置祭產周卹親黨凡貧不能葬及壯未有室者悉資助之賑飢施棺修學宮補祭器夏施蚊帳冬給綿衣濬川渠葺橋梁砌道路善行種種姊貧困守節餽膳全五十載不廢

何嘉諫（鄉賢留祀冊）富陽縣庠生性尚義道得遺金俟本邑蔣生鬻產完糾者立即還之至施棺木瘞遺骸散穀賑貧善行不可勝計友人胡紹宗疫死無所歸為殯殮其家數口族人有三世骸骨暴露者捐貲購地為合葬焉、

裘微誠（鄉賢留祀冊）錢塘恩貢生性孝友母歿結素縵于柩側題曰永思盧伯兄早逝撫其遺孤成立人有急難叩其門即素不相識者必竭力以濟積逋數萬緡悉焚其券不責償遇鰥寡困乏者歲計所需給之至施藥治病掩骼埋胔行之四十年不倦以子元美官贈御史

姚殿岳（鄉賢留祀冊）字鎮公仁和人家貧教授生徒事親孝養備至親卒獨力完喪葬并葬親族之不能葬者七棺兩次拾遺金俱候之以還失者年三十喪偶義不再娶

孫有威（鄉賢留祀冊）餘杭人務篤行每逢歲侵出粟賑飢免祖貸息取貧者券悉焚之然諾千金不易

葛道明（徐元正葛道明傳）字元亮仁和人幼倜儻善承先志原待宗族七世祖浚子孫蕃衍咸為堪輿所惑多浮厝未葬道明毅然獨任卜葬二十餘柩同學江我正揹重獄道明營解得釋與人交然諾不苟見義必為子寅中武進士選侍衛康熙四十四年道明年八十三恭逢

聖祖仁皇帝南巡蹕迎道左

賜元寶蟒緞卒年九十

周麟（舊浙江通志）字渭濱錢塘人年十五母得奇疾三月不臥日為之嘗入山遇老翁授以藥草疾始愈歲飢經畫賑濟推解親族甚眾子禹吉博學能文

張鍾發（公舉事實）字會生錢塘人兄弟三人鍾發以己身子女無多父遺產纖毫不受客遊新昌遇鄭逢可夫婦負債鬻身即解囊代償更給貲令其謀生有故人子沈國器早年聘金氏女孤貧未能娶出五十金為之婚康熙四十七年客遊嵊縣適歲祲鄉民乏食而輸百金為倡更勸同遊及本邑富室捐貲煮粥飢民賴之施藥施棺樂善不倦壽八十有五

高鳴鶴（公舉事實）富陽人歲貢生授樂清訓導幼年自塾歸道拾遺銀十二兩揭單招失銀者隨有浦江木工陳君慮至驗明給還及長嫡王氏無後欲繼鳴鶴為嗣鳴鶴以非應繼力辭及嫡歿鳴鶴曰吾義不當繼而嫡氏厚意不可沒乃置田供祭祀捐脩文廟購參連製藥施病疫者全活以千計遇歲歉貸窮民穀石及年豐穀賤止取原借斗石不計其價力不能償者即焚券不復索邑有蔡甚窮困借銀經商日久虧折無抵鳴鶴鬻己產代償之至施綿衣施棺木歲以為常

沈萬祥（公舉事實）於潛人慕義好施里有貧不能婚喪者出貲相助有負債力不能償者即焚其券大延族人十餘家撤己屋居之并贍給焉每遇歲飢出粟助賑有客死于途者為具棺殮造義塚于排嶺頭馬塢庵等處分別男女收藏嘗以邑當江浙接壤行人往來不絕洪水泛溢橋梁盡圮重建新溪渡創木橋置田畝房屋以為久遠計重脩馬鞍橋亭口橋觀正橋鳳凰橋太平橋及天井潭之景坑橋漫溪口之泥鍾橋漫于路口建亭施茶湯冬夏無缺前後邑令皆給匾以旌其義舉鄉飲大賓

姚際晉（公舉事實）字錫蕃其先自休寧徙錢塘歲貢生母疾刲股和藥以進遭父喪哀毀骨立墓在新安歲時展省往返千里率以為常讓產于諸兄己僦屋而居後諸兄中落猶子婚喪悉為經紀撫其藐孤如己子性樂善好施凡成梁治途皆縮衣食為之而不喜近名如施藥餌則托之醫者施寒襖則托之友

朋捨棺木則拒之隣姓居鄉讓仰年八十子孫皆登科第猶徒步出入以子之
騶官封翰林院編修弟隆恒字立方仁和諸生篤學有文名著九經通論百七
十卷庸言録
二十四卷

周
垣(公舉事實)字與衛仁和人年十一山寇竊發隨伯兄奉母避居蕭山之金家
塢寇至與母兄相失垣獨携幼姪竄澤舂閒晝伏夜行越數日得達母兄所
姪賴以存及析產兄子四人各使倍己之半創建宗祠刊祖訓家規于內俾子
孫世守其法有貧士館于家病不能歸留癈之五年終不起乃厚爲殮葬卹其
孤而歲給之家設藥局施病者遠近恙至凡三十年無倦色戚黨賴以舉火者
不可勝計比鄰有以所居請售垣曰吾親見其由址構以迄落成吾焉忍居之
乃給其所請之值而還其產子
壽雍正庚戌殿試第一官修撰

陳
克鑑(公舉事實)字于人海寧人工部屯田清吏司主事寧邑學宮肇自有宋雖
代加修葺然閱歲既久漸不能支克鑑慨然身任不惜重貲捐已產設義
塚骨塔于本邑十八都收瘞無主遺骸中表閔凱度物故無嗣爲理葬事三喪
並舉族人陳亦堂客死都門醫藥殯殮悉爲措置還歸其旅櫬陳泰交中年未
有家室憐其宗支欲絕力爲婚娶孀婦吳金氏餬口無貲給還伊夫所鬻
產至于歲荒施粟冬月施衣病者施藥死者施棺種種善事率以爲常

姚
士章(公舉事實)字斐成錢塘國子生居家孝友好行其德康熙甲寅乙卯間值
閩變浙東婦女有被寇掠者士章爲設法代贖使得完聚計二百餘人仁
錢兩邑獄舍卑濕罪人易染疾疫士章請于官獨輸金改造又施粥給絮屢歲
不絕當事稔其賢會建育嬰堂令董其事士章經理歷十二年貲不足輒解橐
給之無少吝省城貢院大門外舊無蓬廠諸生應試候唱名者咸
集于此雨霽日炙無所憩息士章始捐貲創蓋迄今遵循之不廢

吳
維楨(公舉事實)字左廷錢塘人性孝友好施予人有緩急呼之輒應未嘗有德
色于宗族尤加厚歲裝綿衣給貧者以爲常康熙甲寅閩逆煽亂民間子

女被掠多索金取贖窮民無貲者呼號載道維楨立捐千金為好義者倡俾得
完聚事平制府李之芳特獎異為生平立功過格日書以自警晚年作自述二
篇遺誡子孫壽八十六以
子炳官封國子監學正

許頤齡（公舉事實）字友期錢塘國子生其宗族居新安遷杭者甚衆頤齡多方提
攜貧不能婚葬者助之家素業鹽其友彭吉先許惠京負鹽帑力不能完
頤齡倡捐代
輸無吝色

楊士雅（公舉事實）字晉彥錢塘人康熙戊午武舉居家孝友親族之貧者賙之
戊子秋禾中程生來杭應試卒于逆旅貧無以殮士雅捐貲治殮且歸其
喪嘗買一婢係所知者女
詢得之即令其歸不問值

葉正榮（公舉事實）字仁則錢塘人性至孝父罹瘋疾衣不解帶藥必親嘗數載如
一日養母先意承志母喪年已五旬哀毀骨立水漿不入口哀感行路兄
弟五人同居共爨正榮秉家政毫無所私四弟早逝撫孤姪如己子于里党親
族閭周恤無倦張歐氏早孀無子正榮資其衣食者三十餘年嘗客遊閩陽
遇錢吉甫負債鬻子即解囊代償完其父子又親故朱龍若年老
無嗣買婢贈之龍若亡復撫育遺孤俾成立焉壽至八十一而終

方子春（公舉事實）於潛人好周急施予歲大飢出粟以賑全活甚衆覺塘路淹
歲修橋復收恤孤寡敦厚姻族至捐己貲以糧訟先完賦以急公尤為人
所樂道有司
給扁旌之

章焜（公舉事實）新城人性好解推推而無德色于邑之周王廟側貯棺給施者數十
年康熙己卯錢江泛漲見溺骸暴露即聞家堰地置義塚募人埝埋復置義
田數畝付琪樹菴僧以為春秋祭費邑南津橋圯于水獨捐工修葺之深川母
子嶺居山隘間建唐張巡祠延僧居住施捨茶湯以濟行人凡遇飢饉每樂輸

為紳士倡

馮昂理（公舉事實）於潛人慷慨好義鄉民當青黄不接時昂理出穀八百石計口稍貸不取子息歲以為常遇飢出粟賑濟恒至數百餘石歲徵錢井必先限全完親友逋負力不能償者即焚其券他若施棺木捨葬地靡善不為

孫光哲（公舉事實）字喆臣仁和人性孝事親能得其歡心居憂毀幾滅性至耄耋猶思慕如孺子待昆季友愛推祖宅讓之後被火又撤己屋重構以庇族人康熙甲寅閩變後光哲倡率同志贖還難民數千餘口仳離完聚又嘗贖救人之鬻子者無為經畫生理、他若焚逋券建橋梁拯貧濟困力行善事通邑稱為長者

方擢（公舉事實）字書升錢塘人太學生家世業鹽于鹺政利弊尤悉康熙三十八年春

聖駕南巡擢率衆迎

鑾名問加增鹽課始末擢具陳之乃荷

皇仁豁免六萬三千餘金商民懽呼稱慶素于族黨姻婭貧不能自立者周給之嘗買俞家垻地收瘞親族中之棺櫬暴露者又以餘地建普同塔藏無主骸骼孫邦基中雍正庚戌進士

吳甲姓（公舉事實）字辰賁錢塘貢生性好施予從姪業賈負千金力為補苴有友江姓貧不能娶贈以金沒殮以衣飾西湖舊有義塚年久為牛馬踐躪屍骸暴露甲捐資盡掩之至惜字紙施湯藥恤孤寡周貧乏皆力行不倦

方啓元（公舉事實）字貞甫錢塘人声弘子性狷介嚴義利之辨父與舅氏陳三治共經紀積貲數千宜均析啓元曰有母乃有舅力卻之舅氏因以舊宅相

畀治宅得埋金不取而出從他所檢還舅氏子封識如故

嘉興府

晉

李祥（嘉靖浙江通志）海塩人隆安中從内史袁崧築滬瀆壘禦孫恩崧為賊所害祥奕白刃收崧歸葬時皆義之名其所居瑣城曰敎義里

五代

薛仁德（萬曆嘉興府志）嘉興人吳中戎右府職為蘇州中令官誥使自郊勞迮祖錢既遺礼幣一萬餘緡礼畢還府過崇德堰見牽舡人多荷校仁德驚異會令佐來謁因問之對曰崇德當驛路衝要所通秋稅甚多堰役夫皆是物也仁德曰今夕試與考覈簿籍賣以錢何明日艤舟相待令佐侵晨具籍呈之所以九千七百餘緡仁德欣然命從者閱視橐裝錢及其數捐舟送幣空載而去

宋

戴顯甫（舊嘉興府志）嘉興人嘉祐癸丑進士選亳州永城尉與母舅杭州周叔獻同舉進士閔登第踰旬月卒于京師顯甫扶舅喪歸葬舅衿携子女還外家其母孫無所依迎養于家

衛公佐（兩浙名賢錄）字輔之海塩人事繼母以孝稱族有不能婚嫁者悉佽助之聚書數千卷礼四方賢士教訓子弟時縣未有學捐地為址又独任礼殿之役熙寧末飢疫邑人賴以救療元豐中復飢民皆負稅令滿代者已至轉運使苛留使督逋負繆業盈足公佐悉出粟代輸之弟必寬公望並教行宜秀州

聞人儆（舊嘉興府志）字彥則，嘉興人，輕財好施，周人艱危，閭里貧乏者輒貫金予
橐，伺隙投其家，及知而詣謝，佯不知也。中年未有子，有相者謂人儆頷有
黑子十一，必得子，後
果得，如黑子之數。

張仲淳（兩浙名賢録）秀州人，居鄉教授，好賙人急，務行陰德，不求人知。偶一商疾
篤，投仲淳，問其姓名鄉里，言訖而斃。裝有十金，仲淳其棺斂，召其子護喪
持金歸，漫捐資絰紀其葬事。一夕，夢死者來謝曰：荷公厚德，無能結草，公
今生貴子矣。已而生子師中，舉進士，為館職，終京西漕使、尚書工部郎中。

魯文謚（萬曆嘉興府志）字子順，家富，湖嘗
置義莊義塾，惠其宗人，官終司理。

陶蕑隱（嘉靖浙江通志）嘉興人，以歸行德祐末，元兵南下，蕑隱聞勤王之詔，散家
財，招集義兵，謁文丞相于軍中。宋亡，遺士流寓者多以為依。當時同邑有
趙孟僴築亭有殷
澄，稱秀州三義。

元

項冠（舊嘉興府志）字儀甫，嘉興人，以富稱于吳，欲散其財，乃助婚喪，蠲逋負，一時
江浙間莫不稱長者。至元二十年，境內飢，輸粟數萬賑之，活者無算。元世祖
聞而旌之，授以將仕郎、少府丞，力
辭不拜。子衢，授淮西廉訪司副使。

吳英（石門縣志）石門人，皇慶初，即縣東南運河左，周廣千畝，構屋六十楹，
屋六十楹，延師集友，與鄉里子弟共學，名曰延陵義塾。

戴光遠（萬曆嘉興府志）字君寶，嘉興白牛鎮人。鎮遠郡縣，學校不立，光遠乃辟地
三十畝，為殿宇學舍四十餘楹，聚生徒百五十輩，延名儒黃玠主之，自是
鎮人始
知學。

顧德玉（輟耕録）字潤之，檇李人。自幼從寧國路儒學教授俞觀光學。觀光無子，嘗語人曰：吾昔寢疾于杭，潤之侍湯藥，情至切若父子，醫爲之感動，弗忍受金。今我行且老，必託之以死。既而訪醫吴中，病且革，趣舟歸。德玉進次尹山，卒明日至檇李。德玉奉其屍斂于家，衰經就位，郡人士來弔者，德玉答拜。越明年葬于海鹽，近顧氏之先塋，歲時祭享惟謹。

范國寶（嘉興縣志）字谷保，宋仲淹七世孫。由姑蘇還檇李，數世同居，友義不減張鄭。傳學多才，趙文敏薦諸朝，累官提領安撫使。家居設義倉，建義塾，助脩學宫。著有最樂堂稿傳世。

濮鑑（萬曆嘉興府志）字明之，桐鄉人。大德丁未大水渰禾，鄉民苦飢，鑑捐米千餘石以食飢者，所活甚衆。有司上其事，給授富陽税務官，加將仕郎。

吴宣（兩浙名賢録）字泰然，嘉興人。有俠氣，兄弟析居，並以義讓。元季苗兵將屠邑境，宣獨叩軍門，請以身代，辭嚴義正，主帥壯之，竟釋城不屠。

明

潘允濟（海鹽縣圖經）海鹽人。邑捍海塘舊雜用土石，易崩圮。洪武三年海溢，淪田一千九百餘頃。允濟走闕下，請築塘專用石。朝遣宋署丞如法監築，邑賴以安。

陸宗秀（兩浙名賢録）平湖人。爲人敦朴，有至行。永樂中應賢良詔，徵至京。仁廟御賜極寶鈔銀幣還。正統五年歲飢，宗秀傾家廩助賑，事聞，賜勅褒獎，表其門曰尚義。子珪，字廷玉。景泰六年飢疫，明年益甚，珪與弟瑊、瑜、瑾共出穀五千餘斛以賑，有司上其請，授珪廸功郎，兄弟四人皆賜宴光禄。珪以德義著于鄉，鄉人有不平事皆就之取直，不至官府。邑初建學，珪與沈昊共任之，落成，邑令酹酒祝曰：願爾兩家世世衣冠弗絶也。其後陸之孫淞、沈之孫瑋俱發解。

陸平（兩浙名賢錄）字國平世居海鹽平生好施處事有斷里有訟者爭就質言出而解洪熙改元歲大歉民食草木平盡免所貸錢穀作粥以食者弱餓者多全活正統壬戌至景泰乙亥屢飢前後入粟五千餘石麥八百斛佐有司賑濟詔旌為義民表其宅入京謝恩賜宴光祿寺授教官

劉儼（嘉興府圖記）字敬先其先真定人父貞官海鹽遂占籍焉儼博學善詩文娶韓婦終身受敬如賓門人蕭某貧鄉其贄又恒周之友人沈德常死無所歸儼止田三畝鬻以葬為其行誼多類是

屠機（弘治嘉興府志）字汝敬平湖人歲飢兩輸粟賑濟例得階服輒辭弗受嘗雪夜過淑湖聞葦澤間有鳴〻声禕往視之乃一人手足被縛命舟人負至舟解其縛易故衣以火溫之久而蘇知為句容商人徐甲為盜所刦養之踰月愈而歸以百金酬不納

劉鳳（兩浙名賢錄）字景儀其先大梁人曾祖恂仕元為海鹽州學正因家焉鳳慷慨好施舉丈夫子九人因大啓家塾延名師以教諸子及鄉之後秀祖墓在城北近海塘每往墓所見海寧衛官軍乘戰舡哨沈家門防倭遇颶風率多覆沒鳳憫之具疏上奏畧曰海東遼遠防役失此枉喪生靈無益請罷之立沿海堡戍便部下其議責居民能保百年無事否鳳乃椎牛釀酒大會里中人曰吾願以一家家口保設有事請伏辜咸曰諾遂覆奏准罷沈家門之役去舡立堡增戍以防歲免生命數千百人以子泰貴封御史

仇必顯（海鹽縣圖經）右所人與兄必達同居鬻必顯嘗路遇暴尸勸必達買棺瘞之自此遂施棺及施槥襯濟寒數各五百正統七年夏四月百戶杜忠率衛卒乘戰艦禦倭沈家門漫溺依遠島七日不食為出粟五十石募漁筏救之得生者七十二人歸而羅拜于門欲償傭值之貲不受

江濟（嘉興縣志）正統五年歲大侵濟傾家產得粟麥二千一百五十石散賑鄉里賴以全活有司以聞賜璽書褒獎表其門曰尚義免雜泛差徭

孫佐　鍾鳴遠　潘璧（舊嘉興府志）並平湖人正統五年歲饑各出米
二千石助賑有司上其事賜羊酒復其家三年

沈本　陶鉦（萬曆嘉興府志）本秀水人世居邑之永樂里積纖起家郎邑舉為萬
石長守法奉公無侵漁正統辛酉歲饑詔勸富民賑貸本首輸粟五
千斛旌為義民表宅里未幾鬭飛蝗蔽郡守帥民兵往禦之本毅然偕行無難
色景泰癸酉募富民納粟以實邊本以白米數百斛應詔將上道疾作屬子淳
代往同時陶鉦蔚隱四世孫輸穀麥二千石以救荒朝賜勑
奬子澤捐粟五百石助賑復輸粟七百石助邊授七品散官

支茂（嘉興府志）字宗衍嘉善人幼孤弟棠甫三歲茂遵遺命不析居異財歷四十
餘年貢吏部授樂安丞奉府督祖有王某者貧欲鬻女以償茂代輸之女繪
像祀

陸琦（萬曆嘉興府志）字文璐嘉善汾湖人宣德中父坦將建學宮不果
而沒琦承父命獻地復建義塾于汾湖之陰學士曾鶴齡為記

陸頤昂（海鹽縣圖經）字文顯海鹽人成化中仕為奉新典史家澉鎮數上疏請行鎮
城事宜皆報可一請濬城東南地為河載土築黃家𪪺塘捍海一請豁澉所
公佔城池軍營田地稅糧一請以城濠空地海上新漲沙地為牧馬場毋令鎮
軍縱牧民田一請免所軍運艘缺馬軍舊額百匹為六十匹免遠漕及孳牧等
苦人利
賴之

陸源（兩浙名賢錄）字本深自嘉禾徙居海鹽性孝友為猶子婚娶如己子成化壬
辰大歉為粥以食飢者鄰婦每伺炊畢相率攜幼稚入府下餕餐畢懷飯焦
出弗問也繼來亦弗拒遂勅廚中每日多作數十人食以待來者隣左右數十
家遂竟日不舉火適租佃戶入市貿布紀綱奪其布與之俱來竟還之責紀綱
曰以布易粟家中必將腹待餐忍奪之耶好延納四方遊士戶屨恒滿即淹留
數年敬禮無倦容客有持宣公族譜來者曰素聞宗派請收之曰財非所吝海

溢夫譜久矣不敢妄冒論者以比狄武襄壽八十一

晏安（兩浙名賢録）字世康海鹽人為人慷慨負義氣篤倫理重然諾有祝仲容者江右人也隨其父至海鹽老而無子不能歸遂依安安為治田里切比其居以子昇為之婿無何仲容死或謂盍并宅省所費不許無何而子昇又死或又以為言安笑曰仲容所以託吾者徒以其妻女耳今身死婿亡其妻尚在亡友之約吾可背之乎自是周恤益厚終其身不變

朱文才（海鹽縣圖經）澉浦人慷慨多智略嘗贊六里嘴閘與水利築文星臺于白苧水漾中及葺海門寺高閣造禪悦諸廢寺俱堪垂久醵金首事人或不盡應傾橐成之人咸目之為朱善士

陶廷錦（萬曆嘉興府志）字公重秀水人有隱行友人坐事逮捕暮夜持數百金授之且示以無還期立為封緘授婦其後友人事雪舉橐歸封緘宛然族兄鑰死無遺為後者戚里欲立其子力辭割腴田四百畝為食費計竟不受任饒州司理陞鎮江府通判

項元澤（舊嘉興府志）字子南秀水人以曾大父襄毅蔭為錦衣早孤有遺貲萬餘母黄孺人命昇寄府藏嘉靖甲辰歲侵元澤患餟以賑所全活飢民無筭郎守欲上其事元澤曰我豈以此邀名乎力辭遂寢

姚旭（秘校録）字景陽自湖徙石門善施予于昆弟尤篤諸昆弟或不能守故產垂盡輙割產與之又盡則又與以是人皆推為長者官高郵州判時年已五十四一日行小堤上會風起湖中覆舡舡人多溺死者乃聞匐名水工救之其出水生者給之襦歛流屍葬之城北原上所獲篙櫓器械錢布以萬數令溺水者各自認其物而歸之其無主者悉以犒水工是時全活以貲還者幾百人葬者倍之道路皆咨嗟感涕以不善結納上官遂罷去

婁雷（兩浙名賢錄）秀水人叔壁客姑蘇餘三十年垂橐而歸病不起為治殯斂既辦徵知吴入有負壁貲者索歸悉畀叔母無所私故人樂松為怨家所擠往來居閶貲數百緡隣有少婦窺雷獨寢擲餘桃以啖之面發赤流汗脫身走後投狂顛賜章服里人以為榮

項德純（秀水縣志）名務以字行元忭子官中秘輕財好施置義田四百二十畝捐郡學及嘉興秀水嘉善三學贍諸生之貧者書法與伯氏少嶽齊名有退美帖行世族子有以襄毅公墓田售他氏者捐貲贖之時宗子俊卿為執金吾從都門移書歸其直郤勿受也所居燬于火撤壁發藏金追返其原主

鍾祖述（舊嘉興府志）字君明海鹽人嘗與兄祖保共經營割地葬宗人鄏彩家十餘柩窀穸甫就邑人王晰夢至一宮有王者進二縫掖歸視之則祖保祖述也王者曰君兄弟殯宗人一棗天曹褒美兄當益筭二紀弟錫一子同里劉世教紀其事

陸珂（天啓平湖縣志）字子珍平湖人好義樂施邮常族和鄉黨貧不能婚葬者周之輯格言以勗子孫曰饒人一著讓人一步為善最樂無欲常安壽八十三子文典字孝克甲辰歲饑捐貲設粥以活流民為貧民張亨娶婦還路拾遺金讓墓田捐墓地種種好行其德

陸杲（嘉興府志）字元晉平湖人嘉靖進士置田八百畝歸景賢祠歲收其入以周族人謂之族田又置田五十畝歸世德祠畀宗子供禴祀謂之祭田暨里族之子弟啓塾講業置田二百畝以給稍廩謂之學田以宗族日繁更徭不支置田三百畝管贍之謂之役田又捐貲築邑城子先祖先祚各有名

屠叔方（舊嘉興府志）字宗直嘉興人萬曆丁丑進士授鄱陽令靖難時死節諸臣中有胡閏者鄱陽人叔方宰其邑知之不勝感愴已入為御史即具疏為建文仗節諸臣請謚請祠及脩治塚墓䘏錄子孫其交遊姻黨之株累世世編戍者一體赦宥神宗從其言

沈維鍔（天啓平湖縣志）字震卿邑生嘉靖丁巳倭警總督胡宗憲設計誘降厚禮聘維鍔往鍔慨然曰此我建功時也時倭巢沈莊衆莫敢入維鍔獨往說

之欣然請降已而大兵四集盡殲之維錡實首功督撫欲疏請大用固辭但奏免沈氏十年田稅

沈鸞（舊嘉興府志）海鹽人訓導孫音堂之僕也嘉靖癸丑倭掠邑西郊突入音堂室執之將加刃焉鸞以身蔽其主請代死倭不忍害遂兩舍之

陸基誠（舊嘉興府志）字存鄉平湖人歲侵設廒以食餓莩置義塚施棺藥自當湖至郡城段塘五十餘里捐金繕堤途不病涉

張濤（舊嘉興府志）字悅清平湖人多隱德娶婦盲相敬如賓蘆瀝場官逋二百金繫郡獄濤代償之越人駱某好學而貧濤賓急其難及舉于鄉以百金爲壽不受友人趙端償所負金攜七歲孫漢以往濤畀漢歸端所償金佐其讀書後漢任諫議執猶子禮終其身

俞錦（天啓平湖縣志）字克美平湖人姪彬貧析產過于己子數人金杰死無以殯其子坤求鬻田計所需給之焚其券嘉靖間築城當事以其居當城址欲廣數丈全之竟自毀其庭寢二十餘間郡守劉慤顏其門曰義門

徐梗（桐鄉縣志）桐鄉人嘉靖二十三年捨田一百五畝于學宮以濟貧士是年荒復出米千石賑飢知縣徐麟旌其義萬曆二十三年子墊復捐資三百金米二十石修學知縣陸錫功亦旌其義

張亨（嘉興府志）家海鹽半路亭嘉靖甲辰官兵與倭戰孟家堰死者數千人亨斂殘骸盡瘞之又收甲仗數百餘上之官太守劉慤義而旌之

蔣喬（懿行編）字隣江嘉善人事親孝舉腴產讓兄歲凶賑衆全活甚衆倭變走避者皆遇害喬將出犬銜衣而止得免難渡泖失風忽蘆梗環舟咸謂敦行之報孫英成進士

丁鋐（舊嘉興府志）字九玉嘉善人補光祿丞以父病不之官萬曆時大侵傾橐以濟衣食醫藥日不暇給鬻良田五十餘畝修學宮春秋之祀邑令上其事朝

議從之

倪　津（舊嘉興府志）字雲橋，嘉善北鄉人。萬曆中遇水旱，散粟施糜，創午莊橋，建善提菴，六旬外連舉四子，府縣以德行給冠帶，年至九十。

魯　烈（萬曆嘉興府志）字元承，平湖人，任吳江訓導，諸生貧者輒周之，遇荒設粥救饑，仍糴米百石以助，垂虹亭壞，捐俸修理，生平所置田僅六十畝，宦後以半分兄弟，甘澹泊以終其身。

陸錫命（舊嘉興府志）字仲敬，平湖人，東省歲災，以鄉史往賑，捐穀千石佐之，存活無算，建坊褒美，生平扶災恤難，親友待以舉火者常數十家，率厚息稱貸為之，又捐田百畝于家祠以贍族。

張　鯢（舊嘉興府志）桐鄉清風鄉人，居鄉遇事正言相解，不拘人以非禮，桐邑築城，捐貲助工，監司旌之，年八十三。

鍾啟明（嘉興府志）字思梅，桐鄉人，讓產于其從兄，邑城圮，捐資助築，歲荒為糜賑饑，全活無算。

沈思忠（石門縣志）字東泉，石門人，有緩急叩應，或不能償即焚其券，雖布衣不苟然諾，冬夏施茶湯以濟行者，道旁棄棺輒收瘞之，積二十餘年不倦，縣獄失火，獨力重建，整理淨潔，繫囚得安，子寧成，國朝康熙庚戌進士。

郁　期　郁　際（舊嘉興府志）期字幾先，嘉善人，弟際字兆先，兄弟敦倫尚義，族黨中有三十未娶者婚之，三喪未舉者葬之，崇禎庚辰歲饑，出米百石以濟，後復患煌施糜，三月全活者眾。

王任相（袁祀編）字爾玉，居嘉善清風涇，日積籌記善行，里黨稱貸，歲歉勿責償，更慮之有鬻子者，焚券給以貲，生平信義自持，排解立剖，子辰舉人。

陸瑞銓（舊浙江通志）歸字啓平湖縣學生值歲荒平糶煮粥全活甚多族指繁衍或不能舉火捐田六十畝入祠以分給之故人子有零落者輒為收錄陸舊族有母子漂泊至湖鬻身者捐金贖之年逾八十卒

徐梛臣（舊嘉興府志）字亦子秀水人好奇負志節崇禎丙子舉于鄉有司重其名欲一見不可得庚辰公車罷歸已抵宿遷矣聞友郁起麟病于貴縣之旅舍策蹇徒視之起麟死經紀其喪以傳染得疾卒兩櫬同歸人稱生死交誼

曾爚（懿行編）字舒光嘉善人明季諸生隱居東干當事聞其賢每就訪利弊爚曰擘殘更弊條均田均役議上之推恩及物無間親疎曾雪夜行舟于灘遇負舟夫婦溺水力救得免又解衣衣之終不告以姓名

張甫（嘉興府志）字伯宣平湖縣庠生文名大著後閉戶讀書不求仕進輯族譜創宗祠置祭田為闔族倡生平樂善好施壽九十無疾而卒子兆治亦庠生工詩文

王道隆（續嘉善縣志）字爾愚嘉善人性至孝姊適郁早世撫孤甥分授田宅如己出姊婿沈某逋賦二百餘石代為輸納親族待以舉火者數十家崇禎辛巳旱蝗捐賑三百石復倡議平糶全活甚衆出私錢募人捕蝗縣令劉大容旌其門

陳梁（舊浙江通志）原名昌應海鹽人給事中陳所學少子入太學遊京師與魏大中定交大中被逮裹糾送之預為經理其後事大中死賄無所償子學洢且就獄梁為乞貸知交輸納海內誦義故奔濮陽崇信三歲孤女流落揚州贖歸撫育擇配士子

鍾景音（嘉興府志）字飛卿石門縣庠生明季歲侵道殣相望景音鬻產賑給全活甚衆子朗進士歷任參政

張明俊（舊嘉興府志）號九芝桐鄉縣庠生遇人吉凶曲意周卹不計有無弟子家貧不受其贄嘗出見故家子逋賦被械代為之輸

何浩然（舊浙江通志）字希孟嘉善人邑庠生博通典籍以道學為己任性仁愛好施家雖貧輒卹寡助葬杜門不出蕭然物外年七十四卒門人私謚曰仁節先生

國朝

宋應祥（舊浙江通志）先世雍郎人明季家禾之聞里家貧有志操嘗客池陽旅舍得練囊于藁薦間封記二百五十金止三宿不去有許邦偉邦佐兄弟踉蹌而至問主人遺金主人茫然且詰之許遂號踊爭欲死應祥問實即還之許以半酬堅不受同邸二十餘人環拜之子承武號繩菴力葬三世恩撫五甥曲事長兄惟謹

勞儆融（鄉賢留祀冊）石門人邑庠生明崇禎壬午浙西大侵斗米至白金四錢漕不及額儆融率其弟拮倉庾浮米八千餘石供輸之官補一邑荒缺無徵之數又以忠孝訓後人至如脩葺學宮與築橋梁道路必勉力拮据為里黨倡壽八十餘卒康熙三十九年入祠

陸維祺（鄉賢留祀冊）字九如嘉善人國子生幼即以長材聞而自處恂恂惟以孝友敦行為事明崇禎壬午癸未間歲值飢饉死亡無算維祺家本寒素典揭捐金買棺殯殮買米賑濟全活數千人喜捽稱為義士遊南雍同舍生寒不能瘞立解衣以贈後是生貴顯特遣介持金相贈受書不答悉反其餽康熙三十二年祀鄉賢

丁鑛（鄉賢留祀冊）嘉善人族孫以負入田土涉訟鑛棄產代償又追歷年籽粒鑛輸米二百石為族人倡文廟傾圮倡捐修葺明崇禎壬午米騰貴鑛計烟突

按口賑給康熙九年煮粥以食飢者他若同善會廣仁會捐助無虚歲

吴夢寅（公舉事實）字弁玉石門人生而穎悟日覽萬言明崇禎壬午浙西大侵漕不及額夢寅設法勸輸得米八千餘石以補一邑荒缺無徵之數癸未以歲歉豁免糧銀而奉救者多飽胥腹夢寅竭力爭之民乃得沾實惠以子涖貴

誥贈通議大夫

張惟赤（鄉賢留祀冊）海鹽人順治乙未進士累官户科給事居鄉捐造營房一百間使兵民分處歲飢捐米賑濟修建學宮開濬海塩運河邑人立碑記其事

吴三錫（鄉賢留祀冊）秀水人順治辛丑進士讓田宅與叔及弟捐置祭田又置義田以贍族人為枣强令有昆弟爭產訐訟以義三錫以至情反覆開導二人相對大慟和好如初著勸孝録行世終中書舍人

董士昌（舊浙江通志）號濟菴秀水人順治進士砥行好學然諾不苟嫻戚中孤貧乏者為之婚娶朋友有急解贈無恡色歲歉倡始賑濟民間婦為亂兵所掠捐金完聚任陝西平利令卒于官

查大𡼏（舊浙江通志）字伯符海塩人事父母孝性抗直慷慨遇有不平身為排解與人交洞達無城府窮疾無告者多方周卹之

夏文華（舊嘉興府志）字茂榮石門人性質直事親篤愛與人交必信見枯骨必瘞之康熙庚戌霪雨民大飢捐資三百金煮糜賑給事

聞奉旌

周隆（公舉事實）字履綏嘉善人幼失怙事祖父母盡孝嘗慕范文正公之為人率二弟閏陞置義田二頃奉先之外以贍其族友人金姓葉姓負金累百不能

償皆焚其券更周之歲飢賑粟冬憂施𥿄帳以為常著有訓家恒言

嚴閭綸 (鄉賢留祀冊)嘉興人康熙癸卯副榜六歲喪母哀泣如成人事父孝養備至家貧遠館間日必一趨省雖風雨不阻遇飢疫虞製方藥以救人并約同志捐資設廠捨棺掩骼行數十年如一日

張瀾 (鄉賢留祀冊)秀水人國子生好施與康熙九年水災米騰貴倡行平糶之法全活無算善施茶湯四十年至濬河道築橋路皆盡力為之

沈璜 (鄉賢留祀冊)字若水嘉興庠生見義必為有薛姓者亦庠生也鬻其子以給衣食璜惻然心傷之即以售價如數贖歸戒以毋壞書香又庠生陳姓其父充里書逋賦數十金為運弁所辱璜捐貲周急而不收其券戚黃姓嫂孀在室貧無以殯勉力助其速葬、三日其家旋被回祿鄉里咸稱頌之納婢女諱言其父越日其父來彬、儒雅因問曰何業對曰業儒即歸其女又葺學宮施藥石掩露胔著有均田平賦議兩赴省延屢舉優行

沈綰 (鄉賢留祀冊)秀水人邑庠生父廷勳任桑城令是時平清河之亂有婦女夫散者劻父請于主將咸得釋放祖遺祭田倡立條議凡讀書之裔火者給若干年臻壽耆者給若干鰥寡孤獨者給若干以親近疏遠為差凡遇孝友誠篤之人必極力推獎使宗族鄉里則而傚之雍正九年入祠

莊龍 (鄉賢留祀冊)嘉興縣庠生嘗買陳氏宅陳之嗣其祖先神宇朔望供其香火歲餘俟其有主然後歸之嘗需用柏木議價數十金已交其半及往取乃陳氏祖塋也瞿然急止不追其價即庠鄉賢名宦二祠歲久傾圮康熙三十年：已八旬寢処即學鳩工五閱月告成乃歸

陳華育 (鄉賢留祀冊)嘉善人少失怙母復殉節每忌日必素服茹齋閉戶悲泣自弱冠至七十有六哀慕無間迎養寡姊撫諸甥誨養婚娶同已子負郭止數頃而節縮贏餘以賑三黨凡待以舉火者不下數百家冬授衣夏給帳施棺施棺瘞疫施藥建育嬰堂橋梁道路應修者無不捐資修築

沈志高（鄉賢留祀冊）嘉善學庠生壬午入闈值歲侵道有菜色者傾橐貽之抵寓資斧不給別貸以終試事嘗立會仿朱子社倉順治辛卯壬辰發囷賑濟復思廣之故繇廣仁倉邑中貧士及貧士之妻守節者每歲賙之

沈先開（鄉賢留祀冊）桐鄉人康熙庚午舉之篤于親誼憐表戚陸声速老而無子為之納聘頻有嗣息有售產救貧者給其值不取其產每歲設家塾備膏火課親族子姪之貧而無師者康熙四十二年入祠

吳之振（鄉賢留祀冊）石門人康熙辛亥邑大飢糴米二千石分區賑濟全活無算巡撫范承謨旌其門前令李夢鶚以軍需去官之振代完之辛酉歲侵捐粟八百餘石多粟設粥療貧民咸受其惠他如捐修學宮歲施藥餌建育嬰堂收養棄孩施棺捐埋道路死喪勇于為善一時宗族孤寡親友貧乏咸利賴之（嘉興府志）字孟舉以歲貢授中書詩工書著有黃葉村莊詩文集

馮翊（公舉事實）字輔之桐鄉人少為諸生以純行聞于閭里事父母及所生母俱以孝稱父歿時幼弟綫十數齡翊撫之及弟歿以己子嗣之家不甚富人有告急無不應族人有老幼不能自存者輒周給之無吝色學宮久圮倡捐修復子景燮官少司寇者事聞
奉旌

丕希平（公舉事實）字又源平湖縣庠生性孝友父卒喪葬盡禮母歿廬墓三載司鄉邨族黨無倦色遇水旱出粟賑濟冬月施襦死不能殮者施棺一邑推長

孫在鎬（鄉賢留祀冊）嘉善人父母歿事長兄必誠必敬撫諸弟長育教誨之凡喪葬徭賦之事皆獨任年二十登賢書性甘淡泊平居褐衣蔬食不厭而周恤親族無吝色治家嚴肅子弟不衣冠不敢見有萬石君之風

何漢偉（公舉事實）字君階，秀水人。幼時割股療母疾，人稱其孝。長好施予，凡族黨後愈嘗至吳門，于閶門廁間拾白金一包，坐俟之。未幾，有踉蹌而來呼號尋覓之尋者，詢之，蓋嘉興舟子受托寄蘇行買貨者，遂還之。（題旌冊）雍正十一年以孝行題旌。

錢同文（嘉興府志）字養真，精岐黃術。凡乞療者以至之先後為序，不論富貴貧賤。有不能具參附者，每出笥中蓄入㕮咀，不以告。有荷擔者嘔血數升來求治，同文潛以白金半錠雜藥中，其人以為誤遺，持還。同文曰：「吾安得有金？」其人得金心喜，投藥立愈。

全京望（公舉事實）字達菴，平湖人。父嶝以善行聞于鄉。京望讀書入成均，有友無力營葬，對贈腴產為兆域。黨宮兩次修葺，皆捐貲倡率。祖居瀕水，行者病于途，獨建石梁二，遠近便之。以子南錤貴，贈如其官。

胡光銓（公舉事實）平湖人。幼喪父母，哀毀若成人。事祖母承顏不懈。有叔病劇，以幼子女托付光銓，經營後事，撫養教訓，婚嫁既畢，乃以歷年生息具一清冊交還其子。堂弟夫婦相繼早亡，亦遺三子一女，光銓為婚嫁，俾之成立。他若周濟里黨，修葺學宮，多善行。生五子，紹高、紹安成進士。

汪文桂（公舉事實）桐鄉人。事父母孝，于三黨九族中殫力周恤。康熙戊子、己丑間旱澇相繼，設粥廠，立藥局，全活甚衆。歲丙午被水災，首倡賑濟以食飢民。他若新文廟，築城垣，修橋梁，開河道，好義捐資，一無吝色。以子維煜官，冢封奉直大夫。

陸其熑（公事舉實）平湖人。樂善好施。仲弟早世，撫其遺孤，而以祖遺已屋讓焉。割腴田為外父沈扶氏卜兆，且謀及烝嘗。朋友以緩急告者，無不應。有濡紫翰者早卒無嗣，而家有未舉之喪，其熑出資為營葬。康熙戊子歲飢，倡捐煮賑于報本塔院，全活無算。有遠道及老幼不能至者，以米遺之。有稱貸不責償或

焚其券人犯
之未嘗校也

張 峥（公舉事實）字如岡平湖人九歲父喪晝夜號泣如成人母歿擗踊投地絶而
復甦補邑庠生益以道義自守輕財利重然諾族黨中有緩急傾橐濟之戊
子己丑閘水旱出米數百石設糜粥以賑之復廣施
丹藥以療疫痢全活無算年四十歿聞者嗟悼焉

程 琳（公舉事實）字丹雲桐鄉人事母以孝聞且能推孝友之誼旁及族黨逮及異
姓于縣治之城隍祠青鎮之東塔院累捐施三十餘年未嘗輟捐修文廟及
及城隍廟水旱出粟賑
濟積行累仁声聞四達

金 學汾（公舉事實）字崑濬桐鄉人幼有器識與羣兒嬉水濱見一兒溺衆皆驚走
獨褰裳救之有負重貲者憫其無以為生焚其券有附舟歸者中途病死
殮之歸其喪他若賑粥施衣修
學宮砌橋梁善事不可枚舉

湖州府

漢

錢 讓（兩浙名賢錄）世居吳興時吴郡太守薛固為法吏所枉詔付廷尉讓携同郡
婁縣卞崇詣闕稱冤廷尉收讓拷竟楚毒備至而讓辭色不撓遂因于圄土
守之以兵讓恬然自若枉
声稱屬天子奇其節用之

費 鳳（吳興掌故）字伯蕭烏程人初舉孝廉拜郎中除陳國新平長宰司舉其才賢
乃讓其弟而退身還鄉其後故郡不靖命鳳試守即試平之轉堂邑令其弟
仕為九江太守早卒又以腴田讓與弟之
子行義高卓詳見卜引石勘誄辞之碑

晉

吴逵（晉書本傳）吴興人經荒飢疾病合門死者十有三人逵時亦病篤其喪皆隣
里以葦席裹而埋之逵夫妻既存家極貧窘冬無衣被晝則傭賃夜燒磚甓
晝夜在山未嘗休止遇毒蟲輒獸為之下道碁年成七墓十
三棺時有賻贈一無所受太守張崇義之以羔鴈之禮禮焉

南北朝

褚慧聞（嘉靖烏程縣志）字智達以拯濟為務孝武七年出穀賑貧鄉邑賴之有三
人積飢食飽至死其家訴縣誣慧聞飼殺餓人邑令笑曰乞食飽死反怨
主人法無此
科遣而不問

隋

姚最（兩浙名賢錄）字士會武康人僧垣之子察之弟年十九隨父入關明帝盛聚
學徒校書于麟德殿最預為學士隋文帝踐極除太子門大夫後襲爵北絳
郡公及平陳察至即讓封于察轉蜀王秀府司馬秀陰
有異謀最屢規切不聽及敗最任以為罪時論義之

唐

施廷皎（嘉靖湖州府志）故鄣人性友愛三從同居
無間言代宗聞而義之大曆六年旌其門

宋

朱承逸（西吴里語）烏程人居城東門為本州孔目書五鼓趋郡過駱駝橋聞橋下
哭声甚哀乃有人為鄰家逼債錢三百千攜妻子將溺于水朱憫代還之
湖州

具人感泣願終身爲奴不聽復以二十千給之而去慶曆庚寅歲飢以米八百斛作粥散貧民是歲其孫服生後登熙寧進士第二

沈竭

（德清縣志）字孝先七歲喪母痛慕無已既長構營祖塋不煩族氏嘗遇大盜劫掠殆盡後將笥中得剩金則友人鄰德深所寄也亟封還之

元

沈野先

（歸安縣志）歸浙安人仕浙者都總管照磨捐田千畝創義塾以教子弟鄉人來學者隨材成就又置義莊贍宗族鄉黨貧不能婚喪者量厚薄而給焉

蔣必勝

（長興縣志）字質甫長興人以明經教授高郵陞慶元主簿至元丁亥建義學割田二頃餘山地十頃有奇狀祖粒俗用常必壽必昌及猶子克明字德芳者善承先業至治間聞于朝賜額東湖書院泰定間除山長一員主教事仍創大成殿明倫堂東西兩齋塑聖賢遺像每歲州牧及教官致祭後復益田二頃山地四頃有奇諸用贍足又立大宗法以合族屬斥浮屠教以樹表紀設義倉以濟鄉人置義塚以澤枯骨凡四世同居朝廷旌其門曰義門楊維楨撰東湖書院碑記祁亭撰義門蔣氏流芳序劉基撰蔣克明行狀

明

費容

（烏程縣志）字舍之烏程人永樂中爲萬石長遇歲大歉代納一邑稅糧有司上其事詔予七品散官

施濟

（兩浙名賢錄）歸安人居家脩雍睦之行設義塾以訓族屬子弟使就食焉嘗至墓所適有盜砍其塚樹者即蔽身林翳間候盜砍完下地乃使人送容名詰之曰吾不汝追恐汝墜地此樹皆吾祖宗神靈所依慎勿再爾盜愧謝棄所砍去濟令家人舁而與之

錢完

（烏程縣志）錢村人正統六年出粟二千斛助賑勅賜褒諭仍旌獎其門

吴宗孟　吴宗義（歸安縣志）邑人正統庚申歲飢兄弟遵父安遺命賑粟千石景泰甲戌又飢復捐千石例當冠帶乞移榮于父朝允其請敕旌義門弘治壬子又大飢宗孟子璋捐白鏹千兩糴穀四千石助賑事聞于朝建父子孝義坊

張禮（歸安縣志）邑人初試萬石長賦于民甚平正統己巳浙閩三寇交訌禮挾策餉軍佐平之叙義授七品散官慕公藝家風著家範二十則五世同居合爨者百二十餘年弘治初詔旌義門

俞景　鄔仲寧　徐總　沈安　俞益（烏程縣志）並烏程人正統景泰間循例納粟助賑給冠帶仍表其門

張翼（歸安縣志）歸安人讀書慕義正統己巳輸餉六百佐平閩寇景泰天順兩朝復輸粟五百賑飢憲司上其事優詔褒叙以耄年賜冠帶舉大賓

潘昱（烏程縣志）琲清隱邑人景泰五年歲大侵安吉州尤甚民以徵科激變郡守趙某延昱問計昱曰若輩苦徵輸耳吾有歲積願代輸一州全賦于見斗車所至歡声載道官民賴以安全至豐年官為徵償昱契券而還撫按上其事賜七品職銜旌表其門

王和（烏程縣志）烏程人景泰五年歲大侵郡守募能賑者無之公堂以多寡為位次和謂長子玭曰數千穀細事耳偏出不首坐歸無見我玭至郡俟富室書數畢更益其數而書之適呂山吴氏後至數復有加玭坐其次和為不怡者累日玭以情白郡守願再輸千石郡守張席獨宴之玭歸父子惟然玭字朝用以賑授義官

尹政（烏程縣志）烏程人景泰五年賑粟八百斛詔旌其閭

費鑑（烏程縣志）字市隱烏程人景泰中傾家救荒特恩予儒官旌其門曰孝義正德初郡遭洪水哭訴御史臺請疏改折鄉人德之

許百高（孝豐縣志）孝豐人，成化間出穀二千石賑窮民，賜勑褒之。

溫璋（烏程縣志）號桂軒，邑人。成化間解朴京師，道由山東，值歲侵，民饑鬻妻女完賦，璋即捐所運朴千二百石代輸，抵京假貸自納。事聞，有旨褒異，給章服。

茅遷（献徵録）號南谿，坤父也。好施予，人有緩急不惜傾囷以濟，割負郭田百畝以贍族之貧者。

丁讚（長興縣志）字世美，長興人。遇歲歉，發貯穀三千石給百里貧民，捐金助修尊經閣，葺橋梁傾圮者一十三處，以免病涉。

章廷俊（孝豐縣志）孝豐人，隆慶六年出穀五百石賑濟，尚義有旌。

茅國縉（献徵録）字薦卿，坤子。撫伯兄子如己子，割腴田五頃，差五服親疎而周其急，名曰茅氏義田。又為義倉積粟以濟凶荒。族有售百金產者，三售三返其田。蔡司馬子客死，其遺腹子幾沒于豪右之手，收畜之，妻以女而教之成。所過見道殣必具棺埋之，以舟載絮襖衣寒者，歲常數十百人。有婦抱嬰而鬻于市，持金還，夫視之贗也，相持而泣，力償之。諸生逋稅當繫，各予數百緡。客無（五）十無子，贈之婢，舉子。凡過時不婚者必資之婚。每言此天地好生之義也。他（所）若賑鄔若李司務、張墊師範，吳興人歷歷能道之。

沈墊（湖州府志）字子居，烏程人。郎大侵，當事議平米價，墊以趙閥、道富孝國，爭民賴以興築室培地，有藏金見役者告曰：此公土也。曰：然，此吾土也，當其藏時非吾土也。遂告縣不稍自私。家法嚴肅，進止以古禮自持。

周文政（長興縣志）字惟德，長興人。任俠好施，里中視若怙恃。建宗祠以合族人，又置義田、義塚、義學。後以太學生授參軍，詔表其閭。

閔大宗（烏程縣志）邑人。萬曆戊申大水，獨力赴京，會同邑朱應選等在郎合詞詣闕，奏准湖州七屬錢朴悉予蠲免。年九十餘，精力猶強健，每出任勸賑事。

以力為之也
按程其門
朱應選（烏程縣志）字少渠邑人慷慨好調郵宗黨不責報萬曆戊申遊學京邸聞
邸大水與同邑閔大宗合疏奏聞蠲免七州邑錢糧又湖水衝陷頃田四
十七畝有奇里民歲辦虛糧
甚困應選白直指使題豁為
茅一皐（歸安縣志）字星海邑人萬曆戊子歲侵傾廪倡
義輸穀五千石賑饑得旨建敦義坊于花林里
吳世裕（歸安縣志）字伯順歸安庠生性孝友宗黨有貧乏者多所周恤萬曆己酉
歲大飢郎守議開賑世裕先發己廪為之倡至築城壕建水栅拓宗祠修
譜系繕祖塋掩骼埋胔脫人于厄恒竭力
圖之其敦本尚義為一鄉推重壽至百歲
沈儆烇（舊浙江通志）字肇生歸安人授華亭學博捐俸葺學宮課士之餘遇郡邑
大事輒有建白歸里杜門著述子埏崇祀鄉賢曾孫三曾愷曾涵皆貴顯
錢承望（舊浙江通志）字駿声長興人歲飢縣令委往江右糴賑遠米
貴遂鬻田補償口不言功又捐金贖還掠賣之女不受其報
吳煜（歸安縣志）字文度湖州府庠生積累善行捐貲置祭田偕族人共祀遠祖里
黨不能婚葬者必拮据以助訓子孫惟以積善二字著有家訓及守待編
嚴義（舊浙江通志）字素安歸安人路拾遺金守之信宿以還其主偷見諭恒入識
其為里中兒急持金賂之促之去恐家人取火見之則終身不得為人矣及
歿其人臨喪慟哭曰非公
孰能全我安忍沒公善
姚世贇（舊浙江通志）字容齋武康人以數百金買地葬親術家言其穴當遷數丈
但不利鄰塚贇曰豈可妨人以利己即卒不遷其友以千金寄贇將死謂
曰不必償後其子產業
蕩盡贇重為之立業

國朝

丁瑨（鄉賢留祀册）長興人歲貢生事母孝年七十庾桂生芝一本人稱孝感歲游飢倡率捐賑于路多設廠遍給饘粥民免流離康熙二十七年入祠

朱耀（鄉賢留祀册）長興人居家孝友敦尚實行樂施濟困鄉黨稱之

寧波府

漢

王修（成化四明郡志）句章人順帝時為揚州從事軍變殺歷陽太守伯耀修誓衆奔入賊營取耀尸葬之人服其義

鄭雲（兩浙名賢録）字仲興鄮人與梁宏俱為吳郡太守尹興主簿興以楚王英事覺被收并雲下洛陽獄雲篤始終之義明興非辜不以拷掠誣服竟獄死後使者以陸續母具食事陰嘉之上書說行狀乃赦興等放還鄉里禁錮終身雲既死旌表門閭

梁宏（兩浙名賢録）少隱海隅有盛名吳郡太守尹興辟為主簿楚王英謀逆陰疏天下善士及事覺顯宗得其録有尹興名乃徵詣廷尉獄宏與門下掾陸續功曹曹史駟勳及掾史五百餘人詣洛陽就考諸吏不堪痛楚死者大半惟宏與續勳拷掠肌肉消爛終無異辭後得釋放歸田里

宋

馮制（成化四明郡志）字公初慈谿人康定間大飢民至相啖食家有穀數千斛悉貸之賴以全者百餘家舍東有古陂縣長年經俾鄉先生王致楊適耕之民數奪其豬水制諭民穿古渠引潮以溉無復奪水之擾二先生割田為壽制曰吾衣先生窮耳豈望報耶踰錢塘會故知錢寺丞負客債數百緡索之急悉與

債之居常聚族子弟誨之使學務中規矩
未幾弟準子碩姪景相繼第進士躋顯官

陳大雅（象山縣志）象山人性慷慨睦婣親族里黨空之者無少靳嘗舍逆旅遇同
邸客病將死衆散避大雅獨晨夕相守傾橐裝治湯藥俟病愈始去人服
其義長于詩趨清
獻於深器重焉

童判子（嘉靖寧波府志）鄞人逸其名嘗為典庫稱判子家養疏屬數口奉寡姊承
順不違其甥不事產業屢負人債輒為償之不以告姊王安石以鄞令物
色之遇
以賓禮

王文亮（奉化縣志）字昭遠嘗渡浙江有忘金百兩于舟者文亮最後獨見
之留三日待其人至歸之而去不告以名見王安石所撰墓誌

沃元瑀（嘉定海縣志）字君寶熙寧八年歲穀不登疫癘大作元瑀躬行
郊野撫養啗餡日散庾積以應貸者及秋亦不責償悉焚其券

翁升睦（天啓慈谿縣志）字南仲登元豐三年進士第自奉簡薄而勇于急人
親恤孤平糴賑乏鄉人敬之諱升斗之升而不呼別字之曰十令

陳之翰（嘉靖浙江通志）字憲之鄞人初鄉人貸金若干其人紿曰金悮墜水之翰
不疑也後數年其人內悔疾且死遣其子歸所償金之翰受而不拒徐以
所償助其喪葬崇寧二
年部使者薦于朝官之

林疇（成化四明郡志）字公著鄞人大觀間陳忠肅瓘寓于鄞疇獨學之後徙諸他
所問遺不絕建炎四年明州燬于兵疇未暇葺舍首捐錢數十萬修理學
宫且輟田五十畝為養
士費太守舉以風郡人

聞子德（鄞縣志）字克新與弟子聰創祠曰思遠猜東西二堂曰積善積慶造橋利
涉咸稱曰聞郎橋閘弹烏堰以置碶通潮蓄水溉田鄉民沾利咸稱曰聞
明州

郎碶飢者資粥病者資藥死者資棺閭邑以善人稱

李獻（兩浙名賢錄）字嘉仲一字獻夫鄞人建炎初以婦翁沒王事自汴京詣南都行在所遇友人陳少陽東被召至舍館未定乃為假館于太僕寺至陳正彙東丹上書不報有榜通衢斥附會[illegible]綱者獻知為東將勑之歸而東已逮付應天府随戮于市獻哭且祈曰少陽以忠諫死勁節英氣當不與草木同腐吾欲收以歸葬莫能得少陽有靈其啓我心越一日得尸又一日得其元合而斂之方買舟東下會其鄉人胡中行從太學來欲親護喪獻服其義并以行李付之亦不暇詢婦翁事而還

余晦（定海縣志）定海人天錫從子歷官尚書置義府以贍宗族

汪伋（成化四明郡志）奉化人與弟份並好義樂施嘗捐貲建郡學及橋梁七十二處參政樓鑰記其事

王漢英（成化四明郡志）字孝古奉化人登淳祐元年進士第少聘徐氏女因病臭腐以貌醜自嫌誓不嫁父母辭曰君盛年高科不患無良配不敢以辱君漢英曰汝女有疾非漢英誰適既婚相敬如賓妻沒終身不畜婢妾

豐有俊（行營雜錄）字宅之四明人過倡樓見一妓疑是故人女累月之妓亦省酒罷留宿詰之果然豐曰某所以留者以生問不敢問也且各就寢必有以處汝豐與京尹有契明日以白尹且云某僅有錢百千從公更貸二百千嫁之尹嘉其誼即取入府擇良士嫁焉尹即王宣子佐也

袁昇（宋史本傳）慶元府人為郡吏給事通判廳勤謹無失歲滿當代不聽去後通判至復留用之因至豐饒夫妻俱近五十無子其妻資遣之往臨安置妾既得妾察之有憂色且以麻束髮外以綵飾之問之泣曰妾故趙知府女家四川父歿家貧故鬻妾以為歸葬計耳昇泣立送還之其母泣曰計女聘財猶未足以

給歸費且用殆矣將何以酬昇曰賤吏不敢辱娘子聘財盡以相奉且聞其家尚不給盡以橐中資與之遂獨歸妻迎問曰妾安在告以其故妻亦喜曰君設心如此行當有子明年生詔官至參知政事

元

王昱（舊浙江通志）隱鄞之吴山元初徵辟不就南江爲鄞奉孔道渡江者多溺昱獨力建橋二十四洞横截急流至今賴之裔孫塥明弘治間爲御史

童金（兩浙名賢録）字子丹慈谿人至元間以才能薦授進義副尉歲督海運秩滿歸所居曰一間築堤浚澤興水利于鄉即先廬側築室百餘楹爲義塾割腴田四頃延名師以淑來學又别置田二頃代鄉鄰之輸及給貧不能養死不能斂者大德中歲飢發積以貸全活數千人有司奏旌其門

倪天淵（嘉靖寧波府志）字震亨鄞人樂施與窮乏者假貸無吝色有負逋者即焚券不責其償歲大疫手製藥以施之時江南歲漕白粮由海運達燕天淵籍占漕役躬自蹈海有舟十艘每運數萬石他舟或滲漏米腐不可餉即以餘貲代補之至元戊寅漕舟多没于風天淵舟漂高灘上衆欲捨舟天淵且拜且禱俄而神妃見桅端光輝燭人風回獲濟中臺御史來賓因不花按行海道嘉其盡力王事狀聞于朝旌之曰高年耆德之門

葛魁（天啓慈谿縣志）邑人世居邑庠之南櫺星門當其所居之後元貞四年有術者相學基云以南嚮直達爲甬道可壯氣通科第大振魁聞之毅然曰吾何惜此片地不以全一邑之美耶遂割其址之半廣五十尺袤三百五十尺屬之黌宫以廣其制

欒大原（嘉靖寧波府志）字君道定海人大德丁未東浙大侵大原發巨艘販泉南廣東之米平價使人就糴遠近畢集活者甚衆父占籍清泉鹽場山歲官不降本亭户失業大原發貲視官本增三之一以貸諸户隨其力之所及而收其入被惠者衆有持舊書易米濟飢者輒息之遂蓄至數千卷曰吾子孫必有

能讀是者孫良果能讀書一時
名鄉若黃溍王褘咸器重之

張文英（鄞縣志）字君秀居甬東隅修砌百丈街石以浮橋為通達之處延祐二年
建亭橋間施茶水以濟渴避風雨夜則安宿守橋之夫及卒人皆德之即
亭為祠歲
祀不廢

薛觀（嘉靖寧波府志）字景蔔一字處靜鄞人在宋時聚族千指同居合食者五世
號義門薛氏觀于至治癸亥以書經登賢書分教平江之常熟後遷杭州教
授攝沅江縣事
既而引年致仕

陸天祐（鄞縣志）邑人慕濂洛之學欲建義塾以教鄉之子弟未就而卒遺命其
居教思誠俾成之泰定天曆間猶塾一區于東湖近高錢里中奉文公朱
子兄弟共割田百六十畝為報祀廩餼之需浙東帥王木齋名之
曰東湖書院堂曰育英延師講學以淑一鄉子弟程端學為之記

陳紹（兩浙名賢錄）字成甫慈谿人家饒于貲而性尚澹泊粗衣糲食惟以行義為
急遇鄉里喪不能舉者葬之死不能斂者資其衣棺貧不能自存者賑以粟
里有全生者貧而能守紹敬而憐之密于暮夜持金錢投其家時邑令富德甫
嘗主其家紹告以撫字當急瘠民肥己君子鄙為令終任一介不取及代歸橐
橐蕭然遠長女死紹為之
斂具出所積以助其裝

應本仁（鄞縣志）字本立邑人嘗慕范文正公為人建義莊五百餘間割腴田五百
餘畝收其歲入以濟人困乏及婚嫁喪葬之不能舉者又即其中為義塾
延名師以訓宗族鄉黨之子弟供膳服用悉有常制時其出
納定為條約使後裔世守之翰林學士黃溍紀其事于石

羅世華（嘉靖寧波府志）字明遠慈谿人與弟世英弘惠天錫世昌一氣偕老五世
同居至正二十四年有司上其事于朝旌其門曰同居耆德羅氏之閭門

明

韓性（貞瓊韓處士碣）字可善，世居定海，後徙鄞。天性重厚，遇物以誠，不事表暴。所入雖薄而好周窮恤匱，凡婚無以為資、喪無以為禮，必謁其門。鄉人有公私通不能償，為代輸之，不責其償。歲大疫，比閭中戒相過，性率醫往視，或與致子家。既愈而遺之，未嘗有矜色。又規置田若干畝為義莊，以收族人，建義塾以教子弟。其兄某初以達人遇之，籍長即異居，家素饒，于貲性十裁有其一二。人病不均，曰：吾豈憂吾貧耶。害于隱處獲遺珠升許，悉歸其兄。浙西廉訪司僉事浦江鄭浚嘗抵其家，喜其為人，因遺以《褒銘集》，遂取為子孫法。

楊芮（成化四明郡志）字大章，慈谿人。衣食僅自給，少有餘則分賑其貧者，非義不苟取與。逵行偶見褚鏹若干錠，有質券，候立良久，一人傍徨走前，覈其實歸之。元學士危素、鄉吏令嘉賓交薦，不起。洪武四年有司將起之，以疾不行。子伯純，授南康都昌縣丞，孫圭，知南陽鄧縣，世篤先訓，不喪所守。

王國祚（定海縣志）邑之浦東人。洪武二十年，信國公湯和遣徙居民，通邑病之。國祚奮趾揚袂，語同難者曰：丈夫弗効尺寸力為桑梓謀，奚以為人。逵魚程赴金陵，面陳不當盡徙之狀，高帝允奏，賞勞遣歸，餘民得不就徙。鄉人德之，名所止處曰漫翁，以此地籍翁而漫也。

方德初（嘉靖寧波府志）寧夢仁奉化人。四世同居，百口共爨，子二人，從子十一人，以貲產均分之。凶年為粥以食餓者。鄞人鄭氏以貧鬻女為人婢妾，德初贖還之。自奉甚薄，而性樂施與。

謝茂（成化四明郡志）字茂之，鄞人。洪武庚申，鄉人鮑原祥以兄子忠任監察御史卒于官，貧無葬地，謀于茂，茂曰：我有地，陰陽家以為得句，雖千金不易也。頗與之。又嘗割地葬千戶湯文之母。後二家各出金以酬，茂拒而不受。

楊自懲（名山藏）鄞人為縣吏縣宰撻一囚流血滿前怒猶未息自懲跪而寬解宰曰此人越法背理不由不怒自懲叩頭曰竊聞曾子云如得其情哀矜弗喜喜且不可而況怒乎宰為霽威家素貧縣吏有常例餽遺一無所取遇囚人之食多方賑救一日有新囚數人待哺家亦缺米與其婦謀之婦曰囚何來曰自杭而來沿途忍飢五日不食矣因撤釜中米煮粥以食之

何瞻（兩浙名賢錄）鄞人正統間與同邑胡純同升國學純病疫鄉里姻舊皆避去瞻晝夜診視督其僕饘粥煮藥七日而候不應瞻憂之解衣與並枕抱之臥遂得汗而瘳瞻亦無恙後與純俱登進士純每語人曰今日以往皆何兄所生之年也終身事瞻如父

俞民化（舊定海縣志）邑人倜儻好義鄉里有鬬爭出數語析其曲直且諭以禮人即引咎若不自容至相戒云無負俞君之戒正統間值歲侵輸粟五百石于官助賑縣令勒石以旌其義

陳處廷　虞陸　虞玖　李浩　邵本源　沈志道　周得廷　任福　朱茂春　潘本餘（鄞縣志）富決宗北狩時徵發驛騷又歲侵艱食民不聊生處廷率先倡義輸粟二千石偕賑陸與弟玖及浩聞風興起輸粟如處廷而本源以下諸人各出穀有差賴以全活者甚衆有司嘉其行誼聞于朝特賜璽書勞禮旌為義民其時又有王懃亦以輸粟給賜冠帶

王汝林（兩浙名賢錄）奉化連山鄉人性好施凡貧病過門者接之不厭遠近慕其名陸司寇瑜時為邑庠生貧不自存往詣之林時浴于溪陸以謁告遂起而入攝衣延之上座盛為之禮次日即遣人濟陸之家然不以告也比留連旬日陸乃自言其情曰竊慕公高義幸而跃我其如家累何汝林出謝啓示之陸契拜曰不虞君之惠我若此辭歸明日汝林盛張具觴而送之凡寒暑之衣畢備且贈之金

錢璡（鄞縣志）字廷珍邑人景泰甲戌進士與兄珪倡築長隄計二百八十丈被其利者三邑七鄉共一百二十有六里民稱之曰錢公塘

柴傑（鄞縣志）字廷俊邑人天順乙卯舉于鄉計偕上京遇舟人夜泣欲投水死傑問其故知為官租所迫即捐路貲使償之明年下第歸復遇前舟人仍載其舟是夜舟人飾妻進謝傑正色叱之去

繆廣（嘉靖寧波府志）定海人兄弟七人至老同居聚族近百口自祖保障父永宗至孫蘭計五代耕讀各職其業鄉人義之

薛通（舊定海縣志）字德明自鄞徙定海嗜善樂施人告以不給輒捐所餘賑之不能償者焚其券其先世在宋時有朋龜者五代同居號為義門通守世德不改邑令陳戟扁其堂曰崇義

楊苗（嘉靖寧波府志）寧德成鄉人成化間詔民輸粟助邊一時未有應者苗獨出粟二千五百石助輸之邊特賜璽書立義門旌之

周相（兩浙名賢錄）字良佐奉化人嘗赴省試有友疫于舟同行皆棄去相獨留謹視之及不起出己資備棺衾親為之含斂為後以貢司教茶陵諸生貧乏者輒以俸餘濟之束修之饋不問也敝居不蔽風雨薄田不贍饘粥而周死恤貧闢義塾以教族子尤人所難云嘗遊學外邑夜有女奔之拒不納詰旦即辭去

董銳（鄞縣志）號裕菴邑人遇歲飢出粟煮糜活人國賦不足郡守貸銳二千金銳即捐助代貧民之逋守上于朝賜七品散官一夕有叩門將行劫銳飲以酒人贈五十金語之曰人生宜自愛吾獨不能致若等于法爭皆俯首謝去越五載諸人各攜金如前數踵銳門曰日者賴君惠經營孳息皆成家計今以奉還所不至者數人耳一時傳為異事歲暮至西陵得遺金于旅舍因留不歸至明年三月有號慟而來者曰吾父受主者命攜五百金餉某偶以夜渡遺忘今拷掠惱至于豈望金之存將碎首于此白吾父以不欺耳銳曰吾為若留久矣速歸拯爾父舉以還之城西有河艱于涉捐貲造橋以濟

周宗達（象山縣志）象山人。象未城時，寇突至，盡邑奔避。時囹圄有若干人，即其妻子不暇顧。宗達曰：囚亦人也，可令槁腹死耶？獨昌外給，因饘粥。邑令義而旌之。鄭商某夜遇鄭家火，失篋中金，坐罪及旦。宗達曰：吾從眾中攫得，懼為他人攘去耳。如數予之。高謝而納，不知其非所失之金也。

駱元入（象山縣志）象山人。嘉靖末年，島外漁人約六十餘，偶為疾風飄舟至金盜斷，入內地。守汛卒羣譁曰：此可擒也。遂縛之以獻主者。時元為里老，從旁力諍曰：天道神明，炯于白日，奈何妄殺無辜？詞色凜烈，主者心動，立釋之。六十餘人拜顙而去。

戴鰲（獻徵錄）字時化，別字少山，家鄞之桃源。舉嘉靖乙未進士。與人無親疏，悃悃見情素，而恤災救患，尤所致、會試時，一同舟者得痢疾，友各棄去，鰲獨周旋其間，湯藥含斂，靡不盡力。南太僕陳公侃入覲，要遵雲龍山暴殂，出己貲為之治斂。

賀琦（舊定海縣志）字廷玉，為邑生時，以靈巖石方碶頹圮，民〔既久〕困日滋，乃白縣令，縣令鄭餘慶首先倡義，庀工伐石，殫力修築，蓄洩有時，而靈巖一鄉斥鹵可田者計四百餘頃，泄及隣壤者無慮百餘頃。冬月見海濱十餘輩溺水，得出，幾不能生。琦即哺以糜粥，衣以褞袍，乃得俱甦。隣人有死不能殮，殮不能葬，則出貲驗之。

楊允恭（嘉靖寧波府志）名欽，以字行，鄞人。憫鄉人湖田重稅之苦，奮產走遠〔京〕師，累疏闕下，瀕死者數矣，迄不止，卒得請。行省勘覆，郡守林富力主其議，得從慈谿花嶼湖全折之例，民困用紓。詳見祠祀。

陸大漳（鄞縣志）字德學，邑人。年少時館于烏鎮，一夕忽聞叩門聲，啓視則一姣好幼婦也。大漳斥之，閉門，挑燈危坐達旦，向主人言達得家信，須急歸，遂辭去。有范奎者，得館貲十餘金，歲暮與大漳同舟，返時共載，人眾，將分達，范遺其金而去。大漳于舟底拾得之，亟趨僕追范，果其所失金也。范願分以相酬，力辭。

不受

袁文信　袁文仁（奉化縣志）文信象山人萬曆十六年歲大侵餓殍載道官募富户出粟賑之與弟文仁共輸粟一千石四十四年又飢遠近慕袁氏名皆裹糧到門量授米穀以濟全活甚衆

王良璧（象山縣志）象山人好施予嘗有貸者力不副將鬻妻以償聞而亟止之焚其券夜獲偷兒乃故鄰也慰之曰爾以負累故濟之錢穀終身不暴其名里人某逋官租若干錢繫獄良璧捐槖代輸三百餘金有司廉其事以尚義旌焉

高聽（舊浙江通志）號玉陽鄞人歲飢首倡捐賑之法隨地煮糜有盜鬻其產者願以女償折券叱之恐其他鬻呼其壻歸之以子斗樞貴累封副都御史

包元會（鄉賢留祀册）象山人邑庠生值歲荒發米煮粥以食貧者全活甚衆明末海賊劉香老等猖獗建議築墩臺以為瞭哨防禦之計海疆賴焉

國朝康熙三年祀鄉賢

國朝

范大捷（舊浙江通志）鄞人庠生世父無嗣以大捷為後事兩母俱得其歡心平生周急無吝色尤精岐黃遂以醫名其出療人疾常先往貧乏而後及有車之迎者里中有負婦將娩忽患疾甚危大捷攜藥日六七往曰此婦若危是殞二命也後得俱生居常訓子弟以修德行善不可有所覬而為之人以為名言年八十六卒

虞光祚（寧波府志）字爾錫鎮海人父世熙慷慨多義行光祚弱冠為諸生明末授通判未仕順治十六年夏海寇入內地掠童子去者無筭後漫棄于崇明

漂泊太倉松江閭光祚特客于吴解橐資之歸并請于太倉州守白登明申江南巡撫撥屬縣月給口食遣送歸里者數百人至松江亦如之踰年客秦中遇同邑二童子亦己亥被掠者贖之還家

謝泰履（寧波府志）字時素鎮海人孝友博聞慷慨持大節順治己亥海寇犯南鄉毀長山橋解橐中金創修之行者便焉

孫簵（舊浙江通志）字鳳覽慈谿諸生雅志經濟謂可見諸施行嘗除夕覓儲米不及斗有故人扣門乞米分其半餉之

陳元肇（寧波府志）字萬春鄞貢生敦行不怠歲乙未邑中飢倡義出穀二千石以周鄉閭之貧者其叔耆士陳嘉恩從弟國學生陳元英亦各出穀一千石相助縣濟災司給扁旌其門

紹興府

漢

陳囂（於越新編）山陰人與紀伯爲鄰伯竊囂藩地囂不較益徙地與之伯慚歸侵地囂不受讓爲大路鴻嘉中太守刻石旌之曰義里虞翻書稱其漁則化盜居則讓鄰感侵退藩遂成義里今俗稱讓簷街云

戴就（後漢書本傳）字景成會稽上虞人仕郡倉曹掾揚州刺史歐陽參奏太守成公浮贓罪遣部從事薛安案倉庫簿領收就于錢塘縣獄幽囚考掠五毒慘至就慷慨直辭色不變容主者窮極酷慘無復餘方乃臥就覆舡下以馬通薰之一夜二日皆謂已死發舡視之就方張眼大罵曰何不益火而使滅絕又復燒地以大鍼刺指爪中使以把土爪悉墮落主者以狀白安安呼見就謂曰太守罪穢狼藉受命考實君何故以骨肉拒扞邪就據地答言太守剖符大臣當

以死報國鄉雖衔命固宜申訴冤毒奈何誣狂忠良強相椋理令臣誘其君子證其父安深奇其壯節即解械更與美談表其言辭解釋郡事徵浮還京師免歸鄉里太守劉寵舉就孝廉光祿主事病卒

三國吳

吳範（嘉靖浙江通志）字文則上虞人與親故交有終始素與同邑魏滕相善滕嘗有罪孫權責怒甚嚴敢有諫者死範謂滕曰與汝偕死乃髡首自縛詣門下因突入叩頭流血權良久竟釋乃免滕滕謝曰大丈夫相知如汝足矣何用多為後封都亭侯

卓恕（兩浙名賢錄）字公行上虞人為人篤信義然諾不苟與人期約雖暴風疾雨無有不至嘗從建業還會稽太傅諸葛恪問何時當復來恕期以某日至期恪與主人停食以須時賓客會者皆以為會稽建業相去千里道阻江湖風波難必豈得如期須臾恕至一座皆驚

郤疇（嘉泰會稽志）字溫伯山陰人為郡功曹孫晧時太守郭誕以不白妖言被收疇違達無以自明疇進曰疇今在明府何憂達詣吏吏上疇辭晧怒尤甚疇恐誕卒不免遂自殺以證之誕遂獲免晧嘉疇節義詔郡縣圖形廟堂

晉

孔祗（晉書本傳）字承祖會稽山陰人太守周札命為功曹史札為沈充所害故人賓吏莫能近者祗冒刃號哭親行殯禮送喪還義興時人義之

裘尚（過晶裘氏義門志）父睿隨元帝渡江避地娶女高千義熙中徙居會稽縣南三十里世勤耕桑家積仁義越五代當宋乾德年踰[illegible]踰六百載人無別居眾異爨大中祥符間旌表門閭蠲復徭役越州

南北朝

嚴世期（宋書本傳）會稽山陰人好施慕善出自天然同里張邁三人妻各產子時歲飢儉慮不相存欲棄而不舉世期聞之馳往拯救分食解衣以贍其之三子並得成長同縣俞陽妻莊年九十莊女蘭七十並各老病單孤無所依世期衣食之二十餘年死並殯葬宗親嚴弘鄉人潘伯等十五人荒年並餓死露骸不收世期買棺器殯埋存育孩幼山陰令何曼之表言之元嘉四年有司奏牓門曰義行嚴氏之閭復其身徭役蠲租稅十年

魏温仁（弘治紹興府志）上虞人齊僕射徐孝嗣為東昏侯所殺故人莫敢收視獨温仁奔赴以私財營其喪

唐

羅讓（唐書本傳）字景宣越州會稽人父喪幾毀滅服除布衣糲飯不應辟署或以婢遺讓者問所從答曰女兄九人皆為官所賣留者獨老母耳讓慘然為焚券召母歸之累官福建觀察使兼御史中丞

宋

石賀（弘治紹興府志）新昌人太平興國中初立縣治建邑庠賀以家資代其賞

黃振（於越新編）諸暨人嘗建樓以望村墅未舉炊者往遺之米寒無告者遺之衣其妻劉氏斥奩粟置義莊以濟族黨鄉人德之名其樓曰望烟莊曰仁壽後振以子貴贈衛尉少卿妻封仁壽夫人子孫代顯

裘承詢（嘉靖浙江通志）會稽人居雲門山前十九世無異爨子弟習弦誦鄉里稱其敦睦大中祥符間優賜粟帛（燕翼貽謀錄）大中祥符四年十二月己未

越州言會稽縣民裘承詢同居十九世家無異爨詔旌其門今二百三十六年矣余嘗至其村廳事猶在族人雖異居同在一村中世推一人為長有事取決則坐于廳事有竹箄亦世相授族長欲撻有罪者則用之歲時會拜同飲咸在至今免役也

劉承詔（越州劉氏義門記）上虞縣娥眉鄉人家同居四百餘人同籍若十世上聞旌表門閭常賦之外悉免搖役

孫椿年（於越新編）字永叔餘姚人置義莊食親族之貧者歲飢輒出粟以賑又書助貲築堤捍海及卒無親疎皆痛惜之

黃汝楫（寶慶會稽續志）會稽人家頗富饒宣和中方臘犯境以素積金錢瘞于居室避地山間忽賊黨執白旗來揖且拜黃驚懼答拜認其人蓋舊僕也云主將拘掠士女閉之空室將以金帛贖則釋之否則盡殺黃惻然問所因幾何人曰無慮千數曰我藏物可直二萬緡欲舉以獻而贖其命可乎歸報如其請乃悉發所瘞輦輸其營千人皆浔歸詣黃謝為之誦佛祈福歡声如雷

至紹興中黃為浦江令其子開閎闓同登乙科後二子閗闔繼之

石公轍（嘉泰會稽志）字道叟會稽人鄉里名士有朱布言者歿于東都兄昌言聞公轍赴告欲質產迎其喪而公轍已送柩在門矣方希言病疫無親黨在都獨公轍謁醫為治療既不起則空其橐為具棺斂買舟載之歸浔眼疾幾喪明夜夢希言如平生曰有爾朱先生藥其效如神覺而異之明日至京口有賣爾朱先生眼藥者求之出百許帖皆細如芥子服未數日瞳人如着冰舟行至江東則已清明復初矣紹興初以特奏名第一人賜同進士出身仕至大宗正司主管宗室財用云

徐端臣（於越新編）字正卿蕭山人歲飢輒出粟平價以濟貧又創社倉飾學祠療病以藥贈死以棺義声宣于遐邇浙東提舉朱熹行部至縣特造其廬後以子爵恩補宣義郎卒年八十三

沈克孚（紹興府志）字子賢，餘姚人。同舍某被逮甚亟，克孚百計脫之。某自分無可報，而陰使其妻夕爲。克孚驚起，趨戶外叱曰：吾以義脫汝，而汝以不義污我，何也？遂引避去，終身未嘗洩其事。昆季五人，嘗析箸，取其瘠者，厚從子弟，恚授室成立之。里有緩急，各屬其意而去。後以孫應文貴，累贈大理卿。

顧彦成（萬曆紹興府志）蕭山人。以蔭補官，歷兩浙運使。以書堂為學基，田三十六頃為學田。中書舍人薛昂誌其墓。

姚景崇（萬曆紹興府志）字唐英，嵊人。開慶中建義塾，延師設教，英俊多遊其門。

呂沈姚（弘治紹興府志）餘姚人。嘗立義塾于邑治之東，延致名儒湛若為之師。若通六經，遠近來遊者嘗數百人。沈姚日加供膳，後多至顯官。

陳祖（兩浙名賢錄）字惠卿，新昌人。敦睦宗黨，嫁其孤女數人，貰負平糴，邑人德之。創義塾，延名師以淑鄉之俊秀，凡饔膳薪水僮僕咸具，歲費錢萬緡。士由以登庸者後先不絕。祖沒，從孫雷克繼其志，創桂山東塾，而以祖所建名西塾。由是遠近來學者日衆，門墻冠蓋相望，兩塾之名聞于四方。又置義田、義役、義倉、義井、義阡、義局，以賙卹鄉黨。邑人至今誦陳氏事，有墮淚者。

吳自然（弘治紹興府志）字義甫，餘姚人。家富好義。德祐元年歲飢，發廩賑鄉里，部使者為立高誼坊。元至大初歲大飢，自然子埏漫助有司賑給，州上其事，中書旌其居曰積世好義吳氏之門。

王英孫（萬曆紹興府志）字才翁，會稽人。歷官將作監簿，辭歸。值越中大飢，發私廩以賑，全活甚衆。道上有棄孩，輒收恤之。又喜延致四方賢士，日以賦詠為樂。若謝翺、鄭樸翁、林景熙、唐珏輩，皆慕其義與之友。

唐珏（西湖遊覽志）字玉潛，山陰人。家貧，聚徒授經，營滌滫以養母。元至元十五年，總江南浮屠者楊璉真伽發宋陵寢，斷殘肢體，攫珠襦玉匣，焚其胔，棄骨草舉聞珏時年三十二歲聞之痛憤亟貸家具得白金百星許執券行貸得白金又百星許乃具酒醪市羊豕邀里中少年若干輩狎坐轟飲酒且酣少年起請曰君儒者若是將何為珏具以告衆謝曰諾中一少年曰事露奈何珏曰余固籌矣今四郊多暴骨取竄以易誰復知之乃斲文木為櫃復以黃絹為囊各署具表曰某陵某陵分委而散遣之葩地以藏為文而告誥且事訖來集出白金酬之戒勿泄越七日瘞浮屠下令衆陵骨雜牛馬枯骼築一白塔壓之名曰鎮南總浮屠死山陰人始有藉藉傳珏事者未幾越有袁治中為子求師有以珏薦一見置賓館一日問曰吾渡江聞有唐氏瘞宋諸陵骨子豈其宗耶左右指曰此是已衰大駭曰君此舉豫讓不能抗也哉之坐北面而納拜爲禮敬特加情款益篤叩知家徒四壁惻然嗟矜語左右曰唐先生家甚寒吾當料理使有妻有田不數日二事俱愜人固奇珏之節而又奇珏之遇

元

胡忠（萬曆紹興府志）字景莊餘姚人元貞間飢疫忠貸錢穀以賑閭里而葬其死者明年大穰里人齎錢穀酬納忠嘆曰飢民近得一飽吾忍取其宿逋耶悉取券對衆焚之

陳志寧（兩浙名賢錄）諸暨人嘗割田一千畝山五千餘畝造屋三百餘楹為義莊義塾聚族黨之貧者養之未知學者教之人以為一鄉之父師事聞旌為義門

趙孟治（於越新編）山陰人家世業儒尚義皇慶中捐田三頃為學田又捐田三頃入義廩給鄉人無以婚葬者事聞有詔旌之子由鍾行義有父風丁未歲大飢設粥于道所活餓莩甚衆

方鎰（於越新編）諸暨人好脩行誼嘗割田千畝山若地有差取歲入贍其族之貧者建義塾禮聘名士黃叔英項炯吳萊輩主教事造就學者一時偶彥雲集宋濂鄭深書來訪之

黃新（兩浙名賢錄）諸暨人汝楫六世孫倜儻好義祖遺義莊閱久已廢新購復之以賑族人歲侵鄉人持券物來質粟不較其值而與之所居當婺越之衝為飲食以待困乏者年七十餘盡出所質文券約三萬餘緡悉焚之曰吾非敢以此市義也吾生無德于鄉人無庸留此以益身後之過

戴成之（弘治紹興府志）蕭山人好周恤貧匱其鄉常患水旱乃創閘小江以備旱潦工役之費弗及于人恒親操杵钁沙土水豹久之不成々之仰天呼號翌日忽成人以為至誠之感

任子仁（弘治紹興府志）蕭山人治生勤儉遭時飢亂推食解衣濟人寒餒鄉人不能葬者葬之無可依者育之士大夫之賢者至則館穀之勇于行義人稱長者

吳宗元（兩浙名賢錄）字長卿諸暨人輕財重義元季兵興避地者多依之周給一無所吝教子孫無析居歿之日識不識皆嘆曰義士死矣奔哭墓下者數百人太史宋濂誌其墓

明

秦初（兩浙名賢錄）字性初山陰人卓有行誼居太學時同舍生以使命出妻死無主初為之經紀喪事甚周有金安者除浚山衛經歷當之任貧無以治装初鮮所乘驢資遣之徒步以歸永樂中舉進士官翰林檢討

丁能（於越新編）山陰錢清舟人也嘗夜載衆賈至東關詰旦衆散去遺金一橐能艤舟候賈久不至攜歸明日將復往婦阻之能曰我豈不欲財耶物故有分役辛苦營之而卒然失去悔且喪身吾何忍終往候得金主感謝欲酬堅拒不受

高宗浙 吳淵（兩浙名賢録）字叔晉山陰人嘗捐山七十畝為義阡給棺以葬貧者里有鬻纓之商盜其斗或以其人告輒諱而隱之正統庚申歲大飢糴傍郡米七百斛歸給鄉人全活甚衆明年飢又出私廩助公貸後二年又飢亦如之時同邑吳淵亦出粟千石助賑有司上其事詔遣行人廖恂賚勅旌之

周端（韓邦問周義民墓表）字孟端號介菴山陰人父茂没端年十六與兄孟璇協力葬父母繆氏盛年守志兄弟協力以事遂振其家正統五年出粟二千五百石助賑有司聞于朝遣行人廖莊賚勅勞之旌為義民晚尤加意族黨傾所有施盧若未嘗形德色

魏資善 姜伯延（於越新編）俱餘姚人正統間各出穀二千石賑飢旌為義門

成器（今言類編）餘姚人正統末聞劉忠愍球死獄即邑中龍泉山頂為文祭之歷述古今權奸之禍凡三千餘言人謂之祭忠文今其地謂之祭忠壇

趙誠（弘治紹興府志）字一誠上虞人娶同邑杜氏生子而杜卒誠年二十七族之長老勸誠娶誠謝曰不聞伯奇孝已事乎吾既有子可無娶矣聞者高其義景泰中應貢授德安府學訓導府有同知劉英欲妻以女誠告以向意不渝解居五十餘年無妾媵之侍八十卒

周用彰（萬曆紹興府志）嵊人元提舉承祖之孫家業頗殷為人好善率長子澤棠輩施藥以濟貧病煮粥以食獄囚夏則施茶冬則建橋造舡為萬石長無一毫苟取

夏叔怋（兩浙名賢錄）嵊人天順初客越城中飲于酒肆時傍坐客被酒忘其囊去叔怋獲囊視之約五十金疾追其人弗及明日仍俟其處失金者號泣而來遂挈以畀之

張祓（蕭山縣志）號直叟早喪妻終身不娶成化壬辰歲災出銀三百穀粟六百石癸巳又災復出粟一千石丁酉甚災盡出所積以賑之事聞敕授宣義郎表其閭曰義門子珏字良翫佐父發粟賑飢捐銀三萬兩代輸本邑歲課巡撫劉敷題旌亦授郎秩

周廷澤（萬曆紹興府志）字舜龍山陰人富而好施每歲飢輒捐粟作糜粥以賑或病死則為義棺義塚以瘞之鄉人有屢負其祖者攜子鬻于市廷澤聞之遂贖其祖又嘗捐金為錢清石橋工費鉅萬往來者賴之

陶仕成（萬曆紹興府志）會稽人正統間以富民供大璫阮某其後阮倉卒被命入意不測客名仕成以私積六千金託之成持歸投井中居數年阮竟死仕成出井中金走白守吳某守曰金無知者爾物也盡取諸仕成仕成固謝會飢悉以散賑鄉人以是稱陶長者後數十年卒陶氏簪纓相繼人以為皆仕成所種云

徐文彪（萬曆上虞縣志）字望之上虞人正德間舉賢良以母老辭有司敦趣乃行是時逆瑾方專恣而謝文正遷以忤瑾謝事去文彪至京試吏部用蕭傳蔡顯語瑾覽策以為文正鄉人怒甚下之獄榜掠幾死械戍鎮番鎮番接壤流沙在中國萬里外文彪處之怡然諸武夫子弟相率來學二子子奎子摩聞父難奮以死從會部檄提家屬赴京兄弟主僕械繫刑獄尋得釋阽危百端乃達戍所逾年瑾敗乃赦得歸結廬山下絕不談往昔事性復好施創義田開義學鄉人德之

張賢臣（紹興府志）會稽余貴村人敦善行貧無以葬寒無襦死無棺顛連無告者力拯之三十年無倦憩山陰縣西北有湖曰狹猹縱橫十里許風狂舟輒覆

賢臣議以石築塘其間使舟行塘內則避風舟不
復覆閱七歲而塘成所費數千金皆捐貲爲之

曹同德（紹興府志）字同野上虞人虞邑官塘圮數百丈積雨則淹連水際同
德捐貲甃以石志成坦道行人頌義遇歲歉作糜廣賑全活無算

周夢秀（萬曆紹興府志）字紺寰嵊庠生時有例廪生限年起貢當及夢秀一生年
踰六十不得貢夢秀曰我猶可待若不貢無後期卒推以讓之其父別駕
嘗佃賨性寺爲宅既數十年增飾堂榭且數百金夢秀以爲非義請于
父復捨爲寺别僦數椽以居風雨不蔽無慍也既卒鄉人祀之學宮

吳士驂（紹興府志）字少愚蕭山人萬曆庚子歲大飢賑米三百石院府並獎之其
後家益饒善益積有除夜入其室行竊士驂見之贈以金勸使改行而秘
其姓名雖子
孫無知之者

王鑑之（獻徵録）字明仲號遂齋山陰人篤于倫敘雖失愛兄嫂事之益恭謹兄子
淵業舉不就又習醫爲之延引得爲醫學官遂以有立李氏姊之子澤民
周氏妹之子濟皆教養之及長皆爲之婚娶女皆爲治奩具擇良士歸之
（嘉靖山陰縣志）鑑之以進士知元氏縣擢御史督南畿學政歷刑部尚書

何汝教（蕭山縣志）字奏言性節約遇任卹則傾囊無吝歲蝗設擒格以米易蝗民
競趨之不爲災輸米賑飢全活甚衆北郭蒿里多暴骨以私財每歲募掩
之

任振龍（紹興府志）字羽禎蕭山人一人有夙負欲鬻其妻振龍遽止之負者曰吾
非獨爲汝再贈之多金以全其室每歲除夕設私鹽取貸人券焚之曰勿
留此恐他日
縈吾方寸也

俞繪（王激俞繪傳）字本素越人就歛訓導爲舉子時赴禮部試過沛貸沛令馮十
金令實同郡人官歛時馮下世矣遣金還其子珏、以無券弗受繪曰貸金無券爾父信我也若遂弗償負爾父多矣使爾父復生其謂我何因與珏乃段任惠州通贊按察僉事陳壯以卒送之道經南康卒謂尹曰遇賓乃陳姻家也尹信之厚致賻繪曰吾非陳姻客紹君矣固弗受

周方蘇（紹興府志）字君謨山陰人兄弟有所逋負累數千金代償之族姪黄門洪謨以劾魏璫被譴攜眷數人貿貿無投止方蘇掃室留之歲歉籍饑人口治粥食之或給以米死喪者出山地瘞之祖廷澤嘗捐造錢清石橋久而將圮居人患之方蘇曰此吾為子孫者事鬻貲新之

徐廷玠（舊浙江通志）字元度上虞人從劉宗周講學于證人堂闡明性理崇禎辛巳歲大飢鬻産賑濟全活甚衆嵊邑飢復同陳際春及嵊紳邢大忠設法拯救全邑浮免流移

沈懋庸（紹興府志）字季平山陰人六合令紹之子有聲士林親黨中有貧不克婚葬者有負逋將鬻妻者悉委曲以恤之崇禎辛巳歲大飢鬻産賑濟存活甚衆

丁師孔（蕭山縣志）字乃顧邑人父元度好義樂施捐田助學歿後士大夫高其義請于官入報功祠師孔能踵其行凡婚嫁喪葬無貲者欣然相助值歲飢遠則給米近則施粥所活萬計

周紹元（舊浙江通志）字雲門蕭山人西江塘山會蕭三邑民命所係紹元歲捐貲修葺終身不言未遇然匪躬者恒見而憚之恐為紹元所知人比之王彥方為

張陛（舊浙江通志）字登子山陰人元忭孫崇禎庚辰歲大飢陛賑米三千餘石當事建坊以旌倪元璐題一聯于楔云分人以財由己飢溺笑懷清女師千

倉自衛洪父之命與爾鄒里勝步舟父子一士弘治

國朝

陳文煥（廣西名宦冊）上虞人爲廣西巡撫馬雄鎮幕客康熙十三年逆帥孫延齡叛雄鎮被幽文煥等義不忍去亦同械繫患難相依周旋四載後逆賊吳世琮赴桂林延齡執雄鎮詣賊營不屈遂遇害十七年王師下蒼梧文煥脱奔白其事于軍前巡撫傅弘烈入奏奉旨陳文煥冒險來歸忠藎可嘉着從優議叙後授安鄉縣知縣卒祀鄉賢

鄔恩武（舊浙江通志）字望隆餘姚人寧海潮漲浮遺囊于水際恩武待至日中西人號呼而至舉囊還之不問姓名台州夜火朦朧中有以一篋授者恩武藏之邸舍平明一人哭于火所云一家生命繫此篋中倉卒不知授之何人恩武排衆而前曰吾昨受一篋豈君物耶同至邸舍發之人碩匄其主恩武不顧而去

周維屏（紹興府志）字自求蕭山人事親以孝交友以誠隣有患疫者輒親湯藥殯殮江塘衛決維決曰此吾邑大利害也命長男之晃躬督修葺十餘年竟無水患以子之麟貴贈如其官祀鄉賢

姚時可（舊浙江通志）字雨若會稽人性慷慨喜結納遇人患難窘阸揮千金無幾微難色人有負者不能償即取券焚之以例入北雍不遇歸益以濟人課子爲事子啓聖少保尚書總督八閩

毛東鏡（舊浙江通志）蕭山人然諾不苟急難者俱歸心焉隣某以負債累訟不息東鏡力爲排解鬻產代償

沈以庠（鄉賢留祀冊）蕭山人，道拾遺金，俟其人還之。有負租鬻妻者，贖令完聚。歲飢出粟賑濟，修橋梁以利涉。子士本，康熙乙丑進士。

任俠（紹興府志）字五陵，會稽人。年二十即棄舉子業，遍遊宇內名山大川，凡所歷莫不記之于詩。嶺南陳恭尹謂其詩結胎六朝，出入杜陵、昌谷。嘗寓粵西，昔俠法至粵，遭逆藩之亂，宦家七十餘口存者僅五人，俠罄橐中金資之，以還子身歸里，四壁蕭然，宴如也。

俞本（鄭僑俞本傳）字嗣禎，上虞人，亞亭少子也。順治庚子飢，歲出資賑濟，全活甚眾。家康熙戊午，海氛未靖，至本請于上憲，偕兄練鄉兵，置守，率鄉勇持矛前擊，一鼓摧其鋒，嗣是不敢復犯虞邑。疊有潮患，築塘捍海，遂塋其家。憂蓋湖舊有十八滸閘，蓄水蔭田，歲久輒為鄰隣毀壞，特設法輪巡，永資灌溉。縣令高之，蕙旌其門。

陳新（鄉賢留祀冊）蕭山人。嘗聞育嬰堂以保赤子，設賑粥廠以甦飢民，力行善事。子至言，成進士，督學河南學政、

倪宗賢（紹興府志）字溼初，山陰諸生，以醫名。性慈厚，每治病先貧而後富。嘗蓄貴藥于籠中，遇病者雜和以進，所得貲皆散盡。一日舟行暮歸，有惡少盜其鄰田禾，宗賢大呼曰：此某寡婦田，汝輩不可刈，刈之寡婦絕命矣。左右即倪溼初田，溼初以醫得利，雖細載無傷也。言畢鼓棹而去。惡少不知宗賢之自呼也，竟盡獲之。

朱洪謐（紹興府志）字雷珊，山陰庠生。少孤，遭鼎革，鄰里皆驚竄，洪謐家停高曾祖柩，獨與祖母、氏閉門以守，慟哭侵不離。事平，盡葬其先人，每月一至墓省視，無間寒暑。生平樂施予。康熙乙丑歲飢，傾家貲出粟以賑。郡邑兩庠頹壞，力捐葺之。時年七十餘，程工督役，皆身執其勞，每黎明至廟，日沒而歸，雖驟雨積雪，必扶杖而往。好善不倦。卒祀鄉賢。

歷代兩浙人物志卷十一

和 沈廷芳

椒園集

介節

杭州府

宋

錢景諶（宋史錢惟演傳）景諶由殿直中進士王安石既薦送之又推譽于公卿間自是執弟子禮安石提點府界景諶為屬主簿又以文薦之執喪居許聞安石浮政因事來京師謁之安石顧景諶卒然問曰青苗助役如何景諶曰利少害多異日必為民患又問孰為可用之人曰居喪不交人事而知人尤難事也遂辭出後調官復來安石已作相又往謁之安石令先與弟安國相見安國謂景諶曰相君欲以館閣相處而任以事景諶曰百事皆可為所不知者新書役法耳及見安石安石欲浮一人治峡路役書且委以戎瀘蠻事景諶曰峡路民情僕固不能知而戎瀘用兵繫朝廷舉動一路生靈休戚願擇知兵愛人者安石大怒坐上客數十人皆為之懼退就謁舍賁激之與詆為矯者參半景諶笑曰自古來好利者眾而顧義者寡故天下萬事皆由人而不在于己苟為利所動而由于人則盜亦可為也吾又何憾焉遂與安石絕然爭來從張景憲辟知瀛州終身為外官僅至朝請郎而卒

范澂（錢塘志補）仁和人舉進士高第歷郎縣以至卿佐服官二十餘年終日必思所以忠君澤民之道視聽言動毫不苟雖在暗室屋漏恒多戰兢惕厲及子成立便棄官歸隱布衣蔬食不涉世緣至大觀中年九十餘召家人語畢默然端坐而化

介節 杭州

李鞉（成化杭州府志）字彥淵，富陽人，崇寧二年進士，大觀三年舉宏詞科，宣和間
提舉廣東市舶，居官廉直，珍貨一無所取。未幾，舶商犒樓名田盜邀之，及胠
篋，隨行書帙而已，盜斂衽退避。紹興間以清節聞于朝，除比部郎。秦檜欲以子
與鞉女為婚，郤之。遷將作監。檜屢遣子就學，鞉告曰：為天子卿監，豈為宰相教
子。遂乃外持憲閫，部易江東。既忤權相，罷奉祠，不復榮望。卒年七十七。鞉澹泊
寡欲，晚年謂貪與痴已絕，獨嗔未盡，去因榜其小室曰去嗔，著去嗔居士集

郭知運（咸淳臨安志）字次張，鹽官人。幼刻志問學，弱冠登紹興進士甲科。時相強
與為姻，知運弗樂，託停婚為仕，至荆門守，倦求祿仕，自號息菴老人。有文
集四十卷
名猿豪

褚從禮（褚氏家譜）字德嘉，以賢良方正舉，歷官至太原守，居心平恕，刑惟求生。有
捕役獲盜十餘人，皆諭之以義，羣盜願求改過，卒為良民。性甘澹泊，一介
不妄取，日課家僮于公署
種蔬以自給，世稱廉吏

韋能千（廣信府志）字叔能，錢塘人。淳祐間為玉山丞，性廉介。揚有中有田產隸玉
山，常致餉于長吏，甚腆，能千不郤受，而附諸縣庫。在官與東里趙溪遊，獨
厚，每過，具蠡清談，竟日止
對酌邑酒而去，言不及私

元

朱清（萬曆杭州府志）字元之，富陽人。自幼力學，平居以氣節自許。宋末，與葉李為
同門生，甚契。已而李以京學生叩閽，斥宰臣賈似道置公田、變楮幣諸新法
非便，得罪，投漳州。朋從莫敢往者，清獨往與之訣，且為具酒食服用之需，俾所
親護送出二千里外。及似道罷，李免歸，清俟之江上，相見無一語相勞，第勉之
以風節自終。元至元間，李居左揆，士趨附恐後，清獨漠然若未始有一日之雅
者。李每念清不置，數遣人迎致之，清卒不往，以布衣終其身。所居在邑之東山

宋

林逋（宋史本傳）字君復，錢塘人，少孤力學，不為章句，性恬淡好古，弗趨榮利，家貧
衣食不足，晏如也。初放遊江淮間，久之歸杭，結廬西湖之孤山，二十年足不
及城市。真宗賜粟帛，詔長吏歲時勞問。薛映、李及在杭州，每造其廬，清談終日
而去。嘗自為墓于廬側，臨終為詩，有茂陵他日求遺稿，猶喜曾無封禪書之句。
既卒，仁宗賜謚和靖先生，賻粟帛。逋善行書，喜為詩，其詞澄浹峭特，多奇句。既
就，稾隨輒棄之，曰：吾方晦迹林壑，且不欲以詩名一時，況後世乎。然好事者往
往竊記之，今所傳尚三百餘篇。逋不
娶，無子，教兄子宥，登進士甲科判

李頎（春渚記聞）字粹老，舉進士，當得官，棄去，烏巾褐裘，為道人，遍歷湖湘間，晚築
吳中山水之勝，遂隱于臨安大滌洞天，往來苕溪之上，遇名人勝士，必與周
旋。素善丹青，間作小詩。東坡倅錢塘日，粹老以幅卷作春山橫軸，且書一詩于
後，不通姓名，付想者令俟坡之出投之。坡展視詩畫，已奇之矣，及問想者，曰：我負
薪出市，有一道人與我百錢，令我呈此，實不知何人也。坡益驚異之，即徧問西
湖名僧，輩知是粹老，久之偶會于湖山僧居，相得甚喜。坡因和其詩，有詩句對
君難出手，雲泉勸我早
抽身，其風致可見矣。

王袁（萬曆杭州府志）字天誘，政和中郡守監司
表薦，賜號悟靜處士，視朝請大夫俸給。

徐爽（萬曆杭州府志）徽宗朝賜號沖晦先生，
故廬在城中吳山，又嘗居萬松嶺下。

陸維之（咸淳臨安志）字永仲，一名凝之，字子才，餘杭人。少以計偕入汴，星從遊與
雜坐，命相者某道人視之，（道人）指維之曰：秀才。叩以科第，則曰：且歸山。道士揖
士揖別，贈以粒丹，曰：緩急用之。陸下第南歸，舟循汴，風激浪怒，舟不能勝，以丹
投之，風浪始息。汴上有呼其姓名者，則道人也。維之遂有超世之志，隱于大滌

洞天之石室人因以石室先生稱之逍遥林石以詩酒自樂先堯嘗名見稱疾不赴後先堯卒大濟孝宗亦侍道主觀者聞山中詩中以維之對道其詩先堯讀卷者太息曰布衣入翰林可也孝宗曰山林隱士以不要人知要他出去卻是苦他遂止未幾卒有石室小隱集三十卷行于世

徐立之（萬曆杭州府志）舊名炳學老子法隱于杭西湖之迴峯人呼迴峯先生通判都官員外郎蘇為嘗謂之曰何不仕乎曰若時與命會可以佐天子福元元不然悔吝生矣習若追冥鴻霧豹與孤雲俱雲敬其言為著傳

元

金慮桂（萬曆錢塘縣志）字一之能詞章宋季為縣令入元隱居鳳凰嶺書學歐陽詢畫學李龍眠築藻壁山房左琴右壺中設圖史古器客至撫玩清談纏綿不休每有興入城幅巾鶴衣望之若神仙云

陳渭叟（萬曆錢塘縣志）讀書學道不混俗不忤物賦詩有天然趣隱居萬溪上歲一歸名人勝士爭邀致之惟恐其去也所著有紫陽篇

鮑完澤（萬曆錢塘縣志）字信卿資識粹敏慎重寡言涉獵經史過目輒不忘累以學行薦于朝部使者爭辟用之以母老辭不就

吾衍（采瀛吾衍傳）字子行杭人意氣簡傲不為公侯屈色常自比于郭忠恕居生花坊一小樓客至僮輒止之通姓名使登乃登廉訪使徐琰一日來見衍從樓上呼曰此樓何敢當貴人登卽願明日謁謝琰聞笑而去衍亦卒不往生徒從行游者常數十百人衍坐童子肩上使冠者分番下授之或對賓談嘯羣童皆肅容莫敢動衍左目眇又跛右足有晉宋間風致畜兩鐵如意日持弄之或倚樓吹洞簫數曲翛然如忘世者

褚師秀（遂昌雜錄）號雪巘以清苦節行聞一日平章尤公單騎從一童至天慶方丈觀主王管轄者不知為平章尤乃自言觀主大驚尤曰我欲一見褚高

士耳。觀主謂其人孤僻，上宰相何取而欲見之，尤意彌堅。觀主乃扣門，師秀方讀書，問為誰，觀主言平章請見。師秀拒之曰：「某自來不識時貴人。」言訖欲入，而尤頑已拜于地，意欲高士延坐其室。師秀即鍵戶偕行廊廡間，至雲堂前語尤曰：「三年前有閩州王高士留此，某則非其人也。」因長揖竟出。尤瞪頤嗟咨曰：「是真一世之高士。」

崔彥輝（成化杭州府志）錢塘人，號雲林生，與王蒙皆吳興趙氏甥。善篆隸詞賦，西亦起詔，隱居賣藥鹽橋市。

俞和（成化杭州府志）字子平，杭人。晚年自稱紫芝老人，隱居不仕，能詩，善書翰。早年得見趙松雪運筆之法，臨晉唐諸帖甚夥，行草學松雪逼真，好事者得其書，每用松雪款識，倉卒莫能辨。

王達（貧士傳）字志道，錢塘人。足一致，家極貧，無以朝夕，因賣藥不繼，又市卜博，究子史百家，客至輒談今古不休。人知其辯博，每以疑難質之，矢口輒應。

孫蔗田　包太白（成化杭州府志）皆錢塘人，隱于西溪，不受徵聘，以詩文相娛樂終其身，人目之為西溪二隱。

劉英（列朝詩集傳）字邦彥，錢塘人。少從學夏大理季爵、臨川聶大年教授于杭，奇之，與為忘年友。景泰中郡邑交辟，以母老固辭，築室于甘泉坊，其室曰竹東，更號賓山。年七十二卒。程克勤志其墓，以為孝友似黃山谷，高蹈似魏清逸，曠達似楊鐵崖。（分省人物考）英操行高潔，當天順、成化間與劉泰等結社賦詩，名動一時。有賓山集、蕉葉藁、竹東小藁、湖山詠錄。

陳雍（成化杭州府志）字孟熙，仁和人。與同邑鄭璧、晏誠稱莫逆交，俱不事榮利，日為湖山游詠。父士寧與璧母皆年高在堂，每造必升堂謁拜。父母沒，互為服緦。三人交義風動鄉人。璧之子孫、誠之子皆登進士，惟雍樂志幽隱，縣大夫兩以明經舉，皆不就。世居鹽橋七寶深巷中，復厭囂塵，徙城北樹山之陽。年四十

二卒無子

洪鋐（錢塘縣志補）字器之號時軒錢塘人襄恵鍾之弟少孤貧攻苦力學不輟寒暑詩文楷法俱超絕大學士商文毅聞其名辟置幕下薦授中書舍人欲大用之而鋐性恬淡不樂仕進歸隱西溪以圖史消歲月襄恵敭歷中外屢遣人招鋐俱不赴及官尚書欲薦于朝又堅止之且貽書曰兄為良臣弟為隱士亦各行其志而已著有時軒自怡集二十卷

王澍（兩浙名賢錄）字時雨錢塘人性高亢不諧于俗為詩多獨創語寄興山水自號鄮山人貧鮮儋石儲一介不苟取與而口未嘗言貧終身無所干客游京師與胡端敏同還至滄州遇賊劉六等數萬人圍其城數日不解山人為州將畫方畧賊遁胡端敏大奇之欲為之朝山人力辭卒以布褐終其身

唐俞（海寧縣志）字聖言邑人博雅工詩輸多深湛之思阮中丞鶚督浙學時檄曰海寧唐俞不求聞達人也操履澹泊與明月清風高山大川相遊衍因大書逸士表其閭所著有富山想漫草

邵穆生（仁和縣志）字汝宣工部員外郎經邦子為諸生年未三十遂棄舉子業隱靈鷲山中築閣祀許由及唐宋名賢為樓三楹中祀其父右自處藏書又三楹足不入城市遇文人墨客鮮不傾倒獨不喜與貴介遊布政使吳用先欲見之謀于其鄉達黄汝亨汝亨請屏騶從以儒生服往汝亨先行謂穆生曰有桐城學者欲見公讀所著書穆生許之吳維入遂設飲極歡而罷明日汝亨礼至曰昨來乃方伯吳公夙慕先生者吳公亦達吏齎手書贄幣求所著書穆生亦不靳也又善画有求画者輒不與曰吾豈画師耶

李元昭（兩浙名賢錄）字用晦杭州右衛世襲千戶少尚節俠年二十六始折節讀書築居靈隱寺之西澗築一室如斗引澗水環于席下蒼松翠竹週廻籬

壁間人跡既絶惟有泉鳴鳥啼與書声相和答與至為韻語直闖漢魏之韻自
歸岣嶁山人四方名流韻士過武陵訪山人煮茗焚香終日清言不倦或一言
及塵俗輒起擊石磬數声以代洗耳當道聞其名或鳴騶相過即鍵户不納晚
結西湖詩社採龢之士以不與為恥山人年四十一而隱十年而雲遊遊八年
而還故山復高臥二十餘
年而後歿人以為蟬蛻云

汪

渢（魏禧汪渢傳）錢塘人字魏美中崇禎己卯鄉試未聘里富人欲妻以女渢不
許錢太守以女妻之既成礼渢泼容謂錢曰吾寒儒浮連姻貴室所望知礼
義孝事姑嫜和妯娌足矣侈簪珥綺繡之飾毋庸也錢于是去服飾屏侍婢以
疏布親操作內姻欲强渢試礼部出千金視渢妻曰能勸夫子駕則畀汝對曰
吾夫子不可勸吾亦不受此金也當事或割俸金為壽不得却也而瘞之里貴
人請墓銘拒弗許嘗出游天台居石梁左右及河渚徙孤山之匡廬黄山白岳
所至與異人高士
遊年四十八卒

嘉興府

晋

韓

績（嘉興府圖記）字興齋其先廣陵人避亂居嘉興仕吴為大鴻臚績少好文學
以潜退為操布衣疏食不交當世東土並宗敬之司徒王導辟為掾不就會
稽内史孔愉疏薦詔
安車束帛徵之不起

宋

許

棐（海鹽縣圖經）嘉熙間隱居秦溪于水南種梅數十樹搆屋讀書因自號梅屋
室中子三楹下分四櫥中垂一簾对懸白香山蘇東坡二像事之所著有獻
秀州

醜集旗淺行世

常說孫（海鹽文獻志）字宜卿同之孫累辟不就所著有天間雜著檪齋筆記雪溪稿門人稱雪溪先生

常棠（海鹽文獻志）字召仲曾祖同從宋南渡僑寓邑之天寧寺子孫遂家海鹽棠值宋季閉關不仕苦心篤學善屬文繞庭植竹數十竿以厲操自號曰竹窗

元

謝國光（嘉興縣志）字觀夫宇咸淳間對策言時事剴切主司畏賈似道不使登第補太學生入元不仕侍御史程鉅夫奉詔搜賢或薦國光輒杜門稱疾及辛遺命題其墓曰安節謝國光之墓

吳鎮（兩浙名賢錄）字仲圭嘉興人性高介隱居不仕工辭翰善畫山水竹石每題詩其上當時稱為三絕有勢力者求之多不得惟贈貧士使取直焉以愛梅自稱梅花道人

程克柔（弘治嘉興府志）字德剛讀書涉大義傍通法曹既而歎曰晝夜行墨纍纍立人座側豈吾志哉遂劾去及元季朝廷遣將路成駐兵皂林兵肆民間克柔親詣軍門為成陳利害成稱善引為上賓欲奏官之以老辭退居梧桐鄉宅有柳百餘株因號柳莊

鄭忠（舊浙江通志）字原凱嘉興人閉門讀書無間寒暑洪衛富益講易一夕夢吞北斗自是詩名大著志在恬淡雅好泉石終元世高蹈不仕

朱炎（嘉興府圖記）崇德人七歲能作韻語十歲能屬文及長博極羣書名重儒林隱居不仕

陳堯道（嘉興府圖記）嘉興人通五經不仕與楊維禎筆倡和所著有竹林集

明

陳子才（兩浙名賢録）海盐人五經六藝諸子百家無不通解尤善丹青點染自娱不輕為人下筆元末隱居不仕洪武初下詔以人才徵弗就有司為之勸篤卒不起年四十歲旦日忽命童子折梅花一枝持于閣自繪其像形神宛然閣筆端坐而逝

徐晟（海盐文獻志）字公允號篠庭天資穎敏經史子集内外典靡不周覧强記以博洽稱王大參衡按海上命取郡府考事得之晉間注云出漢雋詢知晟命延入禮敬之問漢書數事詳對無失稱曰徐漢書幼業舉子以貧故棄書激上受徒有司嘗舉游庠辭不就

朱朴（海盐文獻志）字元素澹嗜欲體耀而修音声琅琅時一吟咏令鄙吝生清力穡具饔郡大夫徐白泉懇致之以疾辭且曰吾誤也烏可與尊官抗禮吾無他能以益若治吾休矣有西村集許祀山序而刻之

陳鑑（海盐文獻志）字用明性高抗鄙舉業弗習有古俠士風或諷曰出事公卿禮也勸為省臬掾父兄喜為入鑑鑑曰大丈夫不力學何甘伏人下棄弗就閉門讀書人罕見其面者數年學遂成至老口不輟吟篇章浩穰金鐵波激卓然名家

袁仁（兩浙名賢録）字良貴嘉善人父祥祖顥皆有經濟學仁于天文地理曆律書數兵法水利之屬靡不諳習謂醫雖賤業可以藏身濟人遂寓意于醫崑山魏校疾召仁使者三至弗往謝曰君以心疾召當以咀仁義炮治禮樂以暢君之精神不然雖十至無益也校疾愈訪仁與語三日大驚遂定交為顥嘗作春秋傳三十卷祥作春秋或問八卷以發其旨仁復作鍼胡編以闡之

郁從周（萬曆秀水縣志）字泰初自幼神骨清爽嘗闔門静坐時時吟咏亦善鼓琴登嘉靖乙酉鄉薦再上春官不第即棄去瓢衲出遊或數年一歸省其母

遂去莫知所之嘗至南嶽遇異人有所指授後遇張紫陽授大丹訣要乃還武林賣藥市中人無識者

殷仲春（嘉興縣志）字東皋隱居城南茆屋短墻不蔽風雨弦歌賣藥喜購古帖殘書補葺考校生平落落寡合遇顯者輒引避子志伊字古耕胼胝力田好讀晉書

戴晉（續獻徵録）字康侯居禾中之墻頭村幼孤多疾從叔灝與同里項元海交好携晉就醫因遍閱項氏家藏名蹟自爲工畫後寓居精嚴寺僧房時與方外秋潭高士殷方叔高元雅輩交闊遊名山住金焦北固之間者歲餘嘗圖其景以贈人善鶴洲山水樹石時來依止遂于湖濱搆小屋以居名蝶華居沒葬其側一生不娶不茹素亦不嗜葷不蓄一童飲食止一小鐺自炊不惱火具其孤高絶俗如此

盛德潛（紫桃軒又綴）秀水人自號杞菊老人癖嗜古著存古録劄記奠嵩奇物書繪真蹟如周公謹雲烟過眼録之例而學倪雲林不肯爲人作閒點筆輒自碎之

屠爌（嘉興府志）字闇伯善事母隱居讀學脯脩之入輒以周宗黨故常至空匱

湖州府

周

披裘翁（高士傳）不知何許人亦不詳其名寒暑所服惟一裘因呼披裘翁或嘗隱于天目嘗出採薪遇延陵季子見道傍遺金季子命翁取之翁投鐮于地瞋目拂手而言曰何子居之高視之下儀貌之莊語言之野也吾五月披裘而負薪豈取金者哉季子謝之問其姓不對而去

三國吳

姚仲翁（兩浙名賢録）吳興人天性儉素種瓜灌園以供衣食鄉人稱為長者或有餽遺一無所受不得已而受即惠貧乏未嘗以一介自汙瓶粟屢空晏如也

晋

計昭（弘治湖州府志）字叔明武康人兼武中為車騎將軍後隱居禺山晋宣帝徵召不起

沈警（西吳里語）字世明武康人專治左氏春秋謝安辟為參軍謝病歸安固留不可乃笑曰沈參軍有構善之志不亦高乎王恭鎮京口復引為參軍手書招致詞甚殷勤不得已而應之尋復謝去

南北朝

沈道虔（南史本傳）吳興武康人少仁愛好老易居縣北石山下孫恩亂後飢荒縣令庾肅之迎出縣南廢頭里為立宅臨溪有山水之玩時復還石山精廬與諸孤兄子共釜庾之資田不改節受琴于戴逵王敬弘深貴重之郡州府凡十二命皆不就有人竊其園菜者外還見之乃自逃隱待竊者取足去乃出人拔其屋後大筍令人止之曰惜此筍欲令成林更有佳者相與乃買大筍送與之盜者慙不取道虔使置其門內而還常以捃拾自資同捃者或爭穟道虔諫之不止悉以其所得與之爭者愧恧後每爭輒云勿令居士知冬月無複衣戴顒聞而迎之為作衣服並與錢一萬既還分身上衣及錢悉供諸兄弟子無衣者鄉里年少相率受學道虔常無食以立學徒武康令孔欣之厚相資給受得者咸得有成宋文帝聞之遣使存問賜錢三萬米二百斛悉供孤兄子嫁娶徵員外散騎侍郎不就年老菜食恆無經日之資而琴書為樂孜孜不倦文帝敕郡縣使隨時資給子慧鋒修父業不就州辟

湖州

沈驎士（南齊書本傳）字雲禎吳興武康人少好學家貧織簾誦書口手不息宋元嘉末文帝令尚書僕明何尚之抄撰五經訪舉學士縣以驎士應選少時稱疾歸鄉更不與人物通養孤兄子義著鄉曲作元散賦以絕世太守孔山士辟不應隱居餘干吳差山講經教授從學者數十百人征北張永為吳興請驎士士入郡驎士聞郡後堂有好山水乃往停數月永欲請為功曹使人致意驎士曰明府德履沖素留心山谷民是以栖褐負杖忘其疲病以欲飾渾沌以蛾眉飛越客于文冕走避不敢請附高節有蹈東海而死爾永乃止永明六年詔徵為太學博士建武三年徵著作郎永元二年徵太子舍人並不就負薪汲水并日而食守操終老篤學不倦遭火焚書數千卷年過八十耳目猶聰明以火故抄寫燈下細書復成二三千卷滿數十篋時人以為養身靜嘿之所致也同郡沈儼之字士恭徐州刺史曇慶子亦不仕（南史本傳）鄉里號織簾先生

沈顗（梁書本傳）字處默吳興武康人幼清靜有至行慕黃叔度徐孺子之為人從叔勃貴顯齊世每還吳興賓客填咽顗不至其門勃就之顗送迎不越于閫勃歎息曰吾乃今知貴不如賤俄徵為南郡王左常侍不就永明三年徵著作郎建武三年徵太子舍人俱不赴永元二年又徵通直郎亦不赴顗素不治家產惟以樵採自給怡怡然恒不改其樂天監四年大舉北伐起民丁吳興太守柳惲以顗從役揚州別駕陸任以書責之惲大慚厚禮而遣之

陸琳（茅山志）東遷人九徵不起謚高蹈先生

唐

沈徵（弘治湖州府志）沈法興之孫太子文學承家之子博學知古隱江口山孝弟力田累徵不起縣令韋承慶改其所居為茂德鄉

吳馮（吳興掌故）字季德菱湖人僧皎然有杼山禪居寄東溪吳馮處士詩馮善詩故皎然所寄專以詩言

宋

賈　收（賓士傳）字耘老烏程人以詩著名喜飲酒家素貧東坡每念之嘗作古木怪石書其後以贈云念賈處士貧甚無以慰其意為作古木怪石一紙每遇飢時輒一開看還能人否若吳興有好事能為君月致米三石酒三斗終君之世若當便以贈之不爾可令侍姬掌時須添丁長以付之也

胡　仔（西吳里語）字元任烏程人父舜陟官至法曹洪叔舜申舜舉皆為郡守知名仔少無宦情自號苕溪漁隱留心吟咏取自古詩人所作考之傳記為叢話一百卷

元

史　博（雲汀筆談）字約之烏程人博極羣書尤邃于易元世祖訪求南人遠近交辟不就

黃　玠（弘治湖州府志）字伯成其先慈溪人曾祖震宋文天祥榜進士玠生于嘉興之魏塘為人清苦力學無所不通嘗樂吳興山水因卜居弁山為吳興人號弁山小隱與趙文敏遊文敏極稱許之謂生平第四友也錢塘學者請為西湖書院長辭不就請者益勤不得已居數日而罷

沈　貞（弘治湖州府志）字元吉長興人不樂仕雖在試詠手不釋卷一日縣令欲辟之先使人覘其意貞知之遂遁匿不出宅傍有井冬夏原泉涌流不止溉田數百畝貞往來吟咏其上自號茶山老人有茶山稿十二卷行于世

卯　輔仁（弘治湖州府志）字友文歸安人少有至行不樂華靡母以絲帛衣之輒羞赧不服惟事詩書不為章句五經百氏悉研究其旨至正末張氏僞平章潘元明聞其名使人召之輔仁移家逃匿至洪武初始還以農業終其身

章溥一（西吴里語）字德茂，歸安人。十歲能文，比長不樂仕進。元學士程雪猿薦之，不起。喜積書萬卷，從學者遠近畢至，有悠然先生集。子横塘亦有稽古之學，善畫。蓋家貧不苟取于人。洪武初，召拜知府，對曰：臣有布政才，以下官不能也。辭弗就。宋濂以詩贈之。

壺弢（崇禎烏程縣志）字怡樂，號萬菊居士，隱居不出，工詩詞，有想雲集。集中自稱宋鏈之裔，曰無名氏。曰宋者，不忘本也；曰無名者，恥成名也。龍泉章三益之師，他門人顯者百計。

林靜（同治湖州府志）字子山，德清人。曾祖升，祖友信，父德驥，世為管軍總管。都督亂時，即辭綴篇什，研窮經史百氏，旁及元詮釋典。郡縣累辟不就，著愚齋集，金華宋濂為之序。

夏義甫（嘉靖湖州府志）鄞南人，少以孝行稱，博學好古，築室天目，杜門隱居者四十餘年，與張羽、劉佐、周偉、沈貫人相為師友。又善繪事，天目山房圖蓋其得意作也。

明

高彥常（長興縣志）失其名，以字行。洪武初以賢良方正舉，仕湖湘，未幾棄官歸，獨攜洞庭橘種植故園白鶴嶺下，菊藝成林。

余詮（安吉州志）洪武十六年以耆儒徵，同崇德鮑恂、上海全思誠、高郵張長年入見。四人年皆七十餘，龐眉皓首，上喜，賜坐，顧問者久之，並命為文華殿大學士，命侍東宮及太孫。四人皆辭，上曰：卿等高年，今特免早朝，其勉留為朕輔導太子，即不欲留朕，亦不終強也。詮等復固辭，翌日乃賜敕放還。

寧波府

艳經按史記留侯世家注引陳留志云公姓崔名廣字少通齊人隱居夏里故號黃公潛文獻志云宋畢文簡公以綺里季夏甪里子深正崇收仲之誤宋潛溪非之著論以夏黃公爲明明統志據史贊又以爲隱商山中皆誤夏統傳云會稽土地保俗其人有黃公之高節今大隱山有黃墓則爲鄞人無疑

漢

黃公（三國志注）會稽典録曰鄞大里黃公潔己暴秦之世漢高帝聘作不能一致惠帝恭讓出則濟難

張齊芳（寶慶四明志）驃騎將軍意之子隱于慈溪之驃騎山人皆賢之遂以其父之官名其山

唐

許寂（冊府元龜）字閑閑祖秘名聞會稽寂少有山水之好泛覧經史尤明易象久棲四明山不干時務昭帝聞其名徵赴闕召對于内殿會昭宗方與伶人調品篳篥事訖方命坐賜湯果問易義既退謂人曰君在梁声不在政矣尋請還山寓居江陵茹芝絶粒自遂其世天祐末節度使趙凝昆季深禮遇之唐末除諫議不起漢南謂之徵君

孫郃（十國春秋）明州奉化人幼負氣岸博學高才唐末為左拾遺朱全忠篡唐郃著春秋無賢人論即脫冠裳服布衣歸隱于奉化山著書紀年悉用甲子以示不臣之義

宋

楊適（寶慶四明志）字韓道慈溪人明律曆曉兵法隱居大隱山以文學行義聞于鄉里人皆不敢道其姓名以先生目之仁宗訪天下遺逸知州事鮑軻以名聞賜粟帛嘉祐六年知州事錢公輔又表奏適高節授將仕郎試太學助教州遣從事躬捧詔書具袍笏輿從以禮起之辭不受年七十餘没葬大隱山縣令林叔豹為立碑祠于學 明州

王奕（奉化縣志）字謀道質敏學博詞章卓有西漢風隱居自娛請論經史以興起
斯文為己任守令知其賢率鄉之子弟受學焉卒後祠于學奉政掾鑰叙行
狀中丞舒亶為墓誌銘稱元祐鄉先生子建中師正字
以八行純備舉于有司不就州縣遣門强起之移疾辭

劉準（成化四明郡志）先餘姚人家鄞宋末隱居數授絕仕進意以甬東負郭非隱
者居卜葬青山之原依先隴而居焉學者稱南憲先生子汝舟字端父確守
父訓平居無戲言恬容即之名士大夫相繼來居户屨常滿汝舟用呂氏鄉約
身率而推行之苟非其人輒謝絕之不附權勢不事請託不入城府不語及州縣
縣得失務本節用
有餘則以濟人

劉應時（嘉靖寧波府志）字良佐慈溪人于書無所不讀遯
遯居林下刻意于詩寄興蕭散范至能深賞之

陳應麟（成化四明郡志）字天祺鄞人淹貫經史至于曆數之學無不究其指歸人
稱通儒一日東馬出有失馬者亟詣馬應麟問曰子亡馬幾何時對曰
逾月矣應麟有馬數年遂與之挽轡而去明日馬送別得乃詣應麟叩頭謝處
下至元間朝廷以安車召賢良應麟固辭不起賜號純德先生趙文敏嘗為逸
民詩以
美焉

元

汪灝　汪瀚（嘉靖寧波府志）灝字季夷瀚字幼海兄弟也奉化黃甘里人父愷鄉
與弟森卿同學同貢並因宋革不仕杜門著書灝瀚受家學治易春
秋躬耕孝養灝浮海陰陳昌伯請學著有詩文曰燭臺藁先卒瀚為知州馬稱
德所薦授衢州路學錄辭不赴洪武初府文學單有文奉使采修實錄書二貢
士于家書二處士于
元真一門盛美也

史公珽（兩浙名賢録）字搢叟鄞人學通諸經尤精易理作文典則名重一時隱居教授者數十年程端學爲主甬東書院棄去游西州寄興吟咏以陶寫性情每對人論宋季臺閣故事亹亹不倦及忠臣義士死節者必慷慨流涕廣平李堯民七喪不舉公珽傾橐賻之自號逢廬處士

明

方仝翁（舊浙江通志）字希元鄞人務之裔博學力行方國珍據有明州致書以宗人稱欲孫起爲輔仝翁歷叙世次由莆來不敢附籍且勸之歸明國珍不從遂與之絶歸遯菴以自明其志

孫玉（嘉靖寧波府志）字彥輝慈溪人洪武中其父爲人所誣械發京師卒于道玉年十二即間關迎櫬歸葬既長家日貧授徒養母不廢甘旨力學不懈工詩善草書知府李春嘗舉賢良方正又有以明經薦者皆不就

黄思銘（萬曆象山縣志）號東谷子身不勝衣而志倜儻好讀書作詩清麗纖美無山林枯槁之態洪武初累膺人材明經之聘不起所著有東谷集方正學深稱之

金華（嘉靖寧波府志）字宗實鄞人洪武間從戎燕山衛值靖難守通州有功召見時弟忠以近幸授兵部尚書上欲推恩與華辭不就賜歸從東湖韓嶺居焉足不履城府日坐斗室寄情經史手點書萬餘卷後尚書迎養于金臺官舍未浹旬謂曰萬鍾之富其如我湖山樂何遂拂袖歸永樂乙未尚書卒復召見賜白金文綺華伏闕謝曰臣布衣野人不敢用此上稱爲迂叟

紀宗德（鄞縣志）鄞人博洽經史教授里閭尤習國家典故永樂中與修郡邑通志志性不樂仕進嘗徵至京陛對稱旨欲授以職固辭不拜後屢辟不起

向道淳（嘉靖寧波府志）字永修慈谿人幼傳家學得慈湖寶峯之宗蒐摭遺文多宋僕射鄰林舊籍精研博采反求于心及父撲死靖翦裒衣冠葬陽嘉山手樹松楸灑泣輒瘁遂棄科舉杜門教授事母徐極孝與頓懿為忘年友懿投石顯宗欲與彙征道淳笑不應後督府斷事張深知淳强上其名辭痼疾不起

紹興府

漢

嚴光（後漢書本傳）字子陵一名遵會稽餘姚人少有高名與光武同遊學及光武即位光乃變名姓隱身不見帝思其賢乃令物色訪之後齊國上言有一男子披羊裘釣澤中帝疑其光乃備安車元纁遣使聘之三反而後至舍于北軍給牀褥大官朝夕進膳司徒侯霸與光素舊遣使奉書使人因謂光曰公聞先生至區區欲即詣造迫于典司是以不獲願因日暮自屈語言光不答乃投札與之口授曰君房足下位至鼎足甚善懷仁輔義天下悅阿諛順旨要領絕霸得書封奏之帝笑曰狂奴故態也車駕即日幸其館光臥不起帝即其臥所撫光腹曰咄咄子陵不可相助為理耶光又眠不應良久乃張目熟視曰昔唐堯著德巢父洗耳士故有志何至相迫乎帝曰子陵我竟不能下汝耶于是升輿歎息而去復引光入論道舊故相對累日因共偃臥光以足加帝腹上明日太史奏客星犯御座甚急帝笑曰朕故人嚴子陵共臥耳除為諫議大夫不屈乃耕于富春山後人名其釣處為嚴陵瀨建武十七年復特徵不至年八十終于家帝詔下郡縣賜錢百萬穀千斛

晉

夏統（晉書本傳）字仲御會稽永興人幼孤貧養親以孝聞睦于兄弟每採梠求食星行夜歸或至海邊拘螊蟛以資養宗族勸之仕統勃然作色遂不與相見

太尉賈充欲耀以文武鹵簿覩其來觀因而謝之遂命建朱旗舉幡校分羽騎
為隊軍伍肅然須臾鼓吹亂作胡葭長鳴車乘紛錯縱橫馳道又使妓女之徒
服袿襹炫金翠繞其船三匝統危坐如故若無所聞充等
各散曰此吳兒是木人石心也統歸會稽竟不知所終

謝敷

敷（晉書本傳）字慶緒會稽人性澄靖寡欲入太平山十餘年鎮軍郗愔召為主
簿臺徵博士皆不就初月犯少微一名處士星占者以隱士當之譙國戴逵
有美才或憂之俄而敷死

孔沉

沉（嘉泰會稽志）字德度何充薦于王導辟司徒掾琅琊王文學並不就從兄坦
以裘遺之辭坦曰晏平仲猶狐裘數十年卿復何辭于是受而服之是時沉
與魏顗虞球虞存謝奉為四族雋沉子廞位至吳
興廷尉廞子琳之以草書名又為吳興太守侍中

南北朝

戴顒

顒（宋書本傳）字仲若譙郡銍人父逵兄勃並隱遁有高名故世居剡下父善琴
顒及兄並受琴于父父沒所傳之聲不忍復奏各造新弄中書令王綏嘗攜
賓客造之勃等方進豆粥綏曰聞卿善琴試欲一聽不答綏恨而去桐廬縣多
名山兄弟復共游之因留居止勃疾患醫藥不給顒曰兄今疾篤無可營療顒
當干祿以自濟乃告時求海虞令事垂行而勃卒乃止出居吳下吳人共為築
室聚石引水植林開澗有若自然乃述莊周大旨著逍遙論注禮記中庸篇三
吳將守及郡內衣冠要其同游野澤堪行便往不為矯介衆論以此多之太祖
命為太尉行參軍琅邪王司馬屬不就宋國初建令曰顒秉性幽遁守志不渝
宜加旌引以弘止退可散騎常侍在通直不起元嘉二年詔曰顒志託丘園自
求衡華恬靜之操久而不渝可國子博士又徵太子中庶子十五年徵散騎常
侍並不就衡陽王義季鎮京口長史張邵與顒姻通迎來止黃鵠山山北有竹
林精舍越州林澗甚美顒憩于此義季亟從之游顒服其野服不改常度太祖每欲

見之嘗謂黄門侍郎張敷曰吾東巡之日當識戴公山也

宋

朱百年（宋書本傳）會稽山陰人少有高情親亡服闋攜妻孔氏入會稽南山伐樵採箬為業以樵箬置道頭輒為行人所取明旦亦復如此人稍怪之積久方知是朱隱士所賣須者隨其所堪多少留錢取樵箬而去或遇寒雪樵箬不售無以自資輒自榜船送妻還孔氏天晴復迎之郡命功曹州辟從事舉秀才並不就隱迹避人惟與同郡孔顗友善家素貧母以冬月亡衣並無絮自此不衣綿帛嘗寒時就顗宿衣悉袟布飲酒醉眠顗以臥具覆之百年不覺也既覺引臥具去體謂顗曰綿定奇温因流涕悲慟顗亦為之傷感除太子舍人不就顔峻為東揚州發教餉百年穀五百斛不受時山陰又有寒人姚吟亦有高趣為衣冠所重辟文學從事不起峻餉米二百斛吟亦辭之百年卒蔡興宗為會稽守餉百年妻米百斛遣婢詣郎門奉辭固讓時人美之以比梁鴻妻

孔祐（續高士傳）山陰人隱于四明山嘗見山谷中有錢數百斛視如瓦石採樵者競取入手即成沙礫太守王僧虔與張緒書曰孔祐行動幽祇德標松桂引為主簿遣不可屈此古之遺德也子道徽少厲高行能世其家風守志不仕隱居南山終身不窺都邑豫章王嶷為揚州辟西曹書佐不至道徽兄子總亦有操行遇飢寒不可得衣食縣令吳興丘仲孚薦之除竟陵王侍郎竟不就

唐

秦系（唐書本傳）字公緒越州會稽人天寶末避亂剡溪北都留守薛兼訓奏為右衛率府倉曹參軍不就客泉州南安有九日山大松百餘章俗傳東晉時所植系結廬其上穴石為研注老子彌年不出刺史薛播數往見之歲時致羊酒而系未嘗至城門姜公輔之謫見系輒窮日不能去築室與相近忘流落之苦公輔卒妻子在遠系為葬山下張建封聞系不可致請就加校書郎與劉長卿善以詩相贈荅權德輿曰長卿自以為五言長城系用偏師攻之雖老益壯其

没東度秣陵年八十餘卒南安人思之號其山爲高士峯云

五代

石延翰（成化新昌縣志）父渝仕吴越錢氏爲太子賓客吏部尚書兄延俸平江軍節度使封司空獨延翰不仕隱居沃洲結廬于白雲谷以書史爲樂自號雲和子人稱羽林先生没贈白雲先生

謝銓（會稽縣志）仕南唐官至銀青光禄大夫金吾大將軍李氏以國歸宋銓守義挈家遁居祁門

宋

趙宗萬（寶慶會稽續志）字仲固山陰人少知名錢忠懿王之入朝欲與之俱以親老辭不行既長博極書傳負經濟之術用進士應詔籍于春官宗萬天資蕭散于世故淡如也壯歲築室于郡之照水坊左瞰平湖前挹秦望畜一鶴號月砂引以爲侶足跡不及于高門鼓琴讀書怡然自適者三十餘年祥符中詔舉遺逸郡守康戩以宗萬薦尋被召乃曰吾老矣不足以任事因獻致鶯傳以自見且請自託于道家者流朝廷不奪其志即其家賜以羽服

黄惠之（成化新昌縣志）字子思重厚尚氣節宣和辛丑方臘焚劫新嵊惠之與弟能以方畧誘之潰敗其衆朝廷遣郭統制收復論功行賞惠之辭曰破賊藉國威非某之力也遂隱不出工部尚書度其長孫也尉瑞安時迎養月餘而歸年八十二以潔行終

石公孺（成化新昌縣志）字長孺有經術高隱不仕丞相謝克家禮爲國士高宗詔求遺逸使者朱异薦其長于三傳名對稱旨命之官固辭高宗曰卿當爲朕勉受一官乃授迪功郎進其所作春秋類例命藏館閣再授監南嶽廟不久還山

王易簡（山陰縣志）字理得，尚書佐之曾孫。幼喪父，哀毀如成人。及冠，登進士第，除溫州瑞安主簿，不赴，隱居城南。讀張子東銘，作疏議數百言。唐忠介震、黃吏部虞見而器之，折輩行與交。易簡篤倫義，事伯姊甚謹，尤睦鄉其族。

倪森（萬曆上虞縣志）字秀林，當理宗朝，挂冠逃名，甘老泉石。寬仁好施，喜怒不形于色。張即之，四明名士，以書法擅當代，寶祐年間過訪，為書大學經文于所居門廡，迄今傳焉。

石余亨（萬曆紹興府志）字成己，新昌人，登咸淳進士，仕于鄞、于衢，已而棄官歸沃洲，自號休休翁。丙子奔走萬山中，更號遯翁。平生喜為詩文，孫璞欲梓稿，稿弗許，曰：聊以適吾意爾，未必名家。

黃奇孫（成化新昌縣志）字行素，號雪篛谷，宋李隱居沃洲，從俞默翁、石九成、韓明善游，考訂經史傳注之異同，品評古今人物之優劣，俱有確論、

吳大有（嵊縣志）字有大，寶祐間入太學，升上舍，以詞賦有声。率諸生上書言賈似道奸狀，不報，遂不復有仕進意，退遊湖海，與林昉、仇遠、白珽等六七人詩酒相娛，時以比竹林七賢。元初辟為國子檢閱，不赴，卒葬戴顒墓左。先是大有之友貴九成為信州司理，秩滿赴京，會大有上書，亦與歸隱。

元

楊子祥（嘉靖餘姚縣志）字吉甫，父克和，明春秋學。子祥世其家，卓犖有奇氣。江萬里舉為縣監稅，輒棄去，教授海濱，學徒甚盛。兵興，避地浙西，主年應龍家。時留夢炎事世祖，為吏部尚書，聞子祥賢，欲致之，不顧，東還，遇鄉收謝翱、方九思于臨安。九思亦姚人，相與弔古尋幽，酌酒賦詩，徜徉湖山間。復有薦此數人者，乃皆去，歸其鄉，而子祥歸姚，杜門著書垂二十年而卒。

陳開先（嘉靖餘姚縣志）字覺民，號魯山翁，力學該博，舉進士，氣高不能修小禮曲覲，遇公卿稍不如意輒謝去。樞使李應山鎮兩淮，辟為机宜文字，甚任之。沿邊將帥偵意致饋，開先一無所受。歸隱三十年，安貧守志，鄉黨尊異之。

厲元吉（嘉靖餘姚縣志）字無咎，號半村，宋末舉進士，尉烏程，歸隱從山。元至元間訪求前宋故臣，欲强以官，遯迹湖海，至白首始歸。

潘音（於越新編）新昌人，甫十歲而宋亡，見長老談崖山事，即潸然涕下。及長讀戴齋傳，擊節慟數日，杜門讀書，多所自得。後訪弟元甫于義烏，因往從草廬吳澄學。泰定間澄以薦名欲行，音止之不從，遂築室南洲山中，名其軒曰待清隱居（元詩選傳）字声甫，絕意進取，擬野蕨自給，躬耕十餘畝，非其力不食。或勸之著述，曰：六經語孟，先儒所言備矣，何以注腳為？讀書有意，往往筆之壁牖間。至正三年詔徵天下遺逸，廉訪使擻贊之行，固辭。卒年八十有六。

張[火奇]（於越新編）嵊人，孤立不凡，自以家世宋臣，絕意仕進，作休休吟以見志，自號華嵜居士。

葉仲凱（萬曆紹興府志）餘姚人，博涉經史，善屬文。咸淳甲戌禮部正奏名，為當國者所忌，罷歸，終身不仕。或勸之曰：君未食宋祿，今仕元何不可，而甘貧賤？仲凱對曰：吾聞周德雖興，夷齊不厭薇蕨；漢道方盛，黃綺無聞。山林人各有志，奈何違之？勸者乃止。

楊恒（續高士傳）字本初，諸暨人，性醇篤，與人語如出肺肝，恥為憂藏。元末州郡辟不就，婺越間請為州閭師，亦不赴。浦陽鄭義門延致之，幡然行，坐皐比以講道為己任。已退居白鹿山，躬耕，暇則吟誦，人莫能測也。高郵欒鳳來為州牧，造門請辟，不起，遣閭右子弟即恒家問學。州常有民坐法當大辟，恒哀之，倡白其誣，民以為捷，謝頓顙流涕，終不受。

王冕（續高士傳）字元章，諸暨人，少好學，家貧，依沙門居，夜潛出坐佛膝上，執策映火讀之，琅琅達旦。安陽韓性引為弟子，性卒，門人事冕如性。冕父時已卒，迎母入城就養他日母思還里冕買白牛駕母車被古冠服隨車後小兒遮道訕笑冕亦笑著作郎李孝光薦之不就父之北遊燕秘書卿泰不花薦以館職冕即日南還携妻子隱九里山種豆三畝粟倍之蔬韭各百本芋一區梅花千樹搆茆屋于中倣周禮著書一卷坐臥自隨不使人觀更深則撥火朗誦之明高帝取婺州物色冕欲授以參軍一夕卒

申屠澂（諸暨縣志）字仲敬元時人父性受業黄溍之門澂與兄澄得其淵源謹言端行俱為鄉里所敬憚而澂尤寡合工古文詞精篆籀小楷碑本路教授辭疾不行晚節益堅

明

許汝霖（萬曆紹興府志）字時用嵊人元至至正丙寅進士累官國史編修已而退居張士誠據淮浙羅致士大夫霖避走求之弗得歸隱于嵊洪武初徵至京未幾乞歸宋景濂以文贈之

董荊（成化新昌縣志）字宗楚旭之弟博學好古長于詩文尤善書洪武十七年舉博學宏詞入覲問治道稱旨授以縣丞辭不就

呂九成（新昌縣志）字宗學與兄不用九思並稱三彥兩兄倜儻有才名而九成誦說溫公晦菴之書言動由禮不與時移易其後兩兄以徵辟仕九成獨甘隱約不就舉終身茹淡被疏弦歌自適同宗子弟數百千人咸敬事之稍未循節命至堂下戒責之皆悚仄奉教惟謹嘗道拾鈔數千貫立俟其人還之一少年被酒侵九成詆詈欲毆之九成止勿與校後浙江參政胡續宗行部至新昌問邑之文獻乃為立逸民碑推祀鄉賢

王璘（嵊縣志）字公玉淹貫經史操行端慤善詩文工篆隸李以平薦之授慶元路儒學提舉不就明興以名聞召至金陵復授前職以母老辭是時應聘而起

公玉與許時用單陽元三人皆居邑東陽元受令職而公玉時用堅志遺榮倘佯卯壑

劉稷（萬曆上虞縣志）字旦之忠公五世孫操履端重隱草澤間民洪武十六年詔求天下博學之士浙江布政使强起之至京師見上于奉天殿賜宴親試將授以官以老辭給寶楮若干貫為東歸費未行而疾作卒于會同館歸葬象田山

劉績（列朝詩集傳）字孟熙山陰人渙之子貢友初之甥也教授鄉里不干仕進家貧轉徙無常地所至署賣文榜于門有所得輒市酒樂賓客緣手而盡嘗有客至呼名久不出怪之其妻方拾破紙以代薪一笑而已家有西江草堂人稱為西江先生

羅頎（於越新編）山陰人性淳朴力敦古道能讀祖父書著之篇章爛然成一家言太守戴琥崇禮隱逸于頎尤注意焉羅氏三世隱梅山祖紘著蘭坡集紘長子周著梅隱稿次子新著介軒集頎所著易商禮記詩畫二百餘卷稱梅山叢書

台州府

漢

高察（天台縣志）隱居佛隴之北白沙之西有坡陀小嶺至今呼為察嶺

晉

任旭（晉書本傳）字次龍臨海章安人幼孤弱勤于學及長立操清修不染流俗郡將蔣秀嘉其名請為功曹秀居官貪穢旭正色苦諫秀不納旭謝去久之秀坐事被收旭狼狽營送秀慨然歎曰任功曹真人也吾違其讜言以至于此尋察孝廉除郎中州郡仍舉為郡中正固辭歸家永康初太守仇馥薦旭清貞潔

台州

素學識通博詔下州郡以禮發遣旭辭疾不行元帝鎮江東聞其名召為參軍手書與旭欲使必到旭固辭以疾後帝即位復召之及為左丞相辟為祭酒並不就明帝即位又徵拜給事中旭稱疾篤經年不到

褚世標（臨海縣志）義熙中隱士入山不出屢辟皆辭

唐

張瀆（嘉靖浙江通志）天台隱士也喻鳧贈以詩有道高天子問名重四方招之句王貞白集亦有憶台州張處士詩

張令聞（全唐詩傳）唐興人隱居不仕歸天國山人有詩與杜光庭云試問朝中為宰相何如林下作神仙一壺美酒一爐藥飽聽松風白晝眠

五代

于履（台州府志）黃巖人與寧海鄭睿俱以文名睿仕吳越為都官員外郎履不仕隱居葉茶寮山自號藥林嘗聞山浮楷矢云

宋

呂逢時（仙居縣志）字原道幼警悟博覽群書嘗受知于陳邑令褒入太學名噪日甚鄭獬友之駙馬都尉錢景臻師之欲奏以官固辭隱于白巖山羅提刑適以孝廉舉之亦不就

林訪（仙居縣志）字達本元祐中將上禮部以親喪廬墓不果遂築草堂于東山隱焉大觀中詔求八行郡縣以訪應不懌復去之

趙古龜（兩浙名賢錄）字十朋黃巖人志尚超卓與石尚書公弼李參政光為內外兄弟二公貴無一字相通家有軒面植雙桂人稱為桂隱士宣和寇亂動

以文攻獨于是軒相戒無犯

杜文甫（赤城新志）臨海人咸淳進士歷瑞安軍節推德祐初除國子博士入元翰林學士趙與票薦于朝侍御史程文海奉旨宣召皆以疾辭終不起自號南峯山民

友鹿翁（天啓寧海縣志）不知姓名或以為先祖父仕宋為侍從顯官宋末隱姓名屏居東北耆山下不妄交游日與麋鹿相狎故自號友鹿人亦稱之為友鹿翁方遜志為立傳

元

呂徽之（輟耕録）家僊居萬山中耕漁自給一日攜楮幣詣富家易穀種值大雪聞閣中分韻作雪詩一人得滕字苦吟弗就徽之不覺失笑詢之乃曰我意舉藤王蛺蝶事耳衆邀之入座以藤滕二字請足之漫拈墨字韻隨筆即書〻訖徑出問其姓氏不荅道人尾其後識其所居雪霽往訪之惟草屋一間忽米桶中有人乃其妻也問徽之何在曰方捕魚溪上至彼果見之隔溪謂曰諸公先至舍我得魚當換酒飲諸公也少頃攜魚與酒至盡歡而散歸宿逆旅主人語以故主人喜曰是固其平日所願見者翼旦躡其蹤則已遷居矣

吳孝光（寧海縣志）字弘濟操履端介鄉舉兩試第一特薦方國珍僭據遂隱居教授國珍欲羅致幕下逃不赴

戴道顯（仙居縣志）字均用深沉有卓識方國珍欲聘為謀主不就將劫之遂亡匿山中

將大德（臨海縣志）名不傳大德其字也方氏據有浙東三郡起大德于其廬大德厚遇使者令善為己辭且曰否者吾惟有死而已既而私謂其友曰此輩

欲汙我〻乎時尚不欲仕況仕于此輩乎鄉嘗旱民欲流散四方大德止之曰吾尚有粟可以相周粟盡而去未晚也民賴以全明年又旱復發所餘弟子吉已用將不給大德曰深皆死而已獨生尚何心哉

明

葉兌（天啓寧海縣志）字良仲方國珍據浙東兌深自晦匿間行金陵謁太祖于戎馬間獻武事一綱三目策上奇其言屏人命坐賜飲食欲留用之兌力辭賜金帛遣還其後徵辟歲至皆不就嘗植梅四種于軒前自號四梅先生

張提（仙居縣志）字足器七歲讀書五行俱下長遂以文雄應省試經七里瀨登子陵釣臺慨然有高尚之志輒返棹益肆意于詩與頤黄門伊京兆唱和稱安州十騷而畏歎斗耳

金華府

南北朝

樓惠明（南史閻康之傳）東陽樓惠明字智遠立性貞固有道術居金華山舊多毒害自惠明居之無復辛螫之苦藏名匿迹人莫之知宋明帝召不至齊高帝徵又不至文惠太子在東宮苦延方至仍又辭歸俄自金華輕棹西下及就路回之豐安旬日之間唐寓之入城塗地唯豐安独全時人以為有先覺齊武帝敕為立館

唐

張志和（唐書本傳）字子同，婺州金華人。始名龜齡，母夢楓生腹上而產志和。十六擢明經，以策干肅宗，特見賞重，命待詔翰林，授左金吾衛録事參軍，因賜名。後坐事貶南浦尉，會赦還，以親喪不復仕，居江湖，自稱烟波釣徒。兄鶴齡恐其遁世不還，為築室越州東郭，茨以生草，椽棟不施斤斧，豹席椶屩，每垂釣不設餌，志不在魚也。縣令使浚渠，執畚無忤色。嘗欲以大布製裘，嫂為躬績織成，衣之，暑不解。觀察使陳少游往見，為終日留，表其居曰元真坊，以門隘，為買地大其閎，號回軒巷。先是門阻流水，無梁，少游為構之，人號大夫橋。帝賜奴婢各一，志和配為夫婦，號漁童、樵青。陸羽嘗問孰為往來者，對曰：太虛為室，明月為燭，與四海諸公共處，未嘗少別也，何有往來。顏真卿為湖州刺史，志和來謁，真卿以舟敝漏，請更之。志和曰：願為浮家泛宅，往來苕霅間。辯捷類如此。善圖山水，酒酣或擊鼓吹笛，舐筆輒成。嘗撰漁歌，憲宗圖真求其歌，不能致。李德裕稱志和隱而有名，顯而無事，不窮不達，嚴光之比云。

五代

宋榮（十國春秋）婺州義烏人，隱居本州覆釜山下，通尚書、春秋。廣順中，忠懿王累徵不就，學者私謚曰文通先生。

騎牛者（逸民傳）在婺州山中，古貌巾褐，手執鞭，光燿日色，扣角而歌曰：靜居青嶂裏，高嘯紫烟中，塵世連仙界，瓊田前路通。時有僧入山見之，揖之不應，馳步趨之不及，望赤松而去。

宋

俞灐（貧士傳）字清老，金華人，貧而無室，栖山以居，人呼之曰牛山道人。王介甫嘉其潔尚，乃強為釋。牛山灐曰：無錢浮祠部。王為買之，牒名紫琳。已戒期祝髮，悵而不至。王詰之，灐曰：吾思僧不易為，生龜脱筒亦難堪，思祠部已付酒家償負耳。婺州

陳爲（兩浙名賢録）字孟容義烏人志趣高邁不喜自衒靖康初結茆于鷄鳴山之陽采薪拾菓以供母〻亦歡然忘其憂自號靜翁有詩稿五卷

黄璣（金華先民傳）字叡政義烏人負高世之志絶意仕禄建炎初從其舅宗澤至汴將授以官即辭歸贈以白金計所用而反其餘澤没奏補廸功郎卒不受終老于家自號儋真子

張志行（金華先民傳）字公澤東陽人力學砥行鄉閭推仰以禄不逮親遂不事科舉州郡屢辟不應紹興三年浙東宣諭使朱异表聞賜號沖素處士卒呂祖謙銘其墓

朱元翰（萬曆義烏縣志）卓犖不羈博通經史紹興中嘗献賦行在言切時政後隱遁終身號四明居士

孫惟信（兩浙名賢録）婺人工詩善談諧嘉定初嘗于大雪中登廬阜絶頂盡得其景物之詳作記游卷棄官不仕隱居武林湖山間自號花翁病没安撫使趙與𥲅葬之湖上

姚献可（萬曆金華府志）字君俞義烏人隱居郭西門風度孤騫不同于物至飢不粒食蒸松菜茄子啖之無醯鹽其貧不堪迮無妄求葉尚書適布衣時嘗訪之献可衣破鞋出迎献如舊識既疾革度不可起以書遺適曰我能守義不辱子宜為我銘臨終戒其弟曰棺前止須布幃一幅置瓦爐于案知我者當自來哭且不知者雖哭吾不對也

王家之（東陽縣志）志行高潔隱居不仕嘗著輿地紀勝今之輿地諸書皆本之

杜濬之（金華先民傳）字若川蘭溪人伯高孫去僞子明春秋領鄉貢宋易世後感激自悼矯行晦迹寄食西峯僧寺以終

李直方（金華先民傳）字德方東陽人少以世業治尚書舉進士不第退治河洛之
學德祐初會求直言抗疏闕下不報歸益潛心六籍旁搜百氏声實兼著
宋末隱居教授其受業弟子陳樵胡淡陳士允皆以文學知名
晚歲家益貧與其弟子耦耕南山之麓人皆以龐德公擬之

趙若恢（東陽縣志）字文叔生而秀異甫成童能黙誦五經為文數千言立就嘗應
詔言事悉時政所急弱冠登咸淳乙丑進士宋亡避地新昌山遇族子孟
頫與居相得甚時元主方求索趙氏之賢若子昂轉入天台依楊氏為元所覊
若恢以間得脱程鉅夫之使江南也有司强起之稱疾且曰堯舜在上下有巢
由今孟頫孟貫已為微箕頗容其為巢由也鉅夫感其義釋之于是偕処城東北
隅杜門不出深衣大帶摩娑古柏間年八十餘龐眉皓首四方徵文献者詣之
餘多謝
卻焉

徐鈞（正德蘭谿縣志）字秉國別號見心宋汀州使君特升之子以父任為濠州定
遠尉宋亡不仕家故多書日以史籍文章自娯與仁山先生有雅因款致之
以教其子且朝夕唱
酬明修己治人之道

陳取青（東陽縣志）樵之父少從石一鰲受朱氏之學寶祐間抗章詆賈似道誤國
之罪不報歸隱于家自號閑蛾翁宋既亡元伯顏見其章為之嘆息欲官
之力辭
不就

于石（萬曆金華府志）字介翁蘭溪人因所居鄉自號紫巖晚從城中更號兩溪貌
古氣剛喜詼諧早慕杜氏五高之後人後從王定菴業詞賦接聞諸老緒論
其學多所通解自負甚高宋政物後隠居不出一意于詩出入諸家豪宕激發
氣骨蒼勁望而知為山林之士一時言詩者皆莫能及仁山金先生嘗序其集

吴思齊（萬曆金華府志）字子善永康人其先居處州之麗水祖深有奇才陳亮以
子妻之遂家永康父塗官至朝散郎思齊少穎悟以文章家知名用蔭（父

補官攝嘉興丞數以書干宰臣用事者言賈似道毋喪不宜用函等又言御史俞浙以論謝堂去職宰相附賈戚塞言路如朝廷何凡所言要以直遂其志第知有是非不知有毀譽禍福也宋亡隱浦陽家無儋石之儲有功之仕者輒曰曰譬猶處子業已嫁矣雖凍餓不能更二夫也所善惟方鳳謝翱相與放遊山水間晚自號全歸子方鳳評思齊為人如徐積陳師道君子不以為過大德辛丑年六十四手編聖賢順正考終之事曰俟命録〻成賦詩別諸友遂卒神明湛然無怛化意

元

金　涓（金華先民傳）字德源義烏人從許謙講道于八華山稱為高第既又從黃溍學古文詞與宋濂王褘朱廉為友其文雅健有奇氣東興援筆頃刻千百言不自休性樂恬淡絶意仕進虞集柳貫交章薦之皆不赴入明州縣屢辟輒辭曰犧尊青黃豈木所願孤豚之好游戲汙瀆且吾髮已種〻焉能騁馳簪組間哉于是厭所居迎市徙去縣南蜀山之下青村以居朋舊扣門輒焚香瀹茗促席对榻抵掌劇談客去復閉門不妄出學者稱青村先生

陳　樵（宋濂鹿皮子墓誌）東陽人字居采人因其衣鹿皮故又號為鹿皮子其先居睦之富春宋之中葉徙東陽幼學于家庭繼受易書詩春秋大義于李直方文辭于狀物寫情尤精自出机軸不蹈襲古今遺轍性至孝父患風眩之疾扶之以行後為風疾所侵氣弱不能吐截竹為筩時吸而出之母郭夫人没見其遺衣輒奉之嗚〻而泣生平未嘗言利家素饒遇歲儉輒竭粟賑里閭嘗發所藏錫為器工人持歸乃白金也悉易之或以告一笑而已

李　序（元詩選傳）字仲倫東陽人年十七追和李賀樂府嘗遊行京師宋褧危素見其所著四書新說引為莫逆交許有壬言于中書牒江浙省俾為學校官未聞用而腰毀嘆曰命也夫遂歸隱東白山中與友入人陳樵日相吟咏以自樂著有細緼集、、鄭諡（兩浙名賢録）字彦淵，金華人，晦迹衡門不求声譽，攻陰陽曆数之書，嘗注郭璞葬書，以為獨詣，洩闡其支葉，儀范祖幹之論，方知正學，刻苦研窮，晝夜不輟，有心學圖説，蘇伯衡、胡平仲為之序。

明

滕浩（金華縣志）字至剛，家赤松之梁山，洪武中為府學訓導，未幾退隱玉壺山，永樂中詩傳西蜀，成達于王所，王重之，禮聘為校文官，辭歸。

金信（分省人物考）字中孚，蘭谿人，穎悟工詩，從楊維禎遊，往來吴越間，部使者以茂才舉，不應，歸隱金華之僊游洞，學者稱漫吟先生，有春草軒集傳于世。子声字伯鏞，與袁仲仁、陳大有輩皆以能詩聞于時，稱十才子。

鄭柏（分省人物考）字叔瑞，浦江人，隱居著書，或以其名達之蜀王，王頎其兄楷曰：叔瑞可謂清逸之士。人以清逸處士稱之。

方大古（舊浙江通志）字元素，金華人，少警敏，好吟咏，其父道從章懋受經，不屑治章句，遂棄去，專力為詩古文，居女埠溪上，自號寒溪，壯歲出游三吴，與姑蘇楊循吉、都穆、文徵明相倡和，而詩益進，既游八閩，材埜一見莫逆，為作錦囊十咏以贈之，一時名輩如林泉山、林見素皆争相引重，出閩歷探匡廬、九華、林陵之勝，僑居吴中，久之，從者雲集，晚歸隱金華鮮石山中，鄉大夫士莫不造盧礼訪焉。

王如心（義烏縣志）字元近，號稱平，如穎異，年十六七即棄舉子業，讀書小獲，研究經史及象緯曆律方輿罡数之學，孝于親，友于兄弟，喪偶不娶，與人交一言之諾終身不移，著起渋集若干卷，萬曆乙未巡按御史李楠疏其學行于朝，曰：鋭志清修，不干利禄，龍德而隱者也。縣令張維樞中請建坊于觀音橋側，題曰清修高隱。

吳孺子（續高士傳）字少君蘭谿人兒時父不課經史獨授杜詩一編長好離騷老莊爾雅遇俗夫則云吾不識字口誦詩使人代書之家居蘭溪東郭負郭有田一頃盡磽瘠鑿清引山泉入廚日閉門藉虎皮危坐或問之曰吾尋味好客話言耳性愛潔不畏寒遇泉水清冷雖秋冬輙解衣以浴嘗遊雁蕩天台石梁絕粮啖蘆菔根四十餘日後居僧寺自炊一銅竈飯不足則餔糜日買兩錢菜分餘葉為虀羹語人曰免吾依眉向人勝飽于粱肉耳有一大瓢摩抄如玉所至持攜他日過剡溪遇盜破之抱瓢泣數日夜乃去晚自稱破瓢道人隆慶末卒于梁溪

胡榮（萬曆湯溪縣志）一名道榮字希華宋經略使顯之後早嗜學蒐獵百家旁通九藝與江善之游經從金華江公若浮具粮原居冢孝友名動鄉閭都憲邵玘丞卿吳紳交薦不起年七十卒門人私謚為文莊先生

衢州府

漢

龍邱萇（後漢書任延傳）延為會稽都尉吳有龍邱萇者隱居太末新莽時四輔三公連辟不到掾史白請召之延曰龍邱先生躬德履義有原憲伯夷之節都尉灑埽其門猶懼辱焉召之不可遣功曹奉謁修書記致醫藥吏使相望于道積歲萇乃乘輦詣延府門願得備錄延遂署議曹祭酒尋病卒

南北朝

徐伯珍（南齊書本傳）字文楚東陽太末人少孤貧叔父璠之還祛蒙山立精舍講授伯珍往從學積十年究尋經史遊學者多依之太守琅琊王曇生吳郡張淹並加禮辟伯珍應召便退宅南九里有高山班固謂之九巖山伯珍移居之門前生梓樹一年便合抱館東石壁夜忽有赤光洞照俄爾而滅白雀一雙

栖其戶牖論者以為隱德之感永明二年刺史豫章王辟議曹參軍不就家甚貧宴兄弟四人皆白首相對時人呼為四皓

宋

程汝士（萬曆龍游縣志）字虞卿親歿廬墓終喪嘗入太學棄歸不復仕進銳意經史學者景從仁宗朝士大夫薦為郡教授講論不倦樞密陳旭賢良王介與臺府交章薦其孝廉特賜粟帛英宗搜訪遺賢長史强起卒于山陽還家易梔如生學者稱廣平先生

周順之（弘治衢州府志）江山人明易學有節行與趙抃善抃遣子侯起居食以蔬食同行畦町林藪間道趙極艱苦既歸抃問曰先生何以教汝且怒且答抃曰汝處安佚寧知稼穡汝享膏粱寧知藜藿教汝多矣宜深識之

慎伯筠（弘治衢州府志）字東美西安人豪于詩應貢京師見棘圍嚴甚曰此非所以待天下士也拂衣歸嘉祐間韓琦薦之與林和靖俱至伯筠留京師一日遇髮紒道人傾蓋如舊談論累日人莫能解自是不飲亦不作詩

毛赫（天啓江山縣志）博學多聞不營利祿宋仁宗嘉其恬退卒贈承奉郎

成默（衢州府志）字利賓西安人隱居業漁建炎初以漁舟濟高宗于全山高宗欲官之辭不就乃賜宅一區田五十頃于禮賢門外

楊復義（衢州府志）字子宜號西清西安人宋末與父偕隱師事金仁山歸于西清授徒講學嘗事屢徵辟不就常衣葛行吟草澤間家素饒裕立義學義廩義塚復立義田以飯僧時號為西清隱士

張裕（開化縣志）字好問性孤介樂道志貧貢于鄉徐霖師事之尤為趙庸齋汝騰所重達人顯官以幣餽者悉不受有司强具出對曰浮優游昇平之世奇傲

衢州

山水之間足矣焉用仕為乃即橫溪先隴側搆室鑿池日徜徉其中澹然自得鄉里有婚姻喪葬者必往問禮有紛爭者必就辨曲直家雖不裕而每賙人急弗靳也永嘉黃淮銘其墓

蔣芸（兩浙名賢錄）開化人咸淳鄉舉上疏論賈似道奸不報遂不就南宮試而歸元累徵不起人稱芹澗先生

元

徐庭琇（衢州府志）字宇清常山人大興元孫性穎敏八歲能文從伯父夢麟學博綜羣書至元間領鄉薦後舉博學宏詞除國子學正不受辭歸自號金川隱者設義田義倉賑恤鄉里郡守王俊劉克昌高其學行延為明正書院山長大闡經旨從游者皆成名儒至元末廉使復辟堅不起潛匿石岩山谷卒

明

趙檜（兩浙名賢錄）字廷堅江山人負氣節博學能文母周嘗鬻釵遺就學于數百里之外既歸母流涕語檜曰吾始可見若父于地下矣隱居養母終身不仕

童珮（萬曆龍游縣志）字子鳴家貧從其父載書鬻吳越間挾策問字輒通曉意義後買一舫遊四方帆檣下皆所書讀之窮日夜不休又善考證書畫金石彝鼎之屬嘗遊崑山執經于歸有光有光為贈序道其依依問學之意久之學益富詩歌日益有名與王世貞王穉登遊太保朱忠禧與其兄恭靖王遣人邀至京師愛而欲留之一夕遁去嘗與韓邦憲定交逆旅邦憲守衢親過其家山塢中序布衣昆弟之好珮請為祠祀龍邱先生邑有龍邱祠自此始邦憲卒于官徒步送其喪卒年五十四子鳴藏書萬卷皆手自勘讎篤于交誼有所期雖千里不爽簿田數十畝割祖以創村塾龍有溺女之俗捐義粟以給舉女者有文集行世

嚴州府

唐

許法稜（嚴陵志）字道沖建德人唐永泰中束帛聘不就

羅萬象（嚴陵志）分水人隱于紫遯山浙西觀察使李德裕使人名之萬象更逃入深山華白雲亭居之終身不出

翁洮（嘉靖浙江通志）字子平壽昌人舉進士授主客員外郎退居不仕僖宗以建州刺史李頻薦遣使徵之令睦州守臣催促上道不起作枯木詩以答詔僖宗復遣使以曲江魚賜之宋理宗朝追謚為善慶公

五代

方昊（嘉靖浙江通志）字太初淳安人生于唐末唐亡遯隱巖谷中吳越錢氏招之不往聚徒講學于上貴精舍以終其身鄉人稱為靜樂先生宋咸淳八年就上貴寺建祠祀之

宋

邵炳（淳安縣志）昺之子登天聖五年進士第為富陽簿秩滿歸華稜名白雲而隱為范文正公守睦招之不就內相葉道卿郎侍張文定屈炳主錢塘學亦辭浚張在詩垣薦之名趣闕因上時政機要策三篇除秘書省校書郎知義烏義不赴復還舊隱時稱白雲先生

方逢嘉（淳安縣志）字君會領漕薦任無錫尉調轉舡兩倉司門事凡知者累以文學政事薦之辭不就歸隱于所居馬巖山下號巖隱先生

睦州

齊龍高（嚴陵志）字彥登，淳安人。為上舍生。咸淳七年釋褐第一，授廸功郎、婺州教授。尋隱居不仕，創讀書之室，名曰相莊，聚徒授學以終老焉。

章元禮（余乾亨元真山人傳）端平、咸淳間三薦監闈，一舉進士。宋亡，乃匿迹韜光，肥遁林壑，自書其門曰舊時科目中儒户，今日山林下逸民。居家謹養生送死之禮，既老，自誌其墓，諱其名，曰元真山人。

余夢魁（遂安縣志）字桔叔，世居松林，舉鄉薦。宋運革，築室瑰塢山中，大書宋林二字刻石。子元初，有司累薦不起，年七十餘，臨訣囑子姪曰：吾宋人，墓碑書宋林處士足矣。

余德明（遂安縣志）字克新，弱冠登文天祥榜進士，官翰林編修，校理預修國史。宋末里居不仕，賦歸隱詩以見志焉。

元

嚴侶（桐廬縣志）字君友，子陵三十五世孫。淡學貫漢，英賢之學，實源于朱子。貴官至刹基，必訪侶，勸之仕，則曰：吾吳祖高風遠韻，與富山桐木為流峙，其不敢頹，為賢子孫足矣。嘗遊錢塘，有勅于中丞，歸遭喪，擗踴氣絶者數四，治喪一用朱子禮，廬墓三年不脫衰絰，有白燕巢于墓木。至順辛未卒，門人私謚曰高節先生。

何景福（淳安縣志）字介夫，號鐵牛子，學博行修，累辟不赴，優游泉石，所著有鐵牛翁詩集。

李康（桐廬縣志）字寧之，年十三，母病弗瘳，刲股和饘以進，病隨愈，里稱孝子。從永康胡長孺遊，以古學自鳴。至正三年，郡守馬九皐遣使幣迎，力辭之。九年，張奉使素聞其賢，又契之，復辟。十六年，宰臣塔失鐵至邑，即致幣，遣令詣請議事，康不得已而往，欲官之，以母老懇辭歸。及卒，高陽許瓊、青田劉基臨其喪，作詩

以誅之

徐舫（續高士傳）字方舟桐廬人約躬有道喜怒不形幼尚俠好馳馬試劍已而悔然悔去為進士業已而又悔曰人生貴適意奈何跼蹐章句中于是游江漢淮浙間以詩歌自娛江浙參政蘇天爵表薦之舫笑曰吾詩人耳其可以章紱乎竟逃去築室江皐每天雪放舟釣江中終日不返自號滄江散人高帝初劉基應聘舟泝桐江而西舫冠黃冠衣白鹿皮裘立江濱目送之曰卿寧不愧桐江水耶基與同聘者皆與舫善衛舫以隱自高數欲屈致之舫愈自匿人莫知其蹤而終（宋濂徐舫墓誌）究陵羅氏率五百指來避兵衣且食之病者予藥死無所歸則擇地藏之事平具巨舟載之還家

溫州府

晉

張廌（永嘉郡記）隱居頤志家有苦竹數十頃于竹中為屋常居其中王右軍聞而造之廌逃避竹中不與相見

唐

劉沖（萬曆溫州府志）永嘉人隱居大羅山人稱其所居曰廉讓里秀才洋君子山

五代

蔣湛（永嘉縣志）有高操刺史李廣琛建牙持牒詣其家徵之不就至今名其鄉曰建牙

嚴永（十國春秋）溫州永嘉人初仕南唐歷顯官一旦避地歸藏衣冠于平陽青華山穴中為人傭給以自給吳越王物色得之永不得已于穴間取幞冠以行

溫州

已後遯去不知所之士
人名其処曰處士巖

宋

周佩（萬曆温州府志）永嘉人行誼表著真宗名之
不起郡人名其巷曰招賢坊然隱居山中

朱質（萬曆温州府志）字合甫永嘉人隱于江北合山六巖以居作合
山詩數千言號欿欿子有隱清堂集郡守周延雋數問餽不受

方畢（舊浙江通志）字聖時永嘉人父端以文行為歐陽公器重畢生未期而孤力
學篤行敝衣糲食処之裕如自號迂愚翁大觀初詔舉行誼郡以畢應還固
辭不
就

林幹（樂清縣志）字國材崇寧初士皆以舍法論秀登名幹独不事舉業閉門著書
居木榴山因號木榴子著淵通四十八篇覃思十三篇邑令鮑粹道幹書謂
讀覃思知古大聖人治心養性盡于此矣淵通一書理義精微非晚學
能窺涯涘一日見幹草衣木履進退疎野始知為通世士益尊事之

徐必友（隆慶平陽縣志）字仁卿鐸孫儒雅博洽政和間屢薦不
不起隱柏洋山下作善養亭嘯咏終身自號逸叟

周彥通（萬曆温州府志）永嘉人豫子當恩補遜居弗出父歿後家徒四
壁怡然自得居常蔬食一介無所苟取結廬謝池不與俗接

林崧孫（瑞安縣志）字喬年介夫孫幼孤力學通詩易尚書為文清潔而善通貫事
與永嘉陳鵬飛友善及鵬飛謫死遂絕意仕進自號兑先居士日與沈來
美韓汝翼修其祖故事保墳墓厚風俗紹興之
季後進多尚宦達至高尚有舊典刑惟推喬年

薛高（萬曆温州府志）字寧和永嘉人任連城簿棄官而隱讀書作文至老不休家
有讀書樓郡守樓鑰為之記陳謙贈詩有萬卷編抄高似屋一門師友重如

山之句從孫偶登寶祐第調長沙簿

一旦掛冠去以詩酒自娛終其身

朱黼（平陽縣志）字文昭學于陳止齋不事舉業嘗著紀年備遺始堯舜迄五代若
呂武王莽朱温皆削其紀年以從正統葉水心序之且云此書一出義理所
會寶藏充斥人始知其能傳陳氏
學也躬耕于南蕩山抱其學以終

朱元昇（平陽縣志）字日華黼從子嘉定武進士棄官不仕入南蕩山嘗曰易三才
之道者莫大于易精研三十年沛然有得乃著三易備遺十卷行于世嘗
于其鄉築堰備水鄉
人德之名朱公堰

何傳（貢士傳）字商霖永嘉人屬詩知名釜甑常空而意趣悠然漠不為異業遑
常稱其凍餓自守之樂死之日殯具無貲其友翁忱率素往來者葬之

元

薛魁祥（萬曆温州府志）字壯行平陽人有文行登咸淳進士授淳安尉宋革命遂
棄官杜門著書辟連江宰不就同時有碩逌仁字为行才器儁邁亦不仕
學者宗之曰江南先生
有詩萬餘首名小嘶集

鄭昂（平陽縣志）字處仰不諧于俗隱居讀書至正癸巳冬叛卒陳安國據城以禮
訪之昂峻拒挈妻子避西華山中事寢始歸僉憲伯顏不花行部義其事屢
薦不
就

孔睆（平陽義志）字子充至正壬午鄉貢授宗文書院山長秩滿歸隱居養親有經
略使至延見上政略五篇言天下利害使嘉納之授浙閩照磨使輔周嗣德
守鄞元亡不復仕有詩云故居燒後拾殘編留得
陶詩一兩篇彭澤豈堪猶作令義熙何忍再書年

金建（瑞安縣志）字長民隱居不仕以春秋教授鄉里至正間方國珍海艘犯境獻策築城偕樂荅納失里洪其言郡賴以安省府交辟徵為秘書管勾不赴優游田里自號林居子國珍據郡以禮延致終不屈

明

朱希晦（樂清縣志）操度弘曠博通羣籍元末民間所在爭相雄長希晦兩弟與劉公寬日搆兵乃往見公寬諭以理解去洪武初以賢才名至京師授朝列大夫不拜歸與趙新純原宏相倡和稱雁山三老別號雲松

何白（列朝詩集傳）字無咎永嘉人幼時為郡小吏龍君御為郡司理異其才為加冠集諸名士賦詩以熙之為延譽于海內遂有盛名西游酒泉南窮湘沅歸隱于梅嶼山中有汲古閣集行世

處州府

宋

吳戭（嘉靖浙江通志）字叔才處州人鄉里遵其行恬于隱遁無仕進意宋康定中孫沔為郡奏以教授州學部使者亦薦于朝詔賜帛嘉祐中朝廷訪遺逸沔自政府出師餘杭復奏薦之詔不起上嘉其節授將作監主簿亦不就卒門人謚曰沖和先生繪像于郡學春秋祭祀焉

管師復（嘉靖浙江通志）龍泉人與弟師常從安定胡瑗學俱有盛名時號二管師復長于詩隱居不仕仁宗聞其名召至問曰卿詩所得如何師復曰滿塢白雲耕不盡一潭明月釣無痕賜爵不受放歸故里人稱之曰卧雲子著有白雲集行于世

王昌言（縉雲縣志）字君用官至左武大夫知武州紹雲十四年蜀亂棄官歸隱號滄洲醉叟

周頊（遂昌縣志）字成珍性恬淡不樂仕進侍讀楊萬里疏其名薦于朝詔徵不起與鄉人進士華延年周若思講明經義隱居西郭

蔣時憲（縉雲縣志）舉賢良方正上治平十策時韓侂胄用事議多不合擢左司諫不拜固辭還山寧宗嘉其節特賜奉議郎

王舜（縉雲縣志）字良佐以太學生試魁上書言事忤時相遂隱居大洋山

朱上交（括蒼彙紀）麗水人安貧樂道隱居鄉里詔徵不起賜號養素先生

林偉（括蒼彙紀）青田人仕宋著崇儒録後避亂隱居不仕

程壇（兩浙名賢録）字元奭括蒼人樟四世孫調海門簿宋末棄官歸爲道士建太極陽明書院居之自稱神陽先生

元

蔣琰（青田縣志）字叔圭屏居南田宋中丞維周之孫家貧授徒自給足跡未嘗至邑郭詩文師韓杜孝友溢于家庭

梅隱（舊浙江通志）字聘君縉雲人倘徉山水好植梅後人改名其山曰梅山

趙雷（縉雲縣志）字省之嘗從滕璘學授考亭心法著述所聞集名冠一時後隱不出

周權（括蒼彙紀）字衡之松陽人通經史工詩至京師歐陽元薦于館職以母老辭不受有此山集子仲瑜承家學以碎授粹軒書院山長改紫陽書院

姚棨（龍泉縣志）字君衡號雲想陳壇器重之妻以女恩授承嘉簿不就賓興會貫似道專擅率太學諸生伏闕極論之不報遂退伏鄉里元使宣慰來括請見處州

恭説以仁則浮梁勿放火縱兵人心自安使淡之奏授慶元簿慨然曰本為桑梓出傾博官爭辭不受歸訂諸子作論孟直筆續有薦者俱不起

王鑑翁（遂昌縣志）字子明賢良濤之父有勅之仕者曰吾自度之審矣岩容澗姿豈堪飾之章服或以聞于集賢曰是能樂天者也遂號之樂天處士趙待制雍名其園曰田園任趣及卒太史宋濂撰銘誠意伯劉基篆額學士陶安弔以詩王禕以孟之善士易之幽人稱之

趙德光（括蒼彙紀）字子明所居曰樂善聚書耽誦至忘寢食于世紛華澹如也或勸之仕不就一日道拾白金其遺金老嫗哭于途德光歸其金石抹宜孫器之

明

留睿（列朝詩集傳）字若愚一字養愚括蒼人治經術攻詩文居青田山中二十年出游吳楚齊晉又二十年歸隱于好溪有紫芝元鶴之瑞著書九篇名曰留子

毛輝（縉雲縣志）博學雄文詞總制孫炎薦署學事屢辟不起樹舟種菊策杖獨步入紫青山卜地為窀穸曰全歸寓士友以愛菊類陶潛稱為潛齋先生今白龍山潛齋書院其遺址也

吳叔圭（括蒼彙紀）宣平人博學善屬文洪武中舉賢良方正不就隱居以終其身

潛玉（縉雲縣志）字國潤明初貢仕太寧簿靖難時棄官變姓名隱于杭之西湖

陳谷（括蒼彙紀）字賓暘青田人隱居好古不干榮利詩文有奇氣著有存、生集

卷十一終

歷代兩浙人物志卷十二

沈廷芳椒園撰

隱逸

杭州府

漢

張儼（咸淳臨安志）後漢末餘杭人有賢德不樂常利嘗聞圓種瓠以所資錢造橋俗稱葫蘆橋

陸瑋（兩浙名賢錄）字文該錢塘人漢季紳祿歸隱于靈鷲山蓮花峯下

三國吳

諸葛起（舊餘杭縣志）少篤學潛心著述仕吳為步兵校尉後隱居山房宗族寔盛其山今號為本山

南北朝

褚伯玉（南史本傳）字元璩吳郡錢唐人少有隱操寡慾年十八父為之婚婦入前門伯玉從後門出遂往剡居瀑布山性耐寒暑時人比之王仲都在山三十餘年隔絶人物王僧達為吳郡礼致之伯玉不得已停郡信宿交數言而退寧朔將軍卯珍孫與僧達書曰聞褚先生出居貴館此子滅景雲棲不事王侯抗高木食有年載矣自非折節好賢何以致之昔文舉棲冶城道安入昌門于茲而三爲郄粒之士餐霞之人乃可暫致不宜久羈君當思遂其高步成其羽

化望具還策之日襲紆清塵亦頗助為譬說僧達答曰褚先生從白雲遊舊矣古之逸人或留慮兒女或使華陰成市而此子索然惟朋松石介于孤峯絕嶺者積數十載近故要其來此莫慰日夜比談討芝桂借訪薜蘿若已窺煙液臨滄洲矣知君欲見之輒當申譬宋孝建二年散騎常侍樂詢行風俗表薦伯玉加徵聘本州議曹從事不就齊高帝即位手詔吳會二郡以禮迎遣又辭疾上不欲違其志敕于剡白石山立太平館居之建元元年卒年八十六伯玉常居一樓上仍葬樓所孔珪從其受道法于館側立碑

杜京産（南齊書本傳）字景齊吳郡錢唐人聞意榮宦頗涉文義專修黃老會稽孔顗清剛有峻節一見而為款交郡召主簿州辟從事稱疾去辟奉朝請不就建武初徵員外散騎侍郎京産曰莊生持釣豈為白璧所回辭疾不就會稽孔道徽守志業不仕京産與之友善

顧黯（南齊書顧歡傳）歡同郡顧黯字長孺有隱操與歡俱不就徵

呂道惠（舊浙江通志）餘杭人隱居講學生徒從者百數人范述曾從道惠授五經

褚雅 傳詳義行

盛紹遠（兩浙名賢錄）餘杭人梁封關內侯天監二年辭榮嘉遁閒門受徒執贄稱弟子者數百人既沒門人立碑以旌德業

唐

孫路（舊浙江通志）富陽人少有詩名隱居不仕鄭谷以詩贈之曰平生詩譽更誰誰逼歸老東吳命若何知已凋零垂白髮故園寥落近滄波酒醒蘋砌花陰轉病起漁舟鷺逐多深入富春人不見閒門空掩半庭莎

下鄉人咸稱東山先生

明

陳世昌（錢塘志補）字彥博錢塘人元至正初由布衣入為翰林編修代祀海上值道梗遂留嘉興授徒養母張士誠據平江屢致不屈明洪武初徵修禮書授太常博士尋以母死辭歸復徵至京而卒著有希賢集

王讜（萬曆杭州府志）字自牧錢塘人有至性父母歿歲時思慕哭泣盡哀居以擇交客有弗當其意者相對移時不接一語客亦自引去曰吾不可以瀆先生所居在闤闠中左右皆華榱麗宇而讜環堵蕭然意泊如也洪武初詔求前代遺逸有司以讜薦授中書進刑部主事尋上章去恬退靜默士林高之

傅道（德化縣志）字士行錢塘人洪武中任德化縣丞清介自持撫二僮隨任時偽漢初平民散荒野道力為安輯遂獲成效卒于官以貧不能歸遂葬城東欽天山麓

花綸（嘉靖仁和縣志）字王言仁和人登洪武十七年鄉薦第一明年進士第三授編修性孤潔宦情雅薄閒居杜門絕跡往來其于權勢之交更踈冷有私媢者常惡之竟遭誣害士林惜之

姚震（嘉靖仁和縣志）字起東洪武二十九年鄉試第一授建寧縣丞陞安慶府推官以薦罷去尋以館閣推薦為監察御史擢福建按察副使為人直氣嚴容善善惡惡雖在親厚盡言無諱竟罷歸暮年貧不能濟授徒糊口三子俱早世獨長子甯侍婢有遺腹子在他所震門人蔣忠訪得之鞠為後

張昇（分省人物考）字仲高杭州人弱冠有才識推擇為郡吏郎以清謹稱守以下咸禮遇之洪武間踊遷超授吏部員外郎矢志堅貞終始無玷及卒上察其

廩特給驛舟遣內臣送柩還鄉

高暐（嘉靖臨安縣志）字汝晦永樂甲申進士歷四川江西僉事宣德四年丁內艱遂致仕不起幼嘗肄業至思有橋見紙包遺于路拾而置諸懷陟不展視及反見一老嫗哭于橋側詢之知所遺乃白金也遂指其處令取之嫗謝而去任四川時編氓有烏桓露益部者訟田繫獄累歲不能決暐察情據理立為昕之感激而去後以黃金馬來謝暐毅然卻之其人無以為情乃即其處搆卻金亭以彰其德少保于謙贈以詩暐素性恬淡守貧善詩有漫菴集讀易日錄行于世

徐昂（萬曆杭州府志）字仲規錢塘人永樂初由舉人授兵部司務陞刑部員外郎謹愿無他技能獨斤斤以廉隅自守有武士謝某者暮夜懷金來饋昂謝曰吾以暮夜饋金豈不聞四知可畏乎堅卻之謝慙退無何致仕還過姑蘇病卒無以為殮謝聞之為具棺衾遺之人謂昂人特謝吾長者清節高義兩無愧云

潘中（萬曆錢塘縣志）字大本永樂進士授楚府伴讀骨鯁負氣貌莊而詞確與士大夫討天下事正論侃侃同列皆敬憚之家法嚴整閨門之內肅如也

王琦（禪寄筆談）仁和人中永樂鄉試授汝州學正擢監察御史晉山西提學僉事端軌數行士烝烝改觀以憂去服闋補四川僉事尋致仕歷官二十年清貧如一日居家衣食不給郡守胡公濬上其事于朝詔賜百金琦以無功受賜固辭竟飢寒死一時潘臬倡義為助殮弟珉永樂甲辰進士歷陞雲南鶴慶知府特郡多劇盜設計勦撫郡賴以寧歷九載以清廉著聲有麥秀三岐之異卒于官

童真（萬曆杭州府志）字守正仁和人永樂中由貢生拜監察御史巡按四川振揚風紀不求近名而敦敦奉公惟知自靖擢山東副使秩滿待次天官當事者諷求一見真不往又使人至其邸真託疾偃臥不與交一言遂從官廣東即解組歸

褚讓（嘉靖仁和縣志）字克卿仁和人永樂甲申進士歷吏部文選司員外郎廉介剛正凡有請謁饋遺厲聲峻絕是以權貴排謗出為山西叅政未幾乞閑卒于家

袁璞（新城縣志）字廷器永樂乙未進士好讀書性澹不隨俗侈靡以禮部主事出使封藩餽遺悉卻弗受

徐琦（西湖遊覽志）字良玉錢塘人宣德初以左通政使安南黎利盡卻所餽還進南兵部尚書少師楊士奇畫梅題詩贈之云兩度安南奉使來玉葩曾見嶺頭梅天朝使者清于玉不帶飛塵半點回

吳福（萬曆錢塘縣志）字天壽起刑部掾薦以從征閩寇鄧茂七有功授兵部司務仕至武昌太守廉直不苟取嘗過寶應夜宿驛中獲遺金數百急呼驛官收掌之詰朝牒付縣為修學貴尚書倪謙為紀其事

陳信（武林紀事）字履信杭州人任大理評事陞蘇州府管糧通判廉明公直有惠政正統十一年以六十六致仕先時管糧通判各縣糧長咸有餽獻信一錢不受歸家貧甚蘇人持贐追送一毫不取

周子良（分省人物考）錢塘人正統間為職方郎苦節自持數罰戶產以支宦貴有千戶王姓者以事褫職子良愛其才貸之已而王以三百金入酬大叱之欲暴于衆因伏罪求免乃麾使去

周倫（分省人物考）字叙昌杭州右衛人正統甲申舉鄉試歷嘉定容城訓導終永寧教諭所至講讀無間寒暑至老不倦事上以禮恥隨時容悅與人言剖析是非不為依違未嘗枉己以干權勢為廣文者三十年意豁如也喜赴人急難排斥異學有剛方之節貪懦者聞風而改

項麒（禅寄筆談）仁和人，景泰七年由舉人授南京吏部司務，歷陞刑部郎中。憲皇登極，應詔陳言上五事，内指宰輔阿婿甘心屈膝，及中官擅權，語甚剴直。聞者咋舌。無何以病乞致仕，家居三十年，絶跡公府，家貧屢空，獻屋以居。巡按吴公高其節，授屋一椽，固請始受而處焉。（兩浙名賢録）麒字文祥，致仕家居，府無兼日之積，而自處坦然，吟咏不輟。平湖賓尹以賄敗，臬司郎某舉麒清節諭之曰：汝何不學項正郎乎？蓋愧之也。尹意郯雅重麒，即暮持百金求為營解，麒厲聲郤之，尹慚而退。

陳嘉猷（兩浙名賢録）字世用，自餘姚遷家于杭。舉景泰辛未進士，授禮科給事中。嘗兩使外國，堅辭餽却，清風峻節，人皆敬之。陞右通政，居父喪卒。

吴誠（兩浙名賢録）字尚忠，錢塘人。景泰辛未進士，授兵部主事，歷官至副都御史，巡撫湖廣，改雲南，卒于官。誠才識宏遠，前後所歷官皆有政績。其撫雲南，教民尤盡心力。為人淳朴簡重，敦厚姻族，恥言人過，與人交敦信義，久而不渝。衣裳朴野，居鄉混迹閭里，未嘗飭騶從、盛車徒。嘗以婚禮盛服入城，鄉人廣南守徐敏見之，疑其變節，過宋恭政鎬所言及，相與嗟悼之。頃明誠至，見二人有不愉色，詢其故，曰：非以誠今日輿服之異常耶？二人曰：然。誠謝過，即屏去，復衣故衣云。子瑜，官御史，砥節礪行，卒，殮具不給，稱清美云。

張珩（仁和縣志）字鳴玉，力行好修，一介不取。嘗溫州郡金亭為近名。景泰元年領鄉薦，甲戌授監察御史，整黜京營，壯羸老弱，遇日輒不忘。丙戌陞廣東按察司僉事，尋改山東，發奸摘伏如神，部衆驚服。中貴溫某餉以金綺，斯拒却之，溫愧擲于河。甲午陞副使，致仕歸，橐中蕭然如寒士，卒之日幾無以殮。

凌鎬（分省人物考）字叔京，新城人。天順庚辰進士，授南京刑部主事，丁外艱，改禮部。在任適五載未調，或勸以進取，鎬曰：在郎署猶患弗稱，敢他望耶？人高其恬退。性質實，恥為導諛，事或未善，雖尊者前懇懇論弗避，嘗以此齟齬于人。居官廉靜，卒之日囊無遺貲。

鄭環（嘉靖浙江通志）字瑤夫，仁和人。天順庚辰進士及第，三授翰林編修，歷司經司洗馬、太常少卿。廉介方正，不妄取與，家居足跡不踐公府，人稱其特立之操。

馬廸（嘉靖仁和縣志）字汝簡，精易學，旁通經史百家。天順六年以例貢入胄學，選授福建興化少府職，坐清戎過有亡命流移，察可黜補，其有絕者，務在閒除。未嘗追迫或妻聽訟，因事原情，不尚刑罰。蔬食布衣，人有餽贈婉言辭謝，請託不行。後乞休歸，行李蕭然，壽至八十。

張銓（武林紀事）字文衡，仁和人。成化辛丑進士，官刑部江西司郎中，性剛介不阿。時刑部尚書某阿附內臣，事干江西司，為言之。銓一據法律，不肯曲從。與天官屠某有葭莩親，凡登其門者多得美陞，銓絕不一造。雖弔賀軸並無張銓姓名。以是不果所得，俸供不敷，其家常糊紙錠充給衣食。出為廣西參議，沒于水。

查煥（楊旦查煥墓誌）字文顯，海寧人。弘治庚戌進士，授南刑部主事，以儒術飾吏事。轉北刑部員外，出封襄藩，盡却餽金。陞河南僉事，撫巡以其才，徼治大梁風紀大振。改山東僉事，其治一如河南。值曹州賊起，鎮巡簡任治之，不動聲色，尋即帖定。陞本省參議，自呈仕至易簀，冰蘗之操始終不渝。

徐濬（萬曆錢塘縣志）字汝容，敏之子。弘治癸丑進士，歷湖廣副使。恪兵辰沅，有豪貴罪當死，以千金賂濬，却之，持益急。後其人賂代事者，竟得縱，而濬反被深文，逮罷歸。橐槖蕭然，居無華堂，出無輿從。赴親交之急，輒傾貲，空囷以為之。

沈綸（萬曆杭州府志）字朝綬，仁和人。弘治丙辰進士，累官南禮部郎中，廉州知府。清介絕俗，典郡不以家自隨。廉州古合浦地，中貴守珠池者，往往乾沒于是。豪右並緣為奸，綸裁之以法，摧豪側目，卒中傷之。綸死二十餘年，民思其德，為築愛民亭，以表廉平。

施魯（萬曆錢塘縣志）仁和人，為荊府長史。正德五年，荊王踈魯賢，且久請增秩四品。劉瑾忌之，矯奪魯官勒歸故里。瑾伏誅，詔徵魯復用，魯不應召，遂終老于

家無一畦尺椽之藉東西僑賃不常非其義不受也嘗有施姓餽粟三十斛米旨魯族囘都之時方絶糧處之晏如藜菽不給而沒

張應祐（萬曆杭州府志）字元助仁和人正德己卯舉于鄉嘉靖辛丑授蘇州府通判蘇錢穀甲天下府倅領勸農者里甲有例獻應祐悉拒却之以子洽登第任三月即解組歸當路餽之贐輒不受事二親孝伯兄宦西曹即注子瀚至御武瀛至都御史洵濟至郎邑牧長衣冠爲盛爲郎城甲應祐處之益謙退人皆稱篤厚

嚴大紀（兩浙名賢錄）字汝肅餘杭人嘉靖己未進士授行人歷郎中官至光祿卿旋晋太常予告歸卒大紀方成進士風采表著所宜相欲引爲同宗大紀執不可甚衙之相旋取浮不及格屆考選當浮量者而年未及格會時相爲座主論以稍益其年大紀又執不可比晋光祿時壽陵議及改府多左祖遷大峪者上疑之勒諸司各議保大紀獨執不署上問有劾露章者大紀曰我貲不諳堪輿家言何敢妄有陳引第上下雷同非國之福故不爲耳舉朝服其言款改者益衙之嗾私人論奏遂拂衣歸居恒悄々若儒生而遇大事輒屹如山岳難生死利害不可搖奪

周浩（錢塘縣志）嘉靖壬戌進士仕至廣東憲長家無餘貲入市與僕隸肩摩往受侮不變色（福州府志）浩字毅夫錢塘人隆慶中爲福建轉運使商有常例々錢歲計可千餘緡浩却之曰爾無遺謀足矣

祝繼英（獻徵錄）字思克海寧人嘉靖十四年以鄉貢授繁昌令之官不以家累自隨二童子與處服食器用取給于家澡手治事日飲江水而已馭吏以礼治民以情不爲小威六年調繁石城縣棄官歸

張淶（萬曆杭州府志）字文東海寧人嘉靖辛卯舉于鄉世父負官錢數百千淶責產以償或曰若李交當路何惜一言遂棄先人產耶淶曰賣產易淨節繫一

失不可復贖竟鬻產抵之以是家益貧初洙為諸生與童漢臣方九敘友善時稱三洙後兩人皆登仕籍惆洙宴寓時餽廩餼輒不受或固餉之至再勉為一受洙于世一無所屑與當路談累日未嘗及時事簞瓢不給晏如也竟以窮阨而歿年三十三著有窮居集漢臣為梓以行世

張濂（兩浙名賢錄）字子清仁和人嘉靖戊戌進士授刑部主事改吏部晉文選郎中奬恬退抑奔競請謁不行苞苴無所用一時仕路肅清擢通政出為僉都御史提督畿南北諸郡屯田爭坐訕左遷歸

高㦨（臨安縣志）字德威嘉靖己酉舉人授通江令丁艱起復補蒙城多異政當道交口旌之三年上計銓曹憮然歎曰大丈夫負七尺軀碌碌氣橐中時而括捲時而繞指何殊逐臭之蠅處褌之蝨耶遂棄官歸杜門謝交游日親圖史不入城市布衣蔬食澹如也邑大夫造其廬謝不見

王蒙亨（餘杭縣前志）字仲明中萬曆戊子舉人任懷寧縣三載愛民勤政銳意興除合邑賴之性峭直不能媚上官遂致政歸家居閉門却掃未嘗一謁公府

周啟祥（萬曆廣東通志）海寧人進士萬曆六年以刑部郎中出知廣州府治爰書雖老吏不能過門以內澹如禪舍惡蔬服陋每出簡輿從所至人不知其郡大吏也以病卒于金牛驛橐中可數金而已

高從禮（仁和縣志）字質甫幼失父家極貧常與母匡共篝燈母紡績從禮讀書萬曆丙戌成進士授刑部主事奏獄全活數百人出守臨江陞江西按察使時中使四出有閹役窘辱士人至激訟官不敢問從禮執閹役置之法綱紀肅然有竅詩集納珠以獻者從禮檢集浮珠急返之參藩時庫有羸餘吏以白從禮戒令封貯備公用侍母至孝母或不悅輒長跪膝前伺母意解乃起以疾卒于家

許令典（海寧縣志）字同生萬曆丁未進士令上饒調繁無錫並有惠政遷守淮揚不受一錢任未五月會中璫出鎮即日引疾歸築東陀西陀于黃山之麓

自號兩垞外臣黃冠野服與販夫牧豎雜坐問答不知為大夫也邑有大利害輒陳當事無不以一言為重家居絕紛紈不修宴會不收漢隸年六十五寢疾誡其子勿求諛墓作自祭文題二絕而逝

林杞（杭州府志）字爽白仁和人萬曆丁酉舉于鄉六上春官不第授潁州牧多惠政擢武昌府同知榷商稅不取一錢吏民頌其廉恕郡像以識黃鶴樓忽巨盜數十至手刃推官孫某太守走匿屏後盜目杞曰公居官清介素號長者吾不相犯也遂棄官歸杜門著書與同年劉宗周相切劘所著有爽白齋敷音集行世

吳大山（錢塘縣志）字仁仲居鳳凰山之燕窩江西副使源之孫光祿寺卿果之子萬曆辛卯中順天鄉試為部郎歷任雲南參政有富商為盜所誣家破而寃不雪大山至一讞而出州牧有以寶玉精鏐求注上考者大山曰暮夜之金可畏也其人懷慚而去未幾乞休歸于西湖築別業植老桂修篁顏曰輞川

張大烈（錢塘縣志）字言冲天啓丁卯舉人司李瑞州讞獄多所平反署郡篆山城民瘠鎮以安靜人皆戴之不善事權貴竟以浮躁去官崇禎壬午有詔起廢輒不及吳太冲為南國子司業移書吏部曰前瑞州司李張大烈居官廉潔晨飧不繼今有詔起廢而不及是所取者情面所去者人品也吏部得書大慚然竟不舉大烈事父母以孝聞與弟大勲同居有無相共子夭無嗣

沈維震（張遂辰沈維震傳）字子起錢塘人少質直父置書膝上教督之維震跪而受教既長周旋中規矩不踰尺寸為諸生四十年非試于有司不以謁亦未嘗一牘至郡縣門弟子束脩外不妄取一錢病妻弱女四壁蕭然文一足鍇以維旦夕力學嗜書尤長于春秋窮老無子寢疾猶吟咏不輟晚更名曙

錢善起（舊浙江通志）字賡明號武山仁和人崇禎庚辰進士授工部屯田司視蘆政號稱廉辦出為南昌守丁母艱戴星歸里後構一小樓坐臥其間者三十六年：八十四卒

國朝

傅感丁（錢塘縣志）字雨臣順治壬辰進士授德安推官擢監察御史轉刑科給事中凡所論奏皆見采納出巡河東鹽政歸惟琴書一束行李蕭然歷副都御史尋以母喪歸遂不起（鄉賢留祀册）著有易傳纂義古史集要祥刑輯要舒嘯軒康熙三十九年入祠

盧琦（錢塘縣志）字景韓康熙丁未進士選庶吉士授編修歷詹事府少詹擢內閣學士兼禮部侍郎文章爾雅尤熟朝章典故既叅密勿門無雜賓應酬竿牘一切謝絕歸田後日課子讀書不與戶外事官至三品家產不踰中人粗衣菲食淡如也

顧祖榮（錢塘縣志）字山容康熙癸丑進士選庶吉士授編修丙辰會試同考稱得士歷侍讀遷內閣學士兼禮部侍郎歷踐清班居京邸門不施帷箔僅以蘆席蔽風雨每食蔬豆一器飯一盂而已母喪歸以哀毀卒

凌紹雯（錢塘縣志）字子文甫三歲母朱氏口授毛詩即成誦少長肆力于子史秦漢唐宋大家之文窮流溯源士林推領袖焉康熙戊辰登進士選庶吉士授編修纍官至內閣學士兼禮部侍郎其間與纂修者三典鄉試者再兩充日講官一教習庶吉士為人清介自守自庶常歷閣學未嘗攜家累至都寓翰林官署中所乘止一羸馬老僕三四人衣服浣濯者數十年不忍棄攻苦食淡不妄交遊閉戶讀中祕書兼授生徒以終老尤善國書有請業者口授指畫無倦色年七十一卒于官諭祭馳驛歸葬

楊許玉（鄉賢留祀册）字介璜仁和人少失怙廬墓讀書順治戊子舉人授陝西府谷令有招撫功陞太原郡丞攝代州篆以廉吏稱轉陞晉陽因念母乞終養去之日行李蕭然後數年母卒躬畚鍤築墳有勸以服闋補任者謝以詩有青山傍母堪埋骨五斗窮能再折腰之句守墓三載著書談經不與外事人稱

真孝廉卒年七十一

盛鍾賢（鄉賢留祀册）於潛人康熙己未進士授江西高安知縣在任六載卒于官性至孝家貧菽水以養志釋褐後家居十年無片楮及當道及任高安以清廉著稱茶苦自甘一塵不染卒之日啓橐無長物幾不能殮邑人感其德者醵金爲歸始克襄事人稱廉吏云

嘉興府

宋

章元振（萬曆廣東通志）嘉興人紹興中知肇慶改廣東提舉舉秦檜同登第甘于遠宦未嘗以私于檜

錢文績（正德崇德志）字文叔乾道乙丑進士尉堂塗捕私茶當道秩力辭不願以為知萬載縣稱神明遷知循州愷悌宜民卒年六十五為人色溫氣和廉而好義居不蔽風雨田不供饘粥歿祀鄉賢

明

沈淳（弘治嘉興府志）字惟厚嘉興人由進士任吏部員外郎年六十致仕初為弟子員時歸自學宮道遇一少婦色甚麗欲就之淳不顧婦忽不見始悟其非人嘗讀書精舍有鄰女夜奔閉門堅拒壽八十七終

施奇（正德嘉善縣志）字廷偉景泰進士授工部主事嘗清匠江西至建德縣鄉人有官縣幕者以白金餽奇堅卻之成化初擢太平知府考績連最壬辰入覲時順天府尹缺吏部欲擬奇名適父訃至或勸奇緩發奇曰虧大倫以得美官可乎奔喪抵家哀毀骨立服闋改知萊州府卒于官

劉侃（萬曆嘉興府志）字克剛，嘉善人，景泰舉人，知涇州，政尚寬簡，御史論薦，擢延平守，性極廉約，言苞苴輒面發赤，而起兩赴官，皆鬻產以行，及謝病，囊橐蕭然，授徒自給，足不入城市，自號樂閒，工楷書，詩文亦清麗，卒年七十。

倪輔（天啓平湖縣志）字良弼，天順進士，授吏部主事，釐剔奸弊，不避權貴，改禮部，冊封秦楚二藩，不受餽，陞湖廣參政，一介不苟，取治洞猺，恩信旁及。

許盛（分省人物考）字昌世，平湖人，天順八年進士，歷陞雲南副使，剛直廉介，所至有冰蘗聲，致政歸，囊橐蕭然，即世未幾，子孫有不能自存者。

張端（福建通志）嘉善人，成化間知建安，有中貴經縣，恃勢索賄，端力抗不與，卒于官。

范瑨（萬曆嘉興府志）秀水人，弘治庚戌進士，授德平知縣，潔己愛人，以治行最，去任，僅餘俸二金，尋以病卒，歷官十五年，不克葬，閩中彭辛菴方巡嘉湖，憐其貧，為治兆域，要郡邑大夫送葬，舟車塞塗。

劉演（海鹽縣圖經）字文敷，弘治癸丑進士，南職方主事，歷刑部郎中，值閹瑾亂政，拂衣南還，人服其高，瑾誅，薦起四川參議，以疾卒。

顧正（海鹽文獻志）字尚誠，弘治壬戌進士，正德丙寅任兵部主事，守山海關，陞刑部郎中，剖決如流，情罪悉允，壬申歸，省有海寧周邦被誣，懷千金求解，正曰取招出看，看畢曰必脫也，郤具金，同邑馬宗岳者肆橫，嚭使劉某按邑，訪拘馬，懷金求救，郤之，言于劉曰，巨惡幸毋漏網，戊寅擢四川參議，嘉靖改元，以疾弗起，居官二十年，屋圮不能葺。

沈圻（天啓平湖縣志）字子京，正德辛未進士，除御史，以直忤當道，謫高郵州判，陞休寧知縣，矢心冰蘗，歷固原兵備，發巡按之奸，陞貴州參政，歸，父子俱官藩臬，產不及中人。

秀州

劉玘（平湖縣志）字廷璧正德丙子舉人知五河縣潔己愛民省刑薄斂歲侵輸家粟以賑五河不辭織紝為造紡績器以教之去官日民為治具送歸終南刑部主事

潘鶚（天啟平湖縣志）字惟遠自少苦學以明經自任不問家人產領正德丁卯鄉薦倅肇慶府提身清白任事慷慨時羣盜蝟起悉力禦之境賴以安致政還家中惟圖書衣被家居二十餘年蓬蓽如故處穢是甘足不履公庭門下執經者益衆咸稱東湖先生

張璵（萬曆嘉興府志）字叔美崇德人正德丁丑進士授南刑部主事以直道忤權貴遂致仕家居三十餘年所居不蔽風雨薄田僅供饘粥

諸偁（檇李往哲初編）字揚伯嘉興人年四十始登第正德丁丑授黄梅令改大名轉陞刑部主事進貴州參議土官遇上官至輒有餽偁悉卻之後擢本省按察副使持法廉平致仕為人不設城府至非禮相干則艴然見于色尤嚴取與歷官二十五年囊橐蕭然間以請謁來者必峻絕之

陳所學（鄉賢留祀冊）字行父海鹽人嘉靖丙辰進士中書舍人選戶工兩科給事中歷四載疏凡二十餘上並切當世要務後以他事忤權相疏乞骸骨不報旋出為河間守至郡多所興革而上官希權相意誣劾之即日解組歸買一椽名其山曰一笑因自號一笑生

祈鯨（桐鄉縣志）字國升嘉靖己卯舉人褆躬修整一時英俊從遊者甚衆居鄉敦厲實行每遇邑大夫初涖輒以禮見後則絕迹公庭未嘗私謁

郁蘭（萬曆秀水縣志）字文芳嘉靖甲午舉人屢躓公車時姻家吳太宰鵬謂之曰貂裘敝矣盍及我而選蘭謝不從及鵬罷歸始謁選得積溪令裁諸供億持法公平不肯婾阿上官某甲希執政旨論逮胡宗憲郡守以屬蘭蘭曰司馬有功東南奈何欲文致之吾官可去法不可枉也竟得末減遷南刑部主事尋乞終養家居絕跡公府以澹泊終

徐瓚（萬曆秀水縣志）嘉興人徙居秀水任廣東海陽巡檢會當關礦開父喪賈人餽之百金與綫須臾行可亟發獲倍利瓚卻之曰父死之謂何豈以百金易名節哉即日奔喪濱海人為立卻金碑

陳善道（天啟平湖縣志）字敬夫嘉靖庚子舉人知德安縣築城備流寇民抒網者治無貸倅廬州不私贖金陞松江同知某適逃豪不畏權勢歸田二十餘年布衣蔬食不減寒士

沈科（嘉禾徵獻錄）字子進嘉善人嘉靖甲辰進士授工部營繕司主事知臨江府遷江贛兵備副使時官江右者皆嚴嵩私人聞科才陰令人諷之正色曰科即不材奈何以天子臣為相公奴隸嵩銜之未幾轉苑馬寺正卿左遷河南副使有欲為科謀解於嵩者科聞之謝曰奈何首鼠耶即柄人幸而釋我更何面目俯仰人世卒不聽嵩之官嵩嗾言官劾罷之科事親孝撫其弟友愛生平磊落多大節有史抄十二卷

俞乾（萬曆嘉興府志）字一清平湖人嘉靖甲辰進士授刑部主事勢豪犯重辟者夜懷金夤緣中貴以請乾正色斥之竟致之理時分宜相傾貴溪論死乾監斬西市義氣憤激忽仆地移時甦具疏乞歸眾憐其貧賻之悉不受抵家五月卒

周恂懋（嘉禾徵獻錄）字季實秀水人嘉靖丁未進士令樂平五年苞苴屏絕詣京時父老餽之金卻不受陞職方主事監督朝門工勞瘁卒官橐蕭然士大夫捐金助殮有女不能嫁郡守資之奩具其後直指按部廉其清白為給贖修墓

盛周（嘉興縣志）字文湖嘉靖癸丑進士以閩中令行取入都時分宜子世蕃竊威福趙文華往謂周曰東樓虛臺垣相待君肯過之周笑曰士所以望登臺垣者欲以清君側耳今先以身乞憐異日何以自立竟不往遷南刑部主事出為東昌守卒于官

黃錝（萬曆嘉興府志）字崇文，秀水人。嘉靖丙辰進士，授兵部主事。里人為太宰，欲啗以美官，錝不從。出守皖江，秋毫無染。擢湖廣副使。時有修筒河之役，錝實董之，漢沔襄安。尋改貴州，上疏乞歸。居家以節儉聞。嘗誡諸子曰：不大節者不大廉，不溥享者不厚餘。人以為名言。子洪憲。

嚴從簡（萬曆嘉興府志）字仲可，嘉興人。嘉靖己未進士，任行人，有事樂安王府，以全幣餽，悉郤不受。轉工科給事中，管盔甲廠，稽覈嚴，發奄璫術之譎。揚州同知，解綬歸。為人純粹真誠，嗜書不釋卷，素不事家產，惟以清白貽子孫。

屠元沐（嘉禾獻徵錄）字沂春，嘉興人。嘉靖乙丑進士，授工部，督儀真及張秋河道，節省甚多。陞山東布政司參政，赴官，屏去導從，人不知為憲使。轉廣西按察使，益厲清節。進本省右布政使，乞休，加太僕寺卿致仕。杜門謝客，不異寒素。上聞其清，特詔有司具禮存問。卒年九十餘，遺篋殘書數卷與敝裘革帶而已。

沈奎（海鹽縣圖經）字文明，試南宮第四，歷官江西按察副使。羸弱不勝衣，而操持介特。為郎時，宗室詔獄，衆依違可否，奎直舉大義斷之。在江右，與臺臣執論無所異。避家居，郤埽門，無雜賓，一語涉嬿私，嘿不出声。子騰蛟，性孝友，弟騰龍。奎晚年所出析著不及蛟之半。奎卒十年，忽一日召龍飲，對己之半與之，人不知其故，曰：此吾父不言意也。

王大猷（海鹽縣圖經）字伯甫，為舉人時，遇凶歲，饘粥不具，縣令魏某遺之金，不受。舉進士，授中書舍人，僦邸委巷，踦一欵段，了公事，歸輒閉戶謝客。歷官兵備雲南，改廣西，甫陞，辭為中傷罷。以直己取忤，而終不易其守。

李欒（桐鄉縣志）號麟川，隆慶戊辰進士，擢給事中，有謇諤風。歷官尚寶司卿。居官以耿介聞，一嚬一笑不以假人。居鄉尤峻，同郡紳士咸敬憚之。著有見聞雜記行世。

戈用泰（天啟平湖縣志）字來陽，癸酉領鄉薦，乙丑成進士。令溧水，溧號衝煩，加以憂侵，用泰惠心撫字，會採石開礦，以身扞民，觸諱不顧。擢南比部，晉郎中。念父春秋高，乞歸，朝夕孝養，無一椽寸土之庇。廷推再三，堅臥不出。著有遠遠軒集。

沈夢斗（萬曆嘉興府志）字應宿，萬曆丁丑進士，令盱眙，以內艱歸，補常熟，政務寬簡，士民戴之如父母，獨不得上官意，轉令醴泉，以政最移守信州，復移無為州，恤災清稅，殫盡心力，勞瘁遘疾，卒于官，至不能歛，寮友醵金以櫬歸。

劉世埏（海鹽縣圖經）字敦修，炘子，萬曆丁丑進士，授行人，擢南刑部主事，居官以禮法自持。遇考選，擬以兵科，客有告者曰：某以賄入，易而名矣，請如所賄定而名。謝弗應。日夜披牘，求民冤隱，考定律例，為疏解，刊署中。嘗奉使歸浸里中，借小輿出入，徒步過尊長家，侍父婇立，中宵不奉命不敢退，不發私牘，不受人餽遺，不恃門閥，夫要津以求達化。

馬應圖（天啟平湖縣志）字心易，萬曆丁丑進士，任行人，奉使歸，進中圖書數卷。司選者應其清，欲擢臺省，遣人示意，應圖曰：吾音作呈身鄉史哉。遂遷刑部主事，陞礼部郎中，疏劾科道齊世臣等，并及首輔，神宗怒，謫典史，陞邑令，再陞刑部主事，病免歸，家貧，假貸不得，布袍草屨，燃紙代薪，僮僕二三，鶉衣百結，為儲糊口，歲時一詣階庭而已。事繼母孝，聘妻有痼疾，功之別娶，不聽，迨歿，幾不能殮。

胡士奇（天啟平湖縣志）字重之，萬曆丙子舉人，家赤貧，僦舍一楹以居。署進賢教諭，擢國子博士，轉兵部司務，會上怒職方郎，郎首輔子，輔移罪司務，謫仙游訓導，攜一蒼頭抵任，歲餘卒，遺橐僅圖書數卷，婦更貧困，門人馮伯禮聞，周之，謝不受。

陸堦（桐鄉縣志）字允升，領丙子鄉薦，就邏山學博，捐俸卹餽，陞石埭知縣，痛懲夙弊，禁里胥包攬擅書勒租，以清節自甘，卒于官。

韓子祁（天啓平湖縣志）字心充，以選頴入國學。丙子魁順天鄉試，授德安司理，補贛州。會直指欲以意入人罪，子祁不阿，左遷典國，旋移燕州貳守，三董漕艘，俱絶餽遺，頗有餘金，悉納太倉，署篆數月，有功爲子孫計者，曰：老婦守節，可中更耶？罷歸，惟携書數卷，石刻數種，足不入公署。

孫光啟（嘉興縣志）字子昭，性孤峻。萬曆癸未進士，仕比部，校胥暮夜投牘，嘗之弗爲動。典銓期滿，欲薦光啟自代，托同舍郎致意，固辭曰：薦人而使人知我，不作感恩。吏部出守惠州，摘奸如神，贖鍰羨金，蠲除不取，忤上官，以疾歸。補延平，不赴。再補濟南，直指重其氣節，尋以異等遷秩，行李蕭然，治兵沂州，轉參閩藩，清操彌厲。

沈道原（分省人物考）號淮樓，嘉善人。苦志積學，早有文譽。萬曆乙未進士，授樂安令，以病歸，司教松江，一切贄儀悉行謝絶。陞國學，尋轉工部主事，值工費浩繁，諸所不經悉爲汰去。轉兵部職方，隨改吏部，門無私謁。授文選員外郎，請告歸，居官二十餘年，父所遺田房至去其半。

夏建寅（福建通志）秀水人。萬曆間知安溪縣，廉明果斷，不受私書，發之則曰僞耳，終不發封。嘗以公事行村落，蔬食自携，不費民間一餐。

朱鳳（萬曆嘉善縣志）字文端，司興化訓，歷邵武教授。在徽時，故人爲恤刑使者，有四之子夜謁，餽以千金，鳳峻却之。邵武有淫祠，鄉民賽祭無虛日，鳳至，以杖擊之曰：神明蠲淨，奈何以血肉腥穢耶？明日座傾，神亦不靈。子愚，字汝明，少負氣節，窮而愈篤，沒爲松江訓導，清操頗類其父。

湯潾（萬曆嘉善縣志）字新之，詩文高古，爲清豊尹，恥于謁將去，取印綬置案，揖而出，行李蕭然，有思葊雜藁行世。

陸錫明（平湖縣志）字玉井，天啓乙丑進士。魏璫用事，廷試前有客諷令往謁，立色謝之，置二甲，授工部主事，出知常州，再補徽州。徽爲富郡，商賈遍天下，一路相率餽獻，求見顏色不可得。璫擭羅織，民苦重役，思嘯聚竭，心力以安撫之。陞江西提學副使，清節益著，以母老乞養歸。

國朝

李天植（舊浙江通志）字因仲平湖人後更名確號潛夫性樂淡靜杜門寡交崇禎癸酉舉人絕意仕進日行游九山之麓倘佯自放足跡不入城市安貧樂道以終其身卒年八十二所著有月令詩梅花百咏九山游志諸書

蔣英（鄉賢留祀冊）嘉善人任松溪令課額外有羨贏若干吏以白英正色曰是皆百姓膏脂焉可受耶以備公用歷陞蘇松兵備副使官署肅清日用皆取辦于家交際餽遺一無所取官刑具有藏貂以郵者立名其人還之

俞曾模（公舉事實）字存三平湖人庠生依舅氏陸稼書學教授生徒一時名篤多出門下註五經讀解諸子粹言而周礼纂註一書尤能闡明先儒旨要生平孝友因少失恃衰年言及母氏必痛哭失声更註孝經以志慕焉動作有範終其身不入縣門里中有古君子之稱

湖州府

漢

沈儀（西吳里語）武康人幼有志行九歲喪父兄璋時亦十歲相與居喪毀瘠外祖盛孝章撫慰之曰汝兄弟黃中通理終成奇器何違踰制自取滅性耶後璋早卒儀長而篤學負雄才屬漢末守道确然素志不移州郡請辟公車垂召並不屈一時推重謂與徐孺子管幼安同風

南北朝

邱寂之（南史傅琰傳）寂之字德元吳興烏程人年十七為州西曹兼直主簿刺史王彧（湖州）行夜還前驅已至寂之不肯開門曰不奉墨旨彧乃于車中為教然

後聞歎曰不意邠君章近在閣下即轉為主簿恒以廉潔鄉下

邱景寘(吳興掌故)字彥先吳興人父康祖任無錫令歿後僮僕數十人及宅宇畜產悉讓與兄震之震之推斋屋三間亦不肯受太山孔山士歎曰柳下惠之風復見之矣後終奉朝請

沈巑之(南史循吏傳)巑之吳興武康人仕宋為丹徒令性殊直清廉不事左右浸潤日至遂鎖繫尚方歎曰一見天子足矣上召問曰復欲何陳答曰臣坐清所以獲罪上曰清復何以獲罪曰無以奉承要人上曰要人為誰巑之以手板四面指曰此赤衣諸賢皆是若臣得更鳴必令清譽日至上知其無罪重除丹徒令

邱雄(南史邱冠先傳)雄父冠先為程人齊永明中使蠕蠕見殺武帝以不辱命賜櫬錢一萬布三十疋雄不受上書曰臣父執節如蘇武守死如谷吉遂不書同之良史甄之褒筆萬代之後誰死社稷建元四年車僧朗銜使不異抗節是同詔贈正員外郎此天朝舊準臣父成例也今僧朗近蒙塚塋臣父墳棄絕域語忠烈則亡不謝車論荼苦則殁優而此劇名位不殊礼數宜等乞申褒贈書奏不省

邱師施(南史范述曾傳)吳興邱師施以廉潔稱罷臨海郡還還恬有二十籠簿書並是倉庫券帖後位至臺郎

宋

沈嚴(弘治湖州府志)字叔寬德清人大中祥符八年中禮部第四廷試登甲科監復州武寧茶場兼領本邑事吏畏其廉民愛其惠及死貧不能葬太守滕元發葬于縣之永和鄉(范仲淹沈嚴墓誌)除南康軍判官有善績改宣城節度掌書記時國家興山澤之利主計薦嚴為洪州武寧之茗局外臺上請兼領本邑事朝

事朝廷淡之君子謂其多善政

俞汝尚（宋史本傳）字退翁烏程人議論不苟澹于勢擢進士第涉歷州縣無少營進取之心嘗知導江縣新繁令卒使者使承其乏將資以公田辭不赴時王安石當國或言汝尚清望可寘之御史驛召詣京師知所以薦用意力辭章再上得免還家苦貧又從趙汴于青州遂以屯田郎中致仕優游數年當六月徂暑寢室不可居出舍于門妻黃就視之汝尚曰人生七十者希吾與夫人皆過之可以行矣妻應曰然則我先去後三日卒汝尚尤其喪為作銘召諸子告曰吾亦從此逝矣隱几而終相去纔十日孫佯紹興中敷文閣直學士

俞澂（西吳里語）字子清汝尚元孫也以清介自持官至刑部侍郎求退放意泉石創圃于南門外二里許與小浮玉山相對號曰無塵時以扁舟往來飲酒賦詩為樂

史祺孫（弘治湖州府志）字大年安吉人政和五年以上舍登第官至刑部郎出典章貢興國二郡初秦檜欲謀誅岳飛命祺孫搜索其家交游書疏所厚者羅織之祺孫悲憤書草曰誣人以求榮吾不為也以是獲譴致政歸

施鉅（西吳里語）字大任武康人舉進士累官參知政事清約自持無声色之好卒年九十一

明

柴震（弘治湖州府志）字景春烏程人永樂甲申由國子生授兵科給事中遷至大理寺少卿廉介不苟人不敢干以私及卒囊橐蕭然

唐海（嘉靖湖州府志）字克容歸安人由鄉貢仕至刑部郎中遷福州知府歷官三十餘年家無帑藏時以清謹稱

張應（弘治湖州府志）字魁介歸安人參政翼之子成化丙戌進士授刑部郎中遇事不避權要曾使四川封王堅辭餽禮歷貴州按察使

韋厚（嘉靖湖州府志）字允載長興人成化丁未進士除貴溪知縣遷黃州同知常祿之外一無所取後以疾卒于湖之僧舍太守何顯治具殯殮

黃定（弘治湖州府志）字叔志珍之孫由國子生授吏部擢勳主事轉考功郎中遷山東布政使端重清約與人語款懇若恐咈人意遇不合則毅然不與之苟同年七十七卒于家

姚岳（通志）長興人治懷寧清介嚴毅布衣蔬食宴如也正德丁卯入覲時璫瑾擅權有司行賄多取辦于民岳空橐而行民積其廉有道獻錢者岳曰媚寵以苟容不義剝民以自全不知部之銓部廉其清復任

陳良謨（分省人物考）字中夫湖州人嘉靖壬辰進士工部主事改刑部郎再改儀部遂巡郎署者十年始浮湖廣參議遷副臬考滿參政貴州致仕歸鄉史先後薦數四竟弗起為參議時督太和山錄而不私中貴入守太和于誕日袖數百金及他珍物為壽急麾出長跽謝過乃已歸而垂橐蕭然山田百畝自甘蔡菴有巨商介以書為沈侍御居間始心許之徐出千金為壽遽入內竟不復出雖家無儋石儲而姻黨宗族有待以舉火者人以恩施即一飯弗忘也著有天目山房存稿摘稿諸書

嚴杰（烏程縣志）字子俊嘉靖庚戌進士授中書舍人拜監察御史為中貴所嫉謫判臨清有部使者欲致庭跽不為屈遷贛州司理不赴歸

吳珦（福建通志）字良瑞孝豐人嘉靖間司訓懷安諸生有餽恚不受士之貧者隨力助之時諸生忤藩司督學欲盡加黜治珦白曰士不可過辱遂止

嚴大節（歸安縣志）字摩溪嘉靖間貢士清介不阿父鳳令分宜以正直稱為南昌郡丞攝府篆出巡浮官米聞其孫在署患痘以一斗見遺大節曰此官米

止可官用豈宜入私室
亟送還父闔而嘉之

嚴正邦(歸安縣志)號一醇萬曆戊戌進士任太常博士耿介無依阿十年不調父
之遷刑部主事歷員外郎執法不撓以清靜稱嘗應詔陳言語切時弊陞
廣信知府未任卒貧不能殮同官
助喪得歸著有白雲小言行世

駱從宇(武康縣志)號乾沙萬曆甲辰進士歷任翰林官遷禮部侍郎清介中立時
魏璫摧戕正類從宇遇諸朝不一盼睞璫客說之拒益峻奪職里居璫敗
晉南禮部侍郎卒
著有澹然齋存集

黃雄(貴州通志)烏程人進士為普安州守每出行裹糧
自給絲毫無取明察善斷從前積弊一時盡除

徐應聘(長興縣志)字仲覺為諸生勵志好修不苟言笑天啓辛酉舉鄉試益折節
自勵誓不請謁公府身衣布素數年不一易遇公正則昌言之乾乾名節
疾不起至無以為
葬人推為真孝廉

國朝

凌焜(鄉賢留祀冊)烏程人事母孝家貧弱妹繼他姓號泣負歸順治戊戌成進士
任皖江司李每夜秉燭平反惟恐失入有宣城富民被誣暮夜投金焜正色
却之及定鞫無辜竟為申
雪在任六載勞瘁卒于官

沈涵(公舉事實)字度汪歸安人康熙丙辰進士由翰林歷任內閣學士兼禮部侍
郎立朝勤敏謹恪壬午督學福建入仙霞關誓于神曰徇一私者不得歸度
此關闔舊例新進生各出銀餽學使名塩菜銀總計約三萬餘金補廩出貢亦
各有例涵下車嚴行禁革苞苴干請一概杜絕有新進生入謁喜形于面涵誡

之曰生害即吾憂方大耳汝等一有廢業敗檢者皆吾責也閩人服其教將代為構祠烏石山陽海聞而力止之令別祀閩中先儒及去後閩人卒肖其像以配焉

蔡彬（德清縣志）字與端康熙庚辰進士授羅源知縣設義學課士手定甲乙海濱翕然有弦誦声家素封歲遣人取資于家以辦官事或家問不至輒仰屋而宮無以代匱也督撫以廉能薦陞吏部郎中

寧波府

宋

曹粹中（寶慶四明志）字純老定海人中宣和六年進士丙科為李光壻與聞紹興國論丞相秦檜欲一識粹中粹中時待次無為校官曰吾已有差遣見丞相何為退謂其妻曰吾觀而父與秦檜若勢不兩立豈久居此者由是仕不偶自號放齋以著書為樂檜死方以舉主脫選調有詩說三十卷行世

鄭若沖（成化四明郡志）字季真鄞人力學能文與同里汪大猷陳居仁樓鑰相善後三人既貴顯未嘗一造其門自置書塾聚書數千卷延師訓子雖臥病不廢書家僅支伏臘躬自節約鄞族有急拯之惟恐後方盛年時夢入深塢後營山墅儼如所夢乃字其溪曰夢溪以自號享年七十九子清之相理宗累贈至太師魯國公

趙汝擢（嘉靖寧波府志）字待用奉化人廉謹不苟取官至承宣使嘉定五年南安郡西溪洞尹彥輝跳梁捉身諭之彥輝頓首泣謝曰天賜公活我郡賴以平後被命經理蘄春事撙節有方雖府庫充實未嘗一聞宴游行有牙契錢七十番吏白當得所不受教官葉逢以母夫人年高為功汝擢自指其頰曰鄙陋

相豈更望溫飽耶沒死無以歛朝廷聞之給喪葬費以表貞白封奉化郎公

史彌鞏（宋史本傳）字南叔彌遠從弟嘉定十年登進士第時李壆開鄂閫知彌鞏持論不阿辟諂幕府事端平初入監都進奏院出提點江東刑獄嚴之休寧有淮民三十餘輩操戈劫人財逮捕法曹以不傷人論罪彌鞏曰持兵為盜貸之是滋盜也推重情者僇數人一道以寧召為司封郎中以兄子嵩之入相引嫌乃祠提舉崇禧觀卒真德秀嘗曰史南叔不登宗衮之門者三十年未仕則為其奇理已仕則為其擯排皭然不汙有如此

趙彥彬（西江志）四明人嘉定間為貴溪令廉以律己嚴以御吏寬以恤民其座右書曰俸薄儉常足官卑清自尊及代去百姓遮道攀轅請留涕泣送之（廣信府志）前此宰貴溪者無廉吏諺語云飲却三山堂下水縱非汙者也成汙彥彬曰自愛檻前山有意誰云堂下水汙人

陳卓（延祐四明志）字立道居仁子登進士第守江州寧國道由臨安丞相欲見之卓謝不往丞相深器之卒為翰苑李全反淮安卓草詔至淮人益自勵太廟災草罪己詔京師爭感動端平元年以卓為簽書樞密院事未幾乃祠歸里平生不營產業以贊書所酬金築世綸堂退居十有六年：八十有六謚清敏將葬爭不能具丞相吳潛聞之為作書閫帥以助

方山京（嘉靖寧波府志）字子高慈溪人父季仁第進士為南安軍教授山京登景定三年廷對第一或以策尾簡短勉令增入山京正色曰吾生平所學在無自欺今既徹上覽將誰欺乎聞者竦歎授承事郎簽書平江軍節度判官時有星孛于井色焰竟天山京適衡文天府用策諸士極言內帑之私公田之擾比出院言者希上意疏劾之遂拂袖歸杜門教子蕭然自適度宗登極徵用辭疾不起

陳肖孫（延祐四明志）字伯巖奉化人進士以提點刑獄守嘉禾郡帑不妄用絕互送禮蠲逋錢二十萬米四萬子姪合食唯蔬食脫粟人呼為菜湯知府會

明州

安吉寇作以措置失宜罷丞相署曰陳肖孫一無可取當官其子

汪元春（福建通志）字景新奉化人咸淳二年以宗正博士知軍事妻子不之官郤例錢不受每食蔬飯一盂事至立決甫二月而卒之日民以金助喪歸其弟與子恐汙之泣辭不受

元

舒莊（嘉靖寧波府志）字子臨奉化人性介特以名節自勵至正間仕浙東道都元帥府都事改知奉化州因方國珍僭竊隱居退避後薦辟竟辭不赴

孫元蒙（嘉靖寧波府志）字正甫鄞人嘗為郡庠司訓一言少忤遂引去郡守謝留之不得俾攝鄞學事食其祿固辭不受家貧僦屋而居講學自給尤篤于倫理與人交久而益敬翰林柳貫黃溍危素皆重之

明

鄭本忠（甬上耆舊傳）字本忠少篤學從舒阜受尚書時方氏據浙東三郡擅爵祿人惟本忠與方遜菴義不受偽署益杜門讀書同時胡世佐林清叔諸人並相與資益洪武中舉明經不起以薦為昌國訓導改秦府保安王教授卒于官有遺集行世

茅維揚（天啓慈谿縣志）字維揚永樂乙未進士授監察御史臺中奏疏及諸道讞獄當否皆出其裁擇歷官至四川按察使所至有廉名歸田之日囊無羨金邑人錢源詩以美之曰山中比日賦歸來共說清風似寇萊四十二年簪紱者曾無寸地起樓臺

陳治（定海縣志）邑人家甚貧志操高潔登永樂九年進士授監察御史清介自守執法不阿後陞河南按察司僉事風節益勵未久掛冠歸歷官二十餘載囊

無餘蓄家徒四壁衣食無以自給子憲永樂戊戌進士授監察御史巡按江西有父風不為權貴少屈一切宿弊釐革時人謂之陳一掃

李山如（嘉靖寧波府志）字伯偉鄞人永樂間授兵部郎中忤尚書陳汝言致仕歸歷官四十餘年清苦一節非奉母不御酒肉貧寒不改韋布比歸抱書纍廂間讀之環堵數椽躬任執作時人稱為擣穀郎中塵生甑釜饔飧不能自給思詔歲給月食米五石進階朝列大夫及卒有司襄葬事子德字克明讀書能詩文以鸞書糊口

楊範（嘉靖寧波府志）字九疇鄞人踐履誠確雖燕居恒盛服端坐讀書至夜分不懈教授里中視世之毀譽榮辱蔑如也永樂間有巫稱龍神道人禍福如響家趨戶迎官不能禁範作文喻之弗止躬往見巫捽其首匍匐于地時擁巫羅拜者百數十人皆驚悟散去郡守鄭珞邑令張鐸咸賓致以訪政事初號栖芸晚年更號思誠叟

邵玉（兩浙名賢錄）字德溫鄞人宣德十年鄉試授汝州學正遷河間府學教授轉順天府學用薦擢雲南按察司僉事提督學政已乃以足疾納祿歸玉性至孝痛母早喪即宦遊萬里必將父以養其教士先嚴義利之辨以身為範嘗三典文衡在山東宿傳舍逢囊金來謁者矢天却之在山西懲前事務作誓神詩以自見比在江西得人尤多而嚴潔之衷始終如一嘗有鬻首飾者直可百金妻取而玩之輒謂曰汝欲之乎使婦飾百金歸乎其為夫矣以清約終其身子莊舉進士仕至按察副使

張愷（兩浙名賢錄）字德和鄞人宣德中以太學生補江陵知縣時王府不法愷白守曰王不可繩以法而吏又不得問宜密聞于朝遂與守列上其事王遂廢錮遷工部主事周忱撫南畿特奏愷同行每到州縣輒言愷不可犯松守欲嘗愷以美綫二百疋置舟中來迎比登舟見之恚封庫欲舉劾守懇祈得免由是

守長皆自重犯法進常州知府命下而卒

陸珪（天啟慈谿縣志）字廷璧正統初授教諭歷常州袁州封邱令陞遼府長史成化四年乞歸杜門不出凡二十年里人罕識其面居僅環堵風雨不蔽善詩有橋南唱和集行世

田玹（奉化縣志）字廷玉正統八年進士授刑部主事持法不阿門無私謁以勤勞致疾々且亟有指揮坐重律以白金五百賂之玹不納或勸之玹曰吾疾且死得無愧于心足矣寧忍以五百金虧平生志節乎卒之日無一錢之蓄自司寇而下皆致賻始克殮歸喪

宗顯（嘉靖寧波府志）字以彰鄞人正統九年舉人任宜興知縣辨察民冤一介不取人為之謠曰二三萬戶皆傳說八九十年無此官陞大興知縣廠衛官校見其清苦亦不忍犯陞南京都察院經歷服闋不樂仕進遂家居貧不能存子佑庚戌進士任刑部員外郎

張文耀（象山縣志）天順八年進士自少力學任行人奉使外國餽遺一介不取清節著朝宁年三十餘卒家貧至不能治殯

李麟（鄞縣志）字仁仲弘治癸丑進士歷官江西參議恤獄除盜職業振舉正德戊辰入賀至京逆瑾用事麟絕不與通大忤瑾意罰米九百石瑾伏誅乃釋寧藩傲凌撫按麟不為屈陞四川參政署理司事有劉太監者奉命迎佛還自成都勢甚張所至科擾無藝麟絕無供餽陞貴州按察使轉布政使引年歸

馮志（天啟慈谿縣志）字行甫方正寡諧守汝寧懲治藩府以勁直忤上官謫河東轉運不踰年歸市宅僅容膝布衣蔬食杜門不與慶弔不發公府有巡按來自汝寧其父老囑之曰為我好酬馮大夫比至浙請至會城思有以厚之卒謝不往巡按特造其廬致父老之意云

王汾（天啟慈谿縣志）字本源舉鄉貢為歙縣教諭聘校湖廣諸餽遺悉不受陞南豐令監司待之倨輒詣府乞休時寧海王度為守亦峭直不阿強留之及覲

期滿稱病歸當道重其廉不許陞淮安通判鹺院委掣鹽徽商以千金進叱之行縣督稅縣吏以常例進不納既而令因元旦進謁使吏潛投橐下而出汾浮之丞閉門捕吏令懼請罪汾慰之曰吾忍汙君而責潔耶徐令持物去任淮閱歲竟浩然賦歸

秦吉（天啓慈谿縣志）字敬夫正德癸酉舉人授萍鄉令歷七年猶潔如一日流賊猝犯境劫帑金五千邑民號呼令應安得償爭相勸輸反溢前數不取時監司素重其廉曲為解釋得奏最擢知濮州居數月當入計路費十餘金外不攜一帑亦不謁一人當軸者謂矯矯非人情遂左遷龍巖令又以介特忤觀察意致政歸家居蕭然環堵與劉世龍馮志結社東山各以清節相尚

楊孫仲（天啓慈谿縣志）字敬伯嘉靖壬午舉人授儀真令有巨商以珍貺囑閽人客置寢席孫仲見之痛懲屏逐焉自是苞苴絕迹諸郵傳絡繹以孫仲廉無敢橫索秩滿當奏最以忤臺使者竟歸橐裝蕭然室無外猜畝無旁拓非公事不至邑庾孫守勤會試廷對皆第一

羅洪（天啓慈谿縣志）幼孤事母趙盡孝嘉靖戊子舉于鄉甲辰會試趙文華以郎官分校前數日客遣人取春秋制義欲陰為之地洪曰浮不浮命也遂謝去謁選得宿州宿當孔道大吏過無虛日以迎承簡略失貴人意竟蒙謗調河南鄧州後病不起檢遺囊不給含殮上官聞之時暗始以櫬歸仲子汝學方洪沒時浚一老人贈犒車老人曰此值百二十金吾感侯德奉以戢衣冠不願值汝學出涕曰感翁義然不敢以百二十金傷先公廉卒不用

秦鈁（兩浙名賢錄）字鳴和慈谿人嘉靖庚戌進士授南太常博士故事有事太廟恒宴集中貴與堂婦南向坐博士東向鈁至見設席怫然欲去中貴曰秦先生雖我乎此例也鈁曰非國典雖當遵之自是博士別宴他所著為令晉考功郎當大計持議侃侃家宰恚曰司官何勤相左耶鈁曰甚知公道宜爾不知其他滯曹十餘年不調後晉山東副臬時恒（王番）重鈁內艱歸以古硯贈辭王曰始為鬱林裝鈁不浮已受之比啟篋則百金藉其下鈁驚弃硯返之王愧謝服闋補

湖廣兵備歷轉江西左轄乞休歸里居杜門
掃軌片牘不入公府布衣蔬食蕭然如寒士

向程

程（天啓慈谿縣志）字宗洛嘉靖乙丑進士除閩令徵拜湖廣道御史按遼陽行
部至鴨綠江朝鮮王使陪臣致饋程謝不納神宗踐阼上書言要在遠君子
達小人正蒙養以基聖功經筵進講請復古坐講禮出按應天復按貴州子大
比時權相子入試附勢者呈其卷輒批抹之一時談口聞以借啟府立名出為
江西憲
副卒官

蔣繼宗

繼宗（慈谿縣志）字汝述萬曆元年舉人為建寧令清苦自勵每催科有奇羨悉
貯公府一無所私久之轉大理評事御史曹學程以直言得罪既下法司
復移鎮撫獄繼宗與同官合章爭之得不移陞保寧知府
未幾卒于任妻子攜兩破簏歸不能營宅多遂槀葬云

周昌晉

昌晉（福建通志）鄞人萬曆癸丑進士巡按福建風采凜然墨吏望風解綬去凡
有司贄薦者例有餽金悉却不受後居家數十年淮園自給人高其操

紹興府

三國吳

魏滕

滕（三國志注）會稽典錄字周林祖父河內太守朗字少英列在八俊滕性剛直
行不苟合雖遭困偪終不回撓初亦忤策幾殆賴太妃救得免歷、山潞陽
山陰三縣令
鄱陽太守

晉

孔安國

安國（晉書本傳）愉會稽山陰人子安國年少諸兄三十餘歲羣從諸兄並乏才
名以富強自立惟安國與兄汪少厲孤貧之操汪既以直亮稱安國亦以

儒素顯著武帝甚蒙禮遇歷侍中太常再為會稽內史領軍將軍安帝隆安
中下詔曰領軍將軍孔安國貞慎清正出內播譽可以本官領東海王師必能
導達津梁依仁游藝後歷尚書左右
僕射義熙四年卒贈左光祿大夫

孔羣（晉書本傳）字敬休有智局志尚不羈蘇峻入石頭時匡術有寵于峻賓從甚
盛羣與從兄愉同行于橫塘遇之愉止與語而羣初不視術術怒欲刃之愉
下車抱術曰吾弟發狂卿為我宥之乃獲免後峻平王導保存術嘗因衆坐令
術勸羣酒以釋橫塘之憾羣答曰羣非孔子厄同匡人雖陽和布氣鷹化為鳩
至于識者猶憎其目導有愧
色任歷中丞卒于官嗣子沈

南北朝

孔覬（宋書本傳）字思遠會稽山陰人孝建六年為江夏內史為人使氣不能曲意
權倖莫不畏而疾之居嘗貧罄豐約未嘗關懷弟道存從弟徽頗營產業二
弟請假東還覬出渚迎之輜重十餘舡覬見之偽喜謂曰我比困乏得此甚要
因命置岸側既而正色謂道存等曰汝輩忝預士流何至還東作賈客耶命左
右取火燒之燒盡乃去先是庾徽之為御史中丞性豪麗服玩甚華覬代之蓬
首緩帶風貌清嚴皆重迹屏氣莫敢欺犯徙司徒左長史道存代覬為內史時
東土大旱都邑米貴道存慮覬甚乏遣吏載五百斛米餉之覬呼吏謂曰我在
彼三載去官之日不辦有路糧二郎至彼未幾那能便得此米可載米還吏曰
自來無有載米上水者都下米貴乞于此貨之不
聽吏乃載米而去太宗即位召覬為太子詹事

抱經按思遠本琅琊臨沂人祖弘之徙居會稽上虞已列寓賢故思遠入紹興人物

王思遠（南史王鎮之傳）思遠晏從父弟也父羅雲平西長史思遠八歲父卒祖弘
之及外祖羊敬元並栖退高尚故思遠少無仕心建武中為吏部郎思遠
以晏為尚書令不欲並居內臺權要之職上疏固讓改授司徒左長史思遠立
身簡潔明帝從祖弟季敞性甚豪縱使詣思遠令見禮度都水使者李珪之嘗
越州

曰見王思達終日危坐不妄言笑使憶卯明士見卯明士達頭散帶終日酣醉復憶見思逵言其兩反也上既誅晏思逵遂為侍中及起居注卒贈太常謚曰貞子

唐

孔若思（唐書本傳）山陰人紹安之孫早孤其母躬訓教長以博學聞有遺以褚遂良書者納一卷焉其人曰是書貴千金何取之廉若思曰審爾此亦多矣更還其半擢明經歷庫部郎中嘗曰仕宦至郎中足矣座右置水一石明止足之義中宗初以若思多識古今凡大政事必資質以行三遷禮部侍郎出為衛州刺史政事以宗室為州別駕見刺史鷙放不肯致恭若思劾奏別駕李道欽有詔別駕見刺史致恭自若思始累封梁郡公卒謚曰惠子至字惟微歷著作郎明氏族學撰百家類例

宋

石亞之（成化新昌縣志）石城先生之子嘗築室讀書于鼓山景祐元年進士唱第時年十七手神秀整天子將以尚主使卜其意辭曰父母老願奉甘旨家已別議姻王姬非敢偶也遂不强仕至太常博士

趙炎（成化新昌縣志）宋咸淳中權刑部員外郎王爚為右相炎責其附賈似道爚乃上言極奏似道之罪似道遂罷

徐天祐（兩浙名賢錄）字受之山陰人以父相恩為將仕郎銓試詞賦第一尉歸安將年尚少即以吏事稱嘗出郊吏具供帳甚飾天祐詰所從出吏以例對天祐曰費出于官則犯法于民則重擾例安可用盡却之貴人居邑者將囑事出謁入曰吾見尉自不敢有所請中進士第為大州教授日與諸生講經義聽

者咸發德祐二年以國庫書監召不赴退歸城南杜門讀書四方學者至越必造謁天祐高冠大帶議論卓卓見者以為儀刑

明

趙淵（弘治紹興府志）字澤明會稽人洪武初膺薦為陽穀知縣擢山西按察使去職吏與學校卓有時譽及解官結茆先隴之側旦暮讀書不以貧窶為戚

屠任（弘治紹興府志）字彥任嵊人家貧好學性耿介洪武中任蕭山縣學訓導陞武陟知縣以廉謹聞祿卒有餽瓜菜者任卻之曰此苞苴之漸也秩滿以政最擢刑部主事及卒惟餘書篋敝帛而已

薛常生（弘治紹興府志）字士容上虞人永樂丙戌進士以母老不敢行遠陳情當道乞就邑學教諭至則嚴立條約朋舊皆畏憚之歷陞吏部郎中嘗督北征餽餉多効勞績故人陳重器贈絹數端堅卻不受

陳叔剛（嘉靖餘姚縣志）初為縣從事永樂初舉賢良起為吏部主事歷郎中性廉潔在官三十餘年居處服御如寒士上方屬意大用叔剛屢乞休勉從之宣德中再被召不起有啓業故事陳吏部集行世孫謨與進士官終提學僉事

蔣琰（萬曆紹興府志）字尚圭新昌人永樂間以貢授九江通判在官滿兩考一以公廉自持時勅造廬山廟出帑金萬餘琰用其半餘悉封還于朝用薦擢貴州思南知府清操愈勵嘗于宅傍植棗一株謂子孫曰吾以木奴千頭貽汝矣入覲卒于京

張視遜（兩浙名賢錄）字友讓會稽人性剛正清介讀書嚴義利之辨嘗曰我私淑孟軻氏人稱為張孟子永樂中舉賢良方正授福建按察使照磨持己慎密克修其職數與上官辨時政得失言論侃侃不少詭隨上官嫉之不得行其志即引年返初服一時諸名人競為詩文以高其行

趙魯（分省人物考）字尚礎山陰人宣德初鄉薦歷任教諭秩滿不調恬靜自如正統間陞國子典籍日端坐觀書鳴琴自娛祭酒陳敬宗謂人曰趙尚礎仕不近利學不近名對之坐談簡淡有味今之黄叔度也秩滿致仕行李無一長物惟囊書數百卷而已

陳金（萬曆上虞縣志）字汝礪宣德中由進士任行人奉使安南厚賜以金々謂天朝使臣義無私交峻拒不受安南人義之為立郤金亭累官廣東布政使清修簡約丁外艱歸民攀留者填溢衢巷

潘猶（嘉靖餘姚縣志）字貴謨舉明經除仁和縣訓導擢監察御史坐劾逆監王振左遷通州學正振敗復為御史氣節益勵尋致仕歸落魄無事飢寒濱死而未嘗少挫其節從弟英字時彥以進士拜南臺御史與同官劾奏都御史周銓々自經英戍遼陽景泰改元詔復英官而英已死

司馬恂（萬曆紹興府志）字恂如山陰人正統中貢入太學尋中順天鄉試第一拜給事中在職論事能持大體不為苛察英宗復辟率同官極論人臣之懷二心者慷慨引義摯斥權奸辭甚切至未幾遷為春宮贊善是時石亨曹吉祥內外相要結朝士多趨附之恂獨簡默自守亡何亨敗附者皆獲罪而恂竟以敘還進少詹事兼國子祭酒教礼範眾持其科條諸生無敢自便者尋以疾乞歸

陳壯（紹興府志）字直夫山陰人初從父戍燕清苦力學慷慨有大節天順間成進士拜南京監察御史以廉介稱尋改江西僉事督察官吏雖素所愛厚無所假未幾抗疏歸李少師東陽重其去有莫與越人謀出處直夫先謝外臺歸之句歸十餘年用薦起官福建辞弗許尋擢河南副使莅官又懇疏乞休壯直道事人志未竟而退々而為鄉之典型者三十年

黄珣（於越新編）字廷璽餘姚人成化辛丑進士歷官南吏部尚書時劉瑾方進退大臣遂致仕卒于家嘉靖十六年礼部題珣歷仕三朝有清謹名乃追謚文僖

諸觀（西江志）字民瞻餘姚人成化進士以工部員外郎陞瑞州知州嘗自誓曰貪墨之吏猶不貞女一有點污何以見人時有訟者暮夜饋金不受卒寘之法後以忤特貴謫南安

盛瀧（萬曆蕭山縣志）字源之登進士初知臨淮終南寧守為政嚴明一毫無所染以直忤當道解官歸行李蕭然抵家杜門讀書不入城市有御史以巡鹺按浙知其饘粥不繼延之入省飲歡甚洽瀧終無所言一巨商敗法當戍携千金因瀧子以請子乘間謂曰父忍見輩飢寒以死耶瀧曰吾誓不以飢寒易晚節子皓還商人金相與甘心不悔越中稱清白吏必曰盛南寧云

徐官（蕭山縣志）父洪成化乙未進士弟守與官同舉正德癸酉鄉試官登進士清苦自勵歷廣西僉事之任不能具裝臨行子請曰家世清白願稍為後嗣計祥許之秖任一載無所寄子後以書請官還報曰青天白日之下稠人廣衆之中豈可為此前言戲之耳蕭人至今誦之

王鑑之（嘉靖山陰縣志）字明仲以進士知元氏縣有治才擢御史督南畿學政士咸畏而愛之轉都御史歷刑部尚書時逆瑾擅權六卿見者皆長跽鑑之獨與抗禮且責同列曰大臣可屈體于宦豎耶遂謝病歸

劉忠器（紹興府志）字世用新昌人成化初進士出知永安改崇仁擢南臺御史終太平守為人清苦自勵不可干以私郡有豪宦專持守令短長以行其私忠器待以禮稍有請託輒拒之居鄉出入徒步自登科至貴顯匹馬隻夫不以煩有司或以為舊例當得忠器曰吾無一毫德及鄉里敢勞費耶居常惟以園蔬自給卒之日橐無餘金子孫窮乏不能自振

陶懌（兩浙名賢錄）字習之會稽人弘治進士授刑部主事時戚里有殺人者同列並寬之懌曰法者天下所公豈可以勢屈耶竟寘諸法累遷福建僉事將進

瑾邀路曰：與我不愁無好官。懌歎曰：不義富貴于我浮雲。遂致政而歸。

吳蕣（於越新編）字子華，山陰人。弘治中選庶吉士，拜吏科給事中。剛直敢言，每彈劾大臣及諸貴倖不法事，無所顧避，中外憚之。嘗以事觸天官卿，竟中傷之，免官歸。環堵蕭然，杜門不出。

費愚（萬曆紹興府志）字希明，山陰人。弘治進士，初為廷評，執法無私。時有邊將數人坐失機當刑，賄權貴將釋之。愚廷奏其罪，悉置諸法。後出知成都，以忤當路謫戍。尋放還，平生甘清苦，儋石不儲，妻子或凍餓，不以為意。成都有門人官于浙，知其貧甚，因請過省中晏款，累日徵以交關事諷之。愚正色曰：爾乃視我為何如人？即日拂衣歸，遂與絕交。郎守讀法請教，愚曰：公刑太苛，敏太急。守為面赤。其介直類如此。子思義，精于醫，端慤有父風，惜無嗣。

倪鏜（萬曆上虞縣志）字右文，年二十舉于鄉，始授興國學正，日舉伊洛淵源課其弟子。時四明趙文華以郎署典山西試，事鏜為同考試官，趙將有所私，鏜庶其浮之，固爭竟不中選。遷樂平令，三月治聲大著，調繁南城，迄二年聞母病，即乞歸養，居田三十年不入城市，日以讀書課子為事。著有西原日紀、務本錄等書。

陳塏（舊浙江通志）字山甫，餘姚人。嘉靖壬辰進士，由行人轉南給事中，劾武定侯郭勛驕恣，嚴嵩欲見之，不可，出為湖廣參議，歷廣東提學副使。海瑞、龐尚鵬方為諸生，皆第之高等。行部過匡山，改張弘範立石書宋少帝及其臣陸秀夫死國于此。轉湖廣參政，歸林居四十年，讀書如寒士，詩文不為奇崛，有洪永風。

賁大亨（萬曆上虞縣志）嘉靖戊戌進士，初授行人，奉使出入，惟箸笥砂礶。後入臺中，歷按湖廣、河南、廬鳳、淮揚，風節凛然。河南有卞姓者坐誣大辟，為辨出之。卞以厚貲陰謝大亨，峻卻之。歸田日，以所遺薄產與弟姪均之。

羅萬化（會稽縣志）號康洲，隆慶戊辰廷對第一，授修撰。江陵柄國，每思招致，託客同生通意，萬化峻拒之。其僕尤七私請作記，萬化怒曰：吾為天子侍從臣而為僕人作記聊江陵又為其子先期請試題萬化拂衣起曰吾晚暮而篋明日出宣武門而謂我難去官乎江陵益恨之故久不得調江陵敗始還諭德陞南祭酒歷禮部尚書會推閣臣或言中人須少遺之萬化歎曰吾以單寒被遇至此乎吾過矣此何官而可貨取耶又推冢宰而忌者卒沮之復中罷萬化亦痒病思母連疏乞歸至寶應卒贈太子少保謚文懿

余增遠（邵廷采余增遠傳）字若水會稽人崇禎癸未進士除寶應知縣時劉澤清闖府淮南欲以公禮格府縣增遠投版棄官歸集村童五六人授以三字經旦則秉耒與老農雜作同年生王天錫按浙欲與話舊增遠擁衾不起曰不幸狗馬疾不能與故人為禮天錫方出門乃與婢子搭臭溉瓜天錫還望見之歎息而去

金廷詔（舊浙江通志）字二如山陰人崇禎癸未進士為江西贛縣令贛當兵燹遺皆不敢出廷詔頃刻定之甲申後退歸匿影山澤自號恥廬終老不出

俞漢遠（分省人物考）上虞人能詩畫常膺保舉寓京師時吏部尚書郭某知其能畫使人召之不赴召者曰冢宰人欲一見而不可得子何獨不往漢遠曰吾以意氣而來今往為之畫使他日得美除人將謂以畫得之卒不往得卒旅邸貧無所資鄉人裒金斂之

國朝

魯㮚（紹興府志）字季㮚會稽人明崇禎癸未進士改庶吉士不數月告歸杜門不出國朝順治十二年浙江巡按御史葉舟疏薦于朝以老疾辭好讀書雖耄不衰丹鉛甲乙常至丙夜居城南祁潭杖履蕭然見者以碩果目之兄孫德升康熙壬戌進士官檢討假歸亦以清節著

呂正音（紹興府志）字五正，新昌人。順治乙未進士，除昌樂知縣，以廉善得民歡。入爲戶部主事，乏行資，父老爲治裝，悉謝不受，典衣而行。後以主事出視鳳陽糧儲，兼稽閱入督寶泉局，皆暗音右職。正音皎皎自持，無纖毫染。康熙丙午典試廣東，遷刑部郎中，擢江南僉事，分巡嚴寧。會裁缺歸，年七十五卒。

周之麟（紹興府志）字石公，蕭山人。順治己亥進士，改庶吉士，授檢討，歷國子監司業，進少詹事，左遷太僕少卿，復晉僉都御史、太常卿、通政使。通籍三十餘年，謹慎詳審，遇事不激不隨，以恬和導迎善氣。平生嚴取與，屏絕華艷，服官雖久，田宅不及中人。見人时握手斂容，非素識者不知為朝貴。常語其子弟曰：我居處服食較諸生時不敢一分增，我意氣襟懷較諸生時不敢不十分減。人以為名言。

王穀章（紹興府志）字鄂叔，會稽人。康熙庚戌進士，歷官淮安知府。致仕居鄉，有矩矱，歲時一報謁長吏外，片牘不至門。所送老蒼頭數輩，皆衣履敝敗。飭子弟攻苦食淡，絕不預戶外事。其家法稍越之最。

陳捷（鄉賢留祀冊）字穎侯，新昌人。康熙己未進士，選庶吉士，授編修。幼失怙，奉母呂邑養儲至，處兄弟同仁均愛。嘗道拾遺金，訪還失者。（紹興府志）丁卯典河南鄉試，有勢要暮夜賚金求關節，捷峻拒之。其人曉譬百端，卒不納，悻悻而去。榜發多中州名雋。磨勘時以三場發策有二程見周茂叔吟風弄月之語，摘其瑕，謂非考官所當言，遂鎸級歸。

田軒來（四川名宦冊）字東軒，山陰人。康熙辛未進士，知成都縣，盡革支派陋例，需應皆出捐辦。邑自明季兵燹後多荒土，軒來招徠墾復，履畝起科，不漏不苛，課日增而民力裕。俗尚輕生，委曲開諭，并出示嚴禁，有犯者即單騎往驗，立行斷結，保全善類甚多。修學校，勤請課，多方鼓舞，士風以振。遇地方大事，陳請于上官，或不允，即義形于色，不多改移，必得請而後已。上官每以鐵長官目之。陞戶曹，邑民扶老攜幼，泣送百里外。擢御史，掌江南道。甲午主順天鄉試，稱得

人假歸家無澹石儲足跡不入城市日
與田夫野老處若絶無名位之榮者

台州府

宋

彭椿年（台州府志）字大老黄巖人紹興進士初授蘄春縣丞相克家薦之未用
而梁去椿年即詣部注松溪參政龔茂良奏曰臣備位丞弼每見朝士希
進獨彭椿年退然不營遷樞密院編脩官有私于椿年者曰闗長致意指日
有峻除椿年曰不識闗長正恐誤耳歷知處州吏部郎中以秘閣脩撰致仕

趙汝掄（黄巖縣志）字德澤宋宗室祖不曲由舍選得官清白有學德秦檜當國投
閒三十年紹興末始除軍器少監汝掄端潔好脩初官吳門與韓侂胄有
僚家之好及其專政同時無不貴侂
胄嘗招致之卒不往終知永嘉縣

陳庸（仙居縣志）字時中紹興進士終江西提點刑獄以廉介稱解組歸惟圖書數
卷而已卒謚忠簡子章淳熙進士歷官提舉建康崇禧觀有父風時呼小提
刑以別
于庸

鄭雄飛（赤城新志）字景溫仙居人端平
進士累官戶部侍郎以清節著

陳宗（太平縣志）字正夫堅之子寶祐四年侍御史丁大全既逐丞相董槐盖恣横
用事時宗為太學生與黄鏞陳宜中林則祖曾惟劉黻上書攻之大全怒嗾
御史吳衍劾之削籍編
管遼州時稱六君子

王象祖（台州府志）字德父臨海人負異質學于葉水心而與陳貲悳為友和學巖
重學邃行高守令欲見不可得真文忠公極重之有故人作相象祖已寢
台州

疾猶橐數千言規正之時論比之蘇明允

趙時橐（天台縣志）淳祐丁未進士歷工部侍郎咸淳庶吏三人橐居其一

林應丑（黄巖縣志）字子寅喬年淡子咸淳三年發解歷官兵部員外郎上疏攻賈似道引病歸

明

林思英（寧海縣志）字嘉賓昇之弟洪武戊午以人材授福建汀州知府居官節儉任五載聞母訃悲悼不已背血迸流七日而殞櫬歸行李蕭然路費不給子尹昭沿途告貸時稱為林清孝云

王敏（方孝孺王進德傳）字進德寧海人嘗與友夜讀空舍中夜半隣女叩門求宿具友欲納之敏厲声曰吾在此誰敢入因疾呼使聞于外友愧謝不敢出声女逸去後學舍諸生相戒不敢為非義分教北方蕩鎮主將苦其清介異己欲試其所為召使飲酒坐婦人幃中酒酣鑰門以出敏入見婦人大呼排門出取廐馬乘之逃還主將驚謝後拜御史兇歸

魯穆（獻徵録）字希文天台人永樂丙戌進士拜監察御史以敢言稱陞福建按察司僉事理寃純好民目之曰魯鐵面歷都察院右僉都御史以疾卒穆為人剛方廉介始終不渝歷仕中外二十年衣服如寒士卒之日無以為殮同朝卿士咸賻助之

李茂弘（台州府志）字用受太平人永樂乙未進士授刑部主事陞考功員外郎冰蘗之操終始如一大臣爭論薦之年六十乞致仕歸李文達公嘗語人曰茂弘為人恬澹少許可與人不苟合而疾惡之心太勝以故未至卿佐也

張璣（黄巖縣志）字士璇，以貢入太學，嘗持部檄督宣歙等州筆竹，謝絶賂遺，授定州同知，辟内蕭然如僧舍。丁内艱歸，再起涿州，奏減荒地税，民甚德之。秩滿告歸，行李惟故簏敝衾，寮案醵贈以金，不受。州人呼為乾張。

黄尚斌（赤城新志）孫松鳴，太平人。每讀史至佞倖傳，輒掩卷涕淚，或感憤至唾罵。嘗見人有盜具田者，佯為不知而避之。年九十終。以孫孔昭貴，贈工部右侍郎。

郭紱（臨海縣志）字仲端，成化辛丑進士，令績溪，以廉幹稱，擢監察御史，風裁清峻。正德己巳，以山東參政管順德府事，尋改安慶府，介潔之声聞于遠近。迄致政歸，行李蕭然。歸家杜門，如寒士，僮僕不能堪，多逸去。特人歌之曰：郊外兒童迎屋裏，兒童走廉愛自有真，古今郭太守。予挠正德進士

蔡餘慶（黄巖縣志）字淡善，成化丁未進士，授中書舍人，為李東陽所重，欲引直内閣，輒辭謝，陞南京刑部郎中，轉汀州知府，廉慎自持，恤民疾苦，考績陞福建鹽運使，益厲清操，秋毫無所私，惟積圖書數簏。當道交薦，有獨不廉于儲書之語。陞山東參政，未幾，以忤中貴人歸，三十年足跡不入公門。著有瘦石亭稿

燭光

録

王中（寧海縣志）字時中，成化丁未進士，授河南道監察御史，陞山東按察僉事，弘治中分巡遼東，以遼事與大理卿吳一貫等九人連逮至京，坐失奏，左遷石阡州同知，武宗御極，陞同知南雄府。當路以中素著清望，特委專理抽分，人皆以為錢貨藪中，益勵清操，俸入皆儲公帑。及病革，惟一老婢侍，囑之曰：吾一閨女也，今當歸，勿污吾節。言訖而逝。與喪歸至杭，闔盤詰，若發具橐，惟敝衣書卷而已。咸歎曰：真天下窮官也。自號夢卜子。

葉廷榮（臨海縣志）字尚本，池州守恩之子，成化丙戌進士，歷監察御史，彈劾有声，一塵不緇，恬于進取，乞告家徒壁立，至不能支，疾且革，當道欲因事周之

家人從恿終不受鄉人稱其垂死不以一言博千金守約之義足以範俗云

林克賢（太平縣志）字一中鷄渋弟成化丙辰進士授刑部主事轉員外陞福建按察僉事具在刑部治獄不為苛刻有沉成者錦衣也嘗以大辟劉克賢讞之知其冤白尚書陸公曰同知錦衣推重然殺人以婚人具勿為也卒從末減又支部誣王宗禄投匿名書罪宗禄父淵嘗以言官獲譴衆咸曰非林員外莫能辯遂以屬之事竟得白其在按察力振風紀巡按御史其舞文巧奸嘗面折其過坐是十年不調嘗兩監鄉試御史欲以意黜陟人抗執不從

周玉（臨海縣志）字朝振臨海人弘治癸丑進士官祭酒以逆瑾用事致仕歸屢薦不起時論高之家居三十年恬淡自好曾修臨海縣志年踰九旬而終

秦禮（臨海縣志）號樗菴弘治己未進士令常熟直道正辭執節不二先是貴游歸鄉縣盛供帳郊迎禮一切除去歷官刑部員外陞福建按察司僉事別奸宄嘉稱為秦龍圖弟武號嘖華正德丁丑進士由行人擢御史直諫有声

蔡德器（台府府志）字重之黃巖人領鄉薦授上饒教諭陞靖江知縣廉潔自持嶠然不滓靖江故盜藪民浚河得金銀器盈車以一盤來餽却不受刷卷許御史行部通貨賂吏以白德器曰行苞苴于權門吾寧考殿不屑為此許發白金令鬻文綺以諷之執不從許怒欲逐之遂引疾歸行李蕭然家居杜門掃軌足跡不入公府晚年布衣蔬食或至不給怡然不以介懷

陳勉（廣東通志）字汝勉黃巖人舉人弘治間肇慶同知有文學清介自勵庖無粱肉或以為矯勿恤也陞太平知府

蔣洋（仙居縣志）字良潔父禄令安溪以清節聞卒于官當路賻贈三百金洋却勿受正德庚辰成進士授工部主事榷稅荆州江陵驛日餽支應銀若干洋行州令時庫恪賑陞員外郎督理倉廒中貴楊某素聞洋名希交驩爲洋絕不與往來楊慚思中傷已而蹤洋所為曰蔣副郎冰心雪肝未數數覯也遷郎中奉

使再如是抵姑蘇而卒囊橐蕭然無以為殮郡守胡纘宗經紀其喪

秦紹科（黃巖縣志）字弘哲弱冠領鄉薦授海州知州值旱蝗殫心荒政巡撫席書檄行旁郡為式陞福建鹽運司同知冰蘗自勵秋毫不緇擢知大理府首禁輕生之俗多所全活減解役冗費數千金有土官欲有所請夜懷金數百問于途杖而遣之因榜于廷曰公庭三尺法暮夜四知心大理人至今頌之居官凡三十年所至一惟節用愛民執法不阿以是不悅于貴勢坐罷歸

戴時弁（台州府志）字貞甫臨海人嘉靖癸未進士殿試二甲例授京曹有權貴重其名欲致之門下啖以館職時弁曰結與援以進此吾讀書時言之而面發赤者今忍蹈之耶以此忤出知亳州未幾以母老乞養歸後起工部員外授河南按察僉事卒以不善事上官致仕宦故薄不能備肩輿畜一驢以代步墮驢傷足書作墮驢詮著有東華文集

林應麒（仙居縣志）字必仁嘉靖進士授吳縣令吳多豪右為民患應麒下車輒收訊之會御史苟汝安按郡應麒晉謁苟端坐不為禮應麒徑長揖出豪右秉間誣之遂被劾已而除國學博士調金谿令尋陞惠州府同知其令金谿時為鄭副使世威屬稿議革餽送內引分宜進賢二邑歲費六千金為證語頗激切嚴世蕃萬鏜諷言者文以他事迺罷歸

張志淑（臨海縣志）字世彥嘉靖甲午舉人選授瑞州司李合境稱神明直指巡列郡飄檄志淑與俱志激亦慨然以激揚自任墨吏悉望風解綬分宜柄國志淑半剌弗與通遷廣西思恩郡守思恩蛮獠雜居志淑履郡示以威信衆咸懷之未幾土酋以兵逼城下志淑率吏士奮擊郡賴以安後致政歸家惟圖書數卷而已

林貴兆（台州府志）字道行，太平人，嘉靖庚子舉人，授江西都昌令，茹蘗飲冰，始終一轍。時嚴嵩父子秉政，大小趨附，貴兆曰：我豈能為若作鷹犬耶！即日解印綬去，行李蕭然，父老涕泣留之，兆別以詩曰：湖邊植柳組官騎，柳未成陰官已去，懇懇父老莫留衣，舊𢇁曾掛衙前樹。士民為之立祠。

周鄕（黃巖縣志）字文佐，性耿介不苟合，為諸生，縣令方深器之，有貢官延主師席，鄕為求解，計者謝弗往。貢京師，時冢宰為鄉人，諸生進謁，率蹊階下，鄕獨執鄉黨禮，平交。授恩縣訓導，陞邛縣，晚歲免官歸家，益窶，恬然弗問也。年八十餘終。

孫惟中（畿輔通志）寧海諸生，隆慶中由永年丞遷清河，一僕自隨，獨勵苦節，士民歸具德化。自言死期，適月暴卒，檢囊中僅遺錢二百文，士民為舉喪甚哀。

余鐸（黃巖縣志）字振之，以貢授崇義訓導，邑僻左，士昧弗學，鐸日與敦說詩書，衆皆奮起。故事斋膳夫直率倍徵，鐸請于縣，華之。學旁多隙地，募人藝蔬，收具稅歸之官。屢請歸不許，會峽江尹成某以御史檄行縣，勢張甚，鐸獨與抗禮，成陰以濫酒中之，生免不知其不善括杓也。及歸，諸生垂涕送之數百里外不能別。家居二十年，杜門著書，淺先邑令莫靚其面，平生學務實，蹊不屑近名，于紛華勢利泊如也。所著有雲屏稿、西山集。

石承芳（舊浙江通志）字子孝，寧海人，讀書力學，無他嗜好，以明經授常熟丞。邑有梅李地琥因逋糧，往勘，賦詩有飛沙迷望遠，瘴土不毛同之句，涇陽顧公傳之，而此城糧額遂減。署尉篆，民有犯鹽者匿勢家，承芳率擒獲。後陞廣東興寧令，因與府道忤，遂掉歸，老稚郊送，回舟僅餘俸金七金，環堵蕭然，日以書史自娛，家居十載卒。

金華府

漢

一二五八

陳修（南昌府志）字奉遷烏傷人家貧為吏步擔上下恒食乾糧每至正臘僵臥不起同僚飲食處請不一赴遷豫章太守計月取俸受米不受錢十日一炊不燃官薪布被覆體（金華先民傳）除遷合浦太守大著治声卒于官合浦民懷其恩護喪歸葬

楊喬（婺書）字聖達烏傷人桓帝時為尚書風儀偉麗帝嘉其才名尚以公主固辭不聽因不食而卒

宋

徐端益（嘉靖金華縣志）建炎初為虹縣尉時張邦昌手書至縣令以下皆迎拜宣讀如常式端益以武人獨不屈膝事定向子諲言于朝為易文資

朱有聞（浦陽人物記）字子益刻苦為學悉通諸家書作文尚質實有理致視富貴無所屈縣令丞而下欲見之不能得同郡呂祖謙名重一時知其有守而多聞訪之逆旅中再以書達之止修報謝亦竟不行祖謙愈重之

徐良能（金華先民傳）字彥才蘭谿人紹興五年進士歷知宿松安吉二縣其在宿松撫流亡勤飭課不以土產供餽遺前政私增俸給盡削去之吏白舊例所當得則曰此賊也爾欲以是餌我耶及為安吉賑艱食之民除水災之賦民感其恩繪像于學宮刻石以紀其政去之日衆爭致饋一無所受待次家貧至鬻產以供以薦起為御史遷給事中除龍圖閣待制以終

黃中輔（萬曆金華府志）字槐卿義烏人紹興中秦檜和議既成日使士大夫歌頌太平之盛但有言其奸者輒捕殺之中輔作樂府題太平樓有快磨三尺劍亟斬佞人頭之句檜聞大怒蹤跡不得而止居鄉每為仇家所挾將發之會檜死乃免自號細高居士名其齋曰轉拙

陳輔（東陽縣志）字斯士少從呂東萊游永康林大中聞其賢妻以女輔未嘗倚為重也淳熙八年登進士不汲汲進取以恬靜自守林欲名為樞密院輔力辭

婺州

嘉定元年大中卒乃遷國子博士著作郎凡三十年僅褒
官途而不改其樂沒亡祠歸貧無室廬僦居永康以終

金式（嘉靖金華縣志）字元度淳熙十一年進士以右正言終
在官三十年清貧如一日舉豐狀其行謂金華之人傑

倪千里（兩浙名賢録）字起萬東陽人七歲能默誦九經諸子登淳熙進士議論文
墨籍甚閉門授徒戶外屨滿擢御史公饋不入門退食蕭然如山居遷右
正言以言事忤大臣除起居舍人兼國史編修實
録檢討卒于官位特贈右文殿修撰階朝奉大夫

胡侁（金華先民傳）字子先永康人寶慶進士累官監察御史內侍董宋臣竊國柄
侁屢疏劾之宋臣怙寵奪侁言職調將作少監即日棄官歸籍治田園自給
泊然不復以勢利經心後累召之堅臥
不起又稱雲岫先生著有孝經論語釋

元

王餘慶（金華先民傳）字叔善金華人受業許謙之門嘗游京師有番僧官為總統
者勢焰熏赫得其一言官爵可立致或以其名聞僧召之拒曰吾學將以
伸正道寧有屈身而道可伸耶至正初入經筵為
檢討官累拜監察御史使廣東詢問疾苦多惠政

吳中（東陽縣志）字子善少從陳樵游樵卒從其母棲居陋巷間家貧年三十不能
娶不以介意每鼓琴自娛或把筆吟詠宋學士濂與善卒為之銘以固窮稱
之

明

馬廉（分省人物考）字原清東陽人幼有志操博通經史洪武初薦授德清丞招徠
流離撫綏凋瘵甚得民心既而調丞壽陽有僕卒于慶寺得埋金五十兩以

進廣命等録其數藏于官庫後歷遷山西副使谳獄詳明民無冤滯以親老乞致政詔進一階致仕卒

鄭子祥（金華賢達傳）浦江人義門疏族也嘗為義門師塾洪武中薦授知縣守職廉平謹畏自持或賂以賄毅然曰吾為義門族可使簠簋不飭玷吾宗乎

陳俊（兩浙名賢録）字俊民東陽人永樂乙未進士除監察御史巡按南畿劾贓吏華宿契即邑肅然累官應天府尹以嚴峻繩下吏有舞文者即杖殺之屬同僚不阿以私嘗曰吾不能自立清流然隨波汩泥吾不為也未幾卒于官貧無以殮

童俊（正德蘭谿縣志）字和英由舉人知嘉定又知趙州因内臣王振巡歷其地不肯折腰遂致仕歸民攀車泣留不得立生祠祀之歸家囊橐不繼遂撤其几以易米但以手持卷門人問曰何居曰将以辦早尉耳日夕考索經傳作書韻會通若干卷

聯讓（蘇章書）字公遜蘭谿人景泰進士天順中知南昌縣守礼執法不狥上官意時鎮守中官恃恩恣横有所苛取讓即納冠帶求去中官愧而留之自是不敢有加于讓

胡節（分省人物考）字孟通浦江人天順舉人授淮安知縣為一時廉能首值外艱歸行李蕭然邑人欲贐以金堅拒不納乃寔卸金亭于西禅驛之渡口自恨勿克終養廬墓而卒

黄傅（蘭谿縣志）字夢弼從章楓山遊以名節自礪弘治庚戌進士授江陰令稱神明三年授江御史朝貴聞其風裁相戒斂避不久以病歸病劇無資以供藥家人尤之傅賦詩曰病餐藜藿神猶壯餓死溪山鬼亦清所著有白露集及江陰志

姜芳（兩浙名賢録）字實夫蘭谿人弘治中領鄉薦數上公車不第授盧陵教諭以名節為訓應聘校試于閩或有以私求舉者峻拒之居憂起蕭縣歷陞大理

寺司務未幾逆瑾竊權流毒縉紳芳慨然以不得行其志爲恨遂乞休歸蕭然一室下帷讀書微疾能自知死日具衣冠端坐而逝嘗自志其墓曰吾以媿世之好讀者

李滄（金華先民傳）字一清永康人正德戊辰進士授南工部主事嘗奉差督蘆儀真及司龍江關抽分廉慎有爲人不敢以私干雖中官同事者亦嚴憚之公暇輒與崑山魏校永豐夏尚朴講學窮理以求檢身之方一切世味泊如也卒于官貧所乘馬乃克歛鄉人高其風操率私錢爲樹芳以表之章楓山題其額曰清修吉士

姜綱（萬曆金華府志）字如章蘭谿人性剛介由進士任南刑部主事嘗請除方逖及同鄉能詩文者綱不應呂前席漫詢答曰德行本也詩文末也本之則無如之何呂改容謝之轉工部營繕司郎中劉嘉所好爲吏卒所憾共誣摘同官物下錦衣獄尋得辨釋落職家居淡薄自守不預外事亦不以營家爲念植方竹于庭自爲贊曰方不就曲竹不諧俗如我罪我其惟方竹遂自號方竹著有鳳林類稿經史等記若干卷

朱方（康熙縣志）字良矩正德甲戌進士歷官雲南副使道右參政性誠樸言笑不妄舉進士時年三十九或勸以隱年方曰初學事君即可欺乎初令汾陽官道榜植柳歲贏千金方不取後邑人漫遺餽于丹陽亦弗納在淮安代守入覲諸屬邑供送行齎俱峻却守鹽以殽饌亦却之守書廉吏二字以贈在雲南凡八年注惟二僕一猫蕭然

章适（分省人物考）字景南蘭谿人嘉靖進士授行人擢禮科給事中言建儲忤上旨風節凜然未幾引疾歸家無羨儲依然一布衣也

鄭宗錦(浦江縣志)字世章為石阡司理清介不苟取日以孝弟訓其民比歸家徒四壁無以自存為塾師以給朝夕邑令或憐其貧捐鏝以贈不受從子崇憲為清江丞清操克紹

徐兆(萬曆金華府志)字叔明蘭谿人家素貧既舉于鄉絕不以家計為念嘉靖癸丑成進士授南刑部主事靖共厥職甫八月卒于官至無以為殯

徐用光(蘭谿縣志)字仲孚嘉靖進士授工部主事陞員外郎督臨清軌廠中貴往來河道有肆橫者每折之不可干以私廠貢給發金錢數十萬故事剖贏佐公費用光一切謝絕遷郎中道病行李蕭然窗戶敝贏全為湯藥資趣指衣曰我如此衣耳何以墨污之亟持去不數日而卒年僅三十有五著有徐工部詩集

金傑(湯溪縣志)字世英嘉靖丙午舉人授廣西富川令居官六年一介不取時權相當路傑不事夤緣前後薦章凡八上乃擢江寧尹甫三月歸三十餘年足不履公府有肆隱通集行世

胡檡(分省人物考)字仁甫蘭谿人由舉人歷邵武長沙建昌三府通判陞景州知州真定府同知所至廉謹練達人以法家老吏稱之致政歸讓產于兄弟至已不能自存

李學道(東陽縣志)字汝致萬曆壬戌進士授丹陽令邑有羨金至則籍而歸之官以父憂歸貧不能具喪授徒自給在丹陽嘗雪一冤獄既歸其人以百金壽謝卻之服除拜監察御史巡視中城中涓爭治室畜倡童年非分利悉逐去之內相許義扶爪闌入民家取財物按治之繫詔獄諸涓聚午門候朝羅邀而箠辱之御史大夫以下俱上疏論涓逮首惡三人杖發邊戍學道亦外調司理盧州已而擢南兵部主事進職方郎中承重歸服除補山東之青州入覲卒

陸可徵（金華府志）字徵承蘭谿人萬曆丁丑進士改庶吉士授編修尋掌誥勅使
者餽遺悉卻之擢春坊諭德為經筵講官時朝廷久不御殿因為十二頌
首列聖訓流入上感動下罪己之詔奉命主應天試有司援
故例餽金堅辭不受抵京擢祭酒陞右宗伯遭父喪哀毀卒

鄭弘道（蘭谿縣志）字克修性至孝七歲遇親疾治湯藥衣不解帶萬曆甲辰成進
士授徽州府司理有士人投謁門墻贄以一硯試之則紫金也立召至卻
而絕之俸入不足以供日用室人數曰為廉吏婦自甘淡泊丞旅不能宿飽柰
何弘道與言慰之攝郡篆餘羨數千登不入私橐為造紫陽橋利涉者感之稱
鄭公橋又攝休歙二邑羨贈贖所積幾萬金
悉以葺泮宮資貧士調南雄去行李蕭然

徐可期（永康縣志）字恒父崇禎戊辰進士初授行人奉命冊封蜀藩尋使帳省大
役蜀藩以金帛贈行堅辭不受又奉命諭祭豫藩清望益著考選福建道
御史以鯁介觸忌改刑部主事時山陝冦起大臣多無章
被逮可期力為申救乙亥疾卒于官同官賻之舉柩歸

國朝

倪懋祚（四川名宦冊）金華人康熙庚戌進士宰犍為不
名一錢致政歸民餽以贐置之江干不受而去

衢州府

宋

王介（萬曆常山縣志）字中甫言之子博學善屬文慷慨負氣喜直言慶曆進士嘉
祐六年策賢良方正直言極諫之士介取上第後以秘閣校理出知湖州休
致卒于家初介與王安石遊甚歡及見其新法事謬遂
與之絕子漢之渙之沇之弟念念子為之皆舉進士

樊瀚（崇禎衢州府志）字德潤，西安人。元符進士。徽宗欲用之，以不附蔡京，出守鄱陽，後奉祠老于家。

毛抗（正德江山縣志）字節之，登甲科。時新法行，抗持論不合，去，終祠部郎。

柴天錫（崇禎衢州府志）江山人，仕為司封郎中。時蔡京當國，鄭居中說往謁之，天錫曰：曳裾權門，吾弗為也。

明

汪益民（弘治衢州府志）開化人。元季不仕。洪武初詣行在獻策，陳開國綱紀，朝廷嘉納之。尋召赴闕，授惠利縣令，守官廉介。任滿乞歸，上憐其貧，解御袍賜之，仍命有司優給衣食。

蔡德政（萬曆龍游縣志）永樂初舉明經，擢福建道御史，彈劾不避權倖。嘗曰：張綱埋輪，彼何人耶。

吾紳（嘉靖浙江通志）字叔縉，開化人。永樂甲申進士，授庶吉士，改刑部主事，陞郎中。文學政事為時所稱。官至禮部右侍郎。仕官二十餘年，蕭然如寒士。

胡超（萬曆龍游縣志）字彥超，舉進士，授都水主事，改虞衡，奉使華陽，饋遺皆不取。強之，勉取其一，出投之江，人以投金名其處。判通州，盡剔宿蠹，尋乞骸歸。弘治初，歲給米四石。子綬，舉人。

吴夔（崇禎衢州府志）字學夔，西安人。弘治舉人，為永春教諭，士有惜別頌。調湘縣，士有難浮歌。致仕家居。僉憲韓邦奇，夔之門生，分巡三衢，龍游胡顏頭以罪求釋，遺數百金，峻拒之。嚴守喬遷，亦門生，治西安梁宰獄，梁以二百金求囑，復拒之。性孝友，吮母疽。父喪，廬墓。郡守沈杰請總纂郡志。

汪璀（開化縣志）弘治間以貢授古田令，下車誓不取一介。時當路有欲橫征者，璀獨不奉令，曰：吾不能剝民脂以媚人。遂托疾歸家，居二十餘年，絕跡城市。一日

衢州

有友人謁邑令借冠于璀〻取冠擲曰此
冠不至于人久矣友悟歸其冠亦不往謁

周文典（分省人物考）字用賓江山人正德進士甫登第即疏歸讀書于江郎山中
六年超為刑部主事歷官鴻臚卿屢起屢退前後實歷不踰二考舉朝重
其恬退特越次遷之逾年致仕愛杭郎山水之勝築室清平山下與人
交樂易無城府放言高論意豁如也總督胡宗憲表其里曰高士坊

汪嘉會（衢州府志）字亨夫開化人正德辛丑進士為刑部主事陞郎中事繼母甚
孝恬退清守不苟取不敎進審錄四川多所平反楊石淙以公平仁恕薦
之未幾卒于家

周任（江山縣志）字以仁初事章楓山登進士時逆瑾用事誘以殊擢不聽乃外謫
尋陞刑部郎武宗南巡陸震以直諫下獄抗疏救之後出守梧州以勞瘁卒
于官

陸郁（崇禎衢州府志）字文盛西安人歲貢生令湖口時值宸濠之亂州縣被收印
篆郁佩印死守卒免邵漁船常例全秩滿啓行粮長積每歲常例二百金餽
以供路費毅然却之在任八年每食蔬
素人稱陸青菜後任鹽運使政声尤著

陸璜（萬曆廣東通志）龍游人進士嘉靖中知雷州寬簡臨民尤勵苦節時當入覲
故事有夫馬供億璜一切罷去及所餘贖鍰皆蠲除之在官三載不携家屬
歸述行
李蕭然

楊希聖（崇禎衢州府志）字恒初西安人萬曆戊戌進士官翰林編修攻苦茹
淡飯止脫粟衣皆布素奉差道經武林織匠以千金求囑恕而却之

蔣士皐（開化縣志）字仁宇六歲失怙事母程以孝聞任岢嵐州吏目萬曆庚戌歲
大飢委催軍餉甚迫徼急則慮民變餉遲又慮軍譁士皐請暫停徵兩月支

支五寨所儲馬料代餉知州難之馳告本道力請
始得允軍民兩便致仕歸杜門謝子家無長物

翁祚（龍游縣志）字子長少遊吳中與張西銘楊維斗張受先諸人友篤學嗜古終
老不搬家無儋石儲處之晏然不問家人生產有言及阿堵物者輒面發赬
拜使去每歲教授生徒束脩外雖片
楮寸管亦不妄取丙子選貢不仕

國朝

方輔圖（開化縣志）字左一順治間由監生知臨汾縣時查墾令下上官恐有隱匿
備提旁午里胥欲增畝以為守令地報牘盈三千輔圖集士民謂曰奉文
查隱漏非增稅畝也今若此是遺爾民無窮之患且非朝廷愛養爾民之意矣
聚牘焚之外艱服闋補合水令地瘠民貧鬻邸第以代逋賦民德之忽一日心
動遽乞養歸士民泣送數百里外抵家而母病已劇奉湯藥三日而歿卧柩側
三載終喪杜門不出垂三十年絕不聞戶外事有福建流寓持三百金求冒墾
戶應試堅拒
不納事乃寢

嚴州府

宋

陳彥才（竹坡詩話）字用中平陽人宣和進士居官廉靖以不附秦檜終不大用有
述懷詩晦翁跋之紹興初嘗有故相寓永嘉彥才雖鄰不謁也後其人再
相彥才僅注
邑遠江云

洪璞（嚴陵志）字叔玉淳安人為鎮東節度推官遷邵武通判慈湖楊簡薦之朝曰
守官數十年而無屋可居舉家三百指而無田可養節操方正可備獻納科
睦州

未報而卒所著有省堂文集

方恪（嚴陵志）字德奎淳安人以春秋領鄉薦仕秘閣校理耿介自持時貴忌之乃棄官歸

童竟民（萬曆嚴州府志）遂安人登紹熙四年進士第累官至右正言以言事忤韓侂冑罷歸

俞誠一（嚴陵志）字明分水人嘉定十六年進士累官南康教授兼白鹿書院山長淳祐七年遷國子監丞歷勘轉奉議郎平居喜怒不形遇事剛果不為禍福怵自奉儉約菲衣糲食破窻敗几澹如也居家蒞官內外如一著南畸集十五卷

徐唐佐（淳安縣志）字君輔咸淳四年進士歷衢州教授至行在權院官生平力學自奮未嘗隨俗俯仰晚年居家貧甚操行峻潔為後學師表從弟夢高字明叟學尤精粹教授衢州有蘭存稾一卷

明

盧義（嚴陵志）字希正淳安人洪武進士累官刑部郎中出知建昌府以誠確愛民稱盧慈悲然寬而不縱豪强有所犯不少貸且曰今不慈悲矣秩滿民借留復任九載當遷以疾辭歸囊無餘貲吏部侍郎洪璵嘗寄以詩云花笏賣來供國賦詩書留得當山田蓋實録也

洪堪（淳安縣志）字子輿洪武丁丑進士授監察御史以年少辭俾見習暫歸侯長永樂召入臺彈劾不避權要同寅有遺褱白鷳者堪却以詩曰白鷳本是山中物何事飛來到柏臺

胡拱璧（淳安縣志）字寶之號更拙穎敏好學經史百家皆貫通大旨恬淡閒雅不以紛華易志兄莊懿公既貴顯拱璧愈韜晦邱園足跡不履公府邑令特

加禮敎終不能致家居惟讀書吟咏以孝友忠直為素履六十年不变所守縉紳咸重其品行

陳道（建德縣志）字霽宇事繼母以孝聞撫幼弟不欲分箸盡以腴田歸之充萬曆癸巳貢授廣西遷江知縣：界安南苗民雜處有豪苗陸轉者殺傷差胥諸司欲勦之道執不可乃单騎入陸村諭以順逆擒陸轉一人置之法餘衆浮全安南人聞道名餽金十三條峻拒之其人已越界去道呈之撫按以其事聞有旨令安南人前來領金以彰其廉秩滿陞王府長史致仕歸淡泊一如寒士

吳希敏（公舉事實）字魯卿淳安縣學生崇禎中以薦授四川大寧知縣未至任而卒年十四時封股療父疾父卒事母至孝及長兄希哲以進士官司李于粵希敏至其署越數月告歸瀕行兄贈以金希敏笑而卻之曰弟不憚數千里為省兄來非為分潤來也辭不受與人交一介不取里稱篤行君子云

溫州府

宋

王公彥（萬曆溫州府志）字成德永嘉人與兄公輔同登紹聖第調江夏尉元符末上書論宣仁無負于先帝司馬光無負于天下且言章惇悞國之罪與李林甫盧杞無異由是廢斥入元符黨籍紹興初褒錄轉官奉祀

徐履（嘉靖瑞安縣志）字子雲尚氣節紹興戊辰省試第一時秦檜專權力主和議朝野側目履不勝憤怒及聞檜欲以女妻之廷試對策指斥其奸朝臣視之愕然高宗憫其戇直特置榜末歷刪定官國子博士終朝請郎所至有声止齋陳傅良嘗曰吾鄉徐少初天下士也

顧岡（平陽縣志）字次鳳紹興進士授錢塘簿時趙鼎去位秦檜擅權力主和議盡斥不附己者岡深憤歎因致書其鄉人工部侍郎蕭振極論二相邪正之黨

温州

遂不復仕

徐瑄（萬曆溫州府志）字純中，定子。由評事積遷朝奉大夫、大理少卿。濟邸獄興，史彌遠囑其傅會殺無辜，啖以美官，瑄不從，削秩謫道州，卒。端平改元，詔復原官，贈集英殿修撰，命有司立勸忠坊于第左。

郎何（兩浙名賢錄）字漢規，瑞安人。乾道二年進士，宰連江，有声，部使者交薦，不自售，由是浮沈州縣，晚始登朝，監進奏院，遷太府簿。時方詆道學，何獨奏疏論中庸及皇極偏黨之義，語意懇切。慶元丁巳，將有事于南郊，太常缺卿丞肄儀，宰相以何名聞，遂攝卿行禮，自受誓戒至飲福，細大無違。以不肯謁當路，出守袁州，卒。

晏祐（江西通志）永嘉人。由進士嘉定六年尉上高，以廉介自持，有委一斷以公，未嘗通當路。嘗謂人曰：仕途奔競，相率成風，吾竊恥之，窮達有命，豈可枉道求伸。卿

曾禹臣（嘉興縣志）倜儻篤氣節，許及之嘗奏以官，禹臣恥附之，辭不受。

徐儼夫（兩浙名賢錄）字公望，平陽人。淳祐辛丑廷試第一，歷官館閣，以忤丁大全，拂衣歸里，杜門不出，家貧并日而食，抱膝高吟，声出金石。或勉其抑己謝過，儼夫答而不答。景定中，起為禮部侍郎。

趙時詁（樂清縣志）立夫子。為浙西憲時，道經太湖，遇賈似道還京，邀之，引舟避去。後為太府卿，又數忤之，遂貶融州。貽書諸弟，歎國柄下移，莫有為以行其志，遂卒。

明

任道遜（温州府志）字克誠瑞安人七歲工書永樂中以奇童應薦歷官太常卿致仕居官五十餘年囊橐蕭然日以詩画自娛與吳祚蔡昂結清樂會倡和吟詠年餘耄耋卒有太極心性圖說歸田百詠諸書

范霖（温州府志）字時雨樂清人宣德丁未進士以行人使萬里外歸篋蕭然擢御史彈劾不避權貴時都御史周銓等刻貪暴霖悉條其不法事合十三道共劾之有詔逮都御史銓心悸自經十三道譴謫霖除首議下獄擬大辟霖了無怖色會詔恤刑乃減死出獄

陳鈍（萬曆温州府志）字斯鈍樂清人以孝行聞正統丙辰進士授行人歷使遠藩至朝鮮世子親餽毫無所受凡再進再卻且諭以詩有天使非閑賄賂來之句朝鮮人相顧動色進吏部文選郎中遂乞休有全歸集

陳宣（萬曆温州府志）字文德平陽人成化辛丑進士授工部主事治徐沽類等閘漕商兩便陞刑部郎中以同列章覂事連坐謫武陵州其俗女耕男織信巫事鬼宣教以男耕女織崇祀祖先俗遂雅化尋陞河南知府毀淫祠十數創二程祠署後多瘴地散步國中見一僕揮鋤有声令掘之得藏金即白之臬臺盡以具金充邊餉晉雲南右參政乞休歸

王朝佐（平陽縣志）字廷望弘治丙辰進士授南禮部主事遷工部員外居官清貧父卒不能葬郡人張孚敬知其賢為言于郡守徐宏畤之金始克葬所著有峨川集東嘉先哲録

鍾城（萬曆温州府志）字文獻瑞安人以例貢入太學授鉛山丞六年考績擢本縣尹清謹一節不畏強禦以忤權貴引疾歸林居結社賦詩以終

章朝鳳（萬曆温州府志）字鳴仲樂清人恭毅綸曾孫嘉靖甲辰進士任刑部主事陞福建僉憲轉廣西參議歷官十餘年常俸之外一無所取在閩表章龜山延平諸儒及新李忠定祠謝疾歸屏居山中不入城市

朱廷讜（萬曆温州府志）字司理少孤力學為士林所推嘉靖乙卯舉人授蒙城令廉謹自持而拊循特至及期政声籍甚比地苦寒念母老弗克迎養中心鬱結既闋計邑民泣留出百金以贖固卻之竟哀毀卒蒙人祠祀焉

林宗敎（永嘉縣志）字希導嘉靖戊午舉人任永福令遷貴陽府判尋投牒歸官橐蕭然家徒四壁敝衣蔬食恬如也

張陽春（福建通志）字文漫永嘉人進士知尤溪以清白著出贖鍰改建學宮卒于官無以為殮

趙嗣蔦（樂清縣志）字似川萬曆丁酉舉人署壽州教諭捐俸葺學周恤貧士陞廣西太平司理崇禎元年取天下清廉第一進京時相温體仁重其名欲延見之竟不謁遂授漳州同知冰節愈勵時有尹大使以金篋進貴而勿受卒于官

處州府

宋

吳昇（慶元縣志）熙寧癸丑進士教授夾州學士翁彥深知其名謂之曰以先生學問操行宜居太學之選以範多士奚遠處湘湖哉昇笑曰吾道其事干求耶他日出一書示彥深曰吾將以此書干丞相范公深怪其前後語不相符啓其書則以大義責范公不能用正才以興起太平徒取法度紛更之語也

管師常（龍泉縣志）熙寧間舉逸民召試賜進士第授校書郎知江陵府監利縣事時天下方以苗役新書為政州縣上下咸趣辦師常獨置浮尖與察訪使

抗論可否人為師常危之後去官道出安州應城無疾而逝初居白雲巖自號白雲翁有集行世

孫薪（營城詩話）麗水人字至豐元祐中以明經擢第授荊門軍教授不赴絕意仕進與黃葆光為太學舊遊宣和六年黃以侍御史出守處州薪不肯詣郎謁見黃約以勸農日會于洞溪僧舍至期薪以扁舟來會時有里胥欲賂黃而無由將因薪納之俾薪家僮導意薪叱曰無語使吾聞此便是入耳贓年八十卒

周綰（括蒼彙紀）字彥約瑞昌人崇寧五年進士五剖符持節再領大藩為吏部侍郎以敷文閣待制致仕始終以廉節著名

吳詳（兩浙名賢録）字守約麗水人崇寧間為蘇州教授高簡自持不為貴勢所屈時中貴朱勔以花石綱住蘇州勢焰薰灼有司脅息奔走如屬官詳獨不屑見之及為福建路茶司提舉以廉著名入仕四十年無一椽以庇風雨子祗若登紹興進士

胡升（兩浙名賢録）字子上麗水人博雅工文辭初任彭澤丞終湖北提舉紹興初郡將致廷禧創鼎門委譔上梁文并記刻石畢以錢十萬酒百壺餉之辭曰升雖貧終不為一鼎門所鬻

閭邱斯（嘉靖浙江通志）字逢辰麗水人知溫州時有秦檜親黨薛某為郡丞承檜旨俾造漆器斯不從薛怒諷秦相黜之斯嘗憤權臣專政作周易二五君臣論以排用事者平生不殖產至無宅可居郡守馬光祖建祠祀之扁曰清風

程榆（隆慶松陽縣志）字森之九歲能屬文既登第孤介特立恥事嬉阿寧玉田真西山派具天資靖重心術端良有古循吏風不報當倅鄞史彌遠挾勢干請榆却之後持廣左憲節彌遠以夙怨風言詆毀榆安命不易志官至中奉大夫謚曰安節

吳淇（慶元縣志）嘉定甲戌進士時相欲以淇為監察御史淇以臺諫不宜出宰相薦舉抗不就職忤當道出知劍州

處州

吳懿德（崇禎處州府志）字惠卿慶元人嘉泰二年進士知玉山縣改新會有新令至有給縣錢受訴牒者有醋息錢一切罷去進廣州通判未及赴而卒將卒前二日書于冊曰平生薄宦每受湊錢一介不敢一毫不私嘗祀晉刺史吳隱之于縣東邑人以其無愧遂配享焉

潘大臨（隆慶松陽縣志）字舜舉嘗以兩浙運司主管文字官攝溫州獲海寇釋無辜者卒復以太府寺丞出椎真州茶鹽時丁大全使人諷之曰有美缺即受貴大臨曰吾一錢皆籍縣官美餘何取大全怒馳代者夜半奪印去後知廣德軍

毛蘭（兩浙名賢錄）字君玉松陽人資性簡默官福州司理時宰相趙汝楳之黨曰杉晃者有罪下獄使人夜懷金私之蘭正色不受復晦當道者以威怵之不動卒坐晃以法汝楳聞而歎曰蘭持法如此何有廷尉乎後召蘭不果行累官二十載歷敘凡九考居最止奉直郎

趙崇潔（縉雲縣志）字敏則累官右司郎官每以人才為宰相薦理宗朝中貴盧允升等專權無一人敢言崇潔乞罷斥以肅宮府自是名振朝野居官不受私謁所至以激揚著聲

明

楊仲吉（崇禎處州府志）麗水人洪武中辟至京師上問在家何為對曰春耕夏耘秋收冬則教子讀書通義理特授崖州知州及歸惟衣被而已

戴銓（括蒼彙紀）字文衡處人衛人由歲貢授盧城訓導值歲歉當道命監賑至與化得銀九百兩縣官請分餘毅然拒之悉以賑陞益都教諭兩任皆入名宦

金旅（括蒼彙紀）字汝吉麗水人信仲子力學篤行十歲遇母疾籲天求代母疾革粒食不入口者三日與兄祥弟祿自相師友以貢授雲南永昌府判慎守官常嘗承檄撫安千崖隴川酋長餽以白金良馬拒卻不受謝事歸杜門斂跡賦詩倘徉自適卒年八十八著有易意白湖詩文集

周德琳（遂昌縣志）字廷獻由進士歷刑部郎中廉謹平恕不阿權貴正統間清理
江西刑獄多所全活陞雲南布政司參議時宦官金姓者要其一見以美
官誘之卒不
往遂乞歸

金忠（崇禎處州府志）字尚義麗水人天順甲申進士授監察御史使車所至聞者
披靡值星變疏陳三事皆人所不敢言者事侵權貴坐是中傷繫獄謫戍遼
東怡然就道杜門著書
有覺天稿東甌童子吟

陳中州（青田縣志）字洛夫誥之曾孫以貢為盧江教諭復除玉山以興起人文為
任往與永嘉張少師游及上銓選張令作清癯賦將薦授館職不就作詩
諭意曰上馬伏波猶未老下車馮婦也堪羞人
循具氣節歸結一室依古木下自號依樹老人

葉雲（崇禎處州府志）字民望遂昌人由歲貢除江西建昌府推官為人砥礪名節
居官廉介捐俸修曾南豐祠執法忤當道懇致仕居家甘貧有司以祭相公
廟基地遺之計直數十金辭弗受
今湖山所建風池書院即其地也

李鍵（舊浙江通志）字足守縉雲人嘉靖丙辰進士任工部晉光祿少卿抗疏陳職
守于事頓革靡濫擢南都給事以持宗藩事儀忤權要左遷守蘇州有飲吳
水之謠入覲無餽遺因議官爵復忤執政遷長蘆鹺使冰蘗自持至今高人
春秋祀之晉四川大參念親老歷疏乞養歸卒年九十一著有賜養堂詩集

李寅（縉雲縣志）字敬之由進士歷廣西布政誓不取一介授應浮羨餘銀一十三
萬解部無私告歸行橐蕭然壽一百八歲臨終作詩云身曾許國生無補恨
不除奸死不休其志節可
見矣著有暘谷空音行世

葉濟（畿輔通志）龍泉人嘉靖五年知大名府剛介自持寡言笑人不敢干以私宴
賓客魚一盂菜一盂酒數行輒止費不過數十錢以工隨至官惟兩童子

琴書一肩而已去郡之日亦如之人呼為業青天

王一中（舊浙江通志）字石門麗水人萬曆丁未進士歷三邑皆以清廉著擢御史疏罷內市糾保姆客氏植璫魏忠賢巡按山東平妖寇徐鴻儒等陞京卿忠賢矯旨削奪居家十餘載研究道德性命之學述五經輯郎秉至老手不釋卷起光祿以不附特要調南光祿疏乞休卒所著有瑞芝堂集經書疏解東奏疏草諸書

卷十二終

歷代兩浙人物志卷十三

仁和　沈廷芳

杭州府

晉

郭文（晉書本傳）字文舉河内軹人也少愛山水尚嘉遯年十三每遊山林彌旬忘反父母終服畢不娶辭家游名山入吳興餘杭大滌山中倚木于樹苫覆其上而居焉亦無壁障時猛獸為暴入屋害人而文獨宿十餘年卒無害餘杭令顧颺造之携與俱歸颺以文山行或須皮衣贈以韋袴褶一具文不納辭歸山中王導聞其名遣人迎之既至置之西園園中果木成林又有鳥獸麋鹿因是朝士咸共觀之文頹然箕踞旁若無人居導園七年未嘗出入一旦忽求還山導不聽逃歸臨安結廬山中

南北朝

徐儀（陳書本傳）東海郯人陵第三子少聰警以周易生舉高第為秘書郎出為烏傷令禎明初遷尚書殿中郎尋兼東宮學士陳亡隱于錢塘之赭山

徐孝克（陳書本傳）陵第三弟也少為周易生有口辯能談元理既長徧通五經博覽史籍梁太清初起家為太學博士性至孝侯景亂京邑大飢孝克養母饘粥不能給遂薙髮為沙門乞食以充給焉後東遊居錢塘之佳義里與諸僧討論釋典遂通三論每日二時旦講佛經晚講禮傳道俗受業者數百人天嘉中除剡令非其好也

寓賢　杭州

唐

丁飛（咸淳臨安志）字翰之，濟陽人，讀老莊書，居錢唐龍泓洞，蓄妻子，事耕稼如常人，衣半山，靜取琴彈美，少壯寡言，與人相接，礼簡情至，未嘗有罷倦之色，又不見有所服餌，或問之，曰：治心修身之外，復有何物。

張祜（畿輔通志）字承吉，貝州清河人，稱張公子，性高爽，工詩（雲溪友議）祜初與徐凝同赴白居易杭州求解，白試之，以凝居首，次祜，祜不服，因太息歸，自此罷舉。

宋

潘閬（兩浙名賢錄）字逍遥，太谷人，寓居錢塘，通易詩春秋，尤以詩知名，所交遊皆一時豪俊，曹彬奏為四門助教。

徐復（宋史本傳）字復之，建州人，初游京師，舉進士不中，退而學易，通流衍卦氣，自筮知無祿，遂無進取意，游學淮浙間，他日聽其鄉人林洪範說詩，且言詩之所以用于樂者，忽若有得，因以聲氣求之，遂悟大樂十七音十二律清濁次序，及鐘磬修短，竹管高下，制度皆洞達，范仲淹過潤州，見復，問曰：今以衍卦占之，四陲無妥異乎？復赴西方當用兵，推其日月，後無少差，慶曆初，與布衣郭京俱名見，命為大理評事，固以疾辭，賜號沖晦處士，後居杭州十數年而卒（西湖游覽志）復居杭州萬松嶺，與林逋並稱二處士云。

晁補之（宋史本傳）字无咎，洛州鉅野人，父端友，工于詩，補之聰敏強記，纔解事即善屬文，十七歲從父官杭州，見山川風物之麗，著七述以謁州通判蘇軾，軾先欲有所賦，讀之歎曰：吾可以閣筆矣，由是知名，舉進士，拜國子編修實錄檢討官，還家葺歸來園，號歸來子。

洪皓（宋史本傳）字光弼，番陽人，少有奇節，登政和進士，為秀州司錄。大水，皓白郡守發廩以糴浙東綱米過城下，白守邀留之，守不可，皓曰：願以一身易十萬人命。人感之切骨，號洪佛子。建炎三年，擢徽猷閣待制，為大金通問使。至雲中，黏罕迫使仕劉豫，皓曰：萬里銜命，不得奉兩宮南歸，恨力不能磔逆豫，忍事之耶！黏罕怒，將殺之，旁一酋曰：忠臣也。為之請，得流遞冷山。二帝居五國城，皓密遣人奏書。聞佑陵訃，北向泣血，旦夕臨。金主聞其名，欲以為翰林學士，皓力辭。未幾，金大赦，許使人還鄉，皓與張邵、朱弁並還。還留北中凡十五年，忠義之名聞于天下。既見秦檜，語曰：張和公金人所憚，乃不得用。錢塘暫居，而景靈宮、太廟極土木之華，豈非示無中原意乎？檜不懌，出知饒州，尋責濠州團練副使，安置英州，居九州，始復朝奉郎，徙袁州，至南雄卒。帝聞嗟惜之，復徽猷閣學士，謚忠宣。皓父在北，更不堪其苦，然所為金人所敬。博學強記，有文集五十卷。（燉煌事實）紹興十三年，皓全節歸朝，見內殿，求還鄉養母。帝曰：卿忠不忘君，雖蘇武不能過也，豈可舍朕去。因賜第于錢塘之葛嶺，命迎養其親。

楊由義（寧志脩考）字宜之，家世開封。建炎初，由義父以軍前正將扈駕南渡。來鑾寇入杭，由義奉母避地鹽官，寇踵至，母妹俱以節死。由義抵杭，其父意以督運自富陽還，父子大慟，為母妹成葬禮，遂家于鹽官。由義幼時頗涉事學問，久之遂與漕薦，丰度俊偉，詞翰典雅，館于賢士大夫之門者凡二十年。晚參米子亦其弟子也。使金營，帥強之拜，由義曰：本朝見宰相無拜禮，此膝詎易屈耶！怒，械繫月餘，守節益堅，竟完璧歸。孝宗嘉歎，遷太府卿，兼刑部侍郎，卒于鹽官。

周煇（兩浙名賢錄）字昭禮，淮海人。紹熙間居錢塘清波門之南，嗜學工文，隱身不仕，當世名公卿多折節下之，而簡亢自高，未嘗報謝。藏書萬卷，父子自相師友，撰清波雜志十二卷。

宋斌（萬曆杭州府志）字文叔，袁州人，少從黃幹、李燔登朱熹之門，學業方嚴。羈旅困沮，年且八十矣，臨安尹趙與懽延之，事以父行，奏乞用旌禮，布衣從事不

報卒葬西湖與惟歲一發為私謚淳園先生

施岳 (湖山勝槩)字仲山吳人僑居武林能詞精于律呂

梁棟 (湖廣梁隆吉詩集序)字隆吉其先湘州人父安道寓鄂州棟生于鄂郡顧登第初選寶應簿再調錢塘仁和尉一時声名藉甚入元居武林守道安貧潛如也平居吟咏稿無存者門人問曰先生何故不存稿答曰如吾詩得傳人有腹稿在

元

虞集 (四川通志)仁壽人汲之子(西湖遊覽志)字伯生少不偶寓居錢塘(元詩選傳)集從草廬吳澄游大德初薦授大都路儒學教授累遷奎章閣侍書學士修經世大典進侍講學士至治大曆間崇廟朝廷之典冊公卿大夫之碑版咸出其手粹然成一家言門人訂其在朝應制歸田方外諸稿釐為五十卷曰道園學古錄

楊載 (元史本傳)字仲弘其先居建之浦城後徙杭因為杭人少孤博涉羣書為文有跌宕氣以布衣召為國史院編修官延祐初以科目取士載首應詔登進士授承務郎遷儒林郎寧國路總管府推官初吳興趙孟頫在翰林得載所為文極推重之由是名動京師凡所撰述人多傳誦之(西湖遊覽志)載與虞伯生揭曼碩范德机齊名世稱虞楊范揭云

鮮于樞 (西湖遊覽志)漁陽郡人為江浙省都事因居杭風流文雅善歌詩尤工書名在吳興趙文敏伯仲間遷太常簿致仕

陳柏 (輟耕錄)字雲嶠泗州人性豪宕祖平章積金七屋不數年散盡嘗為侍儀舍人館閣諸老莫不折輩行與交其妻鐵太保女也恃富貴近戚偶以一言驕

之達終身不見嘗被命鑄祭器于杭無錫倪元鎮慕其名求見之張燕湖山間羅設甚至酒終為别以一帖饋米百石拍案巨觥頤倪曰吾在京即熟爾名云江南士清無與比其所以章〻若以本沽之也請從今日絶其氣節如此

張翥（兩浙名賢錄）字仲舉晉寧人父為吏從征江南調安仁尉又為杭州鈔庫使因家焉翥少豪放不羈好蹴鞠走馬不以家業屑意父憂之一旦改業閉門讀書因受業于李存又從仇遠學以詩文名一時累官翰林學士承旨所著有蛻菴集忠義集

劉汶　劉濩（兩浙名賢錄）汶字師魯鄮王六世孫占籍錢塘以文章淑後進德行學術與劉濩齊名濩字尹之莆田人占籍于杭與師魯俱以文行為一時寓賢之首

繆倫（輟耕錄）字叔彝東吳人侍父官游錢塘至正十六年淮兵寇城執其老將殺之倫哀號乞免弗聽傾家貲以贖又弗聽乃自縛請代于是殺倫而釋其父

龍廣寒（輟耕錄）江西人寓居錢塘挾預知之術游湖海間咸推為異人又行服氣導引之法常佩小龜十數于身至晚仍解飼之事母至孝六月一日母生辰方舉觴為壽忽見北牕下梅花一枝盛開達稱之曰孝梅贈詩者甚多至治初年年百有八歲猶童顏綠髮云

貫雲石（兩湖塵談）阿里海涯之孫父名貫只哥因以貫為氏名小雲石酸齊其號也有文武才折節讀書為古文峭厲有法詩歌古樂府慷慨激烈士大夫樂從之游少用父蔭為萬户府達魯花赤乃讓與其弟後以文行薦為翰林侍讀學士知制誥既又辭疾還江南說姓名易服色賣藥錢塘市中人無有識之者（七修類稿）雲石臨終作辭世詩云洞花幽草結良緣被我瞞他四十年今日不留生死相海天明月一般圓洞花幽草二妾名也北山樓雲菴其纖修之所

薩都剌（兩浙名賢錄）字天錫雁門人寓居武林博雅工詩文風流俊逸而性好游每風日晴美輒肩一杖掛瓢笠脚踏屐不借走兩山間凡深巖邃壑人跡

所不到者無不窮其幽勝至得意處趣席草坐徘徊終日不能去興至則發為詩歌以品題之今兩山多有遺墨而西湖十景詞尤膾炙人口後莫知所終（元詩選傳）天錫除官閩憲往還吳越其過嘉興越臺懷古題爛柯山石橋諸律真能別開生面

鄒世聞（杭州府志）字聞遠登州黃縣人襲授百戶戍海寧遂為海寧人張士誠陷浙西見元官多從賊者世聞切齒罵不絕口元亡不食而死（寧志偕考）世聞管理鹽筴有德于寧後遂屏居峽石其妻李氏亦以知禮聞

郭彥澤（萬曆杭州府志）河南人少有氣節高自稱許有萬先生者神于醫盡以其術授之避地武林自稱洛下遺民

貢師泰 傳詳名宦（寧志偕考）師泰為戶部尚書轉運南北會海上多警遂留海寧萬湖塘村朱鍾家謝甫胡奎皆其友也所居里曰小桃源

郎克莊（始豐類稿）廣陵人至正壬寅太比江浙行省克莊用流寓例以詩經就試預選年甫三十識朗志果初在廣陵時天下承平一時貴游子弟日夜娛樂克莊家故饒于貲獨從師友窮經史以問學為事及廣陵被兵一時謀人策士求机遇合以取富貴顧乃入庠序訓生徒取所入以自給可謂士之卓然自立者

易貞（徐一夔澤存室記）字足翰本荊州人幼從父母避地來浙遂家焉貞天資粹美行甚謹飭選杭學弟子員出入學校非特不為嬉戲微逐之事亦未始見其笑至別怒至詈居恒每有不怡之色人問之則曰貞之從親至浙也日漸長大冀有所成立以養父母今幸父猶强健而吾母竟棄不肖孤而去欲報無地煢煢在疚恒讀大戴記至母殁而桮棬不能飲口澤之氣存焉潸然出涕遂就母飲食起居之處題之曰澤存

逯西皋（西湖游覽志）元左丞相魯曾孫占籍錢塘工文翰仕行省都事後棄官居西湖年八十五卒子宏洪武初選補杭州府學生年十八陳時政得失太

祖悦之試秋榭賦稱旨吏部奏家年少賜歸卒業尋以鄉貢歷教松江宏子端舉進士官刑部員外郎永樂中從北征死于戰

張昱（西江志）字光弼廬陵人少從虞伯生得詩法楊完者鎮江浙用為參謀行樞密院判官張士誠據吳以禮徵之不屈明太祖召至京師閔其老曰可閒矣厚賜遣還因自號可閒老人（又修類稿）張昱任浙省員外郎元末政壞遂棄官不仕居西湖以詩酒自娛號一笑居士嘗曰吾死埋骨西湖題曰詩人張員外墓足矣後果如其言海昌胡虛白作詩弔之云二仙坊裏張員外頭白相逢只論詩今日過門君不見小樓春雨燕歸遲西子湖頭碧草春天留山水葬詩人老逋泉下應相見為說梅花寫得真二仙坊在杭之壽安坊即今之花市也（西湖游覽志）昱罷官時居室已敝友人凌彥翀募緣以葺之疏云昌黎等玉川子首稱洛城破屋之數間東坡題緣筠軒終比揚州纏腰之十萬一笑居士詩名優于張籍生計劣于陶潛囊無一錢之留家徒四壁之立若非慷慨而多助安得輪奐之一新即欲取杜工部草堂貲何時可辦倘葺得揚閔西樨市塾今歲無憂但不至于虛拘便可謂之實惠此峥嵘争在特達心疏傳交游皆助之其居始就當時傳為盛事

明

何渟（嘉靖海寧縣志）晋江人洪武初登進士第任海寧令德惠及民任滿遂占籍海寧後改寧府紀善致政還卜居于漫仁巷終爲墓在西門外

鄧林（廣東通志）字士齊新會人洪武丙子鄉薦授貴縣教諭素嗜學工古文辭嘗謂學詩于陶韋學文于史漢韓柳學書于晋唐諸名家考績至京大學士楊士奇祭酒李時勉留史館修書尋出教南昌被薦遷吏部主事宣德四年以事謫杭州士人多從之游所著有退菴集傳于世

史鑑（獻徵録）字明古吳江人為人志正而直言確而厲于書無所不讀而尤熟于史好着古衣冠或履揮麈望之者以為神仙嘗與劉僉憲沈石田游寓武林

所至為文寄之

薛侃（兩浙名賢録）字尚謙，揭陽人。操行醇固。嘉靖間成進士，官行人司〻正。素慕餘姚王陽明學，遂出其門。精思力踐，以勇鋭見稱。徙家于杭，築天真精舍，祠以祀陽明。時與同志講學其中，且為戒于後曰：此講學公所，後世王氏、薛氏世〻子孫無所預。

張叔維（西州合譜）虞山人。嘉宗華北苑、吳仲珪，游跡多在西湖，自號西冷寓客。故烟巒出沒，善得吳越諸山之神。詩才清逸，尤工七言絶句，程孟陽數稱之。為介孤介自守，苟非意氣所合，雖王公貴人黃金白璧浼焉，去之。以所作青山賣人，即分散貧交，或買舟沽酒，挈伴湖山間，不留一錢。

宋登春（名山藏）號海翁，趙郡新河人。其先世治農，餓于賁。登春少孤，家中落，嗜酒慕俠，能挽强馳騎，適習詩畫，囊書遠遊，至吳會，又寓錢塘，以詩以酒以畫與一瓢道人兩相得。晚依其兄子耕于天鵝池之石田，又自號鵝池生。

祝時泰（錢塘縣志）閩縣人。博雅善詩。嘉靖初中鄉舉，官員外，掛冠歸。慕錢塘湖山之勝，卜居西湖，與郡人沈仕輩結玉岑詩社。

莫叔明（列朝詩集傳）字公遠，長洲人，徙居武林。好為詩，苦思險詣，務出人所不經道。貧困益甚，游燕齊及楚。歿，葬于武林，自伐石為之表曰：明詩人莫公遠之墓。

錢可久（江南通志）字思畏，桐城人。詩才俊逸，字畫遒潤。自言與杭州西湖結物外交，駕舟千里訪之，扣舷高歌，旁若無人。一時推為風雅之冠。

國朝

吳紹昌（舊浙江通志）字有聲，歙縣人，寓錢塘。性孝友，與弟紹達相愛。賦性嚴重。有致人子來謁，驕不拜床下，紹昌責之曰：吾若父友也。命之拜而後見之。平

生立然諾重朋友同里有負人百金迫除夕且死紹昌急以金援之曰金易耳何自輕若是好行其義類如此

王猷定（舊浙江通志）字于一别號軫石南昌人善古文為人倜儻自豪寓居西湖為文鬱勃如殷雷未奮又如崩崖壓樹槎枒盤礴旁枝汙隙突然干霄或問露半率語然蒼骨老氣終不可沒

林嗣環（舊浙江通志）號鐵崖福建晉江人登進士官粵東監司博學善屬文流寓西泠

汪之萼（舊浙江通志）字含章歙人弱冠時母閔遘危疾之萼中夜肅衣冠告天願以身代刲臂肉二寸許投藥鐺以進母霍然愈視群從兄弟如同懷周其有無緩急尤以古人相勉勵不從則閉户自責書語諸子曰以恩及人而期報是交為市也閑西泠山水名勝来錢塘結廬南屏之麓榜曰壑菴父母卒遂葬爲萼廬墓不復歸未幾亦卒葬于此

趙吉士（西浙鹽法志）字天羽號恒夫休寧人寄籍仁和中順治辛卯舉人知山西交城縣地僻而山險群盜盤踞其中吉士申明保甲團練之法奉檄進勦先日置酒張樂越宿復邀賓從翦燭賦詩夜半送客出郭即疾行四十里賽士辛于水泉難進葫蘆川據三生崖賊驚遁獲渠魁數十餘黨悉降又開高離山通水道溉田十萬餘頃治邑五載修學宮立義倉又罰贖令種柳于清源文水間延袤四十里夾道垂陰民號趙公柳陞户部郎権閩揚州釐革積弊商民感悅任滿監督京倉充會典纂修官編輯鹽漕二書旋擢户科給事中奉命勘視河道凡地形水勢堤岸閘口條晰無遺以註誤降補國子監學正寓居宣武門西名其園曰寄園以著述終老所著有奏疏序論語記十二卷文山平寇四卷音韻正訛四卷詩詞共數十卷年七十九卒子景從濟寧道景行丁卯舉人中書孫維祚己丑進士

戴大受（錢塘縣志）字與可號華琳休寧人寄籍錢塘博聞強記經史百家無不覽究而尤切于窮理盡性之學自少至老每十年輒成一編其已刻行世者曰世寶錄醒心錄蓄德錄皆集古嘉言懿行條分而品節之多與人為善之意年九十卒

嘉興府

漢

施延（海鹽文獻志）字君子沛國蘄人少明五經旁通星官風角家貧常任作由拳半路亭食其力以養母人不識也山陰馮敷為吳郡督郵過亭延持帚往敷望而知其賢者下車謝之推食解衣與之錢不受順帝初徵拜侍郎位至太尉

宋

錢顗（宋史本傳）字安道無錫人初為寧海軍節度推官當官而行無所容撓以金部員外郎為殿中侍御史裏行二年而貶自衢徙秀州家貧母老至勺貸親舊以給朝餔而怡然無謫官之色蘇軾道以詩有烏府先生鐵作肝之句世因目為鐵肝御史

李曾伯（宋史本傳）字長孺覃懷人後居嘉興（至元嘉禾志）曾伯自登膴仕早以能稱時繡斧督餉運兩分漕節七開大閫宦轍幾徧天下儒而知兵有雅量所至得將士心遠人聞風敬憚有可齋類稿行世累觀文殿學士贈少保開府儀同三司

王昇（至元嘉禾志）字逸老本京師人草聖奇偉徽宗宣和間被召入御書補右斷高宗南渡寓居崇德之羔羊時上留神翰墨近臣有言其能者召對賜札以書玉音褒賞官至正使

朱敦儒(宋史本傳)字希真河南人紹興二年賜進士出身為秘書省正字(至元嘉禾志)敦儒天資曠達以詞章擅名高宗南渡寓嘉禾嘗為棋歌有讀書堂在天慶觀之西

木楹(正德崇德志)字濟之濟南人建炎登第授崇德令秩滿民不聽去楹亦安之買屋于市以定居終左朝請大夫

至元嘉禾志楹作盈

張子修(弘治嘉興府志)字德夫開封人建炎間以父蔭任石門市酒務稅因愛其地饒沃遂占籍焉尋擢知施州秩滿陞副總管平生酷愛花木未及引年乞歸石門年八十乃終

趙善應(萬曆嘉興府志)字彥遠漢王元佐之孫建炎間與其父申國避地崇德之洲錢邊家焉善應性純孝嘗刲血和藥愈母疾母畏雷輒走護之寒夜歸恐擊門驚母露坐達旦官江西兵馬都監每四方水旱驚報輒不食同官燕會嚬蹙曰此豈為樂時耶尤袁稱為古君子

姜處恭(葉適姜處恭墓誌)字安礼淄州長山人曾祖筍避亂于台州臨海祖仲田篤書南康軍討李成墜馬卒父詵從政郎處恭來秀州嘉興始居之九歲而孤大母父母皆散死他州不得能葬昌營衣食治墳墓收拾譜牒見星出入後浮聚葬于武康上陌巖山既而頗買田治屋賙恤窮乏雖不以科目自達而懲渡江凋落之後舊寒士卑薄之習積無至有以立家室教二子曄郜皆成進士

時撴(正德崇德志)字傳之其先彭城大族建炎三年主崇德簿因家焉父紹孫嘗知雷州兄宗道與東坡同年進士相厚善坡詩有贈時同年者是也坡謫嶺表竭囊中以貴人高其義撴歷汀州通判知和州居官廉正惠愛移知峽州有識鑒長女既適于湖張孝祥欲以次女妻邑士莫元忠元忠尚居約以非偶辭撴笑曰莫子豈其不第耶遂妻之孫仲任皆特科補官

秀州

陸垵（槜李詩繫）字子高，鄞人。建炎初與兄埙徙崇德，登紹熙元年進士，歷秘書郎、倅和州，議散定武軍諸州，遂安撫濠州。時寇猖獗，垵開示大信以收人心，散卒聞垵至，受廛者數千，乃悉簡為勁兵。改知和州，養士屬伍，修倉浚湟。免歸，有益齋集（兩浙名賢錄）。葬縣北六里漫堂，劉宰誌其墓。

顏復（舊浙江通志）字太初，浚聖裔，歷官禮部尚書。建炎南渡，家石門鎮北，子孫目為村落，號陋巷村。

李正民（江南通志）揚州人，政和二年進士，中詞學兼茂科（槜李詩繫）。字方叔，官朝奉大夫、徽猷閣待制，提舉洞霄宮。紹興中寓海鹽，善屬文，邑中碑記多出其手。子點養，遂為海鹽人。

張公秀（正德崇德志）字仲寶，吳人。從石林葉左丞遊，風流清雅，詞翰尤妙。紹興初丞崇德，遂居邑郊，扁其居曰漁蓑。

輔逵（兩浙名賢錄）趙州人，寓居崇德。乾道間為後軍統制。孝宗欲處以邊郡，問其能勝任否，曰：當以家法治之。又問何法，曰：予視軍民，愛惜財賦。遂除知泰州。語寮案曰：吾目不識字，手不能書，但心能燭理耳，能聽訟耳。郡中果大治。

蔡材（正德崇德志）仙遊人，倅平江，貧不能歸，借屋語溪，因占籍焉。子熙，全孝感稱。材為鄉所識者，占其後必昌。熙卒于官，子四：閎、閈、闓、閤，合詞以同居，誓柩前，皆以儒業授學者，錄積無私橐，及貴顯，扁堂曰怡，終身不分。世以孝友稱其門。

趙汝愚（至元嘉禾志）字子直，鄱陽人。孝宗乾道間魁多士，寓崇德之洲錢。官至丞相，追封福王，謚忠定。

王明清（至元嘉禾志）字仲言，汝陰人（槜李詩繫）。明清甫十歲，朱希真、徐敦立過其父，所詢以國史十數事，應之無遺，由是受知。慶元間居甥館于嘉禾，官至朝散郎。與其父雪溪、兄仲信俱有史才，當時諸公欲收置史館，不果。嘗剴切上封事。是時南渡以來，簡冊散亡，老成凋謝，明清裒集軼事遺聞，編為揮麈錄及

玉照新志

文照按李鳴復萬曆秀水縣志誤作李鳴字復山

王用亨正德崇德志作王用亨

焦炳炎（兩浙名賢録）字濟甫宣州人寓居嘉興舉進士第三理宗朝為諫官論奏累數百章時宰主括田議遠近騷然炳炎痛疏其害面奏懇惻涕泣俱下上為動容然未有寢命炳炎論愈力時宰語人曰焦生非攻括田實攻我也炳炎聞之不為變必報寢而後已尋除太常少卿疏辭以右文殿修撰致仕

李鳴復（宋史本傳）字成叔瀘州人嘉定二年進士（萬曆秀水縣志）寓居嘉興之東門理宗朝拜參知政事後為福建安撫使子祠子公夬公晉皆典郡

王用亨（檇李詩繫）字子安自閩封從居崇德淳熙間舉進士授丹陽尉嗜學手抄口誦至忘寢食試家博科分數襄陽以根柢之學表率士類嘗作二記曰不貪不欺此其行己之實也

岳珂（檇李詩繫）字肅之彰德人飛孫霖之子嘉定間守嘉興有惠政後家郡治西北金陀坊痛其祖武穆為秦檜所陷作籲天辯誣録等書總名曰金陀粹編官至寶謨閣學士封鄴侯有玉楮集

董健（獻徵録）汴人仕至武功大夫扈從南渡家于海鹽之澉浦世隸軍籍其子源當往戍弟深請代之遂復家澉浦其後曰仲真者遷海寧之錢山

陳塏（福建通志）字子爽侯官人襄之曾孫（至元嘉禾志）塏寓居崇德以清節稱官至資政殿大學士謚清毅有讀通鑑隨筆藏于家至元間表其里曰清節

洪芹（兩浙名賢録）尚書僕射适之曾孫以祖蔭入官登進士第歷官將作少監屬詞臣無當上意慨然思得天下士丞相程元鳳言當今地望無踰洪芹者進芹為翰林直秘書少監權禮部侍郎中書舍人兵興詔書所至聞者奮激蓋芹所草也遷禮部侍郎帝銳意嚮用而以論去寓居嘉興怡然自適咸淳初起知寧國府

歷代兩浙人物志

元

顧阿瑛（殷奎顧阿瑛墓志）名德輝，字仲瑛，崑山人。幼警敏，善記誦，以意氣自豪。年三十，始折節讀書，崇禮文儒，喜購古書名画、彝器秘玩，鑒賞無虛日。築園于舊宅西偏，名曰玉山佳處，日與客酬酒賦詩為樂。阿瑛之賢，思捷語笑之頃，篇章即就，恒屈服其坐人。又萃友人名作，如張翥、李孝光、楊維楨、張伯雨而下，刻梓者數十家，總題曰《草堂雅集》。舉茂才，署會稽教諭，力辭不赴。母喪，廬墓。大閱釋氏書，乃謝絕塵事，僑居嘉興合溪，漁釣五湖三泖間，自稱金粟道人。以子恩封武略將軍、水軍正千戶、飛騎尉、錢塘縣男。

陸德方（海鹽縣圖經）字顯叔，華亭人。至正十年登賢書，授般陽路學正，未幾掛冠歸。時平章河南沈照避亂海鹽甘泉鄉，德方單負徒步，傭書于其家。俄與談經史，論時政，沈大驚，詢知所自，遂以女妻之。今檀園陸氏，皆其後人也。

吳森（嘉興府志）字君茂，汝南人，徙居嘉興魏塘鎮，為管軍千戶。饒于貲，好施與，嘗捐田二頃建塾延師，以教鄉里。廉訪使奏森義行，表其門閭。

明

牛諒（檇李詩繫）字士良，山東東平州人。元末寓居嘉興，與鮑恂、張翼諸人友善，學者多從之遊。自顏其堂曰尚友。明初應詔，除翰林院典簿，同學士張以寧使安南，御製歌詩賜之。歷陞禮部尚書。著述甚多。

高岳（萬曆嘉興府志）字彥尚，本畏吾氏，高昌裔。大父仕元，為江南行臺御史中丞。岳博洽有才華，儀容秀整，人望而敬之。工書，兼通丹藥卜筮之術。洪武間薦知雲南兒官，寓居嘉禾，又嘗寓魏塘。

高巽志（明詩綜傳）字士敬蕭縣人（槜李詩繫）元末僑居禾郡嘗受業于宣城貢師泰鄱陽周伯琦遂昌鄭元祐為文深醇典雅成一家言以薦為鄮山書院山長明洪武二年徵修元史入翰林累遷侍講學士未幾引退又召為試吏部侍郎以事去官謫居駒山建文間召為太常少卿壬午靖難兵渡江巽志避去入永嘉鴈宕山其門人文淵閣侍書蔣乾亦潛跡于此巽志病卒乾為經紀其喪葬芙蓉峯北所著有嗇菴集

孟觀（舊浙江通志）亞聖五十四代孫祖忠學扈宋南渡封信安郡王賜第姑蘇子孫遂為吳人明初觀應人才詔授永寧知縣有治行陞吳府審理副避兵寓于嘉興之清風涇

蔡慎（兩浙名賢錄）字仲修世居常州遷嘉興性孝友苦行力學洪武初為監察御史見事敢諍朋友有過輒面折之以行部海南奏詐衛使張榮坐不避八議罪謫夔州安置已而召還

施愬（萬曆嘉興府志）字以德應天人能詩文工書有法授孝豐知縣致仕官無餘貲挈妻子寓秀之醋坊橋嘗從侍御戴簡菴學乃與其子經為忘年交往來益密遂相依而居

康大和（福建通志）字原中莆田人嘉靖乙未進士（萬曆秀水縣志）大和早負才名官翰林三十年歷南京少宗伯及大司空致政歸避倭僑寓禾郡與吳太宰諸公遊有禾城集

邵上儀（舊浙江通志）字惟正武進人武進士受知川湖總督朱燮元由江西都司歷海鹽參將有惠政陞任不赴隱居郘灣紫雲山中賣槳為生親知贈遺絲粟不受年七十餘子孫家于鹽

汪珂玉（明詩綜傳）字玉水，徽州人，僑居嘉興。崇禎中官山東鹽運使判官。留心著述，輯珊瑚網一編。

劉儀（海鹽縣圖經）字敬先，真定人。父貞官于鹽，遂占籍居澉川。博學善詩文，有古行。娶韓妻，終身愛敬如賓。門人蕭孚貞、邵具贊且周之。棄女人死無所歸，推田三畝鬻以葬之。

吳懷賢（嘉興府志）休寧人，僑居嘉興，以中書舍人辦事誥勅房中。至楊漣劾魏忠賢二十四大罪，懷賢擊節稱嘆，加以註。注工部員外吳昌期奉差督理惠王府第，糾劾侈昌忤璫撤回，懷賢遺書稱之，有事極必迸之語，詞多激烈。其僕得罪于懷賢，遂訐其所評註楊疏及遺昌期札，密首廠衛。忠賢令校尉百餘縛懷賢及其妻邵氏、子道昇，送鎮撫司。懷賢斃杖下。崇禎初，子道昇上書寃訟，贈工部主事。

夏允彝（嘉禾徵獻錄）字彝仲，號瑗公，華亭人，寄籍嘉善。萬曆戊午以儒士入試，遂中式。丁丑成進士，授長樂知縣，多異政，擢吏部考功主事。未赴，遭國變，自沉于河而死。彝仲神韻秀爽，雖弱不勝衣，而意慮深長，有表正人倫氣象，不獨以文章自見也。所著有禹貢合注。

湖州府

漢

吳羌（西吳里語）避王莽之亂，隨禍福入吳，攜妻子徙于烏程之餘不鄉，以溪山紆鬱，因遯跡焉。時稱高士，後人名其所居曰吳羌山。

錢林（兩浙名賢錄）字文茂，徐州人。建平中為諫議大夫。後王莽專政，遂棄官隱于平望鄉陂門里梓山之東，子孫遂家焉。（西吳里語）長興有錢林故宅，在子山吉祥鄉，園林幽趣，花石佳致，魯閣在山，高門臨水。

邱俊（吳興掌故）漢平帝時持節按撫江南屬王莽專政因留居烏程後其子邱騰隨光武起義南陽累仕至大司馬卒葬于烏程

晉

庾翼（吳興掌故）汲郡人仕晉爲蘭陵令奮節將軍隨元帝過江爲吳興郡丞因居烏程翼生豫章太守鎮〻生征南司馬建武將軍欽信欽信生宋晉熙王安曹參軍點〻生南臺御史高〻生齊驃騎大將軍孟真孟真生梁散騎侍郎僧朗僧朗生陳給事中五兵尚書宗

陳達（冊府元龜）漢太邱長寔之後世居潁川達爲長城令說其山水遂家焉曰此地山川秀麗後當有異人出我子孫必鍾斯運

南北朝

裴子野（萬曆湖州府志）河東人少好學善屬文仕齊爲江夏王行參軍遭父憂去職後爲諸暨令以曾祖松之嘗令故鄣遂留居焉撰宋略二十卷（吳興掌故）子野字幾原

唐

陸龜蒙（唐書本傳）字魯望舉進士不中往從湖州刺史張摶游摶歷湖蘇二州辟以自佐龜蒙多所論撰雖幽隱疾痛貲無十日計不少輟也嗜茶置園顧渚渚山下歲取租茶自判品第不喜與流俗交雖造門不肯見設蓬席齋束書茶灶筆床釣具往來時謂江湖散人或號天隨子以高士召不至（西吳里語）龜蒙吳江人著吳興實錄若干卷今長興有別業在

陸羽（唐書本傳）字鴻漸一名疾字季疵復州竟陵人不知所生或言有僧得諸水濱畜之既長以易自筮得蹇之漸曰鴻漸于陸其羽可用爲儀乃以陸爲氏
湖州

名而字之上元初隱苕溪自稱桑苧翁闔門著書或獨行野中誦詩擊木排徊
不得意時謂今接輿也貞元末卒羽嗜茶著經三篇言茶之原之法之具尤備
鬻茶者至陶羽形置
煬突間祀為茶神

崔元亮（吳興掌故）磁州昭義人元和中為吳
興刺史因家于長興縣西之箬溪

顧雲（全唐詩錄傳）字垂象池州人風韻詳整與杜荀鶴殷文珪友善同肄業九華
咸通中登第為高駢淮南從事師鐸之亂退居霅川杜門著書執政薦修國
史書成加虞
部員外郎

五代

鍾廷翰（十國春秋）不知何許人流寓湖州素有賢名武肅王命攝安吉主簿牒曰
廷翰儒素修身早升官緒寓居霅水累歷星霜克循廉謹之規恪顯溫恭
之道今者顧求録用將議掄材安吉屬城印曹闕吏俾期差
遍勉效公方倘闡佐理之能豈恡超遷之獎後不知所終

宋

葉夢得（宋史本傳）字少蘊蘇州吳縣人嗜學多能紹聖四年進士自婺州教授召
對累遷翰林學士極論士大夫朋黨之弊蔡京欲以童貫宣撫陝西取青
唐夢得曰祖宗時宣撫皆是見任執政未有以中人為之五年助穎昌發常平
米振民常平使者括錢五十萬糴糧米輸後苑夢得上疏極論高宗駐蹕揚州
陳侍數之計遷尚書左丞與宰相朱勝非論不協除資政殿學士不拜歸湖州
紹興初起知建康府時建康荒殘夢得移紙制官分守要害奏防江八事金即入
入寇夢得團結民兵數萬分據江津金兵不得渡而去時諸道兵咸集夢得總
四路漕計軍用不乏故諸將得悉力以戰移知福州海寇猖獗或招或捕平寇

五十餘尋致仕卒湖州贈撿校少保（徐一夔耕軒記）葉黃字本蕃世居吳門啟
和間石林先生夢得始卜葬其先府君于吳興之弁山其地居風氣之會奇石
如林有瑰奇絶特之狀因歸石林且營别業
至黃因取其先世所植之樹名軒以志之

方淑（西吳里語）字智善济人年十九登進士紹興初為德清縣丞愛溪山之勝因
家焉累遷翰林學士時秦檜當國訪以時事淑直言無諱大忤檜意因罷歸
平居常與王洋劉一止褚洋愁
相寺中倡酬往返以文墨相娛

任仲（歸安縣志）河南人紹興初以明經進士為仙居令有治績内遷至禮部侍郎
後隨駕南渡遂居歸安是為吳興任氏時無俸米頒賜田于本邑南臺山

何彥猷（兩浙名賢録）字淑遠高唐人紹興中為大理丞時秦檜誣岳飛下獄彥猷
與李若樸論其無罪万俟卨劾彥猷等黨奸撓法罪在不赦罷黜寓居德
清餘不溪上孝宗即位追贈二
階特命其子伯亭為徽州文學

蔡洸（萬曆湖州府志）仙遊人端明殿學士襄之後從居雲川以父蔭補將仕郎中
科除大理評事遷寺丞出知鎮江府會西溪卒移屯建康舳艫相銜時久旱
郡民築陂潴水灌溉漕司檄郡決之父老泣訴洸曰吾不忍獲罪百姓也卒不
決已而大雨漕通歲亦大熟除司農少卿請輸絹折納公私皆便以襄未易名
力請于朝賜謚忠惠（兩
浙名賢録）洸字子平

李道傳（宋史本傳）字貫之隆州井研人（四川通志）徙居吳興讀河南程氏遺書玩
索至忘寢食慶元二年登進士第累官著作郎提舉常平茶鹽公事居官
以踐履為本為學以踐履為功雖處
暗室整襟危坐肅如也卒謚文靖

蕭德藻（福建通志）字東夫閩清人紹興進士嘗令烏程後遂家焉所居屏山千巖
競秀自號千巖老人楊萬世稱云近世詩人若范石湖之清新尤梁溪之

平淡，陸放翁之敷腴，蕭千巖之工致，皆余所畏也。著有千巖擇稿、、

劉光祖（宋史本傳）字德脩，簡州陽安人。登進士第（吳興掌故）。紹興間為殿中侍御史，極論明党偽學之禁，言甚剴切。寧宗初，坐留朱熹，罷起居郎，管玉虛觀。慶元三年，言官論列，放棄房州，後復職，歷官顯謨閣學士。以蜀地險遠，寓居德清之新市，市人呼其家曰川劉。

游似（四川通志）安漢人，仲鴻子。（德清縣志）字景仁，由進士歷官知樞密院事。淳祐五年入相。上問唐太宗貞觀治效之速，對以人主一念之烈，足以旋乾轉坤。及親儒淺諫救畏檢身諸奏，上嘉納之。累章乞歸，御書事君以忠、視民如傷、行已有恥、避世無悶十六字以賜，且慰留之。歷階廣平郡公、右丞相兼樞密使。七年致仕，初書吳興山水之美，寓居德清新市鎮，至是遂占籍焉。卒謚清獻。

吳柔勝（江南通志）寧寧國人，因母家從溧水，故又為溧水人。（德清縣志）字勝之，幼聽其父誦伊洛書，已知有持敬之學。人傳其有巖。淳熙八年登進士，歷官至秘書閣修撰，寓居德清之新市鎮。沒，家焉。二子淵、潛，皆宋末名臣。

姜夔（西江志）字堯章，德興人。學詩于蕭千巖，琢句精工。楊誠齋謂其嗣伯子曰：吾與汝岀如此。夔自號白石道人。紹興間，秦檜當國，隱居箬坑之丁山。參政張燾累薦不起。高宗賜宸翰是鄉書閣，時之以隱逸終。（吳興掌故）夔少從父宦古沔，千巖老人在沔，與夔相得，遂携過苕霅，以兄之女妻之，遂家武康。

張嵲（武康縣志）字巨山，襄陽人。上舍登第，居邑之工陌里。宋高宗雅知其文，辭擢中書舍人，官至敷文閣待制。有紫微薇集。子昌詩，官至朝議大夫。

程公許（宋史本傳）字季與，叙州宣化人。嘉定四年進士。權禮部侍郎。鄭清之以少保奉祠侍讀，經筵中批，復其子士昌官職，與內祠，且許侍養行在。公許繳奏士昌罪重，內祠侍養之命，宜與收寢。還中書舍人，進禮部侍郎。公許自繳士昌之命，清之日夜于經筵短公許。清之再相，公許屏居湖州。若四年，帝欲召為文

字官清之奏已令守娶帝曰朕欲其來乃授權刑部尚書尋授寶章閣學士而公許已卒

年子才（吴興掌故）字存叟井研人愛吴興山水因家焉自幼從學于魏鶴山嘉定閒除史館檢校官對延英殿陳六事受知理宗嘗曰年子才好箇士夫歷官至資政殿學士卒謚清惠所著存齋稿一百卷內外制十卷四朝史稿五卷奏議二十卷經筵講議五卷口義二卷故事三卷四書易編三十卷春秋輪輻稿未就卒

王嵎（文獻通考）字季夔北海人紹淳閒名士寓居吴興陸務觀與之厚善三子甲田申皆登科

韓元吉（西吴里語）字元咎官至尚書常寓德清縣之慈相寺登覽之餘每多吟作東萊呂成公其壻也嘗來訪之相與講讀于寺西之竹林精舍故寺中有東萊書院嘉熙閒縣令章鑑刱屋扁曰東萊講書堂

文及翁（兩浙名賢録）字時學綿州人徙居吴興歷官資政殿學士景定閒言公田事有名朝野宋亡元世祖累徵不起閉門著書有文集二十卷

李龍（佩楚軒客談）吴郡笠澤人僑居烏程三匯效元白歌詩不樂仕進年登耄期自作墓銘趙文雅葵之向道兩山閒樹梅百株趙汸符題碣曰宋詩人雪林李居之墓

元

敖繼翁（兩浙名賢録）字君善福州人寓居烏程築一小樓冬不爐夏不扇惟事經史湖之名士從之遊者甚衆浙西平章事高彦敬薦授信州教授有文集二十卷

湖州府志因羽為潯陽人，遂訛以為南潯人。

王簡（兩浙名賢錄）字伯敬，雲化縣人。父吉昌，任濟南府治中。元統間，簡以薦授鄱陽縣尹，改烏程，因家焉。後遷知福寧州。至正十二年，劇賊王善寇建鄣，迫州境。簡率民力戰，馬中流矢，被執，罵賊死。屍不仆，頸無血，惟涌白沫如流膏。次子相亦遇害。妻潘氏聞變，恐被辱，先自縊。家奴逃還，告其長子禎。禎往潯，父母屍歸葬烏程。江浙行省上其事，贈奉議大夫、濟南路總管、上輕車都尉、太原郡侯，以禎襲父爵，除紹興路總管。張士誠陷城，亦以不屈死。

張羽（西江志）字來儀，潯陽人。（吳興掌故）元季領鄉薦，授安定書院山長，卜居吳興，遂家烏程之戴山。洪武中名見，仕至太常寺丞，兼署翰林院，同掌文淵閣事。羽詩文奇古，與姑蘇高啟、楊基、徐賁齊名，所著有靜居集。

陸厚（江南通志）華亭人。居城東，自號東園散人。博學經史，尤精孫吳書。兵亂，往來天目、苕霅間。將某聞其名，覓之不可得。兵息，迹故廬勸之仕，不應。有詩集，號古漁唱。

郭學乾（始豐類稿）盧陵人。負奇氣，精地理學，好游覽名山川。至正中，縱觀五湖之勝，至吳興而止。會兵亂道梗，欲歸不能，僑居郡之溪水上。溪上之人慕與之遊，爭館之。以之年，同郡羅孔碩、李詡葬之道場山之阿。潯陽張羽為撰行述，以揭諸墓。

陳振（吳興掌故）字文舉，杞縣人。宋南渡居錢塘。振讀書實踐，年二十以詩經舉，為蘇州文學掾。元末避兵弁山，家焉。子引，為古田教諭。引子敏政，成進士，官至南康知府。

明

溫祥卿（兩浙名賢錄）大同人。精通陰陽術數之學。元季避兵，家于長興。耿炳文初下湖州，民心未附，祥卿杖策以布衣進謁。炳文與語，奇之，遂留贊軍事，為

炳文畫策據要害設戰具為守禦計未幾吳平以畫贊功累官兵部尚書

徐賁（萬曆湖州府志）字幼文蜀人工詩在吳興高啟諸人齊名尤善寫山水張士誠據蘇辟為從事固辭不就徙居烏程之蜀山洪武中以薦至京授給事擢河南左布政所著有北郭集

孫一元（陝西通志）字太初平涼人（列朝詩集傳）太初嘗棲太白山之巔故稱太白山人風儀秀朗元巾白袷以鐵笛鶴瓢自隨善飲酒好談論所至傾動其士大夫嘗南入吳會遂抵越不去費宏罷相訪之南屏山中值其晝寢就臥内與語送之及門了不酬謝費出語人曰吾一生未嘗見此人也（名山藏）太初晚居湖州與尚書劉麟孝廉施侃山人吳琬侍御陸崑結社號苕溪五隱年三十餘卒葬道場山中（國寶新編）太初性好詩初談導引人疑其仙晚娶婚娶入湖南社援引儒術皆非其本色也

劉麟傳詳名宦（西江志）麟為紹興知府罷士民為建小劉祠以配漢劉寵寓湖州晚好樓居力不能構懸籃輿于梁間臥其中名曰神樓文徵明繪圖遺之

袁袠（兩浙名賢錄）字永之長洲人五歲知書七歲賦詩有奇語嘉靖乙酉應天鄉試第一舉進士授武選主事觸忤時貴編戍湖州寓居城南之峴山寺袠奇節古悠然自遠後人以其所寓處稱為胥臺讀書樓胥臺其號也

唐志大（兩浙名賢錄）字子迪上海人嘉靖辛丑進士授南京行人司副使道歸將迎母以行比歸而母病遂乞終養敦行色養之道躬親稼穡以給甘旨聞居衆志自謂三公不易無復有用世意僂從海上起閩吳興地僻遂奉母與挈從弟妹子壻居焉同郡徐伯臣董子元亦俱至相與結社賦詩有開元之遺音所著有僑居賦及詩文若干卷又輯高廟聖政記二十四卷藏于家

韓奕（江南通志）字公望長洲人博學工詩常浪跡山水間遇山僧野客累月忘返所契王賓素為太守姚善所重善欲因賓致奕奕終不往一日與賓詣奕奕走楞伽山善隨至又泛小舟由太湖入苕霅溪避之善嘆曰韓先生所謂名可得聞身不可得而見也

徐獻忠（萬曆湖州府志）字伯臣華亭人孝友天至博學能文中應天鄉試為奉化令有声其父病執獻忠手曰吾家三世不益丁得無繫于葬所哉于是偕堪輿家卜地得烏程之福山葬其父遂家焉

洪儒（歸安縣志）字洛寧歙縣人父洵客教授西吴因家焉儒天性孝友言訪行表足為後學儀型學使者屢舉優行表其廬曰世濟名賢

黃周星（明詩綜傳）字九烟上元人崇禎進士除戶部主事晚居湖州歸圖菴布衣素冠寒暑不易嘗賦詩云高山流水詩千軸明月清風酒一舡借問阿誰堪作伴美人才子與神仙年七十自撰墓誌作解脫吟與妻孥訣自沉于水

國朝

王武臣（德清縣志）字兗菴武昌人由武科歷任遊擊寓居邑之文昌里蕭然齋閣圖書數卷而已所著有四山園稿吳越吟種德錄諸刻

寧波府

宋

祖域（嘉靖寧波府志）字貞夫建隆中由閩徙奉化仕至殿前司統制平居尚氣節樂施予歲飢發私廩以賑所活以千計里子弟不能學者為招師儒使就學貧不能婚喪者出財助之既殁民懷其惠立廟以祀

方軫（福建通志）字叔時，莆田人，以父任太廟齋郎。大觀元年，蔡京復相，軫疏列其罪狀二百餘言，京怒，流軫嶺南。靖康元年，軫詣闕陳訴，始得放復，後知鄞縣。（天啟慈谿縣志）軫貧不能歸，遂家于慈谿之鳴鶴山。

黃子游 傳詳名宦（成化四明郡志）浦城人，徙奉化。

卞大亨（寶慶四明志）字嘉甫，泰州人。由鄉舉入太學，升舍有声。靖康中，携二子走行在，丞相范宗尹以遺逸薦，特恩調懷寧縣簿。紹興中，隱居象山之錢唐村，手植萬松，行吟其間，自號松隱居士。好讀左氏傳及還國諸史、老杜詩，素習養生導引術、醫藥卜筮，尤極其妙。解衣推食，賑鄉飢寒，手製藥餌，惠利甚溥。子圖，字子車，亦有声太學，拜下夫子，登紹興三十年第，授揚州倅。

王撝（成化四明郡志）其先閩封人，建炎渡江，居于鄞。幼學于里師樓昉，為文辭深醇，善議論。壯歲試詞科不中，輒棄去。後登嘉定進士第，同年余天錫參知政事，屬教其子弟，歲終致束脩，以謝堅不肯受，曰：吾二兒習詞學，鄉里無完書，願從公求尺牘。天錫欣然許之。後二子應麟、應鳳，果中詞學科。撝嘗預修四朝史，為輿服志六卷。後直秘閣、知溫州。

徐立之（寶慶四明志）字植夫，登州人。紹聖初，登進士甲科。靖康後，扈駕南幸。丞相呂頤浩最知遇之。及秦檜當國，乃祠居鄞之儒林里閒三十年。積官至朝散大夫。年逾八秩，手不釋卷。累贈開府儀同三司。

張郛（成化四明郡志）字才彥，和州烏江人。宣和三年，登上舍第。建炎初，假礼部尚書，使金，其弟為明州觀察推官，奉母居鄞，卒葬鄞之雷峰，因家焉。郛使還，除敷文待制。紹興二十五年，知池州，諸祠部，遇事慷慨憤激，常以功名自許。昔嘗出使，人皆危之，及被囚拘，搴無悔懼，賦詩作文，動盈編帙。歸獻所聞，納忠于朝。

明州

高宗將進用之而卻無意于仕進矣

蔣猷（汪藻蔣猷墓志）字仲遠金壇人元豐八年進士官徽猷閣直學士提舉嵩山崇福宮建炎三年避地明州卒于昌國縣遂葬鄉天資渾厚平生未嘗以游辭僞色借人其論事上前不為苟合雖人主盛怒反覆開陳必盡理而後已其論薦皆一時名士平居無嗜好未嘗一日廢書有文集二十卷藏于家

高友文端（成化四明郡志）字仲章號萬齋其先汴人建炎間隨駕南渡遂家于鄞性謹學問談博舉進士調泰州如皋尉初志欲仕以養親親歿築室墓旁絶口不談名利事鄉有消友文者曰予方筮仕正宜樹立以圖致大何乃獨為沉默友文歎曰仕以求禄禄以養親親亡矣何以仕為屢薦不起

郭維（嘉靖寧波府志）河南人父貫官奉議郎終于長河判官建炎間維從居四明以北學教授諸生從者如雲卒葬西湖之原

顧主簿（容齋三筆）不知何許人南渡後寓慈谿安于貧賤不斷人之知至于踐履動細事不苟平旦起視賣菜者過門問菜把值幾何隨所言酬之他飲食布帛亦然久之人皆信服不忍欺苟一日之用足則此心恬然不事交游里中有不安其分或斷強忮者相與訊之曰汝豈顧主簿耶

朱翌（延祐四明志）字仲新舒州灊川人漢桐鄉嗇夫邑之後以太學生賜第初為溧水簿高宗南渡為秘書監兼修撰徽宗實録時范沖領史局翌刪潤功居多秦檜逐趙鼎翌以鼎黨貶韶州後召還朝廷憫其飢寒計貶所四十年衣俸悉予之遂卜居鄞嘗作信天緣堂記死自為誌因以大論其詩似杜牧之而出處亦相類號省事老人文集四十四卷

李宗質（樓鑰李宗質墓誌）字文叔家于濮八歲而孤所生母展氏去紹興八年補將仕郎至江州水南遇展氏于廛中抱持相哭別十年而得奉色養着二十年赴調監明州大嵩鹽場因卜居石塘遂為明之鄞人十七年陞遂昌令歲飢寇作于旁郡丞捕首惡黨之羣黨帖息隆興元年改知會稽丁展氏憂服

除權通判隆興府時江西大旱宗質賑濟盡力全活者衆改通判鎮江府外蔓
以清廉公廉引薦于朝差知台州彌章奮勵聽訟必先抑告訐懲奸慝理財精
察量入為出節度為之充衎增學田以養士者數百畝及調戍兵遣海州舜令
簡明凜有風采縣吏重足承命而未嘗輕用鞭撻聞者服其平允尋差主管武
夷山沖佑觀五轉至朝散郎
淳熙十一年卒年七十三

黃

龜年（延祐四明志）字德紹其先福州人後葬父于鄞因家焉舉進士第為殿中
侍御史與諫官劉棐論秦檜行類莽卓特朝廷未之察檜由是罷相至檜
再相龜年萬湖州檜擿其過押
使回福州檜死龜年復居于鄞

鄭

鍔（成化四明郡志）字剛中由福州徙鄞躬孝友之行貫通經史以詞賦名于時
登紹興三十年進士仕至屯田郎寧宗在英邸兼小學教授嘗進勸戒元龜
後特加贈
且官其子

張

良臣（成化四明郡志）字武子一字漢卿家洪州避寇來明州因占籍為善詩清
刻高潔不蹈凡近尤長于唐人絕句語盡而意益遠後來詩人咸推服之

趙

粹中（成化四明郡志）字叔達自密州徙居于鄞登紹興進士孝宗銳意復北疆
粹中進恢復机密十論富強要策十卷孝宗丞書之一歲九遷由秘書郎
權起居郎給事中除吏部侍郎嘗上疏罷王安石父子從祀乞雪岳飛冤狀又
某司馬光范鎮董符等奏議正太祖東嚮之位議不行寧宗即位卒如其議後
以待制知池州家居十年粹中善筆札子嬶書似其父嬶幼孤
終身不肯仕嘗隱菁山郎守屢薦于朝特許循資嬶亦謝不受

魏

杞（成化四明郡志）字南夫由某山徙于鄞登紹興十二年進士第歷縣有能名
後遷宗正少卿假禮部尚書使金行次盱眙金人以萬騎脅之杞不為動奉
禮幣以往至金卒正數國禮減歲幣舊數以歸孝宗大喜除起居郎遷給事中
乾道三年拜同知樞密參知政事明年拜右僕射除觀文殿學士卒謚文節杞

能詩居小溪絶不言時政所
著有山房集三蘇言行編

韓

元禮（嘉靖寧波府志）字敬仲鄞人淳熙九年進士光宗時授中書舍人以言事忤旨謫象山令開禧二年改松溪黨錮禍起以有惠于象遂泛海至其邑西南鄉居焉

元

任

士林（嘉靖寧波府志）字叔實其先蜀綿竹人徙居奉化再世又徙鄞山幼穎敏六歲能屬文既長裒父盧墓讀書疊疊不倦為文沉厚正大一以理為主而含蓄頓挫讀之有餘味後諸道會稽授錢塘遠近求請無虛日至大初以薦授安定書院山長所著有中易論語指要及松鄉文集若干卷

謝

繹（嘉靖寧波府志）字彥實資陽人徙鄞識見通敏聞武康石塘胡長孺以德學淑後進往受業其門或勸習舉子業答曰學以博通古今資文行耳仕奚所急哉趙文敏授以書法比家居蕭瑟郡守詣門請交一無所求為詩文簡淡雋永人以得其尺牘片楮為榮繹亦不自秘惜求輒應之有所不可雖貴勢不能動也

揭

法（天啓慈谿縣志）字伯防荊楚人傒斯子少淳樸苦學年十八盡通六經大義工古文辭補太學生端方有威儀六館士敬憚之以蔭補秘書郎還國史編修歷官至肅政廉訪使守建寧僞漢陳友諒兵犯松關建寧受圍吏民相繼出奔法與經略使普顏不花協謀禦賊設方略浸是平年三州改江西省行未赴以工部郎中召時淮浙道不通遂留家四明之慈溪

丁

鶴年（戴良高士傳）西域人父職馬祿丁臨川縣尹以治行高等陞武昌縣達魯花赤有惠政解官之日愛其土遂家焉子五人鶴年最幼父死鶴年甫十

二俗素短衰鶴年以爲非古制乃服斬衰三年屬志爲學年十七通詩書禮三經淮兵渡江襲武昌鶴年奉母以行間從兄吉雅謨丁避地越江上徒步杖依爲遂留四明或旅食海鄉爲童子師或寓居僧舍賣藥自給雖久處艱窘泊如也慈溪縣尹陳林稱賢令四方士大夫多依之鶴年居是邑數載未嘗覿其面嘗自謂曰凡爲清士當以庶爲主義爲輔和爲衛三者備庶可免于今之世矣

迺賢（元詩選傳）字易之世居金山之西元興西北諸部多散處内地故易之稱南陽人隨其兄宦遊江浙卜居于鄞舟至京師以能文名尤長歌詩每一篇出士大夫輒傳誦之時浙人韓與玉能書王子充善古文易之與二人偕來人目爲江東三絶久之歸浙東辟爲東湖書院山長以薦授翰林院編修官出參哥失里軍事所著有金臺集

吴志淳（成化四明郡志）字主一以字行濟南人工詩善草隸以父蔭歷官靖安都昌二縣簿元季棄官寓鄞之東湖至正末執政奏除待制翰林命下爲權倖所匿志淳已在耄耋若不聞焉當時若南昌揭伯防會稽盛景華魏郎還曾生永嘉柴養吾亦嘗寄跡于鄞至如龍子高之寓慈溪戴叔能之寓定海數君子者或賦詩或作文或論書法各逞所長故詞章翰墨人得之不啻拱璧養吾師米南宫寫雲山烟嵐变滅渾然天成魯生亦善寫水墨花鳥梅石而竹精于鉤勒顫掣之勢時有得于李後主子高後歸于閩張淮中作琴劍歌送之（明詩綜傳）志淳所著有環碧軒漁南漁隱二集

謝昌元（兩浙名賢録）字叔敬西蜀資州人類試四川第一調肇慶府教授除太學博士知封州後爲沿海參議官因家于鄞閣慶初長子大椿挈其家屬來鄞舟由鄂州世祖駐兵江滸獲其舟以大椿歸甚愛之俾給事殿中命大椿召昌元入朝上深器呼爲南儒預議中書省事爲禮部尚書

周友常（鎮海縣志）字景賢其先青州人舉至正乙酉進士授餘姚州學正設科課士士弁弁有條與朱公遷并馳名江左宋文瓚薦其才陞慶元路提舉安民

弭盜緯有成績未幾因方國珍擾內地陳叔援三策弗用掛冠
隱定海大洪江之南築室棲遲混跡漁樵子孫世為定海人

明

李善（成化四明郡志）字原善東平人父灝仕元為三江巡檢遂家慈谿篤志問學
處窮約簞瓢自樂喜怒不形于色人莫得窺其涯涘嘗顏所居之室曰人性皆
善日吟哦其中人羨其所作豪放目
之曰小李白壽七十六所著有崇陽稿

賀碓（陳鑄賀碓傳）字存誠隴西人洪武初從家四明少事舉業試有司一不利即
棄去遂肆力于古自六經子史以至天文地理醫卜之書無不覽究為文詞
下筆輒有古風以菊有隱者操篤愛之別號菊隱學士周叙以其有史才薦修
遼金元三史力辭不就有司延為鄉飲大賓幅巾深衣儀度整肅望而知為君
子暇則縱尋山水間消（傺）以老
年九十三所著友菊詩集一卷

陳遠（嘉靖寧波府志）字中復一字中孚先濮之鄄城人弱冠遊學宣饒間洪字書
左丞韓伯高授易得專門奥旨工書法有晉人風度尤善模寫人物過四明
愛俗尚淳厚遂家焉洪武中召至闕廷命寫御容賜金帛以文淵閣待詔歸里
永樂間遣中貴馳驛召入覲賜賚甚厚憫其年老賜歸遠為人清峻剛直毅然
不可犯而意度閒雅接之則和
氣藹如故士大夫多敬慕焉

劉端（象山縣志）泗州人景泰七年由選貢至象山以節愛稱令缺署篆久民甚德
之雅善堪輿曰象山仁里也遂卜居城北入籍焉子景弘治間領鄉薦歷吳
縣令陞岳
州通判

羅心撲（奉化縣志）字夢草號楚（袍）靈四川營山人崇禎丁丑進士仕寧波司李風裁
凜然豪猾斂跡明季辟紐蜀道阻絕游奉化之小萬竹愛其山水清幽築

室居焉

紹興府

漢

梅福（漢書本傳）字子真九江壽春人少學長安明尚書穀梁春秋為郡文學補南昌尉是時成帝委任大將軍王鳳王氏寖盛福上書訊切王氏不見納元始中王莽顓政福一朝棄妻子去九江傳以為仙其後有人見福于會稽變名姓為吳市門卒云

袁忠（後漢書袁安傳）忠汝南汝陽人安之元孫與同郡范滂為友同陷獄得釋初平中為沛相乘葦舟到官以清亮稱及天下亂棄官客上虞嘗乘舟戴笠詣太守王朗見朗騶從繁盛鄙之即辭去後徵為衛尉未至卒子祕擊黃巾賊戰死詔旌其門

許靖（河南通志）字文休平輿人（於越新編）靖舉孝廉與從兄劭俱有人倫之鑒董卓亂隱會稽後仕蜀累官太傅

陸增（江南通志）字仲芳昆陵人明京氏易尚書尤精風角星筭辟主簿謝病去隱會稽山

蔡邕（後漢書本傳）字伯喈陳留圉人少博學好辭章數術天文妙操音律桓帝時五侯擅恣聞邕善鼓琴遂白天子勅陳留太守督促發遣邕不得已行到偃師稱疾而歸邕慮卒不免乃亡命江海遠跡吳會吳人有燒桐以爨者邕聞火烈之声知其良木因請而裁為琴果有美音而其尾猶焦故時人名曰焦尾琴（注）張騭文士傳邕告吳人曰吾昔嘗經會稽高遷亭見屋椽竹東間第十六可以為笛取用果有異声（兩浙名賢錄）邕書曹娥碑陰八字云黃絹幼婦外孫齏臼即其時也

越州

桓曄(兩浙名賢錄)字文林龍亢人榮之五世孫舉孝廉方正皆不應初平中避地會稽止致魯相鍾離意舍越人化其節閭里不爭訟太守王朗給服食牛羊悉不受

孔潛(於越新編)潛本宣聖十七代孫漢末避地會稽孔道隆孔覬皆其後也今世為山陰人

三國

王肅(三國志王朗傳)肅字子雍東海郯人(輿地志)王朗為會稽太守子肅隨之郯住東齋中夜有女子從地出稱越王女與語達曙臨別贈墨一丸肅方注周易多有滯思因此便覺才思開悟

晉

王羲之(晉書本傳)字逸少司徒導之從子年十三嘗謁周顗：察而異之尤善隸書為古今之冠論者稱其筆勢以為飄若浮雲矯若驚龍起家秘書郎征西將軍庾亮稱羲之清貴有鑒裁遷寧遠將軍江州刺史羲之既少有美譽朝廷愛其才頻召為侍中吏部尚書皆不就乃以為右軍將軍會稽內史時殷浩與桓溫不協羲之以國家之安在于內外和因與浩書以誡之及浩將北伐羲之以書止之言甚切至浩果敗時東土飢荒羲之輒開倉賑貸朝廷賦役繁重吳會尤甚羲之每上疏爭之雅好服食養性初渡浙江便有終焉之志會稽有佳山水名山多居之謝安未仕時亦居焉孫綽許詢李充支遁等皆以文義冠世並築室東土羲之嘗與同志宴集于會稽山陰之蘭亭自為序以申其志性愛鵝山陰道士養好鵝羲之往觀意甚悅固求市之道士云為寫道德經當舉群相贈耳羲之欣然寫畢籠鵝而歸嘗在蕺山見一老姥持六角竹扇賣之羲之書其扇各為五字姥初有慍色因謂姥曰但言是王右軍書以求百錢姥如

其言人親買之他日姥又持扇來羲之笑而不荅既去官與東土人士盡山水之
之游弋釣為娛又與道士許邁共修服食採藥石不遠千里徧游東中諸郡窮
諸名山泛滄海年五十九
卒有七子知名者五人

謝

安（晉書本傳）字安石年四歲桓彝見而嘆曰此兒風神秀徹後當不減王東
海及總角神識沉敏風宇條暢王導亦深器之初辟司徒府除佐著作郎並
以疾辭寓居會稽與王羲之及高陽許詢桑門支遁游處出則漁弋山川入則
言咏屬文無處世意常往臨安山中坐石室臨濬谷悠然嘆曰此亦伯夷何遠
既累辟不就安妻劉惔妹也見家門富貴而安獨靜退乃謂曰丈夫不當如此
乎即安捉鼻曰恐不免耳始有仕進意時年已四十餘征西大將軍桓溫請為司
馬頃之徵拜侍中遷吏部尚書尋為尚書僕射加後將軍及中書令王坦之出
為徐州刺史詔安總關中書事安義存輔導時疆敵寇境邊書續至安鎮以和
靖馭以長算德政既行文武用命不存小察弘以大綱威懷外著人皆比之王
導謂文雅過之苻堅強盛疆埸多虞安遣弟石及兄子玄等應机征討所在尅
捷拜衛將軍開府儀同三司封建昌郡縣公性好音樂期喪不廢又于土山營墅
樓館林竹甚盛每携中外子姪往來游集安雖受朝寄然東山之志始末不渝
每形于言色雅志未就遂遇疾篤乃上疏遜位尋薨
贈太傅謚文靖二子瑶琰瑶襲爵官至瑯琊王友

謝

元（嵊縣志）字幼度為叔父安所器重授散騎常侍會稽內史初元父奕為剡令
樂其山水有寓居之意元因歸剡嶀山東北太康湖于江曲起樓樓側桐梓
森聳人號桐亭卒
謚獻武葬始寧

戴

逵（晉書本傳）字安道譙國人少博學好談論善屬文能鼓琴工書畫其餘巧藝
靡不畢綜總角時以雞卵汁溲白瓦屑作鄭玄碑又為文而自鐫之詞麗器
妙時人莫不驚歎太宰武陵王晞聞其善鼓琴使人召之逵對使者破琴曰戴
安道不為王門伶人後徙居會稽之剡縣性高潔常以禮度自處深以放達為

非道乃為著論孝武帝時以散騎常侍國子博士累徵辭不就郡縣敦逼不已乃逃于吳〻國內史王珣有别館在武郎山逵潛詣一游處積旬會稽內史謝元慮逵遠遁不返上疏曰伏見譙國戴逵希心俗表不嬰世務棲遲幽操不回陛下既已愛而器之宜使其身名並存請絕其召命帝許之逵復還剡後王珣為尚書僕射上疏復請徵為國子祭酒散騎常侍復不至太元十二年病卒長子勃有父風義熙初以散騎常侍徵不起

王修齡（世說）名胡之常隱東山甚貧乏陶範為烏程令以米遺之不受直答云王修齡若飢自當就謝仁祖索食不須陶胡奴米

孫統（晉書孫楚傳）孫統字承公太原中都人幼善屬文征北將軍褚裒聞其名命為參軍辭不就家于會稽性好山水乃求為鄞令居職不留心碎務縱意游肆名山勝川靡不窮究後為餘姚令卒子騰嗣以博學著稱位至廷尉騰弟登少善名理注老子行于世仕至尚書郎

孫綽（晉書孫楚傳）綽字興公博學善屬文少與高陽許詢俱有高尚之志居會稽游放山水作遂初賦以致其意所居齋前種一株松恒自守護鄰人謂之曰樹子非不楚〻可憐但恐永無棟梁日耳綽答曰楓柳雖復合抱亦何所施耶嘗作天台山賦辭致甚工以示友人范榮期云卿試擲地當作金石聲徵拜太學博士遷散騎常侍領著作郎時大司馬桓溫將移都洛陽朝廷畏溫不敢異人情疑懼並知不可莫敢先諫綽乃上疏桓溫見綽表不悅曰何不尋君遂初賦知人家國事耶尋轉廷尉卿領著作于時文士綽為其冠溫王郗庾之薨必須綽為碑文然後刋石焉

許詢（兩浙名賢錄）字元度高陽人父皎為會稽內史因家焉詢有才藻善屬文能清言與太原孫綽齊名隱居不仕築室永興之南山蕭然自放一時名士無不傾慕劉惔嘗曰清風明月輒思元度後終于剡山（吳中記）許詢徵司徒掾不就乃杖策披裘憑樹構堂常與沙門支遁謝安石等同遊

阮裕（晉書阮籍傳）裕字思曠陳留尉氏人居會稽剡縣拜臨海太守少時去職復除東陽太守尋徵侍中不就還剡山有肥遯之志有以問王羲之羲之曰此

公近不驚寵辱雖古之沉冥何以過此在剡曾有好車借無不給有人葬母意欲借而不敢言後裕聞之乃嘆曰吾有車而使人不敢借何以車為遂焚之父之後徵散騎常侍金紫光祿大夫並無所就或問裕曰子屢辭徵聘而宰二郡何耶裕曰屢辭王命非敢為高也吾少無宦情兼拙于人間既不能躬耕自活必有所資故曲躬二郡耳

孫盛（晉書本傳）字安國太原中都人父恂潁川太守在郡遇賊被害盛年十歲避難渡江及長博學善言名理于時殷浩擅名一時與抗論者惟盛而已盛嘗詣浩談論對食奮擲麈尾毛悉落飯中食冷而復暖者數四至暮忘食理竟不定由是知名起家佐著作郎桓溫伐蜀以盛為參軍賜爵安懷縣侯出補長沙太守篤學不倦自少至老手不釋卷著晉陽秋詞直理正咸稱良史（兩浙名賢錄）盛渡江居于會稽

南北朝

王弘之（宋史本傳）字方平瑯琊臨沂人少孤貧為外祖徵士何准所育從叔獻之及太原王恭並貴重之性好山水求為烏程令尋以病歸荊州刺史桓偉請為南蠻長史義熙初何無忌又請為右軍司馬高祖命為徐州治中從事史除員外散騎常侍並不就家在會稽上虞從兄敬弘為吏部尚書奏為中不就又陳弘之高行苦節宜招空谷以敦沖退之美元嘉四年徵為通直散騎常（又）侍不就敬弘常解貂冕與之即著以采藥性好釣上虞江有一處名三石頭弘之常垂綸于此經過者不識之或問漁師得魚賣否弘之曰亦自不得得亦不賣日夕載魚入郭經親故門各以一兩頭置門內而去始寧沃州有佳山水弘之依巖築室謝靈運顏延之並相欽重卒年六十三

孔淳之（南史本傳）字彥深魯人也少高尚愛墳籍居會稽剡溪性好山水每有所之遊必窮其幽峻或旬日忘歸除著作佐郎太尉參軍並不就居喪至孝廬

于墓閒服閑與徵士戴顒王弘之王敬弘等共為人外之遊會稽太守謝方明苦要之不能致使謂曰苟不入吾郡何為入吾郭淳之笑曰潜遊者不識其水巢棲若非辨其林飛沉所至何問其主終不肯往茅室蓬户庭草蕪徑惟牀上有數帙書元嘉初復徵為散騎常侍郎乃逃于上虞縣界家人莫知所在

阮萬齡（宋書本傳）陳留尉氏人少知名自通直郎為孟昶建威長史時袁豹江夷相繼為昶司馬時人為昶府有三素望萬齡家在會稽剡縣頗有素情永初末自侍中解職東歸徵為秘書監加給事中不就元嘉二十五年卒年七十二

何允（梁書本傳）字子季點之弟也廬江灊人師事沛國劉瓛受易及禮記毛詩又入鍾山定林寺聽內典其業皆通起家齊秘書郎永明十年遷侍中鬱林嗣位允為后族甚見親待允雖貴顯常懷止足建武初已築室郊外恒與學徒游處其內至是遂賣園宅欲入東山拜表辭職詔許之允以會稽山多靈異往遊焉居若邪山雲門寺初允二兄求點並棲遁求先卒至是允又隱世號點為大山允為小山亦曰東山永元中徵太常不就高祖踐阼詔為特進光祿大夫遣領軍司馬王果宣旨諭意果至允單衣鹿巾執經卷下牀跪受詔書因謂果曰吾年已五十七月食四斗米不盡何容得有宦情果還奏聞乃勅聚徒受業于是遂何子朗孔壽等于東山受學允以若邪迫隘不容生徒乃遷秦望山山有飛泉西起學舍即林成援因巖為楷別為小閣室寢處其中躬自啓閉童僕無得至者還吳居虎邱西寺講學徒復隨之大通三年卒年八十六

王籍（梁書本傳）字文海瑯琊臨沂人六歲能屬文及長好學博涉有才氣樂安任昉昉見而稱之嘗于沈約坐賦詩得燭甚為約賞天監初除安南王主簿歷餘姚錢塘令並以放免久之除湘東王諮議參軍隨府會稽郡境有雲門天柱山籍嘗遊之或累月不返至若耶溪賦詩其略云蟬噪林逾靜鳥鳴山更幽當時以為文外獨絕還為大司馬從事中郎遷中散大夫卒

江總（陳書本傳）字總持濟陽考城人幼聰敏有至性及長篤學有辭采家傳賜書數千卷總晝夜尋讀未嘗輟手年十八解褐丹陽尹何敬容開府府主簿遷尚書殿中郎范陽張纘琅琊王筠南陽劉之遴並高才碩學相推重為忘年交侯景寇東都總避難會稽郡憩龍華寺乃製修心賦其畧云太清四年秋七月避地于會稽龍華寺此伽藍者余六世祖宋尚書僕射州陵侯元嘉二十四年之所構也侯之王父晉護軍將軍彪昔蒞此邦卜居山陰都賜里貽厥子孫有終焉之志寺域則宅之舊基左江右湖面山背壑東西連跨南北縈紆聊與苦節名僧同銷日月曉修經戒夕覽圖書寢處風雲憑棲水月情可知矣元年平侯景徵為明威將軍始興內史陳天嘉四年以中書侍郎徵還朝入隋為上開府開皇十四年卒

辛普明（於越新編）河南人僑居山陰少就閻康之受業家貧與兄共處一帳兄亡以帳圍柩蚊多不得寢處之怡然及葬鄉人爭以金賻沒至者不復受人問之答曰本以兄墓不周故不逆親友之意今葬費已足豈可利餘賻耶徵為議曹從事不就

王知元（陳書孝行傳）高宗世有太原王知元者僑居于會稽剡縣居家以孝聞及丁父憂哀毀而卒高宗嘉之詔改其所居清苦里為孝家里

李白（唐書本傳）字太白其先隋末以罪徙西域神龍初遁還客巴西白之生夢長庚星因以命之十歲通詩書既長隱岷山州舉有道不應喜縱橫術擊劍為任俠輕財重施更客任城與孔巢父韓準裴政張叔明陶沔居徂徠山號竹溪六逸天寶初南入會稽與吳筠善筠被召故白亦至長安往見賀知章知章見其文嘆曰子謫仙人也言于元宗召見金鑾殿供奉翰林

朱放（全唐詩選傳）字長通襄州人隱于越之剡溪嗣曹王皋鎮江西辟節度參謀貞元初召為拾遺不就

陸參（兩浙名賢録）字公佐，吴郡人。蚤孤，與兄隱居于會稽，有佳山水，率子弟耕汲英中國修桑門之法，損落人事。貞元初，兄既殁，始為宗姻士友所强，慨然有應世之心，由試佐環衛，歷大理評事，攝監察御史，後徵拜祠部員外郎，出為歙州刺史。參為人器度弘遠，同心定交，造次以之，洽善親仁，發于肺腑，文章朗（缺）有作昔風

齊抗（嵊縣志）字遐舉，高陽人。少值天寶亂，奉母居會稽，初棲剡嶺，後遷玉笥山，未二紀而登台鉉。

李紳（全唐詩録傳）字公垂，亳州人。（嵊縣志）貞元十八年，紳為布衣，東遊天台，過剡令崔某，座中有僧修真，謂曰：君異日必當鎮此，修予所居。元和三年，紳以前進士為故蘇筆常侍招致越中，真已卧疾，使人相告，幸勿忘前言。太和癸丑，紳以檢校左騎省廉察浙越，果符其言。僧徒悉班謝，寺更頹毁，因捐錢三十萬，率諸僚施俸以飾寺宇。工成，紳有龍藏寺記

宋

劉安世（宋史本傳）字器之，魏人。登進士第，不就選，從學于司馬光，咨盡心行己之要。光入相，薦為秘書省正字。後宣和六年，待制中書舍人。安世儀狀魁碩，音吐如鐘，正色立朝，扶持公道，一時無不敬憚。家居未嘗有惰容，久坐身不傾倚，作字不草書，不好聲色貨利。其忠孝正直，皆則象司馬光。年既老，名聲譽益，而巋然獨存，名望益重。（成化新昌縣志）安世母太常博士新昌石氏之女，故自幼游學新昌石溪義塾。

韓肖胄（宋史本傳）字似夫，相州安陽人。以蔭補承務郎，徽宗聞其家世，賜同上舍出身。紹興三年，拜端明殿學士，充通問使至金國，金人知其家世，甚重之。往返幾半年，與朱勝非議不合，力求去，以舊職知溫州，提舉臨安府洞霄宮。五年除資政殿學士，知紹興興府，尋奉祠，與其弟膺胄寓居於越幾十年。事母以孝

聞辛謚
元穆

晏崇（萬曆上虞縣志）字子顯世居汴梁以詩禮名家晚就武職高宗南渡扈駕來征高橋之戰身被五十餘創忠憤益奮大呼而進金兵大敗遁去封兩浙制置使守越後退老上虞謚曰英

周靖（李大同周博士墓誌）字天錫先本南康人幼通敏好古善屬文舉宣和進士主中江簿轉郴州錄事遇于守帥多掣肘靖守法不阿常預內銓已而端康之亂乃以宗社大計閔白大臣欲投書闕下當事者沮之靖知勢不可為遂棄歸紹興閣薦章交上遂起為國子正錄進本監博士三舍弟子業成而仕後多知名居無何力丐罷官浮諸暨意其有中州風遂徙居之

尹焞（宋史本傳）字彥明世為洛人少師事程頤嘗應舉發策有詠元祐諸臣議焞曰噫尚可以干祿乎哉不對而出于是終身不就舉靖康初召至京師賜號和靖處士紹興八年除太常少卿未幾稱疾九年以徽猷閣待制兼侍講召又辭秦檜當國見焞議和疏不樂遂不復留（於越新編）焞壻邢純迎養于越卒因葬焉今其祠在大夫橋榜曰古小學

程迥（宋史本傳）字可久寧陵人靖康之亂徙紹興之餘姚孤貧漂泊無以自振二十餘始知讀書時西北士大夫多在錢塘迥得以考德問業焉登隆興元年進士所著有易傳外傳春秋傳顯微例日論語傳孟子章句文史評經史說諸論辨卒官朝奉郎

曾志（東都事略）字仲常鞏之孫補太常內舍生以父任郊社齋郎官累司農丞通判溫州須次于越金人陷越以琶八為帥約詰旦文武官詣府有不至及識察不覺察者皆死志獨不往為鄰人糾察逮捕詞氣不屈特全人帳中執兵者皆愕眙相視琶八曰且令出左右盡驅其家屬四十口同日殺之越南門外

越人作害瘞其屍金人去忘弟朝散郎忌知杭州餘杭縣置大棺斂其骨葬天柱山

胡直孺（兩浙名賢錄）字少汲華林人紹聖門進士累遷工部尚書以龍圖閣學士知洪州率兵禦金人于営郎斬首千級高宗即位赴行在改刑部尚書奉勅治會稽攢宮因留家焉卒葬雲門曰水塘有西山老人集行世

王俣（兩浙名賢錄）字碩夫兗郎人政和二年進士歷監察御史建炎初扈蹕南渡遂家餘姚召拜右司員外郎紹興初命左右條具改正崇觀以來濫恩諸次職者為飛語上聞免官秦檜專國俣家居一十八年檜死起知明州歷工部尚書尋乞身歸

王玠（萬曆紹興府志）字剛夫臨川人父榕為諸暨令遂家焉敏悟絕人詩治績典由分寧尉累遷知衢州所至有声胡銓尝薦之有曰治經有行亞西漢之名儒惆惝無華實東都之循吏兄域字寶臣知通州行業與玠齊名

宋延祖（兩浙名賢錄）字嗣宗濟南人建炎南渡因家上虞紹興中登進士官國子主簿除權給事繳駁奏論無所避改諫議大夫兼侍讀遷兵部尚書延祖以公忠受知不三年而登八座自謂遭時遇主知無不言以讜直稱

陳知柔（福建通志）永春人紹興進士授台州判官與秦檜子同榜檜當軸前列十餘人以拔擢致通顯知柔獨不阿附以教諭黜雅好山水自天台至會稽覽其巖壑留二年所著有易本旨易大傳春秋義例詩声譜論語後傳詩話古賦雜著

曾幾 傳詳名宦（宋史本傳）初家河南紹興末官浙東因居越禹跡寺未幾擢其子逮為浙西提刑迎養于官卒葬山陰鳳凰山

羅從彥（於越新編）字仲素南劍人聞楊時得程氏學慨然慕之時令蕭山從彥徒步往從之御驚汗浹背曰不至是幾虛過一生矣久之卒業學者稱豫章

先生池也

王希呂 傳詳名宦（兩浙名賢錄）希呂移家會稽貧不能廬寓僧舍孝宗聞之賜地一區錢六百萬緡令有司治第于越之東越隅子孫世居焉即今所稱後街

孟載（兩浙名賢錄）鄒國四十八代孫高宗時扈駕南渡授環衛上將軍家諸暨卒贈太尉

高世則（山陰縣志）字仲貽汴人扈從高宗南渡領越州觀察使紹興改元除保靜軍承宣使提舉萬壽觀詔令編類元帥府事蹟寓居越州山陰之禹會鄉帝遣中使時給俸祿後加少保開府溫州子千之秘書閣修撰世家于越

張孝伯（萬曆紹興府志）歷陽人父寺丞寓蕭山因家焉孝伯登進士仕至同知樞密院事嘉泰四年進參知進士舉罷歸時韓侂胄方嚴爲偽學之禁嫉斥正人無虛日孝伯謂侂胄曰不弛黨禁恐後不免報復之禍侂胄然之自是黨禁浸解正人始有所容

言通（兩浙名賢錄）字宗文本吳人文學子游之裔咸淳二年以敷文閣學士知紹興晚其山水之秀遂卜居北鄉子孫遂為山陰人

王銍（兩浙名賢錄）字性之汝陰人寓居剡中善屬文不樂仕進讀書五行俱下藏書滿架既卒秦檜子熹屬郡將索所藏書許官其子銍字泣拒之曰願守此書以死不願官也熹竟不能奪

元

翰勒海壽（萬曆紹興府志）字允常河南人後家山陰剛正有志節拜監察御史劾奏殿中侍御史合麻及其弟雪雪罪惡直聲震中外官至浙東廉訪使

貢性之（江南通志）字友初，師泰之子。明初徵録師泰後，有以性之薦者，性之改名悅，避居會稽，耕漁自給。邑人尚麟宗遇之，邀與俱歸，辭以詩云：遊絲落絮節成恨，社燕秋鴻各自飛。既卒，門人私謚之曰貞晦先生。

鄭淡（列朝詩集）字齊亨，號石田，世家維陽，後家越陰，門毛育志節，拜監察史林。與薦為三茅書院山長，趙稷不赴，以詩酒自娛。子續、孫師部皆有才名。

戴時才（兩浙名賢錄）字仲文，鄱陽人。至正間薄遊兩淮，買舟南下，渡錢塘，覩胥濤，直抵蕭山，探五洩之奇，遂忘身世，竟卜居湘湖之濱，以登涉吟咏自娛，人稱為南坡老人。

明

郘伯正（兩浙名賢錄）汴人。洪武初，徙家峽縣，由鄉舉為南京戶部員外郎，以應能稱。尋有令江浙人不得官戶部，員謝郎歸，杜門好書，善教棋，明宗纂敘圖系，制俗為之歸學云。

高啓（紹興府志）字季迪，姑蘇人，為吳下詩宗。元季避地蕭山，後還姑蘇。其詩文有缶鳴、槎軒等集。

蔡運（會稽縣志）南康人。以貢起家，歷官四川參政，清勁直諒，不諧于俗，罷歸。壬午靖難後，薙髮為僧，至會稽雲門寺寓焉。（紹興府志）寓雲門寺，不言其由。每泛一童子攜茗具筆牀，泛舟四遊，賦詩滿袖，歸則焚之，不留一字。

耶溪樵者（會稽縣志）永樂初，一樵者寓耶溪，日鬻薪兩束，食足則已，食已往畫詩溪沙上，畫已輒亂其詩，人怪之。（表忠錄）名廖平，襄陽人，建文時官兵部侍郎。

黃省曾(名山藏)字勉之吳人以詩經魁南都舉進士不第遂棄去自號五岳山人
是時王守仁講學越中省曾遊餘姚執贄道席每班坐請疑問至即答無
不洞中生平不樂組綬杜門著書海内名宿若李夢陽康海王
廷相楊一清霍韜輩或以翰札見知或以經濟加器声噪一時

高弘圖(會稽縣志)山東人萬曆戊戌進士
講學東林寓居會稽明末絕粒死

姜埰(會稽縣志)字如農山東萊陽人崇禎辛未進士屢遷吏部給事中時内竪指
斥東林倪元璐等埰奏是小人傾陷君子帝大怒予杖劉宗周疏救謫戍邊
海敕歸同弟垓奉母寓
會稽章闇家曲盡孝養

國朝

王正中(餘姚縣志)字仲撝保定人崇禎丁丑進士知餘姚因家焉正中不事
文彩好讀實用之書從閩人林仲炯受天官之學談之往往有驗

蔣平階(紹興府志)字大鴻華亭人明末華亭夏允彝青浦陳子龍主幾社見平階
大驚亟邀入社後服黃冠假青烏之術東至齊魯登泰岱謁孔林轉徙吳
越間樂會稽山水遂家焉詩文詳贍典麗以西京盛唐為要歸
于書博覽洞究無遺著書十餘種卷以百計歿葬若耶想風涇

台州府

晉

李廞(世說)字宗子江夏鍾武人清貞有遠操少羸病不肯婚宦居在臨海住兄侍
中墓下既有高名王丞相欲招禮之辟為府掾廞得牋命笑曰茂弘乃復以
一爵加人(湖廣通志)廞好學善草隸
足疾不能行常仰臥彈琴讀書不輟 台州

江逌（晉書本傳）字道載，陳留圉人。避蘇峻之亂，屏居臨海，翦茅結宇，耽翫載籍，有終焉之志。中軍將軍殷浩將謀北伐，請為諮議參軍，甚重之，遷長史，甚為匡弼之益，軍中書檄皆以委逌。及桓溫奏廢浩，佐吏逌遂免。昇平中，遷吏部郎，兼侍中，累讓不許。逌在職多所匡諫，著阮籍序贊、逸士箴及詩賦奏議數十篇行于世。子蕭，吳興太守。

南北朝

庾肩吾（兩浙名賢錄）新野人，南齊庾信之父。隱居天台，信留周歲，雖致通顯，每多鄉閭之思，故作哀江南賦以致其意，有云：少微真人，天台逸民，階庭空谷，門巷蒲輪，移談講樹，就簡書筠，降生世德，載誕貞臣，文詞高于甲觀，模楷盛于漳濱，蓋頌父也。

王元規（南史本傳）字正範，太原晉陽人。八歲而孤，隨母依舅氏，往臨海郡，性孝，事母甚謹，晨昏未嘗離左右。時山陰縣有暴水，漂流居宅，元規惟有一小舡，倉卒引其母妹并姑姪入舡，元規自執楫而去，留其男女三人閣于樹杪。及水退，俱獲全，時人稱其至行。仕梁位中軍。陳天嘉中，領國子助教。入隋，卒于秦王府東閣祭酒。

唐

王展（天台山方外志）不知何許人，寓天台。項斯有懷王展詩云：赤城山下路，無計得相隨。雲摸白郎巖記

曹唐（全唐詩錄傳）字堯賓，桂州人。（天台山方外志）寓天台，以能詩名，後為荊湘從事，賦桃源詩，膾炙人口。

任藩（書目解題）藩或作翻，嘗居天台，有宿帢幘山絕句，為人所稱，今城中巾子山也。

宋

呂頤浩 傳詳名宦（赤城志）頤浩其先樂陵人建炎四年寓臨海

韓昭（赤城志）字用晦真定人丞相縯之曾孫官至直顯謨閣自號大同居士紹興初避地仙居（仙居縣志）昭隱于安州山

陳與義（宋史本傳）字去非洛陽人登政和三年上舍甲科紹興元年知湖州七年參知政事上曰今梓宮與太后淵聖皆未還若不與金議和則無可還之理與義曰若和議成豈不賢于用兵萬一無成則用兵必不免從帝如建康明年扈蹕還臨安復知湖州遂請閒提舉臨安洞霄宮卒與義長于詩體物寓興清邃紆餘上下陶謝韋柳之間嘗賦墨梅徽宗嘉賞之以是受知（方輿勝覽）號簡齋建炎中避地臨海

陳瓘（宋史本傳）字瑩中南劍州沙縣人中甲科調湖州掌書記簽書越州判官通判明州徽宗即位召為右正言左司諫極論蔡卞章惇安惇邢恕之罪遷右司員外郎崇寧中除名瓘嘗著尊堯集謂紹聖史官專據王安石日錄改修神宗史變亂是非不可傳信深明誣妄以正君臣之義張商英為相取其書既上而商英罷徙台州在台五年乃得自便宣和六年卒高宗謂輔臣曰陳瓘昔為諫官甚有讜議所著尊堯集明君臣之大分合于易天尊地卑及春秋尊王之法宜特賜謚以表之謚曰忠肅

綦崇禮 傳詳名宦（尚友錄）崇禮退居台州賓客一介之士亦厚禮之故家子弟淪落者推橐金以濟之

范宗尹（宋史本傳）字覺民襄陽鄧城人宣和三年進士建炎元年召為中書舍人遷御史中丞拜參知政事呂頤浩罷相宗尹攝其位時年三十宰相年少未有如宗尹者秦檜擠宗尹遂落職未幾命知溫州退居天台

汪藻 傳詳名宦（天台縣志）建炎中避地居台有道中詩浮溪集

胡世將（宋史本傳）字承公常州晉陵人登崇寧五年進士（臨海縣志）嘗為兵部侍郎建炎中謫居台州題名巾子山及游天柱寺有詩官終資政殿學士

許仁（天台縣志）字性初鉅野人從楊龜山游登宣和何涣榜進士歷監察御史隨蹕南渡建炎初以右朝請大夫集英殿修撰知臨安府疏劾黄潛善汪伯彦直道不容于朝因借修武郎趙士佇遊台山卜居于邑之墨湖建思敬堂金波亭所著有靈溪新紀編及奏疏若干卷

馮原（台州府志）河間人祖寶以武德大夫從高宗南渡父安國以蔭歷官浙東觀察使巡視松門市舶卒于台賜葬赤城山原為机宜文字官家臨海之長樂鄉

李寵朋（赤城志）字才翁長安人與兄龜年齊名中特科監南岳廟紹興末寓居臨海

郭仲荀（赤城志）字傅師洛陽人官至太尉慶遠軍節度使殿前都指揮使紹興中流寓臨海

李擢（赤城志）字德升奉符人元符三年中第官至禮部尚書徽猷閣直學士紹興初寓臨海

翟汝文 傳詳名宦（臨海縣志）紹興二年與其子耆年偕來寓兜率寺有丹陽集行于世

賀允中（赤城志）字子忱上蔡人歷資政殿大學士參知政事紹興初寓居天台萬年寺後徙臨海有息心巢記墓在天台縣一都

張師正（赤城志）字子正大梁人宣和間官至都統制紹興中家于台

蔡向（赤城志）字瞻明東平人提之孫紹興初提舉本路常平因寓臨海自號淨空居士有繪水集藏于家

姜詵（赤城志）字足言長山人官至寶文閣直學士通議大夫贈少師紹興中寓居臨海子處度知惠州孫注大理丞

成大亨（台州府志）字正仲河間人元符二年中第官至左朝請大夫直祕閣紹興初寓天台

桑莊（赤城志）字公肅高郵人知郴州紹興初寓天台曾幾志其墓有茹芝廣覽三百卷藏于家子世昌自號莫菴有文集三十卷

曹勛（台州府志）字公顯陽翟人宣和五年賜甲科以武義大夫從徽宗北遷過河奉徽宗御衣書自燕山間行詣康王高宗泣以示輔臣勛建議募死士航海入金奉徽宗由海道歸執政難之出勛于外兩赴金國正使何鑄伏地不能言勛反覆開論金主首肯以梓宮及太后歸孝宗朝加太尉贈太師葬臨海顯恩寺北（嘉靖浙江通志）紹興中寓天台子耜工部郎中知蘄州耘利州觀察使

于恕（太平縣志）字忠甫諸城人紹興中以父定遠為州判官寓居邑之桃夏中特科歷官靖安尉昌國簿受學于張九成九成謫嶺表恕裹糧從之尤豪于詩有文集數十卷

林景憲（文獻通考）東魯林景憲初寓吳興從倚度敦立游後為參政賀允中子忱婿寓臨海為人高尚詩清澹五言四韻古句尤佳逼陶謝梁溪尤延之誠齋楊廷秀為之序

楊棟（宋史本傳）字元極眉州青城人紹定二年進士第二授祕書省正字擢太子詹事兼修國史實錄拜參知政事台州守王華甫建上蔡書院言于朝以棟為山主詔從之因卜居于台尋奉祠以資政殿大學士充萬壽觀使所著有崇道集平舟文集

謝伋（黄巖縣志）字景思上蔡人參政克家之子官至太常少卿紹興初侍父寓居靈石後寓三童號藥寮居士有文集葉水心為序初秦檜罷御批云秦檜不

知治體信任匪人、心大搖怨謗載路後檜復柄意札在伋所有旨下台州追索擇酷吏劉景為守視事次日即遣吏追逮伋自分必死將抵郡城坐舟中望景郊迎相見執禮甚恭蓋恭已浔檜訃矣踰旬日伋拜處州之命

楊揆（黃巖縣志）字子才真定人守楚州日秦檜初自金還泛海至楚揆疑其詐欲斬之所親者謂曰萬一果然朝廷知之非便不若津遣赴行在真偽自辨矣于是遣人陰加防護送至會稽檜既相揆屏跡黃巖踰二十年檜死高宗記其姓名召為工部侍郎敷文閣待制

陳良弼（太平縣志）字希說祥符人以父繹恩補內黃門事宣和五年扈蹕京城增修城濠賜玉帶銀絹高宗于南都正位奔赴行在除寶慶承宣使尋致仕買舟順流而下抵邑境居焉卒贈平信軍節度使謚忠簡葬慶恩寺東有石碑

洪擬傳詳名宦（寧海縣志）靖康間避地寧海遂家焉卒葬縣北項嶴

趙不柔（天台縣志）字正之閒封人安康郡王士說之子悼其父死靖康之難不樂仕進秦檜當國招之不出官至承事郎通判潮州紹興初避地于台滌汝遇淳熙十四年中第知吉州汝适慶元二年中第提舉福建市舶後徙臨海

李彙（天台縣志）字推之覃懷人紹興九年通判州事寓家于台官至朝議大夫

范開（台州府志）字宣之河陽人為洪邁辛棄疾所器重嘉定中寓居于台

元

卜元吉（台州府志）河西唐兀氏寓天台鄉試副榜任慶元路翁洲書院山長

明

東湖樵夫（臨海縣志）不知姓名革除間採樵東湖上負薪入市口不二價成祖登極詔至臨海樵夫遂投湖中而死後人立亭湖上以祀之

陸修正（黃巖縣志）號草屋吳郎人寓居盤馬善屬文時人稱為草屋先生有文集行世

王顯（方孝孺漁溪子傳）號漁溪子江寧人少脫略不拘讀書不肯事帖括嘗游寓天台與林右張轂最善右善擊劍長于為文轂放于歌詩二人皆自負一世顯嘗釣海濱望見二人踞坐大笑二人者知其非庸人也即與之語大驚異相辯難上下古今事折衷損益根據理道識者知其非狂生或又疑其為神仙中人云

王彝（列朝詩集傳）字常宗其父蜀人父官崑山教授召修元史賜金幣以母老乞歸彝少孤貧讀書天台山中師事王貞文得蘭溪金文安之傳學有端緒嘗著論力詆楊廉夫有三近齋稿

范用修（仙居縣志）滇人舉孝廉將試春官會父以非罪見斥因不果北上窮山海披霜露崎嶇險阻越數載方遇父扃歸葬應司寇容菴見其孝以女姪妻之為卜築麻姑山麓挈家居焉善畫人得其片紙珍若拱璧

孫震（台州府志）字魯山桐城人由進士累官兵部尚書明末避地仙居二都方宅後復移寓一都安寧有烟霞皆物外雞犬即仙家之句

孫昌徵（臨海縣志）字調寧號瀰漁松江人崇禎時避居臨海能詩善畫有二子任安任昌皆以翰墨名

金華府

婺州

漢

文臺（名勝志）字高明嘗討赤眉還誅新莽功成造鐵船遊東海見石帆于永嘉徧歷名山而殁于婺今白沙村有昭利王廟即此

晉

江惇（晉書本傳）字思悛陳留圉人孝友淳粹高節邁俗性好學每以為君子立行應依禮而動雖隱顯殊塗未有不傍禮教者也若乃放達不羈以肆縱為貴者非但動違禮法亦道之所棄乃著通道崇檢論世咸稱之蘇峻之亂避地東陽山太尉郗鑒檄為兗州治中征西將軍庾亮請為儒林將軍皆不就邑里宗其道有事必諮而後行東陽太守阮裕深相欽重養志二十餘年永和九年卒

宋

朱帆（明一統志）沛國朱雲之後永興中為臨海太守有政聲秩滿居蒲墟村遂為義烏人（萬曆義烏縣志）字孝祥曾孫翊揚州刺史治揚有功

南北朝

匡昕（南史本傳）字令先廬陵人有至性隱金華山服食不與俗人交母病亡已經日昕奔還號叫母即蘇人以為孝感所致

劉峻（梁書本傳）字孝標平原人好學家貧讀書終夜不寐清河崔慰祖謂之書淫天監初召入西省典校秘書安成王秀引為戶曹參軍給其書籍使鈔錄事類名曰類苑未及成以疾去因遊東陽紫陽巖築室居焉為山栖志其文甚美普通二年卒謚曰玄靖先生

顧野王（陳書本傳）字希馮吳郡吳人幼好學七歲讀五經知大旨九歲能屬文長而徧觀經史天文地理無所不通梁大同四年除太學博士侯景之亂丁父憂歸乃召募鄉黨數百人隨義軍援京師野王體素清羸又居喪過毀殆不勝衣及杖戈披甲陳君臣之義逆順之理抗辭作色見者莫不壯之逃會稽尋往東

、陽與劉裕義合軍據城拒賊侯景平太尉王僧辯深嘉之陳天嘉元年補撰史
學士太建六年除太子率更令將濟陽江總吳國陸瓊北地傅縡吳興姚察並
以才學顯著
論者推重焉

唐

韋莊（婺書）字端己京兆杜陵人見素之孫乾寧進士授校書郎避亂客婺有和陸
諫議懷山居詩曰望闕路仍遠子牟魂欲飛道閑燒藥爲僧寄卧雲衣故國
饒芳草他山挂夕暉東
陽雖勝地王粲奈思歸

五代

蔣勛（十國春秋）晉吳郎太守樞之後唐末避地婺州之東陽
仕至金紫光祿大夫檢校司空兼御史大夫遂家焉

宋

王彥超（兩浙名賢錄）臨清人徙居義烏之鳳林少事後唐歷晉至周顯德中累官
永興軍節度移鎮鳳翔宋初興太祖有舊遷爲右金吾衛上將軍判街杖
事初彥超自節鎮來朝與郭崇（從）業（義）等侍宴太祖從容謂曰卿等皆國家
舊臣久臨劇鎮非朕所以優賢之意彥超知旨即日解官時議許之

周常（宋史本傳）字仲修建州人中進士第徽宗召爲國子祭酒進中書舍人
禮部侍郎蔡京用事不能容以寶文閣待制知湖州尋奪職居婺州

楊時傳詳名宦（舊浙江通志）紹興間寓金華潘黙成洋之遊王師
愈方幼穎悟黙成攜見龜山出論語傳相示師愈拜而受之

呂珊中（嘉靖金華縣志）東萊五世孫父好問高宗右丞珊中隨高宗南渡始
居婺州子祖謙生于桂林甥館其學本之家庭得中原文獻之傳

蘇遲（金華賢達傳）字伯充眉山人轍長子建炎二年以右朝請大夫直祕閣知婺州奏減稅額父老為立生祠因家焉卒葬蘭溪靈洞後贈少傅婺之蘇氏始此子簡策

鄭淮（浦陽人物記）白麟十九世孫其先居滎陽遷浦陽遂為浦陽感德人孫綺字宗文事父母至孝歿後子孫同居六世歷二百年

傅雱（浦陽人物記）世居汴父大理評事瑄攜雱遷浦陽之感德雱多膽略與李綱宗澤遊建炎元年遣雱為祈請使高宗命李綱草二帝表付雱以行獻二帝衣各一襲雱與王倫俱留金軍久之全節以歸官至工部侍郎

賈廷佐（兩浙名賢錄）字子野真定人剛毅有大節宣和二年入太學隨父淵扈蹕南渡遂家東陽登紹興二年進士擢桐廬簿時金遣張通古偕王倫南來以詔諭江南為名廷佐一再上書累千餘言劇論讐恥之不可忘名分之不可亂和約之不可信請誅王倫決意用兵以圖恢復辭旨剴切累官大理司直出知處州致仕所著有善頤集愚齋雜著若干卷

柳森（浦陽人物記）河東人建炎中父鑄始從趙林自解還杭森又自杭還浦陽烏蜀山森子金擢咸淳三年進士為高郵令衆季城賓山氏倡亂火金所居官欲盡新之金惻然曰此豈其本心哉第為飢寒所驅爾乃白戮其魁餘悉縱不問家感金造室廬還之生子賢

鞏庭芝（正德武義縣志）字德秀東平須城人建炎間遷居武義從鄭山堂先生登紹興八年進士第授建德主簿改秩知諸暨縣主管崇道觀陞太平録事參軍嘗受業于劉元城先生之門以道學倡武義武義人士知尚理義之學自庭芝始隆興二年卒贈大中大夫

趙相（名勝志）洛陽人紹興間帥廬州死于酈瓊之難子孫居婺州覺巖寺殯焉

王渙之（明一統志）大名人父良儒紹興間知永康因家焉又從武義渙之幼穎悟能文嘗作王氏叙傳

馬任仲（明一統志）建陽人從朱文公游紹興間中進士乙科寓居東陽歷官州縣以廉能見稱所著有奏議雜著浮齋集

陸九齡（宋史本傳）字子壽居撫州之金谿幼穎悟端重稍長補郡學弟子員時秦檜當國無道程氏學者九齡獨尊其說登乾道五年進士第調桂陽軍教授改興國軍地濱大江俗儉嗇而鮮知學九齡不以職閒自佚益嚴規矩肅衣冠如臨大衆勸綏引翼士類興起調全州教授未上得疾卒九齡治家有法闔門之內儼在朝廷而忠敬樂易鄉人化之皆遜弟焉與弟九淵相為師友學者號二陸（舊浙江通志）乾道九年八月來婺與東萊相會同觀寶録淳熙六年復來東萊東考亭曰子壽前經過留此二十餘日幡然以鵝湖前見為非甚欲著實看書講論心平氣下相識中甚難得也

陸九淵（宋史本傳）字子靜乾道八年進士除將作監丞主管台州崇道觀每開席講戶外屨滿耆老扶杖觀聽自歸象山翁學者稱象山先生嘗與朱熹會鵝湖論辨所學多不合及熹守南康九淵訪之熹與至白鹿洞九淵為講君子小人喻義利一章聽者至有泣下熹以為切中學者隱微深錮之病門人楊簡袁燮舒璘沈煥能傳其學云（舊浙江通志）淳熙元年來婺東萊自三衢歸相會時東萊與汪應辰書云陸相君聚五六日淳篤敬直流輩中少見其比

楊與立（正德蘭谿縣志）字子權浦城人受業朱子之門嘗知處州遂昌縣因家于蘭溪以道淑人學者多宗之稱為船山先生所著有朱子語略十二卷

王德良（宋濂王秉彝傳）字秉彝和州人鈎經索史智識過人閒倘佯山水見巖姿川容細縕献狀情思眑眑然曰精聚神會吾殆與之無間豈古人所謂烟霞痼疾也耶勸之仕笑不答僑居金華建藥區市中蓄善藥以賑人急甚窶者不受其直由是衆善之稍聞四方秉彝曰是善名我遂以榜其堂

明

李曄（獻徵錄）字宗表其先封郎人有偉初昔從宋南遷遂居錢塘其占籍金華之
永康則自曄始曄少從鄉里師口占詩能作驚人語往從永嘉鄭公傳學浙
西憲副以茂才異等薦常山教諭包山書院山長皆弗就謝東陽永嘉二邑
間陳世恭迎館于家士多敬愛之著書賦詩若將終老洪武初薦訪遺逸有司
首以曄貢補國子助教日從其長設為教條以責成效未及考竟以疾免踰年罷
還永康天性孝友奉母偕至客于外月不見母必歸省有異味必以遺母在浙東
東時兄病疫得書倉皇戒行李至則兄病已危瞪目視曄指取計簿并筐笥鑰
器藏之曄不避疫染百端營救而愈恙遂其兄前所得博覽强記為文蒼勁詩
緣情指事不煩
雕刻有草閣集

性天然（七修類稿）永樂初有自稱性天然者寓金華東陽縣東山儀容俊偉識趣
起卓悟披麻戴笠不服常服盤桓于山南村落間與之游飲者每得其詩
瀟灑將死囑主人曰斂吾懸于林木足矣主人卒葬之其邑里姓名終莫知之嘗
見其歌及稱王姓昔曰宗兄是必王其姓而逸文朝之人也或又稱玉華山樵

國朝

沈壽民（金華府志）字眉生宣城人為諸生有声崇禎九年行保舉法巡撫張國維
以壽民應詔入都抗疏論本兵楊嗣昌及總督熊文燦不報由是名動天
下未幾移疾歸諱學姑山携家寓金華蘭谿武義諸邑山中隱居著
述窮餓終身門人私謚曰貞文先生有閑道錄姑山文集諸書行世

衢州府

晉

殷浩（晉書本傳）字深源陳郡長平人識度清遠弱冠有美名尤善立言與叔父融
俱好老易融與浩口談則辭屈由是為風流談論者所宗三府辟皆不就于

時擬之管葛王濛謝尚如浩有確然之志相謂曰深源不起當如蒼生何建元初衛將軍褚裒薦浩徵為建武將軍揚州刺史時桓溫既滅蜀威勢轉振朝廷憚之以浩有盛名朝野推服故引為心膂以抗溫為是與溫頗相疑貳遭父憂去職服闋復為建武將軍揚州刺史遂參綜朝權以中原為己任上疏北征許洛將發墜馬時咸惡之既而桓溫聞其敗上疏罪浩竟坐廢為庶人徙于東陽之信安縣浩少與溫齊名而每心競溫嘗問浩君何如我浩曰我與君周旋久寧作我也浩雖被黜放口無怨言但終日書空作咄咄怪事四字而已永和十二年卒咸安初故吏顧悅之上疏訟浩追復本官（元豐九域志）衢州信安軍有殷浩宅土人號曰殷牆

陳弘（衢州府志）字伯猷閩中人有勇略喜讀書初依晉益州刺史王濬擢參謀太康元年濬克西陵荊門等道諸州自武昌抵建業所向克捷弘實左右之時鮮卑餘孽趁峻猖獗甚弘率輕騎襲擒之黑黨皆懾伏上嘉其績特授峥嶸鎮總管封信安侯食邑三百戶遂家于信安年九十薨洪武初以護國著靈異加贈寧邦感應侯更新祠宇以時享之

唐

周美（正德江山縣志）字元善淮右陸安里人為衢州刺史愛須江上沃民淳山水佳勝乃卜居江山家焉析子孫為五坦曰新坦同坦學坦晟坦平坦

汪處崇（龍游縣志）徽州人越國公華之孫尉龍游遂家于團石世稱汪家灘有汪侯墓

五代

吳祐字（常山縣志）字齡交饒州人進士清泰二年守衢州解印綬居常山之紹德鄉晉天福五年復起守汀州司虞慎三年仕銀青光祿大夫檢校工部尚書

衢州

兼御史中丞八世孫嘉進為江山教諭遷居松峯

唐

詹從効（常山縣志）字堯臣以字行南陽人為錢王鏐賓佐方鏐起偏將攻王郢敗黄巢削劉漢宏兄弟之黨逐劉浩執薛朗皆堯臣功居多鏐建功臣堂並碑紀功堯臣與焉梁太祖即位封鏐吳越王堯臣亦進節度副使閩中亂遣堯臣領兵至常山草萍地鎮守後乞歸定居八都邢舊莊卒追封鎮東軍節度使開府儀同三司檢校太師鄂國公謚曰恭

宋

王仁裕（衢州府志）字德輦汴人晉翰林學士入周為左僕射加太子太保家興棄官來信安隱居穆陵號穆陵居士著西江集行世

吾渭（衢州府志）字清源姑蘇人多謀善斷曹彬下江南辟為參謀南唐既平進官都督授三衢守遂家焉子淵居西安滿居開化

樊清（常山縣志）字汪源南陽人元祐八年以薦授中書舍人尋拜翰林學士尚書右丞屢抗疏以裨時政南渡後居常山之疊石子鑑孫游俱登第曾孫充駙馬都尉

趙㬎傳詳名宦（兩浙名賢錄）聞喜人高宗即位除權戶部員外郎遂卜居衢州

趙令矜（弘治衢州府志）字表之太祖裔孫大觀三年賜上舍出身高宗中興除都官郎因上章留張浚罷居衢州未幾復官襲封安定郡王尋奉祠歸孝宗親灑宸翰以寵其行號超然居士

胡正（衢州府志）歙縣人仕至兵部尚書靖康中避亂來常邑卒葬郭山所居今名胡村

孔端友（兩浙名賢録）曲阜裔建炎初襲封扈蹕南渡因家于衢後子玠嗣紹興六年
年詔權以衢州學為家廟賜田五頃以奉烝嘗玠從弟傳字世文御史中
丞相輔之後與玠同至衢後守臨川時建昌軍亂羣招降皆不受必欲見傳為
信傳挺然往諭散兵以平凡南渡後廟學皆傳所請所著有續白氏六帖續尸
植文樞紀要東家雜紀杉溪
集及道輔擊蛇笏藏于家

魏砡（宋史本傳）字邦達和州歷陽人唐丞相知古後宣和二年上舍及第（常山縣
志）建炎元年知常山縣四年改衢州管內府幹辦公事尋被召極言時政奏
檜用事士大夫少失其意禍輒不測砡終不少貶奉祠凡四任寓常山僧舍蕭
然一室自奉雅薄而氣節甚充也紹興二十一年丁母憂卒于喪次子三欽承
欽緒欽弼俱登第今子孫散居常山及西
安凡五族帽閣化杜川文物尤世其家

馬伸（兩浙名賢録）東平人政和中進士歷官左司諫有直聲隨高宗南渡寓寄龍
邱抗疏劾黃潛善汪伯彥用奸誤國責監濮州酒稅死道中後胡安國訟其
冤請官其子孫
以旌直臣不報

徐大與（弘治衢州府志）洛陽人父幸隆仕河南節度使時金人騎驟入淮郡野望
風奔潰幸隆率河陽兵拒死朝廷旌其忠大與守衢應淨節概有幸隆遺
風尋奉父遺骸葬于常山之護國寺山
遂解政家于常立祠于寺子孫世祀焉

曾楙（弘治衢州府志）字叔夏其先贛人元符進士宣和七年知興化府金人陷燕
山詔帥守各募敢死士入援楙率先諸郡以顯謨閣學士致仕楙祖平嘗為
衢之判官因家焉有內外制文集東宮日記第開字天游登進士第權直學士
院出知婺州羅汝楫謂開嘗阻和議遂落職寓衢十三年端居簡出類山林枯
槁之士有內
外制藏于家

周大憲（衢州府志）字用章，敦頤裔，道州人。家南渡來衢，見常山八都形舊山奇秀，遂家焉。子旦五經博士，達進士，子孫分居東門大街，餘遷江山、浙寧、永豐。

徐雲翔（常山縣志）字先升，汴人，南渡遷臨安。雲翔從呂祖謙、周必大游，擢進士第，授衢州路西安令，悅衢風土，遂遷居常山。

蔣羽（江山縣志）字汝翔，家世居吳。高宗朝舉賢良，辭不赴，繼舉文學，亦辭。遷三衢，聞徐逸平講學南塘里，就訪酬和，因見須江山水清，遂占籍文明坊。

汪悳辰　傳詳名宦（宋史本傳）。請祠歸，寓居常山之永年院。

趙子晝（宋史本傳）字叔問，燕王五世孫。少警敏强記，工書翰。宣和初，充詳定九域圖志編修官，詔爲刑部員外郎，以憂去。建炎四年，遷吏部員外郎、尚書左司員外郎，試太常少卿，集太常因革禮八十篇爲二十七卷。上言漫春分祀高禖禮，除權禮部侍郎，遷徽猷閣直學士，知秀州，既而奉祠，以歸寓于衢。

范沖（兩浙名賢錄）字元長，祖禹長子。建炎四年守衢，因請祠，與趙丞相鼎同居。高宗以神哲兩朝錄多失實，召沖爲宗正少卿兼直史館。沖遂盡削蔡京、蔡卞所增宣仁太后誣謗事，又極言王安石變法度之非、蔡京誤國之罪，上嘉納之。書成，遷起居郎兼侍讀，改翰林侍讀學士。未幾，坐與趙鼎有連，奪職歸。

馬希言（西安縣志）濮州鄄城人，唐馬周後。高祖給事應圖與淇父諫議仲皆以節義著。南渡後，希言爲少卿，寓龍邱。

華仁祖（衢州府志）延陵人。父爲黃門侍郎，以沮和議忤秦檜，落職知饒州，卒于官。仁祖扶櫬至衢，隱居城西黃茶洑，子孫遷居常山。

任古（弘治衢州府志）字信儒，世居濟寧。建炎初登第，紹興間宰歐寧，以母憂歸，過衢，因卜葬焉，廬墓終喪。除監察御史，有拙齋遺稿三卷。

何若（弘治衢州府志）字任叟，建康人。弱冠登第，擢御史，除簽書樞密院事，以疾奉祠，家于衢。所著有尚書春秋講義、漢唐史評、風山集。

鄭知柔（福建通志）字民望，政和人，進士。（兩浙名賢錄）紹興間歷官國子祭酒，以直龍圖閣奉祠，寓西安塘城東之菱塘。舍側有古木輪囷離奇，卧塘上，知柔因

繫小舟扁曰野航日夕吟咏其中題其詩曰野航集

韓公裔（弘治衢州府志）字子康家本開封為康邸舍人積功遷岳陽軍節度使先是史館修日曆凡藩府舊事與霸府建置本末人無知者公裔省憶成書秦檜遣史官揚愿質之所記皆實檜欲賞公裔會除保康軍承使檜疑其舍己而自求于上使言者論公裔與愿往来坐廢後奉祠家于衢卒贈太尉謚恭崇洪邁誌其墓

張翬（弘治衢州府志）字仲恩南京人登進士第建炎初守昭武金遣使約翬降附翬恐亟斬之先是翬子申陷北和議成申欲取其父時翬居衢朝廷下衢趣遣行翬與秦檜書謂以子召父不孝背德犯順不忠誓不與逆子俱生以故鄉郡不為給祿者十五年檜死始奉祠卒韓元吉誌其墓

譚惟寅（尚友錄）字子欽高要人紹興中登進士第官至浙西憲府讀書一覽終身不忘嘗寓衢州祥符寺借蠋閣碑不得遂以手摸之既歸畢錄黎明對本不遺一字

李處全（江山縣志）字粹伯洛陽人能文終侍御史弟處勵守衢州時處全寓須江仙居僧舍擇林壑之勝與弟同家焉

趙希綰（萬曆龍游縣志）汴人工部郎中為和州防禦使居龍游四子與汶與璐與瀞與澧皆相繼登上第御賜其居曰傳芳堂

徐士安（衢州府志）字公輔長沙人乾道進士令江山有政声晚致政愛江俗朴茂遂占籍邑之南門

徐國鎮（常山縣志）字定夫雲山人希賢六世孫封千戶侯率兵捍寇權傑軼倫輩理宗末棄職携家居常山之十都馬蹄壠疾革命以戈甲涅瘞表厥志子孫從居彤弓山

元

左宗海（衢州府志）字百會，東萊人。至正間孝廉，教諭西安，作人造士，諸門下依依不忍舍，構廬設帳，遂居于衢，子孫十數世皆敦詩說禮，好施，明季有都鄉史志義節烈名標第者，即其族也。

潘必卿（西安縣志）字國相，豫章武寧人。至正間以明經任衢州路教授，嘗師事吴澄，得程朱要旨，志以所傳牖迪後學，衢士挽留，久寓以終教育。性至孝，迎父文江就養，以衢俗淳厚，遂治第孝義里，因占籍云。

岳弘（弘治衢州府志）湯陰人，武穆王九世孫。元末任江西鉛山州同知，避亂僑居開化雲臺鄉之白沙。弘治十年，參政周木檄縣求其後，十三世孫奉祠，爲仍給居室田土以優養之。

明

徐恢（衢州府志）字伯弘，鄱陽人。元末登進士，授永新令。時陳友諒攻南昌，守將朱文正、湯和嬰城固守，明太祖引兵來援，孫弱不敵，人懷觀望，恢知友諒必敗，明祖當興，會友諒徵糧鄱縣、廬陵，守道恢運納，恢竟以糧歸吳，太祖大喜，即軍中授鄱鄉文鄱陽之提恢，與有力爲，累官戶部尚書，勅賜開國元勳。初僑寓杭城六鄉坊，後遷常山左坑居焉。

徐演（西安縣志）字仲永，福建人。洪武鄉薦。父宏明經，舉任衢州教授，道經浦城，出江山鳳林鄉，樂風俗淳雅，命演占籍爲。演歷官助教、翰林試搢先生，傳進呈第一名，特拜右春坊，以疾告歸，自江山遷西安。繼芳、紹芳其裔也。

袁敬所（明詩綜）敬所不知其名靖難後流寓常山之松嶺酒酣書五栁圖詩有江右布商見之曰此吾鄉具編修何爲在此敬所趨掩其口不顧而去（常山縣志）敬所五栁圖詩云藜杖芒鞵白布裘山中甲子自春秋呼兒檢點門前栁莫遣花飛過石頭

班琴（正德江山縣志）京兆人號南軒福建布政使占籍江山子平字季清官至河南參政

鄒璘（江山縣志）號復齋成都人崇禎庚辰進士任古田知縣調補餘杭有政聲擢刑部郎中遇闖亂流寓江山南峰寺尋不食死子澄入籍焉

國朝康熙壬子鄉薦

國朝

王虎（衢州府志）字在山山東文登縣人隨其父壽明至衢標驍勇善騎射康熙十三年討耿逆屢著戰功制府李之芳拔授衢左營千總委運軍糧又調集鄉勇練卒伍直逼賊壘晝夜攻守甚力及耿逆蕩平制府上其功候陞補而卒贈守備虎處衢五十餘年雖起自戎行能以禮法範家户庭肅然即比隣未嘗見其詳聲

迹色

嚴州府

唐

喻凫（兩浙名賢録）南昌人開成中登進士第以詩名于時從家睦州嘗與方干賦詩往還仕至烏程尉有詩一卷行于世

五代

睦州

章仁肇（兩浙名賢錄）浦城人仕後周為檢校尚書工部侍郎兼耀武將軍有功于時廣順中徙居桐廬安定鄉之宋石居仁行義鄉人敬服之宋季有名木者其裔孫也擅詩名號小客星有梅觀集今居梧村者皆其流裔也

宋

余稠（嚴州府志）河間人仕吳越太傅建隆八年錢王俶歸宋稠輔以行太祖留稠為睦州刺史因家于郡之分陽數傳至誠一宋南渡為國子丞有異績著南晴集行世尋以元兵至臨安避居郡城遂世其家

商瑗（兩浙名賢錄）其先汴人流寓西夏為都知兵馬使嘉祐六年因奉使歸宋奏獻夏事上嘉其忠賜地于浙之淳安以居即今遂淳之芝山也子孫因家焉以蔭補官者三世

黄裳（福建通志）字冕仲南平人元豐五年對策第一政和間為端明殿學士禮部侍郎還尚書（嚴陵志）嘗游桐廬讀書于浮橋之祥定院又寓居閣仙洞者十餘載自號紫元翁舊時祥定院有紫元祠堂閣仙洞有紫元菴皆祠裳也

江端友舊浙江通志作汪端友誤

江端友（兩浙名賢錄）字子我陳留人博學能詩與呂居仁相倡和以元祐黨家不仕亦不娶隱居封郎門外靖康初丞相吳敏薦為承務郎諸王宮教授上書辯宣仁誣謗被黜渡江寓居桐廬之蘆茨源自號七里先生後為太常少卿所著有七里先生自然菴集七卷

呂本中（宋史本傳）字居仁宰相公著之曾孫好問之子幼而敏悟公著奇愛之少長從楊時游酢尹焞遊紹興六年特賜進士出身擢起居舍人兼權中書舍人七年上幸建康本中奏當先為恢復事業求人才卹民隱講明法度詳審刑政開直言之路使人人得以盡情然後練兵謀以增師上流固守淮甸使江

南先有不可動之勢又奏江左形勢如九江鄂渚荆南諸路當宿重兵臨以重臣八年兼權直學士院本中與秦檜同為郎檜既相私有引用本中封還除目檜風御史蕭振劾罷之提舉太平觀卒學者稱為東萊先生（嚴陵志）本中河南人寓居桐廬之蘆茨源詩學黄山谷而主于自然謫彈凡法與江子我多唱和嘗作西江傳衣詩派圖列陳無已而下二十五人為法嗣謂皆出于山谷云卒謚文清所著有詩友淵源録春秋辨童蒙訓等書行于世

陳塤（兩浙名賢録）字伯和陽翟人博學工詩南渡寓居桐廬與滕岑相唱和岑盛稱之以為力追作者嘗次岑韻山居詩云鮮組滄溪畔携家紫翠間地臨漠港勝天與兩年閑茅屋靜聞雨竹蘿蹊見山所慚鄰舍老句險不容攀漠港者一名横港即桐溪也以紹興進士終黟縣令

謝翺（宋濂謝翺傳）字皋羽福之長溪人父鑰通春秋翺世其學試進士不中倜儻有大志會丞相文天祥開府延平長揖軍門諸參軍已後別去及天祥被執以死翺悲不能禁隻影行浙水東嚴有子陵釣臺翺設天祥主再拜伏酹號慟者三乃以竹如意擊石作楚歌招之歌闋竹石俱碎性嗜佳山水雁山禹湖陂蛟門候濤沃洲天姥四明金華洞天搜奇抉祕即著游録游僊郝悉滿陽江滸及睦之白雲村尋隱若方鳳吴思齊晝夜吟詩不自休至元甲午去家武林西湖上明年肺疾作瀕死屬其妻曰吾去鄉千里交游惟方韶卿吴子善最親慎收吾文及吾骨授之韶卿即鳳子善即思齊已而鳳等至瘞子陵臺南以文稿殉伐石表之曰粤謝翺墓無子其族吴貴祠之目晷書院所著手抄詩八卷雜文二十卷唐補傳一傳卷睦州山水人物古蹟記一卷浦陽先民傳一卷天地間集五卷東坡夜雨句圖一卷宋鐃歌鼓吹曲一卷南史補帝紀贊一卷楚詞芳草圖補一卷浙東西遊録九卷

元

方回（元詩選傳）字萬里別號虛谷歙縣人宋景定壬戌別省登第元時為建德路總管尋罷倘佯杭睦間睨傲自高不修邊幅其自序桐江集云予自桐江休

官閒居萬事廢忘独于讀書作詩未之或輟時年已六十餘矣嘗選唐宋以來近體詩評論之曰瀛奎律髓于情景虛實間三致意焉

明

王宗顯 傳詳名宦（江南通志）和州人元季避亂僑居嚴州

達蕪善（遂安縣志）西域人元蘭臺御史洪武初欲復其官力辞就教因家于遂今治東南達家井其故居也

許全（萬曆桐廬縣志）丹徒人永樂間任縣尉擇守不苟秩滿愛嚴陵風景因家焉子孫業儒不絕

楊漢（桐廬縣志）雲南人由舉人正德十一年自金華改知桐廬忠誠篤學不務特譽不妄興作及休致以親老家遠遂寓桐入籍初至金華時過桐江誤落其具冠至是僑寓始知先兆云

溫州府

晋

郭璞（溫州府志）字景純弘農人嘗客甌為所卜郡城有白鹿啣花之瑞故城名白鹿嘗謂九山象斗華蓋松臺郭公海壇四山為斗魁積穀翠吉仁王三山為斗杓黃土靈官二山為輔弼且云此去千年地氣始旺

唐

孟浩然（唐書本傳）浩然襄陽人（溫州府志）常過東甌訪友張子容遊孤嶼有衆山遙對酒孤嶼共題詩之句又有衆成懷歸及別張子容詩

浩然集中又有宿天台桐柏觀宿桐廬江建德江及渡浙江耶溪泛舟諸作知其久客浙中遊歷殆不特流連永嘉已也

崔道融（文獻通考）自稱東甌散人著東浮集九卷乾寧乙卯永嘉山齋編成蓋避地于此者（温州府志）道融荆南人

五代

吴畦（瑞安縣志）字禎祥登進士第歷官諫議大夫以諫舉兵討河東忤上意去還庫村遂家焉後葬其地子孫繁衍散處甌括惟安固為盛

宋

徐奭（泰順縣志）閩甌寧人祥符癸丑廷試賦鑄鼎象物擢第一自甌寧入安固居睦源今為木棉村

吕夷簡（宋史本傳）字坦夫壽州人進士及第補絳州軍事推官遷尚書祠部員外郎改起居舍人知制誥再遷刑部郎中權知開封府治獄辦有声仁宗即位以給事中參知政事上疏陳八事曰正朝綱塞邪徑禁貨賂辨佞壬絶女謁疏近習罷力役節冗費語甚切至進位司空以太尉致仕（温州府志）夷簡常慕東南山水佳勝篤雁山有浄明菴詩

馮成（兩浙名賢録）字熙績滑州人魯國公守信之孫建炎間扈駕至温州遂居永嘉德政鄉崇飛數奇之羅致幕中屢與兀朮戰捷收復州縣每念魯公以必死報國高宗書嘉忠二字賜之遂以嘉忠名堂飛既冤死成遂滅跡人間以琴書自娱號湖山居士

洪模（萬曆温州府志）丹陽人父擬知温州有治劇才模歷官驃騎上將軍浙東宣慰使寓家于温建總政堂夢草堂

徐定（兩浙名賢録）字德操泉之晋江人釋褐調處州教授娶永嘉紀氏因家焉知部武縣通判太平州擢守潮州子璣字致中工詩世稱四靈璣其一也終長

温州

秦令孫似孫仕至浙東帥恭宗末劉萬奴欲屠城似孫力爭獲免鄉人德之

元

黃公望（輟耕錄）字子久自號大癡又號一峰本姓陸世居常熟後寓永嘉黃氏時學強記畫山水宗董巨自成一家所作寫山水訣甚有理致人多藏之卒來未有浮其彷彿者

馬德（樂清縣志）原名驥字萬甫任縣簿時方國珍亂海上德以生民為慮輒戎服戎事旅為國守計樂民咸藉以安沒以衰老謝事家于樂清菱川霞山

李光德（萬曆溫州府志）字彥明貴溪人至正末官樂清量田畝均事役民民賴蘇息有文武才嘗教諭石門及溫郡又巡黃田掾樞府所至有績後以避亂道梗而樂清家焉嘉靖間裔孫顯官至都御史

明

鄭善夫（國寶新編）字繼之福州人仕至南京驗封郎中發情聲詩古色精言高致霞表好游名山嘗寓雁蕩峻陟冥搜都志內領與衢州方豪同好

文徵明（名山藏）初名壁以字行更字徵仲長洲人父林為溫州太守文章政事有名于時徵明少從游林卒官溫人斂數百金為賻徵明固謝不受溫吏士謂文氏父子皆能廉修故卻金亭以林配前守何文淵徵明書畫名重一時以貢至京尚書李充嗣大學士劉忠交薦授翰林院待詔致仕歸

萬均佐（樂清縣志）江西人官監察御史與樂清范霖同官相善因過訪見山川秀麗遂家焉翔宦于縣東堡其墓在西漈山

顧錫疇（江南通志）字九疇崑山人萬曆己未進士入翰林典福建試會政府以請託不從俾成其罪削籍歸崇禎初召用歷陞至禮部尚書會父卒錫疇奔

喪赴閩兵亂遇劇害葬溫州（樂清縣志）明末避地
至甌從台州來雁蕩低徊不去有咏懷留別詩

處州府

唐

李陽冰（傳詳名宦）（畿輔通志）為縉
雲令秩滿退居吏隱山

宋

周啟明（宋史本傳）字昭回金陵人占籍處州四舉進士皆第一景德中舉賢良方正
科既召會東封泰山言者謂此科本因災異求直言非太平事遂報罷歸
教弟子百餘人不復有仕進意仁宗即位除試助教還祕書郎改太常丞潞明
博篤學寫藏而書能數千卷多手自傳寫而能口誦之有古律詩賦箴啓雜文千六百餘
篇

趙希懌（宋史本傳）字伯和燕王八世孫（崇禎處州府志）寓居青田登淳熙進士守
信州諸邑積逋數萬悉蠲之郎計亦無誤報舉江西歲飢賑濟給憑令民
就糴歷官至端明殿學士彰信軍節度使開府儀同三司贈少保追封成國公
謚正惠生平好疏施藥凡可以濟人利物靡不為子與慧與悊與懃皆貴顯與
愿寧宗名入宮賜名曮封榮王開禧三年立為太子改名詢寓
居縣百步新市巷及名入迎以寶幢導出此街因名寶幢街

洪焕（縉雲縣志）饒州鄱陽人适之子淳熙間任處州僉判因家于縉雲
百岡山中誅茅縛屋翛然自放工詩文淹雅詳核克紹祖父之風

鄒應龍（崇禎處州府志）福建邵武人慶元丙辰廷試第一累官至參知政事先試
礼部日麗處州水葉撥充考試官應龍嘗撥取中又娶撥之女因家麗水人名

具所居之里曰德星里

元

李德大（縉雲縣志）唐令李陽氷之裔至正間授縉雲美化書院山長韜淬樽手澤遂結廬山麓

扶長卿（縉雲縣志）揚州人元末仕縉雲典史有政声秩滿遂居邑之迎石

明

朱成遠（括蒼彙紀）宜春人洪武間知縉雲操持幹濟𡨚出人表善詞翰接礼賢士以詢民瘼罷官後僑寓邑城好植花木人以潘安仁擬之

周顯載（慶元縣志）字仲昭山西澤州人永樂十八年由太學授慶元縣丞歷九載清勤慈惠秩滿不樂仕進僑居邑城莫竹溪之原其子公景因家焉

阮廷貴（慶元縣志）四川永州人正統間由太學來丞慶元多惠政士民悦之遂家焉

雪溪漁父（青田縣志）不知何許人独攜橐至青田就村中沽酒橐出玉杯自飲問姓名不荅但云雪溪漁父邑人陳中川邀至齋一飲数斗或終日不食見詩文輒為改竄又題所懸西竹詞翰並妙後不知所往

浙江文叢

歷代兩浙人物志

〔第六册〕

〔清〕沈廷芳 編

浙江古籍出版社

歷代兩浙人物志卷十四

沈廷芳 撰

杭州府

文招按南史叙熙于文伯傳內為道度之祖道度係宋文帝時人則其祖必非宋時人明矣故列熙于晉而以秋夫附焉

晉

徐熙

（南史張融傳）熙濮陽太守好黃老隱秦望山有道士過求飲留一瓠𤬂與之曰君子孫宜以道術救世當得二千石熙開之乃扁鵲鏡經一卷因精心學之遂名振海內生子秋夫彌工其術仕至射陽令常夜有鬼呻声甚悽愴秋夫問何須荅言姓某家在東陽患腰痛死雖為鬼痛猶難忍請療之秋夫曰云何厝法鬼請為芻人按孔穴針之秋夫如言為灸四処又針肩井三処設祭埋之明日見一人謝恩忽然不見當世服其通靈秋夫生道度叔嚮皆能精其業道度生文伯叔嚮生嗣伯亦精其業

南北朝

徐道度

（南史張融傳）道度有脚疾不能行宋文帝令乘小輿入殿為諸皇子療疾無不驗位蘭陵太守宋文帝云天下有五絕而皆出錢塘謂杜道鞠彈棊范悅詩褚欣遠模書褚引圍棊徐道度療疾也

徐文伯

（南史張融傳）字德秀有學行倜儻不屈意于公卿不以醫自業為效與嗣伯相埒宋孝武路太后病衆醫不識文伯診之曰此石搏小腸耳乃為水劑消石湯病即愈除鄱陽王常侍遺以千金旬日恩意隆重宋明帝宮人患腰痛牽心每至輒氣欲絕衆醫以為肉癥文伯曰此髮癥以油投之即吐得物如

髮稍引之長三尺頭已成蛇能動挂門上遂盡一髮而已病都差子雉亦傳家業尤工診察位奉朝請

徐嗣伯（南史張融傳）字叔紹位正員郎諸府佐為臨川王映所重時直閤將軍房伯玉服五石散十餘劑無益更患冷夏日常複衣嗣伯為診之曰卿伏熱應須以水發之非冬月不可至十一月冰雪大盛令二人夾捉伯玉解衣坐石取冷水從頭澆之盡二十斛伯玉口噤氣絕家人啼哭請止嗣伯遣人執杖防閤敢有諫者撾之又盡水百斛伯玉始能動而見背上彭彭有氣俄而起坐曰熱不可忍乞冷飲嗣伯以水與之一飲一升病都差自爾恒發熱冬月猶單褌衫體更肥壯

徐子才（舊浙江通志）雄之子幼儁發有机辯解天文圖讖之學善醫有人患腳跟腫痛諸醫不識子才曰蛤精疾也由乘船入海垂腳水中所致為剖得蛤子二大如榆莢和士開以為兗州刺史

五代

羅塞翁（畫圖見聞志）錢塘令隱之子善畫羊世罕有其蹟惟餘姚陸家曾收一卷精妙卓絕

喻皓（夢溪筆談）營舍之法謂之木經皓所譔也錢氏據兩浙時于杭州梵天寺建一木塔方兩三級帥登之患其塔動匠師云未瓦上輕故如此乃以瓦布之動如初客使其妻見皓之妻賂以金釵問塔動之由皓笑曰此易耳但逐層布板訖便實釘之則不動矣匠師如其言塔遂定

沈括筆談不詳皓為何地人攷十國春秋附皓吳越列傳後且具妻在杭似為杭人無疑

胡某（十國春秋）目醫胡某者世療內外障眼針法独神武肅王末年患目疾召使治之醫曰目易治耳然大王非常人殆天所以為大王患者若療之是違天也恐損王壽王曰吾起身行伍跨有方面富貴極矣但得兩眼見物為足不亦快乎既而應手豁然王喜賜物以萬計悉不受明年其言果驗

文昭郭醫名顯自宋真宗至孝宗劑益著絕無授方偕郭之說舊志以為蕭氏誤矣郭世稱六八節幹乃意斷為明初人此又誤之誤也

宋

程奕（東坡志林）近世筆工不經師匠妄生新意擇毫雖精彩製詭異不與人手相諜獨錢塘程奕所製有三十年前意味使人作字不知有筆亦是一快予不久行當致數百枚而去北方無此筆也

孫景璠（書畫譜）杭州水軍篆千字文為五十餘軸太平興國年以獻太宗善之詔取去點文隸御書院宰相宋琪請授以官秩太宗曰爵祿非所惜也顧此人面痕尚在豈稱冠帶乎琪因言之乃授國子書學博士

張介（中山詩話）以命術遊公卿間居錢塘西湖上常自京師南歸士大夫率為詩贈之

吳說（杭州府志）字傅朋錢塘人師禮子善楷書虞伯生稱其深穩端潤非近世怒張筋脉之態九里松字其所書也思陵嘗欲易之御書十數幸莫能及乃命以金飾之

郭昭乾（錢塘志鈔）字汝端汾陽王裔孫祖遠授宋建隆二年節幹昭乾自祥符初由汴徙杭州多隱德施予未嘗倦有異人乞齋郭謄之潛遺牡丹花三朵曼几上而去追詢之曰若累世隱德故來相報花上書婦人症十三方若子孫世〻用之無窮如法試之無不奇驗遂為婦人醫郭氏之以醫名自昭乾始三傳至曾孫時義高祖建炎元年孟太后疾召醫時義以母馮氏應召依牡丹方治之既愈封安國夫人賜田賜奕賜藥碾如鐵舟然又賜第海昌賜國姓至今稱趙郭里

戴厚甫（輟耕錄）錢塘人精通甲具母寢處樓上一夕忽見紅光貫室閒幃視之乃一美女立榻前自拔金釵遺母既而無所見母以語戴荅曰遺琴過神遂

致此耳迺神見其必
不久矣逾數月而卒

嵇清

清（兩浙名賢錄）字仁伯世傳秘術善療金瘡骨損初父自汴扈蹕南渡時方戎
馬蹂躪全活甚衆清年未冠早諳先業宮中有患折肱者他醫莫措清為整
治完好如昔禁掖訛曰小小嵇清能接骨聊奇
皇躬親騎射時有傷損應期而瘳中外益重之

沈上牢

上牢（浙宦紀聞）胡伯量記度史君所藏坡仙遙星硯云硯外周以二髮匣盖陰
各有朱字紀歲月及工人姓名外者己亥洋州造大方誌內者辛未杭州
後洋沈
上牢

馬和之

和之（西湖遊覽志）錢塘人紹興中登第官至工部侍郎善人物山水筆法飄逸
纖悉粉藻自成一家高孝兩朝最重其畫嘗書毛詩三百篇命和之篇畫
一圖會成巨帙至今杭人嘗有存其散逸者
其後有碩與裔者專師和之但設色不逮耳

耿聽聲

聽聲（兩浙名賢錄）亡其名錢塘人以声音占數稱聽声（癸辛雜識）家侯潮門內
無能嗅衣物以知吉凶貴賤德壽聞其名取宮人扇百柄雜以上及中宮
所御令小黃門持扣之耿嗅至后扇云此聖
人也然有陰氣至上扇乃呼萬歲上奇之

嚴防禦

防禦（春渚漫筆）孝宗常患痢衆醫不效德壽憂之過宮見（偶）小藥肆遣中使詢
之曰汝能治痢否對曰專科遂宣至問得病之由語以食湖蟹多故診脉
曰此冷痢也其法用新采藕節細研以熱酒調服如其法杵細酒調數
服即愈德壽大喜就以杵藥金杵臼賜之至今呼為金杵臼嚴防禦家

孫守榮

守榮（宋史方技傳）富陽人幼病瞽遇異人授風角鳥占之術其法以音律推五
數播五行以知休咎漫授以鐵笛爭使因號富春子吹笛市中人初不異
也寶慶間遊吳興聞樵樓鼓角声驚曰旦夕且有變士人當有典郡者越兩月
潘丙作亂王元春以告變功典郡由是名大顯（甌江逸志）同但未第時坐于觀

橋市肆鬻聲託僕富春子聞具声往揖之曰
狀元何來周以紹巳不答後果擢進士第一

李　信（杭州府志）汴人小兒醫也從宋高宗南渡遂家于杭之義
和坊高宗詔信入侍因年耄賜安車至禁中時號李車兒

劉　松年（画法年紀）錢塘人（画論元銓）居清波門淳熈画院學士紹熈年待詔師張
敦禮工画人物山水神氣精妙名過于師寧宗朝進耕織圖稱旨賜金帶
院人中絕品也

陳　沂（兩浙名賢錄）其先汴人唐乾寧特有仕良者以醫名于時奉勅修聖惠方仕
至尚藥局奉御子孫遂世其業建炎中扈蹕而南遂為錢塘人（萬曆錢塘縣
志）沂嘗起康王妃危疾賜御前羅扇使出入禁中仕至翰林金紫良醫子孫祿
木扇衆之至今稱陳木扇而陳詠者尤精先業決男女生死多奇中所著有盡
齋醫
要

林　椿（画史會要）錢塘人工画花鳥翎毛瓜果師趙昌傳
色輕淡深淂造化之妙淳熈年画院待詔賜金帶

韓　愷（癸辛雜識）紹興末賣卜于臨安之三橋多奇中庚辰春曾侍郎仲躬呂太史
伯恭至其肆則先一人在焉問其姓宗子也次第推命首言趙可至郎守郡
多貴子不達者六卿郎次及曾則曰命甚佳有家世有文學有政事亦有官職
只欠一事終身無科第次至呂問何幹至此呂曰赴試曰去年不合發解今安
得省試曰赴詞科曰却是詞科人但不在今年今年詞科則有人矣後三年而
試皆得之且不失甲科復扣其何所至沉吟久之曰名滿天下可惜無福已而
具言
皆驗

靳　傢（杭州府志）其先三晉人高宗南渡傢扈蹕至武林世為太醫數傳至謙為御
直翰林醫官賜勅特晉三階出內府百子圖賜之命以所居巷為百子圖

卷

馬遠（西湖遊覽志）號欽山其先河中人世以畫名後居錢塘光寧朝待詔畫師李唐布景齊整工山水人物花鳥種種精妙独步畫院其樹多斜科偃蹇至今圖丁結法猶稱馬遠云兄逵亦善畫子麟能世家學然不逮父遠愛其子多于己畫上題麟字蓋欲其子也其時有蘇顯祖董育嚴亦師馬遠蕭筆法稍弱俗呼為沒興馬遠葉小景點綴而大幅不如也

夏珪（格古要論）字禹玉錢塘人寧宗待詔賜金帶山水布置皴法與馬遠同但其意尚蒼古而簡淡喜用禿筆樹葉間夾筆樓閣不用尺界畫信手畫成突兀奇怪氣韻尤高

王輝（西湖遊覽志）錢塘人理度朝畫院祇候工人物山水釋道與李嵩同家間用左手描寫人稱為左手王其時有白良玉何青年方椿年亦工釋道椿年又喜着色山水其後有呂臣者亦師輝

羅知悌（戴良滄洲翁傳）字子敬錢塘人世稱太無先生宋理宗朝寺人精于醫得金劉完素之真傳而旁通張從正李杲二家之說（成化杭州府志）子敬以醫侍穆陵甚見寵厚宋季隱居少與人接丹溪朱彥修慕其術候門下三載始得見知悌念其誠盡以其術授之知悌能詞章善揮翰負病無告予之藥無不愈者仍贍以調理之資

邢氏（萬曆杭州府志）失名紹興間以醫名于杭術業甚奇時韓侂胄知閤門事將出使俾之診脉曰和平無可言所可憂者夫人耳知閤回朝日恐未必相見也韓妻本無疾怪其妄誕然私憂之洎出疆甫數月而其妻果報卒矣又宋勝非子婦偶小疾命視之邢曰小疾耳不藥亦愈然不宜孕孕必死其家以為狂

言後一歲朱婦得男其家方有抱孫之喜未彌月而婦疾作急遣召之堅不肯來曰去歲已嘗言之勢無可療之理越宿婦果卒

李立之（兩浙名賢錄）臨安人以小兒醫擅名一時有嬰兒忽患瘡求治李之令以衾裹兒東高投之地兒不覺大驚遂發声能言問之曰此乳搐心也非藥石所能療

李嵩（西湖遊覽志）錢塘人李從訓養子工人物山水道釋又長于界畫光寧理三朝待詔其徒有馬永忠豐興祖顧師顏皆傳其法嵩老倦作多令永忠代筆其孫李章者亦善畫

朱懷瑾（畫史會要）錢塘人寶祐間畫院待詔工山水人物樹木窠石作雪景用墨全師夏珪

夏巨源（夷堅志）精于卜筮居臨安每來卜者一卦率五百錢紹熙三年洪禹之自贛倅受代造朝其子价侍行既至點檢勅造文書遺其一遣僕還家訪尋終不能自釋乃自詣夏肆夏書紙上曰事在千里外縱書一食字一戔字合之則餞字也曰文書見在偁衙一多口人收得而篤鶩為看守無足憂也既而僕從饒州至持所遺還蓋向者打併行李時忘在外小姜福安見之收寘篤篋內始悟篤鶩看守之語而福字有口田字又四口所謂多口人也

樓觀（畫繼補遺）錢塘人工花鳥人物山水學馬遠筆法咸淳年畫院祗候

元

王繹（輟耕錄）字思善自號癡絕生其先睦人居杭之新門篤志好學雅有才思年十二三已能丹青亦解寫真李五峯俾作一圖光小像面部僅大如錢而究無毫髮異後得吳中顧閎道緒言益造精微是故于小像特妙非惟貌人之形似且得人之神氣

宋會之（嘉靖浙江通志）杭州人元時名醫其治蠱法以乾絲瓜一枚去皮剪碎
入巴豆十四粒同炒以巴豆黃爲度去巴豆用絲瓜炒陳倉米如絲瓜之
多少米黃色去絲瓜研之爲末和清水爲丸桐子大每服百丸皆愈其言曰巴
豆逐水者也絲瓜象人脉絡也去而不用藉其氣以引之也米投胃氣也鮮于
樞所記
如此

李和（山居新語）錢塘人精于碑刻凡博古之家或有贋本求一印識
蹤迹之酒食悉以錢物終毅然却之其印文李和鑒定石刻印

韓文（清賞錄）錢塘人善補硯雖百碎者但不失原質補之若無損者亦能修古銅
器居蒿橋夜宿一石櫃中與人言無尊卑皆爾汝得錢即付酒家一擧而盡

陸華之（西湖遊覽志）錢塘人以賣卜馳
名且通文學縉紳多與之友

沈復來（貝瓊東齋志）錢塘人幼穎悟好讀書既長受醫術于海昌慧力寺之忠上
人取黃帝岐伯所論及張忠景劉守真李東垣諸家書窮日夜讀之遂造
其閫奧忠亦無以過之于是無貴賤貧富凡有疾者輒造請爲起人
于阽危者數矣然一以利天下爲心其施甚博而取于人者甚廉

王淵（穀耕錄）字若水錢塘人善山水人物尤長于花竹翎毛幼時嘗侍趙魏公故
多得公指教（珊瑚網）若水之畫天机溢發有古而不泥古（西湖遊覽志）若水
畫法兼綜古人無一筆院辭山水師郭熙花鳥
師黃荃人物師唐人而水墨花鳥竹石尤絶品

范思賢（徐一夔東臯隱者傳）姓范氏名某以字行其先在宋時有爲防禦使用醫
小兒名思賢去防禦五世傳其業益精居旁近人無貧與富有小兒疾輒
延思賢求醫其爲醫務利人不務利于人名愈益顯所居
錢塘城東其地平衍有竹木禽魚之樂因稱曰東臯隱者

沈麟（成化杭州府志）字秋澗杭州（西湖遊覽志）麟西山水師郭熙兼能
爲貌樹梢鷹爪松葉攢針山多盤頭石作雲皴頗得郭家風度

明

陶華（名山藏）字尚文，餘杭人。治病有奇效。一人患病，因食羊肉澁水結臆，不可下，又不能吐。華曰：可食砒一錢。人駭不用，曰殺人若砒也。華曰試之，一服而吐。人請所以，華曰：羊血能解砒毒，羊肉得砒而吐，而砒得羊肉則不能殺人，是以可愈。華于治傷寒尤精，論者謂仲景以後一人（西湖麈談）。華深切脉理，審察病源，隨症製方，不拘古法，每遇奇病，應手而痊。一女子大冬客悶不食，欲狂，咸莫測其症。陶與之香薷飲，一服而愈。詢之，此女因取三伏中所曬衣，遂得疾，蓋中暑也。

吳恕（成化杭州府志）字如心，仁和人，號蒙齋。精于醫，常謂張仲景傷寒論旨意幽深，學者未易得其要，乃約為律賦以發其凡，纂指掌圖闡示學者，世之醫學宗之。

陳昆山（武林紀事）仁和人，居竹竿巷，以星命為業，得異人授以天文之術，言事歷歷有驗。一日與隣老遊郊外，欲回，陳強之，帀得云：爾去必遭官杖。其人不信，偶沖郡守節級，果遭杖。又常見郭顏色門首監牆欲為醮事，陳曰：此日不宜作醮。道士云：文奏已定，不可改矣。竟于是日行之，後果遭官事。昆山足跛性激，雖富貴人亦慢藐之，終無求于人，以貧死。

祝海鶴（琴戲）弘治間錢塘有祝海鶴、惠祥、高騰等造琴，擅名一時，人多珍之。

張翺（西湖遊覽志）仁和人，精推步占候。宣德間潘中丞將往南粵視師，翺感知己，強與行。一日坐帳中，見片雲隱隱起離震間，謂潘曰：事濟矣。有頃烈風南來，此捷音也。已而果然。會穢欲疏薦，翺逃去，易名晦跡以終其身。嘗賦詩云：有意欲嘗千日酒，無心去傳五侯烟。蓋其志也。

鄒觀（嘉靖臨安縣志）臨安人精于醫術嘗有鳳亭貧民患疔毒詣療之即愈其人以斗為謝辭勿受越二年道経鳳亭夜遇虎人馬皆驚忽有斗自灌莽中奔出抵虎遂得免難後收者至詢之即前所療人所却之斗也士夫聞而異之

葛林（名山藏）字茂林錢塘人善小兒醫成化中充太醫院官武廟在襁一夕痫作夜分召林一匕而安明日賜白金綵幣使與上公之宴汪比部有子患痘汪故知醫謂無害也林視其足底有泡結癖膚內曰呼百日哉百日果暴卒汪問故林曰夫痘猶形之餘穢也穢芒未盡亦無生理是痘初發自將而我知其不能暢是以必死既而流于足底以故發之緩而至百日也少師楊公子當暑而驚眩氣絶且移木矣林趣入迎曰無傷也亟出之楊曰兒已喋奈何謝也林曰無謝所特者天上雲耳雲生而淒淒欲雨陰氣舒而楊繫消吾以清利物煮水而蒸于下其可斡乎如法而愈及暮兒復戲于庭矣累官太醫院判壽八十八所著有志塢杖訣

葉文齡（嘉靖仁和縣志）字德徵仁和人以醫受知何陳二侍郎起送禮部屢試優等例授冠帶供職于聖濟殿除太醫院吏目召診保和有功陞御醫忽賜召對褒温旨御書忠愛額于堂再召對陞判院因後母老乞終養継志風疾致仕所著有醫學統旨行世

葉折手（七修類稿）杭天順間禧堂有葉姓者左臂病風善奕棋高著下者俱可與之對局而局終則必勝也四方能棋之士過杭尋與之奕終無一人能過者世稱葉折手

吳綬（兩浙名賢録）錢塘人著傷寒蘊要全書發明五運六氣亞圖立說究極元微以名醫徵至京師仕至太醫院判比歸時湖墅有馮英者病傷寒一時諸醫醫議用承氣湯邀綬入視之曰將戰汗矣非下症也當俟之頃刻果戰汗而解

錢益（獻徵録）字孟謙其先汴人後徙杭之錢塘世業顱顖常懸一金錢于門以識凡求治小兒者必曰金錢〻氏云益性警敏早事舉子業遭家中落乃復事醫而顱顖術益臻其妙成化乙巳被召入太醫院陞御醫致仕歸［illegible］錢塘常奉詔校正袖珍等方考據精當凡經其指授者卒為良醫

張崙（萬曆杭州府志）字景嵩仁和人五歲喪明十三受易凡卜筮星曆諸書入耳蘊心能了大義每論人禄命壽夭窮達利鈍歷〻有奇驗遠近異之（名山藏）武宗南巡浙中備供帳甚盛布政使徐蕃命崙筮得同人之離蕃曰同人親也謂應南面駕其來矣崙曰不然卦體屬乾西北其位茲應返也主上至尊人安得同之爻曰先號咷而後笑兆之矣其在純乾之日乎悉如其言

俞橋（寧志備考）海寧人少業儒究心理學兼精岐黄術嘉靖間以名醫被徵累官太醫院判橋于方書無所不晰更博詢諸名家得河間潔古東垣未刻諸稿及古今諸家授受秘方斟酌損益之以治病無不奇驗居京師恥事權貴而貧家兇之必盡心療治以故名愈盛而家日窘士大夫雅重之所著醫學大原一書蒐輯極詳以下諸家有關病症藥脉者次以賦括令業醫之士診脉製方皆有所攷證焉

王賜爵（餘杭縣志）字丹宇先世為宋御醫傳至爵世以醫顯爵為人治疾惟望色聽声或以病狀相語聞病之陽論得其陰聞病之陰論得其陽藥至病痊

范叔明（畫髓元詮）號元白錢塘人善繪事以右肱病廢專事左筆畫多宗董北苑黄大癡墨法纖細更工花鳥蘭竹偶一濡毫便成名筆

吳東升（兩浙名賢録）杭州前衛百户善楷書杭城十門并各公署皆其題額淨慈寺壁書南屏二大字結構尤佳憲宗時負重名舊續前一日有詩戒子薄羨時人貴其達

諸餘齡（萬曆錢塘縣志）字雲泉善書兼通醫家言而多新得四方爭迎致之晚隱靈鷲山每語客曰我巾車馳城中起死人何得身為死人馳喪車出城乎

當終于此與徐鐘輩
諸名醫為天醫社

陸疊山（西湖游覽志）杭城假山稱江北陳家第一許銀家第二今皆廢矣獨洪靜
夫家者最盛皆工人陸氏所疊也堆垛峯巒拗折澗壑絕有天巧號陸疊
山張靖之嘗贈陸疊山詩云出屋泉聲入戶山絕憐風致巧機關三峯景出虛
無裏九仞功成指顧間靈鷲峯來孱玉垛峨眉截斷落星間方洲歲晚下沙路
今日深山
送客還

戴進（圖繪寶鑑）字文進號靜庵又稱玉泉山人錢塘人山水得諸家之妙神像人
物走獸花果翎毛極其精緻善作葡萄配以鉤勒竹蟹爪草奇甚真畫流第
一也（兩浙名賢錄）宣宗善畫一時待詔有謝廷循倪端石瑞李在皆海內名手
及進入京眾工妒之一日仁智殿呈畫進以得意之筆首幅為秋江獨釣圖一
紅衣人垂釣水次畫家惟紅色最難而進獨得古法入妙宣宗閱之廷循從
旁奏曰此畫佳甚但恨野鄙耳紅品官服色也衣以釣魚殊失大體宣宗以為
然遂揮去餘幅不復閱子泉字泉洲山水得家傳有氣韻（武林紀
事）進之父學畫師沈明遠入門是夕生進畫品絕世名冠天下

盧復（杭州府志）字不遠習岐黃兼通大乘子之頤善療奇疾凡尸厥迴風投劑無
不中臟結一症之頤自以為發前人所未及（舊浙江通志）之頤著有仲景論
本草乘雅金匱要
略論疏諸書行世

張文貴（筆戍）杭人畫筆以文貴為
首稱而文貴亦不妄傳人

嚴元（兩浙名賢錄）字宗仁餘杭人少業儒不售從父和謁選京師屢有詔選醫士
元就試禮部授太醫院吏目世宗命纂修袖珍諸方錄成賜銀幣甚渥世宗
幸承天命元扈從居常宣詔診視及兩宮疾治輒效輒拜金綺賜至
徹御前酒饌以優寵之九載考績授御醫為人所忌竟中蜚語落職

朱玩象（武林紀事）居太平門外，善談命。正德六年，有花市朱氏子得疾甚劇，父聞玩象名，往問。子病時三月半後也，冥其子難過八九月。其父又以己命與之推。推言親戚之命，朱推云：此人立夏日死矣。時去立夏止十數日耳。父未之信，歸以告其妻，妻曰：此妄言也。已而皆如其言。

俞恩（兩浙名賢錄）字天錫，錢塘人，號江村居士。善畫人物花鳥，性質直疏野，不喜治生，描染移時，輒沒中止，故其畫雖佳，而所傳不多。子舜臣，字治甫，善觀長流疊巘歸海峰，子工山水人物，着色鈎毛花卉，尤為精絕。

藍瑛（舊浙江通志）字田叔，錢塘人。少穎異，八歲嘗從人廳事，蘸灰畫地，作山川雲物，林麓峯峦，咫尺有萬里之勢。及治經生家言，指河圖洛書曰：古人未有書先有圖，圖何必不名家。遂留意繪事，皴染皆合古法。其細描密摸，則界畫衣褶色色飛動，突過宋畫院諸人。

姜師周（圖繪寶鑑）字周臣，錢塘人。善畫山水，學深石門，下筆老健，陰晴濃淡烟雲縹緲。又善牡丹鈎勒設色，甚佳。（錢塘縣志）周臣嘗遊京師，時閩仲通以畫名，師事焉。與同郡藍瑛各拈足練數丈，相戒止寫獨樹高柯，勿用竹石映帶。嘗寫梧桐落葉數葉，得秋風晨露之致，見者以為神品。為人深沉，知大體。魏忠賢柄國時，師周與大金吾郡某善，魏以鎮撫授郡，將受旨起鍛鍊獄，師周醉拍郡肩曰：君不畏天道乎，而輕為若是耶？郡乃謝不受。魏私人崔某欲得師周屏障為稱觴，以他友名代求，師周怒擲之地。後以子圖南貴，贈侍御，自號花酒頭陀。

何有節（富陽縣志）坊郭里人。少讀書，知文義，為人迂古質直。因讀易，究心數學，見康節梅花數，玩月餘，忽有悟。一日鴉鳴，占之云：夜主夫妻相爭見血。已而更盡時，僕夫與其妻鬥于室，急往禁之，已扑婦額流血，因名曰老鴉數。所占無不立應。四明周茂桂館于周姜家，督學使者案行檄試，牽涉跌桂，書去字令占之，曰：字雖云去，而畫直下筆鈎搭，勿去也。桂不之信，又書壬字，曰：督學去任矣。三日內即有徵，恐丁艱也。至三日果然。叩其故，曰：士上一撇，是撇卻士子去也，督學

任甫一年不可云陞政声甚美未可云罷故知丁艱此斷以理也

國朝

湯楫（仁和縣志）字碩甫號鄰林少以孝弟聞樂道不仕賣筆都市中人以韓伯休目之受業數百輩治病皆有奇效所著有醫燈續燄行世

劉度（錢塘縣志）字叔憲錢塘人藍瑛弟子也深得瑛筆意後更受其法師大小李將軍界畫樓臺約縮人物細入毛髮而形像宛然之亦間及他家沒後遺墨雖寸縑片楮人皆奉以為寶

姚應鳳（杭州府志）字繼元仁和人以瘍醫顯一叟患脹滿諸醫云多膈症應鳳曰此肺癰耳取一大盂水向病者項上傾之病者陡驚至舉刀直刺心瀉膿血數椀而愈人問之曰人心下垂水潑而驚之則心系提吾刀可入也一人身患痛左臂似有係之者應鳳曰君食肉中鼠毒左臂生鼠豎刀斷之有鼠墮地而逸官太醫院之判

謝彬（仁和縣志）字文侯上虞東村人隨父遊學至杭遂家焉少年從莆田曾波臣遊授寫真法凝眸熟視得其意態所在濡毫點次眉目如生精彩殊勝彬身不滿五尺矅然而清目如點漆兼善畫山水及作漁家圖清超絕塵迥與時別人多珍之子廷璋能得其傳同時諸昇善畫竹橫斜曲直無一不可人意而雪竹尤竹尤佳遂稱独步

王佑賢（舊浙江通志）字聖翼錢塘人幼孤力學尤精方書濟人利物所得輒周貧乏巡按牟雲龍薦辟不就懸壺自逸庭有古梅最愛之當事强移植官舍不活還而復榮人號之魂香樹後梅盡火焚而佑賢亦卒子連登輯有古梅軒燼餘集

沈好問（錢塘縣志）字裕生號啟明錢塘人世業小兒醫至好問益精尤善治痘疹

張文啟（杭州府志）字聞之仁和人遊于張遂辰盧祖之門盡得其傳于古醫書無所不讀與同志設惠民藥局創育嬰堂天醫院又請于當道建靖浪亭渡江者得免風波之厄

徐瑯（舊浙江通志）字子山臨安人精于象緯六壬諸書居常戴麻布冠蹣蹣行市中夜則露坐山頂以占候躔次

吳嗣昌（舊浙江通志）字懋先仁和人世業醫總督趙廷臣遘危疾嗣昌獨排衆論投以冰水立愈後蟄居河渚著傷寒正宗醫學慧業等書行世

章谷（杭州府志）字言在十餘歲從塾師學師出有友訪之羣兒志其姓氏師怒谷即以筆畫其額頰鬚眉栩栩然也師笑曰某也叩之果然及長善八分書具烘染尤工絕有至性母適奇疾割股療之

范騋（池北偶談）字文園善相人謂武進周清原吳江徐釚皆當不由科甲入翰林已未皆授檢討其言良驗范海寧人騋字文白之弟也

閔自成（舊浙江通志）字忠樓豐寧坊人性孝友幼失所恃父喪明出入扶掖舉步不離精內外科求治者日不暇給遇貧之輙不受值且診視必先往曰倘後彼恐其慚惱必殆矣丐者盈門一一應之不厭遠近翕然稱長者

任二琦（杭州府志）號瑞庵姓韓氏宋忠獻公後裔扈蹕而南家于杭先世受醫術于任遂從其姓數傳至二琦技益精凡醫嬰兒投劑即効遇貧者則袖金錢與之并貴藥不吝早失母事後母張惟謹子允讓懋讓皆世其業

馬更生（舊浙江通志）字瑞雲錢塘人少學醫于婦翁周某學成而未敢試周好奕有貴人疾革延周方奕令更生往一劑而愈自是名即大起嘗過舊府見

一人暴死曰此可活啓其蟲塗以藥立甦或望色聽声于數年前預決人死期皆奇中

嘉興府

五代

陸晃（五代名画補遺）嘉禾人性疎逸好交尚氣每沉湎于酒亦善丹蒨多画村野人物凡酒與情逸遇筆揮灑出于臨時略不預搆南唐李璟嘗聞晃名欲名之侍者謂晃好縱酒歌舞無臣子之禮璟由是疎遠之（書画譜）晃善人物多画道像星辰神仙等而又書為數稱者如三仙四暢五老六逸七賢與山陰會仙五王避暑之類是也

宋

唐希雅（宣和画譜）嘉興人妙于画竹作翎毛亦工始學李後主金錯刀書有一筆三過之法雖若甚瘦而風神有餘晚年変而為画故顫掣三過處書法存焉

沈珪（春渚紀聞）嘉禾人初因販繒往來黃山有教之為墨者以意用膠一出便有聲稱後又出意取古松煤雜用脂漆滓燒之得烟極精黑名為漆烟每云韋仲將法止用五兩之膠至李氏渡江始用對膠而秘不傳為可恨一日與張處厚于居彥實家造墨而出灰池失早墨皆斷裂彥實以所用墨料精佳惜不忍棄遂蒸浸以出故膠再以新膠和之墨成其堅如玉石因悟對膠法每視烟料而煎膠膠成和煤無一滴多寡也故其墨銘云沈珪對膠十年如石一點如漆此最佳者也（墨莊漫錄）近世墨工多名手自潘谷陳瞻張谷名振一時之後又有嘉禾沈珪金華潘衡之徒製作精緻皆不媿篤人

李甲（萬曆嘉興府志）字景元工畫作翎毛生動有奇趣東坡嘗題其畫曰郭熙先之後一人

魯之茂（硤川志）號雪村海鹽人善畫梅竹寧宗朝仕為郎

吳先生（東壁志）居崇德市中善易筮日惟一課鷄木籠笠扃一屋于郎邁隣圃涸上穿下漏惟一竹簣為牀下積敗甑故甕蟲鼠遊走憂〻然風雪陰雨時終日閉戶得錢米衣肉共置一囊中時為人竊去不問也無錫〻戴士先母病攣不能行七八年矣百計求愈不得士先通崇德攜百錢訪之吳為揲卦〻成曰當得有道之士治之始蘇果道人不為勢利所誘邑紳孝往求必得如志然其人無定居當以百日為期日歷一巷尋覓庶可見士先喜持書抵蘇行求不倦僅五旬果遇果道人授以書欣然至無錫為戴母診視數日即能移步母拔金叙謝之笑曰且寄夫人處他時要用當取之但館我于外足矣館之歲餘忽言曰我且死幸黨所寄叙以辦棺窆明日果死戴氏奉其教及將窆中已空矣蓋異人也

周堯敏（嘉興府志）字禹卿號學山畫竹宗文湖州能臻其妙

王昂（畫髓元詮）字德新海鹽人好寫竹學丁子卿浮怡筆意子泰之號竹趣亦能父學

元

張成　楊茂（尊生八箋）嘉興府西塘楊滙有張成楊茂剔紅最得名但硃薄而不堅者多（輟耕錄）嘉興斜塘楊滙髹工鎗金鎗銀法凡器用什物先用黑漆為地以針刻畫或山水樹石或花竹翎毛或亭臺屋宇或人物故事一〻完整然後用新羅漆若鎗金則調雌黃若鎗銀則調韶粉日晒後角挑〻嵌所刻縫罅以金薄或銀薄依銀匠所用紙糊籠罩置金銀薄在內遂旋細切取鋪已施漆上新綿揩拭牢實但著漆者自然黏住其餘金銀都在綿上于熨斗中

秀州

曉灰鍋內鋎鍛淨不走失

東谷子（徐一夔推命辯）嘉興有東谷子者居春波門用五星躔度遷留伏逆法推人生年月日時所值貴賤禍福毫分縷析無有不驗

嚴子成（萬曆嘉興府志）字伯玉其父秋蟾自河南賣藥秀州遂家焉子成益精父術趙文敏違疾已殆子成診治莫日乃瘳文敏繪孫思邈圖以遺之

薛如鑑（楊李詩繫）嘉興永安鄉人挾相術遊江湖一時名士多與交往楊廉夫高季迪皆有詩贈之子月鑑孫鑑心白雲秋蟾皆能世其術

彭君寶（格古要論）嘉興人戧金山水人物亭觀花木鳥獸種種臻妙

盛懋（嘉興府圖記）字子昭魏塘人父洪甫善畫懋世其家學而尤過之善山水人物花鳥始學陳仲美精緻有餘特過于巧時以吳仲圭墨竹吾彥高草書章文茂筆及懋山水稱武塘四絕

朱華玉（輟耕錄）嘉興魏塘人浙西銀工精于藝者（池北偶談）宋荔裳觀察藏有元人所造銀槎最奇古腹有文曰至正壬寅吳門朱華玉甫製華玉鄰碧山（萬曆嘉興府志）碧山所製酒器極精妙如蟹杯鯿杯之類不施藥銲注酒自能流走至今人珍之朱彝尊鴛鴦湖棹歌注碧山元時銀工也所製銀槎鑿張騫于上以七寶嵌之

明

梅玉（貝瓊贈星學梅生序）居父山精五行之術其言人吉凶禍福咸可徵焉寶齋而隱于卜筮者

吳弘道（正德嘉善縣志）精于醫術洪武初仕太醫院御醫每療人疾無不愈者愈則各令種竹一竿尋至鉅萬人稱其地曰竹所

韓履祥（海鹽文獻志）號揉芝，海鹽人。讀書能詩，工畫。洪武間受知高皇，擢太醫院御醫。成祖尤加眷遇，公卿大夫莫不與交。精于切脉，雖無疾，壯夫能隔歲斷其死期，殆通神也。四世孫本，字克誠，能承其業。

張德剛（萬曆嘉興府志）嘉興縣西塘人。父成善髹漆，剔紅器。永樂中，日本、琉球購得之，以獻于朝。成祖聞而召之，時已没。德剛能繼其父，隨召至京，面試稱旨，即授營繕所副，賜宅，復其家。時有包亮亦與德剛爭巧，宣德時亦召為營繕所副。

吳璀（書畫譜）字瑩之，嘉興人。多藏法書名畫，能作篆石墨梅，學楊補之，頗有逸趣。（珊瑚網）璀畫寒雀，爪喙生動，不下錢玉潭。

滕道軒（沈懋孝贈滕醫士序）歲辛卯，憂予女弟忽患寒熱，一日沉瞑。所迎醫或曰傷寒，曰痰火，或又曰氣中，又曰癉也。汗瀉雜投，病益進，七日幾絶。亟走邸中迎道軒。至至之夕，瞑然不發已三日矣，衆以為必不復生。道軒按脉察形，曰：此症乃風入太陽，痰迷心竅，病名曰痓，靈樞論之詳矣。其症尚當角弓反張。其初必于産中受風邪入血脉，數年始發。先必曾微見頓胸之狀。問其家，乃知自産來月事閉痼，若七年。今歲三月忽自仆，已而遽醒。衆始信其言之確。越宿，反張之症見。此時舌强齒噤，藥不下咽。明以牛黄、硃砂等丸，天麻、南星、菖陽等飲，徹淡鼻孔進。初亦拒不可入，乃連日夕煮藥呷下之，僅涓滴滲漉耳。治三日，目始瞬；七日，口始微開，手足始蠕動；旬日外，始能微出声。知病瘳，藥液可受。于是内外姻支莫不驚喜，走告，謂道軒能起死，一郡傳以為神。

董仲敬（弘治嘉興府志）善觀天文，諳推步之法，以術鳴。任欽天監挈壺正。

賀岳（海鹽文獻志）字汝瞻，少業儒。因母病求醫，醫無良，乃棄儒書，盡購醫書誦之。從道師徽川韓克誠得脉法，師武林胡翠巖得鍼法，又西走吳得王維雍親炙王道等方，東走越得書靖之，延之以歸，日與諱求，始知醫無常師，明理是師；師無常術，圓神為術。若東垣之藥內傷，仲景之藥外感，河間之藥熱，丹溪之藥痰。

會而通之，得其要畧。于是擇古今醫藥之既效者，附以己見，曰明醫會要。猶以為未備也，又博討而類摘之，如制劑則有藥性藥鑑，視疾則有脉法治法，釋以先賢之總論，徵以成效之醫案，凡男女嬰兒內外針灸，纖悉畢備，曰醫經大旨。二書人爭傳誦之，用輙得效。

陳以誠（兩浙名賢錄）嘉興人。善詩畫，尤精于醫。永樂間應薦隸太醫院，累從中使鄭和往西洋諸國，擢院判歸。

嚴樂善（舊浙江通志）嘉興人。業醫有名。永樂癸巳理藥星湖市，南有一男子造其室，出金飾一器，跽而進之，因附耳語。未竟，樂善擲金大詬，且責之曰：我參不發汝隱，汝若更求他醫，殺汝同氣，我必訟汝于官。踰年，男子感悟來謝。是夜燈花光彩倍常，發蓮花一朶，有人形類菩薩坐蓮花中，長二寸許，隣里競觀，達旦始滅。吳太史為燈花記。樂善能運氣凝神及子午按摩法，年七十五卒，殮後五日，隣人有遇于西湖者。

胡日章（海鹽縣圖經）澉所人。少學祿命術，遇異人海上授之訣，因益精。每作絕句詩判人一生事，無不驗。與人言必依于孝友忠信，有後母者尤諄切戒勉之，蓋有道而隱于術者。年九十餘卒。其判虞氏女命云：只愁水涸春歸早，香冷蕙殘淡月黃。後適華壻，兩月而壻死，以節終。判沈氏命云：年年空佩宜男草，不見金盆浴鳳雛。竟無子。杭州一人問命，判云：自是豪華多業事，元宵燈下蹴鞦韆。畢于明年元夕止妻觀燈，不從，相毆縊死。嘉興一人生二子，戲水還同日溺死，其妻痛切亦自縊，夫撫所批命帖，有一浪紫燕入池塘，紅粉佳人繞西梁之句。如是者甚多。

唐宗祚（海鹽縣圖經）左所人。善傳神。景泰間與日者胡日章，酉都指揮脫綱征金華，時綱戰沒，總帥孫問日章：曾算脫公命否？曰：命書在公篋中。又以傳神屬宗祚，曰：已為脫公寫之矣。孫取篋視，命書魁一無所爽，懸寫像于堂，儼然如生，孫泣而祭之。二人名因以大振。

陸道光（天啟平湖縣志）字明暘。父全，精岐黃術，濟人立效。道光精幼科。一兒食果多，病脹氣急，衆醫罔效，道光独取桂、麝、琥、香三味為丸，一服即愈。衆醫問之曰獨不聞米浮齋則落木浮桂則枯瑞香為百花妒半一兒染奇疾四肢堅不可屈道光曰此、非藥石能療另有術焉舉傘覆之然安息香繞牀四圍皆語爐焚沉檀眾咸以為笑兒即平復香少間疾又發隨屑沉香服之而瘳弟道充字賓暘曉亦精醫有陸氏金鏡錄行世

陳景初（海盐縣圖經）善繪事與錢塘戴文進同時筆法亦類之蒼老可愛孫鳳尤善李伯時白描

許敬（嘉興縣志）字孟寅感化鄉人曾祖廷芝祖文達父景芳皆以醫名江南治口禹者許為之最敬能世其業有声宣德間院使蔣士善薦入内院英宗患喉風更數醫勿效拇增劇召敬進絳雪噙之遂愈拜太醫院御醫賜勅獎諭

吳愛蕉（紫桃軒雜綴）嘉善布衣弘正間人畫法吳仲圭筆意

朱端（萬曆嘉興府志）字克正海盐衞後所人無山水可方輞川（海盐縣圖經）端于正德間以善畫直仁智殿授指揮俸賜一想圖書遂號一想畫宗馬遠山石水口效呂紀時有曾和者乍浦所人亦以善畫直仁智殿筆法甚高

談時雍（續見聞雜記）嘉興人號繼巖世嬰兒醫術冠一時晨興遠近抱嬰兒至者不下三五十人視畢無不與藥酬以葉金大約十受二三焉

姚能（海盐縣圖經）字想良號静山善談論好吟詩精于醫理善傷寒宗叔心法小兒正蒙藥性難疑諸書

胡淪（正德嘉善縣志）初名浚字元海陶莊人徙居魏塘賣卜于市言多奇中遂全陵窩神崇觀提點姚一山偶失金杯酷責其徒胡占得利之頭曰金在土中未亡也汝第往居西南隅掘下五寸則得矣如其言果得杯永樂八年一山薦之于上至京卜無不驗賜今名授欽天監漏刻博士上新作殿命之卜布算訖跪曰某月某日午時當燬上怒囚之以待至期倩獄卒占視逆報曰午過矣無火胡服毒午時正二刻殿果焚上急召胡死矣甚惜之賜帑釋歸葬于四人吳

昊昱昂皆彙古篁而學
画曾孫昌蓮以画名

宋　旭(檇李詩繫)字初暘家石門號石門山人隆萬間布衣以丹青擅名于時居玄
疊嶂遠壑幽林怪石神逸海內競購之年七十有八若上諸名流招致繪白
雀寺壁一時妙絕(圖繪寶鑑續纂)旭
山頭樹木古拙巨幅大障頗有氣勢

范　荃(画法年紀)字行式嘉興人工山水人物(画史會要)荃涉獵經史善歌詩多藝
能凡金石款識篆刻書画之類皆能著其時代辨其真贋画山水人物筆力
瀟灑意趣幽遠

殳　珪(兩浙名賢錄)字廷肅魏塘人精于醫治疾有奇驗一婦妊及八月臥不語衆
醫斂手珪曰此內經所謂胎瘖也十月當不藥自愈又有男子請診珪曰此
疾不致死然脉無生理過
三日後當投劑與內瀉死

希　遁(舊浙江通志)嘉興僧深于養生之術有所療治擇用日辰不必藥餌嘗遇海
州司馬韋敕見敕鑷白鬚曰須道為公擇日更之越五六日請鑷其半及生
色若黳凡三鑷之鬚不復變意
其術出于遁甲故自稱希遁云

郁　光始(嘉善縣志)字汝壽嘉善人善醫不計利治病必先貧而後富先賤而後貴
病家困苦者冬施絮衣夏施蚊帳小兒險症賴以全活者甚衆子國瓆能
傳其
業

沐　倴(萬曆嘉興府志)字德夫嘉興人工字學考訂偏旁訛謬得六書旨精
篆籀古文及漢唐隸法每倣管夫人書七十二篆金剛經人珍重之

陸　朝(海鹽縣圖經)海鹽之世醫也其先名有觀者景泰間衛軍往沙寇以醫術療從
行將士有功授醫官子孫遞世其業朝尤深于內經本草切脉洞見病源決

死生不爽然朝治病不欲遲于見功每至女子及癆瘵不即起者輒推引嚴漢漢用藥以和緩取效名亞于朝至今稱美良醫者必曰陸紹泉嚴陵坡盖兩人別號也

王立本（弘治嘉興府志）魏塘鎮人工畫山水人物師盛懋臨摹逼真子繼宗能世其業

朱儒（嘉禾徵獻錄）字宗魯號東山其先吳江人以贅于秀水陳氏家焉年未弱冠貧不自存有浮屠楊肘卄山者教以醫術頗精其業後遊京師朱恭時為太醫院判引為族屬復精究其業久之授太醫院醫士遷吏目供事聖濟殿適大疫多所全活人有貧病者或以白金授劑中戒其家人曰必令自發病者得金喜因是愈隱德甚多尋遷太醫院判一年遷院使神廟有疾召診奏言肝氣未平曾脉微滯是以致疾眩暈宜寬平以養氣安靜以益精上是之疾愈賜宴醫院（舊浙江通志）以子國祚貴贈太子太保太學士、

趙麟章（舊嘉興府志）海鹽人工畫正德間直仁智殿甚見重于時帯錦衣衛副千户俸

魯浮之（書畫譜）字孔孫李太僕日華入室弟子工寫竹兼工歐顏書法

沈雪坡　林伯英（嘉興府圖記）皆魏塘人雪坡善寫猗竹伯英工畫花鳥俱師援觀

張紀（海鹽縣圖經）字文正工畫士女衣褶倣脣與唐伯虎相上下而面龐肉色淺染三停用積粉法三停謂額鼻頷此古法也今畫家不知矣

石涵玉（秀水縣志）字啓泰行術鹽官治痘疹奇效西鄉沈氏子方見痘延視辭曰此終不能有功他醫療之畫具門闔張業則以痘愈酬醫也固邀入席時子出揖以娩之涵玉涵玉曰明年今日不免于痢家不悅已而果然一女患痘白色紅面如凝脂涵玉曰內潰不治症也取紙礮一令其父燃耳畔如雷大驚面部

痘盡起數劑痘患少愈衆奇之問焉曰內潰通心散為主驚則心散開痘不內伏何足異乎楷尤精先業

徐弘澤（舊浙江通志）字春門春波里人所居當閶闔與老衲逸民相往來為詩類元白画出入子久仲圭間書法淡吴興入門而尤愛張伯雨時稱三絶晚登峨嵋絶頂得山水之助歸而益工自號竹浪老人

陳璣（海塩縣圖經）字南垣（天罡）初學受業陳景初後遊錢塘故家多識名跡由此入悟所繪山石雲樹各成一家其寫照則面部鈎染坐法衣紋皆從來所不及後有湯子英者傳其術往來苕中亦有名

張漣（嘉興縣志）字南垣少學画得山水趣因以其意筞画疊石有黃大癡梅道人筆意一時名籍籍甚董其昌陳繼儒亟稱之若李工部之橫雲虞觀察之預園王奉常之樂郊錢宗伯之拂衣園吴吏部之竹亭徐司馬之漢槎接皆其所作

高騰（舊浙江通志）字九霄西塘人少識音律因父剛善琴通其譜後遊江湖愈知妙旨斲琴練絃郡邑皆礼遇焉

沈子徹（桐鄉縣志）居青鎮善斲湖文具與宜興時大彬同名至今士夫家有藏其手製者價值甚貴

國朝

毛鳳翔（嘉興縣志）字貞所善按脉識病源立起危症尤精于傷寒年二十即知名年九十九卒八十年中活人無筭

徐真本（嘉興府志）字士白書法宗鍾王工篆籀每書一幅人爭購之

曾鯨（桐鄉縣志）字波臣其先閩人後居青鎮善丹青寫照妙入化工

張鳴岐（池北偶談）嘉興人善製銅爲爐知名海内

黃元吉（嘉興縣志）錫工也所造茶具種ㄑ精巧具色與銀無辨海内咸珍異之

湖州府

三國吳

曹不興（西吳里語）烏程人（尚書故實）謝赫云江左畫人曹不興運五十尺絹畫一像心敏手疾須臾立成頭面手足胸臆肩背無失尺度此其難也惟不興能之（歷代名畫記）孫權使畫屏風誤落筆點素因就成蠅狀權疑其眞以手彈之時稱吳有八絶張勃吳録云八絶者菰城鄭嫗善相劉敦善星象吳範善候風氣趙達善筭嚴武善棋宋壽善占夢皇象善書曹不興善畫是八絶曰（廣博物志）不興常于溪中見赤龍夭矯波間因寫以獻孫晧ㄑ賞激珍藏之南宋文帝時累月旱暵取不興所畫龍置水旁應時浮雨

晉

戴洋（晉書藝術傳）字國流吳興長城人年十二病死五日而蘇説死時天使其爲酒藏吏授符籙既而遣歸逢一老父謂之曰汝後當得道爲貴人所識及長遂善風角好道術妙解占候卜數揚州刺史嘗問吉凶于洋荅曰熒惑入南斗八月有暴水九月當有客軍西南來如期果大水而石冰作亂冰既據揚州洋謂人曰視賊雲氣四月當破果如其言王導病召洋問之洋曰君侯本命在申金爲土使之主而于申上石頭立治火光照天此爲金火相鑠水火相煎以故受害耳導即移居東府病遂差司馬颺爲烏程令將赴職洋曰君宜深慎下吏颺後果坐吏免官洋又謂曰卿雖免官十一月當作郎加將軍至期爲太山太

守鎮武將軍飈責宅將行洋止之曰君不得至當還不可無宅飈果爲徐龕所逼不得之郡年八十餘卒所占驗者不可勝紀

姚信（舊浙江通志）武康人精天文易數之學仕至太常卿造昕天文

南北朝

姚僧垣（北史藝術傳）字法衛吳興武康人父菩提梁高平令嬰疾彌年乃留心醫帝有心腹病諸醫皆請用平藥僧垣曰脈洪實宜用大黃進湯訖果下宿食因愈魏軍克荊州僧垣隨至長安金州刺史伊婁穆以疾還京請僧垣省疾觀乃云自腰至臍似有三縛兩腳緩縱不復自持僧垣即爲處湯三劑穆服之患除樂平公竇集暴感風疾精神瞀亂無所覺知醫先視者皆云已不可救僧垣後至曰困矣終當不死爲合湯散所患即瘳隋開皇三年卒年八十五僧垣醫術高妙前後效驗不可勝紀聲譽既盛遠聞邊服至于諸蕃外域咸請託之乃參校徵效者爲集驗方十二卷行世

唐

朱審（歷代名畫記）吳興人工畫山水深沈瓌壯險黑磊落湍瀨激人平遠極目（唐朝名畫錄）審得山水之妙自江湖至京師壁障卷軸家藏戶珍又唐安寺講堂西壁最其得意其峻極之狀重深之妙潭色若澄石文似裂岳潛筆下雲起指端咫尺之地溪谷幽邃松篁交加雲雨暗淡雖出前賢之胸臆實爲後代之楷模也

宋

牧羊子（癸辛雜識）湖州卜者識章文莊于未遇時及仕再筮皆不許其得祿異建丁艱既而曰今可仕矣且不在外遂由掌故以致兩地又常語醫者李重父曰君當飯于省中鄉人傳以為笑後文莊貴常招之診脉留與共飯于省閣因舉舊語一笑

景戢（吳越備史）吳興人能言休咎以紙大書忿字以貽裴充庚不旬日果貶台州刺史

王克明（葉適王克明墓誌）字彥昭家烏鎮生乏乳以粥餌活遂得脾胃疾長益甚醫以為不可治克明因自讀難經素問用意處藥凡病盡瘳始以其術行遊江淮常數千百里赴人之急紳大夫皆自屈與遊其鍼灸尤精有難知者必沉思得其要然後與藥則無不驗矣魏安行妻風痿十年不起牀克明施鍼而步履復初盧守王安道中風噤不語旬日他醫莫知所為克明曰此非湯劑之所及也令熾炭燒地灑藥與安道其上藥氣薰蒸須臾而蘇累官翰林醫痊賜金紫

楊振（墨史）字聲伯長興人畜古墨最富多精品故所製不下趙彥先

馮生（清容居士集）咸淳間湖州筆工馮生製筆得截法圓不至軟媚勁不至峭直一筆可作萬字

錢選（格古要論）字舜舉號玉潭霅川人理宗景定間鄉貢進士善畫人物山水花竹翎毛師趙昌青綠山水師趙千里尤善折枝其得意者自賦詩題其上（詩白雲集）選嗜酒〻不醉不能畫然純醉不可畫矣惟將醉時心手調和是其畫趣畫成亦不暇計較往〻為好事者持去今人有圖記精明又旁附謬詩猥札者蓋贗本非親作也（石塘文稿）舜舉畫高者至與古人無辨常借人白鷹剔夜臨摹裝池翌日以臨本歸之主人弗覺也湖之人經舜舉指授類皆以能畫稱（珊瑚網）舜舉多寫人物花鳥故所圖山水當世罕傳（容臺集）舜舉山水師趙令穰人物師李伯時皆稍具體

俞徵（竹派）字子清吳興人作竹石得文蘇二公筆意清潤可愛

元

唐棣（玉山草堂雅集）字子華吳興人由茂才為吳江令精繪事書畫嘉熙殿壁為上所知（六研齋筆記）子華學畫于趙松雪得其筆潤森鬱之趣

張文樞（兩浙名賢錄）字石隱德清人畫山水師巨然筆墨簡遠咫尺有千里之趣時烏程胡欽充徐士元歸安孟玉澗莫叒暘俱以畫名一時

馮應科（西吳枝乘）吳興人毛穎之技甲天下至與子昂舜舉並名

明

陸繼翁　王古用（格古要論）筆最得名皆湖州人

沈淵鑑（弘治湖州府志）烏程人少失明遇異人授範圍數推卜有奇驗

施文用（戒庵漫筆）吳興筆工弘治時造筆進御有細刻小標記云筆匠施阿牛孝宗見而鄙其名內傳以小名對勅易名曰施文用

小賀（張鳳翼小賀傳）名恩字子霑姓陸氏其父為鎮酒家也燕良之賀四者偶之為鎮客酒家左巨室王氏因多購檀梨烏木象齒犀角諸材留賀四作卮盞罌缶諸器恩時時過王氏觀賀四作歸以小材效作示賀四賀四奇之欲乞為弟子而父母勿許居無何崇德葉氏馳一力邀賀四賀四意非酒家兒俱往不可乃以情懇陸翁媼必欲得兒俱往且許盡其藝授之恩亦欣然請行乃還之俱至葉氏凡工作圓者觚者圓而觚觚而圓者非恩莫與成而恩得心應手出入規矩中巧每越賀四上蓋青出于藍矣賀四死恩哀之如所生質媼顧自有子恩亦時時護其緩急又時時以所得金饋陸翁媼蓋一身而仰事者兩家焉

始孝義人也

閔思（書畫譜）字何思號虛白烏程人善畫骨法筆韻入二李三王之微萬曆間與家旭齋名（畫髓元詮）虛白遠摹荊浩關仝董北苑梅道人王叔明近倣沈石田筆法頗能亂真復探吐故納新之秘篆刻詩字舉臻妙境（圖繪寶鑑）閔思一名九思字仲通

淩漢章（碧里雜存）湖州人成化間鍼術神靈擅名吳浙（兩浙名賢錄）漢章為人慷慨負義氣見人之病如痛在身有迎者雖昏夜風雨無不疾赴砭石所投諸患脫然每晨啟門輿疾求治者日數十百人貧者未嘗受直故身死之日家無餘資至今以鍼灸行者皆稱漢章弟子然術多不逮矣

周濟（萬曆湖州府志）歸安人精于醫業療病無不奇中治傷寒尤驗雅好文墨馳譽浙中

臧湘友（池北偶談）長興人少逢異人授以一卷書中有劍術臧得其傳海鹽陸辛齋云嘗見其劍合乃以雷擊木那成有鐵丸二即雌雄劍也

國朝

張道岸（今世說）字懸渡湖州人性嗜酒少進輒醉醉即喜畫蘭勃勃有生氣陸子黃嘗得所畫懸之素壁忽發香滿室中因顏其處曰蘭室

寧波府

唐

陳藏器（本草綱目序例）四明人以神農本經雖有陶蘇補集之說然遺沉尚多故別為序例一卷拾遺六卷解紛三卷總曰本草拾遺其所著述博極群書精覈物類訂繩謬誤搜羅幽隱自本草以來一人而已膚譾之士不察其該詳惟誚其僻怪宋人亦多刪削豈知天地品物無窮古今隱顯亦異用舍有時名

明州

稱哉變豈可以一隅之見而遽訕多聞哉如礕砒雷海馬胡豆之類皆隱于昔而用于今仰天皮燈花敗扇之類皆為家所用若非此書收載何從稽考

宋

日華子（本草綱目序例）日華諸家本草宋開寶中明州人撰不著姓氏但云日華子大明序集諸家本草近世所用藥各以寒溫性味華實蟲獸為類其言功用甚悉凡二十卷

藏中立（南友錄）毘陵人元豐間客鄞南湖抱病求療者日數十人中立診治如神崇寧中徽宗后病甚詔求良醫中立應詔以布衣麻履見上命之入診出而問之鄉診得何症對曰臣所診脾脉極虛殆嘔泄之疾作麩和藥以進且曰服此得睡為效至夜半果思粥食不一月復安賜歸詔出官帑市地築室南湖以居名迎鳳坊

陸曮（秋蕙夜話）奉化人以醫術聞于時新昌徐氏為婦病產不遠二百里輿致之及門婦已死但胸間猶微熱陸入視之良久曰此血悶也購紅花數十斤為大鍋以煮之候湯沸遂以三木桶盛湯于中取窗格藉婦人寢其上湯氣微又復進之有頃婦人指動半日遂蘇蓋以紅花能活血故也

元

俞竹心（輟耕錄）術士俞竹心居慶元嗜酒落魄與人寡合順其意者即與推算辭筆如飛道已往之事極驗時皆以為異人

呂復（戴良滄洲翁傳）字元膺晚號滄洲翁其先自河東徙婺復自婺從徙鄞遂為鄞人幼孤以母病攻岐扁術遇三衢鄭礼之謹事之鄭有古先禁方及色脉藥論諸書具以授之復日記誦籍于方藥驗者悉為參訂又若干年為人治病效無不神有廟祝楊天成女在室病五閱月腹如有妊延復治之復曰病非有異夢

為鬼靈所憑耳女不答趨入臥內密語其侍婢曰我去夏追涼廟廡下薄暮遇黃衣神心動是夕夢一男子即我寢由是感疾醫言誠是也嫗以告復曰女面色乍赤乍白者鬼也脈乍大乍小者祟也病與色脈符雖劇無苦乃以桃仁煎下血類豬肝者六七枚俱有鱗如魚目病即已澳之治病雖若不甚揣思然其鈎取古法動中肯綮多類此所注有內經或問靈樞經脈箋切脈樞要運氣圖說養生雜言各若干卷

董筆潭

(成化四明郡志)奉化人少牧斗夜常夢筆浮潭上達旦往視之果得筆遂以筆潭名一日見雙鷹止于巖石取筆狀之逼真由是寫鷹隼及鷙清古木皆絶倫至若鄞江方岷山之花果淌錯王立本之花卉郭宗茂之水墨花鳥郭小山之水墨人馬皆稱絶品

明

吳國才

(嘉靖寧波府志)奉化白巖人悉心唐舉之術言屢巧中逮遊歸訪野中故舊某不值其孫開肆乃索紙筆為書椷別而去某歸孫曰頃有吳叟留書啟視之曰此吳國才先生也風鑒入神書中云相汝色汝婦當有豹骨碎身之災其慎之及期偕婦宴坐新室竟日不出抵暮食既至廚啓檻取水虎爪之入山以食門人袁廷玉嘗侍太守一日問其受業之自以國才對召至試之果驗將寵賜以官國才以福薄辭去何果卒

袁廷玉

(戴良袁廷玉傳)名珙以字行其先南昌人後家于鄞常遊普陀洛伽山有僧善相見而奇之謂其眼光如電法當以術顯因令仰視赤日待兩目盡眩潛布黑赤豆于暗處俾辨之又夜懸五彩絨縷窗紙外使映月光別其色所試已皆中然後悉以相家之術授焉在鄞南臺大夫普化帖木兒由閩海道鄞見廷玉廷玉曰公神氣嚴肅舉動風生大貴驗也但印堂司空有赤氣到官一百四十日當奪印然守正秉忠名垂後世願自勉普署台事于越果為張太尉逼取印綬抗節而死見江西憲副程徐曰君帝座上黃紫氣見千日內有二美除但冷笑無情非忠節相也徐于二年後拜兵部侍郎擢尚書後歸欵為吏部

侍郎其術之精類如此見玉常言吾每占人吉凶即知其心之善惡心善必吉其不善者反是以故因見玉之言格心改行者至衆（鴻猷録）姚廣孝至燕邸薦鄞人袁珙相術文皇帝使召之至令使者與飲于酒肆帝服衛士服偕衛士九人入肆珙趨拜帝前曰殿下何自輕如此帝陽不省曰我輩皆護衛校士也珙不對乃召入詳叩之珙稽首曰殿日異日太平天子也後果登大位列朝詩集（傳）長陵登極召拜為太常寺丞見玉于九流百氏靡不涉覽好歌詩人稱為柳莊先生

袁忠徹（汪林續記）字靜思柳莊子能世其業相人富貴貧賤壽夭若燭照然與薛沖庵友善常主其家見童子方垂髫持壺與酒謂薛曰此童目下有大災三日内當試水矣可急遣歸薛素神其術即令趣行童子回其半途登廁拾白金五十兩以之一人疾奔而來入廁遍視無有號泣仆地童前詰其故知求千戶戶家奴所失也因問銀若干奴對相符出諸袖中還之奴喜邀與俱歸求千戶曰拾銀不取誠哉好人即繼以為嗣雅弄三年求死而童襲職童念薛舊恩冠服登門謁謝薛見之大訝問得顛末頗疑袁相術之謬招袁至留酌仍令童變服執壺以侍指示袁曰此即昔年童子也子謂當死而今倖存何即袁熟視曰此非兩奴乃五品一武弁也吾向見其面有死兆故云然今形容改易豈有隱德轉移其間乎薛笑述其事益服袁相術之神（名山藏）寧波衛人盛琦少役劉指揮家忠徹過劉盛執扇旁立忠徹謂劉曰善視之進士知縣也琦後登進士仕無錫知縣（分省人物考）建文初文皇召問忠徹對曰天命有之無憂也獻人象大成書靖難後官尚寶少卿卒年八十三

楊[illegible]銘（書畫譜）鄞人永樂間以楷法進歷官中書舍人小篆師周伯琦

樓浔達（兩浙名賢録）鄞人傳文藝于吳明稱國手永樂初驛召至京偕江陰相子先入覲子先自謂天下無敵視浔達蔑如也上命二人對奕頓中貴官答

取紙畫冠帶置句下，得達，屢勝。遂放句視之，命吏部給冠帶焉。

朱自方（畫法年紀）號夢庵，奉化人。（成化四明郡志）自方性尚沖澹，善寫水墨山水，晚年出入郭熙、范寬，而自成一家。同里卓民逸常師之，而筆法精緻，實有過焉。姜穆中亦常師范寬，而熙染又在自方之下。在鄞則有胡仲學、吳景行之青綠山水師董源，而雲氣瀰揚可愛，然亦自秘惜，人罕得者。如史均民之水仙，傅子吳之撫寫人物，各有生意之數人者，雖出處不同，皆一時之傑出。

倪光（鄞縣志）字應奎，少受易，時時沈玩先天，忽朗然內覺，若有神授，自知不良于功名，遂志棄去，觀消息盈虛，輒能前知，遨遊兩京，名動諸公卿，皆爭致說易。一日在揚公文懿所，忽中貴使至，光見一雀自庭樹集于地，已復還集樹，即謂其使曰：汝來得非失馬乎？六日當復。使大驚。文懿問故，光曰：雀踴躍物也，去樹而集于地，舍所依也；已還集樹，復歸其所也。其集樹也，自北而南，水數六也，故曰馬失而六日復。因復問馬色，光曰：以北水尅南火，當黃而近于黑。皆志驗。人咸以小康節呼之。後閣老萬安欲薦官之，光遽辭歸。旅宿臨清，中夜聞扣戶聲，林而辭哀，光厲聲曰：汝作歹將丐生耶？其人吐實，光謾曰：南北東西皆汝路也。旦起，市已獲盜。有產子者至，而傘裂，其人失色，光曰：傘裂而小人見，汝細君已育子，可喜矣。年八十生而卒。殯擬淵明自祭、杜牧志墓事，為詩自挽。其達生委命如此。人皆稱為味易先生。所著有味易詩集凡十二卷。

高陽（畫史會要）字秋甫，四明人。善花鳥畫石，極精，如太湖、錦川、英石、蠟石，皆妙形似。

胡宏（異林）字任之，寧波人。少讀易，遇一道人語曰：我有秘術，子可受之，但不當仕，乃可免禍耳。宏謹受教，遂以卜筮授之，發無不中。（兩浙名賢錄）嘗有士人應試，書串字，宏云：君不惟中舉，兼中進士。串字者，二中也。別一士聞其語，亦書串字以問，宏云：君且不言科名，當憂疾病。其後二人一連捷，一得重疾，幾不起。或

曰所問者字同而言出何以相反玄曰問者出于偶爾淺而致之則有心矣串下加心故應淂患也常著箋書曰黄金尺

張德輝（萬曆慈谿縣志）字秋蟾號雲巢老人世居邑之姜磐（成化四明郡志）少學寫龍自淂其趣晚年烘染有法而飛雲鷩電變化萬狀或累日不下一筆或一日連寫數幅自有神妙

徐詵（成化四明郡志）字和仲其先錢塘人曾祖宇號雪汀父夢吉號曉山皆業儒善琴後父宦遊四明遂家焉詵性謹厚居家篤學以春秋經教授鄉里出其諸下若多繩繩有師法為文章不俚不浮亦以琴著名于時洪武間太宗在潛邸遣使召至錫賚殊厚既歸舉明經為邑庠訓導詵世以琴名而詵尤工淂心應手趣自天成同里若王禮金應參吳以介親受業其門遠近法學者亦衆後子孫皆能踵其家學而浙操至今稱徐門云

范瑱（鄞縣志）字行甫號墨逸工松蕉翎毛草蟲春草蘭竹善蒲清逸可愛嘗畫春草冬日展觀于庭蜂蝶迸集

趙偕（鄞縣志）號湘南善寫竹縱橫雄逸迥出一時馬指揮斯藏領漕運北上乞偕寫萬竿烟雨圖以奉要路淂者大喜遂攜斯藏暫運其為世所珍愛如此焉工諸種花卉題詩亦饒風致

王硫（閩見類纂）字用賢鄞人寫梅法王元章號香雪坡每寫梅一幅咏詩一篇遊錢塘無識者于城隍廟肆筆為題詩云行盡錢塘數十家無人為我煮新茶一襟清思難消遣吐出胸中萬樹花

呂紀（兩浙名賢錄）字廷振鄞人精于藻繪特綴小詩其上初學邊景昭花鳥袁忠徹見之謂出景昭上館于家使臨唐宋以來名畫遂入妙品獨步當代嘗戲畫雌雞壁間而生雄谷谷繞其側勿去殆古點睛之流孝廟時召至京師官錦衣衛指揮同知其在畫院凡應詔承制多立意進規孝廟稱之曰工執藝事以

諫呂紀有焉（鄞縣志）紀從子高字崇岳號松石翁崇字德芳號竹村翎毛花石皆得家學從學于紀者蕭增字益之隨紀赴京得其用墨之妙佳者與師無辨官錦衣千户劉俊字克美陸鎰字守重號古愚筆墨俱能入室

王諤（兩浙名賢録）字廷直奉化人工畫尝師里人蕭鳳盡其術乃肆力于唐宋以來諸名家凡奇山怪石古木驚湍之類盡摹其妙孝宗朝大承寵倖特上好馬遠畫畫稱曰王諤今之馬遠也同邑盧鎮常師諤亦稱絕藝

慕譚僧（舊浙江通志）不知何許人初來鄞善堪輿術無不奇驗邑中大家官族先世墳塋多出其手久而益神所著書絕無刻本後人多托僧秘傳不知其術已不傳矣

趙九成（嘉靖寧波府志）鄞人為郡學諸生以棋遊京師盡一時棋士對局皆屈焉孝宗御燕殿召九成試之累歷流輩所行某多出古棋譜外上曰真國手也命官鴻臚序班供御

李麟 李驥（鄞縣志）麟字次公精于人物及畫牛日署龍眼後身中年好釋氏礼紫柏為師專事畫佛像其所題偈多有警悟四方寶之弟驥字次德藝與兄埒亦師紫柏常渡錢塘負擔者攫其行李而去跡之無所乃想其貌而圖之揭于通衢其同侶見而笑曰此某人也遂偕詣負擔家行李悉在鬨特聞者絕倒從子芳字芳叔所畫得麟傳

陳鋅（天啟慈谿縣志）字子平隨父鏐任銅鼓遇異人授岐黄術能以靈心運古法不拘拘刀圭嘗意到處眼前一草一木拾用之沉疴立起貧而修謹者輒赦之人稱杏林先生

王養蒙（西吏會要）鄞人西蔺莳障秉醉著新草復漬運亂步縮上就以為業布藤綴寶天趣自然（鄞縣志）養蒙一作養明

趙獻可（寧波府志）字養葵自號醫巫閭子鄞人好學淹貫尤善于易兼精醫其醫以養火為主嘗論命門乃一身之主養身者既不知撙節致戕此火以至于病治病者復不知培養此火反用寒凉以滅之安問其生著醫貫一書為醫家指南後遊秦晉著述甚多有內經鈔素問註及經絡考正脉論二朱一例諸書子貞觀字如葵亦精于醫

鍾大延（寧波府志）字恒國本江右仕族後為鄞人精醫治病不執恒方嘗言今人但知醫病不知醫人病固有淺深人自有强弱豈得因病執方有二人同時病痢其一用補劑一用攻劑或問之曰此稟弱須補其正氣而後攻之彼體强故祇用攻耳徐天理病小便秘腫脹面赤發喘衆醫皆從熱症治大延視之曰是無火也急煎附子湯一服而愈一貴家孕婦病亦如之衆醫莫敢大延曰是可勿藥也乃胎壓膀胱耳令其周身轉運而瘳一寺僧嗜鹽每食輒許衆醫雖知其為蟲然服藥輒痛悶欲絶大延曰此蟲不受藥也當有以餌之以鹽笋乾用藥煮仍加以鹽令服越數日果嘔蟲數升許而愈其用藥出新意多奇效皆此類

李奎（寧波府志）字石渠鄞人精于醫洞究內外經以攝手逆盡得其妙善起人不痼疾有誤吞指爪喉梗欲絶奎令剪人指爪燒服之立愈或疑為古方奎曰黙此內經所謂衰之以屬者也聞者歎服

王坡（兩浙名賢録）鄞人病瞽善六壬兼精易數至武林有驛傳人占家宅坡云今年四月十三日當雷震堂棟不傷人後果驗鄞新塘有一祠初塑神像成鄉人托以人名占之坡曰此人如木偶雖逃水火越春果為惡少投于江隨潮上下後復取而毀之投桑陰魚爭兼齧性嚴重人莫敢近招坡筮之坡曰似浮屍

責公前縣時吳展先大夫墓有陰謚黃下淡曰
然按曰明年當轉官在本省藩臧後果如其言

毛來賓（鄞縣志）號岐陽多巧思善製沙漏大若盈尺小者僅數寸以定晷刻無毫
髮爽若邂逅一僧異其術以重賄求授不許因以追魂法易之其法于密
室之中潔壇培薦牲牷香紙置繪具几上閱四十九晝夜能令神將驅攝亡魂
追摹形貌無不曲肖來賓得其術未嘗輕試偶之雲川于閩太宰家繪其先父
母像見者驚猶生會謝行人于宣死于流寇之變其父太僕延來賓追攝乃置
壇如其法及朝而素箋十幅細書皆滿凡生平履歷家事瑣屑童僕勤惰以至
父母妻子閨語有人所不可得知者無不纖纖曲盡其神
異如此後懼役使鬼神遺子孫禍取書焚之其術遂不傳

紹興府

周

歐冶子（越絕書）楚王召風胡子曰寡人聞吳有干將越有歐冶子此二子甲世而
生寡人願齎邦之重寶皆以奉子因吳王請此二人作鐵劍可乎風胡子
曰善于是乃令風胡子之吳見歐冶子干將使二人作鐵劍歐冶子干將鑿茨
山洩其溪取鐵英作為鐵劍三枚一曰龍淵二曰泰阿三曰工布畢成風胡子
奏之楚王楚王見此
三劍之精神大悅

秦

伊（越絕書）民西大冢者句踐客秦伊
善灼龜者冢也因名冢為秦伊

漢

謝夷吾（後漢書方術傳）字堯卿會稽山陰人少為郡吏學風角占候太守第五倫
擢為督郵時烏程長有臧釁倫使收案其罪夷吾到縣無所驗但望閣伏

越州

哭而還一縣驚怪不知所為及還白倫曰竊以占候知長當死近三十日遠不過六十日遊魂假息非刑所加故不收之倫聽其言至月餘果有驛馬齎長印綬言暴卒倫以此益禮信之舉孝廉為壽張令稍遷荊州刺史鉅鹿太守所在愛育人物有善績左轉下邳令豫知死日如期果卒

韓說（後漢書方術傳）字叔儒會稽山陰人博通五經尤善圖緯之學舉孝廉與議郎蔡邕友善數陳災眚稍遷侍中光和元年十月言于靈帝云其晦日必食乞百官嚴裝帝從之果如所言中平二年二月又上封事尅期宫中有災至日南宫大火遷江夏太守

三國吳

吳範（三國吳志）字文則會稽上虞人以治歷數知風氣聞于郡中孫權起東南範委身服事每有災祥輒推數言狀其術多效權欲討黃祖範曰今茲少利不如明年明年戊子荊州劉表亦死征祖必生禽又言歲在甲子劉備當得益州後劉備盛兵西陵範曰後當和親皆如其言

晉

嚴卿（晉書藝術傳）會稽人善卜筮鄉人魏序欲暫東行時荒年多盜令卿筮之卿曰君東行必遭暴害之氣而非劫也宜慎之可索西郭外白雄狗繫著船前求索只得駮狗卿曰駮者亦足然猶恨其色不純當餘小毒及六畜輩耳序行半路狗忽作聲甚急比視已死其夕序墅上白鵝數頭無故自死而序家無恙

南北朝

夏赤松（南史蕭惠基傳）當時能碁人琅琊王抗第一品吳郡褚思莊會稽夏赤松第二品赤松思速善于大行思莊戲遲巧于鬬碁

錢祐（太平御覽）會稽餘姚錢祐以元嘉四年五月三日夜出屋後為虎所取十八日乃自還說虎初取之時至一官府入重門見一人憑几而坐形貌偉壯左

右侍者三十餘人謂曰吾欲使汝知術數之法故令虎迎汝無懼也留十五晝夜語諸要術盡教筭之方祐受法畢使遣令還而不知道即使人送出門仍見歸路既得還家大知凶吉無幽不驗

賀道養

(南史賀瑒傳)道養山陰人工卜筮經遇工歌女人病死為筮之曰此非死也天帝召之歌耳乃以土塊加其心上俄頃而蘇

孔靈產

(嘉泰會稽志)靈產會稽山陰人(南齊書孔稚圭傳)稚圭父靈產宋泰始中罷晉安太守有隱遁之懷于禹井山立觀事道精篤頗解星文好術數太祖輔政沈攸之起兵靈產密白太祖曰攸之兵衆雖强以天時冥數而觀無能為也太祖驗其言擢遷光祿大夫以簏盛靈產上靈臺令其占候餉靈產白羽扇素隱几曰君性好古故貽君以古物

唐

陳閎

(畫斷)會稽人能寫真開元中名入供奉每令寫御容妙絕當時又寫太清宮肅宗真容匪惟龍顏鳳姿日角月宇之狀而筆力遒潤風采英逸合符應瑞天假其能閎令公之後一人而已

(歷代名畫記)韓幹陳閎師于曹霸

沈七

(太平廣記)越州人善卜天寶十四年王諸應舉欲入京于七處卜得純卦乾下四位動爻觀卦沈云公今應舉得此卦觀國之光利用賓于王本是喜兆然交動犀陰成陽下成乾卦上爻至四又不至五五是君位未得利見大人恐此行不至京而回果至東京屬安祿山反奔走却歸江東

孫位

(宣和畫譜)會稽人僖宗幸蜀位自京入蜀自稱會稽山人舉止疏野襟韻曠達喜飲酒罕見其醉光啓中畫應天寺壁勢若飛動後改名遇卒不知所在世稱龍水尤位所長

五代

王耕（十國春秋）越人善畫尤精牡丹遂為一時丹青之冠（蓀光録）耕畫牡丹最佳春日張于廡間則蜂蝶萃至

葉簡（聞奇録）鄭人善卜筮凡有盜賊皆知其姓名有農夫失牛卜之曰古央牛巳被邊家載上州欲知賊姓一斤求欲知賊名十千頭乃鄭人郎甲耳又有將摘子合之令古曰圓似珠色如丹倘能劈破同分喫爭不懸姻洞庭山又將鞋子二箇古云此物不難知一雄魚一雌請將打破看方明混流時（西湖遊覽志）武肅王左右莫術醫流無非名士有葉簡李咸者善占筮忽一日旋風南來遠業而轉名簡問之曰此淮帥楊渥已薨當早遣弔祭使去耳王曰生衣使方去豈可使神弔祭簡曰此必然之理速發使往彼若問如何得知但云貴國動靜皆預知之王從而遣之生衣使先一日到楊渥已薨次日弔祭使至由是楊氏左右皆大驚服

宋

鄭日新（於越新編）越州人少善探世號越童

丁權（萬曆會稽縣志）字子衡會稽人善畫竹自述竹譜又有鑑湖懶民昔賀方回裔孫也作平遠細竹蕭洒可愛

劉仲懷（竹譜）山陰人元祐間徙居諸暨善畫墨竹筆法師文湖州

張杲（舊浙江通志）洛陽人為翰林醫學太醫令李會通同時出其方與會通無異但改蔥為散耳散疾遂愈庵從高宗南渡因家餘姚後登進士至禮部尚書所著有衛生家寶行世

元

項　昕（兩浙名賢録）字彥章由東嘉徙越江自號抱一翁外大父世業醫奉父命誦
所受其書讀之年未成童已諳誦岐扁素難王叔和脉經後以母疾醫誤投藥
死扁之蓋勵志醫術于是為人治病決死生無不立驗平生善詞章善音律工
繪畫而獨以醫顯所著有竹寓小稿及脾胃後論子恕能世其業（萬曆紹興府
志）所知業醫從金華朱彥修錢塘陸尚靜集慶戴同
父紹興陳白雲受五運六氣之說治病往往奇中

鮑　敬（嘉靖山陰縣志）字原禮山陰人善畫花木翎
魚尤長于人物嘗為折枝牡丹姿態天然

陳憲章（圖繪寶鑑）號如隱居士會稽
人工畫梅與王牧之齊名

江仲讓（劉基贈醫學録江仲讓序）紹興人以良醫鳴于鄉甲午歲余挈家來紹興
地卑濕又寒暑易當夏家人疾病相連屬不絕延仲讓診之劑所投無不
愈由是倚仲讓以為安而信其為良醫不虛矣方余家人之疾也仲讓來視
曰某當某日愈某當安某疾々作復幾日愈無不驗有所餽謝則堅拒不受

楊維翰（兩浙名賢録）字子固諸暨人畫為何九思所推（紫
桃軒雜綴）楊維楨之兄善寫竹石墨蘭妙絕一時

明

單俊良（兩浙名賢録）蕭山人國初創圖籍象數俊良上其式有詔命天下法
之又以駱車濟田之功捌造斗車以机輪轉之今鄉之斗車單制也

石　達（於越新編）諸暨人洪武中辟薦至京師會諸王有疾近臣
或言達善醫試視之有效自是遂以醫顯後為御醫院使

張德元（霏雪録）近世析字言吉凶者無如張東桂拆字畫以成卦余一日坐東桂
肆中有二童持一字來占曰是為吏緣同曹訟之當送刑部答四十即回

二童相視默然既而曰皆如先生言予欲訴改司求決可乎秉樸曰此行不可
逾旦別欲已耶予謂答四十未可知童曰律當然耳秉樸曰今夕非附軍器舟
即官艤舟也童曰果官艤舟秉樸姓張氏名杲字德元秉樸其號云（兩浙名賢
錄）德元遇亂山陰有奇術其友病以豐字示之德元曰死矣明日訃至或問其
故德元曰豐字山基所也兩丰封樹也豆祭器也墓既成矣尚欲生乎嘗
飲劉彥照家曰今夕復有客已而客至問之德元曰吾聞樂器聲故知耳

馮汝賢（弘治紹興府志）諸暨人永樂中縣丞善觀字之
形辭參伍錯綜以知人之休咎所言無不奇驗

滑壽（紹興府志）字伯仁先世儀真人僑居餘姚學醫于京口王居中授以素問難
經乃類次手抄而讀之且為之注已而參考張仲景劉守真李明之三家浔
其妙又傳針法于東平高洞陽以盡醫之神秘由是所療無不奇效能決生死
一婦孕患臍痛呻吟隔垣聞其声曰此蛇妖也砭之産數蛇浔不死又一婦臨
產而死視之曰此小兒手捉其心耳砭之即甦少頃兒下大指有砭點無問貧
富皆往治不報不較也與朱丹溪彥修齊名在淮南曰滑壽吳曰伯仁鄞越曰
攖寧生所著有十四經發揮三卷及難經本義讀傷寒論抄診家樞要痔瘻篇
醫韻等書傳于世今子孫為餘姚人知府浩是其孫葉逢春云壽蓋劉文成
之兄易姓名為醫文成既貴尝
來物之仕不應留月餘而去

黃武（於越新編）山陰人治舉業不就乃學醫先是越人療傷寒概用麻黃武名
人質本弱且近世人鑿代甚多本已撥而攻其表殺人多矣乃投以參芪知
取奇效自是越
之醫咸祖之

楊宗敏（兩浙名賢錄）新昌人永樂間有異僧叩門丈館穀之因授宗敏谌輿術遂
浔神解登山陽十里許即知作穴所向及倒杖不爽毫釐人稱為楊地仙

周述學（徐階周雲淵傳）字繼志號雲淵子山陰人素負經濟尤邃于易曆南游楚
北抵燕趙偏識天官氏之術聞郭太史弧矢法以圓求圓循弦究轉極與

天肖名曰弧矢經時荊川唐太史序研古箬溪顧司馬精演例法欲求弧矢不可得述學竭其心思撰補弧矢又續中經纂曆議曆學而曆法漢蕪完書旨著圖書較理論以彰易之體極交象著易義以達易之用集京郭之文諧元韻之聲用占經世象識言山其他稽會占而參以命法纂通志而徵以世紀準晷極而定道里之數本山河而敘流峙之支水陸遠近有程以備行兵都省區域有界以表形勝星命砂水太乙六壬遁甲演禽風角鳥占靡不洞其元微合所纂纂撰凡千餘卷總題曰神道大編

徐蘭（正史會要）字秀夫餘姚人善水墨葡萄風烟晴雨曲盡其妙其枝蔓圖轉處藏有天下少人間無六字行書仿佛趙松雪

樓英（弘治紹興府志）蕭山人精醫術被召至京以老疾辭歸著有仙巖文集二卷運氣類註四卷醫學綱目三十九卷

范應春（萬曆上虞縣志）少負奇氣常自計曰丈夫而欲濟人利物惟醫藥耳乃偏讀岐黃家言遂以醫鳴世一日途遇姻親薛文龍驚愕曰公病劇奈何薛曰固無恙也應春就其家診之陽為好語慰囑其子曰而翁臟脈已絕特浮陽在外不見劇狀耳夜半當疾作及晡而逝矣可亟治後事已而時刻不爽有按院行部至虞稱病不言所以偏召諸醫莫曉應春診之曰無他病祇患夜遺耳安神保元自已院驟然曰神哉又問曰富貴中人奉養安逸然多疾病時服藥餌窶人日勞筋骨奔走衣食而鮮病何也應春對曰戶樞不蠹流水不腐院大奇之應春取董奉種杏故事自號杏莊有杏莊卷藏于家

邢元愷（於越新編）嵊人課卜多奇中

馬時暘（萬曆會稽縣志）名暄以字行幼穎悟博通經史兼精丹青術尤善于古隸篆籀嘉靖初徵入華蓋殿供御授錦衣衛鎮撫

張員（兩浙名賢錄）字一民又字天民會稽人左目無瞳子自稱左瞽善草書工畫以筆墨自娛未嘗為貴勢人一作往往以金購之雖值屢空麾之不顧

俞用古（萬曆紹興府志）新昌人，以神醫名。有病人方危篤，延治。一人無病，避入帳內，用古俱診之，曰：呻吟者可治，初病者膀胱氣絕，必死。主人大笑，已而具人果以忍便急泄，卒，而病篤者竟愈。又王氏數人忽啞，用古見雞毛盈廚，曰：吾得之矣，蓋是時雉多啄半夏，其毒在內。取薑汁飲之，立愈。一女子欠伸而兩手直不能下，用古曰：須灸丹田。因灼艾，詐欲解其裩，女子驚護之，兩手遂下。

岑乾（於越新編）餘姚人。童時從父遊武林，或竟日他往，家人怪之，乾曰：有羣兒呼與奕。自是奕頓異。後遊京師，諸公爭延之，名由此顯。時又有顏倫者，號第一手，乾嘗謂與顏奕，必謝絕人事乃可。乾馳名早，人謂小岑（王元美奕品）。今後進中，閩有陳生、蔡生，越有岑生，揚有方生，而蔡與岑尤强甚，皆未可量也。

馮道助（紹興府志）山陰人，有奇術。凡里中犬囓人者，指之則狂獗以死。有村夫校藥道側，見行者偶妨其業，則詈之。道助摘草置其上，已而所藥連堵皆潰。三江戍卒侮之，道謝不與較，但引之坐石橋上。道助既去，戍卒踰時不能起。道助行三十里許，摘草與棋者曰：暴橋上有戍卒數人，可以此草與之。棋夫如言，戍卒始能去。嘗至丁墟，呼農夫渡，不得，遂幻變鯉躍田者，見者取鯉，未盡躍瀾。後符籙事發，有司遣人持牒往捕，道與捕者遇于途，取捕者之牒去，而捕者昏然不見。

酈元真（兩浙名賢錄）諸暨人。幼學道術，年五十而術通，能驅雷電。宣德間過大部鄉，宿農家，其家無烟而火，沙石從空中下。元真書一符焚之，即有大雷震，一狐死，自是怪遂絕。

葉元（紹興府志）新昌人。幼時渡槐潭溺水，見一赤面長鬚人救之，不死，自是遂通符呪，諳五雷祈雨法。成化間郡大旱，郡守白公延之祈雨，即時大澍。府倅女為妖所惑，書符懸之，少頃震雷擊巨蛇死，女漸愈。後不知所終。

唐繼山（紹興府志）會稽人少喜讀書長而習醫多奇效尤精脉理能決死生于數年之前有脉決行世

張介賓（山陰縣志）字景岳年十三隨父至京遇名醫金英從之遊遂得精醫道爲人端靜好讀書殫心內經著有類經綜數百家剖析疑義凡數十萬言歷四十年而成西安葉秉敬謂之海內奇書又作古方八陣新方八陣海內多宗之

俞鵬（畫史會要）字漢遠上虞人善畫水波遊兩京名重公卿間有巨墻欲爲之即偃臥不肯起其畫亦不易得與至乃寫

陳洪綬（朱彝尊陳洪綬傳）字章侯諸暨人年四歲就塾婦翁家翁方治室以粉堊壁既出誡童子曰毋汙我壁洪綬入視良久紿童子曰若不往晨飧乎童子去累案登其上畫漢前將軍關侯像長十尺餘拱而立童子至惶懼號哭聞于翁翁見侯像驚下拜遂以室奉侯既長師事劉宗周講性命之學已而縱酒狎妓自放頭面或經月不沐客有求畫者雖罄折至恭勿與至酒間召妓輒自索筆墨小夫稚子無勿應也自稱老遲亦稱悔遲亦稱老蓮妾胡妾鬘亦善畫花草云

台州府

五代

鍾隱（圖畫見聞誌）天台人工畫鷙鳥竹木師郭乾暉深得其旨乾暉始秘其筆法隱變姓名趨其門服勤累月乾暉不知其隱也隱一日緣興于壁上畫一鷂子人有報乾暉者亟就視之驚曰子得非鍾隱乎隱再拜具道所以乾暉喜曰孺子可教也乃善遇之遂馳名海內（王氏畫苑）隱字晦叔其畫在江南者悉爲南唐李煜所有煜親筆題署以璽識之

台州

元

胡德亮（徐一夔杏所翁傳）字叔大別號杏所翁天台人少負羸疾有志讀書父母以岐黃之術有裨于衛生俾習之有深于其術者悉延致于家為請求補瀉虛實之法盡得其秘用是醫名日振而翁之志務在濟人不以貧賤富貴二其心既投華寢食不自安必俟病家告愈乃已

姚雪心（畫法年紀）黃巖人工墨竹（竹派）雪心畫竹宗文湖州

葉清友（楊維禎送寫神葉清友序）天台人其父可觀親京師嘗寫天顏被命為提舉梵像監清友紹其家傳嘗為予寫麑冠吹笛像于五湖之間談者謂非徒得予形而實得予神不在顧長康之下也

明

王奇（分省人物考）字世英天台人為諸生通天文星數卜筮之學或曰有異傳為進金陵三原公在兵部方為權貴所尼屬奇筮之曰公歸矣越三載其起當銓衡乎已而果然刑部逸重囚奇筮之遇恆之大過曰五為囚囚賊入矣其爲兆之計其獲日與時皆不爽陳指揮妻死將斂其女病問命于奇奇曰女固無恙其母亦未死後當生二子即欲斂其必越午至午時妻復生後果生二子王郎中應奎問命奇曰是火氣太盛君官之南所至必有火災後守台州郡中災十室九燼嘗遊敬公山中仰見星象嘆曰客星主急變奈何越三日復觀爲則喜曰無事矣亦幾迷理敢此數事其尤異者（兩浙名賢錄）奇性至孝有所得付其弟以養母母年九十餘奇為嬰兒以悅之有佳果必袖以奉焉介甚苟非義雖千金不顧也終身不受室以猶子宗元為之子

賴賓國（萬曆寧海縣志）居十八都膂力過人能手搏猛獸缸室歸鵲一發疊中城東朱昂善射世無與數時稱寧海三絕云

郤良仁（張毅郤良仁傳）台州人正德間推命多奇中百戶閻炳以命扣之云將星入命傑數必得奇功當陞二級世襲千戶時承平無虞人笑之八年閩化江西寇起總制閻璞舉炳將才從參師李隆勒寇有功果陞二級世襲炳作洞徹元机卷求縉紳詩文以贈之

王乾（獻徵錄）字一清臨海人以輕墨淺彩作禽蟲瓜果花草間出山石林藪蓊蒼幽岑往往極妙尤妙寒塘野水拍泳朝暮之態間一作茅屋竹樹雲氣點逗人物瀟瀟蓋可玩乾既卒雖尺幅人皆寶之

濡爵（天台縣志）字明秩善占氣之術嘗詣所親黃某謂曰汝家有十年行且敗矣時黃方昌盛後漸凌替揆之果十年也褚某者乘馬經其門曰此人三日後必死至其日果然其家走市中鬻麻布或紿爵曰子言某三日後死今復乘馬過何耶爵曰鬻麻布耳人咸異之

趙與慶（黃巖縣志）號草堂縣西橋人精岐扁術人有疾求治無不立愈一日有惡疾人臥道中穢甚行者皆避之與慶獨就前為診視曰六脉延延必是大仙其人即授以二鍼忽不見自是其術益神

林益道（黃巖縣志）號心月年村人四歲讀書日記千言十五歲當七夕與群兒戲浴江湄有一叟置盞于水亂流而濟眾莫見惟益道指示群兒叟至以手摩其目曰好眼好眼歸即復瞽臥病二年叟復至其家授以祿命書鄰人為之口授一簡其字即滅自是語禍福無不奇中

金華府

隋

舒綽（兩浙名賢錄）東陽人宰相楊恭仁欲遷葬會陰陽家五六輩皆海內知名恭仁未之決（婺州）遣人馳往取葬地四隅土各一斗方面形勢悉書于曆密緘之出

土亦衆言人人殊獨緯定一土洮筆識之與恭仁所書之曆無毫髮差緯曰此土五尺外有五穀得其一即是福地世為公侯恭仁延緯至其處掘地七尺得一穴如五石甕貯粟七八斗是地昔為粟田蟻啄之入穴故然時以緯為聖

唐

陳昭（太平廣記）僕射房琯相國崔渙並貶任睦歙州官時有婺州人陳昭相之云二公後二公並為宰相然崔公為一大使來江南及至德初上皇入蜀房崔二公同時拜相崔後為遞補使巡撫江東

婁千寶　呂元芳名（雲溪友議）浙東廉問婺女婁千寶呂元芳二人有異術發使之既到使令止從事廳從事問曰府主八座更作何官元芳對曰適見尚書但前浙東觀察使恐無別拜千寶所述亦爾從事然然罷問及見李〻曰僕他日何如二人曰嵇山蒨翠湖樹垂陰尚書畫鷁百艘正堪遊觀昔人所謂人生一世若輕塵之著草何論異日榮悴自後李歸義興未幾物故是無他拜也又杜勝給事在杭州日問千寶以己為宰相之事曰如筮得震卦有声而無形也當此之時或陰人所譖若領大鎮必憂悒成疾可以修禳後杜為度支侍郎草麻待宣府吏以上于杜門橋板屋將布沙隄忽有東門騾騎奏以小疵而承旨以蔣伸侍郎拜杜出鎮天平憂悒不樂云乃歎曰金華婁山人之言果應矣欲令招二人又曰孤雲野鶴不知栖宿何處杜尋亦終于鄆州

馬生（定命録）天寶十四年趙自勤令入考有東陽縣瞽者馬生相謂云足下必不動縱去亦卻來于此祿尚未盡後至三品著紫又云自六品即登三品自勤其年果不入考至冬有勅賜紫乾元二年九月馬生又來自勤初猶亦麁倉曹家生捏自勤昔云合是三品與趙使君骨法相似所言年壽并官政多少與前時所說同

宋

潘衡（墨史）金華人蘇子瞻云衡初來儋耳起竈作墨得烟豐而墨不甚精因教其衡遠突寬籠得烟幾減半而墨乃彌黑其文曰海內松煤東坡法墨皆精者也衡今在錢塘竟以東坡故售墨價數倍于前前然衡墨自佳可與九華朱璭上下也

李明甫（兩浙名賢録）東陽人善醫尤精針法義烏令病心痛垂死明甫視之曰有蟲在肺下藥所不及惟砭乃可然非易也謬謂于背上點穴密取火以啖之令方驚而針以入曰蟲已死矣既而腹大痛下黑水數升蟲亦去遂愈

盧鴻（萬曆金華府志）字碩父舉進士善仙卜鄉人問師鈇既中省問之曰當魁多士且曰熟讀程易師卦已而廷對問師律之旨遂舉第一人又善驅邪有條桑者忽墮地嘔血而死鴻曰行持可也宜靜聽之頃四山皆鬼叫病者忽呻吟嘔血數升而甦

陳堯臣（揮麈後録）婺州人善丹青宣和初登科為西學正王黼薦于上擢水部員外郎假尚書使遼堯臣即挾畫學生二員偕行繪天祚像以歸并圖其山川險易以上之大喜擢右司諫

湯衡（文獻通考）湯氏嬰孩妙訣二卷東陽湯衡撰衡之祖氏望精小兒醫有子曰鼎登科衡鼎之子尤邃于祖業

湯晙（正德武義縣志）邑之奶山人少讀書累舉不第遍遊淮汴間歸結廬以居號曰默菴素能醫中年既絕仕進而術益精妙建炎間婺守室女患蠱疾醫皆不效郡倅以晙薦使診視晙曰非蠱也已成胎孕矣然猶可治守不樂其言晙遂謝去倅曰彼既言可治何不試之復延晙至晙命作一大桶盛水女坐其中既飲女藥復以藥投水中俄產一物其狀如蛟但無角耳家人驚愕失色晙曰無恐此因舟經江湖為蛟蜃所感耳今可賀矣復以藥調治平復如初

范晞（萬曆金華府志）字復初，金華人。宋建紹間浮江西，張九牛善易之占，神神妙莫測。杭有無籍子胡婆壽負罪而逃，捕者即晞求筮，爻成，晞曰：可于北方樹中浮之。如言，並至臨平，果獲于空揚鄉中，遂繫獄。後會赦出，欲報晞，持刀晨叩晞門，紿以卜，欲殺之。晞決以占，知其將不利于己，闔門問之曰：欲卜可擲下手中刀。胡聞之駭服，猶以刀畫其門而去。晞由是避居于蘇，設肆來問，莫不神異。

王用和（志雅堂雜鈔）賈師憲用婺州碑工王用和翻刻定武蘭亭，凡三年而後成，至賞之以勇爵，絲毫無遺憾，幾與定武本相乱。

元

厲同鄉（山居新語）婺州人，精卜術。天曆間游京師，一日揭塔寫一上字卜之，厲即對本鈔錄姓名出處之說，皆如所見。後一段云：商量更改事，往會害金羊，寅巳同申主好事，害非常。其應果在千年後，豈非萬事皆分也。

朱震亨（婺書）字彥修，義烏人，所居曰丹溪，或稱曰丹溪生。習醫于羅司徒知悌，治疾往往以意為之，巧發奇中，按之書無有也。諸醫皆驚，已而訕且排之，卒乃大服其名，籍甚，遍浙東西，以至吳中，罕不知有丹溪生者。所著有宋論一卷，格致餘論若干卷，本草衍義補遺若干卷。（金華賢達傳）彥修聞許謙承考亭之緒，摳衣至門，執弟子禮。後母病延醫，因自悟曰：人子而不知醫，或妄之庸夫，寧無失乎？于是參究醫學，所治多獲奇效。

王鏡澤（正德蘭谿縣志）純孝鄉人，家貧好讀書，不偶于時，遂肆力醫學，遊大都竇太師漢卿之門二十餘年，悉傳其術以歸。竇囑之曰：傳吾術以濟人，使人無病，即君之報我也。遇人有病，施針砭無不立愈。至元初徵領揚州教授，以母老辭。所著有重注標幽賦傳于世。

明

劉日新（金華雜識）日星金華星者太祖下婺召推命曰極富極貴太祖怒其不言官職劉請屏左右曰極富者富有四海極貴者貴為天子上喜洪武四年召至問所欲富貴皆對不欲惟欲求一符遍遊天下上題所御白翁賜之識以御寶劉持之遍遊焉

戴思恭（今言類編）字原禮以字行金華人學于丹溪朱彥脩初任御醫事太祖至餌輙效洪武三十一年五月召諸醫官治疾無狀者盡付獄獨召原禮至榻前曰汝仁義人也事無預太孫即位誅諸侍醫者獨拜原禮太醫院使（婺書）初文皇為燕王時嘗患瘕久不愈召原禮視之因問王嗜何物曰生芹曰得之矣投一劑夜暴下視之皆細蛭也遂愈（兩浙名賢錄）松江諸仲文盛夏畏寒常御重纊飲食必令極熱始下嚥微溫即嘔他醫投以胡椒煑伏雌之法日啖雛者三病愈劇原禮曰脉數而大且不弱劉守真云火極似水此之謂也椒發陰之火雛能助咳祇益其病耳乃以大承氣湯下之晝夜行二十餘度頓減纊之半後以黃連導痰湯加竹瀝飲之竟瘳姑蘇朱子明之婦病長號數十声暫止復如前人以為厲所憑莫能療原禮曰此鬱病也痰閉于上火鬱于下故長號則氣少舒經云火鬱則發之是已遂用重劑涌之吐痰如膠者數升乃復和卒年八十二著有訂正丹溪先生金匱鉤元三卷間以己意附著其後又有證治要訣證治類方類證用藥總若干卷皆檃括丹溪諸書而為之

虞摶（萬曆義烏縣志）字天民博覽羣書能詩因母病攻醫精于脉理診人死生無不驗韓方伯聞其名聘令驛送往見雅歎重焉治病之餘叩問醫道摶告以節嗜欲戒性氣慎言語謹服食乃攝養之要韓益加禮敬著有醫學正傳方脉發蒙百字吟半齋稿行于世

楊云（兩浙名賢錄）武義人業醫名動一時宣德乙卯召至京師入對稱旨超授鄉醫逮英宗初怡藥進有効陞太醫院使賞賚甚厚舊名崇英宗以其與楊尚書名同不便宣召賜更名云

王葯（六硯齋筆記）字子約金華人善画竹多用鈎勒與蘭谿徐良甫梅徐舜舉書號三絶蘇伯衡嘗為鈎勒竹歌以美之

朱月鑑（画苑補益）逸其名蘭谿人以善画荷花得名所居之傍有小池植荷數品于其中搆亭其上終日坐觀以察荷之消長榮悴苗葉花實容色態度力摹其真得之者以為珍玩號月鑑荷云

孟熊（嘉靖金華縣志）任醫學訓科精于針灸其所點穴不循常法往々有神驗自後其法鮮有能知之者

章明道（東陽縣志）善醫長于傷寒李進士某與僕王四同日病章診之曰進士脉順可生王四脉逆當死七日進士大汗而解王四死又嘗與同游道旁一家哭甚哀因問之傷寒死矣明道曰容吾一視之或可生也其人曰死半日且小斂矣明道入視之曰此厥耳與華灌之立甦

金養素（東陽縣志）邑之十九都人精太素切脉決人壽夭死生悉應如響至倉卒奇症衆醫束手都邂養素談笑治之無不效者

郭桂（金華府志）字時芳其先有汪夫人者以善醫婦人顯于寀掌內府藥院事以功封溫國太夫人子孫世承其業隨宋南遷散居于浙之東西執紹者惟其族也而金華之族有名化龍者又遷于蘭谿後生桂醫道甚明起死回生百不失一

葉容（正德蘭谿縣志）字可法橫山鄉人博通羣書貫穿史籍嘗從鄧太史習天官之學事之數十年精于其業言天象休咎謹應毫釐無失其所著有太乙三辰顯異經十卷

徐應明（湧幢小品）號激溪蘭谿人少與趙文懿公同學趙日有名應明意不自得一日謂文懿曰汝醫國吾醫民各行其志可乎趙曰國醫睽且不必逆民醫寶人求而我應之造化在手矣遂從師時遊學而去之遇異人有別傳決生死遠近皆奇驗遊楚中諸名公爭致之有欲傳其術者曰必有活人心地則可

蘇中翰維霖有隱疾診之言狀約于一年前無一
字虛發蘇將師事之忽一日卒人以為遺蛻也

孫檜（金華府志）號南屏東陽人性穎異精岐黃五都有單姓妻將產死三日心尚
溫檜遂過之一剤而甦竟產一男又有人頭生瘤痒甚檜曰此五瘤之外名
為氣瘤決破之果取出氣梳許遂痊著
有醫學大成活命訣脈經採要等書

國朝

徐應顯（金華府志）字子祜永康人業儒精醫術多所全活晚年益精歷游公卿間
貧寒以疾請輒劑救之所著有醫方積驗御史年雲龍表其廬曰儒修拙
業年八
十餘卒

衢州府

宋

張鬼靈（春渚紀聞）三衢人其父使從里人學相墓術忽自有悟見因以鬼靈為名
蔡靖安世先墓在富春白昇嶺其兄宏延鬼靈至墓下視之謂宏曰此墓
當出貴人然必待君家麥甕中飛出鵪鶉為可賀也宏曰前日某家臥房麥甕
中忽有此異方有野鳥入室之憂鬼靈曰此為先應也君家兄弟有被魁薦者
即是貴人是秋安
世果為國學魁選

余聽聲（寰宇志）三衢余山人善相氣色又工聽器物声嘗至婺源邑士李熙仲家
試其術使立戶外而自登廊上鼓梯執兩椎敲擊數四乃呼入問之曰鼓
有斐声當應兩子弟喜慶事是歲
淳熙十三年及秋試二子皆薦名 衢州

祝不疑（春渚紀聞）近世士大夫棊無出三衢祝不疑之右者紹聖初不疑以計偕赴禮部至都爲里人拉至寺庭觀國手棊對仲甫在焉衆請不疑與仲甫就局始下三子餘子仲甫拱手曰敢問官人姓氏鄉里衆以信州李子明對仲甫曰仲甫雖不出國門聞衢州祝不疑先輩名品高著若審其人則今日適有客集不獲終局當俟親詣行館盡藝祇應也衆以實對仲甫再三嘆服曰名下無虛士後雖數相訪竟不復以棊爲言蓋自知不數恐貽同手之羞也

葉茂實（癸辛雜識）三衢人造軟帳烟法以木作暖閣高足其上以紙罩地爲帳高七八尺于閣下用椀數十盞油炷燈閣之密室油氣透頂其輕且遠與燒煤絶異膠法甚奇中用紫礦當歸秦艽腦麝画燕支沒石子之類蓋取其活膠而不滿也故經久而色光不少渝

元

沈裕（楊維楨送沈裕序）三衢沈生裕自其大父東皐子代爲墨以絶藝維古閩人之精故裕所淳若有心法之秘若非人之所能識也

顏輝（画法年紀）字秋月江山人善画道釋人物（匏翁家藏集）秋月画鬼尤工筆法奇絶有八面生意

明

朱輝（萬曆龍游縣志）字德明善天官家少從鄱陽趙友欽學得其革象新書日夜研究業遂精胡大海取金華輝獻平天下三策大海異之命領兵從攻衢州所援有三辰顯異經子識齋尤精卜筮以術授方明明之後以地理聞所葬地多驗

特儼（四友齋叢說）字若思號精川開化人以焦墨作山水人物皆可觀（衢州府志）儼嘗自題云書法即画法也福翁之禿筆禿而有致取研則蔵矣松江何良俊稱新安汪海雲法近正而墨氣遠不及儼池如蔣三松張平山輩俱不堪供指抹其見推服如此

伍子安（正德江山縣志）幼通經史長遂于醫請者如市皆不責報郡守張實薦為御醫所著有活人寶鑑十卷學士宋濂志其墓孫敬中尤能世其業療奇疾甚衆

虞譏（開化縣志）號雅谷善琴書聽人讀大學聖經倚而譜之作商調曰讀書聲其高弟汪一恒為續中庸語孟之首篇知音者競貴之

徐暘（常山縣志）字用輝邑之東山人自其先梅友翁以醫名于宋至暘大顯善于脉理精窮微妙江山一少年每患陰雨骨疼暘診之曰隐毒深遠非遺體即胎體也其人愕然不省歸省其母蓋孕時巨痛未全瘉也衆始神之又有徐氏婦患疾臥床暘診之曰此千日病藥與否期滿則起後果如其言

余世規（萬曆龍游縣志）善軒岐術凡經其藥石者罔不獲效求者無貧富咸濟之（衢州府志）正統間授本學訓科

祝望（崇禎衢州府志）號海鶴龍游人善琴為浙操之師尤長于詩

嚴州府

唐

孫昭（聞奇録）家于七里瀨善葬法尤妙相墳即知其家貴賤貧富官禄人口數亦知穴中男女老少因某病而卒兼精三奇時楊某統師收復睦州至一巖下紮軍次忽一大石盤陊下楊占之曰此巖上有二十五人默兵收之獲居民二十人還楊曰合有二十五人何只五人也民曰某等初聞大軍將至逆與二十五人同避于此内一人孫昭善卜到時立草舍畢有鴉雖飛下孫曰軍至此矣宜往别處不然遭擒某等不順其言有信之者四人相隨去矣楊曰得此人可師事之新定平後復在瀨上漁

睦州

五代

方生（天中記）錢元懿為新定時有士方生人號為龜精常疏卜辭以貽元懿
曰太一接天河金華寶貝多君侯六十六別處下經過後皆如其言

元

李康（續弘簡錄）字寧之桐廬
人書畫琴奕冠絕一時

林文耀（建德縣志）字絅齋幼即工書筆法遒勁中年失明臨池之興終不能忘乃
剪紙為字狀飛動若龍蛇點畫不差毫髮人驟睹之初不辨其為剪字也
室人裝潢成軸易薪米以自
給至今傳曰林剪稱絕技焉

明

方叔和（嚴陵志）字節之建德人由儒醫授本府醫學正科精醫兼讀儒書成化中
陞授御醫弘治四年奉旨視岐王疾屢受白金文綺之賜八年陳乞歸田
英國公張懋保國公朱永
暨士大夫咸為文以贈

吳嘉言（萬曆嚴州府志）分水人世以醫名盡得素難等書元妙授太醫院吏目有
名譽禮部尚書潘晟祭酒余有丁皆有贊贈所著有醫學統宗鍼灸原樞
等書行世子學易亦以
醫名後授雷州吏目

仇鳳翔（建德縣志）字敬衷幼習醫比壯通悟方脈諸書尤善療小
兒疾不用藥餌但視其經絡所至以手摩按令汗出立愈

余德（遂安縣志）字想之精堪輿之學斷嚴之吉
兆多其裁定同時周儼亦以地理學著名

溫州府

唐

蔣直（太平廣記）永嘉人天寶十二載直云郡城內有白幕太守李江忽丁憂李欲歸江北蔣又云公至縉雲郡却回當有一緋一綠一碧人來相推按然終無事後果採訪使張愿着緋大理司直杜喬着綠判官張璹着碧來按遇赦而止

宋

葉谷（春渚紀聞）永嘉人作油烟墨絕妙與潭州胡景純相上下

毛信卿（圖繪寶鑑）失其名溫州人放意詩酒畫竹自給鄰貫山杭人得其片幅轉售于市輒爭取之自言大竹畫形小竹畫意得法于趙收之

何生（癸辛雜識）平陽縣八丈村人雖為傭而能談五行有一士人以命來叩何云有孕方可免災問妻璋耶妻瓦耶答曰也妻璋也妻瓦不知為何等語而去後果孿生一男一女

劉拱辰子（萬曆溫州府志）永嘉人逸其名徽宗政和間以方技至京師甚見寵幸封為純和處士名其里曰純和里

馬宋英（畫史會要）溫州人至錢塘遊淨慈寺寫古松于壁題云唐殘一錠兩錠墨掃出千年萬年樹月明烏鵲誤飛來踏枝不着空歸去丁大全丞相賣其詩畫急命索之人忌其能閟不令出卒不遇此成詩識作墨梅竹更妙

釋仁（舊浙江通志）永嘉人善畫一夕夢見龍四百降自是益臻神妙每醉揮墨汁醒後乃補之人物花鳥形狀極肖

元

王振鵬（畫法年紀）字鵬梅，永嘉人，工山水。（畫史會要）官至漕運千戶，界畫極工緻，
仁宗眷愛之，賜號孤雲處士。（道園學古錄）振鵬之學，妙在界畫，運筆和墨，
毫分縷析，左右高下，俯仰曲折，方圓平直，曲盡其體，而
神氣飛動，不為法拘。嘗為大明宮圖以獻，世稱神品。

陳時敏（溫州府志）瑞安人，號漫心，有智慧，通經史。嘗玩後天圖及璇璣玉衡之說，
家設一石盆，刻周天度于上，目精巧法古之，仍于高山平衍處鑿竹為主，
冬夏測景，夜則仰觀星辰次舍，雖遲留伏逆之難齊者，推筭皆晰。時司天曆法
頗行多不驗，閩浙間盡用其曆，稱為溫曆。至正壬辰正月朔日食，榜示司天臺
初食刻數，時敏辨其差訛，果如其言。後徵不起，薦其友
張洙應命，洙以其法入臺，司正臺局，五臺曆遂得其宜。

陳相心（楊維禎折字說贈陳相心）永嘉人，以折字
名于公卿間，推原禍福，考索成敗，無不驗。

陳宗山（兩浙名賢錄）平陽人，究心曆數，遍遊江湖，未得其要，及歸，欲受業于陳時
敏，适時敏卒，得遺書研精覃思，得不傳之妙于文字間。時敏之後，所推曆
多有舛訛，宗山校正之，十數年言曆者皆推宗
山。（溫州府志）子子盛，以通知曆數授曆官。

晏迪（書畫譜）字簡伯，溫州人，工畫山水竹石。

明

鄭希誠（瑞安縣志）年十八入山，遇異人與語，授以果老五星一帙，為別。自此意見
旋發，舉五星推之輒驗，求推者填門。其法問人生辰，即書所生之七政四
餘及干支化曜于盤上，倒懸之，仰觀至旬日，人之壽夭禍福窮通歷歷言之，錙
銖不爽。嘗與友對飲，談及生命，鄭曰：明日我與汝各有官刑，汝更倍之。莫友壽

信鄭乃拉避寶香山寺鄭曰不可避也第為之至期果有縣尉詣寺覓僧不至索得二人怒以為僧侶各杖之友私念奇驗頓鄭而笑尉怒倍杖之其占應率類此卒後書不傳今所授占詞七十二張行世永樂中汪奐訓效其術亦多取驗

謝廷循（萬曆溫州府志）永嘉人善繪永樂宣德間恩賚最優授錦衣衛千戶尋陞指揮

郭純（東里集）永嘉人初名文通精繪事、太宗賜名純擢營繕所丞洪熙初陞閣門使（水東日記）長陵于畫最愛永嘉郭文通有言夏珪馬遠者輒斥之曰是殘山剩水宋偏安之物也何取焉（東海集）文通充內供奉宣廟嘗面促之畫不即執筆以死怵之對曰吾書樂畫寧死不敢草草上為霽威

金子性（萬曆溫州府志）永嘉人其先世嘗遇異人授以內消丸一方永樂六年取就內府藥院中制丸以進授太醫院未久賜鈔歸田養老

虞君平（樂清縣志）其先永嘉人仕太醫院永樂初樂清大疫君平藥之悉愈邑人德之遂留居焉子孫世其家

包容（永嘉縣志）善書畫工篆章萬曆間授中書舍人張江陵當國雅愛重之一日以玉章相屬已鐫就促之急容怒磨而返焉遂拂衣歸

周瓖（樂清縣志）為人沉靜工奕永嘉小皴技絕天下獨稱其咄咄逼人乃心畏之

虞侁（溫州府志）永嘉人字君大工書真草篆隸無一不臻其妙萬曆間朱宗伯之第考入儒士工等凡官遊于甌者無不礼重焉至今甌人善書者必以為得虞家筆法云兄岱亦以善書名

處州府

宋

處州

王伋（括蒼彙紀）字肇卿一字孔彰其卜汴人祖訥因議王朴金雞曆有差衆排之貶居江西贛州伋幼務舉業再舉不利因棄家浪遊江湖愛龍泉山水遂家于松源伋生而穎悟明管郭地理之學納交于何管純張諸家為之卜葬隨有何太宰管樞密純制置張諫議者出卒後門人葉叔亮傳其所著心經及問答語錄范純仁跋之

劉夢求（陳亮贈術者劉夢求序）括蒼劉夢求未嘗得邵氏先天數而知人休咎說異時中事如燭照而面詰也或曰有術或曰是有神焉劉術行于三衢今遂為衢人士大夫之過衢者以不問夢求易卦為恨

趙初暘（兩浙名賢錄）字必復縉雲人生而神異右掌有雷使二紅字學道術能役使鬼神治疾無不愈歲旱呼吸可致雷雨時令小兒伸掌書一雷字握之閉手則雷鳴兼能辟邪嘗賣雨于臨安市墨汁呪符雨點皆黑人皆稱為趙雷使

毛梓孫（松陽縣志）字守庸（崇禎處州府志）好軒岐術受業于頤希武時御史吳叔潤病瘠環醫無措梓孫以數劑瘥之程恩與病惡寒已易簀梓孫曰可生使掘穿填大設爐令臥其上覆以重衾用釜煮藥熏之即起人以神醫目之

陳言（括蒼彙紀）字無擇青田人敏悟絕人長于方脉治病立效有不可救者則預告以期畧無爽作三因方論研窮受病之源用藥之宜醫者宗之其後王碩為易簡方并三論行世（文獻通考）言撰三因極一方六卷三因者謂內因外因不內外因其說出金匱要畧其所述方論往往皆古書也

元

張夢庚（兩浙名賢錄）松陽人遇異人授易元末名居將幕推步有驗後復垂簾于市賣卜一日有葉姓者無子多娶妾求卜夢庚以詩二句授之曰不是桃

花貪結子更數人眼五更蜂持歸謂此老風字且不識何談理數乎
其人蓁蜂數十筒一旦蜂逸而收之忽集其面螫而死人以爲神

明

陳伯光

（劉基贈陳生序）以醫名于括括故多良醫而伯光爲能世其祖父業傳有之曰醫不三世不服其藥蓋其傳之也遠而試之也詳其可信而無惑也宜矣伯光嘗曰三才一理治道無二天地將病禨祥豫形人生將病氣色先徵病之將至具幾乃萌防微遏幾百病不生幾動形見力倍功半知及此者其神人乎予甚韙其言

祝定

（崇禎處州府志）字伯靜麗水人以醫術鳴洪武初授本府醫學提領轉正科註賚太師標幽賦醫學成宗之

陳德顔

（書畫譜）松陽人善畫真（宋濂贈傳神陳德顔序）京都之閒天下藝能之所萃至如德顔者什伯之中僅一見焉

鄭孟純

（兩浙名賢録）麗水人多藝術尤精音律洪武初詔州縣儒學以雅樂釋奠頒其成書于天下時無知者孟純獨能按其音律以教諸生上聞而嘉之詔入成均與冷謙等共定一代之樂

徐進

（括蒼彙紀）字以蘊縉雲人性机巧學丹青尤精于寫神凡人一經目雖數十年後寫出逼真子迪得父術

吴金陵

（括蒼彙紀）龍泉人字邦識父遊太學生于金陵學舍因名讀書過目輒成誦善畫鷹妙傳神尤長于琴所著有畫鑑直指琴譜指南

周漢卿

（名山藏）松陽人以醫名括蒼蔣仲良爲馬所蹄睛突出如懸桃羣工曰絡既損法當眢漢卿封以神膏越三日目如初華州陳明遠瞽十年矣漢卿曰尚可鍼爲之翻睛刮翳欻然辨五色武城男子病胃痛不可忍奮擲乞死漢卿納藥其鼻竅中俄吐出赤蟲寸餘口眼咸具痛旋止諸暨黄生背曲勿浮漢卿

須杖行醫以風治之漢娜曰血溢也為刺兩足昆崙穴頃之投杖去其神效如此

俞存熙（崇禎處州府志）龍泉人能詩善画山水師事永嘉趙仕謙而筆趣過之永樂中名為金門画士未幾引疾還子原澤亦善画

聶瑩（括蒼彙紀）浮湖州凌漢章針法針至病起跛學衣可投穴而走不以錢帛介意人爭迎致之

呂文英（戒庵漫筆）處州人孝宗朝画士呂紀以翎毛呂文英以人物一時皆被恩寵人呼文英為小呂

宋宗達（崇禎處州府志）縉雲人手儀峭古多術能文工画山水筆格遒勁浮烟峦之奇態為画者所宗

項賢輔（兩浙名賢錄）龍泉人能詩工草書人有浮其書以易鹽者商計字酬之每字酬鹽百斤遂擅名一時稱曰草聖

吳伯參（括蒼彙紀）精太素脉指晰人修短禍福無弗驗

卷十四終

歷代兩浙人物志卷十五

仙釋

杭州府

沈廷芳 撰

上古

赤松子（列仙傳）神農時雨師也（杭州府志）富陽赤松子山相傳赤松子駕鶴往來時憩于此故山以名

周

董溥成（歐陽縝妙庭觀記）西王母之侍女其得仙不知幾千百年之久而金丹迄今不變富春西北有山秀拔雲煙縹緲邑人曰此董溥成宅也（富陽縣志）宅即臨湖妙庭觀溥成煉丹宅中丹成自吹玉笙駕鶴昇仙邑人立橋望之因名望仙橋宋紹興初道士董行元掘土得銅牌有字云我有蟠桃樹千年一度生是誰來筍去須問董溥成字畫精楷其背有王母乘鳳傍有雲氣亦一奇事云

漢

張道陵（神仙通鑑）字輔漢留侯八世孫建武十年生于吳郡天目山時黃雲覆室紫氣盈庭年及冠身長九尺二寸龐眉廣顙綠睛朱頂垂手過膝美鬚髯望之儼然從學者千餘人天目山南三十里西北八十里皆有講誦之堂臨安神仙觀餘杭通仙觀即其地也永元四年棨蜀之溪嶺深秀遂隱其山按方煉龍虎大丹三年丹成年六十餘餌之而容貌益少永壽二年九月九日在巴西赤城渠亭山中太上遣使者齎五帝部從持玉冊授正一真人之號以盟威都

功等諸品秘籙斬邪二級玉冊玉印授其長子衡于雲臺峰白日昇天時年一百二十三歲也（單嵩）道陵教法凡祈禱服罪之人以三符授之一着山上一地下一水中

姚俊（太平御覽）字翁仲錢塘人少為郡吏漢末棄世入增城山中學道遇東郭幼平幼平秦時人久隱增城得道者也教俊服九精煉氣輔星存心之術俊修之道成

晉

葛洪（晉書本傳）字稚川句容人性寡慾不好榮利遊餘杭山見何幼道郭文舉目擊而已各無所言時或尋書或義不遠數千里崎嶇冒涉期于必得尤好神仙導養法從祖元得仙以丹術授弟子鄭隱洪乃就隱學悉得其法後師鮑法元以女妻洪洪傳元業兼綜醫術咸和初選為散騎常侍不就聞交阯出丹砂求為句漏令乃止羅浮山煉丹優游閒養著內外篇凡一百一十六篇自號抱朴子因以名書（仙苑編珠）年八十一兀然若睡而蛻（方輿勝覽）天竺山乃葛稚川得道之所

杜子恭（宋書自序）錢唐人通靈有道術東土豪家及京邑貴望並事之為弟子執在三之敬（搜神後記）子恭嘗就人借瓜刀其主求之子恭曰當即相還耳既而刀主行至嘉興有魚躍入船中破魚腹得瓜刀南齋書孔稚圭傳稚圭父靈產東出過錢塘北郭輒于舟中遙拜杜子恭墓

許邁（初學記）字叔元一名映嘗詣餘杭垂霤山延陵之茅山見洞庭西門潛通五嶽陳安世茅季偉常所遊處于是立精舍于垂霤而往來茅嶺之洞室晉永和二年移入臨安西山登巖茹芝眇然自得有終焉之志乃更名元字遠遊著詩十二首論神仙事嘗與王羲之書曰自山陰至臨安多有金堂玉室仙人芝

草左元放之徒漢末諸浮道若在烏後人莫測遠遊所終好道若謂之羽化

杜

昺（名勝志）大滌山其中峰曰白鹿山又名巖山々有許邁升天壇及丹竈遺跡

昺（洞仙傳）字叔恭錢唐人早孤事後母至孝師餘杭陳文子受治為正一弟子夜有神人降云我張鎮南也汝應傳吾道法故來授諸秘要昺每入靜燒香能見百姓三五世禍福章書符水應手即驗桓温北伐問以捷不答云明年三月專征當挫其鋒温至枋頭水涸糧盡為鮮卑所躡謂弟子桃葉云恨不從杜先生言苻堅未至壽春車騎將軍謝元領兵伐堅問以勝負昺曰我不可往々必無功沒不可來々必覆敗是將軍效命之秋也堅果敗隆安中示朗化去諸道民弟子為之立碑謚曰明師

裴

氏姥（名勝志）餘杭人嫁西湖農家（方輿勝覽）姥採衆花醒酒經數年忽有三人至姥所各餘飲數斗不醉謂姥云予非常士知姥當仙故來相命因授藥數丸姥餌之月餘不知所在王介甫詩綠淨堂前湖水綠歸來正復有荷花々前若見餘杭姥為道仙人憶酒家

慧

理（佛祖統紀）咸和元年西天沙門竺慧理至錢唐武林山鷲曰中天竺靈鷲小嶺何年飛來此地邪因名天竺山飛來峰建寺曰靈隱仙翁葛洪書額焉（釋氏稽古略）有洞舊有白猿呼之息声而出出宴坐之巖號理公々巖今瘞墖存焉

寶

掌（西湖高僧事略）中印土人魏晉間東遊自云六百七十三歲周威烈王十二年丁卯生左手握拳有珠在掌中因以為名始抵峨嵋五臺南返衡盧入建鄴與達摩遇于梁朝遂和法為泊來二浙愛天竺之勝結茅而居者四十五年復往四明天台及諸名山遊歷將遍唐貞觀十五年還竺峰久之移居浦江寶巖顯慶二年正旦手捏一像九日而成與長執無異即告徒曰吾誓住世千歲自來支那忽四百歲今已過七十有二年矣說偈而化世稱千歲和尚遺記藏後有僧來取吾骨勿拒越五十四年刹淨長老至役作札墖户後開浮具骨皆連鎖金色因持來別建墖藏之為中竺開山始祖

曇翼（蓮社高賢傳）餘杭人初入廬山依遠公後入關中見羅什東還會稽入秦望山誦法華經十二年有女子身披綵服攜筠籠一白豕蒜兩根至師前曰妾入山採薇日已斜豺狼縱橫歸無生理敢托一宿師却之力復哀鳴不已遂令居草牀上夜半號呼腹痛告師按摩師辞以持戒不應手觸女號叫愈甚師乃布裹錫杖遥為按之翌日女以綵服化祥雲豕变白象蒜化雙蓮凌空而上謂師曰我普賢菩薩特來相試郡太守孟顗聞于朝勅建法華寺初餘杭山沙門法志常誦法華有雉巢于菴側翔集座隅若聽受狀如是七年雉殞即為瘞之夜夢童子拜曰因聽經得脫羽類今生山前王氏後具家設齋志方踵門兒曰我和尚來志撫之曰汝我雉兒也解衣視腋下有雉毳三莖七歲出家十六落髮以腋有毳因名以翼

南北朝

慧靜（咸淳臨安志）本姓邵餘杭人勵志精苦容止可觀顔延之嘆曰荆山之玉惟靜是為著文翰集十卷

僧瑜（咸淳臨安志）本姓周餘杭人宋孝建二年滅度後十有四日房中生雙桐其提以為娑羅寶木因號為雙桐沙門吳郡張辯為傳讚

曇超（佛祖通載）居錢唐靈苑山一夕有異人至曰此邦蒙師留蒼生之福民無故鑿山藂斷壞羣龍之室龍怒不致雨今二百日矣欲法師一往海龍為蒼生請福豈有意乎超曰此檀越事吾何能為神曰弟子力能吐雲不能致雨超諾之至赤亭山為龍說法俄大雨因止臨溪縣令聞超在船舟迎之超即日迴還靈苑（西湖高僧事略）超姓張氏清河人常夜誦經有一老人來聽詰其姓曰我龍也師曰吾此地無水汝能致之乎老人即趯掌泉自湧出今玉泉是也嘉定三年賜號靈悟大師

僧旻（續高僧傳）天監六年帝以法海浩瀚淺識難尋敕莊嚴寺僧旻于定林上寺纘衆經要鈔八十八卷（咸淳臨安志）本姓孫富陽人普通後隱居虎跑時蕭

昂出守吳興欲過山展禮旻曰吾
山藪病人無事見二千石竟遁去

寶
達（高僧傳）號剎利法師以持咒為恒務其院中有印沙林然佛鑑浙江湖大
至澂射湖上諸山達衣其桑麻之地悉變為江達誦咒止之夜有偉人元冠
朱衣謁達曰師慈心為物負聞命矣自爾西
岸沙漲彌年還為百姓殖利後罔知所之

隋

貞
觀（西湖高僧事略）字聖達錢塘范氏世本顯仕師生有奇相出家通經律論謁
天台智者請受禪觀智者以師齊年止為法兄弟開皇十五年于靈隱山頂
陀石室宴坐衆建南天竺寺請師居焉是為開山始祖常誦法華以為心要感
皋亭神請捨祠宇為佛殿每盥洗餘滴地不為濡人尤異之師有雅操文帝
三徵秦王兩延皆以疾辭大業中因山行自標葬地夢與智者同輦翼佛還山
覺而嘆曰吾六十二應終以誦法華力延一紀今七十四生期畢矣中夜入寂
墖在東岡（天中記）貞觀左掌仙文右掌人字口流津液充潤榮府八歲通詩禮
和庾尚書林檎之作沙門洪偃謂曰顏高多知耳白有名我有四絕爾具八能
謂義導書詩辨觀声棊是也時人語
曰錢唐有貞觀佛法當天下一半

唐

徐
五真人（東天目志）兄弟二人號大徐五小徐五大唐初于東天目山學道上昇
後梁乾化中建太清觀即今紫陽宮又有石室寺見陰靈怪氣生于白
晝乃其修仙煉丹之所妹徐仙姑隱于東天目山北
有石巷與深坑相鄰形若道家輪藏姑于此成道

徐
靈府（全唐詩傳）自號默希子錢唐人（西天目志）靈府由天目趋天台憩雲蓋二
十餘年儀結廬層石廚聯松竹外環池島名以方瀛修煉其間作言志詩

辭武宗之徵純粒久之凝寂而化著元鑑五卷及三洞要略

馬湘（續仙傳）字自然杭州鹽官人世為縣小吏湘獨好經史攻文學乃隨道士徧遊後歸江南嘗醉于湖州墮霅溪經日而出衣不溼永康縣東天寶觀前有大枯松湘指之曰此松已三千餘年即化為石自後果化為石或有以投告者以以竹杖指之口吹杖頭如雷鳴便愈所遊行之處或宮觀巖洞多題詩句後歸故鄉省兄遂卒乃葬于東園時大中十年也明年東川奏劍州梓桐縣道士馬自然白日上昇

潘先生（名勝志）潘先生建天柱觀棊想孫為長生林嘗有少年寄止其居六十日不飲食將去傳以異術能知九州內外吉凶既而曰閒人何用知是乃卻之一夕少年復來授之符篆祛疾法赴之者如市十餘年尸解

閭邱方遠（吳越備史）其先齊人晏之後也父閔以文學節行稱方遠幼辯慧學于廬州道士陳元悟尋傳法籙于洞霄宮詮太平經為十三篇景福庚戌歲始居餘杭大滌洞彭城王學加禮遇重建天柱宮俾居之王奏請賜紫又勑賜號元同先生江東羅隱每就方遠授子書方遠必瞑目而授餘無他論門人夏隱言謂方遠曰羅記室令公上客先生何不與之語方遠曰隱才高性下吾非授書不欲及他事而隱亦盡師弟之禮齋聖節前一日王汝人以香花至方遠受訖乃入齋中作控鶴坐怡然而逝異香滿室

惠明（續高僧傳）姓王杭州人少出家後至蔣州巖禪師所一經十年詔請禪法在山經雪路塞七日不食至剡州二虎爭鬪自往分解龍朔年從南山至京不久旋返云往曲江依閑修道莫知定所

德秀（高僧傳）姓孫氏富陽人少攘梵字留神律府嘗哀鬼神乏食恒以深更施其飲食浙汭之民傾誠畏服及終于定山遷神入塔天降舍利七顆門人以瓶

盛之緘于其龕或發之見秀出上生舍利紛紛而墮後人遂累甓成浮圖恒有白蛇蟠函旁攸之童無敢近者

道光（高僧傳）住杭州華嚴寺姓褚氏踰亂出家方冠受具學通毗尼為東南義虎持法華經創龕廟洎沒身不怠也上元二年終于本寺初光未沒其月三日質明文疾凝神依色身觀彌陀具相現在其前至五日曼陀羅華自天而雨

道欽（西湖高僧事略）吳郡崑山人姓朱氏世服儒業年二十八貢于禮部道由丹徒遇鶴林元素禪師得指入道之要遂出家大悟宗旨久之辭去素曰汝乘流而行遇徑即止師至臨安東北山下問途于樵者曰此徑山也師至東北而登涉重岡西至高峰北巖中據石林而坐俄有老人素衣拜于前曰我龍也自師至此吾屬五百皆不安居當舉歸天目願以此地為立錫之所言訖不見北峰之陽有草菴可居蓋龍所造也大曆三年代宗詔至闕下禮遇有加一日在內廷帝至起立帝曰師何以起師曰檀越何得向四威儀中見貧道帝悅賜號國一迨年辭歸杭州即其菴所建寺是為開山始祖示寂後謚號大覺（酉陽雜俎）道欽住徑山有問道者率爾而對皆造宗極劉忠州晏嘗乞心偈令執爐而聽再三稱諸惡莫作衆善奉行晏曰此三尺童子皆知之欽曰三尺童子皆知之百歲老人行不得至今以為名理

道標（西湖高僧事略）富陽人姓秦氏年七歲有沙門過而識之勸令出家至德二年詔通佛經七百紙者命為比郎師中選得度居南天竺寺嘗于靈鷲峰之南西嶺下葺茅為室號西嶺草堂稱西嶺和尚（高僧傳）為靈隱白雲峰海和尚弟子經行之外尤練詩章當時吳興清晝會稽靈澈相與酬倡諺云霅之晝能清秀越之澈洞冰雪杭之標摩雲霄

守直（高僧傳）字堅道錢塘人姓范氏詣蘇州支硎寺圓大師所受具足律儀是夜眼中光現長一丈餘持以方滅立願誦華嚴經于中宵夢神人施珠一顆及

覺炯〻然如在難後移籍天竺住靈隱峯大曆五年三月寓龍興淨土院謂左右曰至人乘如而來乘如而去示其心然也而愚夫欲以長繩繫白日安可得乎遂告寂

道林（錦繡萬花谷）杭州道林禪師號圓修見西湖秦望山有長松枝葉盤屈如蓋遂棲止其上人謂之鳥窠和尚復有鵲巢其上自然馴狎（名勝志）元和中白居易守杭入山謁師問曰禪師住處危險答曰太守危險甚白曰守位鎮山河何險之有師曰薪火相交識性不停得非險乎（西湖高僧事略）師富陽潘氏子初出家詣長安西明學華嚴代宗詔國一禪師至闕師謁之得法南歸長慶四年入滅塔于北山喜鵲寺

續空（西湖志餘）吳人本齋居房也唐元和初游錢塘至孤山寺飢臥菴中有胡僧頓居房曰法師旅況語吾君房拭目而悉曰汝何為者僧曰汝不憶講法華經于洛中同德寺乎探囊中出一棗如拳曰食之能憶過去未來居房食訖而寐頃之悟非講經事遂落髮孤山寺中（靈隱寺志）續空一作鑑空姓齊名佐

韜光（七修類藁）莫詳族里唐穆宗時結茅杭州靈隱寺西峯巢衲偶與鳥窠布毛為友刺史白居易重其道具饌飯之以詩邀師答云山僧野性好林泉每向巖阿枕石眠不解栽松陪玉勒惟能引水種金蓮白雲乍可來青嶂明月難教下碧天城市不堪飛錫去恐妨鶯囀翠樓前其高致如此卷以師得名

會通（景德傳燈錄）杭州人姓吳氏本名元卿德宗時為六宮使見昭陽宮華卉敷榮翫久之悵聞空中有声曰空幻之相開謝不停能壞善根仁者安可嗜之因頓悟法釋帝曰如果須任選日奏來尋得鄉信言母患乞歸省會韜光法師勉之謁鳥窠即與披剃具戒師常卯齋晝夜精進誦大乘經而習安般三昧尋因辭遊方鳥窠以布毛示之悟旨時謂布毛侍者今招賢寺乃師道場

靈祐（溈山禪師語錄）福州長谿趙氏子年十五出家依本郡建善寺法常律師剃髮于杭州龍興寺究大小乘教二十三遊江西參百丈〻一見許之入室

遂居奉學之首後住溈山天下禪學輻凑焉
國朝雍正十一年
初封雲覺大
圓禪師

褱中（五燈會元）蒲坂盧氏子于并州童子寺出家受心印于百丈海禪師結茅于
南嶽後住大慈示衆云說得一丈不如行取一尺說得一尺不如行取一寸
後屬武宗廢教師短褐隱居大中壬申歲重剃染大揚大宗（西湖高僧事畧）師
居大慈山學者甚衆山素缺水師擬飛錫夜夢神人告曰勿他之我移南嶽小
童子泉就師取用詰旦見二虎以爪跑地泉自湧出味甘如飴有僧自南嶽至
曰小童子泉涸矣咸通三年無疾而逝壽八十三僖宗謚曰性空大師塔曰定
慧之
塔

齊安（舊浙江通志）海門李氏子生時神光照室有異僧謂曰建無勝幢使佛日回
照者非汝乎馬祖見而深器之密示正法後謚悟空禪師（指月錄）住鹽官海
昌院有講僧來參師問座主蘊何事業對曰講華嚴經曰有幾種法界曰廣說
則重重無盡畧說有四種師竪起拂子曰這箇是第幾種法界主沉吟師曰思
而知慮而解是鬼家活
計日下孤燈果然失照

義存（舊浙江通志）號雪峰南安曾氏子嗣法德山嘗結廬鹽官夜光亘天因號光
明禪院今雪峰井其手鑿也與巖頭至澧州鰲山阻雪自言初到鹽官見上
堂聞色空義得箇入處巖頭喝曰道從門入不是家珍他後若欲播揚大
教一一從自己胸中流出蓋天蓋地去存大悟曰今日始得鰲山成道

楚南（釋氏稽古畧）福州張氏子得旨于黃蘗初抵姑蘇報恩寺精修禪定尋住錢
塘慈雲光啟間刺史錢鏐請師下山供養僖宗聞其道化詔賜紫衣文德元
年入寂塔于院之西
隅著破邪論行世

全宰（高僧傳）姓沈氏錢塘人投徑山法濟大師削染及修禪觀得石霜禪師印證入天台山闍巖二十餘年惡鳥革音山精讓窟其出入經行鬼神執役後歸鎮國院終焉

五代

暨齊物（十國春秋）一作濟物字子虛杭州人師玉清觀朱君緒受法籙神符秘方後隨入大滌山中依巖洞為室又構垂象樓貯道書數千卷朝夕討論貫穿精微聽者莫不忘倦忠懿王欲為賜度弟子齊物對曰樂靜已久不願有也所居室壁東西各置一隙象日月光華久之忽語左右曰吾將沒往羅浮石樓閒矣遂不知所之

道翊（西湖高僧事略）不知何許人石晉天福四年卓菴天竺山西北草衣木食高行絕塵一夕見前峯有光燭天跡洊視異木人莫能名師乃取之命匠若孔仁謙刻為觀音大士像夜夢白衣人曰雕像已就明日有僧自洛陽來腰間有古佛舍利當求之已而僧果至如夢求之得舍利三顆納于大士頂門自見靈異大著宋治平二年郡守蔡襄表其事上之賜靈感觀音院額

可周（高僧傳）俗姓傅晉陵人出家建元寺友生勉之曰非其地樹之不生今豫章經謂之江論謂之海胡不往請業乎周遂挈囊達從遇雲表法師盈集窮法華慈恩大疏日就月將幹蛊深趣梁乾化二年受杭州龍興寺名聞黑白衆恒恒有半千武肅王錢氏命于天寶堂夜為冥司講經鬼神現形扈衛往往人觀焉王聞而重之賚金如意并鉢紫衣一副加號精志通明以天成元年終于觀音院本房

道潛（西湖高僧事略）河中武氏初謁清涼法眼一見異之許入室問答言下開悟法眼曰子向後有義徒五百為王侯所重尋辭往三衢古寺閱藏經錢忠懿

王命入府受菩薩戒署慈化定慧之號周顯德元年建慧日永明寺請師居之為開山始祖衆常五百果符法眼之記永明至宋改名淨慈

志逢（五燈會元）餘杭人幼歲出家臨安之東山朗瞻院嘗夢陞須彌山覩三佛列坐初釋迦次彌勒皆禮其足惟不識第三尊釋尊謂之曰此是補彌勒處師子月佛師方作禮覺後因閱大藏經乃符所夢天福中抵天台雲居參韶國師資主緣契頓發元秘一日入普賢殿宴坐有神人跪膝于前曰凡折鉢水亦施主物傾棄非所宜也言訖而隱自此洗鉢水盡飲之吴越國王名賜紫署普覺禪師住功臣山（西湖高僧事畧）忠懿王建普門精舍請揚宗要為開山始祖後五雲山新創華嚴道場施以終老出入常携大扇乞錢買肉飼虎虎每迎之載以還山

行修（十國春秋）號法真泉州人本陳氏子生而長耳垂肩七歲猶不言或曰啞耶忽應声曰不遇作家徒撞破烟樓耳長至金陵瓦棺寺祝髮受具叅雪峰義存至四明山中獨棲松下説法天花紛雨又趺坐龍尾巖百鳥啣花飛繞來杭之法相院依石為室禪定其中乏水卓錫巖際清泉迸出乾祐初忠懿王以誕辰飯僧永明寺僧延壽告王曰長耳和尚定光佛應身也王趣駕叅礼行修默然但云永明饒舌俄頃跏趺而化久之脂膚津澤爪髮浸長月必三淨寺僧恐其久而毁乃髹漆其嚴穌崇寧三年賜號宗慧大師

宗季（高僧傳）俗姓俞臨安人出家欣平寺後往衢州迴杭龍興寺名譁時僧正蘊讓給慧繼横兩面之敎也與閭邱方遠羅隱為莫逆之交見而申問季爲作二百諸酬之讓正歎賞遂請開講四十餘年出弟子七八百人漢乾祐戊申歲疾終于本房初季眇二目曾夜行感神光引之書覽古師之述作曰可俯而窺也遂撰諸經疏鈔別行義章數十卷並行于世

延壽（惠洪智覺禪師行業記）餘杭王氏子兒時知敬佛乘及冠日惟一食誦法華經五行俱下有羣羊跪聽年二十八為華亭鎮將見漁船萬尾戢戢皆易之

放于江報翠巖岑公學出世法吴越文穆王聞而慕悅聽其薙髮嘗習定天台天柱峰下有尺鷃巢衣襵中初說法雪竇建隆元年移靈隱又移永(之)明衆至二千時號慈氏下生(十國春秋)延壽以心爲宗以悟爲旨著宗鏡録一百卷又注心賦抱一子若干卷賜號智覺大師(西湖高僧事畧)師字沖元得法于天台韶國師初住雪竇尋歸西湖忠懿王請爲永明第二代居十五年移天台夜施食朝放生六時散花行道日課一百八事未嘗暫廢別號抱一子

國朝雍正十一年奉

勅加封妙圓正修智覺禪師

宋

張契真(神仙通鑑)字齊一錢塘人幼孤依上清宮胡法師浮游江浙上會稽探禹穴歷縉雲遊赤城以訪仙道時朱天師居天台日而異之以其有青盲方瞳因度爲道士久之還錢塘居吴山真聖宮周顯德五年受明一明威靈寶法籙于大元冀先生歸是紫藥玉笈之書無不歷覽名振江浙宋太平興國中召見訊對稱旨賜紫衣以道書魚魯未定詔兩街道録選優學者刊正既畢賜元靜大師之號

管歸真(咸淳臨安志)錢塘人雍熙初有青衣過之問所從來則曰西人也姓邊氏有點化黃金之術願以爲贈歸真曰歷歲綿遠能無變否曰五百年後當復故耳歸真笑曰得不爲悞後人耶青衣以手加額曰先生真人也吾有紫府符法今得其人尚可隱乎于是跪而受之不踰年符法大振祥符初詔赴闕行符水法凡病在膏肓者悉爲平治後以京師大旱召作法雲龍飛躍雷雨大霈天聖初賜正白先生號四年十月呼其徒告之曰繡衣使者告我功業上達帝宸今將往任職矣遂偃然而化

熙寧中趙忭守杭訊其行事

沈若濟(神仙通鑑)臨安人結庵茅山以施藥爲務宣和間召對封洞元生生嘗指華陽洞之東隙地曰必葬我于是紹興十五年解化其徒奉治命掘地六

又許浔石板大書六字曰沈公瘞劍于此觀者異焉

唐子霞（洞霄宮志）未詳其字宋政和間入道洞霄宮著書名大滌洞天真境録（嘉靖浙江通志）子霞自號渾淪道人宣和元年詔主洞霄宮明年盜起臨安官吏散走其徒治舟請行曰吾被天子命主此宮守死職也公等第去已而賊至正色叱之遂遇害門人程用光叩閽言狀憫其忠賜錢三十萬贈正素大師

王元悟（通元觀志）自北海來至臨安見吳山有五色雲遂登絶頂趺坐竟日士民乃編茅為庵設三道像供以香花坐一木榻日進一氣食足不下山者三十年一日召衆曰予辭世矣乃作偈畢蛻去是為寧壽開山祖也

蔡道像（通元觀志）不知何許人宋高宗渡江遇風舟不能進問左右曰此去何神對曰三茅山有茅君焉禱之立應後幸臨安之吳山有三絳衣人嗔之不見訪其地惟茅庵中有三茅真君像因感江中之事遂賜為三茅寧壽觀選高行者充知觀事以道像主焉（兩浙名賢外録）每建金籙齋輒有仙鶴百餘盤旋醮壇之上因賜七寶以鎮其山

李筌（神仙通鑑）字定國寓臨安軍營中以聚學自給暇則縱遊湖山嘗詣淨慈寺過長橋于竹逕迷路見青衣道人劖筍筌撰之道人問所往曰將往淨慈瞻禮五百羅漢道人曰未須去且來同食燒筍食之甚美俄風雨晦冥失道人所在少頃雨止而出至寺門覺身輕神逸行步如飛歸舍不復飲食其從兄大猷為諸王宮教授將之任遣僕致書見其顏如桃花且能辟穀以語大猷及大猷至明已去遊茅山矣後又聞入蜀隱青城山大猷為梓路提刑使人至眉訪所在眉守復書云數年前已輕舉乘雲而去

白玉蟾（紫綵軒又綴）本姓葛名長庚閩清人父亡隨母改適雷之白氏因改姓名（神仙通鑑）玉蟾號海瓊子浔翠虛陳泥丸先生之道善飲酒不及醉博洽

儒書寔竟神理大字草書視之若龍蛇飛動兼善篆隸尤妙梅竹受上清籙行諸階法所用雷印常佩肘間祈禳輒有異應嘗游西湖至暮墮水舟人驚尋不見達旦則在水上猶酣然也（續文獻通考）嘉定中命館太乙宮一日不知所在封紫清明道真人

唐道録（宋度宗勅住持宗陽宮誥）爾唐道録品行清真法術精妙特崇道級開欹元風佑國福民無負職掌爾其欽哉（萬曆錢塘縣志）道録素以精虔章醮浮名

沈敬（疑仙傳）浙右人自幼學道後遊鍾山遇一老姥謂之曰爾骨秀神清心復正後十年當得道與一白石教之曰但以山泉煮此石候軟如藥劑即食之若未軟不得停火言訖不見敬因于山中結茅汲泉煮石不停火凡十載石不軟敬乃不煮忽一夜老姥復來謂曰此非常石是瓊樹之實也若虔誠煮之即復軟之而食即得道矣敬遂齋戒煮至明日其石忽軟香馥滿山敬盡食之頓覺童顏鬒髮如漆心清體輕後數日不知所之（兩浙名賢外録）敬錢塘人

延沼（佛祖通載）汝州風穴禪師諱延沼餘杭劉氏從開元寺智恭剃髮受具修止觀定慧宿師爭下之遊名山謁鏡清机語不契見南院俯就弟子之列從容承稟日聞智証後唐長興二年至汝水見草屋數椽田父曰古風穴寺乃留止日乞村落夜然松脂單丁者七年州牧聞其風禮致之上元日開法嗣南院有宋太師者施第為寶坊號新寺迎居焉法席冠天下周廣順元年賜額寺名廣惠宋開寶六年八月旦登座說偈至十五日跏趺而逝

紹巖（高僧傳）俗姓劉雍州人七歲出家于高安禪師十八進具于懷暉律師凡百經書覽同溫習洎入吳會棲息天台四明山與德韶禪師共決疑滯于臨川益公遂請于錢塘湖水心寺挂錫恒諷持法華經無晝夜感陸地生蓮畢城人聽騰巖亟命摹而跡之續居上方淨院有疾不求藥石作偈累篇示門徒曰吾誦經二萬部決以安養為期跏趺坐亡葬于龍井山

晤恩（武林梵志）字修己常熟人姓路年十三聞誦彌陀經遂求出家乃投破山興福寺受訓後晉開運中造錢塘慈光寺志因師講貫彌年通達法華光明經止觀論雍熙三年八月朔日子中夜覩白光自井而出明滅不恒乃絕粒禁言一心念佛至二十五日為弟子說止觀旨及觀心儀辰時端坐面西而化

慶祥（五燈會元）九曲祥師餘杭人辭寺冠衆多聞强記天台門下推為傑出（成化杭州府志）姓祝氏受業于祥符寺學南山律兼通六籍史書莊老百氏之學撰高僧傳三十卷淳化二年預史館集新書五年遷左街僧錄

智圓（佛祖通載）字無外自號潛夫生錢塘徐氏八歲受具二十一歲聞奉先源清師傳天台三觀之旨問辯凡二年而清沒遂居西湖孤山（西湖高僧事略）師早勤儒學兼涉老莊自號中庸子居孤山瑪瑙院有高世之節時王文穆罷相來牧師偕志迎于關外慈雲遣使邀師偕往以疾辭曰為我致意慈雲錢塘亙且駐部一僧聞者歎服杜門獨居與林逋為隣友以詩文自娛雜著五十一卷題曰閑居編乾興元年二月十七日自作祭文挽詞越二日示寂門人奉遺教斵院之後山龕以陶器合而瘞之後十五年積雨山頽啓陶視之真身不壞爪髮俱長其唇微開盎若珂雪謚號法慧治平二年改院為寶勝紹興二年創延祥觀有司移葬山北併塔遷焉

師範（釋氏稽古畧）無準禪師師範生蜀郡梓潼雍氏謁破菴先師禪于平江西華秀峯頓悟元旨住明州清涼遷雪竇詔住育王遷徑山召入對修政殿賜金襴僧衣宣詔慈明殿陞高座說法帝垂簾而聽賜號佛鑑禪師

道誠（武林紀事）錢塘慧悟大師道誠居月輪山撰釋氏要覽三卷又注王勃釋迦成道記丞相王隨守杭有詩贈之

契嵩（僧寶傳）藤州鐔津李氏受記𦓐于洞山聰公夜則頂戴觀音像誦其號必滿十萬乃寢經書章句不學而能作原教論十餘萬言明儒釋一貫未幾遊衢

嶽歸著禪宗定祖圖傳法正宗記書成游京師仁宗覽之嘉歎付傳法院編次入藏賜號明教韓琦歐陽修延見尊禮之東還居錢塘佛日禪院應衮學齋以襄姍請也（夢梁錄）契嵩字仲靈自號潛子熙寧歲季晏入滅以釋氏法荼毘六根不壞者三曰眼曰舌曰童真頂骨數珠五物存焉名其塔曰五根不壞之塔

慧辯

辯（西湖高僧事略）字訥翁華亭富氏子受業普照洪天台部及淨石矩傳天台教觀韶將老命師代講夢章安以金篦擊其口曰汝勤于誨人當淨辯智久之卒繼其席嘉祐中翰林沈公遘師郎以最為理窮師道行独異之俾治僧職還都僧正東坡時為通守嘗與師為方外之遊請授二十五年往來常千人無何歸隱草堂但六事隨身而已熙寧六年冬旦起盥濯別眾而化遺戒須待東坡至方可合龕四日坡始抵山中見其趺坐如生頂尚溫暖作三絕哭之師沒二十一年東坡遊序其事云余去杭夢至西湖上有大殿榜曰彌勒下生故人海月辯師之流皆行道其間乃作贊辭韻濱銘其塔

了元

元（僧寶傳）字覺老饒州浮梁林氏為開先暹道者嗣四住雲居曽王以其名奏之神宗賜號佛印（錢氏私誌）東坡在惠州佛印居江浙致書云子瞻負高才遠放寂寞之濱權臣忌子瞻為相耳人生如白駒過隙三二十年功名富貴轉眼成空何不一筆勾斷尋取本來面目（西湖游覽志餘）杭之蠟燭菴聖水寺皆佛其道場也

元淨

淨（武林梵志）字無象於潛徐氏生而左肩肉起如袈裟縧八十一日乃滅父歎曰是宿世沙門也幼出家受業于慈雲慈雲沒復事明智年二十五賜紫衣及辯才號太守沈遘謂上天竺觀音道場以音聲懺悔為佛事非禪那居請師以教易之師至鑿山增室萬礎學者數倍居十七年有奪之者逾年奪者敗復以畀師趙忭贊之云師去天竺山鬼哭天竺師歸道場光輝超二年謝去老于南山龍井之上精修行業行成力具著應非一雲與僧熙仲同食仲視師眉間有光如螢攬之得舍利元祐八年示寂壽八十一果符初生肩痕之徵塔成東坡誌其事

法照（夢梁録）不妄交遊與和靖先生同時僧志圓為友崇寧歲賜號元照大師

惠勤（續文獻通考）餘杭人喜詩歐陽修遊三十餘年修稱其為人聰明才智有學問尤長于詩蘇軾有送錢塘勤上人詩序

遵式（西湖高僧事畧）字知白台州寧海葉氏母夢明珠而生出家于東掖山濬天台教于寶雲通未幾繼其席祥符八年刺史薛公請居靈山天竺寺寺久廢師披具舊而新之王文穆出守重師之道奏復天竺名寺請賜慈雲號依經撰集諸懺法盛行于世常行三昧以九十日為期感應非一凡為法祈禱必然指唯存三焉及建光明懺堂每祭一拜一爇必誦大悲呪七遍屢經兵火巋然獨存願力致也天聖九年歸東嶺草堂明年示寂累謚法寶禪慧淳祐八年其徒明禮禱請復應加謚聖應淳祐十一年復應加謚正覺（兩浙名賢外録）時北宗多輕台教乃伏闕上書請以止觀入藏因章獻太后命修懺著金光明護國懺儀行懺多異人稱慈雲懺主

道潛（墨莊漫録）參寥本名曇潛子瞻改曰道潛（廣輿記）於潛人通內外典有詩名蘇軾在黃州時夢參寥子賦詩有寒食清明都過了石泉槐火一時新之句後守錢塘而參寥子居智果院軾于寒食後訪參寥汲泉鑽火烹黃蘗茶忽悟所夢詩作應夢記

守璋（夢梁録）姓王戒行精潔尤工于詩號文慧禪師有林園集行于世高廟于紹興二年幸圓覺寺因觀其集宸翰親灑送春一絶刻石于亭曰山深嵐景重林茂夕陽微不雨花猶落無風絮自飛

宗杲（普燈録）寧國奚氏嗣法佛果圓悟勤禪師紹興七年詔住徑山孝宗即位賜號大慧禪師（張浚普覺禪師塔銘）宗杲示寂于徑山明月堂詔以明月堂為妙喜庵賜謚普覺塔曰寶光

德朋（夢梁錄）姓顧字潞堂入徑山請論禪教四年因觀竹溜以朴通節有声豁然開悟蓬踊為竹筒和尚紹興年嘗遊入慈寺殿陞座講般若經法高廟奇之賜號及法衣

慧才（釋氏稽古畧）居杭州南山解行入四明法智尊者之室每持大悲咒必百八遍嘗夢觀世音脫袈裟以衣之是春三月為靈芝元照及道俗千人授菩薩大戒于雷峯方羯磨觀音像放光明初買寶獻浙撒講堂燈炬日光皆為映奪淨慈禪師守一作證戒光記米芾書

淨源（西湖高僧事畧）字伯長姓楊氏生而敏慧依東京報慈寺海達大師得度奮志參尋初見華嚴承遷次見橫海明覃後見長水子璿盡得華嚴奧旨住泉之清涼蘇之觀音杭之祥符湖之寶閣秀之善住左丞蒲公守杭以慧因院易禪為教命師居之所至緇素景慕師合華嚴證聖正元二疏為一以便觀覽製華嚴楞嚴圓覺三懺法及法華集義通要十四卷又疏解仁王般若等經元祐三年冬示寂荼毗得舍利無數瘞于慧因院之西北壽七十八先世泉之晉水人故學者以晉水稱之

思淨（西湖高僧事畧）錢塘喻氏子好畫阿彌陀佛臻其妙世呼喻彌陀棄家學佛就北關檝舍飯僧不二十年及三百萬賜妙行額廣所居為寺至今接待不絕屬離亂師造賊壘願以一身代一城之命賊聞之悚然為之少戢或問師畫彌陀何不參禪答曰平生只解念彌陀不解參禪可奈何但得五湖風月在太平何用起干戈兒時遊西湖多寶山輒作念曰異時當鐫此石為佛後果為彌勒像侍郎薛公問曰彌勒現在天宮說法鑿石奚為答曰咄哉頑石頭全憑巧匠修只今彌勒佛莫待下生求平生務實際不事虛飾紹興七年趺坐而化侍郎張九成銘其塔

惟改（西湖高僧事畧）字淡然華亭黃氏居功臣山出入常跨一黃牛或問師何不談禪曰徒費言語性簡率冬不附爐惟以荻花作毬納足其中客至共之時

好玩月盤膝坐大盆浮池中自旋轉之吟嘯達旦率以爲常世稱爲政黄牛

惟尚（寧誌脩攷）鹽官人出家善慶寺徧參古德住壽聖禪院本雪峯結庵故地師住八年爲創殿宇遂成叢林已又住薦福因病復還未幾示寂張九成爲作記

淨元（春渚紀聞）錢塘楊村法輪寺僧政和癸巳海岸崩毀至紹興癸丑師忽謂衆曰我釋迦文佛歷劫以來救護有情捐棄命軀和無積漸即振履歷行至蜀山海風激濤噴涌山立將褰衣而前衆爭挽引舉手謝衆踴身沉海謂葬魚腹矣移時風止海波如鏡師端坐海面如有物拱戴者順流而來直抵崩岸視師衣服不濡也岸側有數大魚昂首从之沿沒而去自此海毀不患蜀山民營庵居之至紹興乙卯四月八日忽集衆說偈安坐而化

寶印（續禪燈錄）嘉州李氏子幼通六經依密印于中峰一日印舉僧問巖頭起滅不停時如何巖叱曰是誰起滅師啓悟即首肯後至徑山謁大慧慧掃室延之連主數刹住雪竇徑山閣堂說座孝宗召對選德殿稱旨賜肩輿于東華門内紹熙元年十一月往見智策與之言別策問行日曰水到渠成歸索紙書十二月初七夜雞鳴時九字如期而化

道沖（釋氏稽古畧）武信長江苟氏紹熙三年出峽參松源岳禪師于饒州薦福會松源舉首座曹溪生和尚出世妙果聽其入門法語有省遍歷叢林皆分半座嘉定十二年由徑山首座出世嘉興天寧淳祐四年奉旨住靈隱八年詔住育王使者三返不起明年二月聞山吳之法華八月詔住臨安府徑山

宗印（續文獻通考）字元實鹽官陳氏子寧宗召對便殿錫號慧行法師以菩觀室行化吳中至松江謂其徒曰吾緣畢此乃袒右脇而化

慧遠（普燈錄）佛海禪師名慧遠生眉山彭氏年十三從藥師院宗辯爲僧會圓悟復領昭覺遠依之圓悟普說舉龐居士問馬祖不與萬法爲侶者是甚麼人

馬祖曰：待汝一口吸盡西江水，即向汝道。聞之大悟。東下，由虎邱奉詔住皋亭山崇先，屢遷名剎。禀法嗣佛果圜悟勤禪師。

道濟（淨慈寺志）字湖隱，天台李茂春子。母王氏夢吞日光而生。年十八，就靈隱瞎堂遠落髮，風狂嗜酒肉，寺衆許之，瞎云：佛門廣大，豈不容一顛僧？自是人稱濟顛。遠寂，往依淨慈德輝，為記室。嘗欲重新藏殿，夢感皇太后臨賜帑金。嘉泰四年，火發燬寺，濟乃自爲募疏，行化嚴陵，以袈裟籠罩諸山，山木自抜，浮江而出。報寺衆云：木在香積井中。六丈夫勾之而出，監寺欲酬之錢，辭曰：我六甲神，豈受汝酬乎？遂御風去。瀨湖居民食螺，已斷尾矣，濟乞放水中，活而無尾。嘉定二年逝，葬虎跑塔中。

慧開（西天目志）與石霜同參，作補衲看經二偈。自黃龍山扶龍來無門洞，龍每蜿蜒松上。禱雨輒應，孟珙、吳潛聞于朝，召對，所致雨者曰：寂然不動，感而遂通。賜金紋伽黎。後身為明本。

明瞻（杭州府志）於潛徐氏子，幼定慧，喜趺坐，出家而善提寺，後入龍唐懇小石龕內。度宗后患乳癰，詔師治之，以玉盂盛水，楊枝灑之，立瘥，封七祖大師。帝問師何所願，曰：但乞淨龍唐一袈裟地以安禪衆。詔許之。于山前解袈裟向空逆擲，蔓盖四十五里，隨竪旛為界。咸淳八年，錢塘江婆龍為祟，度宗仰天祈禱，忽見師浮空而下，舉鉢盛龍而去。

元敬（莫子文西湖高僧事畧序）瑪瑙講師元敬，字節庵，會萃名宿嘗駐錫錢塘者，得二十有四人，摭其事實而繫之贊，續又得六人，述而贊之，圖其形，置之閣，合而成書，名西湖高僧事畧，煌煌相傳，續佛慧命，將使後人而復高後人也。

元

周先和（錢塘志補）字謙甫號清溪仁和人初生有雷殷殷發地下十八歲入大滌學道師沖妙先生宋咸淳初宣熙內殿賜號妙有大師七年開山沖天觀與褚雪巘郭似山為方外友元至正戊寅受崇道清真大師洞霄主席壬午三月魚鎖太乙宮乙酉七日夢遊大滌洞天見數仙人吟詠二十五日召衆云昨暮見星大如月西墜今往矣端坐而化神色不變

金正韶（成化杭州府志）字九成號納山餘杭人早歲師桂林舒公於石室洞讀書十餘年度宗召為龍翔宮書記至元間詔入杭主洞晨觀講究性理之學將解化留書別同袍而去

阮日益（洞霄宮志）號鶴巖於潛人受度于天目元靈山真慶觀鶴形古貌苦志食淡適遊湖海通性命之學展卷輒悟乃坐于天目石巖中寒暑不動星潜趙侍郎尤所敬愛為築庵靜坐四十年復還故山不出至元間尸解去壽八十餘

葉林　鄧牧（研北雜志）林字去文錢塘人牧字牧心偃隱大滌山或數日不食或一食蕉人清夜放遊則不遊射虎曰晝危坐則客至不起所為文章多世外語鄧則全敎揶手學大德某年冬葉忽馳書別親友云將他往且詣鄧言別至明年正月旨端坐而逝後十餘日鄧知葉已仙去歎曰葉君又出處偶與我同奈何紿我言別吾亦當長往耳乃述葉墓志又手燈下敗其文集讀畢而終（續文獻通考）牧錢塘人居餘杭洞霄宮之超然館所著洞霄志行世

王壽衍（輟耕錄）字眉叟杭州人出家為道士受知晉邸後以弘文輔導粹德真人管領開元宮

張天雨（竟山堂外紀）字伯雨錢塘黃冠號貞居九成之裔初見虞伯生伯生問能作篆家篆曰不能伯生曰某試書之以質是否遂書七十二家伯雨飄輙下拜曰真吾師也自是托交甚契與伯生書必稱弟子（成化杭州府志）伯雨委棄妻子從開元宮真人王壽衍為道士風裁凝峻工書善詩歌文益奇古與吳

興趙孟頫浦城揚載蜀郡虞集豫章揭傒斯清江范梈金華黃溍交甚善嘗修茅山志因號句曲外史

徐弘道（紫陽道院志）號洞陽修真瑞石山年八十三沐浴更衣書頌而蛻有不離本性即神仙之句得法弟子丁野鶴也弘道常感張平叔住山傳訣故庵名紫陽云

丁野鶴（武林紀事）錢塘人棄家為全真于吳山之紫陽庵一日召其妻王守素入山付書四句云懶散六十三妙用無人識順逆兩相忘虛空鎮常寂坐化一睹而逝方外謂之騎鶴化守素束髮簪冠着道士服奉夫遺骸二十年迄不下山薩天錫有詩曰不見遼東丁令威舊遊城郭昔人非鏡中人去青鸞老華表山空白鶴歸石竹淚乾斑點在玉簫声斷彩雲飛洞門花落無行迹獨坐蒼苔補道衣

劉大彬（兩浙名賢外錄）錢塘人隱居茅山延祐閒得九老仙都玉印仁宗即以賜之加號洞觀微妙元虛真人作茅山志三卷張伯雨為之書尋蛻骨于華陽洞中

原妙（淨慈寺志）號高峯吳江人出家淨慈參斷橋倫倫授以生從何來死從何去話窮究未契立死限三年脇不至席口體俱忘時雪巖欽寓南屏北磵塔所六懷香往叩之方問訊即打出如是者三一日忽覩五祖演像讚云百年三萬六千朝返覆元來是這漢驀然破疑遂辭入天目立死關于師子巖三十餘載影不出山所著有高峯語錄

明本（稽古續集）號中峯錢塘孫族童時嬉戲必為佛事稍長閱經教燃指臂求佛甚切晝夜彌勵困則以首觸柱期必得乃已誦金剛經至荷擔如來處恍然開悟後觀流水乃大發明自是說法無礙（續文獻通考）仁宗賜號廣慧禪師及歿賜諡智覺元統中詔以其廣錄刻梓命揭傒斯為序

希陵（徑山志）字西白依東叟穎于淨慈掌內記後至徑山分座說法元世祖召見
賜號佛鑑成宗加號大圓仁宗又加號慧照至正壬戌四月手書付囑說偈
而逝諡大辯塔曰寶華
有瀑巖集及語錄行世

溫日觀（輟耕錄）瑪瑙寺僧能書所畫葡萄鬚梗枝葉皆草書法也
性嗜酒然楊總統飲以酒則不一沾見輒罵曰掘墳賊

水盛（稽古續集）字竺源自號無住翁樂平人姓范依羅山常公受度謁月庭忠公
見孤舟濟師自信法決可證因發誓云吾此身不能作佛當入無間獄也由
是力參發悟濟公記之天曆間聘主西湖妙果
寺一特公鄉與為方外交年七十三書偈而逝

大訢（堯山堂外紀）住杭州中天竺有學行研窮教典旁貫百家文宗召
赴闕特賜三品文階舊著黑衣文宗賜以黃衣其徒後皆衣黃

明

貝國器（名山藏）海寧人有異術弟子欲學之不傳也俟其遠出開笥竊其書見國
器在笥中吳元年與鐵冠道人遊白下同宿值高皇帝微行假獨爲無秋
秋斗國器夜起視天曰帝星臨斗帝昂首聽之鐵冠曰尚離尺餘帝大驚
明日召二人至問以國號年號所對皆帝心默定者蓋異之後忽不見

周思得（列朝詩集傳）字養真錢塘人行靈官法先知禍福文皇帝北征召扈從數
試之不爽招拜祓除祈雨禬兵咸知影響乃命祀靈官神于宮城西靈官
藤像獲之于東海朝夕崇禮所征必載及金河川舁不可動就思得問之曰上
帝有界止此也已而果有榆川之役思得歷事五朝年踰九十賜諡弘道真人

徐道彰（通元觀志）法名道明錢塘人禮徐玉巖于崇壽觀後住持通元觀號
凝虛眷素通元沖妙弘道法師壽七十四臨終有羣鶴翔空之異

唐秩（萬曆錢塘縣志）得大梵斗姥五雷法禱雨祐聖觀運旗摩空雲轉如輪雨隨
如注偶被疾見幢蓋往來遂化去已歸其蛻三年矣忽市囂中從褚幼文索

所借書幼文語其常
子李一正大駭異

懷渭（献徵録）字清遠，晚號竹庵，南昌魏氏子。生而英發，誦書攻文，不待師授而知解。日勝持全悟以大中大夫住持集慶大龍翔寺，聞之喜曰：此吾宗千里駒也。亟挽致座下。一日全悟警屬諸徒衆，未有對，清遠直前肆言，全悟叱之，氣不少沮，如是詰難至于再三，全悟笑曰：汝可入吾室矣。浙江行省庫里公延主會稽之寶相，未幾遷杭之報國，轉湖之道場。洪武初奉詔設無遮大會于鍾山，退居錢塘之梁渚。

愚海（杭州府志）名普智，姓葉氏，海寧人。崇先講師辟為侍者，令讀華嚴，頓明教觀。住持崇恩，有修蛇現于庭，師囑曰：果是天龍，呈象宜現大身。須臾果現大身騰空而去。洪武中詔入京師講華嚴，勅住安國寺。入寂，茶毘，齒舌不壞。

守仁（靈隱寺志）號一初，富春人，靈隱僧。從揚廉夫、張伯雨遊，能詩，善書法。洪武中徵授僧録司右善世。一初有志事業，不偶為僧，嘗言我當從事文墨，非以廢道，蓋有不得已也。所著有夢觀集。

立中（武林梵志）錢塘孫氏子，年十三出家慈光寺，謁浮慈祖芳聯公，師深器之。返北郭普明禪寺，退居，重整本山。正統辛酉六月上堂說偈曰：今年八十一，老病隨緣且遣日，今年記著後年事，後年記着今朝日。至癸亥期沐坐化，月日無爽。

袾宏（列朝詩集傳）字佛慧，號蓮池，仁和沈氏。年十七為諸生，三十二歲辭家祝髮。徧參諸方，見雲棲山水幽寂，遂有終焉之志，結茅三楹，絕糧七日，倚壁危坐而已。環山多虎，慈師發悲愍，諷經施食，虎遂遠徙。歲大旱，擊木魚循田念佛，雨隨足跡而注。居民德之，遂成蘭若。首倡毗尼以立基本，單提念佛以攝禪淨。住山三十餘年，乙卯七月別衆示寂，臨行張目云：老實念佛，勿捏怪，勿壞我規矩。向西念佛而逝，塔于五雲山麓。（舊浙江通志）師初出家語維室湯曰：生死事大

汝其勉之時湯年十九澹然者悟亦出家孝義庵法名袾錦
國朝雍正十二年
敕封淨妙真
修禪師
真可（列朝詩集傳）字達觀吳江沈氏五歲不語有異僧過其門摩頂謂曰此兒出
家當為人天師言訖不見遂能言年十七宿虎邱僧舍聞僧夜誦八十八佛
名心大悅侵晨即剃髮遊五臺至京師參徧融笑巖諸老發明大事歸吳復撈
巖廢寺于嘉禾創刻藏緣于徑山精嚴戒律化後十二年葬于徑山荼毗之日
肉身儼然
舍利無算
真中（杭州府志）海寧孫氏子年十七投安國寺受具自以根鈍不能憶持伽陀六
時虔禮大士以祈淨慧一夕仆地若人以涼水澆面遂有省與藏主涵春縞
閱經律往復圓辨參東禪深研止觀後歸安國棲足立死限既老遂法嘗淂
受法曰吾受涵師囑累今付淂人吾願已畢抵雲岫數日端坐唱佛而化
道盛（虎跑寺志）字覺浪別號杖人浦城張氏子東苑鏡禪師法嗣坐道場五十三
處（杭州府志）道盛禪律精嚴儒釋淹貫嘗示衆云有血性漢披世界磨滅亦
寂後塔于棲霞山有學庵宗旨莊
子提正儒宗三寶及語錄百餘卷
今釋（仁和縣志）金堡字道隱仁和人崇禎庚辰進士授臨清知
州因推科不及額坐解職後薙髮為僧名曰今釋號澹歸
國朝
赤腳仙（舊浙江通志）不知何許人常默不食一食則兼十人猶未饜冬大雪呼居
停主掃雪聚成小廬居其中須臾氣拂拂騰上聚雪皆化與之言多中人
隱

孫道元（杭州府志）字善長別號復陽子桐川人父嘗遇羽客修髯長身謁曰君當
舉子是垣中一星言已即去初生時不啼不乳者累月嗣若聞空中有語
者遂受乳甫七齡求出家父母知其有夙根送吳山火德廟度為道士二十四
訪道五岳盡得要妙過信州張真人授以正一清微五雷大法示曰大道以積
功行著以福國利民若獨善其身德不被物雖得長生猶殤子也由是以救濟
累功以參錬彌性習靜大滌山年七十有四尅期示化初滌山有隙壞虎蹤廿
上人莫能六至是為師營
厝虎長嘯躍去後不復見

和有鴻（錢塘縣志）字公鑑少學法華陽行教天壇後為宗陽宫都
紀禱雨祈晴有求輒應尤能驅邪辟疫年七十三無疾逝

圓融（杭州府志）西蜀人年十六出家得戒天童密和尚隨侍天台參報恩遊大雄
次至金剛菴壬寅七月忽語衆曰吾初六歸去至日從容禮佛辭衆入龕昇
至塘南村院融坐龕中自閉兩門取香三枝
說偈仍自掩龕俟時祥烟西颺凝然而化

弘禮（杭州府志）號具德會稽張氏子
歷住廣孝佛日天寧靈隱徑山
國朝順治初靈隱寺燬于火弘
禮卑錫二十年為新重建

方宜（舊浙江通志）字夢曙苕人出家法相寺左筆善書有詩名年十九有悟盡棄
章句續雲棲放生之會不替者三十年闢叢席于上鄉之淳橋康熙元年仲
冬二十五日徧禮佛像集徒諷演金剛經一卷次
日至大江之濱卓杖大声曰好江水遂卓立而化

德脩（杭州府志）錢塘人薙髮後習靜北山窮谷中與猛獸雜處面壁二十年不知
具恭尋何自後住茶亭康熙七年元宵日忽出衣单分給人云當別云及早
自炊水沐浴召鄰人為封龕說偈曰無狗無來不與形役逍遙自在正月十
六衆尚笑之見其携火入龕趺坐龕綫合火自內出風熾焰發頃刻而化

成法（徐自洙伯亭大師塔銘）初名續法伯亭其字仁和沈氏子早失怙恃九歲禮慈雲祖源爲師十六薙染十七圓戒二十參乳源德水法師聽講楞嚴宿慧駿發洞徹微旨著論天台賢首之異同乳峯曉以雲棲之説言下大悟遂受囑精研四分律開講于慈雲西湖大殿重建聖果仁壽諸梵宇康熙二十八年主上天竺四十六年

聖祖仁皇帝南巡幸寺

賜賚優渥重修毘盧殿閱十載遷歸仁壽雍正六年四月朔説偈辭衆而逝世壽八十八

大涵（陳元龍雁公塔誌）吳江人俗姓潘九歲出家既長入靈巖從師繼起遊南嶽有名慧僧忌之謀折其足乃夜遁走大雪中飢則摘雪食之自號喫雪子後住雁宕山又入黃山遂字雁黃在黃山聞想伐木声有悟益擊之不死後居海幸安國寺元龍撫粵西招之遊羅浮歸至肇慶鼎湖山示微疾説偈而逝塔在桂林棲霞寺傍著有黃山草西湖草補陀南來集禪指集桂羅壯遊集塩官剩草皆已刻詩多警句

嘉興府

三國吳

康僧會（陳剛中康僧記）康居國人即其所居國謂之康僧吳赤烏十年自其國來抵吳建業設像教吳主推召問對曰如來聖蹟忽踰千歲遺骨舍利神曜無依吳主曰若得舍利當爲起塔乃請期越三七日忽聞銅瓶鏗然有声視之果得舍利吳主驚異爲起塔寺（海塩縣圖經）昔有金象亦會所建會尸解後真身一現永欣自現金象奇香瘞處眉間特放光明顯靈異之蹟

南北朝

秀州

陸逸沖（海塩縣圖經）字敬游陶隱居弟子誠愨恬澹志遠栖逸齊永明中隱居于
西嶺立華陽館七年而後成逸沖之力也隱居嘉其勤勩名為栖靜處士
作十賚文策之許長史碑陰手書上清
衆館弟子亦以海塩陸逸沖稱首焉

張元之（茅山志）嘉興人建武中敕為宗元館主又于茆
山澗上築臺以居時有白鶴來止遂名鶴臺

法寵（海塩縣圖經）姓馮氏納妻半歲捨家入邑之光興寺後出都徧學經論探元
析奧音吐蘊藉名學罕不倒戈歸上座法師（張融與周顒書）法寵法師總塵
如棄唾若斯之
志大矣遠矣

慧開（續高僧傳）姓袁氏吳郡海塩人初出家為宣武寺寵公弟子仍法學阿毗曇
及成實論建武中游學上京住道林寺歷聽藏旻二公經論後移住彭城寺
衆演教咸慶新聞同寺有曇偈者以游學顯名通貫衆
經兼勤礼誦侍中王慈司徒長史江革並與之朋游焉

隋

慧因（續高僧傳）姓于氏吳郡海塩人晉太常寶之後出家開善寺又造長干辯法
師稟學三論踵武傳燈將三十載陳僕射徐陵尚書毛喜咸歸淨首隋仁壽
三年起禪定寺奉為知事上座訓肅禪學以
貞觀元年卒于大莊嚴寺春秋八十有九

唐

徐彎（洞仙傳）吳郡海塩人少有道術錢塘杜氏女患邪彎召魅見著白衣入門彎
一叱即成白龜一旦與羣從兄弟數人登石崎山斫柴日暮不返明旦尋覓
見彎在山上脉扶鏃倚而
不動或乃花彎惟有空殼

錢朗（神仙通鑑）字内光師東嶽道士徐鈞浮補腦還元服煉長生之術昭宗時彭城王錢鏐慕朗浮道長年乃迎就錢塘師事之（槜李詩繫）唐開耀間居嘉興魏塘鎮之神仙宮年一百五十餘歲尸解去有遺詩于壁

法相（高僧傳）姓俞氏吳郡長水人大曆中于上京習毗尼道諸部同異無不該綜傳法東歸請學者如林吳郡太守奏于開元寺置戒壇相預臨壇之選會昌元年二月十日告弟子清濬清高曰吾當滅矣右脇而逝時衆聞管絃清亮乃天樂也

光範（續文獻通考）為童子時事靈祐師學通經紀初居嘉興空王寺更居靈光寺與其徒講贊數言百流會歸之說自吳南北郡邑咸來受法著釋會章句十五卷

良凖（海鹽縣圖經）大中咸通間法喜寺僧也業四分律慧行精通有塔葬本寺棲鳥不止時放瑞光司空曙有寄凖上人詩

文喜（佛祖通載）語溪人姓朱氏開平間進具初習四分律薫請法華嘗往五臺山禮文殊大士夜投古寺遇老僧問南方佛法住持衆數師皆荅已却問此間佛法如何住持僧曰凡聖同居龍蛇混雜又問多少衆僧曰前三三後三三師惘然茶罷令童子送出門戚失所在但見高林深谷而已後參仰山契悟命為典座一日見文殊跨獅子繞鑊側師訶曰文殊自文殊文喜自文喜文殊湧空曰苦瓠連根苦甜瓜徹蒂甜修行三大劫却被老僧嫌咸通中築室千頃山居之光啓三年錢武肅王請住餘杭慈光院奏賜紫衣及無着歸光化三年移住無着院是冬夜半告衆曰三界心盡即是涅槃跌坐而化時方丈發白光垂樹同色建塔靈隱之西塢

五代

譚峭（筆叢）字景升唐國子司業洙之子師嵩山道士十餘年得辟穀養氣之術周游無所不之夏則服烏裘冬則綠布袍或卧于風雪霜中經日人謂已斃視之氣咻咻然（海鹽縣圖經）邑中譚仙嶺相傳是其煉藥得道處仙鑑載峭詩線作長江扇作天靸鞋拋向海東邊蓬萊元是無多地只在譚生拄杖前此尤具寄跡海嶠之證成化間遷善橋居人陸麟接懸仙翁像一日鄰人滕晟見仙從樓牕上冉冉向東北乘雲渡海去

虛受（高僧傳）嘉禾樂兒人納戒後于上都習學內外博通傳講數本大經論不憚宣導廣明中抵越大善寺講涅槃維摩二經因憤譏雅等師釋崇福疏繁略不中遂撰義評鈔十四卷餘則法華百法唯識各有別行義章武肅王錢氏按部至越遂出謁見王素嚮風乃加優禮言方丹三乾化中于會稽開元寺度戒命充監壇選練吳會間行此識者自受始王表于朝薦具紫衣至同光乙酉歲終

文偃（十國春秋）嘉興人姓張氏幼依空王寺志澄律師出家晶後抵靈樹如敏禪師紹如敏閉堂高祖親臨請益文偃曰目前無異路高祖大加欣賞文偃倡道靈樹雲門凡三十年機緣語句實立雲門宗之始（佛祖統紀）乾德元年雄武推官阮紹莊夢雲門禪師令上奏乞開塔有旨韶州守臣開視見師真身如生乃迎赴闕供養逾月遣送還山中謚大慈元真宏明禪師

國朝雍正十一年

勅封慈雲匡真弘明禪師

皓端（高僧傳）姓周氏嘉禾人九歲捨家入靈光精舍師受經法如溫舊業于四明阿育王寺遇希覺律師盛揚南山律端一聽旋有通明武肅王錢氏召于羅漢寺演訓後令于真身塔寺宣導于時有台教師元燭者彼宗號為第十祖端依附之果了一心三觀遂撰金光明經隨文釋十卷由是兩宗法要一徑路通忠獻王賜紫衣別署大德號崇法為後誓約不出門慕遠公之不渡虎溪也著述傳錄記讚七十許卷

宋

李道人（續文獻通考）紹興初劉延仲寓秀州常有道人過門或求筆則以涕和垢賦為丸與之因目為李鼻涕延仲與坐曰今適無酒為禮道人笑曰牀頭珍珠泉何不出以待客劉大笑呼童取樽道人曰但將一空瓶來瓶至索紙覆之少焉香溢于外座者皆醉明日劉有他客出所謂珍珠泉者中空無涓滴一日詣劉別曰後二十年某月日當于真州會至期劉卒于真州

殳基（正德崇德志）遇異人授以導引之術入于金鄉山原數年趺坐而化基（名勝志）基居山數年坐化其徒收瘞之惟有巾氅故以其姓名山

唐介壽（名勝志）居于蕩岸得異術能役使鬼神咸淳二年海潮衝齧錢塘介壽用朱符投之江患遂卻詔授道錄以其所居為福源宮（萬曆嘉興府志）介壽號隱梅西塘人

湯道亨（萬曆嘉興府志）自號杰懶道人宋季引一猿云自金陵來猿大如人能主給使亨夜坐時舒光邪人推異爭餽之豐薄不謝弟言分定云施與日多因搆菴以居名曰太古以延時四方雲水之客久之有軍士戲烹其猿食之亨即齋沓與所親訣別手偈云八十一年饒舌終日化緣不歇重陽時節歸家一路清風明月

子璿（佛祖通載）長水法師子璿嘉禾人初依洪敏師學楞嚴至動靜之相了然不生有省聞瑯琊慧覺禪道重當世趨往至其門值其上堂致問豁然大悟覺謂曰汝宗不振久矣宜勵志扶持以報佛恩師如教後住長水衆幾一千以賢首宗旨述楞嚴經疏十卷（真如寺古蹟記）師自作疏文未作夢文殊入口既了夢出于口疏成紙為之貴聽者雲集晏文莊公奏于朝錫楞嚴大師

智訥（徑山志）妙空訥禪師，秀州人（舊嘉興府志）。住持徑山，規律甚嚴，嘗執鼓椎以警衆，人稱訥鼓椎。一日正升座答問，聞有僧舉普化和尚語，且曰能作如此去否？曰如何去？不待即于座上合掌端坐而逝。

清辯（司馬光法堂記）秀州真如草堂僧請堂狹不足休學者，清辯與同術意宗治而新之。光曰：師爲是堂，將以明佛之道也，是以深思于本源而弗放蕩于末流，則治斯堂之爲益也，豈其細哉。

寶安（續文獻通考）蘇州人，姓晏，親運土石于精嚴寺立五臺院，時已八十餘歲，不衣絲緜，寢臥亂草，深明宗旨，寂後肉身不壞，闍維空中盤旋化爲祥雲始散。

一長老（東坡志林）秀州本覺寺一長老，少蓋有名進士，自文字言語悟入，至今以筆研作佛事，所與游皆一時文人（嘉興府志）。一長老能設未來事，忽指龕語近寺王生曰：煩爲守此。王哂曰：恐有力者負之而趨耶？越兩日，龕自揣壞。同時有晏和者，近郊人，亦在寺，客服垢賦書瞑目坐，人或見和在數十里之外。長老與和獨厚，見輒握手笑談，和沒，坐亡于龕。

法常（續傳燈錄）嘉興報恩首座，開封人，丞相薛居正之後。宣和七年自湖湘至萬年謁雪巢，机契，命掌牋翰，後首衆報恩，室中惟一矮榻，餘無長物。庚子九月語寺僧曰：一月後不復留此。十月二十一將曉，書漁父詞于寺門，就榻收足而逝。詞曰：此事楞嚴嘗露布，梅花雪月交光處。一笑寥寥空萬古，風甌語，迥然銀漢横天宇。蝶夢南華方栩栩，斑斑誰跨豐干虎。而今忘却來時路，江山暮，天涯目送鴻飛去。

從進（當湖采元高僧錄）妙年聰辯，久依超果，具得其道，出主德藏，講訓有法，學者歸之，作楞嚴解尤高妙。示寂留龕月餘，容色不變，及從火浴，舌根不壞，若紅淨曇（五燈會元）嘉禾人，晚住錢塘之法慧。紹興丙寅，憂辭朝貴，歸付院事，四衆擁聽，擇翁火之。書偈曰：這漢從來沒縫罅，五十六年成話霸。今朝死去見閻王，劍樹刀山得人怕。遂打一圓相曰：嗄！一任諸方鑽龜打瓦。收足而化。

可觀（佛祖通載）字宜翁，華亭戚氏。年十六具戒，依南屏精微師。聞車溪擇卿聲振江浙，負笈從之。一日聞舉唱般若，寂寥忽有悟入，異之。初主嘉禾壽聖，遷當湖德藏，居閱世堂，為撰楞嚴補注。乾道七年，丞相魏杞請主北禪，遷當九日指座云：胸中一寸灰已冷，頭上千莖雪未消。老步只宜平地去，不知何事又登高。復歸當湖竹菴，無疾而逝，壽九十一。

慧梵（至元嘉禾志）字竺卿，石門顧氏子。受具羔羊澄寂院，持守最嚴，傳宗旨于天竺如虎子，學詩于石室陸維仲。性至孝，續節奉母，扁曰蓬居。居側植梅、水仙，不知數畝，日寫二花，真亦極其妙。得筆法于梵隆茂宗也。壽八十九。有蓬居集。

元

張與材（元史列傳）元貞元年，與材嗣為三十八代，襲掌道教。時潮齧鹽官、海鹽兩州，為患特甚。與材以術治之，一夕大雷電以震，明日見有物魚首龜形，磔于水裔，潮患遂息。（瑯嬛記）與材善畫龍，晚年修道，嬾于舉筆。人有絹素，輒呼曰：畫龍來。頃之，忽一龍飛上絹素，即成畫矣。（畫髓元詮）與材字國梁，號薇山，別號廣微子，封劉國公。

抉北子（兩浙名賢外錄）姓蔣氏，嘉興人。涉獵經史，言辭簡遼，鬚首垢面，動靜不羈。元至正初，抵松江，坐太古圖室，已則歷市廛，狂走，人呼為風子。一夕叩沈蒲圃門，大叫曰：將蒲圃來坐。我沈異之，導詣蔬圃中坐地。沈有所着，發遂委俗，傾身服役為弟子。由是四方崇向，爭施與，以其地為菴。嘗有問者曰：近思錄定然後始有光明是金丹否訣孔子曰賢且去味中庸又嘗手書示沈曰不偏不倚立于中不著西邊不著東起出東西南北外一毫頭上釣蒼龍一日語沈曰吾乘化盡矣言絕而蜕

蒙潤（稽古續集）字玉岡海鹽人生時母感異夢禮伽藍土偶皆仆居風篁嶺專精念佛修法華光明大悲淨土以七七為期後示弟子止觀安心之法稱佛而逝

清珙（當湖宋元高僧錄）字石屋常熟人族姓溫依崇福永惟出家登天目見高峰授萬法歸一語服勤三年至建陽西峰見及菴豁然有省曰清明時節雨初晴黃鸝枝上分明語菴頷之與衆言曰此子乃法海中透網金鱗也後當湖新創福源禪剎馳檄敦請為第二代住持大闡鑪鞴鍛鍊學者居七年以老引退（元詩選傳）至正間朝廷降香幣旌異賜金襴衣所著有石屋詩

真諦（槜李私語）德藏寺僧性若戇騃而恪守戒律第為寺中執汲而已時楊璉真伽來寓寺中声言欲發陸左丞女朱提舉夫人墓真諦聞之怒形于色及楊五鼓肩輿發冢出寺真諦忽起抽韋馱木杵奮擊時衆雖數百皆披蕩不能拒入見真諦于衆中趨躍每踰尋丈若隼撇虎騰非人力可到楊大懼謂是韋馱顯聖遂率衆而去後三年真諦行腳峩眉不知所往

僧尚（貝瓊高麗宗主尚希古塔銘）族姓浦字希古檇李人生有異質七歲母授孝經一過即成誦不忘十歲好佛書十二歲見紫微山惠力僧覺海祝髮為沙彌既長聞景巖福公住崇德之常樂因往參焉晝夜究華嚴觀福公悅其穎悟曰異日樹教東南者必尚也及侍福公于杭之高麗五年昇座說經吐音如雷龍象大駭僉舉為都講天曆戊辰領宣政院劄住常樂至元戊寅遷皐亭之崇先益闡其祕名聞于朝賜號慈峰妙辯大師閱七年退處漂溪別峰蘭若至正

十年江浙行省太尉丞相尊其道，遣使延之。高應特授御製金襴袈裟。二十二年冬，荼毘于長寧鄉之石頭里，三夕有神光射天。

謙本武陵人，僑居嘉興春波門内，今府治東北碧漪坊有謙祠，里人祈夢多驗。明季焚，中傳汝為禾學，特撤夢謙遁，名遣之。後任秀水縣令，始修為葺冷仙亭。

明

冷謙（廣輿記）字啓敬，秀水人。洪武初為協律郎，郊廟樂章皆其所撰。有友酷貧，謙于壁間畫一門，令其友入，盜取金錢以出，而不覺遺其引。他日内庫失金，守吏持姓名跡捕之，因并執謙。謙渴求飲，拘者以瓶汲水與之，謙躍入瓶中。拘者惶急，謙曰：無害，第持瓶至御前。上呼謙，瓶中輒應，擊碎之，片片皆應。後有人見謙蜀中。（泳化類編）謙遇異人，授中黃大丹，傳張氏契真之旨，年百餘歲，如童顏。

周元真（名山藏）居嘉禾紫虛觀，從李拱瑞為道士。拱瑞，南谷杜真人高弟也，授元真劾召鬼神之術，尋受靈寶大法于曹桂孫。郡縣請禱，輒有奇應。洪武元年，京師旱，李善長迎元真至，設雷壇冶城山，硃書鐵符，投揚子江中，波濤遶興。元真夜半斗下存神，窈冥雷電達旦。明日握劍上壇，召風師霆伯誓之，俄陰雨，湖益大風拔木。元真曰：未也，明晨當再霑足。至期，黑蛇蜿蜒見西方，迨午始霽。元真不獨有術，事父母至孝云。

張復陽（兩浙名賢外錄）平湖人，自言張果老後身，棄家為道士，妻亦感悟為尼。復陽修煉精勤，明周易姤復之旨，作復陽圖，善詩畫，書法遒美，年八十餘，顏澤不枯，步履輕捷，卒之日，體柔如生。（檇李詩繫）復陽，宣德中為朝天宮道士，又主餘杭羽霄宮。正統中居郡城南宮一枝堂。郡邑志誤入來人。

沈嵩高（萬曆嘉興府志）秀州象賢鄉人，幼從蔣大方學五雷法，居清真觀為道士。成化間，郡大旱，知府徐霖召嵩高，用虎首攬龍潭，不旋踵大雷電，雨霑足。霖喜，以詩謝之。又范教諭官舍晨晨空中拋擲瓦礫，嵩高曰：此土怪也，溫元帥掌之。書二符與之，即止。其他治病伏邪多驗。

金宗周（檇李詩繫）字歸儒，嘉興玉樞院道士，偏遊名山，歸即樓居，寒暑一裘，結髮如氈，爪如鉤，或數日不食，或并日而食，人呼為金仙。能出陽神，化形至西

湖滸遇唐太史荊川與之化庵曰我玉樞院中人唐不荅偶登岸入院見一道
士坐定身下席為火所灼後倭兇至見其入定羅拜而去嘉靖中作詩化去

徐月汀（海鹽縣圖經）字湛虛棲真觀道士能詩觀把懷月汀倒棄與蕭其自述有
人愚自嘆移山計天漏誰傳補石方之句又題自像云我也明知假而何
便說真詮教為我者認作是前人（明詩
綜）夕渊又字秋沙海鹽人有水月軒集

魯質（嘉興府志）楊匯村氏每食餅粿輒碎以飼蟻于家室多蚊質往居三年夜不
設帷裸以受嘬蚊害頓滅一日詣所親客至乏魚質探袖中出魚既而語人
曰鶴來我即往矣一日有
鶴翔其上火從口出自焚

德昂（正德崇德志）號伏菴從親避地石門元末遭兵其母禹氏執節投河其父倉
卒葬之頹側而去未幾父亦沒于兵昂無依出家義烏廣愛寺稍長精通內
典為叢林耆碩兵事方殷日夜憂其母墓或毀乃渡江省墓石門修治之會修
元史昂亟走京師以其母死事告于史氏遂得列傳已還石門治墓廬其居曰
白雲先隴里人
表曰貞母所

法聚（徐渭聚禪師傳）姓富氏嘉禾人去俗從師海鹽之資聖寺至金陵參夢居禪
師問如何不落人圈繢居與一掌師大悟自是往湖郡居天池山二十餘年
登坐說法趋道者甚衆嘉靖癸亥示微疾沐浴更衣寢而逝（列朝詩集傳）號玉
芝好為韻語忽自謂出家兒當為生死嗜此何益遂誓志參學觀陽明傳習錄
謂與禪理不殊乃以偈趋叩陽明以偈
荅之西還結廬于澉湖之悟空山中

普明（檇李詩繫）字寂照嘉興人出家嘉善妙常菴後居杭之西山每靜坐蛇鼠鳥
在婕遊于前客至輒納諸懷以衣覆之一日歸妙常語弟子曰待桂放香我
西游也届期弟子來浹明方掃地曰汝
不來吾幾忘矣遂鳴鐘集衆作偈而化

蕰空（舊嘉興府志）姓沈嘉定人幼業儒年十九祝髮苦修梵行諷覽經文鉤深扶奧會極旨歸著法藏司南四十五卷又謂大般若經有二十萬頌世惟金剛般若一卷餘皆以晦藏函更參酌晉唐著箋注五十五卷嘗兩涉天台一詣徑山恒居裏足杜門未嘗踰戶限也一日病篤法華問師病體何如答曰薪盡火滅不知所若

遂合掌瞑逝

明秀（明詩綜傳）字雪江自號石門子海鹽人祝髮天寧寺晚居錢塘勝果寺有雪江集王伯安謫龍場驛至雪江送以詩云蠻烟瘦馬經山驛病雨寒雞夢早朝一時傳誦之臨終偈云一夜小牕前燈花雨中結我欲照浮生一笑浮生滅

寂然（舊浙江通志）雍梁千錢塘老僧月江參雲主育王天童逍隨秋覆多所印可然意勇好藏不見声影于育王章棋覺于天童理番鎚即同參吳渊所為也晚卒錫青芝塢結茅種松自號古菴所著隱菴集選據剩集及散語行世法嗣始德建默菴閉關三十年不出有水邊居詩稿山中草

雪空（嘉興府志）初為行腳萬曆己未正月至鄉民夏姓家留齋空言今日汝家當有難可亟移夏從之晚火焚其廬空因留萬行堪輿術為主人擇地居半年一夕忽曰吾去矣更衣沐浴而逝適將沒瞑曰我誤矣不宜死于汝家即起大步至聖堂從容謂衆曰我今的去即葬我堂後言畢果死衆具龕殮舉燭者誤以燈油漬空服上空忽作声曰不小心衆驚肅急閉龕今塔在聖堂田中

方澤（列朝詩集傳）字雲望後稱東谿叟姓任嘉善人入精嚴寺薙染嗣法于濟法舟戒學俱高尊性穎拔日誦萬餘言詩偈文字下筆無礙有華嚴要略二卷內外集八卷

智舷（明詩綜傳）字葦如號秋潭秀水金明寺僧有黃葉菴集上人瓶錫舊地在金明寺湖天海月樓東有老梅橫牕日吟詠其下後移郊西之黃葉菴村深水

曲物外蕭然善行草書造請滿戶
限上人亦不憚煩有求者必應

破山（舊嘉興府志）海明禪師蜀蹇氏子住東塔三年百廢具舉（靜志居詩話）張獻
忠殺人之多較黃巢百倍相傳破山嘗勸賊帥李止殺賊帥以羊豕進曰
和尚食此吾當
封刃破山遂食之

三昧（舊嘉興府志）律師也明季賜紫于金陵來住三
塔講護國仁王經傾城向慕弟子見月住華山

國朝

明

方義（舊浙江通志）字石雨武塘陳氏子殺身相難恣閱楞嚴我真文殊無是文殊
通身汗下參雲門澄洋印授以斷拂子一柄遂踞為斷拂子主寶慶過龍
門戊子春示寂弟子奉龕丈室中未幾山寇突至欲燬龕門見師儼然矣
出之竭百夫力莫能舉驚以為神捨去寺賴以存後闍維牙齒數珠不壞頂
五色
舍利

通容（舊浙江通志）字費隱年十七參湛然和尚于華林寺繼住廬山謁憨大師又
復縱辯衆威大喝作偈云吾年二十五氣宇吞佛祖不過古人閱豈蹈舍時
路參天童悟和尚于吼山問覿面相提事凡七打所有知見渙然冰釋四十二
繼席黃蘗住金粟移天童主徑山
國朝順治丁酉住福嚴凡五載殿堂寮舍百廢具興辛
丑示寂微笑而逝著有法語十四卷及五燈嚴統

湖州府

漢

蔛子訓（武康縣志）武康人明方術解分身之法（後漢書本傳）子訓不知所由來建安中客濟陰宛句有神異之道流名京師士大夫皆承風向慕之後乃駕驢車與諸生共詣許下公卿以下坐上恒數百人皆為設酒脯終日不匱後遁去不知所止去之日惟見白雲騰起從旦至暮如是數十處時有百歲翁自說童兒時見子訓賣藥會稽市顏色不異于今後人復于長安東霸城見之與一老翁共摩挲銅人曰適見鑄此已近五百歲矣顧視此人而去猶駕昔所乘驢車也

施績吴興人孫皓時為驃騎將軍守西陵誥曰山陽忠女或出遂取夫家郡也

三國吴

施淑女（真誥）山陽人施績女也今在易遷館東廂中

晉

姚紛（括地志）村人姚紛嘗採樵遇仙及還家因入甕中隱身謂家人曰可七日勿開日限未至家人開之紛變為白鶴飛向五山

沈義（神仙傳）吴郡人學道于蜀中但能消災除病救濟百姓不知服食藥物功德感天有三仙人著羽衣持節以白玉板青玉界丹玉字授義義不能讀遂載昇天（西吴里語）齊永明二年歸訪舊里呼諸孫謂之曰我是汝四世祖在西蜀以符藥治病有活人功上帝授我白玉簡為碧落侍郎今歸以告汝倏忽不見邑人駭異建道觀塑像以奉之宋崇寧大觀間有内庭女道官孫于霞夢一道士披彩霞衣言曰我武康人也在碧落中與子有夙緣及靖康亂于霞避地南依石防樂者家德清之苕村一日石氏設醮道士姜景良與焉于霞以其夢告景良曰義吴邑沈羲也于霞急詣羲祠瞻塑像曰真吾夢中所見遂捐金縕施黄冠而去後于霞于富陽太元山授徒數百人年八十有九忽髭鬚叢生越三年而羽化湖州

南北朝

陸修靜

修靜（雲笈七籤）吳興人生而異俗宋元嘉末因市藥京邑文帝味其風而邀之
修靜不願遂泝江南游嗜匡阜之勝聲爰搆精廬（西吳里語）修靜字見寂
在鄉時嘗沒于烏程縣東水潭數月而出因目為仙潭著道德
雜說靈寶經目序步虛洞章昇元步虛章靈寶步虛詞各一卷

法瑤

（吳興掌故）姓楊氏河東人元嘉中過江遇吳興沈臺真
請居武康小山寺年過七十永明中勅吳興礼致上京

僧喬

（續高僧傳）姓華氏吳興東遷人出家龍光寺聞僧旻說前修立義有諸同異
則忘寢息又聽其語論轉投則撫掌畢歎隆昌之世與同寺僧整等請旻移
住于是終晨竟夜一心諮求三四年間經論通達旻曰喬公儒雅清
虛覆今用古善能譬校吳興爭先此乃遺法之所寄也天監初卒

隋

智永

（尚書故實）右軍孫住吳興永福寺積年學書禿筆頭十甕每甕皆數石人來
覓書者如市所居戶限為之穿穴乃用鐵葉裹之人謂之鐵門限後取筆頭
瘞之號退筆塚自製銘誌（書法要錄）煬帝書
謂永師云和尚得右軍肉智果得右軍骨

唐

吳嶠

（龍城錄）雲溪人年十三作道士隋初過鄴中告其令曰中星不守太微旺氣
流華于秦地子知之乎令不之信至神堯即位方知不誣嶠猜明天文乃袁
天綱之
師也

明道

（續高僧傳）姓姚氏吳興人隋末出家貞觀初行達陳州遂勅簡僧歎曰出家
弘濟務存許道豈以名貫拘滯一方乃棄擲寺宇至蟀礁二師座下餐稟幽

異未盈涼暑聲聞起訊龍朔二年
道行風彰奉勅住東都天宮寺

子瑀（高僧傳）字真瑛姓沈氏吳興德清人年未總角辭親出家如意中于洛京大
福先寺受戒證聖中歸于大雲道場聖執律柄僧綱整肅常禮一萬五千佛
名兼慈悲懺日夜一匝或二日三日三匝或夜無燈燭心口是念圓光照室如
生月中慨德清偏邑未有塔寺遂銳懷營搆前後寫經三藏凡一萬六千卷天
寶十一年
禪坐而終

慧明（高僧傳）俗姓陳氏年及卅捨俗受具習學律藏天寶五載爰止魚陂道場登
峰頂見東南有山蒼琅㰌秀曰吾與此山宿有緣矣八載州將韋南金請隸
亭化道場因辭改隸佛川即嗜昔魚陂所望之峰有吳王古祠風俗淫祀濫以
犧牲明夜泊廟間見一丈夫容衛甚盛明曰居士生為賢人死為明神奈何使
蒼生負殺血食神曰非弟子本意人自為之因與受菩薩戒神欣然曰弟子願
捨此處永奉禪宮後果移寺于祠側獲銅盤之底篆文有慧明二字焉建中元
年示寂傳法弟子慧
辯慧敏等知三人

齊翰（高僧傳）字等至吳興沈氏子綺歲從父至山寺惻然有宿命之知因請出家
至天寶八載奉旨度名永定寺轉隸武邱迹不近名身不關事長在一室寂
如無人大曆十年入流水念佛道場是
夜西方念中頓現即以其年終于本院

抱玉（佛祖統紀）吳興人入京受戒帝夢吳僧誦法華經口出五色光翌旦師入關
關吏問何來答曰善誦法華遠來受戒關吏以聞帝召見果夢中所見者賜
生誦經至隨喜品口角放光五色帝大悅令
別第香壇特為受戒賜名大光封天下上座

志鴻（高僧傳）俗姓錢氏湖州長城下若人少出俗于石門鄉寺則梁靜林也削染
受具訖往茂苑親道恒師稟括大慈霊宇已下四十餘師記鈔之元勒成二

十卷歸搜元録大曆中華嚴疏主澄觀投尋乃為序冠于首春秋一百有八勅署為長壽大師

道遵（高僧傳）字宗達姓張氏吳興人年二十詣天竺義威律師受具戒後學天台一心三觀法居支硎之福地天寶中于靈巖道場行法華三昧又于本寺入法華道場觀此身在空中生先證者知是滌垢之相以興元元年七月告終猶子靈源樹塔旌德爲

真乘（高僧傳）姓沈氏德清人落髮配住八聖道寺得戒後西上京師雲華寺學法華天台疏義大著声望貞元十二年德宗幸安國寺充供奉大德數爲游五臺山禮文殊後在護國寺禮佛名經一百周懺法之餘撰法華經解疏記十卷以元和十五年冬示疾終于本寺

清晝（研北雜記）字皎然謝康樂十世孫（釋氏稽古略）晝恥以文章名世嘗歎曰使有宣尼之博識胥臣之多聞矜道侈義達足以擾其性豈若松巖雲月禪坐相偶無言而道合至靜而性同吾將入杼山矣于是裒所著詩文火之

高閑（宣和書譜）烏程人寓湖州開元寺具戒律善草書宣帝時召對賜以紫袍加大德號頗為韓愈所知作序送之言其書法出張顛流離頓沛必于草書發之故其變動猶鬼神不可端倪（避暑録話）唐僧能書者三人智永懷素高閑也智永書全守逸少家法懷素但傳草書高閑絶不多見惟錢彥遠家有其寫文書嘗慎其遺脫八字如掌大神彩超逸自爲一家

如訥（五燈會元）道場山如訥禪師目有重瞳手垂過膝自翠微受訣止于此山薙草卓菴學徒四至廣闡法化遂成叢社焉（西吳里語）唐中和間如訥出游師曰逢道即止訥經此山山故多虎訥策節直上坐磐石虎伏其側結菴居之名其處曰伏虎巖後起廊廡佛殿塑千羅漢于中

宗徹（景德傳燈録）吳興人姓吳氏幼歲出家依年受具參黃蘗希運禪師入室領旨後至杭州〻牧劉彥慕其道立精舍于府西號羅漢院化徒三百上堂僧

問如何是南宗北宗師曰心為宗僧曰還看教
也無師曰教是心後示疾遷化塔于院之北隅

希元（西吳里語）達摩嗣十七世居安吉上方寺上堂僧問曰牛頭未見
四祖時如何師曰富嫌千口少僧云見後如何師曰貧恨一身多

鑒宗（五燈會元）湖州錢氏子依本州開元寺大德高閑出家學通淨名師益
經後往鹽官決擇疑滯唐咸通三年住徑山七年示滅謚無上大師

洪諲（景德傳燈錄）吳興人姓吳氏年十九禮開元寺無上大師落髮二十二往嵩
嶽受滿足律儀往謁雲巖後造溈山蒙祖領除咸通六年上徑山明年衆請
紹躅為徑山第三世于法即溈山
之嗣光化四年九月白衆而化

慧暢（西吳里語）居長興曲水寺不學于師而契印宗織芒屩講履于山中一日謂
弟子曰吾聞天台山有凱公遺跡思一往焉言訖便行長城去天台八百里
後有人自天台來訃暢之程一日而至後忽
令門人灑埽曰今日有客至齋訖趺坐而化

五代

韓必　吳崧（十國春秋）唐末兩人與吳珪吳瑱皮先業林昇羅隱何肅同居長城
八座山號曰八友已而稍稍散去武肅王時兩人偕隱于洛塢日以
煉丹為事遣羅隱招之兩人隱
入石壁中至今名為二仙石壁

令參（景德傳燈錄）湖州人自雪峯受記止于翠巖大張法席問古人拈搥豎拂意
旨如何師曰邪法難扶問不涉凡聖當機何示師曰莫向人道翠巖靈利錢
王嚮師道風請居龍
冊寺稱永明大師

宋

贊寧（見山堂外紀）德清人姓高氏出家靈隱寺宋初徽入汴京為僧錄太祖行香
至相國寺問曰朕見佛拜是不拜是對曰現在佛不拜過去佛太祖喜遂為
定禮太宗時撰僧史十卷充史館編修壽八十四（十國春秋）贊寧入天台山受
具足戒習四分律通南山律著述毘尼時謂之律虎賜號明義宗文太平興國
三年改賜通慧崇
寧四年加謚圓明

維琳（霏雪錄）徑山長老無畏大士維琳湖之武康人在常州書以詩問
東坡疾云我口吞文殊千里來問疾若以然相酬露柱皆笑出

淨端（羅湖野錄）西余淨端禪師字表明歸安邱氏子六歲事湖山解空院齊遥為
師既而觀吳獅子頓契心法乃從仁岳法師受楞嚴要旨一日岳以經中疑
難十數使其徒咨之端呈偈云七處徵心二不遂惜憧何難不瞥地直饒徵得
見無心也是泥中洗土塊岳驚曰子知見高妙必弘碩宗時齊岳禪師住杭之
龍華端往參禮不覺奮迅翻身作狻猊狀自是叢林號為端獅子（僧寶傳）端高
自稱譽吐語奇怪病牙久不愈謂衆曰明日化去衆以為戲語請說偈端索筆
大書曰端獅子太慵懶未死牙齒先壞爛二時伴衆赴堂粥飯都趕不辦如今
浮死是便宜長眠百事皆不管五更遂化閱世七十二衆吳祠之以為散聖

若愚（名勝志）覺海寺僧與參寥辯才同時有詩名臨寂偈曰本是無家
可浮歸雪邊雲路許誰知檣声摇落溪山月正是三潭夢斷時

元顗（佛祖統紀）吳興人政和
間居智者院撰宋元錄

道樞（續傳燈錄）懶菴道樞禪師吳興四安徐氏子初住何山次移華藏隆興初詔
居靈隱孝宗召至內殿問禪道之要答以此事在陛下堂堂日用應機處本
無知見起滅之夢聖凡迷悟之別帝為之首肯後退居永安蘭若有偈題于壁
曰雪裏梅花春信息池中月色夜精神年來可是無住處莫把家風舉似人淳
熙丙申示疾
書偈而逝

若觀（西吴里語）烏程人，俗姓錢，立行卓爾，四方欽之，後
坐逝，茶毗正值日輪當午，舍利迸出，光堂奪目

元

莫洺乙（名山藏）湖州人，生宋寶慶間，從事禪觀，脇不帖席若數年，已自號月鼎，入
青城山，丈人觀見徐無極，授五雷法，用是名雷雨，役鬼魅，動無不驗。元世
祖召，掌道教事，以老辭歸。嘗與客飲西湖，赤日如火，客請假片雲覆之，月鼎笑
拾果殼浮觴面，頃之雲自湖畔起，翳于日下。他日寓蕃釐觀，道士中秋會飲，觴
既舉，雲蔽月，久不解，月鼎以手指空，雲散如洗。人疾疾來告急，或出蟹中黄篆
符與之，或摘草木噓氣授往，無不立愈。一日名其徒王繼華，示以化期，及至期
暝目而坐，夜將半，風雲雷電
雨交作，索筆書偈，泊然而逝

杜處逸（西吴里語）號道堅，又號南谷子，年十四得異書，師葛蒙菴，為茅山道士，居
武康計籌山昇元觀。元皇慶間，授隆道沖真崇正真人，創通元觀，作覽古
樓，聚書萬卷。其弟子周德方，號廣莫子，性好學，扁所居曰不自怒齋，坐臥一榻，
積書編閱，不出山二十餘年。一日手書形離知去同乎大通八字而逝，若有異
香云

斷崖（處集斷崖禪師塔銘）俗姓楊氏，生湖州德清縣，能食不茹葷酒，六歲始能言，
但從其母誦法華經。年十七，有禪者過之，誦高峰上堂語曰：欲窮千里目，更
上一層樓。忽曰：此大善知識，必能為人拔釘去楔耳。母異之，具衣裝與之行，見
高峰于天目山，令提萬法歸一，一歸何處話，因名之曰從一。他日過鉢盂塘，見
松上雪墜，有省，即詣峰呈頌曰：不分南北與西東，大地山河一片雪。峰痛棒之，
不覺殞身崖（同下）學明通擲蕭接磚以救之，則已出山半，無所半也。還山之西
禪菴，自誓曰：七日不證則決去矣。未及所期，豁然大悟，馳至死關，呼曰：老和尚
今日瞞我不得。呈頌曰：大地山河一片雪，太陽一照便無蹤，自此不疑諸佛祖

更無南北與西東峰歎其復快歸德清其毋為責篤拜同入武康上柏山結茅以居越五年還山見峰逢葙落改名了義奉定三年歸坐祖廷者一載所謂正宗禪寺者也元統元年歲除日與禪者談笑至夜分乃曰老僧明日天台去也翌早跏趺而化二年賜號佛慧圓明正覺普度大師

元粹（稽古續集）苕溪人有圓覺經集註等書行世

覺岸（稽古續集）號寶洲烏程寶相寺沙門也博通古今嘗考釋氏事實年經國緯著為手鑑名釋氏稽古略李桓序云實能補國史之未周萃禪編之大備

明

沈道寧（西吳里語）號野雲烏程人居金婆樓後隨四十二代天師沖虛子入龍虎山學道法應若神達道寧不習文字惟精于心契故其法異于人（明一統志）朝廷累召禱雨皆驗深悅之賜三品誥封為至道高士

廣潤（列朝詩集傳）字等慈吳興人俗姓錢氏剃髮于雲棲游虞山瞿元初延居拂水之精舍遂老焉臥病載餘默誦不輟望空念佛而逝葬于破山四高僧塋

國朝

通琇（江南通志）字玉林江陰人楊姓（舊浙江通志）石磬山天隱修禪師法嗣也結茅徑山凌霄峰邑中紳士請復歸報恩遂奉母于草菴而身堅守師塔順治十五年

世祖章皇帝召見

勅封大覺禪師屢請還山遣官護送十七年春

世祖復念師道高德重又遣官再頒紫衣金印加封大覺普濟禪師本年八月再

召至京演法傳戒重封大覺普濟能仁國師又請還山歸住天目獅子正宗禪寺後十年示寂于淮安慈雲菴歸塔于武康之東塢菴

寧波府

周

鬼谷子（成化四明郡志）姓王名詡受道于老君入雲氣山採藥服之顏如童居清溪之鬼谷因以為號嘗游鄞太白山南滄嶴水簾洞（名勝志）山南懸崖瀑布名水簾洞上有鬼谷先生祠

三國吳

劉綱（四明洞天丹山圖詠集）字伯經任上虞令與夫人樊氏雲翹居四明山皆得仙道一日坐大蘭山上登巨木飛昇（太平廣記）綱暇日常與夫人較術俱坐堂上綱作火燒客碓屋從東起夫人禁之即滅庭中兩株桃各咒一使相鬭擊良久綱所咒者走出籬外綱吐盤中即成鯉魚夫人吐盤中成獺食魚入四明山路阻虎綱禁之虎伏不敢動夫人往前虎即面向地不敢仰視以繩繫虎于牀腳下綱每共試術事事不勝將昇天縣廳側先有大皁莢樹綱昇樹數丈方能飛擧夫人平坐冉冉如雲氣之昇

晉

鮑蓋（續文獻通考）鄞人生時祥光燭室名曰員然後更名蓋嘗為縣吏俾奉牒入京踰月不行縣方詰責則已得報章矣建興四年終于家後三十年其妻子俱夢令啓棺則顏色如生衣服潤潔已而祥雲下迎乘之上界

時荷（神仙通鑑）字道陽鉅鹿人少為道士入四明山遇神人教以胎息眾妙之術用能却寐絕粒役使鬼神驅除邪鬼點化金玉賙濟窮苦志懷之世間許真明州

君道法盛行江右徒步踵門願充弟子真君納之授以秘訣復遣還山教導徒衆寧康二年與陳孝舉執用從真君昇天

竺慧達(阿育王山志)姓劉本名薩訶并州西河離石人年三十一出家改名慧達晉寧康中至京師先是長干寺造三層塔塔成之後每夕放光達乃告人共掘得三石碑中央碑覆中金函裹有三舍利又有一爪甲及一髮髮伸長數尺卷則成螺光色炫燿乃于舊塔之西更立一刹施安舍利達停止通元寺首尾三年晝夜虔禮未嘗暫廢遂會稽禮拜鄮縣塔修立龕砌羣鳥無敢棲集卒于本山塔烏石嶴

南北朝

陶弘景(南史本傳)字通明丹陽秣陵人年十歲得葛洪神仙傳晝夜研尋便有養生之志謂人曰仰青雲覩白日不覺為遠矣未弱冠齊高帝作相引為諸王侍讀除奉朝請永明十年脫朝服挂神武門上表辭禄詔許之止于句曲山立館自號華陽隱居從東陽游嶽受符圖經法徧歷名山尋訪仙藥梁武帝早與之游及即位恩禮愈篤國家每有征討大事無不咨詢時人謂為山中宰相弘景末年一眼有時而方曾夢佛受其菩提記云名為勝力菩薩乃詣鄮縣阿育王塔自誓受五大戒大同二年卒謚曰貞白先生(名勝志)煉丹山在象山縣西一里梁陶貞白修煉于此其東麓即西谷也中有石牀西麓有簑衣巖巖壁篆書數行了不可識

唐

葉靜(成化四明郡志)有道術嘗誦經虛白觀忽有南海龍化一翁叟聽誦訴云胡僧咒力甚大欲竭海竭語甚哀切靜乃書朱墨符遣門人持往海上救之海水復還初觀在原上無井汲引遠甚一夕龍于觀左穿一渠泉流不絶遂成大溪因號靜曰仙師溪曰龍溪

許碏（續仙傳）自稱高陽人累舉不第晚學道于王屋山周游五嶽抵天台四明仙都委羽皆于懸崖峭壁人不及處題云許碏自峩嵋尋偃月子到此觀筆蹤者莫不歎其神異竟莫詳偃月子也嘗醉吟曰閬苑花前是醉鄉踏翻王母九霞觴群仙拍手嫌輕薄謫向人間作酒狂後當春景插花滿頭把花作舞上酒樓醉歌昇雲而去

法睿（佛祖統紀）西晉時有僧義興于鄮縣山谷間立佛祠法睿樓故跡造精舍于山之東麓杖書萬齋融建多寶塔于西南隅師居其處日誦法華感太白化天童送供夜適塔行道人見師身與塔齊因號太白禪師名其山曰天童

法常（景德傳燈錄）襄陽人姓鄭氏初參大寂問如何是佛大寂云即心是佛師即大悟唐貞元中居大梅山在鄞縣南七十里大寂聞師住山乃令一僧到問云和尚見馬師得箇什麼便住此山師云馬師向我道即心是佛我便向這裏住僧云馬師近日又道非心非佛師曰任汝非心非佛我只管即心即佛其僧廻舉似馬祖祖云大衆梅子熟也忽一日謂其徒曰來莫可抑往莫可追吾今逝矣言訖示滅

宗亮（高僧傳）姓馮氏奉化人家傍月山而居後稱月僧聞成中剃落納法國寧寺微選清高者隸名亮預住持建造三門藏院諸功德廊宇晚年專事禪寂不出寺門處士方干贈詩云秋水一泓常見底澗松千尺不生枝空門學佛知多少剃盡心花只有師終于本寺春秋八十

藏奐（高僧傳）俗姓朱華亭人卅歲出家弱冠詣嵩嶽受具游方訪道後詣五洩山遇靈默大師一言辯析旨趣符合大中十二年鄮水任景求捨宅為院迎奐居之剡寇裘甫率徒二千執兵晝入奐瞑目宴坐盜衆皆悖慴叩頭謝過以咸通七月八日告終謚曰心鑑

遂端（續文獻通考）姓張氏慈溪人投師德潤寺誦法華經至老不懈咸通十二年趺坐而化須臾口吐青蓮華七朵芬芳異常窆東山之下二十餘年塚屢

發光衆開視之形質如生遂迎還寺漆飾奉之號青蓮法華尊者

常通（雪竇寺志略）邢州李氏子參長沙岑沙問何處人師曰邢州人沙云我道汝不從彼來師云和尚還曾住此否沙然之乃容入室天祐乙丑七月示寂于雪竇壽七十二建石塔于寺之西南隅為雪竇開山第一祖師

五代

契此（明州三佛傳）不知何許人五季梁時見于明州奉化縣蹙頞皤腹常自稱契此若長汀子布袋和尚則以人之所見稱曰夕寢食無常處每以錫杖布袋自隨行聚落田野間見醯醢魚菹物輒入口餘以投袋中所至酒壚屠肆皆恣其飲啖不厭惡謂能使所貸倍售而獲利多也晨起或高齒木屐是日必晴蹔草履疾走是日必雨閩中有陳居士者館遇甚謹師荅以偈曰寬却肚皮須忍辱放開笑口暗清虛要使此心無罣礙自然證得六波羅又曰我有一布袋虛空無罣礙展開徧十方入時觀自在貞明三年示寂于岳林寺建塔封山之原晉天福初莆田縣令王仁煦遇師于江南天興寺後又遇于福州官舍出懷中圖封書戒王曰我七日不來則開看王如戒所圖封無他語止一偈曰彌勒真彌勒化身千百億時時示時人時人俱不識乃知師是彌勒佛也崇寧中賜號定應大師

子麟（佛祖統紀）四明人清泰二年往高麗百濟日本諸國傳授天台教法高麗遣使李仁日送子麟還吳越王錢鏐令于郡城建院以安其衆

師詧（輿地紀勝）五代乾祐中于慈溪之白龍慈化院結宇而栖日誦法華經嘗有白龍繞首室外因號白龍院

員達（續文獻通考）慈溪人戒行清苦吳越時創菴號湖講演經教聲浹海隅及示寂舌生蓮花塋于寺南

宋

謝 寶（續文獻通考）四明烏巖村人父宗立母董氏禱于真武夢雷震而乳生時有金光燭室年數歲夢真武為浣腸浚上水至今有赤色天旱輿羣兒來祈龍祈雨雨即至嘗龍放溪上觸石而没成深潭建炎三年三月名鄉里故舊曰吾明日還造化三年後當復生幸勿葬我次日午果卒越三年忽聞棺中有声啓視之容貌如生後頂出化焉

朱 隸（成化四明郡志）字彥誠鄞人初本江南士子靖康初避難抵明越之界匿石室中望巖竇數有異光因梯竹以上得一黑匣緘鐍甚固一劍據其外啓之中有書與印言役鬼治病之術既退隸設壇事之自是役鬼神如反掌最異者追魂診脉合沙鄭瓚嘗記其事

宋 耕（輿地紀勝）字耕道歸雪溪先生世家淒流靈崇慶紹興中為閣中令以仙去其孫德之聞其在四明親來訪焉至雪竇山問諸耆老山後爛平有二士居為具一家君已去不知所終德之登山十五里果見丹竈而仙蹤不可復尋矣今有家宣教祠堂

法 智（佛祖統紀）知禮法師初與沙門異聞于南湖保恩聚徒請道是年賜額延慶乃作誡誓辭二篇俾長為講貫天台宗教之所天聖六年于元旦建光明懺期至五日趺坐說法驟稱阿彌陀佛數百声奄然而化闍維之日舍利無數舌根不壞若蓮華然（續文獻通考）字約言四明金氏子

重 顯（僧寶傳）字隱之遂州李氏幼依普安院仁銑落髮受具北游至復州北塔祚禪師受之留止五年盡得其道與學士曾公會厚善相値淮上問顯何之曰將游錢塘曾曰靈隱天下勝處珊禪師吾故人以書薦顯顯至靈隱三年陸沈衆中儀曾奉使浙西訪顯于靈隱問向所附書顯袖納之曾大笑珊以是奇之吳江翠峰虛席舉顯出世後住明州雪竇宗風大振暮年悲學者尋流失源作為道日損偈曰三分光陰二早過靈臺一點不揩磨貪生逐日區區去喚不迴

頭爭奈何皇祐四年倒臥而化建塔山中
國朝雍正十一年
勅封正智明
覺禪師

懷璉（五燈會元）漳州龍谿陳氏子誕生之夕夢僧伽降室因小字泗州齡亂出家
丱角圓頂遠造泐潭法席投机印可皇祐中詔往淨因院賜號大覺禪師至
和中進頌賜龍腦鉢謝恩罷遂焚之治平中上疏乞歸留金山西湖四明郡守
以育王虛席迎致上堂應物現形如水中月遂拈起拄杖曰這箇不是物即全
現形也且道月在甚麼處良久曰長
空有路還須透潭底無蹤不用尋

啞女（戒香寺啞女傳）莫詳其氏族熙寧中見于明州之戒香寺狀婭惷身服疏布
或手跣足行市井閒所至見修容則其家有凶禍見喜色則其家有福祥人
浮侯之為逸避計中大夫周諤方治舉子業屢至其家一日趣裝應舉女大笑
作長短句餞行尋歸寺長吁而逝諤為具棺櫬瘞之柳亭後見之京師驚問曰
汝啞女耶揮手不答驟步去鄉士衛聞邂逅一道人于洛陽謂聞曰君鄉里啞
女者維衛佛也若歸可往禮拜歸而訪之戒香一尼曰坐化矣以不及見為恨
明年過錢塘見小兒數十擁一尼童入門譁然曰啞女啞女聞驚顧啞女索紙
筆書曰須彌山上擺鐸大洋海底搖鈴若問啞女姓氏只此便是真名出門徑
去聞追問小
兒忽俱不見

普交（延祐四明志）鄞縣萬齡鄉人幼學天台教修懺儀人有問之曰懺罪在己〻
罪何來若懺他罪汝焉能懺交不能對遂造泐潭入門即詞擬問即杖交不
知所以一日潭呼曰交來吾與汝共議古今公案交擬進復喝之
由是有省机辨敏發後居天童寺修持清苦其逝也獲五色舍利

法忠（佛祖通載）姓姚鄞縣人依郎中崇教院道英授經業年十九得度即預講肆
究天台教旨于疏議入徽（續傳燈錄）忠至廬山于同安枯樹中絕食清坐宣

和間湘潭大旱禱而不應師躍入龍淵呼曰當雨一尺雨隨至居南嶽每跨虎出游儒釋望塵而拜上堂語云今朝正月半有事為君斷切忌雨眼睛被他瞞大換後示寂塔于香爐洞

正覺（佛祖通載）姓李氏母趙隰州人誕師之夕光出于屋人皆異之（天童寺志）年十一得度十四具戒十八游方時參枯木成禪師一日聞僧誦法華經至父母所生眼悉見三千界句瞥然有省机鋒迅捷諸方推重建炎末乃往天童前後凡三十年紹興丁丑十月沐浴端坐書偈示眾曰夢幻空花六十七年白鳥烟沒秋水連天擲筆而逝

智朋（羅湖野錄）初為寶峰持鉢至甚山時成枯木與照闡提俱嗣芙蓉楷公先後得法未嘗相識成問朋曰寶峰有何言句朋即自題小像曰雨洗澹紅桃蕚嫩風搖淺碧柳絲輕白雲影裏怪石露流水光中枯木春成稱賞之曰今日方知寶峰親見先師來又指以問朋曰汝會麼朋曰不會成曰汝記得法燈擬寒山否朋遂誦至誰人知此意令吾憶南泉于憶字處成遽以手掩朋口曰住住朋豁然有省（五燈會元）四明黃氏子紹興初住婺之天寧後遷清涼退居明之瑞巖建康再以清涼挽之明守亦勉其行師不從作偈遣使者曰相煩專使入烟霞灰冷無湯不熟茶寄語甬東賢太守難教枯木再生花未幾終

王闐（續文獻通考）慈溪人號無功叟凡禪林宗旨天台教門無不洞達紹興中一夕忽聞異香趺坐而逝荼毘之日得舍利一百八粒

行持（老學菴筆記）明州人住餘姚法性貧甚有頌曰大樹大皮裹小樹小皮纏庭前紫荆樹無皮也過年後住雪竇雪竇在四明與天童育王俱號名剎一日同見新守守問天童覺老山中幾僧對曰千五百又問育王諶老對曰千僧末以問持持拱手曰百二十守曰三剎名相亞僧乃如此不同耶持復拱手曰敝院是實數守為撫掌（雪竇寺志略）師鄮之盧氏子上堂云悟心容易息心難息得心源到處閑斗轉星移天欲曉白雲依舊覆青山

妙源（延祐四明志）字晉之嘗衣蘆花衣服鐵械口誦佛號不輟每跣足乞食于道後示寂願以身飼烏鳶善詩人傳誦之

善月（成化四明郡志）號柏庭居月波寺後主延慶寺（續文獻通考）定海人居南湖禱雨輒應補右階僧録史忠獻問何能斷欲答曰日逐月忘或問以安心曰心本不動天台之學以月為冠

元

陳可復（延祐四明志）定海人越有林生善役雷恣酒自許有問具法輒叱去可復晝夜承事卒得其術至元間大旱禱禬莫應可復精思集雲雲果合須臾雷電大作雨且遂名為承應法師世祖命治足疾可復曰臣有禁架術願試之試良愈復命止風風止返部祈雪雪立至從巡幸幾三十年卒追封誠明翊教太極真人（續文獻通考）號雷谷嘗主數郡之元妙觀中秋有方士賞月可復不與戲以墨水噀符頃即烏雲掩月而雨黑雨衆知其所為延之入席雲霧散盡月復朗然

張怫（續文獻通考）字信甫居象山嘗代父受罪得原至武當山拜張真人師為危坐一榻脇不至席者三十年忽晨起别衆而化人以為尸解云

王天助（普陀山志）字致和嘗修煉普陀山後祈雨輒應聞于朝賜號太虛元靜真人（四明郡志）天助定海之蓬萊鄉人學道于袁松溪

覺慶（續文獻通考）四明人姓毛氏號壽堂自幼穎異妙典二十載棄俗出家投禮指峰和尚深入悟門至元初至雲間陳源家端坐而化源改創所居為蘭若漆其身祠之

懷信（獻徵録）字孚中俗姓姜氏奉化人年十五離家從法華院僧子思執童子之役已而祝髮為大僧受具戒于五臺寺渡浙河而西凡遇叢林名碩輒往參

叩華藏竺西恒公還主天童景德禪寺師隨質所疑竺西知為法器一日上堂
舉興化打克賓公案問答有契竺西曰俊哉師子兒也天曆己巳遷住補怛洛
迦山自持一鉢丐食吳楚間鎮南王具香華迎至府中虛心問道宣讓王亦遣
使者奉𥳑禮香紫迦棃衣姑蘇產奇石師遂購善工造多寶佛塔十三成載歸
海東俾信心者禮焉賜號
廣慧妙悟智寶弘教禪師

曇噩（續文獻通考）號夢堂姓王氏住慈溪東阜寺與金華修道先生胡公游寂
時偈曰塊然一物或有或無翻身歸去踏破毘盧有詩集行世宋濂為序

梵琦（獻徵錄）字楚石象山人姓朱氏母夢日墮懷而生襁褓中有神僧摩其頂曰
此佛日也他時能照燭昏衢因名之為曇曜九歲薙染為沙門繼往杭之昭慶
受具足戒年十六聞元叟端公倡道雙徑師往問言發非声色前不物其意
何如端試以師語詰之師方擬議欲答端叱之使出會元英宗詔書大藏經選
入燕都一夕聞西城樓鼓汗如雨下拊几笑曰徑山鼻孔今日入吾手矣泰定
中升主永祚造塔婆七級崇二百四十餘尺至正癸卯塔毀于兵師重成之景
琳為鑄寶壺觀于巔感天花異
香之祥師舉景琳為代而歸

明

行至（宋濂清淨境亭銘）字大基鄞人字
說蕙通行解相應蔚為時之名僧

法衡（嘉靖寧波府志）字允平徐氏子年十一由白巖智門寺祝髮博覽經教于寺
南松林結菴以居洪武十年鄞碩儒單仲友以使事止僧舍因問如何是芥
子納須彌衡遂答曰先生讀五車書今安在何處單駭而敬之主寺者
置之首座忽微疾危坐而寂闍維之後得堅固子光明瑩徹狀如冰雪

文洺（嘉靖寧波府志）字天鏡慈溪孫氏子究本宗三時戒行精專洪武中典北山
寺永樂初以高僧徵赴京校正經典預龍華大會七年仍歸北山一日忽告

其徒衣者曰吾今與汝訣沐浴更衣口誦法華經趺坐而逝

圓悟(天童寺志)字覺初密雲其別號也宜興蔣氏子父送之龍池山禹門禪院投幻有傳公出家一日過銅棺山頂豁然大悟歸龍池登九華泛普陀陟天台徧歷吳越凡四載傳公入滅師伴龕三載諸檀越力請開法乃繼席龍池崇禎間育王殿落成本郡司理黃端伯奉書延師遂入山開法師嗣幻有傳公公嗣笑巖寶公遡曹溪為三十四世孫(寧波府志)天童古刹久廢師因礼育王過此慨然重建營構一新凡六坐道場法席最盛所囑付十二人俱出主諸方名刹由是天童法雨徧于宇內示寂于天台通元寺返葬天童有語錄十二卷行世

國朝

道忞(舊浙江通志)字木陳潮陽林氏子剃冠棄弟子員為天童密雲悟和尚嗣悟示寂遂繼席天童順治己亥世祖章皇帝遣官徵至京住齋宮萬善殿結冬闡堂勅封弘覺禪師

本晳(寧波府志)字山曉蜀長壽魏氏子母夢梵僧授如意而生髫年即有出塵之志祝髮于本邑定慧寺參究法華楞嚴宗旨年十九出蜀至金陵聞密雲悟至往礼之不會所問乃棄教參禪憤悱交集渡錢塘參木陳忞于雲門淂契隨結茅東海郁州山中七年忞主席天童招充首座付以衣鉢歷主法席康熙十年繼席天童

本晝(寧波府志)字天岳湖廣羅田蕭氏子十二歲祝髮廬山天林慧公數年出而徧參諸方時雪嶠玉林箬菴木陳皆欲淂晝卒受木陳之付始嗣席平陽悅

乃主天童席年七十餘示寂

通旭（寧波府志）字潮音華亭俞氏子童子時遇食則以手擊木作梆聲或問之曰吾集衆會食耳父即送補陀薙染比長受戒具于白龍慧鏡徧參海内名席隨侍嘯堂寒泉悉入堂奥當机不讓旋受天台無礙老人囑聞法于慈之壽峰康熙二十八年

聖祖仁皇帝南巡特賜補陀前後兩寺金重興佛殿遣旭以首祖庭至遂延之主席旭每事必為持久計百廢具興

性統（普陀山志）字別菴西蜀高梁龍氏子年十二至高峰投三山老人薙染二十二受具印可康熙二十四年繼席天童次年住持普陀二十八年

聖祖仁皇帝賜帑金締造殿宇延之主席統為人淵達有擔當百年頹廢盡為修舉四十三年蒙

賜法雨寺碑記勒石寺中

紹興府

漢

魏伯陽（神仙通鑑）會稽上虞人修真潛默養志虛無每視軒裳如糠粃焉不知師授誰氏得古人龍虎經盡獲妙旨乃約周易撰參同契三篇（三洞珠囊）後入山餌神丹仙去

劉晨　阮肇（方輿勝覽）剡人永平中入天台山採藥失道食盡見桃實食之覺身輕行數里至溪許持杯取水見一杯流出有胡麻糝溪邊有二女子笑曰劉阮二郎捉向所失流杯來便迎歸作食有胡麻飯山羊脯甚美後欲求去會集奏樂共送劉阮指示原路既出無復相識至家子孫已七世矣越州

淳于斟（真誥）字叔顯，會稽上虞人。漢桓帝時作徐州縣令，靈帝時大將軍府掾。少好道，明術數，服食胡麻、黃精，後入吳烏目山中隱居，遇仙人慧車子授以虹景丹經，修行得道，在洞中爲典柄執法郎。

三國吳

趙廣信（仙苑編珠）居剡小白山，每日往長安市賣藥救人，暮歸小白。時人云朝離小白，暮返長安。（剡錄）太白山峻極崔嵬，吐雲納景，趙廣信尋仙處也。

介象（三國志注）字元則，會稽人。有諸方術，吳主聞之，徵到武昌，稱爲介君。從學蔽形之術，試還後宮，及出殿門，莫有見者。又使象作變化，種瓜菜百果，皆立生可食。吳主共論鱠魚何者最美，象曰：「鯔魚爲上。」吳主曰：「此出海中，安可得耶？」象曰：「可得耳。」于殿庭中作方塪，汲水滿之，象垂綸塪中，須臾得鯔魚。吳主曰：「得蜀薑作齏甚好，恨爾時無此。」象書符著青竹杖中，使人閉目騎杖，須臾已至成都，買蜀薑還，到吳廚下切鱠適了。（續文獻通考）象入山見美女，曰：「汝食氣未盡，可斷穀三年來此。」象如期往，乃授以還丹術。

虞翁主（太平御覽）會稽人。愛仙人介君食日精法，吳時來隱狼五山，行服氣迴形之道，精思積久，仙去。

晉

葛元（輿地紀勝）字孝先，句容人。學道于若耶山，號葛仙公。（嘉泰會稽志）從左元放受金液仙經，能絕穀。曾游會稽，有賈人過神廟，廟〻使主簿語曰：「今欲寄書與葛仙公，可爲致之。」主簿以函書擲賈人船，如釘著板，拔不可得，報仙公，〻〻自取得之。語弟子曰：「吾不得作大藥，今當尸解。八月某日時當發。」至期衣冠入室，弟子燒香守之，忽大風起，發屋折木，風止失公所在，見衣在而帶不解。今會稽有仙公釣磯及煉丹井具在。

嚴青（仙苑編珠）會稽人家貧常在山中燒炭忽遇仙人云汝骨相合仙乃以一卷素書與之兼教服石腦法青遂以淨器盛書置高處左右常有十數人侍之每載炭出此神便為引船他人但見船自行後斷穀入小霍山去（續文獻通考）青嘗夜行都鬼呵問何人青亦呵問都鬼叱從兵收之青亦叱從神録之青徑去而都鬼等人馬不能動明旦鄉人曰必嚴公也報其家往謝青乃放去

袁根 杜碩（廣博物志）會稽剡縣民二人獵深山經一石橋甚狹而峻向絕崖崖正赤壁立名曰赤城徑有山穴如門既入內甚平敞草木皆香有一小屋二女子住其中年皆十五六容色甚美見二人至忻然云早望汝來遂為室家忽二人思歸潛去二女追還乃以一腕囊與根語曰慎勿開也歸後出行家人開其囊囊如蓮花一重去一重復至五蓋中有小青鳥飛去根還悵然而已後根於田中耕家依常餉之在見田中不動就視但有殼如蟬蛻也（於越新編）根羽化碩年九十餘方外傳之亦如劉阮故事

竺法深（世說新語）法深在簡文坐劉尹問道人何以遊朱門答曰君自見其朱門貧道如遊蓬戶（名勝志）法深名竺潛隱剡山哀帝遣使招之至建業後還山支遁求買沃洲小嶺潛曰未聞巢由買山而隱

支遁（世說新語）支道林常養數匹馬或言道人畜馬不韻支曰貧道重其神駿好鶴住剡東岇山有人遺雙鶴翅長欲飛支意惜之乃鎩其翮鶴軒翥不復能飛乃反顧翅垂頭視之如有懊喪意林曰既有凌霄之姿何肯為人作耳目近玩養令翮成置使飛去（太平御覽）支遁本闕姓氏陳留人或云河東林慮人

曇光（佛祖統紀）晉沙門也至剡山石室宴坐山祇盛飾來見光為說法神奉山以給伽藍名曰隱岳（嘉泰會稽志）弟僧光或曰曇光

竺法崇（世說補注）法崇有律法學精法華經居剡之葛峴山茅茨澗飲孔淳之訪之信宿不去神思傾豁

竺法曠（雲門志畧）晋興寧中東遊禹穴至若耶溪愛其
孤潭遂依巖為廬孝武帝迎至京師以師事之

弘明（法苑珠林）山陰人少出家貞苦有戒節止越山陰之雲門寺誦法華經深習
禪定精勤禮懺六時不輟每旦則水瓶自滿實感諸天童子以為給使也每
明坐禪虎
常伏室内

南北朝

許黃民（雲笈七籤）字元文上清仙公翩之子上清左卿穆之孫以昇平五年辛酉
生京畿紡乳乃奉經入剡為馬朗所迎敬宋元嘉六年欲移居錢塘乃封
具真經一厨付朗語此是仙靈之跡非我自來縱有書亦勿與人及至杜道鞠
家停少時而終時年六十九真誥言黃民伯祖邁好婆娥王伯辭與黃民子榮
女瓊輝並
浮度世

謝元卿（名勝志）會稽人好呼吸延年之術年百歲精力不衰採藥入山值一樵溪
俯臨峻壁淙湍激瀉上有石梁纔可並足乃匍匐而渡稍聞鐘磬声尋之
而往忽遇仙女數人被服纖麗元卿向前礼拜乃相視而笑曰子非謝元卿
乎徐引之登峻嶺至一處豁然平敞玉堂朱閣女云此東華夫人幽所居也

孫韜（太平御覽）字又藏會稽剡人入山師潘四明參受真法陶隱居
手題搜中秘訣門人罕能見之惟傳孫韜與桓闓二人而已

魏道微（於越新編）上虞人好道相傳謂仙去今
邑中有其墓又云道微浮法于謝安山

道慧（嘉泰會稽志）餘姚人讀遠公傳慕其為人遊廬山下居西林三年王式辯三
相義慧詰難之詞句峻顯又就學猛公猛請成實為張融所難使慧當之挫
其鋒氣融大服褚澄
謝超宗皆加敬焉

慧基（釋氏稽古畧）而詔不起于會邑龜山立寶林精舍嘗著法華疏義入寂壽八十五

曇斐（嘉泰會稽志）會稽剡人少棄家事慧基善莊老儒墨之書遊方攷究經典疑義還鄉居法華臺寺學徒甚盛衡陽孝王元簡廬江何子季皆師事之

法慧（於越新編）持律甚嚴隱禹穴天柱峯誦法華經足不復人間者三十年王公貴人得一識其面以為美談

僧護（佛祖統紀）齊永明四年沙門僧護于剡縣石城山見崖間光如佛鼓乃鐫石為彌勒佛終成面像齊末沙門僧淑來繼其功至梁有始豐縣令陸咸夢沙門二人謂曰建安王染患由于宿障剡縣僧護造彌勒石像若能成濟必獲康復成以白王即名定林寺僧祐因舊功鐫入五丈至天監十五年畢功像身光龕通高十丈世稱為三生石佛云

僧淑僧祐皆僧護後身

慧皎（續高僧傳）未詳氏族會稽上虞人學通內外博訓經律住嘉祥寺撰涅槃義疏十卷及梵網經疏行世又以寶唱所撰名僧傳頗多浮沉遂著高僧傳一十四卷其序畧云前代所撰多曰名僧然名者實之賓也若實行潛光則高而不名若寡德適時則名而不高名而不高本非所紀高而不名則備今錄傳成今傳國成通國傳之

唐

吳筠（舊唐書本傳）魯中儒士也舉進士不第乃入嵩山依潘師正為道士傳正一之法開元中訪道茅山久之東遊天台在剡與越中文士為詩酒之會所著歌篇傳于京師元宗聞其名遣使徵之問以道法對曰道法之精無如五千言其諸枝詞蔓說徒費紙劄耳又問神仙修煉之事對曰此野人之事當以歲月功行求之非人主所宜加意求還山許之後遊會稽隱遁泉石竟終于越中文集二十卷其元綱三篇神仙可學論為達識之士所稱

苗龍（寶慶會稽續志）唐初人，失其名，能畫龍，嘗呼之曰苗龍，後得道仙去。今龍瑞宮東南一峯崛起，上平如砥，人稱曰苗龍上昇臺。

王氏（墉城集仙録）中書舍人謝良弼之妻，東晉右軍逸少之後，會稽人也。良弼進士擢第，為浙東從事，而婚焉。既而抱疾沉痼，良弼赴闕，竟不果行。時吴筠天師駐箕山陰，王氏之族謁而求救，為其水吞符，信宿即愈。王氏感道力救護，乃受籙，精修焚香，獨處絶粒，噏氣將有奇香異雲臨狀居第，密接靈仙，而人不知也。忽謂其女曰：吾悟道既晚，修奉未精，當隱景鍊形，洗心易藏，二十年後方得蟬蛻耳。殁後勿用棺器，可作柏木帳，致尸野中。是夕卒，家人如其言。二十年有盜發壙，棄其形于地，隆冬之月，忽聞雷震聲，馳看之，舉其尸，輕如空殻。

孔莊葉三女仙（於越新編）上虞人。天寶間學道武夷，遇太姥元君授丹訣，令往雲居洞煉之。宋治平間，有江公者至山深入，忽遇洞曰雲居，三仙女在焉。仙童引見，致以胡麻飯。江辭歸，至家已三載矣。

陳寡言（神仙通鑑）字大初，越州暨陽人。隱居玉霄峯，號曰華林。天台科法有闕遺者，拾而補之。居常以琴酒為娱，每吟詠未嘗加飾。有劉介者，字處靜，聞寡言之名，遂詣華林，請教奉几杖香火凡二十年，盡寡言之道。寡言將尸解，謂處靜曰：當盛我以布囊，置石室中，慎勿以木為也。享年六十四。後處靜與華藏頂應夷節為方外交。久之，將坐化，以詩示其徒，乃返真。别有詩十篇，今存天台道元院。

秦景闕（三洞羣仙録）不知何許人。會昌中寓止會稽市，或飲酒佯狂。凡十年，好事者稍疑其異。會稽張公每加欽禮。忽一旦取豬鬃手挼，良久引之如錫；取鐵杵搏之為餅，良久皆没如故。張素負景闕，曰：我將去矣。命取釜擊碎之，以炭相雜疊于爐内，告張曰：炭火息後，可取所化之物以豐爾家，念道濟人，可以世享其富。翼日張視之，皆紫金也。

印宗（景德傳燈録）吳郡人姓印氏從師出家精涅槃大部唐咸亨元年抵京師敕居大敬愛寺固辭往蘄春謁忍大師後于廣州法性寺講涅槃經遇六祖能大師始悟元理以能為傳法師又撰自梁至唐諸方達者之言著心要集盛行于世先天二年二月終于會稽山妙喜寺

禮宗（高僧傳）俗姓宋會稽人聞長壽寺和尚通達禪觀往叩其閫學習之心未嘗少懈師誨之曰汝之出塵有大利益可謂良玉度尺雖有十仞之土不能掩其光矣乃注涅槃經周二載拄銳解紛悟然理順遂成矣注八十卷

道亮（高僧傳）姓朱氏越州人啟考前刹會稽郡亮年八歲出家極通經業受具後學河中三論復請涅槃經尋入深谷破衣覆形蔬食資命神龍元年詔亮與法席宗師十八人入長樂大內坐夏安居二年詔于西園問道朝廷欽貴卒年八十一

元儼（高僧傳）俗姓徐氏事富春僧揮諸聖元年隸懸溜寺從光州岸師請受具戒後詣上京遇崇福意律師并融濟律師咸能昇堂睹奧共所印可後還江左褊行四分因著輔篇記十卷羯磨述章三篇金剛義疏七卷越邑精舍時稱法華晋沙門曇翼曾結菴山巔儼乃建置戒壇招集律行晏坐不出戕三十載天寶元載十一月坐終于戒壇院

慧忠（釋氏稽古畧）越州諸暨冉氏受六祖心印居南陽白崖山黨子谷四十餘年不下山肅宗聞其道行徵赴京居千福寺西禪院帝問師在曹溪得何法師曰陛下還見空中一片雲麼帝曰見師曰釘釘著懸掛著又曰如何是無諍三昧師曰還見虛空麼帝曰見師曰他還貶目視陛下否帝領解至大曆十年十二月右脇而逝謚大證禪師

國朝雍正十二年奉
敕加封真實大證禪師致祭一次

慧海（景德傳燈録）姓朱氏依越州大雲寺道智受業至江西參馬祖祖問曰來此擬須何事曰來求佛法祖曰自家寶藏不顧拋家散走作什麽師遂禮拜問曰那箇是慧海自家寶藏祖曰即今問我者是師于言下自識本心不由知覺踴躍禮謝後以受業師年老遽歸奉養自撰頓悟入道要門論一卷法門元晏竊出江外呈馬祖祖覽訖告衆云越州有大珠圓明光透自在無遮障處也

智藏（高僧傳）姓皮氏西印度種族留心律藏最為精敏大曆三年遊豫章因隷名天宮寺貞元中遇大寂禪師篤明心要及遊會稽於航塢山頂築小室安禪乃著華嚴經妙義宣吐亹亹學者歸之元和十四年無疾而終焚收舍利圖淨者建塔于院北峯

靈一（續文獻通考）越中雲門寺僧持律甚嚴尤善詩與劉長卿皇甫冉嚴維相倡和有詩集一卷

靈澈（桂苑叢談）越僧靈澈浮蓮花漏于廬山傳江西廉使韋丹（會稽風俗賦注）會稽湯氏子善歌詩與劉柳善（續文獻通考）居東林寺字澄源與吳興詩僧皎然遊故然薦之包佶李紓以是名顯元和十一年終于宣州開元寺建塔天柱峯有詩二十卷

澄觀（指月録）姓夏侯氏山陰人才撰二筆撰華嚴疏鈔窮圓頓之旨化後門人見有金甲神人空中西逝拜問神何為曰取華嚴菩薩牙歸供養耳門人啓塔視之師容貌如生而失二牙以是知為華嚴菩薩也（佛祖統紀）開成三年敕葬終南山石室宰相裴休撰銘

良价（佛祖通載）會稽人姓俞氏幼歲出家年二十一往嵩山受具首謁南泉次謁溈山到雲巖問無情說法猶涉疑後因過水覩影大悟前旨大中末于新豐山接誘學徒其後盛化于高安之洞化

國朝雍正十二年敕封淨覺悟本禪師

寂然頭陀（輿地紀勝）太和二年春有頭陀曰寂然東遊沃洲山見道猷支遁遺蹤泉石盡在意不能去時浙東廉使元相國始為卜築寂然振起禪風〻
黑之徒聞而化者甚衆
樂天有沃洲山禪院記

希圓（高僧傳）姓張氏姑蘇人居會稽寶林山寺與時寡合多事宴默或問之則曰
吾道逆乎無形之場同師子遊戲耳景福中著元中鈔數卷恒勸人急修上
生之業且曰非知之難行之為難圓居小房所瑯琊山頂相傳瑯琊臺飛來
有井應大江之潮候甚多靈怪一云此處禹鎖浙江蛟蜃之屬其名曰蛆〻有
雙耳其色蒼黃或緑竹木必風雨至矣圓為之
受歸戒令勿作風雹之妖暨圓終多暴風雨

五代

全付（十國春秋）會稽人至豫章聞禪會之盛遂抵宜春仰山礼南塔已而還東府
文穆王特加礼重賜紫方袍不受改賜衲衣號純一禪師天福二年東府或
將為闢雲峯山建院名曰清化開運
中坐化有大風振林木逾時乃定

惠舉（舊浙江通志）隱法華山梁武帝徵之不至昭明
太子以金縷木蘭袈裟遺之天衣寺名始此

宋

老葉道人（老學菴筆記）龍舒人不食五味年八十七而平生未嘗有疾居會稽舜
山天將寒必增屋瓦補墻壁使極完固下帷設簾多儲薪炭杜門終日不
及春乃出弟子曰小道人嘗歸淮南省親至七月望日隣有住菴僧名老葉飯
飯已亟辞歸問其故則曰小道人約以今日歸僧笑相去二三千里豈能必如
約哉乃送之歸及門
小道人者已弛擔矣

武元照（續文獻通考）蕭山女子方孩母或茹葷即終日不乳及菜食乃乳母異之稍長忽夢神告曰汝本玉女坐累暫謫人世可絕食及覺欲不食母強食之又夢神怒曰違我戒剖腹滌之因授靈寶法以符水療人一日詣數十家衆詫訪之已死矣

陳明（咸淳志）越州攢陵鋪兵也人呼為陳院長往來行歌無所定止能知未來事祁寒烈暑皆不畏避雪中不施一縷臥野橋上氣騰如蒸眼色正碧好以白堊書地且讀且歌字畫類五銖錢文觀者莫識中貴人共領攢宮者憐其寒常遺以衣乃轉與貧者淳熙辛丑歲久不雨鄉民叩以豐凶應曰木災竹災魚災負道災俄而高岡發洪山水暴至所經竹木盡拔魚鱉掃空陳大病不食幾月腹皮皆凹入附背隱隱見五臟人謂其必死俄復如初有蜀客來道堂見之贊香作禮曰先生正為鄉里化緣造橋安得來此衆始悟其為異人神遊在彼云

蔡華甫（於越新編）新昌人為縣送事遇道人授以術遂能驅使鬼神其胥常過華甫見國中有二虎倉皇驚走華甫曰無恨我當呼來即馴伏于地暮年月成服之曰我將遠遊矣遂尸解猶有從子在天台見其乘青騾從二童子問之曰道友邀我遊桐柏宮

仲休（於越新編）越州人精習天台教而禪寂不接人事得紫衣海慧之號嘗作詩有天依十峯味

從朗（嘉泰會稽志）居蕭山祇園寺年逾百歲門常晝掩每誦蓮經衆鳥銜花並坐潘閬一日謁之仍閉門不納閬留詩于門云門掩多年生綠苔想師心地似寒灰勞生擾擾休來此我是閒人尚不閒

覺鄉（嘉泰會稽志）受具入台之東掖山謁法真聽天台教一日論經玉義法真嘆曰子得元妙于性相之外更謁照覺總禪師從容問答心凝神釋遂鍾山居第一座入室常數百人住越之象田象田火廢師至乃復興今為名刹

端裕(五燈會元)吴越王之裔六世祖守會稽因家焉師生而眉目㴋秀十八受具住依淨慈一禪師未幾偶聞僧擧露柱曰你何不說禪師忽微省去謁龍門遠甘露卓泐潭祥皆以穎邁見推晚見圓悟于鍾阜頓去所滯命掌記室(會稽縣志)年十八投大善寺則忠落髮受具見佛果勤和尚與語大悅遂往依勤住蔣山命典記室慈寧太后名裕演法于靈隱賜金襴袈裟紹興十八年移四明之阿育王倡道無倦二十年十一月示寂荼毘煙凝五色如車蓋收舍利無數弟子奉遺骨塔于鄮峯西華初賜號佛智大師至是謚曰大悟塔曰寶勝

了演(嘉泰會稽志)少依東山廣化聽秀禪師夜參師有省發趋衡陽投大慧禪師宗杲一見器許杲謂其徒曰若輩如針刺窗微見光影耳演乃一蹴鴻門兩扇開也自臨安移住象田繼移靈隱

慧暉(續傳燈録)會稽張氏子幼依澄照道凝染削進具甫二十謁宏智々擧當明中有暗不以暗相遇當暗中有明不以明相覩問之語不契初夜定回往聖僧前燒香而宏智適至師見之頓明前話次日入室智擧堪嗟去日顏如玉却嘆回時鬢似霜詰之師曰其入離其出微自爾問答無滯紹興丁巳開法補陀徙萬壽及吉祥雪竇淳熙三年勅補淨慈七年退歸雪竇十年仲冬沐浴而逝塟全身于明覺塔右

淨全(寶慶會稽續志)諸暨人姓翁氏甫冠即出家入徑山投大慧宗杲々曰汝有何能答曰能打坐曰打坐何為全曰若問何為直是無下口處杲遂知其為法器全生長田家朴野不知書一日集衆採椒全亦預焉同輩戲云汝試作一椒頌如何全即應云含烟帶露已經秋顆々通紅氣味幽突出眼睛開口笑這回不恋舊枝頭衆皆嘆異

志達(於越新編)姓呂氏餘姚人于上虞等慈寺為僧遍遊諸方參聽天台宗教嘗請于胡錫師錫遂為會稽講席之冠年七十卒經五日荼毗于烈焰中身不

歘倒盡根不壞

重喜（老學菴筆記）會稽灃雲長老重喜為童子時初不識字因歸寺廊忽若有省者遂能詩其警句云地爐無火客囊空雪似楊花落歲窮拾得斷麻縫壞衲不知身在寂寥中

弘濟（稽古續集）字同舟天岸其歸也會稽姚氏子從寶積寺齊田滿公出家授法華經輒能記憶既為大僧精持律學深究教乘修懺懇切于觀定中見一尊者授以摩尼如意自是辯博無礙聞法于萬壽圓覺寺呪沙瓣地以救海岸之崩後主顯慈集慶二寺遷主會稽圓通修念佛三昧詔住大普福寺歸清鏡閣是年寂

法慧（寶慶會稽續志）上虞長慶寺僧灑埽一室終日晏坐庭有花竹泉石士大夫多造之慈善談論焚香煮茗延納無倦嘉泰初忽謝客閉門其行童辭往行在所慈戒其速回以之無耗一日還慈喜曰汝歸甚好時方盛暑即令具湯沐深潔畢易衣端坐其徒往視之已將瞑目亟呼云和尚何不留一頌乃云不曾生來無始劫今日當場又隨滅又隨滅萬里炎天見點雪語僅脫口而逝

仲皎（於越新編）居剡明心寺參竟禪學尤好篇章嘗于寺西星子峯前築白塔結廬其下號閑閑菴

元

陳嘉（於越新編）字志謨諸暨人文辭超邁每應舉主司必喜其文第以狂語見黜自號龍潭居士後為沃州山道人尸解去

戴真人（會稽縣志）性超曠逍遙物外行業為世所推書遊京師歸越朝士大夫多以詩送其行虞集送以詩曰戴先生日飲五斗不得醉再飲一石不肯眠

非從桃源來兩袖攜風咽長安道上小兒女拍手攔道呼神仙馬如游龍衣如雨瀲灩春秋作朝暮東方不作閶闔戲上帝還令海還去海邊玉虹夜不收貝宮珠闕皆蛟艸芝田玉樹久相待天上老仙那肯留戴先生鑑湖之水三千丈不可以鑑可以釀明朝亦脫錦袍去與汝酣歌釣舡上

興恭（弘治紹興府志）字行己號嬾禪餘姚九功寺僧戒行高潔博通儒釋至杭題詩冷泉亭吳興趙孟頫見而異之遂定交焉後遊蘇州定惠寺端坐樹下而逝寺僧檢其橐無餘物但有雁峯詩云官路迢迢野店稀薄寒催客早添衣南分五嶺雲天遠雁到衡陽亦倦飛

元長（稽古續集）字無明號千巖蕭山人俗姓董始通九流百氏次習法華究律部于靈芝寺律師後參狗子無佛性話片峰為之決擇印正往烏傷伏龍山與復聖壽伽藍名聞朝廷降名香以寵嘉之賜僧伽黎衣及普應妙辯之號

時習（弘治紹興府志）字定門山陰葉氏子延祐中以高麗王薦名至京令設法于南城寺頂門忽現異光葉結如蓋賜號佛音真應禪師南還主越之大能仁廣演妙義法名遠播

善繼（獻徵錄）字絕宗諸暨妻氏子母夢神人授白芙蕖乃生始能言見母舉佛號合爪隨声和之長客山陰靈秘寺覩三藏諸書嘆曰欲求出世非釋氏將疇依投具寺僧思恭祝髮習天台教觀天曆己巳住良渚大雄教寺講金光明經至正壬午移住天竺薦福甲子陞主天台能仁一夕集衆曰吾殆歸矣遂書偈而逝

明

金鬘頭（於越新編）會稽人弘治間住富盛之方泉橋生平不櫛沐服垢衲人呼為金鬘頭在青塘村初出一舍有女織其中與金慶和己忽不見嘗于武林

逢道者共飲已而覆杯去渡江道者擲覆令渡金雞之覆忽化為舟道者竟渡金雞遂返過所飲肆譁聚百餘人云道者所覆杯膠不可啓金至啓之中有洞賓二字

鉢仙（會稽縣志）不知姓名年歲常手捧數十瓦鉢人叩之惟曰孝弟二字冬月赤身臥雪中體常溫一夕卒衆殮之檢其鉢有銀適如買棺之數將為營葬舉棺甚輕開視之敝衣而已

元瀞（稽古續集）字天鏡號朴隱會稽倪氏子謁徑山元叟端禪師明單傳直指之道端公稱是般若中人洪武初名入內庭問道賜食而退後主雲隱卒

自悅（於越新編）餘姚人戒行高潔通儒書閑安每與談易有異術能呪潮水不至洪武初被徵稱旨

僧玘（歷代小史）號太璞餘姚人專心禪學藏經五千四百卷無不成誦太祖雅愛之一日問曰為僧不了其報云何玘對曰為僧不了來墮阿鼻地獄上曰出何典玘曰出藏經第幾卷上變色曰然則吾當何報耶玘叩頭曰天生聖人為生民主豈同于凡類耶上曰此又出何典玘曰出藏經第幾卷命取經閱之信然大悅諭諸大臣曰卿等雖各有才不若是僧之忠誠也臨終沐浴更衣請上告訣適有事不見玘望位叩頭曰臣有生緣無死緣上聞知其語嘆曰噫玘死矣使人視之果卒遣人諭祭驛送還鄉

溥洽（列朝詩集傳）字南洲山陰人族姓陸氏放翁之後于鄉之普濟寺禮雪庭祥公禪定之餘肆力詞章洪武二十二年名為僧錄司右闡教陞左善世永樂四年詔修天禧寺浮屠車駕臨幸命工慶讚仁宗即位數被名問乞居南京報恩寺養老宣德元年示寂年八十有二塔于長干西南之鳳嶺（鄭曉今言）靖難兵起溥洽為建文設藥師燈懺長陵聞其事囚之十餘年姚恭靖疾革車駕臨視問所欲言于榻上叩首曰溥洽繫獄久矣即日釋之白髮長數寸覆額

成 撰(萬曆紹興府志)嵊人坐臥繩牀數十年日誦蓮華經一日牀前忽湧蓮花一樹

圓 澄(會稽縣志)字湛然東關人俗姓夏少時為鋪兵受杖投妙峯和尚薙髮為僧踰年浮戒于雲棲蓮池以古佛期之掩關六年遣慈舟謁南海還禹越之止風相見契洽遂付囑焉澄素不曉文字一旦通豁講論經典俱有妙理闡顯聖道場宗風大暢

國朝

圓 信(山陰縣志)字雪嶠鄞人常游若耶秦望山間瞥見古雲門三字豁然開悟嗣法龍池後駐錫雲門大闡宗風(寧波府志)號語風鄞朱姓子與圓悟同師二十九始祝髮常凍飢至赤體草宿乞食聚落而悟無入處後至奉望普濟寺始大悟結菴于武康之雙髻峯壁立萬山中遇虎不為害凡四坐道場南岳閣仙徑山雲門皆其卓錫處順治四年結跏而逝瘞于寺之右隴十七年詔賜帑金五百兩修藏塔

台州府

周

王 喬(靈異考)字子晉周靈王太子好吹笙作鳳鳴浮邱公接以上高高道家稱為右弼真人治桐柏山章吳越水旱(台州府志)五代時封元弼真君宋政和三年封元應真人紹興庚申加號善利廣濟真人台之寺院奉為護法伽藍(名勝志)吹臺山在永嘉縣南二十里上有王子晉吹笙臺

劉奉林(列仙傳)周時人學道嵩高山積年後之委羽山能閉氣三日不息但服黃連已及千歲(名勝志)委羽山在黃巖南十里世傳劉奉林于此控鶴輕舉

漢

茅盈（三輔黃圖）曾祖父濛于華山乘雲駕龍白日昇天先是邑人謠曰神仙得道嘉平茅初成駕龍上昇入太清時下玄洲戲赤城繼世而往在我盈帝若學之臘嘉平（天台山志）盈年十八委家學道詣南岳上真西城王君受道〻成命為太元真人治大霍赤城玉洞之府時漢哀帝元壽元年也（名勝志）赤城有玉京洞蓋十洞天之第六茅司命真君所治

晏馥（太平御覽）字子治陳留人少好道服朮餌雲母後入吳山從赤須先生受鍊魂法又遇桐柏真人授以黃水雲漿法得道在洞中為明晨侍郎

晉

魏夫人（南岳魏夫人內傳）名華存字賢安任城人晉司徒魏舒女少讀老莊春秋三傳五經百子常別居一園父母逼之強適太保公掾南陽劉幼彥幼彥為修武令隨之縣舍閑齋別寢入室百日季冬夜半四真入來降于室夫人拜乞長生度世青童君曰此清虛真人者爾之師也當受業焉景林真曰爾應為紫虛元君上真司命封南岳夫人也後聖君命仙伯牙叔手授夫人青瓊之板丹綠為文位為南岳夫人使治天台大霍山（南岳小錄）赤城山下別有洞臺方二百里魏夫人所居

竺曇猷（太平御覽）燉煌人遊江左止剡之石城山乞食坐禪後移始興赤城山石室一日有神現形詣猷曰法師威德既重來止此山弟子推室以相奉天台懸崖峻峙峯嶺切天古老相傳云上有精舍得道者居之雖有石橋跨澗而橫石斷人無得至者猷潔齋累日往見橫石洞開度橋少許覩精舍神僧謂猷曰却後十年自當來此今未得住于是遂反顧看橫石還合如初（虎薈）竺曇猷赤城山石室坐禪有羣虎蹲于前猷因誦經一虎獨睡以如意扣其頭云何不聽經〻畢而虎去

支曇蘭（太平御覽）晉太元中憩始豐赤城山見一處林泉清曠而居之經數日忽見一人長數丈呼蘭令去又現諸異形禽獸以恐蘭蘭恬然自得乃屈膝禮拜懺而有人著幘稱珠斯王至蘭所乞受歸戒蘭即為授法辭別而去便聞鳴笳鼓吹響振山谷禪眾十餘共所聞見

懷玉（赤城志）臨海人高姓今棲石村其所居也稱高玉禪師居方山運水遠溪忽見一父老曰菴前石下有泉也玉舉錫進湧盈尺乃入天柱山即今湧泉延息寺

高僧傳懷玉唐時丹邱人

南北朝

定光（赤城志）青州人許姓字靜照大同初隱佛隴三十年人罕知者初智顗在江陵夢光引至山頂曰汝當住此汝當終此及顗過佛隴光曰憶昔住時招手否顗即悟光曰金地吾已居之銀峯爾宜往今修禪寺是也陳大建十三年坐滅凡三瘞體骨踊出後置殿乃已

慧命（天台山方外志）天台人參南嶽思大禪師聞說三觀深悟元旨得無礙辯說法如瀉將終誡門人精進淨行眾忽見佛與大士來迎即向西升空而去。

隋

徐則（隋書本傳）東海郯人幼沉靜寡欲精于議論声傳都邑則嘆曰名者實之賓吾為其賓乎遂杖策入縉雲山陳太建時應召憩至真觀朞月又辭入天台山因絕穀養性所資惟松朮而已太傅徐陵為之刊山立頌初在縉雲山太極真人徐君降之曰汝年出八十當為王者師然後得道也晉王廣鎮揚州知其名手書召之遂詣揚州晉王將請受道法則辭以時日不便其後夕至五更死支體柔弱如生遣使送還天台定葬是時自江都至天台在道多見則徒步云得放還至其舊居取經書道法分遺弟子然後跨石梁而去不知所之須臾柩至方知其靈化時年八十二

王遠知（方輿勝覽）台州道士善易知死生禍福作易總十五卷一日雷雨雲霧中一人叱遠知曰所泄者書何在上帝命吾攝六丁雷電追取遠知惶懼據地旁有六人青衣已捧書立矣老人責曰上方禁文自有飛天保衛金科秘藏元都汝何者輒藏緗帙遠知曰青邱元老傳授也韓愈詩天官勅六丁雷電下取將盖用此

智顗（景德傳燈錄）荊州華容人姓陳氏七歲聞誦法華經即隨念之七卷之文宛如宿習于果願寺出家齊乾明元年謁大蘇山慧思禪師思一見謂曰昔靈鷲同聽法華今復來矣即示以普賢道場說四安樂行師入觀三七日身心豁然以所悟白思思曰非汝弗證非我莫識太建元年往金陵闡化凡說法不立文字以辯才故晝夜無倦七年隱天台山佛隴峯有定光禪師先居此峯謂弟子曰不久當有善知識領徒至此俄而師至宣帝建修禪寺割始豐縣租以充衆費及隋煬帝請受戒乃號師為智者門人灌頂日記萬言而編結之總目為天台教蔚

智晞（續高僧傳）俗姓陳潁川人稟受禪訣加修寂定常居佛隴修禪道場業三昧者咸共歸仰創造伽藍嚴堂房舍悉皆嚴整惟經臺未構衆議曰香鑪峯檉柏可共取之往諮于晞荅云山神護惜不可造次爾夜夢人送疏云香鑪峯檉柏樹盡皆捨給經臺既感冥示即便分部人工入山採伐木終數日告弟子曰今當永別會遇靡期言已寂然無声諸弟子哭泣便開眼誡曰物始必終世相如是寧足可悲今去勿爾閙亂于吾也所冀龕墳在智者龕前二百餘步

唐

司馬承禎（舊唐書本傳）字子微河內溫人少好學善篆隸書為道士事潘師正傳其符籙及辟穀導引服餌之術止于天台山則天聞其名召至都將還勅麟臺監李嶠餞之于洛橋之東景雲二年睿宗令其兄承禕就天台山追之至京問陰陽術數對曰損之又損以至于無為帝曰理國無為如何對曰國猶

身也老子曰遊心于淡合氣于漠順物自然而無私焉而天下理國辭還山賜寶琴一張及霞紋帔開元九年元宗又遣使迎入京親受法籙前後賞賜甚厚十年請還天台山元宗賦詩以遣之（高書故實）子微形狀類陶隱居元宗宗謂人曰承禎弘景後身也尸解日白鶴滿庭異香郁烈稱白雲先生

謝自然（台氏六帖）蜀女真謝自然泛海將詣蓬萊求師舟為風飄至一處山見道人詣言天台山司馬子微名在丹臺身居赤城真良師也自然乃回求子微受度後白日上昇（唐類函）自然于開元親受紫虛寶經于金泉山一十三年晝夜不寐兩膝上忽有印四孺若朱有古篆六字粲如白玉

田虛應（高道傳）字良逸得大洞法每水旱請禱敝衣岸幘而坐應不旋踵元和中入天台屢詔不起（因話錄）良逸以虛無為心和煦待物不事浮飾而天格清峻人見者褊悋盡去呂侍郎渭楊侍郎憑皆北面師事母為喜王寺尼衆皆呼良逸為小師一日寺尼晨起見一虎在母門外走以告母曰此應是小師使送柴來不足畏也

馮惟良（神仙通鑑）字雲翼相人也修道于衡岳中宮與徐靈府陳寡言為烟蘿友香火之外琴酒自娛久之就降真堂師田虛應授三洞秘訣元和中東入天台桐柏觀自正一先生宄葺以來湮廢已久惟良乃再締構作上清閣降真堂白雲亭脩閒院以三洞之道行于江表憲宗詔不起即華林閣創栖瑕隱居以止一日命湯沐浴冠簡降庭若有所對名須臾埋階遂化年九十

夏侯隱（仙傳拾遺）大中末遊天台獨止一室或露宿草樹間每登山渡水則閉目而睡比至則覺人呼睡仙

應夷節（高道傳）字遠中汝南人生時母夢流星入懷後遊天台與葉藏質劉處靜為林泉友會昌中于桐柏觀之西南別建壇以居年八十五解化羅隱為之贊

王可交（神仙感遇傳）蘇州崑山人年數歲眼有五色光起真室中可以鑒物或謂其所親曰此疾也光盡即喪其目父母名膚醫灸之光乃絶咸通十年十一月自市還家于河上見一大舫絡以金綵飾以珠翠張樂而遊可交立而觀之有青童引之登舫見十餘人峨冠羽服各執樂器傍一人言曰好仙骨為火所損未可與酒但不食十年方可得道耳以粟一枚與之令食遂奏樂飲酒童子復引之上岸忽如夢中足纔及地已墮于天台山瀑布巖下須刻之間水陸千里台州刺史袁淡疑其詐妄移牒驗其鄉里自失可交之日洎至天台時已三十日矣可交自此不食顏狀鮮瑩袁以羽褐授之使居紫極宮

劉方瀛（道教靈驗記）天台道士常以丹篆救人與同志弋陽縣令劉劇按天師劍法以五月五日就弋陽葛溪鍊銅造劍敕符禁水疾者登時即愈嘗于黃巖縣修齋敕壇以救瘟毒咸通末無疾而終戒其門人使與劍俱葬乾符中和間台州裨將李生領徒發其墓欲以取劍見其尸柔軟容色不變傾視其劍嘷吼有聲遂驚懼不敢取而去

王仙姑（輿地紀勝）黃巖人小名子松家谷石村行至石檀山遇仙成道

灌頂（天台山方外志）姓吳氏始生三月能隨母稱三寶名有僧過門謂曰此子非凡因以灌頂為名七歲入攝靜寺依慧拯出家年二十受具戒陳至德初謁智者于修禪寺稟受觀法禎明元年隨智者止金陵光宅聽講法華隋開皇十三年夏受法華玄義于江陵玉泉十四年夏受圓頓止觀于玉泉著涅槃玄義二卷疏二十卷唐貞觀六年終于國清寺（佛祖統紀）義寧元年五祖章安灌頂禪師于天台國清寺為智威禪師說止觀心要

智璪（續高僧傳）俗姓張氏寓居臨海投安靜寺慧憑法師為弟子聞智者為世良導即泛舸豐流直指天台山伏膺受道乃遣行法華懺悔第二七日初夜懺訖還就禪林見九頭龍從地涌出上昇虛空隋大業元年引見內殿還通事舍人盧正方送璪還山供給豐厚以貞觀十二年卒于寺壽秋八十三

明淨(續文獻通考)高寒人少出家後南遊天台至村中化食回犀虎皆閉口閉目若有飢相淨乃以匙挑飯納其口中明日化食回虎又如之人皆駭異貞觀三年旱召淨至京祈雨大獲甘霖海内有年乃度僧三千以酬之後還義勝寺

豐干　寒山　拾得(赤城志)號國清三隱豐干者貌尤寢被髮布裘或時唱歌人問之第云隨我騎虎遊松門三人每遊返則長吟大笑人莫測也有詩偈三百題松石間如云日日東出日日西沒不知千古萬古人送向青山成底物人饒傳之貞觀中閭邱守嘗問豐干天台有何賢聖荅曰見之不識識之不見欲見而識不得取相國清有寒山拾得狀類風狂歌笑不常蓋普賢文殊後身也公至直謁之至則二人方據火談笑閭邱遽作禮二人云豐干饒舌卽遂握手出門而去其後寒山隱寒石山拾得隱祥雲峯遺跡可攷獨豐干不知所終

國朝雍正十一年

敕封寒山妙覺普度和聖大士拾得圓覺慈度合聖大士

一行(舊唐書本傳)姓張氏先名遂魏州昌樂人出家爲僧師事沙門普寂後往荆州當陽山依沙門悟真以習梵律開元五年元宗徵至京置于光太殿數就訪安國撫人之道言皆切直無有所隱撰調攝伏藏十卷天乙太乙經及太乙局遁甲經釋氏系錄各一卷時麟德曆經推步漸疏一行推周易大衍之數立衍以應之改撰開元大衍曆經至十五年卒年四十五賜謚曰大慧禪師初一行求訪師資以窮大衍至天台山國清寺見一院古松十數門有流水一行立于門屏間聞院僧于庭布筭聲謂其徒曰今日當有弟子自遠求吾筭法已合到門豈無人導達也卽除一筭又謂曰門前水當却西流弟子亦至一行承其言而趨入稽首請法盡授其術焉門前水果西流

湛然(赤城志)常州人戚姓號荆溪禪師天寶大曆間優詔不起晚歸台山注天台教今赤城釋籤嚴是也一日說法竟隱几而化人號天台教主云

代病（高僧傳）天台人姓陳氏出家國清寺次于河陽為民救旱立道場啓視畢雲起膚寸雷雨大作自此歸心者衆先是三城間多暴風雹動傷苗稼毒龍為之也代病為誦密語後經歲序都無是患大曆元年登太行遊霍山乃深入幽邃結茅而居後于趙州救荒作施食道場前後八會遐邇賴之以貞元十九年七月跏趺示滅

清觀（高僧傳）字明中臨海人姓屈氏詣國清寺授元璋律師執侍瓶鉢年十八洞明三觀兼淨深定仍善屬文長于詩筆大中初天下寺刹中興觀入京請大鐘歸寺鳴擊并重豎敕額削集賢院學士柳公權書題也後請藏經歸寺後無疾而終

遺則（五燈會元）京兆人姓長孫氏初謁忠禪師大悟元旨遂南遊天台隱于瀑布之西巖元和中衆道者日至（高僧傳）始天竺達摩以釋氏心要至傳其道者有曹溪能高山秀學能者謂之南宗學秀者謂之北宗學而信祖又以其道傳慧融融居牛頭山由是達摩心法有牛頭學則既傳忠之道精觀久之遂南遊天台至佛窟巖蔚為精舍傳則道者又自以為佛窟學坐殁夜山下人聞若山崩旦望之則綵雲翔泊于巖上

希運（舊浙江通志）嗣法百丈嘗行腳至天台遇一僧與偕行阻大溪運駐笠水次二僧褰水如陸以手招之曰渡來師叱曰這自了漢吾早知當斫汝脛僧歎曰真大乘法器也言訖不見宣宗即位賜號斷際禪師後開法黄蘗法席冠天下實為濟宗之祖義元其法嗣也

國朝雍正十二年奉
敕加封正覺斷際禪師致祭一次

五代

厲歸真（赤城志）嗜酒常單衣精水墨漢乾祐三年于中條山飛昇語人曰吾台州唐興縣人也（珍珠船）歸真常遊洪州信果觀内塑像雀始真識歸真于壁

畫一雌筆跡奇異自是鳥雀無復栖者

朱霄外（十國春秋）台州道士也素有道術為忠懿王錢俶所知遣命葺台州之白雲菴為棲霞宮以霄外主之

道育（高僧傳）新羅國人自唐景福壬子來遊天台挂錫于平田寺日中灑掃廢廊料理常住得殘羹之食雜色惡氣妥收貯于器齋時自食與僧供湢浴煎茶過薪水中蟲蟻乃置之遠地護生偏切行之四十餘載未嘗少廢身出細赤色舍利有如珠顆人或求之隨意皆獲晉天福三年終于僧堂云

宗靖（景德傳燈錄）台州人初參雪峯密承宗印歸故鄉住六通院錢王命居龍興寺廣順初年八十一錢王請于寺之大殿演無上乘黑白駢擁僧問如何是六通家風曰一條布衲一斛有餘問如何是和尚家風師曰早朝粥齋時飯錢王時加禮重署六通大師顯德元年示滅塔于大慈山

明真（景德傳燈錄）黃巖人自元沙得法迴入浙中錢武肅王請說法住持上堂僧問如何是璘璣不動師曰青山數重僧曰如何是寂爾無根師曰白雲一帶

德韶（僧寶傳）龍泉陳氏年十五有梵僧見之拊其背曰塵中無置汝所也乃往依龍歸寺剃髮十八詣信州開元寺受滿戒後唐同光中至曹山有僧問法眼禪師曰如何是曹源一滴水法眼曰是曹源一滴水于是大悟（十國春秋）文益立法眼宗謂德韶曰汝向後當為國王所師大弘吾道遊天台觀智者遺蹤如故居德韶與智者同姓時謂之後身忠懿王鎮台州德韶語王曰他日為霸主無忘佛恩及襲位迎入杭州尊為國師開寶五年示疾于蓮華峯集衆言別跏趺而逝

國朝雍正十二年

敕封妙慈圓徹禪師致祭一次

羲寂（十國春秋）居天台國清寺善弘教法忠懿王遣使高麗求取一家章疏高麗君乃命國僧諦觀報聘以天台教部還歸于我諦觀既至稟學羲寂于螺溪

之上王為建定慧院賜義寂號淨光大師卒追謚九祖（佛祖統紀）螺溪以授寶雲寶雲以授法智法智大肆講說遂尊中興教觀之名

宋

張無夢（神仙通鑑）字靈隱號鴻濛子鳳翔盩厔人入華山事陳希夷先生多得微旨久之遊天台登赤城廬于瓊臺觀行赤松導引安期還丹之法間以修煉內事形于歌詠累成百首題曰還元篇真宗名對令講易即說謙卦上問曰獨說謙卦何也曰方大有之時宜守之以謙上喜復命講還元篇曰國猶身也心無為則氣和氣和則萬寶結矣心有為則氣亂氣亂則英華散矣此還元之大旨也賜金帛皆不受乞還山復賜處士暢飲先生號亦不受居瓊臺十餘年遊嵩山泛湘漢抵金陵年九十九終三日頂中有白氣勃勃然高三尺餘移時方散有瓊臺詩集行于世

張用誠（續文獻通考）本名伯端字平叔號紫陽台州人嘗入成都遇劉海蟾得金丹術歸以所得著悟真篇八十一首授扶州馬默曰平生所學盡在是矣嘗與僧神遊揚州觀瓊花紫陽手中拈出僧無有也（台州府志）用誠臨海人為府吏在府辦事家送膳至衆以其所食魚戲匿之梁間平叔疑其婢所竊歸撻其婢婢自經死一日有虫自梁間下驗之魚腐虫出也平叔乃喟然嘆曰積牘盈箱其中類竊魚事不知凡幾因賦詩云刀筆隨身四十年是非非是萬千千一家溫飽千家怨半世功名百世愆紫綬金章今已矣芒鞋竹杖任悠然有人問我蓬萊路雲在青山月在天賦畢縱火將所署文卷悉焚之因按律遣戍先是郡城有鹽賴每食鹽數十觔平叔奉之甚謹臨別囑曰若遇難但呼祖師三声即解汝厄後械至百步溪天炎浴溪中遂仙去至淳熙中其家早起忽有一道人進門坐中堂叩其家事歷歷道出門去人謂平叔歸云百步嶺舊有紫陽真人祠扃云紫陽神化處（兩浙名賢外錄）元錢塘瑞石山道士徐弘道常感張平叔往山傳訣故菴名紫陽

國朝雍正十一年

勅封大慈圓通禅仙紫陽真人

彭文昌（赤城志）邑之彭溪人有道行政和中令晁昌女歲于崇昌以市之溪祠為妖焚其廟怪遂絶

王茂端（天台山方外志）行上清大洞法通真達靈事驗甚著養母至百歲茂端年九十八清健不衰人呼為王靈寶其弟契真亦行大洞法號小靈寶所著靈寶教法秘籙十卷留桐柏觀

戒闍黎（天台山方外志）臨海妻氏子十五出家至杭見天竺没利多乃為薙髪受具足戒故名善戒將滅之日于台州兜率寺撃鼓集衆為説觀音圓通法門乃下座出殿前湧身虚空現諸神変還入殿内復昇法座左手現日右手現月放百寶光明次于口中現蓮華十二朶華放寶光十二色又于頂上放無數光師曰老僧有如是妙用以彰釋迦如來正法世縁已畢與汝作別言訖合掌而逝

行滿（高僧傳）萬州南浦人聞天台靈聖之跡結末遊之棲華頂峯下智者院知衆僧茶藟居幾十載未覩其慍色先是居房檻外有巨松横枝之上寄生小樹每遇滿出生其寄生木必嫋嫋而側時謂此樹作禮茶頭也聞寶中預向人説我當行矣令衆僧念文殊名號相助黙爲坐化

皓岸（五燈會元）洪州人于百丈門下得旨後聞天台勝槩乃結茆薙草宴寂林下為四衆所知創平田禅院後終于本院遺塔存焉

道榮（天台山方外志）淳化中居長慶院習禅定靈異頗多時以羅漢目之既入滅人有見于壽昌五百應真位者今肉身尚存宋元符間縣令太史章以久旱躬往拜請迎至縣雨即充洽

了然（赤城志）臨海人薛姓號智涌法師住白蓮寺寺後有龍湫路嶢險師呪之使遷一夕大風雨遂決寛地寧海建法會請主法席寐中見有持牒來者曰兜

華天請說法又夢一龍化為神告曰師七月當歸矣既寤而化

圓智

智（五燈會元）台州林氏子（兩浙名賢外錄）初依仙法師剃染因觀蓮燈發明具變二法往天台謁元公舉蘇子瞻東林偈始悟有溪若是声山是舌無山無水好惡人之句元為之印可後住天竺稱法中龍象

處咸

咸（天台山方外志）天台王氏子七歲入國清出家十四入天台閱藏經三年而畢初住赤城崇善姑蘇李庚芝將守台夢神人曰天台五祖臺下有龍頭九九和尚宜就見之至郡詣詢莫知其說閽士陳白曰天台五祖居赤城今咸師住此生于丙辰九月九日其龍頭九九之謂乎庚芝即往謁見寺宇隘陋乃卜就東南地闢基之日獲銅磬于土中天祐元年正月法鼓擊之不鳴者七日至七月告衆曰二十三日吾將行矣至時趺坐而化

法濟

濟（赤城志）臨海人師黃巖浩先罕臥食冬夏不爐扇建炎寇亂與其徒各燃一指以保城邑每誦法華至藥王品輒太息曰身如垂疣虛生何益遂采薪自焚是夕星月皓然忽天雨白花大如湖雪旦拾遺骨得舍利焉

澤龕

龕（赤城志）寧海人葉姓建梁王寺塔塔成或請記歲月龕曰吾自有之乃取一鐸朱書二十字使垂之絕頂曰此塔記也執道中通守趙師夔偕母陳經行見塔壞欲新之使取鐸書以觀則曰二十世十八姓之僧造塔遇走小月東口之氏修治趙母子駭嘆施緡錢百萬且繪龕像于塔下焉

行機

機（五燈會元）台州楊氏年二十五出世學法晚見此菴密有契証出應莞山刀耕火種單丁者一十七年一日偶看斫樹倒地忽然大悟未幾有江州圓通之命乃曰吾道將行即欣然曳杖而去

智策

策（五燈會元）天台陳氏子幼依護國傳楚光落髮十九造國清謁寂室光瀧然有省往豫章謁典牛道由雲居風雪塞路坐閣二十四日于初攸声鐘然豁

爾大悟及造門典牛獨指師曰甚處見神見鬼來師曰雲居聞版声來牛曰是甚麼師曰打破虛空全無靶柄牛曰薪然起出佛祖他日起家一麟足矣（兩浙名賢外錄）後住徑山之塗毒將示寂門人以文祭之聽至尚饗為之一笑越兩日沐浴更衣說偈而逝

元

黃雲翔（黃巖縣志）號雲叟道人少好道術習雷法能驅役鬼神鄰有應氏子五人俱患瘵疾醫治不效雲翔治之夜半神現致一木偶斧其腹有大蛇蟠旋其內有五蛇子破之五小蛇俱生雲翔為之焚化患者並瘳應以大蛇未獲為慮乃刻日剎雷電震殺之應氏捐其所居為道堂今施水菴是也

曹法師（天台山方外志）居溪南大路旁曰大路曹氏去桐柏觀為道士錫張真人盡通其法回至杭適大旱禱雨無應法師書片紙于背上曰雨出賣有司聞之命往吳山用一大甕盛水燒碍投其中青天轟雷一声四神將立左右曰上蒼主旱雨不可求法師曰權借太湖三尺水須臾陰雲四合大雨如注平地又餘頃之間審視簷下水患有鮮魚蘊草太湖果乾三尺諸司學既皆不受年七十餘終今有法敏藥磨存焉

行端（續傳燈錄）號元叟臨海何氏初奉藏叟于徑山尋以靈隱山水清勝往挂錫為大德庚子出世湖之資福名聞京國特旨賜慧文正辯禪師爭章張閭舉師主中天竺皇慶壬子遷靈隱有旨設水陸大會于金山命師昇座說法竣事入覲加賜佛日普照之號至治壬戌住徑山虛席宣政行院請師補其處三被金襴袈裟之賜慕其道者鱗萃至無所容以至正辛巳書偈訣衆垂一足而死

本無（稽古續集）號我菴黃巖人依寂照于中天竺師有省更依湛堂澄公精研教部寂照悟之寄以偈曰依教入禪今古有從禪入教古今無一心三觀門難別水滿千江月自孤師後出世祝湛堂夕照二香初主四明延慶後遷杭之上天竺無疾而蛻

明

陳岳（黄巖縣志）字甫申元末隱居委羽山守道自高閒出遊閩閩中人問其里居則指山示之嗜學能詩文善書画明初遊江湖已而返故山閉門謝事注道德經及元洲賦沒莫知所終

吳棲霞（太平縣志）棲霞二十都消村人居郡城棲霞宮天旱衆請禱雨吳以天所譴不能以多求隨持咒囑云行雨三分寄雨一分寄住太平二十都中是年消村籍此有秋

慧日（献徵錄）號東溟天台人依平山等公落髮渡浙河拜竹屋淨公于上竺觀音教寺特下竺靈山教寺災至正元年宣政使高納麟謂非師無以膺起廢之任師至修普賢大士殿四年又遷住上天竺洪武改元詔入京時師年最高白眉朱顏其班前列帝問以升濟沉冥之道師悟述其故帝悅顧衆言曰金剛楞伽皆攝心要典苟有不通質諸白眉法師可也辭歸天竺山十二年七月朔日夢青蓮花生方池中清芳襲人曰此生淨土之祥也至四日書頌而寂

宗泐（名山藏）臨海人始生生即趺跏人異之八歲從全悟學經藏過目成誦自是深入秘密兼通古文詞與僧來復齊稱高帝致天下高僧泐首應詔至主天界寺奉使西域帝喜之命與吳印蓄髮將授之官印蓄髮拜官泐竟不受

慧曇（献徵錄）姓楊氏天台人年十六受具戒學律于明慶累公習教于高麗教公積力久忽嘆曰截斷衆流一超直入非禪波羅密曷能致之將笑隱訢公說法于中天竺師往造焉洪武元年三月聞善世院特授演梵善世利國崇教禪師住持大天界寺三年六月奉使西域至省合剌國〻王館于佛山寺待以師礼九月庚午示微疾趺跏而逝王斵香為棺聚香代薪築壇而荼毘之祔瘞其國舍利塔中

無慍（稽古續集）字恕中臨海陳氏依徑山元叟出家剃度于昭慶律寺受戒性愛
靜隱雖兩住名山甫及三載而退後日本國主以水晶數珠峨山石硏為贄
請命太祖祈師往化師以老病辭弟子居頂迎住于鄞之翠山是年七月書偈
而逝葬于唐裏之原有二會語録續大慧竹山頌古山菴雜録淨土詩偈頌等
若干卷
行世

褱聖僧（天台山方外志）邑人幼歲出家住國清寺後遊外二十年而歸常携一小
孫出遊逢遇虎剔伏于側孫歸語家人師摩其肩曰莫説莫説遂失音師
化後乃能語世傳
伏虎禪師後身也

國朝

靈睿（舊浙江通志）號攝菴姓鍾天平人在襁褓即手不觸腥長娶裴氏女定情之
夕忽棄去有同行人指往大慈寺及門忽不見心怪之是日即薙髮時有門
大師請台宗遂秉具戒私謂妙義當不止此冥搜廣討始有心得遠近道俗宗
師之越二十年始主講席發明台教宗旨契理文符了無礙滯弟子法者日衆
晚年鍵戶不出創度觀菴
于北固山麓卒年八十一

金華府

漢

劉嚴（龍城録）金華山有仙洞俗呼為劉先生隱身處其內有三十六室廣三十六
里有石刻以炬照之云劉嚴字仲鄉漢射声校尉當恭顯之際極諫貶于東
陬隱迹于此莫知所
終道士蕭至元記

婺州

趙炳

炳（後漢書方術傳）字公阿東陽人能為越方時遭兵亂疾疫大起以其術療病與閩人徐登遇于烏傷溪上各試所能登乃禁溪水〻為不流炳復禁枯樹樹即生荑二人相視而笑其道貴尚清儉禮神惟以東流水為酌削桑皮為脯但行禁架所療皆除後登物故炳東入章安百姓未之知炳乃故升茅屋梧鼎而爨既而爨熟屋無損又嘗臨水求渡船人不和之炳乃張蓋坐其中長嘯呼風亂流而濟于是百姓神服章安令惡其惑衆收殺之人為立祠于永康至今蚊蚋不能入也（抱朴子）趙炳以氣禁人〻不能起禁虎〻伏地低頭閉目便可執縛以大釘〻柱入尺許以氣吹之釘即躍出射去如弩箭之發（異苑）趙侯以盆盛水吹氣作禁魚龍立見

晋

黃初平

初平（神仙傳）蘭溪人年十五家使牧羊有道士見其良謹將至金華山石室中四十餘年倏然不復念家其兄初起行索初平歷年不得後見市中有一道士善易問之曰吾弟牧羊失之四十餘年不知存亡所在願君占之道士曰昔見金華山中有一黃初平非君弟乎初起聞之驚喜即隨道士去求弟果得相相見悲喜語畢兄問初平曰羊何在答曰近在山東初起往視之杳無所見但有白石磊〻曰山東無羊也初平曰羊在耳兄自不見初平叱羊起于是白石皆起成羊數萬頭兄曰我弟獨得神仙道如此可學否弟曰好道使得耳初起于是捨妻兒留就初平服松柏茯苓至萬日〻中無影顏如童子乃俱還鄉里親戚喪盡乃復去臨行以方教南伯逢初平改字為赤松子初起改字為魯班（東齋記事）婺州金華山赤松觀乃其飛昇之地

徐公

公（仙苑編珠）金華鄉里人也入山見數道士飲酒乃與公一杯飲訖醉臥覺來見其地成一湖歸家已數代孫至今金華山中有徐公湖

路光

光（神仙通鑑）又名大安西蜀大寧軍內黃縣人後僑居婺州舍遂家修道遊至河陽假舍驛亭吏曰不可宿驛中有妖光曰吾有神劍能斬邪怪遂投宿夜半

風寒凛凛暝目視之庭隅中有婦人悲楚告曰真官乞賜救拔此乃張氏古宅向為鬼劫掠殺妾而埋此也若得收葬方遂往生葬日掘之果得連環白骨遂葬之于高陵晉太康五年緱步始射忽于古檜下見一老叟衣黃裳踞石而坐乃再拜求道叟以六天如意大法經籙謂之曰依此行持濟生度死妙用難盡拂袖而去後反顧曰脩半紀相會自是往華山仙掌峰修煉至永康元年三月秦地血雨降妖星晝見疫毒流行敕施符水焚混元燈越三旬方息二年正月虎咒入城民心搖動莫能禁止王戎奏帝召入內依混元法攝名虎咒自空飛至咒水噀之化為蝦蟆布氣吞之一城安靜帝喜賜以絳紈朱服青絛緗碧玉環及以金帛贈之笑而不受遂居華山以混元籙傳之丁義以混元經傳之郭璞以混元法傳之許旌陽以混元針灸傳之妙通朱仙大安元年八月十二日倏忽飛舉昇天而去

陳雷（筆叢）東陽人初出許長史門長史常使典守經書頗加訓授得長史白步七元星圖長史去後因還東陽義熙十三年與東陽太守任城魏欣之兄子二人共合丹丹成三人前後服之皆有神異化遁而去

南北朝

孫遊嶽（雲笈七籤）字穎達東陽人嘗步赤松磵縉雲堂遂卜居之宋太初中簡寂先生至自廬嶽乃摳衣而趨嗣承奧旨授三洞經法并所祕楊真人許掾手跡因茹芝朮精服穀仙丸六十七年顏彩輕潤齊永明二年詔主興世館門弟子數百人惟陶弘景入室焉

惠約（續高僧傳）字德素姓婁東陽烏傷人母夢金像而有孕及誕日光香充滿身白如雪因名雪絮泰始四年于上虞東山寺剪髮時年十七事南林沙門慧靜又隨靜住剡之梵居寺竟陵王作鎮禹穴聞約風德雅相歎屬汝南周顒為剡令欽服道素于鍾山雷次宗舊館造草堂寺便有終焉之託齊太宰褚淵請

請淨名勝鬘淵遇疾晝寢見梵僧云菩薩當至俄而約造焉遂豁然病愈即請受五戒後還都又住草堂少傅沈約隆昌中外任攜與同行在郡惟以禪誦為業還住本寺天監十一年始勅引見大同元年九月現疾而臥異香滿室合掌入涅槃春秋八十有四于獨龍山寶誌墓左瘞之

傅大士

（佛祖統紀）中大通六年烏傷居士傅翕至松山結菴雙檮樹間自號雙林善慧大士令弟子奉書詣闕帝預勅鎖門以覲其異大士袖出木槌一扣諸門盡闢見帝于善言殿（婺書）字元風遇胡僧與語因地大士不應僧令臨水照之乃見纓絡莊嚴法相具足即悟前因：問修道之地僧指松山下雙檮樹曰此可矣大士因闢室修道數見光怪所居恒有虎以餘食授之自是馴伏大通六年詔供養于鍾山後還松山兩樹根株異植枝葉連理因于其間置剎為輪藏以轉諸經太建元年示疾卒

唐

元朗

（佛祖通載）如意中得度試會稽叩宗法師商署律部依恭禪師研究心法行頭陀數初南岳惠文禪師悟法華宗旨以授惠思：授天台智顗：授章安灌頂、授縉雲智威：授東陽惠威朗奉事東陽盡傳其道獨處巖穴凡三十年宴坐左溪因以為號每曰泉石可以洗鉢蒙雲松可以遺身世吾以此始亦以此終春秋八十有二弟子神邕元淨法燈消辯湛然等數十人傳其教

元策

（續文獻通考）金華人嘗遊河洛往謁六祖後歸金華大闡法席

道悟

（符載碑記）姓張氏婺州東陽人年十四出家依明州大德祝髮二十五受戒于杭州竹林寺初參國一于徑山大曆十一年隱于四明大梅山建中初謁江西馬祖二年參石頭乃大悟遂隱當陽紫陵山後于荊城東天皇廢寺入寂法嗣三人曰慧真曰文賁曰幽閑

靈默（五燈會元）五洩山靈默禪師毗陵人姓宣氏初謁馬祖遂得披剃受具唐貞元初住白沙道場復居五洩元和十三年三月二十三日沐浴焚香端坐告衆奄然順化

乾俊 乾輔（因話録）江南多名僧貞元、和以來越州有清江清晝婺州有乾俊乾輔時謂之會稽二清東陽二乾

神暟（高僧傳）俗姓留建陽人客遊婺州入開元寺出家誦七佛俱胝神呪昏曉不絶納戒畢于金華山北洞止息不搆菴室作露地頭陀有神人吐紫色雲氣覆之遐望冉冉猶獨桂觀為金華山北多寒少陽神人問曰師須何物曰吾在此山之陰苦于潭冽神曰此小事耳至夜闐喧闐之声明旦見一小峰移矣

文舉（高僧傳）姓張氏東陽人身量六尺餘具形如山具貌如玉静若止水動如浮雲與佛窟則公神道並驅相高勅為國清寺大德先是智者大師立七日金光明道場每年九月黑白二衆無違弗屆主事僧清蘊滔謀于衆置寺莊田十二頃自此光明會不聞告乏以會昌二年五月化去立塔于寺之西峰

神智（高僧傳）義烏人俗姓力捨家誠雲門寺惟荃為師年十二一食斷中持大悲心呪應法登戒峻勵恪勤大中初年巡遊暨陽老于禪室恒呪水盂以救百疾飲之多差大中間入京兆相國裴休奏請院額曰大中聖壽仍賜左神策軍鐘一口天后繡幡藏經五千卷裴君為書殿額以光啓丙午十二月終于東白山遺座歸暨陽南山入塔焉

俱胝（五燈會元）金華山俱胝和尚初住菴時有尼名實際戴笠子執錫遶師三匝曰道得即下笠子三問師皆無對遶曰天龍到菴師乃迎禮具陳前事龍豎一指示之當下大悟自此凡有學者叅問師惟舉一指無別提唱將順世謂衆曰吾得天龍一指頭禪一生用不盡言訖示滅

德謙（指月録）在婺州智者寺居第一座尋常不受淨水主事嗔曰上座不識觸淨為什麼不受淨水師跳下牀提起淨瓶曰這箇是淨事無語師乃撲破臨遷

化問侍者昔釋迦如來展闍婁足放百寶光遂展足曰吾今放多少侍者曰昔日世尊今宵和尚師以手撥眉曰莫孤負麼乃說偈曰驀刀藥裹送全威汝等諸人善護持火裏鐵牛生犢子臨歧誰解湊吾机偈畢端坐而逝

舒

道紀（金華赤松山志）生長于婺為赤松黃冠師埋光鏟彩不求名声自號華陰子常與禪月貫休為莫逆交日夕瞻仰二黃君之祠若意交神會人莫測其遇與不遇也後亦郡食不疾而化又數年有于赤城見之者

五代

貫

休（十國春秋）字德隱俗姓姜氏婺州蘭溪人投本邑和安寺圓貞禪師出家日誦法華經一千字耳所暫聞不忘于心受具之後往洪州傳法華經起信論皆精奥義蔣瓌開洗懺戒壇命貫休為監壇乾寧中謁吳越武肅王獻詩云滿堂花醉三千客一劍霜寒十四州武肅命改為四十州乃可相見休曰州亦難添詩亦難改閒雲孤鶴何不可飛遂擕登遊荊南與吳融相遇往復酬答心相得也已而入蜀至成都獻詩有云一瓶一缽垂垂老萬水千山得得來呼為得得和尚（太平清話）貫休嘗自夢得十五羅漢梵相尚缺一有告者曰師之相乃是也遂為臨水圖以足之

保

暹（婺書）字希白金華普慧院僧景德初陳充所序九僧詩暹其一也

宋

季

道華（兩浙名賢外錄）季隱子名道華真定人號遊義烏青巾褐裘與陳炳交而以奕棋自隱稱居不食能飲酒嗜紙得紙即撚為枚以蟲蝕之無紙與酒則默坐竟日或即危垣之巔踞坐下視大笑臥積雪中無寒色一旦語其徒曰吾飲止今日耳及期趺逝冢埋之明年金華呂道士元素過小茅山遇之語呂

曰為我謝究陵

陳主簿蓋炳也

瓊玉

(萬曆金華府志)陳氏女年十九與姊浣于澗中得桃實大如拳啖之後此不復火食惟飲酒啖生果初不識字忽能詩辭為人言禍福悉驗一日邀其兄遊四明海中兄乘舟而已行水上閱數日衣不濡語兄曰我知來事恐泄天機姑以風化雪月為詠而寓意其中政和七年召見賜號妙靖鍊師乞還山賜肩輿敕遣壽九十端坐而化

法齊

(景德傳燈錄)婺州人姓丁氏受心印于廣法大師建隆二年廣法歸寂付授住持節使錢仁奉禮重請闡揚真要太平興國三年捨衆就本院創別室宴居咸平三年示滅世壽八十九僧臘七十二

志蒙

(佛祖統紀)婺州徐氏衣錦衣喜食猪頭言人災祥無不驗一日坐化于三衢吉祥寺遺言吾是定光佛至是奉真身祈禱神應不歇世目為猪頭和尚(洎宅編)祥符寺轉藏成僧俗設齋以落之一僧乃齋衆見其藍縷不加禮拂袖而去或曰此猪頭和尚也使人邀請曰我不轉此藏亦不轉衆聞其語異相率迎之僧曰要我轉更三十年竟不顧而去三衢守饌猪頭名師食自啗嚾之見一鬼從旁食師無預焉守以告之師尋坐亡自師之出家無施金轉藏者故老憶師言相與修禮迎真身歸至藏院郡人輻輳日復數千

贊元

(僧寶傳)字萬宗義烏人傅大士之遠孫也三歲出家年十五遊方至石霜謁慈明禪師助舂破薪慈明移南嶽又與俱及歿葬于石霜植種八年乃去見事蔣山心禪師心歿以元繼其席舒王與元游如昆弟元豐初王罷政府往來山中有詩贈之曰不與物違真道廣每隨緣起自禪深舌根已淨誰能壞足跡如空我得尋人以為實錄

懷志（續傳燈錄）婺州吳氏子年十四師智慧院寶儼二十二試所習落髮肄講宿學教慕晚至洞山謁真淨久之辭去菴居二十年不與世接崇寧改元冬曳杖造龍安人莫之留明年六月晦問侍僧日早暮曰巳夕矣遂笑曰夢境相逢我睡已覺汝但莫負叢林即是報佛恩德言訖示寂于最樂堂

師一（續傳燈錄）字水菴居淨慈婺州馬氏子十六披剃首叅雪峯慧照、深肯之住後上堂舉圓悟師翁道叅禪叅到無叅處叅到無叅始徹頭水菴則不然

叅禪叅到無叅處叅到無叅未徹頭

若也欲窮千里目直須更上一層樓

牧護（金華雜識）留布衲于東陽法雲寺忽有病于寺者倉卒無醫藥乃取布縷煎湯飲之即瘥自是用者輒效久之惟餘一領今亦盡矣

若芬（畫禪）字仲石婺州曹氏子為上竺寺書記模寫雲山以寓意求者漸衆因謂世間宜假不宜真如錢塘八月潮西湖雪後諸峯極天下偉觀二三子當面錯過却求玩道人數點殘墨何耶歸老家山占勝作亭扁曰玉澗因以為號又建閣對芙蓉峯號芙蓉峯主嘗自題畫竹有云不是老僧親寫贈曉來誰報平安

良俊（金華雜識）蘭溪人出家聖壽寺母老而貧乃闢室寺側供母其中躬致庖饌母亡鬻衣鉢葬焉時有潛叟者名自天居聖壽嘗卜地葬親仍構祠曰報德二僧既出世間仍以世法事親人倫祖意兩不背云

元

葉蓄思（虞集天根子贊序）金華人自幼求道甚切年四十餘始克盡屏諸累往來閩粵間大山叢林草屋石室宴坐定息或累數十晝夜人有疾癘水旱殃怪之屬强起之欣然往應如其禱而初無所為也至順二年自號天根子北遊留無聞之山訪其友蔚子訓之徒子邂逅見之

守貴（稽古續集）字無用族甄氏婺州人十八學法為僧隨千巖與聖壽古剎後還天龍復叅中峯斷崖梁山反覆叩荅初無異致曰千江雖殊明月則一吾今

無復疑矣是年八月作偈寄别丞相帖睦爾擲筆而化塔于天龍西崗

明

陸璵(金華雜識)蘭溪人碧眼蒼髯身長九尺餘頃刻數千里耽于修真每閉户冥坐旬月不食有士人問道之真果内與抑外與徐荅云獨言其外不可以言道獨言其内不可以言道人猶陸長仙不知所終

普仁(龢徽録)字德隱族趙氏蘭溪人依月公秋潭受具足戒至正乙未出世金華西峯淨土禪寺洪武戊申詔之南華不遠三千里來聘杭之中竺請如南華又加勤焉師欲往郡守鍾某問師曰佛法有重輕耶曰否曰佛法既無重輕師位寧有崇卑耶師一笑而止淨慈居五山之一使者自武林凡三至師乃起而應之開法莫之日黑白環聽者千人有三會語若干卷山居詩一百首傳于世

僧淨(稽古續集)字月江金華人住持徑山一日念佛坐逝

衢州府

晉

吴猛(許旌陽化録)字世雲濮陽人仕吴為西安令因家焉性至孝齠齓時夏月手不驅蚊恐其去已而噬親也年四十得至人丁義神方繼師南海太守鮑靚復得秘法吴黄龍中天降白雲符授之道術大行嘗見暴風驟發書符擲屋上有青鳥啣去風即止或問其故答曰南湖有舟遇此風中有二道士呼天求救故以此止之驗之果然海鹽令干慶殁已三日猛曰令數未盡當為訟之于天遂卧尸傍數日與慶起)(俱慶弟著作郎寶感其異遂作搜神記行于世永康二

衢州

年復還西安十月十五日逢東白鹿車與弟子四人白晝沖昇宅錫紫雲府（晉書）猛還豫章江以白羽扇畫水而渡

王質（洞仙傳）東陽人入山伐木見石室中有數童子圍棋質置斧柯觀之童子以一物如棗核與質令含咽便不覺飢渴童子云汝來已久可還質取斧柯爛已盡便歸家計已數百年（爛柯山志）質隨雲出山迷失歸路沿溪累日至舊居見鄉閭半為坵隴與弟責復入此山不知所終或謂其弟兄成得道云

唐

詹妙容（名勝志）富陽女子唐貞元初修真于須江縣之筋竹山揩衣木食騰空而逝

鄧去奢（續仙傳）衢州龍邱人家九峰山下少入道年三十餘居處州松陽縣安和觀觀北五里有卯山高五十餘丈相傳漢張天師及葉靜能皆居此山修道去奢慕前事結菴以居朝夕焚修山東南有一方石闊二丈餘平若砥常坐其上拱默靜想一日感神人謂曰天師有斬邪劍二口奇異時丹在此石下可取之去但勤修無怠去奢取劍乃天師七星劍丹如麻子紅色光明去奢自服及施人疾皆愈時處水人葉造因中和間荒亂之後擁土人據險聞去奢之神與劍丹乃以兵圍其山奪其劍丹而囚去奢于空室中一月不與之水及開室見顏狀紅白愈于來時造驚異送去奢歸山留其劍丹一夜風雷飛鳴劍丹仍歸石下居山十五年常見龍虎異鳥行于庭際又從道士寄宿夜聞去奢所居室若與人談笑窺之惟聞異香滿室及環珮聲或見有戴遠遊冠絳服螺髻垂髮碧綃衣男女四人對坐侍從皆玉童玉女光明照身復有神人建立于側道士乃虔敬之一日告道士曰忽當離此山不長相見也後數日有紫雲鸞鶴軿與幡幢迎去去奢昇天而去

徐簡（弘治衢州府志）景靈宮道士修煉于巖之烏龍山既得道白日仙去

道義（高僧傳）衢州人。開元中至清涼寺粥院居止，典座普請運柴，義將竹鞋一緉轉貿人荷擔，因披三事衲衣東北而行，可五里，于楞伽山下逢一老僧引一童子前行，乃相隨入寺，見大閣三層，上下九間，總如金色，閃睥其目。老僧令義早還，辭出寺，行及百步，迴顧惟是山林，乃知化寺也。義後不知所終。

惟寬（景德傳燈錄）衢州信安人，姓祝氏。年十三見殺生者，冁然不忍食，乃求出家。初習毘尼，修止觀，後參大寂，乃得心要。唐貞元六年行化于吳越間，元和四年憲宗詔至闕下，白居易嘗詣師問曰：既曰禪師，何說法？師曰：無上菩提者，被于身為律，說于口為法，行于心為禪，應用者三，其致一也。十二年二月升堂說法訖，就化。勅謚大徹禪師。

藏奐（高僧傳）俗姓程，衢州信安人。造長沙嶽麓投靈智律師剃染，尋于武林開元寺受具足，因聽律範，旋窮篇聚，語同業曰：教門繁廣，然有總門，總門之急，勿過捨筏。遂徧參禪宗，遇馬素門下高足住龍牙山，知奐法器，告之曰：蘊界不真，佛生非我，子之正本，復從誰得？奐一言領會，却迴柯山。大中六年，郎牧崔壽重之，于龍興寺別構禪室延居之。乾符六年終。

利蹤（釋氏稽古略）澧州人，姓周氏，出家幽州開元寺，依年受具，入南泉室，抵衢州馬蹄山。至開成二年，邑人翁遷貴施山下子湖，創院以居。廣明元年入寂，塔于本山。（指月錄）初，子湖山下有周家無子，夫婦日夕焚禱。師過而問曰：爾何所祈？周告之故，師曰：汝施我竹，我施汝子。周遂施竹，其夕感異夢，隨舉一男，衆因號神力禪師。

慧聞（高僧傳）信安人，多勸勉檀那以福業為最，嘗于瀫江鑄丈八金身像。有清溪縣夫妻二人將奩鑑來捨，聞為呪之曰：此鑑鼓鑄，若當佛心前，乃是夫妻發心之至。迨脫模露像，果然鑑當佛心。又嘗往豫章勸化，獲黃金數鎰，俄遇賊劫，聞投金水中，曰：慮損君子福田，請自涉。賊泳水求之不得。及聞到州，金已在

其院中山路虎豹或逢之將杖叩其腦曰汝勿害人吾造功德明日虎銜野豬投閣前掉尾而去

五代

儀晏（十國春秋）湖州許氏子生于唐乾符三年開運中遊江郎巖觀石龕謂弟子慧興曰予入定此中汝當壘石塞門慧興如所戒明年啓視素髮被肩胸尚煖徐自定起了無異容已復回信安烏巨山侍郎愼知禮鎖衢州命僧守荣詰其定相儀晏殊不與辯守荣禮像得舍利數枚嘆曰晏公真不可以淺測也忠懿王一夕夢師來見遣使圖像至適王患目疾展像作禮目疾頓瘳因賜號開明禪師宋太宗召對便殿言禪定事深契上旨久之得請還山淳化元年卒壽一百五十歲

遇緣（五燈會元）衢州南禪遇緣禪師有俗士號鐵腳者忽騎馬至僧問師既是鐵腳為甚麼騎馬師曰腰帶不因遮腹痛幞頭豈是禦天寒又問師和尚恁麼後生為甚麼却為尊宿師曰千歲秖言朱頂鶴朝生便是鳳凰兒上堂有僧問眾手淘金誰是得者師曰谿畔披沙徒自困家中有寶速須還曰恁麼即始終不從人得去師曰饒君便有擎山力未有肩頭有擔胝

宋

王自然（名勝志）天童八仙山道士棄家修煉于此有道行能致雷雨元祐閒即其所居建玉霄宮初縣前池多蛙黽棲多蚊蚋令請自然驅之遂絕至今猶然

陳應祥（弘治衢州府志）字知明政和間試修文輔教科授凝神殿校籍嘗詔為高麗國教師尚書毛友以詩送之應祥能詩手抄為二十卷于太虛觀側卓

菴程公俱名以
常清静且銘之

繆道者（弘治衢州府志）西安之原口山多猛獸阻險往來者沿崖攀木側足以行春夏水溢則病涉道者來居甘泉寺鑿山開道遇虎狼則手撫之使去熙寧間以火自化
今號金川聖者

劉鐵磨（名勝志）宋比丘尼嘗叅于湖禪師，師曰汝是劉鐵磨乎曰不敢師曰左轉右轉尼曰和尚莫顛倒因有悟其後尼乃倒化

道行（五燈會元）衢州烏巨禪師處州葉氏子依普照英禪師得度去叅佛眼一日聞舉元沙築著腳指話遂大悟（羅湖野録）程待制智道曾侍郎天游寓三衢與烏巨行禪師為方外友曾嘗于坐間舉東坡宿東林偈溪聲便是廣長舌山色無非清淨身夜來八萬四千偈他日如何舉似人問行曰此若見處如何行曰可惜漫腳蹈在爛泥裏曾曰能料理否行曰溪聲廣長舌山色清淨身八萬四千偈明明舉似人二公相顧嘆服（指月録）師示疾教授汪喬年至師以後事委之示以偈曰識則識自本心見則見自本性識得本心本性正是宗門大病注曰爛泥中有刺莫道不疑好叅明沐浴更衣跏趺而逝

元

趙友欽（宋濂革象新書序）鄱陽人或曰名敬字子恭或曰友欽其名弗能詳也世修眉方瞳者素洒飲異而即之相與談元頗久出橐中九還七返丹書遺之臨別問姓名曰吾扶風石得之也自是往東海上獨居十年注周易數萬言而復棄去乘青驢往來衢婺山水間旅中之貴未嘗乏絕竟不知為何術倦遊而休泊然而化葬于龍游之鷄鳴山（名勝志）緣督著有仙佛同源金丹正理盟天録諸篇今所存者革象新書而已

周德清（弘治衢州府志）女冠也，元初人。少于振塘洞石溪遇異人，哕以藕菌，遂不食烟火，夜不假寢。垂七十，後尸解。至正間賜號靖應散人。

世愚（兩浙名賢外録）西安人，姓余氏。母夢觀音送童子而生。天資超悟，聞法便了。日掾禪林而坐，兀如枯株。當其研味，寢食不覺。偶聞證道歌，豁然大悟，遂嗣止巖。息影大慈山者十六年，輪下常滿。賜號弘辯大師，有二陰語録。

明

張柏亭（兩浙名賢外録）西安人，為元妙觀都記。永樂間奉勅建武當山宮觀，應詔住元天玉虛宮，特遇異人，授以葫蘆拄杖各一。常施藥并五雷正法，救濟祈禱輙驗。後還衢，日殄青斗出入，自號葫蘆道人。

柴用先（正德江山縣志）號惟一子。永樂間自京還至武林，大旱，自示能雷雨，大書號曰：三日登壇，三日雨，一声號令，一声雷。及期不雨，衆且訶之。用先乃散髮呪符，叱官吏跪壇下，須臾雷電交作，大雨如注，浮浸百里，而西湖之水涸矣。其族子壯浮五雷秘法，能祛邪治病，祈晴雨大著靈異。

無涯（弘治衢州府志）俗姓吴，礼傑峯為師，明禪教，博通陰陽地理之書。永樂五年召赴京師，授僧錄司右闡教，賜金襴袈裟。

非幻（正德江山縣志）寶陀菴住僧，諳儒書，精地理，尝應召相地天壽山，太宗奇之，賜以金紫。永樂十八年遣使者祭其墓，贈五官靈臺郎、僧籙司右闡教。

嚴州府

上古

桐君（名勝志）上古有桐君者，止于今縣東二里山隈桐樹下，枝柯偃蓋，蔭蔽數畝，遠望如廬舍。或有問其姓者，則指桐以示之，因名其人為桐君，其山亦曰桐

君山或曰黃帝時嘗與巫彭同處方餌有藥録一卷行世久而無傳

三國　吳

陳惲（嚴陵志）字子厚桐廬人富陽侯碩之子仕至黃門侍郎征虜將軍封餘杭侯有仙術能興水工嘗于餘杭一夕築九里塘不假人力而成今桐廬南北二鄉多陳侯廟即惲也

唐

許宣平（續仙傳）新定人景雲中負薪以賣常掛一花瓢及曲竹杖每醉行吟曰負薪朝出賣沽酒日西歸時人莫問我穿雲入翠微好事者多誦其詩傳舍是處題之天寶中李白東遊覽詩嘆曰此仙人詩也（五色線）咸通中許明奴家嫗入山採樵見一人坐石上方食桃甚大謂嫗曰我許明奴之祖宣平與汝一桃食之不可將出嫗食桃後日漸童顔入山不歸行疾如飛

施肩吾（神仙通鑑）字希聖睦之分水人家嚴陵七里瀨元和十五年登進士第太和中自嚴陵入西山訪道稹真初遇旌陽授以五種内丹訣及外丹神方後再遇洞賓傳内煉金液還丹大道于是終隱西山所爲詩文甚多所傳未十之四白玉蟾跋施華陽文集云李真多以太乙刀圭火符之訣傳之鍾離權傳之呂洞賓即施之師也施曾授上足李文英十六字世罕知者一靈妙有法界圓通離種種邊允執厥中予偶得之并以告胡樓真使補其遺云（陸游修心鑑跋）高祖太傅公嘗退朝見異人行空中足去地三尺許邀與俱歸則古仙人嵩山栖真施先生肩吾也因授鍊丹辟穀之術

徐道士（嚴陵志）唐末居清溪縣天樂觀年八十餘夢太羅天賜詩因白衆尸解而去　睦州

稠錫和尚（虎薈）唐開元間稠錫禪師卓錫義興南嶽忽聽閭閻嬰兒聲師曰有是緣哉即卓錫而菴前稠木自開遂納衣服數種于內復卓錫而木合人孫為稠錫和尚因下山得一聾婦遂留為偶生二子一日晨炊進羹妻辭以羹盡師笑曰非羹盡乃緣盡也復取衣錫歸寺衆請不納一日皆一虎至僧衆怖走師招之曰勿怖今欲與汝華決去留耳吾果不能住此虎當噉我如何再居此虎即繞身三匝言未已虎行如數衆俱請止菴前有池師隨剖腹洗腸而入演法集衆遂成大剎後飛錫至黃巖白龍山有神侍立其左右黃巖誌云師名清晏（續文獻通考）稠錫桐盧人

慧朗（高僧傳）遂安人年二十有二至封溪石城寺見一禪翁鶴髮冰膚目如流電同行十數里憩林樹下指朗曰法常寂然何以隨逐宜歸本生度無量衆言畢求之無方豁然本心悟佛知見乃歸故邑慧安寺一日秦望山林木振動俄有大龜呈質咸謂此何祥也時有禪僧曰吾自會稽雲門而來身長八尺四寸高鼻大目睛光射人明大品思益維摩等經衆曰神僧也大龜應乎此矣朗祕菩薩行請為師吾徵維摩經義答曰如日照螢火海沃牛跡吾深器之一夕忽覩神光從項而出旁燭山川盈數十里吾由茲反拜請朗登座道俗欣然各歎曰昔山之震動龜之效祥非吾公之應明矣開元八年歙州長史許思恭請往治所朗升法座熊伏于前聞鐘而來衆散而去

省躬（高僧傳）桐盧人投聖德寺于毗尼道學特溫習復擇名師得姑蘇開元道恒師恒曰吾得躬也門人日益親晚赴維揚之名廣訓徒爲弟復高儒學作碑頌極多以其曾化邗溝故呼淮南記主自歸清冷山沙門

少康（名勝志）貞元中乞食睦州城中每得錢即誘小兒念佛誦一声與以一錢因于高峯建道場集衆念佛衆咸見佛出康口中生化之夕有光照烏龍山：色為之變白云

道明(五燈會元)睦州陳氏子因往開元寺禮佛見僧如故知歸白父母出家為僧持戒精嚴學通三藏遊方契旨于黃蘗四衆請住觀音院常百餘衆經數十載學者叩激隨問遂荅詞語峻拔由是諸方歸慕咸以尊宿稱後歸開元織蒲鞋以養母故有陳蒲鞋之號巢寇入境師標大草屨于城門巢欲棄之竭力不能衆嘆曰睦州有大聖人舍城而去(嚴陵志)雲門林際禪宗兩派皆出于明故楊傑為之頌曰指將林際叅黃蘗接得雲門嗣雪峰宋元符三年錫號悟空禪師

五代

文益(萬曆嚴州府志)俗姓魯餘杭人七歲依新定智通院全偉禪師落髮其後三坐道場諸方叢林咸遵風化(釋氏稽古畧)住建康清涼寺唐主邀師觀牡丹花請師賦詩師應声曰擁毳對芳叢由來趣不同髮從今日白花似去年紅艷冶隨朝露馨香逐晚風何須待零落然後始知空至周顯德五年辭衆跏趺而逝勅謚大法眼禪師〻嗣地藏琛〻嗣元沙備〻嗣雪峯禪師宗門尊仰其道曰法眼宗

國朝雍正十二年奉

勅加封妙光法眼智藏禪師致祭一次

宋

孫道人(春渚紀聞)居嚴州天慶觀初不挾術言人禍福但袖中畜十數白鼠每與人共飲酒酣出鼠為戲人欲捕取即走投袖中了無見也約人飲則就酒家市一小尊酌之不竭人告酒因即還尊而去酒家是日必大售紹興三年三月三日觀中士庶駢集道人拱坐告衆曰我今年九十歲暫當小別各勉力事善言訖坐逝一郡驚異瘞之城南而塑其像觀中歲餘有商手持書封題甚因云我去年三月三日于成都觀禮事遇一道人云我自嚴州來知予不久回

浙幸為我達于天慶觀尋孫道人入觀見塑像驚禮之曰此我成都所見付書人也因共發其藏則空棺矣

唐廣真（續文獻通考）嚴州女子既嫁得血疾夢道人與藥服而愈自是與夫相離淡師脩道淳熙中在郭家食飯次若有人喚者出門逢三仙人引至海邊跨大蝦蟇渡海因隨遊名山仙人曰汝欲超凡入聖耶留形在在耶棄骨成仙耶對曰有母在願終養遂與丹一粒吞之自是不食米後召入德壽宮封寂靜凝神真人

葉梅卿（嚴陵志）壽昌人號碧潭居士明春秋通史傳理宗朝任撫屬舍人後棄官家居習修煉導養之法有異術能存神謁帝與諸神將會一日示偈云六十七年有身平生本分為人非夜天官召我明朝金闕朝尊次日怡然而化

義澄（嚴陵志）姓孫氏富陽人投新定龍門僧德銓出家咸平中真宗召至闕賜號明慧大師後還錢塘以苦熱得疾作偈曰本來無質豈有去住要識真歸南東北去特年百二十八矣

道隆（五燈會元）桐廬董氏子于鍾山寺得度自游方所至耆衲皆推重晚抵黃龍死心順世遂歸隱鍾山慕陳尊宿高世之風掩關不事事日需數屨自遂人無識者手常穿一襪凡有禪者至援以示之曰老僧這襪著三十年了也有寺僧戲問如何是無諍三昧隆便掌之

法清（五燈會元）嚴陵人嘗于池之天寧以伽黎蒙頂而坐侍郎曾開問曰上座仙鄉甚處曰嚴州曰與此間是同是別師拽伽黎下地揖曰官人曾到嚴州否曾罔措師曰待官人到嚴州時却向官人道

尹山僧（萬曆嚴州府志）俗姓汪居淳安之梓桐鄉結菴于尹山之頂既示寂其徒以頂骨納琉璃瓶中瘞之歲久欲遷葬夜夢僧指其處曉大及得瓶頸小

頂骨依然莫知所從入人以為異至今里民水旱祈求多著靈異

善心

（新定續志）朱姓耕山誦佛遇亢暘常有雲霞之諾人以雨輒驗邑人指為活佛（嚴陵志）壽昌人常一日至葉樞密家求山水衣其家曰無有朱曰在某篋中良久又曰吾帶一小畜恐驚人當出狀之家人尾其後見一虎蟄于府前之柏下葉見其靈異遂與之今蟄虎柏猶存紹興二十九年留偈示化自焚其身至今野燒至此即滅春草不生人為立菴

元

錢九五

（萬曆嚴州府志）淳安人居蜀阜幼習五雷天心正法想泉山中有雷部神為孕婦所魘九五為之解釋浮去因授以呼雷法時縣苦旱尹俾祈雨應禱而降往龍虎山受籙道逢二老對奕唉以數果精奕倍常命拔一松倒種之誓曰此松活則法可傳九五乃往及回則二老尚在而松固無恙也授以四石子戒勿啓頃之石子鏘鏘有声啓之則雙蝶颺去僅存其二自後常有二神人呵護之今所居法水井猶存焉

紹大

（稽古續集）嚴之桐江人姓吳入鳳山寺祝法受具私曰化龍之魚肯以蹄涔求生乎謁雙徑大辯陵公以單傳心印話難久之漫編叅名宿知法之無異味也閱大藏數至三通通其旨趣出世景德寺説住義烏寶林一時法席號為極盛有三會語錄桐江集行世

明

卜景雲

（壽昌縣志）壽昌人常居仙池巖習修煉之術洪武己酉夏嚴州旱知府劉遵道徵至郡禱雨輒應縣北牙吹塘小數泛溢古者以蛟為患縣迎之治雲嘱其妻子曰速具棺吾其殆矣遂往初以紙劍投水水浸濁已而投以鐵劍水為之赤歸即臨鏡自書其像遂卒于家時人號為卜真人

郎駝（兩浙名賢外録）桐廬人病僂因以駝名家貧採舟濟渡不索人錢與之則受隔岸一道士暮夜呼渡駝急就之無所見頃之又呼紐往又無所見拔篙將行蹉跌而仆亦無慾言迨起則駝背已直矣越數載殁舟中家人斂殯火之降人至衢州見駝與道士同行款洽若平時囑寄所穿鞋以歸又貽之以履令著之則行步如飛不日至家以鞋付其妻視之故殮時物也回碩所貽履化為雙鶴沖天而去

孤舟（龍泉縣志）嚴州人中年客浦城聞鏡公誦華嚴心神竦然即求出家受具于鵞湖養大師勤苦為衆尤深于念佛三昧每教弟子以死心曰心若死方能不惜身命不憚劳苦否則仍為三家村將黑豆俗僧耳崇禎己巳告衆曰佛成道日我當訣別闔門念佛無疾而逝

温州府

三國吴

朱孺子（續仙傳）永嘉安固人幼師道士王元真居大若巖常登山嶺採黄精服餌歷十餘年一日就溪畔濯蔬見岸側二小花犬孺子異之乃尋逐入枸杞叢中歸告元真遂與孺子俱往伺之復見二犬戲躍逼之又入枸杞下元真與孺子共尋掘乃得二枸杞根形如犬堅若石挈歸煮之孺子益薪看火三日晝夜不離竈側試嘗汁味取吃不已及根爛以告元真共取食之俄頃孺子忽飛在前峯上謝別元真昇雲而去俗呼其峯為童子峯元真後餌其根盡不知其年壽亦隱于巖之西陶山有採摘者時或見之

晉

劉根（仙家雜記）字君安長安人隱永嘉飛霞洞嘗至天台赤城訪紫極君

唐

傅隱遥（兩浙名賢外録）永嘉人吳甘露初棄家為道士居石室山大若巖碑穀修味至唐調露元年丹成工昇游戲人間蓋四百餘載也今大若巖左有登仙石

左元澤（赤城志）永嘉人性介不隨俗居玉霄峯三年絶粒不語嘗製真一頌（神仙秘要）温州青嶂觀有土地祠里人嘗以血食祀之苟祀不至則為祟元澤以秋嘗神背翼日有大狸死于庭一日忽謂主觀者曰吾將他適請置湯沐梅蓋日但隨香氣而去盡處則止是夕風雨雷電交作將曉聞唱珍重声往視之已化之如其言瘞之果得自然石壙

元覺（高僧傳）字明道俗姓戴永嘉人總角出家住龍興寺覩其寺傍別有勝境遂于巖下自構禪菴居其間以獨學孤陋與東陽策禪師肩隨遊方詢道謁韶陽能禪師而得旨焉既決所疑能留一宿歸曰一宿覺猶半偈青也先天二年于龍興別院端坐入定殯于西山之陽覺唱道著明修證帖入慶州刺史魏靖都緝綴之號永嘉集

國朝雍正十一年

勑封洞明妙智禪師

元宗（高僧傳）姓吳氏永嘉人少出家抵江陵辭閣禪師門決了疑惑復振錫紫金山山先多虎暴從宗卜居哮吼絶迹一日見一老父趨及座前拜跪宗問何人答曰我本虎也在此山中食啖衆生因大師化此冥廻我心得脫業軀已生天道故來報謝折旋之頃了無所見以大曆二年囑別門徒湛然而化春秋八十六

五代

習光（高僧傳）字登封姓吳氏永嘉人唐左庶子兢之裔幼捨家于陶山寺剃度多作古調詩長于草隸陸希聲謫宦豫章光往謁之授其五指撥鐙訣乃西上
昭宗詔對御榻前書賜紫方袍歸甬東終爲弟子從瓌溫州僧正智琮
皆得墨訣（宣和書譜）習光潛心草字名重一時吳融司空圖皆稱美之

鴻莒

鴻楚（高僧傳）姓唐氏永嘉人出家越州龍宮寺誦法華經得度往長安學
律因讀化度寺碑時有舉人旁聽見莒日聽多行異之知能背誦覆
具文了無一誤歸故鄉晝夜行道誦經有鬼神扶衛或爲然燭或代添香弟鴻
楚字方外武肅王錢氏于杭州龍興寺開度戒壇召楚尾臨壇員數因奏薦梁
祖賜紫衣并號固讓弗聽終不披著誦法華經計五千許座一日
講堂中忽生蓮華重附複葉香氣芬馥以長慶三年無疾而化

德倫（十國春秋）永嘉人世稱錐刀尊者常以錐刀自隨人有丐之者曰錐刀從我
覓耶此刀墮地則天下太平未幾忠懿王納土人以爲驗相傳國城西河故
德倫
所鑿

願齊（方輿勝覽）嘗與吳越王同參韶國師于天台遊永嘉禮智覺寺真聞平陽明
王峯頂有雁蕩山天晴則鐘梵相聞杖錫尋訪書曰此山水盡處龍雁所居
豈非西域書所謂諾詎羅棲旦
雁蕩龍湫者耶遂結茅其間

道悉（十國春秋）字德順永嘉陳氏子六歲不茹葷親黨强唼以枯魚輒吐去因雜
髮于本州開寺元既而抵閩謁雪峯禪師妙契宗旨時謂之小悉布衲歸住
東府鏡清寺倡雪峯之法學者奔湊副使皮光業辭學弘麗憂擊難之退謂人
曰悉師之高論人莫窺其極也文穆王命主天龍寺後創龍冊寺延請居爲天
福初示滅塔
于龍冊山

清昱(五燈會元)杭州奉先寺僧永嘉人忠懿王
名入問道創奉先居之署圓通妙覺禪師

宋

李少和(李庭中李少和行狀)永嘉人世居大羅山闢白石洞為鬼墟曰吾嘗東望
綠雲霞其上必佳山也乃獨造其頂晏坐鬼神咸遁太宗真宗屢召對賜
予甚厚仍賜白石巖額天禧五年八月十八焚香危坐命門人取紙書曰寶珠
探妙得真宗五色分明煥太空解下連環竟超越鬱羅浮處宴鴻濛擲筆而逝

柯可崇(名勝志)宋列真觀道士于七峯山絕頂築
凌霄菴以居導引辟穀猛虎馴伏其傍

木葉老人(雁山志)元豐五年瑞鹿院僧道親于院前道上逢一老人自山而下復
木葉皆無声呼僧與語付一丸藥如彈子曰爾可速入京師以此藥進
上乃萬歲藤音熟成龍壽丹也以金械研服可保二九之數道親如其言至都
下上聞名而取之命中臣梁從政賚香至雁蕩訪老人無所見八年春上染疾
太后得藥于睿思殿如前法研服之稍
愈計在位一十八年適符二九之數

晏元昺(席上腐談)永嘉人號雲峯注陰符華鏡悟真三書真西山為序(萬曆溫州
府志)元昺嘗登南岳祝融峯遇赤城司真人授以丹法歸隱西山修煉後
無疾端坐而逝是日鄉人在閩中者見之
寄書歸號西域真人今其地名晏仙里云

朋彥(景德傳燈錄)永嘉人姓秦氏本州開元寺受具初參寶姿和尚歸于天台之
室悟正法眼自此隨緣闡法始蘇節帥錢仁奉禮重創院請轉法輪建隆二
年以住持付門人法齊繼
世說法即其年四月示滅

懷省(景德傳燈錄)溫州閩山人姓鄭氏幼出家棲心圓頓從閱楞嚴文理宏濬未
能洞曉一夕夢日輪自空降開口吞之自是倏然發悟善別義門渙然無滯

開寶三年衢州刺史翁晟仰重師道乃開西山創大禪院請居之學者臻萃五年七月示疾集衆言別安坐而化

永安（高僧傳）姓翁氏永嘉人後唐天成中結庵天台武肅王錢氏召居報恩寺署號禪師乃以華嚴李論為會要將令雕板印行每有檀施罕聞儲畜以宋開寶甲戌歲終焚之其舌存焉今藏普賢道場

文輦（高僧傳）永嘉平陽人往縉雲恭明招禪師來遇天台山德韶禪師唱宗一大師之道諦受無疑不為異緣奪轉嘗謂人曰悟入之緣猶獲丘之于葉也食黄則身黄食蒼則身蒼其屈伸之狀無變吾知見明招乃如是今學元沙又如是此所謂殊途而同歸今更取佛言為定量之乃覽大藏經三周徧自是以來適遙無滯太平興國三年忽自捺斧伐檀巧結浮圖又內趺坐自持大炬誓之曰以此殘喘供養十方佛言訖發焰亘空其烟五色旋轉氤氳猶聞誦經之声須臾始絕灰燼拾舍利不知其數

全了（雁山志）永嘉人游山至荆門玉泉山遇天竺僧言汝緣在浙東當當浮名山居之永嘉有諾詎羅尊者道場數遠當興龍湫晏坐此尊者棲息地也了遂感悟至山中結庵曰芙蓉塔曰古塔雁山之顯皆全了發之為人放蕩人目為了滯蕩

曉榮（景德傳燈錄）溫州人姓鄭氏幼依瑞鹿寺出家登戒聞天台國師盛化遂入山參禮受心法初住杭州富陽淨福院後住龍冊寺二處皆聚徒闡法淳化庚寅于秀州之靈光寺淨土院歸寂壽七十

遇安（指月錄）住溫州瑞鹿寺師事天台閱首楞嚴經悟旨時謂之安楞嚴至道元年春示寂

本先（僧寶傳）姓鄭氏永嘉人年二十五為沙彌詣天台國清寺受滿分戒師造韶國師服勤十年住瑞鹿寺足不歷城邑誨誘門弟子逾三十年其志彌厲大

中祥符元年二月謂門弟子如晝曰為我造塔〻成我行矣八月望日畢工是日如平居至午時坐方丈手結寶印奄然闔一目微視而寂如晝奉其所著竹林集十卷詣闕上進詔藏秘閣如晝賜紫衣

義懷（佛祖通載）姓陳氏樂清人世以漁為業父得魚付懷私投江中父怒笞詬不以介意長遊京師依景德寺試經得度東遊洞庭翠峯懷當營炊自汲澗折擔悟旨顯公印可辭去自鐵佛至天衣五遷五遷法席晚以疾居池州杉山菴智才住杭之佛日迎歸養侍問如何是畢竟事懷豎拳示之遂倒臥推枕而化

國朝雍正十二年敕封圓湛振宗禪師致祭一次

信南（名勝志）白鶴寺僧景祐二年詣闕上郊禮頌表乞藏經許之因進聖德詩賦賜對訪以鄉里答曰臣所居乃王子晋吹簫之地張文君入竹之鄉上曰是業成僧也賜號文英大師仍賜大藏經及三朝御書以歸

懷賢（秦觀圓通禪師行狀）字潛道俗姓何氏永嘉人郡之西山有僧嗣仁修西方白蓮淨觀號嗣仁社主乃送出家天禧二年落髮受具時年四歲及長辭社主去遍參知識最後見達觀禪師曇穎于潤之因聖遂得其法皇祐初開堂于郡之瑞竹院達觀自明州雪竇徙金山之龍游會示寂郡守請師繼為積八年殿堂廊廡皆具宮室之盛冠于淮海熙寧元年遂謝去隱于金斗山元豐五年九月示寂葬金斗之西壠

士珪（續傳燈錄）成都史氏子政和末出世和之天寧屢遷名剎紹興間奉詔開山鴈蕩能仁其徒俱行親法深夜放參鞠為瓦礫之墟師竟就樹縛屋陞座示衆云爰聞不打鼓山鼓投老來看鴈蕩山傑閣危樓渾不見溪邊茅屋兩三間聽法壇施并力營建未幾復成寶坊

宗覺處巖（名勝志）樂清明慶院僧宗覺戒律甚嚴持誦經咒感驗如響宣和間為寇所追墮于雪崖之下振衣而起了無傷損尤善文章所著有篇

峯集處巖博涉能詩文寺碑多出其筆翰墨亦臻妙品所著有潛澗集王十朋將產其母夢巖來恚以金環夢覺而巖遂坐化遂產十朋紹興間十朋道經石橋寺寺僧先夢迎巖和尚語曰而十朋至故其詩云人喚我為巖首座前身曾寫石橋碑（萬曆溫州府志）宗覺字無象樂清下岐鄭氏子母巖姓賈氏

清了（江心寺志）字真歇西蜀左綿人俗姓雍少出家謁丹霞淳禪師後遊五臺抵長蘆謁照禪師一語頓契照付衣嗣孫倫布袈裟于袖起示衆曰得法丹霞老傳衣祖照安思深祇無語懷抱自分明宋紹興七年奉詔開山本寺以龍翔併興慶為一後聞山阜亭及寂化謚曰悟空了禪師

景元（羅湖野錄）台州護國元禪師參圓悟于蔣山因僧讀死心小參語云既迷須得悟既悟須識悟中迷迷中悟迷悟兩忘却從無迷悟處建立一切法元聞而疑即趨佛殿以手托開門扇豁然大徹（續文獻通考）永嘉人參蔣山圓悟有得悟曰我這裏禪都校元首座作一布袋盛去了一時衲子呼為元布袋

景宣（雁山志）樂清人陳氏子受業能仁寺十五歲試經得度出遊方外紹興間歸能仁越數年又居本覺平生喜讀莊子自為注解凡三十三卷又能究極性命道德之說年九十七變目炯然視聽不衰及荼毘齒與袈裟皆不壞人以為得道云

後可（續文獻通考）雁蕩凌峯寺僧善講經一日聚衆僧講于峯下有一老人侍聽長鬚古顏衆異之問其從來曰尋寒坑去此百餘里請不踰時何從知之而遽至此曰寒坑雁蕩原是一山首尾相連地脈相通故易知之因忽不見風雷驟起仰而視之則蜿蜒之狀已在雲中矣

介諶（五燈會元）溫州張氏子（萬曆溫州府志）受具于崇德寺慧徹師徹持律刻苦嘗然身為燈作佛事諶曰大丈夫當明佛意）（祖以光明照大千何區區于此辭往謁徑山常悟佛鑑慧勤就依長重年卓悉得其道性剛毅涖衆有古法時以諶鐵面稱之號無示禪

元

周恢（萬曆溫州府志）字漫元瑞安人幼習舉子業宋末避亂青田山中從蔣梅莊受元學居雁蕩一日遇髽角道人坐瑒山茅舍酣歌恢前致禮弗傾夜宿具僎見道人兩目光各丈餘儀合為一及曙恢市酒酌道人道人持滿呼飲之覺神爽體輕須臾又一道人至曰此沖應葛仙翁也可拜而師之恢如言仙翁出書一帙俾録之仍授密印由是飛神上下去來無礙不喫烟火者四十二年泰定丁卯三月索紙筆書曰混合元宗七十六年時來果熟撒手高眠紫雲西地黄鶴彌天奄然而逝

周顯真（兩浙名賢外録）字養元永嘉人遇西蜀異人授以異書及壬遁反閉之術因自號山雷子元統甲戌歲旱郡請禱雨顯真默運神机電出袖中雷雨隨至所著有洞浮老人集

梅芹（萬曆溫州府志）永嘉人元末不樂仕翛然黄冠能驅鬼出神或盜具郎木芹樊苻竉中盜者披髮負樹來歸以水噀之謝而去嘗自題小像曰石斛花開劫外春百城烟水漫芳神誰將秋兔毫端寫貌出山林幻有身自號太歌子

了万（續傳燈録）臨川金氏從金溪常樂院思仁者祝髮東叟頴南屏擇師掌記遂蒙印可後遊天台及境衆請開法寒巖竟嗣東叟踰三年還仙居紫籜歷十載還蹤山又十年升住江心盧山月澗明公遣舟迎歸東溪皇慶元年書訣坐逝

省初（萬曆溫州府志）永嘉孫氏子號子蒙自幼端謹為儲慶寺僧長師方巖于台州白蓮寺遠接南屏之傳弘天台教觀歷雙峯上天竺首住東林開元兩刹著五門禪一卷

明

顔奉真（萬曆溫州府志）號虛白遇麻衣道人授章心雷法能指呼賜雨叱咤風雷洪武十九年夏旱請禱于寶勝寺登壇雷電交作大雨三日乃止一日赴熙金鄉謂弟子曰辰年巳月酉日子時吾將化矣至期沐浴端坐而逝

葉昌齡（永嘉縣志）幼机警遇老叟引入巖室中若仙洞然教以正一五雷之法正德間郡大旱守禮請之乃出登壇問曰欲城中雨乎守曰雨以溉苗顧注城外齡乃以墨筆于紙上作一圈旁亂點如雨已而擲筆空中俄見白氣上衝雷電交作城中僅飛濃而四郊大沛

張日惺（溫州府志）號太微居白鶴山雙瀑潭側學法于龍虎山嘗禱雨烈日中戒侍者宣疏畢至壇案下忽黑雲一朵如元芝從海門起怒雷激之大雨如注時稱張法官

智順（獻徵錄）字逆川瑞安陳氏子母塑智者大師像一夕夢僧頂有圓光逆江流而上謂吾當為汝子寤而有娠生子稍長受戒于天寧禪院走閩之天寶山樞公授以心要迨永嘉會王會鄉造報恩院于瑞安大龍山首延師為之主叅徒寖盛石室巖禪師主江心艷師之為寖以第一座處師未幾又以何山精舍棟宇湫隘拓之為大伽藍建大雄寶殿平陽吴德大創歸源寺援報恩例請師聞山朝廷為降院額賜師號及金襴法衣鐘山建無遮法會師與其列升座演說聽者數千人竣事振錫住淨慈會中朝徵有道僧以備顧問衆成推師：至南京僅四閱月沐浴書偈而逝有五會語若干卷善財五十三叅偈一卷傳世

慧照（稽古續集）字大千永嘉麻氏出世于明慶遷四明之寶陀常垂三關語以驗學者後築室曰夢菴壽八十五有語錄行世又時蔚號萬峯永嘉人金姓謁虎跑止巖請益為堂中第一座

曇旭（江心寺志）字旦初安固林氏年十四遊仙巖依琰公研窮教典尋住持壽昌能仁寺宣德中徵主江心寺服修行業書偈而逝

國朝

行幟(舊浙江通志)字法幢瑞安人姓林名增志崇禎戊辰進士官中允後薙髮為僧居呂峯山從密印壬辰曳嶠過四明登雪竇拜石奇僧嗣其法乙未入大梅山訪梅子真遺蹟披草剪荆新庵僧法常舊觀越六載復還東甌示寂于密印

處州府

漢

徐來勒(眾仙記)為太極真人治栝蒼山(兩浙名賢外錄)來勒得道上昇至東漢為太極法師施職洞天總司水旱罪福之籍唐天寶七年有慶雲覆洞太史奏有真氣見于台宿詔建洞宮額曰成德隱元

王遠(神仙傳)字方平東海人舉孝廉歷中散大夫學五經兼明天文圖讖河洛之要漢桓帝累徵不出使郡國逼載詣京師題宮門扇四百餘字皆紀方來帝使人削之外字去內字復見墨皆徹入木裏同郡故太尉陳耽為方平架道室顧從學道在耽家三十餘年後化去衣帶不解如蛇蛻也嘗來入栝蒼山過吳住胥門蔡經家

左慈(列仙傳)字元放廬江人明五經通星象學道精思于天柱山得石室中九丹金液經是太清中經法也曹操聞而召之問學道之由慈不答操怒欲殺之乃為置酒戲失慈建安末渡江尋山入洞在小栝山顏色甚好(名勝志)小栝山在處州府城西真誥以為左慈元放所治

戴文仙(名勝志)漢時道士于留明山修煉道成陽精畢露于頂夜輒照徹山中若太陽然道士無姓名人但呼為戴文仙因立戴文仙廟處州

三國吳

㭊衣仙（兩浙名賢外録）龍泉人不知姓氏無寒暑皆綴㭊葉為衣人遂以是名之結菴于鳳山之巔童顔黑髮不御飲食赤烏中坐菴前槐樹上俄祥雲四合仙藥鳴空遂飛昇去

晉

平仲節（真誥）河中人渡江入括蒼山受師宋君存心鏡之道積四十五年身形更少體有真炁五月一日乘雲駕龍白日昇舉今在滄浪雲中

隋

尹真人（括蒼彙紀）大業中煉丹遂昌百丈巖溪西山丹成舉家上昇今勝因院其故宅也宋龔侍郎原作勝因院記頗詳其事後原守揚州時有道人謁原題疏欲得錢萬買原如數與之道人至和州創宅買田置器具交易楳記悉作龔侍郎名字後原謫和州道人來請入宅云田土器具皆公揚州捨錢所置或云道人即尹真人也報其為勝因院作記耳

唐

葉法善（舊唐書本傳）括州括蒼縣人少傳符籙尤能厭劾鬼神顯慶中徵詣京師高宗廣徵諸方道術之士合錬黄白法善上言金丹難就徒費財物有虧政理請覈其真偽帝然其言又嘗于東都凌空觀設壇醮祭城中士女競往觀之俄頃數十人自投火中觀者大驚救之而免法善曰此皆魅病為我法所攝耳問之果然自高宗則天中宗歷五十年數名入禁中先天二年拜鴻臚卿封越國公仍為道士止于京師之景龍觀卒于開元庚子凡一百七歲贈越州都

晉（珍珠船）明皇用法善術上元夜自上陽宮往西涼州觀燈以鐵如意質酒而還遣使者取之不誣（名勝志）李邕為處州刺史法善求為其祖國重作碑文々成又請書不許一夕夢法善請曰向李雄文光賁泉壤敢再求書邕喜而為書々未竟鐘鳴夢覺法善持墨本往謝邕驚曰始以為夢乃真耶今稱追魂碑云

劉處靜（仙都志）字道遊彭城人其先避地遂昌因家焉遇異人授以吐納之道書名見賜緋衣退居仙都山隱真巖結廬金龍洞側門人欲塑其像一日有嗜酒道人來成之處靜留飲旬日以黃金三十銖贈其行相送金龍洞前及回得片紙書云予與吾金吾授予真々花子形々全于神十六字裹原金在焉于是頓悟遂豫築元壚于廬後自誤其志咸通十四年六月辛酉日解化

吳善經（天台山方外志）縉雲仙都山人年十七為道士徧登匡廬天台三茅元和甲午八月十三日羽化權德輿撰太清三洞法師吳先生碑

羊愔（續仙傳）太山人家縉雲明經擢第授夾江縣尉罷歸棲括蒼山遊阮郎亭一日于亭側與縉雲館道士數人花時飲酒日午忽仆地舁還家七日方醒問之曰初為一人青幘絳服自稱靈英邀入洞府須臾一石穴中有物飛出狀如蹙青色柄長靈英指之曰此青靈芝也食之得仙愔取食之味甘美靈英乃引見仙官戴遠遊冠霞披三人文武侍從極多靈英謂愔曰一小有天王君一華陽大茅君一隱元天佐命君愔歷拜之咸曰有仙骨未能飛昇猶宜地上修煉餓而靈英送出乃括蒼洞西門也後不喜穀氣但飲水三升日食百合一盞身輕骨節皆動抖擻如竹片及柏枝声又數年南行入委羽山人莫得見

杜光庭（宣和書譜）字賓聖號東瀛子括蒼人懿宗設萬言科選士光庭試其藝不中乃棄儒入道著道家書頗研極至理條列科教自漢張道陵暨陸修靜撰集以來始末備盡羽流咸宗僖宗臨御光庭充麟德殿文章應制一時流輩為之斂衽嘗撰混元圖紀聖賦廣聖義歷帝紀暨歌詩雜文百餘卷書自錄所為詩文而字皆楷書人爭得之一日忽謂門人曰青城方創真宮工未畢上帝命我作岷峨主司恐不久于世他日復謂真宮成矣遂授法服與門弟子別而

辛（神仙通鑑）蜀主王建初賜號廣德先生進號廣成先生

周景復（仙都志）仙都道士唐大曆間居仙水洞辟穀宴坐百有餘年後仙去

葉藏質（神仙通鑑）字含象處州松陽人法善之裔詣天台馮惟良授三洞經籙于玉霄峯遂勝創道齋號石門山居日誦道德度人二經晚年尤精符術請之者如織婺州牧為邪物所撓詣請符因焚香置匣捧歸祟物遂絕唐懿宗優詔石門山居為玉霄觀忽命酒召其友應夷節同飲語及生平事無後告以行日及期題于門曰雞鳴將去門人聞珠珮声鼓舞声于空中須臾鷄鳴視之已化矣年七十四

智威（高僧傳）姓蔣氏縉雲人聞天台宗教遂往沃州石城寺親灌頂禪師求請心要著桃巖寺碑與頭陀寺碑氣度相表後以法眼付授慧威威姓留氏東陽人總角之年徑入空門聞縉雲大威禪師盛行禪法裹糧造焉時謂小威（佛祖統紀）貞觀二十年誦法華智威禪師補四大師朝散大夫威前身是陳僕射徐陵也

有緣（高僧傳）俗姓馮東川梓潼人往成都福感寺事定蘭開士師宣宗師一日宣名帝以筆書其衫背云此童子與朕有緣乾符三年至縉雲龍泉大賽山立院因奏祠部給額號龍安勅度七僧住十八載止連雲院太守盧約請入開元寺別院天祐丁卯四月示疾終

周南（續文獻通考）遂昌人號知常叟壯年謝棄鄉里學仙不成去學佛以易成名

三平和尚（括蒼彙紀）唐中和間築精廬于南明山是為大安寺每日騎虎出山至溪津叱虎還徒步入城虎出候于溪載還山以為常（明一統志）有真身塑像在處州大安院有破衲若蟬翼緇絲其徒寶之

明覺（兩浙名賢外録）麗水人住南明山雪竇禪師頌之曰三界無法何處求心白雲爲蓋流水作琴一曲二曲無人會雨過夜堂秋水深時有解脱和尚著亦住南明嘗月夜静坐依華嚴經入佛光定感化佛出現由是悟入三摩地辯才無對當時禪學之士皆言法中義虎南明有二

守約（括蒼彙紀）麗水人誦法華經有悟入稱之曰約法華晚住天生護法院嘗夜歸守門行者夢伽藍神呼之覺曰佛歸起開門師適及門寺僧咸異之後跌坐化

五代

鶴衣道人（十國春秋）不知何郡縣人亦無姓名日醉卧處州鳳凰山下忽爲里婦所詬辱道人嘆衣爲鶴跨之而去竟莫知其何術後人建祠祀之即今報恩光孝宫是也

馬氏二女（兩浙名賢外録）慶元人姊妹及笄父母將嫁之不肯問其故曰紅易老老吾欲以金丹駐之耳遂結廬于百丈山頭每夜輒登山石上焚香求度世忽感真人密授口訣姊妹按法修煉丹成俱白日乘鸞飛去至今山巔有剪刀鏡臺遺跡

宋

梵公（名勝志）慶元人爲邑皂隷邑令刑峻梵用葱頭貯血匿杖中行杖見血刑者多因得活一日令見梵行不履地詢知其陰德大異之遂去修煉山中功成以石臼千觔爲冠登山罔羽化

黄十公（括蒼彙紀）慶元下管人想于仙桃山見二叟對奕得餘桃啖之觀奕未竟歸已三載遂居百花巖二十年後坐化

盧仲瑞（虞集紫虚觀記）仲瑞徧遊名山歸終焉觀秩秩有條理執道丙戌之歲年
八十一乃召其徒告之曰數至九九而極矣吾將逝于數之所不及也揖
揖手謝衆
即坐化去

章思廉（虞集紫虚觀記）名居簡以字行父景陽故儒家竟通方外之學思廉師王
清烈于觀中授靈寶經每日望太陽吐納遂不語不食久之暑不揮汗寒
不襲衣或坐凝然不動若通夕行步如奔馬而塵不驚人各從其東西行皆若
若與思廉面語及合而即之則一思廉耳觀主嘗書火字傚衆取筆改火為水
未幾山水大至而水所過處土去石存巖穴若夏屋思廉常遊戲焉有進士從
思廉問急暴當得否思廉不對而與議論輒及經義及試得題思廉所與語者
用其說中高等故儒家亦信之郡守錢某有從父因某求見思廉望見遽呼曰
大資後果官至資政殿大學士其劾治鬼物已疾苦尤效自達官貴人至里巷
莫不神明之歿之
日肌骨柔潤云

徐泰定（劉基紫虚觀記）泰定嘗遇一道人口吹叟笛授以丹訣仍贈筆一枝令作
水墨山水隨意為之遂如素習後十年欲與遠遊泰定辭乃留詩別去鐵
笛叟吹破曉烟相逢又是十年前曾將物外無窮意總付毫端不盡傳白髮數
莖君老矣青雲一片我飄然世間究竟只如此何似同歸洞府天泰定年八十
餘端坐
而化

葉文詩（兩浙名賢外錄）麗水人嗜酒善詩畫山水人物閉户輒累月不出出則羣
兒環之或與之錢與之衣則悉與路人寶祐甲寅十二月嚴寒浴于觀池中
擲其衣獨臂二草
履作偈端坐而逝

范文珉（續文獻文考）處州道士嗜酒落魄談人意外事多奇中善畫牛往訪郡守
錢某曰負公畫四軸故來相償畫成即逝將斂得片紙于席間書曰庚申

日天帝詔
范子珉

清辨（括蒼彙紀）宣平人宋乾德間得道于烏巖寺每騎虎下山創淨妙寺工畢其
虎悞為鄉人所殺後知為禪師虎自悔捨田十餘畝入寺償之至今寺有償
虎田

癡海（括蒼彙紀）龍泉人崇因寺僧性多駭故稱為癡海耳無垂珠唇不蓋齒其師
曰汝貌陋福薄宜自勉癡海感其言日至東廊觀音堂焚香百拜每一拜以
手攜落其唇并耳三年不怠不覺上唇下垂兩耳及肩忽夢所拜觀音垂手摩
其頂曰賜汝聰明福相𤔡覺心境廓然逵通諸部經典後著金山水陸儀文盛
行于世永嘉江心
寺碑其手筆也

曇法師（括蒼彙紀）瑞安人居青田之慈仁院出入禪机尤善吟咏每一月或半月
不火食人異之秦少游謫處州時與曇相與最篤後去留别詩曰緣盡山
城且北歸此生相見定難期寶池
異日蓮花上都說如今結社時

從諫（五燈會元）天竺慈辯講師處之松陽人具大知見声播講席于止觀深有所
契書以道力叩大通、、一日作書寄之師發緘覩黑白二圓相乃倍答偈曰
黑相白相𢡊伽過狀了不了兮無風起
浪若問究竟事如何洞庭山在太湖上

了翁（縉雲縣志）箬川人生而異香馥郁左手文有陳字長為慈相寺僧後住臨安
陳寺行高潔人有疾者以水潠地泉即時湧出人飲即愈徽宗賜袈裟錫此
號

立禪師（指月録）處州人住法海寺徽宗革本寺作神霄宮師陞座謂衆曰都緣未
徹所以說是說非蓋為不真便乃分彼分此我身尚且不有身外之鳥作道

哉今更僧寺作神霄佛頭添個冠兒有何不可山僧不免拱揖拄杖高掛鉢囊向無縫塔中安身立命于無根樹下嘯月吟風然雖如此且道山僧轉身一句作麼生道擲下拂子竟爾趨寂郡守具奏詔仍改寺額曰真身

崇岳（陸游岳禪師塔銘）龍泉松源吳氏年二十三辭家受五戒于天明寺首造靈石妙禪師組見大慧杲禪師于徑山大慧稱蔣山應庵華公為人徑捷師聞之不待旦而行既至朝夕咨請應庵大喜以為法器隆興二年浮海入閩見乾元木庵永禪師逾年見密庵于衢之西山隨問即答密庵微笑曰黃楊禪爾密庵移住蔣山華藏徑山皆從之又遷靈隱遂命師為堂中第一座旋出世于平江澄照為密庵嗣慶元丁巳遂靈隱虛席被旨居六年道盛行法席為一時冠退居東庵感微疾跏趺而寂塔于北高峯之原

元

趙嗣祺（仙都志）字虛一龍泉人幼學道玉虛既壯遍遊名山再參南谷杜真人觀光上國欽受宣命賜印視五品後住湖州計籌山昇元觀平江白鶴觀錫號元明通道虛一先生教門真士至元庚辰冬解化于白鶴藏劍履于計籌

劉德劭（括蒼彙紀）字雲心麗水人道學于妙成觀善鼓琴賦詩精意元修郡有疾病水旱必禱之謝遺俱惠貧者平居無身外贅眉間有七黑子若北斗狀至正庚寅年八十八沐浴坐于正室索筆書偈奄然而逝

以假（括蒼彙紀）歸空中樓禪于白雲山四方之侶聞風來赴屨滿戶外至元丙子夏一日援筆書偈曰地火水風仙佛記拂地深埋第一義一免檀那幾片柴二免人言無舍利跏趺而化

本覺（兩浙名賢外錄）龍泉人儒學能詩文士大夫多與唱酬嘗纂輯名僧諸書成編年由釋迦至達摩迄宋凡三教通于佛者靡不載題曰釋氏通鑑

明

潘自然（崇禎處州府志）明初人為松陽道遂觀道士居雲巖（名勝志）自然能召風雷神將每夜輒有神燈懸其門有老人為之服役偶一日自然外出有求其符者情辭迫切而治糞老人遂呼神將承命往治自然歸責此老人忽見泥塑勝中君詣前曰彼五世法官偶有過上帝謫之為君治庖君僅三世不得責役語畢仍退復位

梁貞（蘇伯衡梁道士傳）字松間麗水人八歲喪父母十二投紫陽觀為道士六年不見道入元妙觀事希元迄傳其道集賢大學士薦于朝得處州路元妙觀住持提點郡書天旱長吏禱且兩月終不雨詣貞請禱當午日炎々俄陰雲四合雷電風雨大作三日乃止咸以為貞所致貞曰我豈能致雨々適與熙會耳貞既出家惟一兄五十不娶貞涕泣勸其兄兄乃肯娶貞罄橐中金為兄娶婦連得二子

智度（稽古續集）號白雲麗水人族姓吳年十五投禪智寺空中假公雜染受其淨習禪定逮旦不寐者三載于白雲山築舊福林院以居閱楞嚴圓覺二經與青種墨先成山欽公互相策勵洪武二年詔天下名僧師豫焉還居虎跑復趨華頂是年二月微疾回至福林沐浴易衣書偈而逝

道涓（括蒼彙紀）正統間為龍泉縣僧會駐錫鰲峰崇因禪寺景泰庚午五月辭別鄉里回山告眾端坐雷音堂遺偈云觀世間八十一一即是三々即是一圓圓爍破去來蹤白日虛空轟霹靂偈畢而逝龕出復茄光瑩如玉時年八十一

卷十五終

歷代兩浙人物志卷十六

和沈廷芳 椒

杭州府

錢塘縣

唐

馮孝女（咸淳臨安志）穆宗時人少孤無兄弟母子相依及長不嫁以養母〻病篤思肉食刲股為糜以進後母死號慟嘔血既葬結草廬墓下日爇香蔬食刲臂血書佛經捨宅為寺以薦母

唐

醜娘（夢粱錄）居孝女南鄉年十三母病刲腹取肝和粥以進母病愈醜娘以創入風而死

元

楊居寬妻馬氏（元明善節婦馬氏傳）參知政事楊居寬繼室錢塘民家女也至元十四年桑葛誣居寬等死沒入其孥以氏賜衛士氏託狂疾呼呼遺糞溺不可近竟免侵廹楊氏陰贖之歸遂削髮廬墓誓死不嫁後桑葛敗事昭雪而氏以無子乞歸錢塘養其姻親楊氏許之日紡績給食凡十有餘年大德七年十月乳生瘍或曰當迎醫不爾且危氏曰吾楊氏寡婦也寧死此疾不可令男子見竟死年四十餘

曹處女（詩話類編）名雪字玉英年十三善鼓琴十五工詞翰母沒竭力以葬其母年五十不嫁自誓云死作處女塚至正間錢塘喪亂處女閉戶不食死

朶那（輟耕録）杭城東偉兀氏之女奴也年十九勤敏謹愿主卒某郡官所朶那奉主婦日謁主婦亦妻以腹心至正壬辰秋寇陷杭劫官民府庫至偉兀氏家不浮物乃及接主婦柱下援刀礪頸上諸侍婢皆散走朶那獨以身覆主婦請代死且曰將軍利吾財豈利殺人哉家之貨寶皆我所藏主母固弗知若免主母我當悉與將軍寇允解主母縛乃探金幣帛等散置堂上寇取之竟又欲犯朶那身朶那持刀欲自刎曰我主二千石我誓不如他婢况汝賊乎寇驚異捨而去朶那泣拜主婦曰棄主貨全主命猶也妾受命主鑰今失貨而全身非義也請從此死遂自殺

黄仲起妻朱氏（元史本傳）杭州人至正十六年張士誠寇杭州其女臨安奴倉皇言曰賊至矣我別母求一死也俄而賊驅諸婦至其家且指朱氏母子曰為我看守日暮我當至朱懼受辱遂與女俱縊死妾馮氏見其母氏已死嘆曰我生何為徒受辱耳亦自縊死既而仲起弟妻蔡氏抱幼子與乳母湯氏皆自縊賊至見諸屍滿室執仲起將殺之哀求得脫遂盡掠其家財而去

翁氏姊（西湖游覽志餘）年四十不嫁至正間寇陷錢塘與弟忠一家四人誓結袂死于河姊曰河之死者識矣吾尋乾淨水死忠等赴忠姊赴城陰古井死

周仲賓妻鄒氏（武林紀事）鄒世間女嫁錢塘周仲賓為贛之瑞金簿非幸就逮鄒氏嘆曰夫必死矣吾出門安往遂投舍後池中而死

明

席祥妻吳氏（徐一夔席孝婦傳）山陰席祥娶錢塘吳氏留錢塘生子未晬而祥没吳年二十有六曰吾席婦也義不當留父母家惟奉靈櫬葬先塋之次事舅姑以撫吾遺嬰至于成人耳他無所用其心也已而一如所言一日姑患瘍痛甚醫者曰此為濃所苦有能吮之者乎吳氏吮之無難色姑遂愈

胡氏守貞（兩浙名賢録）胡宗信之姊父母長弟相繼物故而宗信年幼未立私念嫁蚤晚無加損誠能輔弟樹立晚嫁無所恨遂經紀其家及宗信長娶

婦王氏名志清甫五年而宗信没王時年二十四生子貢暨一女守貞痛曰我終不可以嫁矣于是與志清誓死守存胡氏血食卧起相依貧無以為生每日閉門治女事寒机漫指一燈欲滅坐至夜分如此者十九年洪武甲子歲守貞年六十卒志清卒貢行三年喪

包讓妻鄭氏（兩浙名賢録）陝西臨潼人父任杭州税課大使擇錢塘包讓歸之舉讓進士授行人卒于京鄭時年二十六父聞命子至京迎回臨潼遺孤光弼方五歲氏泣曰子歸侍父兄即包氏宗嗣絶矣遂扶柩還杭家屢空勤女紅以自給課子讀書其膏盈勺竟始就寢誦讀稍怠即抱讓神主哭子亦奮勵應明經選官貴池縣學訓導鄭年八十三卒

華氏妙清（兩浙名賢録）杭州右衛千戶榮之女早歲喪母茹素十餘年坐卧儼思恒若有見初榮代伯氏戍彭城永樂間累官拜前官臨没語女曰吾起戰陣出萬死得一生為千夫長期世世及也今中道死子襄幼且弱族人利吾官者行將不利于襄汝以女子從一年少後母其若之何女哭應曰吾雖女子無爵也請得事我母長我母令嗣我父勲終不從婚姻去遺父憂矣榮卒女遂一意奉母保護襄備至伯之子麟果欲奪襄官令入百計誘女嫁女剪髮碎面以示己志旦則為襄祈佑于天晝則勤女紅夜分不寐以給衣食竟育襄成襲官且教以忠孝終身不嫁繼母王氏受旌女獨不及餘杭郁幹為著孝烈傳

陳經妻勞氏（萬曆杭州府志）名妙祥經没遺三女上無舅姑下鮮兄弟氏年二十七日夕織紝教三女閉戶不出至親罕覩其面守節四十五十年

金模妻呂氏（兩浙名賢録）模客死姑蘇氏年二十七孤寒伶仃衣食不給撫幼子山成立時郡城大火將及其廬焚香祝天旋即返風城南萬井煨燼而金氏之廬獨存

姚經妻蔣氏（萬曆杭州府志）經卒氏年二十七孝舅姑撫孤女選于宗屬得子銘為後又不祿以從孫彩嗣之嫠居六十年不窺戶閾

淩曰桂妻張氏（兩浙名賢錄）夫後于伯氏，夫卒，舅氏繼沒，遺孤僅五月，氏時年二十六，養所後舅姑，備盡孝敬。有强宗某者，圖據其室，嗾父張欲奪氏志，又百計窘偪之。氏乃截髮毀容，拮据以值遺孤，奠其立也，命之曰立。含哀茹戚，六十年如一日。

朱道弘妻陳氏（兩浙名賢錄）道弘挾醫術，攜家僑居崇德。遭海寇至，一邑人盡走。氏抱持幼子，與道弘相失，遇賊，賊迫之同行，紿賊稍寬，已置幼子井傍，脫復發，投井中而死。

何材妻葉氏（萬曆杭州府志）仁和人，適錢塘何材。材父嘗贅居梁氏，復稱梁材。材沒，氏年二十五，一女在襁褓，日夕茹哀，已瀕九死。所親勸之曰：梁、何二族皆寡嗣息，若幸有女長，得善壻，庶幾寄烝嘗焉。氏為孫食女，既長，贅壻，惟同居，未嘗蒸見，年六十二卒。

郎氏元真（兩浙名賢錄）許字高瑞，瑞出遊不返，舅姑辭之，父母欲更字，氏以死誓。一日從容言曰：吾向許身為高某妻，弗獲嬪于夫家，願一識其門而還。父母許之，至門拜舅姑，比晚促之歸，氏曰：吾今日豈有還理乎？婦氏內夫家，吾當于此代夫奉甘旨耳。父母舅姑强之再三，不可，乃聽之。居數歲，以孝聞。舅姑為之置嗣。後有託名為瑞來歸者，時姑已亡，而舅目瞽，不能復辨，聞其述舊事甚悉，喜曰：真吾兒也。氏曰：語言容可偽，此當以形體物色之。既乃察其無耳後疵，非是，遂非之，人于是益賢其有貞志偉識云。

徐貞女（萬曆杭州府志）許聘沈麟為妻，麟卒，徐甫十九歲，泣告父母，製服赴喪，奉事舅姑以孝聞，終年紡績一室，不踰門限，內外姻親莫覩其面，年七十卒。

秦某妻顧氏（萬曆錢塘縣志）秦業醫不售，兼病痿癈，貧甚，為父母所逐，無所得食，謂氏曰：爾與我同餓死無益，徒自苦，孰若更事他人，爾既得所天，吾亦賴爾幸少須臾無死。氏飲泣不答。居數日，秦父母携酒肴來視其子，相屬為耳語，氏度其必以己市也，因卻不飲食，比夜呼女出汲井水，令返取盥，即竄入

并死明日出其屍衣裳内外俱
紉綴連絡不見體時年二十九

郎經妻俞氏（萬曆錢塘縣志）名敬淑年十六適經五年經沒痛哭服滷以救甦撫
二幼女紲姑張廹之改嫁氏截髮斷指以誓百計圖奪不可奪凡三
十九年卒

朱卓然妻徐氏（萬曆錢塘縣志）名淑順年二十適朱三年生子方一月夫亡
六年子亦亡姑庇已女時有不堪氏勤慎端恪姑亦化之

許三姑（萬曆錢塘縣志）許聘蔡九經未嫁九經卒許年十七聞喪即持剪刺
喉流血救甦奔喪擗踴登姑捿剪髮食淡勤女紅雖至親不覩其面

姜縉妻胡氏（舊浙江通志）年二十四縉卒族利其貲逼氏再嫁訟之官讞者欲試
之語曰爾少二子幼盍早決氏即拔髻簪刺雙目流血盈階目遂瞽
卒年九十七

潘聖姑（名山藏）許聘孫登名登名卒聖姑聞訃欲奔喪父母不許遂毁粧垢面服
闋哀毁幾絶寢于室中置飯一盂遂奠夫姑遂裂衾自縊鄉人祠之以勵女節
（貽清堂日鈔）烈女父母皆市井庸愚屢欲奪其志不從則大詬罵甚且棰辱促
下女卒不少易以生撤靈之夕閉户雉經遺語侍婢曰願以殮
肖從生地下其中衣縫紉甚密父母憐其志乃歸生合窆焉

周招姑（杭州府志）周友聞女許字郁從善從善卒招姑欲往視含父母靳之亡
何郁母病亟危甚女請往父母黙然時方製衣取剪自刺母知不可奪偕
往侍姑湯藥刲股和羹以進姑遂愈維族之直後者嘆曰吾無
憂矣當報死者于九原耳絶食數日死時萬曆乙卯年二十三

丁貞娥（杭州府志）丁竹崖女魏生聘為繼室方委禽郡守以豪右言置魏獄娥夢
黄玉杯堕地坼問父何祥父告以故且曰魏郎病瘦危甚柰何娥曰莫如

誣服出獄門即不幸得正而斃矣父如言緩其獄出抵家卒城閒慟哭請往父不許以死請母與俱往至則撫指擗踊哭幾絕呼其二子前曰余與汝父問名耳然義與之齊豈以生死間哉余誓不出戶守汝父喪服闋教二子成立年六十六年

倪朱謨妻沈氏

（杭州府志）年十八歸謨生子沐龍謨卒氏年十九家貧取給十指值奇荒作粥食姑與子而自啗糠餅或糜湯度日教沐龍成立

葉履妻楊氏

（錢塘縣志）生女一而履貞死族人使改適輒斷髮毀容自誓已而思曰此輩利吾財盡散所有與族人究心內典會將母沈大白婦趙氏亦早寡撫孤婚嫁事畢棄修淨土與楊兩相得也先是趙有中表姑金幼字李九歲李歿特全父母相結沒遺弟五齡誓不更適教育成立依趙共居一室屏絕人迹者三十年雅具淨修焉曰三貞云

李隆春妻徐氏

（黃汝亨李節婦傳）十五而嬪越四年而孀隻埋其夫丞赴水幾死矣姑救之得出泣解之曰新婦欲從吾兒甚烈然從吾兒母吾兒更慰也下節婦為感動自是不言死孝養舅姑姑病羹服內以進姑竟起從弟富春有幼子因告于宗祏立以為子

劉烈女

（毛先舒劉烈女傳）劉鎮之女吳生嘉諫聘為侍年未行鎮家樓臨南新橋吳俗五月五日浴母水嬉劉氏家樓望見之母以命女女不肯行强之乃出里有惡少年張某者從橋下竊見之張素以風力食閭里侮鎮家貧無所憚夜遂踰劉氏短垣而入女驚以為盜來衣起大呼鎮及妻皆起擒得之張奴客數人闖入奪去遂為惡言嫚女女聞嗚咽曰吾義不辱人言今橫被誣即死猶可自明乃投繯死鎮詣府以狀聞張陰行金屬詞丁甲求緩文若和姦者七字上府府拿劉曰和也法不當死百丁甲暴病言曰我劉烈女也惡少年能殺我生爾更活我死得請于帝矣丁甲頭搶地俱碎食頃死知與不知盡以為烈女果秉節能為神也鄉大夫咸詣中丞言狀下其事司李竟以張抵罪題請起冢祠堂建烈女坊

傅氏三節（杭州府志）莊氏傅元英繼室明末潰騎抵武林元英子興霖奉母莊及妻錢氏弟世禎婦陳氏同避兵於全家塍騎忽至家人競走林樾中莊及錢獨走江邊騎追之莊躍入江錢亦隨之陳稍後一騎猝及陳擲珠串祈免既入棄復以威逼陳大罵被創死人稱傅氏三烈

陳潛夫妻妾二孟氏（舊浙江通志）潛夫官御史明亡沈淵死其妻慨然從之妾亦把臂俱沈于河

沈振傑妻黃氏（孫治黃烈婦傳）明末兵至被擄舟出陡門婦躍水死越五日尸出于河不順流東去而西溯至家酷暑中顏色如生其夫撫屍而慟婦兩目忽淚溢焉

盛我凝妻李氏（錢塘縣志）明末戎馬蹂躪氏被劫至武康之下溪潛俟其不備即投溪而死越一日屍浮于溪胸抱大石逆流二十里見者收其骸胸石不解有力者不能脫數日後傳聞至家我凝往拜之石即下

國朝

李士鈐妻蔡氏（舊浙江通志）士鈐痛母喪嘔血而亡蔡晝夜悲號竟扼喉以殉

孫學敏妻楊氏（舊浙江通志）年二十三而學敏卒事舅姑孝姑有疾嘗割股以進而愈

王四姑（舊浙江通志）王一鳳女字徐天禧未婚禧亡姑方十五歲在室守貞誓不二適舅姑遣媒勸其別字姑憂憤絕食而死

王之輔妻邵氏（錢塘縣志）輔卒氏年二十八敬奉姑嫜姑亡嘗至姑墓攀木悲號濺淚著樹樹為之枯逾數年復茂人異之

李士謀妻胡氏（錢塘縣志）年二十四而寡事舅姑孝姑病瘵力撫幼叔幼姑後長大分己奩資完嫁娶康熙庚申秋大火比鄰皆灰燼氏號泣籲天

即風逆滅火人謂孝感所致

謝懋俊妻吳氏(題旌冊)年二十一懋俊卒遺孤綫五月伯氏欲奪其志終不許事舅姑盡孝子重綸亦以孝稱

孫秀姑(題旌冊)年十五歸楊文龍幼未婚也文龍父昌元携子負販之衢州秀姑與姑侯氏家居其鄰有闞士積者素無行與其徒胡起龍慕秀姑里中三月八日侯卧病樓居士積突入室將犯之秀姑噬其指遂負痛逸去六月十六日秀姑獨坐門内士積穴壁持其足秀姑驚走泣訴于姑因并及前事侯氏聞于地鄰ゝ人介士積詣楊謝比至侯憤甚擲茶盞擊士積誤中起龍起龍回詛士積者遂詈侯氏已又與士積纆楊之門辱之士積呼秀姑曰汝盡訴地鄰夜將安訴吾不能致汝若非夫也秀姑飲泣慰姑先寢樓下自縊紉其衣下及裾袴畢飲酒死時十八日之夜也天方盛暑顏色如生數日不變里中以貞烈聞於官巡撫具疏請奉旨建坊旌表士積論辟

陳大經妻余氏(題旌冊)會稽人年十五歸大經于錢塘甫一載大經貫于粵病卒氏號泣絕粒求死舅姑百方慰諭遂勵志守節立姪學良為嗣至老不廢織紝使持門戶守節四十餘年

楊德宏妻余氏(題旌冊)年十六適德宏結褵甫一載母喪未畢繼以姑喪氏哀痛倍至無何德宏患時疫死氏勺飲不入口晝夜哀號而卒距德宏之沒十二日

沈貞女(題旌冊)沈瑞春女許字范國章國章沒有為女執柯者女聞截髮毀容鍵戶自縊以救免祖姑王葺一尼菴居之旬日步歸曰非所宜歸也仍依母家獨處一小樓勤蠶織以終老卒年六十三

許貞女（題旌冊）許字陳王桓，桓沒于閩，訃聞，女泣請往奠。既至，曰：今日泣一，終矢桓家。素貧，舅姑老且病，女日勤操作以供修滫。舅姑沒，家愈窶，或日中未炊，女卒無変志。

楊運原妻俞氏（題旌冊）年十九，產女方三日，夫亡，誓心絕粒。舅姑勸諭，乃繼姪為嗣，教事舅姑，勤十指自給。後室遭回祿，囊橐益空，子媳孤孫相繼。辛艱苦五十餘年。

張宗儒妻汪氏（題旌冊）年十九適宗儒，宗儒卒，氏取刀自裁。舅姑力勸乃止。撫子芬成立，守節三十年。

孫㙺妻陸氏（題旌冊）年二十六而寡，勵志苦守，足不踰閾，守節三十五年。

沃天麟妻余氏（題旌冊）年二十二，夫亡，絕粒誓死。舅姑勸慰，乃忍死孝養，守節三十一年。

傾豫中妻朱氏（題旌冊）夫客死，氏年二十五，扶櫬歸里，撫訓二子有成，持家嚴肅，言笑不苟，守節一十七年。

溧王曾妻莫氏（題旌冊）年二十九而寡，孝事祖姑，雖處窘迫，甘旨必備，撫三子以養以教，守節二十四年。

趙琦妻吳氏（題旌冊）年二十七而寡，無子，立姪為嗣，嘗割股以療姑疾，守節四十七年。

盧茂妻管氏（題旌冊）年二十八而寡，父母欲奪其志，氏剪髮毀容，猶強之不已，甚至赴水投環，乃懼而止。事其嫡甚謹，至老猶晝夜勤机杼不懈，守節五十八年。

包紹穀妻李氏（題旌冊）年二十八而寡，家貧，奉耄姑甚謹，藉十指以供甘旨，冬日兩手盡瘃，苦不知也。遺孤濤力不能就外傅，身自督課，少怠

則哭失声濤用是淬勵後成進士守節四十五年

朱氏二節（題旌冊）朱錫驊妻陳氏朱觀第妻李氏俱二十八而寡事孀姑撫幼子閨門嚴肅至老足跡皆不出戶外陳守節四十二年李守節二十四年

朱官龍妻滑氏（題旌冊）年二十九而寡割股以療翁疾鞠子景隆成立守節一十六年卒

莫孝女（題旌冊）名勝儒性至孝年十三父京病侍湯藥不離左右及沒哀毀如成人聞其孝者爭欲締姻勝儒以兄美章遠出母傅氏無侍奉者誓不嫁母再三勸諭知其意堅遂聽之于是屏服飾棄脂粉布衣操作以供母母病衣不解帶藥必親嘗夜則焚香籲天願以身代母卒視含殮畢絕粒求死既而翻然曰父母未葬我未可死乃晝夜紡績銖積數年遂擇地營葬遠近觀者皆以為雖男子不能及也卒年四十一

殷志名妻王氏（題旌冊）年二十三歸殷甫二載翁客死于粵夫奔喪亦卒于旅邸氏甫二十五歲無子以姪為嗣家貧薄田數畝饘粥不給夫之弟又私售于人族眾勸氏嫁氏嗚咽曰吾躊躇死不忍以田產細故傷夫手足也守節三十九年

熊天琳妻邵氏（題旌冊）天琳以難蔭授瑞安守備值閩變死之氏年二十九在署恐賊至被辱以子女托夫之友令急去而手執白刃以俟幸賊不至遂矢節撫孤每歷陳先人忠烈訓其子子以蔭登仕籍無忝厥職母之教也守節五十三年卒

楊二姑（題旌冊）楊學顏女生甫彌月而父亡及能言見母柯氏常哭問父何在母告之遂抱女號慟自是母哭未嘗不相對哭也聞其孝者爭欲求婚二姑不許戚黨勸之姑曰吾非母無以至今日母非吾無以終天年人各有志可相強乎遂侍奉其母母死哀毀成疾而卒

胡貞女（題旌冊）許字江承麟未婚承麟卒女年十五聞訃欲殉父母護之謹遂歸江守節孝舅姑立繼嗣貞操三十餘年

沈錫祚妻朱氏（題旌冊）年十九夫亡投繯服滷翁姑救甦勉以大義姑進饘粥孝養克盡婦道撫繼子逾于己生勤女紅寒暑不輟長齋終身守節二十八年

王宗翰妻孫氏（題旌冊）年二十九夫亡絕粒不食舅姑曰汝死我亦不能再生乃進饘粥事舅姑凡甘旨必親奉以進没後盡哀盡禮無子撫姪如己出守節四十年

孔衍昌妻陳氏（題旌冊）衍昌力學成疾氏日則調治醫藥夜則禱祈身代夫亡願以身殉氣絕竟日家人救之始甦上有翁姑不以家貧貽堂日憂承懽一如夫在時教遺孤以義方出夫生前所著書以示之且泣且示書有淚痕子亦號泣捧讀爲守節二十六年

陳士廖妻鄒氏（題旌冊）年二十八夫亡絕粒從死孀姑勉以大義姑進饘粥事姑曲盡孝養遺孤二必勗以善事祖母姑没盡鬻嫁時衣以供喪葬二子皆入泮著節五十三年

黄章妻施氏（題旌冊）章任襄陽知府卒于官氏仰天長號曰上有垂白之孀下有繈褓之孤妾忍殉死而不身任其事耶遂堅貞自矢嫡素染瘋疾事之如姑一子出繼夫兄未嘗以猶子稍視守節一十七年

孫兆龍妻張氏（題旌冊）年二十六夫亡一慟幾絕老姑在堂曲意承懽姑每語姻婭曰吾有此媳不爲無子姑没喪葬盡禮遺孤復殤擇猶子以續宗祧守節二十九年

朱應龍妻胡氏（題旌冊）年二十一而寡翁姑在堂雖家徒四壁而甘旨無缺皆從十指中出翁姑先後没喪葬盡禮教遺孤以義方守節四十四年

許禹文妻江氏（題旌冊）年二十五夫没矢志以殉父諭以舅姑年高因感泣守貞
姑患目眚虔禱于神親為舐拭目復明後舅姑相繼没喪葬盡禮
守節二十年

朱維周妻謝氏（題旌冊）年二十四夫亡閉户不食翁姑勉以大義
乃繼姪為嗣勤針黹紡織以供菽水守節三十年

翁元岳妻張氏（題旌冊）年二十七歲而夫没時方有娠擗身自墜樓下久而復甦
後遺孤生偏體青紫蓋腹中受傷所致也姑亡事舅先意承志得
其懽心訓二子極嚴均以髫年入泮每逢忌辰縞衣蔬食哀泣如初
喪值初度二子稱慶泣誓不受曰身不死尚何祝耶守節二十七年

仲季魁妻金氏（題旌冊）年二十八夫亡絕粒欲殉念翁姑在堂飲泣為未亡人事
堂上愉得懽心翁姑没殯葬不遺餘力無子戢戢子立立志彌堅
守節四十九年

黄錢昌妻董氏（題旌冊）年二十一夫亡哀號絕粒親族勸以撫孤延嗣乃矢志守
貞足不踰閾姻婭罕覩其面數十年如一日教子義方竟無姑息
守節三十八年

金愼言妻方氏（題旌冊）年二十八夫亡翁抱喪明之痛大病幾危旦夕籲天願以
身代翁病尋愈偕老姑在堂孝養以終其天年遺孤一子女婚嫁
之費皆從十指中
出守節三十四年

吳序裕妻袁氏（題旌冊）年二十八而寡事父母以孝稍家貧勤針黹營
葬翁姑撫子成立足不踰户言不出閾苦節二十八年

張貞女（題旌冊）字二姑許字朱聖如年十九聖如卒聞訃慟絕屢欲投繯父母防
範之不得行且議改適姑誓死不從父母没遂歸于朱舅姑相繼逝生事

死葬無失禮守貞三十五年

姜與瀜妻諸氏(題旌册)年二十七夫亡事舅姑每食必潔滌滫以進甚至衣背瑩盡而于舅姑前笑言相慰勿使聞知撫教幼子有成守節二十八年

陳綺章妻諸氏(題旌册)年二十五夫亡事孀姑孝教子有成至老猶勤紡績足不踰戶親戚無識其面者守節三十七年

俞濤妻沈氏(題旌册)年二十適濤二十三夫亡子甫三歲女未彌月舅姑在堂值飢歲已食糠粃而奉養無缺教子女成立守節三十年

仲貞女(題旌册)仲子亮女許字吳旻俊婚有日矣旻俊亡女閨戶投繯救甦父母環守之乃縞素奔喪事舅姑能得惰心撫姪為子以旻祀守貞三十四年

趙氏二節(錢塘縣志)勞氏康德州守趙景和妻秦氏其妾也值馬士英亂兵沿途殺掠通州景和不納士英怒縱火攻城遂遇害勞欲自到庶姑朱以藐孤當撫止之崎嶇戎馬間扶櫬歸杭荼苦備至教子蒼學成進士官鄉丈秦氏聞景和被殺密縫衣裾并綾躍入眢井死州民殮之顏色如生

章一桂妻高氏(舊浙江通志)歸章十月而寡姑徐寢疾廁牏滌濯逾年不倦姑且死執高手曰願來生更為而婦高經理姑喪負益甚苦節六十年

張氏四節(杭州府志)沈氏張岑副室汪氏張堯彩妻朱氏張翥妻周氏張英妻沈年二十四岑沒服滷而死汪年二十二夫故歷四十九載完節而終朱與周其姪婦也朱以翥沒憂欲自盡父防之嚴不得死及撫孤稍長逢從容成其初志以瞑周亦早嫠苦節四十餘年人以為一門四節

許昌章妻尚氏(舊浙江通志)事姑以孝聞姑死長跪曰姑捨我去安往乎一慟而絕

吳圣乙妻姚氏(舊浙江通志)結褵期年圣乙疾姚刲左臂進卒不起未幾姑疾刲右臂為糜卒亦不起兩臂創甚養病母家已病且革歸繩林歸張扶舁拜與親訣曰非不知魂魄依父母也顧女有家義不可去仍返吳氏之寢曰得死所矣遂瞑

汪亢宗妻鮑氏（錢塘縣志）亢宗病亡氏欲以身殉舅姑勉以立孤乃止已而二子俱殤氏遂閉户服滷死

項瓴禎妻張氏（杭州府志）瓴禎覆舟死氏奔赴投江以救得生守節撫姑姑終如一遺子景脩婚畢遂決意絶食而死其媳何氏夫喪亦矢志茹齋縞素人交頌之

蔣佺妻徐氏（舊浙江通志）佺未婚失明姻戚謂佺無受室理徐聞之曰古人不以婦贅棄成言吾敢以夫贅有他志耶誓死嫁佺甫二年佺卒立志守貞以終其身

張所修妻汪氏（舊浙江通志）年二十四所修得疾不起以目視汪曰吾死汝何如汪泣即舉刀斷一指曰設有不虞以此指先殉君地下吾當忍死教孤敢有他志乎所修乃瞑後夫三十年卒

胡雲鵬妻王氏（舊浙江通志）年二十三夫没以簪刺喉流血仆地子遵仁八歲痛哭抽簪出乃得甦于是散髮毁面窮居守貞課子成立

郘周書妻陸氏（錢塘縣志）年十九歸周書周書卒時陸方娩身抱孤隕涕曰天如不絶郘氏我當作未亡人十五年聞者弔為意也名孤者芳遠年十五出應試陸謂曰汝可自立我將報汝父地下矣若驚詫陸曰戴耳詰旦自縊死裂衰絰及遺命皆預存篋中殮之日容色如生

查梓妾王氏（錢塘縣志）梓客秦娶氏年十五挈歸浙中食貧操作者十年梓没氏即服滷死

吴錫妻戴氏（毛奇齡吴烈婦墓誌）錢塘吴錫學生字天與比鄰戴氏女年十歲父死哭泣過哀幾失明人以孝女呼之因聘為年十六合巹十八天與鄉試下第遂致病越三年死當天與病時戴侍湯藥不脱衣知不治請先死天與曰吾未死而汝死是以死促我也戴泣而止天與將屬纊呼弟鎬曰汝嫂將必死

我死嘱家人伺之天與死戴以首觸棺碎首血被面家人環伺之絞以巾刺以袍刀凡求死者七最後吞金不得死乃吞壞玻璃屑吞其鹿腸斷嘔碧血數升死距天與死凡四十二日年二十二里人建祠于西湖葛嶺下曰吞金祠

高良妻童氏（錢塘縣志）良傭舂其舅陳四為輿夫傭巨商家臧獲婦有姿色故虐使良不令與其婦合未逾年良死四陰計欲以氏鬻某商為妾氏哭詈罵甚絕粒七日而沒未幾四暴疾卒

翁常節妻孫氏妾滕氏（杭州府志）常節沒滕絕食死未幾子駿業亦死孫與媳孫氏共矢志守節

解烈女（錢塘縣志）名坤元解仲良長女許某氏母亡仲良貿易吳門坤元偕弟妹持門戶足不及戶外仲良續娶余氏鄙惡少執柯也惡少素以舅事仲良至是往來益褻一日伺余他往潛入内室調謔焉坤元怒遂服滷腸裂而死

潘元英妻范氏（錢塘縣志）性至孝年十三母病氏刲股進得瘥及歸潘為繼室撫前子女如己出元英沒勺漿不進者六日子女環泣始啜粥虔自此足不窺閫而詳督之勤有古賢母風

熊氏二烈（公舉事實）熊應鳳妻陳氏及其妾繆氏也應鳳官游擊守温州雙石营順治十五年海寇陷城應鳳不屈死二氏曰吾夫盡節哉二人不死臨難苟免非烈女子也遂相與投繯而絕時陳年三十繆年二十三

羅育萬妻楊氏（公舉事實）年二十二歸羅三年夫沒姑已亡惟翁在堂子甫襁褓氏忍死事翁撫子越四載翁没子痘殤氏泣曰吾所以不死者以有子也今已矣遂絕食死時年二十九

徐嘉謨妻金氏（公舉事實）性至孝，年九歲母疾，焚香告天，終夜號泣，願以身代。及歸徐，事舅姑先意承志。姑嘗患癰，醫不能治，氏以口吸膿血，手奉湯藥，衣不解帶者三十七晝夜。姑遘瘵。翁貧而好施，有姚姓以飢鬻子，翁憐其幼而不言，氏與衣飾以贖之。嘉謨卒于京邸，柩不能歸，氏紡績二年，常爨火不舉，而積資以奔喪。後長子沒，媳龐氏以死殉，人稱節孝萃于一門。

張世齡妻姚氏（公舉事實）世齡館于外，氏事繼姑孔，克盡孝敬。姑性嚴厲，氏委曲承順，一膳必察其旨否，一寢必時其寒燠，先意承志，能得其懽。姑患乳癰至危篤，氏侍湯藥，拂拭吮舐，不辭污穢，至痛甚，輒籲天求代。姑沒，哀毀逾節，相夫力舉三喪，宗黨咸稱其孝。

仁和縣

元

陳文舉妻蔣氏（嘉靖仁和縣志）名淑貞，歸學正陳文舉。元季海寇方鶴臯兵薄郡濠，文舉卧病，賊及寢門欲兵之，見氏姿艶，覬得之。氏意覺，紿賊以脫夫，許其去遠，乃俟隙赴水死。

明

楊秦奴（明列女傳）楊得安女，許嫁未行。天順四年母病疫不愈，秦奴三割胷肉食母，不效。一日禱曙，剖胷取肝一片，昏仆，良久乃甦，以衣裹創，手和粥以進，母遂愈。母宿有膝攣疾，亦愈。

許敵妻鍾氏（萬曆杭州府志）名蘭芳，紹興人。年十八歸仁和許敵，敵授南兵部司務，尋卒，止遺一女。氏時年二十九，母欲奪其志，氏泣曰：夫第名仕籍

吾復改事他人何顏以生甘落泊躬紉紝以自給守志三十餘年

郁惟敬妻方氏（萬曆杭州府志）名妙壽年十七適惟敬夫亡二孤昊昇俱幼氏浮居落室雖周親罕見其面屏絕尼媼家僮年十三即出居戶外不浮與姆接守志三十年

鄭璽妻魏氏（明實錄）名德盛蕭山人致仕尚書魏驥之孫女仁和鄭璽妻夫死氏憂欲自縊洗死為母妹所覺乃斷髮自誓後斷一指流血不止而死

孫玉妻楊氏（郭虞孫母楊氏墓誌）玉疾醫藥勿效氏刲股和糜以進稍瘳踰年病復作竟不起時氏年二十七有欲移其志者輒叱絕之父之家益貧叔逼其改志乃以繩綫其子女共投于河里人號呼趨救自此人不敢有異議翁姑歿殯葬之需皆出其手教二子以德義詔旌其門

張晟妻于氏（兩浙名賢錄）名永壽肅愍公之女孫嫁吏科給事中仁和張晟為繼室晟奉命封滿剌伽國王道卒于贛輿櫬歸杭氏號慟欲死父母曰汝有遺腹若幸而生子方祊攸傳苟欲自盡如張氏血食何自是不復言死時年二十六撫遺孤成就歷四十二年如一日

余鳳妻徐氏（萬曆杭州府志）歸安人適仁和余鳳〻卒氏年二十四家貧無子伯氏爲欲奪其志氏斷髮毀容流血被體絕而復甦不食者三日知不可奪乃為立後氏辛勤哺之躬紡績為衣食計撫嗣子成立年七十四卒

吳聰妻倪氏（嘉靖仁和縣志）年十九適聰八年而聰卒氏日夜哀號母諭之曰爾青年無子孰與淺俗無貽後悔氏曰吾雖無子猶子即吾子也又奚悔母強之即赴宅後池幾死趨救乃免知其志不移乃取兄子雲章為嗣婺居五十七年壽八十五

沈文美妻俞氏（萬曆杭州府志）名淑蓮文美卒氏年二十恐人以年少有他議既免喪坐小樓不下居常寡言笑閨壼中未嘗見節守節六十年

劉世學妻朱氏（舊浙江通志）世家殁家有五喪在淺土氏盡葬之頻年飢饉食麩皮米蔬延劉氏一綫苦節四十餘年ゝ六十七寢疾子萬祺孫來駿同日封服而氏卒不祿

沈貞女（孫治沈貞女墓表）年十五許字何宗祚明年宗祚死女聞欲自盡母毋慰之已而白于母曰兒豈忍忘母第今一叩夫棺即偕母以終身母不得已許之至門撫棺泣拜畢謁舅姑慟哭時母促女返女曰兒去此則有死耳事針綫以奉舅姑亡何其夫兄舅姑相繼死棺殮殯葬皆貞女竭力經營家益貧饘粥不繼兄沒雲迎歸分室而分初宗祚曾大父倫世號何孝子有墓石在廢道其族人鬻于他所貞女泣曰我艱難困苦以至今日為何氏一抔土耳乃捐貲贖之而貞女遂得合葬以成其志

龔夢虬妻何氏（舊浙江通志）氏居家以孝著歸龔事姑相夫事俱合禮夢虬卒何氏號泣柩前移時不聞声息視之已絶矣年二十七

吳美中妻汪氏（仁和縣志）年十五歸美中越八年而美中殁遺孤二撫之備極艱苦時流離江上遇盜以身赴水一晝夜不死次日如有物負之而起苦節五十年

吳氏柏舟（杭州府志）許字陳光璧未婚而陳殁誓不更嫁或勸之則自縊遂不復強乃歸陳守節入門拜翁姑曰今始得稱婦矣子亡婦在子職婦職也布衣操作姑甚喜居數年而殁篋中得遺詞若干篇時年二十七

胡增煌妻丁氏（杭州府志）名印姑明末避難遭亂兵投水死

王氏女（杭州府志）許字里人姚舜貽明末盜起女從父應昇隱林薄間盜見女走追之脇以刃女不從盜怒欲殺之應昇見女急奔至乞免甚哀女曰我死

不奪翁何哭盜知不可奪乃斫其屍數段并殺應皋時年十七

陸瓚妻鍾氏（舊浙江通志）避難狗葵村遇盜至欲執之大罵盜以刀斷其手又斫其腦而死

國朝

馮人驥妻何氏（題旌冊）年十七夫亡欲自剄以殉姑奪刀慰諭乃止坐臥一小樓以針指所積營葬守節四十五年

仲升妻曾氏（題旌冊）年二十九而寡順治乙酉奉姑避兵鄉村值姑臥病賊且至鄰婦呼氏同行氏曰吾義不可舍姑去惟守死以待耳遂垢侍湯藥榻前賊至不為動賊曰孝婦也舍之去守節五十三年女適曾之煌十九而寡母女相依母亡女以痛母相繼死

嚴曾采妻吳氏（題旌冊）年二十八而寡三子皆幼翁沒伯叔析產吳獨取所藏書授諸子曰欲汝等盡讀是書知立身大義也已而家燬于火貧甚長子殀又育其孤孫復死吳慟不欲生因病卒守節三十二年

汪雲瑞妻王氏（題旌冊）年二十八而寡子女俱幼伯氏屢以語侵氏至不可忍氏持益堅伯氏歿遺二子無養氏收撫之人曰以德報怨信有之乎氏曰吾為祖宗計耳德怨非所計也守節六十三年

李婷（題旌冊）父兔庵授生徒外舍有友張斌客武昌使其子仕華來學十三能文父喜達以婷許婚焉既而仕華之母病其家來迎婷往未到門而姑死留視含殮父越二年仕華死時年十八婷初請視殮父不許既而請易服父曰百年甚遠兒以倉卒決之保無後悔耶曰百年時也決之倉卒者志也志決矣又何悔會其舅歸婷衰服出見舅號咷頓足曰吾不忍衰兒後復見有此且嚎且去：武昌不返婷乃闢一室立姑主。及仕華主歲時祀之守志四十年倪瑆妻汪氏（題旌册）年二十五而寡，投繯救免，家貧，冬無絮衣，夏無幃，撫雛子又殀，復撫孤孫，守節三十三年。

周子達妻鍾氏（題旌册）年二十四而寡，止一女，三歲，撫長遣嫁，年二十七亦寡，能以節稱，人謂母之教也。氏足不踰閾，言不出閫，年六十，翁姑尚存，扶持不離左右，守節五十七年。

王震妻胡氏（題旌册）年二十八而寡，數子極羸，人有勸之者，則曰：吾所以不死者，惟此子耳，如其不類，何以見夫子地下。子亦感泣自奮，守節二十年。

周卜妻錢氏（題旌册）年二十九而寡，遺女二，家貧，以針黹易粟養舅姑而已，則以糠粃度日。翁姑歿，幼叔止七歲，撫育撫配，立姪為後，二女亦得所歸，守節三十四年。

項景修妻何氏（題旌册）年十六而寡，無子，投繯者再，俱救甦，遂撫姪為嗣，守節四十八年。

吳瀞妻汪氏（題旌册）年二十二而寡，無子，引刀自剄，以救免，潛吞鉛粉不死，乃撫姪為嗣，守節四十一年。

舒貞女（題旌册）許字陳朝焜，未婚，朝焜卒，女泣請往弔，遂不歸，居年餘，父私受聘于盛氏，及請期始告女，女遂欲自盡，以救解。盛訟于縣，鞫得，令諭女從父，女大慟曰：吾知終身于陳而已。令嘆息，命其父還盛聘，俾女終其志焉。女不苟言笑，終歲紡績，至老不衰，卒年五十四。

林邦基妻曾氏（題旌册）年十五歸林，十三年而夫歿，訣時許以身殉，家人百計阻之不得，嗚于官，諭以舅在且老，宜代夫供子職，毋徒死，氏乃不死。事其舅敬謹無失，逾三年舅歿，經營葬喪訖，氏曰：吾今乃可踐吾言矣。賦絕命詩一章，不食十四日而絕。

胡家珍妾汪氏（題旌册）年二十二而家珍卒，投繯數次，姑與嫡勉之曰：爾懷孕數月，冀生男，稍延胡氏一綫。因泣拜受命，竭力女紅，佐嫡以奉姑，後

嫡及姑相繼亡經理喪事無遺憾家業中替命子
服賈四方訓課諸孫俾克成立守節四十七年

高應龍妻吳氏（題旌冊）年二十六夫亡撫姪為嗣事舅姑以孝
闔閭門暨鼎親戚罕見其面守節二十五年

范觀銘（繼）妻歸氏（題旌冊）年二十九夫亡前室遺一女已生二女皆幼舅年八旬氏
生事死葬盡禮女長遣嫁前室女奩贈視已女有加為撫族姪為
嗣守節四
十四年

張輔臣妻沈氏（題旌冊）年二十六夫亡子未週歲家貧勤女紅以養舅姑而已常
飢餒無幾微愁苦意舅姑卒以三棺未葬益勤操作積貲營窀穸
撫子成立守
節三十八年

郁世祿妾錢氏（題旌冊）世祿卒氏年二十遺孤三歲有覬覦其貲產者欲奪其志
不從則謀害其孤氏時為防護頃刻不離即一飲食非親烹飪不
令嘗也子克成立
守節三十一年

陸培妻陳氏（舊浙江通志）少時父病割臂肉進之愈年十九歸行人培培自縊桐
鳴變聞陳自投工墜地絕而復甦時年未三十歷三十八載冰霜之
操如一
日云

孫文標妻施氏（杭州府志）八歲時隣家火母病臥床父遠館氏出門呼曰能救我
母者謝以臂鐲隨有人扑火救其母出即脫鐲與之年十五歸文
標姑患痎瘧割股救之年二十六姑與夫相
繼逝子娘生甫七月守節訓子為名諸生

郭生妻李氏（舊浙江通志）夫歿不食
涕泣困臥二十餘日死

王端姑（杭州府志）王湘之女。湘與同里家英倩善。湘病危，英倩詣榻前問病，湘指女曰：幸善視之。英倩曰：內人將再孕，倘得男，願偕伉儷。湘熙首，隨逝。英倩果生男，訂盟而殤。特端姑甫七齡，聞之嗚呼不勝。及長，有議婚者，遂絕食卒。

嚴貞女（毛奇齡嚴貞女狀）嚴長發女，許嫁紫際洛。際洛亡，女年十五，聞訃，陰却繡絳朱碧衣，而以縞繩束其髮。父惡之。越一年，俞氏來請婚，父許之，女偃臥不肯起。父大怒，詬所訶曰：未嫁而守志，禮乎？當爾當立遣爾至紫氏門。女聞語，遽床起請行。父復揶揄之。女乃屏食求死。母憐之，請以次女應俞聘，父不許。女遂不食，咯血死。死之日，告其母曰：必告紫氏。父猶豫。女既絕，復瞪目曰：父憐我，必告紫氏，否則吾死不瞑矣。父曰：諾。遂瞑。

張孝女（舊浙江通志）年十九，母汪氏病，女割股愈母疾。後母病復發，女再割股進，不效，乃取藥置神前禱之，願刳心血入藥救母。刀入而暈絕于地，家人救之得甦。其弟感姊事，亦割股焉。母卒不治，女哭泣不已，未幾卒。

沈人驤女（杭州府志）適陸有奇。母病，歸寧，禱天割股，創甚不可忍，强起和湯以進。出房血湧潰而死。家人駭其暴殁，及殮，見臂肉已去半，血決滿衵袖，始知之。母賴生全。

吳氏二節（公舉事實）瞿氏，福建壽寧縣知縣吳允烰妻；王氏，其媳也。順治四年，土寇攻城，允烰力戰死之。當寇至時，瞿氏語其夫曰：賊勢如此，宜盡力勦除，身家非所計也。及聞夫被害，即入室閉戶，投繯而死。子嵩齡，長娶王氏，二十九歲而寡，遺子三，俱幼，家貧，半菽不能。氏晝夜紡績訓子，俱克樹立，守節三十年。

海寧縣

宋

楊奉直妻諶氏（兩浙名賢録）鹽官楊由義母也父奉直為軍前正將寇攻京師挈家從駕南渡留杭州歷安撫司將官未幾復寇杭奉直捍寇于外由義時年十七獨將母諶氏攜幼妹避走鹽官騎踵至諶氏泣語由義汝父以死國我當死夫遂攜女沉于運河

明

吳慶真（嘉靖海寧縣志）吳[illegible]之女許歸何謙未行謙卒遂不御音飾父母憐其少欲奪其志慶真哀號竟日事遂寢父母繼歿兄嫂猶望其易志慶真破鏡以自矢遂依幼弟景輝紡績自養弘治丁已舅姑為議襄事慶真具牲醴偕兄弟哭奠遂闔室自縊時年二十八舅為合葬焉

呂詢妻居氏（許相鄉居貞娥傳）詢如襄母尋病風痺絕不省人事娥歸亡何詢死後姑徵之他圖娥不為動乃分出之北鄉田舍娥奉詢柩如田舍間手織自營家值屢空里母憐之曰婦人倚夫與子而今誰恃徒寒餓槁死荒野無人之地誰為也娥泣曰吾義不蹈第二條路吾終下殉呂君矣願勿復言自是單約困悴幾三十年死

朱璋妻章氏（兩浙名賢録）生子八月而璋死欲以身殉姑嘆曰我老家貧而孤幼婦復殉夫天其遂絕朱氏耶氏遂忍死守孤父母舉輕塵弱草之說諷之輒觸額濺血誓志不移四十年如一日孝養舅姑訓子成立

徐憋妻陳氏（李東陽徐烈婦傳）歲壬子海上寇作擄邑東石墩山日出剽掠憋攜婦舟行去岸不百武里人譁傳寇至婦遽起持其季女三妹詣水所憋牽衣止之曰胡遽爾耶婦曰寇至吾安得死所哉言已遂絕裾投水中與女並溺死寇退憋始克舁婦屍槀葬方酷暑日正中有陰雲晦霧自西北冉冉來覆其屍叢中蘇盡變為竹人爭傳之

何為忠妻查氏（查東山集何烈婦傳）壬子冦猖甚里中人四散奔突為忠與母同婦行舟次祖塋揭廟橋之西風起不得進婦曰黑夜倉皇去將安之彼藹藹陰陰者吾祖父墓地是吾死所吾祖父且命之矣舟中人環守之乃給為忠登岸取火村中人聯即自溺水中以死水故積淤涸溺死五日獲其屍屍所忽有清泉流出澄澈可鑑面塋如生比葬有白鳥盤舞其墓焉

許釗妻潘氏（明列女傳）年十六歸釗生子淮甫期釗卒既殮氏自經死已兩日矣有老嫗過之曰是可活也投之筆果甦嫗忽不見釗族兄欲不利于孤噉氏改適氏毀容自矢其人乃夜率勢家僕數十人誣以負債推門入氏負子冒風雨踰垣而逸甫距大河追者迫氏號慟投于河達有木浮至憑之以渡遠母家遂止不歸及淮年十九始歸淮娶婦達舉五子達氏壽五十宗人聚而祝釗族兄亦來氏曰氏所以得有今日賴伯氏玉成之日淮酌酒飲伯卒爵北向拜曰未亡人三十年來瀕死者數矣而頑強生獨以淮故耳今幸成立且多嗣復何憾詰畢入室頃之妾撤諸宗人同淮入謝則縊死室中矣

居翼陰妻茅氏（海寧縣志）茅坤之女歸居祁三載而寡又三歲以其孤托兄茅國縉子之曰吾向者須臾無死徒以兒故今幸兒收之兒不孤矣入戶自經氣絕而面如生年二十四

陳祖皐妻錢氏（舊浙江通志）有怨家誣祖皐繫獄其氏度無由脫遂自縊死事久得釋後以子之伸貴贈太宜人孫曾永妻吳氏少寡守貞三十餘年三世見兩節烈云

史宗邅妻王氏（海寧縣志）年十三母遘危疾氏刲臂雜湯藥以進尋愈年十九歸史史體素羸足疾不能起已而疾益甚語之曰死亦何恨獨念汝年少未有後我死豈得與氏曰君姑自愛我能自為計潛製衣二襲俟夫疾亟卒之勁遂登樓自縊發笥出衣兼得遺書以謝舅姑鄉老咸稱曰烈

胡縉妻朱氏（舊浙江通志）崇禎末年氏違歸寧于家兄以搶攘戒途留之同居氏曰婦人有家危而去之不義歸及月而難作舉家泛舟出避猝遇亂兵來即振衣躍入水死

周宗彝妻卜氏（海寧縣志）明末硤川被兵宗彝死氏聞變曰夫死君妻常死夫遂攜其幼子及二妾朱氏紫衣溺死後園青蘿池內次日族人舉其屍三人相抱其子而出面如生

沈聖趨妻潘氏（舊浙江通志）兵至其夫被執氏佯從行計脫其夫舟至拘谿投河死

汪祥明妻陳氏（杭州府志）兵至氏年二十餘慮遭辱遽赴水死同時斜橋鎮民陳氏婦吴亦赴水死

國朝

朱寧九妻徐氏（題旌冊）海寧農家婦也美姿容秉性貞潔閭里咸欽慕之採桑湖畔漁人章四欲犯之氏厲声大呼章怒搤其吭而死章按律究擬

俞君亮妻施氏（題旌冊）年二十二歸俞甫九月夫患癱瘓翁姑又同時染疫死家貧甚止遺卧榻布衣數種鬻為棺殮明年生子聖洪而夫卒族人諷之改適不從則私受聘于其氏及期鼓樂肩輿突至迎之行氏觸柱華絕隣黨驚救始散去氏矢志益堅訓子成立

李卿天妻高氏（題旌冊）家貧夫令瀛僧舍育蠶僧體乾即氏姪也欲犯之力拒不從夜自縊死

許惟穩妻呂氏（題旌冊）年十九適許五月而寡事孤孝撫姪勉熙為嗣躬紡績為夫營葬後姑卒謂子曰吾可相從于地下矣遂絶粒而逝

顧廷芳妻朱氏（歸安縣志）廷芳外出氏獨處廷芳弟叩服兄顧耀山入室犯之氏不從抓傷其面耀山逸出氏訴知廷芳廷芳訴于耀山之父父懲

責其子乃懷忿捏造穢言貽氏名
節氏忿投河死擢山按律究擬

吴宗正妻許氏（舊浙江通志）順治初土寇蠭起氏被掠挾上馬三次墮馬罵詈不
從行至沙河堤于馬上奪刀挾兵同投于河兵怒以槍刺之死年
未三
十

查亦林妻馮氏（舊浙江通志）亦林年二十三而没馮以
節自矢時有陰欲奪其志者氏遂自縊

唐之坦妻曹氏（康熙唐烈婦傳）嫁六歲無子會夫病亟志殉以死預治殮具每物
必以副為夫繪像己亦繪像夫且死即不食因勸之食曰夫食我
乃食比夫死將服毒以殉妯娌奪之稍間更啖灰水腹痛終夕不死復取錢吞
之毋急奪而兩錢已下咽又不死殮畢歸復潛以酒置床下中夜服之有頃臟
腑欲裂忽大吐竟不死乃大慟曰天乎死固若是難乎雖然吾終以死復絕食
二十二日猶不死乃夜啓牖投于河救出之氣絕復甦水汩汩循腸下所吞錢
隨出衆强之食婦曰能强我食不能禁我死無何復絕食家人敬且憐之既已
無可奈何遂不復勸又十五日為歲除內外倥偬忽失婦所在行視柩側麻衣
纍然懸幌
在梁矣

王敎姑（海寧縣志）父佩蘭貧而舌耕女許字屠姓納幣請期以母疾侍奉無人乃
誓髮而辭曰俟髮長乃可加笄耳潸割臂奉母逾年復劇復刲臂而母已
不能進食矣父悲悼成疾又刲
臂因効女赴含北止水中以殉

陳英妻呂氏（杭州府志）年十五歸陳姑患面疽孳餌無効氏朝夕吮之久無倦色
英為惠州別駕卒于任赴至一慟幾絕後命子道收赴惠扶櫬歸遂
持齋紡績者
節三十餘年

陳蒼永妻彭氏（嘉興府志）名孫懿，海鹽人，適海寧陳蒼永。蒼永卒，孫懿泣曰：必不令君獨死。殮畢，不食數日死。

陸禮妻徐氏（許汝霖陸節婦傳）年十六歸太學生禮。禮父奉華以事陷獄，母又喪明，禮驚憂成疾。氏朝夕以舌甜姑目，數月目復明。聞御史巡方至，氏匍匐赴水伸冤，翁得釋，人稱孝婦。年二十七夫亡，無子，止一女。氏事舅姑益謹，舅姑歿，喪葬皆經理無遺憾。女適陳。康熙五十五年，女之子元龍為廣西巡撫，循例陳情，贈外祖母為夫人。

祝貞女（海寧貞女祝氏徵詩序）祝書紳女，幼許字查臨昌。臨昌染瘵疾不起，女聞計，即易縞素，請于母兄，欲奔喪守志。母止之，即泣拜曰：兒無歸矣，願終身執婦子役，老于此。母頷之。已而哀其年少，私議改適。女偵知之，遂絶粒不食而死，年二十一。

葛新永妻曹氏（公舉事實）年二十五，夫病危篤，氏瀝血書疏禱于神，願以身代。無何夫歿，氏念翁姑早喪，家貧無子，又無可繼者，不如死，遂投繯。笄家人救免，多方勸慰，弗聽，絶粒吞金而殞，時康熙六十年六月也。彌留數日，始殮，面如生。

富陽縣

三國吴

孫翊妻徐氏（三國吴志孫翊傳）翊字叔弼，權弟也。以偏將軍領丹陽太守，時年二十。（孫韶傳注）媯覽、戴員親近邊洪等數為翊所困，常欲叛逆。時諸縣令長並會見翊，翊以妻徐氏曉卜，語徐：明日欲為長吏作主人，卿試卜之。徐言卦不佳，可須異日。翊以長吏來久，宜速遣，乃大請賓客。翊出入常持刀，時空手送客，洪從後斫翊，郡中擾亂，無救翊者，遂為所殺。洪逃走入山。徐氏購募追捕，中宿乃得。覽、員歸罪殺洪，諸將皆知覽、員所為，而力不能討。覽意取翊嬪妾，欲復取徐〻恐逆之則見害乃紿之曰乞須晦日設祭除服潛使所親信語翊舊將孫高傅嬰等說覽欲見偪所以外許之者欲立徵計頗二君哀救高嬰乃密呼翊時侍養二十餘人以徐意語之共盟誓合謀到晦日設祭徐氏哭泣畢除服薰香沐浴更于他室安施帷帳言笑歡悅示無戚容覽密覘無復疑意徐呼高嬰與諸婢羅住戶內使人報覽已除凶即吉惟府君命覽盛意入徐出戶拜覽適得一拜徐便大呼二君可起高嬰俱出共得殺覽餘人即就外殺員夫人乃還縗絰奉覽員首以祭翊墓舉軍震駭以為神異

晉

虞潭母孫氏

（晉書本傳）富春人初適潭父忠有婦德及忠亡遺孤藐爾孫氏躬自撫養劬勞備至性聰敏識鑒過人潭始自幼童便訓以忠義永嘉末潭為南康太守值杜弢搆逆率眾討之孫氏勉潭以必死之義傾其貲產以餽戰士潭遂克捷及蘇峻作亂潭時守吳興假節征峻孫氏戒之曰吾聞忠臣出孝子之門汝當舍生取義勿以吾老為累仍盡盡發其家僮令隨潭助戰貿其所服環珮以為軍資于時會稽內史王舒遣子允之為督護孫又謂潭曰王府君遣兒征汝何為獨不潭即以子楚為督護與允之合勢其憂國之誠如此拜武昌侯夫人加金章紫綬咸和末卒年九十五成帝遣使弔祭謚曰定夫人、、

明

周道妻林氏

（杭州府志）事舅姑以孝聞正德三年道病歿氏誓以同棺殯遂自刎死

胡鎬妻方氏

（萬曆杭州府志）歸三月而鎬歿氏年僅十九鄰媪憐其孱弱挑之再醮氏齧指謝絕晨昏以緝績浣代二尊人之養疾則露禱刲股者再歷七十年節孝如一日

張慎言妻俞氏（舊浙江通志）慎言早卒氏誓不獨生衷畢閉寢室投繯而死

孫貞女（富陽縣志）孫元化女年十七許字徐有生昏有期矣有生卒訃聞女同請赴弔具母止之曰此志節事日久甚難非心如鐵石未易終也女即以手探沸湯曰所不能終者有如此日母急持之而泣挈女往唁女潛妝紅紫色衣私焚之矢志不歸及叔氏有子立為嗣撫之卒年七十三

陸仲禎妻陳氏（富陽縣志）仲禎年二十餘得危疾卒氏悲泣慟絕水勺不進口惟求一死妯娌及姑姊妹咸諭解之氏曰予非不知此但中心慘痛如割欲少忍須臾不可得安能復度歲月耶家眾共守之越數日人多倦懈逢伺間自縊死

俞欽達妻陳氏（富陽縣志）欽達耕作勤瘁崇禎庚辰歲大飢以勞傷致疾卒氏竭力備棺衾殯殮以酒肉設祭柩前母家相去僅里許隨以肉歸餉母悲哭示永訣母初不知其意所在旋至達靈前再拜投繯以死

周振熹妻馬氏（杭州府志）振熹卒無子氏嘆曰未亡人惟死節與立孤今無孤可立當死因自縊妯娌覺解之適大水遂系繩上下服從人靜赴水死

宋守俊妻張氏（杭州府志）守俊患痢疾氏忘寢食調藥餌及歿殮事畢隨自縊時年十九

國朝

楊氏二烈（題旌冊）二烈者楊友松朱氏及其子楊愈奇宋氏也順治間山寇竊發賊猝至朱與宋匿叢薄間賊搜之遂躍入池中相抱自沉賊抽矢射之而去翌日家人出之矢貫宋氏項面色如生朱時年四十四宋年十九

王世鑑妻俞氏（富陽縣志）世鑑耕作勞瘁得疾卒氏竭力殯葬再逾月其父兄與娣利其聘私與故家諸生無子者為妾不令婦知計以他事誑使

至二則留而不逆先一日隣有聞于氏者氏神色不變歸私室沐浴更衣向靈前再拜遂投繯而死

餘杭縣

晉

孝婦嚴氏（咸淳臨安志）餘杭人夫孝明失其姓嚴氏事姑以孝聞咸康五年火時孝明父喪在家未葬而孝明遣出嚴氏仰天號哭火為之滅

元

姚孝女（元史本傳）餘杭人居山谷間夫出刈麥姚居家執爨母何氏往汲澗水久而不至俄聞覆水聲亟出視則虎啣其母以走姚倉卒往逐之即以手毆其脇隣人競執器械以從虎乃置之去姚負母以歸求藥療之奉養二十餘年而卒

明

趙氏二節（杭州府志）潘氏趙懷誠妻沈氏懷誠弟懷珍妻也懷誠卒母盛氏以哭子卒懷珍哭兄哭母又卒懷誠有遺孤南周二氏交撫之未幾遺孤又亡二氏泣相語曰天禍我家一至此頑翁老誰為爨者三靈朝夕誰奠一杯羹吾二人未可死逮翁續娶始撤靈除服二人相約夜沐浴櫛髮衮縗襟裙闔扉閉一室中並縊而死潘年二十三沈年十九

沈氏二節（餘杭縣志）葛氏沈超妻年二十四夫亡遺二孤曰木曰禾貧不能葬柩停于家會隣人失火氏出二孤自抱柩曰吾甘同燼耳卒之火環燬而氏廬此留後遇大飢有諷之嫁者謂不當為二孤求活耶氏厲色拒之連縊瀕死隣貽野菜薪絶折檻浮金釵一股人說為天賜云子木妻周氏年二十三木

夭遺孤煥然周氏忍死苦節日夜績紡
奉孀姑課子机杼寄煥然感奮成名

沈應登妻徐氏（杭州府志）年十七應登死歸泣欲殉姑曲諭止之
因守制與姑形影相吊姑病刲股獲愈人稱節孝

孫湖妻薛氏（餘杭縣志）年二十夫亡姑憐其無出氏抱前妻三歲姑泣曰未亡
人守此耳有欲奪其志者氏引刀斷指誓死無悔撫子成立

國朝

曹六姑（杭州府志）曹以恒女年十五許字錢塘洪瑛未婚瑛没訃至六姑易服欲
奔喪嬸嫂力阻乃止母病刲股以進不愈母死泣曰昔之夫亡不死者
以有老母在今母已死何用生
為乃經于母柩側年三十一

董淳妻周氏（舊浙江通志）婚歲餘而夫亡遺孤方三月績紡膳姑甘旨無
缺會有兵覓周病卧床曰生不如速死為愈也絶粒而卒

臨安縣

明

劉生芳妻俞氏（臨安縣志）進士俞可弘女于歸未幾會明末遭兵難氏曰義不敢
辱先人遂自經俄而兵入見氏屍驚去逾一載改葬面目如生

俞可鈺妻方氏（臨安縣志）年十八夫死撫前妻盛氏二子于襁褓明末
兵起懼失節閉門自縊越二十日始就斂顏色如生

徐桂芳妻施氏（杭州府志）明末為亂兵所執欲污之
不從脇以刃氏奪刀自刎兵怒臠之

盛昺妻胡氏（臨安縣志）明季避兵四竄氏抱子甫二歲與夫相失懼不免見路旁
古井棄子于地投井死越日兵退昺覓妻至井邊見幼子獨坐地以

手指并捞浮屍入姜氏之死而異其子之生

國朝

許森妻朱氏（題旌冊）年十八而寡投繯救甦復絕食舅姑勸慰再三乃食事舅姑孝繼姪為嗣守節五十餘年

於潛縣

唐

莫氏婦何氏（咸淳臨安志）於潛莫氏之婦夫死年猶盛誓不嫁養姑至孝黄巢亂後群盜嘯聚山谷鄰里皆奔竄何氏以姑疾不可供行抱姑涕泣賊至號慟乞賊曰吾數年寡居以有姑耳今姑老且病不忍去願貸姑死吾死不恨賊捨其姑掠何氏去至巢穴將污之殺他婦女植刃使懼何氏詭請櫛沐更衣賊許使人伺之須臾具妝澤舉止自如伺者懈遂解襦自經賊義而瘞之

明

沈某妻胡氏（杭州府志）夫坐累死舅姑繼歿氏殯殮畢從容自縊

沈二姑（於潛縣志）仁和人少習書知大義父名皇恩以鬻綫為生年十二許聘於潛俞國柱適瘵疾死訃至女悲號不自勝請于父母往視含其留侍姑婢兩閱月後歸者父母留女不遣女坐臥一樓不遣縞服茹素摺片紙為主手書夫姓名生死月日祀焉題詩藏奩篋以貞烈自矢至崇禎己巳年十九矣適有媒婚女聞遂夜製夫聘書并主縫于裼衣啟後扉赴渠水死也按具題旌之為合葬焉

國朝

謝古箴妻程氏（題旌冊）年二十一而寡無子父母欲奪其志氏引刀自剄以救免事孀姑孝撫姪為嗣守節四十三年

新城縣

明

羅繪妻白氏（新城縣志）年未笄歸繪不五載而繪亡生子一誠甫閱月氏以事死存孤自矢紡績訓子以壽考終

國朝

徐二瓚妻盧氏（題旌冊）年二十七而寡投繯救免乃勤紡績力農桑為翁姑及夫營葬撫子成人守節五十年

周旬妻陳氏（題旌冊）早喪母事父極孝又善撫幼弟遇歲歉以麫食其父與弟而己啗糠秕旬父聞其賢聘為子婦順治二年方寇肆虐與姑避難山中寇至將刃其姑氏直前救護寇艷其色曰爾從我〻釋爾姑氏紿以願從遂釋姑去氏上馬行里許度姑已遠乃墜馬抱路傍大樹號哭不行寇援刀刻之氏奪刀自到死時年二十二

沈登榜妻陳氏（新城縣志）順治二年賊兵方國安掠縣氏避山中為賊所俘義不辱在擺車嶺投塘水死

鍾時飛母羅氏（杭州府志）字三娘順治二年寇至為所獲逼上馬不從引頸受刃罵賊死

袁啟元妻葉氏（杭州府志）順治乙酉遇賊于渡江口之墳山義不辱投塘水賊射殺之

潘之庠妻凌氏（舊浙江通志）年二十四失所天遺腹生一子翁病姑盲凌事之盡孝亂兵肆虐凌避難為賊所掠義不辱投塘水死

沈尚珍妻袁氏（舊浙江通志）被兵執携至富陽誓不受污投塘水死

昌化縣

宋

章瓔妻盛氏（咸淳臨安志）孝婦盛氏昌化縣民章欽子婦欽妻何氏性急盛同顏色終日侍立無惰容婦姒皆化之姑病貧無醫藥盛獨簪珥裙襦供費姑病劇盛聞人言病者餌人肝則愈乃閉閣援刀刲脅取肝為羹膳以進長姒潘亦刲股為姑食而愈政和六年詔表門閭

趙卯發妻雍氏（宋史忠義傳）卯發通判池州攝州事元兵至知不可守謂其妻雍氏曰城將破吾守臣不當去汝先出走雍氏曰君為命官我為命婦君為忠臣我獨不能為忠臣婦乎卯發笑曰此豈婦人女子之所能也雍氏請先死卯發止之明日兵薄池盛服同縊死

明

童貞女（杭州府志）童洪之女幼許姚池為妻未婚而池亡童欲往成喪父母弗從未幾有他姓謀聘者童知之時方立樓上遂從窗墮樓而死

國朝

翁善妻陳氏（舊浙江通志）順治四年兵至氏被執利刃威之不從斫身數段死

陳錦妻翁氏（杭州府志）順治四年被兵氏抱堂柱不辱兵斷其臂幾絕旋挾之往登名橋躍水死

陳大忠妻章氏（杭州府志）遇兵被執不受污行二十里過頭口橋赴水死

童時聘妻王氏（舊浙江通志）為亂兵所執欲辱不從兵怒露刃叱氏氏引頸受刃死

童君球妻王氏（昌化縣志）君球病亡孤兒纔數月王初猶乳之哀慟如常已度家貧不能終志從容視夫殯畢入室自經年二十一

嘉興府

嘉興縣

漢

許升妻呂氏（後漢書本傳）吳許升妻呂氏女也字榮升少為博徒不理操行榮父積忿疾升呼榮欲嫁之榮嘆曰命之所遭義無離貳終不肯歸升感激自厲尋師遠學遂以成名尋被本州辟命行至壽春道為盜所害刺史尹耀捕盜得之榮迎喪于路聞而詣州請甘心讐人耀聽之榮手斷其頭以祭升靈後郡遭寇賊賊欲犯之榮踰垣走賊拔刀追之曰從我則生不從我則死榮曰義不以身受辱也遂殺之是日疾風暴雨雷電晦冥賊惶懼叩頭謝罪乃殯葬之

宋

何士誠妻楊氏（舊浙江通志）殿中侍御史楊大注女結褵未及期士誠病謂氏曰我病必不起若能守制終身我瞑目矣疾革復曰不幸無後前言不必遵也言訖而瞑氏哭之絕而復甦嘔血數升勺水不入口者三日未幾竟赴河死慶元二年家實建坊額曰貞烈其河名何姆涇

元

秀州

柳烈女

（金絅柳貞女記）至正十八年秋亂兵入嘉興大肆焚掠女年十八與其父母匿所居屋傍隙地兵入其家無所得執屋傍居人曰此誰所居答曰此柳外郎居也兵曰何在曰與其女竄伏隙中兵周迴而呼曰柳外郎來吾能活汝不來吾且屠若等柳遂出兵曰急持若女來否則屠之柳遂持其女出兵捽女頭前行柳與妻且泣且隨兵揮刃以向柳不敢進女歸曰若欲何為其母曰欲妻汝汝善事之女曰若然無捽我我乃行兵驅女前行又數十步至河滸女結為結襪狀兵不為防遂投河而死

錢氏二烈女

（兩浙名賢錄）錢子順之二妹至正末紅巾賊至其家二女義不受辱乃相與結裾投河而死賊驚舍去其後子順妻俞氏亦以守節旌

明

張昱妻彭氏

（呂原彭氏貞烈傳）字妙寧父公衍鍾愛之館昱為甥年二十生子未幾夫忽嬰疾侍湯藥者三年夫疾篤不能言惟執婦手泣婦曰妾與君同年生必期同年死萬一不幸妾當隨君後夫怡然瞑目自殮而殯日夜歸哭痛絕者三日盡者再姑皆挽奪且泣誡曰吾老年得爾兒為孫自謂張氏有後矣今兒尚病爾死兒豈得生婦即承命調護五越月而兒疾愈乃復于姑曰張氏後已無恙矣遂絕飲食而死夫妻皆年二十九子璟方九齡焉

馬輿妻沈氏

（續文獻通考）輿之繼室輿以壽終沈年尚少無子悲啼不絕聲者八日自縊死

顧畢妻楊氏

（續文獻通考）父江擇壻得畢妻之畢第進士為給事中早卒楊即不食以死

馬瑫妻姜氏

（嘉興府圖記）姜儒之女瑫亡婦曰夫亡吾安用生為遂絕飲食旬日不死親屬交勸之乃強食果實終不粒食者三十年始甚時年二十七處一小樓不下知縣黃訓表其樓曰甘節

董壽妻王氏（兩浙名賢録）名桂芳歸壽踰年壽病且革囑以更適桂芳誓以死殉壽卒其母湯亦寡居命女歸同處桂芳不從母固强之歸一飯哽塞不能下咽還過宣公橋顧其母曰河水清泠可就死母懼抱持之乃止至家即麻絰自經死

六烈婦（萬曆嘉興府志）全氏周聰妻吴氏沈戕華妻妻氏汪志妻全氏顧恵妻沈氏吴銓妻費氏徐胡妻皆遇倭罵投水死

徐尚友妻馬氏（萬曆嘉興府志）尚友病亡馬年甫十九痛夫早逝侵明自縊柩前

賀德修妻朱氏（萬曆嘉興府志）德修病卒朱年二十八即日服毒自盡

呂嗣芳妻顧氏（嘉興府志）名妙善嗣芳與伯子本歿于官仲子原甫八歲氏攜孤還鄉貧甚巽

包貞女（嘉興縣志）許配張子捉未婚包之戚有貴入者嗤張貧屬更適張不敢執包紿其女以張郎死女不語遂入房稱病不出絕粒七日而死上下衣皆自縫書于襟曰以葬我張氏之壟

朱貞女（嘉興府志）幼許字錢某（未婚）錢卒女年十九聞訃即欲從亡以母病方亟侍母終殮畢語兄曰妹錢婦也願死從之不食五日而死遂歸葬于錢

包勇錫妻楊氏（嘉興縣志）錫妻疾氏禱于神願以身代錫死氏遂飲毒卒良久錫與疾漸差終身不再娶、

李士標妻沈氏（嘉禾徵獻録）士標受山東寧海州州同崇禎壬午兵圍州城士標督守盡力癸未春病卒城遂陷妻沈氏率其妻婢同日死之

徐士模妻陸氏（舊浙江通志）無子生二女明末兵亂陸攜其女誡曰男盡忠女盡節分也倘遇不測無苟貪生已而避居俞家村盜至陸拉其女及婢投河死

陶本立妻陳氏（嘉興縣志）明末城將陷，有已嫁女十三姑者，遣使問計，陳曰：毋負吾家清白，宜早為之。使反，十三姑即伏酒死。城潰，陳即向庭中井跳入，婢紅梅亦赴井，鄰婦之從死者十有七人。

胡烈女（嘉興縣志）明末兵亂，與父斐橋俱被執，至眾安橋，不能行，兵士迫之，即紿曰：釋我父，從汝。父既釋去，已遠，佯言繫履，投水死。

國朝

朱夢李妻沈氏（題旌冊）年十七適朱，三月夫亡，氏闔户自經，以救免。奉舅姑盡孝。夫弟生女甫襁褓，連喪父母，氏收養之，長為擇婿。苦節三十八年。

楊貞女（嘉興府志）楊汝雯女，許字陳學洞，未婚洞亡。楊年十八，欲往夫家守志，兄不許，且勸之嫁，不從，絶粒吞鉛粉死之。

黃貞女（嘉興府志）黃玉樣女，許字王姓。里豪金某以語戲之，女正色峻詈，豪不能堪，遂以貲賂其夫，令退婚。女痛哭誓死不改適，勤紡織以奉親，歷數十載。比卒數月，全舉室被火熱火。

吳源溪妻沈氏（嘉興府志）康熙戊午源溪死，遺一男一女，翁貧甚，欲嫁之，氏矢志不移。癸亥六月望夜，沐浴整粧，與隣嫗談笑，更餘潛縊死。

鄭叔文妻李氏（嘉興府志）年二十一適鄭，鄭病瘵，結褵不兩月而卒。歸依母居，有謀奪志者，氏覺，謂母曰：兒身存，終為人所覬覦，悔不早殉泉下。母不虞其有他，慢應曰：無之。是夜竟服滷卒。

丁大年妻王氏（嘉興府志）適丁七載無子，大年殁，氏椎心嘔血曰：婦失所天，何以生為？囑婦善事其姑，遂投井死。

陳國英妻杜氏（嘉興府志）年二十七而寡，冰霜自矢，平時嚬笑不苟，以禮法閑其子女。年六十三卒。其女文姑許配同邑張載揚，未婚卒，文姑聞訃

悲泣往視其殮
歸即自經死

徐貞女（嘉興縣志）許配蔣氏子蔣卒女年十六歸泣奔喪姑憐其未婚欲另擇配
女聞閉戶自經救甦自是推髻勤女紅撫伯氏子又殀遺孫未週媳復去
惟鞠養孤苦
以死一綫

樊貞女（嘉興府志）小字婉樊晉脇女生而聰慧熟精女史
許字同里李生未嫁而李卒女數日不食自縊死

陸貞女（嘉興府志）陸嚴之女許字王迟年十八而王卒女聞引刀自戕父奪刀慰
之遂聽且粗服操作苦節十二年臨終謂父曰必葬我王氏之墓父憐而從之

史義堅妻談氏（公舉事實）年二十一夫亡誓從死姑曰汝無子然有姪可繼當撫
之以延夫祀乃止閱四載而應繼者殤氏死志益決遂營葬其夫
既葬之明日沐浴整衣自經
死凡附身衣衾俱預製云

秀水縣

明

陳貴妻李氏（兩浙名賢錄）甲寅倭變李抱幼女走倭追及遂跳身入水倭急持其
髻李抓倭手濡血倭怒以刀抉其首擠之水詰旦母女相持浮出水次

張貞女（明烈女傳）年十四受劉伯春聘伯春少負才名必欲舉而于鄉而後娶未幾
卒女歸泣截髮自為詩祭之持服三年不踰閾不茹葷服闋即絕飲食自
日而卒甫年二十
舅姑迎柩合葬焉

徐孝女（萬曆嘉興府志）徐全之女早失恃事父恭慎父疾醫藥
罔效遂刲左股以療之父得愈女痛楚幾殞後亦愈

項貞女

（明列女傳）國子生道亨女，許字吳江周應祁。精女工，解琴，通列女傳事。祖母及母孝。年十九，聞周病瘵，謂乳媪曰：「未嫁而夫亡，當奈何？」曰：「未成婦也，改字無害。」女正容曰：「昔賢以一劍許人，猶不忍背，況身乎？」及訃聞，父母秘其事，然女聞吳江人來，已喻。祖母囑其母入視，母色甚溫，母釋然去。夜俟諸婢熟睡，獨起，以素絲約髮，衣内外悉易以縞，而紉其下裳。襟衣物當勞諸婢者，標之名，列諸床上，大書于几曰：「上告父母，兒不能奉一日，権今為周郎死矣。」遂自縊。

包氏季女

（萬曆嘉興府志）李生妻之禽母兄嫂李省議他適，女遂憤不食者七日。長姒力持匕箸灌季女口，未及咽而卒。

徐貞女

（兩浙名賢錄）居王江涇，許字爲室子。其父以醫致富，父死而產落，無立錐地。父喪，婿家悔婚，婿亦甘焉。女潛知之，問父計奩金幾何，予我，當從命。父授以百金，輒呼爲室子與之。抵暮自經。後父以其柩歸爲室子。

李鳳鳴妻楊氏

（宋國祚丁烈婦傳）歸丁，年僅十五。越二載，夫卒，舅姑火其屍。當烟焰薰灼之時，婦捐軀赴之，賴救得免。既而聞有欲奪其志者，乃自刎，刎而不死，更加刺焉。傅之藥，輒揮去，竟以身殉。聞者傷之。

頓四相妻陳氏

（萬曆嘉興府志）陳全之女，年十八歸頓。甫二載，夫病劇，割股和藥以餌，復甦。又二載，夫死于疫，自經至再，家人救免。時年二十二。翁姑欲奪其志，乃剪髮矢志，茹蘖終身，年七十歲。

徐世淳妾趙氏倪氏

徐肇樑妻張氏

（秀水縣志）世淳守隨州，闖賊陷城，不屈死。妾趙氏亦罵賊死。妾倪氏匿叢篠中得免。已而賊去，氏出赴屍所，慟哭，拮据扶櫬以歸，年僅二十七，苦節三十餘年。世淳殉難血衣，什襲如故，每一展對，輒嗚咽流涕。年六十卒。世淳子肇樑殉父難，妻張氏寡居于家，乙酉城破，衰絰衣襦，閉户自經。

張某妻沈氏（秀水縣志）年二十一適張未半載遇亂避兵尚塘遭掠持刃自刎守者奪之乘閒投河越數日雷雨屍浮至門顔色如生而上下衣縫紉牢密夫感其義遂為僧

袁娘妻呂氏（舊浙江通志）明季兵亂袁娘匕首佩之一日舟行遇兵遂赴水兵以鉤攬其髮呂出佩刀截髮乃沒更三日屍浮娘取葬焉

錢淳妻曹氏（舊浙江通志）明季兵亂淳往鄉隣婦拉氏以逃氏曰我寧死耳遂抱幼女赴水越五日淳歸得屍面如生抱女不釋淳感泣不復娶

黄季瀚妻胡氏（嘉興府志）同夫避難氏被掠投河死又蕭某妻投井死錢世茂妻陳氏鄒之屏妻孫氏俱赴水死俞瑞宇妻張氏自殺

國朝

全光奎妻徐氏（嘉興府志）年十六歸全兩月而夫亡慟視含殮從容就縊俄而復甦更六閱月而死

胡滿妻鄭氏（題旌冊）年十八適胡姑患疽氏親為吮拭久而不倦夫歿時年二十八事舅甚孝守節二十五年

郭大娜（部咨案驗）裏人郭聖嘉女年十九未字康熙六十年八月十七夜大娜執爨廚下事畢出闔門戶傭人仲二匿暗中欲犯之大娜堅拒大呼父母繼至哭訴憤恨父母隣里咸勸慰之大娜遁入房自經死仲二依律究擬

丁元德妻周氏（秀水縣志）元德卒氏哀毀目盲然哀即絶粒死

高貞女（秀水縣志）母早亡事父鴻最孝許配王氏子未結褵而壻錢陷獄氏驟聞而投杼曰我少失恃今又失所天不若從母于地下矣遂闔戶自經

陳琦標妻沈氏（秀水縣志）年十八歸琦標甫六載夫死越七日遺孤復殤乃拜別翁姑囑伯叔以孝養姑驚而防護之翌夜姑少懈遂闔扉自經年

二十有三

袁福生妻李氏（秀水縣志）年十八適袁九月而福生卒氏痛哭投繯救甦之然藏酖一盟急仰之雖救得不死未幾嘔血數升歸別父母父母强留療治疾篤曰兒欲歸死于袁起而仆嘆曰不能歸矣奈何遂卒

仲晋妻金氏（嘉興府志）晋殁氏年二十九誓以身殉號慟不已絶粒七日而死

郎永侯妻顧氏（嘉興府志）喪夫無子紡織養姑一十六年里豪張某糾黨謀娶氏佯允諾梳粧整衣閉戶自經

沈光裕妻項氏（嘉興府志）歸沈四載夫病篤以死自誓夫亡哭臨畢扃戶服滷死

范介如妻某氏（嘉興府志）夫病劇氏泣告曰倘有不測願即相從地下夫旋殞號痛絶粒而亡時年二十四

陳向高妻虞氏（嘉興府志）向高年虞年甫十八屢欲自經舅姑曲諭之乃佯應諾終日涕泣不離殯所未幾竟絶食死

顧貞女（嘉興縣志）幼喪父隨母嫁于郎許字長興王爾榮未婚而寡誓不再嫁既而母改許沈氏女整衣裳服滷死年二十四將死客戒鄰母曰我死無受沈姓片楮污我及死沈果來啗鄰家犀起郤之

嘉善縣

明

徐孝女（明列女傳）徐遠女也年六歲母患臆創閧女問母何以得愈母誤曰兒吮之乃愈女遂請吮母難之女悲啼不已母從之數日果愈

郁自魯妻馮氏（萬曆嘉善縣志）年二十六夫殁哀慟絶食願以身殉親戚環慰諭
之泣曰夫亡無嗣求生何為死能完名無所恨舅姑謹防之居數
月手書辭父兄乘夜沐浴更衣從容
自縊及旦視之衣盡聯綴面如生

葉烈女（萬曆嘉善縣志）葉雷之女許聘錢氏未婚嘉靖甲寅母子為倭所執欲
辱其母女時年十七紿以身代求釋母賊捨母浮脫遂罵賊投水死

沈春雷妻張氏（萬曆嘉善縣志）乜值倭亂舉家避難甫出門即遇寇執春雷之父
將刃之春雷泣請代遂遇害時張在舟中手抱一孩倉皇泣曰吾
死兒安歸然吾不能以此
身為賊人污也竟赴水死

許應鯉妻何氏（嘉善縣志）嘉靖甲寅倭亂夫婦與嫡母馮氏同出遇倭
何年十九馮年三十俱赴水死應鯉浮脫終身不娶

閔埶妻孫氏（兩浙名賢録）年十九埶死無子兄欲奪其志嘆曰兄所利者財也
悉以奩田歸之矢心守節立族子為後年五十三值歲飢而死

孫承祖妻嚴氏（兩浙名賢録）年二十二夫亡止一女欲以身殉念
姑老乃孝奉天年及女嫁曰吾事畢矣遂不食死

許可遂妻吳氏（嘉興府志）年二十二適可遂、父娶繼室淩虐非常婦事
益虔後可遂浴于河溺死無嗣氏絶食不死旋服滷而卒

朱君達妻顧氏（嘉善縣志）縣役催科捆君達、達出実入竈下舉手
加氏頸氏旋入內室泣曰此頸可污乎遂縊死

陳時經妻吳氏（嘉興府志）歸時經生一子時經遊學在外聞母疾馳歸中道而殞
柩歸而姑亦逝氏泣謂姒程氏曰方寸裂矣我子猶姒子幸善視
之程泣慰之吳唯唯
夜自經死年二十七

孫鉞妻盛氏（嘉善縣志）鉞二十而
夭氏絶粒九日而死

徐爾穀妻孫氏（檇李往哲續編）爾穀為石麟恩撫子以湖寇波及死于江寧孫氏聞穀死一女在抱棄之赴水立而不仆死

國朝

蕭敬明妾吳氏（褒祀編）年二十七敬明卒率婢阿秀辛勤力作有次女適錢仁之錢死于兵歸依吳氏鄉居遇劫掠氏偕次女及秀婢抱錢幼子俱投河死

葉舒芭妻錢氏（懿行編）亂兵泊汾湖氏篤舟匿蘆葦度不免遂赴水死僕婦張亦從死

王貞復妻戈氏（懿行編）年二十四而寡乏嗣或諷改適自經者再坐卧小樓矢節三十年撫二女出嫁預知逝期沐浴更衣而歿

朱雲妻李氏（懿行編）年二十二雲卒遺孤四齡有勸之改適者氏引刀剺面家園蕭索紡績自甘教孫狀壁胥鄉爲藏有授經圖

陸烈女（懿行編）父官僕賀饒許字蘇州庠生張某後援良賤不婚例退聘改適納采日女密縫衣褌自縊張感其義終身不娶

徐階荃妻金氏（褒祀編）年二十三適階荃年餘而階荃亡鞠遺孤子殀殤哭泣三年決志殉節夫服除次日自經死

海鹽縣

元

魯烈婦（海鹽文獻志）某氏適海鹽東城外魯某生子彌晬元至正間倭船泊海濱攻劫海鹽城外居人逃散烈婦獨存度不免置兒子路傍哭曰天乎不使魯氏無享或有收者是幸也遂投海死

明

楊彥璋妻魯氏（嘉興府圖記）名淑清來集丙申夏倭犯海盐抄掠海盐淑清亦在擄中抱一子未將泣而妻之路傍曰幸天活我兒潮至遂躍入水死時年二十一同時有與淑清同溺而不詳其姓名者淑清所棄兒卒全無恙

姚班妻周氏（張寧姚烈婦傳）名福蓮周孟經女年二十一嫁淑浦姚班甫四年班死生女名孝家甚貧數值荒歉孟經因促歸與繼母諸嫂處氏念姑老行時檢篋中故衣服悉遺班妹意甚依戀有富人求為婦者孟經許之難為言一日方聚食孝女遶啼婦遂然撫之孟經愠曰勿啼不久當送還汝家婦淒然動色退謂嫂曰頃見父言事決矣我命如此〻足肯再踏他人門限耶遂抱女不復置是夜與女同溺死翌日其屍猶方熱未既然有煤浮烟焰中出文采斕然向祖墓飛去見者驚異孟經拾氏遺骨與班同葬姚氏先塋

李政妻吳氏（張寧李烈婦傳）政為海寧衛戍卒妻名三女年十六適政舅早歿姑再嫁氏生一子名雲弘治乙卯四月政病疫自外歸卒婦已六日不寢食強起殮殯送至郭門外政妹適葉者欲寬其哀指其子謂曰嫂無憂我當令此甥侍嫂婦曰寡婦猶可倚甥為伴耶因藉篚遺物以雲托政妹曰我即死幸顧念此兒勝生受恩懷因紿政妹曰我飢甚姑家有粥宜可急得妹往取粥返已閉門縊絕矣年三十六

徐璧妻馮氏（弘治海盐縣志）孝事舅姑〻嘗罹疾弗愈與璧同刲股煮粥以進即獲差後又患疽親為吮之璧早喪不事容飾躬織紡以教其子三十年足未嘗履戶外

向升妻王氏（盐邑志林）年十六歸升甫一年而升卒氏頭地幾死許一榻柩旁朝夕坐卧其上欲縊者屢為姑所止日以鍼黹自遣不復茹葷婦闕婦

少欲奪其志，氏號泣引斧斷足以誓。居一年，姑以從子舁來為升後，氏念以叔為子焉能混處，遂決意求死，至晚俟姑寢，沐浴整衣，縊于柩側，時年十八。

步橋妻朱氏（海鹽縣圖經）海寧朱天弘女，嘉靖二十五年正月遇倭寇，欲污之，不從，抱幼子投麋湲橋下，倭以槍引之起，朱罵不絕口，倭輪槍戳之，貫其額，斃，母子同死。

錢烈女（海鹽縣圖經）半邏錢君儀之女，許聘于陳，陳初裕後貧，其姑不自檢，嘉靖庚寅冬將婚矣，烈女嘆曰：盟不可變，義不可奪，吾有以死謝耳。先期三日自縊死。

沈烈女（海鹽文獻志）名雲，年十七許字同邑張生，未嫁，張病瘵死，邑中聞其工容且賢，爭來求聘，父母將許之，雲覺，投河死。

陸孝女（萬曆杭州府志）海鹽捕卒應雲女也。應雲謫戍嶺南，留妻女于杭。應雲道卒，女時年十四，聞父喪，晝夜號泣不絕聲，遂不食數日卒。

徐烈女（海鹽縣圖經）學掾鳳之女，許字千戶胡猷奇，猷奇傾漕入都，約成年竣役成婚，客死，訃至，徐慟哭不食數日縊死。

沈九疇妾王氏（海鹽縣圖經）九疇艱于子，娶氏生子夢融，方四歲，九疇病革，語其嫡曰：王氏年少，我死必嫁之。氏曰：我必不嫁。九疇因以為言，王取刀割其舌擲地示信。九疇殁，與其嫡相依，艱苦操作，撫夢融成立。

徐乾貞妻朱氏（舊浙江通志）明末避兵豐山，乾貞他走，朱病不能行，娌商氏、顧氏挾之伏林莽中，兵見，執之，誓不辱，露刃脅之，罵愈厲，遂見害，二娌亦不屈死。

黃一卷妻崔氏（嘉興府志）明末避亂石馬山，聞兵至，先投幼女于池，與長女習入水，受一卷受創危急，忽見氏排而迎刃，得不死。越七日，屍浮于水。

悲傷力疲人咸嘆其靈異顏色如生

郭乾妻何氏（舊浙江通志）年十九夫亡苦節二十年明末兵亂邑人盡室以行挈何偕去不可曰死則死耳去此將安之未幾兵至拒戶自經死

吳上舍妻童氏（嘉興府志）結縭一年上舍歿苦節三十餘年避亂聞兵至投河死又于氏女遇執不屈被害又小康橋節婦與姑俱被執婦不行抱橋柱大罵受箭沉水死又陳烱妻蔡氏被執投水死

國朝

戴子亭妻朱氏（題旌冊）年二十三美姿容持身甚謹康熙六十一年五月初十日夫入城市姑朱氏抱病卧床氏晨起執爨傭人王雲鄉瞯室無人強欲污之氏堅拒罵詈雲鄉以刀斫之死子亭弟二寶尚幼聞声出視亦被害俄而里隣環集雲鄉度不能免遂自剄。

劉貞女（題旌冊）許字許漸嘉未婚漸嘉病歿女年十七聞訃即服滷以身殉母力救得免過門成服獨居一室縞衣茹蘗親戚罕見其面撫夫之孤幼弟成立紡績營葬父母守貞四十九年

張貞女（題旌冊）張容書女許字葉仙芝仙芝卒女年十九未婚也聞訃服滷父母救免姑議奇喪舅姑以家貧氏細想矣忘不終辭之女歸泣剪髮詣夫家守繐帷舅姑乃為之立繼盡心撫教後舅姑兩喪相繼竭蹷經營致病曰吾事畢矣戒其子勿進醫藥卧床一月而卒守貞三十年

張國柱妻徐氏（嘉興府志）國柱卒氏委欲身殉姑姒委防之後數月防者稍疏遂乘間投井死越五日蓋棺顏色不變

潘文昇妻孫氏（嘉興府志）紫雲村農女也適潘力農自給生一子總二歲文昇死氏年二十二矢志撫孤夫有叔日升與氏比屋居貪而無賴潛許

鍾氏子氏䀉知即績麻為繩置之一日、升木曰吾憐汝少已善為汝地今夕
當娶汝氏默不應設杯羹奠其夫自縊死有頃日升偕娶者至投其幃氏已氣
絶矣去文昇。
死終一月

錢光綬妻朱氏（嘉興府志）年二十一夫亡無出氏自縊者再獲救而甦足不越閫
勤女紅以佐薪水翁姑年老伯叔俱亡氏親操井臼孝養備至苦
節三十
餘年

洪琦妻徐氏（公舉事實）年二十五夫亡遺腹生子曰鈞氏欲以死殉曰孤雖小洪
氏族人猶能撫以成立第舅姑未葬子道有虧未亡人之責也于是
葬舅姑既畢名族人托以家事及
孫至夜自經死距夫殁時終八月

倪天池妻許氏（公舉事實）年十歲許字天池閱二年而父母亡天池染痲疹翁辭
婚族人將許之氏曰吾父母九原之下知有倪氏身誓死不從十
八歸倪侍夫湯藥衣不解帶甫五月天池卒越數年翁又逝夫兄魏恭迫氏嫁
糾里豪張叢率衆劫之氏呼天投水隣里驚救得免後又率衆至門氏毆而據
井以待曰有入吾門者吾死此矣衆畏而退時內外無
侍饔飧不繼族衆憐其苦節月給米贍之卒年八十二

石門縣

元

吳守正妻禹氏（元史本傳）名淑靖字素清紹興人至元十六年從家崇德之石門
嘗從容謂守正曰方今羣盜蠭起萬一不測妾惟有死而已不使
人污此身也是年夏盜陷崇德淑靖倉皇携八歲女登舟
以避有盜數輩奔入其舟將犯淑靖乃抱幼女投河死

明

方瑄妻沈氏（嘉靖浙江通志）名淑寧海盐人歸瑄十八日而瑄死淑寧哀絶而蘇極力營葬服訖舅姑憐之令歸依其母母以其少無子勸之改適不從母乃潜以許人淑寧覺之紿其母往告外氏母行遂沐浴更衣自縊而死

乞烈婦（續文獻通考）湖州人莫詳姓氏正德初湖饑婦與夫及姑走崇德石門市乞食婦有殊色市人欲挑之與之食不顧與之財亦不顧寓東高橋上伺夫與姑不至及三日聚觀者益衆乃從橋躍入水中死

朱阿妹（萬曆崇德縣志）市民朱潮女被倭劫至城隍廟橋朱紿曰吾偕祖母來有金可取倭信之東閘投河頭觸石柱死祖母陸亦随溺焉

姚菊香（萬曆崇德縣志）市民姚縉義女聞倭至言笑自若衆嗟之菊香曰若輩第怕死耳死何怕之有及倭至抱其子自沉于河數日屍浮水面母子相抱如生

陸道鉉妻朱氏（萬曆崇德縣志）年二十七抱三歲遺孤匿一樓為倭所獲劫之行氏紿倭令抱其孤下樓投井死

朱貴妻范氏（兩浙名賢録）倭犯境夫妻走避猝與倭遇倭揮刀殺貴氏厲聲奮詈亦倭而倭怒剖其腹罵不絶口而死

吴鑾妻戴氏（萬曆崇德縣志）年二十五被倭執將污之以死力拒身被數刀而死

費貞女（萬曆嘉興府志）費霆女名金菊許字范氏未婚而夫卒女號慟欲往父母阻之随有議婚者女泣曰吾心已死身豈再適其父潜許嚴姓者納聘之日自經死殮時面如生

徐玉峰妻蔡氏（嘉興府志）明末巨寇劫掠鎮中氏奔避不及寇驅之至祇樹菴大罵不屈寇以刃剜其腹舍之去未幾卒

祝守道妻姚氏（石門縣志）事姑盡孝明末氏家臨運河亂兵猝至倉皇出門追逼將及路旁有池遂奮身躍入死

國朝

婁承啟妻周氏（嘉興府志）順治初氏被兵掠將逼污之堅拒不從罵不絕口而死

金貞女（嘉興府志）錢林里農家金明和女順治六年間里中盜猖獗父無力遷避盜沿村劫掠女被執欲污之時年十五罵拒不屈投水死

俞衣裳妻傳氏（嘉興府志）嫁俞七載夫亡誓以身殉親戚勸止之氏曰我若有子死則負夫今無子夫兄弟四人止一姪無可繼不死何待殮之夕哭絕復蘇至曉自經死年二十五又呂懿縉妻徐氏夫亡服滷死呂懿業死戴氏夫亡服闋吞耳環死

沈貞女（嘉興府志）年十四許字姚濂濂貧不能娶以病卒父母匿不以告氏聞哀號不輟求往夫家父母力止不從絕粒吞錢求死乃許歸姚進以銷錢之藥得不死遂縞素而往乞青衣見舅姑畢即易喪經請繼姪為嗣終喪三年閉戶服滷咽出復以刀刺喉血流不死家人救甦已而絕粒至三十二日復吞錢十餘枚乃死年二十三

馬毓奎妻王氏（公舉事實）年二十五夫亡氏撫屍慟哭即于是扃戶自經死

平湖縣

明

朱四女（嘉靖浙江通志）朱炳少女，年十六許姚氏，未及行，炳卒，無子，四女日夜哀思，依輔寡母，極盡孝養。惡少郎鍾乃其姊夫，孫附同居，挑之不從，痛哭自縊于父柩之旁。

毛徵妻陸氏（萬曆嘉興府志）名婷，陸恒之女，年十八嫁徵，三年徵亡，翁姑以家貧無依，諷之易志，婷即自縊。

李浙女（天啟平湖縣志）庠生李全女，居乍浦，嘉靖間倭入寇，行携之行，女度不免，乘間投河死。

陸美妻俞氏（兩浙名賢錄）浦翁歸美，克盡婦道。嘉靖丙辰倭寇至，將逼其居，美適外出，氏亟渡河，深不可涉，美弟與僕欲援以手，氏厲聲曰：死即死耳，手爲可執。竟溺死。

乍浦六烈（天啟平湖縣志）嘉靖中倭陷乍城，時義不受辱而死者：曰童氏，後所郭臣妻，投池死；曰祁氏，軍人輝之女；曰一女、二女，軍人陳起女，俱投井死；曰沈氏，軍人袁之女；曰周氏，舍餘戴鑑妻，俱投河死；又有俞姓者，匿承塵上避倭，見數倭驅婦人至其家淫之，有一女亦在掠中，乘間觸門，々破，頭亦破而死。

毛文光妻沈氏（萬曆嘉興府志）遇倭寇，投水死。

馬維金妻趙氏（萬曆嘉興府志）趙志先女，維金死，氏年二十，欲自盡以殉，翁泣曰：有孫在，盍存孫爭。乃少進水漿。已而姑病，氏籲天燒指，願以身代，姑竟不起，子亦妖，遂不食而卒。

劉濂妻馬氏（兩浙名賢錄）年十六歸劉，一年而寡，翁貧，利其再適，百計挫之，志益厲。晝閉門自經，救之蘇。翁陰納沈氏聘，其姑誘與俱出，令女奴扼持過沈舟，々迅發，氏投河不得，乃呼天而號，須臾風雨晝晦，疾雷擊舟欲覆，沈懼，乃奇舟還之。時父兄繼歿，無可歸，假寓一室，四壁不完，每雨則危坐達旦，或不能

其廖潭三四日不食而不死年七十餘卒

張一鵬妻趙氏（天啓平湖縣志）年十六歸一鵬〻業賈成婚數日輒持籌淮楚間旋得瘵疾歸病革語其姊曰吾死必嫁吾婦已復與氏訣曰吾死慎勿更嫁服賈者氏哽咽不能語自指其心與其幼兒者三一鵬死哭極哀乳姑子亦隨歿氏曰吾所以不先往地下者以不忍此藐孤也今子又死我何以生為沐浴更衣雉經而死

趙貞女（天啓平湖縣志）許字嘉邑諸生戴裕津未婚戴歿氏脫簪珥歸夫家營兩穴〻成闔戶自縊母排闥救之開口不言以指叩胸疾呼往嘉興者三遂絕就殮如生遂合葬之

蔣元瑛妻鍾氏（天啓平湖縣志）嫁未浹歲元瑛死為祀其夫輒手裂新衣與嫁時衣與夫所衣舊衣雜焚之焚畢隣媼咸譏之曰奈何不為日後慮氏不答已而元瑛葬有期請于翁姑願作新婦壙使同穴姑慰之曰兒年少那慮及此不許亦不復請葬前夕有會葬者來氏故善治具殽核皆出手裁夜分罷稍息及晨啓扉則已投繯死矣

過明堂妻陸氏（平湖縣志）年二十一夫歿七終自縊死又俞玉言妻馬氏劉充妻張氏沈嵯妻張氏陸文徽妻曹氏俱夫亡不食死

楊氏二節（平湖縣志）過氏楊日清妻年二十八夫亡事翁育子皆出紡織年至八十餘卒媳顧氏割股療夫〻亡三年喪畢絕粒死

朱傅妻倪氏（嘉興府志）年十九適傅二載傅受死于楚有狡人逼奪其志手刃自刎

俞光翼妻陸氏（舊浙江通志）明末兵亂被俘不屈引頸受刃死懷有幼兒遠戶而啼夜猶吮乳不置

王學古妻徐氏（舊浙江通志）明末與兵出覔塚城擄不屈死時酷暑轟雷顔色如生

董學杞妻劉氏（嘉興府志）年十六避兵鍾鎮遇兵艘于途氏躍入水學杞悲號亦赴水死

林氏二節（平湖縣志）林泓妻沈氏與泓弟妻徐氏俱避兵兆濱沈被劍死徐攜幼女溺水死又俞醒妻陸氏俞釵亮妻徐氏遇兵俞家帶同赴水死又馬二官妻楊氏兵驅之登舟投河死明晨與馬慕南孫媳陳氏二屍浮出遂以濕衣裹瘞之又趙志宰妻岳氏年僅二十餘守節弗嫁遇兵不屈被劍死宰媳陸氏亦投水死

陳銘妻戚氏（平湖縣志）避難吳涇兵執其夫氏號呼出救兵曰爾從我〻釋爾夫氏遂捽手令其夫去俟去遠乃隨行至一小橋自投于水又陸弘錦妻盛氏費孟鎔妻馮氏與母孫氏晏允佳妻李氏倪嗣調母陳氏程青子妻彭氏周士馨妻郭氏俱不屈投水死

楊春綠妻吳氏（平湖縣志）兵欲污之氏以手攫兵面兵以槍刺之遂斃又馮某妻陳氏石天球妻查氏張豹烈妻查氏張蔚如妻俞氏吳士璋女鳳姐劉學生聘妻陶氏陸麟錫聘妻陳氏俱遇兵不屈被劍死

國朝

翠金（題館冊）施德望婢也德望館于鄉家無僮僕惟翠金侍其妻以居年及笄性貞潔雖以市易米鹽間出戶外然不輕與人交一言鄰有狂且馬四者艷其姿歛其室無人一夕踰垣入藏匕首至臥所欲犯之翠金驚呼馬懾以刃翠金曰我不怕死罵益厲遂遇害德望妻越窻走墜樓傷足里鄰共獲馬四聞于官按律抵罪

朱烈女（平湖縣志）母亡居喪，次其姊壻奕入帷欲污之，遂自縊死。今土人名其墓為阿姨墩。

沈敬山妻施氏（平湖縣志）農家女，九歲撫于外祖沈思椿。十七贅敬山，六年夫歿。思椿貧且有癈疾，欲氏改適，不從，紡織以贍。久之，思椿益貧，遂寄擇富兒受聘隣人，洩其言，氏服滷死。

莊大姑（嘉興府志）長山村民莊耀昌女。里有不逞之徒曹大，許殷宣者，秉耀昌他出，夜操戈入室，將强婚之。姑守義不屈，自經死。里人為建烈女廟。

項某妻李氏（嘉興府志）李用彰女。及笄適項，未幾夫卒。哀號欲殉，母勸之不聽，竟絕粒死。

李載華妻徐氏（嘉興府志）李與徐皆蘭谿右族，轉徙當湖。于歸時姑已瀕危，未幾死。踰年舅明遠又死。氏盡出衣飾以營殯。踰載，華哀毀成疾，不一載又死。氏時年二十，飲泣撫孤。踰時孤亦殤，氏拊心痛絕，托其族人返葬三喪于蘭谿祖塋。清明日哭奠其夫，闔户自經死。

陸貞女（嘉興府志）許字江耀武。耀武死，女欲奔喪，為親長所格，毀粧，如素矢志守節。有言姻者，女絕粒五日乃止。父母俱終，歸江氏。越明年疾作而逝，乃合葬焉。

陸其昀妻嚴氏（嘉興府志）結褵年餘，其昀死，痛哭欲自刎。舅姑防護，遂絕粒，七日而歿，年二十九。

曹貞女（嘉興府志）曹蕭斗女，許字俞文漢。未婚而文漢殀，女聞訃欲以身殉，女曲慰之乃止。母病七載，奉湯藥不離。母歿，遂絕粒死。

桐鄉縣

明

濮彦仁妾龐氏唐氏（桐鄉縣志）二氏俱有姿容洪武初籍濮氏家官收其産二氏義不辱俱自經死

鮑文化妻濮氏（萬曆嘉興府志）年十四歸鮑夫歿年荒無養兄欲奪其志即衰絰自衣投河而死

朱廉妻茅氏（桐鄉縣志）年十八而廉病婚未成婦未幾廉歿翁姑欲奪其志勿動詬厲之飢餒之勿動哀毀而卒或曰縊焉

鍾鴻昊妻高氏（嘉興府志）年十九夫卒誓不獨生姑再三慰勉服未闋絶粒死

陸堯煥妻張氏（桐鄉縣志）父珮海寧人賈于桐之青鎮年五十無子止一女配陸堯煥結褵六日珮遊楚越十有四日堯煥亡女整服躍入湖隣人救之免逾年父又死于楚女得確耗即投繯死々之日自製繡囊刻檀爲夫像藏其中

國朝

顧李蘩（舊浙江通志）幼通書史事母至孝許字張九彰未婚夫亡悲號欲殉兄時新日夜守之祖母死其翁來唁家人咸在喪次李蘩遂閉戶自縊衣裳俱紉結不可解撿其笥得絶命詞數篇翁日誓心傷迎其柩與夫合厝爲時年二十一

許揆姑（題旌冊）農人許騰字女幼有志操不與羣兒爲伍年十四採豆田間隣有惡少張麟兆欲私之力拒得脱歸告其母曰兒幾爲人所辱遂自經死、

陳尚達妻柏氏（題旌冊）年二十九而寡生子纔四歲氏斷一指殉夫棺中留身以養舅姑撫孤子閉戶紡織守節十六年卒

董大銘妻沈氏（部咨案發）大銘與徐茂華居相近適茂華錢米未償茂華來索值大銘外出見沈氏獨處欲汚之氏號叫不從抓傷氏臂而去氏不甘辱遂自縊茂華依律究擬

姚應鶴妻金氏（桐鄉縣志）應鶴爐頭鎮冶工也應鶴亡眾逼氏嫁氏投繯鄰嫗解之浮免匿母家眾復威脅如故氏抱弟哭曰奈何以未亡身累弟且歸作計耳歸則娶船已泊河下因乞靈前一別眾許之入室將周身衣服用線縫紉而出撫棺長慟至橋投河抱橋柱而死

鍾鴻妻高氏（桐鄉縣志）年十九鴻卒誓死姑再三慰勉乃于終喪絕粒死

歸慧卿妻王氏（桐鄉縣志）年二十一無子慧卿死次日氏即投繯柩側

鄭引澳妻徐氏（舊浙江通志）年十六歸引澳引澳羸疾氏勤女工以養及疾篤引澳以家貧無子囑令改適氏號泣不許既卒父母哀其無依徵諷之即嚴妝服毒以殉年二十有八

徐浤妻嚴氏（嘉興府志）浤病革以氏無子令他適氏年二十二矢志自守正室丁氏病奉侍湯藥扶掖卧起數年不倦及丁歿盡出所有營葬而棺即絕粒七日而死時年二十五

沈二姑（嘉興府志）許同邑姚漁未婚漁亡二姑聞訃過門以伯男立嗣守喪三年除服吞錢絕粒而死

桂某妻吳氏（嘉興府志）桂育奇之媳于歸未匝月夫亡號慟幾絕姑慰之曰吾子不幸而殀汝又死吾將誰依由是勉進粥糜勤紡織以奉其姑十餘年姑卒或言婦無依可更適人氏曰吾所以不死者為姑在耳姑既葬未亡人之事畢矣遂自縊死

張氏二節（嘉興府志）星甫氏張鴻奇妻婚甫兩月夫死哀毀致損一目小祥後竟絕粒死鴻奇弟鴻來妻戴氏未廟見而寡一慟幾絕家人以應後者後之戴稍慰撫育屢歲復殤並投繯自殺

張嘉理妻王氏（嘉興府志）理殁設像于樓中事之如生撫遺孤甚摯未幾孤亦卒氏遂自經死

沈貞女（嘉興府志）沈友夔女字姚又吟未婚又吟卒沈之殯所哭之居三載不露言笑服闋哀號竟日自經死

馮東鈞妻淩女（公舉事實）年二十三而夫卒氏即于是日絶粒至十二日而死

湖州府

烏程縣

南北朝

羊孝女（南史本傳）羊緝之女佩任者烏程人隨母還舅氏母亡晝夜號哭不飲食三日而亡鄉里號曰女表

元

金某妻吴氏（崇禎烏程縣志）至正丙申湖郡被兵氏夫他往獨與子居兵掠人婦氏度不免投池中死

楊某妻吴氏（西吴里語）年二十五有殊色至正丙申八月明兵逼城氏攜二子潛投苕水而死及城破人見其母子並浮水面不相離

郎某妻沈氏（徐顯沈烈婦傳）吴興千溪沈氏者郎氏婦也夫為軍士所害氏有殊色擄置快船上溪流迅急乘間投水中船去疾竟其已沒不復顧達張擄舟過見髮被水面救之置後艙内使守視之其下喻之曰張擄今貴人汝能事之且得幸勿憂也氏謝曰幸諸君見憐欲活我吾見吾夫被創甚吾心已許之恨不及生時從之見也且張君亦安用失節婦人哉遂喋不復言度勢不可出視其旁有竹箸一束夜二鼓即以箸納口中面力觸舟箸入喉以死

湖州

邵巖妻盛氏（童冀邵烈婦傳）事舅姑以孝謹。稍元季寇盜充斥，巖挈家避地近郊。盛及巖二妹俱有容色，時游軍肆掠村落間，盛謂二妹曰：時事如此，勢必不免，與其辱身生，曷若全節死。即赴水沒，巖二妹繼之。邵母驚遽亦墜于水，巖亟扶登岸矣，亦繼至，咸愕貽驚嘆，遂捨之而去。

明

潘順妻徐氏（西吳里語）宰守貞徐宗文女，年十六嫁順，未一年順疾革，顧徐曰：我母老，汝年少，可奈何？徐泣下，即引刀斷左手小指以死誓。夫死，布衣長齋，終身奉姑甚孝。景泰四年卒，年七十八。臨死命其弟取所斷指置棺中，及出其指，染鳳仙花紅色猶在焉。

錢欽妻芳氏（籌海圖編）賊犯烏鎮，氏與姑引舟猝遇之，賊業已擄姑，并欲及婦，婦時懷孕九月，又攜一幼男，隨舟中呼曰：吾母子三人俱死矣。即手抱男沉河而死，賊憤之，復抽刀剖其腹。

匡霞妻汪氏（崇禎烏程縣志）汪文女，嫁踰歲而夫卒，無子，獨與姑俱。族有奪其夫遺產需之者，氏不與爭，父憐而召歸，氏以姑辭，遂并迎姑，獨任組紃以衣食之。姑卒，持喪畢，謂父曰：吾事畢矣。遂絕食以終。

吳慎樞妻楊氏（崇禎烏程縣志）樞卒于京，氏年二十二，生一子甫週歲，聞訃，擲子于地而絕，姑救之蘇，曰：夫死，我義不獨生。乃泣謂叔机曰：顧好狀此兒。服金就斃。

嚴烈婦（崇禎烏程縣志）宴人陸某妻。陸儒而力不任苦，無以給。氏貌甚莊，妍事姑以禮，而姑積狠，百計挫辱。里中惡少闞姑隙，欲私之，姑微露其意，氏垢面毀容以免。姑日夜拷掠，氏夜半赴水死。

嚴爾元妻沈氏（烏程縣志）年十九歸嚴二年夫卒扃户自經死

汪逢源妻郎氏（舊浙江通志）年二十適汪逾年夫亡念翁姑老無子孝事愈謹後遇寇亂扃户自經

潘汝升妻趙氏（烏程縣志）汝升避亂居潘店遇寇殺之并掠趙氏趙奪刃自刎

温璜妻茅氏（輯里溫寶忠傳）璜殺徽州司李兵至呼茅氏與訣因繞屋走茅曰得毋以妾與女存乎時女方寢茅促之起女曰何為曰死爾女延頸無懼色茅手結帨授璜對栈女仆地死茅卧呼曰刃我璜刃未殊茅猶出一聲曰再刃我璜乃復裁遂絶

仲烈女（明烈女傳）湖州人隨父賈漢陽崇禎中漢陽陷湀羣婦將出城守門者止之有項賊大肆掠見女美首執之女勢而被髮大罵賊命二賊挾之上馬連墮傷額不肯行賊露刃迎之曰身往何如頭往女曰頭往善遂被害、

國朝

嚴麒姑（題旌册）許字盛世瑞世瑞計至麒姑即登樓自縊家人救甦徐曰吾已為盛氏鬼誓至死所一面足矣父有難色遂吞金珥以示必死乃許之從容禮祖廟辭母氏與父偕往至則世瑞已殯麒姑登堂拜舅姑畢易服撫柩哀慟立伯氏子宣和為嗣曰吾乃可見亡人于地下矣遂絶粒吞磷而逝時年十八

楊龍光妻沈氏（題旌册）年二十四而夫亡孀姑在堂遭遇歉歲菽水罔缺而自以糠粃樹皮充餓姑歿百計艱辛以營喪葬所生一子并前妻所遺子撫育如一俾力農桑以餬口守節三十七年

莊明揚妻潘氏（題旌册）年二十六歸明揚八載明揚卒氏治殮之後即吞金不死絶食又不死妯娌勸之氏謝然曰夫死吾死必矣所恨者父母殘

而無兄弟我死誰營宅兆事乃復飲食出簪珥衣服鬻之以卜葬其父母歸拜夫靈前見娣姒強為歡笑俟夜靜閨户自經死時年三十四

張伯慶妻沈氏（烏程縣志）順治九年有姜沈成以索負為名值伯慶他出逼奸不從自縊死

沈秀姑（烏程縣志）馬溪沈粱女許字丁孝昭未歸而孝昭亡秀姑聞訃即生卧一小樓足不踰閾期年父母欲改字秀姑偵知之閉户投繯而死

夏聞衡妻姚氏（沈近思夏烈婦傳）年二十三歸聞衡四年生子女各一聞衡成進士官翰林氏留家侍舅姑歲庚子子病殤氏念夫年踰三十似續尚虛踴覆置妾攜幼女同至京抵寓一日而女殤聞衡亦疾作醫藥罔効瀕死屢頓氏哽咽氏泣曰果有不諱吾誓不獨生聞衡頷之而逝氏視殮後閉户投繯以救免既而瞿然曰吾死如靈輀何因勉營歸計扶櫬而南嫡媵相依呼號淒切隣者自聞者感謂不減范杞梁妻過淮之日以衣飾質錢市白綾手縫命服至姑蘇買命婦冠擬送柩至墓以殉無何停柩蕭寺念非死所達返故廬入拜舅訣曰新婦夫亡無子只有一死耳舅命以叔子為嗣答曰叔子為嗣誠善然長養成立惟叔成賴未亡人何能為舅知不能止第令家人守之氏俟眾寢自縊為僕婦解救次早乘靈筵朝奠左右無人服命服戴命冠自縊而死

張翼妻戴氏（吳興張烈婦徵詩引）翼為張鼐側室子最少而鼐老絕愛憐之為聘烏程王某女為婦以翼託某妻以貲為置產焉後鼐卒翼長娶不數年王女歿翼續娶戴浩女子歸三年王某之子性鷙而貪欲吞其產誘翼至家勒令作收札不從毆之垂斃擠諸溪水中戴在家心動趣人往求之與歸已不能語但瞠目視戴戴泣曰君如不諱我一弱女子勢不能為君復仇且無子當以死從隨嚙一指自誓越七日翼死戴氏絕粒服鹵家人解之不死既而碎磁屑吞之作惡萬狀又不死詰旦引刀自戕頸已傷救之又不死後十七日乘間自經帯間得絕命詩三章時年二十一

歸安縣

元

孟之縉妻趙氏（兩浙名賢録）名妙惠之縉卒後以補蔭事攜子淳至京有近臣悦其色請于世祖欲委禽焉使者傳旨到門趙曰妾寡婦請于簾内受旨既而出見使者則薙髮毁容矣使者大驚上其事乃已

洪春春（静志居詩話）洪德源女至正十八年兵亂父引之避居新市賊至匿空舍中賊入將逼之女投水死

明

嚴四英（蒼海圖編）桂林知府鳳之從女寇入鄉傷其父攜四英以行至跳街橋四英投水溺焉

嚴正度妻施氏（歸安縣志）早孀勵志里中有無行者隔垣窺之施大聲疾呼遍告宗黨自刎死時方炎暑越三日始殮顏色如生

沈臻鄉妻臧氏（歸安縣志）夫歿子鍾觀在襁褓臧矢勵欲絶姑勸慰之强起撫孤遇盜欲刃其姑氏請以身代得免

國朝

費文光妻宋氏（題旌冊）年二十三夫亡絶食投繯者再翁泣諭乃撫姪為嗣事翁存殁盡禮而所撫之姪既長復亡媳有遺腹氏再為恩育教誨因得成立守節三十九年

費大姑（部咨章疏）年二十許字高成龍未婚浣衣河口李二調之大姑羞忿歸訴其母遂扃户自經死李二依律究擬

汪逢源妻郎氏（歸安縣志）嫁未期而夫死欲自盡舅姑止之順治乙酉多寇擄湖城氏恐見污亟投井為汲者所出氏即鍵户登夫棺自經死家人

吳氏以上復之越三日始殮面如生

茅允旂妻周氏（歸安縣志）周文鳳女性至孝翁瑞徵官京師氏躬操節儉相夫晶子順治中羣盜入室氏恐見污赴水死次日屍浮水面顏色如生

姚貞女（歸安縣志）姚文成女許字楊文嫣未幾連喪舅姑癸丑夏文嫣亦死氏聞仍為父母理家事至更餘從容細衣自經死里人迎女柩與文嫣合葬

孫龍行妻李氏（馮景孫烈婦傳）李維中女龍行將娶嘔血結縭後病間發氏異牀而寢其所以膏藥雪織者勤為之無怨色及龍行病革泣謝李曰吾累汝吾死命也汝則奈何氏曰君果不諱亦惟隨君後耳相期冥會不出十日龍行歿以康熙癸酉六月二十一日及月晦而李氏果不食死氏初絕粒時母強進以粥嚴疏疏碎至五日始自口出氏且吐且嘆七日五臟團結上衝忍痛按之下終不言死之日顏色如生蚊蠅不集年十八

王熹妻吳氏（馮景王烈婦傳）吳詞伯女年十九歸熹熹故家貧為村塾師病嘔血不止氏鬻首飾營參藥百治不驗熹自念必死母老子稚以言慎婦志吳氏曰君即不起婦自有處不煩慮也熹尋歿含殮後數日氏徧拜族人以寡姑託之又率其九齡之孤託從兄昌言屬幼子于其兄憲越日稽顙與姑別姑恚曰夫肉未寒奈何即舍我而去已各如寢夜半微聞啟扉聲久之寂無姑疑之即求緼吹火求隣子蹤跡之天微明見氏兀立深湍中顏色如生起之內相外衰下至裏襪皆連紉層結時距其夫死之夜止九日

長興縣

明

李大元妻龍氏（舊長興縣志）年十六歸大元不數月大元客死氏自度俯仰內外必不可一日生嘆曰我生不辰安知夜臺非白日乎遣侍女歸寧

與妯娌歡洽竟日夜
手紉衣裳自經死

周貞女（熊明遇貞女碑記）許字姚光裕光裕殁女喪毀其所御錦茵麗服割髮謝
粉黛將臨姚喪父多方麋之三年而知其必不可奪迺治縞車輦女歸姚
及門而笄曰吾今日得為姚氏婦矣命高墉扃置坏通飲食奉夫木主禮拜
紡績室中傷亡人殮薄出机杼所積購巨材為櫬卜葬唐興山事竣請祠既得
受命曰可報亡人于地下矣稍疾
却醫絶食旬日而逝年僅三十

董廷虎妻王氏（舊長興縣志）生子三歲廷虎卒氏年二十四俯仰無依惡少朱電
慕其姿强贄爲氏割一耳血淋漓滿門隙投之電驚遁伶仃四十
餘載

丁紹稷妻姚氏（長興縣志）年十九而寡志矢靡他姑病瘵
以口承沫刲股作羹含辛茹荼六十年

胡駿妻韋氏（舊長興縣志）明末兵亂駿攜氏避難梅溪突遇數十騎氏知不免躍
入池中而死時相繼赴水死者駿兄端妻過氏駿伯毓秀妾柏氏及
馮遵祖妻陳氏馮與胡
為姻婭人稱四烈云

孫昇妻濮氏（舊長興縣志）婚三載遭亂攜幼兒隨姑避匿道逢騎兵欲俱驅之去
氏曰姑老矣苟釋姑我頭隨行從之離里許兒啼置之田間殉道旁
有池奮身躍入死兒
為里中收抱得存

李世彩妻徐氏（舊長興縣志）孀居避亂猝與兵遇紿以金瘞近處請往取兵許諾
急趨池畔入水死又楊發妻梁氏被掠不從自沈于河劉國美妻
施氏并女秀大楊亨妻周氏馮
聖源妻朱氏俱不屈被刃死

孫氏二烈（舊長興縣志）一為孫文明女欽授家之妻兵至義不受污赴水死一為孫枝茂妹王逵之妻兵掠其貲欲及其身抽兵刃自刎死

國朝

吳桂芳妻俞氏（題旌册）家貧貞潔自守偶從田間歸路遇道士沈淨理以手犯之氏大聲詈罵里人環集淨理乘間逸去氏哭訴憤恨衆勸其歸至夜鍵戶自經死時年二十二

姚雲妻全氏（長興縣志）順治初遇遊騎奔其臂志甚遽引刃自斷投水死

郃鶴林妻蔡氏（諫牘）年二十四夫亡守節十載里豪徐孟世覗氏色美以利啗其舅舅許之氏逵歸寧紿以舅病篤迓之返中途與往孟世家逼令成婚氏毀容堅拒赴水死

德清縣

元

沈回奴（靜志居詩話）元末兵亂邑盧清中賊獲之求合從容語曰我閨女也以擇日具禮乃可賊信之携至營是夜拔頭上簪刺喉死

明

車貞女（德清縣志）車鑾女許配房暎如將嫁而夫死氏年十五即奔喪守制服闋祖姑勸之茹葷不從日食菜十餘枚水一二盂而已如是者八年乃擇族姪承嗣為後隨與娶婦婦入門氏執其手曰我忍死至此因汝翁無後今無以生為矣遂併菜與水絕之數日而殞時年二十三

沈萬鍾妻章氏（德清縣志）年二十二夫亡抱孤付叔囑曰好看承之閉戶自經以救甦尋服滷而殞二屍儼然一室見者哀之

沈明道妻張氏（德清縣志）年十九夫亡遺二孤氏以死自誓撫孤成立姑病刲股以救姑死奩飾以葬孀居五十八年

陳大章妻談氏（德清縣志）年十七歸陳甫七月而夫亡守制踰七載偶歸寧父諭以更適氏趨就夫家面翁姑泣言其志旋仆地扶之入室是夕竟縫衣閉戶自經死

王道基妻吳氏（德清縣志）年二十二夫亡欲引刀自決姑謹護護之得不死甘貧撫孤姑病刲股以救砥節四十餘年

國朝

沈貞女（題旌冊）許字阮淳未婚淳卒女聞訃自經以殉時年十八

蔡新粲妻韓氏（題旌冊）年二十夫亡誓矢不二後姑逼之嫁迎婚者至門氏潛自縊死

楊貞女（題旌冊）楊元佺女許字沈純未婚純卒女年二十二聞訃投繯以救甦遂赴沈守志事舅姑盡孝撫姪為嗣守節至四十二歲卒

蔡啟緒妻張氏（題旌冊）年二十二而寡前妻遺子三人俱幼啟緒彌留之際指諸孤為囑氏即引簪自剔一目血淋漓以示不二卒能撫訓有成守節二十九年而卒

王溎妻沈氏（舊浙江通志）年二十順治間兵亂匿林莽間為兵所迫以手格刃奔河而死

吳允培妻沈氏（德清縣志）年十八歸吳順治初被兵氏行避中途遇盜奔于河盜以弓絃扣其頸氏遂縱入深淵以死

沈元復妻徐氏（德清縣志）適沈一年夫死無子舅姑皆亡家貧日鬻女紅自給常終日不舉火或勸以富室諷之再嫁者憤而呼天齧指以誓至順治辛丑家貧日甚家人謀移其守婦微聞之爲不語者竟日母窺其意與共寢是夕伺母睡熟從窗牖躍出投入清潭而死

武康縣

明

蔡孝女（西吳里語）天順間嘗隨母入山採桑有虎突至攫其母孝女即挺身投樹枝格鬬行三百餘步女益奮擊虎舍其母傷女甚血上噴高丈許竹葉盡赤虎亦舍女而去尋卒孝女家方伺墓三日悉成蔭鄉里以爲孝感所致

沈氏二節（武康縣志）沈茂程女長許聘于盛未婚而盛歿女時年十九守志不嫁父母欲奪其志者女聞絕食死次適丁思孝半載夫死臨葬求殉其六不得請遂指斷以矢靡他撫伯氏子爲嗣

國朝

趙秉鐮妻葉氏（舊浙江通志）年二十九秉鐮歿子甫六歲氏誓死以守延師訓子姑疾割股以進年六十終

安吉州

元

朱甲妻郎氏（元史本傳）朱仕浙東以郎氏從至元間朱歿郎護喪還至玉山里留居避盜挈家郴氏欲強聘之郎誓不從夜竊裝奉柩遁郴追之中道

復死拒得免家居養姑甚謹姑嘗病郎禱天刲股肉進啖而愈後姑喪以哀聞

明

郎理妻沙氏（續文獻通考）洪武中從理官京師理以諫死氏曰夫為忠臣妾獨不得為烈婦乎遂自經

吳忠妻王氏（續文獻通考）家甚貧正德初夫死婦無依有欲收之者婦不應乃為麥飯瘞夫塚前痛哭良久以草笠裹身自沉溪死

陳滿妻鄒氏（萬曆湖州府志）幼即刲股愈母疾父嘗傷足生蛆搬齧蛆吞之及長歸滿〻死鄒年十九撫其孤良謨總十月備歷艱苦年五十六年

路烈女（嘉靖安吉州志）梅溪路裔女年二十美姿容其夫貌甚惡且多病有富氏見而悅之欲買為妻厚賂其父令諭意女知勢不可拒佯許之比來迎女曰少緩須臾當整容以行乃入卧內自經衆怪其久不出視之則死矣

李茂妻高氏（舊浙江通志）茂死高買棺葬之遂縊于墓側

國朝

童道行妻邵氏（安吉州志）道行亡邵年僅十七家貧無後父母欲嫁之邵聞歸哭投繯姑救之得免堅貞四十餘載卒

孝豐縣

明

吳祥九妻沈氏（歸有光沈節婦傳）歸吳時年十六閱歲祥九病劇婦割股以進不瘉祥九死婦每哭輒死復生久之父母謀奪其志即引刀截髮自

誓居三日忽晨起出戶之祥九墓山澤無人多虎狼獨居塚間哭不絕聲嘗姑淺求得之乃相謂曰姑謂婦少年難守故計令他適今其志如此殆不可强因爲置後薑安之祥九與其弟有分婦獨取田數畝才足自贍曰叔自象吾不可以多取舅姑死喪之六年如禮蓋年十八而寡至七十二而終

沈能女（嘉靖安吉州志）京軍沈能之女生嘗中名阿治母死父鞠之攜歸原籍許施澄未嫁時年二十三父當復營不以女行又不以歸施女請于父不虐明日復請父曰吾三年當復歸以汝贅壻女曰兒豈謂此顧家無主者異時萬一羅譴兒雖死父且疑之不如今日引決以潔吾身入厨舉刀自刎妹奪之復以手抉其喉而死

許積妻朱氏（孝豐縣志）年十九夫亡家貧遺腹子六月氏誓死不嫁姑病割股救之

許鳴周妻濮陽氏（孝豐縣志）年二十一夫亡有羅姓者聘之氏即斷髮截指抱棺嘔血竟不能强姑疾篤割股療之即愈子嘉謨課訓成立至七十七歲卒

施之華妻吳氏（孝豐縣志）夫亡父母因氏年艾勸令改適氏截髮斷指未幾抱吭而死

章雲祺妻潘氏（孝豐縣志）夫亡氏年二十欲赴火以殉姑勸乃止未終制傷悼不已絕粒而終

國朝

倪日將妻潘氏（題旌冊）年二十七夫亡葬時欲自殉孤雛牽裾而泣乃止家業貧窘甘旨奉親而已則忍飢常終日不食教子讀書食餼于庠守節四十五年

寧波府

鄞縣

宋

鄭雩妻董氏（宋史新編）明州人建炎四年金人陷明州雩挈小舟與董同載為兵所劫雩不屈躍水死董哭曰夫亡矣與其受辱以生不如死亦自沉

童八娜（宋史本傳）鄞之通遠鄉建嶴人虎銜其大母女手搏虎尾祈以身代虎為釋其大母銜女以去

元

程氏二節（元史本傳）金氏詳定使四明程徐妻也京城既破謂其女曰汝父出捍城戕三品命婦汝儒家女又進士妻不可受辱抱二歲子及女赴井死

明

張道成妻褚氏（兩浙名賢錄）年二十五而寡守節終身子清遇氏危疾刲臂療之母即差氏卒清廬墓三年未幾清卒妻孫氏亦守節撫孤戢戴成人孫疾戢戴亦刲臂進人稱兩世節孝

余瑄妻周氏（寧波府志）字如珍年十六歸余成婚六日瑄卒氏剪髮自誓族有豔其守者諂沺氏恐中變乃自縊救甦者三朝夕守一樓力勤紡織以姪謙德為嗣謙德生子本中正德辛未榜眼時年九十張棨設宴氏謂有悖生平苦志居之九十七而卒

李珂妻胡氏（明列女傳）年十八歸李閱七年而珂死遺男女各一苦守室中誓不踰閾隣火作珂兄瑊往救之曰阿姆來吾乃出瑊使妻陳往婦以亡

明州

歲男自踊付之嫗曰幸善視之陳曰嫗將何如紿之曰取少首飾而出陳去胡即罌衣箱塞户抱三歲女端坐火中死

賈銑妻丁氏（寧波府志）年十七歸寧波衛百户賈銑〻以轉漕赴京道卒丁聞一哭而隕家人扶灌乃甦日夜哀哭淚盡繼之以血數欲自縊家人豫防之不遂乃撫前妻子文孚愛愈己出其叔潛欲奪其志氏即引刀斷其指叔始懼不敢言年六十九忽沐浴更衣而逝

陳襄妻倪氏（明列女傳）定海人適郎陳襄〻卒氏年三十無子家貧甚力女紅以養姑人有慕其姿者遣媒白姑氏煮沸湯自漬其面左目爆出又以烟煤塗傷處遂成獰惡狀媒見之驚走不復敢言歷二十年姑卒氏哀慟不食死

許元忱妻胡氏（兩浙名賢錄）元忱病疫死氏才二十三未幾其夫兄亦疫死姒遣改適里人妬氏色謀于許之猛暴者求偶氏有期矣氏毀面截鬢髮斷左手三指血淋漓誓以必死犀暴者驚散去族尊姑姻娌皆抱持之氏大慟因立應後者氏躬之力田蓋身自勞苦不浣不櫛故污穢以自廢極力畢夫葬及娶婦繼潔布素夫有弟少流移則為爻之適之勤弗率即延尊者詬責之已而復為之娶婦氏益勤織作俾免飢凍而耿〻之性死不可易年七十餘卒

夏晃妻王氏（兩浙名賢錄）年二十三而寡遺孤二人俱在襁褓姑老齒落氏每晨起先以其乳〻孤二雛呱〻勿顧也嘉靖丙辰倭寇至氏負姑入山披荊棘破肌膚姑賴以全比姑卒悉營喪葬之事力瘁而卒

汪明德妻翁氏（鄞縣志）明德卒氏將當産為殯葬費親屬不許越七日遂逼其改醮己受聘矣氏曰夫肉未寒而適人誠犬彘之不若至夜將自經為人所覺不獲俟夜靜乃穴壁而出自沉潭水以死

陳烈婦（鄞縣志）歸柴某夫溺狹邪好酒賭博家貧如洗遂染病癱絕無怨言惟勤女紅以支朝夕勞苦萬狀夫黨皆無賴欲併幼兒偕妻別售陳聞大慟峻

拒者再終不悛一夕縶兒于腰抱石投水中死

陳良謨妾時氏（鄞縣志）揚州人年十六爲邑人陳侍御良謨妾甫三歲闖賊陷京師良謨曰事至此吾有死而已氏曰公死妾亦死良謨無子知氏有娠爲之躊躇氏曰是有疑于妾也請先死因更易簪珥衮服就縊良謨俟其氣絶亦縊

甬上四節（明列女傳）張氏錢塘人適鄞縣楊文瓚文瓚與兄文琦友華夏屠獻宸俱坐死張紉鍼聯夫首棺殮畢即衣盛服題絶命詩以佩帶自縊而死文琦妻沈氏亦甘縊夏妻陸氏結帨于梁引頸就縊身肥重帨絶墮地既復取帨結之而死有司聞楊夏三婦之縊遣丐婦四人至獻宸家防其妻朱氏甚嚴朱不得間陽爲歡笑以接之且時時誚三婦之徒自苦也數日防者稍懈因謂之曰我將一浴汝儕可暫屛丐婦聽之遂闔戶自盡

國朝

趙文炳妻陳氏（舊浙江通志）順治己亥海寇入犯氏攜老母幼子避難猝遇賊欲污之大罵賊斷其一臂遂赴水死

趙宗元妻呂氏（寧波府志）順治己亥海寇入東鄉氏抱一女奉姑避難舟行數里遇寇欲污之先劫姑入水氏抱女于岸遂赴水同溺死

樂元會妻陳氏（寧波府志）年二十二而寡教子成人娶婦郭氏海寇掠境氏與郭氏棄舟而避與賊遇姑媳俱抱石投水死

錢某妻徐氏（鄞縣志）己亥海寇入鄉欲污婦不從以刀脅之堅拒罵詈賊刺其腹死

應烈婦（舊浙江通志）東鄉丐戶也己亥海寇亂偕其曹避村廟中一卒帶刀入將污之挽之不動卒怒其曹恐見害咸勸之就堅不從已而知其必不可脫佯許諾卒喜稍緩之遂逸出廟門外將投井爲卒所持不得入復逼之終號泣不就卒大怒亂斬之年十八

王朝幹妻李氏（寧波府志）名德貞海寇犯東鄉氏對姑泣曰賊勢猖獗難保無虞遂抱幼子赴水死

周容妻金氏（寧波府志）名達性孝能詩甫生女寇亂姑念媳在林不忍避氏怒罵姑作素羅歌遂以羅自縊

周天輝妻徐氏（嘉浙江通志）名引夫歿家貧矢志不二姑與父母欲奪其志有豪奴聞其色挾重貲來聘家人方與奴較聘資而婦已于樓自縊矣

屠印姑（寧波府志）陸耿章妻耿章淫酗無行蕩其產盡且負酒家博債以姑為質日夜說以姦事不從絕粒十四日而死

任貞女（寧波府志）袁弘泰聘妻弘泰亡父母欲改字父剪髮投繯屢絕而甦三年哀毀女設供介祉菴哭奠其夫悲不自勝越三日而歿年二十二

慈谿縣

明

陳佳妻王氏（明列女傳）許聘而陳而佳病其父母娶婦以慰之及門即入侍湯藥未幾佳卒氏年甫十七矢志不嫁姑張氏責以未成禮而守為無名婦曰既入陳門經事君子何謂無名姑乃使人遣其二弟諷之氏不答截髮毀容姑終欲强之虐辱萬狀二小姑凌之稍不順兩夾其面姑聞復加箠楚婦口不出怨言曰不逼嫁為婢亦甘也每夕寢處小姑牀下受卑濕遂得傴疾私自幸曰我知免矣鞠從子栖為嗣教之業文成化初領鄉薦卒昌其家

臧梁妻王氏（嘉靖寧波府志）名一芝，定海右族女歸慈谿臧梁甫三月而梁之父任三年不歸已而舅死官所梁扶喪歸亦死氏年十九手治服殮既殯哭別塚以歸明日從父往視梁墓及還見牕戶扃固驚呼不應啟視之則已經矣

葉貞女（明列女傳）定海人許聘慈谿翁姓父母歿遂育于翁年十四翁貲產日落且失其姑舅待之如奴勞勖萬狀略無怨色舅以子幼欲鬻之羅姓者女

日夜哽咽後知不可挽乃僞為喜色舅信為實乃寬之夜月上紿諸姒曰月色甚佳盍少覩乎趋門外良火諸姒曰夜半矣盍就寢遂入及晨覓之已浮屍于河起之色如生衣服上下聯紉甚固

方某妻王氏（兩浙名賢録）嘉靖戊戌正月二十八日夜半火起西市延燒及方氏獨存夫歸僅逾月居一小樓時夫外出堅守不下遂陷于火遍體灼燼惟心之淡滴其心輒化

姜阿龍妻桂氏（籌海圖編）桂阿寶女方少艾賊至與衆婦走匿馮氏僻室室後有池賊搜室衆婦競赴池賊以手挽之桂絶袂而死

馮鷩妻張氏（籌海圖編）年二十歸鷩六年遇倭寇偕姑衆匿其夫為寇所殺張亟收夫屍瘞葬未數日寇復至張偕姑及如娌買舟逃至管山江為寇所及張知不免曰不死且汚賊手然馮之嗣不可絶也以幼子付其姑偕伯之妾徐氏即沉于江賊大驚異遂舍舟中諸婦以去

沈氏六烈（籌海圖編）章氏沈祚妻周氏沈希曾妻馮氏沈信甫妻柴氏沈惟瑞妻孟氏沈引量妻孫氏沈琳妻沈為慈谿思橋巨族家觀海鳴鶴之間家衆至二千人多驍黠善鬭自嘉靖以來海寇王烏山蝦鳴鶴縱橫蹂躪沈氏不惟自衛且能殲其渠魁奪其所掠賊甚讐之至是賊大至沈氏豪誓于衆曰無出婦女無挈貨財誓以死守不能者先戮之章氏亦誓于内曰男子死鬭婦人死義爭與死爭耳衆婦皆竦聽既而賊圍沈氏羣婦聚于一樓賊撤入戶章氏遽出投于河周氏馮氏継之柴氏方為夫礪刃賊已斫戶入柴即以刃斫賊旋自刃孟氏孫氏婦姒為賊所浮相持不放奪賊刃自刺皆死焉思橋之難沈宗婦死難者三十餘其大人尤烈者也

王氏二節（慈谿縣志）姜氏余氏婦姒也遭倭寇奔邑隣圖賊窺見二婦挾刃追之余赴池死姜被亂刃死

茅氏女（籌海圖編）年十四父母亡獨與兄嫂居其兄疾卧賊入縣嫂出奔呼之以行女曰吾室女也去將安之但去孰為扶兄賊至遂縱火女力挾（扶）其兄避于空室俱被燔灼而死二尸相擁焰焉

錢應文妻朱氏（舊浙江通志）夫亡守志嘉靖間倭入寇負姑入空舍四望俱燼獨所居處無恙奉旨旌表時有一女初字尚美衣飾賊執欲污之女詈曰汝賊也吾為儒家婦豈從賊耶速殺我當以頸血濺汝賊怒刀裂腹死惜其名不傳

馮魁姐（舊浙江通志）父任工部郎隨侍京邸室内火兄象臨赤身突入時火已熾林女曰吾衣裳未具不可就且不可就兄抱為我謝父母有死而已其兄趨前强抱女投邑林下竟焚死年十四

國朝

葉承親妻柯氏（題旌冊）年十八適葉半載而夫亡弟瀚戕以姊少寡且貧無後恐不能終其節婦斷一指矢曰所不終于葉者有如此指弟驚起謝遂迎養于家有貴官者柯戚也喪偶聞婦姿託隣媼諷之婦怒曰媼不知吾斷指時耶吾不難一死以明志比媼出則闔户投繯死矣家人救之得甦年七十七卒葉氏迎喪與其夫合葬焉

俞秀妻華氏（慈谿縣志）順治初年為邏卒所掠氏伏地大罵赴水死又上林陳氏婦何氏與卒相抗被刃唐三十妻張氏自沉白石堰

童貞女（慈谿縣志）袁光弼聘妻年未及笄聞光弼死號泣奔喪絶而復蘇臨穴欲自投壙中得救乃止旋聞父母欲議婚他姓即閉户自縊

王孝女（慈谿縣志）名盧姐性至孝母殁柩殯于室夜半火起家人倉皇走孝女往抱前哭呼救無應者火漸逼則以身翼蔽母柩已而火及焚哭不出遂

烈死時年止十七

周素宰妻沈氏（慈谿縣志）夫亡無子歸依父母聞父母欲奪其志往夫墓一慟幾絕遂不食數日而死時年二十五

沈惟賢妻安氏（慈谿縣志）生一女而惟賢卒氏年二十二久之母以其無子而守為空自若氏即引刀剔左目以明志血流暈地歷守三十年而歿

向升元妾趙氏（慈谿縣志）生一子甫週而升元亡時嫡母早卒氏獨撫孤子有迫之改適者氏截左手無名指誓曰離向門者有如此指族衆遂止已而為子娶婦生孫子婦又俱死拮据撫孤年八十六而歿

馮京第妻葉氏（寧波府志）京第死婦以行縷作繯挂梁間就繯而絕

羅秀吉妻鄭氏（寧波府志）年十九而嫁二十三而寡家貧無後母欲令改適氏曰有舅姑在代夫奉養職也已而舅姑相繼亡母復迫之再三氏不為動一日母踉蹌至聲色俱厲曰吾已受聘財令汝為某氏婦明日有輿至矣先是氏聞母言必慟哭至是陽如平常人頗疑之入夜扃戶篝燈密紉其衣至夜分侵曉某氏輿至辭以粧未畢久之寂無人聲其母排戶入則投繯死矣周身衣衿聯結甚固越五日始殮盛暑顏色如生

邵貞女（公舉事實）邵允耀女名淑姐年十七許字周其柏雍正十年其柏病歿女歸泣不欲生請于母往視含殮母以未結褵為詞强止之女乃製殮衣剪髮一綹遣所親納其柏棺中旋登樓自縊年甫十八

明

奉化縣

戴德祐妻項氏（舊浙江通志）祐兄德彝為拾遺祐往省之值燕兵入都德彝被殺祐亦死氏知必禍及召族人急焚戴氏譜令名避去并其二子匿之使者至索戴氏譜欲名捕之氏以無譜對使者痛刑之執語如初乃以火熾鐵鉗燒之肌肉皆爛身無完膚卒不承于是罷其事

竺公能妻袁氏（成化四明郡志）名孝芝年十八歸公能公能卒袁年二十四值歲歉多艱姑趙患痢閱兩月氏衣不解帶浣汙穢無難色疾傳染舉族氏獨無恙人以為誠孝所感後舅姑繼亡營葬畢繼姑欲奪其志乃斷指以絕其意撫遺孤曰端曰峨讀書力田天順年旌表

竺欽妻陳氏（兩浙名賢錄）嘉靖丙辰五月倭入奉化氏少艾與夫攜姑及女而逃至徐家渡倭追甚逼陳度不能脫言于姑曰辱而生寧不辱而死遂令夫負其姑自抱女投水中死

王堯龍妻唐氏（寧波府志）年二十而寡矢志自守有貴公子欲娶之族之狡者設計欲縛載車中婦懼不免遂自縊隣人救而防守之婦即翦髮毀容以止其謀

國朝

孫自捷妻陳氏（奉化縣志）年十八適孫家甚貧甫一年自捷病歿氏日夕抱尸而泣誓從夫地下勺水不入口父勸之食不從踰十三日遂亡

沈三壽妻周氏（寧波府志）年十八夫病迎氏歸沈故流寓為傭家亦貧氏典衣以供醫藥甫兩月夫亡父母與姑欲其改適氏不可其兄孫之氏哭于夫墓歸着嫁時衣遍紉之幼姑問故曰不欲使視尸者見吾體也闔戶自經媒入門而氣已絕矣

鎮海縣（舊名定海）

明

傅烈女（籌海圖編）嘉靖中昌國傅梓女年十七美姿色未嫁寇猝至家故瀕海遂為賊所得女即以石自破其面流血塗地賊怒磔之

李烈女（籌海圖編）昌國人寇至執而欲污之李罵賊不屈竟死之

梁小九妻嚴氏（籌海圖編）為賊所執驅之而前氏知不免遂投河而死

葉餘妻嚴氏（舊浙江通志）嘉靖壬子倭寇猝至執婦欲污之不從乃縛之去將及舟婦紿曰少寬我、即君從寇信而解其縛遂投海死

張棟妻李氏（嘉靖定海縣志）戊午冬倭賊據柯梅棟夫妻被執賊殺棟李號哭痛罵義不受辱賊磔之

李德妻呂氏（定海縣志）天啟間德充營兵守舟山病卒訃聞呂哭曰夫死何以生為姑老子幼有伯氏在言卒遂赴井死

金玫妻周氏（定海縣志）年十七適金期年而寡舉一子姑病不起醫禱無效夜夢神語曰爾一指可愈姑疾遂斷指煮汁進曰藥也姑啜之強健如常

林氏二節（舊浙江通志）李氏林穎新妻劉氏呂新妻劉通文墨能詩時定帥蕃異志為亂李劉以死自誓李嘗授如女用色絲紮其臂而泣劉于所臨黃庭本尾書生有命死有命生兮妾心危死兮妾心安數語及變起李劉各紮帛自勒穎新兄弟急解之李已不可救劉復甦謂呂新曰一死一生人謂我何遂絕李年二十
二劉年十九

國朝

丁啟新妻傅氏（寧波府志）順治己亥海寇猝至啟新偕氏携一五歲子將往避出門數百步聞喊聲傅謂夫曰勢迫矣君宜善護此子自沉水中死

胡氏二節（寧波府志）應氏胡定隆妻楊氏胡定慶妻娣姒也聞警避山間寇索得逼之堅拒乃以刃加于腹恐之拒益堅曰寧殺我遂俱為所刃時又有樂清豫媳李氏沈邦玉媳趙氏樂日新妻崔氏丁秉乾妻張氏俱不辱死、

嚴氏二女（鎮海縣志）嚴日宣女長名大姬次名逵寇欲犯之二女罵曰我名家女豈可污辱罵不絶口俱被刃逵以兩手覆面刃中額穴十指俱落

邵氏女（寧波府志）名貞邵元聞女許字鄞人張美南寇至適祖母避難俱為所逼欲自縊祖母止之女曰邵固儒家張亦崔族身或受污死晚矣遂赴水死

謝應詰妻俞氏（寧波府志）己亥夏同羣婦避寇來寧顏俞年最少寇至欲犯之俞抵死不屈以絮貫其胸罵猶不已寇截其首懸竹杖而去又胡氏張順妻避難山間猝遇寇投江死王氏李先斗妻寇至投王家溪口井以死又某氏樂埠妻投水死周氏謝孫梁妻張氏袁獻徵妻俱罵被刃死

胡氏女（鎮海縣志）張宇張武曾之子同母避難棲霞嶺寇孫逼之不從斷其脘而去

沃氏二節（寧波府志）王氏沃啟文妻其女甫及笄許配餘姚胡某啟文聞寇至挈其子以逃王亦挈其女同隣婦行見勢猖獗慮不免紿其女曰父歸矣汝速往招之同來女行未數武王即赴水死女回傾慟絶隣嫗強之行女曰吾不忍舍母而去也亦赴水死

吳正佑妻李氏（寧波府志）遇寇不受辱以腰纏自勒死其姑李氏祖姑樂氏皆以節著而李又以烈死

沃元妻劉氏（寧波府志）元病殁以死自誓乃親含殮遂葬畢潛至元塚上以帛自勒死年甫二十

劉大妻吳氏（寧波府志）劉沒日俱諱且貧甚常丐食而氏歡愛無間大卒氏亦自縊

徐某妻唐氏（寧波府志）年二十一歸徐木工也生一女在襁褓而夫卒婦思年少貧無依遂鬻女給殮葬畢自縊死

李孝女（寧波府志）李經女父早卒母孀居十載一日母病有術者言母女年命相犯女願以身代潛服酒卒

象山縣

明

林某妻夏氏（舊浙江通志）嘉靖三十年倭破昌國氏被掠賊欲污之不從乃殺一他婦以恐之又不從持石擊賊賊怒舉刃破其腹而死

王憲維妻邠氏（籌海圖編）賊劫西山至憲維室時夜分賊欲污之邠氏不從執木棍擊之中賊首賊以刃剖其腹而死

王仁益妻張氏（舊浙江通志）嘉靖四十年倭寇入境氏避歸寧父為賊所殺氏抱父屍痛哭賊欲犯之不從舉白刃以示氏即奪刃自刎死

蔣邦沛妻陳氏（兩浙名賢錄）名全夫殁瘵疾死乃沐浴更衣斂手足潛自服毒謂家人曰吾身殊不快即假寐夫側既而呼之氣已絶矣

張烈女（舊浙江通志）年十六里豪康某欲强聘之不從康遂陷其父女號泣曰寧為玉碎無為瓦全遂扃户絶粒七日死

吳旻妻俞氏（象山縣志）年二十一夫死二子在襁褓有富人欲娶之遣媒至以正色拒次日再至則截髮又次日復至氏泣曰不死不足以明志乃閉户自經家人破户救之獲生家日落拮据餬口訓督二子有成

瞿可望妻蘇氏（象山縣志）年三十遭歲荒夫謀鬻之以全生事既成氏閉户縊死

鄭子羽妻潘氏（舊浙江通志）年少而美遭兵亂眾奔逃氏以姑病不忍去賊至持刀脇之不從逼之遂大罵賊怒碎身而死

國朝

麻必勝妻王氏（寧波府志）年二十六而寡孝事舅姑姑病籲天割股以療之撫二孤艱苦備嘗守節二十七載

馬嘉美妻吳氏（鄞縣志）年二十四而寡康熙丙辰叛將陷象城鄉人勸其逃竄氏曰老姑在堂亡夫在殯而孤在襁褓去將何之死于野無寧死于家及寇至欲掠氏去不從揮刀斫之仆地賊去救甦家貧事姑孝訓二子有成

吳三畏妻袁氏（寧波府志）順治十五年海寇登劫見氏欲污之氏不從賊揮刀斫死

周覲光妻吳氏（寧波府志）康熙十五年海寇陷城被執不從投城南池中死年三十八時有徽州人何伯元者攜妻妾寓居象東門伯元卒城陷二婦恐遭賊污並閉戶自經死其姓氏無考

文龍錫妻謝氏（寧波府志）謝逢女歸文生一子康熙十四年叛將從逆逢死之次年復陷象剽掠婦女氏恐污欲自盡戒勸之少待氏曰賊勢猖獗稍緩將求死不得且吾父死于賊此身何復為賊困即卒自經死時年二十八

定海縣

國朝

洪爾文妻史氏（定海縣志）鄞人適定海洪爾文爾文戚屬陳紹者豔氏色往來其家一日爾文遠出夜半紹排闥而入擁氏求合不從則以兩手扼其吭氏力脫喊救紹急取繩纏氏頸意其怖死從之也氏拒益堅且大罵紹遂引其繩絕之氏有四子俱幼方相持時二歲子啞啞泣紹恐其聲先殺之氏死時二子三子皆覺紹并縊之其長子年十二出同紹寢闥聲入見之急往外呼救紹復捽而縊殺之獄成磔紹于郡

陳士良妻李氏（舊浙江通志）夫死遺二子瑞芝序皇軍圍舟山李衣紉衣上下連為一曰吾苦節十餘年不可使人見吾軀及城陷躍入井中死瑞芝自外至亦自縊

頓依仁妻朱氏（舊浙江通志）舟山城陷遂携媳投山下井死時有辛見一如婦强之隨行將及登舟婦見城下廬舍火即奮身投烈焰中死

張氏六烈（寧波府志）周氏方氏姜氏畢氏俱張鯤淵妾與媳沈氏孫女茂瀞聞城破皆裂帛自縊死時陳君平家妻媳女皆自焚死吴鍾巒妻自殺沈大成朱永佑李向中妻妾婦女皆自焚死自縊死朱祖堯妻錢氏二十喪夫孀居十年投井死又有周氏者被俘赴水死

陳承玉妻李氏（定海縣志）孀居有年城陷投井死

紹興府

山陰縣

周

越姬（後漢書鄧后紀注）楚昭王之姬越王句踐女也昭王讌遊越姬從謂姬曰樂乎對曰樂則樂矣而不可以也王曰願與子生死若此姬曰君王樂遊妾妾以死不敢聞命後王病有赤雲夾日如飛鳥王問周太史曰是害王身請移于將相王曰將相于孤猶股肱也不聽姬曰大哉君王之德妾請從王死矣昔日遊樂是以不敢聽命今君王復禮國人且為君王死何况妾乎妾願先驅狐狸于地下遂自殺

元

越州

郁蔡二烈（於越新編）郁景文妻徐氏蔡彥謙妻楊氏俱居南池村至正十九年越州罹兵二婦被驅迫以行乃紿兵曰願歸取奩資縱之皆投井死

徐允讓妻潘氏（錢宰徐烈婦傳）名妙圓明兵圍越時潘年二十五嫁允讓甫三月允讓父安挈家山而避兵游兵掠山而安被執允讓奮與之敵兵舍安殺允讓擄潘欲私之潘放聲怒詈頭觸崖石欲自殺兵愛其色姑辭謝之潘知不死被污欲死不得即紿曰我婦人耳夫死勢必從汝但遺屍暴露縱不得殮得焚以火掩以土使我盡一慟從汝無憾矣兵信之率其伍舁屍就焰地拾枯樹薪之火且熾潘擗踊慟哭號天大呼奮投烈焰以死

徐慎妻王氏（於越新編）至正年兵亂被執赴水死

張正蒙妻韓氏（元史本傳）紹興人正蒙嘗為德清稅務提領至正十九年紹興兵變正蒙謂韓氏曰吾為元朝臣子于義當死韓氏曰爾能死忠我必死節遂俱縊死其女池奴年十七泣曰父母既亡吾何獨生亦投崖而死

明

諸娥（明列女傳）父士吉洪武初為粮長有黠而逋賦者誣士吉于官論死二子炳煥亦罹罪娥方八歲晝夜號哭與舅陶山長走京師訴冤時有令冤者非臥釘板勿與勘娥輾轉其上幾斃事乃聞勘之僅戍一兄而止娥傷重卒

張布勝妻錢氏（弘治紹興府志）名昇年二十而布勝死舅姑欲嫁之昇聞自縊于室救之得不死舅姑乃不之强遂終其志

包余二烈（續文獻通考）包懷妻徐氏歸七年而懷死無子同邑右族欲强娶之徐髡髮毀容以相拒既知不免竟自縊死時又有余亨妻朱氏亨卒年二十三無子亨既葬辭墓慟絕投河死

吳善慶妻孫氏（續文獻通考）名妙吉農家女也適善慶ゝ死無子邑人有謀爲婚者乃厚賄其尊長令奪之孫知有變紿以供佛飯僧爲亡夫福始行既具齋乃更衣禮佛畢茶頃之竟走夫墓縊死

丁阿姑（山陰縣志）貧家婦夫亡遺腹生一女母家欲嫁之已潛受聘乃紿之歸將適其所謀者阿姑覺躍入水中以救免衆懼遂送于故夫家終不能奪

鄭翰鄉妻徐氏（嘉靖浙江通志）適翰鄉僅逾月翰鄉出遊山右十年不返徐獨奉舅姑ゝ疾刲額天請代疾果愈後翰鄉歸甫旬日而病卒徐營殮畢嘆曰向不忍死以夫在耳今夫死矣何以生爲絕粒七日卒

姚烈婦（徐渭烈婦姚氏記）姚忠女年十六嫁朱錦ゝ家貧嗜酒失業并其妻鬻于某宦家將挈之京妻覺之欲拒知不可乃夜紉其裙袂懷石沈河死

林大茂妻沈氏（紹興府志）隨夫京師夫愛樗蒲廢家業沈處之怡然夫病侍藥飲無頃刻離既而謂曰予死不足慮第念爾無子若復何耳沈泣曰尚復何慮君先行妾且隨君逝矣殮夫畢絕飲食卒

陳大熙妻秦氏（紹興府志）夫死誓守節父母欲奪之遂自經死

言應試妻陳氏（山陰縣志）娶未一月夫因渡水溺死氏抱屍痛哭欲自縊親屬力護乃已戚有奸人艷其姿欲强污之即引刀自刺幾斃

趙嘉彥妻孫氏（山陰縣志）嘉彥入京死于途氏聞報絕粒十四日而死

鄒二姑（紹興府志）許配張某張客京不歸家人欲更嫁之姑絕粒死

葉文傑妻徐氏（舊浙江通志）文傑死徐撫孤守節親屬貪其產逼以改醮徐束衣加禮服越窗投河而死

吴邦璿妻傅氏（舊浙江通志）邦璿遇亂有職守囑傅從間道去傅曰豈不能先死遂吉服自縊

國朝

胡廷聘妻許氏（山陰縣志）廷聘為鄖陽副將順治四年九月楚寇亂被掠氏斷髮毀容抱石投金魚河死

徐霍髦妻葛氏（題旌冊）幼許字徐及長而夫有狂疾舅姑辭婚父母將許之氏聞即剪髮自縊父母知不可奪乃歸于徐時年十七霍髦不能行禮舅姑使人扶掖結花燭氏夜則依姑獨處晝則調湯藥進飲食侍夫八年無少怠及夫卒氏告舅姑立堂姪允文為子守節至五十七歲以壽終

鄭龍山妻嚴氏（題旌冊）夫亡無子氏服滷以殉人稱其烈

丁珏妾吳氏（禮部照會）珏任雲南楊武壩巡檢管青龍廠事思普叛逆珏陣亡氏為賊所擄欲污之不從被殺

宣有玉妻金氏（題旌冊）有玉卒氏年二十二舉遺腹子元仁姑葉亦早寡家貧氏奉養惟謹有叔二人皆幼氏紡績又蠶繅歲獲數十金為婚娶子長令從名師學有文行貢入成均姑患痢割左股啗之即愈明年復作又割右股姑不起氏哀毀彌篤守節五十九年年八十無疾而終

丁瑞南妻周氏（紹興府志）順治初年游軍入村落見氏姿美擄其臂去至河干遂躍入水死時年二十三

周根野妻徐氏（舊浙江通志）順治初越地新定土寇出沒居民率匿水鄉忽聞有眾至徐曰事急矣抱兒赴水死次早屍浮出猶堅抱其兒

虞養吾妻王氏（山陰縣志）居盛塘上埠順治五年羣寇嘯聚氏懼污沉水而卒又羅紹南妻魏氏居盛塘下埠土寇竊發氏抱子沉河一女九歲見母溺亦赴水死遺一子君友娶張氏君友早卒張氏亦守節終身

朱壽宜妻何氏（山陰縣志）順治五年土寇擄白洋村氏年三十恐辱自沉于河
又朱文姐名菊秋年十五投池死蔡引翼妻倪氏懼寇追及沉于
湖門村之水時湖門村有馬氏者被掠不從
死之王某妻楊氏遭寇威脅罵詈弗絕被殺

何某妻徐氏（紹興府志）土寇發徐擄女長姐避山中賊至欲污之徐罵賊賊以刃
剌其脇抱女以走徐大呼曰兒有死無被辱女應聲曰必不負母賊
亦剌之又同日禮妻楊氏許大化妻趙氏王應爵妻蔡氏徐大化
妻李氏徐道祿妻董氏徽文貴妻王氏皆因山寇窃發同時殉節

杜文達妻何氏（紹興府志）年十六山寇至
笆山懼為所污投河死

葉氏二節（全災韶葉氏節烈傳）璕氏浦江人適山陰葉喬年甫十載喬年歿遺孤
三撫教成立明季山寇窃發長子為寇所殺氏與寡媳金氏走亂軍中
遇賊數騎追至氏知不免遂躍入河金亦隨之順流至淺灘俱
浮不死事定歸里家業蕩然姑婦相依茶苦拮据以終其身

吳大節妻俞氏（舊浙江通志）丙戌六月遇兵恐其相犯同母沈氏自沉
于龍華潭母年三十六女年十七大節亦終身不娶

傅五妻某氏（舊浙江通志）己丑山寇肆掠氏被
執上馬至三江閘躍入水中死

翁氏二女（舊浙江通志）翁貞姑良姑同被寇漁
後橋寇欲污之遂挽手投水而死

茹芳妻倪氏（舊浙江通志）年十七歸芳芳與武弁有隙兵至芳遁掠氏及其子女
氏與姑泣訣曰身惟一死矣羈之空舍舍臨龐公池抵暮投池水死

朱振伯妻張氏（紹興府志）家貧有廝卒慕其色誘其夫夫貸金後無以償遂勒書賣
妻春春成即來娶氏氏紿卒至晚抱乳幼兒束髮縫衣赴水死

潘烈女（周昞曾詩序）山陰潘公調女公調客廣東家于粤以女許袁氏子公調歿
依嫡母劉以居袁嫌其貧將別求婚于張氏欲渝潘盟而不得乃造為穢

語潛榜其門滿年已二十矣一夕投井死

賀靖妻凌氏（公舉事實）靖為衛輝守備卒于官氏年二十七攜孤扶櫬歸葬姑陳氏瞽目但哲性復下急氏孝事之病則割股以進殁則鬻產營葬家益貧紡績課子守節四十六年

會稽縣

晉

王凝之妻謝氏（晉書本傳）字道韞安西將軍奕之女也聰識有才辯叔父安嘗問毛詩何句最佳道韞稱吉甫作誦穆如清風安謂有雅人深致又嘗內集俄而雪驟下安曰何所似也安兄子朗曰撒鹽空中差可擬道韞曰未若柳絮因風起安大悅適王凝之及遭孫恩之難聞夫及諸子為賊所害命婢肩輿抽刀出門亂兵稍至手殺數人乃被擄其外孫劉濤時年數歲賊又欲害之道韞曰事在王門何關他族必其如此寧先見殺恩雖毒虐為之改容乃不害濤自爾嫠居會稽家中莫不嚴肅

張茂妻陸氏（晉書本傳）吳郡人也茂為吳郡太守被沈充所害陸氏傾家產率茂部曲為先登以討充充敗陸詣闕上書為茂謝不克之罪詔曰茂夫妻忠誠舉門義烈宜追贈茂太僕

南北朝

張楚媛（梁書張稷傳）稷為青冀二州刺史州人徐道角作亂夜襲州城害稷稷長女楚媛適會稽孔氏無子歸宗至稷見害女以身蔽刃先父卒

張彪妻楊氏（嘉泰會稽志）陳文帝入會稽彪與妻楊氏逃入若耶山陳遣章昭達領兵躡之并圖其妻彪見殺昭達迎楊楊便改啼為笑請昭達殯彪既畢還經彪宅謂昭達曰婦人本在容貌今辛苦日久請暫過宅妝飾昭達許之楊入室剖髮毀面哀哭慟絕誓不更行文帝聞之嘆息遣許為尼

元

馮道二妻（於越新編）不知何氏女至正末亂兵至樹頭執道二殺之露刃脇婦婦引頸受刃死

明

董昇六妻邵氏（會稽縣志）一子甫週歲昇六死遂守節昇六兄想風繫獄死逮及闔門邵氏抱子械至京師發配象奴氏觸階死而復蘇又恐以白刃欣然就之太祖曰真烈婦也命給紅船送回其地賜名全節里

宋允中妻魏氏（兩浙名賢錄）年十六贅允中僅三日而允中歸尋卒其家火之投骸澗水氏奔赴拾骸還瘞家園中服衰三年父母欲嫁之受他聘比迎者臨門氏潛之園中自縊死

司馬貞女（會稽縣志）許配董思述未歸而思述訃聞氏遂絕飲食卒

毛烈女（會稽縣志）許配董爽文爽文卒女美姿容求婚者日至女盛妝拜父母曰女生不能為董氏婦死當為董氏鬼矣父母朝夕守之絕飲食卒

沈壽姐（舊浙江通志）年十八母早歿父以貿易出依寡居伯母呂氏呂遣歸寧姐過其從伯母張氏以宿夜有狙且欲犯之姐驚駭大哭次日服滷死

章如鍔妻張氏（會稽縣志）夫贅歿悲歸欲絕及殮畢遂自縊于柩旁族人為之舉喪

陳孔教妻孔氏（紹興府志）崇禎末孔教任四川僉事以獻賊破蜀死子以衛悉其狀不與母知踰二年氏偶至子書室見其稿道請卹孔教盡節事讀畢哀號頓地遂引匕首斷喉死

金順姐（會稽縣志）父明恩任保定府通判順姐隨父于宦寓昌平州遇難投井死時年十九

孫士忠妻鮑氏（舊浙江通志）士忠官京師甲申城陷氏同夫暨二女媳趙氏俱縊死次女金哥自縊氣未絕賊欲污之女拔劍大罵不屈死

黃朝鏞妻謝氏（紹興府志）寓居三江遇寇赴水死

葉汝蕙妻某氏（紹興府志）汝蕙聞甲申寇變赴水死妻亦同之

章憲妻金氏（會稽縣志）安慶道犁章方美媳遇兵難脅之不從乃寸磔之兵有以其肉為戲者即詬語死

鄭達謙妾金氏（舊浙江通志）達謙為鄭彩所害金人每祭夫以紙草人書彩姓名寸斬以侑食彩聞之投金氏于海中屢顯靈異人稱小金娘娘

國朝

葛三姐（題旌冊）幼許配陳再韓為妻及長隨父居京師有江西民楊天錫用強逼娶遂自縊而死

俞德範妻韓氏（題旌冊）有韓國英者欲犯之即拒不從而死

王某妻楊氏（舊浙江通志）居平水順治丙戌六月聞寇驚沉河而死

陶氏五烈（會稽縣志）陶氏章汝茂妻十九而寡無子與弟緯之妻章氏綜之妻章氏及妹二人同舟避寇寇至氏奮身投河五人遂同死次日得屍握手不解

陳三妻孟氏（舊浙江通志）丙戌年夫妻姊妹聯臂沉水死

李永昌妻張氏（會稽縣志）永昌卒于京氏奔喪迎櫬順治戊子土寇作氏謂婦姒曰吾守志垂二十年已拚一死比寇漸偪氏潛啓户而出其子急跳之手河濱得一遺帨綢其屍勿獲有頃半里外乘流而至舁歸視之衣裾縫紉不可解

閔士章妻章氏（舊浙江通志）戊子年土寇肆掠居民多出匿士章貧無舟匿于近隣賊至見啼林下賊曳其髮出之氏且罵且哭賊曾以刃脅自觸刃死

趙泰徵妻張氏（舊浙江通志）年三十遇寇迫不免先誘女至河擠之水氏亦隨死

胡百朗妻潘氏（舊浙江通志）年十九寇至被執行里許至易家橋即從橋下躍入水中死

陳舉新妻楊氏（舊浙江通志）寓瀝海城北枕大洋丙申海寇登岸焚劫舉新客江南氏孑身不能避遇寇投井死又朱某妻余氏亦赴水死

王朝恩妻楊氏（紹興府志）寇警沉河死越三日撿顔色如生

王嶸妻張氏（會稽縣志）嶸早卒氏絶粒數日卒

王某妻任氏（舊浙江通志）守節三十餘年後有以非禮犯者自縊死

沈與參妻王氏（紹興府志）與參偕氏居京邸夫亡有謀娶之者鄰婦餂以言笑而不答夜自縊于夫柩側

林占春妻姚氏（舊浙江通志）占春亡痛哭欲自盡母慰解之明年夫葬母亦死姚歎曰吾所以不死者為夫未葬母在故也至此復何生為遂以一幼女托其姑絶食數日死

陳貞女（舊浙江通志）初許姚世治未成婚二姓寄居京師世治南歸父欲改字之父易粧覓世治于濟寧泣謂曰余固女流違父不孝今見君子事畢矣奮身投河死

沈允德妻李氏（會稽縣志）農家女歸允德三載生一女允德亡婦誓以身殉隣嫗勸勉之氏曰恐身存有奪吾志者因投繯而絕距允德死僅五日

徐貞女（紹興府志）許字趙應李應李死女歸趙門易衰絰時年十九父母勸回欲自盡乃止姑病篤刲股以進遂愈守節五十餘年

駱光裕妻吳氏（紹興府志）早寡家貧父諭其祝髮為尼泣曰我苟祝髮得姑以天年終誰帯孝警卿遂力勤奉養後舅姑殁治喪葬畢遂不食而卒

王文嫖妻郭氏（紹興府志）歸文嫖數載文嫖為吏所誣擬大辟家貧莫為救者氏懷訴狀至縣堂自刎死夫竟得白

滕順生妻孟氏（紹興府志）順生畧識書記為燕湖閘吏婚月餘即往未幾卒訃死氏號哭覓死父母止之氏乃迎順生柩葬之稷山下舟回至周家灣赴水死年十八

蕭山縣

元

丁京妻吳氏（於越新編）元季兵亂吳携女仁奴出亡遇兵于途將偽之皆不屈死

明

陳𤋮妻張氏（續文獻通考）𤋮聘後貧不能娶父謀改嫁之張引刀自刎母力奪得不死後歸𤋮未幾而夫亡張哭之哀未三月即自縊于寢所

孫貞女（兩浙名賢錄）幼許聘葉氏其鄰有沈氏女者許聘汪鑑既納采鑑死女聞訃欲往父不從將自經乃許孫時年十七聞之曰誤矣只死方好未幾葉氏子病篤將不起孫即潛置斂具已而訃至孫取殮具囑父母納棺卒自盡

來志妻何氏（蕭山縣志）年十八適來夫溺于江何號泣不已距夫亡六日沐浴更衣縊于床而死

方逢泰妻錢氏（舊浙江通志）年十九隨舅姑居京邸逢泰卒錢絶食九日而死

徐中孚妻戴氏（舊浙江通志）寡居二十餘年鄰火延至族黨勸之避不從遂焚死

王氏二節（紹興府志）王延祚妻黃氏崇禎間延祚為應天撿校過夏津遇兵夫婦被執擊延祚垂斃黃紿卒曰釋此我當與汝取窩中財物卒信之黃攜夫脱去乃曰我死即死矣何財之有遂被害後四年子令高為臨清守城將陷妻黃氏赴井死

沈雲英（蕭山縣志刊誤）父至緒武科進士雲英少隨父出入京師能馬射通春秋胡氏傳崇禎間隨父任道州守備流賊犯道州父出戰為賊所殺掠其屍去雲英年二十自率十騎束髮被革直趋賊砦來賊未集伍連殺三十餘級負父屍而還湖撫王聚奎奏請降勅以雲英為遊擊將軍使仍領父衆會其夫賈萬策為都司守荆州南門流賊陷荆州被殺雲英號呼曰吾命絶矣因哭辭詔命扶父柩回籍貧無食開塾于家訓其族中兒族中兒習胡氏傳者志師之

金玉鯨妻孫氏（舊浙江通志）明末避兵湘湖遇邏者以刀斫玉鯨倒地執孫氏欲污氏氏怒詈復欲殺其子子奮啼乃自盡又一時以節死者趙逢元妻張氏王九龍妻戴氏皆沉湘湖來冠朝妻何氏來逢盛妻黃氏來冠倫母俞氏妻任氏沈醲妻來氏皆于長興鄉赴水黃奇英妻于氏來裕之女及婢小春皆赴水楊守程妻湯氏抱石投池來逢時母王氏自縊張家村楊梅樹有被掠而殉節者胡光樞妻徐氏奪刀自刎來夢齡妾程氏投白馬湖韓思爾妻來氏

寡居二十載赴水徐喬椿妻沈氏康間自縊龍山嶺翁氏二女長女年十六許字汪姓幼女十四未字經珠墅橋躍入水王國幹妻俞氏為土寇所害（蕭山縣志）王國生妻徐氏傳日新妻戴氏俱赴水死

象山婦（紹興府志）兵掠至錢清禹會橋赴水死衣皆縫紉

國朝

陳六姑（題旌冊）年十七未字有愈喬臣者瞷室無人潛入欲汙之六姑大呼不從震動鄰人喬臣驚逸六姑閉門自經死

來斯行妾張氏（蕭山縣志）山東東平州人父昌官千戶母王氏遭蓮妖亂不屈而死因鬻于斯行為妾斯行即世斷髮束節順治丙戌避寇湘湖寇至為所執欲汙之氏豫縫衣帶堅不可解罵賊被刃而死

蕭君梁妻徐氏（紹興府志）抱幼氏避難遇兵殺子掠氏氏兩手抱木不放衆叢射之至死不屈

單人傑妾張氏（舊浙江通志）避亂湘湖兵欲汙之氏不從赴水死

富特異妻徐氏（蕭山縣志）年十八歸富富長山農民也甫四十日夫死將葬氏乞于姑營雙穴不允遂自經于墓側

翁大捷妻王氏（舊浙江通志）大捷客死柩歸氏撫棺哭曰吾不敢自盡者因柩未歸耳今而後死可同穴矣赴水死

諸暨縣

南北朝

賈恩妻柏氏（宋書孝義傳）恩母亡未葬，為鄰火所逼，恩及妻柏氏號哭奔救，鄰近赴助，棺櫬得免，恩及柏俱燒死。

元

章瑜妻傅氏（輟耕錄）年十八適瑜，瑜為苛吏脇，軍興斯會，更死道上。訃至，傅氏蒲伏抱屍而歸，號泣三日夜，不忍入櫬，屍有腐氣，猶依屍呵含奠哭。既入棺，至嗌其棺成穴。及葬，投身壙中，母拯挽以出。未百日，母欲奪志，語聞，遂大慟，連日不食。母囑侍婢謹視之。閱數日，紿婢曰：吾當浴，若理沐具俟予。既而失所在。明日婢汲井，見二足倒植井中，乃氏也。楊維禎為之贊。

張英妻莊氏（兩浙名賢錄）至正乙巳，張士誠攻城，氏被執，度不可免，厲聲大罵曰：爾輩鼠賊，耳敢肆行無禮，執畧衣冠子女，寧我死，即死，奪我終不可得也。賊怒抉其口而死。

王琪妻蔡氏（元史本傳）至正二十二年，張士誠陷諸暨，蔡氏避之長寧鄉山中，兵猝至，有退紙鑊方沸，遂投其中而死。（兩浙名賢錄）賊驅其從婢，婢曰：主母死，我可驅？守賊怒殺之。

明

何睽賢妻黃氏（諸暨縣志）年二十歸睽賢，比孀居，值亂兵焚掠，遣驅迫冒死，詈拒被刃而殞。時盛暑，屍橫野至五日始殮，神色不變。

國朝

湯大姑（題旌冊）湯舜臣女，許字趙源，未婚源卒，大姑年十九，父母不以聞，姑偵知之，堅請奔喪，至則執喪成禮，事舅姑盡孝。服闋，父母憐其少，復强之他適

大姑服滷者再皆以救免後舅姑歿歸母家守志終其身

壽貞女（題旌冊）名鳳姑許字謝世琦未婚世琮卒氏請于父奔喪守制三年父母迎歸于家有劫之他適者氏斷一指為誓守貞三十九年

王祖念妻陳氏（諸暨縣志）順治乙酉方兵燹劫脅氏隨去氏縱身投沼內死越三日家人收其屍顏色如生

徐承明女（舊浙江通志）年及笄未字丙戌遇遊兵縛之上馬過全湖水躍入水死

郭陳二烈（諸暨縣志）蔣氏郭增妻俞氏陳守義妻順治四年遇兵于途將汙之蔣堅不從奪刀自殺俞見其夫被殺亦自刎

傅有益妻應氏（諸暨縣志）順治丙戌六月亂兵至氏恐為所奪投屋側塘內死又余長三十一妻吳氏被掠投塘死

陳賡妻王氏（諸暨縣志）年十五歸陳甫五載夫疾劇囑氏曰我兄弟必不相容請改圖毋使我泉壤遺憾氏不應逾匝月傅夫容氏請得已容入閣閣成語夫曰此同歸意也逮夫卒殯殮成禮氏從容登樓端坐投繯自盡

長清嶺烈婦（紹興府志）土賊朱德甫踞諸暨紫閬山官兵進勦有一卒縶良家婦并其幼子于馬後隨行婦好謂卒曰吾既被獲從汝固宜但夫止一子今在此吾夫必來侯其至以子歸之然後任汝所欲卒許之行可半日至長清嶺其夫奔而前婦請于卒以其子付夫度其去已遠遂投巖死

宣拱妻宋氏（紹興府志）拱卒無子拱兄君修狡而貪氏年甫十七容髮殊麗湘安巨商造諸暨見之以多金啖君修修將縛氏置輿中擁至寓第鄰婦知其計告之氏唯唯無一言更強歡笑達暮縫其上下衣夜開門至下堰塘投水死

顧氏三節（公舉事實）顧奕奇妻呂氏年十五歸奕奇逾年而寡舅姑勸改適不許躬紡績以供甘旨其娌姚氏顧綱四十八未婚妻也幼育于顧順治三

□土寇竊發石年甫十八姚年十四度勢不能保約與俱死婢秋桂亦慷慨願從一日寇猝至三人相抱同赴三江口鷹心潭死秋桂年十五姓蔡

餘姚縣

元

韓孚妻黄氏（嘉靖餘姚縣志）名妙推歸韓五月而寡誓不再嫁至正初千户曳利知其有殊色欲娶之媒者以推貴勳之氏叱之曰千户受朝廷鎮撫民者乃欲奪寡婦志耶曳利不敢復强既而方國珍麾將葉某欲脅娶之氏操刀割髻曰敢趨此户議婚者吾以頸血濺之葉聞而歎曰吾為男子受大將付託臨陣顧不能死彼婦人乃獨肯輕生誠羞之自是無復敢言卒全其節

明

姜棨妾竇氏（於越新編）京師人為餘姚姜棨妾正德中棨自主事謫判瑞州造趺守棨護郡符華林賊攻城棨出拒戰城破賊入棨舍竇匿其符被掠以行慮棨未知符所有郡民盛豹在賊中還竇乃密語以符所且曰吾必死矣歸報官府毋我念至花塢村見道旁有井佯渴求飲賊縱之遂投井死

姚孝女（明列女傳）達吴氏父早世迎母養于家母出汲被虎銜去女追擊虎尾虎欲前女擊益力尾遂脱痛甚舍母而逝藥之獲愈奉其母二十年

諸士俊妻舒氏（續文獻通考）名貞年十八歸士俊數月士俊死于商姑念其年幼謀嫁之以死自誓慕貞者乃重賂其父母私盟之貞知不免紿父母治齋為夫齋畢沐浴衣麻自經死

吴江妻李氏（嘉靖浙江通志）夫死李年二十有黄某者謀娶之因其夫族吴瑛貪賄乃厚賄瑛使誘其姑而以尊勢劫之李誓死不從則陰與黄氏及文

家約禱其母暴病遣輿迎李〻倉猝升輿既及門非母家也姑亦尋至布几席逆李出輿成禮李度不可脫佯諾曰妾所以不嫁者為姑老無侍姑既許妾復何言然必湯沐乃可成禮辭色從容衆以為誠淡之久而不出闔户視之則已自經矣

汪氏五節（萬曆紹興府志）汪錦妻大符氏汪桓妻宣氏汪材妻小符氏女吉媛汪李妻夏氏嘉靖三十二年遇海寇俱不屈赴水死

張椿十七妻陳氏（舊浙江通志）夫死止一女氏自誓靡他女長于歸一日鄰婦有詈夫翁者語稍侵氏〻曰吾以息女故忍死以至今日今女已有家乃不能死而受辱彼婦之口即登樓閉户絕粒其家人涕泣饋飲食氏自户隙接而置之終不食如是者十日不死自縊而絕

史茂妻谷氏（明列女傳）父以茂有文學贅之于家數日鄰人宋思徵債于父見氏美遂指逋錢為聘物訟之官縣令馬從龍察其誣杖思而遣之及氏下階茂將扶之以行氏故未嘗出閨閣見隸人林立而夫以身近推而遠之令望見以其意不屬茂也乃改判歸思〻即率衆擁輿中而去母隨之至思舍氏呼號求死斷髮囑母遣茂思族婦數十人環相勸慰不可解事聞縊死令聞之大慚捕思〻亡去茂感義終身不娶

朱孔思妻白氏（舊浙江通志）蘭州人遠餘姚朱孔思〻以縣尉需次卒于京殮畢氏自刎靈前

金一龍妻黃氏（明列女傳）一龍早歿氏截髮自誓與姑相依熊氏子欲娶之母黨利其財紿令還家聞道逆于熊氏知勢不可挽預搜括所有以償聘金不聽相持至夜深引刀自刎未殊其姑聞其事急趨熊視之氏曰婦之所以未即死者欲姑一面耳今復何求遂刎喉以絕邑令聞之繫熊氏子于獄

王烈女（舊浙江通志）王篤菴女年十三許字黃百學未歸篤菴殉難女為寇將所掠有劉矢欲娶之奪劍自刎矢義之以劍殉其葬

徐陳二節（餘姚縣志）徐士觀妻孫氏夫喪畢不食死陳尚禎妻景氏夫死亦縊死

國朝

黄鏞妻汪氏（紹興府志）順治五年山寇亂鏞與汪氏俱被執逼汪上馬不從斫之仆地至家而絶時又有黄聖質妻姚氏兵逼之以兩手抱桑樹斫其首：倒隨而抱如故又黄文偕女兵逼之雙手握其裏衣斫死其手猶不可折姚婦馬氏被驅出門投洋溪死沈之秦妻吴氏事迎亦自縊死

茅貞女（餘姚縣志）名志茅其蕙女許字陳廷篁未納采而陳死富室張氏子聞其賢力求爲将舉娉妁女沐浴更衣自經以死

嚴三接妻錢氏（公舉事實）氏幼喪母育于祖母趙年十四祖母疾篤氏刲股投藥而疾愈後父病亦如之夫病亦如之股凡三刲而三愈姑患臌痛患膈皆衣不解帶奉侍不倦

上虞縣

漢

曹娥（邯鄲淳曹娥碑）上虞曹盱之女也盱能撫節按歌婆娑樂神以漢安二年五月時迎伍君逆濤而上為水所淹不得其尸娥年十四號慕思盱哀吟澤畔旬有七日遂自投江死經五日抱父尸出

上虞孝婦（後漢書孟嘗傳）上虞有寡婦至孝養姑年老壽終夫女弟誣婦厭苦供養加鴆其母列訟縣庭郡不加尋覈結竟其罪孟嘗爲吏知枉狀備言之太守不爲理婦竟冤死自是郡中連旱二年後太守劉寵到官嘗具陳寃誣之事因曰宜戮訟者以謝冤魂從之刑訟女而祭婦墓天應澍雨穀稼以登

孟淑（於越新編）中郎将賀之女當嫁適聘禮至為盜所劫淑祖對戕不救見害淑以救盗由己哀慟毀形曰淑以身害祖雖活何顏于是自經而死

宋

朱娥（宋史本傳）上虞朱回女也母早亡養于祖媼年十歲里中朱顏與媼競持刀欲殺媼一家驚潰娥獨號呼突前擁蔽其媼手挽顏衣以身下墜顏刀曰寧殺我毋殺媼也媼以娥故得脫娥連被數十刀猶手挽顏衣不釋顏忿怒斷其喉以死

明

孫景雲妻鍾氏（萬曆上虞縣志）景雲登進士授玉山令夫婦相敬如賓氏年二十二而景雲卒于官且無嗣氏至夜分衰絰持身于夫之座右沐浴更衣縊于座上

葛璋妻蔡氏（兩浙名賢錄）年十七歸璋明年璋卒里中兒屠某謀欲娶之其姊蔡妯娌也假他事紿與妯會而屠從傍窃視之氏覺哭曰何顏再生人世聊奉舅姑夜膳畢沐浴服衰自縊死

盧憲章妻俞氏（於越新編）年二十生子女各一憲章卒子亦卒誓無他志有富室欲娶之者俞聞即縊以家人救得免復有陳姓貴者以威力劫之俞度不免乃紿入更衣竟縊死時陽有金婦孀居聞之亦自縊

徐萬選妻陳氏（上虞縣志）幼而警敏知書能詩年二十適萬選萬選疾亟死家人環哭忽不見氏亟呼之已扃門縊矣救之移日始甦自是絕飲食父母來挈之歸奄奄不起一日遣人抱遺孤復姑且口占詩送之曰今日見生離明朝娘死別兒去不知娘娘死向夫說遺囑一紙置拇指間云尋夫萬選妻陳氏七字將殮取手中紙空不可拔時年二十六

陳孝女（上虞縣志）陳志竣女天性篤孝及笄值母病刲股以進母死女亦哀號哭泣以死

國朝

王肅三妻張氏（舊浙江通志）順治戊子山賊亂被縛置馬上經交水橋躍入水中溺石破顱死又徐炳龍妻陳氏避邑黃家塢不屈被害謝君濟妻車氏山賊陷城躍入城河死車元衛妻徐氏以利剪刺喉死

鄭宗英妻張氏（舊浙江通志）山寇出沒氏與其姑避入珠龍山忽有寇至掠張以行〻里許乘寇不及防躍入施家池死

宋大賓妻黎氏（上虞縣志）年二十大賓患病浹歲漸劇氏即治棺及殮衣各二人皆異之大賓殁殮其夫訖隨衣所治衣自縊于棺側

嵊縣

元

商淵妻張氏（於越新編）名貞時兵亂聞白泥墩有一婦掠于軍賦詩自紓曰一旦危急當如此至正年兵至果赴水死

胡氏妙端（輟耕錄）適同邑祝某至正庚子為苗獠至金華縣將妻之義不受辱乘間嚙指血題詩壁上已赴水而死

明

姚旭輝妻姚氏（嵊縣志）旭輝負役于公氏勤紡績供舅姑或不繼遭詬詈則婉喻以承之夫免役歸家益窘謀出婦〻痛陳堅志詞極酸楚不聽乃密紉裹衣夜啓戶出抱石投百尺潭而死

裘烈女（紹興府志）許字史自和未娶而和罹重辟入獄女欲一見之不可得聞以謝出女隨父至南溪隔橋遥謂曰君可終脫否自和謂獄成無生理願子

自擇良偶女抆淚歸自縊死

羅某妻黃氏（舊浙江通志）夫喪男且耄夫弟欲亂之氏覺密綴其衣不解者累月竟自縊死

國朝

周某妻裴氏（舊浙江通志）居鹿苑山官塘順治丙戌山寇突至殺其夫與家屬八人見婦鹿欲奪之不屈死于刃

周清新妻胡氏（嵊縣志）胡永達之女遭亂後歸寧母家下相村遇山寇至逼不從奪被劍母金氏罵死奔救並遇害時又有鄭品二妻陳氏被逼投長橋潭死尸嚛妻唐氏逃匿入山仇家掠其貲恨奪死之

邢克威妻胡氏（嵊縣志）年十九夫亡氏兄弟以無子欲奪之氏曰兄弟不我知尚謂望爲遂自縊死

新昌縣

宋

石烈女（兩浙名賢錄）石公巖女方勝寇將女被執紿曰煩容粉澤賊聽之取剃刀自刎死

元

張減妻章氏（於越新編）名孝行至元二年從姑逃亂爲軍所掠不從遇害姑在叢林中抱其屍慟哭而絕

黃元珪妻余氏（成化新昌縣志）至元丙子歸寧父母值南征軍爲過將母家被火家人走散軍卒擁余氏出自知不免奮躍入火而死

周烈女（元史本傳）周如砥女年十九未適人至正二十年鄉民作亂如砥與女避于邑西之客僧嶺女為賊所執賊曰吾未娶當以汝為妻女曰我周典史女也死即死豈能從汝耶賊逢殺之如砥時為新昌典史

張彌遠妻謝氏（成化新昌縣志）至正庚子三月為賊所擄迫脅偪至不屈而死

明

唐方妻丁氏（名山藏）名錦奴洪武中方為山東僉事坐法死妻子當沒入官押卒欲挑錦奴從錦奴借梳掠鬢錦奴擲梳地下卒卒掠畢持還錦奴不受苦謂家人曰此輩無禮必逼辱我不若預為計行至陰澤從肩輿躍下投水中死

石孝女（名山藏）父潛洪武末坐事籍沒繫京獄妻吳走依父家以居一日潛亡歸吳匿之兄弟懼連坐遂殺潛投尸大窖中時孝女襁褓耳既長問母曰何無父强母告之故女大悲憤永樂初年十六舅氏以配其族子女白其母曰殺我父者吳也忍事其家廟耶母曰我不幸寡事不由我奈何及期已届將治装歸吳禮資未畢女雉經室中衆驚愕詰其母母仰天哭曰吾女之死為父報讐也號慟數日亦死有司聞之為治殺潛之罪

丁烈婦（萬曆紹興府志）鄉史劉忠寫之子婦也忠寫居官廉既歿諸子不善治生家益窘氏拮据茹荼卒不能支其夫欲鬻之氏不可夫潛受聘氏歎曰婦有二天犬彘也乃沐浴更衣自縊死

國朝

章爾程妻張氏（舊浙江通志）張立朝女夫亡舅宗愚任四川涪縣流賊陷城氏與父皆在署中父遇害氏抱屍慟哭罵賊自爇死

孫景山妻呂氏（舊浙江通志）有豪卒犯之呂堅拒不已自以剪刺喉死

台州府

臨海縣

五代

賀氏二孝女（戴良齊二娥傳）臨海賀捌之女大曰英如小曰華如同乳而母卒父以不朴棄之三日夜不死隣嫗劬遂舉年十九力過健兒井臼机絲便捷如神長興二年八月一日父漁海溺死二女號泣江滸求父屍不得遂投江其異母弟瑄年十三追至三山巖見所躡履曰二姊逝矣仰天悲號呼父呼姊不絶声亦投于江次日二姊一弟手足相抗抱父屍而浮至巖下去父所溺海門外三百餘里人人哀而異之為收葬焉

宋

王貞婦（宋史本傳）臨海人元兵入浙東婦與其舅姑夫皆被執既而舅姑與夫皆死主將見婦皙美欲內之婦號慟欲自殺為奪挽不得死夜令俘囚婦雜守之婦乃陽謂主將曰若以吾為妻妾者欲令終身善事主君也吾舅姑與夫死而我不為之衰是不天也不天之人焉用之願請為服期即惟命苟不聽我我終死耳主將恐其死許之然防守益嚴明年師還至嵊青楓嶺婦待守者益懈嚙指出血書字山石上南望慟哭自投崖下而死後其血皆漬入石間天陰雨即墳起如始書

王珏妾張氏（臨海縣志）德祐二年元伯顏統兵入境珏倡義守城力盡死于左池氏號泣隨其後亦投水死

明

黃氏二女（赤城新志）從父姊妹也長名大山適胡宗遜次名三奴適吳克表二家相去不數里其夫皆以稅糧就逮其姊適入戒妹曰若夫罹譴必貽累妻子直見幾母指奪我家特妹已預決于心慰安子女扃户自經死既而其姊亦死于舍側池中士大夫莫不悲之、

王三苟妻陳氏（名山藏）名小奴居康功里三苟出傭作日暮未歸氏抱女迎候于門忽聞夫為虎所抱遂棄女于地手執門閂追至山足奮身躍叫找持夫足于虎口中提閂挽擊虎、驚去負夫歸而夫死矣時氏年近二十有色嚴正自持村中呼為女鄉史有土豪欲娶之不從乃率衆擒迎以歸氏度勢孤鄰免曰請少待歸奠亡夫除靈即復來豪從之奠畢慟哭出至舍側姜潭上屬綴女碎面毀乳投潭而死

朱淡妻楊氏（臨海縣志）年十九歸淡未幾淡卒服闋其兄誘之他適氏泣不從乃潛許鄉之富人氏知事迫遂不復語以某奩一二物與其伯氏女曰我去後不及從汝于歸也家人莫喻其意至夕猶治女工令具湯先浴遂自經

金顯二（台州府志）既許配而氏病瘋（宗族諷其母議改字女聞之不說託言每夕夢仙女招與同遊遂自歸通貞娘子已而衆與母欲奪其志乃泣曰再聘非女道吾惟有死而已衆間入室自經

馮光奴（台州府志）馮良擎女許字葛坤年十七未嫁嘉靖戊午海倭焚掠女扶祖母陳入將軍山茂林中為倭所獲以手引女臂女奮拳擊倭罵曰便殺我斷不汝從倭揮刀斷其右手五指猶左手提石擊之倭遂三斷其體陳得免倭退父收其屍面色如生

潘汝寧妻王氏（臨海縣志）王克女也歸潘十載夫病剔割股救之不起氏即齋沐告天三斷其喉而殞

台州

潘貞女（臨海縣志）潘應化女配陳奇策未婚病卒女即絕飲食痛哭七日臨死囑以柩歸陳氏卒與夫合葬焉

國朝

姚椒姑（題旌冊）姚際飛女家貧際飛食力于外一日母他出椒姑獨處為强暴所逼力拒得脫奔訴鄰媼持刀欲自殺媼謹護之母歸泣訴遂不食但曰恨父未歸不得一見也飲泣達曙盥櫛服澹而死年十九

徐喜姐（題旌冊）台州衛後留千總徐弘基女幼許字何姚姚父為雲南昆陽知州姚隨任卒于昆陽喜姐年二十七未婚也訃至登樓自經氣將絕為父母所覺排闥救之得不死勸之不應遂不食而卒

鄭士鉉妻詹氏（台州府志）年十八歸士鉉順治丙申正月副將馬信叛遍掠城中婦女入海為擄士鉉先被擄氏投家園井中死之次日賊舟至猶疑為詐士鉉舉示其髮冰矣乃去士鉉服其節終身不再娶

馮孟浣妻陳氏（台州府志）年二十二居近江湖海賊入掠孟浣扶母出避氏抱女隨行遇賊逼令下舟氏抱道旁叠柱不去賊用繩縛其兩手負之而趨氏口咬賊頸賊擲于地取懷中女殺之欲其懼而隨行也氏奮躍大罵曰即殺我死不從賊復咬其手賊怒舉刀連劈之體無完膚三日後就殮面如生

黄巖縣

宋

晏孝女（湧幢小品）字阿九年十五一日隨父樵于山父前與虎遇女見父陷虎口嗷號直前執薪鞭虎且鞭且泣踰十步虎棄其父而噬之

曹小娥（東若水黄巖曹小娥述）嘉熙戊戌二月晦，廟嶴曹氏女同母范隣屋二十輩採筍，陸婆抗范為虎得，二十輩悲驚潰，女執范手推虎而叫曰：舍吾母，吾代飼汝也。范知不免，瞀瞀然命之去，女叫執愈疾，結行數百步，虎釋范掉尾拂女踣，坐熟視女以身翼范，捧之下，尚喘息。會捄者至，布衾裹以歸，歸死而尸得完，里人弔之，不能言，徐曰：黄巖也，吾不得代吾母死也。

元

陳文先妻蕭氏（赤城新志）名菊奴，文先以獲賊功授信州迎檢，卒于軍。初文先與方國珍為仇，至正癸巳，國珍船至黄巖港，擄蕭氏及其子，師退次海門，將甘心焉。蕭氏紿以如廁，擕其子同往，推之入水，身繼之。後數日，其尸自海門浮于江，不遠百里，直抵舊居。州守以聞，旌其門，給錢營葬。

王揆妻董氏（赤城新志）揆為瀏王府教授，卒于官，訃至，董方剖瓜，輒引刀自刎，家奪止之，因慟哭不食而死。

詹烈婦鄭氏（赤城新志）夫客四明，遇兵至，婦獨擕其子竄山谷中，遇兵欲汚之，婦曰：寧殺我，豈汚汝也。賊遂斬之，其首至地，凡三躍。

丁快妻王氏（嘉靖浙江通志）盜起海上，焚劫居民，王氏為賊所得，欲掠而東，倉皇請于賊曰：我幼子在抱，且母家甚邇，幸還其父，即從爾去。賊信之，如其請，王氏望兒入門，即投江而死。

金敬彥母楊氏（嘉靖浙江通志）彥敬四歲而父喪，楊氏不忍夫亡，遂裂吭以死。

楊伯瑞妻王氏（宋濂王貞婦傳）名順華，字靜安，年十七歸同邑楊伯瑞，伯瑞官行樞密院斷事官。至正間，貓貗兵侵天台，伯瑞遇害，婦時年二十七，生子慶壽，始兩月，護喪還葬于鄉。鄉里欲媚上官，以婦美姿容，嗾使聘之，不從，將以威脅，婦遂引刀斷髮，事遂寢。越三年，有椎賁人聞其賢，強委禽焉，婦拊膺

長歸悶絶仆地媵人扶盛以華濟之移時乃蘇俟間執慶壽手曰吾命婦也不
敢辱節以辱汝父將死于汝父之墓言訖泣而行慶壽歸訴於母林氏亟往救
婦以刀自刎不殊林奪刀挽之歸環守至旦稍懈
婦復斷髮如初值貴人臨曰此烈婦不可强也

明

程有德妻陳氏（續文獻通考）名真洪武間有德以軍生至京鎮撫陸林見陳美欲
汚之不從百方脅之陳愈厲遂被毆而死夫訴于朝林以罪誅

趙叔民妻盧氏（赤城新志）名津奴生有容色涉略書史洪武十九年叔民被誣卒
于京明年籍其家氏聞官軍至欲與子俱飲藥既而泣曰汝年方
七歲萬一得生未可知我寧就死義不受辱遂題詩壁上飲藥仆地
而絶官軍入門見壁上詩歎曰好烈婦鄉人至今稱為趙烈婦云

王叔英妻女（朝野彙編）叔英殉節後詔治奸黨其妻繫獄死（明實録）陳
瑛簿録叔英女將給配二女皆笄就錦衣衛獄但赴井死

余鑾妻龔氏（赤城新志）鑾溺涇中氏在母家聞之哭仆于地將絶復蘇至
溺所驗其夫屍欲隨以溺家人援之與歸夫家仍自經而死

林汝啟妻王氏（嘉靖浙江通志）年二十歸林未幾夫卒里人陳文白欲娶之氏斷
髮以死自誓其父母防之且勸之力氏佯許為既久防者少懈乃
陰囑侍女伺其嫁時服一歸其母一予
其妹一以為殮已之具遂自經而死

符松妾真奴（湧幢小品）真奴媵鍾氏嫁于符松僅十三日松死松母解氏尚存鍾
有異志奴諷之鍾懷異志不省因泣告于解氏曰寡人不幸至此真
奴雖欲奉以終身勢不可得惟求他日見安人之子于地下而已言訖
血淚俱下是夜沐浴縊死松柩上衆議葬之以從其夫鍾竟焚其尸以主

徐顥妻周氏（赤城新志）周隨顥為吏于京顥病歿周
痛絶欲與俱死衆勸諭之不已卒自縊

徐元奴（籌海圖編）有殊色值母病歸寧賊至元奴抱母慟哭賊欲汚之元奴紿賊轉室持柱奩同往東閣赴井死

項奚妻徐氏（黃巖縣志）年二十七嘉靖壬子倭寇至被執欲汚之氏紿之曰台裝在喜室內携之以從賊縱之入室遂赴井死詔旌其門

陳克諧妻解氏（黃巖縣志）名纖奴年十五字克諧倭寇犯境克諧娶之以逃其姑分金授之曰賊至當以贖命解泣曰有死而已及賊至遂投河至

陳克還妻孫氏（黃巖縣志）名端適克還未幾克還卒氏年二十三泣血絕粒旬日而死

孫季益妻應氏（台州府志）父無子以氏贅季益踰十三年而季益亡季益兄利其產强氏他適不從中分所有以安之兄意猶未慊劫季益柩以歸氏愬之官斷依父母家守志出公門猶强之不已氏歸自經死

蔡子旻妻年氏（黃巖縣志）名德助年十八歸蔡生一子而子旻卒德助抱屍痛哭遂不食而死

陳初妻林氏（黃巖縣志）年十九食貧有志操初入城市氏獨居惡少徐十九欲强汚之堅不從十九揕殺之後抵罪服誅

楊心畸妻黃氏（舊浙江通志）姑負重疾醫云不治氏斷小指和羹以進得愈既而舅疾殆又斷無名指救之亦愈復享遐齡宗族以為美談

國朝

楊燿然妻張氏（台州府志）有殊色適楊生子甫四月順治丁酉八月海艘泊城氏與其夫匿養濟院城陷被逼棄其子自投井中其夫亦投于井

鄭文妻丁氏（台州府志）年二十九丁酉海艘破城氏預為計適紉衣裳避假山井持刃者將犯之棄其子投井中

葉嘉賓妻鄔氏（黃巖縣志）名純娘丁酉秋海寇犯黃巖氏年少有殊色為所獲不從賊怒刃之

何汝滔妻趙氏（黄巖縣志）丁酉歲寇將入城氏取子泣囑于夫誓之設有不測惟以死待未幾寇集氏即投背井賊以鎗戳氏終不起寇退夫回收瘞身無完膚惟兩目不瞑井水赤溝三日又趙日高妻周氏賊逼之投水死

蔡氏二節（黄巖縣志）陳氏蔡德塘妻氏女婿適蔡宗滔德塘婿也壬子寇至德塘被殺氏年二十六急抱子女與女婿俱赴水死

黄元鄉妻趙氏（台州府志）生一子一女年二十一夫卒舅姑憐其少欲見之淚下趙解其意一日引刀抉一目以示不二後二老繼亡殯葬無失禮

黄嘉文妻蔡氏（台州府志）名慧康熙乙卯寇至嘉文挈慧匿黄杜嶺為軍士所獲投以文綺欲成婚禮遂于是夜拔刀刺喉死

陳貞女（台州府志）許字胡敏未幾敏卒敏兄世彥部眾搶女歸强欲妻之女誓死不從沐浴着孝衣服溺死

王興路妻鮑氏（公舉事實）耿寇至氏被掠罵賊賊愛其姿不忍殺驅至北門上浮橋氏赴澄江而死逆流三十餘里興路浮其屍葬之

陳朝常妻車氏（公舉事實）康熙乙卯耿寇至氏年二十二被執抱子泣曰我死兒失乳亦死然無可奈何須臾寇挾衆婦至趣氏就道氏罵不絕口、寇以刀斷其頭血上沖文許子亦墮地死

陳士相妻江氏（公舉事實）年二十適士相士相弟負罪逃匿縣役戴德捕之瞯氏美姿容遂令士相出捕弟而拘江氏于舟中以言戲之氏急投于江舟人救挽護之歸至夜德復潛入其室欲犯之氏持剪自刺其喉而死時年二十二

天台縣

元

郭貞婦（輟耕錄）千夫長李某戍天台其部卒妻郭氏有令姿李心慕焉去睟七八十里有盜出没李遣卒往戍如日至卒家調之郭毅然莫犯經半載夫歸具以白一日李過卒門卒邀入治茶轉身持刀出李脱走訴睟〻捕繫宰議持刀殺本部官罪死桎梏囹圄中郭氏躬餽食久之獄卒葉姓者有意于郭乃頗視卒日飲食之卒感激入髓思傳有五官府出決囚葉報卒知且謂曰汝萬一不保汝妻尚少子女纔八九歲妻以依頗我尚未娶肯俾為我室我視汝子女猶我子女也卒喜諾葉遂令郭氏見卒〻曰我死有日比葉押獄未有妻汝可嫁之郭曰汝死以我故我能二適以求生乎既歸攜二幼出市召人與之邑人有憐之者納其子女贈錢三十緡郭具酒饌至獄曰君擾押獄多矣可用此少禮答之又有錢若干可收取自給我去一富家執作為口食計恐旬日不及看君也垂泣而出至仙人渡〻中危坐而死此處水極險惡竟不為衝激倒仆宣撫廉得其事原卒之情釋之邑人亦付還子女卒終不再娶

齊義妻郭氏（赤城新志）義酗酒刺其千夫長不死事覺當流于廣氏以廣多瘴癘度義不能生還乃歸其女于童氏送義郭門外籲天而哭竟赴水死

陶氏三烈（楊維禎三烈傳）天台陶明元之子婦王氏淑孟女宗媛季女宗婉也淑沾夫宗儒爵直人丁未秋兵入台淑爲子傳姻曰汝以歸其父吾誓不兵至即赴井死年二十八宗媛適里中杜思絅思絅中流矢卒時姑喪在淺土夫又未葬忍死護兩柩為游軍所執媛不受逼辱兵加刃脅之大罵曰我若畏殺吾已去久矣請速殺我遂遇害年四十宗婉適里中周本歸未一月兵至攜一婢走池滸陷溺一卒突至引其裾曰妻我免死婉念無以自脱指其婢曰可先妾之僕卒擁婢不為惱卽投池死年二十二

狄恒妻徐氏（元史本傳）恒早殁氏守節鄉民為亂避難于牛園山為賊所執驅使以前徐給之曰渴甚欲求水賊令自汲卽投井而死時年十八

明

谷氏（舊浙江通志）小家婦也夫亡年二十三人欲娶之勿從乃許為母家名及近吳者語賓谷氏歸哭自輿陸地月餘污泥中死不肯往吳者强致之乃給其入曰欲與君為夫婦須沐浴更衣主者如其言遂閉户縊死

山口婦（舊浙江通志）失其姓氏居山口年十八夫為盜盜婦數諫不聽謂其夫曰汝不改行吾有死耳既而夫行不改如初乃以毒置餠中自食而死

陳音妻曹氏（天台縣志）年二十二性嫻靜寡言笑事舅姑孝嘉靖乙卯冬倭寇入境隨姑出避與夫訣曰脫有不虞有死而已既而遇寇度不得全遂投水中死寇驚駭而去其母王氏亦早寡守節

龐氏二女（天台縣志）龐貴女年十六龐齊女年十五嘉靖乙卯冬倭寇殺掠至溪畔逐之急俱投水而死

元勳妻祁氏（舊浙江通志）勳訓蒙以資生母梅氏偶得疾思肉祁氏割股和肉羹以進母疑味異呼祁氏問已血淋漓昏暈矣

國朝

潘栩妻葉氏（題旌冊）年二十二而寡事姑孝姑病篤氏割股療之立愈撫遺子煊嚴加督課守節三十六年

橫山烈女（台州府志）失其姓年十七未適人為海寇所掠逼之不從死于嶺上

王集妻李女（台州府志）適王未期王儒象山以疾卒訃聞一慟暈地家人力救始甦是夕遂服滷而死

張亨碩妻全氏（公舉事實）名朝麟讀書能詩書兩割股療母姑疾又置田周貧者人稱女丈夫

仙居縣

宋

吳氏女（萬曆仙居縣志）年十八有殊色爲思叢亂亡居山中爲聞其美緝獲之女紿曰大王不棄令奉下陳妾三生幸也然非蠲吉不可爲洗之翌日置酒極歡佯爲醉挾匕首欲斷其喉誤中肩爲賊縛其髮于柱支解之

元

吳氏女（赤城新志）兵亂父攜之避于山菴俱被執執者欲脅而私之女力拒不從于是先刃其父以劫之女仰天慟曰吾父死矣我尚從汝耶卒死之

明

鄭氏二女（朝野彙編）父怒蕭縣知縣靖難師至被擒死二女當配亦死之

戴彥信妻沈氏（仙居縣志）彥信代父死沈氏尚少富家聞其美且有行爭聘之沈曰吾頭可斷頭可碎志不可奪奉姑教子終其身

頓烈女（慈存卓烈女坊記）名寶惜頓弘敏女良倭入綿女年十九未字隨父母避之行數里女與侍女阿香俱被執女美姿色賊操刃驅之甚急女私與阿香語曰予惟一死耳行至小洞山側望口湖層崖百丈旁瞰深淵入不得有行離倭數尺許女復語阿香曰吾得死所矣阿香曰爾死吾豈獨生同投湖中死

吳錫年妻王氏（仙居縣志）年二十五夫卒一慟而絕移時復甦集族長者爲夫立嗣事畢從容自經于棺側

張元向妻趙氏（舊浙江通志）明亡被俘至河埠溪兒口聞夫已見殺嚙指血題一絕于衣間遂投河而死

國朝

吴金妻顧氏（台州府志）仙居顧平泰女，年十六。甲寅寇變，避難湖頭，被獲，以計紿之浮間，赴水死。又余應生妹名錦娘，被獲自刎死。葉茂陵妻余氏與茂陵訣，隨以手扼喉而死。

吴廷蘭妻張氏（台州府志）歸未期，廷蘭卒，含殮畢，啓箧檢奩具，貳歸母，貳奉姑，貳遺小姑及諸娣姒，潛作手書置箧中，夜半自經于榻側。

寧海縣

元

陳小元二女（赤城新志）長琦年二十，次璡年十六，皆在室。至正十六年盗劫縣治，二女皆為所得，以刀脅之，女大罵。賊知不可屈，揮刀擊璡死。琦被重創，僵臥誑誑中，賊乃退。

楊霍女（赤城新志）年二十一，未嫁。至正十六年賊犯境，避難而溪，遇賊欲污之，女罵不受辱，為其所害。

明

方孝孺妻鄭氏（遜志齋集外紀）寧海處士鄭與默女，洪武壬戌歸孝孺，克循婦道，奉祖姑葉至孝，生二子長愈次憲，生二女長貞次淑。建文帝即位，馳驛徵孝孺，禮遇特隆。氏率子女歸里，躬績以課諸。壬午孝孺被難，詔收，鄭先期自經死（兩浙名賢録）。二女未及笄，被逮過淮，相與投橋自下經中死。

章佐妻周氏（舊浙江通志）倭掠境，周携幼子與夫避山中，遇賊，刃其夫，擄周往，不從，罵賊死。

石三妹（寧海縣志）邵州判官石節女，年十四，隨父任以艱歸，舟出儀真江口遇賊，賊劫掠，檢其行李無所得，傷節首，欲刃之。三妹亟抱父哭，悉脱簪珥與賊，父

獲免執三婦欲污之大聲罵賊遂投水死

胡三姊（台州府志）許聘奉邑庠生王繼美聞繼美逝即矢志不他適後宋氏子來議婚父母欲允之三姊痛哭曰兒生聘王死從王可也父母姑嫂屢諭之不從日夕飲泣絕粒而逝時年甫十七

國朝

褚烈女（寧海縣志）褚宗領女年十六康熙十五年六月海寇掠女與其兄去欲污之女紿曰釋兄我從汝賊縱兄登陸女厲聲曰吾不即死者欲全兄耳豈從賊耶遂躍入海越三日屍直浮于門前港服飾整然面色如生舁歸葬焉

太平縣

明

陳舜章妻王氏（太平縣志）王靖學妹因兄遭革除之難遂自縊死

金如琪妻陳氏（赤城新志）如琪七載而寡無子斷髮繫夫臂誓以同穴又金敬修妻施氏在室時刲股愈父疾及歸姑適疾亦刲股以進而愈、、

趙氏優（赤城新志）趙貴之妹貴妻梁氏不孝其姑：將聞之官梁氏自縊死梁之兄弟將縛貴而甘心焉貴走匿乃逼優欲婦之優力拒不獲遂亂毆以死

嚴雲（太平縣志）年十六許婚鄉人鄭某未婚而夫亡其姑嫂欲以夫弟接婚父母利其貲聽委禽焉歸有日矣雲紿以入內梳櫛遂自經死

葉台妻張氏（台州府志）張溫女幼許臨海葉台溫死時氏年方四歲比年十五台入贅明年挈歸氏兄許稱妹曾受其妻黨陳開之聘太平令俞咨益

受囑棧台至氏因懷孕不至令斷氏歸陳台貧無所置辦次日當解氏密藏小刀從容拜辭舅姑解役促之登輿不數武以刀三斷其喉而絕、

朱四妻吳氏（太平縣志）年少寡父母欲奪其志赴水死其里有祠

吳材官妻余氏（台州府志）海寇至為賊所獲以首觸階而死

國朝

陳君翰妻郎氏（台州府志）海賊至郎同群婦匿山中被獲欲汚之不從露刃脅之郎即引刀自刎死猶僵立逾時賊退其夫覓至乃仆

金華府

金華縣

元

吳霞妻謝氏（王禕謝節婦墓表）名馥金華人歸同邑吳霞明兵下建德未幾蘭谿破亂兵四出剽掠氏携男女走入金華山中遂失其幼男兵且至自度不得免行至向鳩巖險處以幼女投巖下身繼之而死

賈明善妻宋氏（宋濂宋烈婦傳）名新字新金華潛溪人歸烏傷賈明善越一年與夫來居潛溪西兵據蘭谿婦同夫避入浦陽城賢山中未幾鄉民嘯聚倡亂婦亡匿灌莽中為游卒所執將亂之婦紿曰吾有珠貝瘞山前坎中急哉、將死于爾何利不若導爾發之卒悅其言從之行至壽湖側竟躍入死

明

胡士言妻尹氏（金華縣志）孝姑相夫家譽夙著夫死理喪完葬一日忽自經死

戴貞妹（舊浙江通志）戴嘉茂女幼許王識華未歸識華患痘卒貞妹告父母往弔奠立誓終身不醮翁姑屢勸改配次子貞妹悲泣不從將成婚自刎死

陳所思妻戴氏（舊浙江通志）戴貞妹之女弟避兵售溪山兵馬抵鄙全家被執戴于袖中出利剪刺喉而死其將義之遂釋其夫與子

王忭妻陳氏（舊浙江通志）從夫避兵南山遇兵大小奔散止攜七歲孤姪兵欲加汙辱氏紿之曰王門宗祀全賴孤姪乞放之還家以存祖祀吾當侍巾櫛耳兵信其言放孤姪氏即赴水死後夫尋屍衣帶重結腰繫其夫平日所用詩箋為記顏色如生時年甫二十

嚴寅華妻黃氏（金華縣志）避難西溪兵至被執顧謂其夫曰善撫幼子以存嚴氏吾從此訣矣即赴深潭而死及買棺歸葬已越半月顏色如生

鄭德紹妻俞氏（金華縣志）明季兵變拒卒全身觸崖而死

李氏三節（舊浙江通志）李汜水妻黃氏城破被執與媳潘氏齊觸階死次媳陳氏亦自縊

國朝

葉氏兩烈（題旌冊）葉尚坦女許字張孫瑶未婚孫瑶卒氏聞訃號哭覲詣夫靈泣奠畢求空房少憩移時令小鬟捧出一盒啟之則珠環翠羽彩衣繡舄弓鞋趾帶并髻髮也高坦驚愕入視則氏髡頭跣足披麻束草矣迎其母守之夜半解帶自經母覺救解越日覲至夫墓觸石暈絕救之蘇抱歸家人環守不得間值中秋乃佯為怡色借杯勺慰母母喜防少懈至夜分氏破碗鋒割頸未殊血流牀褥間家驚起數四舉從此滴水不進臨歿呼母曰兒去矣

嚴仲春妻王氏（金華縣志）年未二十方國安敗兵掠之上馬氏躍馬投塘而死

婺州

倪星焜妻朱氏（金華縣志）遇兵夫妻離散懼不能自全乃縊而死又徐氏倪明廷
妻翁巖死方氏朱廷翼妻奪刀自殺章氏章大机妻投塘死郭氏
黃啟賢妻
亦不辱死

朱應時妻賈氏（舊浙江通志）二十二歲夫亡遺孤良啟家貧苦守舅以哭子喪明氏
割股療之目漸愈洎歿竭力治殮遇鄰火將延氏撫柩號泣火遂滅

申可賢妻沈氏（金華縣志）可賢早歿氏家貧苦守康熙十五年山賊
至鄉焚掠執氏歸巢氏厲聲大罵賊斫為三段而死

黃家瑤妻仇氏（金華縣志）夫亡
服闋撞死墓側

蘭谿縣

元

方仲剛妻吳氏（兩浙名賢錄）名埠元季兵亂與其夫避亂離家西行一里許聞鼓
譟聲足弱弗能步度不可免乃謂夫曰君宜自脫勿以妾為累夫
曰子將若何曰妾義不受辱惟有死耳夫號泣捨去既而
遊兵四集將追及遙道旁有猗塘水潔且深遂投以死

祝漢鄉妻金氏（萬曆蘭谿縣志）至正間寇起隨夫攜子避之灘灘依女弟何止善
家盜經其地氏被劫去自度不能脫因紿盜作頓行狀不數步候
盜防少懈即投入湖羣盜忿
而刺之身被數十槍而死

郭浩鄉妻王氏（萬曆蘭谿縣志）遭兵亂被掠將迫以往氏紿之曰吾且
飲飲畢洗面去兵信之攝鬟出若將盥然遂投沼死

明

胡昱妻江氏（正德蘭谿縣志）嫁未幾而昱亡家甚貧誓不更嫁昱弟牧貪鄙時加逼挾不聽乃私受人財物而許嫁之叔與夫舁轎至氏心覺更飾易服若願嫁狀眾方喜飲不顧因從便門趨出溺萬安橋下家人索之不得蹤跡至橋畔沙磧中見履髮在入水求之而屍已僵矣

章孝女（明列女傳）名銀兒幼喪父獨與母居邑多火災室盡燬結茅以棲母方疾鄰居又大銀兒出視眾呼令疾避銀兒曰母病不能動何可獨避亟返入廬欲扶母出烈焰忽覆其廬眾莫能救火先中逵見銀兒抱其母死轉同熱死

王璀妻柳氏（兩浙名賢錄）年十七歸璀璀已病亟與柳訣曰汝年少我死當別嫁柳泣以死殉對璀死殮畢欲投于棺及撤靈又投于火姑與妯娌力救之遣女孫伴睡柳謂女曰明早翁姑問汝但云夜半子時女幼莫知所云俟女睡沐浴更衣就縊女驚覺亟呼翁姑救之已死矣蓋子時也

包姜姑（萬曆金華府志）包湘女家貧性孝少以禮自閑族叔欽武斷一鄉鄉人婚娶必欽主之而姑許聘朱楫欽弗與聞深以為憾富賈范天生有膩女意欽揚言湘先受天生聘而楫奪之訟于官范富欽險湘與楫俱怯訥不能自明女聞而歸曰已許朱郎其家鬼矣官能折我之親其能折我之心乎竟自縊死

何榮妻陳氏（萬曆蘭谿縣志）名庚年十五歸榮至二十四榮卒殯前山氏嘗謂幼華曰吾死當置其旁每潛備殯殮等物服闋次日乘翁父忌日索湯閉門謂娣曰吾浴畢當梳飾拜祖也久不出啓門則自縊死矣

方滿妻徐氏（舊浙江通志）年十八歸滿數年而滿患瘋倩媒欲令再嫁氏覺而詰之曰欲賣我盡留我紡績以相給必我棄有死而已夫見其志堅而止日夜勞瘁供藥食五載夫亡翁姑又欲嫁之氏見父母泣曰我將去可收拾房中物人謂安心願嫁矣一夕自縊

郭時行妻王氏（金華府志）年十八適時行為繼室前室遺媵有娠時行卒媵得男王氏喜曰是可以死矣竟絕食而死

許仲妻葉氏（明列女傳）仲家素饒于財以不檢蕩且盡攜妻投所親李于通州氏守屍晝夜哭或遺之食或餽以金或勸改嫁俱却不應水漿不入口者十四日竟死尸傍年二十餘

唐貞女（萬曆蘭谿縣志）名順許聘鄭特敏未婚而特敏歿會有議姻者憤鬱蒙被不食而卒臨卒時先起易鞋蓋聞敏歿而即製者其立意久也

鄭氏二節（蘭谿縣志）鄭元俊妻楊氏子趙雲妻舒氏姑年四十婦年十六姑婦嫠寡紉衣並縊而逝

胡夢熊妻方氏（蘭谿縣志）年二十歸熊甫三載夫死子殤密縫其衣抱石沉塘而沒

徐克妻黃氏（蘭谿縣志）家貧夫卒方二十餘歲矢志靡他抱子依弟度日子稍長即投繯以殉

汪九思妻諸葛氏（蘭谿縣志）適湯溪汪九思汪死無子伯謀其產逼氏再醮氏度不能免遂密縫內外衣夜分赴屋後魚池死

趙有念妻柯氏（金華府志）杭州人歸蘭谿趙氏明季兵入山避難為兵所殺氏聞易衣自縊死年二十餘

趙氏三節（金華府志）余氏趙世對妻明季兵潰肆掠氏攜女蕣及媳諸葛氏奔避析右臂媳濺血別夫叁年未笄誓與同死且相謂曰事急矣稍緩即欲求死不可得各密縫其衣閉户自縊

潘士桂妻童氏（金華府志）年二十四亂兵經其地氏扶姑逃至白蓮塘為兵為獲以馬脅之使乘氏罵不絕口兵仍挾之行至一塘投水、涸不能沒兵搜之出加鞭箠氏益肆罵兵乃手刃而去見姑屍浮之抱屍泣時盛暑色不少變

趙氏二節（蘭谿縣志）章氏王氏趙以岳妻妾也明季兵潰搶掠四出二氏見勢急迫勸其夫遁去一子甫六齡囑蒼頭付舊識老嫗撫之乃同時自縊

國朝

葉氏二節（蘭谿縣志）趙氏葉鍾芝妻徐氏芝弟鍾藻妻馬士英潰兵劫二氏並為所獲奮呼曰殺我〻不去即共跳溺荷花塘中兵怒以槍亂刺之死

戴千度妻孫氏（題旌冊）夫病割股救之及夫卒即絕粒而死

黃長妹妻吳氏（題旌冊）氏以禮持身為强暴者所逼力拒死之

趙養生妻楊氏（金華府志）年十八歸趙期年夫亡氏送殯遂躍入池中以救免自縊亦救免姑與母環守之進湯飲氏齧其碗割喉以死

徐燮章妻氏（蘭谿縣志）年二十而寡明末潰兵肆掠同郡婦避兵碧霞宮被搜出氏奮身就死兵拔刃恐之引頸就刃臂為斫兵去刃創不藥自合

趙應祖妻黃氏（蘭谿縣志）年十六嫁應祖未四年而夫卒氏痛哭絕食而殞

東陽縣

宋

李誠之妻許氏（東陽縣志）誠之為蘄州守城陷將巷戰歸語其妻其妻率闔門婦女同時赴水死

胡德廣妻朱氏（東陽縣志）元兵入東陽德廣見殺朱義不就俘死之

元

金與賢妻馬氏（台州府志）與賢為黃巖務大使適疾負甚馮解衣市藥割股肉以進疾少間復作而死馮盡瘁營葬畢沐浴更衣遂自刎死

劉義妻程氏（萬曆金華府志）名清張士誠寇掠東陽清携子奔竄山谷寇逼之不從殺其子清愈烈寇遂殺之

明

張济妻麻氏（東陽縣志）天台人年十九歸济于東陽越二年济輸粮金陵以疾卒氏聞訃慟哭三日不食姑慰勉之翼日忽沐浴整粧至夜自經于寢

方雲鳳妻韋氏（東陽縣志）名聰年十九適雲鳳雲鳳殁每自求死時懷孕將產妯娌勸其節哀以續夫後及彌月而產女也乃不食三日卒

盧鍧妻胡氏（東陽縣志）年二十一鍧適疾家貧以紡績供醫數年不怠及卒悲號欲自經妯娌勸止父母憐其年少令更適遂絕粒而死

國朝

任貞女（題旌冊）任君寶女年十八登樓織紝有僕朱蘭艷其色潛入摟抱求合女厲声叱之即下樓哭訴于母母出尋父而女已自刭死

吳國元妻杜氏（題旌冊）年十八夫亡撫孤守志及子長又卒有逼之嫁者氏度不免遂飲藥而卒

張武懋妻蔣氏（東陽縣志）順治三年亂兵入其家欲污之躍入門前川塘死又徐氏周汝桂妻馬氏張文泰妻為兵所掠俱躍入水中死

樓氏六節（金華府志）順治四年土寇掠三都和堂樓姓婦全節者六人王氏樓廷策妻陳氏樓賢材妻蔣氏樓用意妻李氏樓用京妻吳氏樓用孝妻王氏樓用声妻抱幼兒各赴水死

樓廷挺妻黃氏（舊浙江通志）有殊色寇入其都氏與廷挺父子皆被執强之不從乃磔其夫以脅之氏罵不絕口復殺其子罵益甚遂并殺之

許欽京妻金氏（東陽縣志）義烏金德義女順治初羣盜肆掠氏奉姑偕女媳鄭婦百餘輩避難泊塘山莊猝遇寇以刀脅諸婦姑當其前氏恨姑見

害急叱曰寧殺我因躍起奪其刀自刎十指斷裂血濺數尺餘寇駭去姑與避難婦俱得全已少甦猶模糊問姑所在久之卒以創死

趙志典妻虞氏（金華府志）順治五年寇亂以家貧不能遠避而寇兵猝至氏被執拉諸馬上氏投馬而下者三寇知不可奪橫刺其脅以斃

陳廷璽妻張氏（金華府志）歸六年生二子順治五年寇亂奉姑避他處姑先歸氏語其夫曰姑老矣烏有爲人子爲人婦而避地遠親者乎因與夫歸侍寇逼至被執氏罵曰頭可斷身不可奪遂仰天而慟曰吾不能再侍高堂矣寇以刀礪其頸氏厲聲曰殺即殺唬我何爲遂殺之

倪良洵妻陳氏（舊浙江通志）寇亂見執知不能免乃投于西湖潭中賊怒以鐵鉤鉤出裂其體爲四

王貞女（舊浙江通志）陳愿彥聘室也未歸而彥夭女聞欲奔喪父不許女即絕食服滷嫂救之又抿刀自剄父兄急持之免乃歸陳門稟于舅撫一姪爲後

郭必光妻潘氏（東陽縣志）順治十七年光疾死其姑勸令他適氏即投繯自盡

詹允廸妻吳氏（東陽縣志）允廸與族人某有隙以事陷之繫獄氏知不免與夫約同日死至期盡散其金珠以與諸窮困遣其奴婢使去至獄視其夫以目相喻對而憤噎者久之至家取佩刀自刎死于是允廸死未幾其仇亦死

吳成雷妻應氏（東陽縣志）年十六適成雷二載而夫沒父母欲奪其志不從姑病割股以進姑爲之起暮年以產附祖祠存夫祀

義烏縣

明

鄭經妻舒氏（義烏縣志）年十六歸鄭景泰中處州賊葉宗留劫掠邑氏爲所擄夜乘賊寢潛出寨門以羅巾自經家人爲收其尸瘞之顏色如生

楊金孃（萬曆義烏縣志）楊明八之女幼許胡恩未婚訃聞歸慟嗚咽誓不再適閭里聞其賢媒妁踵至其父私受里人葉守和聘將改醮焉女知不可移潛自縊死時年十七

金京孃（崇禎義烏縣志）行太僕寺主簿世儀女年十五從世儀之任陝西歸舟泊直城盜夜劫之世儀墮水京孃呼號力救賊逼之京孃赴水死

駱行演妻樓氏（義烏縣志）明末潰兵大掠氏出避山谷中至前塘知不可免立塘畔不行須臾卒至躍入水水淺臾躍入潭死後浮屍潭中端坐如生又駱彪妻樓氏駱邦仕妻金氏遇潰卒俱躍入塘死駱含妻何氏被殺沉于塘

駱明剛女（義烏縣志）年十五明剛與女避兵翠壁山下爲所得欲污之先殺其父女以口嚙卒臂卒斫其頭手截口不釋卒怒寸斬而去

何映賢妻黃氏（義烏縣志）時已嫠與何端上妻駱氏避兵兒家塢卒至搜得黃挾刃脅之不從時駱氏已老厲聲曰彼二十八歲守貞可無禮耶卒怒殺之一老婢以主母被殺痛詈卒并殺之黃氏乘間以斷竹自刺死

國朝

高德茂妻賈氏（題旌冊）夫染瘋疾欲遣婦改適氏聞斷指自誓及夫亡有逼其改嫁者遂赴塘水而死

駱喜孃（題旌冊）寡婦駱張氏之女許字龔姓年十八未歸持身謹慎從不妄出戶外一日奉母命尋雞至舍側園砌有惡少年直前抱持求合喜孃堅拒大呼弟妹聞聲至惡少逸去時喜孃即欲自盡而弟妹環扶歸家哭訴于母誓不欲生鄰里勸阻者絡繹不絕皆不應勺水不入口越日登樓縊死

馮士月妻劉氏（義烏縣志）順治二年方國安潰兵肆掠氏被執挾之登騎氏以頭觸石兵抱之口斷兵指兵怒奮刀亂斫剖其尸時年三十一

蔣達妻王氏(義烏縣志)年十七歸達康熙甲寅郡寇起氏家臨江一驛卒逼之躍入江潭死

陳升紹妻樓氏(義烏縣志)夫病臨終遺言數代單傳今無子當廣延繼嗣氏領之夫卒氏幾絕者數四後月餘集夫黨述夫遺言就親房中各繼一子又捐田千畝修祖墓既又分還各僮僕身契侍女皆擇配嫁焉一日忽曰吾事畢矣偃臥瞑目而逝家人述計其絕粒昔已八日云

王貞女(義烏縣志)許蔣舜咨子巨川聘而未娶巨川死女忼慨引決舜咨迎而合葬焉

樓慶達妻何氏(義烏縣志)慶達遊學江右客死氏痛哭欲自盡妯娌勸止欲親往扶柩歸葬又為家人勸阻日夜悲泣乘夜自投門前塘內死時年三十三又方以昌妻王氏家貧夫往都貿易得疾歸氏焚香告天願以身代夫殘遂勺水不入口七日而卒

永康縣

宋

杜陳二女(陳亮二列女傳)杜氏永康大姓女也生而端莊且慶妖賊起所在嘯聚相剽殺里有悍賊輩謂杜氏門曰以女遺我即已不即族汝其家驚泣女曰無恐以一女易一家罰為不可待我浴而出既浴取鏡梳朱粉具衫衣盡飾娥登几而立懸帛于梁而圍其下度不容足抽之竄其首鬒髮復足適死其家遣逐鴉哭賊聞驚去官軍分捕賊所過抄掠道永康將之縉雲及境富民陳氏女為所執植其刃于旁曰從我我婦之不則死女掠髮伸頸受刃官軍斫之

章氏二節(兩浙名賢錄)應氏章侯妻及其姒周氏相愷如同產宣和間方臘作亂所過殺掠咸望風走避應病足與十歲兒居周欲歎不忍舍去應曰妾以足致死命耳姒何不亟避周曰生死共之何避為夫幾賊至肆威迫怵周扶應氏相與罵賊而死方殺應時兒泣謂賊曰幸殺我勿殺二母賊怒并殺之

周氏女（萬曆金華府志）許嫁鮑勤，鮑家日替，父欲改嫁，不從。有陳姓者恃勢將脅娶之，女投水，救得不死，脅者愈急，乃縊而死。

明

胡盖妻陳氏（萬曆金華府志）正統乙巳處寇掠境，攜子走避，遇寇棄子于岸，投水而死。

李淳妻盧氏（兩浙名賢錄）嫁三載而寡，家貧，績紝自給。有勸嫁者，輒以死誓。歸依母氏，兄弟潛謀脅之再適，氏自知不免，紿之曰：吾所以不從者，夫亡未葬，服飾未備耳。衆以為然，乃潛治衣衾喪具，及期，置夫神主祭之，夜自縊而死。

程浪妻朱氏（永康縣志）年十八歸浪，未一月，浪遊學南都，遘疾亡。未葬，不再適。有黃某者欲求之，朱泣告舅姑曰：烈女不更二夫，願終吾志，必欲嫁我，惟有一死。舅姑潛許黃某，朱聞，沐浴更衣自縊死。

李汀妻呂氏（兩浙名賢錄）名主奴。汀赴姚泉汲水，失足溺死。呂慟哭仆地，水漿不入口者數日。舅姑憐其少寡，強更適之。呂聞，乃縗衣赴汀溺所死。

王師憲妻周氏（金華府志）年二十四夫亡，目不窺牖。舅疾，割股療之。

陳章甫妻黃氏（舊浙江通志）年二十夫亡，翦髮繫夫手，誓同死。遂絕飲食，依夫像歸泣，淚盡，繼之以血，旬日死。

王世慶妻應氏（永康縣志）年二十寡居，避寇青山口，聞警赴水歿。覓其屍，衣衿皆連結不可開。

國朝

徐氏二節（金華府志）徐士齊妻虞氏，名登，二十二歲夫亡，矢志貞守，繼叔子璜為嗣，聘女姪枝淑為媳，育一女淑。年十九璜又亡，歸慟絕食，誓以身殉。姑

以婦有遺腹力勸止之踰月生男兩孀零丁孤苦歷十有二年男女又相繼亡淑遂自縊年三十姑亦卒年六十三

程德福妻陳氏（題旌冊）年十六適程甫一載而夫亡時舅姑已歿遺腹生子矢志撫孚歷七載夫之祖程達度以身老孫幼且家貧慮氏不克終也許聘呂氏子婚有日矣氏知難挽遂祭奠其夫入室扃戶沐浴更衣衰絰下結從容自經死

徐聖鳳妻童氏（題旌冊）性貞潔以禮自持族姪徐麟仲瞯氏夫他出入室欲犯之氏堅拒不從猶強之不已氏大呼望救遂遇害

程懋銓妻徐氏（采康縣志）年二十順治乙酉寇至聞有被污者遂閉戶自經死

胡氏二節（采康縣志）胡良盛妻盧氏年二十一夫亡撫孤貞守遇寇至以投水獲免五十餘年完節其孫胡明雅妻黃氏配二載夫亡遺孕浮子又亡或勸令改適黃遂密縫遍體衣夜自經死

方福娃（采康縣志）方豫鄉女甫十歲嫡母馮氏病服藥不痊福娃日夜涕泣登樓割左臂肉煎糜以進母病立瘥

郴于位妻陳氏（讞牘）于位賈陳老璣肉脂一觔次日老璣來索逵于位他出見氏獨處遂出語調之氏憤懣叫呼老璣逸去于既歸氏泣告受侮狀至夜乃潛赴水死時年二十二

武義縣

宋

劉滂妻湯氏（宋濂劉滂傳）建炎中滂知建昌軍兵變滂死妻湯氏侍姑俱免及身猶不去竟遇害

明

王世名妻俞氏（陳克言俞烈婦傳）年十七歸世名世名方飲父仇待時而發明年生子謂俞曰此兒之寄非他人比善撫之命名宗禹居無何斬其仇之頭祭其父投之官遂死之俞慟幾絕水漿不入口邑人韓生與世名故師弟而其媼又俞所視為母也慶其死往慰之指其子曰王生遲死六年為此一塊肉耳忍棄之耶俞憮然曰是誠不可死然又不可不死乃稍就食置王生抱于卧榻前飲食起居一稟如生時三年服闋乃囑其子于韓媼絕粒而死

陳花容妻華氏（武義縣志）夫死伯叔逼令再嫁不從重賄華父母許之有輿將至遂密縫其襟袖自衣至履無少罅隙閉戶自經

楊國瑞妻徐氏（金華府志）年十九夫亡遺腹生女繼母欲奪其志氏剪髮毀容以死拒之崇禎十六年寇亂居民多挈家逃避氏聞之曰未亡人待死之日久矣豈能從諸妯娌偷生乎遂自經死

朱男妻李氏（金華府志）未嫁而夫患癩疾體腐穢不可近其父請命于翁許令改嫁卜日將適他姓矣氏紿其父曰必別夫而後行比至誓不復歸家事其夫逾年而夫歿氏哀慟不食死

國朝

徐文源妻邵氏（題旌冊）年十七歸徐甫一月文源病氏鬻奩貲供湯藥三年文源卒先是文源病劇時泣謂氏曰我死無子爾年少家貧無倚當奈何氏曰君如不幸妾亦從君後耳及歿氏親視含殮〻畢即投繯死

蔣文達妻翁氏（武義縣志）順治三年婺尚未平氏避亂深山為遊兵所執欲汙之不從行三里許至施村墜馬躍入塘中死

倪世陞妻程氏（金華府志）夫死年二十聞有欲強娶之者奔赴母家號慟不食取針線密縫裳衣次日聞輿至親持斧破其輿投池水而死

何李奴（武義縣志）許配傅兆吉兆吉貧不能支父母背盟強之別適氏涕泣跪請不允且曰吾為汝擇佳壻耳氏泣曰烈女不更二夫吾忍因貧而背之乎遂閉戶自縊死是夜随見夢于夫時年十六

浦江縣

明

鄭洪妻石氏（金華賢達傳）洪為內藏庫提點以累死妻石氏例當配絕粒者十日人勸之泣曰吾為義門婦今夫既死何以生為遂縊而死

孫廷佐妻潘氏（浦陽續人物記）嫁逾年夫病劇謂曰吾死柰爾年少何氏泣誓從死削竹牌數寸刻死節二字夫亡水漿不入口家人云夫無子遺爾死誰為祭奠強執喪三年父強欲奪其志氏即入房自經人趨解之已死竹牌猶握在手

張應華妻陳氏（浦陽續人物記）名卯應華負賣薪自給氏每與衣以供甘旨甫一年應華從軍戰亡氏憂閉門自經小姑同處憂解之服除父母私與舅姑議更嫁小姑以告氏曰吾嫁自有處應在後門耳小姑不喻其意及娶者與輿至氏潛往後門投池中死池素濁自後水清人以為異

湯溪縣

國朝

鄭宗元妻祝氏（湯溪縣志）有姿色順治丙戌夫婦避難鄰家適遇兵掠氏宗元尾其後行至一巖下有深潭氏投入潭中宗元亦急救之相抱而死

衢州府

西安縣

元

祝氏二節（衢州府志）祝壽生妻陳氏西安人元末紅巾賊亂氏孀居年二十四被掠不屈奪賊刀割其兩乳殞絕特彷彿聞人語曰爾菖蒲飲澗水可愈如言果獲安年七十三而歿媳吳氏年二十八守志壽九十二歲兩世完節

明

何克讓妻徐氏（嘉靖衢州府志）年二十二而寡子幼氏善事舅姑嘗割股和藥姑疾遂愈年八十六年卒

孔聞勉妻徐氏（西安縣志）夫疾侍奉湯藥衣不解帶者三年兼事舅姑親操井臼夫亡發引逾七日赴井而死體貼衣裳密縫緘綫

葉元會妻陳氏（崇禎衢州府志）元會死孝事舅姑舅姑卒氏縊而死

王招娘（衢州府志）守備王英女年方及笄明末兵至恨為所污赴余氏祠池中死

鄭道冀妻方氏（衢州府志）明末為亂兵所獲氏乘間赴河而死又馬氏葉應愷妻亂卒將犯之氏大罵從樓上赴池死劉氏程國駿妻兵入其家氏恐辱以簪珥散擲之乘間投井死周氏程四妻為卒所掠亦投井死

國朝

鄭道貫妻鄭氏（衢州府志）順治丙戌道貫為逆兵所殺氏年二十二兵欲攜之去氏以頭觸柱血噴面佯死卒乃已尋夫屍以床褥裹之哭守于旁三日乃得殯家貧事舅姑無缺職守節五十餘年

余光傑妻吴氏（西安縣志）夫亡氏年二十三生三子方鼎革時氏攜子奉姑匿敵樓後屋上為卒窺見懼辱遂觸樓下死卒去久之甦竟折一背家貧辛苦拮据僅給姑與子饘粥而已常竟日不食晚年三子成立年五十一卒

徐學詩妻余氏（西安縣志）學詩家貧與氏依苦節咽糠秕度日康熙乙亥迫于逋負值歲暮惶急自經死氏撫屍一慟為薄治殯具葬訖即閉門自縊于夫死處距夫死恰一日時年三十

龍游縣

元

何烈婦（草木子）至正間衢州隔龍游有一大家婦何氏為兵所掠裂帛題一詩云江靜浮教沉弱質月明誰與弔孤魂只愁父母難相見願與來生作子孫書畢即投于江而死

明

徐蓮姑（萬曆龍游縣志）許字方鍾鍾流落死于外蓮姑聞之即縞素舉哀方請歸方舅姑難之時杜議求為配姑哀慟斷髮欲自刃以救免議他日給公家姑來勸姑大罵裂其文後度不免佯許入其音沐人不為備乃閉戶更衣自經死時年二十八

衢州

項永賓妻吳氏（萬曆龍游縣志）永賓客死嶺南吳聞扴地哭十指流血夫喪歸誓欲殉家人共守之少怠即沐浴服斬衰內外衣手自聯綴自經死

尹泗妻王氏（萬曆龍游縣志）泗病經歲日事湯藥火撲傷左目泗垂絕數顧王不能舍氏泣曰君欲妾同死耶妾不即死欲具君後事耳因自經榻後

葉六姑（崇禎衢州府志）許字方世馬世馬死六姑聞訃哭絕而甦以甌擲地曰祈不望女節奉姑婢紹後嗣者有如此甌遂慹剃纑絕飲食踴慟四日夜父母知不可奪歸于方侍姑辟纑治生姑病割股以療

葉宗武妾趙氏（衢州府志）崇禎二年兵圍薊州宗武戰沒于陣氏被執死之

張尚愷妻徐氏（衢州府志）尚愷死矢志撫孤孤未幾亦夭氏遂不食死

國朝

席廿二妻方氏（旌表冊）廿二置酒宴客同席有尹春廣者知廿二與妻異室而寢席散即于是夜潛入氏室欲犯之氏驚起大呼持刃力拒春廣奪刃傷氏咽喉而死

張旭初妻胡氏（衢州府志）歸二載而夫卒將自殉舅姑以遺孕慰止之及生女姑貧欲奪其志氏度不免投藥酒中飲之而卒時年三十

王淑斌妻師氏（衢州府志）家貧事舅姑孝淑斌卒無子氏視含殮畢因祭于祖廟伏鴆而死

明

常山縣

鄭純英（崇禎衢州府志）鄭璜之女許聘汪璇璇溺死桐江純英聞悲號欲自盡父母令人守之女夜佯狂大呼有鬼守者皆走遂自縊死

魯貞女（萬曆常山縣志）幼孤育于叔父母許配徐洛將娶洛死請往視殮不得去青沐居一室家人别議婚女知其期沐浴出其將服夜浮斂于體自縊死

詹天祿妻江氏（萬曆常山縣志）天祿病瘵江氏來歸相愛無斁也以小失姑怒而出之父勸之嫁江曰吾失愛于姑夫又不幸病廢若更其小異而有他志人其謂我何俟姑怒少息吾且歸視夫病望無出此言父私與聞化人約得三十金江聞之懼其見强自縊而死

詹啟元妻王氏（萬曆常山縣志）啟元不知誰氏子詹如金乃于京師逆旅中名為己子欺王氏而娶焉既歸姑知之啟元又懇嘉靖間如金之家嫂既而遭訟客死啟元携氏依婦翁翁恥之欲逐啟元王泣曰姑之不容即吾命矣逐啟元吾必死翁不敢逐乃請啟元出王氏將别嫁之王覺知乃縊而死

楊子善妻徐氏（萬曆常山縣志）隆慶六年二月夜有數盗入子善家呼之出擒縛外庭徐氏與妾在室中盗在門脇之曰汝可從我否則與汝夫同死氏度不免使妾以好言紿賊而自急趨出房後門投井死

國朝

徐敦彝妻章氏（顯雅冊）姑病氏禱天求代及没傾篋笥以殮人稱其孝年二十八夫亡家貧有謀奪其志者氏引針刺右目血淋漓以示乃止

張東篤妻徐氏（衢州府志）順治初馬士英驅衆南奔大肆劫掠東篤為亂兵所擄氏脱簪珥往救兵見氏色麗欲逼之大罵兵加以刀即引頸受兵終愛其色不忍殺奪其袂氏即斷袂兵怒三斫其尸月餘東篤歸殮顔色如生

毛應兆妻江氏（衢州府志）應兆任鎮江守備氏在家順治四年四月白兔李能七等劫掠氏為賊所獲欲污之不從至麻溪灘死焉

江氏三節（衢州府志）張氏江之崑妻曹氏其媳也之崑為賊所殺張氏曹氏求自自盡孫女如娟大呼曰請先母死母取尋賊怨先勦殺之二氏皆自縊

徐氏四節（衢州府志）詹氏名三娘徐明倫妻素有節概賊入城氏恐辱與女小蒼俱投隣井死又徐秀姑徐明琦女賊薄城姑年十六閉樓自縊死又王氏宗姑徐文瑛妻夫婦避兵村中文瑛病革氏哭泣將死家人以舅姑在諭止之數日賊至掠之去氏曰我寧死豈為賊所逼以首觸刃賊斷其喉而去

姚紳妻楊氏（衢州府志）甲寅夏賊擄婦女數十人縛之去氏亦在所繫中既登舟乘間躍河而死時年二十又王氏名富姝同正微妻為賊所擄不從投井死又常山婦不知其姓氏賊將犯之不屈死又一女未笄賊驅之入營投井死

俊姑（衢州府志）徐生之妾生一子甲寅被擄俊姑沿途罵不絶賊懼以刃益大罵遂死賊去且數里其子猶伏尸而乳賊有後至者異之令他婦抱之起尸忽張目視乃以土掩之訪徐生而歸其子

徐光旭妾王氏（衢州府志）聞賊破常山氏自縊以救甦七歲流血漫目突出賊見而義之勿犯其家是年八月光旭為黃巖教諭以拒逆命避山中不食死氏守節二十四年而卒

江山縣

宋

徐應鑣妻方氏（江山縣志）隨夫寓臨安學舍咸淳末元師將至勸其夫歸隱不從投後圃瑞蓮池死女元娘伯顏次臨安同其兄琦崧作自悼詩二首隨父登梯雲樓縱火自焚以救免翼日投井死

明

徐棊妻毛氏（正德江山縣志）毛冀州女妻于徐早寡舅欲奪其志氏避歸獨與母居撫孤守節從伯欲强嫁之凌逼百端終不聽舁者夜且至毛度不免乃紿之曰俟作衣竣明旦從之未晚何至相迫衆以為然退而安寢毛乃沐浴更衣自縊以死

徐忠妻周氏（江山縣志）生二子一日隨夫往母家夫抱幼子過羅娘橋忽墮水死周大慟囑其長子歸依祖母遂挽髮投水死

徐源妻姜氏（衢州府志）歸三載而源死子化龍尚幼適有兇戚劫其依人北匿者氏引錐刎目々眇

國朝

林士昂妻毛氏（衢州府志）名遜娘甲寅閩賊陷江山氏姑令士昂先行而自同遜娘走至城隅與姑相失因涕泣覓姑不可得會日暮至陳村宿焉時同行諸婦皆已卧氏獨不寐曰吾夫既他去姑存亡不可知吾何用生為遂自經死明日士昂至舉瘞之陳村感其義終身不娶

吳三讓妻周氏（毛蒼吳烈婦傳）名亥貞周子儀女年二十二嫁吳逾年生女三讓病將死謂曰吾誤汝吾死期年汝即可他適對曰妾當隨君後耳三讓死氏號慟欲殉姑及娣姒謹伺之七日饘食于柩前既畢乃入室自縊死時年二十六

開化縣

明

潘仲岳妻程氏（嘉靖浙江通志）東阜間仲岳戍遼東程氏送之行解戍者見其色美戕之氏恐解戍者遂以軍政挾與偕行法不能阻仲岳與氏計

恐在途遭辱氏曰妾自為計君勿憂也給以整裝效運家自經死

江瑞英（嘉靖衢州府志）江德之女有殊色饒兇破馬金營瑞英從母匿白馬巖下兇獲之欲殺母瑞英解耳環首飾遺母買命母去瑞英投巖死時年十八

徐悅妻方氏（衢州府志）名大姑饒兇作亂悅與大姑各負一兒匿鴆間大姑先遇賊々殺其所負兒且挾大姑去悅至賊又將殺之大姑曰釋二命吾則從汝因目悅々負兒去大姑隨賊行度記去遠因挾賊佩刀自刎賊怒奪刀斬之

葉天敘妻張氏（開化縣志）名瓊奴遇饒兇欲犯之抱子抱々河而歿

程氏菊英（隆慶程烈女傳）許字里人張青陽富人兒徐建慕氏色求婚其父拒之徐賂鄉大夫有權力者言于督府檄下郡縣發卒圍程氏時氏父死矣繁氏母若兄而劫氏將婚于官氏呼其嫂曰妾不忍一朝之生以貽萬世羞家有老親幸善事之遂行就輿中以帶自縊而死

鄭應選妻葉氏（衢州府志）名春鄉明末避亂山中為兵所執脇之行氏義不受辱遂遇害

胡致禧妻吳氏（衢州府志）名多姑避亂豐源樓上兵驟入氏知不免遂以幼兒付其夫而自墮樓以死

張國翰妻鄭氏（衢州府志）避亂與婦姒十餘人走匿谷中巖為遁卒所得氏磨笄自刺血流如注因以血塗諸婦面而自赴池死同匿者獲免

國朝

黃貞女（開化縣志）父德初農業賣酒女生八歲許余生為媳年十四夫以痘殤寄衣為訣氏著衣大慟時父方他出母往碓舂米乃携幼弟付母訐以已問歸而攬結衣裳寸々密縫沒于河屍流數里仍逆流而上止其家門

汪氏二節（開化縣志）汪二蛟母徐氏婦戴氏康熙甲寅閩賊破常山未幾陷開化二蛟挈家匿城東十里餘許賊至縛二蛟驅其母妻以行抵大澤戴忽厲声曰得死所矣徐應声曰得我賊急持戴袖二絶遂沉于水而徐亦一躍而下二蛟大呼縛索盡絶亦赴水死

楊有華妻葉氏（衢州府志）名月娥年十八而有華卒守節二十餘年甲寅夏為賊所獲氏拔簪自刺未殞過溪橋赴水死又魯氏劉大通妻賊獲魯氏其父亦被執賊斬之氏奪刀十指俱墮罵賊而死

劉起雨妻徐氏（開化縣志）甲寅賊破衆江被掠至桃林孀氏懷抱一子方四月手攜一子大焕甫六歲行至半橋帶子溺身入水幼子與氏俱殞大焕抱母項沉浮忽為浪泊至岸得甦又余文教妻劉氏抱子偕里婦避山谷中賊搜山氏見走者被戕不堪遂隨賊行至桃林渡躍入深水死余大典妻徐氏名丹桂年二十聞子女多被擄度不能逃將藏利刃賊獲之大罵自刎三日容如生

洪氏二烈（開化縣志）獨山農洪大偉妻余氏媳徐氏徐氏名芳年二十三閩寇起徐聞婦人有年于賊者必蒙恥之次年郭寇再犯開化徐氏與姑避難山中賊搜得之婦觸石破額血流被面賊知不可活手刃之姑見媳亡且哭且罵亦觸死于婦之旁

鄭起頊妻余氏（舊浙江通志）名愛娥年十六歸起頊歲餘而起頊卒誓以身殉毋泣諭之乃止乙卯賊來敎欲強娶之氏曰須三日後乃可舅姑令婦與同卧比曙氏促婦曰可早起晨炊恐賊與至耳婦出闔戶投繯而絶時年二十三賊露屍二十餘日顏色不変如常時

劉章壽妻徐氏（衢州府志）劉光漢之子婦光漢罵賊不屈以義烈聞丙辰三月城再陷氏年十九賊欲逼為婦不至置氏于樓上令兩卒守之氏佯謂卒曰幸語若主必成礼乃可守者以告賊盛喜服佩刀而上氏改容迎之為解所佩刀置案上佯笑曰何不為我其衣飾來賊欣然下氏引刀自刎死賊忽

邑五載其尸而去又詹氏夏祈禎妻遭掠騷之過臨即奮入深溪死特年二十六蔣氏名如婦汪日炯歸妻甫期聞賊至近村即閉門自經死

徐國壕妻李氏（開化縣志）名文姬國壕卒以有遺腹冀延一脈閱六月而孤產志心撫育至七歲孤又夭遂潛往居內自縊而卒

余直詮妻徐氏（開化縣志）直詮卒矢以死殉舅姑疑有遺孕慰諭再四强延三月自知非孕遂絕粒七日而卒

胡雲工妻夏氏（開化縣志）年二十歸雲工五載夫卒絕粒十餘日將卒倩小姑扶起櫛沐謝太翁姑姑及夫靈畢就寢長號嘔血數升而絕

江大敎妻方氏（開化縣志）年十九歸江甫兩載夫卒矢以死殉恐以舅喪傷舅姑心苟延殘喘既襄遂絕粒八日而逝

徐元那妻王氏（開化縣志）年二十而寡舅姑早喪且無嗣依叔姑以居三年叔姑之子以皂隸私用里下錢恐事敗潛謀鬻氏以償姿定約受金及期娶者臨門乃白氏氏色喜且感謝曰婦笥中舊服今將他適幸稍付我旋取水入室閉門深浴若將易新粧者久之寂然推戶入已縊死矣衣裳自頂屬脊皆重針密線縫連遍體有片紙露懷中取閱之蓋與其夫所訂同穴誓也

余旦魯妻胡氏（開化縣志）歸甫四月旦魯病革矢以死從舅姑百端勸諭且防察甚密迨旦魯將殯喪事倥傯乘間自縊時年十九

嚴州府

建德縣

宋

徐氏二女（明一統志）建德人長清次淳年及笄元兵下嚴州父遣出而兵奄至清謂淳曰吾家世清白寧死不受汚辱遂相牽投崖而死

徐五娘（新定續志）建德徐大發之妙也與其弟刲肉療母不約而同

元

王氏女（元史本傳）建德人至大間父出耘舍傍遇豹為所噬曳之升山父大呼女識父聲驚趨救以父所棄鋤擊豹腦殺之父乃得生

俞士淵妻童氏（元史本傳）嚴州人姑性嚴待之寡恩童氏柔順以事之無少拂其意者至正十三年賊陷威平官軍復之已乃縱兵剽掠至士淵家

童氏以身蔽姑衆欲污之童氏大罵不屈一卒以刀擊其左臂愈不屈又一卒斷其右臂罵猶不絕衆乃皮其面而去明日乃死

明

唐良正妻張氏（建德縣志）年二十六夫亡子幼姑病刲股以療及翁姑繼逝良正尚在淺土氏連舉三喪教子成立

吳士昌妾高氏（建德縣志）明末鄭芝龍敗兵回閩所至淫掠氏為兵所獲厲罵不屈兵怒脅以刃氏曰吾寧死耳決不爾從遂投于塘而死數日家人撈其屍顏色如生或曰氏姑趙

淳安縣

明

孫廷茂妻郘氏（嚴陵志）廷茂亡郘年甫十八誓不他適宗人强其再醮度不能免遂投塘而死

何道妻鄭氏（續文獻通考）年十六歸道越二歲而寡家貧無子舅姑欲奪其志遂自縊死

睦州

張佑妻朱氏（淳安縣志）年十九歸佑二載佑卒誓無他志時有挾勢欲其更適者逼令登輿度力不能勝乃佯許之入室從容沐浴更衣自縊

鄭二枝妻方氏（萬曆嚴州府志）年二十餘夫沒矢志守節有陳某欲娶之以死自誓事遂寢請後又有以厚利啗其舅姑禽馬氏度不免遂飲藥而死

何金鹿妻魯氏（淳安縣志）年十六成婚甫三載夫亡家貧舅姑憫其無子微諷之氏以死自誓逾年舅弟執柯强為童氏子娶禽氏自舅弟弟勺水不入口者七日而謀者不已恐後奪其志遂自經死

方淑瑩（淳安縣志）受徐應芳聘年十六未嫁而應芳歿瑩聞訃欲奔喪父母不允乃毀容剪髮投繯舅姑聞之迎歸勤盡婦職九載勿渝舅姑歿代執子喪立嗣承祧曰吾今而後可以遂初志矣不食數日卒月日與芳同

方希文妻項氏（明列女傳）名淑美值方國安潰兵掠江許希文挈家避山間會幼子痴疹希文出延醫氏與一姬一婢處亂兵突至縱火肆掠婢挽氏衣欲與俱出氏叱之曰出則死于兵不出死于火等死耳死火不為辱遂死

葉迎妻盧氏（淳安縣志）明末亂兵劫掠一卒獲氏欲污之不從逼以利刃殺其懷兒氏抱樹大罵卒刎其首而殞時胡世寧妻繆氏亦不屈死

國朝

周貞女（淳安縣志）許配阮若咸年十四未嫁若咸感疾且劇氏往視侍湯藥及若咸卒誓不改嫁事祖姑及姑孝敬備至年十七祖姑歿扶柩歸慟欲絕時有欲奪之者氏聞之不食而死

桐廬縣

明

鄧中華妻王氏(李紹賢鄧烈婦傳)字叔媛年十四適中華中華遘危疾婦躬湯藥
衣不解體者凡數月中華執婦手泣下語未不即吐婦喻所指
也曰死生契闊夫婦同穴夫即不諱誓以身殉數日中華
死越三日卜葬婦先一日櫛沐更衣登樓縊死時年十九

國朝

宋紹昌妻李氏(題旌冊)年二十一夫亡有強暴
者欲污之氏堅拒不從而死

遂安縣

明

徐檮妻沈氏(遂安縣志)年二十四二檮亡明措不改遺有遺腹日年孚女育相繼殁夜叩天冀生子為
徐後積憂致瞽生子應韶復目復明刲股療姑疾卒年九十二

章貞女(舊浙江通志)受毛一逢聘未婚而一逢卒氏號泣欲奔喪剪髮貽姑誓必
往父母聽之俗尚羽士焚蘇氏投火中巫救得免不食姑强之勉進饘粥
終身坐卧一小樓後其族曾孫女毛孟以夫病成婚三日夫卒自
墜樓下求死毛姓向稱章為樓上小姑後以孟為樓下小姑云

國朝

方引禩妻毛氏(題旌冊)嫁五日而夫亡氏墜樓瀕死又吞金耳環指環各
二枚而人不知及葬引禩氏毅然同穴絕粒十九日死

毛貞女(題旌冊)受農人洪祖遷聘貧不能娶傭于常山希得值以為婚娶貲卒于旅
邸女聞潸製衰絰貯笥中及祖遷櫬歸路徑毛村女服衰絰麻迎于道左擗

踊哀號父善祐堅欲挽之歸女號泣不從徒步扶櫬歸洪門矢志同穴貧不能葬紡績八年始得地葬有日矢氏絕粒二十一日而死時年二十六遂合葬

毛鳴謙妻余氏（題旌册）結褵五載夫病劇氏預置兩棺凡衣食殮具俱無男女所需夫歿即絕食十四日死其葬地及磚壙工匠等類皆先為料理

余和謙妻蔣氏（舊浙江通志）順治乙未年賊掠銅山氏義不受辱賊斷其首身猶屹立鞠子授姑孤乃仆

方紹祖妻王氏（遂安縣志）結褵二載紹祖卒氏年二十二誓以身殉至夫小祥經營葬地私備衣衾含殮之具擬死同穴絕粒十六日而死

章彬妻王氏（遂安縣志）彬病三年氏勤侍湯藥籲天割股彬卒氏年二十六無子誓以死從飲滷投繯墮樓不死旋絕粒十四日而死、

壽昌縣

明

童敦妻李氏（嘉靖浙江通志）名崇年二十四而敦卒舅為敦營葬李求結壙于敦旁喪終父喪其初許同里蔣姓者逼而嫁之李知不可違乃告舅姑曰素志欲奉舅姑以終身今不克自主安忍辱身以苟生然死于此父必構訟是因妾而貽禍也歸死于家則無患矣屬舅姑以後事至夫塋慟哭而去母見其歸甚喜氏以出釵詭其母請出卜家有一妹令尾而從之遂入室自縊母歸則已死父怒欲焚其屍遣舅姑送衣衾及棺至乃殮見其釵縛左股間遂葬敦墓旁

李志寧妻劉氏（萬曆嚴州府志）名添年二十四而志寧歿氏以死自誓其父欲奪而嫁之氏歸哭求死又託父母之厚者沮之終莫能得終為必死計製長襦繪夫及己像于上置諸篋中泣別舅姑而歸父母甚喜亟召媒妁議親舉家出迎而氏已投舍旁池水死舅姑迎其屍合葬夫塚

方大任妻李氏（萬曆嚴州府志）大任選貢入京病卒氏年二十四無子悲遂夫遺書自投烈焰中以殉孀姑力救強起剪髮毀容奉姑病割肉和藥

以進姑殁竭力殯葬人稱節孝

分水縣

國朝

顧明姑（舊浙江通志）於潛人分水何昌新聘而未娶昌新亡氏年甫十六奔喪哀慟翁姑勸之歸氏引刀矢死衆知其志不可奪任其苦守家貧孝養舅姑後殁又竭力營葬父病篤氏割股療之立愈

張兆熊妻何氏（題旌冊）康熙甲寅山寇竄發氏奉姑陳氏在室寇至欲刃其姑氏左右擁護死之姑得免年二十五

鄭鎬妻陳氏（公舉事實）夫亡氏年二十六即自縊姑覺排闥解救得甦時甫生一子姑泣謂曰爾殉夫其如呱呱者何氏含哀受命曰兒與夫有約不忍背也請以三年為期及服闋潛自飲藥抱兒還舅姑遂殞

温州府

永嘉縣

三國吳

瞿素（皇甫謐列女傳）素受聘未配遭賊欲犯之臨以白刃素婢名青青乞代賊殺素後欲犯青青曰向欲代素死被恥復言耳今素尚死何以生為賊復殺之

晉

浣紗女（兩浙名賢録）居處川，莫知其姓名，家貧，踰笄不嫁，事母孝，常紡績爲養，人每見其夜紡績而旦成布，易以供母。及母卒，抱石自沉水中。

唐

盧氏女（兩浙名賢録）居盧墺，嘗與母出樵，遇虎將噬其母，女急投虎啐以代其母。死後有人見女跨虎而行，遂立祠祀之。宋理宗朝賜號曰孝祐夫人。

宋

楊成姐（萬曆温州府志）永嘉楊定女，母王氏疾篤，成姐爇香割股爲糜食之，疾遂瘳。

孫氏女（萬曆温州府志）適馬氏子，以夫疾未成婚。元兵入城，女被執，欲犯之，不屈而死。

元

黄福妻蕭氏（嘉靖浙江通志）名韓，年十九而夫亡，未有子。鄉有巨室子慕蕭姿色，傾爲黄氏義子，以求配，舅姑以暮景無依許之。蕭力争弗能止，因請葬其夫，畢，設席會賓，將成婚，盛飾入房，以帛懸床屏間自縊而死。

劉公寬妻侯氏（兩浙名賢録）至正戊戌，方明善據温，公寬守樂鄉，井爲其下所害，取首獻朝善。侯氏收殮夫屍，結蒲爲首以葬，乃撫膺而歸曰：吾夫以身殉國，結仇方寇，寇至必辱我，以重情奈何，以貞潔之頸飲賊刃乎。乃自縊，二子皆自殺。

明

俞姻奴（名山藏）名孫，亡母，貪衣食，欲改適，女泣曰：不幸無父，失母何依，不如死也。赴水死，不克，而母歸郎人劉斌，女依爲怏怏，不自得亡，何母卒，斌前妻子違妍潛說欲私之詈而唾其面妍曰彼之不從將殺汝矣女曰與其不義而生寧守義而死一日斌他適前妻子操刃即之女厲聲曰狂悖無禮吾不能辱逆刺殺之斌歸捕前妻子置之死郎中大旱守何文淵禱禁不應曰郎有冤乎耆老以烈女事告文淵文淵為文往祭天果雨

葉俊妻何氏（兩浙名賢錄）名京女俊為太原知府致仕歸卒于家成喪後三日氏潛沐浴傳粉泣告夫人薛氏曰大人在日妾從不敢當夕今地下無人侍奉願以身當之與夫人求訣夫人以為此女連日過哀失神乃至此耳氏竟自縊而死

林淪妻黃氏（萬曆温州府志）夫卒兄弟謀奪其志氏闔飲泣飾笄服赴後河投立水中死

程子文妻楊氏（萬曆温州府志）歸時年十八不踰年夫溺于江誓不再醮越五稔舅姑憐之曰吾家貧汝又無子寧能孀守乎族黨亦苦勸之楊乃截髮割耳拒益堅已而計曰萬一夫家貪賄逼我將奈何午夜抱石自沉詰朝浮屍于沙渚面色如生

葉一蘭妻劉氏（萬曆温州府志）年二十歸一蘭僅數月嘉靖戊午倭寇掠境氏與諸婦逃匿山谷間賊猝至諸婦被虜氏獨投崖死

應鏜妻林氏（萬曆温州府志）家貧執苦孝養舅姑以鏜艱于舉子盡服飾為買妾既乃有子倭至先執其子氏恨辱又甚痛其子即時躡抱女赴水死

范烈婦（萬曆温州府志）張問達妻吳與人年少美姿容從夫戍温寓衛廊西問達故貪狠挾惡少逼令從姦婦堅拒因笞之月無完膚一日設酒肉生祭謂之曰不從且死婦泣願就死問達持鐵椎椎殺之死二日面如生問達欲竄足不能前如神躡者衆擒送府真之法

林宗直妻陳氏（萬曆温州府志）夫卒氏年二十殯殮畢即投水死

方日升妻林氏（舊浙江通志）歸六年夫亡族有逼之嫁者紿以母家接回氏覺號哭赴水以救止氏請夫木主拜泣抱主觸脅而絕

國朝

王氏二節（題旌冊）王妵妻陶氏妾朱氏妵亡二氏矢志同守陶美姿容有謀奪其志者事已亟遂自經死朱痛主母殉節遺二孤幼乃以己所生子出繼他姓而日夕紡績以鞠嫡之二子俱得成立守節六十一年九十卒

林元標妻馮氏（舊浙江通志）順治甲午海艘劫掠羅浮氏與元標同被執賊首欲妻之氏恐見污投海死屍逆流而上直至羅浮人咸異之

黃阿維妻郴氏（舊浙江通志）順治戊戌海艘犯江北氏遇賊度不能免抱子投河死寇哀之為取富室棺殮之夫感其義剃髮為僧

蔣世鵬妻林氏（舊浙江通志）順治十四年海寇掠象浦氏年方二十同姑遇賊〻欲犯之不從罵賊而死

施曉宇妻楊氏（舊浙江通志）偕夫避亂山中兵欲犯之不從被殺三日不殯面色如生

鄭應戴妻戴氏（溫州府志）土寇嘯聚氏恐見污乘夜投溪而死後夫為襄陵令贈孺人

黃厥昌妻董氏（溫州府志）康熙十四年避亂禁山兵突至被脅遂投峭壁下死鄭國幹妻徐氏楊啟輿妻陳氏俱投溪死

林占春妻童氏（溫州府志）閩逆之變避亂陳雅山寇至擄婦閉一室中氏知不免取竹簪自刺耳中不死乃抽賊刀斷其喉寇亦嗟惜而去

樂清縣

宋

鮑氏二女（黃綰義烈記）宋末元兵下溫州樂清鮑君任二女婠娘婉娘皆絕色匿西坑山元將見而欲得之二君乃登高投崖下死

元

阿釗（萬曆温州府志）李傳之妾有艷姿傳妻陳氏生子未碁而傳卒陳有異志報
釗勸止之有閒釗之美者乃求陳與并淂釗陳密許之釗覺泣告曰主父有子
何復淫人陳不聽先行而盛遣人迎釗釗度不能
拒乃設酒飲醉餽具入然侯明日遂潛出投河死

李槃妻盧氏（萬曆温州府志）槃病氏刺掌血和藥家貧無以謝醫泣鮮耳環跪致
之醫不受槃病劑潛焚香刲股肉以進遂愈後槃卒氏絕飲食而死

楊良足妾林氏（萬曆温州府志）林阿女嘉靖壬子扶主母趙氏避寇白沙塘艱病
足不能前寇至舉刃斲趙阿女以身當之遂被重傷且死猶問曰
主母無恙乎
語卒而絕

錢氏女（萬曆温州府志）父名雁嘉靖戊午寇劫白石女年十八與諸
女走匿來龍洞中已而寇入錢知事急乃躍下千仞崖死

錢氏女（萬曆温州府志）父名泳寇至泳與妻女俱被執至龍家潭女紿賊曰妾願
後父母行盍釋我父母乎賊喜聽之乃麾其父母亟去而身隨賊行至合湖橋
度父母已遠賊不能及乃躍投于水賊怒以戈刃
之死又黄鼰女嫁南經者遇賊投潭畧如錢女

徐某妻王氏（樂清縣志）王誠女戊午歲倭至王欲避之其夫玩寇弗聽乃夜紉其
衣襦附身者為必死計次早登舟將發而寇至于是以兒并首飾授
其姆謂曰必活吾
兒語卒自沉死

周思蕙妻林氏（樂清縣志）戊午賊掠村落氏與弟婦走避遥望見賊懼不免即以
兒授夫曰君抱兒去我輕身易遁耳既前數步即自投于水而死

王崇瑞妻管氏（樂清縣志）年二十三夫亡一子僅一月守節十三年而寇至匿鹽
亭中賊搜得驅之去堅拒不從賊怒礫殺之并其子又方寬妻蔣

氏陳文輝妻吳氏戊午己未倭連
至前後各遇賊皆不辱投河死

翁烈婦(萬曆溫州府志)其夫惰農也去而為兵六年不返紡績自給及還欲嫁之弗從縊而死

國朝

趙存洵妻高氏(溫州府志)于歸二載夫遘危疾氏登屋籲天而夫已逝嘗折足幾殞殮夫後歸母家鬻衣資以遺內外子姪遂絕粒卒

吳德馨妻汪氏(溫州府志)順治間海寇掠南陽獲氏脅以行大罵不從寇怒碎刃之、

趙應彩妻戴氏(溫州府志)海寇陷縣城氏走匿嬰澤潭為所獲氏紿賊下山至潭際躍入水死

東湖烈婦(樂清縣志)不知其姓氏康熙十四年八月閩寇亂避難山谷中遇寇掠至望峯橋投水死

趙君揚妻張氏(樂清縣志)同夫避難雁龍巖遭掠至湖邊遂躍入水中死

平陽縣

宋

林孝婦郁氏(萬曆溫州府志)居葛溪善事舅姑﹅歿舅老而足苦瘡日為洗足傅藥父之痛甚不可近幾三年忽遇異人語之曰汝舅瘡患第吸醋和藥吮之可活也孝婦如其言吮至數月果瘳後三子待聘待問待舉皆貴顯年八十終

薛歸大妻林氏(萬曆溫州府志)林孝婦郁氏四世女孫也母疾割股療之適薛三年而夫亡兄欲奪其志弗許終身不出戶姑病復割股和藥遂愈

元

趙氏女（續文獻通考）年二十未嫁為賊所執紿賊取藏金自投于廁而死

孫信妻黃氏（兩浙名賢錄）至正十四年為賊所掠以兜子舁之黃氏自墜于地時賊方熱燒民居火甚熾乃赴火死

周誠德妻陳氏（兩浙名賢錄）方明善攻平陽誠德率義旅禦之戰敗與氏逃于邑之徑口氏曰吾不能從去賊至必污我乃自縊而死

明

李萬妻潘氏（萬曆溫州府志）萬故無子潘依母家其父議改適許旦寶既納幣矣潘一日徧謁族之女婦若與別者衆莫測其意及期潛自經于房中

王懷江妻陳氏（平陽縣志）萬曆三十八年倭寇犯境懷江挈家避難時氏年十九隨懷江甫二月姑郗氏老病至中途不能行氏懼辱累不能兼脫泣謂夫曰汝負母走無兩相保懷江不忍舍氏正色曰無母何以為人懷江遂負母遁去氏即赴水死

吳氏三節（平陽縣志）陳氏吳寶秀妻寶秀知南康府忤權璫被逮氏曰向聞日者言夫子今歲當遭大難有刑厄可免今我死可解厄矣夜潛自縊林氏湯氏皆寶秀妾被逮時陳語二妾曰夫子蒙難吾當相從地下藐孤兩人其善撫之二氏曰諾後寶秀生還未及期卒二氏相誓死守撫育三子曾學有成

陳煥章女（平陽縣志）居八都年十五抱幼弟避亂草莽中寇將近棄弟投河死

朱國祚妻許氏（平陽縣志）居坡南遇亂聞寇至端坐草堆舉火自焚死

國朝

李應官妻吳氏（題旌冊）樂清人，從居平陽。順治五年八月，山寇肆擄，氏年二十九，被掠，度不能免，乃擲釵飾餌賊，賊爭取之，遂乘間投江死。應官在玉甑峯，夢婦泣曰：吾已至蕭家渡矣，亟歸求尸。果浮之渡口，逆流四十里，經十日面如生。

楊希華妻陳氏（平陽縣志）海寇登岸，希華一家三口被掠，寇以刃加氏頸，逼令就污，氏大罵，遂遇害。

李國楨妻蔡氏（平陽縣志）年二十二夫亡，遺孤生女，氏泣血三載，蓬首垢面，以矢靡他。久及姑憐其無依，微探其意，氏曰：吾所以未亡至今者，為女方乳哺耳，今可從夫地下矣。潛自縊。

瑞安縣

明

胡廷相妻陳氏（萬曆溫州府志）嘉靖壬子夏，海寇犯境，時廷相臥病，閭巷悉奔竄，氏扶夫出門，至滴水巖遇賊，驅之行，氏罵賊，賊睹其姿，不忍加害，遂負氏于背，氏大張嚙賊耳，賊怒，以刀剖其腹而死。

陳一鵠妻夏氏（瑞安縣志）瑞安所軍夏育女，年十八歸一鵠。一鵠織履為生，家故貧，娶三月病癩，數年轉劇，謂氏曰：吾貧病若此，汝不如他適。而浮具所氏堅拒不從，益操作奉養不倦。後一鵠死于疫，氏無措，奔母家求殮，殮母家恨染疫，閉門辭之，歸泣，歸抱所生女投井死。

秦益蕃妻林氏（瑞安縣志）歸秦甫期而秦亡，氏年二十一，無子，夫弟生子二，撫其一為夫後。明末家人謀徙避村堡，氏自縊死。初氏自夫沒，凡櫛有遺髮，指有落爪，皆拾而函之，死，蓋其素定也。

國朝

王兆瑛妻陳氏（瑞安縣志）康熙己未海寇登岸掠子女陳年二十八賊驅以行誓死不從牽賊曳至五六里許髮盡落將近賊艘罵益厲賊怒刃之

泰順縣

明

曾文業妻張氏（萬曆溫州府志）年二十八夫亡誓無他志舅疾篤氏割股和藥進之愈姑病復割右股暈地救甦和粥進姑姑復愈年八十餘卒

國朝

張騤標妾傅氏（泰順縣志）年方笄從夫令羅陽時山寇陷邑氏被拘于偽營賊渠令小卒百計誘之不從一夕擁至渠前令諸賊環刃以待詰與死與生孰願氏終不屈遂縲其首以死

處州府

麗水縣

元

陳妙珍（宋濂陳孝女傳）父南溪蚤夭母更適他姓妙珍依祖母林氏以生林嬰疾妙珍刲股進疾遂瘳或告之曰此若女孫股肉之功也林悲泣疾復如初氣益弱僅一綫相屬妙珍計無所出燃香臂上稽顙籲天乞以身代夜夢一丈夫曰爾能剔肝食之則愈俾吞紅藥半丸吞已遂覺乃沐浴露禱持刀視脇下

處州

見紅痕如綫長可三寸許就痕上割取肝雜竹筍烹之祖母食纔下咽疾頓愈妙珍創鉅甚復夢神語錄紙作灰傅之果愈時年十四

周善才（嘉靖浙江通志）年一十八歲已受洪氏聘元末兵起避兵甘泉寨寨破被掠欲污之義不受奪賊殺之

葉氏二節（王鋅退節傳）葉氏麗水人歸景寧潘翁二年歸寧鄉遇兵從家人逃白巖度不免與弟伯現婦王氏訣曰吾與若俱生詩禮家不幸遭變若能從我死乎王曰我志也兵至巖下王將自經葉曰吾與若俱有父母舅姑為一可保雖不死可也如真不守死妾晚言未既軍士突入王曰事急矣遂自經死葉倉卒不知所為視室中有甕巨甚因溺甕中父之妾破甕出之與其媵新葵擁出呰門葉堅不肯行即投崖下死新葵泣曰主母死吾何獨生亦墜崖下死

陳程妻葉氏（嘉靖浙江通志）元末兵逼金華葉與夫奉舅姑攜子女避兵于風山未幾城破兵畧所避地葉度不免乃遂更新衣其叔乳母虞氏曰更衣何為葉曰有死耳虞曰有舅姑與夫及子女在奚忍為之葉曰禍在目前祇取辱耳身辱何以為人婦能為我扶老携幼雖瞑目無恨即觸崖下死

明

谷浮與妻陳氏（嘉靖浙江通志）年二十三美容色景泰元年春叛賊陶浮二輩掠鄰村氏與隣婦同避巖穴為賊所執欲犯之鄰婦不敢拒氏獨憤罵不從賊脅以白刃罵愈不絕賊怒而殺之

齊貞女（崇禎處州府志）葉賜聘妻年十八未歸夫亡奔喪慟哭誓不他適父母迎回欲奪其志潛入房自縊幾絕救甦以壽終

胡昂元妻楊氏（崇禎處州府志）夫係衛軍駕運艘在外崇禎癸酉七月人傳夫被盜殺氏聞慟絕于地隣嫗救甦即觸階而死

劉士驥妻王氏（崇禎處州府志）廣東陽江丞王三錫女年十七從父之任至海被劫氏恐被污投于水衣為杙所掛盜去救免十九適士驥甫五載

夫亡家貧父母欲令改志氏矢死靡他撫孤長成高于外巽巽一室怨遭大水氏抱木而浮直至屋頂一晝夜不粒食不死人以為守節之報

陳所學妻吳氏（舊浙江通志）所學早殞氏矢志守節崇禎末避亂風山寨為兵所負而趋氏嚙兵肩墮地即奪兵刃自刎死

續孔教妻陳氏（處州府志）姑病日久氏刲股飼天求代舅之嬖婢與氏隙以珠蘭根和藥脱姑髮詭言氏進姑怒亦命氏髠髮逐之另居後姑死舅知刲股事因浮婢陷害故欲置之死氏又為貲宥焉值夫死于難訃聞不食而死

國朝

謝俊陞妻趙氏（處州府志）年十八方國安殘兵至掠氏避獅子山夫曰兵至奈何氏曰有死而已兵果至夫被刺仆地氏抱二歲子觸崖而墮子蹲母腹上浮不死趙日尋母屍獲子育焉又張科妻葉氏夫為潰兵所縶氏抱週歲女自溺于池陳昌蔭妻奚氏避兵風山寨寨破投坑而死王朝聖妻楊氏為兵趕掠投山下死

甯世忠妻張氏（舊浙江通志）方兵掠城世忠及長子為兵所縶氏恐污已遂以懷中週歲女先投于井隨自溺越兩月夫歸撈具屍顏氏不变

青田縣

元

徐伯龍妻夏氏（嘉靖浙江通志）名淑榮伯龍以義死于賊氏年方二十一事姑撫幼孤孤子五賊黨有来戍四者欲来逼之氏曰吾夫為彼所殺尚未能報今又欲脅我耶遂引髻擲地曰吾頭可斷身不可辱復来吾當以頭與之賊竟不敢犯自是絶葷毁容閉閤亂世者三十餘年以壽卒

明

鄭好客妻詹氏

（兩浙名賢録）好客常忤大姓劉某，劉伺傾之，遣土寇聚掠銀坑，劉誣坐好客，好客逃，捕卒四人縛氏入官，晡時行披涔潛三十里無人烟，氏自度不免，內一卒髯而勇，三卒惟命，氏背三卒紿之曰：蹊涉深麓，三苦內無禮，煩君為主，勿縱其亂，妾至君家，惟所命。髯勇卒意氏悅己，挽氏出山，三卒言稍涉戲，鄭詬之，越二十里至黃壇，遇歸樵，氏頓髯勇卒曰：妾履折不利蹊行，假樵刀去之，執履呼四卒戲曰：妾擲履，先得者夕當侍寢。遂投履于棘叢，四卒喧笑，望履競趨，氏引樵刀自刎死，四卒驚走，時盛夏暴屍于道，經旬蠅蚋不近，面目如生，官葬之，襲其四卒。

周孝女

（兩浙名賢録）父元綱樵特谷菴下，為虎所噬，女年十八，呼號攘臂，挈虎至門外，力抱父足，虎棄其父而噬之。

朱球妻夏氏

（括蒼彙紀）年二十二夫亡，誓志撫孤，再越歲兩子俱喪，自是每欲自絕，父強之歸寧，勸改嫁，氏曰：我所以不死者，以子在也，今已矣，豈能再醮乎。值夫諱夫潛入卧內，引刀自刎。

國朝

梅友松妻葉氏

（青田縣志）順治初為亂兵所擄，自計不能脫，陽為好言紿兵，行至天梯嶺，嶺下坑深百丈，亂石嵯立，氏呼天投墜，骨肉皆為齏粉。

郭世瑄妻程氏

（青田縣志）年方艾，康熙乙卯閩寇陷邑，被掠，賊出美衣好食誘之，拒不受，又連殺數婦人以恐脅氏，氏即引頸求死，賊強其上馬，復自投地數次，賊怒，亂砍死。

胡忠盛妻王氏

（青田縣志）年二十八而寡，歷十五載，值閩亂為賊所掠，觸崖死。

縉雲縣

明

趙烈女（兩浙名賢錄）諱璚昔年未嫁時流賊犯境居民奔避父卧疾不忍離被執璚紿賊曰少入安慰吾父即當從汝賊聽之即解裙帶自經死

鄭鋹妻朱氏（兩浙名賢錄）年二十五無子為鋹娶妾生二子鋹得疾將屬纊以孤託之氏曰妾為君謀至矣今何忍見其若此亟為治後事更衣自縊

王應龍妻劉氏（萬曆處州府志）年二十八夫亡堅貞自矢後因族衆逼嫁自縊而死

李斐然妻鄭氏（處州府志）斐然官襄陽流寇逼城適斐然攝篆光化氏泣囑兩兒曰汝家世篤忠貞節烈之義夙聞之矣不願見賊入此城也惟有姑在堂弗能侍奉為恨遂扃户自縊死

杜其妻李氏（處州府志）美姿容早年夫喪矢志守節有府差鄭立倚勢逼娶之不從復強之月餘氏紿其媒曰伊擇吉吾當改粧及期遂自經鄭論死

國朝

李含章妻楊氏（處州府志）順治戊子寇亂氏奉姑出避遇單騎追迫慮不得全遂溺水死

朱泰來妻李氏（縉雲縣志）山寇亂作氏為所執欲污之氏大罵不屈行數百步遇塔潭深淵躍入水死又朱持部妻沈氏為寇所執觸石而隕

陶國俊妻杜氏（縉雲縣志）康熙乙卯閩變氏被竄深山為兵所執痛哭大罵卒怒殺之趙五曰國俊收其屍顏色不變又朱以欽妻陳氏被擄赴水死

王正心妻章氏（縉雲縣志）艾齡孀守有豪富强娶禽馬声言搶奪氏度不可禦紿以次日成禮是夜更衣自縊從容完節

松陽縣

宋

張玉娘（松陽縣志）字若瓊父授以孝經女訓過目成誦能為詩文擇配沈生沈父宦遊疴瘵不起時玉娘年二十四矢志守節恨不同死未逾月竟不食而殞

元

周婦毛氏（元史本傳）美姿色至正十五年隨其夫避亂麻鷺山中為賊所得脅之曰從我多與若金否則殺汝毛氏曰寧剖我心不願汝金賊以刀磨其脅毛氏因不詈曰碎寓賊汝碎則臭我碎則香賊怒刳其腸而去年二十九

明

楊進佳妻劉氏（栝蒼彙紀）年二十七夫亡無子母令有適引刀自刎家人救之得免以血寄母誓無他志壽八十四

吳質妻潘氏（嘉靖浙江通志）正統間宣平寇起避難橫山賊攻寨兵潰賊至欲脅以行潘不從抱子投崖而死

周廷輝女（嘉靖浙江通志）年十八有姿色正統間避難橫山寇至欲與去不從即以刀按其頸脅之女曰欲殺即殺決不汝從遂被害

包弘仁女（栝蒼彙紀）年十九正統間鄉人爭亂欲逼而娶之女不從自縊死

吳棨妻項氏（兩浙名賢錄）有姿色在樓績麻夫兄名鵰童者窺而戲之氏即叱怒墮樓死

吳四妻楊氏（栝蒼彙紀）生子五月而夫亡姑欲移其志氏不從姑乃陰納配里之巨族氏覺遂引刀斷喉死時年二十四

徐銓妻鄭氏（括蒼彙紀）銓卒，父欲再醮氏，矢志不易，父以計強之，氏度不免，乃佯言沐浴更衣，如內良久，衆疑之，啓戶，已縞衣自縊矣。

徐夢桃妻唐氏（括蒼彙紀）性柔順孝謹，夢桃病將危，割左股療之，病復作，又割右臂，及卒，引刀自刎死。

潘氏二節（崇禎處州府志）毛氏，潘元義妻，夫卒，矢志守節；子國璽聘徐氏，未期年夫亡，朝夕慟哭，遂自縊。

高僅妻徐氏（松陽縣志）年二十生一子，夫溺于水，徐氏尋屍不得，欲投水，尸忽浮出，氏每欲以死報夫，一日沐浴更衣，斂襟結帶以自縊。

王家士妻葉氏（崇禎處州府志）家貧多逋負，夫以胃噎病，夫不欲生，翁不揣其意曰：若不患無夫也。氏頷之，處夫適解，分畢仰藥卒，數日目光如炯。

國朝

高攀桂妻徐氏（處州府志）早年喪夫，矢志守節，順治丙戌夏，方兵入境劫掠，強辱不從，遂自縊而死。

徐日華妻葉氏（舊浙江通志）年十八，避亂山谷，賊猝遇，不從，墜崖而死。

遂昌縣

元

葉杭妻王氏（嘉靖浙江通志）名妙泳，元末山寇作亂，劫其夫，刃之，妙泳念夫死，必將汚我，急遣二子屬之姑，先自刎死。

明

葉讓妻俞氏（括蒼彙紀）讓卒，家貧無子，氏斷髮詬面，誓不再適，爲人紡績度日，葬夫柩，有勸易志者，輒自縊，或授之食，堅不受，年七十餘竟餓死。

徐懋厚妻王氏（崇禎處州府志）歸徐五載夫病刲股療治不起遂絕粒求死公引程嬰事為喻始誓志立孤〻既復立冠婚畢率子婦告廟次日抱夫像自經

華志遠妻鄭氏（崇禎處州府志）年十五歸華夫病刲左右股以療夫歿妯娌知其欲以身殉更番守之值新歲遂乘間投繯而逝

葉應善妻周氏（崇禎處州府志）夫亡哀痛誓死夫伯强其再醮竟引刀自裁覆卧衾手足整然不亂

項宗孔妻華氏（崇禎處州府志）歸宗孔六年宗孔卒氏不勝悲憤竟投繯而死

包宇孝妻徐氏（崇禎處州府志）宇孝飲博狂蕩歲杪為人索逋敦逼自縊氏曰夫既死婦當從投繯救甦姑慰以育遺腹留夫一綫所親諭之曰為殤子婦未適年情好既睽青年弱質何自苦不應〻日盼墮以頭觸壁一慟而絕時年十七

國朝

潘時積妻王氏（題旌冊）年二十七夫亡子甫數月伯叔逼之嫁氏礪刃自刎救之甦頸血漬庭柱間久而彌新守節三十九載撫子成立

駱佛喜妻周氏（舊浙江通志）順治丁亥兵亂寇氏為所掠挾坐馬上行五里至三懷橋有崖塹下臨深淵崩石削立踴身投崖齊裂血濺崖石而殞

龍泉縣

元

湯煇妻張氏（元史本傳）會兵亂其家財已移入山砦夫與姑共守之舅以疾未行張歸任藥膳且以輿自隨既而賊至即命以輿載其舅而已遇賊〻

以刃脇之曰從我則生否則死張棕髮盥衣請受刃賊未忍殺張懼污即奪其刃自剄死年二十七

李銳妻何氏（元史本傳）避兵于邑之純門巖賊至氏被執欲污之乃與子棠兒女回娘投崖而死

湯婍（元史本傳）有姿容賊殺其父母以刃脇之婍乞早死因以頭觸刃賊怒斫殺之其妹亦不受辱而死

項惠可妻唐氏（續文獻通考）至正壬辰紅巾寇亂惠可與其母遠避甫及新林寇奄至氏見事急與其母偕赴水死

明

葉華妻李氏（括蒼彙紀）嘉靖間流賊入寇氏避石馬山被執義不受污遂投崖而死、

國朝

項國英妻陳氏（龍泉縣志）文年有色順治初有田兵屯邑獲氏求為偶氏即自縊死三日顏色不變

吳光國妻陳氏（龍泉縣志）避亂宜石村聞父母被害哭幾死寇至恨辱遂自刎

祝元孝妻李氏（龍泉縣志）年二十四避亂南鄉潰兵獲氏欲犯之氏觸墻死

王廷奉妻李氏（龍泉縣志）順治四年夫遭賊所殺李氏枕尸而哭幾死者再回至母家母令別嫁拔刀自刎而死

慶元縣

明

吴化妻葉氏（萬曆處州府志）年十四適吴夫肄業南雍比歸得疾將革因囑曰吾
死汝善擇適毋徒自苦氏泣曰設不幸當以死殉夫亡哀慟擗踊絶
而復甦自經求死家人嚴守之不
得遂絶食七日而殞時年二十

國朝

葉養姑（慶元縣志）許配吴良彩未合巹良彩死時女年十六赴吴守節父欲奪其
志女引刀自刺血濺闔地舅姑知其意堅乃立嗣子家貧饘粥不給日勤
紡織市梁肉以食舅
姑年七十餘而逝

吴廷聲妻葉氏（慶元縣志）年二十一夫亡守節孝事祖姑時山賊竊發祖姑令氏
避氏泣曰八十祖姑病篤豈有孫媳遠去之理第兵氏一塊肉不
可餡不測隨將幼兒寄外祖家賊至氏被執欲
犯之氏嚙血噴賊賊怒碎其顱罵不絶口而死

周貞一妻吴氏（處州府續志）康熙十四年耿逆陷城氏子三錫死之氏泣曰兒
死于難吾不死必辱遂投繯死賊至氏二目怒張賊懼而退

雲和縣

明

葉貞女（兩浙名賢録）名潔葉鳳梧女許字吴伯鳳未嫁而伯鳳卒女誓無受聘父
母改聘何氏女日夜涕泣及期乃沐浴更衣自經死吴母先一夕夢婦歸
及早訃聞即迎柩
歸與伯鳳合葬

宣平縣

明

蔡儼妻包氏（明實錄）賊陶浮二作亂鄉民患移家赴東山巖避之多為所掠包亦被執自度不可脫乃紿曰金珠藏巖穴間可往同取賊信之與俱行至險所罵曰吾本良家女豈汝犬彘偶耶遂墜巖而死姑林氏亦投崖死

鄭國賓妻戴氏（崇禎處州府志）年二十三子甫三歲夫亡翁惑于後姑屢逼之嫁不從後擇富室强其必允與至氏痛哭求自盡遂不能强後翁犯罪禀于官責婦完贖氏不從官亦不能奪雖困苦萬狀而堅貞益勵

祝士奇妻章氏（宣平縣志）翁姑早逝夫亦繼歿崇禎末年荒亂處寇相犯遂沐浴更衣登樓自縊而死

景寧縣

明

毛某妻（景寧縣志）居毛洋有姿容族豪慕其美夜伺于屋巷侵之遂哭訴于夫自經死

國朝

陳桂姑（景寧縣志）陳浩然女年甫及笄康熙十三年與妹同被寇擄至滴水巖河邊見巖崖峻險呼曰此吾與妹完節處也遂投崖入河而死妹欲從之已為寇所持矣數日後尸浮水面衣裳井然不露寸膚

葉仁智妻吳氏（景寧縣志）年二十夫亡一子在襁褓矢志守節其夫兄逼之嫁自經死

卷十六終